Handbuch der Personalpraxis
Erläuterungen, Checklisten, Musterformulierungen zum Arbeits-,
Sozial- und Lohnsteuerrecht

11. Auflage

Handbuch der Personalpraxis

Erläuterungen, Checklisten, Musterformulierungen
zum Arbeits-, Sozial- und Lohnsteuerrecht

11. Auflage

Stand 01.01.2002

Luchterhand

Die Deutsche Bibliothek – CIP-Einheitsaufnahme
Handbuch der Personalpraxis ...: Muster, Checklisten, Erl. –
Neuwied ; Kriftel ; Luchterhand
Erscheint jährl. – Aufnahme nach 1995
Bis 1994 u.d.T.: Arbeits- und Sozialrecht
2002
ISBN 3-472-05014-4

Alle Rechte vorbehalten.
© 2002 by Hermann Luchterhand Verlag GmbH Neuwied, Kriftel.

Das Werk einschließlich aller seiner Teile ist urheberrechtlich geschützt. Jede Verwertung außerhalb der engen Grenzen des Urheberrechtsgesetzes ist ohne Zustimmung des Verlages unzulässig und strafbar. Das gilt insbesondere für Vervielfältigungen, Übersetzungen, Mikroverfilmungen und die Einspeicherung und Verarbeitung in elektronischen Systemen.

Umschlagkonzeption: Ute Weber GrafikDesign, Geretsried
Satz: PL Software, Frankfurt am Main
Druck- und Weiterverarbeitung: Wilhelm & Adam, Heusenstamm

Printed in Germany

Vorwort

Das Handbuch der Personalpraxis liefert Ihnen zu allen Bereichen des Arbeits- und Sozial- und Lohnsteuerrechts aktuelle und rechtssichere Informationen. Die Auswahl der Themenschwerpunkte orientiert sich dabei an den Erfordernissen der betrieblichen Praxis.

Auch im vergangenen Jahr hat der Gesetzgeber das Arbeits-, Sozial- und Steuerrecht in weiten Teilen überarbeitet. Hinzuweisen ist insbesondere auf das neue Betriebsverfassungsrecht, die Neuregelungen der betrieblichen Altersversorgung und die Auswirkungen des Schuldrechtsmodernisierungsgesetzes auf Arbeitsverträge. Rechtsprechung und Literatur sind bis Dezember 2001 berücksichtigt.

Die 11. Auflage des seit Jahren bewährten Handbuches berücksichtigt und kommentiert alle praxisrelevanten Änderungen in den genannten Bereichen und erweist sich so als aktuelles Werk für Personalverantwortliche, Personalreferenten, Personalabteilungen sowie alle mit arbeits-, sozial- und steuerrechtlichen Fragen Beschäftigten in Unternehmen, Verbänden und Gewerkschaften.

Die Verwendung einer verständlichen Wortwahl und einer eindeutigen Formulierung sowie die praxisnahe Gewichtung einzelner Themenschwerpunkte und das Einbeziehen anschaulicher Beispiele aus der Berufswelt erleichtern gerade dem Nichtjuristen die Einordnung der rechtlichen Problematik.

Zahlreiche Musterformulierungen und Checklisten helfen dem Leser bei der Gestaltung von Vertragstexten, Arbeitszeugnissen sowie sonstigen Erklärungen.

Zusätzlich weisen am Seitenrand angebrachte Symbole auf die unterschiedlichen rechtlichen und praktischen Aspekte eines Themenkomplexes hin und geben gezielte Tipps und Lösungshilfen.

Ab sofort haben Sie als Nutzer des Handbuches der Personalpraxis die Möglichkeit, die Inhalte des Buches jederzeit und von jedem Standort online unter www.persprax.de kostenlos bis einschließlich Juli 2002 zu nutzen. Wir werden Sie unter dieser Adresse über zusätzliche Serviceleistungen und Aktualisierungen informieren.

Für Anregungen und Verbesserungsvorschläge aus der Leserschaft sind der Verlag, der Herausgeber sowie die Autoren stets dankbar.

Ihr Luchterhand Verlag

Die folgenden Symbole weisen auf wichtige Textstellen hin und dienen als praktische Lesehilfe.

 Hinweis auf Gesetzesbestimmung

 Warnung vor Gefahr

 Checkliste

 Hinweis auf Rechtsprechung

 Betriebsratsbeteiligung

 Beispiel

 Musterformulierung

 Tipp oder Hinweis

 Neu

Handbuch der Personalpraxis

Erläuterungen, Checklisten und Musterformulierungen zum Arbeits-,
Sozial- und Lohnsteuerrecht
11. Auflage

hrsg. von
Dr. Peter Schwerdtner,
Ordentlicher Professor an der Universität Bielefeld

unter Mitarbeit von
Klaus Peter Wagner,
Präsident des Sozialgerichts Berlin

Werner Ziemann,
Vors. Richter am LAG

Dr. Andreas Marschner,
Regierungsdirektor beim Ministerium für Arbeit, Soziales und Gesundheit des Landes Sachsen-Anhalt

Peter Clausen,
Richter am Arbeitsgericht

Dietmar Welslau,
Rechtsassessor, Leiter Human Resources Management Deutsche Telekom AG

Andreas Haupt,
Rechtsanwalt

Tobias Schneider
Rechtsanwalt

Inhaltsübersicht

Vorwort
Abkürzungsverzeichnis

Arbeitsrecht   Rz.

1. Kapitel: Begründung des Arbeitsverhältnisses	(Clausen)	1001
2. Kapitel: Der Inhalt des Arbeitsvertrages	(Ziemann)	1300
3. Kapitel: Wesentliche Regelungsgegenstände des Arbeitsvertrages	(Ziemann)	1500
4. Kapitel: Weitere Regelungsgegenstände im Arbeitsvertrag	(Ziemann)	1800
5. Kapitel: Arbeitspflicht des Arbeitnehmers	(Schneider)	2001
6. Kapitel: Arbeitspflicht und Arbeitszeit	(Schneider)	2100
7. Kapitel: Pflichtverletzungen des Arbeitnehmers	(Schneider)	2280
8. Kapitel: Nebenpflichten des Arbeitnehmers	(Schneider)	2350
9. Kapitel: Vergütungspflicht des Arbeitgebers	(Schneider)	2400
10. Kapitel: Vergütung ohne Arbeitsleistung	(Schneider)	2520
11. Kapitel: Der Arbeitgeber als Drittschuldner im Lohnpfändungsverfahren	(Schneider)	2600
12. Kapitel: Entgeltfortzahlung	(Welslau)	2700
13. Kapitel: Urlaubsrecht	(Welslau)	2800
14. Kapitel: Nebenpflichten des Arbeitgebers	(Welslau)	2951
15. Kapitel: Wettbewerbsverbote	(Welslau)	3000
16. Kapitel: Arbeitnehmerüberlassung	(Schneider)	3500
17. Kapitel: Betriebsübergang nach § 613 a BGB	(Welslau)	3600
18. Kapitel: Aufhebungsvertrag	(Welslau)	4001
19. Kapitel: Sozial- und steuerrechtliche Folgen des Aufhebungsvertrages	(Welslau)	4102
20. Kapitel: Aufhebungsverträge in besonderen Situationen	(Welslau)	4161
21. Kapitel: Allgemeines zur Kündigung	(Schwerdtner)	4201
22. Kapitel: Kündigungsfristen	(Schwerdtner)	4250
23. Kapitel: Die Kündigung als »letztes Mittel«	(Schwerdtner)	4301
24. Kapitel: Kündigungsschutz nach dem KSchG	(Schwerdtner)	4322
25. Kapitel: Personenbedingte Kündigung	(Schwerdtner)	4351
26. Kapitel: Verhaltensbedingte Kündigung	(Schwerdtner)	4400
27. Kapitel: Betriebsbedingte Kündigung und soziale Auswahl	(Haupt)	4451
28. Kapitel: Außerordentliche Kündigung	(Schwerdtner)	4501
29. Kapitel: Änderungskündigung	(Schwerdtner)	4531
30. Kapitel: Besonderer Kündigungsschutz	(Schwerdtner)	4551
31. Kapitel: Bürgerlich-rechtlicher Kündigungsschutz	(Schwerdtner)	4621
32. Kapitel: Betriebsratsanhörung bei Kündigungen	(Schwerdtner)	4651

33. Kapitel: Fragen im Zusammenhang mit dem Kündigungsschutzprozess (Schwerdtner) 4701
34. Kapitel: Ausgleichsquittung (Welslau) 4801
35. Kapitel: Arbeitspapiere (Haupt) 4841
36. Kapitel: Zeugnis (Haupt) 4881
37. Kapitel: Das arbeitsgerichtliche Verfahren (Clausen) 4950

Sozialrecht

38. Kapitel: Anbahnung des Arbeitsverhältnisses und
Arbeitsvermittlung (Wagner) 5001
39. Kapitel: Arbeitserlaubnis für ausländische Arbeitnehmer (Marschner) 5050
40. Kapitel: Versicherungs- und Beitragspflicht zu den
Zweigen der Sozialversicherung (Marschner) 5200
41. Kapitel: Meldepflichten des Arbeitgebers bei Beginn der
Beschäftigung (Wagner) 5500
42. Kapitel: Beitragsentrichtung zur Sozialversicherung (Marschner) 5600
43. Kapitel: Meldungen und Auskunftspflichten des Arbeitgebers im Laufe des Beschäftigungsverhältnisses (Wagner) 6100
44. Kapitel: Ergänzende Sozialleistungen im laufenden
Beschäftigungsverhältnis (Marschner) 6300
45. Kapitel: Sozialrechtliche Wirkungen bei Beendigung des
Arbeitsverhältnisses (Wagner) 7000
46. Kapitel: Beschäftigungsfördernde Leistungen des
Arbeitsamtes für Arbeitgeber (Wagner) 7100
47. Kapitel: Das Klageverfahren vor dem Sozialgericht (Wagner) 7500

Lohnsteuerrecht

48. Kapitel: Überblick über das Lohnsteuerabzugsverfahren (Haupt) 8000
49. Kapitel: Vorab zu klärende Fragen und Begriffe (Haupt) 8004
50. Kapitel: Feststellung des zu versteuernden Arbeitslohns (Haupt) 8019
51. Kapitel: Bedeutung der Lohnsteuerkarte (Haupt) 8042
52. Kapitel: Ermittlung der Lohn- und Kirchensteuer (Haupt) 8048
53. Kapitel: Pauschalierung der Lohn- und Kirchensteuer (Haupt) 8078
54. Kapitel: Solidaritätszuschlag (Haupt) 8086
55. Kapitel: Lohnsteuerabzug bei Nettolohnvereinbarung (Haupt) 8094
56. Kapitel: Einbehaltung, Anmeldung u. Abführung
der Lohnsteuer (Haupt) 8095
57. Kapitel: Buchführung - Aufzeichnungspflichten
des Arbeitgebers (Haupt) 8103
58. Kapitel: Lohnsteuerjahresausgleich durch den Arbeitgeber (Haupt) 8125
59. Kapitel: Störfälle (Haupt) 8137

Sachregister

Abkürzungsverzeichnis

ABM	Arbeitsbeschaffungsmaßnahme
Abs.	Absatz
AFG	Arbeitsförderungsgesetz
AFRG	Arbeitsförderungsreformgesetz
AGB (DDR)	Arbeitsgesetzbuch (DDR)
Alt.	Alternative
Anm.	Anmerkung
AWbG NW	Arbeitnehmerweiterbildungsgesetz Nordrhein-Westfalen
AO	Abgabenordnung
AP	Arbeitsrechtliche Praxis, Sammlung der Entscheidungen des Bundesarbeitsgerichts
AR-Blattei	Arbeitsrechtsblattei
ArbG	Arbeitsgericht
ArbGG	Arbeitsgerichtsgesetz
ArbPlSchG	Arbeitsplatzschutzgesetz
ArbZG	Arbeitszeitgesetz
AuA	Arbeit und Arbeitsrecht, Zeitschrift
AuB	Arbeit und Beruf, Zeitschrift
Aufl.	Auflage
AÜG	Arbeitnehmerüberlassungsgesetz
AuR	Arbeit und Recht, Zeitschrift
AZO	Arbeitszeitordnung
BAG	Bundesarbeitsgericht
BAGE	Amtliche Entscheidungssammlung des Bundesarbeitsgerichts
BAZG	Gesetz über die Arbeitszeit in Bäckereien und Konditoreien
BB	Betriebsberater, Zeitschrift
BBiG	Berufsbildungsgesetz
BDSG	Bundesdatenschutzgesetz
BerlinFG	Berlinförderungsgesetz
BErzGG	Bundeserziehungsgeldgesetz
BeschFG	Beschäftigungsförderungsgesetz 1985
BetrAVG	Gesetz zur Verbesserung der betrieblichen Altersversorgung
BetrVG	Betriebsverfassungsgesetz
BFH	Bundesfinanzhof
BGB	Bürgerliches Gesetzbuch
BGBl.	Bundesgesetzblatt
BRAGO	Bundesrechtsanwaltsgebührenordnung
BRTV	Bundesrahmentarifvertrag
BSeuchenG	Bundesseuchengesetz

BSG	Bundessozialgericht
BSGE	Amtliche Entscheidungssammlung des Bundessozialgerichts
bspw.	beispielsweise
BStBl.	Bundessteuerblatt
BT-Drucks.	Bundestagsdrucksache
BUrlG	Bundesurlaubsgesetz
BuW	Betrieb und Wirtschaft, Zeitschrift
BVerfG	Bundesverfassungsgericht
BVerwG	Bundesverwaltungsgericht
d.h.	das heißt
DB	Der Betrieb, Zeitschrift
DEVO	Datenerfassungsverordnung
DÜVO	Datenübermittlungsverordnung
EFZG	Entgeltfortzahlungsgesetz
EG	Europäische Gemeinschaft
EGBGB	Einführungsgesetz zum Bürgerlichen Gesetzbuch
EGHGB	Einführungsgesetz zum Handelsgesetzbuch
EStG	Einkommensteuergesetz
EU	Europäische Union
EWG-Vertrag	Vertrag zur Gründung der Europäischen Wirtschaftsgemeinschaft
EzA	Entscheidungssammlung zum Arbeitsrecht
EzA-SD	EzA-Schnelldienst, Zeitschrift
FG	Finanzgericht
GewO	Gewerbeordnung
GG	Grundgesetz
ggf.	gegebenenfalls
GmbH	Gesellschaft mit beschränkter Haftung
HGB	Handelsgesetzbuch
HzA	Handbuch zum Arbeitsrecht
HzL	Handbuch zum Lohnsteuerrecht
HzS	Handbuch zum Sozialrecht
i.d.F.	in der Fassung
i.S.d.	im Sinne des
JArbSchG	Jugendarbeitsschutzgesetz
KG	Kommanditgesellschaft
KO	Konkursordnung
KrPflVO	Verordnung über die Arbeitszeit in Krankenpflegeanstalten
KSchG	Kündigungsschutzgesetz
LadschlG	Ladenschlußgesetz
LAG	Landesarbeitsgericht
LAGE	Entscheidungssammlung der Landesarbeitsgerichte
LohnFG	Lohnfortzahlungsgesetz
LStDV	Lohnsteuerdurchführungsverordnung

LStR	Lohnsteuerrichtlinien
MuSchG	Mutterschutzgesetz
NJW	Neue Juristische Wochenzeitschrift
NZA	Neue Zeitschrift für Arbeitsrecht
NZS	Neue Zeitschrift für Sozialrecht
a.a.O.	am angegebenen Ort
OHG	Offene Handelsgesellschaft
PersVG	Personalvertretungsgesetz
RefEntArbZG	Referentenentwurf zum Arbeitszeitgesetz
RKG	Reichsknappschaftsgesetz
RVO	Reichsversicherungsordnung
Rz.	Randziffer
s.	siehe
SchwbG	Schwerbehindertengesetz
SeemG	Seemannsgesetz
SG	Sozialgericht
SGB X	Sozialgesetzbuch - Verwaltungsverfahren, Schutz der Sozialdaten, Zusammenarbeit der Leistungsträger und ihre Beziehungen zu Dritten
SGB V	Sozialgesetzbuch - Gesetzliche Krankenversicherung
SGB I	Sozialgesetzbuch - Allgemeiner Teil
SGB VI	Sozialgesetzbuch - Rentenversicherung
SGG	Sozialgerichtsgesetz
sog.	sogenannt
SozR.	Sozialrecht, Loseblattentscheidungssammlung, bearbeitet von den Richtern des Bundessozialgerichts
SprAuG	Sprecherausschußgesetz
SV-Ausweis	Sozialversicherungsausweis
SVN-Heft	Sozialversicherungsnachweisheft
TVG	Tarifvertragsgesetz
u.a.	unter anderem
UWG	Gesetz gegen den unlauteren Wettbewerb
VermBG	Vermögensbildungsgesetz
WehrpflG	Wehrpflichtgesetz
WiB	Wirtschaftliche Beratung, Zeitschrift
ZAP	Zeitschrift für die Anwaltspraxis
z.B.	zum Beispiel
ZDG	Zivildienstgesetz
ZPO	Zivilprozeßordnung
z.V.v.	zur Veröffentlichung vorgesehen

1. Kapitel: Begründung des Arbeitsverhältnisses

I.	**Das Anbahnungsverhältnis**	**1000**
	1. Vorbereitende Personalmaßnahmen	1001
	a) Personalplanung	1002
	b) Mitwirkung des Betriebsrates	1003
	c) Innerbetriebliche Ausschreibung	1007
	d) Anzeigen, Einschaltung von Vermittlern	1010
	2. Bewerberauswahl	1011
	a) Fragerecht des Arbeitgebers	1012
	b) Ärztliche Untersuchung	1025
	c) Gutachten	1029
	d) Personalfragebogen	1032
	e) Einholung von Auskünften	1036
	f) Aufklärungspflichten des Bewerbers und des Arbeitgebers	1039
	g) (Wieder-)Einstellungsanspruch	1041
	h) Diskriminierungsverbot	1046
	i) Umgang mit Bewerbungsunterlagen nach erfolgter Einstellung	1050
	j) Vorstellungskosten	1051
II.	**Der Vertragsschluss/Die Einstellung**	**1052**
	1. Zustandekommen eines Arbeitsverhältnisses	1052
	a) Durch Vertragsschluss	1053
	b) Durch Rechtsnachfolge	1061
	c) Durch gesetzliche Fiktion	1062
	2. Formerfordernisse	1068
	3. Schriftliche Unterrichtung über Arbeitsbedingungen	1069
	a) Inhalt der gesetzlichen Nachweispflicht	1070
	b) Anwendungsbereich des NachwG	1071
	4. Betriebsratsbeteiligung	1100
	a) Begriff der Einstellung	1101
	b) Begriff der Eingruppierung	1105
	c) Unterrichtung des Betriebsrates	1108
	d) Zustimmungsverweigerungsrecht des Betriebsrates	1115
	e) Arbeitsgerichtliche Zustimmungsersetzung	1130
	f) Vorläufige Einstellung	1134
	g) Aufhebungsanspruch des Betriebsrates	1143
	h) Rechtsstellung des eingestellten Bewerbers	1148
	i) Leitende Angestellte	1151
III.	**Störfälle bei Vertragsschluss**	**1152**
	1. Anfechtbarkeit	1152
	a) Allgemeines	1153
	b) Wegen Irrtums über die Eigenschaft des Arbeitnehmers	1157
	c) Wegen Täuschung/Drohung	1158
	d) Abwicklung eines wirksam angefochtenen Vertrags	1162
	2. Nichtaufnahme der Arbeit	1167
	a) Schadensersatzanspruch	1168
	b) Vertragsstrafe	1170
IV.	**Weiterführende Literaturhinweise**	**1171**

I. Das Anbahnungsverhältnis

1. Vorbereitende Personalmaßnahmen

1001 Die Begründung eines Arbeitsverhältnisses kann als spontanes Gelegenheitsgeschäft oder auf der Grundlage einer umfassenden Personalplanung im Betrieb vorgenommen werden. In der Praxis wird häufig – insbesondere in kleinen Betrieben – auf jegliche wirtschaftswissenschaftlich abgesicherte Personalplanung verzichtet. In solchen Fällen ist das Risiko eines vorzeitigen Scheiterns des Arbeitsverhältnisses relativ groß.

a) Personalplanung

1002 Das erste Stadium einer personellen Maßnahme ist deren Planung. Die Personalplanung gehört zur Unternehmensplanung, die der alleinigen Entscheidungskompetenz des Arbeitgebers unterliegt. Durch sie soll erreicht werden, dass in absehbarer Zukunft genau das Personal einsetzbar ist, das im Betrieb nach Qualifikation und nach Zahl benötigt wird. Die Personalplanung stellt sich damit als ein betriebswirtschaftliches Tätigkeitsfeld dar. Sie ist sehr vielschichtig. Es müssen unterschiedliche betriebswirtschaftlich relevante Faktoren berücksichtigt werden.

Sie umfasst die Planung der Personalstruktur. Bei Personalentscheidungen sollen auch bestimmte strukturelle Kriterien, z.B. das Alter oder das Geschlecht, Berücksichtigung finden, um eine ausgewogene Zusammensetzung der Belegschaft zu erreichen.

Kern einer Personalplanung ist die Personalbedarfsplanung. In ihrem Rahmen wird festgelegt, wie viele Arbeitskräfte mit welcher bestimmten Qualifikation zu einem konkreten Zeitpunkt zur Verfügung stehen müssen, um die Betriebsziele zu erreichen. Die Personalbedarfsplanung umfasst die Entwicklung von konkreten Stellenplänen und Stellenbeschreibungen. Es wird festgeschrieben, welchen Sinn die Stelle im betrieblichen Zusammenhang wahrnehmen soll und welche Tätigkeiten dazu erforderlich sind. Ausgehend von solchen Stellenbeschreibungen werden dann Anforderungsprofile erstellt, in denen beschrieben wird, welche Kenntnisse, Erfahrungen und Eigenschaften der jeweilige Stelleninhaber aufweisen muss, um die in der Stellenbeschreibung vorgegebene Tätigkeit verrichten zu können.

Auch die Personalbeschaffungsplanung gehört zur Personalplanung. In ihrem Rahmen wird überlegt, auf welche Weise neue Mitarbeiter gewonnen werden können.

In der Personaleinsatzplanung wird zu überlegen sein, welche Mitarbeiter aus dem Belegschaftsstamm auf welcher Arbeitsstelle eingesetzt werden sollen.

Bei der Personalentwicklungs- und Nachfolgeplanung wird man zu erwägen haben, ob und auf welche Weise man aktuell beschäftigte Arbeitnehmer durch bestimmte Entwicklungsmaßnahmen, z.B. Fortbildungen, für die Übernahme anderer Tätigkeitsfelder qualifizieren kann.

Im Rahmen der Personalabbauplanung wird zu überlegen sein, ob in bestimmten Betriebsbereichen kurz-, mittel- oder langfristig die Gesamtzahl der Belegschaftsteile reduziert und gegebenenfalls auf welche Weise dies erreicht werden soll. Hier wird man die Konzepte des vorzeitigen Altersruhestands ebenso zu überdenken haben wie die Möglichkeiten von Kündigungen.

Im Rahmen der Personalkostenplanung wird ein Arbeitgeber sowohl seine kurz- als auch seine langfristigen Finanzierungsmöglichkeiten für im Raum stehende Personalmaßnahmen zu überlegen haben.

Schließlich wird man auch die betrieblichen infrastrukturellen Maßnahmen für bestimmte personelle Veränderungen zu berücksichtigen haben. Reichen die bestehenden Sozialräume für die geplante Belegschaftserweiterung noch aus?

Mit diesen Stichworten kann das Feld der Personalplanung nur angerissen werden. Unendlich viele sich jeweils aus den konkreten Gegebenheiten des Betriebes ergebende Umstände können für die Beantwortung der Frage, ob eine Personalmaßnahme sinnvoll ist oder nicht, entscheidend sein.

b) Mitwirkung des Betriebsrates

Nach § 92 BetrVG hat der Arbeitgeber den Betriebsrat über die Personalplanung anhand von Unterlagen rechtzeitig und umfassend zu unterrichten. Nach dem Gesetzeswortlaut soll sich dies insbesondere auf den gegenwärtigen und künftigen Personalbedarf sowie auf die sich daraus ergebenden personellen Maßnahmen und Maßnahmen der Berufsbildung erstrecken. Der Arbeitgeber soll mit dem Betriebsrat die Art und den Umfang der erforderlichen Maßnahmen sowie die Möglichkeit der Vermeidung von Härten beraten.

1003

Eine Hinzuziehung des Betriebsrates kommt natürlich nur in Betracht, wenn der Arbeitgeber selbst eine Personalplanung in der beschriebenen Weise betreibt. Verzichtet er darauf, hat der Betriebsrat nur die Möglichkeit, dem Arbeitgeber nach § 92 Abs. 2 BetrVG Vorschläge für die Einführung einer Personalplanung und ihre Durchführung zu unterbreiten. Erzwingen kann er dies aber nicht. Der Gesetzgeber hat den Bereich der Personalplanung somit nicht einer echten Mitbestimmung eröffnet, sondern sie der unternehmerischen Handlungsfreiheit zugeordnet.

Problematisch ist, wann eine mitbestimmungspflichtige Personalplanung beginnt. Nach der Rechtsprechung des BAG liegt noch keine Personalplanung vor, wenn der Arbeitgeber nur Möglichkeiten einer Personalerweiterung oder einer Personalreduzierung erkundet. Eine bloße Erkundung liegt insbesondere dann vor, wenn der Arbeitgeber herauszufinden versucht, welche Handlungsspielräume ihm zur Verfügung stehen (*BAG 06.11.1990, EzA § 92 BetrVG 1972 Nr. 2*).

1004

Die Abgrenzung ist im Einzelfall außerordentlich schwierig. Als Faustformel gilt dabei, dass eine abstrakte Beschreibung der Umstände, die bei einer Personalreduzierung/-erweiterung eine Rolle spielen können, noch keine Personalplanung darstellt. Eine solche Beschreibung verdichtet sich dann zu einer Personalplanung, wenn in ihr quantitative Angaben fixiert werden, aus denen zu ersehen ist, in welchem Umfang oder in welchem Verhältnis die Belegschaft erweitert oder abgebaut werden soll.

BEISPIEL

Unternehmer U ärgert sich über die langen Zustellzeiten bei Paketsendungen und kommt auf die Idee, einen unternehmenseigenen Botendienst zu gründen. Er erkundigt sich bei dem Verband über die Erfahrungen anderer Unternehmen, bei seinem Autohändler über Kauf- und Leasingkonditionen, und bei seinem Steuerberater über die finanziellen und steuerlichen Möglichkeiten. Von der Personalabteilung lässt er ein Anforderungsprofil für eine zu besetzende Stelle als Fahrdienstleiter/Bote und eine Liste der Mitarbeiter erstellen, deren Arbeitsverhältnis aus personen- oder betriebsbedingten Gründen gefährdet ist.

Die Personalplanung beginnt mit der Prüfung der Besetzungsmöglichkeiten, auch wenn noch nicht sicher feststeht, ob die Stelle tatsächlich eingerichtet werden soll.

Die Erkundigungen beim Verband und beim Autohändler sind unerheblich. Bei den Gesprächen mit dem Steuerberater kommt es darauf an, ob lediglich abstrakt finanzielle Reserven erkundet oder konkret Personalkosten geschätzt und deren Finanzierbarkeit geprüft werden. Die seitens der Personalabteilung gewünschten Informationen sind Gegenstand einer konkreten Personalbedarfs- und Personaleinsatzplanung.

1005 Die Unterrichtungspflicht nach § 92 Abs. 1 Satz 1 BetrVG ist umfassend. Der Arbeitgeber muss dem Betriebsrat alle Tatsachen bekannt geben, auf die er die jeweilige Personalplanung stützt. Dabei spielt es keine Rolle, ob die Planungsdaten im unmittelbaren Zusammenhang mit dieser Personalplanung erhoben wurden. Auch solche Informationen, die in anderen Zusammenhängen ermittelt wurden, sind dem Betriebsrat mitzuteilen, wenn sie für die konkrete Personalplanung von Bedeutung sind. Auf diese Weise hat der Betriebsrat auch das Recht, über bestimmte Produktions- und Investitionsentscheidungen informiert zu werden. Denn derartige Entscheidungen haben in aller Regel Auswirkungen im personellen Bereich des Betriebes.

Entsprechend weit ist die Verpflichtung des Arbeitgebers, dem Betriebsrat alle Unterlagen zugänglich zu machen, die er zur Grundlage seiner Personalplanung machen will. Dazu können Unterlagen gehören, die in ganz anderen Zusammenhängen erarbeitet wurden (Produktions-, Investitions- oder Rationalisierungsplanungen).

Eingeschränkt wird die Vorlage- bzw. Informationsverpflichtung nur dadurch, dass es sich um **erforderliche** Tatsachen/Unterlagen handeln muss. Dieser Begriff wird von der Rechtsprechung aber sehr weit verstanden. Das ist auch sinnvoll. Denn die Erforderlichkeit lässt sich häufig erst nach der Einsichtnahme bewerten.

Der Betriebsrat hat keinen Anspruch auf eine nachträgliche Unterrichtung. Nach Abwicklung einer Personalmaßnahme kann er keine diesbezügliche Unterrichtung mehr geltend machen.

Dies wäre auch sinnlos. Die Unterrichtung soll dem Betriebsrat nämlich eine Einflussnahme auf die abzuwickelnden Personalmaßnahmen ermöglichen. Eine solche ist aber nachträglich nicht möglich.

In der Praxis ist zu empfehlen, dass sich Betriebsrat und Personalleitung regelmäßig – z.B. wöchentlich – gemeinsam Gedanken über den Bereich der Personalplanung machen und neben den konkret anstehenden Entwicklungen auch einfache Denkmodelle miteinander erörtern. Durch eine solche vertrauensvolle Zusammenarbeit kann vermieden werden, dass sich eine Seite irgendwann einmal auf die formalen Rechtspositionen des Betriebsverfassungsgesetzes zurückzieht.

Eine Verletzung des Informationsrechts des Betriebsrates ist praktisch sanktionsfrei. Zwar steht die Möglichkeit einer Ordnungswidrigkeit nach § 121 BetrVG im Raum. Es wird aber im Einzelfall schwer fallen, den Nachweis eines vorsätzlichen Verhaltens zu führen. Darüber hinaus kann der Betriebsrat in einem Beschlussverfahren die Verletzung seines Unterrichtungsrechts feststellen lassen. Dies bewirkt aber nichts und ist nur sinnvoll, wenn Wiederholungen der Verletzung zu befürchten sind. **1006**

c) Innerbetriebliche Ausschreibung

Zu dem Bereich der Personalbeschaffungsplanung gehört auch die Stellenausschreibung. Durch die mit ihr bezweckte Aktivierung des innerbetrieblichen Arbeitsmarktes soll der Betriebsfrieden stabilisiert werden. Die Veränderungsbedürfnisse von Belegschaftsangehörigen sollen Berücksichtigung finden können. **1007**

Die Entscheidungskompetenz des Arbeitgebers im Bereich der Personalauswahl wird durch diese Regelung aber nicht eingeschränkt. Der Arbeitgeber braucht die innerbetrieblichen Bewerber nämlich nicht zu bevorzugen.

Das Unterlassen einer Ausschreibung oder die Vornahme einer inhaltlich unrichtigen Ausschreibung ermöglicht dem Betriebsrat, seine Zustimmung zu der Einstellungsmaßnahme nach § 99 Abs. 2 Nr. 2 BetrVG zu verweigern. Eine unrichtige Stellenausschreibung liegt dann vor, wenn in der betrieblichen Stellenausschreibung höhere Anforderungen genannt werden als in einer außerbetrieblichen Stellenanzeige. **1008**

BEISPIEL

In dem Zeitungsinserat heißt es: »EDV-Kenntnisse sind vorteilhaft«.

In der innerbetrieblichen Ausschreibung heißt es: »EDV-Kenntnisse und Erfahrungen mit dem System xy sind erforderlich«.

Der Betriebsrat wird der vorgeschlagenen Einstellung eines externen Bewerbers widersprechen können, weil in dem Zeitungsinserat geringere Anforderungen gestellt wurden.

Nach § 611 b BGB hat die Stellenausschreibung zudem geschlechtsneutral zu erfolgen. **1009**

d) Anzeigen, Einschaltung von Vermittlern

Außerbetriebliche Arbeitnehmeranwerbungen können auf vielfältige Weise geschehen. Der Arbeitgeber kann Zeitungsinserate aufgeben. Daneben kann er die Stellenangebote an geeigneten Stellen aushängen. Besondere Bedeutung hat aber auch die Einschaltung des Arbeitsamtes als Vermittler. **1010**

Die Möglichkeiten, neben dem Arbeitsamt private Arbeitsvermittler einzuschalten, werden unter → Rz. 5001 ff. dargestellt.

Zeitungsinserate sind ebenso wie sonstige Aushänge nicht als Vertragsangebote zu begreifen. Vielmehr fordert der Arbeitgeber potentielle Bewerber damit nur auf, ihrerseits Angebote zu unterbreiten.

Dementsprechend hat ein eingestellter Arbeitnehmer nur dann einen Anspruch auf die in einer Stellenanzeige aufgenommenen Bedingungen, wenn diese bei der Einstellung auch vereinbart wurden.

BEISPIEL

U gibt eine Stellenanzeige für eine(n) Lohnbuchhalter(in) zum 01.01.2001 auf, in der u.a. folgender Satz steht: »Ausgleich für evtl. Verlust des Weihnachtsgeldes möglich.« Er entscheidet sich für die Bewerberin B, die nach U's Zusage ihr altes Arbeitsverhältnis fristgerecht zum 31.12.2000 kündigt. Dadurch verliert sie in ihrem alten Arbeitsverhältnis den Anspruch auf eine vertraglich zugesicherte Treuegratifikation in Höhe eines Monatsgehalts, die sonst mit der Dezembervergütung ausgezahlt worden wäre. Beim Bewerbungsgespräch und dem Vertragsschluss mit U wurde über einen Ausgleich nicht geredet. B meint unter Hinweis auf die Stellenanzeige, dass U den Verlust ausgleichen muss.

Zu Unrecht! Eine Anzeige ist kein verbindliches Vertragsangebot. Es stellt nur die Aufforderung an die Leser dar, ein Angebot zu unterbreiten. Vertragsinhalt wird nur, was zwischen den Beteiligten auch konkret vereinbart wurde. Hier haben B und U versäumt, den Aspekt des Weihnachtsgeldausgleichs zu regeln. B hat keinen Ausgleichsanspruch.

2. Bewerberauswahl

1011 Die Auswahl eines neuen Mitarbeiters aus einem Bewerberkreis ist eine schwierige und wichtige Entscheidung. Die Bedeutsamkeit dieser Entscheidung ergibt sich aus mehreren Gesichtspunkten. Ein Arbeitnehmer verursacht laufende Kosten. Er bindet Betriebsmittel auf Dauer. Daneben ist er nicht einfach austausch- oder abschaffbar. Und schließlich prägt er mit seiner Persönlichkeit unter Umständen Gruppen oder Abteilungen und nimmt so Einfluss auf deren Arbeitsergebnis.

Angesichts dieser Bedeutsamkeit ist es wichtig, die Personalentscheidung abzusichern. Dies geschieht dadurch, dass der Arbeitgeber sich Informationen verschafft, die ihm einen Vergleich zwischen dem Stellenprofil und dem Bewerberprofil ermöglichen. Anhand dieses Vergleichs kann er feststellen, ob der Bewerber die mit der zu besetzenden Stelle verbundenen Anforderungen erfüllt.

Voraussetzung eines solchen Vergleichs ist eine genaue Kenntnis dieser Anforderungen. Es sollte also vor der eigentlichen Bewerberauswahl das Stellen- und Anforderungsprofil erarbeitet werden.

Im Rahmen der Bewerberauswahl sollten dann von den Bewerbern die Informationen eingeholt werden, die benötigt werden, um über ihre Eignung für die zu besetzende Stelle zu entscheiden. Weitergehende Fragen oder Untersuchungen sind weder sinnvoll noch gerechtfertigt. Das Persönlichkeitsrecht steht dem entgegen und verhindert rechtlich den gläsernen Bewerber.

a) Fragerecht des Arbeitgebers

Die direkte Befragung des Bewerbers ist eine vielfach angewandte Methode, um an Informationen zu gelangen. Schlecht vorbereitete Arbeitgeber stehen in der Gefahr, bei der Befragung den Bezug zu der zu besetzenden Stelle zu verlieren und unzulässige Fragen zu stellen. Andere Arbeitgeber neigen dazu, ihr Informationsbedürfnis einseitig zu überziehen. 1012

Für den Bewerber stellt sich in solchen Situationen die Frage nach dem **Recht auf Lüge**. Das BAG hat diese Frage zugunsten der Bewerber beantwortet. Sie dürfen eine unzulässige Frage wahrheitswidrig beantworten oder auch die Antwort verweigern.

Durch diese Rechtsprechung sind Unsicherheiten für beide Seiten geschaffen worden. Der Arbeitgeber kann nicht darauf vertrauen, dass alle Angaben wahrheitsgemäß gemacht wurden. Ein Bewerber könnte sich irrtümlich zur Lüge berechtigt gefühlt haben. Dem gegenüber steht der redliche Bewerber seinerseits bei Grenzfragen vor der Qual der Entscheidung.

In der Praxis dürfte der Bewerber einer unzulässigen Ausforschung gegenüber schutzlos sein. Die Begrenzung des Fragerechts hilft ihm nur, wenn er den Mut hat, zu lügen.

Das **Fragerecht** gegenüber einem bereits **eingestellten Arbeitnehmer** unterliegt grundsätzlich noch engeren Voraussetzungen, als das bei Einstellungen. Ein Arbeitgeber hat nur Anspruch auf Auskünfte, die

- eine Erfüllung der Arbeitnehmerpflichten sicherstellen oder
- der Vorbereitung von Schadensersatzansprüchen gegen den Arbeitnehmer oder Dritten dienen.

Das BAG verlangt, dass das Interesse des Arbeitgebers an der Beantwortung der Frage gerade im **Zusammenhang mit dem bestehenden Arbeitsverhältnis** vorliegt. Ein allgemeiner Zweckzusammenhang genügt nicht. Darüber hinaus darf die Auskunftsverpflichtung **keine übermäßige Belastung** des Arbeitnehmers darstellen. 1012a

Danach ist die Frage eines öffentlichen Arbeitgebers nach der **STASI-Mitarbeit** oder nach Funktionen in den politischen Parteien oder Massenorganisationen **nicht** zu beanstanden. Allerdings sind die Fragen nach der bloßen Zugehörigkeit zur SED oder nach einem erfolglosen Anwerbungsversuch seitens der STASI unzulässig. Das BAG stellt bei der Begründung maßgeblich darauf ab, dass der **öffentliche Arbeitgeber** nach dem Grundgesetz nur solche Mitarbeiter einsetzen darf, die zu den Werten der freiheitlichen demokratischen Grundordnung stehen (*BAG 07.09.1995, EzA § 242 BGB Auskunftspflicht Nr. 4*).

Diese Begründung ist auf die Interessenlage **privater Arbeitgeber nicht zu übertragen**, so dass zweifelhaft ist, ob Private die genannten Fragen ebenfalls stellen dürfen.

Entsprechendes gilt für Bewerber um Stellen **im Öffentlichen Dienst**. Diese dürfen nach einer früheren STASI-Tätigkeit befragt werden (*BAG 28.05.1998, EzA § 123 BGB Nr. 49*).

Dies gilt aber **nicht** für die **privaten Arbeitgeber**. Hier fehlt ein anerkennenswertes Interesse des Arbeitgebers an einer Information über die innere Bereitschaft des Bewerbers, die Verfassung zu beachten und zu tragen. Ein solches Interesse ist nur ausnahmsweise anzunehmen, wenn die zu erbringende Arbeitsleistung in einen Zusammenhang mit einer etwaigen früheren STASI-Tätigkeit gebracht werden kann. Dies wird man z.B. bei einer Erziehertätigkeit, nicht aber bei einer gewerblichen Tätigkeit annehmen können.

1013 Dem Arbeitgeber steht ein Fragerecht zu, wenn er an der Beantwortung der Frage im Hinblick auf das Arbeitsverhältnis ein berechtigtes, billigenswertes und schutzwürdiges Interesse hat *(BAG 07.06.1984, EzA § 123 BGB Nr. 25)*. Dies richtet sich insbesondere danach, ob die abgefragte Information im Zusammenhang mit dem einzugehenden Arbeitsverhältnis steht.

Diese Regeln hat die Rechtsprechung inzwischen auf eine Vielzahl von Standardfragen angewandt und konkretisiert.

1014 Bei **Krankheiten** soll sich das Fragerecht des Arbeitgebers auf 3 Fragen beschränken:
- Liegt eine Krankheit bzw. eine Beeinträchtigung des Gesundheitszustandes vor, durch die die Eignung für die vorgesehene Tätigkeit auf Dauer oder in periodisch wiederkehrenden Abständen eingeschränkt ist?
- Liegen ansteckende Krankheiten vor, die zwar nicht die Leistungsfähigkeit beeinträchtigen, jedoch die zukünftigen Kollegen oder Kunden gefährden?
- Ist zum Zeitpunkt des Dienstantritts bzw. in absehbarer Zeit mit einer Arbeitsunfähigkeit zu rechnen, z.B. durch eine geplante Operation, eine bewilligte Kur oder auch durch eine zur Zeit bestehende akute Erkrankung?

Diese vom BAG entwickelten Grundsätze beantworten noch nicht unmittelbar, ob es zulässig ist, den Bewerber nach konkreten Gesundheitsbeeinträchtigungen wie Heuschnupfen, Rheuma, Diabetes oder Fußpilz zu befragen. Dies lässt sich nicht generell beantworten. Es kommt vielmehr auf die konkreten Umstände des Einzelfalls – also die konkrete Gesundheitsbeeinträchtigung und die konkrete Arbeitsstelle – an.

Schwere chronische Leiden werden generell anzugeben sein, auch wenn sie im Zeitpunkt der Befragung nicht akut sein sollten. Andererseits werden durch das Fragerecht des Arbeitgebers nicht auch frühere chronische Krankheiten erfasst, die als ausgeheilt angesehen werden können.

1015 Im engen Zusammenhang mit einem im Hinblick auf Krankheiten bestehenden Fragerecht steht die aktuelle Diskussion, ob der Arbeitgeber berechtigt ist, nach dem Bestehen einer **HIV-Infektion** oder einer **AIDS-Erkrankung** zu fragen.

Dies ist noch nicht höchstrichterlich entschieden.

Unter Berücksichtigung der gegenwärtigen Kenntnis über den Infektions- und Krankheitsverlauf wird man das Fragerecht des Arbeitgebers auf das Bestehen von akuten AIDS-Erkrankungen beschränken müssen. Die Arbeitsfähigkeit eines HIV-infizierten Bewerbers ist noch nicht unmittelbar eingeschränkt. Allein die Sicherheit, dass in einer begrenzbaren Zeitspanne mit Erkrankungen zu rechnen ist, lässt das Persönlichkeitsrecht des Bewerbers nicht hinter das Informationsinteresse des Arbeitgebers zurücktreten. Denn die Zeitspanne zwischen der Ansteckung und dem Auftreten erster Krankheitserscheinungen beträgt ca. acht Jahre. Angesichts der Dauer dieser Latenzzeit kann die Arbeitsunfähigkeit des Infizierten nicht als absehbar bewertet werden. Es muss nämlich bei jedem Arbeitnehmer – unabhängig vom Vorliegen einer HIV-Infektion – damit gerechnet werden, dass er innerhalb von acht Jahren einmal erkrankt. Die Infektion stellt auch keine erkennbare Gefährdung dritter Personen dar. Bei Einhaltung der üblichen und vorgeschriebenen Sicherheits- und Hygieneregeln besteht in keinem Berufszweig erkennbar Anlass für die Annahme, dass der Arbeitnehmer die Infektion übertragen könnte. Die Gefahr eines plötzlichen Fehlverhaltens infolge einer unerwarteten Störung des zentralen Nervensystems kann vor dem Hintergrund ausgeschlossen werden, dass neurologische Symptome erst im letzten Stadium des Krankheitsverlaufs – in dem sog. manifesten Immunmangelsyndrom – auftreten. Dies wird nicht unerwartet sein.

Die Frage nach dem Bestehen einer akuten AIDS-Erkrankung umfasst sämtliche neurologischen Symptome, Infektionskrankheiten und Tumorerkrankungen. Nicht erfasst sind allerdings solche Gesundheitsstörungen, die keine Beschwerlichkeiten begründen. Dies wird insbesondere Blutbildabweichungen oder Gewichtsverluste betreffen.

Die Frage nach dem **beruflichen Werdegang** ist zulässig. Dies umfasst Fragen nach den früheren Arbeitgebern und der Dauer der jeweiligen Beschäftigungsverhältnisse sowie nach Zeugnis- und Prüfungsnoten und sonstigen Beurteilungen oder Qualifikationen. **1016**

Die Frage nach der bisherigen **Lohn- oder Gehaltshöhe** ist wiederum problematisch. Sie wird zwar noch weitgehend in der Rechtsprechung als zulässig erachtet. Das BAG hat aber entschieden, dass die Frage jedenfalls dann unzulässig sei, wenn die bisherige Vergütung keine Aussagekraft für die zu besetzende Stelle hat *(BAG 19.05.1983, AP Nr. 25 zu § 123 BGB)*. **1017**

Angesichts des Umstandes, dass aus der bisherigen Vergütungshöhe nur sehr begrenzt Rückschlüsse auf die Eignung des Bewerbers für die zu besetzende Stelle gezogen werden können, kann man keinem Arbeitgeber empfehlen, sich auf diesbezügliche mündliche Angaben des Bewerbers zu verlassen. In der Praxis dienen entsprechende Fragen wohl auch nicht der Feststellung der Eignung, sondern der Durchsetzung bestimmter Gehaltsvorstellungen. Dabei wird man von dem Bewerber nicht erwarten können, dass er die Position des Arbeitgebers unterstützt.

Die Frage nach der **Schwerbehinderteneigenschaft** ist uneingeschränkt zulässig *(BAG 03.12.1998, EzA § 123 BGB Nr. 41)*. Sie muss aber unterschieden werden von der Frage nach einer **Behinderung**, die nur zulässig ist, wenn die Behinderung erfahrungsgemäß die Eignung des Stellenbewerbers für die vorgesehene Tätigkeit beeinträchtigt *(BAG 07.06.1984, EzA § 123 BGB Nr. 24)*. **1018**

Die Frage nach **Religions- und Parteizugehörigkeit** ist außerhalb von Tendenzbetrieben unzulässig. Die Bewerber müssen sie nicht wahrheitsgemäß beantworten. **1019**

Auch die Frage nach der **Gewerkschaftszugehörigkeit** ist unzulässig. Der Arbeitgeber hat kein eigenes schutzwürdiges Interesse an dieser Information. Es bleibt grundsätzlich dem **1020**

Arbeitnehmer überlassen, ob er seine Gewerkschaftsbeiträge direkt vom Betrieb abführen lässt oder in eigener Regie an den Verband weiterleitet.

1021 Eine Frage nach einer bevorstehenden **Heirat** muss nicht beantwortet werden. Sie ist unzulässig.

1022 Ursprünglich hatte das BAG dem Arbeitgeber das Recht zugesprochen, eine Stellenbewerberin bei den Einstellungsverhandlungen in angemessener Form nach dem Bestehen einer Schwangerschaft zu fragen. Die Bewerberin war zur wahrheitsgemäßen Antwort verpflichtet. Die von der Bewerberin in Kenntnis der Schwangerschaft erklärte wahrheitswidrige Antwort rechtfertigte die Anfechtung des Arbeitsvertrages durch den Arbeitgeber wegen arglistiger Täuschung (*BAG 22.09.1961, EzA § 123 BGB Nr. 4*).

Später gelangte das BAG zu dem Ergebnis, die Frage nach der Schwangerschaft vor der Einstellung sei dann nicht unzulässig, wenn sich nur Frauen um den Arbeitsplatz bewerben. In der Frage nach der Schwangerschaft könne aber dann eine unzulässige Benachteiligung wegen des Geschlechts zu sehen sein, wenn sich männliche und weibliche Arbeitnehmer um denselben Arbeitsplatz bewerben (*BAG 20.02.1986, EzA § 123 BGB Nr. 27*). Es hat die schwangere Arbeitnehmerin bei einer Bewerbung auf einen Nachtarbeitsplatz sogar für verpflichtet gehalten, von sich aus ohne Befragen ihre Schwangerschaft zu offenbaren (*BAG 08.09.1988, EzA § 8 MuSchG Nr. 1*).

Im Anschluss an eine Entscheidung des EuGH hat das BAG sodann darauf erkannt, dass die Frage nach der Schwangerschaft vor Einstellung einer Arbeitnehmerin in der Regel eine unzulässige Benachteiligung wegen des Geschlechts enthalte und damit gegen das Diskriminierungsverbot des § 611a BGB verstoße, gleichgültig ob sich nur Frauen oder auch Männer um den Arbeitsplatz bewerben *(BAG 15.10.1992, EzA § 123 BGB Nr. 37; im Anschluss an EuGH, 08.11.1990, C-177/88, EzA § 611a BGB Nr. 7)*. Allerdings hielt das BAG es für möglich, eine Anfechtung durchgreifen zu lassen, wenn das eingegangene Vertragsverhältnis überhaupt nicht realisiert werden kann, d. h. wenn die Bewerberin für die angestrebte Arbeit objektiv nicht geeignet ist. Erwähnt wurden auch Fälle, in denen Beschäftigungsverbote nach dem Mutterschutzgesetz einer Beschäftigung der Bewerberin entgegenstehen oder in denen von vornherein eine Tätigkeit z.B. in einem befristeten Arbeitsvertrag wegen sogleich eintretender Mutterschutzfristen, Erziehungsurlaub jetzt: Elternzeit etc. nicht möglich ist. (*BAG 15.10.1992, EzA § 123 BGB Nr. 37*).

Demgegenüber entschied der EuGH, dass Artikel 2 Absätze 1 und 3 der Richtlinie 76/207/EWG des Rates vom 9. Februar 1976 zur Verwirklichung des Grundsatzes der Gleichbehandlung von Männern und Frauen hinsichtlich des Zugangs zur Beschäftigung, zur Berufsausbildung und zum beruflichen Aufstieg sowie in bezug auf die Arbeitsbedingungen es verbiete, eine Schwangere deshalb nicht auf eine unbefristete Stelle einzustellen, weil sie für die Dauer der Schwangerschaft wegen eines aus ihrem Zustand folgenden gesetzlichen Beschäftigungsverbots auf dieser Stelle von Anfang an nicht beschäftigt werden darf (*EuGH 03.02.2000, EzA § 611 a BGB Nr. 15*).

Daraus kann nur der Schluss gezogen werden, dass die **Frage nach der Schwangerschaft ausnahmslos unzulässig** ist *(a.A. wohl BSG 06.04.2000, EzA-SD 17/2000; ohne Kenntnisnahme der Entscheidung des EuGH).*

Dabei kann es keine Rolle spielen, ob eine befristete oder unbefristete Einstellung beabsichtigt ist. In diese Richtung weist auch eine Entscheidung des LAG Hamm, wonach der Arbeitgeber dem mit einer schwangeren Arbeitnehmerin unbefristet abgeschlossenen Arbeitsvertrag nicht mit der Begründung anfechten könne, die Arbeitnehmerin habe ihn arglistig getäuscht, weil sie nicht von sich aus auf die bestehende Schwangerschaft hingewiesen habe. Dies gelte auch dann, wenn der vertragsgemäßen Beschäftigung der Arbeitnehmerin in den ersten Monaten des Arbeitsverhältnisses ein schwangerschaftsbedingtes Beschäftigungsverbot entgegensteht. Eine so begründete Anfechtung diskriminiere die betroffene Arbeitnehmerin unmittelbar wegen ihres Geschlechts und verstoße damit gegen § 611a Abs. 1 BGB. Dementsprechend sei die schwangere Arbeitnehmerin bei Abschluss eines unbefristeten Arbeitsvertrages nicht gehalten, die bestehende Schwangerschaft ungefragt zu offenbaren – und zwar auch dann nicht, wenn der vertragsgemäßen Beschäftigung in den ersten Monaten des Arbeitsverhältnisses ein schwangerschaftsbedingtes Beschäftigungsverbot entgegensteht *(LAG Hamm, 01.03.1999, 2114; Revision eingelegt unter dem Aktenzeichen 2 AZR 346/99).*

Nach **Vorstrafen** oder **laufenden Ermittlungsverfahren** darf der Arbeitgeber den Arbeitnehmer bei der Einstellung fragen, wenn und soweit die Art des zu besetzenden Arbeitsplatzes dies erfordert *(BAG 20.05.1999, EzA § 123 BGB Nr. 52).* Dabei kommt es nicht auf die subjektive Einstellung des Arbeitgebers an, welche Vorstrafen oder Ermittlungsverfahren er als erheblich ansieht; entscheidend ist vielmehr ein objektiver Maßstab. Dies gilt grundsätzlich auch für Arbeitnehmer im öffentlichen Dienst. **1023**

Die Relevanz einer Vorstrafe für das Arbeitsverhältnis kann mit Zeitablauf an Bedeutung verlieren. Ob insoweit die Fristen des Bundeszentralregistergesetzes herangezogen werden können, wurde bisher nicht entschieden.

Die Zulässigkeit einzelner Fragen kann daher nur im Einzelfall entschieden werden. Dabei wird bei Stellen, deren Inhaber besondere Repräsentationspflichten wahrzunehmen oder eine gesteigerte Verantwortung zu tragen haben, eine weitergehende Offenbarungspflicht bestehen.

Die Frage nach den persönlichen **Vermögensverhältnissen** ist nur zulässig, wenn die zu besetzende Stelle ein besonderes Vertrauensverhältnis voraussetzt. Dies wird insbesondere dann der Fall sein, wenn mit der Stelle der selbständige und unmittelbare Zugriff auf eine Kasse verbunden ist, sofern die betroffenen Vermögenswerte erheblich sind (z.B. bei Bankkassierern). **1024**

b) Ärztliche Untersuchung

Wegen der verschiedenen unter → Rz. 1014 dargestellten Unsicherheiten bei der Befragung eines Bewerbers über seinen Gesundheitszustand gehen immer mehr Unternehmen **1025** dazu über, ärztliche Einstellungsuntersuchungen zu verlangen. Durch diese soll die physische Eignung des Bewerbers für die in Aussicht genommene Stelle festgestellt werden. In Arbeitsbereichen, wo die Arbeitnehmer in besonderer Weise psychischen Anforderungen ausgesetzt sind, können auch psychologische Eignungstests sinnvoll sein.

1026 Die Aussagekraft solcher Untersuchungen ist aber begrenzt. Grundsätzlich sind nämlich Ärzte und Psychologen nicht berechtigt, dem Arbeitgeber diagnostische Feststellungen oder detaillierte Untersuchungsergebnisse mitzuteilen. Vielmehr dürfen sie den Arbeitgeber nur darüber unterrichten, ob der Bewerber für die zu besetzende Stelle tauglich, bedingt tauglich oder nicht tauglich ist.

Sofern in Ausnahmefällen die zu besetzende Stelle ein vielschichtiges Anforderungsprofil umfasst, wird man unter Beachtung des Verhältnismäßigkeitsgrundsatzes die Mitteilungsmöglichkeiten ausdehnen können. Insoweit wird es aber erforderlich sein, den Bewerber zuvor über den Sinn und Zweck der beabsichtigten Untersuchung und deren Relevanz zu der zu besetzenden Stelle aufzuklären.

Diese besonderen Anforderungen rechtfertigen sich daraus, dass eine ärztliche oder psychologische Einstellungsuntersuchung einen besonders weitgehenden Eingriff in das Persönlichkeitsrecht des Bewerbers darstellen. Wer sich nämlich erst einmal auf eine solche Untersuchungssituation eingelassen hat, hat keine Möglichkeit mehr, die einzelnen Erkenntnisphasen zu kontrollieren, zu steuern oder gar zu verhindern.

Dem Bewerber nutzt es in der Praxis auch nichts, dass die Durchführung solcher Untersuchungen nur mit seiner Einwilligung möglich ist. Bei einer Verweigerung muss er nämlich damit rechnen, bei der Einstellungsentscheidung nicht mehr berücksichtigt zu werden.

1027 Der Bewerber kann formlos – also mündlich – in die Untersuchung einwilligen. In einer solchen Einwilligung wird regelmäßig auch die Entbindung des untersuchenden Arztes von seiner Schweigepflicht liegen. Es empfiehlt sich aber, auch insoweit ein Formblatt zu benutzen.

> **Muster für eine Einwilligung in eine ärztliche oder psychologische Eignungsuntersuchung**
>
> 1. Ich bin mit einer ärztlichen Untersuchung durch Dr. ... zu dem Zweck, festzustellen, ob ich für die Stelle ... nach meinem Gesundheitszustand geeignet bin, einverstanden. Ich entbinde den untersuchenden Arzt insoweit von seiner ärztlichen Schweigepflicht, als er der Firma ... Auskunft darüber erteilen darf, ob ich für die mit der Stelle ... verbundenen Tätigkeiten nach meinem Gesundheitszustand geeignet bin.
>
> 2. Ich bin mit einer psychologischen Eignungsuntersuchung durch Herrn/Frau ... einverstanden, die zu dem Zweck durchgeführt werden soll, Feststellungen über meine Eignung für die Tätigkeit als ... zu treffen.
>
> 3. Ich bin damit einverstanden, im Hinblick auf meine Eignung für die Tätigkeit als ... psychologisch untersucht zu werden. Dabei sollen folgende Untersuchungen speziell durchgeführt werden: Intelligenztests/Kreativitätstests/Belastungstests/ Konzentrationstests/ ... . Ich bin damit einverstanden, dass der Firma ... die Ergebnisse auch der einzelnen genannten Tests genannt werden.

> Ich bin mit der Verarbeitung meiner personenbezogenen Daten insoweit einverstanden, als das Unternehmen hierzu kraft Gesetzes verpflichtet ist. Ich weiß, dass personenbezogene Daten nur mit Zustimmung des Betriebsrates an Dritte übermittelt werden.

In letzter Zeit sollen Bewerber zunehmend mit dem Ansinnen konfrontiert worden sein, sich einem HIV-Antikörpertest zu unterziehen oder eine diesbezügliche ärztliche Bescheinigung vorzulegen. Dies ist unzulässig (vgl. → Rz. 1015). Die Betroffenen sind in einer solchen Situation aber nicht durch das Recht auf Lüge geschützt. Ein Arbeitgeber, der eine positive Einstellungsentscheidung von einem entsprechenden Nachweis abhängig macht, kann nicht daran gehindert werden, solche Bewerber, die den Nachweis ablehnen, bei der Einstellung nicht zu berücksichtigen. Die Rechtslage ist insoweit problematisch.

c) Gutachten

Im begrenzten Umfang werden auch gentechnische Analysen oder graphologische Gutachten erstellt. **1029**

Eine gentechnische Analyse ist eine besondere Einstellungsuntersuchung. Sie darf nur durchgeführt werden, soweit der Bewerber ihr ausdrücklich zugestimmt hat und eine solche Untersuchung unter Berücksichtigung der Besonderheiten der zu besetzenden Stelle verhältnismäßig und erforderlich ist. Dabei wird es sich um Ausnahmefälle handeln. Die gentechnische Analyse ermöglicht nämlich einen umfassenden und detaillierten Einblick in spezielle personenbezogene Daten.

Graphologische Gutachten sollen geeignet sein, charakterliche Eigenschaften und Begabungen eines Bewerbers zu bestimmen. Dabei setzt eine solche Feststellung voraus, dass zum einen ein erfahrener und geschulter Fachmann eingeschaltet ist und zum anderen eine ausreichend lange und unbefangen erstellte eigenhändige Handschriftprobe vorliegt. **1030**

Das Persönlichkeitsrecht eines Bewerbers wird durch solche Charakterstudien berührt. Daher bedürfen auch sie seiner vorherigen Einwilligung. Umstritten ist, ob bereits in dem Überreichen eines handgeschriebenen Lebenslaufs eine konkludente Einwilligungserklärung liegt. Dies wird man nicht annehmen können. Angesichts der Üblichkeit dieser Bewerbungspraxis ist es ausgeschlossen, aus ihr eine rechtsgeschäftlich relevante Handlung abzuleiten. Anders verhält es sich nur bei solchen Stellen, wo der Bewerber mit der Einholung eines solchen Gutachtens rechnen muss und vorab neben dem Lebenslauf weitere handschriftliche Unterlagen einreicht. **1031**

Der Streit um die rechtliche Bedeutung des handgeschriebenen Lebenslaufes ist überflüssig. Denn ein im Rahmen eines Bewerbungsverfahrens handgeschriebener Text wird nach aller Lebenserfahrung nicht unbefangen erstellt. Der Verfasser gibt sich vielmehr besondere Mühe. Damit ist diese Schriftprobe aber als Grundlage für ein graphologisches Gutachten untauglich.

d) Personalfragebogen

1032 Personalfragebogen sind formularmäßig zusammengestellte Fragen, die von den Bewerbern unter Einhaltung eines bestimmten Erhebungsschemas beantwortet werden sollen. Dies kann durch schriftliche Testbogen oder durch mündliche – sich an Checklisten orientierende – Befragungen geschehen.

Sie können ein sinnvolles Instrument sein, um die notwendige Informationserhebung im Rahmen von Einstellungsentscheidungen rationell zu betreiben. Dies bietet sich insbesondere bei Einstellungsverfahren an, wo entweder die Zahl der Bewerber eine abstrakte Vorauswahl erforderlich macht oder wo die Einstellungsentscheidung zugunsten des Bewerbers bereits gefallen ist, aber noch nicht alle für die Personalverwaltung notwendigen Angaben vorliegen.

Auch bei sonstigen Bewerbungsverfahren werden die Fragen nach Familienstand, Geburtsdatum, Geburtsort häufig nur von allen Beteiligten als lästig empfunden. Auch insoweit kann ein Personalfragebogen eine Hilfe sein.

Hinsichtlich der Zulässigkeit der in einem Personalfragebogen aufzunehmenden Fragen kann auf die Ausführungen unter → Rz. 1012 ff. verwiesen werden.

1033 Wegen der mit der standardisierten Erhebungsform verknüpften generellen Gefährdung des Persönlichkeitsrechts der betroffenen Bewerber wurde in § 94 BetrVG ein umfassendes Mitbestimmungsrecht des Betriebsrates aufgenommen. Die Einführung und jede Änderung eines Fragebogens bedarf seiner vorherigen Zustimmung. Dies umfasst insbesondere auch die Entscheidung über die Zulässigkeit der einzelnen Fragen.

Der Betriebsrat kann also seine Zustimmung davon abhängig machen, dass bestimmte Fragen in den Fragebogen nicht aufgenommen werden. Die fehlende Zustimmung des Betriebsrats zu einem Personalfragebogen gibt dem Arbeitnehmer nicht das Recht, eine in dem Fragebogen individualrechtlich zulässigerweise gestellte Frage wahrheitswidrig zu beantworten (*BAG 02.12.1999, EzA § 94 BetrVG 1972 Nr. 4*)

1034 Darüber hinaus ist aber auch die Verarbeitung von mittels eines Fragebogens erhobenen Daten in automatisierten Verfahren zustimmungspflichtig. Dies ergibt sich daraus, dass durch die Eingabe der Daten in eine Datenverarbeitung zusätzliche und neue Erhebungsmöglichkeiten für den Arbeitgeber geschaffen werden können.

Der Arbeitgeber muss dem Betriebsrat also nicht nur mitteilen, welche Daten er erheben will, sondern auch, wie er diese zu verwenden gedenkt. Darüber hinaus muss der Betriebsrat über alle Programme informiert werden, mit deren Hilfe diese Daten verarbeitet werden sollen. Beispielsweise wird der Arbeitgeber dem Betriebsrat mitteilen müssen, dass er die mittels des Personalfragebogens erhobenen Daten »Familienname, Geburtsort, Geburtsdatum, Wohnort,« der Lohnbuchhaltung zuleiten wird, die diese Daten ggf. zur Abrechnung von Steuern, Sozialversicherungsbeiträgen und anderem benötigt.

In diesem Zusammenhang wird dann auch mitzuteilen sein, welche Datenverarbeitungsprogramme die Lohnbuchhaltung zur Erledigung dieser Tätigkeiten benutzt. Dies bereitet aber in aller Regel keine besondere Schwierigkeit, da der Betriebsrat über diese Zusammenhänge bei einer laufenden Information sowieso schon unterrichtet sein wird.

Kommt eine Einigung zwischen Betriebsrat und Arbeitgeber über den Inhalt oder die Verwendung eines Personalfragebogens nicht zustande, so entscheidet die Einigungsstelle. Ihre Entscheidung ersetzt die Einigung zwischen den Betriebsparteien. 1035

Muster für einen Personalfragebogen

Ich bewerbe mich um die Einstellung als ...

- Angaben zur Person:
  - Name, Vorname:
  - Wohnort(Ort, Straße, Nummer, Telefon):
  - Geburtstag, Geburtsort:
  - Familienstand:
  - Kinder:
  - bei ausländischen Bewerbern:
  - Gültigkeitszeiträume der Aufenthalts- und Arbeitserlaubnis
  - Nationalität:
  - bei minderjährigen Bewerbern:
  - Name und Anschrift der gesetzlichen Vertreter ...
- Angaben zu persönlichen Verhältnissen: Leiden Sie an einer Schwerbehinderungserkrankung, die für die vorgesehene Tätigkeit von Bedeutung ist , z.B.: Wirbelsäulenbeschwerden, Organverlust, Gliedmaßenamputation... Wie ist der Grad Ihrer Behinderung?
  - Leiden Sie an einer chronischen Erkrankung, durch die die Tauglichkeit für die vorgesehene Tätigkeit eingeschränkt ist (z.B. ...) (vgl. → Rz. 1014) ?...
  - Haben Sie zum gegenwärtigen Zeitpunkt eine Operation geplant, eine Kur beantragt, durch die Ihr Dienstantritt gefährdet ist? ...
  - Haben Sie den Wehr- oder Ersatzdienst abgeleistet? ...
  - Sind Sie wegen eines Deliktes vorbestraft, das im Hinblick auf die Tätigkeit in der zu besetzenden Stelle relevant ist (z.B. ...) (vgl. → Rz. 1023) ?...
  - Liegen Pfändungen vor? Ggf. durch wen und in welcher Höhe? ...
- Angaben zu persönlichen Fähigkeiten:
  - Haben Sie neben der im Lebenslauf angegebenen Schul- und Berufsausbildung weitere Fortbildungsveranstaltungen (Volkshochschule, usw.) besucht und ggf. Mit welchen Abschlüssen beendet? ...
  - Haben Sie sonstige besondere Kenntnisse und Fähigkeiten (Fremdsprachen, usw.)? ...
- Sonstiges:
  - Wann können/möchten Sie ggf. die Arbeit aufnehmen?
  - In welcher Krankenkasse sind Sie versichert?

- Möchten Sie Mitglied der Betriebskrankenkasse werden?
- Haben Sie Interesse, sich im Betrieb oder außerhalb des Betriebes fortzubilden – ggf. in welche Richtung? ...
• Datum/Unterschrift: (bei Minderjährigen Unterschrift des gesetzlichen Vertreters): ...

Bei dem Muster ist zu beachten, dass die Fragen – soweit möglich – auf die betrieblichen Gegebenheiten hin konkretisiert werden sollten. Dies gilt insbesondere im Hinblick auf die Frage nach den Erkrankungen und den Vorstrafen.

e) Einholung von Auskünften

1036 Arbeitgeber möchten häufig Informationen über einen Bewerber haben, die sich nicht aus den vorgelegten Zeugnissen und Bescheinigungen ergeben. Sie holen dann oft Auskünfte ein. Dabei wenden sie sich zumeist an frühere Arbeitgeber des betroffenen Bewerbers.

1037 Die Erteilung und Einholung von Auskünften über einen Bewerber berührt dessen Recht auf informationelle Selbstbestimmung. Nach dieser aus dem Persönlichkeitsschutz der Art. 1 und 2 GG abgeleiteten Rechtsposition ist es grundsätzlich Sache des Einzelnen, selbst über die Preisgabe und Verwendung seiner persönlichen Daten zu bestimmen. Daraus ist zu folgern, dass jede Erhebung, Verwendung und Weitergabe von persönlichen Daten eines Arbeitnehmers grundsätzlich der vorherigen ausdrücklichen Zustimmung dieses Arbeitnehmers bedarf.

Nur in Ausnahmefällen ist eine solche vorherige Zustimmung entbehrlich. Das Problem im Bereich der Auskunftserteilung liegt demgemäss darin, die Grenzen dieser Ausnahmefälle zu bestimmen. Hier fehlt es noch an klärenden und richtungsweisenden Gerichtsentscheidungen. Das liegt daran, dass der durch die erteilte/eingeholte Auskunft in seinem Recht auf informationelle Selbstbestimmung möglicherweise verletzte Arbeitnehmer davon überhaupt nichts erfährt. Es spricht einiges dafür, dass die Maßstäbe, die das Bundesverfassungsgericht in seiner Volkszählungsentscheidung zu der Frage entwickelt hat, ob und in welchem Umfang der Gesetzgeber persönliche Daten über die einzelnen Bürger erheben und weiter verarbeiten darf, auf das Arbeitsverhältnis zu übertragen sind. Dann wird im Bereich der Auskunftserteilung der Gesichtspunkt der »Zweckentfremdung« eine besondere Bedeutung erlangen. Aus der genannten Entscheidung des BVerfG ergibt sich nämlich, dass einmal verfügbar gemachte Daten nicht durch Weitergabe an Dritte »zweckentfremdet« werden dürfen. Da ein Arbeitgeber persönliche Daten eines Arbeitnehmers in aller Regel ausschließlich zu dem Zweck der betriebsinternen Verwendung – Personalplanung/Buchhaltung usw. – erhoben und verarbeitet hat, liegt es nahe, die Weitergabe dieser Daten nach Abschluss des Arbeitsverhältnisses an den späteren neuen Arbeitgeber des Arbeitnehmers als eine zweckentfremdete Verwendung zu qualifizieren, die ohne Zustimmung unzulässig ist.

1038 Der betrieblichen Praxis muss empfohlen werden, Auskünfte an Dritte – insbesondere neue Arbeitgeber – nur nach vorheriger Zustimmung des betroffenen Arbeitnehmers zu erteilen. Anderenfalls besteht für den die Auskunft erteilenden ehemaligen Arbeitgeber das Risiko, von dem betroffenen Arbeitnehmer auf Schadensersatz in Anspruch genommen zu werden. Dieses mag zwar angesichts des erwähnten Umstandes, dass der Arbeitnehmer in aller Regel über die Auskunftserteilung keine Kenntnis erlangt, gering sein. Ein vermeidbares Restrisiko bleibt aber jedenfalls bestehen.

Soweit die Voraussetzungen für eine Auskunftserteilung vorliegen, ist der die Auskunft Erteilende verpflichtet, die Auskunft wahrheitsgemäß zu erteilen. Falsche Auskünfte würden ein Haftungsrisiko begründen. Dabei kämen sowohl der betroffene Arbeitnehmer als auch der Empfänger der falschen Auskunft als Anspruchssteller in Betracht.

f) Aufklärungspflichten des Bewerbers und des Arbeitgebers

1039 Neben den Informationsrechten bestehen für den Bewerber und den Arbeitgeber auch Offenbarungspflichten. Beide müssen einander ungefragt über solche Umstände unterrichten, die den Kern des Arbeitsverhältnisses betreffen. So ist der Arbeitgeber in Ausnahmefällen sogar verpflichtet, den Bewerber über die wirtschaftliche Lage des Betriebes zu informieren. Ein solcher Ausnahmefall liegt vor, wenn schon bei den Einstellungsgesprächen unsicher ist, ob die in absehbarer Zeit fälligen Vergütungen beglichen werden können. In der Praxis viel wichtiger ist die Verpflichtung des Arbeitgebers, ausländische Bewerber über die besonderen Einstellungsvoraussetzungen aufzuklären. Dies umfasst aber nicht die Pflicht, für den Bewerber die vorgeschriebene Arbeitserlaubnis einzuholen.

1040 Der Arbeitnehmer ist seinerseits verpflichtet, den Arbeitgeber über solche Umstände zu unterrichten, die für die Erbringung der Arbeitsleistung erkennbar von Bedeutung sind. Die Erkennbarkeit wird davon abhängen, welche Informationen der Arbeitgeber im Einstellungsgespräch über die zu besetzende Stelle und die an sie geknüpften Anforderungen eingebracht hat. Es empfiehlt sich daher, die Haupttätigkeiten so konkret wie möglich zu bezeichnen, z.B. nicht nur mitzuteilen, dass Kenntnisse im Umgang mit Textverarbeitungssystemen vorausgesetzt werden, sondern die konkreten Systeme auch zu bezeichnen. Im Einzelfall kann auch eine Arbeitsplatzbesichtigung hilfreich sein.

Für beide Seiten gilt, dass es sinnvoll ist, wichtige Umstände ausdrücklich abzufragen und sich nicht darauf zu verlassen, dass der Vertragspartner von sich aus Umstände mitteilt, die einer reibungslosen Abwicklung entgegenstehen können. Im Fall der Verletzung einer Offenbarungspflicht ist der Vertrag anfechtbar bzw. kündbar. Es gilt insoweit das gleiche wie bei einer Anfechtung wegen einer wahrheitswidrigen Beantwortung einer zulässigen Frage. Darüber hinaus können Schadensersatzansprüche denkbar sein. In der Praxis wird es aber schwierig sein, im Einzelfall den Schaden konkret zu beziffern.

g) (Wieder-)Einstellungsanspruch

1041 Das Recht des Arbeitgebers, seine neuen Mitarbeiter selbst auszuwählen, ergibt sich aus der allgemeinen Handlungsfreiheit nach Art. 2 GG. Einschränkungen bestehen insoweit, als ihm Ausgleichsabgaben auferlegt werden, wenn er bestimmte schutzbedürftige Bewerbergruppen nicht berücksichtigt – z.B. bei Schwerbehinderten (§ 5 Abs. 1 SchwbG).

1042 Problematisch und von der Rechtsprechung bisher nicht befriedigend geklärt ist die Frage, ob der Arbeitgeber bei Neueinstellungen verpflichtet ist, ehemalige Arbeitnehmer bevorzugt zu berücksichtigen. In Betracht kommt eine solche Verpflichtung, wenn sich die tatsächlichen Umstände nach Ausspruch einer Kündigung zugunsten des gekündigten Arbeitnehmers verändern. Eine solche Entwicklung hat keinen unmittelbaren Einfluss auf die Wirksamkeit der Kündigung, die nur bezogen auf den Zeitpunkt des Kündigungszugangs geprüft wird. Ein Wiedereinstellungsanspruch der betroffenen Arbeitnehmer könnte auf der Hand liegende Ungerechtigkeiten beseitigen.

Dies betrifft etwa betriebsbedingte Kündigungen, die auf bestimmten betriebswirtschaftlichen Prognosen beruhten, welche später nicht eintraten. Auch einer krankheitsbedingten Kündigung, deren Wirksamkeit auf der Prognose eines bestimmten Krankheitsverlaufs beruhte, kann nachträglich durch einen überraschenden Heilungsprozess die Legitimation entzogen werden. Bei Verdachtskündigungen kann sich nachträglich der Verdacht als unbegründet herausstellen. Ebenso kann sich der Vorwurf einer verwerflichen politischen Betätigung – z.B. bei der »STASI« – nachträglich als falsch erweisen.

1043 Bei der wichtigen Fallgruppe der betriebsbedingten Kündigungen hat das BAG durch neue Entscheidungen für Klarheit gesorgt. Danach kommt es darauf an, ob bei dem Arbeitgeber innerhalb der Kündigungsfrist eine anderweitige Beschäftigungsmöglichkeit für den gekündigten Arbeitnehmer entsteht. Wenn die Kündigung auf der Prognose des Arbeitgebers beruht hat, den Arbeitnehmer bei Ablauf der Kündigungsfrist – beispielsweise wegen einer beabsichtigten Betriebsstillegung – nicht weiter beschäftigen zu können, und sich diese Prognose noch während des Laufs der Kündigungsfrist als falsch erweist – weil es z.B. zu einem Betriebsübergang gekommen ist – so hat der Arbeitnehmer einen Anspruch auf Fortsetzung des Arbeitsverhältnisses, wenn der Arbeitgeber mit Rücksicht auf die Wirksamkeit der Kündigung noch keine Dispositionen getroffen hat und ihm die unveränderte Fortsetzung des Arbeitsverhältnisses zumutbar ist (*BAG 27.02.1997, EzA § 1 KSchG Wiedereinstellungsanspruch Nr. 1*). Demgegenüber kommt ein Wiedereinstellungsanspruch nicht in Betracht, wenn erst nach Beendigung des Arbeitsverhältnisses im Betrieb eine andere Beschäftigungsmöglichkeit entsteht (*BAG 06.08.1997, EzA § 1 KSchG Wiedereinstellungsanspruch Nr. 2*). Dies gilt für Abläufe, in denen die neue Beschäftigungsmöglichkeit auf einem neuen Kausalverlauf beruht. Von dem 2. Senat wurde ausdrücklich offengelassen, ob ein Wiedereinstellungsanspruch verneint werden kann, wenn sich der Unternehmer nach Ablauf der Kündigungsfristen zur Aufhebung der die Kündigung begründenden Unternehmerentscheidung entschließt (*BAG 04.12.1997 EzA § 1 KSchG Wiedereinstellungsanspruch Nr. 3*). Bei der Auswahl der wiedereinzustellenden Arbeitnehmer hat der Arbeitgeber soziale Gesichtspunkte (Alter, Betriebszugehörigkeitsdauer und Unterhaltspflichten) des Arbeitnehmers zu berücksichtigen. Haben die Arbeitsvertragsparteien noch während der Kündigungsfrist durch einen gerichtlichen Vergleich das Arbeitsverhältnis gegen Zahlung einer Abfindung aufgehoben, so kann dieser Vergleich wegen Wegfalls der Geschäftsgrundlage an die geänderte betriebliche Situation anzupassen sein. Das kann im Einzelfall bedeuten, dass der Arbeitnehmer die Abfindung zurückzahlt und wiedereingestellt wird *(BAG 04.12.1997 a.a.O.)*. Einen solchen Anspruch kann der Arbeitnehmer nur durchsetzten, wenn ihm das Festhalten an dem Vergleich unzumutbar ist. Dabei wird auch die Höhe der Abfindung berücksichtigt werden müssen *(BAG 28.06.2000, EzA § 1 KSchG Wiedereinstellungsanspruch Nr. 5)* Arbeitgeber, die nach einem abgewickelten Personalabbau wieder einen Teil der bisherigen Belegschaft einstellen wollen, müssen das Gebot der sozialen Auswahl nach § 1 Abs. 3 KSchG nicht beachten *(BAG 15.03.1984, EzA § 611 BGB Nr. 2)*.

Für die Fallgruppe der Verdachtskündigung hat das LAG Frankfurt entschieden, dass bei nachträglicher Reinigung von dem Verdacht ein Wiedereinstellungsanspruch besteht *(LAG Frankfurt a.M. 01.09.1993, LAGE § 626 BGB Verdacht strafbarer Handlung Nr. 4)*.

Ein Arbeitnehmer sollte aber jedenfalls, wenn er neben dem Kündigungsschutz eine Wiedereinstellung geltend machen möchte, dies durch einen Hilfsantrag neben der Kündigungsschutzklage betreiben. Der Antrag wird auf die Abgabe eines Angebots zur Vertragsfortsetzung bzw. Wiedereinstellung zu richten sein *(§ 894 ZPO)*. Er kann sich aber auch unmittelbar auf die Weiterbeschäftigung beziehen. Dann muss aber klar gemacht werden, dass es sich nicht um den typischen unechten Hilfsantrag handelt, sondern die Weiterbeschäftigung auch für den Fall der Wirksamkeit der Kündigung begehrt wird *(BAG 27.02.1997, EzA § 1 KSchG Wiedereinstellungsanspruch Nr. 1)*.

1044

Der Arbeitgeber sollte bei Verdachtskündigungen eine auf Dauer angelegte Neubesetzung des Arbeitsplatzes erst vornehmen, wenn amtliche Ermittlungen im Hinblick auf die dem gekündigten Arbeitnehmer vorgeworfenen Handlungen abgeschlossen sind. Bei Neueinstellungen, die kurz nach der Vornahme betriebsbedingter Kündigungen erfolgen, sollte er die gekündigten Arbeitnehmer anschreiben und ihnen eine Wiedereinstellung – ggf. auf einem anderen Arbeitsplatz – anbieten. Dieses Angebot sollte er angemessen – mindestens 10 Tage – befristen. Durch dieses Angebot hat er seiner Fürsorgepflicht Genüge getan und das Risiko einer späteren Inanspruchnahme ausgeschlossen.

1045

h) Diskriminierungsverbot

In der Freiheit, unter den Bewerbern einen künftigen Mitarbeiter auszusuchen, ist der Arbeitgeber durch § 611 a Abs. 1 Satz 1 BGB dadurch beschränkt, dass er niemand wegen seines Geschlechts benachteiligen darf.

1046

Unter der unmittelbaren Diskriminierung versteht man die Fälle, in denen eine Ablehnung ausdrücklich mit dem Geschlecht begründet wird. Das wird auch angenommen bei einem Hinweis, wonach die Bewerberin nicht in das Männerteam passt oder auf den bestehenden Kinderwunsch oder die bestehende Schwangerschaft.

1047

Die mittelbare oder verdeckte Diskriminierung umfasst die Fälle, dass Einstellungsvoraussetzungen gefordert werden, die von einem Geschlecht sehr viel seltener erfüllt werden als von dem anderen.

Die Verweigerung einer Einstellung wegen einer Schwangerschaft kommt nur gegenüber Frauen in Betracht und stellt daher eine mittelbare Diskriminierung dar (*EuGH 03.02.2000, EzA § 611 a BGB Nr. 15*)

Eine unterschiedliche Behandlung wegen des Geschlechts ist zulässig, wenn die Differenzierung sich an der auszuübenden Tätigkeit orientiert und ein bestimmtes Geschlecht unverzichtbare Vorraussetzung für diese Tätigkeit ist. Allein ein sachlicher Grund rechtfertigt keine geschlechtsbezogene Differenzierung.

Die Rechtsprechung legt dieses Kriterium streng aus:

- Das weibliche Geschlecht ist keine unverzichtbare Voraussetzung der Bestellung zur Gleichstellungsbeauftragten (*BAG 12.11.1998, EzA § 611 a BGB Nr. 14*).
- Das männliche Geschlecht ist keine unverzichtbare Voraussetzung für körperlich anstrengende Tätigkeiten (Bewegen und Montieren von 85 kg schweren Fenstern (*LAG Hamburg 18.08.1999, LAGE § 11 a BGB Nr. 2*).

1048 Eine diskriminierte Bewerberin hat keinen Einstellungsanspruch (§ 611 a Abs. 3 BGB). Allerdings besteht nach § 611 a Abs. 2 BGB ein Entschädigungsanspruch. Ein solcher besteht aber nur für die benachteiligten Bewerber. Benachteiligt kann ein Bewerber nur sein, wenn er sich subjektiv ernsthaft beworben hat und objektiv für die zu besetzende Stelle in Betracht gekommen ist (*BAG 12.11.1998, EzA § 611 a BGB Nr. 14*)

Der Entschädigungsanspruch soll drei Monatsverdienste nicht überschreiten. Nach einer neuen Entscheidung des Europäischen Gerichtshofs ist anzunehmen, dass die Höchstbegrenzung in bestimmten Fällen gegen die Richtlinie des Europäischen Rates vom 09.02.1976 76/207 EWG verstößt (*EuGH 22.04.1997, EzA § 11 a BGB Nr. 12*). Dies betrifft die Fälle, in denen die diskriminierte Bewerberin bei diskriminierungsfreier Auswahl die Stelle erhalten hätte.

Hinzuweisen ist auf die Ausschlussfristen, die für den Entschädigungsanspruch bestehen. Er muss nach § 611 a Abs. 3 BGB innerhalb von sechs Monaten nach Zugang der Ablehnung schriftlich geltend gemacht werden, wobei etwaige für das angestrebte Arbeitsverhältnis vorgesehene kürzere Ausschlussfristen vorgehen. Darüber hinaus muss der Anspruch gem. § 61 Betrieb Abs. 1 ArbGG innerhalb von drei Monaten nach der schriftlichen Geltendmachung gerichtlich verfolgt werden.

1049 Arbeitgeber sollten insbesondere in Ausschreibungen auf geschlechtsneutrale Angaben achten und durch den Gebrauch standardisierter Ablehnungsschreiben den Anschein geschlechtsdiskriminierender Entscheidungen vermeiden.

i) Umgang mit Bewerbungsunterlagen nach erfolgter Einstellung

1050 Nach Abschluss der Bewerberauswahl steht der Arbeitgeber vor der Frage, was er mit den gesammelten Unterlagen der abgelehnten und der eingestellten Bewerber anfangen soll.

Hinsichtlich der abgelehnten Bewerber ist es der einfachste Weg, diesem alle Unterlagen (z.B. bestehend aus Bewerbungsmappe, Personalfragebogen, Untersuchungsergebnisse) auszuhändigen. Damit ist aber ein Risiko verbunden: Der Arbeitgeber muss nämlich damit rechnen, dass negative Auswahlentscheidungen seitens des abgelehnten Bewerbers gerichtlich angefochten werden. Dann benötigt der Arbeitgeber die Unterlagen, um die getroffene Personalentscheidung rechtfertigen zu können.

Dieses Risiko kann man dadurch vermeiden oder verringern, dass die Unterlagen erst herausgegeben werden, wenn der abgelehnte Bewerber auf ein rechtliches Vorgehen gegen die für ihn negative Einstellungsentscheidung verzichtet hat.

Die den eingestellten Bewerber betreffenden Unterlagen sind ihm jedenfalls herauszugeben, soweit sie ihm gehören (Bewerbungsmappe). Die übrigen Informationsträger können zur Personalakte genommen werden, soweit sie auf zulässige Weise erlangt wurden. Maßgeblich ist, ob der Arbeitgeber ein aus der Begründung oder Durchführung des Arbeitsverhältnisses resultierendes anerkennenswertes Interesse an der Aufnahme der Daten hat. Dieser Maßstab entspricht den an anderer Stelle bereits skizzierten Grenzen des Fragerechts (→ Rz. 1012 ff.).

Besonders sensible Daten, die den Gesundheitszustand des eingestellten Bewerbers betreffen, müssen gesondert geschlossen verwahrt werden, um sicher zu stellen, dass nicht jeder Mitarbeiter der Personalabteilung Zugang zu ihnen hat *(BAG 05.07.1987, EzA § 611 BGB Persönlichkeitsrecht Nr. 5)*. Gesundheitsdaten, die aktuell nicht mehr von Bedeutung sind, müssen aus der Personalakte herausgenommen werden. Sie können aber in besonderen, nicht jedem Mitarbeiter der Personalabteilung zugänglichen Gesundheitsakten aufbewahrt werden, sofern sie für irgendwelche Personalentscheidungen in der Zukunft noch Relevanz entfalten können.

j) Vorstellungskosten

Der Arbeitgeber ist zur Erstattung der Vorstellungskosten nach §§ 662 ff. BGB verpflichtet, wenn er den Arbeitnehmer zur persönlichen Vorstellung aufgefordert hat. Eine derartige Aufforderung ist nicht schon in einer Stellenanzeige zu sehen. Ein Inserat ist vielmehr nur die Aufforderung, sich zu bewerben. Eine solche formlose Bewerbung ist noch keine Vorstellung.

1051

Die Vorstellungskosten umfassen alle notwendigen Auslagen des Bewerbers. Dazu gehören insbesondere Fahrt-, Übernachtungs- und Verpflegungskosten. Sie umfassen nicht einen gegebenenfalls vorliegenden Verdienstausfall.

Um im Einzelfall Auseinandersetzungen darüber zu vermeiden, ob der Bewerber die Fahrtkosten 1. Klasse und die Übernachtung im 3-Sterne-Hotel verlangen kann, empfiehlt es sich dringend, bei der Einladung zur Vorstellung klarzustellen, welche Kosten übernommen werden.

> **Muster für eine Einladung zu einem Vorstellungsgespräch**
>
> »Sehr geehrte ...
>
> Wir bedanken uns für Ihre Bewerbung vom ...
>
> Wir würden Sie gerne persönlich kennenlernen und laden Sie daher ein, sich am ... um ... Uhr bei unserem Herrn/Frau ... zum Zwecke einer Vorstellung einzufinden.
>
> Die Ihnen in diesem Zusammenhang entstehenden Auslagen werden wir nach Maßgabe der folgenden Regelungen gerne ersetzen:
>
> a) Fahrtkosten
> Soweit Sie mit Ihrem Privat-Pkw fahren, erstatten wir eine Kilometerpauschale von ... Pfennig je gefahrenen Entfernungskilometer. Bei einer Anreise mit der Bundesbahn oder dem Flugzeug erstatten wir gegen Vorlage des Tickets die Kosten für die 1./2. Klasse.
>
> b) Wenn Sie eine Übernachtung wünschen, bitten wir Sie, uns dies rechtzeitig mitzuteilen. Wir werden dann das Notwendige auf unsere Kosten vor Ort veranlassen.
>
> c) Verpflegungskosten übernehmen wir gegen Vorlage von Quittungen in Höhe von ... EUR.
>
> Darüber hinaus erstatten wir keine Auslagen.
>
> Mit freundlichen Grüßen«

II. Der Vertragsschluss/Die Einstellung

1. Zustandekommen eines Arbeitsverhältnisses

1052 Ein Arbeitsverhältnis wird in aller Regel durch einen Arbeitsvertrag begründet. In bestimmten Situationen wird die rechtliche Grundlage des Arbeitsverhältnisses durch das Gesetz aber auch fingiert. Darüber hinaus gibt es das so genannte faktische Arbeitsverhältnis. Dies entsteht dann, wenn ein Arbeitsvertrag, der aus rechtlichen Gründen ungültig ist, tatsächlich vollzogen wurde.

Das Arbeitsverhältnis wird dadurch gekennzeichnet, dass der Austausch von Arbeit gegen Arbeitsentgelt verpflichtend vorgesehen ist.

a) Durch Vertragsschluss

1053 Arbeitgeber und Arbeitnehmer können auf dem Prinzip der Vertragsfreiheit den Arbeitsvertrag abschließen. Diese umfasst zunächst einmal die Abschlussfreiheit – also zu entscheiden, ob ein Vertrag geschlossen werden soll. Darüber hinaus erstreckt sie sich auch auf die Auswahlfreiheit – zu entscheiden, mit wem der Vertrag abgeschlossen werden soll – und die Form- und Inhaltsfreiheit – zu entscheiden, mit welcher Form und welchem Inhalt er abgeschlossen werden soll.

Das Prinzip der Vertragsfreiheit ist gerade im arbeitsrechtlichen Bereich in vielfacher Hinsicht eingeschränkt. So sind die Bedingungen eines Arbeitsverhältnisses häufig schon durch tarifliche Regelungen vorgeschrieben, denen sich die Vertragsparteien gar nicht mehr entziehen können. Auch viele gesetzliche Vorschriften grenzen den Gestaltungsspielraum der Vertragsparteien erheblich ein.

Diese Beschränkungen rechtfertigen sich aus dem Sozialstaatsprinzip, nach dem die Schutzbedürftigkeit des Arbeitnehmers, der sich in das Vertragsverhältnis als ganze Person begibt und darauf angewiesen ist, seinen Lebensunterhalt aus der Arbeitsleistung zu erzielen, besonders berücksichtigt werden muss.

Ein Arbeitsvertrag wird nur begründet, wenn der Arbeitnehmer sich verpflichtet, weisungsabhängig Dienst zu erbringen. Er ist zu unterscheiden von freien Dienstvertragsverhältnissen, Werkvertragsverhältnissen, Gesellschaftsverhältnissen oder Gefälligkeiten (vgl. zur Abgrenzung → Rz. 1513). Notwendigerweise müssen in dem Arbeitsvertrag die Vertragspartner bezeichnet werden. Es muss sich aus dem Vertrag ergeben, wer wem gegenüber verpflichtet ist. Darüber hinaus ist die Art und der Beginn der vom Arbeitnehmer geschuldeten Arbeitsleistung festzulegen. Und es muss schließlich klar sein, dass die Arbeitsleistung gegen ein Entgelt erbracht werden soll. Darüber hinausgehende Regelungen sind begriffsnotwendig nicht erforderlich, gleichwohl aber zweckmäßig. 1054

Muster für einen Arbeitsvertrag

Zwischen Herrn/Frau ...

und Firma ...

wird folgender Arbeitsvertrag geschlossen.

Herr/Frau ... wird zum ...

als ... eingestellt.

Seine/Ihre Vergütung beträgt ... EUR/Stunde/Tag/Monat.

Datum ; Unterschrift Arbeitnehmer; Arbeitgeber

Der Arbeitsvertrag kommt durch übereinstimmende auf den Vertragsabschluss gerichtete Willenserklärungen von Arbeitgeber und Arbeitnehmer zustande. Dabei handelt es sich um Angebot und Annahme. Es ist unerheblich, wer das Angebot unterbreitet und wer dieses annimmt. Entscheidend ist, dass die jeweiligen Erklärungen von der Gegenseite als auf den Vertragsabschluss gerichtet verstanden wurden und verstanden werden durften. Bei der Bestimmung des Inhalts einer Erklärung ist nicht nur deren Wortlaut maßgeblich. Vielmehr sind alle im situativen Kontext stehenden Umstände, die für den Erklärungsempfänger erkennbar waren, mit zu berücksichtigen. Annahme und Angebot können also auch durch schlüssiges Handeln z.B. Kopfschütteln oder Kopfnicken erklärt werden. 1055

Arbeitgeber und Arbeitnehmer können sich beim Vertragsabschluss vertreten lassen. Insoweit gelten die allgemeinen Vertretungsregelungen der §§ 164 ff. BGB. Nach dem dort geregelten Offenkundigkeitsprinzip muss der Vertreter offenbaren, in wessen Namen er spricht. Bleibt dies unklar, wird im allgemeinen der wirkliche Firmeninhaber verpflichtet. 1056

Voraussetzung einer wirksamen Stellvertretung ist vor allem das Bestehen einer Vertretungsmacht . Diese kann sich aus unterschiedlichen Umständen ergeben. Es kann eine 1057 ausdrückliche Vollmacht erteilt worden sein. Darüber hinaus kann eine Vollmacht aber auch aus Vertrauensschutzgesichtspunkten als so genannte Duldungs- oder Anscheinsvollmacht vorliegen.

Eine Duldungsvollmacht liegt vor, wenn der Vertretene es wissentlich geschehen lässt – also duldet –, dass ein anderer für ihn ohne ausdrückliche Bevollmächtigung wie ein Vertreter auftritt.

Bei einer Anscheinsvollmacht kennt der Vertretene das Handeln seines angeblichen Vertreters zwar nicht, hätte es aber bei pflichtgemäßer Sorgfalt erkennen und verhindern können. Der durch das Handeln des angeblichen Vertreters gesetzte Anschein ist dem Vertretenen daher zuzurechnen. Erforderlich ist es in jedem Fall, dass der Geschäftspartner nach Treu und Glauben vom Vorliegen einer wirksamen Stellvertretung ausgehen durfte.

1058 Ist der Arbeitgeber oder der Arbeitnehmer geschäftsunfähig (§ 104 BGB), weil er z.B. das siebente Lebensjahr noch nicht vollendet hat, muss er sich durch seinen gesetzlichen Vertreter vertreten lassen. Sofern ein Arbeitsverhältnis ohne Beachtung dieser Notwendigkeit tatsächlich vollzogen wurde, ist es nach den Grundsätzen des faktischen Arbeitsverhältnisses abzuwickeln.

1059 Sofern auf der Arbeitgeber- oder Arbeitnehmerseite eine beschränkte Geschäftsfähigkeit vorliegt, ist die Rechtslage komplizierter. Eine beschränkte Geschäftsfähigkeit besteht dann, wenn der jeweilige Vertragspartner das siebente Lebensjahr vollendet hat aber noch minderjährig ist. Grundsätzlich kann auch hier ein Vertrag nur mit Zustimmung des gesetzlichen Vertreters abgeschlossen werden. Aber § 112 BGB schafft für beschränkt geschäftsfähige Arbeitgeber einen wichtigen Ausnahmetatbestand. Sofern nämlich der gesetzliche Vertreter mit Genehmigung des Vormundschaftsgerichtes den Minderjährigen zum selbständigen Betrieb eines Erwerbsgeschäftes ermächtigt hat, darf dieser alle Rechtsgeschäfte selbständig vornehmen, die der Geschäftsbetrieb mit sich bringt. Dazu gehören allerdings wiederum nicht die Rechtsgeschäfte, zu denen der Vertreter selbst die Genehmigung des Vormundschaftsgerichtes einholen muss. Nach § 1822 Abs. 1 Nr. 5 BGB gehören dazu auch solche Vertragsabschlüsse, durch die der Minderjährige zu wiederkehrenden Leistungen über einen Zeitraum verpflichtet wird, der länger als ein Jahr nach dem Eintritt der Volljährigkeit fortdauern soll. Dies bedeutet, dass bei Vorliegen der Ermächtigung zur Betriebsführung der Minderjährige zumindest befristete Arbeitsverträge abschließen kann.

1060 Auf der Arbeitnehmerseite verhält es sich praktisch spiegelbildlich. Ist der gesetzliche Vertreter nämlich ein Vormund, so bedarf es neben seiner Zustimmung für den Abschluss eines Arbeitsvertrages auch noch der Genehmigung des Vormundschaftsgerichtes, wenn ein Arbeitsverhältnis geschlossen wird, aufgrund dessen der Minderjährige zu persönlichen Leistungen für längere Zeit als ein Jahr verpflichtet wird (§ 1822 Nr. 7 BGB). Arbeitsverhältnisse von kürzerer Dauer bedürfen nur der Zustimmung der gesetzlichen Vertreter. Im Normalfall sind das die Eltern. Grundsätzlich müssen diese den Minderjährigen gemeinschaftlich vertreten (§§ 1626, 1629 BGB). Im allgemeinen wird aber davon ausgegangen, dass der genehmigende Elternteil von dem anderen ausdrücklich oder stillschweigend bevollmächtigt war, diesen zu vertreten. Ein Arbeitgeber darf also davon ausgehen, dass beide Elternteile mit einer Beschäftigung einverstanden sind, wenn der einzustellende minderjährige Arbeitnehmer eine nur von einem Elternteil unterschriebene Einverständniserklärung vorlegt.

b) Durch Rechtsnachfolge

Die Verpflichtungen aus einem Arbeitsverhältnis können auch über eine Rechtsnachfolge begründet werden. Dabei ist zwischen den Fällen der Gesamtrechtsnachfolge und den Fällen der Einzelrechtsnachfolge zu unterscheiden. Eine Gesamtrechtsnachfolge liegt dann vor, wenn ein neuer Rechtsträger kraft Gesetzes an die Stelle eines bisherigen Rechtsträgers tritt. Diese Fälle sind abschließend geregelt, z.B. der Erbfall (§ 1922 BGB). **1061**

Die Einzelrechtsnachfolge liegt vor, wenn die Arbeitsverhältnisse durch den Übergang eines Betriebes oder eines -teils miterfasst werden. Dies ist in § 613 a BGB geregelt. Es handelt sich hierbei aber nicht um einen Fall der Begründung eines Arbeitsverhältnisses sondern vielmehr um einen Fall der Fortsetzung eines bestehenden Arbeitsverhältnisses mit einem neuen Arbeitgeber (vgl. → Rz. 4626 ff.).

c) Durch gesetzliche Fiktion

In Ausnahmefällen wird ein Arbeitsverhältnis auch durch gesetzliche Fiktion begründet. So ordnet § 10 Abs. 1 AÜG das Zustandekommen eines Arbeitsverhältnisses zwischen dem Arbeitnehmer und dem Entleiher für den Fall an, dass der Verleiher nicht über die nach § 1 AÜG erforderliche Erlaubnis verfügt (vgl. → Rz. 3530). **1062**

Schwierig ist die Unterscheidung zwischen Arbeitnehmerüberlassungsverträgen und Werk- oder Dienstverträgen. Denn bei beiden wird ein Arbeitnehmer in dem Betriebsbereich eines Dritten eingesetzt. **1063**

Die Arbeitnehmerüberlassung (Einzelheiten s. → Rz. 3502 ff.) wird durch folgende Kriterien gekennzeichnet: **1064**

- Arbeitnehmer sind in Betrieb des Entleihers eingegliedert und führen die Arbeiten nach dessen Weisungen aus.
- Vertragspflicht des Verleihers umfasst lediglich, die Arbeitnehmer auszuwählen und zur Verfügung zu stellen.
- Verleiher haftet nur für Verschulden bei der Auswahl der Arbeitnehmer.

Demgegenüber wird der sonstige Personaleinsatz bei Dritten (Dienst- oder Werkverträge) wie folgt gekennzeichnet: **1065**

- Der Arbeitgeber organisiert die die notwendigen Maßnahmen unter Beachtung der vertraglichen Regeln und bleibt für den Erfolg verantwortlich.
- Der Dritte kann dem Arbeitgeber und dem Arbeitnehmer als dessen Erfüllungsgehilfen Anweisungen für die Ausführung des Werkes erteilen (*BAG 31.03.1993, EzA § 10 AÜG Nr. 5*).

1066 Auch § 78 a BetrVG fingiert den Bestand eines Arbeitsverhältnisses. Dies gilt für Auszubildende, die Mitglied eines Betriebsverfassungsorgans waren und innerhalb der letzten 3 Monate vor Beendigung des Ausbildungsverhältnisses vom Arbeitgeber schriftlich die Weiterbeschäftigung verlangt haben.

1067 Auch das Berufsausbildungsverhältnis kann sich unter den Voraussetzungen des § 14 Abs. 3 BBiG verlängern. Besteht der Auszubildende die Abschlussprüfung vor Ablauf der Ausbildungszeit nicht, so verlängert sich das Ausbildungsverhältnis auf sein Verlangen bis zur nächst möglichen Wiederholungsprüfung, höchstens um ein Jahr. Besteht er diese erste Wiederholungsprüfung nicht, kann er die Fortsetzung der Ausbildung auch bis zu einer zweiten Wiederholungsprüfung verlangen, wenn diese noch innerhalb der Höchstfrist von einem Jahr abgelegt wird (*BAG 15.03.2000, EzA § 14 BBiG Nr. 10*).

2. Formerfordernisse

1068 Grundsätzlich ist der Abschluss von Arbeitsverträgen formfrei. Ein Arbeitsvertrag kann also mündlich, schriftlich und in allen sonst denkbaren Weisen abgeschlossen werden.

Von diesem Grundsatz gibt es auch **Ausnahmen**. Es gibt bspw. für einzelne Vertragsabsprachen ein Schriftformerfordernis. So sieht § 14 Abs. 4 TzBfG für Befristungsabsprachen die Schriftform vor (vgl. → Rz. 1612). Auch die gemeinde- und kreisrechtlichen Vorschriften der Länder regeln häufig Schriftformerfordernisse. Die Bedeutung dieser Schriftformerfordernisse ist zweifelhaft. Normalerweise ist ein Rechtsgeschäft, das gegen ein gesetzliches Schriftformerfordernis verstößt, nach § 125 BGB nichtig. Aber solche Schriftformerfordernisse dürfen nach Art. 55 EGBGB nicht durch landesrechtliche Normen begründet werden. Im Ergebnis sind daher Formverstöße gegen diese gemeinderechtlichen Ländervorschriften unerheblich.

Es können aber Formvorschriften auch im Tarifvertrag vorgesehen sein. Nach einer Auswertung des Tarifregisters beim Bundesminister für Arbeit und Sozialordnung, das mehr als 430 westdeutsche Tarifbereiche mit 18,4 Millionen Arbeitnehmern umfasst, bedürfen die Arbeitsverträge von 84 % der Arbeitnehmer, die von den Tarifverträgen erfasst werden, der Schriftform. Die Bedeutung tariflicher Schriftformklauseln kann unterschiedlich sein. Sie können mit konstitutiver oder mit deklaratorischer Wirkung vorgesehen sein. **Konstitutive Wirkung** bedeutet, dass der Verstoß gegen das Formerfordernis die Unwirksamkeit der vertraglichen Abrede zur Folge hat. Demgegenüber ist ein Verstoß gegen ein **deklaratorisches Formerfordernis** unschädlich. Eine deklaratorische Schriftformklausel ist regelmäßig dann gewollt, wenn nach dem Willen der Tarifpartner auch ohne Einhaltung der Formvorschrift die arbeitsvertragliche Vereinbarung rechtswirksam zustande kommen soll, den Parteien jedoch zum Zwecke der Beweiserleichterung ein Anspruch auf die schriftliche Vertragsniederschrift eingeräumt ist. Dies soll bei Tarifverträgen der Regelfall sein. Die Nichtbeachtung einer konstitutiven tariflichen Formvorschrift hat die Nichtigkeit des Arbeitsvertrages zur Folge. Gilt jedoch eine tarifliche Formvorschrift nur noch kraft Nachwirkung, kann sie arbeitsvertraglich – auch konkludent – aufgehoben werden.

Häufig wird in schriftlichen Arbeitsverträgen vereinbart, dass die Änderung des Vertrags der Schriftform bedarf. Die Schriftformklausel kann aber jederzeit ausdrücklich oder konkludent formfrei aufgehoben werden. Hierbei reicht es aus, dass die Arbeitsvertragsparteien die Maßgeblichkeit des mündlich Verabredeten gewollt haben, auch wenn sie die Schriftform nicht bedacht haben.

3. Schriftliche Unterrichtung über Arbeitsbedingungen

Seit dem 28.07.1995 muss der Arbeitgeber den Arbeitnehmer über die wesentlichen Arbeitsbedingungen schriftlich informieren. Dies folgt aus dem Gesetz über den Nachweis der für ein Arbeitsverhältnis geltenden wesentlichen Bedingungen (Nachweisgesetz – NachwG), durch das die EG-Richtlinie vom 14.10.1991 »über die Pflicht des Arbeitgebers zur Unterrichtung des Arbeitnehmers über die für seinen Arbeitsvertrag oder sein Arbeitsverhältnis geltenden Bestimmungen« (91/533/EWG, Amtsblatt der EG Nr. L 288/32, Nachweisrichtlinie) umgesetzt wurde. Diese Richtlinie hat wiederum ihre Grundlage in der Gemeinschaftscharta der sozialen Grundrechte der Arbeitnehmer. Von den Vorschriften des NachwG kann nicht zuungunsten des Arbeitnehmers abgewichen werden (§ 5 NachwG).

1069

Der Nachweis hat lediglich deklaratorische Bedeutung. Der Arbeitsvertrag und die Arbeitsbedingungen gelten immer so, wie sie entweder beiderseitig vereinbart wurden oder wie sie sich aufgrund der Gesetzeslage oder anwendbarer kollektivrechtlicher Regelungen ergeben. Durch das NachwG wird für den Arbeitsvertrag **keine Schriftform** eingeführt. Eine **Ausnahme** besteht alsbald im Hinblick auf Befristungsabreden.

Bislang waren **B**efristungsabreden nicht an die Einhaltung einer Schriftform gebunden. Es ist aber damit zu rechnen, dass am 01.05.2000 das Arbeitsgerichtsbeschleunigungsgesetz in Kraft tritt. Dieses sieht die Einfügung eines § 622 in das BGB vor. Diese Norm soll folgende Fassung erhalten: »Die Beendigung von Arbeitsverhältnissen durch Kündigung oder Auflösungsvertrag sowie die Befristung bedürfen zu ihrer Wirksamkeit der Schriftform.« Damit gilt ab dem 01.05.2000 für alle Befristungsabreden die gesetzliche Schriftform. Nach § 126 Abs. 2 BGB ist zur Wahrung der Schriftform erforderlich, dass die Arbeitsvertragsparteien dieselbe Urkunde unterzeichnen. Wird die Schriftform nicht eingehalten, ist die Befristungsabrede nichtig (§ 125 Satz 1 BGB), nicht jedoch der Arbeitsvertrag im Übrigen.

Der Katalog in § 2 Abs. 2 NachwG verpflichtet den Arbeitgeber lediglich, die darin aufgeführten bestimmten Elemente als wesentliche Arbeitsbedingungen in einem Nachweis zu dokumentieren. Den Arbeitgeber trifft insoweit eine **Wiedergabepflicht** hinsichtlich der vereinbarten und eine **Informationspflicht** hinsichtlich der im Übrigen aufgrund gesetzlicher oder kollektivrechtlicher Vorschriften geltenden (wesentlichen) Arbeitsbedingungen.

a) Inhalt der gesetzlichen Nachweispflicht

1070 Nach § 2 Abs. 1 NachwG hat der Arbeitgeber spätestens einen Monat nach dem vereinbarten Beginn des Arbeitsverhältnisses die wesentlichen Vertragsbedingungen

- schriftlich (in deutscher Sprache, zur Beschäftigung ausländischer Arbeitnehmer vgl. → Rz. 1870) niederzulegen,
- die Niederschrift zu unterzeichnen und
- dem Arbeitnehmer auszuhändigen (Holschuld nach § 269 Abs. 2 BGB).

Wenn dem Arbeitnehmer ein schriftlicher Arbeitsvertrag ausgehändigt worden ist, entfällt nach § 2 Abs. 4 NachwG die Nachweispflicht, soweit der Vertrag alle geforderten Angaben enthält. Fehlen im schriftlichen Arbeitsvertrag einzelne der geforderten Angaben, so müssen diese in Ergänzung zum Arbeitsvertrag nachgewiesen werden. **In die Niederschrift der wesentlichen Vertragsbedingungen sind nach § 2 Abs. 1 NachwG mindestens aufzunehmen:**

- **Name und Anschrift der Vertragsparteien:** Arbeitgeber und Arbeitnehmer sind so genau zu bezeichnen, dass kein Zweifel an der Person besteht. Insbesondere die Arbeitgeberbezeichnung ist sorgfältig und vollständig vorzunehmen. Bei der Gesellschaft bürgerlichen Rechts sind die Namen und Anschriften der Gesellschafter aufzunehmen. Der Arbeitgeber kann seine im Handelsregister eingetragene Firma führen (§ 17 Abs. 2 HGB). Bei juristischen Personen oder bei Handelsgesellschaften hat die Angabe der gesetzlichen Vertreter bzw. des Vertretungsorgans des Arbeitgebers in der Niederschrift zu erfolgen.
- **Zeitpunkt des Beginns des Arbeitsverhältnisses:** Gemeint ist der Zeitpunkt des vereinbarten Beginns des Arbeitsverhältnisses, nicht der der tatsächlichen Arbeitsaufnahme.
- **Vorhersehbare Dauer des Arbeitsverhältnisses bei befristeten Arbeitsverhältnissen:** Dies kann in Form einer konkreten Zeitbestimmung, aber auch durch Angabe eines Zweckes geschehen (vgl. → Rz. 1593 ff.).
- **Arbeitsort** oder, falls der Arbeitnehmer nicht nur an einem bestimmten Arbeitsort tätig sein soll, ein Hinweis darauf, dass der Arbeitnehmer an verschiedenen Orten beschäftigt werden kann: Ausreichend für die Bezeichnung des Arbeitsortes ist die Angabe der räumlichen Lage des Betriebs bzw. Betriebsteils, in dem der Arbeitnehmer beschäftigt werden soll. Nicht gemeint ist die räumliche Lage des Arbeitsplatzes.
- Bezeichnung oder allgemeine **Beschreibung der vom Arbeitnehmer zu leistenden Tätigkeit:** Als genügend wird angesehen die Angabe des charakteristischen Berufsbildes (Tischler, Schlosser, Pflasterer) oder des Aufgabenbereichs (Wartung bestimmter Maschinen, Lagerarbeiten). Nicht notwendig ist die Erstellung einer detaillierten Stellenbeschreibung. Sollen dem Arbeitnehmer vorübergehend oder dauernd andere Tätigkeiten zugewiesen werden, so muss die Niederschrift auch die Angabe des Inhalts und zeitlichen Ausmaßes dieser Leistungsverpflichtung enthalten (vgl. zur Erweiterung des Direktionsrecht → Rz. 1936).
- **Zusammensetzung und Höhe des Arbeitsentgelts** einschließlich Zuschläge, Zulagen, Prämien und Sonderzahlungen sowie andere Bestandteile des Arbeitsentgelts und de-

ren Fälligkeit: Aufzuführen sind in der Niederschrift demnach die Grundvergütung (brutto, netto), ggf. Zeitpunkt und Umfang der Vergütungserhöhung, Zeit-, Leistungs- oder Erfolgsvergütung, Zulagen (z.B. Erschwernis-, Funktions-, Leistungszulagen, persönliche Zulagen, Sozialzulagen), Zuschläge (Mehrarbeit, Überstunden, pauschale Abgeltung, Freizeitausgleich) und Sonderformen der Arbeitsvergütung (Gewinnbeteiligung, Sonderzuwendungen/Gratifikationen, Prämien, Beihilfen, Fahrtkosten, Personalrabatt, Prozente, Trinkgeld). Der Gesamtbetrag des Arbeitsentgelts muss im voraus bestimmbar sein, weshalb ggf. die Berechnungsgrundlagen für Vergütungsbestandteile anzugeben sind. Gründet sich der Anspruch des Arbeitnehmers auf einer betrieblichen Übung, ist der Arbeitgeber ebenfalls gehalten, dies im Nachweis zu dokumentieren. Fehlt es an einer Vergütungsvereinbarung, besteht eine Informationspflicht über die übliche Vergütung i.S.v. § 612 BGB. Ein Hinweis auf die Entgeltfortzahlung im Krankheitsfall und an Feiertagen braucht nicht zu erfolgen. Bei den verschiedenen aufzuführenden Elementen des Arbeitsentgelts ist die Angabe des jeweils einschlägigen Fälligkeitszeitpunktes erforderlich. Da die Höhe und die Zusammensetzung des Arbeitsentgelts häufigen Anpassungen unterliegen kann, ist zu empfehlen, von der Verweisungsmöglichkeit nach § 2 Abs. 3 Satz 1 NachwG (Hinweis auf die einschlägigen Tarifverträge, Betriebsvereinbarungen) Gebrauch zu machen, um die bei derartigen Änderungen nach § 3 NachwG vorzunehmende Änderungsmitteilung zu vermeiden.

- **Vereinbarte Arbeitszeit:** Maßgeblich ist die Dauer der regelmäßigen Arbeitszeit, nicht deren Lage. Die Dauer der Arbeitszeit ist in bezug auf einen vertraglich bestimmten Zeitraum anzugeben (Stunden pro Tag, Woche, Monat, Jahr usw.).Bei Arbeit auf Abruf (Art. 1 § 4 Abs. 1 BeschFG) hat der Arbeitgeber gegebenenfalls über die gesetzlich vorgeschriebene Dauer der Abrufarbeit zu informieren (vgl. zur vertraglichen Arbeitszeitregelung → Rz. 1690).
- **Dauer des jährlichen Erholungsurlaubs:** Sofern die Dauer des Erholungsurlaubs durch die Dauer der Betriebszugehörigkeit und/oder das Alter bestimmt wird, genügt die Angabe der Berechnungsmodalitäten. Ansonsten kann auf die gesetzliche Regelung des Erholungsurlaubs verwiesen werden (§ 2 Abs. 3 Satz 2, Abs. 1 Nr. 8 NachwG i.V.m. § 3 Abs. 1 BUrlG). Da sich die Zahl der Urlaubstage von Teilzeitkräften je nach der Verteilung der Arbeitszeit in der Kalenderwoche im Verhältnis zum Urlaubsanspruch von Vollzeitbeschäftigten berechnet, wird in diesen Fällen eine unmissverständliche Angabe zur Urlaubsdauer empfohlen.
- **Fristen für die Kündigung des Arbeitsverhältnisses:** Hier kann auf die gesetzliche Regelung der Kündigungsfristen verwiesen werden (§ 2 Abs. 3 Satz 2, Abs. 1 Nr. 9 NachwG i.V.m. § 622 BGB; vgl. zu den gesetzlichen, tariflichen und arbeitsvertraglichen Kündigungsfristen → Rz. 4251 ff.).
- **Hinweis** in allgemeiner Form **auf die anzuwendenden Tarifverträge, Betriebs- oder Dienstvereinbarungen:** Gemeint sind allein die kraft kollektivrechtlicher Wirkung geltenden Vereinbarungen. Insoweit bedarf es keiner detaillierter Einzelauflistung der genannten Rechtsquellen. Die Verweisungsklausel muss aber dem Bestimmtheitsgrundsatz genügen (zu den individualvertraglich in Bezug genommenen Kollektivnormen vgl. → Rz. 1982).

Bei Arbeitnehmern, die eine **geringfügige Beschäftigung** nach § 8 Abs. 1 Nr. 1 SGB IV ausüben, ist außerdem der Hinweis aufzunehmen, dass der Arbeitnehmer in der gesetzlichen Rentenversicherung die Stellung eines versicherungspflichtigen Arbeitnehmers erwerben kann, wenn er nach § 5 Abs. 2 Satz 2 SGB VI auf die die Versicherungsfreiheit durch Erklärung gegenüber dem Arbeitgeber verzichtet. Vorsicht: Kommt der Arbeitgeber dieser Verpflichtung nicht nach und entsteht dem Arbeitnehmer deshalb ein Rentenausfallschaden, kommt eine **Schadensersatzverpflichtung des Arbeitgebers** in Betracht.

Der Katalog in § 2 Abs. 1 Satz 2 NachwG ist nicht abschließend. Aus § 2 Abs. 1 Satz 1 NachwG folgt, dass auch alle weiteren **wesentlichen** Arbeitsbedingungen in das Nachweisdokument aufzunehmen sind. Hierzu werden u.a. gezählt: besondere Wettbewerbsverbote, Urlaubsansparregelungen (Sabbat-Jahr), Vereinbarung eines »job-sharing«, arbeitsvertragliche Inbezugnahme von Tarifverträgen und Ausschlussfristen. Daneben können über die wesentlichen Vertragsbedingungen hinaus weitere vertraglich vereinbarte Arbeitsbedingungen in die Niederschrift aufgenommen werden.

Hat der Arbeitnehmer seine Arbeitsleistung länger als einen Monat außerhalb der Bundesrepublik Deutschland zu erbringen (Auslandsbeschäftigung, siehe auch → Rz. 1875), so muss nach § 2 Abs. 2 NachwG die Niederschrift dem Arbeitnehmer vor seiner Abreise ausgehändigt werden und folgende zusätzliche Angaben enthalten:

- Dauer der im Ausland auszuübenden Tätigkeit,
- Währung, in der das Arbeitsentgelt ausgezahlt wird,
- Zusätzliches mit dem Auslandsaufenthalt verbundenes Arbeitsentgelt und damit verbundene Sachleistungen,
- Vereinbarte Bedingungen für die Rückkehr des Arbeitnehmers.

b) Anwendungsbereich des NachwG

1071 Das NachwG gilt für alle Arbeitnehmer (Arbeiter, Angestellte einschl. der leitenden Angestellten), es sei denn, dass sie nur zur vorübergehenden Aushilfe von höchstens einem Monat eingestellt werden. Keine Anwendung findet das NachwG auf Berufsausbildungsverhältnisse, für die jedoch die Vorschrift des § 4 Abs. 1 BBiG einen entsprechenden Nachweis verlangt (vgl. → Rz. 1900). Im Bereich der Arbeitnehmerüberlassung ordnet § 11 Abs. 1 AÜG den Nachweis der wesentlichen Bedingungen des Arbeitsverhältnisses an (vgl. → Rz. 1835).

Für sog. **Altfälle**, d.h. Arbeitsverhältnisse, die bei Inkrafttreten des NachwG am 28.07.1995 bereits bestanden haben, ordnet § 4 NachwG an, dass den betroffenen Arbeitnehmern auf ihr **Verlangen** innerhalb von zwei Monaten eine Niederschrift im erläuterten Sinne auszuhändigen ist. Soweit eine früher ausgestellte Niederschrift oder ein schriftlicher Arbeitsvertrag die geforderten Angaben enthält, entfällt diese Verpflichtung. Auch bei einer Änderung von wesentlichen Vertragsbedingungen soll bei Altfällen eine Verpflichtung zur Mitteilung der Änderungen i.S.v. § 3 NachwG nur bestehen, wenn der Arbeitnehmer ausdrücklich die Erstellung eines Nachweises verlangt.

4. Betriebsratsbeteiligung

Der Betriebsrat ist bei einer Einstellung nach § 99 BetrVG zu beteiligen. Diese Beteiligung dient zum einen dem Schutz des betroffenen einzelnen Arbeitnehmers/Bewerbers. Im Vordergrund steht aber die Interessenvertretung der Betriebsgemeinschaft. Der Betriebsrat soll darüber wachen, dass durch die personelle Maßnahme nicht die soziale Struktur des Betriebs zum Nachteil einzelner Arbeitnehmer verschoben wird.

§ 99 BetrVG gilt nur in Betrieben mit in der Regel mehr als 20 wahlberechtigten Arbeitnehmern. Dabei kommt es auf die Beschäftigtenzahl zum Zeitpunkt der Durchführung der personellen Maßnahme an. Saisonale Schwankungen bleiben unberücksichtigt. Leitende Angestellte werden nicht mitgezählt.

a) Begriff der Einstellung

Eine Einstellung ist der Vorgang, durch den eine Person in den Betrieb **eingegliedert** wird. Dies geschieht mit dem Ziel, mit den schon im Betrieb beschäftigten Arbeitnehmern den arbeitstechnischen Zweck des Betriebs durch weisungsgebundene Tätigkeit zu verwirklichen. Auf das Rechtsverhältnis kommt es dabei nicht an (*BAG 20.04.93, EzA § 99 BetrVG 1972 Nr. 114*).

Entscheidend ist, ob

- die von diesen Personen zu verrichtende Tätigkeit ihrer Art nach **weisungsgebunden** ist,
- die zu verrichtende Tätigkeit auf die Verwirklichung des **arbeitstechnischen Zwecks des Betriebes** gerichtet ist,
- diese Tätigkeit vom Arbeitgeber **organisiert** werden muss.

Die Zuordnung von Arbeitnehmern, die im Dienste eines Fremdunternehmens Arbeiten im Betrieb eines anderen Beschäftigungsunternehmens verrichten, ist problematisch.

Die vertraglichen Beziehungen sind insoweit nachrangig. Sie bestehen in den Problemfällen zwischen dem Fremd- und dem Beschäftigungsunternehmen sowie zwischen dem Fremdunternehmen und dem Mitarbeiter. Ein Vertrag zwischen dem Beschäftigungsunternehmen und dem Mitarbeiter fehlt.

Beispiel (angelehnt an *BAG 28.03.2000 – 1 ABR 16/99*)

Das verbandsangehörige Handelsunternehmen H bildet über den eigenen Bedarf aus, erwartet aber von den Bewerbern, dass sie auf einen Teil ihrer tariflichen Leistungen für einen Ausbildungsplatz verzichten und nicht in der Gewerkschaft sind. Von den fünf ausgewählten Bewerbern ist keiner Mitglied einer Gewerkschaft. Der Betriebsrat verweigert die Zustimmung zur Einstellung wegen der tarifwidrigen Vergütung und weil H die Gewerkschaftszugehörigkeit unzulässig zum Auswahlkriterium erhoben hat.

Zu Recht! Die untertarifliche Bezahlung stellt allerdings keinen Zustimmungsverweigerungsgrund dar. Zur Vermeidung dieser Rechtsverletzung muss die Einstellung nicht unterbleiben. Der Arbeitnehmer kann seine Tarifansprüche nach der Einstellung durchsetzen. Aber H durfte die Einstellung eines Bewerbers nicht davon abhängig machen, dass dieser nicht Gewerkschaftsmitglied ist. Ein solches Auswahlkriterium verstößt gegen das nach Art. 9 Abs. 3 GG geschützte Recht des Arbeitnehmers, Mitglied der Gewerkschaft zu sein.

Entscheidend ist, in wessen Arbeitsorganisation der Mitarbeiter **eingegliedert ist**. Dies bestimmt sich danach, wer die für ein Arbeitsverhältnis typischen Entscheidungen über den Arbeitseinsatz auch nach Ort und Zeit zu treffen hat. Der hat nämlich die **Personalhoheit**, also die typische Arbeitgeberstellung *(BAG 05.05.1992, 01.12.1992, 30.08.1994, EzA § 99 BetrVG Nr. 105, 110, 125)*. Diese Kriterien entsprechen denen, die zur Feststellung des Arbeitnehmerstatus angelegt werden (vgl. → Rz. 1505 ff., insbes. → Rz. 1509). Charakteristisch für die Eingliederung ist die Unterwerfung unter die Organisationsgewalt und damit auch unter die Weisungen des Betriebsinhabers.

Eine vertragliche Regelung zwischen dem Fremd- und dem Beschäftigungsunternehmen über Ausführung, Umfang, Güte, Zeit und Ort der Arbeitsleistung ermöglicht noch keine Zuordnung der Arbeitgeberfunktion. Entscheidend ist dann vielmehr, wer für die Erfüllung der Aufgabe durch die Organisation der Arbeit, die Auswahl und Einteilung der Arbeitnehmer verantwortlich ist *(BAG 18.10.1994, EzA § 99 BetrVG Nr. 124)*. Mit dieser Entscheidung hat das BAG das Tor für die so genannten internen Fremdvergaben geöffnet, bei denen Fremdunternehmen einzelne Arbeitsschritte einer Gesamtproduktion übernehmen. Betriebsräte können dies nun kaum noch mit dem Instrument der Zustimmungsverweigerung verhindern.

Zusammenfassend lässt sich festhalten, dass es im Einzelfall auf alle Umstände und Indizien ankommt. Dabei sollte insbesondere beobachtet werden,

- ob der Werkunternehmer (bzw. dessen Erfüllungsgehilfen/Arbeitnehmer) einen eigenen beachtlichen Entscheidungsspielraum im Rahmen der Arbeitsausführung hat,
- ob die Tätigkeit früher in gleicher Weise von eigenen Arbeitnehmern erbracht wurde,
- ob der Werkunternehmer die Personalhoheit hat.

Für die Klärung der einzelnen Punkte sind sodann weitere Aspekte heranzuziehen. So kann die Entscheidung der Frage, wer die Personalhoheit innehat, beispielsweise davon abhängen,

- wer die Personalplanung (vgl. → Rz. 1002 ff.) durchführt,
- zu wessen Lasten Schlechtleistungen gehen,
- wer Betriebsmittel besitzt und das Hausrecht hat,
- wer die Arbeitsabläufe bestimmt.

1103a Von diesen Kriterien ist die Rechtsprechung in atypischen Sachverhalten abgewichen. Dort wurden die Mitarbeiter zwar nicht als Arbeitnehmer sondern als selbständige freie Mitarbeiter angesehen, aber gleichwohl eine mitbestimmungspflichtige Einstellung angenommen. Dies geschah, wenn die freien Mitarbeiter in der gleichen Weise wie die festangestellten Arbeitnehmer arbeiteten *(BAG 15.04.1986, EzA § 99 BetrVG Nr. 50 für Taxifahrer; BAG 03.07.1990 und 27.07.1993, EzA § 99 BetrVG Nr. 90 und 115 für Lehrkräfte)*. Auch die Beschäftigung von »Rote-Kreuz-Schwestern«, die keine Arbeitnehmerinnen sind, wurde als mitbestimmungspflichtige Einstellung bewertet *(BAG 22.04.1997 – 1 ABR 74/ 96)*. Das BAG begründet diese Rechtsprechung mit dem Hinweis, dass die arbeitnehmertypische teilweise Einbindung der freien Mitarbeiter die kollektiven Interessen der Belegschaft in der gleichen Weise berühre wie die Eingliederung eines entsprechenden Arbeitnehmers.

Eine weitere Besonderheit ergibt sich aus § 14 Abs. 3 Satz 1 AÜG. Danach ist der Personalfremdeinsatz im Rahmen einer Arbeitnehmerüberlassung immer mitbestimmungspflichtig gem. § 99 BetrVG. Es kommt nicht darauf an, ob der geliehene Arbeitnehmer nach Maßgabe der o.g. Kriterien eingegliedert ist. 1103b

Problematisch sind dann aber die Fälle der so genannten verdeckten Arbeitnehmerüberlassung. Diese liegen vor, wenn die beteiligten Unternehmen den Personalfremdeinsatz dem allgemeinen Werk- oder Dienstleistungsrecht zuschreiben, tatsächlich aber eine Arbeitnehmerüberlassung abgewickelt wird.

Bei der Arbeitnehmerüberlassung werden dem Entleiher die Arbeitskräfte zur Verfügung gestellt. Er setzt sie nach seinen Vorstellungen in seinem Betrieb wie eigene Arbeitnehmer ein. Die Arbeitskräfte werden in seinem Betrieb voll eingegliedert und unterliegen den Weisungen des Entleihers *(BAG 22.06.1994, EzA § 1 AÜG Nr. 4; 09.11.1994 EzA § 10 AÜG Nr. 8; vgl. → Rz. 3500 ff.)*.

Aus der vorliegenden Rechtsprechung ergibt sich folgender Überblick: 1104

Einstellung	ja	nein
Azubi-Übernahme	✓	
Teilzeitbeschäftigung während des Erziehungsurlaubs	✓	
Verlängerung eines befristeten Arbeitsverhältnisses	✓	
Fortsetzung des Arbeitsvertrages nach wirksamer Kündigung mit veränderten Bedingungen	✓	
Beschäftigung von Leiharbeitnehmern	✓	
Aufnahme einer für die spätere Beschäftigung erforderlichen Ausbildung	✓	
Aufstockung der Arbeitszeit von Halb- auf Ganztags	✓	
Fortsetzung des gekündigten Arbeitsverhältnisses ohne Änderung		✓
Arbeitsaufnahme nach Wehrdienst, Streik, Aussperrung		✓
Anwerbung von Arbeitnehmern im Ausland (ohne Vertragsabschluss)		✓
Aufnahme von Schülerpraktikanten		✓

BEISPIELE:

1) Der Einsatz einer bei einem anderen Unternehmen fest eingestellten Schreibkraft ist zustimmungspflichtig, da sie ihre konkreten Anweisungen – was, wann, wo in welcher Weise zu schreiben ist – von dem einsetzenden Unternehmen entgegennimmt.

2) Der selbständige Taxiunternehmer, dem die Fahrten durch eine Zentralstelle zugewiesen werden, ist dort wie ein Arbeitnehmer eingegliedert. Ihm werden Zeit, Ort und die Art der Einsätze zugeteilt. Daher ist die Aufnahme weiterer Taxifahrer in dieses Fahrtenverteilungssystem eine zustimmungspflichtige Einstellung.

3) Bei der Beschäftigung der selbständigen Kosmetikberaterin in der Parfümerieabteilung eines Kaufhauses kommt es darauf an, ob die Kaufhausleitung sich die Anweisungsbefugnis hinsichtlich Art, Ort und Zeit der Tätigkeit vorbehalten hat. Wenn die Beraterin die Kunden nur über die Vorzüge einer bestimmten Parfümmarke berät und die Zeit ihres Einsatzes unabhängig von der Kaufhausleitung festlegt, liegt keine Einstellung vor.

Bestimmt aber die Kaufhausleitung, welches Parfümsortiment sie wann anpreisen soll, ist ihr Einsatz eine zustimmungspflichtige Einstellung.

b) Begriff der Eingruppierung

1105 Mit der Einstellung wird häufig auch die ebenfalls mitbestimmungspflichtige Eingruppierung vorgenommen. Eine solche liegt vor, wenn der einzustellende Arbeitnehmer einer bestimmten festgelegten Lohn- oder Gehaltsgruppe zugeordnet wird. Das maßgebliche Entgeltschema kann auf

- Tarifvertrag,
- Betriebsvereinbarung,
- allgemeine einzelvertragliche Vereinbarung,
- einseitige, längere Zeit andauernde Anwendung durch Arbeitgeber beruhen *(BAG 23.11.1993, EzA § 99 BetrVG 1972 Nr. 119).*

Meistens wird es sich um ein tarifvertraglich festgelegtes Vergütungsschema handeln. Dieses kann wegen der Allgemeinverbindlichkeit des Tarifvertrages oder der Tarifgebundenheit der Arbeitsvertragsparteien oder der Inbezugnahme des Tarifvertrages durch den Arbeitsvertrag oder aufgrund einer entsprechenden betrieblichen Übung Anwendung finden.

1106 Der Arbeitnehmer hat einen unmittelbaren Anspruch auf die der bestehenden Ordnung entsprechende Vergütung. Die Eingruppierung durch den Arbeitgeber ist also keine anspruchsbegründende Maßnahme, sondern ein Akt der Rechtsanwendung. Es geht um die Kundgabe des bei der Rechtsanwendung gefundenen Ergebnisses, nach welcher Vergütungsgruppe der Arbeitnehmer zu vergüten ist. Die nach § 99 BetrVG erforderliche Beteiligung des Betriebsrats ist nach dem Wesen der Eingruppierung auf eine Mitbeurteilung gerichtet. Es soll dadurch die Chance einer materiell zutreffenden Beurteilung gesteigert werden. Darüber hinaus dient die Betriebsratsbeteiligung der innerbetrieblichen Transparenz und damit der Kontrolle der innerbetrieblichen Lohngerechtigkeit.

1106a In aller Regel stellen die Vergütungsordnungen auf die überwiegend ausgeübte Tätigkeit ab (z.B. § 5 BRTV Bau; § 9 MTV Einzelhandel NRW). Dann müssen die Tätigkeiten, die die konkreten Anforderungen einer bestimmten Vergütungsordnung erfüllen, in einem Umfang anfallen, der mehr als 50% der Gesamtarbeitszeit ausmacht. Es ist dann unschädlich, wenn in der übrigen Arbeitszeit Tätigkeiten einer anderen Vergütungsgruppe verrichtet werden. Im Einzelfall kommt es also auf eine genaue zeitliche Erfassung der einzelnen anfallenden Tätigkeiten und deren Zuordnung in der bestehenden Vergütungsordnung an.

Im Bereich des BAT kommt es nicht auf die überwiegende, sondern gemäß § 22 BAT auf den dort definierten Arbeitsvorgang an.

Wenn in der Regelung des Entgeltschemas Tätigkeiten als Beispiele für eine Vergütungsgruppe genannt werden, ist grundsätzlich davon auszugehen, dass sie in diese Gruppe einzustufen ist. Von diesem Grundsatz kann nur in begründeten Ausnahmefällen zuungunsten der Arbeitnehmer abgewichen werden *(BAG 12.01.93, EzA § 99 BetrVG 1972 Nr. 112)*. Eine Überprüfung weiterer abstrakter Tätigkeitsmerkmale ist dann entbehrlich.

1106b

BEISPIEL

Die Bank X stellt den Arbeitnehmer Y als Programmierer ein. Im Arbeitsvertrag wird auf das Tarifwerk für das Bankgewerbe Bezug genommen. Unter § 6 MTV heißt es:

»...Tarifgruppe 8: Tätigkeiten, die besondere Anforderungen an das fachliche Können stellen und/oder mit erhöhter Verantwortung verbunden sind, z.B.: ..., Programmierer.«

Daraus ergibt sich ohne weiteres, dass Y in die Tarifgruppe 8 einzugruppieren ist. Die mit seiner Arbeit verbundenen Anforderungen und Verantwortung müssen nicht aufgeklärt werden.

Erfasst die Beispielstätigkeit die Tätigkeit des Arbeitnehmers nicht erschöpfend oder enthält sie selbst auslegungsfähige und auslegungsbedürftige unbestimmte Rechtsbegriffe, dann ist für deren Auslegung auf die abstrakten Oberbegriffe zurückzugreifen *(BAG 15.06.1994, EzA § 4 TVG Eingruppierung Nr. 4)*.

Besonders zu betonen ist, dass sich die Eingruppierung grundsätzlich nur nach der ausgeübten Tätigkeit und den persönlichen Einigungsvoraussetzungen des Arbeitnehmers richtet. Unerheblich sind insbesondere

- wie die Kollegen in anderen Abteilungen/Filialen mit vergleichbaren Aufgaben vergütet werden und
- wie die Stelle in der Ausschreibung oder im unternehmensinternen Finanzplan ausgewiesen ist.

Neben dem Problem, die Kriterien der Vergütungsordnung zu verstehen, besteht oft die Schwierigkeit, die tatsächlichen Verhältnisse einer ausgeübten Tätigkeit zu erfassen. Hier kann nicht einfach auf eine theoretische Stellenbeschreibung zurückgegriffen werden. Vielmehr bedarf es einer **aktuellen Tätigkeitsdarstellung**.

1106c

Diese kann von dem betroffenen Arbeitnehmer, Vorgesetzten und Kollegen erstellt werden. Wegen der inhaltlichen Unterschiedlichkeiten der verschiedenen Vergütungsordnungen kann an dieser Stelle kein allgemeingültiges Muster angeboten werden. Vielmehr muss jedes verwandte Formular vor Gebrauch nach den in Betracht kommenden Kriterien konkretisiert werden. In dem folgenden Muster werden zunächst allgemeine Daten über die Person des Stelleninhabers und die Stelle erfasst.

Unter der Ziffer 5) werden dann die konkreten Kriterien der in Betracht kommenden Vergütungsordnung überprüft. In diesem Beispiel sind dies als personenbezogene Daten der Schulabschluss, Berufsabschluss und sonstige Kenntnisse. Die Tätigkeit wird nach den einzelnen anfallenden Verrichtungen (Posteingang, Ablage, Texterfassung usw.) in ihrem zeitlichen Umfang (täglich, wöchentlich, monatlich, jährlich, unregelmäßig und in %) beschrieben. Die jeweils erforderlichen Arbeitsmittel und besonderen Kenntnisse werden ebenso wie der diesbezügliche Gestaltungsspielraum des Stelleninhabers erfasst. In der Spalte »tarifliche Kriterien« werden sodann die einzelnen Tätigkeiten bewertet.

1106d Für das Vorliegen tariflicher Heraushebungsmerkmale ist der Arbeitnehmer darlegungs- und beweispflichtig. Im Falle einer korrigierenden Rückgruppierung muss aber der Arbeitgeber die Merkmale vortragen, die die Fehlerhaftigkeit der bisherigen Eingruppierung begründen. Dabei genügt der Nachweis, dass zumindest eine Voraussetzung der damals mitgeteilten Vergütungsgruppe objektiv nicht gegeben war *(BAG 17.05.2000, EzA § 4 TVG Rückgruppierung Nr. 4)*. Dann obliegt es dem Arbeitnehmer darzulegen, dass ihm die begehrte höhere Vergütung zusteht (BAG 16.02.2000, EzA § 4 TVG Rückgruppierung Nr. 1).

Muster für eine Tätigkeitsdarstellung zum Zweck der Eingruppierung

1) Stelleninhaber (SI)
   a) Betriebszugehörigkeit seit   5/85
   b) Lebensalter   35
   c) Stellenübernahme am   1/87

2) Stelle
   a) Stellenbezeichnung   Sekretär
   b) Abteilung (Unterabteilung, Gruppe)   Verkauf

3) Position in Betriebsorganisation
   a) Vorgesetzter des SI   Dr. Müller
   b) ständige, unmittelbar unterstelle Mitarbeiter   keine
   c) Vertretung
      aa) aktive (SI vertritt)   Frau Meier
      bb) passive (SI wird vertreten durch)Frau Meier

4) Aufgabenkreis
Sekretariat , Abteilungsleiter, Verkauf

5. Vergütungsgruppenbezogene Erfassung und Bewertung

Firma a & b

Mitarbeiter:	Schmidt, Max	**Abt.:**	Sekretariat 3	**Pers. Nr.:**	3/M97
Schulabschluss:	Mittlere Reife				
Berufsschulabschluss:	Bürokaufmann				
Sonstiges:	PC- und Word-Fortbildungen				

Tätigkeit	tägli.	wöch.	monatl.	jährl.	unregelm.	Arb.-zt. (%)	Arbeitsmittel	besondere Kenntnisse	auf Anweisung	eigenständig	n. allg. Anwsg	**Tarifliche Kriterien**		
												vielseitig	selbständig	schwierig
Posteingang	x					2		keine			x	0	0	0
...														
Ablage		x				5		keine			x	2	0	5
Texterfassung														
a) nach Diktat		x				15	Word	Steno, PC	x			0	0	15
b) nach Stichwort					x	2	Word	PC		x		2	2	2
Summe						100						77	53	67

| Erstellt von: | Dr. A. Leitner | am: | 14.01.1994 | erfüllt Anforderungen: | x ja | nein |

1107 Wenn mit der Einstellung eine Eingruppierung verbunden ist, dann ist der Betriebsrat im Ausgangspunkt doppelt zu beteiligen – nämlich im Hinblick auf die Einstellung und im Hinblick auf die Eingruppierung. Der Betriebsrat hat dann im folgenden auch die Möglichkeit, seine Reaktion zu differenzieren: Er kann der Einstellung zustimmen und gleichzeitig der Eingruppierung widersprechen.

Der Widerspruch gegen eine vorgenommene oder beabsichtigte Eingruppierung hat nicht die selbe Bedeutung wie die Verweigerung der Zustimmung zu einer Einstellung. Denn die Eingruppierung ist nur eine rechtliche Beurteilung und nicht etwa eine Gestaltung von Rechtsverhältnissen. Die Wirksamkeit der Eingruppierung hängt daher nicht von der Zustimmung ab.

Das Mitbestimmungsrecht des Betriebsrats für Ein- oder Umgruppierung erstreckt sich auch auf die Bestimmung der richtigen Fallgruppe innerhalb der Lohn- oder Gehaltsgruppe, wenn damit unterschiedliche Rechtsfolgewirkungen verbunden sind. Davon ist bei Fallgruppen mit einem so genannten Bewährungsaufstieg auszugehen *(BAG 27.07.1993, EzA § 99 BetrVG 1972 Nr. 116)*.

Eine etwaige Zustimmungsverweigerung kann sich nur auf die beabsichtigte Eingruppierung in ihrer Gesamtheit beziehen (BAG 27.06.2000, EzA § 99 BetrVG Eingruppierung Nr. 3). Es ist also nicht möglich, bspw. der Vergütungsgruppe zuzustimmen, aber der Fallgruppe zu widersprechen.

c) Unterrichtung des Betriebsrates

1108 Aus § 99 Abs. 1 BetrVG ergibt sich die Verpflichtung des Arbeitgebers, den Betriebsrat vor jeder Einstellung/Eingruppierung zu unterrichten. Diese Unterrichtungspflicht umfasst die Vorlage der erforderlichen Bewerbungsunterlagen und die Erteilung von Auskünften über die Person der Beteiligten. Der in Aussicht genommene Arbeitsplatz und die vorgesehene Eingruppierung sind ausdrücklich mitzuteilen. Schließlich muss der Betriebsrat auch über die Auswirkungen der geplanten Maßnahme informiert werden.

1109 Eine bestimmte **Form** für die Unterrichtung ist im Gesetz nicht vorgeschrieben. Es empfiehlt sich aber die Einhaltung der Schriftform.

1110 Ebenso ergibt sich aus dem Gesetz nicht unmittelbar die Notwendigkeit, eine bestimmte **Frist** einzuhalten. Im Schrifttum wird allerdings die Auffassung vertreten, dass die sich aus § 90 Abs. 3 BetrVG ergebende Wochenfrist einzuhalten sei *(Fitting/Kaiser/Heither/Engels § 99 BetrVG Rn.. 30)*. Diese Auffassung ist richtig.

Der Betriebsrat soll eben eine Woche Zeit haben, die beabsichtigte Maßnahme aus seiner Sicht zu würdigen. Seine Beteiligung würde zu einem formalen Akt degradiert, wenn man die Maßnahme vor Ablauf der dem Betriebsrat zugebilligten Frist umsetzt. Die Einhaltung der Wochenfrist ist daher ebenfalls zu empfehlen.

Dies wird natürlich in solchen Betrieben zu einem Problem, die infolge plötzlicher und unerwarteter Umstände zum Einsatz von Leiharbeitnehmern gezwungen sind. Diese haben aber die Möglichkeit, solche Einstellungen als vorläufige personelle Maßnahmen nach § 100 BetrVG durchzuführen.

1111

Darüber hinaus ist es in Unternehmen, die häufiger vor dieser Notwendigkeit stehen, empfehlenswert, mit dem Betriebsrat über den Abschluss einer Regelungsabrede über den kurzfristigen Einsatz von Fremdpersonal zu verhandeln. In einer solchen Regelungsabrede kann der Betriebsrat seine Zustimmung vorab erteilen. Dies wird der Betriebsrat in der Praxis davon abhängig machen, dass eine Einigung über den Umfang der kurzfristig einzustellenden Fremdarbeitnehmer erzielt werden kann und er schnellstmöglich nachträglich in der nach § 99 BetrVG vorgesehenen Weise informiert wird. Eine solche Regelungsabrede muss nicht schriftlich getroffen werden.

Die Schriftform ist aber dringend anzuraten. Der Betriebsrat kann einer Regelungsabrede nur auf der Grundlage eines in einer ordentlichen Betriebsratssitzung gefassten Beschlusses zustimmen (§§ 30, 33 BetrVG).

Unter den vorzulegenden Bewerbungsunterlagen sind alle vom Bewerber eingereichten und vom Arbeitgeber im Rahmen und zur Vorbereitung der Einstellungsverhandlungen erstellten Unterlagen zu verstehen. Dies umfasst

1112

- vorliegende Zeugnisse,
- Personalien (Alter, Familienstand, Geschlecht, Unterhaltsverpflichtungen, Schwerbehinderteneigenschaft, Schwangerschaft, Vorstrafen etc.),
- Lebenslauf,
- Lichtbild,
- Referenzen,
- Stellenbeschreibung (Art, Ort und Umfang der auf der Stelle geschuldeten Tätigkeit),
- den ausgefüllten Personalfragebogen.

Unter »Beteiligte« i.S.d. § 99 Abs. 1 BetrVG sind **alle Bewerber** zu verstehen. Der Arbeitgeber darf keine Vorauswahl treffen. Natürlich geht die Informationsverpflichtung des Arbeitgebers nur so weit, als er selbst Erkenntnisse hat.

Darüber hinaus sind die betrieblichen Rückwirkungen zu erläutern. Der Arbeitgeber hat also mitzuteilen, welche Auswirkungen er von der Einstellung erwartet. Dies könnte z.B. der Abbau von Überstunden, eine Schwangerschaftsvertretung, eine allgemeine Personalerweiterung sein. Daneben kommt aber auch in Betracht, dass zur Umsetzung einer unternehmerischen Planung Personal gebraucht wird, das über Qualifikationen verfügt, die die im Betrieb Beschäftigten nicht aufzuweisen haben.

Die weite gesetzliche Informations- und Vorlageverpflichtung kann im Rahmen einer Betriebsvereinbarung konkretisiert und eingeengt werden. Dort könnte z.B. vereinbart werden, dass nur die Unterlagen betriebsinterner Bewerber und solcher betriebsexterner Bewerber vorgelegt werden, die zum Vorstellungsgespräch eingeladen wurden.

1113

1114 Durch die ordnungsgemäße Unterrichtung des Betriebsrats wird die Wochenfrist des § 99 Abs. 3 BetrVG in Gang gesetzt. Eine Nachlässigkeit bei der Unterrichtung des Betriebsrats ist für den Arbeitgeber verhängnisvoll. Sie würde im Streitfall eine gerichtliche Ersetzung der Zustimmung nach § 99 Abs. 4 BetrVG ausschließen.

In der Praxis besteht häufig schon Streit darüber, ob die erfolgte Unterrichtung ordnungsgemäß war oder nicht. Es spricht viel dafür, dass der Betriebsrat nach dem Grundsatz der vertrauensvollen Zusammenarbeit verpflichtet ist, den Arbeitgeber innerhalb einer Wochenfrist auf die ihm bekannten Mängel bei der Unterrichtung hinzuweisen *(BAG 28.01.1986, EzA § 99 BetrVG Nr. 48)*.

Wenn der Arbeitgeber nun diese Mängel einsieht, kann er seine Information mit der Folge vervollständigen, dass die Wochenfrist des § 99 Abs. 3 BetrVG mit dem Zeitpunkt der Vervollständigung zu laufen beginnt.

Hat der Betriebsrat auf eine unvollständige Unterrichtung hin die Zustimmung verweigert, kann der Arbeitgeber noch im Zustimmungsersetzungsverfahren die fehlende Unterrichtung nachholen. Der Betriebsrat kann dann innerhalb von einer Woche weitere, sich aus der nachgeschobenen Unterrichtung ergebende, Zustimmungsverweigerungsgründe geltend machen *(BAG 28.03.2000, EzA § 99 BetrVG Einstellung Nr. 6)*.

Tipp
Ist der Arbeitgeber der Auffassung, dass die Zweifel des Betriebsrates unbegründet sind, kann er nach Ablauf der Wochenfrist die Ersetzung der Zustimmung nach § 99 Abs. 4 BetrVG beim ArbG beantragen. Im Rahmen des gerichtlichen Verfahrens wird dann u.a. zu überprüfen sein, ob die Unterrichtung ordnungsgemäß erfolgte. Es ist daher für den Arbeitgeber in jedem Fall empfehlenswert, sich den Erhalt der erteilten Unterrichtungen vom Betriebsratsvorsitzenden quittieren zu lassen. Der Betriebsrat kann seinerseits die Frage der Ordnungsgemäßheit der Unterrichtung über ein Verfahren nach § 101 BetrVG gerichtlich überprüfen lassen.

Muster für die Unterrichtung des Betriebsrats über eine geplante Einstellung/Eingruppierung:

An den Betriebsrat

Sehr geehrte ...

Wir beabsichtigen, den Bewerber/die Bewerberin (Name, Vorname, Anschrift, Geburtsdatum, Familienstand)

als ...

in der Abteilung ...

einzustellen.

Er/Sie ist (nicht) schwerbehindert/einem Schwerbehinderten gleichgestellt.

Er/Sie ist Berufsanfänger/war bisher bei ... beschäftigt. In unserem Haus war er/sie (noch nicht) tätig (von ... bis ...).

Als Arbeitsbeginn ist der ... vorgesehen.

Er/Sie soll in die tarifliche/betriebliche Lohngruppe ... eingestuft werden.

Um den Arbeitsplatz haben sich insgesamt ... Personen beworben, deren Bewerbungsunterlagen beigefügt sind/im Personalbüro eingesehen werden können.

Von der Einstellung erwarten wir folgende betriebliche Auswirkungen: ...

Eine Abschrift des Personalfragebogens ist beigefügt. Die weiteren Bewerbungsunterlagen sind ebenfalls beigefügt/können im Personalbüro eingesehen werden.

Sofern Sie gegen diese Einstellung/Eingruppierung Bedenken haben, bitten wir Sie, uns diese binnen einer Woche unter Angabe der Gründe schriftlich darzulegen.

Ort, Datum, Unterschrift

Erhalt quittiert durch ..., am ...

d) Zustimmungsverweigerungsrecht des Betriebsrates

Der Betriebsrat kann seine Zustimmung unter Angabe von Gründen innerhalb einer Woche nach Unterrichtung durch den Arbeitgeber schriftlich verweigern (§ 99 Abs. 3 BetrVG). Dabei kann er seine Zustimmungsverweigerung nur auf solche Gründe stützen, die im Gesetz unter § 99 Abs. 2 Nr. 1 – 6 BetrVG ausdrücklich genannt sind. Anderenfalls ist seine Verweigerung unbeachtlich.

1115

Schaubild 1

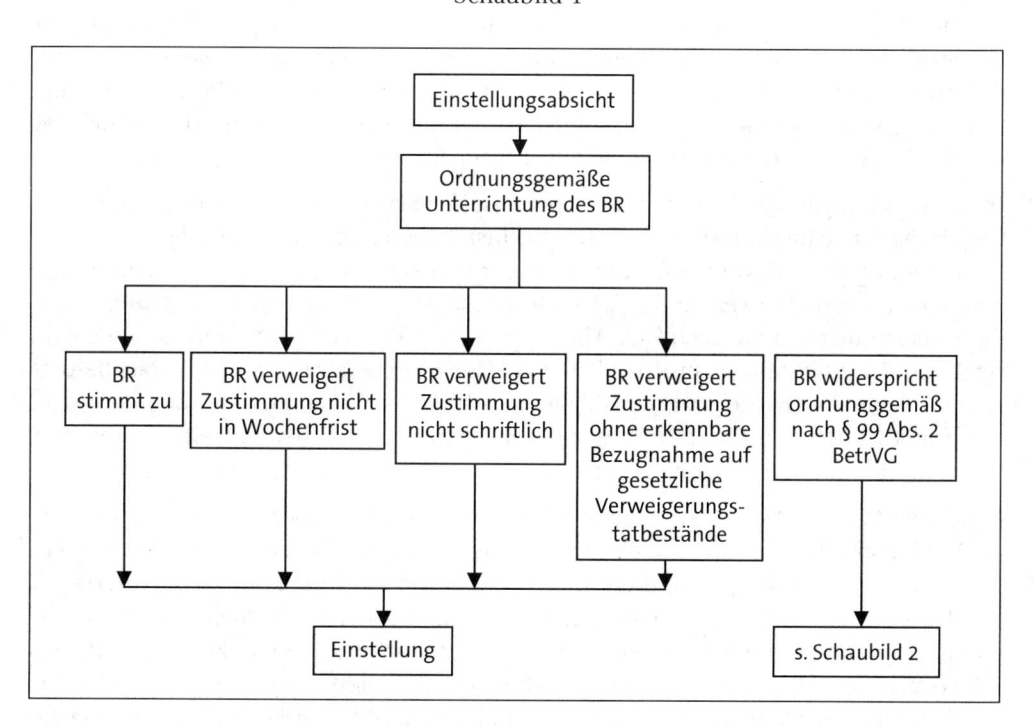

```
                    Einstellungsabsicht
                            │
                  Ordnungsgemäße
                  Unterrichtung des BR
    ┌──────┬──────────┬──────────┬──────────┬──────────┐
   BR     BR verweigert  BR verweigert  BR verweigert   BR widerspricht
 stimmt zu Zustimmung nicht Zustimmung   Zustimmung    ordnungsgemäß
           in Wochenfrist  nicht schriftlich ohne erkennbare nach § 99 Abs. 2
                                          Bezugnahme auf    BetrVG
                                          gesetzliche
                                          Verweigerungs-
                                          tatbestände
    └──────┴──────────┴──────────┴──────────┘          │
                     Einstellung                   s. Schaubild 2
```

Die gesetzlich vorgesehene Wochenfrist ist nach der Rechtsprechung des BAG durch eine Vereinbarung zwischen Arbeitgeber und Betriebsrat verlängerbar. Eine unbestimmte

1116

oder in das **Belieben eines Betriebspartners** gestellte Fristverlängerung ist aber **unwirksam** (*Sächsisches LAG 08.08.1995, LAGE § 99 BetrVG Nr. 52*). Eine Verlängerung wird insbesondere dann zu überlegen sein, wenn eine **Vielzahl personeller Maßnahmen** parallel beantragt wurde. Der Betriebsrat muss seine Bedenken nämlich innerhalb der gesetzlich vorgesehenen Wochenfrist abschließend mitteilen. Er kann also nicht nach Ablauf der Frist neue Zustimmungsverweigerungsgründe nachschieben. Ein verständiger Arbeitgeber wird einem Fristverlängerungsbegehren des Betriebsrates Rechnung tragen. Er muss sonst damit rechnen, dass der Betriebsrat – sozusagen vorsorglich – seine Zustimmung verweigert. Dann wäre er auf das zeitraubende Zustimmungsersetzungsverfahren nach § 99 Abs. 4 BetrVG angewiesen, wenn er nicht **dringende sachliche Gründe** darlegen könnte, die eine vorläufige Durchführung der personellen Maßnahmen nach § 100 BetrVG rechtfertigen.

1117 Die Schriftform ist nur gewahrt, wenn der Betriebsrat die Verweigerung seiner Zustimmung nebst den schriftlich niedergelegten Gründen durch seinen Vertreter unterzeichnet.

1118 Schließlich muss die vorgebrachte Begründung einem der **Tatbestände des § 99 Abs. 2 BetrVG** zuzuordnen sein. Ausführungen des Betriebsrates, die schlechterdings **keinem der Tatbestände** zuzuordnen sind, stehen schon der Ordnungsgemäßheit der Zustimmungsverweigerung entgegen (*BAG 26.01.1988, EzA § 99 BetrVG Nr. 58*). Das BAG hält die Gefahr, dass der Betriebsrat den Arbeitgeber mit jeder noch so abwegigen Begründung in ein gerichtliches Verfahren zwingen könnte, zu Recht für unerträglich. Der Gefahr, dass der Arbeitgeber seinerseits leichtfertig und womöglich wider besseres Wissens eine Zustimmungsverweigerung für unbeachtlich erklärt und behandelt, kann der Betriebsrat mit einem Antrag nach § 23 Abs. 3 BetrVG begegnen.

1119 In der Praxis rügen die Arbeitgeber häufig, dass der Betriebsrat seine Zustimmungsverweigerung nur **pauschal** formuliert. Die Rechtsprechung stellt aber seit der genannten Entscheidung des BAG vom 26.01.1988 **geringere Anforderungen** an die Substantiierung einer Zustimmungsverweigerung. Konkrete Tatsachen werden nur noch im Hinblick auf die Widerspruchsgründe nach § 99 Abs. 2 Nr. 3, 6 BetrVG gefordert. Dort ist in den gesetzlichen Formulierungen ausdrücklich von einer »durch Tatsachen begründete Besorgnis« die Rede. Der Betriebsrat muss daher im Hinblick auf die Zustimmungsverweigerungstatbestände nach Abs. 2 Nr. 1, 2, 4, 5 keine konkreten auf den Einzelfall bezogenen Tatsachen in seine Begründung aufnehmen.

1120 Neben der bisher behandelten Beachtlichkeit der Zustimmungsverweigerung kommt es natürlich maßgeblich darauf an, ob ein Verweigerungsgrund **materiell** besteht. Das Zustimmungsverweigerungsrecht dient in erster Linie dem Schutz **kollektiver Interessen** der Belegschaft, mittelbar aber auch dem Individualschutz der Arbeitnehmer. Die Betroffenen sollen vor nachteiligen Folgen personeller Maßnahmen geschützt werden, die sie selber nicht abschätzen oder vermeiden können (*BAG 28.06.1994, EzA § 99 BetrVG Nr. 123*). Schon daraus folgt, dass das Einverständnis der Betroffenen mit der Maßnahme die Erforderlichkeit der Zustimmung des Betriebsrats **nicht** ersetzt oder verdrängt. Die **Zustimmungsverweigerungsgründe** sind in § 99 Abs. 2 BetrVG abschließend aufgezählt.

Nach **Abs. 2 Nr. 1** kann der Betriebsrat seine Zustimmung verweigern, wenn die Einstellung gegen ein Gesetz, eine Verordnung, eine Unfallverhütungsvorschrift oder gegen eine Bestimmung in einem Tarifvertrag oder in einer Betriebsvereinbarung oder gegen eine gerichtliche Entscheidung oder eine behördliche Anordnung verstoßen würde. Davon sind alle Normen, die eine tatsächliche Beschäftigung aus Gründen des kollektiven oder individuellen Arbeitnehmerschutzes verbieten wollen **(Verbotsnormen)**, erfasst. Solche Verbote können zum Zweck des Gesundheitsschutzes erfolgt sein oder auch arbeitsmarkt- bzw. sozialpolitische Zwecke verfolgen. Darüber hinaus kommen auch solche Normen in Betracht, die die Einhaltung bestimmter Verfahren bei der Besetzung von Arbeitsplätzen zugunsten von bestimmten besonders schutzwürdigen dritten Personen bezwecken **(Schutznormen)**. Erforderlich ist in jedem Fall, dass die Norm nach ihrem erkennbaren Zweck gerade **gegen die beabsichtigte Beschäftigung** gerichtet ist. Da der Bezugspunkt die Beschäftigung an sich und nicht die Beschäftigungsbedingungen sind, kann der Betriebsrat **keine allgemeine Inhaltskontrolle** des Arbeitsvertrages vornehmen. Ihm bleibt aber die Möglichkeit, nach § 80 BetrVG die Einhaltung von Vorschriften zu überwachen und den Arbeitgeber zur Beseitigung festgestellter Verstöße anzuhalten *(BAG 28.06.1994, EzA § 99 BetrVG Nr. 123)*. Die Zustimmungsverweigerung wegen einer Normverletzung setzt voraus, dass der Zweck der verletzten Norm nur durch das Unterbleiben der beabsichtigten Maßnahme erreicht werden kann *(BAG 17.06.1997, EzA § 99 BetrVG Einstellung Nr. 4)*.

1121

§ 36 Abs. 2 BDSG, wonach zum **Beauftragten für den Datenschutz** nur bestellt werden darf, wer die zur Erfüllung seiner Aufgaben erforderliche Fachkunde und Zuverlässigkeit besitzt, stellt eine gesetzliche Vorschrift i.S.d. § 99 Abs. 2 Nr. 1 BetrVG dar. Der Betriebsrat darf also einer personellen Maßnahme seine Zustimmung mit der Begründung verweigern, sie verstoße gegen dieses Gesetz *(BAG 22.03.1994, EzA § 99 BetrVG Nr. 121)*. Daraus ergibt sich, dass generell die Unfallverhütungsvorschriften, die für bestimmte Tätigkeiten besondere fachliche oder persönliche Eigenschaften des Arbeitnehmers fordern, **gesetzliche Bestimmungen i.S.d. § 99 Abs. 1 Nr. 2 BetrVG** sind. Der Verstoß gegen eine Tarifnorm, die dem Arbeitgeber vorschreibt, welcher Prozentsatz der Belegschaft mit einer verlängerten regelmäßigen Arbeitszeit beschäftigt werden darf, berechtigt den Betriebsrat nicht in jedem Fall zu einer Zustimmungsverweigerung. Entscheidend ist vielmehr, ob die Tarifnorm es dem Arbeitgeber überlässt, wie er dieses Ziel erreicht, oder ob sie ihn auch in der einzelnen Maßnahme bindet *(BAG 17.05.1997, EzA § 99 BetrVG Einstellung Nr. 4)*.

1122

Überblick: Gesetzliche Bestimmungen i.S.v. § 99 Abs. 2 Nr. 1 BetrVG

1123

Regelung	ja	nein
Art. 1 § 3 Abs. 1 Nr. 6 AÜG: Beschäftigung von Leiharbeitnehmern nur bis zu 6 Monaten erlaubt	✓	
§ 19 AFG: Arbeitserlaubnis erforderlich	✓	

Regelung	ja	nein
§ 22 ArbSchG: diverse Beschäftigungsverbote für Jugendliche, insbes. bis einschließlich zum 16. Lebensjahr	✓	
§§ 3 MuSchG: Beschäftigungsverbote für werdende Mütter	✓	
§ 14 Abs. 1 Satz 1 SchwbG: Pflicht zur Überprüfung der Möglichkeit, den Arbeitsplatz mit Schwerbehinderten zu besetzen	✓	
§ 14 Abs. 1 Satz 1, 2. Halbsatz SchwbG: Pflicht zur Beteiligung der Schwerbehindertenvertretung und des Betriebsrats		✓
§ 99 Abs. 1 BetrVG: Pflicht zur ordnungsgemäßen Unterrichtung des Betriebsrats		✓
§ 3 Abs. 3 MTV Einzelhandel NRW: Verbot einer Beschäftigung unterhalb einer bestimmten Mindestarbeitszeit	✓	
§ 1 Abs. 1 BeschFG: Unzulässigkeit bestimmter Befristungsabreden (im Anwendungsbereich des § 72 Abs. 1 Nr. 1 LPVG NW ist das anders, BAG 13.04.1994, EzA § 620 BGB Nr. 123)		✓

1124 Nach **Abs. 2 Nr. 2** kann der Betriebsrat eine Zustimmungsverweigerung darauf stützen, dass die Einstellung gegen eine **Auswahlrichtlinie** i.S.v. § 95 BetrVG verstößt. Einstellungsrichtlinien sind solche Grundsätze, die allgemein oder für bestimmte Arten von Arbeitsplätzen oder Tätigkeiten festlegen, welche Voraussetzungen die in Betracht kommenden Arbeitnehmer erfüllen müssen oder nicht erfüllen dürfen. Dies kann sowohl den fachlichen Bereich als auch den persönlichen oder den sozialen Bereich der Bewerber betreffen. Nach § 95 Abs. 1 BetrVG bedarf die Aufstellung solcher Richtlinien der Zustimmung des Betriebsrates.

In Betrieben mit mehr als 1000 Arbeitnehmern kann der Betriebsrat sogar seinerseits aktiv die Aufstellung solcher Richtlinien verlangen (§ 95 Abs. 2 BetrVG). Das Zustimmungsverweigerungsrecht des § 99 Abs. 2 Nr. 2 BetrVG ermöglicht es dem Betriebsrat, die Einhaltung getroffener Absprachen mit dem Arbeitgeber zu überwachen und durchzusetzen.

1125 Nach **Abs. 2 Nr. 3** kann der Betriebsrat seine Zustimmung zu einer Einstellung verweigern, wenn die durch Tatsachen begründete Besorgnis besteht, dass infolge der Einstellung im Betrieb beschäftigte Arbeitnehmer gekündigt werden oder sonstige Nachteile erleiden, ohne dass dies aus betrieblichen oder in der Person des Arbeitnehmers liegenden Gründen gerechtfertigt ist. Erforderlich ist insbesondere eine Ursächlichkeit zwischen der Einstellung und der befürchteten Nachteile. Dabei genügt, dass die Einstellung mitursächlich ist.

Die Besorgnis einer Kündigung von Alt-Arbeitnehmern ist gerechtfertigt, wenn nach der aktuellen wirtschaftlichen Lage des Betriebes eine Personalaufstockung nur vorübergehend haltbar ist. Das bedeutet nämlich, dass in absehbarer Zeit mit der Kündigung von Arbeitnehmern zu rechnen ist.

Ein sonstiger Nachteil kann nur der Verlust einer Rechtsposition oder einer rechtserheblichen Anwartschaft sein. Davon zu unterscheiden ist der Verlust einer Chance auf einen zukünftigen Vorteil (Beförderungs- bzw. Versetzungschance). In Betracht kommen also nur Erschwerungen der konkreten Arbeitsbedingungen z.B. durch die Notwendigkeit der Zuweisung eines anderen Arbeitsbereiches. Umstritten ist, ob auch der Abbau von Überstunden ein solcher Nachteil sein kann.

Betriebliche Rechtfertigungsgründe der in Rede stehenden Nachteile können insbesondere darin liegen, durch die Einstellung Mitarbeiter zu gewinnen, die über ein spezielles Fachwissen verfügen, das bis dahin im Betrieb nicht vorhanden war. Dies wird insbesondere bei anstehenden Umstrukturierungen in der Produktion möglich sein können. Auch der Abbau von Überstunden wird häufig durch betriebliche – nämlich betriebswirtschaftliche – Gründe zu rechtfertigen sein.   1126

BEISPIEL:

Unternehmer U beantragt die Zustimmung zur Einstellung von 10 weiteren Montagearbeitern. Durch einen neuen Auftrag sei der Arbeitsanfall mit der bisherigen Belegschaft nicht zu bewältigen.

Der Betriebsrat verweigert die Zustimmung unter Hinweis auf die in dieser Abteilung bis zum letzten Monat durchgeführte Kurzarbeit.

Zu Recht! Es besteht die durch Tatsachen begründete Besorgnis einer Kündigung von Alt-Arbeitnehmern. Ein einzelner neuer Auftrag im unmittelbaren Anschluss an eine Phase von Arbeitsmangel rechtfertigt nicht die Prognose eines auf Dauer besseren Auftragsbestandes. Vielmehr ist zu befürchten, dass nach Abwicklung dieses Neu-Auftrags die Belegschaft nicht in der erhöhten Quantität gehalten werden kann. Dann kann auch der Arbeitsplatz der Alt-Arbeitnehmer zur Disposition stehen.

Auch eine Benachteiligung des neu einzustellenden Arbeitnehmers begründet nach Abs. 2 Nr. 4 ein Zustimmungsverweigerungsrecht des Betriebsrates. Dieses wird aber bei Einstellungen so gut wie nie greifen. Denn in der Einstellung als solche wird gerade keine Benachteiligung des eingestellten Arbeitnehmers liegen. Ob eine solche schon vorliegt, wenn der neu eingestellte Arbeitnehmer zu schlechteren Arbeitsbedingungen beschäftigt wird als die vergleichbaren Arbeitnehmer im Betrieb, ist umstritten. Nach dem Gesetzeswortlaut muss die Benachteiligung »durch« die Einstellung begründet werden. Der Begriff der Einstellung umfasst aber nur die Auswahl und die Aufnahme eines Bewerbers in den Betrieb. Davon ist die Ausgestaltung des Arbeitsverhältnisses zu unterscheiden. Der Betriebsrat kann also seine Zustimmung zu einer Einstellung nicht mit der Begründung verweigern, dass der betroffene Arbeitnehmer zu schlechteren Bedingungen als die bereits vorhandenen Beschäftigten eingestellt werden soll.   1127

BEISPIEL:

Der nicht organisierte Spediteur S aus Bochum errichtet in Dresden eine Zweigniederlassung. Während die Fahrer in Bochum auf Grundlage des nordrhein-westfälischen Tarifwerks für das private Güterverkehrsgewerbe beschäftigt werden, will er die Fahrer in Dresden zu den Bedingungen des Lohn- und Manteltarifvertrags des Verkehrsgewerbes im Land Sachsen einstellen. Der Betriebsrat verweigert seine Zustimmung zu den geplanten Einstellungen mit dem Hinweis auf eine Benachteiligung der sächsischen Kollegen.

Zu Unrecht! Die vertragliche Vereinbarung darüber, welches Tarifwerk Anwendung finden soll, ist eine Ausgestaltung des Arbeitsverhältnisses. Die Begründung des Arbeitsverhältnisses ist davon nicht berührt. Eine in der Begründung des Arbeitsverhältnisses wurzelnde Benachteiligung der sächsischen Fahrer ist nicht ersichtlich.

1128 Ein Zustimmungsverweigerungsrecht besteht nach **Abs. 2 Nr. 5** auch, wenn eine nach § 93 BetrVG erforderliche Ausschreibung im Betrieb unterblieben ist. Dieser Verweigerungsgrund ermöglicht es dem Betriebsrat, die Einhaltung einer solchen Ausschreibung sicherzustellen. Erforderlich ist aber, dass der Betriebsrat zu irgendeinem Zeitpunkt vorher eine solche Ausschreibung auch verlangt hat. Eine Ausschreibung, die nicht entsprechend § 611 b BGB geschlechtsneutral gehalten wurde, gilt als unterbliebene Ausschreibung. Der Betriebsrat kann auf diesen Fehler die Zustimmungsverweigerung stützen (*Hessisches LAG 13.07.1999, LAGE § 99 BetrVG Nr. 58*).

1129 Schließlich begründet auch die Besorgnis einer Störung des Betriebsfriedens durch die Einstellung ein Zustimmungsverweigerungsrecht nach **Abs. 2 Nr. 6**. Wegen der besonderen Interessenbeeinträchtigung des betroffenen Bewerbers sind an die Voraussetzungen der Zustimmungsverweigerung strenge Anforderungen zu stellen. Eine Besorgnis wird nur in wenigen Ausnahmefällen konkret zu rechtfertigen sein. Selbst Vorstrafen genügen nicht. Denn der Täter hat mit der Haftstrafe sein Unrecht gebüßt. Relevant können aber Erkenntnisse darüber sein, ob der Bewerber an seinem bisherigen Arbeitsplatz den Betriebsfrieden z.B. durch wiederholte Beleidigung von ausländischen Kollegen oder Belästigung von weiblichen Mitarbeiterinnen gestört hat.

e) Arbeitsgerichtliche Zustimmungsersetzung

Schaubild 2

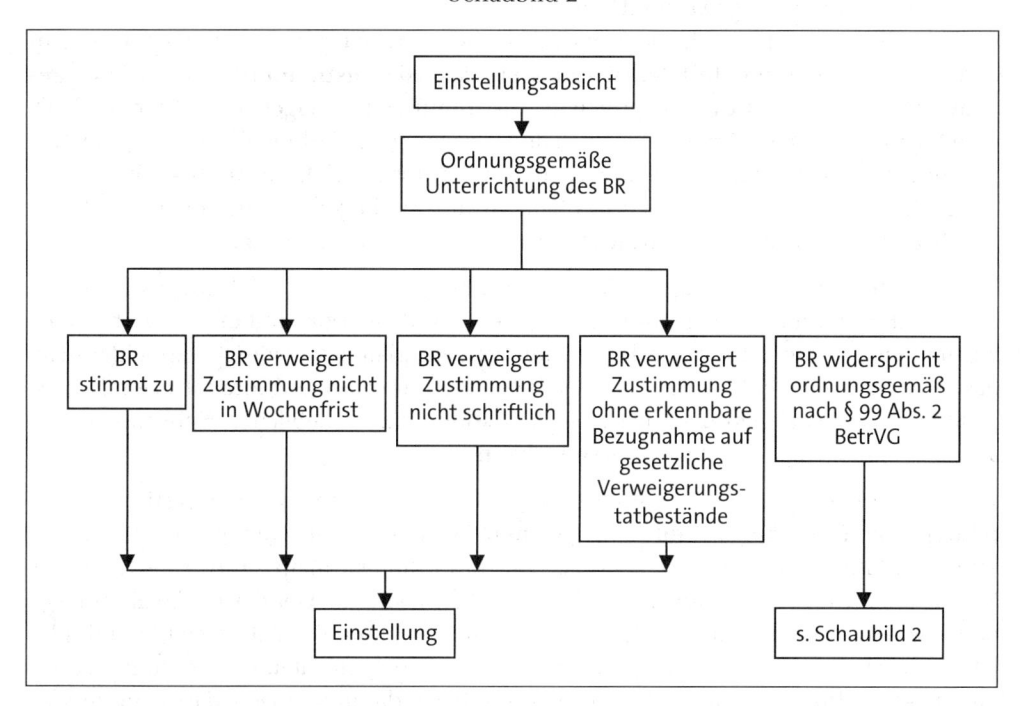

1130

```
                    Einstellungsabsicht
                            │
                            ▼
                    Ordnungsgemäße
                    Unterrichtung des BR
    ┌───────────┬───────────┬───────────┬───────────┐
    ▼           ▼           ▼           ▼           ▼
   BR        BR verweigert  BR verweigert  BR verweigert  BR widerspricht
  stimmt zu  Zustimmung nicht Zustimmung   Zustimmung    ordnungsgemäß
             in Wochenfrist  nicht schriftlich ohne erkennbare nach § 99 Abs. 2
                                           Bezugnahme auf   BetrVG
                                           gesetzliche
                                           Verweigerungs-
                                           tatbestände
    │           │           │           │           │
    ▼           ▼           ▼           ▼           ▼
              Einstellung                          s. Schaubild 2
```

Der Arbeitgeber hat nach einer wirksamen Zustimmungsverweigerung des Betriebsrates die Möglichkeit, die verweigerte Zustimmung durch einen arbeitsgerichtlichen Beschluss ersetzen zu lassen. Dazu muss er ein Zustimmungsersetzungsverfahren nach § 99 Abs. 4 BetrVG einleiten.

Da nun die arbeitsgerichtlichen Verfahren immer eine gewisse Zeit in Anspruch nehmen, stellt sich für den Arbeitgeber die Frage, wie er **bis zum Erhalt der arbeitsgerichtlichen Entscheidung** verfahren soll.

1131

- Er hat die Möglichkeit, die Entscheidung des Arbeitsgerichtes **abzuwarten.** Diese Möglichkeit ist aber bei Einstellungen eher theoretisch. Denn ein Bewerber wird seinerseits nicht gewillt sein, unter Umständen Monate und bei mehrinstanzlichen Verfahren gar Jahre auf eine Entscheidung des Arbeitgebers im Hinblick auf die (Nicht-)Einstellung zu warten.
- Er kann endgültig entscheiden, von der geplanten Einstellung **Abstand zu nehmen.** Dann bräuchte er auch kein arbeitsgerichtliches Zustimmungsersetzungsverfahren einzuleiten.
- Daneben kann er sich auch einfach über den **Widerspruch des Betriebsrates hinwegsetzen** und die Einstellung vollziehen. Diese Möglichkeit wird nur dann in Betracht kommen, wenn der Arbeitgeber davon ausgeht, dass der Widerspruch des Betriebsrates unbeachtlich ist. Er zwingt damit den Betriebsrat, seinerseits zu überlegen, ob er ein

Verfahren nach § 101 BetrVG oder sogar gegebenenfalls ein Verfahren nach § 23 Abs. 3 BetrVG einleitet. Dadurch werden die Aktiv- und Passivrollen in einem Beschlussverfahren ausgewechselt.
- Der Arbeitgeber hat auch die Möglichkeit, beim **Arbeitsgericht ein Verfahren mit dem Ziel einzuleiten, feststellen zu lassen, dass die Zustimmung des Betriebsrates als erteilt gilt** bzw. die ausgesprochene Zustimmungsverweigerung unbeachtlich ist.
- Schließlich kann der Arbeitgeber auch den Weg einer **vorläufigen Einstellung** wählen. Eine solche vorläufige Einstellung kommt nach **§ 100 BetrVG nur in Ausnahmefällen** in Betracht. Es müssen nämlich sachliche Gründe vorliegen, die die vorläufige Durchführung der Einstellung als dringend erforderlich erscheinen lassen.

1132 Es lässt sich nicht generell sagen, wie sich ein Arbeitgeber im Einzelfall am besten zu verhalten hat. Es ist aber immer sinnvoll, Aktionen und Reaktionen mit dem Betriebsrat abzustimmen und die getroffenen Entscheidungen zu erläutern. Dadurch vermeidet man, dass ein Klima entsteht, in dem sich alle Beteiligten nur noch auf ihre formalen Rechtspositionen zurückziehen und sich einer den konkreten betrieblichen Notwendigkeiten angepassten Lösung – aus Prinzip – verweigern.

1133 In einem **Zustimmungsersetzungsverfahren** gibt es praktisch auch eine bestimmte **Verteilung von Darlegungs- und Beweislasten**. Diese Begrifflichkeit passt auf das Beschlussverfahren zwar nicht, da hier das Amtsermittlungsprinzip gilt (vgl. → Rz. 4952). Sie ist aber allgemein gebräuchlich. Mit ihr wird ausgedrückt, wer das Risiko dafür trägt, dass das Gericht bestimmte Umstände nicht ermitteln kann. Der Betriebsrat trägt das Risiko insoweit, als es um die Darlegung der form- und fristgerechten Zustimmungsverweigerung geht. Hingegen hat der Arbeitgeber das Risiko dafür zu tragen, dass kein Verweigerungsgrund vorgelegen hat. Denn er begehrt ja in dem Beschlussverfahren die Ersetzung der verweigerten Zustimmung und muss daher die für ihn günstigen Tatsachen in das Verfahren einführen. Der Gegenstand des Verfahrens wird durch die Verweigerung des Betriebsrates insofern festgelegt, als der Betriebsrat keine neuen Gründe nachschieben kann. Daher wird der Arbeitgeber in dem Verfahren nur auf die seitens des Betriebsrates in der Zustimmungsverweigerung genannten Gründe eingehen müssen.

f) Vorläufige Einstellung

Schaubild 3

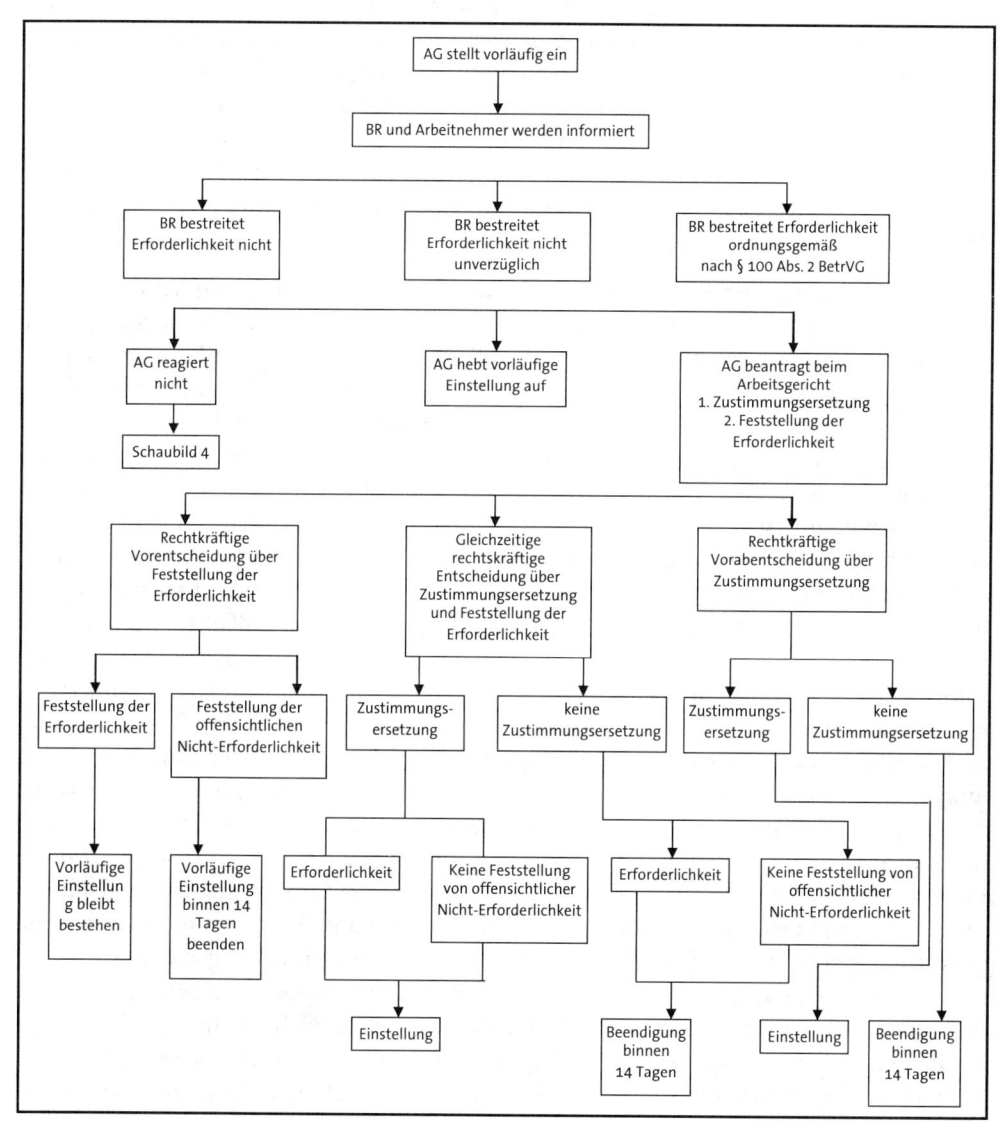

1134

```
                        AG stellt vorläufig ein
                                │
                   BR und Arbeitnehmer werden informiert
        ┌───────────────────────┼───────────────────────┐
   BR bestreitet          BR bestreitet          BR bestreitet Erforderlichkeit
   Erforderlichkeit nicht Erforderlichkeit nicht ordnungsgemäß
                          unverzüglich           nach § 100 Abs. 2 BetrVG
        │                       │                       │
   AG reagiert            AG hebt vorläufige      AG beantragt beim
   nicht                  Einstellung auf         Arbeitsgericht
                                                  1. Zustimmungsersetzung
   Schaubild 4                                    2. Feststellung der
                                                  Erforderlichkeit
```

Rechtskräftige Vorentscheidung über Feststellung der Erforderlichkeit — Gleichzeitige rechtskräftige Entscheidung über Zustimmungsersetzung und Feststellung der Erforderlichkeit — Rechtskräftige Vorabentscheidung über Zustimmungsersetzung

- Feststellung der Erforderlichkeit → Vorläufige Einstellung bleibt bestehen
- Feststellung der offensichtlichen Nicht-Erforderlichkeit → Vorläufige Einstellung binnen 14 Tagen beenden
- Zustimmungsersetzung → Erforderlichkeit → Einstellung
- keine Zustimmungsersetzung → Keine Feststellung von offensichtlicher Nicht-Erforderlichkeit → Beendigung binnen 14 Tagen
- Zustimmungsersetzung → Erforderlichkeit → Einstellung
- keine Zustimmungsersetzung → Keine Feststellung von offensichtlicher Nicht-Erforderlichkeit → Beendigung binnen 14 Tagen

Gerade bei Einstellungsmaßnahmen kann der Arbeitgeber häufig nicht auf den Abschluss eines Zustimmungsersetzungsverfahrens warten. § 100 BetrVG gibt ihm die Möglichkeit, die geplante Einstellung vorläufig durchzuführen. Dies kommt dann in Betracht, wenn der Betriebsrat sich zu der erbetenen Zustimmung noch nicht geäußert oder die Zustimmung verweigert hat. Sobald allerdings das ArbG in der Zwischenzeit einen arbeitgeberseitigen Antrag auf Zustimmungsersetzung rechtskräftig abgewiesen hat, ist es dem Arbeitgeber verwehrt, die Durchführung der Einstellung auf § 100 BetrVG zu stützen.

1135 Wenn der Arbeitgeber sich für eine vorläufige Einstellung entschieden hat, muss er als erstes den betroffenen Arbeitnehmer und den Betriebsrat darüber **informieren**. Der **Arbeitnehmer** muss darüber aufgeklärt werden, dass die Einstellung nur vorläufig erfolgt und möglicherweise wieder rückgängig gemacht werden muss. Durch diese Unterrichtung soll der betroffene Arbeitnehmer davor geschützt werden, im Vertrauen auf die Dauerhaftigkeit dieser Einstellung andere Einstellungsgelegenheiten zu verpassen. Der Arbeitnehmer wird die Chance der Dauerhaftigkeit dieser Einstellung nur einschätzen können, wenn ihm auch die **Gründe** mitgeteilt werden, aus denen der Betriebsrat die Zustimmung verweigert hat. Eine Verletzung dieser Aufklärungspflicht kann eine **Schadensersatzpflicht des Arbeitgebers** begründen.

1136 Die gegenüber dem **Betriebsrat bestehende Informationsverpflichtung** hat den Zweck, diesem die Überprüfung zu ermöglichen, ob die Voraussetzungen für eine vorläufige Einstellung gegeben sind. Wenn ein Arbeitgeber diese Unterrichtung unterlässt, muss er damit rechnen, dass der Betriebsrat nach § 101 BetrVG – gegebenenfalls im einstweiligen Verfügungsverfahren (vgl. → Rz. 4955) – oder sogar nach § 23 Abs. 3 BetrVG ein Verfahren beim ArbG anhängig macht. Es ist zu empfehlen, diese Unterrichtung als Chance zu begreifen, den Betriebsrat von der Notwendigkeit der vorläufigen Einstellung zu überzeugen. Dies gelingt natürlich nicht durch den Gebrauch von Leerformeln. Nach Erhalt der Unterrichtung muss sich der Betriebsrat seinerseits unverzüglich darüber klar werden, ob er die vorläufige Einstellung als dringend erforderlich akzeptiert oder nicht. Unverzüglich bedeutet, die Stellungnahme ohne schuldhaftes Zögern i.S.v. § 121 BGB abzugeben. Hier lässt sich keine fixe Frist angeben. Unverzüglich ist ebenfalls nicht gleichbedeutend mit sofort sondern räumt dem Betroffenen eine angemessene Überlegungsfrist ein. Dabei wird die konkrete Dauer dieser Überlegungsfrist nach den Gegebenheiten des Einzelfalles zu bestimmen sein. Wenn die Feststellung der Erforderlichkeit einer vorläufigen Einstellung voraussetzt, komplizierte tatsächliche Gegebenheiten zu analysieren und darüber hinaus gar noch einen kundigen Rechtsrat einzuholen, wird auch eine Frist von 7 Tagen noch angemessen sein können. Andererseits kann auch die gegebene Dringlichkeit die Frist verkürzen, z.B. überraschender auf Dauer angelegter Ausfall eines betriebsintern nicht zu ersetzenden Mitarbeiters. Es ist sicher nicht zu empfehlen, den Betriebsrat ohne Grund unter zeitlichen Druck zu setzen. Dann muss nämlich damit gerechnet werden, dass dieser quasi vorsorglich die Erforderlichkeit der vorläufigen Einstellung bestreitet und damit ein Verfahren nach § 100 Abs. 2 BetrVG erforderlich macht. Daneben ist zu empfehlen, sich den Erhalt der Unterrichtung quittieren zu lassen, da eine verspätete Stellungnahme des Betriebsrates mit der Folge unbeachtlich ist, dass die vorläufige Einstellung wirksam ist.

1137 Wenn der Betriebsrat die dringende Erforderlichkeit der Maßnahme unverzüglich bestritten hat, hat der Arbeitgeber theoretisch 3 Möglichkeiten:

- Er **reagiert nicht**. Damit würde er den Betriebsrat veranlassen, sich seinerseits zu entscheiden, ein Verfahren nach § 101 BetrVG durchzuführen.
- Der Arbeitgeber kann die **vorläufige Einstellung aufheben** und nur das Zustimmungsersetzungsverfahren im Hinblick auf die endgültige Einstellung durchführen.

- Wenn er auch die vorläufige Einstellung **aufrecht erhalten** will, muss er innerhalb von 3 Tagen das ArbG anrufen und einen Doppelantrag stellen. Dieser Antrag umfasst zum einen die Ersetzung der Zustimmung und zum anderen die Feststellung, dass die vorläufige Einstellung aus sachlichen Gründen dringend erforderlich war. Dadurch wird sichergestellt, dass alsbald eine gerichtliche Entscheidung darüber herbeigeführt wird, ob die Einstellung endgültig durchgeführt werden kann. Zum anderen wird sichergestellt, dass das ArbG alsbald über die Berechtigung der vorläufigen Einstellung entscheiden kann. Allein das Stellen dieses Doppelantrages berechtigt den Arbeitgeber, die Maßnahme bis zum Ablauf von 2 Wochen nach einer **rechtskräftigen Entscheidung des Gerichtes** aufrecht zu erhalten. Denn selbst wenn der Arbeitgeber mit seinem Zustimmungsersetzungsantrag oder mit seinem Feststellungsantrag unterliegt, darf er nach § 100 Abs. 3 Satz 1 BetrVG die vorläufige Einstellung solange umsetzen.

Der Fortgang des Verfahrens und die Auswirkungen für die Betroffenen hängen maßgeblich davon ab, ob das ArbG sich zu einer Vorabentscheidung des Zustimmungsersetzungsantrages oder des Feststellungsantrages entschließt oder über beide Anträge gleichzeitig entscheidet. **1138**

Sofern es vorab eine Entscheidung über den Zustimmungsersetzungsantrag erlässt, bedarf es nach Eintritt der Rechtskraft dieser Entscheidung keiner weiteren Entscheidung des Feststellungsantrages mehr. Wenn das ArbG die Zustimmung für die endgültige Einstellung ersetzt, kann der Arbeitgeber die zunächst vorläufig durchgeführte Maßnahme nunmehr endgültig und auf Dauer durchführen. Entsprechendes gilt, wenn nicht die Zustimmung ersetzt wird, sondern festgestellt wird, dass die Zustimmung als erteilt gilt. Weist das ArbG aber den Zustimmungsersetzungsantrag ab und erhält diese Entscheidung Rechtskraft, endet nach § 100 Abs. 3 Satz 1 BetrVG die Berechtigung des Arbeitgebers zur Aufrechterhaltung der vorläufigen Einstellung mit Ablauf von 2 Wochen nach Rechtskraft der Entscheidung.

Häufiger wird der Fall sein, dass die beiden Anträge in den Instanzen **gleichzeitig entschieden** werden. Dann kommt es maßgeblich auf das Schicksal des Zustimmungsersetzungsantrages an. Der daneben gestellte Feststellungsantrag hat keine Auswirkungen mehr. Häufig wird deshalb – zumindest in der 2. Instanz – über ihn gar nicht mehr entschieden werden. Denn das Verfahren ist auch im Hinblick auf den Feststellungsantrag mit einer rechtskräftigen Entscheidung über den Zustimmungsersetzungsantrag erledigt. **1139**

Eine eigene Bedeutung erhält der Feststellungsantrag somit nur für die Fälle, dass das ArbG vorab eine Entscheidung über ihn herbeiführt. Der Feststellungsantrag muss also den Zustimmungsersetzungsantrag zeitlich überholen. Sofern rechtskräftig die Erforderlichkeit der vorläufigen Einstellung festgestellt wird, bleibt diese bestehen. Sofern rechtskräftig festgestellt wird, dass die vorläufige Einstellung offensichtlich nicht erforderlich war, endet 14 Tage später die Berechtigung des Arbeitgebers, diese vorläufige Einstellung weiter aufrecht zu erhalten. In beiden Fällen hängt das Schicksal der endgültigen Einstellung natürlich von der gerichtlichen Entscheidung über den Zustimmungsersetzungsantrag ab. **1140**

1141 Entscheidendes Kriterium für die Entscheidung über die Berechtigung, eine vorläufige Einstellung durchzuführen, ist deren **Erforderlichkeit**. Diese muss auf sachlichen Gründen beruhen. Das ist der Fall, wenn ohne die sofortige Durchführung der Einstellung spürbare Nachteile für den Betrieb eintreten oder ihm spürbare Vorteile entgehen würden. Dies ist nach objektiven Gesichtspunkten zu entscheiden. Maßgeblich ist der Zeitpunkt der Durchführung der Maßnahme.

1142 Sofern das ArbG über den Feststellungsantrag vorab entscheidet und diesen ablehnen will, muss es prüfen, ob die vorläufige Einstellung **offensichtlich** aus dringenden Gründen nicht erforderlich war. Dies ist der Fall, wenn der Arbeitgeber die Situation grob verkannt hat, bzw. die vorläufige Einstellung leichtfertig war. Zu einer solchen Einschätzung wird das Gericht nur kommen können, wenn der Arbeitgeber in dem Verfahren keinerlei Gesichtspunkte eingeführt hat, die auf eine betriebliche Notwendigkeit der vorläufigen Einstellung schließen lassen.

> **BEISPIELE:**
>
> 1) Das Bauunternehmen U errichtet eine Lagerhalle. Diese soll am 01.08.1994 schlüsselfertig übergeben werden. Für die Maurerarbeiten ist in der Zeit vom 01.06.1994 – 30.06.1994 der Einsatz von 25 bei U beschäftigten Maurern eingeplant. Von diesen 25 vorgesehenen Arbeitnehmern waren 20 in der unmittelbar vorausgehenden Zeit im Erholungsurlaub.
> Am 01.06.1994 treten 10 von ihnen den Dienst nicht an. Sie sind im Urlaub erkrankt. U wurde dies in der Woche zuvor angezeigt. U will kurzfristig Leiharbeiter einsetzen. Der Betriebsrat widerspricht. U teilt dem Betriebsrat am 02.06.1994 mit, dass er die Leiharbeiter vorläufig einsetzen will. Der Betriebsrat widerspricht unverzüglich erneut.
> U beantragt beim ArbG die Zustimmungsersetzung und die Feststellung der dringenden Erforderlichkeit des vorläufigen Einsatzes der Leiharbeiter.
> Der Feststellungsantrag ist begründet, da die Durchführung der Terminarbeiten durch den Ausfall der Stammmitarbeiter gefährdet wurde.
>
> 2) U will den Softwarespezialisten S zum 01.05.1994 einstellen. Dieser beherrscht das Softwareprogramm alpha, dass U in seinem Betrieb nutzen will. Der Betriebsrat verweigert seine Zustimmung, da mit der Einführung der neuen Software Arbeitsplätze wegrationalisiert werden könnten. U beantragt am 01.04.1994 die Zustimmungsersetzung beim ArbG und teilt dem Betriebsrat gleichzeitig mit, dass er den S vorläufig einstellen wolle. S habe nämlich auch ein anderes Angebot, dass er annehmen wolle, wenn die Einstellung nicht zum 01.04.1994 erfolge. Der Betriebsrat stimmt nicht zu. U beantragt daher am 01.04.1994 ergänzend die Feststellung der dringenden Erforderlichkeit der vorläufigen Einstellung des S zum 01.04.1994.
> Das ArbG ersetzt am 01.06.1994 die Zustimmung zur Einstellung und stellt gleichzeitig die dringende Erforderlichkeit der vorläufigen Einstellung fest. Denn die Gefahr einer Rationalisierung wird nicht durch die Einstellung des S sondern ggf. durch den Gebrauch der Software begründet. U konnte auch nicht warten, da ihm sonst die Möglichkeit einer Einstellung verloren gegangen wäre. Dies war nicht zumutbar, da S als Spezialist nicht zu ersetzen gewesen wäre.
>
> 3) U will wegen des seit Monaten anhaltenden Termindrucks die Belegschaft im Montagebereich um 10 Beschäftigte erhöhen. Der Betriebsrat verweigert die Zustimmung. U bittet sodann um Zustimmung zur Anordnung von Überstunden. Auch dies verweigert der Betriebsrat. U erhöht die Belegschaft im Montagebereich um 5 Arbeiter und beruft sich auf § 100 BetrVG. Der Betriebsrat widerspricht der dringenden Erforderlichkeit. U beantragt beim ArbG Zustimmungsersetzung für die

Einstellung von 10 Arbeitern im Montagebereich und die Feststellung, dass die vorläufige Einstellung von 5 Arbeitern dringend erforderlich war.

Das ArbG entspricht zunächst seinem Feststellungsantrag. U hatte angesichts der Verweigerung des Betriebsrats im Hinblick auf die Überstundenanordnung keine andere Möglichkeit, die Aufträge termingerecht zu erfüllen.

4) U will A zum 01.05.1994 einstellen. Der Betriebsrat widerspricht dieser Absicht. U stellt A vorläufig ein, um den schon geschlossenen Arbeitsvertrag zu erfüllen.

Sein Feststellungsantrag wird vom ArbG zurückgewiesen. Die von U angeführte Vertragstreue ist offensichtlich kein dringender betrieblicher Grund.

5) U will A einstellen. Dieser soll auch seine Tochter heiraten und irgendwann das Unternehmen weiterführen. Der Betriebsrat verweigert die Zustimmung. U stellt A vorläufig ein und stellt beim ArbG den Doppelantrag.

Das ArbG weist den Feststellungsantrag zurück und stellt fest, dass die vorläufige Einstellung offensichtlich nicht aus dringenden Gründen erforderlich war. Die persönlichen Interessen des U sind kein Grund, der zu berücksichtigen wäre.

g) Aufhebungsanspruch des Betriebsrates

Schaubild 4

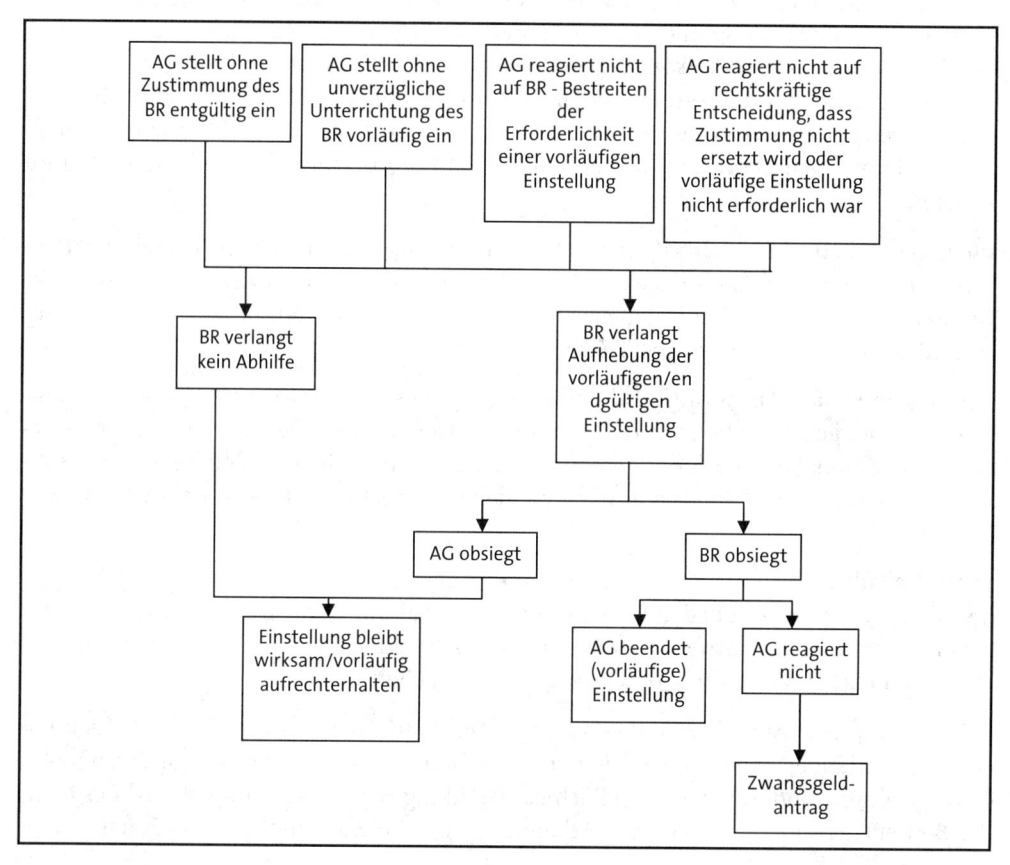

1143

```
┌─────────────┬─────────────┬─────────────┬─────────────┐
│ AG stellt   │ AG stellt   │ AG reagiert │ AG reagiert │
│ ohne        │ ohne        │ nicht auf   │ nicht auf   │
│ Zustimmung  │ unverzüg-   │ BR-Bestrei- │ rechtskräf- │
│ des BR      │ liche       │ ten der Er- │ tige Ent-   │
│ entgültig   │ Unterrich-  │ forderlich- │ scheidung,  │
│ ein         │ tung des    │ keit einer  │ dass Zu-    │
│             │ BR vorläu-  │ vorläufigen │ stimmung    │
│             │ fig ein     │ Einstellung │ nicht er-   │
│             │             │             │ setzt wird  │
│             │             │             │ oder vor-   │
│             │             │             │ läufige     │
│             │             │             │ Einstellung │
│             │             │             │ nicht er-   │
│             │             │             │ forderlich  │
│             │             │             │ war         │
└─────────────┴─────────────┴─────────────┴─────────────┘
        │                           │
        ▼                           ▼
┌─────────────┐           ┌─────────────────┐
│ BR verlangt │           │ BR verlangt     │
│ kein        │           │ Aufhebung der   │
│ Abhilfe     │           │ vorläufigen/en- │
│             │           │ dgültigen       │
│             │           │ Einstellung     │
└─────────────┘           └─────────────────┘
        │                    │          │
        ▼                    ▼          ▼
                      ┌──────────┐  ┌──────────┐
                      │AG obsiegt│  │BR obsiegt│
                      └──────────┘  └──────────┘
        │                    │          │
        ▼                    ▼          ▼
┌─────────────┐    ┌──────────────┐  ┌──────────┐
│ Einstellung │    │ AG beendet   │  │AG reagiert│
│ bleibt      │    │ (vorläufige) │  │ nicht     │
│ wirksam/    │    │ Einstellung  │  │           │
│ vorläufig   │    └──────────────┘  └──────────┘
│ aufrecht-   │                          │
│ erhalten    │                          ▼
└─────────────┘                    ┌──────────┐
                                   │Zwangsgeld-│
                                   │ antrag    │
                                   └──────────┘
```

§ 101 BetrVG dient dazu, den Arbeitgeber zur Einhaltung der in § 99 Abs. 4 und § 100 BetrVG vorgesehen Verfahren anzuhalten. Ein Arbeitgeber, der seine Verpflichtungen nicht einhält, riskiert eine Sanktion durch Anordnung eines Zwangsgeldes.

1144 Im Einzelnen kommen insbesondere **4 Situationen** für die Anwendung des § 101 BetrVG in Betracht:

- Der Arbeitgeber stellt ohne Zustimmung/Zustimmungsersetzung einen neuen Arbeitnehmer endgültig ein. Dies wird auch die Situationen betreffen, in denen der Arbeitgeber schon seiner Unterrichtungspflicht nicht nachgekommen ist.
- Der Arbeitgeber führt eine vorläufige Einstellung durch, ohne den Betriebsrat darüber unverzüglich zu unterrichten.
- Der Arbeitgeber hält die vorläufige Einstellung aufrecht, ohne auf das Bestreiten des Betriebsrats im Hinblick auf deren Erforderlichkeit Rücksicht zu nehmen.
- Der Arbeitgeber hält die vorläufige Einstellung aufrecht, ohne eine entgegengesetzte rechtskräftige Entscheidung über die Zustimmungsersetzung oder die Erforderlichkeit der vorläufigen Einstellung zu beachten.

1145 Der Betriebsrat kann – muss aber nicht – in einem neuen Verfahren dann die **Aufhebung** der vorläufigen bzw. endgültigen Einstellung begehren. Einen entsprechenden Antrag kann er auch schon im Rahmen des Verfahrens nach § 100 Abs. 2 Satz 3 BetrVG stellen. Dies kann aus Gründen der Prozessökonomie sinnvoll sein. Gleichwohl sollte ein Betriebsrat diesen Antrag nur dann stellen, wenn er Veranlassung dazu hat, zu glauben, dass der Arbeitgeber eine gerichtliche rechtskräftige Entscheidung nicht beachten wird. Ansonsten wird durch einen solchen Antrag unnötig »Stimmung gemacht« und das Verfahren belastet.

1146 Wenn der Arbeitgeber auch auf eine rechtskräftige Entscheidung, eine Einstellung aufzuheben, nicht reagiert, kann der Betriebsrat die **Festsetzung eines Zwangsgeldes** erwirken. Die Festsetzung ist eine Zwangsvollstreckungsmaßnahme zur Erzwingung einer unvertretbaren Handlung i.S.v. § 888 ZPO.

Dies bedeutet, dass das Zwangsgeld nur solange festgesetzt oder vollstreckt werden kann, wie der Arbeitgeber die personelle Maßnahme aufrecht erhält. Der Arbeitgeber hat es damit in der Hand, auch nach der gerichtlichen Festsetzung eines Zwangsgeldes, der Zahlung dadurch zu entgehen, dass er noch vor der Vollstreckung die personelle Maßnahme aufhebt.

Es ist deshalb auch sinnvoll, dass der Betriebsrat nicht nur auf das Verfahren nach § 101 BetrVG angewiesen ist, um den Arbeitgeber zur Einhaltung der betriebsverfassungsrechtlichen Verfahrensvorschriften zu veranlassen. Vielmehr steht es ihm offen, daneben ein Verfahren nach § 23 Abs. 3 BetrVG anhängig zu machen.

1147 Bei Eingruppierungen gilt eine Besonderheit: Der Betriebsrat kann nicht die Aufhebung der unzutreffenden Eingruppierung verlangen. Denn diese ist keine nach außen wirkende Maßnahme, sondern eine bloße Rechtsanwendung (vgl. → Rz. 1106). Allerdings kann der Betriebsrat verlangen, dass der Arbeitgeber, der im Zustimmungsersetzungsverfahren erfolglos blieb, ein erneutes Beteiligungsverfahren einleitet, das die Eingruppierung in einer anderen Entgeltgruppe vorsieht *(BAG 03.05.1994, EzA § 99 BetrVG Nr. 122).*

h) Rechtsstellung des eingestellten Bewerbers

Die Wirksamkeit des zwischen dem Bewerber und dem Arbeitgeber abgeschlossenen Arbeitsvertrages **wird durch die Verletzung der Mitbestimmungsrechte des Betriebsrates nach §§ 99, 100 BetrVG nicht berührt.** Unklar ist, ob die gerichtliche Entscheidung über die Gültigkeit der Zustimmungsverweigerung des Betriebsrates oder über die offensichtliche Nichterforderlichkeit einer vorläufigen Einstellung, die ja eine Beendigung der (vorläufigen) Einstellung binnen 14 Tage bewirkt, die **Rechtsgrundlage des Arbeitsverhältnisses gestaltet.** Nach **herrschender Auffassung entfällt mit der rechtskräftigen gerichtlichen Entscheidung die Grundlage für das Arbeitsverhältnis.** Besonderer Gestaltungserklärungen – also Kündigungen – bedarf es **nicht.** Auch Kündigungsfristen sind dann nicht mehr zu beachten.

1148

Bis zu diesem Zeitpunkt besteht aber das Arbeitsverhältnis. Der Arbeitgeber ist nur daran gehindert, den Bewerber **zu beschäftigen.** Dies darf er erst dann, wenn eine entsprechende Zustimmung des Betriebsrates zur Einstellung des Bewerbers vorliegt bzw. durch eine gerichtliche Entscheidung ersetzt wurde. Daneben darf er den Arbeitnehmer nur vorläufig beschäftigen, wenn die Voraussetzungen des § 100 BetrVG vorliegen.

1149

In dem Zeitraum, in dem der Arbeitgeber an der Beschäftigung des Bewerbers gehindert ist, schuldet er diesem allerdings die **Vergütung nach § 615 BGB** unter dem Gesichtspunkt des **Annahmeverzuges.**

Außerdem ist denkbar, dass der Arbeitnehmer bei nachträglichem Wegfall seines Arbeitsverhältnisses einen **Schadensersatzanspruch** geltend macht. Hier wird nur der Ersatz des Vertrauensschadens in Betracht kommen.

Der Streit der Parteien über die richtige **Eingruppierung** berührt nach einer neuen Rechtsprechung des BAG auch die Rechtsstellung des betroffenen Arbeitnehmers. Dieser kann seinen Entgeltanspruch nämlich unmittelbar auf eine gerichtliche Entscheidung stützen, durch die im Rahmen des Zustimmungsersetzungsverfahrens nach § 99 Abs. 4 BetrVG eine bestimmte Entgeltgruppe als zutreffend ermittelt wurde *(BAG 03.05.1994, EzA § 99 BetrVG Nr. 122).* In einem Klageverfahren, in dem er die entsprechende Vergütung einklagt, **ist das Gericht an die Entscheidung aus dem Zustimmungsersetzungsverfahren gebunden.** Allerdings wirkt sich diese Bindung immer **nur zugunsten** aber **nie zu Lasten des Arbeitnehmers** aus. Denn dieser ist nicht gehindert, ein Klageverfahren mit dem Ziel einer für ihn günstigeren Vergütung zu betreiben. Dies hat das BAG damit begründet, dass der Gegenstand des Zustimmungsersetzungsverfahrens allein der Antrag des Arbeitgebers ist. Dies würde es ausschließen, dass der Arbeitnehmer, der im Übrigen auch nicht beim Zustimmungsersetzungsverfahren beteiligt wird, seine Vorstellungen in das gerichtliche Verfahren einbringen kann.

1150

i) Leitende Angestellte

1151 Bei einer beabsichtigten Einstellung eines leitenden Angestellten bestehen die Mitbestimmungsrechte des Betriebsrates nicht. Nach § 105 BetrVG ist er lediglich über die beabsichtigte Einstellung rechtzeitig zu informieren.

Nach § 31 Abs. 1 SprAuG ist der Sprecherausschuss ebenfalls rechtzeitig über eine solche beabsichtigte Einstellung zu informieren.

Entscheidend ist natürlich, ob die zu besetzende Stelle die Qualifizierung des betroffenen Arbeitnehmers als leitender Angestellter i.S.v. § 5 Abs. 3 BetrVG rechtfertigt. In der Praxis sind falsche Vorstellungen über diese Begrifflichkeit weit verbreitet. Bei Anwendung der Maßstäbe aus § 5 Abs. 3 BetrVG werden wohl nur 3-5 % einer Belegschaft als leitende Angestellte anzusehen sein.

III. Störfälle bei Vertragsschluss

1. Anfechtbarkeit

1152 Die Unwirksamkeit eines Arbeitsvertrages kann durch eine Anfechtung herbeigeführt werden.

a) Allgemeines

1153 Die Anfechtungserklärung, die nach § 143 BGB abzugeben ist, erfolgt nach den Regeln, die auch für Willenserklärungen gelten. Da durch sie aber das Rechtsverhältnis unmittelbar gestaltet wird, kann sie nicht unter Bedingungen erklärt werden.

1154 Eine Gefahr stellen die Anfechtungsfristen dar. Nach §§ 121 und 124 BGB müssen die Anfechtungserklärungen nämlich in bestimmten Zeitspannen erfolgen. Die Dauer der Zeitspanne hängt von dem Anfechtungsgrund ab. Sofern der Anfechtende sich auf einen Irrtum bezieht, muss er unverzüglich, nachdem er von dem Anfechtungsgrund Kenntnis erlangt hat, die Anfechtung erklären. Sofern die Anfechtung auf eine arglistige Täuschung oder Drohung gestützt wird, hat er die Anfechtung binnen Jahresfrist nach Entdecken der Täuschung vorzunehmen.

Wegen dieser Fristen ist es dringend zu empfehlen, Anfechtungserklärungen schriftlich zu übermitteln und sich quittieren zu lassen. In diesen Anfechtungserklärungen sollte auch auf jeden Fall der tatsächliche Grund beschrieben werden, auf den die Anfechtung gestützt wird. Denn nach Ablauf der Frist kann der Anfechtungsberechtigte keine neuen Anfechtungsgründe mehr nachschieben.

1155 Bei den Anfechtungsgründen ist grob zu unterscheiden zwischen der Anfechtungsberechtigung infolge eines Irrtums und der Anfechtungsberechtigung infolge einer arglistigen Täuschung. Diese beiden Gruppen sind wiederum zu differenzieren. Ein Irrtum kann sich zunächst auf die Erklärung selbst beziehen (so genannter **Erklärungsirrtum**). Der Erklärende wollte eine Erklärung dieses Inhaltes gar nicht abgeben.

BEISPIEL:

U hat den A eingestellt. Bei den mündlichen Absprachen wurde ein Bruttogehalt von 2.250 EUR vereinbart. U diktiert aber später in den Vertrag aus Versehen 2.750 EUR brutto. Bei der späteren Unterzeichnung bemerkt er dies nicht. Vielmehr fällt es ihm erst auf, als A die erste Gehaltsabrechnung mit Hinweis auf den schriftlichen Arbeitsvertrag rügt und Nachzahlung begehrt. U erklärt daraufhin die Anfechtung des Arbeitsvertrages.

Zu Recht! Er wollte sich bei der Vertragsunterzeichnung nicht zu monatlichen Gehaltszahlungen in Höhe von 2.750 EUR brutto verpflichten. Sein Fehler ist wie ein Schreibfehler oder ein Versprecher zu bewerten. Er muss seine Anfechtung aber unverzüglich vornehmen.

Daneben gibt es noch den so genannten **Inhaltsirrtum.** Ein solcher liegt vor, wenn der Erklärende bei der Abgabe der Willenserklärung sich über deren Inhalt geirrt hat. Dies umfasst die Fälle, in denen der Erklärende weiß, was er sagt, er weiß aber nicht, was er damit sagt. 1156

BEISPIEL:

U stellt A ein. In den Vertragsverhandlungen hat man sich auf ein Gehalt von 2.000 EUR geeinigt. In den Vertrag diktiert U hinter den Vergütungsbetrag das Wort »netto«. Ihm ist nicht klar, dass er sich dadurch zur Zahlung von 2.000 EUR netto zuzüglich der sich ergebenden Arbeitgeberanteile und Steuern verpflichtet hat. Eine Woche später weist ihn sein Steuerberater darauf hin. U ficht den Vertrag sofort an.

Zu Recht! Er hatte die Bedeutung der von ihm abgegebenen Erklärung verkannt.

a) Wegen Irrtums über die Eigenschaft des Arbeitnehmers

Nach § 119 Abs. 2 BGB ist zur Anfechtung berechtigt, wer sich über Eigenschaften der Person geirrt hat, die im Verkehr als wesentlich angesehen werden. Bei einem Arbeitsverhältnis können die persönlichen Eigenschaften des eingestellten Arbeitnehmers wesentlich sein. Dementsprechend können Irrtümer über diese Eigenschaften unter Umständen Anfechtungsberechtigungen begründen. Als Eigenschaften kommen alle Merkmale einer Person in Betracht, die eine gewisse Dauer bestehen. Das können Geschlecht, Alter, Konfession, Sachkunde, Vertrauenswürdigkeit, Zuverlässigkeit, Vorstrafen, politische Einstellungen, physische Konstitution usw. sein. Entscheidend ist aber, ob die Eigenschaft im Hinblick auf den konkreten Vertragsinhalt als wesentliche Eigenschaft zu werten ist. Dies wird man annehmen können, wenn die Eigenschaft in unmittelbarem Zusammenhang mit der Fähigkeit des Arbeitnehmers steht, die vertraglich übernommene Arbeit auszuführen. Dementsprechend kommt es immer auf eine Einzelfallbetrachtung an. Ein Irrtum, der in einem Fall zur Anfechtung berechtigt, kann im anderen Fall unerheblich sein. 1157

BEISPIELE:

1) Unternehmer U stellt die Arbeitnehmerin A als Sekretärin ein. 6 Wochen später teilt sie ihm mit, dass sie im 4. Monat schwanger sei. U ficht den Arbeitsvertrag an und macht geltend, dass er A nicht eingestellt hätte, wenn er über ihre Schwangerschaft schon zum Einstellungszeitpunkt informiert gewesen wäre.
Zu Unrecht! Die Schwangerschaft ist keine auf Dauer angelegte Eigenschaft. Die zeitliche Begrenztheit dieses Zustandes wird nur in wenigen Ausnahmefällen dadurch in den Hintergrund gerückt, dass die Schwangerschaft die Erbringung der geschuldeten Leistung in einem ungewöhnlichen Maße verhindert – wie dies z.B. bei Tänzerinnen, Mannequins usw. der Fall ist.

2) U stellt den Arbeitnehmer A als Dreher ein. 4 Jahre später erfährt er zufällig, dass A schwerbehindert mit einem Behinderungsgrad von 50 % ist. U ficht den Arbeitsvertrag an und macht geltend, dass er diesen nicht abgeschlossen hätte, wenn er zum Einstellungszeitpunkt über das Vorliegen einer Behinderung informiert gewesen wäre.
Zu Unrecht! Die Behinderung eines Arbeitnehmers ist nicht schon an sich eine verkehrswesentliche Eigenschaft. Sie wird es nur dadurch, dass der Arbeitnehmer durch die Behinderung an der ordnungsgemäßen Erbringung der Arbeitsleistung gehindert ist. Dies ist in dem geschilderten Fall nicht ersichtlich. Vielmehr hat A seine Arbeitsleistung über einen Zeitraum von 4 Jahren ohne Beanstandungen erbracht. Anders wäre ein Fall zu bewerten, wenn im unmittelbaren Anschluss an die Einstellung erkennbar ist, dass der Arbeitnehmer infolge einer bestimmten körperlichen Behinderung (z.B. Epilepsie) daran gehindert ist, die konkret geschuldete Leistung in vollem Umfang zu erbringen.

3) U stellt A als Kraftfahrer ein. 3 Monate später erfährt er zufällig, dass A vor 3 Jahren wegen Trunkenheit am Steuer zu einer Geldbuße verurteilt wurde. Er ficht den Arbeitsvertrag an und macht geltend, dass er A nicht eingestellt hätte, wenn er zum Einstellungszeitpunkt über diesen Umstand informiert gewesen wäre.
Zu Unrecht! Zwar stellt die Zuverlässigkeit im Straßenverkehr für einen Kraftfahrer eine verkehrswesentliche Eigenschaft seiner Person dar. Aber aus einer einmaligen oder geringfügigen Verkehrsstrafe kann man noch nicht auf eine maßgebliche Beeinträchtigung dieser Zuverlässigkeit schließen.

b) Wegen Täuschung/Drohung

1158 Nach § 123 Abs. 1 BGB kann man eine Willenserklärung anfechten, zu deren Abgabe man durch eine arglistige Täuschung oder eine widerrechtliche Drohung veranlasst wurde. Es sind nur wenige Fallkonstellationen denkbar, in denen sich ein Vertragspartner durch eine Drohung zum Abschluss eines Arbeitsvertrages bestimmen lässt. Dabei ist entscheidend, ob sich die Drohung als widerrechtlich darstellt. Die Widerrechtlichkeit kann sich aus dem verfolgten Zweck oder aus dem benutzten Mittel der Drohung oder schließlich aus der Verknüpfung eines an sich rechtmäßigen Mittels und eines rechtmäßigen Zweckes ergeben. Bei der letztgenannten Kombination kommt es auf eine eingehende Würdigung aller Umstände des Einzelfalles an.

BEISPIEL:

U beschäftigt A seit Monaten als Schwarzarbeiter. A teilt ihm mit, dass er die Schwarzarbeit bei den zuständigen Behörden zur Anzeige bringen wird, wenn er nicht in einem ordnungsgemäßen Arbeitsverhältnis eingestellt würde. Daraufhin stellt U ihn ein. 4 Monate später bereut er dies und ficht die Einstellung an.

Zu Unrecht! Zwar ist die Anfechtungserklärung innerhalb der maßgeblichen Jahresfrist des § 124 Abs. 1 BGB rechtzeitig erfolgt. Aber U war nicht widerrechtlich durch eine Drohung zur Einstellung veranlasst worden. Eine Anzeige bei Behörden ist kein widerrechtliches Mittel, um den legitimen Zweck zu verfolgen, das Arbeitsverhältnis in legale Bahnen zu lenken. Auch die Verknüpfung der in Aussichtstellung einer Anzeige mit dem Ziel, eine ordnungsgemäße Einstellung zu erreichen, ist vorliegend nicht zu beanstanden. Zwar hatte A keinen Rechtsanspruch auf den von ihm erstrebten Erfolg. Aber er hat ein berechtigtes Interesse daran. Die Überführung des Schwarzarbeitsverhältnisses in ein ordnungsgemäßes Arbeitsverhältnis bewirkt für ihn nämlich eine sozialversicherungsrechtliche Absicherung. Anders wäre der Fall zu beurteilen, wenn A nicht schon vorher von U als Schwarzarbeiter beschäftigt gewesen wäre.

Eine arglistige Täuschung liegt vor, wenn der Arbeitnehmer eine zulässige Frage des Arbeitgebers falsch beantwortet oder eine Offenbarungspflicht verletzt hat. Eine Offenbarungspflicht besteht nur im Hinblick auf solche Umstände, die den Arbeitnehmer erkennbar an der Erbringung der konkret geschuldeten Tätigkeit hindern werden. Allerdings berechtigt auch die Falschbeantwortung einer zulässigen Frage – also eine Täuschung – nicht immer zur Anfechtung. Wenn die Täuschung für den Arbeitgeber nämlich offensichtlich war, konnte bei ihm kein Irrtum entstehen (*BAG 18.10.2000, EzA § 123 BGB Nr. 56*). 1159

BEISPIELE:

1) U will A als Kraftfahrer einstellen. A hat keine Fahrerlaubnis. Als U dies wenige Wochen später merkt, ficht er den Arbeitsvertrag an.
Zu Recht! A konnte erkennen, dass er ohne Fahrerlaubnis gehindert war, die geschuldete Tätigkeit ordnungsgemäß zu erbringen. Er musste daher bei der Einstellung den U darauf hinweisen. Die Nichterfüllung dieser Offenbarungspflicht stellt ein arglistiges Täuschen dar.

2) U stellt A als Sekretärin ein. A ist schwerbehindert. Sie leidet an einem Wirbelsäulenschaden, infolge dessen sie nicht länger als 2 Stunden in einer unveränderten Körperposition verharren kann. Nach der Einstellung stellt sich heraus, dass sie für U umfangreiche Schreibarbeiten an einem Personal-Computer zu verrichten hat, die teilweise über mehrere Stunden am Tag zu erbringen sind. U ficht den Vertrag an.
Zu Unrecht! A konnte bei der Einstellung nicht erkennen, dass sie infolge ihrer Behinderung daran gehindert sein wird, die konkret erwartete Arbeitsleistung zu erbringen. Denn es gehört nicht zum typischen Arbeitsbild einer Sekretärin, mehrere Stunden am Tag ununterbrochen Schreibtätigkeiten zu leisten. Anders wäre es, wenn A als Schreibkraft eingestellt worden wäre oder sie von U bei der Einstellung darauf hingewiesen worden wäre, in welchem Umfang von ihr Schreibarbeiten erwartet würden.

Die Täuschungshandlung muss auch ursächlich für den Abschluss des Arbeitsvertrages gewesen sein. Soweit Anhaltspunkte dafür vorliegen, dass der Arbeitgeber die Einstellung auch in Kenntnis der verschwiegenen Umstände vorgenommen hätte, kann diesem kein Anfechtungsrecht eingeräumt werden. 1160

BEISPIEL:

U betreibt eine Textilproduktion mit mehreren hundert Arbeitnehmern. Aus Prinzip will er keine Schwerbehinderten beschäftigen. Er stellt die Arbeitnehmerin A als Näherin ein. Auf dem Personalfragebogen hat A bei der Einstellung wahrheitswidrig die Frage nach dem Vorliegen einer Schwerbehinderung oder Gleichstellung verneint. U erfährt dies wenige Wochen später und ficht den Arbeitsvertrag wegen arglistiger Täuschung an.

Zu Unrecht! Zwar hat A eine zulässige Frage wahrheitswidrig beantwortet und damit eine arglistige Täuschung begangen. Es kann aber nicht angenommen werden, dass U durch diese Täuschung zur Einstellung veranlasst wurde. Denn nach § 5 SchwbG ist U zur Beschäftigung von Schwerbehinderten verpflichtet. Es muss daher vermutet werden, dass er von der Einstellung nicht durch die Kenntnis der Schwerbehinderteneigenschaft der A abgehalten worden wäre. Anders wäre es nur, wenn Anhaltspunkte dafür ersichtlich wären, dass A durch die Schwerbehinderteneigenschaft an der Erbringung ihrer Arbeitsleistung gehindert ist.

1161 Schließlich ist noch zu beachten, dass eine Anfechtung ausgeschlossen ist, wenn der Anfechtungsgrund im Zeitpunkt der Anfechtungserklärung seine Bedeutung für die weitere Durchführung des Arbeitsverhältnisses bereits verloren hatte. Es wäre treuwidrig, wenn der Getäuschte ein Anfechtungsrecht geltend macht, obwohl er im Zeitpunkt der Ausübung dieses Rechtes durch die arglistige Täuschung nicht mehr beeinträchtigt ist *(BAG 28.05.1998, EzA § 123 BGB Nr. 49)*.

BEISPIEL:

U stellt A im Oktober 1994 zum 01.11.1994 als Bauarbeiter ein. Im Frühjahr 1994 wurde A wegen eines Verkehrsdeliktes zu einer Gefängnisstrafe von 8 Monaten ohne Bewährung verurteilt. Am 10.11.1994 teilt dem A die Staatsanwaltschaft mit, dass er wegen seiner unbefristeten Beschäftigung in den offenen Strafvollzug übernommen werde. Am 20.11.1994 erfährt U von der Verurteilung. U ficht noch am gleichen Tag das Arbeitsverhältnis wegen arglistiger Täuschung an.

Zu Unrecht! Zwar wäre A bei der Einstellung verpflichtet gewesen, U darauf hinzuweisen, dass er zu einer Gefängnisstrafe verurteilt war, die er noch nicht angetreten hatte. Aber im Zeitpunkt der Anfechtungserklärung war keine Beeinträchtigung berechtigter Interessen des U mehr zu befürchten. Denn durch die zwischenzeitlich ergangene Entscheidung, dass A in den offenen Strafvollzug übernommen wurde, war sichergestellt, dass er seiner Arbeitsleistung künftig uneingeschränkt nachkommen konnte.

c) Abwicklung eines wirksam angefochtenen Vertrags

1162 Nach § 142 BGB ist ein wirksam angefochtenes Vertragsverhältnis als von Anfang an nichtig anzusehen. Diese Rechtsfolge ist für nicht vollzogene Vertragsverhältnisse unproblematisch: Es bestehen keine wechselseitigen Ansprüche.

Sobald der Arbeitnehmer aber bereits seine Arbeitsleistung erbracht hat, besteht die Schwierigkeit, dass die eigentlich anstehende Rückgewährung der in das Vermögen des Arbeitgebers eingeflossenen Leistung nicht möglich ist. Daher kann ein in Vollzug gesetztes Arbeitsverhältnis nicht vollständig rückwirkend beseitigt werden.

Der Arbeitnehmer hat also einen Vergütungsanspruch für die bis zur Anfechtung erbrachten Arbeitsleistungen.

Nach der neuen Rechtsprechung des BAG besteht aber kein Anspruch auf Entgeltfortzahlung *(BAG 03.12.1998, EzA § 123 BGB Nr. 51)*. Diese Entscheidung wird auch auf sonstige

Vergütungsersatzleistungen (Urlaubsvergütung, Feiertagsentgelt) übertragbar sein. Denn das BAG hat zur Begründung maßgeblich darauf abgestellt, dass in dem Fall der (krankheitsbedingten) Arbeitsverhinderung ein Rückabwicklungsproblem nicht besteht, es also bei der gesetzlichen Regelung des § 142 BGB bleiben muss. Nach dieser neuen Rechtsprechung gehen die rechtlichen Konsequenzen einer erfolgreichen Anfechtung weiter als die einer wirksamen außerordentlichen Kündigung.

Durch die Anfechtung wird das Arbeitsverhältnis mit sofortiger Wirkung ohne Einhaltung von Kündigungsfristen beendet. Die Anfechtung ist daher eine rechtsgestaltende Wandlung, die in ihrer Wirkung der Ausübung des Kündigungsrechtes ähnelt. Der Unterschied liegt darin, dass bei der Anfechtung die Anfechtungsgründe schon beim Abschluss des Vertrages vorliegen müssen, während ein Kündigungsgrund sich auf die Zeit des Zugangs der Kündigungserklärung beziehen muss. **1163**

Umstritten ist, ob und inwieweit bei der Ausübung eines Anfechtungsrechtes besondere Wirksamkeitsvoraussetzungen von Kündigungen beachtet werden müssen. So wird in der Literatur z.B. vertreten, dass der Betriebsrat auch bei einer Anfechtung nach § 102 BetrVG ein Mitwirkungsrecht hat. Nach herrschender Auffassung sind auf die Anfechtung aber Kündigungsbeschränkungen nicht anzuwenden. Es ist also keine Beteiligung des Betriebsrates erforderlich. Auch der Sonderkündigungsschutz nach § 9 MuSchG ist auf die Anfechtung nicht anzuwenden. Ein Arbeitnehmer muss sich gegen eine Anfechtung auch nicht binnen der 3-Wochen-Frist von §§ 4, 13 KSchG wehren. **1164**

Um hier jegliches Risiko auszuschalten, ist zu empfehlen, neben der Anfechtung das Arbeitsverhältnis vorsorglich unter Beachtung der Kündigungsbeschränkungen außerordentlich zu kündigen. **1165**

Die Ausübung des Anfechtungsrechtes kann nach § 122 BGB eine Schadensersatzpflicht des Anfechtenden begründen. Der Anfechtungsgegner kann nämlich dadurch, dass er auf die Gültigkeit des Arbeitsvertrages vertraut hat, einen Schaden erlitten haben. Diese Schadensersatzpflicht tritt aber nach § 122 Abs. 2 BGB nicht ein, wenn der Anfechtungsgegner den Grund der Anfechtbarkeit kannte oder kennen musste. Dies wird meistens der Fall sein. Ein Arbeitnehmer, der den Anfechtungsgrund dadurch gesetzt hat, dass er eine Offenbarungspflicht nicht erfüllte, wird sich die Nichterfüllung zurechnen lassen müssen. **1166**

Der Anfechtende kann seinerseits auch Schadensersatzansprüche geltend machen. Dadurch dass sein Vertragspartner beim Vertragsabschluss zulässige Fragen nicht beantwortete oder seiner Offenbarungspflicht nicht nachkam, hat er einen Verschuldenstatbestand beim Vertragsschluss realisiert. In der Praxis wird aber der Nachweis eines dadurch verursachten Schadenseintritts schwierig sein. Seine Geltendmachung wird sich meist wegen des damit verbundenen Aufwands nicht lohnen.

> **Muster für eine Anfechtungserklärung**
>
> Sehr geehrte Frau/Sehr geehrter Herr ...
>
> Der mit Ihnen am ... geschlossene Arbeitsvertrag wird von uns angefochten. Das Arbeitsverhältnis ist damit beendet.
>
> Zur Begründung beziehen wir uns auf §§ 119/123 BGB.
>
> Sie wurden als ... (Kraftfahrer) eingestellt. Zur Erfüllung der damit verbundenen Tätigkeiten benötigen Sie ... (eine Fahrerlaubnis). Bei Vertragsschluss gingen wir davon aus, dass Sie darüber verfügen. Nun hat sich herausgestellt, dass dem nicht so ist.
>
> Bei der Einstellung haben Sie uns nicht darauf hingewiesen, dass ... (sie über keine Fahrerlaubnis verfügen). Damit haben Sie gegen eine Offenbarungspflicht verstoßen.
>
> Sie haben in dem Personalfragebogen die Frage nach ... (dem Vorliegen einer Fahrerlaubnis) wahrheitswidrig beantwortet. In Wirklichkeit ... verfügen Sie über keine Fahrerlaubnis).
>
> Wegen dieses Irrtums/dieser arglistigen Täuschung haben wir den Arbeitsvertrag abgeschlossen. Sonst wäre es von unserer Seite nicht zum Vertragsabschluss gekommen.
>
> Vorsorglich kündigen wir das Arbeitsverhältnis hiermit fristlos.
>
> Datum, Unterschrift Erhalten am: ...
>
> Arbeitnehmer ...

2. Nichtaufnahme der Arbeit

1167 Ein weiterer Störfall tritt ein, wenn ein Arbeitnehmer nach Abschluss des Arbeitsvertrages die Arbeit nicht zum vereinbarten Zeitpunkt aufnimmt. Hintergrund einer solchen Entwicklung kann sein, dass er ein besseres Angebot bei einer anderen Firma angenommen hat. Die Arbeitgeber werden durch solche Entwicklungen häufig überrascht, da vorherige Ankündigungen oder Erklärungen nicht erfolgen.

a) Schadensersatzanspruch

1168 Bei einer solchen Entwicklung kann ein Arbeitgeber den Ersatz des ihm entstandenen Schadens vom Arbeitnehmer verlangen. Der Wert dieses Ersatzanspruchs ist aber sehr zweifelhaft. Denn die möglichen Schadenspositionen können im Streitfall nur mit großen Schwierigkeiten belegt werden. Im Hinblick auf die **Inserats- oder Vorstellungskosten** kann eine Erstattung nicht durchgesetzt werden. Der Arbeitnehmer kann sich nämlich auf das so genannte hypothetische rechtmäßige Alternativverhalten berufen. Er kann geltend machen, dass diese zusätzlichen Kosten für eine neue Inserierung auch entstanden wären, wenn er das Arbeitsverhältnis ordnungsgemäß durch eine fristgerechte Kündigung beendet hätte.

1169 Darüber hinaus kann ein Schaden in der Form entstanden sein, dass der Arbeitgeber Produktionsausfälle hinnehmen musste. Es ist jedoch in der Praxis fast unmöglich, den ursächlichen Zusammenhang zwischen der Nichtaufnahme der Arbeit zu einem vereinbarten Zeitpunkt und einem Gewinnausfall darzulegen. Dies liegt daran, dass die

Gewinnentwicklung eines Unternehmens von unübersehbar vielen Faktoren abhängig ist. Eine Pauschalierung der Schäden in der Weise, dass der ortsübliche Tageslohn verlangt wird, kommt nicht in Betracht. Eine entsprechende rechtliche Grundlage besteht nicht.

b) Vertragsstrafe

Wenn in dem Arbeitsvertrag für den Fall der verschuldeten Nichtaufnahme der Arbeit zum vereinbarten Zeitpunkt eine Vertragsstrafenregelung getroffen wurde, kann der Arbeitgeber aus dieser einen Vertragsstrafenanspruch herleiten. Die Regelung muss aber inhaltlich gerade den Fall der verschuldeten Nichtaufnahme der Arbeit umfassen. Sie muss zudem angemessen sein. Diesbezüglich unterliegt die vertragliche Regelung einer umfassenden gerichtlichen Inhaltskontrolle (vgl. → Rz. 1980). **1170**

IV. Weiterführende Literaturhinweise

Etzel, Betriebsverfassungsrecht, 6. Aufl. 1997 **1171**
Matthes, Einstellung und Kündigung, 1972
RKW Handbuch Personalplanung, 2. Aufl. 1990
Schaub, Arbeitsrechtliche Formularsammlung und Erläuterungen zum Arbeitsgerichtsverfahren, 7. Aufl. 1998; *ders.* Arbeitsrechtshandbuch, 9. Aufl. 2000
HzA, Hrsg. *Leinemann*, Stand 10/00

2. Kapitel: Der Inhalt des Arbeitsvertrages

I.	**Grenzen der Vertragsgestaltung**	**1300**
	1. Arbeitsvertrag und sonstige Rechtsquellen des Arbeitsrechts	1301
	2. Mindestinhalt des Arbeitsvertrages	1310
	3. Gesetzliche Schranken der Arbeitsvertragsgestaltung	1320
	a) Verstoß gegen gesetzliche Vorschriften	1301
	b) Verstoß gegen die guten Sitten	1330
	c) Maßregelungsverbot nach § 612 a BGB	1340
	d) Abwicklung eines nichtigen Vertrages	1350
II.	**Rechtliche Kontrolle vorformulierter Arbeitsbedingungen**	**1360**
	1. Vorformulierte Arbeitsbedingungen	1361
	a) Rechtstatsachen zur Gestaltung von Arbeitsverträgen	1362
	b) Grundsätze einer zweckmäßigen Arbeitsvertragsgestaltung	1370
	2. Richterliche Pflicht zur Vertragskontrolle	1380
	3. Stufen der Vertragskontrolle	1390
	a) Einbeziehungskontrolle	1391
	b) Vorrang Individualabrede und Auslegung	1400
	c) Verstoß gegen gesetzliches Verbot, die guten Sitten oder gegen das Maßregelungsverbot	1410
	d) Angemessenheitskontrolle	1420
	e) Rechtsfolgen unwirksamer Klauseln	1430
	f) Ausübungskontrolle	1440
	4. Betriebsrat und vorformulierte Arbeitsbedingungen	1450
III.	**Weiterführende Literaturhinweise**	**1451**

I. Grenzen der Vertragsgestaltung

1. Arbeitsvertrag und sonstige Rechtsquellen des Arbeitsrechts

Über den Arbeitsvertrag können die Vertragsparteien den Inhalt ihrer gegenseitigen Verpflichtungen und Rechte umfassend regeln. Typischerweise enthalten die Arbeitsverträge jedoch nur Regelungen zu einigen von den Arbeitsvertragsparteien als wesentlich angesehenen Fragen. Der mündliche oder schriftliche Arbeitsvertrag stellt jedoch nicht die einzige arbeitsrechtliche Quelle für Rechte und Pflichten aus dem Arbeitsverhältnis dar.

Ist z.B. zu bestimmen, wie viele Tage Erholungsurlaub einem Arbeitnehmer zustehen, können sich hierzu Regelungen finden in einer Vereinbarung zwischen den Arbeitsvertragsparteien (mündlicher oder schriftlicher Arbeitsvertrag, Änderungsvertrag, in bezug genommene Allgemeine Arbeitsbedingungen, zum Vertragsbestandteil gewordene betriebliche Übung), in einer im Betrieb geltenden Betriebsvereinbarung, in einem einschlägigen Tarifvertrag und schließlich im allgemein geltenden Bundesurlaubsgesetz. Nach Bedeutung und Stärke der Quellen arbeitsrechtlicher Regelungen geordnet muss die Rangfolge lauten:

1301

- Verfassung (Grundgesetz) und EG-Normen Gesetz,
- Tarifvertrag,
- Betriebsvereinbarung,
- Arbeitsvertrag (einschl. Allgemeiner Arbeitsbedingungen und betrieblicher Übung),
- Anordnungen des Arbeitgebers (Direktionsrecht).

1302 Nach allgemeinen Grundsätzen geht die stärkere (ranghöhere) Regelung der schwächeren (rangniedrigeren) Regelung vor **(Rangprinzip)**. Ein verfassungswidriges oder europarechtswidriges Gesetz, ein gesetzwidriger Tarifvertrag, eine vertragswidrige Arbeitgeberweisung sind unwirksam oder zumindest im Rechtswege angreifbar.

BEISPIELE:

1) Unternehmer U hat mit Arbeiter A im Arbeitsvertrag vereinbart, dass für die ersten 6 Monate der Beschäftigung ein Stundenlohn gezahlt wird, der 20% unter dem Tariflohn liegt. Der Lohntarifvertrag ist für allgemeinverbindlich erklärt worden. Sein zeitlicher, räumlicher, betrieblicher, fachlicher und persönlicher Geltungsbereich erfasst das Arbeitsverhältnis zwischen A und U (§ 5 TVG).
Die Vereinbarung ist nichtig. A hat einen Anspruch auf den vollen Tariflohn. Das kann nur anders sein, wenn der Tarifvertrag eine Öffnungsklausel für einzelvertragliche Abreden hat.

2) U hat mit der Angestellten A einen Arbeitsvertrag geschlossen, in dem es u.a. heißt: »Die Angestellte verzichtet auf den Sonderkündigungsschutz des § 9 MuSchG.«
Diese Klausel ist unwirksam. Von dem Kündigungsverbot des § 9 Abs. 1 Satz 1 MuSchG kann nur in der Weise abgewichen werden, dass der Kündigungsschutz erweitert wird, indem er über die Zeitspanne von 4 Monaten nach der Entbindung hinaus gewährt wird.

1303 Ist jedoch die schwächere Regelung für den Arbeitnehmer günstiger, geht sie im Arbeitsrecht grundsätzlich der stärkeren (ungünstigeren) Regelung vor **(Günstigkeitsprinzip)**.

BEISPIELE:

Der Arbeitgeber sagt dem Arbeitnehmer 30 Werktage Urlaub zu.

Nach § 3 Abs. 1 BUrlG beträgt der Urlaub jährlich mindestens 24 Werktage. Eine Abweichung von der gesetzlichen Mindestregelung zugunsten des Arbeitnehmers ist zulässig. Das Günstigkeitsprinzip ist insoweit in § 13 Abs. 1 Satz 3 BUrlG normiert. Hätte der Arbeitnehmer sich jedoch mit einem Urlaubsanspruch von 15 Werktagen ausdrücklich einverstanden erklärt, wäre die Vereinbarung wegen eines Verstoßes gegen § 3 Abs. 1 BUrlG in Verbindung mit § 13 Abs. 1 Satz 3 BUrlG unwirksam.

Der Arbeitgeber verspricht dem Arbeitnehmer die Zahlung eines übertariflichen Lohnes. Die Arbeitsvertragsparteien sind tarifgebunden.

Nach § 4 Abs. 3 TVG sind vom Tarifvertrag abweichende Abmachungen nur zulässig, soweit sie durch Tarifvertrag gestattet sind oder eine Änderung der Regelungen zugunsten des Arbeitnehmers enthalten. Letzteres ist bei der Vereinbarung einer übertariflichen Vergütung der Fall.

1304 Auch innerhalb einer Rangstufe kann es zu einer Kollision von Regelungen kommen. Hier gelten folgende Prinzipien:

Folgt eine Regelung auf eine andere Regelung, so geht im Konfliktfalle die spätere vor (**Ablösungsprinzip**). Wird eine kollektivvertragliche Regelung (Tarifvertrag, Betriebsvereinbarung) durch eine spätere ranggleiche abgelöst, so tritt nach dem **Ordnungsprinzip** diese an die Stelle der früheren, gleichgültig ob sie für den Arbeitnehmer günstiger ist oder nicht. Eine speziellere Regelung geht auf gleicher Rangstufe der allgemeineren vor, auch wenn sie nachteiliger ist (**Spezialitätsprinzip**).

2. Mindestinhalt des Arbeitsvertrages

Durch den Arbeitsvertrag wird das Arbeitsverhältnis begründet. Aus ihm muss hervorgehen, ab wann eine Person als Arbeitnehmer welche Arbeit zu leisten hat. Regelmäßig bedarf es auch einer Einigung, dass die Arbeit entgeltlich geleistet wird.

Die Höhe der Arbeitsvergütung braucht nicht ausdrücklich bestimmt zu werden. Ist die Höhe der Vergütung nicht bestimmt, so ist bei dem Bestehen einer Taxe die taxmäßige Vergütung, in Ermangelung einer Taxe die übliche – grundsätzlich die tarifliche – Vergütung als vereinbart anzusehen (§ 612 Abs. 2 BGB). Der weitere Inhalt des Arbeitsverhältnisses kann sich aus den übrigen arbeitsrechtlichen Regelungen ergeben.

3. Gesetzliche Schranken der Arbeitsvertragsgestaltung

a) Verstoß gegen gesetzliche Vorschriften

Nach § 134 BGB ist ein Arbeitsvertrag, durch den gegen ein gesetzliches Verbot verstoßen wird, nichtig. Nicht jedes Gesetz, das den Arbeitsvertrag beschränkt oder an bestimmte Voraussetzungen bindet, verbietet aber den Abschluss des Arbeitsvertrages. Ob ein Verbotsgesetz i.S.v. § 134 BGB vorliegt, muss oft durch Auslegung des Gesetzes ermittelt werden. Insbesondere folgende gesetzlichen **Abschlussverbote** sind zu beachten:

- Arbeitsverträge, die gegen das Gesetz zur Bekämpfung der Schwarzarbeit verstoßen, sind nichtig *(BGH 23.09.1982, AP Nr. 2 zu § 1 SchwarzarbeitsG; BGH 31.05.1990, AP Nr. 3 zu § 1 SchwarzarbeitsG)*.
- Arbeitsverträge mit Kindern unter 15 Jahren, § 5 JArbSchG *(BAG 23.01.1973, AP Nr. 3 zu § 7 JArbSchutzG)*, sind ebenfalls nichtig.
- Ein Abschlussverbot enthält ferner § 9 Nr. 1 AÜG (mit der sich aus § 10 Abs. 1 AÜG ergebenden Folge des Bestehens eines Arbeitsverhältnisses zwischen dem Leiharbeitnehmer und dem Entleiher). Danach darf ein Unternehmer, der Arbeitskräfte verleiht, Leiharbeitnehmer nur einstellen, wenn er über die dazu erforderliche Erlaubnis verfügt.

Von den Abschlussverboten sind die **Beschäftigungsverbote** zu unterscheiden. Bei diesen ist der Arbeitsvertrag wirksam. Es ist lediglich die tatsächliche Beschäftigung des Arbeitnehmers in dem bestimmten Bereich untersagt, wie z.B.

- die Beschäftigung eines Arztes ohne Approbation *(BAG 06.03.1974, AP Nr. 29 zu § 615 BGB)*.

- die Beschäftigung eines Ausländers ohne Arbeitserlaubnis (§ 284 SGB III); der Arbeitgeber hat infolge des Fehlens der Arbeitserlaubnis gegebenenfalls ein Kündigungsrecht *(BAG 13.01.1977, AP Nr. 2 zu § 19 AFG; BAG 19.01.1977, AP Nr. 3 zu § 19 AFG; BAG 16.12.1976, AP Nr. 4 zu § 19 AFG; BAG 26.06.1996, EzA § 1 LohnFG Nr. 127 – zum Beschäftigungsverbot während Krankheit).*
- die Beschäftigung von Arbeitnehmern, bei deren Einstellung nach § 18 Abs. 1 BSeuchG ein Gesundheitsattest vorliegen muss *(BAG 02.03.1971, AP Nr. 2 zu § 18 BSeuchG)*

b) Verstoß gegen die guten Sitten

1330 Nach § 138 Abs. 1 BGB ist ein Arbeitsvertrag, der gegen die guten Sitten verstößt, nichtig. Was unter den »guten Sitten« zu verstehen sein soll, ist nicht leicht zu erklären. Jedes Gericht und jeder Mensch hat seine eigenen Vorstellungen darüber. Gerade wegen der Ungenauigkeit des Begriffsinhaltes wendet die Rechtsprechung diese Norm sehr zurückhaltend an. Nur wenn der Arbeitsvertrag nach seinem Inhalt, Zweck oder den Beweggründen der Vertragsschließenden gegen das Anstandsgefühl aller billig und gerecht Denkenden verstößt, liegt eine Sittenwidrigkeit vor. Das wird man nur in seltenen Ausnahmefällen annehmen können.

Von der Rechtsprechung wurde ein Vertrag über die Vorführung des Geschlechtsverkehrs auf der Bühne als sittenwidrig bewertet *(BAG 01.04.1976, AP Nr. 34 zu § 138 BGB)*. Als nichtig wurden ferner sog. Zölibatsklauseln angesehen, wonach z.B. mit einer Arbeitnehmerin für den Fall ihrer Eheschließung eine auflösende Bedingung für das Arbeitsverhältnis vereinbart wurde *(BAG 10.05.1957, AP Nr. 1 zu Art. 6 GG Ehe und Familie)* oder wo der Arbeitsvertrag die Bestimmung enthielt, dass das Arbeitsverhältnis mit Feststellung der Schwangerschaft der Arbeitnehmerin ende *(BAG 28.11.1958, AP Nr. 2 zu Art. 6 GG Ehe und Familie)*.

Von der Rechtsprechung ist § 138 BGB in den Mankohaftungsfällen (vgl. → Rz. 1955) auch im Sinne einer **Angemessenheitskontrolle** (vgl. → Rz. 1420) genutzt worden. Insoweit hat das BAG auf eine Abwälzung des Betriebsrisikos in einem zu weitgehenden Umfang bei fehlendem angemessenem Risikoausgleich abgestellt *(BAG 22.11.1973, AP Nr. 67 zu § 626 BGB)*. Eine arbeitsvertragliche Vergütungsregelung verstößt des weiteren gegen die guten Sitten, wenn der Arbeitnehmer mit dem Betriebs- und Wirtschaftsrisiko des Arbeitgebers belastet wird. Dies ist nach der höchstrichterlichen Rechtsprechung insbesondere dann anzunehmen, wenn eine Vergütungsabrede eine Verlustbeteiligung des Arbeitnehmers vorsieht. In subjektiver Hinsicht ist nur erforderlich, dass die Handelnden die tatsächlichen Umstände kennen, aus denen sich die Sittenwidrigkeit ergibt; es ist nicht maßgebend, dass sie ihr Handeln für sittenwidrig halten *(BAG 10.10.1990, AP Nr. 47 zu § 139 BGB)*.

Ein spezieller Fall der Sittenwidrigkeit ist der **Lohnwucher**. Nach § 138 Abs. 2 BGB ist ein Vertrag, durch den jemand unter Ausbeutung der Zwangslage, der Unerfahrenheit, des Mangels an Urteilsvermögen oder der erheblichen Willensschwäche eines anderen sich eine Leistung versprechen lässt, die in einem auffälligen Missverhältnis zu der Gegenleistung steht, nichtig. Das Missverhältnis zwischen Leistung und Gegenleistung – also Arbeitspflicht und Vergütungshöhe – wird sich danach feststellen lassen, ob die Arbeitsleistung nach Schwierigkeitsgrad, körperlicher oder geistiger Beanspruchung, sowie hinsichtlich der Arbeitsbedingungen schlechthin (Hitze, Kälte, Lärm) noch ausreichend entlohnt wird. Bei einer solchen Überprüfung soll in der Regel nicht nur auf einen Vergleich mit den Tariflöhnen des jeweiligen Wirtschaftszweiges abgehoben werden *(BAG 11.01.1973, AP Nr. 30 zu § 138 BGB)*. Bei Zahlung von 2/3 des Tariflohns kann ein strafbarer Lohnwucher vorliegen. Beim Wuchertatbestand ist der Vergleich der ausgetauschten Leistungen allein von der Seite der Arbeitgeber her vorzunehmen. Dementsprechend kommt es nicht darauf an, ob der den beiden Maurern ausbezahlte Lohn am Wohnort der Arbeitnehmer (z.B. in Tschechien oder Polen) von ebensolcher oder sogar höherer Kaufkraft ist als der Tariflohn für einen in Deutschland wohnenden Arbeitnehmer *(BGH 22.04.1997, EzA § 302 a StGB Nr. 1)*. Es wurde aber eine Vereinbarung für rechtswirksam erachtet, die eine Zahlung von 70 % des üblichen Gehalts zum Inhalt hatte *(BAG 23.05.2001, EzA § 138 BGB Nr. 39)*.

c) Maßregelungsverbot nach § 612 a BGB

Keine besondere Bedeutung hat bislang das **Maßregelungsverbot nach § 612 a BGB** erlangt. Hiernach darf der Arbeitgeber einen Arbeitnehmer bei einer Vereinbarung oder einer Maßnahme nicht benachteiligen, weil der Arbeitnehmer in zulässiger Weise seine Rechte ausübt. Das Maßregelungsverbot regelt einen Sonderfall der Sittenwidrigkeit *(BAG 02.04.1987, AP Nr. 1 zu § 612 a BGB; BAG 21.07.1988, EzA § 4 TVG Bauindustrie Nr. 44)*.

1340

Höchstrichterlich nicht hinreichend geklärt ist die Bedeutung des § 612 a BGB bei **Vereinbarungen**. Es ist davon auszugehen, dass § 612 a BGB auch anzuwenden ist auf benachteiligende Vereinbarungen, die von vornherein bestimmte Rechtsausübungen maßregeln.

Für Teilzeitbeschäftigte und befristet beschäftigte Arbeitnehmer findet sich eine inhaltsgleiche Regelung des Maßregelungsverbots in § 5 TzBfG.

d) Abwicklung eines nichtigen Vertrages

Bei den Rechtsfolgen eines nichtigen Arbeitsvertrages ist danach zu unterscheiden, ob der Arbeitsvertrag lediglich abgeschlossen oder schon in Vollzug gesetzt wurde. Im ersteren Fall sind die Rechtsfolgen unproblematisch. Es wurden keine gegenseitigen Pflichten oder Rechte wirksam begründet. Vertragliche Ansprüche bestehen also nicht. Auch Rückabwicklungsprobleme liegen nicht vor, da eben noch kein Austausch von Leistungen erfolgte. Lediglich Schadensersatzforderungen können geltend gemacht werden nach dem Recht der unerlaubten Handlung (§§ 823, 826 BGB) sowie vor allem aus dem Rechtsinstitut des Verschuldens bei Vertragesabschluss (§§ 311 Abs. 2 Nr. 1, 241 Abs. 2 BGB i.V.m. § 280 Abs. 1 BGB).

1350

Wurde das Arbeitsverhältnis bereits vollzogen, kommt der Nichtigkeit des Arbeitsvertrages in der Regel **keine Rückwirkung** zu. Jede Arbeitsvertragspartei kann sich aber durch einfache Erklärung aus dem nicht wirksam begründeten Arbeitsverhältnis (faktisches Arbeitsverhältnis) lösen *(LAG Berlin 17.04.1978, EzA § 397 BGB Nr. 3)*. Für den Zeitraum, in dem es trotz der ihm anhaftenden Mängel einvernehmlich in Funktion gesetzt war, ist es wie ein fehlerfrei zustande gekommenes zu behandeln *(BAG 07.06.1972, AP Nr. 18 zu § 611 BGB Faktisches Arbeitsverhältnis)*. Es muss eine von beiden Parteien gewollte Beschäftigung des Arbeitnehmers vorliegen. Nur dies rechtfertigt, ein bereits vollzogenes Arbeitsverhältnis für die Vergangenheit wie ein fehlerfrei zustande gekommenes Arbeitsverhältnis zu behandeln. In diesem Fall ist die Rückabwicklung der wechselseitig erbrachten Leistungen ausgeschlossen. Diese Grundsätze kommen nicht zur Anwendung, wenn die Erbringung der Arbeitsleistung nicht vom Willen beider Parteien getragen war; vielmehr hat der Arbeitgeber dann die rechtsgrundlos erhaltene Leistung nach den Bestimmungen über die ungerechtfertigte Bereicherung herauszugeben *(BAG 30.04.1997, EzA § 812 BGB Nr. 3)*.

Gegen die Geltendmachung von Ansprüchen aus einem faktischen Arbeitsverhältnis kann der Vertragspartner die Einrede der Arglist erheben. Er kann geltend machen, dass der Anspruchstellende die Nichtigkeit des Arbeitsvertrages gekannt habe. Freilich ist diese Einrede ihrerseits wiederum nur möglich, wenn der Vertragspartner seinerseits arglos war. Nach der Rechtsprechung ist es ausgeschlossen, die Regeln des faktischen Arbeitsverhältnisses anzuwenden, wenn der nichtige Vertrag in besonders gewichtiger Weise gegen die Grundregeln unserer Rechtsordnung verstoßen hat. Dies wird angenommen bei gemeinschaftlichen Verabredungen zu kriminellen Handlungen. Bei einer mit einer Striptease-Tänzerin getroffenen Vereinbarung soll dies aber nicht der Fall sein *(BAG 07.06.1972, AP Nr. 18 zu § 611 BGB Faktisches Arbeitsverhältnis)*.

Eine Besonderheit gilt bei der Nichtigkeit des Arbeitsvertrages wegen mangelnder Geschäftsfähigkeit des Arbeitnehmers. Dem minderjährigen Arbeitnehmer stehen die »vertraglichen« Ansprüche aus dem faktischen Vertragsverhältnis zu. Demgegenüber kann sich aber der Arbeitgeber nicht auf Gegenansprüche berufen. Er hat also z.B. keine nachträglichen vertraglich begründeten Schadensersatzansprüche. Gleichwohl kann er den Minderjährigen oder dessen Eltern bei Aufsichtspflichtverletzungen nach den Regeln der §§ 823 ff. BGB in Haftung nehmen.

Eine letzte Besonderheit ist die Regelung des § 139 BGB über die **Teilnichtigkeit**. Danach ist bei der Nichtigkeit eines Teils eines Rechtsgeschäfts das gesamte Rechtsgeschäft nichtig, wenn nicht anzunehmen ist, dass es auch ohne den nichtigen Teil vorgenommen sein würde. Die Frage nach der Teilnichtigkeit stellt sich insbesondere bei dem beschriebenen Lohnwucher. Hier wird aber wegen der Regelungen des § 612 Abs. 2 BGB angenommen, dass der Bestand des Arbeitsverhältnisses an sich durch die Nichtigkeit der Vergütungsabsprache nicht berührt ist. Denn es gilt die übliche Vergütung für die erbrachte Arbeitsleistung als vereinbart.

II. Rechtliche Kontrolle vorformulierter Arbeitsbedingungen

1360

1. Vorformulierte Arbeitsbedingungen

1361

a) Rechtstatsachen zur Gestaltung von Arbeitsverträgen

In § 105 GewO ist noch bestimmt: »Die Festsetzung der Verhältnisse zwischen den selbständigen Gewerbetreibenden und den gewerblichen Arbeitnehmern ist ... Gegenstand freier Übereinkunft.«

1362

Rechtstatsächlich (alle Angaben nach Preis, Grundfragen der Vertragsgestaltung im Arbeitsrecht, 1993) ist der individuell ausgehandelte Arbeitsvertrag jedoch die große Ausnahme und der standardisierte Vertrag der Regelfall. Der Trend zu vorformulierten einheitlichen Vertragsgestaltungen ist auch im Bereich der Führungskräfte (leitende Angestellte, sog. außertarifliche Angestellte) verbreitet. Es wird geschätzt, dass die Anzahl der **formularmäßig gestalteten Arbeitsverhältnisse in der Bundesrepublik bei weit über 90 %** liegt.

Vorformulierte Arbeitsbedingungen werden von den Arbeitgebern in unterschiedlicher Form vorgelegt. In der Praxis überwiegt noch der gedruckte Formulararbeitsvertrag. Oft greift der Arbeitgeber auf Musterempfehlungen zur Arbeitsvertragsgestaltung von Fachpublikationen, Arbeitgeberverbänden, Fach- und Berufsverbänden zurück. Vorformulierte Arbeitsbedingungen vereinfachen die Organisation, erleichtern die Kalkulation und ersparen Kosten und Mühe, die dadurch entstünden, dass der Inhalt der einzelnen Verträge individuell ausgehandelt werden müsste. Die Unternehmen gehen mittlerweile vermehrt auf Vertragsmuster über, die sich aus Textbausteinen zusammensetzen. Von einigen Arbeitgeberverbänden werden auch schon Disketten angeboten, die auf einem Personalcomputer verwendet werden können. Es werden in der Praxis je nach dem Arbeitnehmerstatus unterschiedliche Mustertexte verwand. Durchschnittlich kommen in einem Unternehmen drei bis sechs Vertragsmuster zur Anwendung, und zwar für Arbeiter (gewerbliche Arbeitnehmer), tarifliche Angestellte, außertarifliche und leitende Angestellte und für Aushilfs- und Teilzeitkräfte.

In den Vertragsformularen sind überwiegend möglichst vollständige Regelungen enthalten. Typische Regelungsbereiche sind: Arbeitsbeginn, Tätigkeitsbeschreibung, Arbeitszeit, Arbeitsvergütung, Über- und Mehrarbeit, Abtretung und Verpfändung des Arbeitseinkommens, Arbeitsverhinderung, Entgeltfortzahlung im Krankheitsfall, Urlaub, Nebenbeschäftigung, Wettbewerbsabreden, Vertragsstrafen, Beendigung des Arbeitsverhältnisses, Rückzahlung von Vorschüssen und Darlehen, Verweisung auf Allgemeine Arbeitsbedingungen/Betriebsvereinbarungen/Tarifverträge, Schriftformklauseln, Ausschlussfristen/Verfallklauseln. Häufig werden Arbeitnehmerpflichten gegenüber den sich aus Gesetz, Rechtsprechung und Kollektivverträgen festgeschriebenen Verpflichtungen erweitert. Dies ist beispielsweise in Klauseln der Fall, in denen

- der Arbeitgeber sich vorbehält, dem Arbeitnehmer eine andere (zumutbare) Arbeit im Betrieb zuzuweisen,
- der Arbeitnehmer sich verpflichtet, jederzeit auf Anweisung Mehr- und Überarbeit im gesetzlich zulässigen Rahmen zu leisten,
- dem Arbeitnehmer eine Nebenbeschäftigung nur für den Fall einer ausdrücklichen schriftlichen Genehmigung des Arbeitgebers gestattet wird,
- der Arbeitnehmer für den Fall der Nichtaufnahme oder der vertragswidrigen Beendigung der Arbeit eine Vertragsstrafe zusagt.

b) Grundsätze einer zweckmäßigen Arbeitsvertragsgestaltung

1370 Die Gestaltung von Verträgen im Arbeitsrecht ist schwierig. In einem Rechtsgebiet mit weithin fehlendem dispositivem Gesetzesrecht, unübersichtlichem zwingendem Gesetzesrecht, schwierigen Zusammenhängen mit dem Kollektivarbeitsrecht und einem nicht immer kalkulierbarem und auch schwankendem Richterrecht ist ein Vertrag zu entwerfen, der auf der Basis des geltenden Rechts Konflikte vermeidet oder löst. **Unabdingbare Voraussetzung für diese Aufgabe ist eine genaue Kenntnis**

- **der einschlägigen Normen,**
- **der kollektivrechtlichen Vereinbarungen**
- **und der Rechtsprechung.**

Im Schrifttum wird davor gewarnt, Arbeitsverhältnisse im schriftlichen Vertrag **zu detailliert** zu regeln, damit nicht bei jeder Veränderung der tatsächlichen Verhältnisse eine Änderungskündigung notwendig wird. Dies entspricht der rechtspolitischen Tendenz zur Flexibilisierung und Deregulierung der Arbeitsbedingungen. Auch vor der **Verwendung von Generalklauseln** wird gewarnt. Diese verfehlen in Arbeitsverträgen den Zweck der Vertragsgestaltung, Rechtssicherheit in der Rechtsbeziehung zwischen den Arbeitsvertragsparteien zu schaffen. Die Ausfüllung abstrakter Klauseln erfolgt im Streitfall durch das Gericht.

Problematisiert wird auch die Verwendung sog. **deklaratorischer Klauseln** in Arbeitsverträgen. Solche Klauseln sind dadurch gekennzeichnet, dass sie lediglich den Inhalt der einschlägigen gesetzlichen oder tariflichen Norm wiedergeben und deshalb nicht selbst Rechte oder Pflichten erzeugen oder begründen. Den deklaratorischen Klauseln kommt lediglich eine Informationsfunktion zu. Unter bestimmten Umständen kann sich z.B. die vertragliche Wiederholung von Tarifnormen für den Arbeitgeber nachteilig auswirken, und zwar dann, wenn die Tarifnorm nach Abschluss des Arbeitsvertrages zu Gunsten des Arbeitgebers geändert wird.

Als wichtig erachtet wird die **Beweisfunktion des schriftlichen Arbeitsvertrages**. Arbeitgebern wird dringend angeraten, Arbeitsverträge schriftlich abzuschließen. Mündliche Abreden sind oft Quelle vielfachen Streits, weil später schwer zu klären und im Streitfall zu beweisen ist, was im Einzelnen zwischen den Arbeitsvertragsparteien als verbindlich besprochen wurde. Nach der höchstrichterlichen Rechtsprechung birgt ein schriftlich abgefasster Vertrag die Vermutung der Vollständigkeit und Richtigkeit in sich. Das bedeutet für die Praxis, dass diejenige Arbeitsvertragspartei, die sich auf eine für sie günstige mündliche Abrede beruft, diese zu beweisen hat.

In der bislang gründlichsten Untersuchung zur Vertragsgestaltung im Arbeitsrecht (Preis, Grundfragen der Vertragsgestaltung im Arbeitsrecht, 1993) wird empfohlen, vor der Gestaltung eines zweckmäßigen Arbeitsvertrages folgende Fragen zu klären:

- In welchem Umfang gestaltet bereits kollektives Vertragsrecht zwingend die Arbeitsverhältnisse? Bestehen Tarifbindung, ein allgemeinverbindlicher Tarifvertrag oder individualarbeitsrechtlich relevante Betriebsvereinbarungen?
- Besteht entsprechend § 4 Abs. 3 TVG dispositives Tarifrecht, das den Parteien des Arbeitsverhältnisses ausdrücklich abweichende Regelungen gestattet?
- In welchen Bereichen bestehen Freiräume für die Vertragsparteien, weil die Tarifpartner bestimmte Fragen nicht oder nicht abschließend geregelt haben?
- Empfiehlt sich für die nicht tarifgebundenen Arbeitsverhältnisse die vollständige oder teilweise Angleichung an die tarifgebundenen oder erscheint eine abweichende Vertragsregelung zweckmäßig? Ist eventuell die Einbeziehung des nicht unmittelbar einschlägigen Tarifvertrages in Betracht zu ziehen?
- Empfiehlt es sich überhaupt, die nicht durch Kollektivverträge erfassten Bereiche der individualvertraglichen Regelung zuzuführen?
- Ist die Vereinbarung bestimmter Bereiche durch Arbeitsvertrag in jedem Fall unabhängig vom Schicksal änderungsfreundlicher Kollektivverträge sinnvoll?
- Ist eine Veränderung der kollektivvertraglichen Situation um der flexibleren Regelungsmöglichkeiten willen im Einzelvertrag anzustreben?
- In welchen Punkten ist eine gegenüber den bestehenden Kollektivverträgen günstigere Regelung anzustreben? Ist die vertragliche Regelung tatsächlich – und nicht nur aus der subjektiven Sicht des einzelnen Arbeitnehmers – günstiger?

Eine erkennbar unwirksame Vertragsgestaltung kann auch insoweit Rechtsfolgen nach sich ziehen, als die Vertragspartner bei den Vertragsverhandlungen verpflichtet sind, die Schädigung des anderen Teils durch Aufstellung unwirksamer Vertragsklauseln zu vermeiden. Bei Verletzung dieser Pflicht kann sich ein **Schadensersatzanspruch** aus Verschulden bei Vertragsschluss (culpa in contrahendo) ergeben. Bei unwirksamer Vertragsgestaltung haftet die Partei, die den Unwirksamkeitsgrund zu vertreten hat (§§ 311 Abs. 2 Nr. 1, 241 Abs. 2 BGB i.V.m. § 280 Abs. 1 BGB)

Konsequenzen hat diese Haftung der Verwender von vorformulierten Verträgen für unwirksame Vertragsgestaltung auch für den Kautelarjuristen. Er ist verpflichtet, den Mandanten auf mögliche Risiken bestimmter Vertragsgestaltungen hinzuweisen und haftet für Beratungsfehler. Es gilt der »Grundsatz des sichersten Weges«. Eine Belehrungspflicht besteht auch bei bloßer Zweifelhaftigkeit der Rechtslage. Ersatzfähige Schäden bei unwirksamer Vertragsgestaltung sind notwendige Rechtsberatungs- und Prozesskosten sowie Aufwendungen, die aus der Unkenntnis über die Unwirksamkeit einer Klausel gemacht wurden oder Schäden, die wegen dieser Unkenntnis entstanden sind.

2. Richterliche Pflicht zur Vertragskontrolle

1380 Das BAG hat in einer Vielzahl von Fällen die Rechtswirksamkeit arbeitsvertraglicher Klauseln zugunsten der Arbeitnehmer durch eine – nicht immer so bezeichnete – **Inhaltskontrolle** (Rechtskontrolle, Vertragsinhaltskontrolle) eingeschränkt und dadurch den vertraglichen Gestaltungsmöglichkeiten der Arbeitgeber Grenzen gesetzt. Als Beispiele seien hier genannt:

- Das Verbot unzumutbarer Rückzahlungsklauseln bei Gewährung einer Gratifikation wird auf einen Verstoß gegen die Fürsorgepflicht und den Gesichtspunkt der objektiven Gesetzesumgehung gestützt (vgl. → Rz. 1963).
- Die Befristung von Arbeitsverhältnissen wurde außerhalb gesetzlicher Ermächtigungen zur Befristung vom Vorliegen eines sachlichen Grundes abhängig gemacht, wenn eine Gesetzesumgehung in Betracht kam (vgl. → Rz. 1590).
- Die Begrenzung der jede Nebentätigkeit verbietenden Vertragsklauseln wird mit der Notwendigkeit einer verfassungskonformen Interpretation begründet (vgl. → Rz. 1960).

1382 Die Rechtskontrolle **vorformulierter** Arbeitsbedingungen ist vom BAG früher nur vereinzelt und unzureichend thematisiert worden. Auf die Unterscheidung von formularmäßigen und individuell ausgehandelten Vereinbarungen hat das BAG, anders als der BGH in ständiger Rechtsprechung vor Inkrafttreten des Gesetzes zur Regelung des Rechts der Allgemeinen Geschäftsbedingungen (AGBG), kaum abgehoben *(vgl. aber nun BAG 24.11.1993, EzA § 611 BGB Mehrarbeit Nr. 1)*. Dies ist allerdings unverzichtbar, wenn eine einheitliche Bewertung vergleichbarer Problemlagen, nämlich der Rechtskontrolle von Allgemeinen Geschäftsbedingungen und von vorformulierten Arbeitsbedingungen, im Privatrechtssystem erfolgen soll.

Nicht so zurückhaltend wie das BAG war der BGH, der vor Inkrafttreten des AGBG unbilligen Klauseln in Allgemeinen Geschäftsbedingungen die Anerkennung versagt hatte. Nach seiner Meinung nimmt derjenige, der Allgemeine Geschäftsbedingungen aufstellt, die an sich bestehende Vertragsfreiheit, soweit sie die Gestaltung des Vertragsinhalts betrifft, für sich allein in Anspruch. Bringe er nur seine eigenen Interessen zur Geltung, so missbrauche er die Vertragsfreiheit, die insoweit durch § 242 BGB eingeschränkt sei *(BGH 04.06.1970, BGHZ 54, 106, 109)*. Vom BGH wurde die Rechtskontrolle sogar auf Gesellschaftsverträge erstreckt *(BGH 14.04.1975, BGHZ 64, 238; BGH 21.03.1988, BGHZ 104, 53)*.

Das **BVerfG** fordert in Fällen des Vertrages zwischen Parteien mit »strukturell ungleicher Verhandlungsstärke« ausdrücklich eine **Inhaltskontrolle durch die Zivilgerichte**. Nach der Rechtsprechung des **Bundesverfassungsgerichts** beruht die Privatautonomie auf dem Prinzip der Selbstbestimmung und setzt demnach voraus, dass auch die Bedingungen freier Selbstbestimmung tatsächlich gegeben sind.

»Hat einer der Vertragsteile ein so starkes Übergewicht, dass er vertragliche Regelungen faktisch einsetzen kann, bewirkt dies für den anderen Vertragsteil Fremdbestimmung. Wo es an einem annähernden Kräftegleichgewicht der Beteiligten fehlt, ist mit den Mitteln des Vertragsrechts allein kein sachgerechter Ausgleich der Interessen zu gewährleisten. Wenn bei einer solchen Sachlage über grundrechtlich verbürgte Positionen verfügt wird, müssen staatliche Regelungen ausgleichend eingreifen, um den Grundrechtsschutz zu sichern ... Selbst wenn der Gesetzgeber davon absieht, zwingendes Vertragsrecht für bestimmte Lebensbereiche oder für spezielle Vertragsformen zu schaffen, bedeutet das keineswegs, dass die Vertragspraxis dem freien Spiel der Kräfte unbegrenzt ausgesetzt wäre. Vielmehr greifen dann ergänzend solche zivilrechtlichen Generalklauseln ein, die als Übermaßverbote wirken, vor allem die in §§ 138, 242, 315 BGB. Der entsprechende Schutzauftrag der Verfassung richtet sich hier an den Richter, der den objektiven Grundentscheidungen der Grundrechte in Fällen gestörter Vertragsparität mit den Mitteln des Zivilrechts Geltung zu verschaffen hat...« *(BVerfG 07.02.1990, EzA § 90a HGB Nr. 1).*

Ganz deutlich betont das BVerfG die Verpflichtung der Zivilgerichte zur Rechtskontrolle von Vertragsbedingungen im Leitsatz zum Beschluss vom 19.10.1993 *(EzA Art. 2 GG Nr. 8)*:

»Die Zivilgerichte müssen – insbesondere bei der Konkretisierung und Anwendung von Generalklauseln wie § 138 und § 242 BGB – die grundrechtliche Gewährleistung der Privatautonomie in Art. 2 Abs. 1 GG beachten. Daraus ergibt sich ihre Pflicht zur Inhaltskontrolle von Verträgen, die einen der beiden Vertragspartner ungewöhnlich stark belasten und das Ergebnis strukturell ungleicher Verhandlungsstärke sind.«

Bereits infolge dieser Entscheidungen des Bundesverfassungsgerichts musste die arbeitsrechtliche Praxis sich auf einer **verstärkten arbeitsgerichtlichen Rechtskontrolle von Arbeitsverträgen**, insbesondere aber von **vorformulierten Vertragsbedingungen** einstellen *(BAG 16.03.1994, EzA § 611 BGB Ausbildungsbeihilfe Nr. 10; BAG 26.10.1994, EzA § 611 BGB Ausbildungsbeihilfe Nr. 11; BAG 01.10.1997, EzA § 3 EFZG Nr. 5)*.

Seit dem **01.01.2001** gelten die Normen zur Kontrolle Allgemeiner Geschäftsbedingungen, die sich in den §§ 305 – 310 BGB finden, nach § 310 Abs. 4 Satz 2 BGB auch für Arbeitsverträge, wobei »die im Arbeitsrecht geltenden Besonderheiten angemessen zu berücksichtigen« sind. Die Anordnung der Berücksichtigung dieser Besonderheiten entspricht der Regelung in § 310 Abs. 1 S.2 BGB, wonach auf die im Handelsverkehr geltenden Gewohnheiten und Gebräuche angemessen Rücksicht zu nehmen ist. Letztgenannte Einschränkung der Inhaltskontrolle hat im unternehmerischen Bereich bislang keine Rolle gespielt.

Die AGB-Kontrolle von Tarifverträgen, Betriebsvereinbarungen und Dienstvereinbarungen findet nach § 310 Abs. 4 Satz 1 BGB nicht statt. Damit scheidet zunächst die Inhaltskontrolle von Tarifverträgen gegenüber unmittelbar tarifgebundenen Arbeitsvertragsparteien aus. Offen ist jedoch, ob dieser Ausschluss der Inhaltskontrolle auch Tarifverträge betrifft, die allein kraft arbeitsvertraglicher Inbezugnahme und so als Inhalt des Arbeitsvertrags gelten.

Nach Art. 229 § 5 Satz 1 EGBGB sind die **vor dem 01.01.2002** abgeschlossenen Arbeitsverträge (Altverträge) noch der verfassungsrechtlich gebotenen Inhaltskontrolle ohne unmittelbare Anwendung des AGBG (wegen § 23 AGBG) unterworfen, während die **nach dem 01.01.2002** abgeschlossenen Arbeitsverträge (Neuverträge) der ABG-Kontrolle unterfallen. Die **Altverträge** sind aber nach Art. 229 § 5 Satz 2 EGBGB **ab dem 01.01.2003 der ABG-Kontrolle unterworfen**, worauf die Personalpraxis sich rechtzeitig einstellen muss.

3. Stufen der Vertragskontrolle

1390

a) Einbeziehungskontrolle

1391 Bei der Prüfung einer Vertragsklausel ist Gegenstand des ersten Prüfungsschritts, ob die Regelung überhaupt Vertragsbestandteil wurde (sog. **Einbeziehungskontrolle**). Die Einbeziehungskontrolle kann im Arbeitsrecht akut werden bei der Verweisung im Arbeitsvertrag (sog. Verweisungs- oder Bezugnahmeklauseln) auf andere Formularbedingungen oder Tarifverträge, deren Inhalt dem nicht tarifgebundenen Arbeitnehmer oftmals nicht bekannt ist und deren nachteilige Bestimmungen er nicht gegen sich gelten lassen möchte (vgl. → Rz. 1982).

Gleichwohl sind die Erfordernisse des § 305 Abs. 2 und 3 BGB (Hinweis und Kenntnisnahmemöglichkeit) bei Arbeitsverträgen nicht einzuhalten. Anstelle dieser Regelungen bestimmt § 2 Abs. 1 Satz 1 NachwG, dass der Arbeitgeber dem Arbeitnehmer die wesentlichen Vertragsbestimmungen auszuhändigen hat. Dies kann durch einen entsprechenden Hinweis auf die einschlägigen Tarifverträge, Betriebs- oder Dienstvereinbarungen und ähnliche für das Arbeitsverhältnis geltende Regelungen ersetzt werden (§ 2 Abs. 3 NachwG).

Im Rahmen der Einbeziehungskontrolle ist auch das **Verbot überraschender Klauseln** (§ 305 c Abs. 1 BGB) zu beachten, und zwar mit der Folge, dass Bestimmungen in vorformulierten Arbeitsbedingungen, die nach den Umständen, insbesondere nach dem äußeren Erscheinungsbild des Vertrages so ungewöhnlich sind, dass ein Arbeitnehmer mit ihnen nicht zu rechnen braucht, nicht Vertragsbestandteil werden *(so schon BAG 29.11.1995, EzA § 611 BGB Inhaltskontrolle Nr. 4; BAG 01.10.1997, EzA § 3 EFZG Nr. 5; LAG Berlin 18.01.1993, LAGE § 4 KSchG Ausgleichsquittung Nr. 3)*. Es muss ihnen ein »Überrumpelungs- oder Übertölpelungseffekt« innewohnen. Zwischen den durch die Umstände bei Vertragsschluss begründeten Erwartungen und dem tatsächlichen Vertragsinhalt muss ein deutlicher Widerspruch bestehen. Dabei sind alle Umstände zu berücksichtigen, insbesondere das äußere Erscheinungsbild des Vertrages (ungewöhnliche Klausel, an versteckter Stelle oder gar in Anlage, unübersichtliche Vertragsgestaltung, lesefeindliches Schriftbild, falsche oder missverständliche Überschrift). Auch das Unterbringen einer Klausel an einer unerwarteten Stelle im Text kann sie als Überraschungsklausel erscheinen lassen. Das Überraschungsmoment ist um so eher zu bejahen, je belastender die Bestimmung ist. Im Einzelfall muss der Verwender darauf besonders hinweisen oder die Klausel drucktechnisch hervorheben.

Insbesondere die überraschende Verwendung von **Ausschlussklauseln** verstößt gegen das Verbot überraschender Klauseln. Zwar enthalten zahlreiche Tarifverträge Ausschlussklauseln; auch wird die Anwendbarkeit von Tarifverträgen vielfach vereinbart. Jedoch werden vom Arbeitgeber vorformulierte Ausschlussfristen selten in Einzelverträge aufgenommen. Im Übrigen werden auch branchenübliche Bestimmungen nicht Vertragsbestandteile, wenn sie – obwohl wesentlich – zwischen Unwesentlichem oder unter falscher oder missverständlicher Überschrift stehen. Nach dem BAG spricht viel dafür, dass Ausschlussschlussfristen, die auch für gesetzlich unabdingbare Ansprüche gelten sollen, in den Arbeitsvertrag selbst aufzunehmen sind und nicht Vertragsbestandteil werden, wenn sie **nur in einer Anlage** zum Arbeitsvertrag erscheinen *(BAG 29.11.1995, EzA § 611 BGB Inhaltskontrolle Nr. 4)*.

b) Vorrang der Individualabrede und Auslegung

(§ 305 b BGB). Bislang ungeklärt ist, ob vorformulierte Arbeitsbedingungen als vorrangige Individualabrede anders lautenden allgemeinen Arbeitsbedingungen vorgehen.

Sodann ist der Inhalt der zu überprüfenden Klausel durch **Auslegung** zu bestimmen. Auslegung und Inhaltskontrolle sind zu trennen. Der Auslegung kommt der Vorrang zu. Kontrolliert werden kann nur ein Vertrag, dessen Inhalt im Wege der Auslegung ermittelt worden ist. Dabei sind sog. typische Vertragsklauseln unabhängig von den individuellen Vorstellungen der Parteien und den Umständen des Einzelfalles nach **objektiven Maßstäben** einheitlich auszulegen. Anders als bei Individualvereinbarungen kommt es nicht auf das Ergebnis des Einzelfalles an, sondern darauf, ob das Auslegungsergebnis als allgemeine Lösung des stets wiederkehrenden Interessengegensatzes angemessen ist *(BGH 08.05.1973, BGHZ 60, 379, 380)*. Für Formulararbeitsverträge und Musterarbeitsverträge bedient sich das BAG einer entsprechenden Auslegungsmethode *(BAG 12.12.1984, EzA § 315 BGB Nr. 29; BAG 05.02.1986, EzA § 339 BGB Nr. 2)*.

Schon nach der bisherigen Rechtsprechung gilt bei der Auslegung vorformulierter Vertragsbedingungen die **Unklarheitenregel** (§ 305 c BGB), wonach Zweifel bei der Auslegung der einseitig vom Arbeitgeber festgelegten Arbeitsbedingungen zu seinen Lasten gehen *(BAG 11.08.1987, EzA § 1 BetrAVG Hinterbliebenenversorgung Nr. 2; BAG 16.10.1991, EzA § 19 BErzGG Nr. 1; BAG EzA § 611 BGB Gratifikation, Prämie Nr. 127; BAG 27.01.1989, EzA § 1 BetrAVG Unklarheitenregel Nr. 11)*.).

c) Verstoß gegen gesetzliches Verbot, die guten Sitten oder gegen das Maßregelungsverbot

Der durch Auslegung gewonnene Inhalt des Arbeitsvertrages kann insgesamt oder in Teilen (vgl. → Rz. 1350) gegen ein **gesetzliches Verbot** i.S.d. § 134 BGB (vgl. → Rz. 1321) oder gegen die guten Sitten (vgl. → Rz. 1330) verstoßen. Zudem kommen Verstöße gegen das Maßregelungsverbot (vgl. → Rz. 1340) in Betracht.

d) Angemessenheitskontrolle

Nunmehr ist eine Angemessenheitskontrolle durchzuführen. In diesem Zusammenhang sind Billigkeits- und Angemessenheitskontrolle zu unterscheiden. Wird eine Vertragsklausel auf ihre **generelle Wirksamkeit** geprüft, handelt es sich um **Inhaltskontrolle**. Wird eine Vertragsbestimmung dahingehend untersucht, in welchen Grenzen sie **im konkreten Fall billiger Leistungsbestimmung** entspricht und durch das Gericht selbst reduziert werden kann, ist ein Fall der **Ausübungskontrolle** oder der **richterlichen Vertragskorrektur** gegeben. In der Praxis werden diese Instrumente der Rechtskontrolle von vertraglichen Arbeitsbedingungen nicht immer klar voneinander getrennt.

Für die Angemessenheitskontrolle bei vorformulierten Arbeitsbedingungen fehlt es bislang an einem **einheitlichen** höchstrichterlichen System der Rechtskontrolle.

Das BAG verwandte in der Vertragskontrolle u.a. das Argumentationsmuster der **funktionswidrigen Vertragsgestaltung durch objektive Gesetzesumgehung**. Vertragsgestaltungen wurden an die Notwendigkeit eines sachlichen Grundes gebunden, um die nicht gebilligte Umgehung zwingender, insbesondere kündigungsrechtlicher Vorschriften zu verhindern (vgl. zur früheren Befristungskontrolle Rz. → 1590 ff., zu bedingten Aufhebungsverträgen Rz. → 4036 ff., zur Umgehung des § 613 a BGB Rz. → 4043). Das Verbot von Umgehungsgeschäften ist ein allgemein anerkannter Rechtsgrundsatz, der zudem für die AGB-Kontrolle bei Arbeitsverträgen nun in § 306 a BGB eine Rechtsgrundlage findet. In der arbeitsgerichtlichen Rechtsprechung wurde ferner häufig § 315 BGB – weitgehend ohne die Norm konkret zu benennen – herangezogen, um auf ihn eine der Sittenwidrigkeitsschranke vorgelagerte Vertragsinhaltskontrolle zu stützen *(BAG 28.09.1989, EzA § 611 BGB Parkplatz)*. Nach Ansicht des BAG bedarf die Vertragsgestaltung gerichtlicher Überprüfung, wenn keine Gleichgewichtslage der Vertragspartner einen angemessenen Vertragsinhalt gewährleistet, weil entweder die Vertragsparität gestört ist oder eine Vertragspartei aus anderen Gründen allein den Inhalt des Vertragsverhältnisses gestalten kann. **Der § 315 Abs. 1 BGB enthält jedoch keine Rechtsgrundlage für eine Vertragsinhaltskontrolle.** Nach § 315 Abs. 1 BGB ist dann, wenn die Leistung durch einen der Vertragsschließenden bestimmt werden soll, im Zweifel anzunehmen, dass die Bestimmung nach billigem Ermessen zu treffen ist. Es geht um den Schutz des einzelnen Vertragspartners, dessen Interesse von der einseitigen Leistungsbestimmung des anderen Vertragspartners beeinträchtigt werden kann. § 315 BGB enthält nur eine Auslegungsregel, keine (justitiable) Schranke der Vertragsgestaltung.

Die **Angemessenheitskontrolle von vorformulierten Arbeitsbedingungen** wird sich nun nach §§ 306 a ff. BGB zugrunde liegen, zu orientieren haben. Die darin enthaltenen Grundsätze sind nicht unbesehen, sondern nur unter aufmerksamer Berücksichtigung arbeitsrechtlicher Besonderheiten auf das Arbeitsrecht zu übertragen (§ 310 Abs. 4 Satz 2 BGB) und so »sachgebietsbezogen zu konkretisieren«. An Besonderheiten des Arbeitsrechts, die zu berücksichtigen sind, ist anzuführen:

- die große Zahl zwingender gesetzlicher Regelungen
- das Netz von fast 50.000 Tarifverträgen
- die Mitbestimmung des Betriebsrats, vor allem in sozialen Angelegenheiten (§ 87 BetrVG)
- der Dauerschuldcharakter des Arbeitsverhältnisses
- der Kündigungsschutz

Insbesondere der Leitbildcharakter von Tarifverträgen – der gleichen Branche! – ist zu beachten, wie auch aus § 310 Abs. 4 Satz 3 BGB i.V.m. § 307 Abs. 3 BGB folgt. Danach kann eine unangemessene Benachteiligung vorliegen, wenn von wesentlichen Grundgedanken der tariflichen Regelung abgewichen wird. Doch auch insoweit erstreckt sich die Inhaltskontrolle nicht auf »preisbestimmende« und »leistungsbeschreibende« Klauseln (§ 307 Abs. 3 Satz 1 BGB), damit nicht auf tarifliche Bestimmungen zur Höhe der Arbeitsvergütung.

Offen ist, welche besonderen Klauselverbote, die nicht nur auf Kauf- und Werkverträge ausgerichtet sind, für das Arbeitsrecht fruchtbar gemacht werden können. Folgende für das Arbeitsrecht einschlägige Klauseln sind zu erwähnen :

- Die Regelung sog. Änderungsvorbehalte in § 308 Nr. 4 BGB kann unter Umständen Hinweise für die Kontrolle einseitiger Leistungsbestimmungsrechte des Arbeitgebers geben.
- Erklärungs- und Zugangsfiktionen (§ 308 Nr. 5 u. 6 BGB finden sich in Arbeitsverträgen, Aufhebungsverträgen und Ausgleichsquittungen.
- Beweislaständerungen und Formerfordernisse (§ 309 Nr. 12 u. 13 BGB) sind ebenfalls in vorformulierten Arbeitsbedingungen anzutreffen
- Schadenspauschalierungen und Vertragsstrafen (§ 309 Nr. 5 u. 6 BGB) werden typischerweise in Arbeitsverträge aufgenommen.

e) Rechtsfolgen unwirksamer Klauseln

1430

Nicht geklärt ist noch, ob für den Bereich der Inhaltskontrolle von Arbeitsverträgen auch der nun in § 306 Abs. 2 BGB kodifizierte Grundsatz, wonach sich bei unwirksamen Vertragsbestimmungen der Inhalt des Vertrages nach den gesetzlichen Vorschriften richtet, zu übernehmen ist. Bei Verstößen gegen zwingendes Gesetzesrecht ergibt sich diese Konsequenz von selbst. Soweit aber die Unangemessenheit von Vertragsklauseln in Rede steht, ist dies nicht zwingend.

Das Bundesarbeitsgericht machte bislang von der sog. geltungserhaltenden Reduktion Gebrauch, indem es die zu weitgehenden Klauseln auf das gerade noch zulässige Maß zurückführt. Dies erscheint nun nach Einführung der AGB-Kontrolle für Arbeitsverträge überprüfungswürdig. Bei einer geltungserhaltenden Reduktion können überschießende Vertragsklauseln ohne Risiko in Formularverträgen fortbestehen. Nach der Rechtsprechung des BGH zu Allgemeinen Geschäftsbedingungen ist eine geltungserhaltende Reduktion im Anwendungsbereich des AGBG abzulehnen. Hiernach ist es unzulässig, einzelne unangemessene Klauseln auf ihren zulässigen Inhalt zurückzuführen und ihnen so die Wirksamkeit zu erhalten. Dem Vertragsanwender soll nicht das Risiko der Gesamtunwirksamkeit bei der Verwendung unangemessener Klauseln genommen werden. Ihm obliegt es, den Vertrag so zu gestalten, dass er rechtlichen Bestand haben kann. Inhaltskontrolle ist Rechtskontrolle. Dies gilt auch für die sich an ein Unwirksamkeitsurteil anschließende Lückenfüllung. Ist diese nur durch ergänzende Vertragsauslegung möglich, dann ist es nicht Aufgabe des Gerichts, eine Fassung zu finden, die dem Verwender des vorformulierten Vertragswerks möglichst günstig, andererseits aber gerade noch zulässig ist. In der Literatur wurde bereits für das geltende Recht vertreten, dass eine geltungserhaltende Reduktion bei der Vertrags- und Inhaltskontrolle vorformulierter Arbeitsbedingungen abzulehnen sei, soweit es nicht um Hauptleistungspflichten geht.

f) Ausübungskontrolle

1440 Letzte Prüfungsstufe ist die **Ausübungskontrolle**. Während die Inhaltskontrolle eine vertragliche Gestaltung als solche in Frage stellt, rekurriert die Ausübungskontrolle nur auf die Zulässigkeit der Berufung auf ein Recht im Einzelfall. Die Wirksamkeit der Klausel bleibt von der Ausübungskontrolle unberührt. Von Ausübungskontrolle ist sowohl im Hinblick auf das **Verbot der unzulässigen Rechtsausübung** im Einzelfall (§ 242 BGB) als auch im Hinblick auf die Kontrolle eines Bestimmungsrechts einer Vertragspartei nach § 315 BGB die Rede.

Fallgruppen der unzulässigen Rechtsausübung sind der unredliche Rechtserwerb, die Verwirkung, die Pflicht zur alsbaldigen Rückgewähr und das Verbot widersprüchlichen Verhaltens. Sie verhindern die Geltendmachung eines an sich wirksamen Rechts unter den konkreten Umständen zu einer bestimmten Zeit. Die Ausübungskontrolle setzt bei einer wirksamen Vertragsklausel an. Gegenstand der individuellen Missbrauchskontrolle ist nicht der unangemessene Vertragsinhalt, sondern das treuwidrige Verhalten des Vertragspartners.

4. Betriebsrat und vorformulierte Arbeitsbedingungen

1450 Die **Einflussmöglichkeiten des Betriebsrats** auf die **Ausgestaltung** vorformulierter Arbeitsbedingungen **sind gering**. Der Arbeitgeber ist nach § 99 Abs. 1 BetrVG nicht verpflichtet, dem Betriebsrat Auskunft über den Inhalt des Arbeitsvertrages des einzustellenden Arbeitnehmers zu geben, soweit es sich nicht um eine Vereinbarung über die Art und die Dauer der vorgesehenen Beschäftigung und die beabsichtigte Eingruppierung handelt. Der Arbeitsvertrag gehört nicht zu den vorzulegenden Bewerbungsunterlagen *(BAG 18.10.1988, EzA § 99 BetrVG 1972 Nr. 69)*.

Zudem folgt aus der Aufgabe des Betriebsrats, über die Durchführung der in § 80 Abs. 1 Nr. 1 BetrVG genannten Aufgaben zu wachen, kein Anspruch auf Feststellung der Unvereinbarkeit von Vertragsklauseln mit arbeitsrechtlichen Normen, tariflichen Regelungen oder Bestimmungen in Betriebsvereinbarungen *(BAG 10.06.1986, EzA § 80 BetrVG 1972 Nr. 26)*.

Allerdings hat der Betriebsrat nach § 80 Abs. 1 Nr. 1 BetrVG darüber zu wachen, dass die zu Gunsten der Arbeitnehmer geltenden Gesetze durchgeführt werden. Diese allgemeine Aufgabe des Betriebsrats ist nicht vom Vorliegen bestimmter konkreter Mitwirkungs- bzw. Mitbestimmungsrechte abhängig. Vielmehr hat der Betriebsrat die Einhaltung und Durchführung sämtlicher Vorschriften zu Gunsten der Arbeitnehmer zu überwachen. Dieses Merkmal ist weit auszulegen *(BAG 19.10.1999, EzA-SD 10/2000, 14-16)*. Zu den dem

Überwachungsrecht des Betriebsrats unterliegenden Rechtsnormen gehört auch das NachwG. Ist der Betriebsrat insoweit zur Rechtskontrolle berechtigt, hat er insoweit die im Betrieb verwendeten Formulararbeitsverträge daraufhin zu prüfen, ob sie den in § 80 Abs. 1 Nr. 1 BetrVG genannten Rechtsnormen entsprechen, also die in § 2 Abs. 1 NachwG geforderten Angaben enthalten (*BAG 19.10.1999, EzA-SD 10/2000, 14-16*).

Nach § 80 Abs. 2 Satz 1 BetrVG hat der Arbeitgeber den Betriebsrat zur Durchführung seiner Aufgaben rechtzeitig und umfassend zu unterrichten und nach Satz 2 auf Verlangen die zur Durchführung der Aufgaben des Betriebsrats erforderlichen Unterlagen zur Verfügung zu stellen. Dieser Informationsanspruch besteht nicht erst dann und nicht nur insoweit, als Beteiligungsrechte oder allgemeine Rechte und Aufgaben des Betriebsrats aktuell sind. Durch die Information soll dem Betriebsrat vielmehr ermöglicht werden, in eigener Verantwortung zu prüfen, ob sich Aufgaben nach dem BetrVG ergeben sowie ob und wie er zur Wahrnehmung dieser Aufgaben tätig werden kann. Die Grenzen dieses Informationsanspruchs liegen danach dort, wo eine Aufgabe des Betriebsrats offensichtlich nicht in Betracht kommt. Es genügt eine gewisse Wahrscheinlichkeit für das Bestehen einer Aufgabe des Betriebsrats, wobei die Beurteilung der Wahrscheinlichkeit vom jeweiligen Kenntnisstand des Betriebsrats abhängig zu machen ist.

Für die Frage der Verpflichtung des Arbeitgebers zur Vorlage von Arbeitsverträgen zwecks deren Überprüfung auf Einhaltung des NachwG gilt eine zweistufige Prüfung (*BAG 19.10.1999, EzA-SD 10/2000, 14-16*):

- ob überhaupt eine Aufgabe des Betriebsrats gegeben ist (was im Hinblick auf die Überprüfung nach dem NachwG zu bejahen ist)
- und ob im Einzelfall die begehrte Information bzw. Zurverfügungstellung von Unterlagen erforderlich ist.

Da die Prüfung der Einhaltung des NachwG zu den Kontrollaufgaben des Betriebsrats gehört, kann dieser grundsätzlich verlangen, dass ihm der Arbeitgeber die Unterlagen (hier die Nachweise oder Arbeitsverträge) in dem erforderlichen Umfang zur Verfügung stellt, die er benötigt, um die Aufgabe zu erfüllen. Es besteht aber kein genereller Anspruch auf Herausgabe der Arbeitsverträge. Das folgt schon aus § 80 Abs. 2 Satz 2 BetrVG, der eine von besonderen Anlässen unabhängige Unterrichtung über die Bruttoentgelte dem Betriebsausschuss (oder Betriebsratsvorsitzenden) vorbehält. Da die Entgelthöhe ein wesentlicher Bestandteil des Arbeitsvertrags ist, wäre diese Vorschrift nicht verständlich, wenn jederzeit eine Vorlage sämtlicher Arbeitsverträge an den gesamten Betriebsrat verlangt werden könnte.

Der Anspruch auf Information und Zurverfügungstellung der erforderlichen Unterlagen ist vielmehr von der konkreten Kontrollaufgabe abhängig. Er reicht um so weiter, je weniger der Betriebsrat auf Grund der bereits vorhandenen Kenntnis beurteilen kann, ob er die begehrten Unterlagen zur Durchführung der Aufgabe benötigt. Es besteht ein gestufter Informationsanspruch des Betriebsrats je nach den schon vorhandenen Informationen.

Verwendet der Arbeitgeber mit dem Betriebsrat abgestimmte Formulararbeitsverträge, hat dieser nur dann einen Anspruch auf Vorlage der ausgefüllten Arbeitsverträge, um die

Einhaltung des NachwG zu überwachen, wenn er konkrete Anhaltspunkte für die Erforderlichkeit weiterer Informationen darlegt *BAG 19.10.1999, EzA-SD 10/2000, 14-16).*

Die Betriebsparteien sind jedoch befugt, in Betriebsvereinbarungen alle Fragen zu regeln, die auch Inhalt eines Arbeitsvertrages sein können. Dies gilt zumindest, soweit nicht der Vorrang tariflicher Regelungen zu beachten ist *(BAG 18.08.1987, AP Nr. 23 zu § 77 BetrVG 1972; BAG 09.04.1991, AP Nr. 1 zu § 77 BetrVG 1972 Tarifvorbehalt).* In **freiwilligen Betriebsvereinbarungen** können **alle Fragen des Abschlusses, des Inhalts und der Aufhebung des Arbeitsvertrages geregelt werden.** Von besonderer Bedeutung ist in diesem Zusammenhang, dass nach §§ 77 Abs. 5 und 6 BetrVG Betriebsvereinbarungen über nicht der Mitbestimmungspflicht unterliegende Angelegenheiten frei und ohne Nachwirkung für beide Seiten kündbar sind *(BAG 26.04.1990 und 21.08.1990, EzA § 77 BetrVG 1972 Nr. 35 und 36).* Für alle Regelungen in Betriebsvereinbarungen gilt aber, dass im Arbeitsvertrag enthaltene günstigere Regelungen vorgehen (Günstigkeitsprinzip).

III. Weiterführende Literaturhinweise

1451 *Fastrich*, Richterliche Inhaltskontrolle im Privatrecht, 1992
Hanau/Preis, Der Arbeitsvertrag, Praxis – Kommentar – Muster, Loseblattwerk, 1998
HzA, Handbuch zum Arbeitsrecht, *Hrsg. Wolfgang Leinemann*, Loseblattausgabe, Gruppe 1, Einzelarbeitsvertragsrecht
Küttner/Kania, Praxis der arbeitsrechtlichen Vertragsgestaltung, 1992
Preis, Grundfragen der Vertragsgestaltung im Arbeitsrecht, 1993
Schaub, Arbeitsrechtliche Formularsammlung und Arbeitsgerichtsverfahren, 7. Aufl., 1998

3. Kapitel: Wesentliche Regelungsgegenstände des Arbeitsvertrages

I.	**Arbeitnehmerstatus**	**1500**
	1. Arbeitnehmerbegriff	1505
	2. Arbeitnehmer als Verbraucher i.S.d. BGB	1513a
	3. Arbeitnehmerähnliche Personen	1514
	4. Heimarbeiter	1515
	5. Handelsvertreter/Versicherungsvertreter	1516
II.	**Angestelltenstatus**	**1530**
	1. Unterscheidung von Arbeitern und Angestellten	1531
	2. Rechtsfolgen der Unterscheidung von Arbeitern und Angestellten	1534
	3. Vereinbarkeit des Angestelltenstatus	1535
	4. Leitende Angestellte	1536
III.	**Beginn des Arbeitsverhältnisses**	**1550**
IV.	**Dauer des Arbeitsverhältnisses**	**1560**
	1. Arbeitsverhältnisse auf unbestimmte Zeit	1570
	2. Zusage einer Lebens- oder Dauerstellung	1580
	3. Befristete Arbeitsverhältnisse	1590
	a) Anwendung des Teilzeit- und Befristungsgesetzes	1590
	b) Diskriminierungs- und Benachteiligungsverbot	1592
	c) Befristungsarten	1593
	d) Zeitbefristung mit Sachgrund	1594
	aa) Sachgrund des vorübergehenden Arbeitsbedarfs	1595
	bb) Sachgrund der Erleichterung des Übergangs in Anschlussbeschäftigung	1600
	cc) Sachgrund der Vertretung eines anderen Arbeitnehmers	1605
	dd) Sachgrund der Eigenart der Arbeitsleistung	1606
	ee) Sachgrund der Erprobung (s. Æ Rz. 1650)	1607
	ff) Sachgrund in der Person des Arbeitnehmers	1608
	gg) Sachgrund der befristet zur Verfügung stehenden Haushaltsmittel	1509
	hh) Sachgrund der Befristung auf Grund eines gerichtlichen Vergleichs	1610
	e) Zeitbefristung ohne Sachgrund (sog. erleichterte Befristung)	1611
	f) Form der Befristungsabrede	1612
	g) Folgen unwirksamer Befristungsabreden	1613
	h) Fortsetzung des Arbeitsverhältnisses	1614
	i) Weitere Pflichten des Arbeitgebers	1615
	j) Besondere gesetzliche Regelungen	1616
	4. Auflösend bedingte Arbeitsverhältnisse	1617
	5. Wiedereinstellungsanspruch bei Befristung oder auflösender Bedingung	1618
V.	**Probearbeitsverhältnis**	**1650**
VI.	**Teilzeitbeschäftigung**	**1660**
	1. Begriff des teilzeitbeschäftigten Arbeitnehmers	1661
	2. Besondere Formen der Teilzeitarbeit	1662
	a) Arbeit auf Abruf	1662
	b) Arbeitsplatzteilung	1663
	3. Diskriminierungs- und Benachteiligungsverbot	1664
	4. Pflichten des Arbeitgebers bei Teilzeitbeschäftigung	1668

5. Anspruch auf Verringerung und Neuverteilung der Arbeitszeit		1669
a) Voraussetzungen des Anspruchs auf Verringerung der Arbeitszeit		1669
b) Durchsetzung des Anspruchs auf Verringerung der Arbeitszeit		1670
6. Anspruch auf Verlängerung der Arbeitszeit		1671
7. Kündigungsverbot		1672
8. Besondere gesetzliche Regelungen zur Teilzeitarbeit		1673
VII.	**Tätigkeitsbeschreibung**	**1680**
VIII.	**Arbeitszeit**	**1690**
IX.	**Arbeitsvergütung**	**1700**
X.	**Urlaub**	**1710**
XI.	**Weiterführende Literaturhinweise**	**1720**

I. Arbeitnehmerstatus

1500 Der Einstellung von Arbeitnehmern geht in der Regel eine Prüfung des Unternehmers voraus, im Rahmen welcher Rechtsverhältnisse die von ihm benötigten Leistungen durch Dritte erbracht werden können und sollen. In Betracht kommt die Beschäftigung von Arbeitnehmern und von Selbständigen, wobei mit Letzteren die unterschiedlichsten Rechtsverhältnisse begründet werden können. Die Begründung von Arbeitsverhältnissen ist unausweichlich mit der Anwendung des zwingenden Arbeitsrechts und Tarifrechts sowie des Sozialversicherungsrechts verbunden. Dem versuchen die Vertragsparteien nicht selten zu entgehen, indem sie einen abhängig Beschäftigten als freien Mitarbeiter, freien Handelsvertreter, selbständigen Unternehmer oder ähnlich bezeichnen. In einigen Branchen sind auch verstärkte Bestrebungen festzustellen, zahlreiche Tätigkeiten, die üblicherweise von Arbeitnehmern erledigt werden, zu **verselbständigen**: Auslieferungsfahrer werden zu Transportunternehmern, Verkäufer zu Regaleinrichtern oder selbständigen Kundenberatern, abhängig Beschäftigte zu selbständigen Zerlegern, Programmierer zu Herstellern von Auftrags-Software, Systemtechniker zu EDV-Systemberatern.

1501 Ob aber jemand als Arbeitnehmer beschäftigt wird, folgt **allein aus dem Vertragsinhalt**, nicht jedoch aus der Bezeichnung des Beschäftigten in dem der Beschäftigung zugrundeliegenden Vertrag. Nach der **ständigen Rechtsprechung des BAG** entscheidet der **Geschäftsinhalt** und nicht die gewünschte Rechtsfolge oder eine von den Vertragsparteien gewählte Bezeichnung, die dem Geschäftsinhalt in Wahrheit nicht entspricht, über die Einordnung des Rechtsverhältnisses. Dieser Geschäftsinhalt kann sich aus den **getroffenen Vereinbarungen** wie auch aus der **praktischen Durchführung** des Vertrages ergeben (BAG 22.03.1995, EzA Art. 140 GG Nr. 26). Dem Parteiwillen wird vom BAG nur dann entscheidende Bedeutung beigemessen, wenn sich die Parteien der Abgrenzungsnotwendigkeit überhaupt bewusst waren und das Rechtsverhältnis als Arbeitsverhältnis bezeichnet haben. Kann die Arbeit sowohl in einem Arbeitsverhältnis als auch in einem freien Mitarbeiterverhältnis geleistet werden, so gebührt der von den Parteien gewählten Rechtsform der Vorrang, wenn für die eine oder andere Vertragsform ebenso viele Gründe bestehen. Wird das Rechtsverhältnis für bestimmte Zeiträume als freies Mitarbeiterverhältnis und für andere als Arbeitsverhältnis bezeichnet, so ist grundsätzlich vom Vorliegen eines Arbeitsverhältnisses auszugehen. Behandelt der Unternehmer einen größeren Personenkreis gleich, soll diese Übung auch für die Beurteilung des konkreten Rechtsverhältnisses von Bedeutung sein.

Widersprechen Vereinbarung und tatsächliche Durchführung des Vertrages einander, ist die letztere maßgeblich. Aus der **praktischen Durchführung** lassen sich Rückschlüsse darauf ziehen, von welchen Rechten und Pflichten die Parteien ausgegangen sind. **Ohne Bedeutung** ist auch die **steuerliche und sozialversicherungsrechtliche Abwicklung** des Rechtsverhältnisses durch die Parteien. Aus diesen formalen Merkmalen können keine Schlussfolgerungen gezogen werden, weil die steuerliche und sozialversicherungsrechtliche Behandlung des Rechtsverhältnisses gerade die vorherige Klärung des Status des Dienstpflichtigen voraussetzt. Allerdings kommt der Abführung von Lohnsteuer und Sozialversicherungsbeiträgen eine Indizwirkung für das Bestehen eines Arbeitsverhältnisses zu, während umgekehrt deren Unterbleiben nicht gegen das Bestehen eines Arbeitsverhältnisses spricht *(BAG 28.05.1986, AP Nr. 102 zu § 620 BGB Befristeter Arbeitsvertrag; BAG 13.01.1983, AP Nr. 42 zu § 611 BGB Abhängigkeit; BAG 09.06.1993, EzA § 611 BGB Arbeitnehmerbegriff).*

1502

Der vom BAG entwickelte Arbeitnehmerbegriff ist nicht unumstritten. Instanzgerichtlich wird z.B. bei einer Vertragsgestaltung, die dem Beschäftigten keine unternehmerische Freiheit lässt, sondern nur das unternehmerische Risiko aufbürdet, angenommen, dass bei der Gesamtabwägung die Arbeitnehmereigenschaft das Übergewicht gewinnt *(LAG Nürnberg 25.02.1998, LAGE § 611 BGB Arbeitnehmerbegriff Nr. 34; aufgehoben durch BAG 16.06.1998, 5 AZR 255/98).*

Liegt tatsächlich ein Arbeitsverhältnis vor, obwohl die Vertragsparteien es als freies Dienstverhältnis bezeichnet und entsprechend steuerrechtlich und sozialversicherungsrechtlich abgewickelt haben, muss **der Arbeitgeber mit erheblichen Nachteilen** rechnen. Der Arbeitnehmer kann arbeitsvertragliche Ansprüche geltend machen, wie z.B. nicht gewährten Urlaub, Feiertagslohn und Entgeltfortzahlung wegen Krankheit und wegen sonstiger persönlicher Verhinderung. Er kann auch den gesetzlichen Kündigungsschutz in Anspruch nehmen. Die Sozialversicherungsträger können die **nachträgliche Abführung der Sozialversicherungsbeiträge** und das Finanzamt die **nachträgliche Abführung der Lohnsteuer** verlangen, obwohl der Arbeitgeber die betreffenden Beträge nicht von der Dienstvergütung einbehalten hat und ggf. beim zwischenzeitlich ausgeschiedenen Arbeitnehmer nicht mehr einbehalten kann und beim noch beschäftigten Arbeitnehmer wegen des »Verbots des nachträglichen Beitragsabzuges« (vgl. → Rz. 5629) nicht mehr einbehalten darf. Gegen den pflichtwidrig handelnden Arbeitgeber kann unter Umständen eine Strafe oder ein Bußgeld verhängt werden (vgl. → Rz. 5679).

1503

Auch für den **Arbeitnehmer** kann die nachträgliche Feststellung des Arbeitnehmerstatus **mit Belastungen verbunden** sein. Die rückwirkende Feststellung eines Arbeitsverhältnisses führt dazu, dass anstelle z.B. eines Honorars oder einer Provision lediglich das regelmäßig niedrigere Arbeitsentgelt geschuldet war *(BAG 21.01.1998, EzA § 612 BGB Nr. 21).* Die Zahlung des Honorars hat dann einen bereicherungsrechtlichen Anspruch des Arbeitgebers nach § 812 Abs. 1, § 818 Abs. 3 BGB wg. Überzahlung zur Folge *(BAG 14.03.2001, EzA § 4 TVG Ausschlussfristen Nr. 143).*

Haben sich die Parteien in einem **beiderseitigen Rechtsirrtum** befunden, als sie ihr Arbeitsverhältnis als freies Mitarbeiterverhältnis angesehen haben, ist der Vertrag für die Zukunft nach den **Grundesätzen über das Fehlen der Geschäftsgrundlage** vom Arbeitsgericht **anzupassen** *(BAG 09.07.1986, EzA § 242 BGB Geschäftsgrundlage)*. Ein Dienstnehmer handelt aber **rechtsmissbräuchlich**, wenn er sich nachträglich darauf beruft, Arbeitnehmer zu sein, obwohl er als freier Mitarbeiter tätig sein wollte und sich jahrelang allen Versuchen des Dienstgebers widersetzt hat, zu ihm in ein Arbeitsverhältnis zu treten *(BAG 11.12.1996, EzA § 242 BGB Rechtsmissbrauch Nr. 1 und 2)*.

1504 Es empfiehlt sich daher, bei der Beschäftigung von Dritten, die nicht den Status eines Arbeitnehmers erlangen sollen, sorgfältig die Voraussetzungen für eine selbständige Tätigkeit zu prüfen und in der zu treffenden Vereinbarung und insbesondere bei der tatsächlichen Durchführung des Beschäftigungsverhältnisses zu berücksichtigen.

1. Arbeitnehmerbegriff

1505 Im gesamten Arbeitsrecht wird der Begriff des Arbeitnehmers vorausgesetzt, ohne dass es eine verbindliche gesetzliche oder rechtswissenschaftliche Definition gibt. Verbreitet wird als **Arbeitnehmer** verstanden, wer **auf Grund eines privatrechtlichen Vertrages** oder eines gleichgestellten Rechtsverhältnisses **im Dienste eines anderen zur Verrichtung von Arbeit verpflichtet** ist. Der Arbeitnehmer steht in einer **persönlichen Abhängigkeit** zum Arbeitgeber und leistet fremdbestimmte, unselbständige Arbeit, während der Selbständige selbstbestimmte Leistungen erbringt.

1506 Ein Beschäftigter ist zunächst einmal nur dann Arbeitnehmer, wenn er zur Leistung von **Arbeit** verpflichtet ist. Unter dem Begriff Arbeit im wirtschaftlichen Sinne ist nicht nur die körperliche Arbeit, sondern auch die geistige Leistung, die künstlerisch-kreative Tätigkeit zur Befriedigung eines Fremdbedarfs und die wissenschaftliche Dienstleistung zu verstehen. Auch eine Erwerbstätigkeit im sportlichen Bereich kann Arbeit sein (z.B. Berufssportler, Trainer).

1507 Eine Arbeitnehmereigenschaft liegt aber lediglich vor, wenn die Arbeit auf einem **privatrechtlichen Vertrag oder einem gleichgestellten Verhältnis** beruht. Unerheblich ist, ob der Vertrag rechtswirksam ist. Auch diejenigen Beschäftigten, die aufgrund eines unwirksamen Vertrages tatsächlich eine Arbeitsleistung erbringen, sind Arbeitnehmer. Ohne Bedeutung ist ferner, ob der Beschäftigte die Arbeitsleistung gegen Entgelt verrichtet oder für welchen Zeitraum der Beschäftigte eingestellt wird (z.B. Aushilfe für einen Tag). **Keine Arbeitnehmer** sind folgende Personen, die gleichwohl fremdbestimmte Arbeit leisten:

- **Helfer und Mitarbeiter eines Vereins**, soweit die Tätigkeit auf ihrer vereinsrechtlichen Mitgliedschaft beruht und die Begründung vereinsrechtlicher Arbeitspflichten nicht zur Umgehung zwingender arbeitsrechtlicher Schutzbestimmungen führt *(BAG 22.03.1995, EzA Art. 140 GG Nr. 26)*,
- **Beamte, Richter und Soldaten**, die aufgrund eines öffentlich-rechtlichen Verhältnisses tätig werden,

- **Strafgefangene,** in Sicherungsverwahrung Genommene, in einer Heil- oder Pflegeanstalt Untergebrachte, Fürsorgezöglinge usw., wenn sie die Arbeit im Rahmen der Anstaltsgewalt leisten (anders bei Freigängern, die als Arbeitnehmer beschäftigt werden können – vgl. § 39 Nr. 2 StVollzG),
- **Sozialhilfe-Empfänger,** bei denen die Zahlung der öffentlichen Unterstützung von der Leistung gemeinnütziger Arbeit abhängig gemacht wird und die im Rahmen eines öffentlich-rechtlichen Beschäftigungsverhältnisses tätig werden (§ 19 BSHG),
- **Familienmitglieder,** deren Mitarbeit allein auf familienrechtlichen Vorschriften (§§ 1356, 1619 BGB) beruht,
- **Geschäftsführer ohne Auftrag** (§§ 677 ff. BGB) oder Personen, die eine Gefälligkeitsleistung erbringen.
- **ehemalige Zwangsarbeiter,** die gegen ihren Willen nach Deutschland verbracht und ohne vertragliche Grundlage zur Arbeit herangezogen wurden (*BAG 16.02.2000, EzA § 2 ArbGG 1979 Nr. 49*).

Schließlich ist Voraussetzung für die Arbeitnehmereigenschaft, dass die **Arbeit im Dienste eines Anderen** geleistet wird. Nach der Rechtsprechung des BAG unterscheidet sich das Arbeitsverhältnis von dem Rechtsverhältnis eines freien Mitarbeiters bzw. Selbständigen durch den Grad der **persönlichen Abhängigkeit**, in welcher der zur Dienstleistung verpflichtete jeweils steht. Bei der Abgrenzung der selbständigen von der unselbständigen Tätigkeit geht das BAG **typologisch** vor und prüft wertend in einer Gesamtschau nach der Verkehrsauffassung anhand von Indizien, ob ein Beschäftigter als Arbeitnehmer anzusehen ist *(BAG 09.06.1993, 16.02.1994, 16.07.1997 und 06.05.1998 EzA § 611 BGB Arbeitnehmerbegriff Nr. 52, 53, 61, 63 und 73).* Mit dieser typologischen Methode lässt sich in Grenzfällen und in Fällen der Verselbständigung traditioneller Arbeitnehmertätigkeiten nur sehr ungenau die selbständige von der unselbständigen Tätigkeit abgrenzen.

Für die Arbeitnehmereigenschaft sprechen folgende Indiztatsachen:

- Übernahme fremdgeplanter, fremdnütziger und von fremder Risikobereitschaft getragener Arbeit,
- Eingliederung in eine fremde Arbeitsorganisation (eingeplanter Arbeitseinsatz, ausgeübte Arbeitskontrolle, Unterordnung unter fremden Produktions- oder Dienstleistungsplan, fehlende Ablehnungsmöglichkeit für einzelne Aufträge,
- tatsächlich ausgeübtes Direktions- oder Weisungsrecht des Unternehmers nach Ort, Zeit und Art der Leistung, zum Arbeitsbereich des Beschäftigten und zum Verhalten des Beschäftigten im Betrieb (Ordnung des Betriebes),
- keine Verfügungsmöglichkeit des Beschäftigten über seine Arbeitskraft neben dem Beschäftigungsverhältnis und keine Möglichkeit einer eigenen unternehmerischen Teilnahme am Marktgeschehen aufgrund der umfassenden Einbindung in die fremde Arbeitsorganisation,
- regelmäßige Berichtspflicht zur Arbeitsdurchführung und Entschuldigungspflicht bei personenbedingten Fehlzeiten,
- untergeordnete, typischerweise durch eine in abhängiger Beschäftigung ausgeübte Tätigkeit.

1510 Die Indizien müssen jedoch nicht zwingend vorliegen. Je differenzierter, anspruchsvoller und kreativer eine Tätigkeit ist, um so weniger wird der Arbeitgeber für Inhalt und Durchführung der Arbeit Weisungen erteilen. Bei **gehobenen Diensten** kann eine fachliche Weisungsgebundenheit fehlen (z.B. beim Chefarzt). Im **Außendienst von Handel und Versicherungen** kann es an Weisungen zu Ort und Zeit der Leistungen (z.B. Kundenbesuche) fehlen.

1511 Folgende Indizien sprechen **gegen eine Arbeitnehmereigenschaft**:
- keine persönliche Leistungspflicht,
- freie Arbeitszeiteinteilung,
- selbständige Arbeitsdurchführung,
- Leistung der Arbeit an einem frei gewählten Ort,
- Übernahme des Unternehmerrisikos durch den Beschäftigten,
- Einsatz eigenen Kapitals und eigener Betriebs- und Arbeitsmittel.

1512 Von der Rechtsprechung wurde die **Arbeitnehmereigenschaft** beispielsweise **bejaht** für Handelsagenten, Hausverwalter, nebenamtliche Lehrer, Pharmaberater, Propagandistinnen im Kaufhaus, Subdirektor einer Versicherung, Stundenbuchhalter, Werkstudent, Student im Abrufarbeitsverhältnis oder als Sitz- oder Sonderwache in einer Intensivstation eines Universitätsklinikums, Wirtschaftsberater und Zeitungsausträger.

Verneint wurde die Arbeitnehmereigenschaft von der Rechtsprechung für Dozenten an Volkshochschulen, Künstler auf geselligen Veranstaltungen eines Betriebes, Repetitoren, Lektoren mit freier Verfügung über die Arbeitszeit, nebenberuflich zu Hause tätige Hilfskraft eines Steuerberaters. **Maßgeblich** waren jeweils die **besonderen Umstände des Einzelfalles.**

1513 Der Arbeitnehmer wird von bestimmten Selbständigen und sonstigen Nichtarbeitnehmern wie folgt abgegrenzt:
- Der **freie Dienstnehmer** wird nicht abhängig beschäftigt. Er leistet keine fremdbestimmte, sondern selbständige Arbeit. Maßgeblich ist für die Unterscheidung der Grad der persönlichen Abhängigkeit.
- Der **Werkunternehmer** schuldet einen durch seine Leistung herbeizuführenden Erfolg, während der Arbeitnehmer die Leistung der versprochenen Arbeit schuldet. Beim Werkvertrag ist die Arbeit nur das Mittel zur Erreichung des Erfolgs. Die Gefahr der Erreichung des Erfolgs trägt beim Arbeitsvertrag der Arbeitgeber, beim Werkvertrag der Unternehmer. Aus den Modalitäten der Vergütungsberechnung lassen sich keine zwingenden Schlussfolgerungen ziehen. Auch beim Arbeitsvertrag kann die Vergütung nach dem Erfolg bemessen sein, z.B. bei erfolgsbezogenen Akkord- oder Prämienlohnvereinbarungen; dagegen kann im Einzelfall beim Werkvertrag die Vergütung nach dem Zeitaufwand für die Werkleistung zu berechnen sein.
- Der **Gesellschafter einer Personengesellschaft** (OHG, KG) ist kein Arbeitnehmer, wenn er aufgrund gesellschaftsrechtlicher Verpflichtungen in der Gesellschaft tätig ist. Neben den gesellschaftsrechtlichen Beziehungen können regelmäßig nur für den Kom-

manditisten bei einer KG oder den stillen Gesellschafter arbeitsvertragliche Beziehungen zur Gesellschaft bestehen.
- Der **Gesellschafter einer Kapitalgesellschaft** (GmbH) kann je nach der Ausgestaltung des gesellschaftsrechtlichen Rechtsverhältnisses und des daneben bestehenden Beschäftigungsverhältnisses sowohl als Arbeitnehmer als auch als Dienstnehmer tätig sein. Der Mehrheitsgesellschafter kann zu dem von ihm beherrschten Unternehmen in keinem Arbeitsverhältnis stehen.
- Die **Organmitglieder juristischer Personen** (Vorstand der AG, Geschäftsführer der GmbH) werden von der – umstrittenen Rechtsprechung – generell nicht zu den Arbeitnehmern gezählt, weil sie die oberste Weisungsbefugnis in der Gesellschaft ausüben, selbst weitgehend weisungsunabhängig sind und in einer kollektiven, häufig auch individuellen Interessenkollision zur Arbeitnehmerschaft stehen. Neben dem Dienstvertrag zum abhängigen Unternehmen kann jedoch ein Arbeitsvertrag zu dem herrschenden Unternehmen in einem Konzern oder zur – anderweitigen – Arbeitgeberin (*BAG 06.05.1999, 5 AZB 22/98; BAG 26.05.1999, 5 AZR 664/98*) bestehen. Nach den arbeitsrechtlichen Bestimmungen gelten die Organmitglieder zumindest nicht als Arbeitnehmer (§§ 5 Abs. 2 Satz 1 BetrVG, 14 Abs. 1 KSchG, 5 Abs. 1 Satz 3 ArbGG; anders jedoch § 17 BetrAVG). Einzelne arbeitsrechtliche Vorschriften können nach der Rechtsprechung des Bundesgerichtshofs auf das Dienstverhältnis der Organmitglieder analog angewendet werden.
- Der **Franchisenehmer** ist von der vertraglichen Konzeption Selbständiger. Beim Franchisesystem handelt es sich um ein besonderes Vertriebs- bzw. Dienstleistungssystem. Durch den Franchise-Vertrag erhält der Franchisenehmer vom Franchisegeber gegen Entgelt das Recht eingeräumt, bestimmte Waren und/oder Dienstleistungen unter Verwendung von Namen, Warenzeichen, Ausstattung oder sonstigen Schutzrechten und unter Nutzung der technischen und gewerblichen Erfahrungen des Franchisegebers zu vertreiben bzw. zu erbringen, wobei dem Franchisegeber dem Franchisenehmer gegenüber Raterteilungs-, Beistands- und Schulungspflichten obliegen. Des weiteren werden dem Franchisegeber weitgehende Kontrollrechte gegenüber dem Franchisenehmer eingeräumt. Regelmäßig schuldet der Franchisenehmer dem Franchisegeber einen bestimmten Prozentsatz seines Erlöses als Vergütung.
Wird der Franchisenehmer vertraglich derart eingebunden, dass tatsächlich eine persönliche und/oder wirtschaftliche Abhängigkeit gleich einem Arbeitnehmer vorliegt, ist nach den allgemeinen Abgrenzungskriterien von der Arbeitnehmereigenschaft des Franchisenehmers oder zumindest davon auszugehen, dass er arbeitnehmerähnliche Person ist. Dies gilt insbesondere, wenn einem Einzelnen oder gar einem früheren Arbeitnehmer des Franchisegebers die Position eines Franchisenehmers eingeräumt wird und ihm im Hinblick auf die Geschäftsausführung nach Ort, Zeit und Inhalt detaillierte Vorschriften gemacht werden *(BAG 16.07.1997, EzA § 5 ArbGG 1979 Nr. 24; einschränkend OLG Düsseldorf 18.03.1998, 6 W 2/97).*
- Das **Familienmitglied** ist kein Arbeitnehmer, wenn die Dienste allein aufgrund der familienrechtlichen Verpflichtung geleistet werden. Nur für Ehegatten und dem Hausstand angehörende (auch volljährige) Kinder besteht eine gesetzliche Verpflichtung

zur familienrechtlichen Mitarbeit (§§ 1356, 1619 BGB). Auf die familienrechtliche Tätigkeit findet das Arbeits- und Sozialrecht keine Anwendung. Für Verlobte, Enkel, Nichten und nicht zum Hausstand gehörende Kinder besteht demgegenüber keine familienrechtliche Mitarbeitspflicht. Diese Personen können nach den besonderen Umständen des Einzelfalles ihre Tätigkeit im Rahmen eines unentgeltlichen Gefälligkeitsverhältnisses, eines Dienst- oder auch eines Arbeitsverhältnisses erbringen.

Ob ein Arbeitsverhältnis mit dem Familienmitglied vorliegt, richtet sich nach dem Willen der Beteiligten. Für ein Arbeitsverhältnis spricht beim Fehlen einer ausdrücklichen Vereinbarung:
- erhebliche, die familienrechtliche Mitarbeitspflicht überschreitende Arbeitsleistung,
- Zahlung der branchenüblichen oder tariflichen Arbeitsvergütung,
- Ersatz einer fremden Arbeitskraft,
- Ausübung des Weisungsrechts durch das beschäftigungsgebende Familienmitglied,
- Abführung von Lohnsteuer und Sozialversicherungsbeiträgen.

2. Arbeitnehmer als Verbraucher i.S. des Bürgerlichen Gesetzbuches

1513a Umstritten ist, ob der Arbeitnehmer Verbraucher i.S. von § 13 BGB ist. Wäre dies der Fall, würden

- vorformulierte Arbeitsbedingungen als vom Arbeitgeber gestellt gelten (§ 310 Abs. 3 Nr. 1 BGB),
- bei der Beurteilung der unangemessenen Benachteiligung bei der Inhaltskontrolle von vorformulierten Arbeitsbedingungen auch die den Vertragsschluss begleitenden Umstände zu berücksichtigen sein (§ 310 Abs. 3 Nr. 3 BGB),
- womöglich Aufhebungsverträge nach § 312 Abs. 1 Nr. 1 BGB i.V.m. § 355 BGB binnen zwei Wochen nach Belehrung über das Widerrufsrecht (bei fehlender Belehrung über das Widerrufsrecht: binnen 6 Monate nach Vertragsschluss)
- ein geminderter Zinssatz bei Geldschulden der Arbeitsvertragsparteien gelten (§ 288 Abs. 1 BGB; statt § 288 Abs. 2 BGB).

Das Schuldrechtsmodernisierungsgesetz hat insoweit zu keiner Klarstellung geführt.

3. Arbeitnehmerähnliche Personen

1514 In Abgrenzung zu Arbeitnehmern sind arbeitnehmerähnliche Personen Dienstleistende, die mangels einer persönlichen Abhängigkeit keine Arbeitnehmer, aber wegen ihrer wirtschaftlichen Abhängigkeit einem Arbeitnehmer vergleichbar sozial schutzbedürftig sind (vgl. § 12 a TVG). Die soziale Schutzbedürftigkeit rechtfertigt die Heranziehung bestimmter arbeitsrechtlicher Schutzgesetze (§ 2 BUrlG, § 5 Abs. 1 Satz 2 ArbGG, § 17 Abs. 1 Satz 2 BetrAVG § 92 a HGB), während das Arbeitsrecht im Übrigen grundsätzlich nicht zur Anwendung kommt. Die arbeitnehmerähnlichen Personen erbringen die Dienst- oder Werkleistungen auf Rechnung für Auftraggeber, die das Unternehmerrisiko tragen, von denen aber die arbeitnehmerähnlichen Personen nach Höhe der Vergütung und Art und Dauer der Tätigkeit abhängig sind.

Die **Abgrenzung der arbeitnehmerähnlichen Personen von Arbeitnehmern einerseits und von Selbständigen andererseits** kann erhebliche Schwierigkeiten bereiten. Die gesamten Umstände des Einzelfalles sind unter Berücksichtigung der Verkehrsanschauung zu würdigen. Nach der Rechtsprechung des BAG ist eine Person wie ein Arbeitnehmer sozial schutzbedürftig, wenn das Maß der Abhängigkeit nach der Verkehrsanschauung einen solchen Grad erreicht, wie es im allgemeinen nur in einem Arbeitsverhältnis vorkommt und wenn die geleisteten Dienste nach ihrer »soziologischen Typik« denen eines Arbeitnehmers vergleichbar sind *(BAG 02.10.1990, EzA § 12a TVG Nr. 1)*. In der Rechtsprechung sind beispielsweise ein Erfinder mit geringem Verdienst und ein Wirtschaftsprüfer mit niedrigen monatlichen Bezügen als arbeitnehmerähnliche Personen anerkannt worden, während ein Berater mit höheren Bezügen und ein Handicapper als Selbständige angesehen wurden.

4. Heimarbeiter

Eine besondere Gruppe unter den arbeitnehmerähnlichen Personen stellen die **Heimarbeiter, Hausgewerbetreibenden und Zwischenmeister** dar. Heimarbeiter ist, wer in selbstgewählter Arbeitsstätte allein oder mit seinen Familienangehörigen im Auftrag von Gewerbetreibenden oder Zwischenmeistern erwerbsmäßig arbeitet, jedoch die Verwertung der Arbeitsergebnisse dem unmittelbar oder – bei Einschaltung von Zwischenmeistern – mittelbar auftraggebenden Gewerbetreibenden überlässt (§ 2 Abs. 1 Satz 1 HAG). Der Hausgewerbetreibende unterscheidet sich nur dadurch vom Heimarbeiter, dass er bei eigener Mitarbeit am Stück bis zu 2 fremde Hilfskräfte oder Heimarbeiter beschäftigt (§ 2 Abs. 2 Satz 1 HAG). Zwischenmeister ist schließlich, wer ohne Arbeitnehmer zu sein, die ihm vom Gewerbetreibenden übertragene Arbeit an Heimarbeiter oder Hausgewerbetreibende weitergibt (§ 2 Abs. 3 HAG).

1515

Auf die Rechtsverhältnisse dieser arbeitnehmerähnlichen Personen findet das Heimarbeitsgesetz Anwendung. Das Heimarbeitsgesetz enthält Vorschriften über den Entgeltschutz, Kündigungsschutz und den allgemeinen Gefahrenschutz. In zahlreichen Gesetzesbestimmungen werden Heimarbeiter den Arbeitnehmern gleichgestellt *(vgl. z.B. § 5 Abs. 1 Satz 2 ArbGG, §§ 10, 11 Abs. 1 EFZG, § 2, 12 BUrlG, § 5 Abs. 1 Satz 2 BetrVG)*.

5. Handelsvertreter/Versicherungsvertreter

Vom kaufmännischen Angestellten als Arbeitnehmer ist der Handelsvertreter bzw. der Versicherungsvertreter zu unterscheiden. Nach § 84 Abs. 1 HGB ist Handelsvertreter, wer als selbständiger Gewerbetreibender ständig damit betraut ist, für einen anderen Unternehmer Geschäfte zu vermitteln oder in dessen Namen abzuschließen. **Versicherungsvertreter** ist, wer **als Handelsvertreter** damit betraut ist, Versicherungsverträge zu vermitteln oder abzuschließen. Selbständig ist nach § 84 Abs. 2 HGB, wer im Wesentlichen frei seine Tätigkeit gestalten und seine Arbeitszeit bestimmen kann.

1516

Die Abgrenzung zwischen dem kaufmännischen Angestellten und dem Handelsvertreter/ Versicherungsvertreter folgt den allgemeinen Regeln zur Abgrenzung von Selbständigen und Arbeitnehmern (*BAG 15.12.1999, EzA § 611 BGB Arbeitnehmerbegriff Nr. 78* – zum Versicherungsvertreter; *BAG 15.12.1999, EzA § 611 Arbeitnehmerbegriff Nr. 79* – zum Bausparkassenvertreter).

Einfirmenvertreter sind Handelsvertreter, die aufgrund vertraglicher Bindung nicht für mehrere Unternehmen tätig werden dürfen oder denen dies nach Art und Umfang der von ihnen verlangten Tätigkeit nicht möglich ist (vgl. § 92 a Abs. 1 HGB). Für den **Versicherungsvertreter** gilt entsprechendes (vgl. § 92 a Abs. 2 HGB).

Auf das Rechtsverhältnis des Handelsvertreters findet grundsätzlich das Arbeitsrecht **keine** Anwendung. Die Rechtsprechung hat dem Einfirmenvertreter jedoch einen Zeugnisanspruch zugesprochen. Handelsvertreter haben Anspruch auf Urlaub nach dem BUrlG, wenn sie zu dem Kreis der arbeitnehmerähnlichen Personen zählen (§ 2 BUrlG).

Einfirmenvertreter gelten nach dem Arbeitsgerichtsgesetz als Arbeitnehmer, wenn sie während der letzten 6 Monate des Vertragsverhältnisses durchschnittlich nicht mehr als 1.000,00 EUR an Vergütung einschließlich Provision und Ersatz für im regelmäßigen Geschäftsbetrieb entstandene Aufwendungen bezogen haben (§ 5 Abs. 3 ArbGG). Für Rechtsstreitigkeiten zwischen dem Einfirmenvertreter und dem Unternehmer ist dann ausschließlich der Rechtsweg zu den Gerichten für Arbeitssachen gegeben.

II. Angestelltenstatus

1530 Verschiedene arbeits- und sozialrechtliche Vorschriften unterscheiden bei den Arbeitnehmern immer noch zwischen Arbeitern und Angestellten. Welche Arbeitnehmer den Angestellten zuzuordnen sind, ist gesetzlich nicht abschließend geregelt. Zudem bestehen einige Sonderregelungen für leitende Angestellte.

1. Unterscheidung von Arbeitern und Angestellten

1531 Nach § 133 SGB VI gehören u.a. folgende Arbeitnehmer zu den Angestellten:

- Angestellte in leitender Stellung,
- technische Angestellte in Betrieb, Büro und Verwaltung, Werkmeister und andere Angestellte in einer ähnlich gehobenen oder höheren Stellung,
- Büroangestellte, soweit sie nicht ausschließlich mit Botengängen, Reinigen, Aufräumen und ähnlichen Arbeiten beschäftigt werden, einschließlich Werkstattschreibern,
- Handlungsgehilfen und andere Angestellte für kaufmännische Dienste, auch wenn der Gegenstand des Unternehmens kein Handelsgewerbe ist, Gehilfen und Praktikanten in Apotheken,
- Bühnenmitglieder und Musiker ohne Rücksicht auf den künstlerischen Wert ihrer Leistungen,
- Angestellte in Berufen der Erziehung, des Unterrichts, der Fürsorge, der Kranken- und Wohlfahrtspflege.

Die vorstehende sozialgesetzliche Abgrenzung von Arbeitern und Angestellten gilt betriebsverfassungsrechtlich kraft Inbezugnahme (§ 6 BetrVG) und wird des weiteren von der Rechtsprechung für den übrigen Teil des Arbeitsrechts regelmäßig übernommen. Soweit die sozialversicherungsrechtlichen Normen für bestimmte Berufe keine Regelung enthalten, ist anhand der **Verkehrsanschauung** zu entscheiden, ob der Arbeitnehmer Arbeiter oder Angestellter ist. Die Qualifizierung einer Tätigkeit in einem Tarifvertrag als die eines Arbeiters oder Angestellten stellt ein wesentliches Indiz für den Inhalt der Verkehrsanschauung dar. Als **Faustformel** gilt, dass der **Arbeiter überwiegend körperliche Arbeit** (»**Handarbeit**«) und der **Angestellte überwiegend** geistige Arbeit (»**Kopfarbeit**«) erledigt.

1532

Als **Angestellte** wurden von der Rechtsprechung u.a. eingeordnet:

1533

- Filialleiterinnen eines Kleiderbades,
- Kassierer in Selbstbedienungsläden,
- Verkaufsfahrer mit reichhaltigem Warensortiment und überwiegend kaufmännischer Tätigkeit,
- Telefonisten,
- Texterfasserin in einem Zeitungsverlag.

Dagegen wurden als **Arbeiter** angesehen:

- Restaurationstelefonist,
- Adremapräger,
- Hilfskräfte in der Annahmestelle einer chemischen Reinigung,
- Fördermaschinist,
- Eintrittskartenverkäufer im Zoo,
- Koch trotz Mitwirkung bei der Kalkulation,
- Lagerist,
- Tankwarte,
- Verkäufer in Zeitungs- und Süßwarenkiosken,
- Zahntechniker im Zahnlabor.

2. Rechtsfolgen der Unterscheidung von Arbeitern und Angestellten

Die Entwicklung des Rechtsbegriffs der Angestellten und ihre z.B. frühere kündigungsrechtliche Besserstellung reicht in das vorige Jahrhundert zurück. In der Instanzrechtsprechung und in der Literatur ist wiederholt die Ansicht vertreten worden, die Unterscheidung zwischen Arbeitern und Angestellten sei mangels hinreichender Abgrenzungskriterien insgesamt nicht (mehr) durchführbar. Nach der Rechtsprechung des Bundesverfassungsgerichts ist jedoch davon auszugehen, dass sich anhand der von den Arbeitsgerichten entwickelten Kriterien Arbeiter und Angestellte hinreichend deutlich unterscheiden lassen *(BVerfG 30.05.1990, EzA § 622 BGB n.F. Nr. 27).*

1534

Die Unterscheidung von Arbeitern und Angestellten ist im Arbeitsrecht noch von Bedeutung für die Art und die Berechnung der Vergütung (Monatsgehalt, Stunden- oder Akkordlohn) und für solche an der Unterscheidung anknüpfende tarifliche Regelungen.

3. Vereinbarkeit des Angestelltenstatus

1535 Ist ein Arbeitnehmer kein Angestellter, so kann ihm nicht durch individualvertragliche oder kollektivrechtliche Regelung (Tarifvertrag, Betriebsvereinbarung, Regelungsabrede) der rechtliche Status eines Angestellten zugeordnet werden. Gleichwohl kann der Arbeitnehmer im Arbeitsvertrag zu einem Angestellten »**ernannt**« werden. Folge einer solchen Vereinbarung ist, dass dem Arbeitnehmer gleich einem Angestellten die günstigeren Angestelltenrechte zustehen. Einer solchen vertraglichen »Ernennung« kommt heutzutage keine weitreichende Wirkung mehr zu, weil nach der Rechtsprechung des BAG eine unterschiedliche Behandlung von Arbeitern und Angestellten bei der Gewährung von sozialen Nebenleistungen (z.B. Gratifikationen, betriebliche Altersversorgung) gegen den Gleichheitssatz des Art. 3 GG verstößt, sofern für die unterschiedliche Behandlung kein sachlich rechtfertigender Grund besteht *(BAG 25.01.1984 und 19.11.1992, EzA § 242 BGB Gleichbehandlung Nr. 38, 39, 40 und 54).*

4. Leitende Angestellte

1536 Einen einheitlichen Begriff des leitenden Angestellten gibt es im Arbeitsrecht nicht. Leitende Angestellte unterscheiden sich von den übrigen Arbeitnehmern dadurch, dass sie für das Unternehmen oder einen Betrieb des Unternehmens unter eigener Verantwortung **typische Unternehmerfunktionen** mit einem **erheblichen Entscheidungsspielraum** wahrnehmen. Sie sind von den Vorschriften über die Arbeitszeit ausgenommen (§ 18 Abs. 1 ArbZG) und gelten nicht als Arbeitnehmer i.S.d. § 5 BetrVG. Ihr Arbeitsverhältnis kann im Kündigungsschutzprozess allein auf nicht zu begründenden Antrag des Arbeitgebers gegen Zahlung einer Abfindung aufgelöst werden (§ 14 KSchG). Arbeitsvertragliche oder tarifvertragliche Kündigungsbeschränkungen können dem jedoch entgegenstehen. Die leitenden Angestellten unterliegen einer gesteigerten Treuepflicht.

Die Abgrenzung der leitenden Angestellten von den übrigen Angestellten des Betriebes nach § 5 Abs. 3 BetrVG ist zwingendes Recht. Weder ein Tarifvertrag noch eine Betriebsvereinbarung können regeln, wer leitender Angestellter im Sinne der Betriebsverfassung ist. Auch durch Vereinbarung zwischen Arbeitgeber und Arbeitnehmer kann der Status nicht begründet werden. Entscheidend sind allein Aufgaben und Funktionen im Betrieb und Unternehmen. Damit sind »**Ernennungen**« zu leitenden Angestellten **betriebsverfassungsrechtlich bedeutungslos.**

III. Beginn des Arbeitsverhältnisses

1550 Im Arbeitsvertrag ist der Zeitpunkt, zu dem die Arbeit aufgenommen werden soll, zu regeln. Eine klare Regelung zum Beginn des Arbeitsverhältnisses ist wichtig, um die Fragen des Vertragsbruchs wegen Nichtantritt der Arbeit und der Kündbarkeit des Arbeitsverhältnisses bei Ausschluss der Kündigung vor Dienstantritt beantworten zu können. Des weiteren orientiert sich die Dauer der Betriebszugehörigkeit am Zeitpunkt der Arbeitsaufnahme (Einstellung). Von der Betriebszugehörigkeit hängt wiederum u.a. das Eingreifen des Kündigungsschutzes (§ 1 KSchG), die Länge der Kündigungsfristen (§ 622 BGB) und die Unverfallbarkeit einer Versorgungsanwartschaft (§ 1 BetrAVG) ab.

Im Zusammenhang mit der Festlegung des Beginns des Arbeitsverhältnisses sollten weitere Regelungspunkte bedacht werden, wie

- Gesundheitsuntersuchung (für zulässig erachtet wurde die Einstellung eines Arbeitnehmers unter dem Vorbehalt seiner gesundheitlichen Eignung (*LAG Berlin 16.07.1990, LAGE § 620 BGB Bedingung Nr. 2*),
- Führungszeugnis,
- Probezeit,
- Kündigung vor Dienstantritt,
- Vertragsstrafe für den Fall des Nichtantritts der Arbeit (die jedoch nach § 309 Nr. 6 BGB in vorformulierten Arbeitsbedingungen unzulässig sein dürfte).

Ferner können Sanktionen für den Fall, dass das Arbeitsverhältnis schuldhaft nicht aufgenommen wird, vereinbart werden. Der Zeitpunkt sollte mit einem Datum klar bezeichnet werden (vgl. § 2 Abs. 1 Nr. 3 NachwG).

IV. Dauer des Arbeitsverhältnisses

Die Dauer des Arbeitsverhältnisses kann Gegenstand einer Abrede im Arbeitsvertrag sein. Unterschieden wird zwischen

- Arbeitsverhältnissen unbestimmter Dauer,
  - Arbeitsverhältnisse auf unbestimmte Zeit,
  - Arbeitsverhältnisse auf Lebenszeit oder als Dauerstellung,
- Arbeitsverhältnissen bestimmter Dauer,
  - Befristete Arbeitsverhältnisse,
  - Auflösend bedingte Arbeitsverhältnisse,
  - Altersgrenzenregelung.

1. Arbeitsverhältnisse auf unbestimmte Zeit

Wenn der Arbeitsvertrag keine Regelung zur Dauer des Arbeitsverhältnisses enthält und sich hierzu auch nichts aus sonstigen Rechtsquellen (Betriebsvereinbarung, Tarifvertrag) ergibt, ist das Arbeitsverhältnis auf unbestimmte Zeit abgeschlossen.

2. Zusage einer Lebens- oder Dauerstellung

Die Rechtsprechung sieht in der Zusage einer »Lebensstellung« nicht ohne weiteres das Angebot einer Anstellung auf Lebenszeit unter Ausschluss der Möglichkeit zur ordentlichen Kündigung. Aus dem bloßen Hinweis auf eine Dauerstellung wird noch kein Ausschluss und auch noch keine Beschränkung des Rechts zur ordentlichen Kündigung gefolgert. Im Falle der Zusage einer Lebens- oder Dauerstellung ohne Vereinbarung einer vorherigen Probezeit ist demgegenüber regelmäßig von der Geltung des Kündigungsschutzgesetzes mit Beginn des Arbeitsverhältnisses und im Übrigen von der Beschränkung der ordentlichen Kündigung auf wirklich triftige Gründe auszugehen.

Durch sorgfältige Auslegung unter Berücksichtigung der jeweiligen Umstände des Einzelfalles hat die Rechtsprechung verschiedenen Vereinbarungen einer Lebens- oder Dauerstellung folgenden rechtlichen Inhalt beigemessen:

- vertragliche Beschränkung des Rechts zur ordentlichen Kündigung auf wirklich triftige Gründe (arbeitsvertragliche Kündigungsbeschränkung; *LAG Düsseldorf 09.05.1968, DB 1968, 1911,1912),*
- Ausschluss einer rechtsmissbräuchlichen ordentlichen Kündigung *(RAG 19.12.1928, ARS 5, Nr. 10 (S. 31)),*
- genereller Ausschluss der ordentlichen Kündigung (Ausnahme!) *(BAG 12.10.1954, AP Nr. 1 zu § 52 RegelungsG),*
- Ausschluss der ordentlichen Kündigung für eine angemessene Zeit *(BAG 07.11.1968, AP Nr. 3 zu § 66 HGB),*
- angemessene Verlängerung der Kündigungsfrist *(LAG Osnabrück 20.01.1936, ARS 26, Nr. 5 (S. 42)),*
- Vereinbarung der Geltung des Kündigungsschutzgesetzes mit Beginn des Arbeitsverhältnisses *(BAG 18.02.1967, AP Nr. 81 zu § 1 KSchG),*
- Verpflichtung des Arbeitgebers zur Versetzung des Arbeitnehmers in einen anderen Betrieb im Falle der Stilllegung des Beschäftigungsbetriebes *(LAG Bremen 25.02.1953, DB 1953, 276,)*
- besonderer Abwägungsgesichtspunkt zugunsten des Arbeitnehmers im Rahmen der Interessenabwägung nach § 626 BGB bzw. § 1 KSchG *(BAG 21.10.1971, AP Nr. 1 zu § 611 BGB Gruppenarbeitsverhältnis.*

Diese Aufzählung verdeutlicht, dass bei der Abfassung eines Arbeitsvertrages auf die rechtlich unklare Zusage einer Lebens- und Dauerstellung verzichtet werden sollte. Die angestrebte rechtliche Regelung ist ausdrücklich zu formulieren (vgl. § 2 Nr. 2 und 9 NachwG).

Ist das Arbeitsverhältnis für die Lebenszeit einer Person (nicht notwendigerweise des Arbeitnehmers) oder für längere Zeit als 5 Jahre eingegangen, so kann es von dem **Arbeitnehmer** nach dem Ablauf von 5 Jahren unter Einhaltung einer Kündigungsfrist von 6 Monaten gekündigt werden (§ 624 BGB). Das Kündigungsrecht ist unabdingbar. Das Recht zur außerordentlichen Kündigung bleibt für beide Vertragsteile unberührt.

3. Befristete Arbeitsverhältnisse

a) Anwendung des Teilzeit- und Befristungsgesetzes

1590 Arbeitsverhältnisse können auch mit der Maßgabe begründet werden, dass sie nach Ablauf einer bestimmten Zeitspanne oder nach Erreichen eines bestimmten Zwecks automatisch enden. Einer Kündigung oder einer sonstigen Beendigungshandlung bedarf es dann nicht mehr. Befristungsabreden sind in der Bauwirtschaft, im Saisongewerbe, bei Mitgliedern des Bühnenpersonals, in Rundfunk- und Fernsehanstalten seit langer Zeit gebräuchlich. Sie können beim Abschluss des Arbeitsvertrages, aber auch später während des laufenden Arbeitsverhältnisses getroffen werden. Eine anfängliche Befristung kann zwischen den Parteien jederzeit einvernehmlich aufgehoben oder (nach Maßgabe bestimmter Voraussetzungen) geändert werden. Aus dem Grundsatz der Vertragsfreiheit (Art. 2 GG, §§ 305, 620 BGB) folgerte die Rechtsprechung die Zulässigkeit von Befristungsabreden *(BAG (GS) 12.10.1960, AP Nr. 16 zu § 620 BGB Befristeter Arbeitsvertrag)*.

Da das befristete Arbeitsverhältnis ohne Ausspruch einer Kündigung endet, finden Kündigungsschutzvorschriften u.a. nach dem Kündigungsschutzgesetz, Mutterschutzgesetz keine Anwendung. Der Beendigung des Arbeitsverhältnisses muss weder eine Zustimmung der Integrationsbehörde noch eine Anhörung des Betriebsrats vorausgehen. Selbst eine dem Arbeitgeber im Zeitpunkt des Vertragsschlusses bekannte **Schwangerschaft** einer Arbeitnehmerin hindert nicht die Befristung des Arbeitsvertrages *(BAG 06.11.1996, EzA § 620 BGB Nr. 146)*.

Die **Kontrolle von Befristungsabreden** richtete sich in der Vergangenheit nach der höchstrichterlichen Rechtsprechung und seit 1985 zudem nach dem mehrfach geänderten BeschFG, welches nach § 1 Abs. 6 BeschFG insoweit am 31.12.2000 außer Kraft trat und im Übrigen nach Art. 3 des Teilzeit- und Befristungsgesetzes mit Wirkung vom 01.01.2001 aufgehoben wird.

Seit dem 01.01.2001 richtet sich das Recht der befristeten und auflösend bedingten Arbeitsverträge nach dem **Gesetz über Teilzeitarbeit und befristete Arbeitsverträge (Teilzeit- und Befristungsgesetz – TzBfG)**.

Das Gesetz dient u.a. der Umsetzung der Richtlinie 1999/70/EG des Rates vom 28.06.1999 zu der EGB-UNICE-CEEP-Rahmenvereinbarung über befristete Arbeitsverträge (ABl. EG 1999 Nr. L 175 S. 43). Ziel des Gesetzes ist nach § 1 TzBfG u.a., die Zulässigkeit befristeter Arbeitsverträge festzulegen und die Diskriminierung von befristet beschäftigten Arbeitnehmern zu verhindern. Das Gesetz enthält keine Einschränkung des Geltungsbereichs und gilt daher **für alle Arbeitsverhältnisse** bei privaten und öffentlichen Arbeitgebern. Es wurde auch keine Ausnahme für Kleinbetriebe oder Kleinunternehmen geschaffen, so dass auch bei diesen im Regelfall das Vorliegen eines Sachgrundes für eine Befristungsabrede zu prüfen ist.

b) Diskriminierungs- und Benachteiligungsverbot

Ein befristet beschäftigter Arbeitnehmer darf nach § 4 Abs. 2 TzBfG wegen der Befristung des Arbeitsvertrages nicht schlechter behandelt werden als ein vergleichbarer unbefristet beschäftigter Arbeitnehmer, es sei denn, dass sachliche Gründe eine unterschiedliche Behandlung rechtfertigen (Diskriminierungsverbot). Die Vorschrift richtet sich an Arbeitgeber, Betriebspartner und Tarifvertragsparteien. Arbeitnehmer dürfen bei arbeits- oder tarifvertraglichen Vereinbarungen, Betriebsvereinbarungen oder bei sonstigen Maßnahmen des Arbeitgebers wegen der Befristung des Arbeitsvertrags nicht benachteiligt werden.

Vergleichbar ist nach § 3 Abs. 2 TzBfG ein unbefristet beschäftigter Arbeitnehmer des Betriebes mit der gleichen oder einer ähnlichen Tätigkeit. Gibt es im Betrieb keinen vergleichbaren unbefristet beschäftigten Arbeitnehmer, so ist der vergleichbare unbefristet beschäftigte Arbeitnehmer auf Grund des anwendbaren Tarifvertrages zu bestimmen; in allen anderen Fällen ist darauf abzustellen, wer im jeweiligen Wirtschaftszweig üblicherweise als vergleichbarer unbefristet beschäftigter Arbeitnehmer anzusehen ist.

Einem befristet beschäftigten Arbeitnehmer ist nach § 4 Abs. 2 Satz 2 TzBfG Arbeitsentgelt oder eine andere teilbare geldwerte Leistung, die für einen bestimmten Bemessungszeitraum gewährt wird, mindestens in dem Umfang zu gewähren, der dem Anteil seiner Beschäftigungsdauer am Bemessungszeitraum entspricht (sog. Pro-rata-temporis-Grundsatz). Ein Verstoß gegen das Diskriminierungsverbot dürfte aber nicht vorliegen, wenn bestimmte Jahressonderzahlungen einer Ausschlussklausel unterliegen, welche z.B. den Anspruch auf Gratifikationszahlung von dem (ungekündigten) Fortbestand des Arbeitsverhältnisses und/oder der Erfüllung einer bestimmten Wartezeit zu einem bestimmten Stichtag abhängig macht (*BAG 06.10.1993, EzA § 611 BGB Gratifikation, Prämie Nr. 106; BAG 14.12.1993 EzA § 611 BGB Gratifikation, Prämie Nr. 107*).

Das BAG hat grundsätzlich Bindungsklauseln, die vergangenheits- und zukunftsbezogene Zweckbestimmungen mit einer jährlichen Einmalzahlung verbinden, für zulässig erklärt (*BAG 21.02.1974, EzA § 611 BGB Gratifikation, Prämie Nr. 39; BAG 02.09.1992, EzA § 611 BGB Gratifikation, Prämie Nr. 95*). Das Diskriminierungsverbot würde jedoch durch einen Ausschluss der befristet beschäftigten Arbeitnehmern von Jahressonderzahlungen mit allein vergangenheitsbezogener Zweckbestimmung verletzt.

Sind bestimmte Beschäftigungsbedingungen von der Dauer des Bestehens des Arbeitsverhältnisses in demselben Betrieb oder Unternehmen abhängig, so sind nach § 4 Abs. 2 Satz 3 TzBfG für befristet beschäftigte Arbeitnehmer dieselben Zeiten zu berücksichtigen wie für unbefristet beschäftigte Arbeitnehmer, es sei denn, dass eine unterschiedliche Berücksichtigung aus sachlichen Gründen gerechtfertigt ist. Hierdurch wird klargestellt, dass bei Beschäftigungsbedingungen, deren Gewährung von einer bestimmten Dauer des Bestehens des Arbeitsverhältnisses abhängt (z.B. der Anspruch auf vollen Jahresurlaub von einer sechsmonatigen Wartezeit, tarifliche Entgelt- oder Urlaubsansprüche von zurückzulegenden Beschäftigungszeiten) für befristet Beschäftigte dieselben Zeiten wie für unbefristet beschäftigte Arbeitnehmer zu berücksichtigen sind.

Der Arbeitgeber darf nach § 5 TzBfG einen befristet beschäftigten Arbeitnehmer nicht **wegen der Inanspruchnahme von Rechten nach dem TzBfG benachteiligen (Benachteiligungsverbot)**. Dies folgt auch aus § 612 a BGB.

c) Befristungsarten

1593 Es ist zwischen **verschiedenen Befristungsarten** zu unterscheiden. Maßgeblich ist der Inhalt der von den Arbeitsvertragsparteien getroffenen Regelung:

- Die vereinbarte Dauer des Arbeitsverhältnisses kann zugleich als Höchst- und Mindestdauer gedacht sein. Hiervon geht das TzBfG aus. Nach § 15 Abs. 1 TzBfG endet ein kalendermäßig befristetes Arbeitsverhältnis mit Ablauf der vereinbarten Zeit (Höchstdauer), wobei das Arbeitsverhältnis nur dann der ordentlichen Kündigung unterliegt, wenn dies einzelvertraglich oder im anwendbaren Tarifvertrag vereinbart ist (§ 15 Abs. 3 TzBfG). Die Bedeutung der Mindestdauer zeigt sich darin, dass während der festgelegten Vertragsdauer das Recht zur ordentlichen Kündigung ausgeschlossen ist. Unberührt bleibt das Recht beider Parteien zur außerordentlichen Kündigung nach § 626 BGB *(BAG 19.06.1980, AP Nr. 55 zu § 620 BGB Befristeter Arbeitsvertrag)*.
- Will der Arbeitgeber eine Befristung nur als Höchstdauer des Arbeitsverhältnisses vereinbaren, muss er sich ausdrücklich das Recht zur ordentlichen Kündigung vorbehalten, sofern nicht der Tarifvertrag ein Recht zur ordentlichen Kündigung des befristeten Arbeitsverhältnisses einräumt (§ 15 Abs. 3 TzBfG). Inhalt einer solchen Höchstdauer-Abrede muss die Festlegung sein, dass das Arbeitsverhältnis z.B. nicht länger als 18 Monate dauern soll (Höchstdauer), wobei zugleich beiden Parteien das Recht zur ordentlichen Kündigung eingeräumt wird. Wegen des Ausschlusses der Mindestdauerregelung endet das Arbeitsverhältnis nur dann (spätestens) mit Ablauf der vereinbarten Höchstdauer, wenn die Parteien nicht zu einem früheren Zeitpunkt rechtswirksam gekündigt haben.
- Von den kalendermäßig befristeten Arbeitsverhältnissen sind die zweckbefristeten Arbeitsverhältnisse zu unterscheiden. Ein zweckbefristetes Arbeitsverhältnis endet mit Erreichen des Zwecks, frühestens jedoch zwei Wochen nach Zugang der schriftlichen Unterrichtung des Arbeitnehmers durch den Arbeitgeber über den Zeitpunkt der Zweckerreichung (§ 15 Abs. 2 TzBfG).

Bei zweckbefristeten Arbeitsverhältnissen wird die Dauer des Arbeitsverhältnisses durch die Beschaffenheit oder den Zweck der Arbeitsleistung, für die der Arbeitnehmer eingestellt wird, bestimmt. Die Erreichung des vertraglich vereinbarten Leistungszwecks (z.B. Fertigstellung eines Bauvorhabens, Abschluss eines bestimmten Projekts) soll zugleich das Ende des Arbeitsverhältnisses bedeuten, wobei dem Arbeitnehmer jedoch eine Ankündigungsfrist von zwei Wochen als Äquivalent zur Kündigungsfrist eingeräumt wird. Die Ankündigungsfrist wird dem Arbeitnehmer gewährt, weil er den genauen Zeitpunkt der Zweckerreichung und damit das Ende des befristeten Arbeitsverhältnisses im allgemeinen nicht kennt. Der Arbeitgeber wird deshalb verpflichtet, dem Arbeitnehmer den Zeitpunkt der Zweckerreichung mindestens zwei Wochen vorher schriftlich mitzuteilen. Diese Auslauffrist soll dem Arbeitnehmer Zeit geben, sich auf das bevorstehende Ende des Arbeitsverhältnisses einzustellen, insbesondere einen anderen Arbeitsplatz zu suchen. Die Dauer der Auslauffrist entspricht der gesetzlichen Kündigungsfrist nach § 622 Abs. 3 BGB. Die Auslauffrist kann durch Tarifvertrag oder Einzelvertrag verlängert, aber nicht verkürzt werden (§ 22 Abs. 1 TzBfG).

Die Einführung der Schriftform für die Zweckerreichungserklärung bedeutet nach § 126 Abs. 1 BGB, dass der Arbeitgeber dem Arbeitnehmer das Original einer mit voller Namensunterschrift unterzeichnete Erklärung übermitteln muss (wobei die Ersetzung der schriftlichen Form durch die elektronische Form nach § 126 a BGB i.V.m. § 126

Abs. 3 BGB möglich ist). Eine Erklärung per Telefax, Telegramm oder E-Mail genügt nicht. Da die Zweckerreichungsmitteilung eine geschäftsähnliche Handlung darstellt, weil § 15 Abs. 2 TzBfG an ihren Zugang Rechtsfolgen knüpft, finden §§ 164 ff. BGB entsprechende Anwendung. Dies bedeutet für den Arbeitgeber, dass die Zweckerreichungsmitteilung durch einen rechtsgeschäftlich Bevollmächtigten erklärt werden kann (§ 164 Abs. 1 BGB). Die Vollmacht bedarf keiner Form. Die Vollmachtsurkunde ist jedoch in der Praxis wegen § 174 BGB, der auf geschäftsähnliche Handlungen entsprechende Anwendung findet (BGH 25.11.1982, NJW 1983, 1542), von erheblicher Bedeutung. Legt nämlich der Bevollmächtigte die Vollmachtsurkunde bei der Zweckerreichungserklärung nicht vor und weist der Arbeitnehmer aus diesem Grunde die Erklärung unverzüglich zurück, so ist die Zweckerreichungserklärung nach § 174 BGB unwirksam. Die Vollmachtsurkunde muss im Original vorgelegt werden. Insoweit genügt nicht die Vorlage einer Fotokopie oder eines Faxes. Inhaltlich muss die Vollmachtsurkunde die Befugnis zur Vornahme der betreffenden geschäftsähnlichen Handlung mit der erforderlichen Eindeutigkeit ergeben. Die Zurückweisung ist nicht möglich, wenn der Vollmachtgeber den Vertragsgegner von der Vollmacht in Kenntnis gesetzt hat, was auch der Fall ist, wenn der Kündigende eine Stellung bekleidet, mit der das Recht zu entsprechenden Erklärungen üblicherweise verbunden ist (z.B. Personalleiter).

- Möglich ist auch bei Befristungen mit Sachgrund die Kombination einer Zweckbefristung mit der Vereinbarung einer Höchstdauer für das Arbeitsverhältnis (»bis zur Fertigstellung des Bauwerks, längstens jedoch bis zum ...«). Das Arbeitsverhältnis endet dann mit der zeitlich frühesten Befristung, es sei denn diese ist unwirksam oder der Arbeitnehmer wird über diesen ersten Befristungstermin hinaus weiterbeschäftigt; dann kommt es auf die Wirksamkeit der Befristung zum zweiten Befristungstermin und damit allein auf das Vorliegen eines sachlichen Grundes für diese (zweite) Befristung an. Die Unwirksamkeit der Zweckbefristung hat auf die Wirksamkeit der mitvereinbarten Zeitbefristung (oder umgekehrt) keinen Einfluss *(BAG 10.06.1992, EzA § 620 BGB Nr. 116)*. Dagegen ist die Kombination einer anfänglichen Sachgrundbefristung mit einer anschließenden erleichterten Befristung (ohne Sachgrund) selbst dann, wenn die Höchstbefristungszeit von 24 Monaten (§ 14 Abs. 2 Satz 1 TzBfG) nicht überschritten wird, wegen des Anschlussverbots in § 14 Abs. 2 Satz 2 TzBfG problematisch.

d) Zeitbefristung mit Sachgrund

1594 Die **anfängliche** Befristung eines Arbeitsvertrages ist nach § 14 Abs. 1 Satz 1 TzBfG grundsätzlich nur zulässig, wenn sie durch einen sachlichen Grund gerechtfertigt ist. Etwas anderes gilt nur, wenn die Voraussetzungen für eine sog. erleichterte Befristung nach § 14 Abs. 2 vorliegen.

Auch die **nachträgliche** Befristung eines bereits bestehenden Arbeitsvertrages ist zulässig, bedarf jedoch ebenfalls eines sachlichen Grundes. Die nachträgliche Befristung eines zunächst auf unbefristete Zeit eingegangenen Arbeitsverhältnisses kann dabei im Wege der **Änderungskündigung** erfolgen *(BAG 25.04.1996, EzA § 2 KSchG Nr. 25; BAG*

08.07.1998, EzA § 620 BGB Nr. 152). Ein sachlicher Grund für die nachträgliche Befristung eines unbefristeten Arbeitsverhältnisses liegt nicht allein darin, dass der neue befristete Arbeitsvertrag für den Arbeitnehmer günstigere Arbeitsbedingungen vorsieht und der Arbeitnehmer zwischen diesem neuen Arbeitsvertrag und der Fortsetzung seines bisherigen unbefristeten Arbeitsverhältnisses frei wählen konnte (*BAG 26.08.1998, EzA § 620 BGB Nr. 154*).

Ein **Aufhebungsvertrag**, der seinem Regelungsgehalt nach **nicht auf die alsbaldige Beendigung**, sondern auf eine **befristete Fortsetzung des Arbeitsverhältnisses** gerichtet ist, bedarf wie die nachträgliche vertragliche Befristung eines unbefristeten Arbeitsverhältnisses zu seiner Wirksamkeit eines sachlichen Grundes im Sinne des Befristungskontrollrechts. Das gilt vor allem dann, wenn der von den Parteien gewählte Beendigungszeitpunkt die jeweilige Kündigungsfrist um ein Vielfaches überschreitet und es an weiteren Vereinbarungen im Zusammenhang mit der Beendigung des Arbeitsverhältnisses fehlt, wie sie im Aufhebungsvertrag regelmäßig getroffen werden (*BAG 12.01.2000, EzA § 611 BGB Aufhebungsvertrag Nr. 33*).

Ein **sachlicher Grund** liegt nach dem TzBfG insbesondere vor, wenn

- der betriebliche Bedarf an der Arbeitsleistung nur vorübergehend besteht,
- die Befristung im Anschluss an eine Ausbildung oder ein Studium erfolgt, um den Übergang des Arbeitnehmers in eine Anschlussbeschäftigung zu erleichtern,
- der Arbeitnehmer zur Vertretung eines anderen Arbeitnehmers beschäftigt wird,
- die Eigenart der Arbeitsleistung die Befristung rechtfertigt,
- die Befristung zur Erprobung erfolgt,
- in der Person des Arbeitnehmers liegende Gründe die Befristung rechtfertigen,
- der Arbeitnehmer aus Haushaltsmitteln vergütet wird, die haushaltsrechtlich für eine befristete Beschäftigung bestimmt sind, und er entsprechend beschäftigt wird oder
- die Befristung auf einem gerichtlichen Vergleich beruht.

Damit trifft das TzBfG erstmals eine allgemeine gesetzliche Regelung über die Zulässigkeit der Befristung eines Arbeitsvertrages. Soweit befristete Arbeitsverträge nach anderen gesetzlichen Vorschriften zulässig sind, werden diese durch § 14 TzBfG nicht berührt (§ 23 TzBfG).

Übereinstimmend mit der bisherigen Rechtsprechung des BAG regelt das Gesetz, dass der Abschluss eines befristeten Arbeitsvertrages grundsätzlich eines sachlich rechtfertigenden Grundes bedarf. Ausgehend von der ständigen Rechtsprechung des BAG werden typische Gründe genannt, die die Befristung eines Arbeitsvertrages rechtfertigen können. Die **Aufzählung ist beispielhaft** und soll weder andere von der Rechtsprechung bisher akzeptierte noch weitere Gründe ausschließen.

Kleinbetriebe bzw. Kleinunternehmen sind von der Befristungskontrolle nach § 14 Abs. 1 TzBfG **nicht** mehr **ausgenommen**. Es kommt nicht mehr auf die Möglichkeit einer Umgehung des KSchG an.

aa) Sachgrund des vorübergehenden Arbeitsbedarfs

1595 Nach § 14 Abs. 1 Satz 2 Nr. 1 TzBfG kann die Befristung eines Arbeitsvertrages dadurch gerechtfertigt sein, dass der betriebliche Bedarf an der Arbeitsleistung nur vorübergehend besteht. Hierbei handelt es sich um einen Sachverhalt, der den meisten Fällen der befristeten Beschäftigung zugrunde liegt. Der vorübergehende betriebliche Bedarf kann in Form eines **vorübergehend erhöhten Arbeitskräftebedarfs** (z.B. während der Erntesaison oder Weihnachtszeit) oder eines **künftig wegfallenden Arbeitskräftebedarfs** (z.B. auf Grund der Inbetriebnahme einer neuen technischen Anlage, Abwicklungsarbeiten bis zur Betriebsschließung) auftreten. Allein die Ungewissheit der wirtschaftlichen Entwicklung rechtfertigt allerdings nicht die Befristung *(BAG 09.07.1981, EzA § 620 BGB Nr. 1 Bedingung; BAG 22.03.2000, EzA § 620 BGB Nr. 170))*.

Ein Abwälzen des Unternehmerrisikos auf den Arbeitnehmer stellt keine statthafte, sondern eine funktionswidrige Vertragsgestaltung dar *(BAG 03.12.1986, EzA § 620 BGB Nr. 88; BAG 10.08.1994, EzA § 620 BGB Nr. 120)*.

Eine Befristung für **Aushilfstätigkeiten** setzt voraus, dass der Arbeitnehmer von vornherein zu dem Zweck eingestellt wird, einen **vorübergehenden Bedarf** an Arbeitskräften abzudecken, der nicht durch den normalen Betriebsablauf, sondern durch den Ausfall von Arbeitskräften oder zeitlich begrenzten zusätzlichen Arbeitsanfall begründet wird. Im **Zeitpunkt des Vertragsabschlusses** müssen konkrete tatsächliche Anhaltspunkte dafür vorliegen, dass die anfallende Arbeit **in absehbarer Zeit** wieder mit der normalen Belegschaftsstärke bewältigt werden kann. Dafür hat der Arbeitgeber eine Prognose zu Umfang und Dauer des voraussichtlichen Mehrbedarfs zu erstellen. Deren Grundlage hat er offenzulegen *(BAG 12.09.1996, EzA § 620 BGB Nr. 142)*. Ist die Prognose fehlerhaft, so muss der Arbeitgeber im arbeitsgerichtlichen Verfahren darlegen, aus welchen Gründen die tatsächliche Entwicklung des Arbeitskräftebedarfs anders verlaufen ist als bei Vertragsschluss vermutet *(BAG 12.09.1996, EzA § 620 BGB Nr. 142)*. Erweist sich die Prognose dagegen als zutreffend, besteht eine ausreichende Vermutung dafür, dass sie richtig erstellt worden ist *(BAG 03.11.1999, EzA § 620 BGB Nr. 166)*.

Bei einem längerfristig gestiegenen, mit den vorhandenen Stammarbeitskräften nicht zu bewältigenden Arbeitskräftebedarf **von nicht abzusehender Dauer** besteht demgegenüber kein sachlicher Grund für die Befristung des Arbeitsvertrages mit den zusätzlich eingestellten Arbeitnehmern *(BAG 25.11.1992, EzA § 620 BGB Nr. 117)*.

Beschäftigt der Arbeitgeber für die Erledigung einer **Daueraufgabe** sowohl befristet als auch unbefristet eingestellte Arbeitnehmer, bedarf es zur Rechtfertigung der jeweiligen Befristung auch einer am Sachgrund der Befristung orientierten Konzeption, wonach die **Zuordnung der Vertragsverhältnisse** vorgenommen wird. Die selbst gewählte Konzeption muss von dem Arbeitgeber bei der Stellenbesetzung befolgt werden *(BAG 12.09.1996, EzA § 620 BGB Nr. 144)*.

Selbst die Befristung eines Arbeitsvertrages bis zu dem Zeitpunkt, an dem ein freier **Dauerarbeitsplatz** mit einem anderen Arbeitnehmer besetzt werden soll, kann sachlich gerechtfertigt sein, wenn sich der Arbeitgeber bereits im Zeitpunkt des Abschlusses des befristeten Arbeitsvertrages gegenüber einem auf unbestimmte Zeit einzustellenden Arbeitnehmer **vertraglich gebunden hat** *(BAG 06.11.1996, EzA § 620 BGB Nr. 146).*

Ebenso wie ein vorübergehender zusätzlicher Arbeitskräftebedarf kann auch das **bevorstehende Absinken des Arbeitskräftebedarfs** eine Befristung von Arbeitsverhältnissen rechtfertigen. Insbesondere Rationalisierungsmaßnahmen, die sich über einen längeren Zeitraum erstrecken, können dazu führen, dass ein Teil der Arbeitnehmer, die bei Abschluss des befristeten Arbeitsvertrages beschäftigt werden, nur noch für eine Übergangszeit bis zur vollständigen Verwirklichung des Vorhabens benötigt werden. Auf einen vorübergehenden Arbeitskräftebedarf lässt sich die Befristung des Arbeitsvertrages aber nur stützen, wenn im Zeitpunkt des Vertragsschlusses aufgrund greifbarer Tatsachen mit einiger Sicherheit zu erwarten ist, dass die Arbeitskraft in absehbarer Zeit nicht mehr benötigt wird *(BAG 10.06.1992, EzA § 620 BGB Nr. 116).*

Entsprechendes gilt, wenn sich der Arbeitgeber bereits bei Vertragsabschluß zur **Schließung des Betriebs** entschlossen hat und überdies davon ausgehen muss, dass eine Weiterbeschäftigung des Arbeitnehmers in einem anderen Betrieb nicht möglich sein wird. Beruft sich aber der Arbeitnehmer darauf, bei Vertragsschluss sei mit anderweitigen Beschäftigungsmöglichkeiten zu rechnen gewesen, muss er im Einzelnen darlegen, zu welcher für ihn geeigneten Tätigkeit er zum Zeitpunkt der Betriebsschließung bereit gewesen wäre und dass der Arbeitgeber diese Beschäftigungsmöglichkeit hätte in Erwägung ziehen müssen. Folgt daraus, dass die Befristungsvereinbarung nicht sachgerecht war, so ist der Arbeitgeber zur Erläuterung verpflichtet, aus welchen Gründen eine Umsetzung des Arbeitnehmers auf die von ihm genannten Arbeitsplätze nicht in Betracht kam *(BAG 03.12.1997, EzA § 620 BGB Nr. 148).*

bb) Sachgrund der Erleichterung des Übergangs in Anschlussbeschäftigung

Nach § 14 Abs. 1 Satz 2 Nr. 2 TzBfG ist es ein sachlicher Grund für die Befristung eines Arbeitsvertrages, wenn ein Arbeitnehmer im Anschluss an eine Ausbildung oder ein Studium befristet beschäftigt wird, um ihm den Übergang in eine Anschlussbeschäftigung zu erleichtern. Das entspricht den tariflichen Regelungen in vielen Wirtschaftsbereichen. Dieser Befristungsgrund trägt der Erfahrung Rechnung, dass Befristungen den Berufsstart erleichtern können. Erfasst werden soll nach der Gesetzesbegründung insbesondere auch der Fall, dass ein Arbeitnehmer, der als Werkstudent bei einem Arbeitgeber beschäftigt war, nach dem Studium bei diesem Arbeitgeber erneut befristet beschäftigt werden kann.

Der Sache nach dürfte es bei diesem Sachgrund um einen Teilaspekt des von der Rechtsprechung anerkannten **Sachgrundes des sozialen Überbrückungszwecks** gehen. Das BAG hat wiederholt anerkannt, dass der soziale Überbrückungszweck eines Arbeitsvertrages dessen Befristung sachlich rechtfertigen kann. Das gilt etwa dann, wenn der Arbeitgeber seinem wirksam gekündigten Arbeitnehmer zur **Überwindung von Übergangsschwierigkeiten aus sozialen Gründen** einen zeitlich befristeten Arbeitsvertrag anbietet und der Arbeitnehmer hierauf eingeht oder wenn dies zu dem genannten Zweck im Anschluss an ein auslaufendes wirksam befristetes Arbeitsverhältnis geschieht, um dem Arbeitnehmer das **Finden eines neuen Arbeitsplatzes** zu erleichtern. Entsprechendes gilt, wenn der Vertragszweck darin besteht, dem Arbeitnehmer bei der Überwindung von Übergangsschwierigkeiten nach dem Abschluss seines Vorbereitungsdienstes oder seiner Ausbildung zu helfen, ihm insbesondere **Berufspraxis zu verschaffen**, die **Suche nach einem neuen Arbeitsplatz** zu erleichtern und die **sofortige Arbeitslosigkeit** im Anschluss an den Vorbereitungsdienst oder die Ausbildung zu vermeiden. Solche Maßnahmen sind ihrer Natur nach vorübergehender Art und daher zeitlich begrenzt.

Derartige soziale Motive des Arbeitgebers können aber nur dann als ein die Befristung des Arbeitsvertrags sachlich rechtfertigender Grund anerkannt werden, wenn das Interesse des Arbeitgebers, aus sozialen Erwägungen mit dem betreffenden Arbeitnehmer nur einen befristeten Arbeitsvertrag abzuschließen, auch angesichts des Interesses des Arbeitnehmers an unbefristeter Beschäftigung schutzwürdig ist. Das ist der Fall, **wenn es ohne den sozialen Überbrückungszweck überhaupt nicht zum Abschluss eines Arbeitsvertrages**, auch nicht eines befristeten, mit dem betreffenden Arbeitnehmer **gekommen wäre**. Gerade die Berücksichtigung der sozialen Belange des Arbeitnehmers und nicht die Interessen des Betriebes oder der Dienststelle müssen auf Seiten des Arbeitgebers im Vordergrund der Überlegungen gestanden haben und für den Abschluss des Arbeitsvertrages ausschlaggebend gewesen sein. Es liegt dann auch im objektiven Interesse des Arbeitnehmers, wenigstens für eine begrenzte Zeit bei diesem Arbeitgeber einen Arbeitsplatz zu erhalten.

An den **Nachweis** eines derartigen Sachverhalts sind jedoch **strenge Anforderungen** zu stellen. Angebliche soziale Erwägungen des Arbeitgebers dürfen nicht zum Vorwand für den Abschluss befristeter Arbeitsverträge genommen werden. Es bedarf der Feststellung konkreter tatsächlicher Anhaltspunkte, die bei verständiger Würdigung darauf schließen lassen, dass die für eine Beschäftigung des Arbeitnehmers sprechenden eigenen betrieblichen oder dienstlichen Interessen des Arbeitgebers für sich allein als Motiv für die Einstellung dieses Arbeitnehmers nicht ausreichen. Solche Eigeninteressen des Arbeitgebers brauchen allerdings nicht ganz zu fehlen. Dass eine sinnvolle Beschäftigung des Arbeitnehmers möglich ist, hindert nicht die Annahme, dass der Vertrag ohne den sozialen Aspekt nicht abgeschlossen worden wäre. Da in aller Regel das für den Abschluss eines Arbeitsvertrages maßgebliche Interesse des Arbeitgebers dahin geht, sich die Arbeitsleistung des Arbeitnehmers für seine unternehmerischen Zwecke nutzbar zu machen, handelt es sich bei dem als »Sozialmaßnahme« gedachten Arbeitsvertrag in dem erörterten Sinne um einen **Ausnahmefall**, dessen Vorliegen der Arbeitgeber anhand nachprüfbarer Tatsachen darlegen und im Bestreitensfalle beweisen muss (*BAG 03.10.1984 EzA § 620 BGB Nr. 73; BAG 07.07.1999, EzA § 620 BGB Nr. 165*).

cc) Sachgrund der Vertretung eines anderen Arbeitnehmers

1605 Die Einstellung eines Arbeitnehmers zur Vertretung eines anderen Arbeitnehmers als Sachgrund (§ 14 Abs. 1 Satz 2 Nr. 3 TzBfG) ist nach ständiger Rechtsprechung des BAG als sachlicher Befristungsgrund anerkannt (*BAG 20.02.1991, EzA § 620 BGB Nr. 109; BAG 09.07.1997, EzA § 21 BErzGG Nr. 2*).

Die sachliche Rechtfertigung der Befristungsabrede liegt in Vertretungsfällen darin, dass der Arbeitgeber bereits zu dem zeitweilig ausfallenden Mitarbeiter in einem Arbeitsverhältnis steht und in aller Regel mit der Rückkehr dieses Mitarbeiters rechnen muss. Schon deshalb besteht für die Wahrnehmung der an sich dem ausfallenden Mitarbeiter obliegenden Arbeitsaufgaben durch eine Vertretungskraft von vornherein nur ein zeitlich begrenztes Bedürfnis. Die Prognose hat sich darauf zu beziehen, ob zu erwarten ist, dass der zu vertretende Mitarbeiter seinen Dienst wieder antreten wird. Dagegen braucht bei der Prognoseentscheidung keine Rücksicht darauf genommen zu werden, zu welchem Zeitpunkt mit der Rückkehr des zu vertretenden Mitarbeiters zu rechnen ist. Weil es dem Arbeitgeber freisteht, ob er beim zeitweiligen Ausfall eines Mitarbeiters überhaupt für eine Vertretung sorgt, muss ihm auch freigestellt werden, die Vertretung zunächst nur für einen kürzeren Zeitraum zu regeln *(BAG 22.11.1995, EzA § 620 BGB Nr. 138; BAG 09.07.1997, EzA § 21 BErzGG Nr. 2; BAG 06.12.2000, EzA § 620 BGB Nr. 172)*. Die Prognose muss sich auch nicht darauf beziehen, ob die zu vertretende Stammkraft ihre Arbeit in vollem Umfang wieder aufnehmen wird *(BAG 06.12.2000, EzA § 620 BGB Nr. 172)*.

Dem sachlichen Befristungsgrund der Vertretung steht nicht entgegen, dass der Vertreter nicht die Aufgaben des zu vertretenden Mitarbeiters übernimmt *(BAG 21.02.2001, EzA § 620 BGB Nr. 176)*.

Vereinbart der Arbeitgeber mit einem zur Vertretung eingestellten Arbeitnehmer, dass das Arbeitsverhältnis mit der **Wiederaufnahme der Arbeit** des vertretenen Mitarbeiters enden soll, so liegt hierin in aller Regel nicht zugleich die Vereinbarung, dass das Arbeitsverhältnis auch dann enden soll, wenn der vertretene Mitarbeiter vor geplanter Wiederaufnahme seiner Tätigkeit aus dem Arbeitsverhältnis ausscheidet *(BAG 26.06.1996, EzA § 620 BGB Bedingung Nr. 12)*.

Der Sachgrund der Vertretung rechtfertigt für sich allein in aller Regel auch nicht die Befristung des Arbeitsverhältnisses mit einem Vertreter **bis zum Ausscheiden** des Vertreters aus seinem Beschäftigungsverhältnis. Denn allein durch das Ausscheiden wird der Bedarf des Arbeitgebers an der Verrichtung der früher vom Vertretenen und jetzt vom Vertreter ausgeübten Tätigkeit nicht zeitlich begrenzt.

Allerdings können im Einzelfall weitere Gesichtspunkte hinzutreten, die mit dem Ausscheiden des Vertretenen das Interesse des Arbeitgebers an einer weiteren Verrichtung der dem Vertreter übertragenen Tätigkeiten entfallen lassen. Das kann der Fall sein, wenn sich der Arbeitgeber bereits im Zeitpunkt des Vertragsschlusses mit dem Vertreter entschlossen hat, den Arbeitsplatz des Vertretenen nach dessen Ausscheiden nicht mehr zu besetzen.

In Betracht kommt auch, dass der Arbeitgeber den Vertreter aufgrund konkreter, beim Vertragsabschluß vorliegender Anhaltspunkte zwar als zeitweilige Aushilfe, **nicht aber als Dauerbesetzung für geeignet** hält und deshalb den Arbeitsplatz im Falle des Ausscheidens des eigentlichen Inhabers anderweitig besetzen will *(BAG 24.09.1997, EzA § 620 BGB Nr. 147)*.

Ein **Vertretungsfall** liegt vor, wenn durch den **zeitweiligen Ausfall eines Arbeitnehmers** (z.B. wegen Krankheit, Beurlaubung, Einberufung zum Wehrdienst, Abordnung ins Ausland) ein **vorübergehender Bedarf** einer Beschäftigung eines anderen Arbeitnehmers entsteht. Das gilt auch, wenn ein Arbeitnehmer einen Beamten zu vertreten hat. Einschlägig für diesen Sachgrund sind auch Einsätze bis zur geplanten Übernahme eines Auszubildenden. Der zur Aushilfe eingestellte Arbeitnehmer braucht aber nach der bisherigen Rechtsprechung des BAG nicht zur Erledigung der Aufgaben eingesetzt zu werden, die der zeitweise ausfallende Arbeitnehmer zu verrichten hatte *(BAG 08.05.1985, EzA § 620 BGB Nr. 76)*. Die Gesetzesfassung lässt offen, ob diese Rechtsprechung eine gewisse Einschränkung dahin erfahren soll, dass der Vertreter **auf dem Arbeitsplatz des Vertretenen** beschäftigt werden muss.

Durch den zeitweiligen Ausfall eines Mitarbeiters muss nur ein vorübergehender Vertretungsbedarf entstanden sein. Wie der Arbeitgeber dann anlässlich der Einstellung der Aushilfskraft die Arbeit vorübergehend verteilt, ist für die sachliche Rechtfertigung der Befristungsabrede unerheblich. Ein **nicht voraussehbarer Bedarf rechtfertigt eine Befristungsabrede jedoch nicht**. Entsprechendes gilt bei Daueraushilfen, bei denen vorhersehbar war, dass sie weiterbeschäftigt werden können.

Die Wirksamkeit einer Befristungsabrede setzt aber **kein ausgearbeitetes Personalkonzept** voraus. Vielmehr reicht es aus, dass im Einzelfall plausibel erklärt werden kann, warum der betroffene Arbeitnehmer im Gegensatz zu anderen Arbeitnehmern nur befristet beschäftigt wurde *(BAG 08.05.1985, AP Nr. 97 zu § 620 BGB Befristeter Arbeitsvertrag; BAG 26.03.1986, AP Nr. 103 zu § 620 BGB Befristeter Arbeitsvertrag)*.

dd) Sachgrund der Eigenart der Arbeitsleistung

1606 Der unter § 14 Abs. 1 Satz 2 Nr. 4 TzBfG angeführte Befristungsgrund »Eigenart der Arbeitsleistung« bezieht sich insbesondere auf das von der Rechtsprechung aus der Rundfunkfreiheit (Art. 5 Abs. l GG) abgeleitete Recht der Rundfunkanstalten, programmgestaltende Mitarbeiter aus Gründen der Programmplanung lediglich für eine bestimmte Zeit zu beschäftigen. In gleicher Weise wird mit der Freiheit der Kunst (Art. 5 Abs. 3 GG) das Recht der Bühnen begründet, entsprechend dem vom Intendanten verfolgten künstlerischen Konzept Arbeitsverträge mit Solisten (Schauspieler, Solosänger, Tänzer, Kapellmeister u.a.) jeweils befristet abzuschließen.

ee) Sachgrund der Erprobung
(s. → Rz. 1650 zum Probearbeitsverhältnis)

1607 Die Beschäftigung des Arbeitnehmers zur Probe, um vor einer längeren arbeitsvertraglichen Bindung seine fachliche und persönliche Eignung für die vorgesehene Tätigkeit festzustellen (§ 14 Abs. 1 Satz 2 Nr. 5 TzBfG), ist in ständiger Rechtsprechung des BAG als sachlicher Befristungsgrund anerkannt.

ff) Sachgrund in der Person des Arbeitnehmers

Ein in der Person des Arbeitnehmers liegender sachlicher Befristungsgrund (§ 14 Abs. 1 Satz 2 Nr. 6 TzBfG) kann die Befristung des Arbeitsverhältnisses ebenfalls rechtfertigen. Zum Zeitpunkt des Vertragsabschlusses müssen objektive Anhaltspunkte vorliegen, das die Befristung aus Gründen in der Person des Arbeitnehmers bedingt ist. Ein in der Person liegender sachlicher Grund kann bei **Studenten** vorliegen. Dem **Interesse von Studenten** entspricht es, nur solche Arbeitsverhältnisse einzugehen, die ihnen den Abschluss des Studiums in normaler Zeit ermöglichen. Deshalb kann die Befristung des Arbeitsvertrages mit einem Studenten sachlich begründet sein, wenn dadurch der Student die Möglichkeit erhält, die Erfordernisse des Studiums mit denen des Arbeitsverhältnisses in Einklang zu bringen. Die Befristung des Arbeitsverhältnisses liegt aber **nicht stets im Interesse des Studenten**. Wenn die Erwerbstätigkeit den Erfordernissen des Studiums bereits durch **flexible Gestaltung des Arbeitsvertrags** angepasst wird, bedarf es vom Standpunkt des Studenten aus nicht auch noch einer Befristung *(BAG 10.08.1994, EzA § 620 BGB Nr. 126)*.

1608

Die **Befristung einer Aufenthaltserlaubnis** des Arbeitnehmers kann einen sachlichen Grund für die Befristung des Arbeitsverhältnisses allenfalls dann darstellen, wenn im Zeitpunkt des Vertragsschlusses eine hinreichend zuverlässige Prognose erstellt werden kann, eine Verlängerung der Aufenthaltserlaubnis werde nicht erfolgen *(BAG 12.01.2000, EzA-SD 8/2000 S. 10)*.

Die Zuweisung eines Arbeitnehmers im Rahmen einer **Arbeitsbeschaffungsmaßnahme** nach §§ 260 ff. SGB III rechtfertigt eine an der Zuweisung orientierte Befristung des Arbeitsverhältnisses *(BAG 12.06.1987, EzA § 620 BGB Nr. 95; BAG 26.04.1995, EzA § 620 BGB Nr. 133)*. Die Befristungskontrolle bei ABM-Verträgen wird auf die Prüfung beschränkt, ob die Laufzeit des Arbeitsvertrages am konkreten Förderungszeitraum orientiert ist; dagegen sieht das BAG von einer Überprüfung des Vorliegens der gesetzlichen Voraussetzungen der ABM ab. Der Arbeitgeber darf auf die **Bestandskraft des Förder- und des jeweiligen Zuweisungsbescheides** vertrauen *(BAG 15.02.1995, EzA § 620 BGB Nr. 130)*.

Eine **Nebenbestimmung** im Zuweisungsbescheid des Arbeitsamtes, die eine Förderung im Rahmen einer Arbeitsbeschaffungsmaßnahme von einer späteren **Übernahme des zugewiesenen Arbeitnehmers** in ein unbefristetes Arbeitsverhältnis abhängig macht, begründet **keine Rechte des Arbeitnehmers auf Abschluss eines unbefristeten Arbeitsvertrages** mit dem Maßnahmeträger (Arbeitgeber). Dies schließt es aber nicht aus, dass der Arbeitgeber bei dem Arbeitnehmer die berechtigte Erwartung geweckt hat, mit ihm nach Abschluss der Arbeitsbeschaffungsmaßnahme das Arbeitsverhältnis unbefristet fortzusetzen. Hierzu kann er wegen eines von ihm geschaffenen Vertrauenstatbestandes verpflichtet sein *(BAG 26.04.1995, EzA § 620 BGB Nr. 133; a.A. LAG Köln 16.08.1994, LAGE § 620 BGB Nr. 35)*.

Die Befristung aufgrund der Gewährung einer Arbeitsbeschaffungsmaßnahme ist aber unwirksam, wenn der Arbeitgeber den Arbeitnehmer zur Beendigung seines bisherigen Beschäftigungsverhältnisses veranlasst hat und ihn im Rahmen der Arbeitsbeschaffungsmaßnahme zur **Erledigung unaufschiebbarer Daueraufgaben** einsetzt, die er auf andere Arbeitnehmer nicht übertragen kann *(BAG 20.12.1995, EzA § 620 BGB Nr. 136)*.

Sozialhilfemaßnahmen nach den §§ 18 ff. BSHG (Hilfe zur Arbeit) sind in der Regel nur von vorübergehender Natur. Daher kann die Befristung eines Arbeitsvertrags sachlich gerechtfertigt sein. Stellt der Sozialhilfeträger jedoch den Hilfe Suchenden bei sich selbst ein, kann er sich auf diese Befristungsmöglichkeit allenfalls berufen, wenn er die Arbeitsverhältnisse, die er in Vollzug der §§ 18 ff. BSGH als Sozialhilfemaßnahmen begründet, deutlich gegenüber denjenigen Arbeitsverhältnissen abgrenzt, die er in seiner Eigenschaft als Arbeitgeber des ersten Arbeitsmarktes zur Erledigung seiner Verwaltungsaufgaben begründet *(BAG 07.07.1999, EzA § 620 BGB Nr. 168; BAG 22.03.2000, EzA § 620 BGB Nr. 171)*.

Auch der **Wunsch des Arbeitnehmers** kann eine Befristung sachlich rechtfertigen. Allein der Abschluss einer Befristungsabrede lässt aber noch nicht den Schluss auf einen Wunsch des Arbeitnehmers zu. Im Zeitpunkt des Vertragsabschlusses müssen vielmehr **objektive Anhaltspunkte für ein Interesse des Arbeitnehmers an der Befristung** vorliegen *(BAG 26.04.1985, EzA § 620 BGB Nr. 74)*. Insbesondere bei Befristungen auf Wunsch eines Arbeitnehmers sollte der sachliche Grund für die Befristung in der Befristungsabrede ausdrücklich dokumentiert werden.

gg) Sachgrund der befristet zur Verfügung stehenden Haushaltsmittel

1609 Nach § 14 Abs. 1 Satz 2 Nr. 7 TzBfG ist die Befristung eines Arbeitsvertrages auf Grund zeitlich begrenzter Haushaltsmittel, z.B. für bestimmte Forschungsprojekte, sachlich gerechtfertigt. Nach der Rechtsprechung ist dazu Voraussetzung, dass die Mittel haushaltsrechtlich für die befristete Beschäftigung bestimmt sind und der Arbeitnehmer zu Lasten dieser Mittel eingestellt und beschäftigt wird. Auch eine befristete **Drittmittelfinanzierung** eines Arbeitsplatzes kann einen sachlichen Grund für eine Befristung abgeben. Hierfür kann es genügen, wenn bei Vertragsschluss mit hinreichender Sicherheit davon ausgegangen werden konnte, dass die Vergütung des Arbeitnehmers nur für den geringeren Teil der Vertragsdauer aus laufenden Haushaltsmitteln bestritten werden muss *(BAG 22.11.1995, EzA § 620 BGB Hochschulen Nr. 3)*.

hh) Sachgrund der Befristung auf Grund eines gerichtlichen Vergleichs

1610 Beruht die Befristung eines Arbeitsverhältnisses auf einem gerichtlichen Vergleich, liegt nach der ständigen Rechtsprechung des BAG ein sachlicher Grund für die Befristung eines Arbeitsverhältnisses vor *(BAG 02.12.1998, EzA § 620 BGB Nr. 156)*. Ist die Befristungsabrede daher Inhalt eines Vergleichs, so bedarf sie keiner weiteren sachlichen Rechtfertigung. Das gegenseitige Nachgeben ist dann der sachliche Grund. Dies gilt aber nicht für den Prozessvergleich, in dem die Zulässigkeit künftig erst noch zu vereinbarender Befristungen anerkannt wird. Nur die **im Prozessvergleich vereinbarte konkrete Befristung** bedarf keines weiteren sachlichen Grundes *(BAG 04.12.1991, EzA § 620 BGB Nr. 113)*. Der Befristungsgrund des Vergleichs liegt nur vor, wenn zwischen den Parteien bereits offener Streit über den rechtlichen Fortbestand des Arbeitsverhältnisses besteht, der durch die Vereinbarung der Befristung beigelegt wird (*BAG 24.01.1996, EzA § 620 BGB Nr. 139*).

e) Zeitbefristung ohne Sachgrund (sog. erleichterte Befristung)

Auch künftig ist die Befristung eines Arbeitsverhältnisses unter bestimmten Voraussetzungen ohne Vorliegen eines Sachgrundes möglich. Nach § 14 Abs. 2 Satz 1 TzBfG ist die kalendermäßige Befristung eines Arbeitsvertrages ohne Vorliegen eines sachlichen Grundes bis zur Dauer von zwei Jahren zulässig; bis zu dieser Gesamtdauer von zwei Jahren ist auch die höchstens dreimalige Verlängerung eines kalendermäßig befristeten Arbeitsvertrages zulässig.

1611

Eine **Verlängerung** liegt nur vor, **wenn sie vor Ablauf des zu verlängernden Vertrags vereinbart worden ist.** Das folgt bereits aus dem Wortlaut der Norm. Die Verlängerung eines Vertrags ist nur während seiner Laufzeit möglich. Nach Ablauf des vereinbarten Zeitraums ist er beendet. Wechselseitige Rechte und Pflichten der Parteien müssen erneut vereinbart werden. Dementsprechend wird dieser Vorgang als Neuabschluss bezeichnet (*BAG 26.07.2000, EzA § 1 BeschFG 1985 Nr. 19 zu § 1 Abs. 1 Satz 2 BeschFG*).

Eine **Verlängerung** liegt **auch dann nicht vor, wenn die bisherigen Vertragsbedingungen für den Arbeitnehmer verschlechtert werden.** Das folgt ebenfalls aus dem Wortlaut der Bestimmung. Der Begriff der Verlängerung bezieht sich nur auf die Laufzeit des Vertrags. Eine bloße Verlängerung lässt die übrigen Vertragsbestandteile unberührt. Werden diese von den Parteien aus Anlass der Beendigung des bisherigen Vertragsverhältnisses verschlechtert, handelt es sich um den Neuabschluss eines Vertrags und nicht mehr um die Verlängerung der Laufzeit des bisherigen Vertrags (*BAG 26.07.2000, EzA § 1 BeschFG 1985 Nr. 19 zu § 1 Abs. 1 Satz 2 BeschFG*). Etwas anderes sollte bei teleologischer Reduktion des Gesetzes gelten, wenn die Vertragsbedingungen für den Arbeitnehmer verbessert werden. Das BAG führt für seine Rechtsprechung den Vertragsinhaltsschutz an. Für diesen besteht aber bei Verbesserungen (Günstigkeitsvergleich entsprechend § 4 Abs. 3 TVG bietet sich an) kein Anlass.

Die Praxis ist darauf hinzuweisen, dass vom BAG bislang nicht geklärt ist, ob auch bei Verbesserungen das Vorliegen einer Verlängerung abzulehnen ist. Dies legt es nahe, mit dem Arbeitnehmer zunächst die Verbesserung für den Fall der rechtswirksamen Verlängerungsvereinbarung und sachlich und zeitlich getrennt davon die Verlängerungsvereinbarung zu treffen, um Problemen der Rechtswirksamkeit der Verlängerung aus dem Wege zu gehen.

Eine Befristung nach § 14 Abs. 2 Satz 1 TzBfG ohne Sachgrund ist aber nicht mehr zulässig, wenn mit demselben Arbeitgeber bereits **zuvor (irgendwann einmal)** ein befristetes oder unbefristetes Arbeitsverhältnis bestanden hat (sog. **Anschlussverbot**: § 14 Abs. 2 Satz 2 TzBfG). Im Unterschied zum bisherigen Recht ist der Anschluss einer erleichterten Befristung an eine Befristung mit sachlichem Grund bei demselben Arbeitgeber ausgeschlossen. Dabei ist ohne Bedeutung, ob der Anschluss unmittelbar, in zeitlicher Nähe oder im großen zeitlichen Abstand erfolgt. Daher ist im Gegensatz zur bisherigen Rechtslage eine erneute erleichterte Befristung auch nach mindestens viermonatiger Unterbrechung unzulässig. **Befristungsketten**, die durch einen mehrfachen Wechsel zwischen Befristungen mit und ohne Sachgrund entstehen, **werden damit verhindert.**

Das Anschlussverbot ergreift – zumindest vom Wortlaut – selbst Fälle, in denen ein Probe- oder anderweitig sachbefristetes Arbeitsverhältnis ohne Überschreitung einer Gesamtbeschäftigungszeit von 24 Monaten ohne Sachgrund verlängert werden soll. Es erscheint fraglich, ob die Rechtsprechung im Wege der teleologischen Reduktion von § 14 Abs. 2 Satz 2 TzBfG eine derartige Verlängerung als rechtswirksam ansehen wird, wenngleich dem Erst-Recht-Schluß (wenn selbst die Verlängerung einer erleichterten – sachgrundlosen – Befristung möglich wäre, dann erst Recht die Verlängerung eines mit Sachgrund befristeten Arbeitsverhältnisses) erhebliche Überzeugungskraft zukommt. Der Zweck des Gesetzes, Befristungen ohne Sachgrund einzuschränken, würde nicht beeinträchtigt. Die Sachgrundbefristung wäre dann aber auf die Höchstbefristungsdauer von zwei Jahren anzurechnen. In der Sachgrundbefristung könnte aber auch der Verzicht auf die erleichterte Befristung gesehen werden. Denn würde das Anschlussverbot ausnahmslos gelten.

Tipp

Sicherer ist der Weg, bei einer die beabsichtigte Zeit der Erprobung überschreitenden Befristung eine Regelung hinzuzufügen, die lautet: »Die ersten sechs Monate gelten als Probezeit.« Weitergehend ist zu empfehlen, dass bei Erst- und Folgebefristungen bis zur Gesamtdauer von zwei Jahren bei höchstens dreimaliger Verlängerung selbst bei deren Vorliegen keine Sachgründe angegeben werden, sondern ausdrücklich das Recht zur erleichterten Befristung geltend gemacht wird.

Der Arbeitgeber kann sich auf das Vorliegen eines Sachgrundes zur Rechtfertigung der Befristungsvereinbarung auch dann berufen, wenn die erleichterte Befristung wegen Verstoßes gegen das Anschlussverbot nach § 14 Abs. 2 Satz 2 TzBfG rechtsunwirksam ist. Das wird selbst durch eine arbeitsvertragliche Geltendmachung des Rechts zur erleichterten Befristung nicht ausgeschlossen. Bedarf eine Befristung zu ihrer Rechtfertigung eines sachlichen Grundes, genügt es grundsätzlich, dass dieser **bei Vertragsschluss vorliegt**. Soweit eine gegenteilige kollektivrechtliche Vorschrift fehlt, **muss der Sachgrund weder vereinbart noch dem Arbeitnehmer bei Vertragsschluss mitgeteilt werden**. Daher kann sich der Arbeitgeber im Rahmen einer Klage nach § 17 TzBfG auch auf einen Sachgrund berufen, der nicht Gegenstand der Vertragsverhandlungen der Parteien war. Die Unwirksamkeit einer Befristungsvereinbarung nach § 14 Abs. 2 Satz 2 TzBfG führt nicht zur Unwirksamkeit der Befristung insgesamt. Diese ist erst unwirksam, wenn der Arbeitgeber auch keinen Sachgrund benennen kann, der die Befristung im Sinne des Befristungskontrollrechts rechtfertigt (*BAG 26.07.2000, EzA § 1 BeschFG 1985 Nr. 19 zu § 1 Abs. 1 Satz 2 BeschFG*).

Wie bisher ist es jedoch **zulässig**, einen befristeten Arbeitsvertrag ohne sachlichen Grund mit einem Arbeitnehmer **im Anschluss an die Berufsausbildung** abzuschließen. Ein Berufsausbildungsverhältnis ist kein Arbeitsverhältnis i.S.d. § 14 Abs. 2 Satz 2 TzBfG. **Zulässig** bleibt es auch, **an eine erleichterte Befristung einen befristeten Arbeitsvertrag (oder auch mehrere) mit sachlichem Grund anzuschließen**. Die Anforderungen steigen jedoch mit der Anzahl der Befristungsabreden und insbesondere mit der Gesamtdauer des Arbeitsverhältnisses.

Die **Einschränkungen der Befristungsmöglichkeiten durch das Anschlussverbot** gelten **nur bei Identität der Vertragsparteien** *(BAG 25.04.2001, § 1 BeschFG 1985 Nr. 25)*. Ein Arbeitgeber, der einen vorher in seinem Betrieb beschäftigten **Leiharbeitnehmer** befristet einstellen will, kann sich daher auf § 14 Abs. 2 TzBfG berufen, weil er zuvor nicht Arbeitgeber des Leiharbeitnehmers war *(BAG 08.12.1988, EzA § 1 BeschFG 1985 Nr. 6)*. Entsprechendes gilt, wenn ein Arbeitnehmer bei einem anderen Unternehmen im **Konzern** befristet eingestellt wurde. Bei einem **Betriebsübergang** kommt die Einschränkung der Befristungsmöglichkeiten durch § 14 Abs. 2 Satz 2 TzBfG im Verhältnis zwischen Betriebserwerber und ausgeschiedenen Arbeitnehmer nicht zur Anwendung, sofern kein Fall einer Umgehung von § 613 a BGB vorliegt.

Nach § 14 Abs. 2 Satz 3 TzBfG kann durch Tarifvertrag die Anzahl der Verlängerungen oder die Höchstdauer der Befristung abweichend von Satz 1 festgelegt werden. Im Geltungsbereich eines solchen Tarifvertrages können nicht tarifgebundene Arbeitgeber und Arbeitnehmer die Anwendung der tariflichen Regelungen vereinbaren. § 14 Abs. 2 Satz 3 TzBfG bestimmt i.V.m. § 22 Abs. 1 TzBfG, dass tarifvertraglich eine andere (höhere oder niedrigere) Anzahl von zulässigen Verlängerungen sowie eine andere (kürzere oder längere) Höchstbefristungsdauer eines befristeten Arbeitsvertrages ohne sachlichen Grund festgelegt werden kann.

Im Hinblick auf **ältere Arbeitnehmer** wird die Befristung des Arbeitsverhältnisses ohne Sachgrund gegenüber der bisherigen Rechtslage weiter erleichtert. Die Befristung eines Arbeitsvertrages bedarf nach § 14 Abs. 3 TzBfG keines sachlichen Grundes, wenn der Arbeitnehmer **bei Beginn des befristeten Arbeitsverhältnisses das 58. Lebensjahr vollendet hat**. Die Befristung ist aber nicht zulässig, wenn zu einem vorhergehenden **unbefristeten** Arbeitsverhältnis mit demselben Arbeitgeber ein enger sachlicher Zusammenhang besteht. Ein solcher enger sachlicher Zusammenhang ist insbesondere anzunehmen, wenn zwischen den Arbeitsverträgen ein Zeitraum von weniger als sechs Monaten liegt. Damit werden die Altersjahrgänge in die Regelung einbezogen, deren Anteil am Zugang in die Arbeitslosigkeit besonders groß ist. Ein auf sechs Monate verlängerter Zeitraum erscheint sachgerecht, um missbräuchlichen Umwandlungen von unbefristeten Arbeitsverhältnissen in befristete Arbeitsverhältnisse wirksam begegnen zu können. Der Zeitraum von sechs Monaten entspricht im Übrigen der Wartefrist im Kündigungsschutzgesetz. Das Gesetz lässt die Kombination der erleichterten Befristung nach § 14 Abs. 2 TzBfG mit der erleichterten Befristung nach § 14 Abs. 3 TzBfG zu, so dass Arbeitnehmer nach Vollendung des 56. Lebensjahres ohne Sachgrund befristet eingestellt werden kann, wobei das Arbeitsverhältnis während der ersten 24 Monate drei Mal verlängert werden darf, um dann ohne Einschränkung immer wieder verlängert werden zu können. Ob diese Ungleichbehandlung im Verhältnis zu jüngeren Arbeitnehmern verfassungsrechtlich Bestand hat, erscheint zweifelhaft.

Unklar ist, in welchem Verhältnis § 14 Abs. 3 TzBfG zu der **Altersgrenzen** betreffenden Norm des **§ 41 Abs. 4 Satz 3 SGB VI** steht. Zu der ähnlichen Norm des § 1 Abs. 2 BeschFG 1996 ist die Ansicht vertreten worden, sie bilde die speziellere Vorschrift, die daher dem § 41 Abs. 4 Satz 3 SGB VI vorgehe, mit der Folge, dass das Ende des Arbeitsverhältnisses keiner Bestätigung bedarf. Die überwiegende Ansicht verlangte wegen § 1 Abs. 4 BeschFG

1996 die Einhaltung der Voraussetzungen des § 41 Abs. 4 Satz 3 SGB VI. Letztgenannter Ansicht dürfte wegen § 23 TzBfG zu folgen sein.

f) Form der Befristungsabrede

1612 Die Befristung eines Arbeitsvertrages bedarf nach § 14 Abs. 4 TzBfG zu ihrer Wirksamkeit der Schriftform. Nach § 126 Abs. 2 BGB ist zur Wahrung der Schriftform erforderlich, dass die Arbeitsvertragsparteien die selbe Urkunde unterzeichnen. **Eine Ersetzung der schriftlichen Form durch die elektronische Form nach § 126 Abs. 3 BGB in Verbindung mit 126 a BGB ist gesetzlich nicht ausgeschlossen.**

Nach dem klaren Wortlaut des Gesetzes bedarf damit **nur die Befristungsabrede**, nicht der Arbeitsvertrag, der **Schriftform**. Für die schriftliche Niederlegung der vereinbarten übrigen Arbeitsbedingungen gilt für befristete wie für unbefristete Arbeitsverträge das Nachweisgesetz. Bei Nichteinhaltung der Schriftform ist die Befristungsabrede rechtsunwirksam; der Arbeitsvertrag gilt als auf unbestimmte Zeit geschlossen (§ 16). Das **Schriftformerfordernis gilt auch für Befristungsabreden nach anderen gesetzlichen Vorschriften**, soweit diese nicht besondere Regelungen enthalten. So legt § 57 b Abs. 5 HRG fest, dass die fehlende Angabe der sachlichen Befristungsgründe nach § 57 b Abs. 2 bis 4 HRG zur Folge hat, dass die Rechtfertigung der Befristung hierauf nicht gestützt werden kann.

g) Folgen unwirksamer Befristungsabreden

1613 Ist die Befristungsabrede rechtsunwirksam, so gilt nach § 16 Satz 1 TzBfG der befristete Arbeitsvertrag **als auf unbestimmte Zeit geschlossen**; er kann vom Arbeitgeber frühestens zum vereinbarten Ende ordentlich gekündigt werden, sofern nicht nach § 15 Abs. 3 TzBfG die ordentliche Kündigung zu einem früheren Zeitpunkt möglich ist. Ist die Befristung nur wegen des Mangels der Schriftform unwirksam, kann der Arbeitsvertrag auch vor dem vereinbarten Ende ordentlich gekündigt werden (§ 16 Satz 2 TzBfG).

Die Rechtsfolgen einer unzulässigen Befristung und der Unwirksamkeit der Befristung wegen Mangels der Schriftform werden somit differenziert geregelt:

- Ist die Befristung wegen des **Fehlens eines sachlichen Befristungsgrundes** oder wegen **Nichtvorliegens der Voraussetzungen für eine sachgrundlose Befristung** unzulässig und damit unwirksam, soll nur der Arbeitgeber, nicht aber der Arbeitnehmer an die vereinbarte Befristungsdauer gebunden sein. Dies entspricht dem Zweck der Regelung, den Arbeitnehmer vor einer unzulässigen Befristung zu schützen. Der Arbeitgeber behält aber das Kündigungsrecht nach § 15 Abs. 3 TzBfG, weshalb eine entsprechende Vereinbarung zu empfehlen ist.
- Bei **Formmangel der Befristungsabrede** soll auch der Arbeitgeber die Möglichkeit haben, den Arbeitsvertrag vor dem vereinbarten Ende ordentlich, d. h. unter Einhaltung der gesetzlichen oder vereinbarten Kündigungsfrist und der sonstigen Kündigungsvorschriften, insbesondere des KSchG, zu kündigen.

Will der Arbeitnehmer geltend machen, dass die Befristung eines Arbeitsvertrages rechtsunwirksam ist, so muss er nach § 17 TzBfG **innerhalb von drei Wochen nach dem vereinbarten Ende** des befristeten Arbeitsverhältnisses **Klage beim Arbeitsgericht** auf Feststellung erheben, dass das Arbeitsverhältnis auf Grund der Befristung nicht beendet ist. Dies gilt auch für Befristungsabreden auf der Grundlage von gesetzlichen Vorschriften über die Befristung von Arbeitsverträgen außerhalb dieses Gesetzes (u.a. Bundeserziehungsgeldgesetz, Hochschulrahmengesetz, Arbeitnehmerüberlassungsgesetz). **Versäumt der Arbeitnehmer die Frist, gilt die Befristung als rechtswirksam.**

Wird das Arbeitsverhältnis nach dem vereinbarten Ende fortgesetzt, so beginnt nach § 17 Satz 3 TzBfG die Klagefrist für den Arbeitnehmer mit dem Zugang der schriftlichen Erklärung des Arbeitgebers, dass das Arbeitsverhältnis auf Grund der Befristung beendet sei. Damit kann der Arbeitnehmer die Unwirksamkeit der Befristung auch dann noch gerichtlich geltend machen, wenn sich der Arbeitgeber erst nach Ablauf der vereinbarten Befristungsdauer auf die Wirksamkeit der Befristung beruft. In diesem Fall beginnt die dreiwöchige Klagefrist erst mit dem Zugang der schriftlichen Erklärung des Arbeitgebers, dass die Befristung wirksam und das Arbeitsverhältnis beendet sei.

h) Fortsetzung des Arbeitsverhältnisses

Wird das Arbeitsverhältnis nach Ablauf der Zeit, für die es eingegangen ist, oder nach Zweckerreichung mit Wissen des Arbeitgebers fortgesetzt, so gilt es nach § 15 Abs. 5 TzBfG als auf unbestimmte Zeit verlängert, wenn der Arbeitgeber nicht unverzüglich widerspricht oder dem Arbeitnehmer die Zweckerreichung nicht unverzüglich mitteilt.

1614

i) Weitere Pflichten des Arbeitgebers

Der Arbeitgeber hat nach § 18 TzBfG die befristet beschäftigten Arbeitnehmer über **entsprechende unbefristete Arbeitsplätze** zu **informieren**, die besetzt werden sollen. Die Information kann durch allgemeine Bekanntgabe an geeigneter, den Arbeitnehmern zugänglicher Stelle im Betrieb und Unternehmen erfolgen. Der Arbeitgeber wird somit verpflichtet, befristet beschäftigte Arbeitnehmer über Dauerarbeitsplätze im Betrieb oder im Unternehmen zu informieren und so für sie bessere Möglichkeiten zum Übergang in ein unbefristetes Arbeitsverhältnis zu schaffen. Durch die Einfügung des Wortes »entsprechende« hat der Gesetzgeber klargestellt, dass befristet beschäftigte Arbeitnehmer nur über solche unbefristeten Arbeitsplätze zu informieren sind, die für sie auf Grund ihrer Eignung in Frage kommen.

1615

Ferner hat der Arbeitgeber hat Sorge zu tragen, dass auch befristet beschäftigte Arbeitnehmer an angemessenen **Aus- und Weiterbildungsmaßnahmen** zur Förderung der beruflichen Entwicklung und Mobilität teilnehmen können, es sei denn, dass **dringende betriebliche Gründe** oder **Aus- und Weiterbildungswünsche** anderer Arbeitnehmer entgegenstehen (§ 19 TzBfG). Damit sollen ihre Chancen auf einen Dauerarbeitsplatz verbessert werden.

Die Aus- und Weiterbildungsmaßnahme muss insbesondere im Hinblick auf die Art der Tätigkeit des Arbeitnehmers, die vorgesehene Dauer der befristeten Beschäftigung, die Dauer der Aus- und Weiterbildungsmaßnahme und den für den Arbeitgeber entstehenden Kostenaufwand angemessen sein. Die Teilnahme an der Aus- und Weiterbildungsmaßnahme soll die berufliche Entwicklung und Mobilität des befristet Beschäftigten fördern. Die Aus- und Weiterbildungsverpflichtung des Arbeitgebers bezieht sich nicht nur auf die aktuelle Tätigkeit des befristet Beschäftigten, sondern auch auf die Verbesserung der beruflichen Qualifikation als Voraussetzung für die Übernahme einer qualifizierteren Tätigkeit. Die Verpflichtung des Arbeitgebers gegenüber einem befristet beschäftigten Arbeitnehmer geht nicht weiter als gegenüber einem unbefristet beschäftigten Arbeitnehmer. Der Arbeitgeber kann gegenüber dem Qualifizierungswunsch eines befristet beschäftigten Arbeitnehmers geltend machen, dass dem dringende betriebliche Gründe oder Aus- und Weiterbildungswünsche anderer Arbeitnehmer, die unter beruflichen oder sozialen Gesichtspunkten vorrangig sind, entgegenstehen. Bei gleichzeitigen Aus- und Weiterbildungswünschen anderer Arbeitnehmer kann der Arbeitgeber unter diesen nach billigem Ermessen frei entscheiden kann.

Schließlich hat der Arbeitgeber die **Arbeitnehmervertretung** (Betriebsrat bzw. Personalrat) über die Anzahl der befristet beschäftigten Arbeitnehmer und ihren Anteil an der Gesamtbelegschaft des Betriebes und des Unternehmens zu informieren. Damit soll es der Arbeitnehmervertretung besser ermöglicht werden, Einfluss auf die betriebliche Einstellungspraxis zu nehmen und die Einhaltung der gesetzlichen Vorschriften über befristete Arbeitsverhältnisse zu überwachen.

j) Besondere gesetzliche Regelungen

1616 In § 23 TzBfG wird ausdrücklich klargestellt, dass besondere Regelungen über die Befristung von Arbeitsverträgen nach anderen gesetzlichen Vorschriften durch das TzBfG unberührt bleiben:

- Nach **§ 14 Abs. 1 BBiG** endet das Berufsausbildungsverhältnis mit dem Ablauf der Ausbildungszeit, wobei sich die Dauer der Ausbildungszeit nach der Ausbildungsordnung und bei ihrem Fehlen nach der Vereinbarung der Parteien richtet. Das Berufsausbildungsverhältnis wird nach § 14 Abs. 2 BBiG mit Bestehen der Abschlussprüfung beendet, während es nach § 14 Abs. 3 BBiG im Anschluss an eine nicht bestandene Abschlussprüfung **auf Verlangen des Auszubildenden** bis zur nächstmöglichen Wiederholungsprüfung, aber nicht länger als um ein Jahr verlängert wird.
- Nach **§ 41 Abs. 4 Satz 2 SGB VI** gilt eine Vereinbarung, die die Beendigung des Arbeitsverhältnisses eines Arbeitnehmers ohne Kündigung zu einem Zeitpunkt vorsieht, in dem der Arbeitnehmer vor Vollendung des 65. Lebensjahres eine Rente wegen Alters beantragen kann, dem Arbeitnehmer gegenüber als auf die Vollendung des 65. Lebensjahres abgeschlossen, es sei denn, dass die Vereinbarung **innerhalb der letzten drei Jahre** vor diesem Zeitpunkt **abgeschlossen** oder **von dem Arbeitnehmer bestätigt** worden ist. Grundsätzlich wird ein sachlicher Grund für eine Altersgrenzenregel, die auf die Vollendung des 65. Lebensjahres oder danach abhebt, bejaht. Einzel- und kol-

lektivvertragliche Altersgrenzenregelungen von 55/60 Jahren bei Luftfahrtunternehmen wurden als wirksam angesehen *(BAG 25.02.1998, EzA § 620 BGB Altersgrenze Nr. 9; BAG 11.03.1998, EzA § 620 BGB Altersgrenze Nr. 8).*

- Nach **§ 9 Nr. 2 AÜG** sind **wiederholte Befristungen** des Arbeitsverhältnisses zwischen Verleiher und Leiharbeitnehmer unzulässig, es sei denn, die Befristung ist aus einem **in der Person des Leiharbeitnehmers liegenden sachlichen Grund** gerechtfertigt, oder die Befristung ist für einen Arbeitsvertrag vorgesehen, der **unmittelbar** an einen mit demselben Verleiher geschlossenen Arbeitsvertrag anschließt. Der **erste** Arbeitsvertrag zwischen Verleiher und Leiharbeitnehmer darf danach stets befristet abgeschlossen werden, ohne dass es insoweit eines Sachgrundes bedarf. Für die Erstbefristung sieht das AÜG keine Höchstdauer vor. Ungeklärt ist, ob die Dauer deshalb 6 Monate (Umgehung von § 1 Abs. 1 KSchG) oder gar 2 Jahre (Umgehung von § 14 Abs. 2 Satz 1 TzBfG) übersteigen darf. Problematisch ist des weiteren die scheinbar gegebene Zulässigkeit von **Kettenbefristungen**. Insoweit ergibt sich aus dem Gesetzeswortlaut weder hinsichtlich der Dauer noch hinsichtlich der Anzahl der Befristungen eine Beschränkung, während § 14 Abs. 2 Satz 1 TzBfG nur die dreimalige Verlängerung eines befristeten Arbeitsvertrages zulässt. Selbst wenn § 9 Nr. 2 AÜG als speziellere Norm dem § 14 Abs. 2 Satz 1 i.V.m. § 23 TzBfG vorgehen sollte, wäre an eine teleologische Reduktion durch verfassungskonforme Auslegung zu denken, denn eine gesetzliche Regelung, die den Schutz der gerichtlichen Befristungskontrolle auf Dauer und zudem nur für bestimmte Arbeitsverhältnisse ausschaltet, könnte gegen das verfassungsrechtliche Untermaßverbot verstoßen. Die **nachträgliche Befristung** eines zunächst unbefristet begründeten Leiharbeitsverhältnisses bedarf stets des sachlichen Grundes. Die nachträgliche Befristung kann weder als Erstbefristung noch als unmittelbare Anschlussbefristung i.S.v. § 9 Nr. 2 AÜG verstanden werden.
- Nach **§ 1 Abs. 4 ArbPlSchG** wird ein befristetes Arbeitsverhältnis durch die Einberufung zum Grundwehrdienst oder zu einer Wehrübung nicht verlängert.
- Nach **§ 21 Abs. 1 BErzGG** ist ein sachlich gerechtfertigter Befristungsgrund gegeben, wenn ein Arbeitgeber einen Arbeitnehmer zur Vertretung eines anderen Arbeitnehmers für Zeiten eines Beschäftigungsverbots nach dem Mutterschutzgesetz, einer Elternzeit, einer auf Tarifvertrag, Betriebsvereinbarung oder einzelvertraglicher Vereinbarung beruhenden Arbeitsfreistellung zur Betreuung eines Kindes oder für diese Zeiten zusammen oder für Teile davon eingestellt wird. Über die Dauer der Vertretung hinaus ist die Befristung für notwendige Zeiten einer Einarbeitung zulässig (§ 21 Abs. 2 BErzGG). Die Dauer der Befristung des Arbeitsvertrages muss kalendermäßig bestimmt oder bestimmbar oder den Befristungszwecken zu entnehmen sein (§ 21 Abs. 3 BErzGG). Damit sind auch Zweckbefristungen nach § 21 BErzGG möglich. Der Arbeitgeber kann den befristeten Arbeitsvertrag nach § 21 Abs. 4 Satz 1 BErzGG unter Einhaltung einer Frist von mindestens drei Wochen, jedoch frühestens zum Ende der Elternzeit, kündigen, wenn die Elternzeit ohne Zustimmung des Arbeitgebers vorzeitig endet und der Arbeitnehmer die vorzeitige Beendigung seiner Elternzeitmitgeteilt hat. Das Kündigungsrecht besteht nach § 21 Abs. 4 Satz 2 BErzGG auch, wenn der Arbeitgeber die vorzeitige Beendigung der Elternzeit in dringenden Fällen (§ 16 Abs. 3 Satz 2 BErzGG) nicht ablehnen darf.

4. Auflösend bedingte Arbeitsverhältnisse

1617 Wird der Arbeitsvertrag unter einer auflösenden Bedingung geschlossen, gelten nach § 21 TzBfG die Vorschriften der Befristungskontrolle entsprechend. Das entspricht der bisherigen Rechtsprechung des BAG. Im Unterschied zu einem zweckbefristeten Arbeitsvertrag, bei dem nur der Zeitpunkt des Eintritts der Zweckerreichung und damit der Zeitpunkt des Endes des Arbeitsverhältnisses ungewiss ist, ist bei einem auflösend bedingten Arbeitsverhältnis der Eintritt des zukünftigen Ereignisses selbst ungewiss. Entsprechende Anwendung finden die Vorschriften über das Diskriminierungsverbot (§ 4 Abs. 2), das Benachteiligungsverbot (§ 5), die Zulässigkeit der Befristung (§ 14 Abs. 1), die Schriftform (§ 14 Abs. 4), die Auslauffrist (§ 15 Abs. 2), die Möglichkeit der ordentlichen Kündigung (§ 15 Abs. 3) und die Folgen der Fortsetzung des Arbeitsverhältnisses nach dessen Beendigung (§ 15 Abs. 5). Ebenfalls entsprechend anzuwenden sind die Vorschriften über die Folgen unwirksamer Befristung (§ 16), die Anrufung des Arbeitsgerichts (§ 17), die Information über unbefristete Arbeitsplätze (§ 18), die Aus- und Weiterbildung (§ 19) und die Information der Arbeitnehmervertretung (§ 20).

5. Wiedereinstellungsanspruch bei Befristung oder auflösender Bedingung

1618 Das BAG hat ausnahmsweise einen Anspruch auf Wiedereinstellung nach Ablauf eines befristeten Arbeitsverhältnisses bei **berechtigter Erwartung des Arbeitnehmers auf Übernahme** in ein unbefristetes Arbeitsverhältnis als Schadensersatz wegen Verschuldens bei Vertragsschluss anerkannt, wobei der Schaden nach § 249 BGB im Nichtabschluss eines Arbeitsvertrags liegt *(BAG 14.09.1994, 7 AZR 186/94)*. Ansonsten lehnt das BAG einen Anspruch auf Wiedereinstellung *(BAG 14.09.1994, 7 AZR 186/94)* oder einen **Anspruch auf Verlängerung eines Arbeitsverhältnisses** aus (nachwirkender) Fürsorgepflicht *(BAG 26.06.1996, 7 AZR 662/95)* ab. Die Rechtsprechung des BAG zum Wiedereinstellungsanspruch nach betriebsbedingten Kündigungen *(BAG 27.02.1997, EzA § 1 KSchG Wiedereinstellungsanspruch)* kann nach der obergerichtlichen Rechtsprechung nicht auf befristete Arbeitsverhältnisse übertragen worden. Der Wegfall des sachlichen Grundes während der Befristungsdauer und die nachträglich entstandene Möglichkeit, den Arbeitnehmer – entgegen der Prognose zum Zeitpunkt der Befristungsabrede – dauerhaft zu beschäftigen, verpflichtet den Arbeitgeber nicht, den Arbeitnehmer nach Ablauf der Befristungsdauer weiter zu beschäftigen *(LAG Düsseldorf 19.08.1999, LAGE § 620 BGB Nr. 60; LAG Düsseldorf 15.02.2000, LAGE § 620 BGB Nr. 63)*.

V. Probearbeitsverhältnis

1650 Arbeitgeber und Arbeitnehmer haben bei Beginn eines Arbeitsverhältnisses häufig ein Interesse daran, sich gegenseitig eine Erprobungsfrist auszubedingen. In dieser Zeit können beide überprüfen, ob das Arbeitsverhältnis für sie tatsächlich das richtige ist. Sie werden dann eine Probezeit vereinbaren. Diese Vereinbarung ändert nichts daran, dass ein ganz normales Arbeitsverhältnis begründet wird. Arbeitgeber und Arbeitnehmer haben alle gegenseitigen Pflichten und Rechte, die sie in einem Arbeitsverhältnis ohne Probezeit auch hätten. Es bestehen Urlaubsansprüche, Lohnfortzahlungsansprüche usw..

Ein **Probearbeitsverhältnis** kann sowohl als **befristetes Arbeitsverhältnis** *(BAG 30.09.1981, EzA § 620 BGB Nr. 54)* als auch als **Arbeitsverhältnis mit Kündigungsvorbehalt** geregelt werden. In der Praxis verbreiteter ist die zuletzt genannte Alternative. Ist im Arbeitsvertrag lediglich von einer Probezeit die Rede, so handelt es sich **im Zweifel** um einen **Arbeitsvertrag auf unbestimmte Dauer** mit vorgeschalteter Probezeit *(BAG 29.07.1958, AP Nr. 3 zu § 620 BGB Probearbeitsverhältnis)*. Die Vertragsparteien haben dann ein endgültiges Arbeitsverhältnis mit der Maßgabe begründet, dass eine bestimmte Zeitspanne zu Beginn als Probezeit gilt. Die Bedeutung einer solchen Probezeitregelung wird in der Praxis vielfach überschätzt. Nach der Rechtsprechung des BAG kann aus solchen Probezeitklauseln geschlossen werden, dass die Vertragsparteien die Kündigungsfristen auf die gesetzlich zulässige Mindestkündigungsfrist kürzen wollten. Das BAG begründet diese Rechtsprechung mit dem Hinweis, dass nicht ersichtlich wäre, welchen anderen rechtlich relevanten Inhalt eine solche Probezeitvereinbarung haben solle *(BAG 22.07.1971, EzA § 622 BGB n.F. Nr. 3)*. Nunmehr ist in § 622 Abs. 3 BGB ausdrücklich geregelt, dass während einer vereinbarten Probezeit, längstens für die Dauer von sechs Monaten, das Arbeitsverhältnis mit einer Frist von zwei Wochen gekündigt werden kann.

1651

Bei der Gewichtung des Kündigungsgrundes spielt die Probezeitvereinbarung nur eine eingeschränkte Rolle. Wenn die 6-Monatsfrist des § 1 Abs. 1 KSchG überschritten wurde, ist die Wirksamkeit der Kündigung an den Regeln des Kündigungsschutzgesetzes zu messen. Entsprechendes gilt auch für die Kündigung von Schwangeren und Schwerbehinderten. Der Sonderkündigungsschutz wird durch die Probezeit nicht eingegrenzt.

1652

Komplizierter ist die Rechtslage, wenn das **Probearbeitsverhältnis als befristetes Arbeitsverhältnis** geregelt wird. In diesen Fällen wird in dem Vertrag eine Befristungsklausel des Inhaltes aufgenommen, dass das Arbeitsverhältnis nach Ablauf der Probezeit ohne Kündigung von selbst enden soll. Eine solche Befristung ist grundsätzlich zulässig (§ 14 Abs. 1 Satz 2 Nr. 5 TzBfG). Denn die Erprobung wird in der Regel und in einem angemessenen Umfang als sachlicher Grund für eine Befristung anerkannt. Regelmäßig werden 6 Monate (vgl. auch § 622 Abs. 3 BGB) als ausreichend angesehen, um Erprobungszwecken zu genügen.

1653

Das Arbeitsverhältnis endet dann mit Ablauf der Probezeit. Eine Fortsetzung muss zwischen den Parteien vereinbart werden. Nach § 15 Abs. 5 TzBfG gilt ein Arbeitsverhältnis als auf unbestimmte Zeit verlängert, wenn es nach Ablauf der Probezeit mit Wissen des Arbeitgebers stillschweigend fortgesetzt wird. Um Missverständnisse zu vermeiden, empfiehlt es sich für den Arbeitgeber, dem Arbeitnehmer schon vor Ablauf der Probezeit mitzuteilen, ob das Arbeitsverhältnis auf unbestimmte Zeit fortgesetzt werden soll oder nicht. Wer mit einer solchen Mitteilung bis zum letzten Tag wartet, riskiert, von dem enttäuschten Arbeitnehmer in Regress genommen zu werden.

1654 Das befristete Probearbeitsverhältnis ist nur dann ordentlich kündbar, wenn der Arbeitgeber sich das Recht zur ordentlichen Kündigung vorbehält (§ 15 Abs. 3 TzBfG). Die Möglichkeit zu einer außerordentlichen Kündigung nach § 626 BGB ist durch die Vereinbarung einer Probezeit nicht eingeschränkt. Wenn entsprechende Gründe vorliegen, kann beiderseits das Arbeitsverhältnis ohne Einhaltung einer Kündigungsfrist beendet werden.

VI. Teilzeitbeschäftigung

1660 Der Bundestag hat am 16.11.2000 das Gesetz über Teilzeitarbeit und befristete Arbeitsverträge (Teilzeit- und Befristungsgesetz – TzBfG) beschlossen, dass am 01.01.2001 in Kraft tritt. Das Gesetz dient u.a. der Umsetzung der Richtlinie 97/81/EG des Rates vom 15.12.1997 zu der von UNICE, CEEP und EGB geschlossenen Rahmenvereinbarung über Teilzeitarbeit (ABl. EG 1998 Nr. L 14 S. 9). Ziel des Gesetzes ist nach § 1 TzBfG u.a., Teilzeitarbeit zu fördern und die Diskriminierung von teilzeitbeschäftigten beschäftigten Arbeitnehmern zu verhindern. Das Gesetz enthält keine Einschränkung des Geltungsbereichs. Es gilt für **alle Arbeitsverhältnisse** bei privaten und öffentlichen Arbeitgebern.

1. Begriff des teilzeitbeschäftigten Arbeitnehmers

1661 Nach § 2 Abs. 1 Satz 1 TzBfG ist ein Arbeitnehmer teilzeitbeschäftigt, dessen regelmäßige Wochenarbeitszeit kürzer ist als die eines vergleichbaren vollzeitbeschäftigten Arbeitnehmers. Ist eine regelmäßige Wochenarbeitszeit nicht vereinbart, so ist nach § 2 Abs. 1 Satz 2 TzBfG ein Arbeitnehmer teilzeitbeschäftigt, wenn seine regelmäßige Arbeitszeit im Durchschnitt eines bis zu einem Jahr reichenden Beschäftigungszeitraums unter der eines vergleichbaren vollzeitbeschäftigten Arbeitnehmers liegt. Vergleichbar ist dabei ein vollzeitbeschäftigter Arbeitnehmer des Betriebes mit derselben Art des Arbeitsverhältnisses und der gleichen oder einer ähnlichen Tätigkeit (§ 2 Abs. 1 Satz 3 TzBfG). Wenn es im Betrieb keinen vergleichbaren vollzeitbeschäftigten Arbeitnehmer gibt, so ist der vergleichbare vollzeitbeschäftigte Arbeitnehmer aufgrund des anwendbaren Tarifvertrages zu bestimmen; in allen anderen Fällen ist darauf abzustellen, wer im jeweiligen Wirtschaftszweig üblicherweise als vergleichbarer vollzeitbeschäftigter Arbeitnehmer anzusehen ist (§ 2 Abs. 1 Satz 4 TzBfG). Der Vergleich wird also in einem gestuften Verfahren entsprechend den jeweiligen arbeitsrechtlichen Regelungsbereichen durchgeführt:

- Vergleichbar sind zunächst die Arbeitnehmer des Betriebes mit derselben Art von Arbeitsverhältnis (z.B. befristetes oder unbefristetes Arbeitsverhältnis) und der gleichen oder einer ähnlichen Tätigkeit.
- Für den Fall, dass es im Betrieb keinen vergleichbaren Vollzeitarbeitnehmer gibt, ist der anwendbare Tarifvertrag maßgeblich.
- Ist der Vergleich auch auf dieser Grundlage nicht durchzuführen, ist entscheidend, wer im Wirtschaftszweig üblicherweise als vergleichbarer vollzeitbeschäftigter Arbeitnehmer anzusehen ist. Grundlage für den Vergleich ist in diesem Fall regelmäßig der im Betrieb hypothetisch anwendbare Tarifvertrag.

In § 2 Abs. 2 TzBfG wird klargestellt, dass teilzeitbeschäftigt auch ein Arbeitnehmer ist, der eine **geringfügige Beschäftigung** nach § 8 Abs. 1 Nr. 1 SGB IV ausübt.

2. Besondere Formen der Teilzeitarbeit

a) Arbeit auf Abruf

Arbeitgeber und Arbeitnehmer können nach § 12 Abs. 1 Satz 1 TzBfG vereinbaren, dass der Arbeitnehmer seine Arbeitsleistung entsprechend dem Arbeitsanfall zu erbringen hat (Arbeit auf Abruf). Die Vereinbarung muss dann aber eine **bestimmte Dauer der wöchentlichen und täglichen Arbeitszeit festlegen** (§ 12 Abs. 1 Satz 2 TzBfG). Wenn die Dauer der **wöchentlichen Arbeitszeit** nicht festgelegt ist, gilt nach § 12 Abs. 1 Satz 3 TzBfG eine Arbeitszeit von **zehn Stunden** als vereinbart. Wenn die Dauer der **täglichen Arbeitszeit** nicht festgelegt ist, hat der Arbeitgeber nach § 12 Abs. 1 Satz 4 TzBfG die Arbeitsleistung des Arbeitnehmers jeweils für **mindestens drei aufeinander folgende Stunden** in Anspruch zu nehmen.

Nach § 12 Abs. 2 TzBfG ist der Arbeitnehmer nur zur Arbeitsleistung verpflichtet, wenn der Arbeitgeber ihm die Lage seiner Arbeitszeit **jeweils mindestens vier Tage im Voraus** mitteilt.

Durch Tarifvertrag kann nach § 12 Abs. 3 Satz 1 TzBfG i.V.m. § 22 Abs. 1 TzBfG von den vorstehenden gesetzlichen Pflichten auch zuungunsten des Arbeitnehmers abgewichen werden, wenn der Tarifvertrag Regelungen über die tägliche und wöchentliche Arbeitszeit und die Vorankündigungsfrist vorsieht. Im Geltungsbereich eines solchen Tarifvertrages können nicht tarifgebundene Arbeitgeber und Arbeitnehmer die Anwendung der tariflichen Regelungen über die Arbeit auf Abruf vereinbaren (§ 12 Abs. 3 Satz 2 TzBfG).

b) Arbeitsplatzteilung

Arbeitgeber und Arbeitnehmer können nach § 13 Abs. 1 Satz 1 TzBfG auch vereinbaren, dass mehrere Arbeitnehmer sich die Arbeitszeit an einem Arbeitsplatz teilen (Arbeitsplatzteilung). Ist dann einer dieser Arbeitnehmer an der Arbeitsleistung verhindert, sind die anderen Arbeitnehmer nur **zur Vertretung verpflichtet**, wenn sie der Vertretung **im Einzelfall zugestimmt** haben (§ 13 Abs. 1 Satz 2 TzBfG). Eine Pflicht zur Vertretung besteht auch, wenn der **Arbeitsvertrag** bei **Vorliegen dringender betrieblicher Gründe** eine Vertretung vorsieht und diese im Einzelfall zumutbar ist (§ 13 Abs. 1 Satz 3 TzBfG). Daher empfiehlt es sich, eine solche arbeitsvertragliche Verpflichtung ausdrücklich in den Arbeitsvertrag aufzunehmen.

Scheidet ein Arbeitnehmer aus der Arbeitsplatzteilung aus, so ist nach § 13 Abs. 2 Satz 1 TzBfG die **darauf** gestützte **Kündigung** des Arbeitsverhältnisses eines anderen in die Arbeitsplatzteilung einbezogenen Arbeitnehmers durch den Arbeitgeber **unwirksam**. Das Recht zur Änderungskündigung aus diesem Anlass und zur Kündigung des Arbeitsverhältnisses aus anderen Gründen bleibt jedoch unberührt (§ 13 Abs. 2 Satz 2 TzBfG).

Entsprechendes gilt, wenn sich **Gruppen von Arbeitnehmern** auf bestimmten Arbeitsplätzen in festgelegten Zeitabschnitten abwechseln, ohne dass eine Arbeitsplatzteilung im oben erläuterten Sinn vorliegt (§ 13 Abs. 3 TzBfG).

Durch Tarifvertrag kann von den Regelungen zur Arbeitsplatzteilung bei einzelnen Arbeitnehmern oder Gruppen auch zuungunsten des Arbeitnehmers abgewichen werden, wenn der Tarifvertrag Regelungen über die Vertretung der Arbeitnehmer enthält. Im Geltungsbereich eines solchen Tarifvertrages können nicht tarifgebundene Arbeitgeber und Arbeitnehmer die Anwendung der tariflichen Regelungen über die Arbeitsplatzteilung vereinbaren (§ 13 Abs. 4 TzBfG).

3. Diskriminierungs- und Benachteiligungsverbot

1664 Grundsätzlich hat der Teilzeitbeschäftigte **die selben Rechte und Pflichten** wie ein Vollzeitbeschäftigter. Nur die Dauer der Arbeitszeit ist eine andere. Teilzeitbeschäftigte werden z.B. im Betriebsverfassungsrecht wie Vollzeitbeschäftigte behandelt. Sie sind zum Betriebsrat aktiv und passiv wahlberechtigt. Sie werden als Arbeitnehmer mitgezählt, wenn es darum geht, die Zahl der Betriebsratsmitglieder oder der möglichen Freistellungen zu ermitteln *(BAG 29.01.1992, EzA § 7 BetrVG 1972 Nr. 1)*.

Ein teilzeitbeschäftigter Arbeitnehmer darf nach § 4 Abs. 1 Satz 1 TzBfG **wegen der Teilzeitarbeit nicht schlechter behandelt** werden **als ein vergleichbarer vollzeitbeschäftigter Arbeitnehmer**, es sei denn, dass **sachliche Gründe** eine unterschiedliche Behandlung rechtfertigen. Auch in tarifvertraglichen Regelungen oder in Betriebsvereinbarungen darf nicht vom Diskriminierungsverbot abgewichen werden. Eine Besserstellung der Teilzeitbeschäftigten (z.B. aus arbeitsmarktpolitischen Gründen) ist hingegen nach dem Gesetzeswortlaut nicht ausgeschlossen. Es erscheint jedoch zweifelhaft, ob eine Besserstellung ohne sachlichen Grund mit dem arbeitsrechtlichen Gleichbehandlungsgrundsatz bzw. mit den europarechtlichen Vorschriften zur Entgeltgleichheit zu vereinbaren wäre. Insoweit ist vor jeglicher Ungleichbehandlung zu warnen, soweit nicht eindeutig individuelle Vereinbarungen vorliegen.

Das Diskriminierungsverbot erfasst auch **geringfügig beschäftigte Arbeitnehmer** nach § 8 Abs. 1 Nr. 1 SGB IV (§§ 2 Abs. 2, 4 Abs. 1 Satz 1 TzBfG). Insbesondere für den Bereich der betrieblichen Altersversorgung ist dies zu berücksichtigen. Dies gilt für die Zeit ab dem 01.04.1999 auch für Gesamtversorgungssysteme *(BAG 22.02.2000, EzA § 1 BetrAVG Gleichbehandlung Nr. 18)*.

Die Vorschrift richtet sich an **Arbeitgeber, Betriebspartner und Tarifvertragsparteien.** Arbeitnehmer dürfen bei arbeits- oder tarifvertraglichen Vereinbarungen, Betriebsvereinbarungen oder bei sonstigen Maßnahmen des Arbeitgebers wegen der Teilzeitarbeit nicht diskriminiert werden (z.B. bei der Gewährung einer Weihnachtsgratifikation).

1665 Umstritten ist, was als **sachlicher Grund** eine unterschiedliche Behandlung rechtfertigen kann. Nach einer Formel des BAG muss sich die Rechtfertigung für eine unterschiedliche Behandlung grundsätzlich aus dem Verhältnis von Leistungszweck und Umfang der Teilzeitarbeit ergeben. Entscheidend ist, ob sich aus dem Leistungszweck überzeugende Gründe für eine unterschiedliche Behandlung herleiten lassen *(BAG 29.08.1989, EzA § 2 BeschFG Nr. 3).*

Sachliche Gründe können sich im Einzelfall aus der Arbeitsleistung, der Qualifikation, der Berufserfahrung oder auch der Arbeitsplatzanforderung ergeben. Nach der umstrittenen Rechtsprechung des BAG stellte es auch einen sachlichen Grund dar, wenn ein in einem Hauptberuf Tätiger nebenberuflich einer Teilzeitbeschäftigung nachgeht *(BAG 22.08.1990, EzA § 2 BeschFG Nr. 4; BAG 11.03.1992, EzA § 2 BeschFG Nr. 17; mit abweichendem Ergebnis BAG 06.12.1990, EzA § 2 BeschFG Nr. 6).*

An dieser Ansicht hält das BAG **nicht mehr fest**. Eine hauptberufliche Existenzsicherung ist kein sachlicher Grund dafür, eine zusätzlich ausgeübte Tätigkeit schlechter zu bezahlen als eine Vollzeitbeschäftigung. Der Grund für eine Unterscheidung muss ein sachlicher sein. Welcher Grund ein sachlicher ist, muss sich aus dem Vergleich der begünstigten und der benachteiligten Gruppe ergeben; willkürliche Unterscheidungen sind ebenso verboten wie Unterscheidungen nach sachwidrigen (funktionswidrigen) Merkmalen. Dabei kommt es vor allem auf den Zweck der Leistung an.

Geht es um eine unterschiedliche Höhe des Stundensatzes des als Jahreseinkommen bemessenen Arbeitsentgelts, so ist eine Ungleichbehandlung nur zu rechtfertigen, soweit sachliche Gründe aus dem Bereich der Arbeitsleistung vorliegen. Auch soziale Gesichtspunkte können in die Bemessung des Arbeitsentgelts einfließen, z.B. in Form von Familienzuschlägen, Staffelung des Arbeitsentgelts nach Lebens- oder Berufsalter.

Soweit dies z.B. in Tarifverträgen, betrieblichen Entgeltordnungen oder -übungen geschieht, ist eine unterschiedliche Behandlung am allgemeinen Gleichbehandlungsgrundsatz oder entsprechenden spezielleren Gleichbehandlungsgeboten zu messen. Derartige Zuschläge stehen grundsätzlich aber auch Teilzeitbeschäftigten, jedenfalls anteilig, zu. Allein der Umstand, dass sie einen Hauptberuf ausüben, rechtfertigt nicht, den Stundensatz geringer zu bemessen als in den Fällen, in denen die Teilzeitarbeit allein ausgeübt wird. Die Nebenberuflichkeit ist insofern ein sachfremdes Kriterium. Die Arbeitsleistung verändert ihren Wert nicht durch die soziale Lage des Arbeitnehmers; der Arbeitgeber schuldet keinen »Sozialohn« oder dessen Alimentation nach beamtenrechtlichen Grundesätzen *(BAG 01.11.1995, EzA § 2 BeschFG 1985 Nr. 43; BAG 01.11.1995, EzA § 2 BeschFG 1985 Nr. 44).*

Da in der betrieblichen Praxis Teilzeitarbeit weit überwiegend von Frauen geleistet wird, kann neben dem Diskriminierungsverbot des §4 Abs. 1 Satz 1 TzBfG auch das **Verbot der Geschlechtsdiskriminierung** (Art. 119 EWG-Vertrag, Art. 3 Abs. 2 GG, §§ 611 a, 612 Abs. 3 BGB) berührt sein. Werden Teilzeitbeschäftigte von bestimmten Entgelten und Sozialleistungen ausgeschlossen, kann dies gegen das Lohngleichheitsgebot des Art. 119 EWG-Vertrag verstoßen, wenn hierdurch Frauen mittelbar diskriminiert werden und die unterschiedliche Behandlung der Vollzeit- und Teilzeitbeschäftigten nicht einem **unabweisbaren Bedürfnis** des Unternehmens dient *(BAG 23.10.1990, EzA § 1 BetrAVG Gleichberechtigung Nr. 6).*

1667 Ein besonderer Problembereich ist die **Mehrarbeit von Teilzeitbeschäftigten**. Sofern der Arbeitsvertrag keine Klausel zur Mehrarbeitsverpflichtung enthält, ist der Arbeitgeber nach überwiegender Auffassung nicht berechtigt, gegen den Willen des Teilzeitbeschäftigten Mehrarbeit zu fordern. Mit der Vereinbarung von Teilzeitarbeit erkläre der Arbeitnehmer gerade, keine darüber hinausgehende Arbeit leisten zu wollen. Lediglich im Rahmen der Treuepflicht sind Teilzeitbeschäftigte in betrieblichen Notsituationen verpflichtet, im begrenzten Umfang Mehrarbeit zu leisten. Die Befugnis des Arbeitgebers zur Anordnung von Mehrarbeit hängt daher wesentlich von der Ausgestaltung des Arbeitsvertrages ab. Zu beachten ist, dass der Betriebsrat auch bei der vorübergehenden Verlängerung der Arbeitszeit bei Teilzeitbeschäftigten nach § 87 Abs. 1 Nr. 3 BetrVG mitzubestimmen hat *(BAG 16.07.1991, EzA § 87 BetrVG 1972 Arbeitszeit Nr. 48)*.

Außerordentlich umstritten ist die Frage, wie solche Überstunden eines Teilzeitbeschäftigten zu vergüten sind. Dabei geht es insbesondere um die **Überstundenzuschläge**. Nach der herrschenden Auffassung sind Überstundenzuschläge erst dann zu zahlen, wenn der Teilzeitbeschäftigte Überarbeit im Sinne einer Überschreitung der betrieblichen Arbeitszeit erbringt *(BAG 23.01.1977, BB 1977, 596; BAG 07.02.1985, AP Nr. 48 zu § 37 BetrVG 1972)*. Dies bedeutet, dass ein Halbtagsbeschäftigter für den Fall, dass er vorübergehend ganztags arbeitet, keine Überstundenzuschläge geltend machen kann. Begründet wird dies damit, dass mit den Überstundenzuschlägen eine erhöhte körperliche Belastung ausgeglichen und eine übermäßige Inanspruchnahme des einzelnen Arbeitnehmers verhindert werden soll. Teilzeitbeschäftigte, die vorübergehend ganztags eingesetzt würden, seien aber keiner höheren körperlichen Belastung durch die Arbeit ausgesetzt als die anderen Vollzeitbeschäftigten. Anders ist es nur, wenn zwischen Arbeitgeber und Arbeitnehmern individuelle Vereinbarungen über die Zahlung von Zuschlägen für Mehrarbeit getroffen wurden.

Diese Rechtslage wird in der Literatur zunehmend als unbefriedigend empfunden. Unter Hinweis auf eine **mittelbare Frauendiskriminierung** wird argumentiert, dass fast alle Teilzeitkräfte durch die Familienarbeit so belastet seien, dass sie die Berufsarbeit vermutlich mehr anstrengt als Vollzeitkräfte und insbesondere vollzeitbeschäftigte Männer. Diese Argumentation hat u.a. das LAG Hamm veranlasst, wegen eines Überstundenzuschläge nur bei Überschreitung der tariflichen Regelarbeitszeit vorsehenden Tarifvertrags den EuGH zur Frage der mittelbaren Frauendiskriminierung anzugehen *(LAG Hamm 22.10.1982, LAGE § 119 EWG-Vertrag Nr. 5)*.

Weitergehend hat das ArbG Hamburg bereits eine mittelbare Diskriminierung bejaht und einer Teilzeitbeschäftigten einen tariflichen Überstundenzuschlag zugesprochen *(ArbG Hamburg 21.10.1991, AiB 1992, 164)*.

Der EuGH hat jedoch darauf erkannt, Art. 119 EWG-Vertrag und Art. 1 der Richtlinie 75/117/EWG zur Anwendung des Grundsatzes des gleichen Entgelts für Männer und Frauen verbiete es nicht, dass ein Tarifvertrag die Zahlung von Überstundenzuschlägen **nur bei Überschreiten der tarifvertraglich für Vollzeitbeschäftigte festgelegten Regelarbeitszeit** vorsieht *(EuGH 15.12.1994, EzA Art. 119 EWG-Vertrag Nr. 24)*.

Im Anschluss hieran hat das BAG erkannt, dass Frauen durch eine entsprechende tarifliche Regelung weder als Frauen noch als Teilzeitkräfte i.S.d. Art. 119 EGV, des Art. 3 Abs. 3 und 1 GG und des § 2 Abs. 1 BeschFG (jetzt: § 4 Abs. 1 Satz 1 TzBfG) diskriminiert werden. Der durch Auslegung zu ermittelnde Zweck einer solchen Regelung, die die Tarifpartner in autonomer Gestaltung (Art. 9 Abs. 3 GG) verbindlich festgelegt haben, besteht darin, die Belastungen auszugleichen, der Arbeitnehmer ausgesetzt sind, wenn sie mehr als die für Vollzeitbeschäftigte vorgesehene Regelarbeitszeit arbeiten müssen. Dieser Zweck ist bei Teilzeitkräften, die zusammen mit den zusätzlichen Arbeitsstunden diese zeitliche Grenze nicht überschreiten, nicht erfüllt.

Nach § 4 Abs. 1 Satz 2 TzBfG ist einem teilzeitbeschäftigten Arbeitnehmer **Arbeitsentgelt** oder eine andere teilbare geldwerte Leistung mindestens in dem Umfang zu gewähren, der dem Anteil seiner Arbeitszeit an der Arbeitszeit eines vergleichbaren vollzeitbeschäftigten Arbeitnehmers entspricht. Die Regelung konkretisiert das Diskriminierungsverbot für Teilzeitbeschäftigte dahingehend, dass der Arbeitgeber das Arbeitsentgelt oder eine andere teilbare geldwerte Leistung für Teilzeitbeschäftigte regelmäßig nur entsprechend ihrer gegenüber vergleichbaren Vollzeitbeschäftigten verringerten Arbeitsleistung anteilig kürzen darf (Pro-rata-temporis-Grundsatz).

Der Arbeitgeber ist nicht berechtigt, bestimmte Vergütungsbestandteile (z.B. Sozialzulagen) **wegen der Teilzeit** – und deshalb **ohne sachlichen Grund** – zu versagen. Insoweit liegt ein **absolutes Diskriminierungsverbot** vor. Das muss jedoch nicht bedeuten, dass dem Teilzeitbeschäftigten nicht auf Grund individueller Regelung eine geringere Vergütung zustehen kann, soweit die individuelle Regelung nicht wegen der Teilzeitbeschäftigung abgeschlossen wird. Das BAG hat erkannt, dass der Grundsatz »Gleicher Lohn für gleiche Arbeit« in der deutschen Rechtsordnung keine allgemein gültige Anspruchsgrundlage ist. Vielmehr besteht in Fragen der Vergütung Vertragsfreiheit, die lediglich durch verschiedene rechtliche Bindungen wie Diskriminierungsverbote und tarifliche Mindestentgelte eingeschränkt ist (*BAG 21.06.2000, EzA § 242 BGB Gleichbehandlung Nr. 83*).

Im Einzelfall kann es bei Anwendung des Pro-rata-temporis-Grundsatzes Schwierigkeiten bereiten, den »vergleichbaren vollzeitbeschäftigten Arbeitnehmer« zu bestimmen. Bezogen auf den Aufgabenbereich vergleichbare Arbeitnehmer können sehr wohl auf Grund individuell variierender Vereinbarungen Ansprüche auf unterschiedlich hohe und in der Zusammensetzung differierende Vergütungen haben. Möglich erscheint aber auch, dass von der Rechtsprechung in § 4 Abs. 1 Satz 2 TzBfG ein absolutes Differenzierungsverbot gesehen wird, das auch für den Fall des Vorliegens sachlicher Gründe ein Abweichen vom Pro-rata-temporis-Grundsatz untersagt.

Vor dem Hintergrund der intensiven Gleichbehandlungsgebote (§§ 4 Abs. 1 Satz 1, Art. 119 EWG-Vertrag, Art. 3 Abs. 2 GG, §§ 611a, 612 Abs. 3 BGB) ist zu empfehlen, in den allgemeinen Vertragsbedingungen nicht zwischen Vollzeit- und Teilzeitbeschäftigten zu unterscheiden. Unterschiede sind nur zu machen, wo sie unmittelbar mit der reduzierten Arbeitszeit und dem entsprechend proportional reduzierten Entgelt zusammenhängen.

Der Arbeitgeber darf einen Arbeitnehmer nach § 5 TzBfG nicht wegen der Inanspruchnahme von Rechten nach dem TzBfG benachteiligen (Benachteiligungsverbot). Dies ergibt sich auch aus § 612 a BGB.

4. Pflichten des Arbeitgebers bei Teilzeitbeschäftigung

1668 Der Arbeitgeber hat allen Arbeitnehmern, auch solchen in leitenden Positionen, **Teilzeitarbeit zu ermöglichen** (§ 6 TzBfG). Diese gesetzliche Regelung trägt dem Umstand Rechnung, dass vielfach noch Vorbehalte gegen Teilzeitarbeit von Männern und in höherqualifizierten Tätigkeiten bestehen. Dem wirkt die Regelung entgegen, indem sie die Arbeitgeber auffordert, Teilzeitarbeit auf allen Unternehmensebenen und insbesondere auch in leitenden Stellungen zu ermöglichen. Die Arbeitgeber sollen dafür sorgen, dass Teilzeitarbeit als Arbeitsform insbesondere im Bereich qualifizierter Tätigkeiten attraktiver wird.

Der Arbeitgeber hat einen Arbeitsplatz, den er öffentlich oder innerhalb des Betriebes ausschreibt, nach § 7 Abs. 1 TzBfG auch **als Teilzeitarbeitsplatz auszuschreiben**, wenn sich der Arbeitsplatz hierfür **eignet**. Diese Regelung zielt auf eine Erweiterung des Angebots von Teilzeitarbeitsplätzen.

Die Vorschrift **verpflichtet den Arbeitgeber**, Arbeitsplätze, die er ausschreibt, bei entsprechender Eignung auch als Teilzeitarbeitsplätze auszuschreiben. Sie erweitert die Verpflichtung des Arbeitgebers nach § 93 BetrVG zum Umfang der Ausschreibung, verpflichtet ihn aber nicht zur Ausschreibung des Arbeitsplatzes. Diese Verpflichtung kann jedoch nach § 93 BetrVG der Betriebsrat begründen.

Die Ausschreibung als Teilzeitarbeitsplatz kann unterbleiben, wenn die Besetzung des Arbeitsplatzes dadurch für den Betrieb unzumutbar erschwert wird, weil z.B. die konkrete Tätigkeit einen Umfang an Spezialkenntnissen erfordert, über den nur eine begrenzte Zahl der für den Arbeitsplatz fachlich und räumlich in Betracht kommenden vollzeitbeschäftigten Arbeitnehmer verfügt.

Das TzBfG sieht für den Fall der Verletzung der Ausschreibungspflicht **keine Sanktionen** vor. Dem Betriebsrat steht insoweit jedoch ein Überwachungsrecht zu (§ 80 Abs. 1 Nr. 1 BetrVG). Zumindest im Falle einer nach § 93 BetrVG erforderlichen Ausschreibung kann der Betriebsrat nach § 99 Abs. 2 Nr. 5 BetrVG der Einstellung eines Arbeitnehmers die Zustimmung verweigern, wenn die Ausschreibung nicht oder nicht auch für Teilzeitarbeit erfolgte. Entsprechendes dürfte nach § 99 Abs. 2 Nr. 5 BetrVG (analog) gelten, wenn der Arbeitgeber eine Ausschreibung vornimmt, aber keine Teilzeitarbeit einbezieht (*BAG 14.11.1989, EzA § 99 BetrVG 1972 Nr. 84 – zu § 14 Abs. 1 SchwbG*).

Trotz der Ausschreibungspflicht ist der Arbeitgeber frei, den Arbeitsplatz trotz Ausschreibung auch als Teilzeitarbeitsplatz mit einer Vollzeitkraft zu besetzen. Es besteht **keine Pflicht zur Einstellung einer Teilzeitkraft**. Es wird jedoch davor gewarnt, BewerberInnen allein wegen ihres Interesse an einer Teilzeitbeschäftigung abzulehnen, weil eine mittelbare Diskriminierung einen Schadensersatzanspruch nach § 611 a BGB nach sich ziehen kann.

Des weiteren hat der Arbeitgeber nach § 7 Abs. 2 TzBfG einen Arbeitnehmer, der ihm den Wunsch nach einer Veränderung von Dauer und Lage seiner vertraglich vereinbarten Arbeitszeit angezeigt hat, über entsprechende Arbeitsplätze zu informieren, die im Betrieb oder Unternehmen besetzt werden sollen. Durch diese Regelung soll Teilzeitarbeit für Arbeitnehmer transparenter ausgestaltet werden. Der Arbeitgeber braucht aber nicht über alle frei werdenden Arbeitsplätze zu informieren, sondern nur über solche Arbeitsplätze, die für den Arbeitnehmer aufgrund seiner Eignung und Wünsche in Frage kommen. Die Information unterliegt keiner gesetzlichen Form. Sie kann daher auch mündlich erfolgen. In Betracht kommt auch eine allgemeine Bekanntgabe an geeigneter, den Arbeitnehmern zugängliche Stelle im Betrieb, wie § 18 TzBfG dies für befristet beschäftigte Arbeitnehmer vorsieht.

Erfolgt keine ordnungsgemäße Information des Arbeitnehmers, kann der Betriebsrat nach § 99 Abs. 2 Nr. 1 BetrVG die Zustimmung zur Einstellung eines anderen Arbeitnehmers auf einem entsprechenden Arbeitsplatz verweigern. Dies scheint zur Sicherung der Chancen für innerbetriebliche Bewerber angemessen (*BAG 14.11.1989, EzA § 99 BetrVG 1972 Nr. 84*). Entsprechendes soll gelten, wenn solch ein Arbeitsplatz im Wege einer Versetzung nach § 95 Abs. 3 BetrVG besetzt werden soll.

Darüber hinaus hat der Arbeitgeber die **Arbeitnehmervertretung** (Betriebsrat, Personalrat) **über Teilzeitarbeit im Betrieb und Unternehmen zu informieren**, insbesondere über vorhandene oder geplante Teilzeitarbeitsplätze und über die Umwandlung von Teilzeit- in Vollzeitarbeitsplätze oder umgekehrt (§ 7 Abs. 3 TzBfG). Der Arbeitnehmertretung sind auf Verlangen die erforderlichen Unterlagen zur Verfügung zu stellen. Daneben bestehen die Pflichten des Arbeitgebers zur Information über die Personalplanung nach § 92 BetrVG.

Nach § 10 TzBfG hat der Arbeitgeber hat dafür Sorge zu tragen, dass auch teilzeitbeschäftigte Arbeitnehmer an **Aus- und Weiterbildungsmaßnahmen** zur Förderung der beruflichen Entwicklung und Mobilität teilnehmen können, es sei denn, dass dringende betriebliche Gründe oder Aus- und Weiterbildungswünsche anderer teilzeit- oder vollzeitbeschäftigter Arbeitnehmer entgegenstehen. Dies soll die Gleichbehandlung von Vollzeitbeschäftigten und Teilzeitbeschäftigten bei einem beruflichen Aufstieg gewährleisten. Die Regelung betrifft nicht nur Maßnahmen, die die aktuelle Tätigkeit des Teilzeitbeschäftigten betreffen, sondern auch Maßnahmen zur Verbesserung der beruflichen Qualifikation, die die berufliche Mobilität fördern. Der Wunsch des Arbeitnehmers, an einer Aus- und Weiterbildungsmaßnahme teilzunehmen, ist zu berücksichtigen, soweit nicht die Bildungswünsche anderer voll- oder teilzeitbeschäftigter Arbeitnehmer aus beruflichen oder sozialen Gründen vorrangig sind (z.B. die Erhaltung und Anpassung von beruflichen Kenntnissen und Fähigkeiten vollzeitbeschäftigter oder älterer Arbeitnehmer oder von teilzeitbeschäftigten Arbeitnehmern mit Familienpflichten) oder dringende betriebliche Belange entgegenstehen. Der Arbeitgeber kann bei gleichzeitigen Aus- und Weiterbildungswünschen anderer Arbeitnehmer unter diesen nach billigem Ermessen frei entscheiden kann.

5. Anspruch auf Verringerung und Neuverteilung der Arbeitszeit

a) Voraussetzungen des Anspruchs auf Verringerung der Arbeitszeit

1669 Ein Arbeitnehmer, dessen Arbeitsverhältnis **länger als sechs Monate** bestanden hat, kann nach § 8 Abs. 1 TzBfG ab dem 01.01.2001 vom Arbeitgeber verlangen, dass seine vertraglich vereinbarte Arbeitszeit verringert wird. Die Vorschrift schafft einen **gesetzlichen Anspruch auf Verringerung der bisher vereinbarten Arbeitszeit**. Darin wird in Teilen der arbeitsrechtlichen Literatur ein verfassungsrechtlich zweifelhafter Eingriff in die Vertragsfreiheit des Arbeitgebers gesehen. Tarifliche Ansprüche auf Arbeitszeitverkürzung gibt es schon seit längerer Zeit (vgl. § 15 b BAT).

Der Anspruch auf Verringerung der Arbeitszeit kann nach § 8 Abs. 1 TzBfG **frühestens nach sechsmonatigem Bestehen des Arbeitsverhältnisses** geltend gemacht werden. Es ist für den Arbeitgeber insbesondere wegen des damit verbundenen organisatorischen Mehraufwands nicht zumutbar, dass ein Arbeitnehmer bereits vor Ablauf der Wartefrist eine Änderung der Arbeitszeit verlangt. Damit kann die Verringerung der Arbeitszeit frühestens neun Monate nach Beginn des Arbeitsverhältnisses eintreten, denn der Arbeitnehmer muss nach § 8 Abs. 2 TzBfG die Verringerung der Arbeitszeit spätestens drei Monate vor deren Beginn geltend machen. Das Gesetz wird nicht dahin verstanden werden können, dass der Arbeitnehmer bereits drei Monate nach Beginn des Arbeitsverhältnisses für die Zeit nach Ablauf von sechs Monaten Betriebszugehörigkeit eine Verringerung der Arbeitszeit verlangen kann. Der Arbeitgeber könnte sich einem vor Ablauf von sechs Monaten geäußerten Verlangen auf Verringerung der Arbeitszeit durch eine keinen Grund benötigende Kündigung (§ 1 Abs. 1 KSchG) entziehen, wobei die Kündigung aber nicht auf dem geäußerten Wunsch auf Verringerung der Arbeitszeit gestützt werden darf (§ 5 TzBfG).

Für den Anspruch auf Verringerung der Arbeitszeit gilt jedoch die Voraussetzung, dass der Arbeitgeber, unabhängig von der Anzahl der Personen in Berufsbildung, **in der Regel mehr als 15 Arbeitnehmer** beschäftigt (§ 8 Abs. 7 TzBfG). Die Berechnung des Schwellenwerts von 15 Arbeitnehmern nach dem Pro-Kopf-Prinzip ohne quotale Berücksichtigung von Teilzeitbeschäftigten (vgl. § 23 Abs. 1 Satz 2 KSchG) trifft Arbeitgeber, die bereits entsprechend der Zielsetzung des Gesetzes (§ 1 TzBfG) Teilzeitkräfte beschäftigen, ungleich intensiver. Der Arbeitgeber, der 16 Halbtagskräfte beschäftigt, muss sich eventuell mit Ansprüchen auf weitere Verringerung der Arbeitszeit auseinander setzen, während der Arbeitgeber, der das gleiche Arbeitsvolumen durch 8 Vollzeitkraft erledigen lässt, nichts zur Förderung der Teilzeitarbeit beitragen muss.

Auf den Verringerungsanspruch können sich **alle Arbeitnehmer** des Unternehmens berufen, damit auch leitende Arbeitnehmer oder sonstige Führungskräfte und auch Arbeitnehmer, die schon in Teilzeittätigkeit beschäftigt werden. Auch befristet beschäftigten Arbeitnehmern steht der Anspruch auf Verringerung der Arbeitszeit zu.

Im Folgenden ist **zu unterscheiden** zwischen einerseits der **Verringerung der vertraglich vereinbarten Arbeitszeit** und andererseits der **Verteilung der verringerten Arbeitszeit auf die Arbeitstage**. Der Umfang der Arbeitszeit ist regelmäßig Inhalt des Arbeitsvertrags, weswegen eine Verringerung der Arbeitszeit grundsätzlich einer arbeitsvertraglichen Änderungsvereinbarung bedarf. Die Verteilung der verringerten Arbeitszeit auf die Arbeitstage obliegt regelmäßig dem Arbeitgeber, dem insoweit das Direktionsrecht zusteht.

b) Durchsetzung des Anspruchs auf Verringerung der Arbeitszeit

Phase 1: Geltendmachung des Verringerungsanspruchs
Der Arbeitnehmer muss nach § 8 Abs. 2 TzBfG die Verringerung seiner Arbeitszeit und den Umfang der Verringerung spätestens drei Monate vor deren Beginn geltend machen. Er soll dabei die gewünschte Verteilung der Arbeitszeit angeben. Der Arbeitgeber erhält dadurch Zeit, die Anspruchsvoraussetzungen zu prüfen und arbeitsorganisatorische oder personelle Auffangmaßnahmen vorzubereiten. Dadurch sollen Nachbesetzungsprobleme in den Betrieben vermieden werden. Der Arbeitnehmer soll deshalb mitteilen, wie er die verringerte Arbeitszeit auf die Arbeitstage verteilen will. Meldet der Arbeitnehmer seinen Verringerungswunsch nicht rechtzeitig an, führt dies nicht dazu, dass der Erklärung des Arbeitnehmers keinerlei Bedeutung zukommt. In einem solchen Fall kann nur der Anspruch auf Verringerung der Arbeitszeit erst nach Ablauf von drei Monaten seit Geltendmachung entstehen.

1670

Phase 2: Erörterung und Einigung der Arbeitsvertragsparteien
Der Ar**beitgeber** hat sodann mit dem Arbeitnehmer die gewünschte Verringerung der Arbeitszeit mit dem Ziel **zu erörtern**, zu einer Vereinbarung zu gelangen. Er »hat mit dem Arbeitnehmer **Einvernehmen** über die von ihm festzulegende Verteilung der Arbeitszeit zu erzielen« (§ 8 Abs. 3 TzBfG). Die Vorschrift geht davon aus, dass Arbeitgeber und Arbeitnehmer sich in aller Regel über die Verringerung der Arbeitszeit einigen. Sie legt fest, dass der Arbeitgeber mit dem Arbeitnehmer die geplante Verringerung der Arbeitszeit mit dem Ziel erörtern muss, eine Vereinbarung abzuschließen. Die Einigung bedarf **keiner Schriftform**, jedoch eines schriftlichen Nachweises nach § 2 Abs. 1 Nr. 7 i.V.m. § 3 NachwG. Etwas anderes kann gelten, wenn der Arbeitsvertrag der Parteien eine sog. verstärkte Schriftformklausel für Änderungen des Arbeitsvertrags enthält (vgl. → Rz. 1964).

Einigen sich die Arbeitsvertragsparteien auf die vom Arbeitnehmer gewünschte Verringerung und Neuverteilung der Arbeitszeit, löst dies **keine Mitbestimmungsrechte des Betriebsrats** aus. Insoweit liegt kein kollektiver Tatbestand vor. Die Vereinbarung beruht auf den Besonderheiten des konkreten Arbeitsverhältnisses im Hinblick auf gerade den einzelnen Arbeitnehmer betreffende Umstände. Muss der Arbeitgeber jedoch wegen der getroffenen Verringerungsvereinbarung und Neuverteilung der Arbeitszeit bei anderen Arbeitnehmern die Arbeitszeit ändern, so löst dies bei einer Änderung auf unbefristete Dauer ein Mitbestimmungsrecht nach § 87 Abs. 1 Nr. 2 BetrVG und bei einer vorübergehenden Änderung ein Mitbestimmungsrecht nach § 87 Abs. 1 Nr. 3 BetrVG aus.

Kommt es zwischen den Arbeitsvertragsparteien zu einer **Einigung**, bei der **auch betriebliche Gründe** nach § 8 Abs. 4 Satz 2 TzBfG berücksichtigt werden, so dürfte ein kollektiver Tatbestand vorliegen, so dass die Umsetzung der Einigung im Betrieb sowie auch die Regelung der Nachbesetzung ein Mitbestimmungsrecht des Betriebsrats nach § 87 Abs. 2 oder 3 BetrVG auslöst.

Tipp Dem Arbeitgeber ist dringend zu empfehlen, **vorab das Mitbestimmungsverfahren durchzuführen,** bevor er sich gegenüber dem Arbeitnehmer arbeitsvertraglich bindet. Ansonsten läuft er Gefahr, dass er Verzugsvergütung zahlen muss, weil er die getroffene Vereinbarung betrieblich nicht umsetzen darf.

Phase 3: Entscheidung des Arbeitgebers
Der Arbeitgeber hat nach § 8 Abs. 4 Satz 1 TzBfG der Verringerung der Arbeitszeit zuzustimmen und ihre Verteilung entsprechend den Wünschen des Arbeitnehmers festzulegen, soweit betriebliche Gründe nicht entgegenstehen. Ein betrieblicher Grund liegt nach § 8 Abs. 4 Satz 2 TzBfG insbesondere vor, wenn die Verringerung der Arbeitszeit die Organisation, den Arbeitsablauf oder die Sicherheit im Betrieb wesentlich beeinträchtigt oder unverhältnismäßige Kosten verursacht. Der Arbeitgeber kann demnach die beabsichtigte Verringerung der Arbeitszeit und/oder ihre Verteilung ablehnen, wenn betriebliche Gründe entgegenstehen. Damit sollen unzumutbare Anforderungen an die Ablehnung durch den Arbeitgeber ausgeschlossen sein; rationale, nachvollziehbare Gründe sollen genügen. In § 8 Abs. 4 Satz 2 TzBfG werden beispielhaft und nicht abschließend beachtliche Ablehnungsgründe genannt. Mit dieser Regelung soll den berechtigten Interessen der Arbeitgeber Rechnung getragen werden. Der Einwand des Arbeitgebers, keine geeignete zusätzliche Arbeitskraft finden zu können, soll aber nur beachtlich sein, wenn er nachweist, dass eine dem Berufsbild des Arbeitnehmers, der seine Arbeitszeit reduziert, entsprechende zusätzliche Arbeitskraft auf dem für ihn maßgeblichen Arbeitsmarkt nicht zur Verfügung steht. Offen ist, ob der Arbeitgeber sich auf die Heranziehung von Leiharbeitnehmern verweisen lassen muss.

Es bereitet Schwierigkeiten, zu bestimmen, welche betrieblichen Gründe vom Arbeitgeber einem Verringerungsbegehren und/oder dem Verteilungsbegehren entgegengesetzt werden können. Insoweit wird vertreten, auch hier sei die vom BAG im Hinblick auf das »dringende betriebliche Erfordernis« des § 1 Abs. 2 KSchG respektierte freie unternehmerische Entscheidung (insoweit: innerbetriebliche Organisationsfreiheit hinsichtlich Dauer und Lage der Arbeitszeit) zu beachten. Hat der Arbeitgeber nämlich eine **Organisationsentscheidung** getroffen, aufgrund derer **für bestimmte Arbeiten – nur – Vollzeitkräfte** vorgesehen sind, so wird diese Entscheidung als sog freie Unternehmerentscheidung nur darauf überprüft, ob sie offenbar unsachlich, unvernünftig oder willkürlich ist (*BAG 03.12.1998, EzA-SD 4/1999, 5 ff.*). Will der Arbeitgeber in einem bestimmten Bereich jedoch lediglich die Zahl der insgesamt geleisteten Arbeitsstunden auf die Arbeitnehmer verteilen, ohne dass eine Organisationsentscheidung im erläuterten Sinne vorliegt, würden nur andere betriebliche Gründe die Ablehnung des Verringerungsbegehrens und/oder der Neuverteilung der Arbeitszeit tragen können. In diese Richtung weist die obergerichtliche Rechtsprechung zu einem tariflichen Anspruch auf Arbeitszeitverkürzung zur Kinderbetreuung, wonach der Arbeitgeber nicht verpflichtet sei, seinen Betrieb so umzuorganisieren, dass die Vorstellungen und Wünsche der Arbeitnehmerin hinsichtlich des Umfangs und der Lage der Arbeitszeit verwirklicht werden können (*LAG Rheinland-Pfalz, 11 Sa 271/ 97*). Zurückhaltend, was die Anforderungen an den Arbeitgeber zu Schaffung eines Teilzeitarbeitsplatzes anbelangt, zeigte sich bislang auch das BAG, und zwar im Hinblick auf landesrechtliche Regelungen zum Anspruch auf Arbeitszeitverkürzung zur Kinderbetreuung (*BAG 29.11.1995, EzA § 315 BGB Nr. 46 – zu § 10 Gleichstellungsgesetz Berlin, wo jedoch darauf hingewiesen wird, dass nach der landesrechtlichen Regelung die Wahrnehmung einer Leitungsposition gerade nicht genügt, eine Arbeitszeitverkürzung zu verweigern*). Die Übertragbarkeit der Rechtsprechung zu § 1 Abs. 2 KSchG wird jedoch in der Literatur bezweifelt. Denn während es dort um die Umsetzung einer bis an die Willkürgrenze als vorgegeben hinzunehmende und gleichzeitig den Überprüfungsmaßstab bildende Unternehmerentscheidung geht, ist hier eine Bewertung der unternehmerischen Gestaltungsfreiheit des Arbeitgebers selbst erforderlich. Insoweit könnte § 8 TzBfG die Bedeutung einer Inhalts- und Grenzbestimmung für die sog. Unternehmerentscheidung zukommen. Keine betrieblichen Gründe sind jedenfalls die **betriebsverfassungsrechtlichen Folgen** der Arbeitszeitverringerung bei mehreren Arbeitnehmern, sofern auf Grund notwendiger Einstellungen die Schwellenwerte für Freistellungen oder für die Sozialplanpflichtigkeit bei Betriebsänderungen überschritten werden. Auch die strengeren »dringenden betrieblichen Belange« des § 7 Abs. 1 Satz 1 BUrlG bilden keinen hinreichenden Maßstab, weil dort der Anspruch auf den Urlaub feststeht und es nur um die zeitliche Konkretisierung des Urlaubszeitraums geht, während bei dem Anspruch auf Verringerung der Arbeitszeit über das »ob« des Anspruchs zu entscheiden ist.

Dem TzBfG lässt sich nicht entnehmen, ob bereits allein die Ablehnung der Verringerung und/oder der vom Arbeitnehmer gewünschten Neuverteilung der Arbeitszeit als betrieblicher Grund dem Verringerungs- oder Neuverteilungsbegehren entgegenstehen kann, oder ob der Arbeitgeber in jedem Fall bei einer Ablehnungshaltung des Betriebsrats vor die Einigungsstelle gehen muss und ob dann zumindest die ggf. von der Einigungsstelle bestätigte Ablehnungshaltung des Betriebsrats als betrieblicher Grund dem Verringerungs- oder Neuverteilungsbegehren entgegensteht.

Die **Ablehnungsgründe betr. den Verringerungsanspruch** können **durch Tarifvertrag** festgelegt werden. Im Geltungsbereich eines solchen Tarifvertrags können nicht tarifgebundene Arbeitgeber und Arbeitnehmer die Anwendung der tariflichen Regelungen über die Ablehnungsgründe vereinbaren (§ 8 Abs. 4 Satz 3 TzBfG). Hierdurch werden die Tarifvertragsparteien ermächtigt, die Gründe für die Ablehnung der Verringerung der Arbeitszeit zu konkretisieren und dabei den spezifischen Erfordernissen des jeweiligen Wirtschaftszweiges Rechnung zu tragen. Zusätzlich wird klargestellt, dass die tarifvertraglich geregelten Ablehnungsgründe im Geltungsbereich des Tarifvertrags **auch zwischen nicht tarifgebundenen Arbeitgebern und Arbeitnehmern vereinbart** werden können.

Phase 4: Mitteilung der Entscheidung des Arbeitgebers
Die Entscheidung über die Verringerung der Arbeitszeit und ihre Verteilung hat der Arbeitgeber dem Arbeitnehmer spätestens einen Monat vor dem gewünschten Beginn der Verringerung schriftlich mitzuteilen (§ 8 Abs. 5 Satz 1 TzBfG).

Der **Mitteilung** muss der Arbeitnehmer entnehmen können, ob der Arbeitgeber dem Wunsch des Arbeitnehmers nach Verringerung der Arbeitszeit nachkommt oder ihn ablehnt und ob die Verteilung entsprechend dem Wunsch des Arbeitnehmers erfolgen soll.

Stimmt der Arbeitgeber dem Verringerungsbegehren zu, kommt ein Änderungsvertrag zustande. Die Verteilung der Arbeitszeit wird regelmäßig nicht Inhalt des Arbeitsvertrags, sondern unterliegt weiterhin dem Direktionsrecht des Arbeitgebers (*BAG 23.06.1992, EzA § 611 BGB Direktionsrecht Nr. 12*).

Erfolgt eine Zustimmung zur vom Arbeitgeber gewünschten Verringerung **und** Neuverteilung der Arbeitszeit, wird dadurch kein Mitbestimmungstatbestand nach § 87 Abs. 1 Nr. 2 oder 3 BetrVG berührt, denn es liegt kein kollektiver Tatbestand vor. Orientiert der Arbeitgeber die Neuverteilung der verringerten Arbeitszeit nicht nur an dem Wunsch des Arbeitnehmers, sondern auch an den betrieblichen Erfordernissen, dann hat der Arbeitgeber das Mitbestimmungsrecht nach § 87 Abs. 2 oder 3 BetrVG zu wahren. Muss der Arbeitgeber infolge der Zustimmungsentscheidung bei anderen Arbeitnehmern die Arbeitszeit ändern, so löst dies ebenfalls das Mitbestimmungsrecht des Betriebsrats nach § 87 Abs. 1 Nr. 2 oder 3 BetrVG aus.

Fällt die Entscheidung des Arbeitgebers zum Verringerungs- und/oder Verteilungsbegehren negativ aus, hat der Arbeitgeber dies dem Arbeitnehmer spätestens einen Monat vor dem gewünschten Beginn der Arbeitszeitänderung mitzuteilen. Die Einführung der **Schriftform** für diese Ablehnungsmitteilung bedeutet nach § 126 Abs. 1 BGB, dass der Arbeitgeber dem Arbeitnehmer das Original einer mit voller Namensunterschrift unterzeichneten Erklärung übermitteln muss (**Ersetzung der schriftlichen Form durch die elektronische Form nach § 126 Abs. 3 BGB i.V.m. § 126 a BGB ist gesetzlich nicht ausgeschlossen**). Eine Erklärung per Telefax, Telegramm oder E-Mail genügt nicht. Da die Ablehnungsmitteilung eine geschäftsähnliche Handlung darstellt, finden die §§ 164 ff. BGB entsprechende Anwendung. Die Mitteilung kann durch einen rechtsgeschäftlich Bevollmächtigten vorgenommen werden (§ 164 Abs. 1 BGB) kann. Die Vollmacht bedarf keiner Form. Die Vollmachtsurkunde ist jedoch in der Praxis wegen § 174 BGB, der auf geschäftsähnliche Handlungen entsprechende Anwendung findet (BGH 25.11.1982, NJW 1983, 1542), von erheblicher Bedeutung. Legt nämlich der Bevollmächtigte die Vollmachtsurkunde bei der Mitteilung nicht vor und weist der Arbeitnehmer aus diesem Grunde die Erklärung unverzüglich zurück, so ist die Mitteilung nach § 174 BGB unwirksam. Die Vollmachtsurkunde muss im Original vorgelegt werden. Insoweit genügt nicht die Vorlage einer Fotokopie oder eines Faxes. Inhaltlich muss die Vollmachtsurkunde die Befugnis zur Vornahme der betreffenden geschäftsähnlichen Handlung mit der erforderlichen Eindeutigkeit ergeben. Die Zurückweisung ist nicht möglich, wenn der Vollmachtgeber den Vertragsgegner von der Vollmacht in Kenntnis gesetzt hat, was auch der Fall ist, wenn der Kündigende eine Stellung bekleidet, mit der das Recht zu entsprechenden Erklärungen üblicherweise verbunden ist (z.B. Personalleiter).

Eine **schriftliche Begründung** ist für die Ablehnungsmitteilung, anders als nach § 15 Abs. 4 BErzGG, **nicht vorgeschrieben**. Die Ablehnung des Verringerungs- und Neuverteilungsbegehrens löst kein Mitbestimmungsverfahren aus, weil es bei der bisherigen Arbeitszeitregelung bleibt.

Phase 5: Unwirksamkeit oder Fehlen der Ablehnungserklärung
Haben sich Arbeitgeber und Arbeitnehmer nicht über die Verringerung der Arbeitszeit geeinigt und hat der Arbeitgeber die Arbeitszeitverringerung nicht spätestens einen Monat vor deren gewünschten Beginn schriftlich abgelehnt, verringert sich die Arbeitszeit in dem vom Arbeitnehmer gewünschten Umfang (§ 8 Abs. 5 Satz 2 TzBfG) und unbefristet bzw. für den vom Arbeitnehmer gewünschten Zeitraum. Die vom Arbeitnehmer gewünschte Arbeitszeitverringerung wird dann Inhalt der arbeitsvertraglichen Pflichten. Entsprechendes gilt nach § 8 Abs. 5 Satz 3 TzBfG für die **Verteilung der** – verringerten – **Arbeitszeit**. Haben Arbeitgeber und Arbeitnehmer über die Verteilung der Arbeitszeit **kein Einvernehmen** erzielt und hat der Arbeitgeber **nicht spätestens einen Monat vor dem gewünschten Beginn der Arbeitszeitverringerung die gewünschte Verteilung der Arbeitszeit schriftlich abgelehnt, gilt die Verteilung der Arbeitszeit entsprechend den Wünschen des Arbeitnehmers als festgelegt.**

Da auf Grund der gesetzlich angeordneten Verringerung und Neuverteilung der Arbeitszeit kein kollektiver Tatbestand besteht, ist ein Mitbestimmungsrecht des Betriebsrats nach § 87 Abs. 1 Nr. 2 oder 3 BetrVG nicht gegeben. Das Gesetz lässt insoweit weder dem Arbeitgeber noch dem Betriebsrat einen Regelungsspielraum. Die Regelung der Nachbesetzung löst aber ein Mitbestimmungsverfahren aus.

Phase 6: Gerichtliche Durchsetzung des Verringerungsanspruchs
Hält der Arbeitgeber sich nicht an die nach § 8 Abs. 3 Satz 2 TzBfG getroffene Vereinbarung oder ignoriert der Arbeitgeber die nach § 8 Abs. 5 Satz 2 u. 3 TzBfG gesetzlich angeordnete Verringerung und Neuverteilung der Arbeitszeit, so bleibt dem Arbeitnehmer nur die **Klage auf Feststellung der maßgeblichen Arbeitszeit** bzw. die **Klage auf Beschäftigung nach Maßgabe der nunmehr geltenden Arbeitszeit**.

Teilt der Arbeitgeber dem Arbeitnehmer die Ablehnung jedoch **rechtzeitig und formgültig** mit, bleibt es bei der geltenden Arbeitszeitregelung. Der Arbeitnehmer muss dann vor dem Arbeitsgericht **Klage auf Erteilung der Zustimmung des Arbeitgebers zur Verringerung der Arbeitszeit** erheben. Diese Zustimmung gilt nach § 894 ZPO erst als mit Rechtskraft des Urteils ersetzt. Solange muss der Arbeitnehmer die bisherige Arbeitszeitregelung einhalten. Bei einer einseitigen Änderung der Arbeitszeit durch den Arbeitnehmer riskiert dieser eine verhaltensbedingte außerordentlich oder zumindest ordentliche Kündigung durch den Arbeitgeber, denn in der eigenmächtigen Arbeitszeitänderung liegt eine erhebliche Verletzung der Hauptleistungspflicht aus dem Arbeitsvertrag, weshalb bei beharrlicher Weigerung des Arbeitnehmers zur Einhaltung der bisherigen Arbeitszeitregelung ohne vorherige vergebliche Abmahnung ein Grund zur außerordentlichen Kündigung (vorbehaltlich der Abwägung sämtlicher Umstände des Einzelfalls) gegeben sein kann. Erklärt sich der Arbeitgeber mit der Verringerung der Arbeitszeit, jedoch nicht mit der vom Arbeitnehmer gewünschten Verteilung der verbleibenden Arbeitszeit einverstanden, kann auch insoweit vom Arbeitnehmer nicht einseitig und damit eigenmächtig eine Neuverteilung der Arbeitszeit vorgenommen werden. Vielmehr unterfällt diese Regelungsbefugnis dem Direktionsrecht des Arbeitgebers. Die vom Arbeitgeber vorgenommene Arbeitszeitverteilung kann der Arbeitnehmer nur arbeitsgerichtlich darauf überprüfen lassen, ob sie billigem Ermessen (§ 315 BGB) genügt. Auch insoweit bleibt dem Arbeitnehmer nur die **Klage auf Feststellung der gewünschten Arbeitszeit** bzw. die **Klage auf Beschäftigung nach Maßgabe der gewünschten Arbeitszeitverteilung**.

Phase 7: Neuverteilung der Arbeitszeit auf Grund betrieblicher Gründe
Der **Arbeitgeber** kann **einseitig** die einvernehmlich erfolgte oder die gesetzlich festgelegte **Verteilung der Arbeitszeit** nach § 8 Abs. 5 Satz 4 TzBfG **wieder ändern**, wenn das **betriebliche Interesse** daran das Interesse des Arbeitnehmers an der Beibehaltung erheblich **überwiegt** und der Arbeitgeber die Änderung **spätestens einen Monat vorher angekündigt** hat. Diese Regelung betrifft **allein die Verteilung der Arbeitszeit**, die regelmäßig dem Direktionsrecht des Arbeitgebers unterfällt. Der Arbeitgeber wird hierdurch nicht berechtigt, einseitig die Verringerung der Arbeitszeit, die zum Inhalt des Arbeitsvertrags geworden ist, wieder zu ändern. Hierzu bedarf es einer Vereinbarung mit dem Arbeitnehmer (Änderungsvertrag) bzw. einer Änderungskündigung, für die der Arbeitgeber nicht nur betriebliche Gründe i.S.v. § 8 Abs. 4 Satz 2 TzBfG benötigt, sondern dringende betriebliche Gründe i.S.v. § 1 Abs. 2 KSchG.

Für die Neuverteilung der Arbeitszeit auf Grund eines überwiegenden betrieblichen Interesses muss der Arbeitgeber aber das Mitbestimmungsrecht des Betriebsrats nach § 87 Abs. 1 Nr. 2 oder 3 BetrVG wahren, denn in der Durchsetzung eines betrieblichen Interesses wird ein kollektiver Tatbestand berührt.

Phase 8: Erneute Geltendmachung des Verringerungsanspruchs
Der Arbeitnehmer kann eine erneute Verringerung der Arbeitszeit frühestens nach Ablauf von zwei Jahren verlangen, nachdem der Arbeitgeber einer Verringerung zugestimmt oder sie berechtigt abgelehnt hat (§ 8 Abs. 6 TzBfG). Entsprechendes wird zu gelten haben, wenn Arbeitnehmer und Arbeitgeber sich nach § 8 Abs. 3 TzBfG auf eine Kompromisslösung geeinigt haben. Hat der Arbeitgeber dem gegenüber das Verringerungsbegehren nicht berechtigt oder nicht fristgerecht abgelehnt, kann der Arbeitnehmer auch vor Ablauf von zwei Jahren eine weitere Verringerung der Arbeitszeit verlangen.

6. Anspruch auf Verlängerung der Arbeitszeit

1671
Der Arbeitgeber hat nach § 9 TzBfG einen teilzeitbeschäftigten Arbeitnehmer, der ihm den Wunsch nach einer **Verlängerung seiner vertraglich vereinbarten Arbeitszeit** angezeigt hat, bei der Besetzung eines entsprechenden freien Arbeitsplatzes bei gleicher Eignung **bevorzugt zu berücksichtigen**, es sei denn, dass **dringende betriebliche Gründe** oder **Arbeitszeitwünsche anderer teilzeitbeschäftigter Arbeitnehmer** entgegenstehen. Damit wird einerseits geregelt, dass vollzeitbeschäftigte Arbeitnehmer, die ihre Arbeitszeit verringert haben, zur früheren Arbeitszeit zurückkehren können. Andererseits werden aber auch Fälle umfasst, in denen der als Teilzeitbeschäftigter eingestellte Arbeitnehmer den Wunsch hat, seine Arbeitszeit zu verlängern.

Den Arbeitgeber trifft eine **Informationspflicht**, den teilzeitbeschäftigten Arbeitnehmer, der seine Arbeitszeit verlängern möchte, über freie Arbeitsplätze, für die der Arbeitnehmer nach seiner Ausbildung und Qualifikation geeignet ist, zu unterrichten, die im Betrieb und Unternehmen besetzt werden sollen (§ 7 Abs. 2 TzBfG). Der Arbeitgeber hat den Wunsch des Arbeitnehmers bei der Besetzung entsprechender freier Arbeitsplätze bevorzugt zu berücksichtigen. Gibt es mehrere Bewerber für den freien Arbeitsplatz, hat der Arbeitgeber die Auswahlentscheidung nach billigem Ermessen zu treffen. Es besteht aber keine Verpflichtung für den Arbeitgeber, entsprechende Vollzeitarbeitsplätze zu schaffen.

Handelt es sich bei dem **Teilzeitarbeitnehmer** zugleich um **einen befristet beschäftigten Arbeitnehmer**, so ist auch dieser bei der Besetzung des freien – für eine unbefristete Besetzung anstehenden – Arbeitsplatzes bevorzugt zu berücksichtigen. Damit besteht für befristet beschäftigte Teilzeitarbeitnehmer ein Anspruch auf Festanstellung. Dann will es aber nicht einleuchten, weshalb das gleiche Recht nicht auch befristet beschäftigten Vollzeitarbeitnehmern zustehen soll, zumal diese – soweit die gesetzlichen Fristen dies zulassen – über § 8 Abs. 1 TzBfG zunächst eine ggf. geringfügige Verringerung der Arbeitszeit anstreben könnten, um so über § 9 TzBfG einen Anspruch auf Festanstellung zu erwerben.

Die Einstellung eines betriebsfremden Arbeitnehmers ohne Beachtung des Anspruchs auf bevorzugte Berücksichtigung von bereits im Betrieb tätigen Arbeitnehmern nach § 9 TzBfG stellt eine gegen ein Gesetz verstoßende personelle Maßnahme i.S.v. § 99 Abs. 2 Nr. 1 BetrVG dar (*BAG 14.11.1989, EzA § 99 BetrVG 1972 Nr. 84 – zu § 14 Abs. 1 SchwbG*). Daneben dürfte ein Zustimmungsverweigerungsgrund nach § 99 Abs. 2 Nr. 3 BetrVG vorliegen.

Diese Regelung zum Anspruch auf Verlängerung der Arbeitszeit gilt für alle Arbeitgeber unabhängig von der Zahl der Beschäftigten. Es fehlt an einer dem § 8 Abs. 7 TzBfG entsprechenden Bestimmung.

7. Kündigungsverbot

In § 11 TzBfG wird ausdrücklich angeordnet, dass die Kündigung eines Arbeitsverhältnisses wegen der Weigerung eines Arbeitnehmers, von einem Vollzeit- in ein Teilzeitarbeitsverhältnis oder umgekehrt zu wechseln, unwirksam ist. Das Recht zur Kündigung des Arbeitsverhältnisses aus anderen Gründen bleibt jedoch unberührt. Hierzu gehören wirtschaftliche, technische oder organisatorische Gründe, die eine Änderung oder Beendigung des Arbeitsverhältnisses zu rechtfertigen vermögen.

1672

8. Besondere gesetzliche Regelungen zur Teilzeitarbeit

Die Regelungen des TzBfG lassen besondere Regelungen über Teilzeitarbeit nach anderen gesetzlichen Vorschriften unberührt. Zu diesen Vorschriften zählen:

1673

- die Vorschriften des Altersteilzeitgesetzes
- § 15 BErzGG
- §§ 8, 10 und 12 Frauenförderungsgesetz

VII. Tätigkeitsbeschreibung

1680 Mit der Beschreibung des Arbeitsbereichs wird festgelegt, zu welchen Leistungen der Arbeitnehmer verpflichtet ist. Viele Arbeitgeber legen Wert darauf, diese Beschreibung sehr weit zu halten. Sie glauben damit sicherzustellen, dass sie den Arbeitnehmer während des Arbeitsverhältnisses leicht den betrieblichen Erfordernissen entsprechend umsetzen und mit (beliebigen) anderen Aufgaben betrauen können. Sie stellen den Arbeitnehmer dann als »Arbeiter« oder »kaufmännischen Angestellten« ein.

1681 Vor solchen vagen Formulierungen muss dringend gewarnt werden. Zum einen wird die Weite dieser Formulierung zum sprichwörtlichen Bumerang, wenn es im Rahmen von betriebsbedingten Kündigungen darum geht, festzustellen, mit welchen Arbeitnehmern der Betroffene vergleichbar ist. Diese Überprüfung ist für die vorzunehmende Sozialauswahl entscheidend. Je vager die arbeitsvertraglichen Formulierungen getroffen wurden, desto weiter muss die Sozialauswahl vorgenommen werden. Darüber hinaus besteht auch bei einer vagen vertraglichen Umschreibung der geschuldeten Tätigkeit eine Versetzungsmöglichkeit nur im Rahmen des billigen Ermessens. Dieses ist einer umfassenden gerichtlichen Überprüfung zugänglich.

Es ist daher zu empfehlen, die geschuldete Tätigkeit konkret zu beschreiben (vgl. auch § 2 Abs. 1 Nr. 5 NachwG). Sofern im Unternehmen Stellenbeschreibungen existieren und auch für die betreffende Stelle eine Beschreibung vorhanden ist, sollte diese zum Bestandteil des Vertrages gemacht werden. Wenn es keine spezielle Berufsbezeichnung für diese Tätigkeit gibt, empfiehlt es sich, die Abteilung zu benennen, in der der Arbeitnehmer eingesetzt werden soll.

1683 Dem berechtigten Interesse des Arbeitgebers, den Arbeitnehmer im begrenzten Umfang den betrieblichen Erfordernissen entsprechend mit veränderten – gleichwertigen – Aufgaben betrauen zu können, kann dadurch Rechnung getragen werden, dass man einen **Versetzungsvorbehalt** vereinbart. Auch dieser ist möglichst konkret zu halten.

Umstritten ist, ob für den Fall einer solchen Versetzung auch gleichzeitig eine Veränderung der Vergütung vereinbart werden kann. Dies ist zu verneinen. Durch solche Regelungen könnte nämlich der Kündigungsschutz zu Lasten der Arbeitnehmer umgangen werden (vgl. auch → Rz. 1936).

VIII. Arbeitszeit

1690 Bei der Regelung der Arbeitszeit (s. → Rz. 2176 ff.) ist wie bei der Tätigkeitsbeschreibung zu berücksichtigen, dass diese sich in der Zukunft verändern kann. In der Praxis bildet dies aber kein Problem. Denn die Arbeitszeit wird in aller Regel durch höherrangiges Recht verbindlich geregelt. Insbesondere die Tarifverträge beinhalten solche Regelungen. Nicht tarifgebundene Arbeitgeber schließen regelmäßig mit ihren Betriebsräten diesbezügliche Betriebsvereinbarungen. Auch Betriebe, die an sich nicht tarifgebunden sind und bei denen kein Betriebsrat besteht, orientieren sich häufig an den tariflichen Arbeitszeitregelungen ihrer Branche. Vereinbaren die Arbeitsvertragsparteien bei Abschluss des Arbeitsvertrages die zu diesem Zeitpunkt im Betrieb geltende Regelung über Beginn und Ende der täglichen Arbeitszeit und die Verteilung der Arbeitszeit auf die einzelnen Wochentage, liegt darin keine individuelle Arbeitszeitvereinbarung, die gegenüber einer späteren Veränderung der betrieblichen Arbeitszeit durch Betriebsvereinbarung Bestand hat *(BAG 23.06.1992, EzA § 611 BGB Direktionsrecht Nr. 12; BAG 07.12.2000, EzA § 611 BGB Direktionsrecht Nr. 22 u. 23).*

Das Direktionsrecht des Arbeitgebers hinsichtlich der Festlegung von Ort und Zeit der Arbeitsleistung wird dadurch nicht eingeschränkt. Dies gilt auch, wenn die bei Vertragsschluss bestehende betriebliche Regelung über längere Zeit hinweg beibehalten wird und der Arbeitgeber von seinem Direktionsrecht keinen Gebrauch macht. Dadurch allein tritt weder eine Konkretisierung der Arbeitspflicht ein noch entsteht eine entsprechende betriebliche Übung *(BAG 07.12.2000, EzA § 611 BGB Direktionsrecht Nr. 22, 23).*

Im Zusammenhang mit der Arbeitszeit sollte aber auch die **Verpflichtung zur Ableistung von Überstunden** geregelt werden. Bei gewerblichen Arbeitnehmern empfiehlt es sich darüber hinaus, die Verpflichtung zur Leistung von besonderen Arbeitszeiten (Schichtarbeit, Nachtarbeit) zu vereinbaren. Insbesondere die vertraglichen Mehrarbeitsregelungen werfen jedoch rechtliche Probleme auf.

Das BAG sieht Vereinbarungen als zulässig an, wonach **etwaige Mehrarbeit nicht besonders bezahlt** wird, auch wenn nicht im Einzelnen geregelt ist, welcher Teil der Vergütung als Pauschalabgeltung für die Mehrarbeit anzusehen ist. Aus der betreffenden Abrede muss sich nur eindeutig ergeben, dass die vereinbarte Vergütung das Äquivalent für die gesamte Arbeitsleistung ist *(BAG 24.02.1960, AP Nr. 11 zu § 611 BGB Dienstordnungs-Angestellte; BAG 26.01.1956, AP Nr. 1 zu § 15 AZO; BAG 16.11.1961, AP Nr. 5 zu § 611 BGB Mehrarbeitsvergütung; BAG 16.01.1965, AP Nr. 1 zu § 1 AZO).*

Soweit sich eine solche Klausel in vorformulierten Arbeitsbedingungen findet, ist sie einer **Angemessenheitskontrolle** zu unterziehen. Eine Klausel, die die Verpflichtung zur Leistung von Überstunden vorsieht und zugleich regelt, dass die geleisteten Überstunden durch die vereinbarte Arbeitsvergütung abgegolten sind, gibt dem Arbeitgeber das Recht zur einseitigen, zum Teil massiven Umgestaltung des arbeitsvertraglichen Austauschverhältnisses. Darin wird in der Literatur eine unangemessene und deshalb unwirksame Benachteiligung des Arbeitnehmers gesehen.

Wird dem Arbeitnehmer jedoch eine Überstundenpauschale zugesprochen, dürfte eine entsprechende Klausel zulässig sein, wenn durch die Pauschalabgeltung die in einem überschaubaren Zeitraum zu erbringende Mehrleistung gerecht vergütet wird. In einer Gesamtbetrachtung soll berücksichtigt werden, dass die Pauschale unabhängig von den geleisteten Überstunden und auch während des Urlaubs gezahlt wird. Eine Pauschalabgeltung kann jedoch wegen Verstoßes gegen das Transparenzgebot unwirksam sein, wenn der Abrede kein Regelsatz für zu leistende Überstunden zugrunde gelegt wird.

Für **leitende Angestellte** gelten Besonderheiten. Vom BAG wird ein Anspruch eines leitenden Angestellten auf Überstundenvergütung bei fehlender ausdrücklicher Vereinbarung verneint. Bejaht wird der Anspruch auf Überstundenvergütung jedoch, wenn die vertraglichen Bezüge eine bestimmte Normalleistung abgelten sollen und wenn ihm zusätzliche Arbeiten außerhalb seines eigentlichen Aufgabenkreises übertragen werden *(BAG 17.11.1966, AP Nr. 1 zu § 611 BGB Leitende Angestellte; BAG 16.11.1961, AP Nr. 5 zu § 611 BGB Mehrarbeitsvergütung)*.

Für die Frage, ob die Zeit des Waschens und **Umkleidens** zur vergütungspflichtigen Arbeitszeit zählt, kommt es auf die Verhältnisse im Einzelfall an. Waschen und Umkleiden sind in der Regel, sofern nichts anderes vereinbart worden ist, keine zu vergütenden Hauptleistungspflichten des Arbeitnehmers, für die der Arbeitgeber nach § 611 BGB eine Vergütung zu gewähren hätte. Werden diese Tätigkeiten vom Arbeitnehmer verlangt, kann es sich zwar um Dienstleistungen nach § 612 Abs. 1 BGB handeln, diese sind regelmäßig aber nicht nur gegen eine Vergütung zu erwarten *(BAG 11.10.2000, EzA § 611 BGB Nr. 3)*. Gehört das Umkleiden nicht zum Inhalt der geschuldeten Arbeitsleistung, sondern dient es nur der persönlichen Vorbereitung, so sind in erster Linie die organisatorischen Gegebenheiten des jeweiligen Betriebs und die konkreten Anforderungen an den Arbeitnehmer maßgebend, wie sie sich aus den betrieblichen Regelungen und Handhabungen tatsächlich ergeben *(BAG 22.03.1995, 5 AZR 934/93)*. Für Krankenschwestern *(BAG 28.07.1994, EzA § 15 BAT Nr. 4)* wurde die Zeit für das Umkleiden zur (vergütungspflichtigen) Arbeitszeit gezählt. Die Zeit für das An- und Ablegen von Sicherheitsbekleidung wurde ebenfalls zur Arbeitszeit gerechnet *(LAG Baden-Württemberg 12.02.1987, AiB 1987, 246)*. Dagegen wurde angenommen, die Zeit des Umkleidens zähle beim Flugpersonal nicht zur vergütungspflichtigen Arbeitszeit *(LAG Berlin 16.06.1986, LAGE § 76 BetrVG 1972 Nr. 24)*.

Besondere rechtliche Probleme sind mit der Vereinbarung **variablerer Arbeitszeit** verbunden. Hier wird die Arbeitszeit in der Weise flexibilisiert, dass deren Lage und/oder Dauer nicht von vornherein arbeitsvertraglich festgelegt, sondern in mehr oder weniger weitem Umfang einem Direktionsrecht des Arbeitgebers unterworfen wird. Insoweit ist von bedarfsorientierter Arbeitszeit, Abrufarbeit oder auch von kapazitätsorientierter Arbeitszeit (Kapovaz) die Rede. Die Einräumung des Direktionsrechts muss unter Beachtung von § 12 Abs. 1 Satz 1 TzBfG erfolgen. Die Ausübung des Direktionsrechts muss ferner § 315 BGB genügen.

In einer Grundsatzentscheidung hatte das BAG bereits erkannt, dass die Arbeitszeitdauer nicht zur einseitigen Disposition des Arbeitgebers stehen kann, der Arbeitgeber also nicht die Dauer der Arbeitszeit und damit auch die Höhe der Arbeitsvergütung einseitig reduzieren darf *(BAG 12.12.1984, EzA § 315 BGB Nr. 29)*. Im Anschluss an dieses Rechtsprechung untersagt nun §§ 12 Abs. 2 Satz 1 TzBfG BeschFG ausdrücklich, Arbeitsverträge abzuschließen, ohne ein **bestimmtes Stundendeputat** festzulegen. In der Rechtsprechung ungeklärt ist eine unmittelbare oder zumindest entsprechende **Anwendbarkeit des § 12 TzBfG auf Vollzeitarbeitsverhältnisse**. Folglich ist die Dauer der Arbeitszeit im Arbeitsvertrag in bezug auf einen gewissen Zeitraum (... Stunden pro Tag/Woche/Monat/Jahr usw.) genau anzugeben (vgl. auch § 2 Abs. 1 Nr. 7 NachwG). Nach § 12 Abs. 1 TzBfG gilt, sofern die Festlegung einer bestimmten Arbeitszeit nicht erfolgt ist, eine wöchentliche Arbeitszeit von 10 Stunden als vereinbart. Die tatsächliche Vertragsdurchführung kann zu einer hiervon abweichenden Festlegung der Arbeitszeit führen.

In Arbeitsverträgen wird häufig ein bestimmter Rahmen vereinbart, innerhalb dessen der Arbeitgeber die Arbeitszeit variieren kann. Vorzufinden sind Vereinbarungen zu einer Mindest- oder einer Höchstarbeitszeit oder zu einer Kombination aus beiden oder einer ungefähren Arbeitszeitdauer. Der Arbeitgeber soll dann **innerhalb der vereinbarten Bandbreite ein einseitiges Leistungsbestimmungsrecht** hinsichtlich des tatsächlichen Umfangs der Arbeitszeit haben. Die rechtliche Wirksamkeit derartiger Bandbreiten-Regelungen wird unter Hinweis auf die Rechtsprechung des BAG *(BAG 12.12.1984, EzA § 315 BGB Nr. 29)* und durch zumindest entsprechende Anwendung von § 12 Abs. 1 TzBfG sowohl für Teilzeit- als auch für Vollzeitarbeitsverhältnisse abgelehnt. Ob die Rechtsunwirksamkeit der Bandbreitenregelungen in jedem Fall zur Anwendung der 10-Stunden-Fiktion des § 12 Abs. 1 TzBfG führt, ist ungeklärt. Zum Schutze des Arbeitnehmers wird nur dem Teil der Bandbreiten-Regelung die Wirksamkeit zu versagen sein, der die Unbestimmtheit einer ansonsten zulässigen Festlegung bewirkt. Lediglich das Variationsrecht des Arbeitgebers entfällt; das ungefähr zugrundegelegte (ggf. durchschnittliche) Stundendeputat bleibt rechtswirksam.

Grundsätzlich als zulässig werden jedoch Bandbreiten-Regelungen angesehen, die eine ungleichmäßige Verteilung einer festen Dauer der Arbeitszeit innerhalb eines bestimmten Verteilzeitraumes zulassen. Nach diesen Regelungen sind bestehende Zeitguthaben bzw. Zeitschulden innerhalb eines gewissen Zeitraumes auszugleichen, so dass sich bezogen auf den Zeitraum **im Durchschnitt die festgelegte regelmäßige Arbeitszeit ergibt.** So kann der Arbeitnehmer mit einem bestimmten Arbeitslohn rechnen. Darüber hinaus ist er gegen übermäßige Schwankungen der Arbeitszeit in den Bezugszeiträumen dadurch geschützt, dass die Notwendigkeit des Ausgleichs von Zeitschulden bzw. -guthaben innerhalb eines gewissen Zeitraumes den Arbeitgeber zu moderaten Arbeitszeitschwankungen nötigt.

Auf **vertragliche Überstundenregelungen** (vertragliche Normalarbeitszeit als Mindestarbeitszeit verbunden mit Öffnungsklausel für variable Überstunden) dürfte § 12 Abs. 1 TzBfG keine Anwendung finden. Ungeklärt ist die Abgrenzung der partiellen Abrufarbeit i.S.v. § 12 Abs. 1 einerseits und von Überstunden andererseits. Auch auf herkömmliche Formen der Rufbereitschaft oder des Bereitschaftsdienstes findet § 12 Abs. 1 TzBfG ebenfalls keine Anwendung.

Finden sich jedoch **Bandbreiten-Regelungen in Tarifverträgen**, werden sie in ständiger Rechtsprechung für wirksam gehalten *(BAG 19.06.1985, EzA § 315 BGB Nr. 32; BAG 26.06.1985, EzA § 1 TVG Nr. 19; BAG 12.03.1992, EzA § 4 BeschFG 1985 Nr. 1).* Diese Rechtsprechung findet in § 12 Abs. 3 TzBfG eine Stütze.

Um eine typische **KAPOVAZ-Abrede** handelt es sich, wenn die Dauer der Arbeitszeit für einen Bezugszeitraum festlegt, während die Lage der Arbeitszeit des Arbeitnehmers, also der Zeitpunkt des Arbeitsbeginns und des Arbeitsendes, nicht vertraglich fixiert, sondern von Fall zu Fall nach Bedarf durch den Arbeitgeber bestimmt wird. Grenzen für den Arbeitgeber bei der Festlegung der Lage der Arbeitszeit folgen aus dem am 01.07.1994 in Kraft getretenen ArbZG vom 06.06.1994. Ferner hat der Arbeitgeber dem Arbeitnehmer die Lage der Arbeitszeit mindestens vier Tage im voraus mitzuteilen (§ 12 Abs. 2 TzBfG) und die besondere Mindestarbeitszeit von drei aufeinanderfolgenden Stunden (§ 12 Abs. 1 TzBfG) zu berücksichtigen. Eine vertragliche Regelung, nach der der Arbeitgeber auch kürzere tägliche Beschäftigungszeiten als drei Stunden bestimmen kann, ist nach § 12 Abs. 1 Satz 4 TzBfG i.V.m. § 134 BGB nichtig. Die 3-Stunden-Grenze greift jedoch nicht ein, wenn die zusammenhängende Dauer der täglich Arbeitszeit festgelegt ist, das Bestimmungsrecht des Arbeitgebers sich mithin allein auf die Lage der zusammenhängenden Arbeitszeit bezieht.

Bei der Ausübung seines Rechts, die Arbeitszeitlage im Einzelfall bestimmen zu können, ist der Arbeitgeber nach § 315 BGB zur Rücksichtnahme auf die berechtigten Arbeitnehmerinteressen verpflichtet. Die erkennbaren oder geltendgemachten Belange des Arbeitnehmers (Kinderbetreuung, Krankheit von nahen Angehörigen, Behördentermine u.a.) sind gegenüber den betrieblichen Belangen abzuwägen.

Schließlich ist das **Mitbestimmungsrecht des Betriebsrats** nach § 87 Abs. 1 Nr. 2 BetrVG hinsichtlich Beginn und Ende der täglichen Arbeitszeit einschließlich der Pausen sowie der Verteilung der Arbeitszeit auf die einzelnen Wochentage zu beachten. Dieses Mitbestimmungsrecht bezieht sich nach der Rechtsprechung sowohl auf die grundsätzliche Einführung bzw. Abschaffung von Abrufarbeit als auch auf ihre Ausgestaltung im Einzelnen, sowie die Mindestdauer der täglichen Arbeitszeit, der Festlegung der Höchstzahl von Tagen in der Woche oder der Mindestzahl arbeitsfreier Samstage *(BAG 13.10.1987, AP Nr. 24 zu § 87 BetrVG 1972 Arbeitszeit; BAG 28.09.1988, AP Nr. 29 zu 87 BetrVG 1972 Arbeitszeit).*

IX. Arbeitsvergütung

1700 Für die Arbeitsvergütung sollte im Arbeitsvertrag eine eindeutige und vollständige Regelung getroffen werden, in der alle Vergütungsbestandteile aufzunehmen sind (vgl. auch § 2 Abs. 1 Nr. 6 NachwG). Bei tarifgebundenen Arbeitsvertragsparteien folgt der Vergütungsanspruch aus den tariflichen Bestimmungen. Häufig wird aber eine übertarifliche Vergütung gezahlt, deren Höhe und Zweckbestimmung im Arbeitsvertrag im Einzelnen zu regeln ist. Nicht tarifgebundene Arbeitsvertragsparteien können durch arbeitsvertragliche Abrede ihr Arbeitsverhältnis einem zu benennenden Tarifvertrag unterstellen.

Im Hinblick auf die Einführung des **EURO** waren nach Art. 8 Abs. 1 u. 2 EURO-VO in der **Übergangsphase vom 01.01.1999 bis zum 31.12.2001** Zahlungsverpflichtungen grundsätzlich in derjenigen Währungseinheit zu erfüllen, die im Arbeitsvertrag oder Tarifvertrag bezeichnet war, solange die Arbeitsvertragsparteien nicht übereinstimmend Erfüllung in einer anderen Währungseinheit vereinbaren. Nach Art. 8 Abs. 3 Satz 1 EURO-VO galt dies jedoch nicht, wenn die Verpflichtung nicht in Bargeld, sondern durch Überweisung auf ein Konto erfüllt wurde. In diesem Fall konnte der **Arbeitgeber wählen**, ob er seine Schuld in nationaler Währung oder in EURO erfüllte. Seit dem 01.01.2002 (Ende der Übergangsphase) ist die DM nicht mehr gesetzliche Währung. Die Beträge sind spätestens mit Ablauf der Übergangsphase **umzurechnen und in EURO zu leisten**.

Die Rechtsprechung lässt es zu, dass etwaige **Mehr- und Überarbeit** nicht besonders bezahlt, sondern durch das zugesagte Entgelt mit abgegolten wird. Dies gilt auch, wenn nicht im Einzelnen geregelt ist, welcher Teil der Vergütung der pauschalen Abgeltung der Mehr- und Überarbeit dient *(BAG 24.02.1960, AP Nr. 11 zu § 611 BGB Dienstordnungs-Angestellte; BAG 26.01.1956, AP Nr. 1 zu § 15 AZO; BAG 16.11.1961, AP Nr. 5 zu § 611 BGB Mehrarbeitsvergütung; BAG 16.01.1965, AP Nr. 1 zu § 1 AZO).*

Werden entsprechende Regelungen in einen vorformulierten Vertrag aufgenommen, kann der Ausschluss jeglicher Mehrarbeits- und Überstundenvergütung eine unangemessene Benachteiligung des Arbeitnehmers durch eine unklare und intransparente Regelung bewirken. Dem Arbeitgeber wird durch solche Klauseln ein unmittelbarer Eingriff in das arbeitsvertragliche Austauschverhältnis gestattet. Daher sollte für die mögliche Mehr- und Überarbeit eine gesonderte Pauschale in den Vertrag aufgenommen werden, wobei die tatsächlich geleistete Mehr- und Überarbeit in einem angemessenen Verhältnis zur vereinbarten Pauschale stehen muss.

Bei AT-Angestellten sind sog. **Gehaltsanpassungsklauseln** gebräuchlich. Dabei handelt es sich um Klauseln, durch die im Arbeitsvertrag dem Arbeitnehmer entweder die Überprüfung des vereinbarten Arbeitsentgeltes in bestimmten Zeitabständen zugesagt oder eine Erhöhung seiner Bezüge fest zugesagt wird. Bei Gehaltsanpassungsklauseln sollte keine Bindung der Erhöhungen an Preisindices erfolgen, da sie dann als Gleitklauseln nach § 2 Preisangaben- und PreisklauselG genehmigungspflichtig sind. Als unbedenklich werden dagegen sog. Spannenklauseln angesehen, die nur den Abstand des außertariflich bezahlten Mitarbeiters zu einer bestimmten Tarifgruppe erhalten sollen.

Der Grundsatz der Vertragsfreiheit hat im Bereich der Arbeitsvergütung nur dann Vorrang vor dem arbeitsrechtlichen Gleichbehandlungsgrundsatz, wenn es sich um individuell vereinbarte Leistungen handelt. Der **Gleichbehandlungsgrundsatz** ist jedoch anwendbar, wenn der Arbeitgeber die Arbeitsvergütung nach einem bestimmten erkennbaren und generalisierenden Prinzip gewährt, wenn er bestimmte Voraussetzungen oder einen bestimmten Zweck festlegt. Gleiches gilt nach dem BAG, wenn der Arbeitgeber, ohne nach einem erkennbaren und generalisierenden Prinzip vorzugehen, im Betrieb mehrere Vergütungssysteme anwendet und dabei nicht nur einzelne Arbeitnehmer besser stellt. Andernfalls wäre der Arbeitgeber im Vorteil, der von vornherein keine allgemeinen Grundsätze aufstellt, sondern nach Gutdünken verfährt.

Besondere Bedeutung kommt dem **Verbot der Geschlechtsdiskriminierung** bei der Vereinbarung des Anspruchs auf Arbeitsvergütung zu. Nach § 612 Abs. 3 BGB darf für gleiche oder für gleichwertige Arbeit nicht wegen des Geschlechts des Arbeitnehmers eine geringere Vergütung vereinbart werden als bei einem Arbeitnehmer des anderen

Geschlechts. Zudem verbietet die Richtlinie 75/117/EWG jede tatsächliche Diskriminierung beim Arbeitsentgelt ohne Rücksicht darauf, ob die diskriminierende Wirkung auf einer Rechtsnorm, einer Vereinbarung oder dem tatsächlichen Verhalten des Arbeitgebers beruht. Verstößt eine Vergütungsvereinbarung gegen § 612 Abs. 3 BGB, so ist die Diskriminierung, solange für die betroffenen Arbeitnehmer nicht ein neues, diskriminierungsfreies Lohnsystem geschaffen ist, dadurch zu beseitigen, dass den Angehörigen der benachteiligten Gruppe die gleiche Vergütung gewährt wird wie denjenigen der begünstigten Gruppe.

Verbreitet ist eine **Flexibilisierung von Entgeltbestandteilen**. Bestimmte Teile der Arbeitsvergütung werden unter dem Vorbehalt der Freiwilligkeit, der gebundenen oder ungebundenen Widerruflichkeit oder nur befristet gewährt. In individuell ausgehandelten Verträgen sind solche Regelungen nicht zu beanstanden. Entsprechendes gilt für tarifliche Regelungen. Einer – von der Rechtsprechung nicht immer so bezeichneten – Angemessenheitskontrolle werden jedoch vorformulierte Vertragsgestaltungen unterworfen. Der Kontrollmaßstab in der höchstrichterlichen Rechtsprechung ist schwer zu bestimmen.

In der Literatur wird ein abgestufter Kontrollmaßstab vorgeschlagen, der für den Verwender von Formulararbeitsverträgen beachtet werden sollte: Für die **Flexibilisierung nicht erdienter Rechte** reichen willkürfreie und nachvollziehbare Gründe. Es müssen Änderungen der Sach- oder Rechtslage eingetreten sein, die eine Kürzung nahe legen. Eine **Verhältnismäßigkeitsprüfung** soll nur insoweit eingreifen, als der durch die Änderung der Sach- und Rechtslage legitimierte sachliche Regelungszweck in Relation zur Kürzung stehen muss. Der Widerruf bzw. die Kürzung muss der nachweislich entstandenen bzw. abzubauenden Mehrbelastung entsprechen. Eingriffe in **bereits erdiente** Besitzstände bzw. in den Kernbereich der arbeitsvertraglichen Austauschbeziehung werden hingegen nur aus triftigem Grund entsprechend dem Maßstab der §§ 1 und 2 KSchG zugelassen. Dies ist bei der Gestaltung des Arbeitsvertrages zu beachten, wenn ein Widerrufs- oder Freiwilligkeitsvorbehalt Bestand haben soll. Schließlich soll der Grad des Schutzes vor dem Widerruf künftiger Leistungen nach dem Zweck der gewährten Sonderleistung abzustufen sein. Danach sind zunächst periphere Leistungen abzubauen.

Widerrufsvorbehalte bei zusätzlichen Leistungen des Arbeitgebers (Zulagen, Gratifikationen) wurden von der Rechtsprechung bislang anerkannt. Der Widerruf muss regelmäßig nach billigem Ermessen ausgeübt worden sein.

Nicht aufgegriffen wurde in der arbeitsgerichtlichen Rechtsprechung bislang, dass bei vorformulierten Arbeitsbedingungen Änderungsvorbehalte ausreichend konkretisiert und transparent (vgl. § 307 Abs. 1 Satz 2 BGB) gestaltet sein müssen. Es muss bezweifelt werden, dass die Rechtsprechung bei dieser großzügigen Verfahrensweise verbleibt. Die Kautelarpraxis sollte sich auf strengere Kriterien einstellen. Dies gilt im Hinblick auf Widerrufs- als auch im Hinblick auf Anrechnungsklauseln. Ist in einer Klausel von der »Anrechenbarkeit auf Tariflohnerhöhungen« die Rede, wird dies als hinreichend konkret und transparent angesehen.

Eine Vereinbarung, derzufolge der Arbeitnehmer auf künftig fällig werdende Gehaltsansprüche »verzichtet«, ist jedenfalls dann **unwirksam**, wenn dadurch das **Geschäftsrisiko** auf den Arbeitnehmer abgewälzt werden soll. Der durch arbeitsrechtliche Sondergesetze und richterliche Rechtsfortbildung besonders ausgeformte Typ des Arbeitsvertrages befreit den abhängig Beschäftigten von den nicht von ihm beeinflussbaren **Marktschwankungen** und gewährleistet einen weitgehenden **Existenz- und Kontinuitätsschutz** (*LAG Berlin 17.02.1997, LAGE § 138 BGB Nr. 9*).

Eine arbeitsvertragliche Vergütungsregelung muss dann als sittenwidrig i.S.v. § 138 Abs. 1 BGB angesehen werden, wenn der Arbeitnehmer mit dem Betriebs- und Wirtschaftsrisiko des Arbeitgebers belastet wird, ohne hierfür einen **Ausgleich** zu erhalten (*BAG 10.10.1990, EzA § 138 BGB Nr. 24*).

Im Hinblick auf die Arbeitsvergütung sollte für den Arbeitsvertrag zu folgenden Punkten eine Regelung bedacht werden: **1701**

- Höhe der Grundvergütung (brutto, netto), EUR,
- Zeitpunkt und Umfang der Vergütungserhöhung,
- zusätzliche Naturalvergütung, Kost und Logis,
- Zahlungsmodalitäten (bar oder unbar, Kosten der Kontoführung u.ä.),
- Zeit-, Leistungs- oder Erfolgsvergütung,
- Zulagen (z.B. Erschwernis-, Funktions-, Leistungszulagen, persönliche Zulagen, Sozialzulagen),
- Zuschläge (Mehrarbeit, Überstunden, pauschale Abgeltung, Freizeitausgleich),
- Sonderformen der Arbeitsvergütung
  - Gewinnbeteiligung,
  - Sonderzuwendungen/Gratifikationen,
  - Prämien,
  - Beihilfen,
  - Fahrtkosten,
  - Personalrabatt,
  - Prozente,
  - Trinkgeld,
- Anrechnungsmöglichkeiten von Tarifentgelterhöhungen auf übertarifliche Vergütung (vgl. dazu → Rz. 2421c ff.).

X. Urlaub

Hinsichtlich des Urlaubs bedarf es lediglich einer klaren Regelung darüber, wie viele Kalender-/Arbeitstage der Urlaub umfassen soll. Hier wird man sich meist an den branchenüblichen Regelungen orientieren. Diese ergeben sich insbesondere aus den Tarifverträgen. **1710**

Wird dem Arbeitnehmer mehr als der gesetzliche Mindesturlaub eingeräumt, können für den Mehrurlaub vom BUrlG abweichende Regelungen im Arbeitsvertrag getroffen werden (z.B. Gewährung nach betrieblichen Interessen trotz entgegenstehender Wünsche des Arbeitnehmers, Berechnung des Urlaubsentgelts ohne Berücksichtigung von Leistungszulagen). Kommt eine solche Vereinbarung nicht zustande, teilt der gegenüber dem gesetzlichen Mindesturlaub vertraglich erhöhte Urlaub das Schicksal des gesetzlichen Urlaubs; für ihn gelten dieselben Grundsätze, insbesondere für Abgeltung, Wartezeit und Zwölftelung.

XI. Weiterführende Literaturhinweise

1720 *Hanau/Preis*, Der Arbeitsvertrag, Praxis – Kommentar – Muster, Loseblattwerk, 1998
HzA, Gruppe 1, Einzelarbeitsvertragsrecht, Loseblattwerk
Küttner/Kania, Praxis der arbeitsrechtlichen Vertragsgestaltung, 1992
Schaub, Arbeitsrechtliche Formularsammlung und Arbeitsgerichtsverfahren, 7. Aufl. 1998

4. Kapitel: Weitere Regelungsgegenstände im Arbeitsvertrag

I.	Einleitung	1800
II.	ABC weiterer Regelungsgegenstände	1801
	1. Abtretungsverbot	1801
	2. Anzeige- und Nachweispflichten	1810
	3. Akkordlohn	1815
	4. Alkohol	1820
	5. Anwesenheitsprämie	1826
	6. Arbeitgeber	1830
	7. Arbeitnehmerüberlassung	1835
	8. Arbeitskleidung	1840
	9. Arbeitsordnung	1845
	10. Arbeitsunfähigkeitsnachweis	1850
	11. Arbeitsverhinderung	1855
	12. Aufrechnungsverbot	1860
	13. Aufwendungsersatz	1865
	14. Ausländische Arbeitnehmer	1870
	15. Auslandsbeschäftigung	1875
	16. Ausschlussfrist	1880
	17. Außendienstmitarbeiter	1885
	18. Außerdienstliches Verhalten	1890
	19. Außerordentliche Kündigung	1895
	20. Auszubildender	1900
	21. Bereitschaftsdienst	1905
	22. Beschäftigungspflicht	1910
	23. Betriebliche Altersversorgung	1915
	24. Beweislastklauseln	1920
	25. Datenschutz	1925
	26. Dienstreise	1930
	27. Dienstwagen	1935
	28. Direktionsrecht	1936
	29. Gerichtsstandsvereinbarung	1940
	30. Gesundheitsuntersuchung	1943
	31. Gewinnbeteiligung	1945
	32. Gratifikation	1946
	33. Haftungsausschlüsse und -beschränkungen	1947
	34. Karenzentschädigung	1949
	35. Kündigungsfristen	1950
	36. Mankoabrede	1955
	37. Nebentätigkeit	1960
	38. Provision	1962
	39. Rückzahlungsklauseln	1963
	40. Schriftformklauseln	1964
	41. Sonderzuwendungen/Gratifikationen	1965
	42. Sozialversicherungsausweis (Vorlagepflicht)	1970
	43. Verschwiegenheitspflicht	1975

44. Vertragsstrafe	1980
45. Verweisungsklauseln	1982
46. Wettbewerbsverbot	1984
III. **Weiterführende Literaturhinweise**	**1985**

I. Einleitung

1800 Im Arbeitsvertrag können die unterschiedlichsten Rechte und Pflichten des in Aussicht genommenen Arbeitsverhältnisses geregelt werden. In der folgenden Aufzählung können die möglichen Regelungskomplexe nur kurz skizziert werden (vgl. umfassend zu sämtlichen einschlägigen Arbeitsvertragsklauseln mit ausführlicher Erörterung und fundierten Empfehlungen Hanau/Preis, Der Arbeitsvertrag, Praxis – Kommentar – Muster).

Die unbedachte Verwendung beliebiger Formularverträge ist risikoträchtig. Regelmäßig sollten im Betrieb nur »maßgeschneiderte« Formularverträge verwendet werden, zu deren Formulierung unbedingt fundierter arbeitsrechtlicher Rat (im Arbeitsrecht versierte Rechtsanwälte (insbesondere Fachanwälte/Fachanwältinnen für Arbeitsrecht), Arbeitgebervereinigungen, Innungen u.ä.) einzuholen ist.

II. ABC weiterer Regelungsgegenstände

1. Abtretungsverbot

1801 Nach § 399 BGB kann einzelvertraglich die Abtretung des pfändbaren Teils einer Forderung, z.B. der Arbeitsvergütungsforderung, ausgeschlossen werden. Der Ausschluss der Abtretung kann auch durch Klauseln im Formulararbeitsvertrag erfolgen *(BGH 20.12.1956, AP Nr. 1 zu § 398 BGB)*. Ein stillschweigender Abtretungsausschluss ist nicht zu vermuten. Eine entgegen einem bestehenden Abtretungsverbot vorgenommene Abtretung ist unwirksam. Leistet der Arbeitgeber gleichwohl an den Abtretungsempfänger, muss er nochmals an den Arbeitnehmer zahlen. Ausnahmsweise kann der Arbeitgeber als Schuldner die abredewidrig vorgenommene Abtretung, sofern das Abtretungsverbot ausschließlich den Schutz des Arbeitgebers gegen eine übermäßige Belastung des Lohnbüros bezweckte, nach § 185 BGB genehmigen, so dass sie wirksam wird *(OLG Celle 14.12.1967, NJW 1968, 652)*.

Eine vom Arbeitnehmer erbetene Genehmigung darf der Arbeitgeber nicht rechtsmissbräuchlich verweigern (§ 242 BGB). Abtretungsverbote können sich auch in Tarifverträgen oder Betriebsvereinbarungen finden *(BAG 20.12.1957, EzA § 399 BGB Nr. 1; BAG 05.09.1960, EzA § 399 BGB Nr. 2; BAG, EzA § 399 BGB Nr. 3)*. Trotz des Abtretungsverbots geht der Lohnanspruch auf den Sozialversicherungsträger über, wenn dieser den Unterhalt des Arbeitnehmers für den Lohnzeitraum getragen hat *(BAG 02.06.1966, EzA § 399 BGB Nr. 3)*.

Die Vereinbarung eines Abtretungsverbotes kann im berechtigten Interesse des Arbeitgebers an der Vereinfachung der Vertragsabwicklung stehen.

Dem Arbeitgeber entstehen Kosten bei der Bearbeitung der Lohnabtretungen und er sieht sich weiteren Gläubigern der Arbeitsvergütungsforderung gegenüber. Ein Abtretungsverbot bewahrt das Lohnbüro vor Mehrarbeit. Die Abrede eines Abtretungsverbotes kann nicht die Pfändung von Teilen des Arbeitseinkommens im Wege der Zwangsvollstreckung verhindern. Dem Arbeitgeber wird daher empfohlen, arbeitsvertraglich einen **Kostenbeitrag des Arbeitnehmers für etwaige Lohn- oder Gehaltspfändungen** zu vereinbaren. Ohne eine solche Vereinbarung fehlt die Rechtsgrundlage für den Anspruch auf Kostenübernahme. Gebräuchlich sind Festbetragspauschalen (bestimmter Geldbetrag für Bearbeitung der Pfändung) und Prozentpauschalen (Prozentsatz der gepfändeten Forderung als Kostenbeitrag). Solange sich solche Pauschalen im Bereich des Angemessenen halten, werden sie nach dem Grundsatz der Vertragsfreiheit als zulässig angesehen. An der Vereinbarung einer Prozentpauschale ist jedoch problematisch, dass der Arbeitsaufwand des Arbeitgebers nicht mit der Pfändungssumme steigt. Zu empfehlen ist daher eine Festbetragspauschale. Der Festbetrag ist nach dem durchschnittlichen Kosten- und Zeitmehraufwand für die Bearbeitung einer Lohnpfändung zu bemessen. Verbreitet werden ein Verwaltungskostenbeitrag von 5,00 EUR pro Pfändung, Schreibkosten von 2,50 EUR pro Schreiben (z.B. Drittschuldnererklärung) sowie 1,00 EUR pro Überweisung als angemessen angesehen.

Absolute Abtretungsverbote können den Arbeitnehmer erheblich in seiner wirtschaftlichen Betätigungsfreiheit beeinträchtigen. Das Abtretungsverbot hindert den Arbeitnehmer daran, seine Lohn- oder Gehaltsforderung beim Abschluss eines Kreditvertrages als Sicherheit zu verwenden. Andererseits kann die Möglichkeit des Lohnabtretungsausschlusses für den Arbeitnehmer auch Vorteile haben. Dem Kreditgeber ist damit das wichtigste außergerichtliche Beitreibungsmittel abgeschnitten, so dass er sich von vornherein der gerichtlichen Überprüfung des Bestehens seiner Forderung aussetzen muss.

In der Literatur wird als die Interessen beider Seiten berücksichtigende Variante die Vereinbarung eines Abfindungsverbots mit einem Zustimmungsvorbehalt des Arbeitgebers vorgeschlagen. Durch diese Vertragsgestaltung behält der Arbeitgeber den Überblick und kann den Verwaltungsaufwand koordinieren. Der Arbeitnehmer hingegen wird nicht unangemessen in seiner wirtschaftlichen Betätigungsfreiheit beschränkt.

2. Anzeige- und Nachweispflichten

In Formulararbeitsverträgen werden häufig Regelungen über Anzeige- und Nachweispflichten des Arbeitnehmers aufgenommen. Soweit es um den Hinweis auf bestehende gesetzliche oder tarifvertragliche Pflichten (z.B. Anzeige und Nachweis der Arbeitsunfähigkeit nach § 5 EFZG oder der persönlichen Verhinderung) geht, dienen derartige Klauseln allein der Information des Arbeitnehmers über die Rechtslage durch Hervorhebung dieser Pflichten. Es ist aber auch zulässig, im Arbeitsvertrag zu vereinbaren, dass eine ärztliche Arbeitsunfähigkeitsbescheinigung bereits für den ersten Tag krankheitsbedingter Arbeitsunfähigkeit beigebracht werden muss. § 5 Abs. 1 Satz 3 EFZG eröffnet dem Arbeitgeber die Möglichkeit, auf der Vorlage der Arbeitsunfähigkeitsbescheinigung auch für den ersten Tag der Arbeitsunfähigkeit zu bestehen. Verlangt der Arbeitgeber die Arbeitsunfähigkeitsbescheinigung für den ersten Tag der Erkrankung, so muss sich der Arbeitnehmer einer ärztlichen Untersuchung so rechtzeitig stellen, dass es dem Arzt noch möglich ist, die Arbeitsunfähigkeit bereits für den ersten Tag zu attestieren *(BAG 01.10.1997, EzA § 3 EFZG Nr. 5)*.

Haben solche Klauseln auch die arbeitnehmerseitige Anzeige über **Veränderungen in den persönlichen Verhältnissen** zum Inhalt, dienen sie der Wahrung der berechtigten Interessen des Arbeitgebers daran, so bald wie möglich die Umstände zu erfahren, die für den Betriebsablauf, seine Personalplanung und seine Verpflichtungen gegenüber dem Arbeitnehmer von Bedeutung sein können. Die Grenzen der Anzeigepflicht werden bestimmt durch den Umfang des Fragerechts des Arbeitgebers (vgl. → Rz. 1012-1024) bei der Einstellung des Arbeitnehmers. Ein Fragerecht besteht nur, soweit die betreffenden Umstände mit dem Arbeitsplatz und der zu erbringenden Arbeitsleistung im Zusammenhang stehen. Anzeigepflichtig können insoweit sein:

- Erwerb oder Verlust von Sonderrechten nach dem MuSchG oder SGB IX,
- Wechsel der Krankenkassenmitgliedschaft,
- Wohnungswechsel,
- Änderung des Personenstandes oder der Familienverhältnisse (z.B. betriebliche Berechnung des Ortszuschlags, *ArbG Ludwigshafen, EzA § 29 BAT Anzeigepflicht Nr. 5, 6*,
- andere Mitarbeiter gefährdende Krankheiten, u.a.m.,
- Aufnahme einer weiteren geringfügigen Tätigkeit (§§ 28 g, 28 o SGB IV).

Aus der **Treuepflicht des Arbeitnehmers** folgt dessen Verpflichtung, den Arbeitgeber über Handlungen anderer Arbeitnehmer zu informieren, wenn Personenschäden oder schwere Sachschäden entstanden oder zu befürchten sind. Eine weitergehende Anzeigepflicht kann für Arbeitnehmer bestehen, zu deren arbeitsvertraglichen Pflichten die Beaufsichtigung anderer Arbeitnehmer gehört *(BAG 18.06.1970, AP Nr. 57 zu § 611 BGB Haftung des Arbeitnehmers)*.

3. Akkordlohn

1815 Regelmäßig ist die Pflicht zur Leistung von Akkord Gegenstand von Tarifverträgen oder Betriebsvereinbarungen. Liegt insoweit keine verbindliche Regelung vor, sind die Modalitäten der Akkordarbeit im Arbeitsvertrag zu regeln. Für bestimmte Arbeitnehmergruppen ist die Vereinbarung von Akkordarbeit unzulässig, nämlich für Schwangere (§ 4 Abs. 3 MuSchG), Jugendliche (§ 23 JArbSchG) und Fahrpersonal (§ 3 Abs. 1 FPersG; zur erweiternden Auslegung s. *ArbG Kiel 27.01.1999, 6 BV 61 d/98*).

Bei der Vereinbarung von Akkordarbeit sind Bestimmungen zu treffen:

- zu den Bezugsgrößen der Akkordvergütung (Stückakkord, Gewichtsakkord, Flächenakkord, Maßakkord, Pauschalakkord),
- zur Art der Akkordvergütung (Geld- oder Zeitakkord),
- zum personalen Bezug der Akkordarbeit (Einzel- oder Gruppenakkord),

- zu den Methoden der Akkordvorgabebestimmung (arbeitswissenschaftlicher Akkord, ausgehandelter Akkord, Faust- oder Meisterakkord, Schätzakkord),
- zur Mindestvergütung (in der Regel tariflicher Stundenlohn),
- zur Verdienstsicherung bei nichtakkordfähigen Arbeiten, Rüstzeiten, Arbeitsablaufstörungen u.ä.,
- zur Möglichkeit der Zuweisung nicht verakkordierter Arbeit und zur Höhe des dann geschuldeten Zeitlohns.

4. Alkohol/Drogen

Aufgrund einer allgemeinen arbeitsvertraglichen Nebenpflicht und teilweise aufgrund der Unfallverhütungsvorschrift in § 38 Abs. 1 VGB I ist es dem Arbeitnehmer verboten, sich in einen Zustand zu versetzen, in dem er sich oder andere gefährden kann. Der Arbeitnehmer hat die Pflicht, seine Arbeitsfähigkeit auch nicht durch privaten Alkoholgenuss oder Drogenkonsum zu beeinträchtigen (*BAG 26.01.1995, EzA § 1 KSchG Verhaltensbedingte Kündigung Nr. 46*). Die Untersagung des Verkaufs alkoholischer Getränke auf dem Betriebsgelände, des Mitbringens alkoholischer Getränke und der Ausspruch eines generellen Alkoholverbots betreffen Fragen der Ordnung des Betriebes und sind daher nach § 87 Abs. 1 Nr. 1 BetrVG **mitbestimmungspflichtig**. In Betrieben ohne Betriebsrat können solche Regelungen auch Gegenstand arbeitsvertraglicher Abreden sein. In Arbeitsverträgen für Kranführer, Kraftfahrer und Gabelstaplerfahrer und für Arbeitnehmer, die mit gefährlichen Stoffen oder Maschinen hantieren, sollten ausdrücklich entsprechende Bestimmungen aufgenommen werden.

1820

Eine **gesetzliche Pflicht** für den Arbeitnehmer, sich einer Blutuntersuchung zur Klärung eines möglichen Alkohol- bzw. Drogenmissbrauchs zu unterziehen, besteht nicht (*BAG 12.08.1999, EzA § 1 KSchG Verhaltensbedingte Kündigung Nr. 55*).

Die Pflicht des Arbeitnehmers, beim **Vorliegen eines berechtigten Interesses des Arbeitgebers** eine ärztliche Untersuchung seines Gesundheitszustandes zu dulden, resultiert aus der **allgemeinen Treuepflicht des Arbeitnehmers** (*BAG 06.11.1997, EzA § 626 nF BGB Nr. 171*). Bestehen etwa begründete Zweifel an der Tauglichkeit des Arbeitnehmers, den Anforderungen seines Arbeitsplatzes aus gesundheitlichen Gründen auf Dauer gerecht zu werden, so kann die dem Arbeitgeber gegenüber dem Arbeitnehmer obliegende Fürsorgepflicht einen hinreichenden sachlichen Grund darstellen, ein amtsärztliches Gutachten über die Dienstfähigkeit des Arbeitnehmers einzuholen. Ein Arbeitnehmer, der die notwendige ärztliche Begutachtung über Gebühr erschwert oder unmöglich macht, verstößt gegen seine Treuepflicht. Ist der Arbeitnehmer aufgrund der ihm obliegenden Treuepflicht grundsätzlich verpflichtet, sich in gewissen Abständen einer Gesundheitsuntersuchung zu unterziehen, so bedeutet dies noch nicht, dass der Arzt ohne jede Einschränkung alle Untersuchungen vornehmen darf, die er oder der Arbeitgeber für sachdienlich halten. Das Interesse des Arbeitgebers an der geforderten Untersuchung ist vielmehr abzuwägen gegen das Interesse des Arbeitnehmers an der Wahrung seiner Intimsphäre und körperlichen Unversehrtheit.

Eine ärztliche Untersuchung des Arbeitnehmers mit daran anschließender Offenbarung personenbezogener Daten durch den Arzt an den Arbeitgeber führt regelmäßig zu einem Eingriff in die Intimsphäre des Arbeitnehmers. Diese ist jedoch durch Art. 2 Abs. 1 GG i.V.m. Art. 1 Abs. 1 GG verfassungsrechtlich geschützt. Das allgemeine Persönlichkeitsrecht schützt grundsätzlich vor der Erhebung und Weitergabe von Befunden über den Gesundheitszustand, die seelische Verfassung und den Charakter des Arbeitnehmers. Der Schutz ist um so intensiver, je näher die Daten der Intimsphäre des Betroffenen stehen. Ist die Untersuchung darüber hinaus mit einer Blutentnahme verbunden, so liegt ein Eingriff in die körperliche Unversehrtheit vor, den zu dulden der Arbeitnehmer regelmäßig nicht verpflichtet ist.

Berücksichtigt man die verfassungsrechtlich geschützten Arbeitnehmerinteressen, so ist davon auszugehen, dass **Routineuntersuchungen im laufenden Arbeitsverhältnis,** die **vorbeugend** klären sollen, ob der Arbeitnehmer alkohol- bzw. drogenabhängig ist, regelmäßig unzulässig sind. Zwar hat der Arbeitgeber an sich ein berechtigtes Interesse, nur solche Arbeitnehmer zu beschäftigen, die nicht infolge Alkohol- bzw. Drogenmissbrauchs im Betrieb eine Gefahr für sich und andere darstellen. Dem allgemeinen Persönlichkeitsrecht des Arbeitnehmers und dem dadurch gewährleisteten grundgesetzlichen Schutz vor der Erhebung und Weitergabe von Befunden über den Gesundheitszustand, die seelische Verfassung und den Charakter des Arbeitnehmers ist jedoch nur dann hinreichend Rechnung getragen, wenn die Begutachtung sich lediglich auf solche Umstände bezieht, die bei vernünftiger, lebensnaher Einschätzung die ernsthafte Besorgnis begründen, bei dem betreffenden Arbeitnehmer könne eine Alkohol- bzw. Drogenabhängigkeit vorliegen. Die Entscheidung des Arbeitgebers, die Begutachtung durch den Arzt auf eine mögliche Alkohol- bzw. Drogenabhängigkeit zu erstrecken, muss deshalb auf hinreichend sicheren tatsächlichen Feststellungen beruhen, die einen derartigen Eignungsmangel des Arbeitnehmers als naheliegend erscheinen lassen (*BAG 12.08.1999, EzA § 1 KSchG Verhaltensbedingte Kündigung Nr. 55*).

Der Arbeitnehmer kann daher wegen des verfassungsmäßig garantierten Grundrechts auf körperliche Integrität weder zu einer Untersuchung seines Blutalkoholwertes gezwungen werden noch zur Mitwirkung an einer Atemalkoholanalyse (*BAG 26.01.1995, EzA § 1 KSchG Verhaltensbedingte Kündigung Nr. 46*).

Höchstrichterlich nicht geklärt ist die Frage, ob der Arbeitnehmer sich rechtswirksam **vertraglich** für den Fall eines begründeten Verdachts von Alkohol oder Drogenmissbrauch (eingeschränkte oder vollständige Arbeitsunfähigkeit) zur Durchführung einer Blutalkohol- oder sonstigen vergleichbar intensiven Untersuchung unter Mitteilung des Ergebnisses an den Arbeitgeber verpflichten kann. Eine solche vertragliche Verpflichtung erscheint zulässig, denn sie läuft auf die vertragliche Feststellung einer Rechtspflicht hinaus, ohne dem Arbeitgeber weitergehende Rechte zu verschaffen, als sie sich schon aus der Treuepflicht ergeben.

Auch dem Arbeitgeber kann nicht vorgeschrieben werden kann, auf welche Art und Weise er eine Alkoholisierung des Arbeitnehmers nachweist. Daher müsste der Wunsch nach einem **Entlastungsnachweis mittels Atemalkoholanalyse** bzw. einer Untersuchung durch den Arzt regelmäßig vom Arbeitnehmer aus Anlass und zur Zeit des angeblich festgestellten Alkoholgenusses an den Arbeitgeber herangetragen werden, zumal eine solche Analyse bzw. Untersuchung – gerade wenn bereits Indizien für eine Alkoholisierung vorliegen – nicht nur zur Entlastung, sondern auch zur Bestätigung des Alkoholgenusses sowie außerdem zur Feststellung des Alkoholisierungsgrades führen kann. Wegen der Zweischneidigkeit einer solchen Maßnahme muss der Arbeitnehmer von sich aus initiativ werden, wenn er sich einem Alkoholtest stellen will. Von sich aus braucht der Arbeitgeber einen Alkoholtest jedenfalls dann nicht anzubieten, wenn der Arbeitnehmer in der konkreten Situation seine Alkoholisierung gar nicht bestreitet. Außerdem ist ein derartiger Eingriff in das Persönlichkeitsrecht und die körperliche Unversehrtheit des Arbeitnehmers nicht ohne seine Einwilligung möglich (*BAG 16.09.1999, EzA § 626 BGB Krankheit Nr. 2*).

5. Anwesenheitsprämie

Anwesenheitsprämien sind Sondervergütungen, die dem Arbeitnehmer über das Arbeitsentgelt hinaus für den Fall zugesagt werden, dass er während eines bestimmten Zeitraums tatsächlich und ununterbrochen arbeitet. In der Praxis finden sich die unterschiedlichsten Formen. Sie werden als **sozialpolitisch bedenklich** angesehen, weil sie nach den in der betrieblichen Praxis üblichen Bedingungen nicht nur bei unberechtigten, sondern auch bei berechtigten Fehlzeiten wegfallen. Der Wegfall der Anwesenheitsprämie trifft sowohl den echten Kranken als auch den Simulanten.

1825

Nach § 4 a EFZG ist eine Vereinbarung über die Kürzung von Leistungen, die der Arbeitgeber zusätzlich zum laufenden Arbeitsentgelt erbringt (Sondervergütungen), auch für Zeiten der Arbeitsunfähigkeit infolge Krankheit zulässig. Die Kürzung darf für jeden Tag der Arbeitsunfähigkeit infolge Krankheit ein Viertel des Arbeitsentgelts, das im Jahresdurchschnitt auf einen Arbeitstag entfällt, nicht überschreiten. Ungeklärt ist bislang trotz der Legaldefinition, welches Entgelt »laufend« ist und welches als Sondervergütung angesehen werden kann. Offen ist, ob nur Einmalleistungen oder auch vielfache Zahlungen darunter zu verstehen sind.

Gewährt der Arbeitgeber eine Anwesenheitsprämie für ein Quartal nur dann, wenn in diesem Zeitraum kein krankheitsbedingter Fehltag liegt, enthält diese Zusage die Kürzung einer Sondervergütung im Sinne des § 4 a EFZG. Dem Arbeitnehmer steht deshalb bei krankheitsbedingten Fehlzeiten ein der gesetzlichen Kürzungsmöglichkeit entsprechender, anteiliger Anspruch auf die Anwesenheitsprämie zu (*BAG 25.07.2001, EzA § 4 a EFZG Nr. 2*).

Im Schrifttum wird darum gestritten, ob sog. Kleingratifikationen trotz des Wortlautes von § 4 a EFZG weiterhin in Anwendung der bisherigen Rechtsprechung des BAG von Kürzungen ausgenommen sind *(BAG 15.02.1990, EzA § 611 BGB Anwesenheitsprämie Nr. 9)*.

Zu betonen ist, dass § 4 a EFZG nur eine Regelung zu Kürzungen bei krankheitsbedingten Fehlzeiten bzw. über § 9 EFZG bei Vorsorge- und Rehabilitationsmaßnahmen zulässt.

Wegen der Frage, ob Mutterschutzfristen eine Kürzung erlauben, ist auf die Rechtsprechung des BAG zu verweisen, die ein Kürzungsrecht ablehnt (*BAG 12.05.1993, EzA § 611 BGB Gratifikation, Prämie Nr. 104*). Hingegen werden Kürzungsvereinbarungen im Hinblick auf arbeitskampfbedingte Fehltage als statthaft angesehen (*BAG 31.10.1995, EzA Art 9 GG Arbeitskampf Nr. 123*).

So weit Kürzungsvereinbarungen zulässig sind, ist darauf zu achten, dass die Vereinbarungen eindeutig formuliert werden. Bei einer vom Arbeitgeber formulierten arbeitsvertraglichen Zusage einer freiwilligen Leistung ist nämlich darauf abzustellen, wie der Arbeitnehmer sie verstehen durfte. Unklarheiten gehen zu Lasten des die Abrede formulierenden Arbeitgebers. Insbesondere wenn die freiwillige Arbeitgeberleistung einen erheblichen Teil der Arbeitsvergütung ausmacht, muss der Arbeitnehmer deutlich erkennen können, unter welchen Voraussetzungen die Leistung ausgeschlossen sein soll (*BAG 29.09.1999, 7 AZR 281/98*).

6. Arbeitgeber

1830 Der Arbeitgeber als Gläubiger des Anspruchs auf Arbeitsleistung ist im Arbeitsvertrag festzuhalten und Vertretungsverhältnisse sind offenzulegen (vgl. auch § 2 Abs. 1 Nr. 1 NachwG). Das bereitet im Normalfall keine Schwierigkeiten. Arbeitgeber können u.a. natürliche oder juristische Personen des Privatrechts (GmbH, AG) oder des öffentlichen Rechts (z.B. Städte oder Bundesländer als Gebietskörperschaften) und Personengesellschaften (OHG, KG) sein. Bei einer Gesellschaft des bürgerlichen Rechts sind Arbeitgeber **die einzelnen Gesellschafter**. Auf der Arbeitgeberseite können auch **mehrere natürliche oder juristische Personen** stehen. Dies ist im Arbeitsvertrag klarzustellen. Ein **Konzern** als Unternehmensverbund kommt nicht als Arbeitgeber in Betracht. Arbeitsvertragliche Beziehungen können dort zur Konzernobergesellschaft (Muttergesellschaft), zu einer Konzerngesellschaft (Tochtergesellschaft) oder zu beiden bestehen. Befindet sich eine **Kapitalgesellschaft in Gründung**, ist klarzustellen, ob das Arbeitsverhältnis zur Vorgründungs-, Gründungs- und/oder zu der zu gründenden Gesellschaft begründet werden soll.

Auch bei der Durchführung von **Arbeitsbeschaffungsmaßnahmen** können nach §§ 260 ff. SGB III privatwirtschaftliche Arbeitgeber beteiligt sein. Mit der Einstellung des vom Arbeitsamt nach § 269 Abs. 1 SGB III zugewiesenen Arbeitnehmers durch den Maßnahmeträger (z.B. ein privatwirtschaftlicher Arbeitgeber) wird ein privatrechtliches Arbeitsverhältnis begründet. Die Gestaltung des Arbeitsvertrages kann das Arbeitsamt nicht beeinflussen, wenngleich für das Arbeitsverhältnis besondere Kündigungsrechte bestehen (§ 270 SGB III). Entsprechendes gilt für die Förderung von Strukturanpassungsmaßnahmen.

7. Arbeitnehmerüberlassung

1835 Der Verleiher als Arbeitgeber hat dem Leiharbeitnehmer nach § 11 Abs. 2 AÜG bei Vertragsschluss ein **Merkblatt** der Bundesanstalt für Arbeit zu Rechtsfragen der gewerblichen Arbeitnehmerüberlassung auszuhändigen. Ferner ist der Verleiher nach § 11 Abs. 1 AÜG verpflichtet, den wesentlichen Inhalt des Arbeitsverhältnisses in eine von ihm **zu unterzeichnende Urkunde** aufzunehmen, wobei in der Urkunde anzugeben sind:

- Firma und Anschrift des Verleihers, die Erlaubnisbehörde sowie Ort und Datum der Erteilung der Erlaubnis nach § 1 AÜG,
- Vor- und Familienname, Wohnort und Wohnung, Tag und Ort der Geburt des Leiharbeitnehmers,
- eine kurze Charakterisierung oder Beschreibung der von dem Leiharbeitnehmer zu leistenden Tätigkeit, dafür erforderliche Qualifikationen, ein Hinweis darauf, dass der Arbeitnehmer an verschiedenen Orten beschäftigt wird, und etwaige Pflicht zur auswärtigen Leistung,
- Beginn und Dauer des Arbeitsverhältnisses, Gründe für eine Befristung,
- Fristen für die Kündigung des Arbeitsverhältnisses,
- die Zusammensetzung und Höhe des Arbeitsentgelts einschließlich der Zuschläge, Zulagen, Prämien und Sonderzahlungen sowie anderer Bestandteile des Arbeitsentgelts und deren Fälligkeit,
- Leistungen bei Krankheit, Urlaub und vorübergehender Nichtbeschäftigung,
- Zeitpunkt und Ort der Begründung des Arbeitsverhältnisses,
- die Dauer des jährlichen Erholungsurlaubs,
- die vereinbarte Arbeitszeit,
- der in allgemeiner Form gehaltene Hinweis auf die Tarifverträge und Betriebsvereinbarungen, die auf das Leiharbeitsverhältnis anzuwenden sind,
- die Angaben nach § 2 Abs. 2 des Nachweisgesetzes, wenn der Leiharbeitnehmer länger als einen Monat seine Arbeitsleistung außerhalb der Bundesrepublik zu erbringen hat.

Von einer dem § 2 Abs. 3 NachwG entsprechenden Verweisungsmöglichkeit auf Tarifverträge, Betriebsvereinbarungen oder ähnliche Regelungen wurde abgesehen. Leiharbeitnehmer bedürfen nach Auffassung des Gesetzgebers insoweit eines besonderen Schutzes, weil der Kontakt zum Arbeitgeber im Vergleich zu anderen Arbeitnehmern in der Regel sehr eingeschränkt ist.

Im Gegensatz zu den allgemeinen Nachweisbestimmungen gelten keine Monatsfristen für die Aushändigung der schriftlichen Niederlegung, vielmehr sind die Unterlagen nach § 11 Abs. 1 Satz 5 AÜG unverzüglich, d.h. ohne schuldhaftes Zögern des Verleihers, auszuhändigen. Wer als Arbeitgeber der Pflicht nach § 11 AÜG nicht nachkommt, handelt nach § 16 Abs. 1 Nr. 8 AÜG ordnungswidrig und kann nach Abs. 2 dieser Vorschrift mit einem Bußgeld belangt werden.

Unwirksam sind in Leiharbeitsverträgen **wiederholte Befristungen des Arbeitsverhältnisses** zwischen Verleiher und Leiharbeitnehmer, es sei denn, dass sich für die Befristung aus der Person des Leiharbeitnehmers ein sachlicher Grund ergibt, oder die Befristung ist für einen Arbeitsvertrag vorgesehen, der unmittelbar an einen mit demselben Verleiher geschlossenen Arbeitsvertrag anschließt (§ 9 Nr. 2 AÜG). Ebenfalls unwirksam sind Vereinbarungen, die dem Leiharbeitnehmer untersagen, mit dem Entleiher zu einem Zeitpunkt, in dem das Arbeitsverhältnis zwischen Verleiher und Leiharbeitnehmer nicht mehr besteht, ein Arbeitsverhältnis einzugehen (§ 9 Nr. 5 AÜG). Entsprechendes gilt für Vertragsstrafenklauseln, nach denen der Leiharbeitnehmer für den Fall der Begründung eines Arbeitsverhältnisses mit dem Entleiher verpflichtet ist, an den Verleiher eine Vertragsstrafe zu zahlen.

8. Arbeitskleidung

1840 Die Kosten der **Arbeitskleidung** und von deren Reinigung trägt der Arbeitnehmer, sofern die Arbeitsvertragsparteien nichts anderes vereinbart haben. Grundsätzlich kann der Arbeitgeber dem Arbeitnehmer nicht das Tragen einer bestimmten Kleidung vorschreiben. Arbeitnehmer, die Arbeitsplätze mit gewisser Repräsentationspflicht innehaben, müssen sich jedoch ihrer Aufgabenstellung angemessen kleiden (*LAG Hamm 22.10.1991, BB 1992, 430; LAG Hamm 07.07.1993, LAGE § 611 BGB Direktionsrecht Nr. 14*), ohne dass den Arbeitgeber wegen des erhöhten Kleidungsaufwands eine (anteilige) Kostentragungspflicht trifft.

Etwas anderes gilt, wenn der Arbeitgeber vom Arbeitnehmer verlangt, dass dieser eine besondere Dienstkleidung (Berufskleidung) trägt. Unter **Dienstkleidung** wird eine Kleidung verstanden, die **zur besonderen Kenntlichmachung im dienstlichen Interesse** anstelle anderer Kleidung während der Arbeit getragen werden muss. Die Kosten der Dienstkleidung und von deren Reinigung sind vom Arbeitgeber zu tragen.

Die Regelung, Dienstkleidung zu tragen, betrifft eine Frage der Ordnung des Betriebes und ist deshalb nach § 87 Abs. 1 Nr. 1 BetrVG mitbestimmungspflichtig. Das Mitbestimmungsrecht reicht dabei bis zur Gestaltung der Kleidung. Die Betriebspartner können jedoch nicht verbindlich regeln, dass die Arbeitnehmer die Kosten für die Gestellung der Arbeitskleidung ganz oder teilweise zu tragen haben (vgl. auch → Rz. 2963). Für betriebsratslose Betriebe ist die Verpflichtung zum Tragen von Dienstkleidung in den Arbeitsvertrag aufzunehmen. Dort kann auch eine Kostenverteilung zwischen Arbeitgeber und Arbeitnehmer (wegen der Schonung der eigenen Kleidung des Arbeitnehmers) oder eine Pauschalierung der mit dem Tragen von Dienstkleidung verbundenen Kosten vereinbart werden.

Nach § 3 Abs. 2 Nr. 1 ArbSchG bzw. §§ 618, 619 BGB ist der Arbeitgeber verpflichtet, dem Arbeitnehmer **Schutzkleidung** zur Verfügung zu stellen. Vorschriften über Schutzkleidung können auch aus Verordnungen aufgrund von § 120 e GewO, Unfallverhütungsvorschriften der Berufsgenossenschaften und Tarifverträgen folgen. Zur Schutzkleidung rechnen z.B. Schutzhelme, feuersichere Anzüge, Sicherheitsschuhe, Regenschutzkleidung u.ä. Die Kosten für solche Schutzkleidung trägt der Arbeitgeber entsprechend § 670 BGB, sofern dieser sie für die Selbstbeschaffung der Kleidung für erforderlich halten durfte (*BAG 21.08.1985, EzA § 618 BGB Nr. 5; BAG 19.05.1998, EzA § 670 BGB Nr. 28*).

Er kann sie grundsätzlich **nicht** durch individualvertragliche Abmachung (teilweise) **auf den Arbeitnehmer abwälzen** (§ 3 Abs. 3 ArbSchG). Die vom Arbeitgeber angeschaffte Schutzkleidung bleibt sein Eigentum. Vereinbarungen, die eine Kostenbeteiligung des Arbeitnehmers an der persönlichen Schutzausrüstung vorsehen, sind **ausnahmsweise** zulässig, wenn der Arbeitgeber dem Arbeitnehmer auch einen außerdienstlichen Vorteil (private Nutzung) anbietet und der Arbeitnehmer davon freiwillig Gebrauch macht. Soweit der Arbeitgeber dem Arbeitnehmer die Schutzkleidung nicht zur Verfügung stellt, hat er nach §§ 662 ff. BGB dem Arbeitnehmer die **Anschaffungskosten** zu ersetzen.

9. Arbeitsordnung

Eine Arbeitsordnung betrifft Fragen der Ordnung des Betriebes und des Verhaltens der Arbeitnehmer im Betrieb. Sie ist insoweit nach § 87 Abs. 1 Nr. 1 BetrVG **mitbestimmungspflichtig**. Enthält sie Bestimmungen zum sog. Leistungsverhalten (unmittelbar auf die Arbeitsleistung bezogene Maßnahmen des Arbeitgebers), sind diese mitbestimmungsfrei. In betriebsratslosen Betrieben soll der Arbeitgeber berechtigt sein, eine Arbeitsordnung einseitig vorzugeben. Ob dies zutrifft, hängt vom jeweiligen Inhalt der Arbeitsordnung ab.

1845

Es empfiehlt sich, die Arbeitsordnung dem schriftlichen Arbeitsvertrag beizufügen, um dem Arbeitnehmer eine angemessene Kenntnisnahme der Bestimmungen zu ermöglichen. Zumindest in betriebsratslosen Betrieben sollte die Arbeitsordnung auch zum Gegenstand des Arbeitsvertrages gemacht werden, um ihre Geltung zweifelsfrei zu bewirken. Dies kann durch Inbezugnahme im Arbeitsvertrag geschehen (*LAG Köln 27.07.1999, EzA-SD 9/2000, 8*).

Arbeitsordnungen enthalten üblicherweise Regelungen zu folgenden Komplexen:
- Alkoholverbot,
- Dienstkleidung (»Kleiderordnung«),
- Benutzungsordnung für Parkplatz,
- Rauchverbot,
- Torkontrollen,
- Werksausweis,
- Benutzung von Zeiterfassungsgeräten,
- Telefonbenutzung für dienstliche und private Zwecke,
- Private Arbeiten im Betrieb,
- Zutrittsverbote,
- Umweltschutz und Sauberkeit am Arbeitsplatz,
- Verhalten bei persönlicher Verhinderung (Krankheit, Panne),
- Antragsverfahren für Urlaub.

10. Arbeitsunfähigkeitsnachweis

Der **Arbeitnehmer** ist nach § 5 Abs. 1 Satz 1 EFZG verpflichtet, dem Arbeitgeber die Arbeitsunfähigkeit und deren voraussichtliche Dauer unverzüglich mitzuteilen. Dauert die Arbeitsunfähigkeit länger als drei Kalendertage, hat der Arbeitnehmer eine ärztliche Bescheinigung über das Bestehen der Arbeitsunfähigkeit sowie deren voraussichtliche Dauer spätestens an dem darauffolgenden Arbeitstag vorzulegen. Der Arbeitgeber ist berech-

1850

tigt, die Vorlage der ärztlichen Bescheinigung früher zu verlangen. Insoweit ist zulässig, im Arbeitsvertrag zu vereinbaren, dass eine ärztliche Arbeitsunfähigkeitsbescheinigung bereits für den ersten Tag krankheitsbedingter Arbeitsunfähigkeit beigebracht werden muss. § 5 Abs. 1 Satz 3 EFZG eröffnet dem Arbeitgeber die Möglichkeit, auf der Vorlage der Arbeitsunfähigkeitsbescheinigung auch für den ersten Tag der Arbeitsunfähigkeit zu bestehen. Verlangt der Arbeitgeber die Arbeitsunfähigkeitsbescheinigung für den ersten Tag der Erkrankung, so muss sich der Arbeitnehmer einer ärztlichen Untersuchung so rechtzeitig stellen, dass es dem Arzt noch möglich ist, die Arbeitsunfähigkeit bereits für den ersten Tag zu attestieren *(BAG 01.10.1997, EzA § 3 EFZG Nr. 5)*.

Der Arbeitgeber kann ferner bei Zweifeln an der Arbeitsunfähigkeit des Arbeitnehmers eine Begutachtung durch den **Medizinischen Dienst der Krankenversicherung** verlangen. Durch Art. 4 PflegeVG sind striktere Bestimmungen über die Begutachtung und Beratung durch den Medizinischen Dienst der Krankenversicherung insbesondere bei Zweifeln an der Arbeitsunfähigkeit in §§ 275 ff. SGB V (Krankenversicherung) eingeführt worden.

Überprüfungen sind danach insbesondere durchzuführen, wenn »Versicherte auffällig häufig oder auffällig häufig nur für kurze Dauer arbeitsunfähig sind oder der Beginn der Arbeitsunfähigkeit häufig auf einen Arbeitstag am Beginn oder am Ende einer Woche fällt, oder die Arbeitsunfähigkeit von einem Arzt festgestellt worden ist, der durch die Häufigkeit der von ihm ausgestellten Bescheinigungen über Arbeitsunfähigkeit auffällig geworden ist«. Der Arbeitgeber kann in diesen Fällen **verlangen**, dass die Krankenkasse eine gutachterliche Stellungnahme des Medizinischen Dienstes zur Überprüfung der Arbeitsunfähigkeit einholt. Die Krankenkasse kann von einer Beauftragung des Medizinischen Dienstes absehen, wenn sich die medizinischen Voraussetzungen eindeutig aus den der Krankenkasse vorliegenden ärztlichen Unterlagen ergeben. Weiterhin überprüft der Medizinische Dienst bei Vertragsärzten stichprobenartig und zeitnah Feststellungen der Arbeitsunfähigkeit (§ 275 Abs. 1 b SGB V). Ergeben die Prüfungen, dass ein Arzt Arbeitsunfähigkeit festgestellt hat, obwohl die medizinischen Voraussetzungen dafür nicht vorlagen, kann der Arbeitgeber, der zu Unrecht Arbeitsentgelt, und die Krankenkasse, die zu Unrecht Krankengeld gezahlt hat, **von dem Arzt Schadensersatz verlangen**, wenn die Arbeitsunfähigkeit grob fahrlässig festgestellt worden ist, obwohl die Voraussetzungen dafür nicht vorlagen.

11. Arbeitsverhinderung

1855 Nach § 616 Abs. 1 Satz 1 BGB verliert der Arbeitnehmer seinen Anspruch auf Arbeitsvergütung nicht dadurch, dass er für eine verhältnismäßig nicht erhebliche Zeit durch einen in seiner Person liegenden Grund ohne sein Verschulden an der Dienstleistung verhindert ist. Der Arbeitnehmer muss die Verhinderung möglichst zu vermeiden suchen. Objektive, allgemein wirksame Hinderungsgründe (Verkehrsstau, Glatteis) fallen nicht unter die Norm. Einschlägig sind **persönliche Verhinderungen** wie z.B.:

- nicht verschiebbarer Arztbesuch,
- Geburt des eigenen Kindes,
- Begräbnis eines nahen Angehörigen,
- eigene Hochzeit oder die eines nahen Angehörigen,
- Ladung zum Gericht als Zeuge oder Partei (bei angeordnetem persönlichen Erscheinen),
- Erkrankung naher Angehöriger.

Der § 616 Abs. 1 BGB ist nach der Rechtsprechung des BAG **abdingbar**, wobei offengelassen worden ist, ob die Vorschrift einzelvertraglich vollständig abbedungen werden darf. Die Frage stellt sich verschärft, wenn das Abbedingen in vorformulierten Arbeitsbedingungen erfolgt (§ 307 Abs. 2 Nr. 1 BGB)

12. Aufrechnungsverbot

Unter Aufrechnung wird die wechselseitige Tilgung zweier sich gegenüberstehender Forderungen durch Verrechnung verstanden (§ 387 ff. BGB). Die Aufrechnung erfolgt durch einseitige, empfangsbedürftige Willenserklärung eines Schuldners, der zugleich Gläubiger ist. Sie kann auch Gegenstand eines Aufrechnungsvertrags sein. Eine Aufrechnung ist ausgeschlossen, soweit ein Aufrechnungsverbot besteht. Für den Arbeitgeber bedeutsam ist hier insbesondere § 394 BGB. Hiernach kann gegen eine Forderung auf Netto-Arbeitsvergütung nur in der Höhe aufgerechnet werden, wie diese nach den §§ 850 ff. ZPO pfändbar ist. Der unpfändbare Teil der Arbeitsvergütung ist also auf jeden Fall auszuzahlen. Die Berufung auf das Aufrechnungsverbot des § 394 Satz 1 BGB ist aber nach dem Grundsatz des Rechtsmissbrauchs nach Treu und Glauben (§ 242 BGB) dann unzulässig, wenn der Arbeitgeber gegen eine Lohn- oder Ruhegehaltsforderung mit einer Schadensersatzforderung aus einer vorsätzlichen unerlaubten Handlung des früheren Arbeitnehmers aufrechnen will. Es ist aber stets anhand der Umstände des Einzelfalls zu untersuchen, ob und inwieweit der den gesetzlichen Aufrechnungsgrenzen zu entnehmende Sozialschutz gegenüber den schützenswerten Interessen des Geschädigten zurücktreten muss. Hierbei sind die Interessen des Arbeitnehmers und seiner Angehörigen sowie die Interessen der Allgemeinheit auf der einen und das Ausgleichsinteresse des geschädigten Arbeitgebers auf der anderen Seite miteinander abzuwägen. Die individuellen Schutzinteressen des Schädigers müssen jedenfalls dann zurücktreten, wenn der vorsätzlich verursachte Schaden so hoch ist, dass er ihn unter normalen Umständen nicht ausgleichen kann, falls ihm der pfändungsfreie Teil seines Einkommens verbleibt. Im Interesse der Allgemeinheit darf der Geschädigte regelmäßig jedoch durch Aufrechnung nicht so weit in Arbeitsvergütungs- oder Versorgungsansprüche eingreifen, dass der Anspruchsberechtigte auf Sozialhilfe angewiesen ist, so dass die Schadensersatzansprüche bei wirtschaftlicher Betrachtung teilweise aus Mitteln der öffentlichen Hand befriedigt werden. Dem Schädiger muss deshalb das Existenzminimum verbleiben, das in Anlehnung an § 850d ZPO unter Berücksichtigung sonstiger Einkünfte zu ermitteln ist (*BAG 18.03.1997, § 394 BGB Nr. 3*).

Will der **Arbeitgeber** sich gegen Aufrechnungserklärungen des Arbeitnehmers schützen, hat er einen Aufrechnungsausschluss in den Arbeitsvertrag aufzunehmen. Die Aufrechnung kann durch Vereinbarung ausgeschlossen werden (§ 399 BGB). Dies kann für den Arbeitgeber von Interesse sein, wenn der Arbeitnehmer zum Inkasso berechtigt ist. Er kann gegenüber dem Anspruch auf Abführung der vereinnahmten Gelder ein Zurückbehaltungsrecht und eine Aufrechnung mit irgendwelchen Ansprüchen des Arbeitnehmers ausschließen. Sinn eines vertraglichen Aufrechnungsverbots ist es, eine etwaige Verschleppung der Zahlungspflicht durch die Geltendmachung zweifelhafter Gegenansprüche zu unterbinden.

Die Aufrechnung kann auch durch **Aufrechnungsvertrag** erfolgen. Es handelt sich dabei um einen Erfüllungsersetzungsvertrag, der in jeder Form, auch in Formularverträgen geschlossen werden kann. Ein Aufrechnungsvertrag liegt vor, wenn für die Entlohnung des Arbeitnehmers vertraglich eine Art Abzugsverfahren vereinbart wird, wie z.B. bei einem provisionsberechtigten Außendienstmitarbeiter, der von den eingenommenen Beträgen zunächst seine Provision abziehen kann, oder beim Kellner, der das eingenommenen Bedienungsgeld zur Befriedigung seines Vergütungsanspruchs behalten darf *(BAG 22.05.1965, AP Nr. 4 zu § 611 BGB Kellner)*.

Bewohnt der Arbeitnehmer eine Werkswohnung, können Arbeitgeber und Arbeitnehmer im Miet- oder Arbeitsvertrag eine Aufrechnungsvereinbarung dergestalt treffen, dass eine Aufrechnung der Mietzinsansprüche des vermietenden Arbeitgebers zulässig ist *(BAG 15.05.1974, EzA § 115 GewO Nr. 2)*. Der Arbeitgeber kann dann bei der Zahlung der Arbeitsvergütung vorab die Miete einbehalten. Bei diesem Einbehalt hat er aber unbeachtlich der zuvor erfolgten Wohnraumüberlassung die pfändungsfreien Beträge zu beachten *(BAG 21.11.2000, 9 AZR 692/99)*.

13. Aufwendungsersatz

1865 Als Aufwendungen werden hier Vermögensopfer des Arbeitnehmers verstanden, die der Arbeitsausführung dienen und zu deren Abgeltung die Arbeitsvergütung nicht bestimmt ist. Der Anspruch des Arbeitnehmers auf Ersatz solcher Aufwendungen folgt aus § 670 BGB (ggf. analog). Kann der Arbeitnehmer Aufwendungsersatz beanspruchen, so hat er auch einen Anspruch auf angemessenen Vorschuss (§§ 675, 669 BGB).

Als erstattungsfähig werden u.a. angesehen Aufwendungen für:

- auswärtige Unterbringung, soweit eine tägliche Rückkehr an den Heimatort nicht möglich ist (Auslösung),
- die Beschaffung von Arbeitsgerät und -material,
- Umzugskosten bei einer vom Arbeitgeber gewünschten Versetzung (nicht jedoch infolge des Dienstantritts),
- Schäden infolge der Arbeitsleistung.

Ein als Kraftfahrer tätiger Arbeitnehmer trägt aber selbst die Gefahr, wegen seiner Beteiligung an einem Verkehrsunfall strafrechtlich verfolgt zu werden. Daher trifft keinen Arbeitgeber die Pflicht, dem Arbeitnehmer Bußgelder zu erstatten, die der Arbeitnehmer wegen einer Verkehrsordnungswidrigkeit im Zusammenhang mit der dienstlichen Nutzung eines Firmenfahrzeuges zu zahlen hatte *(LAG Schleswig-Holstein 30.03.2000, BB 2000, 1736 f.)*. Zusagen des Arbeitgebers über die Erstattung von etwaigen Geldbußen für Verstöße der Arbeitnehmer gegen Vorschriften über Lenkzeiten im Güterfernverkehr sind sittenwidrig und daher nach § 138 BGB unwirksam. Das gilt grundsätzlich auch bei Fahrten außerhalb des Geltungsbereichs der Strafprozessordnung. Nachteile, die ihm durch Maßnahmen der Strafverfolgung entstehen, gehören zu seinem Lebensbereich und nicht zum Betätigungsbereich des Arbeitgebers. Ist der Arbeitnehmer verpflichtet, ein Kraftfahrzeug des Arbeitgebers durch Gebiete außerhalb der Bundesrepublik Deutschland zu führen, so gehört die Gefahr, bei einem Unfall von Strafverfolgungsmaßnahmen der örtlichen Behörden betroffen zu werden, insoweit zum Betätigungsbereich des Arbeitgebers, als diese Maßnahmen unzumutbar sind und der Arbeitnehmer für die Übernahme dieses Risikos keine angemessene Vergütung erhält. Lässt der Arbeitnehmer eine Kaution verfallen, um einer unzumutbaren Freiheitsstrafe zu entgehen, so kann er für den ihm dadurch entstehenden Vermögensschaden vom Arbeitgeber entsprechend § 670 BGB Ersatz fordern. Der Arbeitgeber hat nur insoweit Ersatz zu leisten, als die Strafverfolgungsmaßnahme unzumutbar ist, die Gefahr also seinem unternehmerischen Betätigungsbereich zuzuordnen ist. Der Anspruch des Arbeitnehmers kann in entsprechender Anwendung des § 254 BGB ganz oder teilweise ausgeschlossen sein. Bei Beurteilung der Frage, ob und inwieweit ein mitwirkendes Verschulden des Arbeitnehmers den Ersatzanspruch mindert oder ausschließt, sind die Grundsätze über den innerbetrieblichen Schadensausgleich entsprechend anzuwenden *(BAG 11.08.1998, EzA § 670 BGB Nr. 19)*.

Ein Arbeitgeber, der durch entsprechende Anordnungen bewusst in Kauf nimmt, dass es zum Verstoß gegen Vorschriften über Lenkzeiten kommt, handelt sittenwidrig und ist nach § 826 BGB gegenüber dem Arbeitnehmer zum Schadensersatz verpflichtet. Zu dem zu ersetzenden Schaden gehört nur in Ausnahmefällen die Erstattung von Geldbußen, die gegen den Arbeitnehmer verhängt wurden (BAG 25.01.2001, EzA § 611 BGB Arbeitnehmerhaftung Nr. 9).

Es empfiehlt sich, bereits im Arbeitsvertrag Voraussetzungen, Höhe, Abrechnungsmodalitäten, Vorschussleistungen und Nachweis des Aufwendungsersatzes zu regeln. Pauschalierungsabreden können die Abrechnung erleichtern. Übersteigen die tatsächlichen Aufwendungen die Pauschale in erheblichem Umfang, kommt eine richterliche Anpassung der Pauschale in Betracht.

14. Ausländische Arbeitnehmer

Arbeitsverträge mit ausländischen Arbeitnehmern können **in deutscher Sprache** abgefasst werden. Dies gilt auch, wenn der ausländische Arbeitnehmer der deutschen Sprache nicht mächtig ist. Die Änderungswünsche des Europäischen Parlaments zur Nachweisrichtlinie sahen zwar die Abfassung des Nachweises der für ein Arbeitsverhältnis geltenden wesentlichen Bedingungen in einer dem Arbeitnehmer bekannten Sprache vor. Der Europäische Rat und ihm folgend der Bundesgesetzgeber haben diesen Änderungsvorschlag jedoch nicht aufgegriffen. Zur Klarstellung der Arbeitsbedingungen und ggf. der Pflichten aus einer Arbeitsordnung sollte dem ausländischen Arbeitnehmer eine Übersetzung der Vertragsunterlagen zur Verfügung gestellt werden. Die Personalpraxis wird auch wegen des Gebotes transparenter Regelungen nach § 307 Abs. 1 Satz 2 BGB Sprachrisiken eingrenzen müssen.

15. Auslandsbeschäftigung

1875 Das Direktionsrecht stellt keine ausreichende Grundlage für die Entsendung von Arbeitnehmern ins Ausland dar. Die Entsendungsbefugnis ist mit dem Arbeitnehmer zu vereinbaren. Die Entsendung kann folgende arbeitsvertragliche Ausgestaltung haben:

- Die Arbeitsvertragsparteien treffen eine Vereinbarung über die Modalitäten der Entsendung unter Aufrechterhaltung des inländischen Arbeitsverhältnisses.
- Der Arbeitnehmer begründet mit der rechtlich selbständigen Auslandsvertretung seines Arbeitgebers ein Arbeitsverhältnis. Daneben vereinbaren die inländischen Arbeitsvertragsparteien ein Ruhen des Arbeitsverhältnisses.
- Der Arbeitnehmer begründet mit der rechtlich selbständigen Auslandsvertretung seines Arbeitgebers ein Arbeitsverhältnis. Zugleich wird das inländische Arbeitsverhältnis aufgelöst, wobei eine Wiedereinstellungsklausel für die Zeit nach Ablauf der Entsendung vereinbart wird.

Tipp: Anlässlich der Entsendung eines Arbeitnehmers sollte – neben der Nachweispflicht nach § 2 Abs. 2 NachwG – zu folgenden Komplexen eine Vereinbarung getroffen werden:

- Bestimmung des maßgeblichen nationalen Arbeitsrechts (Arbeitsstatut),
- Vorschuss und Ersatz für entsendungsbedingte Mehraufwendungen, nämlich für Reisekosten, Mehraufwendungen am Arbeitsort (Auslösung), Reise- und Umzugskosten für Familienangehörige,
- Kranken- und Unfallversicherungsschutz,
- Modalitäten eines Rückrufrechts,
- Rücktransport bei Arbeitsunfähigkeit und vorzeitiger Beendigung der Entsendung (*BAG 26.07.1995, EzA § 133 BGB Nr. 19*: »Ein Vertrag, der die jederzeit widerrufliche Versetzung eines Arbeitnehmers in das entfernte Ausland und die Erstattung der Umzugskosten vorsieht, enthält im Zweifel auch die Zusage, die Kosten des Rückumzugs zu erstatten. Das gilt auch dann, wenn für die Erstattung die Feststellung einer dienstlichen Notwendigkeit vorausgesetzt wird, diese Feststellung aber nicht getroffen wird, weil der Arbeitnehmer mit Rücksicht auf die bevorstehende Schließung der ausländischen Niederlassung zum Schließungstermin gekündigt hat.«).

16. Ausschlussfrist

1880 Unter Ausschlussfrist oder Verfallfrist wird eine Frist verstanden, nach deren Ablauf ein Rechtsanspruch erlischt, sofern er nicht zuvor form- und fristgerecht geltend gemacht wurde. Regelmäßig finden sich Ausschlussfristen in Rahmen- oder Manteltarifverträgen.

Nach der Rechtsprechung des BAG können Ausschlussfristen **auch in Arbeitsverträgen** vereinbart werden *(BAG 12.09.1980, DB 1981, 590; BAG 24.03.1988, AP Nr. 1 zu § 241 BGB)*. Sie sollen dann **auch für unabdingbare gesetzliche Ansprüche** gelten. Die Vereinbarung der Ausschlussfrist kann durch Aufnahme der Bestimmung in den Arbeitsvertrag oder in eine Musterprozessvereinbarung *(LAG Hamm 19.11.1999, 5 Sa 105/99)*, durch Inbezugnahme einer tariflichen Verfallklausel oder durch Inbezugnahme eines Tarifvertrags geschehen. In der betrieblichen Praxis sollten für Arbeiter und Angestellte keine unterschiedlichen Ausschlussfristen vereinbart werden, wenngleich das BAG für entsprechende tarifliche Regelungen keinen Verstoß gegen den Gleichheitssatz nach Art. 3 Abs. 1 GG annimmt *(BAG 04.12.1997, EzA § 4 TVG Ausschlussfristen Nr. 127)*.

Die Vereinbarkeit von kurzen Ausschlussfristen in vorformulierten Arbeitsbedingungen ist nach § 307 Abs. 1 Satz 1 BGB zweifelhaft. Der **BGH** hat wiederholt vor und nach Inkrafttreten des AGB-Gesetzes formularvertragliche Verjährungs- und Ausschlussfristen einer **Inhaltskontrolle** unterworfen und 3monatige vertragliche Verjährungsfristen bei unterschiedlichen gesetzlichen Verjährungsfristen nach § 242 BGB bzw. § 9 AGBG wegen unangemessener Benachteiligung des Vertragspartners verworfen *(BGH 19.05.1988, VersR 1988, 845 ff.)*. 6monatige Verjährungsfristen missbilligte der BGH nicht generell *(BGH 20.11.1986, VersR 1987, 282)*, sondern nur, wenn die gesetzliche Regelverjährung 4 oder mehr Jahre betrug. Schon im Jahre 1979 erklärte der BGH die vertragliche Verkürzung einer Verjährungsfrist auf 6 Monate zu Lasten eines Handelsvertreters unter Hinweis auf das dispositive Leitbild des § 88 HGB für unwirksam *(BGH 12.10.1979, BGHZ 75, 218 ff.)*. Bisher hat sich das BAG mit dieser Rechtsprechung des Bundesgerichtshofs nicht auseinandergesetzt. Nach dem LAG Hamm hält eine einzelvertraglich vereinbarte Ausschlussfrist, nach der alle Ansprüche aus dem Arbeitsverhältnis und solche, die mit dem Arbeitsverhältnis in Verbindung stehen, innerhalb einer Frist von einem Monat nach Fälligkeit geltend zu machen und bei Ablehnung der Ansprüche durch die Gegenpartei binnen einer weiteren Frist von einem Monat einzuklagen sind, einer gerichtlichen Inhaltskontrolle nach den §§ 242, 138, 315 BGB nicht stand und ist unwirksam *(LAG Hamm 10.12.1999, DB 2000, 628)*.

Dem gegenüber gelangt das Bundesarbeitsgericht zu dem Ergebnis, dass eine arbeitsvertragliche Verfallklausel, welche die schriftliche Geltendmachung von Ansprüchen aus dem Arbeitsverhältnis innerhalb eines Monats nach Fälligkeit eines Anspruchs und bei Ablehnung des Anspruchs oder Nichtäußerung binnen zweier Wochen die gerichtliche Geltendmachung des Anspruchs innerhalb eines weiteren Monats verlangt, für zulässig *(BAG 13.12.2000, EzA § 611 BGB Inhaltskontrolle Nr. 8)*. Ob hieran mit Geltung von § 307 Abs. 1 Satz 1 BGB festgehalten werden kann, ist fraglich. Eine arbeitsvertragliche Regelung, die eine Ausschlussfrist allein für Ansprüche des Arbeitnehmers vorsieht, nicht aber für Ansprüche des Arbeitgebers, wird ebenfalls als unwirksam angesehen *(ArbG Frankfurt a.M. 10.03.1999, BB 1999, 2677)*.

Für die betriebliche Praxis mögen folgende von Preis (ZIP 1989, 899 f.) herausgearbeiteten Grundsätze hilfreich sein:

- **6monatige** Ausschlussfristen begegnen allein wegen ihrer Dauer keinen Bedenken. Bei Provisionsansprüchen sollten jedoch eher längere Fristen vorgesehen werden. Auch

3monatige Ausschlussfristen können bei regelmäßig wiederkehrenden Ansprüchen im Arbeitsverhältnis grundsätzlich als noch angemessen erachtet werden. Eine Ausschlussfrist von **weniger als 2 Monaten** ist regelmäßig bereits wegen ihrer unangemessenen Kürze unwirksam.

- Bei der Formulierung der Fristen ist sicherzustellen, dass der Vertragspartner zur angemessenen Prüfung der Sach- und Rechtslage imstande ist.
- Bezieht ein Arbeitsvertrag den **Tarifvertrag der einschlägigen Branche insgesamt** ein, unterliegt die zugleich einbezogene Ausschlussklausel nicht der einzelvertraglichen Inhaltskontrolle, sondern nur den allgemeinen Grenzen der Tarifautonomie (vgl. nun § 310 Abs. 4 Satz 3 BGB i.V.m. § 307 Abs. 3 BGB). Dagegen unterliegen Ausschlussklauseln in Formulararbeitsverträgen, die durch **Teilverweisung** oder ausdrückliche Vereinbarung Vertragsbestandteil werden, gerichtlicher Inhaltskontrolle. Soweit es sich allerdings um Ausschlussklauseln handelt, die sich **inhaltsgleich** und verbreitet in Tarifverträgen der einschlägigen Branche befinden, kann im Regelfall von einer angemessenen Vertragsgestaltung ausgegangen werden.

Verwendet der Arbeitgeber für den Arbeitsvertrag ein standardisiertes Formular, dessen Text die Frage der Verfallfristen alternativ regelt, nämlich zum einen durch Verweisung auf die tariflichen Fristen zum anderen durch eigene Festlegung, verbunden mit der Empfehlung »Nichtzutreffendes streichen«, so wird der Arbeitsvertrag unklar, wenn der Arbeitgeber die empfohlene Streichung unterlässt. Das führt zur Anwendung der sog. Unklarheitenregel (§ 305 c Abs. 2 BGB) mit der Folge, dass jeweils die dem Arbeitnehmer günstigere Frist gilt (*LAG Köln 02.02.2001, EzA-SD 14, 2001, 15*).

17. Außendienstmitarbeiter

1885 Bei Außendienstmitarbeitern kann es sich um Angestellte (Verkaufs- oder Vertriebsbeauftragte, Kundenberater) oder um Arbeiter (Kundendienstmechaniker oder -techniker, Monteure) handeln. Die mit dem Außendienst zusammenhängenden Rechte und Pflichten bedürfen einer gesonderten Regelung im Arbeitsvertrag, wobei folgende Punkte einbezogen werden sollten:

- Berechtigung zum Abschluss oder nur zur Vermittlung von Geschäften,
- Verkaufsprogramm und Verkaufsgebiet,
- Gebietsschutz,
- Kundenbezogene Arbeitszeit,
- Pauschale Abgeltung der vertragsgemäßen Tätigkeit einschl. Mehrarbeit, Reisezeit, häusliches Berichtswesen u.ä.,
- Fixum (Anrechnung auf Provision) und Provision (bezogen auf Netto- oder Bruttoumsatz),
- Mindestprovision (befristet; linear, progressiv oder degressiv).

In **Formularverträgen für Außendienstmitarbeiter** werden üblicherweise **Änderungsvorbehalte** im Hinblick auf die **Provisionssätze** und das **Verkaufsgebiet** aufgenommen. Das BAG hat bislang solche Klauseln für zulässig erachtet und einseitig vom Arbeitgeber vorgenommene Änderungen des Vertrages am Maßstab des § 315 BGB (»billiges Ermessen«) gemessen. Dem steht die Rechtsprechung des Bundesgerichtshofs entgegen. Nach dessen Rechtsprechung sind die in vorformulierten Verträgen selbständiger Handelsvertreter oder Vertragshändler enthaltenen Bestimmungen, wonach sich der Unternehmer das Recht zur einseitigen Änderung der Provisionssätze oder auch des zugewiesenen Bezirks oder Kundenstammes ohne sachgerechte Begrenzung vorbehält, grundsätzlich unwirksam. Die Begründung des einseitigen Leistungsbestimmungsrechts des Unternehmers könne unangemessen benachteiligen, weil die Transparenz des Vertragsinhalts (§ 307 Abs. 1 Satz 2 BGB) beeinträchtigt und bei einem Änderungsvorbehalt die Vertragsbindung relativiert werde. Formularmäßig könne der Grundsatz der Vertragsbindung auch im kaufmännischen Verkehr nur verdrängt werden, wenn die Vertragsklausel schwerwiegende Änderungsgründe nennt und in ihr die Voraussetzungen und Folgen erkennbar die Interessen des Vertragspartners angemessen berücksichtigen. Insbesondere müsse das Bestimmungsrecht möglichst konkret formuliert sein, damit die Ausübung für den Vertragspartner vorhersehbar und unmittelbar nachprüfbar sei. Allgemeine Klauseln, die dem Verwender die Leistungsbestimmung im Rahmen des Angemessenen oder Üblichen einräumen, genügen nicht. Deshalb reicht dem BGH die bloße Bezugnahme auf den – ohnehin einschlägigen – § 315 BGB nicht aus. Bestimmungsvorbehalte werden nur dann gebilligt, wenn sie als Instrument der Anpassung wegen nicht kalkulierbarer Entwicklungen unumgänglich notwendig sind und die Änderungen der Verhältnisse nicht in den dem Verwender (des Änderungsvorbehalts) nach Treu und Glauben zugeteilten Risikobereich fallen.

Änderungsvorbehalte können auch auf eine **Umgehung des Kündigungsschutzrechts** hinauslaufen und deshalb unwirksam sein. Neben der einvernehmlichen Änderung des Arbeitsvertrages durch Änderungsvertrag ist zumindest bei wesentlichen Vertragsinhalten allein die Änderungskündigung der zulässige Weg zur Vertragsänderung.

Der betrieblichen Praxis kann nur empfohlen werden, die Formulierung von Änderungsvorbehalten vorsorglich an den strengen Vorgaben des Bundesgerichtshofs zu orientieren. Daneben sollte vor der einseitigen Änderung des Arbeitsvertrags eine einvernehmliche Änderung versucht werden. Schließlich ist bei der Änderung von Provisionsbedingungen das ggf. bestehende Mitbestimmungsrecht des Betriebsrats nach § 87 Abs. 1 Nr. 11 BetrVG zu beachten.

18. Außerdienstliches Verhalten

Auf das außerdienstliche Verhalten des Arbeitnehmers kann der Arbeitgeber in aller Regel **keinen** Einfluss nehmen. Aus der besonderen Art der geschuldeten Arbeitsleistung können sich **im Einzelfall** aber aus der Treuepflicht des Arbeitnehmers abgeleitete Verhaltenspflichten ergeben. Diese können schon deshalb zum Gegenstand einer arbeitsvertraglichen Vereinbarung gemacht werden, um dem Arbeitnehmer seine außerdienstliche Verhaltenspflicht deutlich zu machen. Es handelt sich um die **Konkretisierung von Verhaltenspflichten**. Ein Angestellter des öffentlichen Dienstes muss jedoch sein außerdienstliches Verhalten so einrichten, dass das Ansehen des öffentlichen Arbeitgebers nicht beeinträchtigt wird (*BAG 08.06.2000, 2 AZR 638/99; LAG Düsseldorf 14.03.2000, 3 Sa 109/00*).

Vertragsklauseln, die eine **außerdienstliche Interessenwahrung** fordern, können allenfalls in Arbeitsverhältnissen mit **Tendenzunternehmen** (Unternehmen, die unmittelbar und überwiegend politischen, koalitionspolitischen, konfessionellen, karitativen, erzieherischen, wissenschaftlichen oder künstlerischen Bestimmungen oder Zwecken der Berichterstattung oder Meinungsäußerung dienen) rechtswirksam abgeschlossen werden.

Zweifelhaft sind Klauseln, die dem Arbeitnehmer eine **Sicherung seiner Arbeitskraft in der Freizeit** auferlegen. Eine Ausnahme wird gemacht bei Arbeitsverhältnissen, die wegen ihres besonderen Bezuges zum Wohl und Wehe zahlreicher Menschen eine arbeitsvertragliche Bindung im Hinblick auf das Freizeitverhalten unverzichtbar machen. Mit der Personenbeförderung oder dem Transport von Gefahrgut befassten Arbeitnehmern sind Beschränkungen ihrer Freizeitgestaltung insoweit aufzuerlegen, als sie zu einem bestimmten Zeitpunkt in besonderer Weise leistungsfähig sein müssen. Entsprechendes wird gelten für Arbeitnehmer, die komplexe technische Anlagen steuern. Immer dann, wenn bei eingeschränkter Leistungsfähigkeit des Arbeitnehmers Personenschäden und/oder erhebliche Sachschäden drohen, erscheinen Klauseln zur Sicherung der Arbeitsfähigkeit des Arbeitnehmers (z.B. zur befristeten Abstinenz) zulässig. Unter gewissen Einschränkungen werden entsprechende Klauseln auch bei Berufssportlern für zulässig erachtet (zur Pflicht, die Arbeitsfähigkeit nicht durch Alkoholkonsum zu beeinträchtigen vgl. → Rz. 1820).

Die Untersagung eines bestimmten (Freizeit-)Verhaltens wird um so eher anerkannt,

- je höher das mit ihm verbundene Schadensrisiko für den Arbeitgeber ist,
- je größer die Gefahr von Personen- und/oder Sachschäden für Dritte ist,
- und je weniger Entbehrungen/Einschränkungen ein zeitlicher Verzicht auf das zu unterlassende Verhalten für den Arbeitnehmer bringt.

19. Außerordentliche Kündigung

1895 Während das Recht zur ordentlichen Kündigung eines Arbeitsverhältnisses durch Tarifvertrag oder einzelvertragliche Vereinbarung eingeschränkt oder gar ausgeschlossen werden kann, ist das Recht zur außerordentlichen Kündigung nach § 626 BGB für die Arbeitsvertragsparteien zwingendes Recht. Ein **Verzicht** auf das Recht zur außerordentlichen Kündigung ist **nichtig**. Ebenso ist eine Vereinbarung unwirksam, wonach bestimmte Sachverhalte einen Grund zur außerordentlichen Kündigung bilden sollen. Die Benennung solcher Sachverhalte (z.B. rechtzeitige Anzeige einer Arbeitsverhinderung) im Arbeitsvertrag verdeutlicht dem Arbeitnehmer jedoch seine vertraglichen Pflichten und kann deshalb sinnvoll sein.

20. Auszubildende

Nach § 4 Abs. 1 BBiG hat der Ausbildende unverzüglich nach Abschluss des Berufsausbildungsvertrages und einer späteren Änderung (§ 4 Abs. 4 BBiG), spätestens vor Beginn der Berufsausbildung, den wesentlichen Inhalt des Vertrages schriftlich niederzulegen, die Niederschrift vom Auszubildenden und dessen gesetzlichen Vertreter unterzeichnen zu lassen (§ 4 Abs. 2 BBiG) und diesen eine Ausfertigung der unterzeichneten Niederschrift auszuhändigen (§ 4 Abs. 3 BBiG). Die Nichterstellung oder die Nichtaushändigung einer Vertragsniederschrift ist nach § 99 Abs. 1 Nr. 1 und 2 BBiG eine Ordnungswidrigkeit. Die Niederschrift muss mindestens Angaben enthalten über

- Art, sachliche und zeitliche Gliederung sowie Ziel der Berufsausbildung, insbesondere die Berufstätigkeit, für die ausgebildet werden soll,
- Beginn und Dauer der Berufsausbildung,
- Ausbildungsmaßnahmen außerhalb der Ausbildungsstätte,
- Dauer der regelmäßigen täglichen Ausbildungszeit,
- Dauer der Probezeit,
- Zahlung und Höhe der Vergütung,
- Dauer des Urlaubs,
- Voraussetzungen, unter denen der Berufsausbildungsvertrag gekündigt werden kann,
- ein in allgemeiner Form gehaltener Hinweis auf die Tarifverträge, Betriebs- oder Dienstvereinbarungen, die auf das Berufsausbildungsverhältnis anzuwenden sind.

Für andere Vertragsverhältnisse (z.B. bei Praktikanten, Volontären), bei denen kein Arbeitsverhältnis vorliegt, gelten zwar die Mindestnormen des BBiG, auf das Erfordernis der Vertragsniederschrift wird jedoch nach § 19 BBiG verzichtet. Die von § 19 BBiG erfassten Personen haben über die angeordnete Geltung des § 3 Abs. 2 BBiG jedoch einen Anspruch auf eine schriftliche Niederlegung der wesentlichen Vertragsbedingungen entsprechend den Vorschriften des NachwG.

Nichtig sind nach § 5 Abs. 1 BBiG Vereinbarungen, die den Auszubildenden für die Zeit nach Beendigung des Berufsausbildungsverhältnisses in der Ausübung seiner beruflichen Tätigkeit beschränken. Dies gilt nicht, wenn sich der Auszubildende innerhalb der letzten sechs Monate des Berufsausbildungsverhältnisses dazu verpflichtet, nach dessen Beendigung ein Arbeitsverhältnis einzugehen.

Ferner sind nach § 5 Abs. 2 BBiG Abreden nichtig über

- die Verpflichtung des Auszubildenden, für die Berufsausbildung eine Entschädigung zu zahlen,
- Vertragsstrafen,
- den Ausschluss oder die Beschränkung von Schadensersatzansprüchen,
- die Festsetzung der Höhe eines Schadensersatzes in Pauschbeträgen.

21. Bereitschaftsdienst

1905 Unter Bereitschaftsdienst wird die Verpflichtung des Arbeitnehmers verstanden, sich für betriebliche Zwecke innerhalb eines bestimmten Zeitraumes an einer vom Arbeitgeber bestimmten Stelle innerhalb oder außerhalb des Betriebes aufhalten zu müssen, um erforderlichenfalls seine Arbeitstätigkeit unverzüglich aufnehmen zu können. Bereitschaftsdienst ist **grundsätzlich vergütungspflichtig**, wobei eine Pauschalvergütung zulässig ist.

Im Arbeitsvertrag sollte – bei fehlender tariflicher Bestimmung – geregelt werden,
- in welchem Umfang Bereitschaftsdienst zu leisten ist,
- welche Vergütung hierfür gezahlt wird.

22. Beschäftigungspflicht

1910 Nach der Rechtsprechung des BAG ist der Arbeitgeber verpflichtet, den Arbeitnehmer bis zum Endtermin des Arbeitsverhältnisses zu beschäftigen. Während einer Bestandsschutzstreitigkeit kann der Arbeitnehmer einen Weiterbeschäftigungsanspruch haben. Bei Begründung oder während des andauernden Arbeitsverhältnisses können die Arbeitsvertragsparteien die **Suspendierung des Arbeitnehmers** von der Arbeitspflicht **vereinbaren**. Ob der Arbeitgeber für eine solche Vereinbarung ein **berechtigtes Interesse** benötigt, ist in der Literatur strittig und in der Rechtsprechung nicht geklärt. Verbreitet sind Klauseln für Außendienstmitarbeiter, wonach sie nach Ausspruch einer Kündigung vom Arbeitgeber bis zum Endtermin des Arbeitsverhältnisses suspendiert – und ggf. in den Innendienst versetzt – werden können.

Die Einräumung solcher einseitigen Suspendierungsrechte für den Arbeitgeber in Formulararbeitsverträgen sollte nach Voraussetzungen und Ausmaß so konkret wie möglich im Arbeitsvertrag geregelt werden. Freistellungsgründe können typisiert in der Freistellungsklausel aufgenommen werden, wie z.B. Störung des Vertrauensverhältnisses, Verdacht strafbarer Handlungen, grobe Vertragsverletzungen oder gekündigtes Arbeitsverhältnis. Die konkrete Ausübung des Suspendierungsrechts bleibt nach § 315 BGB überprüfbar.

Der Arbeitgeber wird zu bedenken haben, dass die Suspendierung der Arbeitspflicht nicht einhergeht mit einer Suspendierung der Vergütungspflicht. Der **suspendierte Arbeitnehmer** hat weiterhin einen **Anspruch auf die vertragsgemäße Vergütung**.

23. Betriebliche Altersversorgung

1915 Zu den Leistungen der betrieblichen Altersversorgung werden Leistungen gezählt, die dem Arbeitnehmer gewährt werden, wenn er nach Erreichen der vereinbarten Altersgrenze aus dem Arbeitsverhältnis ausscheidet. Verbunden ist die Altersversorgung regelmäßig mit einer Invaliditäts- und einer Hinterbliebenenversorgung. Dabei umfasst die Invaliditätsversorgung Leistungen wegen einer Erwerbs- oder Berufsunfähigkeit bzw. Erwerbsminderung und die Hinterbliebenenversorgung Leistungen im Falle des Todes eines Arbeitnehmers an dessen Hinterbliebene. Die dem Arbeitnehmer aufgrund einer Versorgungszusage zustehende Altersversorgung kann durch den Arbeitgeber selbst (Direktzusage) oder durch selbständige Versorgungsträger (Lebensversicherung, Pensionskasse, Pensionsfond oder Unterstützungskasse) erfolgen. Die **Versorgungszusage** kann durch den Arbeitsvertrag erfolgen. Häufig finden sich Bestimmungen zur betrieblichen Altersversorgung in Tarifverträgen oder Betriebsvereinbarungen. Nicht selten beruhen Altersversorgungsansprüche auch auf **Gesamtzusagen** des Arbeitgebers. Altersversorgungszusagen sind mit erheblichen finanziellen Leistungen und Rückstellungen verbunden. Einzelvertragliche Zusagen können – mit Ausnahme des Falles einer wirtschaftlichen Notlage und einer groben Treuepflichtverletzung – nur einvernehmlich oder durch Änderungskündigung geändert werden. Kollektivvereinbarungen können bei wirtschaftlichen Schwierigkeiten eher den finanziellen Möglichkeiten angepasst werden.

Nach § 16 Abs. 1 BetrAVG hat der Arbeitgeber alle drei Jahre eine Anpassung der laufenden Leistungen der Altersversorgung zu prüfen und hierüber nach billigem Ermessen zu entscheiden. Dies Verpflichtung entfällt nach § 16 Abs. 3 Nr. 1 BetrAVG, wenn der Arbeitgeber sich – z.B. arbeitsvertraglich – verpflichtet, die laufenden Leistungen jährlich um wenigstens eins von Hundert anzupassen. Die 1%ige Anpassung ist nach § 30 c Abs. 1 BetrAVG n.F. allerdings nur auf Neuzusagen anwendbar, die nach dem 31.12.1998 erteilt werden.

24. Beweislastklauseln

In arbeitsgerichtlichen Rechtsstreiten muss grundsätzlich jede Partei diejenigen Tatsachen darlegen und ggf. beweisen, die für ihre Rechtsverfolgung oder Rechtsverteidigung günstig sind. In **Formularverträgen** finden sich jedoch häufig Klauseln, mit denen die **gesetzliche Beweislastverteilung geändert** wird. So wird in Mankofällen dem Arbeitnehmer die Beweislast für den unverschuldeten Verlust einer Sache zugeschrieben, während grundsätzlich der Arbeitgeber die Beweislast dafür trägt, dass der Arbeitnehmer den Verlust einer Sache pflichtwidrig verursacht hat. Zu den beweislastverändernden Klauseln können auch solche gerechnet werden, durch die der Arbeitgeber den Arbeitnehmer **bestimmte Tatsachen bestätigen** lässt, z.B. dass der Arbeitnehmer den schriftlichen Arbeitsvertrag oder einer Ausgleichsquittung gelesen oder sonstige Hinweise und Regelungen zur Kenntnis genommen habe.

1920

Vom **BAG** sind beweislastverändernde Klauseln in Fällen der Arbeitnehmerhaftung für **zulässig erachtet** worden, wenn sie eine sinnvolle, den Eigenarten des Betriebes und der Beschäftigung angepasste Beweislastverteilung zuungunsten des Arbeitnehmers enthalten oder es sich um eine vom Verschulden des Arbeitnehmers unabhängige Haftung für Fehlbeträge handele, die ausschließlich in seinem Arbeits- und Kontrollbereich entstanden sind *(BAG 13.02.1974, AP Nr. 77 zu § 611 BGB Haftung des Arbeitnehmers; BAG 29.01.1985, AP Nr. 87 zu § 611 BGB Haftung des Arbeitnehmers)*. Diese Rechtsprechung des BAG steht **nicht im Einklang damit, dass § 309 Nr. 12 BGB** Bestimmungen, die die Beweislast zum Nachteil des anderen Vertragsteils verändern, für unwirksam erklärt. Diese Norm beruht auf allgemeinen Rechtsprinzipien, weil Grundsätze der Beweislastverteilung wesentliche materiellrechtliche Gerechtigkeitskriterien beinhalten. Die Vorschrift knüpft an eine **Leitentscheidung des Bundesgerichtshofs** an, in der eine Beweislastregelung für allgemeine Geschäftsbedingungen für unangemessen und daher unwirksam angesehen wurde, welche dem Kunden unter Abweichung von dispositiven Gesetzesvorschriften die Beweislast für Umstände aufbürdete, die im Verantwortungsbereich des Verwenders lagen *(BGH 17.02.1964, BGHZ 41, 151, 155)*.

25. Datenschutz

1925 Nach § 3 Nr. 2 BDSG ist die Verarbeitung personenbezogener Daten eines Arbeitnehmers, sofern sie nicht durch Gesetz oder andere Rechtsvorschrift (z.B. Tarifvertrag) erlaubt ist, nur zulässig beim Vorliegen einer Einwilligung durch den Betroffenen. Trotz Einwilligung des Arbeitnehmers wird eine Verarbeitung personenbezogener Daten über den Zweckzusammenhang mit dem Arbeitsverhältnis hinaus für unzulässig gehalten.

Die **Einwilligung** bedarf der **Schriftform**, soweit nicht wegen besonderer Umstände eine andere Form angemessen ist. Wird dabei die Einwilligung zusammen mit anderen Erklärungen schriftlich erteilt, ist der Betroffene hierauf schriftlich besonders hinzuweisen. Der Arbeitgeber wird darauf achten müssen, dass dem Bewerber oder Arbeitnehmer die besondere Bedeutung der Einwilligungserklärung im Zuge der Vorlage und Unterzeichnung anderer Unterlagen zweifelsfrei deutlich wird. Dies wird am besten gewährleistet, wenn die Einwilligungserklärung auf einem **gesonderten Formular** festgehalten und getrennt von anderen Erklärungen für sich unterzeichnet wird. Die Einwilligungserklärung muss **hinreichend bestim**mt sein. Sie muss ausführlich und transparent gehalten sein. Eine **Blanko-Ermächtigung** genügt nicht den gesetzlichen Anforderungen. Art und Ziel der Verarbeitung bestimmter personenbezogener Daten sind in der »Datenschutzklausel« anzugeben.

26. Dienstreise

1930 Liegen keine kollektivvertraglichen Bestimmungen zu Dienstreisen vor, sollten im Arbeitsvertrag unter Berücksichtigung der steuerrechtlichen Folgen (vgl. § 3 Nr. 1 b EStG und Abschn. 37-40 LStR) folgende Punkte geregelt werden:

- Verpflichtung zu Dienstreisen,
- Höhe des Reisekostenersatzes (Fahrtkosten, Gepäckaufbewahrungskosten, Telefonate, Parkplatz, Einsatz eines Privat-Pkw, Unterbringungskosten, Verpflegungsmehraufwand),
- Vergütung für Dienstreisezeit (ggf. Freizeitausgleich) bzw. Pauschalvergütung,
- Abrechnungsmodalitäten.

Wird der Arbeitgeber vertraglich verpflichtet, dem Arbeitnehmer in jedem Falle – auch bei der Benutzung des eigenen Pkw – für die Heimfahrt einen bestimmten an den Tarifen der Deutschen Bundesbahn orientierten Betrag zur Verfügung zu stellen, sind insoweit

Fahrpreisermäßigungen (z.B. durch Bahncard) nicht zu berücksichtigen (*BAG 07.02.1995, 3 AZR 776/94*).

27. Dienstwagen

Bei der Überlassung eines Dienstwagens an den Arbeitnehmer sollte im Arbeitsvertrag oder in einem Dienstwagenüberlassungsvertrag unter Beachtung der jeweiligen steuerrechtlichen Folgen geregelt werden:

- zeitlicher Umfang der Überlassung eines Dienstwagens,
- Anspruch auf Gestellung eines Dienstwagens welcher Klasse und Ausstattung,
- Rechte des Arbeitnehmers zur Verbesserung der Ausstattung und Folgen bei Rückgabe des Dienstwagens,
- Modalitäten der Herausgabe des Dienstwagens (Zustand des Dienstwagens, Zeitpunkt, Ort, ggf. Kosten der Überführung des Dienstwagens),
- Herausgabe des Dienstwagens bei gekündigtem Arbeitsverhältnis, suspendiertem Arbeitnehmer, langandauernder Krankheit/Kur des Arbeitnehmers oder Ruhen des Arbeitsverhältnisses,
- Überlassung des Dienstwagens auch zur privaten Nutzung (Fahrten zwischen Wohnung und Arbeitsstätte, Familienheimfahrten, sonstige private Nutzung, Treibstoffkosten, nutzungsberechtigte Familienmitglieder),
- Wartung, Pflege des Dienstwagens einschl. Kostentragungspflicht,
- Führung eines Fahrtenbuchs,
- Abrechnungsmodalitäten,
- Gestellung eines Fahrers,
- Haftung des Arbeitnehmers für Sachschäden am Dienstwagen,
- Kaskoversicherungsschutz.

Problematisch sind Klauseln in Vereinbarungen über die Dienstwagenüberlassung, die darauf zielen, dem Arbeitgeber eine weitgehende Dispositionsfreiheit über die Dienstfahrzeuge zu sichern. Ist dem Arbeitnehmer nämlich neben der dienstlichen auch die private Nutzung des Dienstwagens vertraglich uneingeschränkt zugestanden, so stellt die Überlassung für den privaten Gebrauch ohne Anrechnung der Kosten einen Teil der Vergütung (Sachbezug bzw. Naturalvergütung) dar, dessen einseitiger Entzug dem Arbeitgeber wegen des Eingriffs in das arbeitsvertragliche Austauschverhältnis nicht möglich ist (für die Möglichkeit der Vereinbarung freier Widerruflichkeit wohl *BAG 11.10.2000, EzA § 14 MuSchG Nr. 15*). Entzieht der Arbeitgeber dem Arbeitnehmer vertragswidrig mit der betrieblichen die Privatnutzung, kann der Arbeitnehmer als Schadensersatz unter Beachtung seiner Schadensminderungspflicht mindestens den Geldbetrag verlangen, der aufzuwenden ist, um einen entsprechenden PKW privat nutzen zu können. Die Nutzungsentschädigung kann bei dem Entzug von Gebrauchsvorteilen eines PKW nicht abstrakt berechnet werden, wenn der Arbeitnehmer tatsächlich über einen gleichwertigen PKW verfügt und damit keinen Nutzungsausfall erlitten hat. Der Arbeitnehmer muss sich deshalb auf eine konkrete Schadensberechnung in dem Sinne des Ersatzes von tatsächlich erbrachten Aufwendungen (Wertverlust, Steuern, Versicherung, Kosten notwendiger und nützlicher Reparaturen und Wartungsarbeiten, Treibstoff) verweisen lassen. Diese Kosten lassen sich anhand der Tabelle von Sanden/Danner/Küppersbusch nicht beziffern. *(weitergehend Hessisches LAG, 19.12.1997, LAGE § 249 Nr. 13)*. Insoweit käme nach dem BAG mit Einschränkungen die sog. ADAC-Tabelle in Betracht. Vorrangig vor einer Schätzung ist jedoch die konkrete Darlegung der vom Arbeitnehmer getragenen Kosten. Bei Berücksichtigung der ADAC-Tabelle ist zu beachten, dass diese Kosten einstellt, die ggf. nicht vom Arbeitgeber zu tragen sind. Hierzu zählen die Kostenpositionen Landkarten, ADAC-Beitrag, ADAC-Schutzbrief und Rechtsschutzversicherung *(BAG 16.11.1995, EzA § 249 BGB Nr. 21)*.

Der Arbeitnehmer kann keinen Ersatz der abstrakt nach der Tabelle von Sanden/Danner/Küppersbusch bemessenen Gebrauchsvorteile verlangen. Diese Tabelle orientiert sich nicht an dem Wert der Gebrauchsmöglichkeit des eigenen Pkw, sondern am Wert der Gebrauchsmöglichkeit des Mietwagens, den sich zu nehmen der Geschädigte unterlässt. Im Arbeitsverhältnis kann nach dem BAG der Wert einer längerfristigen Gebrauchsunmöglichkeit nicht anhand dieser Tabelle bemessen werden. Der private Anteil am Gebrauchswert eines Dienst-Pkw ist keine feststehende Größe, sondern verändert sich in Abhängigkeit von der Zeit, für die der Gebrauch gewährt werden soll. Damit ist der Gebrauchsvorteil spezifisch arbeitsvertraglich zu bestimmen und weicht von den im Verkehrsunfallrecht maßgeblichen Tabellen ab.

Entzieht der Arbeitgeber dem Arbeitnehmer einen auch zur privaten Nutzung überlassenen Dienst-Pkw unberechtigt, kann der Arbeitnehmer Schadensersatz in Geld in Höhe der steuerlichen Bewertung der privaten Nutzungsmöglichkeit (vgl. § 6 Abs. 1 Nr. 4 EStG) verlangen *(BAG 27.05.1999, EzA § 249 BGB Nr. 24)*. Es liegt so im Rahmen richterlichen Ermessens, wenn der Wert der privaten Nutzung eines Kraftfahrzeugs für jeden Monat mit 1 % des inländischen Listenpreises im Zeitpunkt der Erstzulassung zzgl. der Kosten für Sonderausstattungen einschließlich Umsatzsteuer angesetzt wird. Dieser Schadensersatzanspruch steht dem Arbeitnehmer nicht als Nettovergütung zu, sofern nach dem Arbeitsvertrag die Überlassung des Dienstwagens mit privater Nutzungsmöglichkeit zu versteuern ist *(BAG 27.05.1999, EzA § 249 BGB Nr. 24)*.

Die Dauer des Schadensersatzes ist nach § 254 BGB regelmäßig auf 6 Monate begrenzt, zumindest dann, wenn eine längere Prozessdauer erkennbar wird, ein wirtschaftlich denkender Arbeitnehmer ein Ersatzfahrzeug angeschafft hätte und dessen möglicher Wertverlust bei einer anschließenden Veräußerung im Wege einer konkreten Schadensberechnung geltend gemacht werden kann *(Hessisches LAG, 19.12.1997, 17/12 Sa 1871/96, LAGE § 249 BGB Nr. 13)*.

Für **zulässig** erachtet wird eine vertraglich begründete Herausgabepflicht während der Zeit der Freistellung des Arbeitnehmers von der Arbeitspflicht, sofern dem Arbeitnehmer ein Anspruch auf Ersatz des ihm nunmehr entgehenden geldwerten Vorteils der privaten PKW-Nutzung zugestanden wird (ohne Schadensersatzanspruch bei Herausgabepflicht aufgrund gerichtlichen Vergleiches – *LAG Düsseldorf 25.04.1995, LAGE § 249 BGB Nr. 8*). Bei ausschließlich dienstlicher Nutzung ist die Vereinbarung einer jederzeitigen Herausgabepflicht grundsätzlich unbedenklich. Entsprechendes gilt für die entgeltliche private Nutzung des Dienstwagens durch den Arbeitnehmer.

Wurde einer Arbeitnehmerin ohne Einschränkung das Firmenfahrzeuges zur privaten Nutzung überlassen, so ist es der Arbeitnehmerin nicht nur während eines Beschäftigungsverbots im Sinne des § 3 Abs. 1, § 4 MuSchG, sondern regelmäßig auch während der Schutzfristen des § 3 Abs. 2, § 6 Abs. 1 MuSchG weiterzugewähren. Wechselt ein Arbeitnehmer jedoch in Altersteilzeit, so soll er keinen Anspruch mehr auf den Dienstwagen haben (*ArbG Frankfurt 08.08.2001, 7 Ca 3269/01*).

Liegt die Benutzung eines Dienstfahrzeuges im Interesse des Arbeitgebers und least der Arbeitgeber ein Firmenfahrzeug für den Arbeitnehmer, das dieser auch privat nutzen darf, so ist eine Vertragsvereinbarung zwischen Arbeitgeber und Arbeitnehmer, wonach der Arbeitnehmer bei Eigenkündigung die Rechte und Pflichten aus dem Leasingvertrag zu übernehmen und den Arbeitgeber von den Verpflichtungen aus dem Leasingvertrag freizustellen hat, unangemessen und wegen Verstoß gegen Treu und Glauben unwirksam, wenn die monatliche Leasingrate im Verhältnis zum monatlichen Einkommen des Arbeitnehmers so hoch ist, dass sie der Arbeitnehmer ohne Gefährdung seiner wirtschaftlichen Existenzgrundlage kaum bewältigen kann (*LAG München 30.05.2001, EzA-SD 18/2001, 9*).

28. Direktionsrecht

Der Arbeitgeber verfügt auch ohne ausdrückliche arbeitsvertragliche Regelung über ein Weisungs- bzw. Direktionsrecht, aufgrund dessen er die erforderliche Konkretisierung der Leistungspflichten des Arbeitnehmers nach Zeit, Ort und Art vornehmen darf. Rechtsgrundlage für dieses Weisungsrecht ist der Arbeitsvertrag (*BAG 27.03.1980, AP Nr. 26 zu § 611 BGB Direktionsrecht*). Nicht zulässig ist dagegen ein einseitiger Eingriff des Arbeitgebers in den Umfang der beiderseitigen Hauptleistungspflichten, mithin der Vergütungs- und Arbeitspflicht (*BAG 12.12.1984, AP Nr. 6 zu § 2 KSchG 1969*).

1936

Praktisch alle vorformulierten Arbeitsverträge sehen besondere Regelungen vor, die das Weisungsrecht des Arbeitgebers hinsichtlich Art, Ort und Zeit der Arbeitsleistung erweitern (**Direktionsrechtserweiterungen**), und teilweise auch den Arbeitgeber berechtigen sollen, die Vergütungsabrede zu ändern. Die Erweiterung des allgemeinen Weisungsrechts aufgrund einzelvertraglicher Klausel ist grundsätzlich zulässig (*BAG 12.12.1984, AP Nr. 6 zu § 2 KSchG 1969*). Ausgeschlossen ist jedoch der Vorbehalt eines wesentlichen Eingriffs in das Äquivalenz- und Ordnungsgefüge (*BAG 14.11.1990, AP Nr. 25 zu § 611 BGB Arzt-Krankenhaus-Vertrag*), der Änderung wesentlicher Elemente des Arbeitsverhältnisses (*BAG 04.02.1958, AP Nr. 1 zu § 620 BGB Teilkündigung*) oder wesentlicher, das Arbeitsverhältnis prägender Bestandteile (*BAG 07.10.1982, AP Nr. 5 zu § 620 BGB Teilkündigung*). Unwirksam ist der Vorbehalt der Änderungen der im Gegenseitigkeitsverhältnis stehenden Hauptleistungspflichten (*BAG 09.06.1965, AP Nr. 10 zu § 315 BGB; BAG 09.06.1967, AP Nr. 5 zu § 611 BGB Lohnzuschläge*). Enthält ein Arbeitsvertrag eine Klausel des Inhalts, dass sich die Verwendung des Arbeitnehmers im Rahmen des Zumutbaren nach den betrieblichen Bedürfnissen des Arbeitgebers richtet, dann soll der Begriff »Verwendung«

nicht nur eine mögliche Veränderung von Ort und Tätigkeit der zu leistenden Arbeit, sondern auch dem Arbeitgeber die Möglichkeit eröffnen, die Lage der Arbeitszeit des Arbeitnehmers den betrieblichen Bedürfnissen anzupassen und einen Schichtwechsel anzuordnen *(LAG Hamm 30.06.1994, LAGE § 611 BGB Direktionsrecht Nr. 17)*.

Bei **ausgehandelten Individualabreden** sind Direktionsrechtserweiterungen bis zur Grenze der Sittenwidrigkeit zuzulassen. Demgegenüber sollen nach der Literatur die in einem Formularvertrag enthaltenen **vorformulierten Erweiterungen des Direktionsrechts** einer Inhaltskontrolle auf ihre Angemessenheit (§ 307 Abs. 1 Satz 1 BGB) unterworfen werden, wobei die zu vorformulierten Leistungsbestimmungsrechten in Allgemeinen Geschäftsbedingungen entwickelten Grundsätze herangezogen werden können. Wegen ihrer die Transparenz des Vertragsinhalts (§ 307 Abs. 1 Satz 2 BGB) beeinträchtigenden Wirkung könnten solche Klauseln nur bei Vorliegen besonderer Gründe als wirksam angesehen werden. Dies setzte eine möglichst konkrete Festlegung der Voraussetzungen, unter denen das Weisungsrecht entsteht und unter denen es auszuüben ist, voraus. Bei Direktionsrechtserweiterungen gilt es zu berücksichtigen, dass die Ausweitung des Direktionsrechts im Falle einer möglichen Kündigung auch zur weitergehenden Pflicht einer anderweitigen Beschäftigung des Arbeitnehmers führt.

Ist nach dem Inhalt des Arbeitsvertrages aufgrund des allgemeinen Direktionsrechtes eine Versetzung nicht möglich, bedarf es zur Übertragung höher- oder geringerwertiger Arbeiten eines Änderungsvertrages oder einer Änderungskündigung. Dies veranlasst die betriebliche Praxis, den Umfang des Direktionsrechts vertraglich auszudehnen, indem einerseits im Arbeitsvertrag eine sehr weite, relativ unkonkret gehaltene Tätigkeitsbeschreibung aufgenommen wird, oder indem andererseits die Tätigkeitsbeschreibung recht konkret gehalten und daneben ein besonderes Direktionsrecht begründet wird.

Derartige Direktionsrechtserweiterungen werden von der Rechtsprechung grundsätzlich für wirksam erachtet *(BAG 11.06.1958 und 16.10.1965, AP Nr. 2, 20 zu § 611 BGB Direktionsrecht)*. Klauseln, die die Zuweisung von »den Fähigkeiten und Kenntnissen entsprechenden« oder »zumutbaren« Tätigkeiten zulassen, wurden bislang als wirksam angesehen *(BAG 12.04.1973, EzA § 611 BGB Nr. 12)*. Eine Zumutbarkeit ist dann gegeben, wenn es sich um die Übertragung einer gleichwertigen Tätigkeit bei gleicher Vergütung handelt. Die Orientierung erfolgt an derselben Tarifgruppe. Zweifel bestehen, ob die Verwendung des Blankettbegriffs der Zumutbarkeit in Formulararbeitsverträgen zu einer hinreichend transparenten Regelung führt.

Zulässig sind auch Klauseln, die dem Arbeitgeber die Versetzung des Arbeitnehmers auf einen **geringerwertigen** Arbeitsplatz bei **Fortzahlung der alten Vergütung** erlauben *(BAG 11.06.1958, AP Nr. 2 zu § 611 BGB Direktionsrecht; BAG 08.10.1962, AP Nr. 18 zu § 611 BGB Direktionsrecht; BAG 25.01.1978, EzA § 1 TVG Nr. 9; BAG 22.05.1985, AP Nr. 7 zu § 1 TVG Tarifverträge: Bundesbahn)*. In entsprechenden Klauseln sollte aber der potentielle Tätigkeitsbereich näher umschrieben oder durch Angabe einer zumutbaren untersten Vergütungsgruppe das Zuweisungsrecht begrenzt werden. Die Zuweisung einer geringerwertigen Tätigkeit führt zu keiner Vergütungsminderung. Die Versetzungsklausel betrifft nur die Leistungspflicht des Arbeitnehmers (Arbeitspflicht), nicht die des Arbeitgebers (Zahlungspflicht). Problematisch ist die Situation, wenn die Vergütungspflicht an die tatsächlich geleistete Arbeit anknüpft, wie dies bei tariflicher Entlohnung (automatische Vergütungsanpassung) der Fall ist. Auch für diesen Fall führte die Rechtsprechung aus, es sei zum Schutze des Arbeitnehmers erforderlich, zur Entlohnungsminderung eine besondere Vereinbarung zu treffen *(BAG 14.12.1961, AP Nr. 17 zu § 611 BGB Direktionsrecht)*. Neuerdings ist aber von einer »Vergütungsautomatik« die Rede, wonach sich die Eingruppierung automatisch aus der übertragenen Tätigkeit ergebe *(BAG 21.06.1995, EzA § 15 KSchG n.F. Nr. 43)*. Zur Klarstellung sollte aber in der Versetzungsklausel eine **ausdrückliche Vergütungsgarantie** aufgenommen werden.

Ausgesprochen problematisch sind direktionsrechtserweiternde Klauseln, die eine Änderung des Tätigkeitsbereiches in Verbindung mit einer gleichzeitigen oder zeitlich versetzten Vergütungsänderung vorsehen. Hierdurch soll der Arbeitgeber ermächtigt werden, nicht nur die Leistungspflicht des Arbeitnehmers, sondern auch seine eigene Leistungspflicht zu ändern. Nach Ansicht des 7. Senats des BAG kann ein Weisungsrecht nicht hinsichtlich des Umfangs von Vergütungs- und Arbeitspflicht durch tarif- oder einzelvertragliche Regelung begründet werden *(BAG 12.12.1984, EzA § 315 BGB Nr. 29)*, weil dies auf die Umgehung des zwingenden Kündigungsschutzes (Änderungsschutz nach § 2 KSchG) hinausliefe. Dennoch hat der 4. Senat des BAG eine entsprechende tarifvertragliche Klausel für rechtswirksam gehalten *(BAG 22.05.1985, AP Nr. 7 zu § 1 TVG Tarifverträge: Bundesbahn; a.A. LAG Düsseldorf 17.03.1995, LAGE § 2 KSchG Nr. 16)*.

Auch wird die Streichung von Schmutz- und sonstigen Zulagen nach überwiegender Ansicht für zulässig gehalten, sofern durch die Zulagen besondere Erschwernisse abgegolten werden sollen, die nach der Versetzung nicht mehr anfallen.

Das Direktionsrecht des Arbeitgebers besteht hinsichtlich der Bestimmung des **Arbeitsortes**, soweit der Arbeitnehmer den zugewiesenen Arbeitsort ohne größere Schwierigkeit erreichen kann. Versetzungen innerhalb einer politischen Gemeinde sind regelmäßig ohne entsprechende Direktionsrechtserweiterung zulässig. Aus der konkreten Vertragsgestaltung (Tätigkeitsbeschreibung, Natur des sachlichen Tätigkeitsbereichs) kann sich ein weitergehendes Direktionsrecht hinsichtlich des Arbeitsortes ergeben, z.B. bei Bau-, Montage- und Außendienstmitarbeitern. Gebräuchlich sind daneben ausdrückliche klauselmäßige Versetzungsvorbehalte. Bedenken gegen die Wirksamkeit solcher Betriebs- und Unternehmensversetzungsklauseln bestehen nicht. Die Pflicht des Arbeitnehmers, unter Umständen auf Weisung des Arbeitgebers auch in einem anderen Betrieb des Unternehmens tätig zu werden, wird kompensiert durch die Pflicht des Arbeitgebers, vor Ausspruch einer Kündigung zunächst die Versetzung des Arbeitnehmers innerhalb des Unternehmens zu versuchen. Sind im Arbeitsvertrag die bei einem Arbeitgeber für eine Gruppe von Arbeitnehmern jeweils gültigen Tarifverträge in Bezug genommen, so gelten für die Zeit einer von einer **konzernbezogenen Versetzungsklausel** gedeckten »Abstellung« zu einer anderen Konzerngesellschaft auch die – schlechteren – Bedingungen eines von dem Arbeitgeber und der Konzerngesellschaft mit einer Gewerkschaft über den Einsatz von Angehörigen dieser Arbeitnehmergruppe bei der Konzerngesellschaft abgeschlossenen Tarifvertrages *(BAG 18.06.1997, EzA § 3 TVG Bezugnahme auf Tarifvertrag Nr. 9)*.

In der Literatur wird angesichts der vielfältigen rechtlichen Gestaltungsmöglichkeiten sowie der schwierigen Prognostizierbarkeit zukünftiger unternehmerischer Entscheidungen und wegen der negativen kündigungsrechtlichen Folgen von der Verwendung von **Konzernversetzungsklauseln** abgeraten.

29. Gerichtsstandsvereinbarung

1940 Der **Rechtsweg zu den Gerichten für Arbeitssachen** und die **erstinstanzliche Zuständigkeit** des Arbeitsgerichts sind grundsätzlich **keiner Vereinbarung zugänglich**. Nach § 2 Abs. 4 ArbGG können allein Organe von juristischen Personen des Privatrechts – nicht des öffentlichen Rechts – mit ihren Dienstherren vereinbaren, dass bürgerliche Rechtsstreitigkeiten zwischen ihnen vor den Arbeitsgerichten ausgetragen werden. Vereinbarungen der Arbeitsvertragsparteien über die **örtliche Zuständigkeit** eines an sich unzuständigen Gerichts des ersten Rechtszugs (ArbG) sind nach § 38 Abs. 1 ZPO **grundsätzlich unwirksam**. Die örtliche Zuständigkeit kann auch nicht über die (Gerichtsstands-)Vereinbarung eines vom Gesetz abweichenden Erfüllungsortes herbeigeführt werden (§ 29 Abs. 2 ZPO), wenngleich die Parteien materiellrechtlich eine Erfüllungsortvereinbarung rechtswirksam treffen können.

Demgegenüber können nach § 48 Abs. 2 ArbGG Tarifvertragsparteien die Zuständigkeit eines an sich örtlich unzuständigen Arbeitsgerichts festlegen für bürgerliche Rechtsstreitigkeiten zwischen Arbeitnehmern und Arbeitgebern aus einem Arbeitsverhältnis und aus Verhandlungen über die Eingehung eines Arbeitsverhältnisses, das sich nach einem Tarifvertrag bestimmt. Entsprechendes gilt für bürgerliche Rechtsstreitigkeiten aus dem Verhältnis einer gemeinsamen Einrichtung der Tarifvertragsparteien zu den Arbeitnehmern oder Arbeitgebern. Im Geltungsbereich eines solchen Tarifvertrags gelten die tariflichen Bestimmungen über das örtlich zuständige Arbeitsgericht zwischen nicht tarifgebundenen Arbeitgebern und Arbeitnehmern, wenn die Anwendung des gesamten Tarifvertrags zwischen ihnen vereinbart ist.

Gerichtsstandsvereinbarungen sind ferner im Rahmen **internationaler Rechtsstreitigkeiten** zulässig. Nach § 38 Abs. 2 Satz 1 ZPO kann die Zuständigkeit eines Arbeitsgerichts vereinbart werden, wenn mindestens eine der Arbeitsvertragsparteien keinen allgemeinen Gerichtsstand im Inland hat. Die Vereinbarung muss schriftlich abgeschlossen oder, falls sie mündlich getroffen wird, schriftlich bestätigt werden (§ 38 Abs. 2 Satz 2 ZPO). Hat eine der Arbeitsvertragsparteien einen inländischen allgemeinen Gerichtsstand, so kann für das Inland nur ein Gericht gewählt werden, bei dem diese Partei ihren allgemeinen Gerichtsstand hat oder ein besonderer Gerichtsstand begründet ist. Das europäische Gerichtsstands- und Vollstreckungsübereinkommen in Zivil- und Handelssachen (EuGÜbK) vom 27.09.1968 geht dem § 38 Abs. 2 ZPO vor und lässt in weiterem Umfang Gerichtsstandsvereinbarungen zu.

Zulässig ist eine Gerichtsstandsvereinbarung, wenn sie ausdrücklich und schriftlich nach dem Entstehen der Streitigkeit – nicht des Rechtsstreits – geschlossen wird (§ 38 Abs. 3 Nr. 1 ZPO). Sie muss sich auf einen bestimmten Streit beziehen.

Schließlich ist eine Gerichtsstandsvereinbarung zulässig, wenn sie ausdrücklich und schriftlich für den Fall geschlossen wird, dass die im Klageweg in Anspruch zu nehmende Partei nach Vertragsschluss ihren Wohnsitz oder gewöhnlichen Aufenthaltsort aus der Bundesrepublik Deutschland verlegt oder ihr Wohnsitz oder gewöhnlicher Aufenthalt im Zeitpunkt der Klageerhebung nicht bekannt ist. Folglich kann **mit ausländischen Arbeitnehmern** eine Gerichtsstandsvereinbarung getroffen werden für den Fall, dass sie ihren Wohnsitz wieder in ihr Heimatland verlegen. Dadurch wird der Arbeitgeber der Last enthoben, im Ausland zu klagen.

30. Gesundheitsuntersuchung

Im Arbeitsvertrag kann die Einstellung des Arbeitnehmers von dem Ergebnis einer Gesundheitsuntersuchung abhängig gemacht werden (vgl. → Rz. 1560 zur Möglichkeit einer auflösenden Bedingung). Der Arbeitgeber darf den Bewerber aber – unter Berücksichtigung seines Fragerechts (vgl. → Rz. 1012-1028) – nur darauf untersuchen lassen, ob der Bewerber gesundheitlich für die in Aussicht genommene Stelle geeignet ist. Die ärztliche Auskunft darf nur die Eignung oder Nichteignung zum Inhalt haben *(BAG 07.06.1984, AP Nr. 26 zu § 123 BGB)*. Die ärztliche Untersuchung ist vorgeschrieben für

1943

- Jugendliche nach § 32 Abs. 1 JArbSchG,
- Beschäftigte im Lebensmittelgewerbe (§§ 17, 18 BSeuchG),
- Arbeitnehmer bei der Beförderung von Fahrgästen (§ 15 e Abs. 1 Satz 1 Nr. 3 Buchst. a StVZO).

Der Arbeitnehmer kann arbeitsvertraglich nicht verpflichtet werden, sich bei einem vom Arbeitgeber zu benennenden Arzt untersuchen zu lassen. § 275 Abs. 1 SGB V regelt die Untersuchung des Arbeitnehmers durch den Medizinischen Dienst der Krankenversicherung und enthält für die Untersuchung des Arbeitnehmers durch einen anderen als den von ihm ausgewählten Arzt eine abschließende Regelung. Dagegen kann der Arbeitnehmer arbeitsvertraglich verpflichtet werden, sich regelmäßig ärztlichen Untersuchungen zu unterziehen, um die fortbestehende Eignung für den Arbeitsplatz zu kontrollieren. In vielen Normen des gesundheitlichen Arbeitsschutzes sind Pflichten zu regelmäßigen Gesundheitsuntersuchungen vorgesehen.

31. Gewinnbeteiligung

Die Gewinnbeteiligung wird als **Erfolgsvergütung** regelmäßig nur an leitende Angestellte gezahlt. Sie bedarf einer arbeitsvertraglichen Grundlage. Ist über die Höhe der Gewinnbeteiligung nichts vereinbart, so ist die übliche oder angemessene zu zahlen (§ 612 Abs. 2 BGB). Die Bestimmung der Höhe der Gewinnbeteiligung kann dem Arbeitgeber nach billigem Ermessen überlassen bleiben (§ 315 Abs. 1 BGB). Bei der Vereinbarung einer solchen Sondervergütung sollten Regelungen zu folgenden Punkten getroffen werden:

1945

- Berechnungsmodus (Prozente vom jährlichen Reingewinn, Rohgewinn, Umsatz, Regelung entsprechend §§ 86 Abs. 2 Satz 1, 113 Abs. 3 Satz 1 AktG, Maßgeblichkeit der Handels- oder Steuerbilanz),

- Zeitpunkt und notwendiger Inhalt der Abrechnung des Gewinnbeteiligungsanspruchs durch den Arbeitgeber nebst Auskunfts- und Einsichtsrechten des Arbeitnehmers,
- Fälligkeit der Gewinnbeteiligung,
- Folgen eines vorzeitigen Ausscheidens des Arbeitnehmers.

32. Gratifikation (s. Stichwort: Sonderzuwendungen)

1946

33. Haftungsausschlüsse und -beschränkungen

1947
Die Haftung des Unternehmers gegenüber seinen Beschäftigten sowie die Haftung der Arbeitskollegen untereinander ist für **Personenschäden** nach §§ 104 bis 107 SGB VII **weitgehend ausgeschlossen**. Nach §§ 104 Abs. 1 Satz 1 SGB VII ist der Unternehmer den in der gesetzlichen Unfallversicherung Versicherten, die für ihre Unternehmen tätig sind oder zu ihren Unternehmen in einer sonstigen die Versicherung begründenden Beziehung stehen, sowie deren Angehörigen und Hinterbliebenen nach anderen gesetzlichen Vorschriften zum Ersatz des Personenschadens, den ein Versicherungsfall verursacht hat, nur verpflichtet, wenn sie den Versicherungsfall vorsätzlich oder auf einem nach § 8 Abs. 2 Nr. 1 bis 4 SGB VII versicherten Weg herbeigeführt haben. Selbst wenn dem verletzten Arbeitnehmer, seinen Angehörigen oder Hinterbliebenen hiernach ein Schadensersatzanspruch aus positiver Verletzung des Arbeitsvertrages, aus Delikt oder Gefährdungshaftung ausnahmsweise zusteht, so vermindert sich dieser um die Leistungen, die sie nach Gesetz oder Satz ung infolge des Versicherungsfalles von Trägern der Sozialversicherung erhalten. Das gleiche gilt für den Fall, dass durch den Arbeitsunfall einer Schwangeren auch die Leibesfrucht geschädigt wurde. Die §§ 105 – 107 SGB VII begründen einen vergleichbaren Haftungsausschluss unter Arbeitskollegen und sonstigen versicherten Personen.

Regelungsbedarf kann bestehen, soweit es um Schäden am Eigentum des Arbeitnehmers geht, welches dieser in den Gefahrenbereich des Arbeitgebers verbracht hat. Den Arbeitgeber trifft eine Obhutspflicht für private Gegenstände des Arbeitnehmers, die dieser mit ausdrücklicher oder stillschweigender Zustimmung seines Arbeitgebers mit in den Betrieb bringt *(BAG 05.03.1959 und 01.07.1965, AP Nr. 26 und 75 zu § 611 BGB Fürsorgepflicht)*. Von der Haftung kann sich der Arbeitgeber arbeitsvertraglich für Fälle des Vorsatzes und der groben Fahrlässigkeit nicht freizeichnen *(BAG 05.03.1959, AP Nr. 26 zu § 611 BGB)*. Besteht die Möglichkeit einer auch die eingebrachten Sachen des Arbeitnehmers umfassenden Versicherung, so wird eine Abwälzung des Risikos der leichten Fahrlässigkeit in vorformulierten Verträgen auf den Arbeitnehmer in der Literatur als unangemessen angesehen *(vgl. auch LAG Hamm 02.11.1956, AP Nr. 5 zu § 618 BGB)*.

Das BAG erkennt ferner eine verschuldensunabhängige Haftung des Arbeitnehmers für arbeitstypische, unabgegoltene Sachschäden des Arbeitnehmers an *(BAG 11.08.1988 und 20.04.1989, EzA § 670 BGB Nr. 19 und 20)*. Die Frage der Abdingbarkeit der verschuldensunabhängigen Haftung ist in der Rechtsprechung ungeklärt; sie wird in der Literatur kontrovers beurteilt. Soweit eine Haftungsfreizeichnung unzulässig ist, kann der Arbeitnehmer aber vertraglich zur Benutzung betrieblicher Sicherungseinrichtungen angehalten werden. Ferner kann die Verschuldenshaftung nach Vorschlägen in der Literatur auf 200,00 EUR beschränkt werden.

Das BAG hat sogar die Zulässigkeit einer Haftungsfreizeichnung für fahrlässige Verletzungen der Verkehrssicherungspflichten (auf einem arbeitgeberseitig zur Verfügung gestellten Parkplatz) verneint *(BAG 28.09.1989, EzA § 611 BGB Parkplatz Nr. 1)*. Die Haftung für Vorsatz kann ohnehin nicht ausgeschlossen werden (§ 276 Abs. 2 BGB). In der Literatur wird eine Freizeichnung für leichte Fahrlässigkeit für unwirksam gehalten, wenn der Verwender vorformulierter Arbeitsbedingungen die ihn treffende Schadensersatzhaftung durch eine zumutbare Möglichkeit der Haftpflichtversicherung abdecken kann.

Zur **Haftung des Arbeitnehmers** finden sich in Arbeitsverträgen je nach der verletzten Pflicht Regelungen in

- Mankoabreden (vgl. → Rz. 1955),
- Rückzahlungsklauseln (vgl. → Rz. 1963),
- Klauseln zum vertraglichen und nach- Wettbewerbsverbot (vgl.→ Rz. 3000 ff.; → Rz. 3030 ff.),
- Vertragsstrafenabreden (vgl. → Rz. 1980).

Die Arbeitnehmerhaftung ist mittlerweile höchstrichterlich geklärt. Nach der Entscheidung des Großen Senats des BAG gelten die **Grundsätze über die Beschränkung der Arbeitnehmerhaftung** nunmehr für alle Arbeiten, die durch den Betrieb veranlasst sind und aufgrund eines Arbeitsverhältnisses (vgl. nun § 276 Abs. 1 Satz 1 BGB) geleistet werden. Es kommt somit für die Haftungsbeschränkung künftig nicht mehr darauf an, ob die Arbeit, bei der der Schaden entstand, gefahrgeneigt war. **Der Arbeitgeber muss sich bei jedem Schaden, den ein Arbeitnehmer in Ausübung einer betrieblichen Tätigkeit verursacht hat, in entsprechender Anwendung von § 254 BGB das Betriebsrisiko sowie seine Verantwortung für die Organisation des Betriebs und die Gestaltung der Arbeitsbedingungen zurechnen lassen** *(BAG 27.09.1994, EzA § 611 BGB Arbeitnehmerhaftung Nr. 59)*. Eine vertragliche **Vereinbarung** der Arbeitsvertragsparteien **über die Haftung des Arbeitnehmers ist unwirksam, sofern sie gegen die einseitig zwingenden Grundsätze der beschränkten Arbeitnehmerhaftung verstößt**, sofern dem Arbeitnehmer kein gleichwertiger Ausgleich geleistet wird *(BAG 17.09.1998, EzA § 611 BGB Arbeitnehmerhaftung Nr. 64)*.

Umstritten ist, ob ein **Lohnminderungsrecht** des Arbeitgebers **für den Fall von Schlecht- und Minderleistungen des Arbeitnehmers** wirksam vereinbart werden kann *(für die Zulässigkeit wohl BAG 17.07.1970, AP Nr. 3 zu § 11 MuSchG 1968)*. Zumindest die formularmäßige Festschreibung eines Lohnminderungsrechts wird in der Literatur abgelehnt. Dagegen werden Vereinbarungen, nach denen nur mängelfreie Arbeit bezahlt wird, im Bereich der Akkord- und Prämienentlohnung grundsätzlich für zulässig erachtet *(BAG 15.03.1960, AP Nr. 13 zu § 611 BGB Akkordlohn)*. In der Rechtsprechung wurde nicht einmal die Kumulation von Lohnkürzung und Pflicht zur unentgeltlichen Nacharbeit bzw.

zur Übernahme der Kosten der von anderen Arbeitnehmern erbrachten Nacharbeit beanstandet *(BAG 15.03.1960, AP Nr. 13 zu § 611 BGB Akkordlohn).*

Haftungsbegrenzungen zugunsten des Arbeitnehmers finden sich bislang nicht in vorformulierten Arbeitsverträgen. Wegen der bis vor kurzem nicht konsolidierten Rechtsprechung des BAG zum Umfang der Arbeitnehmerhaftung wird in der Literatur empfohlen, in der Kautelarpraxis die wenig praktikablen und Rechtsunsicherheit verursachenden Grundsätze des BAG zu präzisieren. Vorgeschlagen werden eine Begrenzung der Haftung des Arbeitnehmers auf Vorsatz und grobe Fahrlässigkeit und eine summenmäßige Haftungsbeschränkung.

34. Karenzentschädigung (vgl. → Rz. 3052 ff., 3093 – Muster)

1949

35. Kündigungsfristen (vgl. → Rz. 4250 – 4274)

1950 Bei der Vereinbarung von Kündigungsfristen müssen die **gesetzlichen und tariflichen Mindestkündigungsfristen** beachtet werden. Absprachen, die mit den zwingenden gesetzlichen und tariflichen Mindestkündigungsfristen nicht zu vereinbaren sind, sind nichtig (vgl. → Rz. 4250 ff.).

36. Mankoabrede

1955 Als **Manko** wird der Schaden bezeichnet, den der Arbeitgeber dadurch erleidet, dass ein seinem Arbeitnehmer anvertrauter Warenbestand oder eine von ihm geführte Kasse eine Fehlmenge bzw. einen Fehlbestand aufweist. Der Arbeitnehmer haftet für das Manko, wenn eine rechtswirksame Mankovereinbarung getroffen wurde oder wenn die Voraussetzungen der allgemeinen zivilrechtlichen Haftungsnormen vorliegen. Die Grundsätze über die Beschränkung der Arbeitnehmerhaftung gelten aber auch, wenn der Arbeitnehmer wegen einer im Zusammenhang mit der Verwahrung und Verwaltung eines ihm überlassenen Waren- oder Kassenbestandes begangenen positiven Vertragsverletzung in Anspruch genommen wird. Eine vertragliche Vereinbarung der Arbeitsvertragsparteien über die Haftung des Arbeitnehmers für einen eingetretenen Waren- oder Kassenfehlbestand (Mankohaftung) ist jedoch wegen Verstoß gegen die einseitig zwingenden Grundsätze der beschränkten Arbeitnehmerhaftung unwirksam, wenn und soweit dem Arbeitnehmer kein gleichwertiger Ausgleich geleistet wird *(BAG 17.09.1998, EzA § 611 BGB Arbeitnehmerhaftung Nr. 64).* Die Begründung einer Erfolgshaftung des Arbeitnehmers durch eine Mankoabrede **ohne besondere Mankovergütung** oder **über die Höhe des vereinbarten Mankogeldes hinaus** ist unzulässig. Die Abrede wird dahin ausgelegt, der Arbeitnehmer solle auch bei größeren Schäden jedenfalls bis zur Höhe des Mankogeldes haften *(BAG 17.09.1998, EzA § 611 BGB Arbeitnehmerhaftung Nr. 64; BAG 02.12.1999, 8 AZR 386/98).*

Der **Vertrag zur Übernahme des Mankos** durch den Arbeitnehmer wird daher – nach Maßgabe der vorstehenden Grundsätze der Arbeitnehmerhaftung – grundsätzlich für **zulässig** gehalten *(BAG 09.04.1957, AP Nr. 4 zu § 611 BGB Haftung des Arbeitnehmers; BAG 22.11.1973, AP Nr. 67 zu § 626 BGB; BAG 29.01.1985, EzA Nr. 41 zu § 611 BGB Arbeitnehmerhaftung)*. Danach kann dem Arbeitnehmer vertraglich eine von seinem Verschulden unabhängige Haftung für in seinem Arbeits- und Kontrollbereich aufkommende Fehlbeträge übertragen werden. Nach der höchstrichterlichen Rechtsprechung kann die Mankoabrede **unwirksam** sein, wenn

- der **Arbeitnehmer durch die Abrede übermäßig benachteiligt wird**, weil ihm für die Übernahme der Mankohaftung kein Äquivalent geleistet wird, durch das die Tarifvergütung überschritten wird *(BAG 17.04.1956, AP Nr. 8 zu § 626 BGB; BAG 09.04.1957, AP Nr. 4 zu § 611 BGB Haftung des Arbeitnehmers; BAG 27.02.1970, EzA Nr. 23 zu § 276 BGB)*, wobei die Angemessenheit des wirtschaftlichen Ausgleichs nur bejaht wird, wenn das zusätzliche Entgelt mindestens den Durchschnitt der erfahrungsgemäß zu erwartenden Fehlbeträge bzw. -bestände erreicht,
- er nicht die Möglichkeit hat, Mankoschäden wirksam zu bekämpfen,
- durch die Mankovereinbarung bezweckt wird, dass Dritte benachteiligt werden.

Bei der ein **Warenmanko** betreffenden Klausel sollten die Arbeitsvertragsparteien vorab eine Regelung zur **Bewertung des aufgetretenen Warenmankos** treffen. Nach § 249 BGB schuldet der Arbeitnehmer Schadensersatz auf der Basis des Einkaufspreises. Es wird als zulässig angesehen, den Verkaufspreis in der Mankoabrede in Ansatz zu bringen. Daneben soll es dem Arbeitnehmer nicht möglich sein, die üblichen Rabattsätze abzuziehen, weil es sich nicht um zulässigen Eigenverbrauch handele.

Üblich sind auch **Beweislastklauseln**, wonach der Arbeitnehmer sich nicht auf die Unrichtigkeit von Inventuren berufen kann, an denen er teilgenommen hat oder sich geweigert hat, daran teilzunehmen. Zur Zulässigkeit von solchen Beweislastklauseln in Formulararbeitsverträgen s. Stichwort »Beweislastklauseln«.

37. Nebentätigkeit

Dem Arbeitnehmer steht es grundsätzlich frei, ohne Benachrichtigung seines Arbeitgebers einer Nebenbeschäftigung nachzugehen, es sei denn, der Nebentätigkeit stehen zwingende Arbeitnehmer-Schutzvorschriften entgegen oder sie führt zu einer unzulässigen Beeinträchtigung des Hauptarbeitsverhältnisses. Dies folgt aus dem Grundrecht der Berufsfreiheit nach Art. 12 Abs. 1 GG. Die Nebentätigkeit darf nicht gegen das vertragliche Wettbewerbsverbot aus dem Hauptarbeitsverhältnis (§ 60 HGB gilt entsprechend für alle Arbeitsverhältnisse) verstoßen oder – zusammen mit der Arbeitsleistung im Hauptarbeitsverhältnis (§ 2 Abs. 1 Satz 1 Halbs. 2 ArbZG) – zu einer regelmäßigen erheblichen Überschreitung der Höchstarbeitszeiten führen. Der Arbeitnehmer darf durch die Nebentätigkeit auch nicht gehindert werden, seine Pflichten aus dem Hauptarbeitsverhältnis zu erfüllen.

1960

Ein vertragliches Nebentätigkeitsverbot wird für zulässig gehalten, wenn und soweit der Arbeitgeber an dessen Einhaltung ein **berechtigtes Interesse** hat *(BAG 06.09.1990, AP Nr. 47 zu § 615 BGB)*. Von einem berechtigten Interesse wird ausgegangen, wenn durch die Nebentätigkeit die geschuldete Arbeitsleistung im Hauptarbeitsverhältnis beeinträchtigt wird *(BAG 26.08.1976, AP Nr. 68 zu § 626 BGB)*. In Nebentätigkeitsklauseln aufgenommene allgemeine Zustimmungsvorbehalte werden von der Rechtsprechung dahin ausgelegt, dass der Arbeitnehmer hiernach einen Anspruch auf die Genehmigung solcher Nebentätigkeiten habe, die keine Arbeitgeberinteressen beeinträchtigen *(BAG 03.12.1970 und 26.08.1976, AP Nr. 60 und 68 zu § 626 BGB)*. Demgegenüber sieht die Literatur zum Teil in solchen Zustimmungsvorbehalten, die auch solche Tätigkeiten umfassen sollen, die keine Beeinträchtigung der Arbeitsleistung zur Folge haben, einen unangemessenen und damit unwirksamen Eingriff in die Privatsphäre des Arbeitnehmers.

Empfohlen wird die Aufnahme einer Zustimmungsfiktion in die Nebentätigkeitsklauseln, damit der Arbeitnehmer nicht allzu lange im Ungewissen bleibt über den Standpunkt des Arbeitgebers. Eine Frist zwischen zwei und vier Wochen für den Arbeitgeber zur Stellungnahme zur beabsichtigten Nebentätigkeit wird als angemessen angesehen. Ferner wird angeraten, in die Nebentätigkeitsklauseln die Person(en) namentlich aufzunehmen, die für die Entscheidung zuständig sein soll(en).

Bei zu weit gefassten Nebentätigkeitsverboten in **Formulararbeitsverträgen** hat das BAG eine geltungserhaltende Reduktion vorgenommen, während der BGH eine Umdeutung von Formularabreden ablehnt (vgl. nun § 306 Abs. 2 BGB). In der betrieblichen Praxis werden die unterschiedlichsten Klauseln für Nebentätigkeitseinschränkungen verwendet: absolutes Nebentätigkeitsverbot (mit oder ohne Genehmigungsvorbehalt), eingeschränktes Nebentätigkeitsverbot, Anzeigepflicht für Nebentätigkeit u.ä.

Bei der Formulierung einer Nebentätigkeitsregelung sind folgende Gesichtspunkte zu bedenken:

- Einschränkung der Nebentätigkeit nur, soweit hieran tatsächlich ein Interesse des Arbeitgebers besteht,
- Konkrete Benennung zu unterlassender Nebentätigkeiten,
- Vorrang von Kontrollregelungen (Anzeigepflicht) vor Verbotsregelungen,
- Modalitäten für Anzeige der Nebentätigkeit, Einholung einer Nebentätigkeitsgenehmigung,
- Aufnahme einer Zustimmungsfiktion für den Fall fehlender Stellungnahme des Arbeitgebers während einer angemessenen Frist,
- Benennung der zur Entscheidung berufenen Person(en).

38. Provision (s. → Rz. 2439 – 2456)

1962

39. Rückzahlungsklauseln

Rückzahlungsklauseln werden in vorformulierten Arbeitsbedingungen häufig für Ausbildungskosten, Gratifikationen aller Art, Umzugskosten, Darlehen, Personalrabatte und Vermögensbeteiligungen vereinbart. Sie sollen eine Bindung des Arbeitnehmers an den Betrieb bewirken. Daneben können Rückzahlungsklauseln im Hinblick auf überzahlten Lohn formuliert werden.

Die Zahlung einer **Sondervergütung** (z.B. Weihnachtsgeld, Gratifikation) steht nicht ohne weiteres unter dem Vorbehalt einer Rückzahlungspflicht (*BAG 10.07.1974, EzA § 611 BGB Gratifikation, Prämie Nr. 42*). Soll eine Rückzahlungspflicht begründet werden, muss eine Rückzahlungsklausel ausdrücklich vereinbart werden. Dabei muss nach der Rechtsprechung des BAG die Rückzahlungspflicht ausdrücklich und eindeutig sowie für den Arbeitnehmer überschaubar und klar geregelt werden; insbesondere muss die vorgesehene Bindungsdauer für den Arbeitnehmer zumutbar sein. Ohne eine ausdrückliche Rückzahlungsklausel ist der Arbeitnehmer, der vorzeitig ausscheidet, zur Rückzahlung des erhaltenen Weihnachtsgelds nicht verpflichtet (*BAG 26.06.1975, EzA § 611 BGB Gratifikation, Prämie Nr. 47; EzA § 611 BGB Gratifikation, Prämie Nr. 60; BAG 14.06.1995, EzA § 611 BGB Gratifikation, Prämie Nr. 127*).

Nach der ständigen Rechtsprechung des BAG sind Rückzahlungsklauseln bei Gratifikationen nur zulässig, wenn sie **eindeutige und damit für den Arbeitnehmer überschaubare und klare Regelungen** enthalten und die **vorgesehene Bindungsdauer für den Arbeitnehmer zumutbar** ist (*BAG 24.02.1999, 10 AZR 245/98; BAG 14.06.1995, EzA § 611 BGB Gratifikation, Prämie Nr. 127*). Eine Rückzahlungsvereinbarung ohne Festlegung irgendwelcher Voraussetzungen für den Eintritt der Rückzahlungspflicht und ohne eindeutige Bestimmung des Zeitraums der Bindung des Arbeitnehmers ist unwirksam (vgl. § 307 Abs. 1 Satz 2 BGB).

Wird nur allgemein vereinbart, dass eine Sondervergütung (z.B. Weihnachtsgeld) zurückgefordert werden kann, hat der Arbeitnehmer keinerlei Anhaltspunkte, wie lange er mit der Rückforderung rechnen muss. Der Arbeitnehmer kann auch nicht abschätzen, ob rechtmäßiges wie auch unrechtmäßiges Verhalten vom Arbeitgeber zum Anlass für die Rückforderung der Sondervergütung genommen wird. Eine derartige Rückzahlungsklausel ist auch zur Erreichung von Betriebstreue nicht geeignet, da sie dem Arbeitnehmer nicht aufzeigt, welche Betriebstreue von ihm verlangt wird. Eine unbestimmte Rückzahlungsklausel kann auch nicht ergänzend dahin ausgelegt werden, dass die Rückforderung der Sondervergütung nach den Grundsätzen der Rechtsprechung des BAG erfolgen soll (*BAG 14.06.1995, EzA § 611 BGB Gratifikation, Prämie Nr. 127*).

Für die Zulässigkeit von Rückzahlungsklauseln im Hinblick auf geleistete Sonderzahlungen hat das BAG praktikable Leitlinien entwickelt (vgl. → Rz. 2898).

Besondere Bedeutung kommt der Regelung von **Rückzahlungspflichten in Fortbildungsverträgen** zu. Fortbildungsverhältnisse sind bislang weder gesetzlich noch tariflich umfassend ausgestaltet. In Fortbildungsverträgen werden die gegenseitigen Rechte und Pflichten der Vertragsparteien während einer Weiterbildung geregelt. Der Arbeitgeber verpflichtet sich in der Regel, dem Arbeitnehmer die Fortbildung zu ermöglichen, ihn unter Fortzahlung der Vergütung oder bei Gewährung einer Unterstützung von der Arbeit freizustellen und die anfallenden Lehrgangskosten ganz oder teilweise zu übernehmen.

Der Arbeitnehmer verpflichtet sich regelmäßig zur ordnungsgemäßen Durchführung der Fortbildungsmaßnahme und zur Rückzahlung der vom Arbeitgeber für die Fortbildung aufgewendeten Kosten im Falle des alsbaldigen Ausscheidens aus dem Arbeitsverhältnis nach der Bildungsmaßnahme. Mit der Rückzahlungsklausel strebt der Arbeitgeber eine bestimmte Betriebsbindung des Arbeitnehmers an, damit sich die Investition für die Fortbildung amortisiert. **Ohne Rückzahlungsvereinbarung besteht für den Arbeitnehmer keine Rückzahlungspflicht** *(BAG 19.03.1980, EzA Nr. 2 zu § 611 BGB Ausbildungsbeihilfe).*

Ein **gesetzliches Verbot für vertragliche Rückzahlungsklauseln** findet sich allein für das Berufsausbildungsverhältnis in § 5 BBiG. Diese Norm findet jedoch keine Anwendung auf berufliche Fortbildungs- und Umschulungsmaßnahmen *(BAG 20.02.1972, EzA Art. 12 GG Nr. 12; BAG 15.12.1993, EzA § 611 BGB Ausbildungsbeihilfe Nr. 9).* Eine **gesetzliche Schranke für Rückzahlungsklauseln** enthält § 32 SGB I. Erstreckt sich eine solche Klausel auch auf die Arbeitgeberanteile zur Sozialversicherung und weicht sie damit zum Nachteil des Arbeitnehmers von den Vorschriften des Sozialgesetzbuches ab, führt dies nach § 32 SGB I zur Nichtigkeit der Abrede *(LAG Düsseldorf 23.01.1989, LAGE Nr. 2 zu § 611 BGB Ausbildungsbeihilfe).*

Nach der **Rechtsprechung** können die Arbeitsvertragsparteien die Übernahme der Aus- oder Fortbildungskosten mit einem Rückzahlungsvorbehalt für den Fall des vorzeitigen Ausscheidens des Arbeitnehmers verbinden, soweit nicht das Grundrecht des Arbeitnehmers auf freie Wahl des Arbeitsplatzes nach Art. 12 GG unverhältnismäßig beeinträchtigt werde. Die für den Arbeitnehmer tragbaren Bindungen seien hiernach aufgrund einer Güter- und Interessenabwägung nach Maßgabe des Verhältnismäßigkeitsgrundsatzes unter Heranziehung aller Umstände des Einzelfalles zu ermitteln. Entscheidend sei, ob die Rückzahlungsverpflichtung dem Arbeitnehmer nach Treu und Glauben zuzumuten sei und vom Standpunkt eines verständigen Betrachters aus einem begründeten und zu billigenden Interesse des Arbeitgebers entspräche. Der Arbeitnehmer müsse insbesondere mit der Ausbildungsmaßnahme eine angemessene Gegenleistung für die Rückzahlungsverpflichtung erhalten. Darüber hinaus komme es u.a. auf die Dauer der Bindung, den Umfang der Fortbildungsmaßnahme, die Höhe des Rückzahlungsbetrages und dessen Abwicklung an *(BAG 24.07.1991, DB 1992, 893; BAG 15.12.1993, EzA § 611 BGB Ausbildungsbeihilfe Nr. 9; BAG 30.11.1994, EzA § 611 BGB § 611 BGB Ausbildungsbeihilfe Nr. 12).* Die vom BAG entwickelten Grundsätze zur Zulässigkeit von Vereinbarungen über die Rückzahlung von Ausbildungskosten gelten regelmäßig auch dann, wenn vereinbart wird, dass der Rückzahlungsbetrag als Darlehen geschuldet werden soll *(BAG 26.10.1994, EzA § 611 BGB Ausbildungsbeihilfe Nr. 11).* Einzelvertragliche Abreden über die Rückzahlung von Ausbildungskosten sind jedoch insoweit **unwirksam**, wie sie eine Erstattung auch für den Fall einer **betriebsbedingten Kündigung** durch den Arbeitgeber vorsehen *(BAG 06.05.1998, EzA § 611 BGB Ausbildungsbeihilfe Nr. 19).*

Das BAG hebt entscheidend darauf ab, ob und inwieweit der Arbeitnehmer mit der Fortbildung einen **geldwerten Vorteil** im Sinne einer Verbesserung seiner beruflichen Möglichkeiten erlangt. Dieser Vorteil müsse eine angemessene Gegenleistung des Arbeitgebers für die mittels der Rückzahlungsklausel bewirkte Bindung darstellen *(BAG 18.08.1976, EzA Art. 12 GG Nr. 13)*. Zunächst hat das BAG geprüft, ob außerhalb des eigenen Betriebes Bedarf an aus- oder fortgebildeten Fachkräften bestand und ob gerade die Bildungsmaßnahme die Berufs- und Verdienstchancen des Arbeitnehmers steigerte *(BAG 24.07.1991, EzA § 611 BGB Ausbildungsbeihilfe Nr. 7 und 8)*. Der Arbeitnehmer braucht die gesteigerten Berufs- oder Verdienstchancen aber nicht realisiert zu haben. Die Ausbildung muss für die Einstellung durch einen neuen Arbeitgeber nicht allein ursächlich gewesen sein. Nach seiner neueren Rechtsprechung hält das BAG es für die Annahme eines geldwerten Vorteils des Arbeitnehmers für ausreichend, wenn Umstände vorliegen, aus denen sich ergibt, dass im Zeitpunkt der Vereinbarung der Rückzahlungsklausel durch die Aus- und Fortbildung ein beruflicher Vorteil für den Arbeitnehmer mit überwiegender Wahrscheinlichkeit erwartet werden konnte *(BAG 16.03.1994, § 611 BGB Ausbildungsbeihilfe Nr. 10; BAG 30.11.1994, § 611 BGB Ausbildungsbeihilfe Nr. 12)*. Der berufliche Vorteil kann einerseits darin liegen, dass der Arbeitnehmer die gewonnenen zusätzlichen Kenntnisse und Fähigkeiten in anderweitigen Arbeitsverhältnissen verwerten kann oder andererseits, dass der Arbeitnehmer zur Einnahme einer höher dotierten Stelle beim eigenen Arbeitgeber befähigt wird.

Keine Rückzahlung rechtfertigen **betriebsbezogene Fortbildungsmaßnahmen**, die nur den Zweck haben, vorhandene Kenntnisse und Fähigkeiten zu erweitern oder aufzufrischen *(BAG 20.02.1975 und 18.08.1976, EzA Art. 12 GG Nr. 12 und 13)*. Auch das Vertrautmachen mit spezifischen Anforderungen des neuen Arbeitsplatzes, die Einweisung sowie die Einarbeitung bringen einem Arbeitnehmer regelmäßig keine dauerhaften beruflichen Vorteile. Entsprechendes gilt für kurze Lehrgänge im bisherigen Berufsfeld des Arbeitnehmers, die keinen qualifizierten Abschluss vermitteln *(LAG Rheinland-Pfalz 23.10.1981, EzA Art. 12 GG Nr. 18)*, oder für Lehrgänge in Berufsfeldern mit hohem Innovationstempo, sofern die erworbenen Kenntnisse schon nach kurzer Zeit überholt sind.

Die zulässige Dauer der Bindung richtet sich vor allem nach der Dauer der Aus- und Fortbildungsmaßnahme und den hierfür aufgewendeten Mitteln *(BAG 30.11.1994, § 611 BGB Ausbildungsbeihilfe Nr. 12)*. Besteht diese aus mehreren Unterrichtsabschnitten, so sind die dazwischenliegenden Zeiten bei der Berechnung der Dauer mit zu berücksichtigen *(BAG 06.09.1995, EzA § 611 BGB Ausbildungsbeihilfe Nr. 14)*.

Für den **Regelfall** lässt die Rechtsprechung eine **Bindungsdauer von drei Jahren** unbeanstandet *(BAG 29.06.1962 und 24.01.1963, AP Nr. 25, 29 zu Art. 12 GG; BAG 15.12.1993, EzA § 611 BGB Ausbildungsbeihilfe Nr. 9)*.

Die oberste Bindungsgrenze setzt die Rechtsprechung insbesondere bei einer sehr aufwendigen Fortbildung bei fünf Jahren an *(BAG 09.11.1972, AP Nr. 45 zu Art. 12 GG; BAG 19.06.1974, AP Nr. 1 zu § 611 BGB Ausbildungsbeihilfe)*.

Bei einer Lehrgangsdauer von 3 bis 4 Monaten ist eine Bindungsdauer von 2 Jahren nicht zu lang bemessen *(BAG 06.09.1995, EzA § 611 BGB Ausbildungsbeihilfe Nr. 14)*.

Von der Rechtsprechung wird die Bindungsdauer auf das zulässige Maß zurückgeführt. Dabei wird die vertragliche Abstufung der Rückzahlungsleistung (z.B. monatlich) beibehalten (*BAG 16.03.1994, EzA § 611 BGB Ausbildungsbeihilfe Nr. 10*). Die Rückzahlungspflicht entfällt aber, wenn der Arbeitnehmer das Arbeitsverhältnis zu Recht wegen vom Arbeitgeber gesetzter Gründe für eine fristlose Kündigung fristlos beendet (*LAG Bremen 25.02.1994, LAGE § 611 BGB Ausbildungsbeihilfe Nr. 9*).

Der **Höhe** nach ist die Rückzahlungsverpflichtung in doppelter Hinsicht begrenzt. Der Arbeitgeber kann höchstens den Betrag zurückverlangen, den er tatsächlich aufgewandt hat. Andernfalls handelt es sich nicht nur um die Rückzahlung von Ausbildungskosten, sondern auch um eine Vertragsstrafe (*BAG 26.10.1994, § 611 BGB Ausbildungsbeihilfe Nr. 11*). Erstattungsfähig sind die gewährten Beträge für den Lebensunterhalt, Lehrgangsgebühren und Lernmittel, nicht jedoch Arbeitsvergütung, die für solche vom Arbeitnehmer während der Fortbildung geleistete Arbeit gezahlt wurde *(BAG 20.02.1975, EzA Art. 12 GG Nr. 12)*. Dessen ungeachtet hat der Arbeitnehmer höchstens den vereinbarten Betrag zurückzuzahlen, auch wenn die Kosten der Aus- oder Weiterbildung höher liegen. Die vorherige einverständliche schriftliche Festlegung eines bestimmten Rückzahlungsbetrages entbindet den Arbeitgeber nicht von der ihn im Streitfall treffenden Darlegungslast, wenn der Arbeitnehmer die Richtigkeit der Festsetzung bestreitet (*BAG 26.10.1994, § 611 BGB Ausbildungsbeihilfe Nr. 11*).

Üblich ist eine **Staffelung des Rückzahlungsbetrages** zeitanteilig zur Bindungsdauer. Am häufigsten wird die Kürzung des Rückzahlungsbetrages um 1/36 pro Monat vereinbart. Von der Rechtsprechung wurde auch eine Kürzung von 1/3 pro Jahr akzeptiert.

Die Rückzahlungspflicht kann zulässigerweise an folgende Tatbestände geknüpft werden:

- Ausscheiden des Arbeitnehmers auf eigene Veranlassung,
- Ausscheiden des Arbeitnehmers auf Veranlassung des Arbeitgebers, sofern die Vertragsauflösung ihren Grund im Verhalten des Arbeitnehmers findet,
- vom Arbeitnehmer verschuldetes Nichterreichen des Fortbildungszieles.

Die Vereinbarung von Rückzahlungsklauseln kann im Einzelfall für den Arbeitgeber problematisch sein. Es ist dann auf die Möglichkeit eines Langzeitarbeitsvertrages oder auf die Vereinbarung langer Kündigungsfristen und im Zusammenhang damit auf Schadensersatzansprüche wegen Vertragsbruches bei vorzeitigem Ausscheiden des Arbeitnehmers zu verweisen *(BAG 24.07.1991, DB 1992, 893)*.

Schließlich werden Rückzahlungsklauseln im Hinblick auf **überzahlte Arbeitsvergütung** in den Arbeitsvertrag aufgenommen. Sie sind häufig auf die Abdingung des § 818 Abs. 3 BGB (Abdingung der Einrede des Wegfalls der Bereicherung) gerichtet. Dabei ist § 818 Abs. 3 BGB dispositives Recht. Von der Rechtsprechung wurde demgemäss die Vereinbarung einer – von § 818 Abs. 3 BGB – abweichenden uneingeschränkten Rückzahlungspflicht bei Vergütungsüberzahlungen für zulässig gehalten *(BAG 08.02.1964, AP Nr. 2 zu § 611 BGB Lohnrückzahlung)*. Vorformulierte uneingeschränkte Rückzahlungsklauseln sollen zumindest dann wirksam sein, wenn die rechtsgrundlose Zahlung für den Arbeitnehmer offensichtlich war.

40. Schriftformklauseln

Schriftformklauseln sind in vorformulierten Arbeitsverträgen sehr häufig anzutreffen. Sie werden von der Rechtsprechung nicht beanstandet *(BAG 27.03.1987, AP Nr. 29 zu § 242 BGB Betriebliche Übung; BAG 03.08.1982, AP Nr. 12 zu § 242 BGB Betriebliche Übung).*

1964

Sie sind jedoch **regelmäßig wirkungslos.** Nach der höchstrichterlichen Rechtsprechung können die Arbeitsvertragsparteien selbst von einem konstitutiven Schriftformerfordernis im Wege gegenseitiger formloser Vereinbarung ausdrücklich oder konkludent wieder abweichen *(BAG 10.01.1989, AP Nr. 57 zu § 74 HGB; BAG 27.03.1987, AP Nr. 29 zu § 242 BGB Betriebliche Übung).* BAG und BGH vertreten übereinstimmend, dass ein formloses Rechtsgeschäft auch dann vorgeht, wenn die Parteien an das vereinbarte Formerfordernis nicht mehr denken *(BGH 26.11.1964, AP Nr. 2 zu § 127 BGB; BAG 04.06.1963, AP Nr. 1 zu § 127 BGB; BAG 10.01.1989, AP Nr. 57 zu § 74 HGB; BAG 27.03.1987, AP Nr. 29 zu § 242 BGB Betriebliche Übung).* Die abändernde Vereinbarung muss daher nicht mit dem ausdrücklichen Willen getroffen werden, die mündlich getroffene Abrede solle ungeachtet der Schriftformklausel gelten. Es reicht vielmehr aus, dass die Parteien die Maßgeblichkeit der mündlichen Vereinbarung übereinstimmend gewollt haben *(BAG 10.01.1989, EzA § 74 HGB Nr. 51; BAG 14.06.1995, EzA § 611 BGB Gratifikation, Prämie Nr. 127).* Die gewillkürte Schriftform kann unter besonderen Umständen auch durch Aushändigung einer unbeglaubigten Fotokopie der ordnungsgemäß unterzeichneten Originalurkunde gewahrt werden *(BAG 20.08.1998, EzA § 127 BGB Nr. 1).* Die Wirkungslosigkeit von Schriftformklauseln lässt den Gebrauch dieser Klauseln im Formulararbeitsvertrag als problematisch erscheinen. Die Bedeutung und Wirkung der Schriftformklausel liegt in einer stets unzutreffenden Belehrung des Vertragspartners über die Rechtslage.

Die Formularpraxis versucht der Wirkungslosigkeit von Schriftformklauseln durch **sog. verstärkte Schriftformklauseln** zu entgehen, indem die Aufhebung der Schriftform selbst dem Schriftformerfordernis unterworfen wird. Vom BGH wurde eine entsprechende Abrede in einem Individualvertrag zwischen Kaufleuten für wirksam erachtet. Die Übertragbarkeit dieser Ansicht auf den nichtkaufmännischen Rechtsverkehr und damit auch auf arbeitsvertragliche Abreden wird in der Literatur jedoch abgelehnt. Danach sollen bindende Individualvereinbarungen, auch wenn sie mündlich getroffen wurden, einer verstärkten Schriftformklausel vorgehen.

Sieht der Arbeitsvertrag vor, dass die Aufhebung, Änderung und Ergänzung des Arbeitsvertrages schriftlich festgehalten werden muss und dass die mündliche Vereinbarungen, sowie die mündlichen Vereinbarungen über die Aufhebung der Schriftform, nichtig sind, so unterfallen dieser Schriftformklausel nur Vereinbarungen, nicht eine Kündigung als einseitiges Rechtsgeschäft *(BAG 09.10.1997, EzA § 125 BGB Nr. 12).* Für die Kündigung folgt das Schriftformerfordernis aber aus § 623 BGB. Obwohl eine Kündigung einer gesetzlichen Schriftform unterfällt, kann es einem Arbeitnehmer im Falle einer von ihm unmissverständlich und definitiv erklärten außerordentlichen Kündigung je nach den Umständen des Falles wegen widersprüchlichen Verhaltens nach Treu und Glauben verwehrt sein (§ 242 BGB), sich auf die Unwirksamkeit seiner eigenen, nur mündlich erklärten Kündigung zu berufen *(BAG 04.12.1997, EzA § 626 BGB Eigenkündigung Nr. 1).*

41. Sonderzuwendungen/Gratifikationen

1965 **Gratifikationen** sind Sonderzuwendungen, die der Arbeitgeber aus bestimmten Anlässen (Geschäfts- oder Dienstjubiläum, Urlaub, Weihnachten) neben der laufenden Arbeitsvergütung zahlt. Sie gelten als Anerkennung für geleistete Arbeit und Anreiz für weitere Arbeitsleistungen. Von der Gratifikation sind das 13. Monats-einkommen und **sonstige Sonderzuwendungen** zu unterscheiden, durch die allein die Leistungen des Arbeitnehmers in der Vergangenheit abgegolten werden.

In Abreden über Sonderzuwendungen werden häufig Freiwilligkeitsvorbehalte (»freiwillig und ohne Anerkennung einer Rechtspflicht«, »unter dem Vorbehalt der Freiwilligkeit«; »ohne Rechtsanspruch«) aufgenommen. Bei solchen Freiwilligkeitsvorbehalten (es genügt, auf die Freiwilligkeit oder den fehlenden Rechtsanspruch hinzuweisen – *BAG 26.06.1975, EzA § 611 BGB Gratifikation, Prämie Nr. 47*) entsteht ein Anspruch auf die Sonderzuwendung für ein bestimmtes Jahr entweder mit einer vorbehaltslosen Zusage, auch in diesem Jahr eine Sonderzuwendung zahlen zu wollen, oder erst mit der tatsächlichen Zahlung der Sonderzuwendung. Bis zu diesem Zeitpunkt entsteht kein im Laufe des Jahres anwachsender Anspruch auf eine ggf. anteilige Sonderzahlung. Der erklärte Freiwilligkeitsvorbehalt hindert vielmehr das Entstehen eines solchen Anspruchs und lässt dem Arbeitgeber die Freiheit, in jedem Jahr neu zu entscheiden, ob und ggf. unter welchen Voraussetzungen auch in diesem Jahr eine Sonderzuwendung an welche Arbeitnehmer geleistet werden soll. Erst mit der Verlautbarung dieser Entscheidung gegenüber den Arbeitnehmern kann ein Anspruch auf die Sonderzuwendung entstehen (*BAG 06.12.1995, EzA § 611 BGB Gratifikation, Prämie Nr. 134; BAG 28.02.1996, EzA § 611 BGB Gratifikation, Prämie Nr. 139; LAG Düsseldorf 26.09.1995, LAGE § 242 BGB Betriebliche Übung*).

Der Freiwilligkeitsvorbehalt kann damit selbst einen Anspruch auf Sonderzuwendungen für den laufenden Bezugszeitraum ausschließen (*BAG 05.06.1996, EzA § 611 BGB Gratifikation, Prämie Nr. 141*).

Voraussetzung für die Unverbindlichkeit ist jedoch, dass der Arbeitnehmer nach §§ 133, 157 BGB den **mangelnden Verpflichtungswillen des Arbeitgebers erkennen** muss. Verwendet ein Arbeitgeber im Arbeitsvertrag für eine Gruppe von zugesagten Leistungen (z.B. 13. Monatsgehalt) die Überschrift »Freiwillige soziale Leistungen«, so muss ein Arbeitnehmer davon ausgehen, dass damit ein Rechtsanspruch ausgeschlossen sein soll (*BAG 11.04.2000, EzA § 611 BGB Gratifikation, Prämie Nr. 160*).

Hat der Arbeitgeber sich wirksam den Widerruf einer arbeitsvertraglich zugesagten Sondervergütung vorbehalten, so bewirkt seine Widerrufserklärung nur dann das Erlöschen des Anspruchs, wenn sie dem Arbeitnehmer vor der vertraglich vereinbarten Fälligkeit zugeht (*BAG 11.04.2000, EzA § 611 BGB Gratifikation, Prämie Nr. 160*).

Nach der ständigen Rechtsprechung des BAG (*BAG 25.04.1991, EzA § 611 BGB Gratifikation, Prämie Nr. 84*) ist der Arbeitgeber, der in seinem Betrieb nach von ihm gesetzten allgemeinen Regeln freiwillige Leistungen gewährt, an den arbeitsrechtlichen Grundsatz der Gleichbehandlung gebunden. Danach ist es ihm verwehrt, in seinem Betrieb einzelne oder Gruppen von Arbeitnehmern ohne sachlichen Grund von allgemein begünstigenden Regelungen auszunehmen oder sie schlechter zu stellen. Bei freiwilligen Leistungen muss der Arbeitgeber die Voraussetzungen so abgrenzen, dass nicht sachwidrig oder willkürlich ein Teil der Arbeitnehmer von den Vergünstigungen ausgeschlossen bleibt. Diese Bindung an den Gleichbehandlungsgrundsatz wird auch durch einen in den Vorjahren regelmäßig erklärten Freiwilligkeitsvorbehalt für das Jahr der Zahlung nicht ausgeschlossen (*BAG 06.12.1995, EzA § 611 BGB Gratifikation, Prämie Nr. 134*).

Für alle Sonderzuwendungen sollten im Arbeitsvertrag Regelungen zu folgenden Punkten aufgenommen werden:

- Höhe der Sonderzuwendung,
- Fälligkeit der Sonderzuwendung,
- Bedingungen für den Anspruch auf Sonderzuwendung: ungekündigtes Arbeitsverhältnis am Stichtag, bestimmte Dauer der Betriebszugehörigkeit, einmalige Leistung – Freiwilligkeitsvorbehalt (*BAG 06.12.1995, EzA § 611 BGB Gratifikation, Prämie Nr. 134*),
- Folgen eines vorzeitigen Ausscheidens des Arbeitnehmers (anteilige Zahlung, Wegfall des Anspruchs),
- Folgen eines Ruhens des Arbeitsverhältnisses (Wehr- oder Zivildienst, Erziehungsurlaub jetzt: Elternzeit, langandauernde Erkrankung),
- Folgen von Kurzarbeit,
- Rückzahlungsklausel für den Fall künftigen Ausscheidens des Arbeitnehmers innerhalb eines bestimmten Zeitraums (vgl. aber zur Zulässigkeit von Rückzahlungsklauseln → Rz. 2897).

42. Sozialversicherungsausweis (Vorlagepflicht)

Nach § 100 Abs. 2 SGB IV kann der Arbeitgeber vom Arbeitnehmer während der Zeiten einer Fortzahlung von Arbeitsvergütung wegen Arbeitsunfähigkeit unter bestimmten Voraussetzungen die Hinterlegung des Sozialversicherungsausweises verlangen. Wegen der vom Arbeitgeber zu treffenden Entscheidung über die Anforderung zur Hinterlegung nach billigem Ermessen wird die Aufnahme einer Hinterlegungspflicht für jeden Fall der Arbeitsunfähigkeit für nicht vereinbarungsfähig gehalten. Die Regelung des § 100 Abs. 2 Satz 2 Hs. 1 SGB IV gibt dem Arbeitgeber jedoch nur ein **zeitweiliges Leistungsverweigerungsrecht**, wenn der Arbeitnehmer den Sozialversicherungsausweis erst nach Ende der Arbeitsunfähigkeit und nach Beendigung des Arbeitsverhältnisses vorlegt (*BAG 21.08.1997, EzA § 100 SGB IV Nr. 2*).

1970

43. Verschwiegenheitspflicht

Der Arbeitnehmer hat aufgrund einer gesetzlich nicht normierten **arbeitsvertraglichen Nebenpflicht** Betriebs- und Geschäftsgeheimnisse zu wahren *(allgemeine Verschwiegenheitspflicht – vgl. BAG 25.08.1966, AP Nr. 1 zu § 611 BGB Schweigepflicht)*. Aus § 17 Abs. 1 UWG folgt zudem ein spezialgesetzliches Verbot des Verrats von Betriebs- und Geschäftsgeheimnissen. Die Schweigepflicht besteht gegenüber jedermann. Hierzu rechnen nicht

1975

nur außerbetriebliche Dritte, sondern auch Mitarbeiter, die mit der jeweiligen Tatsache nicht in Berührung kommen. Die Verschwiegenheitspflicht besteht **bis zum rechtlichen Ende des Arbeitsverhältnisses**. Sie kann bereits während des Anbahnungsverhältnisses im Hinblick auf die während der Vertragsverhandlungen bekannt gewordenen Geheimnisse entstehen (vorvertragliche Schweigepflicht).

Des weiteren finden sich Regelungen zu Verschwiegenheitspflichten in

- § 9 Nr. 6 BBiG für Auszubildende,
- § 24 ArbnErfG im Hinblick auf Diensterfindungen,
- § 5 Satz 2 BDSG im Hinblick auf Datengeheimnisse,
- § 15 BetrAVG für die beim Pensions-Sicherungsverein (PSV) beschäftigten Personen,
- §§ 79 Abs. 1, 99 Abs. 1 BetrVG für Betriebsratsmitglieder,
- § 10 BPersVG für Personalratsmitglieder,

Zu den **Betriebs- und Geschäftsgeheimnissen** zählt die Rechtsprechung des BAG alle Tatsachen, die in einem Zusammenhang mit einem Geschäftsbetrieb stehen, nur einem engbegrenzten Personenkreis bekannt und nicht offenkundig sind, nach dem Willen des Arbeitgebers und im Rahmen eines berechtigten wirtschaftlichen Interesses geheimgehalten werden sollen (z.B. technisches Know-how, Kunden- und Preislisten). Dabei betreffen **Geschäftsgeheimnisse** den allgemeinen Geschäftsverkehr und **Betriebsgeheimnisse** den technischen Betriebsablauf, insbesondere Herstellung und Herstellungsverfahren. **Keine Geschäfts- und Betriebsgeheimnisse sind allgemein bekannte oder übliche Verfahren**, wobei gleichgültig ist, ob der Arbeitgeber sie für geheimhaltungsbedürftig erklärt *(BAG 16.03.1982, AP Nr. 1 zu § 611 BGB Betriebsgeheimnis; BGH 16.03.1982, BB 1982, 1792)*.

Die Verschwiegenheitspflicht kann daneben nach verbreiteter Ansicht **vertraglich erweitert** werden. Dies gilt zumindest, wenn der Arbeitgeber hieran ein **berechtigtes Interesse** hat *(LAG Hamm 05.10.1988, DB 1989, 783 f.)*. In Formularverträgen findet sich häufig eine Verschwiegenheitsabrede im Hinblick auf die Höhe der Arbeitsvergütung des Arbeitnehmers.

Auch für eine **nachvertragliche Verschwiegenheitspflicht** fehlt es an einer allgemein geltenden gesetzlichen Grundlage. Nur in Spezialfällen ist die das Arbeitsverhältnis überdauernde Verschwiegenheitspflicht gesetzlich geregelt, nämlich nach Maßgabe der §§ 24, 26 ArbnErfG sowie § 5 Satz 3 BDSG. Für die Schweigepflicht der Betriebsratsmitglieder ist anerkannt, dass sie über das Ende des Arbeitsverhältnisses hinaus fortbesteht.

Umstritten ist, ob der höchstrichterlichen Rechtsprechung *(BAG 15.12.1987, AP Nr. 5 zu § 611 BGB Betriebsgeheimnis; BAG 16.03.1982, AP Nr. 1 zu § 611 BGB Betriebsgeheimnis)* entnommen werden kann, dass den Arbeitnehmer eine das Arbeitsverhältnis überdauernde Schweigepflicht zumindest im Hinblick auf Geschäfts- und Betriebsgeheimnisse trifft.

Der vertragsgestaltenden Praxis wird daher empfohlen, den nachvertraglichen Geheimnisschutz durch eine klare und bestimmte Klausel im Arbeitsvertrag oder gegebenenfalls im Aufhebungsvertrag zu regeln, um den Wissens- und Entwicklungsvorsprung des Unternehmens gegenüber den Marktkonkurrenten zu behalten. Die Arbeitsvertragsparteien können nach Ansicht des BAG wirksam vereinbaren, dass der Arbeitnehmer **bestimmte Betriebsgeheimnisse**, die er aufgrund seiner Tätigkeit erfährt, nach Beendigung des Arbeitsverhältnisses nicht nutzen oder weitergeben darf. Dabei soll die Verbindlichkeit einer solchen Geheimhaltungsklausel **nicht von der Zusage einer Entschädigung** abhängig sein *(BAG 16.03.1982, AP Nr. 1 zu § 611 BGB Betriebsgeheimnis).* Das BAG deutet aber an, dass bei fehlender Einschränkung der Klausel auf ein bestimmtes oder wenige bestimmte Betriebsgeheimnis(se) eine Verbindlichkeit der vertraglich begründeten Geheimhaltungspflicht abzulehnen ist.

Die nachvertragliche Verschwiegenheitspflicht darf hinsichtlich der beruflichen Erfahrungen und Kenntnisse des Arbeitnehmers in dessen neuen Arbeitsverhältnis oder gar in einer selbständigen Berufstätigkeit **zu keiner unbilligen Erschwerung des beruflichen Fortkommens** führen. Eine solche Erschwerung steht dann in Rede, wenn der berufliche Erfolg des ausgeschiedenen Arbeitnehmers regelmäßig mit der Verwertung eines bestimmten Betriebsgeheimnisses verbunden ist, wie dies z.B. im Hinblick auf Kundendaten bei Außendienstmitarbeitern der Fall ist. Will der Arbeitgeber verhindern, dass seine Kunden von einem ehemaligen Außendienstmitarbeiter umworben werden, muss er ein **Wettbewerbsverbot mit Karenzentschädigung** vereinbaren *(BAG 15.12.1987, AP Nr. 5 zu § 611 BGB Betriebsgeheimnis; vgl. dazu auch BVerfG 10.10.1989, AP Nr. 5a, 5b, 5c, 5d, 5e und 5f zu § 611 BGB Betriebsgeheimnis).*

In der Literatur wird zumindest bei kaufmännisch geprägten Geheimnissen eine zweijährige nachvertragliche Schweigepflicht für entschädigungslos vereinbar erklärt, sofern der Ausgeschiedene auf die geheimzuhaltenden Tatsachen nicht existentiell angewiesen ist. Bei technisch geprägten Geheimnissen wird eine längere Geheimhaltungsdauer unter Berücksichtigung der jeweils in Betracht kommenden Schutzrechtszeiten für zulässig erachtet.

Nach der Rechtsprechung des BAG ist ein Arbeitnehmer auch nach Beendigung des Arbeitsverhältnisses verpflichtet, Verschwiegenheit über Geschäfts- und Betriebsgeheimnisse seines Arbeitgebers zu wahren. Aus der Verschwiegenheitspflicht folgt jedoch **kein Verbot, Kunden des ehemaligen Arbeitgebers zu umwerben.** Insoweit bedarf es einer Wettbewerbsabrede, wenn dies verhindert werden soll.

Inhalt und Umfang der vertraglichen und nachvertraglichen Verschwiegenheitspflichten sollten im schriftlichen Arbeitsvertrag konkret geregelt werden, selbst wenn sie sich aus einer arbeitsvertraglichen Nebenpflicht herleiten lassen. Durch die Aufnahme einer Verschwiegenheitsklausel in den Arbeitsvertrag wird gegenüber dem Arbeitnehmer die Bedeutung der Verschwiegenheitspflicht betont und ihr Umfang klargestellt.

44. Vertragsstrafe

Vertragsstrafen haben den Zweck, die Erfüllung von Vertragspflichten durch Androhung einer Strafe zu sichern und dem Gläubiger den Schadensnachweis zu ersparen. Vertragsstrafenversprechen können Gegenstand eines Arbeitsvertrages sein *(BAG 23.06.1982, EzA § 5 BBiG Nr. 5; BAG 23.05.1984, AP Nr. 9 zu § 339 BGB; BAG 05.02.1986, EzA § 339 BGB*

1980

Nr. 2; BAG 27.05.1992, EzA § 339 BGB Nr. 8). Häufig werden sie zu Lasten des Arbeitnehmers vereinbart, um diesen zum Antritt der Arbeit, zur Einhaltung der (gesetzlichen oder darüber hinausgehenden) Kündigungsfristen oder zur ordnungsgemäßen Erfüllung der Arbeitspflicht oder sonstiger Pflichten aus dem Arbeitsverhältnis anzuhalten. Unzulässig sind Vertragsstrafenversprechen mit Auszubildenden (§ 5 Abs. 2 Nr. 2 BBiG).

Durch Vertragsstrafenvereinbarungen darf das Kündigungsrecht des Arbeitnehmers nicht einseitig beeinträchtigt werden. Insoweit wird vom BAG der § 622 Abs. 5 BGB als allgemeines Verbot ungleicher Kündigungsbedingungen interpretiert *(BAG 11.03.1971, EzA § 622 BGB n.F. Nr. 2; BAG 09.03.1972, EzA § 622 BGB n.F. Nr. 6)*. Folgerichtig darf die fristgerechte Kündigung des Arbeitnehmers nicht einseitig mit einer Vertragsstrafe sanktioniert werden.

Eine Vertragsstrafenvereinbarung muss sorgfältig formuliert werden. Es ist **klar** zu regeln, für welchen Fall einer Pflichtverletzung die Vertragsstrafe vorgesehen ist. Darüber hinaus muss beachtet werden, dass eine Vertragsstrafe nur in **angemessener** Höhe vereinbart werden kann. In der Rechtsprechung wird dabei ein Monatsgehalt (ggf. eine halbe monatliche Arbeitsvergütung für jeden Monat nicht eingehaltener Vertragstreue) nicht beanstandet *(LAG Düsseldorf 15.11.1972, DB 1973, 85; LAG Berlin 19.05.1980, AP Nr. 8 zu § 339 BGB; LAG Baden-Württemberg 30.07.1985, LAGE Nr. 1 zu § 339 BGB)*. In einigen Fällen erfolgte eine Orientierung an der Länge der Kündigungsfrist *(LAG Düsseldorf 19.10.1967, DB 1968, 90; LAG Baden-Württemberg 03.01.1975, BB 1975, 373; LAG Köln 26.09.1989, LAGE § 339 BGB Nr. 4 – vgl. aber LAG Köln 15.05.1991, LAGE § 339 BGB Nr. 9)*.

Vertragsstrafenversprechen in vorformulierten Arbeitsbedingungen sind bislang vom BAG wegen § 23 Abs. 1 AGBG, wonach das AGB-Gesetz – und damit das Verbot formularmäßiger Vertragsstrafenabreden in § 11 Nr. 6 AGBG – keine Anwendung findet bei Verträgen auf dem Gebiet des Arbeitsrechts, nicht beanstandet worden *(BAG 23.05.1984, AP Nr. 9 zu § 339 BGB; BAG 27.05.1992, EzA § 339 BGB Nr. 8; LAG Baden-Württemberg 30.07.1985, LAGE Nr. 1 zu § 339; LAG Köln 26.09.1989, LAGE § 339 BGB Nr. 4; LAG Köln 15.05.1991, LAGE § 339 BGB Nr. 9; Sächsisches LAG 25.11.1997, LAGE § 339 BGB Nr. 12)*. Unangemessene Vertragsstrafenklauseln wurden allenfalls durch richterliche Gestaltung im Rahmen einer »Billigkeitskontrolle« nach § 343 BGB reduziert *(BAG 26.09.1963, AP Nr. 1 zu § 74 a HGB; LAG Berlin 19.05.1980, AP Nr. 8 zu § 339 BGB; LAG Berlin 24.06.1991, LAGE Nr. 8 zu § 339 BGB)*. Bei der Beurteilung der Angemessenheit nach § 343 Abs. 1 BGB der Vertragsstrafe ist jedes berechtigte Interesse des Gläubigers, nicht bloß das Vermögensinteresse, in Betracht zu ziehen. Maßgeblich ist neben dem Grad des Verschuldens auch die wirtschaftliche Lage des Schuldners. Ein möglicherweise entstandener Schaden kann berücksichtigt werden. Zur Feststellung der Angemessenheit einer im Falle des Vertragsbruchs verwirkten Vertragsstrafe ist auch die maßgebliche Kündigungsfrist von Bedeutung *(Sächsisches LAG 25.11.1997, LAGE § 339 BGB Nr. 12)*.

Demgegenüber maß die **Zivilrechtsprechung** in Verträgen selbständiger Handelsvertreter Vertragsstrafen an § 9 AGBG und erklärt Strafabreden in Höhe einer doppelten Monatsprovision für unwirksam *(OLG Hamm 01.11.1983, MDR 1984, 404)*. Nach der ständigen Rechtsprechung des Bundesgerichtshofs muss eine formularmäßige Vertragsstrafenklausel eine **Begrenzung nach oben aufweisen**, wenn sie einer Überprüfung standhalten soll *(BGH 12.03.1981, NJW 1981, 1509; BGH 22.10.1987, DB 1988, 108; BGH 11.05.1989, 1868)*. Dies gilt sogar in Allgemeinen Geschäftsbedingungen, die gegenüber einem Kaufmann Verwendung finden *(§ 24 Abs. 1 Nr. 1 i.V.m. § 9 AGBG; vgl. BGH 12.03.1981, NJW 1981, 1509)*. Eine Herabsetzung der Vertragsstrafe nach § 343 BGB wurde durchweg ebenso abgelehnt wie eine – zum selben Ergebnis führende – geltungserhaltende Reduktion.

Bedenken werden angemeldet gegenüber Vertragsstrafenabreden, die auch **Schlechtleistungen** des Arbeitnehmers sanktionieren. Sie dürfen nicht die richterrechtlich beschränkte Arbeitnehmerhaftung unterlaufen (vgl. → Rz. 1947). Zudem wird bezweifelt, dass das als Zulässigkeitsvoraussetzung für solche Klauseln verstandene berechtigte Interesse des Arbeitgebers zu bejahen ist.´

Ab dem **01.01.2002** wird die Personalpraxis sich auf die Anwendung von § 309 Nr. 6 BGB im Arbeitsrecht einstellen und damit mit der Rechtsunwirksam von formularmäßigen Vertragsstrafenabreden rechnen müssen.

Die höchstrichterliche Rechtsprechung hat bislang Vertragsstrafenabreden zur **Sicherung von Wettbewerbsverboten** grundsätzlich für wirksam gehalten *(BAG 21.05.1971 und 25.09.1980, AP Nr. 5 und 7 zu § 339 BGB; BAG 30.04.1971, EzA § 340 BGB Nr. 1)*. Geht es um die Sicherung eines nachvertraglichen Wettbewerbsverbotes, ist die Vereinbarung einer Karenzentschädigung nicht obsolet. Die Obergrenze für die Vertragsstrafenhöhe wird insoweit mit einem Jahresbruttogehalt angegeben. Von der Rechtsprechung wird auch die Sicherung sonstiger Nebenpflichten durch Vertragsstrafenabreden für zulässig gehalten *(BAG 04.09.1964, AP Nr. 3 zu § 339 BGB)*. Die zu sichernden Pflichten sind dann ausdrücklich zu benennen. Der Versprechende muss sich in seinem Verhalten darauf einstellen können. Unbestimmte Abreden sind unwirksam *(LAG Frankfurt 04.09.1967, DB 1968, 987)*.

Nach § 339 Satz 1 BGB wird die Vertragsstrafe nur verwirkt, wenn der Schuldner in Verzug kommt, d.h. wenn er die Vertragsverletzung zu vertreten hat (§ 285 BGB). **Der Schuldner hat Vorsatz und Fahrlässigkeit zu vertreten** (§ 276 Abs. 1 BGB). Das Verschuldenserfordernis braucht in der Vertragsstrafenabrede nicht besonders erwähnt zu werden *(LAG Köln 15.05.1991, LAGE § 339 BGB Nr. 9)*. Die Vertragsstrafe kann jedoch in einem individuell ausgehandelten Arbeitsvertrag auch unabhängig von einem Verschulden versprochen werden. Dies bedarf einer ausdrücklichen unmissverständlichen Vereinbarung. In der formularmäßigen Abbedingung des Verschuldenserfordernisses wird jedoch eine unangemessene und damit unwirksame Benachteiligung des Vertragspartners zu sehen sein *(im Ergebnis auch LAG Hamm 14.07.1967, DB 1967, 1462)*.

45. Verweisungsklauseln

Verweisungsklauseln (Bezugnahmeklauseln) finden sich in fast allen vorformulierten Arbeitsverträgen. Es wird Bezug genommen auf Tarifverträge, Betriebsordnungen, Betriebsvereinbarungen, Versorgungsordnungen, Arbeitsordnungen und sonstige Regelwerke. Die generelle Zulässigkeit von Verweisungsklauseln folgt aus der Vertragsfreiheit *(§§ 241, 305 BGB; vgl. BAG 05.11.1963, AP Nr. 1 zu § 1 TVG Bezugnahme)*.

1982

Für Verweisungsklauseln ist die Beachtung des **Bestimmtheitsgrundsatzes** von besonderer Bedeutung *(BAG 02.03.1988, AP Nr. 11 zu § 1 TVG Form)*. Die in Bezug genommene Regelung muss so genau bezeichnet sein, dass Irrtümer hinsichtlich der für anwendbar erklärten Regelung ausgeschlossen sind *(BAG, Urt. 08.07.1980, AP Nr. 7 zu § 1 TVG Form)*. Nach der Rechtsprechung des BAG reicht es aus, wenn im Zeitpunkt der jeweiligen Anwendung die in bezug genommene Regelung bestimmbar ist *(BAG, Urt. 08.07.1980, AP Nr. 7 zu § 1 TVG Form)*. Aus diesem Grunde kann in einem Arbeitsvertrag entweder auf geltende (sog. **statische Verweisung**) als auch auf künftige (z.B. tarifliche) Regelungen verwiesen werden (sog. **dynamische Verweisung**).

Im Hinblick auf mögliche künftige Betriebsübergänge kann auch eine Verweisung auf die jeweils »in Betracht kommenden« bzw. »für den Betrieb einschlägigen« Tarifverträge erfolgen (sog. große dynamische Klausel – *BAG 25.10.2000, EzA § 3 TVG Bezugnahme auf Tarifvertrag Nr. 15)*.

Bei unklaren Verweisungen geht das BAG eher von einer dynamischen als von einer statischen Verweisung aus *(BAG 20.03.1991, EzA § 4 TVG Tarifkonkurrenz Nr. 7; BAG 16.08.1988, AP Nr. 8 zu § 1 BetrAVG Beamtenversorgung)*.

Ist also nur eine statische Verweisung gewollt, muss dies im Arbeitsvertrag deutlich gemacht werden. Wird ein branchenfremdes Tarifwerk im Arbeitsvertrag in Bezug genommen, ist eine korrigierende Auslegung der Verweisungsklausel dahin, dass eine Verweisung auf das Tarifwerk erfolgt, dem der Arbeitgeber jeweils unterliegt, nicht möglich. Eine große dynamische Verweisungsklausel liegt nicht vor. Der Arbeitgeber kann sich mit einer sog. **Tarifwechselklausel** vorbehalten, ein anderes Tarifwerk einzuführen *(BAG 25.10.2000, EzA § 3 TVG Bezugnahme auf Tarifvertrag Nr. 15)*.

Von der dynamischen und großen dynamischen Verweisungsklausel sind zu unterscheiden die sog. Gleichstellungsabreden. Eine arbeitsvertragliche Bezugnahmeklausel kann als Gleichstellungsabrede auszulegen sein, wenn der Arbeitgeber bei Vertragsabschluss an die in Bezug genommenen Tarifverträge kraft Verbandszugehörigkeit gebunden ist und für den Arbeitnehmer erkennbar erreichen will, dass dieser ebenso gestellt wird wie ein organisierter Arbeitnehmer *(BAG 26.09.2001, EzA-SD 21/2001, 3)*.

Das BAG lässt eine allgemeine Klausel (»Es gelten die einschlägigen Tarifverträge.«) genügen *(BAG 20.10.1977, AP Nr. 5 zu § 242 BGB Ruhegehalt Beamtenversorgung)*. Gemeint sind mit dieser Klausel die betrieblich und fachlich gültigen Tarifverträge. In der Rechtsprechung wird auch die Bezugnahme auf einen fremden, für den Betrieb nicht einschlägigen Tarifvertrag für zulässig erklärt *(BAG 10.06.1965, AP Nr. 13 zu § 9 TVG a.F.; BAG 06.12.1990, EzA § 3 TVG Bezugnahme auf Tarifvertrag Nr. 5)*. Dies kann unter dem Gesichtspunkt des Überraschungsschutzes bei fehlender besonderer Kenntlichmachung problematisch sein.

Am häufigsten wird in Arbeitsverträgen auf Tarifverträge verwiesen. Dadurch kann bei einer Änderung der Tarifzuständigkeit der Wechsel des Tarifvertrags erschwert werden. Eine arbeitsvertragliche Verweisungsklausel, die einen **konkret benannten** Tarifvertrag in der jeweils geltenden Fassung in Bezug nimmt, muss beim Verbandswechsel des Arbeitgebers in der Regel dahin korrigierend ausgelegt werden, dass die Verweisung auf den **jeweils für den Betrieb geltenden** Tarifvertrag erfolgt. Das gilt jedenfalls dann, wenn die Tarifverträge von derselben Gewerkschaft abgeschlossen wurden (*BAG 04.09.1996, EzA § 3 TVG Bezugnahme auf Tarifvertrag Nr. 7*). Sind im **Arbeitsvertrag** die bei der Arbeitgeberin für eine Gruppe von Arbeitnehmern jeweils gültigen Tarifverträge in Bezug genommen worden, so gelten für die Zeit einer von einer konzernbezogenen Versetzungsklausel gedeckten »Abstellung« zu einer anderen Konzerngesellschaft auch die – schlechteren – Bedingungen eines von der Arbeitgeberin und der Konzerngesellschaft mit einer Gewerkschaft für den Einsatz von Angehörigen dieser Arbeitnehmergruppe bei der Konzerngesellschaft abgeschlossenen Tarifvertrages (*BAG 18.06.1997, EzA § 3 TVG Bezugnahme auf Tarifvertrag Nr. 9*).

Bei fehlender Tarifbindung können die Arbeitsvertragsparteien den gesamten Tarifvertrag **(Globalverweisung),** einen Teil des Tarifvertrages **(Teilverweisung)** oder aber nur einzelne Bestimmungen des Tarifvertrages **(Einzelverweisung)** durch die Verweisungsklausel in den Arbeitsvertrag aufnehmen. Bietet der Arbeitgeber den Abschluss des Formulararbeitsvertrags mit der Klausel »Der Jahresurlaub richtet sich nach den Bestimmungen des (einschlägigen) Tarifvertrags« an, muss der Arbeitnehmer das regelmäßig als Verweisung auf den gesamten tariflichen Regelungskomplex »Urlaub« verstehen. Ist in den in Bezug genommenen urlaubsrechtlichen Bestimmungen des Tarifvertrags ein erhöhtes Urlaubsentgelt geregelt, wird mit dem Abschluss des Vertrages der Arbeitgeber auch zur Anwendung dieser tariflichen Regelung verpflichtet (*BAG 17.11.1998, EzA § 3 TVG Bezugnahme auf Tarifvertrag Nr. 11*).

Zu beachten ist aber das Bestimmtheitsgebot: Die Rechtsprechung geht bei einer unklaren Bezeichnung des Tarifvertrages davon aus, dass der für den Betrieb einschlägige Tarifvertrag gelten soll. Als einschlägig wird der Tarifvertrag angesehen, der zur Anwendung käme, wenn beide Parteien tarifgebunden wären.

Der **in bezug genommene Tarifvertrag** muss dem Arbeitnehmer nach der Rechtsprechung des BAG **nicht vorgelegt** werden. Das BAG meint, ein Arbeitnehmer müsse von sich aus alle Informationsquellen ausschöpfen, um die für sein Arbeitsverhältnis maßgebenden Vertragsbedingungen zu ermitteln. Die Unkenntnis über bestehende tarifliche Rechte und Pflichten gehe zu Lasten des Arbeitnehmers *(BAG 05.11.1963, AP Nr. 1 zu § 1 TVG Bezugnahme auf Tarifvertrag).*

Diese Wertung findet nun in § 310 Abs. 4 Satz 2 BGB eine Bestätigung. In der Literatur wird von einer wirksamen Einbeziehung des Tarifvertrags in den (Formular-)Arbeitsvertrag ausgegangen, wenn der Arbeitgeber seine Pflicht zum Auslegen des Tarifvertrages im Betrieb an geeigneter Stelle nachkommt (§ 8 TVG) und wenn im Arbeitsvertrag ausdrücklich auf den Tarifvertrag verwiesen wird. Dem § 2 Abs. 2 Nr. 10 NachwG kommt insoweit keine Bedeutung zu. Dieser findet keine Anwendung auf Kollektivregelungen, die lediglich kraft einzelvertraglicher Inbezugnahme gelten. Eine Verweisungsklausel ist aber wesentlicher Inhalt des Arbeitsverhältnisses, weshalb den Arbeitgeber eine Wiedergabeverpflichtung trifft über den Umstand, dass eine derartige Vereinbarung getroffen wurde. Sofern die Parteien nicht ausdrücklich einzelne inhaltliche Bestimmungen zum

Gegenstand ihrer Verabredung gemacht haben, sind keine detaillierten Angaben zum Inhalt der vereinbarten Normen erforderlich.

Der durch Verweisung in den Arbeitsvertrag aufgenommene Tarifvertrag wird vom BAG nicht auf seine Billigkeit überprüft. Es erkennt den Tarifverträgen vielmehr eine prinzipielle Richtigkeitsgewähr zu *(BAG 06.02.1985, AP Nr. 1 zu § 1 TVG Tarifverträge: Süßwarenindustrie; BAG 14.12.1982, AP Nr. 1 zu § 1 BetrAVG Besitzstand)*. Ob dies bei Teil- oder Einzelverweisung zutrifft, erscheint zweifelhaft, sofern nicht zumindest auf Regelungskomplexe (Kündigungsfristenregelung, Urlaubsregelungen) verwiesen wird. Es besteht die Gefahr, dass dem Arbeitnehmer aus dem Tarifvertrag nur belastende Regelungen auferlegt werden.

Besondere Sorgfalt ist bei der Formulierung des Arbeitsvertrages geboten, wenn bei Teilverweisungen auch die **tariflichen Ausschlussfristen** in den Vertrag einbezogen werden sollen. Die Ausschlussfrist wird kein wirksamer Vertragsbestandteil, wenn sie nicht erkennbar zu dem in bezug genommenen Normenkomplex gehört. Dies folgt aus den Grundsätzen der Bestimmtheit, Transparenz und aus der Unklarheitenregel.

46. Wettbewerbsverbot

1984 s. → Rz. 3030 f. und Muster → Rz. 3092

III. Weiterführende Literaturhinweise

1985 *Fastrich*, Richterliche Inhaltskontrolle im Privatrecht, 1992
Hanau/Preis, Der Arbeitsvertrag, Praxis – Kommentar – Muster, Loseblattwerk, 1998
Hunold, Musterarbeitsverträge und Zeugnisse für die betriebliche Praxis, Loseblattausgabe
HzA, Gruppe 1, Einzelarbeitsvertragsrecht, Loseblattwerk
Preis, Grundfragen der Vertragsgestaltung im Arbeitsrecht, 1993
Schaub, Arbeitsrechtliche Formularsammlung und Arbeitsgerichtsverfahren, 7. Aufl. 1998

5. Kapitel: Arbeitspflicht des Arbeitnehmers

I.	**Einführung**	**2001**
II.	**Direktionsrecht des Arbeitgebers**	**2002**
III.	**Übertragbarkeit des Direktionsrechtes auf Dritte**	**2004**
	1. Grundsatz der Personengebundenheit	2005
	2. Überlassungsklausel im Arbeitsvertrag	2006
	3. Betriebsübergang	2007
IV.	**Zuweisung einer bestimmten Tätigkeit**	**2008**
	1. Einstellung für eine fachlich umschriebene Tätigkeit	2009
	2. Einstellung für eine bestimmte Tätigkeit	2010
	3. Einstellung für jede Tätigkeit	2011
	4. Nachträgliche Beschränkung des Direktionsrechtes	2012
	5. Zuweisung von Nebenarbeiten	2013
	6. Berücksichtigung der Interessen des Arbeitnehmers	2014
	7. Beteiligung des Betriebsrates	2015
V.	**Zuweisung des Arbeitsortes**	**2016**
VI.	**Festlegung des Arbeitsumfanges**	**2018**
	1. Festlegung von Arbeitstagen und Arbeitszeit	2018a
	2. Festlegung der Arbeitsgeschwindigkeit	2019
VII.	**Vorübergehende Zuweisung eines anderen Arbeitsfeldes in Notfällen**	**2020**
VIII.	**Versetzung des Arbeitnehmers**	**2024**
	1. Einführung	2025
	2. Umsetzung	2026
	3. Arbeitsvertragliche Versetzung	2028
	a) Zuweisung einer anderen Tätigkeit	2029
	b) Zuweisung eines anderen Arbeitsortes	2031
	c) Versetzungsvorbehalt als Zulässigkeitsvoraussetzung	2035
	d) Sonderfall: Zuweisung einer anderen Tätigkeit bei Schwangerschaft	2036a
	4. Betriebsverfassungsrechtliche Versetzung	2037
	a) Zuweisung eines anderen Arbeitsbereiches	2038
	b) Dauer der Zuweisung eines anderen Arbeitsbereiches	2041
	c) Erhebliche Änderung der Arbeitsumstände	2042
	d) Ausnahmen	2043
	e) Zustimmung des Betriebsrates als Zulässigkeitsvoraussetzung	2044
	f) Vorläufige Versetzung ohne Zustimmung des Betriebsrates	2047
	g) Sonderfälle: Versetzung in einen anderen Betrieb des Arbeitgebers und Betriebsverlegung	2048
	h) Weiterer Sonderfall: Arbeitskampfbedingte Versetzung	2048b
	i) Weiterer Sonderfall: Versetzung eines Mitgliedes des Betriebsrates	2048c
	5. Formularmuster zur Unterrichtung des Betriebsrates	2049
IX.	**Befreiung von der Arbeitspflicht**	**2050**
	1. Einführung	2050
	2. Unmöglichkeit der Arbeitsleistung	2051
	3. Unverhältnismäßiger Aufwand	2052
	4. Unzumutbarkeit der Arbeitsleistung	2053
	5. Sonstige Befreiungstatbestände	2054
X.	**Weiterführende Literaturhinweise**	**2055**

I. Einführung

2001 Die Arbeitspflicht des Arbeitnehmers ist seine **Hauptleistungspflicht** aus dem Arbeitsvertrag. Für die Erfüllung dieser Pflicht erhält der Arbeitnehmer vom Arbeitgeber die vereinbarte Vergütung (§ 611 Abs. 1 BGB). Es gilt also der Grundsatz: »**Ohne Arbeit keinen Lohn**«! Von diesem Grundsatz gibt es jedoch eine Reihe von Ausnahmen, auf die noch eingegangen wird (vgl. → Rz. 2520 ff.).

Der Arbeitnehmer ist aus dem Arbeitsvertrag grundsätzlich verpflichtet, die Arbeitsleistung zu erbringen. Über die bislang bekannten Fälle der Befreiung von der Arbeitspflicht (vgl. unten → Rz. 2054) hinaus sind durch die **Neufassung des BGB ab dem 01.01.2002** weitere Tatbestände eingeführt worden, bei deren Vorliegen der Arbeitnehmer von seiner Arbeitspflicht befreit wird (vgl. unten → Rz. 2051 ff.). Inwieweit diese Tatbestände in der betrieblichen Praxis bei der Durchführung des Arbeitsverhältnisses tatsächlich eigenständige und wesentliche Bedeutung erlangen, bleibt abzuwarten.

In der Praxis bereitet es vielfach Schwierigkeiten, die Grenzen der Arbeitspflicht des Arbeitnehmers festzulegen. Dabei geht es häufig um die Frage, ob der Arbeitnehmer eine ihm zugewiesene Tätigkeit bereits aufgrund seiner Arbeitspflicht zu erbringen hat, oder ob er die Tätigkeit verweigern bzw. eine Zusatzvergütung verlangen kann. Auf der anderen Seite geht es darum, welche Anforderungen der Arbeitgeber an den Arbeitnehmer stellen darf und wie weit sein Direktionsrecht geht.

II. Direktionsrecht des Arbeitgebers

2002 Der Arbeitgeber hat grundsätzlich das Recht, die im Arbeitsvertrag regelmäßig nur **rahmenmäßig umschriebene Arbeitspflicht** des Arbeitnehmers im Einzelnen zu konkretisieren. Insbesondere ist der Arbeitgeber berechtigt, die Arbeitspflicht des Arbeitnehmers nach **Art, Ort und Zeit** näher zu bestimmen. Dabei steht dem Arbeitgeber ein weiter Spielraum zur einseitigen Gestaltung der Arbeitsbedingungen zu.

BEISPIEL:

Der als Verkäufer eingestellte Arbeitnehmer wird vom Arbeitgeber der Herrenabteilung seines Betriebes als Verkäufer zugewiesen. Als in der Schuhabteilung kurz darauf ein Verkäufer ausfällt, weist der Arbeitgeber den Arbeitnehmer an, nunmehr in der Schuhabteilung als Verkäufer tätig zu werden.

Die Arbeitspflicht des Arbeitnehmers hat sich durch die Weisungen zunächst auf die Tätigkeit als Verkäufer in der Herrenabteilung und später auf die Tätigkeit in der Schuhabteilung konkretisiert.

Diese als **Direktions- oder Weisungsrecht** bezeichnete Befugnis des Arbeitgebers gehört zum wesentlichen Inhalt eines jeden Arbeitsverhältnisses und ist letztlich auch unverzichtbar, denn praktisch wird es in der Regel unmöglich sein, bereits bei Abschluss des Arbeitsvertrages alle möglichen Arbeitsaufgaben konkret zu bestimmen und in den Arbeitsvertrag aufzunehmen.

Kann der Arbeitgeber eine beabsichtigte Änderung der Arbeitsbedingungen kraft Ausübung des Direktionsrechtes herbeiführen, ist eine statt dessen ausgesprochene Änderungskündigung in der Regel unwirksam. Eine unwirksame Änderungskündigung kann aber in die Ausübung des Direktionsrechtes **umgedeutet** werden (*LAG Berlin 29.11.1999, EzA-SD 8/00, 17*).

Es liegt aber auch auf der Hand, dass der Arbeitgeber dem Arbeitnehmer nicht jede denkbare Arbeit zuweisen darf, sondern bei der Ausübung des Direktionsrechtes gewisse Grenzen zu beachten hat (vgl. → Rz. 2008 ff.). Diese können sich ergeben aus

- Arbeitsvertrag,
- Betriebsvereinbarung,
- Tarifvertrag oder
- Gesetz.

Rechtsgrundlage und gleichzeitig wesentliche Grenze bei der Ausübung des Direktionsrechtes ist der zwischen Arbeitgeber und Arbeitnehmer geschlossene **Arbeitsvertrag**. Der Arbeitgeber darf dem Arbeitnehmer keine Arbeiten zuweisen, die dieser nach dem Arbeitsvertrag nicht schuldet. Üblicherweise ist die Arbeitspflicht des Arbeitnehmers im Arbeitsvertrag nur pauschal und damit ungenau beschrieben (vgl. → Rz. 2008 ff.). Daher gibt der Wortlaut des Arbeitsvertrages in der Regel keinen genauen Aufschluss über die Grenzen des Direktionsrechtes. In diesen Fällen ist der Arbeitsvertrag unter Berücksichtigung der gesetzlichen und kollektivvertraglichen Normen **(Tarifverträge, Betriebsvereinbarungen)** nach der Verkehrssitte und Treu und Glauben auszulegen (§ 242 BGB). Dabei ist zur Bestimmung der geschuldeten Arbeitsleistung all das heranzuziehen, was in **Branche, Beruf, Betrieb und am Ort allgemein üblich** ist.

Die Grenzen des Direktionsrechtes sind in jedem Fall dann überschritten, wenn die Weisung gegen **gesetzliche Bestimmungen** verstößt, etwa wenn der Arbeitgeber von seinem Arbeitnehmer verlangt, dass dieser über die gesetzlich zulässige Arbeitszeit hinaus arbeitet (vgl. → Rz. 2157 ff.). Das gleiche gilt, wenn der Weisung Tarifverträge oder Betriebsvereinbarungen entgegenstehen. Bei der Ausübung des Direktionsrechtes sind ferner **berechtigte Interessen des Arbeitnehmers** zu berücksichtigen (vgl. → Rz. 2014). Schließlich kann das Direktionsrecht des Arbeitgebers auch durch ein **Mitbestimmungsrecht des Betriebsrates** eingeschränkt sein, etwa dann, wenn dem Arbeitnehmer ein anderer Arbeitsplatz zugewiesen werden soll (vgl. → Rz. 2037 ff.).

Hat der Arbeitgeber mit der Weisung sein Direktionsrecht überschritten, so ist der Arbeitnehmer nicht verpflichtet, der Weisung nachzukommen.

III. Übertragbarkeit des Direktionsrechtes auf Dritte

Hierbei geht es um die Frage, ob der Arbeitgeber sein Direktionsrecht auf Dritte übertragen kann. Soweit es sich bei diesen Dritten ebenfalls um Arbeitnehmer des Arbeitgebers handelt, können diese ohne weiteres durch den Arbeitgeber bevollmächtigt werden, das

Direktionsrecht in seinem Namen auszuüben (Vorgesetzte). Problematisch ist es jedoch, wenn der **Dritte nicht Arbeitnehmer** des Arbeitgebers ist.

1. Grundsatz der Personengebundenheit

2005 Grundsätzlich ist allein der Arbeitgeber berechtigt, die Erbringung der versprochenen Dienste von dem Arbeitnehmer zu verlangen. Dieser Anspruch ist **im Zweifel nicht übertragbar** (§ 613 Satz 2 BGB).

Hieraus folgt, dass der Arbeitnehmer nur in ganz bestimmten Ausnahmefällen verpflichtet ist, seine Arbeitsleistung nach den Weisungen betriebsfremder Dritter zu erbringen.

2. Überlassungsklausel im Arbeitsvertrag

2006 Ein solcher Ausnahmefall liegt vor, wenn dem Arbeitsvertrag des Arbeitnehmers **zweifelsfrei** zu entnehmen ist, dass der Arbeitgeber berechtigt sein soll, sein Direktionsrecht auf betriebsfremde Dritte zu übertragen.

Ist in dem Arbeitsvertrag eine solche Klausel enthalten, ist dennoch äußerste **Vorsicht** geboten! Vielfach wird in der Übertragung des Direktionsrechtes an Dritte eine **Arbeitnehmerüberlassung** zu sehen sein, die nur unter ganz bestimmten Voraussetzungen zulässig ist. Nur wenn sichergestellt ist, dass nicht gegen die Vorschriften des Arbeitnehmerüberlassungsgesetzes (**AÜG**) verstoßen wird, kann das Direktionsrecht ohne Bedenken auf Dritte übertragen werden (vgl. unten → Rz. 3500 ff.).

3. Betriebsübergang

2007 Ein weiterer Sonderfall liegt vor, wenn der Arbeitgeber seinen Betrieb oder Teile davon verkauft oder durch ein sonstiges Rechtsgeschäft auf einen Dritten überträgt.

Beim **rechtsgeschäftlichen Betriebsübergang** (s. → Rz. 3600 ff.) tritt dann der neue Inhaber in die Rechte und Pflichten aus den im Zeitpunkt des Übergangs bestehenden Arbeitsverhältnissen ein (§ 613 a Abs. 1 BGB). Damit ist auch das Direktionsrecht auf den neuen Inhaber übergegangen. Allerdings kann der Arbeitnehmer dem Betriebsübergang nach der Rechtsprechung mit der Folge **widersprechen**, dass das Arbeitsverhältnis mit dem ursprünglichen Betriebsinhaber fortbesteht.

Wurde der Arbeitnehmer von seinem Arbeitgeber nicht rechtzeitig über den bevorstehenden Betriebsübergang unterrichtet, so kann der Arbeitnehmer **auch noch nach Betriebsübergang** sein Widerspruchsrecht ausüben. Dieser Widerspruch wirkt dann auf den Zeitpunkt des Betriebsübergangs zurück und kann sowohl dem Betriebsveräußerer als auch dem Betriebserwerber gegenüber erklärt werden. Der Widerspruch muss aber unverzüglich, in der Regel **innerhalb von drei Wochen**, nachdem der Arbeitnehmer ausreichend unterrichtet wurde, erklärt werden *(BAG 22.04.1993, BB 1994, 363)*.

Will der Arbeitnehmer dagegen in den Fällen, in denen ein Betrieb oder ein Betriebsteil dadurch auf den Erwerber übergeht, dass dieser die Identität der wirtschaftlichen Einheit und die Einstellung der organisierten Hauptbelegschaft und deren Einsatz auf ihren alten Arbeitsplätzen mit unveränderten Aufgaben vornimmt, gegenüber dem Erwerber den Anspruch auf Fortsetzung des Arbeitsverhältnisses geltend machen, muss er dies noch **während des Bestehens** oder zumindest **unverzüglich nach Kenntniserlangung** von den den Betriebsübergang ausmachenden tatsächlichen Umständen tun. Das Fortsetzungsverlangen ist gegenüber dem Betriebserwerber zu erklären. Es darf nicht von Bedingungen abhängig gemacht werden, deren Eintritt vom Betriebserwerber nicht beeinflusst werden kann (*BAG 12.11.1998, EzA § 613 a BGB Nr. 171*).

In Artikel 4 des Gesetzentwurfes zur Änderung des Seemannsgesetzes und anderer Gesetze ist vorgesehen, das Informationsrecht der von einem Betriebsübergang betroffenen Arbeitnehmer und einen etwaigen Widerspruch gegen den Betriebsübergang gesetzlich zu regeln. Ein Inkrafttreten dieser **gesetzlichen Neuregelung** durch Ergänzung des § 613 a BGB ist für das **Jahr 2002** zu erwarten.

Danach haben der bisherige Arbeitgeber oder der neue Inhaber die von einem Übergang betroffenen Arbeitnehmer **vor dem Übergang in Textform** zu unterrichten über

- den Zeitpunkt oder den geplanten Zeitpunkt des Übergangs,
- den Grund für den Übergang,
- die rechtlichen, wirtschaftlichen und sozialen Folgen des Übergangs für die Arbeitnehmer.

Der Arbeitnehmer kann dann dem Übergang des Arbeitsverhältnisses **innerhalb von 3 Wochen nach Zugang dieser Unterrichtung schriftlich widersprechen**. Dieser Widerspruch kann gegenüber dem bisherigen Arbeitgeber oder dem neuen Inhaber erklärt werden.

Es ist darauf hinzuweisen, dass nach der Rechtsprechung des Europäischen Gerichtshofes ein Betriebs(teil)übergang auch dann in Betracht kam, wenn lediglich eine **bloße Funktionsnachfolge** vorliegt, ohne dass irgendwelche Betriebsmittel (Sachmittel, Rechts-, Geschäftsbeziehungen, Goodwill, etc.) übertragen werden (*EuGH 14.04.1994, DB 1994, 1370*). Im entschiedenen Fall hatte ein Arbeitgeber seinen Reinigungskräften gekündigt, um die Reinigungsarbeiten dann von einer Fremdfirma durchführen zu lassen.

Diese Rechtsprechung des Europäischen Gerichtshofes ist zu Recht kritisiert worden (*vgl. u.a. ausführlich Buchner, Verlagerung betrieblicher Aufgaben als Betriebsübergang i.S. von § 613 a BGB, DB 1994, 1417*). Die Konsequenzen aus dieser Rechtsprechung des EuGH sind überhaupt noch nicht abschließend absehbar (vgl. auch → Rz. 3615 ff.).

Zwischenzeitlich liegen mehrere Entscheidungen von Instanzgerichten zu diesem Problemkreis vor. Das ArbG Hamburg (*ArbG Hamburg 04.07.1994, DB 1994, 1424*) und das LAG Hamm (*LAG Hamm 11.10.1994, LAGE § 613 a BGB Nr. 37*) haben in ähnlich gelagerten Sachverhalten nach den Vorgaben des Europäischen Gerichtshofes entschieden. Entgegen diesen Vorgaben haben bislang das LAG Düsseldorf (*LAG Düsseldorf 22.08.1995, LAGE § 613 a BGB Nr. 43*) sowie das LAG Schleswig-Holstein (*LAG Schleswig-Holstein 10.02.1995, LAGE § 613 a BGB Nr. 37*) entschieden. Danach stellt die bloße Funktionsnachfolge schon begrifflich keinen Betriebs(teil)übergang dar.

Das BAG hatte zunächst in Abgrenzung zur Veräußerung ehemaliger Betriebsmittel nach Stillegung eines Betriebes noch einmal klargestellt, **dass der Übergang eines Betriebes i.S.v. § 613 a BGB den Übergang der wesentlichen Betriebsmittel voraussetzt** *(BAG 27.04.1995, EzA § 613 a BGB Nr. 126).* Mit den Vorgaben des Europäischen Gerichtshofes setzt sich diese Entscheidung des BAG nicht ausdrücklich auseinander.

Sodann hatte hat das BAG einen Sachverhalt zu entscheiden, in welchem ein Unternehmensträger den von ihm mit einem Reinigungsunternehmen geschlossenen Dienstleistungsvertrag kündigt und aufgrund einer Neuausschreibung mit einem anderen Reinigungsunternehmen einen neuen Dienstleistungsvertrag über die Erledigung der Reinigungsaufgabe im Unternehmen abschließt. Da nach den Vorgaben des Europäischen Gerichtshofes ein Betriebsübergang in Betracht kam, hatte das **BAG den Europäischen Gerichtshof um Vorabentscheidung über diverse Fragen ersucht** *(BAG 21.03.1996, EzA § 613 a BGB Nr. 141).* Der Vorlagebeschluss erfolgte mit dem erkennbaren Ziel, eine weitere Konkretisierung der bisherigen Vorgaben des Europäischen Gerichtshofes zu erhalten.

Das Vorabentscheidungsersuchen wurde vom BAG nicht mehr aufrecht erhalten *(BAG 17.07.1997, DB 1997, 1875)*, nachdem der EuGH aufgrund eines Ersuchens um Vorabentscheidung des Arbeitsgerichts Bonn *(ArbG Bonn 30.11.1994, DB 1995, 582)* die **bisherige Rechtsprechung konkretisiert** hat *(EuGH 11.03.1997, EzA § 613 a BGB Nr. 145).* Danach liegt ein Betriebs(teil)übergang **nicht** vor, wenn ein Auftraggeber, der die Reinigung von Räumlichkeiten einem Unternehmer übertragen hat, den Vertrag mit diesem kündigt und zur Durchführung ähnlicher Arbeiten einen **neuen Vertrag** mit einem **anderen Unternehmer** schließt, sofern dieser Vorgang weder mit einer Übertragung relevanter, materieller oder immaterieller Betriebsmittel von dem einen auf den anderen Unternehmer noch mit der Übernahme eines nach Zahl und Sachkunde wesentlichen Teils des von dem einen Unternehmer zur Durchführung des Vertrags eingesetzten Personals durch den anderen Unternehmer verbunden ist *(EuGH, a.a.O.).* Die weitere Umsetzung der Rechtsprechung des Europäischen Gerichtshofes durch das BAG bleibt abzuwarten.

Den Vorgaben des Europäischen Gerichtshofes ist das **BAG** in Abänderung seiner früheren Rechtsprechung bereits **insoweit gefolgt**, als nunmehr davon auszugehen ist, dass der **Übernahme des Personals ein gleichwertiger Rang neben den anderen möglichen Kriterien eines Betriebsübergangs** zukommt, insbesondere in Branchen, in denen es im Wesentlichen auf die **menschliche Arbeitskraft** ankommt *(BAG 22.05.1997, DB 1997, 1720).* Zukünftig gilt es also zu beachten, dass die Übernahme von Personal eines anderen Unternehmens, ggf. auch nach dessen zwischenzeitlicher Betriebsstillegung, den Tatbestand des rechtsgeschäftlichen Betriebsübergangs verwirklichen und die Rechtsfolge des Übergangs der bestehenden Arbeitsverhältnisse auslösen kann.

In Fortführung der konkretisierten Rechtsprechung des Europäischen Gerichtshofes hat das BAG nunmehr noch einmal klargestellt, dass eine **Funktionsnachfolge allein** kein Betriebsübergang ist. Kommt es jedoch nach Zugang einer Kündigung zu einem Betriebsübergang i.S.d. Rechtsprechung des Europäischen Gerichtshofes, haben die gekündigten Arbeitnehmer, die in der Einheit beschäftigt waren, einen Anspruch gegen den neuen

Auftragnehmer, zu unveränderten Arbeitsbedingungen unter Wahrung ihres Besitzstandes eingestellt zu werden *(BAG 13.11.1997, EzA § 613 a BGB Nr. 154)*.

Die Rechtsfolgen des Betriebsüberganges können also nicht dadurch vermieden werden, indem die Arbeitsverhältnisse der Arbeitnehmer des Betriebes zunächst gekündigt werden und dann erst zu einem späteren Zeitpunkt die Übernahme von Betriebsmitteln (z.B. auch Personal) erfolgt. Vor Umgehungsversuchen muss insoweit gewarnt werden!

Eine die Rechtsfolgen des Betriebsübergangs auslösende »Übernahme eines nach Zahl und Sachkunde wesentlichen Teils des ... eingesetzten Personals« soll bei der Ablösung eines Gebäudereinigungsunternehmens durch einen Nachfolger in demselben Reinigungsobjekt nicht gegeben sein, wenn von insgesamt sieben Raumpflegerinnen lediglich vier übernommen werden ohne gleichzeitige Übernahme von Führungskräften zumindest in Vorarbeiterstellung (LAG Köln 23.01.1998, LAGE § 613 a BGB Nr. 68). Die Übernahme von **Führungskräften** erweist sich danach als ein wesentliches Kriterium für die Beurteilung des Vorliegens der Voraussetzungen eines Betriebsüberganges.

Hält der neue Auftragnehmer die frühere Arbeitsorganisation nicht aufrecht und stellen die Arbeitsplätze keine hohen Anforderungen an die Qualifikation der Arbeitnehmer, genügt ein **Anteil von 75%** der früheren Beschäftigten nicht, um die Übernahme der Hauptbelegschaft feststellen zu können (BAG 10.12.1998, EzA § 613 a BGB Nr. 174).

Bei der verbleibenden Rechtsunsicherheit ist für die betriebliche Praxis wesentlich, dass beabsichtigte Änderungen der Betriebsabläufe, insbesondere die Vergabe bislang betriebsintern erledigter Aufgaben an Fremdfirmen, unter dem Gesichtspunkt des Betriebsüberganges **geprüft werden müssen**. Vor allem den übernehmenden Fremdfirmen ist eine solche Prüfung anzuraten, um unerwünschte Rechtsfolgen frühzeitig zu erkennen und ggf. zu vermeiden. Kommt danach ein Betriebsübergang in Betracht, kann einer aus den konkreten Umständen resultierenden Unsicherheit über die Rechtsfolgen durch an diesem Einzelfall ausgerichteten, einvernehmlichen Lösungen unter Einbeziehung aller Beteiligten (Arbeitgeber, betroffene Arbeitnehmer, Fremdfirma) entgegengewirkt werden.

Zu beachten ist auch, dass ein Betriebsübergang mit den Rechtsfolgen des § 613 a BGB selbst dann noch in Betracht kommt, wenn sich ein Unternehmen im Zustand der gerichtlichen Liquidation befindet und die Tätigkeit des Unternehmens weitergeführt wird *(EuGH 12.03.1998, EzA § 613 a BGB Nr. 168)*. § 613 a BGB gilt auch für den Übergang von Unternehmen, Betrieben oder Betriebsteilen zwischen zwei Gesellschaften desselben Konzerns *(EuGH 02.12.1999, EzA § 613 a BGB Nr. 186)*.

Neben den Fällen des rechtsgeschäftlichen Betriebsübergangs geht das Direktionsrecht ebenfalls auf den neuen Inhaber über, wenn der **Betriebsübergang aufgrund einer gesetzlichen Regelung** (Erbfall, Verschmelzung von Kapitalgesellschaften, Umwandlung von Kapitalgesellschaften in Personengesellschaften) erfolgt. Der Arbeitnehmer kann in diesen Fällen aber unter Umständen zur außerordentlichen Kündigung berechtigt sein, soweit ihm die Fortsetzung des Arbeitsverhältnisses mit dem neuen Arbeitgeber nicht zumutbar ist.

In den Fällen der **Umwandlung** der Rechtsform eines Unternehmens ist zu beachten, dass die Umwandlung nicht der gegenüber dem Betriebsübergang speziellere Tatbestand ist. Die Voraussetzungen des § 613 a BGB sind daher auch im Zusammenhang mit einer Umwandlung selbstständig zu prüfen (*BAG 25.05.2000, EzA § 613 a BGB Nr. 190*).

IV. Zuweisung einer bestimmten Tätigkeit

2008 Welche Tätigkeiten dem Arbeitnehmer zugewiesen werden können, richtet sich in erster Linie nach dem Arbeitsvertrag. Dort ist regelmäßig die **Art der vom Arbeitnehmer geschuldeten Arbeitsleistung** rahmenmäßig vereinbart. Da der Arbeitgeber aufgrund des **Direktionsrechtes** berechtigt ist, die Arbeitspflicht des Arbeitnehmers im Einzelnen zu konkretisieren, ist sein **Spielraum bei der Ausübung des Direktionsrechtes** um so größer, desto **allgemeiner** die vom Arbeitnehmer zu erbringende Arbeitsleistung im Arbeitsvertrag umschrieben ist.

1. Einstellung für eine fachlich umschriebene Tätigkeit

2009 Im Regelfall erfolgt die Einstellung des Arbeitnehmers für eine fachlich umschriebene Tätigkeit.

BEISPIEL:

Der Arbeitnehmer wird als Verkäufer eingestellt.

Dem Arbeitnehmer können dann alle Tätigkeiten zugewiesen werden, die zum vertraglich vereinbarten Berufsbild des Verkäufers gehören. Der Arbeitnehmer kann nach den betrieblichen Erfordernissen auch in allen Verkaufsabteilungen des Betriebes des Arbeitgebers eingesetzt werden. Dagegen kann der Arbeitnehmer gegen seinen Willen nicht verpflichtet werden, nunmehr z.B. in der Einkaufsabteilung des Betriebes tätig zu werden.

Die Zuweisung einer andersartigen Arbeit ist aber dann ohne weiteres möglich, wenn der Arbeitsvertrag des Arbeitnehmers einen entsprechenden **Vorbehalt des Arbeitgebers** enthält (vgl. → Rz. 1683). Die Aufnahme eines solchen Vorbehalts ist daher zu empfehlen, wenn ein flexibler Einsatz des Personals sichergestellt sein soll. Bei der Entscheidung über die Vereinbarung eines Versetzungsvorbehalts ist jedoch auch zu berücksichtigen, dass der Vorbehalt unter Umständen zu einer Erschwerung der Kündigung des Arbeitnehmers führen kann (vgl. oben → Rz. 1681, → Rz. 4458).

Ansonsten kann dem Arbeitnehmer nur in Notfällen auch eine andersartige Arbeit zugewiesen werden (vgl. Rz. → 2020 ff.).

2. Einstellung für eine bestimmte Tätigkeit

2010 Eher selten anzutreffen ist die Einstellung des Arbeitnehmers für eine bestimmte Tätigkeit.

BEISPIEL:

Der Arbeitnehmer wird als Verkäufer in der Herrenabteilung eingestellt.

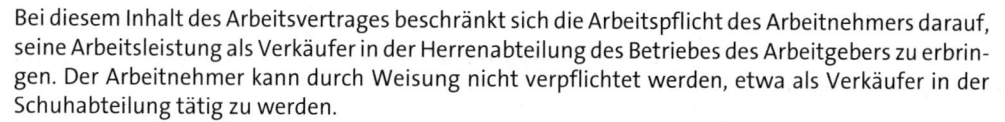

Bei diesem Inhalt des Arbeitsvertrages beschränkt sich die Arbeitspflicht des Arbeitnehmers darauf, seine Arbeitsleistung als Verkäufer in der Herrenabteilung des Betriebes des Arbeitgebers zu erbringen. Der Arbeitnehmer kann durch Weisung nicht verpflichtet werden, etwa als Verkäufer in der Schuhabteilung tätig zu werden.

Da durch die enge Fassung des geschuldeten Tätigkeitsrahmens das Direktionsrecht des Arbeitgebers erheblich eingeschränkt wird, sollte bei einer Einstellung für eine bestimmte Tätigkeit in jedem Fall geprüft werden, ob die Vereinbarung eines Versetzungsvorbehalts sinnvoll ist.

3. Einstellung für jede Tätigkeit

Ebenfalls selten erfolgt eine generalisierende Beschreibung der geschuldeten Tätigkeit. **2011**

BEISPIEL:

Der Arbeitnehmer wird als Hilfsarbeiter eingestellt.

Dem Arbeitnehmer können dann alle Tätigkeiten zugewiesen werden, die für den Arbeitnehmer bei Vertragsschluss vorhersehbar waren.

4. Nachträgliche Beschränkung des Direktionsrechtes

Zu beachten ist, dass es zur **Abänderung des schriftlichen Arbeitsvertrages** und damit zur Beschränkung des Direktionsrechtes nicht notwendig einer ausdrücklichen schriftlichen Vereinbarung bedarf. Daher kann sich eine Beschränkung des Direktionsrechtes auch aus **nachträglichen mündlichen Abreden** sowie aus dem **Vollzug des Arbeitsverhältnisses** ergeben. **2012**

Eine solche Beschränkung durch den Vollzug des Arbeitsverhältnisses kommt in Betracht, wenn der Arbeitnehmer dauernd mit einer bestimmten Tätigkeit beauftragt wird.

BEISPIEL:

Der als Verkäufer eingestellte Arbeitnehmer ist immer nur als Verkäufer in der Herrenabteilung eingesetzt worden.

Allerdings reicht es für die Annahme einer nachträglichen Beschränkung des Direktionsrechtes nicht aus, dass der Arbeitnehmer diese Tätigkeit über viele Jahre hinweg ausgeübt hat. Erforderlich ist vielmehr das **Hinzutreten weiterer Umstände**, die auf einen entsprechenden Willen der Arbeitsvertragsparteien schließen lassen, dass der Arbeitnehmer in Zukunft nur noch diese bestimmte Tätigkeit ausführen soll. Solche Indizien können die **Ausbildung** des Arbeitnehmers sein oder auch seine **Beförderung** auf eine neue Position.

Schließlich kann auch die Gewöhnung an einen Rechtszustand auf eine Beschränkung des Direktionsrechtes hindeuten.

Je länger der Arbeitnehmer eine bestimmte Stellung innehat – je gewichtiger also das Zeitmoment ist – desto geringere Anforderungen werden an das Vorliegen zusätzlicher Umstände zu stellen sein.

In der Praxis wird es daher zweckmäßig sein, Aus-, Weiterbildungsmaßnahmen sowie Beförderungen mit dem Hinweis zu versehen, dass hiermit keine Einschränkung der arbeitsvertraglich geschuldeten Arbeitspflicht des Arbeitnehmers verbunden ist.

5. Zuweisung von Nebenarbeiten

2013 Die Zuweisung von so genannten Nebenarbeiten ist grundsätzlich nicht durch das Direktionsrecht gedeckt. Anderes kann sich allerdings aus dem Arbeitsvertrag ergeben. Gehören Nebenarbeiten nach der Verkehrssitte zu dem **vertraglich vereinbarten Berufsbild**, so schuldet der Arbeitnehmer auch diese Nebenarbeiten.

BEISPIEL:

Heranschaffen von Material, Aufräumen des Arbeitsplatzes, Pflege von Ware, Werkzeugen und Maschinen etc.

Im Übrigen ist der Arbeitnehmer zur Durchführung von Nebenarbeiten nur dann verpflichtet, wenn dies im Arbeitsvertrag ausdrücklich vereinbart ist. Ist es zweifelhaft, ob bestimmte Nebenarbeiten noch dem vertraglich vereinbarten Berufsbild unterfallen, so empfiehlt es sich, diese Tätigkeiten in den Arbeitsvertrag aufzunehmen.

Zu beachten ist, dass den zu ihrer Berufsausbildung Beschäftigten nur solche Arbeiten übertragen werden dürfen, die dem Ausbildungszweck dienen und den körperlichen Kräften angemessen sind (§ 6 Abs. 2 BBiG). Hierzu gehört nicht das Putzen des Verkaufsraumes.

6. Berücksichtigung der Interessen des Arbeitnehmers

2014 Darüber hinaus hat der Arbeitgeber bei der Zuweisung bestimmter Tätigkeiten auch die Interessen des Arbeitnehmers zu berücksichtigen. Dies ergibt sich daraus, dass es sich bei dem Direktionsrecht um ein **einseitiges Leistungsbestimmungsrecht** des Arbeitgebers handelt, das im Zweifel nur **nach billigem Ermessen** ausgeübt werden darf (§ 315 Abs. 1 BGB).

Was billigem Ermessen entspricht, kann letztlich nur anhand einer **Abwägung der Interessenlage** beider Arbeitsvertragsparteien im Einzelfall bestimmt werden. Dabei wird das Interesse des Arbeitgebers an der Durchführung der Weisung entgegenstehende Interessen des Arbeitnehmers übersteigen müssen. Die Abwägung der beiderseitigen Interessen hat unter Beachtung der Grundsätze der **Verhältnismäßigkeit**, der **Angemessenheit** und der **Zumutbarkeit** für den Arbeitnehmer zu erfolgen (*vgl. BAG 23.06.1993, DB 1994, 482*).

Das Direktionsrecht ist überschritten, wenn dem Arbeitnehmer eine Arbeit zugewiesen wird, die ihn in einen vermeidbaren Gewissenskonflikt bringt.

BEISPIEL:

Der als Drucker beschäftigte Arbeitnehmer wird angewiesen, Werbebriefe für Bücher über unkritische Kriegserlebnisberichte zu drucken. Der Arbeitnehmer ist anerkannter Wehrdienstverweigerer und Mitglied in mehreren antifaschistischen Organisationen. Er verweigert die Ausführung der Weisung mit dem Hinweis, die angebotenen Bücher seien kriegsverherrlichend und hätten nationalsozialistischen Charakter.

Hier war die Ausübung des Direktionsrechtes unbillig und die Weisung unverbindlich. Bei der erforderlichen Interessenabwägung in derartigen Fällen ist insbesondere zu berücksichtigen, ob der Arbeitnehmer bei der Eingehung des Arbeitsverhältnisses mit einem Gewissenskonflikt rechnen musste, ob der Arbeitgeber aus betrieblichen Erfordernissen auf der Arbeitsleistung bestehen muss, ob dem Arbeitnehmer eine andere Arbeit zugewiesen werden kann oder ob in der Zukunft mit zahlreichen weiteren Gewissenskonflikten zu rechnen ist.

Die Unzumutbarkeit kann sich auch aus anderen Gründen ergeben.

BEISPIEL:

Die als Sekretärin eingestellte Arbeitnehmerin wird ihrem geschiedenen Ehemann als Sekretärin zugewiesen.

Die Arbeit als Sekretärin ihres geschiedenen Ehemannes ist der Arbeitnehmerin nicht zumutbar.

Unzulässig ist auch eine Weisung, durch die der Grundsatz der Gleichbehandlung der Arbeitnehmer (vgl. → Rz. 2985) verletzt wird.

BEISPIEL:

In einer Arbeitsgruppe wird ohne sachlichen Grund immer derselbe Arbeitnehmer mit den schwersten Arbeiten beauftragt.

Auch in diesem Fall kann der Arbeitnehmer berechtigt sein, die Weisung nicht zu befolgen.

Zumutbar und zulässig ist es, wenn dem Arbeitnehmer, der zu einem **Konkurrenzunternehmen** wechseln will, ein neugeschaffener Arbeitsplatz zugewiesen wird mit der Zielsetzung, Geschäftskontakte im alten Arbeitsbereich zu unterbinden und seine weitere Tätigkeit zu kontrollieren (*LAG Niedersachsen, LAGE § 315 BGB Nr. 5*).

7. Beteiligung des Betriebsrates

Besteht in dem Betrieb ein Betriebsrat, so ist bei der Zuweisung von bestimmten Tätigkeiten an den Arbeitnehmer auch regelmäßig zu überprüfen, ob der Betriebsrat ein **Mitbestimmungsrecht** hat. In vielen Fällen wird auch in der im Rahmen des Direktionsrechtes erfolgenden Zuweisung einer anderen Tätigkeit eine mitbestimmungspflichtige Versetzung liegen (vgl. → Rz. 2037 ff.).

V. Zuweisung des Arbeitsortes

2016 Der Arbeitgeber ist aufgrund des Direktionsrechtes grundsätzlich auch berechtigt, dem Arbeitnehmer den Arbeitsort zuzuweisen, an dem dieser die geschuldete Arbeitsleistung zu erbringen hat.

Ist dagegen der Arbeitsort im Arbeitsvertrag nicht ausdrücklich bestimmt, ist der Arbeitsort durch Auslegung des Arbeitsvertrages nach Treu und Glauben sowie nach den Umständen, insbesondere nach der Natur des Schuldverhältnisses, zu ermitteln (§§ 242, 269 Abs. 1 BGB). Dabei ist wiederum all das zu berücksichtigen, was berufs- und branchenüblich ist. In der Regel wird die Auslegung ergeben, dass der **Betrieb des Arbeitgebers der Arbeitsort des Arbeitnehmers** sein soll. Daher bereitet die Zuweisung eines anderen Arbeitsplatzes innerhalb des Betriebes keine Schwierigkeiten. Zu der Frage, ob der Arbeitnehmer kraft des Direktionsrechts auch einer Filiale oder einem anderen Betrieb des Arbeitgebers zugewiesen werden kann (vgl. → Rz. 2032).

2017 Besonderheiten bei der Zuweisung des Arbeitsortes können sich insbesondere dann ergeben, wenn der Arbeitnehmer nach dem vertraglich vereinbarten Berufsbild keinen festen Arbeitsplatz hat.

BEISPIEL:

Bauarbeiter, Montagearbeiter, Außendienstmitarbeiter etc.

In diesen Fällen ist der Arbeitgeber berechtigt, den Arbeitsort auch außerhalb seines Betriebes nach den betrieblichen Notwendigkeiten festzulegen. Allerdings sind dabei auch die Interessen des Arbeitnehmers zu berücksichtigen. So ist das Direktionsrecht überschritten, wenn einem Bauarbeiter ein nicht oder nur äußerst schwer erreichbarer Arbeitsort zugewiesen wird. Gleiches gilt für den Einsatz von Montagearbeitern im Ausland. Hierfür bedarf es einer ausdrücklichen vertraglichen Vereinbarung.

Auch bei der Zuweisung des Arbeitsortes ist ein etwaiges **Mitbestimmungsrecht** des Betriebsrates zu beachten (vgl. → Rz. 2037 ff.).

VI. Festlegung des Arbeitsumfanges

2018 Schließlich ist der Arbeitgeber aufgrund des Direktionsrechtes grundsätzlich auch berechtigt, den Arbeitsumfang näher zu bestimmen.

1. Festlegung von Arbeitstagen und Arbeitszeit

2018a Unter dem Arbeitsumfang versteht man zum einen die **vertraglich geschuldete Arbeitszeit**, in der der Arbeitnehmer die Arbeitsleistung zu erbringen hat. Regelmäßig wird im Arbeitsvertrag eine bestimmte Wochenstundenzahl vereinbart sein. Eine hierüber hinausgehende wöchentliche Arbeitszeit (Überstunden) kann der Arbeitgeber nur in Notfällen einseitig anordnen (vgl. → Rz. 2207, 2356). Zur Festlegung der Arbeitstage, der täglichen Arbeitszeitdauer und der Lage der täglichen Arbeitszeit vgl. → Rz. 2107 ff., 2135 ff., 2176 ff.

2. Festlegung der Arbeitsgeschwindigkeit

Zum anderen wird der geschuldete Umfang der Arbeit durch die Festlegung der jeweiligen **Arbeitsgeschwindigkeit** durch den Arbeitgeber konkretisiert. Dabei kann der Arbeitgeber von dem Arbeitnehmer die Erbringung der Arbeitsleistung unter **angemessener Anspannung seiner Kräfte und Fähigkeiten** verlangen. Was angemessen ist, richtet sich nach der persönlichen Leistungsfähigkeit des Arbeitnehmers. Der Arbeitnehmer ist nicht verpflichtet, seine Kräfte zu überanstrengen. Liegt seine persönliche Leistungsfähigkeit bei angemessenem Einsatz seiner Kräfte und Fähigkeiten über der durchschnittlichen Leistungsfähigkeit, die von anderen Arbeitnehmern bei der entsprechenden Tätigkeit erbracht wird, schuldet der Arbeitnehmer jedoch seine überdurchschnittliche Arbeitsleistung.

2019

Dies gilt nicht nur, wenn Zeitlohn vereinbart ist. Auch wenn eine leistungsbezogene Vergütung (Akkord-, Prämienlohnvergütung) vereinbart ist, ist der Arbeitnehmer in diesem Fall verpflichtet, eine über der Normalleistung liegende Arbeitsleistung zu erbringen. Kommt der Arbeitnehmer einer entsprechenden Anweisung des Arbeitgebers nicht nach, so können unter Umständen eine außerordentliche Kündigung und Schadensersatzansprüche des Arbeitgebers in Betracht kommen.

Liegt die persönliche Leistungsfähigkeit dauernd unter der Normalleistung, kann eine personenbedingte Kündigung begründet sein.

VII. Vorübergehende Zuweisung eines anderen Arbeitsfeldes in Notfällen

Obgleich der Arbeitgeber grundsätzlich nicht berechtigt ist, dem Arbeitnehmer eine nach Art, Ort und Umfang nicht geschuldete Tätigkeit zuzuweisen, besteht in gewissen betrieblichen Ausnahmesituationen ein berechtigtes Bedürfnis des Arbeitgebers, dem Arbeitnehmer zumindest vorübergehend ein anderes Arbeitsfeld zuzuweisen. Solche Situationen können insbesondere dann vorliegen, wenn z.B. ein Kollege des Arbeitnehmers durch Krankheit, Urlaub oder einen notwendigen Behördengang kurzfristig ausfällt. Ebenso kann es notwendig sein, dass z.B. eine verspätet eintreffende Lieferung noch am selben Tag entladen werden muss.

2020

Der Arbeitnehmer kann ohne weiteres mit der Durchführung von andersartigen Tätigkeiten beauftragt werden, wenn der **Arbeitsvertrag einen entsprechenden Vorbehalt** enthält (vgl. → Rz. 1683, 2009).

2021

Fehlt jedoch ein solcher Vorbehalt, ist die Zuweisung von andersartigen Tätigkeiten problematisch! Der Arbeitgeber kann dann dem Arbeitnehmer eine derartige Tätigkeit nur in so genannten **Notfällen** (vgl. § 14 ArbZG) zuweisen. Ein solcher Notfall liegt vor, wenn

2022

- bei Nichterledigung der Arbeit ein unverhältnismäßig großer Schaden droht und
- dem Arbeitgeber andere Vorkehrungen zur Schadensverhinderung nicht zumutbar sind.

Der Arbeitnehmer ist aber auch in Notfällen nur dann verpflichtet, eine andersartige Tätigkeit durchzuführen, wenn ihm die Arbeit **zumutbar** ist (vgl. oben → Rz. 2014). Insbesondere muss der Arbeitnehmer der Arbeit auch **fachlich und persönlich gewachsen** sein.

BEISPIEL:

In einem Lebensmittelgroßhandel wird nach Arbeitsende der Lagerarbeiter festgestellt, dass eine Kühlanlage ausgefallen ist. Die Lebensmittel in dem Container drohen zu verderben, wenn sie nicht unverzüglich umgelagert werden. Die sonst mit dieser Arbeit beauftragten Lagerarbeiter sind nicht mehr erreichbar. Anwesend sind lediglich noch einige im Büro beschäftigte Arbeitnehmer.

In diesem Fall können auch diese Arbeitnehmer mit der Umlagerung der Lebensmittel beauftragt werden, unter Umständen ist auch der Prokurist verpflichtet, mitzuhelfen.

2023 Allerdings gelten für die Übertragung andersartiger Arbeiten strenge Maßstäbe. Der **drohende Schaden** muss im Verhältnis zur Übernahme einer andersartigen Tätigkeit **unverhältnismäßig groß** erscheinen. Entscheidend sind immer die Umstände des Einzelfalles. Die Interessen des Arbeitgebers und des Arbeitnehmers sind gegeneinander abzuwägen. Insbesondere ist jeweils zu prüfen, ob der Personalengpass durch **rechtzeitige Personalplanung** des Arbeitgebers vermeidbar war. Ist das zu bejahen, kann dem Arbeitnehmer in der Regel eine andersartige Tätigkeit nicht zugewiesen werden. Der Arbeitgeber ist daher im allgemeinen nicht zur Übertragung einer andersartigen Arbeit berechtigt bei regelmäßig auftretenden Eilaufträgen oder permanentem Arbeitsmangel. Das gleiche gilt, wenn vorübergehend ein **Bedürfnis für bestimmte Arbeiten** fehlt.

BEISPIEL:

Wegen eines Maschinenstillstandes können die als Maschinenarbeiter eingestellten Arbeitnehmer vorübergehend nicht arbeiten. Um die Arbeitszeit dennoch sinnvoll zu nutzen, weist der Arbeitgeber die Arbeitnehmer an, Aufräumarbeiten auf dem Werksgelände durchzuführen.

Die Arbeitnehmer sind in diesem Fall nicht verpflichtet, die Weisung zu befolgen. Das für die Zeiten des Maschinenstillstandes zu zahlende Arbeitsentgelt (vgl. → Rz. 2545) kann einen Notfall nicht begründen, da der Arbeitgeber insoweit das Beschäftigungsrisiko zu tragen hat.

VIII. Versetzung des Arbeitnehmers

CHECKLISTE VERSETZUNG DES ARBEITNEHMERS 2024

Ziel: Zuweisung eines neuen Arbeitsplatzes

- **Umsetzung**
  - keine Änderung der Art der geschuldeten Tätigkeit
  - keine Änderung des Arbeitsortes
  - Zulässigkeitsvoraussetzungen:
    - Einhaltung billigen Ermessens
    - ggf. Zustimmung des Betriebsrates

- **Arbeitsvertragliche Versetzung**
  - Zuweisung einer andersartigen Tätigkeit
  - Zuweisung eines anderen Arbeitsortes
  - Zulässigkeitsvoraussetzungen:
    - Versetzungsvorbehalt im Arbeitsvertrag
    - Einhaltung billigen Ermessens – Sozialauswahl
    - bei fehlendem Vorbehalt – Zustimmung des Arbeitnehmers
    - ggf. Zustimmung des Betriebsrates
    - notfalls: Änderungskündigung erforderlich

- **Immer zu beachten: Rechtzeitige Unterrichtung des Arbeitnehmers (§ 81 Abs. 1, 2 BetrVG)**

- **Betriebsverfassungsrechtliche Versetzung (§§ 95 Abs. 3 BetrVG)**
  - Betrieb mit mehr als 20 Arbeitnehmern
  - Zuweisung eines anderen Arbeitsbereiches
  - voraussichtliche Dauer länger als 1 Monat oder
  - erhebliche Änderung der Arbeitsumstände
  - Zulässigkeitsvoraussetzungen:
    - Zustimmung des Betriebsrates (§ 99 Abs. 1 BetrVG)

- **Zu beachten: Rechtzeitige und vollständige Unterrichtung des Betriebsrates (§ 99 Abs. 1 BetrVG)**

- **Zustimmung gilt als erteilt, wenn binnen 1 Woche nach Unterrichtung keine Zustimmungsverweigerung erklärt wird, andernfalls ggf. Antrag auf Ersetzung beim Arbeitsgericht stellen (§ § 99 Abs. 3, 4 BetrVG)**
  - bei unverzüglichem Widerspruch des Betriebsrates, ggf. Antrag beim Arbeitsgericht stellen, **Frist: 3 Tage!** (§ 100 BetrVG)

- **Vorläufige Versetzung**
  - Zuweisung des anderen Arbeitsbereiches vor Äußerung des Betriebsrates oder bei Zustimmungsverweigerung
  - Zulässigkeitsvoraussetzungen:
    - dringende sachliche Gründe
    - Aufklärung des Arbeitnehmers über Sach- und Rechtslage
    - unverzügliche Unterrichtung des Betriebsrates
  - bei unverzüglichem Widerspruch des Betriebsrates, ggf. Antrag beim Arbeitsgericht stellen, **Frist: 3 Tage!** (§ 100 BetrVG)

1. Einführung

2025 In der betrieblichen Praxis ist es immer wieder erforderlich, einzelne Arbeitnehmer von ihrem bisherigen Arbeitsplatz abzulösen und ihnen auf Dauer einen neuen Arbeitsplatz zuzuweisen.

Die Gründe hierfür können vielfältig sein. Denkbar ist, dass der bisherige Arbeitsplatz durch innerbetriebliche Umstrukturierungsmaßnahmen ganz weggefallen ist, und der Arbeitnehmer nun auf einem anderen Arbeitsplatz weiterbeschäftigt werden soll. In den meisten Fällen aber wird der Einsatz des Arbeitnehmers auf einem anderen Arbeitsplatz durch den Arbeitsanfall oder personalpolitische Entscheidungen bedingt sein.

Für den Arbeitgeber kommt es dabei darauf an, den Arbeitnehmer nach den betrieblichen Notwendigkeiten optimal einsetzen zu können. Hingegen wird der Arbeitnehmer vielfach ein Interesse daran haben, an seinem bisherigen Arbeitsplatz zu verbleiben, etwa weil er sich dort gut eingearbeitet hat oder einen Ortswechsel scheut. Schließlich werden auch die Belange aller Arbeitnehmer des Betriebes betroffen, wenn einem Arbeitnehmer ein neuer Arbeitsplatz zugewiesen wird.

Die Zuweisung eines neuen Arbeitsplatzes ist daher auch aus diesen Gründen in vielen Fällen nicht ganz unproblematisch.

Rechtlich geht es dabei zunächst um die Frage, ob der Arbeitgeber dem Arbeitnehmer kraft seines Direktionsrechtes einen neuen Arbeitsplatz zuweisen kann (**Umsetzung**), oder ob es sich bereits um eine **arbeitsvertragliche Versetzung** handelt, die nur zulässig ist, wenn der Arbeitsvertrag eine Versetzungsklausel enthält oder der Arbeitnehmer zustimmt. Darüber hinaus ist in Betrieben mit **in der Regel mehr als 20 volljährigen** und damit für den Betriebsrat wahlberechtigten **Arbeitnehmern** immer zu prüfen, ob es sich bei der Zuweisung des neuen Arbeitsplatzes gleichzeitig um eine **betriebsverfassungsrechtliche Versetzung** handelt, die nur mit Zustimmung des Betriebsrates vorgenommen werden kann.

Die arbeitsvertragliche Versetzung ist von der betriebsverfassungsrechtlichen Versetzung streng zu unterscheiden. Regelmäßig wird aber die arbeitsvertragliche Versetzung auch gleichzeitig eine betriebsverfassungsrechtliche Versetzung sein. Aber auch die Umsetzung kann eine betriebsverfassungsrechtliche Versetzung sein (vgl. → Rz. 2038).

Vor jeder beabsichtigten Zuweisung eines neuen Arbeitsplatzes muss also immer eine zweistufige Prüfung durchgeführt werden:
- kann dem Arbeitnehmer auf Grund des Arbeitsvertrages ein anderer Arbeitsplatz zugewiesen werden (Umsetzung/arbeitsvertragliche Versetzung)?
- hat der Betriebsrat ein Mitbestimmungsrecht (betriebsverfassungsrechtliche Versetzung)?

2. Umsetzung

2026 Eine so genannte Umsetzung liegt immer dann vor, wenn der Arbeitgeber dem Arbeitnehmer den neuen Arbeitsplatz kraft seines **Direktionsrechtes** zuweisen kann (vgl. oben → Rz. 2008 ff.).

Das ist dann der Fall, wenn dem Arbeitnehmer keine andere als die geschuldete Tätigkeit und kein anderer als der vertraglich vereinbarte Arbeitsort zugewiesen werden sollen. Dabei müssen die Grenzen des billigen Ermessens hinreichend berücksichtigt sein.

Eine Zustimmung des Arbeitnehmers ist dann nicht erforderlich. Es kommt auch nicht darauf an, ob der Arbeitsvertrag eine Versetzungsklausel enthält oder nicht. In der betrieblichen Praxis bereitet es doch oftmals große Probleme, die Ausübung des Direktionsrechtes von der arbeitsvertraglichen Versetzung (vgl. → Rz. 2029) abzugrenzen.

Ohne weiteres zulässig ist die Zuweisung einer neuen Tätigkeit an dem bisherigen Arbeitsplatz, wenn die von dem Arbeitnehmer zu erbringende Arbeitsleistung noch zu dem **vertraglich vereinbarten Berufsbild** gehört.

2027

BEISPIEL:
Der als Verkäufer eingestellte Arbeitnehmer soll an seinem Verkaufsstand nicht mehr Sportartikel, sondern Schuhe verkaufen.

Das gleiche gilt, wenn der Arbeitnehmer innerhalb des Betriebes lediglich die Abteilung wechselt, ohne dass sich die Art seiner Tätigkeit ändert.

BEISPIEL:
Der als Verkäufer eingestellte Arbeitnehmer wird von der Sportabteilung der Schuhabteilung als Verkäufer zugewiesen.

Es kann sich hier aber zugleich um eine betriebsverfassungsrechtliche Versetzung handeln mit der Folge, dass auch die Umsetzung nur mit Zustimmung des Betriebsrates erfolgen kann (vgl. → Rz. 2040).

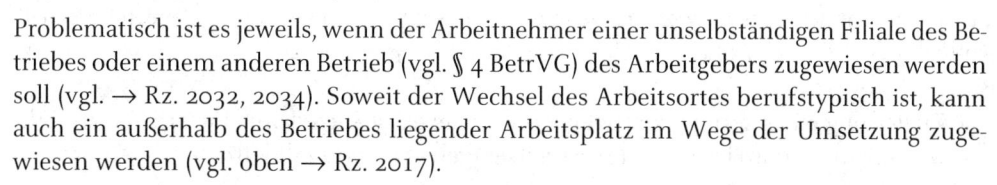

Problematisch ist es jeweils, wenn der Arbeitnehmer einer unselbständigen Filiale des Betriebes oder einem anderen Betrieb (vgl. § 4 BetrVG) des Arbeitgebers zugewiesen werden soll (vgl. → Rz. 2032, 2034). Soweit der Wechsel des Arbeitsortes berufstypisch ist, kann auch ein außerhalb des Betriebes liegender Arbeitsplatz im Wege der Umsetzung zugewiesen werden (vgl. oben → Rz. 2017).

Zu berücksichtigen ist jedoch immer, dass sich Einschränkungen des Direktionsrechtes dann ergeben können, wenn sich das Arbeitsverhältnis nach mehrjähriger Dauer auf eine bestimmte Tätigkeit oder einen bestimmten Ort konkretisiert hat (vgl. oben → Rz. 2012).

Bestehen jedoch zwischen Arbeitnehmern **Spannungen**, so kann der Arbeitgeber dem durch Umsetzung eines der Arbeitnehmer begegnen. Der Arbeitgeber ist in diesen Fällen nicht gehalten, anstelle der Umsetzung eine Abmahnung auszusprechen (*BAG 24.04.1996, EzA § 611 BGB Direktionsrecht Nr. 18*).

3. Arbeitsvertragliche Versetzung

2028 Unter einer arbeitsvertraglichen Versetzung versteht man jede nicht nur vorübergehende Änderung des Aufgabenbereichs des Arbeitnehmers nach **Art, Ort oder Umfang der Tätigkeit**.

a) Zuweisung einer anderen Tätigkeit

2029 Eine arbeitsvertragliche Versetzung liegt also immer dann vor, wenn der Arbeitgeber dem Arbeitnehmer auf Dauer eine andere als die vertraglich geschuldete Arbeit zuweisen will.

BEISPIEL:

Der als Kraftfahrer eingestellte Arbeitnehmer soll nunmehr ausschließlich mit der Wartung des firmeneigenen Fuhrparks beauftragt werden.

Es liegt eine arbeitsvertragliche Versetzung vor, da es nicht mehr zum Berufsbild eines Kraftfahrers gehört, ausschließlich mit der Wartung der Fahrzeuge beschäftigt zu sein.

2030 Eine andere Arbeit liegt auch immer dann vor, wenn der Arbeitnehmer auf einem geringer- oder höherwertigen Arbeitsplatz beschäftigt werden soll. Ob eine Tätigkeit geringer- oder höherwertig ist, bestimmt sich nach der sozialen Anschauung.

BEISPIEL:

Der Arbeitnehmer soll vom Leiter einer größeren Buchhaltungsabteilung zum normalen Buchhalter herabgestuft werden.

In diesem Fall wird das Sozialprestige als Leiter einer größeren Buchhaltungsabteilung erheblich höher sein als das Ansehen eines normalen Buchhalters. Daher kann der Leiter der Buchhaltungsabteilung nicht herabgestuft werden, wenn der Arbeitsvertrag keinen entsprechenden Vorbehalt enthält (vgl. → Rz. 2035).

Die Zuweisung eines geringerwertigen Arbeitsplatzes ist auch dann eine arbeitsvertragliche Versetzung, wenn das bisherige Arbeitsentgelt weitergezahlt wird.

Auch wenn tarifvertraglich bestimmt ist, dass »jeder Arbeitnehmer verpflichtet ist, andere ihm zumutbare Arbeiten zu übernehmen«, ist der Arbeitgeber nicht berechtigt, einseitig kraft Direktionsrechts einem Arbeitnehmer tariflich niedriger vergütete Arbeit zuzuweisen (*LAG Düsseldorf 17.03.1995, LAGE § 2 KSchG Nr. 16*).

b) Zuweisung eines anderen Arbeitsortes

2031 Um eine arbeitsvertragliche Versetzung handelt es sich auch, wenn der Arbeitgeber dem Arbeitnehmer einen anderen Arbeitsort zuweisen will. Eine Versetzung in Form einer Zuweisung eines anderen Arbeitsortes liegt im allgemeinen dann vor, wenn der neue Arbeitsplatz für den Arbeitnehmer nur **unter großen Schwierigkeiten erreichbar** ist.

Befindet sich der neue Arbeitsplatz in einer am selben Ort gelegenen **Filiale des Betriebes**, wird daher in den meisten Fällen eine Versetzung in Form einer Änderung des Arbeitsortes nicht gegeben sein. In diesem Fall kann der Arbeitnehmer der Filiale schon kraft des Direktionsrechtes zugewiesen werden. Ob dies auch gilt, wenn die Filiale in einem anderen Ort liegt, hängt von den Umständen des Einzelfalles ab. Entscheidend sind nicht die kommunalen Verwaltungsgrenzen, sondern die tatsächlichen Umstände, unter denen der Arbeitnehmer seinen Arbeitsplatz erreichen kann.

2032

Danach beurteilt es sich auch, ob im Falle einer **Betriebsverlegung** eine arbeitsvertragliche Versetzung angenommen werden muss oder ob es sich wiederum nur um eine Ausübung des Direktionsrechtes handelt. Auch hier gilt: Kann der Arbeitnehmer den neuen Standort des Betriebes nur unter großen Schwierigkeiten erreichen, liegt eine arbeitsvertragliche Versetzung vor. Unerheblich ist es, ob der Betriebsrat der Verlegung zugestimmt hat. Zu einer Bindung des einzelnen Arbeitnehmers führt eine solche Zustimmung jedenfalls nicht.

2033

Daher ist es der betrieblichen Praxis zu empfehlen, bei einer Verlegung des ganzen Betriebes oder einzelner Betriebsteile an einen entfernteren Standort frühzeitig mit den Arbeitnehmern entsprechende Änderungsvereinbarungen abzuschließen. Soweit die Arbeitnehmer hierzu nicht bereit sind, bleibt dem Arbeitgeber die Kündigungsmöglichkeit. Allerdings sind die Arbeitnehmer dann am alten Standort bis zum Ablauf der Kündigungsfrist weiterzubeschäftigen.

Umstritten ist, ob eine Änderung des Arbeitsortes auch dann gegeben ist, wenn der Arbeitnehmer einem **anderen Betrieb des Arbeitgebers** zugewiesen werden soll. Eine solche Zuweisung stellt jedenfalls dann eine arbeitsvertragliche Versetzung dar, wenn es dem Arbeitnehmer unzumutbar ist, seine bisherige Arbeitsumgebung zu verlassen.

2034

c) Versetzungsvorbehalt als Zulässigkeitsvoraussetzung

Handelt es sich danach bei der beabsichtigten Zuweisung eines neuen Arbeitsplatzes um eine arbeitsvertragliche Versetzung, so kann die Änderung nur dann vom Arbeitgeber einseitig angeordnet werden, wenn der Arbeitsvertrag des Arbeitnehmers, eine Betriebsvereinbarung oder ein Tarifvertrag einen **entsprechenden Versetzungsvorbehalt** enthält. Anderenfalls ist die **Zustimmung des Arbeitnehmers** zur beabsichtigten Änderung des Aufgabenbereiches erforderlich. Erteilt der Arbeitnehmer die Zustimmung nicht, so bleibt dem Arbeitgeber nur noch die Möglichkeit der Änderungskündigung, um sein Ziel zu erreichen. Der Arbeitnehmer könnte sich dagegen aber mit einer Kündigungsschutzklage wehren.

2035

Der Handlungsspielraum des Arbeitgebers ist also erheblich eingeschränkt, wenn der Arbeitsvertrag eine Versetzungsklausel nicht enthält. Es ist daher bei Abschluss des Arbeitsvertrages sorgfältig zu prüfen, ob eine Versetzungsklausel zweckmäßig ist und in den Arbeitsvertrag aufgenommen werden sollte (vgl. oben → Rz. 2009).

Will sich der Arbeitgeber vorbehalten, den Arbeitnehmer auch in einen anderen Betrieb zu versetzen, empfiehlt es sich, dies ausdrücklich zu vereinbaren. Dabei sollten die in Betracht kommenden Betriebe konkret benannt werden.

2036 Aber auch bei der Ausübung der Versetzungsbefugnis bleibt der Arbeitgeber an die **Grenzen des billigen Ermessens gebunden** (§ 315 BGB). Das heißt, dass auch bei einem arbeitsvertraglichen Vorbehalt der Arbeitnehmer nicht willkürlich versetzt werden darf. Vielmehr dürfen auch einer Versetzungsanordnung keine überwiegenden Interessen des Arbeitnehmers entgegenstehen. Allerdings ist das Interesse des Arbeitnehmers an der Erhaltung seines bisherigen Arbeitsplatzes nur in geringem Umfang zu berücksichtigen.

Die Übernahme des neuen Arbeitsplatzes kann aber ausnahmsweise nach folgenden Gesichtspunkten unzumutbar sein:

- Maß der Verantwortung auf dem neuen Arbeitsplatz im Verhältnis zum alten,
- wesentlicher Abstieg in der Betriebshierarchie,
- besondere persönliche Umstände (Lebensalter, Gesundheit).

Bei der Zuweisung eines neuen Arbeitsortes wird zudem zu berücksichtigen sein:

- Länge des Weges zwischen Wohnung und neuem Arbeitsort,
- Bindung an Wohnungseigentum,
- langjährige Betriebszugehörigkeit,
- bevorstehender Ruhestand.

Soweit eine dringende **ärztliche Empfehlung zum Arbeitsplatzwechsel** aus gesundheitlichen Gründen vorliegt, wird der Arbeitgeber regelmäßig berechtigt sein, dem Arbeitnehmer einen anderen Arbeitsbereich zuzuweisen, wenn dies von arbeitsvertraglichen Vereinbarungen gedeckt ist und die erforderliche Zustimmung des Betriebsrates vorliegt (*BAG 17.02.1998, EzA § 615 BGB Nr. 89*).

Stehen mehrere Arbeitnehmer für eine beabsichtigte Versetzung zur Verfügung, hat der Arbeitgeber bei einer **betriebsbedingten Versetzung** aufgrund eines arbeitsvertraglichen Versetzungsvorbehaltes bei der Auswahl unter den betroffenen Arbeitnehmern eine **Sozialauswahl** durchzuführen (*LAG Hamm 12.02.1996 LAGE § 611 BGB Direktionsrecht Nr. 25*). Dabei sind die Kriterien des § 1 Abs. 3 KSchG zu berücksichtigen (vgl. unten → Rz. 4456 ff.).

Leistungsgesichtspunkte können danach sozialen Kriterien nur vorgehen, wenn berechtigte betriebliche Bedürfnisse eine abweichende Auswahl bedingen. Arbeitnehmer- und Arbeitgeberinteressen sind insoweit gegeneinander abzuwägen.

Achtung: Mit dem Gesetz zur Korrekturen in der Sozialversicherung und zur Sicherung der Arbeitnehmerrechte vom 19.12.1998 (BGBl. I 3843) wurde das KSchG in Bezug auf die Regeln für die Sozialauswahl erneut geändert.

An die Stelle der sozialen Grunddaten

- Dauer der Betriebszugehörigkeit,
- Lebensalter,
- Unterhaltspflichten

sind als Auswahlkriterium »**soziale Gesichtspunkte**« getreten. Es verbleibt jedoch dabei, dass bestimmte Arbeitnehmer, an deren Weiterbeschäftigung der Arbeitgeber ein berechtigtes Interesse hat, von der Sozialauswahl ausgenommen sind (zu den Einzelheiten der gesetzlichen Neuregelung vgl. unten → Rz. 4456 ff.).

Es sind also nunmehr auch bei der Entscheidung über eine Versetzung wieder sämtliche sozialen Gesichtspunkte einzubeziehen und nicht nur die vorgenannten Grunddaten.

Überwiegen die Interessen des Arbeitgebers, bereitet die Zuweisung eines neuen Arbeitsplatzes in der Regel keine Probleme. Zu beachten ist allerdings, dass der Arbeitnehmer rechtzeitig über die Zuweisung des neuen Arbeitsplatzes zu unterrichten ist (§ 81 Abs. 1, 2 BetrVG).

Durch die zunehmend flexiblere Gestaltung der Arbeitszeit (vgl. unten → Rz. 2103 ff.) kommt es in der betrieblichen Praxis häufig zu hierdurch bedingten Versetzungen von Arbeitnehmern. Bei **beiderseitiger Tarifbindung** der Arbeitsvertragsparteien stellt sich dabei die Frage, ob eine solche Versetzung dadurch gerechtfertigt werden kann, dass der Arbeitgeber durch einzelvertragliche Abreden mit nahezu sämtlichen Arbeitnehmern einer Abteilung dort ein vom Tarifvertrag abweichendes Arbeitszeitmodell (z.B. Sonnabend als Regelarbeitszeit) vereinbart hat und der von der beabsichtigten Versetzung betroffener Arbeitnehmer der einzige ist, der diese Abrede nicht akzeptiert und an seiner tariflich vorgesehenen Arbeitszeit (z.B. Montag bis Freitag) festhalten möchte. Diese Frage ist durch ein LAG verneint worden *(LAG Berlin 10.05.1996, LAGE § 611 BGB Direktionsrecht Nr. 26).*

Das BAG hat hierzu festgestellt, dass eine Versetzung/Änderungskündigung, die auf einer **tarifwidrigen** Arbeitszeitgestaltung beruht, sozial ungerechtfertigt und unwirksam ist *(BAG 18.12.1997, EzA § 2 KSchG Nr. 28).* Gleichzeitig wird die Einführung von Samstagsarbeit aber ausdrücklich als nur begrenzt überprüfbare unternehmerische Entscheidung anerkannt (vgl. → unten Rz. 2110).

In Betrieben mit in der Regel mehr als 20 für den Betriebsrat wahlberechtigten Arbeitnehmern bedarf die arbeitsvertraglich zulässige Versetzung aber zu ihrer Wirksamkeit der Zustimmung des Betriebsrates, wenn es sich gleichzeitig um eine betriebsverfassungsrechtliche Versetzung handelt (§ 99 Abs. 1, 95 Abs. 3 BetrVG).

d) Sonderfall: Zuweisung einer anderen Tätigkeit bei Schwangerschaft

Ist eine Arbeitnehmerin während der Schwangerschaft infolge eines Beschäftigungsverbots (z.B. § 22 Abs. 2 Satz 1 Röntgenverordnung i.V.m. § 4 Abs. 4 Nr.1 MuSchG) gehindert, die vertragliche Arbeitsleistung zu erbringen, darf ihr der Arbeitgeber im Rahmen billigen Ermessens eine andere zumutbare Tätigkeit zuweisen. Dabei muss er die Zuweisung der Ersatztätigkeit so **konkretisieren**, dass beurteilt werden kann, ob billiges Ermessen gewahrt ist *(BAG 15.11.2000, EzA § 11 MuSchG n.F. Nr. 20).*

Nur bei Vorliegen dieser Voraussetzungen kann der Arbeitnehmerin ausnahmsweise eine vom Arbeitsvertrag nicht gedeckte Tätigkeit zugewiesen werden, die allerdings zumutbar sein muss. Die Zumutbarkeit richtet sich nach den Umständen des Einzelfalles. Der Arbeitgeber muss beachten, dass er die Zuweisung so konkret vornimmt und zwar unter Angabe von Tätigkeit, Arbeitsplatz, Arbeitszeit etc., dass anhand dieser Zuweisung die Zumutbarkeit überprüft werden kann.

4. Betriebsverfassungsrechtliche Versetzung

2037 Eine betriebsverfassungsrechtliche Versetzung ist die Zuweisung eines anderen Arbeitsbereichs, die

- voraussichtlich die Dauer von einem Monat überschreitet, oder
- mit einer erheblichen Änderung der Umstände verbunden ist, unter denen die Arbeit zu leisten ist (§ 95 Abs. 3 Satz 1 BetrVG).

Bei der **Freistellung** von Arbeitnehmern während des Ablaufs einer Kündigungsfrist handelt es sich dagegen nicht um eine mitbestimmungspflichtige Versetzung (*BAG 28.03.2000, EzA § 95 BetrVG 1972 Nr. 33*).

a) Zuweisung eines anderen Arbeitsbereiches

2038 Eine betriebsverfassungsrechtliche Versetzung setzt zunächst voraus, dass dem Arbeitnehmer ein anderer Tätigkeitsbereich zugewiesen worden ist. Dies ist ausschließlich nach den **objektiv vorliegenden tatsächlichen Verhältnissen im Betrieb** zu beurteilen. Es kommt darauf an, ob sich die Tätigkeiten des Arbeitnehmers vor und nach der Zuweisung so voneinander unterscheiden, dass die neue Tätigkeit in den Augen eines mit den betrieblichen Verhältnissen vertrauten Beobachters als eine andere angesehen werden kann (*BAG 23.11.1993, DB 1994, 735*).

BEISPIEL:

Der als Kraftfahrer eingestellte Arbeitnehmer wird angewiesen, in Zukunft nicht mehr mit einem schweren Sattelschlepper, sondern mit einem kleineren, dreiachsigen Lkw zu fahren.

Obgleich eine arbeitsvertragliche Versetzung nicht vorliegt, da sich die Art der geschuldeten Tätigkeit (Kraftfahrer) nicht ändert, kommt das Vorliegen einer betriebsverfassungsrechtlichen Versetzung in Betracht, wenn den Fahrern von Sattelschleppern im Betrieb des Arbeitgebers aufgrund ihrer Tätigkeit, Aufgabe und Verantwortung eine andere Stellung zukommt als den übrigen Kraftfahrern.

Die Frage, ob eine Zuweisung eines anderen Arbeitsbereiches erfolgt ist, kann also nur anhand der Umstände des Einzelfalles unter Berücksichtigung der konkreten betrieblichen Situation entschieden werden. Dabei sind folgende Faktoren maßgeblich:

- Inhalt der Arbeitsaufgabe,
- räumlich/örtliche Lage des Arbeitsplatzes,
- Bedeutung der Aufgabe im Betriebsablauf (Funktion),
- organisatorische Einbindung des Arbeitnehmers.

Der **Wechsel zwischen Außendienst und Innendienst** ist danach jedenfalls in der Regel als Änderung des Arbeitsbereichs zu verstehen *(BAG 17.01.1991, EzA § 87 BetrVG 1972 Arbeitszeit Nr. 46)*. Dagegen ist eine **geringfügige räumliche Verlegung** des bisherigen Arbeitsplatzes (z.B. im Innendienst) noch keine Versetzung *(BAG, EzA § 95 BetrVG 1972 Nr. 8)*. Der **Wechsel** vom Einzel- in den Gruppenakkord kann jedoch eine Änderung des Arbeitsbereichs sein. Für die Beurteilung, ob eine erhebliche Änderung des Arbeitsbereichs vorliegt, sind auch die durch die Einbindung in die Gruppe entstehenden Abhängigkeiten und die Notwendigkeit der Zusammenarbeit mit den anderen Gruppenmitgliedern zu berücksichtigen *(BAG 22.04.1997, EZA § 99 BetrVG 1972 Versetzung Nr. 2)*.

So hat das BAG bei einer (arbeitsvertraglichen) Umsetzung einer Altenpflegekraft auf eine andere Station eine (betriebsverfassungsrechtliche) Versetzung u.a. mit der Begründung bejaht, dass die Altenpflegekraft mit einer anderen Stationsleitung, also anderen Vorgesetzten, sowie mit anderen Arbeitnehmern zusammenarbeiten musste. Maßgebend kam allerdings auch hinzu, dass die Pflegekraft nunmehr andere Heimbewohner zu betreuen und sich auf diese einzustellen hatte *(BAG 29.02.2000, EzA § 95 BetrVG 1972 Nr. 31)*.

Die Änderung der Lage der Arbeitszeit (vgl. → Rz. 2176 ff.) sowie die Änderung (oder Verkürzung) der Wochenarbeitszeit eines Arbeitnehmers stellt jedoch regelmäßig keine Zuweisung eines anderen Arbeitsbereiches und damit keine zustimmungspflichtige betriebsverfassungsrechtliche Versetzung dar *(BAG 23.11.1993, DB 1994, 735)*. Dies gilt auch hinsichtlich der Verlängerung (oder Verkürzung) der Mindestwochenarbeitszeit von Teilzeitkräften mit variabler Arbeitszeit *(BAG 16.07.1991, DB 1992, 145)*. Die bloße **Aufstockung der Arbeitszeit** ist auch keine mitbestimmungspflichtige Einstellung *(vgl. BAG AP Nr. 28 zu § 95 BetrVG 1972; anders dagegen LAG Niedersachsen 12.09.2000, EzA-SD 01/01, 10)*.

2038a

Die Zuweisung eines anderen Arbeitsbereiches liegt nicht bereits dann vor, wenn der bisherige Arbeitsbereich etwa durch Zuweisung oder Wegnahme von Teilfunktionen erweitert oder verkleinert wird. Erforderlich ist, dass durch die Kompetenzänderung ein vom bisherigen Arbeitsbereich abweichender, grundlegend anderer Arbeitsbereich entsteht.

2039

BEISPIEL:

Der im Innendienst tätige Bankangestellte ist überwiegend mit Büroarbeiten, teilweise aber auch mit der persönlichen Kundenbetreuung beauftragt. Nunmehr wird ihm die Kundenbetreuung entzogen.

Eine Zuweisung eines anderen Arbeitsbereiches ist hier nicht unbedingt gegeben, da der Bankangestellte weiterhin mit den Bürotätigkeiten beauftragt bleibt und insoweit kein grundlegend anderer Arbeitsbereich entstanden ist.

Maßgebend für die Beurteilung sind wiederum die Umstände des Einzelfalles. Das BAG hat es bislang unentschieden gelassen, ob es eine **quantitative Untergrenze** gibt, bei der Entzug oder Hinzufügung von Teilfunktionen regelmäßig als unerheblich anzusehen sind. Zum Teil wird eine Grenze von 20 % angenommen. Für die betriebliche Praxis ist

Vorsicht geboten, wenn die Zuweisung oder Wegnahme von Teilfunktionen **ca. 25 % der Gesamtarbeitszeit** betrifft.

BEISPIEL:

Dem als Gebietsverkäufer und zugleich mit einem zeitlichen Anteil von ca. 25 % als Ladenverkäufer eingesetzten Autoverkäufer wird der Ladendienst entzogen. Hiergegen wendet sich der Autoverkäufer unter Hinweis darauf, dass der Betriebsrat nicht beteiligt wurde. Er macht ferner geltend, dass sich der Ladendienst unmittelbar auf seine Außendiensttätigkeit auswirke. Die Zuweisung eines anderen Arbeitsbereiches ist zu bejahen. Der Ladendienst hat die Gesamttätigkeit des Autoverkäufers qualitativ geformt. Hierfür sprechen die unterschiedlichen Schwerpunkte der zu vergleichenden Tätigkeitsbereiche, nämlich der Akquisition von neuen Kunden einerseits und der Beratung von präsenten Kunden andererseits (BAG 02.04.1996, EzA § 99 BetrVG 1972 Nr. 29).

Zu beachten ist, dass die Zuweisung eines anderen Arbeitsbereiches auch dann vorliegen kann, wenn der frühere Haupttätigkeitsbereich eines Arbeitnehmers **durch zahlreiche Entscheidungen**, die jeweils nicht die Qualität einer betriebsverfassungsrechtlichen Versetzung erreichten, Schritt für Schritt »schleichend« entzogen wird (*LAG Berlin 22.08.1995, LAGE § 95 BetrVG Nr. 16*).

2040 Nicht ganz einheitlich beurteilt die Rechtsprechung den **Wechsel eines Verkäufers von einer Abteilung eines Einzelhandelsgeschäftes zu einer anderen**. So wurde einerseits bei einem Wechsel von der Kinderabteilung in die Herrenabteilung eines Bekleidungshauses keine Versetzung gesehen *(LAG Köln 26.10.1984, NZA 1985, 258)*, andererseits beim Wechsel von der Sport- in die Schuhabteilung eine Versetzung bejaht *(LAG Düsseldorf 28.01.1987, NZA 1988, 69)*. Richtigerweise wird man aber auch im zweiten Fall eine betriebsverfassungsrechtliche Versetzung verneinen müssen, da die Warengruppen nicht so weit auseinanderliegen, dass sich die Verkaufstätigkeit wesentlich unterscheidet. Im Zweifelsfall sollte der Betriebsrat vorsorglich beteiligt werden.

b) Dauer der Zuweisung eines anderen Arbeitsbereiches

2041 Die beabsichtigte Zuweisung eines anderen Arbeitsbereiches ist aber nur dann eine betriebsverfassungsrechtliche Versetzung, wenn die Zuweisung **voraussichtlich die Dauer von einem Monat überschreitet.** Es kommt dabei nicht auf die tatsächliche Dauer an. Entscheidend ist allein, ob bei Beginn der Maßnahme geplant war, dass sie länger als einen Monat andauern sollte. Die Fristberechnung beginnt grundsätzlich mit dem Tag der Versetzung. Stellt sich später heraus, dass sie länger anhalten wird, so berechnet sich die Monatsfrist vom Tag der Kenntnis ab.

BEISPIEL:

Der Arbeitnehmer soll ab Anfang April für 3 Wochen einen anderen Arbeitnehmer urlaubshalber vertreten. Kurz vor Ablauf der 3 Wochen erfährt der Arbeitgeber, dass der Arbeitnehmer im Urlaub einen Unfall erlitten hat und erst in 3 Wochen wieder zur Arbeit erscheinen kann. Die Urlaubsvertretung soll bis dahin andauern.

Der Arbeitgeber war hier weder vor Beginn der Urlaubsvertretung noch nach Erhalt der Nachricht von dem Unfall verpflichtet, die Zustimmung des Betriebsrates einzuholen, da in beiden Fällen eine über einen Monat hinausgehende Versetzungsdauer nicht beabsichtigt war. Hat der Arbeitgeber dagegen erfahren, dass der verunglückte Arbeitnehmer erst in 6 Wochen wieder im Betrieb erscheinen kann, ist der Betriebsrat sofort von der Maßnahme zu unterrichten und seine Zustimmung einzuholen.

c) Erhebliche Änderung der Arbeitsumstände

Unabhängig von der beabsichtigten Dauer der Zuweisung des anderen Arbeitsbereiches liegt eine Versetzung im betriebsverfassungsrechtlichen Sinne auch immer dann vor, wenn die Zuweisung mit einer erheblichen Änderung der Umstände verbunden ist, unter denen die Arbeit zu leisten ist. Damit sind nicht die materiellen Arbeitsbedingungen gemeint, sondern die **äußeren Bedingungen,** unter denen die Arbeit zu leisten ist.

BEISPIEL:
Besonders starke Einwirkungen durch Hitze, Kälte, Nässe oder Schmutz.

Ob die Änderung der Umstände tatsächlich **erheblich** ist, ist aus der Sicht eines verständig urteilenden, neutralen Dritten zu beurteilen. Eine erhebliche Änderung der Umstände liegt auch dann vor, wenn mit dem anderen Arbeitsbereich eine erhebliche Verbesserung verbunden ist. Bei **Auslandsdienstreisen** ergibt sich eine erhebliche Änderung der Arbeitsumstände nicht zwingend aus der Notwendigkeit einer Übernachtung. Maßgebend sind vielmehr die weiteren Umstände des Einzelfalles (*BAG 21.09.1999, EzA-SD 8/00, S. 20*).

d) Ausnahmen

Obwohl die Zuweisung eines anderen Arbeitsbereiches den Zeitraum von einem Monat übersteigen soll oder mit einer erheblichen Änderung der Umstände verbunden ist, liegt dennoch keine betriebsverfassungsrechtliche Versetzung vor, wenn die Arbeitnehmer nach der **Eigenart ihres Arbeitsverhältnisses** üblicherweise nicht ständig an einem bestimmten Arbeitsplatz beschäftigt werden (§ 95 Abs. 3 Satz 2 BetrVG). Die Bestimmung des jeweiligen Arbeitsplatzes gilt dann nicht als Versetzung.

BEISPIEL:
Montagearbeiter, Bauarbeiter, aber auch Springer.

Für die Prüfung, ob Arbeitnehmer i.S. des § 95 Abs. 3 Satz 2 BetrVG nach der Eigenart ihres Arbeitsverhältnisses üblicherweise nicht ständig an einem bestimmten Arbeitsplatz beschäftigt werden, ist auf die Verhältnisse des Arbeitsverhältnisses **des konkret betroffenen Arbeitnehmers** abzustellen (*BAG 02.11.1993, DB 1994, S. 985*).

e) Zustimmung des Betriebsrates als Zulässigkeitsvoraussetzung

2044 In Betrieben mit in der Regel **mehr als 20 für den Betriebsrat wahlberechtigten Arbeitnehmern** darf die betriebsverfassungsrechtliche Versetzung erst dann durchgeführt werden, wenn der **Betriebsrat seine Zustimmung erteilt hat** (§ 99 Abs. 1 Satz 1 BetrVG). Der Arbeitgeber ist nur ausnahmsweise aus dringenden sachlichen Gründen berechtigt, die Versetzung vorläufig ohne Zustimmung des Betriebsrates vorzunehmen (vgl. → Rz. 2047).

Zu beachten ist, dass mit der Versetzung eines Arbeitnehmers regelmäßig seine erneute Eingruppierung verbunden ist, wenn für den Betrieb eine Vergütungsordnung besteht. Der Arbeitgeber hat die erneute Eingruppierung zu überprüfen und dabei den Betriebsrat auch dann zu beteiligen, wenn er die bisherige Eingruppierung beibehalten will oder der Auffassung ist, dass die zu bewertende Tätigkeit Anforderungen stellt, die die Qualifikationsmerkmale der obersten Vergütungsgruppe übersteigen (*BAG 21.03.1995, EzA § 99 BetrVG 1972 Nr. 127; 31.10.1995, EzA § 99 BetrVG 1972 Nr. 131*).

2045 Daher ist es zweckmäßig, frühzeitig die Personalplanung mit dem Betriebsrat abzustimmen. Es ist an dieser Stelle darauf hinzuweisen, dass den Arbeitgeber grundsätzlich gegenüber dem Betriebsrat eine **allgemeine Informations- und Unterrichtungspflicht** trifft. Der Arbeitgeber hat den Betriebsrat über die Personalplanung, insbesondere über den gegenwärtigen und künftigen Personalbedarf sowie über die sich daraus ergebenden personellen Maßnahmen und Maßnahmen der Berufsbildung anhand von Unterlagen rechtzeitig und umfassend zu unterrichten (§ 92 Abs. 1 Satz 1 BetrVG). Erforderliche Maßnahmen hat der Arbeitgeber zuvor mit dem Betriebsrat zu beraten. Diese Verpflichtung gilt für alle Betriebe mit einem Betriebsrat, unabhängig von der Betriebsgröße (s. → Rz. 1003 ff.).

In Betrieben mit mehr als 20 wahlberechtigten Arbeitnehmern hat der Arbeitgeber den Betriebsrat vor **jeder betriebsverfassungsrechtlichen Versetzung zwingend zu unterrichten** (§ 99 Abs. 1 Satz 1 BetrVG). Die Unterrichtung ist an keine besondere Form gebunden. Sie kann sowohl mündlich als auch schriftlich erfolgen. Aus Nachweisgründen ist es jedoch zweckmäßig, hier schriftliche Formulare zu verwenden (vgl. das Musterformular → Rz. 2049). Bei der Unterrichtung des Betriebsrats hat der Arbeitgeber insbesondere auch den in Aussicht genommenen Arbeitsplatz und die vorgesehene Eingruppierung mitzuteilen (§ 99 Abs. 1 Satz 2 BetrVG). Ferner hat der Arbeitgeber dem Betriebsrat unter Vorlage der erforderlichen Unterlagen Auskunft über die Auswirkungen der geplanten Maßnahme zu geben (§ 99 Abs. 1 Satz 1 BetrVG).

2046 Will der Betriebsrat seine Zustimmung verweigern, so hat er dies unter Angabe von Gründen **innerhalb einer Woche nach Unterrichtung durch den Arbeitgeber diesem schriftlich mitzuteilen.** Andernfalls gilt die Zustimmung als erteilt (§ 99 Abs. 3 BetrVG). Die Versetzung kann dann vorgenommen werden.

Der Betriebsrat kann die Zustimmung allerdings nur aus den gesetzlich vorgegebenen Gründen verweigern (vgl. § 99 Abs. 2 BetrVG). Danach kann die Zustimmung insbesondere verweigert werden, wenn

- die Versetzung gegen eine Betriebsvereinbarung oder einen Tarifvertrag oder sonstige Norm verstoßen würde,
- die Versetzung gegen eine Auswahlrichtlinie (§ 95 Abs. 1 BetrVG) verstoßen würde,
- die begründete Besorgnis besteht, dass durch die Versetzung andere Arbeitnehmer gekündigt werden oder sonstige Nachteile erleiden, ohne dass dies gerechtfertigt ist; insbesondere wenn der Arbeitgeber nach Auffassung des Betriebsrates soziale Auswahlkriterien (vgl. → oben Rz. 2036) nicht hinreichend berücksichtigt hat (*BAG 02.04.1996, EzA § 99 BetrVG 1972 Versetzung Nr. 1*),
- der betroffene Arbeitnehmer durch die Versetzung grundlos benachteiligt wird, wobei z.B. der Verlust eines Betriebsratsamtes allein **keinen** solchen Nachteil darstellt (*BAG 11.07.2000, Pressemitteilung des BAG Nr. 58/2000, EzA-SD 15/00, 4*),
- eine Ausschreibung des zu besetzenden Arbeitsplatzes (§ 93 BetrVG) im Betrieb unterblieben ist oder
- die begründete Besorgnis besteht, dass durch den von der Versetzung betroffenen Arbeitnehmer der Betriebsfriede gefährdet wird.

Entspricht eine Versetzung jedoch dem **Wunsch** des betroffenen Arbeitnehmers, so kann der Betriebsrat die Zustimmung nicht wegen ungerechtfertigter Benachteiligung des Arbeitnehmers verweigern. Allein der Verzicht auf die Erhebung einer Klage gegen eine entsprechende Änderungskündigung genügt jedoch nicht, um auf einen solchen Wunsch schließen zu lassen *(BAG, a.a.O.)*.

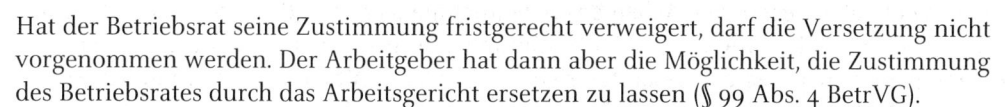

Hat der Betriebsrat seine Zustimmung fristgerecht verweigert, darf die Versetzung nicht vorgenommen werden. Der Arbeitgeber hat dann aber die Möglichkeit, die Zustimmung des Betriebsrates durch das Arbeitsgericht ersetzen zu lassen (§ 99 Abs. 4 BetrVG).

f) Vorläufige Versetzung ohne Zustimmung des Betriebsrates

Wenn es aus **sachlichen Gründen dringend erforderlich** ist, kann die Versetzung auch durchgeführt werden, bevor der Betriebsrat sich geäußert oder wenn er seine Zustimmung verweigert hat (§ 100 Abs. 1 Satz 1 BetrVG). Es handelt sich dann um eine so genannte vorläufige Versetzung.

2047

Der Arbeitgeber muss aber dann den von der Versetzung betroffenen **Arbeitnehmer über die Sach- und Rechtslage aufklären** (§ 100 Abs. 1 Satz 2 BetrVG). Hierzu gehört, dass er ihn von der fehlenden Zustimmung des Betriebsrates in Kenntnis setzt und ihn ausdrücklich darauf hinweist, dass es sich nur um eine vorläufige Versetzung handelt und der Arbeitnehmer damit rechnen müsse, dass er in Kürze wieder auf seinem alten Arbeitsplatz beschäftigt wird.

Gleichzeitig muss der Arbeitgeber den **Betriebsrat unverzüglich von der vorläufigen Versetzung unterrichten** (§ 100 Abs. 2 Satz 1 BetrVG). Teilt der Betriebsrat daraufhin unverzüglich mit, dass er die vorläufige Versetzung nicht für dringend erforderlich hält, muss der Arbeitgeber die vorläufige Versetzung entweder rückgängig machen oder sich an das Arbeitsgericht wenden, wenn er die Versetzung weiterhin aufrechterhalten will.

Die Anträge sind innerhalb von 3 **Tagen** nach Eingang der ablehnenden Mitteilung des Betriebsrats beim Arbeitsgericht zu stellen! Folgt das Gericht den Anträgen des Arbeitgebers nicht, so muss die vorläufige Versetzung spätestens 2 Wochen nach Rechtskraft der gerichtlichen Entscheidung rückgängig gemacht werden (§ 100 Abs. 3 BetrVG). Andernfalls droht ein Zwangsgeld von bis zu 250,00 EUR für jeden Tag der Zuwiderhandlung!

g) Sonderfälle: Versetzung in einen anderen Betrieb des Arbeitgebers und Betriebsverlegung

2048 Aus betriebsverfassungsrechtlicher Sicht problematisch ist auch die Abordnung von Arbeitnehmern in einen anderen Betrieb des Arbeitgebers. Für den aufnehmenden Betrieb handelt es sich um eine Einstellung, die ebenfalls mitbestimmungspflichtig ist (§ 99 Abs. 1 BetrVG).

Grundsätzlich hat auch der Betriebsrat des abgebenden Betriebes zuzustimmen, wenn die Voraussetzungen der betriebsverfassungsrechtlichen Versetzung vorliegen. Ein Mitbestimmungsrecht des Betriebsrates entfällt bei einer Dauermaßnahme aber dann, wenn der Arbeitnehmer mit dieser Versetzung einverstanden ist. Dabei ist es jedoch erforderlich, dass der **Arbeitnehmer die Versetzung selbst gewünscht** hat oder diese seinen Wünschen und seiner freien Entscheidung entspricht. Das ist nicht der Fall, wenn die Versetzung zwar aufgrund einer Versetzungsklausel im Arbeitsvertrag möglich ist, gleichwohl aber gegen den Willen des Arbeitnehmers erfolgt (*BAG 20.09.1990, BB 1991, 550*). Für die Wahrnehmung des Mitbestimmungsrechts ist der **einzelne Betriebsrat** zuständig, nicht dagegen der Gesamtbetriebsrat. Letzteres gilt auch dann, wenn der Arbeitgeber eine Reihe von Versetzungen in einer so genannten Personalrunde zusammenfasst und deshalb mehrere Betriebsräte betroffen sind.

2048a Bei der räumlichen **Verlegung des Betriebes** oder eines vom übrigen Betrieb räumlich getrennten Betriebsteils, welchem der Arbeitnehmer angehört, handelt es sich dagegen nicht um eine zustimmungspflichtige betriebsverfassungsrechtliche Versetzung. Obwohl der Arbeitnehmer an einem anderen Arbeitsort tätig werden soll, bleiben die Arbeitsplätze der Arbeitnehmer in ihrer Beziehung zum betrieblichen Umfeld völlig unverändert (*LAG Berlin 22.11.1991, BB 1992, 854*). Ein Mitbestimmungsrecht des Betriebsrates nach §§ 99 Abs. 1, 95 Abs. 3 BetrVG besteht in diesen Fällen nicht.

h) Weiterer Sonderfall: Arbeitskampfbedingte Versetzung

2048b Handelt es sich bei der Entsendung von Mitarbeitern in einen anderen (bestreikten) Betrieb des Unternehmens um eine betriebsverfassungsrechtliche Versetzung, ist das **Mitbestimmungsrecht des Betriebsrats dieses Betriebes suspendiert**. Wenngleich vom BAG noch nicht ausdrücklich entschieden, sprechen überwiegende Gründe dafür, dass dies auch für das Mitbestimmungsrecht des Betriebsrats des entsendenden Betriebes gilt (*vgl. Busch, Mitbestimmung des Betriebsrats bei arbeitskampfbedingter Versetzung in bestreikte Betriebe, DB 1997, 1974*).

i) Weiterer Sonderfall: Versetzung eines Mitgliedes des Betriebsrates

Mit Inkrafttreten des Gesetzes zur Reform des Betriebsverfassungsgesetzes können nunmehr Mitglieder des Betriebsrates, der Jugend- und Auszubildendenvertretung, etc. **ab dem 27.07.2001** nur noch unter erschwerten Bedingungen versetzt werden.

Eine Versetzung dieser Personen, die zu einem Verlust des Amtes oder der Wählbarkeit führen würde, bedarf der **Zustimmung des Betriebsrates**. Dies gilt lediglich dann nicht, wenn der betroffene Arbeitnehmer mit der Versetzung einverstanden ist.

Wird die Zustimmung nicht erteilt, hat der Arbeitgeber wiederum die Möglichkeit, die Zustimmung des Betriebsrates zu der Versetzung durch Entscheidung des Arbeitsgerichtes ersetzen zu lassen, wenn die angestrebte Versetzung auch unter Berücksichtigung der betriebsverfassungsrechtlichen Stellung des betroffenen Arbeitnehmers aus dringenden betrieblichen Gründen notwendig ist (vgl. § 103 Abs. 3 BetrVG).

Zu der bis zum Inkrafttreten der gesetzlichen Neuregelung gültigen Fassung des § 103 BetrVG hatte die Rechtssprechung vertreten, dass diese auf Versetzungen nicht anwendbar ist (*BAG 11.07.2000, EzA § 103 BetrVG 1972 Nr. 42*).

5. Formularmuster zur Unterrichtung des Betriebsrates

Aus Gründen der Zweckmäßigkeit ist in dem nachfolgenden Formularmuster auch die Umgruppierung enthalten, da insoweit die gleichen Beteiligungsrechte des Betriebsrates wie bei der Versetzung bestehen (§ 99 Abs. 1 BetrVG).

Muster zur Unterrichtung über Umgruppierung/Versetzung

Von: Personalabteilung

An: Betriebsrat

Betr.: Umgruppierung/Versetzung von Mitarbeitern

_____

Hiermit unterrichten wir Sie über folgende geplante Umgruppierung/Versetzung (§ 99 Abs. 1 Betriebsverfassungsgesetz):

Name: _____ Vorname: _____

derzeit beschäftigt als: _____

Abteilung: _____

Hauptabteilung: _____

I. Umgruppierung mit Wirkung vom: _____

Nach Tarifgruppe: _____

Von Tarifgruppe: _____

II. Versetzung mit Wirkung vom: _____

> Von: _____
>
> Nach: _____
>
> Als: _____
>
> Eingruppierung: _____
>
> Soweit Sie gegen die beabsichtigte Umgruppierung/Versetzung Bedenken haben, bitten wir Sie, diese binnen einer Woche unter Angabe der Gründe schriftlich mitzuteilen. Die erforderlichen Personalunterlagen können nach Anmeldung im Personalbüro eingesehen werden.
>
> _____   _____
> (Ort, Datum)   (Unterschrift)

IX. Befreiung von der Arbeitspflicht

1. Einführung

2050
Neu

Unter bestimmten Voraussetzungen ist der Arbeitnehmer von der Erfüllung seiner Arbeitspflicht aus dem Arbeitsvertrag befreit. Neben den bislang bekannten Befreiungstatbeständen (vgl. unten Rz. 2054) sind durch die **Änderung des BGB ab 01.01.2002** neue Tatbestände eingeführt worden, die zu einem Wegfall der Arbeitspflicht des Arbeitnehmers führen können. Der Gesetzgeber hat **Übergangsregelungen** getroffen, wonach auch zum Zeitpunkt des Inkrafttretens der gesetzlichen Neuregelung bereits begründete Dauerschuldverhältnisse zeitlich befristet noch das bis zum 31.12.2001 gültige Recht anzuwenden ist (Art. 229 § 5 EGBGB). Für Arbeitsverhältnisse gilt danach:

Für ab **01.01.2002 neu begründete Arbeitsverhältnisse** gilt das ab diesem Zeitpunkt gültige neue Recht (BGB n.F.) uneingeschränkt.

Für **bis zum 31.12.2001 begründete Arbeitsverhältnisse** gilt für das Jahr 2002 noch das alte, bis zum 31.12.2001 gültige Recht (BGB a.F.). Ab dem 01.01.2003 gilt dann auch für die bis zum 31.12.2001 begründeten Arbeitsverhältnisse das neue Recht uneingeschränkt. Eine frühere Anwendbarkeit des neuen Rechts auch auf bis zum 31.12.2001 begründete Arbeitsverhältnisse kann sich ergeben, wenn dies von den Arbeitsvertragsparteien **bestimmt** ist (Art. 229 § 5 Satz 1 EGBGB).

Von einer solchen Bestimmung der früheren Anwendbarkeit des neuen Rechts ist auszugehen, wenn sich die Arbeitsvertragsparteien über dessen frühere Anwendbarkeit ausdrücklich geeinigt haben. Auslegungsbedürftig sind in der betrieblichen Praxis die Fälle, in denen z.B. im Arbeitsvertrag sinngemäß vereinbart ist, dass »für das Arbeitsverhältnis die jeweils gültigen gesetzlichen Regelungen gelten«. Da auch die vorgenannte Übergangsregelung Bestandteil dieser gesetzlichen Regelungen/Bestimmungen ist, sprechen überwiegende Gründe dafür, dass die vorgenannte Klausel bzw. Abrede dahingehend auszulegen ist, dass das neue Recht entsprechend der Übergangsregelung erst ab 01.01.2003 für das Arbeitsverhältnis Anwendung finden soll.

2. Unmöglichkeit der Arbeitsleistung

Der Anspruch auf Leistung ist ausgeschlossen, soweit und solange diese für den Schuldner oder jedermann unmöglich ist (§ 275 Abs. 1 BGB n.F.).

2051

Auch nach der bis zum 31.12.2001 gültigen Fassung des BGB waren Vereinbarungen, die auf eine objektiv unmögliche Leistung gerichtet waren, nichtig (vgl. § 306 BGB a.F.). Die Neuerung der nunmehrigen gesetzlichen Regelung liegt darin, dass die Leistungspflicht des Arbeitnehmers auch dann entfallen kann, wenn zwar durchaus Dritte die arbeitsvertraglich geschuldete Arbeitsleistung erbringen könnten, nicht dagegen der Arbeitnehmer mit seinen persönlichen und individuellen Möglichkeiten (sog. subjektive Unmöglichkeit/Unvermögen).

Man wird abwarten müssen, ob und ggf. in welchem Umfang dieser neue Befreiungstatbestand zu Auswirkungen auf die betriebliche Praxis führt. Relevant könnte dieser neue Tatbestand z.B. dann werden, wenn sich ein Arbeitnehmer darauf beruft, dass er für die arbeitsvertraglich geschuldete Tätigkeit nicht hinreichend ausgebildet/qualifiziert ist und er die Tätigkeit insoweit nicht durchführen könne. Derartige oder vergleichbare Fälle werden in der betrieblichen Praxis aber wohl eher die Ausnahme bleiben. Von der vorgenannten Neuregelung wird auch die sog. nachträgliche Unmöglichkeit erfasst und damit alle Fälle, in denen die Nachholung einer zeitlich bestimmten Arbeitsleistung infolge Zeitablaufs nicht mehr möglich ist.

Zur arbeitgeberseitigen Vergütungspflicht vgl. unten → Rz. 2486 a ff.

3. Unverhältnismäßiger Aufwand

Der Schuldner kann die Leistung verweigern, soweit und solange diese einen Aufwand erfordert, der unter Beachtung des Inhalts des Schuldverhältnisses und der Gebote von Treu und Glauben in einem groben Missverhältnis zu dem Leistungsinteresse des Gläubigers steht (§ 275 Abs. 2 Satz 1 BGB n.F.). Bei der Bestimmung der dem Schuldner zuzumutenden Anstrengungen ist auch zu berücksichtigen, ob der Schuldner das Leistungshindernis zu vertreten hat (§ 275 Abs. 2 Satz 2 BGB n.F.).

2052

Nach der vorgenannten **Neuregelung ab 01.01.2002** kann also eine Befreiung von der Arbeitspflicht auch dann eintreten, wenn der arbeitnehmerseitige Aufwand zur Erbringung der Arbeitsleistung in einem groben Missverhältnis zu dem Interesse des Arbeitgebers an der Erbringung dieser Arbeitsleistung steht. Aufwand meint den **wirtschaftlichen Aufwand**. Man wird bis auf weiteres zur Bestimmung des genauen Begriffsinhaltes auf die Regelungen der §§ 633 Abs. 2 Satz 3, 651 c Abs. 2 Satz 2 BGB zurückgreifen können, denen der Begriff »Aufwand« entnommen ist.

Auch hier bleiben die Auswirkungen der gesetzlichen Neuregelungen auf die Praxis abzuwarten.

Zur arbeitgeberseitigen Vergütungspflicht vgl. unten → Rz. 2486 a ff.

4. Unzumutbarkeit der Arbeitsleistung

2053 Der Schuldner kann die Leistung ferner verweigern, wenn er die Leistung persönlich zu erbringen hat und sie ihm unter Abwägung des seiner Leistung entgegenstehenden Hindernisses mit dem Leistungsinteresse des Gläubigers nicht zugemutet werden kann (§ 275 Abs. 3 BGB n.F.).

Es tritt also schlichtweg Leistungsbefreiung ein, wenn dem Arbeitnehmer unter Berücksichtigung der Interessen des Arbeitgebers die Erbringung der Arbeitsleistung nicht zugemutet werden kann. Es ist derzeit noch nicht absehbar, welche Auswirkungen diese gesetzliche Neuregelung auf die betriebliche Praxis haben wird. Es dürfte sich bei diesem Befreiungstatbestand um eine gravierende Änderung zum Nachteil des Arbeitgebers handeln.

Es kann derzeit nicht ausgeschlossen werden, dass der Arbeitnehmer nach dem vorgenannten Tatbestand Befreiung von der Arbeitspflicht erlangt, wenn z.B. kein oder nur geringes Interesse des Arbeitgebers an der Durchführung der Arbeitsleistung durch den konkreten Arbeitnehmer besteht und darüber hinaus vergleichbare Arbeitnehmer zur Verfügung stehen, die anstelle des sich auf den Befreiungstatbestand berufenden Arbeitnehmers die Arbeit durchführen können (z.B. Personalreserve).

In diesen Fällen wäre also kein Interesse des Arbeitgebers ersichtlich, außer das Interesse, an einem geschlossenen Vertrag festzuhalten bzw. dessen Erfüllung geltend zu machen, so dass es durchaus vorstellbar ist, dass in diesen Fällen dann praktisch jedes nachvollziehbare arbeitnehmerseitige Interesse ausreicht (z.B. ein kurzfristig beschlossener Umzug aus persönlichen Gründen), um von der Arbeitspflicht befreit zu werden.

Zur arbeitgeberseitigen Vergütungspflicht vgl. unten Rz. 2486 a ff.

5. Sonstige Befreiungstatbestände

2054 Der Arbeitnehmer ist außerdem in folgenden Fällen von der Arbeitspflicht befreit:

- **Zurückbehaltungsrecht des Arbeitnehmers**
  Ist der Arbeitnehmer berechtigt, seine Arbeitsleistung zurückzuhalten, etwa weil der Arbeitgeber keinen Lohn zahlt (vgl. → Rz. 2487) oder gegen sonstige vertragliche Verpflichtungen verstößt (vgl. → Rz. 2951), so wird der Arbeitnehmer von seiner Arbeitspflicht befreit. Der Arbeitgeber gerät dabei in Annahmeverzug und bleibt zur Zahlung der Vergütung verpflichtet (vgl. → Rz. 2530).
- Ein Zurückbehaltungsrecht des Arbeitnehmers wegen eines Verstoßes des Arbeitgebers gegen seine sonstigen vertraglichen Verpflichtungen kann u.a. dann gegeben sein, wenn der Arbeitgeber öffentlich-rechtliche Sicherheitsvorschriften nicht hinreichend beachtet. In diesem Zusammenhang hatte das BAG zunächst festgestellt, dass ein Arbeitnehmer bei mit Asbest belastetem Arbeitsplatz das Recht haben kann, die Arbeit zu verweigern (*BAG 02.02.1994, DB 1994, 1087*).
- Unter **Aufgabe dieser Rechtsprechung** hat das BAG dann entschieden, dass dem Arbeitnehmer ein Zurückbehaltungsrecht auf der Grundlage der Gefahrstoffverordnung

nicht zusteht, wenn sich die Gefährdung des Arbeitnehmers darauf beschränkt, dass er in gefahrstoffbelasteten Räumen arbeitet *(BAG 08.05.1996, EzA § 273, BGB Nr. 5)*. Der Arbeitgeber bleibt jedoch verpflichtet, die Arbeitsplätze möglichst frei von gesundheitsschädlichen Chemikalien und sonstigen Stoffen zu halten *(§ 618 Abs. 1 BGB)*. Dieser Pflicht genügt der Arbeitgeber in aller Regel dadurch, dass er einen Arbeitsplatz zur Verfügung stellt, dessen Belastung mit Schadstoffen nicht über das in der Umgebung übliche Maß hinaus geht *(BAG, a.a.O.)*. In Fortführung dieser Rechtsprechung hat das BAG klargestellt, dass der Arbeitnehmer berechtigt ist, die Arbeit in Räumen zu verweigern, die über das baurechtlich zulässige Maß (z.B. landesrechtliche Asbestrichtlinien) hinaus mit Gefahrstoffen belastet sind *(BAG 19.02.1997, EzA § 273 BGB Nr. 7)*.

- **Nachtarbeitnehmer** i.S.d. Arbeitszeitgesetzes werden ebenfalls berechtigt sein, die Arbeitsleistung zurückzuhalten, wenn der Arbeitgeber die vorgeschriebene ärztliche Untersuchung oder zu Unrecht die Umsetzung auf einen Tagesarbeitsplatz verweigert (vgl. → unten Rz. 2183, 2184).
- **Überschreitung des Direktionsrechtes durch den Arbeitgeber**
  Weist der Arbeitgeber dem Arbeitnehmer eine nicht geschuldete Arbeit zu, einen vertraglich nicht vereinbarten Arbeitsort oder ordnet er unberechtigterweise Überstunden an, ist der Arbeitnehmer ebenfalls zur Arbeitsverweigerung berechtigt.
- **Gesetzlich verbotene oder sittenwidrige Arbeit**
  Der Arbeitnehmer ist nicht verpflichtet, eine gesetzlich verbotene oder sittenwidrige Arbeit zu erbringen. Entsprechende vertragliche Vereinbarungen sind nichtig (§§ 134, 138 BGB).
- **Unmöglichkeit der Arbeitsleistung**
  Wird die Erbringung der Arbeitsleistung aus Gründen unmöglich, die entweder von keiner der Arbeitsvertragsparteien oder vom Arbeitgeber zu vertreten sind, ist der Arbeitnehmer ebenfalls von der Arbeitspflicht befreit. Sind die Gründe dagegen vom Arbeitnehmer zu vertreten, so kann der Arbeitgeber unter Umständen Schadensersatz verlangen (vgl. → Rz. 2287 ff.).
- **Annahmeverzug des Arbeitgebers** (vgl. → Rz. 2520 ff.).
- **Krankheit, Urlaub des Arbeitnehmers** (vgl. → Rz. 2700 ff, 2800 ff.).
- **Kurzarbeit** (vgl. unten → Rz. 2218 ff.).
- **Mutterschutz** (§§ 3 ff. MuSchG, vgl. → unten Rz. 2124).
- **Ehrenamtliche Tätigkeit**, z.B. als ehrenamtlicher Richter in der Arbeitsgerichtsbarkeit (§ 26 ArbGG).
- **Musterung von Wehrpflichtigen**
- **Vorübergehende Arbeitsverhinderung des Arbeitnehmers** (vgl. → Rz. 2548 ff.).
- **Pflege oder Betreuung erkrankter Kleinkinder**
  Über den Zeitraum der bezahlten Freistellung wegen einer vorübergehenden Arbeitsverhinderung (vgl. → Rz. 2559) hinaus hat der Arbeitnehmer gegen den Arbeitgeber einen Anspruch auf unbezahlte Freistellung für die Dauer seines Anspruches auf Kinderkrankengeld (§ 45 Abs. 3 Satz 1 SGB V).
  Anspruch auf Kinderkrankengeld haben in der gesetzlichen Krankenversicherung versicherte Arbeitnehmer, wenn es nach ärztlichem Zeugnis erforderlich ist, dass sie zur

Beaufsichtigung, Betreuung oder Pflege ihres erkrankten und versicherten Kindes der Arbeit fernbleiben. Dies gilt aber auch nur dann, wenn eine andere in dem Haushalt des Arbeitnehmers lebende Person das Kind nicht beaufsichtigen, betreuen oder pflegen kann und das Kind das 12. Lebensjahr noch nicht vollendet hat. Der Anspruch besteht in jedem Kalenderjahr für jedes Kind längstens für 20 Arbeitstage. Bei mehreren pflegebedürftigen Kindern ist der Anspruch auf maximal 25 Arbeitstage, für alleinerziehende Versicherte auf 50 Arbeitstage je Kalenderjahr beschränkt (§ 45 Abs. 1, 2 SGB V).

Der Anspruch auf Freistellung nach § 45 Abs. 3 Satz 1 SGB V gewährt dem Arbeitnehmer (bei Erkrankung eines Kindes) nicht nur einen Anspruch auf Freistellung von der Arbeit, sondern bei rechtswidriger Verweigerung der Freistellung auch das Recht, der Arbeit »**eigenmächtig**« fernzubleiben (*LAG Köln 13.10.1993, LAGE § 612 a BGB Nr. 5*). Das LAG Köln stellt auch klar, dass es unerheblich ist, ob das ärztliche Zeugnis vor oder nach Beginn der Betreuung des Kindes ausgestellt wird.

Maßgeblich ist allein, ob die Betreuung nach ärztlichem Zeugnis objektiv erforderlich war.

Dagegen kann in den Fällen der nicht krankheitsbedingten Betreuung von Kleinkindern der Arbeitnehmer vom Arbeitgeber im allgemeinen weder Freistellung verlangen noch eigenmächtig der Arbeit fernbleiben. Der Arbeitnehmer kann sich gegenüber der bestehenden Arbeitspflicht auf eine Pflichtenkollision wegen der Personensorge für sein Kind (§ 1627 BGB) und damit ein Leistungsverweigerungsrecht (§§ 273, 320 BGB) oder eine Unmöglichkeit bzw. Unzumutbarkeit der Arbeitsleistung nur berufen, wenn unabhängig von der in diesem Fall notwendigen Abwägung der zu berücksichtigenden schutzwürdigen Interessen beider Parteien überhaupt eine unverschuldete Zwangslage vorliegt (*BAG 21.05.1992, BB 1992, 2146*). Der Arbeitnehmer hat also grundsätzlich selbst dafür Sorge zu tragen, dass die Betreuung seiner Kinder gesichert ist. Anderes kann bei Nachtarbeitnehmern gelten (vgl. unten → Rz. 2184).

- **Arbeitnehmerweiterbildung durch Teilnahme an Veranstaltungen der beruflichen und politischen Weiterbildung**
  Nach den jeweiligen Landesgesetzen haben Arbeitnehmer im allgemeinen gegenüber dem Arbeitgeber einen Anspruch auf Freistellung von der Arbeit zum Zwecke der beruflichen und politischen Weiterbildung in anerkannten Bildungsveranstaltungen bei Fortzahlung des Arbeitsentgeltes (vgl. z.B. § 1 Abs. 1 AwbGNW).
  Gewährt der Arbeitgeber die Freistellung nicht, so ist der Arbeitnehmer jedoch keinesfalls berechtigt, der Arbeit eigenmächtig fernzubleiben. Der Arbeitnehmer ist gehalten, die Verpflichtung des Arbeitgebers zur Freistellung ggf. vor der Teilnahme an der Bildungsveranstaltung gerichtlich feststellen zu lassen. Im Übrigen vergleiche weitergehend zur Freistellung unter Fortzahlung der Bezüge nach den Arbeitnehmerweiterbildungsgesetzen unten → Rz. 2568 ff.

- **Betriebsratstätigkeit**
  Der Arbeitgeber hat die Mitglieder des Betriebsrats von ihrer beruflichen Tätigkeit ohne Minderung des Arbeitsentgelts zu befreien, wenn und soweit es nach Umfang und Art des Betriebs zur ordnungsgemäßen Durchführung ihrer Aufgaben erforderlich ist (§ 37 Abs. 2 BetrVG, → Rz. 2576).

X. Weiterführende Literaturhinweise

Berger-Dehley, Die Leitungs- und Weisungsbefugnis des Arbeitgebers, DB 1990, 2266
Buchner, Verlagerung betrieblicher Aufgaben als Betriebsübergang nach § 613 a BGB?, DB 1994, 1417
Ehrich, Die individualvertraglichen Auswirkungen der fehlenden Zustimmung des Betriebsrates i.S.v. § 99 BetrVG auf die Versetzung des Arbeitnehmers, NZA 1992, 731
Hoyningen/Boemke, Die Versetzung, 1991
Kreßel, Tarifvertragliche Regelungsbefugnis bei Fragen der Arbeitsplatzgestaltung, RdA 1994, 23
Leinemann, Wirkungen von Tarifverträgen und Betriebsvereinbarungen auf das Arbeitsverhältnis, DB 1990, 732
Lenze, Zur Arbeitsverweigerung aus Gewissensgründen, RdA 1993, 16
Leßmann, Die Grenzen des arbeitgeberseitigen Direktionsrechtes, DB 1992, 1137
Schaub, Arbeitsrechts-Handbuch, 8. Aufl. 1996, S. 303 ff.
Voss, Funktionsnachfolge als Betriebsübergang i.S.v. § 613 a BGB?, NZA 1995, 205.

6. Kapitel: Arbeitspflicht und Arbeitszeit

I.	Einführung	2100
II.	**Gesetzliche Regelung der Arbeitszeit**	**2101**
III.	**Geltungsbereich des Arbeitszeitgesetzes**	**2104**
	1. Persönlicher Geltungsbereich	2104
	2. Betrieblicher Geltungsbereich	2105
IV.	**Übergangsregelung für Tarifverträge und Betriebsvereinbarungen**	**2106**
V.	**Festlegung der Arbeitstage**	**2107**
	1. Einführung	2107
	2. Vertragliche Regelung der Arbeitstage	2108
	3. Festlegung und Änderung der Arbeitstage	2110
	4. Verbot der Sonn- und Feiertagsarbeit	2112
	a) Anwendungsbereich	2112
	b) Zeitlicher Umfang	2113
	5. Zulässige Sonn- und Feiertagsarbeit	2114
	a) Ausnahmetatbestände des Arbeitszeitgesetzes	2114
	b) Sonderregelung durch Tarifvertrag/Betriebsvereinbarung	2116
	c) Sonderregelung durch Rechtsverordnung	2117
	d) Ausnahmegenehmigung durch die Aufsichtsbehörde	2118
	e) Sonderregelung für Verkaufsstellen nach dem Ladenschlussgesetz	2120
	f) Außergewöhnliche Fälle	2121
	6. Verbot der Sonn- und Feiertagsarbeit in Bäckereien und Konditoreien	2122
	7. Verbot der Sonn- und Feiertagsarbeit für Jugendliche	2123
	8. Verbot der Sonn- und Feiertagsarbeit für werdende und stillende Mütter	2124
	9. Verbot der Beschäftigung an bestimmten Wochentagen	2125
	a) Einführung	2125
	b) Arbeitnehmer, die zulässige Sonn- und Feiertagsarbeit nach dem Arbeitszeitgesetz leisten	2126
	c) Arbeitnehmer, die zulässige Sonn- und Feiertagsarbeit nach dem Ladenschlussgesetz leisten	2127
	d) Jugendliche	2128
	e) Werdende und stillende Mütter	2131
	f) Arbeitnehmer im Gaststätten- und Beherbergungsgewerbe	2132
	10. Einführung der 4-Tage-Woche	2133
	a) Betriebe mit einer wöchentlichen Arbeitszeit von mehr als 40 Stunden	2133
	b) Betriebe mit einer wöchentlichen Arbeitszeit von 40 Stunden oder weniger	2134
VI.	**Festlegung der täglichen Arbeitszeitdauer**	**2135**
	1. Einführung	2135
	2. Vertragliche Regelung der täglichen Arbeitszeitdauer	2136
	3. Änderung der vertraglichen Arbeitszeit nach TzBfG	2139a
	4. Festlegung und Änderung der täglichen Arbeitszeitdauer	2140
	a) Direktionsrecht	2141
	b) Beteiligung des Betriebsrates	2142
	5. Begriff der Arbeitszeit	2143
	a) Beginn und Ende der Arbeitszeit	2144
	b) Wegezeiten/Dienstreisezeiten	2145
	c) Arbeitsbereitschaft/Bereitschaftsdienst	2149
	d) Pausen/Ruhezeiten	2154

	e) Beschäftigung an mehreren Stellen	2155
	f) Nachtarbeit	2156
6.	Gesetzliche Regelung der täglichen Arbeitszeitdauer	2157
	a) Grundsatz des 8-Stunden-Tages	2158
	b) Verlängerung der Arbeitszeit durch Ausgleich	2159
	c) Verlängerung der Arbeitszeit der Nachtarbeitnehmer durch Ausgleich	2162
	d) Verlängerung der Arbeitszeit aus anderen Gründen	2163
	e) Ausgleichsregelung durch Tarifvertrag/Betriebsvereinbarung	2164
7.	Schichtwechsel bei ununterbrochener Arbeit	2165
8.	Sonderregelungen für bestimmte Betriebe	2166
9.	Sonderregelungen für bestimmte Arbeitnehmer	2167
	a) Einführung	2167
	b) Werdende und stillende Mütter	2168
	c) Jugendliche	2169
	d) Kraftfahrer und Beifahrer	2174
	e) Nacht-/Schichtarbeitnehmer	2175

VII. Festlegung der Lage der täglichen Arbeitszeit — **2176**

1.	Einführung	2176
2.	Vertragliche Regelung der Lage der täglichen Arbeitszeit	2177
3.	Festlegung und Änderung der Lage der täglichen Arbeitszeit	2178
	a) Direktionsrecht	2179
	b) Beteiligung des Betriebsrates	2180
4.	Zulässige/unzulässige Beschäftigung mit Nachtarbeit	2182
	a) Nachtarbeitnehmer	2182
	b) Werdende und stillende Mütter	2187
	c) Jugendliche	2188
	d) Arbeitnehmer in Verkaufsgeschäften	2189
	e) Arbeitnehmer in Bäckereien und Konditoreien	2190
5.	Gesetzlich vorgeschriebene Ruhepausen	2191
	a) Einführung	2191
	b) Volljährige Arbeitnehmer	2192
	c) Jugendliche	2195
	d) Kraftfahrer und Beifahrer	2196
6.	Gesetzlich vorgeschriebene Ruhezeiten	2197
	a) Volljährige Arbeitnehmer	2197
	b) Werdende und stillende Mütter	2198
	c) Jugendliche	2199
	d) Arbeitnehmer in Krankenhäusern und ähnlichen Einrichtungen	2200
	e) Arbeitnehmer in Verkehrsbetrieben	2201
	f) Arbeitnehmer im Gaststätten- und Beherbergungsgewerbe/Sonstige	2202
	g) Kraftfahrer und Beifahrer	2203

VIII. Anordnung von Überstunden und Mehrarbeit — **2204**

1.	Einführung	2205
2.	Arbeitsvertragliche Voraussetzungen	2207
3.	Gesetzliche Zulässigkeitsvoraussetzungen	2208
	a) Verlängerung der Arbeitszeit durch Tarifvertrag/Betriebsvereinbarung	2209
	b) Verlängerung der Arbeitszeit durch die Aufsichtsbehörde	2210
	c) Verlängerung der Arbeitszeit in außergewöhnlichen Fällen	2211
	d) Sonderregelungen für Jugendliche und Mütter	2212
4.	Vergütungspflicht	2213
	a) Überstundengrundvergütung	2214
	b) Vergütungszuschlag	2215

	c)	Abgeltung von Überstunden durch Freizeitausgleich	2215a
	5.	Beteiligung des Betriebsrates	2216
IX.	**Anordnung von Kurzarbeit**		**2218**
	1.	Einführung	2218
	2.	Rechtsgrundlage als Zulässigkeitsvoraussetzung	2219
	a)	Tarifvertrag	2220
	b)	Betriebsvereinbarung	2221
	c)	Arbeitsvertrag	2222
	d)	Erlaubnis des Landesarbeitsamtes	2223
	e)	Sonderfall: Kurzarbeit bei Führungskräften	2224
	3.	Beteiligung des Betriebsrates	2225
	4.	Rechtsfolgen der Kurzarbeit	2226
	a)	Minderung der Vergütung	2227
	b)	Kurzarbeitergeld	2229
	c)	Anzeige-/Antragspflichten des Arbeitgebers	2230
	5.	Beendigung der Kurzarbeit	2233
X.	**Aushang- und Aufzeichnungspflichten**		**2234**
XI.	**Zeitumstellung: Sommer-/Winterzeit**		**2235**
XII.	**Gleitende Arbeitszeit**		**2236**
	1.	Einführung	2236
	2.	Vor- und Nachteile der gleitenden Arbeitszeit	2237
	3.	Formen der gleitenden Arbeitszeit	2238
	a)	Grundform der gleitenden Arbeitszeit	2238
	b)	Einfache gleitende Arbeitszeit	2239
	c)	Gleitende Arbeitszeit mit Zeitausgleich	2240
	4.	Behandlung von Ausfallzeiten durch Krankheit, Urlaub etc.	2244
	5.	Behandlung von Überstunden	2245
	6.	Beteiligung des Betriebsrates	2246
XIII.	**Weiterführende Literaturhinweise**		**2248**

I. Einführung

Es wurde bereits dargelegt, dass der Arbeitgeber in Ausübung seines **Direktionsrechtes** grundsätzlich berechtigt ist, den Arbeitsumfang näher zu bestimmen und die Arbeitstage, die tägliche Arbeitszeitdauer und die Lage der täglichen Arbeitszeit festzulegen (vgl. → Rz. 2018a). Maßgebend für die nähere Bestimmung der Zeiten, an denen der Arbeitnehmer seine Arbeitspflicht zu erfüllen hat, sind wiederum die getroffenen Regelungen in

- Arbeitsvertrag,
- Betriebsvereinbarung,
- Tarifvertrag oder
- Gesetz.

2100

II. Gesetzliche Regelung der Arbeitszeit

Zum **01.07.1994** sind die wesentlichen Teile des **Arbeitszeitrechtsgesetzes** (ArbZRG, BGBl I, S. 1170) in Kraft getreten. Wesentlicher Bestandteil des ArbZRG ist das **Arbeitszeitgesetz** (ArbZG).

2101

Damit ist dem Gesetzgeber endlich eine Novellierung des Arbeitszeitrechts gelungen, nachdem ähnliche Bemühungen in den vorherigen Legislaturperioden gescheitert waren.

Der Gesetzgeber hat mit der Neuregelung zum einen den im Einigungsvertrag festgelegten Auftrag umgesetzt, das öffentlich-rechtliche Arbeitszeitrecht möglichst bald einer **einheitlichen Regelung** zuzuführen. Zum anderen sind einige vom Bundesverfassungsgericht gerügte Regelungen zum Hausarbeitstagsgesetz und zum Nachtarbeitsverbot für Arbeiterinnen verfassungskonform bereinigt worden. Abzuwarten bleibt jedoch, ob es darüber hinaus gelungen ist, die EG-Richtlinie 93/104/EG vom 23.11.1993 über bestimmte Aspekte der Arbeitszeitgestaltung vollständig umzusetzen. Offen bleibt auch die Frage, ob die nunmehr vermehrt vorgesehenen Ausnahmen vom fortbestehenden grundsätzlichen Verbot der Sonn- und Feiertagsarbeit einer verfassungsrechtlichen Überprüfung standhalten werden.

2102 Mit dem Arbeitszeitrechtsgesetz sind gleichzeitig die **bis dahin bestehenden gesetzlichen Regelungen zur Arbeitszeit aufgehoben worden**, insbesondere die Arbeitszeitordnung (AZO) von 1938, die Vorschriften zur Sonn- und Feiertagsruhe in der Gewerbeordnung (GewO) sowie weitere 26 Nebengesetze.

Der **Zweck des Arbeitszeitgesetzes** ist es,

- die Sicherheit und den Gesundheitsschutz der Arbeitnehmer bei der Arbeitszeitgestaltung zu gewährleisten und die Rahmenbedingungen für flexible Arbeitszeiten zu verbessern sowie
- den Sonntag und die staatlich anerkannten Feiertage als Tage der Arbeitsruhe und der seelischen Erhebung der Arbeitnehmer zu schützen (§ 1 ArbZG).

Die gesetzliche Regelung beinhaltet im Wesentlichen:

- Das **Verbot der Sonn- und Feiertagsarbeit** sowie die Ausnahmen hiervon (§§ 9 ff. ArbZG). Die **höchstzulässige tägliche Arbeitszeitdauer** (§ 3 ArbZG).
- **Einheitliche Ruhepausen und Ruhezeiten** für weibliche und männliche Arbeitnehmer (§§ 4, 5 ArbZG).
- **Zulässigkeit und Voraussetzungen von Nacht- und Schichtarbeit** (§ 6 ArbZG).
- **Zulässigkeit abweichender Regelungen** durch Tarifvertrag, Betriebsvereinbarung, Rechtsverordnung sowie Genehmigung der Aufsichtsbehörde.

2103 Die gesetzliche Neuregelung lässt eine flexiblere Gestaltung der Arbeitszeit zu. Erleichterungen wird es insbesondere auch mit sich bringen, dass zukünftig bei der Gestaltung von Arbeitszeiten nicht mehr zwischen weiblichen und männlichen Arbeitnehmern unterschieden werden muss.

Allerdings sind weiterhin die Schutzvorschriften zugunsten von Jugendlichen und werdenden und stillenden Müttern zu beachten. Insgesamt bleibt zu hoffen, dass durch die erfolgte Modernisierung der Arbeitszeitvorschriften ein wirksamer Beitrag zur Sicherung der Beschäftigung und zur Erhaltung der Konkurrenzfähigkeit der Deutschen Wirtschaft gegenüber dem Ausland erbracht wurde.

Bei allen Streit- und Auslegungsfragen in Anwendung der neuen gesetzlichen Regelung wird der o.g. und vom Gesetz selbst definierte **Zweck des Arbeitszeitgesetzes** zu berücksichtigen sein. Es spricht viel dafür, dass bei widerstreitenden Arbeitgeber- und Arbeitnehmerinteressen im Zweifel zugunsten des Gesundheitsschutzes und des Ruhebedürfnisses der Arbeitnehmer zu entscheiden sein wird.

Die zunehmende Inanspruchnahme der Möglichkeiten zur Arbeitszeitflexibilisierung und der hieraus resultierende Regelungsbedarf haben den Gesetzgeber veranlasst, mit dem **Gesetz zur sozialrechtlichen Absicherung flexibler Arbeitszeitregelungen** (Flexi-Gesetz) vom 06.04.1998 (BGBl. I, S. 680) eine Verbesserung der gesetzlichen Rahmenbedingungen für die Vereinbarung von Arbeitszeitkonten zu schaffen. Das neue Gesetz regelt insbesondere die Auswirkungen einer flexiblen Arbeitszeitvereinbarung auf den Sozialversicherungsschutz (Kranken-, Arbeitslosen-, Rentenversicherung, etc.). Bei allen Regelungen zur Arbeitszeitflexibilisierung wird das vorgenannte Gesetz heranzuziehen und zu beachten sein. Außerdem bringt das Gesetz eine Novellierung des Altersteilzeitgesetzes.

III. Geltungsbereich des Arbeitszeitgesetzes

1. Persönlicher Geltungsbereich

Das Arbeitszeitgesetz gilt grundsätzlich für alle Arbeitnehmer. Arbeitnehmer im Sinne dieses Gesetzes sind Arbeiter und Angestellte sowie die zu ihrer Berufsbildung Beschäftigten (§ 2 Abs. 2 ArbZG).

2104

Ausgenommen vom Geltungsbereich des Gesetzes sind jedoch

- leitende Angestellte i.S.d. § 5 Abs. 3 BetrVG sowie Chefärzte,
- Leiter von öffentlichen Dienststellen und deren Vertreter sowie Arbeitnehmer im öffentlichen Dienst, die zu selbständigen Entscheidungen in Personalangelegenheiten befugt sind,
- Arbeitnehmer, die in häuslicher Gemeinschaft mit den ihnen anvertrauten Personen zusammenleben und sie eigenverantwortlich erziehen, pflegen oder betreuen,
- der liturgische Bereich der Kirchen und Religionsgemeinschaften (§ 18 ArbZG).

Für die Beschäftigung von Personen unter 18 Jahren gilt anstelle des Arbeitszeitgesetzes das Jugendarbeitsschutzgesetz (JArbSchG).

Sonderregelungen bestehen auch für Seeleute und Arbeitnehmer in Bäckereien und Konditoreien. Eingeschränkte Sonderregelungen sieht das Gesetz für die Beschäftigten im öffentlichen Dienst, in der Luftfahrt sowie in der Binnenschifffahrt vor (vgl. §§ 19, 20, 21 ArbZG). Die bislang geltenden Ausnahmetatbestände in § 1 Abs. 2 AZO finden keine Anwendung mehr.

2. Betrieblicher Geltungsbereich

Dem Geltungsbereich des Arbeitszeitgesetzes unterfallen grundsätzlich auch alle Betriebe.

2105

Die vom Geltungsbereich der alten Arbeitszeitordnung ausgenommenen land- und forstwirtschaftlichen Betriebe, die Jagd, die Tierzucht und die für den eigenen Bedarf arbeitenden land- und forstwirtschaftlichen Nebenbetriebe unterliegen vom 01.07.1994 an in vollem Umfang der neuen gesetzlichen Regelung.

Auf die Sonderregelungen für Seeleute, Beschäftigte in der Luft- und Binnenschifffahrt wurde bereits hingewiesen (vgl. → Rz. 2104).

IV. Übergangsregelung für Tarifverträge und Betriebsvereinbarungen

2106   Bei Inkrafttreten des neuen Arbeitszeitgesetzes am 01.07.1994 **bestehende oder nachwirkende Tarifverträge** bleiben anwendbar, soweit sie eine nach der neuen gesetzlichen Regelung zulässige Ausdehnung der Arbeitszeit sowie der Beschäftigung an Sonn- und Feiertagen enthalten (§ 25 ArbZG). Gleiches gilt für durch Tarifvertrag zugelassene **Betriebsvereinbarungen**.

Wirksam bleiben auch tarifvertragliche Regelungen, in denen für die Beschäftigung an Feiertagen anstelle der nunmehr gesetzlich geforderten Freistellung (§ 11 Abs. 3 ArbZG) ein Zuschlag gewährt wird. Unterfällt der Betrieb des Arbeitgebers dem Anwendungsbereich eines Tarifvertrages oder bestehen entsprechende Betriebsvereinbarungen, wird also immer zunächst zu überprüfen sein, inwieweit diese aufgrund der vorstehend genannten Übergangsregelung weiterhin Anwendung finden.

V. Festlegung der Arbeitstage

1. Einführung

2107   Der Arbeitgeber ist aufgrund seines Direktionsrechtes grundsätzlich auch berechtigt, im Rahmen der vertraglichen und gesetzlichen Bestimmungen die Arbeitszeit auf die einzelnen Wochentage zu verteilen und damit die Arbeitstage des Arbeitnehmers festzulegen. Wesentliche Einschränkungen ergeben sich dabei insbesondere aus einem Mitbestimmungsrecht des Betriebsrates. Darüber hinaus ist zu beachten, dass nach den gesetzlichen Vorschriften an bestimmten Tagen ein Beschäftigungsverbot besteht.

2. Vertragliche Regelung der Arbeitstage

2108   Regelungen über die Tage, an denen der Arbeitnehmer die geschuldete Arbeitsleistung zu erbringen hat, sind in **Arbeitsverträgen** häufig nicht enthalten. Regelmäßig ist nur vereinbart, dass der Arbeitnehmer eine bestimmte Wochenstundenzahl zu erbringen hat (→ Rz. 1690). In vielen Fällen sind jedoch Vereinbarungen über die Arbeitstage in einem **Tarifvertrag** enthalten. Soweit solche Regelungen bestehen, sind sie für die Arbeitsvertragsparteien verbindlich. Abweichende einzelvertragliche Vereinbarungen sind nur dann anwendbar, wenn sie für den Arbeitnehmer günstiger sind (§ 4 Abs. 3 TVG).

Fehlen dagegen sowohl im Arbeitsvertrag als auch in einem Tarifvertrag entsprechende Regelungen, so gelten im Zweifel die **betriebsüblichen Arbeitstage** als vereinbart. In Betrieben mit einem Betriebsrat hat dieser bei der Verteilung der Arbeitszeit auf die einzelnen Wochentage und damit auch bei der Festlegung der betriebsüblichen Arbeitstage ein Mitbestimmungsrecht (§ 87 Abs. 1 Nr. 2 BetrVG). Regelmäßig werden daher die betriebsüblichen Arbeitstage im Rahmen einer **Betriebsvereinbarung** festgelegt sein. Deren Inhalt gilt dann unmittelbar und zwingend auch zwischen den Arbeitsvertragsparteien (s. § 77 Abs. 4 Satz 1 BetrVG).

3. Festlegung und Änderung der Arbeitstage

Der Arbeitgeber ist bei der Festlegung der Arbeitstage an die anwendbaren vertraglichen Bestimmungen sowie an die Festlegungen einer entsprechenden Betriebsvereinbarung gebunden. Zu einer hiervon abweichenden Festlegung der Arbeitstage ist er nicht berechtigt.

2110

Arbeits- oder tarifvertragliche Regelungen können wiederum nur durch Arbeits- oder Tarifvertrag geändert werden. Sollen die betriebsüblichen Arbeitstage verändert werden, so bedarf es hierfür in Betrieben mit einem Betriebsrat des **Abschlusses einer neuen Betriebsvereinbarung**. Hatte der Betriebsrat zuvor der Festlegung der Arbeitstage lediglich formlos zugestimmt, so ist auch für eine erneute Änderung zumindest die Zustimmung des Betriebsrates erforderlich.

Bestehen keine ausdrücklichen Regelungen und ist ein Betriebsrat nicht vorhanden, kann der Arbeitgeber die betriebsüblichen Arbeitstage einseitig kraft seines **Direktionsrechtes** festlegen und auch ändern, wenn dies aus betrieblichen Gründen erforderlich ist. Dabei hat der Arbeitgeber jedoch die **Grenzen billigen Ermessens** einzuhalten (§ 315 BGB). Der Arbeitnehmer ist dann verpflichtet, an den geänderten Arbeitstagen seine Arbeitsleistung zu erbringen.

Dies gilt auch für die Einführung von **Samstagsarbeit**. Hierin liegt eine unternehmerische Entscheidung, die an sich einen billigenswerten Anlass zur Änderung von Arbeitsbedingungen darstellen kann *(BAG 18.12.1997, EzA § 2 KSchG Nr. 28)*. Eine solche Entscheidung ist nicht auf ihre unternehmerische Rechtfertigung und Zweckmäßigkeit, sondern nur darauf zu überprüfen, ob sie offenbar unsachlich, willkürlich oder unvernünftig ist. Bei der Einführung von Samstagsarbeit wird allerdings immer zu beachten sein, dass allen Arbeitnehmern des Betriebes dieselben Freizeitmöglichkeiten verbleiben (vgl. unten → Rz. 2179).

4. Verbot der Sonn- und Feiertagsarbeit

a) Anwendungsbereich

Das Verbot der Beschäftigung von Arbeitnehmern an Sonn- und Feiertagen gilt nunmehr für alle Beschäftigungsbereiche (§§ 9, 18 ArbZG). Die Beschränkung des Verbots der Sonn- und Feiertagsarbeit auf die im alten § 105 b GewO genannten Gewerbebetriebe ist weggefallen.

2112

Der Arbeitgeber ist durch das Verbot der Beschäftigung von Arbeitnehmern an Sonn- und Feiertagen jedoch nicht gehindert, den Betrieb ohne Arbeitnehmer an Sonn- und Feiertagen aufrechtzuerhalten. Allerdings stellen die Feiertagsvorschriften der Länder vielfach Arbeitsverbote für alle öffentlich bemerkbaren Arbeiten auf, die geeignet sind, die äußere Ruhe des Sonn- oder Feiertages zu stören!

b) Zeitlicher Umfang

2113 An Sonn- und gesetzlichen Feiertagen dürfen Arbeitnehmer von 00.00 Uhr bis 24.00 Uhr nicht beschäftigt werden (§ 9 Abs. 1 ArbZG).

Unter **Feiertagen** im Sinne der Verbotsvorschrift sind die **gesetzlichen Feiertage** zu verstehen (vgl. die Übersicht über die gesetzlichen Feiertage unter → Rz. 2823).

In **mehrschichtigen Betrieben** mit regelmäßiger Tag- und Nachtschicht gelten Erleichterungen. Dort kann der Beginn oder das Ende der Sonn- und Feiertagsruhe um bis zu 6 Stunden vor- oder zurückverlegt werden, wenn für die auf den Beginn der Ruhezeit folgenden 24 Stunden der Betrieb ruht (§ 9 Abs. 2 ArbZG). In diesen Betrieben darf also an einem Sonn- oder Feiertag entweder bis 06.00 Uhr oder ab 18.00 Uhr gearbeitet werden. Voraussetzung ist allerdings, dass ab 06.00 Uhr der Betrieb für 24 Stunden ruht bzw. vor 18.00 Uhr 24 Stunden geruht hat. Im Gegensatz zur bisherigen Regelung, wenn zwei Sonn- und Feiertage aufeinanderfolgen, ist nunmehr dem Arbeitnehmer in diesen Fällen eine **48-stündige Ruhezeit** zu gewähren. Die Beschränkung der Ruhezeit auf 36 Stunden ist nicht mehr zulässig.

Eine **Ausnahme** vom Grundsatz der Sonn- und Feiertagsruhe lässt das neue ArbZG für **Kraftfahrer und Beifahrer** zu. Für diese Arbeitnehmer kann der Beginn der 24-stündigen Sonn- und Feiertagsruhe um bis zu 2 Stunden vorverlegt werden (§ 9 Abs. 3 ArbZG). Damit hat der Gesetzgeber dem bekannten »Sonntagsfahrverbot« (Fahrverbot an Sonn- und Feiertagen von 00.00 Uhr bis 22.00 Uhr) Rechnung getragen.

Zuwiderhandlungen gegen das Verbot der Sonn- und Feiertagsarbeit können als **Ordnungswidrigkeit** und auch als Straftat geahndet werden (§§ 22, 23 ArbZG).

5. Zulässige Sonn- und Feiertagsarbeit

a) Ausnahmetatbestände des ArbZG

2114 In § 10 Abs. 1 ArbZG sind insgesamt 16 Ausnahmetatbestände geregelt, bei deren Vorliegen die Beschäftigung von Arbeitnehmern an Sonn- und Feiertagen zulässig ist.

Notwendige Voraussetzung einer zulässigen Beschäftigung an Sonn- und Feiertagen ist immer, **dass die Arbeiten nicht an Werktagen vorgenommen werden können**. Nur wenn das der Fall ist, kann die Beschäftigung von Arbeitnehmern an Sonn- und Feiertagen aufgrund eines der nachfolgend im gesetzlichen Wortlaut wiedergegebenen Ausnahmetatbestandes zulässig sein. Arbeitnehmer dürfen danach an Sonn- und Feiertagen abweichend vom Grundsatz der Sonn- und Feiertagsruhe beschäftigt werden

- in Not- und Rettungsdiensten sowie bei der Feuerwehr,
- zur Aufrechterhaltung der öffentlichen Sicherheit und Ordnung sowie der Funktionsfähigkeit von Gerichten und Behörden für Zwecke der Verteidigung,
- in Krankenhäusern und anderen Einrichtungen zur Behandlung, Pflege und Betreuung von Personen,
- in Gaststätten und anderen Einrichtungen zur Bewirtung und Beherbergung sowie im Haushalt,
- bei Musikaufführungen, Theatervorstellungen, Filmvorführungen, Schaustellungen, Darbietungen und anderen ähnlichen Veranstaltungen
- bei nichtgewerblichen Aktionen und Veranstaltungen der Kirchen, Religionsgesellschaften, Verbände, Vereine, Parteien und anderer ähnlicher Vereinigungen
- beim Sport und in Freizeit-, Erholungs- und Vergnügungseinrichtungen, beim Fremdenverkehr sowie in Museen und wissenschaftlichen Präsenzbibliotheken,
- beim Rundfunk, bei der Tages- und Sportpresse, bei Nachrichtenagenturen sowie bei den der Tagesaktualität dienenden Tätigkeiten für andere Presseerzeugnisse einschließlich des Austragens, bei der Herstellung von Satz, Filmen und Druckformen für tagesaktuelle Nachrichten und Bilder, bei tagesaktuellen Aufnahmen auf Ton- und Bildträger sowie beim Transport und Kommissionieren von Presseerzeugnissen, deren Ersterscheinungstag am Montag oder am Tag nach einem Feiertag liegt,
- bei Messen, Ausstellungen und Märkten i.S.d. Titels IV der Gewerbeordnung sowie bei Volksfesten,
- in Verkehrsbetrieben sowie beim Transport und Kommissionieren von leichtverderblichen Waren i.S.d. § 30 Abs. 3 Nr. 2 der Straßenverkehrsordnung,
- in den Energie- und Wasserversorgungsbetrieben sowie in Abfall- und Abwasserentsorgungsbetrieben,
- in der Landwirtschaft und in der Tierhaltung sowie in Einrichtungen zur Behandlung und Pflege von Tieren,
- im Bewachungsgewerbe und bei der Bewachung von Betriebsanlagen,
- bei der Reinigung und Instandhaltung von Betriebseinrichtungen, soweit hierdurch der regelmäßige Fortgang des eigenen oder eines fremden Betriebs bedingt ist, bei der Vorbereitung der Wiederaufnahme des vollen werktägigen Betriebs sowie bei der Aufrechterhaltung der Funktionsfähigkeit von Datennetzen und Rechnersystemen,
- zur Verhütung des Verderbens von Naturerzeugnissen oder Rohstoffen oder des Misslingens von Arbeitsergebnissen sowie bei kontinuierlich durchzuführenden Forschungsarbeiten,
- zur Vermeidung einer Zerstörung oder erheblichen Beschädigung der Produktionseinrichtungen.

Soweit das Vorliegen eines solchen Ausnahmentatbestandes nicht eindeutig ist, ist der betrieblichen Praxis zu empfehlen, die Zulässigkeit der Beschäftigung an Sonn-/und Feiertagen **durch die Aufsichtsbehörde feststellen** zu lassen (vgl. § 13 Abs. 3 Nr. 1 ArbZG).

Zur Klagebefugnis von Arbeitnehmern gegen eine solche Feststellung vgl. unten → Rz. 2119.

2115 Über den vorstehend unter Punkt 14 genannten Ausnahmetatbestand hinaus dürfen Arbeitnehmer an Sonn- und Feiertagen auch dann mit Produktionsarbeiten beschäftigt werden, wenn infolge der Unterbrechung der unter Punkt 14 zulässigen Arbeiten der **Einsatz von mehr Arbeitnehmern als bei durchgehender Produktion erforderlich ist** (§ 10 Abs. 2 ArbZG).

BEISPIEL:

Für die Aufrechterhaltung der Produktion sind 10 Arbeitnehmer erforderlich. Bei Stillegung der Produktion sind jeweils 12 Arbeitnehmer erforderlich, um die betrieblichen Anlagen so vorzubereiten, damit am folgenden Arbeitstag die Produktion wieder aufgenommen werden kann. In diesem Fall ist der Arbeitgeber berechtigt, die Produktion auch am Sonn- oder Feiertag fortzusetzen und an diesen Tagen Arbeitnehmer zu beschäftigen.

Die Regelung soll zu einer Reduzierung der Zahl der von Sonn- und Feiertagsarbeit betroffenen Arbeitnehmer beitragen.

Auch in den Fällen, in denen aufgrund der betrieblichen Voraussetzungen die Beschäftigung von Arbeitnehmern an Sonn- und Feiertagen zulässig ist, müssen für jeden Arbeitnehmer **mindestens 15 Sonntage im Jahr beschäftigungsfrei** bleiben. Außerdem muss den Arbeitnehmern innerhalb eines bestimmten Zeitraumes ein **Ersatzruhetag** gewährt werden (vgl. § 11 ArbZG, → Rz. 2126).

b) Sonderregelung durch Tarifvertrag/Betriebsvereinbarung

2116 In einem Tarifvertrag oder aufgrund eines Tarifvertrags in einer Betriebsvereinbarung können von den gesetzlichen Vorschriften abweichende Regelungen getroffen werden (§ 12 ArbZG).

So kann der Wegfall von **Ersatzruhetagen** (vgl. → Rz. 2126) für auf Werktage fallende Feiertage vereinbart werden oder aber der Ausgleichszeitraum, in dem ein Ersatzruhetag zu gewähren ist, verkürzt oder verlängert werden. Für bestimmte Betriebe ist auch eine Verringerung der beschäftigungsfrei zu haltenden Sonntage möglich. In **vollkontinuierlichen Schichtbetrieben** kann die Arbeitszeit an Sonn- und Feiertagen auf bis zu 12 Stunden verlängert werden, wenn dadurch zusätzliche freie Schichten an Sonn- und Feiertagen erreicht werden. Hier ist den Tarifvertragsparteien und – soweit ein Tarifvertrag entsprechende Betriebsvereinbarungen zulässt – auch dem Arbeitgeber und dem Betriebsrat erheblicher Gestaltungsspielraum zugewiesen. Inwieweit dieser genutzt wird, bleibt abzuwarten.

c) Sonderregelung durch Rechtsverordnung

2117 Das ArbZG ermöglicht es der Bundesregierung, durch Rechtsverordnung die Ausnahmen vom Verbot der Sonn- und Feiertagsarbeit näher zu bestimmen und weitere Ausnahmen für bestimmte Betriebe zuzulassen (§ 13 Abs. 1 ArbZG). Unter bestimmten Voraussetzungen können auch die Landesregierungen ermächtigt sein, entsprechende Rechtsverordnungen zu erlassen (vgl. § 13 Abs. 2 ArbZG).

Die bislang für die **Papier- sowie für die Eisen- und Stahlindustrie** erlassenen Rechtsverordnungen (Verordnung über Ausnahmen vom Verbot der Beschäftigung von Arbeitnehmern an Sonn- und Feiertagen in der Papierindustrie bereinigte Fassung *BGBl. III unter Nr. 7107 – 5*; Verordnung über die Ausnahmen vom Verbot der Beschäftigung von Arbeitnehmern an Sonn- und Feiertagen in der Eisen- und Stahlindustrie in der Fassung der Bekanntmachung vom 31. Juli 1968, *BGBl. I, S. 886*; beide Verordnungen zuletzt geändert im ArbZRG) gelten weiterhin. Die Verordnungen enthalten umfangreiche Regelungen über die Zulässigkeit von Sonn- und Feiertagsarbeit, auf die hier allerdings nicht im Einzelnen eingegangen werden kann.

Für sog. **kontinuierliche Betriebe** und für Saisonbetriebe waren bis zum 01.07.1994 in der Bekanntmachung betreffend Ausnahmen vom Verbot der Sonntagsarbeit in Gewerbebetrieben (*BGBl. III Nr. 7107 – 3*) weitere Ausnahmen vom Verbot der Sonn- und Feiertagsarbeit zugelassen. Diese Ausnahmen gelten nicht mehr. Das ArbZRG hat die Bekanntmachung außer Kraft gesetzt.

d) Ausnahmegenehmigung durch die Aufsichtsbehörde

Die Aufsichtsbehörde (regelmäßig das Gewerbeaufsichtsamt) kann weitere Ausnahmen vom Verbot der Sonn- und Feiertagsarbeit zulassen.

2118

Für das **Handelsgewerbe** kann das Gewerbeaufsichtsamt an bis zu 10 Sonn- und Feiertagen im Jahr, an denen besondere Verhältnisse einen erweiterten Geschäftsverkehr erforderlich machen, eine Beschäftigung zulassen (§ 13 Abs. 3 Nr. 2 a ArbZG). Da diese Regelung jedoch an den Wortlaut des alten § 105 b Abs. 2 Satz 2 GewO anknüpft, wird dieser Ausnahmetatbestand auch in Zukunft nur in ganz seltenen Ausnahmefällen zur Anwendung kommen.

BEISPIEL:
Betriebe des Sahne-Großhandels, die an Sonn- und Feiertagen Sahne an Verbraucher abgeben.

Ferner kann an bis zu 5 Sonn- und Feiertagen im Jahr eine Beschäftigung von Arbeitnehmern bewilligt werden, wenn besondere Verhältnisse zur Verhütung eines unverhältnismäßigen Schadens dies erfordern (§ 13 Abs. 3 Nr. 2b ArbZG).

BEISPIEL:
Drohende Vertragsstrafe, aber auch entgehender Gewinn.

Entscheidend ist, dass der drohende Schaden unverhältnismäßig groß in Relation zur Beeinträchtigung der Sonntagsruhe erscheint.

Nach der bis zum 01.07.1994 geltenden gesetzlichen Regelung war es ohne weiteres zulässig, an einem Sonntag Arbeitnehmer zur Durchführung von Arbeiten einer **gesetzlich vorgeschriebenen Inventur** zu beschäftigen. Nach der neuen gesetzlichen Regelung im ArbZG muss dies nunmehr ausdrücklich vom Arbeitgeber beantragt und von der Aufsichtsbehörde bewilligt werden (§ 13 Abs. 3 Nr. 2c ArbZG).

Die Aufsichtsbehörde soll Sonn- und Feiertagsarbeit auch bei Arbeiten bewilligen, die aus chemischen, biologischen, technischen oder physikalischen Gründen einen ununterbrochenen Fortgang auch an Sonn- und Feiertagen erfordern (§ 13 Abs. 4 ArbZG).

2119 Schließlich hat die Aufsichtsbehörde Sonn- und Feiertagsarbeit auch dann zu bewilligen, wenn bei einer weitergehenden Ausnutzung der gesetzlich zulässigen wöchentlichen Betriebszeiten und bei längeren Betriebszeiten im Ausland die **Konkurrenzfähigkeit unzumutbar beeinträchtigt** ist und durch die Genehmigung von Sonn- und Feiertagsarbeit die **Beschäftigung gesichert** werden kann (§ 13 Abs. 5 ArbZG).

Diese Regelung stellt eine absolute Neuerung dar. Die Bundesvereinigung der Arbeitgeberverbände sieht insbesondere hierin eine erhebliche Verbesserung der Flexibilisierung der Arbeitszeiten an Sonn- und Feiertagen. Die Vorschrift ist vom Wortlaut her so formuliert, dass der Arbeitgeber bei Vorliegen der Voraussetzungen einen **Anspruch auf die Bewilligung** hat. Die Voraussetzungen selbst sind jedoch überwiegend durch sog. unbestimmte Rechtsbegriffe (z.B. unzumutbar) definiert, so dass Probleme bei der Umsetzung der Norm vorprogrammiert sind.

Will ein Arbeitgeber einen solchen Antrag auf Bewilligung der Beschäftigung von Arbeitnehmern an Sonn- und Feiertagen mit Aussicht auf Erfolg stellen, so wird er darzulegen haben,

- erhebliche Beeinträchtigung der Konkurrenzfähigkeit im Vergleich zum Ausland durch zu kurze Maschinenlaufzeiten,
- Beseitigung der Wettbewerbsnachteile durch die Erlaubnis der Sonn- und Feiertagsarbeit,
- Sicherung der Beschäftigung durch die Genehmigung von Sonn- und Feiertagsarbeit.

Schon jetzt steht zu erwarten, dass dieser Ausnahmetatbestand weiterhin Gegenstand gerichtlicher Auseinandersetzungen werden wird. In einer ersten rechtskräftigen Entscheidung zu diesem Ausnahmetatbestand hat ein Verwaltungsgericht *(VG Arnsberg 11.12.1996, DB 1997, 580)* entschieden, dass

- die zuständige Behörde bei Vorliegen der gesetzlichen Voraussetzungen die Ausnahmebewilligung für die Beschäftigung von Arbeitnehmern grundsätzlich im Hinblick auf sämtliche Sonn- und Feiertage zu erteilen hat,
- es in der Regel nicht zulässig ist, die sog. »hohen Feiertage« von einer Bewilligung auszunehmen,
- die zuständige Behörde grundsätzlich nicht berechtigt ist, die Ausnahmebewilligung mit einer auflösenden Bedingung des Inhaltes zu versehen, dass die Bewilligung erlischt, falls es in dem betroffenen Produktionsbereich zu einer betriebsbedingten Kündigung kommt.

Ob sich diese, der betrieblichen Praxis entgegenkommende Rechtsprechung durchsetzt, bleibt abzuwarten.

Im Zusammenhang mit einer Feststellung nach § 13 Abs. 3 Nr. 1 ArbZG (vgl. oben → Rz. 2114) hat die Rechtsprechung jedenfalls entschieden, dass einem solchen Bescheid **keine** Anordnung über die Beschäftigungszeit unter Berücksichtigung der für den öffentlichen Gottesdienst bestimmten Zeiten beigefügt werden darf. Dabei wurde allerdings auch entschieden, dass Arbeitnehmer, die arbeitsvertraglich an Sonn-/ und Feiertagen beschäftigt werden dürfen, befugt sind, gegen eine auf Antrag des Arbeitgebers ergangene behördliche Feststellung zu klagen, dass eine Beschäftigung von Arbeitnehmern an Sonn-/ und Feiertagen zulässig ist (*BVerwG 19.09.2000, EzA § 10 ArbZG Nr. 1*). Es spricht einiges dafür, dass eine derartige Klagebefugnis der Arbeitnehmer auch gegenüber sonstigen Feststellungen/Bewilligungen der Zulässigkeit von Sonn-/ und Feiertagsarbeit gegeben ist.

e) Sonderregelung für Verkaufsstellen nach dem Ladenschlussgesetz

Von der gesetzlichen Neuregelung des ArbZRG weitgehend unberührt geblieben sind die Sonderregelungen für Verkaufsstellen nach dem Ladenschlussgesetz. Diese Sonderregelungen gelten weiterhin. Sie sind von der Änderung des Ladenschlussgesetzes zum 01.11.1996 **nur unwesentlich** betroffen.

2120

Verkaufsstellen im Sinne des Ladenschlussgesetzes sind Ladengeschäfte aller Art sowie sonstige Verkaufsstände, wenn in ihnen von einer festen Stelle aus Waren zum Verkauf an jedermann angeboten werden (vgl. § 1 LadSchlG).

Ausnahmeregelungen von den allgemeinen Ladenschlusszeiten gelten u.a. für **Apotheken, Tankstellen, Verkaufsstellen auf Personenbahnhöfen sowie Flug- und Fährhäfen** (vgl. §§ 4 bis 15 LadSchlG).

Soweit nach diesen Ausnahmeregelungen auch die Öffnung der Verkaufsstellen an Sonn- und Feiertagen zulässig ist, dürfen auch Arbeitnehmer an diesen Tagen während dieser Öffnungszeiten beschäftigt werden (§ 17 Abs. 1 LadSchlG).

Ist die Beschäftigung danach an Sonntagen zulässig, muss jeder dritte Sonntag beschäftigungsfrei bleiben. Darüber hinaus hat der Arbeitgeber die betroffenen Arbeitnehmer, gestaffelt nach ihrer Beschäftigungszeit an Sonn- und Feiertagen, an einem Werktag derselben Woche von der Arbeit teilweise oder ganz freizustellen (§ 17 Abs. 3 LadSchlG), vgl. → Rz. 2127.

f) Außergewöhnliche Fälle

Das Verbot der Sonn- und Feiertagsarbeit gilt nicht bei vorübergehenden Arbeiten in Notfällen und in außergewöhnlichen Fällen, die unabhängig vom Willen der Betroffenen eintreten und deren Folgen nicht auf andere Weise zu beseitigen sind (§ 14 Abs. 1 ArbZG).

2121

BEISPIEL:

Tierkörperbeseitigung während der warmen Jahreszeit, Beseitigung von Schäden an Kanalisations- und Wasserleitungssystemen.

Ein Notfall liegt aber nicht vor, wenn die Sonn- oder Feiertagsarbeit auf durch **mangelnde Kapazität** des Betriebes verursachte Schwierigkeiten zurückzuführen ist, alle eingegangenen Aufträge fristgerecht zu erledigen. Zulässig ist Sonn- und Feiertagsarbeit jedenfalls dann, wenn andernfalls Rohstoffe oder Lebensmittel zu verderben oder Arbeitsergebnisse zu misslingen drohen.

BEISPIEL:

Ausfall eine Kühlanlage. Die im Kühlraum gelagerten Lebensmittel müssen in einen anderen Kühlraum umgelagert werden.

In diesem Fall wird der Arbeitgeber ohne weiteres berechtigt sein, seine Arbeitnehmer auch an einem Sonn- oder Feiertag zwecks Ausführung der erforderlichen Arbeiten zu beschäftigen.

Auf einen Notfall wird sich ein Arbeitgeber aber nur dann berufen können, wenn die durchgeführten Arbeiten nicht an Werktagen vorgenommen werden können.

6. Verbot der Sonn- und Feiertagsarbeit in Bäckereien und Konditoreien

2122 Für Bäckereien und Konditoreien ergab sich das Verbot der Sonn- und Feiertagsarbeit aus § 6 Abs. 1 des Gesetzes über die Arbeitszeit in Bäckereien und Konditoreien (BAZG, BGBl. III unter Nr. 8050-8).

Das BAZG ist mit Inkrafttreten des Gesetzes zur Änderung des Gesetzes über den Ladenschluss und zur Neuregelung der Arbeitszeit in Bäckereien und Konditoreien (BGBl. I, S. 1186) am **01.11.1996 außer Kraft** getreten. Regelungen zur Arbeitszeit in Bäckereien und Konditoreien sind nunmehr in das ArbZG und das LadSchlG aufgenommen worden. Nunmehr folgt das Verbot der Sonn- und Feiertagsarbeit auch für Bäckereien und Konditoreien unmittelbar aus dem ArbZG.

Abweichend von diesem Verbot dürfen an Sonn- und Feiertagen

- Arbeitnehmer in Bäckereien und Konditoreien für bis zu **3 Stunden** mit der Herstellung und dem Austragen oder Ausfahren von Konditorwaren und an diesem Tag zum Verkauf kommenden Bäckerwaren beschäftigt werden (§ 10 Abs. 3 ArbZG)
- Verkaufsstellen von Betrieben, die Bäcker- oder Konditorwaren herstellen, für die Dauer von **3 Stunden** geöffnet haben (§ 1 Abs. 1 Nr. 2 der Verordnung über den Verkauf bestimmter Waren an Sonn- und Feiertagen; *BGBl. III unter Nr. 8050 – 20-2*).

Bäckereien und Konditoreien können jetzt also auch an Sonn- und Feiertagen ihre Backwaren verkaufen. Die Arbeitgeber des Bäckerei- und Konditoreigewerbes sind nunmehr auch entgegen der bisherigen Regelung (§ 7 Abs. 1 BAZG) frei, die Zeiten der Herstellung und des Verkaufs nach den betrieblichen Gegebenheiten festzulegen, sofern die Beschäftigungs-/Öffnungszeit von 3 Stunden nicht überschritten wird.

7. Verbot der Sonn- und Feiertagsarbeit für Jugendliche

Achtung! Änderung des Jugendarbeitsschutzgesetzes (JArbSchG) ab 01.03.1997: Jugendlicher ist nunmehr, wer 15 (früher 14), aber noch nicht 18 Jahre alt ist (§ 2 Abs. 2 JArbSchG; zum Verbot der Beschäftigung von Kindern unter 15 Jahren vgl. §§ 5, 7 JArbSchG). Jugendliche dürfen an Sonn- und Feiertagen grundsätzlich nicht beschäftigt werden, und zwar auch dann nicht, wenn nach den zuvor beschriebenen Ausnahmeregelungen die Arbeit in dem Betrieb an diesem Tag zulässig ist (§§ 17 Abs. 1, 18 Abs. 1 JArbSchG).

2123

Aber auch hier gibt es wiederum **Ausnahmen**. Wesentliche Ausnahme ist die Beschäftigung von Jugendlichen in Krankenanstalten sowie in Alten-, Pflege- und Kinderheimen, in der Landwirtschaft, im Schaustellergewerbe, bei Musikaufführungen, Theatervorstellungen und anderen Aufführungen, im ärztlichen Notdienst sowie im Gaststättengewerbe (§§ 17 Abs. 2, 18 Abs. 2 JArbSchG).

Allerdings müssen mindestens 2 Sonntage im Monat beschäftigungsfrei bleiben.

Feiertagsarbeit von Jugendlichen ist immer unzulässig am 25.12., am 01.01., am ersten Osterfeiertag und am 01.05. (§ 18 Abs. 2 JArbSchG). Zu beachten ist, dass der Jugendliche bei zulässiger Sonn- oder Feiertagsarbeit noch in derselben Woche an einem berufsschulfreien Arbeitstag **von der Arbeit freigestellt** wird (§§ 17 Abs. 3, 18 Abs. 3 JArbSchG). Die Freistellung kann aber auch an einem Betriebsruhetag, also in der Regel am Samstag, erfolgen, wenn der Jugendliche an diesem Tag keine Berufsschule hat.

8. Verbot der Sonn- und Feiertagsarbeit für werdende und stillende Mütter

Werdende und stillende Mütter dürfen ebenfalls nicht an Sonn- und Feiertagen beschäftigt werden (§ 8 Abs. 1 MuSchG).

2124

Ausnahmen bestehen allerdings für das Verkehrswesen, im Gast- und Beherbergungswesen, in Krankenpflege- und Badeanstalten, bei Musikaufführungen, Theatervorstellungen und anderen Schaustellungen.

In diesen Bereichen ist die Beschäftigung von werdenden und stillenden Müttern auch an Sonn- und Feiertagen zulässig, wenn ihnen einmal in der Woche eine **ununterbrochene Ruhezeit** von mindestens 24 Stunden im Anschluss an eine Nachtruhe gewährt wird (§ 8 Abs. 4 MuSchG). Der Arbeitnehmerin ist also ein voller freier Tag zu gewähren.

Allerdings muss immer beachtet werden, dass werdende Mütter während der letzten 6 Wochen vor der Entbindung nicht beschäftigt werden dürfen, wenn sie sich nicht ausdrücklich zur Arbeitsleistung bereiterklärt haben. Diese Erklärung kann jederzeit widerrufen werden (§ 3 Abs. 2 MuSchG). Ebenfalls immer zu beachten sind die sonstigen Beschäftigungsverbote nach §§ 3,4 MuSchG.

Nach der Entbindung dürfen junge Mütter (Wöchnerinnen) bis zum Ablauf von 8 Wochen auch dann nicht beschäftigt werden, wenn sie sich ausdrücklich zur Arbeitsleistung bereiterklärt haben (§ 6 Abs. 1 MuSchG). Für Mütter nach Früh- und Mehrlingsgeburten verlängert sich diese Frist auf 12 Wochen (§ 6 Abs. 1 MuSchG).

Nach der **Änderung des Mutterschutzgesetzes ab 01.01.1997** verlängert sich das Beschäftigungsverbot nach der Entbindung bei **Frühgeburten** zusätzlich um den Zeitraum, der nach § 3 Abs. 2 MuSchG nicht in Anspruch genommen werden konnte. Zudem kann nunmehr beim Tode ihres Kindes die Mutter auf ihr ausdrückliches Verlangen schon vor Ablauf dieser Fristen wieder beschäftigt werden, wenn nach ärztlichem Zeugnis nichts dagegen spricht (§ 6 Abs. 1 MuSchG).

9. Verbot der Beschäftigung an bestimmten Wochentagen

a) Einführung

2125 Für die Beschäftigung von Arbeitnehmern an anderen Tagen als Sonn- und Feiertagen bestehen im allgemeinen keine gesetzlichen Einschränkungen. Ohne weiteres zulässig ist daher auch die **Samstagsarbeit**. Für einzelne Arbeitnehmergruppen ist allerdings bestimmt, dass bestimmte Wochentage arbeitsfrei zu bleiben haben.

In einigen Fällen ergibt sich ein indirektes Verbot der Beschäftigung an bestimmten Wochentagen, wenn dem Arbeitnehmer eine verlängerte Ruhezeit oder ein Ersatzruhetag als Ausgleich für eine zulässige Sonn- und Feiertagsarbeit zu gewähren ist.

b) Arbeitnehmer, die zulässige Sonn- und Feiertagsarbeit nach dem ArbZG leisten

2126 Werden Arbeitnehmer an einem Sonntag beschäftigt, müssen sie einen **Ersatzruhetag** haben, der innerhalb eines den Beschäftigungstag einschließenden Zeitraums von **2 Wochen** zu gewähren ist (§ 11 Abs. 3 Satz 1 ArbZG). Dem Arbeitnehmer ist also frühestens 2 Wochen vor bzw. spätestens 2 Wochen nach dem Tage der Sonntagsarbeit ein freier Tag zu gewähren. Der Ausgleichszeitraum beträgt also max. 4 Wochen.

BEISPIEL:

Der Arbeitnehmer wird am Sonntag, den 01.01.1995, beschäftigt. Der Ausgleichszeitraum beträgt hier, obwohl es sich bei dem 01.01.1995 auch um einen Feiertag handelt, 4 Wochen. Der Ausgleichszeitraum beginnt also am 18.12.1994 und endet am 15.01.1995.

Werden Arbeitnehmer an einem auf einen Werktag fallenden Feiertag beschäftigt, müssen sie einen Ersatzruhetag haben, der innerhalb eines den Beschäftigungstag einschließenden Zeitraums von 8 Wochen zu gewähren ist (§ 11 Abs. 3 Satz 2 ArbZG). In diesen Fällen verlängert sich der Ausgleichszeitraum also auf insgesamt 16 Wochen.

Als Ersatzruhetag ist notwendigerweise ein **Werktag** zu gewähren. Problematisch ist die Frage, ob dieser Ersatzruhetag jeweils an einem Tag zu gewähren ist, an dem der Arbeitnehmer **normalerweise gearbeitet** hätte oder an einem Tag gewährt werden kann, an dem der Arbeitnehmer nach dem Arbeits-/Schichtplan ohnehin nicht gearbeitet hätte. Die

Frage ist umstritten und höchstrichterlich noch **nicht** entschieden. Überwiegend geht man davon aus, dass auch arbeitsfreie Werktage (z.B. Samstag) als Ersatzruhetag gewährt werden können, da die gesetzliche Regelung insoweit nur die Beschränkung auf eine Arbeitszeit von maximal 48 Stunden/Woche im Ausgleichszeitraum sicherstellen soll.

BEISPIEL:

Der Arbeitnehmer arbeitet an fünf Tagen/Woche in Wechselschichten und hat insoweit regelmäßig Sonn- und Feiertagsarbeit zu leisten. Er begehrt Gewährung des Ersatzruhetages an einem Werktag, an dem er nach dem Schichtplan zur Arbeit eingeteilt ist. Der Arbeitgeber verweigert dies unter Hinweis darauf, dass der Arbeitnehmer nach fünf Arbeitstagen/Schichten an zwei Tagen/Schichten nicht zur Arbeit eingeteilt ist und, soweit zumindest einer dieser beiden Tage ein Werktag ist, dieser als Ersatzruhetag gewährt wird. Die Auffassung des Arbeitgebers trifft zu. Er kann den Ersatzruhetag zulässigerweise an einem Werktag gewähren, an dem der Arbeitnehmer nicht zur Arbeit eingeteilt ist.

Eine andere Beurteilung erscheint geboten, wenn die Sonntags-/Feiertagsarbeit **nicht zur regelmäßigen Arbeitszeit** des Arbeitnehmers gehört und dieser nur ausnahmsweise an einem Sonn- und/oder Feiertag arbeitet. In diesen Fällen spricht der Schutzzweck des Gesetzes (vgl. oben → Rz. 2102) eher dafür, dass der Ersatzruhetag an einem Tag zu gewähren ist, an dem der Arbeitnehmer normalerweise gearbeitet hätte.

Durch die Rechtssprechung ist bislang lediglich entschieden, dass die regelmäßige wöchentliche Arbeitszeit eines im Schichtdienst beschäftigten Angestellten des öffentlichen Dienstes sich nicht um die auf einen Wochenfeiertag entfallenden Arbeitsstunden verringert, wenn der Wochenfeiertag für den Angestellten nach dem Dienstplan **arbeitsfrei** ist (BAG 16.11.2000, EzA-SD 11/01, 16). Danach spricht einiges dafür, dass auch bei der Auswahl des Ersatzruhetages dahingehend unterschieden werden muss, ob die geleistete Sonn- und Feiertagsarbeit zur regelmäßigen wöchentlichen Arbeitszeit des Arbeitnehmers gehört oder nicht.

Der Ersatzruhetag ist auch in allen Fällen in Verbindung mit einer 11-stündigen ununterbrochenen Ruhezeit zu gewähren, so dass der Arbeitnehmer insgesamt einen **Ruhezeitraum von 35 Stunden** haben muss (vgl. §§ 11 Abs. 4, 5 Abs. 1 ArbZG). Dies führt zu einem Beschäftigungsverbot an einem bestimmten Wochentag.

c) Arbeitnehmer, die zulässige Sonn- und Feiertagsarbeit nach dem Ladenschlussgesetz leisten

Soweit Arbeitnehmer Sonn- und Feiertagsarbeit nach dem Ladenschlussgesetz leisten (vgl. oben → Rz. 2120), können sie an den anderen Wochentagen derselben Woche nur eingeschränkt beschäftigt werden.

Werden die Arbeitnehmer an Sonn- und Feiertagen **länger als 3 Stunden** beschäftigt, so sind sie an einem Werktag derselben Woche ab 13.00 Uhr von der Arbeit freizustellen. Erfolgt die Sonn- und Feiertagsarbeit **länger als 6 Stunden**, so müssen die Arbeitnehmer

2127

an einem Werktag derselben Woche ganz von der Arbeit freigestellt werden (§ 17 Abs. 3 Satz 1 LadSchlG).

Beträgt die Beschäftigungsdauer an Sonn- und Feiertagen bis zu 3 Stunden, muss entweder jeder zweite Sonntag oder in jeder zweiten Woche ein Nachmittag ab 13.00 Uhr, wahlweise auch ein Samstag- oder Montagvormittag, beschäftigungsfrei bleiben (§ 17 Abs. 3 Satz 2, 3 LadSchlG).

Die Freistellung muss dann jeweils zu Zeiten erfolgen, an denen die Verkaufsstelle nach dem Ladenschlussgesetz geöffnet sein darf (§ 17 Abs. 3 Satz 4 LadSchlG).

d) Jugendliche

2128 Jugendliche dürfen nur an 5 Tagen in der Woche beschäftigt werden (§ 15 JArbSchG). Nach der **gesetzlichen Neuregelung des Jugendarbeitsschutzgesetzes** (vgl. oben → Rz. 2123) sollen die beiden wöchentlichen Ruhetage, die sich aus der 5-Tage-Woche ergeben, nach Möglichkeit aufeinanderfolgen. Der Arbeitgeber muss den Jugendlichen einmal in der Woche an einem **Berufsschultag** mit mehr als 5 Unterrichtsstunden von mindestens 45 Minuten oder – für Berufsschulwochen mit einem planmäßigen Blockunterricht von mindestens 25 Stunden – an mindestens 5 Tagen von der Arbeit freistellen (§ 9 Abs. 1 JArbSchG). Die Berufsschultage werden mit 8 Stunden, die Berufsschulwochen mit 40 Stunden auf die Arbeitszeit angerechnet (§ 9 Abs. 2 JArbSchG). Daher ist dem Jugendlichen auch für die Tage, an denen er die Berufsschule besucht, die vereinbarte Vergütung zu bezahlen (§ 9 Abs. 3 JArbSchG).

Nach der bis zum 28.02.1997 gültigen Fassung des Jugendarbeitsschutzgesetzes galten diese Regelungen auch für Personen, die über 18 Jahre alt und noch berufschulpflichtig waren. Ab 01.03.1997 **entfällt diese generelle Gleichstellung Erwachsener mit jugendlichen Auszubildenden** (vgl. aber §§ 7, 12 BBiG).

Zudem besteht für **Jugendliche** ein **ausdrückliches Verbot der Samstagsarbeit** (§ 16 Abs. 1 JArbSchG). Allerdings ist eine Beschäftigung an Samstagen wiederum in bestimmten Ausnahmefällen zulässig, wobei aber mindestens 2 Samstage im Monat beschäftigungsfrei bleiben sollen (§ 16 Abs. 2 JArbSchG). Jugendliche können an Samstagen im Wesentlichen unter den gleichen Voraussetzungen beschäftigt werden wie an Sonn- und Feiertagen (vgl. oben → Rz. 2123). Darüber hinaus ist die Beschäftigung Jugendlicher an Samstagen auch zulässig in offenen Verkaufsstellen, in Betrieben mit offenen Verkaufsstellen, in Bäckereien und Konditoreien, im Marktverkehr, im Friseurhandwerk, im Verkehrswesen, bei außerbetrieblichen Ausbildungsmaßnahmen und in Reparaturwerkstätten für Kraftfahrzeuge (§ 16 Abs. 2 JArbSchG).

Werden Jugendliche an Samstagen beschäftigt, so muss der Arbeitgeber den Jugendlichen an einem berufsschulfreien Tag in derselben Woche **von der Arbeit ganz freistellen**, um die 5-Tage-Woche für den Jugendlichen sicherzustellen (§ 16 Abs. 3 JArbSchG). Zu beachten ist daher, dass dem Jugendlichen auch dann ein ganzer freier Tag gewährt werden muss, wenn er am Samstag nur wenige Stunden beschäftigt war. Die Länge der Samstagsarbeit spielt also für die Freistellung keine Rolle.

e) Werdende und stillende Mütter

Werdende und stillende Mütter dürfen dann nicht an bestimmten Wochentagen beschäftigt werden, wenn sie Sonn- oder Feiertagsarbeit leisten. In diesen Fällen muss ihnen einmal in jeder Woche ein freier Tag gewährt werden (vgl. oben → Rz. 2124).
Zu den sonstigen Beschäftigungsverboten vgl. ebenfalls oben → Rz. 2124.

2131

f) Arbeitnehmer im Gaststätten- und Beherbergungsgewerbe

Für Arbeitnehmer im Gaststätten- und Beherbergungsgewerbe galten nach der alten Ausführungsverordnung zur AZO gewisse Sonderregelungen, ebenso für Bade- und Ausflugsorte. Weitere Besonderheiten enthielt Nr. 1 der Anordnung betreffend Freizeit für Gefolgschaftsmitglieder in Gast- und Schankwirtschaften (*BGBl. III unter Nr. 8050 – 12*).

Sowohl die Ausführungsverordnung zur AZO als auch die vorgenannte Freizeitanordnung sind zum 01.07.1994 außer Kraft getreten. Für alle Arbeitnehmer in Gaststätten- und Beherbergungsgewerbe gelten seitdem uneingeschränkt die allgemeinen Regelungen des ArbZG.

2132

10. Einführung der 4-Tage-Woche

a) Betriebe mit einer wöchentlichen Arbeitszeit von mehr als 40 Stunden

Für Betriebe mit einer wöchentlichen Arbeitszeit von mehr als 40 Stunden ist die Einführung der 4-Tage-Woche mit besonderen Schwierigkeiten verbunden, die eine Einführung regelmäßig unmöglich machen. Die Schwierigkeiten ergeben sich aus der gesetzlich vorgeschriebenen **täglichen Höchstarbeitszeit**, die nur in bestimmten Ausnahmefällen 8, keinesfalls aber 10 Stunden übersteigen darf (vgl. → Rz. 2157 ff.).

2133

b) Betriebe mit einer wöchentlichen Arbeitszeit von 40 Stunden oder weniger

Liegt dagegen die wöchentliche Arbeitszeit bei 40 Stunden oder weniger, ist die Einführung der 4-Tage-Woche ohne weiteres möglich, indem die Arbeitszeit an 4 Tagen über 8 Stunden hinaus bis höchstens 10 Stunden verlängert wird (*vgl. Tarifvertrag zur Einführung der 4-Tage-Woche bei der Volkswagen AG, DB 1994, 42 m. Anm. v. Bauer*).

Probleme können sich dann allenfalls in bezug auf die Beschäftigung von Jugendlichen ergeben, da diese nicht mehr als 8 Stunden täglich beschäftigt werden dürfen (§ 8 Abs. 1 JArbSchG, vgl. → Rz. 2169). Die bislang aus der unterschiedlichen Pausenregelung für weibliche und männliche Arbeitnehmer resultierenden Probleme sind dagegen mit dem Inkrafttreten des ArbZG weggefallen (vgl. → Rz. 2191).

2134

VI. Festlegung der täglichen Arbeitszeitdauer

1. Einführung

2135 In dem gleichen Maße, in dem der Arbeitgeber durch die **Verteilung der wöchentlichen Arbeitszeit** auf die einzelnen Wochentage zur Festlegung der Arbeitstage berechtigt ist, kann der Arbeitgeber durch die Verteilung auch die tägliche Arbeitszeit festlegen. **Beschränkungen** ergeben sich jedoch sowohl aus der vertraglichen als auch der gesetzlichen Regelung über die zulässige tägliche Arbeitszeitdauer.

2. Vertragliche Regelung der täglichen Arbeitszeitdauer

2136 Vereinbarungen über die tägliche Arbeitszeitdauer sind in **Arbeitsverträgen** nur ausnahmsweise enthalten. Notwendig sind sie auch nur dann, wenn der Arbeitnehmer abweichend von der Arbeitszeitdauer der übrigen Arbeitnehmer des Betriebes beschäftigt werden soll (z.B. Teilzeitbeschäftigung).

Üblicherweise ist im Arbeitsvertrag nur vereinbart, dass der Arbeitnehmer eine **bestimmte Wochenstundenzahl** zu erbringen hat. Die Dauer und Verteilung der wöchentlichen Arbeitszeit ist vielfach auch in **Tarifverträgen** festgelegt. Derartige Regelungen gelten dann bei beiderseitiger Tarifbindung der Arbeitsvertragsparteien unmittelbar und zwingend. Hiervon abweichende Abmachungen sind nur zulässig, soweit sie durch den Tarifvertrag ausdrücklich gestattet sind oder eine für den Arbeitnehmer günstigere Regelung enthalten (§ 4 Abs. 3 TVG).

Ist eine Regelung der **Wochenstundenzahl durch Tarifvertrag** erfolgt, kann der Arbeitgeber eine Erhöhung der Dauer der wöchentlichen Arbeitszeit auch nicht durch eine Änderungskündigung erreichen. Eine solche Änderungskündigung, mit der der Arbeitgeber den Abbau tariflich gesicherter Leistungen (z.B. Erhöhung der tarifliche Arbeitszeit von 35 auf 38,5 Stunden mit einer Lohnerhöhung von 3 %) durchzusetzen versucht, ist rechtsunwirksam (*BAG 10.02.1999, EzA § 2 KSchG Nr. 34*). Unentschieden blieb dabei, ob eine einzelvertragliche Vereinbarung, mit der die Parteien eine Erhöhung der tariflichen Arbeitszeit gegen entsprechend proportionale Erhöhung des Lohnes vereinbaren, für den Arbeitnehmer als günstiger (§ 4 Abs. 3 TVG) zu beurteilen wäre.

Zu beachten ist ferner, dass die **Dauer der wöchentlichen Arbeitszeit** nicht durch Betriebsvereinbarung geregelt werden kann, wenn hierzu eine tarifliche Regelung vorliegt oder üblicherweise erfolgt (sog. Sperrwirkung). Anderes gilt nur dann, wenn ein Tarifvertrag den Abschluss ergänzender Betriebsvereinbarungen ausdrücklich zulässt (§ 77 Abs. 3 BetrVG). Die Sperrwirkung hängt nach überwiegender Auffassung nicht davon ab, dass der Arbeitgeber tarifgebunden ist. Maßgebend ist allein, ob der Betrieb in den räumlichen, betrieblichen, fachlichen und persönlichen Geltungsbereich des Tarifvertrages fallen würde.

Haben Arbeitgeber und Betriebsrat entgegen der Sperrwirkung gleichwohl die wöchentliche Arbeitszeit geregelt, kann eine solche unwirksame Betriebsvereinbarung von den Tarifvertragsparteien allerdings **rückwirkend genehmigt** werden. Der Rückwirkung von

Tarifverträgen sind die gleichen Grenzen gesetzt wie der Rückwirkung von Gesetzen. Danach ist die Rückwirkung insbesondere begrenzt durch die Grundsätze des Vertrauensschutzes *(BAG 20.04.1999, EzA § 77 BetrVG Nr. 63).*

Ob eine freiwillig gewährte **übertarifliche Verkürzung der betrieblichen Arbeitszeit** auf eine später erfolgende tarifliche Verkürzung der Arbeitszeit angerechnet werden kann, ist zweifelhaft. Dies dürfte zumindest dann zulässig sein, wenn der Tarifvertrag die Anrechnung durch eine wirksame Effektivklausel nicht ausschließt *(vgl. LAG München 10.07.1991, DB 1992, 481).* In jedem Fall sollte bei einer übertariflichen Verkürzung der Arbeitszeit mit dem Arbeitnehmer ein entsprechender Anrechnungsvorbehalt vereinbart werden (vgl. → Rz. 2422). **2137**

Wird die wöchentliche Arbeitszeit von Vollzeitbeschäftigten zum Zwecke des Ausgleichs besonderer Belastungen verkürzt, so können auch **Teilzeitbeschäftigte einen Anspruch auf anteilige Arbeitszeitverkürzung** haben. Ein solcher Anspruch ist allerdings dann ausgeschlossen, wenn der Arbeitgeber nachweist, dass die besonderen Belastungen, deren Ausgleich die Arbeitszeitverkürzung dient, bei den Teilzeitbeschäftigten auch nicht anteilig gegeben sind. Der vom Arbeitgeber behauptete Differenzierungsgrund muss objektiv vorhanden sein. Es müssen also entsprechende **arbeitsmedizinische, arbeitswissenschaftliche oder andere Ergebnisse vorliegen,** die eine unterschiedliche Behandlung von Vollzeitbeschäftigten und Teilzeitbeschäftigten rechtfertigen. Liegen derartige Ergebnisse nicht vor, haben Teilzeitbeschäftigte einen Anspruch auf anteilige Arbeitszeitverkürzung. **2138**

Höchstrichterlich unentschieden bleibt, ob und ggf. unter welchen Voraussetzungen die wöchentliche Arbeitszeit durch **Abschluss eines Haustarifvertrages** verlängert werden kann, wenn nach erfolgter Betriebsübertragung der neue Arbeitgeber dem Arbeitgeberverband des alten Arbeitgebers nicht angehört. Nach gegensätzlichen Entscheidungen zweier Kammern eines LAG lag diese Frage dem BAG zur Entscheidung vor. Zu einer streitigen Entscheidung kam es hingegen nicht, da sich die Rechtsstreite durch Anerkenntnis bzw. Klagerücknahme erledigten *(BAG 25.09.1996, Pressemitteilung des BAG Nr. 39/96, EzA-SD 21/96, 4).* Die weitere Entwicklung zu dieser Fallkonstellation bleibt abzuwarten. **2138a**

Zur vorübergehenden Reduzierung der Arbeitszeit durch **Firmentarifvertrag** zur Beschäftigungssicherung vgl. unten → Rz. 2220.

Sind ausdrückliche einzel- oder tarifvertragliche Vereinbarungen über die tägliche Arbeitszeitdauer nicht getroffen, gilt im Zweifel die **betriebsübliche Arbeitszeitdauer** als vereinbart, soweit eine betriebsübliche Arbeitszeit besteht. Unter der betriebsüblichen Arbeitszeit versteht man die Arbeitszeit, die für alle Arbeitnehmer des Betriebes, einer Abteilung oder einer Arbeitsgruppe üblicherweise gültig ist. **2139**

BEISPIEL:

In einem Betrieb arbeitet die Produktion täglich von 7.00 Uhr bis 16.00 Uhr, die Verwaltung von 8.00 Uhr bis 17.00 Uhr, wobei jeweils eine 1-stündige Pause gemacht wird.

In diesem Fall liegt die betriebsübliche Arbeitszeitdauer bei 8 Stunden täglich. Allerdings kann die betriebsübliche Arbeitszeitdauer auch von Abteilung zu Abteilung unterschiedlich geregelt sein.

Vereinbarungen, in denen eine nach den gesetzlichen Bestimmungen unzulässige tägliche Arbeitszeitdauer festgelegt ist, sind nichtig (§ 134 BGB).

Noch nicht abschließend geklärt ist, ob die Aufstockung der Arbeitszeit von halbtags auf ganztags als eine Einstellung anzusehen und damit mitbestimmungspflichtig nach § 99 BetrVG ist (vgl. oben → Rz. 2038 a).

3. Änderung der vertraglichen Arbeitszeit nach TzBfG

2139a Ab dem 01.01.2001 sind die Regelungen des Beschäftigungsförderungsgesetzes 1985 (BeschFG 1985) durch das Teilzeit- und Befristungsgesetz (TzBfG) ersetzt worden. Nunmehr ist erstmalig gesetzlich geregelt, unter welchen Voraussetzungen der Arbeitnehmer die Abänderung der vertraglich vereinbarten Arbeitszeitdauer verlangen kann.

Zu den Einzelheiten des Anspruchs auf **Verringerung** der (wöchentlichen) Arbeitszeit vgl. oben → Rz. 1669 ff.; zur **Verlängerung** der Arbeitszeit vgl. oben → Rz. 1671.

In den Fällen der Verringerung der Arbeitszeit nach § 8 TzBfG ist der Arbeitgeber in der Ausübung seines Direktionsrechtes eingeschränkt. Er hat vielmehr mit dem Arbeitnehmer **Einvernehmen** über die von ihm festzulegende Verteilung der (verringerten) Arbeitszeit zu erzielen (§ 8 Abs. 3 Satz 2 TzBfG).

Die Verteilung der Arbeitszeit und damit auch die Dauer der täglichen Arbeitszeit hat entsprechend den Wünschen des Arbeitnehmers zu erfolgen, soweit **betriebliche Gründe** nicht entgegenstehen (§ 8 Abs. 4 Satz 1 TzBfG). Zu weiteren Einzelheiten vgl. oben → Rz. 1670. Zu den Anforderungen an betriebliche Gründe vgl. *ArbG Mönchengladbach 30.05.2001, EzA § 8 TzBfG Nr. 1; Bonn 26.06.2001, EzA-SD 17/01, 11*.

Bei einer Neuverteilung der (verringerten) Arbeitszeit nach TzBfG besteht regelmäßig **kein** Mitbestimmungsrecht des Betriebsrats, soweit nicht auch die Arbeitszeit anderer Arbeitnehmer durch die Änderung betroffen ist (vgl. oben → Rz. 1670).

4. Festlegung und Änderung der täglichen Arbeitszeitdauer

2140 Bei der Festlegung der täglichen Arbeitszeitdauer gegenüber dem Arbeitnehmer ist der Arbeitgeber an die einzel- oder tarifvertraglich getroffenen Abmachungen gebunden. Eine hiervon abweichende Festlegung kann der Arbeitgeber nicht einseitig vornehmen. Im Übrigen ist es für die Festlegung der täglichen Arbeitszeitdauer vor allem maßgebend, ob in dem Betrieb ein Betriebsrat besteht oder nicht.

a) Direktionsrecht

2141 Existiert in dem Betrieb des Arbeitgebers **kein Betriebsrat**, so kann der Arbeitgeber kraft seines Direktionsrechts die wöchentliche Arbeitszeit auf die einzelnen Wochentage verteilen, soweit vertraglich nicht etwas anderes vereinbart wurde. Dies gilt sowohl für die **erstmalige Festlegung** der Arbeitszeitdauer gegenüber einem neu eingestellten Arbeitnehmer als auch für spätere **Änderungen** der Arbeitszeitdauer.

Dem Direktionsrecht des Arbeitgebers unterliegt dabei die **betriebsübliche Arbeitszeit** ebenso wie die **individuelle Arbeitszeit** des einzelnen Arbeitnehmers. Der Arbeitgeber kann also die individuelle Arbeitszeit des Arbeitnehmers abweichend von der betriebsüblichen Arbeitszeitdauer festlegen. Bei der Ausübung des Direktionsrechtes ist der Arbeitgeber jedoch stets an die Grenzen billigen Ermessens gebunden (§ 315 BGB), wonach Festlegungen bzw. Änderungen nicht willkürlich, sondern nur aus betrieblichen Gründen erfolgen dürfen.

Vom Direktionsrecht nicht erfasst wird die **Verlängerung/Verkürzung** einer vereinbarten wöchentlichen Arbeitszeitdauer. Hierfür bedarf es einer Änderung des Arbeits-/Tarifvertrages (vgl. oben → Rz. 2136). Von der Änderung einer vereinbarten wöchentlichen Arbeitszeitdauer wiederum zu unterscheiden ist die Anordnung von vorübergehenden Überstunden/Kurzarbeit (vgl. unten → Rz. 2204 ff., 2218 ff.).

b) Beteiligung des Betriebsrates

In **Betrieben mit einem Betriebsrat** hat dieser ein **Mitbestimmungsrecht** bei

- der Festlegung von Beginn und Ende der täglichen Arbeitszeit einschließlich der Pausen sowie der Verteilung der Arbeitszeit auf die einzelnen Wochentage (§ 87 Abs. 1 Nr. 2 BetrVG),
- der vorübergehenden Verkürzung oder Verlängerung der betriebsüblichen Arbeitszeit (§ 87 Abs. 1 Nr. 3 BetrVG).

Der Arbeitgeber kann daher die tägliche Arbeitszeitdauer nicht einseitig, sondern nur mit **Zustimmung des Betriebsrates** festsetzen bzw. ändern. Zu beachten ist, dass dies auch dann gilt, wenn nur eine einmalige Änderung (z.B. für einen Tag) beabsichtigt ist.

BEISPIEL:

Der Arbeitgeber beabsichtigt einen einmaligen Sonntagsverkauf, bei dem ausschließlich Arbeitnehmer aus einem anderen Betrieb des Arbeitgebers eingesetzt werden sollen. In diesem Fall hat der Betriebsrat bei der Festlegung von Beginn und Ende der Arbeitszeit an diesem Sonntag mitzubestimmen. Das gilt auch dann, wenn es sich um Arbeitnehmer handelt, die aus anderen Betrieben desselben Arbeitgebers herangezogen werden. Ein Sonntagsverkauf in dieser Form ist jedoch keine Verlängerung der Arbeitszeit i.S.v. § 87 Abs. 1 Nr. 3 BetrVG (BAG 25.02.1997, EzA § 87 BetrVG 1972 Arbeitszeit Nr. 57).

Bei Änderungen der Arbeitszeit im Zusammenhang mit einem **Betriebsausflug** ist in Bezug auf das Mitbestimmungsrecht des Betriebsrates wie folgt zu differenzieren:

- Besteht im Betrieb ein System der gleitenden Arbeitszeit und wird die zeitliche Lage der Vor- oder Nacharbeit nicht vom Arbeitgeber festgelegt, sondern dem einzelnen Arbeitnehmer überlassen, besteht kein Mitbestimmungsrecht des Betriebsrates nach § 87 Abs. 1 Nr. 2 oder 3 BetrVG;
- wird dagegen die zeitliche Lage der Vor- oder Nacharbeit für alle Arbeitnehmer des Betriebes festgelegt, ist regelmäßig ein Mitbestimmungsrecht des Betriebsrates gegeben (*BAG 27.01.1998, EzA § 87 BetrVG 1972 Arbeitszeit Nr. 58*).

Regelmäßig erfolgt die Festlegung und Änderung der betriebsüblichen Arbeitszeitdauer durch Abschluss einer **Betriebsvereinbarung**. Aber auch die Festlegung und Änderung der Arbeitszeitdauer einzelner Arbeitnehmer bedarf der Zustimmung des Betriebsrates, wenn die Arbeitszeitdauer von der betriebsüblichen Arbeitszeitdauer abweichen soll und hierdurch **Interessen der gesamten Belegschaft** berührt werden. Das ist im allgemeinen der Fall, wenn z.B. durch die abweichende Regelung für andere Arbeitnehmer des Betriebes Überstunden anfallen oder sich sonstige Änderungen ihrer Arbeitsbedingungen ergeben. Die Interessen der gesamten Belegschaft sind auch dann schon betroffen, wenn die von einer abweichenden Regelung unmittelbar betroffenen Arbeitnehmer aus einer Gruppe von mehreren Arbeitnehmern ausgewählt werden.

Nur wenn einer Regelung über die Arbeitszeitdauer ausnahmsweise jeder Bezug zu Belegschaftsinteressen fehlt, kann der Arbeitgeber die Arbeitszeitdauer einzelner Arbeitnehmer einseitig kraft seines Direktionsrechtes festlegen und ändern.

Ein Mitbestimmungsrecht des Betriebsrates scheidet ebenfalls aus, wenn eine arbeitgeberseitige Weisung allein das **Arbeitsverhalten** betrifft. Das ist der Fall, wenn der Arbeitgeber eine außerplanmäßige Dienstreise anordnet, die Reisezeiten außerhalb der normalen Arbeitszeit des Arbeitnehmers erforderlich macht, wenn während der Reisezeit keine Arbeitsleistung zu erbringen ist *(BAG 23.07.1996, EzA § 87 BetrVG 1972 Arbeitszeit Nr. 55).*

Regelmäßig mitbestimmungspflichtig ist dagegen die vorrübergehende Verlängerung der Arbeitszeit von **Teilzeitbeschäftigten** (§ 87 Abs. 1 Nr. 3 BetrVG). Dies gilt selbst dann, wenn eine tarifliche Regelung bestimmt, dass Mehrarbeit der Teilzeitbeschäftigten nur diejenige Arbeitszeit sein soll, die über die regelmäßige Arbeitszeit vergleichbarer Vollzeitbeschäftigter hinausgeht *(BAG 23.06.1996, EzA § 87 BetrVG 1972 Arbeitszeit Nr. 56).*

Zum Mitbestimmungsrecht bei Neuverteilung der (verringerten) Arbeitszeit nach TzBfG vgl. oben → Rz. 2139 a.

5. Begriff der Arbeitszeit

2143 Unter **Arbeitszeit** versteht man die Zeit vom Beginn bis zum Ende der Arbeit ohne die Ruhepausen (§ 2 Abs. 1 ArbZG). Lediglich im Bergbau unter Tage zählen die Ruhepausen zur Arbeitszeit. Insoweit hat die neue gesetzliche Regelung die in der alten AZO enthaltene Definition der Arbeitszeit übernommen. Bei der Ermittlung der sog. **Schichtzeit** (Schichtlänge) werden die Arbeitszeit und die Ruhepausen (vgl. → Rz. 2191) zusammengerechnet.

Unerheblich ist es, ob der Arbeitnehmer während der Arbeitszeit auch tatsächlich arbeitet. Ausreichend ist es, wenn er sich am Arbeitsplatz zur Erbringung seiner Arbeitsleistung bereithält. Daher gehören auch kurze Arbeitsunterbrechungen, z.B. wegen eines kurzzeitigen Maschinenstillstandes oder fehlender Arbeitsmaterialien, zur Arbeitszeit.

a) Beginn und Ende der Arbeitszeit

Gesetzlich nicht geregelt ist die Frage, wann die Arbeitszeit beginnt und endet. Soweit im Arbeitsvertrag hierzu keine ausdrücklichen Vereinbarungen getroffen wurden und sich auch nicht aus einem Tarifvertrag oder einer Betriebsvereinbarung anderes ergibt, wird es auf die **betriebsübliche Regelung** ankommen.

2144

Danach beginnt die Arbeitszeit in der Regel mit dem Betreten des Betriebes und endet mit dem Verlassen des Betriebes. Umkleide- und Waschzeiten gehören also zur Arbeitszeit. Allerdings kann die betriebsübliche Regelung auch einen anderen Inhalt haben, wobei es jeweils auf die **Verhältnisse im Einzelfall** ankommt (*BAG 22.03.1995, EzA § 611 BGB Arbeitszeit Nr. 1*).

Zur Vergütung von Wasch- und Umkleidezeiten, wenn eine Regelung unterblieben ist, vgl. unten → Rz. 2406.

Maßgebend sind dabei in erster Linie die organisatorischen Gegebenheiten des jeweiligen Betriebes und die konkreten Anforderungen an den Arbeitnehmer, wie sie sich aus den betrieblichen Regelungen und Handhabungen tatsächlich ergeben. Um Unklarheiten über den Zeitpunkt von Beginn und Ende der Arbeitszeit zu vermeiden, ist es ratsam, diese Frage im Arbeitsvertrag ausdrücklich zu regeln. Es ist durchaus zulässig, wenn die Arbeitszeit erst mit dem Eintreffen am eigentlichen Arbeitsplatz beginnt und mit dem Verlassen des Arbeitsplatzes endet.

Nimmt sich der Arbeitnehmer Arbeit mit nach Hause, so wird die zur Erledigung dieser Arbeiten aufgewandte Zeit weiterhin ebenfalls zur Arbeitszeit des Arbeitnehmers gehören, obgleich das ArbZG die entsprechende Bestimmung des § 2 Abs. 3 Satz 1 der alten AZO nicht ausdrücklich übernommen hat.

b) Wegezeiten/Dienstreisezeiten

Grundsätzlich keine Arbeitszeit sind die so genannten **Wegezeiten**. Dabei handelt es sich um die Zeit, die der Arbeitnehmer für den **Weg von seiner Wohnung zum Betrieb und wieder zurück** benötigt. Fährt der Arbeitnehmer von seiner Wohnung unmittelbar zu einem außerhalb des Betriebes gelegenen Arbeitsplatz, so gehört diese Zeit im allgemeinen ebenfalls nicht zur Arbeitszeit. Anderes kann sich allerdings dann ergeben, wenn der Weg zu diesem Arbeitsplatz erheblich länger als der Weg zum Betrieb ist. Bei der über die übliche Wegezeit hinaus benötigten Zeit kann es sich dann bereits um vergütungspflichtige Arbeitszeit handeln.

2145

Dagegen sollen Wegezeiten vom Betrieb zu einem außerhalb gelegenen Arbeitsplatz grundsätzlich zur Arbeitszeit gehören und entsprechend vergütungspflichtig sein. Dies soll auch dann gelten, wenn die Beförderung in betriebseigenen Beförderungsmitteln erfolgt (*BayObLG 23.03.1992, BB 1992, 1215*). Die Einordnung der Beförderungszeit als Arbeitszeit im Sinne des Arbeitszeitgesetzes überzeugt jedoch nicht für den Fall, dass sich der Arbeitnehmer während der Beförderung erholen und entspannen kann (vgl. → Rz. 2147). Richtigerweise wird aber die volle Vergütung zu zahlen sein, wenn die Beförderung wäh-

2146

rend der üblichen Arbeitszeit erfolgt. Die Vergütung für die außerhalb der üblichen Arbeitszeit erfolgende Beförderung kann ggf. gemindert werden (vgl. → Rz. 2148).

Soweit die Frage kollektivrechtlich durch Tarifvertrag oder Betriebsvereinbarung geregelt ist, sind die getroffenen Bestimmungen zu beachten. Bestehen derartige Regelungen nicht, so empfiehlt es sich für die betriebliche Praxis, im Einzelnen Arbeitsvertrag eine entsprechende Vereinbarung aufzunehmen.

Muster
»Die Zeiten der Beförderung des Arbeitnehmers vom Betrieb zu einer außerhalb gelegenen Arbeitsstätte und zurück gehören nicht zur Arbeitszeit und sind nicht zu vergüten«.

2147 Unter Dienstreisezeit versteht man die Zeit, die der Arbeitnehmer benötigt, um von dem Betriebs- oder Wohnort einen von dem Arbeitgeber bestimmten Ort außerhalb der Gemeindegrenzen des Betriebs- oder Wohnortes zu erreichen, an dem Dienstgeschäfte zu erledigen sind. Ob diese Dienstreisezeit auch zur **Arbeitszeit im Sinne des Arbeitszeitgesetzes** zählt, hängt davon ab, ob der Arbeitnehmer während dieser Zeit **selbst arbeitet oder ob er sich während der Dienstreisezeit erholen und entspannen kann**.

BEISPIEL:
Die zu einem auswärtigen Geschäftstermin entsandten Arbeitnehmer benutzen für die Fahrt einen gemeinsamen PKW.

Für den als Fahrer eingesetzten Arbeitnehmer zählt die Fahrzeit zur Arbeitszeit, nicht dagegen für die lediglich mitfahrenden Arbeitnehmer, da sie während der Fahrzeit nicht selbst tätig werden und sich daher entspannen können.

Dagegen liegt bei Mitfahrern, Bus- oder Bahnfahrten Arbeitszeit dann vor, wenn während der Fahrt arbeitsvor- bzw. -nachbereitende oder sonstige Tätigkeiten für den Arbeitgeber durchgeführt werden.

BEISPIEL:
Zusammensetzen und Vorbereiten von benötigtem Werkzeug, Reinigung und Zerlegen von Werkzeug, Bearbeitung von Akten.

Die Einordnung der Dienstreisezeit nach diesen Grundsätzen ist aber nur von Bedeutung für die Frage, ob die Dienstreisezeit auf die **zulässige Arbeitszeit** des Arbeitnehmers angerechnet werden muss.

2148 Ob die Dienstreisezeit auch zu **vergüten** ist, richtet sich allein nach den Bestimmungen des Arbeitsvertrages, ggf. nach den kollektivrechtlich getroffenen Regelungen.

Handelt es sich bei der Dienstreise um eine Hauptleistungspflicht des Arbeitnehmers, gehört die Dienstreisezeit regelmäßig zur vergütungspflichtigen Arbeitszeit.

BEISPIEL:
Kraftfahrer, Außendienstmitarbeiter, Vertreter.

Gleiches gilt, wenn der Arbeitnehmer während der Dienstreisezeit selbst arbeitet. Dabei spielt es für den Vergütungsanspruch keine Rolle, ob der Arbeitnehmer die Dienstreise innerhalb oder außerhalb der sonst üblichen Arbeitszeiten durchführt. Im Übrigen kommt es darauf an, ob die Dienstreisezeit zu der **vertraglich vereinbarten Arbeitszeit** gehört. Daher werden die **während der betriebsüblichen Arbeitszeit** durchgeführten Dienstreisen in der Regel vergütungspflichtig sein. Zu zahlen ist die vertraglich vereinbarte Vergütung.

Dienstreisezeiten, die ein Arbeitnehmer **außerhalb der betriebsüblichen Arbeitszeit** bzw. über die regelmäßige Arbeitszeit hinaus im Interesse des Arbeitgebers aufwendet, hat dieser als Reisezeit zu vergüten, wenn das vereinbart oder eine Vergütung »den Umständen nach« zu erwarten ist (§ 612 Abs. 1 BGB, vgl. → Rz. 2406). In Konkretisierung und teilweiser Abänderung der bisherigen Rechtsprechung hat das BAG festgestellt, dass es einen **Rechtssatz**, dass solche Reisezeiten stets oder regelmäßig zu vergüten seien, **nicht gibt!** Maßgeblich sind die Umstände des Einzelfalles. Es kann auch eine Vergütung eines Teils der Reisezeiten in Betracht kommen. Ein Kriterium für die Beurteilung kann eine überdurchschnittliche Bezahlung des Arbeitnehmers sein. Nach der Verkehrsanschauung werden Arbeitnehmer in gehobener Stellung ein gewisses Kontingent an Reisezeiten unentgeltlich zu erbringen haben *(BAG 03.09.1997, EzA § 612 BGB Nr. 20).*

c) Arbeitsbereitschaft/Bereitschaftsdienst

Die Zeiten der Arbeitsbereitschaft sind bei der Ermittlung der Arbeitszeit im Sinne des Arbeitszeitgesetzes einzubeziehen. Arbeitsbereitschaft liegt dann vor, wenn die Art der vom Arbeitnehmer geschuldeten Tätigkeit einen **Wechsel zwischen voller und geringerer Beanspruchung** beinhaltet. Dabei hält sich der Arbeitnehmer auch in den Phasen der geringeren Beanspruchung am Arbeitsplatz auf und ist ständig bereit, in den Arbeitsprozess einzugreifen. 2149

BEISPIEL:
Der Verkäufer wartet auf einen Kunden. Ein Pförtner öffnet die Tür jeweils auf ein Klingelzeichen. Der Taxifahrer wartet auf einen Fahrgast.

Die Zeiten der Arbeitsbereitschaft sind auch als Arbeitszeit zu **vergüten.** Allerdings kann für diese Zeiten auch eine geringere Vergütung vereinbart werden. Da es in der Praxis regelmäßig Schwierigkeiten bereitet, die Zeiten der Arbeitsbereitschaft von denen der vollen Arbeitsleistung abzugrenzen, empfiehlt es sich, eine geringere Gesamtvergütung als für die gleiche Tätigkeit ohne Arbeitsbereitschaft zu vereinbaren. 2150

Bereitschaftsdienstzeiten zählen dagegen nicht zur Arbeitszeit. Unter Bereitschaftsdienst versteht man die Zeiten, in denen sich der Arbeitnehmer an einer **bestimmten Stelle in-** 2151 nerhalb oder außerhalb des Betriebes aufhält, um bei Bedarf die Arbeit unverzüglich aufzunehmen. Im Gegensatz zur Arbeitsbereitschaft befindet sich der Arbeitnehmer nicht im Zustand besonderer Aufmerksamkeit, da er während der Bereitschaftsdienstzeiten von jeder Arbeitsleistung befreit ist.

BEISPIEL:
Bereitschaftsdienst bei Ärzten, Polizei, Feuerwehr etc.

Allerdings hat der EuGH einen ärztlichen Bereitschaftsdienst in Form persönlicher Anwesenheit in der Gesundheitseinrichtung insgesamt als Arbeitszeit i.S.d. Richtlinie 93/104/EG des Rates vom 23.11.1993 angesehen (EuGH 03.10.2000, EzA § 7 ArbZG Nr. 1). Es ist zweifelhaft, ob diese Entscheidung generell auf alle Fälle übertragen werden kann, in denen der Arbeitnehmer während der Zeiten des Bereitschaftsdienstes persönlich im Betrieb anwesend sein muss. Auf die Zeiten der sog. **Rufbereitschaft** (vgl. unten → Rz. 2153) kann die Entscheidung wohl nicht übertragen werden. Jedenfalls betrifft die vorgenannte Entscheidung lediglich die Frage des **öffentlich-rechtlichen Arbeitszeitschutzes** nach dem ArbZG und ist daher für die Frage der arbeitsvertraglichen Abgeltung von Überstunden und Bereitschaften ohne Bedeutung (BAG 24.10.2000, EzA § 11 BUrlG Nr. 48).

Soweit Bereitschaftsdienst in Form persönlicher Anwesenheit Arbeitszeit im Sinne der arbeitsschutzrechtlichen Vorschriften ist, sind dann Schicht-/Bereitschaftspläne unwirksam, nach deren Inhalt die durchschnittliche Arbeitszeit pro 7 Tage Zeitraum 48 Stunden, einschließlich der Überstunden, überschreiten (*ArbG Gotha 03.04.2001, EzA § 7 ArbZG Nr. 2*).

2152 Obwohl die Bereitschaftsdienstzeiten nicht der Arbeitszeit zuzurechnen sind, besteht grundsätzlich eine **Vergütungspflicht** des Arbeitgebers. Die vereinbarte Vergütung kann erheblich unter der Vergütung für die Arbeitsleistung liegen, wobei auch eine Pauschalabgeltung zulässig ist. Möglich ist auch ein Ausgleich durch die Gewährung von Freizeit. Enthält der Arbeitsvertrag keine Vergütungsregelung, so hat der Arbeitgeber dem Arbeitnehmer eine angemessene Vergütung zu zahlen (§ 612 BGB).

2153 Eine Sonderform des Bereitschaftsdienstes ist die **Rufbereitschaft.** Der Arbeitnehmer kann dabei seinen **Aufenthaltsort frei bestimmen.** Er ist jedoch verpflichtet, dem Arbeitgeber seinen jeweiligen Aufenthaltsort mitzuteilen und sich dort abrufbereit zu halten.

Die Zeiten der Rufbereitschaft sind dem Arbeitnehmer regelmäßig gesondert zu vergüten. Vielfach ist vereinbart, dass daneben für die tatsächlich anfallende Arbeit eine Überstundenvergütung zu zahlen ist.

Dagegen sind Bereitschaftsdienst und Rufbereitschaft **keine Überstunden** i.S.v. § 11 Abs. 1 Satz 1 BUrlG, so dass die auf diese Zeiten entfallende Vergütung bei der Berechnung des Urlaubsentgeltes (vgl. unten → Rz. 2886 ff.) zu Gunsten des Arbeitnehmers zu berücksichtigen sind (*BAG 24.10.2000, EzA § 11 BUrlG Nr. 48*).

In der Praxis stellt sich häufig die Frage, ob der Arbeitnehmer auch dann Anspruch auf die gesonderte Vergütung für die Zeiten der Rufbereitschaft hat, wenn er im unmittelbaren Anschluss an seine regelmäßige Arbeitszeit Überstunden leisten muss, die in die Zeit dienstplanmäßig angeordneter Rufbereitschaft fallen. Ein solcher Anspruch des Arbeitnehmers besteht nicht, da der **Arbeitgeber regelmäßig aufgrund seines Direktionsrechtes befugt ist, an Stelle der zunächst angeordneten Rufbereitschaft Überstunden anzuordnen.** Anderes gilt nur dann, wenn gesetzlich, einzel- oder kollektivvertraglich eine entsprechende Einschränkung des Direktionsrechtes des Arbeitgebers vereinbart ist.

Zu beachten ist, dass während des Bereitschaftsdienstes tatsächlich geleistete Arbeit bei der Ermittlung der zulässigen täglichen Arbeitszeit unbedingt zu berücksichtigen ist. Daher ist bei der Einteilung des Bereitschaftsdienstes darauf zu achten, dass die zulässige tägliche Arbeitszeit des Arbeitnehmers nicht bereits voll ausgeschöpft ist (vgl. aber auch oben → Rz. 2151).

d) Pausen/Ruhezeiten

Zur Arbeitszeit gehören auch die so genannten **Kurz- oder Verschnaufpausen,** die der Arbeitnehmer regelmäßig nach freiem Ermessen machen kann. Ebenfalls Bestandteil der Arbeitszeit sind die **Betriebspausen,** in denen aus technischen oder sonstigen betrieblichen Gründen nicht gearbeitet werden kann. Demgegenüber zählen die vom Arbeitgeber zu gewährenden Pausen und Ruhezeiten (→ Rz. 2197 ff.) nicht zur Arbeitszeit. 2154

e) Beschäftigung an mehreren Stellen

Werden Arbeitnehmer an mehreren Stellen beschäftigt, so wird die **Dauer der einzelnen Beschäftigungen zusammengezählt.** Die Summe darf die gesetzliche Höchstgrenze der Arbeitszeit nicht überschreiten (§ 2 Abs. 1 ArbZG). Aus diesem Grund ist der Arbeitnehmer auch dazu verpflichtet, dem Arbeitgeber bestehende Nebentätigkeiten anzuzeigen, wenn durch diese ein Überschreiten der höchstzulässigen Arbeitszeit droht (vgl. → Rz. 2240). 2155

f) Nachtarbeit

Nachtarbeit im Sinne des Arbeitszeitgesetzes ist jede Arbeit, die mehr als zwei Stunden der Nachtzeit umfasst. Nachtzeit ist die Zeit von 23.00 Uhr bis 06.00 Uhr (vgl. § 2 Abs. 3, 4 ArbZG). 2156

In einem Tarifvertrag oder auf Grund eines Tarifvertrages in einer Betriebsvereinbarung kann zugelassen werden, den Beginn des 7-stündigen Nachtzeitraumes zwischen 22 und 24 Uhr festzulegen (§ 7 Abs. 1 Nr. 5 ArbZG).

Nach der Änderung des Arbeitszeitgesetzes durch das Gesetz zur Änderung des Gesetzes über den Ladenschluss und zur Neuregelung der Arbeitszeit in Bäckereien und Konditoreien (vgl. oben → Rz. 2122) ist die Nachtzeit in Bäckereien und Konditoreien **abweichend geregelt.** Nachtzeit ist dort die Zeit von 22.00 und 05.00 Uhr (§ 2 Abs. 3 ArbZG).

Nachtarbeitnehmer sind die Arbeitnehmer, die

- aufgrund ihrer Arbeitszeitgestaltung normalerweise Nachtarbeit in Wechselschicht zu leisten haben oder
- Nachtarbeit an mindestens 48 Tagen im Kalenderjahr leisten (§ 2 Abs. 5 ArbZG).

6. Gesetzliche Regelung der täglichen Arbeitszeitdauer

2157 Von der **vertraglich vereinbarten Arbeitszeit** zu unterscheiden ist die **gesetzlich zulässige Höchstarbeitszeit** an Werktagen, die im ArbZG geregelt ist.

Die Vorschriften des Arbeitszeitgesetzes sind **zwingend einzuhalten** und können nicht durch arbeitsvertragliche oder sonstige Vereinbarungen ausgeschlossen werden. Sie sollen entsprechend dem Zweck des Gesetzes (vgl. → Rz. 2102) als **Arbeitnehmerschutzvorschriften** sicherstellen, dass Arbeitskraft und Gesundheit des Arbeitnehmers erhalten bleiben.

a) Grundsatz des 8-Stunden-Tages

2158 Auch nach der neuen Regelung des ArbZG gilt, dass die werktägliche Arbeitszeit der Arbeitnehmer 8 Stunden nicht überschreiten darf (§ 3 Satz 1 ArbZG). Welche Zeiten im Einzelnen bei der Ermittlung der täglichen Arbeitszeitdauer zu berücksichtigen sind, ist unter → Rz. 2143 ff. dargestellt.

b) Verlängerung der Arbeitszeit durch Ausgleich

2159 Die tägliche Arbeitszeitdauer kann über 8 Stunden hinaus auf bis zu 10 Stunden verlängert werden, wenn innerhalb von **6 Kalendermonaten** oder innerhalb von **24 Wochen** im Durchschnitt 8 Stunden werktäglich nicht überschritten werden (§ 3 Satz 2 ArbZG).

2160 Damit ist die Verlängerung der täglichen Arbeitszeit über 8 Stunden hinaus im Vergleich zur alten gesetzlichen Regelung erheblich erleichtert worden. Nach den Vorschriften der außer Kraft getretenen AZO war eine Verlängerung der Arbeitszeit über 8 Stunden hinaus nur zulässig

- wenn ein Ausgleich der Mehrarbeit regelmäßig binnen 2 Wochen erfolgte,
- wenn die Art des Betriebes eine ungleichmäßige Verteilung der Arbeitszeit erforderte,
- in Verbindung mit Betriebsfeiern, Volksfesten etc. sowie Feiertagen, wenn ein Ausgleich binnen 10 Wochen erfolgte (vgl. § 4 Abs. 1, 2 AZO).

2161 Nunmehr ist es allein ausreichend, wenn ein Ausgleich der über die 8 Stunden hinaus erbrachten Arbeit innerhalb von 6 Kalendermonaten oder innerhalb von 24 Wochen erfolgt. Dem Arbeitgeber stehen also zwei Ausgleichszeiträume zur Wahl. Der Wechsel von einem zum anderen Zeitraum ist möglich. Abweichend von den beiden gesetzlichen Höchstgrenzen kann der Arbeitgeber auch einen kürzeren Ausgleichszeitraum wählen. Bei der Auswahl und Änderung eines Ausgleichszeitraumes hat der **Betriebsrat** ein **Mitbestimmungsrecht** nach § 87 Abs. 1 Nr. 2 BetrVG.

Mit der Neuregelung steht damit statt einer Verteilung von 96 Stunden (8 x 6 x 2), eine von max. 1.152 Stunden (8 x 6 x 24) im Ausgleichszeitraum zur Verfügung. Das Arbeitszeitgesetz soll damit im Unterschied zur Altregelung alle bisher bekannten Arbeitszeitformen ermöglichen und lässt genügend Raum auch für die Entwicklung neuer Arbeitszeitmodelle.

BEISPIEL:

Die zulässige Wochenarbeitszeit beträgt durchschnittlich 48 (6 x 8) Stunden. Bei einem Ausgleichszeitraum von 24 Wochen ergibt sich eine zulässige Gesamtarbeitszeit von 1152 Stunden (24 x 48). Dies entspricht 144 Werktagen je 8 Stunden. Im Extremfall kann die Gesamtarbeitszeit von 1152 Stunden auf 115 Werktage mit je 10 Stunden und einen Werktag von 2 Stunden verteilt werden (1152 : 10 = 115,2). 28,8 Werktage wären arbeitsfrei.

Rechnet man das Ergebnis auf eine 60-Stundenwoche um, sind Arbeitszeitmodelle mit 19,2 60-Stundenwochen bei 4,8 arbeitsfreien Wochen in einem 24-Wochenzeitraum denkbar. Zu berücksichtigen sind dabei selbstverständlich die tatsächlich durch **Arbeitsvertrag, Tarifvertrag oder Betriebsvereinbarung** vereinbarten Arbeitszeiten. Geht man von einer durchschnittlichen 38-Stundenwoche aus, würde das in dem zuletzt genannten Fall bedeuten, dass nach der Neuregelung ein Arbeitszeitmodell denkbar wäre, bei dem in einem Zeitraum von 24 Wochen die Arbeitnehmer 15,2 Wochen an 6 Tagen insgesamt 60 Stunden pro Woche arbeiten und dafür 8,8 arbeitsfreie Wochen als Ausgleich hätten.

Zum Gesetz zur sozialrechtlichen Absicherung flexibler Arbeitszeitregelungen vgl. oben → Rz. 2103.

c) Verlängerung der Arbeitszeit der Nachtarbeitnehmer durch Ausgleich

Auch die Arbeitszeit der Nachtarbeitnehmer kann über 8 Stunden hinaus auf bis zu 10 Stunden verlängert werden. Allerdings gelten **verkürzte Ausgleichsfristen**. Die Verlängerung ist nur zulässig, wenn innerhalb von einem Kalendermonat oder innerhalb von 4 Wochen im Durchschnitt 8 Stunden werktäglich nicht überschritten werden (vgl. § 6 Abs. 2 ArbZG).

2162

Die verkürzten Ausgleichszeiträume geltend jedoch nur für die Zeiten, in denen der Nachtarbeitnehmer auch tatsächlich Nachtarbeit leistet. Für die Zeiträume, in denen der Nachtarbeitnehmer nicht zur Nachtarbeit herangezogen wird (vgl. § 2 Abs. 5 Nr. 2 ArbZG), gilt der Ausgleichszeitraum von 6 Kalendermonaten bzw. 24 Wochen.

d) Verlängerung der Arbeitszeit aus anderen Gründen

Neben dem Ausgleich während des Ausgleichszeitraumes bietet das ArbZG noch weitere Möglichkeiten, die tägliche Arbeitszeit über die Regelarbeitszeit von 8 Stunden hinaus zu verlängern. Es handelt sich dabei um

2163

- in einem Tarifvertrag zugelassene Arbeitszeitverlängerung (§ 7 Abs. 1 ArbZG, vgl. unten → Rz. 2209),
- in einer Betriebsvereinbarung auf Grund eines Tarifvertrages zugelassene Arbeitszeitverlängerung (§ 7 Abs. 1 ArbZG, vgl. unten → Rz. 2209),
- Arbeitszeitverlängerung durch die Aufsichtsbehörde (§ 15 ArbZG, vgl. unten → Rz. 2210),
- Arbeitszeitverlängerung in außergewöhnlichen Fällen (§ 14 ArbZG, vgl. unten → Rz. 2211).

Auf diese Möglichkeiten muss aber nur dann zurückgegriffen werden, wenn entweder länger als 10 Stunden täglich oder 60 Stunden in der Woche gearbeitet werden soll.

e) Ausgleichsregelung durch Tarifvertrag/Betriebsvereinbarung

2164 Die gesetzlich vorgegebenen Ausgleichszeiträume sind nicht zwingend. In einem Tarifvertrag oder auf Grund eines Tarifvertrags in einer Betriebsvereinbarung können andere Ausgleichszeiträume zugelassen und vereinbart werden. Die gilt auch für den Ausgleichszeitraum bei Nachtarbeit (§ 7 Abs. 1 ArbZG). Diese Möglichkeiten bieten weiteren Gestaltungsspielraum. Wird als Ausgleichszeitraum das Kalenderjahr festgelegt, ist eine durchgehende Beschäftigung von Arbeitnehmern in einer 60-Stundenwoche zulässig. Die über 8 Stunden täglich hinaus erbrachte Mehrarbeit kann dann geschlossen etwa in Verbindung mit dem Jahresurlaub ausgeglichen werden.

Ist ein **Arbeitgeber** im Geltungsbereich eines Tarifvertrages **nicht tarifgebunden**, können die Arbeitszeitregelungen des Tarifvertrages durch Betriebsvereinbarung oder, wenn ein Betriebsrat nicht besteht, durch schriftliche Vereinbarung zwischen dem Arbeitgeber und dem Arbeitnehmer übernommen werden (vgl. § 7 Abs. 3 ArbZG).

7. Schichtwechsel bei ununterbrochener Arbeit

2165 Nach der alten gesetzlichen Regelung konnte bei Arbeiten, die einen ununterbrochenen Fortgang erfordern, zur Herbeiführung eines regelmäßigen wöchentlichen Schichtwechsels der Arbeitnehmer innerhalb eines Zeitraumes von 3 Wochen einmal zu einer Schicht von höchstens 16-stündiger Dauer herangezogen werden (§ 10 AZO).

Eine entsprechende Regelung enthält das Arbeitszeitgesetz nicht mehr. Zur Herbeiführung eines regelmäßigen wöchentlichen Schichtwechsels kann die Aufsichtsbehörde zweimal innerhalb eines Zeitraums von 3 Wochen eine verkürzte Ruhezeit (§ 15 Abs. 1 Nr. 4 ArbZG, vgl. → Rz. 2197) bewilligen. Der Arbeitgeber ist also nunmehr gehalten, einen **entsprechenden Antrag** an die Aufsichtsbehörde zu richten.

8. Sonderregelungen für bestimmte Betriebe

2166 Für Bäckereien und Konditoreien richtete sich die zulässige tägliche Höchstarbeitszeitdauer nach dem BAZG. Danach durfte die werktägliche Arbeitszeit ebenfalls 8 Stunden nicht überschreiten. Allerdings konnte die Arbeitszeit auf bis zu 10 Stunden täglich verlängert werden. Das BAZG ist zum 01.11.1996 außer Kraft getreten (vgl. oben

→ Rz. 2122). Auch für Bäckereien und Konditoreien gilt nunmehr uneingeschränkt das ArbZG. Wesentliche Änderungen für die betriebliche Praxis ergeben sich hieraus jedoch nicht.

Für das Pflegepersonal und die ihm gleichgestellten Arbeitnehmer in Krankenpflegeanstalten galt bis zum Inkrafttreten des Arbeitszeitgesetzes die Verordnung über die Arbeitszeit in Krankenpflegeanstalten (*KrPflVO, BGBl. III unter Nr. 8050-2*). Vom 01.07.1994 an richtet sich die zulässige Höchstarbeitszeit in Krankenpflegeanstalten ausschließlich nach dem ArbZG. Es können jedoch Sondervereinbarungen getroffen werden (vgl. unten → Rz. 2200).

9. Sonderregelungen für bestimmte Arbeitnehmer

a) Einführung

Für bestimmte Arbeitnehmergruppen bestehen Sonderregelungen über die zulässige tägliche Höchstarbeitszeitdauer, da diese Gruppen entweder besonders schutzbedürftig sind oder von ihrer Tätigkeit eine besondere Gefährdung Dritter ausgeht. **2167**

Nach der früheren gesetzlichen Regelung waren die gesetzlich zulässigen täglichen Höchstarbeitszeiten von weiblichen und männlichen Arbeitnehmern unterschiedlich geregelt. Die Arbeitszeit weiblicher Arbeitnehmer durfte an Tagen vor Sonn- und Feiertagen 8 Stunden nicht überschreiten. Ferner durften weibliche Arbeitnehmer in keinem Falle länger als 10 Stunden täglich beschäftigt werden (vgl. § 17 Abs. 2 AZO). Das ArbZG hat diese Ungleichbehandlung von weiblichen und männlichen Arbeitnehmern beseitigt. Die Regelungen des ArbZG zur zulässigen täglichen Höchstarbeitszeitdauer gelten im gleichen Maße für weibliche und männliche Arbeitnehmer. Eine **Differenzierung nach dem Geschlecht** ist also insoweit grundsätzlich nicht mehr erforderlich.

Weitergehende Beschränkungen bei der Beschäftigung weiblicher Arbeitnehmer ergeben sich nunmehr ausschließlich noch aus dem MuSchG.

b) Werdende und stillende Mütter

Für werdende und stillende Mütter gilt eine tägliche Höchstbeschäftigungsdauer von 8 1/2 Stunden (§ 8 Abs. 1 Satz 1, Abs. 2 Nr. 3 MuSchG). Zum Beschäftigungsverbot vgl. oben → Rz. 2124. Ausnahmeregelungen gibt es nicht. **2168**

c) Jugendliche

Jugendliche dürfen nicht mehr als 8 Stunden täglich und nicht mehr als 40 Stunden in der Woche beschäftigt werden (§ 8 Abs. 1 JArbSchG). Allerdings kann die **tägliche Arbeitszeitdauer auf bis zu 8 1/2 Stunden verlängert** werden, wenn die Arbeitszeit an einzelnen Werktagen auf weniger als 8 Stunden verkürzt ist (§ 8 Abs. 2 a JArbSchG). **2169**

BEISPIEL:

In dem Betrieb wird von Montag bis Freitag jeweils 8 Stunden gearbeitet. Nunmehr soll am Freitag 3 Stunden weniger gearbeitet werden, die auf die anderen Wochentage verteilt werden sollen.

Für die erwachsenen Arbeitnehmer bereitet die Verteilung der 3 Arbeitsstunden keine Probleme. Für die Jugendlichen können jedoch nur 2 Arbeitsstunden auf die anderen 4 Wochentage verteilt werden, da andernfalls die tägliche Höchstarbeitszeitdauer von 8 1/2 Stunden überschritten würde. Dem Arbeitgeber bleibt somit nur die Möglichkeit, den Jugendlichen am Freitag noch eine Stunde zu beschäftigen oder einverständlich seine Arbeitszeit auf 39 Wochenstunden zu kürzen.

2170 Wird in **Verbindung mit Feiertagen** an Werktagen nicht gearbeitet, so darf die ausgefallene Arbeitszeit der Jugendlichen auf die Werktage von 5 zusammenhängenden Wochen nur so verteilt werden, dass die Wochenarbeitszeit im Durchschnitt dieser 5 Wochen 40 Stunden nicht überschreitet. Die tägliche Arbeitszeitdauer von 8 1/2 Stunden darf dabei ebenfalls nicht überschritten werden (§ 8 Abs. 2 JArbSchG).

2171 In **Notfällen** kann die tägliche Höchstarbeitszeit von 8 Stunden überschritten werden, wenn für unaufschiebbare Arbeiten erwachsene Beschäftigte nicht zur Verfügung stehen (§ 21 JArbSchG). Diese Mehrarbeit muss innerhalb der folgenden 3 Wochen durch entsprechende Verkürzung der Arbeitszeit ausgeglichen werden (§ 21 Abs. 2 JArbSchG).

2172 Durch **Tarifvertrag** kann die tägliche und wöchentliche Arbeitszeit in begrenztem Umfang verlängert werden. Allerdings ist dann ein entsprechender Ausgleich herbeizuführen, so dass in einem Zeitraum von 2 Monaten eine durchschnittliche Wochenarbeitszeit von 40 Stunden nicht überschritten werden darf (vgl. im Einzelnen § 21 a Abs. 1 Nr. 1 JArbSchG). Nicht tarifgebundene Arbeitgeber im Geltungsbereich eines solchen Tarifvertrages können diese Regelung durch **Betriebsvereinbarung oder schriftliche Vereinbarung mit dem Jugendlichen** übernehmen (§ 21 a Abs. 2 JArbSchG).

2173 Berufsschultage mit mehr als 5 Unterrichtsstunden von mindestens je 45 Minuten sind mit jeweils 8 Stunden nur auf die **gesetzliche Höchstarbeitszeit von 40 Stunden wöchentlich** und nicht auf die kürzere tarifliche Arbeits- bzw. Ausbildungszeit anzurechnen, wenn es an einer eigenen tariflichen Anrechnungsregelung fehlt (vgl. §§ 8, 9 Abs. 2 JArbSchG, oben → Rz. 2128). Zur Beschäftigung von nicht vollzeitschulpflichtigen Kindern vgl. § 7 JArbSchG.

d) Kraftfahrer und Beifahrer

2174 Auch für Kraftfahrer und Beifahrer gilt das ArbZG. Allerdings bestehen eine Reihe von Sonderregelungen. Diese ergeben sich überwiegend aus der Fahrpersonalverordnung (*FPersV vom 22.08.1969, BGBl. I S. 1307, 1791; zuletzt geändert durch Verordnung vom 23.07.1990, BGBl. I S. 1484*) für Fahrer von

- Fahrzeugen, die zur Güterbeförderung dienen und deren zulässiges Gesamtgewicht einschließlich Anhänger oder Sattelanhänger mehr als 2,8 t und nicht mehr als 3,5 t (ausgenommen Personenkraftwagen) beträgt, sowie

- Fahrzeugen, die zur Personenbeförderung dienen und die nach ihrer Bauart und Ausstattung geeignet und dazu bestimmt sind, mehr als 9 Personen einschließlich Fahrer zu befördern und die im Linienverkehr mit einer Linienlänge bis zu 50 km eingesetzt sind.

Die FPersV verweist weitgehend auf die Bestimmungen der EWG-VO Nr. 3820/85 des Rates über die Harmonisierung bestimmter Sozialvorschriften im Straßenverkehr *(ABl. EG 1985 Nr. L 370 S. 1)*, die innerhalb des **Gebietes der Europäischen Gemeinschaft** zu beachten sind. Danach darf der Kraftfahrzeugführer in den vorgenannten Fällen in einer Arbeitsschicht bis zu 9 Stunden, in 2 Arbeitsschichten der Woche bis zu 10 Stunden und innerhalb eines Zeitraumes von 2 aufeinanderfolgenden Wochen nicht länger als 90 Stunden lenken (§ 6 Abs. 1 FPersV; Art. 6 EWG-VO Nr. 3820/85). Im Verkehr mit dem **sonstigen europäischen Ausland** gilt das Europäische Übereinkommen über die Arbeit des im internationalen Straßenverkehr beschäftigten Fahrpersonals *(AETR, BGBl. II 1985 S. 889)*.

e) Nacht-/Schichtarbeitnehmer

Die Arbeitszeit der Nacht- und Schichtarbeitnehmer ist nach den **gesicherten arbeitswissenschaftlichen Erkenntnissen** über die menschengerechte Gestaltung der Arbeit festzulegen (§ 6 Abs. 1 ArbZG). Diesen Grundsatz wird der Arbeitgeber insbesondere bei der Ausübung seines Ermessens im Rahmen des Direktionsrechtes zu berücksichtigen haben (vgl. → Rz. 2141).   **2175**

VII. Festlegung der Lage der täglichen Arbeitszeit
1. Einführung

Über die Festlegung der Arbeitstage und der täglichen Arbeitszeitdauer hinaus ist der Arbeitgeber im Rahmen der vertraglichen und gesetzlichen Bestimmungen auch berechtigt, die Lage der täglichen Arbeitszeit des Arbeitnehmers festzulegen. Es geht dabei um die Frage, wann die **tägliche Arbeitszeit des Arbeitnehmers beginnen bzw. enden** soll, ob der Arbeitnehmer **Schichtarbeit** zu leisten hat und wann und in welchem Umfang die **Arbeitszeit durch Pausen unterbrochen** werden soll.   **2176**

Zu beachten ist wiederum, dass ein Verstoß gegen die gesetzlichen Bestimmungen als Ordnungswidrigkeit und ggf. auch als Straftat verfolgt werden kann (§§ 22, 23 ArbZG).

2. Vertragliche Regelung der Lage der täglichen Arbeitszeit

Beginn und Ende der täglichen Arbeitszeit des Arbeitnehmers sowie die Lage der Pausen können sowohl im Einzelnen **Arbeitsvertrag** als auch in einem **Tarifvertrag** geregelt sein. Vielfach ist im Arbeitsvertrag nur vereinbart, dass der Arbeitnehmer eine **bestimmte Wochenstundenzahl** zu erbringen hat. Eine ausdrückliche Regelung sollte der Arbeits-   **2177** vertrag aber dann enthalten, wenn zu erwarten ist, dass die Lage der täglichen Arbeitszeit des Arbeitnehmers erheblichen Schwankungen unterworfen sein wird und der Arbeitnehmer insbesondere auch zu äußerst ungünstigen Tageszeiten arbeiten soll.

BEISPIEL:

Schichtarbeit, Teilzeitbeschäftigte, Springer, Bereitschaftsdienste etc.

In diesen Fällen sollte die entsprechende Verpflichtung des Arbeitnehmers ausdrücklich in den Arbeitsvertrag aufgenommen werden. Dabei ist jedoch zu berücksichtigen, dass von einer tarifvertraglichen Regelung abweichende Abmachungen nur dann getroffen werden können, wenn der Tarifvertrag dies ausdrücklich zulässt oder die Vereinbarung für den Arbeitnehmer günstiger ist (§ 4 Abs. 3 TVG).

Fehlen dagegen ausdrückliche Vereinbarungen über die Lage der täglichen Arbeitszeit sowohl im Arbeitsvertrag als auch in einem anwendbaren Tarifvertrag, gilt im Zweifel die **betriebsübliche Arbeitszeit** als vereinbart, soweit eine betriebsübliche Arbeitszeit besteht.

Zur Vereinbarung der Lage der Arbeitszeit bei Verringerung der Arbeitszeit nach TzBfG vgl. oben → Rz. 1670, 2139 a.

3. Festlegung und Änderung der Lage der täglichen Arbeitszeit

2178 Soweit ausdrückliche Vereinbarungen getroffen wurden, ist der Arbeitgeber bei der Festlegung der Lage der täglichen Arbeitszeit gegenüber dem Arbeitnehmer an diese Vereinbarungen gebunden. Im Übrigen ist es für die Festlegung und Änderung der Lage der täglichen Arbeitszeit vor allem von Bedeutung, ob in dem Betrieb ein Betriebsrat besteht.

a) Direktionsrecht

2179 In **Betrieben ohne Betriebsrat** kann der Arbeitgeber auf Grund seines Direktionsrechtes die Lage der täglichen Arbeitszeit einschließlich der Pausen **einseitig festlegen**, soweit vertraglich nicht ausdrücklich etwas anderes vereinbart wurde. Dabei kann der Arbeitgeber die gegenüber dem neu eingestellten Arbeitnehmer zunächst festgelegte Lage der täglichen Arbeitszeit zu einem späteren Zeitpunkt auch **einseitig ändern**.

Das gleiche gilt für die **betriebsübliche Arbeitszeit**. Auch insoweit ist der Arbeitgeber zu einer einseitigen Änderung der betriebsüblichen Arbeitszeit berechtigt. Schließlich kann der Arbeitgeber die Lage der täglichen Arbeitszeit einzelner Arbeitnehmer auch abweichend von der Lage der betriebsüblichen Arbeitszeit festlegen. Die Ausübung des Direktionsrechtes hat allerdings stets unter Beachtung der Grundsätze des **billigen Ermessens** zu erfolgen (§ 315 BGB). Der Arbeitgeber hat also bei jeder Festlegung und Änderung der Lage der täglichen Arbeitszeit auch die Interessen der Arbeitnehmer zu berücksichtigen. Änderungen dürfen nicht willkürlich, sondern nur aus betrieblichen Gründen vorgenommen werden.

Haben die Arbeitsvertragsparteien bei Abschluss des Arbeitsvertrages die zu diesem Zeitpunkt im Betrieb geltende Regelung über Beginn und Ende der täglichen Arbeitszeit und die Verteilung der Arbeitszeit auf die einzelnen Wochentage – also die **betriebsübliche Arbeitszeit** – vereinbart, liegt darin keine individuelle Arbeitszeitvereinbarung, die gegenüber einer späteren Veränderung der betrieblichen Arbeitszeit durch Ausübung des Direktionsrechtes oder durch Betriebsvereinbarung Bestand hat. **Der Arbeitnehmer kann sich in diesen Fällen regelmäßig nur dann auf eine individuelle Arbeitszeitvereinbarung berufen, wenn er mit dem Arbeitgeber zusätzlich vereinbart hat, dass seine Arbeitszeit von der betriebsüblichen Arbeitszeit unabhängig sein soll und nur im gegenseitigen Einvernehmen geändert werden kann.** Dies gilt auch dann, wenn die zur Zeit des Abschlusses des Arbeitsvertrages geltende betriebliche Arbeitszeit seinen Interessen entspricht *(BAG 23.06.1992, DB 1993, 788)*. Enthält der Arbeitsvertrag keine entsprechende Regelung, so ist der Arbeitgeber berechtigt, die Lage der täglichen Arbeitszeit des Arbeitnehmers durch Ausübung des Direktionsrechts oder durch Abschluss einer Betriebsvereinbarung (vgl. → Rz. 2180) zu ändern und zwar selbst dann, wenn die bei Vertragsschluss bestehende betriebliche Regelung über längere Zeit hinweg beibehalten wird und der Arbeitgeber von seinem Direktionsrecht insoweit keinen Gebrauch gemacht hat *(BAG 07.12.2000, EzA § 611 BGB Direktionsrecht Nr. 22)*.

So kann der Arbeitgeber kraft seines Direktionsrechts die Anzahl der in Folge zu leistenden **Nachtschichten** festlegen, soweit durch Arbeitsvertrag, Betriebsvereinbarung oder Tarifvertrag keine andere Regelung getroffen ist. Es gibt **keine** gesicherten arbeitsmedizinischen Erkenntnisse darüber, ob eine kurze oder längere Schichtfolge die Gesundheit der Arbeitnehmer stärker beeinträchtigt *(BAG 11.02.1998, EZA § 315 BGB Nr. 48)*. Eine Ermessensreduzierung kommt insoweit also nicht in Betracht.

Vom Direktionsrecht des Arbeitgebers hingegen nicht gedeckt ist eine Änderung der Lage der Arbeitszeit eines **teilzeitbeschäftigten Arbeitnehmers,** die im Verhältnis zu Vollzeitbeschäftigten gegen § 2 Beschäftigungsförderungsgesetz (jetzt TzBfG) verstößt *(BAG 24.04.1997, EzA § 2 KSchG Nr. 26)*. Ein solcher Verstoß kommt in Betracht, wenn z.B. der teilzeitbeschäftigte Arbeitnehmer nach dem Inhalt der arbeitgeberseitigen Weisung zukünftig durchgehend Samstags arbeiten soll, die vollzeitbeschäftigten Arbeitnehmer hingegen jeden 6. Samstag frei haben. Für die betriebliche Praxis bedeutet dies, dass bei der Festlegung und Änderung der Lage der Arbeitszeit von Teilzeitbeschäftigten darauf zu achten ist, dass diesen dieselben Freizeitmöglichkeiten verbleiben, wie den vollzeitbeschäftigten Arbeitnehmern. Anderes kann vereinbart bzw. angeordnet werden, soweit dies durch einen sachlichen Grund gerechtfertigt ist (§ 4 TzBfG).

Zu den Einschränkungen des Direktionsrechtes bei Verringerung der Arbeitszeit nach TzBfG vgl. oben → Rz. 1670, 2139 a.

b) Beteiligung des Betriebsrates

2180 Besteht dagegen in dem Betrieb ein Betriebsrat, hat dieser bei der Festlegung und Änderung von Beginn und Ende der täglichen Arbeitszeit einschließlich der Pausen ein Mitbestimmungsrecht (§ 87 Abs. 1 Nr. 2 BetrVG). Einseitige Maßnahmen sind dem Arbeitgeber dann verwehrt. Regelmäßig wird die betriebsübliche Arbeitszeit durch den Abschluss einer Betriebsvereinbarung festgelegt bzw. geändert.

BEISPIEL:

Ein Arbeitnehmer ist bei einem Arbeitgeber seit ca. 7 Jahren im Einschichtbetrieb mit einer täglichen Arbeitszeit von 7.00-16.00 Uhr beschäftigt. Nach der Umstellung auf einen Zweischichtbetrieb wird der Arbeitnehmer nun in 3-wöchigem Wechsel von 6.00-15.00 Uhr, 7.00-16.00 Uhr bzw. 13.00-22.00 Uhr beschäftigt. Die Änderung der Arbeitszeit erfolgte durch Abschluss einer Betriebsvereinbarung. Der Arbeitnehmer ist der Auffassung, der Arbeitgeber habe ihn weiterhin ausschließlich mit der im Einschichtbetrieb geltenden Arbeitszeit zu beschäftigen. Regelungen über die Lage der täglichen Arbeitszeit des Arbeitnehmers sind weder im Arbeitsvertrag noch in einem Tarifvertrag enthalten.

Die Auffassung des Arbeitnehmers trifft nicht zu. Mangels entgegenstehender Vereinbarungen gilt zwischen den Arbeitsvertragsparteien die betriebsübliche Arbeitszeit als vereinbart. Die betriebsübliche Arbeitszeit ist hier durch den Abschluss der Betriebsvereinbarung geändert worden. Die Änderung wirkt unmittelbar auf das Arbeitsverhältnis ein mit der Folge, dass auch für den Arbeitnehmer die durch die Betriebsvereinbarung festgelegte neue Arbeitszeit verbindlich ist. Anderes ergibt sich auch nicht daraus, dass der Arbeitnehmer zuvor für 7 Jahre im Einschichtbetrieb beschäftigt wurde. Die damit verbundenen Arbeitszeiten sind nur dann Inhalt des Arbeitsvertrages geworden, wenn sich aus **besonderen Umständen** ergibt, dass die Arbeitsvertragsparteien davon ausgingen, dass zukünftig nur noch die mit dem Einschichtbetrieb verbundenen Arbeitszeiten für den Arbeitnehmer gelten sollten (vgl. oben → Rz. 2112). Die bloße Beschäftigung mit diesen Arbeitszeiten über einen längeren Zeitraum reicht für eine solche Annahme jedoch nicht aus. Sonstige besondere Umstände sind hier nicht ersichtlich.

2181 Problematisch ist es, wenn die Lage der täglichen Arbeitszeit für einzelne Arbeitnehmer abweichend von der betriebsüblichen Arbeitszeit festgelegt werden soll. Auch in diesen Fällen besteht ein Mitbestimmungsrecht des Betriebsrates, wenn durch die abweichende Regelung **Belegschaftsinteressen** betroffen werden (vgl. oben → Rz. 2142).

Zum Mitbestimmungsrecht des Betriebsrates bei der Verteilung der (verringerten) Arbeitszeit nach TzBfG vgl. oben → Rz. 1670, 2139 a.

4. Zulässige/unzulässige Beschäftigung mit Nachtarbeit

a) Nachtarbeitnehmer

2182 Wer Nachtarbeitnehmer ist, ist bereits unter → Rz. 2156 erläutert worden. Nach der Regelung des Arbeitszeitgesetzes können sowohl weibliche als auch männliche Arbeitnehmer zur **Nachtzeit (23.00 Uhr bis 06.00 Uhr)** beschäftigt werden. Nachtarbeit liegt bereits immer dann vor, wenn die Arbeit mehr als 2 Stunden der Nachtzeit umfasst. Das Arbeitszeitgesetz gewährt den Nachtarbeitnehmern zum Ausgleich der mit der Nachtarbeit verbundenen Belastungen besondere Rechte.

Nachtarbeitnehmer sind berechtigt, sich vor Beginn der Beschäftigung und danach in **regelmäßigen Zeitabständen** von nicht weniger als 3 Jahren **arbeitsmedizinisch untersuchen zu lassen**. Nach Vollendung des 50. Lebensjahres stehen Nachtarbeitnehmern dieses Recht in Zeitabständen von einem Jahr zu. Die **Kosten der Untersuchung** hat der Arbeitgeber zu tragen, sofern er die Untersuchungen den Nachtarbeitnehmern nicht kostenlos durch einen Betriebsarzt oder einem überbetrieblichen Dienst von Betriebsärzten anbietet (§ 6 Abs. 3 ArbZG). — 2183

Ferner hat der Arbeitgeber den Nachtarbeitnehmer auf dessen Verlangen hin auf einen für ihn **geeigneten Tagesarbeitsplatz umzusetzen**, wenn — 2184

- nach arbeitsmedizinischer Feststellung die weitere Verrichtung von Nachtarbeit den Arbeitnehmer in seiner Gesundheit gefährdet oder
- im Haushalt des Arbeitnehmers ein Kind unter 12 Jahren lebt, das nicht von einer anderen im Haushalt lebenden Person betreut werden kann, oder
- der Arbeitnehmer einen schwer pflegebedürftigen Angehörigen zu versorgen hat, der nicht von einem anderen im Haushalt lebenden Angehörigen versorgt werden kann,

sofern dem nicht **dringende betriebliche Erfordernisse** entgegenstehen. Im Streitfall ist der Betriebs- oder Personalrat zu hören, der Vorschläge für eine Umsetzung unterbreiten kann (vgl. § 6 Abs. 4 ArbZG).

Schließlich hat der Arbeitgeber dem Nachtarbeitnehmer für die während der Nachtzeit geleisteten Arbeitsstunden eine **angemessene Zahl bezahlter freier Tage** oder einen **angemessenen Zuschlag** auf das ihm hierfür zustehende Bruttoarbeitsentgelt zu gewähren, soweit keine tarifvertraglichen Ausgleichsregelungen bestehen (§ 6 Abs. 5 ArbZG). Fehlt eine solche tarifliche Ausgleichsregelung, gilt die Verpflichtung aus § 6 Abs. 5 ArbZG uneingeschränkt **auch für Arbeitsverhältnisse, die vor dem 01.07.1994** (Inkrafttreten des Arbeitszeitrechtsgesetzes) **begründet worden sind** *(LAG Schleswig-Holstein 21.01.1997, LAGE § 6 ArbZG Nr. 1).* — 2185

Der Arbeitgeber kann grundsätzlich auswählen, ob er die bezahlte Freistellung oder einen Zuschlag gewähren will. Anderes kann jedoch durch Arbeitsvertrag oder Betriebsvereinbarung vereinbart sein.

Gefordert ist ein **angemessener Ausgleich** der Nachtarbeit. Bislang nicht geregelt ist, welchen Satz der Gesetzgeber als angemessen erachtet. Nach der Regelung im alten § 15 AZO war für Mehrarbeit ein angemessener Zuschlag zu zahlen. Hatten die Arbeitsvertragsparteien hierüber keine Abrede getroffen, sollte ein Zuschlag i.H.v. 25 % gewährt werden. Ob dieser Richtwert auf den für Nachtarbeit zu zahlenden Zuschlag zu übertragen ist, bleibt abzuwarten. Zunächst einmal spricht der Umstand, dass der Gesetzgeber auf eine erneute Regelung dieses Inhaltes verzichtet hat, dafür, dass der Gesetzgeber die Regelung dieser Frage im Wesentlichen den Arbeitsvertragsparteien überlassen wollte. Es ist daher empfehlenswert, die **Höhe des zu gewährenden Zuschlages konkret zu vereinbaren.** Fehlt eine solche Vereinbarung, dürfte auch ein unter 25 % liegender Zuschlag zulässig sein (zur Berechnung des Zuschlags bei schwankendem Arbeitsverdienst vgl. unten→ Rz. 2215.

BR Der Betriebsrat hat bei der Entscheidung mitzubestimmen, ob der Ausgleichsanspruch durch freie Tage oder durch Entgeltzuschlag zu erfüllen ist. Hinsichtlich der Zahl der freien Tage und der Zuschlagshöhe besteht dagegen kein Mitbestimmungsrecht *(BAG 26.08.1997, Pressemitteilung des BAG Nr. 42, EzA-SD 18/97, 3).*

2186 Schließlich hat der Arbeitgeber auch sicherzustellen, dass Nachtarbeitnehmer den **gleichen Zugang zur betrieblichen Weiterbildung** und zu aufstiegsfördernden Maßnahmen haben wie die übrigen Arbeitnehmer.

Kommt der Arbeitgeber seinen vorstehend genannten Verpflichtungen nicht nach, insbesondere wenn er die Umsetzung auf einen Tagesarbeitsplatz zu unrecht verweigert, dürfte dem Arbeitnehmer ein Zurückbehaltungsrecht an seiner Arbeitsleistung zustehen (vgl. → Rz. 2050).

Ein **Ausschluss der Rechte der Nachtarbeitnehmer** kann arbeitsvertraglich nicht wirksam vereinbart werden. Ein solcher Ausschluss wäre mit dem Zweck der Regelung unvereinbar (vgl. § 1 Nr. 1 ArbZG).

Es steht zu erwarten, dass zukünftig insbesondere der Anspruch des Nachtarbeitnehmers auf Umsetzung auf einen Tagesarbeitsplatz zu Auseinandersetzungen führen wird. Ob einer solchen Umsetzung dringende betriebliche Erfordernisse entgegenstehen, wird anhand der Kriterien zur Zulässigkeit einer Kündigung aus dringenden betrieblichen Erfordernissen (§ 1 Abs. 2 KSchG) zu beurteilen sein.

b) Werdende und stillende Mütter

2187 Für werdende und stillende Mütter gilt das **Nachtarbeitsverbot** weiterhin (§ 8 Abs. 1 Satz 1 MuSchG). Allerdings gibt es für werdende Mütter in den ersten 4 Monaten der Schwangerschaft und stillende Mütter Ausnahmen. Sie dürfen beschäftigt werden

- in Gast- und Schankwirtschaften und i.Ü. Beherbergungswesen bis 22.00 Uhr,
- in der Landwirtschaft mit dem Melken von Vieh ab 5.00 Uhr,
- als Künstlerinnen bei Musikaufführungen, Theatervorstellungen und ähnlichen Aufführungen bis 23.00 Uhr (§ 8 Abs. 3 MuSchG).

c) Jugendliche

2188 Jugendliche dürfen ebenfalls nicht mit **Nachtarbeit** beschäftigt werden (§ 14 Abs. 1 JArbSchG). Für Jugendliche über 16 Jahre gibt es Ausnahmen (§ 14 Abs. 2 JArbSchG). Sie dürfen beschäftigt werden

- im Gaststätten- und Schaustellergewerbe bis 22.00 Uhr,
- in mehrschichtigen Betrieben bis 23.00 Uhr,
- in der Landwirtschaft ab 5.00 Uhr oder bis 21.00 Uhr,
- in Bäckereien und Konditoreien ab 5.00 Uhr.

Jugendliche über 17 Jahre dürfen in Bäckereien bereits schon ab 4.00 Uhr beschäftigt werden.

Im Übrigen können durch die **Aufsichtsbehörde weitere Ausnahmen** zugelassen werden. Solche Ausnahmen kommen insbesondere in Betracht, wenn in einem Betrieb länger als 20.00 Uhr gearbeitet wird und der Jugendliche bei einem Arbeitsende um 20.00 Uhr **unnötige Wartezeiten** in Kauf zu nehmen hätte. In diesen Fällen dürfen Jugendliche nach vorheriger Anzeige an die Aufsichtsbehörde bis 21.00 Uhr beschäftigt werden. Sind die Jugendlichen älter als 16 Jahre, so können sie auch ab 5.30 Uhr oder bis 23.30 Uhr beschäftigt werden, soweit hierdurch unnötige Wartezeiten vermieden werden können (§ 14 Abs. 5 JArbSchG).

d) Arbeitnehmer in Verkaufsgeschäften

Für die Arbeit in Verkaufsgeschäften an Wochentagen gilt uneingeschränkt das Arbeitszeitgesetz. Mittelbare Beschränkungen für die Lage der täglichen Arbeitszeit der im Verkauf beschäftigten Arbeitnehmer ergeben sich jedoch aus den gesetzlich vorgeschriebenen **Ladenschlusszeiten** (§ 3 LadSchlG). Die Lage der Arbeitszeit an Sonn- und Feiertagen ergibt sich unmittelbar aus dem Ladenschlussgesetz. Danach dürfen Arbeitnehmer an Sonn- und Feiertagen nur während der ausnahmsweise zugelassenen Öffnungszeiten beschäftigt werden. Ein Überschreiten dieser Zeiten ist zur **Erledigung von Vorbereitungs- und Abschlussarbeiten** für insgesamt 30 Minuten zulässig (§ 17 Abs. 1 LadSchlG).

2189

Nach der gesetzlichen Neufassung des Ladenschlussgesetzes zum 01.11.1996 (vgl. oben → Rz. 2122) können Arbeitnehmer nunmehr beschäftigt werden

- montags – freitags ab 06.00 Uhr bis 20.00 Uhr,
- samstags ab 06.00 Uhr bis 16.00 Uhr,
- an den vier aufeinanderfolgenden Samstagen vor dem 24.12. ab 06.00 Uhr bis 18.00 Uhr,
- am 24.12., wenn dieser Tag auf einen Werktag fällt, ab 06.00 Uhr bis 14.00 Uhr.

Die beim Ladenschluss anwesenden Kunden dürfen noch bedient werden, wodurch sich die zulässige Beschäftigungszeit der Arbeitnehmer verlängern kann. Sonderregelungen bestehen für Verkaufsstellen für Bäckerwaren (vgl. unten → Rz. 2190).

e) Arbeitnehmer in Bäckereien und Konditoreien

Für Arbeitnehmer in Bäckereien und Konditoreien galt bis zum 31.10.1996 ein Nachtbackverbot von 22.00 Uhr – 04.00 Uhr (§ 5 Abs. 1 BAZG). Mit Außerkrafttreten des BAZG (vgl. oben → Rz. 2122) ist das Nachtbackverbot entfallen. Statt dessen gelten die Regelungen des ArbZG. Bäckereien und Konditoreien können nunmehr also auch zur Nachtzeit (vgl. oben → Rz. 2156) Bäckerwaren herstellen.

2190

Verkaufsstellen für Bäckerwaren dürfen abweichend von den allgemeinen Regelungen (vgl. oben → Rz. 2189) den Beginn der Ladenöffnungszeit an Werktagen auf 05.30 Uhr vorverlegen (§ 3 Abs. 1 Satz 2 LadSchlG).

Zu den Sonderregelungen für Sonn- und Feiertage vgl. oben → Rz. 2122.

Mit der gesetzlichen Neuregelung ebenfalls entfallen ist das Verbot, während der Zeit vom 22.00 Uhr – 05.45 Uhr Bäcker- oder Konditorwaren an Verbraucher oder Verkaufsstellen abzugeben, auszutragen oder auszufahren (§ 5 Abs. 5 BAZG). Für die Abgabe an Verbraucher gelten die Ladenöffnungszeiten des Ladenschlussgesetzes; die Auslieferung an Verkaufsstellen für Bäckerwaren unterliegt keinen Beschränkungen mehr und kann entsprechend den betrieblichen Notwendigkeiten erfolgen.

5. Gesetzlich vorgeschriebene Ruhepausen

a) Einführung

2191 Die Arbeitszeit ist durch im voraus feststehende Ruhepausen zu unterbrechen (§ 4 ArbZG). Ruhepausen sind **Unterbrechungen der Arbeit** innerhalb der Schicht- bzw. Arbeitszeit, in denen eine Beschäftigung nicht gestattet ist. Der Arbeitgeber hat seine Pflicht zur Gewährung von Ruhepausen jedoch nicht erfüllt, wenn er die Regelung der Ruhepausen einer Gruppe von Arbeitnehmern überlässt und diese eine solche Regelung nicht treffen oder eine getroffene Regelung nicht durchführen. Der Arbeitgeber hat dann den nicht gewährten Pausenzeitraum als Überstunde zu vergüten (*BAG 27.02.1992, BB 1992, 495*).

b) Volljährige Arbeitnehmer

2192 Durch § 4 ArbZG sind die unterschiedlichen Pausenregelungen für weibliche und männliche Arbeitnehmer in § 12 Abs. 2, 18 AZO aus Gründen der Gleichbehandlung und zur Vermeidung von Schwierigkeiten in der betrieblichen Praxis vereinheitlicht worden. Die **Mindestdauer der Ruhepausen** ist auch nach der Neuregelung wie bisher entsprechend der Dauer der Arbeitszeit gestaffelt. Sie beträgt bei einer Arbeitszeit von

- 6 bis zu 9 Stunden   30 Minuten,
- mehr als 9 Stunden 45 Minuten.

Die Ruhepausen können in Zeitabschnitte von jeweils mindestens 15 Minuten aufgeteilt werden. Länger als 6 Stunden hintereinander dürfen Arbeitnehmer nicht ohne Ruhepause beschäftigt werden.

2193 Die Ruhepausen müssen **im voraus feststehen**. Bzgl. der Lage der Ruhepausen gibt es keine weiteren Vorschriften. Allerdings ist es mit dem Zweck der Ruhepausen nicht vereinbar und damit unzulässig, die Pausen als Arbeitsfreistellung zu Beginn oder Ende der Arbeitszeit zu gewähren. Im Übrigen ist der Arbeitgeber Kraft seines Direktionsrechtes frei, die Lage der täglichen Pausen nach den betrieblichen Erfordernissen zu bestimmen. In mitbestimmungspflichtigen Betrieben hat der Betriebsrat bei der Festlegung der Pausen ein erzwingbares Mitbestimmungsrecht (vgl. oben → Rz. 2180).

Bei den gesetzlich vorgeschriebenen Pausenzeiten handelt es sich lediglich um eine **zeitliche Untergrenze**. Der Arbeitgeber kann daher auch längere Pausenzeiten anordnen. Hierdurch kann der durch die Pausen gewährleistete Erholungseffekt zugunsten der Leistungsfähigkeit des Arbeitnehmers genutzt werden. Eine Höchstgrenze für den Anteil der Pausen innerhalb einer Schicht besteht im allgemeinen nicht (vgl. aber auch → Rz. 2199). Allerdings wird man auch das Interesse der Arbeitnehmer, die **Arbeitsschichtlänge** nicht endlos auszudehnen, berücksichtigen müssen.

In einem Tarifvertrag oder aufgrund eines Tarifvertrages in einer Betriebsvereinbarung kann zugelassen werden, dass die Gesamtdauer der Ruhepausen in Schichtbetrieben und Verkehrsbetrieben auf **Kurzpausen von angemessener Dauer** aufgeteilt wird (§ 7 Abs. 1 Nr. 2 ArbZG). Der Fassung des Gesetzes kann nicht eindeutig entnommen werden, ob eine solche Regelung nur für den Dreischichtbetrieb oder auch für den Zweischichtbetrieb zulässig ist. Nach der Regelung in der Arbeitszeitordnung war die Aufteilung auf Kurzpausen nur zulässig bei Arbeiten, die einen ununterbrochenen Fortgang erfordern (§ 12 Abs. 2 AZO). Nachdem der Gesetzgeber diese Einschränkung im ArbZG nicht erneut aufgegriffen hat, spricht einiges dafür, dass zukünftig auch in den Zweischichtbetrieben die Aufteilung der Ruhepausen auf Kurzpausen zugelassen werden kann. Kurzpausen sind Pausenzeiten, die kürzer als 15 Minuten sind. 2194

Die zu gewährenden Kurzpausen zählen zur Arbeitszeit. Dabei kann dem Arbeitnehmer auch aufgegeben werden, während der Kurzpausen hin und wieder einen Blick auf den Arbeitsablauf seiner Maschine zu tun, um ggf. bei Störungen sofort eingreifen zu können. Verbleibt es bei der allgemeinen Pausenregelung, sind die Ruhepausen nicht vergütungspflichtig.

Für den Aufenthalt während der Pausen sind den Arbeitnehmern nach Möglichkeit besondere Aufenthaltsräume oder freie Plätze bereitzustellen. Einzelheiten über Art und Ausstattung der Pausenräume sind in der Arbeitsstättenverordnung enthalten.

c) Jugendliche

Sonderregelungen gelten hinsichtlich der zu gewährenden Ruhepausen für Jugendliche. Die Dauer der Pausen muss mindestens betragen bei einer Arbeitszeit von 2195

- 4 1/2 bis zu 6 Stunden 30 Minuten,
- mehr als 6 Stunden 60 Minuten.

Dabei gelten auch hier nur die Arbeitszeitunterbrechungen von mindestens 15 Minuten als Ruhepausen (§ 11 Abs. 1 JArbSchG).

Zu beachten ist, dass Jugendliche keinesfalls länger als 4 1/2 Stunden ohne Ruhepause beschäftigt werden dürfen. Bzgl. der Lage der Ruhepausen ist anzumerken, dass diese frühestens eine Stunde nach Beginn und spätestens eine Stunde vor Ende der Arbeitszeit gewährt werden dürfen (§ 11 Abs. 2 JArbSchG).

d) Kraftfahrer und Beifahrer

Für Kraftfahrer und Beifahrer verweist die Fahrpersonalverordnung auf die EG-VO Nr. 3820/85 (vgl. oben → Rz. 2174). Danach ist nach einer Lenkzeit von 4 1/2 Stunden 2196 eine Unterbrechung von mindestens 45 Minuten einzulegen, sofern der Fahrer keine Ruhezeit nimmt. Diese Unterbrechung kann durch Unterbrechungen von jeweils 15 Minuten ersetzt werden, die in die Lenkzeit oder unmittelbar nach dieser so einzufügen sind, dass nach 4 1/2 Stunden jedenfalls eine mindestens 45-minütige Pause erfolgt (vgl. Artikel 7 EG-VO Nr. 3820/85). Während der Unterbrechungen darf der Fahrer keine anderen Arbeiten ausführen.

6. Gesetzlich vorgeschriebene Ruhezeiten

a) Volljährige Arbeitnehmer

2197 Hinsichtlich der den Arbeitnehmern zu gewährenden Ruhezeiten sieht das ArbZG keine Neuregelung vor. Es gilt weiterhin, dass weibliche und männliche Arbeitnehmer nach Beendigung der täglichen Arbeitszeit eine **ununterbrochene Ruhezeit von mindestens 11 Stunden** haben müssen (§ 5 Abs. 1 ArbZG). Unter Ruhezeit versteht man den Zeitraum zwischen 2 Arbeitsschichten.

BEISPIEL:

Der Arbeitnehmer hat bis 20.00 Uhr gearbeitet. Der Arbeitgeber möchte den Arbeitnehmer am folgenden Tage bereits ab 06.00 Uhr beschäftigen. Die Festlegung des Arbeitsbeginns auf 06.00 Uhr ist hier unzulässig. Der Arbeitnehmer darf am folgenden Tag frühestens ab 07.00 Uhr wieder beschäftigt werden, da andernfalls die erforderliche Ruhezeit von 11 Stunden nicht eingehalten wird.

b) Werdende und stillende Mütter

2198 Werdenden oder stillenden Müttern ist als Ausgleich für eine Beschäftigung an Sonn- und Feiertagen in jeder Woche einmal eine ununterbrochene Ruhezeit von mindestens 24 Stunden im Anschluss an eine Nachtruhe zu gewähren (§ 8 Abs. 4 MuSchG, vgl. auch oben → Rz. 2124, 2131).

c) Jugendliche

2199 Für Jugendliche beträgt die nach der Beendigung der täglichen Arbeitszeit zu gewährende Ruhezeit mindestens **12 Stunden** (§ 13 JArbSchG). Im Übrigen besteht bei der Festlegung der Arbeitszeit von Jugendlichen die Besonderheit, dass die Schichtzeit insgesamt 10 Stunden nicht überschreiten darf (§ 12 JArbSchG).

d) Arbeitnehmer in Krankenhäusern und ähnlichen Einrichtungen

2200 Die Dauer der Ruhezeit von 11 Stunden kann in Krankenhäusern und anderen Einrichtungen zur Behandlung, Pflege und Betreuung von Personen um bis zu 1 Stunde verkürzt werden, wenn jede Verkürzung der Ruhezeit innerhalb eines Kalendermonats oder innerhalb von 4 Wochen durch Verlängerung einer anderen Ruhezeit auf mindestens 12 Stunden ausgeglichen wird (§ 5 Abs. 2 ArbZG). Ferner wird es in Krankenhäusern und ähnlichen Einrichtungen zukünftig zulässig sein, wenn Kürzungen der Ruhezeit durch Inanspruchnahme während des Bereitschaftsdienstes oder der Rufbereitschaft, die nicht mehr als die Hälfte der Ruhezeit betragen, zu anderen Zeiten ausgeglichen werden (§ 5 Abs. 3 ArbZG).

Die Regelung des § 5 ArbZG gilt für Ärzte und das Pflegepersonal in Krankenhäusern und anderen Einrichtungen zur Behandlung, Pflege und Betreuung von Personen jedoch erst ab 01.01.1996 (§ 26 ArbZG).

e) Arbeitnehmer in Verkehrsbetrieben

Unter Beachtung der unter → Rz. 2200 dargestellten Voraussetzungen des § 5 Abs. 2 ArbZG kann auch für Arbeitnehmer in Verkehrsbetrieben die ununterbrochene Ruhezeit auf 10 Stunden verkürzt werden (§ 5 Abs. 2 ArbZG). Zu den Verkehrsbetrieben gehören nicht nur alle öffentlichen und privaten Betriebe, deren Zweck unmittelbar auf die Beförderung von Personen, Gütern und Nachrichten für andere gerichtet ist, sondern auch dazugehörige unselbständige oder selbständige **Neben- oder Hilfsbetriebe**. 2201

f) Arbeitnehmer im Gaststätten- und Beherbergungsgewerbe/Sonstige

Auch bei Arbeitnehmern im Gaststätten- und Beherbergungsgewerbe kann die Ruhezeit zwischen zwei Arbeitsschichten auf 10 Stunden verkürzt werden, wenn die Voraussetzungen des § 5 Abs. 2 ArbZG beachtet werden. 2202

Gleiches gilt ebenfalls für Arbeitnehmer beim Rundfunk sowie in der Landwirtschaft und in der Tierhaltung (vgl. § 5 Abs. 2 ArbZG).

g) Kraftfahrer und Beifahrer

Die Ruhezeiten der Kraftfahrer und Beifahrer richten sich grundsätzlich ebenfalls nach dem Arbeitszeitgesetz. Soweit allerdings Vorschriften der europäischen Gemeinschaft für Kraftfahrer und Beifahrer geringere Mindestruhezeiten zulassen, gelten abweichend von den Bestimmungen des ArbZG diese Vorschriften (§ 5 Abs. 4 ArbZG). Auf → Rz. 2174 wird verwiesen. Die dort genannten Vorschriften enthalten umfangreiche Regelungen über einzuhaltende Ruhezeiten, auf die hier nicht im Einzelnen eingegangen werden soll. Grundsätzlich ist innerhalb eines Zeitraumes von 24 Stunden eine tägliche Ruhezeit von 11 zusammenhängenden Stunden einzulegen, die höchstens dreimal pro Woche auf nicht weniger als 9 Stunden verkürzt werden darf, sofern bis zum Ende der folgenden Woche eine entsprechende Ruhezeit zum Ausgleich gewährt wird (vgl. Art. 8 EGVO Nr. 3820/85). 2203

VIII. Anordnung von Überstunden und Mehrarbeit

2204 CHECKLISTE ZUR ANORDNUNG VON ÜBERSTUNDEN/MEHRARBEIT
- **Arbeitsvertragliche Zulässigkeitsvoraussetzungen (Rechtsgrundlage):**
  - Verpflichtung des Arbeitnehmers im Arbeitsvertrag
  - Betriebsvereinbarung
  - Tarifvertrag
  - Treuepflicht des Arbeitnehmers in Notfällen
  - Betriebe mit Betriebsrat:
    - Zustimmung des Betriebsrates (ausnahmsweise entbehrlich, wenn bei unvorhersehbarem Bedürfnis für Überstunden/Mehrarbeit nur einzelne Arbeitnehmer herangezogen werden) Gesetzliche Zulässigkeitsvoraussetzungen,
  - keine gesetzlichen Einschränkungen, wenn Arbeitszeit 10/60 Stunden täglich/wöchentlich nicht übersteigt und Ausgleich im Ausgleichszeitraum erfolgt (Einschränkungen bestehen jedoch auch dann für Jugendliche und Mütter, vgl. → Rz. 2168, 2169),
  - bei Überschreiten einer täglichen/wöchentlichen Arbeitszeit von 10/60 Stunden müssen die gesetzlichen Voraussetzungen vorliegen, vgl. → Rz. 2208 ff..
- **Rechtsfolgen**
  - Anspruch des Arbeitnehmers auf die Grundvergütung
  - bei Überstunden Vergütungszuschlag nur bei vertraglicher Vereinbarung

1. Einführung

2205 Nach der alten Arbeitszeitordnung (AZO) war die **begriffliche Unterscheidung** zwischen **Mehrarbeit** und **sonstigen Arbeitszeitverlängerungen** durchaus von Bedeutung, da Mehrarbeit im Sinne der AZO nur unter den dort genannten Bedingungen zulässig war. Vor allem aber war für Mehrarbeit in diesem Sinne ein angemessener **Vergütungszuschlag**, mangels anderslautender Vereinbarung i.H.v. 25 % zu zahlen (vgl. § 15 AZO).

Um arbeitszeitrechtliche Mehrarbeit in diesem Sinne handelte es sich, wenn die regelmäßige Arbeitszeit (8 Stunden, § 3 AZO) oder die sich aus einer anderen Verteilung nach § 4 AZO ergebende Arbeitszeit überschritten wurde. Bei Betrieben mit einer 5-Tage-Woche lag Mehrarbeit danach immer dann vor, wenn ein Arbeitnehmer an einem Werktag länger als 10 Stunden oder in einer Woche länger als 48 Stunden gearbeitet hatte.

Im **Arbeitszeitgesetz** (ArbZG) findet sich der Begriff der Mehrarbeit nicht wieder. Der Gesetzgeber hat auch darauf verzichtet, für die Zeiten der über 8 Stunden hinaus verlängerten täglichen Arbeitszeit, die der Mehrarbeit im Sinne der AZO entsprechen, einen Vergütungszuschlag zwingend vorzuschreiben. Der Gesetzgeber ist erkennbar davon ausgegangen, dass die Frage der Vergütung für die zulässige Überschreitung der täglichen Arbeitszeit von 8 Stunden von den Arbeitsvertragsparteien selbst interessengerecht geregelt wird.

2206 **Überstunden** (Überarbeit, arbeitsvertragliche Mehrarbeit) liegen immer dann vor, wenn die tatsächliche Arbeitszeit des Arbeitnehmers die arbeits- oder tarifvertraglich geschuldete Arbeitszeit übersteigt.

BEISPIEL:

Der mit 40 Wochenstunden und einer 5-Tage-Woche beschäftigte Arbeitnehmer arbeitet von montags bis freitags jeweils täglich 8 Stunden. Wegen eines außergewöhnlichen Arbeitsanfalls arbeitet er in einer bestimmten Woche von montags bis mittwochs jeweils 2 Stunden länger.

Der Arbeitnehmer hat also insgesamt 46 Wochenstunden und damit 6 Überstunden geleistet. Bei der Abgrenzung von Überstunden zur vertraglich geschuldeten Arbeitszeit ist auf die für den Arbeitnehmer maßgebliche **individuelle regelmäßige tägliche Arbeitszeit** (IRTAZ) abzustellen, die sich aus der Verteilung der regelmäßigen wöchentlichen Arbeitszeit auf die Wochentage ergibt (*vgl. BAG 16.02.2000, EzA § 4 TVG Metallindustrie Nr. 117*). Überstunden/Mehrarbeit können also auch dann gegeben sein, wenn der Arbeitnehmer über die IRTAZ hinaus Arbeitsstunden leistet und gleichwohl nicht die individuelle regelmäßige wöchentliche Arbeitszeit (IRWAZ) überschritten wird.

2. Arbeitsvertragliche Voraussetzungen

Der Arbeitgeber ist aufgrund seines Direktionsrechtes grundsätzlich nicht befugt, Überstunden anzuordnen, wenn der **Arbeitsvertrag** keine entsprechende Verpflichtung des Arbeitnehmers zur Erbringung von Überstunden enthält. Als Rechtsgrundlage für eine einseitige Anordnung von Überstunden kommen aber auch ein Tarifvertrag oder eine Betriebsvereinbarung in Betracht.

2207

Allerdings kann der Arbeitnehmer im Einzelfall auch aufgrund seiner **arbeitsvertraglichen Treuepflicht** verpflichtet sein, Überstunden zu leisten (vgl. → Rz. 2356). Da es in der betrieblichen Praxis häufig Schwierigkeiten bereitet, den Umfang der arbeitsvertraglichen Treuepflicht genau zu bestimmen und die Entscheidung über die Anordnung von Überstunden oft schnell gefällt werden muss, sollte diesem Problem aus dem Weg gegangen werden.

Beim Abschluss von Arbeitsverträgen empfiehlt es sich daher, eine Klausel aufzunehmen, die den Arbeitgeber berechtigt, nach den betrieblichen Notwendigkeiten Überstunden anzuordnen! Zu beachten ist, dass die Anordnung von Überstunden auch bei einer arbeitsvertraglichen Verpflichtung des Arbeitnehmers nur dann zulässig ist, wenn die Beteiligungsrechte des **Betriebsrates** gewahrt sind (vgl. → Rz. 2216). Der Arbeitnehmer ist in keinem Fall verpflichtet, gesetzlich verbotene Überstunden zu leisten. Kommt der Arbeitnehmer einer **verbotswidrigen Weisung** des Arbeitgebers dennoch nach, so hat er gleichwohl einen Anspruch auf Vergütung.

Lehnt dagegen ein Arbeitnehmer zulässig angeordnete Überstunden ab, so kann - jedenfalls nach einschlägiger Abmahnung – eine fristlose Kündigung des Arbeitsverhältnisses gerechtfertigt sein. Wendet sich der Arbeitnehmer, wenn auch im Einzelfall zu Unrecht, dagegen, in der Vergangenheit bereits häufig angefallene Sonderverpflichtungen in Form von Überstunden zu übernehmen, so wiegt eine solche Arbeitsvertragsverletzung vorbehaltlich besonderer Umstände des Einzelfalls allgemein weniger schwer, als wenn der Arbeitnehmer bereits die Erfüllung der arbeitsvertraglich vorgesehenen Regelarbeitsverpflichtung rechtsgrundlos verweigert (*LAG Köln 27.04.1999, EzA-SD 16/99, 11*).

Denkbar ist auch der Fall, dass der Arbeitnehmer **Anspruch auf Zuweisung von Überstunden** hat. Es kann nämlich u.U. gegen den arbeitsrechtlichen Gleichbehandlungsgrundsatz verstoßen, wenn einzelne Arbeitnehmer von Überstunden ausgenommen werden, während andere Arbeitnehmer regelmäßig nicht unerhebliche Überstunden leisten. Selbst wenn diese andere Arbeitnehmer u.a. auf die Zahlung von Mehrarbeitzuschlägen verzichtet haben, ist dies kein sachlicher Grund, der die Ungleichbehandlung rechtfertigt (*LAG Niedersachsen 14.11.2000, Revision zugelassen, EzA 01/01, 5*).

3. Gesetzliche Zulässigkeitsvoraussetzungen

2208 Soweit durch die Überstunden eine tägliche Arbeitszeit von 10 Stunden nicht überschritten wird und ein Ausgleich der täglich über 8 Stunden hinaus erbrachten Überstunden im Ausgleichszeitraum (vgl. → Rz. 2159) stattfindet, kann die Arbeitszeitverlängerung ohne weiteres angeordnet werden. Besondere Zulässigkeitsvoraussetzungen sind nicht zu beachten. Wird aber eine tägliche Arbeitszeit von 10 Stunden überschritten oder kann ein Ausgleich nicht oder nicht rechtzeitig erfolgen, ist eine entsprechende Weisung des Arbeitgebers **nur dann zulässig, wenn die Bestimmungen des ArbZG eingehalten** werden. Ein Verstoß gegen die arbeitszeitrechtlichen Vorschriften des ArbZG kann als Ordnungswidrigkeit oder als Straftat bestraft werden (§§ 22, 23 ArbZG). Es drohen dann Geldbußen bis zu 15.000 EUR und bei einer Gefährdung der Arbeitskraft oder der Gesundheit des Arbeitnehmers Freiheitsstrafen bis zu einem Jahr.

Da nach dem ArbZG auch bei zulässiger Arbeitzeitverlängerung eine tägliche Höchstarbeitszeitdauer von 10 Stunden in der Regel nicht überschritten werden darf, kommt den nachfolgenden Regelungen insbesondere dann Bedeutung zu, wenn die tägliche Arbeitszeit durch die Arbeitszeitverlängerung über 10 Stunden hinaus ansteigt.

a) Verlängerung der Arbeitszeit durch Tarifvertrag/Betriebsvereinbarung

2209 In einem Tarifvertrag oder auf Grund eines Tarifvertrags in einer Betriebsvereinbarung kann zugelassen werden, die Arbeitszeit über 10 Stunden werktäglich auch ohne Ausgleich zu verlängern, wenn in die Arbeitszeit regelmäßig und in erheblichem Umfang Arbeitsbereitschaft fällt (vgl. § 7 Abs. 1 ArbZG, → Rz. 2149).

Weitere Verlängerungsmöglichkeiten, insbesondere für die Landwirtschaft und den Pflegebereich eröffnet § 7 Abs. 2 ArbZG. Soweit ein entsprechender Zeitausgleich erfolgt, kann in einem Tarifvertrag oder auf Grund eines Tarifvertrages in einer Betriebsvereinbarung zugelassen werden, die tägliche Höchstbeschäftigungsdauer von 10 Stunden

- in der Landwirtschaft der Bestellungs- und Erntezeit sowie den Witterungseinflüssen anzupassen,
- bei der Behandlung, Pflege und Betreuung von Personen der Eigenart dieser Tätigkeit und dem Wohl dieser Personen entsprechend anzupassen.

Unter diesen Voraussetzungen kann in diesen Bereichen also auch **länger als 10 Stunden täglich** gearbeitet werden.

Ist ein Arbeitgeber im Geltungsbereich eines Tarifvertrages nicht tarifgebunden, können die Arbeitszeitregelungen des Tarifvertrages durch Betriebsvereinbarung oder, wenn ein Betriebsrat nicht besteht, durch schriftliche Vereinbarung zwischen dem Arbeitgeber und dem Arbeitnehmer übernommen werden (vgl. § 7 Abs. 3 ArbZG).

b) Verlängerung der Arbeitszeit durch die Aufsichtsbehörde

In einem Bereich, in dem Regelungen durch Tarifvertrag üblicherweise nicht getroffen werden, können die Ausnahmen des § 7 Abs. 1, 2 ArbZG auch durch die Aufsichtsbehörde bewilligt werden, wenn 2210

- dies aus betrieblichen Gründen erforderlich ist und
- die Gesundheit der Arbeitnehmer nicht gefährdet wird (§ 7 Abs. 5 ArbZG).

Darüber hinaus kann die Aufsichtsbehörde längere tägliche Arbeitszeiten bewilligen

- für **kontinuierliche Schichtbetriebe** zur Erreichung zusätzlicher Freischichten,
- für **Bau- und Montagestellen**,
- für **Saison- und Kampagnebetriebe** für die Zeit der Saison oder Kampagne (§ 15 Abs. 1 ArbZG).

Schließlich kann die Aufsichtsbehörde über die im Arbeitszeitgesetz vorgesehenen Ausnahmen hinaus weitergehende Ausnahmen zulassen, soweit sie im **öffentlichen Interesse** dringend nötig werden (§ 15 Abs. 2 ArbZG).

c) Verlängerung der Arbeitszeit in außergewöhnlichen Fällen

Abweichend von der gesetzlichen Regelung kann die Arbeitszeit auch in Notfällen und in sonstigen außergewöhnlichen Fällen verlängert werden (vgl. § 14 Abs. 1 ArbZG, → Rz. 2022). 2211

Wenn dem Arbeitgeber andere Vorkehrungen nicht zugemutet werden können, kann die Arbeitszeit auch verlängert werden

- wenn eine verhältnismäßig geringe Zahl von Arbeitnehmern vorübergehend mit Arbeiten beschäftigt wird, deren Nichterledigung das Ergebnis der Arbeiten gefährden oder einen unverhältnismäßigen Schaden zur Folge haben würde,
- bei Forschung und Lehre, bei unaufschiebbaren Vor- und Abschlussarbeiten sowie bei unaufschiebbaren Arbeiten zur Behandlung, Pflege und Betreuung von Personen oder zur Behandlung und Pflege von Tieren an einzelnen Tagen (§ 14 Abs. 2 ArbZG).

Bei der Annahme eines außergewöhnlichen Falles i.S.d. § 14 ArbZG ist jedoch **Zurückhaltung geboten**. Stets ist sorgfältig abzuwägen, ob die Durchführung der Arbeiten tatsächlich zwingend erforderlich ist. In Zweifelsfällen sollte der Arbeitgeber – soweit möglich – das Gewerbeaufsichtsamt vorab um Stellungnahme bitten. Regelmäßig wird ein Rückgriff auf § 14 ArbZG nur dann notwendig sein, wenn die Arbeitszeit über 10 Stunden hinaus ausgedehnt werden soll.

d) Sonderregelungen für Jugendliche und Mütter

2212 Jugendliche sowie werdende und stillende Mütter können nur eingeschränkt mit Überstunden beauftragt werden (§§ 8 Abs. 1 JArbSchG, 8 Abs. 1, 2 MuSchG).

Die tägliche/wöchentliche Arbeitszeit der Jugendlichen darf 8 (8 1/2)/40 Stunden nicht überschreiten (vgl. im Einzelnen oben → Rz. 2169 ff.). Jugendliche können aber in Notfällen zu hierüber hinausgehenden Überstunden herangezogen werden (§ 21 Abs. 1 JArbSchG). Die Mehrarbeit ist dann durch entsprechende Verkürzung der Arbeitszeit der folgenden 3 Wochen auszugleichen (§ 21 Abs. 2 JArbSchG).

Dagegen dürfen werdende und stillende Mütter täglich bis zu 8 1/2 Stunden beschäftigt werden (vgl. oben → Rz. 2168).

4. Vergütungspflicht

2213 Überstunden sind grundsätzlich zu vergüten **(Grundvergütung)**. Eine andere Frage ist es dagegen, ob dabei auch ein **Vergütungszuschlag** zu zahlen ist (vgl. → Rz. 2215).

Nur ausnahmsweise besteht keine Vergütungspflicht für Überstunden, wenn z.B. der Arbeitnehmer rechtswirksam auf die Vergütung verzichtet hat oder die Geltendmachung **treuwidrig** ist. Ein solcher Sonderfall liegt vor, wenn eine Betriebsvereinbarung vorsieht, dass die tarifliche Arbeitszeit von 36 auf 38 Stunden erhöht wird, und zwar ohne zusätzliche Vergütung und der tarifgebundene Arbeitnehmer diese Änderung akzeptiert. Erweist sich die Betriebsvereinbarung später dann als nichtig (§ 77 Abs. 3 BetrVG, vgl. oben → Rz. 2136), stellt es eine unzulässige Rechtsausübung dar, wenn der Arbeitnehmer nachträglich Mehrarbeitsvergütung für die 37. und 38. Arbeitsstunde verlangt (*LAG Baden-Württemberg, 22.01.1998, EzA-SD 15/99, 14*).

> **BEISPIEL:**
>
> Arbeitgeber und Betriebsrat hatten vereinbart, dass die tarifliche Arbeitszeit von 36 auf 38 Stunden erhöht wird ohne Lohnausgleich. Der Arbeitgeber hatte als Gegenleistung zugesagt, für einen bestimmten Zeitraum von personellen Maßnahmen (Kündigungen) abzusehen. Dies wurde von allen Arbeitnehmern akzeptiert, die über 1 Jahr zu den vorgenannten Bedingungen bei dem Arbeitgeber widerspruchslos arbeiteten und dann erst für die 37. und 38. Wochenstunde Überstundenvergütung geltend machten. Vorliegend war es arglistig, für die Laufzeit des Kündigungsverzichtes Stillschweigen zu bewahren und dann die Überstundenvergütung doch noch einzufordern. Mithin bestand für die vorgenannten Überstunden keine Vergütungspflicht (LAG Baden-Württemberg, a.a.O.).

a) Überstundengrundvergütung

2214 Ein Anspruch des Arbeitnehmers auf Vergütung von geleisteten Überstunden und Mehrarbeit besteht nicht nur dann, wenn der Arbeitgeber die Überstunden ausdrücklich angeordnet hat. Ausreichend ist es bereits, wenn der Arbeitnehmer die Überstunden in Kenntnis und mit Billigung des Arbeitgebers geleistet hat. Davon wird regelmäßig dann auszugehen sein, wenn der Arbeitgeber dem Arbeitnehmer noch während der normalen Arbeitszeit eine Arbeit zugewiesen hat, die der Arbeitnehmer nicht mehr während der normalen Arbeitszeit fertig stellen konnte.

Kommt es zum Streit über die Frage, ob und in welchem Umfang der Arbeitnehmer tatsächlich Überstunden geleistet hat, **hat der Arbeitnehmer Einzelheiten dazu darzulegen**, dass und weshalb die von ihm geleisteten Überstunden sachdienlich gewesen sein sollen. Beruft sich der Arbeitnehmer darauf, dass der Arbeitgeber die Ableistung von Überstunden geduldet habe, so hat der Arbeitnehmer dies auf die geltend gemachten, nach Tag und Uhrzeit näher zu bezeichnenden Überstunden bezogen, im Einzelnen darzulegen.

Soweit nichts anderes vereinbart ist, erfolgt die **Berechnung der Grundvergütung nach der Vergütungsform**. Unproblematisch ist dies bei einer zeit- oder leistungsbezogenen Vergütung. Zu zahlen ist die entsprechende Stundenanzahl oder die tatsächlich erarbeitete Vergütung. Einer besonderen Berechnung bedarf die Überstundenvergütung aber dann, wenn, wie bei Angestellten, ein **Gehalt** vereinbart ist. Je nach Inhalt des Arbeitsvertrages können auch Überstunden in einem gewissen Umfang bereits durch dieses Gehalt abgegolten sein. Die Berechnung kann in diesen Fällen wie folgt vorgenommen werden:

BEISPIEL:

Der Arbeitnehmer arbeitet normalerweise 40 Stunden an 5 Tagen in der Woche. Hierfür erhält er ein monatliches Gehalt von 1.500 EUR.

Zunächst sind die durchschnittlich auf jeden Monat entfallenden Arbeitstage zu errechnen, wobei Feier- und Urlaubstage einzubeziehen sind, nicht dagegen der arbeitsfreie Werktag (hier: Samstag). Für z.B. 1995 ergeben sich 260 Arbeitstage. Auf einen Kalendermonat entfallen dann durchschnittlich 21,67 Arbeitstage (260 : 12). Bei einem Gehalt von 1.500,00 EUR entfallen dann auf einen Arbeitstag 69,23 EUR (1.500 : 21,67). Bei einer 5-Tage-Woche mit 40 Stunden werden an jedem Arbeitstag 8 Stunden gearbeitet. Hieraus ergibt sich ein stündliches Gehalt von 8,66 EUR (69,23: 8).

Dem Arbeitnehmer ist also eine Überstundengrundvergütung in Höhe von 8,66 EUR für jede geleistete Überstunde zu bezahlen.

b) Vergütungszuschlag

Ein Vergütungszuschlag ist für Überstunden nur dann zu zahlen, wenn dies vertraglich ausdrücklich vereinbart ist. Ist das nicht der Fall, schuldet der Arbeitgeber nur die Überstundengrundvergütung.

Eine **gesetzliche Verpflichtung** zur Zahlung eines Überstundenzuschlages besteht nicht. Dies gilt auch, wenn die tägliche Arbeitszeit zulässigerweise auf über 10 Stunden verlängert wird. Gesetzlich vorgeschrieben ist im ArbZG lediglich ein Zuschlag für Nachtarbeit (vgl. oben → Rz. 2185).

In der Praxis ist aber in den meisten Tarifverträgen, Betriebsvereinbarungen und Arbeitsverträgen ein prozentualer Zuschlag für Überstunden vereinbart. Der Zuschlag ist dann auf der Basis der Grundvergütung zu errechnen.

Schwierigkeiten bereitet mitunter die Ermittlung der Grundvergütung als Bezugsbasis. Bei **Arbeitnehmern mit schwankendem Arbeitsverdienst** (Akkord/Prämien-lohnvergütung, vgl. → Rz. 2437; 2438) ist der durchschnittliche Stundenlohn zu errechnen.

Ist hierfür ein Berechnungszeitraum vertraglich nicht festgelegt, so bietet es sich an, auf die letzten 13 Wochen vor dem Tag, an dem die Mehrarbeit geleistet wurde, abzustellen (vgl. § 11 BUrlG, → Rz. 2887 ff.). Die sich danach ergebende Berechnungsgrundlage muss also nicht identisch sein mit der Grundvergütung, die für die während der Überstunde tatsächlich geleistete Arbeit zu zahlen ist (vgl. → Rz. 2214).

Überstunden können auch durch die **Gewährung von Freizeit** abgegolten werden (vgl. unten → Rz. 2215a). Ist vertraglich ein prozentualer Zuschlag vereinbart und gleichzeitig dem Arbeitgeber das Recht eingeräumt, Überstunden auch durch die Gewährung von Freizeit abzugelten, ist eine um den vereinbarten Prozentsatz erhöhte Freizeit zu gewähren.

BEISPIEL:

Der Arbeitnehmer hat 4 Überstunden geleistet. Vereinbart ist ein Zuschlag von 25%. Der Arbeitgeber ist nach dem Arbeitsvertrag berechtigt, Überstunden durch zusätzliche Freizeit auszugleichen. In diesem Fall sind dem Arbeitnehmer insgesamt 5 Stunden Freizeit zu gewähren (25 % von 1 Stunde = 15 Minuten x 4 = 1 Stunde zzgl. 4 Stunden = 5).

Wird für den Arbeitnehmer ein Zeitkonto (vgl. unten → Rz. 2240) geführt und ist der Arbeitgeber berechtigt, die individuelle regelmäßige wöchentliche Arbeitszeit z.B. auf Grund einer Betriebsvereinbarung gleichmäßig zu verteilen, muss der Arbeitnehmer im Hinblick auf einen vereinbarten **Vergütungszuschlag** für Überstunden darlegen und ggf. beweisen, dass die auf dem Zeitkonto befindlichen Zeitguthaben Überstunden/Mehrarbeit im arbeits-/tarifvertraglichen Sinne darstellen (*BAG 25.10.2000, Pressemitteilung des BAG Nr. 75/2000, EzA-SD 23/00, 4*).

c) Abgeltung von Überstunden durch Freizeitausgleich

2215a Anstelle einer Überstundengrundvergütung und eines Vergütungszuschlages in Geld kann arbeitsvertraglich auch vereinbart sein, dass Überstunden durch Freizeitausgleich abgegolten werden (vgl. oben → Rz. 2215). Dabei kann vereinbart sein, dass Überstunden **ausschließlich** durch Freizeitausgleich abgegolten werden. Denkbar ist aber auch, dass beiden Arbeitsvertragsparteien eine **Ersetzungsbefugnis** eingeräumt ist. Der Arbeitnehmer kann dann anstelle der an sich geschuldeten Mehrarbeitsvergütung Freizeitausgleich verlangen und der Arbeitgeber an Erfüllung statt Freizeitausgleich gewähren.

Der Vertragspartner, der von seiner Ersetzungsbefugnis Gebrauch macht, muss dies unmissverständlich erklären. Die Erklärung muss zwar nicht ausdrücklich abgegeben werden, sich aber aus den für den Erklärungsempfänger erkennbaren Umständen zweifelsfrei ergeben. Allein die Mitteilung des Arbeitgebers, keine Einsatzmöglichkeiten für den Arbeitnehmer zu haben, genügt nicht.

Der Arbeitgeber ist berechtigt, den Zeitpunkt des Freizeitausgleiches festzulegen. Es begegnet keinen rechtlichen Bedenken, wenn der Arbeitgeber den Freizeitausgleich zu Zeiten gewährt, in denen er die Arbeitnehmer ohnehin nicht hätte beschäftigen können. Die einseitige Leistungsbestimmung hat jedoch nach billigem Ermessen zu erfolgen (§ 315 BGB). Daraus ergibt sich u.a., dass der Arbeitgeber eine **angemessene Ankündigungsfrist** wahren muss. Die Arbeitsfreistellung muss dem Arbeitnehmer so rechtzeitig mitgeteilt werden, dass er sich noch ausreichend auf die zusätzliche Freizeit einstellen kann (*BAG 17.01.1995, EzA § 4 TVG Metallindustrie Nr. 99*).

BEISPIEL:

Der Arbeitgeber teilt den Arbeitnehmern zwischen 15.00 und 17.00 Uhr mit, dass sie am folgenden Tag Freizeitausgleich erhalten.

Diese Ankündigungsfrist ist unangemessen kurz (BAG a.a.O.). Die Angemessenheit der Ankündigungsfrist ist anhand des Einzelfalles zu bestimmen. Grundsätzlich sollten die Arbeitnehmer zum frühest möglichen Zeitpunkt informiert werden.

Sollen Überstunden durch Freizeitausgleich abgegolten werden, werden die ent- sprechenden Zeitguthaben regelmäßig durch Arbeitszeitkonten (vgl. auch unten → Rz. 2240 ff.) zu erfassen sein. Weitergehende Erfassungsmöglichkeiten sind denkbar. So wurde z.B. bei der Volkswagen AG angedacht, Zeitguthaben in sog. »Zeit-Wertpapieren« rechtlich zu verselbständigen, um z.B. dem Arbeitnehmer einen frühzeitigen gleitenden Ausstieg aus dem Berufsleben zu ermöglichen. Die diesbezügliche Entwicklung bleibt abzuwarten.

Zum Gesetz zur sozialrechtlichen Absicherung flexibler Arbeitszeitregelungen vgl. oben → Rz. 2103.

Die Möglichkeit der Abgeltung von Überstunden durch Freizeitausgleich bietet jedenfalls für Arbeitgeber und Arbeitnehmer vielseitige Gestaltungsmöglichkeiten.

Ist die Abgeltung von Überstunden durch Freizeitausgleich **nicht** vereinbart und insoweit grundsätzlich Abgeltung in Geld geschuldet, kann je nach den Umständen eine Änderungskündigung des Arbeitgebers sozial gerechtfertigt sein, wenn sich der Arbeitgeber entschließt, Mehrarbeit verstärkt durch Freizeitausgleich abzugelten und mit der Änderungskündigung das Ziel verfolgt wird, von einer vereinbarten pauschalierten Mehrarbeitsvergütung zur sog. »Spitzabrechnung« der tatsächlich geleisteten Mehrarbeit überzugehen, und diese dann konkret in Freizeit auszugleichen (*BAG 23.11.2000, EzA § 2 KSchG Nr. 40*). Je nach den Um ständen des Einzelfalles kann es also der Arbeitgeber durchaus – ggf. durch Änderungskündigung – erzwingen, dass anstelle einer Abgeltung von Überstunden in Geld, eine Abgeltung durch Freizeitausgleich erfolgt.

Soweit weder arbeits- noch kollektivvertraglich eine Abgeltung von Überstunden durch Freizeitausgleich vereinbart ist, kann seitens des Arbeitgebers ein »Abfeiern« von bereits entstandenen Ansprüchen auf Überstundenvergütung nicht durch Freistellung von der Arbeitspflicht unter Anrechnung auf bereits erbrachte Überstunden einseitig angeordnet werden (*BAG 18.09.2001, EzA-SD 20/01*). Mithin sind die bis zur Freistellung erbrachten Überstunden in jedem Fall durch Zahlung abzugelten.

5. Beteiligung des Betriebsrates

2216 Besteht ein Betriebsrat, so hat dieser bei der Anordnung von Überstunden ein **Mitbestimmungsrecht** (§ 87 Abs. 1 Nr. 3 BetrVG). Voraussetzung für das Mitbestimmungsrecht ist, dass durch die Überstunden **Interessen der gesamten Belegschaft** berührt werden (kollektiver Bezug). Daher kann u.U. die Anordnung von Überstunden für nur einzelne Arbeitnehmer bereits mitbestimmungspflichtig sein (vgl. oben Rz. → 2142). Kein Mitbestimmungsrecht besteht in sog. Notfällen. Hierzu muss zumindest eine unvorhersehbare und schwerwiegende Situation vorliegen, in welcher der Betriebsrat entweder nicht erreichbar oder nicht zur rechtzeitigen Beschlussfassung in der Lage ist, der Arbeitgeber aber sofort handeln muss, um vom Betrieb oder den Arbeitnehmern nicht wieder gut zu machende Schäden abzuwenden (*BAG 17.11.1998, EzA § 87 BetrVG 1972 Arbeitszeit Nr. 59*).

BEISPIEL:

Eine Lieferung von Lebensmitteln verspätet sich ausnahmsweise und trifft erst kurz vor Ende der betriebsüblichen Arbeitszeit ein. Die Lieferung muss noch am selben Tage entladen werden, da die Lebensmittel ansonsten verderben. Der Betriebsrat ist nicht erreichbar. Hier kann der Arbeitgeber auch ohne Zustimmung des Betriebsrates Überstunden anordnen, um die verspätet eingetroffenen Waren zu entladen.

Von den Notfällen zu unterscheiden sind sog. **Eilfälle**. Auch bei eilbedürftigen Maßnahmen besteht das Mitbestimmungsrecht des Betriebsrates. Die Abgrenzung von (mitbestimmungsfreien) Notfällen zu (mitbestimmungsbedürftigen) Eilfällen ist anhand des Einzelfalles vorzunehmen. Die Einführung eines Bereitschaftsdienstes außerhalb der regelmäßigen Arbeitszeit wird regelmäßig mitbestimmungspflichtig sein (*BAG 28.02.2000, EzA § 87 BetrVG 1972 Arbeitszeit Nr. 61*). Die Eilbedürftigkeit einer Maßnahme und der Umstand, dass eine rechtzeitige Zustimmung des Betriebsrates aus Zeitgründen kaum zu erlangen sein wird, rechtfertigt allein nicht die Annahme eines sog. Notfalles (*BAG 17.11.1998, EzA § 87 BetrVG 1972 Arbeitszeit Nr. 59*). Als Anhalt kann geltend, dass Überstunden mitbestimmungsfrei nur dann angeordnet werden können, wenn ohne die sofortige Anordnung ein nicht wieder gut zu machender erheblicher Schaden eintreten würde.

In allen anderen Fällen kann dem berechtigten Interesse des Arbeitgebers, auf unerwartet auftretenden Bedarf an Überstunden rasch reagieren zu können, durch eine **tarifvertragliche Regelung** oder **Abschluss einer Betriebsvereinbarung** Rechnung getragen werden. Insoweit können vertragliche Regelungen etwa darüber getroffen werden, wie zu verfahren ist, wenn der Betriebsrat nicht erreichbar oder sonst zu rechtzeitiger Beschlussfassung nicht in der Lage ist. Einer solchen Vereinbarung darf sich der Betriebsrat nicht versagen. In Betracht kommt sogar die vorläufige und kurzfristige Ermächtigung des Arbeitgebers zur einseitigen Anordnung von Überstunden, wenn es sich dabei nur um den Teil einer Verfahrensregelung für außergewöhnliche Fälle handelt. Eine solche kollektive Regelung, die den Arbeitgeber zur einseitigen Anordnung von Überstunden ermächtigt, ist eng auszulegen (*LAG Köln 03.08.2000, EzA-SD 25/00, 11*).

Hingegen sind weder die Betriebspartner noch die Tarifvertragsparteien in der Lage, den Arbeitgeber pauschal zur Anordnung von Überstunden zu ermächtigen (*BAG a.a.O.*). Soweit also sog. Eilfälle vorhersehbar sind und mithin ein Bedürfnis für eine generelle Regelung besteht, ist der Abschluss einer entsprechenden Betriebsvereinbarung dringend anzuraten.

Kommt es zwischen Arbeitgeber und Betriebsrat zu keiner Einigung, so entscheidet die Einigungsstelle verbindlich (§ 87 Abs. 2 BetrVG). **Globalanträge** des Betriebsrates im Beschlussverfahren (§§ 80 ff. ArbGG), mit denen dem Arbeitgeber umfassend untersagt werden soll, für Arbeitnehmer seines Betriebes ohne vorliegende Zustimmung des Betriebsrates Überstunden anzuordnen oder zu dulden, sind zulässig. Diese Anträge sind aber dann unbegründet, wenn ein einziger Fall denkbar ist, in der die Anordnung von Überstunden ohne Beteiligung des Betriebsrates möglich ist.

Das Mitbestimmungsrecht des Betriebsrates kann auch nicht dadurch umgangen werden, indem der **Arbeitgeber die Arbeiten** auf eine geschäftlich nicht tätige Firma **überträgt**, die von denselben Geschäftsführern wie die Arbeitgeberfirma geführt wird und die die Arbeiten im Betrieb des Arbeitgebers, auf seinen Betriebsanlagen und gerade mit den Arbeitnehmern durchführen soll, die vom Arbeitgeber zu Überstunden herangezogen werden sollten. Die Zwischenschaltung einer solchen Firma, die dann mit den einzelnen Arbeitnehmern für den Zeitraum der Überstunden befristete Arbeitsverträge abschließt, ändert nichts an der Arbeitgeberstellung des Unternehmens, für dessen Betriebszweck die Arbeitnehmer letztlich tätig werden sollen. **2217**

IX. Anordnung von Kurzarbeit

1. Einführung

Nicht nur die Verlängerung (Überstunden), sondern auch die **Verkürzung der Arbeitszeit** kann aus betrieblichen Gründen notwendig werden. Für den Arbeitgeber steht dabei regelmäßig eine Senkung der Lohnkosten für einen gewissen Zeitraum im Vordergrund. Dieses Ziel kann durch die Anordnung von Kurzarbeit oder Feierschichten erreicht werden. Unter **Kurzarbeit** versteht man die vorübergehende Verkürzung der betriebsüblichen Arbeitszeit bei entsprechender Minderung der Vergütung. Die vorübergehende Arbeitseinstellung wird als **Feierschicht, Aussetzen der Arbeit** oder auch **Betriebsstillegung** bezeichnet. Beide Formen der Verkürzung der Arbeitszeit sind nur unter den nachstehenden Voraussetzungen möglich. Grundsätzlich ausgeschlossen ist die dauernde Arbeitseinstellung und zwar auch dann, wenn der Arbeitgeber die Vergütung weiterhin zahlt. Eine dauernde Arbeitseinstellung ist mit der Beschäftigungspflicht des Arbeitge- **2218** bers nicht vereinbar (vgl. → Rz. 2960). Ist die weitere Beschäftigung auf Dauer unrentabel, bleibt dem Arbeitgeber nur die Möglichkeit der Kündigung.

2. Rechtsgrundlage als Zulässigkeitsvoraussetzung

2219 Die Anordnung von Kurzarbeit bedarf grundsätzlich einer entsprechenden Rechtsgrundlage. Als Rechtsgrundlage kommen in Betracht:

- Tarifvertrag,
- Betriebsvereinbarung,
- Arbeitsvertrag,
- gesonderte Vereinbarung mit dem Arbeitnehmer,
- gesetzliche Regelung.

a) Tarifvertrag

2220 Häufig sind in Tarifverträgen entsprechende **Kurzarbeitsklauseln** enthalten. Solche Klauseln wirken als so genannte Betriebsnormen auch gegenüber nicht tarifgebundenen Arbeitnehmern (§ 3 Abs. 2 TVG). Ausreichend ist es, wenn der Arbeitgeber tarifgebunden ist. Der Arbeitgeber kann dann Kurzarbeit anordnen, wenn die in dem Tarifvertrag festgeschriebenen Voraussetzungen vorliegen. Soweit der Tarifvertrag nur eine beschränkte Verkürzung der Arbeitszeit zulässt, sind diese Schranken zu beachten.

Ein Verstoß gegen höherrangiges Recht liegt dagegen nicht vor, wenn in einem **Firmentarifvertrag** in teilweiser Abänderung des Firmenmanteltarifvertrages die regelmäßige wöchentliche Arbeitszeit von 38,5 Stunden vorübergehend zur Beschäftigungssicherung durch eine besondere regelmäßige Arbeitszeit von 30,5 Stunden wöchentlich bei Teillohnausgleich und partiellem Schutz gegen betriebsbedingte Kündigungen während der Laufzeit des betriebsbezogenen Tarifvertrages ersetzt wird (*BAG 25.10.2000, EzA § 1 TVG Arbeitszeit Nr. 1*).

b) Betriebsvereinbarung

2221 Fehlt eine tarifvertragliche Regelung oder ist der Arbeitgeber nicht tarifgebunden, kann Rechtsgrundlage für die Anordnung von Kurzarbeit auch eine Betriebsvereinbarung sein. Dabei sind zwei Fälle zu unterscheiden.

Zum einen kann mit dem Betriebsrat ohne aktuellen Anlass eine **Dauerregelung** vereinbart werden, dass bei Vorliegen von bestimmten Voraussetzungen die Anordnung von Kurzarbeit zulässig sein soll.

Noch nicht abschließend geklärt ist, ob eine Betriebsvereinbarung über Kurzarbeit nur dann die Anforderungen an eine wirksame Ausübung des Mitbestimmungsrechtes erfüllt, wenn in ihr wenigstens die **tatbestandlichen Vorgaben** vorgezeichnet sind, innerhalb derer dem Arbeitgeber später dann ein gewisser Freiraum bei der Einzelfallregelung zustehen kann (*so LAG Berlin, 29.10.1998, EZA-SD 16/99, 16; Revision zugelassen*).

Daher sollten die Voraussetzungen für die Anordnung von Kurzarbeit **so konkret wie möglich** in der Betriebsvereinbarung bezeichnet werden. Dabei dürfte folgende Klausel den Interessen beider Vertragsparteien hinreichend Rechnung tragen.

> **Muster**
>
> Die Betriebsleitung kann aus dringenden betrieblichen Gründen (ggf. zur Vermeidung von Entlassungen) im Einvernehmen mit dem Betriebsrat für alle Mitarbeiter oder einzelne Abteilungen Kurzarbeit bis zu einer Mindestwochenarbeitszeit von ... Stunden anordnen.

Zum anderen kann mit dem Betriebsrat auch für einen **konkreten Fall** Kurzarbeit vereinbart werden. In diesem Fall steht der für die Kurzarbeit ursächliche Tatbestand fest und sollte auch ausdrücklich in die Betriebsvereinbarung aufgenommen werden.

Beim Abschluss einer Betriebsvereinbarung ist jedoch immer vorab zu prüfen, ob bereits eine tarifvertragliche Regelung besteht bzw. ob die Einführung von Kurzarbeit üblicherweise durch Tarifvertrag geregelt wird. Ist das der Fall, so ist der Abschluss einer Betriebsvereinbarung unzulässig, wenn nicht ein Tarifvertrag ausdrücklich den Abschluss ergänzender Betriebsvereinbarungen zulässt (§ 77 Abs. 3 BetrVG).

Ist danach der Abschluss einer Betriebsvereinbarung über die Einführung von Kurzarbeit zulässig, ist bei Abfassung und Umsetzung derartiger Betriebsvereinbarungen unbedingt darauf zu achten, dass etwaig bestehende **tarifvertragliche Ansagefristen** berücksichtigt werden.

Die fristgerechte Mitteilung der bevorstehenden Kurzarbeit (Ansage) hat **gegenüber den von der Kurzarbeit betroffenen Arbeitnehmern** zu erfolgen. Eine Betriebsvereinbarung, die eine tarifvertraglich festgelegte Ansagefrist missachtet, ist insoweit unwirksam (*BAG 12.10.1994, EzA § 87 BetrVG 1972 Kurzarbeit Nr. 3*). Diese Teilunwirksamkeit kann zur Folge haben, dass der Arbeitgeber für im Zeitraum der Ansagefrist geleistete Kurzarbeit gleichwohl die volle und nicht lediglich die anteilig verminderte Vergütung schuldet.

BEISPIEL:

Arbeitgeber und Betriebsrat vereinbaren am 05.11. eine vierzehntägige Kurzarbeit beginnend ab dem 08.11. Der Tarifvertrag lässt die Einführung von Kurzarbeit durch Betriebsvereinbarung zu, verlangt jedoch die Einhaltung einer siebentägigen Ansagefrist. Die bevorstehende Kurzarbeit und die Betriebsvereinbarung werden den Arbeitnehmern am 06.11. bekannt gemacht. Für die vom 08.11. bis zum 13.11. geleistete Kurzarbeit schuldet der Arbeitgeber u.U. gleichwohl die volle Vergütung (vgl. § 615 BGB). Erst für den Zeitraum nach Ablauf der Ansagefrist vermindert sich der Vergütungsanspruch des Arbeitnehmers entsprechend der verkürzten Arbeitszeit.

Für die betriebliche Praxis bedeutet die nunmehrige Klarstellung des BAG, dass vereinbarte Ansagefristen im allgemeinen nicht durch lediglich fristgerechte Mitteilung an den Betriebsrat, sondern nur durch Mitteilung an die Arbeitnehmer gewahrt werden können. Nur wenn nach dem Wortlaut des einschlägigen Tarifvertrages eindeutig feststeht, dass die Ansagefrist ausschließlich gegenüber dem Betriebsrat einzuhalten ist, kann auf eine fristgerechte Mitteilung an die Arbeitnehmer verzichtet werden. In Zweifelsfällen sollte die Mitteilung an die Arbeitnehmer vorsorglich fristgerecht erfolgen. Nur so können etwaige Rechtsnachteile vermieden werden.

c) Arbeitsvertrag

2222 Schließlich kann auch der Arbeitgeber allein aufgrund seines Weisungsrechts Kurzarbeit anordnen, wenn der **Arbeitsvertrag einen entsprechenden Vorbehalt** enthält. Das wird aber nur äußerst selten der Fall sein.

Der Arbeitgeber kann dann versuchen, mit den Arbeitnehmern jeweils eine **gesonderte Vereinbarung** über die Einführung von Kurzarbeit abzuschließen oder zumindest deren Zustimmung zur Kurzarbeit zu erreichen. Solche Versuche sind insbesondere dann erfolgversprechend, wenn andernfalls Entlassungen drohen.

Auch wenn es nicht ausdrücklich zu einer einzelvertraglichen Vereinbarung über die einseitige Verkürzung der Arbeitszeit kommt, kann der Arbeitsvertrag entsprechend durch schlüssiges Verhalten geändert worden sein, wenn der Arbeitnehmer die **Kurzarbeit zunächst widerspruchslos hinnimmt** und erst später der Verkürzung der Arbeitszeit widerspricht (*LAG Düsseldorf 14.10.1994, DB 1995, 682*).

Wird die Zustimmung durch die Arbeitnehmer verweigert, so bleibt dem Arbeitgeber nur das Mittel der **Änderungskündigung**, um eine vertragliche Änderung der Arbeitszeit zu erreichen.

Allerdings sind mit diesem Weg für den Arbeitgeber auch erhebliche Nachteile verbunden. Vor allem besteht die Gefahr, dass eine zeitgleiche Einführung der Kurzarbeit für alle Arbeitnehmer nicht gewährleistet ist. Da auch bei der Änderungskündigung die vertraglichen bzw. gesetzlichen Kündigungsfristen zu beachten sind, ist diese Möglichkeit auch wenig geeignet, eine schnelle Verkürzung der Arbeitszeit herbeizuführen. Schließlich ist auch das Risiko abzuwägen, dass in einer Vielzahl von Fällen Kündigungsschutzklage erhoben wird oder gerade besonders qualifizierte und gut eingearbeitete Arbeitnehmer die Änderung ablehnen und damit das Arbeitsverhältnis mit Ablauf der Kündigungsfrist endet. Bis zu diesem Zeitpunkt ist auch die volle Vergütung zu bezahlen.

Wird im Arbeitsvertrag auf einen **Tarifvertrag Bezug genommen**, gilt: Zulässig ist eine tarifliche Arbeitsplatzsicherung durch zeitweilige Arbeitszeit- und Lohnkürzung auch in den Arbeitsverhältnissen, bei denen die Tarifbindung nicht durch Mitgliedschaft der tarifschließenden Parteien sondern durch in Bezugnahme auf die tariflichen Regelungen eingetreten ist, soweit den Arbeitsverträgen nicht ausdrücklich entnommen werden kann, dass Arbeitszeit und hieraus folgende Vergütung tarifunabhängig vereinbart sein sollen (*BAG 28.06.2001, EzA-SD 14/01, 5*).

d) Erlaubnis des Landesarbeitsamtes

2223 Ausnahmsweise kann Kurzarbeit auch durch das Landesarbeitsamt zugelassen werden, wenn bei anzeigepflichtigen Entlassungen (vgl. unter → Rz. 4230 ff.) eine **Entlassungs-**

sperre angeordnet wird (§§ 17, 18, 19 KSchG). Voraussetzung ist, dass der Arbeitgeber auch tatsächlich nicht in der Lage ist, die Arbeitnehmer bis zum Ablauf der Entlassungssperre voll zu beschäftigen (§ 19 Abs. 1 KSchG). Der Arbeitgeber ist aber zur Kürzung des Arbeitsentgelts erst von dem Zeitpunkt an berechtigt, an dem das Arbeitsverhältnis nach den allgemeinen gesetzlichen oder vereinbarten Bestimmungen enden würde (§ 19 Abs. 2 KSchG).

Mit der Neufassung des Arbeitsförderungsrechts ab **01.01.1998** ist die bis dahin bestehende Verpflichtung des Arbeitgebers zur unverzüglichen schriftlichen Mitteilung von geplanten Betriebsveränderungen (§ 8 AFG) weggefallen. Geblieben ist die Verpflichtung, Entlassungen größeren Umfanges anzuzeigen (**Massenentlastungsanzeige** vgl. → Rz. 6133 ff.).

e) Sonderfall: Kurzarbeit bei Führungskräften

In jüngster Zeit stellt sich für viele Arbeitgeber zunehmend die Frage, ob und unter welchen Voraussetzungen auch für Führungskräfte Kurzarbeit angeordnet werden kann. Als rechtliche Grundlage hierfür werden regelmäßig ein Tarifvertrag oder eine Betriebsvereinbarung ausscheiden. Die leitenden Angestellten werden durch den Sprecherausschuss vertreten.

2224

Hat der Arbeitgeber mit dem **Sprecherausschuss eine Richtlinie über Kurzarbeit vereinbart** und ist gleichzeitig bestimmt, dass diese Richtlinie unmittelbar und zwingend gelten soll (vgl. § 28 SprAuG), so ist diese Richtlinie für die leitenden Angestellten bindend, deren Anstellungsverträge Kurzarbeitsklauseln enthalten oder wenn vertraglich vereinbart wurde, dass die vertraglichen Rechte vorbehaltlich abweichender zwingender Richtlinien gewährt werden.

In allen übrigen Fällen kann der Arbeitgeber einseitig Kurzarbeit nur dann anordnen, wenn im Arbeitsvertrag eine entsprechende Individualvereinbarung getroffen wurde. Eine solche Vereinbarung sollte bei Neuabschlüssen unbedingt aufgenommen werden.

3. Beteiligung des Betriebsrates

Die Kurzarbeit kann im konkreten Fall nicht ohne **Zustimmung des Betriebsrates** angeordnet werden (§ 87 Abs. 1 Nr. 3 BetrVG). Dies gilt unabhängig davon, auf welcher Rechtsgrundlage die Kurzarbeit angeordnet wird.

2225

Dagegen ist die Zustimmung des Betriebsrates entbehrlich, wenn die Kurzarbeit arbeitskampfbedingt ist. Das ist der Fall, wenn der Betrieb selbst bestreikt wird oder sich die Arbeitnehmer einen Streik in einem Drittbetrieb nach den Grundsätzen des Arbeitskampfrisikos zurechnen lassen müssen.

Bei der **Verteilung der verkürzten Arbeitszeit** auf die einzelnen Wochentage und der Festlegung der täglichen Arbeitszeit ist der Betriebsrat in jedem Fall zwingend zu beteiligen (§ 87 Abs. 1 Nr. 2 BetrVG).

4. Rechtsfolgen der Kurzarbeit

2226 Durch die Anordnung der Kurzarbeit wird der **Bestand des Arbeitsverhältnisses** nicht berührt. Auch der Inhalt des Arbeitsverhältnisses bleibt weitgehend bestehen. Besonderheiten ergeben sich vor allem für den Vergütungsanspruch des Arbeitnehmers.

a) Minderung der Vergütung

2227 Während der Kurzarbeit muss nur eine um den Anteil der verkürzten Arbeitszeit geminderte Vergütung gezahlt werden.

Die Einzelheiten hierzu werden häufig in der **Rechtsgrundlage** geregelt sein, auf der die Kurzarbeit beruht. Insbesondere in Tarifverträgen und Betriebsvereinbarungen sind regelmäßig Festlegungen darüber getroffen, ab wann die Kurzarbeit beginnt und ab wann die geminderte Vergütung zu zahlen ist. Dabei können diese Zeitpunkte durchaus voneinander abweichen, um den Arbeitnehmern die Gelegenheit zu geben, sich auf das geringere Entgelt einzustellen.

Fehlen solche Vereinbarungen, so kann die Vergütung mit **Beginn der Kurzarbeit** gemindert werden. Der Umfang der Minderung bestimmt sich nach der Verkürzung der Arbeitszeit. Da auch eine vorübergehende Arbeitseinstellung zulässig ist, braucht unter Umständen zeitlich begrenzt gar keine Vergütung gezahlt zu werden.

Umstritten ist, ob die Feiertagsvergütung während der Kurzarbeit nach dem vollen oder dem geminderten Entgelt zu bemessen ist. Nach Ansicht des BAG hat der Arbeitnehmer nur Anspruch auf eine Feiertagsvergütung in Höhe des Kurzarbeitergeldes *(BAG 05.07.1979, AP Nr. 33 zu § 1 FeiertagslohnG)*.

Erkrankt der Arbeitnehmer während der Kurzarbeit, so erhält er als Lohnfortzahlung nur das geminderte Arbeitsentgelt (§ 4 Abs. 3 EFZG). Dies gilt auch für Angestellte. Der **Urlaubsanspruch** des Arbeitnehmers wird durch die Kurzarbeit nicht berührt. Bei der Berechnung des Urlaubsentgelts ist von der vollen Vergütung auszugehen (§ 11 Abs. 1 BUrlG).

2228 Zu den Besonderheiten bei der Berechnung der vom Arbeitgeber zu entrichtenden Sozialversicherungsbeiträge während der Kurzarbeit vgl. → Rz. 5625.

b) Kurzarbeitergeld

2229 Die Zahlung von Kurzarbeitergeld durch die Bundesanstalt für Arbeit verfolgt den Zweck, dem Arbeitnehmer den Arbeitsplatz und dem Arbeitgeber den Arbeitnehmer zu erhalten. Hieran kann der Arbeitgeber ein gesteigertes Interesse haben, insbesondere dann, wenn die Arbeitnehmer gut eingearbeitet sind.

Die bis Ende 1997 geltenden Vorschriften des Arbeitsförderungsgesetzes über die Gewährung von Kurzarbeitergeld sind mit Wirkung vom **01.01.1998** durch die Regelungen des Sozialgesetzbuches III (SGB III) ersetzt worden. Zu den Einzelheiten der Leistungen des Arbeitsamtes bei Kurzarbeit (Kurzarbeitergeld vgl. auch → Rz. 6304 ff.)

Das Kurzarbeitergeld wird auf **Antrag** hin gewährt (vgl. → Rz. 2230 ff., → Rz. 6126 ff.) und beträgt für Arbeitnehmer mit mindestens einem Kind 67 %, für die übrigen Arbeitnehmer 60 % des jeweiligen Nettoarbeitsentgelts, mit dem der Arbeitnehmer ausgefallen ist.

Das Kurzarbeitergeld wird nur bis zum **Ablauf von 6 Monaten** gewährt (§ 177 Abs. 1 SGB III). Allerdings hat der Bundesminister für Arbeit und Sozialordnung von der Möglichkeit Gebrauch gemacht, die Bezugsfrist in gesonderten Fällen zu verlängern. Diese Sonderregelungen können beim Arbeitsamt erfragt werden.

c) Anzeige-/Antragspflichten des Arbeitgebers

Die Gewährung von Kurzarbeitergeld setzt die **rechtzeitige Anzeige der Kurzarbeit und einen Antrag** voraus. Regelmäßig ist der Arbeitgeber aufgrund seiner **Fürsorgepflicht** gegenüber den Arbeitnehmern zur Anzeige und Antragstellung verpflichtet. Dagegen ist der Arbeitgeber nicht verpflichtet, im Interesse seiner Arbeitnehmer Widerspruch und Klage gegen einen Kurzarbeiter-Festsetzungs-bescheid des Arbeitsamtes zu erheben, wenn er die einer ständigen Verwaltungspraxis entsprechende Rechtsauffassung der Arbeitsverwaltung teilt. 2230

Die Anzeige der Kurzarbeit und die Antragstellung kann auch durch den Betriebsrat erfolgen.

Wird Kurzarbeit angeordnet, so hat der Arbeitgeber zunächst den Arbeitsausfall dem Arbeitsamt, **in dessen Bezirk sein Betrieb liegt, schriftlich anzuzeigen** (§ 173 Abs. 1 SGB III). Der Anzeige ist die Stellungnahme des Betriebsrates beizufügen. 2231

Die Anzeige sollte unbedingt **vor dem Beginn der Kurzarbeit** erfolgen, da Kurzarbeitergeld frühestens von dem Kalendermonat an gewährt wird, in dem die Anzeige beim Arbeitsamt eingegangen ist (§ 173 Abs. 2 SGB III).

In der Anzeige sind die wesentlichen Voraussetzungen für die Gewährung von Kurzarbeitergeld glaubhaft zu machen (vgl. unter → Rz. 6125 ff.). Dazu gehören unter anderem:
- Arbeitsausfall wegen wirtschaftlicher Ursachen einschließlich betrieblicher Strukturveränderungen oder wegen eines unabwendbaren Ereignisses,
- Unvermeidbarkeit des Arbeitsausfalles,
- Entgeltausfall im jeweiligen Kalendermonat für mindestens 1/3 der beschäftigten Arbeitnehmer, wobei der Entgeltausfall mindestens 10 % ihres monatlichen Bruttoentgelts betragen muss,
- vorübergehende Natur des Arbeitsausfalles,
- Vorliegen der betrieblichen Voraussetzungen für das Kurzarbeitergeld.

Die Einzelheiten sind den §§ 170, 171 SGB III zu entnehmen. Danach kommt die Gewährung von Kurzarbeitergeld auch dann in Betracht, wenn lediglich nur eine **Betriebsabteilung** von der Kurzarbeit betroffen ist!

Maßgebend für die erforderliche Erheblichkeit des Arbeitsausfalles ist nicht mehr die Anzahl der tatsächlich ausfallenden Arbeitsstunden, sondern ausschließlich der Entgeltausfall. Berechnungsgrundlage ist das Bruttoentgelt ohne Mehrarbeits-/Überstundenentgeltanteile.

Sodann erhält der Arbeitgeber unverzüglich einen schriftlichen Bescheid darüber, ob das Vorliegen der Voraussetzungen für die Gewährung von Kurzarbeitergeld anerkannt wird (§ 173 Abs. 3 SGB III).

2232 Das Kurzarbeitergeld wird dann auf **gesonderten Antrag** hin gewährt. Im Gegensatz zur Anzeige des Arbeitsausfalles ist der Antrag auf die Zahlung von Kurzarbeitergeld nun bei dem Arbeitsamt zu stellen, in dessen Bezirk die für den Betrieb zuständige **Lohnstelle** liegt! Zu beachten ist, dass der Antrag innerhalb von **3 Monaten** nach Ablauf des Anspruchszeitraums, für den Kurzarbeitergeld beantragt wird, zu stellen ist (§ 325 Abs. 3 SGB III)!

Der Arbeitgeber hat dem Arbeitsamt die Voraussetzungen für die Gewährung von Kurzarbeitergeld nachzuweisen. Er hat die Leistungen im Einzelnen kostenlos zu errechnen und an die Arbeitnehmer auszuzahlen. Die ausgezahlten Beträge werden dem Arbeitgeber vom Arbeitsamt erstattet.

5. Beendigung der Kurzarbeit

2233 Die Kurzarbeit ist nach Ablauf der vereinbarten Zeit oder mit Wegfall der Voraussetzungen aufzuheben. Ein Indiz für den Wegfall der Voraussetzungen liegt vor, wenn der Arbeitgeber neue Arbeitnehmer einstellt.

X. Aushang- und Aufzeichnungspflichten

2234 Auch das ArbZG fordert vom Arbeitgeber, dass dieser einen Abdruck des Gesetzes, der aufgrund dieses Gesetzes erlassenen, für den Betrieb geltenden Rechtsverordnungen und der für den Betrieb geltenden Tarifverträge und Betriebsvereinbarungen i.S.d. § 7 Abs. 1 – 3 und des § 12 ArbZG an **geeigneter Stelle im Betrieb zur Einsichtnahme auslegt oder aushängt** (§ 16 Abs. 1 ArbZG). Darüber hinaus ist der Arbeitgeber ebenfalls verpflichtet, die über die **werktägliche Arbeitszeit von 8 Stunden hinausgehende Arbeitszeit** der Arbeitnehmer **aufzuzeichnen** und diese Aufzeichnungen mindestens zwei Jahre aufzubewahren (§ 16 Abs. 2 ArbZG). Es kann nur dringend angeraten werden, dies zu befolgen. Die Aufsichtbehörde ist ermächtigt, vom Arbeitgeber die Vorlage der Arbeitszeitnachweise zu verlangen (§ 17 Abs. 4 ArbZG). Ein **Verstoß** gegen die Aushangspflicht kann mit einer Geldbuße von bis zu 2.500,00 EURO, ein Verstoß gegen die Aufzeichnungspflicht mit der Geldbuße bis zu 15.000 EURO geahndet werden.

XI. Zeitumstellung: Sommer-/Winterzeit

2235 Die mit der Einführung der Sommer- bzw. Winterzeit verbundene Zeitumstellung bereitet arbeitsrechtlich keine Schwierigkeiten, wenn zum Zeitpunkt der Umstellung nicht gearbeitet wird. Der Arbeitnehmer ist verpflichtet, die Zeitumstellung mitzuvollziehen und am folgenden Tag pünktlich die Arbeit aufzunehmen.

Erfolgt dagegen die Zeitumstellung während der Arbeitszeit, so entfällt bei Einführung der Sommerzeit eine Arbeitsstunde, bei Einführung der Winterzeit fällt regelmäßig eine Arbeitsstunde mehr an. Die hiermit verbundenen Probleme sind noch nicht abschließend geklärt. Häufig sind entsprechende Regelungen in Tarifverträgen enthalten.

Soweit keine Sonderregelungen bestehen, wird der Arbeitnehmer im allgemeinen bei **Einführung der Winterzeit** verpflichtet sein, die anfallende zusätzliche Arbeitsstunde als Überstunde zu erbringen. Diese Überstunde ist dann auch entsprechend den getroffenen Vereinbarungen ggf. mit einem Überstundenzuschlag gesondert zu vergüten.

Bei der **Einführung der Sommerzeit** ist der Arbeitgeber nicht zu einer einseitigen Kürzung der vertraglichen Arbeitszeit berechtigt. Der Arbeitgeber kann daher in Annahmeverzug geraten (vgl. → Rz. 2530), wenn etwa die übliche 8-Stunden-Schicht auf 7 Stunden verkürzt wird. Anderes gilt jedoch dann, wenn der Arbeitnehmer dennoch im Laufe des Monats die **vertraglich geschuldete Arbeitszeit** und damit auch die geschuldete Vergütung erreicht. Handelt es sich also bei der durch die Zeitumstellung entfallenden Arbeitsstunde um eine Überstunde, kann der Arbeitgeber die Schichtlänge entsprechend verkürzen, ohne die Vergütung für die ausgefallene Arbeitsstunde zahlen zu müssen.

Bei der durch die Zeitumstellung bedingten vorübergehenden Verkürzung oder Verlängerung der betriebsüblichen Arbeitszeit hat der **Betriebsrat ein Mitbestimmungsrecht** (§ 87 Abs. 1 Nr. 3 BetrVG). Allerdings scheidet ein erneutes Mitbestimmungsrecht des Betriebsrates aus, wenn zuvor mit Zustimmung des Betriebsrates ein **Schichtplan** aufgestellt wurde, in dem die Schichtdauer für die Nacht der Zeitumstellung festgelegt ist.

XII. Gleitende Arbeitszeit

Der Arbeitgeber ist aufgrund seines **Direktionsrechtes** berechtigt, eine gleitende Arbeitszeit (Gleitzeit) einzuführen. Allerdings hat der Betriebsrat bei der Einführung der Gleitzeit ein **Mitbestimmungsrecht**. Regelmäßig erfolgt die Einführung der Gleitzeit durch Abschluss einer **Betriebsvereinbarung** mit dem Betriebsrat (vgl. → Rz. 2246).

2236

Dabei ist es zulässig, wenn aus betrieblichen Gründen bestimmte Betriebsabteilungen oder einzelne Arbeitnehmer von der Gleitzeitregelung ganz ausgenommen werden. Dies gilt grundsätzlich für die Einführung aller Formen der Gleitzeit. Zudem kann sich der Arbeitgeber das Recht vorbehalten, die Gleitzeitregelung aufzuheben, bzw. bei betrieblicher Notwendigkeit jederzeit gegenüber einzelnen Arbeitnehmern eine andere Regelung zu treffen. Eine solche Klausel sollte bei der Einführung der Gleitzeit unbedingt aufgenommen werden!

Die gesetzliche Neuregelung des Arbeitszeitrechtes durch das **ArbZRG** erleichtert die Einführung der gleitenden Arbeitszeit, da das Gesetz nunmehr flexiblere Arbeitszeitgestaltungen zulässt. Nach den Regelungen der alten AZO war für Betriebe mit einer wöchentlichen Arbeitszeit von 48 Stunden oder mehr die Einführung der Gleitzeit mit ganz erheblichen Schwierigkeiten verbunden. Insbesondere die Einführung der **Gleitzeit mit Zeitausgleich** war für diese Betriebe praktisch ausgeschlossen (vgl. unten → Rz. 2240).

Die nunmehr jedoch bestehenden Möglichkeiten zur Arbeitszeitflexibilisierung hat der Gesetzgeber durch das Gesetz zur sozialrechtlichen Absicherung flexibler Arbeitzeitregelungen (vgl. oben → Rz. 2103) ergänzt.

2. Vor- und Nachteile der gleitenden Arbeitszeit

2237 Bei der Gleitzeit hat der Arbeitnehmer die Möglichkeit, **Beginn und Ende seiner Arbeitszeit innerhalb eines vorgegebenen Rahmens selber festzulegen**. Je nach der Form der Gleitzeitregelung kann der Arbeitnehmer auch die Dauer seiner täglichen Arbeitszeit selbst bestimmen.

Für den Arbeitgeber bedeutet dies, dass er vor Einführung der Gleitzeit die Vor- und Nachteile sorgfältig gegeneinander abzuwägen hat. Für den Arbeitnehmer wird die Einführung der Gleitzeit in der Regel nur Vorteile mit sich bringen. Neben einer zeitsparenden oder bequemen Anfahrt zum Arbeitsort wird vor allem die Möglichkeit der flexibleren Anpassung der betrieblichen an die privaten Belange im Vordergrund stehen.

Dagegen wird der Arbeitgeber folgende **Nachteile** berücksichtigen müssen:

- **Kostenerhöhung durch Verlängerung der betrieblichen Arbeitszeit**
  Durch die Verlängerung der betrieblichen Arbeitszeit steigen die Kosten für Strom, Heizung, Pförtnerdienste und ähnliche Gemeinkosten. Denkbar ist auch, dass ein erhöhter Personalbestand erforderlich ist.
- **Kostenerhöhung durch Steigerung des Verwaltungsaufwandes**
  Die Gleitzeit erfordert kompliziertere Zeitkontrollen und Zeiterfassungsverfahren. Hinzu kommt ein höherer Aufwand für die Lohnabrechnung. Hierdurch steigen die Verwaltungskosten.
- **Erschwerung der betrieblichen Planung und Koordination**
  Da bei Einführung der Gleitzeit nicht mehr alle Arbeitnehmer gleichzeitig im Betrieb sein werden, wird die Arbeitsorganisation erschwert. Dies gilt insbesondere für die Schichtarbeit.
- **Störung des Betriebsfriedens**
  Sollte aus betrieblichen Gründen die Einführung der Gleitzeit nicht für alle Arbeitnehmer möglich sein, kann dies zur Unzufriedenheit bei den Arbeitnehmern führen, die nicht von der Gleitzeit profitieren.

Als mögliche **Vorteile** kommen in Betracht:

- **Steigerung der Motivation der Arbeitnehmer**
  Indem der Arbeitnehmer seine Arbeitszeit besser an private Belange anpassen kann, wird in der Regel das Verantwortungsbewusstsein und die Arbeitsmoral steigen. Dies trägt wiederum zur Besserung des Betriebsklimas bei.
- **Bessere Ausnutzung des betrieblichen Anlagekapitals**

Die Einführung der Gleitzeit ermöglicht auch längere Maschinenlaufzeiten. Hinzu kommt, dass der Betrieb länger besetzt und damit auch für Dritte erreichbar ist.
- **Größere Flexibilität bei der Anpassung der Arbeitszeit an den Arbeitsanfall**
Eine angefangene Arbeit braucht nicht wegen Ablaufs der festen betrieblichen Arbeitszeit unterbrochen zu werden. Bei geringerem Arbeitsanfall kann der Arbeitnehmer seine Arbeitszeit einschränken. Hierdurch kann ein »Absitzen« der Arbeitszeit vermieden werden.
- **Abbau von Überstunden**
Erfordert ein erhöhter Arbeitsanfall bei der festen Arbeitszeit an einzelnen Tagen eine Verlängerung der täglichen Arbeitszeitdauer durch die Anordnung von Überstunden, kann diese Verlängerung bei der Gleitzeit an Tagen mit geringerem Arbeitsanfall ausgeglichen werden. Dies führt zu einem Abbau der Überstunden und damit in aller Regel zu Kostenersparnissen.
- **Verringerung der Fehlzeiten**
Die Gleitzeit erleichtert es dem Arbeitnehmer, notwendige Arztbesuche oder sonstige private Besorgungen außerhalb der Arbeitszeit zu erledigen. Andernfalls erforderliche Arbeitsunterbrechungen und Fehlzeiten können verringert werden.
- **Erleichterung der Personalpolitik**
Die Einführung der Gleitzeit steigert die Attraktivität des Betriebes für Arbeitnehmer. Dies erleichtert die Anwerbung neuer Arbeitnehmer und kann zur Abnahme der Personalfluktuation führen.

Die Entscheidung, ob der Arbeitgeber in seinem Betrieb die Gleitzeit einführt, bedarf also der sorgfältigen Abwägung und Vorbereitung. Dabei sind insbesondere auch die gesetzlichen Regelungen des Arbeitszeitgesetzes zu beachten. Bei den Überlegungen sollten frühzeitig alle Betriebsabteilungen beteiligt werden. Der Entscheidungsspielraum wird durch die Möglichkeit, unterschiedliche Formen der Gleitzeit einzuführen, erweitert.

3. Formen der gleitenden Arbeitszeit

Im Wesentlichen stehen drei Formen der Gleitzeit zur Verfügung.

a) Grundform der gleitenden Arbeitszeit

Bei der Grundform der Gleitzeit kann jeder Arbeitnehmer den Beginn seiner Arbeitszeit **einmalig innerhalb einer vorgegebenen Zeitspanne (Eingleitphase) selbst festlegen.** Er bleibt dann an diese Festlegung gebunden und hat täglich die Arbeit zu diesem Zeitpunkt aufzunehmen. Die Dauer der täglichen Arbeitszeit wird für alle Arbeitnehmer auch weiterhin durch den Arbeitgeber festgelegt und bleibt konstant.

BEISPIEL:

In einem Betrieb mit 5-Tage-Woche wird bei einer täglichen Arbeitszeitdauer von 8 Stunden die Eingleitphase auf zwischen 7.00 und 9.00 Uhr festgelegt. Der Arbeitnehmer kann innerhalb dieser Zeitspanne seinen Arbeitsbeginn selbst bestimmen. Entscheidet er sich für einen Arbeitsbeginn um 7.30

Uhr, so hat er Tag für Tag von 7.30 bis 16.30 Uhr (einschließlich einer einstündigen Pause) zu arbeiten. Bestimmt er den Arbeitsbeginn auf 8.00 Uhr, dauert seine Arbeitszeit täglich bis 17.00 Uhr usw..

Die Zeitspanne, in der die Arbeitszeit für jeden Arbeitnehmer individuell endet, wird als Ausgleitphase bezeichnet. Im Beispielsfall liegt die **Ausgleitphase** zwischen 16.00 und 18.00 Uhr.

Diese Grundform der Gleitzeit kann ohne weiteres für alle Arbeitnehmergruppen eingeführt werden. Besondere arbeitsrechtliche Probleme bestehen nicht.

Allerdings muss bei der Festlegung der Eingleitphase berücksichtigt werden, dass den Arbeitnehmern die gesetzlich vorgeschriebenen **Ruhezeiten** sowie die **Pausen** verbleiben, die nunmehr für alle Arbeitnehmer im voraus festgelegt sein müssen (§ 4 ArbZG). Zu beachten ist außerdem, dass für Jugendliche spätestens nach 4 1/2 Stunden Beschäftigung eine Pause erfolgen muss (§ 11 Abs. 2 Satz 2 JArbSchG). Für Jugendliche gilt ferner die Besonderheit, dass die Pause frühestens eine Stunde nach Beginn und spätestens eine Stunde vor Ende der Arbeitszeit gewährt werden muss.

Daher werden die Pausen für Jugendliche regelmäßig in der **Kernarbeitszeit** liegen müssen. Unter der Kernarbeitszeit versteht man den Zeitraum, in dem alle Arbeitnehmer im Betrieb anwesend sein müssen.

BEISPIEL:
Bei einer Eingleitphase zwischen 7.00 und 9.00 Uhr und einer Ausgleitphase zwischen 16.00 und 18.00 Uhr liegt die Kernarbeitszeit zwischen 9.00 und 16.00 Uhr.

b) Einfache gleitende Arbeitszeit

2239 Bei der einfachen Gleitzeit ist der Arbeitnehmer nicht an seine einmalige Festlegung des Arbeitsbeginns gebunden. Vielmehr kann er den Beginn seiner Arbeitszeit **jeden Tag erneut innerhalb der Eingleitphase festlegen**. Die tägliche Arbeitszeitdauer ist aber auch hier gleichbleibend und wird durch den Arbeitgeber festgelegt.

c) Gleitende Arbeitszeit mit Zeitausgleich

2240 Die Gleitzeit mit Zeitausgleich ermöglicht es dem Arbeitnehmer nicht nur, täglich erneut den Beginn seiner Arbeitszeit individuell festzulegen, sondern er kann auch die **Dauer seiner täglichen Arbeitszeit innerhalb eines vorgegebenen Rahmens selbst bestimmen**.

Dabei muss der Arbeitnehmer regelmäßig während der Kernarbeitszeit im Betrieb sein. Den Beginn und das Ende seiner Arbeitszeit kann er jedoch während der Ein- bzw. Ausgleitphase selbst bestimmen.

Zu beachten ist, dass die tägliche Arbeitszeit nur dann über 8 Stunden hinaus auf **bis zu höchstens 10 Stunden** ausgedehnt werden darf, wenn die Arbeitszeit innerhalb des gewählten Ausgleichszeitraumes im Durchschnitt 8 Stunden werktäglich nicht überschreitet (vgl. § 3 ArbZG).

Nach den Regelungen der alten AZO war eine Verlängerung über 8 Stunden hinaus nur möglich, wenn die Arbeitszeit regelmäßig an einzelnen Werktagen verkürzt war (vgl. § 4 Abs. 1 AZO). Für Betriebe mit einer deutlich über 40 Stunden liegenden Arbeitszeit war daher die Einführung einer 5-Tage-Woche praktisch zwingend, wenn an Werktagen regelmäßig bis zu 10 Stunden gearbeitet werden sollte. Bei 5 Wochentagen und einer Arbeitszeit von 48 Stunden verblieb dann wenig Spielraum für eine Gleitzeitregelung mit Zeitausgleich. Nachdem das Erfordernis der regelmäßigen Verkürzung der Arbeitszeit weggefallen ist, stehen jetzt **6 Arbeitstage/Woche** für die Erbringung der wöchentlichen Arbeitsleistung auch dann zur Verfügung, wenn täglich bis zu 10 Stunden gearbeitet werden soll. Daher ist die Einführung einer sinnvollen Gleitzeitregelung mit Zeitausgleich nunmehr auch für die Betriebe realistisch, in denen die wöchentliche Arbeitszeit 48 Stunden und mehr beträgt.

Mit Einführung der Gleitzeit mit Zeitausgleich können Differenzen zwischen der tatsächlich erbrachten Arbeitszeit **(Ist-Arbeitszeit)** und der vertraglich geschuldeten Arbeitszeit **(Soll-Arbeitszeit)** entstehen.

Übersteigt die tatsächlich erbrachte Arbeitszeit die vertraglich geschuldete Arbeitszeit, so spricht man von **Zeitguthaben**. Wird dagegen weniger als die vertraglich geschuldete Arbeitszeit gearbeitet, so werden die nicht erbrachten Arbeitsstunden als **Zeitschulden** bezeichnet.

Bei der **beschränkten Gleitzeit mit Zeitausgleich** muss der Arbeitnehmer bestehende Zeitguthaben oder -schulden innerhalb eines vorgegebenen Ausgleichszeitraumes beseitigen. Am Ende des Ausgleichszeitraumes muss dann die Ist-Arbeitszeit mit der Soll-Arbeitszeit übereinstimmen. **2241**

BEISPIEL:

In einem Betrieb mit einer 5-Tage-Woche ist bei einer täglichen Arbeitszeit von 8 Stunden die Kernarbeitszeit auf zwischen 9.00 und 16.00 Uhr festgelegt. Die Eingleitzeit beginnt um 7.00 Uhr. Der Arbeitnehmer hat am Montag von 8.00 bis 17.00 Uhr, dienstags und mittwochs jeweils von 7.00 bis 18.00 Uhr und am Donnerstag von 9.00 bis 16.00 Uhr gearbeitet, wobei er jeden Tag eine einstündige Pause gemacht hat. Der Ausgleichszeitraum beträgt eine Woche.

Der Arbeitnehmer muss am Freitag also noch 6 Stunden arbeiten, um die vertraglich geschuldete Wochenarbeitszeit von 40 Stunden zu erreichen. Dabei hat er die Kernarbeitszeit zu berücksichtigen und müsste die Arbeit spätestens um 9.00 Uhr beginnen.

Ein Ausgleichszeitraum von einer Woche kann allerdings dann zu Schwierigkeiten führen, wenn die Lohnabrechnung nach Monaten erfolgt. Dann entstehen in den Wochen, in denen ein Monatswechsel liegt, zusätzliche Abrechnungsprobleme. Bei der Festlegung des Ausgleichszeitraumes sollte daher auf den Lohnabrechnungszeitraum zurückgegriffen werden. Regelmäßig wird dies der Monat sein.

Bei der **unbeschränkten Gleitzeit mit Zeitausgleich** kann ein am Ende des Ausgleichszeitraumes bestehendes Zeitguthaben oder eine Zeitschuld auf den folgenden Ausgleichszeitraum übertragen werden. **2242**

BEISPIEL:

Der Arbeitnehmer hat im vorstehenden Beispiel am Freitag nicht nur bis 16.00 Uhr, sondern bis 18.00 Uhr gearbeitet. Dabei hat er eine halbstündige Pause gemacht.

Die die wöchentliche Arbeitszeit von 40 Stunden übersteigende Zeit von 1 1/2 Stunden kann er in die folgende Woche übertragen, so dass er in dieser Woche nur 38 1/2 Stunden arbeiten muss.

In gleichem Maße kann auch eine Zeitschuld in den folgenden Ausgleichszeitraum übertragen werden mit der Folge, dass in diesem Zeitraum die Zeitschuld zusätzlich zur vertraglich geschuldeten Arbeitszeit abgearbeitet werden muss, soweit nicht erneut eine Zeitschuld übertragen werden kann.

Allerdings ist es fraglich, ob eine Übertragung von Zeitsalden auch zweckmäßig ist. Je unübersichtlicher die Ausgleichsregelung gestaltet ist, desto komplizierter und kostenintensiver ist die Zeiterfassung und die Lohnabrechnung. Daher sollte grundsätzlich bestimmt werden, dass der Arbeitnehmer **innerhalb des Ausgleichszeitraumes Zeitguthaben und Zeitschulden auszugleichen hat**.

2243 Bestehen am Ende des Ausgleichszeitraumes dennoch Differenzen zwischen Ist- und Soll-Arbeitszeit, so sind Zeitguthaben gesondert zu vergüten; Zeitschulden führen zu einer entsprechenden Minderung der Vergütung.

Um zu verhindern, dass der Arbeitnehmer durch **Zeitguthaben** einen **Zusatzverdienst** erlangt, kann bei der Einführung der gleitenden Arbeitszeit mit Zeitausgleich festgelegt werden, dass diese Zeitguthaben ganz oder in einer bestimmten Höhe verfallen. Kann der Verfall von Zeitguthaben bei der Einführung der gleitenden Arbeitszeit nicht durchgesetzt werden, sollte zumindest geregelt werden, wie solche Zeitguthaben abgebaut werden sollen. In Betracht kommt ein stundenweises »Abfeiern« oder die Gewährung von Freizeit an halben oder ganzen Tagen.

Wird das Arbeitsverhältnis während des Ausgleichszeitraumes beendet, sind die tatsächlich angefallenen Arbeitsstunden zu vergüten. Bei Beendigung des Arbeitsverhältnisses noch bestehende Zeitschulden kann der Arbeitgeber mit noch bestehenden Vergütungsansprüchen des Arbeitnehmers »verrechnen« (vgl. unten → Rz. 2472).

In Bezug auf die zu gewährenden **Pausen** und **Ruhezeiten** gilt bei der Gleitzeit mit Zeitausgleich nichts anderes als bei den sonstigen Formen der gleitenden Arbeitszeit.

Zu beachten ist allerdings, dass **Jugendliche** sowie **werdende und stillende Mütter** nur in ganz engen Grenzen in die Gleitzeit mit Zeitausgleich einbezogen werden können (§§ 8 Abs. 1, 2a JArbSchG, 8 Abs. 1, 2 Nr. 3 MuSchG). Die Einschränkung ergibt sich aus der gesetzlich vorgeschriebenen täglichen Höchstarbeitszeit, die bei 8 bzw. 8 1/2 Stunden liegt (vgl. oben → Rz. 2168 ff.).

4. Behandlung von Ausfallzeiten durch Krankheit, Urlaub etc.

2244 Berechtigte Ausfallzeiten durch Feiertage, Krankheit, Urlaub oder vorübergehende Verhinderung des Arbeitnehmers sind bei der Ermittlung der Ist-Arbeitszeit einzubeziehen.

Keine Probleme bereitet dies bei der Grundform sowie bei der einfachen Gleitzeit, da die Dauer der täglichen Arbeitszeit und damit auch die Dauer der Ausfallzeiten feststeht.

Allerdings sollte bei Einführung der **Gleitzeit mit Zeitausgleich** festgelegt werden, wie diese Ausfallzeiten zu behandeln sind. In der Praxis ist es nicht praktikabel, auf die individuelle Arbeitszeit abzustellen, die der Arbeitnehmer während des Ausfallzeitraumes gearbeitet hätte. Daher bieten sich folgende **Festlegungen** an:

- Fällt ein ganzer Arbeitstag aus, wird für diesen Tag bei einer 5-Tage-Woche 1/5 der wöchentlichen Soll-Arbeitszeit für den Zeitausgleich berechnet.
- Fallen an einem Arbeitstag nur einzelne Stunden aus, so werden diese nur dann in den Zeitausgleich einbezogen, wenn diese Stunden in der Kernzeit liegen. Berechtigter Arbeitszeitausfall außerhalb der Kernzeit wird nicht berücksichtigt.

BEISPIEL:

Der Arbeitnehmer hat um 15.30 Uhr einen unaufschiebbaren Arzttermin. Um den Termin wahrnehmen zu können, muss der Arbeitnehmer den Betrieb um 15.00 Uhr verlassen.

Bei einer Kernarbeitszeit von 9.00 bis 16.00 Uhr ist dann eine Stunde in den Zeitausgleich einzubeziehen. Liegt die Kernarbeitszeit dagegen zwischen 8.00 und 15.00 Uhr, ist ein Arbeitszeitausfall nicht zu berücksichtigen. Der Arbeitnehmer kann nicht geltend machen, er hätte an diesem Tag bis 17.00 Uhr gearbeitet. Natürlich ist auch ausgefallene Kernarbeitszeit nur dann in den Zeitausgleich einzubeziehen, wenn die Angelegenheit von dem Arbeitnehmer außerhalb der Kernzeit nicht erledigt werden kann.

Das BAG hatte zwischenzeitlich Gelegenheit, zur Frage der **Verrechnung von streikbedingten Ausfallzeiten bei Gleitzeitregelung** Stellung zu nehmen (*BAG 30.08.1994, Presseinformation, DB 1994, 1826*). Danach ist es grundsätzlich möglich, in einer Betriebsvereinbarung Regelungen zu treffen, wonach Zeiten der Streikteilnahme mit dem Gleitzeitkonto verrechnet werden. Solche Bestimmungen verletzen nicht die Chancengleichheit im Arbeitskampf. Sind derartige Regelungen jedoch nicht getroffen worden, ist bei der Berechnung des Gleitzeitkontos von der jeweils geschuldeten Arbeitszeit auszugehen. Da während eines Arbeitskampfes die **Arbeitspflicht ruht**, können die Zeiten der Streikteilnahme nicht mit dem Gleitzeitkonto verrechnet werden.

5. Behandlung von Überstunden

Auch bei der gleitenden Arbeitszeit können Überstunden anfallen. Steht die tägliche Arbeitszeitdauer fest, bereitet deren Behandlung keine Probleme.

2245

Anders dagegen bei der Gleitzeit mit Zeitausgleich. Hier empfiehlt sich, die Behandlung von Überstunden bei Einführung der **gleitenden Arbeitszeit mit Zeitausgleich** ausdrücklich zu regeln, da andernfalls Abgrenzungsschwierigkeiten zu der Soll-Arbeitszeit entstehen.

BEISPIEL:

Bei einer Kernarbeitszeit von 9.00 bis 16.00 Uhr und einer Ausgleitphase von 16.00 bis 18.00 Uhr ordnet der Arbeitgeber an, dass wegen eines außergewöhnlichen Arbeitsanfalls bis 18.00 Uhr gearbeitet werden muss.

Dabei stellt sich die Frage, ob die Arbeit von 16.00 bis 18.00 Uhr als Überstunden gesondert zu vergüten ist oder ob dieser Zeitraum in den Zeitausgleich einzubeziehen ist mit der Folge, dass eine Überstundenvergütung nicht zu zahlen ist.

Um hier Unklarheiten zu vermeiden, sollte bei der Einführung der gleitenden Arbeitszeit mit Zeitausgleich genau festgelegt werden, wann Überstunden vorliegen. Zweckmäßig ist es, als Überstunden nur die Stunden zu bezeichnen, die vom **Arbeitgeber ausdrücklich und schriftlich als Überstunden angeordnet werden**. Diese Zeiten sind vom Zeitausgleich auszunehmen und bei der Lohnabrechnung gesondert zu vergüten. Alle anderen Zeiten sind dann auszugleichen.

Besteht eine solche Regelung nicht, so ist eine Überstundenvergütung nur dann zu zahlen, wenn der Arbeitgeber die Arbeiten ausdrücklich angeordnet hat und hierdurch die Soll-Arbeitszeit im Ausgleichszeitraum überschritten wird.

6. Beteiligung des Betriebsrates

2246   Besteht ein Betriebsrat, so kann die gleitende Arbeitszeit nur mit **Zustimmung des Betriebsrates** eingeführt werden (§ 87 Abs. 1 Nr. 2 BetrVG). Der Betriebsrat kann auch von sich aus initiativ werden und die Einführung der gleitenden Arbeitszeit vom Arbeitgeber verlangen. Einschränkungen können sich jedoch dann ergeben, wenn die Einführung der gleitenden Arbeitszeit für den Arbeitgeber mit zusätzlichen finanziellen Belastungen verbunden ist.

Das Mitbestimmungsrecht des Betriebsrates umfasst alle Zeitregelungen, hierzu gehören insbesondere:

- Festlegung von Ein-, Ausgleitphase und Kernarbeitszeit,
- Festlegung des Ausgleichszeitraumes,
- Übertragbarkeit von Arbeitszeit,
- Behandlung von Mehrarbeit und Überstunden,
- Behandlung von Ausfallzeiten,
- Verfallklauseln,
- Zeitkontrollverfahren.

Kommt es zwischen Arbeitgeber und dem Betriebsrat nicht zu einer Einigung, so entscheidet die Einigungsstelle.

Regelmäßig wird aber die Einführung der gleitenden Arbeitszeit durch Abschluss einer **Betriebsvereinbarung** erfolgen. Dabei sind gesetzliche und tarifvertragliche Regelungen zu beachten. Insbesondere darf nicht von den tarifvertraglichen Regelungen abgewichen werden (§§ 77 Abs. 3, 87 Abs. 1 BetrVG).

Für den Abschluss einer Betriebsvereinbarung kann die nachfolgende Musterbetriebsvereinbarung über die Einführung der Gleitzeit mit Zeitausgleich als Grundlage herangezogen werden.

Das Muster geht von einer 5-Tage-Woche mit einer regelmäßigen täglichen Arbeitszeit von 8 Stunden aus.

> **Muster für den Abschluss einer Betriebsvereinbarung über die Einführung der gleitenden Arbeitszeit mit Zeitausgleich**
>
> Zwischen der Firma ....
>
> und dem Betriebsrat ....
>
> wird folgende Betriebsvereinbarung geschlossen:
>
> **1. Regelungsgegenstand**
>
> Mit dieser Vereinbarung wird für alle Mitarbeiter im Geltungsbereich dieser Vereinbarung die gleitende Arbeitszeit nach Maßgabe der nachfolgenden Bestimmungen eingeführt.
>
> **2. Geltungsbereich**
>
> Diese Vereinbarung gilt für alle Mitarbeiter in den Abteilungen A, B, C und D.
>
> Die Betriebsleitung behält sich vor, von Fall zu Fall im Einvernehmen mit dem Betriebsrat einzelne Abteilungen von dieser Regelung aus betrieblichen Gründen auszunehmen.
>
> Für werdende Mütter gilt die gleitende Arbeitszeit unter Beachtung der gesetzlichen Bestimmungen (§ 8 MuSchG).
>
> Die Vereinbarung gilt nicht für Mitarbeiter im Bereitschaftsdienst und Jugendliche.
>
> **3. Arbeitszeit**
>
> **3.1 Beginn und Ende der Arbeitszeit**
>
> Der Mitarbeiter kann im Rahmen der aufgeführten Zeitspannen Arbeitsbeginn und Arbeitsende selbst bestimmen:
>
> **Betrieb**
> Arbeitsbeginn: 6.00 Uhr bis 8.00 Uhr
> Arbeitsende: 15.00 Uhr bis 17.00 Uhr
>
> **Verwaltung**
> Arbeitsbeginn: 7.00 Uhr bis 8.30 Uhr
> Arbeitsende: 16.00 Uhr bis 17.30 Uhr
>
> **3.2 Kernarbeitszeit**
>
> Betrieb: 8.00 Uhr bis 15.00 Uhr
>
> Verwaltung: 8.30 Uhr bis 16.00 Uhr
>
> In der Kernarbeitszeit muss jeder Mitarbeiter im Betrieb anwesend sein. Jede Abwesenheit während dieser Zeit muss wie bisher genehmigt bzw. begründet sein.
>
> **3.3 Pausen**
>
> Es gilt die ausgehängte Pausenregelung.

3.4 Höchstarbeitszeit

Die tägliche/wöchentliche Arbeitszeit des Mitarbeiters darf 10/60 Stunden grundsätzlich nicht überschreiten. Anderes gilt dann, wenn aus wichtigem Grund Überstunden nach § 14 ArbZG angeordnet werden. Die Beschränkung auf eine Höchstarbeitszeit gilt nicht für leitende Angestellte.

4. Einschränkung der gleitenden Arbeitszeit

Das Recht des Mitarbeiters auf Teilnahme an der gleitenden Arbeitszeit kann eingeschränkt werden durch

- ausdrückliche Anweisung des jeweiligen Vorgesetzten im Einzelfall,
- ausdrückliche abteilungsinterne Regelung im Einzelfall,
- Vereinbarung einzelner Mitarbeiter bei Gruppenarbeit.

5. Überstundenregelung

Vergütungspflichtige Überstunden liegen nur dann vor, wenn auf ausdrückliche schriftliche Anordnung des jeweiligen Vorgesetzten außerhalb der Kernarbeitszeit (vgl. Ziff. 3.2) gearbeitet wird. Im Ausnahmefall kann die Anordnung auch nachträglich erfolgen. Zeitschulden können durch Überstunden ausgeglichen werden.

6. Ausgleichszeitraum

Ausgleichszeitraum ist der Kalendermonat. Der Mitarbeiter ist verpflichtet, Zeitguthaben und Zeitschulden zum Ende eines Ausgleichszeitraumes in Ausgleich zu bringen. Die tatsächlich erbrachte Arbeitszeit darf die arbeitsvertraglich (tarifvertraglich) vereinbarte Arbeitszeit am Ende eines Ausgleichszeitraumes nicht übersteigen oder unterschreiten.

7. Zeitschulden/Zeitguthaben

Bestehen am Ende des Ausgleichszeitraumes dennoch Zeitschulden, so wird die Differenz bei der Arbeitszeit nicht bezahlt. Ein bestehendes Zeitguthaben wird nur dann bezahlt, wenn es sich bei der Differenz um ausdrücklich angeordnete Überstunden handelt (vgl. Ziff. 5). Ansonsten verfällt das Guthaben. Ein Übertrag in den Folgemonat findet nicht statt.

8. Ausfallzeiten

Der Mitarbeiter ist verpflichtet, Arztbesuche und sonstige private Angelegenheiten außerhalb der Kernzeit zu erledigen. Nur wenn dies nicht möglich ist, kann in dringenden Fällen vom Vorgesetzten eine Ausnahme genehmigt werden.

Berechtigte Ausfallzeiten werden wie folgt dem Gleitzeitkonto gutgeschrieben:

- Fällt ein ganzer Arbeitstag aus, werden für diesen Tag 8 Stunden für den Zeitausgleich berechnet.
- Fallen an einem Arbeitstag nur einzelne Stunden aus, so werden diese nur dann in den Zeitausgleich einbezogen, wenn diese Stunden in der Kernzeit liegen. Arbeitsausfall außerhalb der Kernzeit wird nicht berücksichtigt.

9. Zeiterfassung

Alle Mitarbeiter erhalten für jeden Ausgleichszeitraum eine Gleitzeitkarte.

Sie sind verpflichtet, Arbeitsbeginn, Arbeitsende und Arbeitsunterbrechungen mittels Zeiterfassungsgerät auf der Gleitzeitkarte zu erfassen.

Ausfall- oder Abwesenheitszeiten sind gesondert einzutragen.

(Hier kann eine Aufzählung der Ausfall- oder Abwesenheitsgründe erfolgen, die jeweils mit einer Verrechnungs-Nr. versehen werden können, die dann in die Zeiterfassungskarte einzutragen ist.)

Der Mitarbeiter hat die Richtigkeit der Eintragungen durch Unterschrift zu versichern.

10. Verstöße

Der Missbrauch der Gleitzeiteinrichtung, insbesondere die Manipulation oder das Beschädigen von Zeiterfassungsgeräten oder Gleitzeitkarten kann zur außerordentlichen Kündigung führen.

11. Geltungsdauer

Diese Betriebsvereinbarung tritt mit Wirkung vom .... in Kraft. Sie kann mit einer Frist von .... Monaten zum ...... gekündigt werden. Die Nachwirkung dieser Betriebsvereinbarung ist ausgeschlossen.

....

(Ort, Datum)

....

(Betriebsleitung)   (Betriebsrat)

XIII. Weiterführende Literaturhinweise

Bauer, Anmerkung zum Tarifvertrag zur Einführung der 4-Tage-Woche bei der Volkswagen AG, DB 1994, 42

Biebrach/Nagel, Aushangpflichtige Arbeitsgesetze, 8. Auflage 1994

Blomeyer in Münchener Handbuch Arbeitsrecht, 1992, S. 770 ff.

Buschmann/Ulber, Arbeitszeitgesetz Textausgabe mit Kurzkommentierung, 1994

Deneke/Neumann/Biebl, Arbeitszeitordnung, 11. Aufl. 1991

Gaul, Änderungskündigung zur Absenkung oder Flexibilisierung von Arbeitszeit und/oder Arbeitsentgelt, DB 1998, 1913

Grotmann-Höfling, Arbeitsfreie Zeiten von A – Z, 1991

Hopfner, Formelle Wirksamkeitserfordernisse des Antrags des Arbeitnehmers auf Teilzeitarbeit, DB 2001, 2144

Hunold, Arbeitszeit – insbesondere Reisezeit- im Außendienst, NZA 1993, 10

Kelber/Zeisig, Das Schicksal der Gegenleistung bei der Reduzierung der Leistung nach TzBfG, NZA 2001, 577

Kollmer, Aushangpflichtige Arbeitsschutzgesetze im Betrieb, DB 1995, 1662 ff.

Lörcher, Die Arbeitszeitrichtlinie der EU, ArbuR 1994, 49 ff,

Marienhagen/Pülte, Arbeitszeitschutz, 1992

Mattner, Sonn- und Feiertagsrecht, 2. Aufl. 1991

Neumann, Das neue Ladenschlussgesetz, 2. Aufl. 1989

Schliemann/Förster/Meyer, Arbeitszeitrecht, 1997

Schlottfeld/Hoff, »Vertrauensarbeitszeit« und arbeitszeitliche Aufzeichnungspflicht nach § 16 Abs. 2 ArbZG, NZA 2001, 530
Stückmann, Wartungsarbeiten an Sonntagen bei vollkontinuierlichem Schichtbetrieb, DB 1998, 1462
Tietje, Ist Bereitschaftsdienst wirklich Arbeitszeit?, NZA 2001, 241
Wirges, Die Mitbestimmung des Betriebsrats bei der Verlegung der Arbeitszeit an »Brückentagen«, DB 1998, 2488
Wonneberger, Das Gesetz zur sozialrechtlichen Absicherung flexibler Arbeitszeitregelungen, DB 1998, 982
Zmarzlik, Das neue Arbeitszeitgesetz, DB 1994, 1082

7. Kapitel: Pflichtverletzungen des Arbeitnehmers

I.	**Einführung**	**2280**
II.	**Verletzung der Arbeitspflicht**	**2281**
	1. Einführung	2282
	2. Abmahnung	2283
	3. Klage auf Erbringung der Arbeitsleistung	2284
	4. Außerordentliche/ordentliche Kündigung wegen Nichterfüllung	2286
	5. Schadensersatz bei außerordentlicher Kündigung	2287
	a) Voraussetzungen	2287
	b) Ersatzfähiger Schaden	2289
	c) Pauschalierungsabreden	2290
	6. Schadensersatz bei Befreiung von der Leistungspflicht	2290a
	7. Schadensersatz wegen Nichterfüllung in sonstigen Fällen	2291
	8. Ersatz vergeblicher Aufwendungen	2291a
	9. Verlust des Vergütungsanspruchs	2292
	10. Ansprüche des Arbeitgebers gegen Dritte	2293
III.	**Schlechtleistung**	**2294**
	1. Fälle der Schlechtleistung	2295
	2. Lohnminderung	2296
	3. Kündigung wegen Schlechtleistung	2298
	4. Schadensersatz wegen Schlechtleistung	2299
	a) Einführung	2299
	b) Schuldhafte Pflichtverletzung des Arbeitnehmers	2301
	c) Eintritt eines Schadens beim Arbeitgeber	2303
	d) Ursächlichkeit der Pflichtverletzung für den Eintritt des Schadens	2304
	e) Umfang des Schadensersatzanspruches	2305
	f) Mitverschulden des Arbeitgebers	2306
	5. Haftungseinschränkung bei betrieblich veranlasster Tätigkeit	2307
	a) Einführung	2307
	b) Betrieblich veranlasste Tätigkeit	2308
	c) Gefahrgeneigtheit der Arbeit	2310
	d) Haftung bei Vorsatz	2311
	e) Haftung bei grober Fahrlässigkeit	2312
	f) Haftung bei normaler Fahrlässigkeit	2315
	g) Haftung bei leichtester Fahrlässigkeit	2316
	h) Haftungsvereinbarung	2317
	6. Mankohaftung des Arbeitnehmers	2318
	a) Einführung	2318
	b) Anforderungen an eine Mankoabrede	2319
	c) Muster einer Mankoabrede	2320
	d) Mankohaftung bei fehlender Mankoabrede	2321
	e) Mitverschulden des Arbeitgebers	2322
	7. Ansprüche geschädigter Arbeitnehmer desselben Betriebes	2323
	a) Personenschäden	2324
	b) Sachschäden	2325
	8. Ansprüche geschädigter Dritter, die nicht dem Betrieb des Arbeitgebers angehören	2326

	9. Freistellungsanspruch des Arbeitnehmers bei betrieblich veranlasster Tätigkeit und Drittschäden	2327
IV.	**Sonstige Pflichtverletzungen**	**2329**
V.	**Weiterführende Literaturhinweise**	**2333**

I. Einführung

2280 Wie in jedem Vertragsverhältnis, so sind auch im Arbeitsverhältnis Leistungsstörungen denkbar und in der Praxis häufig anzutreffen. Soweit es sich dabei um **Vertragsverletzungen des Arbeitnehmers** handelt, stehen folgende Fälle im Vordergrund:

- der Arbeitnehmer arbeitet nicht,
- der Arbeitnehmer arbeitet schlecht,
- der Arbeitnehmer verletzt sonstige vertragliche Pflichten.

Neu Achtung! Der Gesetzgeber hat mit der teilweisen **Neufassung des Bürgerlichen Gesetzbuches (BGB) ab 01.01.2002** (Schuldrechtsmodernisierungsgesetz) wesentliche Bereiche des Leistungsstörungsrechts neu geregelt, die auch das Arbeitsvertragsrecht betreffen.

Änderungen ergeben sich insbesondere daraus, dass der Arbeitnehmer bei (objektiver und subjektiver) Unmöglichkeit, unverhältnismäßigem Aufwand oder Unzumutbarkeit von der Arbeitspflicht befreit wird (vgl. oben → Rz. 2051 ff.). Des weiteren tritt an die Stelle unterschiedlicher Anspruchsgrundlagen in den Fällen der Verletzung der Arbeitspflicht einerseits (vgl. unten → Rz. 2287, 2291) und der Verletzung sonstiger Pflichten aus dem Arbeitsverhältnis andererseits (vgl. unten Rz. 2300) der einheitliche Haftungstatbestand der §§ 280 ff. BGB n.F., bei dessen Auslegung jedoch weiterhin auf die bisherige Rechtsprechung zur Arbeitnehmerhaftung zurückgegriffen werden kann.

Gegenstand der gesetzlichen Neuregelung ist es auch, dass ein Schuldner bei Verletzung einer Pflicht aus dem Schuldverhältnis grundsätzlich Schadensersatz zu leisten hat, es sei denn, er kann darlegen und ggf. beweisen, das er die Pflichtverletzung nicht zu vertreten hat (§ 280 Abs. 1 BGB n.F.). Will der Schuldner eine entsprechende Schadensersatzverpflichtung vermeiden, muss er sich entlasten, also darlegen und ggf. beweisen, das er die Pflichtverletzung weder vorsätzlich oder fahrlässig begangen hat. Diese neue Darlegungs- und Beweislasterleichterung zu Gunsten des Gläubigers **gilt im Arbeitsvertragsrecht nicht**, wenn es um die **Haftung des Arbeitnehmers** geht.

In Abweichung von § 280 Abs. 1 BGB gilt, dass der Arbeitnehmer dem Arbeitgeber Ersatz für den aus der Verletzung einer Pflicht aus dem Arbeitsverhältnis entstehenden Schaden nur zu leisten hat, wenn er die Pflichtverletzung zu vertreten hat (§ 619 a BGB n.F.).

Es verbleibt also in den Fällen, in denen der Arbeitgeber vom Arbeitnehmer wegen einer Pflichtverletzung Schadensersatz geltend machen will bei der bis zum 31.12.2001 geltenden Rechtslage, wonach der **Arbeitgeber darlegen und ggf. beweisen muss**, dass der Arbeitnehmer die Pflichtverletzung vorsätzlich oder fahrlässig begangen hat.

Vorsatz und Fahrlässigkeit bleiben die wesentlichen Formen des Verschuldens bzw. der Verantwortlichkeit des Schuldners/Arbeitnehmers. Allerdings bestimmt die gesetzliche

Neuregelung nunmehr auch, dass Vorsatz und Fahrlässigkeit nur zu vertreten sind, wenn eine **strengere oder mildere Haftung** weder bestimmt noch aus dem sonstigen Inhalt des Schuldverhältnisses zu entnehmen ist (vgl. § 276 Abs. 1 BGB n.F.). Es steht zu erwarten, dass die Möglichkeit der milderen Haftung im Schadensfall zu Gunsten des Arbeitnehmers herangezogen wird.

Da die Rechtsprechung aber bereits in der Vergangenheit auf der Grundlage des bis zum 31.12.2001 gültigen Rechts Haftungserleichterungen zu Gunsten des Arbeitnehmers angenommen hat (vgl. unten → Rz. 2299 ff.), folgt nicht zwingend, dass die arbeitgeberseitige Position bei der Geltendmachung von Schadensersatz gegenüber dem Arbeitnehmer durch die gesetzliche Neuregelung wesentlich verschlechtert wird. Es ist vielmehr wahrscheinlich, dass es bei den bisherigen Grundsätzen der Rechtsprechung und damit dem bisherigen Haftungsumfang verbleibt. Die Umsetzung des neuen Rechts durch die Rechtsprechung bleibt allerdings abzuwarten.

Zum Zeitpunkt des Beginns der Anwendbarkeit der neuen vorgenannten gesetzlichen Regelungen auf Arbeitsverhältnisse und zur **Übergangsregelung** vgl. oben → Rz. 2050. Spätestens seit dem **01.01.2003** gilt das neue Recht auch für die vor dem 31.12.2001 begründeten und damit für alle Arbeitsverhältnisse.

In diesem Kapitel sollen vorrangig die Fälle dargestellt werden, in denen die **Vertragsverletzung an die Erbringung der Arbeitsleistung anknüpft.** Zu den Rechtsfolgen bei der Verletzung sonstiger vertraglicher Pflichten (Nebenpflichten) vgl. auch → Rz. 2368.

Erbringt der Arbeitnehmer gar keine oder nur eine schlechte Arbeitsleistung, stehen dem Arbeitgeber unterschiedliche Reaktionsmöglichkeiten zur Verfügung, die sich nach der Schwere des vertragswidrigen Handelns des Arbeitnehmers richten.

Neben der Zulässigkeit einer Kündigung (vgl. ausführlich → Rz. 4400, 4501) geht es hier vor allem um die Frage, unter welchen Voraussetzungen der Arbeitgeber von dem Arbeitnehmer Schadensersatz verlangen kann.

Bei einer Kündigung wegen Pflichtverletzung des Arbeitnehmers hat der Arbeitgeber jedoch zu beachten, dass diese regelmäßig nur nach einer Abmahnung ausgesprochen werden kann.

II. Verletzung der Arbeitspflicht

CHECKLISTE 2281

- **Anwendungsfälle**
  - Arbeitnehmer löst sich ohne Einhaltung der Kündigungsfrist vom Arbeitsvertrag.
  - Arbeitnehmer arbeitet vorübergehend nicht.
- **Rechte des Arbeitgebers** (je nach Schwere der Pflichtverletzung)
  - Abmahnung (unverzüglich und schriftlich!)
  - Klage auf Erfüllung (nur selten sinnvoll!)
  - Außerordentliche Kündigung (Frist: 2 Wochen!)Achtung! Soll trotz Vorliegens eines hinreichenden Grundes für eine außerordentliche Kündigung das Arbeitsverhältnis durch

> eine ordentliche Kündigung oder einen Aufhebungsvertrag beendet werden – ausdrücklich Schadensersatz vorbehalten!
> - Ordentliche Kündigung
> - Wegfall der Vergütungspflicht
> - Schadensersatzanspruch gegen den Arbeitnehmer (Voraussetzungen):
>   - Verschulden des Arbeitnehmers
>   - Schadenseintritt (jede Vermögenseinbuße)
>   - Verursachung durch den Arbeitnehmer
>   - Ausschlussfristen beachten!
>   - ggf. Schadensersatzanspruch gegen Dritte bei Abwerbung

1. Einführung

2282 Als Verletzung der Arbeitspflicht werden vor allem die Fälle erfasst, in denen der Arbeitnehmer die Arbeit entweder überhaupt nicht oder verspätet antritt, die Arbeit unzulässigerweise unterbricht oder vorzeitig einstellt. Dabei spricht man vom **Arbeitsvertragsbruch,** wenn der Arbeitnehmer sich endgültig rechtswidrig, z.B. ohne Einhaltung seiner Kündigungsfrist, vom Arbeitsvertrag lossagt.

BEISPIEL:

Der Arbeitnehmer erscheint nicht zur Arbeit, da er mit einem anderen Arbeitgeber einen Arbeitsvertrag abgeschlossen hat und bereits bei diesem Arbeitgeber arbeitet.

Ob man in Anbetracht der **gesetzlichen Neuregelung ab 01.01.2002** zukünftig auch in den Fällen, in denen der Arbeitnehmer nach § 275 BGB n.F. von der Arbeitspflicht befreit ist (vgl. oben → Rz. 2051 ff.), noch von einem **Arbeitsvertragsbruch** sprechen kann/wird, bleibt abzuwarten.

Dagegen bezeichnet man die Fälle, in denen der Arbeitnehmer lediglich vorübergehend nicht arbeitet, als **Arbeitsbummelei, Absitzen der Arbeit oder Blaumachen.**

BEISPIEL:

Der Arbeitnehmer liest während der Arbeitszeit Zeitung. Der Arbeitnehmer erscheint nach der Mittagspause nicht mehr oder zu spät zur Arbeit.

Der Arbeitnehmer hat dann seine Hauptleistungspflicht aus dem Arbeitsvertrag verletzt, indem er die geschuldete Arbeitsleistung nicht erbracht hat.

Auch in den vorgenannten. Fällen des nur vorübergehenden Fernbleibens von der Arbeit kann sich der Arbeitnehmer u.U. auf die neuen Leistungsbefreiungstatbestände (vgl. oben → Rz. 2051 ff.) berufen.

In der betrieblichen Praxis sollte derartigen Pflichtverletzungen bereits bei Abschluss des Arbeitsvertrages vorgebeugt werden, indem für den Fall der Verletzung der Arbeitspflicht eine **Vertragsstrafe** oder eine **Lohnminderung** vereinbart wird. Derartige Vertragsklauseln erfassen im allgemeinen aber nur den Fall, dass ein Arbeitnehmer vorsätzlich und rechtswidrig die Arbeit nicht aufnimmt oder das Arbeitsverhältnis vor Ablauf der vereinbarten Vertragszeit oder der vereinbarten Kündigungsfrist ohne wichtigen Grund beendet. Soll die Vertragsstrafe/Lohnminde-rungsabrede auch den Fall der vom Arbeitnehmer schuldhaft veranlassten vorzeitigen Beendigung des Arbeitsverhältnisses durch Kündigung des Arbeitgebers umfassen, muss das ausdrücklich vereinbart werden.

Schließlich können **Vertragsstrafen für Arbeitnehmer** grundsätzlich auch in einer **Betriebsvereinbarung** begründet und geregelt werden. Eine solche Betriebsvereinbarung ist aber jedenfalls dann unwirksam, wenn in ihr bestimmt wird, dass einzelvertragliche Vertragsstrafenversprechen der Betriebsvereinbarung auch dann vorgehen, wenn sie für den Arbeitnehmer ungünstiger sind.

Ferner besteht die Möglichkeit, Pflichtverletzungen des Arbeitnehmers durch Einführung von so genannten **Betriebsbußen** entgegenzuwirken (→ Rz. 2354). Allerdings kann der Arbeitgeber Betriebsbußen nicht einseitig kraft seines Direktionsrechtes verhängen. Vielmehr bedarf es einer Rechtsgrundlage in Form eines Tarifvertrages oder einer Betriebsvereinbarung.

Wird die Arbeitspflicht durch den Arbeitnehmer verletzt, kommen für den Arbeitgeber folgende Handlungsmöglichkeiten in Betracht:

- Abmahnung,
- Klage auf Erbringung der Arbeitsleistung,
- Außerordentliche/ordentliche Kündigung des Arbeitsvertrages,
- Schadensersatz.

2. Abmahnung

Der Arbeitgeber ist in den Fällen der Verletzung der Arbeitspflicht durch den Arbeitnehmer regelmäßig zum Ausspruch einer Abmahnung berechtigt (zu den Einzelheiten der Abmahnung vgl. → Rz. 4306). **2283**

Durch die **gesetzliche Neuregelung ab 01.01.2002** (vgl. oben → Rz. 2280) ist nunmehr auch die Abmahnung gesetzlich normiert und zwar für die Fälle, in denen nach nicht ordnungsgemäßer Leistung nach der Art der Pflichtverletzung eine Fristsetzung zur Leistung oder Nacherfüllung nicht in Betracht kommt (vgl. § 281 Abs. 3 BGB n.F.).

Es ist jedoch nicht davon auszugehen, dass durch diese Neuregelung die bisherigen Grundsätze zu den Voraussetzungen und Anforderungen an eine Abmahnung im Arbeitsrecht geändert werden.

Soweit der Arbeitgeber auf Grund der Schwere der Pflichtverletzung des Arbeitnehmers nicht bereits zur außerordentlichen Kündigung berechtigt ist, sollte eine Abmahnung auch in jedem geringfügigeren Fall der Verletzung der Arbeitspflicht erfolgen. Der Arbeitgeber erweitert hierdurch seinen **Spielraum, um dann bei einer erneuten Pflichtverletzung des Arbeitnehmers sofort kündigen zu können.** Zwar bestehen für den Zeitpunkt der Abmahnung keine ausdrücklichen Ausschlussfristen. Dennoch sollte die Abmahnung immer **unverzüglich** erfolgen, um sicherzustellen, dass das Recht zur Abmahnung nicht verwirkt ist. Es ist außerdem im Interesse des Arbeitgebers, die erhobenen Beanstandungen möglichst schnell aktenkundig zu machen, vor allem auch aus Beweissicherungsgründen. Zu beachten ist, dass die Abmahnung immer **schriftlich** erfolgen sollte.

3. Klage auf Erbringung der Arbeitsleistung

2284   Regelmäßig wird sich der Arbeitgeber bei einer schwerwiegenden Verletzung der Arbeitspflicht schnellstmöglichst von dem Arbeitnehmer trennen wollen. In einigen Fällen ist aber auch eine andere Interessenlage denkbar.

BEISPIEL:

Der Arbeitnehmer ist ein qualifizierter Facharbeiter. Der Arbeitgeber sieht angesichts des Facharbeitermangels keine Möglichkeit, umgehend Ersatz zu bekommen.

Für den Arbeitgeber stellt sich dann die Frage, ob er den Arbeitnehmer notfalls auch **gerichtlich** zur Erbringung seiner Arbeitsleistung zwingen kann. Soweit der Arbeitnehmer von der Arbeitsleistung befreit ist (vgl. oben → Rz. 2051 ff.) besteht schon kein arbeitgeberseitiger Anspruch auf die Arbeitsleistung. Soweit Befreiung aber nicht besteht, kann der Anspruch auf die Arbeitsleistung grundsätzlich im Wege der Klage oder mit Hilfe einer einstweiligen Verfügung gerichtlich geltend gemacht werden. Allerdings wird von einem solchen Schritt regelmäßig abzuraten sein!

Selbst wenn ein obsiegendes Urteil ergeht oder eine einstweilige Verfügung erlassen wird, kann die Erbringung der Arbeitsleistung im Wege der Zwangsvollstreckung nicht durchgesetzt werden. Im Zweifel ist der Arbeitnehmer in Person Schuldner der Arbeitsleistung (§ 613 Satz 1 BGB). Da dann die Leistung von Dritten nicht vorgenommen werden kann, besteht ein **Vollstreckungsverbot** (s. § 888 ZPO).

2285   Es besteht die Möglichkeit, dass der Arbeitnehmer im Klageverfahren zur Zahlung einer **Entschädigung** verurteilt wird (§ 62 Abs. 2 ArbGG). Dies setzt jedoch voraus, dass das Arbeitsverhältnis zum Zeitpunkt der letzten mündlichen Verhandlung noch besteht. In den meisten Fällen wird aber der Arbeitnehmer seinerseits kündigen. Es kommt dann darauf an, welche Kündigungsfristen der Arbeitnehmer einzuhalten hat. Regelmäßig wird die Kündigungsfrist vor der letzten mündlichen Verhandlung abgelaufen sein.

Daher ist die Klage bzw. der Antrag auf Erlasseiner einstweiligen Verfügung nur in den seltensten Fällen sinnvoll, um den Arbeitnehmer zur Erfüllung seiner Arbeitspflicht zu zwingen.

4. Außerordentliche/ordentliche Kündigung wegen Nichterfüllung

2286   Der Arbeitgeber kann dem Arbeitnehmer jedoch außerordentlich kündigen, wenn ihm die Fortsetzung des Arbeitsverhältnisses bis zum Ablauf der Kündigungsfrist **nicht zumutbar** ist (§ 626 Abs. 1 BGB).

Die Kündigung muss innerhalb von zwei Wochen erfolgen, nachdem der Arbeitgeber von der Pflichtverletzung des Arbeitnehmers Kenntnis erlangt hat (§ 626 Abs. 2 BGB).

Ob die Voraussetzungen für eine außerordentliche Kündigung vorliegen, ist jeweils eine Frage des Einzelfalles. Eine außerordentliche Kündigung kommt nur bei besonders **schwerwiegenden Pflichtverletzungen** des Arbeitnehmers in Betracht (vgl. → Rz. 4501).

In der Praxis wird zur Vermeidung von gerichtlichen Streitigkeiten teilweise auch bei Vorliegen eines hinreichenden Grundes für eine außerordentliche Kündigung das Arbeitsverhältnis durch einen Aufhebungsvertrag oder eine ordentliche Kündigung beendet. In diesen Fällen ist unbedingt darauf zu achten, dass sich der Arbeitgeber **ausdrücklich die Geltendmachung eines Schadensersatzanspruches** für diejenigen Schäden vorbehält, die ihm durch die Aufhebung des Arbeitsverhältnisses entstanden sind. Andernfalls kann ein Schadensersatzanspruch (§ 628 Abs. 2 BGB) gefährdet werden.

> **Muster**
>
> »Der Arbeitgeber behält sich ausdrücklich vor, den ihm durch die Aufhebung (ordentliche Kündigung) des Arbeitsvertrages entstehenden Schaden gegenüber dem Arbeitnehmer geltend zu machen.«

Bei einer **geringfügigen und nur vorübergehenden Nichterfüllung** des Arbeitnehmers kann auch eine verhaltensbedingte Kündigung begründet sein (vgl. → Rz. 4401).

5. Schadensersatz bei außerordentlicher Kündigung

a) Voraussetzungen

Der Arbeitgeber kann im Falle der wirksamen außerordentlichen Kündigung von dem Arbeitnehmer Ersatz des Schadens verlangen, der ihm durch die Aufhebung des Arbeitsverhältnisses entstanden ist (§ 628 Abs. 2 BGB).

2287

Voraussetzung ist allerdings, dass der Arbeitnehmer die Kündigung durch vertragswidriges Verhalten veranlasst hat (so genanntes **Auflösungsverschulden**). Der Arbeitnehmer muss seine Arbeitspflicht also schuldhaft verletzt haben. Das ist immer dann der Fall, wenn er vorsätzlich oder fahrlässig (§ 276 BGB) seiner Arbeitspflicht nicht in vollem Umfang nachgekommen ist. Dies ist auch nach der gesetzlichen Neuregelung weiterhin vollumfänglich vom Arbeitgeber darzulegen und zu beweisen (vgl. oben → Rz. 2280).

Ist der Arbeitnehmer dagegen **berechtigt oder entschuldigt** der Arbeit ferngeblieben, so kommt bereits eine außerordentliche Kündigung im allgemeinen nicht in Betracht. Der Arbeitnehmer kann sich jedoch nicht darauf berufen, dass er eine andere und besser bezahlte Stelle gefunden habe.

Regelmäßig wird aber die außerordentliche Kündigung auf einem Verschulden des Arbeitnehmers beruhen. Die Fälle, in denen der Arbeitgeber zu einer außerordentlichen Kündigung berechtigt, gleichzeitig aber ein Verschulden des Arbeitnehmers nicht feststellbar ist, sind denkbar selten.

Der Anspruch auf Ersatz des durch die Aufhebung des Arbeitsverhältnisses entstandenen Schadens setzt (entgegen dem klaren Wortlaut des § 628 Abs. 2 BGB) nicht zwingend eine außerordentliche Kündigung voraus. Wird trotz Vorliegens eines hinreichenden Kündigungsgrundes das Arbeitsverhältnis durch Aufhebungsvertrag oder ordentliche Kündigung beendet, kommt gleichwohl ein Schadensersatzanspruch entsprechend § 628 Abs. 2 BGB in Betracht, wenn sich der Arbeitgeber den Anspruch ausdrücklich vorbehalten hat (vgl. oben → Rz. 2286).

Für die Schadensersatzpflicht von Auszubildenden besteht eine gesetzliche Sonderregelung. Wird das Ausbildungsverhältnis nach der Probezeit aus wichtigem Grund gelöst, so kann der Arbeitgeber Schadensersatz verlangen, wenn der Auszubildende den Grund der Auflösung zu vertreten hat (§ 16 Abs. 1 Satz 1 BBiG).

2288 In allen Fällen, in denen ein Schadensersatzanspruch in Betracht kommt, ist sofort zu prüfen, ob für die Geltendmachung des Anspruches so genannte **Verfall- oder Ausschlussfristen** bestehen! Nach Ablauf dieser Fristen ist die Geltendmachung des Schadensersatzanspruches ausgeschlossen.

Abreden über Ausschlussfristen können sich ergeben aus

- Tarifvertrag,
- Betriebsvereinbarung,
- Arbeitsvertrag.

b) Ersatzfähiger Schaden

2289 Ist das Arbeitsverhältnis wegen einer Arbeitspflichtverletzung des Arbeitnehmers durch außerordentliche Kündigung beendet worden, so stellt sich für den Arbeitgeber die Frage, ob und in welchem Umfang er von dem Arbeitnehmer verursachte zusätzliche Kosten ersetzt verlangen kann.

Grundsätzlich hat der Arbeitnehmer alle durch die Aufhebung des Arbeitsverhältnisses verursachte Schäden einschließlich des entgangenen Gewinns zu ersetzen (§§ 249 ff. BGB). Ein Schaden des Arbeitgebers liegt verkürzt gesagt immer dann vor, wenn sich seine Vermögenslage **durch die Aufhebung des Arbeitsverhältnisses** verschlechtert hat.

Es geht hierbei zunächst also nur um die Schäden, die durch die Aufhebung des Arbeitsverhältnisses entstanden sind. Von § 628 Abs. 2 BGB nicht erfasst sind die Schäden, die durch die Pflichtverletzung des Arbeitnehmers bis zur Aufhebung (Kündigung) des Arbeitsverhältnisses verursacht worden sind (vgl. → Rz. 2291, 2299 ff.).

Im Anwendungsbereich der gesetzlichen Neuregelung ist in Bezug auf unterschiedliche Schäden/Schadenszeiträume eine Differenzierung der Anspruchsgrundlagen nicht mehr notwendig, vgl. unten → Rz. 2291. Einheitliche Anspruchsgrundlage sind die §§ 280 ff. BGB n.F.

Für die durch die außerordentliche Kündigung entstandenen Schäden endet die Schadensersatzpflicht des Arbeitnehmers zu dem Zeitpunkt, zu dem der Arbeitnehmer das Arbeitsverhältnis ordentlich hätte kündigen können.

BEISPIEL:

Der Arbeitnehmer erhält wegen wiederholten Blaumachens die fristlose Kündigung am 10. 06. Die arbeitsvertragliche Kündigungsfrist des Arbeitnehmers beträgt eine Woche.

Der Arbeitgeber kann hier wegen einer Verletzung der Arbeitspflicht nur Ersatz für diejenigen Schäden verlangen, die vom 10.06. bis zum 17.06. entstanden sind.

Soweit **auch dem Arbeitnehmer die Fortsetzung des Arbeitsverhältnisses unzumutbar war** und er deshalb seinerseits zur außerordentlichen Kündigung berechtigt war, scheidet ein auf § 628 Abs. 2 BGB gestützter Schadensersatzanspruch des Arbeitgebers aus.

Andernfalls kommen als ersatzfähiger Schaden in Betracht:

- entgangener Gewinn,
- Produktionsausfall bei Vorratsproduktion,
- Kosten wegen des Stillstandes von Maschinen,
- höhere Kosten einer Ersatzkraft,
- Inseratskosten für Stellenanzeigen,
- Vorstellungskosten für Bewerber,
- Konventionalstrafen des Arbeitgebers für nicht rechtzeitige Leistung.

Der Arbeitgeber ist für den Eintritt eines konkreten Schadens beweispflichtig, was in der Praxis oftmals große Schwierigkeiten macht. Insbesondere der Nachweis eines entgangenen Gewinns ist für den Arbeitgeber häufig nicht einfach. Abzustellen ist auf den Gewinn, der bei dem gewöhnlichen Lauf der Dinge aller Wahrscheinlichkeit nach erwartet werden konnte (§ 252 BGB). Vielfach wird ein Gewinnausfall durch die Vorlage der Geschäftsunterlagen dargelegt werden können.

Ebenfalls als ersatzfähiger Schaden anerkannt wurde ein **fiktiver Einkommensverlust des Arbeitgebers,** den dieser dadurch erleidet, dass er selbst die Arbeit des gekündigten Arbeitnehmers übernimmt.

Müssen andere Arbeitnehmer wegen der Arbeitspflichtverletzung Überstunden machen, so kann auch die **gezahlte Überstundenvergütung** als Schaden ersetzt verlangt werden.

Dagegen wird ein Schaden des Arbeitgebers dann nicht vorliegen, wenn die Arbeit des gekündigten Arbeitnehmers durch andere Arbeitnehmer mit erbracht wird, ohne dass hierfür eine gesonderte Vergütung durch den Arbeitgeber gezahlt werden muss.

Problematisch ist es jeweils, in welchem Umfang **Inseratskosten** für Stellenanzeigen und **Vorstellungskosten** für Bewerber vom Arbeitnehmer zu ersetzen sind. Hier ist jeweils zu fragen, ob die Kosten auch dann angefallen wären, wenn der Arbeitnehmer das Arbeitsverhältnis ordentlich gekündigt hätte. Ist das zu bejahen, scheidet ein Anspruch auf Ersatz dieser Kosten aus.

c) Pauschalierungsabreden

Um die Ermittlung und den Nachweis eines Schadens zu erleichtern, werden in der Praxis häufig so genannte Pauschalierungsabreden in den Arbeitsvertrag aufgenommen. Dabei

2290

verpflichtet sich der Arbeitnehmer zum Ersatz des bei einem Vertragsbruch typischerweise entstehenden Schadens.

Bei der Fassung solcher Klauseln oder Abreden ist jedoch Vorsicht geboten! Soweit man eine Schadenspauschalierung in Arbeitsverträgen überhaupt für zulässig erachtet, darf die Höhe des vereinbarten Pauschalbetrages den **Arbeitnehmer nicht unangemessen benachteiligen.** Andernfalls kann die Vereinbarung wegen eines Verstoßes gegen die guten Sitten nichtig sein (§ 138 Abs. 1 BGB) oder aber dem Arbeitgeber ist es verwehrt, sich auf diese Vereinbarung zu berufen (§ 242 BGB).

6. Schadensersatz bei Befreiung von der Leistungspflicht

2290a Ab dem 01.01.2002 kann der Arbeitnehmer bei Vorliegen der Voraussetzungen des § 275 Abs. 1 bis 3 BGB n.F. von der Erfüllung seiner Arbeitspflicht befreit sein (vgl. oben → Rz. 2051 ff.). Auch in diesen Fällen kann der Arbeitgeber dann unter den Voraussetzungen des § 280 Abs. 1 BGB n.F. Schadensersatz statt der Leistung verlangen (§ 283 Satz 1 BGB n.F.). Voraussetzung eines Schadensersatzanspruches ist es danach, dass der Arbeitnehmer eine Pflicht aus dem Arbeitsverhältnis verletzt hat (§ 280 Abs. 1 Satz 1 BGB n.F.). Eine Schadensersatzverpflichtung tritt nicht ein, wenn der Arbeitnehmer die Pflichtverletzung nicht zu vertreten hat (§ 280 Abs. 1 Satz 2 BGB n.F.). Die Darlegungs- und Beweislast liegt aber beim Arbeitgeber (§ 619 a BGB n.F.).

Hieraus folgt, dass Fallkonstellationen eintreten können, in denen der Arbeitnehmer zwar einerseits nach der gesetzlichen Wertung nicht mehr verpflichtet ist, die Arbeitsleistung zu erbringen; andererseits das Herbeiführen dieses Zustandes bzw. der entsprechenden Tatbestandsvoraussetzungen eine schadensersatzbegründende Pflichtverletzung sein kann.

BEISPIEL:

Der Arbeitnehmer verpflichtet sich im Arbeitsvertrag zur Erbringung einer Arbeitsleistung, für die er nicht hinreichend qualifiziert ist, so dass er subjektiv nicht in der Lage ist, die Arbeitsleistung zu erbringen. Der Arbeitnehmer bleibt unentschuldigt der Arbeit fern. Der Arbeitnehmer unterlässt eine Kündigungsmöglichkeit, bei deren Wahrnehmung das Arbeitsverhältnis zu einem Zeitpunkt beendet worden wäre, bevor ein Befreiungstatbestand nach § 275 BGB n.F. eintritt.

Man wird letztlich abwarten müssen, welche Fallgruppen sich zum vorgenannten Tatbestand herausbilden.

7. Schadensersatz wegen Nichterfüllung in sonstigen Fällen

2291 Der Arbeitnehmer macht sich auch in den Fällen, in denen er nicht von der Arbeitspflicht befreit ist (vgl. oben → Rz. 2051 ff., 2290 a), schadensersatzpflichtig für die Schäden, die durch Verletzung seiner Arbeitspflicht vor dem Zugang einer außerordentlichen Kündigung entstanden sind (§§ 325 Abs. 1 BGB a.F., 280 ff. BGB n.F.).

Die Schadensersatzpflicht besteht auch, wenn das Arbeitsverhältnis trotz einer vorübergehenden Verletzung der Arbeitspflicht fortgesetzt bzw. durch eine ordentliche Kündigung beendet wird.

Der Anspruch setzt sowohl nach altem wie nach neuem Recht (vgl. oben → Rz. 2050, 2280) wiederum ein **Verschulden bzw. eine Verantwortlichkeit des Arbeitnehmers** voraus (§ 276 BGB). Gleichwohl ergeben sich aus der gesetzlichen Neuregelung Erleichterungen zu Gunsten des Arbeitnehmers in Bezug auf die **Darlegungs- und Beweislast**.

Kann der Schadensersatzanspruch noch auf der Grundlage des alten Rechts geltend gemacht werden, hat der Arbeitnehmer darzulegen und ggf. zu beweisen, dass ihn kein Verschulden an Verletzung der Arbeitspflicht trifft (§§ 282, 285 BGB a.F.). Bei der Geltendmachung nach neuem Recht trifft dagegen den Arbeitgeber die Darlegungs- und Beweislast (§ 619 a BGB).

Die Geltendmachung des Schadensersatzanspruches muss innerhalb bestehender **Ausschlussfristen** erfolgen.

8. Ersatz vergeblicher Aufwendungen

Nach der **gesetzlichen Neuregelung ab 01.01.2002** (vgl. oben → Rz. 2050, 2280) kann der Arbeitgeber nunmehr anstelle des Schadensersatzes statt der Leistung Ersatz der Aufwendungen verlangen, die er im Vertrauen auf den Erhalt der Arbeitsleistung gemacht hat und billigerweise machen durfte, es sei denn, deren Zweck wäre auch ohne die Verletzung der Arbeitspflicht nicht erreicht worden (vgl. § 284 BGB).

2291a

Nach dem bis zum 31.12.2001 gültigen Recht konnten auch sog. nutzlose/vergebliche Aufwendungen ein erstattungsfähiger Schaden sein, soweit die Aufwendungen nicht lediglich ideeller Natur waren. Mit der neuen Regelung können auch diese Aufwendungen nunmehr ersetzt verlangt werden. Die praktische Relevanz dieser Neuregelung für das Arbeitsverhältnis dürfte gering sein.

Nicht abschließend geklärt erscheint, ob sich der Gläubiger/Arbeitgeber durch Geltendmachung von Schadensersatz einerseits oder Aufwendungsersatz andererseits mit der Geltendmachung auf den ein oder anderen Anspruch abschließend festlegt.

Der betrieblichen Praxis ist einstweilen anzuraten, Ansprüche auf Ersatz vergeblicher Aufwendungen vorrangig als Schadensersatz und allenfalls hilfsweise als Aufwendungsersatz geltend zu machen.

9. Verlust des Vergütungsanspruchs

Für die Zeiten, in denen der Arbeitnehmer unentschuldigt nicht gearbeitet hat, erhält er auch keine Vergütung. Der Arbeitgeber kann die **Einrede des nicht erfüllten Vertrages** erheben (§ 320 BGB). Der Arbeitgeber ist allerdings darlegungs- und beweispflichtig für die Ausfallzeiten.

2292

Hat der Arbeitgeber bereits die Vergütung für die Zeiten ausgezahlt, in denen der Arbeitnehmer unentschuldigt nicht gearbeitet und insoweit auch keinen Vergütungsanspruch hat, ist für die Rückforderung wie folgt zu differenzieren:

- Soweit für die Rückabwicklung das alte Recht (vgl. oben → Rz. 2050, 2280) gilt, ist Bereicherungsrecht (§§ 812 ff. BGB) maßgebend (§§ 323 Abs. 3 BGB a.F.).
- Ist dagegen das neue Recht anwendbar, kann das Geleistete nach Rücktrittsrecht (§§ 346 ff. BGB n.F.) zurückgefordert werden (§ 326 Abs. 4 BGB n.F.).
- Erfolgte die Zahlung als Vorschuss, ist sowohl nach altem als auch neuem Recht die Vorschussvereinbarung Rechtsgrundlage der Rückforderung (vgl. unten → Rz. 2466).

Es ist dann immer sofort zu überprüfen, ob **Verfall- oder Ausschlussfristen** bestehen! Der Rückzahlungsanspruch muss dann innerhalb dieser Fristen geltend gemacht werden.

Stehen dem Arbeitnehmer dagegen noch Vergütungsansprüche zu, so kann der Arbeitgeber diese Vergütung nur mindern, wenn eine entsprechende **Minderungsabrede** zwischen den Arbeitsvertragsparteien besteht. Nach dem Inhalt solcher Lohnminderungsabreden erlöschen Vergütungsansprüche des Arbeitnehmers für den Fall, dass er Pflichten aus dem Arbeitsvertrag **rechtswidrig und schuldhaft** verletzt.

Derartige Vereinbarungen zwischen Arbeitgeber und Arbeitnehmer sind durchaus zulässig (vgl. aber unten → Rz. 2296). Allerdings dürfen sie sich nicht auf unpfändbare Forderungen erstrecken (vgl. → Rz. 2477) oder den Arbeitnehmer in anderer Form unangemessen benachteiligen.

Für gewerbliche Arbeitnehmer (§ 133 g GewO) ist ferner zu beachten, dass für den Fall der rechtswidrigen Auflösung des Arbeitsverhältnisses durch den Arbeitnehmer die vereinbarte Lohnminderung nicht den Betrag des durchschnittlichen Wochenlohnes übersteigen darf (§ 134 Abs. 1 GewO).

Eine Lohnminderung kann zudem in Betracht kommen, wenn die bisherige Arbeitsleistung für den Arbeitgeber ausnahmsweise **kein Interesse** mehr hat (§ 628 Abs. 1 Satz 2 BGB a.F.), z.B. bei Proben von Musikern, Schauspielern etc.

Schließlich kommt auch eine **Aufrechnung** gegenüber einem noch bestehenden Vergütungsanspruch des Arbeitnehmers in Betracht, wenn dem Arbeitgeber noch Schadensersatzansprüche zustehen. Zu beachten sind dabei jedoch die Pfändungsfreigrenzen (vgl. → Rz. 2474 ff.).

Außerdem kann ein **Zurückbehaltungsrecht** bestehen, wenn etwa der Arbeitnehmer noch vom Arbeitgeber zur Verfügung gestellte Arbeitsmaterialien in Besitz hat (§ 273 Abs. 1 BGB). In diesem Fall hat die Auszahlung nur Zug um Zug gegen Herausgabe dieser Gegenstände zu erfolgen.

10. Ansprüche des Arbeitgebers gegen Dritte

2293 Begeht der Arbeitnehmer einen **Arbeitsvertragsbruch**, um bei einem neuen Arbeitgeber zu arbeiten, können u.U. auch Schadensersatz- und Unterlassungsansprüche des bisherigen Arbeitgebers gegen Dritte, insbesondere gegen den neuen Arbeitgeber, in Betracht kommen.

Wurde der Arbeitnehmer durch den neuen Arbeitgeber **abgeworben,** so kann hierin ein unzulässiger Eingriff in den eingerichteten und ausgeübten Gewerbebetrieb des alten Arbeitgebers liegen (§ 823 Abs. 1 BGB). Denkbar ist auch, dass sich die Abwerbung als vorsätzliche sittenwidrige Schädigung darstellt (§ 826 BGB). Weitaus häufiger dagegen wird es sich um einen Wettbewerbsverstoß handeln (§ 1 UWG).

Grundsätzlich ist es zulässig, wenn ein Arbeitgeber einen Arbeitnehmer, der bei einem anderen Arbeitgeber beschäftigt ist, unter der Zusage von höherer Vergütung oder sonstiger Vorteile zur ordnungsgemäßen Beendigung des Arbeitsverhältnisses mit dem alten Arbeitgeber veranlasst.

Unzulässig ist es allerdings, wenn er den Arbeitnehmer zum **Arbeitsvertragsbruch verleitet.** Dabei kann ein Wettbewerbsverstoß auch dann vorliegen, wenn der neue Arbeitgeber in einer anderen Branche als der bisherige Arbeitgeber tätig ist. Regelmäßig wird es aber schwierig sein, die Veranlassung zum Vertragsbruch zu beweisen.

Die bloße **Beschäftigung** eines vertragsbrüchigen Arbeitnehmers wird in der Regel nicht wettbewerbswidrig sein. Anderes kann sich aber dann ergeben, wenn der neue Arbeitgeber die besonderen Geschäftsbeziehungen des Arbeitnehmers, die dieser durch die Tätigkeit bei dem bisherigen Arbeitgeber erlangt hatte, zu dessen Nachteil ausnutzt.

BEISPIEL:
Der Arbeitgeber schickt den vertragsbrüchigen Arbeitnehmer gezielt zu den Kunden des bisherigen Arbeitgebers.

Lässt sich danach ein rechtswidriges Verhalten Dritter feststellen, kann der bisherige Arbeitgeber von dem Dritten sowohl **Unterlassung** als auch **Schadensersatz** verlangen. Für bestimmte Arbeitnehmergruppen ist die Haftung des Dritten sogar ausdrücklich geregelt.

Handelt es sich bei dem abgeworbenen oder beschäftigten Arbeitnehmer um einen gewerblichen Arbeiter oder Angestellten, dann haftet der neue Arbeitgeber selbstschuldnerisch für den bei dem früheren Arbeitgeber entstandenen Schaden (§ 125 Abs. 1 GewO). Kaufmännische Angestellte werden von dieser Regelung allerdings nicht erfasst.

III. Schlechtleistung

CHECKLISTE

- **Anwendungsfälle:**
  - Der Arbeitnehmer arbeitet schlecht.
- **Rechte des Arbeitgebers (je nach der Schwere der Pflichtverletzung)**
  - Abmahnung (unverzüglich und schriftlich!)

2294

- Lohnminderung (nur bei Lohnminderungsabrede)
- Ordentliche/außerordentliche Kündigung
- Schadensersatzanspruch gegen den Arbeitnehmer bei:
  - Pflichtverletzung des Arbeitnehmers (Maßstab: durchschnittliche Anforderungen an Arbeitnehmer derselben Berufsgruppe)
  - Verschulden des Arbeitnehmers
  - Schadenseintritt (jede Vermögenseinbuße)
  - Verursachung durch den Arbeitnehmer
  - ggf. Mitverschulden des Arbeitgebers berücksichtigen
  - Ausschlussfristen beachten!
  - Abgestuftes Haftungssystem nunmehr bei jeder betrieblich veranlassten Tätigkeit (Haftung nach Grad des Verschuldens und Abwägung mit Betriebsrisiko)

1. Fälle der Schlechtleistung

2295 Unter dem Begriff der Schlechtleistung werden alle Fälle erfasst, in denen der Arbeitnehmer zwar arbeitet, die Arbeitsleistung aber in irgendeiner Form **mangelhaft** ist und dem Arbeitgeber hierdurch ein Schaden entsteht.

BEISPIEL:

Das Arbeitsergebnis weist Fehler auf; der Arbeitnehmer geht mit überlassenem Werkzeug, Maschinen nicht sorgfältig um, wodurch diese beschädigt werden; der Arbeitnehmer arbeitet zu langsam oder zu oberflächlich.

In diesen Fällen kommen für den Arbeitgeber im Wesentlichen folgende Rechte in Betracht:

- Lohnminderung,
- Kündigung,
- Schadensersatz.

2. Lohnminderung

2296 Zur Minderung des vereinbarten Arbeitsentgelts ist der Arbeitgeber nach der gesetzlichen Regelung **nicht berechtigt**. Die §§ 611 ff. BGB sehen ein gesetzliches Gewährleistungsrecht nicht vor. Dies gilt unabhängig davon, ob der Arbeitnehmer die Schlechtleistung verschuldet hat oder nicht.

Obgleich das Dienstvertragsrecht damit erheblich von den Regelungen des Kauf- und Werkvertragsrechtes über Leistungsstörungen abweicht, ist der Gewährleistungsausschluss sachlich gerechtfertigt. Der Arbeitnehmer unterliegt dem **Weisungsrecht** des Arbeitgebers und kann deshalb auch keine Gewährleistung für Erfolg oder Misserfolg seiner Arbeitsleistung übernehmen.

Eine Minderung des Arbeitsentgelts kommt aber dann in Betracht, wenn die Arbeitsvertragsparteien eine so genannte **Lohnminderungsabrede** getroffen haben (vgl. oben → Rz. 2292).

Zulässig ist eine Vereinbarung über eine Minderung des Arbeitsentgelts im Falle der Schlechtleistung, wenn die Kürzung nur bei einem **Verschulden** des Arbeitnehmers erfolgen soll. Allerdings sind die bereits dargestellten Einschränkungen zu beachten (vgl. oben → Rz. 2292). Noch nicht absehbar ist jedoch, ob die geänderte Rechtsprechung zur Arbeitnehmerhaftung bei Schlechtleistung (vgl. → Rz. 2299) Auswirkungen auf die Zulässigkeit von Lohnminderungsabreden haben wird.

Problematisch ist es dagegen, wenn eine Minderung auch dann eintreten soll, wenn der Arbeitnehmer die Schlechtleistung **nicht verschuldet** hat.

Wird der Arbeitgeber nach **Zeitlohn** bezahlt, so wird eine Minderungsabrede regelmäßig nichtig oder unwirksam sein, da sie den Arbeitnehmer unangemessen benachteiligt (§§ 138, 242 BGB). Der Arbeitgeber hat also das Risiko des Misslingens der Arbeitsleistung zu tragen.

Hingegen wird es bei der **Akkord- oder Prämienlohnvergütung** als zulässig erachtet, wenn die Arbeitsvertragsparteien vereinbaren, dass nur mangelfreie Arbeit bezahlt wird. Häufig sind derartige Klauseln in Tarifverträgen enthalten. Sie lauten etwa wie folgt:

> »Die Bezahlung der Arbeit erfolgt nur für mangelfreie und abnahmefähige Arbeit. Mangelhafte Arbeit wird nicht vergütet.«

In diesem Fall gelangt der Vergütungsanspruch erst gar nicht zur Entstehung, wenn der Arbeitnehmer eine mangelhafte Arbeitsleistung erbringt. Für den Arbeitgeber bedeutet das, dass er weder eine Aufrechnung erklären noch ggf. anwendbare Verfall- oder Ausschlussfristen beachten muss.

Allerdings ist bei der Aufnahme solcher Lohnminderungsklauseln in den einzelnen Arbeitsvertrag **Vorsicht geboten!** Die Rechtsprechung hat die Zulässigkeit von Lohnminderungsabreden bei unverschuldeter Schlechtleistung noch nicht ausdrücklich anerkannt. Als gesichert konnte bislang nur angesehen werden, dass eine Vereinbarung über Lohnminderung bei schuldhafter Schlechtleistung des Arbeitnehmers rechtswirksam getroffen werden kann (vgl. aber oben).

2297 Unabhängig vom Bestehen einer Lohnminderungsabrede kann der Arbeitgeber auch bei der schuldhaften Schlechtleistung die Auszahlung der Vergütung soweit zu Recht verweigern, als ihm durch die Schlechtleistung ein Schaden entstanden ist und er seinen Schadensersatzanspruch im Rahmen der Pfändungsfreigrenzen zur **Aufrechnung** gestellt hat. Zur Auszahlung des unpfändbaren Betrages bleibt der Arbeitgeber aber in jedem Fall verpflichtet (vgl. → Rz. 2472 ff.).

3. Kündigung wegen Schlechtleistung

2298 Die Schlechtleistung kann den Arbeitgeber ggf. auch zu einer außerordentlichen oder ordentlichen Kündigung berechtigen. Allerdings wird hier ein **strenger Maßstab** anzulegen sein, insbesondere dann, wenn die Schlechtleistung unverschuldet erfolgt.

Zur Kündigung wegen Schlechtleistung vgl. → Rz. 4405.

4. Schadensersatz wegen Schlechtleistung

a) Einführung

2299 Der Arbeitnehmer haftet grundsätzlich für die von ihm durch eine schuldhafte Schlechtleistung beim Arbeitgeber verursachten Schäden.

Dieser Grundsatz wird durch die Neuregelung des Leistungsstörungsrechtes (vgl. oben → Rz. 2250, 2280) nicht berührt! Änderungen ergeben sich nur insoweit, als nunmehr an die Stelle der positiven Vertragsverletzung (vgl. unten → Rz. 2300) die §§ 280 ff. BGB n.F. als neue Anspruchsgrundlage treten. Es verbleibt auch dabei, dass der Arbeitgeber die Darlegungs- und Beweislast dafür trägt, dass der Arbeitnehmer die Pflichtverletzung zu vertreten hat (§ 619 a BGB).

In Bezug auf das Verschulden bzw. die Verantwortlichkeit des Arbeitnehmers lässt das Gesetz nunmehr »eine strengere oder mildere Haftung« zu, wenn dies aus dem sonstigen Inhalt des Schuldverhältnisses zu entnehmen ist (§ 276 Abs. 1 BGB n.F.). Zur Übergangsregelung vgl. oben → Rz. 2050. 2280.

Es kann also davon ausgegangen werden, dass es auch bei Anwendung des neuen Rechts bei den bisherigen und von der Rechtsprechung aufgestellten Haftungskriterien verbleibt.

Insoweit besteht für die Arbeitnehmerhaftung ein **abgestuftes Haftungssystem**. Danach kann die Haftung des Arbeitnehmers erheblich eingeschränkt sein. Das abgestufte Haftungssystem galt zunächst ausschließlich für die so genannte gefahrgeneigte Arbeit (vgl. unten → Rz. 2310). Entscheidend für die Annahme einer gefahrgeneigten Arbeit waren die Umstände des Einzelfalles. Es musste eine konkrete Gefahrenlage bestanden haben. War diese zu bejahen, so richtete sich die Haftung des Arbeitnehmers nach dem Grad seines Verschuldens (vgl. unten → Rz. 2307 ff.).

Für die nicht gefahrgeneigte Arbeit bestanden zunächst keine besonderen Haftungseinschränkungen. Der Große Senat des BAG hatte aber bereits 1992 die Ansicht vertreten, dass bei Schäden, die der Arbeitnehmer dem Arbeitgeber in Ausführung betrieblicher Verrichtungen zugefügt hat, ein **innerbetrieblicher Schadensausgleich** durchzuführen ist, und zwar ohne Rücksicht darauf, ob im Einzelfall gefahrgeneigte Arbeit vorliegt oder nicht (BAG GS 12.06.1992, DB 1992, 1492). Gleichwohl sah sich der Große Senat an einer endgültigen Entscheidung gehindert, da der Bundesgerichtshof in vergleichbaren Haftungsfällen das Merkmal der Gefahrgeneigtheit als Voraussetzung für eine beschränkte Haftung aufgestellt hat. Aus diesem Grund hat der Große Senat des BAG den Gemeinsamen Senat der Obersten Gerichtshöfe des Bundes angerufen. Dieser hat das Vorlegungsverfahren am 16.12.1993 eingestellt. Der Bundesgerichtshof hatte nämlich zuvor seine von der Ansicht des BAG abweichende Rechtsprechung aufgegeben und sich der Rechtsauffassung des BAG angeschlossen (*BGH 23.09.1993, DB 1994, 428*). Von daher gilt zukünftig:

Die Haftungserleichterungen zugunsten des Arbeitnehmers finden nicht nur bei gefahrgeneigter Tätigkeit, sondern bei jeder betrieblichen durch das Arbeitsverhältnis veranlassten Tätigkeit Anwendung!

Arbeitgeber müssen sich also darauf einstellen, dass sie bei von Arbeitnehmern verursachten Schäden in der überwiegenden Anzahl der Schadensfälle einen Eigenanteil zu tragen haben. Dies sollte Anlass sein, den eigenen betrieblichen Bereich auf Risiken der Schadensverursachung zu untersuchen. Insbesondere dort, wo durch Fehlverhalten von Arbeitnehmern erhebliche Schäden entstehen können, sollte überprüft werden, ob das **Schadensrisiko** versicherbar und der Abschluss einer entsprechenden Versicherung sinnvoll ist.

Ungeachtet der Rechtsprechung wird in Schadensfällen weiterhin wie folgt zu prüfen sein:

- liegt ein nach allgemeinen zivilrechtlichen Grundsätzen haftungsbegründender Tatbestand vor?, wenn ja
- greifen die Haftungserleichterungen zugunsten des Arbeitnehmers ein?

Anspruchsgrundlage für einen Schadensersatzanspruch wegen Schlechtleistung ist nach allgemeinen zivilrechtlichen Grundsätzen das anerkannte **Rechtsinstitut der positiven Vertragsverletzung** (PVV). Hiervon werden diejenigen Pflichtverletzungen im Rahmen eines Vertragsverhältnisses erfasst, die weder zum Verzug des Schuldners noch zur Unmöglichkeit der Leistung führen.   **2300**

Ab dem **01.01.2002**, spätestens jedoch ab dem **01.01.2003** (vgl. zur Übergangregelung oben → Rz. 2050), wird die PVV durch die §§ 280 ff. BGB n.F. als Anspruchsgrundlage ersetzt.

Daneben kommen als Anspruchsgrundlage auch die allgemeinen **deliktischen Vorschriften** (§ 823 ff. BGB) in Betracht.

Regelmäßig wird der Arbeitgeber seinen Anspruch aber auf die Vertragsverletzung stützen, da die hieraus resultierende vertragliche Haftung des Arbeitnehmers auch reine Vermögensschäden des Arbeitgebers abdeckt, die von der deliktischen Haftung nicht erfasst werden.

Ein Schadensersatzanspruch aus Vertragsverletzung setzt folgendes voraus:

- schuldhafte Pflichtverletzung des Arbeitnehmers,
- Eintritt eines Schadens beim Arbeitgeber,
- Ursächlichkeit der Pflichtverletzung für den Schadenseintritt.

b) Schuldhafte Pflichtverletzung des Arbeitnehmers

Voraussetzung eines Schadensersatzanspruches nach den Grundsätzen der Vertragsverletzung ist zunächst, dass es sich bei der Schlechtleistung um eine schuldhafte Pflichtverletzung durch den Arbeitnehmer handelt.   **2301**

Es reicht also nicht aus, wenn lediglich das Arbeitsergebnis mangelhaft ist. Vielmehr muss feststellbar sein, dass der Arbeitnehmer durch die Schlechtleistung eine ihm obliegende **Sorgfaltspflicht nicht beachtet** hat. Welcher Sorgfaltsmaßstab anzulegen ist, bedarf einer sorgfältigen Prüfung im Einzelfall.

Abzustellen ist dabei auf die jeweilige **Berufsgruppe**, welcher der Arbeitnehmer angehört. Anhand objektiver Kriterien sind die **durchschnittlichen Anforderungen** zu ermitteln, die an Arbeitnehmer dieser Berufsgruppe gestellt werden. Entspricht danach das schadensverursachende Verhalten des Arbeitnehmers im konkreten Fall nicht den für diese Berufsgruppe allgemein üblichen Fähigkeiten und Kenntnissen, liegt eine Sorgfaltspflichtverletzung des Arbeitnehmers vor.

> **BEISPIEL:**
> Der als Kraftfahrer eingestellte Arbeitnehmer betankt seinen LKW aus Unachtsamkeit mit einem falschen Kraftstoff.
> Hier ist eine Sorgfaltspflichtverletzung zu bejahen, da man von einem Kraftfahrer üblicherweise erwarten kann, dass er sein Kraftfahrzeug mit dem richtigen Kraftstoff betankt.

Bei der Festlegung des Sorgfaltsmaßstabes kommt es grundsätzlich nur auf **objektive Kriterien** an. Verfügt der betroffene Arbeitnehmer jedoch über **besondere persönliche Fähigkeiten und Kenntnisse,** so werden diese zu seinen Lasten berücksichtigt.

In diesem Fall kann eine Sorgfaltspflichtverletzung auch dann vorliegen, wenn sein Verhalten zwar den durchschnittlichen Anforderungen seiner Berufsgruppe entspricht, jedoch unterhalb seiner persönlichen Möglichkeiten bleibt. Auf fehlende Fachkenntnisse, Verstandeskräfte, Geschicklichkeit oder Körperkraft kann sich der Arbeitnehmer im allgemeinen nicht berufen. Diese subjektiven Elemente können jedoch im Rahmen der groben Fahrlässigkeit berücksichtigt werden (vgl. → Rz. 2312).

2302 Erforderlich ist weiterhin, dass der Arbeitnehmer die Pflichtverletzung vorsätzlich oder fahrlässig und damit **schuldhaft** begangen hat (§ 276 BGB). Hat der Arbeitnehmer bewusst gegen seine Berufspflichten verstoßen, wird regelmäßig **Vorsatz** zu bejahen sein. In allen anderen Fällen liegt im allgemeinen **Fahrlässigkeit** vor, da der Arbeitnehmer die im Verkehr erforderliche Sorgfalt außer acht gelassen hat (§§ 276 Satz 2 BGB a.F., 276 Abs. 3 BGB n.F.). Auf den Grad des Verschuldens kommt es nicht an. Ausreichend ist auch leichteste Fahrlässigkeit.

c) Eintritt eines Schadens beim Arbeitgeber

2303 Durch die Pflichtverletzung muss beim Arbeitgeber ein Schaden entstanden sein.

Ein Schaden liegt immer dann vor, wenn der Arbeitgeber durch Schlechtleistung eine **Einbuße an seinen Lebensgütern** (Gesundheit, Eigentum) oder seinem **Vermögen** erleidet. Ein Schaden liegt auf der Hand, wenn der Arbeitnehmer das Eigentum des Arbeitgebers beschädigt. Ob ein Vermögensschaden gegeben ist, wird durch einen Vergleich zwischen zwei Vermögenslagen ermittelt. Ein Vermögensschaden liegt immer dann vor, wenn der jetzige Wert des Vermögens des Arbeitgebers geringer ist als der Wert, den das Vermögen ohne die Schlechtleistung des Arbeitnehmers haben würde.

Neben **entgangenem Gewinn** sind dabei auch **entgangene Gebrauchsvorteile** zu berücksichtigen. Typisches Beispiel für entgangene Gebrauchsvorteile ist der bei Kfz-Schäden zu zahlende Nutzungsausfall. Ferner können auch **fehlgeschlagene Aufwendungen** ein Vermögensschaden sein.

BEISPIEL:

Arbeitnehmer A beschädigt infolge Fahrlässigkeit vom Auftraggeber B zur Verfügung gestellte Materialien. B sieht hierdurch sein Vorurteil bestätigt, dass die Firma C nicht in der Lage ist, einen vom ihm erteilten Auftrag ordnungsgemäß auszuführen. Er kündigt daraufhin einen der Firma C erteilten Auftrag fristlos. Die Firma C hatte für diesen Auftrag bereits Anschaffungen getätigt. Unter anderem hatte sie eine Spezialmaschine vom Typ XY100 nebst zugehörigen Spezialwerkzeugen angeschafft. Hierfür wurden insgesamt 10.000 EUR aufgewendet. Nach Kündigung des Auftrages durch B ist die Spezialmaschine nebst Zubehör nicht mehr verwendbar, da andere Aufträge trotz intensiver Bemühungen nicht hereingeholt werden konnten. Infolge der generell schlechten Konjunktur scheidet auch ein Verkauf der Spezialmaschine nebst Zubehör aus. Arbeitgeber C meint, ihm sei infolge der Fehlleistung durch A ein Schaden entstanden.

Hier ist dem Arbeitgeber in Höhe der aufgewandten Anschaffungskosten ein Schaden entstanden, da die getätigten Anschaffungen durch die vom Arbeitnehmer veranlasste Kündigung wertlos geworden sind.

Ein Vermögensschaden kann auch zu bejahen sein, wenn der Arbeitgeber zum Ausgleich möglicher Schäden Vorsorgemaßnahmen getroffen hat. Die damit verbundenen so genannten **Reserve- oder Vorsorgekosten** sind aber nur dann in die Schadensfeststellung einzubeziehen, wenn die Vorsorgemaßnahmen zumindest auch getroffen wurden, um von Arbeitnehmern oder sonstigen Dritten verursachte Schäden auszugleichen. Kann der Arbeitgeber einen entsprechenden Nachweis führen, so berechnet sich der konkrete Schaden nach den auf die Reserveeinsatztage entfallenden Anteile der Kapital-, Abschreibungs- und Unterhaltungskosten.

BEISPIEL:

Bei jährlichen Vorsorgekosten von insgesamt 10.000 EUR für eine Maschine betragen die täglichen Kosten 27,40 EUR (10.000 EUR : 365). Nachdem ein Arbeitnehmer eine andere Maschine schuldhaft beschädigt hat, ist die Reservemaschine 21 Tage im Einsatz gewesen. Der Arbeitgeber kann daher 575,40 EUR (21 x 27,40 EUR) als Schaden geltend machen.

Als sonstige Vermögensschäden kommen u.a. in Betracht:

- Produktionsausfall bei Vorratsproduktion,
- Kosten wegen des Stillstandes von Maschinen,
- Konventionalstrafen des Arbeitgebers für nicht rechtzeitige Leistung,
- Kosten für zur Schadensbeseitigung notwendiger Überstunden.

d) Ursächlichkeit der Pflichtverletzung für den Eintritt des Schadens

2304 Die schuldhafte Schlechtleistung des Arbeitnehmers muss für den Eintritt des Schadens ursächlich gewesen sein. Dieser Zurechnungszusammenhang wird allgemein als **Kausalität** bezeichnet.

Danach ist die Schlechtleistung des Arbeitnehmers kausal für den eingetretenen Schaden, wenn sie nicht hinweggedacht werden kann, ohne dass der Schaden entfiele (äquivalente Kausalität). Daneben muss die Schlechtleistung auch allgemein geeignet sein, den Schaden herbeizuführen (adäquate Kausalität). Hieraus folgt, dass die Kausalität dann zu verneinen ist, wenn der Schaden durch besonders eigenartige und nach dem gewöhnlichen Verlauf der Dinge außer Betracht zu lassende Umstände mitverursacht wurde. Derartige Umstände sind etwa anzunehmen, wenn der Schaden durch einen plötzlichen Stromausfall vergrößert wurde.

e) Umfang des Schadensersatzanspruches

2305 Steht danach eine Schadensersatzpflicht des Arbeitnehmers fest, so hat dieser den wirtschaftlichen Zustand herzustellen, der ohne seine Schlechtleistung bestehen würde (§§ 249 ff. BGB).

Es ist also der tatsächliche Schaden einschließlich des entgangenen Gewinns auszugleichen. Die Schadensersatzpflicht erstreckt sich daher auch auf alle Folgeschäden. Hierzu gehören u.a.:

- Kosten für die zur Schadensfeststellung notwendigen Sachverständigengutachten,
- Kosten der Rechtsverfolgung (Anwaltskosten),
- höhere Versicherungsprämien,
- steuerliche Nachteile.

Zu beachten ist, dass bei Ersatzbeschaffungen die zu zahlende Mehrwertsteuer dann nicht vom Arbeitnehmer ersetzt werden muss, wenn der Arbeitgeber **vorsteuerabzugsberechtigt** ist!

f) Mitverschulden des Arbeitgebers

2306 Hat bei der Entstehung des Schadens ein Verschulden des Arbeitgebers mitgewirkt, so **mindert sich der Umfang des Schadensersatzanspruches entsprechend** (§ 254 Abs. 1 BGB). Dabei ist darauf abzustellen, ob der Schaden vorwiegend von dem Arbeitnehmer oder dem Arbeitgeber verursacht worden ist. Anhand der Umstände des Einzelfalles ist dann das beiderseitige Verschulden gegeneinander abzuwägen. Das kann zur **Schadensquotelung**, aber auch zum vollständigen **Verlust** des Schadensersatzanspruches führen.

Hierbei gilt der Grundsatz, dass bei vorsätzlicher Schadensverursachung durch den Geschädigten oder einen seiner verfassungsmäßig berufenen Vertreter die Ersatzpflicht des nur fahrlässig handelnden Schädigers entfällt *(BAG 19.02.1998, EZA § 254 BGB Nr. 9)*.

BEISPIEL:

Der Geschäftsführer eines Unternehmens veruntreut erhebliche Beträge, was vom Prokuristen fahrlässig nicht bemerkt und verhindert wurde. Das Unternehmen nimmt den Prokuristen auf Schadensersatz in Anspruch. Da sich das Unternehmen die Schadensverursachung durch eines ihrer Organe als Eigenschädigung zurechnen lassen muss, kommt eine Schadensersatzverpflichtung des unbestritten fahrlässig handelnden Prokuristen nicht in Betracht (BAG a.a.O.).

Sonstige Gründe für ein Mitverschulden des Arbeitgebers sind:
- notwendige Anweisungen wurden nicht erteilt,
- die erforderliche Beaufsichtigung der Arbeit ist unterblieben,
- der Arbeitgeber hat mangelhaftes Werkzeug oder Arbeitsmaterial zur Verfügung gestellt,
- die Arbeit war nicht hinreichend organisiert,
- der Arbeitnehmer wurde erkennbar überfordert.

Ein Mitverschulden liegt auch immer dann vor, wenn der Arbeitgeber es unterlassen hat, den Arbeitnehmer auf die Gefahr eines ungewöhnlich hohen Schadens aufmerksam zu machen, die der Arbeitnehmer weder kannte noch kennen musste. Das gleiche gilt, wenn es der Arbeitgeber unterlassen hat, den Schaden abzuwenden oder zu mindern (§ 254 Abs. 2 BGB).

Daher sollte bei erkennbaren Risiken dem Schadenseintritt durch **Vorsorgemaßnahmen** vorgebeugt werden. Ferner sind im Schadensfall sofort alle erforderlichen Maßnahmen zur **Schadensbegrenzung** zu treffen. Andernfalls droht ein Rechtsverlust unter dem Gesichtspunkt des Mitverschuldens!

Ein Mitverschulden des Arbeitgebers kommt daher auch dann in Betracht, wenn er **versicherbare Risiken** nicht versichert hat, z.B. der Abschluss einer Kaskoversicherung bei Kraftfahrzeugen wurde versäumt. Zwar besteht für den Arbeitgeber grundsätzlich keine ausdrückliche Verpflichtung zum Abschluss einer Kaskoversicherung, allerdings kann das Fehlen eines entsprechenden Versicherungsschutzes dazu führen, dass der Arbeitnehmer nur in Höhe der Selbstbeteiligung haftet (vgl. → Rz. 2219, 2220). Unter Umständen kann auch zu berücksichtigen sein, ob dem Arbeitgeber der Abschluss einer Betriebshaftpflichtversicherung zum Schutze des Arbeitnehmers gegen Drittschäden möglich und zumutbar war *(LAG Köln 07.05.1992, DB 1992, 2093)*. Der Arbeitgeber muss sich nicht nur das eigene, sondern auch das **Mitverschulden seiner Vertreter** entgegenhalten lassen (§ 254 Abs. 2 Satz 2 BGB). Daher führt es in der Regel zu einer Minderung des Schadensersatzanspruches, wenn ein Vorgesetzter dem Arbeitnehmer eine fehlerhafte Anweisung erteilt hat.

5. Haftungseinschränkung bei betrieblich veranlasster Tätigkeit

a) Einführung

Bei Schadensverursachung in Ausübung einer betrieblich veranlassten Tätigkeit greifen über das Mitverschulden des Arbeitgebers hinausgehende Haftungsbeschränkungen zugunsten des Arbeitnehmers ein. Damit wird der Tatsache Rechnung getragen, dass der Arbeitgeber das **Betriebsrisiko** zu tragen hat.

Entscheidend für die Haftung des Arbeitnehmers ist der **Grad des jeweiligen Verschuldens** (Vorsatz, grobe – normale – leichteste Fahrlässigkeit), für den der Arbeitgeber beweispflichtig ist.

Der Umfang der Schadensersatzpflicht ist dann durch eine Abwägung des Verschuldens auf der einen Seite und des Betriebsrisikos auf der anderen Seite anhand des Einzelfalles zu ermitteln (vgl. → Rz 2306, 2312).

2307a Die Grundsätze der eingeschränkten Arbeitnehmerhaftung gelten auch im Rahmen des Aufwendungsersatzanspruchs des Arbeitnehmers (§ 670 BGB).

BEISPIEL:
Der Arbeitnehmer beschädigt bei betrieblich veranlassten Arbeiten schuldhaft sein mit Billigung des Arbeitgebers eingesetztes Fahrzeug. In diesem Fall wird der Arbeitgeber selbst dann dem Arbeitnehmer entsprechend dem Ergebnis der Abwägung einen Teil des Schadens als Aufwendungsersatz zu erstatten haben, wenn über das Fahrzeug des Arbeitnehmers mit dem Arbeitgeber ein Mietvertrag abgeschlossen worden war (BAG 17.07.1997, EzA § 611 BGB Arbeitgeberhaftung Nr. 6).

b) Betrieblich veranlasste Tätigkeit

2308 Eine betriebliche durch das Arbeitsverhältnis veranlasste Tätigkeit wird immer dann vorliegen, wenn der Arbeitnehmer in Ausübung dieser Tätigkeit betriebliche Zwecke verfolgt. Verfolgt der Arbeitnehmer dagegen **private Zwecke**, bleibt es bei der Haftung nach den allgemeinen Grundsätzen.

BEISPIEL:
Ein Kraftfahrer weicht mit seinem LKW von der vorgeschriebenen Fahrtroute ab, um einen privaten Besuch zu machen. Dabei verschuldet er einen Unfall, bei dem der LKW erheblich beschädigt wird.

Der Kraftfahrer haftet hier nach den allgemeinen Grundsätzen. Die Haftungserleichterungen bei betrieblich veranlasster Tätigkeit greifen nicht zugunsten des Arbeitnehmers ein, da er zu privaten Zwecken von der vorgeschriebenen Fahrtroute abgewichen ist und somit der Schaden nicht mehr in Ausübung einer betrieblichen Tätigkeit verursacht wurde.

Die Beweislast für das Vorliegen einer betrieblichen Tätigkeit trägt der Arbeitnehmer. Der Arbeitnehmer hat im Streitfall also darzulegen und zu beweisen, dass Umstände vorlagen, welche die Annahme einer betrieblichen und durch das Arbeitsverhältnis veranlassten Tätigkeit begründen.

2309 Regelmäßig wird jede Tätigkeit, die der Arbeitnehmer in Erfüllung seiner Arbeitspflicht (vgl. oben → Rz. 2001 ff.) durchführt, betrieblich veranlasst sein. Problematisch sind dagegen die (seltenen) Fälle, in denen der Arbeitnehmer Tätigkeiten durchführt, die nach dem Arbeitsvertrag nicht geschuldet sind und mit denen er vom Arbeitgeber auch nicht beauftragt ist, die aber gleichwohl im Interesse des Betriebes liegen und vom Arbeitnehmer auch zu diesem Zweck durchgeführt werden.

BEISPIEL:
Der mit der Lohnbuchhaltung beauftragte Angestellte einer Spedition, Inhaber. Dabei verschuldet der Angestellte eine Kollision mit einem anderen LKW.

Auch in Fällen dieser Art wird im allgemeinen eine betrieblich veranlasste Tätigkeit zu bejahen sein. Die Interessen des Arbeitgebers können bei der durchzuführenden Abwägung (vgl. → Rz. 2306, 2312) Berücksichtigung finden.

Anderes kann nur in Betracht kommen, wenn die Übernahme der Tätigkeit für den Arbeitnehmer erkennbar gegen den mutmaßlichen Willen des Arbeitgebers erfolgt.

c) Gefahrgeneigtheit der Arbeit

Obgleich nach der neueren Rechtsprechung des BAG (vgl. oben → Rz. 2299) Haftungseinschränkungen zugunsten des Arbeitnehmers auch dann eingreifen, wenn die Arbeit nicht gefahrgeneigt ist, wird dies Kriterium nicht gänzlich unbedeutend werden. Die Gefahrgeneigtheit der Arbeit wird nämlich bei der **Gewichtung der Abwägungsfaktoren** (vgl. → Rz. 2306, 2312) weiterhin zu berücksichtigen sein (*BGH 23.09.1993, DB 1994, 428*).

2310

Unter gefahrgeneigter Arbeit versteht man eine Tätigkeit, die es ihrer Eigenart nach mit **großer Wahrscheinlichkeit mit sich bringt, dass auch dem sorgfältigen Arbeitnehmer gelegentlich Fehler unterlaufen,** die für sich allein betrachtet zwar jedes Mal vermeidbar wären, mit denen aber angesichts der menschlichen Unzulänglichkeit erfahrungsgemäß zu rechnen ist (*BAG 28.07.1957, DB 1957, 947*; ständige Rechtsprechung). Entscheidend für die Annahme einer gefahrgeneigten Tätigkeit sind die Umstände des Einzelfalles. Es muss eine **konkrete Gefahrenlage** bestanden haben.

BEISPIEL:
Lenken eines KFZ bei Regen auf einer unübersichtlichen Straße mit schlechter Fahrbahn. Dagegen liegt keine hinreichende Gefahrenlage vor, wenn ein KFZ bei gutem Wetter auf einer verkehrsarmen und übersichtlichen Nebenstraße mit guter Fahrbahn gelenkt wird.

Im allgemeinen wird bei folgenden Arbeitnehmern eine gefahrgeneigte Tätigkeit in Betracht kommen:

Kraftfahrer, Straßenbahnführer, Lokomotivführer, Kranführer, stark überlastete Arbeitnehmer, Maschinenarbeiter, Arbeitnehmer mit Bauaufsicht, Arbeitnehmer, die schnell weitreichende Entschlüsse fassen müssen usw.

d) Haftung bei Vorsatz

2311 Bei vorsätzlicher Schadensverursachung haftet der Arbeitnehmer in vollem Umfang für den entstandenen Schaden! Eine Einschränkung kommt nicht in Betracht. Vorsätzlich hat der Arbeitnehmer immer dann gehandelt, wenn er den Schaden wissentlich und willentlich in dem Bewusstsein der Rechtswidrigkeit verursacht hat.

BEISPIEL:
Der Arbeitnehmer beschädigt aus Ärger auf seinen Arbeitgeber dessen PKW.

e) Haftung bei grober Fahrlässigkeit

2312 Bei grober Fahrlässigkeit haftet der Arbeitnehmer »**in aller Regel**« **auf vollen Schadensersatz**. Grobe Fahrlässigkeit liegt dann vor, wenn der Arbeitnehmer die erforderliche Sorgfalt (vgl. oben → Rz. 2301) in besonders schwerem Maße verletzt. Das ist der Fall, wenn nicht beachtet wird, was jeder erkennen musste; wenn das gewöhnliche Maß an Fehlleistung erheblich überschritten wird (*BAG, DB 1989, S. 797*).

BEISPIEL:
Fahren ohne Fahrerlaubnis, Überschreiten der Promillegrenze im Straßenverkehr, grobe Verkehrsverstöße.

Zu beachten ist, dass bei der Frage, ob der Arbeitnehmer grob fahrlässig gehandelt hat, ausnahmsweise auch subjektive Elemente zu berücksichtigen sind (vgl. oben → Rz. 2301). War der Arbeitnehmer aus persönlichen Gründen der Aufgabe nicht gewachsen, wird ein grob fahrlässiges Handeln regelmäßig zu verneinen sein.

Allerdings kann dann in Ausnahmefällen ein so genanntes **Übernahmeverschulden** vorliegen, wenn der Arbeitnehmer eine Tätigkeit übernommen hat, die seine Fähigkeiten übersteigt. Hier ist natürlich zu berücksichtigen, wenn der Arbeitgeber dem Arbeitnehmer eine entsprechende Anweisung erteilt hat. Beim Handeln auf Anweisung wird eine Haftung regelmäßig ausscheiden.

Dennoch ist hier Vorsicht angebracht! Ein Übernahmeverschulden des Arbeitnehmers wird nur schwer nachzuweisen sein. Insbesondere bei der Zuweisung von Tätigkeiten mit hohem Schadensrisiko ist daher bei der Auswahl der Arbeitnehmer darauf zu achten, ob diese auch nach ihren persönlichen Fähigkeiten der Aufgabe gerecht werden können.

2313 Ist ein grob fahrlässiges Verhalten des Arbeitnehmers zu bejahen, so **haftet der Arbeitnehmer unbeschränkt.** Die Haftung des Arbeitnehmers ist nach geltendem Recht nicht durch eine Höchstsumme begrenzt. Gleichwohl kann es nach der Rechtsprechung zu **Haftungserleichterungen** kommen. Die Entscheidung hierüber ist nach Abwägung aller Umstände des Einzelfalles zu treffen. Dabei kann sich eine Haftungserleichterung zugunsten des Arbeitnehmers insbesondere dann ergeben, wenn der **Verdienst des Arbeitnehmers in einem deutlichen Missverhältnis zum Schadensrisiko steht.**

BEISPIEL:

Der als Busfahrer beschäftigte Arbeitnehmer hat grob fahrlässig einen Verkehrsunfall verursacht, bei dem an dem Bus des Arbeitgebers ein Schaden in Höhe von 55.000 EUR entstanden ist.

In diesem Fall hat das BAG eine Haftungserleichterung zugunsten des Arbeitnehmers angenommen, da der Arbeitnehmer nicht in der Lage war, mit seinem Lohn Risikovorsorge zu betreiben (BAG 12.10.1989, EzA Nr. 23 zu § 611 BGB Gefahrgeneigte Arbeit).

Diese Rechtsprechung ist zwischenzeitlich durch die Instanzgerichte aufgegriffen und fortgeführt worden (z.B. LAG München 21.09.1995, LAGE § 611 BGB Arbeitnehmerhaftung Nr. 20).

Ein deutliches Missverhältnis zum verwirklichten Schadensrisiko liegt regelmäßig nicht vor, wenn der zu ersetzende Schaden **nicht erheblich** über einem Bruttomonatseinkommen des Arbeitnehmers liegt. In diesen Fällen besteht zu einer Haftungsbegrenzung keine Veranlassung (BAG 12.11.1998, EzA § 611 BGB Arbeitnehmerhaftung Nr. 65). Zur Begründung führt das BAG aus, dass der Schaden deutlich unterhalb der Haftungsobergrenze von drei Bruttomonatseinkommen liege, die in der Reformdiskussion der Arbeitnehmerhaftung als Höchstbetrag vorgeschlagen werden. Hieraus kann gefolgert werden, dass ein deutliches Missverhältnis zum Schadensrisiko jedenfalls immer dann vorliegt, wenn der Schaden den **dreifachen Bruttomonatsverdienst** des Arbeitnehmers übersteigt. Ob und ggf. wo die Rechtssprechung zwischen einem Bruttomonatsverdienst und drei Bruttomonatsverdiensten die Grenze ziehen wird, ab der von einem deutlichen Missverhältnis auszugehen ist, bleibt abzuwarten.

Der Arbeitnehmer kann sich allerdings nicht auf eine solche Haftungserleichterung berufen, wenn zu seinen Gunsten eine **gesetzlich vorgeschriebene Haftpflichtversicherung** eingreift. Hat sich der Arbeitnehmer aber gegen das Risiko seiner betrieblichen Tätigkeit freiwillig selbst versichert, kann es selbst dann bei der Haftungserleichterung verbleiben, wenn die **freiwillig** abgeschlossene Berufshaftpflichtversicherung auch im Falle der groben Fahrlässigkeit für den Schaden eintritt. Im Einzelfall kann aber auch dann eine Haftungserleichterung ausscheiden, wenn der Arbeitnehmer mit besonders grober (gröbster) Fahrlässigkeit handelte (BAG 25.09.1997, EZA § 611 BGB Arbeitnehmerhaftung Nr. 63).

BEISPIEL:

Eine angestellte Ärztin verabreichte anlässlich einer Operation einer Patientin Blutkonserven mit einer falschen Blutgruppe. Die Ärztin hatte es versäumt, sich vor Einleitung der Narkose Kenntnis von der Blutgruppe der Patientin zu verschaffen und die Namensbeschriftung auf den Blutkonserven und den Beipackzetteln zu überprüfen. Die Patientin verstarb infolge der Transfusion. Die Ärztin hatte eine freiwillige Berufshaftpflichtversicherung abgeschlossen, die auch im Falle der groben Fahrlässigkeit einstandspflichtig war. Dies führt nach Auffassung des BAG jedoch nicht zur vollen Haftung der Ärztin. Die uneingeschränkte Haftung der Ärztin wurde gleichwohl bejaht, da die Ärztin objektiv eine besonders grobe und auch subjektiv unentschuldbare Pflichtverletzung begangen hatte (BAG a.a.O.).

> **Tipp:** Wegen der bestehenden Möglichkeit der Haftungserleichterung ist **daher dringend zu empfehlen:** Bei Tätigkeiten mit hohem Schadensrisiko sollte der Arbeitgeber daher selbst eine entsprechende Versicherung abschließen (zur Möglichkeit des Abschlusses einer Haftungsvereinbarung mit dem Arbeitnehmer vgl. unten → Rz. 2317).

Insbesondere im Zusammenhang mit Kraftfahrzeugschäden kann die Abwägung aller Umstände ergeben, dass dem Arbeitnehmer auch bei grober Fahrlässigkeit die volle Haftung nicht zugemutet werden kann. **Abwägungskriterien** können sein:

- Gefahrgeneigtheit der Arbeit,
- Größe der in der Arbeit liegenden Gefahr,
- das vom Arbeitgeber einkalkulierte oder durch Versicherung abdeckbare Risiko,
- Stellung des Arbeitnehmers im Betrieb,
- Höhe des Arbeitsentgelts, in dem ggf. eine Risikoprämie enthalten sein kann,
- Höhe des Schadens,
- Grad des Verschuldens!,
- Dauer der Betriebszugehörigkeit,
- Persönliche Verhältnisse des Arbeitnehmers.

Nicht in die Abwägung einzubeziehen ist dagegen die wirtschaftliche Leistungsfähigkeit des Arbeitnehmers schlechthin, etwa der Umstand, dass der Arbeitnehmer mehrere Häuser oder sonstiges Vermögen besitzt.

Eine genaue Beurteilung kann jeweils nur anhand der konkreten Verhältnisse des Einzelfalles erfolgen. Allerdings wird eine Haftungsbeschränkung bei grober Fahrlässigkeit des Arbeitnehmers erheblich seltener in Betracht kommen als bei normaler Fahrlässigkeit. Ist eine Haftungsbeschränkung des Arbeitnehmers zu bejahen, so wird er bei **Kraftfahrzeugschäden** vielfach nur den Selbstkostenanteil des Versicherten als Schaden zu ersetzen haben.

2314 Das Unterlassen des Abschlusses einer entsprechenden Kaskoversicherung kann dem Arbeitgeber dann als Mitverschulden zugerechnet werden. Im Übrigen sind auch bei grober Fahrlässigkeit des Arbeitnehmers sonstige Gründe für ein Mitverschulden des Arbeitgebers oder seiner Vertreter haftungsmildernd zu berücksichtigen.

f) Haftung bei normaler Fahrlässigkeit

2315 Im Falle der normalen Fahrlässigkeit kommt es **in aller Regel zu einer Aufteilung des Schadens zwischen Arbeitgeber und Arbeitnehmer.** Als normale Fahrlässigkeit werden diejenigen Pflichtverletzungen des Arbeitnehmers erfasst, die weder eine geringfügige noch eine besonders schwerwiegende Außerachtlassung der verkehrsüblichen Sorgfalt darstellen.

Die Aufteilung des Schadens erfolgt nach den Gesamtumständen des Einzelfalles, so dass jede **Quotelung** des Schadens denkbar ist. Dabei sind Schadensanlass und Schadensfolgen nach Billigkeitsgrundsätzen und Zumutbarkeitsgesichtspunkten gegeneinander abzuwägen (vgl. oben → Rz. 2313). In vielen Fällen wird dies zu einer gleichmäßigen Schadensteilung führen.

Bei normaler Fahrlässigkeit von **Berufskraftfahrern** wird es in der Regel dem Arbeitnehmer unzumutbar sein, den Schaden über den Selbstkostenanteil einer Kaskoversicherung hinaus zu tragen. Entscheidend sind jedoch immer die Umstände des Einzelfalles. Daher ist jeder Schadensfall sehr sorgfältig zu prüfen.

Schadensersatz z.B. wegen **Verlustes eines Generalschlüssels** kann der Arbeitgeber vom Arbeitnehmer nur dann verlangen, wenn er diesen zuvor darauf hingewiesen hat, dass er im Falle eines Verlustes des Schlüssels beabsichtigt, Schlösser auszutauschen und welche Kosten dies in annähernden Umfange bedeutet (*Hessisches LAG 15.01.1998, LAGE § 249 BGB Nr. 12*).

Vereinzelte Ansätze in der Rechtsprechung, den Arbeitnehmer auch bei normaler Fahrlässigkeit **grundsätzlich** von der Haftung freizustellen, hat das BAG zurückgewiesen. Es hält insoweit an seiner gefestigten Rechtsprechung fest, dass Arbeitnehmer bei normaler Fahrlässigkeit je nach Lage des Einzelfalles anteilig haften (*BAG 16.02.1995, Pressemitteilung des BAG Nr. 9/95, EzA-SD, Heft 5/95*).

Diese Rechtsprechung des BAG wurde zwischenzeitlich auch vom BGH bestätigt (*BGH 11.03.1996, EzA § 611 BGB Arbeitnehmerhaftung Nr. 61*).

g) Haftung bei leichtester Fahrlässigkeit

Bei leichtester Fahrlässigkeit des Arbeitnehmers scheidet eine Haftung für verursachte Schäden aus. Von leichtester Fahrlässigkeit ist dann auszugehen, wenn es sich um eine ganz geringfügige Verletzung der Sorgfaltspflicht handelt, die nicht untypisch ist. Dies ist z.B. anzunehmen, wenn sich der Arbeitnehmer bei einem monotonen Arbeitsvorgang vergreift, wodurch ein Schaden entsteht.

h) Haftungsvereinbarung

Die Anwendung der Grundsätze über die Haftungseinschränkung bei betrieblich veranlasster Tätigkeit kann ggf. im Arbeitsvertrag oder durch eine gesonderte Vereinbarung mit dem Arbeitnehmer ausgeschlossen werden.

Achtung! Formularmäßige Arbeitsverträge und Vereinbarungen im Zusammenhang mit dem Arbeitsverhältnis sind ab dem **01.01.2002** dem Recht der Allgemeinen Geschäftsbedingungen unterstellt (§ 305, 310 Abs. 4 Satz 2 BGB n.F.). Soweit also eine entsprechende Vereinbarung/Klausel vom Arbeitgeber formularmäßig eingesetzt wird, kann derzeit nicht sicher beurteilt werden, ob diese einer gerichtlichen Überprüfung standhalten wird (vgl. § 307 BGB n.F.).

Nach der bisherigen Rechtslage galt folgendes: Ein solcher Ausschluss ist nur dann wirksam, wenn dem Arbeitnehmer für die Übernahme des Risikos eine entsprechende **Risikoprämie** gezahlt wird. Wie hoch diese Prämie sein muss, kann abstrakt nicht beurteilt werden. Dies wird wesentlich von der Höhe der möglichen Schäden und damit des übernommenen Risikos abhängen. Zumindest wird die Risikoprämie den zum Abschluss einer Versicherung erforderlichen Betrag nicht wesentlich unterschreiten dürfen. **Daher ist hier Vorsicht geboten!**

Nachdem die Rechtsprechung nunmehr die Zulässigkeit von sog. **Mankoabreden** eingeschränkt hat (vgl. unten → Rz. 2318 ff.), muss wohl auch für Haftungsvereinbarungen über den Ausschluss der Grundsätze der Haftungseinschränkungen für betrieblich veranlasste Tätigkeiten davon ausgegangen werden, dass eine Haftungserweiterung zu Lasten des Arbeitnehmers nur bis **zur Höhe der insgesamt gezahlten Risikoprämie** rechtswirksam vereinbart werden kann. (vgl. unten → Rz. 2319). Ob es danach überhaupt noch in der betriebliche Praxis zweckmäßig ist, die Anwendung der vorgenannten Grundsätze zur Haftungserleichterung für Arbeitnehmer vertraglich auszuschließen, erscheint zweifelhaft.

Zu bedenken ist auch, dass eine volle Haftung des Arbeitnehmers wirtschaftlich wertlos sein kann, wenn dieser nicht über die entsprechenden Geldmittel verfügt. Eine Vollstreckung kann sich als erfolglos erweisen. Selbst wenn der Arbeitnehmer zum Abschluss einer entsprechenden Haftpflichtversicherung verpflichtet wird, können Restrisiken zu Lasten des Arbeitgebers nicht völlig ausgeschlossen werden, wenn z.B. der Arbeitnehmer die Versicherungsprämie nicht zahlt. Dagegen wird bei Abschluss einer Versicherung durch den Arbeitgeber selbst im Schadensfall die Regulierung sichergestellt sein.

Soll dem Arbeitnehmer das Schadensrisiko übertragen werden, so empfiehlt es sich, die Risikoprämie gesondert auszuweisen und nicht in die Festlegung der Grundvergütung einzubeziehen.

> **Muster**
> »Der Arbeitnehmer haftet bei jeder ihm übertragenen Tätigkeit uneingeschränkt für Vorsatz und jeden Grad der Fahrlässigkeit. Die Haftungseinschränkungen für betrieblich veranlasste Tätigkeiten finden keine Anwendung. Als Ausgleich erhält der Arbeitnehmer eine monatliche Zahlung in Höhe von ... EUR.«

6. Mankohaftung des Arbeitnehmers

a) Einführung

2318 Unter einem Manko versteht man den Schaden des Arbeitgebers, der sich aus einer **Fehlmenge** bzw. einem **Fehlbetrag** in einem seinem Arbeitnehmer anvertrauten Warenbestand bzw. einer von seinem Arbeitnehmer geführten Kasse ergibt.

Der Arbeitnehmer haftet für diesen Schaden entweder aufgrund einer gesonderten **Mankoabrede** oder nach den allgemeinen Haftungsgrundsätzen, wonach der Arbeitnehmer für von ihm schuldhaft verursachte Schäden Schadensersatz zu leisten hat.

Für den Arbeitgeber ist eine Mankoabrede von großem Vorteil, da sie zu einer erweiterten Haftung des Arbeitnehmers und Beweiserleichterungen zugunsten des Arbeitgebers führen kann.

Daher ist insbesondere im kaufmännischen Bereich und überall dort, wo Arbeitnehmer eigenständig ein Warenlager verwalten, der Abschluss einer Mankoabrede sinnvoll.

Von der echten Mankoabrede zu unterscheiden sind so genannte **Beweisvereinbarungen** über das Manko. Darin wird regelmäßig festgelegt, dass der Arbeitnehmer sich auf die Unrichtigkeit einer Inventur oder Kassenprüfung nicht berufen kann, wenn er selbst teilgenommen hat oder zu Unrecht nicht teilgenommen hat (vgl. Ziff. 1 (2) der Mustermankoabrede → Rz. 2320). Zu einer Haftungserweiterung zu Lasten des Arbeitnehmers führen diese Beweisvereinbarungen nicht.

b) Anforderungen an eine Mankoabrede

An die Wirksamkeit von Mankoabreden sind strenge Anforderungen zu stellen. Dies gilt insbesondere dann, wenn den Arbeitnehmer eine verschuldensunabhängige Haftung treffen soll. Dieser durch die Mankoabrede nicht unangemessen benachteiligt werden. Daher ist es zwingend erforderlich, dass dem Arbeitnehmer für die Übernahme des Haftungsrisikos ein **angemessenes Mankogeld** gezahlt wird. Darüber hinaus müssen dem Arbeitnehmer entsprechende **Kontrollmöglichkeiten** gewährt werden, um Mankoschäden wirksam bekämpfen zu können.

2319

BEISPIEL:

Der Arbeitnehmer ist nur teilzeitbeschäftigt. Während seiner Abwesenheit haben auf Weisung des Arbeitgebers auch andere Arbeitnehmer Zugang zu dem vom Arbeitnehmer verwalteten Lager.

In diesem Fall wird eine Mankoabrede unwirksam sein, da der Arbeitnehmer keine hinreichende Kontrollmöglichkeit hat.

Schließlich kann eine Mankoabrede auch dann unwirksam sein, wenn sie zu einer **Tarifunterschreitung** führt (§ 4 Abs. 3 TVG; vgl. Ziff. 3 (2) der Mustermankoabrede → Rz. 2320).

Die vorgenannten Voraussetzungen für die Zulässigkeit einer Mankoabrede sind durch die Rechtsprechung nunmehr eingeschränkt worden. Da eine Mankoabrede notwendigerweise auch Sachverhalte erfasst, in denen der Arbeitnehmer nach allgemeinen Grundsätzen gar nicht (kein Verschulden oder leichte Fahrlässigkeit) oder nur anteilig (mittlere Fahrlässigkeit) haften würde, darf eine Haftung auf Grund besonderer vertraglicher Abrede die **Summe der gezahlten Mankogelder** nicht übersteigen. Dabei ergibt sich jedoch aus den gesetzlichen Vorschriften kein Hinderungsgrund für die Vereinbarung mittel- oder langfristiger Ausgleichszeiträume von z.B. einen Kalenderjahr. Ebenso wenig wäre es gesetzlich ausgeschlossen, Haftungsfälle wegen vorsätzlichen Verhaltens des Arbeitnehmers von der Anwendung der Mankoabrede auszunehmen. I.Ü. bleibt es dabei, dass eine Mankoabrede auch immer dann unwirksam ist, wenn dem Arbeitnehmer kein gleichwertiger Ausgleich geleistet wird (*BAG 17.09.1998, EzA § 611 BGB Arbeitnehmerhaftung Nr. 64*).

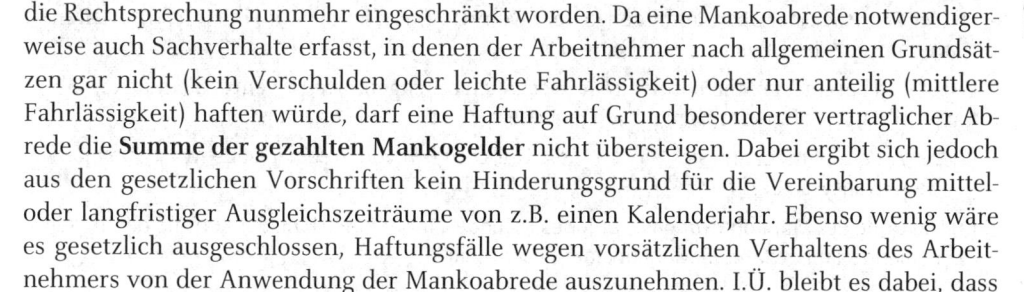

Noch nicht abschließend geklärt ist, ob im Schadensfall bei Mankoabreden, die lediglich nach den bis zum 17.09.1998 gültigen Anforderungen wirksam waren, eine teilweise Haftung bis zur Höhe der geleisteten Mankovergütung in Betracht kommt. Da in der jüngeren Rechtsprechung ein entsprechender Prüfungsansatz enthalten ist (*vgl. BAG 02.12.1999, EzA § 611 BGB Arbeitnehmerhaftung Nr. 67*), ist die Geltendmachung von Schadensersatzansprüchen auf der Grundlage einer nach altem Recht wirksamen Mankoabrede nicht von vornherein aussichtslos.

c) Muster einer Mankoabrede

2320 Das nachfolgende Muster einer Mankoabrede verpflichtet den Arbeitnehmer nur für den Fall zum Schadensersatz, dass er sich nicht von jeglichem Verschulden entlasten kann (vgl. Ziff. 1 (1) Satz 2 der Mustermankoabrede).

Zulässig ist es auch, wenn eine verschuldensunabhängige Haftung vereinbart wird. Ziff. 1 (1) Satz 2 wäre dann wie folgt zu fassen:

»..., so haftet er dafür, ohne dass es auf sein Verschulden ankommt.«

Dennoch ist bei der Vereinbarung einer verschuldensunabhängigen Haftung Vorsicht geboten. Das Mankogeld muss dann so bemessen sein, dass ein dem Risiko entsprechender wirtschaftlicher Vorteil gewährt wird!

Zu den Bedenken bei einer **formularmäßigen Verwendung** (§§ 305, 310 Abs. 4 Satz 2 BGB n.F.) einer Mankoabrede ab 01.01.2002 vgl. oben → Rz. 2317.

Muster einer Mankoabrede

Zwischen der Fa. .... (nachfolgend Arbeitgeber) und

Herrn/Frau .... (nachfolgend Arbeitnehmer)

wird folgendes vereinbart:

Ziffer 1 Mankoübernahme

(1) Der Arbeitnehmer übernimmt den in der Inventur vom ... gemeinsam mit ihm ermittelten Warenbestand des Lagers in ... mit einem Wert von ... EUR.

Ergibt sich bei einer späteren in seiner Anwesenheit durchgeführten Inventur ein Manko, so haftet er dafür, sofern er sich nicht von jeglichem Verschulden entlasten kann.

(2) Der Arbeitnehmer kann sich nicht auf die Unrichtigkeit von in seiner Gegenwart durchgeführten Inventuren berufen.

(3) Die Höhe der Mankohaftung ist für jedes Kalenderjahr auf die Höhe der Summe der in diesem Kalenderjahr gezahlten Mankogelder beschränkt.

Ziffer 2 Mankogeld

Der Arbeitnehmer erhält für die Übernahme der Mankohaftung ein monatliches Mankogeld in Höhe von ... EUR.

> **Ziffer 3 Mankoabzug**
>
> (1) Ein festgestelltes Manko kann bis zur Haftungshöchstgrenze nach Ziff. 1 Abs. (3) im Rahmen der Pfändungsfreigrenzen von dem Entgelt des Arbeitnehmers abgezogen werden. Der Arbeitgeber ist berechtigt, als Ersatz den Wareneinkaufspreis einzusetzen.
>
> (2) Das tarifliche Entgelt des Arbeitnehmers darf von einem Abzug nicht erfasst werden. Es bleibt dem Arbeitnehmer in jedem Fall erhalten.
>
> Ort, den ....
>
> ....
> Unterschrift des Arbeitgebers   Unterschrift des Arbeitnehmers

d) Mankohaftung bei fehlender Mankoabrede

Besteht zwischen den Arbeitsvertragsparteien keine Mankoabrede, so haftet der Arbeitnehmer für ein etwaiges Manko nur, wenn er das Manko verschuldet hat. Allerdings galten dann hinsichtlich der **Beweislast im Prozess** einige Besonderheiten.

Hatte der Arbeitnehmer die **alleinige Verfügungsgewalt** und den **alleinigen Zugang** zu dem Warenlager oder der Kasse, dann musste der Arbeitgeber nur darlegen und beweisen, dass ein Manko besteht und dass der Arbeitnehmer die alleinige Verfügungsgewalt und den alleinigen Zugang zu dem Warenlager bzw. der Kasse hatte. Der Arbeitnehmer musste dann darlegen und beweisen, dass ihn an der Entstehung des Mankos kein Verschulden trifft.

Diese Besonderheiten zur Beweislast gelten nun nicht mehr! Das BAG steht jetzt auf dem Standpunkt, dass durch die vorgenannten Beweislastregeln ein Teil des arbeitgeberseitig zu tragenden Risikos unzulässigerweise auf den Arbeitnehmer verschoben wird. Mithin gelten auch in vorgenannten Fällen die allgemeinen Regeln über die Verteilung der Beweislast, wenn es um die Geltendmachung von Ansprüchen aus positiver Vertragsverletzung geht (*BAG 17.09.1998, EzA § 611 BGB Arbeitnehmerhaftung Nr. 64*). Der Arbeitgeber trägt also die Darlegungs- und Beweislast für das Verschulden des Arbeitnehmers.

Allerdings dürfen keine zu hohen Anforderungen gestellt werden, wenn das schädigende Ereignis näher am Arbeitnehmer als am Arbeitgeber gelegen hat. Der Arbeitnehmer hat sich im Sinne einer **gestuften Darlegungslast** substantiiert zu äußern. Unterlässt es der Arbeitnehmer, sich zu den konkreten Umständen des Schadensfalles zu erklären, können daraus entsprechende Schlüsse gezogen werden (*BAG a.a.O.*).

Schon nach der bisherigen und fortgeltenden Rechtslage muss der Arbeitgeber das Verschulden des Arbeitnehmers darlegen und beweisen, wenn dieser nicht die alleinige Verfügungsgewalt und den alleinigen Zugang zu dem Warenlager bzw. der Kasse hatte.

In diesen Fällen dürfte auch eine gestufte Darlegungslast zu Gunsten des Arbeitgebers keine Anwendung finden.

Zweifelhaft war, ob sich der Arbeitnehmer in diesen Fällen auf die **Haftungseinschränkungen bei betrieblich veranlasster Tätigkeit** berufen kann. Nunmehr steht fest, dass die **Grundsätze über die Beschränkung der Arbeitnehmerhaftung** auch gelten, wenn der Arbeitnehmer wegen einer im Zusammenhang mit der Verwahrung und Verwaltung eines ihm überlassenen Waren- oder Kassenbestandes begangenen Vertragsverletzung in Anspruch genommen wird. Dabei kann sich die Pflichtverletzung des Arbeitnehmers bereits daraus ergeben, dass durch das Verhalten des Arbeitnehmers dem Arbeitgeber ein Schaden entstanden ist. Für den Grad des Verschuldens ist entscheidend, ob der Arbeitnehmer bezogen auf den Schadenserfolg vorsätzlich oder fahrlässig gehandelt hat (*BAG a.a.O.*).

e) Mitverschulden des Arbeitgebers

2322 In allen Fällen der Mankohaftung kann es jedoch zu einer **Schadensaufteilung** kommen, wenn den Arbeitgeber ein Mitverschulden trifft (§ 254 BGB). Je nach der Schwere des Mitverschuldens kann dies auch zum **Wegfall der Haftung** des Arbeitnehmers führen. Als Mitverschulden kommen insbesondere Organisationsmängel oder fehlende Überwachung in Betracht.

BEISPIELE:

- Der Arbeitgeber veranlasst den Arbeitnehmer, den Schlüssel zum Aufbewahrungsort im Betrieb zurückzulassen;
- es sind Zweitschlüssel vorhanden;
- eine notwendige Waren-/Kassensicherung ist unterblieben;
- dem Arbeitnehmer wurden unzuverlässige Mitarbeiter zugewiesen;
- regelmäßige Inventuren/Abrechnungen wurden nicht durchgeführt.

7. Ansprüche geschädigter Arbeitnehmer desselben Betriebes

2323 Werden durch eine schuldhafte Schlechtleistung des Arbeitnehmers andere Arbeitnehmer desselben Betriebes geschädigt, so ist für deren Ansprüche zwischen Personen- und Sachschäden zu unterscheiden.

a) Personenschäden

2324 Für Personenschäden haftet der Arbeitnehmer nur dann, wenn er den Schaden **vorsätzlich** herbeigeführt hat oder die Schädigung bei der **Teilnahme am allgemeinen Verkehr** eingetreten ist (§§ 637 Abs. 1, 636 Abs. 1 Satz 1 RVO). Eine Teilnahme am allgemeinen Verkehr liegt vor allem dann vor, wenn sich das schädigende Ereignis auf allgemein zugänglichen Straßen und Plätzen ereignet hat.

Dagegen ist die Haftung des Arbeitnehmers ausgeschlossen, wenn die Schädigung im Zusammenhang mit einer **betrieblichen Tätigkeit** steht. Daher haftet der Arbeitnehmer z.B.

nicht, wenn sich das schädigende Ereignis auf einer Dienstfahrt, bei der Warenauslieferung oder innerhalb des Betriebes ereignet. Vom Haftungsausschluss erfasst sind auch Schmerzensgeldansprüche.

Das Verlassen des Arbeitsplatzes einschließlich des Weges auf dem Werksgelände bis zum Werkstor stellt regelmäßig noch eine betriebliche Tätigkeit dar. Der Weg von dem Ort der Tätigkeit (vgl. Wegeunfall nach § 8 Abs. 2 SGB VII) und damit Teilnahme am allgemeinen Verkehr beginnt mit dem Durchschreiten oder Durchfahren des Werkstores (*BAG 14.12.2000, EzA § 105 SGB VII Nr. 1*).

Keine betriebliche Tätigkeit, sondern **Teilnahme am allgemeinen Verkehr** liegt auch dann vor, wenn der Arbeitnehmer einen Arbeitskollegen im privaten Pkw zu einer auswärtigen Betriebsversammlung mitnimmt. Kommt es dabei zu einem verschuldeten Verkehrsunfall, bei dem der Kollege verletzt wird, greift die Haftungsbeschränkung nicht ein.

b) Sachschäden

Für Sachschäden geschädigter Arbeitnehmer desselben Betriebes haftet der Arbeitnehmer in vollem Umfang (§§ 823 ff. BGB). Indirekte Einschränkungen (Freistellungsanspruch) können sich jedoch dann ergeben, wenn der Schaden bei einer betrieblich veranlassten Tätigkeit eingetreten ist (vgl. → Rz. 2326, 2327). 2325

8. Ansprüche geschädigter Dritter, die nicht dem Betrieb des Arbeitgebers angehören

Soweit durch eine verschuldete Schlechtleistung betriebsfremde Dritte geschädigt werden, haftet der Arbeitnehmer ebenfalls in vollem Umfang für die von ihm verursachten Schäden (§§ 823 ff. BGB). Dies gilt sowohl für Personen- als auch für Sachschäden. Allerdings kann es auch hier wieder zu einer indirekten Haftungseinschränkung bei betrieblich veranlasster Tätigkeit kommen. Die Grundsätze zur Beschränkung der Haftung des Arbeitnehmers gelten jedoch **nicht zu Lasten eines außerhalb des Arbeitsverhältnisses stehenden Dritten** (*BGH 21.12.1993, EzA § 611 Gefahrgeneigte Arbeit Nr. 27*). Der geschädigte Dritte hat also ein Wahlrecht. Er kann den Schadensbetrag entweder vom Arbeitnehmer oder dessen Arbeitgeber (vgl. → Rz. 2317) erstattet verlangen. Steht der geschädigte Dritte jedoch in einem Vertragsverhältnis mit diesem Arbeitgeber, kann sich der Arbeitnehmer u.U. auf in diesem Vertragsverhältnis geltende haftungseinschränkende Geschäftsbedingungen berufen (*BGH a.a.O.*). 2326

9. Freistellungsanspruch des Arbeitnehmers bei betrieblich veranlasster Tätigkeit und Drittschäden

Ist der Arbeitnehmer aufgrund einer schuldhaften Schlechtleistung Dritten gegenüber schadensersatzpflichtig, so hat er gegenüber dem Arbeitgeber einen **Anspruch auf völlige bzw. teilweise Freistellung von seiner Haftung** gegenüber dem Dritten, wenn die 2327

Schädigung bei einer betrieblichen durch das Arbeitsverhältnis veranlassten Tätigkeit verursacht wurde. Nachdem das BAG die Haftungseinschränkungen auf jede betrieblich veranlasste Tätigkeit ausgedehnt hat, ist es nur konsequent, dies auch auf den für die gefahrgeneigte Arbeit anerkannten Freistellungsanspruch bei Drittschäden zu übertragen. Der Umfang des Freistellungsanspruches richtet sich wiederum nach dem **Grad des Verschuldens**, mit dem der Schaden verursacht wurde (vgl. → Rz. 2307).

Danach gilt:

- bei **leichtester Fahrlässigkeit** ist der Arbeitnehmer von der Haftung ganz freizustellen
- bei **normaler Fahrlässigkeit** ist der Arbeitnehmer je nach den Umständen des Einzelfalles von der Haftung anteilig freizustellen
- bei **grober Fahrlässigkeit** wird »in der Regel« kein Freistellungsanspruch des Arbeitnehmers gegeben sein
- bei **Vorsatz** kommt grundsätzlich kein Freistellungsanspruch in Betracht.

I.Ü. finden die o.g. Abwägungskriterien Anwendung (vgl. oben→ Rz. 2312 ff.).

Allerdings gelten die vorstehenden Grundsätze nicht, wenn der Arbeitnehmer als berechtigter Fahrzeugführer **Versicherungsschutz** vom Kraftfahrzeugversicherer erhält. Eine Haftungsbeschränkung greift dann nicht ein, wobei es keinen Unterschied macht, ob der Arbeitgeber oder ein Dritter den Versicherungsvertrag abgeschlossen hat.

Problematisch ist es aber, wenn die Haftpflichtversicherung den **Versicherungsschutz verweigert**, da sich das Kraftfahrzeug nicht in verkehrssicherem Zustand befunden hat (abgefahrene Reifen, defekte Bremsen, Betriebserlaubnis ist erloschen etc.). In diesen Fällen hat der Arbeitnehmer selbst bei grober Fahrlässigkeit einen Freistellungsanspruch gegen den Arbeitgeber, da der Arbeitgeber verpflichtet ist, dem Arbeitnehmer ein fehlerfreies und hinreichend versichertes Fahrzeug zur Verfügung zu stellen. Im allgemeinen wird dann eine völlige Freistellung erfolgen müssen.

Das gleiche gilt auch dann, wenn der Arbeitgeber den Arbeitnehmer auf eine Fahrt schickt, obwohl dieser nicht im Besitz eines Führerscheines ist und der Arbeitgeber hiervon Kenntnis hat.

Der **geschädigte Dritte** kann den Freistellungsanspruch beim Arbeitnehmer pfänden und sich zur Einziehung überweisen lassen. Er kann dann unmittelbar gegen den Arbeitgeber vorgehen und auf Zahlung klagen. Hat der **Arbeitnehmer** den Schaden bereits selbst beglichen, so kann er ebenfalls vom Arbeitgeber Zahlung in Höhe des Freistellungsanspruches verlangen.

2328 Es besteht jedoch keine Verpflichtung des Arbeitgebers, den Arbeitnehmer (z.B. angestellte LKW-Fahrer) von **Bußgeldern** und den damit verbundenen **Verfahrenskosten** freizustellen oder diese dem Arbeitnehmer zu erstatten *(BAG 25.01.2001, EzA-SD 03/01, 5)*. Das Risiko, in ein Bußgeld-Strafverfahren verwickelt und bestraft zu werden, trägt jeder Arbeitnehmer auch im Rahmen eines Arbeitsverhältnisses persönlich. Dies soll auch dann gelten, wenn der Arbeitgeber dem Arbeitnehmer nicht verkehrssichere Fahrzeuge überlassen hat *(LAG Hamm 20.12.1991, LAGE § 620 BGB Nr. 9)*.

Selbst wenn der Arbeitgeber die **Erstattung von etwaigen Geldbußen** für Verstöße der Arbeitnehmer gegen Vorschriften über Lenkzeiten im Güterfernverkehr zugesagt hat, kann der Arbeitnehmer aus dieser Zusage selbst keine Erstattungsansprüche ableiten, da solche Zusagen sittenwidrig und daher nichtig sind (§ 138 BGB). Ein Arbeitgeber, der durch entsprechende Anordnungen bewusst in Kauf nimmt, dass es zum Verstoß gegen die Vorschriften über Lenkzeiten kommt, handelt jedoch sittenwidrig und ist nach § 826 BGB gegenüber dem Arbeitnehmer zu Schadensersatz verpflichtet. Zu dem zu ersetzenden Schaden gehört nur in Ausnahmefällen die Erstattung von Geldbußen, die gegen den Arbeitnehmer verhängt werden. Es ist nicht grundsätzlich unzulässig, einem Täter/Betroffenen eine schon bezahlte Geldstrafe oder Geldbuße zu erstatten oder den Zahlbetrag diesem vorab zur Verfügung zu stellen. Ein Erstattungsanspruch des Arbeitnehmers gegenüber dem Arbeitgeber kommt jedoch nur dann in Betracht, dass die Anordnung des Arbeitgebers in den o.g. Fällen sich konkret auf die zum Schaden führende Lenkzeitüberschreitung bezog und der Arbeitgeber diesen Schaden mindestens billigend in Kauf genommen hat. Dabei genügt es, wenn der Arbeitgeber die Lenkzeitüberschreitung zwar nicht direkt vorgeschrieben jedoch bewusst eine Fahrt mit bestimmten vorgeschriebenen Terminen angeordnet hat, die zwangsläufig zu unzulässigen Lenkzeitüberschreitungen führen musste (BAG 25.01.2001, EzA § 611 BGB Arbeitgeberhaftung Nr. 9).

Dagegen hat ein Arbeitgeber dem Arbeitnehmer die erforderlichen Kosten der Verteidigung zu ersetzen, wenn z.B. ein Berufskraftfahrer in Ausübung einer betrieblichen Tätigkeit unverschuldet einen schweren Verkehrsunfall verursacht und wegen dieses Unfalles gegen ihn ein staatsanwaltschaftliches Ermittlungsverfahren eingeleitet wird. Erforderliche Kosten der Verteidigung sind grundsätzlich die gesetzlichen Gebühren. Berufskraftfahrer sind arbeitsrechtlich ohne besondere Vereinbarung und Vergütung nicht zum Abschluss einer Rechtsschutzversicherung verpflichtet (*BAG 16.03.1995, EzA § 670 BGB, Nr. 24*).

Nach Ansicht des BAG war hier auch der Arbeitgeber nicht verpflichtet, eine Rechtsschutzversicherung zugunsten seines Arbeitnehmers abzuschließen.

IV. Sonstige Pflichtverletzungen

Auch bei sonstigen Pflichtverletzungen des Arbeitnehmers, die keine Verletzung der Arbeitspflicht und keine Schlechtleistung darstellen, kommt neben Abmahnung oder Kündigung des Arbeitsverhältnisses Schadensersatz zu Gunsten des Arbeitgebers in Betracht. Sonstige Pflichtverletzungen sind der Verstoß gegen Nebenpflichten des Arbeitnehmers (vgl. unten → Rz. 2350 ff.) Voraussetzung für eine Schadensersatzpflicht ist dabei regelmäßig ein Verschulden des Arbeitnehmers.

2329

> **BEISPIEL:**
> Vorgetäuschte Arbeitsunfähigkeit, unerlaubte Konkurrenztätigkeit, Diebstahl/Unterschlagungen zu Lasten des Arbeitgebers, Weitergabe von Geschäftsgeheim-nissen etc.

Dabei kann es sich u.a. um Pflichtverletzungen handeln, die ein strafrechtlich relevantes Verhalten des Arbeitnehmers darstellen. Häufig hat der Arbeitgeber in diesen Fällen zunächst lediglich einen entsprechenden Verdacht gegenüber dem Arbeitnehmer (zur Zulässigkeit einer sog. Verdachtskündigung vgl. unten → Rz. 4413).

2330 Wenn sich der Verdacht als begründet erweist, wird je nach den Umständen des Einzelfalles eine ordentliche oder fristlose Kündigung zulässig sein. Ferner hat der Arbeitnehmer den verursachten Schaden zu ersetzen. Hierbei stellt sich in der betrieblichen Praxis die Frage, ob der Arbeitgeber auch die ihm entstandenen **Kosten für die Überprüfung des Verdachts** vom Arbeitnehmer erstattet verlangen kann. Dies wir in der Regel zu bejahen sein, wenn der Arbeitgeber anlässlich eines **konkreten Tatverdachts** gegen den Arbeitnehmer Überwachungsmaßnahmen einleitet und der Arbeitnehmer einer vorsätzlich vertragswidrigen Handlung überführt wird (*BAG 17.09.1998, EzA § 249 BGB Nr. 23*).

BEISPIEL:

Der Arbeitnehmer teilte dem Arbeitgeber fernmündlich seine Arbeitsunfähigkeit mit und reichte eine Arbeitsunfähigkeitbescheinigung nach, die eine Arbeitsunfähigkeit bis zum Freitag der Kalenderwoche attestierte. Am Samstag rief der Arbeitnehmer erneut beim Arbeitgeber an und erklärte, dass er aufhören wolle und am Montag nicht zur Arbeit kommen werde.

Der Arbeitgeber verlangte vom Kläger die Einhaltung der Kündigungsfrist und erklärte, dass er eine fristlose Kündigung des Arbeitnehmers nicht akzeptiere. Am kommenden Montag erschien der Arbeitnehmer nicht zu Arbeit. Zwei Tage später ging dann eine schriftliche Kündigung des Arbeitnehmers unter Wahrung der Kündigungsfrist ein, ebenso eine Folgebescheinigung über eine fortbestehende krankheitsbedingte Arbeitsunfähigkeit. Der Arbeitgeber misstraute dieser Folgebescheinigung und beauftragte einen Detektiv, die Arbeitsunfähigkeit des Arbeitnehmers zu überprüfen. Dieser stellte zunächst durch Befragen der Nachbarn des Arbeitnehmers fest, dass dieser allmorgentlich gegen 5.00 Uhr das Haus verlasse und abends gegen 17.00 Uhr zurückkehre. Darauf hin erteilte der Arbeitgeber dem Detektiv den Auftrag, den Arbeitnehmer zu observieren. Der Detektiv stellte dann fest, dass der Arbeitnehmer während der vorgenannten Zeiten bei einem anderen Arbeitgeber arbeitete. Der Arbeitgeber kündigte daraufhin fristlos. Die dem Arbeitgeber entstandenen Detektivkosten beliefen sich auf ca. 3.750 EUR.

Der Arbeitnehmer machte sodann gegenüber dem Arbeitgeber gerichtlich noch rückständige Lohnansprüche in Höhe von ca. 1.000 EUR geltend. Der Arbeitgeber erklärte mit den ihm entstandenen Detektivkosten die Aufrechnung und erhob wegen des die Lohnforderung des Arbeitnehmers übersteigenden Betrages Widerklage. Das BAG hat dem Arbeitgeber recht gegeben jedoch mit der Maßgabe, dass die Detektivkosten erst von dem Zeitpunkt an erstattungsfähig sind, ab dem der Arbeitgeber einen konkreten Tatverdacht gegen den Arbeitnehmer hatte. Dies war vorliegend erst von dem Zeitpunkt an zu bejahen, nachdem der Detektiv bereits festgestellt hatte, das der Arbeitnehmer regelmäßig morgens das Haus verließ und erst abends zurück kam. Die bis zu dieser Feststellung entstandenen Detektivkosten konnte der Arbeitgeber nicht erstattet verlangen, sondern nur die danach entstandenen Kosten der Observierung (BAG a.a.O.).

Als **Anhalt** kann also gelten: Erst ab Vorliegen eines konkreten Tatverdachts gegen den Arbeitnehmer kommt eine Erstattung dann anfallender Detektivkosten o.ä. in Betracht.

Von welchen Zeitpunkt an ein konkreter Tatverdacht zu bejahen ist, ist anhand des Einzelfalles zu entscheiden. Allein die Häufigkeit eines bestimmten Verhaltensmusters (z.B.

Arbeitsunfähigkeit nach Erhalt einer Kündigung) rechtfertigt im allgemeinen nicht die Annahme eines konkreten Verdachts. Hier müssen weitere Umstände hinzutreten.

Im Zusammenhang mit schuldhaften Pflichtverletzungen des Arbeitnehmers zu Lasten des Eigentums/Vermögens des Arbeitgebers wird in der betrieblichen Praxis häufig streitig, ob ein vom Arbeitnehmer unterzeichnetes **Schuldanerkenntnis** wirksam bzw. anfechtbar ist. Der Arbeitnehmer macht an diesen Fällen u.U. geltend, vom Arbeitgeber widerrechtlich durch Drohung zur Unterzeichnung des Schuldanerkenntnisses veranlasst worden zu sein (§ 123 BGB). Will der Arbeitgeber einem solchen etwaigen Einwand des Arbeitnehmers vorbeugen, ist folgendes zu beachten:

2331

- dient die Drohung des Arbeitgebers mit einer Strafanzeige wegen schädigender Handlungen des Arbeitnehmers dazu, den Arbeitnehmer zur Wiedergutmachung des Schaden zu veranlassen, so handelt der Arbeitgeber in der Regel nicht widerrechtlich, wenn er den geforderten Schadensersatz auf Grund der Angaben des Arbeitnehmers für berechtigt halten durfte (*BAG 23.10.1998, EzA § 781 BGB Nr. 5*); ferner kann ein notarielles Schuldanerkenntnis eines Arbeitnehmers nicht nach § 123 BGB angefochten werden, wenn die Höhe des Schadens des Arbeitgebers feststeht und dem Arbeitnehmer erklärt wurde, dass er keinerlei Aussagen machen müsse (*LAG Rheinland-Pfalz 02.11.2000, EzA-SD 08/2001, 10*);
- der Arbeitgeber darf zu Beschaffung eines Schuldanerkenntnisses eines der Kassen- und Warenveruntreuung verdächtigten Arbeitnehmers diesen nicht in eine Zwangssituation bringen, in der die wirtschaftliche Entscheidungsfreiheit ausgeschaltet wird;
- bei der Anhörung eines der Kassen- und Warenveruntreuung verdächtigten Arbeitnehmers muss der Arbeitgeber **rechtsstaatliche Erfordernisse** einhalten. Er darf diesem weder die Bewegungsfreiheit beschränken, noch das Recht abschneiden, den Rat einer Person des Vertrauens bzw. eines Rechtsanwalts in Anspruch zu nehmen;
- wenn für ein Schuldanerkenntnis die Berechnung des von dem Arbeitnehmer verursachten Schadens nur im Wege einer **Hochrechnung** erfolgen kann, muss sichergestellt werden, dass die Hochrechnung frei von Denk- und Rechenfehlern ist und auf hinreichend abgesicherter Grundlage beruht;
- der Arbeitgeber darf die Gelegenheit der Aufdeckung einer Kassen- und Warenveruntreuung eines Arbeitnehmers nicht dazu nutzen, durch ein von diesem unterzeichnendes Schuldanerkenntnis auch solche **Inventurdifferenzen** auszugleichen, für die andere Ursachen als die aufgedeckten strafbaren Handlungen wahrscheinlich sind (*vgl. Thüringer LAG 10.09.1998, LAGE § 781 BGB Nr. 2*).

Ein vom Arbeitnehmer gegenüber dem Arbeitgeber am Arbeitsplatz abgegebenes Schuldanerkenntnis, wonach er aus Gehaltsüberzahlung dem Arbeitgeber einen Geldbetrag schuldet, kann nach dem Haustürwiderrufsgesetz (ab 01.01.2002 in das BGB und die Verordnung über Informationspflichten überführt) widerrufbar sein (*LAG Berlin, EzA-SD 01/01, 7*). Wenn der Arbeitgeber einer solchen rechtlichen Einordnung vorbeugend entgegentreten will, sollte die »Überraschungssituation«, vor der das Haustürwiderrufsgesetz schützen soll, möglichst vermieden werden, indem dem Arbeitnehmer der Tatbestand der Gehaltsüberzahlung nicht zeitgleich mit der Unterzeichnung des Schuldanerkenntnisses mitgeteilt werden sollte. Wenn das Risiko der vorgenannten rechtlichen Einschätzung reduziert werden soll, sollte dem Arbeitnehmer zunächst die Gehaltsüberzahlung bzw. der sonstige Grund des arbeitgeberseitigen Zahlungsverlangen mitgeteilt und der Arbeitnehmer dann zu einem zeitlich später erfolgenden Gespräch gebeten werden, indem dann über die Modalitäten einer etwaigen Rückführung eine Einigung erzielt bzw. das Schuldanerkenntnis vom Arbeitnehmer unterzeichnet wird.

2332 Hat eine Arbeitnehmerin es schuldhaft unterlassen, dem Arbeitgeber die vorzeitige Beendigung einer angezeigten Schwangerschaft mitzuteilen und hat der Arbeitgeber deshalb das Arbeitsverhältnis nicht gekündigt, so kann der Arbeitgeber die »Nichtbeendigung« des Arbeitsverhältnisses und die Erfüllung der sich aus dem Arbeitsverhältnis ergebenden Ansprüche der Arbeitnehmerin auf Entgelt nicht als Schaden geltend machen. Die (unterbliebene) Abgabe einer Kündigungserklärung kann nicht über § 249 BGB fingiert werden, noch kann die »Nichtbeendigung eines Arbeitsverhältnisses« als Schaden beurteilt werden (*BAG 18.01.2000 EzA § 615 BGB Nr. 98*).

V. Weiterführende Literaturhinweise

2333 *Blomeyer* in Münchener Handbuch Arbeitsrecht, 1992, S. 887 ff.
Engel, Konventionalstrafen im Arbeitsvertrag, 1990
Hübsch, Die neueste Rechtsprechung des BAG zur Fahrlässigkeit der Arbeitnehmerhaftung, NZA-RR 1999, 393
Jacklofsky, Tarifdispositivität der richterrechtlichen Grundsätze des BAG zur Beschränkung der Arbeitnehmerhaftung, NZA 2001, 644
Jung, Mankohaftung aus dem Arbeitsvertrag, 1985
Löwisch, Zweifelhafte Folgen des geplanten Leistungsstörungsrechts für das Arbeitsvertragsrecht, NZA 2001, 465
Motzer, Die »positive Vertragsverletzung« des Arbeitnehmers, 1982
Schaub, Arbeitsrechts-Handbuch 8. Auflage 1996, S. 339 ff.
Stoffels, Der Vertragsbruch des Arbeitnehmers, 1994
Thamm, Die persönliche Haftung bzw. Verantwortlichkeit von Führungskräften und Mitarbeitern in Unternehmen, DB 1994, 1021
Walker/Lohkemper, Die vorgeschlagene EG Richtlinie über die Haftung bei Dienstleistungen und ihre Bedeutung für Haftungsfragen im Arbeitsrecht, RdA 1994, 105.
Ottens, Rechtstellung des Arbeitnehmers bei Beschädigung von Dritteigentum, DB 1997, 1618

8. Kapitel: Nebenpflichten des Arbeitnehmers

I.	Einführung	2350
II.	Pflicht zur Befolgung von Weisungen des Arbeitgebers	2351
	1. Einführung	2351
	2. Weisungen in bezug auf das Arbeitsverhalten	2352
	3. Weisungen in bezug auf das Ordnungsverhalten	2353
	4. Sonderfall: Verhängung von Betriebsbußen	2354
III.	Schadensverhinderungspflicht	2355
IV.	Pflicht zur Leistung von Überstunden oder anderer Arbeit in Notfällen	2356
V.	Anzeige- und Auskunftspflichten	2357
VI.	Abwerbeverbot	2358
VII.	Verbot der Annahme von Schmiergeldern	2359
VIII.	Inner- und außerbetriebliche Meinungsfreiheit	2360
IX.	Verschwiegenheitspflicht	2361
	1. Betriebs- und Geschäftsgeheimnisse	2362
	2. Persönliche Umstände und Verhaltensweisen des Arbeitgebers	2363
	3. Nachvertragliche Verschwiegenheitspflicht	2364
	4. Freistellungsanspruch des Arbeitnehmers	2365
X.	Nebentätigkeitsverbot	2366
XI.	Wettbewerbsverbot	2367
XII.	Rechtsfolgen bei Verletzung von Nebenpflichten	2368
XIII.	Weiterführende Literaturhinweise	2369

I. Einführung

Die mit der Begründung des Arbeitsverhältnisses entstehenden Pflichten des Arbeitnehmers erschöpfen sich nicht nur in der Erbringung der Arbeitsleistung. Vielmehr gibt es auch beim Arbeitsvertrag, wie in jedem Vertragsverhältnis, gewisse Nebenpflichten, die zusätzlich zur geschuldeten Hauptleistungspflicht zu erbringen sind. Die sich für den Arbeitnehmer ergebenden Nebenpflichten werden allgemein als »**Treuepflichten**« bezeichnet. Treffender ist es jedoch, von einer **Pflicht zur Wahrung schutzwürdiger Belange des Arbeitgebers** zu sprechen (§ 242 BGB vgl. § 241 Abs. 2 BGB n.F.). Hieraus können sich sowohl Handlungs- als auch Unterlassungspflichten des Arbeitnehmers ergeben.

2350

Der Inhalt der Nebenpflichten des Arbeitnehmers lässt sich abstrakt nicht bestimmen. Vielmehr muss im jeweiligen Einzelfall gefragt werden, was nach Treu und Glauben von dem Arbeitnehmer verlangt werden kann. Dabei sind zu berücksichtigen:

- Interessen des Arbeitgebers,
- Interessen des Arbeitnehmers,
- Stellung des Arbeitnehmers im Betrieb,
- Interessen der anderen Arbeitnehmer.

Im folgenden werden die wichtigsten Nebenpflichten des Arbeitnehmers dargestellt.

II. Pflicht zur Befolgung von Weisungen des Arbeitgebers

1. Einführung

2351 Der Arbeitnehmer ist verpflichtet, die vom Arbeitgeber unter Beachtung der vertraglichen und gesetzlichen Bestimmungen getroffenen Weisungen zu befolgen. Dabei ist grundsätzlich zu unterscheiden zwischen so genannten **arbeitsbezogenen Weisungen** und solchen, die in Bezug auf das **Ordnungsverhalten des Arbeitnehmers** im Betrieb getroffen werden.

Die Unterscheidung ist deshalb von Bedeutung, da die das Ordnungsverhalten des Arbeitnehmers betreffenden Anweisungen einem Mitbestimmungsrecht des Betriebsrates unterliegen (§ 87 Abs. 1 Nr. 1 BetrVG). Die Abgrenzung beider Anweisungsarten ist mitunter schwierig. Von daher sollte in der betrieblichen Praxis im Zweifel der Betriebsrat vorsorglich beteiligt werden.

Ein Weisungsrecht des Arbeitgebers besteht im allgemeinen nicht bezüglich des **außerdienstlichen Verhaltens** des Arbeitnehmers. Sein Freizeitverhalten ist allein Sache des Arbeitnehmers. Ausnahmen von diesem Grundsatz können sich jedoch aus der Stellung des Arbeitnehmers im Betrieb oder aus der Art des Betriebes ergeben.

BEISPIEL:

Repräsentationspflichten eines vertretungsberechtigten Leitenden Angestellten, Arbeitnehmer in Tendenzbetrieben.

In diesen Fällen hat der Arbeitnehmer auch außerdienstlich Rücksicht auf die berechtigten Belange des Arbeitgebers zu nehmen.

2. Weisungen in bezug auf das Arbeitsverhalten

2352 Der Arbeitnehmer hat die arbeitsbezogenen Weisungen des Arbeitgebers zu befolgen. Unter den Begriff der arbeitsbezogenen Weisung fallen diejenigen Anordnungen des Arbeitgebers, die dieser in bezug auf das **Arbeits- und Leistungsverhalten** des Arbeitnehmers trifft.

Es wurde bereits dargestellt, dass der Arbeitgeber aufgrund seines **Direktionsrechtes** berechtigt ist, die Arbeitspflicht des Arbeitnehmers im Hinblick auf Art, Ort und Zeit der Arbeitsleistung zu konkretisieren (vgl. → Rz. 2002 ff.). Hierzu gehört es auch, dass der Arbeitgeber den Arbeitnehmer im Einzelnen anweist, wie, in welcher Reihenfolge und mit welchen Mitteln eine bestimmte Arbeit zu verrichten ist.

Zu den arbeitsbezogenen Anweisungen zählen aber auch

- die Anordnung, aus Kalkulationsgründen Arbeitsbelege auszufüllen,
- der Erlasseiner Dienstreiseordnung,
- die Einführung von Methoden zur Erfassung der Arbeitsleistung, die dem Arbeitnehmer den Nachweis der geleisteten Arbeit erleichtern sollen.

Unter Umständen können auch Rauch- und Alkoholverbote, Bekleidungsvorschriften (vgl. → Rz. 2963) und sonstige Anordnungen des Arbeitgebers eine arbeitsbezogene Weisung darstellen, wenn ohne deren Befolgung der Arbeitnehmer die geschuldete Arbeitsleistung nicht ordnungsgemäß erbringen kann.

BEISPIEL:
Der Arbeitgeber betreibt ein Krankenhaus. Durch einseitige Anordnung erlässt er für alle Stations- und Funktionsräume sowie für die Stationsdienstzimmer ein Rauchverbot.
Soweit das Rauchverbot für die Stations- und Funktionsräume erlassen wurde, handelt es sich um eine arbeitsbezogene Anweisung, da es für Pflegepersonal zur ordnungsgemäßen Erbringung der Arbeitsleistung gehört, die Patienten nicht durch Tabakrauch in der Atemluft zu gefährden. Dagegen ist das für die Stationsdienstzimmer ausgesprochene Rauchverbot keine arbeitsbezogene Weisung, da sich dort in der Regel keine Patienten aufhalten. Es liegt insoweit eine Weisung in bezug auf das Ordnungsverhalten vor, die mitbestimmungspflichtig ist (vgl. unten → Rz. 2353).

Bei der Ausübung des Direktionsrechtes hat der Arbeitgeber jedoch stets die **Grundsätze billigen Ermessens** zu wahren. Dabei hat eine Interessenabwägung stattzufinden zwischen dem sich aus dem Persönlichkeitsrecht ableitenden Recht des Arbeitnehmers auf Handlungsfreiheit und den Interessen des Arbeitgebers, diese Handlungsfreiheit aus sachlichen Gründen einzuschränken.

Bei dem Erlass eines Rauchverbotes für Büroräume sind die Grundsätze des billigen Ermessens jedenfalls dann gewahrt, wenn es sich bei dem von dem Rauchverbot betroffenen Arbeitsplatz um ein Büro handelt, das ständig von dritten Personen - insbesondere auch von Kunden – aufgesucht wird. Allerdings kann der Arbeitnehmer in diesem Fall auch verlangen, dass ihm das Rauchen gestattet wird, wenn sich gerade kein Besucher im Büro aufhält *(vgl. LAG Frankfurt M. 06.07.1989, DB 1990, 1193).*

Arbeitnehmer haben einen arbeitsvertraglichen Anspruch auf einen **tabakrauchfreien Arbeitsplatz**, wenn das für sie aus gesundheitlichen Gründen geboten ist *(BAG EzA § 618 BGB Nr. 14).* Es besteht also kein allgemeiner Anspruch auf einen tabakrauchfreien Arbeitsplatz; erforderlich ist vielmehr, dass individuelle und in der Gesundheit des Arbeitnehmers begründete Umstände einen tabakrauchfreien Arbeitsplatz erfordern. Kann bei Vorliegen dieser Voraussetzungen aus betrieblichen Gründen dem berechtigten Arbeitnehmer gleichwohl nur ein Arbeitsplatz in einem Raum zugewiesen werden, in dem gleichzeitig auch Raucher arbeiten, wird der Arbeitgeber berechtigt sein, für diesen Raum ein Rauchverbot zu erlassen, welches grundsätzlich und auch bei Abwesenheit des aus gesundheitlichen Gründen auf einen tabakfreien Arbeitsplatz angewiesenen Arbeitnehmers zu beachten ist. Dem rauchenden Arbeitnehmer sind ggf. entsprechende Kurzpausen, um zu rauchen, zu gewähren.

3. Weisungen in bezug auf das Ordnungsverhalten

Der Arbeitnehmer ist auch verpflichtet, die **zur Regelung der betrieblichen Ordnung** ergehenden Anweisungen des Arbeitgebers zu befolgen. Hierunter fallen alle Weisungen

2353

des Arbeitgebers, die zur **Sicherung des ungestörten Arbeitsablaufs und des reibungslosen Zusammenlebens im Betrieb** ergehen. Dazu gehören u.a. Regelungen über:

Anwesenheitskontrollen, An-/Abmeldeverfahren, Passierscheine, Betriebs- ausweise, Tragen von Arbeitskleidung, Alkohol-/Rauchverbote, Benutzung von Parkmöglichkeiten auf dem Betriebsgelände, Torkontrollen, generelle Herausgabe von Werbegeschenken, Urlaubsvertretungen, Radiohören im Betrieb, Krankenkontrollen, Nutzung von betrieblichen Fernsprechanlagen für Privatgespräche, Benutzung von Wasch- und Umkleideräumen, Einführung von Stechuhren u.ä..

Eine Regelung der **betrieblichen Ordnung** liegt auch vor, wenn der Arbeiteber ein Formular einführen will, auf dem die Arbeitnehmer die Notwendigkeit eines Arztbesuches während der Arbeitszeit vom Arzt bescheinigen lassen sollen *(BAG 21.01.1997, EzA § 87 BetrVG betriebliche Ordnung Nr. 22).*

In Betrieben mit einem Betriebsrat hat dieser bei der Einführung und Ausgestaltung derartiger **allgemeingültiger Verhaltensregeln** ein **Mitbestimmungsrecht** (§ 87 Abs. 1 Nr. 1 BetrVG). Das Mitbestimmungsrecht erfasst alle Fragen der Ordnung des Betriebs und des Verhaltens der Arbeitnehmer im Betrieb. Dem Arbeitgeber ist es dann in diesen Angelegenheiten verwehrt, einseitige Maßnahmen durchzuführen. Regelmäßig wird es zweckmäßig sein, diese Fragen der betrieblichen Ordnung in einer **Betriebsvereinbarung** zu regeln. Deren Inhalt gilt dann unmittelbar und zwingend zwischen den Arbeitsvertragsparteien (§ 77 Abs. 4 Satz 1 BetrVG).

Dagegen hat der Betriebsrat **kein** Mitbestimmungsrecht, wenn z.B. eine Bank ohne Kenntnis der Arbeitnehmer durch ein anderes Unternehmen Tests zur **Überprüfung der Beratungsqualität** an zufällig ausgewählten Schaltern durchführen lässt, wobei die Arbeitgeberin die Ergebnisse nicht mit einzelnen Arbeitnehmern oder Gruppen von Arbeitnehmern in Verbindung bringen kann *(BAG 18.04.2000, EzA § 87 BetrVG 1972 Nr. 27).*

Will also der Arbeitgeber derartige Überprüfungen mitbestimmungsfrei durchführen, muss sichergestellt sein, dass die Überprüfungsergebnisse nicht einzelnen Arbeitnehmern oder Gruppen von Arbeitnehmern zugeordnet werden können.

Zulässig ist der Erlass eines **betrieblichen Rauchverbotes** durch Betriebsvereinbarung, um Nichtraucher vor den Gesundheitsgefahren und Belästigungen des Passivrauchens zu schützen. Die Betriebspartner müssen dabei jedoch den Verhältnismäßigkeitsgrundsatz beachten, weil ihre Regelung die allgemeine Willensfreiheit der Raucher beeinträchtigt. Die erforderliche Abwägung der Belange des Betriebes sowie der Raucher und der Nichtraucher hängt weitgehend von den betrieblichen Gegebenheiten und Besonderheiten der jeweiligen Belegschaft ab. Dies zu beurteilen, ist in erster Linie Sache der Betriebspartner, denen deshalb ein weiter Gestaltungsspielraum zukommt. Ein Rauchverbot mit dem Ziel, die Arbeitnehmer von gesundheitsschädlichen Gewohnheiten abzubringen, überschreitet aber die Regelungskompetenz der Betriebspartner. Ein generelles Rauchverbot im Freien kann in der Regel nicht mit dem Gesundheitsschutz der Nichtraucher begründet werden *(BAG 19.01.1999, EzA § 87 BetrVG 1972 Betriebliche Ordnung Nr. 24).*

Als **Anhalt** für die Zulässigkeit eines Rauchverbotes kann also gelten: Für geschlossene Räume kann ein Rauchverbot erlassen werden; für betriebliche Freiflächen dagegen nicht, soweit dort nicht aus anderen Gründen (z.B. brandschutzrechtliche oder produktionstechnische Gegebenheiten) ein Rauchverbot in Betracht kommt. Soweit Freiflächen vorhanden sind, auf denen das Rauchen danach gestattet ist, ist der Arbeitgeber im allgemeinen auch nicht verpflichtet, mit entsprechenden Kosten zusätzliche Räume zu erstellen, nur um einen ungestörten Rauchgenus zu ermöglichen (zum Anspruch eines Arbeitsnehmers auf einen tabakrauchfreien Arbeitsplatz vgl. oben → Rz. 2352).

Ob der Arbeitgeber in Betrieben ohne Betriebsrat berechtigt ist, kraft seines Direktionsrechts einseitig solche allgemeingültigen Verhaltensregeln zu erlassen, kann nur anhand des jeweiligen Regelungsgegenstandes abschließend beurteilt werden. Maßgebend sind dabei wiederum die Grundsätze billigen Ermessens.

Als **Richtschnur** kann gelten:

Je schwerwiegender der Eingriff in das Persönlichkeitsrecht des Arbeitnehmers ist, desto zwingender müssen die betrieblichen Gründe sein, die die Maßnahme erfordern! So werden etwa Torkontrollen nur dann und auch nur vorübergehend zulässig sein, wenn sich die Diebstähle häufen und der begründete Verdacht besteht, dass sie von Arbeitnehmern während der Arbeitszeit begangen werden.

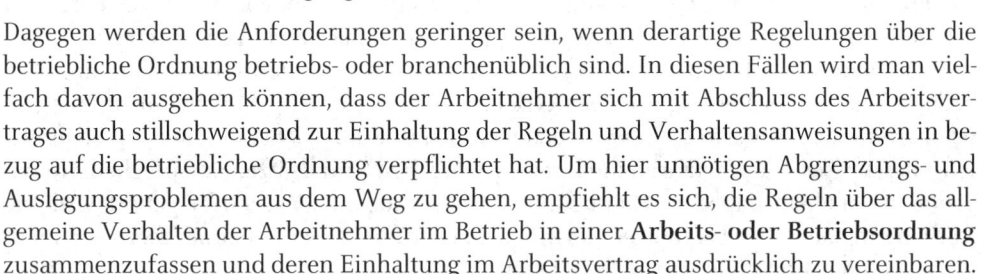

Dagegen werden die Anforderungen geringer sein, wenn derartige Regelungen über die betriebliche Ordnung betriebs- oder branchenüblich sind. In diesen Fällen wird man vielfach davon ausgehen können, dass der Arbeitnehmer sich mit Abschluss des Arbeitsvertrages auch stillschweigend zur Einhaltung der Regeln und Verhaltensanweisungen in bezug auf die betriebliche Ordnung verpflichtet hat. Um hier unnötigen Abgrenzungs- und Auslegungsproblemen aus dem Weg zu gehen, empfiehlt es sich, die Regeln über das allgemeine Verhalten der Arbeitnehmer im Betrieb in einer **Arbeits- oder Betriebsordnung** zusammenzufassen und deren Einhaltung im Arbeitsvertrag ausdrücklich zu vereinbaren.

> **Muster**
>
> »Der Arbeitnehmer hat die gültige Betriebsordnung erhalten. Er hat von ihrem Inhalt Kenntnis genommen und verpflichtet sich zu ihrer Einhaltung. Der Arbeitgeber ist zu Änderungen der Betriebsordnung nach den betrieblichen Erfordernissen berechtigt. Die Verpflichtung des Arbeitnehmers zur Einhaltung der jeweils gültigen Betriebsordnung wird dadurch nicht berührt.«

Neben den allgemeingültigen und für alle Arbeitnehmer verbindlichen Verhaltensanordnungen kann der Arbeitgeber auch im Einzelfall gegenüber dem einzelnen Arbeitnehmer Weisungen in bezug auf sein Ordnungsverhalten im Betrieb erteilen. Besteht ein Betriebsrat, so sind solche Einzelfallanweisungen jedenfalls dann mitbestimmungspflichtig, wenn die Anordnung zumindest auch dazu dient, die generelle betriebliche Ordnung durchzusetzen. In diesen Fällen sollte der Betriebsrat vorsorglich beteiligt werden.

Kommt der Arbeitnehmer einer Anweisung in bezug auf sein Ordnungsverhalten nicht nach, so hat der Arbeitgeber zunächst die Möglichkeit, eine **Abmahnung** auszusprechen.

Die Abmahnung sollte unverzüglich und schriftlich erfolgen. Dabei ist die Pflichtverletzung des Arbeitnehmers genau zu bezeichnen. Verstößt der Arbeitnehmer dennoch weiterhin gegen die erteilte Weisung, kann der Arbeitgeber unter Umständen eine **verhaltensbedingte**, in besonders schweren Fällen auch eine **außerordentliche Kündigung** aussprechen (vgl. → Rz. 4400, 4501).

4. Sonderfall: Verhängung von Betriebsbußen

2354 Der Arbeitnehmer kann auch verpflichtet sein, bei Verstößen gegen Weisungen in bezug auf sein Ordnungsverhalten so genannte Betriebsbußen zu entrichten bzw. hinzunehmen.

Voraussetzung ist jedoch, dass eine entsprechende **Betriebsbußenordnung** besteht. Solche Bußordnungen können sowohl durch Tarifvertrag (§§ 1 Abs. 1, 4 Abs. 1 TVG) als auch durch Betriebsvereinbarung (§§ 87 Abs. 1 Nr. 1, 77 Abs. 4 BetrVG) eingeführt werden. Die Bußordnung gilt dann nach den vorgenannten Bestimmungen auch unmittelbar und zwingend zwischen den Arbeitsvertragsparteien.

Als Betriebsbußen kommen eine Geldbuße bis zu einem Höchstbetrag von einem Tagesverdienst, der Entzug von Vergünstigungen und als mildere Maßnahmen die Verwarnung und der Verweis in Betracht, nicht dagegen eine Entlassung oder Rückgruppierung. Die Bußtatbestände müssen klar und eindeutig festgelegt sein, ebenso die jeweilige Art der Buße sowie die Höhe und Verwendung von Geldbußen (nicht zugunsten des Arbeitgebers, sondern nur für soziale Zwecke). Die Verhängung der Betriebsbuße im Einzelfall bedarf ebenfalls der **Beteiligung des Betriebsrates**. Zweckmäßig ist daher die Bildung eines paritätisch aus Vertretern des Arbeitgebers und des Betriebsrates zusammengesetzten Ausschusses. Das Verfahren muss rechtsstaatlichen Grundsätzen entsprechen. Hierzu gehört es vor allem, dass der Arbeitnehmer zu den erhobenen Vorwürfen gehört wird. Die Verhängung der Betriebsbuße ist schriftlich zu begründen. Der Arbeitnehmer kann diese Entscheidung gerichtlich überprüfen lassen.

Von der Betriebsbuße zu unterscheiden sind die arbeitsvertraglichen Sanktionen, insbesondere die **Vertragsstrafe** und die **Abmahnung**. Auf die Einzelheiten zur Abgrenzung zur Betriebsbuße kann hier nicht eingegangen werden. In der betrieblichen Praxis ist jedoch darauf zu achten, dass einer Vertragsstrafe oder Abmahnung über die Geltendmachung einer Vertragspflichtverletzung hinaus nicht gleichzeitig ein besonderer Disziplinierungscharakter zukommt, da andernfalls eine Beteiligung des Betriebsrates erforderlich sein kann.

III. Schadensverhinderungspflicht

2355 Der Arbeitnehmer ist verpflichtet, einen dem Betrieb oder dem Arbeitgeber drohenden Schaden zu verhindern, soweit ihm dies **möglich und zumutbar** ist.

BEISPIEL:

Der Arbeitnehmer bemerkt an einer Maschine eine Störung und erkennt, dass die Maschine sofort abgeschaltet werden muss, um den Eintritt eines größeren Schadens an der Maschine zu vermeiden.

Der Arbeitnehmer ist in diesem Fall verpflichtet, die Maschine selbst unverzüglich abzuschalten. Die Schadensverhinderungspflicht besteht aber nur in den Grenzen der Zumutbarkeit. Von dem Arbeitnehmer kann nicht verlangt werden, dass er sich selbst in Gefahr begibt. Steht der Schadenseintritt nicht unmittelbar bevor oder kann der Arbeitnehmer selbst den Schadenseintritt nicht in zumutbarer Weise verhindern, so hat der Arbeitnehmer dem Arbeitgeber **unverzüglich den drohenden Schaden anzuzeigen**.

BEISPIEL:

Der Arbeitnehmer bemerkt an einer Maschine Verschleißerscheinungen und erkennt, dass diese in näherer Zukunft zur völligen Zerstörung der Maschine führen können.

Der Arbeitnehmer ist hier verpflichtet, dem Arbeitgeber seine Beobachtung unverzüglich mitzuteilen.

Problematisch ist die Anzeigepflicht des Arbeitnehmers dann, wenn der drohende Schaden von einem **Arbeitskollegen** ausgeht. In diesem Fall wird eine Anzeigepflicht des Arbeitnehmers nur dann bestehen, wenn ein Personenschaden oder ein sonstiger erkennbar erheblicher Schaden droht. Hier wird jeweils auf die Umstände des Einzelfalles abzustellen sein. Eine Einschränkung der Schadensverhinderungspflicht ist hier deshalb gerechtfertigt, da es für den Arbeitnehmer in vielen Fällen unzumutbar sein wird, einen Arbeitskollegen zu »denunzieren«.

Dies gilt allerdings nicht, wenn der Arbeitnehmer zumindest auch dazu eingestellt wurde, um andere Arbeitnehmer zu beaufsichtigen. Diese Arbeitnehmer werden nur in ganz seltenen Fällen berechtigt sein, von einer Schadensanzeige abzusehen.

Unabhängig von seiner konkreten Schadensverhinderungs- und Anzeigepflicht im Einzelfall ist der Arbeitnehmer generell verpflichtet, mit den Einrichtungen des Betriebes und den ihm vom Arbeitgeber anvertrauten Arbeitsmitteln und Arbeitsstoffen sorgfältig umzugehen. Soweit es ihm möglich und zumutbar ist, hat er auch auftretende Störungen und Schäden in seinem Arbeitsbereich selbst zu beheben und den Arbeitgeber hiervon zu unterrichten.

IV. Pflicht zur Leistung von Überstunden oder anderer Arbeit in Notfällen

Der Arbeitnehmer ist aufgrund seiner Treuepflicht auch verpflichtet, in Notfällen (vgl. → Rz. 2022) Überstunden oder eine andere Arbeit zu erbringen.

2356

Lehnt der Arbeitnehmer dies ab, so kann nach vorheriger Abmahnung eine ordentliche Kündigung gerechtfertigt sein (*LAG Schleswig-Holstein, 26.06.2001, EzA-SD 20/01, 6*).

> **Tipp:** Da es in vielen Fällen aber problematisch ist, den Notfall von sonstigen außergewöhnlichen betrieblichen Situationen abzugrenzen, empfiehlt sich eine **ausdrückliche Regelung im Arbeitsvertrag** (vgl. → Rz. 2020 ff.).

V. Anzeige- und Auskunftspflichten

2357 Neben der Verpflichtung, drohende Schäden dem Arbeitgeber anzuzeigen, treffen den Arbeitnehmer noch eine Reihe weiterer Anzeige- und Auskunftspflichten. Hierzu gehören u.a.:

- Anzeige voraussehbarer Arbeitsverhinderung,
- unverzügliche Entschuldigung im Krankheitsfall,
- ggf. Vorlage einer Arbeitsunfähigkeitsbescheinigung,
- Auskunft und Rechenschaft bei Geschäftsbesorgung (§§ 675, 666 BGB),
- im Einzelfall auch Anzeige einer Nebentätigkeit.

Der Arbeitnehmer ist im allgemeinen nicht gehindert, außerhalb seiner Arbeitszeit einer Nebentätigkeit nachzugehen (vgl. unten → Rz. 2366). Infolgedessen besteht in der Regel auch keine Anzeigepflicht.

Eine Anzeigepflicht des Arbeitnehmers ergibt sich jedoch dann, wenn der Arbeitgeber ein berechtigtes Interesse daran hat, von der Nebentätigkeit Kenntnis zu erhalten.

Das wird zum einen immer dann der Fall sein, wenn die Nebentätigkeit mit der vertraglich geschuldeten Arbeitsleistung nicht mehr vereinbar ist und die Ausübung der Nebentätigkeit somit eine Verletzung der Arbeitspflicht darstellt. In einem solchen Fall kann der Arbeitgeber einen begründeten Anspruch auf **nachträgliche Anzeige** einer bereits durchgeführten Nebentätigkeit haben, damit er sein weiteres Vorgehen (z.B. Ausübung eines bisher nicht geltend gemachten Zustimmungserfordernisses) prüfen kann *(BAG 18.01.1996, EzA § 242 BGB Auskunftspflicht Nr. 5)*.

Zum anderen wird eine Anzeigepflicht gegeben sein, wenn durch die Nebentätigkeit auch der **Pflichtenkreis** des Arbeitgebers berührt wird.

> **BEISPIEL**
> Durch die Nebentätigkeit wird die zulässige tägliche Arbeitszeithöchstdauer überschritten. Durch die Nebentätigkeit wird der Arbeitnehmer kranken- und rentenversicherungspflichtig.

Obgleich im letzten Fall der Arbeitnehmer eine Anzeigepflicht hat, kann der Arbeitgeber die ggf. nachzuzahlenden Sozialversicherungsbeiträge nicht gegenüber dem Arbeitnehmer als Schadensersatz geltend machen, wenn der Arbeitnehmer die Anzeige unterlassen hat (BAG 18.11.1988, DB 1988, 2468).

Eine Schadensersatzpflicht bei Unterlassen der Anzeige kann auch nicht im Arbeitsvertrag ausdrücklich vereinbart werden, da eine entsprechende Abrede nichtig ist (§§ 32 SGB I, 134 BGB). Gleiches gilt für ein umfassendes Nebentätigkeitsverbot (Art. 12 GG, § 134 BGB).

Im Zusammenhang mit einem Arbeitskampf, insbesondere im Laufe eines sog. **Wellenstreiks** (vgl. → Rz. 2531) ist der Arbeitnehmer nicht verpflichtet, Auskunft darüber zu geben, ob und inwieweit er sich an künftigen Kampfmaßnahmen beteiligen wird *(BAG 12.11.1996, EzA Art. 9 GG Arbeitskampf Nr. 127)*. Die Unsicherheit darüber kann jedoch im Zusammenhang mit der Verteilung des arbeitskampfbedingten Lohnrisikos bei der Frage der Zumutbarkeit eines Einsatzes eine Rolle spielen (vgl. → Rz. 2531).

Eine Arbeitnehmerin, die dem Arbeitgeber das Bestehen einer Schwangerschaft mitgeteilt hat, ist verpflichtet, den Arbeitgeber unverzüglich zu unterrichten, wenn die **Schwangerschaft vorzeitig endet** (etwa auf Grund einer Fehlgeburt). Dies gilt auch dann, wenn der Arbeitgeber sich mit der Annahme ihrer Dienste in Verzug befindet und eine von ihm erklärte Kündigung wegen Verstoßes gegen § 9 MuSchG rechtskräftig für unwirksam erklärt worden ist *(BAG 18.07.2000 EzA § 615 BGB Nr. 98)*.

VI. Abwerbeverbot

Dem Arbeitnehmer ist es nur unter **besonderen Umständen** untersagt, andere Arbeitnehmer seines Arbeitgebers abzuwerben (vgl. → Rz. 4510). **2358**

Eine Abwerbung liegt nicht bereits dann vor, wenn Arbeitnehmer, von denen sich der eine unter Mitwirkung von Arbeitskollegen selbständig machen will, gemeinsam Pläne schmieden. Vielmehr ist es zur Annahme einer **Abwerbung** erforderlich, dass der Arbeitnehmer auf einen Arbeitskollegen mit einer gewissen Ernsthaftigkeit und Beharrlichkeit einwirkt mit dem Ziel, diesen zur Aufgabe seines bisherigen und zur Begründung eines neuen Arbeitsverhältnisses zu bewegen.

Eine solche Abwerbung ist aber nur dann unzulässig, wenn sie eine grobe Verletzung der Treuepflicht darstellt oder in sonstiger Form sittenwidrig ist.

BEISPIEL

Der Arbeitnehmer versucht beharrlich, einen Arbeitskollegen zu bewegen, sich ohne Einhaltung einer Kündigungsfrist vom Arbeitsverhältnis zu lösen, um bei einem anderen Arbeitgeber zu arbeiten.

In diesem Fall ist die Abwerbung unzulässig, da der Arbeitnehmer seinen Arbeitskollegen zum **Arbeitsvertragsbruch** verleiten will.

Weitere besondere Umstände, die zur Unzulässigkeit einer Abwerbung führen können, liegen etwa dann vor, wenn der Arbeitnehmer den Abwerbeversuch gegen Bezahlung im Auftrag eines **Konkurrenzunternehmens** vornimmt oder wenn er durch die Abwerbung seinen Arbeitgeber **planmäßig zu schädigen** versucht (LAG Rheinland-Pfalz 07.02.1992, LAGE § 626 BGB Nr. 4).

Zulässig ist es dagegen, wenn ein Arbeitnehmer, der beabsichtigt, sich selbständig zu machen, seine Arbeitskollegen auf einen Wechsel anspricht und auch deren Bereitschaft durch Gehaltszusagen zu fördern versucht. Zulässig ist es auch, wenn der Arbeitnehmer bei einem beabsichtigten Stellenwechsel die Vorzüge und besonderen Leistungen seines neuen Arbeitgebers herausstellt.

VII. Verbot der Annahme von Schmiergeldern

2359 Dem Arbeitnehmer ist es verboten, Schmiergelder, Geschenke oder sonstige Vorteile entgegenzunehmen (**arbeitsrechtliches Schmiergeldverbot**). Der Arbeitnehmer kann sich unter Umständen sogar strafbar machen, wenn er im geschäftlichen Verkehr einen Vorteil als Gegenleistung dafür fordert, sich versprechen lässt oder annimmt, dass er einen anderen bei dem Bezug von Waren oder gewerblichen Leistungen im Wettbewerb in unlauterer Weise bevorzugt: **strafrechtliches Schmiergeldverbot** (§ 12 Abs. 2 UWG).

In der Praxis ist es immer wieder problematisch, die verbotene Vorteilsannahme von der erlaubten Annahme allgemein gebräuchlicher **Gelegenheitsgeschenke** abzugrenzen. Dabei wird auf die jeweiligen Berufszweige und die dort allgemein üblichen Gelegenheitsgeschenke abzustellen sein. Typische Gelegenheitsgeschenke sind: *Kugelschreiber, Kalender, Feuerzeuge, u.U. auch Trinkgelder, Geschäftsessen etc..*

Zu beachten ist, dass der verbotene Vorteil nicht unbedingt in einer Geld- oder Sachleistung bestehen muss. Der Begriff des Vorteils umfasst alles, was die Lage des Arbeitnehmers irgendwie bessert. So fallen auch die Unterstützung eines Stellengesuchs oder Leistungen an Familienangehörige unter den Vorteilsbegriff.

Der Arbeitnehmer ist verpflichtet, das Angebot von Schmiergeldern und verbotenen Vorteilen **zurückzuweisen**.

Nicht abschließend geklärt ist die Frage, ob der Arbeitnehmer auch verpflichtet ist, den Arbeitgeber von dem Angebot zu **unterrichten**. Man wird dies bejahen müssen, da der Arbeitgeber ein legitimes Interesse daran hat, sich gegen rechtswidrige Eingriffe in seinen eingerichteten und ausgeübten Gewerbebetrieb zur Wehr zu setzen.

Umstritten ist ebenfalls, ob der Arbeitgeber von dem Arbeitnehmer die gewährten Vorteile herausverlangen kann. Ein **Herausgabeanspruch** ist zumindest für den Fall anzuerkennen, dass der Arbeitnehmer den Vorteil unberechtigterweise aus einem Geschäft erlangt hat, das er als Vertreter des Arbeitgebers für diesen abgeschlossen hat.

VIII. Inner- und außerbetriebliche Meinungsfreiheit

2360 Der Arbeitnehmer hat nach Art. 5 Abs. 1 Satz 1 GG das Recht, seine Meinung in Wort, Schrift und Bild frei zu äußern und zu verbreiten. Geschützt ist allerdings nur das Äußern und Verbreiten von Meinungen. Hierzu zählen Werturteile, Beurteilungen, Stellungnahmen, Auffassungen usw., nicht dagegen reine Tatsachenmitteilungen (vgl. unten → Rz. 2361). Jedoch werden im Einzelfall die Grenzen oft fließend sein. Im Zweifel ist von einer Meinungsäußerung auszugehen.

Die **innerbetriebliche Meinungsfreiheit** des Arbeitnehmers wird jedoch durch die Grundregeln des Arbeitsverhältnisses begrenzt. Zwar ist eine parteipolitische Diskussion im Betrieb nicht schlechthin unzulässig, der Arbeitnehmer hat aber im Betrieb jedenfalls eine **provozierende parteipolitische Betätigung** zu unterlassen. Hierunter fällt auch das Tragen von auffälligen und provozierenden Politplakaten (z.B. »Anti-Atomkraft-Plakette«).

Dabei sind im Einzelfall die Interessen des Arbeitgebers gegen die des Arbeitnehmers sorgfältig abzuwägen. Als Gründe für eine Einschränkung der Meinungsfreiheit kommen u.a. in Betracht:

- andere Arbeitnehmer fühlen sich belästigt,
- Störung des Betriebsfriedens,
- Beeinträchtigung des Arbeitsablaufs.

Ist eine Einschränkung der Meinungsfreiheit im Einzelfall gerechtfertigt, kann der Arbeitgeber dem Arbeitnehmer die politische Betätigung untersagen und den Arbeitnehmer abmahnen sowie ggf. kündigen. Allerdings ist hier Vorsicht angebracht! Es darf sich nicht nur um eine geringfügige Störung handeln. Vielmehr muss das Zusammenleben im Betrieb **ernstlich gefährdet** sein.

Unzulässig ist es in jedem Fall, wenn der Arbeitnehmer unwahre und ehrenrührige Behauptungen über seinen Arbeitgeber aufstellt.

Unzulässig ist es auch, wenn sich Arbeitnehmer in ihrer Eigenschaft als Betriebsratsmitglieder parteipolitisch betätigen (§ 74 Abs. 2 Satz 2 BetrVG). In ihrer Funktion als Betriebsratsmitglieder ist ihnen ebenfalls die Werbung für eine Gewerkschaft untersagt.

Das BVerfG hat nunmehr **entgegen** der bisherigen Rechtsprechung des BAG entschieden, dass die **Mitgliederwerbung für Gewerkschaften** in Betrieben **vollumfänglich grundrechtlich geschützt** ist und nicht nur in dem Maße, in dem sie für die Erhaltung und Sicherung des Bestandes der Gewerkschaften unerlässlich ist (BVerfG 14.11.1995, DB 1996, 1627). Der Grundrechtsschutz besteht sowohl zugunsten der Gewerkschaften als auch zugunsten der einzelnen Mitglieder. Vor dem Hintergrund dieser Rechtsprechung des Bundesverfassungsgerichts steht zu erwarten, dass das BAG zukünftig die Mitgliederwerbung für Gewerkschaften **auch während der Arbeitszeit** grundsätzlich für zulässig erachtet, wenn vertraglich keine anderslautenden Regelungen getroffen sind. Die diesbezügliche Entscheidung des BAG bleibt abzuwarten.

Eine vom Arbeitgeber herausgegebene **Werkszeitung** genießt den Schutz der Pressefreiheit (Art. 5 Abs. 1 Satz 2 GG). Der Betriebsrat kann daher vom Arbeitgeber nicht verlangen, dass dieser kritische Artikel/Beiträge ohne Verfasserangabe zur Betriebsratsarbeit nur mit Zustimmung des Betriebsrats veröffentlicht *(BVerfG 08.10.1996, EzA -SD 25/96, 5).*

Die Pressefreiheit vermag keine ehrverletzenden Berichte über Tatsachen aus der Intimsphäre eines Arbeitnehmers zu rechtfertigen *(BAG 18.02.1999, EzA § 611 BGB Persönlichkeitsrecht Nr. 13).*

Höchstrichterlich noch unentschieden ist, in welchem Umfang der Arbeitgeber verpflichtet ist, kritische Artikel/Beiträge in Bezug auf das Unternehmen des Arbeitgebers ebenfalls aufzunehmen und zu veröffentlichen.

IX. Verschwiegenheitspflicht

2361 Der Arbeitnehmer ist aufgrund des Arbeitsvertrages auch zur Verschwiegenheit in bezug auf diejenigen Umstände verpflichtet, die geeignet sind, den Arbeitgeber in der Öffentlichkeit herabzuwürdigen oder sonstige Schäden und Nachteile beim Arbeitgeber herbeizuführen (**arbeitsvertragliche Verschwiegenheitspflicht**). Diese Verschwiegenheitspflicht gilt grundsätzlich gegenüber jedem Dritten. Ein Eingriff in die Meinungsfreiheit des Arbeitnehmers liegt nicht vor, da sich die Verschwiegenheitspflicht nur auf Tatsachen bezieht (vgl. → Rz. 2360).

1. Betriebs- und Geschäftsgeheimnisse

2362 Der Arbeitnehmer hat über die für ihn als Betriebs- und Geschäftsgeheimnisse erkennbaren Umstände Stillschweigen zu bewahren. Die Weitergabe von Betriebs- und Geschäftsgeheimnissen kann unter Umständen auch als Geheimnisverrat strafbar sein, wenn sie zu Wettbewerbszwecken, aus Eigennutz oder in Schädigungsabsicht erfolgt (**strafrechtliche Verschwiegenheitspflicht, §§ 17, 18 UWG**).

Zu den Betriebs- und Geschäftsgeheimnissen zählen im allgemeinen:

Absatzmärkte, Kundenlisten, Verkaufsstrategien, Produktionsverfahren, technisches know-how, Bilanzen, Inventuren, Kreditwürdigkeit u.a.

Soweit diese Umstände jedoch allgemein bekannt sind, werden sie nicht von der Verschwiegenheitspflicht erfasst. Daran ändert sich auch dann nichts, wenn der Arbeitgeber diese Umstände als Betriebs- oder Geschäftsgeheimnis bezeichnet.

2. Persönliche Umstände und Verhaltensweisen des Arbeitgebers

2363 Unter die Verschwiegenheitspflicht fallen auch die persönlichen Umstände und Verhaltensweisen des Arbeitgebers.

Der Arbeitnehmer hat daher alle **ruf- und kreditschädigenden Mitteilungen** zu unterlassen. Dies gilt auch dann, wenn sie erwiesenermaßen wahr sind. Er ist im allgemeinen nicht berechtigt, Behörden oder sonstige Dritte über etwaige **strafbare Handlungen, Ordnungswidrigkeiten oder Vertragsverstöße** des Arbeitgebers zu informieren.

Ausnahmen gelten aber dann, wenn sich die strafbare Handlung gegen den Arbeitnehmer selbst richtet oder eine schwere Straftat vorliegt. Der Arbeitnehmer muss aber zuvor immer sorgfältig prüfen, ob der vermutete Straftatbestand auch tatsächlich verwirklicht ist. Eine leichtfertige Anzeige stellt eine schwere Nebenpflichtverletzung dar, die den Arbeitgeber in der Regel zur außerordentlichen Kündigung berechtigt.

Verstößt der Arbeitgeber gegen **Arbeitnehmerschutzvorschriften** oder bestehen sonstige Missstände im Betrieb, so hat der Arbeitnehmer zunächst alle innerbetrieblichen Mittel auszuschöpfen. Hierzu gehört, dass er vom Arbeitgeber die Einhaltung der Bestimmungen verlangt und ggf. den Betriebsrat einschaltet. Erst wenn der Arbeitgeber trotz alledem keine Abhilfe schafft, kann eine Abwägung der beiderseitigen Interessen ergeben, dass der Arbeitnehmer berechtigt ist, die **zuständigen Aufsichtsbehörden** in Kenntnis zu setzen. Ob der Arbeitnehmer in diesen Fällen auch berechtigt ist, sich an eine **breitere Öffentlichkeit** und insbesondere an die Presse zu wenden, hängt von den jeweiligen Umständen des Einzelfalles ab.

Grundsätzlich ist der Arbeitnehmer nicht befugt, sich zum Sachwalter der Öffentlichkeit zu machen. Dies gilt besonders dann, wenn er nicht selbst von dem Pflichtenverstoß des Arbeitgebers oder den innerbetrieblichen Missständen betroffen ist. Im Einzelfall sind die Interessen des Arbeitgebers und die Interessen des Arbeitnehmers gegeneinander abzuwägen. Mitteilungen an eine breitere Öffentlichkeit können allenfalls dann zulässig sein, wenn sie zur Wahrung berechtigter Ansprüche oder schützenswerter Güter der Belegschaft bzw. einzelner Arbeitnehmer unbedingt erforderlich erscheinen.

3. Nachvertragliche Verschwiegenheitspflicht

Die Verschwiegenheitspflicht besteht während der gesamten Dauer des Arbeitsverhältnisses. **Nach Beendigung des Arbeitsverhältnisses** kommt eine nachvertragliche Verschwiegenheitspflicht sowie eine nachvertragliche Treuepflicht des Arbeitnehmers in Betracht. Eine solche nachvertragliche Verpflichtung begründet für den Arbeitgeber jedoch regelmäßig gegen den ausgeschiedenen Arbeitnehmer keinen Anspruch auf Unterlassung von Wettbewerbshandlungen (*BAG 19.05.1998, EzA § 74 HGB Nr. 61*).

2364

Eine nachvertragliche Verschwiegenheitspflicht kann auch zwischen den Arbeitsvertragsparteien ausdrücklich vereinbart werden (vgl. → Rz. 3034 ff.).

4. Freistellungsanspruch des Arbeitnehmers

Der Arbeitnehmer hat in der Regel gegen den Arbeitgeber einen Anspruch auf Freistellung von der Verschwiegenheitspflicht, wenn dies zur **Durchsetzung berechtigter Ansprüche** des Arbeitnehmers erforderlich ist und nicht überwiegende Interessen des Arbeitgebers entgegenstehen.

2365

Verweigert der Arbeitgeber die Befreiung, so kann der Arbeitnehmer auf Freistellung von der Verschwiegenheitspflicht klagen. Muss der Arbeitnehmer vor Gericht als Zeuge über der Verschwiegenheitspflicht unterliegende Umstände aussagen, so bedarf es hierzu einer ausdrücklichen Freistellung durch den Arbeitgeber nicht.

X. Nebentätigkeitsverbot

2366 Der Arbeitnehmer ist grundsätzlich nicht gehindert, eine Nebentätigkeit außerhalb der Arbeitszeit auszuüben (vgl. → Rz. 4512).

Ein Nebentätigkeitsverbot besteht nur

- für eine Konkurrenztätigkeit des Arbeitnehmers (vgl. § 60 HGB, → Rz. 3000 ff.),
- wenn dies zu einer erheblichen Beeinträchtigung der Arbeitskraft des Arbeitnehmers führt,
- während des Urlaubs, wenn die Nebentätigkeit dem Urlaubszweck widerspricht (§ 8 BUrlG),
- wenn dies ausdrücklich vertraglich vereinbart ist (Arbeits-, Tarifvertrag oder Betriebsvereinbarung).

Bei der Abfassung von vertraglichen Nebentätigkeitsverboten ist äußerste Vorsicht geboten, da durch eine solche Abrede in das Recht der Berufsfreiheit (Art. 12 GG) eingegriffen wird!

Ein Nebentätigkeitsverbot ist nur dann gerechtfertigt, wenn hierfür ein **hinreichender sachlicher Grund** besteht. Übt der Arbeitnehmer eine Nebentätigkeit aus, muss er diese dem Arbeitgeber **anzeigen**, soweit dadurch dessen Interessen bedroht sind. Das ist der Fall, wenn die Nebentätigkeit mit der vertraglich geschuldeten Arbeitsleistung nicht mehr vereinbar ist und die Ausübung der Nebentätigkeit somit eine Verletzung der Arbeitspflicht darstellt.

BEISPIEL:

Der Arbeitnehmer ist Busfahrer mit einer wöchentlichen Arbeitszeit von 38,5 Stunden. Da im einschlägigen Manteltarifvertrag Nebentätigkeiten, die mit dem Lenken von Kraftfahrzeugen verbunden sind, grundsätzlich nicht gestattet sind, verlangt der Arbeitnehmer vom Arbeitgeber eine Nebentätigkeitsgenehmigung für eine Fahrtätigkeit von 15 Wochenstunden im Güterverkehr. Das tarifliche Verbot jeglicher Nebentätigkeit, die mit dem Lenken von Fahrzeugen verbunden ist, verstößt nicht gegen Art. 12 GG, da im Interesse der Sicherheit des Straßenverkehrs sichergestellt sein muss, dass die besonderen Vorschriften über Lenkzeiten eingehalten werden, was eine effektive Kontrollmöglichkeit des Hauptarbeitgebers auch über die während der Nebentätigkeit anfallende Arbeitszeit voraussetzt (BAG 26.06.2001, EzA-SD 14/01, 3).

Oftmals ist es problematisch, den Umfang einer Nebentätigkeit des Arbeitnehmers festzustellen. In derartigen Fällen kann ein **Auskunftsanspruch** des Arbeitgebers bestehen, soweit er in entschuldbarer Weise über Bestehen und Umfang seiner Rechte im ungewissen ist, während der Arbeitnehmer unschwer Auskunft erteilen kann (*BAG 18.01.1996, EzA § 242 BGB Auskunftspflicht Nr. 5;* vgl. oben → Rz. 2357).

XI. Wettbewerbsverbot

Zu Gegenstand, Umfang und Dauer der Pflicht zur Unterlassung von Wettbewerb (vgl. → Rz. 3000 ff). **2367**

XII. Rechtsfolgen bei Verletzung von Nebenpflichten

Die Rechte des Arbeitgebers bei einer Verletzung von Nebenpflichten durch den Arbeitnehmer richten sich nach der Schwere der begangenen Pflichtverletzung. Folgende Rechte des Arbeitgebers kommen in Betracht: **2368**

- Abmahnung,
- Erfüllungs-/Unterlassungsklage,
- ordentliche/außerordentliche Kündigung,
- Schadensersatz.

Anspruchsgrundlage für die Geltendmachung von Schadensersatzansprüchen sind nach der gesetzlichen Neuregelung zum 01.01.2002 (vgl. oben → Rz. 2050, 2280) die §§ 280 ff. BGB n.F. Daneben kommen auch weiterhin deliktische Ansprüche (§§ 823 ff. BGB) in Betracht.

XIII. Weiterführende Literaturhinweise

Binz/Sorg, Noch einmal: Rauchen am Arbeitsplatz?, BB 1994, 1709 **2369**
Blomeyer in Münchener Handbuch Arbeitsrecht, 1992, S. 812 ff.
Börgmann, Arbeitsrechtliche Aspekte des Rauchens im Betrieb, RdA 1993, 275
Cosack, Verpflichtung des Arbeitgebers bzw. Dienstherrn zum Erlass eines generellen Rauchverbots am Arbeitsplatz?, DB 1999, 1450
Däubler, Gewerkschaftsrecht im Betrieb auf neuer Grundlage, DB 1998, 2014
Hohn, Zutrittsrechte Dritter zum Betrieb, 1988
Klatt, Treuepflichten im Arbeitsverhältnis, 1990
Reinfeld, Verschwiegenheitspflicht und Geheimnisschutz im Arbeitsrecht, 1989
Schaub, Arbeitsrechts Handbuch, 8. Aufl. 1996, S. 374 ff.
Schmidt, Gesetzlicher Nichtraucherschutz – Ein Gebot der Stunde, BB 1994, 1213
Thümmel, Betriebsfrieden und Politplakette, 1985
Voll, Meinungsfreiheit und Treuepflicht, 1975.
Schillow, Rauchen am Arbeitsplatz – ein nach Anspruchsgrundlagen geordneter Leitfaden für die Praxis –, DB 1997, 2022.

9. Kapitel: Vergütungspflicht des Arbeitgebers

I	Einführung	2400
II	**Höhe der Vergütung bei bestehender Vergütungsabrede**	**2401**
	1. Tarifbindung beider Arbeitsvertragsparteien	2401
	2. Tarifbindung nur einer Arbeitsvertragspartei	2404
	3. Fehlende Tarifbindung der Arbeitsvertragsparteien	2405
	4. Sonderfall: Vergütung im Ausbildungsverhältnis	2405a
III	**Höhe der Vergütung bei fehlender Vergütungsabrede**	**2406**
IV	**Höhe der Vergütung bei nichtiger Vergütungsabrede**	**2407**
V	**Höhe der Vergütung bei einer Rahmenvereinbarung**	**2409**
VI	**Gleichbehandlungsgrundsatz in Vergütungsfragen**	**2410**
	1. Vereinbarung der Vergütung	2411
	2. Vergütung der weiblichen Arbeitnehmer	2412
	3. Erhöhung der Vergütung	2413
	a) Individuelle Erhöhung	2413
	b) Allgemeine Erhöhung	2415
	c) Anrechnung übertariflicher Vergütung auf tarifliche Erhöhung	2416
	4. Gewährung von Jahressonderzahlungen	2417
	a) Stichtagsregelungen	2417a
	b) Differenzierung Angestellte/gewerbliche Arbeitnehmer	2417b
	c) Differenzierung innerhalb der Angestellten/gewerblichen Arbeitnehmer	2417c
	d) Berücksichtigung von Fehlzeiten	2417d
	e) Freiwillige Leistungen des Arbeitgebers	2417e
	5. Gewährung von Abfindungszahlungen	2418
	6. Vergütung der Teilzeitbeschäftigten	2419
	7. Vergütung der befristet beschäftigten Arbeitnehmer	2419a
	8. Betriebliche Altersversorgung	2420
VII	**Änderung der Vergütung**	**2421**
	1. Einzelvertragliche Änderung	2421
	2. Änderung durch Betriebsvereinbarung	2421a
	3. Tarifvertragliche Änderung	2421b
	4. Anrechnung übertariflicher Vergütung auf tarifliche Erhöhung	2421c
	a) Anrechnungsvorbehalt	2422
	b) Widerrufsvorbehalt	2423
	c) Aufstockungsvereinbarung	2424
	d) Zulässigkeit der Anrechnung bei fehlender vertraglicher Regelung	2425
	e) Unzulässigkeit der Anrechnung bei fehlender vertraglicher Regelung	2426
	f) Effektivklausel im Tarifvertrag	2427
	g) Beteiligung des Betriebsrates	2428
	5. Einseitige Änderung durch den Arbeitgeber	2431
	a) Widerrufsvorbehalt	2432
	b) Änderungskündigung	2433
	c) Kürzung von Jahressonderzahlungen	2434
VIII	**Grundsatz der Bruttolohnvergütung**	**2435**
IX	**Allgemeine Vergütungsformen**	**2436**
	1. Zeitvergütung	2436
	2. Akkordvergütung	2437
	3. Prämienlohnvergütung	2438

X.	**Provision als Sonderform der Vergütung**	**2439**
	1. Einführung	2439
	2. Gesetzliche Regelung der Provision	2440
	a) Handelsvertreter	2440
	b) Handlungsgehilfen und sonstige Arbeitnehmer	2441
	c) Unterscheidung zwischen Alt- und Neuverträgen	2442
	3. Provisionspflichtige Geschäfte im bestehenden Arbeitsverhältnis	2443
	a) Geschäftsabschluss zwischen Arbeitgeber und Dritten	2444
	b) Mitwirkung des Arbeitnehmers	2447
	c) Werbung neuer Kunden für gleichartige Geschäfte	2448
	4. Bezirksvertretungs- und Inkassoprovision	2449
	5. Provisionspflichtige Geschäfte des ausgeschiedenen Arbeitnehmers	2450
	6. Erwerb des Provisionsanspruches	2451
	7. Wegfall des Provisionsanspruches	2452
	8. Fälligkeit des Provisionsanspruches	2453
	9. Höhe und Berechnung des Provisionsanspruches	2454
	10. Abrechnung der Provision	2455
	11. Abdingbarkeit der gesetzlichen Regelung	2456
XI.	**Sonstige Sonderformen der Vergütung/Vergütungsbestandteile**	**2457**
	1. Übersicht	2457a
	2. Rechtsgrundlagen	2457b
	a) Vertragliche Regelung	2457b
	b) Betriebliche Übung	2457c
	3. Jahressonderzahlung im Eintritts-/Austrittsjahr	2458
	4. Jahressonderzahlung bei unterbliebener Arbeitsleistung	2458a
	5. Jahressonderzahlung bei gekündigtem Arbeitsverhältnis	2458b
XII.	**Auszahlung der Vergütung**	**2459**
	1. Empfangsberechtigter	2459
	2. Fälligkeit der Vergütung	2460
	3. Ort und Art der Auszahlung	2462
	4. Abrechnung	2463
	5. Quittung	2464
	6. Beteiligung des Betriebsrates	2465
XIII.	**Rückzahlung der Vergütung**	**2466**
	1. Irrtümliche Überzahlung	2466
	2. Entreicherungseinwand des Arbeitnehmers	2467
	3. Ausschluss des Entreicherungseinwandes	2469
	4. Rückzahlungsklauseln	2470
XIV.	**Verrechnung von Gegenforderungen mit dem Vergütungsanspruch**	**2472**
	1. Aufrechnung gegenüber dem Arbeitnehmer	2472
	2. Aufrechnung gegenüber abgetretenen oder gepfändeten Vergütungsansprüchen	2475
	3. Berechnung des aufrechenbaren Betrages	2477
XV.	**Wegfall der Vergütungspflicht**	**2478**
	1. Ausschlussfristen	2479
	2. Verzicht	2482
	3. Ausgleichsquittung	2483
	4. Quittung	2484
	5. Verjährung	2485
	6. Verwirkung	2486
	7. Befreiung von der Arbeitspflicht	2486a
XVI.	**Rechtsfolgen bei Verletzung der Vergütungspflicht**	**2487**

	1. Zurückbehaltungsrecht des Arbeitnehmers	2488
	2. Klage auf Auszahlung der Vergütung	2490
	3. Außerordentliche Kündigung	2491
	4. Sonderfall: Unsicherheitseinrede	2492
	5. Persönliche Haftung des Arbeitgebergesellschafters	2493
XVII.	Erstattungspflicht für Aufwendungen/Auslagen	**2494**
XVIII.	Schutz vor Vollstreckungsmaßnahmen des Arbeitnehmers wegen rückständiger Vergütung	**2495**
	1. Einführung	2495
	2. Antrag auf Ausschluss der vorläufigen Vollstreckbarkeit	2496
	3. Vollstreckungsgegenklage	2497
	4. Hinterlegung einer Schutzschrift	2498
IXX.	Weiterführende Literaturhinweise	**2499**

I. Einführung

Der Arbeitgeber ist aufgrund des Arbeitsvertrages verpflichtet, dem Arbeitnehmer die vereinbarte Vergütung zu gewähren (§ 611 Abs. 1 BGB). Es handelt sich dabei um die **Hauptpflicht des Arbeitgebers** aus dem Arbeitsvertrag.

2400

Als Vergütung sind sowohl die Grundvergütung als auch alle vom Arbeitgeber gewährten Vergütungszuschläge und Sondervergütungen anzusehen. Die **Vergütungspflicht** des Arbeitgebers besteht aber im allgemeinen nur dann, wenn der Arbeitnehmer die Arbeitsleistung auch erbracht hat. Erfolgt dies nicht, kann sich der Arbeitgeber auf die Einrede des nicht erfüllten Vertrages (§ 320 BGB) berufen; in den Fällen des Ausschlusses der Leistungspflicht des Arbeitnehmers (§ 275 BGB, vgl. oben → Rz. 2051 ff.) auf die Befreiung von der Gegenleistungs-/Vergütungspflicht (§ 326 BGB, vgl. unten → Rz. 2486 a)., Allerdings gibt es einige wesentliche Ausnahmen, auf die noch eingegangen wird (vgl. → Rz. 2520 ff.).

Regelmäßig wird die Vergütung im Arbeitsvertrag ausdrücklich und auch der Höhe nach vereinbart sein. Möglich ist es aber auch, dass die Vergütungsabrede in einer gesonderten Vereinbarung getroffen wird. Nur in Ausnahmefällen fehlt eine solche Vereinbarung völlig. Aber auch dann wird regelmäßig eine Vergütungspflicht des Arbeitgebers bestehen (vgl. → Rz. 2406).

Neben dem **Arbeitsvertrag** kommen als Rechtsgrundlagen für die Vergütungspflicht des Arbeitgebers sowohl ein **Tarifvertrag** als auch eine **Betriebsvereinbarung** in Betracht.

Da aber die Regelung der Arbeitsentgelte üblicherweise im Tarifvertrag erfolgt, scheidet eine Betriebsvereinbarung über die Vergütung aufgrund der gesetzlichen Sperrwirkung des Tarifvertrages (§ 77 Abs. 3 BetrVG) praktisch aus. Aus diesem Grund wird auf die Betriebsvereinbarung in diesem Zusammenhang nicht weiter eingegangen werden.

Der Betriebsrat hat bei der **Festlegung der Höhe der Vergütung** kein Mitbestimmungsrecht. Dagegen hat der Betriebsrat mitzubestimmen bei Fragen der **betrieblichen Lohngestaltung**, insbesondere die Aufstellung von Entlohnungsgrundsätzen und die Einführung und Anwendung von neuen Entlohnungsmethoden sowie deren Änderung (§ 87

Abs. 1 Nr. 10 BetrVG). Zur betrieblichen Lohngestaltung gehört u.a. die Festlegung der Vergütungsform (vgl. unten → Rz. 2436 ff.); ferner die Gewährung sonstiger Vergütungsbestandteile (vgl. unten → Rz. 2457 a).

II. Höhe der Vergütung bei bestehender Vergütungsabrede

1. Tarifbindung beider Arbeitsvertragsparteien

2401 Auch wenn die Arbeitsvertragsparteien tarifgebunden, d.h. Mitglieder der Tarifvertragsparteien (im allgemeinen Arbeitgeberverbände und Gewerkschaften) des in Betracht kommenden Tarifvertrages sind, richtet sich die Höhe der Vergütung in erster Linie nach dem einzelnen Arbeitsvertrag.

Nur wenn die arbeitsvertraglich vereinbarte Vergütung die tarifliche Vergütung unterschreitet, ist bei der Festlegung der Höhe der Vergütung auf den Tarifvertrag abzustellen. Voraussetzung ist allerdings, dass der Arbeitnehmer auch dem **persönlichen Geltungsbereich** des Tarifvertrages unterfällt. Die Tarifvertragsparteien sind grundsätzlich unter Berücksichtigung der Grenzen des Verbotes der Willkür und des Diskriminierungsverbotes berechtigt, bestimmte Gruppen von Arbeitnehmern (z.B. Werkstudenten) aus dem persönlichen Geltungsbereich eines Tarifvertrages herauszunehmen (*BAG 30.08.2000, Pressemitteilung des BAG Nr. 62/2000, EzA SD 19/00, 3*).

Soweit der Arbeitnehmer jedoch dem persönlichen Geltungsbereich des Tarifvertrages unterfällt, stellt das tarifliche Arbeitsentgelt also in jedem Fall eine **Mindestvergütung** sicher.

Dieser Vorrang der für den Arbeitnehmer vorteilhafteren einzelvertraglichen Abrede wird als so genanntes **Günstigkeitsprinzip** bezeichnet. Den Arbeitsvertragsparteien steht es also jederzeit frei, eine höhere als die tarifvertraglich geschuldete Vergütung zu vereinbaren (§ 4 Abs. 3 TVG).

Es muss also jeweils im Einzelfall ermittelt werden, ob die arbeitsvertragliche oder die tarifvertragliche Regelung für den Arbeitnehmer günstiger ist. Dies kann unter Umständen dazu führen, dass eine **doppelte Lohnberechnung** durchgeführt werden muss, und zwar z.B. dann, wenn der Arbeitsvertrag eine Akkordvergütung vorsieht, der Tarifvertrag hingegen eine Vergütung nach Stunden.

Auch einzelvertragliche Vergütungsabreden sollten sich daher im Rahmen des tariflichen Lohnfindungssystems bewegen! Hierdurch wird die Errechnung der Vergütungshöhe in der betrieblichen Praxis erleichtert. Die Ermittlung der tarifvertraglichen Arbeitsvergütung hat nach den im Tarifvertrag vorgegebenen Grundsätzen zu erfolgen. In vielen Fällen wird das tarifvertragliche Entgelt noch von einer erfolgreich abgeschlossenen Ausbildung des Arbeitnehmers abhängig sein.

BEISPIEL:

Ein Tarifvertrag legt für einen Facharbeiter mit erfolgreich abgeschlossener Berufsausbildung einen Stundenlohn von 10,00 EUR fest.

Damit hat jeder Facharbeiter, unabhängig von seiner konkreten Tätigkeit, einen tariflichen Vergütungsanspruch von 10,00 EUR pro Stunde.

Dagegen gehen die Tarifvertragsparteien nunmehr verstärkt dazu über, das tarifliche Entgelt anhand von konkreten Tätigkeitsmerkmalen festzulegen. Diese Merkmale werden dann in verschiedenen **Lohn- oder Gehaltsgruppen** aufgeführt. Das tarifliche Entgelt bestimmt sich danach, in welche Gruppe der Arbeitnehmer mit seiner konkreten Tätigkeit einzuordnen ist.

Diese Zuordnung des Arbeitnehmers bezeichnet man als **Eingruppierung**. Die Eingruppierung unterliegt in Betrieben mit in der Regel mehr als 20 wahlberechtigten Arbeitnehmern dem **Mitbestimmungsrecht des Betriebsrates** nach § 99 Abs. 1 BetrVG. Das Mitbestimmungsrecht besteht auch hinsichtlich der Zuordnung zu Fallgruppen innerhalb einer Vergütungsgruppe, wenn damit Rechtsfolgen (z.B. für Bewährungsaufstieg) verbunden sein können (*BAG 27.07.1993, DB 1994, 1373*).

Auch wenn die Eingruppierungsentscheidung mehrere Fragestellungen beinhaltet, z.B. die Auswahl zwischen einer Vergütungsordnung mit und einer solchen ohne Aufstieg nach Lebensalterstufen, sowie die Einreihung in die zutreffenden Vergütungs- und Fallgruppe, kann der Arbeitgeber das Mitbestimmungsverfahren nicht auf die einzelne Teile beschränken, so dass **alle Fragestellungen** dem Mitbestimmungsrecht des Betriebsrates unterliegen (*BAG 27.06.2000, EzA § 99 BetrVG 1972 Eingruppierung Nr. 3*).

Die Höhe der Vergütung ergibt sich dann aus dem für die jeweilige Gruppe festgelegten Arbeitsentgelt.

Ob es für die Eingruppierung auf einen **förmlichen Eingruppierungsakt** des Arbeitgebers ankommt oder ob allein die Übertragung und Ausführung der in der Vergütungsgruppe beschriebenen Tätigkeit maßgebend ist, richtet sich nach dem Wortlaut des Tarifvertrages. In den meisten Fällen wird die Auslegung des Tarifvertrages ergeben, dass ein förmlicher Eingruppierungsakt des Arbeitgebers nicht erforderlich ist.

Entsteht zwischen den Arbeitsvertragsparteien in dieser Frage Streit, sollte der entsprechende Tarifvertrag einer genauen rechtlichen Prüfung unterzogen werden. Kommt es zu keiner Einigung, so kann der Arbeitnehmer im Wege der Zahlungsklage, ggf. auch mit einer Feststellungsklage, die Eingruppierung von den Arbeitsgerichten überprüfen lassen (so genannte **Eingruppierungsklage**).

Verlangt der Arbeitnehmer eine höhere Eingruppierung, hat er im Prozess die Tatsachen vorzutragen und im Streitfall zu beweisen, aus denen für das Gericht der rechtliche Schluss möglich ist, dass er die tariflichen Tätigkeitsmerkmale erfüllt. Hieran ändert sich auch dann nichts, wenn der Arbeitgeber in der Beschreibung des betreffenden Arbeitsplatzes zur Kennzeichnung der dort anfallenden Tätigkeiten einen allgemeinen Tarifbegriff (z.B. »selbständig«) verwendet, solange der Arbeitnehmer nicht zugleich konkrete

Tätigkeiten aufführt, die den tariflichen Begriffsinhalt ausfüllen. Haben die Tarifvertragsparteien im Anschluss an allgemeine Tätigkeitsmerkmale **Beispieltätigkeiten** angeführt, die mit »z.B.« eingeleitet werden, sind die allgemeinen Merkmale nach dem Willen der Tarifvertragsparteien stets dann erfüllt, wenn der Arbeitnehmer eine Beispieltätigkeit ausübt. Wird keine Beispieltätigkeit ausgeübt, bleibt dennoch eine Erfüllung der allgemeinen Merkmale zur Rechtfertigung einer höheren Eingruppierung möglich (*BAG 21.07.1993, DB 1994, 1682*).

Zur Eingruppierung eines Arbeitnehmers nach erfolgter Versetzung vgl. → Rz. 2044.

Macht ein Arbeitnehmer geltend, dass eine Vergütung nach einer tariflich nicht geschuldeten Vergütungsgruppe vereinbart worden ist, hat er die Tatsachen dar- zulegen und ggf. beweisen, aus denen das folgen soll (*BAG 17.05.2000, EzA § 4 TVG Rückgruppierung Nr. 2*).

Eine Verpflichtung des Arbeitgebers zur Eingruppierung von neu eingestellten Arbeitnehmern und zur Beteiligung des Betriebsrats an dieser Eingruppierung besteht auch dann, wenn der Arbeitgeber die Gehaltsgruppenordnung einseitig eingeführt hat und diese nunmehr Kraft **betrieblicher Übung** (vgl. unten Rz. 2457c) im Betrieb zur Anwendung kommt (*BAG 23.11.1993, EzA § 99 BetrVG 1972 Nr. 118*).

Eine solche betriebliche Übung wird aber gegenstandslos, wenn das Arbeitsverhältnis auf einen neuen Arbeitgeber übergeht, der nicht mehr tarifgebunden ist (*BAG 12.12.2000, EzA § 87 BetrVG 1972 Betriebliche Lohngestaltung Nr. 70*).

2403 Der einem Tarifvertrag abschließenden Verband angehörende Arbeitgeber bleibt an den Tarifvertrag bis zu dessen Ablauf gebunden (§ 3 Abs. 3 TVG). Dies gilt auch dann, wenn der Arbeitgeber vor Ablauf des Tarifvertrages aus dem Arbeitgeberverband austritt. Entsprechendes gilt auch für Arbeitnehmer, die während der Laufzeit eines Tarifvertrages aus der Gewerkschaft austreten. Auch insoweit verbleibt es bei der beiderseitigen Tarifbindung (*BAG 16.05.2001, EzA § 3 TVG Nr. 23*). Um einen Fall der **beiderseitigen Tarifbindung** der Arbeitsvertragsparteien handelt es sich daher auch dann, wenn nach dem Austritt des Arbeitgebers noch vor Ablauf des Tarifvertrages ein bei ihm beschäftigter Arbeitnehmer der den Tarifvertrag abschließenden Gewerkschaft beitritt. In diesem Fall kann der Arbeitnehmer die tarifliche Vergütung fordern (*BAG 04.08.1993, DB 1994, 104*).

BEISPIEL:

Eine Gewerkschaft und ein Arbeitgeberverband schließen am 31.10.1994 einen Tarifvertrag mit Laufzeit bis zum 31.12.1995 ab. Am 15.01.1995 tritt der Arbeitgeber aus dem Arbeitgeberverband aus. Am 31.01.1995 tritt ein bei diesem Arbeitgeber beschäftigter Arbeitnehmer in die den Tarifvertrag abschließenden Gewerkschaft ein. Der Arbeitnehmer kann von diesem Tage an die tarifliche Vergütung verlangen.

Die Tarifbindung endet auch dann nicht, wenn über das Vermögen des tarifschließenden Arbeitgeberverbandes das Konkurs-/Insolvenzverfahren eröffnet wird. Mithin bleiben die Mitglieder des Arbeitgeberverbandes jedenfalls zumindest für die Dauer des Konkurs-

/Insolvenzverfahrens tarifgebunden, soweit der Tarifvertrag nicht gekündigt ist *(BAG 27.06.2000, Pressemitteilung des BAG Nr. 50/00, EzA SD 14/00, 3)*.

Auch nach Ablauf eines Tarifvertrages gelten seine Rechtsnormen weiter, bis sie durch eine andere Abmachung ersetzt werden (§ 4 Abs. 5 TVG). Diese gesetzliche Regelung ist auch verfassungsrechtlich nicht zu beanstanden *(BVerfG 03.07.2000, EzA § 4 TVG Nachwirkung Nr. 29)*. Diese sog. **Nachwirkung** hat den Zweck, dass die Arbeitsverhältnisse auch nach Beendigung des Tarifvertrages nicht inhaltsleer werden, sondern dass der Tarifvertrag weiterwirkt, bis eine andere kollektiv- oder einzelvertragliche Abrede an seine Stelle tritt (Überbrückungshilfe/-funktion).

2403a

In Literatur und Rechtssprechung ist umstritten, ob die Nachwirkung auch ein Arbeitsverhältnis ergreift, wenn dieses erst im Nachwirkungszeitraum begründet worden ist. Entgegen der überwiegenden Meinung in der Literatur steht die ständige Rechtsprechung auf dem Standpunkt, dass die Nachwirkung eines Tarifvertrages sich trotz Tarifbindung der Parteien nicht auf ein erst in Nachwirkungszeitraum begründetes Arbeitsverhältnis erstreckt, sondern nur auf solche Arbeitsverhältnisse, die in der Laufzeit des Tarifvertrages bestanden haben und ihm unterlagen *(zuletzt BAG 22.07.1998, EzA § 4 TVG Nachwirkung Nr. 27)*.

BEISPIEL:

Der Tarifvertrag läuft am 31.12.1995 ab. Noch bevor ein neuer Tarifvertrag abgeschlossen wird, begründet der weiterhin dem Arbeitgeberverband angehörende Arbeitgeber am 31.01.1996 ein Arbeitsverhältnis mit einem Arbeitnehmer, der der den Tarifvertrag abschließenden Gewerkschaft angehört. Nach Auffassung der Literatur gilt für dieses Arbeitsverhältnis die (nachwirkende) tarifliche Vergütung. Nach der Rechtssprechung ist das nicht der Fall, so dass die Arbeitsvertragsparteien eine von der (nachwirkenden) tariflichen Vergütung abweichende, insbesondere auch geringere, Vergütung vereinbaren können.

Soweit die Tarifvertragsparteien die Nachwirkung nicht ausgeschlossen haben, was zulässig ist, hat der Arbeitnehmer also auch nach Ablauf des Tarifvertrages Anspruch auf die tarifliche Vergütung bis zu einer Neuregelung, wenn das Arbeitsverhältnis zuvor dem Tarifvertrag unterlag!

Dies gilt auch, wenn der Arbeitgeber vor oder zeitgleich mit Beendigung des Tarifvertrages aus seinem tarifschließenden Verband austritt *(BAG 13.12.1995, EzA § 3 TVG Nr. 11)* oder sich der Arbeitgeberverband auflöst *(BAG 28.05.1997, DB 1997, 2229)* Der aus seinem tarifschließenden Verband ausscheidende Arbeitgeber sollte daher frühestmöglich mit seinen Arbeitnehmern entsprechende Abmachungen treffen, die bei Ablauf des Tarifvertrages an die Stelle der dortigen Regelungen treten können.

Zur Zulässigkeit einer **rückwirkenden Reduzierung** tariflicher Vergütungsbestandteile durch einen die Nachwirkung (rückwirkend) ablösenden Tarifvertrag vgl. unten → Rz. 2421 b.

Dem aus seinem tarifschließenden Verband (Gewerkschaft) ausgeschiedenen Arbeitnehmer ist die zu diesem Zeitpunkt geltende tarifliche Vergütung fortzuzahlen, bis über die

2403b

Höhe der Vergütung eine andere Abmachung getroffen wird (*vgl. BAG, 16.05.2001, EzA § 3 TVG Nr. 23*).

2. Tarifbindung nur einer Arbeitsvertragspartei

2404 Ist nur eine der Arbeitsvertragsparteien tarifgebunden, so ergibt sich die Höhe der Vergütung allein aus dem Arbeitsvertrag. Der entsprechende Tarifvertrag ist nur dann heranzuziehen, wenn:

- der Tarifvertrag für **allgemeinverbindlich** erklärt wurde (§ 5 TVG) oder
- die Arbeitsvertragsparteien im Arbeitsvertrag oder einer sonstigen Vereinbarung **ausdrücklich auf den Tarifvertrag verweisen**. Die Verweisung/vertragliche Bezugnahme auf tarifliche Regelungen ist nicht an eine bestimmte Form gebunden. Sie kann sich also auch aus einer betrieblichen Übung oder konkludenten Verhalten der Arbeitsvertragsparteien ergeben (*BAG 19.01.1999, EzA § 3 TVG Bezugnahme auf Tarifvertrag Nr. 10*).

Liegt eine dieser beiden Voraussetzungen vor, so ist das auszuzahlende Arbeitsentgelt in derselben Weise wie bei beiderseitiger Tarifgebundenheit zu ermitteln (vgl. oben → Rz. 2401).

Den Arbeitsvertragsparteien steht es allerdings frei, nur Teile eines Tarifvertrages in den Arbeitsvertrag einzubeziehen. Wird daher auf einen Tarifvertrag Bezug genommen, gleichzeitig aber eine bestimmte Vergütung ausdrücklich im Arbeitsvertrag vereinbart, so richtet sich die Vergütung im allgemeinen ausschließlich nach dem Arbeitsvertrag.

Zur Auslegung des Umfanges einer Inbezugnahme/Verweisung auf Teile eines Tarifvertrages vgl. unten → Rz. 2457 b.

Zu Auslegungsproblemen im Zusammenhang mit Verweisungen/Bezugnahmen auf tarifliche Regelungen kommt es häufig dann, wenn der Arbeitgeber aus dem fachlichen/betrieblichen Geltungsbereich eines zunächst anwendbaren Tarifvertrages ausscheidet. Es kommt dann darauf an, wie die Verweisungsklausel sprachlich gefasst ist.

Bei der sog. **großen dynamischen Verweisungsklausel** ist vereinbart, dass der für den Betrieb jeweils fachlich und örtlich geltende Tarifvertrag Anwendung finden soll. Wechselt der Arbeitgeber in den Geltungsbereich eines anderen Tarifwerkes, gelten dann dessen Regelungen.

Ist dagegen in der Bezugnahmeklausel des Arbeitsvertrages die Anwendbarkeit oder Geltung eines **bestimmten, dort benannten Tarifvertrages** vereinbart worden gelten die dortigen Regelungen auch weiterhin, soweit die Bezugnahmeklausel nicht als große dynamische Verweisungsklausel ausgelegt werden kann. Eine solche Auslegung kann sich durchaus aus besonderen Umständen ergeben, wobei der bloße Umstand, dass es sich um eine Gleichstellungsabrede handelt, hierfür nicht genügt (*BAG 30.08.2000, EzA § 3 TVG Bezugnahme auf Tarifvertrag Nr. 12*).

Eine sog. **Gleichstellungsabrede** liegt vor, wenn der Arbeitgeber tarifgebunden ist und die Verweisung/Bezugnahme auf den Tarifvertrag erfolgt, um die nicht tarifgebundenen

Arbeitnehmern mit den tarifgebundenen Arbeitnehmern gleichzustellen. Handelt es sich um eine solche Gleichstellungsabrede, kann der nicht tarifgebundene Arbeitnehmer nach Ausscheiden des Arbeitgebers aus der tarifschließenden Arbeitgebervereinigung nicht nach diesem Zeitpunkt von den Tarifvertragsparteien des in Bezug genommenen Tarifvertrages vereinbarte Erhöhung der Tariflöhne kraft Verweisung auf den Tarifvertrag geltend machen *(BAG 26.09.2001, EzA-SD 21/2001, 3).* Zur **Ablösung von tariflichen Regelungen** durch erfolgten Betriebsübergang vgl. **§ 613 a Abs. 1 Satz 2 ff. BGB**.

Haben die Arbeitsvertragsparteien die Anwendbarkeit eines Tarifvertrages vereinbart, erfolgt im Falle des Betriebsübergangs, ausgehend von dem Verhältnissen im Zeitpunkt des Betriebsübergangs, eine Besitzstandswahrung auf arbeitsvertraglicher Ebene. An einer tariflichen Weiterentwicklung nimmt der Arbeitnehmer nicht teil. Eine dynamische Verweisung auf tarifvertragliche Änderungen lässt sich weder dem Gesetzeswortlaut, noch dem Gesetzeszweck des § 613 a BGB entnehmen *(LAG Düsseldorf, 28.01.2000, EzA SD 5/00, 11).*

Zur zulässigen Höhe der arbeitsvertraglich vereinbarten Vergütung vgl. unten → Rz. 2411.

Nicht abschließend geklärt ist die Frage, ob der tarifgebundene Arbeitgeber auch den nicht tarifgebundenen Arbeitnehmern aus Gründen der **Gleichbehandlung** mit den tarifgebundenen Arbeitnehmern mindestens das tariflich vereinbarte Arbeitsentgelt zahlen muss.

Das **BAG** hat diese Frage verneint *(20.07.1960, AP Nr. 7 zu § 4 TVG).* Nach anderer Ansicht soll der Gleichbehandlungsgrundsatz Anwendung finden mit der Folge, dass auch den nicht tarifgebundenen Arbeitnehmern zumindest das tarifliche Arbeitsentgelt zu zahlen ist. Hier wird man die Entwicklung abwarten müssen.

Richtigerweise ist diese Frage zu verneinen, da andernfalls das vom Gesetzgeber gewollte Instrument der Allgemeinverbindlichkeitserklärung überflüssig wäre. Daher ist es zulässig, wenn die Vergütung nicht tarifgebundener Arbeitnehmer unterhalb des tariflichen Arbeitsentgelts bleibt.

3. Fehlende Tarifbindung der Arbeitsvertragsparteien

Sind beide Arbeitsvertragsparteien nicht tarifgebunden, so gilt für die Bemessung der Vergütung das gleiche wie bei der einseitigen Tarifbindung (vgl. oben → Rz. 2404). Abzustellen ist auf den Arbeitsvertrag, soweit ein in Frage kommender Tarifvertrag nicht für allgemeinverbindlich erklärt oder ausdrücklich in den Arbeitsvertrag einbezogen wurde.

2405

4. Sonderfall: Vergütung im Ausbildungsverhältnis

Der Ausbildende (Arbeitsgeber) hat dem Auszubildenden (Arbeitnehmer) eine **angemessene Vergütung** zu gewähren. Sie ist nach dem Lebensalter des Auszubildenden so zu bemessen, dass sie mit fortschreitender Berufsausbildung, mindestens jährlich, ansteigt (§ 10 Abs. 1 BBiG).

2405a

Fehlt eine tarifliche Regelung, kann zur Ermittlung der angemessenen Ausbildungsvergütung auf Empfehlungen von Kammern und Innungen zurückgegriffen werden. Liegt die Ausbildungsvergütung um **mehr als 20 %** unter den Empfehlungen der zuständigen Kammer, so ist zu vermuten, dass sie nicht mehr angemessen ist. Bei der Prüfung der Angemessenheit von Ausbildungsvergütungen ist auf den Zeitpunkt der Fälligkeit und nicht auf den Zeitpunkt des Vertragsschlusses abzustellen (*BAG 30.09.1998, EzA § 10 BBiG Nr. 4*).

Hieraus folgt für die betriebliche Praxis, dass bei einer Änderung der Empfehlungen der für den Betrieb des Arbeitgebers zuständigen Kammern und Innungen diese Änderung nicht nur beim Abschluss zukünftiger Berufsausbildungsverhältnisse zu beachten ist, sondern auch die Vergütungsabreden in den bereits bestehenden Berufsausbildungsverhältnissen nach den vorgenannten Kriterien auf ihre Angemessenheit zu überprüfen und die Ausbildungsvergütung ggf. zu erhöhen ist.

III. Höhe der Vergütung bei fehlender Vergütungsabrede

2406 Haben die Arbeitsvertragsparteien keine Vergütung vereinbart, so folgt hieraus noch nicht, dass der Arbeitnehmer die Arbeitsleistung unentgeltlich zu erbringen hat. Vielmehr gilt dann eine Vergütung als **stillschweigend vereinbart**, wenn die Arbeitsleistung den Umständen nach nur gegen eine Vergütung zu erwarten ist (§ 612 Abs. 1 BGB).

Im allgemeinen wird man eine Arbeitsleistung nur gegen Entgelt erwarten können.

Waschen und Umkleiden sind in der Regel, sofern nicht anderes vereinbart ist, keine zu vergütende Hauptleistungspflichten des Arbeitnehmers. Werden diese Tätigkeiten vom Arbeitnehmer verlangt, sind diese regelmäßig aber nicht nur gegen eine Vergütung zu erwarten, so dass eine arbeitgeberseitige Vergütungspflicht nicht besteht, wenn diese nicht vereinbart ist (*BAG 11.10.2000, EzA-SD 01/01, 4*).

Nur ausnahmsweise kann eine Vergütungspflicht entfallen, wenn es sich um eine reine **Gefälligkeitsleistung** oder um ein Tätigwerden aufgrund familiärer Bindungen handelt.

Zulässig ist es allerdings, wenn während einer »**unbezahlten Kennenlernphase**« der Vergütungsanspruch des Arbeitnehmers ausdrücklich oder stillschweigend ausgeschlossen wird. Dennoch ist hier Vorsicht geboten. Ein solches **Einfühlungsverhältnis ohne Vergütungsanspruch** kann nur auf kurze Zeit eingegangen werden. Ferner darf der Arbeitnehmer während dieser Zeit keine Pflichten, insbesondere keine Arbeitspflicht übernehmen.

Bei Begründung eines Einfühlungsverhältnisses sollte ausdrücklich vereinbart werden, dass der Arbeitnehmer keine Pflichten übernimmt! Wird der Arbeitnehmer dann dennoch entgegen dieser Vereinbarung in den normalen Produktionsprozess eingebunden, muss anhand der Umstände des Einzelfalles geprüft werden, ob ein Vergütungsanspruch entstanden ist. Überwiegend wird das dann zu bejahen sein.

2406a Die Höhe der Vergütung bei fehlender Vergütungsabrede richtet sich bei dem Bestehen einer **Taxe** (z.B. Steuerberatergebührenordnung, Honorarordnung für Leistungen der Architekten und Ingenieure) nach der darin vorgesehenen **taxmäßigen Vergütung**.

In allen anderen Fällen ist die **übliche Vergütung** als vereinbart anzusehen (s. hierzu § 612 Abs. 2 BGB). Unter der üblichen Vergütung versteht man die am gleichen Ort in ähnlichen Gewerben oder Berufen für die entsprechende Arbeit unter Berücksichtigung der persönlichen Verhältnisse des Arbeitnehmers (Alter, Familienstand, Kinder) gezahlte Vergütung. Dabei ist in erster Linie auf vergleichbare Arbeitnehmer in demselben Betrieb abzustellen. Regelmäßig wird dann die tarifliche Vergütung die übliche sein. Zur Tarifunterschreitung vgl. oben → Rz. 2404.

Ein **Sonderfall** der fehlenden Vergütungsabrede liegt vor, wenn auf das Begehren eines freien Mitarbeiters dessen Arbeitnehmerstellung festgestellt wird. Da regelmäßig die Vergütung der freien Mitarbeiter über der Vergütung für Arbeitnehmer liegt, wird häufig nach erfolgter Feststellung des Bestehens eines Arbeitsverhältnisses streitig, ob die Vergütung zukünftig auf der Grundlage der Vergütungsabrede des Vertrages über freie Mitarbeit oder aber entsprechend der (tariflichen) Vergütung für Arbeitnehmer geschuldet ist. Hier gilt als **Anhalt**, dass aus der bloßen Zahlung der Honorare für freie Mitarbeit nicht geschlossen werden kann, dass diese Honorarvergütung auch für den Fall vereinbart ist, dass der Mitarbeiter eine rechtskräftige gerichtliche Feststellung erreicht, derzufolge er nicht freier Mitarbeiter, sondern Arbeitnehmer ist. Regelmäßig schuldet der Arbeitgeber danach die übliche Vergütung, also die Vergütung für die Tätigkeit im Arbeitsverhältnis. 2406b

IV. Höhe der Vergütung bei nichtiger Vergütungsabrede

Erweist sich der **gesamte Arbeitsvertrag als nichtig**, so erstreckt sich die Nichtigkeit auch auf die Vergütungsabrede. 2407

Eine Vergütungspflicht des Arbeitgebers besteht dann nur, wenn das Arbeitsverhältnis bereits in Vollzug gesetzt worden ist, indem der Arbeitnehmer die Arbeit aufgenommen hat. In diesem Fall ist die vereinbarte Vergütung bis zu dem Zeitpunkt zu zahlen, an dem sich eine der Arbeitsvertragsparteien auf die Nichtigkeit beruft. Es handelt sich dann um ein so genanntes **faktisches Arbeitsverhältnis**, das für die Vergangenheit grundsätzlich wie ein fehlerfreies Arbeitsverhältnis behandelt wird.

Dem Arbeitgeber stehen aber unter Umständen Schadensersatzansprüche gegen den Arbeitnehmer zu, wenn die Nichtigkeit auf einer Anfechtung wegen arglistiger Täuschung des Arbeitnehmers beruht.

BEISPIEL:

Der Arbeitnehmer hat im Einstellungsgespräch eine tatsächlich nicht vorhandene berufliche Qualifikation angegeben. Auf seine falschen Angaben hin wird er eingestellt und nimmt die Arbeit auch auf. Nachdem der Arbeitgeber einige Zeit später von den falschen Angaben erfährt, erklärt er die Anfechtung des Arbeitsvertrages wegen arglistiger Täuschung.

Aufgrund der Anfechtung ist der Arbeitsvertrag als von Anfang an nichtig anzusehen (§ 142 Abs. 1 BGB). Der Arbeitnehmer hat hier für die Zeit seiner Tätigkeit für den Arbeitgeber dennoch einen

Vergütungsanspruch erworben. Ob dem Arbeitgeber ein Schadensersatzanspruch zusteht, richtet sich nach den Umständen des Einzelfalles. Ist ein Schadensersatzanspruch zu bejahen, kann der Arbeitgeber unter Beachtung der Pfändungsfreigrenzen mit dem Vergütungsanspruch des Arbeitnehmers aufrechnen (vgl. → Rz. 2313).

2408 Ist **nur die Vergütungsabrede nichtig**, der übrige Arbeitsvertrag hingegen wirksam – was durch Auslegung zu ermitteln ist – so richtet sich die geschuldete Vergütung entweder nach der üblichen Vergütung (§ 612 Abs. 2 BGB) oder die Arbeitsvertragsparteien treffen eine neue Vergütungsabrede.

V. Höhe der Vergütung bei einer Rahmenvereinbarung

2409 Denkbar ist auch, dass im Arbeitsvertrag nur ein bestimmter Vergütungsrahmen vereinbart worden ist. Ein solcher Vergütungsrahmen kommt insbesondere für Sonderformen der Vergütung in Betracht.

BEISPIEL:

Der Arbeitgeber sagt im Arbeitsvertrag eine jährliche Gewinnbeteiligung zu, wobei er sich vorbehält, diese von Jahr zu Jahr unter Berücksichtigung des Geschäftsergebnisses festzusetzen.

Bei diesen Fallgestaltungen hat der Arbeitgeber dann die Vergütung nach **billigem Ermessen** zu bestimmen (§ 315 Abs. 1 BGB). Erforderlich ist also eine Abwägung der beteiligten Interessen im Einzelfall. Wird die Bestimmung verzögert oder entspricht sie nicht billigem Ermessen, so kann eine der Billigkeit entsprechende Festsetzung durch Urteil des Arbeitsgerichts getroffen werden (§ 315 Abs. 3 BGB).

VI. Gleichbehandlungsgrundsatz in Vergütungsfragen

2410 Nach dem arbeitsrechtlichen Gleichbehandlungsgrundsatz ist die sachfremde Schlechterstellung einzelner Arbeitnehmer gegenüber vergleichbaren Arbeitnehmern untersagt. Dieser Gleichbehandlungsgrundsatz ist nicht nur von den Arbeitsvertragsparteien, sondern auch von den Tarifvertrags- und Betriebsparteien zu beachten *(LAGE Hamm 27.02.1997, LAGE § 242 BGB Gleichbehandlung Nr. 21; BAG 04.04.2000, EzA § 1 BetrAVG Gleichbehandlung Nr. 19)*.

Dies gilt bereits für die **Auswahl-/Einstellungsentscheidung** des Arbeitgebers. Erfolgt diese unter Verstoß gegen den Gleichbehandlungsgrundsatz, kann der nichtberücksichtigte Bewerber eine angemessene Entschädigung in Geld verlangen (§ 611 a Abs. 2 BGB).

Mit dem Gesetz zur Änderung des Bürgerlichen Gesetzbuchs und des Arbeitsgerichtsgesetzes vom 29.06.1998 (BGBl. I S. 1694 ff.) hat der Gesetzgeber die **Folgen einer Geschlechtsdiskriminierung** im Arbeitsrecht neu geregelt. Der Anspruch auf Einstellung bleibt ausgeschlossen (§ 611 a Abs. 2 BGB). I.Ü. wird unterschieden zwischen Bewerberinnen und Bewerbern, die bei Diskriminierungsfreier Entscheidung eingestellt worden und solchen, die nicht eingestellt worden wären.

Ersterenfalls steht dem diskriminierten Bewerber ein der Höhe nach unbegrenzter Anspruch auf angemessene Entschädigung in Geld zu, im zweiten Fall ein auf drei Monatsentgelte beschränkter Anspruch. Lediglich solche Personen, die von vornherein für die Stelle nicht in Betracht gekommen wären, sind danach von etwaigen Ansprüchen ausgeschlossen. Angesichts der nunmehr bestehenden Möglichkeit der unbeschränkten Haftung wird die betriebliche Praxis dem Verbot der Geschlechterdiskriminierung im Auswahl-/Einstellungsverfahren höchste Aufmerksamkeit zukommen lassen müssen.

Allerdings kann im Stellenbesetzungsverfahren nur benachteiligt werden, wer sich **subjektiv ernsthaft** beworben hat und **objektiv** für die zu besetzende Stelle in Betracht kommt (*BAG 12.11.1998, EzA § 611 a BGB Nr. 14*). Anspruch auf eine angemessene Entschädigung kann also nur derjenige begründet geltend machen, der sich ernsthaft, also mit innerer Bereitschaft, die Stelle auch tatsächlich anzutreten, beworben hat. Bei der Beurteilung der Ernstlichkeit einer Bewerbung kann u.a. auf deren Form zurückgegriffen werden (*BAG a.a.O.*).

Zum anderen ist der Gleichbehandlungsgrundsatz bei Vergütungsfragen zu beachten. Wird insoweit vom Arbeitgeber gegen den Gleichbehandlungsgrundsatz verstoßen, **hat der benachteiligte Arbeitnehmer Anspruch auf eine dem Gleichheitsgrundsatz entsprechende, also erhöhte Vergütung.** Dieser Anspruch gilt sowohl für die zurückliegenden Zeiträume als auch für die Zukunft.

Die Begründung und Ausprägung des arbeitsrechtlichen Gleichbehandlungsgrundsatzes durch den allgemeinen Gleichheitssatz (Art. 3 Abs. 1 GG) spricht dafür, den Anwendungsbereich des Gleichbehandlungsgrundsatzes nicht auf den Betrieb zu beschränken, sondern **betriebsübergreifend auf das ganze Unternehmen** zu erstrecken (*BAG 17.11.1998, EzA § 242 BGB Gleichbehandlung Nr. 79*). In Unternehmen mit mehreren Betrieben muss der Arbeitgeber also darauf achten, dass die Vergütung aller unternehmenszugehöriger Arbeitnehmer nach den gleichen Kriterien erfolgt. Allerdings besteht grundsätzlich **kein Anspruch auf Gleichbehandlung im Irrtum** (*BAG 26.11.1998, Pressemitteilung des BAG Nr. 63/98, EzA-SD 25/98, S. 5*).

BEISPIEL:

Der Arbeitsgeber zahlt irrtümlich einigen Arbeitnehmern eine zu hohe Vergütung. Nachdem er seinen Irrtum bemerkt, stellt er die zu hohe Zahlung ein und fordert die überzahlten Beträge, soweit rechtlich möglich, zurück. Andere Arbeitnehmer verlangen nunmehr unter Hinweis auf den Gleichbehandlungsgrundsatz vom Arbeitgeber Nachzahlung ihrer Vergütung in Höhe der irrtümlich überzahlten Vergütung. Zu einer solchen Nachzahlung ist der Arbeitgeber nicht verpflichtet. Dies gilt selbst dann, wenn den durch die irrtümliche Überzahlung begünstigten Arbeitnehmern im Ergebnis die Überzahlung verbleibt, da sie rechtlich nicht mehr zurückgefordert werden kann.

Der Anspruch des benachteiligten Arbeitnehmers auf Zahlung einer erhöhten Vergütung kann auch ausgeschlossen sein, wenn die begünstigende und gleichhaltswidrige Vergütungsregelung **insgesamt nichtig ist** und infolge dessen auch den begünstigten Arbeitnehmern die erhöhte Vergütung nicht zusteht. Dies kann der Fall sein, wenn die gleichhaltswidrige Vergütungsregelung in einem Tarifvertrag vereinbart ist. Aber auch im Falle der Nichtigkeit einer gleichheitswidrigen Tarifregelung haben die benachteiligten Arbeitnehmer für die zurückliegenden Zeiträume, in denen der Arbeitgeber die erhöhte Vergütung an die begünstigten Arbeitnehmer gezahlt hat, jedenfalls dann einen Anspruch auf entsprechende Leistungen, wenn dem Arbeitgeber bei der Auszahlung oder zu einem Zeitpunkt, in dem er das Geleistete noch zurückfordern konnte, bewusst war, dass die Regelung möglicherweise insgesamt unwirksam ist, er gleichwohl nicht sicherstellte, dass seine Rückforderungsansprüche gegen die begünstigten Arbeitnehmer nicht verfallen, und dann die Rückforderungsansprüche wegen Ablaufs der tariflichen Ausschlussfristen erloschen sind (*BAG 28.05.1996 EzA Art. 3 GG Nr. 55*).

Der betrieblichen Praxis ist daher zu empfehlen, insoweit **bereits bei auftretenden Zweifeln** an der Wirksamkeit derart begünstigender Vergütungszahlungen etwaige Rückzahlungsansprüche durch sofortige Geltendmachung zu sichern.

Beabsichtigt der Arbeitgeber unter Verstoß gegen den Gleichbehandlungsgrundsatz einzelnen Arbeitnehmern oder einer bestimmten Gruppe eine freiwillige Zusatzleistung zu gewähren, so kann er vom Betriebsrat nicht gezwungen werden, die Zusatzleistung nunmehr allen Arbeitnehmern zu gewähren. Das **Mitbestimmungsrecht** des Betriebsrates in Fragen der **betrieblichen Lohngestaltung** nach § 87 Abs. 1 Nr. 10 BetrVG ist darauf beschränkt, die Einführung der freiwilligen Zusatzleistung abzulehnen.

Stimmt der Betriebsrat unter Missachtung des Gleichbehandlungsgrundsatzes derartigen freiwilligen Zusatzleistungen des Arbeitgebers zu, so hindert dies nicht das Entstehen des Anspruches der ohne sachlichen Grund schlechter gestellten Arbeitnehmer auf die Zusatzleistung. Daher ist immer, auch bei einer im Einvernehmen mit dem Betriebsrat erfolgenden Veränderung der Lohngestaltung, **vorab genau zu prüfen**, ob der Gleichbehandlungsgrundsatz gewahrt ist.

1. Vereinbarung der Vergütung

2411 In Bezug auf die Vereinbarung der Vergütung unterliegt der Arbeitgeber nicht dem Gleichbehandlungsgrundsatz. Hier gilt vorrangig das Prinzip der **Vertragsfreiheit**.

Der Grundsatz »Gleicher Lohn für gleiche Arbeit« ist in der deutschen Rechtsordnung **keine** allgemeingültige Anspruchsgrundlage, sondern bedarf der Umsetzung in Anspruchsgrundlagen wie § 612 Abs. 3 BGB (vgl. unten → Rz. 2412). Dort, wo solche Anspruchsgrundlagen vom Gesetzgeber nicht geschaffen sind, verbleibt es beim Vorrang der **Vertragsfreiheit** (*BAG 21.06.2000, EzA § 242 BGB Gleichbehandlung Nr. 83*).

Einschränkungen dieses Prinzips ergeben sich jedoch aus den allgemeinen Grundsätzen, insbesondere aus dem **Verbot des Wuchers** (§§ 138 Abs. 2 BGB 302a StGB). Strafbarer

Wucher ist also auch im Rahmen von Arbeitsverhältnissen möglich. Der Tatbestand des Wuchers kommt bereits dann in Betracht, wenn der vereinbarte/gezahlte Bruttoarbeitslohn nur 2/3 des **Tariflohns** beträgt *(BGH 22.04.1997, Pressemitteilung des BGH Nr. 45/97, EzA-SD 14/97, 3).*Der Tariflohn ist selbst dann **Orientierungsgröße** für die Überprüfung einer Vergütungsvereinbarung auf strafbaren Wucher, wenn der Tariflohn mangels Allgemeinverbindlichkeit des Entgelttarifvertrages nicht für die Parteien verbindlich ist *(LAG Berlin 20.02.1998, LAGE § 302 StGB Nr. 1).*

Allerdings hat das BAG auch entschieden, dass es nicht zu beanstanden ist, wenn ein Berufungsgericht bei der Vereinbarung von **70 % des üblichen Gehaltes** ein auffälliges Missverhältnis zwischen Leistung und Gegenleistung und damit Vorliegen des Wuchertatbestandes verneint hat *(BAG 23.05.2001, EzA § 138 BGB Nr. 39).* Hieraus kann aber nicht allgemein gefolgert werden, dass die Vereinbarung von 70 % des üblichen Gehaltes grundsätzlich zulässig ist. Maßgebend sind insoweit immer die Umstände des Einzelfalles.

Zur zulässigen Mindesthöhe einer Ausbildungsvergütung vgl. oben → Rz. 2405a.

Im Übrigen können die Arbeitsvertragsparteien die jeweilige Vergütung frei aushandeln, ohne dabei an diejenigen Vergütungsregelungen gebunden zu sein, die der Arbeitgeber mit anderen Arbeitnehmern getroffen hat.

BEISPIEL:

Der Arbeitgeber entlohnt seine Facharbeiter mit je 10,00 EUR in der Stunde. Nachdem ein Facharbeiter gekündigt hat, sucht der Arbeitgeber dringend Ersatz. Ein interessierter Facharbeiter ist aber nur bereit, für 17,50 EUR pro Stunde bei dem Arbeitgeber tätig zu werden.

Hier ist der Arbeitgeber nicht gehindert, im Arbeitsvertrag einen Stundenlohn von 17,50 EUR zu vereinbaren. Insbesondere haben auch seine anderen Facharbeiter keinen Anspruch auf Erhöhung ihres Stundenlohns auf gleichfalls 17,50 EUR.

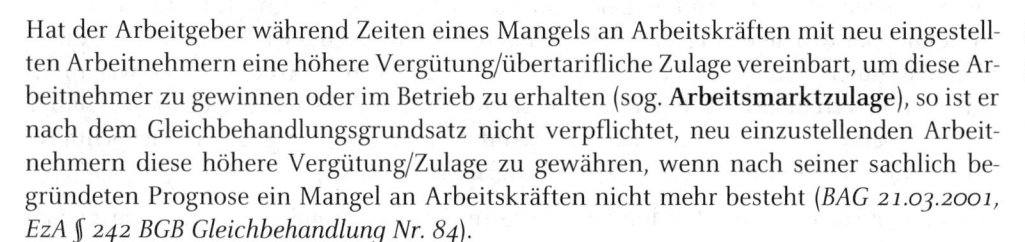

Hat der Arbeitgeber während Zeiten eines Mangels an Arbeitskräften mit neu eingestellten Arbeitnehmern eine höhere Vergütung/übertarifliche Zulage vereinbart, um diese Arbeitnehmer zu gewinnen oder im Betrieb zu erhalten (sog. **Arbeitsmarktzulage**), so ist er nach dem Gleichbehandlungsgrundsatz nicht verpflichtet, neu einzustellenden Arbeitnehmern diese höhere Vergütung/Zulage zu gewähren, wenn nach seiner sachlich begründeten Prognose ein Mangel an Arbeitskräften nicht mehr besteht *(BAG 21.03.2001, EzA § 242 BGB Gleichbehandlung Nr. 84).*

Es verstößt auch nicht gegen den arbeitsrechtlichen Grundsatz der Gleichbehandlung, wenn einer Gruppe von Arbeitnehmern ein höheres Arbeitsentgelt gezahlt wird, als anderen Arbeitnehmern, die die gleichen tariflichen Eingruppierungsmerkmale erfüllen, weil andernfalls die Arbeitsplätze der begünstigten Gruppe nicht besetzt werden können *(BAG 23.08.1995, EzA § 242 BGB Gleichbehandlung Nr. 69).* Zulässig ist es auch, wenn der Arbeitgeber auf sachgerecht gebildete Gruppen von Arbeitnehmern unterschiedliche Vergütungsgrundsätze anwendet *(BAG 20.11.1996, EzA § 612 BGB Nr. 99).* Einschränkungen des Prinzips der Vertragsfreiheit kommen aber vor allem dann in Betracht, wenn es um die Einstellung und Vergütung weiblicher Arbeitnehmer geht.

2. Vergütung der weiblichen Arbeitnehmer

2412 Bei der Vergütung weiblicher Arbeitnehmer ist der **Grundsatz der Lohngleichheit** zwischen Männern und Frauen zwingend zu beachten.

Dies folgt unmittelbar aus Art. 3 GG. Darüber hinaus wird dieser Grundsatz durch die §§ 611 a, 612 Abs. 3 BGB sowie Art. 119 EWG-Vertrag präzisiert. Danach ist es unzulässig, wenn wegen des Geschlechts bei **gleicher** oder **gleichwertiger** Arbeit eine geringere Vergütung vereinbart wird. Eine gleiche Arbeit liegt immer dann vor, wenn auf verschiedenen Arbeitsplätzen identische oder gleichartige Arbeitsvorgänge verrichtet werden.

BEISPIEL:

Fließbandarbeit.

Abgrenzungsschwierigkeiten ergeben sich häufig, wenn sich die Arbeit aus verschiedenen Einzelfunktionen zusammensetzt. In diesen Fällen ist nach der Verkehrsanschauung zu beurteilen, ob noch eine gleiche Arbeit geleistet wird.

Maßgebend ist ein **Gesamtvergleich** der Tätigkeiten. Bei einzelnen Abweichungen ist auf die jeweils **überwiegende Tätigkeit** abzustellen. Ein nur teilweiser und vorübergehender Einsatz an denselben Maschinen rechtfertigt die Annahme gleicher Arbeit nicht, wenn die betreffenden Arbeitnehmer auch andere Tätigkeiten ausüben, für die sie nach dem Inhalt ihrer Arbeitsverträge eingestellt worden sind (*BAG 23.08.1995, EzA § 612 BGB Nr. 18*).

Um eine **gleichwertige** Arbeit handelt es sich, wenn Arbeitnehmer Tätigkeiten ausüben, die nach objektiven Maßstäben der Arbeitsbewertung denselben Arbeitswert haben. Auch insoweit ist ein Gesamtvergleich der Tätigkeiten erforderlich. Hinsichtlich der Bestimmung der Arbeitswertigkeit sind besondere Verfahren entwickelt worden, auf die in diesem Rahmen nicht weiter eingegangen werden soll. Werden Arbeitnehmer, wie im Arbeitsvertrag vereinbart, zu mehreren unterschiedlichen Arbeiten eingeteilt (vielseitige Verwendbarkeit), so kann dies eine insgesamt höhere Bewertung der Arbeit rechtfertigen, als die jeweils geschuldete einzelne Tätigkeit (*BAG a.a.O.*).

Nach der ausdrücklichen Regelung des Gesetzes ist die Vereinbarung einer geringeren Vergütung auch nicht dadurch gerechtfertigt, dass wegen des Geschlechts des Arbeitnehmers besondere Schutzvorschriften gelten.

Nur ausnahmsweise kann eine **Differenzierung beim Arbeitsentgelt** zulässig sein, wenn

- das Geschlecht unverzichtbare Voraussetzung für eine bestimmte Tätigkeit ist (§ 611 a Abs. 1 Satz 2 BGB) oder
- nicht auf das Geschlecht bezogene, sachliche Gründe bestehen.

Erfolgt unter diesen Voraussetzungen eine Lohndifferenzierung, muss der Arbeitgeber im Streitfall darlegen und beweisen können, dass nicht auf das Geschlecht bezogene, sachliche Gründe eine unterschiedliche Behandlung rechtfertigen oder das Geschlecht unverzichtbare Voraussetzung für die auszuübende Tätigkeit ist (§§ 611 a Abs. 1 Satz 3, 612 Abs. 3 Satz 3 BGB, vgl. → Rz. 2976 ff.).

Rechtlichen Bedenken unterliegt insbesondere die Bildung so genannter **Leichtlohngruppen**, in die vorwiegend weibliche Arbeitnehmer eingruppiert werden, da es sich dabei häufig um eine Umgehung des Differenzierungsverbotes handelt. So liegt ein Verstoß gegen § 612 Abs. 3 BGB bereits dann vor, wenn männliche und weibliche Arbeitnehmer mit der gleichen Arbeit beschäftigt werden und der Arbeitgeber **fast die Hälfte der Männer, dagegen nur 1/10 der Frauen über Tarif entlohnt**, wenn die höhere Entlohnung der männlichen Arbeitnehmer nicht durch Gründe gerechtfertigt ist, die nicht auf das Geschlecht bezogen sind *(BAG 23.09.1992, EzA § 612 BGB Nr. 16).*

Entsprechendes gilt, wenn ein Tarifvertrag zwar unabhängig vom Geschlecht der Arbeitnehmer eine Jahressonderzuwendung vorsieht, jedoch die geringfügig beschäftigten Arbeitnehmer hiervon ausnimmt, wenn bei den geringfügig Beschäftigten prozentual erheblich mehr Frauen als Männer betroffen sind. Auch hierin liegt eine mittelbare Diskriminierung auf Grund des Geschlechts *(EuGH 09.09.1999, EzA Art. 119 EWG-Vertrag Nr. 56).*

Allerdings ist es nicht schlechthin unzulässig, wenn ein Lohngruppensystem auf den Grad der muskelmäßigen Anspannung abstellt *(EuGH 01.07.1986, NJW 1987, S. 1138).*

Bei der Eingruppierung ist jedoch darauf zu achten, dass zur Beurteilung einer »geringeren körperlichen Belastung« bzw. einer »körperlich leichten Arbeit« auch solche Umstände heranzuziehen sind, die auf den Arbeitnehmer belastend einwirken und körperliche Reaktionen hervorrufen.

BEISPIEL:

Lärm, ausschließlich stehende Arbeitshaltung, taktgebundene Arbeit, nervliche Belastung etc.

Eine unzulässige Diskriminierung kommt auch dann in Betracht, wenn **prozentual** sehr viel mehr weibliche als männliche Arbeitnehmer auf Teilzeitarbeitsplätzen beschäftigt sind und eine Regelung getroffen ist, nach der die Arbeitnehmer auf Teilzeitarbeitsplätzen bei ihrem Wechsel auf einen Vollarbeitsplatz auf der Gehaltsskala für Vollzeitbeschäftigte niedriger eingestuft werden, als sie zuvor auf der Gehaltsskala für Beschäftigte auf Teilarbeitsplätzen eingestuft waren. Zulässig ist eine solche Regelung nur dann, wenn sie durch objektive Kriterien gerechtfertigt ist, die nichts mit der Diskriminierung aufgrund des Geschlechts zu tun haben *(EuGH 17.06.1998, EzA-SD 16/98, 4).*

Gewährt ein Arbeitgeber seinen verheirateten Arbeitnehmern einen Verheirateten-Ortszuschlag, ist es zulässig, wenn in gleichgeschlechtlicher Gemeinschaft zusammenlebende Arbeitnehmer von dieser arbeitgeberseitigen Zusatzleistung ausgeschlossen bleiben.

Hierin liegt keine Diskriminierung des Geschlechts *(BAG 15.05.1997, Pressemitteilung des BAG 24/97 EzA-SD 11/97, 3)*. In gleichem Maße ist es zulässig, wenn sich der Arbeitgeber weigert, eine Fahrtvergünstigung für eine Person des gleichen Geschlechts, mit der der Arbeitnehmer eine feste Beziehung unterhält, zu gewähren, während eine solche Vergünstigung für den Ehepartner des Arbeitnehmers oder die Person des anderen Geschlechts, mit der der Arbeitnehmer eine feste nichteheliche Beziehung unterhält, gewährt wird *(EuGH 17.02.1998, EzA Art. 119 EWG-Vertrag Nr. 51)*.

3. Erhöhung der Vergütung

a) Individuelle Erhöhung

2413 Es ist ohne weiteres zulässig, wenn der Arbeitgeber die Vergütung einzelner Arbeitnehmer erhöht, um deren besondere Leistungen zu belohnen oder deren Leistungsbereitschaft für die Zukunft besonders zu fördern. Der Arbeitgeber verletzt in derartigen Fällen den Gleichbehandlungsgrundsatz nicht, da ein **sachlicher Grund** für die Differenzierung vorliegt.

Problematisch ist es jedoch, wenn ein Arbeitgeber anlässlich eines Arbeitskampfes eine **Streikbruchprämie** an diejenigen Arbeitnehmer zahlt, die sich nicht an dem Streik beteiligt haben. Soweit diese Zahlung erst nach Beendigung des Streiks erfolgt und allein daran anknüpft, ob der Arbeitnehmer an dem Streik teilgenommen hat oder nicht (sog. echte Streikbruchprämie), liegt ein Verstoß gegen den **Gleichbehandlungsgrundsatz** und das **gesetzliche Maßregelungsverbot** (§ 612 a BGB) vor mit der Folge, dass auch die an dem Arbeitskampf beteiligten Arbeitnehmer einen Anspruch auf diese einmalige Leistung des Arbeitgebers haben. Anderes kann gelten, wenn die nichtstreikenden Arbeitnehmer unter streikbedingt erschwerten Bedingungen gearbeitet haben und die Einmalleistung zum Ausgleich dieser Erschwernisse erfolgt. Ein hinreichender sachlicher Grund für die Differenzierung nach der Streikbeteiligung liegt in diesen Fällen aber auch nur dann vor, wenn die während des Streiks arbeitenden Arbeitnehmer Belastungen ausgesetzt sind, **die erheblich über das normale Maß hinausgehen, das mit jeder Streikarbeit verbunden ist**. Dies ist jedenfalls dann der Fall, wenn von dem Arbeitnehmer, dem die Prämie gezahlt werden soll, während des Streiks Tätigkeiten übernommen werden, die nach dem Arbeitsvertrag nicht geschuldet sind *(BAG 28.07.1992, BB 1993, S. 362)*.

Sachleistungen (z.B. Flasche Champagner) mit einem Wert, der diese nicht als Luxusgut erscheinen lassen kann, können im allgemeinen den Mitarbeitern zusätzlich gewährt werden, die während eines Streiks gearbeitet haben. Hierin liegt dann weder eine Leistung, die die streikenden Arbeitnehmer ohne sachlichen Grund ausschließt, noch eine unzulässige Disziplinarmaßnahme *(LAG Rheinland-Pfalz 30.05.1996, LAGE Art. 9 GG Arbeitskampf Nr. 62)*.

2414 Noch nicht abschließend entschieden ist, ob die Zahlung einer sog. echten Streikbruchprämie zulässig ist, wenn diese bereits **vor oder während des Arbeitskampfes zugesagt und gewährt wird**, um streikbereite Arbeitnehmer zur Arbeitsaufnahme zu veranlassen. Das BAG tendiert dazu, diese Fälle als zulässiges Kampfmittel des Arbeitgebers anzusehen *(BAG 13.07.1993, DB 1994, 148)*. Ein Anspruch der streikbeteiligten Arbeitnehmer auf diese Prämie bestünde dann nicht. Haben die Tarifvertragsparteien jedoch zur Wiederherstellung des Arbeitsfriedens vereinbart, dass jede Maßregelung der am Streik beteiligten Arbeitnehmer untersagt ist (**sog. tarifliches Maßregelungsverbot**), so ist die Zahlung einer echten Streikbruchprämie in jedem Fall unzulässig mit der Folge, dass auch die streikbeteiligten Arbeitnehmer Anspruch auf diese Prämie haben *(BAG a.a.O.)*. Offen ist, ob dies auch dann gilt, wenn der Arbeitgeber nicht allen, sondern nur einem Teil der weiterarbeitenden Arbeitnehmer eine solche Prämie gewährt *(vgl. LAG Schleswig-Holstein 10.01.1994, BB 1994, 1218)*.

b) Allgemeine Erhöhung

Hingegen liegt ein Verstoß gegen den Gleichbehandlungsgrundsatz vor, wenn der Arbeitgeber allgemein im Betrieb die Löhne und Gehälter erhöht, einzelne Arbeitnehmer aber **ohne sachlichen Grund** von dieser Erhöhung ausgenommen bleiben. Dies gilt insbesondere für die Fälle, in denen die Erhöhung zum Zwecke des **Kaufkraftausgleichs** erfolgt. Dabei spricht eine tatsächliche Vermutung bereits dann für eine Erhöhung zum Zwecke des Kaufkraftausgleichs, wenn der Arbeitgeber zwar individuell verschieden und zu unterschiedlichen Zeitpunkten, jedoch in ungefährem Jahresrhythmus die Vergütung der ganz überwiegenden Mehrzahl seiner Arbeitnehmer erhöht. Der in der Erhöhung jeweils enthaltene Grundbetrag zum Zwecke des Kaufkraftausgleichs ist notfalls durch Schätzung zu ermitteln *(BAG 11.09.1985 EzA § 242 BGB Gleichbehandlung Nr. 43)*.

2415

Darüber hinaus ist es als unzulässig zu erachten, wenn arbeitsunfähig erkrankte Arbeitnehmer oder ausgeschiedene bzw. gekündigte Arbeitnehmer von **rückwirkenden Erhöhungen** der Vergütung ausgeschlossen werden. Weder eine Erkrankung noch eine zwischenzeitlich eingetretene bzw. bevorstehende Beendigung der Betriebszugehörigkeit stellen einen sachlichen Grund zur Differenzierung dar.

Gleiches gilt, wenn der Arbeitgeber den Prämienlohn für dieselbe Arbeit an Arbeitnehmer nur deshalb nicht zahlt, weil sie nach einem **bestimmten Stichtag** lediglich befristet für ein Jahr eingestellt worden sind *(LAG Hamm 27.02.1997, LAGE § 242 BGB Gleichbehandlung Nr. 21)*

Eine der Beachtung des Gleichheitsgrundsatzes unterliegende allgemeine Erhöhung der Vergütung liegt regelmäßig dann vor, wenn der Arbeitgeber bei freiwilligen Gehaltserhöhungen nach abstrakten Regeln verfährt. Der Arbeitgeber ist jedoch nicht verpflichtet, solche abstrakten Regeln für Gehaltserhöhungen aufzustellen. Er kann auch individuelle Gesichtspunkte, z.B. die Gehaltsdifferenz zu anderen vergleichbaren Mitarbeitern, berücksichtigen *(BAG 15.11.1994, EzA § 242 BGB Gleichbehandlung Nr. 61)*.

Der Arbeitgeber eines Unternehmens mit mehreren Betrieben ist auch frei, den Belegschaften betriebsratsloser Betriebe die Zahlung von **Umsatzprämien** zuzusagen. In Betrieben mit Betriebsrat bedarf es dazu jeweils der Zustimmung des Betriebsrats (§ 87 Abs. 1 Nr. 10, 11 BetrVG). Ist in diesen Betrieben bisher noch keine Einigung über die Einführung von Umsatzprämien erfolgt, ist auch eine **(überbetriebliche) Gleichbehandlung** von Arbeitnehmern in Betrieben mit Betriebsrat mit Arbeitnehmern in betriebsratslosen Betrieben, denen der Arbeitgeber die Zahlung von Umsatzprämien zugesagt hat, arbeitsrechtlich nicht geboten (*BAG 25.04.1995, EzA § 242 BGB Gleichbehandlung Nr. 65*). Der Arbeitgeber und Betriebsrat haben in den Angelegenheiten der betrieblichen Lohngestaltung einen Regelungsspielraum, der nicht durch den arbeitsrechtlichen Gleichbehandlungsgrundsatz ersetzt werden kann.

Zulässiges Differenzierungskriterium sind auch **sonstige sachliche Gründe**.

BEISPIEL:

Eine Stadt hat mit dem regionalen Verkehrsverbund eine Job-Ticket-Vereinbarung abgeschlossen. Städtischen Mitarbeitern wird damit eine verbilligte Benutzung von Bussen und Bahnen ermöglicht, wofür die Stadt ein gesondertes Entgelt an den Verkehrsverbund zahlt. Das Job-Ticket wird zunächst nur an die Mitarbeiter der Hauptverwaltung ausgegeben. Diese nutzen das Angebot zu 50 %.

Die Mitarbeiterin einer städtischen Außenstelle, deren Mitarbeiter lediglich zu 25 % das Angebot in Anspruch nehmen wollten, verlangt von der Stadt ebenfalls ein Job-Ticket. Da die Stadt darlegen konnte, dass sie für alle an einer Verwaltungsstelle Beschäftigten ein pauschales Entgelt unabhängig von der tatsächlichen Inanspruchnahme des Job-Tickets zahlen müsse, wurde der Anspruch der Mitarbeiterin zurückgewiesen mit der Begründung, dass die Differenzierung zwischen Mitarbeitern von Außenstellen und der Hauptverwaltung wegen des erheblichen besseren Kosten-Nutzen-Verhältnisses der Inanspruchnahme durch die Mitarbeiter der Hauptverwaltung gerechtfertigt sei (BAG 11.08.1998, EzA § 242 BGB Gleichbehandlung Nr. 78).

c) Anrechnung übertariflicher Vergütung auf tarifliche Erhöhungen

2416 Ein Verstoß gegen den Gleichbehandlungsgrundsatz liegt auch dann vor, wenn der Arbeitgeber berechtigterweise (vgl. → Rz. 2421 ff.) übertariflich gewährte Vergütungsbestandteile nur bei einigen Arbeitnehmern auf eine Tariflohnerhöhung anrechnet, bei anderen Arbeitnehmern hingegen auf eine Anrechnung verzichtet. Dabei spielt es keine Rolle, ob die übertarifliche Vergütung freiwillig und unter Vorbehalt der jederzeitigen Rücknahme gezahlt wird.

Nur bei **Vorliegen eines sachlichen Grundes** darf eine Ungleichbehandlung der Arbeitnehmer erfolgen. Soweit eine Nichtanrechnung mit der besonderen Leistungsfähigkeit der einzelnen Arbeitnehmer begründet werden kann, ist eine Ungleichbehandlung im allgemeinen zulässig.

4. Gewährung von Jahressonderzahlungen

2417 Auch die Gewährung von Jahressonderzahlungen (Gratifikationen, 13. Monatsgehalt, vgl. → Rz. 2457) unterliegt dem arbeitsrechtlichen Gleichbehandlungsgrundsatz. Auch insoweit bedarf jede Ungleichbehandlung der Arbeitnehmer eines hinreichenden sachlichen Grundes.

a) Stichtagsregelungen

2417a In diversen Arbeitsverträgen, Betriebsvereinbarungen und/oder Tarifverträgen sind sog. Stichtagsregelungen enthalten, nach deren Inhalt der Arbeitnehmer die Jahressonderzahlung nicht beanspruchen kann, wenn er zu diesem Stichtag entweder bereits aus dem Arbeitsverhältnis ausgeschieden oder aber das Arbeitsverhältnis gekündigt ist.

Es widerspricht dem arbeitsrechtlichen Gleichbehandlungsgrundsatz, wenn eine **stichtagsbezogene Regelung** (z.B. 30.09.) solche langjährig beschäftigten Arbeitnehmer von der Zahlung einer Weihnachtsgratifikation ausnimmt, die zur Einhaltung einer langen Kündigungsfrist vor diesem Stichtag kündigen müssen *(LAG Hamburg 20.12.1991, DB 1992, 844)*. Im allgemeinen zulässig ist eine Stichtagsregelung auf den 01.12. des Kalenderjahres.

Macht dagegen eine tarifvertragliche Regelung den Anspruch auf eine Jahressonderzuwendung davon abhängig, dass das Arbeitsverhältnis am Stichtag »ungekündigt« ist, steht eine **Befristung des Arbeitsverhältnisses** einer **Kündigung** nicht gleich *(BAG 14.12.1993, EzA § 611 BGB Gratifikation, Prämie Nr. 107)*.

Der befristet beschäftigte Arbeitnehmer, dessen Arbeitsverhältnis am Stichtag noch besteht, hat also auch dann einen Anspruch auf die Jahressonderzuwendung, wenn ein unbefristet beschäftigter, aber bereits gekündigter Arbeitnehmer von dieser wirksam ausgeschlossen ist (z.B. Stichtag 01.12., *BAG a.a.O.*) Ein Verstoß gegen den Gleichheitsgrundsatz liegt hierin nicht. Andersherum ist es aber auch zulässig, wenn Arbeitnehmer, die mit einem befristeten Arbeitsvertrag beschäftigt sind, der vor dem maßgebenden Stichtag endet, von der Jahressonderzahlung ausgeschlossen sind, gekündigte und bereits vor dem Stichtag ausgeschiedene Arbeitnehmer dagegen nicht *(BAG 06.10.1993, DB 1994, 539)*.

Ebenso ist es zulässig, den Anspruch auf eine freiwillige Weihnachtsgratifikation vom **Fortbestand des Arbeitsverhältnisses** am Auszahlungstag abhängig zu machen, wenn die Gratifikation auch »als Anerkennung für die Leistung gelten soll« *(BAG 26.10.1994, EzA § 611 BGB Gratifikation, Prämie Nr. 115)*.

Zur Zulässigkeit einer Stichtagsregelung, die zwischen Angestellten und gewerblichen Arbeitnehmern differenziert vgl. unten → Rz. 2117 b.

b) Differenzierung Angestellte/gewerbliche Arbeitnehmer

2417b Eine Ungleichbehandlung von Angestellten und gewerblichen Arbeitnehmern kann niemals allein mit deren unterschiedlichen Stellung/Status begründet werden. Für eine zulässige Differenzierung/Ungleichbehandlung müssen immer zusätzlich sachliche Gründe hinzutreten.

Ein Verstoß gegen den **Gleichbehandlungsgrundsatz** liegt nicht vor, wenn ein Arbeitgeber den **Angestellten** eine höhere Weihnachtsgratifikation als den **gewerblichen Arbeitnehmern** gewährt, wenn er damit den Zweck verfolgt, eine Benachteiligung der Angestellten bei der Zahlung übertariflicher Zulagen auszugleichen *(BAG 30.03.1994, EzA § 611 BGB Gratifikation, Prämie Nr. 110)*.

Den Tarifvertragsparteien steht für eine Differenzierung erheblicher **Gestaltungsspielraum** zu. Haben die Tarifvertragsparteien mit einer unterschiedlichen Regelung dem Interesse der Arbeitgeber, Eigenkündigungen von gewerblichen Arbeitnehmern vor dem Stichtag entgegenzuwirken mehr Bedeutung beigemessen als bei Angestellten, sind die Gerichte für Arbeitssachen an diese sachlich begründete Einschätzungsprärogative gebunden (*BAG 18.10.2000, EzA § 611 BGB Gratifikation, Prämie Nr. 161*).

Mithin kann eine tarifliche Regelung, mit denen gewerblichen Arbeitnehmer kein anteiliges 13. Monatseinkommen gewährt wird, wenn sie ihr Arbeitsverhältnis vor dem 30.11. des laufenden Kalenderjahres selbst kündigen, während Angestellten ein solcher tariflicher Anspruch bei fristgerechter Eigenkündigung zusteht, zulässig und kein Verstoß gegen den Gleichheitsgrundsatz sein.

Ein unzulässiger Verstoß gegen den Gleichbehandlungsgrundsatz ist dagegen zu bejahen, wenn an die gewerblichen Arbeitnehmer wegen deutlich **höherer krankheitsbedingter Fehlzeiten** ein gekürzter 13. Monatslohn gezahlt wird, die Angestellten dagegen einzelvertraglich ein ungekürztes 13. Monatsgehalt erhalten, solange nicht ausgeschlossen ist, dass der hohe Krankenstand der gewerblichen Arbeitnehmer auf gesundheitsschädlichen Arbeitsbedingungen beruht, für die der Arbeitgeber allein verantwortlich ist *(BVerfG 02.09.1997, EzA § 611 BGB Gratifikation/Prämie Nr. 124)*.

Eine anderslautende Entscheidung des BAG *(BAG 19.04.1995, EzA § 611 BGB Gratifikation/Prämie Nr. 123)* wurde damit aufgehoben. Zur Begründung weist das BVerfG darauf hin, dass es unberechtigt sei, den gewerblichen Arbeitnehmern aus dem hohen Krankenstand finanzielle Nachteile aufzuerlegen, solange eben **nicht ausgeschlossen ist**, dass der Arbeitgeber zumindest indirekt über die bereitgestellten Arbeitsbedingungen für diesen Krankenstand (mit)verantwortlich ist. Diesen Nachweis wird der Arbeitgeber zu führen haben.

In Fortführung zur Rechtsprechung für Gleichbehandlung von Angestellten und Arbeitern ist zwischenzeitlich auch entschieden, dass eine **Betriebsvereinbarung** über die Zahlung eines 13. Monatseinkommens, die nur für Arbeiter eine Kürzung dieser Jahressonderzahlung bei Fehltagen vorsieht, bei Angestellten dagegen nicht, jedenfalls dann zulässig ist, wenn auch die tarifliche Regelung eine entsprechende Differenzierung vorsieht (*BAG 06.12.1995, EzA § 242 BGB Gleichbehandlung Nr. 68*). Für die betriebliche Praxis nicht tarifgebundener Unternehmen bedeutet dies, dass nunmehr entsprechende tarifliche Regelungen nicht lediglich durch einzelvertragliche Vereinbarungen übernommen werden können, sondern auch durch Betriebsvereinbarung.

c) Differenzierung innerhalb der Angestellten/gewerblichen Arbeitnehmer

2417c Innerhalb der Gruppe der Angestellten/gewerblichen Arbeitnehmer wird es jeweils nur ausnahmsweise zulässig sein, einzelne Arbeitnehmer aus dieser Gruppe von der Gewährung einer Jahressonderzahlung auszuschließen. Vorsicht ist insbesondere geboten, wenn eine Ungleichbehandlung damit begründet werden soll, dass der Arbeitgeber ein unterschiedliches Interesse daran habe, einzelne Arbeitnehmer aus dieser Gruppe durch Gewährung einer Jahressonderzahlung an sich zu binden, andere dagegen nicht.

BEISPIEL:

Der Arbeitgeber betreibt einen Fruchtgroßhandel und beschäftigt Angestellte, Lagerarbeiter, Lkw-Fahrer sowie Obstsortierer. Der Arbeitgeber zahlt den Angestellten ein 13. Monatsgehalt. Seit mehr als 10 Jahren gewährt er den Lagerarbeitern und den Lkw-Fahrern pauschal ein jährliches Urlaubsgeld von 250,00 EUR und ein Weihnachtsgeld von 500,00 EUR. Die Obstsortierer erhalten zu Weihnachten eine Steige Obst sowie eine Flasche Kirschlikör. Der Arbeitgeber rechtfertigt die Ungleichbehandlung der gewerblichen Arbeitnehmer damit, dass er nicht daran interessiert sei, einen Stellenwechsel bei den Obstsortieren zu vermeiden, weil er dafür jederzeit Arbeitnehmer auf dem Arbeitsmarkt finden könne. Bei den Lagerarbeitern und den Lkw-Fahrern sei das anders. BAG hat diesen Differenzierungsgrund als nicht ausreichend erachtet, da erhöht Aufwendungen für den Urlaub und für die Weihnachtszeit gleichermaßen für die Obstsortierer wie für die sonstigen gewerblichen Arbeitnehmer des Betriebes anfallen (BAG 27.10.1998, EzA § 242 BGB Gleichbehandlung Nr. 80). Der Arbeitgeber hat also auch den Obstsortierern die Jahressonderzahlung zu gewähren.

Im allgemeinen ist auch eine arbeitsvertragliche oder kollektive Regelung (Betriebsvereinbarung/Tarifvertrag) zulässig, wonach der Anspruch auf eine Jahressonderzahlung davon abhängig gemacht wird, dass der Arbeitnehmer im Berechnungszeitraum mindestens **eine bestimmte Anzahl von Tagen** tatsächlich gearbeitet hat. Ist eine solche Regelung vereinbart, so gelten die Zeiten der Beschäftigungsverbote während der Mutterschutzfristen nach den §§ 3 und 6 MuSchG nicht als Zeiten einer tatsächlichen Arbeitsleistung (*BAG 12.07.1995, EzA § 611 BGB Gratifikation, Prämie Nr. 129*).

Es ist allerdings nicht zu erwarten, dass diese Rechtsprechung zu den Beschäftigungsverboten während der Mutterschutzfristen aufrechterhalten bleibt. Der EuGH hat entschieden, dass es gegen den Grundsatz der Lohngleichheit von Männern und Frauen (Art. 119 EG-Vertrag) verstößt, wenn der Arbeitgeber bei der Gewährung einer Weihnachtsgratifikation **Mutterschutzzeiten** (**Beschäftigungsverbote**) anteilig leistungsmindern berücksichtigt (*EuGH 21.10.1999, AuR 2000, 66*). Mithin sind derartigen Vereinbarungen unzulässig.

Dagegen können die Zeiten der **Elternzeit** (früher Erziehungsurlaub) **durch entsprechende Vereinbarung** zulässigerweise zu Lasten des Arbeitnehmers berücksichtigt werden. Weder der arbeitsrechtliche Gleichbehandlungsgrundsatz noch das europarechtliche Lohngleichheitsgebot für Männer und Frauen verbieten es, von der Gewährung einer Weihnachtsgratifikation Arbeitnehmer auszunehmen, deren Arbeitsverhältnisse wegen der Elternzeit (früher Erziehungsurlaub) ruhen (*EuGH a.a.O.; BAG 12.01.2000, EzA § 611 BGB Gratifikation, Prämie Nr. 158*).

d) Berücksichtigung von Fehlzeiten

Sieht ein Tarifvertrag dagegen eine Minderung des Anspruchs auf eine Jahressonderzahlung für Monate vor, in denen kein Anspruch auf »Gehalt« oder »Gehaltsfortzahlung« besteht, so rechtfertigt dies keine Minderung für Zeiten der Beschäftigungsverbote nach den §§ 3 und 6 MuSchG, in denen ein Anspruch auf einen Zuschuss zum Mutterschaftsgeld nach § 14 MuSchG gegeben ist (*BAG 24.02.1999, DB 1999, 1327*). Maßgebend ist also,

2417d

ob die vertragliche Regelung an die tatsächliche Arbeitsleistung, das Bestehen von Vergütungsansprüchen oder den Bestand des Arbeitsverhältnisses anknüpft.

Daher ist die Sonderzahlung auch für Zeiten zu gewähren, in denen das Arbeitsverhältnis wegen eines Arbeitskampfes geruht hat, wenn die vertragliche/tarifliche Regelung den Anspruch auf die Jahressonderzahlung allein vom rechtlichen Bestand des Arbeitsverhältnisses abhängig macht (*BAG 20.12.1995, EzA § 611 BGB Gratifikation, Prämie Nr. 135*). Zu Jahressonderzahlungen und Gratifikationen vgl. auch → Rz. 2434, 2458.

e) Freiwillige Leistungen des Arbeitgebers

2417e Auch bei der Gewährung der Jahressonderzahlung als freiwilliger Leistung des Arbeitgebers (der Arbeitnehmer hat keinen Anspruch auf diese Leistung) ist der arbeitsrechtliche Gleichbehandlungsgrundsatz zu beachten. Für eine zulässige Ungleichbehandlung reicht es also nicht aus, wenn der Arbeitgeber darauf verweist, dass er die Leistung freiwillig und ohne Rechtspflicht erbringt. Auch von einer freiwilligen Jahressonderzahlung dürfen einzelne Arbeitsnehmer ohne sachlichen Grund nicht ausgeschlossen werden.

Bei freiwilligen Leistungen des Arbeitgebers verstößt es nicht gegen den arbeitsrechtlichen Gleichheitsgrundsatz, wenn der Arbeitgeber die im Laufe des Bezugsjahres ausgeschiedenen Arbeitnehmer von der Leistung ausnimmt, den im Laufe des Bezugsjahres neu eintretenden Arbeitnehmern die Leistung dagegen anteilig gewährt (*BAG 08.03.1995, EzA § 611 BGB Gratifikation, Prämie Nr. 131*).

Gleiches gilt, wenn ein Arbeitgeber, der aus Anlass einer Umstrukturierungsmaßnahme als **Motivationsanreiz** eine freiwillige Leistung gewährt, dabei diejenigen Arbeitnehmer ausnimmt, die bereits eine höhere Vergütung als vergleichbare Arbeitnehmer der übrigen Belegschaft beziehen und in einem Betriebsteil arbeiten, der wegen Unwirtschaftlichkeit stillgelegt werden soll (*BAG 10.03.1998, EzA § 242 BGB Betriebliche Übung Nr. 40*).

Behält sich der Arbeitgeber vor, einzelne Arbeitnehmer mit besonderen Leistungen nach seiner subjektiven Einschätzung zum Weihnachtsfest besonders zu vergüten, so schafft er damit keine allgemeine Ordnungsregel, so dass eine Verletzung des Gleichbehandlungsgrundsatzes nicht in Betracht kommen kann und zwar unabhängig davon, ob der Arbeitgeber die Leistungen des einzelnen Arbeitnehmers zurecht als nicht ausreichend oder als nur durchschnittlich angesehen hat (*LAG Rheinland-Pfalz, 25.11.1999, EzA SD 7/00, 14*).

5. Gewährung von Abfindungszahlungen

2418 Auch anlässlich der **Beendigung des Arbeitsverhältnisses gezahlte Abfindungen** können dem arbeitrechtlichen Gleichbehandlungsgrundsatz unterfallen. Dies gilt insbesondere dann, wenn die Abfindung in einem Sozialplan zugesagt wird *(Schrader, Der arbeitsrechtliche Gleichbehandlungsgrundsatz im Sozialplan – eine Analyse der Rechtsprechung –, DB 1997, 1714)*.

Eine Sozialplanregelung verstößt gegen den Gleichbehandlungsgrundsatz, wenn sie – undifferenziert – Leistungen von der rechtstechnischen Form der Auflösung des Arbeitsverhältnisses (Arbeitgeberkündigung, Aufhebungsvertrag, Arbeitnehmerkündigung) abhängig macht und dabei unbeachtet lässt, ob das Ausscheiden vom Arbeitgeber veranlasst worden ist. Allerdings ist es zulässig, wenn Arbeitgeber und Betriebsrat solche Arbeitnehmer von Abfindungen ausschließen, die ihr Arbeitsverhältnis von sich aus vorzeitig kündigen.

Ein Verstoß gegen den Gleichbehandlungsgrundsatz liegt danach auch nicht vor, wenn der Arbeitgeber **wegen Verlegung seines Betriebes** Abfindungen auf vertraglicher Grundlage an ausscheidende Arbeitnehmer zahlt und Arbeitnehmer von diesen Zahlungen ausschließt, die bereits geraume Zeit vor dem Umzugstermin aufgrund von Eigenkündigungen ausgeschieden sind *(BAG 08.03.1995, EzA § 242 BGB Gleichbehandlung Nr. 62)*. Bislang nicht entschieden ist, ob einem Arbeitnehmer Anspruch auf eine Abfindung zusteht, wenn er aufgrund von Eigenkündigung zu einem Zeitpunkt ausgeschieden ist, an dem der Arbeitgeber ihm ohnehin kündigen wollte.

Zulässig ist es auch, wenn in einem Sozialplan die Zahlung eines Abfindungszuschlages für **unterhaltsberechtigte Kinder** davon abhängig gemacht wird, dass diese auf der **Lohnsteuerkarte eingetragen** sind *(BAG 12.03.1997, DB 1997, 1522)*. Es stellt auch keine gleichheitswidrige Benachteiligung dar, wenn die Betriebspartner solche Arbeitnehmer von Sozialplanleistungen ausnehmen, die zum Zeitpunkt der Auflösung des Arbeitsverhältnisses die Voraussetzungen für den übergangslosen Rentenbezug nach Beendigung des Anspruches auf Arbeitslosengeld erfüllen.

Zulässig und kein Verstoß gegen den Gleichbehandlungsgrundsatz ist es ferner, wenn ein Sozialplan eine Abfindungsregelung des Inhaltes enthält, dass **Beschäftigungsjahre mit Teilzeitbeschäftigung nur anteilig** zu berücksichtigen sind. Arbeitnehmer, die zum Zeitpunkt der Vereinbarung des Sozialplanes vollzeitbeschäftigt sind, können daher nicht verlangen, dass ihre früheren Zeiten als Teilzeitbeschäftigte den Zeiten der Vollzeitbeschäftigung gleichgestellt werden *(BAG 14.08.2001, EzA-SD 17/01, 3)*.

Ist ein Arbeitgeber aufgrund eines wirksamen Sozialplans verpflichtet, an eine Gruppe von Arbeitnehmern eine Sozialplanabfindung zu zahlen, können andere Arbeitnehmer, für die der Sozialplan aufgrund einer zulässigen Differenzierung keine Abfindung vorsieht, einen entsprechenden Abfindungsanspruch nicht auf den arbeitsrechtlichen Gleichbehandlungsgrundsatz stützen *(BAG 17.04.1996, EzA § 112 BetrVG 1972 Nr. 84)*. Ebenso wenig ist der Arbeitgeber aus einem Sozialplan nach dem arbeitsrechtlichen Gleichbehandlungsgrundsatz verpflichtet, **leitenden Angestellten** (§ 5 Abs. 3 BetrVG) eine Abfindung für den Verlust ihres Arbeitsplatzes zu zahlen *(BAG 16.07.1985, NZA 1985, 714)*.

Ist dagegen der Arbeitgeber aufgrund eines Sozialplans dazu verpflichtet, an einer Gruppe von Arbeitnehmern, die durch Aufhebungsverträge ausscheiden, eine Sozialplanabfindung zu zahlen und vereinbaren die Betriebspartner **anschließend einen weiteren Sozialplan** mit dem gleichen persönlichen Geltungsbereich und dem Ziel eines weiteren Personalabbaus mit einer höheren Sozialplanabfindung, so findet der arbeitsrechtliche Gleichbehandlungsgrundsatz Anwendung. Die Differenzierung bei der Höhe der Abfindung kann aufgrund der Situation der Arbeitnehmer zum Zeitpunkt des Angebots des Aufhebungsvertrages sachlich begründet sein *(BAG 11.02.1998, EzA § 112 BetrVG 1972 Nr. 97)*. Fehlt eine solche sachliche Begründung, können bereits ausgeschiedene Mitarbeiter u.U. einen weiteren Abfindungsanspruch aus dem weiteren Sozialplan geltend machen.

6. Vergütung der Teilzeitbeschäftigten

2419 Einem teilzeitbeschäftigten Arbeitnehmer ist Arbeitsentgelt oder eine andere teilbare geldwerte Leistung mindestens in dem Umfang zu gewähren, der dem Anteil seiner Arbeitszeit an der Arbeitszeit eines vergleichbaren vollzeitbeschäftigten Arbeitnehmers entspricht (§ 4 Abs. 1 Satz 2 TzBfG). Zum Begriff des teilzeitbeschäftigten Arbeitnehmers vgl. oben → Rz. 1661. Mit dieser ab 01.01.2001 gültigen Regelung wurde das sog. **Diskriminierungs- und Benachteiligungsverbot** (vgl. oben → Rz. 1664 ff.) für den Bereich der Arbeitsvergütung konkretisiert. Bis zum 31.12.2000 galt insoweit § 2 BeschFG 1985. Aus der gesetzlichen Neuregelung folgt nicht, dass eine unterschiedliche Vergütung von Teilzeit- und Vollzeitbeschäftigten generell unzulässig ist. Eine unterschiedliche Vergütung kann zulässig sein, wenn sie individuell vereinbart und nicht wegen der Teilzeitbeschäftigung abgeschlossen, sondern durch einen sachlichen Grund gerechtfertigt ist (vgl. oben → Rz. 1666). Ein hinreichender sachlicher Grund liegt jedenfalls nicht vor, wenn der Teilzeitbeschäftigte

- neben der Teilzeitbeschäftigung einen Hauptberuf ausübt und dadurch eine gesicherte Existenzgrundlage hat *(vgl. BAG 01.11.1995 und 09.10.1996, EzA § 2 BeschFG 1985 Nr. 43 und 50)*;
- zusätzlich Altersruhegeld oder sonstige Einnahmen erhält *(vgl. BAG 01.11.1995, EzA § 2 BeschFG 1985 Nr. 44)*;
- sozialversicherungsfrei bzw. als Student beschäftigt wird *(vgl. BAG 12.06.1996 und 25.04.2001, EzA § 2 BeschFG 1985 Nr. 49 und 62)*.

Ein solcher Grund kann dagegen vorliegen, wenn etwa besondere Belastungen erst ab einer bestimmten Beschäftigungsdauer **(Schwellenwert)** auftreten und der teilzeitbeschäftigte Arbeitnehmer diese Beschäftigungsdauer nicht erreicht. In diesen Fällen hat der Teilzeitbeschäftigte keinen Anspruch auf eine anteilige Leistung der zum Ausgleich für die besondere Belastung den vollzeitbeschäftigten Arbeitnehmern gewährten Vergütung.

Unzulässig ist es dagegen, wenn ein Tarifvertrag für Vollzeitbeschäftigte für jede einzelne Arbeitsstunde zwischen 19:00 Uhr und 06:00 Uhr morgens einen Spät- bzw. Nachtarbeitszuschlag vorsieht und Teilzeitbeschäftigte hiervon ausnimmt. Die Differenzierung hinsichtlich des Entgeltes für die auf Grund ihrer Lage in gleicher Weise belastende Arbeitsstunde allein nach dem Umfang der vertraglich geschuldeten Arbeitszeit verbietet das Gesetz *(BAG 15.12.1998, Pressemitteilung des BAG Nr. 71/98, EzA-SD 1/99, 5)*.

Zum Anspruch des Teilzeitbeschäftigten auf anteilige Verkürzung seiner Arbeitszeit vgl. → Rz. 2138.

Überstunden, die teilzeitbeschäftigte Arbeitnehmer über die mit ihnen arbeitsvertraglich vereinbarte Wochenarbeitszeit hinaus erbringen, sind jedoch nur dann mit Überstundenzuschlägen zu vergüten, wenn durch sie die regelmäßige Wochenarbeitszeit des entsprechenden vollbeschäftigten Arbeitnehmers überschritten wird. Jedenfalls liegt eine unzulässige mittelbare Diskriminierung nicht vor, wenn bei gleicher Anzahl geleisteter Stunden die den Vollzeitbeschäftigten gezahlte Gesamtvergütung nicht höher ist als die der Teilzeitbeschäftigten (*EuGH 15.12.1994, EzA Art. 119 EWG-Vertrag Nr. 24*).

Zulässig ist auch eine individual-/kollektivvertragliche Regelung, wonach Anspruch auf Mehrarbeitszuschläge nur für Arbeitsstunden besteht, die über die regelmäßige werktägliche Arbeitszeit hinaus geleistet werden (*BAG 20.06.1995, EzA § 611 BGB Mehrarbeit Nr. 6*). In der betrieblichen Praxis sind derartige Regelungen zu empfehlen, die Überstundenzuschläge erst bei Überschreiten der regelmäßigen täglichen/wöchentlichen Arbeitszeit der Vollzeitbeschäftigten gewähren.

Auch der Ausschluss von Teilzeitbeschäftigten bei der **Gewährung von zusätzlichen Leistungen des Arbeitgebers** wie etwa langfristigen Baudarlehen oder Arbeitgeberdarlehen kann gegen das Verbot der unterschiedlichen Behandlung von Teilzeitkräften gegenüber Vollzeitkräften verstoßen. Ein hinreichender sachlicher Grund für eine Ungleichbehandlung dürfte nicht bereits schon dann vorliegen, wenn etwa eine Darlehensgewährung eine Bindung – des vollzeitbeschäftigten – Arbeitnehmers an den Betrieb bezwecken soll. Besteht kein sachlicher Differenzierungsgrund, so ist dem Teilzeitbeschäftigten die Leistung der Höhe nach anteilig im Verhältnis der wöchentlichen Arbeitszeit zu der wöchentlichen Arbeitszeit einer Vollzeitkraft zu gewähren.

Dementsprechend haben im Öffentlichen Dienst Teilzeitbeschäftigte Anspruch auf den Teil der errechneten Beihilfe, der dem Verhältnis entspricht, in dem die arbeitsvertraglich vereinbarte durchschnittliche regelmäßige wöchentliche Arbeitszeit zu der regelmäßigen wöchentlichen Arbeitszeit eines entsprechenden Vollzeitbeschäftigten Angestellten steht (*BAG 19.02.1998, EzA § 2 BeschFG Nr. 56, 57*). Ein Anspruch auf Zahlung des zur Deckung des vollen Bedarfs des Teilzeitbeschäftigten erforderlichen Betrages besteht dagegen nicht. Damit hat das BAG erneut bestätigt, dass Teilzeitbeschäftigte von zusätzlichen Leistungen zwar nicht ausgenommen werden dürfen, ein Anspruch auf diese Leistungen aber nur **anteilig** besteht.

Entsprechendes gilt für Jahressonderzahlungen des Arbeitgebers, die Teilzeitbeschäftigten in der Regel ebenfalls anteilig zu gewähren sind (§ 4 Abs. 1TzBfG). Bei beabsichtigten **Kürzungen** solcher Jahressonderleistungen ist zu berücksichtigen, dass eine Kürzung um einen einheitlichen Betrag für Voll·und Teilzeitbeschäftigte zu einer Benachteiligung der Teilzeitbeschäftigten führt, weil der auf dieser Weise errechnete Betrag unter der Summe liegt, die dem Anteil der Teilzeitarbeit im Verhältnis zu Vollzeitarbeit entspricht. Wird gleich wohl eine einheitliche Kürzung vorgenommen, ist diese unwirksam mit der Folge, dass die allgemeine Grundregelung gilt, wonach Teilzeitbeschäftigte einen Anspruch auf ein Weihnachtsgeld haben, das sich nach dem Verhältnis ihrer vertraglichen Arbeitszeit zur Arbeitszeit eines entsprechenden Vollzeitbeschäftigten bemisst (*BAG 24.05.2000, EzA § 611 BGB Gratifikation, Prämie Nr. 159*). Dies folgt nunmehr auch aus § 4 Abs. 1 TzBfG.

Bei der Regelung des (bis 31.12.2000 gültigen) § 2 Abs. 1 BeschFG 1985 handelt es sich um ein Schutzgesetz im Sinne von § 823 Abs. 2 BGB mit der Folge, dass ein Verstoß auch zu einem deliktischen Anspruch des Teilzeitbeschäftigten führt, gerichtet auf die Differenz zur Stundenvergütung einer Vollzeitkraft (*BAG 25.04.2001, EzA § 2 BeschFG 1985 Nr. 62*). Dies ist insoweit relevant, als für deliktische Ansprüche eine Verjährungsfrist von 3 Jahren (§ 852 BGB) gilt, während Ansprüche auf Arbeitsentgelt nach dem bis zum 31.12.2001 gültigen Verjährungsrecht in 2 Jahren verjährten (vgl. unten → Rz. 2485). Danach verjährte Ansprüche können u.U. also noch mit Aussicht auf Erfolg geltend gemacht werden.

Es ist jedoch nicht sicher und wird selbständig zu prüfen sein, ob auch § 4 Abs. 1 TzBfG ein solches Schutzgesetz darstellt.

7. Vergütung der befristet beschäftigten Arbeitnehmer

2419a

Auch einem befristet beschäftigten Arbeitnehmer (zum Begriff vgl. § 3 TzBfG, oben → Rz. 1590 ff.) ist Arbeitsentgelt oder eine andere teilbare geldwerte Leistung, die für einen bestimmten Bemessungszeitraum gewährt wird, mindestens in dem Umfang zu gewähren, der dem **Anteil seiner Beschäftigungsdauer am Bemessungszeitraum** entspricht (§ 4 Abs. 2 Satz 2 TzBfG).

BEISPIEL:

Der Arbeitgeber zahlt den unbefristet Beschäftigten im Kalenderjahr eine Jahressonderzahlung in Höhe von 600 EUR. Der in diesem Kalenderjahr für 4 Monate befristet beschäftigte Arbeitnehmer hat also einen Anspruch auf 4/12, mithin eine Jahressonderzahlung von 200 EUR. Zahlt z.B. der Arbeitgeber für jedes Quartal eine Sonderzulage in Höhe von 150 EUR, erwirbt der vom 01.03. bis zum 31.05. des Kalenderjahres befristet beschäftigte Arbeitnehmer für das 1. Quartal einen Anspruch von 1/3 und für das 2. Quartal einen Anspruch von 2/3, für die dreimonatige Beschäftigung also insgesamt auf 150 EUR.

Soweit bestimmte Beschäftigungsbedingungen von der Dauer des Bestehens des Arbeitsverhältnisses in demselben Betrieb oder Unternehmen abhängig sind, so sind für befristet beschäftigte Arbeitnehmer die selben Zeiten zu berücksichtigen, wie für unbefristet beschäftigte Arbeitnehmer, es sei denn, dass eine unterschiedliche Berücksichtigung aus sachlichen Gründen gerechtfertigt ist (§ 4 Abs. 2 Satz 3 TzBfG).

BEISPIEL:

Der Arbeitgeber zahlt die Jahressonderzahlung den unbefristet Beschäftigten erst ab dem 2. Beschäftigungsjahr. In diesem Fall muss auch der befristet beschäftigte Arbeitnehmer zumindest ein Jahr für den Arbeitgeber tätig gewesen sein, bevor er ggf. anteilig die Jahressonderzahlung beanspruchen kann.

Fälligkeit des anteiligen Anspruches des befristet beschäftigten Arbeitnehmers tritt erst zu dem Zeitpunkt ein, wenn der entsprechende Anspruch der unbefristet Beschäftigten zur Zahlung fällig wird und zwar unabhängig davon, ob das befristete Arbeitsverhältnis bereits vor diesem Fälligkeitszeitpunkt endet. Jedenfalls kann bei Ablauf einer Befristung z.B. Ende August nicht bereits zu diesem Zeitpunkt der anteilige Zahlbetrag verlangt werden, wenn die unbefristet Beschäftigten die Zahlung z.B. erst Ende November erhalten.

Als problematisch werden sich in der betrieblichen Praxis noch die Abreden herausstellen, mit denen der Arbeitgeber Leistungen als **Gratifikation** (vgl. unten Rz. 2458 a) gewährt. Der Leistungszweck kann bei befristet beschäftigten Arbeitnehmern u.U. nicht oder nur unzureichend erreicht werden. Es bleibt abzuwarten, unter welchen Voraussetzungen befristet beschäftigte Arbeitnehmer von derartigen Gratifikationszahlungen ausgenommen werden können.

8. Betriebliche Altersversorgung

Grundsätzlich ist bei der Gewährung von zusätzlichen Vergütungsbestandteilen oder sonstigen Arbeitgeberleistungen an Vollzeitbeschäftigte Vorsicht geboten, soweit nicht von vornherein die Bereitschaft besteht, dieselben Leistungen auch anteilig den Teilzeitbeschäftigten zu gewähren (vgl. § 4 Abs. 1 TzBfG).

2420

Auch bei Ausgestaltung und Gewährung der betrieblichen Altersversorgung ist der arbeitsrechtliche Gleichbehandlungsgrundsatz zu beachten. Das unterschiedliche Arbeitspensum der Vollzeit- und der Teilzeitbeschäftigten allein rechtfertigt keinen vollständigen Ausschluss des Teilzeitbeschäftigten von Leistungen der betrieblichen Altersversorgung. Die für einen etwaigen Ausschluss der Teilzeitkräfte maßgeblichen Sachgründe müssen anderer Art sein, etwa auf Arbeitsleistung, Qualifikation, Berufserfahrung oder unterschiedlichen Anforderungen am Arbeitsplatz beruhen. Auch wenn derartige sachliche Differenzierungsgründe nicht vorliegen, können Teilzeitarbeitskräfte jedenfalls **nicht eine gleich hohe** betriebliche Altersversorgung wie Vollzeitkräfte verlangen (*BAG 25.10.1994, EzA § 2 BeschFG 1985 Nr. 38*).

Nicht abschließend geklärt ist die Zulässigkeit eines geschlechtsneutral formulierten Ausschlusses von Teilzeitkräften aus einer Zusatzversorgung, wenn rund 95 % der von dem Ausschluss betroffenen Arbeitnehmer Frauen sind (*LAG Hamburg 20.12.1995, LAGE Art. 119 EWG-Vertrag Nr. 14*).

Der Ausschluss teilzeitbeschäftigter Arbeitnehmer von einem Betriebsrentensystem stellt dann eine verbotene Diskriminierung dar, wenn diese Maßnahme einen **wesentlich höheren Prozentsatz** weiblicher als männlicher Arbeitnehmer trifft und nicht durch sachliche Gründe gerechtfertigt ist, die nichts mit einer Diskriminierung auf Grund des Geschlechts zu tun haben (*EuGH 10.02.2000, EzA EG Vertrag 1999 Art. 141 Nr. 2*).

Unwirksam ist jedenfalls der **pauschale Ausschluss** aller unterhälftig beschäftigten Teilzeitkräfte von Leistungen der betrieblichen Altersversorgung (*BAG 16.01.1996, EzA Art. 3 GG Nr. 50*). Als **Anhalt** für eine zulässige Ausgestaltung der betrieblichen Altersversorgung kann gelten:

- Teilzeitkräften, die nach § 8 SGB IV mehr als nur geringfügig beschäftigt werden, dürfen die Leistungen der betrieblichen Altersversorgung nicht versagt werden;

- Teilzeitkräfte, die nach § 8 SGB IV geringfügig beschäftigt werden, können von der betrieblichen Altersversorgung ausgenommen werden (*BAG 27.02.1996, Pressemitteilung Nr. 7/96, EzA-SD 6/96, 3; 22.02.2000, EzA § 1 BetrAVG Gleichbehandlung Nr. 18*).

Dementsprechend wird es regelmäßig mit dem Gleichbehandlungsgrundsatz nicht vereinbar sein, wenn vollbeschäftigte Arbeitnehmer ein Ruhegeld erhalten und nicht vollbeschäftigte aber rentenversicherungspflichtige Arbeitnehmer hiervon ausgeschlossen sind *(BVerfG 27.11.1997, EzA § 1 BetrAVG Gleichberechtigung Nr. 11)*. Ob und inwieweit die seit dem 01.04.1999 geltende Sozialversicherungspflicht von geringfügig Beschäftigten Auswirkungen auf die zulässige Ausgestaltung/Differenzierung der betrieblichen Altersversorgung haben wird, kann derzeit nicht abschließend beurteilt werden und bleibt abzuwarten.

Zulässig ist ansonsten eine Differenzierung zwischen einzelnen Arbeitnehmergruppen in der betrieblichen Altersversorgung, wenn hierfür ein sachlicher Grund besteht, insbesondere wegen eines nachvollziehbar unterschiedlichen Interesses an fortdauernder Betriebstreue oder wegen eines typischerweise unterschiedlichen Versorgungsbedarfs der einzelnen Arbeitnehmergruppen. So ist es z.B. zulässig, wenn sozialversicherungsfrei beschäftigte ordentlich Studierende aus einem Gesamtversorgungssystem herausgenommen werden *(BAG 22.05.2001, EzA § 1 BetrAVG Gleichbehandlung Nr. 21)*. Der Differenzierungsgrund muss sich dabei aus der betrieblichen Versorgungsordnung selbst ergeben *(BAG 09.12.1997, EzA § 1 BetrAVG Gleichbehandlung Nr. 16)*. Der betrieblichen Praxis ist insoweit dringend anzuraten, bei der Vorbereitung und Ausgestaltung einer betrieblichen Altersversorgung eine rechtliche Überprüfung der betrieblichen Versorgungsordnung vorzunehmen.

Nach der ständigen Rechtssprechung des BAG sind unzulässiger Weise von der betrieblichen Altersversorgung ausgeschlossene Arbeitnehmer **rückwirkend** in diese Altersversorgung einzubeziehen. Eine hiergegen eingelegte Verfassungsbeschwerde wurde nunmehr zurückgewiesen (*BVerfG 19.05.1999, EzA § 1 BetrAVG Gleichberechtigung Nr. 1*), so dass die vorgenannten Rechtsprechung des BAG nunmehr als gesichert betrachtet werden kann.

Wenn bei einer rückwirkenden **Nachversicherung** des Arbeitnehmers in der Altersversorgung hier durch Steuern zu Lasten des Arbeitnehmers anfallen, hat der Arbeitgeber, diese als Schadensersatz dem Arbeitnehmer jedenfalls dann nicht zu erstatten, wenn er die Beiträge zur Altersversorgung zunächst auf Grund eines **unverschuldeten Rechtsirrtums** nicht abgeführt hat. Hätte der Arbeitgeber bei rechtzeitiger Abführung der Beiträge jedoch die Steuern hierauf ganz oder zum Teil selbst tragen müssen, kommt in dieser Höhe ein Bereicherungsanspruch des Arbeitnehmers gegen den Arbeitgeber in Betracht *(BAG 14.12.1999, Pressemitteilung des BAG Nr. 82/99, EzA SD 1/00, 6)*. Hat es der Arbeitgeber dagegen schuldhaft unterlassen, die Beiträge für die Altersversorgung zu entrichten, können Schadensersatzansprüche des Arbeitnehmers in Betracht kommen, wenn durch die Nachversicherung eine steuerliche Belastung des Arbeitnehmers eintritt, die bei rechtzeitiger Versicherung/Beitragsabführung nicht eingetreten wäre.

Der unter Missachtung des arbeitsrechtlichen Gleichbehandlungsgrundsatzes von einem Betriebsrentensystem ausgeschlossener Arbeitnehmer kann seine Ansprüche unmittelbar gegen den **Verwalter des Betriebsrentensystems** geltend machen. Hat der Arbeitnehmer Anspruch auf einen rückwirkenden Anschluss an ein Betriebsrentensystem kann er sich der Zahlung der Beträge für den betreffenden Anschlusszeitraum nicht entziehen *(EuGH 24.10.1996, EzA-SD 1996, Heft 26, S. 14)*.

Soweit Regelungen in Versorgungsverträgen für Männer und Frauen ein **unterschiedliches Rentenzugangsalter** (z.B. Männer 65 Jahre, Frauen 60 Jahre) vorsehen, ist wegen der hierin liegenden Ungleichbehandlung bei der Berechnung der Versorgungsansprüche wie folgt zu differenzieren:

- für die Zeit bis zum 17.05.1990 *(Urteil des Europäischen Gerichtshofes in der Rechtssache Barber, EuGH DB 1990, 1824)* ist die Berechnung nach der deutschen Regelung (BetrAVG) vorzunehmen,
- für die Zeit ab 17.05.1990 ist die Berechnung unter Berücksichtigung eines Rentenzugangsalters von 60 Jahren durchzuführen *(BAG 03.06.1997, DB 1997, 1778)*.

Soweit ein Betriebsrentenanspruch auf Beschäftigungszeiten vor dem 17.05.1990 beruht, ist der Arbeitgeber aus Gründen der Gleichbehandlung **nicht** verpflichtet, einem **schwerbehinderten Arbeitnehmer** ebenso wie einer Arbeitnehmerin die Möglichkeit zu geben, betriebliche Altersrente mit Vollendung des 60. Lebensjahres ohne Abschläge in Anspruch zu nehmen *(BAG 23.05.2000, EzA § 1 BetrAVG Gleichbehandlung Nr. 20)*. Eine Ungleichbehandlung von Arbeitnehmerinnen und schwerbehinderten männlichen Arbeitnehmern über das Rentenzugangsalter in einer betrieblichen Ruhegeldordnung ist nicht gleichheitswidrig, da diese beiden Vergleichsgruppen anderen rechtlichen Ordnungsbereichen angehören.

VII. Änderung der Vergütung

1. Einzelvertragliche Änderung

Die Arbeitsvertragsparteien können die im Arbeitsvertrag oder in einer gesonderten Abrede vereinbarte Vergütungshöhe jederzeit durch eine neue Vereinbarung beliebig ändern. Einschränkungen bestehen jedoch dann, wenn **beide Arbeitsvertragsparteien tarifgebunden sind**. In diesem Fall darf durch die Änderung die tarifliche Vergütung nicht unterschritten werden (§ 4 Abs. 3 TVG, vgl. oben → Rz. 2401).

2421

Zu beachten ist, dass eine entsprechende **Vertragsänderung auch stillschweigend** geschehen kann. Zahlt der Arbeitgeber z.B. wiederholt eine höhere Vergütung, so kann diese Vergütung Vertragsbestandteil werden, ohne dass es einer ausdrücklichen Vertragsänderung bedarf (z.B. Betriebliche Übung, vgl. unten → Rz. 2457c).

Etwaige Überzahlungen der vertraglich vereinbarten Vergütung sollten daher stets unter Vorbehalt und dem ausdrücklichen Hinweis erfolgen, dass hierdurch die bestehenden Vereinbarungen über die Vergütung nicht berührt werden.

Ist der Arbeitgeber auf Grund Betriebsvereinbarung zu **jährlichen Gehaltsüberprüfungen** verpflichtet, so lassen auch mehrfache Gehaltserhöhungen nach den selben Kriterien regelmäßig keine betriebliche Übung entstehen, die den Arbeitgeber zu weiteren Gehaltserhöhungen verpflichten (*BAG 16.09.1998, EzA § 242 BGB betriebliche Übung Nr. 41*).

Hat der Arbeitgeber aber einseitig eine geringere als die geschuldete Vergütung gezahlt, so wird selbst dann kein Einverständnis des Arbeitnehmers anzunehmen sein, wenn dieser die Kürzung über längere Zeit hingenommen hat. Eine stillschweigende Verkürzung der Vergütung scheidet praktisch aus. Erforderlich ist immer eine ausdrückliche Vereinbarung.

2. Änderung durch Betriebsvereinbarung

2421a Vergütungsansprüche aus einer Betriebsvereinbarung (z.B. über eine längerfristige Entgeltfortzahlung im Krankheitsfall) begründen für den Arbeitnehmer keinen rechtlich geschützten Besitzstand. Die Änderung/Verschlechterung dieser Ansprüche durch eine nachfolgende Betriebsvereinbarung ist rechtlich in der Regel unbedenklich (*BAG 15.11.2000, EzA § 77 BetrVG Ablösung Nr. 2*). Durch Betriebsvereinbarung gewährte Ansprüche können also auch durch Betriebsvereinbarung wieder beseitigt werden.

3. Tarifvertragliche Änderung

2421b Soweit beide Arbeitsvertragsparteien tarifgebunden sind oder die Anwendbarkeit eines Tarifvertrages vereinbart haben, ändert sich die Höhe der geschuldeten Mindestvergütung unmittelbar mit einer entsprechenden Änderung des Tarifvertrages (vgl. → Rz. 2401). Einer besonderen Abrede der Arbeitsvertragsparteien bedarf es hierfür jeweils nicht. Der Zeitpunkt der Änderung richtet sich nach dem Inkrafttreten des Tarifvertrages.

Zulässig und für die Arbeitsvertragsparteien bindend ist auch eine Vereinbarung der Tarifvertragsparteien über eine **rückwirkende Tariflohnsenkung**. Mithin können auch bereits entstandene und fällig gewordene, aber noch nicht abgewickelte Ansprüche, die aus einer Tarifnorm folgend (sog. »wohlerworbene Rechte«) während der Laufzeit eines Tarifvertrages rückwirkend verändert, also auch gesenkt werden (entgegen der früheren Rechtsprechung hierzu grundlegend *BAG 23.11.1994, EzA § 1 TVG Rückwirkung Nr. 3*).

Diese Gestaltungsfreiheit der Tarifvertragsparteien ist jedoch durch den **Grundsatz des Vertrauensschutzes des Normunterworfenen** begrenzt. Das Vertrauen in die Fortgeltung einer Tarifnorm ist z.B. dann nicht mehr schutzwürdig, wenn und sobald der Normunterworfene, also der Arbeitnehmer, mit deren Änderung rechnen muss.

Dies ist z.B. der Fall, wenn die Tarifvertragsparteien eine »gemeinsame Erklärung« über den Inhalt der Tarifänderung und dem beabsichtigten Zeitpunkt ihres Inkrafttretens vor Abschluss des Tarifvertrages abgegeben haben und diese dem betroffenen Kreisen bekannt gemacht wird (*BAG a.a.O.*). Auf die Kenntnis des jedes einzelnen betroffenen Arbeitnehmers kommt es dann für den Wegfall seines Vertrauensschutzes nicht mehr an. Entsprechendes gilt auch bei nur inhaltlich übereinstimmenden Erklärungen der Tarifvertragsparteien. Selbst wenn solche Erklärungen nicht vorliegen, können auch andere Umstände geeignet sein, eine rückwirkende Änderung ungekündigter kollektiver Normen anzukündigen und damit das schutzwürdige Vertrauen in dem unveränderten Bestand der Tarifregelung zu beseitigen. Dabei ist dann auf eine **Gesamtbetrachtung** des Geschehensablaufs und seiner Ursache abzustellen. Im Einzelfall kann danach auch eine schwierige wirtschaftliche Lage der Mitglieder des tarifschließenden Arbeitgeberverbandes trotz anderslautender Forderungen der tarifschließenden Gewerkschaft geeignet sein, den Vertrauensschutz zu beseitigen, da die Tarifpraxis zeigt, dass die von den Tarifvertragsparteien bei Verhandlungsbeginn verkündeten Verhandlungszielen regelmäßig nicht voll durchgesetzt werden (*BAG 17.05.2000, EzA § 1 TVG Rückwirkung Nr. 5*).

4. Anrechnung übertariflicher Vergütung auf tarifliche Erhöhung

Zahlt der Arbeitgeber eine übertarifliche Vergütung, so stellt sich bei tariflichen Lohnerhöhungen die Frage, ob der Arbeitgeber die Erhöhung in vollem Umfang an den Arbeitnehmer weitergeben muss oder ob er die bereits gezahlte übertarifliche Vergütung auf die tarifliche Erhöhung anrechnen kann. Die Antwort ergibt sich in erster Linie aus dem Inhalt der zwischen den Arbeitsvertragsparteien getroffenen Vereinbarungen. 2421c

Soweit ein Betriebsrat besteht, sind dessen Rechte zu wahren (vgl. → Rz. 2428). Immer zu beachten ist der Gleichbehandlungsgrundsatz (vgl. oben → Rz. 2416).

a) Anrechnungsvorbehalt

Die Anrechnung ist zulässig, wenn die Arbeitsvertragsparteien dies im Arbeitsvertrag oder einer sonstigen vertraglichen Abrede vereinbart haben (sog. Anrechnungsvorbehalt). Dabei kann sich der Anrechnungsvorbehalt sowohl auf übertarifliche Vergütungsbestandteile als auch auf echte Leistungs- bzw. Sonderzulagen beziehen. 2422

Eine Anrechnungsmöglichkeit kann **im Tarifvertrag selbst** vorgesehen sein. Von der Anrechnung kann der Arbeitgeber aber nur dann Gebrauch machen, wenn dies nach den die betriebliche Leistung begründenden Vereinbarungen zulässig ist, wenn also die betriebliche Leistung nicht »tariffest« ausgestaltet worden ist (*BAG 18.05.1994, EzA § 611 BGB Gratifikation, Prämie Nr. 112*).

Ist eine übertarifliche Zulage mit einem Anrechnungsvorbehalt verbunden, der sich **generell auf Tariflohnerhöhungen** bezieht, so erfasst dieser Vorbehalt im Zweifel allerdings nicht den Lohnausgleich für eine tarifliche Arbeitszeitverkürzung, wenn ein **Monatslohn** geschuldet ist (*BAG 07.02.1996, EzA § 87 BetrVG 1972 Betriebliche Lohngestaltung Nr. 55*). Anders hatte das BAG den Fall der Erhöhung eines **tariflichen Stundenlohnes** zum Ausgleich einer gleichzeitig vorgenommenen Arbeitszeitverkürzung beurteilt und die Zulässigkeit der Anrechnung bejaht (*BAG 29.04.1987, EzA § 4 TVG Metallindustrie Nr. 23*).

In Abweichung der vorgenannten Rechtssprechung hat das BAG dann entschieden, dass eine arbeitsvertragliche Abrede über die Anrechnung von Tariflohnerhöhungen auf eine übertarifliche Zulage den Arbeitgeber nicht berechtige, auch den Lohnausgleich für eine tarifliche Arbeitszeitverkürzung auf die Zulage anzurechnen *(BAG 03.06.1998, EzA § 4 TVG Tariflohnerhöhung Nr. 33)*. Mithin ist die Anrechnung unzulässig unabhängig davon, ob ein tariflicher Monats- oder Stundenlohn vereinbart ist.

Diese Rechtssprechung wurde zwischenzeitlich bestätigt *(BAG 15.03.2000, EzA § 4 TVG Tariflohnerhöhung Nr. 34)* und dahingehend konkretisiert, dass sich die Anrechnung eines tariflichen Lohnausgleichs für eine tarifliche Arbeitszeitverkürzung auf eine ebenfalls tariflich geregelte Bestandsschutzzulage allein nach der **Auslegung der einschlägigen tariflichen Regelung** richtet *(BAG 09.08.2000, EzA § 4 TVG Tariflohnerhöhung Nr. 35)*. Für die Frage der Zulässigkeit einer Anrechnung von Lohnausgleich für eine tarifliche Arbeitszeitverkürzung ist also zunächst und vorrangig danach zu differenzieren, ob die Zulage, auf die die Anrechnung erfolgen soll, arbeitsvertraglich oder tarifvertraglich vereinbart ist.

Wird eine um drei Monate hinausgeschobene lineare Tariferhöhung durch eine tarifliche **Einmalzahlung** abgegolten, kann darauf – vorbehaltlich der Mitbestimmung des Betriebsrats (vgl. unten → Rz. 2428) – eine übertarifliche Zulage angerechnet werden *(LAG Nürnberg 04.05.2001, EzA-SD 13/01, 11)*.

b) Widerrufsvorbehalt

2423 Ist ein Widerrufsvorbehalt wirksam vereinbart (vgl. → Rz. 2432), kann die Anrechnung auch in Form des Widerrufs der gewährten übertariflichen Zulage bis zur Höhe der Tariflohnerhöhung erfolgen.

c) Aufstockungsvereinbarung

2424 Im selben Maße wie die Arbeitsvertragsparteien einen Anrechnungsvorbehalt vereinbaren können, steht es ihnen auch frei, eine so genannte Aufstockungsvereinbarung zu treffen. Nach dem Inhalt dieser Vereinbarung ist der Arbeitgeber dann verpflichtet, die Tariflohnerhöhung zusätzlich zur bislang gezahlten Vergütung zu gewähren. Eine Anrechnung scheidet dann aus.

d) Zulässigkeit der Anrechnung bei fehlender vertraglicher Regelung

2425 Haben die Arbeitsvertragsparteien keine Vereinbarung über die Anrechnung übertarifvertraglicher Vergütungsbestandteile auf tarifvertragliche Lohnerhöhungen getroffen, so ist eine Anrechnung in der Regel zulässig, wenn es sich bei dem übertariflichen Vergütungsbestandteil um eine **allgemeine Zulage** handelt, die nicht in Verbindung mit besonderen Leistungen oder Erschwernissen gewährt wird.

Dies gilt selbst dann, wenn die übertarifliche Zulage über Jahre hinweg gewährt und eine Tariflohnerhöhung bislang jeweils in vollem Umfang an die Arbeitnehmer weitergegeben wurde. Dennoch sollte bei einer wiederholten Weitergabe von Tariflohnerhöhungen beachtet werden, dass diese Handhabung unter Umständen auch zur Annahme einer **stillschweigend vereinbarten Aufstockungsabrede** führen kann (vgl. oben → Rz. 2421 sowie → Rz. 2457). Um diese Risiken zu vermeiden, sollten auch übertarifliche Zulagen nur unter ausdrücklichem Vorbehalt gewährt werden.

e) Unzulässigkeit der Anrechnung bei fehlender vertraglicher Regelung

Bei fehlender einzelvertraglicher Vereinbarung über die Anrechenbarkeit übertariflicher Vergütungsbestandteile wird die Auslegung des Arbeitsvertrages regelmäßig ergeben, dass so genannte **echte Leistungszulagen oder Sonderzulagen** für Erschwernisse nicht auf eine tarifliche Erhöhung angerechnet werden dürfen. 2426

Die bislang gezahlte Zulage ist dann in vollem Umfang auf den neuen Tariflohn aufzustocken.

Allerdings gibt es eine **Ausnahme:**

Wird eine tarifliche Zulage für den gleichen Zweck gewährt wie die schon gezahlte übertarifliche Leistungszulage, so kann der Arbeitgeber die bislang gezahlte Leistungs- bzw. Sonderzulage anrechnen.

BEISPIEL:
Der Arbeitnehmer erhält aufgrund seines Arbeitsvertrages eine übertarifliche Schmutzzulage von 15,00 EUR im Monat. Nunmehr sieht ein anwendbarer Tarifvertrag eine Schmutzzulage von 25,00 EUR vor.
In diesem Fall hat der Arbeitgeber die Zulage um 10,00 EUR zu erhöhen.

Die Zulage zur Abgeltung der mit dem Vierschichtbetrieb verbundenen besonderen Belastungen ist tarifbeständig, wenn kein Anrechnungsvorbehalt ausdrücklich vereinbart worden ist *(BAG 23.03.1993, DB 1993, 1980)*. Diese Entscheidung wird auf jede **Schichtzulage** zu übertragen sein. Von daher ist dringend die Vereinbarung eines Anrechnungsvorbehaltes zu empfehlen. Unzulässig ist bei fehlender vertraglicher Regelung im Zweifel auch die Anrechnung auf den Lohnausgleich für eine tarifliche Arbeitszeitverkürzung (vgl. oben → Rz. 2422).

f) Effektivklausel im Tarifvertrag

Häufig sind in Tarifverträgen so genannte Effektivklauseln enthalten, die verhindern sollen, dass der Arbeitgeber übertarifliche Vergütungsbestandteile auf die Tariferhöhung anrechnen kann. 2427

Derartige Klauseln lauten z.B.:

»Die Tariflohnerhöhung ist effektiv zu gewähren.«; »Die Tariflohnerhöhung ist in jedem Fall zusätzlich zum tatsächlich gezahlten Lohn zu gewähren.«

Diese Effektivklauseln sind im allgemeinen **unwirksam**, da sie nicht zur Festsetzung eines einheitlichen Mindestentgelts, sondern zu einer individuellen Lohnfestsetzung führen, die in Tarifverträgen unzulässig ist *(BAG 21.07.1993, DB 1994, S. 1294)*. Daher sind derartige Klauseln für den Arbeitgeber unbeachtlich. Die Anrechnung von übertariflicher Vergütung auf Tariflohnerhöhungen wird durch solche tarifvertraglichen Regelungen nicht eingeschränkt.

Soweit in Tarifverträgen bestimmt ist, dass die »das Tarifgehalt« bis zu ...% übersteigenden einzelvertraglichen Gehaltsteile »wie Tarifgehalt behandelt« werden, ist über die Wirksamkeit derartiger Bestimmungen vom BAG noch nicht abschließend entschieden worden. Voraussetzung für einen anspruchsbegründenden Inhalt derartiger Regelungen ist jedoch, dass einzelvertraglich ein Gehalt vereinbart ist, dass das Tarifgehalt aus dem geltenden und nicht etwa aus dem abgelösten Gehaltstarifvertrag überschreitet *(BAG 18.02.1998, EzA § 4 Tariflohnerhöhung Nr. 29)*.

g) Beteiligung des Betriebsrates

2428 Nach § 87 Abs. 1 Nr. 10 BetrVG hat der Betriebsrat ein Mitbestimmungsrecht bei Fragen der betrieblichen Lohngestaltung. Soweit ein solches Mitbestimmungsrecht besteht, kann der Betriebsrat dieses Mitbestimmungsrecht auch in Form einer Regelungsabrede ausüben *(BAG 24.04.2001, EzA § 87 BetrVG 1972 Betriebliche Lohngestaltung Nr. 71)*. Wird das Mitbestimmungsrecht des Betriebsrats verletzt, ist eine Anrechnung übertariflich gewährter Vergütung regelmäßig unwirksam und zwar in voller Höhe. Ohne Bedeutung ist insoweit, dass der Arbeitgeber mitbestimmungsfrei entscheiden kann, ob und inwieweit er die für die Zulage insgesamt zur Verfügung gestellten Mittel verringern will *(BAG 09.07.1996, DB 1997, 332)*.

Mitbestimmungsfrei ist die Anrechnung, wenn dadurch das Zulagenvolumen völlig aufgebraucht wird oder die Tariflohnerhöhung vollständig und gleichmäßig auf die über-/außertarifliche Zulage angerechnet wird. Dagegen besteht ein Mitbestimmungsrecht des Betriebsrats, wenn sich durch die Anrechnung die Verteilungsgrundsätze ändern und darüber hinaus für eine anderweitige Anrechnung bzw. Kürzung ein Regelungsspielraum verbleibt *(BAG GS 03.12.1991, BB 1992, 1418)*. Das ist immer dann der Fall, wenn entweder nur einzelne Arbeitnehmer von der Anrechnung betroffen sind oder eine Anrechnung in unterschiedlicher Weise erfolgt.

BEISPIEL:

Der Arbeitgeber nimmt einige Arbeitnehmer von der Anrechnung aus, bei einigen Arbeitnehmern wird die übertarifliche Vergütung voll auf die Tariflohnerhöhung angerechnet, bei anderen Arbeitnehmern erfolgt nur eine teilweise Anrechnung.

Zu beachten ist, dass auch eine prozentual gleichmäßige Anrechnung sämtlicher Zulagen zu einer Änderung der Verteilungsgrundsätze führen kann. Eine solche Änderung liegt nur dann nicht vor, wenn der Arbeitgeber einen bestimmten Prozentsatz der Tariflohnerhöhung auf jede Zulage anrechnet und die Zulagen in einem einheitlichen und gleichen Verhältnis zum jeweiligen Tariflohn stehen und die Tariflöhne um den gleichen Prozentsatz erhöht werden.

BEISPIEL:

Der Arbeitgeber zahlt allen Arbeitnehmern eine 10 %ige übertarifliche Zulage. Bei einer Tariflohnerhöhung um 6 % will der Arbeitgeber 4 % auf die übertarifliche Zulage anrechnen.

Vor der Tariflohnerhöhung erhielten A: 1.000 EUR + Zulage 100 EUR; B: 1.500 EUR + 150 EUR; C: 2.500 EUR + 250 EUR..

Die beabsichtigte Anrechnung kann mitbestimmungsfrei erfolgen. Nach einer Anrechnung erhalten A 60 EUR, B 90 EUR und C 150 EUR als Zulage. Das Verhältnis der Zulagen untereinander (2:3:5) und damit der Verteilungsgrundsatz bleiben durch die Anrechnung unverändert. In allen anderen Fällen der Anrechnung der Tariflohnerhöhung auf die Zulagen mit einem bestimmten Prozentsatz handelt es sich dagegen um eine Änderung der Verteilungsgrundsätze (vgl. BAG GS, a.a.O.).

Bei der Frage, ob eine vorgenommene Anrechnung einer Tariferhöhung auf übertarifliche Zulagen zu einer Änderung der Verteilungsgrundsätze führt und ein Regelungsspielraum verbleibt, hat eine Entgelterhöhung bei Angestellten in Leitungspositionen, deren Gehälter aufgrund einer betrieblichen Regelung nicht unerheblich oberhalb der höchsten Tarifgruppe liegen, außer Betracht zu bleiben. Das Mitbestimmungsrecht des Betriebsrates erstreckt sich nicht auf das Verhältnis einzelner Entgeltsysteme innerhalb des Betriebes, die durch Unterschiede der Tätigkeiten der Arbeitnehmer bedingt sind *(BAG 19.09.1995, EzA § 87 BetrVG 1972 Betriebliche Lohngestaltung Nr. 53).*

Dagegen ist das Mitbestimmungsrecht des Betriebsrates verletzt, wenn der Arbeitgeber eigene Verteilungsgrundsätze vorgibt, über die er keine Verhandlungen zulässt, sondern für den Fall abweichender Vorstellungen des Betriebsrates von vornherein eine mitbestimmungsfreie Vollanrechnung vorsieht. Widerspricht der Betriebsrat in einem solchen Fall hingegen nicht der Verteilung, sondern der Kürzung des Leistungsvolumens, überschreitet er sein Mitbestimmungsrecht mit der Folge, dass der Arbeitgeber daraufhin rechtlich nicht zu beanstanden eine Vollanrechnung durchführen kann *(BAG 26.05.1998, EzA § 87 BetrVG 1972 Betriebliche Lohngestaltung Nr. 65).* Hieraus und aus dem Gebot der vertrauensvollen Zusammenarbeit (§ 2 BetrVG) folgt für die betriebliche Praxis, dass der Arbeitgeber bei einer beabsichtigten (mitbestimmungspflichtigen) **teilweisen Anrechnung** hierüber mit dem Betriebsrat **ernsthafte Verhandlungen,** ggf. bis hin zum Spruch der Einigungsstelle, zu führen hat, und ein Junktim, nach dessen Inhalt bei Ablehnung der vom Arbeitgeber vorgeschlagenen teilweisen Anrechnung durch den Betriebsrat eine Vollanrechnung erfolgen wird, unzulässig ist. Zu einer Unwirksamkeit der Anrechnung führt ein solches Junktim jedoch nur dann, wenn sich der Widerspruch des Betriebsrates hiergegen auf die Verteilung des Zulagenvolumens bezieht.

In Abgrenzung zur mitbestimmungsfreien Einzelfallregelung hat das BAG ausdrücklich entschieden, dass eine Änderung der Verteilungsgrundsätze vorliegt, wenn

- der Arbeitgeber eine Tariflohnerhöhung auf die einer Vielzahl von Arbeitnehmern gewährte übertarifliche Zulage in Einzelfällen wegen schlechter Arbeitsleistung anrechnet,
- der Arbeitgeber die Anrechnung auf – nicht näher dargelegte – »verhaltensbedingte Gründe« stützt,
- der Arbeitgeber die Anrechnung mit der absehbaren Beendigung des Arbeitsverhältnisses bzw. mit der geringeren Betriebszugehörigkeit begründet,
- der Arbeitgeber in Einzelfällen die Anrechnung damit begründet, es habe bereits kurz zuvor eine Anhebung der Vergütung der betroffenen Arbeitnehmer stattgefunden *(BAG 27.10.1992, DB 1993, 1143).*

Ein Fall des verbleibenden **Regelungsspielraumes** liegt ferner vor, wenn

- ein Arbeitgeber übertarifliche Zulagen, die er in unterschiedlicher Höhe gewährt, voll auf eine neugeschaffene tarifliche Zulage anrechnen will und
- gleichzeitig mit der Einführung der neuen Tarifzulage auch die Tarifgehälter linear erhöht werden und der Arbeitgeber nicht nur die Tarifgehälter entsprechend anhebt, sondern auch – ohne Rechtspflicht – seine übertariflichen Zulagen *(BAG 14.02.1995, EzA § 87 BetrVG 1972 Betriebliche Lohngestaltung Nr. 50).*

Um eine mitbestimmungspflichtige Änderung der Entlohnungsgrundsätze handelt es sich auch, wenn die zunächst erfolgte volle Anrechnung einer Tariferhöhung auf übertarifliche Zulagen und die wenig später erklärte Zusage einer neuen übertariflichen Leistung auf einer **einheitlichen Konzeption** des Arbeitgebers beruhen *(BAG 17.01.1995, EzA § 77 BetrVG 1972, Nr. 54).*

2430 Ein **mitbestimmungspflichtiger** kollektiver Tatbestand liegt regelmäßig auch dann vor, wenn die Tariflohnerhöhung gegenüber einem Teil der Arbeitnehmer angerechnet wird, weil sie nach Auffassung des Arbeitgebers zu viele Tage infolge Krankheit gefehlt haben. Eine Anrechnung ist jedoch **mitbestimmungsfrei**, wenn sie auf Wunsch eines Arbeitnehmers zur Vermeidung steuerlicher Nachteile vorgenommen wird.

Zahlt der Arbeitgeber übertarifliche Zulagen, deren **jederzeitigen Widerruf** er sich gegenüber einem Teil der Belegschaft vorbehalten hat, hat der Betriebsrat gleichwohl mitzubestimmen, wenn der Arbeitgeber die Steigerungen des Tarifgehalts aufgrund von Alterssprüngen, Höhergruppierungen oder Erhöhungen der tariflichen Leistungszulage bei dem jeweils betroffenen Arbeitnehmer auf die übertarifliche Zulage anrechnet *(BAG 22.04.1997, EzA § 87 BetrVG 1972 Nr. 60).*

Ist der Arbeitgeber aus Anlass einer Tariflohnerhöhung auch zur Anhebung einer mit dem Arbeitnehmer (arbeitsvertraglich) vereinbarten Zulage gehalten, bilden diese rechtlichen Verpflichtungen eine Einheit. Rechnet der Arbeitgeber nur den auf die Zulage entfallenden Steigerungsbetrag auf eine freiwillige Zulage an, ist das Mitbestimmungsrecht des Betriebsrates zu beachten *(BAG 24.04.2001, EzA § 87 BetrVG 1972 Betriebliche Lohngestaltung Nr. 71).*

Tarifliche Regelungen stehen dem Mitbestimmungsrecht des Betriebsrates im allgemeinen nicht entgegen. Dies gilt jedenfalls dann, wenn das Mindestentgelt im Tarifvertrag geregelt ist und der Arbeitgeber darüber hinaus eine betriebliche über-/außertarifliche Zulage gewährt.

Noch nicht abschließend geklärt ist, unter welchen Voraussetzungen eine mitbestimmungswidrige Anrechnung von Tariflohnerhöhungen nachträglich geheilt werden kann. Das BAG hatte in einem jüngst entschiedenen Fall eine Rückwirkung u.a. mit der Begründung verneint, dass der später herbeigeführte Spruch der Einigungsstelle zu einer möglichen Rückwirkung nichts aussagte *(BAG 19.09.1995, Pressemitteilung Nr. 45/95, EzA-SD Heft 20/95).* Der Arbeitgeber sollte daher im Verfahren vor der Einigungsstelle unbedingt darauf hinwirken, dass eine **Rückwirkung ausdrücklich vereinbart** wird.

5. Einseitige Änderung durch den Arbeitgeber

Der Arbeitgeber ist grundsätzlich nicht berechtigt, die Vergütung des Arbeitnehmers einseitig zu ändern. Dies gilt sowohl für einseitige Änderungen der Vergütungsform (vgl. → Rz. 2436 ff.), selbst wenn das zu einer möglichen Erhöhung des Arbeitsentgelts führt, als auch für Kürzungen der Vergütung. 2431

a) Widerrufsvorbehalt

Die Kürzung der Vergütung kann aber zulässig sein, wenn die Arbeitsvertragsparteien einen so genannten Widerrufsvorbehalt vereinbart haben, wonach der Arbeitgeber zu einer einseitigen Kürzung der Vergütung berechtigt ist. Allerdings sind für die Vereinbarung eines solchen Widerrufsvorbehalts enge Grenzen gesetzt (vgl. → Rz. 2470). 2432

Ein Widerrufsvorbehalt ist nichtig, wenn er zur **Umgehung des zwingenden Kündigungsschutzes** führt (§ 134 BGB). Dies wird regelmäßig anzunehmen sein, wenn wesentliche Elemente des Arbeitsvertrages einer einseitigen Änderung unterliegen sollen, wodurch das Gleichgewicht zwischen Leistung und Gegenleistung grundlegend gestört würde.

Daher ist bei Vereinbarung eines Widerrufsvorbehalts Vorsicht geboten! Wesentliche Vergütungsbestandteile dürfen vom Widerrufsvorbehalt nicht erfasst werden.

Eine Zulage von ca. 15 % der Gesamtbezüge des Arbeitnehmers stellt in der Regel noch keinen wesentlichen Vergütungsbestandteil dar *(BAG 15.11.1995, EzA § 315 BGB Nr. 45).*

Darüber hinaus ist zu beachten, dass der Widerruf grundsätzlich nur in den **Grenzen billigen Ermessens** ausgeübt werden darf (§ 315 Abs. 1 BGB). Dies gilt selbst dann, wenn sich der Arbeitgeber den Widerruf ausdrücklich nach freiem Ermessen vorbehalten hat *(BAG 13.05.1987, EzA § 315 BGB Nr. 34).*

Hat der Arbeitgeber sich den Wiederruf rechtswirksam vorbehalten, so bewirkt seine Wiederrufserklärung nur dann das Erlöschen des arbeitnehmerseitigen Anspruchs, wenn sie dem Arbeitnehmer **vor** der vertraglich vereinbarten Fälligkeit des Anspruchs **zugeht** *(BAG 11.04.2000, EzA § 611 BGB Gratifikation, Prämie Nr. 160).*

b) Änderungskündigung

2433 Scheidet ein Widerruf aus und gelangen die Arbeitsvertragsparteien zu keiner Einigung über eine Kürzung der Vergütung, so bleibt dem Arbeitgeber nur noch die Möglichkeit der Änderungskündigung (vgl. → Rz. 4531 ff.).

> **Muster**
>
> »Aufgrund wirtschaftlicher Schwierigkeiten sehe ich mich leider nicht mehr in der Lage, Sie zu den vereinbarten Bedingungen weiter zu beschäftigen. Ich bin daher gezwungen, hiermit den Arbeitsvertrag fristgerecht zum ... zu kündigen.
>
> Gleichzeitig biete ich Ihnen die Fortsetzung des Arbeitsvertrages auf dem Ihnen bekannten Arbeitsplatz zu einem Stundenlohn von ... EUR statt wie bisher zu ... EUR zu ansonsten unveränderten Bedingungen an. Dieses Angebot halte ich bis 3 Wochen nach Zugang dieses Schreibens aufrecht. Die Rechte des Betriebsrats sind gewahrt.«

Achtung! Inwieweit aber zukünftig noch eine betriebsbedingte Änderungskündigung zum Zwecke der Personalkostensenkung durchsetzbar sein wird, ist zweifelhaft. Das BAG hat, z.T. in Abänderung der bisherigen Rechtsprechung, für die Zulässigkeit einer solchen Änderungskündigung folgende Kriterien aufgestellt:

Bei der Prüfung, ob ein dringendes betriebliches Erfordernis zu einer Entgeltkürzung durch Änderungskündigung besteht, ist auf die wirtschaftliche Situation des **Gesamtbetriebes**, nicht eines unselbständigen Betriebsteils abzustellen.

- Ist eine Entgeltkürzung mittels Änderungskündigung durch dringende betriebliche Erfordernisse gerechtfertigt, so ist der Arbeitgeber regelmäßig nicht berechtigt, einzelne Arbeitnehmer, auch nicht allein die Arbeitnehmer einer mit **Verlust arbeitenden Abteilung**, herauszugreifen und ihr Entgelt einschneidend zu kürzen, während das Entgelt der überwiegenden Mehrzahl der Belegschaft unangetastet bleibt.
- Wird eine Entgeltkürzung nur mit vorrübergehenden wirtschaftlichen Verlusten begründet, müssen die Arbeitnehmer jedenfalls billigerweise keine Entgeltsenkung **auf Dauer** hinnehmen (*BAG 20.08.1998, EzA § 2 KSchG Nr. 31*).

Die wesentliche Neuerung/Verschärfung für die betriebliche Praxis durch die vorgenannten Entscheidung besteht darin, dass Personalkosten nicht mehr gezielt in mit Verlust arbeitenden Abteilungen reduziert werden können, sondern nur noch unter Einbeziehung der Personalkosten für alle im Betrieb tätigen Arbeitnehmer.

Abzuwarten bleiben, ob eine Änderungskündigung, auch nach vorgenannten strengen Kriterien, zum Zwecke der Entgeltreduzierung überhaupt noch zulässig ist. Das LAG Berlin hat entschieden: eine Änderungskündigung allein zum Zwecke der Entgeltreduzierung ist nicht sozial gerechtfertigt. Die Einführung einer neuen Lohnfindungsmethode allein ist kein betriebsbedingter Grund für eine Änderungskündigung (*LAG Berlin 21.08.1998, LAGE § 2 KSchG Nr. 34, Revision zu gelassen*).

Grundsätzlich unzulässig ist eine so genannte Teilkündigung, mit der der Arbeitgeber sich nicht von dem gesamten Arbeitsvertrag sondern lediglich von der Vergütungsabrede lösen will.

c) Kürzung von Jahressonderzahlungen

Ob der Arbeitgeber berechtigt ist, zugesagte Jahressonderzahlungen aufgrund fehlender Arbeitsleistung zu kürzen, hängt von der vertraglichen Regelung und wesentlich von dem Zweck ab, der mit dieser Zahlung verfolgt wird. Dieser Zweck (**reiner Entgeltcharakter, Belohnung von zurückliegender/zukünftiger Betriebstreue, Mischcharakter**) ist ggf. durch Auslegung zu ermitteln.

2434

Ferner kommt es auf den Grund der Fehlzeiten an (fehlendes Arbeitsverhältnis, Fehlzeiten mit/ohne Lohnfortzahlung im bestehenden Arbeitsverhältnis). Die Vielzahl der denkbaren Fallgestaltungen kann hier nicht in allen Einzelheiten dargestellt werden. Eine ausführliche Übersicht gibt *Gaul, Der Zweck von Sonderzahlungen, BB 1994, 494 ff., 565 ff.*, unter Hinweis auf die neuere Rechtsprechung des BAG.

Danach ist eine arbeits-, tarifvertragliche oder durch Betriebsvereinbarung getroffene Regelung zulässig, nach der sich **Zeiten ohne tatsächliche Arbeitsleistung** anspruchsmindernd oder anspruchsausschließend auf die Sonderzahlung auswirken. Dies gilt ausdrücklich auch für Zeiten der unterbliebenen Arbeitsleistung, für die ein gesetzlicher Anspruch auf Fortzahlung des Arbeitsentgelts besteht *(BAG 26.10.1994, EzA § 611 BGB Anwesenheitsprämie Nr. 10).*

Dabei soll es unerheblich sein, **welche Ursachen** den krankheitsbedingten Fehlzeiten zugrunde liegen (vgl. aber auch oben → Rz. 2417). Fehltage aufgrund eines Arbeitsunfalls sollen daher ebenfalls zur Kürzung der Anwesenheitsprämie berechtigen *(LAG Düsseldorf 18.03.1998, LAGE § 611 BGB Anwesenheitsprämie Nr. 4, Revision zugelassen).* Das BAG hat diese Rechtsprechung bestätigt. Danach ist es zulässig, auch Fehltage eines Arbeitnehmers, die durch einen Arbeitsunfall verursacht worden sind, anspruchsmindernd zu berücksichtigen. Insbesondere enthält § 4 a Entgeltfortzahlungsgesetz keine Einschränkung dahingehend, dass eine krankheitsbedingte Arbeitsunfähigkeit, die infolge eines vom Arbeitnehmer im Betrieb des Arbeitgebers erlittenen Arbeitsunfalls eingetreten ist, die Kürzungsmöglichkeit bei Sondervergütungen ausschließt *(BAG 15.12.1999, EzA SD 10/00, 12).*

Sieht ein Tarifvertrag die anteilige Kürzung einer Jahressonderzuwendung für alle Zeiten vor, in denen das Arbeitsverhältnis »kraft Gesetzes oder Vereinbarung oder aus sonstigen Gründen« ruht, erfasst eine solche Regelung mangels anderer Hinweise auf das **Ruhen während eines Streiks**. Eine unzulässige Maßregelung liegt hierin nicht *(BAG 03.08.1999, EzA Art. 9 GG Arbeitskampf Nr. 133).*

Eine Kürzung von Jahressonderzahlungen ist im Allgemeinen aber nur zulässig, wenn die Regelung auf Fehltage abstellt, die **vor dem Bekannt werden der Regelung** liegen. Eine auf die Zahl der in der Vergangenheit angefallenen Fehltage abstellende Differenzierung ist unwirksam, wenn sie nicht durch andere Sachgründe gerechtfertigt ist.

Fehlt eine entsprechende vertragliche Regelung, wird eine rückwirkende Kürzung von Jahressonderzahlungen im allgemeinen nur dann zulässig sein, wenn mit der Zahlung ausschließlich eine zusätzliche Vergütung für die in der Vergangenheit geleisteten Dienste bezweckt wird.

Von daher sollte bei der Gewährung von Jahressonderzahlungen deren Zweck ausschließlich auf eine zusätzliche Vergütung für die in der Vergangenheit geleisteten Dienste vertraglich beschränkt werden und gleichzeitig eine Quotelungsregelung für den Fall der unterbliebenen Arbeitsleistung infolge von Arbeitsunfähigkeit vereinbart werden.

Zu Jahressonderzahlungen vgl. auch oben → Rz. 2417, unten → Rz. 2458.

VIII. Grundsatz der Bruttolohnvergütung

2435 Bei dem vereinbarten oder tariflichen Arbeitsentgelt handelt es sich grundsätzlich um den Bruttobetrag. Nur wenn die Arbeitsvertragsparteien es ausdrücklich (**wortwörtlich**) vereinbart haben, schuldet der Arbeitgeber den vereinbarten Betrag als Nettovergütung. Eine solche Vereinbarung liegt aber nicht vor, wenn Arbeitgeber und Arbeitnehmer einvernehmlich zur Hinterziehung der Lohnsteuer und der Sozialversicherungsbeiträge zusammenwirken.

Eine wirksame Nettolohnvereinbarung bedeutet nicht zugleich die Verpflichtung, dass der Betrag ohne weitere Abzüge dem Arbeitnehmer zur Verfügung stehen muss, wenn es sich um Abzüge handelt, die sich in wesentlichen Punkten von denjenigen unterscheiden, mit denen der Arbeitgeber im Normalfall befasst ist. Da für die sich aus dem **Progressionsvorbehalt** (vgl. § 32 b EStG) ergebenden Steuern der Bezug zum Arbeitsentgelt fehlt, kann ohne eine ausdrücklich auf diese Steuer bezogene Vereinbarung eine Verpflichtung des Arbeitgebers zur Zahlung dieser Steuern aus einer Nettolohnvereinbarung im Allgemeinen nicht hergeleitet werden *(LAG Rheinland-Pfalz 16.12.1996, LAGE § 611 BGB Nettolohn, Lohnsteuer Nr. 5)*.

Zur Berechnung des Lohnsteuerabzugs bei einer Nettolohnvereinbarung vgl. → Rz. 8094 ff.

Eine Nettolohnvereinbarung sollte allerdings gut überlegt werden. Die Vergütung des Arbeitnehmers bleibt konstant. Das Risiko einer Änderung der Steuerklasse oder der Freibeträge des Arbeitnehmers trägt der Arbeitgeber. Nettolohnvereinbarungen sind daher in der betrieblichen Praxis eher selten. Regelmäßig ist der Arbeitnehmer Gläubiger einer Bruttolohnforderung.

Erhebt er **Klage auf Zahlung des Arbeitsentgelts**, so ist der Klageantrag grundsätzlich auf den Bruttobetrag zu richten. Soweit bereits Teilbeträge auf die Bruttolohnvergütung vom Arbeitgeber erbracht wurden (Vorschüsse, Abschlagszahlungen), kann der Bruttobetrag abzüglich des gezahlten Teilbetrages eingeklagt werden.

Die Frage, ob der Arbeitnehmer **Zinsen** vom Brutto- oder vom Nettobetrag der Vergütung verlangen kann, ist nunmehr abschließend geklärt. Entgegen der früheren Rechtsprechung kann der Arbeitnehmer die Verzugszinsen nach § 288 Abs. 1 Satz 1 BGB aus der in

Geld geschuldeten **Bruttovergütung** verlangen (*BAG 07.03.2001, EzA § 288 BGB Nr. 3*).Entsprechend des Klageantrags kann der Arbeitnehmer ggf. die **Zwangsvollstreckung** betreiben. Hat der Arbeitgeber zwischenzeitlich die Steuer- und Sozialversicherungsabgaben für den Arbeitnehmer entrichtet, so kann auch ein auf den Bruttobetrag lautendes Urteil nur in Höhe des Nettobetrages weiter vollstreckt werden.

Zu den Möglichkeiten des Arbeitgebers nach erfolgter Abführung von Steuer- und Sozialversicherungsabgaben eine weitere Vollstreckung des Arbeitnehmers aus einem auf den Bruttobetrag lautenden Titel zu verhindern vgl. unten → Rz. 2495 ff.

IX. Allgemeine Vergütungsformen

1. Zeitvergütung

Bei der Zeitvergütung wird die Arbeitsleistung des Arbeitnehmers nach Stunden, Tagen, Wochen oder Monaten vergütet. Dabei ist es unerheblich, ob der Arbeitnehmer gut oder schlecht arbeitet. Der Vergütungsanspruch des Arbeitnehmers entsteht **unabhängig von Quantität und Qualität** der geleisteten Arbeit. Der Arbeitgeber ist im Falle der Schlechtleistung (vgl. → Rz. 2294 ff.) nicht berechtigt, die vereinbarte Vergütung zu mindern. Ihm bleibt lediglich die Möglichkeit, bei verschuldeter Schlechtleistung vom Arbeitnehmer Schadensersatz zu verlangen und mit diesem Anspruch gegenüber dem Vergütungsanspruch im Rahmen der Pfändungsfreigrenzen aufzurechnen (vgl. → Rz. 2472 ff.). 2436

2. Akkordvergütung

Bei der Akkordvergütung hängt das Arbeitsentgelt von der **Menge der geleisteten Arbeit** ab. Dabei kann die Menge sowohl nach **Stückzahl** (Stück-Akkord), **Flächengröße** (Flächen-Akkord), **Längenmaßen** (Maß-Akkord), **Gewicht** (Gewicht-Akkord) oder nach einer größeren Aufgabe mit verschiedenen Arbeitsinhalten (Pauschal-Akkord) bemessen werden. 2437

Beim **Geldakkord** wird einer bestimmten Menge ein Geldbetrag (Geldfaktor) gegenübergestellt. Die Vergütung errechnet sich dann durch Multiplikation von Arbeitsmenge mal Geldfaktor.

BEISPIEL:

Eine Näherin erhält für jedes genähte Kleid 2,50 EUR (= Geldfaktor). Bei einer Stückzahl von 20 Kleidern beträgt ihr Akkordlohn 50,00 EUR.

Beim **Zeitakkord** wird eine nach wissenschaftlichen Prinzipien ermittelte Vorgabezeit festgesetzt, in der ein normaler Arbeitnehmer die geforderte Arbeit verrichten kann. Für diese Zeiteinheit wird dann ein bestimmter Geldbetrag (Geldfaktor) festgelegt. Diese festgelegten Zeiteinheiten werden mit einem bestimmten Geldbetrag vergütet, wobei unbeachtlich ist, ob der Arbeitnehmer diese Zeiteinheit unterschreitet oder überschreitet. Die

Vergütung errechnet sich dann durch Multiplikation von Arbeitsmenge mal Vorgabezeit mal Geldfaktor.

> **BEISPIEL:**
> Für die Fertigstellung eines Kleides wird eine Vorgabezeit von 15 Minuten mit einem Geldfaktor von 2,50 EUR festgelegt. Die Näherin näht nun in einer Stunde 6 Kleider. Ihr Akkordlohn hierfür beträgt 15,00 EUR. Bei Einhaltung der Vorgabezeit hätte sie nur 10,00 EUR verdient.

Beide vorstehenden Akkordformen können sowohl als **Einzel-** als auch als **Gruppenakkord** durchgeführt werden. Beim Einzelakkord wird die von dem einzelnen Arbeitnehmer erarbeitete Menge vergütet.

Beim Gruppenakkord erfolgt die Vergütung nach dem Leistungsergebnis einer Arbeitsgruppe. Die Vergütung wird dann auf die einzelnen Mitglieder der Arbeitsgruppe aufgeteilt, wobei die Aufteilung entweder durch den Arbeitgeber anhand der einzelnen Arbeitszeiten oder durch die Gruppe selbst vorgenommen werden kann.

Auch bei der Akkordvergütung trägt der Arbeitgeber das Risiko der Arbeitsqualität. Zulässig ist es allerdings, wenn die Arbeitsvertragsparteien vereinbaren, dass nur mangelfreie Arbeit vergütet wird (vgl. aber auch → Rz. 2296!).

Obgleich beim Akkord die Vergütung von der Menge der geleisteten Arbeit abhängt, ist der Arbeitnehmer verpflichtet, die Arbeitsleistung nach seiner persönlichen Leistungsfähigkeit zu erbringen (vgl. → Rz. 2019).

Bei der Festsetzung der Akkordsätze ist das **Mitbestimmungsrecht** des Betriebsrats zu beachten (§ 87 Abs. 1 Nr. 11 BetrVG).

3. Prämienlohnvergütung

2438 Bei der Prämienlohnvergütung wird dem Arbeitnehmer ein fester Mindestlohn garantiert. Darüber hinaus erhält er eine **leistungsabhängige Prämie**, die etwa von der Menge abhängig sein kann, aber auch von Qualität, Prozentsatz des Ausschusses, Ersparnissen an Material, Anwesenheit, Pünktlichkeit etc.

Der Vorteil eines Prämienlohnsystems liegt gegenüber der Akkordvergütung insbesondere darin, dass auch andere Anknüpfungspunkte als die Arbeitsmenge gewählt werden können.

Auch bei der Festsetzung der Prämiensätze hat der Betriebsrat ein Mitbestimmungsrecht (§ 87 Abs. 1 Nr. 11 BetrVG).

X. Provision als Sonderform der Vergütung

1. Einführung

Die Provision ist eine reine **erfolgsbezogene** Vergütung, die regelmäßig in Höhe eines bestimmten Prozentsatzes vom Wert des provisionspflichtigen Geschäftes gewährt wird.

2439

Als provisionspflichtig gelten die Geschäfte, die durch Mitwirkung des Arbeitnehmers zustande gekommen sind. Dabei kann der Arbeitnehmer den Geschäftsabschluss selbst unmittelbar herbeigeführt haben (Abschluss-, Vermittlungsprovision); ausreichend kann es aber auch sein, wenn er den Kunden zuvor für gleichartige Geschäfte geworben hat (vgl. → Rz. 2448).

Hiervon zu unterscheiden ist die so genannte Umsatzprovision, mit der der Arbeitnehmer an dem Wert sämtlicher Geschäfte einer Abteilung, eines Betriebes oder eines Unternehmens beteiligt wird.

Die Provisionspflicht des Arbeitgebers entsteht nur, wenn die Arbeitsvertragsparteien die **Zahlung einer Provision für bestimmte Geschäfte vereinbart haben**. Dies bietet sich für den Arbeitgeber vor allem dort an, wo ein bestimmtes Eigeninteresse des Arbeitnehmers am Erfolg seiner Tätigkeit geweckt werden soll. Häufig werden für Außendienstmitarbeiter mit Verkaufstätigkeit derartige Vereinbarungen sinnvoll sein, um Fleiß, Einfallsreichtum und Engagement zu fördern. Dabei kann die Provision sowohl als **Zulage** zur Grundvergütung gewährt werden, aber auch als **alleinige Vergütung** mit einem garantierten Fixum. Anstelle eines garantierten Fixums zum Ende eines Abrechnungszeitraumes kann auch die Zahlung eines festen monatlichen Betrages vereinbart werden, der später dann durch verdiente Provisionen auszugleichen ist.

Bei allen denkbaren Vertragsgestaltungen muss immer sichergestellt sein, dass der Arbeitnehmer durch vollen Einsatz seiner Arbeitskraft ein hinreichendes Einkommen erlangt. Andernfalls kann die Vergütungsvereinbarung wegen eines Verstoßes gegen die guten Sitten nichtig sein (§ 138 BGB).

Die Provision ist also nur begrenzt ein taugliches Mittel, um wirtschaftliche Risiken auf den Arbeitnehmer zu verlagern.

2. Gesetzliche Regelung der Provision

a) Handelsvertreter

Für den Handelsvertreter ist die Provision in den §§ 87 ff. HGB gesetzlich geregelt. Der Handelsvertreter ist aber kein Arbeitnehmer, sondern als **selbständiger Gewerbetreibender** ständig damit betraut, für einen anderen Unternehmer Geschäfte zu vermitteln oder in dessen Namen abzuschließen (§ 84 Abs. 1 Satz 1 HGB).

2440

Gleichwohl ist die gesetzliche Regelung über die Provision des Handelsvertreters hier von Interesse, da auch die Provision der Arbeitnehmer im Wesentlichen an den Bestimmungen für Handelsvertreter auszurichten ist (vgl. → Rz. 2441).

Deshalb ein kurzer **Überblick** auf die gesetzliche Regelung:

- **§ 87 HGB** definiert das provisionspflichtige Geschäft und regelt gleichzeitig den Provisionsanspruch des ausgeschiedenen Handelsvertreters.
- **§ 87a HGB** bestimmt, wann der Handelsvertreter den Anspruch auf die Provision endgültig erwirbt und zu welchem Zeitpunkt dieser Anspruch fällig wird.
- Höhe und Berechnung der Provision sind in **§ 87b HGB** geregelt.
- **§ 87c HGB** gewährt dem Handelsvertreter neben dem Anspruch auf Abrechnung bestimmte Kontrollrechte gegenüber dem Unternehmer.

b) Handlungsgehilfen und sonstige Arbeitnehmer

2441 Handlungsgehilfe ist derjenige Arbeitnehmer, der in einem Handelsgewerbe zur Leistung kaufmännischer Dienste gegen Entgelt angestellt ist (§ 59 HGB). Für Handlungsgehilfen sind die Vorschriften über die Provision der Handelsvertreter ebenfalls anwendbar (§ 65 HGB). **Ausgenommen** sind jedoch die Regelungen über die Bezirks- und Inkassoprovision. Den Arbeitsvertragsparteien steht es jedoch frei, einzelvertraglich entsprechende Regelungen zu vereinbaren.

Für diejenigen **Arbeitnehmer, die keine Handlungsgehilfen sind**, fehlt eine gesetzliche Regelung. Es besteht aber Einigkeit, dass auch die für den Handlungsgehilfen geltenden Vorschriften vereinbart und entsprechend angewendet werden können.

Wichtig ist aber folgendes: Bei der Anwendung der §§ 87 ff. HGB auf Arbeitnehmer sind immer die Unterschiede in der rechtlichen und wirtschaftlichen Stellung des Handelsvertreters einerseits und des Arbeitnehmers andererseits zu beachten. Dies bedeutet, dass nicht alle vertraglichen Gestaltungen, die gegenüber einem Handelsvertreter zulässig sind, auch auf den Arbeitnehmer übertragen werden können.

c) Unterscheidung zwischen Alt- und Neuverträgen

2442 Mit Ablauf des Jahres 1993 ist die bis dahin vorzunehmende Unterscheidung zwischen sog. Alt- und Neuverträgen weggefallen. Für alle Verträge gilt nunmehr ausschließlich das derzeitige Recht (vgl. § 29 EGHGB).

3. Provisionspflichtige Geschäfte im bestehenden Arbeitsverhältnis

2443 Provisionspflichtig sind alle im bestehenden Arbeitsverhältnis abgeschlossenen Geschäfte des Arbeitgebers, welche auf die Tätigkeit des Arbeitnehmers zurückzuführen sind oder mit Dritten abgeschlossen werden, die der Arbeitnehmer als Kunden für Geschäfte der gleichen Art geworben hat (§ 87 Abs. 1 Satz 1 HGB).

a) Geschäftsabschluss zwischen Arbeitgeber und Dritten

Die Provisionspflicht des Arbeitgebers setzt den Abschluss eines Geschäftes des Arbeitgebers mit einem Dritten zu einem Zeitpunkt voraus, an dem ein **wirksames Arbeitsverhältnis** zwischen den Arbeitsvertragsparteien bestanden hat.   2444

War der Arbeitsvertrag nichtig oder ist er wirksam angefochten, so gelten auch hier die Grundsätze über das faktische Arbeitsverhältnis (vgl. oben → Rz. 2407). Die Provisionspflicht besteht in bezug auf alle Geschäftsabschlüsse bis zu dem Zeitpunkt, an dem sich eine der Arbeitsvertragsparteien auf die Nichtigkeit beruft.

Wird das Geschäft erst **nach Beendigung** des Arbeitsvertrages abgeschlossen, kommt ebenfalls ein Provisionsanspruch des Arbeitnehmers in Betracht (vgl. → Rz. 2450).

Abgeschlossen ist ein Geschäft immer dann, wenn der Vertrag zwischen Arbeitgeber und dem Dritten **rechtswirksam** zustande gekommen ist. Ist der Abschluss nichtig, liegt auch kein provisionspflichtiges Geschäft vor.   2445

Problematisch ist in diesem Zusammenhang immer wieder die Frage, ob der Arbeitgeber berechtigt ist, den Abschluss eines angebahnten Geschäftes zu verweigern. Im Verhältnis zwischen Unternehmer und Handelsvertreter wird dies im allgemeinen bejaht. Ob dies auch so zwischen Arbeitgeber und Arbeitnehmer gelten kann ist zweifelhaft. Zumindest wird der Arbeitgeber den Abschluss nicht grundlos verweigern dürfen. Der Arbeitgeber ist also nicht völlig frei in seiner Entscheidung, ob er ein angebahntes Geschäft abschließt oder nicht. Will der Arbeitgeber den Abschluss verweigern, so bedarf es hierfür in der Regel eines **vernünftigen Grundes**.

Allerdings besteht eine Provisionspflicht auch nur dann, wenn der Arbeitnehmer mit dem Abschluss oder der Vermittlung des entsprechenden Geschäftes betraut war. Fällt das Geschäft nicht in den Aufgabenbereich des Arbeitnehmers, so wird im allgemeinen eine Provisionspflicht nicht gegeben sein.

Anlass für Meinungsverschiedenheiten ist in der betrieblichen Praxis auch häufig die Behandlung so genannter **Sukzessivlieferungs- oder Bezugsverträge**. Typisches Beispiel ist der Bierlieferungsvertrag. In diesen Fällen ist wie folgt zu differenzieren: 2446

- erfolgt der Abschluss mit der Maßgabe, dass bereits jetzt alle Leistungen als geschuldet vereinbart sind, der Abruf allerdings erst später erfolgen soll, so ist der gesamte Abschluss provisionspflichtig.
- sind dagegen lediglich spätere Aufträge in Aussicht gestellt, so ist das Geschäft nur insoweit provisionspflichtig, als bereits jetzt eine feste Abnahmeverpflichtung durch den Abschluss begründet wurde.

b) Mitwirkung des Arbeitnehmers

Eine Provisionspflicht setzt immer voraus, dass der Abschluss auf die Tätigkeit des Arbeitnehmers zurückzuführen ist. Das ist immer dann der Fall, wenn der Abschluss ohne die Mitwirkung des Arbeitnehmers nicht zustande gekommen wäre.   2447

Nicht erforderlich ist es, dass der Abschluss allein auf der Tätigkeit des Arbeitnehmers beruht. Wird ein Geschäftsabschluss durch **mehrere provisionsberechtigte Arbeitnehmer** herbeigeführt, so erwirbt jeder den vollen Provisionsanspruch, soweit nichts anderes vereinbart ist. Ein Anspruch auf Provision besteht aber trotz Mitwirkung des Arbeitnehmers nicht, wenn und soweit die Provision einem ausgeschiedenen Arbeitnehmer zusteht (§ 87 Abs. 1 Satz 2 HGB, vgl. → Rz. 2450).

c) Werbung neuer Kunden für gleichartige Geschäfte

2448 Die Provisionspflicht entsteht auch ohne erneute Mitwirkung des Arbeitnehmers, wenn dieser in der Vergangenheit den Dritten als neuen Kunden geworben hatte und der Arbeitgeber nun ein gleichartiges Geschäft mit diesem Kunden abschließt. Neu angeworben war der Kunde nur dann, wenn er zuvor überhaupt nicht oder nur auf einem anderen Gebiet mit dem Arbeitgeber des Arbeitnehmers in Geschäftsverbindung stand.

Der Arbeitnehmer hat dann einen Provisionsanspruch in Bezug auf alle nachfolgenden Geschäfte gleicher Art (**Nachbestellungen**).

4. Bezirksvertretungs- und Inkassoprovision

2449 Auch mit dem Arbeitnehmer kann eine so genannte Bezirksvertretungs- sowie eine Inkassoprovision vereinbart werden.

Bei der Bezirksvertretungsprovision wird dem Arbeitnehmer ein **bestimmter Verkaufsbezirk** zugewiesen. Er hat dann Anspruch auf Provision von allen Geschäften, die vom Arbeitgeber mit Personen seines Bezirkes oder seines Kundenkreises während des Arbeitsverhältnisses abgeschlossen werden (§ 87 Abs. 2 Satz 1 HGB). Auf eine Mitwirkung des Arbeitnehmers kommt es dann nicht an. Provisionspflichtig sind also auch die Direktgeschäfte des Arbeitgebers mit Dritten.

Zieht der Arbeitnehmer auftragsgemäß Beträge für den Arbeitgeber ein, so hat er auch Anspruch auf eine so genannte Inkassoprovision (§ 87 Abs. 4 HGB).

5. Provisionspflichtige Geschäfte des ausgeschiedenen Arbeitnehmers

2450 Soweit der Arbeitgeber noch während des bestehenden Arbeitsverhältnisses mit Dritten von dem später ausgeschiedenen Arbeitnehmer vermittelte Geschäfte abschließt, sind diese ohne weiteres provisionspflichtig.

Besonderheiten gelten aber dann, wenn der Abschluss des Geschäfts erst **nach Beendigung des Arbeitsvertrages** erfolgt. In diesem Fall hat der Arbeitnehmer dennoch Anspruch auf Provision, wenn er das Geschäft vermittelt hat oder es eingeleitet und so vorbereitet hat, dass der Abschluss überwiegend auf seine Tätigkeit zurückzuführen ist und gleichzeitig das Geschäft innerhalb einer angemessenen Frist nach Beendigung des Arbeitsverhältnisses abgeschlossen worden ist (§ 87 Abs. 3 Satz 1 Nr. 1 HGB).

Entscheidend sind die Umstände des Einzelfalles. Es ist also abzuwägen, ob dem ausgeschiedenen Arbeitnehmer oder seinem Nachfolger bzw. dem Arbeitgeber selbst der **überwiegende Verdienst** gebührt, den Vertragsabschluß herbeigeführt zu haben.

Für die Bestimmung der **angemessenen Frist** ist auf den Zeitraum abzustellen, in dem üblicherweise bei Geschäften dieser Art der Vertragsschluss nach der Anbahnung erfolgt.

Des weiteren besteht ein Provisionsanspruch des ausgeschiedenen Arbeitnehmers auch dann, wenn dem Arbeitnehmer oder dem Arbeitgeber das Angebot des Dritten zum Abschluss des Geschäfts noch **vor Beendigung des Vertragsverhältnisses** zugeht (§ 87 Abs. 3 Satz 1 Nr. 2 HGB).

Sowohl in den Fällen des § 87 Abs. 3 Satz 1 Nr. 1 HGB als auch bei Vorliegen der Voraussetzungen des § 87 Abs. 3 Satz 1 Nr. 2 HGB kann es allerdings zu einer **Provisionsteilung** zwischen dem ausgeschiedenen und dem nachfolgenden Arbeitnehmer kommen, wenn wegen der besonderen Umstände eine Teilung der Provision der Billigkeit entspricht (§ 87 Abs. 3 Satz 2 HGB).

6. Erwerb des Provisionsanspruches

Obgleich der Provisionsanspruch bereits mit Abschluss des Geschäftes entsteht, erwirbt der Arbeitnehmer den Provisionsanspruch erst dann endgültig, sobald und soweit der Arbeitgeber oder der Dritte das **Geschäft ausgeführt** haben (§ 87a Abs. 1 HGB). Die Ausführung liegt in der Erbringung der vertraglich geschuldeten Leistung.

Steht allerdings fest, dass der Arbeitgeber das Geschäft ganz oder teilweise nicht oder nicht so ausführt, wie es abgeschlossen worden ist, erwirbt der Arbeitnehmer trotzdem einen endgültigen Provisionsanspruch (§ 87a Abs. 3 Satz 1 HGB).

Ob der Dritte in derartigen Fällen seinerseits die Leistung erbringt oder nicht, ist für den Provisionsanspruch des Arbeitnehmers dann unbeachtlich.

2451

7. Wegfall des Provisionsanspruches

Soweit der **Arbeitgeber** aus Gründen, die er nicht zu vertreten hat, ganz oder teilweise an den Dritten **nicht leistet,** entfällt der Provisionsanspruch des Arbeitnehmers (§ 87a Abs. 3 Satz 2 HGB).

Dies wird regelmäßig der Fall sein, wenn die Umstände außerhalb des Einflussbereiches des Arbeitgebers liegen. Im Einzelfall ist aber eine sorgfältige Prüfung angebracht.

Steht fest, dass der **Dritte** trotz Leistungsbereitschaft des Arbeitgebers **nicht leistet**, so entfällt der Provisionsanspruch des Arbeitnehmers (§ 87a Abs. 2 HGB).

Hat der Arbeitgeber bereits Provisionen ausgezahlt, so ist der Arbeitnehmer verpflichtet, diese zurückzugewähren.

2452

8. Fälligkeit des Provisionsanspruches

2453 Der Anspruch auf die Provisionszahlung wird am letzten Tage des Monats fällig, in dem über die Provision abzurechnen ist (§ 87a Abs. 4 HGB). Eine Abrechnung erfolgt in der Regel monatlich, spätestens jedoch bis zum Ende des nächsten Monats (§ 87c Abs. 1 HGB). Durch Vereinbarung der Arbeitsvertragsparteien kann der Abrechnungszeitraum bis auf höchstens 3 Monate verlängert werden.

9. Höhe und Berechnung des Provisionsanspruches

2454 Höhe und Berechnung des Provisionsanspruches richten sich grundsätzlich nach den vertraglichen Vereinbarungen der Arbeitsvertragsparteien. Soweit solche Vereinbarungen fehlen, gilt der übliche Provisionssatz als vereinbart (§ 87b Abs. 1 HGB).

Berechnungsgrundlage ist das Entgelt, das der Dritte oder der Arbeitgeber aufgrund des abgeschlossenen Geschäftes zu leisten hat. Preisnachlässe für Barzahlung sind von dem geschuldeten Betrag allerdings nicht abzuziehen. Das gleiche gilt für die lediglich aufgrund steuerrechtlicher Vorschriften in der Rechnung ausgewiesene Umsatzsteuer. Nebenkosten, insbesondere für Fracht, Verpackung, Zoll und Steuern dürfen nur dann abgezogen werden, wenn sie dem Dritten gesondert in Rechnung gestellt werden (vgl. § 87 b Abs. 2 HGB).

Ausdrücklich gesetzlich geregelt ist ebenfalls die Berechnungsgrundlage der Provision bei **Dauerverträgen** mit einem nach Zeitabschnitten vorausbestimmten Entgelt. Ist der Dauervertrag auf bestimmte Zeit geschlossen, berechnet sich die Provision nach dem Entgelt für die Vertragsdauer.

> **BEISPIEL:**
> Der Arbeitnehmer hat einen auf ein Jahr geschlossenen Pachtvertrag vermittelt. Der monatliche Pachtzins beträgt 1.000 EUR.
> Berechnungsgrundlage für den Provisionsanspruch sind hier 12.000 EUR.

Ist der Dauervertrag auf unbestimmte Zeit geschlossen, so ist die Provision vom Entgelt bis zu dem Zeitpunkt zu berechnen, zu dem erstmals von dem Dritten gekündigt werden kann.

> **BEISPIEL:**
> Der vermittelte Pachtvertrag ist bei einem monatlichen Pachtzins von 1.000 EUR auf unbestimmte Dauer abgeschlossen. Das Vertragsverhältnis beginnt am 01.01.2002 und kann mit einer Frist von 3 Monaten jeweils zum 30.06. eines Jahres gekündigt werden.
> Berechnungsgrundlage sind hier 6.000 EUR, da der Vertrag frühestens nach 6-monatiger Dauer beendet werden kann.

Wird der Vertrag nicht gekündigt, so erhält der Arbeitnehmer für jeden Zeitraum zwischen 2 Kündigungsterminen erneut die vertraglich vereinbarte Provision.

BEISPIEL:

Der Pachtvertrag ist im vorhergehenden Fall nicht zum 30.06.2002 gekündigt worden.

Der Arbeitnehmer hat nun Anspruch auf eine erneute Provisionszahlung. Berechnungsgrundlage sind nun 12.000 EUR, da der Vertrag nunmehr erst wiederum zum 30.06.2003 beendet werden kann.

10. Abrechnung der Provision

Der Arbeitgeber hat die Provision zum Ende der bereits dargestellten Zeiträume abzurechnen (vgl. oben → Rz. 2453). 2455

Der Arbeitnehmer kann darüber hinaus bei der Abrechnung einen **Buchauszug** und außerdem **Mitteilung** über alle Umstände verlangen, die für den Provisionsanspruch, seine Fälligkeit und seine Berechnung wesentlich sind (§ 87c Abs. 2, 3 HGB).

Soweit ein Buchauszug verweigert wird oder begründete Zweifel an der Richtigkeit oder Vollständigkeit der Abrechnung oder des Buchauszuges bestehen, kann der Arbeitnehmer auch verlangen, dass ihm **Einsicht** in die Geschäftsbücher oder die sonstigen Urkunden des Arbeitgebers gewährt wird, um die Richtigkeit oder die Vollständigkeit der Abrechnung oder des Buchauszuges zu überprüfen (§ 87c Abs. 4 HGB).

11. Abdingbarkeit der gesetzlichen Regelung

Die sich aus § 87c Abs. 1-4 HGB ergebenden Rechte des Arbeitnehmers können nicht ausgeschlossen oder beschränkt werden (§ 87c Abs. 5 HGB). Im Übrigen ist es durchaus zulässig, wenn die Arbeitsvertragsparteien eine von der gesetzlichen Regelung abweichende Vereinbarung treffen. 2456

Allerdings ist hier Zurückhaltung angebracht! Abweichende Vereinbarungen sind nur unter **Berücksichtigung der Besonderheiten des Arbeitsrechts** zulässig. Daher muss im Einzelfall eine sorgfältige Prüfung erfolgen, wenn zu ungunsten des Arbeitnehmers von der gesetzlichen Regelung abgewichen werden soll.

Besonders strenge Voraussetzungen gelten für die Vereinbarung von **Provisionsausschlussklauseln**, die zum Wegfall erst nachvertraglich entstehender Provisionsansprüche führen.

Derartige Abreden werden im allgemeinen unwirksam sein. Nur ausnahmsweise können solche Ausschlussklauseln zulässig sein, wenn dies unter Berücksichtigung der beiderseitigen Interessen der Sache nach gerechtfertigt ist.

XI. Sonstige Sonderformen der Vergütung/Vergütungsbestandteile

Neben den bereits dargestellten Vergütungsformen bestehen in der Praxis eine Vielzahl sonstiger Vergütungsformen, auf die hier nicht in allen Einzelheiten eingegangen werden kann. Regelmäßig setzt sich die Vergütung wie folgt zusammen: 2457

- **Grundvergütung**, die im allgemeinen als Zeit-, Akkord- oder Prämienlohnvergütung gewährt wird zzgl.
- **Vergütungszuschläge** in Form von Zulagen, Sonderzuwendungen etc..

1. Übersicht

2457a Die häufigsten Sonderformen der Vergütung sowie Vergütungszuschläge sind:

- Naturalvergütung (Sachbezüge, z.B. Überlassung einer Wohnung, eines PKW, Verpflegung usw.),
- Überstundenvergütung,
- Gewinnbeteiligungen/Tantiemen,
- Umsatzbeteiligungen,
- Sonderzuwendungen/Gratifikationen (z.B. Urlaubs-, Jubiläums-, Weihnachtsgratifikation),
- Prämien (Anwesenheits-, Pünktlichkeits-, Treueprämien),
- allgemeine Zulagen, die alle Arbeitnehmer zur Anhebung des Tariflohnes erhalten,
- Sonderzulagen (Leistungs-, Erschwernis-, Funktionszulagen),
- Zuschläge für ungünstige Arbeitszeiten (Sonn-, Feiertags-, Nachtarbeit),
- zusätzliches (13. – 15.) Monatsgehalt u.a..

Im Zusammenhang mit Vergütungsfragen ist immer zu berücksichtigen, dass dem Betriebsrat bei der **betrieblichen Lohngestaltung** ein Mitbestimmungsrecht zusteht. Dieses Mitbestimmungsrecht bezieht sich insbesondere auf die Aufstellung von Entlohnungsgrundsätzen und die Einführung und Anwendung von neuen Entlohnungsmethoden sowie deren Änderung (§ 87 Abs. 1 Nr. 10 BetrVG). Ein Mitbestimmungsrecht des Betriebsrates kommt auch dann in Betracht, wenn der Arbeitgeber freiwillige Leistungen erbringt. Entscheidend ist insoweit, ob ein **innerer Zusammenhang** zwischen den Leistungen besteht. Dieser ist typischerweise bei Zahlungen zu bejahen, die nach Leistungsgesichtspunkten erfolgen (*BAG 29.02.2000, EzA § 87 BetrVG 1972 Betriebliche Lohngestaltung Nr. 69*). Mitbestimmungsrechte des Betriebsrates können sich auch aus § 99 BetrVG ergeben. Die Entscheidung über die Gewährung einer Zulage ist als **Ein- oder Umgruppierung** nur dann mitbestimmungspflichtig, wenn die Zulage eine Zwischenstufe zwischen Vergütungsgruppen darstellt. Das ist nicht der Fall, wenn die Zulage nur in »angemessener« Höhe für eine unspezifische Kombination von Tätigkeiten geschuldet wird, deren Wertigkeit in beliebiger Weise die Merkmale einer tariflichen Vergütungsgruppe übersteigt (*BAG 02.04.1996, EzA § 99 BetrVG 1972 Nr. 137*). Lässt sich also die Gewährung der Zulage nicht in ein kollektives Entgeltschema einordnen, ist sie mitbestimmungsfrei.

2. Rechtsgrundlagen

a) Vertragliche Regelung

2457b Ein Anspruch des Arbeitnehmers auf solche Vergütungszuschläge besteht aber nur dann, wenn dies ausdrücklich vertraglich vereinbart ist. Eine solche Vereinbarung kann sich ergeben aus

- Tarifvertrag,
- Betriebsvereinbarung,
- Arbeitsvertrag.

Sollen Sonderformen der Vergütung durch Betriebsvereinbarung geregelt werden, ist § 77 Abs. 3 BetrVG zu beachten, wonach Arbeitsentgelte oder sonstige Arbeitsbedingungen, die durch Tarifvertrag geregelt sind oder üblicherweise geregelt werden, nicht Gegenstand einer Betriebsvereinbarung sein können, soweit nicht ein Tarifvertrag den Abschluss ergänzender Betriebsvereinbarungen ausdrücklich zulässt (sog. Sperrwirkung).

Für den Arbeitgeber ist in Bezug auf sonstige Vergütungsbestandteile insbesondere dann Vorsicht geboten, wenn **im Arbeitsvertrag auf eine tarifliche Bestimmung verwiesen** werden soll. Bietet z.B. der Arbeitgeber den Abschluss des Formulararbeitsvertrages mit der Klausel »der Jahresurlaub richtet sich nach den Bestimmungen des einschlägigen Tarifvertrages« an, muss der Arbeitnehmer das regelmäßig als Verweisung auf den gesamten tariflichen Regelungskomplex »Urlaub« verstehen. Ist in den in Bezug genommenen urlaubsrechtlichen Bestimmungen des Tarifvertrages ein erhöhtes Urlaubsentgelt geregelt, wird mit dem Abschluss des Vertrages der Arbeitgeber auch zur Anwendung dieser tariflichen Regelung verpflichtet (*BAG 17.11.1998, EzA § 3 TVG Bezugnahme auf Tarifvertrag Nr. 11*).

Der Arbeitgeber muss sich also bei einer Verweisung auf tarifliche Bestimmungen den **gesamten tariflichen Regelungskomplex vergegenwärtigen** und die Verweisung im Arbeitsvertrag hinreichend konkretisieren, wenn die Einbeziehung des gesamten tariflichen Regelungskomplex in den Arbeitsvertrag vermieden werden soll.

Ferner sollte bei Abschluss des Arbeitsvertrages für Sonderleistungen beachtet werden: Gehören **Sachbezüge** (z.B. PKW-Überlassung) zum Arbeitsentgelt und sind sie nicht frei widerruflich, so sind sie einer Arbeitnehmerin nicht nur während eines Beschäftigungsverbotes nach §§ 3 Abs. 1; 4 MuSchG, sondern regelmäßig auch während der Schutzfristen nach §§ 3 Abs. 2; 6 Abs. 1 MuSchG weiter zu gewähren (*BAG 11.10.2000, EzA § 14 MuSchG Nr. 15*).

Da Sachbezüge und sonstige Sonderformen der Vergütung häufig gewährt werden, um den Arbeitnehmer in konkreter Erbringung seiner Arbeitsleistung zu unterstützen und zu motivieren, sollte der Arbeitgeber bei der Vereinbarung derartiger Sonderleistungen sehr genau prüfen, inwieweit diese Leistungen auch für die Zeiten geschuldet sein sollen, in denen der Arbeitnehmer tatsächlich keine Arbeitsleistung erbringt. Sollen diese Zeiten von der Gewährung von Sonderleistungen ausgenommen werden, muss dies im Allgemeinen ausdrücklich vereinbart sein. Hierzu kann der Anspruch auf die Sonderleistung auf die Zeiten der tatsächlichen Erbringung der Arbeitsleistung durch den Arbeitnehmer beschränkt werden. In den meisten Fällen wird es jedoch zweckmäßig sein, die Gewährung von Sonderleistungen als vom Arbeitgeber frei widerrufliche Vergütung auszugestalten. Zur Zulässigkeit der Vereinbarung eines Widerrufsvorbehaltes vgl. oben → Rz. 2432.

Vorsicht ist bei der vertraglichen Gestaltung von Sachbezügen und sonstigen Sonderformen der Vergütung insbesondere auch dann geboten, wenn dem Arbeitnehmer nach Beendigung des Arbeitsverhältnisses **wirtschaftliche Verpflichtungen** verbleiben (z.B. der Arbeitnehmer wird im Arbeitsvertrag verpflichtet, nach Beendigung des Arbeitsverhältnisses den vom Arbeitgeber überlassenen Leasing-PKW zu übernehmen). Solche Vereinbarungen könne unwirksam sein, wenn sie zu einer Gefährdung der wirtschaftlichen Existenzgrundlage des Arbeitnehmers führen können (*vgl. LAG München 30.05.2001, EzA-SD 18/01, 9*).

b) Betriebliche Übung

2457c Werden Zusatzleistungen vom Arbeitgeber freiwillig erbracht, ist grundsätzlich zu beachten, dass die wiederholte Gewährung freiwilliger Leistungen unter Umständen zu einem einklagbaren Anspruch des Arbeitnehmers auf diese Leistungen führen kann. Voraussetzung ist allerdings mindestens eine dreimalige vorbehaltlose Zahlung. Man spricht dann von einer so genannten **betrieblichen Übung**. Daher sollten freiwillige Leistungen immer nur unter Vorbehalt und mit dem ausdrücklichen Hinweis erfolgen, dass mit der Zahlung kein Bindungswille für die Zukunft verbunden ist.

> **Muster**
> »Die Zahlung des Weihnachts-/Urlaubs-/etc. -geldes durch den Arbeitgeber erfolgt freiwillig und begründet keinen Rechtsanspruch des Arbeitnehmers für die Zukunft. Dies gilt auch dann, wenn das Weihnachts-/Urlaubs-/etc. -geld wiederholt gezahlt wird.«

Erfolgt bei der **erstmaligen Gewährung** freiwilliger Leistungen dieser Vorbehalt, entsteht eine betriebliche Übung auch nicht dadurch, dass bei mehrjährigen nachfolgenden Zahlungen der Arbeitgeber nicht jeweils nochmals auf diesen Freiwilligkeitsvorbehalt hinweist (*LAG Düsseldorf 26.09.1995, LAGE § 242 BGB Betriebliche Übung Nr. 18*).

Unter Aufgabe seiner bisherigen Rechtsprechung hat nun auch das BAG entschieden, dass eine Sonderzuwendungszusage mit einem Freiwilligkeitsvorbehalt des Inhalts, dass Ansprüche für die Zukunft auch aus wiederholten Zahlungen nicht hergeleitet werden können, nicht nur Ansprüche für die Zukunft, sondern auch für den **laufenden Bezugszeitraum** ausschließt. Der Arbeitgeber ist aufgrund eines solchen Vorbehalts jederzeit frei, erneut zu bestimmen, ob und unter welchen Voraussetzungen er eine Sonderzuwendung gewähren will (*BAG 05.06.1996, EzA § 611 BGB Gratifikation, Prämie Nr. 141; 12.01.2000, EzA § 611 BGB Gratifikation, Prämie Nr. 158*).

Das setzt aber voraus, dass der Arbeitnehmer den **mangelnden Verpflichtungswillen** des Arbeitgebers **erkennen** muss (§§ 133, 157 BGB). Verwendet ein Arbeitgeber im Arbeitsvertrag für eine Gruppe von zugesagten Leistungen (z.B. Zuschuss zu den vermögenswirksamen Leistungen und 13. Monatsgehalt) die Überschrift »Freiwillige soziale Leistungen«, so muss ein Arbeitnehmer nicht davon ausgehen, dass damit ein Rechtsanspruch ausgeschlossen sein soll (*BAG 11.04.2000, EzA § 611 BGB Gratifikation, Prämie Nr. 160*).

Trotz wiederholter Zahlung von Sonderzuwendungen ohne Hinweis darauf, dass hierdurch für die Zukunft keine Rechtsansprüche begründet werden, liegt eine betriebliche

Übung nicht vor, wenn die Zahlung **ohne erkennbares System** jeweils in unterschiedlicher Höhe erfolgt und der Arbeitnehmer infolgedessen nicht darauf vertrauen konnte, dass der Arbeitgeber diese Leistung auf Dauer gewähren wolle *(BAG 28.02.1996, EzA § 611 BGB Gratifikation, Prämie Nr. 139).*

Gleiches gilt, wenn trotz wiederholt erfolgter Zahlung in gleicher Höhe der Arbeitnehmer dem Verhalten des Arbeitgebers entnehmen konnte, dass sich die Zulage der Leistung nur auf das **jeweilige Kalenderjahr** bezog *(BAG 16.04.1997, EzA § 242 BGB betriebliche Übung Nr. 39).*

Ansprüche aus betrieblicher Übung scheiden auch dann aus, wenn der Arbeitnehmer davon ausgehen konnte, dass sich der Arbeitgeber bei der Gewährung einer Leistung tarifgerecht verhalten wollte und er dann die Zahlung einstellt, weil sie nach dem Tarifvertrag nicht mehr geschuldet ist *(BAG 25.07.2001, EzA § 611 BGB Schichtarbeit Nr. 2).*

Die **Abänderung einer eingeführten betrieblichen Übung** kann wiederum durch betriebliche Übung erfolgen. Gibt der Arbeitgeber über einen Zeitraum von 3 Jahren zu erkennen, dass er eine betriebliche Übung anders zu handhaben gedenkt, als bisher – z.B. Gratifikationszahlung nur noch unter einem Freiwilligkeitsvorbehalt –, so wird die alte betriebliche Übung einvernehmlich geändert, wenn die Arbeitnehmer der neuen Handhabung über diesen Zeitraum von 3 Jahren hinweg nicht widersprechen *(BAG 26.03.1997, EzA § 611 BGB Gratifikation/Prämie Nr. 147).*

Diese Rechtsprechung hat das BAG erneut bestätigt und konkretisiert. Danach erfordert die Annahme einer geänderten betrieblichen Übung in Bezug auf die Zahlung eines Weihnachtsgeldes nur noch unter dem Vorbehalt der Freiwilligkeit der Leistung, dass der Arbeitgeber **klar und unmissverständlich** erklärt, die bisherige betriebliche Übung einer vorbehaltlosen Zahlung solle beendet und durch eine Leistung ersetzt werden, auf die in Zukunft kein Rechtsanspruch mehr besteht *(BAG 04.05.1999, EzA § 242 BGB Betriebliche Übung Nr. 43).*

BEISPIEL:

Der nicht tarifgebundene Arbeitgeber zahlte bis zum Jahre 1990 zumindest drei mal an alle Arbeitnehmer des Betriebes ein Weihnachtsgeld nach Maßgabe des einschlägigen Tarifvertrages. In 1991 erfolgte die Zahlung mit der Erklärung, das die Weihnachtsgeldzuwendung eine freiwillige, jederzeit widerrufliche Leistung sei, deren Gewährung einen Rechtsanspruch für die Zukunft nicht begründe. Bei der Zahlung in 1992 wurde ein solcher Vorbehalt nicht mehr erklärt. Auch in dem Jahre 1993 und 1994 erfolgte die Zahlung des Weihnachtsgeldes, wobei der Arbeitgeber am schwarzen Brett folgenden Hinweis anbrachte: »Diese Vergütung wird in freiwilliger Anlehnung an den Tarifvertrag über zu zahlende Betriebliche Sonderzahlungen vorgenommen«. Im Jahre 1995 erfolgte die Weihnachtsgeldzahlung wieder mit der Erklärung, dass diese als freiwillige betriebliche Leistung gewährt werde und keine Rechtsansprüche für die Zukunft begründe. Der Arbeitnehmer verlangt die Zahlung des Weihnachtsgeldes für 1996.

Der Anspruch ist nach Auffassung des BAG begründet. Der Arbeitgeber hatten den Vorbehalt nicht hinreichend klar und unmissverständlich kund getan. Allein der Hinweis auf die fehlende Tarifbindung brauchte vom Arbeitnehmer nicht so verstanden werden, dass der Arbeitgeber sich von der bisherigen betrieblichen Übung lösen wollte *(BAG a.a.O.)*.

Für die betriebliche Praxis folgt hieraus, dass bei angestrebter Abänderung einer betrieblichen Übung **jede Zahlung/Leistung** mit dem o.g. Freiwilligkeitsvorbehalt erfolgen muss. Hat der Arbeitnehmer dem Freiwilligkeitsvorbehalt drei Jahre nicht widersprochen, ist die betriebliche Übung dann einvernehmlich abgeändert.

Dagegen ist es weder ein **Verzicht** auf Ansprüche aus betrieblicher Übung noch die Annahme eines Änderungsangebotes, wenn der Arbeitnehmer – zunächst – widerspruchslos weiterarbeitet, nachdem der Arbeitgeber durch Aushang mitgeteilt hatte, er könne aufgrund der wirtschaftlichen Lage des Betriebes in diesem Jahr kein Weihnachtsgeld zahlen (BAG 14.08.1996, EzA § 611 BGB Gratifikation, Prämie Nr. 144).

Erfolgt ein **Widerspruch** des Arbeitnehmers, verbleibt es beim Inhalt der betrieblichen Übung. Entsprechendes gilt, wenn ein Arbeitnehmer schriftlich gegenüber dem Arbeitgeber geäußert hat, er gehe vom Fortbestand einer betrieblichen Übung aus und der Arbeitgeber kurze Zeit (im Streitfall: 3 Monate) später schriftlich mitteilt, er wolle sich von der betrieblichen Übung lösen. In diesem Fall kann ohne zusätzlichen Anhaltspunkte das Schweigen des Arbeitnehmers auf diese Mitteilung nicht als Zustimmung zur Aufhebung des Anspruchs gewertet werden, wenn die streitgegenständliche Leistung aus der betrieblichen Übung ein halbes Jahr später fällig ist *(BAG 27.06.2001, EzA § 242 BGB Betriebliche Übung Nr. 44)*.

3. Jahressonderzahlung im Eintritts-/Austrittsjahr

2458 In der Praxis häufiger Streitfall ist die Frage, ob und in welcher Höhe der Arbeitnehmer im Eintritts- bzw. Austrittsjahr Zahlung einer vereinbarten Jahressonderzuwendung verlangen kann. Überwiegend geht es dabei um ein 13. Monatsgehalt, welches häufig als sog. Weihnachtsgeld gewährt wird.

Vielfach ist eine anteilige Zahlung ausdrücklich vereinbart. Fehlt dagegen eine solche Vereinbarung und wird im Arbeitsvertrag allein die Zahlung eines »**Weihnachtsgeldes**« in bestimmter Höhe zugesagt, so kann diese Zusage durchaus dahin verstanden werden, dass ein Anspruch auf dieses Weihnachtsgeld nur gegeben sein soll, wenn auch das Arbeitsverhältnis zu Weihnachten noch besteht *(BAG 30.03.1994, EzA § 611 BGB Gratifikation, Prämie Nr. 109)*.

Anderes kann gelten, wenn für die Auszahlung des Weihnachtsgeldes vertraglich ein fester Termin bestimmt ist, z.B. »gewährt wird eine Weihnachtsgratifikation in Höhe eines Monatsgehalts, auszuzahlen mit dem Novembergehalt«. Die Vereinbarung der Auszahlung der Gratifikation mit dem Novembergehalt stellt hier eine Fälligkeitsregel dar. Sie ist nicht dahin zu verstehen, dass ein Novembergehalt auch tatsächlich zu zahlen ist. Haben die Arbeitsvertragsparteien als **Bezüge für die Tätigkeit ein festes Monatsgehalt und eine Weihnachtsgratifikation** in Höhe eines Monatsgehalts vereinbart, auszuzahlen z.B. mit dem Novembergehalt, so besteht ein anteiliger Anspruch auf die Gratifikation auch dann, wenn das Arbeitsverhältnis zum Auszahlungszeitpunkt nicht mehr besteht (*BAG 21.12.1994, EzA § 611 BGB Gratifikation, Prämie Nr. 119*). Die vorstehenden Grundsätze werden für ein über das Urlaubsentgelt hinaus vereinbartes Urlaubsgeld (vgl. → Rz. 2885) entsprechend anzuwenden sein.

Auch im Falle der Beendigung des Arbeitsverhältnisses gilt, dass eine zusätzlich zum Gehalt gewährte **prozentuale Beteiligung** an dem vom Angestellten erzielten Umsatz keine widerrufbare Sonderleistung ist, sondern Teil des Entgelts für die vertraglich geschuldete Arbeitsleistung. Eine Vereinbarung, dass diese Umsatzbeteiligung im Folgejahr in monatlichen gleichen Raten ausgezahlt werden soll, regelt nur die Leistungszeit. Sie bewirkt nicht, dass der Anspruch untergeht, wenn das Arbeitsverhältnis im folgendem Jahr nicht mehr besteht (*BAG 08.09.1998, EzA § 611 BGB Nr. 29*).

4. Jahressonderzahlung bei unterbliebener Arbeitsleistung

Des weiteren ist häufig streitig, ob der Arbeitnehmer auch dann Anspruch auf eine zugesagte Jahressonderzahlung hat, wenn er in dem betreffenden Jahr keinerlei Arbeitsleistung erbracht hat (Erziehungsurlaub jetzt: Elternzeit, dauernde Arbeitsunfähigkeit etc.). **2458a**

Soweit dieser Fall zulässigerweise vertraglich geregelt ist (vgl. oben → Rz. 2417 ff., 2434), ist entsprechend zu verfahren.

Zur Kürzung einer Jahressonderzahlung bei Streikteilnahme des Arbeitnehmers vgl. oben → Rz. 2434.

Fehlt eine vertragliche Regelung über eine/n Kürzung/Wegfall der Jahressonderzahlung, ist zunächst im Wege der Auslegung zu ermitteln, ob die Jahressonderzahlung **ausschließlich** zur Entlohnung der erbrachten Arbeitsleistung gewährt wird und darüber hinaus keine anderen Zwecke verfolgt (sog. **arbeitsleistungsbezogene Sonderzahlung**).

Ein Indiz hierfür kann die Bezeichnung als »13.Monatsgehalt« sein, wenn nicht im Zusammenhang mit der Zahlung gleichzeitig die Bezeichnungen Weihnachtsund/oder Urlaubsgeld genannt werden. Wesentlich für die Auslegung ist der Standort der Vorschrift im Regelungsgefüge des Arbeits-/Tarifvertrages. Erfolgt die Regelung im Zusammenhang mit der sonstigen Vergütung, kann dies für eine arbeitsleistungsbezogene Sonderzahlung sprechen. Erfolgt die Regelung dagegen im Zusammenhang mit sozialen Leistungen des Arbeitgebers (z.B. betriebliche Altersversorgung, Abschluss von Versicherungen, Leistungen an Hinterbliebene, etc.) spricht dies eher gegen eine arbeitsleistungsbezogene Sonderzahlung. Ferner ist heranzuziehen, wie z.B. andere Kürzungsregelungen ausgestaltet sind (z.B. Verlust des Anspruches auf Sonderzahlung bei Ausscheiden vor einem Stichtag, etc.) und wie in anderen Fällen auf gleicher vertraglicher Grundlage vom Arbeitgeber verfahren wurde.

Handelt es sich nach dem Ergebnis der Auslegung nicht um eine arbeitsleistungsbezogene Sonderzahlung, scheidet ein Wegfall oder eine Reduzierung wegen unterbliebener Arbeitsleistung aus (*BAG 11.04.2000, DB 2000, 2479*). Mithin besteht der Anspruch des Arbeitnehmers auch während der Elternzeit (früher: Erziehungsurlaub (*BAG a.a.O.*).

Bei in der Elternzeit (früher: Erziehungsurlaub)befindlichen Arbeitnehmern besteht dann auch kein Raum für eine einschränkende Auslegung des Arbeitsvertrages dahin, dass sein allein an den Fortbestand des Arbeitsverhältnisses anknüpfender Anspruch auf Zahlung einer Weihnachtsgratifikation entfällt, solange der Arbeitnehmer in der Elternzeit keinen **endgültigen Abkehrwillen** gefasst hat (*LAG Berlin 08.06.2001, EzA-SD 15/ 01,13*). Offen geblieben ist dabei, unter welchen Voraussetzungen von einem endgültigen Abkehrwillen ausgegangen werden kann, der zum Wegfall des Anspruchs auf Zahlung einer Weihnachtsgratifikation führt.

Wird dagegen eine Jahressonderzahlung als arbeitsleistungsbezogene Sonderzahlung vereinbart, kommt ein/e Wegfall/Kürzung wegen unterbliebener Arbeitsleistung in Betracht. So entsteht z.B. für die Zeit, in denen bei Arbeitsunfähigkeit infolge Krankheit kein Entgeltfortzahlungsanspruch mehr besteht, auch **kein anteiliger Anspruch** auf die Sonderzahlung. Einer gesonderten arbeitsvertraglichen Kürzungsvereinbarung bedarf es in diesem Falle nicht (*BAG 21.03.2001, EzA § 611 BGB Gratifikation, Prämie Nr. 163*).

Besteht die Jahressonderzahlung in einer einem Leitenden Angestellten zugesagten **Beteiligung am Jahresgewinn** des von ihm geführten Betriebs (Tantieme), handelt es sich insoweit um eine Erfolgsvergütung. Der Anspruch auf diese Vergütung erlischt, wenn der Angestellte während des gesamten Geschäftsjahres arbeitsunfähig erkrankt ist und keine Entgeltfortzahlung beanspruchen kann (*BAG 08.09.1998, EzA § 611 BGB Tantieme Nr. 1*).

Tipp

Für vereinbarte Umsatz-/Gewinnbeteiligungen (Tantiemen) kann daher als **Anhalt** gelten, dass der Arbeitnehmer auf diese Jahressonderzahlung dann keinen Anspruch hat, wenn er während des gesamten Geschäftsjahres arbeitsunfähig ist und keine Entgeltfortzahlung beanspruchen kann. Inwieweit eine anteilige Kürzung der Tantieme für die Zeiten der Arbeitsunfähigkeit ohne Entgeltfortzahlung zulässig ist, ist höchstrichterlich noch nicht entschieden. Dem Arbeitgeber ist insoweit anzuraten, im Arbeitsvertrag eine entsprechende Regelung für diesen Fall zu vereinbaren.

5. Jahressonderzahlung bei gekündigtem Arbeitsverhältnis

2458b Vielfach ist in der Rechtsgrundlage für die Jahressonderzahlung vereinbart, dass diese nur dann zu gewähren ist, wenn das Arbeitsverhältnis zu einem bestimmten Stichtag ungekündigt ist. Soweit durch eine solche Regelung nicht langjährig beschäftigte Arbeitnehmer unzulässig benachteiligt werden (vgl. oben → Rz. 2417a), sind derartige Stichtagsregelungen zulässig.

Eine Benachteiligung langjährig beschäftigter Arbeitnehmer wird im allgemeinen ausgeschlossen sein, wenn als Stichtag der 01.12. des Kalenderjahres vereinbart ist. Der Arbeitnehmer hat in diesen Fällen nur dann Anspruch auf die Jahressonderzahlung, wenn das Arbeitsverhältnis zum Stichtag ungekündigt ist. **Probleme** können in der betrieblichen Praxis dann entstehen, wenn der Arbeitgeber vor dem Stichtag das Arbeitsverhältnis mit einer **längeren Frist** als die Mindestkündigungsfrist kündigt.

BEISPIEL:

Zwischen den Arbeitsvertragsparteien war tariflich vereinbart, dass Anspruch auf die Jahressonderzahlung nur dann besteht, wenn das Arbeitsverhältnis zum 01.12. des Kalenderjahres ungekündigt ist. Der Arbeitgeber beabsichtigte zum 31.03. des Folgejahres eine Betriebsstillegung und hat vor dem 01.12. des Kalenderjahres allen Arbeitnehmern des Betriebes auf den Zeitpunkt der Betriebsstillegung gekündigt. Diejenigen Arbeitnehmer, die auch noch nach dem Stichtag bei Warnung der Kündigungsfrist zum Zeitpunkt der Betriebsstillegung hätten gekündigt werden können, verlangen nunmehr vom Arbeitgeber die Jahressonderzahlung mit der Begründung, der Arbeitgeber habe den Eintritt der Bedingung (ungekündigtes Arbeitsverhältnis am Stichtag) treuwidrig vereitelt (§ 162 BGB). Der Arbeitgeber räumt ein, dass die Kündigungen vor dem Stichtag auch deshalb erfolgten, um alle Arbeitnehmer, auch die kurzzeitig beschäftigten, von der Jahressonderzahlung auszuschließen.

Das LAG hatte eine treuwidrige Vereitelung des Eintritts der Anspruchsvoraussetzungen verneint. Das BAG dem gegenüber zwischenzeitlich entschieden, dass eine treuwidrige Vereitelung des Anspruchs angenommen werden kann, wenn der Arbeitgeber die Kündigung **allein deshalb** unter Überschreiten der tariflichen bzw. gesetzlichen Mindestfristen für die ordentliche Kündigung vorfristig ausgesprochen hat, **um den Zuwendungsanspruch des Arbeitnehmers auszuschließen**. Eine treuwidrige Vereitelung liegt aller Rahmen einer Massenentlassung zur Durchführung einer betriebsverfassungsrechtlich, durch Abschluss eines Interessenausgleichs und eines Sozialplans umgesetzten unternehmerischen Entscheidung ausgesprochen wird *(BAG 04.05.1999, EzA § 611 BGB Prämie Nr. 155).*

Zu einer vorfristigen Kündigung zu Vermeidung des Anspruchs auf eine Jahressonderzahlung kann daher nunmehr als **Anhalt** gelten: Auch bei einer vorfristigen Kündigung zu Vermeidung des Anspruchs auf eine Jahressonderzahlung kann der Arbeitnehmer diese Jahressonderzahlung beanspruchen, soweit die Kündigung nicht im Rahmen einer Massenentlassung unter Beachtung der Vorschriften des Betriebsverfassungsgesetzes ausgesprochen wurde.

Ist arbeits- oder kollektivvertraglich vereinbart, dass bei Beendigung des Arbeitsverhältnisses durch Auflösungsvertrag eine Jahressonderzahlung anteilig zu erbringen ist, liegt ein solcher Auflösungsvertrag nicht vor, wenn in einem Prozessvergleich zur Beendigung eines Kündigungsschutzrechtsstreits geregelt ist, dass »das Arbeitsverhältnis auf Grund einer arbeitgeberseitigen, fristgerechten, betriebsbedingten Kündigung« sein Ende finden wird *(BAG 16.09.1998, EzA § 611 BGB Aufhebungsvertrag Nr. 31).*

Zu den sonstigen Differenzierungsgründen bei der Gewährung von Jahressonderzahlungen vgl. oben → Rz. 2417, 2434.

XII. Auszahlung der Vergütung

1. Empfangsberechtigter

Die Vergütung ist grundsätzlich an den **Arbeitnehmer** auszuzahlen. Ist der Arbeitnehmer geschäftsunfähig oder nur beschränkt geschäftsfähig, so hat die Auszahlung an den gesetzlichen Vertreter des Arbeitnehmers zu erfolgen.

2459

Hat ein minderjähriger Arbeitnehmer den Arbeitsvertrag jedoch mit Erlaubnis seiner gesetzlichen Vertreter abgeschlossen, so ist der Arbeitgeber auch regelmäßig berechtigt, die Vergütung an den minderjährigen Arbeitnehmer auszuzahlen.

Nur ausnahmsweise kann bzw. muss die Auszahlung ganz oder teilweise an Dritte erfolgen. Hat der Arbeitnehmer einen Dritten ausdrücklich zum Empfang bevollmächtigt, kann die Vergütung an diesen ausgezahlt werden. Beruht das Recht des Dritten dagegen auf einer Abtretung der Vergütung oder auf einem Pfändungs- und Überweisungsbeschluss, darf nur der die Pfändungsfreigrenzen übersteigende Teil der Vergütung an den Dritten ausgezahlt werden. Ansonsten droht dem Arbeitgeber eine doppelte Inanspruchnahme.

2. Fälligkeit der Vergütung

2460 Die Fälligkeit der Vergütung (Auszahlungszeitpunkt) richtet sich nach den **Vereinbarungen der Arbeitsvertragsparteien**. Diese sind dabei grundsätzlich frei, den Auszahlungszeitpunkt auszuhandeln und festzulegen.

Einschränkungen gelten jedoch für bestimmte Arbeitnehmer:
- für Handlungsgehilfen (vgl. oben → Rz. 2441) muss das Gehalt am Schluss eines jeden Monats gezahlt werden. Eine abweichende Vereinbarung, nach der Zahlung später erfolgen soll, ist nichtig (§ 64 HGB).
- zur Fälligkeit des Provisionsanspruches des Arbeitnehmers vgl. oben → Rz. 2453.
- bei Auszubildenden ist die Vergütung für den laufenden Kalendermonat spätestens am letzten Arbeitstag des Monats zu zahlen (§ 11 Abs. 2 BBiG).
- für gewerbliche Arbeitnehmer kann der Auszahlungszeitpunkt durch die Gemeinde oder einen Kommunalverband festgelegt werden (§ 119 Abs. 2 GewO).

Regelmäßig wird durch Arbeitsvertrag oder Tarifvertrag festgelegt sein, wann die Auszahlung der Vergütung zu erfolgen hat. Üblicherweise erfolgt die Zahlung zum Monatsende oder bis zu einem bestimmten Zeitpunkt des Folgemonats.

Besteht **keine ausdrückliche Vereinbarung** zwischen den Arbeitsvertragsparteien ist die Vergütung nach Erbringung der Arbeitsleistung zu entrichten. Ist die Vergütung nach Zeitabschnitten bemessen, so ist sie nach dem Ablauf des einzelnen Zeitabschnittes auszuzahlen (§ 614 BGB).

Naturalleistungen wie Unterkunft oder Verpflegung sind jedoch bereits mit Arbeitsbeginn zu gewähren.

2461 In der Praxis ist es durchaus gebräuchlich, auch **Zahlungen vor Fälligkeit** der Vergütung an den Arbeitnehmer zu leisten. Dabei ist zwischen so genannten Abschlagszahlungen und Vorschüssen zu unterscheiden. Ein Anspruch auf diese Zahlungen besteht aber nur dann, wenn dies von den Arbeitsvertragsparteien ausdrücklich vereinbart wurde. Bei Notlagen des Arbeitnehmers kann sich im Einzelfall eine entsprechende Verpflichtung zur Zahlung vor Fälligkeit auch aus der Fürsorgepflicht des Arbeitgebers ergeben.

Abschlagszahlungen sind Zahlungen auf den bereits verdienten, aber noch nicht abgerechneten Lohn. Dabei wird mit der Auszahlung der Vergütungsanspruch des Arbeitnehmers unmittelbar erfüllt, so dass der ausgezahlte Betrag später bei der Abrechnung abgezogen werden kann, ohne dass die Pfändungsfreigrenze zu beachten ist.

Vorschüsse sind dagegen Geldleistungen auf noch nicht verdienten Lohn. Auch hier wird der Vergütungsanspruch vorzeitig erfüllt, so dass der ausgezahlte Betrag später im allgemeinen ohne Einschränkung bei der Abrechnung berücksichtigt werden kann.

3. Ort und Art der Auszahlung

Auch Ort und Art der Auszahlung der Vergütung sind in den meisten Fällen vertraglich geregelt. Üblicherweise ist die **bargeldlose Lohnzahlung** vereinbart. Der Arbeitgeber ist danach verpflichtet, die Vergütung auf seine Gefahr und Kosten dem Arbeitnehmer zu überweisen (§ 270 Abs. 1 BGB). Ausreichend ist es, wenn der Arbeitgeber die Überweisung so rechtzeitig vornimmt, dass mit pünktlichem und ordnungsgemäßem Eingang der Zahlung auf dem Konto des Arbeitnehmers gerechnet werden kann. Ob die Zahlung dann auch tatsächlich am Fälligkeitstermin gutgeschrieben wird oder erst später ankommt, ist unerheblich.

2462

Mit der Gutschrift auf dem Konto des Arbeitnehmers ist der Vergütungsanspruch erfüllt.

Fehlt eine vertragliche Regelung, so hat der Arbeitgeber die Vergütung regelmäßig im Betrieb an den Arbeitnehmer auszuzahlen (§ 269 Abs. 1 BGB). Der Arbeitnehmer hat dann die Vergütung dort abzuholen (Holschuld). Anderes kann für die Naturalvergütung gelten. Unterkunft und Verpflegung sind am jeweils vereinbarten Aufenthaltsort des Arbeitnehmers zu gewähren.

Ab dem 01.03.2002 ist der EURO das allein gültige gesetzliche Zahlungsmittel. Spätestens von diesem Zeitpunkt an hat der Arbeitgeber die Vergütung in EUR auszuzahlen. Dies gilt unabhängig davon, ob die Vergütung in DM oder EUR vereinbart ist. Zweckmäßigerweise sollte der Arbeitgeber aber bereits ab 01.01.2002 die Vergütung in EUR zahlen, da ab diesem Zeitpunkt das EURO-Bargeld eingeführt wird.

Zu den Einzelheiten vgl. *Natzel, Einführung des EURO – Ein arbeitsrechtliches Problem?*, DB 1998, 366. Zum Inhalt der Lohnabrechnung vgl. unten → Rz. 2463.

4. Abrechnung

Ein ausdrücklicher gesetzlicher Anspruch auf eine **schriftliche Abrechnung** der Vergütung steht nur gewerblichen Arbeitnehmern in Betrieben mit mehr als 20 Arbeitnehmern zu (§§ 133, 134 Abs. 2 GewO). Allerdings wird man diesen Anspruch auch allen anderen Arbeitnehmern zubilligen müssen. Es handelt sich hier insoweit um eine Nebenpflicht des Arbeitgebers aus dem Arbeitsvertrag.

2463

Der Arbeitgeber hat also für alle Arbeitnehmer eine entsprechende Lohnabrechnung zu erstellen und diese auszuhändigen. Dabei muss sich aus der Abrechnung ergeben:

- Art der Lohnberechnung,
- Betrag des verdienten Lohnes,
- Art und Betrag der vorgenommenen Abzüge.

Die Abrechnung muss so **klar und eindeutig gestaltet** sein, dass die Angaben für den Arbeitnehmer nachvollziehbar sind. Bei einer Zeitvergütung reicht es aus, wenn die Anzahl der geleisteten Stunden und der Stundensatz angegeben werden. Hingegen muss bei der Akkord- oder Prämienlohnvergütung eine genaue Berechnung erfolgen.

Macht der Arbeitnehmer den Anspruch auf **ordnungsgemäße Abrechnung** gerichtlich geltend, ist ein Antrag, »dass Arbeitsverhältnis ordnungsgemäß abzurechnen«, nicht hinreichend bestimmt (*BAG 25.04.2001, EzA § 253 ZPO Nr. 21*).

Der Arbeitnehmer kann unter Umständen vom Arbeitgeber verlangen, dass dieser ihm die Einzelheiten der Lohnabrechnung erläutert. Besteht ein Betriebsrat, so ergibt sich dieser Anspruch unmittelbar aus § 82 Abs. 2 BetrVG.

Ist eine ordnungsgemäße Lohnabrechnung unterblieben, so kann es dem Arbeitgeber verwehrt sein, sich auf eine tarifliche Ausschlussfrist zu berufen. Dies hat zur Folge, dass der Arbeitgeber auch zur Zahlung der Vergütung verpflichtet ist, wenn der Arbeitnehmer den Vergütungsanspruch erst nach Ablauf der Ausschlussfrist geltend macht.

Hat der Arbeitnehmer aber über mehrere Monate hinweg die Vergütung widerspruchslos ohne Abrechnung entgegengenommen, so kann er für diesen Zeitraum eine nachträgliche Abrechnung nicht mehr verlangen.

Spätestens ab 01.03.2002 hat die Lohnabrechnung ausschließlich in EUR zu erfolgen. Entscheidend ist insoweit der Zeitpunkt der Lohnabrechnung und nicht der abgerechnete Zeitraum. Soweit allerdings Vergütung aus Abrechnungszeiträumen vor dem 01.03.2002 nach diesem Termin abgerechnet werden, kann sich im Einzelfall ein Anspruch des Arbeitnehmers auf Erläuterung und Umrechnung in DM ergeben, um die Abrechnung prüfen zu können (z.B. Provisionsabrechnung auf der Grundlage von in DM ermittelten Umsätzen).

5. Quittung

2464 Der Arbeitgeber kann vom Arbeitnehmer verlangen, dass dieser den Empfang der Vergütung schriftlich bestätigt (Quittung, § 368 BGB). Verweigert der Arbeitnehmer die Erteilung einer Quittung, so kann der Arbeitgeber an der Vergütung ein **Zurückbehaltungsrecht** geltend machen (§ 273 Abs. 1 BGB). Er ist nur zur Auszahlung Zug um Zug gegen Erteilung einer Quittung verpflichtet. Die Kosten der Quittung sind vom Arbeitgeber zu tragen (§ 369 Abs. 1 BGB). Zur Ausgleichsquittung vgl. → Rz. 2483.

6. Beteiligung des Betriebsrates

In Betrieben mit einem Betriebsrat hat dieser bei der Festlegung von Zeit, Ort und Art der Auszahlung des Arbeitsentgelts ein **Mitbestimmungsrecht** (§ 87 Abs. 1 Nr. 4 BetrVG). Regelmäßig bietet sich insoweit der Abschluss einer Betriebsvereinbarung an.

2465

XIII. Rückzahlung der Vergütung

1. Irrtümliche Überzahlung

Hat der Arbeitgeber irrtümlich eine höhere als die geschuldete Arbeitsvergütung an den Arbeitnehmer ausgezahlt, so kann er vom Arbeitnehmer die Rückzahlung des überzahlten Betrages verlangen (§ 812 Abs. 1 Satz 1 BGB).

2466

Der Irrtum kann auf einem Berechnungsfehler des Arbeitgebers beruhen, aber auch auf der fehlerhaften Annahme, zu der Leistung aufgrund tariflicher Vorschriften verpflichtet zu sein. Schließlich kann der Arbeitnehmer auch irrtümlich in eine zu hohe tarifliche Lohngruppe eingruppiert worden sein (vgl. oben → Rz. 2401).

Hat der Arbeitgeber dagegen bei der Auszahlung gewusst, dass er zur Zahlung der höheren Vergütung nicht verpflichtet war, scheidet eine Rückforderung der Überzahlung aus (§ 814 BGB).

Dies gilt allerdings nicht, wenn die Überzahlung als **Vorschuss** erfolgte. In diesem Fall ergibt sich die Rückzahlungsverpflichtung des Arbeitnehmers aus der zwischen den Arbeitsvertragsparteien abgeschlossenen Vorschussvereinbarung. Zu beachten ist jedoch, dass der Anspruch auf Rückzahlung von Vorschüssen in 3 Jahren verjährt (§ 195 BGB).

Die Verjährungsfrist von 3 Jahren gilt seit dem **01.01.2002** auch für den Anspruch auf Rückzahlung bei irrtümlicher Überzahlung. Bis zum 31.12.2001 galt in diesen Fällen eine Verjährungsfrist von 30 Jahren. Zur Übergangsregelung vgl. unten → Rz. 2485.

Es ist dennoch immer sofort zu prüfen, ob **tarifvertragliche Ausschlussklauseln** existieren. Ist das der Fall, so muss die überzahlte Vergütung innerhalb der tarifvertraglich vereinbarten Frist zurückgefordert werden. Bei Fristversäumung ist die Rückforderung des Betrages ausgeschlossen.

Fristbeginn bei arbeits- oder tarifvertraglichen Ausschlussfristen ist regelmäßig der Zeitpunkt der Überzahlung der Vergütung. Auf die Kenntnis des Arbeitgebers von seinem Rückzahlungsanspruch kommt es regelmäßig nicht an. Ausreichend für den Fristbeginn ist es, wenn die Vergütung fehlerhaft berechnet worden ist, obwohl die maßgebenden Umstände bekannt waren oder hätten bekannt sein müssen. Nur **ausnahmsweise** verfällt trotz Ablauf einer Ausschlussfrist der Rückzahlungsanspruch nicht. Das ist der Fall, wenn der Arbeitnehmer es pflichtwidrig unterlassen hat, dem Arbeitgeber Umstände mitzuteilen, die die Geltendmachung des Rückzahlungsanspruches innerhalb der Ausschlussfrist ermöglicht hätten. Zu einer solchen Mitteilung ist der Arbeitnehmer verpflichtet, wenn er bemerkt hat, dass er eine gegenüber sonst **ungewöhnlich hohe Bezahlung** erhalten hat, deren Grund er nicht klären kann (*BAG 01.06.1995, EzA § 4 TVG Ausschlussfristen Nr. 114*).

Ein Verfall wegen Ablauf einer Ausschlussfrist tritt bei unterlassener Mitteilung des Arbeitnehmers aber auch dann ein, wenn der Arbeitgeber **von anderer Seite** Umstände erfährt, die ihn den wirklichen Sachverhalt erkennen lassen oder ihn hätten veranlassen müssen, Nachforschungen zum wirklichen Sachverhalt anzustellen und er dennoch über einen längeren Zeitraum untätig bleibt (*BAG 23.05.2001, EzA § 818 BGB Nr. 12*).

Von daher muss für die betriebliche Praxis gelten: Unklarheiten der Lohnabrechnung, insbesondere mutmaßliche Überzahlungen, sind **sofort aufzuklären** und die hieraus resultierenden Rechte umgehend geltend zu machen!

Vom Arbeitgeber ist im Zusammenhang mit Ausschlussfristen ferner zu beachten, dass die Geltendmachung von Rückzahlung überzahlter Bezüge unter Hinweis auf eine fehlerhafte Eingruppierung nicht die Ausschlussfrist für Rückzahlungsansprüche aus **künftigen Überzahlungen** wahrt (*BAG 17.05.2001, EzA § 4 TVG Ausschlussfristen Nr. 136*). Regelmäßig wird der Arbeitgeber bei einer derartigen Eingruppierungsstreitigkeit nur die Vergütung zahlen, die seiner eigenen Berechnung/Eingruppierung entspricht. Lässt sich der Arbeitgeber jedoch ausnahmsweise darauf ein, bis zur endgültigen Klärung den arbeitnehmerseitigen Anspruch zu erfüllen, muss er dann die Auszahlung nicht nur unter Vorbehalt leisten, sondern auch sofort zu Rückzahlung geltend machen, ggf. auch klageweise, wenn Rechtsnachteile durch Versäumung einer Ausschlussfrist vermieden werden sollen.

2. Entreicherungseinwand des Arbeitnehmers

2467 Der Anspruch auf Rückzahlung wegen irrtümlicher Überzahlung ist in jedem Fall ausgeschlossen, wenn der Arbeitnehmer zu Recht einwendet, er sei nicht mehr bereichert (§ 818 Abs. 3 BGB).

Die durch die Überzahlung beim Arbeitnehmer eingetretene Bereicherung besteht nicht mehr, wenn der Arbeitnehmer das Geld ausgegeben hat, ohne dass er hierfür einen wirtschaftlichen Gegenwert (Sachwert, Forderung) erhalten hat, der sich noch in seinem Vermögen befindet. Dies wird häufig der Fall sein, wenn der Arbeitgeber so genannte **Luxusaufwendungen** gemacht hat. Hierunter versteht man außergewöhnliche Ausgaben des Arbeitnehmers, die er ansonsten nicht gemacht hätte. Typische Beispiele sind eine aufwendige Urlaubsreise oder die Veranstaltung einer teuren Festlichkeit.

Das gleiche gilt, wenn der Arbeitnehmer nur geringfügige Überzahlungen (je nach den Umständen bis ca. 200 DM bzw. den entsprechenden EUR-Betrag) für seinen Lebensunterhalt verbraucht hat. War die Überzahlung dagegen nicht nur geringfügig und hat der Arbeitnehmer durch die Verwendung des Geldes **eigene notwendige Aufwendungen erspart**, so bleibt er zur Rückzahlung verpflichtet. Der Arbeitnehmer kann sich also auf den Entreicherungseinwand auch dann nicht berufen, wenn er das Geld zur Tilgung eigener Schulden verbraucht hat. Hat er das Geld verschenkt, so ist nicht der Arbeitnehmer, wohl aber der Schenkungsempfänger im allgemeinen zur Rückzahlung an den Arbeitgeber verpflichtet (§ 822 BGB).

Die **Darlegungs- und Beweislast** für den Wegfall der Bereicherung liegt grundsätzlich beim Arbeitnehmer. Für **Arbeitnehmer der unteren und mittleren Einkommensgruppe im öffentlichen Dienst** ist in Verwaltungsvorschriften bestimmt, dass von einem Wegfall der Bereicherung auszugehen ist, wenn es sich um eine geringfügige Überzahlung bis zu 100 EUR handelt. Der Arbeitnehmer hat dann lediglich vorzutragen, dass er die Überzahlung für seinen Lebensunterhalt aufgebraucht hat. Hiervon ist dann auch auszugehen, wenn nicht der öffentliche Arbeitgeber ausdrücklich anderes darlegt und beweist (Anscheinsbeweis). In der Rechtsprechung war umstritten, ob und inwieweit dieser Anscheinsbeweis auch auf die Privatwirtschaft zu übertragen ist.

2468

Das BAG hält den Anscheinsbeweis auch in der Privatwirtschaft für anwendbar, wenn der Arbeitnehmer nicht zu den **Besserverdienenden** gehört (*BAG 12.01.1994, EzA § 818 BGB Nr. 6*). Für kleinere und mittlere Arbeitseinkommen gilt, dass der konkrete Nachweis des Wegfalls der Bereicherung entbehrlich ist, wenn

- erfahrungsgemäß und typischerweise anzunehmen ist, dass die arbeitgeberseitige Zuvielzahlung für den laufenden Lebensunterhalt des Arbeitnehmers, insbesondere konsumtive Ausgaben verbraucht worden ist, was insbesondere bei gleichbleibend geringen Überzahlungen der Fall sein soll; und
- die Überzahlung eine relativen Größenordnung von **10 % des Nettozahlbetrages** nicht übersteigt (*BAG 25.04.2001, EzA § 242 BGB Verwirkung Nr. 1*). Von Rechtswegen soll für die Höhe eines insoweit zu einer Beweiserleichterung führenden Überzahlbetrages **keine starre Obergrenze** bestehen. Eine entsprechende Anwendung der einschlägigen Verwaltungsvorschriften des öffentlichen Dienstes findet insoweit also nicht statt (*anders noch BAG 18.01.1995, EzA § 818 BGB Nr. 8*).

Bei Vorliegen dieser Voraussetzungen muss der Arbeitnehmer also lediglich vortragen, dass Entreicherung eingetreten ist, ohne dass ein konkreter Nachweis erforderlich ist. Allerdings bleibt der Arbeitnehmer darlegungs- und beweispflichtig für die Tatsachen, aus denen erfahrungsgemäß auf die Verwendung zum Lebensunterhalt geschlossen werden kann.

In diesem Zusammenhang hat das BAG auch entschieden, dass der Arbeitnehmer seiner Darlegungs- und Beweislast nicht genügt, wenn er zu den nach Art oder dem Grund nach plausibel behaupteten **anderweitigen Einkünften** nicht substantiiert Stellung nimmt (*BAG 18.01.1995, EzA § 818 BGB Nr. 8*). Aus dieser Entscheidung des BAG folgt, dass dem Arbeitgeber auch bei geringfügigen Überzahlungen der Nachweis offen steht, dass eine Entreicherung nicht eingetreten ist. Ein solcher Nachweis wird insbesondere dann mit Aussicht auf Erfolg geführt werden können, wenn der Arbeitnehmer noch weitere nennenswerte Einkünfte hat (z.B. weiteres Arbeitseinkommen, Mieteinnahmen, sonstige Einnahmen aus Vermögen, etc.). In der Praxis wird es jedoch regelmäßig ausgesprochen schwierig sein, den Anscheinsbeweis zu entkräften.

Übersteigt dagegen die Nettoüberzahlung 10 % des Nettozahlbetrages, verbleibt es bei dem Grundsatz, dass der Arbeitnehmer den geltend gemachten Wegfall der Bereicherung substantiiert darzulegen und ggf. zu beweisen hat. Der Beweis des ersten Anscheins für den Wegfall einer durch Gehaltsüberzahlungen eingetretenen Bereicherung ist insbesondere regelmäßig dann nicht anzunehmen, wenn die Zahlung das richtige Gehalt um ein vielfaches übersteigt (*BAG 23.05.2001, EzA § 818 BGB Nr. 12*).

3. Ausschluss des Entreicherungseinwandes

2469 Der Arbeitnehmer kann sich nicht auf den Entreicherungseinwand berufen, wenn er

- wusste, dass er die Überzahlung ohne Rechtsgrund erhalten hat (§ 819 Abs. 1 BGB),
- das Geld ausgegeben hat, nachdem der Arbeitgeber auf Rückzahlung geklagt hat (§ 818 Abs. 4 BGB) oder
- der Arbeitgeber die Auszahlung unter Vorbehalt vorgenommen hat (§ 820 Abs. 1 BGB).

Darüber hinaus können die Arbeitsvertragsparteien auch **vertraglich vereinbart** haben, dass der Arbeitnehmer auch bei Wegfall der Bereicherung zur Rückzahlung von überzahltem Lohn verpflichtet ist. Für eine solche Vereinbarung reicht es jedoch nicht aus, wenn der Arbeitnehmer auf einem vom Arbeitgeber vorgelegten Formular unterschreibt, dass ihm bekannt sei, dass er alle überzahlten Beträge zurückerstatten müsse (*BAG 18.09.1986, NZA 1987, 380*).

Erforderlich ist vielmehr eine ausdrückliche Vereinbarung entweder im Arbeitsvertrag oder in einer gesonderten Abrede.

4. Rückzahlungsklauseln

2470 Häufig wird in Arbeitsverträgen vereinbart, dass der Arbeitgeber unter bestimmten Voraussetzungen (z.B. Ausscheiden aus dem Betrieb) berechtigt sein soll, bereits gezahltes Arbeitsentgelt zumindest teilweise zurückzufordern. Der Arbeitgeber kann allerdings nicht die Rückzahlung von Vergütungsbestandteilen verlangen, wenn der Arbeitnehmer diese Vergütung durch **bereits geleistete Arbeit** verdient hat. Entsprechende Rückzahlungsklauseln im Arbeitsvertrag sind unwirksam. Dagegen ist es zulässig, wenn **Sonderzuwendungen** (Gratifikationen, Treueprämien) mit einem Rückzahlungsvorbehalt für den Fall verbunden werden, dass der Arbeitnehmer innerhalb der näheren Zukunft aus dem Arbeitsverhältnis ausscheidet.

Allerdings sind an die Wirksamkeit solcher Rückzahlungsvorbehalte bzw. -klauseln strenge Anforderungen zu stellen. Die Rechtsprechung hat hierzu feste **Grundsätze** aufgestellt, die für die Urlaubsgratifikation unter → Rz. 2898 dargelegt sind. Auch durch die Angleichung der Kündigungsfristen für Arbeiter und Angestellte durch das Kündigungsfristengesetz vom 07.10.1993, ist keine Änderung dieser Grundsätze eingetreten (*LAG Hamm 14.08.1998, EzA-SD 24/98, 17, Revision zugelassen*).

Für die sonstigen Sonderleistungen des Arbeitgebers sind diese Grundsätze entsprechend heranzuziehen, weshalb hier auf eine Darstellung der Einzelheiten verzichtet werden kann. Vom Grundsatz her ist jedoch zu beachten, dass eine arbeitsvertragliche Rückzahlungsklausel hinsichtlich z.B. des Weihnachtsgeldes unwirksam ist, wenn sie weder **Voraussetzungen** für die Rückzahlungspflicht noch einen eindeutig **bestimmten Zeitraum** für die Bindung des Arbeitnehmers festlegt. Sind keine entsprechenden Anhaltspunkte gegeben, kommt auch nicht eine ergänzende Auslegung einer solch allgemein gehaltenen Rückzahlungsklausel dahingehend in Betracht, dass die Rückforderung im Rahmen der von der Rechtsprechung entwickelten Grenzen erfolgen kann (*BAG 14.06.1995, EzA § 611 BGB Gratifikation, Prämie Nr. 127*).

Zu beachten ist, dass es für die zulässige Bindungsdauer im Rahmen von Gratifikationsrückzahlungsklauseln auf die **tatsächliche Höhe der gezahlten Gratifikation** ankommt. Es ist nicht möglich, dem Arbeitnehmer einerseits wegen des Eintritts in das Arbeitsverhältnis während eines Jahres eine geringere Gratifikation zu zahlen, ihn aber andererseits hinsichtlich der Dauer der zukünftigen Betriebsbindung so zu behandeln, als hätte er die volle Qualifikation erhalten (*LAG Hamm 14.08.1998, EzA-SD 24/98, 17, Revision zugelassen*). Hieraus folgt für die Gestaltung von Arbeitsverträgen in der betrieblichen Praxis, dass die etwaige Rückzahlung der Gratifikation im Eintrittsjahr und der Gratifikation der Folgejahre u.U. jeweils gesondert geregelt werden muss.

In der Rechtsprechung ist die Auslegung von Rückzahlungsklauseln, nach deren Inhalt der Arbeitnehmer die Gratifikation zurückzuzahlen hat, wenn er »vor dem 31.03. des Folgejahres durch Eigenkündigung ausscheidet«, umstritten. Z.T. wird vertreten, dass dann eine Kündigung **zum** 31.03. des Folgejahres unschädlich sei *(LAG Düsseldorf 28.01.1998, LAGE § 611 BGB Gratifikation Nr. 40 a.A. LAG Düsseldorf 25.03.1997, LAGE § 611 BGB Gratifikation Nr. 37)*. Derartige Auslegungsprobleme können dadurch vermieden werden, indem einem Bindung des Arbeitnehmers »**bis zum** 31.03. des Folgejahres« vereinbart wird. In diesem Fall endet die Bindungsfrist erst nach Ablauf dieses Tages (*BAG, EzA § 611 BGB Gratifikation, Prämie Nr. 103*).

Eine über die Grundsätze der Rechtsprechung hinausgehende Bindung des Arbeitnehmers durch einen Rückzahlungsvorbehalt kann allerdings durch Tarifvertrag vereinbart werden. Solche tariflichen Regelungen sind jedoch einschränkend dahingehend auszulegen, dass nur solche Bildungsmaßnahmen eine Rückzahlungspflicht auslösen, die zu einer **höheren (tariflichen)** Vergütung führen können (*BAG 06.09.1995, Pressemitteilung des BAG Nr. 42/95, EzA-SD Heft 19/95*). Die tarifvertragliche Regelung gilt auch dann, wenn die Arbeitsvertragsparteien zwar nicht tarifgebunden sind, gleichwohl aber die Anwendbarkeit des Tarifvertrages einzelvertraglich vereinbart haben.

Kommt danach die Rückzahlung von Vergütungsbestandteilen in Betracht, ist umstritten, ob der Rückzahlungsanspruch auf den dem Arbeitnehmer zugeflossenen **Nettobetrag** begrenzt oder aber der **Bruttobetrag** zurückzuzahlen ist *(ArbG Rostock 15.12.1997, DB 1998, 584; a.A. LAG Köln 17.11.1995, DB 1996, 208)*. Richtigerweise wird der Arbeitgeber Rückzahlung des Bruttobetrages verlangen können, da er mit der Abführung von Lohnsteuer und Sozialversicherungsabgaben keine eigene Verbindlichkeit, sondern eine Verbindlichkeit des Arbeitnehmers erfüllt.

Die Rückzahlungsverpflichtung des Arbeitnehmers umfasst die vom Arbeitgeber an das Finanzamt abgeführten Lohnsteuern jedenfalls dann, wenn vertraglich bestimmt ist, dass eine Zuwendung unter bestimmten Voraussetzungen »in voller Höhe« zurückzuzahlen ist (*BAG 05.04.2000, EzA § 4 TVG Öffentlicher Dienst Nr. 13*).

2471 Die Wirksamkeit von **Ausbildungskosten-Rückzahlungsvereinbarungen** richtet sich nach den Umständen bei Vertragsschluss. Ausschlaggebend ist, ob bei Abschluss der Vereinbarung auch außerhalb des Betriebes ein Bedarf für derart ausgebildete Arbeitskräfte in nennenswertem Umfang bestand und ob die Berufs- und Verdienstchancen des Arbeitnehmers gerade durch die vom Arbeitgeber finanzierte Ausbildung gesteigert worden sind. Aber auch bei Vorliegen dieser Voraussetzungen ist bei der Abfassung von Rückzahlungsklauseln Vorsicht geboten.

Einzelvertragliche Vereinbarungen, wonach vom Arbeitgeber aufgewendete Ausbildungskosten zurückzuzahlen sind, wenn der **Arbeitnehmer** das Arbeitsverhältnis vor Ablauf einer bestimmten Frist **kündigt**, sind grundsätzlich zulässig. Ebenso hat ein Arbeitnehmer, der auf Kosten des Arbeitgebers ausgebildet worden ist, die Beendigung des Arbeitsverhältnisses und die Folge eventueller Rückzahlungspflichten zu vertreten, wenn das Arbeitsverhältnis auf Veranlassung des Arbeitnehmers beendet worden ist (*BAG 05.07.2000, EzA § 611 BGB Ausbildungsbeihilfe Nr. 20*).

Die Rechtswirksamkeit einer einzelvertraglichen Rückzahlungsklausel ist jedoch in den Fällen zu verneinen, in denen der Kündigungsgrund ausschließlich in der **Sphäre des Arbeitgebers** liegt. Für den Fall der arbeitgeberseitigen Kündigung ist nunmehr ausdrücklich entschieden, das einzelvertragliche Abreden über die Rückzahlung von Ausbildungskosten insoweit unwirksam sind, wie sie eine Erstattung auch für den Fall einer betriebsbedingten Kündigung durch den Arbeitgeber vorsehen (*BAG 06.05.1998, EzA § 611 Ausbildungsbeihilfe Nr. 19*).

Nach der **Rechtsprechung** gilt derzeit i.Ü. **folgender Anhalt**: Eine Lehrgangsdauer von bis zu einem Jahr ohne Arbeitsverpflichtung rechtfertigt im Regelfall keine längere Bindung als **drei Jahre**. Bei einer Fortbildungsdauer von bis zu zwei Monaten ohne Verpflichtung zur Arbeitsleistung kann im Regelfall höchstens eine **einjährige Bindung** vereinbart werden. Etwas anderes kann in diesem Fall dann gelten, wenn die Fortbildung dem Arbeitnehmer eine **besonders hohe Qualifikation** und damit verbunden **überdurchschnittlich große Vorteile** bringt oder der Arbeitgeber für die Fortbildung ganz erhebliche Mittel aufwendet (*BAG 15.12.1993, BB 1994, 433*).

Besteht die Fortbildungsmaßnahme aus **mehreren Unterrichtsabschnitten**, so sind die dazwischenliegenden Zeiten bei der Berechnung der Dauer der gesamten Fortbildungsmaßnahme nicht mit zu berücksichtigen. Im gleichen Zusammenhang hat das BAG nunmehr ausdrücklich klargestellt, dass es einen z.T. vertretenen Grundsatz, dass die Bindungsdauer höchstens sechsmal so lang sein darf wie die Dauer der Bildungsmaßnahme, nicht gibt (*BAG 06.09.1995, EzA § 611 BGB Ausbildungsbeihilfe Nr. 14*).

Die einschränkenden Grundsätze zur Zulässigkeit von **Ausbildungskosten-Rückzahlungsvereinbarungen** gelten regelmäßig auch dann, wenn vereinbart wird, dass der

Rückzahlbetrag als **Darlehn** geschuldet werden soll. Auch ein **Schuldbestätigungsvertrag**, der unabhängig von der arbeitsvertraglichen Rückzahlungsklausel gelten soll, kann nur ausnahmsweise angenommen werden. Er setzt voraus, dass die Parteien den Streit oder die beiderseitige Ungewissheit über die Wirksamkeit der Rückzahlungsklausel beenden wollen (*BAG 26.10.1994, EzA § 242 BGB Ausbildungsbeihilfe Nr. 11*).

Grundsätzlich unzulässig ist die Rückforderung von Ausbildungskosten von Auszubildenden (§ 5 Abs. 2 Nr. 1 BBiG).

Mit der Wiedereinführung der Regelung des § 128 AFG in § 147 a SGB III besteht für den Arbeitgeber wieder das Risiko, dass er bei der Kündigung älterer Arbeitnehmer das von diesen nach Vollendung des 58. Lebensjahres bezogene Arbeitslosengeld dem Arbeitsamt zu erstatten hat. Soweit in einer Auflösungsvereinbarung oder einem gerichtlichen Vergleich seitens des Arbeitgebers die Zahlung einer Abfindung oder einen freiwilligen Überbrückungsgeldes zugesagt wird, stellt sich die Frage, ob zulässigerweise vereinbart werden kann, dass der Arbeitnehmer den insoweit erhaltenen Betrag zurückzahlen muss, wenn der Arbeitgeber auf Erstattung des vom Arbeitsamt gezahlten Arbeitslosengeldes in Anspruch genommen wird.

2471a

Nach zutreffender Auffassung verstößt eine solche Vereinbarung nicht gegen § 32 SGB I ist mithin zulässig (*LAG Niedersachsen 20.01.1999, EzA -SD 16/99, 8, Revision zugelassen*). Es bleibt abzuwarten, ob diese Rechtsprechung Bestand haben wird.

XIV. Verrechnung von Gegenforderungen mit dem Vergütungsanspruch

1. Aufrechnung gegenüber dem Arbeitnehmer

Hat der Arbeitgeber gegen den Arbeitnehmer Gegenforderungen, etwa auf Rückzahlung überzahlten Lohns oder auf Schadensersatz, kann er mit diesen Forderungen grundsätzlich gegenüber der **Nettolohnforderung** des Arbeitnehmers aufrechnen, soweit dies nicht vertraglich ausgeschlossen ist (§ 387 BGB).

2472

Der Arbeitgeber ist nicht berechtigt, gegen Bruttogehaltsansprüche des Arbeitnehmers mit Rückforderungsansprüchen – z.B. wegen Rückforderung einer Weihnachtsgratifikation – der Gestalt aufzurechnen, das er die Bruttobeträge »Brutto gegen Brutto« von einander abzieht. Der Arbeitgeber kann vielmehr Bruttorückforderungen nur gegen späteres **Nettoentgelt** verrechnen (*LAG Nürnberg 02.03.1999, LAGE § 387 BGB Nr. 2*).

Die Aufrechnung bewirkt, dass sich die gegenseitigen Forderungen, soweit sie sich decken, erlöschen (§ 389 BGB). Die Aufrechnung setzt im Einzelnen voraus:

- Gegenseitigkeit der Forderungen,
- Gleichartigkeit der Forderungen,
- Fälligkeit der Forderung des Arbeitgebers und
- Erfüllbarkeit der Lohnforderung des Arbeitnehmers.

Diese Voraussetzungen werden in der Praxis regelmäßig vorliegen, da es um Geldforderungen geht und Rückzahlungs- und Schadensersatzansprüche des Arbeitgebers im allgemeinen sofort fällig sind. Beruht die Gegenforderung auf einem gewährten Darlehen oder einem Vorschuss, ist immer zu prüfen, ob der Anspruch zum beabsichtigten Aufrechnungszeitpunkt tatsächlich fällig ist.

Ist ein **Vorschuss** (vgl. oben → Rz. 2461) für Zeiten nach Beendigung des Arbeitsverhältnisses gezahlt worden, ist dieser regelmäßig mit Beendigung des Arbeitsverhältnisses zur Rückzahlung fällig, soweit nicht ausdrücklich anderes vereinbart ist. Kann allein der Arbeitnehmer darüber bestimmen, ob er weniger als die regelmäßige wöchentliche Arbeitszeit arbeitet und ergibt sich infolge dessen zum Zeitpunkt der Beendigung des Arbeitsverhältnisses ein negativer Kontostand auf dem Arbeitszeitkonto (vgl. oben → Rz. 2240), stellt sich dieser negative Kontostand als ein entsprechender Vergütungsvorschuss des Arbeitgebers dar, der vom Arbeitnehmer wie ein Vorschuss finanziell auszugleichen ist. Der Arbeitgeber kann also den Negativsaldo in Geld umrechnen und mit der letzten Lohnforderung des Arbeitnehmers verrechnen (*BAG 13.12.2000, EzA-SD 26/00, 4*).

Zu beachten ist ferner, dass nur gegenüber bereits entstandenen Lohnforderungen aufgerechnet werden kann. Nicht erforderlich ist es dagegen, dass die Lohnforderung bereits fällig ist.

2473 Die Aufrechnung bedarf immer einer **Erklärung** gegenüber dem Arbeitnehmer (§ 388 BGB). Die Aufrechnungserklärung ist unwirksam, wenn sie unter einer Bedingung oder einer Zeitbestimmung abgegeben wird. Die Aufrechnungserklärung kann auch formlos abgegeben werden. Ausreichend ist es, wenn der Arbeitgeber den zur Aufrechnung gestellten Betrag im Wege der Verrechnung von der Vergütung einbehält und den entsprechenden Betrag auf der Lohnabrechnung des Arbeitnehmers absetzt.

Rechnet der Arbeitgeber allerdings mit **mehreren Gegenforderungen** auf, welche die Arbeitnehmeransprüche insgesamt übersteigen, so muss er die Aufrechnungsforderungen in ein **Stufenverhältnis** stellen. Tut er dies nicht und lässt sich die Reihenfolge auch aus sonstigen Umständen nicht entnehmen, so fehlt es an der erforderlichen Bestimmtheit der Aufrechnungserklärung, so dass die Aufrechnung insgesamt unzulässig ist (*LAG Nürnberg a.a.O.*). Bei der Formulierung einer hinreichend bestimmten Aufrechnungserklärung kann auf das nachfolgende Muster als Anhalt zurückgegriffen werden:

> **Muster**
>
> Sehr geehrte/r Frau/Herr ...,
>
> wir machen Ihnen gegenüber folgende Ansprüche geltend:
>
> 1) ....
> 2) ....
> 3) ....
>
> Gegenüber Ihrer Lohnforderung aus (z.B. Monat/Jahr/Abrechnung) erklären wir hiermit die Aufrechnung mit unseren vorstehenden Gegenansprüchen und zwar in folgender Reihenfolge:
>
> Zunächst wird unsere Forderung zu 1) zur Aufrechnung gestellt, sodann unsere Forderung zu 2), sodann unsere Forderung zu 3).
>
> Mit freundlichem Gruß

In Tarifverträgen ist häufig vereinbart, dass alle Ansprüche aus dem Arbeitsvertrag **binnen einer bestimmten Frist** gegenüber dem anderen Teil **schriftlich** geltend zu machen sind (tarifliche **Ausschlussfrist**). In diesem Fall muss auch die Aufrechnung schriftlich (vgl. unter → Rz. 2480) gegenüber dem Arbeitnehmer erklärt werden. Dabei ist die tarifvertraglich vorgegebene Frist unbedingt einzuhalten! Wird die Frist versäumt, so kann der Arbeitgeber im allgemeinen seine Forderungen weder aufrechnen noch sonst geltend machen.

Steht der Forderung des Arbeitgebers allein die Einrede der Verjährung oder eine sonstige Einrede entgegen, ist die Aufrechnung ebenfalls ausgeschlossen (§ 390 BGB). Bis zum 31.12.2001 konnte unter bestimmten Voraussetzungen auch noch mit verjährten Forderungen die Aufrechnung erklärt werden (vgl. § 390 Satz 2 BGB a.F.).

Eine wesentliche Einschränkung der Aufrechnungsmöglichkeit ergibt sich jedoch daraus, dass gegen **unpfändbare Forderungen** nicht aufgerechnet werden darf (§ 394 BGB). Das heißt, dass nur bis zur so genannten **Pfändungsfreigrenze** aufgerechnet werden kann und der unpfändbare Anteil an der Vergütung dem Arbeitnehmer in jedem Fall auszuzahlen ist. Es ist also erforderlich, dass der Arbeitgeber selbst zuvor den pfändbaren Betrag im Einzelnen errechnet. Diesen Betrag kann er dann im Wege der Verrechnung einbehalten. Gegenüber dem auszuzahlenden Restbetrag ist eine Aufrechnung unzulässig.

2474

Zur Berechnung des pfändbaren Betrages der Vergütung vgl. → Rz. 2477.

Die Berücksichtigung der Pfändungsfreigrenzen für noch nicht fällig gewordene Vergütungsansprüche kann auch nicht dadurch umgangen werden, dass der Arbeitgeber mit dem Arbeitnehmer einen so genannten Aufrechnungsvertrag abschließt. Zulässig ist aber die Einbehaltung auch unpfändbarer Vergütungsanteile, soweit sie fällig sind und der Arbeitnehmer hiermit einverstanden ist.

Ausnahmsweise kann eine Aufrechnung auch mit unpfändbaren Vergütungsbestandteilen in Betracht kommen, wenn es sich bei der zur Aufrechnung gestellten Forderung um einen Anspruch auf Schadenersatz aus **vorsätzlicher unerlaubter Handlung** des Arbeitnehmers handelt. Maßgeblich sind insoweit die Umstände des Einzelfalles *(BAG 18.03.1997, DB 1997, 1474)*.

2. Aufrechnung gegenüber abgetretenen oder gepfändeten Vergütungsansprüchen

Hat der Arbeitnehmer seinen Vergütungsanspruch an einen Dritten abgetreten, so kann der Arbeitgeber im allgemeinen auch gegenüber diesem Dritten die Aufrechnung mit seiner Gegenforderung erklären (§ 406 BGB). Dies hat dann zur Folge, dass der Vergütungsanspruch in Höhe der zur Aufrechnung gestellten Gegenforderung erlischt und der Arbeitgeber insoweit von seiner Vergütungspflicht frei wird.

2475

BEISPIEL:

Der Arbeitnehmer hat grob fahrlässig eine Maschine des Arbeitgebers beschädigt, wodurch ein Schaden in Höhe von 150 EUR entstanden ist, den er dem Arbeitgeber zu ersetzen hat. Nachdem der Arbeitgeber diesen Betrag von der Vergütung des Arbeitnehmers am Monatsende einbehalten hat, erklärt dieser, dass er kurz zuvor seinen Vergütungsanspruch an einen Dritten abgetreten hat. Dieser verlangt nun von dem Arbeitgeber die Zahlung der 150 EUR..

Hier kann der Arbeitgeber auch gegenüber dem Dritten die Aufrechnung mit schuldbefreiender Wirkung erklären. Zur Zahlung ist er nicht verpflichtet.

Zu beachten ist im Zusammenhang mit Abtretungen des Vergütungsanspruches, dass der unpfändbare Teil der Vergütung nicht abgetreten werden kann (§ 400 BGB). Lediglich im Falle des gesetzlichen Forderungsübergangs (vgl. § 412 BGB) können auch unpfändbare Vergütungsbestandteile auf Dritte übergehen. In der Praxis ist dies insbesondere dann von Bedeutung, wenn der Arbeitgeber den Anspruch des Arbeitnehmers auf Arbeitsentgelt nicht erfüllt und deshalb gegenüber dem Arbeitnehmer Sozialleistungen (z.B. Arbeitslosengeld) erbracht werden. Der Vergütungsanspruch geht dann in Höhe der erbrachten Sozialleistungen auf den jeweiligen Leistungsträger über, wobei auch unpfändbare Lohnbestandteile erfasst werden (§ 115 SGB X).

Es stellt sich dann die Frage, ob sich auch der Leistungsträger auf die Pfändungsfreigrenzen berufen kann oder ob der Arbeitgeber auch über diese Pfändungsfreigrenzen hinaus die Aufrechnung erklären kann. Dies ist im Einzelfall nach dem Zweck des Aufrechnungsverbots des § 394 BGB zu beurteilen. In bezug auf den Forderungsübergang nach der Zahlung von Arbeitslosen- und Krankengeld hat die Rechtsprechung die Anwendbarkeit des Aufrechnungsverbots des § 394 BGB zugunsten des Leistungsträgers bejaht. Der Arbeitgeber kann also nur bis zur Pfändungsfreigrenze aufrechnen.

Im Übrigen ist die Aufrechnung in den Fällen der Abtretung nur dann **ausgeschlossen**, wenn der Arbeitgeber bei dem Erwerb seiner Forderung bereits von der Abtretung Kenntnis hatte oder wenn die Forderung des Arbeitgebers erst nach Erlangung der Kenntnis und später als die abgetretene Lohnforderung fällig geworden ist (§ 406 BGB).

Soweit es also um Schadensersatzansprüche oder Rückzahlungsansprüche wegen einer Überzahlung der Vergütung geht, kann der Arbeitgeber immer dann aufrechnen, wenn er erst nach dem zur Schadensersatzpflicht führenden Ereignis oder nach der Überzahlung der Vergütung von der Abtretung erfahren hat. Probleme können sich aber ergeben, wenn etwa ein gewährtes Darlehen erst nach dem Vergütungsanspruch zur Rückzahlung fällig wird. Hat der Arbeitgeber in diesen Fällen vor der Fälligkeit des Darlehens von der Abtretung erfahren, ist die Aufrechnung gegenüber dem Dritten nicht mehr möglich.

2476 Ist der Vergütungsanspruch des Arbeitnehmers von einem Dritten **gepfändet** worden, so kann der Arbeitgeber in der Regel auch gegenüber diesem Dritten aufrechnen.

Die Aufrechnung ist aber wiederum dann ausgeschlossen, wenn der Arbeitgeber seine Forderung erst nach der Pfändung erworben hat oder wenn seine Forderung erst nach der Pfändung und später als der gepfändete Vergütungsanspruch fällig geworden ist (§ 392 BGB).

Haben die Arbeitsvertragsparteien vereinbart, dass ein vom Arbeitnehmer **erhaltenes Darlehen** in monatlichen Raten durch Verrechnung mit dem Monatslohn getilgt werden soll, so geht diese Aufrechnungsvereinbarung einer zeitlich späteren Lohnpfändung vor *(LAG Hamm 23.03.1993, DB 1993, 1247).*

3. Berechnung des aufrechenbaren Betrages

Da die Aufrechnung nur im Rahmen der Pfändungsfreigrenzen zulässig ist, hat der Arbeitgeber zunächst den pfändbaren Betrag zu ermitteln.

Die Berechnung des **pfändbaren Betrages** hat nach Maßgabe der §§ 850 ff. ZPO zu erfolgen. Die zu berücksichtigenden Pfändungsfreigrenzen ergeben sich aus § 850c ZPO und sind der zugehörigen Lohnpfändungstabelle zu entnehmen. **Berechnungsgrundlage** des pfändbaren Betrages ist zunächst das **Bruttoarbeitsentgelt**, das entweder monatlich, wöchentlich oder täglich gezahlt wird. Zum Bruttoarbeitsentgelt gehören alle Vergütungen, die dem Arbeitnehmer aus dem Arbeitsverhältnis zustehen ohne Rücksicht auf ihre Benennung oder Berechnungsart (§ 850 Abs. 5 ZPO).

Vom Bruttoarbeitsentgelt sind dann nach § 850 e Nr. 1 ZPO **abzuziehen.**

- Steuern und Sozialversicherungsbeitrage,
- unpfändbare Bezüge.

Das sich danach ergebende **Nettoarbeitsentgelt** errechnet sich im Einzelnen wie folgt:

- **Bruttoarbeitsentgelt abzüglich:**
- **Steuern und Sozialversicherungsbeiträge,**
  - Lohnsteuer,
  - Kirchensteuer,
  - Sozialversicherungsbeiträge,
  - Krankenversicherungsbeiträge.

- **unpfändbare Bezüge (§ 850a ZPO),**
  - Mehrarbeitsvergütung zur Hälfte,
  - Urlaubsgeld,
  - Treuegelder,
  - Aufwandsentschädigungen,
  - Auslösungsgelder,
  - Zulagen (für auswärtige Beschäftigung, Gefahren-, Schmutz-, Erschwernis- und Blindenzulage),
  - Entgelt für selbst gestelltes Arbeitsmaterial,
  - Weihnachtsvergütung (bis ½ des monatlichen Arbeitseinkommens, höchstens bis zu 500 EUR),
  - Beihilfen (Heirats-, Geburts-, Studienbeihilfe),
  - Erziehungsgelder,
  - Sterbe- und Gnadenbezüge aus dem Arbeitsverhältnis.

Bei der Berechnung ist ein unpfändbares Urlaubsentgelt als Bruttobetrag vom Gesamtbruttoeinkommen abzuziehen, obwohl dies zu einer doppelten Berücksichtigung der auf das Urlaubsgeld anfallenden Abzüge führt (*LAG Berlin 14.01.2000, EzA SD 8/00, 24*).

Achtung! Ab dem 01.01.2002 gelten neue, erhöhte Pfändungsfreibeträge (vgl. unten → Rz. 2632). Die nachfolgend jeweils zuerst genannten Beträge sind die neuen Grenzwerte in EUR. Die in den Klammern genannten Beträge sind die bis zum 31.12.2001 gültigen Beträge in D-Mark. Die neue Pfändungstabelle (bezogen auf eine monatliche Vergütung) ist im Anhang abgedruckt.

Das ermittelte Nettoarbeitsentgelt ist unpfändbar, wenn es je nach dem Zeitraum für den es gezahlt wird, nicht mehr als

- 930,00 EUR (1.209,00 DM) monatlich,
- 217,50 EUR (279,00 DM) wöchentlich,
- 43,50 EUR (55,80 DM) täglich (§ 850 c ZPO) beträgt.

Dagegen ist der Mehrbetrag des Nettoarbeitsentgelts, der

- 2.851,00 EUR (3.796,00 DM) monatlich,
- 658,00 EUR (876,00 DM) wöchentlich,
- 131,58 EUR (175,20 DM) täglich

übersteigt, voll pfändbar und kann ohne weiteres im Wege der Verrechnung einbehalten werden.

Die Pfändbarkeit bzw. die Höhe des pfändbaren Betrages des Nettoarbeitsentgelts, das zwischen

- 930,00 EUR (1.209,00 DM) und 2.851,00 EUR (3.796,00 DM) monatlich,
- 217,50 EUR (279,00 DM) und 658,00 EUR (876,00 DM) wöchentlich,
- 43,50 EUR (55,80 DM) und 131,58 EUR (175,20 DM) täglich

liegt, ergibt sich aus den als Anlage zu § 850c ZPO im Gesetz abgedruckten Pfändungstabellen. Dabei richtet sich der pfändbare Betrag nach der Höhe des Nettoarbeitsentgelts einerseits und den **gesetzlichen Unterhaltsverpflichtungen** des Arbeitnehmers andererseits.

Zu berücksichtigen sind dabei Unterhaltsleistungen des Arbeitnehmers gegenüber seinem Ehegatten, einem früheren Ehegatten, einem Verwandten oder der Mutter eines nichtehelichen Kindes nach §§ 1615 l, 1615 n BGB.

BEISPIEL:

Der Arbeitnehmer schuldet dem Arbeitgeber Schadensersatz in Höhe von 500 EUR. Das monatliche Nettoeinkommen des Arbeitnehmers beträgt 1.800 EUR. Der Arbeitnehmer ist verheiratet und hat 2 Kinder, die noch nicht berufstätig sind.

Hier sind Unterhaltspflichten für 3 Personen zu berücksichtigen, und zwar auch, wenn die Ehefrau ein eigenes Einkommen hat. Nach der Tabelle ist ein Betrag von 39 EUR pro Monat pfändbar. Der Arbeitgeber kann also monatlich 39 EUR von dem Arbeitseinkommen des Arbeitnehmers im Wege der Verrechnung einbehalten, bis der Schaden ausgeglichen ist.

Mehrere Arbeitseinkommen des Arbeitnehmers sind bei der Berechnung des pfändbaren Betrages zusammenzurechnen, wenn dies vom Vollstreckungsgicht angeordnet ist (§ 850 e Nr. 2 ZPO). Erhält der Arbeitnehmer neben seinem in Geld zahlbaren Einkommen auch Naturalleistungen, so sind Geld- und Naturalleistungen zusammenzurechnen. In diesem Falle ist der in Geld zahlbare Betrag insoweit pfändbar, als der nach der Tabelle unpfändbare Teil des Gesamteinkommens durch den Wert der dem Schuldner verbleibenden Naturalleistungen gedeckt ist (§ 850 e Nr. 3 ZPO).

Achtung: Die o.g. unpfändbaren Beträge ändern sich jeweils zum 01. Juli eines jeden zweiten Jahres, **erstmalig** zum 01.07.2003, entsprechend der im Vergleich zum jeweiligen Vorjahreszeitraum des Einkommensteuergesetzes (EStG, vgl. unten Rz. 8046 ff.), wobei die dann maßgebenden (unpfändbaren) Beträge rechtzeitig im Bundesgesetzblatt bekannt gegeben werden (§ 850 c Abs. 2 a ZPO)

XV. Wegfall der Vergütungspflicht

Der Arbeitgeber ist zur Zahlung der geschuldeten Vergütung nicht verpflichtet, wenn der Arbeitnehmer die geschuldete Arbeitsleistung nicht erbracht hat. Allerdings gibt es Ausnahmen von diesem Grundsatz (vgl. → Rz. 2520 ff.). 2478

Ein Sonderfall des Wegfalls der Vergütungspflicht besteht in den Fällen des ab 01.01.2002 neu gefassten § 275 BGB (vgl. → Rz.2051 ff., → Rz. 2486 a ff.).

Darüber hinaus kann der Arbeitgeber unter den nachfolgenden Voraussetzungen berechtigt sein, die Auszahlung der Vergütung zu verweigern, obwohl der Arbeitnehmer einen wirksamen Vergütungsanspruch erworben hat.

1. Ausschlussfristen

Der Vergütungsanspruch des Arbeitnehmers erlischt, wenn er nicht innerhalb einer **vereinbarten Ausschluss-, Verfall- oder Verwirkungsfrist** geltend gemacht wird. Derartige Ausschlussklauseln sind praktisch in allen Tarifverträgen enthalten. Sie können aber auch Gegenstand einer Betriebsvereinbarung oder des einzelnen Arbeitsvertrages sein. 2479

Zur zulässigen Vereinbarung von Ausschlussfristen vgl. → Rz. 1880.

Inzwischen steht fest, dass auch eine kurze **Ausschlussfrist von einem Monat** nach Fälligkeit rechtswirksam vereinbart werden kann (*BAG 13.12.2000, EzA § 611 BGB Inhaltskontrolle Nr. 8*).

Die für die Geltendmachung **tariflicher Rechte** geltenden Ausschlussfristen können jedoch nur durch Tarifvertrag festgelegt werden (§ 4 Abs. 4 Satz 3 TVG). Eine einzelvertragliche Vereinbarung ist nicht möglich.

Ähnliches gilt, wenn die **Rechte aufgrund einer Betriebsvereinbarung** gewährt werden. Ausschlussfristen müssen dann entweder in einem Tarifvertrag oder einer Betriebsvereinbarung enthalten sein (§ 77 Abs. 4 Satz 4 BetrVG).

2480 Besteht eine Ausschlussfrist, so ist zunächst zu prüfen, ob der geltend gemachte Anspruch, hier der Vergütungsanspruch, auch von der Ausschlussfrist erfasst wird. Das ist regelmäßig der Fall, wenn die Klausel etwa wie folgt formuliert ist:

»Der Ausschlussfrist unterliegen sämtliche beiderseitigen Ansprüche aus dem Arbeitsvertrag und solche, die mit dem Arbeitsvertrag in Verbindung stehen.«

Bei einer solchen Formulierung der Ausschlussklausel sind dann auch sog. **deliktische** Ansprüche (§ 823 BGB) erfasst, sofern vertragliche und deliktische Ansprüche auf einem einheitlichen Lebenssachverhalt beruhen (*LAG Schleswig-Holstein, 13.03.2001, EzA-SD 09/ 01, 16*). Nicht erfasst sind dagegen Ansprüche von Hinterbliebenen eines Arbeitnehmers auf **Sterbegeld**, dessen Zahlung entweder tariflich oder einzelvertraglich vereinbart ist. Insoweit kann das Sterbegeld auch nach Ablauf der Ausschlussfrist geltend gemacht werden (*BAG 04.04.2001, EzA § 4 TVG Ausschlussfristen Nr. 141*).

Der Zeitpunkt, an dem die Ausschlussfrist zu laufen beginnt, richtet sich ebenfalls nach der vertraglichen Regelung. Häufig wird auf die Fälligkeit des Anspruchs abgestellt.

Ungeachtet einer solchen Bestimmung kann die Frist auch dadurch vom Arbeitnehmer gewahrt werden, dass er den Anspruch zeitlich **vor dessen Fälligkeit** geltend macht (*BAG 27.03.1997, DB 1997, 234*). Regelmäßig ist darüber hinaus bestimmt, in welcher Form die Geltendmachung innerhalb der Frist zu erfolgen hat. Ist zur Wahrung einer Ausschlussfrist die **schriftliche Geltendmachung** gefordert, so war hierzu die Übermittlung eines Telefaxes nicht ausreichend (*LAG Hamm 22.05.1997, LAGE § 4 TVG Ausschlussfristen Nr. 43*).

Erforderlich war dann vielmehr die Wahrung der der gesetzlichen Schriftform (§§ 126, 127 Abs. 1 BGB), mithin regelmäßig eigenhändige Unterschrift des Arbeitnehmers.

Nunmehr gilt: Auch die **Geltendmachung durch Telefax** entspricht dem Erfordernis einer Ausschlussklausel, nach der die Ansprüche »schriftlich« zu erheben sind (*BAG 11.10.2000, BB 2001, 1201*). Das BAG stellt entscheidend darauf ab, dass dem Geltendmachungsschreiben die Erhebung bestimmter, als noch offen bezeichneter Ansprüche aus dem Arbeitsverhältnis durch Lesen einer textlichen Nachricht entnommen werden kann. Unter dieser Voraussetzung ist auch die Geltendmachung durch Telefaxschreiben fristwahrend.

Nicht abschließend geklärt erscheint, ob das Telefaxschreiben vom Arbeitnehmer oder seinem Vertreter handschriftlich unterschrieben sein muss oder ob auch maschinenschriftliche Unterzeichnung (zur elektronischen Signatur/Nachbildung der handschriftlichen Unterschrift vgl. unten) ausreicht. Wenngleich die Geltendmachung bestimmter Ansprüche aus dem Arbeitsverhältnis auch einem maschinenschriftlich unterzeichneten Schreiben entnommen werden kann, sprechen überwiegende Gründe dafür, dass dennoch die handschriftliche Unterzeichnung des Telefaxschreibens durch den Arbeitnehmer vor Versendung an den Arbeitgeber erforderlich bleibt. Das BAG begründet seine o.g. Entscheidung u.a. damit, dass Geltendmachungsschreiben ihren Zweck auch erfüllen, »wenn sie lediglich die bildliche Wiedergabe der Originalunterschrift enthalten«.

Ab 01.08.2001 ist zudem gesetzlich bestimmt, dass die gewillkürte (durch Rechtsgeschäft bestimmte) Schriftform auch durch telekommunikative Übermittlung gewahrt werden kann, soweit nicht ein anderer Wille anzunehmen ist. Wird eine solche Form gewählt, kann nachträglich notarielle Beurkundung verlangt werden (§ 127 Abs. 2 BGB). Man wird nach der neuen Rechtsprechung zur Wahrung von Ausschlussfristen durch Telefax allerdings nicht davon ausgehen können, dass der Arbeitgeber auch in diesen Fällen notarielle Beurkundung der Geltendmachung verlangen kann.

Ferner kann die gesetzliche Schriftform jetzt auch durch die elektronische Form ersetzt werden, wenn sich nicht aus dem Gesetz ein anderes ergibt (§ 126 Abs. 3 BGB). Wird die elektronische Form gewählt, so muss er Aussteller der Erklärung dieser seinen Namen hinzufügen und das elektronische Dokument mit einer qualifizierten elektronischen Signatur nach dem Signaturgesetz vom 16.05.2001 (SigG, BGBl. I S. 876) versehen (§ 126 a Abs. 1 BGB). Mithin kann die schriftliche Geltendmachung auch durch die elektronische Form erfolgen.

Die betriebliche Praxis ist im Zusammenhang mit der Wahrung von Ausschlussfristen durch den Arbeitnehmer darauf hinzuweisen, dass bei einer Geltendmachung des arbeitnehmerseitigen Anspruchs durch **Bevollmächtigte** (z.B. Rechtsanwalt) die Möglichkeit besteht, die Geltendmachung zurückzuweisen, wenn nicht mit der Geltendmachung gleichzeitig eine vom Arbeitnehmer unterzeichnete Originalvollmacht vorgelegt wird (§ 174 Satz 1 BGB).

Die Zurückweisung muss unverzüglich und unter ausdrücklichem Hinweis auf die fehlende Originalvollmacht als Zurückweisungsgrund erfolgen! Unverzüglich bedeutet längstens eine Woche.

Erfolgt die Zurückweisung durch Bevollmächtigte des Arbeitgebers, sollte der Zurückweisung eine Originalvollmacht des Arbeitgebers beigefügt sein, da andernfalls der Arbeitnehmer seinerseits wiederum die Zurückweisung des Arbeitgebers wegen fehlender Originalvollmacht zurückweisen könnte.

Erfolgt die Geltendmachung nicht innerhalb der Ausschlussfrist, kann der Arbeitgeber die **Auszahlung der Vergütung verweigern.**

Ebenso wenig ist es zur Wahrung einer Ausschlussfrist ausreichend, wenn der Arbeitnehmer an den Arbeitgeber die »**schriftliche Bitte um Prüfung**« richtet, ob die Voraussetzungen eines näher bezeichneten Anspruches vorliegen. Eine solche Bitte bringt regelmäßig nicht hinreichend zum Ausdruck, dass der Arbeitnehmer unabhängig von dem Ergebnis der Prüfung den Arbeitgeber auf Zahlung in Anspruch nehmen will *(BAG 10.12.1997, DB 1998, 682)*.

Verlangt eine tarifliche Verfallklausel zur Vermeidung des Verfalls die (**mündliche**) Geltendmachung von Ansprüchen, so liegt eine hinreichende Zahlungsaufforderung regelmäßig vor, wenn der Arbeitnehmer bei Empfang der Lohnabrechnung bemängelt, ein bestimmter Lohnbestandteil fehle. Einer solchen Erklärung muss der Arbeitgeber entnehmen, der Arbeitnehmer verlange Abrechnung und Zahlung auch dieses Lohnbestandteils *(BAG 20.02.2001, EzA § 4 TVG Ausschlussfristen Nr. 139)*.

Bei einer sog. **zweistufigen Ausschlussfrist** ist der Anspruch zunächst innerhalb der vereinbarten Frist geltend zu machen und dann binnen weiterer Frist Klage zu erheben. Derartige Klauseln sind etwa wie folgt formuliert:

»*Alle beiderseitigen Ansprüche aus dem Arbeitsverhältnis und solche, die mit dem Arbeitsverhältnis in Verbindung stehen, verfallen, wenn sie nicht innerhalb von 2 Monaten nach der Fälligkeit gegenüber der anderen Vertragspartei schriftlich erhoben werden. Lehnt die Gegenpartei den Anspruch ab oder erklärt sie sich nicht innerhalb von zwei Wochen nach der Geltendmachung des Anspruches, so verfällt dieser, wenn er nicht innerhalb von 2 Monaten nach der Ablehnung oder dem Fristablauf gerichtlich geltend gemacht wird.*«

Stellt eine solche zweistufige Ausschlussfrist für den Beginn der zweiten Frist, binnen der Klage zu erheben ist, auf nur ein Schweigen oder eine Ablehnung des Arbeitgebers ab, so liegt in der Erklärung des Arbeitgebers, die vom Arbeitnehmer geltend gemachten Ansprüche auf ihre Berechtigung überprüfen zu wollen, weder ein Schweigen noch eine Ablehnung im Sinne der Ausschlussklausel, weshalb der Arbeitnehmer nicht gehalten ist, zu Wahrung der zweistufigen Ausschlussfrist Klage zu erheben (*LAG Berlin 04.05.2001, EzA-SD 16/01, 23*). Will der Arbeitgeber in diesen Fällen also den Lauf der zweiten Frist in Gang setzen, muss er sich deutlicher erklären und dem Arbeitnehmer das Ergebnis einer zugesagten Überprüfung mitteilen.

Im Zusammenhang mit einer Ausschlussfrist, die letztlich nur durch Klageerhebung gewahrt werden kann, wird der Arbeitgeber ebenfalls zu beachten haben, dass bei insoweit verspätet eingereichten Klagen u.U. Heilung zu Gunsten des Arbeitnehmers eintreten kann, wenn sich der Arbeitgeber auf eine erst im Rechtsstreit (z.B. im Gütetermin) überreichte Klageerweiterung **rügelos einlässt** (vgl. § 295 ZPO; *LAG Berlin a.a.O.*).

Wenn also im Rechtsstreit erstmalig neue Rechte geltend gemacht werden, ist dies vom Arbeitgeber immer sofort unter Hinweis auf die Ausschlussfrist als verspätet zurückzuweisen, und darauf achten, dass die Rüge auch in das Protokoll aufgenommen wird bevor eine sachliche Stellungnahme zur geltend gemachten Forderung erfolgt.

2481 Lediglich in Ausnahmefällen kann sich der Arbeitgeber nicht auf den Ablauf der Ausschlussfrist berufen, etwa dann, wenn der Arbeitgeber den Arbeitnehmer von der Geltendmachung abgehalten hat oder der Arbeitnehmer darauf vertrauen durfte, der Arbeitgeber werde die Forderung noch erfüllen.

BEISPIEL:

Der Arbeitgeber kann das vertraglich geschuldete Weihnachtsgeld nicht zahlen. Er versichert seinen Arbeitnehmern mehrmals, dass er das Geld nachzahlen werde, sobald er dazu in der Lage sei. Nach Ablauf der 3-monatigen Ausschlussfrist ist er der Auffassung, hierzu nicht mehr verpflichtet zu sein.

Hier ist es **rechtsmissbräuchlich**, wenn der Arbeitgeber sich auf den Ablauf der Ausschlussfrist beruft. Er bleibt zur Zahlung verpflichtet, selbst wenn die Arbeitnehmer den Anspruch innerhalb der Ausschlussfrist nicht ausdrücklich geltend gemacht haben.

Allerdings ist der Arbeitgeber nicht verpflichtet, den Arbeitnehmer darauf aufmerksam zu machen, dass dieser nach den vertraglichen Bestimmungen den Anspruch nicht nur mündlich, sondern schriftlich geltend machen muss. Vielmehr kann vom Arbeitnehmer im allgemeinen verlangt werden, dass er die anwendbaren Bestimmungen kennt. Der Arbeitgeber kann sich auch dann begründet auf eine Ausschlussfrist berufen, wenn er zuvor dem Arbeitnehmer eine unzutreffende Auskunft über das Bestehen seines Anspruches gegeben hat *(BAG 22.01.1997, DB 1997, 880)*.

Allerdings ist hier darauf hinzuweisen, dass der Arbeitgeber verpflichtet ist, die maßgebenden Tarifverträge oder Betriebsvereinbarungen an geeigneter Stelle im Betrieb **auszulegen** *(§§ 8 TVG, 77 Abs. 2 Satz 3 BetrVG)*.

Bestimmt ein Tarifvertrag, dass Ansprüche dann nicht wegen Versäumung der Ausschlussfrist erlöschen, wenn der Tarifvertrag »dem Arbeitnehmer nicht ausgehändigt oder im Betrieb nicht ausgelegt oder ausgehängt ist«, so genügt der Arbeitgeber seinen Verpflichtungen nicht dadurch, dass er den Tarifvertrag zusammen mit Arbeitsanweisungen in einem allgemein zugänglichen mit »Info« beschrifteten Ordner ablegt. In diesem Zusammenhang wurde ausdrücklich offengelassen, ob an der bisherigen Rechtsprechung festzuhalten ist, wonach der Arbeitgeber seiner Verpflichtung aus § 8 TVG dadurch genügt, dass er den Tarifvertrag dem Arbeitnehmer zugänglich macht *(BAG 11.11.1998, EzA § 4 Ausschlussfristen Nr. 128)*.

Nach einer jüngeren Entscheidung genügt der Arbeitgeber seiner Verpflichtung zum Auslegen der in Betrieb geltenden Tarifverträge gem. § 8 TVG nur dann, wenn er die Arbeitnehmer deutlich darauf hinweist, wo diese die Tarifverträge zu den betriebüblichen Zeiten einsehen können. Die Arbeitnehmer müssen in diesen Zeiten **ungehinderten Zugang** zu den genannten Räumlichkeiten haben. Sie müssen die gut sichtbaren und eindeutig kennzeichneten Tarifverträge ohne ausdrückliches Verlangen **ungestört einsehen** können. Ein Verstoß gegen § 8 TVG verwehrt es dem Arbeitgeber jedoch nicht, sich auf den Verfall der tariflich geregelter Ansprüche zu berufen, wenn er den Arbeitnehmer zumindest auf die Geltung des Tarifvertrages, in dem sich die Ausschlussfrist findet, hingewiesen hat. § 8 TVG ist auch kein Schutzgesetz im Sinne von § 823 Abs. 2 BGB *(LAG Niedersachsen 07.12.2000, LAGE § 8 TVG Nr. 1; anders LAGE Schleswig-Holstein 08.02.2000, DB 2000, S. 724)*.

Auf den Ablauf einer Ausschlussfrist kann sich der Arbeitgeber auch dann nicht berufen, wenn er **durch Abrechnung eine Forderung des Arbeitnehmers vorbehaltlos ausgewiesen hat**. In diesen Fällen braucht der Arbeitnehmer diese Forderung nicht mehr geltend zu machen, um eine Ausschlussfrist zu wahren. Die Pflicht zur Geltendmachung wird auch nicht dadurch wieder begründet, dass der Arbeitgeber die Forderung später bestreitet. Von daher ist es empfehlenswert, Abrechnungen jeweils lediglich unter Vorbehalt zu erteilen, sofern nicht sicher feststeht, dass die Forderung des Arbeitnehmers begründet ist.

Die Abrechnung unter Vorbehalt führt jedoch nicht dazu, dass der Beginn der Ausschlussfrist für die Rückforderung von etwaig zuviel gezahlten Arbeitsentgelt hinausgeschoben wird *(BAG 27.03.1996, DB 1997, 235)*.

2. Verzicht

2482 Der Arbeitgeber ist auch dann nicht mehr zur Auszahlung fälliger Vergütungsansprüche verpflichtet, wenn der Arbeitnehmer auf diese Ansprüche zuvor verzichtet hat. Ein solcher Verzicht ist durchaus **zulässig** und kann auch **stillschweigend** erfolgen (§ 397 BGB).

Allerdings kann auf tarifvertragliche Rechte nur in einem von den Tarifvertragsparteien gebilligten Vergleich verzichtet werden (§ 4 Abs. 4 Satz 1 TVG). Ein Verzicht auf durch Betriebsvereinbarung eingeräumte Rechte ist nur mit Zustimmung des Betriebsrats zulässig (§ 77 Abs. 4 Satz 2 BetrVG).

Unwirksam ist auch eine Vereinbarung, derzufolge der Arbeitnehmer auf künftig fällig werdende Gehaltsansprüche »verzichtet«, wenn dadurch das Geschäftsrisiko auf den Arbeitnehmer abgewälzt werden soll *(LAG Berlin 17.02.1997, EzA-SD 9/97, 11).*

Zum Begriff des Betriebs- und Wirtschaftsrisikos vgl. → Rz. 2545, 2546.

Vom Verzicht zu unterscheiden ist die **Stundung der Vergütungsforderung**. Hat sich der Arbeitnehmer mit einer Stundung einverstanden erklärt, bedeutet dies lediglich, dass die Vergütung zu einem späteren Zeitpunkt zu zahlen ist.

Entgegen einer erstinstanzlichen Rechtsprechung hat nunmehr das zuständige LAG festgestellt, dass der Arbeitnehmer aufgrund seiner **Treuepflicht** nicht verpflichtet ist, in einer wirtschaftlichen Existenzkrise des Arbeitgebers Lohnforderungen in Höhe von 10 % seines Bruttomonatseinkommens zu stunden, und zwar auch dann nicht, wenn die übrigen Mitarbeiter in dieser Höhe auf ihre Lohnforderungen verzichtet haben *(LAG München 06.05.1997, LAGE § 242 Lohnstundung Nr. 1)* . Bis auf weiteres ist also davon auszugehen, dass eine Verpflichtung des Arbeitnehmers zur Lohnstundung grundsätzlich nicht besteht.

3. Ausgleichsquittung

2483 Haben sich die Arbeitsvertragsparteien im Rahmen einer Ausgleichsquittung gegenseitig bestätigt, keine Ansprüche mehr aus dem Arbeitsverhältnis zu haben, so können damit **bestehende Vergütungsansprüche des Arbeitnehmers erloschen sein** (zur Ausgleichsquittung vgl. → Rz. 4801 ff.).

4. Quittung

2484 Eine vom Arbeitnehmer erteilte Quittung hat lediglich **Beweisfunktion** (vgl. oben → Rz. 2464). Hat der Arbeitnehmer den quittierten Geldbetrag tatsächlich nicht erhalten, so bleibt der Arbeitgeber zur Nachzahlung verpflichtet. Ein Verzicht des Arbeitnehmers ist nicht anzunehmen. Allerdings sollte berücksichtigt werden, dass der Arbeitnehmer für das Ausbleiben der Zahlung beweispflichtig ist und der Arbeitgeber mit der Quittung ein starkes Beweismittel in den Händen hält.

5. Verjährung

Ab dem **01.01.2002** verjährt der Anspruch auf die Vergütung in **3 Jahren** (bis 31.12.2001 betrug die Verjährungsfrist 2 Jahre, vgl. §§ 196 Abs. 1 Nr. 8, 9; 201, 198 BGB a.F.), wobei die Verjährungsfrist mit dem Schluss des Jahres beginnt, in der dem der Anspruch entstanden ist und der Arbeitnehmer von den den Anspruch begründenden Umständen und der Person des Schuldners Kenntnis erlangt oder ohne grobe Fahrlässigkeit erlangen müsste (§§ 195, 199 BGB n.F.).

2485

Nach der **Überleitungsvorschrift** zum Verjährungsrecht findet die gesetzliche Neuregelung auf die am 01.01.2002 bestehenden und noch nicht verjährten Ansprüche Anwendung. Soweit allerdings die gesetzliche Verjährungsfrist ab dem 01.01.2002 länger ist als die bis zum 31.12.2001 geltende Frist, so ist die Verjährung mit dem Ablauf der im BGB bis zu diesem Tag geltenden Fassung bestimmten Frist vollendet (Art. 229 § 6 Abs. 1, 3 EGBGB). Die in 2001 und früher entstandenen Vergütungsansprüche verjähren also weiterhin in 2 Jahren, gerechnet vom Ablauf des Jahres an, in dem die Vergütung fällig geworden ist.

Nach Ablauf der Verjährungsfrist ist der Arbeitgeber berechtigt, die Auszahlung der Vergütung zu verweigern (§ 214 BGB). Es ist zulässig, wenn die Arbeitsvertragsparteien eine Abkürzung der Verjährungsfrist vereinbaren, soweit es sich nicht um eine Haftung wegen Vorsatzes handelt (vgl. § 202 BGB).

Allerdings kann für Rechte aus einem Tarifvertrag die Verjährungsfrist nur in einem Tarifvertrag verkürzt werden.

Soweit die Rechte aufgrund einer Betriebsvereinbarung eingeräumt sind, kann eine **Abkürzung der Verjährungsfristen** nur durch Tarifvertrag oder Betriebsvereinbarung erfolgen (§ 77 Abs. 4 Satz 4 BetrVG).

Die gerichtliche Geltendmachung hemmt die Verjährung (§ 204 BGB). Die Erhebung der Kündigungsschutzklage (§ 4 KSchG) oder eine Klage auf Feststellung des Fortbestehens des Arbeitsverhältnisses (§ 256 ZPO) unterbricht jedoch nicht die Verjährung der Zahlungsansprüche auf den Verzugslohn (§ 615 BGB, → Rz. 2520 ff.).

Im Einzelfall kann der Arbeitnehmer dem Arbeitgeber bei eingetretener Verjährung den Einwand des **Rechtsmissbrauchs** gegenüber der Verjährungseinrede entgegenhalten. Voraussetzung ist allerdings, dass

- der Arbeitgeber den Arbeitnehmer durch sein Verhalten – sei es auch unabsichtlich – von der rechtzeitigen Klage abgehalten hat und
- dieses Verhalten auch ursächlich für die Fristsäumnis des Arbeitnehmers ist *(BAG 18.03.1997, DB 1997, 2543)*.

Der Verjährung unterliegen grundsätzlich alle Vergütungsbestandteile. Keine Vergütung in diesem Sinne sind jedoch Abfindungen, die als Entschädigung für den Verlust des Arbeitsplatzes gezahlt werden. Diese Abfindungen unterliegen der regelmäßigen Verjährungsfrist von 30 Jahren (*LAG Niedersachsen 26.01.2001, EzA-SD 15/01, 13; LAG Thüringen 21.02.2001, EzA-SD 17/01, 11*). Als regelmäßige Verjährungsfrist galt bis zum

31.12.2001 eine Frist von 30 Jahren (§ 195 BGB a.F.), ab 01.01.2002 gilt eine regelmäßige Verjährungsfrist von 3 Jahren (§ 195 BGB). Zur Übergangsregelung vgl. Art. 229 § 6 Abs. 4 EGBGB. Bis zum 31.12.2001 entstandene Abfindungsansprüche verjähren danach spätestens mit Ablauf des Jahres 2004.

6. Verwirkung

2486 Ausnahmsweise kann die Vergütungspflicht des Arbeitgebers auch dann entfallen, wenn der vom Arbeitnehmer geltend gemachte Anspruch verwirkt ist.

Eine Verwirkung wird dann in Betracht kommen, wenn der Arbeitnehmer das Recht längere Zeit nicht geltend gemacht hat, der Arbeitgeber damit rechnen durfte, dass der Arbeitnehmer das Recht auch nicht mehr geltend macht und die Erfüllung des Rechts dem Arbeitgeber nicht mehr zumutbar ist.

Eine Verwirkung tariflicher Rechte ist wiederum nicht möglich (§ 4 Abs. 4 Satz 2 TVG). Gleiches gilt für die Rechte aus einer Betriebsvereinbarung (§ 77 Abs. 4 Satz 3 BetrVG).

Eine Verwirkung wird aber bis zum Ende der Verjährungsfrist auch dann nicht in Betracht kommen, wenn sich der Arbeitnehmer bei Beendigung des Arbeitsverhältnisses **ausdrücklich die Geltendmachung von noch nicht erfüllten Ansprüchen aus dem Arbeitsverhältnis vorbehält** *(LAG Berlin 22.11.1996, DB 1997, 1339)*. Inwieweit der Arbeitnehmer seinen Vorbehalt auf konkrete Ansprüche zu präzisieren hat, ist noch unentschieden. Überwiegende Gründe sprechen jedoch dafür, dass der pauschal erklärte Vorbehalt bereits die Einrede der Verwirkung hindert, da der Arbeitgeber insoweit damit rechnen muss, dass er jedenfalls bis zum Ende der Verjährung noch aus dem Arbeitsverhältnis in Anspruch genommen wird.

7. Befreiung von der Arbeitspflicht

2486a Braucht der Arbeitnehmer nach § 275 Abs. 1 bis 3 BGB n.F. (vgl. oben → Rz. 2051 ff.) nicht zu leisten, **entfällt** der Anspruch auf die Gegenleistung und mithin auch die Vergütungspflicht des Arbeitgebers (§ 326 Abs. 1 Satz 1 BGB n.F.).

Die Vergütungspflicht besteht nur ausnahmsweise dann fort, wenn der Arbeitgeber für den Umstand, auf Grund dessen der Arbeitnehmer nicht zu leisten braucht, allein oder weit überwiegend verantwortlich ist oder der Umstand zu einer Zeit eintritt, in der sich der Arbeitgeber im Verzug der Annahme (vgl. unten → Rz. 2520 ff.) befindet (§ 326 Abs. 2 BGB n.F.).

XVI. Rechtsfolgen bei Verletzung der Vergütungspflicht

2487 Der Arbeitgeber verletzt seine Vergütungspflicht, wenn er die Vergütung ganz oder teilweise nicht oder nicht rechtzeitig an den Arbeitnehmer auszahlt. Für den Arbeitnehmer kommen dann folgende Rechte in Betracht:

- Zurückbehaltungsrecht an der Arbeitsleistung,
- Zahlungsklage,
- außerordentliche Kündigung.

Eine Verletzung der Vergütungspflicht durch den Arbeitgeber kommt aber dann nicht in Betracht, wenn der Arbeitgeber die Auszahlung der Vergütung zu Recht verweigert (vgl. oben → Rz. 2478 ff.).

1. Zurückbehaltungsrecht des Arbeitnehmers

Der Arbeitnehmer kann seine Arbeitsleistung zurückhalten, wenn der Arbeitgeber **fällige Vergütungsansprüche** nicht erfüllt (§ 273 BGB). 2488

Der Arbeitnehmer wird jedoch gegenüber dem Arbeitgeber **deutlich machen müssen**, dass er aufgrund seines Zurückbehaltungsrechtes die Arbeit nicht leistet. Dies gilt insbesondere dann, wenn mehrere Arbeitnehmer gemeinschaftlich das Zurückbehaltungsrecht ausüben. Andernfalls kann es sich um eine unzulässige Arbeitskampfmaßnahme handeln. Beruft sich der Arbeitnehmer auf sein Zurückbehaltungsrecht, kann er die weitere Erbringung seiner Arbeitsleistung von der Auszahlung der rückständigen Vergütung abhängig machen.

Der Arbeitgeber gerät in diesem Fall regelmäßig in **Annahmeverzug** mit der Folge, dass er auch für die Zeiten, in denen der Arbeitnehmer unter Berufung auf sein Zurückbehaltungsrecht nicht arbeitet, die Vergütung zu zahlen hat (vgl. → Rz. 2527). Der Annahmeverzug endet mit Zahlung der rückständigen Vergütung. Hierdurch wird der Arbeitnehmer gleichzeitig verpflichtet, die Arbeit wieder aufzunehmen.

Die Ausübung des Zurückbehaltungsrechtes ist **ausgeschlossen,** wenn der Arbeitgeber mit nur geringfügigen Beträgen in Zahlungsrückstand gerät, ihm aber gleichzeitig durch eine Ausübung des Zurückbehaltungsrechtes ein unverhältnismäßig hoher Schaden entstehen würde. Der Arbeitnehmer bleibt in diesen Fällen aufgrund seiner arbeitsvertraglichen Treuepflicht (vgl. → Rz. 2350) zur Erbringung seiner Arbeitsleistung verpflichtet. Anderes gilt nur dann, wenn der Arbeitgeber die Nachzahlung auch für die Zukunft ausdrücklich verweigert. 2489

Die Ausübung des Zurückbehaltungsrechts kann auch dann rechtsmissbräuchlich sein, wenn nur eine **kurzfristige Verzögerung der Lohnzahlung** zu erwarten ist. Ein Lohnrückstand von 1,5 Monatsverdiensten ist bei einer Vollzeitkraft nicht mehr geringfügig und berechtigt im allgemeinen zur Ausübung des Zurückbehaltungsrechtes *(ArbG Hannover 11.12.1996, EzA § 273 BGB Nr. 6).*

2. Klage auf Auszahlung der Vergütung

Der Arbeitnehmer kann auch im bestehenden Arbeitsverhältnis rückständige Vergütungsansprüche unter Inanspruchnahme gerichtlicher Hilfe geltend machen. Die Zahlungsklage ist vor dem **Arbeitsgericht** zu erheben (§ 2 Abs. 1 Nr. 3a ArbGG). 2490

3. Außerordentliche Kündigung

2491 Der Arbeitnehmer ist nur dann zur außerordentlichen Kündigung wegen Zahlungsrückständen des Arbeitgebers berechtigt, wenn der Rückstand für eine **erhebliche Zeit** besteht oder einen **erheblichen Betrag** darstellt. Kündigt der Arbeitnehmer bei Vorliegen dieser Voraussetzungen außerordentlich, so kann er unter Umständen auch Ersatz des ihm durch die Kündigung entstehenden Schadens vom Arbeitgeber verlangen (§ 628 Abs. 2 BGB).

Unwirksam ist jedenfalls eine außerordentliche Kündigung des Arbeitnehmers verbunden mit sofortiger Arbeitsniederlegung wegen von ihm erwarteter verspäteter Gehaltszahlung, wenn die außerordentliche Kündigung **vor Fälligkeit der Vergütung** erfolgt und keine Anhaltspunkte dafür vorliegen, dass der Arbeitgeber zahlungsunfähig ist (*LAG Hamm 14.02.2001, EzA-SD 07/01, 6*). Mithin kann einer außerordentlichen Kündigung bereits vor Fälligkeit der Vergütung begründet sein, wenn der Arbeitgeber zahlungsunfähig ist oder aber Anhaltspunkte für eine Zahlungsunfähigkeit vorliegen.

In allen anderen Fällen wird der Arbeitnehmer in jedem Fall zunächst die Fälligkeit der Vergütung abzuwarten haben. Von welchem Zeitraum des Zahlungsverzuges und von welcher Höhe des Zahlungsrückstandes an eine außerordentliche Kündigung begründet ist, hängt regelmäßig von den Umständen des Einzelfalles ab. Sicherlich wird der Arbeitnehmer in vielen Fällen gehalten sein, vor Ausspruch einer außerordentlichen Kündigung den Arbeitgeber zur Zahlung aufzufordern unter Hinweis auf die ansonsten beabsichtigte außerordentliche Kündigung. Soweit der Arbeitnehmer vorleistungspflichtig ist, wird er im Hinblick auf eine von ihm erwartete mangelnde Leistungsfähigkeit des Arbeitgebers in der Regel zunächst die Unsicherheitseinrede (§ 321 BGB; vgl. unten → Rz. 2492) erheben müssen bei gleichzeitiger Androhung der außerordentlichen Kündigung, wenn Sicherheitsleistung durch den Arbeitgeber oder Vorschusszahlung nicht erfolgt.

4. Sonderfall: Unsicherheitseinrede

2492 Der Arbeitnehmer kann verlangen, dass der Arbeitgeber den Vergütungsanspruch jeweils gleichzeitig mit der erbrachten Arbeitsleistung erfüllt oder für den Vergütungsanspruch Sicherheiten stellt, wenn eine **wesentliche Verschlechterung** der Vermögensverhältnisse des Arbeitgebers eintritt, die den Vergütungsanspruch des Arbeitnehmers gefährdet (§ 321 BGB). Wird die Sicherheit nicht gestellt oder ist der Arbeitgeber nicht bereit, etwa täglich die auf den Tag entfallende Vergütung auszuzahlen, so kann der Arbeitnehmer seine Arbeitsleistung zurückhalten.

Nach der gesetzlichen Neufassung (vgl. oben → Rz. 2050) der vorgenannten Einrede besteht das Leistungsverweigerungsrecht, wenn nach Abschluss des Vertrages erkennbar wird, dass der Anspruch des Arbeitnehmers durch Mangel der Leistungsfähigkeit des Arbeitgebers gefährdet wird (sog. Unsicherheitseinrede, § 321 Abs. 1 Satz 1 BGB n.F.). Die gesetzliche Neufassung ist damit im Wesentlichen inhaltsgleich mit der bisherigen Fassung.

5. Persönliche Haftung des Arbeitgebergesellschafters

Zahlt der Arbeitgeber die geschuldete Vergütung nicht, kommt eine persönliche Haftung des Arbeitgebers bzw. des Arbeitgebergesellschafters in Betracht. Einzelunternehmer und Gesellschafter einer Personengesellschaft (nicht dagegen der Kommanditist) haften dem Arbeitnehmer gegenüber ohnehin persönlich.

2493

Problematisch hingegen ist die Gesellschafterhaftung, wenn es sich bei dem Arbeitgeber um eine GmbH handelt und diese noch nicht in das Handelsregister eingetragen ist (GmbH i.G.). Ist die GmbH i.G. vermögenlos, haften die Gesellschafter unmittelbar mit ihrem Privatvermögen und können jedenfalls dann direkt in Anspruch genommen werden, wenn sie die Geschäfte der Gesellschaft weiterführen, obwohl die Eintragungsabsicht aufgegeben wurde *(BAG 27.05.1997, EzA § 11 GmbHG Nr. 3)*. In der Rechtsprechung weiterhin umstritten ist, ob die Gesellschafter einer GmbH i.G. **grundsätzlich** für vor Eintragung begründete Schulden der Gesellschaft auch unmittelbar im Sinne einer Außenhaftung den Gläubigern der Gesellschaft haften *(verneinend BGH, BAG, BSG, bejahend LAG Köln 21.03.1997 m.w.N. LAGE § GmbHG Nr. 1, Revision zugelassen)*. Die weitere höchstrichterliche Rechtsprechung bleibt insoweit abzuwarten.

Von zunehmender Bedeutung ist auch die Inanspruchnahme von Gesellschaftern der eingetragen GmbH im Wege des Durchgriffs wegen unterbliebenem rechtzeitigen Konkursantrag bzw. unerlaubter Handlung.

Weitere Haftungstatbestände kommen nach den Grundsätzen der konzernrechtlichen Durchgriffshaftung in Betracht, u.a. bei einer Unternehmensaufspaltung in eine Betriebs- -und eine Besitzgesellschaft *(vgl. BAG 08.09.1998, EzA § 303 AktG Nr. 8)*. Eine Durchgriffshaftung der Gesellschafter allein wegen Unterkapitalisierung einer GmbH findet jedoch nicht statt *(BAG 10.02.1999, Pressemitteilung des BAG Nr. 7/99, EzA-SD 4/99, 3)*.

Nimmt der Arbeitnehmer die Gesellschafter seiner Arbeitgeberin (GmbH) im Wege des Durchgriffs in Anspruch, ist der Rechtsweg zu den Gerichten für Arbeitssachen gegeben *(BAG 13.06.1997, DB 1997, 2028)*.

XVII. Erstattungspflicht für Aufwendungen/Auslagen

Der Arbeitgeber ist dem Arbeitnehmer zum Ersatz von Aufwendungen/Auslagen verpflichtet (vgl. → Rz. 1865).

2494

Betriebliche Regelungen über die Höhe des Aufwendungsersatzes und über entsprechende Pauschalbeträge unterliegen nicht dem Mitbestimmungsrecht des Betriebsrates nach § 87 Abs. 1 Nr. 10 BetrVG (vgl. oben → Rz. 2400). Dies gilt auch dann, wenn die betrieblichen Spesensätze die Pauschalbeträge übersteigen, die lohnsteuerfrei bleiben. Anderes gilt, soweit aus Anlass von Geschäftsreisen Beträge gezahlt werden, die nicht den Zweck haben, entstandene Unkosten in pauschalierter Form abzugelten. Solche betrieblichen Leistungen sind im Zweifel Vergütung, deren Regelung dem Mitbestimmungsrecht des Betriebsrates unterliegt *(BAG 27.10.1998, EzA § 87 BetrVG 1972 Betriebliche Lohngestaltung Nr. 66)*.

Aus der Verpflichtung des Arbeitgebers zu Erstattung von Aufwendungen folgt auch, dass der Arbeitgeber dem Arbeitnehmer die Schäden zu erstatten hat, die dem Arbeitnehmer bei Erfüllung seiner Arbeitspflicht an seinem Eigentum entstehen. Danach hat der Arbeitgeber Schäden am Kraftfahrzeug des Arbeitnehmers zu erstatten, wenn das Fahrzeug mit Billigung des Arbeitgebers ohne besondere Vergütung im Betätigungsbereich des Arbeitgebers eingesetzt war. Dies ist immer dann der Fall, wenn ohne Einsatz des Fahrzeuges des Arbeitnehmers der Arbeitgeber ein entsprechendes Fahrzeug einsetzen und damit dessen Unfallgefahr tragen müsste. Der zu ersetzende Schaden umfasst auch den Nutzungsausfall (*BAG 07.09.1995, BB 1995, 2429*).

Neu Kein zu ersetzender Schaden ist im Allgemeinen eine gegen den Arbeitnehmer im Zusammenhang mit seiner arbeitsvertraglichen Tätigkeit verhängte Geldbuße (*BAG 25.01.2001, EzA-SD 03/01, 5*).

XVII. Schutz vor Vollstreckungsmaßnahmen des Arbeitnehmers wegen rückständiger Vergütung

1. Einführung

2495 Soweit der Arbeitgeber im Falle der rückständigen Vergütung im arbeitsgerichtlichen Verfahren (vgl. unten → Rz. 9457 ff.) zur Zahlung verurteilt wird, ist das Urteil vorläufig vollstreckbar (§ 62 Abs. 1 Satz 1 ArbGG), so dass der Arbeitnehmer aus dem erstinstanzlichen Urteil (auch als Titel bezeichnet) **ohne Sicherheitsleistung sofort die Zwangsvollstreckung betreiben** und damit die Zahlung faktisch durchsetzen kann.

Dies gilt auch dann, wenn der Arbeitgeber gegen das Urteil Rechtsmittel beabsichtigt oder eingelegt hat. Hieraus ergibt sich für den Arbeitgeber das Risiko, dass er die in Abwendung der drohenden Zwangsvollstreckung aus dem erstinstanzlichen Urteil gezahlten Beträge später nach rechtskräftigem Obsiegen im Rechtsmittelverfahren ggf. nicht vom Arbeitnehmer zurück erlangen kann, da dieser die Beträge verbraucht hat und nicht mehr leistungsfähig ist.

Unter bestimmten Voraussetzungen kann das Arbeitsgericht auf Antrag des Arbeitgebers jedoch die vorläufige Vollstreckbarkeit im Urteil oder auch später ausschließen (vgl. unten → Rz. 2496).

Tipp Erfolgt dies nicht, sollte der Arbeitgeber in den Fällen des beabsichtigten Rechtsmittels gegen die zu seinen Lasten ergangene erstinstanzliche Entscheidung zumindest versuchen, den Arbeitnehmer von einer sofortigen Durchsetzung seines ausgeurteilten Zahlungsanspruches abzuhalten, ggf. durch Angebot einer Sicherheitsleistung.

Erhebt der Arbeitnehmer wegen rückständiger Vergütung Zahlungsklage, kann diese regelmäßig auf den Bruttobetrag (vgl. oben → Rz. 2435) gerichtet werden. Wird der Arbeitgeber zur Zahlung verurteilt, lautet dann auch das Urteil auf den Bruttobetrag. Gleichwohl bleibt der Arbeitgeber zur Abführung der Sozialversicherungsabgaben (vgl. unten → Rz. 5600 ff.) und Lohnsteuer (vgl. unten → Rz. 8095 ff.) verpflichtet.

Solange der Arbeitgeber diese Beiträge bzw. Steuern nicht abgeführt hat, kann der Arbeitnehmer aus dem Titel die Zwangsvollstreckung in Höhe des Bruttobetrages betreiben. Nach erfolgter Abführung dieser Beträge darf auch ein auf den Bruttobetrag lautendes Urteil nur in Höhe des verbleibenden Nettobetrages weiter vollstreckt werden.

Die betriebliche Praxis zeigt, dass es immer wieder vorkommt, dass trotz erfolgter Nettozahlung an den Arbeitnehmer und Abführung von Sozialversicherungsabgaben und Steuern die Zwangsvollstreckung aus dem Titel arbeitnehmerseitig fortgeführt wird. Z.T. liegt dies an zeitlichen Überschneidungen zwischen beauftragter Zwangsvollstreckung und erfolgter Zahlung. In diesen Fällen wird es häufig ohne große Probleme möglich sein, den Arbeitnehmer bzw. seinen Bevollmächtigten (z.B. Rechtsanwalt) zur sofortigen Aufhebung und Freigabe der Zwangsvollstreckungsmaßnahme zu veranlassen. Zu den ansonsten gegebenen Verteidigungsmöglichkeiten des Arbeitgebers vgl. unten → Rz. 2497.

Hat der Arbeitnehmer aus einem Brutto-Titel in voller Höhe vollstreckt, es dann aber bewusst unterlassen, die Arbeitnehmerbeiträge zur Sozialversicherung abzuführen, so kann der nunmehr von der Versicherung in Anspruch genommene Arbeitgeber von dem Arbeitnehmer u.a. in entsprechender Anwendung von §§ 670, 426 BGB Erstattung verlangen. Die Beschränkungen des § 28 g Satz 2 und 3 SGB IV (vgl. unten → Rz. 5629) finden auf diesen Erstattungsanspruch keine Anwendung (*LAG Köln 13.06.2001, EzA-SD 22/01, 7*). Es handelt sich insoweit um eine Ausnahme vom »Verbot des nachträglichen Beitragsabzugs« (vgl. unten → Rz. 5630, 5631).

Hat der Arbeitgeber die titulierte Forderung in voller Höhe ausgeglichen, kann er Herausgabe des Titels (Urteil mit Vollstreckungsklausel) verlangen, was der Arbeitgeber auch regelmäßig tun sollte, um einen späteren etwaigen Missbrauch des Titels zu seinen Lasten zu vermeiden.

2. Antrag auf Ausschluss der vorläufigen Vollstreckbarkeit

Befürchtet der Arbeitgeber, dass er bei einem etwaigen Unterliegen im erstinstanzlichen Verfahren auf das insoweit ergangene Urteil zur Abwendung der Zwangsvollstreckung geleistete Zahlungen nach späterem Obsiegen im Rechtsmittelverfahren nicht vom Arbeitnehmer zurückerhalten wird, kann er bereits im erstinstanzlichen Verfahren beantragen, dass das Arbeitsgericht die vorläufige Vollstreckbarkeit im Urteil ausschließt. Ein solcher Antrag hat aber nur dann Aussicht auf Erfolg, wenn der Arbeitgeber glaubhaft macht, dass ihm die Vollstreckung einen **nicht zu ersetzenden Nachteil** bringen würde (§ 62 Abs. 1 Satz 2 ArbGG).

2496

Bei Vergütungsansprüchen ist ein nicht zu ersetzender Nachteil **noch nicht** gegeben, wenn die **Rückforderung mit Schwierigkeiten** verbunden ist, sondern erst, wenn die **Wiedererlangung** des beigetriebenen Betrages **wegen der Vermögenslage des Arbeitnehmers von vornherein** als **aussichtslos** erscheint. Die bloße Befürchtung mangelnder Rückforderbarkeit ist also unzureichend.

Die Aussichtslosigkeit der Rückforderbarkeit ist **glaubhaft** (vgl. § 294 ZPO) zu machen.

Dies kann je nach den Umständen des Einzelfalles z.B. durch den Nachweis der Abgabe der Eidesstattlichen Versicherung (§ 807 ZPO) durch den Arbeitnehmer oder aber des Vorliegens von Pfändungen (vgl. unten Rz. 2611 ff.) aus erheblichen Verbindlichkeiten des Arbeitnehmers erfolgen.

Der Antrag auf Ausschließung der vorläufigen Vollstreckbarkeit kann auch nach Verkündung des Urteils noch gestellt werden, z.B. wenn der Arbeitgeber gegen das Urteil Rechtsmittel eingelegt hat (§§ 62 Abs. 1 Satz 3 ArbGG, 707, 719 ZPO).

3. Vollstreckungsgegenklage

2497 Betreibt der Arbeitnehmer trotz erfolgter Zahlung des Nettobetrages (nebst Zinsen aus dem Bruttobetrag, vgl. oben → Rz. 2435) an den Arbeitnehmer und Abführung von Sozialversicherungsabgaben und Steuern die Zwangsvollstreckung aus dem Titel, kann der Arbeitgeber hiergegen sog. Vollstreckungsgegenklage (§§ 62 Abs. 2 ArbGG, 767 ZPO) erheben. Diese kann verbunden werden mit dem Antrag, die Zwangsvollstreckung einstweilen bis zur Entscheidung über die Vollstreckungsgegenklage einzustellen, zumindest gegen entsprechende Sicherheitsleistung (vgl. oben → Rz. 2496).

Die Vollstreckungsgegenklage ist bei dem Arbeitsgericht einzureichen, welches das Zahlungsurteil über die Vergütungsforderung des Arbeitnehmers erlassen hat. Zur Begründung der Vollstreckungsgegenklage muss der Arbeitgeber darlegen, dass er nach erfolgtem Urteil die ausgeurteilte Vergütungsforderung beglichen hat. Zweckmäßigerweise sollten hier entsprechende Abrechnungen und Zahlungsbelege (ggf. Bestätigung Sozialversicherungsträger und Finanzamt über die Abführung von Sozialversicherungsbeiträgen und Steuern) mit der Klage vorgelegt werden, wobei die erfolgte Zahlung ggf. noch durch Vorlage einer eidesstattlichen Versicherung glaubhaft gemacht werden sollte, um eine schnellstmögliche Einstellung der Zwangsvollstreckung zu erreichen.

4. Hinterlegung einer Schutzschrift

2498 In den Fällen der rückständigen Vergütung sind die Möglichkeiten des Arbeitnehmers zur Durchsetzung seiner (mutmaßlichen) Forderung nicht lediglich auf die Geltendmachung im Wege der Zahlungsklage im normalen Verfahren beschränkt.

Befindet sich der Arbeitnehmer infolge des Ausbleibens der Vergütungszahlung in einer sog. Notlage, d.h., er kann seinen laufenden Lebensbedarf nicht mehr bestreiten, kann er seinen Zahlungsanspruch u.U. auch im Wege der **einstweiligen Verfügung** (vgl. § 935 ZPO) titulieren und durchsetzen. Dabei kann die auf Zahlung der rückständigen Vergütung gerichtete einstweilige Verfügung ohne vorherige mündliche Verhandlung ergehen, so dass der Arbeitgeber u.U. erst von dem insoweit vorliegenden Titel erfährt, wenn der Arbeitnehmer bei zeitgleicher Zustellung des Titels bereits die Zwangsvollstreckung betreibt. Das **Risiko** der Titulierung rückständiger Vergütungsansprüche durch einstweilige Verfügung besteht insbesondere dann, wenn zwischen den Arbeitsvertragsparteien eine verhaltensbedingte ordentliche oder aber eine außerordentliche Kündigung im Streit ist, da das Arbeitsamt dann regelmäßig zunächst eine Sperrzeit (vgl. unten → Rz. 4125) verhängt mit der Folge, dass der Arbeitnehmer zunächst keine laufenden Einnahmen mehr hat.

Gegen den Erlass einer einstweiligen Verfügung ohne mündliche Verhandlung kann sich der Arbeitgeber durch Hinterlegung einer sog. Schutzschrift schützen. In einer solchen Schutzschrift ist darzulegen und glaubhaft (vgl. § 294 ZPO) zu machen, warum die Klage des Arbeitnehmers keine Aussicht auf Erfolg haben wird.

Wenngleich die Hinterlegung einer Schutzschrift das Arbeitsgericht nicht zwingt, vor Erlass einer einstweiligen Verfügung eine mündliche Verhandlung anzuberaumen, in der der Arbeitgeber seinen Standpunkt darlegen kann, wird jedoch im Regelfall eine mündliche Verhandlung anberaumt werden.

Wenn also einer der vorgenannte typischen Sachverhalte vorliegt, in denen der Arbeitgeber erkennen kann, dass der Arbeitnehmer keine laufenden Einnahmen zur Bestreitung seines Lebensunterhaltes mehr hat, kann sich die Hinterlegung einer solchen Schutzschrift als zweckmäßig erweisen, um das Risiko zu verringern, auf einen Titel zunächst Zahlung leisten zu müssen, deren Rückforderung nach Obsiegen im Hauptsacheverfahren aussichtslos oder ungewiss ist.

IXX. Weiterführende Literaturhinweise

Bauer/Haußmann, Tarifwechsel durch Verbandswechsel, DB 1999, 1114
Bergwitz, Die neue EG-Richtlinie zur Beweislast bei geschlechtsbedingter Diskriminierung, BB 1999, 94
ders., Die Bedeutung des Nachweisgesetzes für die Darlegungs- und Beweislast beim Arbeitsvertrag, BB 2001, 2316
Boemke/Seifert, Mitbestimmung bei vollständiger und gleichmäßiger Anrechnung von Tariflohnerhöhungen auf übertarifliche Zulagen, BB 2001, 985
Flume, Die Rechtsprechung zur Haftung der Gesellschafter der Vor-GmbH und die Problematik der Rechtsfortbildung, DB 1998, 45
Gaul, Der Zweck von Sonderzahlungen, BB 1994, 494, 565
ders., Sonderleistungen und Fehlzeiten, 1994
Hennige, Rückzahlung von Aus- und Fortbildungskosten, NZA-RR 2000, 617
Hromadka, Der Große Senat zu den übertariflichen Zulagen, Folgerungen für die Praxis, DB 1992, 1573
Hunold, Gleichbehandlung im Betrieb, DB 1991, 1670
Kania, Flexible Vergütungsgestaltung, DB 1999, 2418
Landsnicker/Schwirtzek, Zulässigkeit untertariflicher Bezahlung im Baugewerbe, BB 1994, 1070
Langer, Gesetzliche und vereinbarte Ausschlussfristen im Arbeitsrecht, 1993
Loy, Rückzahlung von Ausbildungskosten bei Arbeitgeberwechsel, DB 1992, 2109
Natzel, Einführung des EURO – Ein arbeitsrechtliches Problem?, DB 1998, 366

Niebler/Schmiedl, Sind Abweichungen vom Tarifvertrag zur Beschäftigungssicherung zulässig?, BB 2001, 1631

Pulte, Die arbeitsrechtlichen Aushang- und Bekanntmachungspflichten im Betrieb BB 2000, 197; 2001, 250

Reuter, Die Lohnbestimmung im Betrieb, ZfA 1993, 221

Röder, Aktien statt Gehalt?, BB 2001, 2002

Schieffer, Die schwierige Handhabung der Jahressonderzahlungen, NZA-RR 2000, 561

Schrader, Der arbeitsrechtliche Gleichbehandlungsgrundsatz im Sozialplan, DB 1997, 1714

Schulte, Ist Arbeitsschutz eine Frage der Gleichbehandlung?, DB 1998, 204

Schwarze, Zur arbeitskampfrechtlichen Zulässigkeit der Streikbruchprämie, RdA 1993, 264

Slupik, Lohnzuschlagsregelungen, BB 1994, 1631

Stege, Die Mitbestimmung des Betriebsrates bei der Anrechnung von Tariflohnerhöhungen auf übertarifliche Zulagen, DB 1992, 2342.

Reiserer, Freiwilligkeits- und Widerrufsvorbehalt bei Gratifikationen, DB 1997, 426

Tappe, Die »negative betriebliche Übung«, DB 1998, 2114

Thüsing, Das Mitbestimmungsrecht des Betriebsrates bei der Ausgestaltung freiwilliger Jahressonderzahlungen, DB 1997, 1130

Zwanziger, Die Neuregelung des Verbots der Geschlechterdiskriminierung im Arbeitsrecht, DB 1998, 1330

10. Kapitel: Vergütung ohne Arbeitsleistung

I.	**Annahmeverzug des Arbeitgebers**	**2520**
	1. Einführung	2521
	2. Voraussetzungen	2522
	a) Bestehen eines wirksamen Arbeitsverhältnisses	2523
	b) Angebot der Arbeitsleistung durch den Arbeitnehmer	2524
	c) Leistungsbereitschaft und Leistungsfähigkeit des Arbeitnehmers	2528
	d) Nichtannahme der Arbeitsleistung durch den Arbeitgeber	2530
	e) Sonderfall: Annahmeverzug im Arbeitskampf	2531
	3. Beendigung des Annahmeverzuges	2532
	4. Folgen des Annahmeverzuges	2533
	5. Anrechnung anderweitigen Verdienstes	2535
	a) Auskunftsanspruch des Arbeitgebers	2536
	b) Ersparnisse	2537
	c) Zwischenverdienst	2538
	d) Böswillig unterlassener Zwischenverdienst	2539
	e) Öffentlich-rechtliche Leistungen	2541
	6. Vertragliche Regelung des Annahmeverzuges	2542
II.	**Unmöglichkeit der Arbeitsleistung und Betriebsrisiko des Arbeitgebers**	**2543**
	1. Einführung	2543
	2. Voraussetzungen der Betriebsrisikolehre	2544
	3. Fälle des Betriebsrisikos	2545
	4. Wirtschaftsrisiko	2546
	5. Vertragliche Regelung des Betriebsrisikos	2547
III.	**Vorübergehende Verhinderung des Arbeitnehmers**	**2548**
	1. Einführung	2549
	2. Rechtsgrundlagen	2550
	a) Gesetzliche Regelung	2550
	b) Vertragliche Regelung	2551
	3. Persönlicher Grund	2553
	a) Unzumutbarkeit der Arbeitsleistung	2554
	b) Abgrenzung zu objektiven Leistungshindernissen	2555
	4. Häufige Fälle der vorübergehenden Verhinderung aus persönlichem Grund	2556
	a) Arztbesuche und sonstige Heilbehandlungen	2557
	b) Besondere Familienereignisse	2558
	c) Erkrankung eines Familienangehörigen, insbesondere eines Kleinkindes	2559
	d) Hindernisse auf dem Weg zum Arbeitsplatz	2560
	e) Vorladung zu Behörden/Gerichten	2561
	5. Sonstige Fälle der vorübergehenden Verhinderung aus persönlichem Grund	2562
	6. Schuldlose Arbeitsverhinderung	2563
	7. Arbeitsverhinderung für eine verhältnismäßig nicht erhebliche Zeit	2564
	8. Anmeldung/Unterrichtung des Arbeitgebers	2565
	9. Sonderfall: Vorübergehende Verhinderung im Erholungsurlaub	2566
	10. Vergütung und Anrechnung anderweitigen Verdienstes	2567
IV.	**Freistellung des Arbeitnehmers nach den Bildungsurlaubsgesetzen**	**2568**
	1. Einführung	2568
	2. Anspruch auf Arbeitnehmerweiterbildung	2569
	3. Anerkannte Bildungsveranstaltungen	2570

	4. Freistellungsanspruch/-erklärung	2573
	5. Vergütungspflicht	2575
V.	**Freistellung der Mitglieder des Betriebsrates**	**2576**
VI.	**Vergütung an Feiertagen**	**2577**
VII.	**Freistellung im laufenden Arbeitsverhältnis**	**2578**
VIII.	**Weiterführende Literaturhinweise**	**2579**

I. Annahmeverzug des Arbeitgebers

2520

CHECKLISTE: ANNAHMEVERZUG DES ARBEITGEBERS

- Hauptanwendungsfälle
  - Nichtbeschäftigung des Arbeitnehmers während eines Kündigungsschutzprozesses,
  - Zurückhaltungsrecht des Arbeitnehmers.
- Voraussetzung
  - wirksames Arbeitsverhältnis,
  - Angebot der Arbeitsleistung durch den Arbeitnehmer,
    - Grundsatz tatsächliches Angebot,
    - Ausnahme: wörtliches Angebot ausreichend, wenn zur Erbringung der Arbeitsleistung eine Mitwirkungshandlung des Arbeitgebers erforderlich ist,
    - Angebot entbehrlich, wenn der Arbeitnehmer Kündigungsschutzklage erhebt,
  - Leistungsbereitschaft und Leistungsfähigkeit des Arbeitnehmers,
  - Nichtannahme der Arbeitsleistung durch den Arbeitgeber.
- Rechtsfolgen: Fortzahlung der Vergütung (Lohnausfallprinzip) unter Anrechnung anderweitigen Verdienstes.
- Verteidigungsmöglichkeit des Arbeitgebers nach einer unwirksamen Kündigung:
  - Angebot der befristeten oder auflösend bedingten Weiterbeschäftigung bis zum Abschluss des Kündigungsschutzprozesses, allerdings zweifelhaft, da die prozessualen Erfolgsaussichten beeinträchtigt werden (vgl. → Rz. 2526).
- Beendigung:
  - Annahme der angebotenen Arbeitsleistung,
  - Wirksame Beendigung des Arbeitsverhältnisses,
  - Rücknahme der Kündigung,
  - Wegfall der Leistungsbereitschaft oder Leistungsfähigkeit des Arbeitnehmers.

1. Einführung

2521 Annahmeverzug des Arbeitgebers liegt vor, wenn der Arbeitgeber die ihm vom Arbeitnehmer ordnungsgemäß angebotene Arbeitsleistung nicht annimmt (§ 293 BGB). Für die unter diesen Voraussetzungen unterbliebene Arbeitsleistung hat der Arbeitnehmer einen **Vergütungsanspruch, ohne dass er zur Nachleistung verpflichtet ist** (§ 615 Satz 1 BGB).

In der betrieblichen Praxis werden Probleme des Annahmeverzuges insbesondere dann relevant, wenn die Arbeitsvertragsparteien um die **Wirksamkeit einer Kündigung, eines Aufhebungsvertrages oder einer Befristung streiten** und der Arbeitnehmer für den Zeitraum nach der vom Arbeitgeber gewollten Beendigung des Arbeitsverhältnisses Vergütungsansprüche stellt. Annahmeverzugsprobleme stellen sich aber auch häufig im Zusammenhang mit der Verkürzung oder Verlegung von Arbeitszeit sowie der berechtigten Zurückhaltung der Arbeitsleistung durch den Arbeitnehmer (vgl. unten → Rz. 2530).

2. Voraussetzungen

Voraussetzungen des Annahmeverzuges des Arbeitgebers sind:

- Bestehen eines rechtswirksamen Arbeitsverhältnisses,
- Angebot der Arbeitsleistung durch den Arbeitnehmer,
- Leistungsbereitschaft und Leistungsfähigkeit des Arbeitnehmers,
- Nichtannahme der Arbeitsleistung durch den Arbeitgeber.

2522

a) Bestehen eines wirksamen Arbeitsverhältnisses

Der Annahmeverzug des Arbeitgebers setzt ein rechtswirksames Arbeitsverhältnis voraus. Daher kommt im allgemeinen ein Annahmeverzug dann nicht in Betracht, wenn der Arbeitsvertrag **von Anfang an nichtig** ist oder ein zunächst wirksamer Arbeitsvertrag durch Anfechtung **rückwirkend nichtig** geworden ist (§ 142 Abs. 1 BGB).

2523

BEISPIEL:

Abschluss eines Arbeitsvertrages mit einem geschäftsunfähigen Arbeitnehmer, Anfechtung des Arbeitsvertrages wegen Irrtums oder arglistiger Täuschung.

Allerdings gibt es eine gewichtige **Ausnahme:**

Hat der Arbeitnehmer trotz Nichtigkeit des Arbeitsvertrages die Arbeit aufgenommen (sog. **faktisches Arbeitsverhältnis**, → Rz. 1350 ff.), kann der Arbeitgeber bis zu demjenigen Zeitpunkt in Annahmeverzug geraten, an dem sich eine der Arbeitsvertragsparteien auf die Nichtigkeit des Arbeitsverhältnisses beruft.

BEISPIEL:

Der Arbeitgeber stellt einen Arbeitnehmer zum 02.05. als Kassierer ein. Der Arbeitnehmer nimmt die Arbeit auch auf. Am 13.05. erfährt der Arbeitgeber, dass der Arbeitnehmer erst kürzlich wegen Untreue verurteilt worden ist. Der Arbeitnehmer hatte dies bei Abschluss des Arbeitsvertrages trotz ausdrücklicher Nachfrage des Arbeitgebers verschwiegen. Der Arbeitgeber erklärt am 14.05. gegenüber dem Arbeitnehmer die Anfechtung des Arbeitsvertrages wegen arglistiger Täuschung.

Durch die Anfechtung ist das Arbeitsverhältnis rückwirkend als von Anfang an nichtig anzusehen (§ 142 Abs. 1 BGB). Dennoch konnte der Arbeitgeber bis zum 14.05. in Annahmeverzug geraten, da das Arbeitsverhältnis bis zu diesem Zeitpunkt wie ein wirksames Arbeitsverhältnis behandelt wird.

Annahmeverzug des Arbeitgebers scheidet ferner immer dann aus, wenn ein rechtswirksames **Arbeitsverhältnis wirksam beendet** worden ist. Der Arbeitnehmer kann dann nach der wirksamen Beendigung des Arbeitsverhältnisses nicht mehr in Annahmeverzug geraten. Dies gilt selbstverständlich auch dann, wenn die Arbeitsvertragsparteien vor dem ArbG um die Wirksamkeit der Beendigung streiten und sich eine ausgesprochene Kündigung, ein Aufhebungsvertrag oder eine Befristung im Prozess als wirksam erweisen.

BEISPIEL:

Der Arbeitgeber spricht gegenüber dem Arbeitnehmer am 26.01. die außerordentliche Kündigung aus. Der Arbeitnehmer erhebt hiergegen Kündigungsschutzklage. Die Klage wird rechtskräftig abgewiesen.

In diesem Fall kann der Arbeitgeber nach dem 26.01. nicht in Annahmeverzug geraten, da ein wirksames Arbeitsverhältnis nicht mehr vorliegt. Wird der Klage jedoch stattgegeben, befindet sich der Arbeitgeber seit dem 26.01. regelmäßig im Annahmeverzug (vgl. unten → Rz. 2526), da das Arbeitsverhältnis durch die Kündigung nicht beendet worden ist.

Allerdings gibt es auch hier eine gewichtige **Ausnahme**: Ist der Arbeitnehmer nach dem Betriebsverfassungsgesetz (§ 102 Abs. 5 Satz 2 BetrVG) weiterzubeschäftigen (gesetzlicher Weiterbeschäftigungsanspruch), gerät der Arbeitgeber unabhängig von der Wirksamkeit der Kündigung in Annahmeverzug, wenn er den Arbeitnehmer tatsächlich nicht beschäftigt. Dieser Annahmeverzug **endet erst mit dem Zeitpunkt des Erlasses der entsprechenden gerichtlichen Entscheidung**, die den Arbeitgeber von der Weiterbeschäftigung entbindet (BAG 07.03.1996, EzA § 102 BetrVG 1972 Beschäftigungspflicht Nr. 9).

Hat der Arbeitgeber den Arbeitnehmer nicht beschäftigt, gleichwohl die Vergütung unter Vorbehalt der Rückforderung gezahlt, kann diese bis zum Zeitpunkt des Erlasses der gerichtlichen Entscheidung gezahlte Vergütung **nicht** zurück gefordert werden. Nur bei einer tatsächlichen Weiterbeschäftigung kann es der Arbeitgeber vermeiden, Vergütung ohne Erhalt einer Arbeitsleistung zahlen zu müssen.

b) Angebot der Arbeitsleistung durch den Arbeitnehmer

2524 Der Annahmeverzug erfordert ein **tatsächliches Angebot** der Arbeitsleistung durch den Arbeitnehmer (§ 294 BGB). Der Arbeitnehmer muss also in Person zur rechten Zeit am rechten Ort sein und versuchen, dort seine Arbeitsleistung in der vertraglich geschuldeten Art und Weise zu erbringen.

Hat sich der Arbeitnehmer **verspätet**, so liegt ein ordnungsgemäßes Angebot nur noch dann vor, wenn dem Arbeitgeber die Annahme der Arbeitsleistung noch zumutbar ist. Andernfalls kann der Arbeitgeber nicht in Annahmeverzug geraten, wenn er die Arbeitsleistung zurückweist.

BEISPIEL:

Der Arbeitnehmer erscheint erst eine Stunde nach Arbeitsbeginn im Betrieb. Obwohl seine Arbeitsgruppe an diesem Tag im Betrieb beschäftigt ist und er die Arbeit aufnehmen könnte, weist der Arbeitgeber den Arbeitnehmer unter Hinweis auf dessen Unpünktlichkeit zurück.

Der Arbeitnehmer verspätet sich erneut um eine Stunde. Die Arbeitsgruppe des Arbeitnehmers ist jedoch an diesem Tag an einem weit entfernt gelegenen Arbeitsort außerhalb des Betriebes beschäftigt. Der Werksbus, der die Arbeitnehmer zum Arbeitsort bringt, ist bereits abgefahren. Andere Transportmöglichkeiten stehen dem Arbeitgeber nicht zur Verfügung. Der Arbeitgeber kann den Arbeitnehmer an diesem Tag auch nicht innerhalb des Betriebes beschäftigen. Aus diesen Gründen weist der Arbeitgeber den Arbeitnehmer zurück.

Im ersten Fall gerät der Arbeitgeber in Annahmeverzug, da der Arbeitsaufnahme durch den Arbeitnehmer keine Gründe entgegenstehen. Die bloße Unpünktlichkeit des Arbeitnehmers ist kein hinreichender Grund, der die Annahme der Arbeitsleistung unzumutbar erscheinen lässt. Dagegen ist der Arbeitgeber im zweiten Fall berechtigt, die Arbeitsleistung für diesen Tag zurückzuweisen. Er hat aufgrund der Verspätung des Arbeitnehmers keine Möglichkeit, diesen entsprechend zu beschäftigen.

In einigen Fällen ist auch ein **wörtliches Angebot** des Arbeitnehmers ausreichend, und zwar

- wenn der Arbeitgeber erklärt hat, er werde die Leistung nicht annehmen, oder
- wenn zur Erbringung der Arbeitsleistung eine Handlung des Arbeitgebers erforderlich ist (§ 295 Satz 1 BGB).

Letzteres ist insbesondere dann anzunehmen, wenn der Arbeitgeber die Bereitstellung von Werkzeug, Arbeitsmaterialien, Transportmöglichkeiten etc. schuldet und diese Mitwirkungshandlung unterlässt. Dann genügt es für ein ordnungsgemäßes Angebot des Arbeitnehmers auch, wenn er den Arbeitgeber auffordert, die Mitwirkungshandlung vorzunehmen (§ 295 Satz 2 BGB).

2525

Ein **Angebot des Arbeitnehmers ist entbehrlich**, wenn der Arbeitgeber dem Arbeitnehmer außerordentlich oder ordentlich gekündigt hat und die Kündigung unwirksam ist. Nach der Rechtsprechung gerät der Arbeitgeber in diesen Fällen in Annahmeverzug, wenn er den Arbeitnehmer nicht – im Falle der ordentlichen Kündigung für die Zeit nach Ablauf der Kündigungsfrist – **aufgefordert hat, die Arbeit wieder aufzunehmen** *(BAG 19.04.1990, EzA, Nr. 66 zu § 615 BGB).* Zur Begründung wird darauf abgestellt, dass den Arbeitgeber eine kalendermäßig bestimmte Verpflichtung treffe (§ 296 Satz 1 BGB), dem Arbeitnehmer einen funktionsfähigen Arbeitsplatz zur Verfügung zu stellen und ihm Arbeit zuzuweisen (vgl. unten → Rz. 2532).

2526

Hat der Arbeitgeber dagegen eine ordentliche Kündigung mit einer **kurzen tariflichen Kündigungsfrist** ausgesprochen, obwohl die **längere gesetzliche Kündigungsfrist** nach § 622 Abs. 1 BGB zur Anwendung gelangt, gerät der Arbeitgeber nach Ablauf der tariflichen Kündigungsfrist nicht automatisch in Annahmeverzug, sondern erst dann, wenn der Arbeitgeber es nach **entsprechendem Protest des Arbeitnehmers** unterlässt, den Arbeitnehmer zur Arbeitsleistung aufzufordern *(LAG Düsseldorf 17.07.1997, LAGE § 615 BGB Nr. 51).*

Ein weiterer Sonderfall liegt vor, wenn der Arbeitgeber das Arbeitsverhältnis zunächst ordentlich kündigt bei gleichzeitiger (bezahlter) Freistellung (vgl. unten → Rz. 2578) unter Anrechnung auf Urlaub und z.B. Überstundenausgleich und dann noch während des

Laufs der Kündigungsfrist eine arbeitgeberseitige fristlose Kündigung nachfolgt, die dann vom Arbeitgeber nicht aufrecht erhalten wird. Die fristlose Kündigung begründet in den Fällen der zulässigerweise erfolgten Freistellung keinen Annahmeverzug, da dieser eine Arbeitspflicht des Arbeitnehmers voraussetzt, die infolge Freistellung nicht gegeben ist (BAG 23.01.2001, EzA-SD 03/01, 4).

BEISPIEL:

Der Arbeitgeber kündigt Mitte Januar das Arbeitsverhältnis fristgerecht zum 28.02. des Kalenderjahres. Zugleich gewährt der Arbeitgeber dem Arbeitnehmer den ausstehenden Urlaub und stellt diesen bis zur Beendigung des Arbeitsverhältnisses zum Ausgleich für Überstunden von der Arbeit frei, wogegen der Arbeitnehmer keine Einwendungen erhebt. Einige Tage nach der ordentlichen Kündigung kündigt der Arbeitgeber das Arbeitsverhältnis fristlos und erklärt später, dass er aus dieser außerordentlichen Kündigung keine Rechte (mehr) herleitet. Das Entgelt für Urlaub und Überstunden hat der Arbeitgeber bezahlt. Der Arbeitnehmer verlangt nunmehr noch Verzugslohn für die Zeit ab Zugang der außerordentlichen Kündigung bis zum 28.02. des Kalenderjahres. Der Anspruch ist unbegründet, da eine während der Freistellung erklärte (rechtsunwirksame) fristlose Kündigung des Arbeitgebers die (rechtswirksam) erfolgte Arbeitsbefreiung unberührt lässt (BAG a.a.O.).

Bei einer **außerordentlichen Kündigung** ist von einer Aufforderung zur Arbeitsaufnahme aber **dringend abzuraten!** Der Arbeitgeber stützt die außerordentliche Kündigung ja gerade auf die Unzumutbarkeit der Fortsetzung des Arbeitsverhältnisses. Durch eine entsprechende Aufforderung setzt er sich in Widerspruch zu seiner Kündigungsbegründung und verschlechtert damit seine prozessualen Erfolgsaussichten. Ferner hat das BAG ausdrücklich entschieden, dass der bei einer unwirksamen außerordentlichen Kündigung entstandene Annahmeverzug selbst dann nicht endet, wenn der Arbeitnehmer ein Angebot des Arbeitgebers ablehnt, den Arbeitnehmer für die Dauer des Kündigungsschutzprozesses vorsorglich mit einem befristeten neuen Arbeitsvertrag zu den alten Bedingungen oder mit einem durch die rechtskräftige Feststellung der Wirksamkeit der Kündigung auflösend bedingten Arbeitsvertrag weiter zu beschäftigen *(BAG 21.05.1981 und 14.11.1985 EzA Nr. 40, Nr. 46 zu § 615 BGB)*. Hieraus folgt, dass der Arbeitgeber eigentlich seine Kündigung »zurücknehmen« müsste, wenn er das Annahmeverzugsrisiko ausschalten will. Dies wird aus verständlichen Gründen regelmäßig nicht in Betracht kommen.

Aber auch bei einer unwirksamen ordentlichen Kündigung ist eine den Annahmeverzug beendende (vgl. unten → Rz. 2532) Aufforderung zur Arbeitsaufnahme problematisch, da der Arbeitgeber seine Erfolgsaussichten in einem möglichen Kündigungsschutzprozess gefährdet (vgl. → Rz. 4704, 2540). Hinzu kommt, dass auch bei der ordentlichen Kündigung die Beendigung des arbeitgeberseitigen Annahmeverzuges voraussetzt, dass der Arbeitgeber erklärt, er werde den Arbeitnehmer zu den ursprünglichen Vertragsbedingungen weiterbeschäftigen; dazu gehört eine **ausdrückliche Erklärung, dass auf die Rechtswirksamkeit der ausgesprochenen Kündigung nicht mehr bestanden wird** *(BAG a.a.O.)*.

2527 Damit hat der Arbeitgeber praktisch keine Möglichkeit mehr, den Eintritt des Annahmeverzuges nach einer Kündigung zu verhindern. Allerdings kann der Arbeitgeber die wirtschaftlichen Folgen des Annahmeverzuges (Zahlung der Vergütung ohne Arbeitsleistung) dadurch mildern, dass er dem Arbeitnehmer die Möglichkeit zur Erzielung eines so genannten Zwischenverdienstes gibt, der später auf die nachzuzahlende Vergütung anzurechnen ist (vgl. unten → Rz. 2540). Zum Weiterbeschäftigungsanspruch des Arbeitnehmers nach einer Kündigung vgl. → Rz. 4702 ff.

Solange der Arbeitgeber, der eine Kündigung ausgesprochen hat, nach der Rechtsprechung (vgl. → Rz. 4702) die Erfüllung des Weiterbeschäftigungsanspruchs des Arbeitnehmers verweigern und einer Beschäftigungsklage (noch) nicht stattgegeben werden darf, darf er auch die Erfüllung des Weitervergütungsanspruchs verweigern. Das **(vorübergehende) Leistungsverweigerungsrecht** hindert den Eintritt des arbeitgeberseitigen Annahmeverzuges. Mangels Verzuges braucht der Arbeitgeber, der nach dem Untergang des Leistungsverweigerungsrechts – etwa durch Abschluss des Kündigungsschutzverfahrens zu seinen Lasten – unverzüglich die Nachzahlung der inzwischen angefallenen Weitervergütungsansprüche vornimmt, dem Arbeitnehmer durch die Verzögerung der Zahlung entstandenen Schaden nicht zu ersetzen – insbesondere nicht eine steuerliche Mehrbelastung *(LAG Köln 06.02.1998, LAGE § 284 BGB Nr. 1)*.

c) Leistungsbereitschaft und Leistungsfähigkeit des Arbeitnehmers

Ein Annahmeverzug des Arbeitgebers tritt aber nur dann ein, wenn der Arbeitnehmer auch tatsächlich leistungsbereit und leistungsfähig ist (§ 297 BGB).

2528

In der Praxis wird eine mangelnde Leistungsbereitschaft des Arbeitnehmers allerdings kaum nachweisbar sein. Von größerer Bedeutung sind dagegen die Fälle der fehlenden Leistungsfähigkeit. Eine fehlende Leistungsfähigkeit kann sich sowohl aus einer rechtlichen als auch aus einer tatsächlichen Unmöglichkeit der Arbeitsleistung ergeben.

BEISPIEL:
Dem als Kraftfahrer eingestellten Arbeitnehmer wird die Fahrerlaubnis entzogen.

Es handelt sich hier um einen typischen Fall für eine **rechtliche Unmöglichkeit**. Der Arbeitgeber kann dann im allgemeinen nicht in Annahmeverzug geraten. Der Arbeitgeber ist aber unter Umständen verpflichtet, dem Arbeitnehmer eine mögliche und zumutbare andere Beschäftigung anzubieten. Dies ergibt sich aus der Fürsorgepflicht des Arbeitgebers.

BEISPIEL:
Der Kraftfahrer wird mit der Wartung des firmeneigenen Fuhrparks betraut.

Allerdings muss beim Arbeitgeber ein entsprechender Bedarf für diese Tätigkeit bestehen. Das ist im allgemeinen der Fall, wenn ein Arbeitsplatz frei ist oder andere Arbeitnehmer erhebliche Überstunden leisten müssen. Unterlässt der Arbeitgeber unter diesen Voraussetzungen ein entsprechendes Angebot gegenüber dem Arbeitnehmer, so kann er trotz fehlender Leistungsfähigkeit des Arbeitnehmers in Annahmeverzug geraten. Trotz tatsächlichen Angebots der Arbeitsleistung liegt eine rechtliche Unmöglichkeit auch dann vor, wenn aufgrund eines ärztlichen Attests Zweifel an der Unbedenklichkeit des Arbeitseinsatzes für die Gesundheit des Arbeitnehmers bestehen, vgl. auch unten → Rz. 2530.

2529 Eine **tatsächliche Unmöglichkeit** liegt vor allem dann vor, wenn der Arbeitnehmer erkrankt ist.

War der Arbeitnehmer zum Zeitpunkt der tatsächlichen Beendigung des Arbeitsverhältnisses nur kurzfristig und einmalig erkrankt, so gerät der Arbeitgeber mit der Wiedererlangung der Arbeitsfähigkeit in Annahmeverzug, wenn der Arbeitnehmer **Kündigungsschutzklage** erhoben hat. Zu einer Anzeige der Arbeitsfähigkeit ist der Arbeitnehmer nicht verpflichtet. Erkrankt der Arbeitnehmer nach begonnenem Annahmeverzug des Arbeitgebers, so befindet sich der Arbeitgeber nur zu den Zeiten in Annahmeverzug, in denen der Arbeitnehmer objektiv arbeitsfähig war. Dies gilt aber auch nur, wenn der Arbeitnehmer Kündigungsschutzklage erhoben hat oder in sonstiger Form gegen die Kündigung Widerspruch erhoben hat. Auch hier bedarf es keiner erneuten Anzeige der Arbeitsfähigkeit *(BAG 24.11.1994, EzA § 615 BGB Nr. 83)*.

> **BEISPIEL:**
>
> Dem Arbeitnehmer wird zum 30.09. ordentlich gekündigt. Der Arbeitnehmer hat hiergegen fristgemäß Kündigungsschutzklage erhoben. Am 28.09. erkrankt der Arbeitnehmer für eine Woche bis zum 05.10.; am 12.10. erkrankt der Arbeitnehmer nochmals für eine Woche bis zum 19.10.. Später wird rechtskräftig festgestellt, dass die Kündigung unwirksam war.
>
> Der Arbeitgeber gerät hier ohne ein Angebot des Arbeitnehmers nach Gesundung des Arbeitnehmers am 06.10. in Annahmeverzug. Der Annahmeverzug endet mit der erneuten Erkrankung des Arbeitnehmers am 12.10. und beginnt wiederum mit Erlangung der Arbeitsfähigkeit am 20.10.. Auch für den erneuten Beginn des Annahmeverzuges ist kein Angebot des Arbeitnehmers erforderlich.

Handelt es sich nicht um Annahmeverzug im Zusammenhang mit einer Kündigung, wird der Arbeitnehmer seine Arbeitsfähigkeit und Arbeitsbereitschaft jeweils nach Genesung erneut dem Arbeitgeber anzeigen müssen.

Es ist allerdings darauf hinzuweisen, dass der Arbeitgeber bei späterer rechtskräftiger Feststellung der Unwirksamkeit einer ausgesprochenen Kündigung auch die Zeiten der Arbeitsunfähigkeit des Arbeitnehmers nach Ablauf der Kündigungsfrist zu vergüten hat. Da das Arbeitsverhältnis fortbesteht, ist Anspruchsgrundlage nicht der arbeitgeberseitige Annahmeverzug, sondern das Entgeltfortzahlungsgesetz (vgl. → Rz. 2700 ff.).

Eine Mitteilungs-/Anzeigepflicht besteht auch, wenn eine von der Arbeitnehmerin dem Arbeitgeber angezeigte Schwangerschaft **vorzeitig** endet (etwa auf Grund einer Fehlgeburt). Ein bestehender Annahmeverzug des Arbeitgebers (z.B. nach rechtskräftig festgestellter Unwirksamkeit einer Kündigung wegen Verstoßes gegen § 9 MuSchG) steht dieser Mitteilungspflicht nicht entgegen *(BAG 18.01.2000, EzA § 615 BGB Nr. 98)*.

Zur Geltendmachung von Schadensersatz bei unterbliebener Mitteilung vgl. → Rz. 2329.

Ist dem Arbeitnehmer die Arbeitsleistung deshalb tatsächlich unmöglich, weil er trotz Erhebung einer Kündigungsschutzklage nun vorübergehend bei einem anderen Arbeitgeber arbeitet, hindert dies den Annahmeverzug des Arbeitgebers nicht, da er diese Tätigkeit durch seine Kündigung veranlasst hat.

d) Nichtannahme der Arbeitsleistung durch den Arbeitgeber

Schließlich erfordert der Annahmeverzug des Arbeitgebers, dass dieser die ihm angebotene Arbeitsleistung nicht annimmt.

2530

Der Nichtannahme steht es gleich, wenn der Arbeitgeber dem Arbeitnehmer

- eine andere als die geschuldete Arbeitsleistung oder
- den Abschluss eines neuen Arbeitsvertrages anbietet.

BEISPIEL:

Der Arbeitgeber bietet nach einer unwirksamen Kündigung dem als Kraftfahrer eingestellten Arbeitnehmer eine Beschäftigung als Lagerverwalter an.

Der Arbeitgeber gerät hier in Annahmeverzug, da der Arbeitnehmer nur eine Tätigkeit als Kraftfahrer schuldet.

Um einen den Annahmeverzug begründender Fall der Nichtannahme der Arbeitsleistung handelt es sich ferner, wenn der Arbeitgeber den Arbeitnehmer deshalb nicht beschäftigen kann, da der Auftraggeber des Arbeitgebers einem dort beschäftigten Arbeitnehmer ein **Hausverbot** erteilt, ohne dass den Arbeitnehmer hieran ein Verschulden trifft *(LAG Niedersachsen, LAGE § 615 BGB Nr. 58)*. Hat der Arbeitnehmer dagegen das Hausverbot verschuldet, dürfte im allgemeinen ein Annahmeverzug des Arbeitgebers ausscheiden. Der Arbeitgeber hat aber auch in diesem Fall zu prüfen, ob er den Arbeitnehmer auf einem anderen Arbeitsplatz beschäftigen kann und diesen ggf. dem Arbeitnehmer zuzuweisen. Unterbleibt die **Zuweisung eines vorhandenen anderen Arbeitsplatzes**, kann der Arbeitgeber bei Nichtannahme der Arbeitsleistung selbst dann in Annahmeverzug geraten, wenn der Arbeitnehmer das vom Auftraggeber des Arbeitgebers ausgesprochene Hausverbot verschuldet hat.

Ein Fall der Nichtannahme liegt auch dann vor, wenn der Arbeitgeber zwar bereit ist, die geschuldete Arbeitsleistung anzunehmen, gleichzeitig aber nicht bereit oder in der Lage ist, nicht unerhebliche rückständige Vergütungsansprüche des Arbeitnehmers zu begleichen. Beruft sich der Arbeitnehmer auf sein **Zurückbehaltungsrecht** und macht er sein Arbeitsangebot von der Bezahlung seiner ausstehenden Vergütung abhängig (§ 273 Abs. 1 BGB, vgl. → Rz. 2488), so gerät der Arbeitgeber trotz Annahmebereitschaft in Annahmeverzug.

BEISPIEL:

Der Arbeitnehmer hat bereits seit 2 Monaten keine Vergütung erhalten. Nun verlangt er unter Fristsetzung von 2 Wochen Zahlung und kündigt an, andernfalls nach Fristablauf seine Arbeitsleistung zurückzubehalten.

Der Arbeitgeber gerät in diesem Fall nach Ablauf der Frist in Annahmeverzug, wenn er die ausstehende Vergütung nicht zumindest zu einem Großteil auszahlt.

Ausnahmsweise gerät der Arbeitgeber durch Nichtannahme eines tatsächlichen Angebots der Arbeitsleistung nicht Annahmeverzug, wenn aufgrund eines **ärztlichen Attestes Zweifel an der Unbedenklichkeit des Arbeitsplatzes für die Gesundheit des Arbeitnehmers** bestehen, vgl. auch oben → Rz. 2528. In einem solchen Fall unterliegt es der Entscheidung des Arbeitgebers, ob er an der Gesundheitsgefährdung des Arbeitnehmers mitwirken und dessen Arbeitsangebot annehmen will oder nicht (*LAG Hamm 08.09.1995, LAGE § 615 BGB Nr. 89*).

Ein weiterer **Ausnahmefall** kommt in Betracht, wenn der Arbeitnehmer **objektiv aus gesundheitlichen Gründen außerstande ist, die arbeitsvertraglich geschuldete Leistung** zu erbringen. In diesen Fällen kann das fehlende Leistungsvermögen nicht allein durch die subjektive Einschätzung des Arbeitnehmers ersetzt werden, er sei trotzdem gesundheitlich in der Lage, einen Arbeitsversuch zu unternehmen (*BAG 29.10.1998, EzA § 615 BGB Nr. 90*).

BEISPIEL:

Dem Arbeitnehmer war von dem behandelnden Arzt eine Arbeitsunfähigkeit bis zum 17.05.1994 bescheinigt worden. Am 18.05.1994 erschien der Arbeitnehmer wieder zur Arbeit, wurde aber von dem Arbeitgeber an der Arbeitsaufnahme gehindert. Schon zuvor hatte dieser dem Arbeitnehmer mitgeteilt, nach Stellungnahme der Werksarztes könne der Arbeitnehmer seine arbeitsvertraglich geschuldete Arbeitsleistung auf Dauer nicht mehr erbringen. Ein Arbeitsplatz für leichte Arbeiten sei nicht vorhanden. Der Arbeitnehmer verlangt nunmehr vom Arbeitgeber Zahlung von Verzugslohn ab dem 18.05.1994. Nachdem zwei weitere Gutachten die Stellungnahme des Werksarztes bestätigt haben, wurde der Anspruch des Arbeitnehmers auf Verzugslohn zurückgewiesen. Auf das subjektive Befinden des Arbeitnehmers, er könne nach einer längeren Arbeitspause die bisherige Arbeit wieder verrichten, kann es nicht ankommen, wenn die dauernde Leistungsunfähigkeit des Arbeitnehmers objektiv auf Grund nachprüfbarer medizinischer Befunde feststeht (BAG a.a.O.).

e) Sonderfall: Annahmeverzug im Arbeitskampf

2531 Das BAG hatte wiederholt die Frage zu beantworten, unter welchen Voraussetzungen der Arbeitgeber verpflichtet ist, denjenigen Arbeitnehmern Lohn zu zahlen, die einem bestreikten Betrieb oder Betriebsteil angehören und ihre **Arbeit während des Streiks vergeblich anbieten**. Nachdem zunächst eine Verpflichtung zur Lohnzahlung aus Annahmeverzug bei Nichtbeschäftigung eines arbeitswilligen Arbeitnehmers bejaht wurde (*BAG 14.12.1993, BB 1994, 632*), wurde dann eine Zahlungspflicht des Arbeitgebers verneint (*BAG 22.03.1994, DB 1994, 738, Presseinformation*). Zur Begründung wird angeführt, dass ein gewerkschaftlicher Streikbeschluss alle Arbeitnehmer des bestreikten Betriebs oder Betriebsteils – unabhängig von ihrer Organisationszugehörigkeit – berechtige, jederzeit an Arbeitskampfmaßnahmen teilzunehmen. Der Arbeitgeber sei daher berechtigt, den bestreikten Betrieb oder Betriebsteil für die Dauer des Streiks mit der Rechtsfolge stillzulegen, dass seine Lohnzahlungspflicht entfalle. Der Abschluss einer Notdienstvereinbarung mit der streikführenden Gewerkschaft ändere an diesem Ergebnis nichts.

Das BAG hat sein Urteil vom 22.03.1994 bestätigt und erneut entschieden, dass der Arbeitgeber berechtigt ist, einen bestreikten Betrieb oder Betriebsteil für die Dauer des Streiks ganz stillzulegen mit der Folge, dass auch arbeitswillige Arbeitnehmer ihren Lohnanspruch verlieren. Gleichzeitig hat das BAG auch festgestellt, dass ein Arbeitnehmer nicht allein deshalb einen Anspruch auf Einsatz im Notdienst habe, weil er sich am Streik nicht beteiligen will (*BAG 31.01.1995, EzA Art. 9 GG Arbeitskampf Nr. 119*).

Soweit der Arbeitgeber danach zulässigerweise anlässlich eines Arbeitskampfes seinen Betrieb stilllegen will, wird er dies jedoch den arbeitswilligen Arbeitnehmern klar anzuzeigen haben (*BAG 11.07.1995, Pressemitteilung des BAG Nr. 29/95, EzA-SD Heft 15/95*). Es muss also deutlich ausgesprochen werden, dass die Stilllegung wegen des Streiks erfolgt.

Der Arbeitgeber gerät ebenfalls nicht in Annahmeverzug, wenn streikende Arbeitnehmer nach Beendigung ihres Kurzstreiks ihre Arbeitsleistung anbieten, die ihnen obliegenden Tätigkeiten inzwischen aber von einer **Ersatzmannschaft** erledigt werden oder bereits erledigt worden sind. Der Einsatz einer solchen Ersatzmannschaft zur Aufrechterhaltung des Betriebsablaufes ist zulässig, wenn der Arbeitgeber punktuell und unvorhersehbar in verschiedenen Produktionsbereichen und/oder Schichten zu unterschiedlichen Zeiten mit Streiks überzogen wird (*LAG Düsseldorf 18.04.1996, LAGE Art. 9 GG Nr. 61 Arbeitskampf*).

Das BAG hat zwischenzeitlich bestätigend entschieden, dass sich bei sog. **Wellenstreiks** (Arbeitsniederlegungen zu unterschiedlichen Zeiten von unterschiedlicher Dauer) Abwehrmaßnahmen des Arbeitgebers (z.B. Produktionskürzungen, Einsatz von Aushilfskräfte und Fremdvergabe von Arbeiten) nicht ohne weiteres so begrenzen lassen, dass sie sich nur während der Dauer eines einzelnen Kurzstreiks auswirken. Können Arbeitnehmer aus diesem Grunde für den **Rest einer laufenden Schicht** nicht mehr beschäftigt werden, so verlieren sie insoweit nach den Grundsätzen des Arbeitskampfrisikos ihren Lohnanspruch, wenn dem Arbeitgeber eine andere Planung unmöglich oder unzumutbar gewesen wäre (*BAG 12.11.1996, EzA Art. 9 GG Arbeitskampf Nr. 127*).

BEISPIEL:

Im Betrieb des Arbeitgebers finden in einzelnen Abteilungen und Schichten zu jeweils unterschiedlichen Zeiten Arbeitsniederlegungen von unterschiedlicher Dauer statt. Der Arbeitnehmer folgte jeweils den Streikaufrufen der Gewerkschaft und beteiligte sich während seiner jeweiligen Schicht an einer Arbeitsniederlegungen von 1 1/2 bis 2 Stunden. Nach Beendigung dieser Arbeitsniederlegung verlangt der Arbeitnehmer Weiterbeschäftigung/Zahlung seiner Vergütung für den Zeitraum bis zum Schichtende.

Der Arbeitgeber hat jeweils nach Beginn der Arbeitsniederlegungen unter Einsatz von Drittpersonal (zum Mitbestimmungsrecht des Betriebsrates vgl. → Rz. 2048b) sofort ein Notprogramm zur Meidung von Produktionsausfällen in Gang gesetzt, so dass der Arbeitnehmer nach Ablauf der Arbeitsniederlegung für die jeweilige Schicht nicht mehr sinnvoll beschäftigt werden konnte. Ein Beschäftigungs-/Vergütungsanspruch des Arbeitnehmers für die Zeiten nach Beendigung der Arbeitsniederlegung bis zum Schichtende besteht daher nicht (BAG a.a.O.).

Entsprechendes gilt, wenn die Arbeitnehmer zwar den Streik während der Schicht beenden, aber vom Arbeitgeber nicht mehr zur Arbeit herangezogen werden, weil dieser für den Rest der Schicht **erneute Arbeitsniederlegungen befürchten** muss und daher weiterhin die Ersatzmannschaft einsetzt *(BAG 15.12.1998, EzA Art. 9 GG Arbeitskampf Nr. 132).* Ggf. wird der Arbeitgeber die Arbeitnehmer nach Streikbeendigung zu befragen haben, ob für die laufende Schickt weitere Streikmaßnahmen beabsichtigt sind. Wird dies von den Arbeitnehmern nicht ausgeschlossen, kommt in der Regel Annahmeverzug des Arbeitgebers nicht in Betracht.

Zu beachten ist, dass der Arbeitgeber für die Zeiten nach Beendigung der Arbeitsniederlegung bis zum Schichtende dann in Annahmeverzug geraten kann, wenn

- er eine Ersatzmannschaft einstellt, um mögliche Arbeitsniederlegungen seiner »streikanfälligen« Stammbelegschaft **vorzubeugen**,
- er auf einen einzelnen, **von vornherein begrenzten Kurzstreik** mit dem Einsatz einer Ersatzmannschaft für die gesamte betroffene Schicht reagiert, obwohl die Wirkungen der Arbeitsniederlegung einer sinnvollen Beschäftigung der streikenden nach Wiederaufnahme der Arbeit nicht entgegen stehen *(BAG a.a.O.).*

Diese Rechtsprechung wurde zwischenzeitlich bestätigt *(BAG 17.02.1998, Pressemitteilung des BAG Nr. 11, EzA-SD 5/98, 3; 15.12.1998, EzA Art. 9 GG Arbeitskampf Nr. 131).*

Zur Zulässigkeit der Kürzung einer Jahressonderzuwendung wegen erfolgter Streikteilnahme des Arbeitnehmers vgl. → Rz. 2434.

3. Beendigung des Annahmeverzuges

2532 Der Annahmeverzug endet

- mit wirksamer Beendigung des Arbeitsverhältnisses,
- mit ordnungsgemäßer Annahme der angebotenen Arbeitsleistung,
- mit Wegfall der Leistungsbereitschaft oder Leistungsfähigkeit des Arbeitnehmers, oder
- im Falle des Kündigungsschutzprozesses mit Rücknahme der Kündigung.

Achtung! Für die Beendigung des Annahmeverzuges nach erfolgter Kündigung und Ablauf der Kündigungsfrist gilt jedoch folgendes: Es ist zur Beendigung des Annahmeverzuges nicht ausreichend, wenn der Arbeitgeber lediglich die Rücknahme der Kündigung erklärt. Vielmehr ist es erforderlich, dass der Arbeitgeber **gleichzeitig den Arbeitnehmer ausdrücklich zur erneuten Arbeitsaufnahme auffordert und konkret eine Tätigkeit zuweist** *(BAG 19.01.1999, EzA § 615 BGB Nr. 93).*

BEISPIEL

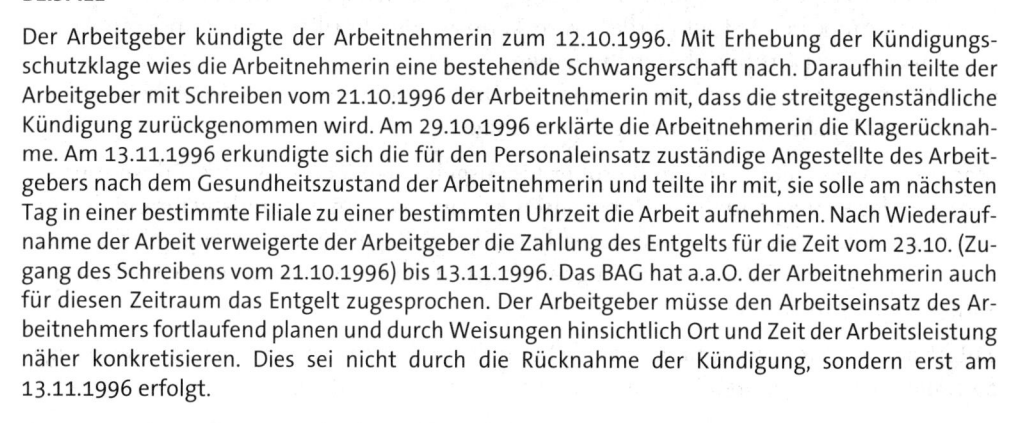

Der Arbeitgeber kündigte der Arbeitnehmerin zum 12.10.1996. Mit Erhebung der Kündigungsschutzklage wies die Arbeitnehmerin eine bestehende Schwangerschaft nach. Daraufhin teilte der Arbeitgeber mit Schreiben vom 21.10.1996 der Arbeitnehmerin mit, dass die streitgegenständliche Kündigung zurückgenommen wird. Am 29.10.1996 erklärte die Arbeitnehmerin die Klagerücknahme. Am 13.11.1996 erkundigte sich die für den Personaleinsatz zuständige Angestellte des Arbeitgebers nach dem Gesundheitszustand der Arbeitnehmerin und teilte ihr mit, sie solle am nächsten Tag in einer bestimmte Filiale zu einer bestimmten Uhrzeit die Arbeit aufnehmen. Nach Wiederaufnahme der Arbeit verweigerte der Arbeitgeber die Zahlung des Entgelts für die Zeit vom 23.10. (Zugang des Schreibens vom 21.10.1996) bis 13.11.1996. Das BAG hat a.a.O. der Arbeitnehmerin auch für diesen Zeitraum das Entgelt zugesprochen. Der Arbeitgeber müsse den Arbeitseinsatz des Arbeitnehmers fortlaufend planen und durch Weisungen hinsichtlich Ort und Zeit der Arbeitsleistung näher konkretisieren. Dies sei nicht durch die Rücknahme der Kündigung, sondern erst am 13.11.1996 erfolgt.

Ein Sonderfall des Wegfalls der Leistungsbereitschaft des Arbeitnehmers ist die sog. **Fortsetzungsverweigerungserklärung**, wenn der Arbeitnehmer während des Kündigungsschutzprozesses ein neues Arbeitsverhältnis eingegangen ist und nach Obsiegen im gerichtlichen Verfahren das Arbeitsverhältnis mit dem (alten) Arbeitgeber nicht fortsetzen will (vgl. § 12 KSchG). Eine solche Erklärung kann regelmäßig in eine ordentliche Kündigung umgedeutet werden und beendet den arbeitgeberseitigen Annahmeverzug selbst dann, wenn die Fortsetzungsverweigerungserklärung versehentlich verspätet abgegeben wird (*LAG Berlin 15.10.1999, EzA SD 1/00, S. 12*).

4. Folgen des Annahmeverzuges

Der Arbeitnehmer wird für die Dauer des Annahmeverzuges des Arbeitgebers von der Arbeitspflicht befreit. Gleichzeitig behält er seinen Vergütungsanspruch gegen den Arbeitgeber, ohne zur Nachleistung verpflichtet zu sein (§ 615 Satz 1 BGB). 2533

Für die Berechnung der vom Arbeitgeber zu zahlenden Vergütung gilt grundsätzlich das **Lohnausfallprinzip**. Der Arbeitnehmer hat Anspruch auf die Bruttolohnvergütung. Dieser Anspruch unterliegt in vollem Umfang den Vorschriften des Steuer- und Sozialversicherungsrechts. Das heißt, der Arbeitgeber hat die entsprechenden Steuer- und Sozialversicherungsbeiträge genauso abzuführen, wie wenn der Arbeitnehmer tatsächlich gearbeitet hätte. Bei **zeitbezogener Vergütung** ist die regelmäßige Stunden-, Tage-, Wochen- oder Monatsvergütung fortzuzahlen. Zwischenzeitlich eingetretene Erhöhungen der Vergütung sind zu berücksichtigen. 2534

Bei **leistungsbezogener Vergütung** (Akkord-, Prämienlohnvergütung) ist die Vergütung zu zahlen, die der Arbeitnehmer erreicht hätte. Dies darzulegen und zu beweisen ist Sache des Arbeitnehmers!

Zur Überprüfung seiner geltend gemachten Forderung kann folgendes als **Anhalt** herangezogen werden:

- steht eine Vergleichsperson zu Verfügung, etwa wenn der Arbeitnehmer sonst in einer Arbeitsgruppe beschäftigt worden wäre, kann auf den Verdienst eines anderen Arbeitnehmers dieser Gruppe abgestellt werden,
- fehlt eine Vergleichsperson, so kann der Durchschnittsverdienst des Arbeitnehmers der letzten 3 Monate zugrunde gelegt werden.

Macht der Arbeitnehmer einen hierüber hinausgehenden Verdienst geltend, so muss er genau darlegen und notfalls auch beweisen können, warum er gerade während des Annahmeverzuges effektiver als sonst gearbeitet hätte. Regelmäßig wird ein solcher Nachweis schwer fallen. Daher sollten ungewöhnlich hohe Forderungen des Arbeitnehmers sorgfältig geprüft werden!

Zulagen und Sondervergütungen sind ebenfalls für den Zeitraum des Annahmeverzuges zu zahlen. Hierzu gehören im allgemeinen:

Gratifikationen, Gewinnbeteiligungen, Tantiemen, Anwesenheitsprämien, Gefahren-, Erschwernis- und Funktionszulagen, Provisionen u.a.

Dagegen sind Zulagen, die an die tatsächliche Arbeitsleistung anknüpfen, z.B. eine echte Schmutzzulage, nicht fortzuzahlen.

Ob auch **Spesen** weiterzuzahlen sind, hängt davon ab, ob in dem Spesensatz Vergütungsbestandteile enthalten sind. Hier muss auf die Umstände des jeweiligen Einzelfalles abgestellt werden. Der in dem Spesensatz enthaltene Vergütungsanteil muss notfalls geschätzt werden (§ 287 Abs. 2 ZPO) und gehört zum fortzuzahlenden Arbeitsentgelt. Sonstiger **Auslagenersatz** ist nur insoweit zu zahlen, als er während des Annahmeverzuges auch tatsächlich angefallen ist.

BEISPIEL:

Unterhaltungskosten für Kfz, Kosten für bezogene Fachliteratur etc.

Soweit der Arbeitgeber aufgrund des Arbeitsvertrages auch Naturalleistungen schuldet, sind diese für die Zeit des Annahmeverzuges ebenfalls fortzugewähren.

BEISPIEL:

Bereitstellung des Kfz, Nutzung einer Werkswohnung, etc.

Häufig erfolgt Abrechnung und Zahlung von Annahmeverzugslohnansprüchen des Arbeitnehmers erst geraume Zeit nach Fälligkeit dieser Ansprüche und kumuliert für mehrere Abrechnungszeiträume bzw. für einen längeren Zeitraum. U.U. kann dieser Zeitraum z.B. bei langwierigen Kündigungsschutzprozessen Jahre andauern. Durch die erst nach Klärung der Wirksamkeit einer Kündigung bzw. des Bestehens von Annahmeverzugslohnansprüchen erfolgende Auszahlung können sich Steuernachteile für den Arbeitnehmer ergeben, wobei sich dann die Frage stellt, ob der Arbeitgeber zum Ausgleich dieser Steuernachteile verpflichtet ist. Eine Vermögenseinbuße, die der Arbeitnehmer im

Falle der Nichtbeschäftigung dadurch erleidet, dass der Steuerbefreiungstatbestand des § 3 b EStG, der Zuschläge für tatsächlich geleistete Sonntags-, Feiertags- oder Nachtarbeit steuerfrei stellt, keine Anwendung findet, hat der Arbeitgeber jedenfalls nicht nach § 615 BGB oder als Schadensersatz zu erstatten (*BAG 19.10.2000, EzA § 286 BGB Nr. 1*). Allerdings muss beachtet werden, dass ein sog. **Steuerprogressionsschaden**, den der Arbeitnehmer durch verspätete Zahlung erleidet, durchaus erstattungsfähig sein kann. In der betrieblichen Praxis wird ein solcher Anspruch allerdings nur dann relevant, wenn der Arbeitnehmer nicht über den Lohnsteuerjahresausgleich/die Einkommensteuererklärung Ausgleich der zum Auszahlungszeitpunkt erhöhten Steuerprogression erreichen kann.

5. Anrechnung anderweitigen Verdienstes

Der Arbeitnehmer muss sich auf seinen Vergütungsanspruch jedoch das anrechnen lassen, was er infolge des Unterbleibens der Dienstleistung **erspart oder durch anderweitige Verwendung seiner Dienste erwirbt oder zu erwerben böswillig unterlässt** (§§ 615 Satz 2 BGB, 11 KSchG). Der Arbeitnehmer soll also nicht besser dastehen, als er bei ordnungsgemäßer Durchführung des Arbeitsverhältnisses gestanden hätte. Hier bestehen in der Praxis erhebliche Probleme, da der Arbeitgeber für die Anrechnung anderweitigen Verdienstes darlegungs- und beweispflichtig ist. Regelmäßig wird es ihm aber schwer fallen, Ersparnisse oder anderen Verdienst des Arbeitnehmers nachzuweisen. In beschränktem Umfang stehen dem Arbeitgeber jedoch Verteidigungsmöglichkeiten zur Verfügung.

2535

a) Auskunftsanspruch des Arbeitgebers

Der Arbeitgeber hat gegen den Arbeitnehmer einen **Auskunftsanspruch über die Höhe des anderweitigen Verdienstes**, wenn feststeht oder der Arbeitgeber darlegen und notfalls auch beweisen kann, dass der Arbeitnehmer anderweitig gearbeitet hat. Solange der Arbeitnehmer die Auskunft nicht erteilt, hat der Arbeitgeber in diesem Fall ein Leistungsverweigerungsrecht (§ 320 BGB), d.h., die Vergütung muss erst ausgezahlt werden, wenn der Arbeitnehmer die Auskunft erteilt hat.

2536

Hingegen besteht **kein Anspruch auf Auskunft darüber, ob der Arbeitnehmer überhaupt anderweitig gearbeitet hat.** Folglich hat der Arbeitgeber in diesem Fall auch kein Leistungsverweigerungsrecht. Solange der Arbeitgeber eine anderweitige Tätigkeit des Arbeitnehmers nicht nachweisen kann, ist er relativ schutzlos.

Nutzen Sie daher während des Annahmeverzuges ggf. alle Mittel aus, um festzustellen, ob der Arbeitnehmer woanders tätig wird!

Kann dieser Nachweis geführt werden und dauert der Annahmeverzug zum Zeitpunkt der Entscheidung über eine Vergütungsklage des Arbeitnehmers noch an, kann der Arbeitgeber nur Auskunft über die Höhe des anderweitigen Verdienstes aus Dienstzeitabschnitten verlangen, für die der Arbeitnehmer fortlaufend seit Beginn des Annahmeverzuges Entgelt geltend gemacht hat (*BAG 24.08.1999, EzA SD 8/00, 10*). Der Arbeitgeber kann ein Zurückbehaltungsrecht wegen unterbliebener Auskunft also nicht darauf stützen, dass der Arbeitnehmer für Zeiträume, die nicht Gegenstand der Vergütungsklage des Arbeitnehmers sind, die Auskunft nicht erteilt.

b) Ersparnisse

2537 Auf den Vergütungsanspruch anzurechnen ist der Wert dessen, was der Arbeitnehmer durch das Unterbleiben der Arbeit erspart hat.

BEISPIEL:

Vom Arbeitgeber getragene Fahrtkosten zur Arbeitsstätte, Spesen (vgl. oben → Rz. 2534), sonstiger Aufwendungsersatz etc.

c) Zwischenverdienst

2538 Der tatsächlich während des Annahmeverzuges bei einem anderen Arbeitgeber erzielte Zwischenverdienst des Arbeitnehmers ist im allgemeinen auf die Vergütung **voll anzurechnen**. Der auszuzahlende Betrag errechnet sich aus der Differenz zwischen Vergütungsanspruch und Zwischenverdienst. Übersteigt der Zwischenverdienst den Vergütungsanspruch, so entfällt eine Zahlungspflicht des Arbeitgebers. Anrechenbarer Zwischenverdienst können in Einzelfällen auch erst zukünftig fällige, aber bereits entstandene Provisionsansprüche sein. Dagegen **mindert** sich der anrechenbare Zwischenverdienst durch erhöhte Aufwendungen des Arbeitnehmers, z.B. gesteigerte Anfahrtskosten. Bei der Ermittlung des anrechenbaren Zwischenverdienstes sind ebenfalls nicht die Einnahmen des Arbeitnehmers einzubeziehen, die dieser dadurch erlangt hat, dass er bei einem anderen Arbeitgeber zeitlich länger arbeitet, als er es bei dem bisherigen Arbeitgeber getan hätte.

BEISPIEL:

Der Arbeitnehmer ist bei seinem bisherigen Arbeitgeber 40 Stunden pro Woche für 400 EUR beschäftigt. Während des Annahmeverzuges des Arbeitgebers arbeitet der Arbeitnehmer bei einem anderen Arbeitgeber 40 Stunden pro Woche für 300 EUR. Durch Ableistung von Überstunden erhöht sich sein Entgelt jedoch um 60 EUR in der Woche.

Dieses Überstundenentgelt ist kein anrechenbarer Zwischenverdienst. Dieser beträgt lediglich 300 EUR, da der Arbeitnehmer auch seinem bisherigen Arbeitgeber nur 40 Arbeitsstunden in der Woche schuldet.

Kein anrechenbarer Zwischenverdienst sind auch Vergütungsansprüche des Arbeitnehmers gegen Dritte, die der Arbeitnehmer während seiner Freizeit erworben hat (**Nebeneinnahmen**). Hier ist die Abgrenzung schwierig. Ob der Arbeitnehmer die anderweitige Tätigkeit als Freizeit oder als Ersatz für ausgefallene Arbeit betrachtet hat, richtet sich nach den objektiven wie subjektiven Umständen des Einzelfalles. Ein wesentliches Indiz für eine Ersatztätigkeit und damit für eine Anrechenbarkeit des Verdienstes wird es regelmäßig sein, wenn der Arbeitnehmer eine andere Tätigkeit zu denjenigen Tageszeiten ausübt, in denen er sonst bei dem bisherigen Arbeitgeber beschäftigt war.

d) Böswillig unterlassener Zwischenverdienst

Der Arbeitnehmer muss sich auch den böswillig unterlassenen Zwischenverdienst anrechnen lassen. Böswilliges Unterlassen wird im allgemeinen dann gegeben sein, wenn der Arbeitnehmer weiß, dass für ihn eine anderweitige und zumutbare Arbeitsmöglichkeit besteht und er die Arbeitsaufnahme vorsätzlich unterlässt. In der Regel wird man vom Arbeitnehmer verlangen können, dass er sich beim **Arbeitsamt arbeitssuchend meldet**. Darüber hinaus ist er dann nicht gehalten, sich selbst eine andere Stelle zu suchen.

2539

Allerdings begründen die Vorschriften über den Annahmeverzug **keine allgemeine Obliegenheit** des Arbeitnehmers, den Vermittlungsdienst der Bundesanstalt für Arbeit in Anspruch zu nehmen. Auf eine unterlassene Meldung als Arbeitssuchender kommt es regelmäßig nicht an (*BAG 16.05.2000, EzA § 615 BGB Nr. 99*).

Es ist also für die Geltendmachung der Anrechnung böswillig unterlassenen Zwischenverdienstes nicht ausreichend, wenn der Arbeitgeber lediglich vorträgt, der Arbeitnehmer habe sich nicht arbeitslos gemeldet. Um ein böswilliges Unterlassen handelt es sich dann, wenn der Arbeitnehmer grundlos eine zumutbare Arbeit ablehnt oder vorsätzlich verhindert, dass ihm überhaupt zumutbare Arbeit angeboten wird. Das hat der Arbeitgeber im Rechtsstreit darzulegen und zu beweisen (*BAG a.a.O.*).

Weist das Arbeitsamt oder ein Dritter dem Arbeitnehmer eine zumutbare Stelle nach, so stellt die Ablehnung der Arbeit ein böswilliges Unterlassen dar. Was **zumutbar** ist, bestimmt sich unter Berücksichtigung aller Umstände des Einzelfalles nach Treu und Glauben. Als **Anhalt** kann gelten: Der Arbeitnehmer ist nicht verpflichtet, eine andersartige oder geringerwertige Arbeit aufzunehmen!

Die Schadensminderungspflicht (§ 254 Abs. 2 BGB) findet im Annahmeverzug des Arbeitgebers nach erfolgter Kündigung keine Anwendung. Der Arbeitnehmer ist nicht gehalten, eigene Anstrengungen zu unternehmen, um eine Beschäftigung bei einem anderen Arbeitgeber zu finden. Will der Arbeitgeber sein Entgeltrisiko im Annahmeverzug mindern, so hat er die hierfür **erforderlichen Handlungen selbst vorzunehmen**. Hierzu kann er z.B.

- dem Arbeitnehmer anbieten, ihn vorläufig für die Dauer des Kündigungsschutzprozesses weiterzubeschäftigen (vgl. unten → Rz. 2540);
- den Arbeitnehmer über konkrete Stellenangebote informieren, ihn dadurch in »Zugzwang« versetzen und Bewerbungen veranlassen, um ggf. die Ansprüche aus Annahmeverzug dann kürzen zu können, wenn der Arbeitnehmer auf diese Mitteilungen hin vorsätzlich das Zustandekommen eines Arbeitsverhältnisses verhindert (*BAG a.a.O.*).

Problematisch ist die Frage, ob der Arbeitnehmer verpflichtet ist, ein **Angebot des Arbeitgebers auf befristete oder auflösend bedingte Weiterbeschäftigung** (vgl. oben → Rz. 2526) anzunehmen. Überwiegende Gründe sprechen dafür, dass eine solche Befristung durch einen sachlichen Grund nach § 14 Abs. 1 TzBfG gerechtfertigt ist, da die nunmehrige ausdrückliche gesetzliche Regelung zum sachlichen Grund auf der Grundlage der ständigen Rechtsprechung erfolgte (vgl. oben → Rz. 1594). Im Übrigen ist wie folgt zu differenzieren:

2540

- Im allgemeinen ist der Arbeitnehmer verpflichtet, ein entsprechendes Angebot anzunehmen (BAG 22.02.2000, EzA § 615 BGB Nr. 97). Andernfalls muss er sich das auf den Vergütungszeitraum entfallende Entgelt als böswillig unterlassenen Verdienst anrechnen lassen!
- Ist die Weiterbeschäftigung dem Arbeitnehmer jedoch unzumutbar, ist er zur Annahme eines derartigen Angebots nicht verpflichtet. Es kommt also wiederum auf die Umstände des Einzelfalles an. Insbesondere werden hier die Art der Kündigung, (verhaltens-, personen- oder betriebsbedingte, außerordentliche Kündigung) und die vorgebrachten Kündigungsgründe zu berücksichtigen sein. In der Regel wird bei einer **betriebsbedingten Kündigung** die Zumutbarkeit der auflösend bedingten Weiterbeschäftigung zu bejahen sein (LAG Rheinland-Pfalz 05.03.1998, LAGE § 615 BGB Nr. 57).

Ist dem Arbeitnehmer nach Einschätzung des Arbeitgebers die befristete oder auflösend bedingte Weiterbeschäftigung zumutbar, empfiehlt es sich schon aus Nachweisgründen, das entsprechende Angebot **schriftlich** zu unterbreiten, wobei auf das nachfolgende Muster als Anhalt zurückgegriffen werden kann.

Muster

Sehr geehrte/r Frau/Herr ...,

wie Sie wissen, haben wir das bestehende Arbeitsverhältnis fristgerecht zum ... gekündigt. Gegen die Kündigung haben Sie Kündigungsschutzklage erhoben.

Wir halten voll umfänglich an unserer Einschätzung fest, dass unsere o.g. Kündigung rechtswirksam ist und das Arbeitsverhältnis mit Ablauf der Kündigungsfrist endet. Gleichwohl bieten wir Ihnen hiermit für die Dauer des Kündigungsrechtsstreits eine befristete Weiterbeschäftigung an zu folgenden Modalitäten:

1) Die Weiterbeschäftigung erfolgt befristet und beginnt mit dem Tage nach Ablauf der o.g. Kündigungsfrist. Das befristete Weiterbeschäftigungsarbeitsverhältnis endet mit Ablauf des Tages, an dem die Entscheidung über die Abweisung Ihrer o.g. Kündigungsschutzklage rechtskräftig wird, ohne dass es einer Kündigung bedarf.

2) Für das befristete Arbeitsverhältnis gelten die Bedingungen des Arbeitsvertrages vom ..., wobei Einigkeit darüber besteht, dass auch während der Befristung das Arbeitsverhältnis beiderseits ordentlich gekündigt werden kann.

Wir fordern Sie hiermit auf, Ihr Einverständnis mit vorgenannten Modalitäten durch Gegenzeichnung der beigefügten Zweitschrift zu dokumentieren und diese bis zum ... an uns gegengezeichnet zurückzureichen. Ihr Einverständnis mit diesen Modalitäten unterstellt, wollen Sie sich bitte am Tage des Beginns der befristeten Weiterbeschäftigung um ... Uhr bei dem Ihnen bekannten Arbeitsplatz zwecks Arbeitsaufnahme einfinden.

Für Rückfragen stehen wir Ihnen gerne zur Verfügung.

Mit freundlichen Grüßen

....
(Arbeitgeber)   (Arbeitnehmer)

Der Arbeitnehmer kann jedenfalls nicht einerseits die vorläufige Weiterbeschäftigung zu den bisherigen Bedingungen verlangen, andererseits aber das entsprechende Angebot des Arbeitgebers ablehnen. Ein solches treuwidriges Verhalten führt zum Wegfall der Annahmeverzugsansprüche (*LAG Köln 14.12.1995, LAGE § 615 BGB Nr. 45*).

Allerdings handelt der Arbeitnehmer nicht böswillig, wenn er es unterlässt, ein Urteil des Arbeitsgerichts, mit dem der Arbeitgeber verurteilt worden ist, den Arbeitnehmer für die Dauer des Kündigungsschutzprozesses weiterzubeschäftigen, zu **vollstrecken** oder die **Vollstreckung anzudrohen** (*BAG 22.02.2000, EzA § 615 BGB Nr. 97*). Also auch dann, wenn der Arbeitgeber erstinstanzlich zur Weiterbeschäftigung verurteilt worden ist, muss er von sich aus dem Arbeitnehmer die vorrübergehende Weiterbeschäftigung für die Dauer des Kündigungsschutzprozesses **anbieten** und zur Arbeitsaufnahme **auffordern** (vgl. oben → Rz. 2532), wenn das Verzugslohnrisiko vermindert werden soll.

Noch nicht abschließend geklärt ist, ob und ggf. unter welchen Voraussetzungen der Arbeitgeber bei **verweigerter** Zustimmung des **Arbeitnehmers zur befristeten oder auflösend bedingten Weiterbeschäftigung** dies zum Anlass einer erneuten (vorsorglichen) Kündigung zu nehmen.

Lehnt der Arbeitnehmer die Weiterbeschäftigung ab, ist der Arbeitgeber deshalb jedenfalls dann nicht zu einer erneuten Kündigung berechtigt, wenn der Arbeitnehmer nicht verpflichtet war, das Angebot anzunehmen. Dies gilt selbst dann, wenn der Arbeitnehmer im Anschluss an ein Weiterbeschäftigungsurteil die Arbeit zunächst aufgenommen hat und sodann wieder einstellt, weil der ihm im weiteren Verlauf zugewiesene Arbeitsplatz nicht seinem titulierten Weiterbeschäftigungsanspruch entspricht (*LAG Mecklenburg-Vorpom-mern 23.11.2000, LAGE § 611 BGB Beschäftigungspflicht Nr. 43*).

Überwiegende Gründe sprechen dafür, dass auch in den Fällen der Zumutbarkeit des Angebotes eine verweigerte Zustimmung des Arbeitnehmers eine erneute arbeitgeberseitige Kündigung nicht rechtfertigen kann, da die unterbliebene Annahme durch den Wegfall der Annahmeverzugsansprüche hinreichend sanktioniert wird und es dem Arbeitnehmer im Hinblick auf seine begründeten Ansprüche aus der Kündigungsschutzklage vorbehalten bleiben muss, durch Aufrechterhaltung des Annahmeverzugslohnrisikos den Kündigungsrechtsstreit zu seinen Gunsten zu beeinflussen. In Anbetracht der insoweit jedoch noch nicht abschließend geklärten Rechtslage kann aber im Einzelfall durchaus eine vorsorgliche arbeitgeberseitige Kündigung wegen Verstoß des Arbeitnehmers gegen seine Treuepflichten durch unterbliebene Annahme des Angebotes auf befristete Weiterbeschäftigung zweckmäßig sein.

2540a Nimmt der Arbeitnehmer während der Zeiten des Annahmeverzuges des Arbeitgebers ein Studium oder sonstige Ausbildung auf, so kann das ein böswilliges Unterlassen anderweitigen Erwerbs darstellen. Abzustellen ist auf die gesamten Umstände des Einzelfalls (*BAG 13.02.1996, EzA § 74 HGB Nr. 58*).

e) Öffentlich-rechtliche Leistungen

2541 Öffentlich-rechtliche Leistungen, die infolge der Arbeitslosigkeit aus der Arbeitslosenversicherung oder der Sozialhilfe gewährt werden, muss der Arbeitnehmer sich anrechnen lassen (§ 11 Nr. 3 KSchG). Allerdings ist der Arbeitgeber verpflichtet, diese Beiträge dem Leistungsträger zu erstatten.

6. Vertragliche Regelung des Annahmeverzuges

2542 Die gesetzliche Regelung über den Annahmeverzug (§ 615 BGB) kann vertraglich abbedungen werden. Die Arbeitsvertragsparteien können also etwas anderes vereinbaren. Die Vereinbarung muss aber **klar und deutlich abgefasst** sein.

Allerdings ist bei Abschluss einer solchen Vereinbarung dann Vorsicht geboten, wenn von den gesetzlichen Bestimmungen zu Lasten des Arbeitnehmers abgewichen werden soll. Keinesfalls darf der Arbeitnehmer durch eine solche Abrede unangemessen benachteiligt werden.

II. Unmöglichkeit der Arbeitsleistung und Betriebsrisiko des Arbeitgebers

1. Einführung

2543 Nach den allgemeinen schuldrechtlichen Grundsätzen bis zum 31.12.2001 hatte der Arbeitnehmer im Falle der Unmöglichkeit der Arbeitsleistung nur dann einen Vergütungs- bzw. Schadensersatzanspruch gegen den Arbeitgeber, wenn die Unmöglichkeit vom Arbeitgeber zu vertreten ist (§ 325 BGB a.F.). Dagegen verlor der Arbeitnehmer seinen Vergütungsanspruch nach diesen Grundsätzen, wenn die Arbeitsleistung unmöglich wurde, ohne dass dies von ihm selbst oder vom Arbeitgeber verschuldet worden war (§ 323 Abs. 1 BGB a.F.).

Ein Verlust des Vergütungsanspruches erschien aber dann unbillig, wenn die Arbeitsleistung etwa deshalb unterblieb, weil **betriebliche Störungen** eingetreten waren, wie z.B. die Unterbrechung der Stromzufuhr zum Betrieb oder Brandschäden. Um auch in derartigen Fällen eine sozial ausgewogene und sachgerechte Regelung herbeizuführen, wurde bereits vom Reichsgericht die so genannte **Betriebsrisikolehre** entwickelt, die seitdem auch in ständiger Rechtsprechung des BAG Anwendung findet.

Unter den Voraussetzungen der Betriebsrisikolehre behielt der Arbeitnehmer seinen Vergütungsanspruch für die ausgefallene Arbeitsleistung.

Ab dem **01.01.2002** hat der Arbeitnehmer nunmehr auch einen gesetzlichen Anspruch auf Zahlung der vereinbarten Vergütung in den Fällen, in denen der Arbeitgeber das Risiko des Arbeitsausfalls trägt (§ 615 Satz 3 BGB). Man wird davon ausgehen können, dass das »Risiko des Arbeitsausfalls« im Sinne der gesetzlichen Neuregelung vom Arbeitgeber jedenfalls immer dann zur tragen ist, wenn er schon nach der Betriebsrisikolehre zur Zahlung der Vergütung verpflichtet war. Inwieweit hierüber hinaus durch die gesetzliche

Neuregelung auch Fälle erfasst werden, in denen der Arbeitgeber in der Vergangenheit von der Vergütungspflicht befreit war, bleibt abzuwarten, erscheint aber eher unwahrscheinlich.

Die nachfolgend dargestellten Voraussetzungen der Betriebsrisikolehre und die Fallgruppen werden also auch zukünftig Bedeutung behalten.

2. Voraussetzungen der Betriebsrisikolehre

Im Falle der tatsächlichen Unmöglichkeit der Arbeitsleistung findet die Betriebsrisikolehre unter folgenden Voraussetzungen Anwendung: 2544

- der Arbeitnehmer ist zur Arbeit fähig und bereit;
- der Arbeitgeber kann ihn aus Gründen, die in seiner betrieblichen Sphäre liegen, nicht beschäftigen;
- weder der Arbeitgeber noch der Arbeitnehmer haben das Unterbleiben der Arbeitsleistung verschuldet;
- es fehlen besondere Bestimmungen über die Fälle des Betriebsrisikos in einzel- oder kollektivvertraglichen Bestimmungen.

3. Fälle des Betriebsrisikos

Der betrieblichen Sphäre bzw. dem Risiko des Arbeitgebers zuzurechnen sind insbesondere folgende Fälle des Arbeitsausfalls durch: 2545

- Brandschäden,
- Inventuraufnahme,
- Kohle- und Rohstoffmangel,
- Maschinenschäden,
- Heizungsausfall bei plötzlichem Kälteeinbruch,
- Transportmittelausfall, wenn z.B. der Arbeitnehmer mit einem vom Arbeitgeber gestellten Transportmittel zur Arbeit gebracht wird,
- Verweigerung der Arbeitsleistung durch einzelne Arbeitnehmer (so genannte Schlüsselarbeitnehmer), wenn deren Tätigwerden Voraussetzung für die Arbeit anderer Arbeitnehmer ist.

Besonderheiten bestehen beim Arbeitsausfall infolge von Streikmaßnahmen, worauf aber hier nicht näher eingegangen werden soll, vgl. oben → Rz. 2531.

4. Wirtschaftsrisiko

Im Gegensatz zu den Fällen des Betriebsrisikos ist beim Wirtschaftsrisiko die Arbeit nicht tatsächlich unmöglich, sondern lediglich unrentabel oder existenzgefährdend. Dieses Wirtschaftsrisiko hat der Arbeitgeber immer zu tragen, so dass die Auszahlung der Vergütung selbst dann nicht verweigert werden kann, wenn die Auszahlung zu einer ernsten Existenzgefährdung des Betriebes führt. 2546

5. Vertragliche Regelung des Betriebsrisikos

2547 Die Anwendung der Betriebsrisikolehre konnte einzel- oder kollektivvertraglich ausgeschlossen werden. Eine entsprechende Klausel musste jedoch klar und deutlich gefasst sein.

Neu Es ist unklar, ob die Vergütungspflicht des Arbeitgebers in den Fällen der Verwirklichung des Betriebsrisikos nach der nunmehrigen gesetzlichen Regelung (vgl. oben → Rz. 2543) noch rechtswirksam vertraglich ausgeschlossen werden kann. Unter Berücksichtigung der nunmehrigen Anwendung der Bestimmungen über Allgemeine Geschäftsbedingungen auf die Verträge des Arbeitsrechts (vgl. § 310 Abs. 4 Satz 2 BGB) sprechen durchaus Gründe dafür, dass ein vereinbarter Ausschluss zukünftig einer gerichtlichen Überprüfung nicht mehr standhalten wird (vgl. auch §§ 615 Satz 3, 275 Abs. 1, 326 Abs. 2 BGB). Die Entwicklung bleibt insoweit abzuwarten. Wenn gleichwohl ein Ausschluss vereinbart werden soll, kann auf das nachfolgende Muster als Anhalt zurückgegriffen werden.

Muster
»Bezahlt wird nur die tatsächlich geleistete Arbeitszeit. Ist die Erbringung der Arbeitsleistung unmöglich, ohne dass dies von einer der Arbeitsvertragsparteien zu vertreten ist, entfällt ein Vergütungsanspruch des Arbeitnehmers auch dann, wenn der Arbeitgeber das Risiko des Arbeitsausfalls trägt.«

III. Vorübergehende Verhinderung des Arbeitnehmers

2548 Vergütungspflicht bei vorübergehender Verhinderung des Arbeitnehmers

- **Anwendungsfälle**
  - Besondere Familienereignisse,
  - Pflege bei plötzlicher Krankheit von Familienangehörigen,
  - z.T. Arztbesuche,
  - gerichtliche/behördliche Vorlagen.
- **Stets vorab zu Prüfen: Besteht eine vertragliche Regelung**
  - Tarifvertrag,
  - Betriebsvereinbarung,
  - Arbeitsvertrag
    - Vertragliche Regelungen gehen der gesetzlichen Regelung vor.
      Bei Unklarheiten: Auslegung der vertraglichen Regelung.
- **Gesetzliche Regelung**
  - Anspruch auf Fortzahlung der Vergütung (Lohnausfallprinzip) bei
    - Arbeitsverhinderung aus persönlichem Grund,
    - ohne Verschulden,
    - für nicht erhebliche Zeit.

1. Einführung

Ein **Vergütungsanspruch trotz unterbliebener Arbeitsleistung** kommt auch dann in Betracht, wenn der Arbeitnehmer aus einem persönlichen Grund ohne sein Verschulden vorübergehend an der Erbringung der Arbeitsleistung gehindert ist (§ 616 BGB).

2549

Es handelt sich dabei um eine weitere Ausnahme von dem Grundsatz »Ohne Arbeit keinen Lohn«. Erfasst sind dabei vor allem die Fälle, in denen etwa der Arbeitnehmer wegen einer gerichtlichen Vorladung oder eines besonderen persönlichen Ereignisses (z.B. Hochzeit) die Arbeitsleistung nicht erbringen kann. Der Sprachgebrauch ist insoweit nicht ganz einheitlich. Teilweise wird die vorübergehende Verhinderung des Arbeitnehmers auch als bezahlte Freistellung oder als bezahlter Sonderurlaub bezeichnet. Um Urlaub im Sinne eines Erholungsurlaubs handelt es sich bei der vorübergehenden Verhinderung des Arbeitnehmers jedoch nicht.

Für die Praxis ist es bedeutsam, dass im Zusammenhang mit der vorübergehenden Verhinderung des Arbeitnehmers häufig von den gesetzlichen Regelungen abweichende Vereinbarungen getroffen sind, die der gesetzlichen Regelung vorgehen.

Auf einen weiteren Anwendungsbereich des § 616 BGB sei hier nur kurz hingewiesen. Für einige Angestellte folgt im Krankheitsfall die Vergütungsfortzahlung ebenfalls auf der Grundlage dieser Vorschrift. Im Übrigen gelten für die Vergütungsfortzahlung im Krankheitsfall Sonderregelungen, auf die hier nicht weiter eingegangen werden soll (vgl. → Rz. 2701 ff.). Die nachfolgenden Ausführungen beschränken sich daher auf die Fälle der vorübergehenden Verhinderung des Arbeitnehmers, die nicht krankheitsbedingt sind.

2. Rechtsgrundlagen

a) Gesetzliche Regelung

Nach der gesetzlichen Regelung über die vorübergehende Verhinderung des Arbeitnehmers verliert dieser seinen Vergütungsanspruch nicht, wenn er an der Arbeitsleistung gehindert ist (§ 616 Satz 1 BGB)

2550

- durch einen in seiner Person liegenden Grund,
- ohne sein Verschulden,
- für eine verhältnismäßig nicht erhebliche Zeit.

b) Vertragliche Regelung

Die gesetzliche Regelung ist abdingbar, das heißt, dass die Arbeitsvertragsparteien an Stelle der gesetzlichen Regelung etwas anderes vereinbaren können. Eine solche vertragliche Regelung kann sich ergeben aus

2551

- Tarifvertrag,
- Betriebsvereinbarung,
- Arbeitsvertrag.

Dabei kann der Anspruch auf Fortzahlung der Vergütung ausgeschlossen, eingeschränkt, erweitert oder in sonstiger Weise geregelt werden. Der Anspruch des Arbeitnehmers auf **unbezahlte Freistellung** von der Arbeit aus einem persönlichen Grund kann allerdings **nicht ausgeschlossen oder beschränkt werden** (vgl. aber → Rz. 2365).

Eine vertragliche Regelung ist nur möglich in bezug auf

- die Vergütungspflicht des Arbeitgebers und ggf.
- die Festlegung des vergütungspflichtigen Zeitraumes.

Häufig sind derartige Vereinbarungen in **Tarifverträgen** enthalten. Daher ist bei Fragen im Zusammenhang mit der schuldlosen vorübergehenden Arbeitsverhinderung aus persönlichem Grund immer zuerst zu prüfen, ob der anwendbare Tarifvertrag eine entsprechende Regelung enthält! Der völlige Ausschluss des Anspruchs erfolgt regelmäßig durch Klauseln wie: »*Bezahlt wird nur die tatsächlich geleistete Arbeitszeit*«.

In den meisten Fällen enthält der Tarifvertrag dann aber auch Ausnahmeregelungen von diesem Grundsatz. Wird der vom Arbeitnehmer geltend gemachte Verhinderungsgrund von dieser Ausnahmeregelung erfasst, stellen sich keine weiteren Probleme. Insbesondere ist dann auch der in der Regelung ggf. festgelegte Zeitraum der Vergütungsfortzahlung verbindlich.

BEISPIEL:

In einem Tarifvertrag heißt es: »Eine Gehalts- oder Urlaubsminderung tritt nicht ein bei tatsächlich notwendiger Arbeitsversäumnis infolge ... Erkrankung eines in dem Haushalt des Angestellten lebenden Kindes, wenn die Anwesenheit des Angestellten mangels anderweitiger Versorgung plötzlich notwendig ist oder wird bis zur Dauer von 16 Arbeitsstunden.«

In diesem Fall hat der Arbeitnehmer lediglich Anspruch auf eine Vergütungsfortzahlung für 16 Stunden, selbst wenn die Erkrankung des Kindes länger andauert (BAG 20.06.1979, EzA § 616 BGB Nr. 16).

Ist der Verhinderungsgrund in einer bestehenden vertraglichen Regelung nicht ausdrücklich genannt, kommt es für den Vergütungsfortzahlungsanspruch darauf an, ob eine in dem Tarifvertrag ggf. enthaltene Aufzählung der Verhinderungsgründe abschließend ist. Dies ist im Wege der Auslegung zu ermitteln.

BEISPIEL:

In einem Tarifvertrag ist folgende Regelung enthalten: »Gehalts- oder Urlaubsminderung tritt **zum Beispiel** nicht ein, wenn ...«

Da die anschließende Aufzählung der Verhinderungsgründe nur beispielhaft und damit nicht abschließend erfolgt, findet im Zweifel die gesetzliche Regelung auch weiterhin Anwendung.

Der Arbeitnehmer hat dann Anspruch auf Fortzahlung der Vergütung, wenn die gesetzlichen Voraussetzungen vorliegen. Ergibt die Auslegung dagegen, dass die Aufzählung abschließend sein soll, so besteht kein Anspruch des Arbeitnehmers auf Vergütungsfortzahlung, wenn der von ihm geltend gemachte Verhinderungsgrund nicht ausdrücklich genannt ist.

Häufig wird in Tarifverträgen oder sonstigen in Betracht kommenden Rechtsgrundlagen im Zusammenhang mit sog. Familienereignissen (vgl. unten → Rz. 2558) eine bezahlte Freistellung nur dann gewährt, wenn der Arbeitnehmer mit der Person, in der das Ereignis (z.B. Niederkunft, Geburtstag, Todesfall etc.) konkret eintritt, verheiratet ist. Für die Niederkunft ist entschieden, dass eine solche Differenzierung zulässig ist und die **eheliche** Lebensgemeinschaft einen hinreichend sachlichen Grund für die Ungleichbehandlung darstellt. Mithin besteht in diesen Fällen kein Anspruch auf bezahlte Freistellung bei Niederkunft der nichtehelichen Lebensgefährtin (*BAG 18.01.2001, EzA-SD 03/01, 3*).

Unterliegt der Betrieb des Arbeitgebers keinem Tarifvertrag oder enthält der gültige Tarifvertrag keine Regelungen, so ist der **Abschluss einer Betriebsvereinbarung** über die Regelung der vorübergehenden Verhinderung des Arbeitnehmers zweckmäßig. Hierdurch kann für den Arbeitgeber wie für die Arbeitnehmer die wünschenswerte Klarheit geschaffen werden. Dabei muss jedoch die **Sperrwirkung des § 77 Abs. 3 BetrVG** beachtet werden, wonach eine Regelung durch Betriebsvereinbarung auch dann nicht zulässig ist, wenn der Regelungsgegenstand üblicherweise in Tarifverträgen geregelt ist. Hier muss im Einzelfall eine sorgfältige rechtliche Prüfung erfolgen.

2552

Sollen Regelungen über die vorübergehende schuldlose Verhinderung des Arbeitnehmers im **Arbeitsvertrag** getroffen werden, ist zu berücksichtigen, dass noch nicht abschließend geklärt ist, ob der völlige Ausschluss der gesetzlichen Regelung auch in einem Einzelarbeitsvertrag vereinbart werden kann (*vgl. BAG a.a.O.*).

Keine Bedenken dürften im allgemeinen gegen eine Regelung bestehen, die lediglich eine Beschränkung des gesetzlichen Vergütungsfortzahlungsanspruches beinhaltet, indem bestimmte persönliche Verhinderungsgründe abschließend festgelegt werden.

3. Persönlicher Grund

Der gesetzliche Vergütungsfortzahlungsanspruch setzt voraus, dass die Arbeitsleistung aus einem in der Person des Arbeitnehmers liegenden Grund unterblieben ist (so genanntes subjektives Leistungshindernis).

2553

a) Unzumutbarkeit der Arbeitsleistung

Ein hinreichender persönlicher Grund liegt immer dann vor, wenn dem Arbeitnehmer die Erbringung der Arbeitsleistung aufgrund seiner persönlichen Verhältnisse nach **Treu und Glauben nicht zumutbar ist.** Dabei muss sich die Unzumutbarkeit nicht unbedingt aus den persönlichen Eigenschaften des Arbeitnehmers ergeben. Vielmehr können auch Ursachen, die im persönlichen Umfeld des Arbeitnehmers liegen, zur Annahme eines persönlichen Grundes führen.

2554

BEISPIEL:
Erkrankung von Familienangehörigen.

Die Anforderungen, die an das Vorliegen eines persönlichen Grundes zu stellen sind, können nicht allgemein verbindlich umschrieben werden. Abzustellen ist jeweils auf die **Umstände des Einzelfalles**, wobei die beiderseitigen Interessen gegeneinander abzuwägen sind.

Nicht erforderlich ist es, dass dem Arbeitnehmer die Arbeitsleistung tatsächlich unmöglich ist. Ausreichend ist die Unzumutbarkeit. Allerdings ist hier ein **strenger Maßstab anzulegen**, da § 616 Abs. 1 Satz 1 BGB als Ausnahmeregelung eng auszulegen ist. Der Arbeitnehmer muss sich daher bemühen, die Arbeitsverhinderung zu vermeiden.

Im allgemeinen wird von einer Unzumutbarkeit dann keine Rede sein können, wenn der Arbeitnehmer das, was er während der Zeit seiner Arbeitsverhinderung erledigen will, auch außerhalb der Arbeitszeit erledigen kann. Der Arbeitnehmer kann sich in der Regel nicht darauf berufen, dass dies mit zusätzlichen Unannehmlichkeiten verbunden sei. Zu den häufigsten Fällen der vorübergehenden Arbeitsverhinderung aus persönlichem Grund vgl. unten → Rz. 2556 ff..

Ein persönlicher Grund liegt nicht vor, wenn die vorübergehende Verhinderung des Arbeitnehmers auf so genannten objektiven Leistungshindernissen beruht.

b) Abgrenzung zu objektiven Leistungshindernissen

2555 Unter objektiven Leistungshindernissen versteht man zum einen diejenigen arbeitsverhindernden Umstände, die nicht allein den Arbeitnehmer persönlich, sondern eine Vielzahl von Personen betreffen.

BEISPIEL:

Politische Unruhen, Krieg, Demonstrationen, Smog-Alarm, Naturereignisse, allgemeine Witterungsverhältnisse, Glatteis, Schnee, Überschwemmungen oder allgemeine Verkehrsstörungen (vgl. hierzu unten → Rz. 2560).

Unterbleibt die Arbeitsleistung aus diesen Umständen, so scheidet ein Vergütungsfortzahlungsanspruch wegen vorübergehender Verhinderung des Arbeitnehmers aus persönlichem Grund aus. Das gleiche gilt, wenn in der Person des Arbeitnehmers ein objektives Leistungshindernis vorliegt.

BEISPIEL:

Fehlender Führerschein bei Kraftfahrern, fehlende Berufsausübungserlaubnis (z.B. fehlende Zulassung als Rechtsanwalt), fehlende Arbeitserlaubnis eines ausländischen Arbeitnehmers o.ä.

4. Häufige Fälle der vorübergehenden Verhinderung aus persönlichem Grund

2556 Die nachfolgende Darstellung erfasst die häufigsten Fälle der vorübergehenden Arbeitsverhinderung aus persönlichen Gründen. Zu beachten ist jeweils, dass diese Fallgestaltungen vielfach in Tarifverträgen, Betriebsvereinbarungen oder im Arbeitsvertrag geregelt sind. Prüfen Sie daher die in Betracht kommenden Rechtsgrundlagen! Ausdrückliche Vereinbarungen gehen den gesetzlichen Bestimmungen (§ 616 Abs. 1 Satz 1 BGB) vor.

a) Arztbesuche und sonstige Heilbehandlungen

Arztbesuche und sonstige Heilbehandlungen stellen nur dann eine vorübergehende Verhinderung aus persönlichem Grund dar, wenn es dem Arbeitnehmer **nicht möglich war, die Behandlung außerhalb der Arbeitszeit durchführen zu lassen.** 2557

Das wird im allgemeinen nur bei akuten Beschwerden oder dann zu bejahen sein, wenn die Festlegung des Termins außerhalb des Einflusses des Arbeitnehmers liegt. In jedem Fall muss der Arbeitnehmer schnellstmöglich seine Arbeit wieder aufnehmen. Zu Arztbesuchen bei gleitender Arbeitszeit vgl. → Rz. 2244; zur Einführung eines entsprechenden Formulars für Arztbesuche während der Arbeitszeit vgl. oben → Rz. 2353.

Führt der Arztbesuch zur Feststellung der Arbeitsunfähigkeit, so unterliegt er den Regeln über die Lohnfortzahlung im Krankheitsfall (vgl. → Rz. 2707). Eine Arbeitsverhinderung aus persönlichem Grund liegt dann nicht vor.

b) Besondere Familienereignisse

Besondere Ereignisse im engen und engsten Familienkreis stellen in der Regel einen hinreichenden persönlichen Grund dar. Hierzu gehören u.a. 2558

- Niederkunft der Ehefrau, wohl auch Niederkunft der Lebensgefährtin bei gemeinsamem Kind,
- eigene Eheschließung, silberne oder goldene Hochzeit, Eheschließung des eigenen Kindes, goldene Hochzeit der Eltern oder Schwiegereltern,
- Todesfälle bzw. Begräbnisse von im Haushalt des Arbeitnehmers lebenden Familienangehörigen oder Eltern, Kindern, Geschwistern.

Normale Familienfeiern wie z.B. der Geburtstag der Ehefrau führen dagegen nicht zur Annahme eines hinreichenden persönlichen Grundes.

c) Erkrankung eines Familienangehörigen, insbesondere eines Kleinkindes

Die Erkrankung eines nahen Familienangehörigen ist nur dann ein hinreichender persönlicher Grund für eine bezahlte Freistellung von der Arbeit, wenn es sich um eine **plötzlich auftretende Erkrankung** handelt und dem **Arbeitnehmer keine andere Wahl bleibt**, als der Arbeit fernzubleiben. Auch bei Vorliegen dieser Voraussetzungen ist die Vergütung nur für wenige Tage weiterzuzahlen (**in der Regel für 5 Arbeitstage**, es sei denn, tarifvertraglich ist etwas anderes geregelt). Bei lang andauernden Erkrankungen müssen Betreuung und Pflege vom Arbeitnehmer auf andere Weise gesichert werden. 2559

Bei der **Erkrankung von Kleinkindern**, die das 12. Lebensjahr noch nicht vollendet haben, hat der Arbeitnehmer unter den Voraussetzungen des § 45 SGB V einen weitergehenden Anspruch auf unbezahlte Freistellung bis zu 10 Tagen (vgl. → Rz. 2050). Daneben besteht ein Anspruch gegen die gesetzliche Krankenkasse auf Zahlung des so genannten Kinderkrankengeldes. Hierauf sollte der Arbeitnehmer durch den Arbeitgeber hingewiesen werden. Zu beachten ist jedenfalls, dass der Anspruch auf das Kinderkranken-Pflegegeld dem Anspruch aus § 616 BGB nachgeht. Der Arbeitnehmer kann also nicht direkt an seine gesetzliche Krankenkasse verwiesen werden. Vielmehr hat der Arbeitgeber während der ersten 5 Tage der Verhinderung das Arbeitsentgelt fortzuzahlen. Eine Ausweitung dieser Vergütungspflicht auf einen Zeitraum bis zu 10 Tagen ist abzulehnen, da es insoweit in § 45 SGB V an einem entsprechenden Verweis auf § 616 Abs. 1 BGB fehlt.

Sind beide Elternteile berufstätig, so hat regelmäßig nur einer von ihnen den Anspruch auf bezahlte Freistellung. Die Eltern haben jedoch ein **Wahlrecht**, wer die Freistellung in Anspruch nimmt. Dabei sind auch die Interessen des Arbeitgebers zu berücksichtigen, wenn beide Elternteile bei demselben Arbeitgeber beschäftigt sind. In diesen Fällen kann der Arbeitgeber im allgemeinen verlangen, dass der Elternteil die Pflege übernimmt, den er in seinem Betrieb leichter entbehren kann.

Bei **verschiedenen Krankheiten** desselben Familienangehörigen steht dem Arbeitnehmer der Anspruch auf bezahlte Freistellung wiederholt zu. Dagegen wird bei **Fortsetzungserkrankungen** dem Arbeitnehmer in der Regel kein erneuter Anspruch zustehen.

d) Hindernisse auf dem Weg zum Arbeitsplatz

2560 Hindernisse auf dem Weg zum Arbeitsplatz (so genannte **Wegehindernisse**) können nur dann einen hinreichenden persönlichen Grund darstellen, wenn sie unmittelbar den einzelnen Arbeitnehmer betreffen.

> **BEISPIEL:**
>
> Autopanne, Ausfall des vom Arbeitnehmer benutzten öffentlichen Verkehrsmittels, Unfallbeteiligung u.a.

Verspätungen durch die allgemeinen Witterungsverhältnisse oder Verkehrsbedingungen (vgl. oben → Rz. 2555) sind kein zur Vergütungsfortzahlung führender persönlicher Grund.

e) Vorladung zu Behörden/Gerichten

2561 Ein Anspruch auf bezahlte Freistellung zur Wahrnehmung amtlicher, insbesondere gerichtlicher oder polizeilicher Termine besteht nur dann, wenn das **Erscheinen im öffentlichen Interesse** angeordnet wurde, z.B. Vorladung als Zeuge vor Gericht.

Soweit die Vorladung durch **private Angelegenheiten** des Arbeitnehmers veranlasst ist, besteht kein Anspruch auf Fortzahlung der Vergütung.

> **BEISPIEL:**
>
> Erscheinen vor Gericht in eigener Sache, selbst dann, wenn das Gericht das persönliche Erscheinen des Arbeitnehmers als Partei ausdrücklich angeordnet hat; Vorführen des Kfz bei Polizei oder Technischem Überwachungsverein.

Sonstige private Angelegenheiten wie z.B. Passverlängerung, Antrag auf Wohngeld etc. hat der Arbeitnehmer außerhalb der Arbeitszeit zu erledigen.

5. Sonstige Fälle der vorübergehenden Verhinderung aus persönlichem Grund

Im allgemeinen wird auch bei den folgenden, in der Praxis selteneren Fällen ein Anspruch auf Vergütungsfortzahlung gegeben sein:

- Ablegen berufsbezogener Prüfungen,
- Ausübung staatsbürgerlicher Rechte (Wahlrecht) und Pflichten,
- Durchführung von gesundheitspolizeilichen oder ähnlichen Pflichtuntersuchungen,
- seuchenpolizeiliches Tätigkeitsverbot nach dem BSeuchenG,
- Stellungssuche, allerdings erst nach Kündigung und nicht bei befristetem Arbeitsverhältnis (vgl. § 629 BGB),
- Umzug, wenn nicht außerhalb der Arbeitszeit möglich,
- unschuldig erlittene Untersuchungshaft.

2562

Problematisch sind dagegen folgende Verhinderungsgründe:

- Wahrnehmung von Ämtern und Ehrenämtern,
- Wahrnehmung von politischen und religiösen Pflichten,
- Wahrnehmung gewerkschaftlicher Ämter,
- Berufung zum ehrenamtlichen Richter,
- Bewerbung um ein Mandat in Land- und Bundestag.

Hier muss jeweils anhand des Einzelfalles geprüft werden, ob eine bezahlte Freistellung erfolgen muss. Teilweise bestehen Sonderregelungen, teilweise ist in diesem Zusammenhang rechtlich einiges umstritten. Vielfach wird auch nur ein Anspruch auf unbezahlte Freistellung in Betracht kommen.

6. Schuldlose Arbeitsverhinderung

Ein Anspruch auf Fortzahlung der Vergütung besteht aber auch bei Vorliegen eines persönlichen Grundes nur dann, wenn die Arbeitsverhinderung unverschuldet eingetreten ist.

2563

Unter Verschulden versteht man in diesem Zusammenhang ein so genanntes **Verschulden gegen sich selbst**. Ein solches Verschulden ist immer dann gegeben, wenn der Arbeitnehmer eine leichtfertige und unverantwortliche Selbstgefährdung begangen hat oder sonst ein grober Verstoß gegen das von einem verständigen Menschen im eigenen Interesse zu erwartende Verhalten vorliegt.

BEISPIEL:

Der Arbeitnehmer hat grob fahrlässig einen Verkehrsunfall verursacht und muss deshalb einen Arzt aufsuchen.
In diesem Fall ist die Zeit für den Arztbesuch nicht zu vergüten.

7. Arbeitsverhinderung für eine verhältnismäßig nicht erhebliche Zeit

2564 Die Arbeitsverhinderung darf nur für eine »verhältnismäßig nicht erhebliche Zeit« andauern. Die gesetzliche Regelung vermeidet es damit, einen konkreten Zeitraum festzulegen. Abzustellen ist auf die jeweiligen Umstände des Einzelfalles. Dabei können folgende Kriterien zur Bestimmung des vergütungspflichtigen Zeitraumes herangezogen werden:

- Verhältnis von Verhinderungsdauer und Gesamtdauer des Arbeitsverhältnisses,
- Länge der Kündigungsfrist,
- objektiv notwendige Dauer der Verhinderung.

Dagegen sind nicht zu berücksichtigen

- Dringlichkeit der Arbeit,
- Notwendigkeit einer Ersatzkraft.

Hieraus ergibt sich folgender **Grundsatz:** Je länger ein Arbeitsverhältnis Bestand hat und je länger Arbeitgeber und Arbeitnehmer durch lange Kündigungsfristen aneinander gebunden sind, desto großzügiger ist bei der Bestimmung des vergütungspflichtigen Verhinderungszeitraumes zu verfahren.

Als **Faustregel** kann gelten:

Dauer des Arbeitsverhältnisses:	Verhinderungsdauer
bis zu 6 Monaten	3 Tage
6 – 12 Monate	1 Woche
ab 12 Monate	2 Wochen

Für die Betreuung und Pflege von Kleinkindern kann im allgemeinen ein Zeitraum von bis zu 5 Arbeitstagen als angemessen angesehen werden (vgl. oben → Rz. 2559).

Äußerste Grenze ist in jedem Fall eine **Verhinderungsdauer von 6 Wochen.** Besonders problematisch ist im Hinblick auf die Bestimmung des »nicht erheblichen Zeitraumes« die Frage, wie **Mehrfachverhinderungen** zu behandeln sind. Hier wird in der Regel wie folgt zu differenzieren sein:

- erfolgt die Verhinderung mehrfach aus demselben Grund, so können die Verhinderungszeiten zusammengerechnet werden, wenn zwischen diesen Zeiten nicht ein längerer Zeitraum gearbeitet wurde,
- in allen anderen Fällen dürfen die Verhinderungszeiten nicht zusammengerechnet werden.

Ergibt sich unter Berücksichtigung aller Umstände, dass die tatsächliche Verhinderungsdauer eine »verhältnismäßig nicht erhebliche Zeit« überschreitet, so scheidet eine Fortzahlung der Vergütung ganz aus. In diesen Fällen ist dann auch der Zeitraum nicht zu vergüten, der noch nach den o.g. Grundsätzen als angemessen bewertet werden kann.

8. Anmeldung/Unterrichtung des Arbeitgebers

Der Arbeitnehmer ist grundsätzlich nicht berechtigt, ohne vorherige Ankündigung der Arbeit fern zu bleiben. Kann er den Eintritt des persönlichen Grundes voraussehen, so muss er die Freistellung beim Arbeitgeber anmelden und genehmigen lassen.

BEISPIEL:
Bezahlte Freistellung für Eheschließung.

Kommen für die vom Arbeitnehmer begehrte Freistellung mehrere Anspruchsgrundlagen in Betracht, so hat der Arbeitgeber nicht nur zu entscheiden, ob er dem Freistellungsantrag stattgibt, sondern auch zu bestimmen, welchen Anspruch des Arbeitnehmers er erfüllen will. Ein vor der Arbeitsbefreiung erklärter Vorbehalt, nach Gewährung eines bezahlten Sonderurlaubs (vgl. z.B. § 50 Abs. 1 BAT) die Freistellung ggf. mit dem Erholungsurlaub zu verrechnen, ist unwirksam.

Wird die bezahlte Freistellung vom Arbeitgeber verweigert, muss der Arbeitnehmer unter Umständen auch gerichtliche Hilfe in Anspruch nehmen (vgl. → Rz. 2870).

Nur wenn der persönliche Grund nicht vorhersehbar war, kann der Arbeitnehmer unangemeldet von seinem Freistellungsanspruch Gebrauch machen. Er ist dann aber verpflichtet, den Arbeitgeber unverzüglich zu unterrichten.

BEISPIEL:
Plötzlicher Tod eines nahen Familienangehörigen.

9. Sonderfall: Vorübergehende Verhinderung im Erholungsurlaub

Zu Streitigkeiten führt in der betrieblichen Praxis immer wieder die Frage, ob eine zusätzliche Vergütungs- oder Freistellungspflicht des Arbeitgebers entsteht, wenn ein persönlicher Verhinderungsgrund im Erholungsurlaub des Arbeitnehmers eintritt. Dies ist nach Auffassung des BAG zu verneinen, da in diesem Fall durch die persönliche Verhinderung kein Arbeitsausfall verursacht wird. Nach anderer Ansicht steht die Urlaubszeit der Arbeitszeit gleich; dies soll zumindest dann gelten, wenn durch die vorübergehende Verhinderung der Erholungszweck beeinträchtigt wird.

10. Vergütung und Anrechnung anderweitigen Verdienstes

Das fortzuzahlende Arbeitsentgelt bestimmt sich nach dem **Lohnausfallprinzip** (vgl. oben → Rz. 2534).

Der Anspruch **vermindert** sich jedoch um den Betrag, den der Arbeitnehmer für die Zeit der Verhinderung aus einer aufgrund gesetzlicher Verpflichtung bestehenden Kranken- oder Unfallversicherung erhalten hat (vgl. § 616 Abs. 1 Satz 2 BGB).

Alle anderen Leistungen an den Arbeitnehmer sind bei der Bestimmung der Vergütungshöhe nicht zu berücksichtigen, wie z.B. Zeugengelder, Entschädigungen bei ehrenamtlicher Richtertätigkeit, Leistungen der gesetzlichen Rentenversicherung oder privater Kranken- und Unfallversicherungen u.a.

Die Anrechenbarkeit dieser Leistungen kann jedoch vertraglich vereinbart werden.

IV. Freistellung des Arbeitnehmers nach den Bildungsurlaubsgesetzen

1. Einführung

2568 Nach den Bildungsurlaubsgesetzen der Bundesländer haben Arbeitnehmer regelmäßig Anspruch auf Bildungsurlaub über die **Freistellung von der Arbeit zum Zwecke der beruflichen und politischen Weiterbildung** in anerkannten Bildungsveranstaltungen bei Fortzahlung des Arbeitsentgelts, vgl. z.B. §§ 1 Abs. 1, 3 Abs. 1 Arbeitnehmerweiterbildungsgesetz Nordrhein-Westfalen (AWbG NW). Die Bundesländer haben von ihrer Gesetzgebungskompetenz in diesem Bereich in unterschiedlicher Weise Gebrauch gemacht. Dem Kern nach stimmen die gesetzlichen Regelungen jedoch weitgehend überein. Nachfolgend wird das AWbG NW zugrunde gelegt (vgl. auch »Bildungsurlaub« auch → Rz. 2930 ff.).

Die Freistellung nach dem AWbG NW unterfällt nicht dem Mitbestimmungsrecht des Betriebsrates nach § 87 Abs. 1 Nr. 5 BetrVG (*LAG Köln 01.06.2001, EzA-SD 22/01, 15*).

2. Anspruch auf Arbeitnehmerweiterbildung

2569 Der Anspruch besteht für **fünf Arbeitstage im Kalenderjahr**, wobei der Anspruch von zwei Kalenderjahren zusammengefasst werden kann. Wird regelmäßig an mehr als fünf oder weniger als fünf Tagen in der Woche gearbeitet, so erhöht oder verringert sich der Anspruch entsprechend. Der Anspruch entsteht nach **6-monatigem Bestehen** des Arbeitsverhältnisses. Er kann einmalig in ein Folgejahr übertragen werden, wenn die Gewährung aus den Gründen des § 5 Abs. 2 AWbG NW vom Arbeitgeber abgelehnt wurde (§ 3 AWbG NW). Der Arbeitnehmer hat dem Arbeitgeber die Inanspruchnahme und den Zeitraum der Arbeitnehmerweiterbildung so frühzeitig wie möglich, mindestens **vier Wochen** vor Beginn der Bildungsveranstaltung, schriftlich mitzuteilen. Dabei müssen zwischen dem Zugang des Freistellungsantrages beim Arbeitgeber und dem Beginn der Bildungsmaßnahme **volle** 4 Wochen liegen. Wird diese Frist nicht gewahrt, hat der Arbeitnehmer keinen Anspruch auf Freistellung. Die verspätete Inanspruchnahme der Arbeitnehmerweiterbildung für die vom Arbeitnehmer benannte Bildungsveranstaltung lässt jedoch den Anspruch des Arbeitnehmers auf Freistellung für eine andere Bildungsveranstaltung unberührt (*BAG 09.11.1999, EzA § 5 AWbG NW Nr. 1*). Ansonsten darf der Arbeitgeber die Freistellung nur ablehnen, wenn zwingende betriebliche oder dienstliche Belange oder Urlaubsanträge anderer Arbeitnehmer entgegenstehen. Die Ablehnung muss dem Arbeitnehmer unverzüglich, mindestens aber **drei Wochen** vor Beginn der Bildungsveranstaltung unter Darlegung der Gründe schriftlich mitgeteilt werden (§ 5 Abs. 2 AWbG NW).

3. Anerkannte Bildungsveranstaltungen

Arbeitnehmerweiterbildung kann nur für anerkannte Bildungsveranstaltungen in Anspruch genommen werden (vgl. zu den Einzelheiten §§ 5 III, 9 AWbG NW). Allgemeine Voraussetzung hierfür ist, dass die Veranstaltung (und auch die vorangehenden Veranstaltungen, *vgl. BAG 09.11.1993 RdA 1994, 127*) **für jedermann zugänglich ist.** Dem steht es nicht entgegen, wenn Gewerkschaftsmitgliedern auf Antrag der Teilnahmebeitrag erstattet wird *(BAG 21.10.1997, EzA-SD 9/98, 10)*. Die Bildungsveranstaltung muss der beruflichen oder der politischen Weiterbildung der Arbeitnehmer dienen. Ob das der Fall ist, unterliegt in vollem Umfang der gerichtlichen Überprüfung. Häufig entsteht in der Praxis Streit über die Frage, ob die beabsichtigte Bildungsveranstaltung den vorgenannten Zweck erfüllt.

2570

Eine Bildungsveranstaltung genügt nicht nur dann den Voraussetzungen zur **beruflichen Weiterbildung**, wenn sie Kenntnisse zum ausgeübten Beruf vermittelt, sondern auch, wenn das erlernte Wissen im Beruf verwendet werden kann und so auch für den Arbeitgeber von Vorteil ist *(BAG 15.06.1993, RdA 1994, 60)*.

2571

BEISPIEL:

Eine Krankenschwester hat während ihrer Tätigkeit italienische Patienten zu betreuen. Die Teilnahme an einem Sprachkurs »Italienisch für Anfänger« dient der beruflichen Weiterbildung dieser Krankenschwester (BAG a.a.O.).

Ein Sprachkurs kann allerdings die gesetzlichen Voraussetzungen für eine Freistellung auch dann erfüllen, wenn der Arbeitnehmer die vermittelten Kenntnisse zwar nicht für seine gegenwärtige Arbeitsaufgabe benötigt, der Arbeitgeber aber grundsätzlich Wert auf Arbeitnehmer mit Sprachkenntnissen legt und entsprechende Tätigkeitsbereiche bestehen *(BAG 17.02.1998, EzA § 1 BildungsurlaubsG Hamburg Nr. 1)*.

Besonders problematisch ist der Zweck der **politischen Weiterbildung.** Dieser wird im allgemeinen gegeben sein, wenn die Veranstaltung zur Verbesserung des Verständnisses für die gesellschaftlichen, sozialen und politischen Zusammenhänge geeignet ist *(vgl. BVerfG 15.12.1987 AP Nr. 62 zu Art. 12 GG)*. Dies kann letztlich immer nur anhand des konkreten Einzelfalles beurteilt werden. Maßgebend ist nicht der Titel der Veranstaltung, sondern ihr Inhalt.

BEISPIEL:

Nicht der politischen Weiterbildung diente eine Veranstaltung mit dem Thema »Rund um den ökologischen Alltag« (BAG 15.06.1993, BB 1993, 2160). Der Schwerpunkt der Veranstaltung lag bei ökologischen Alltagsfragen wie z.B. dem Umgang mit Holzschutzmitteln, etc. – Anerkannt hingegen wurde eine Veranstaltung unter dem Titel »Ökologische Wattenmeer Exkursion« (BAG 24.08.1993, BB 1994, 644). Hier war der Lehrplan darauf angelegt, auf der Grundlage vermittelten naturkundlichen Grundlagenwissens das Verständnis der Teilnehmer für die Zusammenhänge von Industriegesellschaft und natürlichen Lebensgrundlagen zu wecken und die diesbezügliche Urteilsfähigkeit zu stärken.

Ein Bildungsveranstaltung kann auch dann der politischen Weiterbildung dienen, wenn sie nicht auf die spezifischen Bedürfnisse und Interessen von Arbeitnehmern ausgerichtet ist (*BAG 17.11.1998, EzA § 7 AWbG NW Nr. 29*).

4. Freistellungsanspruch/-erklärung

2573 Da Arbeitnehmerweiterbildung über die Freistellung erfolgt, ist der Anspruch des Arbeitnehmers auf »**Freistellung zum Zwecke der Teilnahme an einer Bildungsveranstaltung nach dem AWbG**« gerichtet. Gegenstand des Anspruchs ist die Abgabe einer so lautenden Erklärung durch den Arbeitgeber. Wird diese verweigert, ist der Arbeitnehmer keinesfalls berechtigt, eigenmächtig der Arbeit fernzubleiben und die Bildungsveranstaltung zu besuchen. Vielmehr muss der Arbeitnehmer grundsätzlich vor der Teilnahme an der Veranstaltung seinen Freistellungsanspruch gegebenenfalls gerichtlich im Wege der einstweiligen Verfügung durchsetzen.

2574 Um dies zu umgehen, werden in der Praxis häufig Vereinbarungen angestrebt, nach deren Inhalt eine Klärung der Frage erst nach Teilnahme an der Weiterbildungsveranstaltung erfolgen soll. Hier ist für den Arbeitgeber **Vorsicht** geboten, um Rechtsnachteile zu vermeiden. Will der Arbeitgeber die Freistellung nach dem AWbG verweigern, sollte dies klar und deutlich erklärt werden. Das Gesetz verlangt Schriftform (vgl. oben → Rz. 2569).

Wird die Freistellung abgelehnt und gleichzeitig etwa ein **unbezahlter Urlaub** zur Teilnahme an der Veranstaltung vereinbart oder angeboten, führt dies im allgemeinen dazu, dass der Arbeitnehmer keinen Anspruch auf Fortzahlung des Arbeitsentgeltes bei widerspruchsloser Teilnahme an der Bildungsveranstaltung hat. Wird dagegen die Freistellung verweigert, gleichzeitig aber vereinbart, dass der Arbeitnehmer **vorbehaltlich der rechtlichen Klärung** der Fragen bzgl. des AWbG in dem betreffenden Zeitraum unbezahlten Urlaub in Anspruch nehme, ergibt sich der Vergütungsfortzahlungsanspruch nicht unmittelbar aus dem AWbG, sondern aus dieser Vereinbarung, wenn die Voraussetzungen nach dem AWbG vorliegen (*vgl. BAG 09.11.1993, DB 1994, 736; 07.12.1993, DB 1994, 737*).

Von daher sollte jede schriftliche Stellungnahme des Arbeitgebers zu dieser Frage sorgfältig formuliert sein.

> **Muster**
>
> » Sehr geehrte/r Frau/Herr,
>
> Wir bedauern Ihnen mitteilen zu müssen, dass wir die Veranstaltung .... nicht als eine Bildungsveranstaltung nach § 9 AWbG ansehen und insoweit eine Freistellung nach § 5 AWbG nicht erfolgen kann. Ihrem Antrag vom .... können wir daher nicht entsprechen. Wir stellen Ihnen frei – wenn Sie diese Veranstaltung wahrnehmen wollen – für den Veranstaltungszeitraum .... unbezahlt Urlaub zu nehmen.«

Dem Arbeitnehmer kann auch die Anrechnung des Veranstaltungszeitraumes auf den Erholungsurlaub angeboten werden. Immer muss jedoch **klar und unmissverständlich die Ablehnung der Freistellung nach dem AWbG** erklärt werden. In diesen Fällen wird der Arbeitnehmer im allgemeinen gehalten sein, den Anspruch gegebenenfalls im einstweiligen Verfügungsverfahren durchzusetzen. Unterlässt er dies, wird er regelmäßig keine Vergütungsforderungen für den Zeitraum der Teilnahme erheben können.

In diesem Zusammenhang ist dem Arbeitgeber dringend zu empfehlen, die Ablehnung der Freistellung dem Arbeitnehmer rechtzeitig vor Beginn der Bildungsveranstaltung mitzuteilen. Bei einer Ablehnung erst wenige Tage vor dem Beginn der Veranstaltung wird nicht nur die 3-Wochenfrist des § 5 Abs. 2 AWbG missachtet, sondern der Arbeitgeber setzt sich zudem der Gefahr aus, dass der Arbeitnehmer mit Aussicht auf Erfolg einwendet, das Ergreifen der notwendigen gerichtlichen Schritte sei ihm wegen der verspäteten Mitteilung nicht mehr möglich gewesen.

Lehnt der Arbeitgeber die Freistellung zu unrecht ab, gerät er diesbezüglich in Verzug. Der arbeitgeberseitige Hinweis auf die Möglichkeit der Inanspruchnahme der Arbeitnehmerweiterbildung für andere Veranstaltungen kann diesen Verzug nicht beenden. Geht der auf das Kalenderjahr bezogene Arbeitnehmerweiterbildungsanspruch während des Verzuges unter, hat der Arbeitgeber im Wege des Schadensersatzes diesen Anspruch zu einem späteren Zeitpunkt zu gewähren (*BAG 05.12.1995, EzA § 1 AWbG NW Nr. 1*). Der Anspruch verjährt erst nach 30 Jahren (§ 195 BGB).

5. Vergütungspflicht

Wurde der Arbeitnehmer dagegen nach dem AWbG NW freigestellt, so ist für die Zeit der Arbeitnehmerweiterbildung ohne weiteres das Arbeitsentgelt fortzuzahlen (§ 7 AWbG NW). Die Höhe des fortzuzahlenden Arbeitsentgelts bestimmt sich wiederum nach dem Lohnausfallprinzip (vgl. oben → Rz. 2534).

Hat der Arbeitgeber den Arbeitnehmer nicht nach dem AWbG NW freigestellt, entfällt bei einer dennoch erfolgten Teilnahme des Arbeitnehmers an der Veranstaltung für diesen Zeitraum die Vergütungspflicht. Der Arbeitgeber ist allerdings nicht berechtigt, die Fehlzeiten **nachträglich als gewährten Erholungsurlaub** zu bezeichnen und die Erfüllung des vollen Jahresurlaubs zu verweigern (*BAG 25.10.1994, EzA § 7 BUrlG Nr. 96*). Der Arbeitgeber ist also gehindert, etwaig auf die Fehlzeiten bereits ausgezahlte Vergütung nachträglich in »Urlaubsgeld« umzuwandeln. Es ist also darauf zu achten, dass der auf die Fehlzeiten entfallende Vergütungsanteil **sofort** von der Vergütung abgezogen wird, um spätere Probleme mit der Rückforderung überzahlter Vergütung (vgl. → Rz. 2467) zu vermeiden.

V. Freistellung der Mitglieder des Betriebsrates

2576 Mitglieder des Betriebsrates sind von ihrer beruflichen Tätigkeit ohne Minderung des Arbeitsentgelts zu **befreien**, wenn und soweit es nach Umfang und Art des Betriebs zur ordnungsgemäßen Durchführung ihrer Aufgaben erforderlich ist (§ 37 Abs. 2 BetrVG).

Die Arbeitsbefreiung setzt keine Zustimmung des Arbeitgebers voraus. Das Betriebsratsmitglied muss sich lediglich vor Verlassen des Arbeitsplatzes ordnungsgemäß abmelden. Nachdem bislang das BAG die Auffassung vertreten hatte, zur Abmeldung gehöre eine stichwortartige Beschreibung des Gegenstandes der Betriebsratstätigkeit nach Art, Ort und Zeit, hat das BAG diese Auffassung nunmehr aufgegeben. Ausreichend ist es, wenn das Betriebsratsmitglied bei der Abmeldung **Ort und voraussichtliche Dauer der Betriebsratstätigkeit** angibt (*BAG 15.03.1995, EzA § 37 BetrVG 1972 Nr. 124*).

Diese Einschränkung gilt jedoch nicht für die Frage, ob für den Zeitraum der Betriebsratstätigkeit auch die Vergütung fortzuzahlen ist. Insoweit bleibt es dabei, dass Mitglieder des Betriebsrates die **Erforderlichkeit** der während der Arbeitsbefreiung erledigten Aufgaben darzulegen haben. Allerdings kann der Arbeitgeber nähere Angaben zu dieser Erforderlichkeit nur dann verlangen, wenn anhand der konkreten betrieblichen Situation und des vom Betriebsratsmitglied genannten Zeitaufwandes an der **Erforderlichkeit der Betriebsratstätigkeit insgesamt Zweifel** bestehen (*BAG a.a.O.*). Es gilt insoweit zugunsten des Betriebsratsmitglieds eine abgestufte Darlegungslast.

Die einem Betriebsrat nach § 38 Abs. 1 BetrVG zustehende Freistellung unter Fortzahlung der Vergütung darf dieser anteilig für mehrere seiner Mitglieder verwenden, wenn dies zur ordnungsgemäßen Erledigung seiner Betriebsratsaufgaben **erforderlich** ist. Legt der Betriebsrat diese Erforderlichkeit dar, hat der Arbeitgeber mehrere Mitglieder des Betriebsrates teilfreizustellen. Dem kann der Arbeitgeber nur dadurch begegnen, dass er im Einzelnen darlegt, die Aufteilung/Teilfreistellung stelle ihn vor besondere organisatorische Probleme (*BAG 26.06.1996, EzA § 38 BetrVG 1972 Nr. 15*).

Auch wenn die zeitweilige Verhinderung eines freigestellten Betriebsratsmitgliedes z.B. infolge seiner Zugehörigkeit zum Gesamtbetriebsrat **feststeht**, ist der Betriebsrat nur unter den Voraussetzungen des § 37 Abs. 2 BetrVG berechtigt, eine anteilige Freistellung eines weiteren Betriebsratsmitgliedes zu verlangen (*BAG 12.02.1997, EzA § 38 BetrVG 1972 Nr. 16*). Trotz Verhinderung des freigestellten Betriebsratsmitgliedes wird der Betriebsrat also auch in diesem Fall die **Erforderlichkeit** der anteiligen Freistellung eines weiteren Betriebsratsmitgliedes konkret darlegen müssen (*BAG 09.07.1997, EzA § 37 BetrVG 1972 Nr. 137*).

Die Zeiten der Arbeitsbefreiung sind dem Betriebsrat mit dem Betrag zu vergüten, den er bei Erbringung seiner Arbeitsleistung erhalten hätte. Hieraus folgt, dass einem Betriebsratsmitglied, welches **regelmäßig über die vertraglich geschuldete Arbeitsleistung hinaus** zu weiteren Arbeitsansätzen herangezogen wird, während der Teilnahme an Betriebsratsschulungen auch das Entgelt für die ausgefallenen zusätzlichen Arbeitseinsätze fortzuzahlen ist (*BAG 03.12.1997, EzA § 37 BetrVG 1972 Nr. 138*). Wird ein Betriebsrat dagegen über die von ihm individuell geschuldete Tätigkeit hinaus für den Betriebsrat tätig, stehen ihm keine zusätzlichen Vergütungsansprüche zu. Insbesondere erhalten die Mitglieder des Betriebsrates weder eine Amtsvergütung noch ist die Betriebsratstätigkeit eine zu vergütende Arbeitsleistung *(LAG Baden-Württemberg 14.10.1997, LAGE § 37 BetrVG 1972 Nr. 51).*

Zum Ausgleich für Betriebsratstätigkeit, die aus betriebsbedingten Gründen **außerhalb der Arbeitszeit** durchzuführen ist, hat das Betriebsratsmitglied Anspruch auf entsprechende Arbeitsbefreiung unter Fortzahlung des Arbeitsentgelts. Die Arbeitsbefreiung ist vor Ablauf eines Monats zu gewähren; ist dies aus betriebsbedingten Gründen nicht möglich, so ist die aufgewendete Zeit wie Mehrarbeit zu vergüten (§ 37 Abs. 3 BetrVG).

Betriebsbedingte Gründe sind Gründe, die in der Sphäre des Betriebs liegen. Dabei sind betriebsbedingte Gründe nicht gleichzusetzen mit betriebsratsbedingten Gründen (z.B. Betriebsratsitzung außerhalb der Arbeitszeit, um einem in einer Spezialfrage besonders sachverständigen Gewerkschaftsvertreter die Teilnahme zu ermöglichen).

Mit dem Gesetz zur Reform des Betriebsverfassungsgesetzes vom 23.07.2001 (BGBl. I S. 1852) hat der Gesetzgeber die betriebsbedingten Gründe weitergehend definiert. Betriebsbedingte Gründe liegen nunmehr auch vor, wenn die Betriebsratstätigkeit wegen der unterschiedlichen Arbeitszeiten der Betriebsratsmitglieder nicht innerhalb der persönlichen Arbeitszeit erfolgen kann (§ 37 Abs. 3 Satz 2 BetrVG) und ferner, wenn wegen Besonderheiten der betrieblichen Arbeitszeitgestaltung die Schulung des Betriebsratsmitglieds außerhalb seiner Arbeitszeit erfolgt (§ 37 Abs. 6 Satz 2 BetrVG). Muss die Betriebsratstätigkeit aus betriebsbedingten Gründen außerhalb der Arbeitszeit durchgeführt werden, erwirbt das Betriebsratsmitglied einen Anspruch auf Freizeitausgleich. Bei Vorliegen von betriebsbedingten Gründen nach § 37 Abs. 6 Satz 2 BetrVG ist der Umfang des Ausgleichsanspruchs des Betriebsrats unter Einbeziehung der Arbeitsbefreiung (§ 37 Abs. 2 BetrVG) pro Schulungstag begrenzt auf die Arbeitszeit eines vollzeitbeschäftigten Arbeitnehmers (§ 37 Abs. 6 Satz 3 BetrVG).

Das Betriebsratsmitglied kann den Abgeltungsanspruch als Mehrarbeit nicht dadurch herbeiführen, dass es den Anspruch auf Arbeitsbefreiung nicht geltend macht. Verweigert der Arbeitgeber den Freizeitausgleich, muss das Betriebsratsmitglied den Anspruch auf Freizeitausgleich gerichtlich geltend machen. Nur in den Fällen, in denen der Freizeitausgleich aus betriebsbedingten Gründen nicht gewährt werden kann, erwirbt das Betriebsratsmitglied einen Vergütungsanspruch *(BAG 25.08.1999, EzA § 37 BetrVG 1972 Nr. 140).*

VI. Vergütung an Feiertagen

Für Arbeitszeit, die **infolge eines gesetzlichen Feiertages** ausfällt, hat der Arbeitgeber dem Arbeitnehmer das Arbeitsentgelt zu zahlen, das er ohne den Arbeitsausfall erhalten hätte. Arbeitnehmer, die am letzten Arbeitstag vor oder am ersten Arbeitstag nach Feiertagen unentschuldigt der Arbeit fernbleiben, haben jedoch keinen Anspruch auf Bezahlung für diese Feiertage (§ 2 Entgeltfortzahlungsgesetz).

In der betrieblichen Praxis ist die Feiertagslohnzahlung häufig streitig, wenn der Arbeitnehmer bei wechselnden Arbeitszeiten/-tagen an einem Feiertag dienstplanmäßig von der Arbeit freigestellt ist.

Der Anspruch auf Entgeltfortzahlung für diesen Feiertag ist allerdings nur dann ausgeschlossen, wenn sich die Arbeitsbefreiung aus einem **Schema** ergibt, das von der Feiertagsruhe an bestimmten Tagen unabhängig ist *(BAG 09.10.1996, EzA § 1 FeiertagslohnzahlungsG Nr. 50)*. Zu den gesetzlichen Feiertagen und deren Berücksichtigung im Urlaub vgl. → Rz. 2823 ff.

VII. Freistellung im laufenden Arbeitsverhältnis

2578 Ungeachtet der vorstehend dargestellten Fälle des Vergütungsanspruches des Arbeitnehmers ohne Arbeitsleistung sind die Arbeitsvertragsparteien frei, eine Freistellung des Arbeitnehmers von seiner Arbeitspflicht zu vereinbaren und dabei im Einzelfall zu regeln, ob diese Freistellung unter Fortzahlung oder Wegfall der Vergütung erfolgt. In der betrieblichen Praxis erfolgten arbeitgeberseitige Freistellungen des Arbeitnehmers häufig im Zusammenhang mit dem Ausspruch einer Kündigung. Der Arbeitnehmer wird dann bis zur Beendigung des Arbeitsverhältnisses freigestellt.

Derartige Freistellungen erfolgen auch häufig im Rahmen eines Aufhebungsvertrages (vgl. → Rz. 4079 ff.).

Regelmäßig besteht in diesen Fällen der Vergütungsanspruch des Arbeitnehmers während der Zeiten der Freistellung fort. Aber auch bei Fortzahlung der Vergütung ist eine einseitige Freistellung durch den Arbeitgeber nur dann zulässig, wenn hieran ein **berechtigtes Interesse** des Arbeitgebers besteht. Um einerseits etwaigen Streit hierüber zu vermeiden und andererseits zu gewährleisten, dass etwaig noch ausstehender Urlaub auf die Zeiten der Freistellung angerechnet werden kann, empfiehlt sich eine entsprechende Regelung im Arbeitsvertrag.

> **Muster**
> Im Falle einer Kündigung ist der Arbeitgeber berechtigt, den Arbeitnehmer bis zur Beendigung des Arbeitsverhältnisses freizustellen. Die Freistellung erfolgt unter Anrechnung des dem Arbeitnehmer zustehenden Urlaubs.

Die Freistellung eines Arbeitnehmers ist im Allgemeinen keine betriebsverfassungsrechtliche Versetzung (vgl. → Rz. 2037).

VIII. Weiterführende Literaturhinweise

Boewer in Münchener Handbuch Arbeitsrecht, Band 1, Individualarbeitsrecht, 1992, S. 1216 ff., 1517 ff.
Clausen, Zum Begriff der beruflichen und politischen Weiterbildung nach dem AWbG NW, AuR 1990, 342
Deckers, Die Vergütung der Arbeit an Sonn- und Feiertagen, NZA 1999, 964
Düwell, Freistellung für die politische und berufliche Weiterbildung, BB 1994, 637 ff.
Groeger, Die Geltendmachung des Annahmeverzugslohnanspruches, NZA 2000, 793
Kiefer, Die »Freistellung« nach den Bildungsurlaubsgesetzen, DB 1994, 1926 ff.
Nägele, Die Vergütungs- und Urlaubsansprüche in der Zeit der Freistellung, DB 1998, 518
Opolony, Möglichkeiten des Arbeitgebers zur Minimierung des Verzugslohnrisikos gemäß § 615 BGB, DB 1998, 1714
Seiter, Die neue Betriebsrisiko und Arbeitskampfrisikolehre, DB 1981, 578
Stahlhacke, Aktuelle Probleme des Annahmeverzuges im Arbeitsverhältnis, AuR 1992, 8
Schaub, Arbeitsrechts-Handbuch, 8. Auflage 1996, S. 328 ff.

11. Kapitel: Der Arbeitgeber als Drittschuldner im Lohnpfändungsverfahren

	Checkliste	2600
I.	Einführung/Begriffsbestimmung	2601
II.	Die Vorpfändung	2604
	1. Muster einer Vorpfändung	2605
	2. Voraussetzungen	2606
	3. Durchführung	2607
	4. Wirkungen	2608
III.	Der Pfändungs- und Überweisungsbeschluss	2611
	1. Muster	2612
	2. Voraussetzungen	2613
	3. Wirkungen	2615
	a) Zahlungs-/Verfügungsverbot	2616
	b) Pfändungspfandrecht	2617
	c) Überweisung der Vergütungsforderung	2618
	d) Sonderfall: Ausländische Lohnpfändung	2618b
	4. Auskunftspflicht des Arbeitgebers	2619
	a) Voraussetzungen	2620
	b) Gegenstand der Auskunft	2621
	c) Erklärungsfrist	2628
	d) Schadensersatz bei Verletzung der Auskunftspflicht	2630
	5. Berechnung des pfändbaren Betrages	2632
	a) Berechnung durch den Arbeitgeber	2632
	b) Bestimmung durch das Gericht in Sonderfällen	2634
	6. Kosten der Bearbeitung des Pfändungs- und Überweisungsbeschlusses	2635
IV.	Sonderfälle im Lohnpfändungsverfahren	2637
	1. Vorherige (stille) Abtretung der Vergütungsforderung	2637
	2. Verschleierte Arbeitseinkommen	2640
	a) Zahlung der Vergütung an Dritte	2641
	b) »Unentgeltliche« Arbeitsleistung	2642
	3. Mehrfache Pfändung	2646
	a) Rangfolge der Pfändungen	2647
	b) Hinterlegung nach ZPO	2648
	4. Hinterlegung nach BGB	2649
	5. Vereinbarung mit dem Gläubiger über die Höhe des auszuzahlenden Betrages	2650
	6. Beendigung des Arbeitsverhältnisses während des Lohnzahlungszeitraumes	2651
	7. Nachzahlung von Vergütungsansprüchen	2652
	8. Mehrere Einkommen des Arbeitnehmers	2653
	9. Urlaubsentgelt und Urlaubsabgeltung	2654
V.	Verteidigungsmöglichkeiten des Arbeitgebers als Drittschuldner	2655
	1. Fehlerhaftigkeit des Pfändungs- und Überweisungsbeschlusses	2656
	2. Einwendungen und Einreden gegen die zu vollstreckende Forderung	2657
	3. Einwendungen und Einrede gegen die Vergütungsforderung	2658
	4. Aufrechnung mit Gegenforderungen	2659
	a) Forderungen gegen den Gläubiger	2660
	b) Forderungen gegen den Arbeitnehmer	2661

5. Schutz des guten Glaubens des Arbeitgebers	2662
a) Zahlung an den Arbeitnehmer oder sonstige Dritte	2663
b) Zahlung an den Gläubiger	2664
VI. Arbeitsvertragliche Gestaltungsmöglichkeiten im Zusammenhang mit möglichen Lohnpfändungen	2665
VII. Weiterführende Literaturhinweise	2666

2600 CHECKLISTE

- **Beteiligte im Lohnpfändungsverfahren**
  - Gläubiger des Arbeitnehmers als Gläubiger,
  - Arbeitnehmer als Schuldner,
  - Arbeitgeber als Drittschuldner.

- **Maßnahmen der Zwangsvollstreckung**
  - Vorpfändung (Vorläufiges Zahlungsverbot),
  - Pfändungs- und Überweisungsbeschluss,
  - Aufforderung zur Auskunft nach § 840 ZPO (Drittschuldnererklärung).

- **Vorpfändung**
  - Wird bewirkt durch Zustellung der Vorpfändungsbenachrichtigung an den Arbeitgeber,
  - Wirkungen:
    - Arbeitgeber ist es untersagt, pfändbare Vergütungsbestandteile an den Arbeitnehmer zu zahlen,
    - Arbeitnehmer ist es untersagt, über seinen Vergütungsanspruch zu verfügen,
    - Wegfall der Wirkungen, wenn Pfändung nicht binnen eines Monats bewirkt wird oder eine erneute Vorpfändung erfolgt.

- **Pfändungs- und Überweisungsbeschluss des Vergütungsanspruchs**
  - Wird bewirkt durch Zustellung des Pfändungs- und Überweisungsbeschlusses an den Arbeitgeber,
  - Wirkungen:
    - Arbeitgeber ist es verboten, pfändbare Vergütungsbestandteile an den Arbeitnehmer zu zahlen,
    - Arbeitgeber hat pfändbare Vergütungsbestandteile an den Gläubiger zu zahlen,
    - Arbeitnehmer ist geboten, sich jeder Verfügung über die Forderung, insbes. ihrer Einziehung, zu enthalten,
    - Wegfall der Wirkungen, wenn die Forderung des Gläubigers ausgeglichen ist oder die Forderung gerichtlich abgewiesen wird.

- **Auskunft nach § 840 ZPO**
  - Arbeitgeber hat Auskunft zu erteilen, wenn er vom Gläubiger hierzu aufgefordert wird und die Aufforderung in die Zustellungsurkunde aufgenommen wurde
    - Frist: 2 Wochen nach Zustellung,
    - Auskunft ist gegenüber Gläubiger oder Gerichtsvollzieher zu erteilen.
    - Gegenstand der Auskunft:
    - Ob und in wieweit der Arbeitnehmer die Forderung als begründet anerkennt,
    - ob und welche Ansprüche andere Personen an die Forderung geltend machen,
    - ob und wegen welcher Ansprüche die Forderung bereits für andere Gläubiger gepfändet ist.

> **Achtung!** Eine Missachtung des Zahlungsverbots oder der Auskunftspflicht kann zu einer doppelten Inanspruchnahme führen bzw. eine Schadensersatzpflicht des Arbeitgebers begründen.
>
> - **Vorsicht ist geboten bei**
>   - behaupteter Abtretung der Vergütungsforderung,
>   - mehrfachen Pfändungen
>   Sicherungsmöglichkeit des Arbeitgebers: ggf. Hinterlegung,
>   - Verschleiertes Arbeitseinkommen durch Zahlung der Vergütung an Dritte oder »unentgeltliche« Arbeitsleistung.
> - **Verteidigungsmöglichkeiten des Arbeitgebers als Drittschuldner**
>   - zu vollstreckende Forderung ist erloschen,
>   - Vergütungsanspruch ist bereits erfüllt,
>   - Aufrechnung,
>   - Verjährungseinwand,
>   - Ablauf der tariflichen Verfall- (Ausschluss-)Frist.

I. Einführung/Begriffsbestimmung

Der Arbeitgeber kann als Schuldner der Vergütungsforderung seines Arbeitnehmers, ohne hierauf Einfluss zu haben, **Schuldner eines Dritten** werden, wenn im Wege der Zwangsvollstreckung der Vergütungsanspruch des Arbeitnehmers gepfändet und dem Dritten zur Einziehung oder an Zahlungs statt überwiesen worden ist. In dem entstehenden Dreiecksverhältnis werden vom Gesetz bezeichnet als

2601

- **Gläubiger,**
  der Dritte, der gegen den Arbeitnehmer eine Geldforderung hat und die Pfändung und Überweisung der Lohnforderung veranlasst hat;
- **Schuldner,**
  der Arbeitnehmer, der als Inhaber seiner Lohnforderung gegenüber dem Arbeitgeber zwar Gläubiger ist, im Zwangsvollstreckungsverfahren jedoch als Schuldner des Dritten (Gläubiger) in Anspruch genommen wird;
- **Drittschuldner,**
  der Arbeitgeber, der durch die Pfändung und Überweisung der Vergütungsansprüche des Arbeitnehmers (Schuldners) seinerseits Schuldner des Dritten (Gläubigers) wird.

Der »Übergang« der pfändbaren Bestandteile des Vergütungsanspruches vom Arbeitnehmer auf den Dritten wird durch den Erlass eines sog. **Pfändungs- und Überweisungsbeschlusses** bewirkt, der auf Antrag des Dritten vom Vollstreckungsgericht erlassen wird.

2602

Mit der Zustellung dieses Beschlusses an den Arbeitgeber ist es diesem verboten, pfändbare Beträge der Vergütung an den Arbeitnehmer auszuzahlen. Eine Missachtung dieses Verbots kann dazu führen, dass der Arbeitgeber den pfändbaren Anteil an der Vergütung zweimal auszahlen muss, um von seiner Vergütungspflicht freizuwerden.

Da der Erlass und die Zustellung eines Pfändungs- und Überweisungsbeschlusses oftmals nicht unerhebliche Zeit in Anspruch nimmt, versucht der Gläubiger in der Praxis regel-

2603

mäßig bis dahin seine Ansprüche gegen den Arbeitnehmer durch eine sog. **Vorpfändung – auch als vorläufiges Zahlungsverbot bezeichnet** – zu sichern. Eine solche Vorpfändung bedarf keines gerichtlichen Beschlusses, sondern lediglich der Zustellung durch den Gerichtsvollzieher, um die Auszahlung pfändbarer Vergütungsbestandteile an den Arbeitnehmer zu verhindern.

Von daher wird die Vorpfändung in der Praxis häufig die erste Vollstreckungsmaßnahme gegen den Arbeitnehmer sein, mit der der Arbeitgeber im Rahmen des Lohnpfändungsverfahrens konfrontiert ist.

II. Die Vorpfändung

2604 Schon vor der eigentlichen Pfändung kann der Gläubiger aufgrund eines vollstreckbaren Schuldtitels durch den Gerichtsvollzieher dem Arbeitgeber als Drittschuldner und dem Arbeitnehmer als Schuldner die Benachrichtigung, dass die Pfändung bevorstehe, zustellen lassen mit der Aufforderung an den Arbeitgeber, nicht an den Arbeitnehmer zu zahlen und mit der Aufforderung an den Arbeitnehmer, sich jeder Verfügung über die Forderung, insbesondere ihrer Einziehung, zu enthalten (§ 845 Abs. 1 Satz 1 ZPO).

1. Muster einer Vorpfändung

2605 In der Praxis werden für die Vorpfändung (Vorläufiges Zahlungsverbot, vgl. → Rz. 2603) entsprechende Benachrichtigungsformulare verwendet.

Umseitig ein solches Formular als Muster exemplarisch abgedruckt (Der Abdruck des Formulars erfolgt mit freundlicher Zustimmung der Hans Soldan GmbH):

Vorläufiges Zahlungsverbot

gemäß § 845 Zivilprozessordnung

Amtsgericht
Gerichtsvollzieherverteilungsstelle

Datum:

Bei allen Zuschriften und Zahlungen bitte angeben:

☐ GV-Kosten per Lastschriftverfahren einziehen vom Konto

☐ Prozesskostenhilfe für die Zwangsvollstreckung ist gemäß anliegendem PKH-Beschluss bewilligt.

D

Gläubiger

vertreten durch

gegen

Schuldner

vertreten durch
hat aufgrund der – vollstreckbaren – Ausfertigung des
des   gerichts in   vom
(Gesch.-Nr.   ) und des Kostenfestsetzungsbeschlusses vom
einen Anspruch auf Zahlung folgender Beträge:

€ Hauptforderung
€ % Zinsen – ☐ über dem jew. Basiszins – seit dem   für die Hauptforderung
€ vorgerichtliche Mahnkosten – Wechselkosten – des Gläubigers
€ festgesetzte Kosten – Kosten des automatisierten Mahnverfahrens
€ ☐ 5% über dem jew. Basiszins – ☐ 4% – Zinsen aus den Kosten seit dem   und etwa
€ Kosten der Zwangsvollstreckung

Wegen dieses Anspruchs steht die gerichtliche Pfändung der – umseitig aufgeführten – angeblichen Forderungen des Schuldners an

Genaue Bezeichnung des **Drittschuldners** – Arbeitgeber, Arbeitsamt/Versicherungsträger u. a., genaue Anschrift –

auf (siehe Rückseite)

– einschließlich der künftig fällig werdenden Beträge aus dem gleichen Rechtsgrunde – bevor.
Als Bevollmächtigter des Gläubigers benachrichtige ich hiermit Drittschuldner und Schuldner gemäß § 845 der Zivilprozessordnung von der bevorstehenden Pfändung mit der Aufforderung an den **Drittschuldner,** nicht an den Schuldner zu zahlen, und an den **Schuldner,** sich jeder Verfügung über die Forderung, insbesondere ihrer Einziehung, zu enthalten.
Diese Benachrichtigung hat die Wirkung eines Arrestes (§§ 845, 930 der Zivilprozessordnung), sofern die Pfändung der Forderung innerhalb eines Monats bewirkt wird. Nach der Zustellung des gerichtlichen Pfändungsbeschlusses hat der Drittschuldner nach § 840 der Zivilprozessordnung die Verpflichtung zur Erklärung,

1. ob und inwieweit er die Forderung als begründet anerkennt und Zahlung zu leisten bereit ist,
2. ob und welche Ansprüche andere Personen an die Forderung stellen,
3. ob und wegen welcher Ansprüche die Forderung bereits für andere Gläubiger gepfändet ist.

Im Interesse einer vereinfachten Abwicklung bitte ich, diese Fragen binnen 2 Wochen zu beantworten.
Falls der Schuldner nicht beim Arbeitgeber beschäftigt ist, wird letzterer gebeten, dies dem Rechtsanwalt des Gläubigers umgehend mitzuteilen, um die Kosten einer Lohnpfändung zu sparen.

Zustellung erbeten an:
1.

(Drittschuldner)

2.

(Schuldner)

Rechtsanwalt/Rechtsanwältin

☐ **Anspruch A (an Arbeitgeber, Arbeitsamt und Versicherungsträger)**
  ☐ auf Zahlung des gesamten gegenwärtigen und künftigen Arbeitseinkommens (einschließlich des Geldwertes von Sachbezügen).
  ☐ auf Zahlung der gegenwärtig und künftig nach dem Sozialgesetzbuch zustehenden Geldleistungen aus [_____] ◀ (Forderung genau bezeichnen)

  gemäß den für die Pfändung von Arbeitseinkommen geltenden Vorschriften der §§ 850 ff. ZPO in Verbindung mit der Tabelle zu § 850c ZPO.
  Berechnung des pfändbaren Arbeitseinkommens
  Von der Pfändung ausgenommen sind Steuern, Beiträge zur Sozialversicherung, Berlin-Zulage nach § 28 Abs. 10 BerlinFG bzw. § 851 Abs. 1 ZPO, ebenso Beiträge in üblicher Höhe, die der Schuldner laufend an eine Ersatzkasse, eine private Krankenversicherung oder zur Weiterversicherung zahlt, ferner die in § 850a bis c und e Ziffer 1 ZPO genannten Bezüge.
  Von dem errechneten Nettoeinkommen ergibt sich der pfändbare Betrag unter Berücksichtigung von Unterhaltspflichten des Schuldners aus der Tabelle zu § 850c Absatz 3 ZPO in der jeweils gültigen Fassung.

☐ **Anspruch B (an Arbeitgeber)**
  ☐ auf Durchführung des Lohnsteuer-Jahresausgleichs für das abgelaufene Kalenderjahr und alle folgenden Kalenderjahre und auf Auszahlung des als Überzahlung jeweils auszugleichenden Erstattungsbetrages sowie auf Aushändigung der Lohnsteuerkarte für das abgelaufene Kalenderjahr mit Lohnsteuerbescheinigung.
  ☐ auf Aushändigung der Lohnsteuerkarte für das abgelaufene Kalenderjahr mit Lohnsteuerbescheinigung.
  Der Erstattungsanspruch ist bereits gepfändet (AG: [_____] AZ: [_____]).
  Dem Gläubiger wird aufgegeben, die Lohnsteuerkarte nach Gebrauch, jedoch spätestens bis zum 30. 9. des Kalenderjahres, dem zuständigen Finanzamt einzureichen.

☐ **Anspruch C (an Finanzamt)**
  auf Durchführung der Antragsveranlagung (Lohnsteuer) bzw. Einkommen-/Körperschaftsteuerveranlagung für das abgelaufene Kalenderjahr [_____] sowie frühere Erstattungszeiträume [_____] und auf Auszahlung des als Überzahlung auszugleichenden Erstattungsbetrages bzw. auf Auszahlung des Überschusses, der sich als Erstattungsanspruch bei Abrechnung der auf die Einkommensteuer bzw. Körperschaftsteuer anzurechnenden Leistungen für das abgelaufene Kalenderjahr [_____] und alle früheren Kalenderjahre [_____] ergibt.

☐ **Anspruch D (an Banken etc.)**
  1. ☐ auf Zahlung des gegenwärtigen Überschusses und aller künftigen Überschüsse (Guthaben), die dem Schuldner bei Saldoziehung aus der in laufender Rechnung (Kontokorrent) bestehenden Geschäftsverbindung (insbesondere über das Konto Nr. [_____]) jeweils gebühren und die Ansprüche aus dem jeweiligen Girovertrag auf fortlaufende Auszahlung des sich zwischen den Rechnungsabschlüssen ergebenden Tagesguthabens unter Einschluss des Rechts, über dieses Guthaben durch Überweisungsaufträge zu verfügen sowie auf Gutschrift der eingehenden Beträge;
  2. ☐ aus zu seinen Gunsten bestehenden ☐ Kreditverträgen ☐ Kreditzusagen und ☐ offenen Kreditlinien, insbesondere auf Auszahlung von Kreditmitteln (Krediteröffnungs- oder Darlehensvertrag vom [_____]);
  3. ☐ aus seinen bei der Drittschuldnerin geführten Spar- u. Festgeldkonten, auf Auszahlung des Guthabens und der bis zum Tage der Auszahlung aufgelaufenen Zinsen sowie auf fristgerechte bzw. vorzeitige Kündigung der Spar- u. Festgeldguthaben.
  Zugleich wird angeordnet, dass der Schuldner das über die jeweiligen Sparguthaben ausgestellte Sparbuch/Sparurkunde Nr. [_____] an den Gläubiger zu Händen des Gerichtsvollziehers – herauszugeben hat;
  4.1 ☐ auf Herausgabe der für den Schuldner aufgrund Verwahrungs- und Verwalterverträge aufbewahrten Wertpapiere: [_____] sowie der Wertpapierdepotverträge. Es wird angeordnet, dass die Wertpapiere und Wertpapierdepotverträge an einen vom Gläubiger zu beauftragenden Gerichtsvollzieher herauszugeben sind.
  4.2 ☐ auf Herausgabe und Auszahlung der eingezogenen und künftig einzuziehenden Erträge, Erlöse insbesondere der Zinsen und Gewinnanteilscheine, der Ausschüttungen und Rückzahlungsbeträge sowie des Gegenwertes fälliger Wertpapiere aus der Besorgung aller Verwahrgeschäfte des Schuldners als Depotkunde.
  5. ☐ auf Zutritt zu dem Bankstahlfach Nr. [_____] und Mitwirkung bei der Öffnung zum Zwecke der Entnahme des Inhalts. Zugleich wird angeordnet, dass ein vom Gläubiger zu beauftragender Gerichtsvollzieher anstelle des Gläubigers Zutritt zu den Schließfächern zu nehmen hat, um nach Öffnen der Fächer den Inhalt derselben für den Gläubiger zu pfänden;
  6. ☐ auf Rückübertragung aller gegebenen Sicherheiten (einschl. des Anspruchs auf Auszahlung des evtl. Überlöses) aus [_____] ◀ (Forderung genau bezeichnen)

  Auf § 835 Absatz 3 Satz 2 ZPO und § 54 SGB I wird der Drittschuldner hingewiesen.

☐ **Anspruch E (an Versicherungsgesellschaft)**
  1. auf alle mit der Drittschuldnerin abgeschlossenen Versicherungsverträge, insbesondere Versicherungs-Nr. [_____] sowie auf Gewinnanteile und auf Zahlung des Rückkaufwertes;
  2. auf das Recht zur Bestimmung desjenigen, zu dessen Gunsten im Erlebens- oder Todesfall die Versicherungssumme ausgezahlt wird, bzw. zur Bestimmung einer anderen Person anstelle den Schuldner vorgesehenen;
  3. auf das Recht zur Kündigung des Lebens-/Rentenversicherungsvertrages, auf das Recht auf Umwandlung der Lebens-/Rentenversicherung in eine prämienfreie Versicherung sowie auf das Recht zur Aushändigung der Versicherungspolice.
  Der Schuldner hat die Versicherungspolice und die letzte Prämienquittung an den Gläubiger – zu Händen des Gerichtsvollziehers – herauszugeben.

2. Voraussetzungen

Die Zulässigkeit einer Vorpfändung setzt im Einzelnen voraus:

2606

- **Vollstreckbarer Schuldtitel gegen den Arbeitnehmer wegen einer Geldforderung.** Ausreichend ist jeder vollstreckbare Schuldtitel (Urteil, Vergleich, etc.), also auch ein lediglich vorläufig vollstreckbares Urteil. Nicht erforderlich ist es dagegen, dass der Schuldtitel bereits mit der Vollstreckungsklausel (vgl. zu Wortlaut und Form § 725 ZPO) versehen oder bereits zugestellt ist (§ 845 Abs. 1 Satz 3 ZPO).
- **Gegebenenfalls Ablauf eines bestimmten Kalendertages (§ 751 Abs. 1 ZPO).** Bei der Vollstreckung wegen Geldforderungen wird der Vollstreckungsbeginn in den seltensten Fällen vom Ablauf eines bestimmten Kalendertages abhängen, weshalb hierauf nicht weiter eingegangen werden soll. Zur Vollstreckbarkeit künftig fällig werdender Ansprüche vgl. aber § 850 d Abs. 3 ZPO (z.B. Unterhaltsansprüche).
- **Gegebenenfalls verzugsbegründendes Angebot der Gegenleistung (§ 756 ZPO).** Lautet der Titel auf eine Verurteilung zur Leistung Zug um Zug (z.B. »... wird verurteilt, an den Kläger 2.500 EUR nebst 4% Zinsen seit dem 01.01.1994 zu zahlen, Zug um Zug gegen Übergabe des Pkws der Marke ...«), so darf die Zwangsvollstreckung nicht beginnen, bevor der Gerichtsvollzieher dem Schuldner die diesem gebührende Leistung in einer den Verzug der Annahme begründenden Weise angeboten hat. Das tatsächliche Angebot kann jedoch ersetzt werden durch den Beweis, dass der Schuldner befriedigt oder im Verzug der Annahme ist. Dieser Beweis kann auch durch öffentliche oder öffentlich beglaubigte Urkunden geführt werden (z.B. regelmäßig im Tenor des Urteils, in dem der Annahmeverzug festgestellt wird).

Gleichzeitig ist es jedoch Vollstreckungsvoraussetzung, dass eine Abschrift dieser Urkunden bereits zugestellt ist oder gleichzeitig zugestellt wird. **Dieser Zustellungsnachweis ist jedoch für die Vorpfändung entbehrlich.** Für die **Zulässigkeit** einer Vorpfändung kommt es ebenfalls nicht darauf an, ob der Gläubiger eine ggf. zu erbringende Sicherheitsleistung auch erbracht hat.

3. Durchführung

Die Vorpfändung wird bewirkt durch Zustellung einer vom Gläubiger (Dritten) oder seinem Vertreter (z.B. Rechtsanwalt) gefertigten Benachrichtigung mit dem Inhalt,

2607

- dass die Pfändung bevorstehe und
- der Arbeitgeber aufgefordert wird, nicht an den Arbeitnehmer zu zahlen und
- der Arbeitnehmer aufgefordert wird, sich jeder Verfügung über die Forderung zu enthalten (vgl. § 845 Abs. 1 Satz 1 ZPO).

Ein wirksamer Pfändungszugriff setzt dabei insbesondere voraus, dass die Forderung, deren Pfändung angekündigt wird, so bestimmt oder bestimmbar bezeichnet ist, dass über die Identität der späteren Pfändung mit der Vorpfändung kein Zweifel aufkommen kann.

Die Zustellung der Benachrichtigung erfolgt durch den Gerichtsvollzieher, der auf die Aufforderung des Dritten hin die Benachrichtigung auch selbst anzufertigen hat (§ 845 Abs. 1 Satz 2 ZPO).

4. Wirkungen

2608 Mit der Zustellung an den Arbeitgeber hat die Benachrichtigung die Wirkung eines sog. **Arrestes**, wenn die Pfändung der Forderung innerhalb eines Monats bewirkt wird (vgl. unten → Rz. 2615). Die Frist beginnt mit der Zustellung und endet mit Ablauf des entsprechenden Tages des Folgemonats, existiert dieser Tag nicht, mit Ablauf des Folgemonats (§§ 22 ZPO, 188 Abs. 2, 187 Abs. 1 BGB).

BEISPIEL:

Zustellung der Vorpfändung am 09.01.1995 – Fristende ist dann der 09.02.1995, 24.00 Uhr; Zustellung der Vorpfändung am 31.01.1995 – Fristende ist dann der 28.02.1995, 24.00 Uhr.

Fällt der letzte Tag der Frist auf einen Sonntag, einen am Erklärungs- oder Leistungsorte staatlich anerkannten allgemeinen Feiertag oder einen Sonnabend, so tritt an die Stelle eines solchen Tages der nächste Werktag (§ 193 BGB).

BEISPIEL:

Zustellung der Vorpfändung am 29.03.1995 – Fristende ist dann Dienstag, 02.05.1995, 24.00 Uhr.

Da hier der 29.04.1995 ein Samstag ist, der folgende Montag ein Feiertag (01.05.), tritt an seine Stelle der nächste Werktag, also der folgende Dienstag.

2609 Mit der Zustellung der Benachrichtigung ist es

- dem Arbeitgeber untersagt, an den Arbeitnehmer die Vergütung zu zahlen,
- dem Arbeitnehmer untersagt, über seinen Vergütungsanspruch zu verfügen.

Häufig wird der Arbeitnehmer vom Arbeitgeber mit der Behauptung, seinen Vergütungsanspruch bereits vor der Zustellung der Vorpfändung an einen Dritten abgetreten zu haben, die Auszahlung der Vergütung an diesen Dritten verlangen. Möglicherweise verlangt auch dieser Dritte selbst die Auszahlung. In diesen Fällen ist für den Arbeitgeber äußerste Vorsicht geboten. Es droht eine doppelte Inanspruchnahme (vgl. → Rz. 2637).

Unbedenklich ist es, wenn der Arbeitgeber den nichtpfändbaren Teil der Vergütung an den Arbeitnehmer auszahlt. Hierzu ist der Arbeitgeber sogar verpflichtet. Zur Berechnung des unpfändbaren Arbeitseinkommens vgl. → Rz. 2477.

2610 Die oben dargestellte Wirkung der Vorpfändung fällt weg, wenn die Pfändung nicht fristgerecht bewirkt wird. Die Vergütung kann dann an den Arbeitnehmer in voller Höhe ausgezahlt werden. **Allerdings kann der Gläubiger die Vorpfändung wiederholen.**

BEISPIEL:

Der Arbeitgeber erhält die Vorpfändung am 18.01.1994. Ein Pfändungs- und Überweisungsbeschluss ergeht nicht. Am 18.02.1994 erhält der Arbeitgeber eine erneute Vorpfändung.

Hier bleibt es dem Arbeitgeber auch weiterhin untersagt, den pfändbaren Teil der Vergütung an den Arbeitnehmer auszuzahlen. Das Verbot entfällt erst dann, wenn nicht bis zum 18.03.1994 die Pfändung bewirkt oder eine erneute Vorpfändung vorgenommen wurde.

In den Fällen der wiederholten Vorpfändung bestimmt sich der Rang der Lohnpfändung nach dem Zeitpunkt der Zustellung der letzten Vorpfändung. Regelmäßig wird jedoch die Pfändung durch Zustellung eines Pfändungs- und Überweisungsbeschlusses innerhalb der Monatsfrist bewirkt sein.

III. Der Pfändungs- und Überweisungsbeschluss

Die Zwangsvollstreckung in Geldforderungen erfolgt durch Erlass und Zustellung eines Pfändungs- und Überweisungsbeschlusses (§§ 829, 835 ZPO). **2611**

1. Muster

Auch der Pfändungs- und Überweisungsbeschluss wird regelmäßig auf den formularmäßigen Antrag des Gläubigers erlassen. Nachfolgend ist zur Veranschaulichung eines der gängigen Formulare abgedruckt. (Der Abdruck des Formulars erfolgt mit freundlicher Zustimmung der Hans Soldan GmbH) **2612**

Antrag:
Es wird beantragt, den unten entworfenen Beschluss zu erlassen
☐ Zustellung zu vermitteln ☐ Zustellung wird selbst veranlasst
☐ an Drittschuldner mit der Aufforderung nach § 840 ZPO
☐ bei Pfändung von Sozialleistungen ggf. nach Schuldneranhörung
☐ Prozesskostenhilfe für die Zwangsvollstreckung ist gemäß
anliegendem PKH-Beschluss bewilligt
____ Schuldtitel und ____ Vollstreckungsbelege anbei
☐ GV-Kosten per Lastschriftverfahren einziehen vom Konto ____

(Datum) (Unterschrift)

An das
Amtsgericht

Amtsgericht ....
Ort und Tag

Gesch.-Nr.: ....
Bitte bei allen Schreiben angeben! Anschrift und Telefon

Pfändungs- und Überweisungsbeschluss

in der Zwangsvollstreckungssache

Gläubiger

vertreten durch

gegen

Schuldner

vertreten durch
Aufgrund der vollstreckbaren Ausfertigung des
des gerichts in vom
(Gesch.-Nr.) und des Kostenfestsetzungsbeschlusses vom
kann der Gläubiger von dem Schuldner beanspruchen:

€ Hauptforderung
€ % Zinsen seit dem für die Hauptforderung
€ vorgerichtliche Kosten – Wechselkosten
€ festgesetzte Kosten – Kosten des automatisierten Mahnverfahrens
€ Kosten des Mahnbescheids
€ Kosten des Vollstreckungsbescheids
€ Zinsen seit dem aus den Kosten gem. § 104, 1 ZPO
€ Kosten früherer Vollstreckungsmaßnahmen gem. Anlage
€
€
€ **Hinzu kommen die weiteren Zinsen**
abzüglich gezahlt am
Wegen dieser Ansprüche **und Kosten für diesen Beschluss** (vgl. Kostenrechnung I und II) und der Zustellungskosten
(vgl. **Kostenrechnung III auf der Rückseite**) werden – die umseitig aufgeführten – angeblichen Forderungen des Schuldners an

Genaue Bezeichnung des **Drittschuldners** – Arbeitgeber, Arbeitsamt / Versicherungsträger u. a., genaue Anschrift –

Drittschuldner

auf (siehe Rückseite)

– einschließlich der künftig fällig werdenden Beträge aus dem gleichen Rechtsgrunde – **gepfändet.**

I. Gerichtskosten	II. Anwaltskosten gem. BRAGO
Gebühr (Nr. 1640 Kost.-Verz. GKG) ...... € 10,–	Gegenstandswert: €
Summe I: € 10,–	1. Gebühr §§ 11, 31, 57 .... €
	2. €
	3. Auslagen gem. § 26 - Pauschale - €
	4. Umsatzsteuer (MwSt.) § 25 II €
	Summe II: €

Soldan Best.-Nr. 13061-00 Pfändung und Überweisung für Arbeitseinkommen / Geldforderungen (Form Z 509 · 1161-XI/01)

Der Arbeitgeber als Drittschuldner im Lohnpfändungsverfahren

☐ **Anspruch A (an Arbeitgeber, Arbeitsamt und Versicherungsträger)**
  ☐ auf Zahlung des gesamten gegenwärtigen und künftigen Arbeitseinkommens (einschließlich des Geldwertes von Sachbezügen).
  ☐ auf Zahlung der gegenwärtig und künftig nach dem Sozialgesetzbuch zustehenden Geldleistungen aus [_____] (Forderung genau bezeichnen)

gemäß den für die Pfändung von Arbeitseinkommen geltenden Vorschriften der §§ 850 ff. ZPO in Verbindung mit der Tabelle zu § 850 c ZPO.
Berechnung des pfändbaren Arbeitseinkommens
Von der Pfändung ausgenommen sind Steuern, Beiträge zur Sozialversicherung, Berlin-Zulage nach § 28 Abs. 10 BerlinFG bzw. § 851 Abs. 1 ZPO, ebenso Beiträge in üblicher Höhe, die der Schuldner laufend an eine Ersatzkasse, eine private Krankenversicherung oder zur Weiterversicherung zahlt, ferner die in § 850a bis c und e Ziffer 1 ZPO genannten Bezüge.
Von dem errechneten Nettoeinkommen ergibt sich der pfändbare Betrag unter Berücksichtigung von Unterhaltspflichten des Schuldners aus der Tabelle zu § 850 c Absatz 3 ZPO in der jeweils gültigen Fassung.

☐ **Anspruch B (an Arbeitgeber)**
  ☐ auf Durchführung des Lohnsteuer-Jahresausgleichs für das abgelaufene Kalenderjahr und alle folgenden Kalenderjahre und auf Auszahlung des als Überzahlung jeweils auszugleichenden Erstattungsbetrages sowie auf Aushändigung der Lohnsteuerkarte für das abgelaufene Kalenderjahr mit Lohnsteuerbescheinigung.
  ☐ auf Aushändigung der Lohnsteuerkarte für das abgelaufene Kalenderjahr mit Lohnsteuerbescheinigung.
  Der Erstattungsanspruch ist bereits gepfändet (AG: [_____] AZ: [_____]).
  Dem Gläubiger wird aufgegeben, die Lohnsteuerkarte nach Gebrauch, jedoch spätestens bis zum 30. 9. des Kalenderjahres, dem zuständigen Finanzamt einzureichen.

☐ **Anspruch C (an Finanzamt)**
  auf Durchführung der Antragsveranlagung (Lohnsteuer) bzw. Einkommen-/Körperschaftsteuerveranlagung für das abgelaufene Kalenderjahr [____] sowie frühere Erstattungszeiträume [____] und auf Auszahlung des als Überzahlung auszugleichenden Erstattungsbetrages bzw. auf Auszahlung des Überschusses, der sich als Erstattungsanspruch bei Abrechnung der auf die Einkommensteuer bzw. Körperschaftsteuer anzurechnenden Leistungen für das abgelaufene Kalenderjahr [____] und alle früheren Kalenderjahre [____] ergibt.

☐ **Anspruch D (an Banken etc.)**
1. ☐ auf Zahlung des gegenwärtigen Überschusses und aller künftigen Überschüsse (Guthaben), die dem Schuldner bei Saldoziehung aus der in laufender Rechnung (Kontokorrent) bestehenden Geschäftsverbindung (insbesondere über das Konto Nr. [_____]) jeweils gebühren und die Ansprüche aus dem jeweiligen Girovertrag auf fortlaufende Auszahlung des sich zwischen den Rechnungsabschlüssen ergebenden Tagesguthabens unter Einschluss des Rechts, über dieses Guthaben durch Überweisungsaufträge zu verfügen sowie auf Gutschrift der eingehenden Beträge;
2. ☐ aus zu Gunsten bestehenden ☐ Kreditverträgen ☐ Kreditzusagen und ☐ offenen Kreditlinien, insbesondere auf Auszahlung von Kreditmitteln (Krediteröffnungs- oder Darlehensvertrag vom [_____]);
3. ☐ aus seinen bei der Drittschuldnerin geführten Spar- u. Festgeldkonten, auf Auszahlung des Guthabens und der bis zum Tage der Auszahlung aufgelaufenen Zinsen sowie auf fristgerechte bzw. vorzeitige Kündigung der Spar- und Festgeldguthaben.
Zugleich wird angeordnet, dass der Schuldner das über die jeweiligen Sparguthaben ausgestellte Sparbuch/Sparurkunde Nr. [_____] an den Gläubiger zu Händen des Gerichtsvollziehers – herauszugeben hat;
4.1 ☐ auf Herausgabe der für den Schuldner aufgrund Verwahrungs- und Verwalterverträge aufbewahrten Wertpapiere: [_____] sowie der Wertpapierdepotverträge. Es wird angeordnet, dass die Wertpapiere und Wertpapierdepotverträge an einen vom Gläubiger zu beauftragenden Gerichtsvollzieher herauszugeben sind.
4.2 ☐ auf Herausgabe und Auszahlung der eingezogenen und künftig einzuziehenden Erträge, Erlöse insbesondere der Zinsen und Gewinnanteilscheine, der Ausschüttungen und Rückzahlungsbeträge sowie des Gegenwertes fälliger Wertpapiere aus der Besorgung aller Verwahrgeschäfte des Schuldners als Depotkunde.
5. ☐ auf Zutritt zu dem Bankstahlfach Nr. [_____] und Mitwirkung bei der Öffnung zum Zwecke der Entnahme des Inhalts. Zugleich wird angeordnet, dass ein vom Gläubiger zu beauftragender Gerichtsvollzieher anstelle des Gläubigers Zutritt zu den Schließfächern zu nehmen hat, um nach Öffnen der Fächer den Inhalt derselben für den Gläubiger zu pfänden;
6. ☐ auf Rückübertragung aller gegebenen Sicherheiten (einschl. des Anspruchs auf Auszahlung des evtl. Übererlöses) aus [_____] (Forderung genau bezeichnen)

Auf § 835 Absatz 3 Satz 2 ZPO und § 54 SGB/I wird der Drittschuldner hingewiesen.

☐ **Anspruch E (an Versicherungsgesellschaft)**
1. auf alle mit der Drittschuldnerin abgeschlossenen Versicherungsverträge, insbesondere Versicherungs-Nr. [_____] sowie auf Gewinnanteile und auf Zahlung des Rückkaufwertes;
2. auf das Recht zur Bestimmung desjenigen, zu dessen Gunsten im Erlebens- oder Todesfall die Versicherungssumme ausgezahlt wird, bzw. zur Bestimmung einer anderen Person anstelle der vom Schuldner vorgesehenen;
3. auf das Recht zur Kündigung des Lebens-/Rentenversicherungsvertrages, auf das Recht auf Umwandlung der Lebens-/Rentenversicherung in eine prämienfreie Versicherung sowie auf das Recht zur Aushändigung der Versicherungspolice.
Der Schuldner hat die Versicherungspolice und die letzte Prämienquittung an den Gläubiger – zu Händen des Gerichtsvollziehers – herauszugeben.

> Der Drittschuldner darf, soweit die Forderung gepfändet ist, an den Schuldner nicht mehr zahlen. Der Schuldner darf insoweit nicht über die Forderung verfügen, insbesondere sie nicht einziehen. Zugleich wird dem Gläubiger die bezeichnete Forderung in Höhe des Anspruches zuzüglich Betrages zur Einziehung überwiesen. Wird ein bei einem Geldinstitut gepfändetes Guthaben eines Schuldners, der eine natürliche Person ist, dem Gläubiger überwiesen, so darf erst zwei Wochen nach der Zustellung des Überweisungsbeschlusses an den Drittschuldner aus dem Guthaben an den Gläubiger geleistet oder der Betrag hinterlegt werden (§ 835 Abs. 3 S. 2 ZPO).

III. Zustellungskosten (GVKostG)

1. Gebühr für die Zustellung a) an Drittschuldner		€
b) an Schuldner		€
2. Gebühr für Beglaubigung von	Seiten	€
3. Schreibauslagen,	Seiten	€
4. Auslagen Zustellungsurkunde		€
– für die Zustellung an Schuldner/Drittschuldner		€
5. Wegegeld		€
6. Pauschale für sonstige bare Auslagen		€
dazu: Postgebühr des Gläubigers für die Übersendung des Kostenvorschusses an den Gerichtsvollzieher		€
Summe III:		€

Rechtspfleger
Ausgefertigt

als Urkundsbeamter der Geschäftsstelle

2. Voraussetzungen

2613 Der Pfändungs- und Überweisungsbeschluss wird vom Amtsgerichts am allgemeinen Gerichtsstand (Wohnsitz) des Arbeitnehmers erlassen, wenn die nachfolgenden Voraussetzungen vorliegen:

- Schriftlicher oder zu Protokoll des Urkundsbeamten des Amtsgerichts gegebener Antrag auf Erlasseines Pfändungs- und Überweisungsbeschlusses (vgl. Muster);
- genaue Bezeichnung des Gläubigers und des Schuldners nach Berufstand, Vor- und Zuname sowie Anschrift im Antrag;
- genaue Bezeichnung des Drittschuldners, also des Arbeitgebers.

In der Praxis kommt es immer wieder vor, dass der Arbeitgeber nur ungenau oder gar unrichtig bezeichnet ist. Es muss jedoch davor gewarnt werden, aufgrund ungenauer oder unrichtiger Angabe des Arbeitgebers als Drittschuldner die Wirkungen des Pfändungs- und Überweisungsbeschlusses zu ignorieren. Nach der Rechtsprechung ist die unrichtige Bezeichnung bei Offenkundigkeit des wahren Sachverhaltes unschädlich, wenn der objektive Wortlaut des Beschlusses jedenfalls die Person des Arbeitnehmers und die Art der gepfändeten Forderung zweifelsfrei bezeichnet (*LAG Köln 25.11.1993, BB 1994, 944*).

2614 Weitere Voraussetzungen sind:

- Genaue Bezeichnung der Forderung, wegen der die Vollstreckung erfolgen soll;
- Fälligkeit der zu vollstreckenden Forderung (Ausnahme: Unterhaltsansprüche, vgl. § 850 d ZPO);
- genaue Bezeichnung der Forderung, in die die Vollstreckung erfolgen soll (vgl. Rückseite des Musters).

Ferner ist dem Pfändungsantrag eine Ausfertigung des mit der Vollstreckungsklausel versehenen Titels sowie der Zustellungsnachweis beizufügen. Die Vollstreckungsklausel kann jedoch entbehrlich sein, wenn aus Vollstreckungsbescheiden oder Arrestbefehlen (vgl. §§ 796, 929 ZPO) vollstreckt wird. **Zuständig für den Erlassist beim Amtsgericht der Rechtspfleger.** Eine vorherige Anhörung des Arbeitnehmers als Schuldner findet nicht statt (§ 834 ZPO).

3. Wirkungen

2615 **Die Wirkung des Pfändungs- und Überweisungsbeschlusses tritt ein, wenn der Beschluss dem Arbeitgeber als Drittschuldner zugestellt wird (§ 829 Abs. 3 ZPO).** Die Zustellung kann durch den Gerichtsvollzieher oder die Post erfolgen. Vom Moment der Zustellung an ist die Pfändung als bewirkt anzusehen.

a) Zahlungs-/Verfügungsverbot

2616 Durch den Pfändungs- und Überweisungsbeschluss wird

- **dem Arbeitgeber verboten, an den Arbeitnehmer zu zahlen;**

- dem Arbeitnehmer geboten, sich jeder Verfügung über die Forderung, insbesondere ihrer Einziehung, zu enthalten.

b) Pfändungspfandrecht

Mit der Zustellung des Pfändungs- und Überweisungsbeschlusses unterfällt der pfändbare Anteil der Vergütung einem sog. **Pfändungspfandrecht** des Gläubigers, dessen Bestand vom Bestand der zu vollstreckenden Forderung abhängt. Hat also der Arbeitnehmer diese Forderung zwischenzeitlich ausgeglichen, so verliert der Pfändungs- und Überweisungsbeschluss seine Wirkung; ebenso, wenn eine zunächst vorläufig vollstreckbare Forderung rechtskräftig abgewiesen wird.

2617

c) Überweisung der Vergütungsforderung

Die Pfandverwertung erfolgt nach Wahl des Gläubigers durch **Überweisung des gepfändeten Anspruches an Zahlungs statt zum Nennwert oder zur Einziehung** (vgl. §§ 835 ff. ZPO). Letzteres ist der Regelfall (vgl. Rückseite Muster, → Rz. 2612).

2618

Bei der selteneren Überweisung an Zahlungs statt geht die Vergütungsforderung auf den Gläubiger über mit der Folge, dass diese nunmehr auch Gläubiger der Vergütungsforderung ist. Bei der Überweisung zur Einziehung dagegen bleibt der Arbeitnehmer Gläubiger der Vergütungsforderung. Die Überweisung zur Einziehung ermächtigt den Gläubiger (Dritten) jedoch, die Vergütungsforderung des Arbeitnehmers einzuziehen und ggf. auch die Forderung in eigenem Namen einzuklagen **(Drittschuldnerklage)**. Der Gläubiger ist auch ermächtigt, mit der Vergütungsforderung aufzurechnen. In ihren praktischen Auswirkungen kommt daher die Überweisung zur Einziehung dem Gläubigerwechsel sehr nahe. Für den Arbeitgeber ist entscheidend, dass der pfändbare Anteil der Vergütung an den Gläubiger auf dessen Verlangen hin auszuzahlen ist.

Der Arbeitgeber kann sich dieser Verpflichtung nicht etwa dadurch entziehen, dass das Arbeitsverhältnis vorübergehend aufgelöst wird. Zwar wird ein Pfändungs- und Überweisungsbeschluss grundsätzlich mit Beendigung des Arbeitsverhältnisses gegenstandslos. Wird später zwischen Arbeitgeber (Drittschuldner) und Arbeitnehmer (Schuldner) ein neues Arbeitsverhältnis begründet, so erfasst der erste Pfändungs- und Überweisungsbeschluss allerdings dann auch die Vergütungsansprüche aus dem neuen Arbeitsverhältnis, wenn **beide Arbeitsverhältnisse in einem inneren Zusammenhang stehen** (*BAG 24.03.1993, BB 1994, 721*).

2618a

Der Arbeitgeber muss also davor **gewarnt** werden, bei Vorliegen eines Pfändungs- und Überweisungsbeschlusses etwa einvernehmlich mit dem Arbeitnehmer das Arbeitsverhältnis zu beenden und es kurz darauf neu zu begründen, um die Wirkungen des Pfändungs- und Überweisungsbeschlusses zu umgehen. Zahlt der Arbeitgeber Vergütungsansprüche aus dem neuen Arbeitsverhältnis an den Arbeitnehmer aus, so läuft er Gefahr, dennoch aus dem ersten Pfändungs- und Überweisungsbeschluss in Anspruch genommen zu werden.

d) Sonderfall: Ausländische Lohnpfändung

2618b Hat der Arbeitgeber eine von einem ausländischen Gericht erlassene Lohnpfändung erhalten, hat dies keine Rechtswirkungen für den im Inland auszuzahlenden Lohn der in Deutschland ansässigen und beschäftigten Arbeitnehmer, solange die internationale Rechtswirkung solcher Pfändungen völkerrechtlich nicht vereinbart ist. Ansonsten bedarf es für die wirksame Pfändung eines Pfändungs- und Überweisungsbeschlusses des **zuständigen deutschen Amtsgerichts** (*BAG 19.03.1996, Pressemitteilung Nr. 12/96, EzA-SD 7/96*).

4. Auskunftspflicht des Arbeitgebers

2619 Regelmäßig wird der Gläubiger vom Arbeitgeber als Drittschuldner die Auskunft nach § 840 ZPO verlangen.

a) Voraussetzungen

2620 Die Auskunftspflicht entsteht aber nur dann, wenn die **Aufforderung zur Abgabe dieser Erklärungen in der Zustellungsurkunde aufgenommen wurde**. Die Aufforderung im Pfändungsbeschluss selbst genügt nicht. Da der Postzusteller die Erklärung des Drittschuldners nicht entgegennehmen kann, kommt eine Auskunftserteilungspflicht des Arbeitgebers nur in Betracht, wenn der Pfändungs- und Überweisungsbeschluss **durch den Gerichtsvollzieher** zugestellt wird. Die Aufforderung kann auch nach Zustellung des Pfändungs- und Überweisungsbeschlusses gesondert vom Gerichtsvollzieher zugestellt werden. Sie muss dann aber auf den Pfändungsbeschluss Bezug nehmen, der nicht nochmals zugestellt werden muss.

b) Gegenstand der Auskunft

2621 Der Arbeitgeber hat auf das Verlangen des Gläubigers diesem zu erklären:

- Ob und inwieweit er die Forderung als begründet anerkenne und Zahlung zu leisten bereit sei;
- ob und welche Ansprüche andere Personen an die Forderung geltend machen;
- ob und wegen welcher Ansprüche die Forderung bereits für andere Gläubiger gepfändet sei (§ 840 Abs. 1 ZPO).

2622 Ist die Pfändung unwirksam oder besteht die gepfändete Forderung nicht oder nicht mehr, so wird der Arbeitgeber die Anerkennung der gepfändeten Forderung verweigern. Ausreichend ist dann die bloße Erklärung, »dass die Forderung nicht anerkannt werde«.

Eine nähere Begründung hierfür muss nicht angegeben werden. Der Arbeitgeber ist auch nicht verpflichtet, etwaig existierende Belege vorzulegen. Gleichwohl kann es zur Vermeidung gerichtlicher Auseinandersetzungen mit dem Gläubiger zweckmäßig sein, die Verweigerung zu begründen und der Erklärung entsprechende Belege beizufügen. Die Entscheidung hierüber ist anhand des jeweiligen Einzelfalles zu treffen.

Will der Arbeitgeber die Forderung anerkennen, so reicht es aus, dass der Arbeitgeber angibt, **in welcher Höhe er den Bestand der Lohnforderung anerkennt**. Dieser Verpflichtung wird der Arbeitgeber regelmäßig genügen, wenn er dem Gläubiger die Höhe der Nettolohnforderung (vgl. → Rz. 2477) mitteilt. Dagegen ist der Arbeitgeber nicht verpflichtet, die Höhe des Bruttoeinkommens, den Umfang der Steuer und Sozialversicherungspflicht oder den Familienstand des Arbeitnehmers anzugeben. Keinesfalls aber darf der Arbeitgeber unrichtige Angaben machen. 2623

Das Anerkenntnis ist nach zutreffender Auffassung lediglich eine Auskunft tatsächlicher Art und kein Schuldanerkenntnis. Die Erklärung kann widerrufen werden, wenn dem Arbeitgeber später Einwendungen bekannt werden. Der Arbeitgeber kann also in einem späteren Verfahren gegen den Gläubiger sich auf alle ihm zur Verfügung stehenden Einwendungen berufen, selbst wenn er die Forderung zunächst als begründet anerkannt hat. Das Anerkenntnis führt dann jedoch praktisch zu einer Umkehrung der Beweislast. Der Gläubiger genügt seiner Darlegungs- und Beweislast bereits durch Vorlage des schriftlichen Anerkenntnisses. Der Arbeitgeber muss dann darlegen und beweisen, dass die Einwendungen auch vorliegen.

Die Frage der Leistungsbereitschaft umfasst Bestand, Art und Höhe der Forderung, soweit sie gepfändet ist. Insoweit ist also zumindest der pfändbare Betrag anzugeben. 2624

Ggf. erhobene Ansprüche anderer Personen an die Forderung sind auch dann dem Gläubiger mitzuteilen, wenn diese Ansprüche zweifelhaft oder ungewiss sind. Die anderen Berechtigten sind mit Namen, Anschrift sowie Grund und Betrag der Ansprüche zu bezeichnen. Werden von anderen Personen keine Ansprüche an die Forderung erhoben, genügt der Arbeitgeber seiner Auskunftspflicht, wenn er die entsprechende Frage verneint. 2625

Gleiches gilt, wenn keine weiteren Pfändungen vorliegen. Ist die Vergütungsforderung jedoch bereits gepfändet, so hat der Arbeitgeber dem Gläubiger die anderen Gläubiger, Art sowie die Höhe ihrer Ansprüche, den Pfändungsbeschluss nach Gericht (Behörde) und Tag mitzuteilen. Ebenfalls anzugeben sind noch wirksame Vorpfändungen (vgl. oben → Rz. 2604). Nachrangige Pfändungen (vgl. unten → Rz. 2647) brauchen nicht bezeichnet zu werden. 2626

Die Auskunftspflicht trifft bei juristischen Personen die gesetzlichen Vertreter, bei bürgerlich-rechtlichen Gesellschaften, der offenen Handelsgesellschaft und der KG jeden vertretungsberechtigten einzelnen Gesellschafter, nicht jedoch den Kommanditisten. 2627

c) Erklärungsfrist

Die Erklärung kann bei Zustellung des Pfändungs- und Überweisungsbeschlusses unmittelbar gegenüber dem Gerichtsvollzieher abgegeben werden. Sie muss jedoch **spätestens binnen zwei Wochen von der Zustellung des Pfändungs- und Überweisungsbeschlusses an gerechnet**, entweder gegenüber dem Gerichtsvollzieher oder gegenüber dem Gläubiger selbst erfolgt sein. Nicht ausreichend ist es, wenn die entsprechenden Angaben gegenüber dem Vollstreckungsgericht gemacht werden. 2628

Die Berechnung der 2-Wochen-Frist hat nach den unter → Rz. 2608 dargestellten Grundsätzen zu erfolgen.

BEISPIEL:

Der Arbeitgeber wird mit Zustellung des Pfändungs- und Überweisungsbeschlusses am Montag, dem 02. 01.1995 zur Abgabe der Erklärung aufgefordert. Die 2-Wochen-Frist endet dann am Montag, dem 16. 01.1995, 24.00 Uhr.

2629 Umstritten ist, ob die Erklärung binnen der 2-Wochen-Frist dem Gerichtsvollzieher oder dem Gläubiger zugegangen sein muss, oder ob es ausreichend ist, wenn die Erklärung innerhalb der Frist abgesendet wird. Richtigerweise wird man mit der Rechtsprechung verlangen müssen, **dass die Erklärung innerhalb der 2-Wochen-Frist zugeht.** Es ist also darauf zu achten, dass die Erklärung rechtzeitig abgesandt wird.

Tipp

Eine Verlängerung der 2-Wochen-Frist kann nicht durch den Gerichtsvollzieher, sondern lediglich durch den Gläubiger gewährt werden. Wird eine Fristverlängerung angestrebt, muss sich der Arbeitgeber also unmittelbar an den Gläubiger wenden. Eine gewährte Fristverlängerung sollte sich der Arbeitgeber vom Gläubiger in jedem Fall **schriftlich bestätigen lassen.**

Wird die Erklärung nicht, oder nicht fristgerecht abgegeben, haftet der Arbeitgeber dem Gläubiger für den aus der Nichterfüllung seiner Verpflichtung entstehenden Schaden.

d) Schadensersatz bei Verletzung der Auskunftspflicht

2630 Neben den Fällen der nicht rechtzeitig erteilten Auskunft haftet der Arbeitgeber dem Gläubiger auch bei unvollständigen oder falschen Angaben auf Schadensersatz. Die Haftung setzt Verschulden voraus, wobei jedoch der Arbeitgeber darzulegen und zu beweisen hat, dass ihn kein Verschulden trifft.

Der Haftungsumfang ist auf den Schaden des Gläubigers beschränkt, der durch dessen Entschluss verursacht ist, die gepfändete Forderung gegen den Drittschuldner geltend zu machen oder davon abzusehen. Zum erstattungsfähigen Schaden werden regelmäßig unnütz aufgewandte Kosten der Rechtsverfolgung gehören.

BEISPIEL:

Der Arbeitgeber kommt dem Auskunftsverlangen des Gläubigers nicht nach. Der Gläubiger erhebt gegen den Arbeitgeber die Einziehungsklage. Im Verfahren wendet der Arbeitgeber zu Recht ein, dass der Vergütungsanspruch zum Zeitpunkt der Zustellung des Pfändungs- und Überweisungsbeschlusses bereits erloschen war. Die Klage wird abgewiesen. Die danach vom Gläubiger zu tragenden Gerichts- und Anwaltskosten kann er nunmehr vom Arbeitgeber als Schadensersatz erstattet verlangen.

2631 Dem Arbeitgeber, an den ein Auskunftsverlangen nach § 840 ZPO gerichtet wird, kann daher nur **dringendst angeraten werden, die Auskunft vollständig und fristgerecht zu**

erteilen. Zwar kann der Gläubiger den Anspruch auf Auskunft nicht einklagen, im Falle der Verletzung der Auskunftspflicht droht jedoch die Inanspruchnahme auf Schadensersatz. Hier besteht für den Arbeitgeber insbesondere dann ein besonderes Risiko, wenn der Gläubiger aufgrund einer nicht erteilten oder fehlerhaften Auskunft weitere – erfolgversprechende – Vollstreckungsmaßnahmen unterlässt. Ist die spätere Durchführung solcher Vollstreckungsmaßnahmen nicht mehr möglich, so kann dies unter Umständen sogar dazu führen, dass die Forderung, aufgrund welcher die Zwangsvollstreckung betrieben wird, vom Arbeitgeber im Wege des Schadensersatzes auszugleichen ist.

5. Berechnung des pfändbaren Betrages

a) Berechnung durch den Arbeitgeber

Regelmäßig wird im Pfändungs- und Überweisungsbeschluss ausgesprochen, dass das gesamte Arbeitseinkommen des Arbeitnehmers gepfändet ist (sog. Blankettpfändung). **Die Berechnung des tatsächlich gepfändeten Arbeitseinkommens hat der Arbeitgeber als Drittschuldner vorzunehmen.** Die Einzelheiten der Berechnung sind bereits unter → Rz. 2477 dargestellt. 2632

Achtung! Mit Wirkung ab 01.01.2002 sind die Pfändungsfreibeträge angehoben worden (vgl. oben → Rz. 2477 sowie die Pfändungstabelle bezogen auf eine monatliche Vergütung im Anhang). Der maßgebliche Zeitpunkt für die Anwendbarkeit der alten (bis 31.12.2001 gültigen) oder aber der neuen Pfändungsfreibeträge ist der Zeitpunkt der **Fälligkeit der Vergütung**. Wenn also die Vergütung für Dezember 2001 erst im Januar 2002 fällig wird, sind bereits die neuen Pfändungsfreibeträge zu beachten (§ 20 Abs. 1 Satz 1 EG ZPO).

Der Arbeitgeber muss ferner beachten, dass sich die Pfändungsfreibeträge zukünftig automatisch zu Gunsten des an verändern und zwar jeweils zum 01. Juli eines jeden zweiten Jahres, **erstmalig zum 01.07.2003** (vgl. oben → Rz. 2477).

Bezüglich des Familienstandes und der gesetzlichen Unterhaltsverpflichtungen des Arbeitnehmers kann sich der Arbeitgeber auf die Angaben in der Lohnsteuerkarte des Arbeitnehmers verlassen. Diese Angaben sind bei der Berechnung des pfändbaren Betrages zugrunde zulegen. Bei Steuerklasse III, aber auch bei Steuerklasse IV, ist davon auszugehen, dass der Arbeitnehmer verheiratet ist und seinem Ehepartner auch Unterhalt gewährt. Bzgl. der Anzahl unterhaltsberechtigter Kinder wird der Arbeitgeber den Arbeitnehmer fragen müssen. Soweit keine gegenteiligen Anhaltspunkte bestehen, kann der Arbeitgeber auf die Richtigkeit der entsprechenden Auskunft des Arbeitnehmers auch vertrauen. **Bis zum Beweis des Gegenteils ist auch davon auszugehen, dass der Arbeitnehmer seinen gesetzlichen Unterhaltsverpflichtungen nachkommt.** 2633

b) Bestimmung durch das Gericht in Sonderfällen

Nur ausnahmsweise kann dem Pfändungs- und Überweisungsbeschluss der pfändbare Betrag entnommen werden. Wird die Zwangsvollstreckung aufgrund von Unterhaltsan- 2634 sprüchen, oder Schadensersatzansprüchen wegen vorsätzlich begangener unerlaubter Handlungen des Arbeitnehmers betreiben, so kann das Gericht auf Antrag des Gläubigers einen von den gesetzlichen Pfändungsfreibeträgen abweichenden pfändbaren Betrag des Arbeitseinkommens festsetzen (§§ 850 d, 850 f Abs. 2 ZPO).

Gleiches gilt, wenn das Arbeitseinkommen des Arbeitnehmers mehr als

- monatlich   2.851,00 EUR   (3.744,00 DM),
- wöchentlich   641,00 EUR   (864,00 DM),
- täglich   123,50 EUR   (172,80 DM),

beträgt (§ 850 f Abs. 3 ZPO). Auch diese Beträge werden regelmäßig angepasst bzw. erhöht, zeitgleich mit den sonstigen Pfändungsfreibeträgen (vgl. oben → Rz. 2632). Schließlich kann der pfändbare Teil des Arbeitseinkommens auch auf Antrag des Arbeitnehmers zu seinen Gunsten von den gesetzlichen Pfändungsfreigrenzen abweichend festgesetzt sein (§ 850 f Abs. 1 ZPO). In all diesen Fällen ergibt sich der pfändbare Betrag dann unmittelbar aus dem Pfändungs- und Überweisungsbeschluss.

Der Arbeitgeber kann nach dem Inhalt eines **bis zum 31.12.2001 erlassenen** frühren Pfändungsbeschlusses mit befreiender Wirkung leisten, bis ihm ein Berichtigungsbeschluss, der die neuen Pfändungsfreibeträge berücksichtigt, zugestellt wird (§ 20 Abs. 1 Satz 3 EG ZPO). Den Antrag auf Berichtigung eines bis zum 31.12.2001 auf der Grundlage der alten Pfändungsfreibeträge ergangenen Pfändungs- und Überweisungsbeschlusses können der Gläubiger, der Schuldner (Arbeitnehmer) oder der Drittschuldner (Arbeitgeber) stellen (§ 20 Abs. 1 Satz 2 EG ZPO).

5. Kosten der Bearbeitung des Pfändungs- und Überweisungsbeschlusses

2635 Die ordnungsgemäße Bearbeitung des Pfändungs- und Überweisungsbeschlusses verursacht für den Arbeitgeber in aller Regel Kosten. Umstritten ist, unter welchen Voraussetzungen der Arbeitgeber vom **Arbeitnehmer** eine Erstattung dieser Kosten verlangen kann. Vom **Gläubiger** kann der Arbeitgeber jedenfalls keine Kostenerstattung verlangen. Soweit der Arbeitsvertrag keine Kostenerstattungsvereinbarung enthält, kann der Arbeitgeber nur versuchen, den Gläubiger zu bewegen, die dem Arbeitgeber entstandenen Kosten der Bearbeitung des Pfändungs- und Überweisungsbeschlusses im Wege der Drittschadensliquidation gegenüber dem Arbeitnehmer geltend zu machen und den dann erstrittenen Betrag an den Arbeitgeber auszuzahlen bzw. den Anspruch an diesen abzutreten. Für die Praxis empfehlenswerter ist es hingegen, **die Kostentragungspflicht des Arbeitnehmers entweder im Arbeitsvertrag selbst oder aber durch Abschluss einer Betriebsvereinbarung festzulegen**. Insbesondere können bei einer solchen Vereinbarung **Kostenpauschalen** angesetzt werden.

2636 Üblich sind Kostenpauschalen in Höhe von 1% bis 1,5% des gepfändeten Betrages, wenn dieser aus der Tabelle zu ermitteln ist, in allen anderen Fällen ein Betrag in Höhe von 3 %. Teilweise sind auch Festbeträge in Höhe von etwa 1,50 EUR je notwendigem Schreiben und 1,00 EUR je Überweisung vereinbart.

> **Muster**
>
> »Wird der Vergütungsanspruch des Arbeitnehmers gepfändet oder abgetreten, hat der Arbeitnehmer dem Arbeitgeber in jedem einzelnen Fall den entstehenden Mehr- aufwand nach folgenden Kostenpauschalen zu erstatten:
>
> - einen Betrag in Höhe von 1,5 % des gepfändeten/abgetretenen Betrages, wenn dieser aus der Tabelle zu ermitteln ist;
> - in allen anderen Fällen einen Betrag in Höhe von 3 %.
>
> Der Erstattungsanspruch entsteht mit Zustellung des Pfändungs- und Überweisungsbeschlusses bzw. mit Anzeige der Abtretung und ist sofort fällig. In Höhe des Erstattungsbetrages tritt der Arbeitnehmer bereits jetzt den entsprechenden Anteil an seinen pfändbaren Vergütungsbestandteilen an den Arbeitgeber ab. Der Arbeitgeber nimmt die Abtretung an. Der Arbeitgeber ist berechtigt, diesen Betrag von den pfändbaren Vergütungsbestandteilen einzubehalten.«

Durch eine solche Vereinbarung erhält der Arbeitgeber einen unmittelbaren Erstattungsanspruch gegenüber seinem Arbeitnehmer. Umstritten ist, ob der Arbeitgeber mit seinem Erstattungsanspruch gegenüber dem Gläubiger aufrechnen kann mit der Folge, dass er diesen Betrag vom pfändbaren Vergütungsanteil abziehen und einbehalten kann. Überwiegend wird eine solche Aufrechnungsmöglichkeit verneint. Richtigerweise wird man jedoch die Aufrechnung zulassen müssen. Bedenken im Hinblick auf § 406 BGB (vgl. → Rz. 2475) trägt der vorstehende Formulierungsvorschlag insoweit Rechnung, als dass der Erstattungsanspruch bereits mit Zustellung des Pfändungs- und Überweisungsbeschlusses fällig wird und der Erstattungsbetrag vorab an den Arbeitgeber abtreten ist. An den Gläubiger ist dann lediglich der um die Pauschale reduzierte pfändbare Betrag auszuzahlen. Der Arbeitgeber ist jedoch nicht berechtigt, die Kostenpauschale vom unpfändbaren Teil des Arbeitseinkommens einzubehalten.

IV. Sonderfälle im Lohnpfändungsverfahren

1. Vorherige (stille) Abtretung der Vergütungsforderung

Vielfach wird der Arbeitnehmer gegenüber dem Arbeitgeber behaupten, dass er seinen Vergütungsanspruch bereits vor der Zustellung einer Vorpfändung oder eines Pfändungs- und Überweisungsbeschlusses an einen Dritten (**Zessionar**) abgetreten habe. Es wurde bereits darauf hingewiesen, dass in diesen Fällen für den Arbeitgeber äußerste Vorsicht geboten ist. Es droht eine doppelte Inanspruchnahme, wenn sich die angebliche Abtretung als nicht existent oder unwirksam erweist.

2637

Wird die Abtretung des gesamten Vergütungsanspruches behauptet, so ist diese Abtretung zumindest insoweit unwirksam, als sie auch unpfändbare Vergütungsbestandteile erfasst (vgl. § 400 BGB). Der Arbeitgeber sollte sich daher nicht auf die Auszahlung unpfändbarer Vergütungsbestandteile an Dritte einlassen.

Neu

Dies gilt selbst dann, wenn ein Vermieter dem Arbeitnehmer unter Vorausabtretung der unpfändbaren Lohnanteile für die jeweiligen Lohnzahlungszeiträume Wohnraum überlassen hat. Auch diese Abtretung ist nichtig (*BAG 21.11.2000, EzA § 400 BGB Nr. 2*).

Soweit pfändbare Vergütungsbestandteile vom Arbeitnehmer an Dritte abgetreten wurden, geht diese Abtretung dem Einziehungsanspruch des Gläubigers vor, wenn sie zeitlich vor der Zustellung des Pfändungs- und Überweisungsbeschlusses (Vorpfändung) erfolgte. In diesen Fällen hat der Arbeitgeber den pfändbaren Betrag an den Zessionar auszuzahlen. Der Arbeitgeber sollte die Auszahlung jedoch nur gegen Aushändigung einer von dem Arbeitnehmer über die Abtretung ausgestellten Urkunde vornehmen (vgl. § 410 BGB).

Gleichwohl wird eine solche Auszahlung nur dann in Betracht kommen, wenn eindeutig feststeht, dass eine wirksame vorherige Abtretung vorliegt. Zum Nachweis hierüber wird es sicherlich nicht immer ausreichen, wenn der Arbeitnehmer oder der Zessionar eine schriftliche Abtretungsvereinbarung vorlegen. Zum einen können die Angaben zum Zeitpunkt der Abtretung unzutreffend sein, zum anderen kann ebenfalls nicht ausgeschlossen werden, dass die Abtretung durch einen Gläubiger angefochten wird.

2638 Nach den Vorschriften des **Anfechtungsgesetzes** können Gläubiger Rechtshandlungen, welche der Schuldner in der dem anderen Teil bekannten Absicht, seine Gläubiger zu benachteiligen, vorgenommen hat, sowie bestimmte Verträge und Verfügungen des Schuldners mit Familienmitgliedern angefochten werden (§ 3 Anfechtungsgesetz). Erweist sich die Anfechtung als begründet, so hat dies für den Arbeitgeber zweierlei Rechtsfolgen:

- Die Auszahlung der pfändbaren Vergütungsbestandteile an den Abtretungsempfänger erfolgte ohne Rechtsgrund. Es besteht gegen den Abtretungsempfänger ein Rückzahlungsanspruch, dessen Realisierung aber ungewiss sein kann.
- Der Arbeitgeber muss den pfändbaren Vergütungsanteil an den Gläubiger auszahlen.

2639 **Tipp**

Bei Vorliegen der gesetzlichen Voraussetzungen wird der Arbeitgeber in diesen Fällen ggf. von der Möglichkeit der Hinterlegung der pfändbaren Vergütungsbestandteile Gebrauch machen (vgl. unten → Rz. 2648, 2649). Liegen die gesetzlichen Voraussetzungen dagegen nicht vor, bleibt dem Arbeitgeber lediglich die Möglichkeit, den Gläubiger zu einer Erklärung darüber zu veranlassen, ob er die Abtretung anfechten wird oder nicht. Kündigt der Gläubiger eine Anfechtung an, wird dann eine Hinterlegung in vielen Fällen zulässig sein. Anderenfalls kann der Arbeitgeber noch versuchen, mit allen Beteiligten einvernehmlich die Hinterlegung zu vereinbaren. Kann eine entsprechende Einigung nicht erzielt werden, bleibt dem Arbeitgeber nur, die Wirksamkeit der Abtretung selbst zu prüfen und entsprechend des Prüfungsergebnisses entweder an den Zessionar oder den Gläubiger, welcher die Zwangsvollstreckung betreibt, auszuzahlen.

Zeigt der Arbeitnehmer dem Arbeitgeber die Abtretung erst an, nachdem der Arbeitgeber bereits aufgrund der Pfändung an den Gläubiger gezahlt hat, so muss der Abtretungsempfänger die Zahlung gegen sich gelten lassen (vgl. § 407 Abs. 1 BGB). **Eine doppelte Inanspruchnahme droht dem Arbeitgeber also erst von dem Zeitpunkt an, in dem er von der Abtretung erfährt.**

2. Verschleierte Arbeitseinkommen

Um die Leistungsbereitschaft des von einem Lohnpfändungsverfahren betroffenen Arbeitnehmers zu erhalten, wird der Arbeitgeber möglicherweise geneigt sein, gemeinsam mit dem Arbeitnehmer nach Wegen zu suchen, die faktisch dazu führen, dass dem Arbeitnehmer auch der pfändbare Anteil seines Arbeitseinkommens verbleibt. Solche »Umgehungsversuche« haben nur in seltenen Fällen Aussicht auf Erfolg. Die gesetzliche Regelung des § 850 h ZPO erleichtert dem Gläubiger erheblich die Zwangsvollstreckung in sog. verschleiertes Arbeitseinkommen.

2640

a) Zahlung der Vergütung an Dritte

Hat sich der Arbeitgeber verpflichtet, Leistungen an einen Dritten zu bewirken, die nach Lage der Verhältnisse ganz oder teilweise eine Vergütung für die Arbeitsleistung des Arbeitnehmers darstellen, so kann der Anspruch des Drittberechtigten insoweit aufgrund des Schuldtitels gegen den Arbeitnehmer gepfändet werden, wie wenn der Anspruch dem Arbeitnehmer zustände (§ 850 h Abs. 1 ZPO).

2641

Die Pfändung des Anspruches des Drittberechtigten setzt hier eben nicht voraus, dass der Gläubiger einen vollstreckbaren Titel gegen den Drittberechtigten hat; ebenso wenig ist es erforderlich, dass dem Drittberechtigten der gegen den Arbeitnehmer ergangene Titel zugestellt wurde.

Obgleich der Pfändungsbeschluss dem Drittberechtigten als auch dem Arbeitnehmer zuzustellen ist, gilt die Pfändung bereits als bewirkt, wenn der entsprechende Pfändungs- und Überweisungsbeschluss dem Arbeitgeber als Drittschuldner zugestellt ist. Von diesem Zeitpunkt an ist dem Arbeitgeber die Auszahlung der Leistung an den Drittberechtigten untersagt.

b) »Unentgeltliche« Arbeitsleistung

In den Fällen, in denen ein Schuldner einem Dritten in einem ständigen Verhältnis unentgeltlich oder gegen eine unverhältnismäßig geringe Vergütung Arbeiten oder Dienste leistet, die nach Art und Umfang üblicherweise vergütet werden, so gilt im Verhältnis des Gläubigers zu dem Empfänger der Arbeits- und Dienstleistungen eine angemessene Vergütung als geschuldet (§ 850 h Abs. 2 ZPO).

2642

BEISPIEL:
Der vermögenslose und verschuldete Mann arbeitet im Geschäft der Ehefrau.

Unerheblich ist, ob tatsächlich ein Arbeitsvertrag besteht. **Entscheidend ist allein, ob die von dem Schuldner erbrachte Tätigkeit üblicherweise vergütet wird.** Ist das nach der Verkehrsanschauung der Fall, ist der fingierte Vergütungsanspruch nach den allgemeinen Bestimmungen pfändbar.

Die Höhe des pfändbaren fingierten Vergütungsanspruches ist anhand aller Umstände des Einzelfalles, insbesondere der Art der Arbeits- und Dienstleistung, die verwandtschaftlichen oder sonstigen Beziehungen zwischen dem Dienstberechtigten und dem Dienstverpflichteten und die wirtschaftliche Leistungsfähigkeit des Dienstberechtigten zu ermitteln. Diese Kriterien sind auch für die Frage heranzuziehen, ob die entsprechende Tätigkeit überhaupt üblicherweise vergütet wird.

2643 So wird man davon ausgehen können, dass im allgemeinen die gelegentliche Aushilfe im Geschäft eines Familienmitgliedes vergütungsfrei erfolgt. Erfolgt die Tätigkeit dagegen regelmäßig, so wird die Verkehrsanschauung im allgemeinen die Üblichkeit einer Vergütung bejahen und zwar auch dann, wenn es sich lediglich um eine Teilzeitbeschäftigung handelt.

2644 Bezüglich der Höhe der Vergütung wird regelmäßig auf die **tarifliche Vergütung** abzustellen sein. Besteht ein Tarif nicht, so muss die **ortsübliche Vergütung** anhand der Verkehrsanschauung ermittelt werden.

Die Höhe der fingierten Vergütung ist vom Vollstreckungsgericht nicht festzusetzen, wohl aber außerhalb von Blankettpfändungen (vgl. → Rz. 2632) der pfandfreie Betrag. Es ist also zunächst allein Sache des Arbeitgebers, die Höhe der fingierten Vergütung zu ermitteln und den danach pfändbaren Betrag an den Gläubiger auszuzahlen.

2645 Nach überwiegender Auffassung können »**rückständige Ansprüche**« aus einem verschleierten Arbeitsverhältnis nicht gepfändet werden. Selbst wenn man eine solche Pfändung für zulässig erachtet, so wird man jedoch anhand der Umstände des Einzelfalles jeweils dazu kommen müssen, dass der Drittschuldner eine etwa geschuldete Vergütung fortlaufend ausgezahlt hätte und somit Rückstände nicht vorhanden wären. Im Ergebnis kann daher der Arbeitgeber durch Lohnpfändungen mit rückständigen Leistungen nicht belastet werden.

3. Mehrfache Pfändung

2646 Die Gefahr einer doppelten Inanspruchnahme droht dem Arbeitgeber insbesondere auch dann, wenn der Vergütungsanspruch mehrfach gepfändet wurde.

a) Rangfolge der Pfändungen

2647 Im Lohnpfändungsverfahren gilt der Grundsatz: »**Wer zuerst kommt, mahlt zuerst**«. Dies bedeutet, dass die zeitfrühere Pfändung der späteren Pfändung im Rang vorgeht (§ 804 Abs. 2, Abs. 3 ZPO). Danach hat der Arbeitgeber den pfändbaren Anteil der Vergütung zunächst an den Gläubiger auszuzahlen, dessen Pfändungs- und Überweisungsbeschluss ihm zuerst zugestellt wurde. Da aber auch auf der Grundlage vorläufig vollstreckbarer Titel ein Pfändungs- und Überweisungsbeschluss erwirkt werden kann, läuft der Arbeitgeber Gefahr, den pfändbaren Anteil der Vergütung an einen anscheinend berechtigten Gläubiger auszuzahlen, dessen Anspruch danach jedoch rechtskräftig abgewiesen wird. Da die Realisierung des sich danach ergebenden Rückzahlungsanspruches ebenfalls in einigen Fällen zweifelhaft ist, gewährt das Gesetz dem Arbeitgeber unter gewissen Voraussetzungen das **Recht zur Hinterlegung.** Allerdings ist die Hinterlegung mit z.T. nicht unerheblichen Kosten verbunden, die der Arbeitgeber jedoch von gepfändeten Betrag abziehen kann (vgl. § 391 BGB).

Auch bei der Pfändung in sog. **verschleiertes Arbeitseinkommen** (vgl. → Rz. 2640) nach § 850 h Abs. 2 ZPO muss sich der pfändende Gläubiger vorrangige Pfändungen der Vergütung des Arbeitnehmers entgegenhalten lassen und zwar auch dann, wenn sich diese Pfändungen nicht ausdrücklich auf das verschleierte Arbeitseinkommen beziehen. Von der Pfändung der Vergütungsansprüche werden gleichzeitig bestehende Ansprüche auf verschleiertes Arbeitseinkommen des Arbeitnehmers erfasst (*BAG 15.06.1994, DB 1995, 47*). Für den Arbeitgeber bedeutet dies, dass auch hinsichtlich etwaig gegebenem verschleierten Arbeitseinkommen die **Rangfolge aller vorliegenden Pfändungen zu beachten** ist, wenn eine doppelte Inanspruchnahme vermieden werden soll.

b) Hinterlegung nach ZPO

Ist die Vergütungsforderung für mehrere Gläubiger gepfändet, so ist der Arbeitgeber berechtigt und auf Verlangen eines Gläubigers, dem die Forderung überwiesen wurde, auch verpflichtet, unter Anzeige der Sachlage und unter Aushändigung der ihm zugestellten Beschlüsse an das Amtsgericht, dessen Beschluss ihm zuerst zugestellt ist, den Schuldbetrag zu hinterlegen (§ 853 ZPO).

2648

Die Wahrnehmung des Rechts zur Hinterlegung wird dem Arbeitgeber immer dann zu empfehlen sein, wenn vorrangige Pfändungen aufgrund eines noch nicht rechtskräftigen Titels erfolgt sind oder sonstige Zweifel an der Rangfolge der Pfändungen bestehen. Die Hinterlegung wirkt als Zahlung.

Zu hinterlegen ist bei der **Hinterlegungsstelle des Leistungsortes.** Leistungsort ist der Sitz des Arbeitgebers. Die Hinterlegung hat also bei dem Amtsgericht zu erfolgen, bei dem der Arbeitgeber seinen allgemeinen Gerichtsstand hat (vgl. § 1 Hinterlegungsordnung).

Die Annahme zur Hinterlegung bedarf einer Verfügung des Amtsgerichts als Hinterlegungsstelle. Diese Verfügung ergeht lediglich auf Antrag des Arbeitgebers, wenn er die Tatsachen angibt, welche die Hinterlegung rechtfertigen, oder wenn er nachweist, dass er durch Entscheidung oder Anordnung der zuständigen Behörde zur Hinterlegung berechtigt oder verpflichtet erklärt worden ist (§ 6 Hinterlegungsordnung). Der Arbeitgeber muss also zunächst die Hinterlegung beim Amtsgericht beantragen unter Mitteilung des Umstandes, dass mehrfache Pfändungen vorliegen. Erst wenn dem Arbeitgeber die Verfügung des Amtsgerichtes als Hinterlegungsstelle vorliegt, ist der zu hinterlegende Betrag unter Angabe der mitgeteilten Geschäftsnummer beim Amtsgericht einzuzahlen.

Gleichzeitig hat der Arbeitgeber unter Anzeige der Sachlage die ihm zugestellten Pfändungs- und Überweisungsbeschlüsse an das Amtsgericht, dessen Beschluss ihm zuerst zugestellt wurde, auszuhändigen. Eine Benachrichtigung der Pfandgläubiger braucht jedoch nicht zu erfolgen, ebenso wenig braucht eine Anzeige nach § 374 Abs. 2 BGB (vgl.

→ Rz. 2649) zu erfolgen. Gleichwohl ist eine solche Benachrichtigung zweckmäßig und empfehlenswert.

Mit der Hinterlegung unter gleichzeitiger Anzeige der Sachlage und Aushändigung der ihm zugestellten Beschlüsse an das Amtsgericht ist der Arbeitgeber von seiner Zahlungsverpflichtung befreit.

4. Hinterlegung nach BGB

2649 Beruht die Gefahr einer doppelten Inanspruchnahme nicht auf mehrfachen Pfändungen, so kommt eine Hinterlegung nach § 372 Satz 2 BGB in Betracht. Danach kann der Arbeitgeber den pfändbaren Anteil der Vergütungsforderung mit schuldbefreiender Wirkung hinterlegen, wenn der Arbeitgeber aus einem in der Person des Arbeitnehmers liegenden Grunde oder infolge einer nicht auf Fahrlässigkeit beruhenden Ungewissheit über die Person des Gläubigers seine Verbindlichkeit nicht oder nicht mit Sicherheit erfüllen kann. Eine solche Hinterlegung wird insbesondere dann in Betracht kommen, wenn der Arbeitnehmer eine vorherige Abtretung der Vergütungsforderung behauptet (vgl. oben → Rz. 2637).

Für die schuldbefreiende Wirkung einer Hinterlegung nach § 372 BGB reicht es jedoch nicht aus, wenn lediglich mehrere angebliche Forderungsinhaber auftreten. Vielmehr müssen **begründete, objektiv verständliche Zweifel über die Person des Gläubigers vorliegen.** Die Würdigung aller Umstände muss ergeben, dass es dem Arbeitgeber nicht zugemutet werden kann, den Zweifel auf eigene Gefahr zu lösen. Im Zusammenhang mit einer behaupteten vorherigen Abtretung der Vergütungsforderung müssen also objektiv verständliche Zweifel über die Wirksamkeit der Abtretung vorhanden sein. Anderenfalls kann die Hinterlegung keine schuldbefreiende Wirkung haben.

Die schuldbefreiende Wirkung der Hinterlegung tritt jedoch erst dann ein, wenn der Arbeitgeber auf das Recht zur Rücknahme des hinterlegten Betrages verzichtet hat (§ 378 BGB). Die Gefahr einer gerichtlichen Inanspruchnahme durch den Zessionar oder den Gläubiger, der den Vergütungsanspruch gepfändet hat, kann also nur dann ausgeschlossen werden, wenn mit der Hinterlegung ein entsprechender Verzicht auf die Rücknahme gegenüber der Hinterlegungsstelle erklärt wird. Die Hinterlegung hat der Arbeitgeber allen Gläubigern unverzüglich anzuzeigen. Unterbleibt die Anzeige, drohen Schadensersatzansprüche (vgl. § 374 Abs. 2 BGB).

5. Vereinbarung mit dem Gläubiger über die Höhe des auszuzahlenden Betrages

2650 Teilweise wird zwischen Arbeitgeber, Arbeitnehmer und Gläubiger zur Förderung der Leistungsbereitschaft des Arbeitnehmers **vereinbart, dass geringere Beträge einbehalten werden**, als dem Gläubiger unter Berücksichtigung der Pfändungsfreigrenzen zustehen. Erfolgen jedoch nach einer solchen Vereinbarung weitere Lohnpfändungen, so wird diese Vereinbarung regelmäßig dahingehend auszulegen sein, dass sie mit dem Vorliegen weiterer Pfändungen außer Kraft treten soll.

Ebenso muss ein nachrangig pfändender Gläubiger eine **Stundungsvereinbarung** zugunsten des Arbeitnehmers nur dann gegen sich gelten lassen, wenn er ihr zustimmt.

Soweit sich der Arbeitgeber gegenüber dem Gläubiger vertraglich zur Zahlung des pfändbaren Anteils der Vergütung verpflichtet hat, wird dies in der Regel dahingehend auszulegen sein, dass die Verpflichtung auf die Dauer des Arbeitsverhältnisses beschränkt ist. Zur klarstellenden Absicherung des Arbeitgebers sollte jedoch in eine solche Vereinbarung ausdrücklich die Bestimmung aufgenommen werden, dass die Verpflichtung zur monatlichen Zahlung der pfändungsfreien Beträge entfällt, wenn das Arbeitsverhältnis beendet wird.

6. Beendigung des Arbeitsverhältnisses während des Lohnzahlungszeitraumes

Die Verpflichtung zur Zahlung an den Gläubiger **endet grundsätzlich mit Beendigung des Arbeitsverhältnisses.** Bis dahin ist jedoch der pfändbare Teil des Arbeitseinkommens in jedem Fall an den Gläubiger auszuzahlen. Die Berechnung des pfändbaren Betrages ist jedoch problematisch, wenn das Arbeitsverhältnis während eines Lohnzahlungszeitraumes endet. 2651

Nach welcher Methode dann die Berechnung des pfändbaren Betrages zu erfolgen hat, ist noch nicht abschließend geklärt. Zum einen kann auf der Grundlage der tatsächlich erbrachten Arbeitsleistung der fiktive Verdienst im Abrechnungszeitraum ermittelt werden, dessen pfändbarer Betrag anteilig auf die tatsächlich gearbeiteten Tage zu verteilen ist.

BEISPIEL:

Der Arbeitnehmer scheidet zur Mitte eines Kalendermonats aus dem Arbeitsverhältnis aus. In der Vergangenheit war eine monatliche Nettovergütung in Höhe von 1.500 EUR geschuldet. Auf dieser Grundlage ist der für den Kalendermonat pfändbare Betrag zu errechnen und anteilmäßig auf die tatsächlich gearbeiteten Tage zu verteilen. Der monatlich pfändbare Betrag ist hier also zu halbieren.

Nach einer anderen Methode ist das vom Arbeitnehmer tatsächlich in dem Kalendermonat erzielte Nettoeinkommen durch die Anzahl der Tage zu teilen, an denen vertragsgemäß zu arbeiten war und für jeden einzelnen Tag der pfändbare Betrag zu errechnen. Hier ist dann also auf den pfändungsfreien Betrag einer Vergütung nach Tagen abzustellen.

7. Nachzahlung von Vergütungsansprüchen

Im allgemeinen wird der Vergütungsanspruch des Arbeitnehmers am Ende des Vergütungszeitraumes in voller Höhe vom Arbeitgeber ausgeglichen. Ist dies jedoch nicht erfolgt und werden die Vergütungsansprüche des Arbeitnehmers vor der Nachzahlung gepfändet, so ist der pfändungsfreie Betrag richtigerweise entsprechend den einzelnen Lohnzahlungszeiträumen zu ermitteln. 2652

BEISPIEL:

Der Arbeitnehmer erhält eine monatliche Nettovergütung in Höhe von 1.500 EUR. Für den Monat Februar 2002 werden jedoch lediglich 1.000 EUR ausgezahlt. Der Restbetrag soll Mitte März gezahlt werden. Am 08.03. 2002 wird dem Arbeitgeber ein Pfändungs- und Überweisungsbeschluss zugestellt. Von dem Mitte März auszuzahlenden Restbetrag der Vergütung für den Monat Februar 2002 ist dann der Betrag vom Arbeitgeber einzubehalten und an den Gläubiger auszuzahlen, der sich auf der Grundlage eines monatlichen Nettoeinkommens in Höhe von 1.500 EUR ergibt.

Es handelt sich in diesen Fällen nach allerdings nicht unbestrittener Auffassung nicht um eine »nicht wiederkehrend zahlbare Vergütung« i.S.d. § 850 i Abs. 1 ZPO. Eine solche wäre nämlich u.U. in voller Höhe der Pfändung unterworfen.

Der Grundsatz der Ermittlung des pfändbaren Betrages nach Abrechnungszeiträumen/Kalendermonaten gilt auch in den Fällen der kumulierten Zahlung von Vergütungsansprüchen.

BEISPIEL:

Der Arbeitnehmer erhält eine monatliche Nettovergütung i.H.v. 1.500 EUR. Der Arbeitgeber zahlt diese Vergütung zwei aufeinanderfolgende Monate nicht und zahlt dann diese Vergütung mit der Abrechnung/Zahlung des Folgemonats. Auch hier ist der pfändbare Anteil aus der Zahlung nicht auf der Grundlage des gesamten zur Auszahlung kommenden Nettobetrages zu ermitteln, sondern auf der Grundlage des für jeden einzelnen Abrechnungszeitraum sich ergebenden Nettoauszahlbetrages, mithin also 1.500 EUR. An den Pfändungsgläubiger abzuführen ist also der 3-fache sich aus 1.500 EUR ergebende pfändbare Betrag.

8. Mehrere Einkommen des Arbeitnehmers

2653 Geht der Arbeitnehmer mehreren Tätigkeiten nach, woraus er verschiedene Vergütungsforderungen gegen verschiedene Arbeitgeber hat, so können die unterschiedlichen Arbeitseinkommen auf Antrag des Gläubigers vom Vollstreckungsgericht bei der Pfändung zusammengerechnet werden (§ 850 e Nr. 2 ZPO). Im Pfändungs- und Überweisungsbeschluss wird dann angeordnet, welchem Arbeitseinkommen der unpfändbare Grundbetrag (§ 850 c Abs. 1 ZPO) sowie die weiteren nicht pfändbaren Einkommensteile (vgl. Tabelle, Anhang III) zu entnehmen sind. **Dabei wird dem Arbeitseinkommen, das die wesentliche Grundlage der Lebenshaltung des Arbeitnehmers bildet, in erster Linie der unpfändbare Grundbetrag zu entnehmen sein.**

Die Bestimmung wird jeweils im Pfändungs- und Überweisungsbeschluss getroffen sein. Entsprechend dieser Anordnung haben die von einer Lohnpfändung betroffenen Arbeitgeber die Berechnung wiederum selbst vorzunehmen.

BEISPIEL:

Der Arbeitnehmer erhält bei Arbeitgeber A eine Nettovergütung in Höhe von monatlich 1.000 EUR. Nach dem Pfändungs- und Überweisungsbeschluss sind diesem Einkommen in erster Linie die unpfändbaren Vergütungsbestandteile zu entnehmen. Bei Arbeitgeber B erhält der Arbeitnehmer eine Nettovergütung in Höhe von 500 EUR.

Für die Berechnung des pfändbaren Betrages ist dann von einem Nettoeinkommen in Höhe von 1.500 EUR auszugehen. Der nach der Tabelle pfändbare Betrag bei einem ledigen und nicht unerhaltspflichtigen Arbeitnehmer beträgt 399 EUR. Arbeitgeber A hat also den Betrag von 1.000 EUR an den Arbeitnehmer auszuzahlen, Arbeitgeber B einen Betrag in Höhe von 101 EUR. Den Restbetrag in Höhe von 399 EUR hat Arbeitgeber B an den Gläubiger abzuführen.

Deckt also das Haupteinkommen den Grundbetrag sowie die sonstigen nicht pfändbaren Einkommensteile nicht, ist der Rest dem anderen Einkommen zu entnehmen.

Umstritten sind die Fälle, in denen zwar die Zusammenrechnung angeordnet ist, gleichwohl jedoch ausnahmsweise nicht alle bei der Zusammenrechnung berücksichtigten Einkünfte gepfändet sind. **Richtigerweise dehnt die Anordnung der Zusammenrechnung die Pfändung nicht auf das bislang nicht gepfändete Arbeitseinkommen aus.** Wäre im vorstehenden Beispiel lediglich die gegenüber dem Arbeitgeber A bestehende Vergütungsforderung gepfändet, so könnten sowohl Arbeitgeber A als auch Arbeitgeber B die Vergütung in voller Höhe an den Arbeitnehmer auszahlen. Will der Gläubiger auf den pfändbaren Anteil der von Arbeitgeber B gezahlten Vergütung zugreifen, so muss er auch diesen Vergütungsanspruch pfänden und zur Einziehung überweisen lassen.

9. Urlaubsentgelt und Urlaubsabgeltung

Das Urlaubsentgelt (vgl. unten → Rz. 2886 ff.) ist Arbeitsentgelt, das der Arbeitgeber für die Zeit des Urlaubs fortzahlt. Es ist ebenso wie anderes Arbeitsentgelt pfändbar. Das gilt auch für das Entgelt, das der Arbeitgeber bei Beendigung des Arbeitsverhältnisses als Abgeltung nach § 7 Abs. 4 BUrlG (Urlaubsabgeltung) zahlt (*BAG 28.08.2001, EzA § 7 BUrlG Abgeltung Nr. 7*).

2654

Für die Berechnung des pfändbaren Anteils aus der Urlaubsabgeltung sind jedoch **Besonderheiten** zu beachten. Regelmäßig erfolgt die Zahlung der Urlaubsabgeltung mit der Zahlung der letzten Vergütung aus dem Arbeitsverhältnis. Für die Berechnung des pfändbaren Betrages aus dieser Gesamtzahlung ist jedoch nicht auf die Summe von Vergütungs- und Urlaubsabgeltungsanteil abzustellen. Vielmehr ist der Anteil der Urlaubsabgeltung dem der Beendigung des Arbeitsverhältnisses folgenden Kalendermonats zuzuschlagen mit der Folge, dass der Arbeitgeber die Berechnung des pfändbaren Anteils sowohl für den letzten Beschäftigungsmonat aus der für diesen Monat gezahlten Vergütung als auch für den Folgemonat aus der gezahlten Urlaubsabgeltung zu ermitteln hat.

BEISPIEL:

Der Arbeitgeber rechnet für den letzten Beschäftigungsmonat eine Bruttovergütung i.H.v. 3.000 EUR sowie eine Urlaubsabgeltung i.H.v. 2.000 EUR brutto ab. Es liegt ein Pfändungs- und Überweisungsbeschluss zu Lasten des Arbeitnehmers vor. Zur Ermittlung und Erfüllung des tatsächlich gepfändeten Betrages muss der Arbeitgeber nunmehr zuerst das auf die Arbeitsvergütung entfallende Nettoentgelt ermitteln und aus diesem Entgelt den pfändbaren Anteil. Entsprechend ist der aus der Bruttourlaubsabgeltung verbleibende Nettobetrag festzustellen, aus dem dann wiederum der pfändbare Anteil zu ermitteln ist. Regelmäßig wird danach der tatsächlich an den Gläubiger abzuführende pfändbare Anteil geringer sein, als bei Berechnung dieses Anteils aus dem Gesamtnettobetrag der Abrechnung.

Bei der vorgenannten. Ermittlung des pfändbaren Anteils einer Urlaubsabgeltung verbleibt es auch dann, wenn der Arbeitnehmer nach Beendigung des Arbeitsverhältnisses nahtlos in ein neues Beschäftigungsverhältnis wechselt und dort Vergütung bezieht. Nachdem der auf die Urlaubsabgeltung entfallende Nettobetrag ermittelt ist, gelten für die abschließende Ermittlung des pfändbaren Anteils die gleichen Grundsätze wie bei mehreren Einkommen des Arbeitnehmers (vgl. oben → Rz. 2653).

V. Verteidigungsmöglichkeiten des Arbeitgebers als Drittschuldner

2655 Gegen die ihm durch den Pfändungs- und Überweisungsbeschluss auferlegte Verpflichtung, den pfändbaren Teil der Vergütungsforderung an den Gläubiger zu zahlen, stehen dem Arbeitgeber als Drittschuldner in begrenztem Umfang Verteidigungsmöglichkeiten zu.

1. Fehlerhaftigkeit des Pfändungs- und Überweisungsbeschlusses

2656 Weist der Pfändungs- und Überweisungsbeschluss selbst Fehler auf, so können diese vom Arbeitgeber mit der sog. Erinnerung (§ 766 ZPO) geltend gemacht werden. In diesen Fällen muss der Arbeitgeber mit der Einlegung der Erinnerung selbst aktiv werden.

Tipp

Wird der Arbeitgeber im Rahmen der Drittschuldnerklage (→ Rz. 2618) in Anspruch genommen, so ist jedenfalls die Nichtigkeit des Pfändungs- und Überweisungsbeschlusses vom Arbeitsgericht zu berücksichtigen. Ob sich der Arbeitgeber auch auf weniger gewichtige Fehler des Pfändungs- und Überweisungsbeschlusses im Verfahren der Drittschuldnerklage berufen kann, ist umstritten und noch nicht abschließend geklärt. Es kann daher nur dringend angeraten werden, anwaltliche Hilfe in Anspruch zu nehmen, wenn Anhaltspunkte dafür bestehen, dass der Pfändungs- und Überweisungsbeschluss selbst fehlerhaft ist.

2. Einwendungen und Einreden gegen die zu vollstreckende Forderung

2657 Der Arbeitgeber kann grundsätzlich keine Einwendungen und Einreden gegen die zu vollstreckende Forderung erheben. Soweit der Arbeitnehmer nicht bereits erfolglos wegen der nachfolgenden Gründe Vollstreckungsgegenklage (§ 767 ZPO) erhoben hat, bestehen jedoch zwei **Ausnahmen:**
- Der Arbeitgeber kann die Nichtigkeit des Vollstreckungstitels wegen Verstoßes gegen die guten Sitten oder
- das Erlöschen der zu vollstreckenden Forderung nach Erlass des Pfändungs- und Überweisungsbeschlusses

geltend machen. In allen anderen Fällen kann allein der Arbeitnehmer Einwendungen und Einreden gegen die zu vollstreckende Forderung erheben, indem er etwa Wiederaufnahme des Verfahrens beantragt oder Abänderungs- (§ 323 ZPO) oder Vollstreckungsgegenklage erhebt.

3. Einwendungen und Einrede gegen die Vergütungsforderung

Gegen die gepfändete Vergütungsforderung stehen dem Arbeitgeber diejenigen Einwendungen und Einreden zu, die zur Zeit der Zustellung des Pfändungs- und Überweisungsbeschlusses gegen den Arbeitnehmer begründet waren. **2658**

In Betracht kommen:
- vorherige Abtretung,
- Erfüllung,
- Aufrechnung (vgl. → Rz. 2659),
- Verjährung,
- Ablauf einer tariflichen Verfall-(Ausschluss-)Frist.

Anzumerken ist, dass auch eine nach der Zustellung des Pfändungs- und Überweisungsbeschlusses eintretende Verjährung oder der Ablauf einer Ausschlussfrist geltend gemacht werden kann.

4. Aufrechnung mit Gegenforderungen

Der Arbeitgeber kann als Drittschuldner gegenüber dem Gläubiger die Aufrechnung mit Gegenforderungen erklären, und zwar sowohl mit Forderungen gegen den Gläubiger, als auch mit Forderungen gegen den Arbeitnehmer. Dies gilt unabhängig davon, ob dem Gläubiger der Vergütungsanspruch an Erfüllung Statt oder lediglich zur Einziehung überwiesen worden ist. **2659**

a) Forderungen gegen den Gläubiger

Hat der Arbeitgeber seinerseits Forderungen gegen den Gläubiger, so kann er mit schuldbefreiender Wirkung die Aufrechnung erklären, sobald er **2660**
- die ihm gebührende Leistung fordern und
- die ihm obliegende Leistung bewirken kann (§ 387 BGB).

Die letztgenannte Voraussetzung liegt vor, wenn der Vergütungsanspruch des Arbeitnehmers entstanden ist. Nicht erforderlich ist, dass der Anspruch auch bereits fällig ist.

BEISPIEL:

Die Arbeitsvertragsparteien haben eine Vergütung nach Kalendermonaten bemessen, wobei allerdings die Vergütung erst zum 15. eines jeden Folgemonats auszuzahlen ist. Am 3. eines Folgemonats erhält der Arbeitgeber einen Pfändungs- und Überweisungsbeschluss. Die zu vollstreckende

Forderung beläuft sich auf insgesamt 400 EUR. Der Arbeitgeber hat gegen den Gläubiger seinerseits eine Forderung aus Kaufvertrag in Höhe von 400 EUR. Der pfändbare Anteil der Vergütung des Arbeitnehmers liegt über 400 EUR.

Hier kann der Arbeitgeber bereits vor dem 15. des Monats gegenüber dem Gläubiger die Aufrechnung erklären. Obgleich die Vergütung erst zum 15. auszuzahlen und damit fällig ist, ist der Vergütungsanspruch bereits mit Ablauf des Vormonats in voller Höhe entstanden, da der Vergütungsanspruch grundsätzlich unmittelbar nach Erbringung der Arbeitsleistung entsteht.

b) Forderungen gegen den Arbeitnehmer

2661 Auch Forderungen gegen den Arbeitnehmer können vom Arbeitgeber dem Gläubiger gegenüber zur Aufrechnung gestellt werden, wenn er nicht

- bei Erwerb der Forderung von der Pfändung Kenntnis hatte oder
- die Forderung erst nach Erlangung der Kenntnis und später als die gepfändete Forderung fällig wird (vgl. § 406 BGB).

5. Schutz des guten Glaubens des Arbeitgebers

2662 In nur begrenztem Umfang wird der gute Glaube des Arbeitgebers geschützt.

a) Zahlung an den Arbeitnehmer oder sonstige Dritte

2663 Hat der Arbeitgeber nach Zustellung eines Pfändungs- und Überweisungsbeschlusses den pfändbaren Vergütungsanteil an den Arbeitnehmer oder einen sonstigen Dritten (z.B. Zessionar, nachrangig pfändender Gläubiger) ausgezahlt, so wird er dennoch gegenüber dem bevorrechtigten Gläubiger von seiner Zahlungspflicht befreit, wenn er zum Zeitpunkt der Auszahlung von dem Pfändungs- und Überweisungsbeschluss keine Kenntnis hatte (§ 407 BGB).

Ein solcher Fall der Unkenntnis trotz erfolgter Zustellung kommt insbesondere dann in Betracht, wenn der Pfändungs- und Überweisungsbeschluss im Wege der Ersatzzustellung (vgl. §§ 180 ff. ZPO) zugestellt worden ist und der Zustellungsempfänger den Pfändungs- und Überweisungsbeschluss nicht an den Arbeitgeber weitergeleitet hat. Dies hat der Arbeitgeber darzulegen und zu beweisen.

In der Praxis ist dabei häufig die Frage problematisch, ob sich der Arbeitgeber auch dann auf seine Unkenntnis berufen kann, wenn einer seiner Mitarbeiter eine entsprechende Kenntnis hatte, etwa weil er den Pfändungs- und Überweisungsbeschluss entgegengenommen, ihn aber nicht an den Arbeitgeber weitergeleitet hatte. Bei derartigen Fallgestaltungen wird sich der Arbeitgeber regelmäßig dann nicht auf seine Unkenntnis berufen können, wenn er nicht durch entsprechende organisatorische Maßnahmen sichergestellt hat, dass er von entsprechenden Zustellungen Kenntnis erhält. Letztlich werden diese Fallgestaltungen aber nur anhand des jeweiligen Einzelfalles abschließend beurteilt werden können.

b) Zahlung an den Gläubiger

Zahlt der Arbeitgeber den pfändbaren Vergütungsbestandteil an den im Pfändungs- und Überweisungsbeschluss ausgewiesenen Gläubiger, so wird er hierdurch dem Arbeitnehmer gegenüber auch dann von seiner Leistungspflicht befreit, wenn der Pfändungs- und Überweisungsbeschluss zu unrecht erlassen wurde. Der Pfändungs- und Überweisungsbeschluss gilt für den Arbeitgeber als Drittschuldner gegenüber dem Arbeitnehmer solange als rechtsbeständig, bis er aufgehoben wird und die Aufhebung zur Kenntnis des Arbeitgebers gelangt (§ 836 Abs. 2 ZPO). Dieser Schutz gilt jedoch nicht gegenüber weiteren Gläubigern des Arbeitnehmers. Ist die Vergütungsforderung mehrfach gepfändet, hat der Arbeitgeber die vorrangige Pfändung selbst festzustellen. Unterläuft ihm hierbei ein Fehler und zahlt er an einen nicht bevorrechtigten Gläubiger aus, so wird er gegenüber dem tatsächlich bevorrechtigten Gläubiger nicht von seiner Zahlungspflicht frei. Dasselbe gilt, wenn der Arbeitgeber etwa auf die Behauptung einer vorherigen Abtretung an einen Dritten zahlt (vgl. → Rz. 2637).

2664

VI. Arbeitsvertragliche Gestaltungsmöglichkeiten im Zusammenhang mit möglichen Lohnpfändungen

Der Arbeitgeber hat nur geringe Möglichkeiten, die im Zusammenhang mit seiner Stellung als Drittschuldner im Lohnpfändungsverfahren entstehenden Probleme und Risiken arbeitsvertraglich auszuschließen oder zu reduzieren.

2665

Die dem Arbeitgeber durch Gesetz zugewiesenen Verpflichtungen können nicht durch Vereinbarung mit dem Arbeitnehmer zu Lasten etwaiger Gläubiger abbedungen werden.

Gleichwohl kann arbeitsvertraglich eine gewisse Vorsorge getroffen werden.

So ist es zulässig, wenn der Arbeitgeber mit dem Arbeitnehmer durch Arbeitsvertrag oder Betriebsvereinbarung eine Unkostenpauschale für die Bearbeitung des Pfändungs- und Überweisungsbeschlusses vereinbart (vgl. oben → Rz. 2636). Um den mit einer angeblich vorherigen Abtretung der Vergütungsforderung (vgl. oben → Rz. 2636) verbundenen Problemen zu entgehen, empfiehlt es sich, im Arbeitsvertrag die Abtretung der Vergütungsforderung an Dritte auszuschließen. Die Zulässigkeit einer solchen Vereinbarung folgt aus § 399 BGB.

> **Muster**
>
> »Die Arbeitsvertragsparteien sind sich darüber einig, dass der Vergütungsanspruch des Arbeitnehmers nicht an Dritte abgetreten werden darf. Von diesem Abtretungsverbot sind auch etwaige gewährte freiwillige Leistungen des Arbeitgebers erfasst.«

Wird dem Arbeitnehmer vom Arbeitgeber eine Werkswohnung zur Verfügung gestellt, so ist es durchaus zweckmäßig, bereits im Arbeitsvertrag zu vereinbaren, dass die monatliche Mietzinsforderung monatlich im voraus mit dem Vergütungsanspruch, soweit er pfändbar ist, aufgerechnet wird. Entsprechendes gilt bei der mietweisen Überlassung anderer Gegenstände.

VII. Weiterführende Literaturhinweise

2666 *Denk*, Die Aufrechnung des Arbeitgebers gegen die Titelforderung, RdA 1977, 140
ders., Einwendungsverlust bei pfändungswidriger Zahlung des Drittschuldners an den Schuldner, NJW 1979, 2375
Geißler, Zur Pfändung von Lohnrückständen bei verschleiertem Arbeitseinkommen, Rechtpfleger 1987, 5
Hannewald, Wer trägt die Bearbeitungskosten einer Lohnpfändung?, NZA 2001, 19
Helwich, Pfändung von Arbeitseinkommen, 1987
Joost, Risikoträchtige Zahlungen des Drittschuldners bei der Forderungspfändung, WM 1981, 82
Kniebes/Holdt/Voß, Die Pfändung von Arbeitseinkommen, 1993
Mahnkopf, Ratenzahlungsvereinbarungen bei der Zwangsvollstreckung in Arbeitseinkommen, RdA 1985, 289
Reetz, Die Rechtsstellung des Arbeitgebers als Drittschuldner, 1985
Rewolle, Abreden zwischen Schuldner, Drittschuldner und Gläubiger über den pfändbaren Teil des Arbeitseinkommens des Schuldners, BB 1967, 338
Schaub, Arbeitsrechts-Handbuch, 8. Auflage 1996, S. 733 ff.
Smid/Schöpf, Auskunftspflichten des Arbeitgebers als Drittschuldner, AuA 1991, 140
Staab, Die Drittschuldnerklage vor dem Arbeitsgericht, NZA 1993, 439
Tiedtke, Stille Abtretung und Pfändung künftiger Lohnforderungen, DB 1976, 421
Zwehl von, Lohnpfändung, 14. Aufl. 1992.

12. Kapitel: Entgeltfortzahlung im Krankheitsfall

	Checkliste: Anspruch des Arbeitnehmers auf Entgeltfortzahlung	2700
I.	**Grundlagen der Entgeltfortzahlung**	**2701**
	1. Rechtsgrundlagen der Entgeltfortzahlung	2702
	a) Einheitliches Recht der Entgeltfortzahlung	2703
	b) Neuregelungen 1996 und 1998	2706
	c) Anwendungsbereich des EFZG	2707
	d) Grundsatz der Entgeltfortzahlung	2708
	e) Maßnahmen zur Fehlzeitreduzierung	2709
	2. Voraussetzungen der Entgeltfortzahlung	2711
	a) Bestehendes Arbeitsverhältnis	2712
	b) Krankheit	2713
	c) Arbeitsunfähigkeit	2714
	d) Ursachenzusammenhang	2717
	e) Teilarbeitsunfähigkeit	2719
	f) Entgeltfortzahlung bei Schwangerschaftsabbruch	2723
	3. Zeitraum der Entgeltfortzahlung	2724
	a) Beginn des 6-Wochen-Zeitraums	2725
	b) Ende des 6-Wochen-Zeitraums	2726
	4. Entgeltfortzahlung bei wiederholter Arbeitsunfähigkeit	2728
	a) Arbeitsunfähigkeit infolge neuer Krankheit	2729
	b) Fortsetzungserkrankungen	2731
	c) Besondere Probleme bei Mehrfacherkrankungen	2732
	d) Arbeitgeberwechsel und Entgeltfortzahlungsanspruch	2745
	5. Höhe der Entgeltfortzahlung	2746
	a) Berechnungsgrundlage	2747
	b) Berechnungsverfahren	2749
	c) Referenzprinzip statt Lohnausfallprinzip	2750
	6. Anzeige- und Nachweispflichten	2751
	a) Mitteilungspflicht	2753
	b) Vorlage einer Arbeitsunfähigkeitsbescheinigung	2754
	c) Sonderprobleme beim Vorlegungsverlangen	2755
	d) Beweiswert der Arbeitsunfähigkeitsbescheinigung	2758
	e) Überprüfung der Arbeitsunfähigkeit durch Medizinischen Dienst	2760
	7. Ausschluss der Entgeltfortzahlung bei verschuldeter Arbeitsunfähigkeit	2762
	a) Verschuldete Arbeitsunfähigkeit	2762
	b) ABC der verschuldeten Arbeitsunfähigkeit	2763
	c) Beweislast für das Verschulden	2764
	8. Ausschluss der Entgeltfortzahlung in besonderen Fällen	2765
	a) Befristete Arbeitsverhältnisse mit Arbeitern	2765
	b) Geringfügig beschäftigte Arbeiter	2766
	c) Bezug von Mutterschaftsgeld	2767
	d) Berufsausbildungsverhältnisse	2768
	e) Elternzeit	2769
	f) Weiterbeschäftigungszeitraum	2770
	9. Rechtsmissbräuchliche Inanspruchnahme der Entgeltfortzahlung	2771
	10. Leistungsverweigerungsrechte des Arbeitgebers	2773
	a) Allgemeines	2773

	b) Leistungsverweigerungsrecht bei Nichthinterlegung des Sozialversicherungsausweises	2774
II.	**Anspruchsübergang auf den Arbeitgeber bei Dritthaftung**	**2776**
	1. Allgemeines	2777
	2. Ausschlusstatbestände	2778
III.	**Entgeltfortzahlung bei Maßnahmen der Vorsorge/Rehabilitation**	**2782**
IV.	**Besonderheiten der Entgeltfortzahlung in den neuen Bundesländern**	**2786**
V.	**Kostenausgleich bei Kleinbetrieben**	**2787**
	1. Allgemeines	2787
	2. Einzelheiten	2788
	a) Beteiligte Arbeitgeber	2789
	b) Erstattungsfähige Leistungen	2793
	c) Kassenzuständigkeit für das Lohnausgleichsverfahren	2794
VI.	**Verhältnis zu tariflichen Regelungen/Übergangsprobleme**	**2798**
VII.	**Weiterführende Literaturhinweise**	**2799a**

2700

CHECKLISTE: ANSPRUCH DES ARBEITNEHMERS AUF ENTGELTFORTZAHLUNG

- **Bestehen eines Arbeitsverhältnisses**, »faktisches« genügt
- **Erfüllung der Wartezeit** (§ 3 Abs. 3 EFZG)
- **Krankheitsbedingte Arbeitsunfähigkeit**
  - Krankheit/Sterilisation/Schwangerschaftsabbruch
  - hierdurch bedingte Arbeitsunfähigkeit
  - Ursachenzusammenhang (hätte ohne die Erkrankung Anspruch auf Entgelt bestanden?)
- **Ausschlusstatbestände**
  - Arbeitnehmer befindet sich in Erziehungsurlaub
  - Arbeitnehmerin erhält Mutterschaftsgeld
  - Krankheit ist selbst verschuldet
  - Arbeitsverhältnis ist beendet und zwar nicht wegen der Kündigung (keine Anlasskündigung!)
- **Fortbestehen des Entgeltfortzahlungsanspruchs**
  - 6-Wochen-Zeitraum noch nicht abgelaufen
  - evtl. Anrechnung einer Vorerkrankung nach den Grundsätzen über die Fortsetzungserkrankung
  - Arbeitsverhältnis ist zwischenzeitlich beendet, aber aufgrund Anlasskündigung
- **Ausschluss der Entgeltfortzahlung wegen**
  - Tariflicher Ausschlussfrist
  - Verzicht/Vergleich
  - Verwirkung
- **Zeitweiliges Leistungsverweigerungsrecht**
  - kein ordnungsgemäßer Nachweis der Arbeitsunfähigkeit
  - keine Auskunftserteilung über Drittschädiger
  - Zurückbehaltungsrecht bei Gegenanspruch
- **Höhe des fortzuzahlenden Entgelts**
  - Entgeltausfallprinzip: Was wäre verdient worden?

- Maßgeblich ist 100 % des Bruttoentgelts einschließlich aller Prämien etc. aber ohne Überstundenvergütung (§ 4 EFZG).
- Aufrechnung gegen Entgeltfortzahlung nur bis zur Pfändungsfreigrenze

I. Grundlagen der Entgeltfortzahlung

Es gehört heute zu den **selbstverständlichen Rechten des Arbeitnehmers**, dass er bei Arbeitsunfähigkeit seinen Anspruch auf Entgeltfortzahlung behält. Dies ist allerdings kein Dogma mehr. Mit den Änderungen des EFZG durch das **arbeitsrechtliche Wachstums- und Beschäftigungsförderungsgesetz (WBFG)** waren weitreichende Eingriffe in bislang »heilige Kühe« verbunden. Dies galt insbesondere für die Begrenzung der Entgeltfortzahlungskosten auf 80 % des Arbeitsentgelts (§ 4 Abs. 1 EFZG a.F.). Diese **Änderungen** sind neben anderen Regelungen **erneut revidiert** werden. Vorgenommen wurde eine **Wiedereinführung der vollen Entgeltfortzahlung** – allerdings ohne »**Mehrarbeitsvergütung**«.

2701

1. Rechtsgrundlagen der Entgeltfortzahlung

Seit Inkrafttreten des EFZG im Jahre 1994 besteht **ein einheitliches Recht der Entgeltfortzahlung im Krankheitsfall**. Durch das EFZG abgelöst bzw. geändert wurden u.a. die Vorschriften über Entgeltfortzahlung

2702

- im Arbeitsgesetzbuch der DDR: §§ 115 a ff.
- im Berufsbildungsgesetz: § 12
- im Bürgerlichen Gesetzbuch: § 616 Abs. 2, 3
- in der Gewerbeordnung: § 133 c
- im Handelsgesetzbuch: § 63 HGB und
- im Lohnfortzahlungsgesetz: §§ 1-9.

a) Einheitliches Recht der Entgeltfortzahlung

Den Schwerpunkt des EFZG bildet die für alle Arbeitnehmer vereinheitlichte Regelung der Entgeltfortzahlung im Krankheitsfall.

2703

- Für den Bereich der Entgeltfortzahlung im Krankheitsfalle erfolgte bereits durch das **LFZG von 1969** eine weitgehende Angleichung der Rechtsstellung der **Arbeiter** an die im BGB, HGB und in der GewO geregelte Rechtsstellung der **Angestellten.** Gleichwohl verblieben noch rechtliche Unterschiede zwischen Arbeitern und Angestellten, so insbesondere bei der Einbeziehung von kurzfristig und geringfügig Beschäftigten, bei der Pflicht zum Nachweis der Arbeitsunfähigkeit und bei »Kuren und Schonungszeiten«. Diese Ungleichbehandlung von Arbeitern und Angestellten hatten das BAG und mehrere Arbeitsgerichte wegen Verstoßes gegen das Gleichheitsgebot des Grundgesetzes für verfassungswidrig gehalten und deshalb das BVerfG angerufen.
- Im Hinblick auf die Begründung in den Entscheidungen des Bundesverfassungsgerichts aus den Jahren 1982 zur Verfassungswidrigkeit der unterschiedlichen Kündi-

gungsfristen von Arbeitern und Angestellten konnte davon ausgegangen werden, dass auch im Recht der Entgeltfortzahlung im Krankheitsfalle eine **Differenzierung zwischen Arbeitern und Angestellten mit dem Grundgesetz unvereinbar war**. Mit der Neuregelung sollte diese mit der Verfassung unvereinbare Ungleichbehandlung von Arbeitern und Angestellten in der Entgeltfortzahlung beseitigt werden.

2704
- Ferner sollten die Vorschriften der **Entgeltfortzahlung** mit dem **EG-Recht** in Einklang gebracht werden. Nach der Rechtsprechung des Europäischen Gerichtshofs steht **Art. 119 EGV** einer nationalen Regelung entgegen, die es den Arbeitgebern gestattet, geringfügig beschäftigte Arbeitnehmer von der Lohnfortzahlung auszunehmen, wenn dies – wie in der Bundesrepublik Deutschland – wesentlich mehr Frauen als Männer trifft.
- Der Geltungsbereich der Vorschriften über die **Entgeltfortzahlung** in den alten Bundesländern wurde nicht auf das Gebiet der **neuen Bundesländer** erstreckt. Aufgrund dessen bestand auch insoweit Harmonisierungsbedarf.

2705
- Das bisher gesetzlich zersplitterte und nach einzelnen Arbeitnehmergruppen differenzierende System sollte durch die Neuregelung auf eine neue, einheitliche Basis gestellt werden und so zu mehr Rechtssicherheit und größerer Praktikabilität für Arbeitgeber und Arbeitnehmer führen.
- Zur Sicherung der Effektivität der sozialen Sicherungssysteme bedurfte und bedarf es in allen Bereichen einer stärkeren Bekämpfung missbräuchlicher Ausnutzung.

2705a Folgende **Vereinheitlichungen** wurden geschaffen:
- Entgeltfortzahlung für alle Arbeitnehmer bei Erkrankung **vor Beginn des Beschäftigungsverhältnisses**, Arbeitsaufnahme nicht erforderlich, § 3 Abs. 1 EFZG a.F.
- Alle Arbeitnehmer erwerben nach **12 Monaten** gerechnet vom erstmaligen Auftreten des Grundleidens an einen **neuen Entgeltfortzahlungsanspruch**, vgl. § 3 Abs. 1 Satz 2 Nr. 2 EFZG.
- **Anzeige- und Nachweispflichten** sind für alle Arbeitnehmer vereinheitlicht und teilweise verschärft, § 5 EFZG.
- Automatischer **Forderungsübergang bei Dritthaftung**, § 6 EFZG.
- Vereinheitlichung der Regelung über Maßnahmen der **medizinischen Vorsorge und Rehabilitation**, § 9 EFZG.
- **Abschaffung der Nachkur** (»Schonungszeit«), § 9 EFZG.
- Vereinheitlichung der **Leistungsverweigerungsrechte des Arbeitgebers**, §7 EFZG.
- Abschaffung der Ausschlusstatbestände für **geringfügig beschäftigte Arbeiter** und in **befristeten Arbeitsverhältnissen** mit Arbeitern, § 3 EFZG.
- **Tarifliche Eingriffe** in das Entgeltfortzahlungsrecht für alle Arbeitnehmer einheitlich und unter teilweise geänderten Voraussetzungen möglich, §§ 12, 4 Abs. 4 EFZG.

b) Neuregelungen in 1996 und 1998

2706 Während die Neuregelungen des Jahres 1994 vorrangig aus rechtlichen Gründen (vgl. → Rz. 2704 f.) geboten waren, galt es aus Sicht des damaligen Gesetzgebers, die Arbeitskosten zu senken, um die Konkurrenzfähigkeit der deutschen Wirtschaft zu erhöhen. Entgeltfortzahlungskosten sind – wie auch die sonstigen Personalnebenkosten – hier ein zentraler Bereich.

Unter diesen Vorzeichen hatte der Gesetzgeber mit Wirkung ab dem 01.10.1996 das **Entgeltfortzahlungsrecht in Teilbereichen auf neue Beine gestellt.**

Zu nennen waren:

- Einführung einer **4-wöchigen Wartezeit** für Entgeltfortzahlungsleistungen bei Neubegründung des Arbeitsverhältnisses (§ 3 Abs. 3 EFZG),
- Neudefinition des »**fortzuzahlenden Arbeitsentgelts**« (§ 4 Abs. 1 a EFZG a.F.),
- **Beschränkung** der Entgeltfortzahlung **auf 80 %** der regelmäßigen Bezüge (§ 4 Abs. 1 EFZG a.F.),
- Vermeidung der Entgeltabsenkung durch **Urlaubsverzicht** (§ 4 a EFZG a.F.),
- Kürzungsmöglichkeiten für **Sondervergütungen** (§ 4 b EFZG a.F.).

Bis auf den letzten Punkt sowie die Wartezeitregelung sind diese Änderungen in 1998 mit Wirkung ab 1999 (zumindest teilweise) revidiert worden. Es gilt wieder die 100%ige Entgeltfortzahlung; Anrechnungsmöglichkeiten sind damit obsolet geworden.

c) Anwendungsbereich des EFZG

Nach der **Legaldefinition in § 1 Abs. 2 EFZG** sind Arbeitnehmer im Sinne des Gesetzes Arbeiter und Angestellte sowie die zu ihrer Berufsbildung Beschäftigten. Die Sonderregelungen für die Entgeltfortzahlung im Krankheitsfall für die eingangs genannten Personengruppen (Teilzeitbeschäftigte, Aushilfskräfte etc.) sind außer Kraft gesetzt.

2707

Die Vorschriften des EFZG gelten damit selbstverständlich auch für **geringfügig und kurzfristig Beschäftigte.** Dem § 1 Abs. 3 Nr. 1 und 2 LohnFG entsprechende Ausnahmebestimmungen finden sich nicht mehr. Sonderregelungen bestehen dagegen nach wie vor für **Heimarbeiter und die ihnen Gleichgestellten.** Bei **Leiharbeitnehmern** ist die Rechtslage unverändert. Der Entgeltfortzahlungsanspruch richtet sich gegen den Verleiher, da dieser als eigentlicher Arbeitgeber angesehen wird (vgl. § 1 AÜG).

Gewisse Besonderheiten sind bei **Schwangeren und Müttern** zu beachten. Da während der Schutzfristen vor und nach der Entbindung das Arbeitsverhältnis ruht, kommt eine Anrechnung dieser Zeiten auf den Entgeltfortzahlungsanspruch nicht in Betracht (§§ 3 Abs. 3, 6 Abs. 1 MuSchG). In diesem Fall ist Mutterschaftsgeld zu gewähren. Eine bereits laufende Entgeltfortzahlungsperiode wird durch das Einsetzen des Bezugs von Mutterschaftsgeld beendet. Ein Entgeltfortzahlungsanspruch besteht aber regelmäßig, wenn ein Beschäftigungsverbot nach § 3 Abs. 2 MuSchG mit Arbeitsunfähigkeit einhergeht. Hier ist nicht der Mutterschutzlohn nach § 11 MuSchG zu gewähren. Die Rechtsprechung des BAG ist in diesem Punkt immer komplizierter geworden (Einzelheiten finden sich bei → Rz. 2767; zum **Beweiswert der Bescheinigung** nach § 3 MuSchG s. *BAG 01.10.1997, EzA § 3 MuSchG Nr. 4*).

Tipp: Grundsätzlich gilt: Die Beweislast für Umstände, die den Beweiswert einer ärztlichen Bescheinigung nach § 3 Abs. 1 MuSchG erschüttern sollen, trägt der Arbeitgeber. Die Beweislast dafür, dass trotz des erschütterten Beweiswertes ein Beschäftigungsverbot nach § 3 Abs. 1 MuSchG angezeigt war, trägt die Arbeitnehmerin *(BAG 21.03.2001, EzA § 3 MuSchG Nr. 7).*

! Beachte i.Ü.: Die Voraussetzungen für ein Beschäftigungsverbot nach § 3 MuSchG können auch dann vorliegen, wenn psychisch bedingter Stress Leben oder Gesundheit von Mutter oder Kind gefährdet. Voraussetzung ist, dass der gefährdende Stress gerade durch die Fortdauer der Beschäftigung verursacht oder verstärkt wird.

d) Grundsatz der Entgeltfortzahlung

2708 Als Faustformel gilt: Jeder Arbeitnehmer hat für 6 Wochen Anspruch auf Entgeltfortzahlung, wenn er unverschuldet krankheitsbedingt gehindert ist, seine Arbeitsleistung zu erbringen. Nach Ablauf des 6-Wochen-Zeitraums besteht regelmäßig Anspruch auf Zahlung von **Krankengeld** seitens der Krankenkasse, wenn der Arbeitnehmer gesetzlich oder freiwillig versichert ist (s. → Rz. 6300 ff.).

e) Maßnahmen zur Fehlzeitreduzierung

2709 Fehlzeiten können über **harte Maßnahmen** (finanzielle Anreize etc.) oder über **weiche Anreize** (Fehlzeitengespräche, Gesundheitszirkel, s. → Rz. 2709a) reduziert werden.

2709a Oft versuchen Arbeitgeber die drückenden Belastungen der Entgeltfortzahlung dadurch zu reduzieren, dass sie auf die Mitarbeiter in so genannten **Krankengesprächen** mit dem Ziel der Verringerung der Fehlzeiten einwirken. Im Verlauf dieser Gespräche wird u.a. angesprochen, ob und in welchem Umfang zukünftig mit Fehlzeiten zu rechnen ist, worauf sie zurückzuführen sind und wie sie vermindert werden können.

! So sinnvoll solche »**Krankengespräche**« im Einzelfall auch sein mögen, ist gleichwohl Vorsicht angebracht. Zum einen ist das Persönlichkeitsrecht des Arbeitnehmers zu wahren (keine Offenbarung des Leidens!), zum anderen besteht, wenn Krankengespräche formalisiert und in einer unbestimmten Vielzahl von Fällen geführt werden, ein Mitbestimmungsrecht des Betriebsrats.

Das BAG *(08.11.1994, EzA § 87 BetrVG 1972 Betriebliche Ordnung Nr. 21)* hat darauf erkannt, dass ein Mitbestimmungsrecht nach § 87 Abs. 1 Nr. 1 BetrVG zumindest dann besteht, wenn der Arbeitgeber viele Arbeitnehmer nach ihren Erkrankungen fragt und sie veranlasst, die behandelnden Ärzte von der Schweigepflicht zu entbinden. Bei einer solchen **Aufklärungsaktion** gehe es nicht bloß um das Arbeitsverhalten sondern um das mitbestimmungspflichtige Ordnungsverhalten der Arbeitnehmer. Im Vordergrund stehe die Aufklärung von Störfaktoren und Fehlentwicklungen unter Mitwirkung der Arbeitnehmer. Wenn diese Aufklärungsmaßnahmen in einer generalisierenden Art und Weise durchgeführt werden (etwa: es werden stets die gleichen Fragen gestellt, die Ergebnisse werden protokolliert, der Arzt wird formalisiert von der Schweigepflicht entbunden), liegt auch ein das Mitbestimmungsrecht auslösender **kollektiver Tatbestand** vor.

D.h. Für die Praxis: Mitbestimmungsrechte des Betriebsrats beachten!

Offen ist einstweilen noch, ob eine Maßnahme, die das Krankenverhalten beeinflussen soll, **allein wegen ihres Ziels** dem Mitbestimmungsrecht unterfällt. D.h., es bleibt einstweilen offen, inwieweit die Führung von Krankengesprächen mit einzelnen Arbeitnehmern mitbestimmungsfrei möglich ist. Offen ist zur Zeit auch noch, ob der Mitarbeiter, abgesehen von der Pflicht zu erscheinen, sich einem Krankengespräch völlig verweigern darf

Das **Mitbestimmungsrecht des Betriebsrats** ist jedenfalls auch bei folgenden Maßnahmen zur Ermittlung von Krankheitsursachen und zur Reduktion von Fehlzeiten zu beachten:

- Versenden von gleichförmigen Schreiben an Mitarbeiter mit der Bitte um Auskunftserteilung über Fehlzeiten,
- systematische Erhebung von Krankheits- und Fehlzeitendaten durch den Arbeitgeber mittels Datenverarbeitung oder Fragebogenaktionen oder
- automatisierte Datenerfassung und -auswertung.

Als grobe Faustformel wird man also davon ausgehen dürfen, dass immer dann, wenn generalisierend und systematisierend Fehlzeitengespräche geführt werden sollen, das Mitbestimmungsrecht des Betriebsrats zu beachten ist.

Auch Versuche, Fehlzeiten durch »**Hausbesuche**« bei Arbeitnehmern zu reduzieren, finden ihre Grenze am Persönlichkeitsrecht des Arbeitnehmers. Dieser ist nicht verpflichtet, die Besucher in seine Wohnung zu lassen oder ihnen Auskünfte zu erteilen. Der Arbeitnehmer ist, natürlich abhängig von der Art der Erkrankung, auch nicht gehalten, sich ständig zu Hause zu befinden. Aus der gelegentlichen Abwesenheit können daher keine Schlüsse im Hinblick auf eine Verweigerung der Entgeltfortzahlung oder gar eine etwaige verhaltensbedingte Kündigung gezogen werden.

2710

Erheblich sinnvoller zur Reduzierung von Fehlzeiten erscheinen Versuche über **Gesundheitszirkel unter sachverständiger Moderation** in Zusammenarbeit mit Betriebsrat, Vorgesetzten, Mitarbeitern, Sicherheitsfachkräften und Betriebsärzten Ursachen von Erkrankungen zu erforschen und abzustellen. Die hierbei zu erzielenden Ergebnisse gehen häufig weit über das Maß hinaus, das durch repressive Maßnahmen zu erreichen ist; sie kosten allerdings auch Geld.

Neben den vorbezeichneten weichen Maßnahmen wird häufig eine Verhaltenssteuerung über **harte Anreize** finanzieller Art versucht. Diese sind allerdings nicht völlig schrankenlos möglich. Zunächst muss der Arbeitgeber zur Kenntnis nehmen, dass der Gesetzgeber mit § 4 a EFZG eine Neuregelung geschaffen hat. Diese gilt allerdings nach wohl überwiegender Auffassung nicht für sog. Altfälle. Zu unterscheiden sind demnach zwei Situationen:

2710a

- Bisherige, an der Rechtsprechung des BAG, orientierte Prämiensysteme bleiben bestehen (dazu sogleich).

- Für Neuregelungen gilt § 4 a EFZG (vgl. → Rz. 2710d).

Altfälle: Nach heute gesicherter Rechtsprechung des BAG *(26.10.1994, EzA § 611 BGB Anwesenheitsprämie Nr. 10)* ist die Einführung einer **Anwesenheitsprämienregelung durch Betriebsvereinbarung** zulässig. Es ist rechtlich nicht zu beanstanden, wenn auch **Fehlzeiten mit Anspruch auf Entgeltfortzahlung** zur Reduzierung der Prämie führen. Insbesondere liegt hierin kein Verstoß gegen das **Maßregelungsverbot des § 612 a BGB.** Für Fehlzeiten ohne Anspruch auf Entgeltfortzahlung ist die Kürzungsmöglichkeit ohnehin vereinbarungsfähig. Dies gilt selbst dann, wenn nicht mehr entgeltfortzahlungspflichtige Fehlzeiten in Zusammenhang mit einer Schwangerschaft stehen *(BAG 27.07.1994, EzA § 611 BGB Gratifikation, Prämie Nr. 113- streitig).*

Die Rechtsprechung unterwirft aber derartige Kürzungsabreden einer **Billigkeitskontrolle** nach § 315 BGB, § 75 BetrVG. Hiermit sollen Missbräuche durch stark überproportionale Kürzungen vermieden werden (Beispiel: *20 % Kürzung pro Fehltag*). In Konkretisierung dieser Billigkeitskontrolle hat das BAG zunächst darauf erkannt, dass eine **Kürzung der Anwesenheitsprämie um 1/60 pro Fehltag** durch Individualvertrag nicht zu beanstanden ist *(BAG EzA § 611 BGB Anwesenheitsprämie Nr. 9).* Nach neuester Rechtsprechung *(BAG 26.10.1994, EzA § 611 BGB Anwesenheitsprämie Nr. 10)* ist eine Regelung durch Betriebsvereinbarung möglich, die eine **Kürzung der Prämie um 1/30 pro Fehltag** vorsieht.

2710b Wichtig ist aber: Eine Anwesenheitsprämie, deren Zweck es ist, die Arbeitnehmer zu motivieren, die Zahl der Fehltage möglichst gering zu halten, kann ihren Zweck nur erreichen, wenn sie auf **künftige Fehltage** abstellt. Eine Regelung, die auf Fehltage vor dem Bekanntwerden der Regelung reflektiert, kann ihren Zweck nicht erreichen. Sie ist daher unzulässig, wenn sie nicht durch andere Sachgründe gerechtfertigt ist (Beispiel: Belohnung für in der Vergangenheit gezeigte Zuverlässigkeit, s. *BAG 21.12.1994, EzA § 611 BGB Anwesenheitsprämie Nr. 11).*

Bei der **Ausgestaltung einer Anwesenheitsprämienregelung** sollte auch darauf geachtet werden, dass diese ihre Steuerungsfunktion für den gesamten Bemessungszeitraum erreichen kann. So ist es etwa unsinnig, den Arbeitnehmern durch hohe Kürzungen pro Fehltag zu Beginn eines Jahres jede Motivation zu nehmen, auch für den zukünftigen Jahresverlauf ihre Fehlzeiten gering zu halten. Es kann sich daher anbieten, den **Bezugszeitraum in kleinere Abschnitte aufzuteilen** (Beispiel: Abstellen auf einen 6-Monats-Zeitraum) oder korrigierend einzugreifen, wenn zunächst hohe Fehlzeiten sich später nicht fortsetzen.

Darüber hinaus kann es sich empfehlen, bestimmte Fehlzeiten prämienunschädlich zu stellen. Dies gilt namentlich für Fehlzeiten, die auf **Arbeitsunfälle** zurückzuführen sind.

2710c Bei einer Prämienregelung kann auch nach einzelnen Personengruppen differenziert werden, wenn hierfür ein **sachlicher Grund** vorliegt:

So verstößt es zumindest nach Auffassung des BAG nicht gegen den **arbeitsrechtlichen Gleichbehandlungsgrundsatz,** wenn an gewerbliche Arbeitnehmer wegen erheblich höherer krankheitsbedingter Fehlzeiten ein gekürzter 13. Monatslohn gezahlt wird, die Angestellten dagegen einzelvertraglich ein ungekürztes 13. Monatsgehalt erhalten *(BAG 19.04.1995, EzA § 611 BGB Gratifikation, Prämie Nr. 123)*. Nimmt eine Betriebsvereinbarung eine derartige tarifliche Kürzungsregelung auf, so verstößt auch sie nicht gegen den Gleichbehandlungsgrundsatz *(BAG 06.12.1995, BB 1996, 1383)*. Anders sieht dies das **BVerfG** *(02.09.1997, EzA § 611 BGB Gratifikation, Prämie Nr. 124)*. Hiernach gilt: Eine Differenzierung zwischen gewerblichen und sonstigen Arbeitnehmern ist nur zulässig, wenn **feststeht,** dass der höhere Krankenstand der ersteren **nicht auf gesundheitsschädigenden Arbeitsbedingungen** beruht, für die der Arbeitgeber allein verantwortlich ist. Maßgeblich ist hier nach neuester Rechtsprechung des BVerfG nur der Betrieb des konkreten Arbeitgebers. Dieser kann sich also nicht oder allenfalls eingeschränkt auf Vergleichsbetrachtungen innerhalb der Branche berufen.

Wirksam ist eine tarifliche Regelung, nach der für eine Zuwendung Zeiten des Grundwehr- oder Zivildienstes, des Mutterschutzes und des Erziehungsurlaubs anspruchserhaltend, Zeiten einer Arbeitsunfähigkeit **ohne** Entgeltfortzahlungsverpflichtung anspruchsmindernd berücksichtigt werden *(BAG 14.09.1994, EzA § 611 BGB Gratifikation, Prämie Nr. 116)*. Stellt eine Regelung über die Zahlung einer Sonderzahlung nicht auf die Erbringung einer tatsächlichen Arbeitsleistung ab, so steht auch dem arbeitsunfähig erkrankten Arbeitnehmer die Sonderzahlung zu. Allein die Arbeitsunfähigkeit während des gesamten Kalenderjahres und die Bewilligung einer befristeten Erwerbsunfähigkeitsrente ändern hieran nichts. Es ist insbesondere in dieser Konstellation nicht von einer konkludenten – anspruchsausschließenden – Ruhensvereinbarung auszugehen *(BAG 11.10.1995, DB 1996, 1041 für den TV über Sonderzahlungen für die niedersächsische Metallindustrie)*.

Neufälle: Nach § 4 a EFZG sind Vereinbarungen (d.h. individual- und kollektivrechtliche) über die Kürzung von Leistungen, die der Arbeitgeber zusätzlich zum laufenden Arbeitsentgelt erbringt, zulässig. Die Kürzung darf für jeden Tag der Arbeitsunfähigkeit – gleich, ob mit oder ohne Anspruch auf Entgeltfortzahlung – ein Viertel des Arbeitsentgelts, das im Jahresdurchschnitt auf einen Arbeitstag entfällt, nicht überschreiten. § 4 a EFZG gilt entsprechend bei Maßnahmen der beruflichen Rehabilitation (§ 9 Abs. 1 Satz 1 und 2 EFZG). Hauptzweck der Vorschrift, die im Wesentlichen der oben skizzierten Rechtsprechung des BAG entspricht, ist es, eine klare Grundlage für Kürzungsbestimmungen in Tarifverträgen, Betriebsvereinbarungen oder Einzelarbeitsverträgen zu schaffen.

2710d

Nach wie vor gilt aber: Es gibt keinen Kürzungsautomatismus. Die Norm schafft lediglich die klare gesetzliche Grundlage für Kürzungsvereinbarungen! Wenn nichts vereinbart ist, besteht auch bei 100%iger Ausfallzeit ein Anspruch auf die Sonderzahlung. Umgekehrt gilt bei vereinbarter Kürzungsmöglichkeit, dass diese auch dann eingreift, wenn die krankheitsbedingte Arbeitsunfähigkeit und damit verbundene Fehlzeit durch einen im Betrieb des Arbeitgebers erlittenen Arbeitsunfall eingetreten ist *(BAG 15.12.1999, EzA-SD 2000/10 S. 7)*.

Gewährt der Arbeitgeber eine Anwesenheitsprämie für ein Quartal nur dann, wenn in diesem Zeitraum kein krankheitsbedingter Fehltag liegt, enthält diese Zusage die Kürzung einer Sondervergütung i. S. d. § 4 a EFZG. Hieraus folgt: Dem Arbeitnehmer steht bei krankheitsbedingten Fehlzeiten ein der gesetzlichen Kürzungsmöglichkeit entsprechender anteiliger Anspruch auf die Anwesenheitsprämie zu *(BAG 25.07.2001, EzA § 4 a EFZG Nr. 2).*

Bedauerlicherweise hat der Gesetzgeber es versäumt, genau zu regeln, wie sich die neue Bestimmung zu der bisherigen Rechtsprechung des BAG verhält. Hierdurch sind diverse Sonderprobleme entstanden. Insbesondere stellt sich die Frage, was mit den Regelungen geschieht, die auf der Grundlage des bisherigen Rechts abgeschlossen worden sind. Auch von § 4 a EFZG kann nicht zum Nachteil des Arbeitnehmers abgewichen werden (§ 12 EFZG). Es stellt sich damit konkret die Frage, ob Vereinbarungen die auf der Basis der bisherigen Rechtsprechung eine höhere als die jetzt geltende Kürzung vorsehen haben, unwirksam werden. Dies ist nach überwiegender Meinung zu verneinen *(Bauer/Lingemann, BB 1996, Beil. 17, S. 14; a.A. Giesen, RdA 1997, 193, 205).*

Für **zukünftige Regelungen** gilt die Neuregelung aber uneingeschränkt. Es ist daher dringend zu empfehlen, sich bei der Vertragsgestaltung eng an den neuen § 4 a EFZG anzukoppeln. Natürlich besteht die Möglichkeit, geringere Kürzungen vorzusehen.

2710e Teilweise unsicher ist die **Berechnungsgrundlage für die Kürzung.** Nach § 4 a Satz 2 EFZG kommt es auf das **anteilige Jahresarbeitsentgelt** an. Konkret stellt sich die Frage, ob zum jahresdurchschnittlichen Arbeitsentgelt auch die Sondervergütung gehört. Folge wäre eine **stärkere absolute Kürzungsmöglichkeit.** *Bauer/Lingemann (a.a.O.)* vertreten diese Auffassung unter Rückgriff auf die unterschiedliche Begriffsbildung des Gesetzgebers in § 4 a Satz 1 und 2 EFZG: Einmal ist von dem laufenden Arbeitsentgelt die Rede, das andere Mal – bei der Bemessung der Kürzung – von dem Arbeitsentgelt. Diese Ansicht überzeugt; wird aber von Teilen der Literatur bestritten *(s. auch BAG, a.a.O.).*

Ob dieser Streit durch eine tarifliche Berechnungsregelung geklärt werden kann, muss bezweifelt werden (s. § 12 EFZG – die Regelung des § 4 a EFZG ist hiernach nicht tarifdispositiv). Allerdings ist eine analoge Anwendung des § 4 Abs. 4 EFZG zu erwägen. Hier sind jedoch noch keine tariflichen Regelungen bekannt, die eine derartige Präzisierung vornehmen.

Letztlich gilt es noch, den **Zeitraum für die Kürzungsbemessung** zu ermitteln. Nach Sinn und Zweck kann es hier nicht auf das Kalenderjahr, sondern die der jeweiligen Auszahlung vorausgehenden 12 Monate ankommen. Auch dies wird jedoch bestritten. Nach a.A. soll auf das Kalenderjahr abgestellt werden. Wie hier jedoch – gerade bei schwankenden Entgelten – der Kürzungsbetrag zuverlässig ermittelt werden soll, ist völlig unklar. Daher vertreten die Anhänger der Kalenderjahresbetrachtung die Auffassung, ggf. müsse mit der Schlussabrechnung für das Kalenderjahr eine korrigierende Berechnung vorgenommen werden. Dies ist zwar rechnerisch richtig, aber gleichwohl wenig überzeugend, da dem Arbeitnehmer u.U. für mehrere Monate ein ihm an sich zustehender Betrag vorenthalten wird. Auch abrechnungstechnisch ist eine solche Sichtweise nicht unproblematisch.

2710f Unklar ist i.Ü., ob § 4 a EFZG direkt oder entsprechend auch den Fall erfasst, dass **Prämien für die tägliche Anwesenheit** als sog. **Aufbauprämien** gezahlt werden *(Bauer/Lingemann, a.a.O.).* Der Unterschied zu klassischen Kürzungsregelungen besteht also darin, dass der Anspruch nicht gekürzt wird, sondern schon nicht entsteht. **Hier ist einstweilen Vorsicht geboten.** Eine konsolidierte herrschende Meinung ist derzeit noch nicht auszumachen.

Siehe zu dieser Problematik etwa *Giesen (RdA 1997, 193, 200)*, der sich für eine Anwendung auf Anwesenheitsprämienregelungen ausspricht. M.E. sprechen die wohl besseren Argumente für diese Auffassung. Aufbauprämien und Kürzungsregelungen verfolgen letztlich den selben Zweck.

Unsicher ist auch, ob und in welchem Umfang **Mitbestimmungsrechte** des Betriebsrats bei Kürzungsvereinbarungen zu beachten sind. Dies wird von der wohl überwiegenden Auffassung verneint *(Hanau RdA 1997, 205, 209 m.w.N.)*. Entscheidend dürfte hier sein, inwieweit ein Regelungsspielraum besteht, dessen Ausfüllung durch Betriebsvereinbarung erforderlich ist.

2710g

Einstweilen gilt es aus Sicht der **Praxis** das bedauerliche **Fazit** zu ziehen: Die Neuregelung ist derartig unklar, dass sie fast nicht praktikabel ist. Jedenfalls läuft der Rechtsanwender Gefahr, dass sein Regelwerk von den Arbeitsgerichten als rechtswidrig beurteilt wird.

2710h

2. Voraussetzungen der Entgeltfortzahlung

Der Anspruch auf Fortzahlung des Entgelts im Krankheitsfall ist an verschiedene Voraussetzungen geknüpft.

2711

Hierher gehören – ohne Anspruch auf Vollständigkeit im Wesentlichen folgende Faktoren:

- Bestand des Arbeitsverhältnisses,
- Erfüllung der Wartezeit
- Krankheit
- und hierdurch bedingte Arbeitsunfähigkeit.

a) Bestehendes Arbeitsverhältnis und Wartezeiterfüllung

Der Anspruch auf Entgeltfortzahlung setzt regelmäßig das **Bestehen eines Arbeitsverhältnisses** voraus. Hierbei reicht ein so genanntes **faktisches Arbeitsverhältnis** aus. Ist also der Arbeitsvertrag nicht wirksam, hat der Arbeitnehmer jedoch tatsächlich gearbeitet, so steht ihm auch ein Anspruch auf Entgeltfortzahlung zu, wenn die weiteren Voraussetzungen vorliegen. Wird der Arbeitnehmer während des Kündigungsschutzverfahrens freiwillig vom Arbeitgeber weiterbeschäftigt, bleibt ihm sein Entgeltfortzahlungsanspruch erhalten. Bei einer durch Gerichtsurteil **erzwungenen Weiterbeschäftigung** steht ihm jedoch grundsätzlich kein Anspruch auf Entgeltfortzahlung zu (s. → Rz. 4702).

2712

Ob die **Erkrankung vor Beginn des Beschäftigungsverhältnisses** bestanden hat, ist nach der Neuregelung des EFZG für alle Arbeitnehmergruppen unerheblich!

Selbstverständlich ist **die tatsächliche Aufnahme der Beschäftigung erst recht nicht erforderlich**. Allerdings ist die **Wartezeitregelung** des § 3 Abs. 3 EFZG zu beachten (vgl. → Rz. 2712a).

Erschleicht sich ein voraussichtlich für die gesamte vorgesehene Vertragsdauer arbeitsunfähig Erkrankter ein Arbeitsverhältnis, um – nach Erfüllung der Wartezeit – Entgeltfortzahlungsansprüche zu erhalten, ist die Geltendmachung der Ersatzleistung treuwidrig (vgl. → 2771). Zu erwägen ist auch, ob dem Arbeitgeber in dieser Situation ein Anfechtungsrecht eingeräumt wird.

2712a Nach § 3 Abs. 3 EFZG, der von den Rückänderungen unberührt geblieben ist, entsteht der Anspruch auf Entgeltfortzahlung erst nach vierwöchiger ununterbrochener Dauer des Arbeitsverhältnisses. Für Arbeitgeber und Arbeitnehmer heißt das nach überwiegend vertretener Auffassung: Die Entgeltfortzahlung beginnt erst mit dem ersten Tag der 5. Woche.

Zwei andere Extrempositionen sind denkbar: Teilweise wird angenommen, dass der in den ersten 4 Wochen erkrankte Arbeitnehmer dann mit Beginn der 5. Woche das rückständige Arbeitsentgelt nachgezahlt erhalte *(so Buschmann, AuR 1996, 285)*. Nach a.A. wird der Zeitraum der Krankheit während der Wartezeit auf den Entgeltfortzahlungszeitraum angerechnet mit der Folge, dass – im Extremfall – nur ein zweiwöchiger Anspruch auf Entgeltfortzahlung besteht.

Die überwiegende und richtige Auffassung lehnt beides ab *(so jetzt auch ausdrücklich BAG 26.05.1999, EzA § 3 EFZG Nr. 7 und zwar sogar für den Sonderfall der Anlasskündigung)*. Sie billigt dem arbeitsunfähig erkrankten Arbeitnehmer in den ersten 4 Wochen nur einen **Anspruch auf Krankengeld** zu. Dieser besteht allerdings u.U. nicht, wenn der Arbeitnehmer wegen der Krankheit die Arbeit nicht aufnimmt oder – früher – ein missglückter Arbeitsversuch vorlag *(s. aber BSG 29.09.1998, NZS 1999, 500 – Aufgabe der Rechtsfigur des missglückten Arbeitsversuchs)*.

Nach Ablauf der vierwöchigen Wartezeit behält der Arbeitnehmer seinen **Entgeltfortzahlungsanspruch für volle 6 Wochen;** etwaige **Vorerkrankungen innerhalb der Wartezeit** werden also **nicht angerechnet** (vgl. → Rz. 2724 ff.).

Fazit: Beginnt eine **Erkrankung in der Wartezeit und dauert sie über diese hinaus fort,** so setzt der Entgeltfortzahlungsanspruch mit dem ersten Tag der 5. Beschäftigungswoche ein und dauert dann maximal 6 Wochen. Dies ergibt sich schon daraus, dass § 3 Abs. 3 EFZG nur auf die Dauer des Arbeitsverhältnisses, nicht aber auf den krankheitsfreien Verlauf abstellt. Kündigt der Arbeitgeber das Arbeitsverhältnis in der Wartezeit des § 3 Abs. 3 EFZG aus Anlass der Arbeitsunfähigkeit, so bleibt er allerdings zur Entgeltfortzahlung auch über den Ablauf der Kündigungsfrist hinaus verpflichtet *(BAG 26.05.1999, 5 AZR 338/98)*.

Wichtig für den Arbeitnehmer ist: **Anzeige- und Nachweispflichten** gelten grundsätzlich unabhängig davon, ob ein Anspruch auf Entgeltfortzahlung im Krankheitsfall besteht. Daher ist auch bei Erkrankungen in der Wartezeit die Anzeige- und Nachweispflicht des

§ 5 EFZG zu beachten (vgl. → Rz. 2751 ff.). Pflichtverletzungen können durch Kündigung sanktioniert werden. Allerdings besteht in den ersten 6 Monaten des Arbeitsverhältnisses ohnehin Kündigungsfreiheit.

b) Krankheit

Voraussetzung des Anspruchs auf Entgeltfortzahlung ist, dass der Arbeitnehmer infolge **einer auf Krankheit beruhenden Arbeitsunfähigkeit an der Arbeitsleistung gehindert** ist (objektiver Kausalitätszusammenhang). Die arbeitsrechtliche Krankheit i.S.d. EFZG kann, muss aber nicht identisch mit dem medizinischen Begriff der Krankheit sein *(s. etwa Lepke, NZA-RR 1999, 57).* 2713

Unter **Krankheit** in diesem Sinne ist der regelwidrige körperliche oder geistige Zustand zu verstehen, der eine Arbeitsunfähigkeit herbeiführt oder einer Heilbehandlung bedarf. Daher stellt eine normal verlaufende Schwangerschaft keine Krankheit dar. Für die Annahme einer Krankheit ist es unerheblich, worauf diese beruht. Allerdings kommt bei **eigenverschuldeter Krankheit** ein Ausschluss des Entgeltfortzahlungsanspruchs in Betracht. **Krankheiten, die die Arbeitsleistung nicht beeinträchtigen,** sind keine solchen im Sinne des Entgeltfortzahlungsrechts (s. auch → Rz. 2714).

> **BEISPIEL:**
> Leidet der Arbeitnehmer an einer Diabetes und ist hierdurch seine Arbeitsfähigkeit nicht beeinträchtigt, so ist er zwar im medizinischen Sinne krank, nicht jedoch im Sinne des Entgeltfortzahlungsrechts.
> Er kann also nicht der Arbeit fernbleiben und Entgeltfortzahlung beanspruchen.

c) Arbeitsunfähigkeit

Nicht jede Krankheit ist jedoch geeignet, den Entgeltfortzahlungsanspruch auszulösen. Vielmehr ist hierfür erforderlich, dass die **Krankheit Arbeitsunfähigkeit** nach sich zieht. Arbeitsunfähig infolge Krankheit ist der Arbeitnehmer, der aufgrund des Krankheitsgeschehens außerstande ist, **die ihm nach dem Arbeitsvertrag obliegende Arbeit** zu verrichten. Dem steht es gleich, wenn er die Arbeit nur unter der Gefahr fortsetzen könnte, in absehbarer Zeit seinen Krankheitszustand zu verschlimmern. Arbeitsunfähigkeit liegt auch dann vor, wenn der Arbeitnehmer sich präventiv behandeln lässt, um künftig nicht an seiner Arbeitsleistung gehindert zu sein. 2714

> **BEISPIEL:**
> Der Arbeitnehmer lässt einen Bandscheibenvorfall operativ beheben. Hierdurch wird es ihm ermöglicht, zukünftig seine Tätigkeit als Packer weiter auszuüben.

Auch bei einer **Nachbehandlung nach ausgeheilter Krankheit** liegt Arbeitsunfähigkeit vor. Etwas anderes gilt, wenn der Arbeitnehmer infolge der Krankheit nur den **Arbeits-**

weg nicht zurücklegen kann, zur Erbringung der Arbeitsleistung jedoch in der Lage wäre. **Das »Wegerisiko« trägt der Arbeitnehmer!**

Bei **Organspenden** besteht regelmäßig kein Anspruch auf Entgeltfortzahlung im Krankheitsfall. Die hierdurch verursachte Arbeitsunfähigkeit überschreitet die Grenze des vom Arbeitgeber zu tragenden Krankheitsrisikos. Regelmäßig wird der hierdurch bedingte Verdienstausfall zu den Kosten der Krankenhilfe bzw. Heilbehandlung des Empfängers der Organspende gehören und daher von der Krankenkasse oder Berufsgenossenschaft zu tragen sein.

2715 Häufige Quelle des Ärgers sind **Arztbesuche des Arbeitnehmers während der Arbeitszeit.** Viele Arbeitgeber nehmen hier an, dass mehr der Wunsch des Arbeitnehmers als der des Arztes den Arbeitsausfall verursacht und versuchen dem entgegenzuwirken indem sie entsprechende »Arzt-Bescheinigungen« einführen (s. → Rz. 2715a).

Bei **Arztbesuchen**, die der Arbeitnehmer während der Arbeitszeit unternimmt, ist wie folgt zu unterscheiden:

- Erfolgt der Arztbesuch, weil der Arbeitnehmer arbeitsunfähig erkrankt ist, ist das Entgelt nach den Regelungen des EFZG fortzuzahlen.
- Begibt sich der Arbeitnehmer wegen einer nicht die Arbeitsunfähigkeit nach sich ziehenden Krankheit zum Arzt, steht ihm grundsätzlich für die Dauer der ärztlichen Behandlung Entgeltfortzahlung im Krankheitsfall zu, wenn nur die Termingestaltung des Arztes, auf die der Arbeitnehmer keinen Einfluss nehmen kann, den Ausfall des Entgelts verursacht hat.
- Gleiches gilt, wenn ein Abwarten bis zum Dienstschluss die Genesung gefährdet oder ernste Anzeichen für eine Krankheit bestehen, auch wenn die Untersuchung den Verdacht nicht bestätigt.
- Keinen Anspruch auf Entgeltfortzahlung hat der Arbeitnehmer, wenn er den **Termin ohne Not in die Arbeitszeit legt.**

Diese Grundsätze gelten auch bei **Heilbehandlungen** (Massagen, Bestrahlungen etc.).

Häufig regeln **tarifliche Bestimmungen,** dass für Zeiten eines notwendigen Arztbesuches das Entgelt fortzuentrichten ist. Die gesamte Bandbreite des Themas **Entgeltfortzahlung bei Arztbesuchen** verdeutlicht die Entscheidung des LAG Schleswig-Holstein *(12.11.1992, LAGE § 4 TVG Metallindustrie Nr. 24).* Dieses hat darauf erkannt, dass **keine Entgeltfortzahlung** für einen Arztbesuch zu leisten ist, wenn **nur terminliche Schwierigkeiten** in der Organisation der Arztpraxis zu dem Arbeitsausfall führen, in einem **Tarifvertrag aber medizinische Gründe** für die Fortzahlung des Entgelts zur Voraussetzung gemacht werden. In der Praxis ist also wie folgt vorzugehen:

- Zunächst muss die **Rechtsgrundlage** gesucht werden, die **für die Entgeltfortzahlung** in Betracht kommt.
- **Häufig bestehen tarifliche Regelungen,** die entweder neben oder an die Stelle der gesetzlichen Regelung treten.

- Liegt eine **abschließende tarifliche Regelung** vor, die eine Entgeltfortzahlung im Einzelfall ausschließt, so **verbaut diese den Rückgriff auf § 616 BGB**. Sie ist dann allein maßgeblich.

Wichtig ist: Der Arbeitgeber kann, **nicht mitbestimmungsfrei** den Arbeitnehmer anhalten, sich die Notwendigkeit des Arztbesuchs während der Arbeitszeit auf einem Formblatt bestätigen zu lassen. Das BAG *(21.01.1997, EzA § 87 BetrVG 1972 Betriebliche Ordnung Nr. 22)* sieht hierin eine **Regelung der betrieblichen Ordnung**. Dementsprechend sind einseitige Anordnungen des Arbeitgebers in diesem Bereich unwirksam. Gleichwohl sollte der Arbeitgeber in Kooperation mit dem Betriebsrat versuchen, derartige Nachweispflichten zu statuieren. Hiervon kann **im Einzelfall eine heilsame Wirkung ausgehen!** Angesichts zunehmender Arbeitszeitflexibilisierung sollte jeder Arbeitgeber in Verhandlungen mit dem Betriebsrat anstreben, dass Arztbesuche über ein Arbeitszeitkonto abgewickelt werden. Die zeitliche Lage tritt dann in den Hintergrund. Vorteile liegen hier auf beiden Seiten: Der Arbeitnehmer kann den Termin so disponieren, dass Wartezeiten beim Arzt und Störungen des Betriebsablaufs vermieden werden; der Arbeitgeber erspart sich zeitintensive und motivationshemmende Kontrollmechanismen.

2715a

Für die Frage, ob Arbeitsunfähigkeit infolge Krankheit vorliegt, muss nach den eingangs gemachten Bemerkungen (vgl. → Rz. 2713 f.) auf den **jeweiligen Arbeitnehmer** und die von ihm **zu verrichtende Tätigkeit** abgestellt werden. Es kommt darauf an, ob dem konkreten Arbeitnehmer die von ihm geschuldete Arbeitsleistung unmöglich oder unzumutbar ist.

2716

So kann ein und dieselbe Krankheit bei verschiedenen Arbeitnehmern ganz unterschiedlich im Sinne des Entgeltfortzahlungsrechtes zu werten sein.

Ist der Arbeitnehmer infolge Erkrankung nicht in der Lage, seine bisherige vertraglich geschuldete Arbeitsleistung zu erbringen, könnte er aber eine andere Tätigkeit verrichten, kann ihm eine solche regelmäßig nicht zugewiesen werden. Eine Ausnahme gilt, wenn das **Direktionsrecht des Arbeitgebers** dies zulässt.

d) Ursachenzusammenhang

Ein Entgeltfortzahlungsanspruch setzt nicht nur Krankheit und hierdurch **verursachte** Arbeitsunfähigkeit voraus, sondern verlangt auch einen **Ursachenzusammenhang zwischen der Arbeitsunfähigkeit und der Verhinderung an der Arbeitsleistung**. Die Arbeitsunfähigkeit muss die alleinige Ursache der Arbeitsverhinderung sein. Dies bedeutet: Ohne die krankheitsbedingte Arbeitsunfähigkeit hätte der Arbeitnehmer einen Anspruch auf Arbeitsentgelt erwerben müssen.

2717

Beruht also beispielsweise die Nichtleistung der Arbeit auch auf dem **fehlenden Arbeitswillen** des erkrankten Arbeitnehmers, was natürlich nur schwer nachweisbar ist, hat dieser keinen Anspruch auf Entgeltfortzahlung. Dies dürfte aber allenfalls ein theoretischer Fall sein.

Wichtiger sind die Auswirkungen von Streik und Aussperrung auf den Entgeltfortzahlungsanspruch. Bei einem **Arbeitskampf** ist der Arbeitgeber dann nicht zur Lohnzahlung verpflichtet, wenn dieser zur **völligen Stillegung des Betriebes** führt. Bei einem Streik ist darauf abzustellen, ob der Arbeitnehmer bei Arbeitsfähigkeit an der Arbeit verhindert gewesen wäre.

BEISPIEL:

Arbeitnehmer A erkrankt im Urlaub. Während dieser Zeit wurde in seinem Betrieb gestreikt. Alle nicht am Streik teilnehmenden Arbeitnehmer wurden während der Streikdauer weiterbeschäftigt. A übersandte regelmäßig Arbeitsunfähigkeitsbescheinigungen.

Im Beispielsfall steht A ein Anspruch auf Entgeltfortzahlung zu. Ein Arbeitnehmer, der **während eines Urlaubs, der vor Beginn eines Streiks gewährt wird**, arbeitsunfähig erkrankt, behält seinen Entgeltanspruch, wenn er sich **nicht am Streik beteiligt** und seine Beschäftigung möglich gewesen wäre.

Bei einer **Aussperrung** muss hypothetisch gefragt werden, ob auch der jetzt erkrankte Arbeitnehmer ausgesperrt worden wäre. Wird die Arbeitszeit an einem Werktag wirksam verlegt, so hatte der Arbeitnehmer keinen **Anspruch auf Entgeltfortzahlung**. Dies gilt auch, wenn die für den 24.12. oder 31.12. vorgesehene Arbeit vorgeholt wird und der Arbeitnehmer dann an den vorgeholten Tagen erkrankt. Ursache des Arbeitsausfalls ist hier nicht die Krankheit, sondern die Verlegung der Arbeitszeit. Bei der Verlegung der Arbeitszeit ist gegebenenfalls das **Mitbestimmungsrecht des BR** zu berücksichtigen (§ 87 Abs. 1 Nr. 5 BetrVG)!

Ob das **Fehlen einer Arbeitserlaubnis** eine der Entgeltfortzahlung entgegenstehende Tatsache ist, ist anhand des hypothetischen Kausalverlaufs unter Berücksichtigung aller Umstände zu prüfen. Hierbei kann die **später eingetretene tatsächliche Entwicklung** herangezogen werden. Dies bedeutet: Ergibt die Prüfung des hypothetischen Kausalverlaufs, dass die fehlende Arbeitserlaubnis **sofort erteilt worden wäre,** ist ihr Fehlen für den Arbeitsausfall nicht mitursächlich. Dem Arbeitnehmer stehen dann Entgeltfortzahlungsleistungen zu *(BAG 26.06.1996, BB 1996, 2045).* Bleibt dies zweifelhaft oder wäre sie unzweifelhaft nicht erteilt worden, steht dem Arbeitnehmer keine Entgeltfortzahlung zu.

2718 Wird dem Arbeitnehmer ein **unbezahlter Sonderurlaub** gewährt, so steht ihm kein Anspruch auf Entgeltfortzahlung zu, wenn er in diesem Zeitraum arbeitsunfähig erkrankt. Gleiches gilt für **Zeiten des Erziehungsurlaubes** (s. → Rz. 2919). Allerdings kann der Erziehungsurlauber erklären, er trete den Erziehungsurlaub erst nach **Wiederherstellung der Arbeitsfähigkeit** an. In diesem Fall ist die Vergütung fortzuzahlen.

Diese Beispiele machen deutlich: **Es ist eine hypothetische Betrachtung anzustellen!** Ohne die krankheitsbedingte Arbeitsunfähigkeit hätte der Entgeltfortzahlung beanspruchende Arbeitnehmer seine Arbeitsleistung erbringen können und wollen. Der **Arbeitgeber** muss darlegen und beweisen, dass die Arbeitsunfähigkeit nicht die alleinige Ursache für den Ausfall der Arbeitsleistung war.

e) Teilarbeitsunfähigkeit und Wiedereingliederungsverhältnisse

Ist der Arbeitnehmer infolge der krankheitsbedingten Arbeitsunfähigkeit **nur teilweise daran gehindert, seine Arbeitsleistung zu erbringen**, so spricht man von **Teilarbeitsunfähigkeit**. Überraschenderweise steht diese Teilarbeitsunfähigkeit der vollen Arbeitsunfähigkeit regelmäßig gleich. Der Arbeitnehmer ist also grundsätzlich nicht verpflichtet, eine Arbeitsleistung teilweise zu erbringen.

2719

BEISPIEL:

Die Sekretärin S ist nach schwerer Erkrankung nur in der Lage, täglich 2 Stunden zu arbeiten. Ihre übliche Arbeitszeit beträgt 8 Stunden.

Im Beispielsfall kann der Arbeitgeber von der S nicht verlangen, dass sie täglich 2 Stunden zur Arbeit erscheint.

Ob andererseits **der Arbeitnehmer verlangen kann, zumindest teilweise beschäftigt zu werden**, ist umstritten. Es kommt hier darauf an, ob dem Arbeitgeber die nur teilweise Erfüllung zumutbar ist. Regelmäßig wird die teilweise Erbringung der Arbeitsleistung aber für beide Parteien sinnvoll sein. Dies kann anders sein, wenn der Arbeitgeber eine **krankheitsbedingte Kündigung** aussprechen möchte oder arbeitsorganisatorische Gründe gegen die Tätigkeit des Arbeitnehmers sprechen.

In diesem Zusammenhang stellt sich auch die Frage, ob der Arbeitnehmer, der seine ursprüngliche Tätigkeit krankheitsbedingt nicht ausüben kann, zur **Ableistung einer anderen Tätigkeit** verpflichtet ist.

2720

BEISPIEL:

Arbeitnehmerin A ist mit Lagerarbeiten beschäftigt. Hierbei hat sie regelmäßig Pakete mit Gewichten bis zu 20 Kilo zu heben. Diese Tätigkeit ist im Stehen auszuüben. Infolge eines Bandscheibenvorfalls ist A momentan nur in der Lage, Pakete bis zu 5 Kilo zu heben. Zudem kann sie im Wesentlichen nur eine sitzende Tätigkeit verrichten. Arbeitgeber B weist ihr daraufhin eine mit dem Krankheitsbild vereinbare Tätigkeit zu.

Hier gilt: Der Arbeitnehmer ist auch dann durch Krankheit bedingt arbeitsunfähig, wenn er seine vertraglich geschuldete Arbeitspflicht **anstatt voll nur teilweise erbringen kann**. Andere, gleichartige Tätigkeiten muss er nur dann ausführen, wenn der Arbeitgeber befugt ist, ihm diese zuzuweisen. Es handelt sich also um eine Frage des Direktionsrechts, mithin um eine solche der **arbeitsvertraglichen Vereinbarungen** der Parteien. Schuldet A im Beispielsfall nur die stehende Tätigkeit, so ist sie insgesamt arbeitsunfähig.

Das Vorliegen einer im Arbeitsrecht relevanten, zur **Arbeitsunfähigkeit** führenden Krankheit kann nur an der jeweils zu verrichtenden Tätigkeit gemessen werden! Je weiter der mögliche Tätigkeitsbereich ist, desto seltener liegt Arbeitsunfähigkeit vor. Andererseits kann sich ein weiter Tätigkeitsbereich zum Nachteil des Arbeitgebers auswirken, wenn es um betriebsbedingte Kündigungen geht (s. → Rz. 4451 ff.; s. hierzu auch Bernardi, Krankheitsbedingte Kündigung – Vermeidbarkeit durch Beschäftigung auf einem anderen Arbeitsplatz, NZA 1999, 683).

Insgesamt ist das **Problem der Teilarbeitsunfähigkeit/Teilarbeitsfähigkeit** noch nicht hinreichend geklärt. Die »Schwarz-Weiß-Malerei« der Rechtsprechung führt nicht zu überzeugenden Ergebnissen.

2721 Andere Probleme stellen sich dann, wenn der Arbeitnehmer nach Krankheit seine bisherige Tätigkeit **teilweise wieder verrichten kann, er aber weiterhin arbeitsunfähig ist.** Hier wird dem Arbeitnehmer durch die Vorschrift des § 74 SGB V eine stufenweise Wiederaufnahme seiner Tätigkeit ermöglicht, um seine **Wiedereingliederung in das Erwerbsleben** zu fördern. Daher soll der Arzt auf einer **Arbeitsunfähigkeitsbescheinigung** Art und Umfang der möglichen Tätigkeiten angeben (s. auch → Rz. 2879).

Wird der Arbeitnehmer nach § 74 SGB V zur Wiedereingliederung beschäftigt, bleibt hiervon die bestehende Arbeitsunfähigkeit unberührt. Das bedeutet etwa, dass ein **Urlaubsanspruch** im Wiedereingliederungsverhältnis nicht erfüllt werden kann *(BAG 19.04.1994, EzA § 7 BUrlG Nr. 95)*. Hierauf sollte der Arbeitnehmer vorsorglich hingewiesen werden, um Missverständnissen vorzubeugen.

Das zwischen Arbeitgeber und Arbeitnehmer zum Zwecke der Wiedereingliederung begründete Rechtsverhältnis ist »ein solches eigener Art«. Dies bedeutet: Im Wiedereingliederungsverhältnis steht dem Arbeitnehmer ohne ausdrückliche Zusage **kein Vergütungsanspruch** zu. Auch sonstige Nebenleistungen müssen nicht gewährt werden. Dies gilt etwa für die Fahrtkostenerstattung nach § 7 BRTV-Bau *(BAG 28.07.1999, EzA § 74 SGB V Nr. 3)*. Er erhält Entgeltfortzahlung im Krankheitsfall oder Krankengeld von der Krankenkasse. Diesen evtl. interessanten Aspekt sollten die Arbeitgeber bei der Wiedereingliederung immer im Auge behalten. Andererseits ist eine nur teilweise Beschäftigung aus betrieblicher Sicht häufig nicht unproblematisch.

Die Krankenkassen standen früher auf dem Standpunkt, auf das Krankengeld müsse das für die Zeit der tatsächlichen Arbeitsleistung zu beanspruchende **Teil-Arbeitsentgelt angerechnet werden.** Seit März 1993 *(ErsK 1993, 269)* folgen die Krankenkassen **der arbeitsgerichtlichen Rechtsprechung,** wonach **ohne ausdrückliche Zusage kein Anspruch auf Arbeitsentgelt** besteht. Sie gewähren deshalb nunmehr **Krankengeld in voller Höhe** und machen **keine Erstattungsansprüche gegen Arbeitgeber** mehr geltend.

Es kann sich empfehlen, eine Wiedereingliederungsmaßnahme in Zusammenarbeit von (Betriebs-)krankenkasse, Betriebsarzt, zuständiger Abteilung, Betriebsrat und Betroffenem in Form eines **Wiedereingliederungsplans** zu begleiten. Dabei kann dem Arbeitnehmer als Anreiz auch ein Zuschuss zum Krankengeld gewährt werden (etwa 100 EUR pro vollem Monat der Wiedereingliederungsmaßnahme). Zum Gesamtkomplex Wiedereingliederung kann eine freiwillige Betriebsvereinbarung abgeschlossen werden.

2722 Anderes galt früher für den **(missglückten) Arbeitsversuch.**

BEISPIEL:

Ein Zimmerergeselle hatte sich den kleinen Finger der linken Hand verstaucht und war deshalb für 2 Wochen arbeitsunfähig krank. Der behandelnde Arzt geht jedoch nunmehr von einer Wiederherstellung der Arbeitsfähigkeit aus. Tatsächlich kann der Geselle die Arbeit nur unter Schmerzen verrichten und muss den Finger ständig abspreizen, um eine Berührung mit Arbeitsmaterialien zu vermeiden. Daraufhin wird er zur Fortsetzung der Behandlung erneut krankgeschrieben.

Hier stellte die Arbeitsaufnahme einen **missglückten Arbeitsversuch** dar. Dies hatte zur Folge, dass die erste Erkrankung als fortbestehend angesehen wurde. Die erste und die sich an den Arbeitsversuch anschließende zweite Krankheitszeit waren im Sinne des Entgeltfortzahlungsrechts zu einem einzigen Arbeitsunfähigkeitszeitraum zusammenzuziehen. Es galt der Grundsatz der Einheit des Verhinderungsfalles. Folge: Es wurde nur einmal ein Anspruch auf Entgeltfortzahlung für 6 Wochen ausgelöst (s. auch → Rz. 2718 ff.).

Bei dem **missglückten Arbeitsversuch** handelte es sich um eine Beschäftigung, zu deren Ausübung der Arbeitnehmer infolge einer bereits bei Arbeitsaufnahme bestehenden Krankheit nicht oder nur unter schwerwiegender Gefährdung seiner Gesundheit fähig war und die deshalb vor Ablauf einer wirtschaftlich ins Gewicht fallenden Zeit endete (BSG 19.12.1974, EEK I/447). Das BSG (04.12.1997, EzA § 5 SGB V Nr. 1) hat später entschieden, dass die **Grundsätze des missglückten Arbeitsversuchs** in ihrer bisherigen Ausprägung **keine Anwendung** mehr finden sollen, nachdem das Recht der Krankenversicherung durch das Gesundheitsstrukturgesetz völlig neu geregelt worden ist. Das SGB V mache, so das BSG (a.a.O.) die Versicherungspflicht allein davon abhängig, dass eine versicherungspflichtige Beschäftigung vorliegt. Unerheblich sei der Beweggrund für die Aufnahme der Beschäftigung. Da heißt: Wenn die gesetzlichen Anforderungen erfüllt sind, steht dem Versicherungsschutz nichts entgegen. Das SGB V enthält keine Voraussetzung dergestalt, dass die **Versicherungspflicht von bestimmten gesundheitlichen Voraussetzungen oder von Arbeitsfähigkeit abhängt.** Der Gedanke des **missbräuchlichen Erschleichens von Versicherungsschutz** kommt nur unter dem Blickwinkel des § 117 BGB in Betracht. Wird also eine **Beschäftigung nur vorgetäuscht,** liegt kein versicherungspflichtiges Beschäftigungsverhältnis i.S.d. SGB V vor. Leistungen können dann nicht in Anspruch genommen werden.

Fazit aus der neueren Rechtsprechung des BSG *(s. auch 29.09.1998, NZS 1999, 500)*: Die Rechtsfigur des missglückten Arbeitsversuchs ist nicht mehr anzuwenden; eine die Krankenversicherungspflicht begründende Beschäftigung liegt aber nicht vor, wenn ein Arbeitsverhältnis nur zum Schein oder in der Absicht begründet wird, die Tätigkeit unter Berufung auf die bestehende Arbeitsunfähigkeit nicht anzutreten oder alsbald wieder aufzugeben.

f) Entgeltfortzahlung bei Schwangerschaftsabbruch

Das BVerfG *(28.05.1993, EuGRZ 1993, 229 ff.)* hat u.a. dazu Stellung genommen, inwieweit der Arbeitgeber bei einem **Schwangerschaftsabbruch** der Arbeitnehmerin zur **Entgeltfortzahlung** verpflichtet ist. Nach Auffassung des BVerfG ist das Arbeitsentgelt fortzuzahlen, wenn die Schwangerschaft innerhalb von 12 Wochen nach der Empfängnis durch einen Arzt abgebrochen wird, die schwangere Frau den Abbruch verlangt und sie dem Arzt durch eine Bescheinigung nachgewiesen hat, dass sie sich mindestens drei Tage vor dem Eingriff von einer anerkannten Beratungsstelle hat beraten lassen. Bei dem »be-

2723

ratenen Schwangerschaftsabbruch« bleibt der Arbeitgeber daher zur Entgeltfortzahlung verpflichtet (s. § 3 Abs. 2 EFZG und *BAG 14.12.1994, EzA § 1 LohnFG Nr. 126* – bei Notlagenindikation erforderlich, dass die Notlage in einem schriftlichen ärztlichen Attest festgestellt worden ist; zur Gesamtregelung s. *Pallasch, NJW 1995, 3025).*

3. Zeitraum der Entgeltfortzahlung

2724 Das Arbeitsentgelt wird höchstens jedoch für die Dauer von 6 aufeinanderfolgenden Wochen, also 42 Kalendertagen, fortgezahlt. Der **6-Wochen-Zeitraum** verlängert sich nicht um Tage eines Streiks oder einer Aussperrung. Vielmehr werden auch solche Zeiten, in denen im Betrieb des erkrankten Arbeitnehmers nicht gearbeitet wird, bei der maximalen Bezugsdauer mitgerechnet! Der **Anspruch auf Entgeltfortzahlung** für 6 Wochen entsteht **in jedem Arbeitsverhältnis neu**, unabhängig von möglichen Ansprüchen aus vorangegangenen Arbeitsverhältnissen mit anderen Arbeitgebern.

a) Beginn des 6-Wochen-Zeitraums

2725 Der **6-Wochen-Zeitraum beginnt** mit dem Tage, der auf den Tag der Arbeitsunfähigkeit folgt (§ 187 Abs. 1 BGB). Der Tag, an dem die Arbeitsunfähigkeit auftritt, zählt also dann nicht mit, wenn die Arbeitsunfähigkeit erst im Laufe des Arbeitstages auftritt. Tritt sie schon zu Beginn des Arbeitstages auf, ist der Tag hingegen mit zu berücksichtigen.

BEISPIEL:

Erkrankt der Arbeitnehmer am 15.04. vor Arbeitsbeginn, so endet der 6-Wochen- Zeitraum am 26.05. Erkrankt der Arbeitnehmer hingegen am 15.04. erst nach Arbeitsaufnahme, so zählt dieser Tag nicht mit. Der 6-Wochen-Zeitraum reicht vom 16.04. bis zum 27.05..

Erkrankt der Arbeitnehmer während der Arbeitsschicht, kann der angebrochene Arbeitstag bei der Berechnung der 6-Wochen-Frist nicht mitgezählt werden, die Frist beginnt erst am Folgetag. Der Arbeitnehmer erhält jedoch auch für die verbleibende Zeit des ersten Arbeitstages, in dessen Verlauf er erkrankt ist, den vollen Lohn ausbezahlt. Dies gilt aber nicht, wenn es sich um eine Fortsetzungserkrankung handelt und der Entgeltfortzahlungsanspruch für diese Erkrankung bereits ausgeschöpft ist (s. zur Fortsetzungserkrankung → Rz. 2731 ff.).

b) Ende des 6-Wochen-Zeitraums

2726 Der Anspruch auf Fortzahlung des Arbeitsentgelts im Krankheitsfall endet mit **Wiedereintritt der Arbeitsfähigkeit, spätestens jedoch nach Ablauf des 6-Wochen-Zeitraums**. Der Anspruch auf Entgeltfortzahlung reicht aber nicht über den Tag hinaus, an dem das Arbeitsverhältnis wirksam durch eine Befristung oder Bedingung beendet wird, auch wenn zu diesem Zeitpunkt der 6-Wochen-Zeitraum noch nicht abgelaufen ist. Gleiches gilt in den Fällen der Anfechtung und der Berufung auf die Nichtigkeit eines Arbeitsverhältnisses.

Eine **Ausnahme** hiervon ist jedoch bei der so genannten »**Anlasskündigung**« zu machen. Kündigt der Arbeitgeber das Arbeitsverhältnis aus Anlass der Arbeitsunfähigkeit des Arbeitnehmers oder kündigt der Arbeitnehmer das Arbeitsverhältnis aus einem vom Arbeitgeber zu vertretenden Grunde, der den Arbeitnehmer zur Kündigung aus wichtigem Grund ohne Einhaltung einer Kündigungsfrist berechtigt, so bleibt der Arbeitgeber **über die Beendigung des Arbeitsverhältnisses hinaus bis zur Gesamtdauer von höchstens 6 Wochen zur Entgeltfortzahlung verpflichtet** (Anlasskündigung). Eine Kündigung aus Anlass der Arbeitsunfähigkeit liegt vor, wenn diese **wesentliche mitbestimmende Bedingung** für die Kündigung war.

Voraussetzung ist zunächst eine wirksame Kündigung des Arbeitsverhältnisses. Andernfalls ist der Arbeitgeber ohnehin zur Entgeltfortzahlung verpflichtet, da kein rechtliches Ende des Arbeitsverhältnisses durch die Kündigung eingetreten ist. Im Rahmen der Anlasskündigung geht es immer um die Frage, ob der Arbeitgeber **trotz rechtlichem Ende** des Arbeitsverhältnisses Entgelt fortzahlen muss. Achtung: Kündigt der Arbeitgeber das Arbeitsverhältnis in der Wartezeit des § 3 Abs. 3 EFZG aus Anlass der Arbeitsunfähigkeit, so bleibt er allerdings zur Entgeltfortzahlung auch über den Ablauf der Kündigungsfrist hinaus verpflichtet *(BAG 26.05.1999, EzA § 3 EFZG Nr. 7).*

2727

Bei der an sich wirksamen Kündigung muss es sich um eine **Anlasskündigung i.S.v. § 8 Abs. 1 EFZG** gehandelt haben Eine Kündigung aus Anlass der Arbeitsunfähigkeit liegt vor, wenn diese **wesentlich mitbestimmende Bedingung** für die Kündigung war. Es reicht aus, dass die Arbeitsunfähigkeit entscheidenden Anstoß zur Kündigung gegeben hat.

Als Faustformel kann gelten: Bei **betriebs- oder verhaltensbedingten Kündigungen** des Arbeitgebers endet damit der Entgeltfortzahlungsanspruch im Regelfall mit Ablauf der Kündigungsfrist. Bei diesen Arten der Kündigungen ist die Arbeitsunfähigkeit im Normalfall nicht wesentlich mitbestimmende Bedingung. **Grundsätzlich erforderlich ist daher die Kenntnis des Arbeitgebers von der Arbeitsunfähigkeit im Zeitpunkt des Ausspruchs der Kündigung.** Andernfalls kann die Arbeitsunfähigkeit nicht Anlass für die Kündigung gewesen sein (der Kenntnis des Arbeitgebers steht die Kenntnis seiner autorisierten Vertreter gleich). Bei Kenntnis des Arbeitgebers von der Arbeitsunfähigkeit ist eine **Anlasskündigung zu vermuten**. Der Arbeitgeber kann dies jedoch widerlegen.

- Ausnahmsweise: Anlasskündigung auch bei fehlender Kenntnis

Eine Anlasskündigung kommt im Ausnahmefall auch bei Unkenntnis von der Arbeitsunfähigkeit in Betracht. Nach der **Rechtsprechung** *(BAG 20.08.1980, EzA § 6 LohnFG Nr. 19; LAG Köln 14.01.1993, LAGE § 6 LohnFG Nr. 2)* liegt eine solche auch dann vor, wenn der Arbeitgeber zwar von der Krankheit keine Kenntnis hat, jedoch vor Ablauf der Frist zum Nachweis der Krankheit durch den Arbeitnehmer kündigt.

Wegen der Neuregelung der Nachweispflicht nach dem EFZG ist diese Rechtsprechung jetzt wohl so zu deuten, dass die Kündigung vor Ablauf des Arbeitstages, an dem die Krankheit gem. § 5 Abs. 1 Satz 2 EFZG nachgewiesen werden muss, ausgesprochen worden ist. Allerdings kann der Arbeitgeber auch in diesem Fall die bestehende **Vermutung** für eine **Anlasskündigung** dadurch **widerlegen**, dass er jedenfalls aus anderen Gründen gekündigt hätte. Sollen Entgeltfortzahlungsansprüche vermieden werden, kommt es hier also auf die **richtige Darlegung der Kündigungsgründe** an. Der Entgeltfortzahlungsanspruch wird i.Ü. nicht dadurch ausgeschlossen, dass das Arbeitsverhältnis vorzeitig endet, weil der Arbeitnehmer die ausgesprochene Kündigung hinnimmt.

Endet das Arbeitsverhältnis durch **Aufhebungsvertrag** (vgl. → Rz. 4001 ff.), so ist dieser wie eine Anlasskündigung zu behandeln, wenn die Auflösung des Arbeitsverhältnisses auf **Initiative des Arbeitgebers** hin aus Anlass der Arbeitsunfähigkeit vorgenommen wurde. Eine solche **Gleichstellung** ist insbesondere dann gerechtfertigt, wenn der Arbeitgeber zunächst eine Anlasskündigung ausgesprochen hatte, sich dann jedoch mit dem Arbeitnehmer auf eine einvernehmliche Aufhebung geeinigt hat.

Folgende **Beispielsfälle** verdeutlichen das Problem der Anlasskündigung:

BEISPIEL 1:

Arbeitnehmer A erscheint am 01.04. zum wiederholten Male nicht zur Arbeit. Arbeitgeber B gibt daraufhin noch am gleichen Tag das Schreiben mit der fristlosen Kündigung wegen wiederholten unentschuldigten Fehlens zur Post. A ruft am 02.04. bei B an und teilt diesem mit, sein Arzt habe ihn soeben für eine Woche arbeitsunfähig krank geschrieben.

Eine Anlasskündigung i.S.v. § 8 Abs. 1 Satz 1 EFZG liegt hier nicht vor, da die Arbeitsunfähigkeit des A erst eintrat, nachdem B die Kündigung abgesandt hatte. Deshalb schadet es B auch nicht, dass er vor Ablauf der in § 5 Abs. 1 Satz 2 EFZG normierten Nachweispflicht gekündigt hat. Eine Anlasskündigung setzt also grundsätzlich eine im Zeitpunkt des **Kündigungsausspruchs objektiv bestehende Arbeitsunfähigkeit** des Arbeitnehmers voraus (vgl. BAG 20.08.1980, EzA § 6 LohnFG Nr. 15).

BEISPIEL 2:

A fehlt seit dem 01.04. Am 03.04. erkrankt er arbeitsunfähig. Nachdem A sich bis dahin noch nicht gemeldet hatte, kündigt B am 06.04. fristlos. Einen Tag später (07.04.) geht ihm die Arbeitsunfähigkeitsbescheinigung des A für die Zeit vom 03.04. bis zum 10.04. zu.

In diesem Fall liegt **keine Anlasskündigung i.S.v. § 8 Abs. 1 Satz 1 EFZG** vor. B kann sich zurecht auf die fehlende Kenntnis von der Arbeitsunfähigkeit des A berufen. Die abzuwartende Nachweisfrist des § 5 Abs. 1 Satz 2 EFZG war spätestens am 06.04. abgelaufen. Diese begann nach § 187 Abs. 1 BGB mit dem 02.04. (Tag nach dem 1. Fehltag, nicht erst mit dem 04.04., 1. Tag nach Eintritt der Arbeitsunfähigkeit!) und endete gem. § 188 Abs. 1 BGB am 05.04. (sofern Arbeitstag, wegen der Neuregelung des § 5 Abs. 1 Satz 2 EFZG!) Vgl. BAG 20.08.1980, EzA § 6 LohnFG Nr. 18 = DB 1981, 112.

BEISPIEL 3:

A erkrankt am 01.04. arbeitsunfähig. Nachdem er sich am nächsten Tag nicht gemeldet hat, kündigt B am 03.04. mit einem dem A noch am gleichen Tag per Boten zugestellten Schreiben fristlos. Am 05.04. geht bei B die Arbeitsunfähigkeitsbescheinigung des A für die Zeit vom 01.04. bis zum 08.04. ein.

Obwohl B zum Zeitpunkt des Kündigungsausspruchs von der Arbeitsunfähigkeit des A nichts wusste, handelt es sich um eine **Anlasskündigung i.S.v. § 8 Abs. 1. Satz 1 EFZG**. Denn B hat vor Ablauf der Nachweisfrist des § 5 Abs. 1 Satz 2 EFZG gekündigt. (Ausnahme: B gelingt es zu beweisen, dass ihn andere Gründe als das krankheitsbedingte Fehlen des A zur Kündigung veranlasst haben) (vgl. BAG 26.04.1978, EzA § 6 LohnFG Nr. 7).

BEISPIEL 4:

A ist wegen eines Magengeschwürs für die Zeit vom 01.04 bis zum 10.04. arbeitsunfähig krank geschrieben. Am 08.04. kündigt er B die Wiederaufnahme der Arbeit für den 11.04. an. Dies erfolgt jedoch nicht. Vielmehr sucht A erneut seinen Arzt auf und lässt sich **wegen des Magengeschwürs** seine Arbeitsunfähigkeit diesmal **bis zum 19.04.** attestieren. Wegen der in der Vergangenheit bei A angefallenen hohen krankheitsbedingten Fehlzeiten, kündigt daraufhin B das Arbeitsverhältnis aus eben diesem Grund ordentlich unter Einhaltung der einschlägigen Kündigungsfrist zum 26.04. Am 19.04. bricht sich A ein Bein, was ab dem 20.04. die alleinige Ursache für seine weitere Arbeitsunfähigkeit bis zum 31.05. ist.

A kann in diesem Fall nur Entgeltfortzahlung **bis zum Ablauf der Kündigungsfrist am 26.04.** verlangen. Ein darüber hinausgehender Anspruch ergibt sich hier auch nicht aus § 8 Abs. 1 Satz 1 EFZG: Zwar handelt es sich unzweifelhaft um eine Anlasskündigung. Die Entgeltfortzahlungspflicht endet jedoch mit **Ablauf des Verhinderungsfalls** (nicht der Krankheit!), **der Anlass für die Kündigung war** (Grundsatz der Einheit des Verhinderungsfalls). Anlass für die Kündigung war in diesem Fall die Arbeitsunfähigkeit aufgrund des Magengeschwürs. Dieser endete am 19.04. Ab dem 20.04. beruhte die Arbeitsunfähigkeit ausschließlich auf dem Beinbruch. Für dieses neue Risiko braucht der bisherige Arbeitgeber nur bis zum Ende des Arbeitsverhältnisses einzustehen (BAG 02.12.1981, EzA § 6 LohnFG Nr. 20).

4. Entgeltfortzahlung bei wiederholter Arbeitsunfähigkeit

Grundsätzlich steht dem Arbeitnehmer bei jedem Krankheitsfalle ein Anspruch auf **Entgeltfortzahlung von bis zu maximal 6 Wochen** zu. Es findet also keine Addition der Fehlzeiten statt. Erkrankt der Arbeitnehmer also 8 mal pro Jahr für 6 Wochen, ist für insgesamt 48 Wochen das Entgelt fortzuzahlen.

2728

a) Arbeitsunfähigkeit infolge neuer Krankheit

Jede Arbeitsunfähigkeit, die auf einer **neuen Krankheit** beruht, begründet regelmäßig einen **neuen Entgeltfortzahlungsanspruch** für 6 Wochen. Dies gilt jedoch nicht, wenn zwischen 2 Krankheitszeiten keine Zeit der vollen Arbeitsfähigkeit vorliegt. Ein neuer Entgeltfortzahlungsanspruch wird also nicht ausgelöst, wenn während einer bestehenden Arbeitsunfähigkeit eine weitere neue Krankheit hinzutritt. Es gilt die so genannte »**Einheit des Verhinderungsfalles**«.

2729

BEISPIEL:

A liegt mit einem Beinbruch im Krankenhaus. Dort zieht er sich eine Lungenentzündung zu.
Folge: Entgeltfortzahlung für insgesamt maximal 6 Wochen.

2730

Zwischen 2 Krankheitszeiten muss der Arbeitnehmer nicht gearbeitet haben. Es genügt vielmehr völlig, wenn er **zwischenzeitlich »gesundgeschrieben«** war.

Es gilt also: Bei **mehreren selbständigen Verhinderungsfällen werden mehrere Entgeltfortzahlungszeiträume** ausgelöst.

Enthält eine ärztliche Bescheinigung **nur die Angabe eines Kalendertages**, so wird in der Regel Arbeitsunfähigkeit bis zum Ende der vom erkrankten Arbeitnehmer üblicherweise an diesem Kalendertag zu leistenden Arbeitszeit bescheinigt. Selbst wenn der Arbeitnehmer kurzfristig tatsächlich arbeitet, kann ein einheitlicher Verhinderungsfall vorliegen. Dies ist anzunehmen, wenn es sich um einen so genannten **Arbeitsversuch** handelt, der erkrankte Arbeitnehmer also bei fortbestehender Arbeitsunfähigkeit versucht hat, seine Tätigkeit wieder aufzunehmen (s. → Rz. 2722). Hier wird davon ausgegangen, dass der **ursprüngliche Verhinderungsfall fortbesteht**.

b) Fortsetzungserkrankungen

2731   Auch im **Bereich der Fortsetzungserkrankungen** gab es bisher Unterschiede.

Für Angestellte galt nach h.M., dass der Anspruch auf Entgeltfortzahlung neu entstand, wenn – gerechnet vom Ende der ersten Erkrankung an – zwischen zwei aufeinanderfolgenden Erkrankungen mindestens sechs Monate vergingen.

§ 1 Abs. 1 Satz 2 LohnFG sah für **Arbeiter** darüber hinaus aber noch eine sog. **Rahmenfrist** vor. Danach entstand der Anspruch auf Lohnfortzahlung bei Fortsetzungserkrankungen spätestens nach 12 Monaten neu. Eine entsprechende Regelung für Angestellte gab es in § 616 Abs. 2 BGB nicht und eine Übertragung der Arbeiterregelung auf Angestellte im Wege der richterlichen Rechtsfortbildung wurde von der Rechtsprechung abgelehnt *(s. mit weiteren Nachweisen Schulin, Münchener Handbuch zum Arbeitsrecht, § 82 Rdnr. 69)*. Dies ist entsprechend der günstigeren bisherigen Regelung für Arbeiter nun für alle Arbeitnehmer in § 3 Abs. 1 Satz 2 Nr. 2 EFZG festgeschrieben worden.

Das **Verhältnis des Sechs-Monats-Zeitraums zu dem Zwölf-Monats-Zeitraum** stellt sich so dar, dass der Sechs-Monats-Zeitraum den Vorrang genießt. Dies bedeutet, dass der Arbeitnehmer, der wegen derselben Krankheit – gerechnet vom Ende der Erkrankung an – sechs Monate nicht arbeitsunfähig war, einen neuen Entgeltfortzahlungsanspruch erwirbt. Die Zwölf-Monats-Frist beginnt dann erneut zu laufen. Es kommt dann also auf den Beginn der neuen Erkrankung an.

c) Besondere Probleme bei Mehrfacherkrankungen

2732   Die Berechnung des maximal 6-wöchigen Entgeltfortzahlungszeitraums im Krankheitsfall kann Probleme bereiten, wenn entweder **verschiedene Erkrankungen des Arbeitnehmers zeitgleich auftreten oder sich dieselbe Erkrankung mehrfach wiederholt**. In diesen Fällen stellt sich oftmals die Frage, ob eine Addition der Ausfallzeiten zu einem Entgeltfortzahlungszeitraum von maximal 6 Wochen vorzunehmen ist oder ob durch die erneute Arbeitsunfähigkeit dem Arbeitnehmer auch ein neuer, wiederum maximal 6-wöchiger Anspruch auf Entgeltfortzahlung zusteht. Angesprochen sind hier u.a. die Stichworte »**Einheit des Verhinderungsfalles«, Fortsetzungs- und Wiederholungserkrankung**.

Mit diesem Problemkreis hat sich die Rechtsprechung schon während der Geltung der alten gesetzlichen Regelungen zur Entgeltfortzahlung wiederholt befassen müssen. Da in diesem Punkt das neue Entgeltfortzahlungsrecht an die Altregelungen (speziell § 1 LohnFG) anknüpft, gelten die dort aufgestellten Grundsätze fort. Dabei ist immer folgendes zu beachten: Ein maximal 6-wöchiger Entgeltfortzahlungsanspruch wird **pro arbeitsunfähiger Erkrankung** ausgelöst. Dieselbe Krankheit liegt vor, wenn sie auf demselben Grundleiden beruht.

BEISPIEL:

Nach einem Beinbruch und sich anschließender Operation kommt es zu einer Entzündung der Operationsnarbe. Nach deren Heilung tritt eine Thrombose auf. Hier basieren sowohl die Entzündung als auch die Thrombose auf demselben Grundleiden.

Die Regelung des **§ 3 Abs. 2 Satz 2 EFZG** zur Mehrfacherkrankung lautet wie folgt: »Wird der Arbeitnehmer infolge derselben Krankheit erneut arbeitsunfähig, so verliert er wegen der erneuten Arbeitsunfähigkeit den Anspruch nach Satz 1 *(scil. den Entgeltfortzahlungsanspruch)* für einen weiteren Zeitraum von 6 Wochen nicht, wenn

- er vor der erneuten Arbeitsunfähigkeit **mindestens 6 Monate** nicht infolge derselben Krankheit arbeitsunfähig war, oder
- seit Beginn der ersten Arbeitsunfähigkeit infolge derselben Krankheit eine Frist von **12 Monaten** abgelaufen ist«.

2733

Die eigentlich nicht schwierig aussehende Regelung wirft zum einen dann Probleme auf, wenn **verschiedene Ausfallursachen** sich zeitlich überlappen. **Grundsätzlich** hat jeder Arbeitnehmer für jede Erkrankung, die Arbeitsunfähigkeit nach sich zieht, einen Anspruch auf Entgeltfortzahlung für maximal 6 Wochen.

Bei zeitlich hintereinander liegenden Arbeitsunfähigkeitszeiten, die auf verschiedenen Erkrankungen beruhen, wird also **jeweils ein eigener, maximal 6-wöchiger Entgeltfortzahlungsanspruch** ausgelöst.

Gleiches gilt, wenn es sich zwar um dieselbe Krankheit handelt, die **Vorerkrankung** aber zum Zeitpunkt des erneuten Auftretens aus medizinischer Sicht bereits **vollständig ausgeheilt** gewesen ist *(s. nur Vossen, HzA Gruppe 2, Rdnr. 172)*. Umgekehrt gilt bei Ausfallzeiten infolge **derselben Krankheit (Fortsetzungserkrankung)** das Gebot der Zusammenrechnung; d.h. der Arbeitnehmer kann den 6-Wochen-Zeitraum nur einmal ausschöpfen, die jeweiligen Ausfallzeiten werden addiert.

Beim **Zusammentreffen von mehreren verschiedenen Verhinderungsfällen**, also zeitlich sich überschneidenden Grundleiden, kommt es oftmals zu den eingangs erwähnten Unsicherheiten. Insoweit gilt allgemein, dass der Anspruch auf Entgeltfortzahlung auf die Dauer von insgesamt 6 Wochen seit Beginn der Arbeitsunfähigkeit begrenzt ist, wenn während einer bestehenden Arbeitsunfähigkeit eine neue, von der ersten unterschiedliche, Krankheit auftritt, die ebenfalls Arbeitsunfähigkeit nach sich zieht *(s. nur BAG 12.07.1989, EzA § 616 BGB Nr. 39; 19.06.1991, EzA § 1 LohnFG Nr. 119)*.

2734

Dies findet seine Begründung darin, dass schon alle bisherigen Rechtsgrundlagen und auch das neue Entgeltfortzahlungsgesetz nur auf die **Tatsache der Arbeitsunfähigkeit** abstellen, **nicht aber auf die der Arbeitsunfähigkeit zugrunde liegende Krankheit.**

Hieraus leitet sich der sog. **Grundsatz der »Einheit des Verhinderungsfalles«** ab. Treffen also mehrere Arbeitsverhinderungen zusammen, wird an sich nur ein einheitlicher Anspruch auf Entgeltfortzahlung für maximal 6 Wochen ausgelöst. Entscheidend ist hier nach Auffassung des BAG *(12.07.1989, a.a.O.)*, dass überhaupt eine Arbeitsverhinderung infolge Arbeitsunfähigkeit vorliegt. Deshalb bilde nicht jede durch eine Krankheit vermittelte Arbeitsunfähigkeit einen eigenen Verhinderungsfall.

Fazit: Bei einem einheitlichen Verhinderungsfall endet der Anspruch auf Entgeltfortzahlung mit Ablauf von 6 Wochen. Dies gilt auch, wenn die 2. Erkrankung kurz vor Wiedererlangung der Arbeitsfähigkeit zur ersten hinzutritt.

2735 **BEISPIEL 1: (»EINHEIT DES VERHINDERUNGSFALLES«)**

Krankheit A geht vom 06.3 – 03.4, Krankheit B setzt am 03.04. ein und reicht bis zum 24.04.; hier endet der Entgeltfortzahlungsanspruch am 17.04.

BEISPIEL 2: (SELBSTÄNDIGE VERHINDERUNGSFÄLLE)

Krankheit A endet bereits am 01.04.; Krankheit B setzt erst am 03.04. ein.

Hier wird für die Krankheit B ein eigener maximal 6-wöchiger Entgeltfortzahlungsanspruch ausgelöst.

BEISPIEL 3: (DAUER DER ARBEITSFÄHIGKEIT)

Krankheit A endet am 02.04.; Krankheit B beginnt wiederum am 03.04.

Nach ganz überwiegender Ansicht spielt es für den Neubeginn der 6-Wochen-Frist bei zeitlich hintereinander auftretenden unterschiedlichen Grundleiden keine Rolle, wie lange der krankheitsfreie Zustand andauerte. Unerheblich ist auch, ob der Arbeitnehmer zwischen 2 auf verschiedenen Grundleiden beruhenden Krankheitsursachen überhaupt die Arbeit wieder aufgenommen hat. Entscheidend ist nur, dass es sich um getrennte Verhinderungstatbestände handelte. Im Beispielsfall 3 löst die erneute Erkrankung an dem Leiden B also einen nochmaligen Entgeltfortzahlungsanspruch aus. Diese Rechtsprechung des BAG (s. nur 12.07.1989, EzA § 1 LohnFG Nr. 66) ist besonders misslich, wenn man sich die **»Krankschreibepraxis«** der Ärzte vor Augen führt. Hier zeigt sich, dass die meisten Krankschreibungen am Freitag enden und neue Krankschreibungen am Montag beginnen mit der Folge, dass jeweils eine Zusammenrechnung nach dem Grundsatz der »Einheit des Verhinderungsfalles« ausscheidet.

2736 **Nicht um 2 selbständige Verhinderungsfälle** handelte es sich demgegenüber, wenn der Arbeitnehmer nach dem vermeintlichen Ende der Arbeitsunfähigkeit einen sog. **»missglückten Arbeitsversuch«** unternahm (s. aber → Rz. 2722 zur versicherungsrechtlichen Seite dieser vom BSG **inzwischen aufgegebenen** Rechtsfigur).

BEISPIEL 4: (»MISSGLÜCKTER ARBEITSVERSUCH«)

Arbeitnehmer A hat sich eine Armfraktur zugezogen. Der Arzt geht von einer Wiederherstellung der Arbeitsfähigkeit aus. Tatsächlich hat A aber schon am ersten Tag der Wiederaufnahme der Arbeit so starke Schmerzen, dass er seinen Pflichten nicht nachkommen kann. Zudem zieht er sich infolge Überanstrengung eine Virusinfektion zu. Er meint, ihm stünde aufgrund der Virusinfektion ein erneuter Entgeltfortzahlungsanspruch für 6 Wochen zu.

Hier stellt die Arbeitsaufnahme einen missglückten Arbeitsversuch dar. Dies hat zur Folge, dass die erste Erkrankung als fortbestehend angesehen wird. Die erste und die sich an den Arbeitsversuch anschließende zweite Krankheitszeit sind im Sinne des Entgeltfortzahlungsrechts zu einem einzigen Arbeitsunfähigkeitszeitraum zusammenzuziehen. Es wird nur einmal ein Anspruch auf Entgeltfortzahlung für 6 Wochen ausgelöst. Der missglückte Arbeitsversuch hat somit den Verhinderungsfall Armfraktur nicht unterbrochen. Daher löst die Virusinfektion keinen neuen Entgeltfortzahlungsanspruch aus. Beachte aber: Das BSG hat seine Rechtsprechung insoweit aufgegeben (s. → Rz. 2722).

Im Grundsatz eindeutig ist die Rechtslage bei **Fortsetzungserkrankungen.** Hier gilt, dass die auf einem **einheitlichen Grundleiden beruhenden Verhinderungsfälle addiert werden.** Der Entgeltfortzahlungszeitraum ist also auf 6 Wochen begrenzt. 2737

Immer wieder schwierig ist daher das **Verhältnis mehrerer Krankheitszeiträume zueinander.**

Wie dies in einem praktischen Fall zu entscheiden ist, verdeutlicht nachfolgendes Beispiel, das einer Entscheidung des BAG nachgebildet ist:

BEISPIEL 5: (FORTSETZUNGSERKRANKUNG)

Arbeitnehmer A erkrankt an einem Lungenleiden vom 01.02. bis 14.03., sodann erneut vom 01.07. bis 20.08. und vom 05.02. bis 28.02. des Folgejahres.

In diesem Fall hat A Anspruch auf Gehaltsfortzahlung für den ersten und den dritten Krankheitszeitraum. Für den zweiten hat er deshalb keinen Anspruch auf Gehaltsfortzahlung, weil zwischen Ende der ersten (14.03.) und Beginn der zweiten Fortsetzungserkrankung (01.07.) nicht mehr als 6 Monate liegen (§ 3 Abs. 1 Nr. 1 EFZG). Der Anspruch für den dritten Zeitraum besteht , weil zwischen Beginn der ersten Fortsetzungserkrankung (01.02.) und Beginn der dritten (05.02. des Folgejahres) mehr als 12 Monate liegen (§ 3 Abs. 1 Nr. 2 EFZG).

Offen ist damit noch die Frage, wie zu verfahren ist, **wenn rückwirkend betrachtet Fortsetzungserkrankungen auftreten, die ursprünglich aufgrund der »Einheit des Verhinderungsfalles« keinen eigenständigen Entgeltfortzahlungsanspruch ausgelöst haben.** Dabei geht es im Kern um die Frage des Vorrangs von Ursächlichkeits- vor Zumutbarkeitserwägungen. 2738

BEISPIEL 6: (FORTSETZUNGSZUSAMMENHANG NICHT UNTERBROCHEN)

Der Arbeitnehmer war zu folgenden Zeiten infolge Asthmas arbeitsunfähig krank: 02.11. – 17.12.1979, 17.01. – 19.02.1980, 13.05. – 10.06.1980 (Heilkur) und 21.10.1980 – 12.01.1981. Die Zeit der Heilkur war eingebettet in eine weiterreichende Ausfallzeit wegen einer Armfraktur vom 17.04. – 12.08.1980. 2739

Hier lief also ein Teil der Fortsetzungserkrankung (Heilkur wegen Asthma) mit einer neuen Krankheit (Armfraktur) teilweise parallel.

Das BAG hatte bereits 1984 (22.08.1984, EzA § 1 LohnFG Nr. 73) darauf erkannt, dass in einem solchen Fall der Fortsetzungszusammenhang nicht unterbrochen wird: »Denn ob ein Fortsetzungszusammenhang zwischen der neuen und einer früheren Krankheit vorliegt und es sich daher um eine Fortsetzungserkrankung handelt oder nicht, ist eine rein tatsächliche Frage. Für deren Beantwortung bleiben weitere Umstände – wie das gleichzeitige Vorhandensein anderer Krankheitserscheinungen als selbständige Verhinderungstatbestände – außer Betracht«. Auch soll durch das zufällige Auftreten der weiteren Erkrankung mit Arbeitsunfähigkeit **keine Besserstellung des Arbeitnehmers** bedingt sein.

Da im Beispielsfall zwischen dem Ende der Heilkur und dem Beginn der neuen Ausfallzeit wegen Asthmas keine 6 Monate lagen und der Fortsetzungszusammenhang wegen der Armfraktur nicht unterbrochen worden war, schied der Beginn eines neuen Entgeltfortzahlungszeitraums aus. Auch der Jahreszeitraum des damals gültigen § 1 Abs. 1 Satz 2, 1. Halbs. LohnFG konnte dem Arbeitnehmer diesen nicht verschaffen, da zwischen dem 1. Auftreten der Arbeitsunfähigkeit wegen Asthmas und dem Beginn der Ausfallzeit im Oktober 1980 noch nicht 12 Monate verstrichen waren.

2740 Eine weitere Klarstellung hat dann das Urteil vom 19.06.1991 *(EzA § 1 LohnFG Nr. 119)* gebracht.

BEISPIEL 7: (ZEITGLEICHE FORTSETZUNGSERKRANKUNG)

Der Arbeitnehmer erkrankte vom 25.05. – 30.06. am Zwölffingerdarm. Vom 20.06. – 30.06. trat eine Lumbalgie hinzu. Vom 07.09. – 18.10. trat erneut eine Lumbalgie auf. Der von der Krankenkasse aus übergegangenem Recht (§ 115 SGB X) in Anspruch genommene Arbeitgeber vertrat die Auffassung, die Vorerkrankung sei auf den Entgeltfortzahlungsanspruch wegen Lumbalgie anrechenbar. Hier hat das BAG (a.a.O.) darauf erkannt, dass die erste Erkrankung an Lumbalgie wegen des bereits bestehenden Entgeltfortzahlungsanspruchs aufgrund der Erkrankung des Zwölffingerdarms nicht auf den ab den 07.09. bestehenden Entgeltfortzahlungsanspruch wegen Lumbalgie anrechenbar war.

In den Entscheidungsgründen hat sich das BAG (a.a.O.) maßgeblich darauf gestützt, dass es in der zu beurteilenden Fallkonstellation nicht auf Zumutbarkeitserwägungen ankomme, sondern die **Frage der Ursächlichkeit des 1. Verhinderungsfalles entscheidend** sei. Da für die Entgeltfortzahlung nur die Erkrankung des Zwölffingerdarms, nicht aber die Lumbalgie ausschlaggebend war, kam eine Anrechnung der Zeitspanne vom 20.06. – 30.06. konsequenterweise in Betracht.

2741 Dieselbe Überlegung war auch in der wenig beachteten Entscheidung vom 26.02.1992 *(EEK I/1007)* ausschlaggebend.

BEISPIEL 8: (ANRECHNUNG ZEITGLEICHER FORTSETZUNGSERKRANKUNG)

A war vom 03.04. – 15.05. wegen einer Wirbelsäulenerkrankung arbeitsunfähig krank. Vom 13.06. – 08.08. wurde er wegen eines psychischen Leidens behandelt. Während dieser Zeit trat vom 20.06. – 30.06. das Wirbelsäulenleiden erneut auf.

Auch hier schied nach Auffassung des BAG (a.a.O.) eine Anrechnung des 1. Zeitraums der Wirbelsäulenerkrankung auf den 2. Entgeltfortzahlungszeitraum aus. Die Wirbelsäulenerkrankung ab dem 20.06. stellte nämlich wegen der bereits seit dem 13.06. aufgrund des psychischen Leidens eingetretenen Arbeitsunfähigkeit keinen selbständigen Verhinderungsfall dar und konnte mithin keinen eigenen Entgeltfortzahlungsanspruch auslösen.

Allerdings weist Vossen (a.a.O. Rdnr. 186) zurecht darauf hin, dass die zweite Wirbelsäulenerkrankung bei der Berechnung der 6-Monats-Frist des § 1 Abs. 1 Satz 2, 2. Halbs. LohnFG (jetzt § 3 Abs. 1 Satz 2 Nr. 1 EFZG) zu berücksichtigen ist. Erkrankte der Arbeitnehmer etwa im November erneut an der Wirbelsäule, so würde die zweite Wirbelsäulenerkrankung bei der 6-Monats-Frist zu berücksichtigen sein. Er würde mithin keinen neuen Entgeltfortzahlungsanspruch erwerben. Insoweit gelten die Grundsätze des oben erwähnten Urteils vom 22.08.1984 (EzA § 1 LohnFG Nr. 73).

In einer neueren Entscheidung hatte das BAG *(02.02.1994, EzA § 1 LohnFG Nr. 125)* über eine weitere Fallkonstellation zu befinden:

BEISPIEL 9: (PARTIELL ZEITGLEICHE FORTSETZUNGSERKRANKUNG)

Vom 21.01. – 02.03. ist der Arbeitnehmer wegen einer Rippenfraktur arbeitsunfähig krank. Vom 19.02. – 12.03. leidet er zudem an einem Handekzem, was ebenfalls Arbeitsunfähigkeit nach sich zieht. Dieses Handekzem tritt erneut auf vom 17.04. – 09.05. und vom 07.11. – 19.11. Der Arbeitgeber leistet bis zum 03.03. Entgeltfortzahlung (also insgesamt 6 Wochen) und sieht i.Ü. den Entgeltfortzahlungszeitraum als verbraucht an. Die Krankenkasse meint, das Handekzem löse einen neuen Anspruch auf Entgeltfortzahlung für 6 Wochen aus.

Unzweifelhaft hat der Arbeitnehmer wegen des Handekzems keinen neuen Anspruch auf Entgeltfortzahlung wegen Verstreichens des 6-Monats-Zeitraums des § 1 Abs. 1 Satz 2, 2. Halbs. LohnFG (jetzt § 3 Abs. 1 Satz 2 Nr. 1 EFZG) erworben. Zwischen dem jeweiligen Ende der Arbeitsunfähigkeitsperioden lagen nämlich nie 6 Monate.

Im Beispielsfall bestand aber die **Besonderheit**, dass die 1. Erkrankung und die spätere Fortsetzungserkrankung **nicht zeitgleich endeten**. Hier liegt dann **für eine bestimmte Zeitspanne kein einheitlicher Verhinderungsfall** mehr vor, mit der Folge, dass der über die Ersterkrankung hinausreichende Zeitraum der Fortsetzungserkrankung auf deren spätere Abschnitte anzurechnen ist, wenn er einen eigenen Anspruch auf Entgeltfortzahlung ausgelöst hat. Ursächlich für die Entgeltfortzahlung war dann nämlich trotz des Grundsatzes der Einheit des Verhinderungsfalles nur die spätere Fortsetzungserkrankung. Im Beispielsfall bedeutete dies, dass am 03.03., dem letzten Tag des 6-Wochen-Zeitraums, als alleiniger Verhinderungsgrund das Handekzem die Entgeltfortzahlung auslöste. Dieser Tag war daher auf die späteren Zeiten der Fortsetzungserkrankung anrechenbar.

Da zwischen dem jeweiligen Ende der einzelnen Krankheitsperioden nie 6 Monate lagen und auch der Jahreszeitraum nicht anwendbar ist, musste das Gehalt wegen des Handekzems nur für insgesamt 42 Tage fortgezahlt werden (unter Einschluss des 03.03.).

2743 **CHECKLISTE**

- Das Hinzutreten einer anderen Krankheitserscheinung als selbständiger Verhinderungsgrund unterbricht den **»Fortsetzungszusammenhang« einer bestehenden Krankheit nicht** (vgl. Beispiel 6, → Rz. 2739).
- Im umgekehrten Fall – dem Hinzutreten einer Fortsetzungserkrankung zu einem bereits bestehenden Verhinderungsgrund – ist wie folgt zu differenzieren:
  - Auszugehen ist vom Grundsatz der »Einheit des Verhinderungsfalles«.
  - Enden beide Erkrankungen zur selben Zeit, oder endet die Fortsetzungserkrankung früher, fehlt es an der Ursächlichkeit der Fortsetzungserkrankung für die Entgeltfortzahlung. Tritt demnach eine **(spätere)** Fortsetzungserkrankung **erstmalig** zusammen mit einem anderen Verhinderungsfall in Erscheinung, löst das erneute Auftreten der Fortsetzungserkrankung unabhängig von dem 6-Monatszeitraum einen neuen Entgeltfortzahlungszeitraum aus (Beispiel 7).

    Eine nicht ursächlich gewordene Fortsetzungserkrankung kann aber dann relevant bleiben für die Frage, wann ein neuer 6-Wochen-Zeitraum ausgelöst wird, wenn sie nicht erstmalig, sondern bereits zum wiederholten Male aufgetreten ist (Beispiel 8).
  - Reicht eine **(spätere)** Fortsetzungserkrankung über den Verhinderungszeitraum einer anderen Krankheit hinaus, wird sie also für eine bestimmte Zeit **allein ursächlich** für die Entgeltfortzahlung, löst das erneute Auftreten der Fortsetzungserkrankung zwar einen neuen 6-Wochenzeitraum aus. Allerdings ist die Zeit, in der die Fortsetzungserkrankung **allein ursächlich** für die Entgeltzahlung gewesen ist, auf den neuen **6-Wochen-Zeitraum anzurechnen** (Beispiel 9).

2744 Die **Darlegungs- und Beweislast** für das **Vorliegen einer Fortsetzungserkrankung** trifft grundsätzlich (**Ausnahmen** sogleich!) den Arbeitgeber. Nach § 69 Abs. 4 SGB X sind die Krankenkassen berechtigt, einem Arbeitgeber mitzuteilen, ob eine **fortdauernde** oder **erneute Arbeitsunfähigkeit** eines Arbeitnehmers **auf derselben Krankheit** im entgeltfortzahlungsrechtlichen Sinne **beruht**. Selbstverständlich werden **keine Diagnoseergebnisse** übermittelt. Beweisprobleme sind damit bei gesetzlich Versicherten ausgeräumt.

Darüber hinaus ist nach den Grundsätzen des **Anscheinsbeweises** bei bestimmten typischen Geschehensabläufen von einer Fortsetzungserkrankung auszugehen. Nach Treu und Glauben ist der Arbeitnehmer auch gehalten, dem Arbeitgeber das Vorliegen einer Fortsetzungserkrankung mitzuteilen. Kann er dies nicht sicher beurteilen, so muss er seinen behandelnden Arzt oder die Krankenkasse **von der Schweigepflicht entbinden**. Die Befreiung von der Schweigepflicht erstreckt sich aber nur auf die Frage, ob eine Fortsetzungserkrankung besteht. Weitere Auskünfte muss der Arbeitnehmer nicht erteilen. Er muss also insbesondere nicht offenbaren, an welcher Krankheit er leidet.

Für das **Verhältnis Arbeitgeber – Krankenversicherungsträger** im Hinblick auf die Vermeidung von erneuten Entgeltfortzahlungsansprüchen wichtig ist die Entscheidung des BAG vom 18.01.1995 *(EzA § 7 LohnFG Nr. 5):* Der Sozialversicherungsträger ist gegenüber dem Arbeitgeber des Versicherten nicht verpflichtet, dafür zu sorgen, dass eine auf derselben Krankheit beruhende Maßnahme der medizinischen Vorsorge oder Rehabilitation zeitlich so gelegt wird, dass eine **erneute Inanspruchnahme von Entgeltfortzahlungslei-**

stungen unter dem Gesichtspunkt der Wiederholungserkrankung **vermieden wird**. Entsprechendes gilt selbstverständlich auch für sonstige Fälle der Wiederholungserkrankung. Aufgrund der nicht bestehenden Rechtsbeziehungen zwischen Arbeitgeber und Sozialver-sicherungsträger treffen letzteren auch **keine Vermögensfürsorgepflichten gegenüber dem Arbeitgeber**. Ob eine **mutwillige Verzögerung des Kurantritts** durch den Sozialversicherungsträger der Geltendmachung des Entgeltfortzahlungsanspruchs entgegenstehen kann, hat das BAG offen gelassen.

d) Arbeitgeberwechsel und Entgeltfortzahlungsanspruch

Bei einem **Arbeitgeberwechsel** gelten die Beschränkungen des Entgeltfortzahlungsanspruches nicht. Etwaige **Vorerkrankungen** sind also insbesondere nicht auf die Dauer des Entgeltfortzahlungsanspruchs anzurechnen. **Die Frage, ob eine Fortsetzungserkrankung vorliegt, ist demnach allein aus dem Arbeitsverhältnis zu beantworten, aus dem der augenblickliche Lohnfortzahlungsanspruch hergeleitet wird. Mehrere Arbeitsunfähigkeitszeiten** wegen derselben Krankheit sind also nicht in verschiedenen Arbeitsverhältnissen zusammenzurechnen. Dies gilt auch dann, wenn ein Arbeitsverhältnis zu demselben Arbeitgeber zwischen mehreren Arbeitsunfähigkeitszeiten wegen derselben Krankheit rechtlich unterbrochen worden ist. Zwei aufeinanderfolgende rechtlich selbständige Arbeitsverhältnisse können allerdings ausnahmsweise dann wie ein einheitliches behandelt werden, wenn zwischen ihnen ein **enger sachlicher Zusammenhang** besteht. Beim **Betriebsübergang** tritt der Betriebserwerber in die Rechte und Pflichten aus dem vorher begründeten Arbeitsverhältnis ein. Vorherige Arbeitsunfähigkeitszeiten, die auf derselben Krankheit beruhen, sind also auf die Dauer der Entgeltfortzahlung anzurechnen.

2745

5. Höhe der Entgeltfortzahlung

Die Höhe des fortzuzahlenden Entgelts bemisst sich nach dem »**Lohnausfallprinzip**«. Maßgebend ist danach mangels anderweitiger Regelungen der **Verdienst, den der Arbeitnehmer während der Arbeitsunfähigkeitszeit erzielt hätte**. Er wird also so gestellt, als wenn er während der krankheitsbedingten Ausfallzeit gearbeitet hätte. Im Gegensatz zur Berechnung des **Urlaubsentgelts** (s. → Rz. 2887) wird also grundsätzlich ein »**Blick in die Zukunft**« genommen.

2746

Nach der **Neuregelung des EFZG** durch das WBFG waren nur noch **80 % des Arbeitsentgelts** fortzuzahlen (§ 4 Abs. 1 EFZG, zu Einzelheiten s. → Rz. 2746a; zu tariflichen Regelungen der Entgeltfortzahlung → Rz. 2799). Allerdings konnte der Arbeitnehmer sich Urlaubstage anrechnen lassen (vgl. → Rz. 2750a ff.). Nunmehr gilt **wieder ein 100%iger Entgeltfortzahlungsanspruch**.

Die Berechnung des im Einzelfall fortzuzahlenden Entgelts ist **konkret** vorzunehmen. Es muss also das monatliche Bruttogehalt durch die in dem betreffenden Zeitraum tatsächlich anfallenden Arbeitstage geteilt und der sich hieraus ergebende Betrag mit der Anzahl der krankheitsbedingt ausgefallenen Arbeitstage multipliziert werden.

BEISPIEL:

Arbeitnehmer A verdient 4.000 EUR brutto im Monat. Im April fielen 20 Arbeitstage an. Von diesen 20 Arbeitstagen hat A 10 krankheitsbedingt gefehlt.

Hier ergibt sich folgende Berechnung:

4.000 EUR : 20 Arbeitstage x 10 Krankheitstage = 2.000 EUR

Hiervon jetzt wieder 100 % = 2.000 EUR Entgeltfortzahlung.

2746a Für **Altfälle** (bis 1998) galt folgendes: Sowohl in Arbeits- als auch in Ausbildungsverhältnissen (§ 12 Abs. 1 Satz 2 EFZG) waren unter Geltung des WBFG nur noch **80 % des Entgelts fortzuzahlen**. Eine **Ausnahme** galt nur bei **Arbeitsunfällen oder Berufskrankheiten** (§ 4 Abs. 1 Satz 2 EFZG a.F.). Stand ein Arbeitnehmer in mehreren Arbeitsverhältnissen erhielt er aber nur in dem Arbeitsverhältnis, in dem der Arbeitsunfall passiert war, einen Anspruch auf 100 % Entgeltfortzahlung. Die anderen Arbeitgeber schuldeten nur 80 % (§ 4 Abs. 1 Satz 2 EFZG a.F.).

Was unter einem Arbeitsunfall zu verstehen ist, ergibt sich aus §§ 2, 8 SGB VII. Hierzu sollte auch der **Wegeunfall** gehören *(LAG Düsseldorf, 07.07.1998, LAGE § 4 EFZG Nr. 2)*. Natürlich blieben für den Arbeitnehmer günstigere einzelvertragliche oder tarifliche Bestimmungen bestehen, wenn es sich bei ihnen um konstitutive Regelungen handelte (vgl. → Rz. 2799).

Auswirkungen hatte die Neuregelung, wenn der Arbeitnehmer von einem Dritten Schadensersatz verlangen konnte. Nach § 6 EFZG fand nur ein Forderungsübergang in Höhe von 80 % statt. Die restlichen 20 % musste der Arbeitnehmer beim Dritten oder dessen Versicherung direkt geltend machen (s. auch → Rz. 2776).

a) Berechnungsgrundlage

2747 **Berechnungsgrundlage ist das gesamte Arbeitsentgelt**, das der Arbeitnehmer als Gegenleistung für seine Arbeit erhält. Nach § 4 Abs. 1 a EFZG, der von den Änderungen insoweit unberührt geblieben ist, gehören zum Arbeitsentgelt **nicht** Leistungen für Aufwendungen des Arbeitnehmers, soweit der Anspruch auf sie im Fall der Arbeitsunfähigkeit davon abhängig ist, dass dem Arbeitnehmer entsprechende Aufwendungen tatsächlich entstanden sind und ihm solche Aufwendungen während der Arbeitsunfähigkeit nicht entstehen. Erhält der Arbeitnehmer eine auf das Ergebnis abgestellte Vergütung, so ist der von dem Arbeitnehmer in der für ihn maßgeblichen regelmäßigen Arbeitszeit erzielbare Durchschnittsverdienst der Berechnung zugrunde zu legen. Neben der **Grundvergütung** (Gehalt, Lohn) gehören zum **fortzuzahlenden Arbeitsentgelt:**

- laufend gezahlte Anwesenheitsprämien,
- Aufwendungsersatzleistungen, die pauschal gezahlt werden,
- Fahr- und Wegegelder, wenn sie ohne Rücksicht auf die tatsächliche Verauslagung gezahlt werden,
- Gewinnbeteiligungen, Tantiemen

- Kinder- und Familienzuschläge, die vom Arbeitgeber gezahlt werden
- Leistungszulagen und Prämien, Provisionen, die der Arbeitnehmer während seiner Arbeitsunfähigkeit verdient hätte,
- Sachwertbezüge
- vermögenswirksame Leistungen, Sozialzuschläge (etwa: Kinder-, Ortszuschläge)
- Zuschläge für Nacht-, Sonn- und Feiertagsarbeit.

Beachte aber die **Neuregelung** im Hinblick auf **Mehrarbeitsvergütung** Durch § 4 Abs. 1 a EFZG sind die für Überstunden gezahlten Entgelte aus der Berechnung herausgenommen worden. Die Herausnahme wirkt sich vor allem auf nicht tarifgebundene Arbeitgeber entlastend aus. In Tarifverträgen sind vielfach eigenständige Berechnungsvorschriften getroffen worden. Nach der jetzigen Gesetzeslage sind sowohl die Überstundengrundvergütung als auch die Zuschläge aus der Berechnung ausgeklammert.

Wie diffizil die Unterscheidung zwischen Überstunde und individueller regelmäßiger Arbeitszeit ist, verdeutlicht die Entscheidung des BAG vom 21.11.2001 *(5 AZR 457/00, EzA-SD 25/01 – Pressemitteilung des BAG).*Hiernach ist für die Entgeltfortzahlung die individuelle regelmäßige Arbeitszeit des arbeitsunfähigen Arbeitnehmers, nicht aber die betriebsübliche oder tarifliche Arbeitszeit maßgebend. Hierbei soll auf einen Vergleichszeitraum von 12 Monaten vor Beginn der Arbeitsunfähigkeit abgestellt werden. Entscheidend ist dann, ob der Arbeitnehmer in diesem Zeitraum mit einer gewissen Stetigkeit und Dauer über die ausdrücklich vereinbarte oder tariflich geltende Arbeitszeit gearbeitet hat.

Nicht zu berücksichtigen sind alle Leistungen, die einen tatsächlichen Mehraufwand abdecken, der jedoch infolge der Arbeitsunfähigkeit nicht entsteht. Hierzu zählen Schmutzzulagen und ähnliche Leistungen. Hierhin gehört auch das frühere Schlechtwettergeld sowie das Wintergeld. Es sind nur Leistungen nicht zu berücksichtigen, die **Aufwendungsersatzcharakter** haben und vom **Nachweis des Aufwands** abhängig sind. Erhält der Arbeitnehmer also bei Arbeitsfähigkeit diese Leistungen, ohne sie zumindest dem Grunde nach nachweisen zu müssen, sind sie bei der Berechnung des fortzuzahlenden Arbeitsentgelts mit zu berücksichtigen. **Auslösungen** zählen nur dann zum Arbeitsentgelt, wenn sie unabhängig von der Entstehung tatsächlicher Aufwendungen gezahlt werden. **Schmutzzulagen** sind reiner Aufwandsersatz und zählen nicht mit. Etwas anderes gilt, wenn in ihnen ein echter über den Aufwandsersatz hinausgehender Entgeltanteil enthalten ist.

Als **Aufwendungsersatz** sind auch folgende Leistungen nicht zu berücksichtigen:
- Fahrtkosten
- Reisespesen
- Zehrgelder
- Tagegelder
- Übernachtungsgelder
- Trennungsentschädigung
- Ersatz für Arbeitskleidung sowie
- Ersatz für die Benutzung eigenen Werkzeugs.

Entscheidend ist aber unabhängig von der Bezeichnung immer, dass kein Entgeltanteil in den vorgenannten Leistungen enthalten ist. **Freiwillige Leistungen** des Arbeitgebers, die Entgeltcharakter besitzen, sind zu berücksichtigen. Sonstige Naturalleistungen (freie Wohnung, freie Waren etc.) müssen während der Arbeitsunfähigkeitszeit ohnehin weiter gewährt werden.

2748a **Einmalige Zuwendungen** bleiben grundsätzlich bei der Berechnung des fortzuzahlenden Arbeitsentgelts außer Betracht. Allerdings sind sie auch in Zeiten der Arbeitsunfähigkeit fortzuzahlen, wenn der **Arbeitnehmer** hierauf einen **Anspruch** hat. Als einmalige Zuwendungen sind Zahlungen anzusehen, die nicht laufend erfolgen, sondern – ohne für den Normallohn bestimmend zu sein – aus besonderem Anlass gewährt werden. Zu nennen sind:

- Weihnachtsgratifikationen
- Abschlussgratifikationen
- Dreizehnte Monatsgehälter
- Treueprämien
- Jubiläumszahlungen
- »Erfinderlohn« nach dem ArbEG
- Urlaubsabgeltungen
- Urlaubsbeihilfen
- Arbeitgeberdarlehen
- Geburtsbeihilfen
- Heirats- und Überbrückungshilfen.

Ob eine **Jahressonderzahlung** zu gewähren ist, hängt von den Voraussetzungen und der Ausgestaltung der jeweiligen Rechtsgrundlage ab.

BEISPIEL:

Arbeitnehmer A ist während des gesamten Jahres 1998 arbeitsunfähig krank. Arbeitgeber B verweigert ihm daraufhin die tarifliche Sonderzahlung.

Setzt der Tarifvertrag nur den tatsächlichen Bestand des Arbeitsverhältnisses zu einem bestimmten Stichtag voraus, hat A trotz seiner Dauererkrankung Anspruch auf die Sonderzahlung. Die Überlegung, dass eine Sonderzahlung auch mit Rücksicht auf die für den Betrieb erbrachte Arbeitsleistung gewährt wird, ändert hieran nichts.

Grundsätzlich gilt hier: Ist nichts geregelt, so kommt eine Kürzung nicht in Betracht. **Ungeschriebene Kürzungsrechte** bestehen nicht. Natürlich kann aber vereinbart werden, dass Fehlzeiten zu einer Reduzierung führen (s. → Rz. 2710a ff.). Dies ist vom BAG *(12.05.1993, 10 AZR 565/91)* wiederholt bestätigt worden: In einer tariflichen Regelung über eine Sonderzahlung kann im Einzelnen bestimmt werden, welche Zeiten ohne tatsächliche Arbeitsleistung sich anspruchsmindernd auswirken sollen. Über diese Bestimmung hinaus gilt nicht der Rechtssatz, dass stets eine nicht unerhebliche Arbeitsleistung Voraussetzung der Sonderleistung ist *(s. auch BAG 16.03.1994, EzA § 611 BGB Gratifikation, Prämie Nr. 111)*. Eine **Ausnahme** kann dann gelten, wenn der **Arbeitsver-**

trag faktisch beendet ist; wenn also etwa der Arbeitgeber wegen langanhaltender Krankheit des Arbeitnehmers auf sein Direktionsrecht verzichtet hat, um diesem einen Arbeitslosengeldanspruch zu verschaffen *(BAG 28.09.1994, § 611 BGB Gratifikation, Prämie Nr. 116; 09.08.1995, EzA § 611 BGB Gratifikation, Prämie Nr. 130).*

b) Berechnungsverfahren

Keine Berechnungsprobleme tauchen auf, wenn der Arbeitnehmer **wöchentlich oder monatlich entlohnt** wird. Hier ist die vereinbarte **Vergütung fortzuzahlen**. Eine andere Berechnung ist nur notwendig, wenn der 6-Wochen-Zeitraum der Entgeltfortzahlung überschritten wird. Hier ist entsprechend den obigen Grundsätzen (s. → Rz. 2724) nach der **konkreten Berechnungsweise** vorzugehen.

2749

Erhält der Arbeitnehmer einen **Stundenlohn**, ist das fortzuzahlende Entgelt durch Multiplikation des Stundenlohns mit der arbeitstäglichen Stundenzahl und der Anzahl der durch die Krankheitstage ausgefallenen Arbeitstage zu errechnen.

BEISPIEL:
Stundenlohn 20,00 EUR, 7,5 Stunden je Arbeitstag, 4 Tage Krankheit.
20,00 EUR x 7,5 Stunden x 4 Arbeitstage = 600,00 EUR
hiervon jetzt wieder 100 % = 600,00 EUR

Bei **Akkordlohn und ähnlichen leistungsabhängigen Entgelten** ist auf den erzielbaren Durchschnittsverdienst abzustellen. So ist beim Gruppenakkord der Vergleich mit den verbleibenden Gruppenmitgliedern sachgerecht. Hier muss allerdings auch berücksichtigt werden, dass das Ergebnis der Akkordgruppe möglicherweise durch den vertretungsweisen Einsatz eines ungeschulten Arbeitnehmers abnimmt. Grundsätzlich ist also eine konkrete Prognose zu machen. Scheidet eine solche aus, muss nach der Bezugsmethode (s. hierzu → Rz. 2888) der bisherige Durchschnittsverdienst in einem bestimmten Zeitraum errechnet werden. **Überstunden**, die der erkrankte Arbeitnehmer im Falle seiner Arbeitsfähigkeit hätte leisten müssen, sind nicht mehr zu berücksichtigen (§ 4 Abs. 1 a EFZG).

Lässt sich der Akkordverdienst nicht sicher ermitteln, ist auf einen zurückliegenden Zeitraum abzustellen. Dabei schwankt der Zeitraum, auf den zurückzublicken ist, zwischen 4 Wochen und 13 Wochen. Hierbei müssen aber außergewöhnliche Ereignisse außer Betracht bleiben. Dies gilt etwa für eine außergewöhnlich gute oder schlechte Beschäftigungslage. Wird in dem Betrieb **verkürzt gearbeitet** und würde deshalb das Arbeitsentgelt des Arbeiters im Falle seiner Arbeitsfähigkeit gemindert, so ist die verkürzte Arbeitszeit für ihre Dauer als die für den Arbeitnehmer maßgebende regelmäßige Arbeitszeit anzusehen. Dies bedeutet, dass in **Kurzarbeitszeiten vom reduzierten Verdienst auszugehen** ist. Es kommt nicht darauf an, ob die Kurzarbeit vor oder nach Beginn der Arbeitsunfähigkeit angeordnet wird. Der Arbeitnehmer erhält also 100 % des für die Kurzarbeit zu zahlenden Arbeitsentgelts.

c) Referenzprinzip statt Lohnausfallprinzip

2750 Die **Ersetzung des Lohnausfall- durch das Referenzprinzip** ist, so zumindest die überwiegende Meinung, in § 4 Abs. 4 EFZG vorgesehen. Hiernach kann durch Tarifvertrag eine anderweitige Bemessungsgrundlage vorgesehen werden. Wichtig ist, dass im Geltungsbereich eines solchen Tarifvertrages zwischen nicht tarifgebundenen Arbeitgebern und Arbeitnehmern die Anwendung der tarifvertraglichen Regelung über die Fortzahlung des Arbeitsentgelts im Krankheitsfalle vereinbart werden kann.

Dabei kann in einzelnen Punkten auch zuungunsten der Arbeitnehmer von der gesetzlichen Berechnungsformel abgewichen werden. Früher galt hinsichtlich des **Ausschlusses einzelner Entgeltbestandteile** aus der Entgeltfortzahlung nach Auffassung des BAG folgendes: Die **Ersetzung des Lohnausfall- durch das Referenzprinzip** war nicht schrankenlos möglich. Eine anderweitige Regelung durch Tarifvertrag erstreckte sich nur auf die **Berechnungsmethode** des Entgeltfortzahlungsanspruchs, nicht aber auf den Umfang der Krankenbezüge *(BAG 03.03.1993, EzA § 2 LohnFG Nr. 23)*. Dies hat sich nunmehr geändert, da § 4 Abs. 4 EFZG ausdrücklich die **Festlegung einer anderen Bemessungsgrundlage** erlaubt. Der Gesetzgeber hat das BAG insoweit korrigiert. In der Praxis bedeutet dies, dass die Tarifvertragsparteien auch die Zusammensetzung des zu berücksichtigenden Entgelts regeln können. Eine abweichende Vereinbarung kann aber nicht durch die Parteien des Einzelarbeitsvertrags oder die Betriebspartner getroffen werden. Allerdings können die nicht beiderseits tarifgebundenen Partner des Einzelarbeitsverhältnisses einen einschlägigen Tarifvertrag in Bezug nehmen (§ 4 Abs. 4 Satz 2 EFZG).

Zur Weitergewährung von **Notdienstpauschalen** bei vereinbarter Bezahlung der Arbeitsunfähigkeit nach dem Referenzprinzip s. *BAG 20.10.1993, EzA § 2 LohnFG Nr. 24*.

Ob und in welchem Umfang der Anspruch auf Entgeltfortzahlung einer **tariflichen Verfallklausel** unterfällt, hängt von der jeweiligen Regelung ab. So genügt etwa die schriftliche Geltendmachung des Anspruchs auf Entgeltfortzahlung zur Wahrung der Ausschlussfrist des § 70 Abs. 1 BAT für eine **erneute Zeit krankheitsbedingter Arbeitsunfähigkeit** nicht, wenn dazwischen eine Zeit ohne krankheitsbedingte Arbeitsunfähigkeit liegt. Es handelt sich dann nicht mehr um denselben Sachverhalt i.S.d. § 70 Abs. 2 BAT *(BAG 26.10.1994, 5 AZR 404/93)*.

d) Vermeidung der Kürzung der Entgeltfortzahlungsleistungen

2750a Nach der Rückkehr zur 100%igen Entgeltfortzahlung spielen die Anrechnungsfälle ab 1999 **keine Rolle** mehr. **Für Altfälle bis 1998 – und damit für evtl. laufende Rechtsstreitigkeiten nach wie vor von Bedeutung – galt folgendes:** Der Arbeitnehmer konnte die **Kürzung der Entgeltfortzahlung auf 80 % vermeiden,** wenn er **Urlaubstage** einsetzte! Dies ergab sich aus § 4 a EFZG. Im Einzelnen war indes vieles umstritten.

Es war nur ein **Wahlrecht des Arbeitnehmers** vorgesehen war, nicht ein solches des Arbeitgebers. I.Ü. war stets vorab zu prüfen, ob nach den einschlägigen tariflichen oder einzelvertraglichen Rechtsgrundlagen überhaupt nur ein **Anspruch auf 80%ige Entgeltfort-**

zahlung bestand. Die meisten Tarifvertragsparteien hatten von der ihnen eingeräumten Gestaltungsbefugnis in dem Sinne Gebrauch gemacht, dass sie den vollen Entgeltfortzahlungsanspruch festgeschrieben hatten.

Ein Arbeitnehmer konnte die Kürzung der Entgeltfortzahlung kompensieren, wenn er von je 5 Tagen der arbeitsunfähigen Erkrankung den ersten Tag auf den Erholungsurlaub anrechnen ließ. Nach Wahl des Arbeitnehmers verminderte sich nach der damaligen gesetzlichen Regelung also bei rein wirtschaftlicher Betrachtung entweder der Erholungsurlaub oder die Höhe des fortzuzahlenden Entgelts.

2750b

Der Anrechnung unterlagen nur die Tage an denen der Arbeitnehmer **in Folge seiner Erkrankung** an der Arbeitsleistung verhindert war (§ 4 a Abs. 1 Satz 1 EFZG a.F.). Damit standen folglich nur **Arbeitstage zur Disposition.** War der Urlaubsanspruch in Werktagen ausgedrückt, bedingte dies eine vorherige **Umrechnung in Arbeitstage.** Mehrere Perioden der arbeitsunfähigen Erkrankung wurden bei der Ermittlung des 5-Tage-Zeitraums addiert.

BEISPIEL:

Erkrankung zunächst nur 1 Tag. Der Arbeitnehmer rechnete 1 Urlaubstag an, um die Kürzung der Entgeltfortzahlung zu vermeiden.

Hier entstand ein Guthaben für 4 weitere Krankheitstage! Dieses Guthaben musste der Arbeitgeber verwalten. Es stellte sich die naheliegende Frage, ob das Entstehen solcher Guthaben nicht geradezu Anreize setzte, den Guthabenanspruch auch zu verbrauchen, sprich weitere Krankheitstage zu provozieren (s. → Rz. 2750d).

Der gesetzliche **Mindesturlaub** bzw. der **sondergesetzliche Zusatzurlaub** *(Beispiel: Schwerbehinderte, Jugendliche etc.)* durfte nicht unterschritten werden. Eine Anrechnungsmöglichkeit entfiel dann! Der Arbeitnehmer hatte nur Anspruch auf die gekürzte Entgeltfortzahlungsleistung. Auch ein **Zugreifen auf den zukünftigen Urlaubsanspruch** des nächsten Jahres oder sogar der Folgejahre war nicht möglich. Dies war bei Maßnahmen der medizinischen Vorsorge oder Rehabilitation anders (§ 10 Abs. 3 BUrlG).

2750c

Keine Anrechnung war möglich, wenn die Anrechnung **zu Lasten eines einheitlichen Betriebsurlaubs** ging (§ 4 a Abs. 3 EFZG). In dieser Konstellation waren die Interessen des Arbeitgebers nach der Wertung des Gesetzgebers vorrangig.

Große Unklarheiten bestanden hinsichtlich der **Anrechnungserklärung.** Die Erklärung über die Anrechnung musste der Arbeitnehmer nach § 4 a Abs. 1 EFZG spätestens am dritten Arbeitstag nach dem Ende der Arbeitsunfähigkeit abgeben. Gemeint war hier wohl der **Zugang beim Arbeitgeber.**

2750d

BEISPIEL:

Endete etwa die Arbeitsunfähigkeit an einem Freitag – der Samstag ist kein Arbeitstag – lief die Erklärungsfrist bis zum folgenden Mittwoch. Eine Veränderung der Erklärungsfrist des Arbeitnehmer war nur einvernehmlich und nur in dem Sinne ihrer Verlängerung möglich. Dies war aus Sicht des

Arbeitgebers auch durchaus vorteilhaft, vermied er doch die Gefahr, dass der Arbeitnehmer sich Guthaben schaffte, die er im folgenden abfeiern wollte (s. dazu sogleich).

Besondere Probleme stellten sich bei **mehreren kürzeren Erkrankungen** (jeweils unter 5 Tagen). Gab der Arbeitnehmer die Erklärung zur Anrechnung schon nach der ersten Kurzerkrankung ab, entstand ein Guthaben. Fraglich war, ob er sie auch am Ende mehrerer Zeiten der Kurzerkrankung noch abgeben konnte. Die Einzelheiten hierzu waren umstritten.

Das Guthaben war i.Ü. an die Dauer des Arbeitsverhältnisses geknüpft. Es verfiel also nicht mit Ablauf des Kalenderjahres bzw. des Übertragungszeitraums für den Urlaub. Andernfalls wäre der Arbeitnehmer geradezu gezwungen gewesen, weitere Krankheitstage nachzuschieben, um das Guthaben voll auszunutzen. Unsicher war, ob ein **Guthaben am Ende des Arbeitsverhältnisses** ersatzlos verfiel. Dies war aus oben genannten Gründen zu verneinen (sehr streitig). Das bedeutete, das Guthaben war ggf. in Geld auszuzahlen, wenn eine anteilige Freistellung in natura nicht möglich war.

2750e Bei einer länger als 5 Tage andauernden Erkrankung konnte der Arbeitnehmer sich mit der Anrechnungserklärung bis zum 3. Tag nach dem Ende der Erkrankung Zeit lassen. Trat zwischenzeitlich ein **Jahreswechsel** ein und lief auch der Übertragungszeitraum ab, konnte die Situation eintreten, dass Anrechnungserklärungen mit Wirkung für ein Kalenderjahr erst im folgenden abgegeben wurden. Natürlich lebte durch eine (quasi rückwirkende) Anrechnungserklärung verfallener Urlaub nicht wieder auf. § 7 Abs. 3 BUrlG behielt insoweit seine bisherige Bedeutung.

Die auf die Krankheitstage angerechneten Urlaubstage galten rechtlich weiterhin als Urlaubstage. Das bedeutete: Ein Anspruch auf **zusätzliches (tarifliches) Urlaubsgeld** blieb erhalten.

Im Einzelnen waren hinsichtlich der Anrechnungserklärung diverse **Folgeprobleme** entstanden, die nicht oder allenfalls im Ansatz gelöst wurden (s. zu diesen Problematiken u.a. *Giesen, RdA 1997, 193*).

Aus Sicht der Arbeitsvertragsparteien sollte versucht werden, ev. noch anhängige Altfälle einvernehmlich zu lösen. Insbesondere nach dem Außerkrafttreten der Regelungen sollten historische Grundsatzstreite vermieden werden.

6. Anzeige- und Nachweispflichten

2751 Die **gesetzliche Verpflichtung für alle Arbeitnehmer zu Anzeige und Nachweis** ist in § 5 Abs. 1 EFZG. Die Regelung stellt sich wie folgt dar: Ist ein Arbeitnehmer durch Krankheit an der Erbringung seiner Arbeitsleistung gehindert, so hat er dies nach § 5 Abs. 1 Satz 1 EFZG dem Arbeitgeber unverzüglich – also ohne schuldhaftes Zögern i.S.d. § 121 BGB – anzuzeigen. Mitzuteilen ist neben der Arbeitsunfähigkeit auch deren voraussichtliche Dauer. Hingegen besteht keine Verpflichtung, dem Arbeitgeber auch den Befund zu offenbaren. Selbst **Krankheitssymptome** müssen nicht geschildert werden. Gegenteiliges kann auch nicht vereinbart werden! (Einzelheiten zur Mitteilungspflicht finden sich bei → Rz. 2753).

Jeder Arbeitnehmer ist darüber hinaus verpflichtet, eine Arbeitsunfähigkeitsbescheinigung spätestens an dem darauffolgenden Arbeitstag vorzulegen, wenn die **Arbeitsunfähigkeit länger als drei Kalendertage** dauert. Bisher war die Regelung so, dass nur Arbeiter eine Arbeitsunfähigkeitsbescheinigung vor Ablauf des 3. Kalendertages vorzulegen hatten. Dies bedeutet nicht, dass der Arbeitgeber nicht auch schon vorher oder z.B. bei einer nur eintägigen Erkrankung eine Arbeitsunfähigkeitsbescheinigung verlangen könnte. Der Arbeitnehmer ist vielmehr bei jedem krankheitsbegründeten Fernbleiben von der Arbeit für das Vorliegen der Arbeitsunfähigkeit darlegungs- und beweispflichtig. Dementsprechend kann der Arbeitgeber die **Vorlage der ärztlichen Bescheinigung früher verlangen, allerdings darf seine Entscheidung nicht unbillig sein.** Ein solches Verlangen kann im Einzelfall erfolgen, es kann jedoch auch **generell in einem Arbeitsvertrag** oder einer **Betriebsvereinbarung** enthalten sein. Dies hat das BAG *(01.10.1997, EzA § 3 EFZG Nr. 5)* nunmehr entschieden. Bereits in einem **Einzelarbeitsvertrag** kann rechtswirksam vereinbart werden, dass eine Arbeitsunfähigkeitsbescheinigung bereits für den ersten Tag der Arbeitsunfähigkeit beigebracht werden muss. Kommt der Arbeitnehmer dieser Verpflichtung nicht nach, darf der Arbeitgeber **Entgeltfortzahlungsleistungen zurückhalten** – allerdings nur solange, bis es dem Arbeitnehmer gelungen ist, den Beweis der Arbeitsunfähigkeit auf andere Weise zu führen.

Das »Verlangen« ist gleichförmig auszuüben, um Gleichbehandlungsprobleme zu vermeiden (§ 612a BGB). Bei **Verletzungen der Nachweispflicht** ist wie folgt zu unterscheiden:

- Kommt der Arbeitnehmer seiner **Nachweispflicht überhaupt nicht nach**, so kann der Arbeitgeber die Entgeltfortzahlung **auf Dauer verweigern**, es sei denn, dem Arbeitnehmer gelingt es auf andere Weise, den Nachweis über das Vorliegen einer Arbeitsunfähigkeit zu führen.
- Legt der Arbeitnehmer die Arbeitsunfähigkeitsbescheinigung **verspätet** vor, ist der Arbeitgeber nach § 7 Abs. 1 Nr. 1 EFZG berechtigt, die Fortzahlung des Arbeitsentgelts zu verweigern. Dies heißt, dass die verspätete Vorlage einer Arbeitsunfähigkeitsbescheinigung **kein endgültiges Leistungsverweigerungsrecht** begründet. Der Arbeitgeber hat also, wenn der Arbeitnehmer seinen Pflichten nachkommt oder auf andere Weise den Beweis der Arbeitsunfähigkeit führt, die **Entgeltfortzahlung nachzuholen**.

Ob der Arbeitnehmer, der sich gerichtlich gegen eine ihm gegenüber ausgesprochene **Kündigung** wehrt, verpflichtet ist, seinen **Anzeige- und Nachweispflichten** nachzukommen, ist nicht gänzlich unumstritten. Grundsätzlich wird man davon auszugehen haben, dass **nach Ablauf der Kündigungsfrist eine Anzeige- und Nachweispflicht nicht mehr** besteht. Etwas anderes gilt, wenn der Arbeitgeber die Kündigung zurücknimmt oder zumindest eine Arbeitsmöglichkeit unter Vorbehalt eröffnet *(BAG 24.11.1994, EzA § 615 BGB Nr. 83)*. Die Verzugsfolgen treten nach unwirksamer Arbeitgeberkündigung **unabhängig davon** ein, **ob** der arbeitsunfähig erkrankte **Arbeitnehmer seine Wiedergenesung** dem Arbeitgeber **anzeigt** *(BAG a.a.O.)*.

2751a

Die **Anzeige- und Nachweispflicht** bleibt auch während der neu eingeführten 4-wöchigen Wartezeit (§ 3 Abs. 3 EFZG) unangetastet.

2752 Besonderheiten gelten bei einer **im Ausland eingetretenen Arbeitsunfähigkeit** (§ 5 Abs. 2 EFZG). Der Arbeitnehmer muss den Arbeitgeber in der schnellstmöglichen Art der Übermittlung informieren, und zwar auch über seinen ausländischen Aufenthaltsort. Dieser soll so in den Stand versetzt werden, ggf. Kontrollmaßnahmen in die Wege zu leiten. Teilt der Arbeitnehmer dem Arbeitgeber seine im Ausland eingetretene Arbeitsunfähigkeit telefonisch mit und **fragt dieser nicht nach der Urlaubsanschrift,** kann er die Entgeltfortzahlung nicht mit der Begründung verweigern, ihm sei die Möglichkeit genommen worden, die Arbeitsunfähigkeit überprüfen zu lassen *(BAG 19.02.1997, EzA § 3 EFZG Nr. 2).* Die durch die Mitteilung entstandenen **Kosten hat der Arbeitgeber** zu tragen. Für den **Nachweis einer Erkrankung im Ausland** gilt Folgendes: Er ist grundsätzlich durch eine ärztliche Arbeitsunfähigkeitsbescheinigung zu führen (§ 5 Abs. 2 EFZG), die erkennen lässt, dass der Arzt zwischen Erkrankung und daraus resultierender Arbeitsunfähigkeit unterschieden hat. Diesen Anforderungen genügt etwa eine Arbeitsunfähigkeitsbescheinigung nach Maßgabe des Deutsch-Türkischen Sozialversicherungsabkommens. Der Nachweis kann vom Arbeitnehmer allerdings auch durch sonstige Beweismittel geführt werden *(s. BAG 01.10.1997, EzA § 3 EFZG Nr. 5).*

Besonderheiten sind auch zu berücksichtigen, wenn der Arbeitnehmer **Mitglied einer gesetzlichen Krankenkasse** ist. Hier schreibt § 5 Abs. 2 Sätze 3 und 4 EFZG ein anderes Verfahren vor. Der Arbeitnehmer ist gegenüber dem Krankenversicherungsträger verpflichtet, die Arbeitsunfähigkeit, deren voraussichtliche Dauer oder ggf. deren Weiterbestand unverzüglich anzuzeigen.

Der **Nachweis der Arbeitsunfähigkeit** wird weiterhin über die Einschaltung der Krankenversicherungsträger geführt. Nach § 5 Abs. 2 Satz 5 EFZG besteht für die gesetzlichen Krankenkassen die Möglichkeit festzulegen, dass der Arbeitnehmer Anzeige- und Nachweispflichten auch gegenüber einem **ausländischen Sozialversicherungsträger** erfüllt. In diesem Fall gilt § 5 Abs. 1 Satz 5 EFZG nicht; besondere Vermerke auf der Arbeitsunfähigkeitsbescheinigung sind nicht erforderlich.

Der Arbeitgeber hat bei Eintritt der Arbeitsunfähigkeit im Ausland mithin nur wenig Möglichkeiten, selbst an einen Nachweis über die tatsächlich eingetretene Arbeitsunfähigkeit zu kommen.

Anders stellt sich die Situation dar, wenn der **Arbeitnehmer ins Inland zurückkehrt.** Nach § 5 Abs. 2 Satz 6 EFZG ist der arbeitsunfähig erkrankte Arbeitnehmer bei der Rückkehr in das Inland verpflichtet, die Tatsache der Rückkehr sowohl der Krankenkasse als auch dem Arbeitgeber gegenüber **unverzüglich, d.h. ohne schuldhaftes Zögern, anzuzeigen.**

Kommt der im Ausland erkrankte Arbeitnehmer seinen **Anzeigepflichten** gegenüber der Krankenkasse bzw., wenn dies vorgesehen ist, dem ausländischen Sozialversicherungsträger gegenüber schuldhaft nicht nach, kann der Arbeitgeber die Entgeltfortzahlung dauerhaft verweigern. Ein Verstoß wird also **nicht** durch die **nachträgliche Anzeige an die zuständige deutsche Krankenkasse** nach Rückkehr aus dem Ausland **geheilt** *(LAG Düs-*

seldorf 12.10.1989, DB 1990, 488). Begründet hat das LAG seine Auffassung damit, dass bei einer nachträglichen Erfüllung der Hinweispflicht keine Überprüfungsmöglichkeiten bestehen.

a) Mitteilungspflicht

Der Arbeitnehmer hat seine Erkrankung **unverzüglich mitzuteilen**. Er muss alles ihm Zumutbare unternehmen, um den Arbeitgeber umgehend von seiner Arbeitsunfähigkeit zu unterrichten. Dieser soll sich hierauf einstellen können. Was im Einzelfall »unverzüglich« ist, hängt von den Umständen ab. **Allerdings darf der Arbeitnehmer die Mitteilung nicht solange hinausschieben, bis er eine sichere ärztliche Diagnose hat.** Vielmehr muss er nach seinem Kenntnisstand eine **Schätzung** vornehmen. Eine besondere Form der Mitteilung ist nicht vorgesehen. Sie kann also mündlich, schriftlich oder auch telefonisch erfolgen. Auch die Person des Mitteilenden ist unerheblich. Hier kommen etwa Arbeitskollegen, Familienangehörige oder sonstige Dritte in Betracht. Versäumt der Arbeitnehmer die Mitteilung, berührt dies seinen Entgeltfortzahlungsanspruch nicht. Allerdings können **Verstöße gegen die Nebenpflicht zur Mitteilung nach Abmahnung eine Kündigung des Arbeitsverhältnisses rechtfertigen** und zwar unabhängig davon, ob es zu einer Störung der Arbeitsorganisation oder des Betriebsfriedens gekommen ist (s. auch → Rz. 4513). Auch ein Schadensersatzanspruch des Arbeitgebers ist möglich.

2753

Hat der Arbeitgeber hingegen von der Krankheit schon Kenntnis erlangt (Betriebsunfall), so ist eine **Mitteilung entbehrlich**.

b) Vorlage einer Arbeitsunfähigkeitsbescheinigung

Normiert ist durch § 5 EFZG die Pflicht zur Vorlage einer Arbeitsunfähigkeitsbescheinigung. Diese muss folgende Angaben enthalten:

2754

- Name des Arbeiters
- Angabe der Arbeitsunfähigkeit
- Dauer der Arbeitsunfähigkeit
- Angabe des Arztes, dass der Krankenversicherer unverzüglich eine
- Bescheinigung über Befund und Dauer der Arbeitsunfähigkeit erhält
- Ausstellung durch einen Arzt.

Genügt die Bescheinigung nicht diesen Anforderungen, ist der Arbeitgeber berechtigt, die Entgeltfortzahlung zu verweigern. Nach Vorlage einer ordnungsgemäßen Bescheinigung muss er allerdings **den zurückbehaltenen Teil nachzahlen**.

Eine **Rückdatierung** der Arbeitsunfähigkeitsbescheinigung ist grundsätzlich unzulässig, sie kann aber ausnahmsweise für bis zu 2 Tage vorgenommen werden. Der Arbeitnehmer kann die Arbeitsunfähigkeit auch mittels **anderer Beweismittel** belegen. Er ist nicht allein auf die Arbeitsunfähigkeitsbescheinigung beschränkt. Denkbar ist etwa der Beweis durch (sachverständige) Zeugen (*BAG 12.06.1996, EzA § 2 BeschFG 1985 Nr. 49, 01.10.1997, EzA § 3 EFZG Nr. 5*).

c) Sonderprobleme beim Vorlageverlangen

2755 Mit der Verankerung der Nachweispflicht sind – über die Frage der Vereinbarkeit einer generellen Vorlagepflicht hinaus – **diverse Folgeprobleme** entstanden, die z.T. immer noch ungeklärt sind. Sicher ist nur, dass die grundsätzliche Pflicht zur Einholung eines Attests erst am 4. Krankheitstag entsteht; erst dann dauert die Krankheit länger als 3 Tage.

- **Berechnung der Vorlagefrist**
Unsicher ist aber bereits, wie die **Berechnung der Vorlagefrist** vorzunehmen ist. Dies ist im Wesentlichen darauf zurückzuführen, dass der Gesetzeswortlaut nicht eindeutig ist. Er lässt sich unschwer dahingehend verstehen, dass die Arbeitsunfähigkeitsbescheinigung erst am 5. Tag der arbeitsunfähigen Erkrankung vorzulegen ist. Beginnt nämlich die Frist zur Vorlage der Arbeitsunfähigkeitsbescheinigung erst, wenn die Krankheit länger als 3 Tage dauert (was erst am 4. Tag der Fall ist), so ist der Vorlagetag der 5. Tag. Andererseits ergibt sich aus der **Entstehungsgeschichte des Gesetzes** eindeutig, dass der Gesetzgeber eine Vorlagepflicht am 4. Tag statuieren wollte. »Gleichzeitig wird der Arbeitnehmer verpflichtet, bei mehr als dreitägiger Arbeitsunfähigkeit dem Arbeitgeber am vierten Krankheitstag eine ärztliche Bescheinigung über die Arbeitsunfähigkeit sowie deren voraussichtliche Dauer vorzulegen« *(BT-Drucks. 12/5798 S. 21 und 24)*. Berücksichtigt man zudem noch, dass es auch Sinn und Zweck der gesetzlichen Neuregelung war, die Kontrolle der Inanspruchnahme von Entgeltfortzahlungsleistungen zu verschärfen, so ist der **überwiegenden Ansicht in der Literatur** zu folgen, die eine Vorlagepflicht am 4. Tag der Arbeitsunfähigkeit für begründet hält. Der scheinbar entgegenstehende Wortlaut ist als Redaktionsversehen des Gesetzgebers zu werten.

Für die Berechnung des Tages, an dem die Vorlagepflicht ausgelöst wird, ist von folgenden Maßgaben auszugehen:

- Es kommt nur auf **drei Kalendertage** der Erkrankung, nicht aber auf Arbeitstage an.
- Es kommt auf die **Vorlage am folgenden Arbeitstag**, nicht aber am folgenden Kalendertag oder am folgenden Werktag an (der Gesetzgeber hat bewusst unterschiedliche Worte gewählt).

2756 Dies führt zu folgenden **Beispielsberechnungen:**

BEISPIEL 1:
Erkrankt der Arbeitnehmer am Montag, so besteht eine Vorlagepflicht am Donnerstag.

BEISPIEL 2:
Erkrankt der Arbeitnehmer am Mittwoch, so besteht eine Vorlagepflicht erst am Montag (nächster Arbeitstag, wenn in der 5-Tage-Woche gearbeitet wird). Der Samstag ist zwar Werk-, aber eben kein Arbeitstag.

BEISPIEL 3:

Ist der den 3 Tagen folgende Tag ein Feiertag, so verschiebt sich die Vorlagepflicht entsprechend auf den nächsten Arbeitstag.

Gleichwohl bleibt unsicher, was exakt unter einem **Arbeitstag i.S.d. EFZG** zu verstehen ist.

BEISPIEL 4:

Es wird betrieblich in der 5-Tage-Woche (Montag bis Freitag) gearbeitet. Der am Dienstag erkrankte Teilzeitarbeitnehmer arbeitet aber regelmäßig nur Dienstags bis Donnerstags.

Im Beispielsfall ist unsicher, ob der folgende Arbeitstag abstrakt oder konkret zu bestimmen ist. Im 1. Fall wäre Freitags vorzulegen, im 2. Fall erst Dienstags.

Unsicher ist, ob besondere betriebliche Arbeitstage zu berücksichtigen sind.

BEISPIEL 5:

Aufgrund eines steilen Konjunkturanstiegs wird im Betrieb vorübergehend in der 6-Tage-Woche (von Montags bis Samstags) gearbeitet. A arbeitet wiederum nur Dienstags und Donnerstags.

Die **Lösung der Fälle 4 und 5** lässt sich nur unter Berücksichtigung von Sinn und Zweck der Vorlagepflicht lösen. Dieser liegt wohl primär darin, dem Arbeitgeber eine Disposition zu ermöglichen. Er soll in den Stand versetzt werden, durch das Zeugnis eines Arztes verlässlich zu erfahren, in welcher Zeit er wieder mit dem Arbeitnehmer rechnen kann. Es soll also die zunächst vom Arbeitnehmer kraft eigener Einschätzung vorgenommene Prognose der Dauer der Arbeitsunfähigkeit durch ärztliches Zeugnis erhärtet werden. Mit dem Einsatz des nur teilzeitbeschäftigten Arbeitnehmers braucht der Arbeitgeber auch erst an dessen nächsten Arbeitstag disponieren zu können. Andererseits lässt sich auch vertreten, es solle eine frühzeitige Disposition ermöglicht werden. Dies, wie auch der Gedanke der Missbrauchsbekämpfung, würde für einen frühen Vorlegungszeitpunkt sprechen. Die wohl überwiegende Meinung scheint inzwischen der Auffassung zuzuneigen, dass es entscheidend darauf ankommt, ob an dem Tag im Betrieb des Arbeitgebers gearbeitet wird (zu dem gesamten Problemkreis auch Welslau, ZAP Fach 17 S. 283 ff.; hier findet sich eine ausführliche Darstellung des Streitstandes).

Insgesamt besteht hier **eine erhebliche Unsicherheit.** Ggf. sollte der Arbeitgeber die Vorlage einer Arbeitsunfähigkeitsbescheinigung zu einem früheren Zeitpunkt verlangen (s. sogleich).

Da die Arbeitsunfähigkeitsbescheinigung vorzulegen ist, kommt es auf den Zugang beim Arbeitgeber an. Die rechtzeitige Absendung der Bescheinigung genügt also nicht. Hieraus folgt auch, dass es auf die betriebsüblichen Arbeitszeiten ankommt.

Gänzlich unsicher ist, wie die Fristberechnung bei einer **Erkrankung nach Arbeitsaufnahme** vorzunehmen ist, konkret ob bzw. inwiefern der Tag der Erkrankung mitzuzählen ist *(s. Vossen, HzA Gruppe 2 Rdnr. 246).*

2757 Verlangen der vorzeitigen Vorlage der Arbeitsunfähigkeitsbescheinigung

Nach § 5 Abs. 1 Satz 3 EFZG ist der Arbeitgeber berechtigt, die Vorlage der Arbeitsunfähigkeitsbescheinigung schon früher als am 4. Tag der Arbeitsunfähigkeit zu verlangen. Zu recht wird hier darauf hingewiesen, dass ein **Verlangen nicht sachlich begründet werden muss.** Es müssen also keine irgendwie gearteten Verdachtsmomente vorliegen (anders bei Einschaltung des Medizinischen Dienst der Krankenversicherung; hier sind Zweifel an der Arbeitsunfähigkeit zu verlangen, s. § 275 SGB V).

Auch eine bestimmte Form des Verlangens ist nicht vorgesehen. Sie kann also mündlich oder schriftlich, im Einzelfall oder ganz allgemein in bestimmten Fallkonstellationen erfolgen. Allerdings hat das Verlangen das Persönlichkeitsrecht des Arbeitnehmers zu wahren. So darf nicht für bestimmte Arbeitnehmer durch namentlichen Aushang eine Vorlagepflicht geschaffen werden. Ansonsten müssen sich die Arbeitnehmer die Vorlagepflicht jedoch gefallen lassen, da der Arbeitgeber nur von einer ihm gesetzlich eingeräumten Befugnis Gebrauch macht.

Allerdings ist auf die **Verständlichkeit der Regelung** zu achten. Der Arbeitnehmer darf beispielsweise nicht gezwungen sein, komplizierte Prozentberechnungen anstellen zu müssen. Das Verlangen darf mit anderen Worten nicht indirekt auf den Arbeitnehmer abgewälzt werden.

> **BEISPIEL:**
> Der Arbeitgeber verlangt die sofortige Vorlage der Arbeitsunfähigkeitsbescheinigung, wenn die individuelle Fehlzeitquote 10 % der regelmäßigen Arbeitszeit überschreitet.

Ungeachtet dessen ist schon aus rein **pragmatischen Gründen** bei dem Vorlageverlangen **Vorsicht geboten.** Jeder Betriebspraktiker weiß aus praktischen Erfahrungen und einschlägigen Statistiken, dass Ärzte gerne bis zum Ende der Woche krankschreiben. Bei einem am Mittwoch erkrankten Arbeitnehmer besteht also bei Ausübung des Verlangens nach Vorlage der Arbeitsunfähigkeitsbescheinigung die hohe Wahrscheinlichkeit, dass Arbeitsunfähigkeit bis Freitag bescheinigt werden wird.

Mit dem Verlangen nach Vorlage einer Arbeitsunfähigkeitsbescheinigung sind noch weitere Probleme verbunden:

Nach ganz überwiegender Meinung bewegt sich der Arbeitgeber bei seinem Vorlageverlangen nicht im rechtsfreien Raum (Welslau, ZAP Fach 17, S. 281 ff.). Da er eine gesetzliche Nebenpflicht des Arbeitnehmers konkretisiert, ist § 315 BGB anzuwenden. Das Vorlageverlangen muss also **billigem Ermessen** entsprechen. Nicht jedes Vorlageverlangen ist aber schlechthin unbillig. Zwar drückt es den Verdacht aus, der Arbeitnehmer feiere krank. Dies jedoch vom Arbeitnehmer nach der gesetzlichen Wertung hinzunehmen. Darüber hinausgehende Umstände können aber Unbilligkeit begründen. Zu denken ist beispielsweise an ein jeweils gezielt an bestimmte missliebige Arbeitnehmer gerichtetes Vorlageverlangen, etwa Ausländer, Frauen oder Betriebsratsmitglieder. Hier wäre aber jeweils auch an **§ 612 a BGB** und an den **Gleichbehandlungsgrundsatz** zu denken. Gerade letzterer ist angesprochen, wenn gezielt nur bestimmte Arbeitnehmergruppen zur Vorlage verpflichtet werden.

Der **Gleichbehandlungsgrundsatz** ist hingegen nicht angesprochen, wenn jeweils einzelne Arbeitnehmer betroffen sind, ohne dass eine Gruppenbildung vorgenommen wird. Auch ist stets der sachlichen Rechtfertigung des Vorlageverlangens Rechnung zu tragen.

BEISPIEL:

In der Abteilung Controlling des Betriebes 1 beträgt der Krankenstand 15 %; in der selben Abteilung des Betriebes 2 nur 5%.

Im Beispielsfall besteht für ein Verlangen nach sofortiger Vorlage der Arbeitsunfähigkeitsbescheinigung für die Arbeitnehmer im Betrieb 1 ein sachlicher Grund. Das Vorliegen sachlicher Gründe hat i.Ü. der Arbeitgeber zu beweisen.

Zulässig ist es auch, wenn der Arbeitgeber sich an der Bestimmung des § 275 SGB V orientiert, er also vorzeitig die Arbeitsunfähigkeitsbescheinigung von solchen Arbeitnehmern verlangt, die auffällig

- häufig,
- häufig kurzfristig oder
- häufig am Arbeitswochenanfang oder Arbeitswochenschluss fehlen *(Welslau, ZAP Fach 17, S. 281, 287)*.

Der Arbeitgeber sollte aus datenschutzrechtlichen Gründen i.Ü. sicherstellen, dass Arbeitsunfähigkeitsbescheinigungen nur der zuständigen betrieblichen Stelle, etwa der Personalabteilung, vorgelegt werden *(s. Gola, BB 1995, 2318, 2320)*.

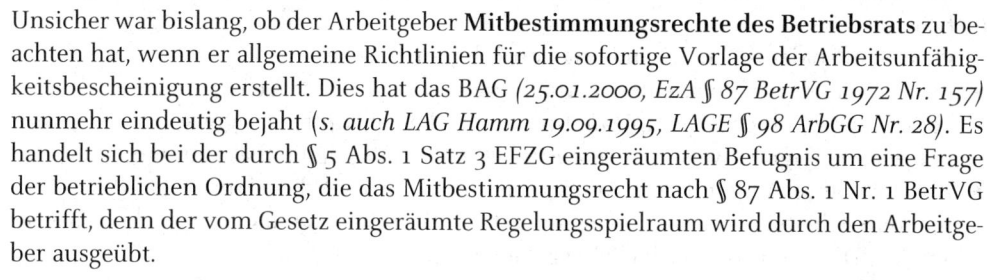

Unsicher war bislang, ob der Arbeitgeber **Mitbestimmungsrechte des Betriebsrats** zu beachten hat, wenn er allgemeine Richtlinien für die sofortige Vorlage der Arbeitsunfähigkeitsbescheinigung erstellt. Dies hat das BAG *(25.01.2000, EzA § 87 BetrVG 1972 Nr. 157)* nunmehr eindeutig bejaht *(s. auch LAG Hamm 19.09.1995, LAGE § 98 ArbGG Nr. 28)*. Es handelt sich bei der durch § 5 Abs. 1 Satz 3 EFZG eingeräumten Befugnis um eine Frage der betrieblichen Ordnung, die das Mitbestimmungsrecht nach § 87 Abs. 1 Nr. 1 BetrVG betrifft, denn der vom Gesetz eingeräumte Regelungsspielraum wird durch den Arbeitgeber ausgeübt.

Weder in einer Betriebsvereinbarung noch in einem Tarifvertrag kann eine generelle Pflicht zur **unmittelbaren Vorlage** einer Arbeitsunfähigkeitsbescheinigung geschaffen werden, denn dies ist nach der Wertung des EFZG der Ausnahmefall und das EFZG ist grundsätzlich zum Nachteil des Arbeitnehmers unabdingbar (§ 12 EFZG).

d) Beweiswert der Arbeitsunfähigkeitsbescheinigung

Geradezu ein **Klassiker des Entgeltfortzahlungsrechts** ist der **Beweiswert einer Arbeitsunfähigkeitsbescheinigung.** Entgegen der Ansicht des LAG München *(27.03.1991, LAGE § 3 LohnFG Nr. 9)*, begründet die ärztliche Arbeitsunfähigkeitsbescheinigung nach Auffas-

2758

sung des BAG (15.07.1992, EzA § 3 LohnFG Nr. 17) eine **tatsächliche, jederzeit widerlegbare Vermutung für die Richtigkeit der in ihr enthaltenen Angaben**. Diese tatsächliche Vermutung muss also vom Arbeitgeber entkräftet werden, wenn er Zweifel an der Arbeitsunfähigkeit hegt. Grundsätzlich gilt also: Die ordnungsgemäß ausgestellt Arbeitsunfähigkeitsbescheinigung ist zwar eine Privaturkunde i. S. d. § 416 ZPO, ihr kommt aber ein hoher Beweiswert zu *(s. etwa LAG Rheinland-Pfalz, 11.09.2000, 7 Sa 641/00, EzA-SD 10/2001, S. 4).*

Solche Zweifel können sich schon aus der Bescheinigung selbst, aber auch aus anderen Umständen ergeben.

Namentlich kommen hier in Betracht:

- angekündigte Arbeitsunfähigkeit nach Urlaubsablehnung oder zur Abwendung einer unliebsamen Arbeit
- Krankschreibung ohne ärztliche Untersuchung (Ferndiagnose)
- unerlaubte Rückdatierung der Arbeitsunfähigkeitsbescheinigung
- Schwarzarbeit während der Zeit der Krankschreibung, insbesondere auch die Tätigkeit bei einem anderen Arbeitgeber
- genesungswidriges Verhalten des Arbeitnehmers
- Ablehnung einer vertrauensärztlichen Kontrolluntersuchung
- besonders auffällige Krankheitszeitpunkte: Erkrankung jeweils montags oder freitags; jeweils vor oder nach Urlaubsantritt, an arbeitsfreien Tagen des Ehegatten oder im Anschluss an den Heimaturlaub ausländischer Beschäftigter *(LAG Hamm 20.02.2001, 11 Sa 1104/00, EzA-SD 14/2001, S. 15).*
- Krankheit bei Zumutung zusätzlicher Arbeit
- fehlende Arbeitswilligkeit des Arbeitnehmers ungeachtet der krankheitsbedingten Arbeitsunfähigkeit
- gleichsam epidemische Erkrankung von Fahrgemeinschaften
- kurze Dauer des Arzt-Patienten-Verhältnisses, häufiger Arztwechsel
- völlig ungewöhnliche Therapieanordnung für die behauptete Diagnose
- Folgebescheinigung weist dasselbe Ausstelldatum aus wie Erstbescheinigung
- Auseinandersetzung mit dem Arbeitgeber und sofortige Erkrankung
- mehrere Arbeitnehmer werden gekündigt, sie alle erkranken daraufhin, ohne dass besondere Umstände (Grippewelle) gegeben wären.

2759 Die den Beweiswert erschütternden Indizien muss der **Arbeitgeber darlegen und gegebenenfalls auch beweisen**. Er muss aber nicht nachweisen, dass der Arbeitnehmer tatsächlich nicht arbeitsunfähig war. Hat der Arbeitgeber den Beweiswert erschüttert, kann der Arbeitnehmer gleichwohl mit anderen Mitteln, etwa der Entbindung seines Arztes von der Schweigepflicht, den Beweis der Arbeitsunfähigkeit führen *(BAG 01.10.1997, EzA § 3 EFZG Nr. 5).* Er hat dann etwa im Fall der Ausübung einer Nebentätigkeit konkret darzulegen, warum er gesundheitlich nicht in der Lage gewesen sein soll, in seinem Hauptarbeitsverhältnis zu arbeiten. Es gilt ein **abgestuftes System** der Darlegungs- und Beweislast.

Nicht zur Erschütterung des Beweiswertes sind folgende Kriterien geeignet:
- der Arbeitnehmer wird während der behaupteten Arbeitsunfähigkeit mehrfach zu Hause nicht angetroffen
- »normale« Arbeit am Tag der Kündigung, Krankheit am Folgetag
- Teilnahme an einer Vergnügungsveranstaltung.

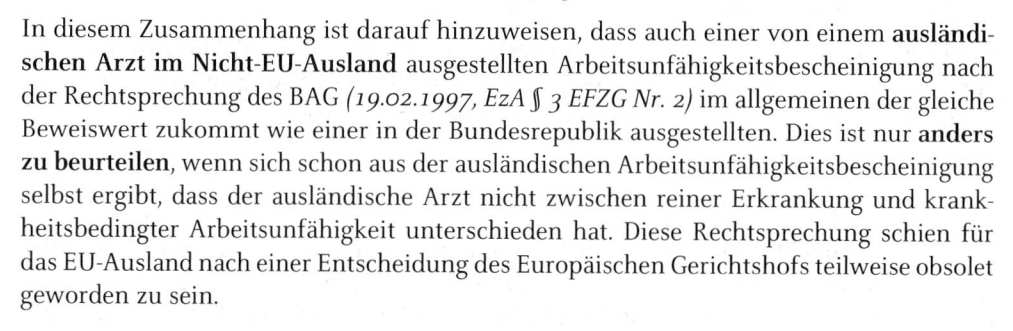

In diesem Zusammenhang ist darauf hinzuweisen, dass auch einer von einem **ausländischen Arzt im Nicht-EU-Ausland** ausgestellten Arbeitsunfähigkeitsbescheinigung nach der Rechtsprechung des BAG *(19.02.1997, EzA § 3 EFZG Nr. 2)* im allgemeinen der gleiche Beweiswert zukommt wie einer in der Bundesrepublik ausgestellten. Dies ist nur **anders zu beurteilen**, wenn sich schon aus der ausländischen Arbeitsunfähigkeitsbescheinigung selbst ergibt, dass der ausländische Arzt nicht zwischen reiner Erkrankung und krankheitsbedingter Arbeitsunfähigkeit unterschieden hat. Diese Rechtsprechung schien für das EU-Ausland nach einer Entscheidung des Europäischen Gerichtshofs teilweise obsolet geworden zu sein.

BEISPIEL:

Arbeitnehmer P, ein in der Bundesrepublik tätiger Gastarbeiter, verbrachte mit seiner Familie den Jahresurlaub in seiner Heimat Italien. Während des Aufenthalts meldeten sich alle Familienmitglieder bei dem gemeinsamen Arbeitgeber A krank. Dieser verweigerte die Entgeltfortzahlung. Er machte geltend, Familie P habe sich in den zurückliegenden Jahren jeweils kollektiv im Heimaturlaub krankgemeldet und entsprechende Arbeitsunfähigkeitsbescheinigungen vorgelegt. Deren Beweiswert sei durch die gruppenartige Erkrankung erschüttert.

Legt man die Rechtsprechung des BAG zugrunde, trifft die Ansicht des A zu. Der EuGH nimmt aber Gegenteiliges an. Der Tenor seiner Entscheidung im Beispielsfall lautete: Regelmäßig voller Beweiswert der ausländischen Arbeitsunfähigkeitsbescheinigung! Der Arbeitgeber wird darauf verwiesen, den Arbeitnehmer durch einen Vertrauensarzt untersuchen zu lassen. Wie dies praktisch zu bewerkstelligen ist, bleibt völlig unklar, zumal es an einem effektiven Kontrollsystem fehlt. Auch wenn der Arbeitnehmer seinen ausländischen Aufenthaltsort in der schnellstmöglichen Art und Weise anzeigt, besteht gleichwohl in der Regel keine Kontrollmöglichkeit.

Es ist aber darauf hinzuweisen, dass das BAG *(27.04.1994, EzA § 3 LohnFG Nr. 18)* die Sache unter einem anderen Aspekt dem EuGH erneut vorgelegt hatte. Der EuGH hat daraufhin im Kern darauf erkannt, dass es **dem Arbeitgeber nicht verwehrt sei, Nachweise zu erbringen, anhand derer eine missbräuchliche oder betrügerische Bescheinigung der Arbeitsunfähigkeit festgestellt werden könne.** Der EuGH betont insoweit, dass im Europarecht wie in allen anderen Rechtsgebieten auch der **Gedanke des Rechtsmissbrauchs** Geltung beansprucht. Allerdings will er nicht schon auf Umstände abstellen, die zu ernsthaften Zweifeln an einer Arbeitsunfähigkeit Anlass geben.

Diese Entscheidung hat das BAG *(19.02.1997, EzA § 5 EFZG Nr. 3)* wie folgt umgesetzt: Dem Arbeitgeber ist es nicht verwehrt, **Nachweise zu erbringen,** anhand derer das nationale Gericht feststellen kann, dass der Arbeitnehmer missbräuchlich oder betrügerisch gehandelt hat (Krankmeldung ohne Vorliegen von Arbeitsunfähigkeit). **Die Beweislast** trägt also der Arbeitgeber. Es **reicht** – anders als bei einer im Inland ausgestellten Arbeitsunfähigkeitsbescheinigung **nicht** aus, dass der Arbeitgeber Umstände beweist, die nur zu **ernsthaften Zweifeln** an der krankheitsbedingten Arbeitsunfähigkeit Anlass geben. Entscheidende Bedeutung kann hier der Tatsache zukommen, dass der Arbeitnehmer sich weigert, den behandelnden **Arzt von der Schweigepflicht zu entbinden** (Gedanke der Beweisvereitelung).

Ob die Rechtsprechung des EuGH auf **Inländer** Anwendung findet, die **im europäischen Ausland Urlaub machen** und dort erkranken, ist unklar. Die h.M. geht davon aus, dass die damit verbundene sog. »**Inländerdiskriminierung**« zulässig sei.

e) Überprüfung der Arbeitsunfähigkeit durch Medizinischen Dienst

2760 Früher führte die Begutachtung des Arbeitnehmers durch den medizinischen Dienst der Krankenversicherung (MdK) eher ein Schattendasein. Durch Art. 4 PflegeVG wurden striktere **Bestimmungen über die Begutachtung und Beratung durch den MdK** insbesondere bei Zweifeln an der Arbeitsunfähigkeit in die §§ 275 ff. SGB V eingefügt. Bislang konnte ein Arbeitgeber die Begutachtung des Arbeitnehmers durch den MdK nur bei »begründeten« Zweifeln an der Arbeitsunfähigkeit beantragen; jetzt genügen bereits bloße Zweifel. Überprüfungen sollen insbesondere angezeigt sein, wenn »Versicherte häufig oder auffällig häufig für kurze Dauer arbeitsunfähig sind oder der Beginn der Arbeitsunfähigkeit von einem Arzt festgestellt worden ist, der durch die Häufigkeit der von ihm ausgestellten Bescheinigungen über Arbeitsunfähigkeit auffällig geworden ist«. Der Arbeitgeber kann in diesen Fällen verlangen, dass die Krankenkasse eine **gutachterliche Stellungnahme** des MdK zur Überprüfung der **Arbeitsunfähigkeit** einholt.

2761 Weiterhin soll der MdK bei Vertragsärzten **stichprobenartig und zeitnah** Feststellungen der Arbeitsunfähigkeit überprüfen.

Die Krankenkasse kann ein Überprüfungsbegehren zurückweisen, wenn sich die Arbeitsunfähigkeit eindeutig aus den ihr vorliegenden Unterlagen ergibt. Welche Schritte der Arbeitgeber in diesem Fall einleiten kann, ist noch offen. Zu denken ist an ein Widerspruchsverfahren.

In bestimmten Fällen kann die Untersuchung durch den MdK **in der Wohnung** des Versicherten stattfinden, bspw. wenn

- dies aufgrund des Gesundheitszustands des Versicherten angezeigt erscheint;
- ein Vorladungstermin wegen des Gesundheitszustands nicht wahrgenommen worden ist oder
- der Versicherte einem Vorladungstermin unentschuldigt nicht nachgekommen ist.

Verweigert der Versicherte die Zustimmung zur häuslichen Untersuchung, kann ihm die Krankenkasse das Krankengeld versagen (§ 276 Abs. 5 SGB V).

Ergibt sich infolge der Untersuchung des MdK die Arbeitsfähigkeit des Versicherten, so ist der Beweiswert einer vorgelegten Arbeitsunfähigkeitsbescheinigung erschüttert. Der

Arbeitnehmer wird es in diesem Fall schwer haben, anderweitig den Beweis der Arbeitsunfähigkeit zu führen.

7. Ausschluss der Entgeltfortzahlung bei verschuldeter Arbeitsunfähigkeit

a) Verschuldete Arbeitsunfähigkeit

Ein Anspruch auf Entgeltfortzahlung entfällt, wenn dem **Arbeitnehmer ein Verschulden an seiner krankheitsbedingten Arbeitsunfähigkeit trifft.** Verschulden in diesem Sinne meint, ein »Verschulden des Arbeitnehmers gegen sich selbst«. Die Krankheit muss also auf einem **gröblichen Verstoß gegen das von einem verständigen Menschen im eigenen Interesse zu erwartende Verhalten** beruhen. Wann ein solches Verschulden angenommen werden kann, hängt sehr stark von den Umständen des Einzelfalles ab.

2762

BEISPIEL:

A, der durch seine wenig aufregende Bürotätigkeit seine Abenteuerlust schon lange nicht mehr befriedigen kann, entschließt sich trotz unvorhersehbarer Folgen, an einem Bungee-Springen teilzunehmen. Beim Sprung aus 120 Meter Höhe zieht er sich erhebliche Verletzungen zu, die eine 4-wöchige Arbeitsunfähigkeit zur Folge haben.

In dem geschilderten Fall kann von einer besonders leichtfertigen Lebens- und Gesundheitsgefährdung ausgegangen werden, so dass kein Entgeltfortzahlungsanspruch besteht.

Unabhängig von dem geschilderten Beispiel haben sich in der Rechtsprechung bestimmte **klassische Fallgruppen** herausgebildet. Insoweit besteht eine umfangreiche Kasuistik, deren Leitlinien im folgenden dargestellt werden.

b) ABC der verschuldeten Arbeitsunfähigkeit

ABC der verschuldeten Arbeitsunfähigkeit

2763

Aids	ist eine Krankheit im arbeitsrechtlichen Sinne. Regelmäßig liegt kein Verschulden des Arbeitnehmers vor. Dies kann u.U. anders sein, wenn der Geschlechtsverkehr mit einer Person ausgeübt wird, von der der Arbeitnehmer sicher weiß, dass diese infiziert ist. Besonders leichtsinnig handelt auch, wer mit ihm unbekannten oder kaum bekannten Sexualpartnern ohne Kondome verkehrt. Der gleiche Vorwurf ist dem Fixer zu machen, der keine Einmal-Bestecke verwendet.
Allgemein-erkrankungen	Kein Selbstverschulden liegt regelmäßig bei so genannten Allgemeinerkrankungen vor. Hierzu zählen namentlich Erkältungs- und Infektionserkrankungen. Dies gilt aber auch bei alters- oder anlagebedingten Erkrankungen. Ein Selbstverschulden liegt ebenfalls nicht vor, wenn der Arbeitnehmer eine

	seine Kräfte übersteigende Arbeit übernimmt und deshalb arbeitsunfähig erkrankt. Das »Weiterrauchen« nach erlittenem Herzinfarkt bedeutet für sich allein noch nicht eine schuldhafte Herbeiführung einer Herzerkrankung (grobe Missachtung ärztlicher Anweisungen). Anders, wenn der Arbeitnehmer sich über ein eindeutiges ärztliches Rauchverbot hinwegsetzt. Ein Selbstverschulden liegt vor, wenn der Arbeitnehmer in besonders leichtsinniger Weise Vorkehrungen unterlässt, durch die Arbeitsunfähigkeit vermieden werden könnte.
Arbeitsunfälle	Bei Arbeitsunfällen ist ein Verschulden bei grob fahrlässiger Verletzung von Unfallverhütungsvorschriften oder betrieblicher Sicherheitsvorschriften anzunehmen. Dies gilt auch, wenn der Arbeitnehmer Anweisungen, Geboten oder Verboten des Arbeitgebers in nicht nur geringfügiger Weise zuwiderhandelt. Fallgruppen des verschuldeten Arbeitsunfalls stellen das **Nichttragen von Sicherheitskleidung** (Sicherheitshandschuhe, Sicherheitsschuhe, Schutzhelm, Knieschutz etc.) dar, wenn der Arbeitgeber diese Schutzkleidung bereitstellt. Ein selbstverschuldeter Arbeitsunfall kann auch anzunehmen sein, wenn der Arbeitnehmer entgegen eines Verbots eine gefährliche Kreissäge benutzt oder einen Keilriemen bei laufendem Motor anzieht. Ein Verschulden kann ebenfalls darin bestehen, dass ein Arbeitnehmer deutlich **gegen Bestimmungen des Arbeitszeitgesetzes verstößt** und damit seine Gesundheit gefährdet. Ist der Arbeitsunfall auf übermäßigen Alkoholgenus zurückzuführen, liegt ein Verschulden vor. Wird bei einem Unfall eine **Alkoholisierung** festgestellt, obwohl ein Alkoholverbot bestand, so spricht bereits der Beweis des ersten Anscheins für die Alkoholbedingtheit des Unfalls.
Nebentätigkeiten	Erkrankt der Arbeitnehmer während einer Nebentätigkeit, hat der Arbeitgeber des Hauptarbeitsverhältnisses grundsätzlich das Entgelt fortzuzahlen. Eine Ausnahme besteht jedoch, wenn es sich um eine verbotene oder besonders gefährliche Nebentätigkeit handelt oder diese die Kräfte des Arbeitnehmers erheblich übersteigt. Dies kann etwa anzunehmen sein, wenn Nebenbeschäftigung und Hauptarbeitsverhältnis zusammengerechnet die maximal **zulässige wöchentliche Arbeitszeit erheblich übersteigen**. Für die Frage der Entgeltfortzahlung ist es unerheblich, ob die Nebentätigkeit in selbständiger oder nichtselbständiger Form ausgeübt wird.

	Es bestehen keine festen Richtlinien, wann eine Nebentätigkeit in zeitlicher Hinsicht über das erlaubte Maß hinausgeht, so dass an eine Versagung des Entgeltfortzahlungsanspruchs gedacht werden kann. Hier führt kein Weg an einer Einzelfallabwägung vorbei. Die hiermit verbundenen Unsicherheiten sind von den Beteiligten hinzunehmen.
Schlägereien	Bei Schlägereien oder sonstigen tätlichen Auseinandersetzungen ist jedenfalls für den Verursacher dieser Konflikte ein Verschulden anzunehmen. Gleiches gilt, wenn der Arbeitnehmer sich ohne rechtfertigenden Grund beteiligt hat; anders, wenn der Arbeitnehmer Opfer eines Überfalls war oder als Unbeteiligter in die Auseinandersetzung verwickelt wurde. Bei Arbeitsunfähigkeit infolge einer Schlägerei hat der Arbeitnehmer den Sachverhalt aufzuklären.
Selbstmordversuche	Tritt die Arbeitsunfähigkeit dadurch ein, dass der Arbeitnehmer einen Selbstmordversuch unternimmt, ist regelmäßig ein Verschulden abzulehnen.
Sicherheitsgurt	Beim Nichtanlegen des Sicherheitsgurtes oder Nichttragen eines Schutzhelmes ist regelmäßig ein Verschulden anzunehmen.
Sportunfälle	Körper- und Gesundheitsschäden, die bei sportlicher Betätigung zwecks körperlichen Ausgleichs oder Freizeitgestaltung entstehen, sind **grundsätzlich unverschuldet** und lösen, wenn sie zur Arbeitsunfähigkeit führen, den Entgeltfortzahlungsanspruch aus. Dabei ist es unerheblich, ob die Sportart in jedem Fall gefahrlos ausgeübt werden kann. Allerdings sind hier drei Fallgruppen zu unterscheiden: (1) Schuldhaft handelt der Arbeitnehmer, der sich in einer seine **Kräfte und Fähigkeiten deutlich übersteigenden Weise** sportlich betätigt und dadurch gesundheitlichen Schaden erleidet. Die bloß unregelmäßige Trainingsteilnahme genügt hierfür nicht. Anders bei fünfmaliger Verletzung innerhalb von 2 Jahren! (2) Eine verschuldete Arbeitsunfähigkeit ist auch anzunehmen, wenn der Arbeitnehmer sich die Verletzung bei der Teilnahme an einer **gefährlichen Sportart** zugezogen hat. Eine gefährliche Sportart liegt vor, wenn das Verletzungsrisiko bei objektiver Betrachtung so groß ist, dass auch ein gut ausgebildeter Sportler bei sorgfältiger Beachtung aller Regeln dieses Risiko nicht vermeiden kann, der Sportler sich also etwa **un-**

	beherrschbaren Gefahren aussetzt. Die Annahme einer gefährlichen Sportart wurde **verneint** für: Amateurboxen, Fußballwettkampf, Skispringen, Grasbahnrennen, Fingerhakeln, Fallschirmspringen, Karate, Motorradrennen, Skifahren, Drachenfliegen und Moto-Cross-Rennen. Die Angriffssportart Kick-Boxen gehört jedoch zu den gefährlichen Sportarten. (3) Ein Selbstverschulden ist auch anzunehmen, wenn der Arbeitnehmer in **besonders grober Weise und leichtsinnig gegen anerkannte Regeln der jeweiligen Sportart verstoßen** hat. Abzustellen ist hierbei auf die individuelle Leistungsfähigkeit des Arbeitnehmers. Es ist die Frage zu stellen, ob dieser hinreichend geübt ist, über die körperliche Eignung verfügt, die gebotenen Ausrüstungs- und Sicherheitserfordernisse beachtet und den Sport auf einer hierzu geeigneten Anlage ausübt.
Suchtkrankheiten	Eine verschuldete Arbeitsunfähigkeit kann auch bei einer Suchterkrankung anzunehmen sein. Maßgebend für das Selbstverschulden sind allerdings die Umstände des Einzelfalles. Es gibt keinen Erfahrungssatz des Inhalts, dass eine krankhafte Alkoholabhängigkeit selbst verschuldet ist! Dabei kommt es auf das Verhalten an, das vor dem Zeitpunkt liegt, in dem die krankhafte Sucht eingetreten ist. **Nach Eintritt der Erkrankung ist regelmäßig ein Verschulden auszuschließen.** Dies ist anders, wenn der an chronischer Trunksucht Erkrankte im nüchternen Zustand seine Krankheit kennt und weiß, dass er mit dem Trinken nicht aufhören kann, wenn er einmal damit angefangen hat. Entsprechendes gilt für **Drogen- und Nikotinsucht**. Ein **Verschulden** ist etwa anzunehmen, wenn der Arbeitnehmer sich vor einer Alkohol- bzw. Drogensucht bewusst und häufig berauscht und auf seine Widerstandskraft vertraut. Gleiches gilt, wenn er nach einer stationären Entziehungskur und Aufklärung über die Gefahren der Sucht, nach mehrmonatiger Abstinenz rückfällig wird; anders, wenn der Arbeitnehmer gem. ärztlichem Gutachten nach der ersten Entziehungskur noch nicht endgültig von seiner Sucht geheilt war und ihm daher die notwendige Einsichtsfähigkeit fehlte. Ebenfalls kein Verschulden ist anzunehmen, wenn die Ursachen für die Suchterkrankung in der Persönlichkeit des Arbeitnehmers (Geistesstörung, erhebliche Belastung, Milieuschädigung) begründet sind. Bei der einzelfallbezogenen Verschuldensprüfung trifft den **Arbeitnehmer** eine **Aufklärungspflicht** über die Gründe der Erkrankung.

	Diese kann die Entbindung des behandelnden Arztes von der Schweigepflicht rechtfertigen. Ansonsten entfällt der Entgeltfortzahlungsanspruch.
Sterilisation und Schwangerschaftsabbruch	Die infolge einer Sterilisation oder eines Schwangerschaftsabbruchs eintretende Arbeitsunfähigkeit ist unverschuldet, wenn die genannten Eingriffe durch einen Arzt ausgeführt werden und nicht rechtswidrig sind. Der beratene Schwangerschaftsabbruch ist nicht rechtswidrig.
Verkehrsunfälle	Ist die Arbeitsunfähigkeit durch einen verschuldeten Verkehrsunfall verursacht, scheidet ein Anspruch auf Entgeltfortzahlung aus, wenn der Arbeitnehmer die Verkehrsvorschriften grob fahrlässig verletzt und dadurch sein Leben oder seine Gesundheit leichtfertig aufs Spiel setzt. Der Verschuldensvorwurf muss sich dabei auf die unfallbedingten Verletzungen ausgewirkt haben. Beispiele für einen verschuldeten Verkehrsunfall sind etwa: Fahren mit stark überhöhter Geschwindigkeit bei fehlender Ortskenntnis, schlechten Straßen oder ungünstigen Sichtverhältnissen, Überanstrengung nach zu langer Fahrt, Trunkenheit am Steuer, Fahren nach Einnahme von Tabletten, obwohl sich der Arbeitnehmer nach Durchlesen des Beilagezettels hätte vergewissern können, dass diese zu einer Beeinträchtigung der Reaktionsfähigkeit führen, Teilnahme an der verwegenen nächtlichen Vergnügungsfahrt eines sehr riskant fahrenden Fahrers, Nichtanlegen des Sicherheitsgurtes, Nichtaufsetzen des Schutzhelms, unvorsichtiges Überqueren einer belebten Straße.
Verzögerung der Heilung	Wird die Heilung einer Krankheit durch ein erkennbar dem Heilungsprozess zuwiderlaufendes Verhalten des Arbeitnehmers oder einen Verstoß gegen ärztliche Anweisungen verzögert oder verschlimmert, liegt ein Verschulden vor.
	Der arbeitsunfähig erkrankte Arbeitnehmer ist verpflichtet, sich so zu verhalten, dass er möglichst bald wieder gesund wird und alles zu unterlassen, was seine Genesung verzögern kann. Beispiele hierfür sind etwa: Missachtung einer ärztlichen Verordnung, Nichtantritt ärztlich verordneter Heilbehandlungen oder längerer Außenaufenthalt bei fiebrigen Erkrankungen im Winter und nassem Wetter. Der Anspruch auf Entgeltfortzahlung verfällt aber immer nur für die Zeit der Verschlimmerung bzw. der Verzögerung, nicht jedoch für den gesamten Heilungszeitraum.

Zu beachten ist aber: Die **Beispielsfälle können nur Anhaltspunkte geben** und machen eine **Einzelfallprüfung** nicht entbehrlich!

c) Beweislast für das Verschulden

2764 Will der **Arbeitgeber** die Entgeltfortzahlung im Krankheitsfall im Einzelfall verweigern, so hat er die Tatsachen, aus denen sich das Verschulden des Arbeitnehmers ergeben soll, zu **beweisen**. Dies ist immer dann misslich, wenn die maßgeblichen Umstände sich außerhalb des Wahrnehmungsbereichs des Arbeitgebers abgespielt haben. Hier können ihm **2 Erleichterungen** zugute kommen:

Liegen Umstände vor, die nach der Erfahrung des täglichen Lebens für ein Verschulden des Arbeitnehmers sprechen, muss dieser beweisen, dass die Arbeitsunfähigkeit nicht auf eigenes Verschulden zurückzuführen ist (**so genannter Anscheinsbeweis**).

BEISPIEL:
Hochgradige Alkoholisierung

Allerdings reicht nicht jedes scheinbar unvernünftige Verhalten aus, um den Anschein eines Verschuldens zu geben.

BEISPIEL:
A verunglückt mit seinem Motorrad auf dem Nürburgring. Worauf dies zurückzuführen ist, lässt sich nicht aufklären.
Hier hat das LAG Köln (02.03.1994, LAGE § 1 LohnFG Nr. 33) darauf erkannt, dass kein Anscheinsbeweis für ein grob unvernünftiges Verhalten des A besteht, da der Nürburgring eine Fahrbahn wie eine normale Autostraße besitze. Der Anscheinsbeweis gehe nur dahin, dass A schlicht zu schnell gefahren sei. Das genügt nicht, um den Entgeltfortzahlungsanspruch auszuschließen.

Den **Arbeitnehmer trifft eine Pflicht zur Mitwirkung** an der Aufklärung aller für die Entstehung des Entgeltfortzahlungsanspruchs erheblichen Umstände. Dabei muss er ggf. den behandelnden Arzt oder einen vom Gericht bestellten Gutachter von der Schweigepflicht entbinden. Verletzt der Arbeitnehmer diese Mitwirkungspflichten, geht das zu seinen Lasten.

Aber: **Die Mitwirkungspflicht wird nur auf Verlangen des Arbeitgebers ausgelöst!** Der Arbeitnehmer braucht sich also nicht ungefragt zu offenbaren.

Gewährt der Arbeitgeber in Unkenntnis der verschuldeten Arbeitsunfähigkeit Entgeltfortzahlung, kann er seine Leistung zurückverlangen. Der Arbeitnehmer soll selbst dann zur Rückzahlung verpflichtet sein, wenn er das Geld für den täglichen Bedarf verbraucht hat. Selbstverständlich kann der Arbeitgeber seinen Rückforderungsanspruch durch Aufrechnung mit einem späteren Entgeltanspruch des Arbeitnehmers erfüllen. Er muss dabei aber die Pfändungsfreigrenzen beachten.

8. Ausschluss der Entgeltfortzahlung in besonderen Fällen

In einigen Fällen wird bzw. war der Anspruch auf Entgeltfortzahlung im Krankheitsfall kraft Gesetzes ausgeschlossen. 2765

a) Befristete Arbeitsverhältnisse mit Arbeitern

Der Ausschlusstatbestand besteht nicht mehr.

b) Geringfügig beschäftigte Arbeiter

Auch geringfügig beschäftigte Arbeiter haben nunmehr einen Anspruch auf Lohnfortzahlung. 2766

c) Bezug von Mutterschaftsgeld

Ein Anspruch auf Entgeltfortzahlung im Krankheitsfall besteht nicht für Schwangere oder Wöchnerinnen während der **Schutzfristen nach dem Mutterschutzgesetz** (§ 3 Abs. 3, § 6 Abs. 1), wenn für diese Zeiten ein Anspruch auf **Mutterschaftsgeld** besteht (§ 200 RVO a.F.). Dieser besteht aber nur, wenn allein das mutterschutzrechtliche Beschäftigungsverbot dazu führt, dass die Schwangere mit der Arbeit aussetzt, d.h. er greift nur, wenn die Beschwerden keinen Krankheitswert haben oder sie nicht zur Arbeitsunfähigkeit führen, gleichwohl aber Leben oder Gesundheit von Mutter oder Kind bei Fortdauer der Beschäftigung gefährdet sind. Der Mutterschutzlohn soll nur das Risiko des Verdienstausfalls gerade wegen des mutterschutzrechtlichen Beschäftigungsverbots abdecken, nicht aber einen Verdienstausfall aus anderen Gründen. 2767

Das bedeutet: Ist die **werdende Mutter arbeitsunfähig krank**, löst ein für denselben Zeitraum angeordnetes ärztliches Beschäftigungsverbot nach § 3 MuSchG keinen Anspruch auf Mutterschaftslohn aus *(BAG 22.03.1995, EzA § 11 MuSchG n.F. Nr. 14)*. Die arbeitsunfähig erkrankte Mutter hat ggf. Anspruch auf Entgeltfortzahlung. Die **Beweislast** für das Vorliegen eines **Beschäftigungsverbots** führt die Schwangere durch ärztliches Zeugnis. Dabei braucht die Bescheinigung keine Angaben über den Gesundheitszustand und den Verlauf der Schwangerschaft zu enthalten *(BAG 01.10.1997, EzA-SD 21/1997 S. 3)*.

Umgekehrt muss der **Arbeitgeber** bei Vorliegen eines **ärztlichen Zeugnisses beweisen**, dass dieses **zu Unrecht ausgesprochen** wurde *(BAG 12.03.1997, EzA § 3 MuSchG Nr. 3)*. Dies folgt daraus, dass das ordnungsgemäß ausgestellte ärztliche Beschäftigungsverbot einen **hohen Beweiswert** hat. Er kann nur dadurch erschüttert werden, dass der Arbeitgeber Umstände vorträgt und beweist, die zu ernsthaften Zweifeln an der Berechtigung des Beschäftigungsverbots Anlass geben. Ein **bloßes Bestreiten des Arbeitgebers genügt insoweit nicht**.

I.Ü. ist darauf hinzuweisen, dass das Beschäftigungsverbot **nicht unbedingt schriftlich** ausgesprochen werden muss. Eine bestimmte Form ist nicht vorgeschrieben. Es kann mithin auch mündlich erklärt werden. Wird ein zunächst mündlich ausgesprochenes Beschäftigungsverbot später rückwirkend schriftlich bestätigt, so kann es gleichwohl von Anfang an die Pflicht zur Zahlung von Mutterschutzlohn begründen. Die Schwangere trägt jedoch die Beweislast dafür, dass die Voraussetzungen des § 3 Abs. 1 MuSchG tatsächlich erfüllt sind. Hier kommt etwa die Entbindung des Arztes von der Schweigepflicht in Betracht.

d) Berufsausbildungsverhältnisse

2768 Nach § 1 Abs. 2 i.V.m. §§ 3 ff. EFZG haben die **zur Berufsausbildung Beschäftigten** einen Anspruch auf Fortzahlung ihrer Vergütung im Krankheitsfall nach dem EFZG.

e) Elternzeit

2769 Während der Elternzeit (s. → Rz. 2919) ruhen die Hauptpflichten aus dem Arbeitsvertrag. Treffen **Arbeitsunfähigkeit und Elternzeit** zusammen, so besteht kein Anspruch auf Entgeltfortzahlung gegen den Arbeitgeber. Die vereinbarte Elternzeit entfällt auch nicht durch eine vor oder während der Elternzeit eingetretene Erkrankung.

f) Weiterbeschäftigungszeitraum

2770 Wird der Arbeitgeber durch Gerichtsurteil verpflichtet, den Arbeitnehmer **weiterzubeschäftigen** (sog. allgemeiner Weiterbeschäftigungsanspruch), so hat der Arbeitnehmer im Falle der Krankheit keinen Anspruch auf Entgeltfortzahlung.

9. Rechtsmissbräuchliche Inanspruchnahme der Entgeltfortzahlung

2771 Ein Anspruch auf Entgeltfortzahlung im Krankheitsfall besteht dann nicht, wenn das Fortzahlungsbegehren des Arbeitnehmers den **Einwand des Rechtsmissbrauchs** begründet. Hier kommen primär **drei Fallgruppen** in Betracht:

Verschweigt der bei Abschluss des Arbeitsvertrages noch nicht arbeitsunfähige Arbeitnehmer den **unmittelbar bevorstehenden Antritt einer »Kur«** und reicht diese über das Ende des **zweckbefristeten Arbeitsvertrages** hinaus, so ist die Geltendmachung des Entgeltfortzahlungsanspruchs rechtsmissbräuchlich.

Wird ein **unbefristeter Arbeitsvertrag** geschlossen, kann der Arbeitgeber die während der Kur zu gewährende Entgeltfortzahlung nicht als entstandenen Schaden geltend machen. Allerdings kann ein Schaden u.U. darin liegen, dass für den »kurenden« Arbeitnehmer eine **Ersatzkraft angestellt und bezahlt** werden muss. Es kommt also auf die richtige Begründung an! Aktuelle Rechtsprechung hierzu liegt aber nicht vor.

Weiterhin kann der Arbeitgeber in bestimmten Konstellationen den **Einwand rücksichtslosen übermäßigen Eigennutzes** des Arbeitnehmers erheben. Dies ist primär dann gerechtfertigt, wenn der Arbeitnehmer die Zeit seiner Erkrankung zur Begehung strafbarer oder anderer sittlich oder rechtlich zweifelsfrei zu missbilligender Handlungen benutzt.

BEISPIEL:

Ein Arbeiter nimmt während seiner Arbeitsunfähigkeit ganztägig an einem Schweißkurs teil, der in seiner praktischen Ausgestaltung seiner Arbeit am Arbeitsplatz entspricht.

Während der Arbeitsunfähigkeit vertritt der Arbeitnehmer nächtelang den Barkeeper eines Barbetriebes.

Allerdings wird hier in der Regel auch eine **verschuldete Verlängerung der Arbeitsunfähigkeit** anzunehmen sein, die ohnehin den zeitweiligen Ausschluss der Entgeltfortzahlung rechtfertigt.

Die Geltendmachung des Entgeltfortzahlungsanspruchs ist auch dann rechtsmissbräuchlich, wenn der Arbeitnehmer **während der Krankheit Schwarzarbeit** leistet. Es ist auch eine Kündigung möglich, da das Vertrauensverhältnis zerstört wird (s. → Rz. 4512).

Bei einer **Verzögerung der Genesung** durch Nebentätigkeiten im Entgeltfortzahlungszeitraum kann auch eine fristlose Kündigung ausgesprochen werden. In besonders krassen Fällen ist hier selbst eine Abmahnung entbehrlich! (s. auch *BAG 26.08.1993, EzA § 626 BGB n.F. Nr. 148).* Das Erschleichen einer Arbeitsunfähigkeitsbescheinigung (Vortäuschen der Krankheit) berechtigt den Arbeitgeber zur fristlosen Kündigung *(LAG München 03.11.2000 – 10 Sa 1037/99 – EzA-SD 11/2001, S. 9).*

Beachte aber: Eine **Aufrechnung des Entgeltfortzahlungsanspruchs gegen einen Schadensersatzanspruch** ist regelmäßig nur bis zur Höhe der Pfändungsgrenze möglich!

10. Leistungsverweigerungsrechte des Arbeitgebers

In bestimmten Fällen ist der Arbeitgeber berechtigt, die Fortzahlung des Arbeitsentgelts **vorübergehend oder endgültig zu verweigern.**

a) Allgemeines

- Kommt der Arbeitnehmer seiner **Nachweispflicht überhaupt nicht nach**, so kann der Arbeitgeber die Entgeltfortzahlung **auf Dauer verweigern** (streitig; *s. BAG 19.02.1997, EzA § 3 EFZG Nr. 2),* es sei denn, dem Arbeitnehmer gelingt es auf andere Weise, den Nachweis über das Vorliegen einer Arbeitsunfähigkeit zu führen. Das heißt: Das Nichtvorlegen einer Arbeitsunfähigkeitsbescheinigung führt **faktisch zu einem dauerhaften Leistungsverweigerungsrecht,** wenn es dem Arbeitnehmer nicht gelingt, den Nachweis der Arbeitsunfähigkeit auf andere Weise zu führen *(BAG 01.10.1997, EzA § 5 EFZG Nr. 5).*
- Legt der Arbeitnehmer die Arbeitsunfähigkeitsbescheinigung **verspätet** vor, ist der Arbeitgeber nach § 7 Abs. 1 Nr. 1 EFZG berechtigt, die Fortzahlung des Arbeitsentgelts **vorübergehend** zu verweigern. Der Arbeitgeber hat also, wenn der Arbeitnehmer seinen Pflichten nachkommt oder auf andere Weise den Beweis der Arbeitsunfähigkeit führt, die **Entgeltfortzahlung nachzuholen.** Die schuldhaft verspätete Vorlage der Arbeitsunfähigkeitsbescheinigung kann auch einen Schadensersatzanspruch des Arbeitgebers auslösen.

- Auch bestandsschutzrechtliche Konsequenzen sind zwar denkbar, aber in der Praxis selten. Für den Arbeitgeber ist nämlich die Anzeigepflicht erheblich bedeutsamer als die Nachweispflicht.

Im Prozess muss der Arbeitgeber sich auf die Einreden nach § 7 EFZG berufen. Er hat die Darlegungs- und Beweislast. Das Gericht wird also nicht von Amts wegen tätig. Das zeitweilige Leistungsverweigerungsrecht begründet eine rechtshindernde Einrede (Abweisung der Klage als zur Zeit unbegründet), das endgültige eine rechtsvernichtende (Abweisung der Klage als unbegründet).

b) Leistungsverweigerungsrecht bei Nichthinterlegung des Sozialversicherungsausweises

2774 Nach § 100 Abs. 2 SGB IV kann der Arbeitgeber während der Zeiten einer Entgeltfortzahlung wegen Arbeitsunfähigkeit verlangen, dass der Arbeitnehmer seinen **Sozialversicherungsausweis hinterlegt.** Solange der Arbeitnehmer dem nicht nachkommt, kann der Arbeitgeber die Entgeltfortzahlung verweigern, es sei denn, die Verletzung der Hinterlegungspflicht ist nicht zu vertreten (verschuldet). Nunmehr ist entschieden, dass die **zu vertretende Nichthinterlegung des Sozialversicherungsausweises nicht zu einem endgültigen Verlust des Entgeltfortzahlungsanspruchs führt** *(BAG 14.06.1995, EzA § 100 SGB IV Nr. 1).* Für den Arbeitgeber wird nur ein **zeitweiliges Leistungsverweigerungsrecht** begründet. Dieses gerät in Fortfall, sobald der Arbeitnehmer die Bescheinigung vorlegt. Dies gilt i.Ü. selbst dann, wenn der Arbeitnehmer den Sozialversicherungsausweis erst nach Ende der Arbeitsunfähigkeit und nach Beendigung des Arbeitsverhältnisses vorlegt *(BAG 21.08.1997, EzA § 100 SGB IV Nr. 2).*

Unsicher ist, ob die Nichthinterlegung des Sozialversicherungsausweises als Indiz dafür gewertet werden kann, dass der Arbeitnehmer tatsächlich überhaupt nicht arbeitsunfähig erkrankt war, der Beweiswert einer vorgelegten Arbeitsunfähigkeitsbescheinigung also erschüttert wird. Dies wird aber abzulehnen sein.

2775 Wichtig ist der Hinweis darauf, dass auch ein zeitweiliger Verlust des Entgeltfortzahlungsanspruchs wegen Nichthinterlegung des Sozialversicherungsausweises nur im Falle des **Vertretenmüssens des Arbeitnehmers** eintritt. Zugangsverzögerungen, die nicht auf dem Verschulden des Arbeitnehmers beruhen – etwa ein Poststreik -, sind daher entgeltfortzahlungsrechtlich irrelevant *(zu dem gesamten Problemkreis auch Gola, BB 1994, 1351).*

Die Anforderung des Sozialversicherungsausweises steht unter dem Vorbehalt, dass der Arbeitgeber diese für erforderlich halten darf. Er hat also nach billigem Ermessen (§ 315 BGB) zu entscheiden. Die Kriterien werden nicht so streng sein wie beim Verlangen nach vorzeitiger Vorlage der Arbeitsunfähigkeitsbescheinigung, da mit dem Vorlageverlangen keine derart stigmatisierende Wirkung verbunden ist. Der Eingriff in das Persönlichkeitsrecht ist geringer. Der Arbeitgeber ist in der Regel nicht gehindert, die Vorlage in jedem Fall der arbeitsunfähigen Erkrankung zu verlangen. Unbillig kann das Vorlageverlangen aber sein, wenn der Arbeitgeber weiß, dass der Arbeitnehmer einen schweren Arbeitsunfall erlitten hat und infolgedessen stationär behandelt wird. Viel hängt von den Umständen des Einzelfalles ab.

Wegen der Verpflichtung zur Einzelfallentscheidung ist folgende Klausel in einem Arbeitsvertrag **nicht** vereinbarungsfähig: »Während einer Arbeitsunfähigkeit ist der Sozialversicherungsausweis beim Arbeitgeber zu hinterlegen, sonst entfällt der Anspruch auf Entgeltfortzahlung.« Einerseits werden hier die notwendigen Zeiten der Übermittlung nicht berücksichtigt. Andererseits wird vernachlässigt, dass eine Anforderung des Sozialversicherungsausweises nur **bei gegebenem Anlass** erfolgen darf.

Wichtig ist es auch, die **Darlegungs- und Beweislast** zu beachten: Verweigert der Arbeitgeber einem arbeitsunfähig erkrankten Arbeitnehmer die Fortzahlung des Arbeitsentgelts mit der Begründung, dass der Arbeitnehmer bislang nicht den Sozialversicherungsausweis hinterlegt habe, so genügt es nicht, wenn der Arbeitgeber vorträgt, er habe den Arbeitnehmer hierzu aufgefordert. Bestreitet der Arbeitnehmer, eine derartige Aufforderung erhalten zu haben, trägt der **Arbeitgeber** die Darlegungs- und Beweislast für die **behauptete Aufforderung und für den Zugang der Erklärung** *(LAG Rheinland-Pfalz 12.12.1995, NZA 1996, 986).*

II. Anspruchsübergang auf den Arbeitgeber bei Dritthaftung

Dem Arbeitnehmer steht auch dann ein Anspruch auf Fortzahlung des Arbeitsentgelts zu, wenn die Arbeitsunfähigkeit **durch einen Dritten verursacht** worden ist.

2776

BEISPIEL:
Der Dritte verursacht schuldhaft einen Verkehrsunfall, bei dem Arbeitnehmer A so erheblich verletzt wird, dass er für 4 Wochen arbeitsunfähig krank ist.
Hier steht dem A Anspruch auf Entgeltfortzahlung zu. Dieser Fall darf also nicht mit der durch den Arbeitnehmer verschuldeten Krankheit verwechselt werden.

Selbstverständlich hat der zur Entgeltfortzahlung verpflichtete Arbeitgeber in diesen Fällen ein starkes Interesse daran, **von dem Dritten seinen Schaden in Form der Fortzahlung des Arbeitsentgeltes** ohne Erhalt der Arbeitsleistung **ersetzt zu bekommen**. Hier ist seit langem entschieden, dass der Drittschädiger sich nicht darauf berufen kann, dem Arbeitnehmer sei wegen des vom Arbeitgeber fortgezahlten Entgeltes kein Verdienstausfall entstanden. Also habe dieser auch keinen Schaden. Daher könne auch der Arbeitgeber nichts verlangen. Die Vorschriften über die Pflicht des Arbeitgebers zur Entgeltfortzahlung sind nicht dazu bestimmt, den Dritten mit haftungsbefreiender Wirkung zu begünstigen. Es besteht daher Einigkeit, dass auch in diesen Fällen vom Dritten Schadensersatz an den Arbeitgeber zu leisten ist.

Die früheren Unterschiede zwischen Arbeitern und Angestellten sind entfallen.

1. Allgemeines

2777 § 6 Abs. 1 EFZG sieht vor, dass der Anspruch des Arbeitnehmers gegen den Dritten auf Schadensersatz wegen Verdienstausfalls insoweit auf den Arbeitgeber übergeht, als dieser dem Arbeitnehmer nach dem EFZG Arbeitsentgelt fortgezahlt und die darauf entfallenden Arbeitgeberbeiträge zur Sozialversicherung sowie ggf. zu Einrichtungen der zusätzlichen Alters- und Hinterbliebenenversorgung abgeführt hat.

Für den Anspruchsübergang kommt es nicht darauf an, ob der Arbeitgeber rechtlich zur Entgeltfortzahlung verpflichtet war. Entscheidend für den Anspruchsübergang ist vielmehr, dass er das Arbeitsentgelt tatsächlich fortgezahlt hat (der Arbeitgeber leistet trotz verschuldeter Arbeitsunfähigkeit volle Entgeltfortzahlung). In einem vom OLG Koblenz *(14.07.1993, BB 1994, 719)* entschiedenen Fall lag zumindest der Verdacht einer verschuldeten Arbeitsunfähigkeit infolge Beteiligung an einer Schlägerei vor. Gleichwohl gewährte der Arbeitgeber Entgeltfortzahlung. Ob dies mit § 6 EFZG – »nach diesem Gesetz Arbeitsentgelt fortgezahlt« – vollends vereinbar ist, erscheint zweifelhaft. Besteht nämlich keine gesetzliche Entgeltfortzahlungspflicht, gewährt der Arbeitgeber auch keine Entgeltfortzahlung nach dem EFZG.

Übergehende Forderungen im Einzelnen:

- Fortgezahltes Arbeitsentgelt und die **Sozialversicherungsbeiträge** (Renten-, Kranken-, Arbeitslosenversicherung)
- Zahlungen des Arbeitgebers, die sich auf die gesamte Arbeitsunfähigkeitsdauer erstrecken (bspw. **Urlaubsentgelt, Weihnachtsgratifikationen, vermögenswirksame Leistungen, Erfolgsbeteiligungen und Treueprämien**)
- Laufend gezahlte Zulagen zum Arbeitsentgelt wie etwa Nachtarbeits-, Gefahren- oder Erschwerniszulagen.
- Seit dem **01.01.1995** auch die Arbeitgeberanteile zur Pflegeversicherung.

Zur früheren Beschränkung der Entgeltfortzahlung auf 80 % s. → Rz. 2746 ff.

Hiermit ging regelmäßig einher, dass der **Arbeitnehmer vom Drittschädiger selbst Ersatz** der offenstehenden 20 % Entgeltfortzahlung **verlangen musste**. Damit waren u.a. dann schwierige Probleme verbunden, wenn der Arbeitnehmer sich möglicherweise im Nachhinein entschloss, einen Urlaubstag einzusetzen. Im Grundsatz bot es sich an, dass der Arbeitnehmer seinen Anspruch gegen den Drittschädiger an den Arbeitgeber abtrat und dieser beide Ansprüche verfolgte. Dieses Problem ist durch die Rückkehr zur 100%igen Entgeltfortzahlung allerdings obsolet.

2. Ausschlusstatbestände

2778 Der Forderungsübergang bleibt wie bisher **in bestimmten Fällen ausgeschlossen**. Zu nennen sind hier:

- Schädigung bei Arbeitsunfällen und

- nicht vorsätzliche Schädigung durch Familienangehörige, die im Zeitpunkt des Schadensereignisses mit dem Geschädigten in häuslicher Gemeinschaft leben.

Die Regelung des § 6 Abs. 2 EFZG entspricht der bisherigen Regelung des § 4 Abs. 2 LohnFG.

Der Übergang der Schadensersatzforderung darf **nicht zum Nachteil des Arbeiters** geltend gemacht werden (§ 6 Abs. 3 EFZG). 2779

BEISPIEL:

Arbeitgeber A zahlt Arbeitnehmer B Lohnfortzahlung wegen eines vom Dritten verschuldeten Unfalles.

Die Forderung des B gegen den Dritten geht somit nach der oben dargestellten Rechtslage auf den Arbeitgeber über. Stellt sich nunmehr heraus, dass der Dritte infolge Vermögenslosigkeit keinen oder keinen vollen Ersatz leisten kann, so kann der Arbeitgeber sich nicht im Rückgriff an den Arbeitnehmer wenden.

Auch wird durch diese Vorschrift das so genannte »**Quotenvorrecht**« ausgeschlossen. Bestehen gegen den Dritten also Ansprüche des Arbeitnehmers, der Sozialversicherung und des Arbeitgebers (Forderungsübergang) und ist dieser nicht in der Lage, alle Ansprüche zu erfüllen, so **hat der Arbeitnehmer den Vorrang vor den übrigen Gläubigern**. Dies gilt nunmehr **auch zu Lasten der Krankenversicherung** (s. § 116 Abs. 4 SGB X).

In bestimmten Fällen ist der **Forderungsübergang** auf den Arbeitgeber **grundsätzlich ausgeschlossen**. Dies ist zum einen anzunehmen, wenn ein Arbeitskollege des Arbeitnehmers bei gemeinsamer Arbeit fahrlässig einen **Arbeitsunfall** verursacht hat, der die Arbeitsunfähigkeit des Arbeitnehmers zur Folge hatte. Hier ist nach §§ 636, 637 RVO a.F. (§§ 104 ff. SGB VII) der Arbeitskollege generell nicht schadensersatzpflichtig. 2780

BEISPIEL:

Schweißer A wird von seinem Arbeitskollegen B bei der gemeinsam zu erledigenden Arbeit fahrlässig verletzt. A ist insgesamt 6 Wochen arbeitsunfähig krank.

Nach §§ 104 ff. SGB VII (§§ 636, 637 RVO a.F.) ist die Haftung des B hier ausgeschlossen. Der Arbeitgeber muss also Entgeltfortzahlung leisten, ohne bei B Rückgriff nehmen zu können.

Die Rechtslage ist anders, wenn der die Arbeitsunfähigkeit bedingende Unfall bei der **Teilnahme am allgemeinen Verkehr** entstanden ist. Schädigt also beispielsweise im obigen Fall der B den A auf dem Weg zur Arbeit, so ist seine Haftung nicht nach §§ 104 ff. SGB VII (§§ 636, 637 RVO a.F.) ausgeschlossen.

Ein Forderungsübergang ist gleichfalls dann ausgeschlossen, wenn ein **Familienangehöriger** des geschädigten Arbeitnehmers, der in häuslicher Gemeinschaft mit diesem lebt, die Arbeitsunfähigkeit fahrlässig – also nicht vorsätzlich – verursacht hat. Dieser **Familienangehörige wird nicht als Dritter i.S.d. § 6 EFZG behandelt**. Der Begriff des Familienangehörigen ist weit zu verstehen. Er umfasst neben dem Ehegatten auch verwandte und verschwägerte Personen. Er gilt auch für Partner einer nichtehelichen Lebensgemeinschaft (streitig). Der Forderungsübergang findet in diesen Fällen nicht statt (Ausnahme Vorsatz)! Ansonsten müsste der Arbeitnehmer letztlich die Entgeltfortzahlung selber tragen.

2781 Damit der Arbeitgeber überhaupt in der Lage ist, gegen den Dritten vorzugehen, ist der Arbeitnehmer verpflichtet, dem Arbeitgeber alle notwendigen Auskünfte zu erteilen (§ 6 Abs. 2 EFZG). Dazu gehört insbesondere die Schilderung vom Verlauf des Schadensereignisses, die Angabe der Person des Schädigers, die Benennung etwaiger Zeugen sowie anderer Beweismittel. **Zu einer Verweigerung der Auskunft ist der Arbeitnehmer nicht berechtigt**. Kommt er seiner Auskunftspflicht nicht oder nicht ausreichend nach, ist der Arbeitgeber berechtigt, die **Entgeltfortzahlung solange zu verweigern, bis die Verpflichtungen erfüllt sind**. Er kann also den fortzuzahlenden Lohn zunächst zurückhalten, muss ihn dann, wenn der Arbeitnehmer seine Verpflichtungen erfüllt, jedoch nachzahlen. Zu einer endgültigen Verweigerung der Lohnfortzahlung ist der Arbeitgeber berechtigt, wenn der Arbeitnehmer den Übergang des Anspruchs gegen den Dritten vollends verhindert. Dies kann etwa in der Weise geschehen, dass er **gegen Ersatzansprüche auf den Dritten verzichtet oder dessen Person geheim hält**.

III. Entgeltfortzahlung bei »Kuren und Heilverfahren«

2782 Eine einheitliche Regelung für die Entgeltfortzahlung bei »Kuren und Heilverfahren« (Maßnahmen der medizinischen Vorsorge oder Rehabilitation) enthält § 9 EFZG, der bis 1998 auf die durch das WBFG eingefügten §§ 3 bis 4 b EFZG a.F. in Bezug nahm mit den damit einhergehenden Kürzungsproblematiken.

2783 Nach § 9 Abs. 1 EFZG heutiger Fassung hat der Arbeitnehmer Anspruch auf Entgeltfortzahlung, wenn die Maßnahme der medizinischen Vorsorge oder Rehabilitation vom **Sozialversicherungsträger bewilligt worden ist und stationär in einer Einrichtung der medizinischen Vorsorge oder Rehabilitation durchgeführt wird**. Früher war der Entgeltfortzahlungsanspruch bei Kuren nach § 7 Abs. 1 Satz 1 LohnFG an die Voraussetzung geknüpft, dass der Sozialleistungsträger oder die Verwaltungsbehörde die vollen Kosten einer solchen Kur übernimmt. Dazu wird in der Gesetzesbegründung wörtlich ausgeführt:

»Nach der bisher für Arbeiter in § 7 LohnFG geltenden Regelung scheidet ein Anspruch auf Entgeltfortzahlung bei ambulanten Maßnahmen der Vorsorge aus, da in diesen Fällen der Sozialversicherungsträger lediglich einen Zuschuss zahlt und das bislang geforderte Tatbestandsmerkmal der »vollen Kostenübernahme« nicht erfüllt ist. Die Neuregelung in Abs. 1 stellt darauf ab, dass die Maßnahme stationär erfolgt.«

Die vorgesehene **Begrenzung auf stationäre Maßnahmen** dient der leichteren Abgrenzbarkeit zu solchen Kuren, die keinen Entgeltfortzahlungsanspruch auslösen sollen. Sie führt gegenüber der bisherigen für Arbeiter geltenden Regelung in § 7 LohnFG jedoch zu keiner inhaltlichen Änderung.«

Ausweislich der Gesetzesbegründung ist also nach wie vor Voraussetzung für einen Entgeltfortzahlungsanspruch, dass ein Sozialversicherungsträger bzw. eine Verwaltungsbehörde der Kriegsopferversorgung oder ein sonstiger Sozialleistungsträger **eine stationäre Behandlung des Arbeitnehmers bewilligt und deren Kosten trägt**. Die stationäre Durchführung setzt voraus, dass in der Einrichtung selbst Unterbringung, Verpflegung und medizinische Anwendung erbracht werden. Die tatsächliche Durchführung der Maßnahme muss zu einer maßgeblichen Gestaltung der Lebensführung des Arbeitnehmers während seines Aufenthalts in der Einrichtung geführt haben *(BAG 19.01.2000, EzA § 9 EFZG Nr. 1)*.

Ist der Arbeitnehmer **nicht gesetzlich versichert**, besteht ein Entgeltfortzahlungsanspruch, wenn eine Maßnahme der medizinischen Vorsorge oder Rehabilitation ärztlich verordnet worden ist und stationär in einer Einrichtung der medizinischen Vorsorge oder Rehabilitation bzw. einer vergleichbaren Einrichtung durchgeführt wird.

Ursprünglich stellte sich die Rechtslage so dar, dass Angestellte auch dann Anspruch auf Entgeltfortzahlung hatten, wenn im Anschluss an die Heilbehandlung eine so genannte Nachkur (Schonungszeit) ärztlich verordnet wurde und ohne diese der Zweck der Kur gefährdet wäre. **Nach § 9 EFZG ist diese Nachkur (Schonungszeit) ersatzlos entfallen**. Um dem Arbeitnehmer im Anschluss einer Maßnahme der medizinischen Vorsorge oder Rehabilitation gleichwohl noch für einen gewissen Zeitraum die Möglichkeit zur Erholung einzuräumen, wird der Arbeitgeber verpflichtet, dem Arbeitnehmer auf dessen Verlangen Urlaub zu gewähren. Die hierfür notwendige Regelung ist nicht in das neue EFZG, sondern in das BUrlG aufgenommen worden.

Hier heißt es jetzt in § 7 Abs. 1 BUrlG: »Der Urlaub **ist** zu gewähren, wenn der Arbeitnehmer dies im Anschluss an eine Maßnahme der medizinischen Vorsorge oder Rehabilitation verlangt.«

Aufgrund der systematischen Stellung des o.g. Einschubs hat der Arbeitnehmer einen Anspruch auf Gewährung des Urlaubs im unmittelbaren Anschluss an eine Maßnahme der medizinischen Vorsorge oder Rehabilitation. Betriebliche Gründe können dem Urlaubswunsch nicht entgegengesetzt werden.

Nach § 10 BUrlG n.F. dürfen **Maßnahmen der medizinischen Vorsorge und Rehabilitation** nicht auf den Urlaub angerechnet werden, soweit ein Anspruch auf Fortzahlung des Arbeitsentgeltes nach den gesetzlichen Vorschriften über die Entgeltfortzahlung im Krankheitsfalle besteht. Einschlägig ist § 9 EFZG (vgl. hierzu → Rz. 2782 ff.). Durch das **arbeitsrechtliche Wachstums- und Beschäftigungsförderungsgesetz** (WBFG) – und dementsprechend nur noch für Altfälle bedeutsam – hatte sich diese Rechtslage entscheidend geändert (zu den weiteren Voraussetzungen für alle jetzigen Fälle vgl. → Rz. 2785c).

Der Gesetzgeber wollte Arbeitgeber und Sozialkassen durch eine **verstärkte Selbstbeteiligung des Arbeitnehmers** entlasten. Aus diesem Grunde hatte er – wie bei der Entgeltfortzahlung im Krankheitsfall – ein Anrechnungssystem geschaffen (s. nachfolgend → Rz. 2785a und b).

2785a Nach § 10 BUrlG a.F. war der Arbeitgeber berechtigt, **von je 5 Tagen** an denen der Arbeitnehmer infolge einer Maßnahme der medizinischen Vorsorge und Rehabilitation an seiner Arbeitsleistung verhindert war, **die ersten 2 Tage auf den Erholungsurlaub anzurechnen**. Die angerechneten Tage galten als Urlaubstage. Ein Anspruch auf Entgeltfortzahlung im Krankheitsfall bestand insoweit nicht. Für die restlichen 3 Wochentage konnte der Arbeitnehmer sich nach § 4 Abs. 1 EFZG darüber hinaus Urlaubstage anrechnen lassen, um die auf 80 % abgesenkte Entgeltfortzahlung zu vermeiden (s. hierzu § 9 Abs. 1 Satz 1 BUrlG a.F. i.V.m. § 4 a EFZG).

Die **Regelung galt nicht**

- bei Arbeitsunfähigkeit nach § 3 EFZG;
- für Maßnahmen, deren unmittelbarer Anschluss an eine Krankenhausbehandlung medizinisch notwendig ist, sog. Anschlussrehabilitation;
- für Vorsorgekuren für Mütter nach § 24 SGB V sowie
- für Müttergenesungskuren nach § 41 SGB V und
- für Kuren von Beschädigten nach dem BVG (§ 11 Abs. 2).

In der Praxis bedeutete dies, dass § 9 BUrlG a.F. **nur Bedeutung** hatte, wenn ein **an sich arbeitsfähiger Arbeitnehmer** an einer Vorsorgekur partizipierte. Bei der **Anrechnung der ersten 2 Tage** der Kur ging der Gesetzgeber, wie sich aus § 10 Abs. 1 BUrlG n.F. ergab, von einer **5-Tage-Woche** aus. Bei weniger Tagen der wöchentlichen Beschäftigung reduzierte sich die Anrechnungsmöglichkeit entsprechend. Da die angerechneten Tage als Urlaubstage galten, erhielt der Arbeitnehmer hierfür das Urlaubsentgelt (§ 10 Abs. 1 Satz 2 BUrlG a.F.).

2785b Natürlich kam eine Anrechnung nur unter **Beachtung des gesetzlichen Mindesturlaubs** in Betracht (§ 10 Abs. 2 BUrlG a.F.). War zu Beginn der Maßnahme der anrechenbare Teil des Erholungsurlaubs bereits ganz oder teilweise verbraucht, konnte eine **Anrechnung im Folgejahr** vorgenommen werden (vgl. § 10 Abs. 3 BUrlG a.F.) Auch hier blieb der Arbeitgeber aber an die **Voraussetzungen des § 10 Abs. 1 und 2 BUrlG n.F.** gebunden.

Zu **tariflichen Regelungen**, die eine bessere Regelung enthalten *Lorenz*, DB 1996, 1973, 1975.

2785c Nach § 9 Abs. 2 EFZG hat der Arbeitnehmer den Arbeitgeber unverzüglich über den Antritt der Maßnahme, deren voraussichtliche Dauer und eine etwaige Verlängerung zu unterrichten. Darüber hinaus ist er zur unverzüglichen Vorlage einer Bescheinigung des Sozialleistungsträgers über die Bewilligung der Maßnahme oder zur unverzüglichen Vorlage einer ärztlichen Bescheinigung über die Erforderlichkeit einer Maßnahme beim Arbeitgeber verpflichtet. Bei **Verletzung der Anzeige- oder Nachweispflicht** durch den Arbeitnehmer können Leistungsverweigerungsrechte oder Schadensersatzansprüche des Arbeitgebers entstehen, wenn der Arbeitnehmer die Pflichtverletzung zu vertreten hat (s. hierzu § 7 Abs. 2 EFZG).

Dem neuen EFZG angepasst ist auch die für das Berufsausbildungsverhältnis geltende Regelung in § 12 BBiG.

IV. Besonderheiten der Entgeltfortzahlung in den neuen Bundesländern

Die bisherigen eigenständigen Bestimmungen zur Entgeltfortzahlung in den **neuen Bundesländern** (§§ 115 a bis 115 e AGB-DDR) sind aufgehoben worden.

2786

V. Kostenausgleich bei Kleinbetrieben

1. Allgemeines

Um die mit der Lohnfortzahlung insbesondere für **Kleinbetriebe** verbundenen finanziellen Risiken überschaubar zu machen, ist im Lohnfortzahlungsgesetz ein **Kostenausgleichsverfahren (sog. Lohnfortzahlungsversicherung)** geschaffen worden. Arbeitgeber mit in der Regel nicht mehr als 20 Arbeitnehmern nehmen insoweit an einem überbetrieblichen Ausgleichsverfahren teil, als sie

2787

- an Arbeiter Krankenvergütung gezahlt haben
- an Auszubildende Krankenvergütung gezahlt haben
- an weibliche Arbeitnehmer einen Zuschuss zum Mutterschaftsgeld gezahlt haben
- an weibliche Arbeitnehmer im Fall von Beschäftigungsverboten Arbeitsentgelt gezahlt haben
- für die vorstehend aufgeführten Vergütungen die Arbeitgeberanteile zur Arbeitslosen-, Kranken- und Rentenversicherung gezahlt haben.

Im Rahmen des **Ausgleichsverfahrens** werden den beteiligten Arbeitgebern 80 % ihrer Aufwendungen von der zuständigen Krankenkasse erstattet. Die hierfür **erforderlichen Mittel** werden von den am Ausgleichsverfahren beteiligten Arbeitgebern durch eine **Umlage** aufgebracht. **Wird an Angestellte Krankenvergütung gezahlt, findet ein Ausgleich nicht statt!** Das Ausgleichsverfahren betrifft nur die Lohnfortzahlung an Arbeiter.

2. Einzelheiten

Die Lohnfortzahlungsversicherung wird über eine Umlage der beteiligten Arbeitgeber finanziert.

2788

- **Umlage U 1** : Entgeltfortzahlung im Krankheitsfall;
- **Umlage U 2** : Leistungen nach dem MuSchG.

Dafür erhält der Arbeitgeber für den Fall der Entgeltfortzahlung im Krankheitsfall und bei Leistungen, die er an Arbeitnehmerinnen nach dem MuSchG zu zahlen hat, den größten Teil dieser Aufwendungen über die Lohnfortzahlungsversicherung erstattet. Zuständig für den gesamten Kostenausgleich sind die Krankenkassen.

a) Beteiligte Arbeitgeber

Am **Ausgleichsverfahren** nehmen solche **Arbeitgeber** teil, die in der Regel nicht mehr als **20 Arbeitnehmer** beschäftigen. Durch die Satzung der für das Ausgleichsverfahren zu-

2789

ständigen Krankenkasse kann die Anzahl bis auf 30 Beschäftigte angehoben werden (s. im Einzelnen → Rz. 5659).

Nicht mitzuzählen sind

- Auszubildende,
- Schwerbehinderte,
- Bezieher von Vorruhestandsgeld,
- bestimmte weitere Berufsgruppen (Wehr- und Zivildienstleistende, Heimarbeiter und Hausgewerbetreibende, mitarbeitende Familienangehörige in der Landwirtschaft).

2790 Teilzeitbeschäftigte

Nicht übernommen worden ist in das EFZG die Ausschlussregelung des LohnFG für geringfügig beschäftigte **Arbeiter**. Gleiches gilt für den Ausschluss von auf 4 Wochen befristeten Arbeitsverhältnissen. Für diese Arbeitnehmer ist demzufolge ebenfalls Entgeltfortzahlung zu leisten, die ebenfalls nach § 10 LohnFG erstattungsfähig ist. Dies hat ferner zur Folge, dass auch für diese Teilzeitkräfte Umlagen zu entrichten sind.

Obwohl es jeder Logik entbehrt, wurde **im Hinblick auf die Zählweise der Teilzeitbeschäftigten** für die **Feststellung der maßgeblichen Beschäftigungszahl das LohnFG nicht geändert.**

Hinsichtlich der teilzeitbeschäftigten Arbeitnehmer gilt daher weiterhin folgende Regelung des § 10 Abs. 2 LohnFG:

- Teilzeitbeschäftigte, deren regelmäßige Arbeitszeit wöchentlich 10 oder monatlich 45 Stunden nicht übersteigt, werden nicht mitgezählt;
- andere Teilzeitbeschäftigte (die mitzählen) werden wie folgt berücksichtigt:
  - wöchentliche Arbeitszeit von bis zu 20 Stunden: Faktor 0,5
  - bei über 20 bis zu 30 Stunden Faktor 0,75
  - mehr als 30 Wochenstunden Gleichstellung mit einem Vollzeitbeschäftigten.

Außer Ansatz bleiben i.Ü. auch Schwerbehinderte i.S.d. SchwbG und ihnen gleichgestellte.

Beispiel zur Berechnung der für die Lohnfortzahlungsversicherung maßgeblichen Beschäftigtenzahl:

z.B. Ein Betrieb beschäftigt folgende Arbeitnehmer bzw. Arbeitnehmerinnen (AN):

Beschäftigte AN	wöchentl. Arbeitszeit	anrechenbare AN
1 Meister	38 Stunden	1
3 Büroangestellte	38 Stunden	3
10 Gesellen	38 Stunden	10
6 Auszubildende	38 Stunden	nicht anzurechnen
3 Schwerbehinderte	38 Stunden	nicht anzurechnen
2 Teilzeitbeschäftigte	32 Stunden	2
1 Teilzeitbeschäftigte	25 Stunden	0,75 Teilanrechnung

Beschäftigte AN	wöchentl. Arbeitszeit	anrechenbare AN
3 Teilzeitbeschäftigte	20 Stunden	1,5 Teilanrechnung
1 Teilzeitbeschäftigte	12 Stunden	0,5 Teilanrechnung
2 Raumpflegerinnen	10 Stunden	nicht anzurechnen
32 Arbeitnehmer/innen		18,75 < 20

Dieser Betrieb nimmt an den Ausgleichsverfahren U1 und U2 teil.

Es sind bei der Lohnfortzahlungsversicherung nur diejenigen Arbeitgeber einzubeziehen, die im letzten Kalenderjahr für einen Zeitraum **von mindestens 8 Kalendermonaten** mit ihrer Beschäftigtenzahl die maßgebliche Grenze nicht überschritten haben. Arbeitnehmer, die neu eingestellt werden, zählen immer erst vom Ersten des Folgemonats an mit (Einzelheiten bei → Rz. 5660).

2791

Ist ein Betrieb erst im Verlaufe des letzten Jahres neu gegründet worden, so nimmt er **sofort** an der Lohnfortzahlungsversicherung teil, wenn zu erwarten ist, dass in der überwiegenden Anzahl der verbleibenden Kalendermonate des Jahres die maßgebliche Beschäftigtenzahl nicht überschritten wird. Die danach getroffene Feststellung bleibt **auch dann bestehen, wenn später die tatsächlichen Verhältnisse von der Schätzung abweichen.** Im **Folgejahr** wird der Betrieb dann in die Ausgleichsklasse einbezogen, wenn in der Zeit des Bestehens des Betriebes im Vorjahr an der Mehrzahl der Monatsersten die maßgeblichen Grenzen nicht überschritten wurden (wie oben, wenn Betrieb nicht während des gesamten Jahres bestanden hat).

2792

BEISPIEL:

Neugründung im März. Verbleibende Monate im Kalenderjahr: 9

Erwartetes Unterschreiten der Grenze in der Mehrzahl der verbleibenden Monate, also mindestens in **5 Monaten** und damit Teilnahme am Ausgleichsverfahren.

Tatsächlich werden die Grenzwerte bereits nach 4 Monaten, also ab August, erstmalig überschritten. Dies ändert für das laufende Kalenderjahr nichts an der Teilnahme am Ausgleichsverfahren.

Für das Folgejahr kommt es dann darauf an, ob tatsächlich in mindestens 5 Monaten die Grenzwerte überschritten wurden.

b) Erstattungsfähige Leistungen

Ein Erstattungsanspruch besteht für einen am Ausgleichsverfahren teilnehmenden Arbeitgeber für folgende Leistungen:

2793

- Aus der Ausgleichskasse U1
  - Zahlung von Krankenvergütung an Arbeiter oder Auszubildende (§§ 3, 9 EFZG bzw. § 12 Abs. 1 Nr. 2 b BBiG);

Nicht erstattungsfähig ist daher die **Entgeltfortzahlung an Angestellte!**

- Aus der Ausgleichkasse U 2:
  - Zahlung eines Zuschusses zum Mutterschaftsgeld an weibliche Arbeitnehmer (§ 14 Abs. 1 MuSchG);
  - Zahlung von Arbeitsentgelt an weibliche Arbeitnehmer im Fall von Beschäftigungsverboten (§11 MuSchG);

Zahlung der Arbeitgeberanteile zur Arbeitslosen-, Kranken- und Rentenversicherung für die vorstehend aufgeführten Vergütungen.

Für die Erstattung im Rahmen der U 2 ist es demzufolge unerheblich, ob die Arbeitnehmerin eine Arbeiter- oder Angestelltentätigkeit ausübt.

Kein Erstattungsanspruch besteht für zusätzliche freiwillige Leistungen bzw. aufgrund von Tarifverträgen erbrachten zusätzlichen Leistungen, etwa Sonderzuwendungen wie Urlaubs- oder Weihnachtsgeld.

c) Kassenzuständigkeit für das Lohnausgleichsverfahren

2794 Für die Durchführung des Lohnausgleichsverfahrens sind die Krankenkassen zuständig (§§ 15, 16 LohnFG).

Das bedeutet:

2795 • Die Höhe der Erstattung ist in den Satzungen der jeweiligen Krankenkasse geregelt (§ 16 Abs. 2 Nr. 1 LohnFG). Sie beträgt im Regelfall 80 % der Aufwendungen.
Die Erstattung erfolgt auf Antrag des Arbeitgebers und kann durch Gutschrift auf dem Arbeitgeberkonto oder Verrechnung mit dem monatlich zu zahlenden Gesamtsozialversicherungsbeitrag abgewickelt werden.

2796 • Die **Höhe der Umlage**, die von den Kleinbetrieben für die Lohnfortzahlungsversicherung aufzubringen ist, richtet sich nach der Satzung der zuständigen Krankenkasse. Der Umlagesatz liegt bei etwa 3 % für die Umlage U 1 (Entgeltfortzahlung im Krankheitsfall) und bei ca. 1 % für die Umlage U 2 (Leistungen nach dem MuSchG).

Zur **Fälligkeit und weiteren Einzelheiten** s. → Rz. 5652.

2797 **Zuständige Krankenkassen** für die Durchführung der Lohnfortzahlungsversicherung sind die Orts- und Innungskrankenkassen sowie die Bundesknappschaft und die Seekasse, die Betriebskrankenkassen und die Ersatzkassen scheiden aus (Einzelheiten bei → Rz. 5661).

Die durch das **Umlageverfahren** erhobenen Mittel werden von den Krankenkassen als Sondervermögen verwaltet. Die Satzung der Krankenkasse muss die Höhe der Umlagesätze, die Bildung von Betriebsmitteln, die Aufstellung des Haushaltes sowie Prüfung und Abnahme des Rechnungsabschlusses bestimmen.

VI. Verhältnis zu tariflichen Regelungen/Übergangsprobleme

Unter Geltung der auf 80 % reduzierten Entgeltfortzahlung kam es wiederholt zu Streitigkeiten darüber, ob eine tarifliche Regelung 80 oder 100 % Entgeltfortzahlung garantierte. Denn: Zum Zeitpunkt des Inkrafttretens der Änderungen des damaligen EFZG bestehende – für die Arbeitnehmer – günstigere tarifliche oder einzelvertragliche Vereinbarungen blieben unberührt! Dies hatte maßgebliche Bedeutung gerade für die Frage, ob ein Anspruch auf 100 % Entgeltfortzahlung bestand.

Heute spielen diese Probleme nur noch für Altfälle eine Rolle.

Von folgenden Leitlinien ist auszugehen: Es kommt maßgeblich darauf an, ob die jeweiligen Vertragspartner eine eigenständige Regelung treffen wollten oder ob sie lediglich die frühere Rechtslage in Bezug genommen haben.

2798

Vom Grundsatz her ist zunächst zu unterscheiden, ob in der bestehenden Vereinbarung **deklaratorische oder konstitutive Regelungen** enthalten sind, ob also nur auf das Gesetz verwiesen bzw. die gesetzliche Regelung ohne normativen Gehalt wörtlich übernommen worden ist oder eine eigenständige tarifvertragliche Regelung erfolgen sollte. Die zum KündFG angestellten Überlegungen dürften hier entsprechend gelten.

2799

- Liegen **deklaratorische** Tarifnormen oder deklaratorische Regelungen eines Arbeitsvertrags oder einer Betriebsvereinbarung vor, so treten an ihre Stelle die neuen gesetzlichen Regelungen des EFZG.
- Handelt es sich um **konstitutive Regelungen**, so kommt es auf einen Günstigkeitsvergleich an. Die günstigere Altregelung bleibt bestehen. Der Arbeitgeber kann sich hiervon nur mit den Mitteln des allgemeinen Arbeitsrechts lösen (Ausübung eines evtl. vorbehaltenen Widerrufsrechts oder Änderungskündigung). Die u.U. zu überwindenden bestandsschutzrechtlichen Probleme sind hier groß. Es reicht nicht, wenn der Arbeitgeber die Entgeltfortzahlungsleistungen für alle Arbeitnehmer einheitlich auf ein niedrigeres Level zurückfahren will.

Hier liegt inzwischen eine **umfangreiche Kasuistik** vor, auf die nur am Rande in aller Kürze hinzuweisen ist. Die letztinstanzlichen Entscheidungen des BAG finden sich in der EzA unter dem Stichwort § 4 EFZG Tarifvertrag. Daher sollen hier nur einige instanzgerichtliche Entscheidungen unter Hinweis auf die höchstrichterliche Rechtsprechung skizziert werden:

- Haben sich die Tarifvertragsparteien **auf die Unabänderlichkeit der hundertprozentigen Entgeltfortzahlung verlassen** und insoweit trotz der Rechtsprechung des BAG zum KündFG auf eine eigenständige Regelung der Entgeltfortzahlung verzichtet, so schlägt eine Änderung der gesetzlichen Regelung voll durch. Dies hat das ArbG Essen *(13.03.1997, EzA § 4 EFZG Tarifvertrag Nr. 1)* für den MTV Groß- und Außenhandel NRW vom 26.05.1994 entschieden. Dies gilt natürlich erst recht für eine Regelung, wonach für die Fortzahlung des Arbeitsentgelts die **jeweiligen gesetzlichen Bestimmungen** zur Anwendung kommen sollen *(LAG Düsseldorf 17.09.1997, LAGE § 4 EFZG Tarifvertrag Nr. 4)*.

- Die **inhaltliche Übernahme gesetzlicher Regelungen** in ein tarifliches Normwerk spricht gegen einen eigenständigen Rechtsetzungswillen der Tarifpartner *(ArbG Essen 12.03.1997, EzA-SD 18/997 S. 12)*.
- § 5 Abs. 2 des MTV für die kaufmännischen und technischen Angestellten sowie Meister der Hessischen **Textilindustrie** vom 12.04.1996 soll eine deklaratorische Regelung der Entgeltfortzahlung beinhalten *(ArbG Fulda 14.05.1997, EzA-SD 18/1997 S. 12)*.
- Gleiches gilt nach Auffassung des ArbG Düsseldorf *(20.03.1997, EzA-SD 18/1997 S. 13)* für Nr. 54 a des MTV für die **Holzbearbeitung** sowie den **Holzhandel** im Lande NRW und nach Auffassung des LAG Kiel *(09.02.1998, EzA-SD 6/1998, S. 13)* für den Rahmentarifvertrag für die gewerblichen Arbeitnehmer in der **Beton- und Fertigteilindustrie und dem Betonsteinhandwerk** in Nordwestdeutschland vom 14.09.1993.
- Umgekehrt handelt es sich um eine konstitutive Regelung, wenn eine Tarifnorm aus dem Jahr 1995 auf die nicht mehr geltenden Bestimmungen des LohnFG bzw. des § 616 Abs. 2 BGB Bezug nimmt und zusätzlich einen Zuschuss zum Krankengeld ab der 7. Woche vorsieht, um 100 % des Nettoentgelts zu erreichen *(LAG Düsseldorf 16.06.1997, LAGE § 4 EFZG Tarifvertrag Nr. 1)*. Die Bedeutung dieser zusätzlichen, über die gesetzliche Entgeltfortzahlungspflicht hinausgehenden Leistungen ist allerdings **streitig**. So vertritt das LAG Baden-Württemberg die exakt gegenteilige Auffassung *(13.10.1997, LAGE § 4 EFZG Tarifvertrag Nr. 4)*. Beachte aber *BAG 16.08.1998, EzA § 4 EFZG Tarifvertrag Nr. 2:* Eine Tarifregelung über Zuschüsse zum Krankengeld ab der 7 Krankheitswoche spricht bei wort- oder inhaltsgleicher Übernahme der einschlägigen gesetzlichen Regelung für eine eigenständige Regelung der Höhe der Entgeltfortzahlung im Krankheitsfall.

1000
Tipp
Insgesamt führt also kein Weg daran vorbei, die jeweilige Tarifnorm anhand der von der Rechtsprechung aufgestellten Kriterien auf ihren konstitutiven oder deklaratorischen Charakter zu untersuchen. Dabei sollte aus Praktikabilitätsgründen zunächst ein Blick in die einschlägigen Entscheidungssammlungen genommen werden.

Von großem Interesse wird sein, wie sich die Neuregelung der Entgeltfortzahlung auswirkt. Häufig haben die Tarifpartner »Tauschgeschäfte« gemacht, deren Rechtsgrundlage nunmehr ins Wanken gerät. Hier stehen sicherlich spannende Probleme im Raum, die es sorgfältig zu beobachten gilt.

VI. Weiterführende Literaturhinweise

2799a
Abele, Entgeltfortzahlung an erkrankte Wanderarbeitnehmer und Anerkennung von EG-ausländischen Attesten, NZA 1996, 631
Bauer/Lingemann, Probleme der Entgeltfortzahlung nach neuem Recht, BB 1996, Beil. 17 S. 8
Benner, Entgeltfortzahlung und Dritthaftung, DB 1999, 1482
Berenz/Müller, Entgeltfortzahlungsgesetz, 3. Aufl. 1999
Boecken, Probleme der Entgeltfortzahlung im Krankheitsfall, NZA 1999, 673
Diller, Krankfeiern seit dem 01.06.1994 schwieriger?, NJW 1994, 1690

Gemeinschaftskommentar zum Entgeltfortzahlungsrecht, hrsg. von Birk u.a., Loseblatt
Giesen, Das neue Entgeltfortzahlungs- und Urlaubsrecht, RdA 1997, 193
Gola, Krankenkasse, Datenschutz und Mitbestimmung, BB 1995, 2318
ders., Entgeltfortzahlungsgesetz, 1994
Hanau, Ergänzende Hinweise zur Neuregelung der Entgeltfortzahlung im Krankheitsfall, RdA 1997, 205
Heinze, Krankenstand und Entgeltfortzahlung – Handlungsbedarf und Anpassungserfordernisse, NZA 1996, 785
Heinze/Giesen, Die Arbeitsunfähigkeitsbescheinigung und der Europäische Gerichtshof, BB 1996, 1830
Kramer, Die Vorlage der Arbeitsunfähigkeitsbescheinigung, BB 1996, 1662
Lepke, Krankheitsbegriff im Arbeitsrecht, NZA-RR 1999, 57
Lorenz, Das arbeitsrechtliche Beschäftigungsförderungsgesetz, DB 1996, 1973
Mayer, Die Anrechnung von Krankheit auf bezahlte Arbeitsbefreiung, BB 1996, Beil. 17 S. 20
Schaub, Rechtsfragen der Arbeitsunfähigkeitsbescheinigung nach dem neuen Recht, BB 1994, 1629
ders., Entgeltfortzahlung in neuem (alten) Gewand, NZA 1999, 177
Sieg, Einige Sonderprobleme der Entgeltfortzahlung nach neuem Recht, BB 1996 Beil. 17 S. 18
ders., Mechanismen zur Minderung des Risikos der Entgeltfortzahlung bei Krankheit, BB 1996, 1766
Schliemann, Neues und Bekanntes im Entgeltfortzahlungsgesetz, AuR 1994, 317
Schmitt, Entgeltfortzahlungsgesetz, 1995
Scharz, Sonderzahlungen: Ausfall und Kürzung bei Fehlzeiten, NZA 1996, 571
Stückmann, Selbstverschuldete Arbeitsunfähigkeit – spart nur der Zufall die Kosten?, DB 1996, 1822
Welslau, Neues Recht zur Entgeltfortzahlung, Personalwirtschaft 9/1994 S. 49
ders., Nachweis der Arbeitsunfähigkeit nach neuem Recht, ZAP Fach 17, S. 281 ff.

13. Kapitel: Urlaubsrecht

I.	**Einführung in das Urlaubsrecht**	**2800**
	1. Rechtsgrundlagen des Urlaubsrechts	2800
	2. Spezifische Sonderregelungen	2801
	3. Besondere Formen des Urlaubs	2802
II.	**Das ABC des Urlaubsrechts**	**2803**
III.	**Voraussetzungen des Urlaubsanspruchs**	**2805**
	1. Persönlicher Geltungsbereich des Bundesurlaubsgesetzes	2806
	2. Erfüllung der Wartezeit	2807
	a) Bestehen eines Arbeitsverhältnisses	2808
	b) Berechnung der Wartezeit	2810
	c) Abweichende Vereinbarungen	2811
	3. Urlaubsjahr	2813
	a) Urlaubsanspruch und Urlaubsjahr	2813
	b) Rechtzeitige Geltendmachung des Urlaubsanspruchs	2815
	c) Übertragung des Urlaubs	2816
	4. Berechnung des Urlaubsanspruchs	2821
	a) Mindesturlaub nach dem Bundesurlaubsgesetz	2822
	b) Feiertage und arbeitsfreie Tage	2823
	c) Einfluss der Arbeitszeitverkürzung	2827
	d) Urlaubsberechnung in Sonderfällen	2828a
	5. Mehrurlaub	2829
	6. Teilurlaub	2830
	a) Teilurlaub im Eintrittsjahr	2831
	b) Teilurlaub bei Ausscheiden vor erfüllter Wartezeit	2832
	c) Teilurlaubsanspruch bei Ausscheiden nach erfüllter Wartezeit	2833
	d) Abweichungen vom Zwölftelungsprinzip	2834
	e) Krankheit und Teilurlaub	2835
	f) Berechnung des Teilurlaubsanspruchs	2836
	7. Vermeidung doppelter Urlaubsinanspruchnahme	2839
	a) Anrechnung bereits genommenen Urlaubs	2840
	b) Bescheinigung über genommenen Urlaub	2843
	c) Auskunftsanspruch des neuen Arbeitgebers	2844
	d) Urlaubsanspruch und Arbeitsplatzwechsel	2845
	8. Rückabwicklung bei zuviel gewährtem Urlaub	2846
	9. Erlöschen des Urlaubsanspruchs	2847
	a) Erlöschen durch Zeitablauf	2848
	b) Verzicht, Verwirkung	2849
	c) Tod des Arbeitnehmers	2850
	d) Tarifliche Verfallklauseln	2851
	e) Vergleich	2851a
	f) Verjährung	2851b
IV.	**Zeitliche Lage des Urlaubs**	**2852**
	1. Urlaubserteilung	2853
	2. Individuelle Festlegung des Urlaubs	2855
	a) Urlaubswunsch	2856
	b) Entgegenstehende dringende betriebliche Belange	2858
	c) Urlaubswünsche anderer Arbeitnehmer	2859

	d)	Urlaub nach Kündigung	2860
	e)	Sonderfall: Betriebsurlaub	2861
	f)	Teilungsverbot	2862
	g)	Beteiligung des Betriebsrats in Urlaubsfragen	2863
V.		**Änderungen der zeitlichen Lage des Urlaubs**	**2865**
	1.	Veränderungen auf Wunsch des Arbeitgebers	2865
	2.	Rückruf aus dem Urlaub	2866
	3.	Änderung auf Wunsch des Arbeitnehmers	2867
	4.	Urlaubsverhinderung	2868
	5.	Anfechtung der Urlaubsfestlegung	2869
VI.		**Gerichtliche Durchsetzung des Urlaubsanspruchs**	**2870**
VII.		**Maßnahmen der Vorsorge und Rehabilitation**	**2872**
VIII.		**Urlaub trotz Krankheit?**	**2875**
IX.		**Krankheit im Urlaub**	**2877**
	1.	Nichtanrechnung von Krankheitstagen	2878
	2.	Nachweis der Arbeitsunfähigkeit	2879
	3.	Arbeitsunfähigkeit im Urlaub und Urlaubsentgelt	2881
	4.	Anrechnung von Krankheit auf den Urlaub	2881a
X.		**Gefährdung des Urlaubszwecks durch den Arbeitnehmer**	**2882**
	1.	Erwerbstätigkeit im Urlaub	2883
	2.	Urlaubsgemäßes Verhalten	2884
XI.		**Vergütungsfragen**	**2885**
XII.		**Urlaubsentgelt**	**2886**
	1.	Berechnung des Urlaubsentgelts	2887
	a)	Maßgebliches Arbeitsentgelt	2888
	b)	Vorübergehende Verdienstschwankungen	2889
	c)	Berechnung des Urlaubsentgelts	2890
	2.	Fälligkeit des Urlaubsentgelts	2891
	3.	Pfändbarkeit des Urlaubsentgelts	2892
	4.	Vererblichkeit	2892a
XIII.		**Zusätzliches Urlaubsgeld**	**2893**
	1.	Urlaubsgeld in arbeits-, steuer- und sozialrechtlicher Sicht	2895
	2.	Freiwilliges Urlaubsgeld	2897
XIV.		**Urlaubsabgeltung**	**2900**
	1.	Voraussetzungen der Urlaubsabgeltung	2902
	2.	Behandlung der Urlaubsabgeltungszahlung	2903
	3.	Erlöschen des Urlaubsanspruchs durch Zeitablauf	2903a
XV.		**Besonderheiten für einzelne Personengruppen**	**2904**
	1.	Schwerbehinderte	2904
	2.	Der Urlaub Jugendlicher	2907
	3.	Auswirkungen von Wehrdienst, Eignungsübung und Zivildienst auf den Urlaub	2908
	4.	Seeleute	2909
	5.	Heimarbeiter	2910
	6.	Arbeitnehmer im Baugewerbe	2911
XVI.		**Urlaub in Teilzeitarbeitsverhältnissen**	**2912**
	1.	Spezifische Probleme der Teilzeitarbeit	2913
	2.	Urlaubsentgelt des Teilzeitbeschäftigten	2916
	3.	Zeitliche Festlegung des Urlaubs	2917
	4.	Teilzeitbeschäftigung und Urlaubsgeld	2918
XVII.		**Die Elternzeit**	**2919**
	1.	Anspruchsberechtigte Personen	2920
	2.	Inanspruchnahme der Elternzeit	2922

	3. Elternzeit und Erholungsurlaub	2923
	4. Elternzeit und anderweitige Erwerbstätigkeit	2925
	5. Elternzeit und betriebliche Leistungen	2926
	6. Auswirkungen der Elternzeit	2927
	7. Anhang: Erziehungsgeldstellen	2928
XVIII.	**Sonderurlaub**	**2929**
XIX.	**Bildungsurlaub**	**2930**
	1. Rechtsgrundlagen des Bildungsurlaubs	2931
	2. Betriebsratsbeteiligung bei Bildungsurlaub	2932
	3. Einzelfälle	2933
	a) Sprachkurse	2934
	b) Veranstaltungen zur Ökologie	2938
	c) Gesellschaftspolitische Fragen	2940
	4. Verfahrensfragen	2944
XX.	**Weiterführende Literaturhinweise**	**2946**

I. Einführung in das Urlaubsrecht

1. Rechtsgrundlagen des Urlaubsrechts

2800

Nach dem Bundesurlaubsgesetz (BUrlG) steht jedem Arbeitnehmer pro Kalenderjahr ein Anspruch auf **bezahlten Erholungsurlaub** zu. Gerade im Urlaubsrecht garantiert das Gesetz nur einen gewissen **Mindeststandard**, der heute weitgehend von der Wirklichkeit überholt ist.

Nicht selten wird einem Arbeitnehmer ein Urlaubsanspruch von 6 oder mehr Wochen pro Jahr eingeräumt. Hierzu bedarf es jedoch einer Vereinbarung. Solche befinden sich in

- Tarifverträgen,
- Betriebsvereinbarungen,
- Einzelarbeitsverträgen.

Kollidieren dabei verschiedene Regelungen miteinander, so kann man davon ausgehen, dass die jeweils günstigste für den Arbeitnehmer gilt. Es lässt sich also gestaffelt nach Günstigkeit folgende Reihenfolge aufstellen:

- Individualvereinbarung,
- Tarifvertrag/Betriebsvereinbarung,
- BUrlG als weitgehend unabdingbarer Mindeststandard.

Dies alles wirft wenig Probleme auf, wenn die einzelnen Regelungen aufeinander abgestimmt sind, sich also lediglich in bestimmten Sonderfragen ergänzen.

Schwierig wird die Situation, wenn nur einzelne Punkte vereinbart sind, während ansonsten eine Regelung fehlt. Hier gilt grundsätzlich:

Ist keine besondere Vereinbarung getroffen, finden die Regelungen des BUrlG ergänzend Anwendung (wichtig für Verfall, Übertragung, Abgeltung etc.).

2. Spezifische Sonderregelungen

2801 Neben die o. g. Abstufung nach vor- bzw. nachrangigen Regelungen tritt noch eine solche nach branchen-/personenspezifischen Besonderheiten.

So gelten für **bestimmte Personengruppen** besondere Urlaubsvorschriften (s. → Rz. 2904 ff.):

- für Jugendliche gilt das Jugendarbeitsschutzgesetz,
- für Schwerbehinderte gilt das Schwerbehindertengesetz,
- für Seeleute gilt das Seemannsgesetz,
- für Mütter/Väter gilt das Bundeserziehungsgeldgesetz,
- für Soldaten, Wehrdienstleistende und Eignungsübende finden sich Sonderregelungen im Arbeitsplatzschutz-, im Eignungsübungs- und im Soldatengesetz,
- für Zivildienstleistende finden sich Regelungen im Zivildienstgesetz.

Von **branchenspezifischen Besonderheiten** ist vor allem das Baugewerbe betroffen. Hier regeln die für dieses Gewerbe einschlägigen Tarifverträge ausführlich, wie und in welcher Form Urlaub zu gewähren ist (s. → Rz. 2911 ff.).

3. Besondere Formen des Urlaubs

2802 Neben dem Erholungsurlaub treten in der betrieblichen Praxis noch weitere Formen des Urlaubs auf, die häufig an bestimmte Ereignisse anknüpfen oder mit denen besondere Zwecke verfolgt werden. Zu nennen sind hier vor allem:

- Bildungsurlaub nach den Weiterbildungsgesetzen der Länder (s. → Rz. 2930 ff.)
- Erziehungsurlaub/Elternzeit (s. Rz. 2919 ff.)
- Sonderurlaub aus Anlass bestimmter Ereignisse im familiären oder persönlichen Bereich (s. → Rz. 2929).

Die »Sonderurlaube« treten regelmäßig neben den Erholungsurlaub. Es findet also **keine Anrechnung** statt.

II. Das ABC des Urlaubsrechts

2803
ABC des Urlaubsrechts

Bildungsurlaub	Dient der politischen und beruflichen Weiterbildung des Arbeitnehmers. Die Regelungen zum Bildungsurlaub befinden sich vornehmlich in Landesgesetzen.
Doppelurlaubsansprüche	Infolge von Arbeitsplatzwechseln kann ein Arbeitnehmer pro Jahr mehrfach Urlaubsansprüche erwerben, § 6 BUrlG.
Erziehungsurlaub/Elternzeit	Einem Elternteil gewährter Freistellungszeitraum von bislang maximal 36 Monaten.

Mehrurlaub	Der über den gesetzl. Mindesturlaub hinausgehende Urlaub.
Mindesturlaub	Der jedem Arbeitnehmer unabdingbar zustehende Urlaubsanspruch von 24 Werktagen (keine Sonn-/Feiertage).
Sonderurlaub	Regelmäßig bezahlte Arbeitsfreistellung aus besonderen persönlichen Gründen.
Stichtagsprinzip	Umstände, die den Urlaub betreffen, sind auf das Jahr der Entstehung zu beziehen, regelmäßig 01.01. des Jahres.
Stückelungsverbot	Urlaub ist zusammenhängend zu gewähren. Ein Urlaubsteil muss zumindest 12 Werktage umfassen (§ 7 BUrlG).
Teilurlaub	Ansprüche auf nur einen Teil des Urlaubs entstehen immer dann, wenn das Arbeitsverhältnis nicht das ganze Kalenderjahr bestanden hat (§ 5 BUrlG).
Urlaub	Die vom Arbeitgeber bezahlte Freistellung von der Arbeitsleistung.
Urlaubsabgeltung	Kann der Urlaub ausnahmsweise wegen der Beendigung des Arbeitsverhältnisses nicht »in Natur« genommen werden, erwirbt der Arbeitnehmer einen auf Geldzahlung gerichteten Abgeltungsanspruch (§ 7 Abs. 4 BUrlG).
Urlaubsbescheinigung	Vom Arbeitgeber auszustellende Bescheinigung über den dem Arbeitnehmer gewährten Urlaub (§ 6 Abs. 2 BUrlG).
Urlaubsentgelt	Fortzahlung des Arbeitsentgelts während des Urlaubszeitraums (§ 11 BUrlG).
Urlaubsgeld	Zusätzliche Leistung des Arbeitgebers, die mit Rücksicht auf den Urlaub gezahlt wird. Zur Zahlung von Urlaubsgeld ist der Arbeitgeber nicht verpflichtet.
Urlaubsjahr	Ist das Kalenderjahr (01.01. – 31.12.), nicht aber das Beschäftigungsjahr (§ 1 BUrlG).
Wartezeit	Bevor der volle Urlaubsanspruch erworben wird, muss das Arbeitsverhältnis mindestens 6 Monate bestehen. In jedem Arbeitsverhältnis muss die Wartezeit nur einmal erfüllt werden (§ 4 BUrlG).
Zusatzurlaub	Ist der zu dem gesetzlichen, tariflichen oder einzelvertraglichen Urlaub hinzutretende Urlaub, der regelmäßig an bestimmte Voraussetzungen geknüpft ist.

Zwölftelungsprinzip	Dient zur Ermittlung des Teilurlaubsanspruchs. Für jeden Beschäftigungsmonat steht dem Arbeitnehmer 1/12 des Jahresurlaubs zu (§ 5 Abs. 1 BUrlG).

Gerade das Urlaubsrecht wirft in der Praxis vielfältige Probleme auf und zwar insbesondere im Hinblick auf

- Länge,
- Vergütung,
- zeitliche Lage und
- Abgeltung des Urlaubs.

Zur ersten Orientierung und zum besseren Verständnis soll der Überblick dienen.

2804 CHECKLISTE VORAUSSETZUNGEN DES URLAUBSANSPRUCHS

- **Entstehung des Urlaubsanspruchs**
  - Persönliche Voraussetzungen:
    - Handelt es sich um einen Arbeitnehmer, eine arbeitnehmerähnliche Person, einen Auszubildenden oder einen Heimarbeiter?
    - Ist die 6-monatige Wartezeit erfüllt?

- **Länge des Urlaubs**
  - Grundsätzlich: Vollurlaub,
  - Ausnahmsweise nur Teilurlaub, wenn
    - der Arbeitnehmer wegen Nichterfüllung der Wartezeit im Kalenderjahr keinen vollen Urlaubsanspruch erwirbt,
    - der Arbeitnehmer vor Erfüllung der Wartezeit aus dem Arbeitsverhältnis ausscheidet,
    - der Arbeitnehmer nach erfüllter Wartezeit in der ersten Hälfte eines Kalenderjahres aus dem Arbeitsverhältnis ausscheidet.
  - Steht dem Arbeitnehmer Zusatzurlaub zu?
    - nach dem Schwerbehindertengesetz,
    - nach dem Jugendarbeitsschutzgesetz,
  - Berechnung des Urlaubsanspruchs nach Arbeits- oder Werktagen,
  - Anrechnung bereits genommenen Urlaubs,
  - Nichtanrechnung von Krankheitstagen sowie Kur- und Schonungszeiten.

- **Erlöschen des Urlaubsanspruchs**
  - Verstreichen des Urlaubsjahres und keine Übertragungsgründe,
  - Arbeitnehmer kann Urlaub im Kalenderjahr oder Übertragungszeitraum nicht nehmen, etwa wegen Krankheit.

III. Voraussetzungen des Urlaubsanspruchs

2805 Der **Erwerb des Urlaubsanspruchs** ist von bestimmten Voraussetzungen abhängig, die vom Arbeitnehmer erfüllt sein müssen. Hierzu zählen namentlich:

- der Arbeitnehmer unterfällt dem persönlichen Geltungsbereich des BUrlG,
- das Arbeitsverhältnis besteht mindestens 6 Monate (Erfüllung der Wartezeit),
- rechtzeitige Geltendmachung des Urlaubsanspruchs.

1. Persönlicher Geltungsbereich des Bundesurlaubsgesetzes

Ein Urlaubsanspruch nach dem BUrlG steht nur Arbeitnehmern zu (§ 1 BUrlG). Der Anspruchsteller muss also Arbeitnehmer im Sinne des Arbeitsrechts sein. **Arbeitnehmer** sind Personen, die aufgrund eines privatrechtlichen Vertrages oder eines ihm gleichgestellten Rechtsverhältnisses im Dienst eines anderen zur Arbeit verpflichtet sind, die also in persönlicher Abhängigkeit zum Arbeitgeber stehen. Ob in Teil- oder in Vollzeit gearbeitet wird, ist unerheblich. **Beamte** sind hingegen keine Arbeitnehmer. Das BUrlG gilt für **Arbeiter und Angestellte** einschließlich der zur Berufsbildung Beschäftigten (§ 2 Satz 1 BUrlG). Auch **arbeitnehmerähnliche Personen** unterfallen dem BUrlG (§ 2 Satz 2 BUrlG). Hierbei handelt es sich um Personen, die, ohne in einem festen Arbeitsverhältnis zu stehen, im Auftrag und für Rechnung anderer Personen Dienste leisten und wegen ihrer wirtschaftlichen Unselbständigkeit als arbeitnehmerähnlich angesehen werden. Für **Heimarbeiter** gelten dagegen Spezialregelungen (§ 12 BUrlG).

2806

2. Erfüllung der Wartezeit

Die Vorschrift des § 4 BUrlG bestimmt, dass der Arbeitnehmer den vollen Urlaubsanspruch erstmalig erwirbt, wenn er bereits 6 Monate im Arbeitsverhältnis gestanden hat (so genannte Wartezeit). Sinn und Zweck dieser **Wartezeit** ist, zu verhindern, dass der Arbeitnehmer bei Wechsel des Arbeitsverhältnisses mehrere Erholungsurlaube im Urlaubsjahr (also dem Kalenderjahr) erhält.

2807

Das bedeutet für den **Arbeitgeber:** Zur Gewährung des vollen Jahresurlaubs ist er erst nach Ablauf der Wartezeit verpflichtet. Vorsicht bei Urlaubsgewährung auf Vorschuss! Es droht eine **doppelte Inanspruchnahme!**

Zu beachten ist, dass die Wartezeit innerhalb eines Arbeitsverhältnisses nur einmal zu erfüllen ist. Bei längerer Dauer des Arbeitsverhältnisses muss die Wartezeit also nicht in jedem Urlaubsjahr neu erfüllt werden. Vielmehr entsteht nach erfüllter Wartezeit der Urlaubsanspruch jeweils am 01.01. eines Jahres zunächst voll und verringert sich ggf. bei einem Ausscheiden in der ersten Hälfte des Kalenderjahres. Der Arbeitnehmer kann nach erfüllter Wartezeit schon mit Beginn des Urlaubsjahres den vollen Jahresurlaub verlangen. Dies ist selbst dann nicht rechtsmissbräuchlich, wenn er davon Kenntnis hat, dass das Arbeitsverhältnis unter Umständen vor Ablauf des Urlaubsjahres enden wird. Doppelansprüchen beugt hier die Anrechnungsvorschrift des § 6 BUrlG vor (s. dazu → Rz. 2840).

a) Bestehen eines Arbeitsverhältnisses

Wenn § 4 BUrlG von einem mindestens 6-monatigen Bestehen des Arbeitsverhältnisses spricht, so ist hiermit der »rechtliche Bestand« gemeint. Es kommt mithin nicht darauf an, ob der Arbeitnehmer während des 6-Monats-Zeitraums tatsächlich gearbeitet hat.

2808

BEISPIEL:

Arbeitnehmer A tritt seine neue Arbeitsstelle am 01.04.1994 an. Schon 3 Tage später erkrankt er schwer und ist in der Folge 6 Wochen arbeitsunfähig.

In dem Beispielsfall hat die mit **Arbeitsunfähigkeit** verbundene Krankheit keinen Einfluss auf die Wartezeit. Diese wird insbesondere nicht um den Zeitraum der Arbeitsunfähigkeit verlängert. Die Wartezeit wird gleichfalls nicht dadurch berührt, dass der Arbeitnehmer tageweise der Arbeit unentschuldigt fernbleibt oder sonstige Fehlzeiten zu verzeichnen sind. Gleiches gilt bei einem witterungsbedingten Ausfall der Arbeitsleistung.

Grundsätzlich unterbricht das **Ruhen des Arbeitsverhältnisses** die Wartezeit ebenfalls nicht. So sind beispielsweise **Wehrdienst und Wehrübungen** auf die Wartezeit anzurechnen (§§ 6, 10 ArbPlSchG). Für **Zivildienstleistende** gelten diese Bestimmungen entsprechend (§ 78 ZDG). Die Parteien können jedoch auch für einen bestimmten Zeitraum das Ruhen des Arbeitsverhältnisses vereinbaren. Hierin liegt dann eine Unterbrechung, die sich schädlich auf die Wartezeit auswirkt.

Wird ein Ruhen des Arbeitsverhältnisses vereinbart, sollte gleichwohl eine Bestimmung über die Auswirkungen auf die Wartezeit getroffen werden. Hierdurch können Folgestreitigkeiten vermieden werden.

2809 Ein »**unbezahlter Urlaub**« hat regelmäßig keine Auswirkungen auf die Wartezeit. Viel wird in diesem Zusammenhang jedoch davon abhängen, wie lange das Arbeitsverhältnis suspendiert wird und auf wessen Veranlassung dies geschieht. Selbst ein **Streik** hat auf die Wartezeit in der Regel keinen Einfluss, da nur die Pflichten aus dem Arbeitsverhältnis suspendiert werden, dieses aber rechtlich bestehen bleibt. Gleiches gilt für eine **Aussperrung**. Siehe zu Streikproblemen bei der **Inanspruchnahme** des Urlaubs BAG 24.09.1996, EzA § 7 BUrlG Nr. 102.

»**Wartezeitschädlich**« sind die Fälle der rechtlichen Beendigung durch Kündigung oder Zeitablauf (Befristung). Aber auch hier gilt: Keine Regel ohne Ausnahme! Selbst eine **rechtliche Unterbrechung** des Arbeitsverhältnisses ist für die Wartezeit unschädlich, wenn sie **nur kurz** ist. Hierfür gibt es keine festen Fristen. Es kommt nur darauf an, ob die Unterbrechung unter Berücksichtigung der Gesamtdauer des Arbeitsverhältnisses eher gering ist. Eine relativ kurze und damit wartezeitunschädliche Unterbrechung ist etwa gegeben, wenn ein zunächst befristet zur Probe angestellter Arbeitnehmer nach Ablauf der Probezeit weiterbeschäftigt wird. Gleiches gilt, wenn der ursprüngliche Arbeitsvertrag aufgehoben wird und durch einen neuen, an geänderte Tätigkeitsbereiche angepassten ersetzt wird.

Gänzlich unerheblich für die Frage der Erfüllung der Wartezeit ist, ob sich die Position des Arbeitnehmers im Betrieb ändert:

BEISPIEL:

Arbeitnehmer A wird durch einen Wechsel seines Tätigkeitsbereichs vom Arbeiter zum Angestellten oder vom Sachbearbeiter zum Abteilungsleiter.

b) Berechnung der Wartezeit

Die 6-monatige Wartezeit wird nach Beschäftigungsmonaten, nicht aber nach Kalendermonaten berechnet. Unerheblich ist, ob während des Laufs der Wartezeit das Kalenderjahr endet.

BEISPIEL:

(1) Die Wartezeit beginnt am 01.10.1996. Sie endet am 31.03.1997.
Der volle Urlaubsanspruch entsteht im Beispielsfall erstmals am 01.04.1997. Danach entsteht er jeweils zu Beginn des neuen Urlaubs-(= Kalender-)Jahres, also beispielsweise am 01.01.1998. Für das Jahr 1996 (Oktober bis Dezember) steht dem Arbeitnehmer nur ein **Teilurlaubsanspruch** zu (s. dazu → Rz. 2830). Die **Berechnung der Frist** richtet sich nach den Bestimmungen des BGB (§§ 187 ff.). Grundsätzlich beginnt die Frist mit dem Tag der vertragsgemäßen Arbeitsaufnahme und endet nach Ablauf des 6. Monats, und zwar unabhängig davon, ob es sich bei diesem Tag um einen Sonn- oder Feiertag handelt. Ein **abweichender Fristbeginn** ist anzunehmen, wenn der Arbeitnehmer erst im Laufe des ersten Arbeitstages eingestellt wird. Hier wird nach § 187 Abs. 1 BGB dieser erste Tag nicht mitgezählt.

(2) Arbeitnehmer A meldet sich am 03.04.1996 um 10.00 Uhr bei Arbeitgeber B. Aufgrund eines vorübergehenden Personalengpasses wird er, nachdem die Parteien einen Arbeitsvertrag geschlossen haben, sofort in der Produktion eingesetzt. Hier endet die Wartezeit erst am 03.10.1996.

Ist der erste reguläre Arbeitstag ein Sonn- oder Feiertag, wird er mitgezählt.

c) Abweichende Vereinbarungen

Von den Vorschriften über die Erfüllung der 6-monatigen Wartezeit kann durch einzelvertragliche Abmachung zwischen Arbeitgeber und Arbeitnehmer nicht zu Lasten des Arbeitnehmers abgewichen werden. Eine Verkürzung der Wartezeit ist jedoch möglich. Folgende Vereinbarungen wird man als **unzulässig** anzusehen haben:

- jährliche Neuerfüllung der Wartezeit,
- tatsächliche »Nichtarbeit« verlängert die Wartezeit entsprechend,
- kurze rechtliche Unterbrechungen des Arbeitsverhältnisses führen zur Verlängerung der Wartezeit,
- Eignungsübung verlängert die Wartezeit.

Eine unzulässige Verlängerung der Wartezeit wird nicht durch die Gewährung eines längeren Urlaubs kompensiert.

Die **Tarifvertragsparteien** dürfen in bestimmten Umfang ungünstigere Vereinbarungen treffen (s. § 13 Abs. 2 BUrlG). So enthalten Tarifverträge häufig eine weitergehende Kürzung des Urlaubsanspruchs etwa für das Ein- und Austrittsjahr. Solche **tariflichen Quotelungsabreden** sind grundsätzlich zulässig. Unzulässig sind hingegen tarifliche Regelungen, die einen Ausschluss des Urlaubsanspruchs für den Fall vorsehen, dass der Arbeitnehmer nach erfüllter Wartezeit zu Unrecht aus dem Arbeitsverhältnis ausscheidet. Dies gilt etwa für folgende Regelung: »Bei vertragswidriger Auflösung des Arbeitsverhältnisses durch den Arbeitnehmer entfällt der Urlaubsanspruch«. Unzulässig sind auch tarifliche Quotelungsregelungen, die im konkreten Fall zu einer Minderung des gesetzlichen Mindesturlaubsanspruchs führen.

BEISPIEL:

Eine tarifliche Regelung sieht eine Zwölftelung des Tarifurlaubs von 30 Werktagen/Jahr vor. Scheidet der Arbeitnehmer nach erfüllter Wartezeit zum 31.08. des Jahres aus, steht ihm nach der Tarifregelung nur ein Anspruch auf 20 Werktage Urlaub zu. Der gesetzliche Mindesturlaub beträgt aber 24 Werktage. Dieser Mindeststandard darf auch von den Tarifpartnern nicht unterschritten werden.

Der Arbeitnehmer hat im Beispielsfall also ungeachtet der tariflichen Zwölftelungsregelung Anspruch auf den gesetzlichen Mindesturlaub von 24 Werktagen.

Wird eine schlechtere Tarifvereinbarung von den nicht tarifgebundenen Parteien des Arbeitsverhältnisses durch Inbezugnahme übernommen, so ist dies zulässig. Es gilt die ungünstigere Wartezeitregelung. Voraussetzung ist jedoch, dass die Übernahme insgesamt erfolgt. Eine »Rosinenregelung« ist unzulässig (§ 13 Abs. 1 Satz 2 BUrlG). Auch muss es sich bei der Übernahme um einen »**einschlägigen Tarifvertrag**« handeln. Der Tarifvertrag muss also von seinem **persönlichen und sachlichen Anwendungsbereich** auf das Arbeitsverhältnis passen.

BEISPIEL:

Ein Arbeitgeber der Metallindustrie kann nicht die Übernahme der Tarifverträge der Druckindustrie vereinbaren. Die Übernahme der einschlägigen Metalltarife ist hingegen zulässig.

Wird in einem Einzelarbeitsvertrag eine ansonsten weder kraft Allgemeinverbindlichkeit oder beiderseitiger Organisationszugehörigkeit geltende tarifliche Urlaubsregelung nur in Bezug genommen, ist qualitativ nur eine **vertragliche Urlaubsvereinbarung** anzunehmen. Diese ist an denselben Maßstäben zu messen, wie eine sonstige einzelvertragliche Urlaubsregelung.

Durch freiwillige **Betriebsvereinbarung** kann von der gesetzlichen Regelung nur zugunsten der Arbeitnehmer abgewichen werden. Allerdings ist die Sperre des § 77 Abs. 3 BetrVG zu beachten, derzufolge Fragen, die durch Tarifvertrag geregelt sind oder üblicherweise geregelt werden, nicht Gegenstand einer Betriebsvereinbarung sein können. Allerdings kann der Tarifvertrag den Abschluss ergänzender Betriebsvereinbarungen zulassen.

3. Urlaubsjahr

a) Urlaubsanspruch und Urlaubsjahr

2813 Der Urlaubsanspruch wird stets nur für ein **Urlaubsjahr** erworben. Jedem Arbeitnehmer steht in jedem Kalenderjahr Erholungsurlaub zu. Urlaubsjahr ist also das Kalenderjahr, nicht aber das Beschäftigungsjahr (s. § 1 BUrlG).

Von dieser Regelung des Bundesurlaubsgesetzes kann weder durch Tarif- noch durch Einzelarbeitsvertrag oder Betriebsvereinbarung abgewichen werden (§ 13 Abs. 1 Satz 1 BUrlG). Ist demnach das **Kalenderjahr** maßgebend, so folgt hier- aus, dass für alle den Urlaub betreffenden Umstände das Urlaubs- (Kalender-)Jahr entscheidend ist. Es gilt also das **Stichtagsprinzip**. Regelmäßig (nach erfüllter Wartezeit) ist der 01.01. eines jeden Jahres der Stichtag für die Beurteilung der mit dem Urlaubsanspruch zusammenhängenden Fragen.

BEISPIEL:

Ein Tarifvertrag sieht ab Vollendung des 50. Lebensjahres eine Erhöhung des jährlichen Urlaubsanspruchs um 2 Tage vor. Arbeitnehmer A feiert am 03.06.1999 seinen 50. Geburtstag und beansprucht den erhöhten Urlaub.

Aus dem Stichtagsprinzip folgt hier, dass dem A kein erhöhter Urlaubsanspruch zusteht. Am Stichtag (01.01.1998) war er noch 49 Jahre alt.

BEISPIEL:

Im Kalenderjahr 1999 erhöht sich der Urlaubsanspruch des Arbeitnehmers A um einen Tag. Im Jahr 1998 hat A gar keinen Urlaub genommen. Er meint nunmehr, auch der aus 1998 übertragene Urlaub müsse um einen Tag erhöht werden.

Auch hier gilt: Die Erhöhung zum Stichtag 01.01.1999 betrifft nur den Jahresurlaubsanspruch für 1999. Im Zeitpunkt der Entstehung des übertragenen Urlaubs für 1998 lagen die Anspruchsvoraussetzungen für eine Erhöhung noch nicht vor.

Aufgrund der Bindung an das Urlaubsjahr kann ein neuer Urlaubsanspruch jeweils erst im neuen Kalenderjahr entstehen. Daher kommt eine **Urlaubsgewährung auf Vorschuss** nicht in Betracht. Eine Anrechnung vorab zuviel gewährten Urlaubs scheidet aus. Selbst wenn der Arbeitnehmer die Erteilung des Urlaubs im Vorgriff wünscht, beeinträchtigt dies den künftigen Urlaubsanspruch nicht.

2814

BEISPIEL:

Arbeitnehmer A möchte im Kalenderjahr 1998 eine längere Reise antreten. Aufgrund der schlechten Konjunktur kommt dies auch Arbeitgeber B entgegen. A nimmt deshalb seinen Jahresurlaub 1998 und 1999 vom 01.08. bis 30.10.1998. Im Jahr 1999 verlangt er erneut 4 Wochen Erholungsurlaub.

Mit seinem erneuten Urlaubsverlangen wird Arbeitnehmer A regelmäßig Erfolg haben. Nur in Ausnahmefällen kann die neuerliche Geltendmachung des Urlaubsanspruchs rechtsmissbräuchlich sein.

Vorsicht bei der Erteilung von Urlaub auf Vorschuss. Es droht eine doppelte Verpflichtung.

b) Rechtzeitige Geltendmachung des Urlaubsanspruchs

2815 Nach der Konzeption des Bundesurlaubsgesetzes soll der Urlaubsanspruch grundsätzlich im Jahr seiner Entstehung (also im selben Kalenderjahr) realisiert werden. So heißt es in § 7 Abs. 3 Satz 1 BUrlG: »Der Urlaub muss im laufenden Kalenderjahr gewährt und genommen werden.«

Zweck des Gesetzes ist es, dass jeder Arbeitnehmer zumindest einmal im Jahr Gelegenheit erhält, sich von der geleisteten Arbeit zu erholen. Wird der **Urlaub** nicht im Urlaubsjahr genommen, so **verfällt** er grundsätzlich mit dessen Ende. Die in der betrieblichen Praxis übliche **Übertragung des Urlaubsanspruchs** ist nach den Regelungen des Bundesurlaubsgesetzes die Ausnahme. Sie kommt nur in Betracht, wenn die Voraussetzungen des § 7 Abs. 3 Satz 2 und 3 BUrlG (s. → Rz. 2816 und 2924) vorliegen. Insoweit greift dann ein **Automatismus** ein: Liegen die Übertragungsgründe vor, ist es nicht erforderlich, dass der Arbeitnehmer den Urlaub im Urlaubsjahr geltend macht. Andererseits verfällt der Urlaubsanspruch, wenn kein Übertragungsgrund vorliegt.

Das Gesetz verlangt vom Arbeitnehmer, dass dieser tätig wird. Er muss an den Arbeitgeber herantreten und ihn auffordern, den Urlaub zu gewähren, und zwar so rechtzeitig, dass der Urlaubsanspruch noch realisiert werden kann. Bleibt er schlicht untätig, geht der Urlaubsanspruch mit Ende des Urlaubsjahres unter, sofern kein Übertragungsgrund vorliegt. Gewährt der Arbeitgeber hingegen trotz rechtzeitiger Geltendmachung keinen Urlaub, erwirbt der Arbeitnehmer einen sog. **Ersatzurlaubsanspruch** (Schadensersatz in Natur wegen Nichtgewährung des Urlaubs).

Tipp

Der **Grundsatz der Nichtübertragbarkeit** gilt aber nur für den gesetzlichen Urlaubsanspruch von 24 Werktagen. Ein darüber hinausgehender so genannter »**Mehrurlaub**« wird hiervon nicht erfasst. Einzel- oder tarifvertraglich kann die Übertragung des Mehrurlaubs also anderweitig geregelt werden. Dabei sind folgende Fallgruppen zu unterscheiden:

- Fehlt es an einer Übertragungsregelung, so gilt das Prinzip der Nichtübertragbarkeit auch für den Mehrurlaub.
- Gleiches gilt, wenn zwar eine Regelung vorliegt, diese aber unklar oder widersprüchlich ist.

Anders ist die Lage zu beurteilen, wenn die Parteien ausdrücklich oder stillschweigend Mehrurlaub vom BUrlG ausnehmen.

c) Übertragung des Urlaubs

2816 Eine Übertragung des Urlaubs kommt nach dem BUrlG nur in bestimmten Ausnahmefällen in Betracht:

- Dringende betriebliche Gründe stehen der Realisierung des Urlaubsanspruchs im Urlaubsjahr entgegen.
- Der Arbeitnehmer ist aus persönlichen Gründen gehindert, den Urlaub im Urlaubsjahr zu nehmen.

- Der wegen Nichterfüllung der Wartezeit entstandene Teilurlaubsanspruch (vgl. dazu → Rz. 2832) kann immer übertragen werden.
- Der Urlaub kann aus rechtlichen Gründen im Urlaubsjahr nicht verwirklicht werden.

Eine **Übertragung** des Urlaubsanspruchs kommt zunächst in Betracht, wenn **dringende betriebliche Gründe** einer Realisierung im Urlaubsjahr entgegenstehen. Das Adjektiv »dringend« macht klar, dass nicht x-beliebige Gründe ausreichend sind. Andererseits sind auch keine zwingenden, alles überragenden betrieblichen Interessen erforderlich. Erforderlich, aber auch ausreichend ist, dass bei einer Würdigung der Umstände und Abwägung der beiderseitigen Belange die **objektiven wohlverstandenen Interessen** des Arbeitgebers bei Berücksichtigung der Aufrechterhaltung eines ordnungsgemäßen Geschäftsbetriebes die Übertragung erforderlich erscheinen lassen. Nicht als dringendes betriebliches Interesse ist es anzuerkennen, wenn aus Anlass eines jährlich wiederholt auftretenden Vertretungsfalles eine Übertragung stattfinden soll. Kompliziert sich die betriebliche Situation jedoch beispielsweise durch eine Grippe-Epidemie, wird ein dringendes betriebliches Interesse anzunehmen sein.

Zu beachten ist also:

- Der **gewöhnliche Vertretungsfall** muss durch ausreichende Personalplanung aufgefangen werden.
- Gegen die Dringlichkeit spricht, dass sich die die Übertragung auslösenden Umstände turnusgemäß wiederholen.

Die Übertragung ist auch möglich, wenn **in der Person des Arbeitnehmers** liegende Gründe sie rechtfertigen. Zwar verlangt der Gesetzgeber hier im Gegensatz zu den betrieblichen Gründen keine Dringlichkeit, andererseits reicht der **bloße Übertragungswunsch des Arbeitnehmers** nicht aus. Erforderlich ist, dass die Gründe zumindest mittelbar mit dem Erholungszweck zusammenhängen oder aus der persönlichen Sphäre des Arbeitnehmers herrühren. Als anerkennenswerte persönliche Gründe kommen etwa in Betracht: Krankheit des Arbeitnehmers, Krankheit naher Familienangehöriger, ungünstige Lage des Urlaubs.

2817

BEISPIEL:

Arbeitnehmer A beginnt seine Tätigkeit im Kalenderjahr und erfüllt die Wartezeit erst am 20.11. Hier kann wegen der ungünstigen Jahreszeit eine Übertragung in Betracht kommen. Gleiches gilt, wenn der Arbeitnehmer schulpflichtige Kinder hat, die im Kalenderjahr keine Schulferien mehr haben und deshalb nicht am Urlaub teilnehmen könnten. Ein die Übertragung rechtfertigender persönlicher Grund liegt auch vor, wenn der Arbeitnehmer wegen Krankheit an der Realisierung des Urlaubsanspruchs gehindert ist.

Tritt auch in dem Übertragungszeitraum keine Genesung ein, so verfällt der Urlaubsanspruch und verwandelt sich nicht in einen Abgeltungsanspruch.

Eine **Übertragung** kann auch aus **rechtlichen Gründen** geboten sein.

BEISPIEL:

Arbeitnehmer A erfüllt die 6-monatige Wartezeit erst am 31.12.
Hier ist selbstverständlich eine Übertragung möglich.

2818 Sofern nach den geschilderten Fällen eine Übertragung zulässig ist, kann der Urlaub nur in den ersten 3 Monaten des Jahres genommen werden (anders allerdings bei einer Übertragung des Teilurlaubsanspruchs nach § 5 Abs. 1 a BUrlG i.V.m. § 7 Abs. 3 Satz 4 BUrlG, s. → Rz. 2819).

Das heißt: **Der übertragene Urlaub muss binnen 3 Monaten verbraucht werden.** Geschieht dies nicht, erlischt der Urlaubsanspruch. Nach der Regelung des Bundesurlaubsgesetzes kommt in diesen Fällen auch keine **Abgeltung** in Betracht. Eine solche ist nur statthaft, wenn der Urlaub wegen der Beendigung des Arbeitsverhältnisses nicht mehr genommen werden kann. Ein längerer Übertragungszeitraum kann allerdings durch die Tarifvertragsparteien oder die Arbeitsvertragsparteien vereinbart werden. Unzulässig ist jedoch die Regelung, dass der im Übertragungszeitraum nicht genommene, gesetzliche Mindesturlaubsanspruch abgegolten wird. Urlaub ist grundsätzlich »in Natura« zu nehmen.

Macht der Arbeitnehmer den **übertragenen** Urlaub im Übertragungszeitraum geltend, weigert sich der Arbeitgeber jedoch den Anspruch zu erfüllen, so kommen Schadensersatzansprüche des Arbeitnehmers in Betracht. Diese sind auf Urlaubsgewährung (so genannter Ersatzurlaub) gerichtet. Nur wenn der Arbeitnehmer ausscheidet und hierdurch eine Inanspruchnahme des Ersatzurlaubs ausgeschlossen ist, ist der Urlaub abzugelten.

2819 Übertragbar sind schließlich auch **Teilurlaubsansprüche** (siehe § 7 Abs. 3 Satz 4 BUrlG).

BEISPIEL:

Arbeitnehmer A beginnt seine Tätigkeit am 01.09. Bis zum 31.12. des Jahres kann er die 6-monatige Wartezeit nicht erfüllen.

Ihm erwächst ein Teilurlaubsanspruch von 6 Werktagen gleich einer Woche, da er für jeden vollen Monat des Bestehens des Arbeitsverhältnisses Anspruch auf 1/12 des Jahresurlaubs hat (s. § 5 Abs. 1 a BUrlG). Dieser Teilurlaubsanspruch kann auf das gesamte folgende Urlaubsjahr übertragen werden. A ist also nicht auf den 3-monatigen Übertragungszeitraum beschränkt.

Auch bedarf es zur Übertragung keiner Begründung oder besonderen Form. Regelmäßig stellt schon die bloße Nichtgeltendmachung das stillschweigende Verlangen nach Übertragung dar. – Äußert sich Arbeitnehmer A im Beispielsfall nicht, so liegt hierin ein Übertragungsverlangen. Der so übertragene Anspruch wird als **Teil des neuen Jahresurlaubs** behandelt. Eine **weitere Übertragung** ist dann also bis zum 31.03. des Folgejahres unter den obigen Voraussetzungen zulässig.

In der betrieblichen Praxis werden die Regelungen über die Übertragung von Urlaubsansprüchen weitgehend missachtet. Aufsparung und Übertragung sind zum Regelfall geworden. Dies kann für beide Parteien mit nicht unerheblichen Risiken verbunden sein, zumindest sofern es sich um den Mindesturlaubsanspruch handelt.

2820

Bestand für die Übertragung kein rechtfertigender Grund (Beispiel: *Arbeitnehmer A hat schlicht keine Lust, den Urlaub zu nehmen*) und einigen sich die Parteien auf eine Übertragung, so erlischt der Urlaubsanspruch gleichwohl mit dem Ende des Urlaubsjahres. Selbstverständlich kann der Mehrurlaub hiervon ausgenommen werden, wenn die Parteien dies vereinbaren (s. → Rz. 2815 am Ende).

Beruft sich der Arbeitgeber auf das Erlöschen des Urlaubsanspruchs, so ist dies nicht rechtsmissbräuchlich. Eine andere Beurteilung kann dann geboten sein, wenn der Arbeitgeber aus eigenem Interesse die Übertragungsvereinbarung betreibt. Ein rechtsmissbräuchliches Verhalten wird auch dann vorliegen, wenn Arbeitgeber und Arbeitnehmer unsicher sind, ob die Übertragungsvoraussetzungen vorliegen, sich aber ungeachtet dessen hierauf einigen und der Arbeitgeber später das Erlöschen des Urlaubsanspruchs einwendet. Unter Umständen ist in der geschilderten Situation ein **Tatsachenvergleich** (s. → Rz. 4048) möglich!

BEISPIEL:

Es ist unsicher, ob dringende betriebliche Erfordernisse, die für die Übertragung notwendig sind, vorliegen. Die Parteien beseitigen diese Unsicherheit dadurch, dass sie sich auf einen Sachverhalt einigen, der die Übertragungsvoraussetzungen ausfüllt.

Zum Erlöschen des Urlaubs durch Zeitablauf und zu anderweitigen tariflichen Regelungen siehe → Rz. 2848a.

4. Berechnung des Urlaubsanspruchs

Nach § 3 Abs. 1 BUrlG steht jedem Arbeitnehmer ein Mindesturlaub von 24 Werktagen im Kalenderjahr zu. Hierbei handelt es sich um einen **absoluten Mindeststandard**. Eine Verkürzung dieses 24-tägigen Urlaubsanspruchs ist weder durch Tarifvertrag noch durch Einzelarbeitsvertrag möglich. Entgegenstehende Vereinbarungen sind unwirksam. Dies gilt auch für einen **Verzicht des Arbeitnehmers**.

2821

Die Zugrundelegung eines 4-wöchigen Mindesturlaubs geht an den betrieblichen Realitäten vorbei, da regelmäßig dem Arbeitnehmer ein weitaus höherer Urlaubsanspruch zusteht. Insoweit taucht die Frage auf, ob auch der über den Mindesturlaub hinausgehende Urlaub (**Mehrurlaub**) den Regeln des Bundesurlaubsgesetzes unterworfen werden kann. Die Parteien haben es in der Hand, für diesen Mehrurlaub anderweitige Regelungen zu treffen. Sie sind insoweit also nicht an den Standard des Bundesurlaubsgesetzes gebunden.

> **Tipp:** Eine abweichende Regelung kann gerade im Hinblick auf die Übertragung des Urlaubs sinnvoll sein. Wird eine solche Regelung vergessen, sind die **Grundsätze des Bundesurlaubsgesetzes regelmäßig** auch **auf den Mehrurlaub anzuwenden.** Hier ist besonderes Augenmerk auf eine richtige Vertragsgestaltung zu legen. Anfänglich gemachte Fehler lassen sich regelmäßig im nachhinein nur mit Mühen wieder korrigieren. Zur Verdeutlichung von Zusammenspiel von Mindest- und Mehrurlaub nachfolgendes Beispiel.

> **BEISPIEL:**
> In einer Betriebsvereinbarung wird den Arbeitnehmern zusätzlich zu dem in Werktagen bemessenen Tarifurlaub ein Treueurlaub von 3 Tagen versprochen.
> Mangels anderweitiger Abrede ist hier davon auszugehen, dass der **Treueurlaub ebenfalls in Werktagen zu berechnen** ist. Ist die Arbeitszeit eines Arbeitnehmers nicht auf alle Werktage der Woche verteilt, so sind Erholungsurlaub und Treueurlaub in Arbeitstage umzurechnen. Diese Berechnung ist getrennt nach Treue- und Erholungsurlaub durchzuführen (BAG 19.04.1994, EzA § 1 BUrlG Nr. 21). Bei einer 4-Tage-Woche entspricht ein 3-tägiger Treueurlaub mithin 2 Arbeitstagen (3 Werktage: 6 x 4 Arbeitstage = 2 Arbeitstage Treueurlaub).

Um Unklarheiten zu vermeiden, empfiehlt sich eine ausdrückliche schriftliche Fixierung. Hierauf sollten die Betriebspartner oder die Parteien des Einzelarbeitsvertrages bei der Gestaltung einer Zusatzurlaubsregelung achten.

a) Mindesturlaub nach dem Bundesurlaubsgesetz

2822 Der 24-tägige Mindesturlaub nach dem BUrlG ist auf Werktage bezogen. Werktag ist jeder Kalendertag, der nicht Sonn- oder Feiertag ist, also auch der Samstag. Die Urlaubsdauer beträgt also: 24 Urlaubstage durch 6 Werktage = 4 Wochen. Wird in einem Tarifvertrag die Urlaubsdauer auf 30 Tage festgelegt, so ist davon auszugehen, dass dem die Verteilung der Wochenarbeitszeit auf 5 Tage zu Grunde liegt. Verteilt sich die Arbeitszeit anders, ändert sich der Urlaubsanspruch entsprechend *(BAG 20.06.2000, EzA § 3 BUrlG Nr. 21).*

b) Feiertage und arbeitsfreie Tage

2823 Nach der Regelung des Bundesurlaubsgesetzes sind **Sonntage** und **Feiertage** keine Werk- also auch keine Urlaubstage. Welche Feiertage nicht anzurechnen sind, verdeutlicht die umseitige Zusammenstellung. Es ist insbesondere zu berücksichtigen, dass sich **Verschiebungen in Folge der Umsetzung des PflegeVG** ergeben haben. Mit Ausnahme Sachsens haben alle Länder den Buß- und Bettag abgeschafft. (O = Feiertag in Gemeinden (Bayern) bzw. Territorien (bisherige DDR) mit überwiegend evangelischer bzw. katholischer Bevölkerung. Im Stadtkreis Augsburg ist auch der 8. August, das Friedensfest, ein gesetzlicher Feiertag).

Urlaubsrecht

	Baden-Württemberg	Bayern	Brandenburg	Berlin	Bremen	Hamburg	Hessen	Mecklenburg-Vorpommern	Niedersachsen	Nordrhein-Westfalen	Rheinland-Pfalz	Saarland	Sachsen	Sachsen-Anhalt	Schleswig-Holstein	Thüringen
Neujahr	●	●	●	●	●	●	●	●	●	●	●	●	●	●	●	●
Hl. Drei Könige	●	●												●		
Karfreitag	●	●	●	●	●	●	●	●	●	●	●	●	●	●	●	●
Ostersonntag			●													●
Ostermontag	●	●	●	●	●	●	●	●	●	●	●	●	●	●	●	●
1. Mai	●	●	●	●	●	●	●	●	●	●	●	●	●	●	●	●
Himmelfahrt	●	●	●	●	●	●	●	●	●	●	●	●	●	●	●	●
Pfingstsonntag			●													
Pfingstmontag	●	●	●	●	●	●	●	●	●	●	●	●	●	●	●	●
Fronleichnam	●	●					●			●	●	●	○			○
Mariä Himmelfahrt		○										●				
Tag d. dt. Einheit	●	●	●	●	●	●	●	●	●	●	●	●	●	●	●	●
Reformationstag			●					●					●	●		○
Allerheiligen	●	●								●	●	●				○
Buß- und Bettag													●			
1. Weihnachtstag	●	●	●	●	●	●	●	●	●	●	●	●	●	●	●	●
2. Weihnachtstag	●	●	●	●	●	●	●	●	●	●	●	●	●	●	●	●

Das **anwendende Feiertagsrecht** richtet sich grundsätzlich nach dem **Betriebssitz**. Ausnahmsweise kommt es bei einer dauernden auswärtigen Tätigkeit auf das Feiertagsrecht des Arbeitsortes an. Dies ist schon deshalb interessant, weil die Gesamtzahl der Feiertage zwischen 9 und max. 13 schwankt! **2824**

Feiertage, die auf einen Sonntag fallen, spielen für die Urlaubsberechnung keine Rolle. Nicht in den Mindesturlaub einzubeziehen sind also nur die so genannten **Wochenfeiertage**. Bei der Lohnzahlung an diesen Wochenfeiertagen ist nunmehr das **EFZG** einschlägig. Fällt die Arbeitszeit an einem gesetzlichen Feiertag aus, ist vom Arbeitgeber dem Arbeitnehmer der Arbeitsverdienst zu bezahlen, den dieser ohne den Arbeitsausfall erzielt hätte.

2825 Feiertage in einem Urlaub sind also nach dem so genannten »**Lohnausfallprinzip**« und nicht wie Urlaubstage zu vergüten. Beim Lohnausfallprinzip wird der hypothetische Verdienst des Arbeitnehmers errechnet. Hingegen kommt es beim Urlaubsentgelt darauf an, welchen durchschnittlichen Verdienst der Arbeitnehmer in den letzten 13 Wochen vor dem Beginn des Urlaubs erhalten hat (so genanntes »**Lebensstandardprinzip**«). Ob der Lohn nach dem Lohnausfallprinzip oder dem Lebensstandardprinzip berechnet wird, kann für den Arbeitnehmer z.B. bei umsatzabhängigen Einkommen erhebliche Auswirkungen haben.

Neben den Feiertagen sind auch **sonstige arbeitsfreie Tage** nicht in den Urlaub einzubeziehen, wenn sie der ganzen Belegschaft gewährt werden. Ansonsten würden die »Urlauber« unangemessen benachteiligt.

BEISPIEL:

Arbeitsfreistellung am Rosenmontag, Arbeitsfreistellung zum Firmenjubiläum.

Werden nur wenige Stunden Freistellung gewährt, stehen diese auch dem Urlauber zu. Allerdings entsteht bei besonderer Zweckbindung der Freistellung (Beispiel: Vormittag des 24.12. zur Vorbereitung auf das Weihnachtsfest) kein Anspruch auf Freizeitausgleich, sondern nur auf Vergütung. Der Arbeitnehmer kann demnach nicht verlangen, an einem anderen Vormittag freigestellt zu werden. Hierin soll auch **keine mittelbare Diskriminierung** teilzeitbeschäftigter Frauen liegen (BAG 26.05.1993, EzA Art. 119 EWG-Vertrag Nr. 12). **Teilzeitbeschäftigten** steht also nur dann ein Freizeitausgleich/Vergütungsanspruch zu, wenn sie auch tatsächlich ohne die Urlaubsinanspruchnahme zur Zeit der Freistellung hätten arbeiten müssen.

Hat der Arbeitnehmer nur das **Recht, von der Arbeit fernzubleiben**, muss er aber eine Verkürzung des Entgelts hinnehmen, sind die Auswirkungen auf den Urlaub zweifelhaft (Beispiel: *Mariä Himmelfahrt*). Eine Anrechnung auf den Urlaub ist zulässig, wenn ein Urlaubsentgelt gezahlt wird.

2826 **Sonstige Tage der Arbeitsbefreiung**, die in den Urlaub fallen, dürfen nicht auf diesen angerechnet werden. Dies gilt insbes. auch für so genannte **Bummeltage**.

BEISPIEL:

Arbeitnehmer A bleibt regelmäßig an einem Werktag im Monat unentschuldigt der Arbeit fern. Arbeitgeber B verrechnet diese Tage auf den Jahresurlaub.

Eine solche Verrechnung ist unzulässig. Soweit allerdings nur der **Mehrurlaub** betroffen ist, können die Parteien einverständlich eine **Anrechnung** vornehmen.

Dabei ist von folgenden Maßgaben auszugehen:

- Im Zweifel nimmt der Arbeitnehmer zunächst den Mindesturlaub. Ist dieser bereits verbraucht, kann eine Anrechnung vorgenommen werden.

- Ist der Mindesturlaub noch nicht verbraucht, steht dem Arbeitnehmer jedoch noch mehr Urlaub zu, so wird man nach der Theorie der Meistbegünstigung eine Verrechnung zulassen müssen.

Streiktage werden auf den Urlaub nicht angerechnet. Der einmal bewilligte Urlaub wird also insbesondere nicht durch den Streik unterbrochen. Der Arbeitgeber muss das Urlaubsentgelt auch dann bezahlen, wenn der Lohnanspruch arbeitswilliger Arbeitnehmer infolge des Streiks entfällt. Dies gilt auch, wenn der Arbeitnehmer sich während des Streiks in Urlaub begibt. Allerdings ist hier Voraussetzung, dass der streikende Arbeitnehmer sich zumindest vorübergehend zur Wiederaufnahme der Arbeit bereit erklärt *(BAG 24.09.1996, EzA § 7 BUrlG Nr. 102)*. Fazit: Nur wenn der urlaubende Arbeitnehmer sich **am Streik beteiligt**, kommt eine Anrechnung der Streiktage auf den Urlaub in Betracht.

c) Einfluss der Arbeitszeitverkürzung

Ändert sich die Verteilung der Arbeitszeit, ändert sich ebenso im gleichen Verhältnis die Anzahl der Urlaubstage. Die Urlaubsdauer ist dann entsprechend umzurechnen. Dies kann zu einer Erhöhung oder Verringerung des dem Arbeitnehmer zustehenden Urlaubs führen *(BAG 28.04.1998, EzA-SD 10/1998 S. 3 und → Rz. 2822 am Ende)*. Ist die Arbeitszeit auf eine 5-Tage-Woche verteilt, so muss der Urlaubsanspruch umgerechnet werden, wenn er nicht ohnehin nach **Arbeitstagen** bemessen ist. Werk- und Arbeitstage müssen beim Fehlen einer solchen Regelung in Beziehung gesetzt werden.

2827

BEISPIEL:

Urlaubsdauer = 30 Werktage

5 Arbeitstage je Woche

30 Werktage : 6 = 5 x 5 Arbeitstage je Woche = 25 Arbeitstage Urlaub

BEISPIEL:

Urlaubsdauer 36 Werktage

4 Arbeitstage je Woche

36 Werktage : 6 = 6

6 x 4 Arbeitstage je Woche = 24 Arbeitstage Urlaub.

Natürlich kann sich die Urlaubslänge beträchtlich durch eine geschickte Wahl des Zeitpunkts des Urlaubsantritts erhöhen, indem Samstage gespart werden.

BEISPIEL:

2828

Arbeitnehmer A hat 24 Tage Urlaub. Im Juni nimmt er 23 Tage Urlaub, und zwar so, dass der letzte Urlaubstag ein Freitag ist. Der Arbeitgeber meint, A müsse sich auch den Samstag als Urlaubstag anrechnen lassen.

Im Beispielsfall ist davon auszugehen, dass der Arbeitnehmer treuwidrig handelt, wenn er den Samstag nicht als Arbeitstag gegen sich gelten lassen will. Etwas anderes soll jedoch gelten, wenn infolge eines in den Urlaub fallenden Feiertages ein restlicher Urlaubstag verbleibt. Diesen darf der Arbeitgeber nicht auf den arbeitsfreien Samstag legen. Stükkelt der Arbeitnehmer den Urlaub auf, so kann sich sein Vorteil noch vergrößern.

BEISPIEL:

Arbeitnehmer A mit 24 Tagen Jahresurlaub nimmt 18 Tage Urlaub unter Einschluss zweier Samstage. Muss auch in den restlichen 6 Tagen ein Samstag enthalten sein?

Im Beispielsfall sind die Ansichten umstritten. Überwiegend wird angenommen, Urlaub müsse so viele Samstage enthalten, wie es seiner rechnerischen Dauer entspricht.

Eine entsprechende arbeitsvertragliche Vereinbarung ist gleichfalls nützlich. Um den Anrechnungsproblemen zu entgehen, empfiehlt es sich, den Urlaub auf der Basis von Arbeitstagen zu gewähren. Aber Vorsicht! Der 4-wöchige **Mindesturlaubsanspruch darf nicht unterschritten werden.**

d) Urlaubsberechnung in Sonderfällen

2828a Probleme ergeben sich, wenn die Lage der wöchentlichen Arbeitszeit differiert.

BEISPIEL 1: ROLLIERENDES FREIZEITSYSTEM

Die A ist bei Arbeitgeber B als Verkäuferin tätig. Die betriebliche Arbeitszeit beträgt für Vollzeitbeschäftigte 37 Wochenstunden. Aufgrund einer Betriebsvereinbarung hatte die A im Rahmen eines rollierenden Freizeitsystems 1994 26 Wochen an 5 Tagen, 21 Wochen an 4 Tagen und 5 Wochen an 3 Tagen zu arbeiten. B gewährte ihr 28 Arbeitstage Urlaub. Der einschlägige Tarifvertrag sieht für die A 36 Werktage Urlaub vor. Zusätzlich gewährt B 2 Werktage Urlaub im Urlaubsjahr.

Hier ist eine Umrechnung des in Werktagen ausgedrückten Urlaubs in Arbeitstage vorzunehmen.

- Ermittlung der Zahl der jährlichen Werktage:
  – im Beispielsfall: 312 (6 x 52)
- Ermittlung der Zahl der persönlichen Tage der Arbeitsleistung:
  – im Beispielsfall: 229 (26 x 5 + 21 x 4 + 5 x 3)
- Quotient aus Arbeitstagen und Werktagen:
  – = 229 : 312 = 0,7339
- Quotient x Urlaubsanspruch:
  – = 0,7339 x 38 = 27.89 Arbeitstage Urlaub, aufgerundet (nach tarifvertraglicher Regelung) also 28 Arbeitstage

Beschränkt sich also die Arbeitsverpflichtung des Vollzeitarbeitnehmers im Rahmen eines rollierenden Systems auf einige Werktage je Woche, ist der in Werktagen ausgedrückte Urlaub in Arbeitstage umzurechnen. Dies geschieht dadurch, dass rechnerisch Arbeits- und Werktage zueinander in Bezug gesetzt werden.

BEISPIEL 2: WOCHENÜBERGREIFENDER SCHICHTRHYTHMUS

Der A ist bei Arbeitgeber B in vollkontinuierlicher Wechselschicht (Tag, Nacht, frei, frei) beschäftigt. 185 Schichten entsprechen dabei 260 jährlich möglichen Arbeitstagen eines in 5-Tage-Woche beschäftigten Arbeitnehmers. Der Tarifvertrag sieht einen Urlaubsanspruch von 33 Urlaubstagen vor.

Im Beispielsfall liegt der Schichtarbeit kein Wochenrhythmus zugrunde. Dementsprechend ist auf einen Jahresvergleich abzustellen.

Dies bedeutet für die Berechnung folgendes:

- Schichten : Werktage, im Beispielsfall 185 Schichten : 260 Werktage = 0.7115,
- Quotient x Urlaubstage, im Beispielsfall 0,7115 x 33 = 23,48 Urlaubsschichten.

Tarifvertraglich kann bestimmt werden, dass Bruchteile von Urlaubstagen abgerundet werden (hier: von 23,48 auf 23).

Bei der Ermittlung der Zahl der Werktage sind die gesetzlichen Wochenfeiertage nicht in Abzug zu bringen.

Besondere Schwierigkeiten treten bei der Berechnung des Urlaubsanspruchs im **»Freischichtenmodell«** auf *(s. etwa BAG 03.05.1994, EzA § 13 BUrlG Nr. 54)*. Dies gilt u.a. für die Frage der Mitberechnung der Freischichten. Hierbei handelt es sich im Grundsatz um Arbeitstage, die bei der Urlaubsgewährung mit zu berücksichtigen wären. Im allgemeinen werden die Freischichtentage aber individuell festgelegt und daher nicht auf den Urlaub angerechnet. Teilweise ist dies sogar tariflich vorgeschrieben. In diesem Fall tritt keine Verkürzung des Urlaubsanspruchs ein (s. *zum Problemkreis »Freischichtentage« BAG 24.09.1996, EzA § 4 TVG Papierindustrie Nr. 5 und Dersch/Neumann, BUrlG, § 3 Rn. 54).*

5. Mehrurlaub

Durch Gesetz, Tarifvertrag, Betriebsvereinbarung oder Einzelarbeitsvertrag kann der gesetzliche Mindesturlaubsanspruch von 24 Werktagen weiter erhöht werden. Üblicherweise wird die Gewährung von Mehrurlaub an Lebensalter oder Betriebszugehörigkeit geknüpft. In diesen Fällen stellt sich die Frage, auf welchen **Stichtag** abzustellen ist. Ist Stichtag der Beginn des Urlaubsjahres, wovon regelmäßig mangels anderweitiger Abmachung auszugehen ist, kommt der Arbeitnehmer, der erst im Laufe des Jahres den erhöhten Anspruch erwirbt, erst im Folgejahr in den Genus des Mehrurlaubs. Stichtag kann aber auch der **Eintritt eines bestimmten Ereignisses** schlechthin sein.

2829

BEISPIEL:

Was im Einzelfall gewollt ist, ist durch Auslegung zu ermitteln:

Hat der Arbeitnehmer schon bislang einen erhöhten Urlaub bekommen, so stellt sich die Frage, ob eine **Anrechnung eines weiter erhöhten Urlaubs** möglich ist. Dies hängt von den Vereinbarungen der Parteien ab. Eine Anrechnung kommt dann nicht in Betracht, wenn die bisherige Erhöhung dem Arbeitnehmer zusätzlich als **echter Zusatzurlaub** gewährt worden ist. Anders ist die Situation zu beurteilen, wenn nur eine Erhöhung des Gesamturlaubs vorgenommen wurde und dem Arbeitnehmer bislang quasi die **Erhöhung auf Vorschuss** gewährt wurde. Um eine weitgehende Flexibilität sicherzustellen, erscheint es ratsam, Mehrurlaub grundsätzlich nur unter Anrechnungsvorbehalt zu gewähren (Beispiel: Vorbehalt der Erhöhung des tariflichen Jahresurlaubs). Selbstverständlich darf die Anrechnung nicht zur Auszehrung des Mindesturlaubsanspruchs führen.

BEISPIEL:

Ist der erhöhte Urlaub von der **Dauer der Betriebszugehörigkeit** abhängig, so wird diese nach §§ 187, 188 BGB berechnet. Wer etwa am 01.01. sein Arbeitsverhältnis beginnt vollendet mit 31.12. das erste Jahr der Betriebszugehörigkeit. Hat der Arbeitnehmer hingegen seine Tätigkeit erst im Laufe des 01.01. aufgenommen, so zählt dieser Tag nicht mit, die Jahresfrist endet dann erst am 01.01. des folgenden und der nächsten Jahre. Dies hat für den Arbeitnehmer die höchst unangenehme, oben bereits angedeutete Konsequenz, dass er am **Stichtag** (01.01. des jeweiligen Kalenderjahres) noch nicht die Voraussetzungen für den erhöhten Urlaub erfüllt und daher erst zu Beginn des darauf folgenden Jahres den Mehrurlaubsanspruch realisieren kann.

Ein **Wechsel in der Person des Arbeitgebers** (Beispiel: Betriebsübergang) ändert i.Ü. am Lauf der Betriebszugehörigkeit nichts.

Unsicher ist aber, wie sich **Unterbrechungen der Betriebszugehörigkeit** auswirken. Nach einer Ansicht ist eine Zusammenrechnung geboten, nach a.A. soll es jeweils auf die Zeit des in Rede stehenden Beschäftigungsverhältnisses ankommen. Sicherlich ist zunächst zu prüfen sein, ob der erhöhte Urlaubsanspruch eine ununterbrochene Betriebszugehörigkeit voraussetzt. Ist nichts geregelt, kann darauf abgestellt werden, ob eine nur kurzfristige Unterbrechung vorliegt und ein enger Zusammenhang zwischen den Zeiten der Arbeitsverhältnisse besteht. Hier kann eine Analogie zur Rechtsprechung bei der Zusammenrechnung mehrerer Beschäftigungszeiten im Rahmen der Berechnung der Wartezeit des § 1 KSchG erwogen werden *(so auch GK-BUrlG/Bleistein, § 3 Rdnr. 66)*. Erhöhter Urlaub kann schließlich auch für die **Arbeit unter erschwerten oder gesundheitsgefährdenden Bedingungen** versprochen werden.

6. Teilurlaub

2830 Unter Umständen stehen dem Arbeitnehmer nur Teilurlaubsansprüche zu. **Teilurlaub** bedeutet, dass der Arbeitnehmer nur Anspruch auf einen Bruchteil des Vollurlaubs hat. Solche Teilurlaubsansprüche entstehen zumeist dann, wenn das Arbeitsverhältnis nicht während des gesamten Kalenderjahres besteht. In diesen Fällen steht dem Arbeitnehmer für jeden Monat des Bestandes des Arbeitsverhältnisses ein Anspruch auf 1/12 des Jahresurlaubs zu. Dabei unterscheidet das Gesetz folgende Fallgruppen:

Nach § 5 Abs. 1 BUrlG ist der Jahresurlaub des Arbeitnehmers für jeden vollen Monat des Bestehens des Arbeitsverhältnisses zu zwölfteln

- für die Zeit eines Kalenderjahres, für die er wegen Nichterfüllung der Wartezeit in diesem Kalenderjahr keinen vollen Urlaubsanspruch erwirbt;
- wenn er vor erfüllter Wartezeit aus dem Arbeitsverhältnis ausscheidet;
- wenn er nach erfüllter Wartezeit in der ersten Hälfte eines Kalenderjahres aus dem Arbeitsverhältnis ausscheidet.

a) Teilurlaub im Eintrittsjahr

Anspruch auf Teilurlaub haben alle Arbeitnehmer, die im ersten Jahr ihrer Beschäftigung die **6-monatige Wartezeit** nicht erfüllen. Dies ist immer der Fall, wenn das Arbeitsverhältnis nach dem 01.07. des Kalenderjahres beginnt. Beginnt es genau mit dem 01.07., hat der Arbeitnehmer am 31.12. die Wartezeit erfüllt. Der Arbeitnehmer erwirbt dann den vollen Urlaubsanspruch, muss sich aber in einem früheren Arbeitsverhältnis gewährten Urlaub anrechnen lassen.

2831

Nimmt er die Beschäftigung erst am 02.07. auf, hat er nur einen Teilurlaubsanspruch von 5/12! Der Arbeitnehmer kann verlangen, dass der Teilurlaubsanspruch auf das nächste Urlaubsjahr übertragen wird. Dies ergibt sich aus § 7 Abs. 3 Satz 4 BUrlG.

b) Teilurlaub bei Ausscheiden vor erfüllter Wartezeit

Einen Teilurlaubsanspruch erwirbt auch derjenige Arbeitnehmer, der **vor erfüllter Wartezeit** (6 Monate) aus dem Arbeitsverhältnis ausscheidet. Dies sind alle Fälle, in denen das Arbeitsverhältnis insgesamt keine vollen 6 Monate besteht. Dabei kommt es nicht darauf an, ob es in einem Urlaubsjahr beginnt und in dem anderen endet, ohne insgesamt 6 Monate bestanden zu haben. Es wird also nicht jedes Jahr für sich berechnet. Dies könnte also eine erhebliche Verschlechterung der Position des Arbeitnehmers bedeuten.

2832

BEISPIEL:

Beginn des Arbeitsverhältnisses: 04.11.1997

Ende des Arbeitsverhältnisses: 15.02.1998

Folgende Berechnung ist falsch: Urlaubsanspruch 1997 (1/12) plus Urlaubsanspruch 1998 (1/12) = insgesamt 2/12

Vielmehr ist hier von einem **einheitlichen Teilurlaubsanspruch** vom 04.11. bis zum 15.02. auszugehen (= 3/12 des Jahresurlaubs).

Der Teilurlaubsanspruch entsteht ab dem Zeitpunkt, in dem feststeht, dass die Wartezeit nicht mehr erfüllt werden kann. Dies ist etwa für befristet beschäftigte Aushilfskräfte bedeutsam. Diese haben einen Anspruch auf Urlaubsgewährung, auch wenn die Wartezeit noch nicht erfüllt ist. **Die Gewährung in Natur hat grundsätzlich Vorrang vor einer Abgeltung.**

c) Teilurlaubsanspruch bei Ausscheiden nach erfüllter Wartezeit

Hat der Arbeitnehmer die 6-monatige Wartezeit erfüllt, so entsteht der volle Urlaub jeweils am 01.01. des neuen Jahres. Scheidet der Arbeitnehmer innerhalb der ersten 6 Monate aus (bis 30.06.!), **reduziert sich der Vollurlaub auf einen Teilurlaub**, andernfalls bleibt es beim Vollurlaubsanspruch, und zwar selbst dann, wenn das Arbeitsverhältnis am 01.07. durch fristlose Kündigung endet! Gehen die Arbeitsvertragsparteien davon aus,

2833

dass der Arbeitnehmer mehr als 6 Monate beschäftigt bleibt und wird der volle Jahresurlaub gewährt, kann das Entgelt für den zuviel gewährten Urlaub nicht zurückverlangt werden (§ 5 Abs. 3 BUrlG). Etwas anderes kann nur in Betracht kommen, wenn der **Arbeitnehmer** sich den **Urlaubsanspruch arglistig erschleicht** (s. → Rz. 2849).

Steht bereits zu Beginn des Kalenderjahres fest, dass der Arbeitnehmer innerhalb der ersten Jahreshälfte ausscheidet, so entsteht von vornherein nur ein gekürzter Teilurlaubsanspruch.

d) Abweichungen vom Zwölftelungsprinzip

2834 Mit Ausnahme der §§ 1, 2 und 3 Abs. 1 BUrlG kann **in Tarifverträgen** von den Vorschriften des BUrlG abgewichen werden. Anders sieht die Rechtslage für die Parteien des Einzelarbeitsvertrags aus: Grenze ist hier § 13 BUrlG. Es kann etwa nicht vereinbart werden, dass im Fall des Ausscheidens in der zweiten Jahreshälfte nur ein Teilurlaubsanspruch entsteht. Dies gilt selbst in den Fällen des Vertragsbruchs. Eine **Abänderung des Zwölftelungsprinzips** ist bezogen auf den Mindesturlaub von 24 Werktagen schlicht einzelvertraglich unzulässig!

Etwas anderes wird man aber für einen hierüber **hinausgehenden Urlaubsanspruch** annehmen müssen. Man wird es für zulässig halten müssen, dass der den gesetzlichen Mindesturlaub überschreitende **Mehrurlaub** auch beim Ausscheiden in der 2. Jahreshälfte einem Zwölftelungsprinzip unterworfen wird. Denkbar erscheint also eine Klausel derzufolge keine Abgeltung der über den gesetzlichen Mindesturlaub hinausgehenden Mehrurlaubstage erfolgt, wenn der Arbeitnehmer nach dem 30.06. aus dem Arbeitsverhältnis ausscheidet *(Leuchten NZA 1996, 565)*.

e) Krankheit und Teilurlaub

2835 Ist der Arbeitnehmer arbeitsunfähig krank und steht deshalb nicht genügend Zeit zur Verfügung, den Urlaubsanspruch zu erfüllen, so erlischt er (s. → Rz. 2848). Eine Abgeltung scheidet also ebenso aus wie eine Übertragung.

f) Berechnung des Teilurlaubsanspruchs

2836 Bei der Berechnung des Teilurlaubsanspruchs ist von **vollen Beschäftigungsmonaten** auszugehen. Dies bedeutet für die betriebliche Praxis:

- Es kommt nicht auf Kalendermonate an, sondern auf den Zeitraum eines Monats.
- Teile von Beschäftigungsmonaten scheiden aus; es gibt keine Aufrundung.
- Bruchteile, die nicht 1/2 erreichen, sind auch nicht abzurunden. Sie sind tatsächlich zu gewähren oder eventuell abzugelten.
- Fehlen an einem vollen Monat nach dieser Berechnungsweise Tage, an denen für den Arbeitnehmer bei Fortbestehen des Arbeitsverhältnisses keine Pflicht zur Arbeit bestanden hätte, entsteht für den nicht vollendeten Monat kein Urlaubsanspruch!

BEISPIEL:

Beginnt das Arbeitsverhältnis etwa am 28.07. und endet es am 26.08., so steht dem Arbeitnehmer für den Beschäftigungsmonat auch dann kein Urlaubsanspruch zu, wenn die beiden letzten Tage auf einen Samstag und einen Sonntag fallen.

Die Bestimmung des Beschäftigungsmonats richtet sich nach den Regelungen des BGB (§§ 187 Abs. 2, 188 Abs. 2 BGB). Danach endet der Beschäftigungsmonat mit Ablauf desjenigen Tages des nächsten Monats, welcher dem Tage vorhergeht, der dem Tag des Beginns des Arbeitsverhältnisses entspricht.

2837

Hinter diesem komplizierten Gesetzeswortlaut verbirgt sich folgendes:

Beginnt das Arbeitsverhältnis am 16.08.1997, so ist der erste Kalendermonat am 15.09.1997 erreicht. Auch ein zwischenzeitlicher Jahreswechsel ändert nichts (Beispiel: *Beginn 20.12.1998, Erreichen des ersten Beschäftigungsmonats 19.01.1998*).

Der Beschäftigungsmonat wird nicht dadurch verlängert oder hinausgeschoben, dass der Arbeitnehmer arbeitsunfähig erkrankt.

Etwas anderes gilt nur, wenn die Aufnahme der Beschäftigung erst im Laufe des Arbeitstages erfolgt. Hier ist der erste Tag der Beschäftigung nicht mitzurechnen.

BEISPIEL:

Beginnt die Beschäftigung im Laufe des 28.07., so endet der erste Beschäftigungsmonat am 28.08. (§ 188 Abs. 2, 1. Alt. BGB in Verbindung mit § 187 Abs. 1 BGB).

Es kommt auf den rechtlichen Bestand des Arbeitsverhältnisses an. Volle Monate ergeben sich im Übrigen auch bei einer bloßen **Teilzeitbeschäftigung**, wenn der Arbeitnehmer also beispielsweise nur 3 Stunden am Tag arbeitet.

Die Berechnung des Teilurlaubsanspruchs ist mathematisch genau vorzunehmen.

2838

BEISPIEL:

Jahresurlaub 30 Tage, 4 Beschäftigungsmonate, Teilurlaubsanspruch = 30 Tage : 12 x 4 = 10.

Ergeben sich bei der Berechnung **Bruchteile**, die mindestens einen halben Tag ausmachen, so sind diese auf einen vollen Tag aufzurunden (§ 5 Abs. 2 BUrlG).

BEISPIEL:

Beträgt der Urlaubsanspruch 4,6 Tage, so ergibt sich ein Teilurlaub von 5 Tagen..

Diese Aufrundung schlägt dann auch auf die Urlaubsabgeltung durch. Geringere Bruchteile von Urlaubstagen sind weder auf- noch abzurunden. Vielmehr ist eine entsprechende Arbeitsbefreiung zu gewähren.

Im Übrigen wird eine **mehrfache Aufrundung** nicht in Betracht kommen.

> **BEISPIEL:**
>
> Teilurlaubsanspruch nach Zwölftelung 6,445 Tage
> Erste Rundung: 6,45 Tage
> Zweite Rundung: 6,5 Tage
> Dritte Rundung: 7 Tage
> Im Beispielsfall verbleibt es vielmehr bei 6,445 Tagen.

7. Vermeidung doppelter Urlaubsinanspruchnahme

2839 Da der volle Urlaubsanspruch nach erfüllter Wartezeit jeweils zu Beginn des Kalenderjahres entsteht, kann es vorkommen, dass ein Arbeitnehmer zwei **Vollurlaubsansprüche** im Jahr erwirbt Diesen auf den ersten Blick erstaunlichen Befund verdeutlicht der nachfolgende Beispielsfall.

> **BEISPIEL:**
>
> Arbeitnehmer A ist seit 5 Jahren bei Arbeitgeber B beschäftigt. Seinen Jahresurlaub 1998 nimmt er vom 10.02. bis 15.03.1998. Am 31.03.1998 scheidet er überraschend aus dem Arbeitsverhältnis aus und nimmt am 01.04. eine Tätigkeit bei Arbeitgeber C auf. Die Wartezeit erfüllt er am 30.09.1998. Danach hätte er Anspruch auf den vollen Jahresurlaub aus dem Arbeitsverhältnis mit C.
>
> Entstehen dem Arbeitnehmer sowohl gegenüber dem alten als auch gegenüber dem neuen Arbeitgeber Urlaubsansprüche, so nennt man dies Doppelurlaubsanspruch.

a) Anrechnung bereits genommenen Urlaubs

2840 Die **Entstehung von Doppelurlaubsansprüchen** wird vom Gesetz nicht verhindert. Allerdings soll jedem Arbeitnehmer grundsätzlich nur einmal im Urlaubsjahr ein Erholungsurlaub zustehen. Dementsprechend ist in § 6 Abs. 1 BUrlG eine **Anrechnung** vorgesehen. Der Anspruch auf Urlaub besteht nicht, soweit dem Arbeitnehmer für das laufende Kalenderjahr bereits von einem früheren Arbeitgeber Urlaub gewährt worden ist.

> **BEISPIEL:**
>
> Hat Arbeitnehmer A im obigen Beispiel zwei Urlaubsansprüche erworben, so wird der genommene erste Urlaub auf den zweiten angerechnet. Sind beide gleich lang, so geht der zweite Urlaubsanspruch quasi unter.
>
> Durch diese Regelung wird der Arbeitgeber benachteiligt, der faktisch Urlaub im Vorgriff gewährt hat. Gleichwohl findet ein Ausgleich zwischen den Arbeitgebern nicht statt.

Dem ersten Arbeitgeber steht keine Kürzungsbefugnis zu, wenn er erfährt, dass der Arbeitnehmer noch einen zweiten Urlaubsanspruch erwirbt. **Anrechnungsbefugt ist nur** der zweite Arbeitgeber. Zur Verrechnung steht im Übrigen nur der tatsächlich gewährte oder abgegoltene Urlaub. Steht der Arbeitnehmer parallel in zwei Arbeitsverhältnissen, erwachsen ihm Urlaubsansprüche, die voneinander unabhängig sind. Er hat also eventuell einen doppelten Urlaubsanspruch! Hier bestehen **Besonderheiten**, wenn es um die **zeitliche Lage** des Urlaubs geht (s. dazu → Rz. 2852 ff.).

BEISPIEL:

Arbeitnehmer A und Arbeitgeber B kommen am 27.05.2000 überein, das zwischen ihnen bestehende Arbeitsverhältnis einvernehmlich zum 30.09.2000 aufzuheben. Da B recht finanzschwach ist und keine große Abfindung zahlen kann, wird der A ab dem 01.06.2000 einvernehmlich von der Erbringung der Arbeitsleistung freigestellt. Er geht schon am 02.06.2000 ein neues, weiteres Arbeitsverhältnis bei Arbeitgeber C ein. A ist hier für die Zeit von Juni bis September 2000 ein doppelter Urlaubsanspruch erwachsen.

Eine Verrechnung scheidet gleichfalls aus, wenn die **Urlaubsansprüche** nicht **aus demselben Kalenderjahr** resultieren. **2841**

BEISPIEL:

Die Verrechnung eines übertragenen Urlaubs aus dem Kalenderjahr 2000 mit einem Urlaubsanspruch aus dem Kalenderjahr 2000.

Schließlich kommt eine Verrechnung nicht in Betracht, wenn nur **Teilurlaubsansprüche** aus beiden Arbeitsverhältnissen bestehen. Dies macht das nachfolgende Beispiel eindrucksvoll deutlich.

BEISPIEL:

Erstes Arbeitsverhältnis: 01.01. – 30.04.
Zweites Arbeitsverhältnis: 01.09. – 30.11.
Hier gilt: Zur Disposition steht nur der im Vorgriff erteilte Urlaub!

Anzurechnen ist im Übrigen nicht nur der gesetzliche Mindesturlaub, sondern auch der Mehrurlaub, aber nur dann, wenn er im Vorgriff gewährt wurde. Dies ist der Fall, wenn er den nach dem Zwölftelungsprinzip zu berechnenden Teilurlaubsanspruch übersteigt.

Gelten in mehreren Arbeitsverhältnissen unterschiedliche Bemessungsgrundlagen für den Urlaub, so muss vor der Verrechnung eine Umrechnung auf einen gleichen Nenner erfolgen. **2842**

BEISPIEL:

Erstes Arbeitsverhältnis: Urlaub   36 Werktage
Zweites Arbeitsverhältnis: Urlaub   25 Arbeitstage
Bereits genommen: 30 Werktage

Die Umrechnung erfolgt im Beispielsfall wie folgt:

36 Werktage : 6 = 6 Wochen x 5 Arbeitstage = 30 Arbeitstage Urlaub.

Hat der Arbeitnehmer schon 30 Werktage = 25 Arbeitstage Urlaub genommen, so steht ihm aus dem 2. Arbeitsverhältnis kein weiterer Urlaubsanspruch mehr zu.

In folgenden Fällen ist keine Anrechnung vorzunehmen:
- im ersten Arbeitsverhältnis wurde ein Zusatzurlaub gewährt (beispielsweise wegen besonders schwerer Arbeit),
- der Urlaub wurde im ersten Arbeitsverhältnis im Vorgriff auf ein **späteres Kalenderjahr** gewährt. Das Risiko trägt der Urlaub auf Vorschuss gewährende Arbeitgeber.

b) Bescheinigung über genommenen Urlaub

2843 Damit eine doppelte Urlaubsinanspruchnahme vermieden werden kann, ist der alte Arbeitgeber verpflichtet, dem Arbeitnehmer bei Beendigung des Arbeitsverhältnisses eine Bescheinigung über den im laufenden Kalenderjahr gewährten oder abgegoltenen Urlaub auszuhändigen (siehe § 6 Abs. 2 BUrlG). Aus dieser kann der neue Arbeitgeber entnehmen, in welchem Umfang bereits Urlaub gewährt wurde.

Muster einer Urlaubsbescheinigung

Urlaubsbescheinigung nach § 6 Abs. 2 BUrlG

Aussteller: ...

Herr/Frau ... geb. am ...

wohnhaft ...

war bei uns im Kalenderjahr ... vom ... bis ... beschäftigt. Der tarif-/arbeitsvertragliche Jahresurlaub beträgt insgesamt ... Arbeits- Werktage. Im laufenden Kalenderjahr 20.. wurden Herrn/Frau ... bereits.... Arbeits-/Werktage Urlaub gewährt/abgegolten. Dies entspricht .../12 des gesamten Jahresurlaubs.

....
Ort, Datum   Unterschrift

Auf die Erteilung der Urlaubsbescheinigung hat der Arbeitnehmer einen vor den Arbeitsgerichten klageweise erzwingbaren Anspruch.

c) Auskunftsanspruch des neuen Arbeitgebers

Der neue Arbeitgeber kann von dem Arbeitnehmer die Vorlage der **Urlaubsbescheinigung** verlangen. Kommt der Arbeitnehmer dem nicht nach, kann der neue Arbeitgeber die Gewährung von Urlaub so lange ablehnen, bis die Urlaubsbescheinigung vorgelegt ist oder bereits gewährter Urlaub anderweitig nachgewiesen ist. Der neue Arbeitgeber kann auch von dem alten Arbeitgeber eine Auskunft über den dem Arbeitnehmer erteilten Urlaub einholen, wenn die Urlaubsbescheinigung nicht vorgelegt wird, sie unklar ist oder ihre Richtigkeit in Frage steht. Bestreitet der neue Arbeitgeber die Richtigkeit der Urlaubsbescheinigung, so muss er dies beweisen.

2844

d) Urlaubsanspruch und Arbeitsplatzwechsel

Besondere Probleme tauchen auf, wenn bei einem Arbeitsplatzwechsel der Urlaub aus dem ersten Arbeitsverhältnis noch nicht oder nicht vollständig abgewickelt worden ist.

2845

> **BEISPIEL:**
> Der Arbeitnehmer war im ersten Arbeitsverhältnis vom 01.01. – 31.03. beschäftigt. Er hat einen Abgeltungsanspruch von 3/12 des Jahresurlaubs erworben. Im zweiten Arbeitsverhältnis ist er seit dem 01.06. beschäftigt (Ablauf der Wartezeit: 30.11., danach Vollurlaubsanspruch).

Im Beispielsfall stellt sich die Frage, ob der Arbeitnehmer **zwischen der Abgeltung und der Gewährung in natura wählen oder beides kombinieren** kann. Grundsätzlich steht dem Arbeitnehmer in dieser Konstellation ein Wahlrecht zu. Allerdings kommt dabei dem Freizeitanspruch der Vorrang zu. Dies setzt aber voraus, dass im Zeitpunkt der Geltendmachung des Anspruchs auch tatsächlich ein Urlaubsanspruch in natura gegenüber dem neuen Arbeitgeber besteht. Die Möglichkeit oder Wahrscheinlichkeit, dass ein solcher Anspruch erworben wird, genügt nicht. Hier kann die Abgeltung verlangt werden.

Der neue Arbeitgeber kann die Urlaubsgewährung nicht deswegen verweigern, weil der Arbeitnehmer noch einen Anspruch auf Abgeltung gegen den alten Arbeitgeber hat. Der alte Arbeitgeber kann den ihn um Abgeltung angehenden Arbeitnehmer auf den Urlaubsanspruch aus dem neuen Arbeitsverhältnis verweisen. Das Verweisungsrecht besteht nur solange, wie der Freizeitanspruch gegen den neuen Arbeitgeber besteht.

Selbst ein **Teilurlaubsanspruch** gegenüber dem neuen Arbeitgeber geht dem Abgeltungsanspruch gegenüber dem alten Arbeitgeber vor, sofern sich die Zeiträume überlappen.

Das ArbG Reutlingen hat darauf erkannt, dass in einer solchen Konkurrenzsituation dem Arbeitnehmer ein Wahlrecht zusteht *(18.02.1993, NZA 1993, 457)*. Das BAG hat zu diesem Problemkreis abschließend noch nicht Stellung genommen. Zu empfehlen ist daher eine entsprechende **Regelung in der Ausscheidensvereinbarung**.

Ist auch der **neue Arbeitgeber nur zur Abgeltung verpflichtet**, so haften beide Arbeitgeber nur nach Bruchteilen. Jeder Arbeitgeber muss also nur den in »seinem« Arbeitsverhältnis entstandenen Abgeltungsanspruch erfüllen.

BEISPIEL:

4 Tage Urlaubsabgeltung aus dem ersten Arbeitsverhältnis, 3 Tage Urlaubsabgeltung aus dem zweiten Arbeitsverhältnis. Hier haften nicht beide Arbeitgeber für 7 Tage Urlaubsabgeltung, sondern jeder nur für seinen Anteil.

8. Rückabwicklung bei zuviel gewährtem Urlaub

2846 Scheidet ein Arbeitnehmer nach erfüllter Wartezeit aus dem Arbeitsverhältnis in der ersten Hälfte des Kalenderjahres aus (Fall des § 5 Abs. 1 c BUrlG), so verkürzt sich sein Vollurlaubsanspruch (vgl. → Rz. 2833) und sein Anspruch auf Urlaubsentgelt. Es stellen sich aber **Rückabwicklungsprobleme, wenn der Arbeitnehmer schon anteilig zu viel Urlaub erhalten hat.** Selbstverständlich kann er den Urlaub nicht wieder herausgeben. Der Arbeitgeber wird aber ein Interesse daran haben, zumindest das **Urlaubsentgelt zurückzuerhalten.** Dem steht jedoch § 5 Abs. 3 BUrlG entgegen. Das »überzahlte« Urlaubsentgelt kann nicht zurückverlangt werden, wenn der Arbeitnehmer nach erfüllter Wartezeit in der ersten Hälfte des Kalenderjahres ausscheidet. Ausnahmen gelten nur, wenn der Arbeitnehmer sich den Urlaub arglistig erschlichen hat, was nur schwer zu beweisen ist. Hat der Arbeitnehmer allerdings das Urlaubsentgelt noch nicht erhalten, so entfällt der Anspruch auf die Vergütung *(BAG 23.04.1996, EzA § 5 BUrlG Nr. 17).* § 5 Abs. 3 BUrlG setzt nämlich voraus, dass der Arbeitnehmer zuviel Urlaub **und** zuviel Urlaubsentgelt erhalten hat.

Hat der Arbeitgeber **irrtümlich zuviel Urlaubsentgelt** gezahlt (Fehlberechnung), kommt eine Rückforderung in Betracht. Der Arbeitnehmer kann sich aber, wenn er auf die richtige Auszahlung vertraut hat und vertrauen durfte, darauf berufen, dass er das überzahlte Geld verbraucht hat. Wird dem Arbeitnehmer **aus sonstigen Gründen** zuviel Urlaub gewährt, so ist eine Rückzahlung des Urlaubsentgeltes grundsätzlich möglich.

Zumindest dem Arbeitgeber kann zu einer **Rückzahlungsklausel** nur geraten werden, insbesondere wenn es um Mehrurlaub *(so ArbG Passau 07.03.1996, BB 1996, 1840)* oder zusätzliches Urlaubsgeld (vgl. → Rz. 2898) geht! Auch eine Zahlung unter Vorbehalt kann sinnvoll sein.

9. Erlöschen des Urlaubsanspruchs

2847 Der Urlaubsanspruch des Arbeitnehmers erlischt, wenn dem Arbeitnehmer der Urlaub gewährt wurde. Abgesehen hiervon erlischt der Urlaubsanspruch durch Zeitablauf, Verzicht, Verwirkung und den Tod des Arbeitnehmers.

a) Erlöschen durch Zeitablauf

2848 Da der **Urlaubsanspruch** nur für das **laufende Kalenderjahr** besteht, erlischt er grundsätzlich mit dessen Ablauf, also am 31.12. Kommt hingegen eine Übertragung in Betracht, so muss der Urlaub bis zum 31.03. des Folgejahres genommen werden. Es reicht nicht aus, dass der Urlaub rechtzeitig angetreten wird. **Er muss auch in dem maßgeblichen**

Zeitraum abgewickelt werden. Der Urlaubsanspruch erlischt auch durch Fristablauf, wenn der Arbeitnehmer etwa infolge Krankheit gar nicht in der Lage war, den Urlaub anzutreten *(BAG 19.03.1996, EzA § 9 BUrlG Nr. 14)*.

Selbst bei Ungewissheit über den Fortbestand des Arbeitsverhältnisses erlischt er, wenn er nicht geltend gemacht wird. Die Geltendmachung liegt nicht in der Erhebung der Kündigungsschutzklage! Wird der Urlaub hingegen rechtzeitig geltend gemacht, so bleibt er als **Schadensersatzanspruch** erhalten. Die **Befristung des Urlaubsanspruchs** verstößt nicht gegen das Abkommen Nr. 132 der IAO *(BAG 07.12.1993, EzA § 7 BUrlG Nr. 91)*.

Häufig finden sich aber **tarifliche Regelungen,** die von der grundsätzlichen Befristung abweichen.

BEISPIEL:

»Der laufende Jahresurlaub ist bis spätestens zum 31.03. des folgenden Kalenderjahres zu gewähren und zu nehmen. Abgesehen von besonders begründeten Ausnahmefällen erlischt der Urlaubsanspruch, wenn er bis dahin nicht geltend gemacht worden ist«.

- Die Befristung des Urlaubsanspruchs wird über das Ende des Kalenderjahres hinaus auf den 31.03. des Folgejahres hinausgeschoben; es bedarf mithin in Abweichung von § 7 Abs. 3 BUrlG keinerlei Übertragungsvoraussetzungen.
- Wird der Urlaub bis zum 31.03. des Folgejahres nicht gewährt, dann genügt die rechtzeitige Geltendmachung seitens des Arbeitnehmers. Diese muss allerdings so rechtzeitig erfolgen, dass der Urlaub noch bis zum 31.03. gewährt (abgewickelt) werden kann.
- In besonders begründeten Ausnahmefällen erlischt der Urlaubsanspruch ausnahmsweise nicht, selbst wenn er nicht rechtzeitig geltend gemacht wurde. Ein besonders begründeter Ausnahmefall liegt etwa vor, wenn ein Arbeitnehmer **langanhaltend arbeitsunfähig erkrankt** ist, das Ende der Arbeitsunfähigkeit aber absehbar ist *(so LAG Köln 22.04.1993, LAGE § 7 BUrlG Übertragung Nr. 4)*.

Nicht selten sind Regelungen nach denen der wegen Krankheit nicht genommene Urlaub **zeitlich unbegrenzt erhalten** bleibt *(BAG 20.08.1996, EzA § 7 BUrlG Nr. 103 betreffend den MTV Metall NRW – fortwährende Übertragung bei sich wiederholenden tariflichen Leistungshindernissen)*. Zur Urlaubsübertragung im **öffentlichen Dienst** siehe BAG *(23.01.1996, BB 1996, 964)*.

Ist in einem Tarifvertrag die **schriftliche Geltendmachung** des aus dem Vorjahr übertragenen Urlaubs bis zu 31.03. des Folgejahres vorgesehen, erlischt er bei nicht formgerechter oder nicht rechtzeitiger Geltendmachung ersatzlos. Der Einwand des Rechtsmissbrauchs wird nicht dadurch begründet, dass der Arbeitgeber es unterlassen hat, den Arbeitnehmer über die einzuhaltende Schriftform zu belehren *(BAG 14.06.1994, EzA § 125 BGB Nr. 11)*.

b) Verzicht, Verwirkung

2849 Da die Regelungen des BUrlG grundsätzlich zwingend sind, ist der **Mindesturlaubsanspruch unverzichtbar** – und zwar unabhängig davon, wann der Verzicht seitens des Arbeitnehmers erklärt wird. Selbst ein vor Gericht erklärter Verzicht scheidet aus. Das **Verzichtsverbot** erfasst sowohl den **Freistellungsanspruch** selbst als auch den Anspruch auf Urlaubsentgelt oder Urlaubsabgeltung *(s. zum ganzen BAG 20.01.1998, EzA § 13 BUrlG Nr. 57).*

Dies gilt nur für den gesetzlichen Mindesturlaubsanspruch! Aufgrund der Unverzichtbarkeit des Urlaubsanspruchs scheidet grundsätzlich auch dessen **Verwirkung** aus. Allerdings kann der Arbeitgeber unter Umständen geltend machen, die Urlaubsinanspruchnahme sei wegen Verstoßes gegen **Treu und Glauben** (§ 242 BGB) unzulässig, da der Arbeitnehmer gravierend gegen das Gebot redlichen Verhaltens verstoßen habe.

> **BEISPIEL:**
> Arbeitnehmer A macht nach erfüllter Wartezeit seinen vollen Jahresurlaub am 02.01. geltend, obwohl er weiß, dass er Mitte Februar ausscheiden wird. Eine entsprechende Frage des Arbeitgebers hat er verneint.

Im Ergebnis ist jeweils eine **Interessenabwägung** vorzunehmen, deren Ergebnis nur schwer voraussehbar ist. Dabei ist aber stets zu berücksichtigen, dass der Freizeitanspruch besonders geschützt ist.

c) Tod des Arbeitnehmers

2850 Der Urlaubsanspruch erlischt mit dem **Tod des Arbeitnehmers**, da er an dessen Person gebunden ist. Dies bedeutet, dass eine Vererbung oder sonstige Übertragung des Urlaubsanspruchs nicht in Betracht kommt.

> **BEISPIEL 1:**
> Arbeitnehmer A lehnt aus persönlichen Gründen Urlaub grundsätzlich ab. Sein Kollege B ist dagegen begeisterter Urlauber. A verkauft dem B auf dessen Bitte hin seinen Urlaubsanspruch.
> Wegen der Bindung an die Person hat B im Beispielsfall nicht den Urlaubsanspruch von A erworben. Dies gilt auch, wenn nur Teile des Anspruchs übertragen werden sollen

> **BEISPIEL 2:**
> Die A ist Alleinerbin ihres im Januar 1997 verstorbenen Mannes. Dieser war bei Arbeitgeber B bis zum Zugang eines Bescheides über eine Erwerbsunfähigkeitsrente am 30.05.1995 beschäftigt. Ihm standen noch 46 Tage Resturlaub zu.
> Der Urlaubsanspruch ist an die Person des Herrn A gebunden und dementsprechend mit dessen Tode untergegangen. Er ist also nicht vererblich. Gleiches gilt für einen etwaigen Urlaubsabgeltungsanspruch nach § 7 Abs. 4 BUrlG (s. → Rz. 2902 ff.).

Hat der Arbeitnehmer hingegen nach seinem Ausscheiden aus dem Arbeitsverhältnis zu recht, aber **erfolglos Urlaubsabgeltung verlangt,** entsteht ein vererblicher Schadensersatzanspruch, wenn der Arbeitnehmer vor dem Ende eines Rechtsstreits stirbt, der über diesen Anspruch geführt wird.

d) Tarifliche Verfallklauseln

Unter bestimmten Umständen kann ein Urlaubsanspruch, der **über den gesetzlichen Mindesturlaub** hinausgeht, einer **tariflichen Verfallklausel** unterfallen. Der Mindesturlaub selbst ist unverfallbar.

2851

Entscheidend für das Eingreifen der tariflichen Verfallklausel ist immer deren **Wortlaut:** Heißt es beispielsweise in dem Tarifvertrag »gegenseitige Ansprüche aller Art aus diesem Arbeitsverhältnis – ausgenommen Lohnansprüche – können nur innerhalb einer 1-monatigen Ausschlussfrist seit Fälligkeit des Anspruchs schriftlich geltend gemacht werden«, so ist diese Klausel **auf Urlaubs- und Urlaubsabgeltungsansprüche nicht anzuwenden.**

Regelmäßig wird es daher erforderlich sein, dass der Urlaubs- oder Urlaubsabgeltungsanspruch **ausdrücklich** in der tariflichen Verfallklausel erwähnt wird. Verfallklauseln haben also regelmäßig nur für Abgeltungsansprüche Bedeutung. Diese können, bei Vorliegen der tariflichen Voraussetzungen, verfallen. In Einzelarbeitsverträgen oder Betriebsvereinbarungen können keine Ausschlussklauseln vereinbart werden.

Eine **tarifliche Ausschlussklausel** kann den wegen Nichtgewährung des Urlaubs entstehenden Schadensersatzanspruch (Ersatzurlaubsanspruch) erfassen. Die **schriftliche Mahnung** des Arbeitnehmers, ihm Urlaub zu gewähren, **wahrt** die tarifliche Ausschlussfrist aber auch für den nach Ablauf des Urlaubsjahres oder des Übertragungszeitraums entstehenden **Schadensersatzanspruch,** der entweder auf Gewährung von Urlaub (Ersatzurlaubsanspruch) oder auf Zahlung gerichtet ist. Schadensersatzansprüche auf Urlaub oder Urlaubsabgeltung beruhen zwar auf einer anderen Anspruchsgrundlage als die originären Ansprüche auf Urlaub oder Urlaubsabgeltung. Sie haben jedoch **denselben Inhalt,** nämlich Freistellung von der Arbeit oder Zahlung einer bestimmten Geldsumme. Wird der Arbeitgeber als Schuldner des Urlaubsanspruchs einmal gemahnt und damit darauf hingewiesen, dass er zukünftig mit einer Forderung rechnen muss, genügt die **Mahnung auf Erfüllung von Urlaub** den Anforderungen an die tarifliche Ausschlussfrist auch in Bezug auf Ersatzansprüche *(BAG 24.11.1992, EzA § 4 TVG Ausschlussfristen Nr. 102).*

e) Vergleich

Ein Vergleich über den Mehrurlaub kann unter den allgemeinen Voraussetzungen abgeschlossen werden. Ggf. ist auf § 4 Abs. 4 Satz 1 TVG **(Zustimmungsvorbehalt der Tarifparteien)** zu achten! Ein Vergleich hinsichtlich des **Mindesturlaubs** ist nicht möglich; anders Tatsachenvergleich (s. → Rz. 4046).

2851a

f) Verjährung

2851b Eine **Verjährung des Freistellungsanspruchs** selbst kommt wegen der Bindung an das Urlaubsjahr und den Übertragungszeitraum nicht in Betracht. Verjähren kann daher nur der Urlaubsabgeltungsanspruch nach § 7 Abs. 4 BUrlG. Einschlägig ist hier § 196 Nr. 8 und 9 BGB (2-jährige Frist).

IV. Zeitliche Lage des Urlaubs

2852 Häufige Probleme tauchen auf, wenn es darum geht, die **zeitliche Lage des Urlaubs** zu fixieren. Hier prallen die Interessen von Arbeitgeber und Arbeitnehmer aufeinander. Zudem sind noch die Vorgaben des BUrlG zu beachten. Bei eigenmächtiger Urlaubnahme droht die Kündigung *(BAG 16.03.2000, EzA § 626 BGB n.F. Nr. 179)*.

1. Urlaubserteilung

2853 Die Verwirklichung des kraft Gesetzes entstandenen Urlaubsanspruchs ist davon abhängig, dass der Arbeitgeber den **Urlaub gewährt**, also den Arbeitnehmer von der Arbeit für den Urlaubszeitraum freistellt.

> **Muster Urlaubserteilung**
>
> Auf Ihren Urlaubsantrag vom ... wird Ihnen ein Erholungsurlaub von ... Tagen in der Zeit vom ... bis ... bewilligt. Sie müssen Ihre Arbeit demnach am ... wieder aufnehmen. Ihr restlicher Urlaubsanspruch beträgt ... Urlaubstage.

Wichtig ist, dass die **Urlaubserteilung für den Arbeitnehmer erkennbar** ist. Es muss klar sein, dass er zu Erholungszwecken bezahlt von der Arbeit entbunden wird *(BAG 09.06.1998, EzA-SD 13/1998, S. 3)*. Eine solche Befreiung von der Arbeitspflicht liegt nicht vor, wenn der Arbeitgeber **lediglich auf die Arbeitsleistung des Arbeitnehmers verzichtet** (Freistellung). Eine nachträgliche Verrechnung von solchen Freistellungszeiten mit Urlaubsansprüchen ist nicht möglich *(BAG 25.01.1994, EzA § 7 BUrlG Nr. 92 und 09.06.1998, EzA-SD 13/1998, S. 3)*.

So kann etwa während der **Zeit eines Beschäftigungsverbots** kein Urlaub erteilt werden, weil die Arbeitnehmerin schon aus anderen Gründen von der Tätigkeit entbunden ist. Gleiches gilt in einem **Wiedereingliederungsverhältnis**. Hier ruhen die arbeitsvertraglichen Hauptpflichten, so dass eine Befreiung von der Arbeitspflicht nicht in Betracht kommt *(BAG 19.04.1994, EzA § 74 SGB V Nr. 2)*.

Tipp: Selbst wenn der Arbeitnehmer nicht tätig wird, um seinen Urlaub zu realisieren (Beispiel: *er will einen Abgeltungsanspruch erwerben*), ist es dem Arbeitgeber anzuraten, den Urlaub ausdrücklich anzubieten.

Der Arbeitgeber muss also eine **zeitliche Bestimmung** treffen *(s. auch BAG 23.01.2001, EzA § 615 BGB Nr. 101)*. Angesichts der langen Reservierungszeiten für Urlaubsreisen,

Flüge und Quartiere ist der Arbeitgeber gehalten, die Festlegung in **angemessener Zeit vor dem Urlaub** zu treffen. Er muss sich dabei im Rahmen billigen Ermessens halten. Versäumt es der Arbeitgeber, seiner Festlegungsverpflichtung nachzukommen, ist der Arbeitnehmer nicht berechtigt, eine eigenständige Bestimmung zu treffen. Tritt er trotzdem eigenmächtig seinen Urlaub an (also quasi im Wege der Selbstbeurlaubung), muss er mit Konsequenzen für den Bestand des Arbeitsverhältnisses rechnen. Notfalls muss der Arbeitnehmer also zur Durchsetzung des Urlaubsanspruchs gerichtliche Hilfe in Anspruch nehmen. Aber auch hier gilt: **Keine Regel ohne Ausnahme.** Hat der Arbeitgeber bereits mehrfach zu unrecht den Urlaubswunsch zurückgewiesen und organisiert er den Betriebsablauf nicht so, dass die Urlaubswünsche nach den gesetzlichen Vorschriften erfüllt werden können, kann ausnahmsweise eine Selbstbeurlaubung in Betracht kommen. Dies setzt aber auch voraus, dass keine gerichtliche Hilfe zu erlangen ist *(Beispiel: Arbeitseinsatz in Indonesien).* Abgesehen von solch exotischen Fällen gilt aber: es besteht kein Selbstbeurlaubungsrecht!

Unterlässt der Arbeitgeber trotz Aufforderung des Arbeitnehmers die Festlegung des Urlaubs, erwächst diesem ein Schadensersatzanspruch (sog. Ersatzurlaubsanspruch). **2854**

BEISPIEL:

Arbeitnehmer A fordert Arbeitgeber B auf, den Jahresurlaub festzulegen. B kommt dem nicht nach, da er meint, A habe wegen mangelnder Arbeitsleistung keinen Urlaub verdient. A kann seinen Urlaub daher weder im Urlaubsjahr noch im Übertragungszeitraum realisieren.

Im Beispielsfall steht dem A ein auf die tatsächliche Urlaubsgewährung gerichteter Schadensersatzanspruch zu. Dieser unterfällt einer tariflichen Ausschlussfrist, wenn er nicht rechtzeitig geltend gemacht wird (s. → Rz. 2851).

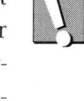

Umgekehrt gilt: Macht der Arbeitnehmer seinen Urlaubsanspruch nicht geltend und legt der Arbeitgeber den Urlaub nicht von sich aus fest, so erlischt der Urlaubsanspruch. Der Arbeitgeber schuldet keinen Schadensersatz, wenn er dem Arbeitnehmer, der keinen Urlaub gefordert hat, den Urlaub nicht von sich aus anbietet. Es gilt: Der Ersatzurlaubsanspruch setzt die rechtzeitige Geltendmachung des Urlaubsanspruchs voraus. Rechtzeitig bedeutet, dass der Urlaub noch vor Ablauf der Fristen der §§ 1, 7 BUrlG gewährt werden kann.

2. Individuelle Festlegung des Urlaubs

Der Arbeitgeber hat die zeitliche Lage des Urlaubs festzulegen. Dabei ist er jedoch nicht frei, sondern muss das **magische Dreieck** »Urlaubswunsch des Arbeitnehmers«, »dringende betriebliche Belange« und »Urlaubswünsche anderer Arbeitnehmer« beachten. Zudem sind die zwingenden Vorgaben des Bundesurlaubsgesetzes zu respektieren. **2855**

a) Urlaubswunsch

2856 Die zeitliche Lage des Urlaubs ist zunächst davon abhängig, welchen **Urlaubswunsch der Arbeitnehmer** äußert. Dieser Wunsch ist grundsätzlich zu respektieren, es sei denn, die Ausnahmetatbestände »dringende betriebliche Belange«/«Urlaubswünsche anderer Arbeitnehmer« stehen entgegen. Der Urlaubswunsch braucht vom Arbeitnehmer erst dann begründet zu werden, wenn der Arbeitgeber diesen unter Hinweis auf entgegenstehende Belange ablehnt.

Im Streitfall hat der **Arbeitgeber darzulegen und zu beweisen**, dass der Wunsch des Arbeitnehmers nicht erfüllt werden kann, weil anderweitige Belange entgegenstehen.

Anderweitige Belange können dem Urlaubswunsch **keinesfalls** entgegengesetzt werden, wenn der Arbeitnehmer im Anschluss an eine Maßnahme der medizinischen Vorsorge oder Rehabilitation seinen Urlaub verlangt (sog. Nachkur). Dies ergibt sich aus **§ 7 Abs. 1 Satz 2 BUrlG**. Der Grund hierfür liegt darin, dass der Arbeitnehmer nach Wegfall der Nachkur hierfür nun seinen Urlaub einsetzen muss, der Zweck einer Maßnahme der Vorsorge oder Rehabilitation aber nur erfüllt werden kann, wenn eine Freistellung im unmittelbaren Anschluss vorgenommen wird.

Zur besseren Koordinierung der Urlaubswünsche und aus Gründen der Übersichtlichkeit empfiehlt sich, ein Musterformular für Urlaubsanträge zu benutzen.

Muster eines Urlaubsantragsformulars

Frau/Herr .... Personal-Nr.: ....

Abteilung ....

Ich bitte mir in der Zeit vom .... (erster Urlaubstag)

bis zum .... (letzter Urlaubstag),

insgesamt ...... Tage Erholungsurlaub zu gewähren.

Begründung:

Erholungsurlaub für das Jahr ....

Resturlaub aus dem Jahr ....

Zusatzurlaub wegen ....

Begründung zur zeitlichen Lage des Urlaubswunsches: ....

....
Datum   Unterschrift

Kommen für die begehrte Freistellung von der Arbeit mehrere Anspruchsgrundlagen in Betracht (Beispiel: *Erholungsurlaub oder Sonderurlaub*), so hat der Arbeitgeber zu bestimmen, welchen Anspruch er erfüllen will. Ein vor der Arbeitsbefreiung erklärter **Vorbehalt des Arbeitgebers**, der ihm ermöglichen soll, nach Gewährung eines Sonderurlaubs die Freistellung ggf. mit dem Erholungsurlaub zu verrechnen, ist unwirksam.

Können sich die Arbeitsvertragsparteien nicht über die zeitliche Lage des Urlaubs einigen, kann der Arbeitnehmer den **Betriebsrat** bitten, einen Vermittlungsversuch zu unternehmen. Dies ist vor allem deshalb empfehlenswert, weil hierdurch **unnötige Belastungen des Arbeitsklimas** vermieden werden können.

Gerade in Betrieben mit einer größeren Anzahl von Arbeitnehmern empfiehlt es sich, **Urlaubslisten** auszugeben, in die die Arbeitnehmer ihre Urlaubswünsche eintragen können. Der Vorteil der Urlaubsliste liegt in ihrer klarstellenden Wirkung. Zudem hat sie oft eine faktische Bindungswirkung: Der Arbeitnehmer, der seinen Wunsch schriftlich festgelegt hat, wird von diesem nicht ohne weiteres abrücken. Allerdings ist zu beachten, dass die Arbeitnehmer nicht verpflichtet sind, ihre Urlaubswünsche in Listen einzutragen. Gegebenenfalls muss der Arbeitgeber an den Arbeitnehmer herantreten und ihn nach Wünschen fragen oder den Urlaub schlichtweg festlegen. Äußert sich der Arbeitnehmer auch auf Nachfrage nicht, kann der Arbeitgeber die Bestimmung des Urlaubszeitpunktes nach seinem Gutdünken treffen. Allerdings darf er den Urlaub auch in diesem Fall nicht in einen Zeitraum legen, der üblicherweise für die Urlaubsgewährung ausscheidet (Beispiel: November). 2857

Haben sich die Arbeitnehmer in die Urlaubsliste eingetragen, stellt der Arbeitgeber die Urlaubswünsche zusammen und stimmt diese ab. **Der Wunsch wird also nicht schon mit der Eintragung für den Arbeitgeber verbindlich!**

Äußert der Arbeitgeber hingegen in einem ca. 4 bis 6 Wochen umfassenden Zeitraum keinen Widerspruch, so können die Arbeitnehmer von einer »**Genehmigung**« ihres Wunsches ausgehen. Der Arbeitgeber kann zwar auch in diesem Fall den Urlaub noch anderweitig festlegen, ist dann aber ggf. Schadensersatzpflichtig.

Es ist empfehlenswert, in der Urlaubsliste deutlich zu machen, dass die bloße Eintragung noch **keine Bindung herbeiführt**, sondern es einer endgültigen Festlegung bedarf. Schon hierdurch können Missverständnisse verhindert werden, die ansonsten zu Folgestreitigkeiten führen. **Tipp**

Von der Urlaubsliste ist i.Ü. der **Urlaubsplan** zu unterscheiden. Dieser enthält allgemeine Richtlinien, nach denen der Urlaub während des Urlaubsjahres abgewickelt werden soll. Dabei ist ggf. das **Mitbestimmungsrecht des Betriebsrats** nach § 87 Abs. 1 Nr. 5 BetrVG zu beachten.

Von zunehmender Bedeutung sind Teilzeitarbeitsverhältnisse. Steht der Arbeitnehmer in mehreren, ist bei der Urlaubsgewährung hierauf Rücksicht zu nehmen. Dabei genießt eine Haupttätigkeit grundsätzlich den Vorrang vor einer bloßen Nebentätigkeit. Ist keine Haupttätigkeit auszumachen, ist in jedem Arbeitsverhältnis getrennt zu prüfen, wie die Interessen des Arbeitnehmers gewahrt werden können.

b) Entgegenstehende dringende betriebliche Belange

Ein Abweichen von dem Urlaubswunsch des Arbeitnehmers kommt primär bei **entgegenstehenden betrieblichen Belangen** in Betracht. Aus dem Adjektiv »dringend« ergibt 2858 sich, dass die **Interessen des Arbeitnehmers grundsätzlich vorrangig** sind. Ergibt sich also eine Pattsituation, ist zugunsten des Arbeitnehmers zu entscheiden. Als dringende betriebliche Belange kommen etwa in Betracht:

- Betriebsurlaub,
- Stillstandszeiten, Betriebsstörungen, Wartungszeiten,
- Saisonzeiten, Kampagnezeiten, sonstige starke Auftragsschwankungen,
- Vertretungsmöglichkeiten,
- Ferienzeiten für Schulkinder bei angestellten Lehrern,
- Urlaub in der vorlesungsfreien Zeit an Hochschulen.

Jedoch reichen diese betrieblichen Belange nicht immer aus. Der Arbeitgeber muss **organisatorische Maßnahmen** treffen, damit möglichst allen Arbeitnehmern der gewünschte Urlaub zugebilligt werden kann.

Ein dringender betrieblicher Belang liegt bspw. nicht vor, wenn der Arbeitgeber sich auf einen Vertretungsfall beruft, der jährlich wiederkehrt und schon mehrfach dem Urlaubswunsch des Arbeitnehmers entgegengehalten wurde. Selbst bei Vorliegen dringender betrieblicher Belange kann der Wunsch des Arbeitnehmers den Vorrang genießen.

BEISPIEL:
Arbeitnehmerin A, verheiratet mit B, zwei Kinder, hat im August Betriebsurlaub. In dieser Zeit sind auch Schulferien. Arbeitgeber C will dem B wegen dringender betrieblicher Belange im Juni Urlaub gewähren.

Dieselben Probleme sind bei nichtehelichen Lebensgemeinschaften angesprochen. Auch hier wird zu verlangen sein, dass der Urlaubswunsch der nichtehelichen Lebenspartner durch organisatorische Vorkehrungen respektiert wird.

c) Urlaubswünsche anderer Arbeitnehmer

2859 Dem Urlaubswunsch des Arbeitnehmers können des weiteren die **berechtigten Urlaubswünsche anderer Arbeitnehmer** entgegenstehen. Hier ist eine **Abwägung nach sozialen Gesichtspunkten** erforderlich. Die zu berücksichtigenden Umstände sind mannigfaltig:

- Schulferien schulpflichtiger Kinder,
- Urlaub anderer Familienangehöriger,
- Doppelarbeitsverhältnis des Arbeitnehmers,
- Alter und Dauer der Betriebszugehörigkeit,
- Erholungsbedürfnis,
- Urlaubsregelung in vorangegangenen Jahren (d.h. keine Dauerbelastung derselben Arbeitnehmer).

Zur Vermeidung von Unsicherheiten kann es sinnvoll sein, mit den Arbeitnehmern die Gewichtung der sozialen Belange zu vereinbaren. Dies kann auch in einer Betriebsvereinbarung geschehen.

d) Urlaub nach Kündigung

Besondere Probleme wirft die Urlaubsfestlegung auf, wenn es um ein gekündigtes Arbeitsverhältnis geht. Häufig soll in diesen Fällen der **Urlaub in die Kündigungsfrist gelegt** werden. Auf Wunsch des Arbeitnehmers ist dies regelmäßig unproblematisch. Dabei ist insbesondere zu berücksichtigen, dass die Gewährung des Urlaubs in natura Vorrang genießt vor einer ansonsten erforderlichen Abgeltung (s. § 5 Abs. 1 c BUrlG und → Rz. 2833). Das **Teilungsverbot** des § 7 Abs. 2 BUrlG (s. → Rz. 2862) gilt nicht, wenn der Urlaub wegen der Beendigung nur noch teilweise genommen werden kann. Das **Arbeitsverhältnis verlängert sich** also **nicht** automatisch **um die Urlaubsdauer**.

2860

Auch gegen den Wunsch des Arbeitnehmers kann der Urlaub vom Arbeitgeber in die Kündigungsfrist gelegt werden. Dies kommt insbesondere in Betracht, wenn ansonsten nur noch eine **Abgeltung** möglich ist. Aber Vorsicht: Es kann für den Arbeitnehmer unzumutbar sein, Urlaub in der Kündigungsfrist zu nehmen, wenn in dieser Zeit der Urlaubszweck wegen Stellensuche nicht verwirklicht werden kann. Eine Klarstellung hat das BAG *(22.09.1992, EzA § 7 BUrlG Nr. 87)* hinsichtlich der Frage der **Urlaubsgewährung in der Kündigungsfrist** getroffen.

BEISPIEL:

Arbeitnehmer A wird am 16.01.1999 ordentlich zum 30.06.1999 gekündigt. Zu diesem Zeitpunkt steht ihm ein Urlaubsanspruch von 43 Tagen (13 Tage Resturlaub aus 1998, 30 Tage Urlaub für 1999) zu. Seine Kündigungsschutzklage wird vom Arbeitsgericht abgewiesen. Daraufhin bestimmt der Arbeitgeber die Zeit vom 08.06. bis 30.06. (15 Arbeitstage) als Urlaub. Auf die Berufung des Klägers hin wird festgestellt, dass die ordentliche Kündigung das Arbeitsverhältnis doch nicht beendet hat. Der Arbeitnehmer A bietet nunmehr seine Arbeitskraft wieder an und verlangt seinen Jahresurlaub.

Hier sind dem Arbeitnehmer nach Auffassung des BAG 15 Tage Urlaub in der Kündigungsfrist wirksam gewährt worden. Der Arbeitgeber war insbesondere deshalb dazu berechtigt, den Urlaub in die Kündigungsfrist zu legen, weil der Arbeitnehmer **keinen anderen Urlaubswunsch** geäußert hatte. Der bloße **Widerspruch gegen die Freistellung** seitens des Arbeitgebers im Juni ist also kein Urlaubswunsch i.S.v. § 7 Abs. 1 BUrlG. Geht man davon aus, dass der Arbeitnehmer im Beispielsfall die Erfüllung seines Resturlaubsanspruchs aus 1998 rechtzeitig angemahnt hat, so ist dieser zwar spätestens mit Ablauf des Übertragungszeitraums am 31.03.1999 erloschen. Er besteht aber als Schadensersatzanspruch fort. A hat also im Beispielsfall noch 43 Arbeitstage – 15 Arbeitstage = 28 Arbeitstage Urlaub.

Will der Arbeitnehmer also nicht, dass der Urlaub vom Arbeitgeber einseitig in die Kündigungsfrist gelegt wird, so muss er einen **entgegenstehenden Urlaubswunsch** äußern. Er darf sich nicht auf einen **schlichten Widerspruch** beschränken.

Umgekehrt sollte der Arbeitgeber den Arbeitnehmer darauf aufmerksam machen, dass die Urlaubsgewährung in Natur Vorrang vor einer Abgeltung hat. Hier ist stets die besondere Interessenlage der Parteien zu berücksichtigen. Besteht etwa eine Beschäftigungsmöglichkeit bis zum Ende der Kündigungsfrist, so wird beiden Parteien möglicherweise mehr an einer Urlaubsabgeltung liegen. Allerdings sollte dem Arbeitnehmer klar sein, dass die Urlaubsabgeltungszahlung bei Anschlussarbeitslosigkeit zum **Ruhen des Arbeitslosengeldanspruchs** führt (§ 143 Abs. 2 SGB III). Eine Abgeltung bei an sich möglicher Urlaubsgewährung ist dem Arbeitnehmer nur bei Vorliegen eines **Anschlussarbeitsverhältnisses** zu empfehlen (s. → Rz. 2903).

Beachte: Die Freistellung der Arbeitnehmer während des Laufs einer Kündigungsfrist bedarf keiner Mitbestimmung des Betriebsrates nach § 87 Abs. 1 Nr. 5 BetrVG, wenn der Betrieb stillgelegt wird *(LAG Köln 16.03.2000, EzA-SD 3/2001, S. 14)*.

2860a Besondere Probleme sind angesprochen, wenn der Arbeitgeber dem Arbeitnehmer gegenüber eine **außerordentliche Kündigung** ausspricht. Wird außerordentlich mit Auslauffrist gekündigt, so gilt im Grundsatz die Rechtslage, die für die ordentliche Kündigung dargestellt wurde. Wird **außerordentlich fristlos** gekündigt, so endet das Arbeitsverhältnis mit Zugang der Kündigungserklärung. Eine **Urlaubsgewährung in Natur** scheidet demnach logischerweise aus. Es entsteht ein **Abgeltungsanspruch** nach § 7 Abs. 4 BUrlG. Ein für die Zeit nach Beendigung des Arbeitsverhältnisses festgelegter Urlaubstermin wird hinfällig.

Kündigt der Arbeitgeber **außerordentlich fristlos und hilfsweise ordentlich fristgemäß**, so sind etwaige Urlaubsansprüche regelmäßig abzugelten. Eine Freistellung des Arbeitnehmers bzw. eine Urlaubsgewährung für den Fall der Unwirksamkeit der primär gewollten außerordentlichen Kündigung kommt nicht in Betracht. Der **Arbeitnehmer muss nämlich wissen, ob ihm Urlaub gewährt worden ist oder nicht**. Ansonsten wird der Erholungszweck des Urlaubs nicht gewährleistet werden können. Zudem gibt der Arbeitgeber durch sein eigenes Verhalten zu erkennen, dass er primär das Arbeitsverhältnis außerordentlich ohne Frist beenden will. Er kann sich dann nicht darauf berufen, im Fall der Unwirksamkeit der außerordentlichen Kündigung zumindest durch eine Freistellung des Arbeitnehmers dessen Urlaubsanspruch erfüllt zu haben. Hierdurch würde der Arbeitgeber zu Unrecht bevorteilt, da er trotz rechtsunwirksamer Gestaltungserklärung (unwirksame außerordentliche Kündigung) Vorteile in Form der Erfüllung des Urlaubsanspruchs erlangen würde.

Die **Erhebung der Kündigungsschutzklage** hat nicht die **Geltendmachung des Urlaubsanspruchs** zum Inhalt hat *(BAG 17.01.1995, EzA § 7 BUrlG Nr. 98)*. Der Arbeitgeber kommt nicht mit der Urlaubsgewährung in Verzug. Dementsprechend droht dem Arbeitnehmer ein **Verfall des Urlaubsanspruchs**. Gleiches gilt für den Abgeltungsanspruch *(BAG, a.a.O.)*.

Hat die **Kündigungsschutzklage Erfolg**, stehen dem Arbeitnehmer selbstverständlich auch für die Zeit nach dem Kündigungstermin die gesetzlichen oder vertraglich vereinbarten Urlaubsansprüche zu. Dem Arbeitgeber ist es dabei verwehrt, sich darauf zu berufen, der Arbeitnehmer habe im Verlauf des Kündigungsschutzprozesses nicht gearbeitet und dementsprechend sei ihm quasi Urlaub gewährt worden. Dies gilt schon deshalb, weil der Arbeitnehmer nach § 615 Satz 2 BGB, § 11 KSchG verpflichtet ist, sich während des Verzugszeitraums um eine zumutbare anderweitige Erwerbsmöglichkeit zu kümmern.

Er ist also nicht, wie es begrifflich für den Urlaub erforderlich ist, in seiner Zeiteinteilung und Zeitnutzung völlig frei. Für den Arbeitgeber ist es daher empfehlenswert, den Arbeitnehmer während des Kündigungsschutzverfahrens für **einen dem Urlaub entsprechenden Zeitraum von der Verpflichtung nach § 615 Satz 2 BGB freizustellen**; auch wenn der Arbeitnehmer während eines längeren Kündigungsschutzverfahrens freigestellt war, ist sein Urlaubsverlangen für die Zeit nach dem Kündigungstermin nicht rechtsmissbräuchlich. Eine **tatsächliche Arbeitsleistung** ist für den Urlaubsanspruch nämlich nach der Rechtsprechung nicht Voraussetzung.

Bei einer **unwiderruflichen Freistellung** des Arbeitnehmers während der Kündigungsfrist sollte eine Anrechnung des Freistellungszeitraums auf den Urlaub erfolgen *(LAG Köln 16.03.2000, EzA-SD 3/2001, S. 14)*. Nachträglich kann eine Freistellungsperiode nicht in Urlaub umgedeutet werden. Erfolgt keine Anrechnung des Erholungsurlaubs, wird der Arbeitnehmer durch unwiderrufliche Freistellung unter Fortzahlung der Bezüge sowie Urlaubsabgeltung doppelt begünstigt!

Steht dem Arbeitnehmer, was heute der Regelfall ist, mehr Urlaub als der gesetzliche Urlaub zu, können die Parteien hierfür vereinbaren, dass er ohne Berücksichtigung entgegenstehender Wünsche des Arbeitnehmers während der Dauer der Kündigungsfrist zu gewähren ist. Eine solche **Vereinbarung hilft, Konfliktfälle zu vermeiden**.

Unsicher ist, was gilt, wenn der Arbeitnehmer nach Ausspruch einer Kündigung **Urlaub für einen nach Beendigung des Arbeitsverhältnisses liegenden Zeitpunkt** verlangt.

BEISPIEL:

Arbeitnehmer A wird zum 30.06. gekündigt. Er verlangt Urlaub vom 01. – 15.07. des Jahres. Hier wird man grundsätzlich davon ausgehen müssen, dass die Urlaubsgewährung wegen der durch die Kündigung ausgelösten Unsicherheit auszuscheiden hat. I.Ü. ist zu überlegen, ob die Überlegungen zum allgemeinen Weiterbeschäftigungsanspruch übertragen werden können.

e) Sonderfall: Betriebsurlaub

Zur Vermeidung von Koordinationsproblemen bietet es sich aus Sicht des Arbeitgebers an, einen **Betriebsurlaub** einzuführen. Hierunter ist die **einheitliche zeitliche Festlegung des Urlaubs** für alle Arbeitnehmer oder zumindest für bestimmte Arbeitnehmergruppen zu verstehen. Besteht kein Betriebsrat, kann der Arbeitgeber den Betriebsurlaub einseitig einführen. Voraussetzung ist nur, dass dringende betriebliche Belange dies gebieten.

2861

Es empfiehlt sich gleichwohl, schon im Arbeitsvertrag festzulegen, dass Betriebsferien durchgeführt werden.

Für einen eventuellen **Notdienst** bieten sich vor allem die Arbeitnehmer an, die die Wartezeit nach § 4 BUrlG noch nicht erfüllt haben, denen also ansonsten Urlaub auf Vorschuss gewährt werden müsste. Wird ein Arbeitnehmer, der noch keinen vollen Urlaubsanspruch erworben hat, in Betriebsurlaub geschickt, kann ein **auf Vorschuss gewährter Urlaub** nicht zurückverlangt werden. Nimmt der Arbeitnehmer am Betriebsurlaub nicht teil, muss er beschäftigt werden.

Bei der Dauer des Betriebsurlaubs hat der Arbeitgeber das Stückelungsverbot zu beachten. Diesem ist jedenfalls dann genügt, wenn der Betriebsurlaub 3 Wochen dauert. Liegen dringende betriebliche Gründe vor, können auch 2 Wochen ausreichen (§ 7 Abs. 2 BUrlG und → Rz. 2862).

f) Teilungsverbot

2862 Bei der Urlaubsgewährung ist ferner das Teilungsverbot des § 7 Abs. 2 BUrlG zu beachten. Nach dieser Vorschrift ist der **Urlaub zusammenhängend zu gewähren** und selbstverständlich auch von den Arbeitnehmern zusammenhängend zu nehmen. Das Teilungsverbot gilt aber unmittelbar nur für den gesetzlichen Mindesturlaub von 24 Werktagen. Mehrurlaub kann grundsätzlich beliebig aufgeteilt werden. Will der Arbeitnehmer seinen Urlaub aber so zerstückeln, dass der Erholungszweck gefährdet wird, kann der Arbeitgeber dies verweigern. Er ist umgekehrt natürlich auch nicht selber zu einer portionsweisen Gewährung berechtigt. Ausnahmsweise muss auch das Teilungsverbot zurücktreten, wenn dringende betriebliche Belange dies erfordern. Daneben kommt eine Teilung in Betracht, wenn der zusammenhängenden Gewährung in der Person des Arbeitnehmers liegende Gründe entgegenstehen. Es muss sich hierbei nicht um dringende Gründe handeln. Regelmäßig ist es ausreichend, wenn die Gründe nachvollziehbar und verständlich sind. Selbst wenn nach dem Vorstehenden eine Teilung möglich ist, muss ein Urlaubsteil zumindest 12 zusammenhängende Werktage umfassen (§ 7 Abs. 2 Satz 2 BUrlG). Ein **Verstoß gegen das Teilungsverbot** kann unter Umständen höchst unangenehme Konsequenzen haben:

Der rechtswidrig geteilte Urlaub bringt den Urlaubsanspruch nicht zum Erlöschen. Der **Arbeitnehmer kann nochmals Urlaub verlangen.** Allerdings ist das **Teilungsverbot** des § 7 Abs. 2 Satz 2 BUrlG durch Tarif- oder Einzelarbeitsvertrag aber auch durch Betriebsvereinbarung **abdingbar**, wie sich aus § 13 Abs. 1 BUrlG ergibt. Bedeutung hat das Teilungsverbot also für den einseitigen Wunsch oder die einseitige Festlegung.

g) Beteiligung des Betriebsrats in Urlaubsfragen

2863 Sollen Betriebsferien eingeführt werden und besteht ein Betriebsrat, hat dieser ein Mitbestimmungsrecht nach § 87 Abs. 1 Nr. 5 BetrVG. Dieses Mitbestimmungsrecht kann durch Betriebsvereinbarung oder Betriebsabsprache ausgeübt werden.

Es empfiehlt sich aber der Abschluss einer Betriebsvereinbarung vor allem für einen Urlaubsplan, da dadurch die Lage des Urlaubs gegenüber den Arbeitnehmern bindend festgelegt wird.

Muster einer Betriebsvereinbarung über Urlaubsfragen

Zwischen Arbeitgeber und Betriebsrat wird nachfolgende Betriebsvereinbarung über die Modalitäten der Urlaubsgewährung geschlossen:

§ 1 Eintragung in Urlaubslisten
Jeder Arbeitnehmer trägt sich bis zum 15.02. eines Kalenderjahres in die in seiner Abteilung beim jeweiligen Abteilungsleiter bereitliegenden Urlaubslisten ein. Dabei muss ein Urlaubsteil grundsätzlich mindestens ... Kalendertage umfassen.

§ 2 Verbindlichkeit der Eintragung
Sofern seitens des Arbeitgebers bis zum 31.03. eines Kalenderjahres kein Widerspruch gegen den geäußerten Urlaubswunsch erhoben wird, wird dieser für beide Parteien verbindlich, sofern nicht dringende betriebliche Gründe oder persönliche Gründe entgegenstehen.

§ 3 Widerspruch des Arbeitgebers
Widerspricht der Arbeitgeber dem Urlaubswunsch des Arbeitnehmers aus dringenden betrieblichen Gründen, so wird eine Einigung unter Beachtung folgender Kriterien herbeigeführt:

......

§ 4 Zeitliche Lage des Urlaubs
Bei der zeitlichen Lage des Urlaubs sind folgende Personen in der Regel bevorrechtigt:

- Mitarbeitern mit schulpflichtigen Kindern ist der Urlaub, wenn möglich, in den Schulferien zu gewähren.
- Mitarbeitern in mehreren Teilzeitbeschäftigungen ist der Urlaub so zu gewähren, dass die Zeiten der Arbeitsfreistellung in den Teilzeitarbeitsverhältnissen koordiniert werden können.
- Mitarbeitern mit gleichfalls berufstätigen Ehepartnern ist der Urlaub so zu gewähren, dass er/sie gemeinsam mit dem Partner in Urlaub gehen kann.
- Bei der Urlaubsgewährung haben verheiratete Arbeitnehmer Vorrang vor ledigen und ältere vor jüngeren.
- Die Betriebszugehörigkeit ist ebenfalls zu berücksichtigen.
- ......

Können sich Arbeitgeber und Betriebsrat nicht über die zeitliche Lage des Betriebsurlaubs einigen, so entscheidet auf Antrag die **Einigungsstelle**. Der Betriebsrat darf seine Zustimmung nicht davon abhängig machen, dass den Arbeitnehmern eine bessere Bezahlung oder ein längerer Urlaub gewährt wird. Achtung: Wird das Mitbestimmungsrecht missachtet, stellt der Arbeitgeber also einseitig allgemeine Urlaubsgrundsätze oder einen Urlaubsplan auf, ist die entsprechende Maßnahme unwirksam.

Neben der Beteiligung des Betriebsrats bei der Einführung von Betriebsferien hat dieser auch bei **Urlaubsplänen** mitzubestimmen. In einem Urlaubsplan werden allgemeine Richtlinien aufgestellt, nach denen die Arbeitnehmer im Laufe des Jahres Urlaub erhalten. Der Urlaubsplan ist also von der Urlaubsliste (s. → Rz. 2857) zu unterscheiden.

Der Betriebsrat hat ein sog. »Initiativrecht«. Er kann also vom Arbeitgeber die Aufstellung eines Urlaubsplanes verlangen. Ist durch den in einer Betriebsvereinbarung niedergelegten Urlaubsplan die zeitliche Lage des Urlaubs der einzelnen Arbeitnehmer festgelegt worden, so ist damit der Urlaubsanspruch konkretisiert. Treffen Arbeitgeber und Arbeitnehmer im Einzelfall eine hiervon abweichende Bestimmung, so hat der Betriebsrat grundsätzlich nicht mitzubestimmen. Er hat aber mitzubestimmen, wenn Streit über die **zeitliche Lage des Urlaubs für einzelne Arbeitnehmer** besteht. Können sich etwa Arbeitgeber und Arbeitnehmer nicht über den Urlaubszeitpunkt einigen, weil streitig ist, wer nach sozialen Gesichtspunkten den Vorrang verdient, entscheiden Arbeitgeber und Betriebsrat gemeinsam. Können auch sie sich nicht einigen, entscheidet die Einigungsstelle.

V. Änderungen der zeitlichen Lage des Urlaubs

2865 Gelegentlich wird es aus betrieblichen, privaten oder sonstigen Gründen erforderlich, die zeitliche Lage des vorher bewilligten Urlaubs zu verändern.

1. Veränderungen auf Wunsch des Arbeitgebers

Eine Änderung der zeitlichen Lage des Urlaubs auf Wunsch des Arbeitgebers ist nur in Ausnahmefällen möglich. Grundsätzlich ist der Arbeitgeber an die getroffene Festlegung gebunden. Der Arbeitnehmer genießt **Vertrauensschutz**. Nur wenn **dringende betriebliche Interessen** entgegenstehen, ist eine Änderung möglich. In der Regel wird hierbei ein **Notfall** zu verlangen sein. Bei der Abwägung ist die zeitliche Lage zu berücksichtigen: Je näher der Urlaub »vor der Tür steht«, desto größer ist der Vertrauensschutz.

Ist ausnahmsweise ein Widerruf des erteilten Urlaubs möglich, so muss der Arbeitgeber etwaige unnütz gewordene Kosten des Arbeitnehmers erstatten.

BEISPIEL:

Rücktritts-/Stornierungskosten, nutzlos abgeschlossene Versicherungen, im Hinblick auf den Urlaub erworbene Schutzbriefe etc. Auch die Kosten für Familienangehörige sind zu ersetzen, wenn diese von dem Arbeitnehmer abhängen (Beispiel: Arbeitnehmer ist als einziger in der Lage, das gecharterte Segelboot zu steuern).

Kann mit dem betroffenen Arbeitnehmer keine Einigung über den Widerruf erzielt werden, so ist nach teilweise vertretener Ansicht das Mitbestimmungsrecht des Betriebsrats nach § 87 Abs. 1 Nr. 5 BetrVG zu beachten!

2. Rückruf aus dem Urlaub

2866 Unter ganz besonders engen Voraussetzungen kommt auch ein **Rückruf aus dem Urlaub** in Betracht. Hier sind jedoch wegen des Erholungszwecks und des Stückelungsverbotes **besonders hohe Anforderungen** zu stellen. Es muss sich schlagwortartig um einen anders nicht behebbaren Notfall handeln.

BEISPIEL:

Die EDV-Anlage im Betrieb »stürzt ab«. Nur der noch weitere 2 Wochen in Urlaub weilende Arbeitnehmer A ist zu einer Reparatur in der Lage, da spezielle Programmkenntnisse erforderlich sind (beachte auch BAG 20.06.2000, EzA § 13 BUrlG Nr. 23: eine Vereinbarung über ein Rückrufrecht ist unzulässig!).

Kommt ungeachtet dieser strengen Anforderungen ein Rückruf in Betracht, so muss der **Arbeitgeber** selbstverständlich alle hierdurch **verursachten Kosten tragen**.

3. Änderung auf Wunsch des Arbeitnehmers

Die zeitliche Lage des Urlaubs kann auch auf Wunsch des Arbeitnehmers geändert werden. Dabei sind zwei Situationen zu unterscheiden: Ist eine **Festlegung durch den Arbeitgeber noch nicht erfolgt**, so kann der Arbeitnehmer seinen Urlaubswunsch ändern. Der Arbeitgeber hat diesen geänderten Wunsch dann angemessen zu berücksichtigen. Ist hingegen eine **Festlegung schon erfolgt**, so kann eine Verschiebung nur einvernehmlich stattfinden. Nur in Ausnahmefällen hat der Arbeitnehmer einen Anspruch auf Abänderung der zeitlichen Lage des Urlaubs. Dabei ist eine Abwägung der beiderseitigen Interessen erforderlich. Zu denken ist hier etwa an besondere persönliche Lebensumstände (Beispiel: Tod naher Angehöriger).

2867

Besonderheiten gelten, wenn ein schon festgelegter Urlaub mit einem **Beschäftigungsverbot wegen Schwangerschaft** zusammentrifft (s. BAG 09.08.1994, EzA § 7 BUrlG Nr. 97).

BEISPIEL:

Die A legt anfangs des Kalenderjahres ihren Urlaub auf den Monat August fest. In der Folge wird ihr gegenüber ein Beschäftigungsverbot nach dem MuSchG u.a. für den Monat August ausgesprochen. Sie verlangt nun, nach Beendigung des Arbeitsverhältnisses zu Beginn des Folgejahres, Abgeltung des nicht genommenen Erholungsurlaubsanspruchs aus dem Vorjahr.

Zu Unrecht: Hat der Arbeitnehmer zu Beginn des Urlaubsjahres den Erholungsurlaub zeitlich festgelegt, so besteht keine Verpflichtung zur Neufestsetzung, wenn die Arbeitnehmerin danach schwanger wird und für die vorgesehene Zeit ihre Beschäftigung verboten ist. Mit der Festlegung des Freistellungszeitraums entsprechend den Wünschen des Arbeitnehmers hat der Arbeitgeber als Schuldner des Urlaubsanspruchs nämlich das seinerseits Erforderliche nach § 7 Abs. 1 BUrlG getan. Wird die Freistellung nachträglich unmöglich, wird der Arbeitgeber von der Freistellungsverpflichtung nach § 275 BGB frei, soweit die Unmöglichkeit nicht auf krankheitsbedingter Arbeitsunfähigkeit beruht. Für letzteren Fall enthält § 9 BUrlG eine Sondervorschrift (s. → Rz. 2877 ff.).

4. Urlaubsverhinderung

Erkrankt der Arbeitnehmer vor Beginn des Urlaubs, ist dieser jedoch bereits festgesetzt/bewilligt, so ist der Arbeitnehmer gehindert den Urlaub anzutreten. Hierbei spielt es keine Rolle, ob die Erkrankung den gesamten Urlaubszeitraum erfasst oder nur einen Teil davon. Es ist jedenfalls eine **Neufestsetzung** erforderlich. Der Urlaub ist also zu verlegen.

2868

Keinesfalls tritt eine **automatische Verschiebung** von Urlaubsbeginn und Urlaubsende ein *(vgl. LAG Köln 20.08.1996, LAGE § 7 BUrlG Nr. 34)*. Auf die Nichterfüllbarkeit des Urlaubsanspruchs soll sich der Arbeitnehmer entsprechend § 162 BGB nicht berufen können, wenn er selbst die Arbeitsunfähigkeit durch eine medizinisch nicht gebotene Entscheidung, sich während des gewährten Urlaubs einer Operation zu unterziehen, herbeiführt *(LAG Köln, a.a.O.)*.

Die **Neuverhandlung des Urlaubs** bedeutet für die betriebliche Praxis:

- Der Arbeitnehmer kann nicht verlangen, dass ihm der Urlaub unmittelbar im Anschluss an die Wiederherstellung der Arbeitsfähigkeit gewährt wird.
- Der Arbeitgeber kann nicht verlangen, dass der Arbeitnehmer den Urlaub in unmittelbarem Anschluss an die Wiederherstellung der Arbeitsfähigkeit antritt.

Die Neufestsetzung ist vielmehr unter Beachtung der allgemeinen Kriterien vorzunehmen. Die Fallgruppe »**Erkrankung vor Urlaubsantritt**« ist strikt von der »**Erkrankung während des Urlaubs**« zu unterscheiden. Dies bedeutet, der Nachweis der Krankheit richtet sich nach § 5 EFZG.

5. Anfechtung der Urlaubsfestlegung

2869 Ist dem Arbeitgeber bei der Festlegung des Urlaubs ein Irrtum unterlaufen, so kann er seine Erklärung anfechten. Beispiele für solche Irrtümer sind etwa Verschreiben, Versprechen oder ähnliches. Allerdings kommt eine Anfechtung wohl nur so lange in Betracht, bis der Urlaub angetreten wurde. Nach Urlaubsende scheidet sie jedenfalls aus. Es gilt der Grundsatz: Bezahlte Freizeit kann nicht nachträglich in unbezahlte verwandelt werden. Selbst bei begründeter Anfechtung drohen i.Ü. Schadensersatzansprüche (Beispiel: *Der Arbeitnehmer hat bereits gebucht und muss dementsprechend Stornokosten zahlen*). Unterläuft andererseits dem Arbeitnehmer ein Irrtum bei der Äußerung seines Urlaubswunsches, so wird man annehmen müssen, dass er sich unter den gleichen Voraussetzungen wie der Arbeitgeber von dem Wunsch wieder lösen kann, wenn der Arbeitgeber diesen der Urlaubsgewährung zugrundegelegt hat.

VI. Gerichtliche Durchsetzung des Urlaubsanspruchs

2870 Will der Arbeitnehmer seinen Urlaubsanspruch durchsetzen, muss er im Zweifel **gerichtliche Hilfe** in Anspruch nehmen. Eine **Selbstbeurlaubung** führt eventuell zur Kündigung. Regelmäßig wird der Arbeitnehmer eine Leistungsklage erheben mit dem Ziel, Urlaubsentgelt, Urlaubsabgeltung oder ähnliches zu erhalten. Aber auch für den Arbeitgeber kann eine Leistungsklage sinnvoll sein, wenn etwa streitig ist, ob der Arbeitnehmer in einem bestimmten Zeitraum arbeiten muss oder seinen Urlaub antreten darf. Hier kommt auch eine Feststellungsklage in Betracht.

Die nachfolgenden **Muster** geben Orientierungshilfen, in welcher Form entsprechende Begehren an das Arbeitsgericht gerichtet werden können.

Muster einer Leistungsklage

Absender ...

An das
Arbeitsgericht ...
PLZ/Ort

Ort, Datum

Klage der Firma ...

Straße, Ort, ...

vertreten durch ...

gegen ...

Name ...

Adresse ...

eventuell Prozessbevollmächtigter

Ich werde beantragen, den Beklagten zu verurteilen, in der Zeit vom ... bis ... zu den normalen Bürostunden, also vom ... bis zum ..., zur Arbeit zu erscheinen.

Sodann muss dieser Anspruch begründet werden. Hier ist etwa darzulegen, dass dem Arbeitnehmer kein Urlaub mehr zusteht, dass er aus dringenden betrieblichen, im Einzelnen zu bezeichnenden Gründen, unabkömmlich ist oder dass er die Wartezeit nicht erfüllt hat. Wichtig ist, dass der Antrag ausreichend präzise begründet wird, da der Arbeitgeber die Umstände vortragen muss, aus denen sich die Arbeitspflicht ergibt.

Eine **Feststellungsklage** ist mit folgendem Antrag zu erheben:

Muster einer Feststellungsklage

Ich werde beantragen, festzustellen, dass der Beklagte in der Zeit vom ... bis ... verpflichtet ist, zu den üblichen Bürostunden, also ..., zur Arbeit zu erscheinen.

Besondere Bedeutung kommt im Rahmen der Urlaubserteilung einem **einstweiligen Verfügungsverfahren** zu, da es sich häufig um sehr dringende Fälle handelt. Der Antrag auf Erlass einer einstweiligen Verfügung seitens des Arbeitgebers kann beispielsweise wie folgt formuliert werden.

Muster eines Antrags auf Erlass einer einstweiligen Verfügung

Absender

An das
Arbeitsgericht ...
PLZ/Ort

Ort, Datum

(Fortsetzung nächste Seite)

> Antrag auf Erlass einer einstweiligen Verfügung
>
> der Firma ...
>
> vertreten durch ...
>
> gegen
>
> Herrn/Frau ......
>
> wegen Urlaubsfestlegung
>
> Namens und in Vollmacht der Antragstellerin beantrage ich – wegen der besonderen Dringlichkeit der Sache ohne mündliche Verhandlung – wie folgt zu erkennen:
>
> Dem Antragsgegner wird im Wege der einstweiligen Verfügung aufgegeben, am ..... zur Arbeit zu erscheinen und nicht in Urlaub zu fahren.
>
> Begründung ....

Wird an eine **einstweilige Verfügung** gedacht, sollte folgendes beachtet werden: Einstweilige Verfügungen werden von der Rechtsprechung regelmäßig auf Ausnahmefälle beschränkt **(Grund: keine Vorwegnahme der Hauptsache)**. So kann der Arbeitnehmer in der Regel nicht fordern, dass ihm der Urlaub in einem bestimmten Zeitraum zu gewähren ist. Etwas anderes gilt nur in **Ausnahmesituationen,** wenn nämlich ohne die einstweilige Verfügung für den Verfügungsgläubiger ein ganz wesentlicher Schaden oder ein Verlust des geltend gemachten Anspruchs eintreten würde. Allein die beabsichtigte Buchung einer Reise genügt insoweit nicht *(zum Ganzen LAG Hamm 31.01.1995, LAGE § 7 BUrlG Nr. 33)*.

Im einstweiligen Verfügungsverfahren müssen alle **Tatsachen glaubhaft gemacht** werden. Es sollten also sofort eidesstattliche Versicherungen und eventuell vorhandene Urkunden vorgelegt werden. Hat der Arbeitgeber ein Urteil erwirkt, wonach der Arbeitnehmer in einer bestimmten Zeit weiter seine Dienste zu leisten hat, also nicht in Urlaub fahren darf, so scheidet eine Zwangsvollstreckung wegen **§ 888 Abs. 2 ZPO** aus. Der Arbeitnehmer kann nicht gezwungen werden, seine Arbeit zu leisten!

Hat umgekehrt der Arbeitnehmer ein Urteil erwirkt, das den Arbeitgeber zur Urlaubsgewährung verpflichtet, richtet sich die Zwangsvollstreckung nach **§ 894 ZPO**. Mit Rechtskraft des Urteils gilt die Freistellungserklärung als abgegeben. Schwierige Probleme der Vollstreckung treten auf, wenn der Arbeitnehmer nur ein Leistungsurteil auf Gewährung von x Tagen Urlaub erstreitet. Hier ist eine Vollstreckung regelmäßig nicht möglich. Sehr **umstritten** ist i.Ü., ob der Arbeitnehmer seinen **Urlaub selbst realisieren** kann, wenn nur noch ein entsprechender Zeitraum zur Verfügung steht.

BEISPIEL:

Die Kündigungsfrist beträgt 4 Wochen. Dies entspricht exakt dem Urlaubsanspruch.

Hier ist jedenfalls zu verlangen, dass der Arbeitnehmer zunächst (erfolglos) Urlaub verlangt. Auch darf gerichtliche Hilfe nicht oder nicht rechtzeitig zu erlangen sein (s. zum Ganzen BAG 20.01.1994, EzA § 626 BGB n.F. Nr. 153).

VII. Maßnahmen der Vorsorge und Rehabilitation

Nach § 10 BUrlG a.F. und auch jetzt geltender Fassung dürfen Maßnahmen der medizinischen Vorsorge und Rehabilitation nicht auf den Urlaub angerechnet werden, soweit ein Anspruch auf Fortzahlung des Arbeitsentgeltes nach den gesetzlichen Vorschriften über die Entgeltfortzahlung im Krankheitsfalle besteht. 2872

Nach § 10 BUrlG a. F. war der **Arbeitgeber** berechtigt durch Erklärung, **von je 5 Tagen** an denen der Arbeitnehmer infolge einer Maßnahme der medizinischen Vorsorge und Rehabilitation an seiner Arbeitsleistung verhindert war, **die ersten 2 Tage auf den Erholungsurlaub anzurechnen.** Die angerechneten Tage galten als Urlaubstage (Bezahlung in voller Höhe nach § 11 BUrlG). Ein bereits anderweitig festgelegter Urlaub wurde dann hinfällig (§ 10 Abs. 1 BUrlG ging § 7 BUrlG vor). Ein Anspruch auf Entgeltfortzahlung im Krankheitsfall bestand insoweit nicht. Für die **restlichen 3 Wochentage** konnte der Arbeitnehmer sich nach § 4 Abs. 1 EFZG darüber hinaus Urlaubstage anrechnen lassen, um die auf 80 % abgesenkte Entgeltfortzahlung zu vermeiden. 2873

Die Kürzungsregelung des § 10 BUrlG galt nicht 2874

- bei Arbeitsunfähigkeit nach § 3 EFZG und zwar vor und während der Kur;
- für Maßnahmen, deren unmittelbarer Anschluss an eine Krankenhausbehandlung medizinisch notwendig ist, sog. Anschlussrehabilitation;
- für Vorsorgekuren für Mütter nach § 24 SGB V sowie
- für Müttergenesungskuren nach § 41 SGB V und
- für Kuren von Beschädigten nach dem BVG (§ 11 Abs. 2).

VIII. Urlaub trotz Krankheit?

Urlaub ohne Arbeitsleistung, insbesondere also Urlaub trotz Krankheit? Diese Frage hat das BAG nunmehr eindeutig beantwortet. Auch der Arbeitnehmer, der im Urlaubsjahr überwiegend krank gewesen ist, hat Anspruch auf seinen Jahresurlaub *(s. nur BAG 28.01.1982, AP Nr. 11 zu § 3 BUrlG Rechtsmissbrauch).* Diese Rechtsprechung hat das BAG seither wiederholt bestätigt. Der Urlaubsanspruch ist vom Umfang der Arbeitsleistung unabhängig und hängt nur von der Erfüllung der Wartezeit ab. Ein Erholungsbedürfnis des Arbeitnehmers wird nicht vorausgesetzt. 2875

BEISPIEL:

Der seit mehreren Jahren bei Arbeitgeber A beschäftigte Arbeitnehmer B ist im Jahre 1994 wegen eines Unfalls bis Oktober arbeitsunfähig krank. Schon am ersten Arbeitstag macht er seinen 6-wöchigen Jahresurlaub geltend.

Selbst in dem Beispielsfall ist das Urlaubsverlangen des Arbeitnehmers nach der Rechtsprechung des BAG nicht rechtsmissbräuchlich. Es besteht also insbesondere **kein Zusammenhang zwischen effektiver Arbeit und Urlaubsanspruch** in dem Sinne, dass die Anzahl der Urlaubstage zumindest der der geleisteten Arbeitstage entsprechen müsste.

2876 **Abweichende Vereinbarungen** über die Kürzung des Urlaubs bei Krankheit sind, jedenfalls soweit der gesetzliche Mindesturlaub betroffen ist, unzulässig. Werden generell Kürzungsabreden getroffen, ist darauf zu achten, dass der gesetzliche Mindesturlaub unangetastet bleibt.

> **BEISPIEL:**
>
> Ein Tarifvertrag sieht pro Woche der Fehlzeit wegen Arbeitsunfähigkeit eine Kürzung des Erholungsurlaubs um 1 Urlaubstag vor. Arbeitnehmer A ist im Kalenderjahr 20 Wochen erkrankt. Arbeitgeber B kürzt daraufhin dessen tariflichen Urlaubsanspruch von 30 Arbeitstagen um 20 Tage auf noch 10 Tage.
>
> Zu Unrecht! Eine Kürzung muss den gesetzlichen Mindesturlaubsanspruch von 20 Arbeitstagen unberührt lassen. Die Kürzungsklausel ist daher insoweit unwirksam, wie sie gegen das zwingende Gesetzesrecht verstößt. Andererseits ist nicht davon auszugehen, dass damit die Kürzungsklausel generell unwirksam ist.

Mehrurlaub kann also an die Voraussetzung der tatsächlichen Arbeitsleistung geknüpft werden; hierfür ist aber eine gesonderte Vereinbarung erforderlich. Es ist i.Ü. darauf hinzuweisen, dass der Arbeitnehmer verpflichtet ist, seinen Urlaub in natura zu nehmen; eine Abgeltung also ausscheidet, wenn die tatsächliche Urlaubsgewährung gar nicht möglich gewesen wäre.

> **BEISPIEL:**
>
> Arbeitnehmer A ist während des Urlaubsjahres und des Übertragungszeitraumes (bis 31.03.) arbeitsunfähig krank. Nach seiner Genesung macht er einen Urlaubsabgeltungsanspruch geltend.
>
> Im Beispielsfall kann A nicht Abgeltung verlangen. Der Urlaubsanspruch entsteht für das Kalenderjahr und ggf. den Übertragungszeitraum. Er setzt jedoch voraus, dass der Urlaub überhaupt realisiert werden kann. Ist dies beispielsweise wegen Krankheit unmöglich, so erlischt der Anspruch mit Ablauf der Übertragungsfrist oder ggf. schon des Kalenderjahres.

Gleiches gilt, wenn der Arbeitnehmer arbeitsunfähig krank ist, im Urlaubsjahr aus dem Arbeitsverhältnis ausscheidet und die Krankheit über den Zeitpunkt des Ausscheidens hinaus fortbesteht. Die Abgeltung setzt voraus, dass der Arbeitnehmer bei Beendigung des Arbeitsverhältnisses grundsätzlich hätte Urlaub in natura nehmen können. Durch Tarifvertrag können anderweitige Regelungen getroffen werden *(BAG 20.08.1996, EzA § 7 BUrlG Nr. 103)*.

IX. Krankheit im Urlaub

2877 Von der Frage des Urlaubs ohne Arbeitsleistung strikt zu trennen ist die der **Krankheit im Urlaub**.

1. Nichtanrechnung von Krankheitstagen

Da der mit dem Erholungsurlaub verbundene Zweck der Erholung des Arbeitnehmers regelmäßig nur erreicht werden kann, wenn der Arbeitnehmer gesund ist, bestimmt § 9 BUrlG, dass die durch **ärztliches Zeugnis nachgewiesenen Tage der Arbeitsunfähigkeit** auf den Jahresurlaub nicht angerechnet werden. In der Regel ist von dieser Bestimmung nicht nur der Mindesturlaub, sondern auch der Mehrurlaub erfasst. Voraussetzung der Nichtanrechnung ist, dass die Arbeitsunfähigkeit den Erholungszweck vereitelt. Liegt eine den Erholungszweck beeinträchtigende Krankheit vor, so werden die nachgewiesenen Tage nicht auf den Urlaub angerechnet. Die bereits verbrauchten Tage bleiben jedoch verbraucht. Im Übrigen verlängert sich der Urlaubszeitraum nicht automatisch um die Krankheitstage.

2878

Der Arbeitnehmer ist also verpflichtet, vereinbarungsgemäß aus dem Urlaub zurückzukehren. Tut er dies nicht, so kann dies unter Umständen die fristlose Kündigung nach sich ziehen. Selbstverständlich ist der Arbeitnehmer in dem Fall der Erkrankung über das Urlaubsende hinaus nicht verpflichtet, die Arbeit vereinbarungsgemäß wieder aufzunehmen. Es gelten dann jedoch die allgemeinen Bestimmungen über die Krankheit im Arbeitsverhältnis (Krankmeldung und Vorlage der Arbeitsunfähigkeitsbescheinigung). I.Ü. schließen sich Krankheit und Urlaub nicht in allen Fällen aus.

BEISPIEL:
Fingerverletzung eines Flötisten.
Hier ist der Urlaubszweck wohl regelmäßig nicht gefährdet.

2. Nachweis der Arbeitsunfähigkeit

Eine ständige Quelle von Ärger und Misstrauen ist die Frage des Nachweises der Arbeitsunfähigkeit. Die Vorschrift des § 9 BUrlG verlangt insoweit, dass der Arbeitnehmer die Krankheitstage durch **ärztliches Zeugnis** nachweist. Hierfür genügt ein Attest eines deutschen oder auch ausländischen Arztes. Eine amtsärztliche Bescheinigung ist nicht erforderlich und kann auch nicht erzwungen werden.

2879

Die ordnungsgemäß ausgestellte ärztliche Bescheinigung begründet im Übrigen keine unwiderlegliche Vermutung dafür, dass tatsächlich eine den Erholungszweck beeinträchtigende Arbeitsunfähigkeit vorlag. Ihr Beweiswert entspricht der der Arbeitsunfähigkeitsbescheinigung nach § 5 EFZG (→ Rz. 2758). Er kann durch besondere Umstände erschüttert werden.

BEISPIEL:
Der ausländische Arzt bestätigt dem Arbeitnehmer eine schwere Erkrankung, obwohl er ihn nicht untersucht hat (Ferndiagnose).

Andererseits steht es dem Arbeitnehmer offen, die Arbeitsunfähigkeit auch in abweichender Form nachzuweisen. Aber: Das **Risiko der Beweislosigkeit** trägt der Arbeitnehmer.

Besonders bei einer Erkrankung im nicht deutschsprachigen Ausland können Probleme auftauchen. Notfalls muss der Arbeitnehmer einen Dolmetscher hinzuziehen, damit er dem ausländischen Arzt darlegen kann, dass er arbeitsunfähig krank ist, er also außerstande ist, **die ihm nach dem Arbeitsvertrag obliegende Tätigkeit** auszuführen. Aus der Arbeitsunfähigkeitsbescheinigung muss sich also ergeben,

- dass der ausländische Arzt eine an den Kriterien des deutschen Arbeitsrechts orientierte Beurteilung der Arbeitsunfähigkeit vorgenommen hat,
- wie lange die Arbeitsunfähigkeit angehalten hat.

Zur Vermeidung das Betriebsklima belastender Umstände sollte der Arbeitnehmer vor Antritt eines Urlaubs durch **Aushändigung eines Merkblatts oder per Aushang** auf die Probleme »Krankheit im Urlaub« hingewiesen werden. Hinweise und Formulare zu diesen Fragen halten die Krankenversicherungsträger bereit. Es ist sicherlich hilfreich, wenn die zuständige Personalabteilung hier von sich aus Service leistet.

2880

Merkblatt Erkrankung im Urlaub

Liebe Arbeitnehmerin, lieber Arbeitnehmer,

gerade wer seinen Urlaub im Ausland verbringt, weiß, dass es hier wegen klimatischer und kultureller Unterschiede gelegentlich zu Erkrankungen kommt. Daher die nachfolgenden Hinweise:

Krankheitstage werden auf den Urlaub nicht angerechnet, wenn sie durch ärztliches Zeugnis nachgewiesen werden. Aus der Bescheinigung muss sich ergeben, dass der Arzt genau weiß, welche Tätigkeit Sie ausüben (Beispiel: Heben schwerer Lasten über 30 kg), dass Sie diese wegen der Erkrankung nicht hätten ausüben können und wie lange die Arbeitsunfähigkeit dauerte. Eine möglichst genaue Beschreibung ist hilfreich – gerade auch wegen möglicher Entgeltfortzahlungsansprüche und des Ersatzes von Arzt- und Medikamentenkosten. Erkundigen Sie sich vorher bei Ihrer Krankenkasse, ob ein Sozialversicherungsabkommen mit dem ausländischen Staat besteht. Schließen Sie notfalls eine Zusatzversicherung ab.

Auf jeden Fall gilt:

Krankheitstage verlängern den Urlaub nicht! Arbeitsunfähigkeitszeiten sind auf dem schnellsten Weg dem Arbeitgeber/der Krankenkasse anzuzeigen. Bei eigenmächtiger Verlängerung des Urlaubs um die Dauer einer Krankheit müssen Sie mit Konsequenzen für den Bestand des Arbeitsverhältnisses rechnen.

3. Arbeitsunfähigkeit im Urlaub und Urlaubsentgelt

2881 Grundsätzlich muss der Arbeitnehmer das Urlaubsentgelt, das auf die infolge Krankheit nicht anzurechnenden Urlaubstage entfällt, zurückzahlen. Allerdings besteht während dieser Tage regelmäßig Anspruch auf Entgeltfortzahlung im Krankheitsfall, so dass eine Verrechnung stattfinden kann. Hier gewinnt jedoch die Frage an Relevanz, ob eine verschuldete Krankheit vorliegt. In diesem Fall besteht kein Anspruch auf Entgeltfortzahlung. Es kommt auch keine Verrechnung in Betracht. Der Arbeitnehmer bleibt also zur Rückzahlung des Entgelts verpflichtet. In der geschilderten Fallkonstellation wird der Arbeitnehmer jedoch regelmäßig den einfachen Weg wählen: Nichtanzeige der Krankheit, Erhalt des Urlaubsentgelts gegen Verlust eines Urlaubstages.

4. Anrechnung von Urlaubstagen

Zur früheren **Anrechnung von Urlaubstagen** auf Zeiten der Entgeltfortzahlung s. §§ 4 ff. EFZG a.F. und → Rz. 2706 ff.

2881a

X. Gefährdung des Urlaubszwecks durch den Arbeitnehmer

Während des Urlaubs ist der Arbeitnehmer verpflichtet, sich so zu verhalten, dass eine Gefährdung des Urlaubszwecks nicht eintritt. Urlaubszweck ist die Erholung des Arbeitnehmers im Sinne körperlicher, geistiger und seelischer Regeneration. Probleme treten in den Fallgruppen **Erwerbstätigkeit im Urlaub** und **urlaubsgemäßes** Verhalten auf.

2882

1. Erwerbstätigkeit im Urlaub

Während des Urlaubs darf der Arbeitnehmer keine dem Urlaubszweck widersprechende Erwerbstätigkeit ausführen (§ 8 BUrlG). Es ist also nicht jede Erwerbstätigkeit verboten, sondern nur eine dem Erholungszweck widersprechende. Dabei kommt es nicht darauf an, ob es sich um eine selbständige oder nichtselbständige Tätigkeit handelt. Unter einer Erwerbstätigkeit ist eine auf Gewinnzielung gerichtete Beschäftigung zu verstehen.

2883

Wann eine dem Erholungszweck widersprechende Erwerbstätigkeit ausgeübt wird, kann nur im Einzelfall bestimmt werden. Regelmäßig zulässig sind **Kontrasttätigkeiten** (Buchhalter arbeitet auf Bauernhof, Bauarbeiter fertigt gegen Entgelt Karikaturen). Steht der Arbeitnehmer in mehreren Arbeitsverhältnissen **(Teilzeit)** so kann er selbstverständlich die weiteren Tätigkeiten fortsetzen, wenn er in einem Arbeitsverhältnis Urlaub hat. Das Verbot anderweitiger Erwerbstätigkeit gilt nicht **nach Urlaubsabgeltung**. Hier kann der Arbeitnehmer sofort eine neue Tätigkeit aufnehmen.

Liegt eine verbotene Erwerbstätigkeit vor, kann der Arbeitgeber Unterlassung verlangen. Regelmäßig wird sich dieser Anspruch nur im Wege der einstweiligen Verfügung durchsetzen lassen. Eine Kürzung der Urlaubsvergütung ist hingegen nicht erlaubt. Ebenso wenig entfällt der Anspruch auf die Urlaubsvergütung *(s. zuletzt LAG Köln 20.02.1993, DB 1993, 1931)*. **Verbotswidrige Erwerbstätigkeit während des Urlaubs** kann aber die Kündigung rechtfertigen. In der Regel muss der Arbeitgeber vorher abmahnen. Anders ist es, wenn die verbotene Erwerbstätigkeit zugleich eine unzulässige Konkurrenztätigkeit darstellt. Hier ist u. U. die fristlose Kündigung gerechtfertigt.

Auch ein **Schadensersatzanspruch des Arbeitgebers** kommt in Betracht.

2. Urlaubsgemäßes Verhalten

Dem Arbeitnehmer ist nicht nur die dem Urlaubszweck widersprechende Erwerbstätigkeit untersagt. Er muss sich auch **urlaubsgemäß verhalten**. Gegen diese Pflicht verstößt etwa, wer auf einer Urlaubsreise seine Freizeit so gestaltet, dass schwere Gesundheitsbeschädigungen fast unvermeidbar sind.

2884

Die Rechte des Arbeitgebers entsprechen den oben (→ Rz. 2883) dargestellten.

XI. Vergütungsfragen

2885 Kaum einem Arbeitnehmer wäre damit gedient, wenn ihm zwar ein Urlaubsanspruch zustünde, er aber während dieses Zeitraums keine Vergütung erhielte. Dabei sind folgende, in der Praxis immer wieder verwischte, Leistungen aus rechtlichen Gründen auseinander zuhalten:

- Urlaubsentgelt,
- Urlaubsgeld,
- Urlaubsabgeltung.

Das Bundesurlaubsgesetz gewährt dem Arbeitnehmer daher einen Anspruch auf bezahlten Erholungsurlaub. Der Arbeitnehmer erhält ein sog. **Urlaubsentgelt** (= Entgeltfortzahlung während des Urlaubs). Für die Berechnung dieses Entgeltanspruchs gelten Besonderheiten (s. → Rz. 2887 ff.).

Einen ersten Überblick vermittelt die Checkliste bei → Rz. 2886.

Das Urlaubsentgelt darf nicht mit dem **Urlaubsgeld** verwechselt werden, das von manchem Arbeitgeber zusätzlich auf der Grundlage von Tarifverträgen, Betriebsvereinbarungen oder Einzelarbeitsverträgen gezahlt wird. Hierbei handelt es sich mithin um eine gesetzlich nicht geforderte Zusatzleistung. Der Gewährung von Urlaubsgeld liegt zumeist der Gedanke zugrunde, zusätzliche urlaubsbedingte Mehraufwendungen abzudecken. Es können aber auch andere Zwecksetzungen Berücksichtigung finden.

Schließlich kommt als weitere Vergütungsform die **Urlaubsabgeltung** hinzu. Kann der Urlaub wegen der Beendigung des Arbeitsverhältnisses nicht genommen werden, so ist er abzugelten.

XII. Urlaubsentgelt

2886 **CHECKLISTE HÖHE DES URLAUBSENTGELTS**

- **Berechnungszeitraum:**
  - Grundsätzlich die letzten 13 Wochen/3 Monate vor Beginn des Urlaubs.

- **Zu berücksichtigende Leistungen:**
  - Der gesamte Arbeitsverdienst einschließlich Prämien, Zulagen, Provisionen und geldwerten Sachbezügen; nicht aber Überstundenvergütungen,
  - Nicht nur vorübergehende Verdiensterhöhungen während des Urlaubs.

- **Nicht zu berücksichtigen sind**
  - Verdienstkürzungen während des Urlaubs,
  - Verdienstkürzungen im Berechnungszeitraum,
  - Kurzarbeit, Arbeitsausfall, unverschuldete Arbeitsversäumnis
  - Arbeitsausfall durch rechtmäßigen Streik (für rechtswidrigen Streik streitig).

- **Verschuldete Arbeitsversäumnis** im Bezugszeitraum wird berücksichtigt und führt zur Kürzung.

Urlaubsentgelt, also Weiterzahlung des Lohnes oder Gehaltes für die Zeit des Urlaubs, erhält jeder Arbeitnehmer kraft Gesetzes.

1. Berechnung des Urlaubsentgelts

Nach § 11 Abs. 1 Satz 1 BUrlG bemisst sich das Urlaubsentgelt nach dem durchschnittlichen Arbeitsverdienst, den der Arbeitnehmer in den letzten 13 Wochen vor dem Beginn des Urlaubs erhalten hat (sog. **Bezugszeitraum**). 2887

a) Maßgebliches Arbeitsentgelt

Maßgebliches Entgelt ist **der gesamte Arbeitsverdienst** des Arbeitnehmers im Bezugszeitraum. Es muss also ermittelt werden, was der Arbeitgeber dem Arbeitnehmer als Gegenleistung für dessen Arbeitskraft gewährt. Im Einzelnen kommen folgende Punkte in Betracht: 2888

Arbeitsentgelt von A – Z

Akkordlohn, Prämienlohn	ist in der Weise zu berücksichtigen, wie er tatsächlich im Berechnungszeitraum erzielt wurde. Dies gilt auch für Prämienlohn. Es kommt nicht auf den Akkordverdienst an, der aufgrund der Arbeit im Bezugszeitraum verdient wurde.
Anwesenheitsprämien	sind zu berücksichtigen
Aufwandsentschädigungen	sind grundsätzlich kein Arbeitsentgelt, sofern sie zur Abgeltung eines besonderen Aufwandes gezahlt werden (anders unter Umständen bei Pauschalen, die den Sinn haben, Arbeitslohn zu verschleiern).
Auslösungen	sind Arbeitsverdienst, wenn und soweit Zahlungen dieser Art versteuert werden müssen.
Bedienungsgelder	im Gaststättengewerbe gehören grundsätzlich zum Arbeitsentgelt; wegen saisonaler Schwankungen kann auch ein längerer Bezugszeitraum zugrundegelegt werden.
Fremdprovisionen	gehören nicht zum Arbeitsentgelt.
Gratifikationen	erhöhen das Urlaubsentgelt nicht (Weihnachtsgeld etc.). Gleiches gilt für andere einmalige Zuwendungen, die nicht einem bestimmten Bezugszeitraum zugeordnet werden können.
Leistungszulagen	sind zu berücksichtigen.
Provisionen	sind neben dem Fixum bei Berechnung des Arbeitsentgelts zu berücksichtigen. Entscheidend ist, ob die Provision im Bezugszeitraum fällig, also zu zahlen gewesen wäre.

Sachbezüge	gehören zum Arbeitslohn und sind, soweit sie nicht während des Urlaubs weitergewährt werden, angemessen in bar abzugelten. »Angemessen« meint mit dem realen Wert, nicht mit dem steuerlichen Wert.
Überstundenvergütung	gehört nach neuster Gesetzesfassung nicht mehr zum Urlaubsentgelt; allerdings sind günstigere tarifliche Regelungen denkbar und in der Praxis nicht selten. Wird die Überstundenvergütung aber erst in einem späteren Zeitraum ausbezahlt, erfolgt keine Berücksichtigung. Bereitschaftsdienst und Rufbereitschaft sollen der Überstundenvergütung nicht gleichstehen *(BAG 24.10.2000, EzA-SD, 5/2001, S. 6)*.
Umsatzbeteiligung	beruht nicht auf einer Leistung im Berechnungszeitraum und ist nicht zu berücksichtigen.
Zuschläge	für Nachtarbeit etc. gehören zum Arbeitsverdienst.

Maßgeblicher Bezugszeitraum sind die letzten 13 Wochen vor Beginn des Urlaubs. Ausreichend ist insoweit, wenn der Arbeitgeber die **letzten abgerechneten Lohnzahlungszeiträume** zugrunde legt. Bei monatlicher Zahlung werden die letzten 3 Monate herangezogen.

Gänzlich unproblematisch ist die Berechnung des Urlaubsentgelts, wenn der Arbeitnehmer einen gleichbleibenden Verdienst hat. Hier genügt es, wenn dieser für den Urlaubszeitraum fortgezahlt wird.

Überstundenvergütungen (der **Zuschlag** für die Überstunde) sind nicht mehr zu berücksichtigen (§ 11 BUrlG n.F. und hierzu *BAG 09.11.1999, EzA § 11 BUrlG Nr. 44*)! Allerdings stellt sich in der Praxis häufig die Frage, ob eine günstigere tarifliche Regelung vorliegt. Diese setzt sich, wenn es sich um eine konstitutive, also eigenständige, handelt, durch. Umgekehrt können für den Mehrurlaub andere Regelungen getroffen werden.

Dies bedeutet: Die Tarifvertragsparteien können abweichend von § 11 Abs. 1 BUrlG vereinbaren, dass bei der Berechnung des während des Urlaubs fortzuzahlenden Entgelts nach dem Durchschnittsverdienst die im Bezugszeitraum abgerechneten Überstunden und Überstundenzuschläge zu berücksichtigen sind. Ist in einer tariflichen Regelung »der Bruttoverdienst des Berechnungszeitraumes ausschließlich Überstundenbezahlung und Überstundenzuschläge« zu berücksichtigen, so sind Zuschläge, die für Sonntagsarbeit und Sonntagsnachtarbeit abgerechnet werden, nicht ausgeschlossen. Dies gilt auch dann, wenn sie mit Überstundenzuschlägen zusammentreffen *(BAG 03.04.2001, EzA § 4 TVG Druckindustrie Nr. 29)*.

Bei der Berechnung des Urlaubsentgelts sind diverse Sonderfälle zu berücksichtigen. So sind etwa bei der **Berechnung des Urlaubsentgelts von Betriebsratsmitgliedern** auch die im Referenzzeitraum gewährten Ausgleichszahlungen wegen Mehrarbeit außerhalb der individuellen Arbeitszeit nach § 37 Abs. 3 Satz 2 2. Halbs. BetrVG zu berücksichtigen *(BAG 11.01.1995, EzA § 37 BetrVG 1972 Nr. 123;* zur Einbeziehung von **Prämien im Profifußballbereich** *BAG 24.11.1992, EzA § 11 BUrlG Nr. 33;* auch **Provisionen** sind zu berücksichtigen *BAG 11.04.2000, EzA § 11 BUrlG Nr. 45 für Vermittlungs- und Bezirksprovisionen)*

Für über den gesetzlichen **Mindesturlaub** hinausgehende Urlaubsansprüche kann aber vereinbart werden, dass sich das Urlaubsentgelt unter Ausschluss des Leistungslohnes berechnet. Hierfür bedarf es jedoch einer eindeutigen abweichenden Vereinbarung. Diese ergibt sich nicht schon daraus, dass Urlaub über den gesetzlichen Mindesturlaub gewährt wird. Nimmt eine Arbeitnehmer Urlaub und stellt sich anschließend heraus, dass er wegen des vorzeitigen Ausscheidens aus dem Betrieb zuviel Urlaub erhalten hat, besteht **kein Anspruch auf Nachzahlung des Urlaubsentgelts für die zuviel erhaltenen, vom Arbeitgeber noch nicht bezahlten Urlaubstage** (s. *LAG Düsseldorf 14.03.1995, BB 1995, 1092, bestätigt durch BAG 23.04.1996, EzA § 5 BUrlG Nr. 17).*

b) Vorübergehende Verdienstschwankungen

Probleme tauchen auf, wenn der Verdienst des Arbeitnehmers gewissen Schwankungen unterworfen ist. Hier sind zwei Punkte wichtig:

- Treten während des Berechnungszeitraums oder des Urlaubsverdienstes **Erhöhungen nicht nur vorübergehender Art** auf, so ist von dem erhöhten Verdienst auszugehen.
- Tritt die Erhöhung im Urlaub ein, ist das Urlaubsentgelt neu zu berechnen und nachzuzahlen.

Auch beim **Wechsel von der Vollzeit- zur Teilzeitbeschäftigung** berechnet sich das Urlaubsentgelt nach § 11 Abs. 1 Satz 1 BUrlG nach dem **Durchschnittsverdienst der letzten 13 Wochen**. Für eine Begrenzung des Urlaubsentgelts auf die Höhe des laufenden Arbeitsverdienstes besteht keine Grundlage. Das heißt, dass dem Arbeitnehmer das **volle Urlaubsentgelt** zu zahlen ist, obwohl er nur noch teilweise im Betrieb beschäftigt wird.

Vorsicht ist geboten, wenn im Urlaub von Teil- auf Vollzeit gewechselt wird. Hier wird teilweise eine Verdiensterhöhung angenommen.

Verdienstkürzungen, die im Berechnungszeitraum infolge von Kurzarbeit, Arbeitsausfällen oder unverschuldeter Arbeitsversäumnis eintreten, bleiben für die Berechnung des Urlaubsentgeltes außer Betracht (siehe § 11 Abs. 1 Satz 3 BUrlG). Verdienstkürzungen während des Urlaubs bleiben ebenfalls unberücksichtigt. Der Arbeitnehmer kann dementsprechend mehr an Urlaubsentgelt erhalten, als er bei regulärer Arbeit verdient hätte.

Nicht zur Kürzung des Urlaubsentgeltes führen auch Arbeitsausfälle, die in der Sphäre des Arbeitgebers liegen.

BEISPIEL:

Betriebsunterbrechung wegen Rohstoffmangels.

Hierher gehören auch Betriebsversammlungen. Arbeitskampfmaßnahmen führen nicht zu Verdienstkürzungen, wenn sie rechtmäßig sind. Bei rechtswidrigen Arbeitskampfmaßnahmen ist die Berücksichtigung umstritten. Schließlich bleibt die unverschuldete Arbeitsversäumnis unberücksichtigt. Verschuldete Arbeitsausfälle (Bummeltage, Freiheitsstrafenverbüßung, Teilnahme an gefährlichen Sportarten etc.) sind jedoch zu berücksichtigen.

c) Berechnung des Urlaubsentgelts

2890 Ist der durchschnittliche Arbeitsverdienst entsprechend den obigen Grundsätzen ermittelt, kann hieraus das Urlaubsentgelt berechnet werden. Dies ist grundsätzlich nach Werktagen zu berechnen:

BEISPIEL:

Verdienst der letzten 13 Wochen = 15.000 EUR

Werktage der letzten 13 Wochen = 78

Urlaubstage = 24

Verdienst : Werktage = Durchschnittsverdienst je Urlaubstag

Durchschnittsverdienst x Urlaubstage = Urlaubsentgelt

15.000 EUR : 78 = 192,30 x 24 Werktage Urlaub = 4.615,38 EUR

Auch bei einer Berechnung in der 5-Tage-Woche gelangt man zu dem Ergebnis:

15.000 EUR : 65 = 230,76 EUR x 20 Arbeitstage Urlaub = 4615,38 EUR

Besonderheiten gelten bei der **Berechnung des Urlaubsentgelts im Freischichtenmodell** (Arbeit an 5 Tagen mit je 8 Stunden täglich und Umsetzung der Arbeitszeitverkürzung über Freischichten). Die Rechtsprechung ist insoweit kompliziert. Grundsätzlich gilt: Freischichten werden wie Arbeitstage behandelt, da sie an Stelle einer täglichen Arbeitszeitverkürzung gewährt werden. Fallen diese Freischichten in den Bezugszeitraum, vermindert sich die Urlaubsvergütung entsprechend. Soweit allerdings Freischichten individuell festgelegt werden können, fallen sie zumeist ohnehin nicht in den Urlaub (s. zu Einzelheiten auch → Rz. 2828a mit zahlreichen weiteren Nachweisen).

Ob beim **Freischichten-Modell** für die Berechnung der Urlaubsvergütung eine Arbeitszeit von 8 Stunden oder die infolge Arbeitszeitverkürzung reduzierte Arbeitszeit zugrunde zu legen ist, richtet sich nach der jeweiligen tariflichen Regelung. Insgesamt kann nur empfohlen werden, hier sachkundigen Rat einzuholen, da die Materie äußerst komplex und unübersichtlich ist.

2. Fälligkeit des Urlaubsentgelts

Das Urlaubsentgelt ist nach § 11 Abs. 2 BUrlG vor Antritt des Urlaubs auszuzahlen. Grundsätzlich soll der Arbeitnehmer also vor Antritt des Urlaubs über den gesamten Betrag verfügen können. Das Urlaubsentgelt kann jedoch auch wie laufendes Arbeitsentgelt am betriebsüblichen Auszahlungstag gewährt werden. Man wird dem Arbeitnehmer aber dann das Recht einräumen müssen, einen **Abschlag** zu verlangen. Das Urlaubsentgelt ist lohnsteuer- und beitragspflichtig (s. → Rz. 8035 – Urlaubsgeld). 2891

3. Pfändbarkeit des Urlaubsentgelts

Der Anspruch auf Urlaubsentgelt kann nach überwiegender Auffassung im Rahmen der Vorschriften über Pfändung von Arbeitseinkommen gepfändet werden. In der pfändbaren Höhe ist auch eine Aufrechnung oder Abtretung möglich (s. §§ 394, 400 BGB; hierzu jetzt auch *BAG 20.06.2000, EzA § 1 BUrlG Nr. 23*). 2892

XIII. Zusätzliches Urlaubsgeld

Häufig wird dem Arbeitnehmer neben der Fortzahlung des Entgelts während des Urlaubs (Urlaubsentgelt) noch ein zusätzlicher Betrag bezahlt. Da dieser zumeist dazu dient, urlaubsbedingte Mehraufwendungen des Arbeitnehmers abzudecken, wird er als **Urlaubsgeld** bezeichnet. Selbstverständlich kann der Arbeitnehmer, wenn eine entsprechende Regelung fehlt, kein Urlaubsgeld verlangen. Hierzu bedarf es vielmehr einer besonderen Verpflichtung des Arbeitgebers, die auf 2893

- Tarifvertrag,
- Betriebsvereinbarung,
- Einzelarbeitsvertrag oder
- freiwilliger Zusage, beruhen kann.

Das **Urlaubsgeld** kann jedoch auch ein **erhöhtes Urlaubsentgelt** darstellen. Was im Einzelfall gemeint ist, muss durch Auslegung ermittelt werden. Allein die Bezeichnung ist nicht ausschlaggebend! Handelt es sich tatsächlich um Urlaubsentgelt, finden die Vorschriften über das Urlaubsentgelt Anwendung (s. → Rz. 2886). Grundsätzlich teilt der Urlaubsgeldanspruch das Schicksal des Urlaubs-/Urlaubsabgeltungsanspruchs. Das bedeutet: Mangels anderweitiger Anhaltspunkte entfällt der Urlaubsgeldanspruch mit dem Erlöschen des Urlaubs- oder Urlaubsabgeltungsanspruchs infolge Zeitablaufs *(BAG 17.01.1995, EzA § 7 BUrlG Nr. 98; BAG 24.10.1995, EzA § 4 TVG Gebäudereinigerhandwerk Nr. 3 und LAG Rheinland-Pfalz, 06.12.1995, BB 1996, 1840)*. **Der Arbeitgeber ist bei der Gewährung des Urlaubsgeldes an den Gleichbehandlungsgrundsatz gebunden.**

BEISPIEL:

Arbeitgeber A gewährt seinen männlichen Beschäftigten ein Urlaubsgeld von 50,00 EUR je Urlaubstag. Da Frauen nach seinen Feststellungen häufiger krank sind, erhalten sie nur 20,00 EUR am Tag.

In dieser Differenzierung liegt ein Verstoß gegen den Gleichbehandlungsgrundsatz mit der Folge, dass auch die weiblichen Arbeitnehmer Anspruch auf Zahlung des erhöhten Urlaubsgeldes haben (Meistbegünstigung). Etwas anderes gilt, wenn das Urlaubsgeld als echte Anwesenheitsprämie ausgestaltet ist.

2894 Die Parteien können im Hinblick auf die Zahlung des Urlaubsgeldes vereinbaren, dass dessen Gewährung von dem Bestand eines ungekündigten Arbeitsverhältnisses zu einem bestimmten Stichtag abhängt.

BEISPIEL:

Arbeitnehmer A ist seit 10 Jahren bei Arbeitgeber B beschäftigt. Er erhält ein zusätzliches Urlaubsgeld von 20,00 EUR je Urlaubstag unter der Voraussetzung, dass ein ungekündigtes Arbeitsverhältnis am 01.07. des Jahres besteht. Kurz vor Erreichen des Stichtags erhält A eine betriebsbedingte Kündigung. Er meint, B könne nicht auf diese Weise seinen Anspruch auf Urlaubsgeld beseitigen.

Nach der neueren Rechtsprechung ist eine derartige Klausel auch für den Fall der betriebsbedingten Kündigung vereinbarungsfähig. A hat also keinen Anspruch auf das Urlaubsgeld von 20,00 EUR je Urlaubstag. Es gelten dieselben Grundsätze wie bei Weihnachtsgratifikationen. Zu Wartezeitregelungen für den Bezug des Urlaubsgeldes s. BAG 24.10.1995, EzA § 4 TVG Gebäudereinigerhandwerk Nr. 3.

Denkbar ist auch eine vollständige Akzessorietät von Urlaubsgeld und Urlaubsanspruch (s. zum Tarifvertrag für den Einzelhandel NRW etwa *BAG 03.04.2001, EzA § 4 TVG Einzelhandel Nr. 45*). D.h.: Kann dem Arbeitnehmer weder im Urlaubsjahr noch im Übertragungszeitraum Urlaub erteilt werden, erlischt der Anspruch auf das tarifliche Urlaubsgeld mit dem Urlaubsanspruch.

Auch kann eine Kürzung des Urlaubsgeldes für Fehlzeiten vorgesehen werden. Hier besteht jedoch ein großer Nachteil, weil nicht ohne große Schwierigkeiten zwischen **echten und unechten Fehlzeiten** differenziert werden kann, also notgedrungen auch »wirklich Kranke« betroffen werden. Daher bietet es sich an, die Zahlung des Urlaubsgeldes an einen bestimmten Prozentsatz der krankheitsbedingten Ausfälle in einem Unternehmen zu knüpfen. Durch eine solche Regelung wird das Interesse der Gesamtbelegschaft an einem niedrigen Krankenstand gefördert. Soll eine solche Regelung eingeführt werden, ist ggf. das **Mitbestimmungsrecht des Betriebsrats** zu beachten. Auch ist § 4 a EFZG zu beachten (Kürzung maximal 1/4 des Tagesverdienstes für jeden Krankheitstag). Zum Problemkreis Erziehungsurlaub und Urlaubsgeld siehe → Rz. 2926.

1. Urlaubsgeld in arbeits-, steuer- sozial- und zivilrechtlicher Sicht

Das Urlaubsgeld gehört steuer- und sozialrechtlich zum Arbeitseinkommen, unterliegt also wie dieses der Beitrags- und Steuerpflicht. Es ist grundsätzlich vor Urlaubsantritt für jeden Urlaubstag zu zahlen (Grund: Deckung urlaubsbedingter Mehraufwendungen). Nur ausnahmsweise kann es für Fehlzeiten gekürzt werden. Hierfür bedarf es einer entsprechenden Vereinbarung. Im Gegensatz zum Urlaubsentgelt ist das Urlaubsgeld **unpfändbar**, soweit es sich im Rahmen des Üblichen hält (siehe § 850 a Nr. 2 ZPO). Gegenüber Unterhaltsgläubigern bestimmt § 850 d Abs. 1 ZPO allerdings eine teilweise Pfändbarkeit auch des üblichen Urlaubsgeldes.

2895

BEISPIEL:

Arbeitgeber A trifft mit dem hochverschuldeten Arbeitnehmer B eine Vereinbarung nach der dieser ein Urlaubsgeld von 1.000 EUR je Urlaubstag erhält. Gleichzeitig wird das Arbeitsentgelt von 4.000 EUR auf 2.000 EUR im Monat herabgesetzt.

Im Beispielsfall haben es die Parteien nicht in der Hand, Arbeitsvergütung in Urlaubsgeld umzuwandeln und dem Arbeitnehmer hierdurch unpfändbare Bezüge zu verschaffen. Maßgebend für die Üblichkeit sind die Gepflogenheiten des jeweiligen Wirtschaftszweiges.

Besondere Probleme stellen sich, wenn der Arbeitgeber ein Urlaubsgeld auf Grundlage des Einzelarbeitsvertrages oder einer Betriebsvereinbarung zahlt und später durch Tarifvertrag eine Urlaubsgeldzahlung vereinbart wird. Regelmäßig besteht hier eine **Verrechnungsmöglichkeit**. Der Arbeitnehmer erhält also nur einmal Urlaubsgeld. D.H., eine Verrechnung von einzelvertraglichem und tariflichem Urlaubsgeld ist bei **Deckungsgleichheit** möglich.

2896

Zur **schadensrechtlichen Behandlung** des Anspruchs des Verletzten auf Urlaubsgeld s. *BGH 07.05.1996, NZA 1996, 972*. Der BGH geht – grob vereinfacht – davon aus, dass **Urlaubsgeld auch ein Entgelt für geleistete Arbeit** ist und er daher im Falle unfallbedingter Arbeitsunfähigkeit einen ersatzfähigen Schaden erleidet, der ggf. auf den Arbeitgeber übergeht. Bei der Berechnung der Verdienstausfallbeträge wird das Urlaubsgeld auf die Jahrestage unter Abzug der Urlaubs- und Freistellungstage verteilt.

2. Freiwilliges Urlaubsgeld/Rückzahlungsvereinbarungen

Zahlt der Arbeitgeber ein freiwilliges Urlaubsgeld, hat er es in der Hand, Höhe, Auszahlungszeitpunkt und weitere Einzelheiten festzulegen. Allerdings ist er an den Gleichbehandlungsgrundsatz gebunden (s. dazu → Rz. 2973). Wird ein freiwilliges Urlaubsgeld gezahlt, muss ein **Freiwilligkeitsvorbehalt** bei jeder Zahlung gemacht werden.

2897

Wird dies versäumt, so tritt bei **dreimaliger vorbehaltloser Zahlung** eine **Bindung** ein. Der Arbeitnehmer hat dann einen Anspruch auf die weitere Gewährung der Leistung.

Aus betrieblicher Sicht von besonderer Bedeutung für alle Sonderzahlungen (Weihnachtsgeld, Urlaubsgeld etc.) sind **Rückzahlungsklauseln**. Nach diesen muss der Arbeitnehmer, wenn er zu einem bestimmten Termin ausscheidet, die Sonderzahlung zurückgewähren. Hierdurch wird dem Arbeitnehmer die Kündigungsmöglichkeit erschwert (finanzieller Verlust). Daher nimmt die Rechtsprechung eine **Rechtskontrolle der Rückzahlungsklausel** vor.

2898 Gratifikationshöhe und Betriebsbindung müssen in einem angemessenen Verhältnis stehen. Dabei ist von folgenden Eckdaten auszugehen:

- **Bis 200,00 DM/100,00 EUR Gratifikation**
  keine Rückzahlungsvereinbarung möglich, so genannte Kleingratifikation, verbleibt auch nicht als Sockelbetrag bei höherer Gratifikationszahlung und vorzeitigem Ausscheiden.
- **Gratifikation zwischen 200,00 DM/100,00 EUR und weniger als einem Monatsverdienst**
  Bindung des Arbeitnehmers bis zum 31.03.; zu diesem Termin frühestes Ausscheiden möglich, wenn Zahlung im November erfolgt. Bei anderer Auszahlung ist die dreimonatige Bindungsdauer immer entsprechend zu berechnen.
- **Gratifikation ein Monatsverdienst**
  Bei nur einer Kündigungsmöglichkeit bis zum 31.03. ist diese auszulassen, bei mehreren Kündigungsmöglichkeiten sind alle bis zum 31.03. auszulassen.
- **Gratifikation größer als ein Monatsverdienst, aber kleiner als zwei Monatsverdienste**
  Keine Bindung des Arbeitnehmers über den 30.06. hinaus, wenn bis dahin mehrere Kündigungsmöglichkeiten bestehen.
- **Gratifikation größer als zwei Monatsverdienste**
  Bindung des Arbeitnehmers bis zum 30.09. möglich, wenn eine Staffelung der Rückzahlung vorgesehen ist. Zulässig ist Rückzahlungsklausel, die bei Ausscheiden bis zum 31.03. eineinhalb Monatsgehälter, bis zum 30.06. ein Monatsgehalt, bis zum 30.09. ein halbes Monatsgehalt beinhaltet.

Kriterium für den vollen Monatsbezug ist immer der **Auszahlungsmonat** bei Arbeitnehmern mit festen Bezügen. Es ist also nicht ein durchschnittliches Entgelt zu berechnen. **Minimale Über-/Unterschreitungen** führen nicht dazu, dass die nächsthöhere oder nächstniedrigere Stufe anzuwenden ist. Eine Abweichung von 8 % ist jedenfalls nicht mehr geringfügig in diesem Sinne. Erhält der Arbeitnehmer kein volles Monatsgehalt als Gratifikation, weil er erst im Laufe des Jahres eingetreten ist, so muss für die Dauer der zulässigen Betriebsbindung auch nur von dem **tatsächlich ausgezahlten Betrag** ausgegangen werden.

Ein Rückzahlungsanspruch kann – je nach zugrundeliegender Vereinbarung – auch ausgelöst werden, wenn die zusätzliche Urlaubsvergütung bereits für den gesamten Urlaubszeitraum ausgezahlt worden ist *(BAG 24.10.2000, EzA § 4 TVG Metallindustrie Nr. 119).*

Ohne Rückzahlungsklausel ist der Arbeitnehmer auch bei Kündigung unmittelbar nach Erhalt der Gratifikation **nicht** zur Rückzahlung verpflichtet. Eine Rückzahlungsverpflichtung ergibt sich also nicht schon aus der Freiwilligkeit der Leistung! Auch nach der Erhöhung der Kündigungsmöglichkeiten durch das **KündFG** hat das BAG an der bisherigen Rechtsprechung bislang festhalten. Siehe zu solchen Rückzahlungsklauseln auch *LAG Nürnberg 02.03.1999, 6 Sa 1137/96.*

Keinen Anspruch auf zusätzliches Urlaubsgeld hat der Arbeitnehmer in folgendem Fall: 2899

> **BEISPIEL:**
>
> In der Betriebsvereinbarung ist festgelegt, dass die Arbeitnehmer, die am Stichtag (30.06 eines jeden Jahres) in einem ungekündigten Arbeitsverhältnis stehen, Anspruch auf Urlaubsgeld in Höhe von 500 EUR haben. Arbeitnehmer A kündigt am 31.05 zum 30.09.
>
> Im Ausgangsfall kommt es auf das ungekündigte Arbeitsverhältnis zu einem bestimmten Stichtag, nicht auf den Bestand des Arbeitsverhältnisses als solches an. A hat keinen Anspruch auf Urlaubsgeld.

> **Muster einer Urlaubsgeldklausel mit Rückzahlungsvereinbarung**
>
> Jeder Arbeitnehmer, der am 01.07. eines Kalenderjahres in einem ungekündigten Arbeitsverhältnis steht, erhält mit dem Augustentgelt ein Urlaubsgeld von einem Monatsbezug. Sollte der Arbeitnehmer vor dem 31.03. des Folgejahres durch Eigenkündigung oder durch von ihm veranlassten Aufhebungsvertrag aus dem Arbeitsverhältnis ausscheiden, so hat er das Urlaubsgeld zum Zeitpunkt der Beendigung zurückzugewähren.

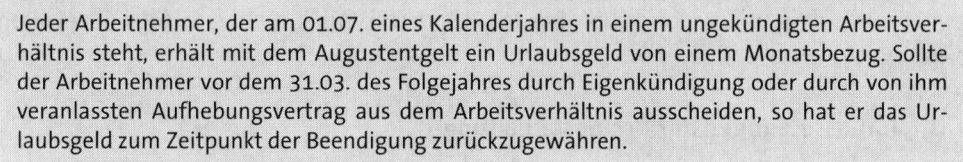

XIV. Urlaubsabgeltung

> **CHECKLISTE URLAUBSABGELTUNG** 2900
>
> - Bestehen eines Urlaubsanspruchs,
> - Erfüllung des Urlaubsanspruchs wegen Beendigung des Arbeitsverhältnisses ist nicht möglich,
> - Ohne Beendigung wäre Urlaubsanspruch erfüllbar gewesen; insbesondere keine fortbestehende Arbeitsunfähigkeit,
> - Abgeltungsanspruch nicht verfallen oder verjährt.

Die Arbeitsvertragsparteien haben gelegentlich ein starkes Interesse daran, Urlaub nicht 2901
in Natur zu nehmen, sondern statt dessen einen entsprechenden Geldbetrag zu zahlen/zu erhalten. So ist der Arbeitnehmer oft aus betrieblichen Belangen gehindert, seinen Urlaub anzutreten. Andererseits hat er häufig persönliche Interessen, die einem Urlaub »in Natura« entgegenstehen.

Eine **Urlaubsabgeltung** (Abkaufen des Urlaubs) ist nach dem BUrlG nur sehr eingeschränkt möglich. Sie kommt nur in Betracht, wenn der dem Arbeitnehmer zustehende Urlaub wegen der Beendigung des Arbeitsverhältnisses ganz oder teilweise nicht mehr in Natur genommen werden kann (§ 7 Abs. 4 BUrlG). Ein vorheriger Verzicht auf den Urlaubsabgeltungsanspruch verstößt i.Ü. gegen § 13 BUrlG *(LAG Berlin 17.02.1997, EzA-SD 9/1997 S. 11 unter d)* und ist unwirksam *(vgl. auch BAG 20.01.1998, EzA § 13 BUrlG Nr. 57).*

Die weitverbreitete Praxis, den Urlaub während des bestehenden Arbeitsverhältnisses dem Arbeitnehmer abzukaufen, ist mit dem BUrlG nicht vereinbar. Eine entsprechende Übereinkunft ist unwirksam! Dies hat zur Folge, dass dem Arbeitnehmer der Urlaub noch einmal in Natur zusteht. **Es droht also eine doppelte Inanspruchnahme!** Der Arbeitgeber ist dabei nicht nur zur Freistellung verpflichtet. Er muss vielmehr auch das Urlaubsentgelt erneut zahlen. Nur ausnahmsweise wird dem Arbeitnehmer die erneute Geltendmachung des Urlaubsanspruchs von der Rechtsprechung wegen rechtsmissbräuchlichen Verhaltens versagt. Dies kommt nur in Betracht, wenn der Arbeitnehmer den Arbeitgeber gedrängt hat, ihm eine Abgeltung zu gewähren. Arbeiten hingegen Arbeitgeber und Arbeitnehmer einverständlich zusammen, ist eine erneute Geltendmachung möglich. Hier ist also äußerste Vorsicht geboten! Besteht gleichwohl ein **Abgeltungsinteresse**, ist folgendes zu beachten: Zur Minimierung des Risikos sollte nur der über den gesetzlichen Urlaub von 24 Werktagen hinausgehende Urlaubsteil abgegolten werden. Auch muss geprüft werden, ob der Abgeltung nicht die Bestimmungen eines Tarifvertrages oder einer Betriebsvereinbarung entgegenstehen. Schließlich muss zu Beweiszwecken genau festgelegt werden, dass und welche über den Mindesturlaub hinausgehende Tage abgegolten werden.

1. Voraussetzungen der Urlaubsabgeltung

2902   Die nach dem Gesetz (zu tariflichen Regelungen s. etwa *BAG 18.02.1997, EzA-SD 5/1997 S. 3*) zulässige Urlaubsabgeltung ist davon abhängig, dass

- dem Arbeitnehmer ein Urlaubsanspruch zusteht,
- das Arbeitsverhältnis ist beendet worden ist,
- wg. der Beendigung der Urlaub nicht mehr in Natur genommen werden konnte.

Ein Urlaubsabgeltungsanspruch ist nicht auf den gesetzlichen Mindesturlaub beschränkt, sondern umfasst den gesamten Urlaubsanspruch des Arbeitnehmers, der bei Beendigung des Arbeitsverhältnisses noch nicht erfüllt ist. Für die Frage der Abgeltung ist es unerheblich, auf welche Weise und aus welchen Motiven das **Arbeitsverhältnis beendet** wurde. In Betracht kommen hier Kündigung, Aufhebungsvertrag oder Zeitablauf (Befristung). Geht der Betrieb auf einen neuen Inhaber über, liegt keine Beendigung des Arbeitsverhältnisses vor. Der Urlaub ist also vom neuen Arbeitgeber in Natur zu gewähren und nicht vom alten abzugelten (s. § 613 a BGB). Dies gilt auch, wenn er wirksam betriebsbedingt gekündigt hatte *(BAG 02.12.1999, EzA § 613a BGB Nr. 189)*. Schließlich hängt die Abgeltung davon ab, dass der **Urlaub nur wegen der Beendigung** nicht mehr in Natur genommen werden konnte. Die Betonung liegt dabei auf dem Wort »nur«!

BEISPIEL:

Arbeitnehmer A ist im Urlaubsjahr und im Übertragungszeitraum arbeitsunfähig krank und kann daher seinen Erholungsurlaub nicht antreten. Er meint, ihm stünde ein Abgeltungsanspruch zu.

Im Beispielsfall konnte A den Urlaub wegen seiner Arbeitsunfähigkeit nicht antreten. Ihm steht daher kein Abgeltungsanspruch zu. Der Urlaub ist also höchstens für so viele Tage abzugelten, wie der Arbeitnehmer im Urlaubsjahr und ggf. im Übertragungszeitraum arbeitsfähig ist.

Das **BAG** *(08.02.1994, EzA § 7 BUrlG Nr. 92; 05.12.1995, EzA § 7 BUrlG Nr. 101; 20.01.1998, EzA § 13 BUrlG Nr. 57)* geht von folgenden **Leitlinien** aus:

- Der (gesetzliche) Urlaubsabgeltungsanspruch kann nur erfüllt werden, wenn der Arbeitnehmer bei Fortdauer des Arbeitsverhältnisses jedenfalls für die Dauer seines Urlaubs seine vertraglich geschuldete Arbeitsleistung hätte erbringen können.
- Die Erfüllbarkeit des den Urlaubsanspruch ersetzenden Abgeltungsanspruchs setzt die Arbeitsfähigkeit des Arbeitnehmers voraus. Wer arbeitsunfähig krank ist, kann nicht von seiner Arbeitspflicht befreit werden. Ob Arbeitsfähigkeit vorliegt, beurteilt sich nach der aufgrund des Arbeitsvertrages geschuldeten Leistung, die der Arbeitgeber als vertragsgemäß hätte annehmen müssen.
- Die Darlegungs- und Beweislast für die Arbeitsfähigkeit/Erfüllbarkeit des Urlaubsanspruchs liegt beim Arbeitnehmer.
- Die Tarifparteien können zugunsten des Arbeitnehmers eine hiervon abweichende Regelung treffen (s. auch → Rz. 2903a; s. BAG 09.11.1999, EzA § 7 BUrlG Abgeltung Nr. 3).
- Der gesetzliche Urlaubsabgeltungsanspruch ist ebenso befristet wie der Urlaubsanspruch.
- Ist der Abgeltungsanspruch erfüllbar, hat der Arbeitnehmer Anspruch auf Zahlung eines dem Urlaubsentgelt entsprechenden Betrags.

Für die Abgeltung **unerheblich** ist, die subjektive Einstellung der Parteien.

BEISPIEL:

Beide Parteien wissen um die baldige Beendigung des Arbeitsverhältnisses. Arbeitnehmer A nimmt gleichwohl keinen Urlaub. Auch Arbeitgeber B wird nicht tätig.

Im Beispielsfall steht dem A ein Abgeltungsanspruch zu. Will der Arbeitgeber dies verhindern, muss er Urlaub erteilen. Hierzu ist er befugt.

Nachdem mehr und mehr Altersteilzeitvereinbarungen geschlossen werden, werden auch Probleme im Zusammenspiel von Altersteilzeit und Urlaubsrecht virulenter. So hatte sich das *LAG Baden-Württemberg (11.12.2000 – 13 Sa 65/00 -)* mit der Frage zu befassen, ob ein Arbeitnehmer, der während der Altersteilzeit eine Blockfreistellung in Anspruch nimmt, einen Anspruch auf Abgeltung bis dahin noch nicht genommenen Urlaubs aus § 7 Abs. 4 BUrlG hat.

BEISPIEL:

Auf das Arbeitsverhältnis der Parteien finden die Tarifverträge der Metallindustrie Südbaden Anwendung. Der Kläger (Arbeitnehmer) schloss 1998 mit der Beklagten einen Altersteilzeit-Arbeitsvertrag. Dieser beinhaltete ein klassisches Blockmodell (Phase vollzeitiger Arbeit, daran anschließend Phase vollzeitiger Freistellung). In § 8 enthielt der Vertrag die Regelung, dass in der Freistellungsphase kein Urlaubsanspruch entstehen solle. Ein möglicher gesetzlicher Anspruch werde mit der Freistellungsphase verrechnet. Als die Arbeitsphase des Klägers am 30.06.1999 vereinbarungsgemäß endete, hatte dieser noch einen anteiligen Urlaubsanspruch für das Jahr 1999 von 15 Arbeitstagen. Er meint, dieser Resturlaubsanspruch sei, da er in der Freistellungsphase nicht mehr erfüllbar wäre, von der Beklagten abzugelten. Seine Arbeitssituation habe es nicht zugelassen, den Urlaub »in natura« zu nehmen. Die Beklagte hat sich hiergegen auf die Verrechnungsklausel in dem Arbeitsvertrag berufen.

Das LAG Baden-Württemberg hat völlig zutreffend zunächst in der vorliegenden Sachverhaltsgestaltung eine direkte Anwendung des § 7 Abs. 4 BUrlG abgelehnt, da die Vorschrift von ihrem Wortlaut her ein Ende des Arbeitsverhältnisses voraussetze. Eine solche Beendigung sei mit Beginn der Freistellungsphase der Altersteilzeit gerade nicht gegeben. Auch eine analoge Anwendung des § 7 Abs. 4 BUrlG lehnt das LAG ab. Dies begründet es mit dem Zweck des Altersteilzeitgesetzes. Einen Anspruch auf Urlaubsentgelt hat das LAG ebenfalls verneint. Eine mögliche Urlaubsgewährung, die eine Entgeltfortzahlung mit sich bringen würde, werde von der ohnehin bestehenden Freistellung erfasst. Ein zusätzlicher Anspruch sei nicht gegeben. Last but not least lehnt das LAG auch einen Anspruch auf Schadensersatz wegen Verletzen einer arbeitsvertraglichen Aufklärungspflicht (Hinweis auf Urlaubsverfall) ab. Völlig zutreffend sind auch die Ausführungen des LAG Baden-Württemberg zur Aufklärungspflicht des Arbeitgebers. Es geht eindeutig zu weit, hier von der Beklagten zu verlangen, diese habe den Kläger über die Gefahren der Nichtabgeltung eines nicht in natura genommenen Urlaubs zu informieren. Grundsätzlich ist es so, dass der Arbeitnehmer selbst seinen Urlaubswunsch zunächst beim Arbeitgeber anmelden und konkretisieren muss. Dabei kommt der Urlaubsgewährung in natura der Vorrang zu.

2. Behandlung der Urlaubsabgeltungszahlung

2903 Die **Urlaubsabgeltung ist ebenso zu berechnen wie das Urlaubsentgelt** (siehe → Rz. 2887, 2890). Bruchteile von 1/2 und mehr an Urlaubstagen sind **aufzurunden**. Folglich ist ein ganzer Tag abzugelten. **Eine Abrundung kleinerer Teile** ist hingegen nicht möglich. Die Höhe des Urlaubsentgelts ist nach dem Durchschnittsverdienst der letzten 13 Wochen (3 Monate) vor Beendigung des Arbeitsverhältnisses zu berechnen. Es können also nicht besonders hohe oder niedrig vergütete Zeiträume berücksichtigt werden.

Da der **Urlaubsabgeltungsanspruch** Ersatz für das Urlaubsentgelt darstellt, gelten für Pfändung, Abtretung, Aufrechnung, Zurückbehaltung etc. die Grundsätze des Urlaubsentgelts entsprechend (s. → Rz. 2850 und → Rz. 2891 f.). Bei der Berechnung des pfändbaren Teils ist der Nettobetrag durch die Zahl der abzugeltenden Urlaubstage zu teilen. Anwendbar ist dann die **Pfändungstabelle für die tägliche Lohnzahlung!** Urlaubsabgeltung ist **steuerpflichtiges Arbeitseinkommen** (s.→ Rz. 8035; zur Pfändbarkeit auch *LG Münster 11.06.1999, EzA-SD 6/2000 S. 15*).

Ist der Arbeitnehmer im Anschluss an das Arbeitsverhältnis arbeitslos, so ruht sein Anspruch auf Arbeitslosengeld für die Dauer der Abgeltungszahlung (§ 143 Abs. 2 SGB III). Hat der Arbeitslose zugleich eine Abfindung erhalten, so verlängert sich der Ruhenszeitraum. Die Parteien eines Aufhebungsvertrages oder eines arbeitsgerichtlichen Vergleichs sollten sich i.Ü. davor hüten, an sich **verfallenen Urlaub abzugelten**. Besser ist es in dieser Situation die zusätzliche Leistung des Arbeitgebers als Abfindung auszuweisen. **Grund:** Eine Urlaubsabgeltung führt stets zum Ruhen des Anspruchs auf Arbeitslosengeld, eine Abfindungszahlung nur unter bestimmten Umständen (s. § 143 SGB III).

Jenseits dieser allgemeinen Erkenntnisse bestehen große Schwierigkeiten im Bereich der Kumulation von Urlaubsabgeltung und Sozialrecht. Das BSG (*02.11.2000, B 11 AL 25/00 R*) hatte sich etwa mit der Problematik zu befassen, inwieweit es beim Bezug einer **Urlaubsabgeltung** zu einem **Ruhen des Anspruchs auf Arbeitslosengeld** kommt (s. heute § 143 Abs. 2 SGB III und zum alten Recht § 117 Abs. 1a AFG sowie die einschlägigen Kommentare zu § 143 SGB III). Die Besonderheit des Falles bestand im Gegensatz zu früheren Entscheidungen darin, dass hier der erste Tag der Arbeitslosigkeit ein Wochenfeiertag war und zeitgleich mit dem Beginn der Arbeitslosigkeit Arbeitsunfähigkeit vorlag.

BEISPIEL:

Der Kläger, der bis Ende April 1996 beschäftigt war, meldete sich am 02.05.1996, einem Donnerstag, arbeitslos. Am selben Tag wurde er krankgeschrieben; die Arbeitsunfähigkeit hielt bis zum 23.06.1996 an. Die beklagte Bundesanstalt lehnte den Antrag auf Arbeitslosengeld für die Zeit bis zum 13.05.1996 ab und begründete dies damit, dass der Anspruch wegen einer vom Arbeitgeber erhaltenen Urlaubsabgeltung bis dahin ruhe. Das LSG hat die Auffassung vertreten, dass am 01.05.1996 der Anspruch auf Arbeitslosengeld wegen der Urlaubsabgeltung geruht habe. Der Kläger könne sich auch für die Zeit ab 02.05.1996 nicht darauf berufen, dass ihm Arbeitslosengeld während einer Arbeitsunfähigkeit bis zu sechs Wochen weitergezahlt werde. Letzteres setze voraus, dass der Arbeitslose im Zeitpunkt der Arbeitsunfähigkeit Arbeitslosengeld bezogen haben müsse. Hieran fehle es, weil für den 01.05.1996 Arbeitslosengeld nicht zu zahlen gewesen sei. Der Kläger meint hingegen, Urlaubsabgeltung werde nicht für einen Wochenfeiertag gewährt. Im Übrigen hätte die Krankenkasse beigeladen werden müssen, weil ihm jedenfalls ein nachgehender Anspruch auf Krankengeld zugestanden hätte.

Die Revision des Klägers hatte nach Auffassung des BSG hinsichtlich des Arbeitslosengeldes aus den vom LSG angegebenen Gründen (s.o.) keinen Erfolg. Aufgrund der nicht erfolgten Beiladung der Krankenkasse, die bei Ablehnung des Arbeitslosengeld ab 02.05.1996 als leistungspflichtig in Betracht gekommen wäre und sie ggf. nach Beiladung hätte verurteilt werden können, führte die Revision wegen des Krankengeldes zur Zurückverweisung an das LSG. Die Entscheidung des BSG zeigt erneut mit großer Deutlichkeit auf, welche Konsequenzen für den Fall drohen, dass beim Ausscheiden aus dem Arbeitsverhältnis die sozialrechtlichen Folgen nicht beachtet werden. Im vorliegenden Kontext ist insbesondere das Ruhen des Arbeitslosengeldes wegen Urlaubsabgeltung zu beachten.

Hier gilt: Hat der Arbeitnehmer eine Abfindung erhalten oder zu beanspruchen, so ruht das Arbeitslosengeld für die Zeit des abgegoltenen Urlaubs. Dabei – und hier liegt eine besondere Gefahr – kommt es nicht auf die arbeitsrechtlichen Voraussetzungen der Urlaubsabgeltung an. Entscheidend ist nur, dass eine Zahlung als Urlaubsabgeltung erbracht wird. Im konkreten Fall besteht ferner, was aus Sicht des Arbeitnehmers von hoher Bedeutung ist, die Besonderheit, dass ein Anspruch auf Arbeitslosengeld nicht besteht, wenn gleichzeitig Arbeitsunfähigkeit vorliegt. Nur ein fortwirkender Anspruch kommt in Betracht, wenn der Arbeitnehmer bereits zuvor im Leistungsbezug stand.

Beachte zu § 143a SGB III auch die nachfolgende Entscheidung des BSG. Besonderheiten gelten bei der Behandlung der **Urlaubsabgeltung im Bereich des früheren Konkursaus-**

fallgeldes (Kaug). Der Kaug-rechtliche Urlaubsabgeltungsanspruch ist der Zeit zuzuordnen, die der Beendigung des Arbeitsverhältnisses unmittelbar vorausgeht *(zu Einzelheiten s. Röder in Niesel, AFG, § 141 b Rn. 37)*. Das BSG hat seine Rechtsprechung zu diesen Fragen öfter geändert.

3. Erlöschen des Urlaubsabgeltungsanspruchs durch Zeitablauf

2903a Der gesetzliche Urlaubsabgeltungsanspruch ist ebenso befristet wie der Anspruch auf Urlaub *(BAG 17.01.1995, EzA § 7 BUrlG Nr. 98)*.

BEISPIEL:

Arbeitnehmer A wird von Arbeitgeber B zum 29.04.1988 gekündigt. Im nachfolgenden Kündigungsschutzprozess schließen die Parteien einen Vergleich, demzufolge das Arbeitsverhältnis am 31.05.1988 sein Ende gefunden haben soll. Am 24.04.1990 verlangt A Urlaubsabgeltung für Januar bis Mai 1988 in Höhe von 700 EUR..

Das Abgeltungsverlangen des A ist im Beispielsfall unbegründet. Der **Urlaubsabgeltungsanspruch** unterliegt ebenso der Befristung wie der Urlaubsanspruch, an dessen Stelle er mit Beendigung des Arbeitsverhältnisses getreten ist (s. zum Erlöschen des Urlaubsanspruchs durch Zeitablauf → Rz. 2848). Der Urlaubsanspruch des A war am 01.01.1988 entstanden und spätestens am 31.12.1988 oder bei Vorliegen der Übertragungsvoraussetzungen nach § 7 Abs. 3 BUrlG am 31.03.1989 erloschen. A hätte B also zumindest mahnen müssen, um sich den Anspruch zu erhalten. Der Abgeltungsanspruch ist also an die selben Voraussetzungen gebunden wie der Freistellungsanspruch.

Greifen aber tarifliche Vorschriften ein, so ist stets zu prüfen, ob die Tarifpartner in zulässiger Weise (§ 13 BUrlG) eine für die Arbeitnehmer **günstigere Abgeltungsregelung** getroffen haben; etwa Abgeltung des Urlaubs auch bei Nichterfüllbarkeit des Urlaubsanspruchs infolge Krankheit *(BAG 03.05.1994, BB 1994, 2281)*. Hier gilt aber: Ohne eindeutige tarifliche Regelung kann nicht davon ausgegangen werden, dass nach dem Willen der Tarifparteien die Urlaubsabgeltung unabhängig von der Arbeitsfähigkeit nach Beendigung des Arbeitsverhältnisses gewährt werden soll *(BAG 09.08.1994, EzA § 7 BUrlG Nr. 95)*.

Wichtig ist auch, dass dem Arbeitnehmer der Urlaubs- oder Urlaubsabgeltungsanspruch nicht bereits durch eine **Kündigungsschutzklage** gesichert wird. Hier bedarf es regelmäßig der fristgerechten gesonderten Geltendmachung des Anspruchs Urlaubsabgeltung oder auch Urlaub *(BAG 17.01.1995, EzA § 7 BUrlG Nr. 98)*. Auch wenn der Fortbestand des Arbeitsverhältnisses ungewiss ist, obliegt es dem Arbeitnehmer für die Wahrung seiner vermeintlichen Ansprüche zu sorgen. Das bedeutet: Der im Rahmen des Kündigungsschutzprozesses obsiegende Arbeitnehmer steht u.U. ohne Urlaubsanspruch dar. Dies ist für ihn besonders misslich, wenn er im Annahmeverzugszeitraum einem anderweitigen Erwerb nachgegangen ist und hier keine oder nur geringe Urlaubsansprüche erworben hat. Zur Urlaubsabgeltung beim Ausscheiden in der 2. Hälfte des Kalenderjahrs siehe → Rz. 2834.

XV. Besonderheiten für einzelne Personengruppen

Für bestimmte Arbeitnehmergruppen hat der Gesetzgeber über den Standard des BUrlG hinausgehende Sonderregelungen getroffen. Erinnert sei an den Zusatzurlaub für kriegs- und unfallbeschädigte Arbeitnehmer nach dem saarländischen Gesetz Nr. 186 *(zur Verfassungskonformität dieser Regelung BAG 27.05.1997, EzA-SD 12/1997 S. 3 und zu den Anspruchsvoraussetzungen sowie zur Darlegungs- und Beweislast BAG 27.05.1997, EzA § 611 BGB Urlaub Nr. 12)* oder an den Zusatzurlaub für gesundheitsgefährdende Tätigkeiten im öffentlichen Dienst *(BAG 21.03.1996, DB 1996, 1192)*. Die Schwerpunkte liegen aber auf den nachstehenden Fallgruppen, auf die sich die Darstellung aus Platzgründen beschränkt.

2904

1. Schwerbehinderte Menschen

Sonderregelungen gelten zunächst für **schwerbehinderte Menschen**, denen nach dem SGB IX ein Zusatzurlaub zusteht. Als schwerbehinderte Menschen sind Personen anzusehen, die körperlich, geistig oder seelisch behindert und infolge ihrer Behinderung in ihrer Erwerbsfähigkeit nicht nur vorübergehend um wenigstens 50 % gemindert sind. **Gleichgestellte** haben keinen Anspruch auf Zusatzurlaub. **schwerbehinderte Menschen haben Anspruch auf einen bezahlten, zusätzlichen Urlaub von 5 Arbeitstagen im Urlaubsjahr.**

Für die Gewährung des Zusatzurlaubes ist es unerheblich, ob der Grad der Schwerbehinderung amtlich festgestellt ist. Der Anerkennungsbescheid hat nur Beweisfunktion. Er hat mithin keine konstitutive, sondern nur eine deklaratorische Wirkung. Liegt jedoch ein Anerkennungsbescheid vor, so verliert der Schwerbehinderte den Zusatzurlaubsanspruch nicht automatisch dadurch, dass die Erwerbsfähigkeit wieder zunimmt. Vielmehr erlischt der Anspruch erst am Ende des dritten Kalendermonats nach Rechtskraft des Feststellungsbescheides. Verteilt sich die regelmäßige Arbeitszeit des schwerbehinderten Menschen auf mehr oder weniger als 5 Arbeitstage in der Kalenderwoche, erhöht oder vermindert sich der Zusatzurlaub entsprechend.

BEISPIEL:

Ist der schwerbehinderte Mensch nicht nur an 260 Arbeitstagen im Kalenderjahr (52 x 5), sondern an 273 Tagen zur Arbeit verpflichtet, so erhöht sich der 5-tägige Zusatzurlaub wie folgt: Tage der persönlichen Arbeitsverpflichtung : regelmäßige Arbeitstage = 273 : 260 = 1,05

Quotient x 5 = Zusatzurlaub = 1,05 x 5 = 5,25

Bruchteile der so errechneten Urlaubstage werden nur aufgerundet, wenn die Voraussetzungen des § 5 Abs. 1 Buchst. a – c BUrlG (s. → Rz. 2830 ff.) vorliegen. Der Teil eines zusätzlichen Urlaubstages für den Schwerbehinderten ist eben kein Teilurlaub i.S.d. § 5 BUrlG. Eine Abrundung findet keinesfalls statt.

Soweit tarifliche, betriebliche oder sonstige Urlaubsregelungen für schwerbehinderte Menschen einen längeren Zusatzurlaub vorsehen, bleiben sie unberührt (Meistbegünstigung).

2905 Tritt die Schwerbehinderteneigenschaft erst **im Laufe des Kalenderjahres** ein, kommt der Zusatzurlaub zu dem Grundurlaub **hinzu** und **verlängert diesen**. Entstehen und Erlöschen des Anspruchs auf Zusatzurlaub richten sich ausschließlich nach dem Grundurlaub (Akzessorietät). Dies bedeutet, dass dem schwerbehinderten Menschen im Urlaubsjahr der Zusatzurlaub in voller Höhe auch dann zusteht, wenn die Schwerbehinderteneigenschaft erst im Laufe des Jahres entsteht *(BAG 21.02.1995, EzA § 47 SchwbG 1986 Nr. 4; s. zur Akzessorietät des Zusatzurlaubs von tariflichen Erholungsurlaubsregelungen BAG 13.02.1996, DB 1996, 1345)*. Auf die Feststellung der Schwerbehinderung kommt es nicht an (s.o.).

BEISPIEL:

Arbeitnehmer A ist seit 5 Jahren bei Arbeitgeber B beschäftigt. Im Oktober wird bei A eine 60%ige Schwerbehinderung festgestellt. Für das Urlaubsjahr steht dem A der volle Zusatzurlaub von 5 Tagen zu.

Dies ist anders sein, wenn der Arbeitnehmer erst **im Laufe eines Urlaubsjahres** in das Arbeitsverhältnis eintritt. Hier ist unter den allgemeinen Voraussetzungen eine **Kürzung des Zusatzurlaubs** zulässig. Gleiches gilt ebenfalls unter den allgemeinen Voraussetzungen im **Jahr des Ausscheidens** des schwerbehinderten Menschen *(BAG 21.02.1995, EzA § 47 SchwbG 1986 Nr. 4)*.

BEISPIEL

Scheidet der schwerbehinderte Mensch am 31.03. des Jahres aus, steht ihm bis zu diesem Zeitpunkt ein Urlaubsanspruch von 1/4 zu. Dies sind 1,25 Tage. **Darüber hinausgehende Zwölftelungsregelungen** sind jedenfalls unwirksam; also keine Zwölftelung für den Fall, dass die Schwerbehinderung erst im Laufe des Jahres festgestellt wird oder der Arbeitnehmer nach erfüllter Wartezeit in der 2. Hälfte des Kalenderjahres ausscheidet. Dies gilt auch für die **Tarifparteien**. Der Umfang des gesetzlichen Zusatzurlaubs für schwerbehinderte Menschen unterliegt nicht ihrer Disposition (vgl. BAG 08.03.1994, EzA § 47 SchwbG 1986 Nr. 2; BAG 21.02.1995, EzA § 47 SchwbG 1986 Nr. 4).

Die **Abrundungsregelung bei Teilurlaubsansprüchen** gem. § 5 Abs. 2 BUrlG gilt nicht für den Zusatzurlaub schwerbehinderter Menschen.

Die Akzessorietät des Zusatzurlaubs vom Grundurlaub gilt auch für **Urlaubsentgelt** und **Urlaubsgeld**. Ist etwa bestimmt, dass für jeden Urlaubstag ein Zuschlag zum Urlaubsentgelt gezahlt wird, so gilt das auch für den Zusatzurlaub *(BAG 23.01.1996, EzA § 47 SchwbG 1986 Nr. 8)*. Selbstverständlich können die Tarifparteien oder die Arbeitsvertragsparteien etwas anderes vereinbaren.

2906 Zusatzurlaub meint, dass der Anspruch zu dem ohne die Schwerbehinderung bestehenden Urlaubsanspruch hinzutritt. Der Arbeitgeber darf den Zusatzurlaub also nicht auf einen von ihm gewährten, über dem gesetzlichen Mindestmaß liegenden Urlaub **anrechnen**. Der Zusatzurlaub unterliegt ansonsten den selben Grundsätzen wie der Erholungsurlaub. Er kann also verlangt werden, wenn der Anspruch auf den »normalen Urlaub« besteht. Dies gilt neben der Entstehung auch für den Umfang. Ist also beispielsweise der Erholungsurlaub nur zum Teil entstanden, gilt dies ebenso für den **Zusatzurlaub.**

Wird der Zusatzurlaub nicht geltend gemacht, geht er mit Ablauf des Urlaubsjahres/Übertragungszeitraums unter. Wichtig ist hier: Die **Ungewissheit über die Schwerbehinderung** ist kein in der Person des Arbeitnehmers liegender Grund für eine Übertragung des Zusatzurlaubs auf den gesetzlichen oder tariflichen Übertragungszeitraum *(BAG 21.02.1995, EzA § 47 SchwbG Nr. 3 und BAG 21.02.1995, EzA § 47 SchwbG Nr. 5).* Der Schwerbehinderte muss seinen vermeintlichen Zusatzurlaubsanspruch also jedenfalls fristwahrend geltend machen. Macht der Arbeitnehmer den Zusatzurlaub geltend, war aber die Schwerbehinderung noch nicht geklärt, so ist er nachträglich zu gewähren.

Versäumt der Arbeitnehmer die Geltendmachung, hilft ihm auch die nachträgliche Feststellung der Schwerbehinderteneigenschaft nichts. Ebenso wenig genügt es, wenn der Arbeitnehmer seinem Arbeitgeber nur mitteilt, er habe einen Antrag auf Anerkennung als Schwerbehinderter gestellt.

Der Schwerbehinderte hat einen Anspruch auf **Abgeltung des Zusatzurlaubs,** wenn das Arbeitsverhältnis im Laufe des Jahres endet. Auf die durch einen Hinweis des Schwerbehinderten vermittelte Kenntnis des Arbeitgebers von der Schwerbehinderung kommt es ebenso wenig an wie auf ein vorheriges – erfolgloses – Urlaubsverlangen *(BAG 25.06.1996, DB 1996, 1423).* Auch dies zeigt noch einmal die **Akzessorietät des Zusatzurlaubs vom Grundurlaub.**

2. Der Urlaub Jugendlicher

Besondere Vorschriften gelten für den Urlaub von Jugendlichen, also Personen, die **mindestens 14 aber noch nicht 18 Jahre** alt sind. Einschlägig ist das Jugendarbeitsschutzgesetz. Der vom Arbeitgeber zu gewährende bezahlte Erholungsurlaub beträgt jährlich

2907

- mindestens 30 Werktage, wenn der Jugendliche zu Beginn des Kalenderjahres noch nicht 16 Jahre alt ist,
- mindestens 27 Werktage, wenn der Jugendliche zu Beginn des Kalenderjahres noch nicht 17 Jahre alt ist,
- mindestens 25 Tage, wenn der Jugendliche zu Beginn des Kalenderjahres noch nicht 18 Jahre alt ist.

Für besondere Gruppen Jugendlicher bestehen weitergehende Sonderregelungen (s. zum Ganzen § 19 JArbSchG). **Stichtag** für den erhöhten Urlaubsanspruch nach dem Jugendarbeitsschutzgesetz ist jeweils der 01.01. eines Jahres.

BEISPIEL:

Arbeitnehmer A wird am 02.02.1995 18 Jahre alt. Für das gesamte Kalenderjahr 1995 steht ihm der erhöhte Urlaub für Jugendliche zu.

Dies gilt auch, wenn der Jugendliche erst im Laufe des Kalenderjahres eintritt.

BEISPIEL:

Arbeitnehmer A, am 02.01.1995 18 Jahre alt geworden, geht am 01.03.1995 ein neues Arbeitsverhältnis ein. Der Arbeitgeber ist verpflichtet, dem A für 1995 nach Erfüllung der Wartezeit den erhöhten Jugendlichenurlaub zu gewähren.

Auch für die **zeitliche Lage des Urlaubs** ist eine **Sonderregelung** getroffen worden. So soll der Urlaub Berufsschülern in der Zeit der Berufsschulferien gegeben werden.

Soweit er nicht in den Berufsschulferien gegeben wird, ist für jeden Berufsschultag, an dem die Berufsschule während des Urlaubs besucht wird, ein weiterer Urlaubstag zu gewähren.

Im Übrigen gelten für den Urlaub Jugendlicher die Vorschriften des Bundesurlaubsgesetzes entsprechend. Besondere Vorsicht ist geboten, wenn dem Jugendlichen der Urlaub nicht oder nicht mit der vorgeschriebenen (Mindest-) Dauer gewährt wird. Hier droht die Verhängung eines Bußgeldes.

3. Auswirkungen von Wehrdienst, Eignungsübung und Zivildienst auf den Urlaub

2908 Während des **Wehrdienstes ruhen die Hauptpflichten** aus dem Arbeitsverhältnis. Urlaubsrechtlich sind hiermit folgende Konsequenzen verbunden: Der Arbeitgeber kann den Erholungsurlaub, der dem Arbeitnehmer für ein Urlaubsjahr aus dem Arbeitsverhältnis zusteht, für jeden vollen Kalendermonat, den der Arbeitnehmer Grundwehrdienst leistet, um 1/12 kürzen. Es bleibt dem Arbeitgeber also **freigestellt**, ob er eine **Kürzung** vornehmen will. Bei der Berechnung der vollen Kalendermonate des Grundwehrdienstes kommt es auf den Tag an, zu dem die Einberufung erfolgt, nicht auf den des Dienstantritts.

Das **Erfordernis des vollen Kalendermonats** bedeutet, dass in den Fällen, wo der Wehrdienst im Kalendermonat beginnt oder endet keine Kürzungsmöglichkeit besteht. Auch wenn beide Tatbestände zusammentreffen, findet keine Addition statt. Umstritten ist, ob § 5 Abs. 2 BUrlG entsprechend gilt, wenn sich bei der Kürzung Bruchteile von Urlaubstagen ergeben.

Auf Verlangen ist dem Arbeitnehmer der ihm zustehende Erholungsurlaub vor Beginn des Grundwehrdienstes zu gewähren (§ 4 Abs. 1 Satz 2 ArbPlSchG). Hat der Arbeitnehmer den ihm zustehenden Urlaub vor seiner Einberufung nicht oder nicht vollständig erhalten, so hat der Arbeitgeber den Resturlaub nach dem Grundwehrdienst im laufenden oder im nächsten Urlaubsjahr zu gewähren. Endet das Arbeitsverhältnis während des Grundwehrdienstes oder setzt der Arbeitnehmer im Anschluss an den Grundwehrdienst das Arbeitsverhältnis nicht fort, so hat der Arbeitgeber den noch nicht gewährten Urlaub abzugelten (§ 4 Abs. 3 ArbPlSchG). Hat der Arbeitnehmer vor der Einberufung mehr Urlaub erhalten als ihm zustand (Beispiel: *Vollurlaub 1996, Einberufung 01.10.1996*), kann der Arbeitgeber den Urlaub, der dem Arbeitnehmer nach der Entlassung zusteht, um die zuviel gewährten Urlaubstage kürzen.

Der zu einer **Wehrübung** einberufene Arbeitnehmer hat Anspruch auf den vollen Urlaub. Eine Kürzung findet nicht statt! Der Wehrübende kann verlangen, dass ihm der Urlaub vor Beginn der Wehrübung gewährt wird (§ 4 Abs. 5 ArbPlSchG).

Zu Fragen der **Eignungsübung** ist das Eignungsübungsgesetz und die dazu erlassene Verordnung zu beachten. Grundsätzlich gilt, dass dem Arbeitnehmer in beruflicher Hinsicht aus der Teilnahme an der Eignungsübung keine Nachteile erwachsen dürfen.

Für **Zivildienstleistende** finden die für Wehrdienstleistende geltenden Vorschriften entsprechende Anwendung (s. § 78 ZDG).

Der ausländische Wehrdienst steht i.Ü. bei Angehörigen von EU-Mitgliedstaaten dem deutschen gleich. Sind diese Personen im Geltungsbereich des ArbPlSchG beschäftigt, finden dessen Regelungen Anwendung.

4. Seeleute

Besondere Vorschriften gelten für **Seeleute**. Einschlägig sind hier die Vorschriften des Seemannsgesetzes, die erheblich von denen des Bundesurlaubsgesetzes abweichen.

Angesichts der unterschiedlichen Regelungen empfiehlt sich die Hinzuziehung eines Fachmanns.

5. Heimarbeiter

Besondere Vorschriften gelten auch für **Heimarbeiter**.

Einschlägig ist hier die Vorschrift des § 12 BUrlG, der bestimmte Veränderungen gegenüber dem Erholungsurlaub anderer Arbeitnehmer vorsieht.

Wegen der Einzelheiten empfiehlt sich die Einschaltung eines Spezialisten.

6. Arbeitnehmer im Baugewerbe

Für den **Bereich des Baugewerbes**, das durch einen häufigen Wechsel des Arbeitsplatzes seitens der Arbeitnehmer gekennzeichnet ist, hat das Bundesurlaubsgesetz eine Sonderregelung getroffen. Für das Baugewerbe oder sonstige Wirtschaftszweige, in denen häufige Arbeitsplatzwechsel an der Tagesordnung sind, kann durch Tarifvertrag von den Vorschriften des Bundesurlaubsgesetzes abgewichen werden. Jeder Arbeitnehmer im Baugewerbe erhält eine **Lohnnachweiskarte, die er bei der Urlaubskasse anzufordern hat**. In diese muss der Arbeitgeber den Bruttolohn, die Dauer der Beschäftigung, die Beschäftigungstage, den Urlaubsprozentsatz, den Urlaubsentgeltanspruch sowie die gewährten Jahresurlaubs- und Zusatzurlaubstage einschließlich des hierfür gewährten Urlaubsentgelts sowie des zusätzlichen Urlaubsgeldes eintragen. Neben der Berechnung des Urlaubsanspruchs ist die Lohnnachweiskarte im Baugewerbe auch für Lohnausgleich und Zusatzversorgung von Bedeutung. Im Baugewerbe bekommt ein Arbeitgeber, der das Urlaubsentgelt an den Arbeitnehmer auszahlt, dieses von einer Urlaubskasse erstattet, die per Umlage von allen Arbeitgebern finanziert wird.

Nach dem BRTV-Bau kann der Urlaubsanspruch nur durch Ausfüllen der Lohnnachweiskarte erfüllt werden. Hierdurch wird gewährleistet, dass der Arbeitnehmer den Urlaub zusammenhängend erhält. Unzulässig ist also die Abgeltung des Urlaubs zum Monatsende oder zum Ende des Beschäftigungsverhältnisses. Verstößt der Arbeitgeber hiergegen, kann er u.U. doppelt in Anspruch genommen werden! Zu Verfallfristen für das Urlaubsgeld s. *BAG 28.04.1998, EzA § 4 TVG Bauindustrie Nr. 91* und zur Insolvenz des Arbeitgebers *BAG 19.09.2000, 9 AZR 504/99.*

Eine tarifvertragliche Regelung, nach der anstelle eines Anspruchs auf Urlaubsabgeltung der Anspruch auf Entschädigung durch eine gemeinsame Einrichtung der Tarifvertragsparteien tritt, weicht nicht zu Ungunsten der Arbeitnehmer von der gesetzlichen Bestimmung des § 7 Abs. 4 BUrlG ab *(BAG 26.06.2001, EzA § 7 BUrlG Nr. 8).*

Da in den tariflichen Bestimmungen des Baugewerbes zahlreiche Sonderbestimmungen enthalten sind, kann nur empfohlen werden, einen Spezialisten hinzuzuziehen.

XVI. Urlaub in Teilzeitarbeitsverhältnissen

2912 Für das heute weit verbreitete **Teilzeitarbeitsverhältnis** gelten keine Besonderheiten im Urlaubsrecht. Das Bundesurlaubsgesetz verlangt nicht, einen bestimmten zeitlichen Umfang der Arbeitsleistung. Auch bei einem nur geringfügigen Teilzeitarbeitsverhältnis entstehen Urlaubsansprüche. Werden etwa studentische Hilfskräfte in Teilzeitarbeit in einem Krankenhaus beschäftigt, so haben sie **in jedem Kalenderjahr Anspruch auf Urlaub** entsprechend ihrer im Vergleich zu Vollzeitbeschäftigten jährlich geleisteten Arbeit. Siehe auch § 4 TzBfG, der ein umfassendes Diskriminierungsverbot beinhaltet.

1. Spezifische Probleme der Teilzeitarbeit

2913 Bei der Erfüllung der 6-monatigen Wartezeit (§ 4 BUrlG) werden die **turnusmäßigen arbeitsfreien Tage mitgerechnet**. Besondere Probleme können sich ergeben, wenn es um die **Verteilung des Urlaubs eines Teilzeitbeschäftigten** geht.

BEISPIEL:

Arbeitnehmer A arbeitet nur montags, dienstags und mittwochs. Trotzdem ist von 6 Werktagen je Woche auszugehen. Dies bedeutet: Dauer des Urlaubs 30 Werktage, 3 Arbeitstage je Woche
30 Werktage : 6 Werktage je Woche = 5 Tage je Woche
5 x 3 Arbeitstage = 15 Arbeitstage Urlaub

In der **5-Tage-Woche** wird die Gesamtdauer des Urlaubs durch die Zahl »5« geteilt und mit der Zahl der für den Arbeitnehmer maßgeblichen Zahl von Arbeitstagen je Woche multipliziert:
30 Arbeitstage Urlaubsdauer, 2 Arbeitstage je Woche
30 Arbeitstage : 5 = 6
6 x 2 Arbeitstage je Woche = 12 Arbeitstage Urlaub

Wesentlich komplizierter wird die Situation, wenn der Teilzeitbeschäftigte nur an wenigen Tagen im Monat arbeitet und diese auch noch differieren. Dann müssen die arbeitsfreien Tage verhältnismäßig auf die Urlaubstage angerechnet werden. Es ist also eine Abwägung der tatsächlichen Arbeitstage zu den Werktagen vorzunehmen.

BEISPIEL:

Arbeitnehmer A ist in Teilzeit beschäftigt. Durchschnittlich arbeitet er an 1/4 der Werktage. Der Urlaubsanspruch beträgt 32 Tage.

In dem Beispielsfall muss sich A 3/4 seiner arbeitsfreien Tage anrechnen lassen. Es verbleibt also 1/4 von 32 Tagen = 8 Tage Urlaub. An diesen 8 Beschäftigungstagen muss A also freigestellt werden.

Bei einer regelmäßigen Verteilung der Arbeitszeit kann auch eine entsprechende Freistellung in Wochen vorgenommen werden.

BEISPIEL:

Jeder Arbeitnehmer hat 6 Wochen Urlaub im Jahr. Arbeitnehmer A arbeitet nur montags und dienstags.

In dem Beispielsfall hat auch der A Anspruch auf 6 Kalenderwochen Urlaub. Berechnungsprobleme treten dann nicht auf.

Das BAG hat die oben skizzierte Rechtslage nochmals bestätigt: **Teilzeitbeschäftigte Arbeitnehmer**, die regelmäßig an weniger Arbeitstagen einer Woche als ein vollzeitbeschäftigter Arbeitnehmer beschäftigt sind, haben entsprechend der Zahl der für sie maßgeblichen Arbeitstage ebenso Anspruch auf Erholungsurlaub wie vollzeitbeschäftigte Arbeitnehmer. Steht also einem Vollzeitbeschäftigten ein Urlaubsanspruch von 20 Arbeitstagen zu, so gilt dies anteilig auch für einen Teilzeitbeschäftigten. Enthält ein Tarifvertrag keine Regelungen zur Umwandlung des Urlaubsanspruchs eines vollzeitbeschäftigten in den eines teilzeitbeschäftigten Arbeitnehmers, sind die für die vollzeitbeschäftigten Arbeitnehmer maßgebenden Arbeitstage und die Arbeitstage, an denen ein teilzeitbeschäftigter Arbeitnehmer zu arbeiten hat, rechnerisch zueinander in Beziehung zu setzen. Die sich dann ergebende Verhältniszahl (Bruch) ist mit dem Urlaubsanspruch für Vollzeitbeschäftigte zu multiplizieren. Ergeben sich dabei **Bruchteile von Arbeitstagen**, hat der Arbeitnehmer Anspruch auf Gewährung in diesem Umfang, es sei denn, der Tarifvertrag schließt dies ausdrücklich aus. Bei Bruchteilen von mehr als 1/2 kann entsprechend § 5 Abs. 2 BUrlG auf volle Tage aufgerundet werden.

Besondere Schwierigkeiten treten auf, wenn die Arbeitszeit des Teilzeitbeschäftigten unregelmäßig verteilt ist.

BEISPIEL:

A arbeitet donnerstags und freitags 8, samstags 4 Stunden. Die betriebsübliche Arbeitszeit eines Vollzeitbeschäftigten beträgt 37, 5 Stunden, der Urlaubsanspruch 30 Arbeitstage.

Im Beispielsfall steht dem A ein Urlaubsanspruch von 20/37, 5 zu. Es bietet sich eine stundenweise Berechnung an.

- Vollzeitbeschäftigter: 37, 5 : 5 x 30 = 225 Urlaubsstunden.
- Teilzeitbeschäftigter: 225 x 20 : 37, 5 = 120 Urlaubsstunden.

Bei kapazitätsorientierter variabler Arbeitszeit (Kapovaz, § 4 BeschFG) ist ebenfalls eine Durchschnittsberechnung vorzunehmen.

BEISPIEL:

A arbeitet wöchentlich 10 Stunden auf Abruf. Die betriebsübliche Arbeitszeit eines Vollzeitbeschäftigten beträgt 37, 5 Stunden, sein Urlaubsanspruch 30 Arbeitstage.

Hier ergibt sich für den Vollzeitbeschäftigten ein Urlaubsanspruch von 225 Stunden (s.o.). Dem A stehen hiervon 225 x 10 : 37, 5 Stunden = 60 Stunden zu. Diese sind zu verteilen. Nimmt A etwa 2 Tage Urlaub sind ihm 2/5 x 10 Stunden = 4 Stunden anzurechnen.

Zusatz- oder Treueurlaub steht Teilzeitbeschäftigten ebenfalls zu. Ggf. ist aber eine Kürzung nach dem Arbeitsvolumen zulässig. Dies hängt vom Zweck der zusätzlichen Urlaubsgewährung ab, etwa Ausgleich von Mehrbelastungen. Hier besteht eine Kürzungsmöglichkeit, wenn diese beim Teilzeitbeschäftigten nur anteilig auftreten.

Schwerbehinderte Teilzeitbeschäftigte haben Anspruch auf eine volle Woche Zusatzurlaub, unabhängig davon, an wie viel Tagen sie in der Woche arbeiten.

Der nur **vorübergehend zur Aushilfe** beschäftigte Arbeitnehmer hat ebenfalls einen Urlaubsanspruch. Für jeden vollen Beschäftigungsmonat der Aushilfstätigkeit ist ihm 1/12 des Jahresurlaubs zu gewähren oder abzugelten! Hier bestehen keine Besonderheiten.

Besondere Probleme bestehen aber bei dem sog. **Eintagesarbeitsverhältnis,** d.h. dem wiederholt auf einen Tag befristeten Arbeitsverhältnis. Nach überwiegender Meinung kommt hier das Entstehen eines Urlaubsanspruchs nicht in Betracht. Bei regelmäßiger tageweiser Beschäftigung wird man ggf. die Einzeltage addieren müssen.

2. Urlaubsentgelt des Teilzeitbeschäftigten

2916 Probleme tauchen ebenfalls auf, wenn das **Urlaubsentgelt des Teilzeitbeschäftigten** ermittelt werden soll. Erhält der teilzeitbeschäftigte Arbeitnehmer weniger als ein vergleichbarer vollzeitbeschäftigter Arbeitnehmer, so liegt eventuell ein Verstoß gegen das **Benachteiligungsverbot** vor (§ 2 Abs. 1 BeschFG/§ 4 Abs. 1 TzBfG). Das Urlaubsentgelt des Teilzeitbeschäftigten muss also grundsätzlich anteilig dem eines Vollzeitbeschäftigten entsprechen.

3. Zeitliche Festlegung des Urlaubs

Übt der Arbeitnehmer **mehrere Teilzeitbeschäftigungen** aus, kann es Schwierigkeiten bei der zeitlichen Festlegung des Urlaubs geben. Zwar ist grundsätzlich jedes Arbeitsverhältnis für sich zu sehen. Jeder einzelne der Teilzeitarbeitgeber hat aber die Urlaubswünsche des Arbeitnehmers mit zu berücksichtigen. Hierzu zählt insbesondere auch der Wunsch, die Urlaubsansprüche aus mehreren Teilzeitbeschäftigungen aufeinander abzustimmen.

2917

4. Teilzeitbeschäftigung und Urlaubsgeld

Die **Gleichbehandlungspflicht von Voll- und Teilzeitbeschäftigten** gilt auch beim Urlaubsgeld. So hat das **BAG** jüngst darauf erkannt, dass die Vergütungsabrede eines teilzeitbeschäftigten Lehrers im Angestelltenverhältnis wegen Verstoßes gegen das Benachteiligungsverbot von Teil- und Vollzeitbeschäftigten unwirksam sein kann, soweit nach ihr kein Anspruch auf einen dem Maß der vereinbarten regelmäßigen Arbeitszeit entsprechenden Teil des Urlaubsgelds besteht, das der Arbeitgeber einem vollzeitbeschäftigten Lehrer zahlt.

2918

Das anteilige Urlaubsgeld eines vollzeitbeschäftigten Lehrers kann jedenfalls dann als übliche Vergütung beansprucht werden, wenn der Umfang der vereinbarten Arbeitszeit es regelmäßig ausschließt, dass der Teilzeitbeschäftigte in einem weiteren Arbeitsverhältnis eine vergleichbare, vollzeitbeschäftigten Arbeitnehmern zustehende Leistung ungekürzt verdienen kann.

Auch hier können also auf den Arbeitgeber finanzielle Zusatzbelastungen zukommen. Diese sind vor Abschluss von Teilzeitarbeitsverträgen zu berücksichtigen.

XVII. Der Erziehungsurlaub/Die Elternzeit

Nach dem **Bundeserziehungsgeldgesetz** (BErzGG) steht Arbeitnehmern unter bestimmten Voraussetzungen ein Anspruch auf **unbezahlte Elternzeit** (früher Erziehungsurlaub) zu. Dieser Anspruch kann nicht durch Vertrag ausgeschlossen oder beschränkt werden. Gegenteilige Vereinbarungen sind also unwirksam, selbst wenn ein erhebliches betriebliches Interesse an der weiteren Tätigkeit des Arbeitnehmers besteht. Es ist auch nicht erforderlich, dass der Arbeitgeber mit der Inanspruchnahme der Elternzeit (Erziehungsurlaub) einverstanden ist. Unter den **Voraussetzungen der Vorschriften der §§ 16 BErzGG** besteht vielmehr ein Anspruch des Arbeitnehmers darauf, schlicht von der Arbeit fernzubleiben.

2919

Beachte: Das BErzGG ist umfassend neu geregelt worden! Dies betrifft nicht nur die materiellen Voraussetzungen für den Bezug von Erziehungsgeld, sondern auch die Bestimmungen zur Inanspruchnahme der jetzt so bezeichneten Elternzeit (früher Erziehungsurlaub).

1. Anspruchsberechtigte Personen

2920 Anspruch auf Elternzeit haben Arbeitnehmer wenn sie

- **mit einem Kind**, für das ihnen die Personensorge zusteht, einem Kind des Ehegatten, einem Kind, das sie mit dem Ziel der Annahme als Kind in ihre Obhut genommen haben oder einem Kind, für das sie ohne Personensorgerecht in den Fällen des § 1 Abs. 1 Satz 3 oder Abs. 3 Nr. 3 BErzGG oder im besonderen Härtefall des § 1 Abs. 5 BErzGG **in einem Haushalt** leben **und**
- dieses Kind selbst betreuen und erziehen (§ 15 Abs. 1 BErzGG).

Bei einem leiblichen Kind eines nicht sorgeberechtigten Elternteils ist die Zustimmung des sorgeberechtigten Elternteils erforderlich.

2921 Ein Anspruch auf Elternzeit besteht bis zur Vollendung des 3. Lebensjahres eines Kindes; ein Anteil von bis zu 12 Monaten ist mit **Zustimmung** des Arbeitgebers auf die Zeit bis zur Vollendung des 8. Lebensjahres übertragbar. Bei einem angenommenen Kind und einem Kind in Adoptionspflege kann Elternzeit von insgesamt bis zu 3 Jahren ab der Inobhutnahme, längstens bis zur Vollendung des 8. Lebensjahres des Kindes genommen werden. Für die zeitliche Aufteilung gilt in diesem Fall das oben Ausgeführte entsprechend. Der Anspruch kann nicht durch Vertrag ausgeschlossen oder beschränkt werden.

Die Elternzeit kann, auch anteilig, von jedem Elternteil allein oder von beiden Elternteilen gemeinsam, genommen werden, sie ist jedoch auf bis zu 3 Jahre für jedes Kind begrenzt. Die Zeit der Mutterschutzfrist nach § 6 Abs. 1 des MuSchG wird auf diese Begrenzung angerechnet, soweit nicht die Anrechnung wegen eines besonderen Härtefalles (§ 1 Abs. 5 BErzGG) unbillig ist. Dies gilt entsprechend für Adoptiveltern und Adoptivpflegeeltern.

2. Inanspruchnahme des Erziehungsurlaubs/der Elternzeit

2922 Der Arbeitnehmer muss die Elternzeit, wenn sie unmittelbar nach der Geburt des Kindes oder nach der Mutterschutzfrist (§ 15 Abs. 3 Satz 2 BErzGG) beginnen soll, **spätestens 6 Wochen vor dem Zeitpunkt**, von dem ab er ihn in Anspruch nehmen will, sonst spätestens 8 Wochen vorher vom Arbeitgeber schriftlich **verlangen** und gleichzeitig erklären, für welche Zeiträume innerhalb von 2 Jahren er/sie Elternzeit in Anspruch nehmen will (§ 16 BErzGG). Eine **Einverständniserklärung** des Arbeitgebers ist nicht erforderlich.

Bei **dringenden betrieblichen Gründen** ist ausnahmsweise auch eine angemessene kürzere Frist möglich, wie immer man diese Vorschrift auch interpretieren mag.

Der Arbeitgeber soll sodann die **Elternzeit bescheinigen**.

Die von den Elternteilen allein oder gemeinsam genommene Elternzeit darf insgesamt auf bis zu **vier Zeitabschnitte** verteilt werden. Bei Zweifeln hat die Erziehungsgeldstelle auf Antrag des Arbeitgebers zu der Frage Stellung zu nehmen, ob die Voraussetzungen für die Elternzeit vorliegen. Der Antrag des Arbeitgebers bedarf der **Zustimmung** des Arbeitnehmers, wenn die Erziehungsgeldstelle Einzelangaben über persönliche oder sachliche Verhältnisse des Arbeitnehmers benötigt. Die Erziehungsgeldstelle kann für ihre Stellungnahme vom Arbeitgeber und Arbeitnehmer die Abgabe von Erklärungen und Bescheinigungen verlangen. Hierzu können Verwaltungsvorschriften erlassen werden.

Können Arbeitnehmerinnen und Arbeitnehmer aus einem von ihnen nicht zu vertretenden Grund eine sich unmittelbar an das Beschäftigungsverbot des § 6 Abs. 1 des MuSchG anschließende Elternzeit nicht rechtzeitig verlangen, können sie dies innerhalb einer Woche nach Wegfall des Grundes nachholen. Hierher gehören etwa die Fälle, in denen die Ehegatten sich zunächst noch nicht darüber einigen können, wer von ihnen die Elternzeit in Anspruch nehmen soll, weil diese Entscheidung von noch nicht vorhersehbaren Umständen abhängt (Beispiel: *zukünftiger Gesundheitszustand der Mutter*). Gleiches gilt etwa für eine unvorhersehbare Frühgeburt. Voraussetzung ist aber immer eine unverschuldete Fristversäumnis. Wird die Anzeige schlicht vergessen, kann das Elternzeitverlangen nicht nachgeholt werden.

Die Elternzeit endet nach Ablauf des Zeitraums für ihre Inanspruchnahme. Auch kann sie mit **Zustimmung** des Arbeitgebers beendet werden. Stirbt das Kind während der Elternzeit, endet diese spätestens 3 Wochen nach diesem Ereignis (§ 16 Abs. 4 BErzGG). Ansonsten hat der Arbeitnehmer grundsätzlich keine Möglichkeiten, die einmal festgelegte Elternzeit durch einseitige Erklärung wieder vorzeitig zu beenden. Er ist auf jeden Fall auf die **Zustimmung des Arbeitgebers** angewiesen. Das bedeutet: »Keine Elternzeit bei im Vorfeld abgeschlossener Sonderurlaubsvereinbarung« *(BAG 16.07.1997, EzA § 15 BErzGG Nr. 11)*! U.U. kann der Arbeitgeber aus dem Gedanken der **Fürsorgepflicht** verpflichtet sein, einer vorzeitigen Beendigung der Elternzeit zuzustimmen. Hierüber hat er nach billigem Ermessen zu entscheiden *(BAG, a.a.O.)*. Ferner bestimmt § 15 BErzGG nunmehr, dass die Elternzeit wegen der Geburt eines weiteren Kindes oder wegen eines besonderen Härtefalles (§ 1 Abs. 5 BErzGG) beendet werden kann. Dies kann der Arbeitgeber nur innerhalb von 4 Wochen aus **dringenden betrieblichen Gründen schriftlich ablehnen**.

3. Elternzeit und Erholungsurlaub

Nimmt der Arbeitnehmer Elternzeit in Anspruch, steht ihm kein **Anspruch auf Erholungsurlaub** zu. Eine Kumulation der Ansprüche findet also nicht statt. Der Arbeitgeber kann vielmehr den Erholungsurlaub, der dem Arbeitnehmer für das Urlaubsjahr aus dem Arbeitsverhältnis zusteht, für jeden vollen Kalendermonat, für den der Arbeitnehmer Elternzeit nimmt, um 1/12 kürzen (§ 17 Abs. 1 BErzGG). Eine Kürzungsbefugnis besteht natürlich nicht, wenn der Arbeitnehmer während der Elternzeit in Teilzeit bei dem Arbeitgeber weiter beschäftigt ist (s. → Rz. 2925). Hier gelten dann die allgemeinen Regeln über den Urlaub bei Teilzeitarbeit.

2923

Hat der Arbeitnehmer den ihm zustehenden Urlaub vor dem Beginn der Elternzeit nicht oder nicht vollständig erhalten, so hat der Arbeitgeber den **Resturlaub** nach der Elternzeit im laufenden oder im nächsten Urlaubsjahr zu gewähren. Endet das Arbeitsverhältnis während der Elternzeit oder setzt der Arbeitnehmer im Anschluss an die Elternzeit das

Arbeitsverhältnis nicht fort, so hat der Arbeitgeber den noch nicht gewährten Urlaub abzugelten (§ 17 Abs. 2, 3 BErzGG).

2924 Allerdings ist die Übertragung des Urlaubs infolge Inanspruchnahme einer Elternzeit nicht unbeschränkt möglich:

> **BEISPIEL:**
>
> Arbeitnehmerin A war bei dem Arbeitgeber von August 1982 bis zum 28.01.1989 beschäftigt. Sie war vom 26.06.1987 bis zur Geburt ihres Kindes am 29.01.1988 arbeitsunfähig erkrankt. Nach Ablauf der Schutzfrist am 25.03.1988 hatte sie Erziehungsurlaub bis zum Ende des Arbeitsverhältnisses. In den Lohnabrechnungen der A hatte der Arbeitgeber den Urlaubsanspruch jeweils mit 29 Tagen eingetragen. Die A begehrt nunmehr Abgeltung des Erholungsurlaubs für 29 Urlaubstage aus dem Kalenderjahr 1987.
>
> Im Beispielsfall kommt es nur darauf an, in welchem Umfang der übertragene und noch nicht genommene Urlaub zu Beginn des Erziehungsurlaubs hätte genommen werden können. Da der Erholungsurlaub längstens bis zum 31.03.1988 übertragen werden konnte, die A jedoch bis zum 25.03.1988 durch Krankheit bzw. Beschäftigungsverbot nach dem Mutterschutzgesetz an der Inanspruchnahme gehindert war, kam hier eine **Übertragung** nur für 4 Urlaubstage in Betracht. Nur diese 4 Urlaubstage (zuzüglich eines samstags und eines sonntags) hätte die A vor dem 31.03.1988 nehmen können.

Ein Abgeltungsanspruch besteht auch nicht, wenn die Arbeitnehmerin vor Kenntnis der Schwangerschaft mit dem Arbeitgeber eine **Vereinbarung** über die zeitliche Lage des Urlaubs trifft, die aber später wegen eines Beschäftigungsverbots **nicht realisiert** werden kann *(BAG 09.08.1994, EzA § 7 BUrlG Nr. 97)*.

> **BEISPIEL:**
>
> Die Arbeitnehmerin will in Übereinstimmung mit dem Arbeitgeber 20 Tage zu einem bestimmten Termin Urlaub nehmen. Infolge eines durch Schwangerschaft verursachten Beschäftigungsverbots lässt sich dies nicht realisieren. Anschließend geht die Frau in Erziehungsurlaub.
>
> Hier scheidet entsprechend den obigen Grundsätzen eine Nachgewährung aus. Die Regelung des § 9 BUrlG greift nicht ein, weil diese eine Krankheit voraussetzt. Ein Beschäftigungsverbot steht der Krankheit aber nicht gleich.

D.h. der auf die nach der Elternzeit übertragene Urlaub verfällt auch dann, wenn der Arbeitnehmer den Urlaub wegen Krankheit, Beschäftigungsverboten nach dem MuSchG und einer sich anschließenden zweiten Elternzeit nicht nehmen kann *(BAG 23.04.1996, EzA § 1 BUrlG Nr. 21; bestätigt durch BAG 21.10.1997, EzA § 17 BErzGG Nr. 8)*. **Lässt sich also ein bereits vereinbarter Urlaub aus anderen Gründen, etwa einem Beschäftigungsverbot, nicht realisieren, scheidet eine Abgeltung aus.**

Hat der Arbeitnehmer vor dem Beginn der Elternzeit **mehr Urlaub erhalten als ihm eigentlich zustand**, so kann der Arbeitgeber den Urlaub, der dem Arbeitnehmer **nach dem Ende der Elternzeit** zusteht, um die **zuviel gewährten Urlaubstage kürzen**. Diese Kürzungsbefugnis kann der Arbeitgeber **auch erst nach dem Ende der Elternzeit** ausüben.

Auf die beabsichtigte Kürzung des Erholungsurlaubs nach Rückkehr aus der Elternzeit braucht der Arbeitgeber den Arbeitnehmer **nicht hinzuweisen**. Die Kürzungserklärung kann **ausdrücklich oder konkludent** abgegeben werden. Es reicht aus, dass dem Arbeitnehmer nur der gekürzte Urlaub gewährt wird oder ihm erkennbar ist, dass der Arbeitgeber von der Kürzungsmöglichkeit Gebrauch machen will. Gekürzt werden kann selbstverständlich **auch die Urlaubsabgeltung** als Surrogat des Urlaubsanspruchs, mit der Folge, dass dem Arbeitnehmer dann **eine im Umfang verminderte Urlaubsabgeltung** zusteht (BAG 28.07.1992, EzA § 17 BErzGG Nr. 4).

BEISPIEL:

Arbeitnehmerin A tritt am 01.10. den Erziehungsurlaub an. Zu dieser Zeit hat sie bereits den vollen Jahresurlaub genommen. Nach Rückkehr aus dem Erziehungsurlaub wird ihr 1/4 des zuviel genommenen Jahresurlaubs angerechnet.

Der Arbeitgeber ist i.Ü. nicht daran gehindert, von der Kürzungsbefugnis erst nach dem Ende der Elternzeit Gebrauch zu machen. Ob die Kürzung des Erholungsurlaubs wegen Inanspruchnahme von Elternzeit Auswirkungen auf ein **zusätzliches Urlaubsgeld** hat und ob überhaupt Anspruch auf zusätzliches Urlaubsgeld besteht, hängt von der **jeweiligen Rechtsgrundlage** ab. Verlangt diese etwa, dass Anspruch auf das regelmäßige Arbeitsentgelt gegeben sein muss, besteht während der Elternzeit kein Anspruch auf zusätzliches Urlaubsgeld (s. → Rz. 2926).

4. Elternzeit und anderweitige Erwerbstätigkeit

In bestimmtem Umfang kann ein Arbeitnehmer auch während der Inanspruchnahme von Elternzeit weiter arbeiten. Dies ist der Fall, wenn er keine volle Erwerbstätigkeit ausübt. Hiervon ist auszugehen, wenn die wöchentliche Arbeitszeit **30 Stunden** (§ 15 Abs. 4 BErzGG) nicht übersteigt (Teilzeit).

Allerdings darf eine zulässige **Teilzeitarbeit** nur mit Zustimmung des Arbeitgebers bei einem anderen Arbeitgeber oder als Selbständiger ausgeübt werden. Seine Zustimmung darf der erste Arbeitgeber nur verweigern, wenn dringende betriebliche Interessen entgegenstehen. Dies hat er innerhalb einer Frist von 4 Wochen schriftlich zu begründen. Äußert er sich nicht, gilt die Zustimmung als erteilt (befristetes Verbot mit Erlaubnisvorbehalt; *s. hierzu BAG 26.06.1997, EzA § 15 BErzGG Nr. 9*). Eine vereinbarte Teilzeitbeschäftigung endet grundsätzlich mit dem Ende der Elternzeit. Es gelten dann wieder die ursprünglich vereinbarten Arbeitsbedingungen. Ein Teilzeitarbeitsverhältnis darf nach überwiegender Meinung nicht während der Elternzeit gekündigt werden (§ 18 Abs. 2 BErzGG). Es bedarf also einer behördlichen Zustimmung zur Kündigung.

Wird **nach** Antritt der Elternzeit ein Teilzeitarbeitsverhältnis begründet (Einstellung), so ist der **Betriebsrat** nach § 99 BetrVG zu beteiligen; etwas anderes gilt nur, wenn **von vornherein eine Teilzeitabrede getroffen** wird *(s. BAG 28.04.1998, EzA § 99 BetrVG Einstellung Nr. 5)*.

Über den **Antrag auf Verringerung der Arbeitszeit** und ihre Ausgestaltung sollen sich Arbeitnehmer und Arbeitgeber innerhalb von 4 Wochen einigen. Unberührt bleibt das Recht des Arbeitnehmers, sowohl seine vor der Elternzeit bestehende **Teilzeitarbeit** unverändert während der Elternzeit fortzusetzen, soweit § 15 Abs. 4 BErzGG beachtet ist, als auch nach der Elternzeit zu der Arbeitszeit zurückzukehren, die er vor Beginn der Elternzeit hatte.

Soweit eine **Einigung über die Verringerung der Arbeitszeit nicht möglich** ist, kann der Arbeitnehmer unter folgenden Voraussetzungen während der Gesamtdauer der Elternzeit zweimal eine Verringerung der Arbeitszeit beanspruchen.

Für den Anspruch auf Verringerung der Arbeitszeit gelten folgende (kumulative) Voraussetzungen:

- Der Arbeitgeber beschäftigt unabhängig von der Zahl der Personen in der Berufsbildung in der Regel mehr als 15 Arbeitnehmer.
- Das Arbeitsverhältnis des Arbeitnehmers in demselben Betrieb oder Unternehmen besteht ohne Unterbrechung länger als 6 Monate.
- Die vertraglich vereinbarte regelmäßige Arbeitszeit soll für mindestens 3 Monate auf einen Umfang zwischen 15 und 30 Stunden verringert werden.
- Dem Anspruch stehen keine dringenden betrieblichen Gründe entgegen.

Der Anspruch wurde dem Arbeitgeber acht Wochen vorher schriftlich mitgeteilt.
Falls der Arbeitgeber die beanspruchte **Verringerung** der Arbeitszeit **ablehnen** will, muss er dies innerhalb von 4 Wochen mit **schriftlicher Begründung** tun. Der Arbeitnehmer kann, soweit der Arbeitgeber der Verringerung der Arbeitszeit nicht oder nicht rechtzeitig zustimmt, **Klage vor den Gerichten für Arbeitssachen erheben** (§ 15 Abs. 7 BErzGG). Ein vermutlich nicht sehr praxisrelevanter Fall, bringt doch jede gerichtliche Auseinandersetzung eine erhebliche Belastung des Arbeitsverhältnisses mit sich.

5. Elternzeit und betriebliche Leistungen

2926 Wird keine zulässige Teilzeitarbeit erbracht (s. oben → Rz. 2925), so **ruht das Arbeitsverhältnis** während des Erziehungsurlaubs (der Elternzeit, *BAG 24.05.1995, EzA § 611 BGB Gratifikation, Prämie Nr. 124*). Es entfallen also die Hauptpflichten zur Entgeltzahlung und zur Arbeitsleistung. Die **Nebenpflichten** bleiben jedoch bestehen. So werden Zeiten des Erziehungsurlaubs (der Elternzeit) auf die **Betriebszugehörigkeit** angerechnet. Ob dem Arbeitnehmer auch während des Erziehungsurlaubs (der Elternzeit) **betriebliche Sonderleistungen** zustehen, hängt von den zugrundeliegenden Vereinbarungen ab. Hier sind folgende Fallgruppen zu unterscheiden: Regelmäßig wird der Anspruch auf tarifliche Jahressonderleistungen erhalten bleiben, wenn dieser **nur den Bestand** des Arbeitsverhältnisses, **nicht** aber die **tatsächliche Arbeitsleistung** voraussetzt.

Auch kommt es entscheidend darauf an, ob es sich bei der Sonderzahlung um einen **Teil der im Austauschverhältnis stehenden Leistungen** handelt (Arbeitsentgelt im engeren Sinne) oder ob es Entgelt im weiteren Sinne ist. Wird ein Weihnachtsgeld unter dem Vorbehalt des jederzeitigen Widerrufs gewährt, liegt nur Entgelt im weiteren Sinne vor. Eine Kürzung für Zeiten, in denen das Arbeitsverhältnis kraft Gesetzes ruht, muss dann entsprechend der oben zitierten Ansicht des BAG ausdrücklich vereinbart sein *(BAG 10.05.1995, EzA § 611 BGB Gratifikation, Prämie Nr. 125)*. Ob die Inanspruchnahme des Erziehungsurlaubs (der Elternzeit) den Arbeitgeber zur Ausübung eines vorbehaltenen Widerrufsrechts berechtigt, hat das BAG *(a.a.O.)* offengelassen. Handelt es sich hingegen um Entgelt im engeren Sinne, so steht dem Erziehungsurlauber kein Anspruch auf die Leistung zu *(BAG 19.04.1995, EzA § 611 BGB Gratifikation, Prämie Nr. 123)*.

Auch **tarifliche Sonderzahlungsklauseln** spielen häufig eine Rolle: Trifft ein Tarifvertrag überhaupt keine Regelung für die **Fälle einer fehlenden Arbeitsleistung im Bezugszeitraum,** so kann in der Regel nicht auf den Willen der Tarifparteien geschlossen werden, nur für den Fall einer fehlenden tatsächlichen Arbeitsleistung im gesamten Bezugszeitraum den Anspruch auf eine Sonderleistung auszuschließen und eine ausdrückliche Regelung dieses Inhalts nur im Hinblick auf die Rechtsprechung des BAG unterlassen zu haben *(BAG 08.12.1993, EzA § 611 BGB Gratifikation, Prämie Nr. 108)*. Besteht kein Anspruch auf eine tarifliche Sonderleistung in Fällen, in denen das Arbeitsverhältnis **kraft Gesetzes ruht,** gilt dies auch für den Erziehungsurlaub *(BAG 24.11.1993, EzA § 15 BErzGG Nr. 5)*. Eine solche Regelung verstößt nicht gegen höherrangiges Recht, insbesondere nicht gegen das **Verbot mittelbarer Diskriminierung,** obwohl der Erziehungsurlaub (die Elternzeit) von mehr Frauen als Männern in Anspruch genommen wird *(BAG 24.05.1995, EzA § 611 BGB Gratifikation, Prämie Nr. 124; s. auch schon BAG 28.09.1994, EzA § 611 BGB Gratifikation, Prämie Nr. 114)*.

Ob im **Erziehungsurlaub** (in der Elternzeit) ein Anspruch auf ein **tarifliches Urlaubsgeld** besteht, hängt ebenfalls von der einschlägigen tariflichen Regelung ab (bejahend für den Tarifvertrag Sonderzahlung des hessischen Einzelhandels *BAG 06.09.1994, DB 1995, 936)*. Hat der Arbeitgeber in allgemeinen Arbeitsbedingungen die Zahlung von Urlaubsgeld ohne Einschränkung und ohne Abhängigmachen von der Urlaubsgewährung zugesagt, ist er nicht berechtigt, den Anspruch für Zeiten des Erziehungsurlaubs (der Elternzeit) zu kürzen *(BAG 18.03.1997, EzA-SD 19/1997 S. 7)*. Angesichts der ständigen Rechtsprechung des BAG kann dem Arbeitgeber nur angeraten werden, bereits bei Arbeitsvertragsschluss eine Kürzungsregelung für Zeiten des Erziehungsurlaubs (der Elternzeit) zu vereinbaren.

Hier ist also auf eine richtige **Vertragsgestaltung** zu achten. Regelmäßig ist es empfehlenswert, Sonderleistungen an die Voraussetzung der **tatsächlichen Erbringung der Arbeitsleistung** zu knüpfen.

Im Rahmen der **betrieblichen Altersversorgung** zählen Zeiten des Erziehungsurlaubs (der Elternzeit) grundsätzlich bei den Unverfallbarkeitsfristen mit. Bestimmungen einer **Unterstützungsrichtlinie einer Versorgungskasse** können dahingehend geändert werden, dass Zeiten eines ruhenden Arbeitsverhältnisses nicht mehr anspruchserhöhend als Anrechnungs- und Steigerungszeit bei der betrieblichen Altersversorgung berücksichtigt werden.

Dem Arbeitgeber ist es also unbenommen, den Umfang betrieblicher Versorgungsleistungen an dem Grad der erbrachten Arbeitsleistungen der Beschäftigten auszurichten. Hierin soll keine **mittelbare Diskriminierung** liegen *(LAG Köln 21.07.1993, LAGE Art. 119 EWG-Vertrag Nr. 7 und jetzt auch BAG 15.02.1994, EzA § 1 BetrAVG Gleichberechtigung Nr. 9).*

Ohne eine entsprechende Vereinbarung unterbrechen Zeiten des Erziehungsurlaubs (der Elternzeit) den **Lauf der Unverfallbarkeitsfristen** gem. § 1 BetrAVG und die **Dauer der Betriebszugehörigkeit** i.S.d. § 2 BetrAVG nicht *(BAG, a.a.O.).*

Der Ausschluss der Anrechnung der Zeiten des Erziehungsurlaubs (der Elternzeit) beim **Fallgruppenbewährungsaufstieg** ist zulässig *(BAG 18.06.1997, EzA-SD 13/1997 S. 5; beachte aber mögliche Änderungen durch das Gesetz über Teilzeit und befristete Arbeitsverhältnisse).*

6. Auswirkungen der Elternzeit

2927 Gerade die Inanspruchnahme von Erziehungsurlaub (Elternzeit) bringt häufig **betriebliche Belastungen** mit sich. Hier bieten sich folgende **Lösungen** an:

- Es kann versucht werden, den »Elternzeitler« dazu zu bewegen, eine **Teilzeitarbeit** (s. → Rz. 2925) zu akzeptieren.
- Es können **neue Arbeitnehmer befristet eingestellt** werden (s. → Rz. 2925). Ein sachlicher Grund, der die Befristung eines Arbeitsverhältnisses rechtfertigt, liegt unter anderem vor, wenn ein Arbeitnehmer zur Vertretung eines anderen Arbeitnehmers für Zeiten eines Beschäftigungsverbots nach dem Mutterschutzgesetz oder einer Elternzeit eingestellt wird. Dabei genügt die Einstellung für Teile dieser Zeiten, denn dem Arbeitgeber steht es frei, ob und wie er den Arbeitsausfall überbrücken will *(BAG 09.07.1997, EzA § 21 BErzGG Nr. 21).* Die Befristung ist auch für notwendige Zeiten der Einarbeitung zulässig. Zur sachlichen Rechtfertigung befristeter Arbeitsverträge zur Erziehungsurlaubsvertretung s. *LAG Köln 13.09.1995, DB 1996, 1144* – auch bei vorhersehbaren Bedarf für zukünftige Erziehungsurlaubsvertretungen muss der Arbeitgeber keine unbefristeten Verträge schließen!

Die **Dauer der Befristung** des Arbeitsverhältnisses musste **früher kalendermäßig bestimmt oder bestimmbar** sein. Unzulässig war die **Zweckbefristung** eines Arbeitsvertrages mit einer Ersatzkraft für die Dauer der Beschäftigungsverbote nach dem MuSchG und/oder für die Dauer der Elternzeit *(BAG 09.11.1994, EzA § 21 BErzGG Nr. 1).* Diese Rechtsprechung ist durch den Gesetzgeber korrigiert worden (s. § 21 Abs. 3 BErzGG n.F.). Ob § 21 Abs. 3 BErzGG auch für die Vertretung von **Beamten** während des Erziehungsurlaubs gilt, ist offen *(BAG 09.07.1997, EzA § 21 BErzGG Nr. 2).* **Dies ist nunmehr im neuen BErzGG ausdrücklich klargestellt.**

Kehrt der Erziehungsurlauber (Elternzeiter) unerwartet zurück, so kommt eine **Kündigung des befristeten Vertretungsarbeitsverhältnisses** in Betracht. Dieses kann – schriftlich – unter Einhaltung einer Frist von 3 Wochen gekündigt werden. Die Kündigung ist jedoch frühestens zu dem Zeitpunkt zulässig, zu dem der Erziehungsurlaub (die Elternzeit) endet (s. § 21 Abs. 1 BErzGG). **Prozessual gilt:** Die Inanspruchnahme des Erziehungsurlaubs (der Elternzeit) schließt das rechtliche Interesse des Arbeitnehmers daran, dass der Bestand des Arbeitsverhältnisses im Zusammenhang mit einem Betriebsübergang durch richterliche Entscheidung alsbald festgestellt wird, nicht aus *(BAG 02.12.1999, EzA § 613 a BGB Nr. 188).*

7. Anhang: Erziehungsgeldstellen

Für Fragen in Zusammenhang mit Elternzeit und Erziehungsgeld sind die Erziehungsgeldstellen der Länder zuständig.

- **Baden-Württemberg**
  Landeskreditbank.
- **Bayern**
  Familienkassen bei den Versorgungsämtern in Augsburg (für Schwaben), Bayreuth (für Oberfranken), Landshut (für Niederbayern), München (für Oberbayern), Nürnberg (für Mittelfranken), Regensburg (für die Oberpfalz) und Würzburg (für Unterfranken).
- **Bremen**
  Senator für Familie und Soziales; Jugendamt für Bremerhaven.
- **Brandenburg**
  Jugendämter der kreisfreien Städte und Landkreise.
- **Hamburg**
  Bezirksämter.
- **Hessen**
  Versorgungsämter in Darmstadt, Frankfurt, Fulda, Gießen, Marburg, Kassel und Wiesbaden.
- **Mecklenburg-Vorpommern**
  Familienkassen bei den Versorgungsämtern in Schwerin, Stralsund, Rostock und Neubrandenburg.
- **Niedersachsen**
  Kreisfreie Städte, Landkreise und teilweise auch kreisangehörige Gemeinden.
- **Nordrhein-Westfalen**
  Versorgungsämter in Aachen, Bielefeld, Dortmund, Düsseldorf, Duisburg, Essen, Gelsenkirchen, Köln, Münster, Soest und Wuppertal.
- **Rheinland-Pfalz**
  Jugendämter der kreisfreien Städte und Landkreise.
- **Saarland**
  Versorgungsamt Saarland in Saarbrücken.
- **Sachsen**
  Familienkassen der Ämter für Familie und Soziales in Chemnitz, Leipzig und Dresden.
- **Sachsen-Anhalt**
  Ämter für Versorgung und Soziales in Magdeburg und Halle.
- **Schleswig-Holstein**
  Versorgungsämter in Lübeck, Heide, Schleswig und Kiel.
- **Thüringen**
  Ämter für Soziales und Familie in Suhl, Erfurt und Gera..

2928

XVIII. Sonderurlaub

2929 Grundsätzlich besteht kein Anspruch auf Sonderurlaub. Allerdings finden sich nicht selten in Tarifverträgen entsprechende Vorschriften. Siehe etwa § 50 BAT. Hiernach kann bei Vorliegen eines wichtigen Grundes Sonderurlaub gewährt werden. Dies hat das BAG etwa für den Fall der befristeten Übernahme eines Bürgermeisteramtes angenommen *(BAG 08.05.2001, EzA-SD 10/2001, S. 4)*.

Gewährt ein Arbeitgeber einer Arbeitnehmerin im Anschluss an Mutterschutz und Erziehungsurlaub einen **Sonderurlaub**, so hat diese für den Fall der erneuten Schwangerschaft keinen Anspruch auf Beendigung des Sonderurlaubs. Dies gilt zumindest dann, wenn er den Arbeitsplatz zwischenzeitlich anderweitig besetzt hat, der Grund für die Gewährung des Sonderurlaubs unverändert fortbesteht und keine schwerwiegenden Änderungen der persönlichen Verhältnisse der Arbeitnehmerin eingetreten sind *(BAG 06.09.1994, NZA 1995, 953)*. Eine Pflicht zur Einwilligung in die vorzeitige Beendigung des Sonderurlaubs aufgrund arbeitsrechtlicher Fürsorgepflicht kann also allenfalls dann bestehen,

- wenn dem Arbeitgeber die Beschäftigung des Arbeitnehmers möglich und zumutbar ist **und**
- wenn der Grund für die Bewilligung des Sonderurlaubs weggefallen ist oder schwerwiegende negative Veränderungen in den wirtschaftlichen Verhältnissen des Arbeitnehmers eingetreten sind.

Zur **vorzeitigen Beendigung eines Sonderurlaubs** s. *BAG 16.07.1997, EzA § 15 BErzGG Nr. 11*. Zur Verfassungswidrigkeit des Ausgleichsfonds nach dem HSUG s. *BVerfG 09.11.1999, EzA-SD 2/2000 S. 15*.

XIX. Bildungsurlaub

2930 In mehreren Bundesländern bestehen Gesetze, die die Verpflichtung des Arbeitgebers beinhalten, Arbeitnehmer unter Fortzahlung der Bezüge zwecks Teilnahme an Bildungs- oder Weiterbildungsmaßnahmen freizustellen, sog. **Bildungsurlaubsgesetze.** Eine bundesweit gültige Regelung fehlt. Wenn die **Zahl der veröffentlichten Entscheidungen** einen Rückschluss auf die Praxisrelevanz einer Rechtsmaterie zulässt, liegt das Bildungsurlaubsrecht sicherlich auf Rekordkurs. Ob die Flut an höchstrichterlichen Entscheidungen nicht zuletzt auch auf eine bestimmte Verhaltensweise der Arbeitgeber bzw. ihrer Berater zurückzuführen ist, kann an dieser Stelle nur vermutet werden. Nicht selten soll allerdings in Fragen der Arbeitnehmerweiterbildung so verfahren werden, dass **Anträge von Arbeitnehmerseite zunächst einmal vom Arbeitgeber generell abgelehnt** werden. Ein solches Verhalten gefährdet den Betriebsfrieden und ist schon von daher nicht zu empfehlen. Besser ist es, rechtzeitig das Gespräch zu suchen.

Empfehlenswert kann zumindest nach Auffassung einiger Gerichte *(etwa LAG Köln 31.05.1994, 11 Sa 157/93)* folgendes Vorgehen sein: Die Arbeitsvertragsparteien vereinbaren bezahlte Freistellung für die Teilnahme an der Veranstaltung und lassen den **Freistellungsgegenstand (Arbeitnehmerweiterbildung oder Erholungsurlaub) zunächst offen, bis eine gerichtliche oder sonstige Klärung herbeigeführt ist. Unsicher ist, ob dieses pragmatisch erscheinende Vorgehen vollends mit der Rechtsprechung des BAG zum Urlaubsrecht vereinbar ist.

1. Rechtsgrundlagen des Bildungsurlaubs

- Berlin
  Berliner Bildungsurlaubsgesetz.
- Bremen
  Bremisches Bildungsurlaubsgesetz.
- Hamburg
  Hamburgisches Bildungsurlaubsgesetz.
- Hessen
  Hessisches Gesetz über den Anspruch auf Bildungsurlaub.
- Niedersachsen
  Niedersächsisches Gesetz über den Bildungsurlaub für Arbeitnehmer und Arbeitnehmerinnen.
- Nordrhein-Westfalen
  Gesetz zur Freistellung von Arbeitnehmern zum Zwecke der beruflichen und politischen Weiterbildung – Arbeitnehmerweiterbildungsgesetz -.
- Rheinland-Pfalz
  Gesetz über die Freistellung von Arbeitnehmerinnen und Arbeitnehmern für Zwecke der Weiterbildung.
- Saarland
  Saarländisches Weiterbildungs- und Bildungsurlaubsgesetz.
- Schleswig-Holstein
  Bildungsfreistellungs- und Qualifizierungsgesetz für das Land Schleswig-Holstein.

2931

Beachte aber, dass viele dieser Gesetze in den letzten Jahren wiederholt geändert worden sind und die angegebene Rechtsprechung sich daher immer auf bestimmte Rechtsgrundlagen bezieht, die sich heute anders darstellen können.

2. Betriebsratsbeteiligung bei Bildungsurlaub

Nicht in allen Einzelheiten geklärt ist die Frage, ob und in welchem Umfang der Betriebsrat in Fragen des Bildungsurlaubs mitzubestimmen hat.

2932

Zu denken ist zunächst an die §§ 96, 98 BetrVG. Nach letzterer Vorschrift hat der Betriebsrat bei der Durchführung von Maßnahmen der **betrieblichen Berufsbildung** mitzubestimmen. Diese Vorschrift ist nach Auffassung des BAG *(23.04.1991, EzA § 98 BetrVG 1972 Nr. 7)* weit auszulegen. Eine Maßnahme der betrieblichen Berufsbildung liegt aber nur vor, wenn der Arbeitgeber Träger oder Veranstalter der Maßnahme ist, und sie für seine Arbeitnehmer durchführt. Träger oder Veranstalter der Maßnahme ist der Arbeitgeber auch dann, wenn er die Maßnahme in Zusammenarbeit mit einem Dritten durchführt und hierbei bestimmenden Einfluss nehmen kann. Unerheblich ist, ob die Maßnahme dann inner- oder außerbetrieblich oder sogar im Ausland durchgeführt wird. Die Regelung der **§§ 96, 98 BetrVG** ist mithin erkennbar auf **freiwillige Maßnahmen** des Arbeitgebers zugeschnitten. Da die Weiterbildungsgesetze den Arbeitnehmern aber ein individuelles Recht auf Freistellung gewähren, kommen die §§ 96, 98 BetrVG in diesem Rahmen nach überwiegender Ansicht nicht zum Tragen.

Unsicher ist jedoch, ob der Betriebsrat nach **§ 87 Abs. 1 Nr. 5 BetrVG »Urlaubsfragen«** ein Mitbestimmungsrecht hat. Nach teilweise vertretener Auffassung steht dem Betriebsrat im Bereich der bezahlten und unbezahlten Freistellung von der Arbeit über § 87 Abs. 1 Nr. 5 BetrVG ein umfassendes Mitbestimmungsrecht zu. Gegen die Einräumung eines Mitbestimmungsrechts bei Fragen des Bildungsurlaubs spricht, dass letzterer **kein Urlaub i.S.d. herkömmlichen Sprachgebrauchs** ist *(so etwa LAG Köln 01.06.2001, EzA-SD 22/2001, S. 15)*. Ggf. empfiehlt es sich, den Betriebsrat ggf. nach § 87 Abs. 1 Nr. 5 BetrVG oder im Rahmen einer freiwilligen Betriebsvereinbarung zu beteiligen.

3. Einzelfälle

2933 Die Entscheidungen zur Weiterbildung sind unübersehbar. Gleichwohl haben sich bestimmte **Interessenschwerpunkte** herausgebildet. Auf die in den meisten Gesetzen vorgenommene Unterscheidung zwischen beruflicher und politischer Weiterbildung wird dabei zugunsten der thematischen Aufgliederung bewusst verzichtet.

a) Sprachkurse

2934 Im Vordergrund standen zunächst Entscheidungen zur **Teilnahme an Sprachkursen**. So hatte sich das LAG Köln *(LAGE § 7 AWbG NW Nr. 13)* mit der Frage zu befassen, ob die Teilnahme an einem **Spanisch-Kurs** für eine Krankenschwester als berufliche oder politische Weiterbildung i.S.v. § 1 AWbG NW anerkannt werden kann.

BEISPIEL:

Die Klägerin, eine deutsche Staatsangehörige, ist als Krankenschwester im Krankenhaus der Beklagten beschäftigt. Sie hat bei der Beklagten Bildungsurlaub beantragt für einen Spanisch-Intensivkurs für Anfänger. Die Beklagte hat den Antrag abgelehnt, die Klägerin hat daraufhin Klage auf bezahlte Freistellung für die fragliche Zeit erhoben. Sie meint, der Begriff der beruflichen Weiterbildung sei nicht dahingehend eingeschränkt, dass nur Bildungsveranstaltungen erfasst würden, die in einem Zusammenhang mit dem derzeit ausgeübten Beruf des Arbeitnehmers stünden. Dies müsse gerade für eine Krankenschwester gelten, die in Zukunft mehr mit ausländischen Patienten befasst sein würde. Zu den ausländischen Patienten zählten, zumindest müsse dies einkalkuliert werden, auch Spanisch sprechende Mitbürger.

Ein Anspruch nach § 1 Abs. 1 AWbG NW auf Freistellung von der Arbeit für die Teilnahme an einer Bildungsveranstaltung (»Bildungsurlaub«) besteht nur dann, wenn die Bildungsveranstaltung eine berufliche oder politische Weiterbildung zum Inhalt hat. Da das Gesetz nicht von beruflicher Bildung, sondern von beruflicher Weiterbildung spricht, sind demgemäss – zumindest in erster Linie

– darunter Bildungsveranstaltungen zu verstehen, die dem beruflichen Weiterkommen dienlich sind. Dass Kenntnisse der spanischen Sprache dem beruflichen Weiterkommen der Klägerin dienlich wären, macht die Klägerin selbst nicht geltend. Auch der Erwerb nützlicher Kenntnisse kann allerdings als berufliche Weiterbildung angesehen werden. Es muss sich aber um eine »greifbare Nützlichkeit« handeln. Hierfür reicht der Vortrag der Klägerin nicht aus, dass sie auch mit Spanisch sprechenden Patienten konfrontiert werden könnte. Auch nach Auffassung des BAG (24.08.1993, EzA § 7 AWbG NW Nr. 13) ist für die Annahme beruflicher Weiterbildung erforderlich, dass diese für den Arbeitgeber ein auch nur gering einzuschätzendes Mindestmaß von greifbaren Vorteilen mit sich bringt. Ein hinreichender Bezug erfordert dabei eine Kontinuität in der Verwendung der Sprache in der beruflichen Tätigkeit.

In einem ähnlich gelagerten Rechtsstreit hatte sich das BAG mit einem **Sprachkurs »Italienisch für Anfänger«** zu befassen.

BEISPIEL:
Die Klägerin ist bei dem Beklagten als Krankenschwester tätig. Sie wird auf verschiedenen Stationen eines Krankenhauses eingesetzt und hat dort u.a. italienische Patienten zu betreuen. Im August 1988 beantragte sie fünf Tage Freistellung zur Teilnahme an einer Veranstaltung mit dem Thema »Italienisch für Anfänger«. Nachdem die Beklagte die Freistellung abgelehnt hatte, nahm die Klägerin Erholungsurlaub und besuchte den Sprachkurs. Danach beantragte sie u.a. festzustellen, dass ihr für die Zeit vom 26. – 30. 09.1988 Weiterbildungsurlaub nach dem AWbG NW zustand.

Das BAG gab der Klage hinsichtlich der beantragten Feststellung statt. Ein Sprachkurs »Italienisch für Anfänger« dient der beruflichen Weiterbildung einer Krankenschwester i.S.d. AWbG, die in ihrer Tätigkeit italienische Patienten zu betreuen hat. Eine Veranstaltung genügt nicht nur dann diesen gesetzlichen Voraussetzungen, wenn sie Kenntnisse zum ausgeübten Beruf vermittelt, sondern auch, wenn das erlernte Wissen im Beruf verwendet werden kann und **im weitesten Sinn so für den Arbeitgeber von Vorteil** ist. Die Fähigkeit einer Krankenschwester, sich mit Patienten in deren Muttersprache unterhalten zu können, ist für den Krankenhausträger von Vorteil, weil eine Betreuung des Patienten in der Muttersprache geeignet ist, den Heilungsprozess zu fördern (BAG 15.06.1993, EzA § 7 AWbG NW Nr. 10).

Fazit: Eine Bildungsveranstaltung genügt nicht nur dann den gesetzlichen Voraussetzungen zur **beruflichen Weiterbildung,** wenn sie Kenntnisse zum ausgeübten Beruf vermittelt, sondern auch dann, wenn das erlernte Wissen im Beruf verwendet werden kann und so auch für den Arbeitgeber von Vorteil ist. Die gesetzlichen Voraussetzungen werden auch dann erfüllt, wenn Kenntnisse vermittelt werden, die zwar zunächst dem Bereich der personenbezogenen Bildung zuzuordnen und von der Arbeitnehmerweiterbildung ausgeschlossen sind, die der Arbeitnehmer aber zum auch **nur mittelbar wirkenden Vorteil des Arbeitgebers** in seinem Beruf verwenden kann. Noch großzügiger ist das BAG *(17.02. 1998, EzA § 1 BildungsurlaubsG Hamburg Nr. 1)* in einer jüngeren Entscheidung zum hamburgischen Bildungsurlaubsgesetz: Ein Anspruch auf bezahlte Freistellung besteht schon dann, wenn die Bildungsveranstaltung **auch** dazu dient, die berufliche Mobilität des Arbeitnehmers zu erhalten, zu verbessern oder zu erweitern. Ein **Sprachkurs** erfüllt die gesetzlichen Voraussetzungen, wenn der Arbeitnehmer die vermittelten Kenntnisse zwar nicht für seine gegenwärtige Arbeitsaufgabe benötigt, der Arbeitgeber aber **grundsätzlich** Wert auf Sprachkenntnisse legt und entsprechende **Tätigkeitsbereiche bestehen.**

In einer weiteren Entscheidung *(BAG 24.08.1993, EzA § 7 AWbG NW Nr. 18)* begehrte ein Ingenieur Freistellung für den Sprachkurs Schwedisch II-III. Da ein beruflicher Bezug zur schwedischen Sprache fehlte, kam nur der Aspekt der politischen Weiterbildung in Betracht. Dieser wird aber vom BAG mit grundsätzlichen Erwägungen abgelehnt.

Ein Sprachkurs dient hiernach dann nicht der **politischen Weiterbildung,** wenn er die Vertiefung vorhandener Sprachkenntnisse bezweckt und wenn landeskundliche und politische Themen nur die Übungsbereiche für die Anwendung der vorhandenen und erworbenen Sprachkenntnisse sind. Davon soll regelmäßig auszugehen sein. Für die Annahme politischer Weiterbildung ist aber zu verlangen, dass landeskundlich-**politische Themen inhaltlicher Schwerpunkt der Veranstaltung** und **nicht nur Nebeneffekt** sind.

2936 Fazit:

- Nicht berufsnotwendige oder sinnvolle Sprachkurse können nur unter dem Aspekt der politischen Weiterbildung besucht werden.
- Politische Weiterbildung ist bei einem Sprachkurs regelmäßig nicht anzunehmen, da landeskundlich-politische Themen den Schwerpunkt der Veranstaltung bilden müssen.
- Es genügt nicht, dass an Hand landeskundlich-politischer Themen Sprachkenntnisse geübt werden.

2937 Auch »heimatsprachliche Übungen« , hier »**Übungen zur freien Rede«,** können nach dem AWbG NW förderungsfähig sein. Dabei wies der zu entscheidende Sachverhalt die Besonderheit auf, dass die Arbeitgeberin eine nur **bedingte Freistellung** gewährte.

BEISPIEL:

Der Kläger wollte an einer Bildungsveranstaltung zum Thema »Übungen zur freien Rede« teilnehmen. Die beklagte Arbeitgeberin wies darauf hin, dass sie das AWbG für verfassungswidrig halte und erklärte zwar die Freistellung zu gewähren, aber zunächst kein Entgelt fortzuzahlen. Der Kläger besuchte die Bildungsveranstaltung und verlangt Fortzahlung des Entgeltes.

Zu recht! Denn das AWbG NW gewährt einen gesetzlich bedingten Freistellungsanspruch. § 1 AWbG NW räumt also den Arbeitnehmern ebenso wenig wie das Bundesurlaubsgesetz oder die Bildungsgesetze der Länder ein **Selbstbeurlaubungsrecht** ein. Es bedarf vielmehr einer Freistellungserklärung des Arbeitgebers. Erfüllt aber der Schuldner den Anspruch, indem er auf Antrag des Arbeitnehmers die Freistellung nach dem AWbG für einen bestimmten Zeitraum zum Besuch einer Bildungsveranstaltung erklärt, so hat der Arbeitnehmer nach §§ 1 Abs. 1, 7 AWbG NW den Anspruch auf Fortzahlung des Entgeltes, das er ohne den Arbeitsausfall erhalten hätte, wenn er der Arbeit ferngeblieben ist und die Veranstaltung besucht hat.

Die **Erklärung des Vorbehalts der Verfassungsmäßigkeit** hat danach keine Rechtswirkungen, denn die Beklagte hat den Kläger nicht etwa unter einer Bedingung oder unter einem Vorbehalt von der Arbeitspflicht befreit, sondern ihn ohne weiteres für den Besuch der Veranstaltung 'Übungen zur freien Rede' freigestellt. Mit ihrer Erklärung, den Kläger entsprechend den Empfehlungen der Arbeitgeberverbände freizustellen, hat die Beklagte im Beispielsfall die nach dem Gesetz notwendigen Handlungen für die Arbeitsbefreiung des Klägers zum Besuch der Bildungsveranstaltung vorgenommen. Mit dem Besuch der Bildungsveranstaltung ist der mit der Freistellungserklärung beabsichtigte Erfolg eingetreten.

b) Veranstaltungen zur Ökologie

Ökologische Themenstellungen stießen ebenfalls auf reges Interesse. So hatte sich das BAG mit einer Weiterbildungsveranstaltung zum Thema »**Rund um den ökologischen Alltag**« zu beschäftigen.

2938

BEISPIEL:

Die Klägerin ist Krankenschwester in einem Kinderkrankenhaus der Krankenanstalten der Beklagten. Sie beantragte bei der Beklagten die Gewährung von 5 Urlaubstagen nach dem AWbG NW für die Teilnahme an einer Veranstaltung mit dem Thema »Rund um den ökologischen Alltag«. Die Beklagte lehnte die Freistellung ab, weil die Veranstaltung nach ihrer Auffassung weder der beruflichen noch der politischen Weiterbildung diente. Die Klägerin nahm daraufhin an fünf Tagen »überstundenfrei« und besuchte währenddessen die Veranstaltung. Danach beantragte sie festzustellen, dass die Beklagte verpflichtet ist, ihr weitere fünf Tage überstundenfrei zu gewähren, weil die Beklagte sie nach dem AWbG freistellen müsse.

Das BAG (15.06.1993, 9 AZR 411/89) hat die Revision der Klägerin zurückgewiesen. Die Beklagte war nicht verpflichtet, die Klägerin zum Besuch der Veranstaltung mit dem Thema »Rund um den ökologischen Alltag« freizustellen. Die Veranstaltung diente nicht der beruflichen oder der politischen Weiterbildung i.S.d. AWbG, weil weit überwiegend Themen behandelt wurden, die ungeeignet waren, das Verständnis der Arbeitnehmer für gesellschaftliche, soziale und politische Zusammenhänge zu verbessern, um damit die in einem demokratischen Gemeinwesen anzustrebende Mitsprache und Mitverantwortung in Staat, Gesellschaft und Beruf zu fördern. Die vermittelten Kenntnisse dienten vielmehr der **Bildung im persönlichen Bereich**, für die der Arbeitgeber nach dem AWbG weder Freistellung noch Lohnfortzahlung schuldet.

Anlass zum Schmunzeln gab sodann eine Veranstaltung mit dem schönen Titel »**Ökologische Wattenmeerexkursion**« *(BAG 24.08.1993, EzA § 7 AWbG NW Nr. 16).*

2939

BEISPIEL:

Die Kläger baten ihre Dienststelle, ihnen einen einwöchigen Bildungsurlaub für das von einem staatlich anerkannten Weiterbildungsträger angebotene Seminar »Ökologische Wattenmeerexkursion« zu gewähren. Ende Juli 1989 lehnte der Dienststellenleiter die bezahlte Freistellung ab, bot aber Freistellung unter Anrechnung auf den Erholungsurlaub an. Die Kläger besuchten daraufhin die Veranstaltung auf der Insel Föhr. Nach dem Ablaufplan des Veranstalters wurde die gegenwärtige Lage des Wattenmeers anhand von Referaten, Dia- und Filmvorträgen, Diskussionen, Ausstellungs- und Museumsbesuchen sowie Exkursionen unter historischen, naturkundlichen, wirtschaftlichen und politischen Aspekten behandelt.

Die wegen einer Verrechnungsvereinbarung der Parteien auf »**Nachgewährung**« des Erholungsurlaubs gerichtete Klage war erfolgreich. Der Arbeitgeber war verpflichtet, die Kläger zum Zwecke der Arbeitnehmerweiterbildung freizustellen. Die besuchte Veranstaltung diente nach ihrem programmatischen Inhalt trotz ihres missverständlichen Titels der politischen Weiterbildung i.S.d. § 1 Abs. 2

AWbG NW. Zwar wurden in einem erheblichen zeitlichen Umfang historische, naturkundliche und geographische Kenntnisse vermittelt, im vorliegenden Fall war diese Vorgehensweise aber geeignet, über eine Erhöhung der persönlichen Allgemeinbildung hinausgehend auch das Verständnis der Teilnehmer für gesellschaftliche, soziale und politische Zusammenhänge zu verbessern. Sowohl von dem zeitlichen Anteil der verschiedenen Themen als auch vom didaktischen Konzept her war die Veranstaltung darauf angelegt, den Teilnehmern eine verbesserte Urteilsfähigkeit für wirtschafts- und umweltpolitische Rahmenbedingungen sowie gesellschaftliche Folgewirkungen zu verschaffen.

Eine als »**ökologische Wattenmeerexkursion**« bezeichnete Lehrveranstaltung kann mithin der politischen Weiterbildung dienen, wenn durch die konkrete Ausgestaltung des Programms das Ziel der politischen Weiterbildung sichergestellt ist. Das ist dann der Fall, wenn der Lehrplan darauf angelegt ist, aufbauend auf der erforderlichen Vermittlung naturkundlichen Grundlagenwissens, das Interesse der Teilnehmer für das Beziehungsgeflecht zwischen Industriegesellschaft und natürlichen Lebensgrundlagen zu wecken sowie ihre Urteilsfähigkeit für umweltpolitische Rahmenbedingungen zu verbessern *(BAG 24.08.1993, EzA § 7 AWbG NW Nr. 16)*.

Vom BAG wurde im Geltungsbereich des AWbG NW auch die Bildungsveranstaltung »**Nordsee – Müllkippe Europas!?**« anerkannt *(BAG 05.12.1995, DB 1996, 1421)*. Als politische Weiterbildung wurde die Veranstaltung »**Der Berg ruft nicht mehr, er kommt!**« anerkannt *(LAG Düsseldorf 30.11.1993, LAGE § 7 AWbG NW Nr. 15)*. Das auch naturkundliche und geographische Kenntnisse vermittelt wurden, schadet nicht. Gegenstand der politischen Weiterbildung kann auch eine Veranstaltung mit dem Thema »**Sylt, eine Insel in Not,; Lehrstück einer Umweltzerstörung**« sein *(LAG Köln 31.05.1994, 11 Sa 157/93)*. Auch die auf einem alten Frachtensegler auf der Ostsee stattfindende Veranstaltung »**Ostsee – kleines Meer mit großen Sorgen**« wurde anerkannt *(LAG Hessen 20.02.1997, LAGE Bildungsurlaubsgesetz Hessen Nr. 1)*. Keine Gnade fand hingegen eine an der Costa Brava durchgeführte Veranstaltung mit dem Thema »**Das Meer – Ressource und Abfalleimer**«. Da überwiegend **Tauchgänge** vorgenommen wurden, konnten die ebenfalls erörterten umwelt- und gesellschaftspolitischen Probleme der Veranstaltung nicht mehr das Gepräge der politischen Weiterbildung geben *(BAG 24.10.1995, NZA 1996, 647)*.

c) Gesellschaftspolitische Fragen

2940 In einem dem hessischen BildungsurlaubsG (HBUG) unterfallen dem Sachverhalt war über die Bildungsveranstaltung »**Die Arbeitnehmer in Betrieb, Wirtschaft und Gesellschaft**« zu entscheiden. Dabei war auch zu klären, welche Bedeutung der Anerkennung einer Bildungsveranstaltung zukommt. Mit der Anerkennung einer Bildungsveranstaltung nach § 9 Abs. 7 HBUG durch das Hessische Sozialministerium wird für Arbeitgeber und für Arbeitnehmer als Teilnehmer einer Bildungsveranstaltung nicht verbindlich darüber entschieden, dass die Voraussetzungen des § 1 HBUG über die politische Bildung und berufliche Weiterbildung gegeben sind. Die **Anerkennung der Bildungsveranstaltung ist nur eine Voraussetzung für den Anspruch auf Gewährung von Bildungsurlaub neben anderen Merkmalen**. So kann in einem gerichtlichen Verfahren überprüft werden, ob eine thematisch umstrittene Bildungsveranstaltung inhaltlich den gesetzlichen Leitvorgaben entspricht. Diese Überprüfung obliegt den Gerichten für Arbeitssachen. Sie ist auch im arbeitsgerichtlichen Urteilsverfahren über die Lohnfortzahlungsverpflichtung des Arbeitgebers möglich. Die zur Entscheidung stehende Bildungsveranstaltung mit dem Thema »Die Arbeitnehmer in Betrieb, Wirtschaft und Gesellschaft I« entspricht nach Auffassung des BAG *(09.02.1993, EzA § 1 Bildungsurlaubsgesetz Hessen Nr. 1)* den Anforderungen in § 1 Abs. 3 HBUG zur politischen Bildung. Siehe zu der gleichnamigen Veranstaltung auch *LAG Düsseldorf 27.02.1996, AuR 1996, 277.*

Ebenfalls um Bildungsurlaub nach dem hessischen Bildungsurlaubsgesetz stritten die Parteien in einer weiteren Entscheidung des BAG *(09.02.1993, EzA § 3 Bildungsurlaubsgesetz Hessen Nr. 1)*. Auch hier ging es um die Reichweite der Tatbestandswirkung der ministeriellen Anerkennung als Bildungsveranstaltung. Hier stand die Veranstaltung »**Frauen in Ausbildung, Beruf, Familie und Gesellschaft – Situationsvergleich zwischen Hessen und Mazedonien**« zur Entscheidung. Die Klägerin wollte hieran teilnehmen, die Beklagte verlangte die Vorlage eines Themenplans. Als dies die Klägerin ablehnte, verweigerte die Beklagte die Lohnzahlung für die Zeit der Teilnahme an dem Seminar. In der Entscheidung betont das BAG erneut, dass die **ministerielle Anerkennung einer Bildungsveranstaltung** für sich nicht ausreicht um den Anspruch auf Freistellung zu begründen.

2941

Hinsichtlich der Darlegungs- und Beweislast Stellung. Hiernach hat der Arbeitnehmer die **Darlegungs- und Beweislast** für die gesetzlichen Voraussetzungen des Anspruchs auf Bildungsurlaub nach dem HBUG. Er ist verpflichtet, im Streitfall den Gerichten für Arbeitssachen den Inhalt der Bildungsveranstaltung vorzutragen. Keine Anerkennung in den Augen des LAG Köln *(30.06.1994, NZA 1995, 942)* fand eine – natürlich in Wien stattfindende Veranstaltung zum Thema »**Wien: Österreichische Hauptstadt und weltpolitisches Zentrum**«. Es reicht nicht aus, wenn nur mittelbar Einsichten für das deutsche Staatswesen vermittelt werden. Politische Arbeitnehmerweiterbildung darf ohne nachweisbare Erforderlichkeit und Eignung nicht eine beliebige Auswahl von Anschauungsmaterial ermöglichen. Zu solchen Auslandssachverhalten auch *BAG 16.05.2000, EzA § 7 AWbG NW Nr. 31* (hinreichender Bezug zu den gesellschaftlichen, sozialen und politischen Verhältnissen in Deutschland erforderlich).

Eine **Bildungsveranstaltung zur Stresserkennung und -bewältigung,** die über ein Fitness- und Gesundheitstraining hinausgeht, kann der beruflichen Arbeitnehmerweiterbildung dienen. Voraussetzung ist, dass das Konzept der Veranstaltung darauf abzielt, Kenntnisse und Fähigkeiten zu vermitteln, die von Arbeitnehmern bei ihrer beruflichen Tätigkeit zur besseren Bewältigung von Stress- und Konfliktsituationen verwertet werden und sich auch für den Arbeitsprozess vorteilhaft auswirken können – etwa durch Reduzierung von Fehlzeiten *(BAG 24.10.1995, NZA 1996, 759)*.

Umgekehrt gilt: Die Teilnahme eines technischen Angestellten eines Zechenbetriebs an der Veranstaltung »**Selbsthilfeprojekte und Entwicklungszusammenarbeit am Beispiel der Region Rio de Janeiro**«, die während einer Brasilienreise abgewickelt wird und im Wesentlichen aus Exkursionen, Rundfahrten und Besichtigungen besteht, stellt keine Bildungsveranstaltung i.S.d. AWbG NW dar *(LAG Hamm 18.04.1997, LAGE § 7 AWbG NW Nr. 28).*

2942 Mit Fragen des **Leistungsverweigerungsrechts für einzelne Tage einer Weiterbildungsveranstaltung** hatte sich das BAG in der Entscheidung vom 11.05.1993 *(EzA § 7 AWbG NW Nr. 8)* zu befassen. Es ging um die Veranstaltung »BRD – DDR – Ein Vergleich – Politik und Sprache in beiden deutschen Staaten – Ein Beitrag zur argumentativen politischen Auseinandersetzung«. Diese dauerte am Abreisetag nur von 9.00 bis 12.15 Uhr. Nach dem sich daran anschließenden Mittagessen fand die Heimreise statt. Der Arbeitgeber verweigerte insoweit die Entgeltfortzahlung.

Das AWbG NW enthält anders als das Hessische Bildungsurlaubsgesetz (§ 9 Abs. 4 Satz 2 HBUG) **keine Regelung über die Dauer des täglichen Arbeitsprogramms** während der Bildungsveranstaltung. Das BAG *(24.10.2000, EzA § 5 AWbG NW Nr. 2)* vertritt hierzu die Auffassung, dass die Durchführung einer anerkannten Bildungsveranstaltung nicht gegen die Bestimmungen des AWbG in der Fassung von 1984 verstieß, wenn im Durchschnitt an jedem Tag der Bildungsveranstaltung ein organisierter Lernprozess über 6 Lerneinheit zu 45 Minuten stattgefunden hat. Das Gesetz bestimmt auch nicht, welche Rechtsfolgen eintreten, wenn an einem oder an mehreren Tagen nicht oder wenig gearbeitet wird. Es ist daher nach Auffassung des BAG **insgesamt zu beurteilen, ob eine Veranstaltung der politischen oder beruflichen Weiterbildung stattgefunden hat oder nicht,** weil die Veranstaltung nur an einigen Tagen den gesetzlichen Vorgaben nicht entsprochen hat. Somit besteht ein Leistungsverweigerungsrecht nur für die Veranstaltung insgesamt, wenn die gesetzlichen Voraussetzungen des § 1 Abs. 2 AWbG NW über die berufliche und politische Weiterbildung nicht gegeben sind.

Bei der Überprüfung dieser gesetzlichen Vorgaben kann im Einzelfall die Dauer des jeweiligen täglichen Arbeitsprogramms von Bedeutung sein. So kann eine Bildungsveranstaltung insgesamt dann nicht mehr der beruflichen oder politischen Weiterbildung dienen und damit keinen Freistellungsanspruch rechtfertigen, wenn die zur Verfügung stehende Unterrichtszeit nicht in ausreichendem Maße für die Weiterbildung genutzt wird. Das kann z.B. dann zutreffen, wenn an 5 Seminartagen jeweils lediglich für kurze Zeit Wissen vermittelt oder an einem oder mehreren Tagen überhaupt nicht gearbeitet wird. Eine Veranstaltung ist aber dann noch als eine der Arbeitnehmerweiterbildung anzusehen, wenn wie im Streitfall am letzten Tag nur noch 3 1/4 Zeitstunden unterrichtet wurde, an anderen Tagen aber 6 Zeitstunden und mehr zur Weiterbildung genutzt wurden. Die Verteilung des Wissensstoffes auf die 5-tägige Seminarwoche in der Weise, dass am letzten Tag genügend Zeit für die Heimreise verbleibt, ohne dass der Arbeitnehmer einen wesentlichen Teil seiner Wochenendfreizeit aufwenden muss, hindert nicht die Annahme, dass insgesamt eine Veranstaltung der politischen Weiterbildung stattgefunden hat.

2943 **Fazit:** Eine Veranstaltung dient der **politischen Weiterbildung** i.S.d. AWbG NW, wenn das vom Veranstalter zugrunde gelegte didaktische Konzept und die zeitliche und sachliche Ausrichtung der einzelnen Lerneinheiten darauf ausgerichtet sind, das Verständnis des Arbeitnehmers für gesellschaftliche, soziale und politische Zusammenhänge zu verbessern. Das didaktische Konzept und die zeitliche und sachliche Ausrichtung der einzelnen Lerneinheiten sind vorrangig anhand des Programms und der dazu abgegebenen Erläuterungen zu untersuchen. Reicht dies nicht aus, kann der Arbeitnehmer auf andere Art und Weise seiner **Darlegungslast** nachkommen. Es genügt nicht vorzubringen, einzelne Lerneinheiten hätten u.a. auch politische Kenntnisse verschiedener Art vermittelt *(BAG 09.05.1995, EzA § 7 AWbG Nr. 21)*.

Eine Freistellung nach dem AWbG NW setzt voraus, dass die **Veranstaltung für Jedermann zugänglich** ist. Wenn eine Bildungsveranstaltung wie ein Aufbaukurs Teil einer Veranstaltungsreihe und der Träger den Besuch des Aufbaukurses von der erfolgreichen Teilnahme der vorangehenden Kurse abhängig macht, ist die Jedermannzugänglichkeit (§§ 9, 2 Abs. 4 AWbG NW) nur gewährleistet, wenn auch die vorangehenden Veranstaltungen für jedermann zugänglich waren. Dafür hat, wie auch für die übrigen sachlichen Voraussetzungen der begehrten Freistellung, der Arbeitnehmer die Darlegungslast *(BAG 09.11.1993, EzA § 9 AWbG NW 5)*.

Nach Ansicht des LAG Düsseldorf *(27.02.1996, AuR 1996, 277)* schadet es nicht, wenn für unterschiedliche Teilnehmerkategorien **andere materielle Konditionen** gelten Beispiel: *Kostenfreiheit für Gewerkschaftsmitglieder, -pflichtigkeit für Nichtmitglieder.*

Dies hat auch das BAG *(21.10.1997, EzA-SD 22/1997 S. 4 und EzA-SD 9/1998 S. 10)* bestätigt. Keine Bildungseinrichtung ist verpflichtet, kostenlose Leistungen zu erbringen. Deshalb kann eine Gewerkschaft von den Teilnehmern Beiträge fordern und dabei zwischen Mitgliedern und Nichtmitgliedern differenzieren. Das AWbG schließt nur aus, dass mit den von den Teilnehmern zu zahlenden Beiträgen Gewinne erwirtschaftet werden.

4. Verfahrensfragen

Verlangt ein Arbeitnehmer begründet die Freistellung für die Teilnahme an einer Weiterbildungsveranstaltung und kommt der Arbeitgeber dem nicht nach, so gerät er in **Schuldnerverzug**. Lehnt der Arbeitgeber die Freistellung für eine Bildungsveranstaltung ab, weil sie vermeintlich nicht den Zielen der Arbeitnehmerweiterbildung dient, kann ein Hinweis auf die Möglichkeit der Inanspruchnahme des Bildungsurlaubs für eine andere Veranstaltung seinen **Verzug nicht beseitigen.** Ist der auf das Kalenderjahr bezogene Anspruch auf Arbeitnehmerweiterbildung während des Kalenderjahrs untergegangen, ist der Arbeitgeber im Wege der sog. **Naturalrestitution** verpflichtet, zusätzlich zum laufenden Anspruch auf Arbeitnehmerweiterbildung **Ersatzfreistellung zu gewähren.** Dieser Schadensersatzanspruch unterliegt der 30-jährigen **Verjährungsfrist** nach § 195 BGB *(BAG 05.12.1996, DB 1996, 1421)*.

Verweigert der Arbeitgeber zu unrecht die Teilnahme an einem Bildungsurlaub, darf der Arbeitnehmer sich nicht selbst beurlauben. Andererseits ist der Arbeitgeber nicht befugt, die **nicht geleistete Arbeitszeit vom Urlaubskonto des Arbeitnehmers abzuziehen** *(BAG 25.10.1994, 9 AZR 339/93)*.

Hat der Arbeitgeber aber in der Vergangenheit die Freistellung des Arbeitnehmers zum Zwecke der Teilnahme an einer Bildungsveranstaltung abgelehnt, entsteht dadurch noch kein rechtliches Interesse an der Feststellung eines künftigen Freistellungsanspruchs für den Fall, dass dieselbe Weiterbildungseinrichtung die gleiche Veranstaltung erneut durchführen wird *(BAG 19.10.1993, EzA § 256 ZPO Nr. 39)*.

In diesen Fällen muss der Arbeitnehmer daher seinen **Freistellungsantrag so rechtzeitig geltend machen, dass dieser noch gerichtlich überprüft werden kann** (vgl. § 5 AWbG NW). Zur Vier-Wochen-Frist für die **Geltendmachung** des **Anspruchs** auf Bildungsurlaub nach dem AWbG NW siehe *BAG 09.11.1999, EzA § 5 AWbG NW Nr. 1*.

2945 Bei einer nur **bedingten Freistellungserklärung** ist Vorsicht geboten: Stellt der Arbeitgeber den Arbeitnehmer zum Besuch einer Weiterbildungsveranstaltung frei, hat er nach §§ 1 Abs. 1, 7 Satz 1 AWbG NW das Arbeitsentgelt für die Dauer der besuchten Veranstaltung fortzuzahlen. Unerheblich ist dabei, ob der Arbeitgeber bei der Freistellungserklärung den Verpflichtungswillen für die Lohnfortzahlung hat. Maßgeblich ist allein, dass der Arbeitnehmer die Erklärung des Arbeitgebers als Freistellungserklärung zum Besuch einer Veranstaltung nach § 1 Abs. 1 AWbG NW verstehen musste *(BAG 09.11.1993, EzA § 7 AWbG NW Nr. 17)*. Lehnt hingegen der Arbeitgeber ab, den Arbeitnehmer zum Besuch einer Bildungsveranstaltung nach dem AWbG NW freizustellen, und bietet er zugleich eine unbezahlte Freistellung an, so hat der Arbeitnehmer keinen Entgeltfortzahlungsanspruch nach dem AWbG, wenn er ohne weitere Erklärung an der Veranstaltung teilgenommen hat *(BAG 07.12.1993, EzA § 7 AWbG NW Nr. 15)*. Der Entgeltfortzahlungsanspruch nach dem AWbG NW entsteht eben nur dann, wenn der Arbeitgeber seiner **Pflicht zur Erfüllung des Anspruchs auf Freistellung nach dem AWbG NW** nachgekommen ist *(BAG 02.12.1997, EzA § 7 AWbG NW Nr. 26)*. Hierfür reichen Angebote zu unbezahlter Freistellung nicht aus.

Stellt ein Arbeitgeber nach Erlass einer einstweiligen Verfügung den Arbeitnehmer von der Arbeit für die Teilnahme an einer Bildungsveranstaltung frei, erfüllt er damit den Anspruch auf Freistellung nach dem AWbG NW, wenn weder die Vollziehung der einstweiligen Verfügung bewirkt noch angedroht wird *(BAG 19.10.1993, EzA § 7 AWbG NW Nr. 20)*.

XX. Weiterführende Literaturhinweise

2946 *Dersch/Neumann*, Bundesurlaubsgesetz, 8. Aufl. 1997
Gaul/Wisskirchen, Änderungen des Bundeserziehungsgeldgesetzes, DB 2000, 2466
Grüner/Dalichau, Bundeserziehungsgeldgesetz, Kommentar, Loseblattausgabe
Hohmeister, Ist die Urlaubsvergütung pfändbar?, BB 1995, 2110
Künzl, Befristung des Urlaubsanspruchs, BB 1991, 1630
Leinemann, Die neue Rspr. des BAG zum Urlaubsrecht, NZA 1985, 137
ders., Gesetzliches und tarifliches Urlaubsrecht, ArbuR 1987, 193
ders., Reformversuche und Reformbedarf im Urlaubsrecht, BB 1995, 1954
Mitsch/Richter, Erhöhung des gesetzlichen Mindesturlaubs und die Auswirkungen auf die Praxis

Natzel, Bundesurlaubsrecht, Handkommentar, 4. Aufl. 1988
Pfeifer, Pfändung urlaubsrechtlicher Ansprüche, NZA 1996, 738
Sowka, Erziehungsurlaub nach neuem Recht, NZA 2000, 1185
Stahlhacke/Bachmann/Bleistein/Berscheid, Gemeinschaftskommentar zum Bundesurlaubsgesetz, 5. Aufl. 1992
Welslau, Bildungsurlaub: Wo sind die Grenzen, Personalwirtschaft Heft 9/1995, S. 59 ff.

14. Kapitel: Nebenpflichten des Arbeitgebers

I.	**Fürsorgepflicht**	**2952**
	1. Schutz von Leben und Gesundheit des Arbeitnehmers	2953
	2. Schutz der Persönlichkeit des Arbeitnehmers	2957
	a) Überwachung	2958
	b) Datenschutz	2959
	c) Beschäftigungspflicht	2960
	d) Weiterbeschäftigung nach Kündigung	2961
	e) Bekleidungsvorschriften	2963
	3. Schutz der vom Arbeitnehmer eingebrachten Sachen	2964
	4. Beachtung der sozialversicherungsrechtlichen Vorschriften	2968
	5. Aufklärungs- und Beratungspflichten	2969
	6. Nachwirkende Fürsorgepflicht	2970
	7. Sonstige Fürsorgepflichten	2971
	8. Rechtsfolgen der Fürsorgepflichtverletzung	2972
II.	**Gleichbehandlungspflicht**	**2973**
	1. Gesetzliche Ausprägungen der Gleichbehandlungspflicht	2974
	a) Gleichbehandlung im Einzelarbeitsverhältnis	2975
	b) Gleichbehandlung bei Teilzeitbeschäftigung	2978
	c) Betriebsverfassungsrechtlicher Gleichbehandlungsgrundsatz	2983
	d) Gleichbehandlung durch Grundgesetz	2984
	2. Arbeitsrechtlicher Gleichbehandlungsgrundsatz	2985
	a) Voraussetzungen der Anwendung des Gleichbehandlungsgrundsatzes	2986
	b) Rechtsfolgen des Verstoßes gegen den arbeitsrechtlichen Gleichbehandlungsgrundsatz	2990
III.	**Weiterführende Literaturhinweise**	**2991**

Aus dem Arbeitsvertrag trifft den Arbeitgeber die **Hauptpflicht**, das vereinbarte Arbeitsentgelt zu zahlen. Hierin erschöpfen sich dessen Pflichten aber nicht. Hinzu treten vielmehr eine Reihe von **Nebenpflichten**. Diese lassen sich verallgemeinernd in 2951

- Fürsorge- und
- Gleichbehandlungspflichten

aufteilen.

Gerade der Bereich der Nebenpflichten unterliegt einem ständigen, durch die Rechtsprechung geprägten, Wandel, da gesetzliche Regelungen wenn überhaupt häufig nur in Ansätzen vorhanden sind.

I. Fürsorgepflicht

Unter dem **Begriff »Fürsorgepflicht«** werden die verschiedenen den Arbeitgeber treffenden **arbeitsvertraglichen Nebenpflichten** zusammengefasst. Es handelt sich um die **Treuepflichten** des Arbeitgebers gegenüber dem Arbeitnehmer. Voraussetzung ist 2952 grundsätzlich das Bestehen eines **wirksamen Arbeitsvertrages**. Ausnahmsweise genügt jedoch auch ein **faktisches Arbeitsverhältnis**. Umfang und Ausmaß der Fürsorgepflichten des Arbeitgebers hängen von den Umständen des Arbeitsverhältnisses, den Interessen des Arbeitnehmers, der Verkehrssitte, der Zumutbarkeit sowie von Treu und Glauben ab. Verallgemeinernd ausgedrückt trifft den Arbeitgeber die Pflicht, **vermeidbare Nachteile für den Arbeitnehmer von diesem fernzuhalten und dessen Interessen bei der Ausübung eigener Rechte angemessen zu berücksichtigen**. Der Fürsorgepflicht des Arbeitgebers korrespondiert die **Treuepflicht des Arbeitnehmers**.

1. Schutz von Leben und Gesundheit des Arbeitnehmers

2953 Den Arbeitgeber trifft zunächst eine **allgemeine Schutzpflicht hinsichtlich Leben und Gesundheit des Arbeitnehmers**. Diese allgemeine Pflicht ist teilweise gesetzlich verankert (§ 618 BGB, § 62 HGB). Danach ist der Arbeitgeber verpflichtet, Räume, Vorrichtungen und Gerätschaften, die er zur Verrichtung der Arbeit beschafft, so einzurichten und zu unterhalten, dass der Arbeitnehmer gegen Gefahren für Leben und Gesundheit insoweit geschützt ist, als es die Natur der Dienstleistung zulässt. Diese **allgemeine Schutzpflicht** konkretisiert sich heute in den **Vorschriften des Arbeitsschutzrechts**. Hierher gehören etwa: Arbeitsstättenverordnung, Arbeitsstoffverordnung, Arbeitssicherheitsgesetz, Gerätesicherheitsgesetz sowie Arbeitsschutz- und Unfallverhütungsvorschriften der Berufsgenossenschaften. Hierbei handelt es sich um eine Spezialmaterie, die einer allgemeinen Darstellung nicht zugänglich ist. Allerdings ist selbst in diesen Gesetzen nicht eine umfassende Regelung des Schutzes von Leben und Gesundheit des Arbeitnehmers erfolgt. Vielmehr gibt es daneben noch **gesetzlich ungeregelte Fälle**.

2954 Hierzu zählt u.a. der Bereich des **Nichtraucherschutzes**. Nach überwiegender Auffassung hat der Arbeitnehmer gegenüber dem Arbeitgeber keinen Anspruch darauf, dass dieser ein allgemeines **betriebsweites Rauchverbot** verhängt bzw. unter **Beteiligung des Betriebsrats** einführt. Allerdings ist der Arbeitgeber verpflichtet, zumutbare Maßnahmen zu treffen, um den Arbeitnehmer vor vermeidbaren Belästigungen durch Tabakrauch zu schützen. Dabei wird man von folgenden **grundsätzlichen Erwägungen** auszugehen haben: Sowohl Raucher als auch Nichtraucher können sich auf die allgemeine Handlungsfreiheit (Art. 2 Abs. 1 GG) berufen. Da der Raucher aber Schadstoffe emittiert, sind seiner Freiheit Grenzen gesetzt, die sich nach der Intensität der Emissionen und den möglichen Gefährdungen Dritter richtet. Je größer daher die Gefahr für Dritte ist, desto enger sind die Grenzen des Rauchers zu ziehen. Auch ein arbeitsplatzbezogenes Rauchverbot kann letztlich in Betracht kommen, wenn keine anderen, zumutbaren Maßnahmen ergriffen werden können *(ArbG Frankfurt 18.01.1994, BB 1994 2144)*.

> **BEISPIEL:**
> Arbeitnehmer A arbeitet in einem Großraumbüro, in dem seitens der Kollegen viel geraucht wird. Arbeitgeber B, selbst passionierter Raucher, weigert sich, ein Rauchverbot zu erlassen. A meint, B müsse ihm wenigstens einen tabakrauchfreien Arbeitsplatz zur Verfügung stellen.
> Ob der Arbeitnehmer einen **Anspruch auf Zurverfügungstellung eines tabakrauchfreien Arbeitsplatzes** hat, ist umstritten (BAG 17.02.1998, EzA § 618 BGB Nr. 14). Jedenfalls ist der Arbeitgeber

hierzu gehalten, soweit dies technisch machbar ist. Dabei sind insbesondere auch **gesundheitliche Vorbelastungen des Arbeitnehmers** (Atemwegserkrankung, Allergie) zu berücksichtigen (BAG, a.a.O.). Entscheidend ist, was nach dem Stand der Technik und den betrieblichen Verhältnissen an Schutzmaßnahmen möglich und dem Arbeitgeber zumutbar ist. Neben einem Rauchverbot kommen eine **Verbesserung der Raumbelüftung** oder eine **Versetzung in einen tabakrauchfreien Raum** in Betracht. Allerdings kann auch der besonders anfällige Passivraucher regelmäßig nicht verlangen, dass sein Arbeitsplatz durch aufwendige bauliche oder sonstige kostspielige technische Einrichtungen »rauchfrei« gemacht wird (LAG München 02.03.1990, LAGE § 618 BGB Nr. 4). Diese Auffassung hat das BAG (08.05.1996, EzA § 618 BGB Nr. 11) grundsätzlich bestätigt: Solange das **Rauchen an Bord von Verkehrsflugzeugen** noch nicht gesetzlich verboten ist, haben Flugbegleiter keinen Anspruch darauf, dass die Fluggesellschaft den Passagieren das Rauchen verbietet! Dies kann aber wiederum anders sein, wenn dies aus gesundheitlichen Gründen erforderlich ist (BAG 17.02.1998, EzA § 618 BGB Nr. 14).

In **Kantinen** wird es dem Arbeitgeber regelmäßig zumutbar sein, einen bestimmten Bereich für Nichtraucher zu reservieren. In **Toilettenräumen** kann ein generelles Rauchverbot verhängt werden. Grundsätzlich ist im Bereich des Ordnungsverhaltens das **Mitbestimmungsrecht** des Betriebsrats zu beachten (§ 87 Abs. 1 Nr. 1 BetrVG). Auch mit oder sogar auf Wunsch des Betriebsrats ist aber nicht alles möglich. Vielmehr sind stets gewisse Gestaltungsgrenzen der Betriebspartner zu beachten *(BAG 19.01.1999, EzA § 87 BetrVG 1972 Betriebliche Ordnung Nr. 24)*:

BEISPIEL:

Die Parteien (Arbeitgeber und Arbeitnehmer) stritten um die Befugnis von Arbeitgeber und Betriebsrat ein Rauchverbot für alle Betriebsräume festzusetzen. Die beklagte Arbeitgeberin ist ein Unternehmen der Elektronikindustrie. Ihr Betrieb in Hamburg besteht aus mehreren Gebäuden. Der Kläger ist Raucher. Nach einer bis 1996 geltenden Betriebsvereinbarung bestand ein Rauchverbot, von dem nur ein Teil der Kantine und Kurzpausenräume ausgenommen waren. Mit Wirkung zum 01.09.1996 beschlossen die Beklagte und der Betriebsrat zunächst ein Rauchverbot für das gesamte Betriebsgelände; später wurde das Rauchen auf dem Freigelände in einem begrenzten Bereich gestattet, auf dem ein überdachter Unterstand als Wetterschutz errichtet wurde. Der Kläger hat verlangt, ihm das Rauchen in einem geschlossenen Raum zu ermöglichen. Er hält ein generelles Rauchverbot in allen Betriebsräumen für unwirksam. Hierin liege ein unverhältnismäßiger Eingriff in die auch von den Betriebspartnern zu achtende freie Entfaltung seiner Persönlichkeit. Soweit durch das Rauchverbot nichtrauchende Arbeitnehmer vor gesundheitlichen Beeinträchtigungen und Belästigungen geschützt werden sollten, sei es dafür nicht erforderlich, das Rauchen ausnahmslos in sämtlichen Räumen zu verbieten. produktionstechnische Belange verlangten ebenfalls kein so weitreichendes Verbot. Die Betriebspartner hätten auch kein Recht, ihn zu einer »gesünderen« Lebensführung anzuhalten.

Das BAG hat das Rauchverbot in allen Betriebsräumen für wirksam erachtet (nicht auf dem gesamten Betriebsgelände). Das BAG wörtlich: »Allerdings sind die Betriebspartner gemäß § 75 Abs. 2 BetrVG verpflichtet, die freie Entfaltung der Persönlichkeit der im Betrieb beschäftigten Arbeitnehmer zu schützen. Hierunter fällt nicht nur ein Kernbereich der Persönlichkeit, sondern die Handlungsfreiheit in einem umfassenden Sinne, und zwar sowohl für Raucher wie für Nichtraucher. Bei Eingriffen in diesen Bereich haben die Betriebspartner das Übermaßverbot zu beachten. Das Rauchverbot beschränkt zwar die Handlungsfreiheit, verletzt aber unter den hier gegebenen Umständen dieses Übermaßverbot nicht. Die Freiheitsbeschränkung ist unter Berücksichtigung des mit ihr verfolgten Ziels, nichtrauchende Arbeitnehmer vor gesundheitlichen Beeinträchtigungen und vor Belästigungen durch Passivrauchen zu schützen, nicht unverhältnismäßig. Dabei geht es um die Abwägung der Belange von Rauchern und Nichtrauchern. Das Ergebnis hängt weitgehend von den Gegebenheiten des Betriebes und seiner Belegschaft ab, die zu beurteilen in erster Linie Sache der Betriebspartner ist. Unter Berücksichtigung des entsprechenden Gestaltungsfreiraums sind die den Rauchern auferlegten Beschränkungen nicht zu beanstanden, da das Rauchen hier unter annehmbaren Bedingungen gestattet bleibt. Ein geschlossener Raum muss dafür nicht zur Verfügung gestellt werden.«

Fazit: Den **Betriebspartnern** kommt ein **weiter Gestaltungsspielraum** zu. Allerdings wird ein generelles Rauchverbot im Freien aus Gründen des Gesundheitsschutzes in der Regel nicht in Betracht kommen. Auch das definierte Ziel, Raucher von einem gesundheitsschädlichen Verhalten abzubringen, rechtfertigt dies nicht; hier fehlt die Regelungskompetenz.

Verstößt ein **Arbeitnehmer** gegen ein rechtmäßig verhängtes Rauchverbot, kann dies eine **Kündigung** nach sich ziehen und zwar bei

- betriebserforderlichen Rauchverboten (Beispiel: *Brandschutz*) eine außerordentliche Kündigung
- bei sonstigen Rauchverboten nach Abmahnung eine ordentliche Kündigung.

Insgesamt kann angesichts des Trends zum Nichtraucherschutz nur empfohlen werden, diesem durch eine entsprechende **vertragliche Gestaltung** (Vereinbarung eines Rauchverbotes) Rechnung zu tragen. Ebenso kann durch ein Prämiensystem ein **Anreiz zum Nichtrauchen** geschaffen werden.

In einer **Betriebsvereinbarung über ein Rauchverbot** sollten zumindest folgende Punkte einer Regelung zugeführt werden:

- absolutes Rauchverbot an bestimmten Stellen
- Sanktionierung eines Verstoßes
- Rauchverbot auf Wunsch der Mehrheit der Arbeitnehmer.

> **Muster einer Betriebsvereinbarung**
>
> Arbeitgeber und Betriebsrat schließen nachfolgende Betriebsvereinbarung über ein betriebliches Rauchverbot:
>
> A. In den kenntlich gemachten Räumen (feuergefährdeter Bereich) besteht ein absolutes Rauchverbot. Hierzu zählen namentlich ...
>
> B. Verstöße gegen das absolute Rauchverbot können mit einer Buße von 50,00 EUR sanktioniert werden. Wiederholte Verstöße sollen nach Abmahnung zur Kündigung führen.
>
> C. An sonstigen Stellen im Betrieb kann ein Rauchverbot verhängt werden, wenn die Mehrzahl der dort beschäftigten Arbeitnehmer dies in einer nach den Grundsätzen der Betriebsratswahl vorgenommenen Abstimmung verlangt.
>
> D. Im Kantinenbereich besteht ein generelles Rauchverbot mit Ausnahme des gesondert ausgewiesenen Raucherbereichs.

E. Arbeitgeber und Betriebsrat werden in Zusammenarbeit mit den Krankenkassen Aufklärungsaktionen über die gesundheitlichen Gefahren des Rauchens durchführen.

F. Arbeitgeber und Betriebsrat werden zu gegebener Zeit ein Prämiensystem einführen, um den Anreiz zum Nichtrauchen zu verstärken.

Soweit zur Verringerung von Lebens- und Gesundheitsgefahren erforderlich, hat der Arbeitgeber dem Arbeitnehmer kostenlos und in ordnungsgemäßem Zustand **persönliche Schutzmittel** wie Schutzkleidung, Schuhe, Schutzhelme zur Verfügung zu stellen. Daneben hat er diese Schutzmittel ordnungsgemäß zu warten. Die **Kosten für die Zurverfügungstellung** persönlicher Schutzmittel hat der Arbeitgeber regelmäßig allein zu tragen. Eine Beteiligung des Arbeitnehmers ist nur möglich, wenn der Arbeitgeber diesem über die gesetzliche Verpflichtung hinaus Schutzkleidung zur Verfügung stellt und der Arbeitnehmer hiervon aus freien Stücken Gebrauch macht. Ansonsten sind abweichende Vereinbarungen nach § 619 BGB i.V.m. § 618 BGB unwirksam.

2955

Soweit es erforderlich ist, sind Schutzmittel dem Arbeitnehmer ausschließlich **zu seiner persönlichen Verwendung** zur Verfügung zu stellen. Dies kann insbesondere aus hygienischen oder passformbedingten Gründen erforderlich sein. Schließlich ist der Arbeitgeber verpflichtet, den Arbeitnehmer über die Gefahren der ausgeübten Tätigkeit zu informieren und ihn durch **Einweisung in die Schutzmittel** vor Schaden zu bewahren. Auch muss er dafür sorgen, dass die **Schutzmittel vom Arbeitnehmer benutzt werden**.

»**Normale Arbeitskleidung**« hat sich der Arbeitnehmer selbst zu beschaffen, der Arbeitgeber muss aber gegebenenfalls einen geeigneten Aufbewahrungsraum zur Verfügung stellen (§ 34 Abs. 5 ArbStättVO). Zu normaler Arbeitskleidung in diesem Sinne zählen auch **Smokings**, die **Croupiers als Dienstkleidung** tragen müssen *(BAG 19.05.1998, EzA-SD 11/1998, S. 3)*. Wird durch **öffentlich-rechtliche Vorschriften das Tragen bestimmter Kleidung vorgeschrieben**, hängt die Kostentragung von allgemeinen Erwägungen ab. Ein Erstattungsanspruch besteht, wenn der Aufwand des Arbeitnehmers weder aufgrund der Natur der Sache noch aufgrund der Vergütung von dem Arbeitnehmer hingenommen werden muss.

Eine **Verletzung der Schutzpflichten** kann für den Arbeitgeber schwerwiegende Folgen haben. Zunächst schuldet er Schadensersatz. Darüber hinaus besteht für den Arbeitnehmer die Möglichkeit, sich nach Maßgabe der **§§ 84, 85 BetrVG** beim Arbeitgeber oder Betriebsrat zu beschweren. Schließlich steht es dem Arbeitnehmer unter bestimmten Umständen offen, seine Arbeitsleistung bis zur Behebung der Sicherheitsmängel zurückzuhalten. Da der Arbeitgeber dann in Annahmeverzug gerät, behält der Arbeitnehmer seinen Vergütungsanspruch. **Er ist also nicht zur Nacharbeit verpflichtet.**

2956

So ist der Arbeitgeber etwa verpflichtet, die Räumlichkeiten im Betrieb so zu gestalten, dass ein objektiv konkretisierbares Gesundheitsrisiko durch Asbest, das über das erlaubte Maß hinausgeht, für die dort tätigen Arbeitnehmer nicht besteht. Er ist verpflichtet, den Arbeitsplatz möglichst frei von gesundheitsschädlichen Chemikalien und sonstigen Gefahrstoffen zu halten. Dieser Pflicht genügt der Arbeitgeber in der Regel dadurch, dass er einen Arbeitsplatz zur Verfügung stellt, dessen Belastung mit Schadstoffen **nicht über das in der Umgebung übliche Maß hinausgeht.**

Fazit: Bei **asbestbelastetem Arbeitsplatz** kann der Arbeitnehmer u.U. das Recht haben, die Arbeit zu verweigern. Ein solches Zurückbehaltungsrecht ergibt sich vorrangig aus der allgemeinen Vorschrift des § 273 BGB. Die GefahrstoffVO gilt hingegen nur für den Umgang mit Gefahrstoffen. Die bloße Belastung in einem Gebäude fällt nicht unter die GefahrstoffVO *(so jetzt BAG 08.05.1995, EzA § 273 BGB Nr. 5; s. zur bisherigen Rechtslage BAG 02.02.1994, EzA § 618 BGB Nr. 10).* Ein Zurückbehaltungsrecht kann sich auch aus § 618 Abs. 1 BGB i.V.m. den Asbestrichtlinien eines Landes ergeben *(BAG 19.02.1997, EzA § 273 BGB Nr. 7).*

Bei der **Durchsetzung eines Schadensersatzanspruchs** oder auch eines Zurückbehaltungsrechts hat der Arbeitnehmer grundsätzlich nur zu beweisen, dass ein ordnungswidriger Zustand vorlag, der generell geeignet war, den eingetretenen Schaden herbeizuführen. Der Arbeitgeber hat hingegen zu beweisen, dass ihn kein Verschulden trifft bzw. dass es an der Ursächlichkeit fehlt. Weitere Beweiserleichterungen hat das BAG *(a.a.O.)* ausdrücklich abgelehnt.

2. Schutz der Persönlichkeit des Arbeitnehmers

2957 Als weitere Ausprägung der Fürsorgepflicht hat der Arbeitgeber das **Persönlichkeitsrecht des Arbeitnehmers** zu achten. **Ausprägungen** dieses Persönlichkeitsschutzes stellen die Einschränkung der Überwachungsmöglichkeiten des Arbeitnehmers, der Datenschutz, die Beschäftigungspflicht sowie der allgemeine Weiterbeschäftigungsanspruch nach Kündigung dar. So ist der Arbeitgeber etwa verpflichtet, den Arbeitnehmer gegen **unberechtigte Vorwürfe Dritter,** die im Zusammenhang mit der Arbeitsleistung stehen, in Schutz zu nehmen. Auch muss der Arbeitgeber grundsätzlich über die Persönlichkeit des Arbeitnehmers Verschwiegenheit bewahren. Eine Offenbarung ist nur dann zulässig, wenn betriebliche Interessen dies erfordern.

Ein besonderer Aspekt der Fürsorgepflicht ist durch das **Gesetz zum Schutz der Beschäftigten vor sexueller Belästigung (BeSchuG)** einer Regelung zugeführt worden. Ziel des BeSchuG ist die Wahrung der Würde von Frauen und Männern am Arbeitsplatz. Unter sexueller Belästigung am Arbeitsplatz ist jedes vorsätzliche sexuelle Verhalten zu verstehen, das die Würde von Beschäftigten am Arbeitsplatz verletzt. Gemeint ist nicht der bloße Flirt, sondern die einseitige Annäherung ohne Einverständnis – also mit Ablehnung – des anderen. Die Schutzpflicht des Arbeitgebers besteht auch, wenn die Belästigung durch nicht dem Unternehmen angehörige Dritte erfolgt; etwa durch Lieferanten oder Kunden.

Die **Rechtsfolgen** der Verletzung des BeSchuG sind unterschiedlich:

- **Beschwerderecht** des betroffenen Arbeitnehmers
- Verpflichtung des Arbeitgebers, angemessene **Maßnahmen zu ergreifen,** etwa
  - Abmahnung des Belästigers,

- Umsetzung des Belästigers,
- Versetzung des Belästigers oder dessen
- ordentliche oder
- außerordentliche Kündigung
- Ergreift der Arbeitgeber keine oder nur ungeeignete Maßnahmen, steht dem Beschäftigten ein Recht zur **Zurückbehaltung der Arbeitsleistung** zu.
- Schließlich besteht zugunsten des Belästigten ein **Benachteiligungsverbot**.

Gegenüber dem Belästiger kann im Einzelfall sogar eine **außerordentliche fristlose Kündigung** in Betracht kommen. Allerdings sind in der Regel mildere Mittel vorrangig *(LAG Hamm 22.10.1996, LAGE § 4 BeSchuG Nr. 1)*.

a) Überwachung

Kraft seiner Fürsorgepflicht ist es dem Arbeitgeber untersagt, den Arbeitnehmer über das normale Maß hinausgehend zu **überwachen**. Dabei ist stets eine umfassende **Güterabwägung** erforderlich. Wenn besonders schutzwürdige Interessen des Arbeitgebers auf dem Spiel stehen, kann im Einzelfall auch eine besonders scharfe Überwachung gerechtfertigt sein. Grundsätzlich gilt jedoch, dass die **Interessen des Arbeitnehmers den Vorrang genießen**. So ist z.B. eine permanente optische Überwachung durch Videokameras oder Einweg-Spiegel-Glasscheiben unzulässig. Etwas anders gilt selbstverständlich in Banken und Selbstbedienungsgeschäften *(BAG 07.10.1987, EzA § 611 BGB Persönlichkeitsrecht Nr. 6)*. Hier genießen die Interessen des Arbeitgebers den Vorrang. Auch der Gebrauch von Abhörgeräten (Wanzen) in Betrieben oder Büros oder das Abhören von Telefongesprächen ist regelmäßig unzulässig.

BEISPIEL:

Arbeitnehmer A ist Chefredakteur bei der D-Zeitschrift. Arbeitgeber B konnte Telefongespräche, die der A über seinen Dienstapparat führte, über eine so genannte Aufschaltung unterbrechen sowie unbemerkt mithören. Hiervon machte B des öfteren Gebrauch. Dabei vernahm er unter anderem, dass der A beleidigende Äußerungen über ihn abgab. Daraufhin wurde dem A gekündigt.

Auch **Telefongespräche**, die der Arbeitnehmer von seinem **Dienstapparat** aus führt, unterliegen dem Schutz des allgemeinen Persönlichkeitsrechts. Dieser Schutz wird nicht durch die **Kenntnis von einer Mithörmöglichkeit** beseitigt. Ob im Beispielsfall die beleidigenden Äußerungen für eine Kündigung verwendet werden können, hängt von einer Einzelfallwürdigung ab. Der Arbeitgeber muss hierfür ein **überwiegendes Verwertungsinteresse** haben. Ein solches kann etwa bestehen, wenn es gilt, **Straftaten aufzuklären** (Beispiel: unaufklärbarer Diebstahl von Betriebsmitteln). Jedoch wird zu verlangen sein, dass sich der Verdacht gegen bestimmte Personen richtet. Es kann also nicht auf Verdacht abgehört werden.

Ob der Arbeitnehmer überhaupt berechtigt ist, Privatgespräche zu führen, hängt von den Vereinbarungen bzw. einer betrieblichen Übung ab. Will der Arbeitgeber zur Kontrolle eine automatische Telefondatenerfassung einführen, muss er das Mitbestimmungsrecht des Betriebsrats nach § 87 Abs. 1 Nr. 6 BetrVG beachten (s. zur Speicherung von Rufnummern *BAG 27.05.1986, EzA § 87 BetrVG 1972 Kontrolleinrichtung Nr. 16)*. Ob unter Verstoß gegen das Mitbestimmungsrecht gewonnene **Beweisergebnisse verwertet** werden dürfen, hat das BAG *(12.08.1999, EzA § 626 BGB Verdacht strafbarer Handlung Nr. 8)* offengelassen.

Das LAG Hamm *(24.07.2000 – 11 Sa 1524/00 –)* hat sich für ein Verwertungsverbot ausgesprochen. So sei die Verwertung der unter Verletzung des Persönlichkeitsrechts des Arbeitnehmers gemachten Videoaufzeichnungen im Kündigungsschutzverfahren zur Begründung der Kündigung und zu Beweiszweckung unzulässig. Selbst mit Zustimmung des Betriebsrates seien bestimmte Eingriffe in das Persönlichkeitsrecht unzulässig. Gerade Arbeitgeber und Betriebsrat hätten nach § 75 Abs. 2 BetrVG die freie Entfaltung der Persönlichkeit der im Betrieb beschäftigten Arbeitnehmer zu schützen.

Zu beachten ist in diesem Zusammenhang auch, dass der Arbeitgeber u.U. einen Anspruch auf Ersatz von Detektivkosten gegen den Arbeitnehmer hat (s. *BAG 17.09.1998, EzA § 249 BGB Nr. 23):* Der Arbeitnehmer hat dem Arbeitgeber die durch das Tätigwerden eines Detektivs entstandenen Kosten zu erstatten, wenn der Arbeitgeber anlässlich eines **konkreten Tatverdachts** gegen den Arbeitnehmer einem Detektiv die Überwachung überträgt und der Arbeitnehmer einer vorsätzlichen vertragswidrigen Handlung überführt wird.

b) Datenschutz

2959 Sollen Daten über den Arbeitnehmer gespeichert werden, so ist das **BDSG** zu beachten. Grundsätzlich gilt hier, dass in die Privat- und Intimsphäre des Arbeitnehmers nicht tiefer eingedrungen werden darf, als dies für Zwecke des Arbeitsverhältnisses unbedingt erforderlich ist. Es muss also stets ein **konkreter Bezug** zur Arbeitstätigkeit gegeben sein. Eine **Datensammlung auf Vorrat** ist demnach ausgeschlossen. Weitere Ausprägung des Datenschutzes ist, dass der Arbeitgeber die gesammelten **Daten ordnungsgemäß zu verwahren** hat. Sie müssen also so gesichert sein, dass sie vor einem unbefugten Zugriff geschützt werden. Bei elektronischer Datenverarbeitung müssen **elektronische Abfragesperren** eingerichtet werden.

Wird eine Einstellung des Bewerbers endgültig abgelehnt, so dürfen dessen Daten nicht gespeichert werden (Verbot der Vorratsspeicherung). Bestehende Datensätze müssen gesperrt und auf Verlangen des Bewerbers gelöscht werden.

Zu beachten ist auch, dass nach Maßgabe des § 36 BDSG ein **Datenschutzbeauftragter** zu bestellen ist. Dabei muss der **Betriebsrat** unter dem Gesichtspunkt der Einstellung/Versetzung beteiligt werden. Dieser kann der Bestellung widersprechen, wenn der in Aussicht genommene Bewerber nicht die erforderliche Sachkunde und Zuverlässigkeit besitzt (§ 99 Abs. 2 Nr. 1 BetrVG i.V.m. § 36 Abs. 2 BDSG). Bedenken hiergegen können sich insbesondere daraus ergeben, dass der Arbeitnehmer neben seiner Tätigkeit als Datenschutzbeauftragter Tätigkeiten ausübt oder ausüben soll, die mit seiner **Kontrollfunktion unvereinbar** sind, weil sie ihn in einen Interessenkonflikt geraten lassen (Stichwort: der Kontrolleur kontrolliert sich selbst!).

Ähnliches gilt bei **sonstigen Betriebsbeauftragten**, wenn ihre Tätigkeit von einer besonderen Fachkunde und Zuverlässigkeit abhängt *(zum Ganzen BAG 22.03.1994, EzA § 99 BetrVG 1972 Nr. 121).*

c) Beschäftigungspflicht

Nach Ansicht des **BAG** *(27.02.1985, AP Nr. 14 zu § 611 BGB Beschäftigungspflicht)* verstößt es gegen das Persönlichkeitsrecht, wenn ein Arbeitnehmer trotz bestehenden Arbeitsverhältnisses nicht beschäftigt wird. Der Arbeitnehmer hat also, und das ist überraschend, einen **Beschäftigungsanspruch**! Die Beschäftigung kann der Arbeitgeber nur verweigern, wenn **betriebliche Interessen** im Einzelfall den **Vorrang genießen**. Hier kommen etwa in Betracht:

2960

- Verdacht der Begehung strafbarer Handlungen
- Verdacht des Verrats von Betriebsgeheimnissen
- sonstiger Schutz vor unerlaubter Konkurrenz
- Ausschluss der Beschäftigungsmöglichkeit aufgrund von Betriebsstörungen oder Absatzschwierigkeiten
- Betriebsstillegung
- Streichung von Dritt- oder Fördermitteln
- Unzumutbarkeit der wirtschaftlichen Belastung

Eine **unzulässige Suspendierung verletzt das Persönlichkeitsrecht** und kann **Schmerzensgeldansprüche** des Arbeitnehmers auslösen. **Während des Laufs der Kündigungsfrist** muss der Arbeitnehmer weiterbeschäftigt werden. Eine einseitige Freistellung ist grundsätzlich nicht möglich. Allerdings muss stets eine **Interessenabwägung** vorgenommen werden. So überwiegt das Nichtbeschäftigungsinteresse des Arbeitgebers während des Laufs der Kündigungsfrist, wenn die Freistellung erfolgt, weil der gekündigte Arbeitnehmer zur Konkurrenz abwandern will und wichtige Betriebs- oder Geschäftsgeheimnisse ohne die Freistellung gefährdet sind *(LAG Hamm 03.11.1993, LAGE § 611 BGB Beschäftigungspflicht Nr. 36).* Im Ausgangsfall hat das LAG Hamm eine **Suspendierung für 9 Monate** akzeptiert. Es handelte sich allerdings um einen über weitreichende Kenntnisse verfügenden Mitarbeiter in exponierter Stellung, so dass dem Arbeitgeber schwerwiegende Schäden drohten. Die Entscheidung ist insoweit hinsichtlich des zeitlichen Rahmens der Suspendierung nicht verallgemeinerungsfähig.

Empfehlenswert ist es, bereits **bei Begründung des Arbeitsverhältnisses** eine Vereinbarung zu treffen, die dem Arbeitgeber im Falle der Kündigung die Möglichkeit gibt, den Arbeitnehmer von der Arbeitsleistung freizustellen; dies soll auch ohne das Vorliegen der oben skizzierten besonderen Umstände möglich sein *(LAG Hamburg 10.06.1994, LAGE § 611 BGB Beschäftigungspflicht Nr. 37).* Ob sich ein freigestellter Arbeitnehmer bei **einvernehmlicher Freistellung anderweitig erzielten Verdienst** anrechnen lassen muss, ist zunächst eine Frage der Vereinbarung. Eine Anrechnung scheidet jedenfalls dann aus, wenn die Parteien die Möglichkeit eines derartigen Erwerbs bedacht hatten und keine entsprechende Abrede getroffen wurde *(LAG Baden-Württemberg 21.06.1994, LAGE § 615*

BGB Nr. 41). Auch hier gilt es also, durch entsprechende Abreden rechtzeitig für Klarheit zu sorgen. Siehe zum **Annahmeverzug nach außerordentlicher Kündigung** *LAG Brandenburg 17.03.1998, BB 1998, 2479 sowie LAG Rheinland-Pfalz 05.03.1998, LAGE § 615 BGB Nr. 57.*

Steht dem Arbeitnehmer ein auch **privat nutzbarer Dienstwagen** zu, darf dieser im Freistellungszeitraum (Suspendierungszeitraum) nicht gegen dessen Willen entzogen werden (selbstverständlich sind anderweitige Abreden denkbar). Der Arbeitnehmer kann andernfalls zumindest den Betrag verlangen, der aufzuwenden ist, um einen entsprechenden PKW privat nutzen zu können.

Sieht eine **Dienstwagenvereinbarung** vor, dass der Dienstwagen bei Freistellung zurückzugeben ist, und dass während dieses Zeitraums ein anderes, nicht unbedingt gleichwertiges Fahrzeug zur Verfügung zu stellen ist, steht dem Arbeitnehmer kein Schadensersatzanspruch zu, wenn er dieses Fahrzeug ablehnt *(LAG Sachsen 09.04.1997, LAGE § 249 BGB Nr. 9).*

d) Weiterbeschäftigung nach Kündigung

2961 Probleme der **Weiterbeschäftigung** des Arbeitnehmers tauchen häufig **nach ausgesprochener Kündigung** auf. Hier gilt grundsätzlich:

Während eines Kündigungsschutzprozesses, aber nach Ablauf der Kündigungsfrist ist der Arbeitnehmer auf sein Verlangen hin bis zum rechtskräftigen Abschluss des Kündigungsschutzrechtsstreits weiterzubeschäftigen, wenn der Betriebsrat der Kündigung ordnungsgemäß widersprochen hat (§ 102 Abs. 5 BetrVG). Dabei genügt es, wenn die **Widerspruchsbegründung es als möglich erscheinen lässt**, dass einer der in § 102 Abs. 3 BetrVG genannten Widerspruchsgründe vorliegt. Ein bloßer Widerspruch ins »Blaue« hinein (»es gibt doch bestimmt eine andere Beschäftigungsmöglichkeit«) genügt jedoch nicht. Auch muss das Weiterbeschäftigungsverlangen **rechtzeitig**, d.h. spätestens bis zum ersten Arbeitstag nach Ablauf der Kündigungsfrist gestellt werden *(s. etwa BAG 11.05.2000, EzA § 102 BetrVG Beschäftigungspflicht Nr. 1).* Insgesamt hat das BAG hier die Anforderungen erheblich verschärft.

Ggf. kann der Arbeitnehmer die **Weiterbeschäftigung** im Wege des **einstweiligen Rechtsschutzes** durchsetzen.

Unsicher ist teilweise, welche Voraussetzungen an den Verfügungsgrund zu stellen sind *(s. hierzu LAG München 13.07.1994 sowie 17.08.1994, LAGE § 102 BetrVG 1972 Beschäftigungspflicht Nr. 17, 18).*

Von der Weiterbeschäftigungspflicht kann sich der **Arbeitgeber nur befreien**, wenn

- die Klage des Arbeitnehmers keine hinreichende Aussicht auf Erfolg bietet oder mutwillig erscheint oder
- die Weiterbeschäftigung zu einer unzumutbaren wirtschaftlichen Belastung führen würde oder

- der Widerspruch des Betriebsrats offensichtlich unbegründet war (§ 102 Abs. 5 Satz 2 Nr. 1 – 3 BetrVG).

Auch nach einer Kündigung ist der Arbeitnehmer aufgrund des allgemeinen Weiterbeschäftigungsanspruchs (s. → Rz. 4702) weiter zu beschäftigen, wenn er mit seiner **Kündigungsschutzklage in erster Instanz obsiegt**. Dies bedeutet andererseits, dass der Arbeitnehmer während des Kündigungsschutzprozesses erster Instanz grundsätzlich nicht die Weiterbeschäftigung verlangen kann.

Auch bei einer außerordentlichen Änderungskündigung besteht bis zum Abschluss des Kündigungsschutzverfahrens einzelvertraglich kein Anspruch auf Beschäftigung zu den bisherigen Bedingungen, wenn der Arbeitnehmer die Änderungskündigung unter Vorbehalt angenommen hat *(LAG Nürnberg 13.03.2001, 6 Sa 768/00)*.

Die Grundsätze über den allgemeinen Weiterbeschäftigungsanspruch finden auch bei einem **Streit über die Wirksamkeit eines Aufhebungsvertrags** – etwa infolge vom Arbeitnehmer erklärter Anfechtung (vgl.→ Rz. 4001 ff.) – Anwendung! Dies muss bereits bei der **Androhung einer Kündigung** in Zusammenhang mit den Aufhebungsvertragsvereinbarungen geachtet werden. Zum **sog. Wiedereinstellungsanspruch** s. → Rz. 2970.

e) Bekleidungsvorschriften

Der Arbeitgeber kann dem Arbeitnehmer nur dann das Tragen bestimmter Kleidungsstücke vorschreiben, wenn dies durch die **betrieblichen Verhältnisse zwingend geboten** ist.

BEISPIEL:

Arbeitnehmer A ist bei Arbeitgeber B als Verkaufssachbearbeiter in einem Warenhaus angestellt, in dem an industrielle Kunden hochpreisige Büromöbel vertrieben werden. Der A hat auch Kontakt zu Kunden. Die anderen Beschäftigten tragen regelmäßig Anzug und Krawatte, während A Jeans, Turnschuhe und Sporthemd bevorzugt.

Der Arbeitgeber ist kraft seines **Direktionsrechts** befugt, dem im Verkauf tätigen Arbeitnehmer A zu untersagen, in der Gegenwart von Kunden in Jeans, Turnschuhen und Sporthemd aufzutreten. Ein Verkäufer hat nämlich im Kundenverkehr gepflegt und in einer Art und Weise aufzutreten, wie es dem **Charakter der Produkte** entspricht.

Bei Dienstkleidung kann männlichen Arbeitnehmern das Tragen von Ohrschmuck untersagt werden (zur Kostentragung bei Dienstkleidung s. → Rz. 2955).

Will der Arbeitgeber die **Einführung einer einheitlichen Arbeitskleidung** erreichen, so hat er das **Mitbestimmungsrecht des Betriebsrats** nach § 87 Abs. 1 Nr. 1 BetrVG zu beachten. Dabei kann in einer Betriebsvereinbarung durch die »zur Verbesserung des äußeren Erscheinungsbildes und Images« des Arbeitgebers eine einheitliche Arbeitskleidung eingeführt wird, **nicht geregelt werden**, dass die **Arbeitnehmer einen Teil der Kosten für die Bereitstellung der Arbeitskleidung zu tragen haben**. Insoweit wird nämlich die

Verfügungsbefugnis des Arbeitnehmers über seine Arbeitsvergütung **eingeschränkt**. Es handelt sich um eine **unzulässige Lohnverwendungsabrede**.

3. Schutz der vom Arbeitnehmer eingebrachten Sachen

2964 Weiterhin trifft den Arbeitgeber eine **Schutzpflicht in bezug auf die vom Arbeitnehmer in den Betrieb eingebrachten Sachen; bei schuldhafter Pflichtverletzung haftet er auf Schadensersatz**. Hinsichtlich des Ob und des Ausmaßes der Schutzpflicht ist wie folgt zu differenzieren:

- **persönliche, arbeitsnotwendige Sachen** des Arbeitnehmers (mit Zustimmung/Duldung für die Erledigung der Arbeit eingesetzte Gegenstände)
- **persönliche, nicht arbeitsnotwendige, aber übliche Sachen** des Arbeitnehmers (Beispiel: *Geldbörse, Kfz., Fahrrad, Uhr, Privatkleidung*)
- **persönliche, nicht arbeitsnotwendige Sachen**, also solche, die für die Erbringung der Arbeitsleistung nicht erforderlich sind (Beispiel: *wertvoller Schmuck, größere Geldbeträge, Fotoapparate, Videorecorder, Videokameras*).

Entscheidend für die Frage der Haftung des Arbeitgebers ist, ob der Arbeitnehmer die Sachen berechtigterweise in den Betrieb mit einbringt und für deren Obhut während der Arbeitszeit nicht sorgen kann *(BAG 25.05.2000, EzA § 611 BGB Arbeitgeberhaftung Nr. 8)*. Der Arbeitgeber muss alles ihm Zumutbare tun, um das Eigentum des Arbeitnehmers vor Verlust und Beschädigung zu schützen (umfassende Interessenabwägung nach § 242 BGB). Er hat also grundsätzlich geeignete Aufbewahrungsmöglichkeiten zur Verfügung zu stellen (abschließbare Schränke). Allerdings ist er nicht verpflichtet, den Schutz nicht arbeitsnotwendiger persönlicher Gegenstände zu übernehmen. Dies gilt etwa, wenn eine Warenhausverkäuferin einen Pelzmantel im Wert von 10.000 EUR in den Umkleideraum hängt. Etwas anderes kann gelten, wenn dieselbe Verkäuferin in einem Pelzfachgeschäft oder einer Edel-Boutique hochwertige Pelze vertreibt.

Die Haftung für Schäden an vom Arbeitnehmer **berechtigterweise in den Betrieb eingebrachten Sachen** kann nicht generell ausgeschlossen werden. Eine entsprechende Vereinbarung ist unwirksam!

Auch **für sonstige Gegenstände** kann die Haftung nicht generell ausgeschlossen werden. Bei Vorsatz ist eine solche Vereinbarung jedenfalls unwirksam (wohl auch bei formularmäßigem Ausschluss der Haftung bei grober Fahrlässigkeit). Eine einseitige Erklärung des Arbeitgebers am schwarzen Brett kann selbst dann keinen Haftungsausschluss herbeiführen, wenn sie vom Betriebsratsvorsitzenden mit unterzeichnet ist.

2965 Ob der Arbeitgeber auch verpflichtet ist, ausreichenden und geeigneten **Parkraum** zur Verfügung zu stellen, hängt von den Umständen des Einzelfalles ab (Beispiel: *Kein Ankaufen von Nachbargrundstücken zur Schaffung von Parkraum*). Es kommt darauf an, ob dies technisch und örtlich möglich ist. Hingegen dürfte die Schaffung von sicheren **Unterstellmöglichkeiten für Fahrräder** regelmäßig zumutbar sein. Die hierfür erforderlichen Aufwendungen bewegen sich im Rahmen des Üblichen.

Stellt der Arbeitgeber einen **Parkplatz** zur Verfügung, so muss er für dessen **Verkehrssicherheit** einstehen. Hierzu gehören Sicherung, Beleuchtung und Streuung. Allerdings ist der Arbeitgeber nicht für Parkschäden verantwortlich, die durch Dritte (Beispiel: *Werkunternehmer*) oder andere Arbeitnehmer verursacht werden. Für Erfüllungsgehilfen hat der Arbeitgeber jedoch nach § 278 BGB einzustehen. Er ist aber nicht verpflichtet, die abgestellten Fahrzeuge gegen Schäden zu versichern.

Personenschäden, die ein Arbeitnehmer anlässlich eines Verkehrsunfalls auf einem auf dem Werksgelände gelegenen Firmenparkplatz einem anderen Kollegen zufügt, sind durch eine betriebliche Tätigkeit verursacht und fallen daher unter das **Haftungsprivileg der bisherigen §§ 636, 637 RVO, jetzt §§ 104 ff. SGB VII**. Dies gilt auch, wenn nicht nur Betriebsangehörige Zugang zu diesem Firmenparkplatz haben *(LAG Nürnberg 22.09.1992, LAGE § 636 RVO Nr. 3).*

Setzt der Arbeitnehmer sein **Privatfahrzeug zur Erledigung beruflicher Tätigkeiten** ein und wird dieses hierbei beschädigt, so hat er unter Umständen Ansprüche gegen den Arbeitgeber (Gedanke des § 670 BGB) – Aufwendungsersatz. (*s. BAG 25.05.2000, EzA § 611 BGB Arbeitgeberhaftung Nr. 8*). Dem Arbeitnehmer stehen Ersatzansprüche dann zu, wenn der Arbeitgeber zur Ermöglichung der Arbeitsausführung ein geeignetes Kfz zur Verfügung gestellt hätte, der Arbeitnehmer dem Arbeitgeber nach den Grundsätzen der schadensgeneigten Arbeit für einen Schaden an einem betriebseigenen Fahrzeug keinen Schadensersatz geschuldet hätte und die Benutzung des Arbeitnehmerfahrzeugs nicht derart finanziell honoriert wird, dass Schäden mit abgegolten werden.

2966

BEISPIEL:

Arbeitnehmer A benutzt mit Billigung des Arbeitgebers B seinen privaten Pkw für Dienstgeschäfte. Hierfür erhält er eine Kilometerpauschale von 0,30 EUR. Während einer Dienstfahrt kam es zu einem Unfall mit der Folge, dass der Haftpflichtversicherer des A, der den Fremdschaden regulierte, diesen in der Schadensfreiheitsklasse zurückstufte. A verlangt Erstattung des Prämienmehraufwands.

Der Arbeitgeber hat dem Arbeitnehmer auch **reine Vermögensschäden** zu ersetzen, wenn die oben genannten Voraussetzungen vorliegen. Die Ersatzpflicht entfällt im Beispielsfall aber deshalb, weil dem A eine **Kostenpauschale** gezahlt wird. Benutzt ein Arbeitnehmer zur Erledigung arbeitsvertraglicher Verrichtungen seinen privaten Pkw und zahlt der Arbeitgeber ihm die nach Steuerrecht anerkannte Kilometerpauschale, so hat er für »Rückstufungsschäden« in der Haftpflichtversicherung nur bei einer gesonderten Vereinbarung einzutreten. Im Zweifel gilt also: Zahlt der Arbeitgeber nur eine Kostenpauschale und war der Arbeitnehmer in der Wahl seines Pkw und der Versicherungsgesellschaft frei, so sind auch unfallbedingte Rückstufungserhöhungen abgegolten (BAG 30.04.1992, EzA § 670 BGB Nr. 23). Schließlich hätte sich die Kilometerpauschale auch nicht dadurch verringert, dass die Haftpflichtprämie infolge schadensfreien Verlaufs der Versicherung gesunken wäre. Natürlich kann und sollte womöglich mit dem Arbeitnehmer etwas anderes vereinbart werden.

Ob der Arbeitgeber sich durch eine Vereinbarung mit dem Arbeitnehmer verpflichten kann, für diesen etwaige **Strafmandate und Bußgelder** zu bezahlen, ist umstritten. Das BAG *(25.01.2001, EzA § 611 BGB Arbeitgeberhaftung Nr. 9)* hat dies verneint. Eine entsprechende Abrede sei sittenwidrig. Ein Arbeitgeber, der durch entsprechende Anordnungen bewusst in Kauf nimmt, dass es zum Verstoß gegen Vorschriften über Lenkzeiten kommt, handele sittenwidrig und sei dem Arbeitnehmer nach § 826 BGB zum Schadensersatz verpflichtet. Zum zu ersetzenden Schaden gehörten nur in Ausnahmefällen die Erstattung von Geldbußen, die gegen den Arbeitnehmer verhängt würden.

Klar ist: Bei Fehlen einer solchen Vereinbarung hat der Arbeitnehmer jedenfalls **keinen Anspruch auf Ersatz** der hierfür aufgewandten Geldbeträge. Das **Risiko, in ein Bußgeldverfahren verwickelt zu werden** und bestraft zu werden, trägt jeder Arbeitnehmer persönlich. Dies gilt auch dann, wenn der Arbeitgeber dem Arbeitnehmer nicht verkehrssichere Fahrzeuge überlässt. Natürlich haftet der Arbeitgeber als Halter des Fahrzeugs in diesem Fall auch selbst für seine eigene Pflichtverletzung. Eine gewisse Hilfe kann hier nur § 826 BGB schaffen (s. oben).

Von diesem Haftungsgrundsatz ist nur dann eine **Ausnahme** zu machen, wenn eine **vertragliche Regelung** vorliegt **oder** wenn der Arbeitnehmer Fahrten in einem Gebiet zu unternehmen hat, in dem **unzumutbare Maßnahmen der Strafverfolgung zu befürchten sind**, was früher etwa für die Länder des »Ostblocks« angenommen werden konnte. In diesen Fällen trifft die Fürsorgepflicht im Übrigen bei Leiharbeitsverhältnissen nicht nur den Entleiher, sondern **auch den Verleiher** *(LAG Hamm 11.03.1993, LAGE § 670 BGB Nr. 11).*

2967 Verursacht ein **Berufskraftfahrer** in Ausübung seiner betrieblichen Tätigkeit **unverschuldet** einen schweren Verkehrsunfall und wird deswegen gegen ihn ein staatsanwaltschaftliches Ermittlungsverfahren eingeleitet, hat ihm der Arbeitgeber analog § 670 BGB die **erforderlichen Kosten der Verteidigung** zu ersetzen. Erforderlich sind grundsätzlich die gesetzlichen Gebühren, nicht aber vom Arbeitnehmer mit dem Anwalt vereinbarte höhere Honorare, etwa auf Stundenbasis. Der Arbeitgeber kann i.Ü. nicht einwenden, es stelle ein Mitverschulden des Arbeitnehmers dar, dass dieser keine **Rechtsschutzversicherung** abgeschlossen habe.

Der Ersatzanspruch des Arbeitnehmers ist also nicht wegen des Nichtabschlusses der Rechtsschutzversicherung zu kürzen *(BAG 16.03.1995, EzA § 670 BGB Nr. 24).*

Beim **entgeltlichen Einsatz privater Pkws des Arbeitnehmers** gilt nach neuester Rechtsprechung des BAG *(17.07.1997, EzA § 611 BGB Arbeitgeberhaftung Nr. 6)* folgendes: Beschädigt ein Arbeitnehmer bei betrieblich veranlassten Tätigkeiten schuldhaft sein mit Billigung des Arbeitgebers eingesetztes Fahrzeug, gelten im Rahmen des Aufwendungsersatzanspruchs des Arbeitnehmers die Grundsätze der eingeschränkten Arbeitnehmerhaftung auch dann, wenn über das Fahrzeug des Arbeitnehmers mit dem Arbeitgeber ein **Mietvertrag abgeschlossen worden war.** Diese Rechtsprechung ist sehr weitgehend, da der Arbeitnehmer hier quasi als privater Vermieter auftritt und auch Mietzinsen erhält.

4. Beachtung der sozialversicherungsrechtlichen Vorschriften

2968 Der Arbeitgeber ist nicht nur aufgrund der öffentlich-rechtlichen Bestimmungen der verschiedenen Sozialgesetzbücher sowie der sonstigen Sozialgesetze, sondern auch unter dem **Gesichtspunkt der Fürsorge** verpflichtet, **sozialrechtliche Vorschriften im Interesse des Arbeitnehmers zu beachten**. Hierzu gehört etwa die Pflicht, den Arbeitnehmer bei der Sozialversicherung anzumelden.

Gleiches gilt für die Pflicht, in die Versicherungskarte das volle beitragspflichtige **Bruttoarbeitsentgelt einzutragen**.

Grundsätzlich gilt also: **Sozialrechtliche Vorschriften hat der Arbeitgeber auch im Interesse des Arbeitnehmers zu beachten!**

Hierzu kann es erforderlich sein, gegen einen Bescheid, mit dem die Einführung von Kurzarbeit abgelehnt wird, Klage zu erheben. Allerdings ist dies nicht zu verlangen, wenn die Rechtslage klar und eindeutig ist.

Auch die Pflicht, die **Lohnsteuer** des Arbeitnehmers richtig zu berechnen, leitet sich aus dem Gedanken der Fürsorge ab. Allerdings wird der Arbeitnehmer hier regelmäßig den zu ersetzenden Schaden nur schwer darlegen können. Allein in der verspäteten Abführung liegt dieser nämlich nicht. Zudem ist der Arbeitgeber berechtigt, im Lohnsteuerabzugsverfahren nachentrichtete Lohnsteuer vom Arbeitnehmer zurückzufordern (s. → Rz. 8144).

5. Aufklärungs- und Beratungspflichten

Weiterhin treffen den Arbeitgeber zahlreiche, im Einzelfall zu präzisierende **Aufklärungs- und Beratungspflichten**. So ist der Arbeitgeber dem Arbeitnehmer zum Schadensersatz verpflichtet, wenn er falsche Meldungen bei einem Sozialversicherungsträger macht und dem Arbeitnehmer hieraus ein Nachteil entsteht. Im Zusammenhang mit dem Abschluss von **Aufhebungsverträgen** treffen den Arbeitgeber vielfältige Aufklärungs- und Hinweispflichten (s. → Rz. 4030 ff.; zur Reichweite dieser **Aufklärungspflicht** s. etwa *BAG 13.11.1996, EzA § 112 BetrVG 1972 Nr. 90 sowie 21.11.2000, EzA § 611 BGB Fürsorgepflicht Nr. 61)*. Der Arbeitgeber ist beim Angebot eines Aufhebungsvertrages nicht verpflichtet, darauf hinzuweisen, dass er beabsichtigt weitere Entlassungen vorzunehmen, die u.U. zu einer **Sozialplanpflicht** führen (s. jetzt auch in Bezug auf die betriebliche Altersversorgung *BAG 17.10.2000, 3 AZR 605/99)*.

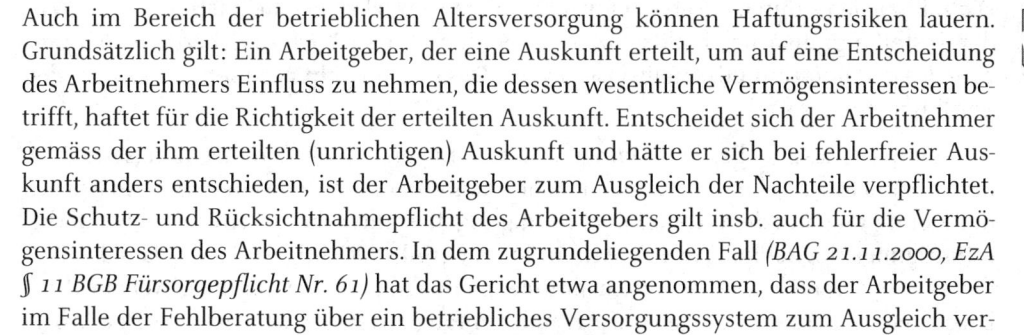

2969

Auch im Bereich der betrieblichen Altersversorgung können Haftungsrisiken lauern. Grundsätzlich gilt: Ein Arbeitgeber, der eine Auskunft erteilt, um auf eine Entscheidung des Arbeitnehmers Einfluss zu nehmen, die dessen wesentliche Vermögensinteressen betrifft, haftet für die Richtigkeit der erteilten Auskunft. Entscheidet sich der Arbeitnehmer gemäss der ihm erteilten (unrichtigen) Auskunft und hätte er sich bei fehlerfreier Auskunft anders entschieden, ist der Arbeitgeber zum Ausgleich der Nachteile verpflichtet. Die Schutz- und Rücksichtnahmepflicht des Arbeitgebers gilt insb. auch für die Vermögensinteressen des Arbeitnehmers. In dem zugrundeliegenden Fall *(BAG 21.11.2000, EzA § 11 BGB Fürsorgepflicht Nr. 61)* hat das Gericht etwa angenommen, dass der Arbeitgeber im Falle der Fehlberatung über ein betriebliches Versorgungssystem zum Ausgleich verpflichtet ist.

6. Nachwirkende Fürsorgepflicht

2970 Die Fürsorgepflicht des Arbeitgebers kann auch über die Beendigung des Arbeitsverhältnisses hinausgehen (**nachwirkende Fürsorgepflicht**). So kann der Arbeitgeber in bestimmten Einzelfällen etwa zur **Wiedereinstellung des Arbeitnehmers** verpflichtet sein.

BEISPIEL:

Im Betrieb des Arbeitgebers A treten unerklärliche Verluste an Arbeitsmaterialien auf. Nach umfangreichen Ermittlungen können hierfür nur drei Arbeitnehmer verantwortlich sein. Da sich der Täter nicht ermitteln lässt, spricht der A gegenüber dem hauptverdächtigen Arbeitnehmer B nach dessen Anhörung eine Verdachtskündigung aus (s. → Rz. 2971). Später stellt sich heraus, dass nicht der B sondern der Arbeitnehmer C für die Unterschlagungen verantwortlich ist.

Hier kann B kraft nachwirkender Fürsorge des A Wiedereinstellung verlangen.

Die **nachwirkende Fürsorgepflicht** gebietet es aber nach überwiegender Meinung nicht, den Arbeitnehmer wieder einzustellen, wenn sich **nach Ablauf der Kündigungsfrist** die Auftragslage so bessert, dass rückwirkend betrachtet eine betriebsbedingte Kündigung nicht erforderlich gewesen wäre. Denn nach Ablauf der Kündigungsfrist sind die Vertragsbeziehungen beendet. Etwas anderes gilt, wenn sich die ursprüngliche Prognose noch **während des Laufs der Kündigungsfrist** als falsch erweist und der Arbeitgeber noch keine Dispositionen getroffen hat, die ihm die Fortsetzung des Arbeitsverhältnisses unzumutbar machen *(BAG 27.02.1997, EzA § 1 KSchG Wiedereinstellungsanspruch Nr. 1; BAG 06.08.1997, EzA § 1 KSchG Wiedereinstellungsanspruch Nr. 2).*

Auch die **Anpassung eines Prozessvergleichs bzw. Aufhebungsvertrags** kann in Betracht kommen, wenn bei dessen Abschluss beide Parteien von einer anderen Geschäftsgrundlage – mögliche Rechtfertigung der betriebsbedingten Kündigung – ausgegangen sind und sich später unerwartet diese Prognose etwa wegen neuer Aufträge als falsch erweist. Diese Grundsätze gelten auch bei einer krankheitsbedingten Kündigung. Das BAG hat insoweit seine alte Rechtsprechung aufgegeben. Nunmehr ist auch hier der Zeitpunkt des Ausspruchs der Kündigung der maßgebliche für die Beurteilung der Rechtswirksamkeit; spätere Veränderungen werden über den Wiedereinstellungsanspruch korrigiert.

2970a Die zahlreichen – durch die ersten Entscheidungen ausgelösten – Rechtsfragen zum **Wiedereinstellungsanspruch** hat das BAG *(28.06.2000, EzA § 1 KSchG Wiedereinstellungsanspruch Nr. 5)* nun zumindest teilweise geklärt. **Das Gericht geht nunmehr von folgenden Leitlinien aus:**

Unstreitig ist, dass bei betriebsbedingten Kündigungen ein Wiedereinstellungsanspruch des Arbeitnehmers jedenfalls dann entstehen kann, wenn sich **zwischen dem Ausspruch der Kündigung und dem Ablauf der Kündigungsfrist unvorhergesehen eine Weiterbeschäftigungsmöglichkeit für den Arbeitnehmer ergibt.** Wichtig ist ferner, dass das BAG diesen Wiedereinstellungsanspruch nunmehr eindeutig als **vertragliche Nebenpflicht** bezeichnet, was Auswirkungen auf Art und Umfang des Anspruchs hat: » ... Der Arbeitnehmer hat auch nach Ausspruch einer rechtlich begründeten Kündigung regelmäßig noch ein Interesse daran, seinen Arbeitsplatz nicht mit Ablauf der Kündigungsfrist zu verlieren.

Dieses Interesse des Arbeitnehmers an der Erhaltung seines Arbeitsplatzes ist durch Art. 12 Abs. 1 GG nicht nur bis zum Ausspruch einer Kündigung, sondern auch noch danach **bis zur Beendigung des Arbeitsverhältnisses geschützt.** Allerdings wird der dem Staat obliegenden grundrechtlichen Schutzpflicht grundsätzlich durch das staatliche Kündigungsschutzrecht hinreichend Rechnung getragen ... Der Verlust des Arbeitsplatzes wird daher vom Arbeitnehmer regelmäßig auch von Verfassung wegen zugemutet, wenn eine Kündigung den Erfordernissen des Kündigungsschutzrechts standhält ... .«

Eine Ausnahme von diesem Grundsatz ist nach der Rechtsprechung des BAG aber dann geboten, wenn sich die der betriebsbedingten Kündigung zugrunde liegende Vorstellung des Arbeitgebers über die **Weiterbeschäftigungsmöglichkeit** nachträglich als unzutreffend herausstellt (Prognosefehler): »Die zur betriebsbedingten Kündigung entwickelte Rechtsprechung unterwirft nämlich den arbeitsrechtlichen Bestandsschutz insofern einer zeitlichen Einschränkung, als sie mit der Prüfung des Kündigungsgrundes auf den Zeitpunkt des Kündigungsausspruchs abstellt, eine hinreichend begründete Prognose zum Wegfall der Beschäftigungsmöglichkeit genügen und die spätere tatsächliche Entwicklung grundsätzlich unberücksichtigt lässt ... Diese 'Vorverlagerung' des Prüfungszeitpunkt vom Ende des Arbeitsverhältnisses auf den häufig viele Monate früher liegenden und nicht nur von der Dauer der Kündigungsfrist sondern auch vom Willensentschluss des Arbeitgebers abhängigen Zeitpunkt des Ausspruchs der Kündigung ist zwar sowohl aus methodischen Gründen – die Wirksamkeit einer **rechtsgestaltenden Willenserklärung** wie der Kündigung muss zum Zeitpunkt ihres Zugangs feststellbar sein – wie auch aus Gründen der Rechtssicherheit und Verlässlichkeit und Klarheit geboten. Zugleich verlangt sie aber nach einem Korrektiv in den Fällen, in denen sich die maßgeblichen Umstände entgegen der ursprünglichen Prognose nachträglich ändern ... Ein geeignetes Korrektiv bildet die vertragliche Nebenpflicht zum erneuten Abschluss eines Arbeitsvertrages ... .«

Das BAG (a.a.O.) stellt klar, dass ein Wiedereinstellungsanspruch in Betracht kommt, wenn wider Erwarten der bisherige Arbeitsplatz des Arbeitnehmers doch erhalten bleibt, weil etwa der **Betrieb** oder die **Betriebsabteilung** nicht wie zunächst vorgesehen stillgelegt wird oder wenn sich eine anderweitige Beschäftigungsmöglichkeit auf einem unvorhergesehen frei werdenden oder neu geschaffenen Arbeitsplatz ergibt, auf den der Arbeitgeber den Arbeitnehmer ohne Änderung des Arbeitsvertrages einseitig umsetzen könnte. Das BAG (a.a.O.) hierzu wörtlich: »Eine derartige anderweitige Beschäftigungsmöglichkeit hätte nämlich, sofern sie bei Ausspruch der Kündigung bereits bestanden oder absehbar gewesen wäre, der Wirksamkeit der Kündigung entgegengestanden ... .«

Aus der methodischen Begründung des Wiedereinstellungsanspruchs als einer vertraglichen Nebenpflicht folgt nach Auffassung des 7. Senats des BAG weiter, dass der Arbeitnehmer jedenfalls bei einer betriebsbedingten Kündigung eine Wiedereinstellung grundsätzlich **nicht** verlangen kann, wenn die Änderung der maßgeblichen Umstände **erst nach der Beendigung des Arbeitsverhältnisses eingetreten ist.**

Die Herleitung des Wiedereinstellungsanspruchs aus einer Nebenpflicht gebietet danach ferner eine differenzierende Behandlung in den Fällen, in denen berechtigte Interessen des Arbeitgebers der Wiedereinstellung entgegenstehen »Solche entgegenstehenden Interessen des Arbeitgebers können insbesondere dann vorliegen, wenn er bereits anderweitige **Dispositionen** getroffen hat. Dies ist der Fall, wenn der Arbeitgeber den unvorhergesehen freigewordenen Arbeitsplatz schon wieder mit einem anderen Arbeitnehmer besetzt hat. Danach erlischt grundsätzlich ein etwa entstandener Wiedereinstellungsanspruch. Hiervon muss jedoch wiederum dann eine Ausnahme gemacht werden, wenn der Arbeitgeber den – erneuten – Wegfall der in Betracht kommenden Beschäftigungsmöglichkeit treuwidrig herbeigeführt hat. ... .«

Die Berufung des Arbeitgebers auf den – erneuten – Wegfall des für den Arbeitnehmer geeigneten Arbeitsplatzes kann ihm insbesondere dann verwehrt sein, wenn er den Arbeitsplatz in Kenntnis des Wiedereinstellungsverlangens des Arbeitnehmers **treuwidrig** mit einem anderen Arbeitnehmer besetzt hat.

Wenn es für einen **freigewordenen** Arbeitsplatz **mehrere Bewerber** gibt, darf der Arbeitgeber unter diesen nicht willkürlich auswählen, sondern hat anhand betrieblicher Belange und sozialer Gesichtspunkte eine den §§ 242, 315 BGB genügende Auswahlentscheidung zu treffen ... Die Grundsätze des § 1 Abs. 3 KSchG lassen sich dabei nicht ohne weiteres übertragen. Daher kommen für die **Auswahlentscheidung** grundsätzlich ohnehin nur die Arbeitnehmer in Betracht, die dem Arbeitgeber gegenüber ihren Willen zur Wiedereinstellung bekundet haben. Aber auch im Übrigen lässt sich die Frage, ob aus der Interessenwahrungspflicht des Arbeitgebers die Verpflichtung zur Wiedereinstellung gerade eines bestimmten Arbeitnehmers folgt, nicht allein nach den Kriterien des § 1 Abs. 3 KSchG, sondern gem. § 242 BGB nur unter Berücksichtigung sämtlicher Umstände des jeweiligen Einzelfalles beantworten.

2970c Auch ein **Abfindungsvergleich** kann dem Wiedereinstellungsanspruch entgegenstehen, denn durch einen solchen Abfindungsvergleich kann ein etwaiger Wiedereinstellungsanspruch wirksam ausgeschlossen werden. Zwar wird, so das BAG, es meist an einer entsprechenden Regelung im Vergleich fehlen, dennoch werde bereits die **Auslegung** eines Abfindungsvergleichs, durch den die Parteien den Streit über die Wirksamkeit der Kündigung und deren das Arbeitsverhältnis beendigende Wirkung gerade beilegen wollen, häufig ergeben, dass ein Wiedereinstellungsanspruch nicht bestehen solle. Vereinbarten die Arbeitsvertragsparteien einen angemessenen wirtschaftlichen Ausgleich für den Verlust des mit dem Arbeitsverhältnis verbundenen Besitzstandes, so brächten sie damit regelmäßig zugleich zum Ausdruck, das Arbeitsverhältnis nicht im Anschluss an seine Beendigung zu unveränderten Bedingungen fortsetzen zu wollen. Jedenfalls gebiete in einem solchen Fall die Interessenwahrungspflicht des Arbeitgebers regelmäßig auch bei nachträglicher Änderung des bei Ausspruch der Kündigung zugrunde gelegten Sachverhalts nicht den Abschluss eines Fortsetzungsvertrags.

Das BAG geht ferner davon aus, dass auf den **Wiedereinstellungsanspruch verzichtet** werden kann. Dies ist ein wichtiger Aspekt, der bei der Vertragsgestaltung zu berücksichtigen ist.

Dies gilt allerdings nach Auffassung des BAG nicht, wenn der **Abfindungsvergleich** nach § 779 BGB unwirksam ist oder nach den zum **Wegfall der Geschäftsgrundlage entwickelten Grundsätzen** beseitigt wird. Eine Unwirksamkeit des Vergleichs nach § 779 Abs. 1 BGB kommt danach freilich nicht in Betracht, wenn sich erst nach Abschluss des Abfindungsvergleichs unvorhergesehen neue Beschäftigungsmöglichkeiten ergeben. In einem solchen Fall kommen nach Auffassung des BAG vielmehr die allgemeinen, zum Wegfall der Geschäftsgrundlage entwickelten Grundsätze zur Anwendung.»Geschäftsgrundlage sind nach der ständigen Rechtsprechung des BAG ... die bei Abschluss des Vertrages zutage getretenen, dem anderen Teil erkennbar gewordenen und von ihm nicht beanstandeten Vorstellungen einer Partei oder die gemeinsamen Vorstellungen beider Parteien vom Vorhandensein oder dem künftigen Eintritt bestimmter Umstände, sofern der Geschäftswille der Parteien darauf aufbaut ... Bei Abfindungsvergleichen in Kündigungsschutzprozessen kann nicht ohne weiteres davon ausgegangen werden, Geschäftsgrundlage in diesem Sinne sei die gemeinsame Vorstellung der Parteien, bis zu dem vereinbarten Ende des Arbeitsverhältnisses werde sich keine anderweitige Beschäftigungsmöglichkeit ergeben. **Vielmehr kann gerade auch diese Ungewissheit der künftigen Entwicklung in dem Vergleich bereits Berücksichtigung gefunden haben.** Außerdem führt bei einer sich nachträglich unvorhergesehen ergebenden Beschäftigungsmöglichkeit das Festhalten am Vergleich den Arbeitnehmer keineswegs regelmäßig zu untragbaren Ergebnissen. Vielmehr hängt auch dies von den Umständen des Einzelfalls ab. **Jedenfalls dann, wenn durch eine Abfindung ein als angemessen erscheinender Ausgleich geschaffen wird – dabei kann für die Beurteilung der Angemessenheit die in § 10 KSchG, § 113 Abs. 1 und 2 BetrVG zum Ausdruck kommende gesetzgeberische Wertung herangezogen werden – wird häufig das Festhalten an dem Vergleich auch für den Arbeitnehmer nicht unzumutbar sein ... .«**

Dem Arbeitgeber ist nach Auffassung des BAG die Berufung auf die Neubesetzung des Arbeitsplatzes ausnahmsweise auch dann verwehrt, wenn er die Neubesetzung bereits vor dem Wiedereinstellungsverlangen des Arbeitnehmers vorgenommen hat, dies aber darauf beruht, dass der Arbeitgeber den Arbeitnehmer treuwidrig nicht über die sich ergebende **Beschäftigungsmöglichkeit informiert** hat. Dabei lässt sich die Frage, ob der Arbeitgeber überhaupt, sowie ggf. wann und wie, verpflichtet ist, gekündigte Arbeitnehmer über eine sich unvorhergesehen ergebende Beschäftigungsmöglichkeit zu informieren nach Auffassung des BAG ebenfalls nicht generell beantworten. Vielmehr richte sich auch der Inhalt und Umfang einer derartigen Informationspflicht gem. § 242 BGB nach den Umständen des Einzelfalls. Auch hier könne ein mit dem Arbeitnehmer geschlossener Abfindungsvergleich von wesentlicher Bedeutung sein. Erhalte nämlich ein Arbeitnehmer für den Verlust des Arbeitsplatzes eine hohe Abfindung, so werde es meist nicht als treuwidrig erscheinen, wenn der Arbeitgeber im Hinblick hierauf die Informationen über eine sich unvorhergesehen ergebende Beschäftigungsmöglichkeit unterlasse.

Wichtig ist: »Ein Arbeitgeber kann nicht zum Abschluss eines Vertrages verurteilt werden, der in der Vergangenheit liegt :.. Unabhängig vom Zeitpunkt des Entstehens des Anspruchs kann ein Vertrag nicht rückwirkend, sondern erst für die Zukunft geschlossen werden. Hierdurch wird der Arbeitnehmer, dessen Anspruch auf Wiedereinstellung der

Arbeitgeber nicht rechtzeitig erfüllt hat, wirtschaftlich auch nicht schlechter gestellt als bei einer Begründung des Arbeitsverhältnisses für die Vergangenheit. Vielmehr hat er für die Vergangenheit Schadensersatzansprüche nach §§ 284, 286, 280 Abs. 1, § 249, § 251 Abs. 1 BGB, die auf Entschädigung in Geld gerichtet sind.«

Leitlinien des BAG

- Dem **betriebsbedingt** gekündigten Arbeitnehmer kann ein Wiedereinstellungsanspruch zustehen, wenn sich zwischen dem Ausspruch der Kündigung und dem Ablauf der Kündigungsfrist unvorhergesehen eine Weiterbeschäftigungsmöglichkeit ergibt. Entsteht diese erst nach Ablauf der Kündigungsfrist, besteht grundsätzlich kein Wiedereinstellungsanspruch.
- Dem **Wiedereinstellungsanspruch** können berechtigte Interessen des Arbeitgebers entgegenstellen. Diese können auch darin bestehen, dass der Arbeitgeber den in Betracht kommenden Arbeitsplatz bereits wieder besetzt hat. Der Arbeitgeber kann sich auf die Neubesetzung des Arbeitsplatzes nicht berufen, wenn hierdurch der Wiedereinstellungsanspruch treuwidrig vereitelt wird.
- Bei der **Auswahl** des wiedereinzustellenden Arbeitnehmers hat der Arbeitgeber gem. § 242 BGB die Umstände des Einzelfalls zu berücksichtigen. Ob ein Arbeitgeber verpflichtet ist, von sich aus einen Arbeitnehmer über eine sich unvorhergesehen ergebende Beschäftigungsmöglichkeit zu unterrichten, hängt ebenfalls gem. § 242 BGB von den Umständen des Einzelfalls ab.
- Ein **Abfindungsvergleich** kann dem Wiedereinstellungsanspruch entgegenstellen. Der Arbeitgeber kann ihn auch bei der Auswahl des wiedereinzustellenden Arbeitnehmers berücksichtigen.
- Nach den Grundsätzen über den Wegfall der Geschäftsgrundlage entfällt ein Abfindungsvergleich nur dann, wenn das Festhalten an ihm für eine Partei **unzumutbar** ist.
- Ein wegen Krankheit wirksam gekündigter Arbeitnehmer kann eine Wiedereinstellung jedenfalls dann nicht verlangen, wenn die nachträglich überraschende grundlegende Besserung seines Gesundheitszustandes erst nach Ablauf der Kündigungsfrist eingetreten ist. Selbst wenn dies noch während des Laufs der Kündigungsfrist geschieht, muss eine positive Zukunftsprognose dergestalt getroffen werden, dass die Besorgnis einer erneuten langandauernder Erkrankung ausgeräumt ist. Hierfür trägt der Arbeitnehmer die Darlegungs- und Beweislast *(zum Ganzen BAG 27.06.2001, EzA § 1 KSchG Wiedereinstellungsanspruch Nr. 6).*

7. Sonstige Fürsorgepflichten

2971 Der Kreis der sonstigen Fürsorgepflichten ist denkbar weit und einzelfallabhängig. So kann der Arbeitgeber etwa verpflichtet sein, den Arbeitnehmer in die über diesen geführte **Personalakte Einsicht nehmen zu lassen.** Auch die **Entfernung einer ungerechtfertigten Abmahnung oder Verwarnung** kann unter dem Gesichtspunkt der Fürsorge verlangt werden. Bei einer **Druckkündigung** (s. → Rz. 4461) hat der Arbeitgeber aufgrund der Fürsorgepflicht alles zu unternehmen, um den ungerechtfertigten Forderungen der

Arbeitskollegen oder Dritten nicht entsprechen zu müssen (zum Schadensersatzanspruch des Gekündigten gegen die Dritten s. *BAG 04.06.1998, EzA § 823 BGB Nr. 9).* Vor einer **Umsetzung** des Arbeitnehmers ist der Arbeitgeber verpflichtet, diesen anzuhören und die Maßnahme mit ihm zu besprechen. Kraft Fürsorgepflicht ist eine solche **Anhörung auch vor Verdachtskündigungen** erforderlich.

BEISPIEL:

Im Betrieb des Arbeitgebers A tauchen unerklärliche Verluste an Rohmaterialien auf. Hierfür können nur die im Außenlager beschäftigten Arbeitnehmer B, C oder D verantwortlich sein. A versucht u.a. mittels Detektiven den Täter zu ermitteln. Seine Bemühungen bleiben jedoch erfolglos. Aus den Personalakten weiß A, dass der Arbeitnehmer B einschlägige Vorstrafen wegen Diebstahls und Unterschlagung aufweist. Auch kommt ihm zu Ohren, dass den B erhebliche finanzielle Verpflichtungen drücken, dieser aber gleichwohl einen Pkw der gehobenen Mittelklasse angeschafft hat. Aufgrund der verdachtsverstärkenden Umstände spricht der A dem B die fristlose Kündigung wegen Verdachts des Diebstahls von Rohmaterialien aus. Auf eine Anhörung des B verzichtet er, da dieser »ohnehin nur die Tat abstreiten werde«. Im Übrigen sei ihm, dem A eine Anhörung auch unangenehm.

Die von A ausgesprochene fristlose Verdachtskündigung ist unwirksam! Die **Anhörung des Arbeitnehmers** vor Ausspruch der Kündigung ist nach der Rechtsprechung des BAG **Wirksamkeitsvoraussetzung der Verdachtskündigung** (BAG 29.07.1993, EzA § 626 BGB Ausschlussfrist Nr. 4). Auch muss die Anhörung unter zumutbaren Umständen erfolgen. Ein Verzicht auf die Anhörung ist nur möglich, wenn der Arbeitnehmer von vornherein deutlich und unmissverständlich erklärt, sich zu den Vorwürfen nicht äußern zu wollen, was vom Arbeitgeber zu beweisen ist.

Die Fürsorgepflicht des Arbeitgebers kann auch dahin gehen, an der Erlangung des **Freigängerstatusses** eines Arbeitnehmers mitzuwirken, um Störungen des Arbeitsverhältnisses zu vermeiden. Dies setzt allerdings voraus, dass der Arbeitnehmer den Arbeitgeber nicht über die Umstände der Strafhaft, der Verurteilung und der Haft täuscht oder im unklaren lässt. Auch gebietet die Fürsorgepflicht eine derartige Mitwirkungshandlung des Arbeitgebers nicht, wenn trotz Bewilligung des Freigangs **weitere Störungen des Arbeitsverhältnisses zu besorgen** sind (z.B. nachteilige geschäftsschädigende Reaktionen von Mitarbeitern und Kunden). Grundsätzlich ist die Verbüßung einer längeren Strafhaft i.Ü. geeignet, eine **außerordentliche Kündigung** des Arbeitsverhältnisses zu rechtfertigen, wenn sich die Arbeitsverhinderung konkret nachteilig auf das Arbeitsverhältnis auswirkt *(BAG 09.03.1995, EzA § 626 BGB n.F. Nr. 154).*

2971a

Der Arbeitgeber kann auch verpflichtet sein, **Umzugskosten des Arbeitnehmers zu erstatten.** Dies gilt immer, wenn er eine entsprechende Zusage erteilt hat. Ein Vertrag, der die jederzeitige Versetzungsmöglichkeit ins entfernte Ausland und die Erstattung der Umzugskosten vorsieht, ist dahingehend auszulegen, dass auch die Kosten des Rückzugs zu erstatten sind *(BAG 26.07.1995, EzA § 133 BGB Nr. 19).* Dies gilt selbst, wenn der Arbeitnehmer sein Arbeitsverhältnis im Hinblick auf die bevorstehende Schließung der ausländischen Betriebsstätte selbst kündigt.

2971b

Die Fürsorgepflicht geht aber in der Regel nicht so weit, dass eine aus dem Erziehungsurlaub zurückkehrende Arbeitnehmerin wegen der noch ungeklärten Kinderbetreuung An-

2971c

spruch auf Zurverfügungstellung einer Halbtagsstelle statt der vereinbarten Ganztagsbeschäftigung hat *(s. LAG Düsseldorf 09.04.1996, LAGE § 611 BGB Teilzeitarbeit Nr. 4)*. Allerdings ist stets zu prüfen, ob nicht kollektive oder einzelvertragliche Regelungen einen entsprechenden Anspruch begründen. In diesem Fall hat der Arbeitgeber seine Entscheidung unter angemessener Berücksichtigung der beiderseitigen Interessen nach billigem Ermessen (§ 315 BGB) zu treffen.

Auch eine **krankheitsbedingte Kündigung aus fürsorgerischen Gründen** scheidet in der Regel aus!

8. Rechtsfolgen der Fürsorgepflichtverletzung

2972 Verletzt der Arbeitgeber seine Fürsorgepflicht, so steht dem Arbeitnehmer ein **Erfüllungsanspruch** zu. Dieser kann also zunächst verlangen, dass der Arbeitgeber die aus dem Gedanken der Fürsorge heraus erforderlichen Maßnahmen trifft. Ist dem Arbeitnehmer wegen einer schuldhaften Fürsorgepflichtverletzung ein Schaden entstanden, so ist der Arbeitgeber zum **Schadensersatz** verpflichtet. Gleiches gilt bei einer **Verletzung des Persönlichkeitsrechts.** Hier kann dem Arbeitnehmer ein Anspruch auf **Schmerzensgeld** zustehen, allerdings nur, wenn Art und Schwere des Eingriffs die Anerkennung eines Schmerzensgeldes erforderlich machen.

BEISPIEL:

Arbeitgeber A, der sich über den früher bei ihm beschäftigten Arbeitnehmer B maßlos geärgert hat, veröffentlicht dessen Namen in der Verbandszeitung des Arbeitgeberverbandes mit folgenden Hinweisen: »falls sich ein Herr B bei Ihnen bewerben sollte, rufen Sie an! gez. A«.

Hierin liegt ein schwerwiegender Eingriff in das Persönlichkeitsrecht des B. Diesem kann ein Schadensersatzanspruch zustehen. Im Beispielsfall wurden 4.000 DM für angemessen erachtet. Wenn B nachweisen kann, dass wegen der Annonce ihm ansonsten offenstehende Stellen mit anderen Bewerbern besetzt worden sind, kommen auch weitergehende Schadensersatzansprüche in Betracht; insbesondere wenn es sich hierbei um höher dotierte Positionen gehandelt hat.

Gerade in den **Fällen mangelnder Arbeitssicherheit** ist der Arbeitnehmer berechtigt, seine **Arbeitsleistung zurückzuhalten.** Seinen Lohnanspruch verliert er hierbei nicht! Allerdings muss er seine Bereitschaft zur sofortigen Wiederaufnahme der Arbeit bei Schaffung der im Rahmen der Fürsorgepflicht vom Arbeitgeber geschuldeten Arbeitsbedingungen erklären!

II. Gleichbehandlungspflicht

2973 Die Pflicht des Arbeitgebers, die in seinem Betrieb beschäftigten Arbeitnehmer gleich zu behandeln, verbietet eine **unsachliche Benachteiligung einzelner oder mehrerer Arbeitnehmer.** Diese Gleichbehandlungspflicht findet ihre Ausprägung in den Vorschriften des Grundgesetzes (Art. 3 Abs. 1 GG) und in besonderen Bestimmungen des Arbeitsrechts sowie im **allgemeinen arbeitsrechtlichen Gleichbehandlungsgrundsatz**. Rechtsfragen der Gleichbehandlung haben in jüngster Zeit eine große Bedeutung, was sich u.a. an der Vielzahl arbeitsgerichtlicher Entscheidungen zeigt.

1. Gesetzliche Ausprägungen der Gleichbehandlungspflicht

Gesetzlich ist der allgemeine Gleichbehandlungsgrundsatz in den **Vorschriften des BGB** (§ 611a, § 611b, § 612 Abs. 3, § 612a) enthalten. Auch bei der **Teilzeitbeschäftigung** ist der Arbeitgeber zur Gleichbehandlung der Teilzeitbeschäftigten mit den Vollzeitbeschäftigten verpflichtet (§ 4 Abs. 1 TzBfG/§ 2 Abs. 1 BeschFG). Darüber hinaus ist der Arbeitgeber nach **§ 75 BetrVG** zur gerechten und gleichmäßigen Behandlung aller im Betrieb tätigen Personen verpflichtet. In Gleichbehandlungsfragen einschlägig sind darüber hinaus häufig Art. 3 GG, Art. 119 EGV und der allgemeine arbeitsrechtliche Gleichbehandlungsgrundsatz. Auch die **Betriebspartner** sind zur Beachtung des Gleichbehandlungsgrundsatzes verpflichtet *(s. nur BAG 19.01.1999, EzA § 87 BetrVG 1972 Betriebliche Ordnung Nr. 24)*.

2974

a) Gleichbehandlung im Einzelarbeitsverhältnis

Eine spezielle Ausprägung des Gleichbehandlungsgrundsatzes im Einzelarbeitsverhältnis findet sich zunächst in § 611a BGB. Danach darf der Arbeitgeber einen Arbeitnehmer bei einer Vereinbarung oder einer Maßnahme **nicht wegen seines Geschlechts benachteiligen**. Dies gilt sowohl bei der Begründung des Arbeitsverhältnisses, beim beruflichen Aufstieg, bei einer Weisung oder auch bei einer Kündigung. Eine unterschiedliche Behandlung auch wegen des Geschlechts ist jedoch **zulässig, soweit eine Vereinbarung oder eine Maßnahme die Art der vom Arbeitnehmer auszuübenden Tätigkeit zum Gegenstand hat und ein bestimmtes Geschlecht unverzichtbare Voraussetzung für diese Tätigkeit ist**. Das heißt, verboten ist die unterschiedliche Behandlung allein wegen des Geschlechts. Liegen sachliche Gründe vor, kann eine Differenzierung zwischen Männern und Frauen vorgenommen werden. Ob eine Arbeit gleich oder gleichwertig ist, kann nur festgestellt werden, indem die Tätigkeiten insgesamt miteinander verglichen werden *(BAG 23.08.1995, 5 AZR 942/93)*.

2975

Verboten ist nicht nur die **unmittelbare Benachteiligung** wegen des Geschlechts, sondern auch die **mittelbare**. Verlangt der Arbeitgeber beispielsweise für eine bestimmte Tätigkeit ohne sachlichen Grund eine bestimmte Mindestkörpergröße, die regelmäßig nur Männer aufweisen, so liegt hierin eine mittelbare Benachteiligung. Eine Vermutung für eine **mittelbare Diskriminierung** liegt dabei schon dann vor, wenn von einer Regelung regelmäßig mehr Frauen als Männer betroffen sind. Dies trifft insbesondere auf Teilzeitbeschäftigte zu.

Zulässig ist eine Differenzierung hingegen, wenn das **Geschlecht unverzichtbare Voraussetzung für die Tätigkeit** ist (§ 611a Abs. 1 Satz 2 BGB).

BEISPIEL:

Besetzung einer Theaterrolle mit Männern/Frauen.

Zur Unzulässigkeit der **Kündigung einer transsexuellen Person** aus einem mit der Umwandlung ihres Geschlechts zusammenhängenden Grund s. *EuGH 30.04.1996, EzA Art. 119 EWG-Vertrag Nr. 39;* zur Zulässigkeit der Kürzung von Sonderzuwendungen für Soldaten auf Zeit s. BAG 24.01.1996, NZA 1996, 780. Umgekehrt gilt: Kein Anspruch auf **Verheiratetenortszuschlag bei gleichgeschlechtlicher Lebensgemeinschaft** *(BAG 15.05.1997, EzA-SD 11/1997 S. 3)*. Fazit: Es gibt nichts, was es nicht gibt! Die sexuelle Orientierung des Beschäftigten braucht bei der Tarifgestaltung nicht berücksichtigt zu werden.

2976 Für den Verstoß gegen den Gleichbehandlungsgrundsatz ist im allgemeinen der **Arbeitnehmer darlegungs- und beweispflichtig.** Allerdings wird dem Arbeitnehmer die **Beweislast erleichtert.** Wenn er im Streitfall Tatsachen glaubhaft macht, die eine Benachteiligung wegen des Geschlechts vermuten lassen, trägt der Arbeitgeber die Beweislast dafür, dass nicht auf das Geschlecht bezogene, sachliche Gründe eine unterschiedliche Behandlung rechtfertigen oder das Geschlecht unverzichtbare Voraussetzung für die auszuübende Tätigkeit ist (s. § 611a Abs. 1 Satz 3 BGB). Dies bedeutet für den Arbeitnehmer, dass er im Prozess die objektive »Schlechterbehandlung« darlegen und beweisen muss. Der Beweis dafür, dass diese Benachteiligung durch den Arbeitgeber wegen des Geschlechts erfolgt ist, kann dann durch so genannte **Hilfstatsachen** erfolgen, die den **Rückschluss auf eine Diskriminierung** zulassen.

BEISPIEL:

Kann der Arbeitnehmer etwa darlegen, dass der Arbeitgeber erklärt hat, Frauen gehörten grundsätzlich an den Kochtopf und seien damit bei Kündigungen immer zuerst dran, so lässt dies den Rückschluss auf eine Diskriminierung zu.

Es wird dann die Beweislastumkehr ausgelöst. Der Arbeitgeber muss also darlegen und beweisen, dass seine Kündigungsentscheidung nicht durch die Geschlechterrolle bestimmt worden ist.

Zur **Durchsetzung von Ansprüchen auf Gleichbehandlung** kann dem Arbeitnehmer auch ein **Auskunftsanspruch** zustehen. So kann etwa ein bei einer Gehaltserhöhung übergangener außertariflicher Angestellter Auskunft darüber verlangen, um welche Prozentsätze die Bezüge der anonymisiert aufzuführenden anderen außertariflichen Angestellten erhöht worden sind *(LAG Köln 18.12.1992, BB 1993, 583)*. Ein **Auskunftsanspruch** setzt also regelmäßig das Vorliegen entsprechender Anknüpfungstatsachen voraus.

2977 Verletzt der Arbeitgeber den Gleichberechtigungsgrundsatz schon bei der Einstellung, ist nach dem Gesetz nicht ein Anspruch auf Einstellung, sondern auf **Schadensersatz in Geld** gegeben (§ 611a BGB).

Wird im Rahmen der Vergütung unzulässig differenziert, so hat der benachteiligte Arbeitnehmer einen Anspruch auf **Nachzahlung der Entgeltdifferenz.** Bei einem Arbeitsverhältnis darf nämlich für gleiche oder gleichwertige Arbeit nicht wegen des Geschlechts des Arbeitnehmers eine geringere Vergütung vereinbart werden als bei einem Arbeitnehmer des anderen Geschlechts (§ 612 Abs. 3 Satz 1 BGB)!

Die **Beweislastregelung** des § 611a Abs. 1 Satz 3 BGB gilt entsprechend (§ 612 Abs. 3 Satz 3 BGB und oben → Rz. 2976).

BEISPIEL:

Arbeitgeber A ist der Auffassung, Frauen seien weniger »arbeitsintensiv« als Männer und daher entsprechend geringer zu vergüten.

Hier haben die weiblichen Beschäftigten einen Anspruch auf Nachzahlung der Vergütung. Allerdings kann dieser tariflichen Ausschlussfristen unterfallen.

Die Vereinbarung einer geringeren Vergütung wird auch nicht dadurch gerechtfertigt, dass wegen des Geschlechts des Arbeitnehmers **besondere Schutzvorschriften** gelten. Schließlich darf der Arbeitgeber einen Arbeitnehmer bei einer Vereinbarung oder einer Maßnahme nicht deshalb benachteiligen, weil der Arbeitnehmer **in zulässiger Weise seine Rechte ausübt**.

BEISPIEL:

Der Arbeitgeber zahlt auf freiwilliger Basis allen Arbeitnehmern ein 13. Monatsgehalt. Hiervon nimmt er Betriebsratsmitglieder aus, da diese »ohnehin nur Unruhe stifteten«.

Allerdings kann der von Umstrukturierungsmaßnahmen »geplagte« Arbeitgeber nur an einige Arbeitnehmer eine **Motivationszulage** gewähren, wenn die anderen bereits eine höhere Vergütung haben und in einem unrentablen und ohnehin zu schließenden Betriebsteil arbeiten *(BAG 10.03.1998, EzA § 242 BGB Betriebliche Übung Nr. 40)*.

Auch eine **überbetriebliche Gleichbehandlung** der Arbeitnehmer mehrerer Betriebe desselben Arbeitgebers ist grundsätzlich denkbar. Hier kann jedoch das **Mitbestimmungsrecht des Betriebsrats** eine Differenzierung erlauben.

BEISPIEL:

In einem Unternehmen mit mehreren Betrieben ist der Arbeitgeber frei, den Belegschaften betriebsratsloser Betriebe die Zahlung von Umsatzprämien zuzusagen. In Betrieben mit Betriebsrat bedarf er hierzu der Zustimmung des Betriebsrats. Eine überbetriebliche Gleichbehandlung von Arbeitnehmern in Betrieben mit Betriebsrat, aber ohne Prämienregelung mit denen betriebsratsloser Betriebe, in denen noch keine Einigung über Umsatzprämien erzielt ist, ist arbeitsrechtlich nicht geboten (BAG 25.04.1995, EzA § 242 BGB Gleichbehandlung Nr. 65). Gerade der Schutz des Mitbestimmungsrechts erlaubt die Differenzierung.

Die Zahlung von Arbeitsmarktzulagen ist zulässig, wenn der Arbeitgeber diese nach seiner sachlich begründeten Auffassung benötigt, um Arbeitskräfte zu gewinnen. Er kann die Zahlungen der Zulagen bei Änderung der Arbeitsmarktlage auch wieder einstellen *(BAG 21.03.2001, EzA § 242 BGB Gleichbehandlung Nr. 84).*

b) Gleichbehandlung bei Teilzeitbeschäftigung

2978 Eine weitere spezielle Ausprägung des Gleichbehandlungsgrundsatzes findet sich im TzBfG (dem früheren BeschFG). Nach dessen § 4 Abs. 1 darf der Arbeitgeber einen teilzeitbeschäftigten Arbeitnehmer nicht wegen der Teilzeitarbeit gegenüber vollzeitbeschäftigten Arbeitnehmern unterschiedlich behandeln, es sei denn, dass **sachliche Gründe** eine unterschiedliche Behandlung rechtfertigen. Einem teilzeitbeschäftigten Arbeitnehmer ist Arbeitsentgelt oder eine andere geltwerte Leistung mindestens in dem Umfang zu gewähren, der dem Anteil seiner Arbeitszeit an der Arbeitszeit eines vergleichbaren vollzeitbeschäftigten Arbeitnehmers entspricht. Teilzeitbeschäftigt ist dabei ein Arbeitnehmer, dessen regelmäßige Wochenarbeitszeit kürzer ist als die eines vergleichbaren Vollzeitbeschäftigten (s. zu weiteren Definitionen § 2 TzBfG).

Fehlt es an einer regelmäßigen Wochenarbeitszeit, so ist die regelmäßige Arbeitszeit maßgeblich, die im Jahresdurchschnitt auf eine Woche entfällt. § 4 TzBfG wendet sich dabei auch an die Betriebspartner sowie an die Tarifpartner. Eine Besserstellung von Teilzeitbeschäftigten ist möglich, aber nicht gänzlich ungefährlich (sachlicher Grund für die Besserstellung gegenüber Vollzeitbeschäftigten?). Gerade das **Benachteiligungsverbot** aus § 4 Abs. 1 TzBfG/§ 2 Abs. 1 BeschFG hat sich in letzter Zeit zu einem **gerichtlichen Dauerbrenner** entwickelt. Die Zahl hierzu ergangener Entscheidungen ist unüberschaubar. Gleichwohl haben sich, insbesondere im Hinblick auf **tarifliche Differenzierungen** zwischen Voll- und Teilzeitbeschäftigten bestimmte **Problemschwerpunkte** herauskristallisiert.

2979 Einen Schwerpunkt stellen **Vergütungsfragen** dar. Dem Teilzeitarbeitnehmer ist **die verhältnismäßig gleiche Vergütung** wie einem vergleichbaren Vollzeitarbeitnehmer zu zahlen. Die Rechtsprechung geht von dem **Grundsatz der Proportionalität** aus. Danach ist die »Arbeitseinheit eines Teilzeitbeschäftigten« nicht geringer zu entgelten als diejenige eines Vollzeitbeschäftigten *(s. etwa BAG 15.11.1994, NZA 1995, 936).*

Eine Studentin, die neben ihrem Studium als Teilzeitkraft beschäftigt wird, hat nach § 612 Abs. 2 BGB i.V.m. § 2 Abs. 1 BeschFG Anspruch auf dieselbe Stundenvergütung wie Vollzeitkräfte. Da das BAG *(25.04.2001, EzA § 2 BeschFG 1985 Nr. 62)* diese Vorschrift als Schutzgesetz i.S.d. § 823 BGB ansieht, ergibt sich in der Regel auch ein deliktischer Anspruch der Teilzeitkraft (Schadensersatzanspruch). Dieser ist auf die Differenz zur Stundenvergütung einer Vollzeitkraft gerichtet. Ausdrücklich offen gelassen hat das BAG, ob auch § 4 Abs. 1 Satz 1 TzBfG ein Schutzgesetz i.S.d. § 823 Abs. 2 BGB darstellt.

Für sich genommen rechtfertigen weder das unterschiedliche Arbeitspensum, noch die nebenberufliche Ausübung der Teilzeitbeschäftigung, noch besondere Pflichten im Vollzeitarbeitsverhältnis eine unterschiedliche Behandlung. Diese häufig nicht hinreichend beachtete Rechtsprechung führt zu mancherlei Folgeproblemen.

BEISPIEL:

Ordnet ein öffentlicher Arbeitgeber eine vom BAT nicht erfasste Tätigkeit von Vollzeitkräften einer bestimmten Vergütungsgruppe des BAT zu, haben Teilzeitkräfte mit derselben Tätigkeit Anspruch auf eine entsprechend anteilige Vergütung; und zwar auch dann, wenn die Vollzeitkräfte die nicht vom BAT erfasste Tätigkeit nur zu weniger als der Hälfte ihrer Arbeitszeit ausüben (BAG, a.a.O.).

Seine **frühere Rechtsprechung,** nach der es zulässig war, dass **ein nebenberuflich tätiger teilzeitbeschäftigter Arbeitnehmer** eine unterproportionale Vergütung erhielt, wenn er anderweitig über eine **auskömmliche Existenzgrundlage** verfügt, hat das BAG *(01.11.1995, EzA § 2 BeschFG 1985 Nr. 43 und 44)* ausdrücklich **aufgegeben.**

BEISPIEL:

Der im Hauptberuf als selbständiger Bäckermeister tätige B ist nebenberuflich an einer Berufsschule als Lehrer mit 12 Unterrichtsstunden wöchentlich beschäftigt. Der dem B hierfür gewährte Stundensatz liegt niedriger als der vergleichbarer vollzeitbeschäftigter Lehrkräfte.

Hier gilt nach neuester Rechtsprechung ganz allgemein: Teilzeitarbeit darf nicht deswegen schlechter bezahlt werden als Vollzeitarbeit, weil der Teilzeitarbeitnehmer einen Hauptberuf ausübt und dadurch eine gesicherte Existenzgrundlage hat. Die anderweitige hauptberufliche Tätigkeit rechtfertigt also keine Differenzierung mehr. Ebenso wenig genügt es, wenn der Teilzeitarbeitnehmer aufgrund einer früheren hauptberuflichen Betätigung Altersruhegeld bezieht (BAG, a.a.O.).

Es verstößt auch gegen den Gleichbehandlungsgrundsatz, Arbeitnehmer allein deshalb aus einem betrieblichen Versorgungswerk auszunehmen, weil sie in einem zweiten Arbeitsverhältnis stehen *(BAG 22.11.1994, EzA § 1 BetrAVG Gleichbehandlung Nr. 6).*

Die Auswirkungen des Gleichbehandlungsgrundsatzes aus § 2 BeschFG, zeigt auch nachfolgendes

BEISPIEL:

Die tarifliche Wochenarbeitszeit der Vollzeitbeschäftigten wird um zwei Stunden verkürzt. Zum Ausgleich der Arbeitszeitverkürzung wird der Stundenlohn proportional erhöht. Nunmehr begehren auch die teilzeitbeschäftigten Arbeitnehmer einen erhöhten Stundenlohn.

Das Erhöhungsverlangen ist nach der Rechtsprechung begründet!

Dient eine Verkürzung der wöchentlichen Arbeitszeit dem Ausgleich besonderer Belastungen, so können Teilzeitbeschäftigte einen Anspruch auf anteilige Arbeitszeitverkürzung haben.

BEISPIEL:

Die A ist als Bildtechnikerin 19,25 Stunden wöchentlich, jeweils aufgeteilt in volle Arbeitstage beschäftigt. Entsprechende Vollzeitbeschäftigte erhalten tarifvertraglich wöchentlich eine 1-stündige Verkürzung der Arbeitszeit für die besonderen Belastungen. Im Beispielsfall kommt eine Schlechterstellung der A nur in Betracht, wenn die besonderen Erschwernisse, um deren Ausgleich es geht, bei ihr auch nicht anteilig gegeben sind. Dies muss der Arbeitgeber nachweisen. Eine nur pauschale Behauptung genügt nicht. Gegebenenfalls müssen arbeitsmedizinische, arbeitswissenschaftliche oder sonstige Erkenntnisse vorliegen, aus denen auf das Vorliegen eines Differenzierungsgrundes geschlossen werden kann.

Nur vormittags arbeitende Teilzeitkräfte nehmen an Vergünstigungen nicht teil, die Vollzeitbeschäftigte dadurch erhalten, dass sie an Brauchtums- und Vorfeiertagen ab 12.00 Uhr unter Fortzahlung der Vergütung von der Arbeit freigestellt werden (Beispiel: Arbeitsbefreiung ab 12.00 Uhr an Karneval, Heiligabend oder Sylvester). Hier kann **kein Ausgleich** begehrt werden *(BAG 26.05.1993, EzA Art 3 GG Nr. 40).*

Eine ständige Quelle des Ärgers war die **Behandlung von Überstunden Teilzeitbeschäftigter.** Hier liegt aber nunmehr endgültig eine konsolidierte Rechtsprechung vor. Siehe zur Problematik der Teilnahme teilzeitbeschäftigter Betriebsratsmitglieder an ganztägigen Schulungen → Rz. 2982.

Überstundenzuschläge stehen dem **Teilzeitbeschäftigten** nach überwiegender Ansicht nur für Stunden zu, in denen auch Vollzeitbeschäftigte Mehrarbeitszuschläge erhalten würden. Die Rechtslage ist allerdings nach wie vor umstritten. Die überwiegende Auffassung geht dahin, dass Mehrleistungen, die von nicht vollzeitbeschäftigten weiblichen Angestellten über die mit ihnen arbeitsvertraglich vereinbarte Wochenarbeitszeit hinaus erbracht werden, nur dann mit Zuschlägen zu versehen sind, wenn insoweit durch sie die regelmäßige Wochenarbeitszeit des entsprechenden vollzeitbeschäftigen Arbeitnehmers überschritten wird. Eine **mittelbare Diskriminierung** sei noch nicht einmal im Ansatz zu erkennen *(s. BAG 20.06.1995, EzA § 611 BGB Mehrarbeit Nr. 6 – Nährmittelindustrie; s. auch BAG 20.06.1995, EzA Art 119 EWG-Vertrag Nr. 32 – Chemieindustrie; BAG 25.07.1996, 6 AZR 350/93 – Öffentlicher Dienst).* Andere Vereinbarungen sind aber selbstverständlich möglich (s. zur Gleichbehandlung teil- und vollzeitbeschäftigter Lehrer *BAG 21.04.1999, EzA § 2 BeschFG 1985 Nr. 60).*

Nach **mehreren Vorlagebeschlüssen an den EuGH** hatte dieser ebenfalls darauf erkannt, dass keine mittelbare Diskriminierung nach Art. 119 EWG-Vertrag vorliegt *(EuGH 15.12.1994, EzA Art. 119 EWG-Vertrag Nr. 24).* Ein Teilzeitbeschäftigter erhalte, so der EuGH, die anteilig gleiche Vergütung wie ein Vollzeitbeschäftigter, wenn er etwa statt 18 Stunden 19 Stunden wöchentlich arbeite. Es ist unsicher, ob und inwieweit die nationalen Gerichte an die Entscheidung des Europäischen Gerichtshofs gebunden sind *(s. hierzu Hanau/Gilberg, BB 1995, 1238).* Letztlich werden die **Tarifparteien** das Problem lösen müssen. Stellt man auf den **Eingriff in die Freizeit** ab, würde auch Teilzeitbeschäftigten der Überstundenzuschlag zustehen.

Selbstverständlich stehen Teilzeitbeschäftigten auch **Spät- oder Nachtarbeitszuschläge** zu. So sind etwa die Tarifpartner gehindert, Teilzeitbeschäftigte von solchen Zahlungen auszunehmen, wenn sie zu den selben Arbeitszeiten wie Vollzeitkräfte tätig werden *(BAG 20.08.1998, 2 AZR 84/98).*

Teilzeitbeschäftigte werden auch dann unzulässig diskriminiert, wenn Banken oder Sparkassen nur an Vollzeitbeschäftigte **zinsgünstige Darlehen** auskehren. Das Argument,

Teilzeitbeschäftigte seien teurer als Vollzeitbeschäftigte, weist das BAG ausdrücklich zurück *(BAG 27.07.1994, EzA § 2 BeschFG Nr. 36).*

Hinzuweisen ist auch auf die **tariflichen Unkündbarkeitsvorschriften:** Es ist unzulässig etwa bei der Frage nach der Postdienstzeit als Voraussetzung der Unkündbarkeit Zeiten der Teilzeitbeschäftigung nicht oder nur anteilig zu berechnen.

BEISPIEL:

Der einschlägige Tarifvertrag gewährt Vollzeitbeschäftigten nach 15 Jahren die ordentliche Unkündbarkeit; Teilzeitkräften erst ab 20 Jahren Beschäftigungszeit.

Die entsprechende Tarifklausel ist unwirksam. Für die Vergangenheit steht Teilzeitbeschäftigten der den Vollzeitbeschäftigten entsprechende Kündigungsschutz zu (s. zu diesem Problemkreis BAG 13.03.1997, EzA-SD 6/1997 S. 4.).

Der Anspruch Teilzeitbeschäftigter auf Gleichbehandlung mit Vollzeitbeschäftigten wird nicht dadurch ausgeschlossen, dass entsprechende Vollzeitbeschäftigte im Betrieb gar nicht vorhanden sind. Hier ist ein **doppelter Vergleich** anzustellen: Zunächst ist zu fragen, ob eine (fiktive) Vollzeitkraft einen Anspruch auf Bezahlung nach allgemein vom Arbeitgeber angewandten Grundsätzen hätte. Sodann ist zu fragen, ob Teilzeitbeschäftigte einen entsprechenden anteiligen Anspruch über § 4 Abs. 1 TzBfG/§ 2 Abs. 1 BeschFG haben *(BAG 12.01.1994, EzA § 2 BeschFG Nr. 32).*

Besonders häufig tauchen im Zusammenhang mit **Jahressonderzahlungen** Probleme der Differenzierung zwischen Teil- und Vollzeitbeschäftigten auf. Zu diesen Sonderzuwendungen zählen namentlich das 13. Monatsgehalt, Jahressonderleistungen, Gratifikationen, Weihnachtsgeld und Urlaubsgeld. Grundsätzlich gilt hier, dass diese auch Teilzeitbeschäftigten anteilig zu gewähren sind. **Weder das Arbeitspensum noch die nebenberufliche Ausübung der Tätigkeit rechtfertigen etwa den Ausschluss von einer Weihnachtsgeldzahlung.**

2980

Auch aus einer **betrieblichen Altersversorgung** dürfen Teilzeitbeschäftigte nicht ohne sachlichen Grund herausgenommen werden. Hierin liegt sogar eine **doppelte Diskriminierung!** Zum einen liegt ein Verstoß gegen das Differenzierungsverbot des § 4 Abs. 1 TzBfG/§ 2 Abs. 1 BeschFG vor. Zum anderen ist auch eine mittelbare Diskriminierung gegeben, da regelmäßig wesentlich mehr Frauen als Männer in Teilzeitarbeit tätig sind *(s. etwa BVerfG 28.09.1992, EzA-SD Heft 1/1993 S. 5; BAG 07.03.1995, EzA § 1 BetrAVG Gleichbehandlung Nr. 9).* Das **unterschiedliche Arbeitspensum** rechtfertigt allein keinen völligen Ausschluss Teilzeitbeschäftigter von Leistungen der betrieblichen Altersversorgung. Die für einen Ausschluss sprechenden Gründe müssen anderer Art sein, etwa: Arbeitsleistung, Qualifikation, Berufserfahrung oder unterschiedliche Anforderungen des Arbeitsplatzes *(BAG 25.10.1994, EzA § 2 BeschFG 1985 Nr. 38).* Für einen generellen Ausschluss aller Teilzeitkräfte aus einer betrieblichen Altersversorgung gibt es jedenfalls keine sachlichen Gründe.

2981

Unzulässig ist es auch, Arbeitnehmer allein deshalb aus einem betrieblichen Versorgungswerk auszunehmen, weil sie in einem zweiten Arbeitsverhältnis stehen *(BAG 22.11.1994, EzA § 1 BetrAVG Gleichbehandlung Nr. 6)*. Dies hat das BAG *(09.10.1996, EzA § 2 BeschFG 1985 Nr. 50)* nochmals bestätigt. Hiernach gilt ganz uneingeschränkt : **Ein Arbeitnehmer, der nebenberuflich tätig ist, darf deswegen nicht schlechter bezahlt oder von der Zusatzversorgung ausgeschlossen werden, weil er hieraus weitere Versorgungsleistungen bezieht.**

Selbstverständlich können Teilzeitbeschäftigte keine gleich hohe Altersversorgung verlangen wie Vollzeitkräfte *(BAG 25.10.1994, EzA § 2 BeschFG 1985 Nr. 38)*.

Teilzeitbeschäftigte sind ggf. **rückwirkend in die Versorgungswerke einzubeziehen!** Das in der Maastrichter Protokollerklärung zu Art. 119 EWG-Vertrag verankerte Rückwirkungsverbot *(EuGH 28.09.1994, EzA Art. 119 EWG-Vertrag Nr. 21-23)* hat nur den Geltungsbereich des Art. 119 EWG-Vertrag eingeschränkt, berührt aber nicht die nationalen Vorschriften über die Gleichbehandlung. Den Teilzeitbeschäftigten steht dabei nicht nur ein Schadensersatz-, sondern sogar ein **Erfüllungsanspruch** zu. Kann die geschuldete Altersversorgung nicht auf dem in der betrieblichen Versorgungsordnung vorgesehenem Weg erbracht werden, hat der Arbeitgeber ggf. selbst die Versorgungsleistungen zu erbringen. Der Anspruch des Teilzeitbeschäftigten richtet sich nämlich nur auf die **Verschaffung der entsprechenden Versorgungsleistungen** *(BAG 07.03.1995, EzA § 1 BetrAVG Gleichbehandlung Nr. 9;* zu solchen Diskriminierungen zuletzt *EuGH 10.02.2000, EzA EG-Vertrag 1999 Art. 141 Nr. 1, 2 und 3)*.

2981a Die **rückwirkende Einbeziehung der gleichheitswidrig ausgeschlossenen Teilzeitbeschäftigten** kann für manchen Arbeitgeber existenzbedrohend sein. Im Einzelfall ist noch unsicher inwieweit der Arbeitgeber geltend machen kann, dass **ihn die rückwirkende Einbeziehung Teilzeitbeschäftigter überfordert.**

Streitig ist häufig die Frage, ob **Vertrauensschutzgesichtspunkte** der rückwirkenden Einbeziehung Teilzeitbeschäftigter entgegengesetzt werden können *(s. zur Gesamtproblematik aus der jüngsten Rechtsprechung u.a. BAG 16.01.1996, EzA Art. 3 GG Nr. 50 – zur Zusatzversorgung bei der Deutschen Post; LAG Saarland 29.11.1995, LAGE § 1 BetrAVG Gleichbehandlung Nr. 7 – zur Zusatzversorgung im öffentlichen Dienst)*. Dies wird grundsätzlich abzulehnen sein *(vgl. etwa BAG 09.12.1997, EzA § 1 BetrAVG Gleichbehandlung Nr. 16;* zuletzt auch *BVerfG 19.05.1999, EzA § 1 BetrAVG Gleichberechtigung Nr. 1)*. Hiernach gilt: Die Rechtsprechung des BAG zur **rückwirkenden Einbeziehung** unterhalbzeitig Beschäftigter in betriebliche Versorgungssysteme **verstößt nicht** gegen das **Grundgesetz.**

Unsicher ist, inwieweit der Arbeitgeber den **Ausschluss** Teilzeitbeschäftigter aus einer Altersversorgung **mit anderen Gründen rechtfertigen** kann. Das LAG Saarland *(a.a.O.)* lässt eine derartige Argumentation teilweise zu. Einen Ausschluss rechtfertigt danach die Tatsache, dass der Teilzeitbeschäftigte nach dem übereinstimmenden Parteiwillen beider Vertragsparteien nur für einen vorübergehenden Zeitraum beschäftigt werden soll (Beispiel: wissenschaftlicher Mitarbeiter). In diese Richtung weist auch die Revisionsentscheidung des BAG vom 09.12.1997 *(EzA § 1 BetrAVG Gleichbehandlung Nr. 16)*. Nach Auffassung des BAG gilt, dass bei **nachvollziehbar unterschiedlichem Interesse** an der fortwährenden Betriebstreue eine Differenzierung erlaubt sein kann. Gleiches gilt bei einer Differenzierung nach dem unterschiedlichen Versorgungsbedarf der Mitarbeiter. Verdienen etwa einige Mitarbeiter evident mehr als andere, so können soziale Aspekte die Herausnahme der Besserverdiener aus der Altersversorgung rechtfertigen. Gleiches gilt, wenn der Arbeitgeber durch die Versorgungszusage etwa Mitarbeiter im Außendienst an das Unternehmen binden will. Auch zwischen leitenden und sonstigen Mitarbeitern kann wirksam unterschieden werden *(s. etwa BAG 17.02.1998, EzA § 1 BetrAVG Gleichbehandlung Nr. 14)*. Der entsprechende Differenzierungsgrund muss sich aber aus der Versorgungsordnung selbst ergeben; diese darf dem behaupteten Grund also zumindest nicht entgegenstehen. Wichtig ist daher, dass der Arbeitgeber hier für **ausreichend Transparenz** sorgt und dass es sich um einen **sachlich** rechtfertigenden Grund handelt.

Geht ein Arbeitnehmer **mehreren Teilzeitbeschäftigungen** nach, so sind diese für die Frage der Versicherungspflicht in der gesetzlichen Rentenversicherung zusammenzuzählen (§ 8 Abs. 2 SGB IV). Der Ausschluss solcher Arbeitnehmer von der Zusatzversorgung im öffentlichen Dienst ist sachlich nicht gerechtfertigt *(BAG 16.03.1993, EzA § 1 BetrAVG Gleichbehandlung Nr. 3 und → Rz. 2979)*.

Auch bei der **Lage der Arbeitszeit** kann die Teilzeitproblematik eine Rolle spielen: Wird etwa eine hälftig beschäftigte Pflegekraft zur gleichen Zahl von Wochenenddiensten herangezogen wie eine vollzeitbeschäftigte Pflegekraft, so wird sie nicht wegen der Teilzeitbeschäftigung diskriminiert. Offengelassen hat das BAG *(01.12.1994, EzA § 2 BeschFG 1985 Nr. 39)*, was bei ungleicher Belastung gilt.

2981b

Nebenleistungen, die der Arbeitgeber Vollzeitbeschäftigten gewährt, sind regelmäßig Teilzeitbeschäftigten anteilig zu gewähren. Hierzu zählen etwa Jubiläumszuwendungen. Urlaubsgelder stehen dem Teilzeitbeschäftigen anteilig proportional zu. Es besteht kein Grund, **geringfügig Beschäftigte** i.S.d. § 8 SGB IV von Sozialleistungen des Arbeitgebers, die in einer Betriebsvereinbarung geregelt sind, vollständig auszunehmen *(LAG Hessen 14.03.1995, LAGE § 611 BGB Gratifikation Nr. 24)*.

Hingegen wird bei Essenzuschüssen eine Differenzierung erlaubt sein, wenn der Teilzeitbeschäftigte und/oder geringfügig Beschäftigte nicht zur auswärtigen Verpflegung gezwungen ist. Der Ausschluss einer mit drei Vierteln der regelmäßigen wöchentlichen Arbeitszeit eines Vollzeitbeschäftigten tätigen Arbeitnehmerin vom Bezug eines jährlich im Voraus gezahlten Pauschalen Essensgeldzuschusses verstößt gegen § 2 Abs. 1 BeschFG bzw. § 4 Abs. 1 TzBfG, wenn die Anspruchsvoraussetzungen so gestaltet sind, dass alle Beschäftigten einen Zuschuss erhalten, von denen zu erwarten ist, dass sie typischerweise ein Mittagessen während ihrer Arbeitszeit einnehmen und dies – auf Grund des Umfangs der Arbeitszeit – vom Teilzeitbeschäftigten ebenfalls zu erwarten ist *(BAG 13.12.2000, 10 AZR 383/99)*.

Offen war eine Zeit lang, ob **geringfügig Beschäftigte** auch weiterhin **versicherungsfrei** (§ 8 SGB IV) beschäftigt werden konnten. Insoweit waren mehrere Verfahren beim **Euro-**

päischen Gerichtshof wegen mittelbarer Diskriminierung anhängig. Eine unzulässige Diskriminierung aufgrund der Versicherungsfreiheit hat dieser inzwischen jedoch verneint.

Siehe hierzu auch *EuGH 14.12.1995, EzA Art. 119 EWG-Vertrag Nr. 30.*

Fest steht auch: Der Arbeitgeber darf teilzeitbeschäftigte Arbeitnehmer nicht deswegen schlechter behandeln, weil sie als Studenten sozialversicherungsfrei sind *(BAG 12.06.1996, EzA § 2 BeschFG 1985 Nr. 49).*

2982 Bei betrieblichen Sozialleistungen ist regelmäßig eine Differenzierung zwischen Teil- und Vollzeitbeschäftigten verboten. Allerdings kann hier ein bestimmter Umfang der Beschäftigung als Zugangsvoraussetzung verlangt werden, da regelmäßig betriebliche Einrichtungen nur beschränkt verfügbar sind (Beispiel: *Platz im Betriebskindergarten*).

Sollen teilzeitbeschäftigte Arbeitnehmer eine allein am Familienstand und der Kinderzahl orientierte tarifliche Sozialzulage nur entsprechend ihrer Arbeitszeit anteilig erhalten, so muss dies ausdrücklich bestimmt sein. Dies gilt u.a. deshalb, weil eine Sozialzulage kein Entgelt für geleistete Arbeit darstellt. Indiz für den vollen Anspruch Teilzeitbeschäftigter ist daher die Tatsache, dass die Sozialzulage jedem Vollzeitbeschäftigten in gleicher Höhe gezahlt wird, sie also nicht von einem bestimmten Entgelt abhängt.

Tipp Aus Sicht der betrieblichen Praxis ist es daher empfehlenswert, schon **bei der Einführung einer Sozialzulage** eine **ausdrückliche Bestimmung** darüber zu treffen, in welchem Umfang Teilzeitbeschäftigten diese gewährt wird.

Eine **Beihilfe** nach § 40 BAT n.F. steht Teilzeitbeschäftigten hingegen zu Recht nur anteilig zu, denn die Tarifpartner haben dieser Leistung nunmehr einen anderen Charakter zugemessen: Die Beihilfe stellt nur noch einen **anlassbezogenen Zuschuss zum laufenden Arbeitsentgelt** dar; sie dient nicht mehr dazu, den vollen Bedarf des Anspruchsberechtigten abzudecken *(vgl. BAG 19.02.1998, EzA § 2 BeschFG Nr. 56).*

Liegt eine ungerechtfertigte Ungleichbehandlung vor, so sind die ohne sachlichen Grund vorenthaltenen Leistungen nachzugewähren.

BEISPIEL:

Arbeitnehmer A ist in Teilzeit beschäftigt und erhält kein Urlaubsgeld. Den vollzeitbeschäftigten Arbeitnehmern wird hingegen ein Urlaubsgeld von einem Monatsgehalt gewährt.

Im Beispielsfall hat A Anspruch auf ein dem Maß seiner Beschäftigung entsprechendes Urlaubsgeld.

Teilzeitbeschäftigte Betriebs- oder Personalratsmitglieder, die an **ganztägigen Schulungsveranstaltungen** teilnehmen, haben regelmäßig unter dem Gesichtspunkt der **mittelbaren Diskriminierung** Anspruch auf das einem Vollzeitbeschäftigten fortzuzahlende Entgelt, es sei denn, es liegen **sachliche Gründe für eine Ungleichbehandlung** vor *(so EuGH, 04.06.92, DB 1992, 1418; zuletzt EuGH 07.03.1996, EzA Art. 119 EWG-Vertrag Nr. 36 zum Personalvertretungsrecht und EuGH 06.02.1996, EzA § 37 BetrVG 1972 Nr. 129 zum Betriebsverfassungsrecht).*

Die entsprechenden Vorlagefragen des BAG *(s. BAG 20.10.1993, EzA § 37 BetrVG 1972 Nr. 115)* sind damit beantwortet. Allerdings hat der EuGH den Ball insoweit zurückgespielt, als nunmehr geklärt werden muss, ob die angegriffene Regelung des § 37 BetrVG zur Erreichung eines legitimen sozialpolitischen Ziels erforderlich ist.

Das BAG *(05.03.1997, EzA § 37 BetrVG 1972 Nr. 136)* hat darauf erkannt, dass die Benachteiligung der teilzeitbeschäftigten weiblichen Betriebsratsmitglieder zwar Tatsache ist, aber durch **objektive Gründe im Sinne der Rechtsprechung des EuGH gerechtfertigt** sei. Das bedeutet: Teilzeitbeschäftigten Betriebsratsmitgliedern steht nur ein ihrer Arbeitszeit entsprechender Freizeitausgleich zu.

Streit kann vermieden werden, wenn vor der Schulung eine klare Absprache herbeigeführt wird. Dies ist im Sinne einer vertrauensvollen Zusammenarbeit mit dem Betriebsrat auch sinnvoll!

c) Betriebsverfassungsrechtlicher Gleichbehandlungsgrundsatz

Nach **§ 75 BetrVG** haben Arbeitgeber und Betriebsrat darüber zu wachen, dass alle im Betrieb tätigen Personen nach den Grundsätzen von Recht und Billigkeit behandelt werden, insbesondere, dass jede unterschiedliche Behandlung von Personen wegen ihrer **Abstammung, Religion, Nationalität, Herkunft, politischen oder gewerkschaftlichen Betätigung oder Einstellung oder wegen ihres Geschlechts** unterbleibt. Sie haben ferner darauf zu achten, dass Arbeitnehmer nicht wegen Überschreitung bestimmter Altersstufen benachteiligt werden. Die Vorschrift des § 75 BetrVG dient dazu, die **gerechte und gleichmäßige Behandlung** aller im Betrieb tätigen Personen sicherzustellen und ist insoweit Kontrollparameter für Betriebsvereinbarungen. Dabei kommt den Betriebsparteien bei der Beurteilung der wirtschaftlichen Nachteile einer Betriebsänderung und der Ausgestaltung der darauf gerichteten Ausgleichsmaßnahmen ungeachtet § 75 BetrVG ein weiter Spielraum zu. So können die Betriebspartner etwa bei der Bemessung einer Abfindung nach Zeiten der Teil- und Vollzeitbeschäftigung differenzieren *(BAG 14.08.2001, EzA § 112 BetrVG Nr. 108)*. Im Ausgangsfall war die Abfindung des klagenden Arbeitnehmers nicht nach dem aktuellen Stand seiner Arbeitszeitverpflichtung bemessen worden. Vielmehr waren Zeiten vorangegangener Teilzeitbeschäftigung mindernd berücksichtigt worden.

Die Bestimmung des § 75 BetrVG wirkt nur auf betriebsverfassungsrechtlicher Ebene. Sie kann deshalb nicht Grundlage für eine Kontrolle einzelvertraglicher Abreden sein.

d) Gleichbehandlung durch Grundgesetz

Neben diesen speziellen Ausprägungen des Gleichbehandlungsgrundsatzes besteht ein **Auffangtatbestand im Grundgesetz**. Nach Art. 3 Abs. 1 GG hat jedermann ein Recht auf Gleichbehandlung mit anderen. Es gilt grundsätzlich: **Gleiches ist gleich, und Ungleiches seiner Eigenart entsprechend ungleich zu behandeln.** Eine Verletzung dieses allgemeinen Gleichheitssatzes des Grundgesetzes ist gegeben, wenn für eine Unterscheidung kein aus der Natur der Sache folgender oder sonst einleuchtender Grund zu finden ist, sich die Maßnahme also letztlich als **willkürlich** herausstellt. Konkretisiert wird dieser allgemeine Gleichheitssatz des Grundgesetzes durch Art. 3 Abs. 2 GG. Hiernach sind Männer und Frauen gleichberechtigt. Eine unterschiedliche rechtliche Behandlung zwischen Männern und Frauen ist also grundsätzlich verboten.

Ob demgegenüber eine Bevorzugung der Frauen durch sog. **Quotensysteme** zulässig ist, war und ist noch umstritten. Dies gilt etwa für die Regelung, dass Frauen bei gleicher Eignung, Befähigung und fachlicher Leistung bevorzugt zu befördern sind, soweit im jeweiligen Beförderungsamt kein Proporz besteht, sog. **typisierendes Quotensystem**. Die Frage der Zulässigkeit eines solchen Systems hatte das BAG dem EuGH unterbreitet *(BAG 22.06.1993, EzA Art. 3 GG Nr. 40)*. Dieser hat auf Europarechtswidrigkeit erkannt *(EuGH 17.10.1995, EzA Art. 3 GG Nr. 42)*! Es liegt hiernach eine unmittelbare Männerdiskriminierung vor. Geprüft wurde das bremische Gleichstellungsgesetz. Dieses sah bei Disparität von Frauen und Männern einen **Bevorzugungsautomatismus** zugunsten der Frau vor. Die entsprechende Vorschrift darf nicht mehr angewendet werden *(BAG 05.03.1996, EzA Art. 3 GG Nr. 52;* hierzu nunmehr auch EuGH 06.07.2000, EzA EG-Vertrag 1999 Richtlinie 76/207 Nr. 2: bei annähernder Gleichwertigkeit der Bewerber ist eine Bevorzugung zulässig*)*.

Das Frauenförderungsgesetz NW ist wirksam, weil hier Raum für eine Einzelfallabwägung bleibt. Gänzlich unsicher ist, in welchem Umfang der private Arbeitgeber Frauenförderprogramme durchführen darf. Zu den Auswirkungen der Entscheidung des EuGH auf **beamtenrechtliche Konkurrentenklagen** *s. OVG NW 19.12.1995, EzA Art. 3 GG Nr. 48*. Hier werden sicherlich zukünftig verstärkt Entscheidungen zu **arbeitsrechtlichen Konkurrentenklagen auftreten.**

Weiterhin darf niemand wegen seines Geschlechts, seiner Abstammung, Rasse, Sprache, Heimat, Herkunft oder religiösen/politischen Anschauungen benachteiligt oder bevorzugt werden (Art. 3 Abs. 3 GG). Gleiches gilt für eine Behinderung. So darf beispielsweise ein deutscher Arbeitnehmer im Rahmen der Sozialauswahl bei einer betriebsbedingten Kündigung nicht deshalb benachteiligt werden, weil er – angeblich – besser zu vermitteln ist als ein ausländischer Kollege *(LAG Köln LAGE § 1 KSchG Betriebsbedingte Kündigung Nr. 32)*.

Zulässig ist aber etwa eine **Getrenntlebenklausel in einer Versorgungsordnung,** und zwar auch dann, wenn sie keine Härteregelung enthält *(BAG 28.03.1995, EzA § 1 BetrAVG Hinterbliebenenversorgung Nr. 4)*. Bestimmt eine Versorgungsordnung, dass der Anspruch auf Rente mit Wiederverheiratung endet, ist ein **Wiederaufleben des Anspruchs nach Auflösung der zweiten Ehe** nicht geboten *(so BAG 16.04.1997, EzA § 1 BetrAVG Hinterbliebenenversorgung Nr. 5)*.

Versorgungszusagen mit **unterschiedlichem Rentenzugangsalter für Männer und Frauen** verstoßen i.Ü. für eine Übergangszeit nicht gegen Art. 3 Abs. 3 GG *(BAG 18.03.1997, EzA Art. 3 GG Nr. 61)*.

2. Arbeitsrechtlicher Gleichbehandlungsgrundsatz

Greift keine der speziellen Ausprägungen des Gleichbehandlungsgrundsatzes ein, ist der **allgemeine arbeitsrechtliche Gleichbehandlungsgrundsatz** von Bedeutung. Dieser gebietet es dem Arbeitgeber, die Arbeitnehmer seines Betriebs gleich zu behandeln und verbietet demnach eine willkürliche Ungleichbehandlung von einzelnen Arbeitnehmern oder Arbeitnehmergruppen. Inhaltlich ist also primär ein **Benachteiligungsverbot** angesprochen.

2985

Der arbeitsrechtliche Gleichbehandlungsgrundsatz ist verletzt, wenn der Arbeitgeber einzelne Arbeitnehmer gegenüber anderen Arbeitnehmern in vergleichbarer Lage sachfremd schlechterstellt. Bildet der Arbeitgeber **Gruppen von begünstigten und benachteiligten Arbeitnehmern,** muss diese Gruppenbildung sachlichen Kriterien entsprechen. Der arbeitsrechtliche Gleichbehandlungsgrundsatz ist immer anwendbar, wenn ein Arbeitgeber seine betriebliche Regelungs- und Ordnungsaufgabe eigenständig wahrnimmt. Dies kann auch dadurch geschehen, dass er mit einem Teil seiner Arbeitnehmer die Anwendbarkeit eines Tarifvertrages und damit die Geltung der sich daraus ergebenden Rechte und Pflichten vereinbart, ohne selbst tarifgebunden zu sein.

a) Voraussetzungen der Anwendung des Gleichbehandlungsgrundsatzes

Wird ein Anspruch auf Gleichbehandlung geltend gemacht, so setzt dies zunächst das Vorliegen einer **Rechtsbeziehung zwischen Arbeitgeber und Arbeitnehmer** voraus. Dies ist in der Regel der Arbeitsvertrag. Ausreichend ist, dass rechtliche Beziehungen nachwirken.

2986

BEISPIEL:

Ruhestandsverhältnisse, wenn dem Arbeitnehmer eine Betriebsrente zugesagt ist; nachvertragliches Wettbewerbsverbot (s. → Rz. 3030).

Der arbeitsrechtliche Gleichbehandlungsgrundsatz gilt also nicht für Einstellung oder Wiedereinstellung, sondern ist auf den **Bestand und die eventuellen Nachwirkungen des Arbeitsverhältnisses** beschränkt.

BEISPIEL:

Der wegen Auftragsmangels entlassene Arbeitnehmer A kann grundsätzlich nicht nach Änderung der wirtschaftlichen Verhältnisse verlangen, dass er wieder eingestellt wird. Selbstverständlich kann jedoch von den Parteien eine entsprechende Vereinbarung getroffen werden. Auch kraft nachvertraglicher Fürsorgepflicht kann u.U. eine Wiedereinstellungsverpflichtung bestehen (s. → Rz. 4706 ff. und → Rz. 2970).

Weitere Voraussetzung des Gleichbehandlungsgrundsatzes ist, dass die **betroffenen Arbeitnehmer vergleichbar** sind. Hier müssen also **Gruppen von Arbeitnehmern** gebildet werden. Die Lage der betroffenen Arbeitnehmer muss also im Wesentlichen übereinstim-

2987

men. Die **Gruppenbildung** ist dabei nach bestimmten gemeinsamen Merkmalen (Tätigkeit, Alter, Betriebszugehörigkeit etc.) vorzunehmen. Ist auf diesem Wege eine Gruppe gebildet, so wird der Gleichbehandlungsgrundsatz verletzt, wenn der einzelne Arbeitnehmer ohne sachliche, sinnvolle, willkürfreie und jedermann einleuchtende Gründe anders als die übrigen Gruppenmitglieder behandelt wird. In einer **vergleichbaren Lage** befinden sich grundsätzlich alle Arbeitnehmer desselben Betriebes. Ob auch ein **Unternehmensbezug** vorzunehmen ist, erscheint zweifelhaft.

Insbesondere den **Tarifvertragsparteien** kommt bei der Gruppenbildung ein **weiter Gestaltungsspielraum** zu. Hier reicht es schon aus, wenn für die unterschiedliche Behandlung vernünftige, sich aus der Natur der Sache ergebende Gründe sprechen.

Folgende Differenzierungen sind beispielsweise nach der Rechtsprechung bei **Vorliegen eines sachlichen Grundes** erlaubt:

- Unterscheidung zwischen leitenden Angestellten und sonstigen Mitarbeitern,
- Ausschluss der leitenden Angestellten von einer Sozialplanabfindung für Arbeitnehmer,
- stärkere Bindung an den Betrieb durch höhere Gratifikation für bestimmte Arbeitnehmergruppen, wenn deren Weggang zu besonderen betrieblichen Belastungen führt.

In einem von 2 verschiedenen Unternehmen gemeinsam geführten Betrieb können die Arbeitnehmer des einen Unternehmens nicht Gleichbehandlung mit den Arbeitnehmern des anderen Unternehmens verlangen. Der Gleichbehandlungsgrundsatz ist also grundsätzlich auf einen Arbeitgeber bezogen *(BAG 19.11.1992, EzA § 242 BGB Gleichbehandlung Nr. 54).*

Hat der Arbeitgeber über Jahre hinweg ohne sachlichen Grund zwischen Arbeitern und Angestellten differenziert, so kann ein übergangener Arbeiter erstmals auch in dem Jahr Gleichbehandlung verlangen, in dem der Arbeitgeber keine Angestellten mehr beschäftigt *(BAG, a.a.O.).*

In mehreren Betrieben desselben Arbeitgebers kann es u.U. eine **überbetriebliche Gleichbehandlung** geben *(s. etwa BAG 25.04.1995, 9 AZR 687/93).* Die Einzelheiten sind allerdings nicht unumstritten.

2988 Weiterhin ist es Voraussetzung für die Anwendung des Gleichbehandlungsgrundsatzes, dass ein **kollektiver Bezug** auf seiten der begünstigten Mitarbeiter gegeben ist. Es müssen sich also auf deren Seite **Gruppen von Mitarbeitern** bilden lassen, für die eine Regelung seitens des Arbeitgebers besteht.

BEISPIEL:

Arbeitgeber A verspricht bei Begründung des Arbeitsverhältnisses, dem Arbeitnehmer B 10 % mehr als vergleichbaren Arbeitnehmern zu zahlen. Anderenfalls wäre B nicht bereit gewesen, für A zu arbeiten.

Hierin liegt kein Verstoß gegen den arbeitsrechtlichen Gleichbehandlungsgrundsatz.

Etwas anderes ist anzunehmen, wenn der Arbeitgeber bei **allgemeinen Lohnerhöhungen einzelne Arbeitnehmer hiervon willkürlich ausnimmt.** Dies gilt auch, wenn einzelne Arbeitnehmer **ohne erkennbaren vernünftigen Grund** schlechter bezahlt werden als die Mitarbeiter, die die betriebsübliche Entlohnung erhalten.

Grundsätzlich gilt bei **Entgelterhöhungen:** Der arbeitsrechtliche Gleichbehandlungsgrundsatz ist immer dann angesprochen, wenn der Arbeitgeber **nach allgemeinen Kriterien** verfährt. Er ist aber nicht verpflichtet, solche Kriterien aufzustellen. Er kann vielmehr auch ganz individuelle Gesichtspunkte berücksichtigen *(BAG 15.11.1994, EzA § 242 BGB Gleichbehandlung Nr. 61).* Hierzu gehört etwa die Gehaltsdifferenz zu anderen Mitarbeitern. Denkbar ist es auch, dass nur ein Teil der Entgelterhöhung auf einem abstrakten Kriterium beruht, etwa ein Teuerungsausgleich.

Selbstverständlich ist auch bei **Zulagen** der Gleichbehandlungsgrundsatz zu beachten, wenn diese nach objektiven Kriterien vergeben werden (Beispiel: *Familienstand, Betriebszugehörigkeit, Tätigkeitsbereich*). Es ist also darauf hinzuweisen, dass der arbeitsrechtliche Gleichbehandlungsgrundsatz nicht eingreift, wenn nur ein **individueller Tatbestand** vorliegt. Beschäftigt der Arbeitgeber also nur zwei Arbeitnehmer, und zahlt er nur einem eine Weihnachtsgratifikation, kann der andere die Zahlung nicht aus Gründen der Gleichbehandlung verlangen, da keine allgemein begünstigende Regelung im Betrieb vorliegt. Dies gilt auch, im Verhältnis eines Voll- zu einem Teilzeitbeschäftigten.

2989

Der Arbeitgeber kann bei **Gewährung einer freiwilligen Leistung** Arbeitnehmer, die im Laufe des Bezugsjahres ausscheiden, auch dann von der Leistung ausnehmen, wenn er den im Laufe des Bezugsjahres neu eintretenden die Leistung – anteilig – gewährt *(BAG 08.03.1995, DB 1996, 1575).*

Offen gelassen hat das BAG in dieser Entscheidung, ob der Arbeitgeber dem Arbeitnehmer die nicht offensichtlichen **Gründe für eine derartige Differenzierung alsbald mitteilen** muss, wenn er sich auf sie berufen will.

Arbeitnehmer, deren Arbeitsverhältnisse rechtswirksam auf nur ein Jahr befristet sind **(etwa ABM-Kräfte)**, dürfen von Zusagen auf **Leistungen der betrieblichen Altersversorgung** ausgenommen werden *(vgl. hierzu BAG 13.12.1994, EzA § 1 BetrAVG Gleichbehandlung Nr. 5).* Die Differenzierung muss immer nach dem Zweck der Leistung gerechtfertigt sein! Geht es etwa um die Förderung der erbrachten und zukünftigen Betriebstreue, können nur vorübergehend beschäftigte Arbeitnehmer von der Leistung ausgeschlossen werden.

Zum **Zuschuss zum Kurzarbeitergeld** nur für Angestellte nicht aber für gewerbliche Arbeitnehmer s. *BAG 28.05.1996, EzA Art. 3 GG Nr. 55.*

Hinsichtlich der **sonstigen Arbeitsbedingungen von ABM-Kräften** gilt: Sie dürfen beim Entgelt schlechter behandelt werden als regulär beschäftigte Arbeitnehmer *(LAG Saarland 13.11.1996, LAGE § 242 BGB Gleichbehandlung Nr. 14).* Das LAG Hamm *(11.03.1996, LAGE § 242 BGB Gleichbehandlung Nr. 18)* vertritt den gegenteiligen Standpunkt. Das BAG hat sich der Auffassung des LAG Saarland angeschlossen: Der **Förderungszweck** rechtfertigt den Ausschluss der ABM-Kräfte von den sonst üblichen Bezahlungssystemen *(BAG 18.06.1997, EzA-SD 13/1997 S. 4)*.

Wichtig ist: Der Gleichbehandlungsgrundsatz gibt den Rentnern keinen Anspruch darauf, dass sie den aktiven Arbeitnehmern gleichgestellt werden *(BAG 27.08.1996, EzA § 1 BetrAVG Ablösung Nr. 12)*.

Der Gleichbehandlungsgrundsatz ist in seiner Reichweite aber nicht auf Entgeltfragen beschränkt. Vielmehr findet er auch bei **sonstigen Arbeitsbedingungen** Anwendung. Hierher gehören etwa:

- Job-Ticket-Bezug *(BAG 11.08.1998, EzA § 242 BGB Gleichbehandlung Nr. 78)*
- Torkontrollen
- Rauchverbote
- Pausenregelungen
- Urlaubsgewährung etc.

Dies gilt auch beim **Fallgruppenbewährungsaufstieg** im öffentlichen Dienst *(BAG 18.06.1997 EzA-SD 13/1997 S. 5)*. Eine mittelbare Diskriminierung kann auch darin liegen, dass eine Regelung für Teilzeitbeschäftigte ein geringeres Entgelt vorsieht als für Vollzeitbeschäftigte, weil Vordienstzeiten anders angerechnet werden *(EuGH 17.06.1998, EzA-SD 16/1998 S. 4)*. Gleiches gilt etwa, wenn eine **altersabhängige Ermäßigung** der Unterrichtsstunden nur vollzeitbeschäftigten Lehrern gewährt werden soll. Auch hier liegt ein Verstoß gegen § 4 Abs. 1 TzBfG/§ 2 Abs. 1 BeschFG vor *(BAG 30.09.1998, EzA § 2 BeschFG 1985 Nr. 58)*. **In allen Fällen ist aber stets zu prüfen, ob nicht im Einzelfall sachliche Gründe für die Differenzierung streiten.**

> **BEISPIEL:**
>
> Ein öffentlicher Arbeitgeber bietet grundsätzlich die Möglichkeit zum Bezug eines Job-Tickets. Mitarbeiter in Außenstellen schließt er hiervon aus.
>
> a) Sein Differenzierungskriterium ist ausschließlich die Frage der Tätigkeit in Außenstelle oder Hauptverwaltung.
>
> b) Die Beteiligung am Jobticket-Bezug und damit die Kostengestaltung stellt sich in der Hauptstelle anders dar (in Anlehnung an BAG 11.08.1998, EzA § 242 BGB Gleichbehandlung Nr. 78).
>
> In Fallgestaltung a) ist eine Differenzierung unzulässig. Etwas anderes gilt für Fallgestaltung b).

Auch beim **Weisungsrecht** des Arbeitgebers ist der Gleichbehandlungsgrundsatz zu beachten. Einseitige Maßnahmen müssen also der **Billigkeit** entsprechen.

> **BEISPIEL:**
>
> Der Arbeitgeber führt Torkontrollen durch. Ausländische Arbeitnehmer werden regelmäßig dreimal häufiger als deutsche kontrolliert. Der Arbeitgeber nimmt an, bei diesen sei ein erhöhter Diebstahlsverdacht gegeben.

Betriebswirtschaftlich vernünftige Differenzierungen sind hingegen möglich.

Auch beim Verlangen nach **vorzeitiger Vorlage einer Arbeitsunfähigkeitsbescheinigung** sind nach dem jetzt geltenden EFZG Gleichbehandlungsfragen angesprochen (vgl. → Rz. 2757).

Selbst im Zusammenhang mit **Abfindungszahlungen** oder **Leistungen im Zusammenhang mit der Beendigung von Arbeitsverhältnissen** können Gleichbehandlungsgesichtspunkte zu beachten sein. Zahlt der Arbeitgeber etwa wegen der Verlegung seines Betriebes Abfindungen auf vertraglicher Grundlage an ausscheidende Arbeitnehmer, verstößt es nicht gegen den Gleichbehandlungsgrundsatz, wenn er Arbeitnehmer, die schon geraume Zeit vor dem Verlegungszeitpunkt ausgeschieden sind, hiervon ausnimmt *(BAG 08.03.1995, EzA § 242 BGB Gleichbehandlung Nr. 62).* Auch ist eine tarifliche Regelung, die einen Zuschuss zum Kurzarbeitergeld nur für Arbeitnehmer vorsieht, die gekündigt haben oder denen gekündigt worden ist, nicht hingegen für diejenigen, die einen Aufhebungsvertrag geschlossen haben, unwirksam *(BAG 07.11.1995, EzA-SD Heft 10/1996 S. 13).*

Gleiches gilt für eine **Sozialplanregelung,** die bei der Abfindungsberechnung nur solche **unterhaltsberechtigten Kinder** berücksichtigt, die auf der dem Arbeitgeber vorliegenden **Lohnsteuerkarte** eingetragen sind *(BAG 16.06.1997, EzA § 112 BetrVG 1972 Nr. 92).*

Zu den besonders schwierigen Gleichbehandlungsfragen, die sich ergeben, wenn Arbeitnehmer aus den **neuen Bundesländern** nach einer- u.U. vorübergehenden – Beschäftigung in den **alten Bundesländern** zurückkehren, der Arbeitgeber aber die West-Vergütung weitergewährt *(BAG 26.10.1995, EzA § 242 BGB Gleichbehandlung Nr. 70 – sog. »Feuerwehrurteil«).*

Keinen Verstoß gegen den Gleichbehandlungsgrundsatz stellt es dar, wenn ein öffentlicher Arbeitgeber im Beitrittsgebiet nach Rückkehr einzelner seiner Mitarbeiter aus dem Gebiet der alten Bundesländer irrtümlich weiter die Westvergütung zahlt, weil er meint, hierzu verpflichtet zu sein. Voraussetzung ist, dass der irrende Arbeitgeber sich um eine Korrektur seines Fehlers bemüht (Einstellung der irrigen Zahlungen; Rückforderung überzahlter Leistungen).

In einem solchen Fall kann sich ein nur im Beitrittsgebiet tätiger Arbeitnehmer **nicht auf den Gleichbehandlungsgrundsatz berufen** *(BAG 26.11.1998, 6 AZR 307/90 – Pressemitteilung Nr. 63/98).*

Fazit: Versucht der Arbeitgeber die durch Irrtum entstandene Ungleichbehandlung mit den ihm zur Verfügung stehenden Mitteln zu beseitigen, scheidet ein Anspruch auf Gleichbehandlung aus. Angesichts der überaus komplizierten Rechtsprechung des BAG in diesen Fragen empfiehlt sich grundsätzlich die Hinzuziehung eines qualifizierten Arbeitsrechtlers.

b) Rechtsfolgen des Verstoßes gegen den arbeitsrechtlichen Gleichbehandlungsgrundsatz

Verstößt eine Weisung des Arbeitgebers gegen den Gleichbehandlungsgrundsatz, so ist sie unwirksam. Der Arbeitnehmer braucht sie also nicht zu befolgen. Soweit es um finan-

2990

zielle Leistungen geht, sind dem Teilzeitbeschäftigten die entsprechenden Beträge nachzugewähren. Allerdings wird stets zu prüfen sein, ob eine Ausschlussfrist eingreift. Auch können dem Arbeitnehmer **im Einzelfall Schadensersatzansprüche** erwachsen (s. → Rz. 2972).

III. Weiterführende Literaturhinweise

2991 Die Literatur zu den Themen Gleichbehandlung und Schutzpflichten des Arbeitgebers ist unübersehbar. Daher werden an dieser Stelle nur einige exemplarische Hinweise aus der neueren Literatur aufgeführt:

Bengelsdorf, Freizeitausgleich für teilzeitbeschäftigte Betriebsratsmitglieder, NZA 1989, 905
Binz/Sorg, Noch einmal: Rauchen am Arbeitsplatz, BB 1994, 1709
Blanke, Die Fürsorgepflicht des Arbeitgebers und die Grenzen der Rechtskraft, AuR 1990, 185
Ehrich, Die Entschädigung nach § 611 a Abs. 2 BGB – ein neuer »Nebenverdienst«?, BB 1996, 1007
Heilmann, Rauchen am Arbeitsplatz, BB 1994, 715
Holland, Teilzeitarbeit, 3. Aufl. 1992
Hunold, Gleichbehandlung im Betrieb, DB 1991, 1670
Künzl/Bengelsdorf, Der allgemeine Weiterbeschäftigungsanspruch, BB 1989, 1261
Kort, Inhalt und Grenzen der arbeitsrechtlichen Personenfürsorgepflicht, NZA 1996, 854
Leßmann, Rauchverbote am Arbeitsplatz, 1991
Lipke, Individualrechtliche Probleme der Teilzeitarbeit, ArbuR 1991, 76
Schaub, Arbeitsrechts-Handbuch, 9. Aufl. 1999, §§ 108 ff.
Schmidt, Gesetzlicher Nichtraucherschutz – ein Gebot der Stunde, BB 1994, 1213
Schüren, Der Anspruch Teilzeitbeschäftigter auf Überstundenzulage, RdA 1990, 18
Schwerdtner, Fürsorge- und Treuepflichten im Arbeitsverhältnis, ZfA 1979, 1
Stechl, Teilzeit- und Aushilfskräfte, 1990
Thieme, Die Praxis des Weiterbeschäftigungsanspruchs, NZA 1986 Beil. 3, S. 20
Welslau, Wiedereinstellungsanspruch, PWT 2000/12 S. 81
Widmaier, Der Gleichbehandlungsgrundsatz in der jüngeren Rechtsprechung des BAG, ZTR 1990, 359

15. Kapitel: Wettbewerbsverbote

I.	**Wettbewerbsverbot im bestehenden Arbeitsverhältnis**	**3000**
	1. Umfang des Wettbewerbsverbotes	3001
	a) Zeitliche Reichweite des Wettbewerbsverbotes	3002
	b) Sachlicher Umfang des Wettbewerbsverbotes	3003
	c) Art der Wettbewerbstätigkeit und Rechtsform	3004
	d) Vorbereitungshandlungen	3005
	e) Erweitertes Wettbewerbsverbot	3006
	2. Berechtigtes geschäftliches Interesse	3007
	3. Einwilligung	3008
	4. Rechtsfolgen bei Verletzung des Wettbewerbsverbotes	3010
	a) Verpflichtung des Arbeitnehmers zu Auskunft und Rechnungslegung	3010
	b) Unterlassungsanspruch	3011
	c) Kündigung	3012
	d) Eintrittsrecht	3013
	e) Schadensersatz	3014
	f) Vertragsstrafe	3015
	g) Widerruf einer Versorgungszusage	3016
	h) Verjährung	3017
	5. Arbeitshilfen für die betriebliche Praxis	3018
	a) Wettbewerbsklauseln mit Vertragsstrafeversprechen	3018
	b) Auskunftsbegehren	3019
	c) Rechnungslegungsanspruch	3020
	d) Abmahnung	3021
II.	**Wettbewerbsverbote nach Beendigung des Arbeitsverhältnisses**	**3030**
	1. Nachvertragliches Wettbewerbsverbot – Warum?	3031
	2. Abgrenzung der nachvertraglichen Wettbewerbsabrede zu Geheimhaltungspflichten	3032
	3. Gesetzliche Regelung über Wettbewerbsabreden	3035
	a) Kaufmännische und technische Angestellte	3036
	b) Wettbewerbsabreden mit sozial Schwachen	3037
	c) Wettbewerbsabreden mit Minderjährigen	3038
	d) Wettbewerbsverbot im Berufsausbildungsverhältnis	3039
	e) Versprechen auf Ehrenwort, Verpflichtung durch Dritte	3040
	f) Wettbewerbsverbote mit freien Mitarbeitern und Organpersonen	3041
	g) Mandantenschutzklausel	3042
	4. Nachvertragliche Wettbewerbsverbote in Tarifverträgen und Betriebsvereinbarungen	3043
	5. Abschlusszeitpunkt der Wettbewerbsvereinbarung	3044
	a) Wettbewerbsverbot und Probearbeitsvertrag	3045
	b) Vorvertrag und Wettbewerbsverbot	3046
	c) Wettbewerbsverbot und Nichtantritt der Dienste	3047
III.	**Vereinbarung des nachvertraglichen Wettbewerbsverbotes**	**3048**
	1. Formelle Voraussetzungen	3049
	a) Schriftform	3049
	b) Aushändigung der Urkunde	3050
	2. Inhaltliche Voraussetzungen der Wettbewerbsabrede	3051
	a) Verpflichtung zur Entschädigungszahlung	3052

b)	Höhe der Entschädigung	3057
c)	Berechtigtes geschäftliches Interesse	3063
d)	Unbillige Erschwerung des Fortkommens	3064
e)	Zeitliche Begrenzung des Wettbewerbsverbotes	3065
f)	Räumliche Begrenzung des Wettbewerbsverbotes	3066

IV.	**Rechtsmängel der Wettbewerbsabrede**	**3067**
V.	**Anspruch auf die Karenzentschädigung**	**3069**
	1. Anrechnung anderweitigen Erwerbs	3070
	2. Steuerliche Behandlung der Karenzentschädigung	3074
	3. Sozialversicherungsrechtliche Behandlung der Karenzentschädigung	3075
	4. Pfändungsschutz und weitere Einzelfälle	3076
VI.	**Aufhebung und Änderung des Wettbewerbsverbotes**	**3077**
	1. Einvernehmliche Aufhebung oder Änderung	3077
	2. Verzicht durch den Arbeitgeber	3078
	3. Wegfall des Wettbewerbsverbots nach Kündigung	3079
VII.	**Rechtsfolgen der Verletzung des Wettbewerbsverbotes**	**3082**
	1. Unterlassungsklage	3083
	2. Wegfall der Entschädigungspflicht	3084
	3. Auskunftsanspruch	3085
	4. Vertragsstrafen	3086
VIII.	**Wettbewerbsverbot in besonderen Fallkonstellationen**	**3087**
	1. Wettbewerbsabrede und Eintritt in den Ruhestand	3087
	2. Wettbewerbsverbot und Konkurs des Arbeitgebers	3089
	3. Wettbewerbsverbote und Betriebsübergang	3090
	4. Wettbewerbsverbot und Aufhebungsvertrag	3090a
IX.	**Wettbewerbsabrede und Erstattungspflichten des Arbeitgebers**	**3091**
X.	**Arbeitshilfen für die betriebliche Praxis**	**3092**
XI.	**Weiterführende Literaturhinweise**	**3097**

I. Wettbewerbsverbote im bestehenden Arbeitsverhältnis

3000 Während des Bestehens eines Arbeitsverhältnisses darf der Handlungsgehilfe (kaufmännische Angestellte) ohne Einwilligung des Arbeitgebers weder ein Handelsgewerbe betreiben, noch in dem Handelszweig des Prinzipals für eigene oder fremde Rechnung Geschäfte machen (§ 60 HGB).

Hieraus kann nicht abgeleitet werden, dass für andere Arbeitnehmergruppen Konkurrenztätigkeit uneingeschränkt erlaubt ist. Vielmehr wird die oben zitierte Vorschrift als **Ausprägung eines allgemeinen Rechtsgedankens** gesehen, der auch für handwerklich, gewerblich oder technisch tätige Arbeitnehmer Anwendung findet. Es gilt also der **allgemeine Grundsatz:** Während der Dauer des Arbeitsverhältnisses ist dem Arbeitnehmer **jede Konkurrenztätigkeit** zum Nachteil des Arbeitgebers **untersagt**, auch wenn der Einzelarbeitsvertrag keine entsprechende Regelung enthält *(BAG 26.01.1995, EzA § 626 BGB n.F. Nr. 155)*.

Hingegen sind Nebentätigkeiten, die keine Wettbewerbstätigkeit beinhalten, grundsätzlich erlaubt. Sie können aber unter Genehmigungsvorbehalt gestellt werden. Im Einzelfall können bestimmte Nebentätigkeiten auch untersagt werden. Siehe etwa *BAG 26.06.2001*

(EzA § 611 BGB Nebentätigkeit Nr. 4) zum Verbot der Nebentätigkeit einer weiteren Fahrtätigkeit eines angestellten Omnibusfahrers. Grund war hier die Kontrolle der Einhaltung der besonderen arbeitszeitrechtlichen Vorschriften für Fahrer.

1. Umfang des Wettbewerbsverbotes

Der Umfang eines Wettbewerbsverbotes ist nicht immer leicht zu bestimmen. Die Frage, wann eine unerlaubte Konkurrenztätigkeit vorliegt, ist von mehreren Faktoren abhängig, die jeweils einer sorgfältigen Prüfung bedürfen. Hierbei sind zeitliche, örtliche und sachliche Komponenten zu berücksichtigen.

a) Zeitliche Reichweite des Wettbewerbsverbotes

In **zeitlicher Hinsicht** gilt das Wettbewerbsverbot während des **rechtlichen Bestandes** des Arbeitsverhältnisses. Es kommt also nicht darauf an, ob der Arbeitnehmer tatsächlich beschäftigt ist.

BEISPIEL:

Arbeitnehmer A stellt unter Außerachtlassung sämtlicher Kündigungsfristen seine Tätigkeit schlichtweg ein und eröffnet ein Konkurrenzunternehmen. Hier gilt das Verbot unerlaubter Konkurrenztätigkeit weiter bis zum Wirksamwerden einer eventuellen Kündigung.

Auch wenn der Arbeitnehmer vertragswidrig seine Tätigkeit nicht antritt, bleibt er an das Wettbewerbsverbot gebunden. **Suspendierung** oder **Beurlaubung** berühren das Wettbewerbsverbot gleichfalls nicht, es sei denn, der Arbeitgeber bringt zum Ausdruck, der Arbeitnehmer dürfe seine Arbeitskraft anderweitig verwerten *(BAG 30.05.1978, AP Nr. 9 zu § 60 HGB).*

Nach einer Kündigung bleibt der Arbeitnehmer für den Lauf der Kündigungsfrist an das Wettbewerbsverbot gebunden! Besonders misslich ist die Lage für den Arbeitnehmer nach einer **außerordentlichen fristlosen Kündigung,** wenn deren Wirksamkeit streitig ist. Einerseits ist er bei Unwirksamkeit der Kündigung an das Wettbewerbsverbot gebunden, andererseits muss er jedoch seine Arbeitskraft anderweitig verwerten, um seinen Lebensunterhalt zu sichern. Hier hat das **BAG** *(20.04.1991, EzA § 626 BGB n.F. Nr. 140)* folgendes entschieden:

Ein Arbeitnehmer ist an das für die Dauer des rechtlichen Bestandes des Arbeitsverhältnisses bestehende Wettbewerbsverbot auch dann noch gebunden, wenn der Arbeitgeber eine außerordentliche Kündigung ausspricht, deren Wirksamkeit der Arbeitnehmer bestreitet. **Wettbewerbshandlungen**, die der Arbeitnehmer im Anschluss an eine unwirksame außerordentliche Kündigung des Arbeitgebers begeht, können einen wichtigen Grund für eine **weitere außerordentliche Kündigung** bilden, wenn dem Arbeitnehmer unter Berücksichtigung der besonderen Umstände des konkreten Falles ein Verschulden anzulasten ist (*a.A. jetzt LAG Köln 04.07.1995, LAGE § 60 HGB Nr. 4 – Bindung nur bei Zu-*

sage einer Karenzentschädigung bis zum rechtskräftigen Abschluss des Kündigungsschutzprozesses; ob sich diese Ansicht allgemein durchsetzen wird, ist bislang offen).

b) Sachlicher Umfang des Wettbewerbsverbotes

3003 Auch im bestehenden Arbeitsverhältnis ist dem Arbeitnehmer nicht jede, sondern nur eine im **selben Geschäftszweig liegende Tätigkeit** untersagt. **Nebentätigkeiten** sind also nicht schlechthin verboten, sondern nur dann, wenn sie dem Arbeitgeber schädlich werden können *(s. BAG 26.06.2001, EzA § 611 BGB Nebentätigkeit Nr. 4)*. Verboten ist die Tätigkeit nur, wenn der **Arbeitnehmer als Wettbewerber** auftritt. Dabei genügt es, wenn der Arbeitnehmer im Marktbereich des Arbeitgebers Dritten Leistungen erbringt oder anbietet; unerheblich ist, ob der Arbeitgeber selbst diese Leistungen erbringt oder anbietet *(LAG Hessen 28.04.1998, LAGE § 1 KSchG Verhaltensbedingte Kündigung Nr. 65)*. Geschäfte, die er mit dem Arbeitgeber als Anbieter oder Abnehmer abschließt, werden nicht erfasst.

Für die Frage der unerlaubten Konkurrenztätigkeit ist es unerheblich, ob

- der Arbeitnehmer besondere Fachkenntnisse einbringt
- der Arbeitgeber durch die Konkurrenztätigkeit spürbare wirtschaftliche Nachteile erleidet
- der Arbeitgeber das Konkurrenzgeschäft selbst gemacht hätte.

Maßgeblich für die Beurteilung der Frage nach der Zulässigkeit des Wettbewerbs ist die **Art der vom Arbeitnehmer ausgeübten Tätigkeit**. Eine zunächst erlaubte Tätigkeit kann also **im nachhinein unzulässig** werden, wenn der Arbeitgeber seinen Geschäftsbetrieb verlagert. Gleiches gilt selbstverständlich auch umgekehrt.

Bei **Änderungen des Aufgabengebietes** ist daher arbeitgeber- und arbeitnehmerseitig besondere Vorsicht geboten.

c) Art der Wettbewerbstätigkeit und Rechtsform

3004 Für die Beurteilung der Frage nach dem Vorliegen einer unzulässigen Wettbewerbstätigkeit ist es unerheblich, in welcher **Rechtsform** der Arbeitnehmer auftritt. Es kommt also nicht darauf an, ob er eine **selbständige Wettbewerbstätigkeit** entfaltet oder bei einem Konkurrenzbetrieb seines Arbeitgebers tätig wird. Auch eine Tätigkeit als **freier Mitarbeiter** genügt. Bereits in dem Eintritt als Gesellschafter in die Kapitalgesellschaft eines Wettbewerbers des Arbeitgebers und in der Ausstattung dieser Gesellschaft mit zusätzlichem Kapital liegt das Betreiben eines Handelsgewerbes und das Geschäftemachen i.S.d. § 60 HGB *(LAG Köln 29.04.1994, BB 1995, 679)* und mithin ein u.U. die außerordentliche Kündigung rechtfertigender Vertragsverstoß.

Schaltet der Arbeitnehmer einen von ihm abhängigen und mit ihm verbundenen **Strohmann** ein, liegt gleichwohl eine unzulässige Wettbewerbshandlung vor. Gleiches gilt, wenn der Arbeitnehmer den Dritten mit Informationen aus dem Unternehmen seines Arbeitgebers versorgt. Dem Arbeitnehmer ist es auch untersagt, seinem Arbeitskollegen bei dessen unerlaubter Konkurrenztätigkeit zu helfen *(BAG 21.11.1996, EzA § 626 BGB n.F. Nr. 162)*. Hat der Arbeitnehmer jedoch auf die Tätigkeit des Dritten keinen Einfluss (Beispiel: *Ehefrau betreibt Konkurrenzunternehmen*), kommen Ansprüche des Arbeitgebers nicht in Betracht.

d) Vorbereitungshandlungen

Nicht gegen das Wettbewerbsverbot verstoßen **Vorbereitungshandlungen**. 3005

Typische Fälle sind etwa das Sich-Gedankenmachen, die Suche nach Mitarbeitern, die Gründung einer Gesellschaft, die Anmietung von Geschäftsräumen, Vorstellungsgespräche bei Konkurrenzunternehmen, der Kauf von Maschinen, die Beantragung etwaiger Erlaubnisse sowie der Abschluss eines Arbeitsvertrages mit einem Konkurrenzunternehmen.

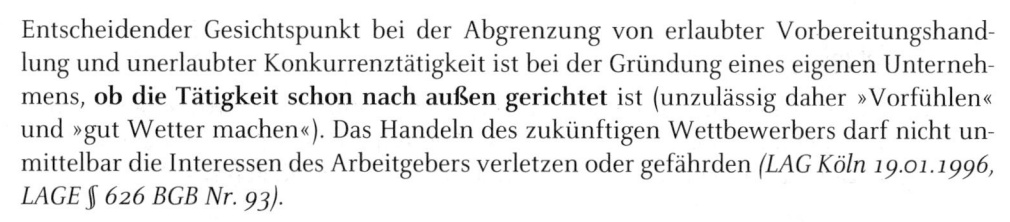

Entscheidender Gesichtspunkt bei der Abgrenzung von erlaubter Vorbereitungshandlung und unerlaubter Konkurrenztätigkeit ist bei der Gründung eines eigenen Unternehmens, **ob die Tätigkeit schon nach außen gerichtet** ist (unzulässig daher »Vorfühlen« und »gut Wetter machen«). Das Handeln des zukünftigen Wettbewerbers darf nicht unmittelbar die Interessen des Arbeitgebers verletzen oder gefährden *(LAG Köln 19.01.1996, LAGE § 626 BGB Nr. 93)*.

Unsicher ist, in welchem Umfang der Arbeitnehmer berechtigt ist, **andere Arbeitnehmer** seines bisherigen Arbeitgebers **abzuwerben**. Die bloße Frage nach einem Arbeitsplatzwechsel verstößt nicht gegen das Wettbewerbsverbot verstößt. Zulässig ist ebenfalls die **Mitteilung des Sich-Selbständig-Machens**.

e) Erweitertes Wettbewerbsverbot

Selbstverständlich können Arbeitgeber und Arbeitnehmer im Arbeitsvertrag oder in einer Zusatzvereinbarung die Reichweite des Wettbewerbsverbotes klarstellen oder auch erweitern. Eine **gesonderte Vergütung** muss der Arbeitgeber für eine solche Präzisierung oder Erweiterung im bestehenden Arbeitsverhältnis nicht zahlen. Allerdings muss ein **berechtigtes Interesse** des Arbeitgebers bestehen (Rz. → 3063). Der Arbeitnehmer darf also nicht grundlos in seiner Tätigkeit beeinträchtigt werden. Ob ein berechtigtes Interesse des Arbeitgebers besteht, ist **gerichtlich nachprüfbar** (Rz. → 3007). 3006

2. Berechtigtes geschäftliches Interesse

Eine Wettbewerbstätigkeit ist dem Arbeitnehmer nur untersagt, wenn der Arbeitgeber ein **berechtigtes geschäftliches Interesse** hieran hat. Die schützenswerten Interessen des Arbeitgebers müssen also die Wettbewerbsenthaltung des Arbeitnehmers rechtfertigen. Dies ist zumindest dann der Fall, wenn dem Arbeitgeber durch die Art der Tätigkeit eine Gefahr droht. 3007

Ist der Arbeitnehmer A in einem **anderen Wirtschaftszweig** tätig, besteht regelmäßig kein berechtigtes Interesse des Arbeitgebers an einer Wettbewerbsenthaltung. Gleiches kann auch bei Tätigkeiten im **selben Wirtschaftszweig** gelten.

BEISPIEL:

Eine Putzfrau ist etwa nicht gehindert, zugleich für ein Konkurrenzunternehmen zu putzen.

Wird der Arbeitnehmer nicht durch die Art der Tätigkeit sondern durch deren **Umfang** beeinträchtigt, geht es in Wirklichkeit nicht um Konkurrenzfragen. Vielmehr hat sich der Arbeitnehmer grundsätzlich so zu verhalten, dass er seine arbeitsvertraglichen Pflichten erfüllen kann. Vereitelt er dies durch übermäßige Nebentätigkeiten, kann der Arbeitgeber – im Regelfall nach einer erfolglosen Abmahnung kündigen!
Auch kann er u.U. im Krankheitsfall die Entgeltfortzahlung verweigern (s. → Rz. 2763).

3. Einwilligung

3008   Der Arbeitgeber kann natürlich auf den ihm durch das Wettbewerbsverbot eingeräumten Schutz verzichten, indem er dem Arbeitnehmer bestimmte oder alle **Konkurrenztätigkeiten gestattet**. Die Einwilligung kann in ihrer Reichweite **sachlich beschränkt** werden.

BEISPIEL:

Der selbständige Handwerksmeister gestattet seinem Gesellen, bestimmte Kleinaufträge auf eigene Rechnung zu erledigen.

Rechtstechnisch handelt es sich bei der **Zustimmung** um eine **Willenserklärung**, die entsprechend den allgemeinen Regeln der §§ 119 ff. BGB angefochten werden kann. Ob dem Arbeitnehmer die Zustimmung zur Konkurrenztätigkeit vorher (dann: Einwilligung) oder nachher (dann: Genehmigung) erteilt wird, ist unerheblich. In der betrieblichen Praxis bedeutsam ist die Frage, wann von einer **stillschweigenden Einwilligung** auszugehen ist. Dies wird man annehmen können, wenn dem Arbeitgeber die Konkurrenztätigkeit schon **bei Beginn des Arbeitsverhältnisses** bekannt ist und er keinen entsprechenden Vorbehalt äußert (s. auch § 60 Abs. 2 HGB, der diesen Rechtsgedanken enthält).

Erlangt der Arbeitgeber hingegen erst **während des Beschäftigungsverhältnisses** von der Konkurrenztätigkeit Kenntnis, muss er nicht sofort reagieren. Allerdings ist es ihm, will er sich seine Rechte wahren, zu empfehlen, nach einer angemessenen Überlegungszeit tätig zu werden. Ansonsten läuft er Gefahr, dass von einer stillschweigenden Genehmigung ausgegangen wird.

BEISPIEL:

Arbeitgeber A erfährt von der Konkurrenztätigkeit seines Arbeitnehmers B, gleichwohl reagiert er nicht. B geht daraufhin davon aus, dass A keine Einwendungen habe.

Konnte B hier aufgrund der Umstände das Schweigen des A auf die Wettbewerbstätigkeit als Einwilligung betrachten, so scheidet eine **Kündigung wegen Konkurrenztätigkeit** aus. Maßgeblich ist dabei der sog. objektive Empfängerhorizont, nicht aber die bloß subjektiven Vorstellungen des B.

Erteilt der Arbeitgeber eine Einwilligung/Genehmigung, so hängt der **Umfang der Bindungswirkung** von den Umständen des Einzelfalles ab.

Ist die **Einwilligung** nur unter **Widerrufsvorbehalt** erteilt, genießt der Arbeitnehmer keinen Vertrauensschutz. Allerdings kann der Arbeitgeber diese nicht ohne jeden Grund widerrufen. Vielmehr muss der Widerruf »billigem Ermessen« entsprechen (§ 315 BGB). 3009

BEISPIEL:

Arbeitgeber A hat dem Arbeitnehmer B die Genehmigung zur Konkurrenztätigkeit erteilt. Mehrere Monate später gerät das Unternehmen des A in eine wirtschaftliche Krise – nicht zuletzt wegen der Konkurrenztätigkeit des B. Es droht die Gefahr des Verlustes mehrerer Arbeitsplätze.

Hier ist ein Widerruf der Einwilligung zur Konkurrenztätigkeit jedenfalls zulässig, da keine sachfremden Gründe vorliegen. Anders ist der Fall zu beurteilen, wenn der Arbeitnehmer in den Betriebsrat gewählt worden ist und der Arbeitgeber daraufhin die Genehmigung widerruft (unzulässige Maßregelung, § 612 a BGB).

Schon angesichts der schwankenden Konjunktur kann es nur empfohlen werden, **Einwilligungen zur Konkurrenztätigkeit nur unter Widerrufsvorbehalt** zu erteilen. Für Umfang und Grenzen der Einwilligung ist der Arbeitnehmer entsprechend dem Regel-Ausnahme-Prinzip des § 60 HGB darlegungs- und beweispflichtig.

4. Rechtsfolgen bei Verletzung des Wettbewerbsverbotes

a) Verpflichtung des Arbeitnehmers zu Auskunft und Rechnungslegung

Ein verständliches Streben des Arbeitnehmers besteht darin, dem Arbeitgeber die Wettbewerbstätigkeit zu verheimlichen. Schöpft dieser gleichwohl Verdacht, hat er häufig Probleme, festzustellen, ob überhaupt und in welchem Umfang ihm Ansprüche zustehen. Um dem Arbeitgeber in dieser misslichen Situation zu helfen, billigt ihm die Rechtsprechung einen **Auskunftsanspruch** zu, wenn der Arbeitnehmer erheblichen Anlass zu der Vermutung gegeben hat, eine unerlaubte **Konkurrenztätigkeit** zu entfalten. Diese muss also **wahrscheinlich** sein. Fazit: Kein Anspruch auf Auskunft ins Blaue hinein! 3010

BEISPIEL:

Der Arbeitgeber erfährt von einem Kunden, dass der Arbeitnehmer versucht hat, mit diesem ins Geschäft zu kommen.

Denkbar ist es auch, dass der Arbeitgeber den zur Konkurrenz abwanderungswilligen Arbeitnehmer aus einem sicherheitsrelevanten Bereich versetzt, um von vornherein zu verhindern, dass dieser weitere Geschäfts- oder Betriebsgeheimnisse erfährt, die ihn in den Stand setzen, Konkurrenztätigkeiten auszuüben. Eine solche **Versetzung** muss aber **billigem Ermessen** entsprechen (§ 315 BGB). Siehe zu einer solchen Fallgestaltung etwa *LAG Niedersachsen 12.10.1988, LAGE § 315 BGB Nr. 5*.

Steht der Wettbewerbsverstoß fest, hat der Arbeitgeber einen Anspruch auf Auskunft und Rechnungslegung hinsichtlich Art und Umfang der getätigten Geschäfte. Ansonsten wäre der Arbeitnehmer hinsichtlich der weiteren Vorgehensweise auf bloße Mutmaßungen angewiesen. Hat sich der Verdacht des Wettbewerbsverstoßes bestätigt, stehen dem Arbeitgeber folgende **Möglichkeiten** offen (s. auch § 61 Abs. 1 HGB):

- Geltendmachung eines Unterlassungsanspruchs (s. → Rz. 3011),
- Kündigung (s. → Rz. 3012)
- Eintrittsrecht (s. → Rz. 3013),
- Schadensersatz (s. → Rz. 3014),
- Vertragsstrafe (s. → Rz. 3015),
- Widerruf einer Versorgungszusage (nur im Ausnahmefall; s. → Rz. 3016).

b) Unterlassungsanspruch

3011 Bei unerlaubter Konkurrenztätigkeit steht dem Arbeitgeber zunächst ein **Anspruch auf Unterlassung** zu. Drohen weitere Wettbewerbshandlungen, kann dieser Unterlassungsanspruch bereits im Vorfeld geltend gemacht werden. Auch kann eine einstweilige Verfügung auf Unterlassung erwirkt werden. Hierbei reicht es aus, wenn der Arbeitgeber das Bestehen des Anspruchs und seine Verletzung glaubhaft macht. Er braucht also nicht den **vollen Beweis der Wettbewerbsverletzung** zu führen. **Eidesstattliche Versicherungen** genügen dabei (§ 294 ZPO).

c) Kündigung

3012 Dem ohne Zustimmung Wettbewerb betreibenden Arbeitnehmer drohen Konsequenzen für den Bestand seines Arbeitsverhältnisses. Er muss mit einer **ordentlichen** oder **außerordentlichen Kündigung** rechnen (s. → Rz. 4411, 4512 und *BAG 26.11.1996, EzA § 626 BGB n.F. Nr. 162; LAG Köln 29.04.1994, BB 1995, 679*). Zu empfehlen ist aber eine vorherige **Abmahnung** der arbeitsvertragswidrigen Konkurrenztätigkeit, da häufig tatsächliche oder rechtliche Unklarheiten bestehen!
Nur in Ausnahmefällen wird ohne Abmahnung gekündigt werden können!

Nach Wirksamwerden der Kündigung ist der Arbeitnehmer in der Verwertung seiner Arbeitskraft frei (Ausnahme: nachvertragliches Wettbewerbsverbot, s. → Rz. 3030). Hier muss also im Vorfeld genau abgewogen werden, was »das kleinere Übel« ist (s. aber auch → Rz. 3002 a.E.).

d) Eintrittsrecht

Anstelle eines Schadensersatzanspruchs (s. → Rz. 3014) kann der Arbeitgeber ein **Eintrittsrecht** geltend machen. Er kann vom Arbeitnehmer verlangen, dass dieser die von ihm abgeschlossenen Geschäfte als für den Arbeitgeber eingegangen akzeptiert. Der Vorteil dieser Möglichkeit liegt darin, dass kein Schadensnachweis geführt werden muss. Der Arbeitgeber wird nicht anstelle des Arbeitnehmers Vertragspartner desjenigen, mit dem das Geschäft gemacht wurde. Vielmehr wird nur der Gewinn abgeschöpft. Ist der Vertrag zwischen Arbeitnehmer und Drittem noch nicht abgewickelt, ist der Arbeitgeber berechtigt, die Abtretung der sich hieraus ergebenden Ansprüche zu verlangen. 3013

Das Risiko der Ausübung des Eintrittsrechts liegt aber darin, dass häufig nicht feststeht, ob überhaupt und in welcher Höhe ein Gewinn entstanden ist. Unter Umständen geht der Arbeitgeber also leer aus!

Ein **nachträglicher Übergang zum Schadensersatzanspruch** ist ausgeschlossen. Der Arbeitgeber kann nur Schadensersatz verlangen **oder** von seinem Eintrittsrecht Gebrauch machen. **Die einmal getroffene Wahl ist verbindlich!** Für das Eintrittsrecht gelten die §§ 666, 667, 670 BGB. Der Arbeitgeber muss also eventuelle **Auslagen des Arbeitnehmers ersetzen.** Es drohen vorher nicht kalkulierbare Risiken!

e) Schadensersatz

Anstelle des Eintrittsrechts kann der Arbeitgeber auch Schadensersatz geltend machen. Er kann verlangen, so gestellt zu werden, wie er stünde, wenn der Arbeitnehmer die verbotene Tätigkeit nicht ausgeführt hätte. Hätte er das Geschäft dann selber machen können, steht ihm der entgangene Gewinn zu. Allerdings ist es häufig schwierig, dies darzulegen. Als weitere Schadenspositionen kommen Gehaltsaufwendungen in Betracht, wenn der Arbeitgeber andere Arbeitnehmer eingesetzt hat, um den Wettbewerbsverstoß aufzudecken. Hierher gehören auch Detektivkosten. Diese können sogar als Prozesskosten geltend zu machen sein, wenn sie nämlich zur Vorbereitung eines konkreten Prozesses gedient haben *(LAG Hamm 28.08.1991, LAGE § 1 KSchG Verhaltensbedingte Kündigung Nr. 34).* Ansprüche gegen Dritte, also etwa gegen Geschäftspartner des Arbeitnehmers kommen nur unter engen Voraussetzungen in Betracht (§ 826 BGB, § 1 UWG). 3014

f) Vertragsstrafe

Um den Beweisschwierigkeiten bei unerlaubter Konkurrenztätigkeit zu entgehen, empfiehlt sich die Vereinbarung einer **Vertragsstrafe** (s. Mustervereinbarung in → Rz. 3093 und dort § 5 »Vertragsstrafe« sowie nachstehend → Rz. 3021). Für jede unerlaubte Kon- 3015 kurrenztätigkeit hat der Arbeitnehmer dann die Vertragsstrafe zu zahlen. Diese stellt quasi den **Mindestschaden** dar und entlastet den Arbeitgeber von Darlegungs- und Beweisschwierigkeiten (s. Rz. → 3014).

g) Widerruf einer Versorgungszusage

3016 Unter Umständen kann der Arbeitgeber auch zum **Widerruf einer Versorgungszusage** wegen unerlaubter Konkurrenztätigkeit des Arbeitnehmers berechtigt sein. Allerdings ist dies nach der Rechtsprechung an strenge Voraussetzungen geknüpft (Beispiel: *Existenzgefährdung des Arbeitgebers*).

h) Verjährung

3017 Der Arbeitgeber ist gehalten, das Schadensersatzverlangen oder das Eintrittsrecht sehr schnell, nämlich innerhalb von **drei Monaten seit Kenntniserlangung**, geltend zu machen, sofern es sich um die unerlaubte Konkurrenztätigkeit eines Handlungsgehilfen handelt. Für den Beginn der Verjährung ist die positive Kenntnis des Arbeitgebers von der Konkurrenztätigkeit erforderlich, nicht aber der genaue Inhalt des Geschäfts. Die kurze dreimonatige Verjährung gilt auch für sonstige Arbeitnehmer *(s. auch BAG 11.04.2000, EzA § 61 HGB Nr. 3).*

Es empfiehlt sich aber, Ansprüche möglichst schnell geltend zu machen, um der Gefahr der Verjährung/Verwirkung entgegenzutreten! Beachten Sie auch, dass eine gerichtliche Geltendmachung erforderlich ist.

Hinsichtlich des **Beginns der Verjährung** muss sich der Arbeitgeber die Kenntnis seiner gesetzlichen Vertreter zurechnen lassen. Ohne Rücksicht auf die Kenntnis gilt eine Verjährungsfrist von 5 Jahren. Auch **konkurrierende Ansprüche** aus positiver Forderungsverletzung, unerlaubter Handlung (§ 826 BGB) oder dem UWG verjähren in dieser kurzen Frist *(BAG a.a.O.)*. Schließlich ist die kurze Verjährung auch für den Anspruch auf **Herausgabe des Erlöses** maßgeblich (s. zum Ganzen *BAG 28.01.1986, EzA § 61 HGB Nr. 2).* **Besonderheiten** bestehen, wenn der Arbeitgeber Auskunfts- und Zahlungsansprüche im Wege der **Stufenklage** geltend macht. Hier beginnt die durch die Auskunftsklage unterbrochene Verjährungsfrist **erneut** nach Auskunftserteilung zu laufen; die Frist läuft also nicht weiter.

Dass die kurze Verjährungsfrist des § 61 Abs. 2 HGB nur für kaufmännische Angestellte, nicht aber für **sonstige Arbeitnehmergruppen** Anwendung finden soll *(BAG 16.01.1975, EzA § 60 HGB Nr. 8),* ist nicht überzeugend. Da aber nicht auszuschließen ist, dass diese Auffassung sich auch instanzgerichtlich durchsetzen wird, sollte **vorsichtshalber** auch bei sonstigen Arbeitnehmergruppen die kurze Verjährungsfrist beachtet werden, um jedes Risiko zu vermeiden.

5. Arbeitshilfen für die betriebliche Praxis

Muster: Wettbewerbsklausel mit Vertragsstrafeversprechen

3018

§ ... des Arbeitsvertrages: Wettbewerbsklausel

Herr/Frau ... verpflichtet sich, während des Bestandes des Arbeitsverhältnisses weder ein Arbeitsverhältnis mit einem mit der Firma in Wettbewerb stehenden Unternehmen zu begründen, noch ein solches Unternehmen zu errichten oder sich an ihm zu beteiligen. Als Konkurrenztätigkeit wird namentlich, aber nicht ausschließlich angesehen: ...

Herr/Frau ... hat für jeden Fall der Zuwiderhandlung gegen das Wettbewerbsverbot eine Vertragsstrafe von ... EUR zu zahlen. Im Falle eines dauerhaften Verstoßes gegen das Konkurrenzverbot (länger als einmonatige Konkurrenztätigkeit) gilt die Vertragsstrafe für jeden angefangenen Monat als neu verwirkt. Insgesamt ist sie aber in der Höhe auf ... EUR beschränkt.

Muster : Verschwiegenheitsklausel

§ ... des Arbeitsvertrages: Verschwiegenheitsklausel

Herr/Frau ... verpflichtet sich, über alle vertraulichen Angelegenheiten und Vorkommnisse (Betriebs- und Geschäftsgeheimnisse), die ihm/ihr im Rahmen seiner/ihrer Tätigkeit bekannt werden, Verschwiegenheit zu bewahren. Dies gilt auch für die Zeit nach dem Ausscheiden aus dem Arbeitsverhältnis.

Es bietet sich an, diese Verschwiegenheitsklausel mit einem Vertragsstrafeversprechen zu kombinieren. Hier kann folgender Formulierung empfohlen werden:

Herr/Frau ... verpflichtet sich, bei Verstößen gegen die Verschwiegenheitspflicht eine Vertragsstrafe von ... EUR zu zahlen. Im Falle eines dauerhaften Verstoßes gilt die Vertragsstrafe für jeden angefangenen Monat als neu verwirkt.

Entscheidend ist hierbei der Zeitraum eines Monats, nicht der Kalendermonat. Insgesamt ist die Vertragsstrafe in der Höhe auf ... EUR beschränkt. Die Geltendmachung eines weiteren Schadens ist nicht ausgeschlossen.

Muster: Auskunftsbegehren

3019

Sehr geehrte Frau/Sehr geehrter Herr ...

Wir haben von einem Kunden erfahren, dass Sie zumindest gelegentlich bei der Firma ... tätig sind.

Es besteht daher erheblicher Anlass zu der Vermutung, dass Sie eine unerlaubte Konkurrenztätigkeit ausüben. Wir fordern Sie auf, bis zum ... Auskunft über Art, Umfang und Dauer der von Ihnen ausgeübten Tätigkeit zu erteilen.

Muster: Rechnungslegungsanspruch

3020

Sehr geehrter Herr/Sehr geehrte Frau ...

Sie betreiben eine unerlaubte Konkurrenztätigkeit bei der Firma ...

Wir haben uns entschlossen, unseren Schadensersatzanspruch geltend zu machen. Wir fordern Sie daher auf, uns bis zum ... in prüffähiger Form darüber Rechnung zu legen, in welchem Umfang Sie unerlaubt tätig geworden sind und welche Umsätze und Gewinne hierbei erzielt wurden.

3021 **Muster: Abmahnung**

Sehr geehrte Frau …/Sehr geehrter Herr …

Zu unserem Bedauern mussten wir feststellen, dass Sie zumindest seit dem … stundenweise bei der Firma … in … als … tätig sind.

Hierin liegt eine unerlaubte Konkurrenztätigkeit, durch die unsere Interessen erheblich beeinträchtigt werden. Wir fordern Sie auf, diese Konkurrenztätigkeit unverzüglich einzustellen und Ihren Pflichten fortan nachzukommen. Ansonsten müssen Sie damit rechnen, dass das Arbeitsverhältnis von uns gekündigt werden wird.

Auch weisen wir darauf hin, dass wir bei Fortsetzung der Konkurrenztätigkeit Schadensersatzansprüche geltend oder von unserem Eintrittsrecht Gebrauch machen werden.

Eine Durchschrift dieses Schreibens werden wir zu Ihren Personalakten nehmen.

II. Wettbewerbsverbote nach Beendigung des Arbeitsverhältnisses

3030 **CHECKLISTE ZUR NACHVERTRAGLICHEN WETTBEWERBSVEREINBARUNG:**

- **Vorüberlegung**
  - Soll überhaupt eine Wettbewerbsvereinbarung getroffen werden, oder
  - genügt die entschädigungslose Pflicht zur Wahrung von Geschäfts- und Betriebsgeheimnissen?

- **Geltung der Schutzvorschriften der §§ 74 ff, HGB**
  - Grundsätzliche Anwendung auf alle Arbeitnehmergruppen
  - Nicht: freie Mitarbeiter, Organmitglieder juristischer Personen

- **Keine Wettbewerbsabrede mit bestimmten, besonders schutzwürdigen Personengruppen**
  - Auszubildende
  - Minderbesoldete
  - Minderjährige
  - Übernahme der Verpflichtung durch Dritte
  - Versprechen auf Ehrenwort

- **Abschlusszeitpunkt der Wettbewerbsabrede**
  - Grundsätzlich bis zur rechtlichen Beendigung des Arbeitsverhältnisses
  - Nach Beendigung des Arbeitsverhältnisses nur Schutz durch § 138 BGB (Sittenwidrigkeit); keine Geltung der Schutzvorschriften der §§ 74 ff, HGB

➢ Zu beachtende Sonderprobleme: Wettbewerbsverbot und
  - Probearbeitsvertrag/Vorvertrag
  - Aufhebungsvertrag
  - Nichtantritt der Dienste

- **Formelle Voraussetzungen der Wettbewerbsabrede**
  - Einhaltung der Schriftform
  - Aushändigung der Urkunde an den Arbeitnehmer; Beweis sicherstellen

- **Materielle Voraussetzungen der Wettbewerbsabrede**
  - Verpflichtung zur Entschädigungszahlung:
  - Verweisung auf gesetzliche Mindesthöhe;

- nicht ausreichend generelle Inbezugnahme der Vorschriften des HGB
- Keine Vereinbarung einer Bedingung; diese führt zu Wahlrecht des Arbeitnehmers
- Höhe der Entschädigung: § 74 Abs. 2 HGB
- Entschädigungslose Wettbewerbsabrede kommt praktisch nicht vor
- Berechtigtes geschäftliches Interesse des Arbeitgebers
- Keine unbillige Erschwerung des Fortkommens des Arbeitnehmers
- Zeitliche Begrenzung der Wettbewerbsabrede: maximal 2 Jahre
- Räumliche Begrenzung: kein allgemein gültiger Maßstab, Umstände des Einzelfalles

- **Anspruch auf die Karenzentschädigung**
  - Höhe der Karenzentschädigung: s, § 74 Abs. 2 HGB
  - Anrechnung anderweitigen Erwerbs, § 74 c HGB
  - Vertraglicher Ausschluss der Anrechnung anderweitigen Erwerbs möglich
  - Anrechnungsgrenzen nach § 74 c HGB 110 % oder 125 % der zuletzt bezogenen Vergütung, wenn ein Wohnsitzwechsel notwendig ist
  - Anrechnungszeitraum: der Monat, in dem das anderweitige Einkommen erzielt wurde
  - Anrechenbares Einkommen: grundsätzlich jeder anderweitige Erwerb, nicht gesetzliche und betriebliche Altersrenten
  - Fiktive Anrechnung anderweitigen Erwerbs bei böswilligem Unterlassen
  - Fälligkeit der Karenzentschädigung, monatlich nachträglich
  - Verjährung: zweijährige Verjährungsfrist
  - Ausschlussfristen: durch Auslegung der Tarifnorm zu ermitteln, ob diese auch Karenzentschädigung erfassen
  - Pfändungsschutz, s, § 850 Abs. 3 a ZPO
  - Steuerliche Behandlung: Karenzentschädigung ist lohnsteuerpflichtig, Tarifbegünstigung nach §§ 24, 34 EStG bei Zusammenballung (Beispiel: *Einmalzahlung*) möglich
  - Sozialversicherungsrechtliche Behandlung: Karenzentschädigung sozialversicherungsfrei wegen § 14 SGB IV

- **Mängel der Wettbewerbsabrede**
  - Nichtigkeit
    - Nichteinhaltung der Formvorschriften des § 74 Abs. 1 HGB
    - Fehlen jeglicher Karenzentschädigungszusage
    - Rechtsfolge: Keine Partei kann Rechte aus der Abrede herleiten
  - Unverbindlichkeit
    - Unzureichende Karenzentschädigung (d.h. zu niedrige Zusage der Karenzentschädigung)
    - Fehlen des berechtigten geschäftlichen Interesses (d.h. bloßes Blockieren des Arbeitnehmers)
    - Erschwerung des beruflichen Fortkommens (d.h. übermäßige Beeinträchtigung der beruflichen Interessen des Arbeitnehmers)
  - Überschreitung des 2-Jahres-Zeitraums
  - Rechtsfolge: Arbeitnehmer hat ein Wahlrecht, Arbeitgeber kann Arbeitnehmer zur Vornahme der Wahl auffordern. Wird diese nicht ausgeübt, geht Wahlrecht über.

- **Einfluss einer Kündigung auf die Wettbewerbsabrede (4 Fallgruppen):**
  - Ordentliche Kündigung durch den Arbeitnehmer:
    Wettbewerbsabrede kommt vereinbarungsgemäß zur Geltung
  - Außerordentliche Kündigung durch den Arbeitnehmer
    Wahlrecht des Arbeitnehmers; Wettbewerbsabrede wird unwirksam, wenn der Gehilfe

> vor Ablauf eines Monats nach der Kündigung schriftlich erklärt, dass er sich an das Wettbewerbsverbot nicht gebunden erachte
> – Ordentliche Kündigung durch den Arbeitgeber:
> Erheblicher Anlass in der Person des Arbeitnehmers; wenn ja, Wettbewerbsabrede kommt zur Geltung; wenn nein, Wahlrecht des Arbeitnehmers; aber Arbeitgeber kann Ausschluss des Wahlrechts bewirken, wenn er mit der Kündigung eine erhöhte Karenzentschädigung anbietet
> – Außerordentliche Kündigung durch den Arbeitgeber:
> Wahlrecht des Arbeitgebers entsprechend Wahlrecht des Arbeitnehmers; s. oben bei außerordentlicher Kündigung durch den Arbeitnehmer

1. Nachvertragliches Wettbewerbsverbot – Warum?

3031 Im Gegensatz zur Regelung während des bestehenden Arbeitsverhältnisses (s. → Rz. 3000 ff.) gilt für die Zeit nach **Beendigung kein gesetzliches Wettbewerbsverbot**. Dies bedeutet für den Arbeitnehmer, dass er in der Verwertung seiner Arbeitskraft grundsätzlich frei ist und auch frei sein muss (Art. 12 GG – Grundsatz der Berufsfreiheit). Auch die **nachvertragliche Treuepflicht** vermittelt keine Pflicht zur Wettbewerbsenthaltung.

Daraus folgt:

- Unerheblich ist, in welcher Form Wettbewerb betrieben wird.
- Unerheblich ist grundsätzlich auch, wie schwer der bisherige Arbeitgeber hierdurch beeinträchtigt wird.

Schranken der Wettbewerbstätigkeit ergeben sich allenfalls noch aus dem Gesetz zur Bekämpfung des unlauteren Wettbewerbs und den allgemeinen Grenzen des bürgerlichen Rechts (vorsätzliche sittenwidrige Schädigung). Diese kommen jedoch nur sehr selten zum Tragen.

Gerade vor diesem Hintergrund ist es verständlich, dass viele Arbeitgeber versuchen, sich durch eine **Wettbewerbsvereinbarung** zu schützen. Verlockend hieran ist insbesondere, dass diese zunächst kostenlos ist, die übernommene Verpflichtung sich also erst in ungewisser Zeit aktualisiert. Hierin liegt jedoch auch die große Gefahr der Wettbewerbsabrede, werden doch die übernommenen Verpflichtungen in ihrem Umfang häufig nicht richtig eingeschätzt und zwingende gesetzliche Vorschriften missachtet.

BEISPIEL:

Die Arbeitsvertragsparteien treffen eine Wettbewerbsabrede. Etliche Jahre später tritt der Arbeitnehmer in den Ruhestand ein und begehrt Zahlung der Karenzentschädigung. Der erstaunte Arbeitgeber meint, für den Fall des Ruhestandes sei die Wettbewerbsabrede nicht gedacht und lehnt jede Zahlung ab.

Zu Unrecht! Ist nichts besonderes vereinbart, gilt die Wettbewerbsabrede auch für den Fall, dass das Arbeitsverhältnis durch Eintritt in den Ruhestand endet (BAG 03.07.1990, EzA § 74 c HGB Nr. 29). Auch ist der Ruheständler nicht verpflichtet, seine Arbeitskraft anderweitig zu verwerten. Er kann sich auch damit begnügen, schlicht die Karenzentschädigung zu vereinnahmen.

Es ist also darauf zu achten, bereits im Vorfeld die richtigen Weichenstellungen vorzunehmen!

Vor der Vereinbarung eines Wettbewerbsverbots müssen Reichweite und wirtschaftliche Folgen genau geprüft werden. Auch sollte stets überlegt werden, ob nicht schon durch eine bloße **Geheimhaltungsklausel** die Interessen des Arbeitgebers hinreichend berücksichtigt werden können.

2. Abgrenzung der nachvertraglichen Wettbewerbsabrede zu Geheimhaltungspflichten

Abzugrenzen ist die **entschädigungspflichtige Wettbewerbsabrede** von der **entschädigungslosen Geheimhaltungspflicht**, die den Arbeitnehmer ohnehin trifft. Diese hindert den Arbeitnehmer zwar nicht, seine beim bisherigen Arbeitgeber erworbenen Erfahrungen zu seinem eigenen Nutzen zu verwerten. Dem werden jedoch im Hinblick auf **Art und Umfang der Tätigkeit** gewisse Grenzen gezogen.

3032

BEISPIEL:

Hat ein gegen Gehalt und Provision tätiger Angestellter ein Geschäft mit einem Kunden in langwierigen Verhandlungen so weit zum Abschluss gebracht, dass die endgültige Auftragserteilung nur noch eine Formsache ist, so ist es ihm verwehrt, nach seinem Ausscheiden im Auftrag eines Konkurrenten seines früheren Arbeitgebers den Kunden zu besuchen und das Geschäft für den neuen Arbeitgeber abzuschließen.

Aber Vorsicht: Dies gilt nicht für diejenigen Geschäfte, die der Angestellte **nur angebahnt** hat. Hier kann er sich nach dem Ausscheiden wieder einschalten und versuchen, den Auftrag zugunsten seines neuen Arbeitgebers hereinzuholen.

Die **nachvertragliche Treuepflicht** kann den Arbeitnehmer insbesondere verpflichten, ein **Betriebsgeheimnis** zu wahren. Allerdings ist der Grad zwischen Geheimhaltung und Wettbewerbsabrede im Einzelfall sehr schmal. So hat das **BAG** *(15.12.1987, EzA § 611 BGB Betriebsgeheimnis Nr. 1)* entschieden, dass aus der Verschwiegenheitspflicht des Verkäufers eines Weinbetriebes über die Kundenlisten noch nicht die Verpflichtung folgt, die Kunden des Arbeitgebers nicht zu umwerben. Wolle der Arbeitgeber eine solche gewerbliche Betätigung seines früheren Arbeitnehmers verhindern, müsse er ein Wettbewerbsverbot vereinbaren.

3033

Schon dieses Beispiel zeigt: **Wer sichergehen will, muss eine Wettbewerbsabrede treffen.**

Eine **Geheimhaltungsklausel** kann im Übrigen auch **neben** einem **Wettbewerbsverbot** vereinbart werden. In diesem Fall umfasst sie nur die allgemeinen Betriebsinterna. Wichtigster Vorteil der Geheimhaltungsklausel ist ihre Unentgeltlichkeit. Es braucht also keine Entschädigung zugesagt zu werden. Ein **Betriebsgeheimnis** liegt vor, wenn Tatsachen im Zusammenhang mit einem Geschäftsbetrieb, die nur einem eng begrenzten Personen-

3034

kreis bekannt und nicht offenkundig sind, nach dem Willen des Arbeitgebers aufgrund eines **berechtigten wirtschaftlichen Interesses** geheimgehalten werden sollen.

Geheimhaltungsklauseln erfassen sowohl **Betriebsgeheimnisse** (also den technischen Betriebsablauf) als auch **Geschäftsgeheimnisse** (also den Geschäftsverkehr des Unternehmens).

Welche **Vor- und Nachteile** Wettbewerbsabrede und Geheimhaltungspflicht haben, zeigt nachstehender Überblick:

	Wettbewerbsabrede	Geheimhaltungspflicht
Vorteil:	Umfassender Konkurrenzschutz	Entschädigungslos
Nachteil:	Zahlung der Karenzentschädigung	Nur Schutz der Betriebsgeheimnisse

Das Muster einer Geheimhaltungsklausel, die bei Bedarf mit einem Vertragsstrafeversprechen kombiniert werden kann, findet sich bei → Rz. 3018.

3. Gesetzliche Regelung über Wettbewerbsabreden

3035 Die **gesetzliche Regelung über Wettbewerbsabreden** ist uneinheitlich und unvollständig. Für bestimmte Arbeitnehmergruppen besteht eine in sich geschlossene Regelung, für andere fehlt es hieran völlig.

a) Kaufmännische und technische Angestellte

3036 Für **kaufmännische Angestellte** gelten die §§ 74 ff. HGB und für **technische** § 133 f. GewO, der aber weit hinter dem durch die §§ 74 ff. HGB gewährten Schutz zurück bleibt. Heute steht es jedoch außer Streit, dass die umfassende Regelung der Wettbewerbsverbote im HGB auf alle Arbeitnehmergruppen angewandt wird! **Grundsätzlich sind also Wettbewerbsabreden mit Arbeitnehmern ungültig, wenn sie keine Karenzentschädigung vorsehen bzw. unverbindlich, wenn eine zu niedrige Karenzentschädigung vereinbart ist.**

Die Geltung der §§ 74 ff. HGB ist im Übrigen davon unabhängig, ob der Arbeitnehmer im Einzelfall konkret schutzbedürftig ist.

BEISPIEL:

Vereinbarung eines Wettbewerbsverbotes mit einem am Stammkapital einer GmbH beteiligten Prokuristen.

Auch im Beispielsfall finden die Vorschriften der §§ 74 ff. HGB Anwendung.

b) Wettbewerbsabreden mit »sozial Schwachen«

Bei bestimmten, besonders schutzwürdigen sozial schwachen Arbeitnehmergruppen hat der Gesetzgeber die Möglichkeit zur Vereinbarung von Wettbewerbsabreden eingeschränkt. Dies gilt zunächst für die »**Minderbesoldeten**« i.S.v. § 74 a Abs. 2 Satz 1 HGB. Hierbei handelte es sich nach der Vorstellung des damaligen Gesetzgebers um Personen, deren jährliche Vergütung 1.500,00 EUR nicht übersteigt. Dieser Wert ist heute selbstverständlich völlig unangepasst. Wer im Einzelfall in diesem Sinne minderbesoldet ist, muss auf kompliziertem Wege ermittelt werden. Hier sollte der Rat eines Spezialisten eingeholt werden. Es steht ohnehin zu erwarten, dass die Vorschrift des § 74 a Abs. 2 Satz 1 HGB wegen mangelnder Vollziehbarkeit für verfassungswidrig gehalten wird. 3037

Zwar werden mit **Minderbesoldeten** in der Regel kaum Wettbewerbsvereinbarungen getroffen, jedoch ist nicht zu verkennen, dass das Problem mit der **Zunahme von Teilzeitarbeit und Job-sharing** erneut an Relevanz gewinnen kann. Hier ist also unter Umständen Vorsicht geboten. Rechtsprechung zu diesem Problemkreis ist aber nicht bekannt.

c) Wettbewerbsabreden mit Minderjährigen

Wettbewerbsabreden mit Minderjährigen, also unter 18 Jahre alten Personen, können nicht getroffen werden. Dies gilt unabhängig von einer Einwilligung des gesetzlichen Vertreters. Selbst eine vormundschaftsgerichtliche Genehmigung scheidet aus. 3038

Wenn der Minderjährige zwischenzeitlich volljährig wird, kann er die ursprünglich nichtige Wettbewerbsabrede **nicht genehmigen**. Es bedarf vielmehr einer **Neuvornahme**, die den allgemeinen Formerfordernissen (s. → Rz. 3049, 3050) genügen muss. Dies ist die logische Folge der Unwirksamkeit der Wettbewerbsabrede.

d) Wettbewerbsverbot im Berufsausbildungsverhältnis

Eine Vereinbarung, die den **Auszubildenden** für die Zeit nach Beendigung des Berufsausbildungsverhältnisses in der Ausübung seiner beruflichen Tätigkeit beschränkt, ist nichtig. Dies gilt allerdings nicht, wenn sich der Auszubildende innerhalb der letzten 6 Monate des Berufsausbildungsverhältnisses dazu verpflichtet, nach dessen Beendigung mit dem Ausbildenden ein Arbeitsverhältnis einzugehen (§ 5 Abs. 1 BBiG i.d.F. des Arbeitsrechtlichen Wachstums- und Beschäftigungsförderungsgesetzes vom *25.09.1996, BGBl. I S. 1476*). 3039

Selbst wenn dieser Ausnahmefall vorliegt, kann die Wettbewerbsabrede jedoch an der **Minderjährigkeit des Auszubildenden** scheitern (s. → Rz. 3038).

e) Versprechen auf Ehrenwort, Verpflichtung durch Dritte

Nichtig ist die Wettbewerbsabrede auch dann, wenn sich der Arbeitgeber die Einhaltung auf **Ehrenwort** versprechen lässt. Gleiches gilt bei der **Übernahme der Verpflichtung durch Dritte** (§ 74 a Abs. 2 Satz 3 HGB). Zulässig ist es aber, wenn der Dritte sich **neben dem Arbeitnehmer** verpflichtet. 3040

f) Wettbewerbsverbote mit freien Mitarbeitern und Organpersonen

3041 In den Genus des über die §§ 74 ff. HGB gewährten Schutzes kommen in der Regel nur **Arbeitnehmer**, nicht jedoch sonstige Gruppen. Dies gilt zunächst für die so genannten **freien Mitarbeiter**. Grenze der Zulässigkeit von Wettbewerbsabreden ist die Sittenwidrigkeit (§ 138 BGB). Maßgebend ist nach der **Formel der Rechtsprechung**, »ob ein Verstoß gegen das Anstandsgefühl aller billig und gerecht Denkenden vorliegt«.

BEISPIEL:

Ein Steuerberater verlangt von seinem freien Mitarbeiter, dass dieser 5 Jahre nach Beendigung des Dienstverhältnisses in einem Umkreis von 200 km keine eigene Praxis gründet.

Hier liegt ein Sittenverstoß vor, da der Mitarbeiter praktisch gezwungen wird, seinen Beruf aufzugeben oder in eine ganz andere Region zu ziehen.

Voraussetzung für die Nichtanwendbarkeit der §§ 74 ff. HGB ist jedoch, dass der nominelle freie Mitarbeiter auch rechtlich als solcher angesehen werden kann *(vgl. hierzu auch BAG 21.01.1997, EzA § 74 HGB Nr. 59)*! Beachte auch die **Neuregelungen zur Scheinselbständigkeit**.

Auch **GmbH-Geschäftsführer** fallen grundsätzlich nicht unter den Schutz der §§ 74 ff. HGB. Gleichwohl sollen die übrigen Vorschriften entsprechend anwendbar sein.

Es gilt also zu Lasten des GmbH-Geschäftsführers eine Art **Rosinentheorie**.

BEISPIEL:

Die GmbH kann durch schriftliche Erklärung auf die Einhaltung des Wettbewerbsverbots verzichten, so dass sie mit Ablauf eines Jahres seit der Verzichtserklärung von der Zahlung der Karenzentschädigung frei wird.

Hier ist ein Verzicht der GmbH auf die Einhaltung des Wettbewerbsverbotes entsprechend § 75 a HGB möglich, so dass der Geschäftsführer nach Ablauf eines Jahres keine Karenzentschädigung mehr beanspruchen kann (s. auch → Rz. 3078).

Vorsicht ist geboten, wenn sich der **Status des Betroffenen** im Laufe der Zeit **ändert**. Wird ein Geschäftsführer später Arbeitnehmer, bleibt er an eine Wettbewerbsabrede gebunden, auch wenn sie den Anforderungen der §§ 74 ff. HGB nicht genügt. Im umgekehrten Fall des Wechsels von der Arbeitnehmer- in die Geschäftsführerposition richtet sich die Wirksamkeit des vorher vereinbarten Wettbewerbsverbotes ausnahmsweise nach dem **Zeitpunkt seines Abschlusses.**

Auch mit **arbeitnehmerähnlichen Personen** soll nur eine entschädigungspflichtige Wettbewerbsabrede möglich sein *(LAG Köln 02.06.1999, 2 Sa 138/99)*. Für diese Ansicht spricht einiges.

g) Mandantenschutzklausel

Die Schutzvorschriften des Handelsgesetzbuchs sind auch auf **Mandantenschutzklauseln** anwendbar. Diese sind also nur bei Zusage bezahlter Karenz verbindlich. Inhaltlich handelt es sich um Vereinbarungen zwischen Angehörigen der freien Berufe (Steuerberater, Rechtsanwälte) und ihren Mitarbeitern, nach denen diese nach dem Ausscheiden aus dem Arbeitsverhältnis nicht für Mandanten ihrer früheren Arbeitgeber tätig sein dürfen.

3042

Ist eine Mandantenschutzklausel wirksam vereinbart, gilt sie im Zweifel auch für die Zeit nach Erreichen einer Altersgrenze! Ein abweichender Wille ergibt sich nicht allein aus dem Bestehen einer Versorgungszusage (s. dazu auch → Rz. 3031).

Mit einem **freien Mitarbeiter** kann auch eine entschädigungslose Wettbewerbsvereinbarung getroffen werden. Voraussetzung ist aber, dass der nominelle freie Mitarbeiter auch rechtlich als solcher zu behandeln ist. Hier besteht eine umfangreiche Kasuistik, die im Einzelfall ausgewertet werden muss (zur **arbeitnehmerähnlichen Person** s. *LAG Köln 02.06.1999, 2 Sa 138/99*).

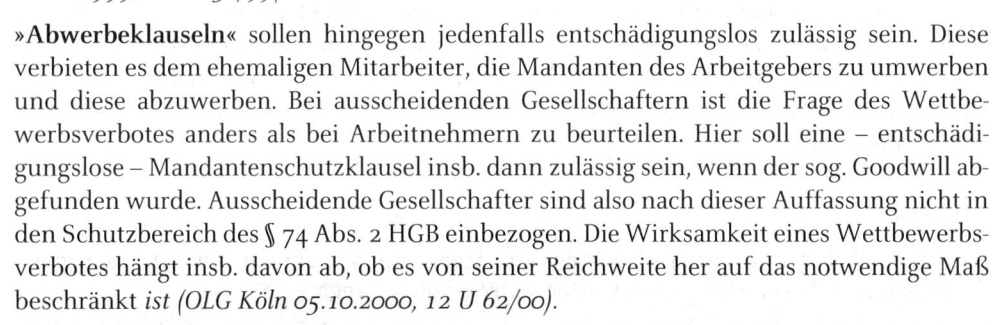

»**Abwerbeklauseln**« sollen hingegen jedenfalls entschädigungslos zulässig sein. Diese verbieten es dem ehemaligen Mitarbeiter, die Mandanten des Arbeitgebers zu umwerben und diese abzuwerben. Bei ausscheidenden Gesellschaftern ist die Frage des Wettbewerbsverbotes anders als bei Arbeitnehmern zu beurteilen. Hier soll eine – entschädigungslose – Mandantenschutzklausel insb. dann zulässig sein, wenn der sog. Goodwill abgefunden wurde. Ausscheidende Gesellschafter sind also nach dieser Auffassung nicht in den Schutzbereich des § 74 Abs. 2 HGB einbezogen. Die Wirksamkeit eines Wettbewerbsverbotes hängt insb. davon ab, ob es von seiner Reichweite her auf das notwendige Maß beschränkt *ist (OLG Köln 05.10.2000, 12 U 62/00)*.

4. Nachvertragliche Wettbewerbsverbote in Tarifverträgen und Betriebsvereinbarungen

Nachvertragliche Wettbewerbsverbote können auch in **Tarifverträgen und Betriebsvereinbarungen** enthalten sein. Dies ist jedoch selten. Trotzdem sollte dies überprüft werden, will man vor unliebsamen Überraschungen sicher sein.

3043

5. Abschlusszeitpunkt der Wettbewerbsvereinbarung

Die Wettbewerbsabrede kann grundsätzlich bis zur **rechtlichen Beendigung des Arbeitsverhältnisses** abgeschlossen werden, z.B. also nach einer Kündigung, aber vor Ablauf der Kündigungsfrist. Unerheblich ist, ob das Arbeitsverhältnis zunächst nur **auf Probe oder als befristetes** gelten soll. Wird die Vereinbarung erst nach Beendigung des Arbeitsverhältnisses abgeschlossen, sind die **§§ 74 ff. HGB nicht mehr anwendbar!** Es können also beispielsweise entschädigungslose Wettbewerbsverbote getroffen werden. Die Grenze der Zulässigkeit ist hier wieder **§ 138 BGB**. Allerdings wird sich ein früherer Arbeitnehmer wohl nur selten einer Wettbewerbsabrede unterwerfen, wenn er hierfür keine Ge-

3044

genleistung erhält. Der Abschlusszeitpunkt einer Wettbewerbsabrede ist auch für die steuerrechtliche Behandlung einer Karenzentschädigung bedeutsam *(BFH 12.06.1996, DB 1996, 1758).*

a) Wettbewerbsverbot und Probearbeitsvertrag

3045 Die Arbeitsvertragsparteien können ein Wettbewerbsverbot bereits in einem **Probearbeitsvertrag** vereinbaren. Wird das Arbeitsverhältnis in der Probezeit aufgelöst, tritt das Wettbewerbsverbot und damit auch die Zahlungsverpflichtung des Arbeitgebers in Kraft. **Soll dies nicht geschehen, müssen die Parteien eine entsprechende Vereinbarung treffen.** Die Probezeitabrede selber genügt hierfür nicht. Der Arbeitgeber kann daher nicht einwenden, er habe an der Einhaltung des Verbotes wegen der kurzen Betriebszugehörigkeit kein Interesse.

b) Vorvertrag und Wettbewerbsverbot

3046 Auch ein auf den Abschluss einer Wettbewerbsabrede gerichteter **Vorvertrag** ist zulässig. Die Parteien müssen aber schon in dem Vorvertrag den **Anforderungen der §§ 74 ff. HGB** genügen. Auch darf der Vorvertrag nicht dazu führen, dass der Arbeitnehmer über das Inkrafttreten der Wettbewerbsabrede bei Beendigung des Arbeitsverhältnisses im Unklaren gehalten wird.

> **BEISPIEL:**
> Nach dem Inhalt des Vorvertrages kann der Arbeitgeber sich bis zum Ausspruch der Kündigung überlegen, ob er den Abschluss eines Wettbewerbsverbots verlangt.
>
> Hierin liegt eine für den Arbeitnehmer **unzumutbare Ungewissheit.** Dies führt zur **Unverbindlichkeit des Wettbewerbsverbotes** mit der Folge, dass dem Arbeitnehmer ein Wahlrecht zusteht (s. → Rz. 3054). Entscheidet er sich für die Wettbewerbsenthaltung, kann er die Karenzentschädigung beanspruchen.

c) Wettbewerbsverbot und Nichtantritt der Dienste

3047 Kommt es infolge **Kündigung vor Dienstantritt** (s. → Rz. 4273) gar nicht zur Aktualisierung des Arbeitsverhältnisses, stellt sich die Frage nach der **Bindung an Wettbewerbsvereinbarungen.** Dabei ist die Wettbewerbsabrede entsprechend dem hypothetischen Willen der Parteien auszulegen. Hier ist wie folgt zu differenzieren *(BAG 26.05.1992, EzA § 74 HGB Nr. 54; Vorinstanz LAG Köln 31.10.1990, LAGE § 74 HGB Nr. 4):*

Eine **vertragliche Wettbewerbsklausel** erlangt in der Regel keine Bedeutung, wenn der Arbeitnehmer unter Verletzung des Arbeitsvertrages die Tätigkeit nicht aufnimmt, sondern sein Arbeitsverhältnis in einem Konkurrenzunternehmen fortsetzt. Hat er aber durch eine **intensive Einweisung** gerade diejenigen Informationen erhalten, die durch das Wettbewerbsverbot geschützt werden sollen, kommt das Wettbewerbsverbot gleichwohl zum Tragen. Wird die **Vertragsbeendigung** hingegen **vom Arbeitgeber veranlasst,** greift die Wettbewerbsklausel regelmäßig nicht ein. Von besonderer Bedeutung ist daneben die Frage, ob es sich um **ein tätigkeitsbezogenes, ein allgemeines oder ein unternehmensbezogenes Wettbewerbsverbot** handelt. Vereinbaren die Parteien ein tätigkeitsbezogenes Wettbewerbsverbot, so ist im Zweifel davon auszugehen, dass es nur dann Gültigkeit erlangen soll, wenn der Arbeitnehmer seine Tätigkeit tatsächlich aufgenommen hat. Wird das Arbeitsverhältnis vorher beendet (Kündigung mit Freistellung während des Laufs der Kündigungsfrist oder Aufhebungsvertrag), besteht regelmäßig kein Anspruch auf die Karenzentschädigung. Bei einer allgemeinen oder unternehmensbezogenen Konkurrenzklausel kann etwas anderes gelten.

III. Vereinbarung des nachvertraglichen Wettbewerbsverbotes

Zur wirksamen Begründung eines nachvertraglichen Wettbewerbsverbots müssen bestimmte **formelle und materielle Voraussetzungen** erfüllt sein. 3048

1. Formelle Voraussetzungen

Die Parteien haben zunächst die Anforderungen des **§ 74 HGB** (Schriftform, Aushändigung der Urkunde) zu beachten. 3049

a) Schriftform

Die Wirksamkeit der Wettbewerbsabrede hängt von der Einhaltung der **Schriftform** (§ 126 BGB) ab. Es bedarf der Unterschrift beider Vertragsteile. Ist die Wettbewerbsabrede im Vertrag enthalten, so muss die Unterzeichnung auf derselben Urkunde erfolgen. Bei **mehreren gleichlautenden Urkunden** genügt es, dass die Partei die für die andere bestimmte Urkunde unterzeichnet (§ 126 Abs. 2 BGB). Nicht ausreichend ist es, wenn in dem von beiden Parteien unterschriebenen Anstellungsvertrag auf ein gesondertes Wettbewerbsverbot **verwiesen** wird, das nicht vom Arbeitgeber unterschrieben ist. Bei derartigen Verweisungen ist also Vorsicht geboten! Unzulässig ist auch die Übersendung eines Bestätigungsschreibens oder einer bloßen Anlage zum Arbeitsvertrag. Durch Übermittlung der Urkunde per **Telefax** wird die gesetzliche Schriftform nicht gewahrt. **Inhaltlich** müssen sowohl die **Pflicht zur Wettbewerbsenthaltung** als auch die **Entschädigungszusage** schriftlich vereinbart werden. Es genügt also nicht, wenn nur vereinbart wird, dass ein nachvertragliches Wettbewerbsverbot gelten soll.

Für **Aufhebung oder Änderung einer Wettbewerbsabrede** genügt eine mündliche Vereinbarung. Wegen drohender Beweisschwierigkeiten ist diese aber nicht empfehlenswert.

b) Aushändigung der Urkunde

Weiterhin muss der Arbeitgeber dem Arbeitnehmer die **Urkunde** (d.h. also die schriftliche Niederlegung der Wettbewerbsabrede) **auf Dauer aushändigen**. Dieser soll sich jeder- 3050 zeit über Rechte und Pflichten informieren können. Grundsätzlich wird zu verlangen sein, dass dem Arbeitnehmer die Urkunde sofort, also in unmittelbarem Zusammenhang mit dem Vertragsschluss, ausgehändigt wird *(LAG Nürnberg 21.07.1994, NZA 1995, 532)*.

Erfolgt keine fristgerechte Aushändigung, wird die Wettbewerbsabrede unwirksam! Dieser Mangel kann allerdings dadurch geheilt werden, dass der Arbeitnehmer die Urkunde verspätet in Empfang nimmt und er der nachträglichen Aushändigung zumindest stillschweigend zustimmt. Er muss sich mithin über die Rechtsfolgen im klaren sein *(LAG Nürnberg 21.07.1994, NZA 1995, 532)*. Ein **reines Unterschieben der Urkunde reicht nicht aus.**

BEISPIEL:

Kurz vor Beendigung des Arbeitsverhältnisses überreicht der Arbeitgeber dem Arbeitnehmer neben einer Reihe anderer Arbeitspapiere die Urkunde über das Wettbewerbsverbot. Der Arbeitnehmer nimmt diese entgegen, ohne sich irgendwelche Gedanken über ihren Inhalt zu machen.

Hier ist eine Heilung des Formmangels zu verneinen.

Ist die Wettbewerbsabrede in einem **Tarifvertrag** oder einer **Betriebsvereinbarung** enthalten (s. → Rz. 3043), sind diese auszuhändigen.

Jedenfalls ist es aus Sicht des Arbeitgebers empfehlenswert, sich den **Zeitpunkt der Aushändigung** zu Beweiszwecken **bestätigen** zu **lassen**. Denn es gilt grundsätzlich: Wer sich auf die Wettbewerbsabrede beruft muss beweisen, dass die Formvorschriften eingehalten wurden.

2. Inhaltliche Voraussetzungen der Wettbewerbsabrede

3051 Neben den dargelegten formellen Voraussetzungen müssen auch **inhaltliche** beachtet werden.

a) Verpflichtung zur Entschädigungszahlung

3052 Die Wettbewerbsabrede muss die **Verpflichtung** des Arbeitgebers **zur Entschädigungszahlung** vorsehen, ansonsten ist die Wettbewerbsabrede nichtig. Hinsichtlich der Höhe der Entschädigung kann auf § 74 Abs. 2 HGB verwiesen werden (die Entschädigung muss mindestens die Hälfte der zuletzt bezogenen Vergütung betragen). Hierin liegt im Zweifel eine Verweisung auf die **gesetzliche Mindesthöhe**.

Eine solche Verweisung ist auch empfehlenswert, schützt sie doch vor der Gefahr, dass die Wettbewerbsabrede im Nachhinein unverbindlich wird, wie nachfolgendes Beispiel zeigt.

BEISPIEL:

Arbeitnehmer A wird eine Karenzentschädigung von 1.000 EUR im Monat zugesagt. Im Zeitpunkt der Zusage verdient er 2.000 EUR. Als sich das Wettbewerbsverbot aktualisiert, beträgt sein Verdienst 7.000 EUR.

Im Beispielsfall ist die Wettbewerbsabrede unverbindlich, da die gesetzliche Mindesthöhe nicht erreicht wird.

Die vertragliche Festlegung der Karenzentschädigung auf die Hälfte der letzten Monatsbezüge verstößt gegen das Gebot der jahresbezogenen Betrachtung (§ 74 Abs. 2 HGB). Sie kollidiert auch mit § 74 b Abs. 2 HGB *(LAG Hessen 10.02.1997, LAGE § 74 a HGB Nr. 1)*. Daher der Tipp: **Entschädigungshöhe in Prozent** der Bezüge ausdrücken! Beachte auch: Eine wirksame Entschädigungszusage liegt regelmäßig nicht vor, wenn nur vereinbart ist, dass im Übrigen die Bestimmungen des HGB Anwendung finden. Ob aber im **Einzelfall** eine wirksame Entschädigungszusage besteht, muss stets durch **Auslegung** (§§ 133, 157 BGB) ermittelt werden. Man darf nicht rein schematisch vorgehen, sondern muss stets die Vorstellungen der beteiligten Parteien berücksichtigen. Alle folgenden Einzelfälle geben daher nur **Hinweise auf eine bestimmte Sichtweise in der Rechtsprechung!**

Akzeptiert wurden etwa folgende Klauseln:

3053

- »Der Arbeitgeber verpflichtet sich zur Zahlung einer Entschädigung nach den Grundsätzen des § 74 Abs. 2 HGB.«
- »Es wird die gesetzlich vorgesehene Mindestentschädigung gezahlt.«
- »Hier gelten die Bestimmungen des HGB über das Wettbewerbsverbot, §§ 74 und 74 c HGB.«

Eine besondere Rolle spielen in der Praxis die so genannten **bedingten Wettbewerbsverbote**. Bei diesen behält sich der Arbeitgeber vor, ob er den Arbeitnehmer auf Unterlassung von Wettbewerb in Anspruch nimmt. Nur in diesem Fall will er entschädigungspflichtig sein. Mit diesen bedingten Wettbewerbsverboten ist für den Arbeitnehmer der **erhebliche Nachteil** verbunden, dass er nicht sicher weiß, ob der Arbeitgeber auf der Einhaltung des Wettbewerbsverbots besteht. Er wird also in der freien Wahl seiner späteren Arbeitsstätte unzumutbar eingeschränkt. Solche **bedingten Wettbewerbsverbote** sind daher für den Arbeitnehmer **unverbindlich**.

3054

Dem Arbeitnehmer steht dann ein **einmaliges Wahlrecht** zu *(s. zur Vorgehensweise BAG 22.05.1990, EzA § 74 HGB Nr. 53)*:

- Er kann eine **Konkurrenztätigkeit** ausüben und bekommt dann selbstverständlich auch **keine Karenzentschädigung**.
- Entscheidet er sich für die Einhaltung des Wettbewerbsverbots, hat er Anspruch auf die Karenzentschädigung. Hierfür reicht es aus, wenn der Arbeitnehmer sich zu Beginn der Karenzzeit endgültig für das Wettbewerbsverbot entscheidet und seiner Unterlassungsverpflichtung nachkommt. Der Anspruch auf die Karenzentschädigung entsteht **unabhängig von einer Erklärung gegenüber dem Arbeitgeber** mit der Wettbewerbsenthaltung. Die Entscheidung des Arbeitnehmers muss aber endgültig sein

und den gesamten Karenzzeitraum umfassen (kein Wechseln nach Marktlage!). Der Arbeitgeber kann, wenn der Arbeitnehmer sich nicht entscheidet, diesen unter Bestimmung einer angemessenen Frist auffordern, die Wahl zu treffen. Angemessen dürfte die 3-Wochen-Frist des § 4 KSchG sein. Äußert sich dieser nicht, kann der Arbeitgeber die Wahl treffen.

3055 In folgenden Klauseln hat das BAG eine **unzulässige Bedingung** erblickt:

- »Für die Dauer des Wettbewerbsverbotes zahlt die Firma, wenn sie es in Anspruch nimmt, die Hälfte des zuletzt gewährten Gehalts als Entschädigung.«
- »Im Falle einer Kündigung kann die Firma auf die Wettbewerbsklausel verzichten. Eine Entschädigung entfällt damit.«
- »Die Firma ist berechtigt, vor oder nach Beendigung dieses Vertrages auf die Wettbewerbsabrede zu verzichten.«
- »Die G. behält sich die Möglichkeit vor, ein Wettbewerbsverbot auszusprechen.«
- »Das Wettbewerbsverbot gilt nicht für den Fall, dass der Arbeitgeber kündigt.«

Darf der Arbeitnehmer mit Zustimmung seines Arbeitgebers die Betreuung einzelner Mandanten übernehmen, liegt keine unzulässige Bedingung vor, da der Anspruch auf die volle Karenzentschädigung unberührt bleibt.

3055a Behält sich im Rahmen einer Wettbewerbsabrede der Arbeitgeber vor, dem Arbeitnehmer vor Beendigung des Dienstverhältnisses schriftlich im Einzelnen mitzuteilen, in welchem Umfang (örtlich und sachlich) das Wettbewerbsverbot gelten soll, so war umstritten, ob hierin ein **unzulässig bedingtes Wettbewerbsverbot** liegt *(LAG Düsseldorf 10.02.1993 und 03.08.1993, LAGE § 74 HGB Nr. 7 und 8)*. Angesichts der durch die Konkretisierung ausgelösten **Unsicherheit** sprechen die besseren Gründe für die Annahme von Unverbindlichkeit *(so auch BAG 09.05.1996, EzA § 74 HGB Nr. 57)*. Die Vereinbarung über ein nachvertragliches Wettbewerbsverbot muss also so eindeutig formuliert sein, dass **aus Sicht des Arbeitnehmers kein vernünftiger Zweifel** über den Anspruch auf Karenzentschädigung bestehen kann. Dies gilt auch für Konkretisierungsklauseln!

3056 Für den Arbeitnehmer unverbindlich ist die Wettbewerbsvereinbarung auch, wenn die **Höhe der Karenzentschädigung** nicht mindestens die Hälfte der zuletzt bezogenen vertragsmäßigen Leistungen erreicht. Hier steht dem Arbeitnehmer ein Wahlrecht zu. Entscheidet er sich zugunsten der Einhaltung der Wettbewerbsabrede, steht ihm Karenzentschädigung in der **gesetzlichen Mindesthöhe** – und nicht etwa nur in dem geringeren vertraglich vereinbarten Umfang – zu *(streitig; a.A. LAG Baden-Württemberg 27.01.1997, LAGE § 74 HGB Nr. 16; offengelassen durch BAG 09.01.1990, AP Nr. 59 zu § 74 HGB)*.

Die **Höhe der Entschädigung** bleibt auch dann hinter § 74 Abs. 2 HGB zurück, wenn sie nicht für die gesamte Laufzeit des Wettbewerbsverbots zugesagt oder anderweitiger Verdienst **in erhöhtem Maße angerechnet** wird. Festzuhalten ist jedenfalls, dass der **Arbeitgeber** aus einer gegen § 74 Abs. 2 HGB verstoßenden Entschädigungszusage keine Rechte herleiten kann, dem **Arbeitnehmer** aber ein Wahlrecht zusteht!

b) Höhe der Entschädigung

Maßstab für das Entschädigungsversprechen ist die Vergütung einschließlich aller Zulagen mit Entgeltcharakter.

3057

Zu berücksichtigen sind bspw.:

- Grundgehalt einschließlich Provisionen, Gratifikationen, Tantiemen, Gewinnbeteiligungen, sonstige ergebnisorientierte Entgelte (LAG Hessen 10.02.1997 LAGE § 74 a HGB Nr. 1) sowie Zulagen
- Freiwillige Sondervergütungen, auch wenn ein Rechtsanspruch nicht besteht
- Anteil vom 13. Monatsgehalt
- Urlaubsgeld
- Geldwerte Naturalleistungen.

Es kommt also nicht darauf an, ob der Arbeitgeber zur Zahlung verpflichtet war. Die **faktische Gewährung** genügt. **Nicht berücksichtigt** werden hingegen die Arbeitgeberbeiträge zur Sozialversicherung und Zuschüsse zu einer privaten (Kranken-)Versicherung. Eine Abfindung in einem Folgearbeitsverhältnis ist nicht anrechenbar, anders der Dienst-Pkw *(LAG Hamm 30.03.2000, 16 Sa 1684/99)*.

Die **Hälfte der zuletzt bezogenen vertragsmäßigen Leistungen** i.S.v. § 74 Abs. 2 HGB darf nicht mit der Hälfte der zuletzt bezogenen Monatsvergütung gleichgesetzt werden *(s. LAG Hessen 10.02.1997, LAGE § 74 a HGB Nr. 1)*. Das zuletzt gezahlte Monatsgehalt ist mit 12 zu multiplizieren. Anschließend ist dieser Betrag um wechselnde oder nicht monatlich fällig werdende Beträge zu erhöhen und durch 2 zu dividieren.

3058

Schema zur Berechnung der Karenzentschädigung

3059

a) Berechnung der monatlichen Karenzentschädigung

- Letztes Jahreseinkommen*) : 2 = Jahreskarenzentschädigung
  (*) letztes Monatsgehalt x 12 zzgl. wechselnder oder nicht monatlich fällig werdender Leistungen
- Jahreskarenzentschädigung : 12 = Monatliche Karenzentschädigung

b) Anrechnung anderweitigen Erwerbs

- Letztes Jahreseinkommen (s.o. a))
    + 10 % bzw. 25 % (bei Wohnsitzwechsel)
    − jährlicher Karenzentschädigung
    = nicht anrechenbare Vergütung

- Neues Jahreseinkommen
    − nicht anrechenbare Vergütung
    = anrechenbare Vergütung pro Jahr

- Karenzentschädigung
  - anrechenbare Vergütung
  = zu zahlende Karenzentschädigung pro Jahr

BEISPIEL:

Monatsgehalt: 4.500 EUR; Jahresleistungsprämie: 6.000 EUR; neuer Monatsverdienst: 4.000 EUR; kein Wohnsitzwechsel

(a) Berechnung der monatlichen Karenzentschädigung

4.500 EUR x 12 + 6.000 EUR = 60.000 EUR : 2 = 30.000 EUR : 12 = 2.500 EUR

(b) Anrechnung anderweitigen Erwerbs

60.000 EUR + 10 % = 66.000 EUR − 30.000 EUR = 36.000 EUR (nicht anrechenbare Vergütung)

12 x 4.000 EUR = 48.000 EUR − 36.000 EUR = 12.000 EUR (anrechenbare Vergütung pro Jahr)

30.000 EUR − 12.000 EUR = 18.000 EUR (Karenzentschädigung pro Jahr)

3060 Der Anspruch auf die Karenzentschädigung ist **monatlich nachträglich** zu erfüllen (§ 74 b Abs. 1 HGB). Eine Vorverlegung dieses Zeitpunktes ist zulässig, ein Hinausschieben jedoch nicht. Der Gesamtbetrag der Karenzentschädigung kann jedoch im Vorhinein zugesagt werden. Selbst dann ist jedoch eine **Abzinsungsvereinbarung** wegen der Mindestgrenze des § 74 Abs. 2 HGB nicht möglich. Vorsicht: In der Vorauszahlung der gesamten Karenzentschädigung kann ein stillschweigender Verzicht auf die Anrechnung anderweitigen Erwerbs gesehen werden (s. → Rz. 3070).

3061 Der Anspruch auf die Karenzentschädigung **verjährt** nach § 196 Abs. 1 Nr. 8 BGB in 2 Jahren nach Schluss des Kalenderjahres, in dem der einzelne Anspruch fällig geworden ist.

3062 Die Karenzentschädigung kann auch von **tariflichen Ausschlussfristen** erfasst werden. Dies ist etwa bei folgender Klausel anzunehmen:

»Ansprüche aus dem Arbeitsverhältnis verfallen in Fällen der Beendigung des Arbeitsverhältnisses, wenn sie nach schriftlicher Geltendmachung nicht innerhalb von zwei Monaten durch Klage geltend gemacht werden.«

Ausnahmen von der Entschädigungspflicht, wie sie der Gesetzgeber ursprünglich vorgesehen hatte, bestehen heute praktisch nicht mehr (s. hierzu im Einzelnen § 75 b HGB).

c) Berechtigtes geschäftliches Interesse

3063 Die Wirksamkeit einer Wettbewerbsabrede hängt auch davon ab, dass ein **berechtigtes geschäftliches Interesse** des Arbeitgebers besteht. Schon nach dem Wortlaut reicht also der Schutz rein **privater Interessen** niemals aus. Gleiches gilt, wenn das Wettbewerbsverbot zumindest im Wesentlichen dem Ziel dient, dem Arbeitnehmer einen **Arbeitsplatzwechsel zu erschweren**. Auch bei Aufgabe des Betriebes durch den Arbeitgeber entfällt das berechtigte geschäftliche Interesse. Das Interesse des Arbeitgebers, **Fachkräfte zu La-**

sten der Konkurrenz zu blockieren oder jede Stärkung der Konkurrenz zu verhindern, genügt ebenfalls nicht *(BAG 01.08.1995, EzA § 74 HGB Nr. 57)*. Grundsätzlich ist zu verlangen, dass zwischen der verbotenen Tätigkeit und der bisherigen Funktion eine konkrete Beziehung besteht. Es muss zu befürchten stehen, dass der Arbeitnehmer in den Kunden- und Lieferantenkreis seines früheren Arbeitgebers einbricht oder geschäftliche Geheimnisse weitergibt. **Es sind also bislang ausgeübte und neue Tätigkeit zu vergleichen.**

Maßgebender Zeitpunkt für die Beurteilung des Vorliegens eines berechtigten Interesses ist der der **Geltendmachung der Wettbewerbsabrede**, nicht etwa der ihres Abschlusses. Besteht dann kein berechtigtes Interesse, kann der Arbeitnehmer sich auf die Unverbindlichkeit berufen. Hier können sog. **indirekte Wettbewerbsverbote**, etwa in Form von Rückzahlungsklauseln, vorzugswürdig sein *(Bauer/Diller, DB 1995, 426)*.

Ein zunächst wirksames Wettbewerbsverbot kann auch im Nachhinein unverbindlich werden! Geht das Wettbewerbsverbot über das berechtigte Interesse hinaus, so ist es auf das zulässige Maß zu reduzieren.

BEISPIEL:

Ist eine Wettbewerbsenthaltungsverpflichtung des Arbeitnehmers im Umkreis von 100 km vereinbart, stellt sich aber im Nachhinein heraus, dass auch 50 km den Interessen des Arbeitgebers genügen, so ist der Arbeitnehmer nur gehindert, im Umkreis von 50 km Wettbewerb zu betreiben.

d) Unbillige Erschwerung des Fortkommens

Unverbindlich ist die Wettbewerbsabrede auch, wenn sie unter Berücksichtigung der zu gewährenden Entschädigung nach Ort, Zeit und Gegenstand eine **unbillige Erschwerung des Fortkommens** des Arbeitnehmers nach sich zieht. Dies richtet sich nach dem **Maß der den Arbeitnehmer im Fall seines Ausscheidens treffenden Belastungen**. Selbst wenn ein erhebliches geschäftliches Interesse vorliegt, kann die Wettbewerbsabrede immer noch eine unbillige Erschwerung des Fortkommens darstellen. Im Einzelfall ist eine Abwägung unter Berücksichtigung aller Umstände vorzunehmen etwa Alter des Arbeitnehmers, Stellung im Betrieb, Umfang des Wettbewerbsverbots, Mobilität der Berufsgruppenangehörigen).

3064

Nach Auffassung des LAG Düsseldorf *(28.08.1996, LAGE § 74 HGB Nr. 15)* ist das Wettbewerbsverbot eines kaufmännischen Angestellten für die Personal- und Sachbearbeitung eines Zeitarbeitsunternehmens sogar **nichtig**, wenn ihm untersagt ist, weder ein Geschäft zu unterrichten, noch zu betreiben, noch sich an einem solchen zu beteiligen, noch für ein solches tätig zu sein). Eine **über der Mindestgrenze** liegende **Karenzentschädigungszusage** kann aber eine Wettbewerbsabrede wirksam machen, die bei alleiniger Zahlung der Mindestentschädigung eine unbillige Erschwerung des Fortkommens darstellte.

Auch bei der Beurteilung der Frage der **unbilligen Erschwerung des Fortkommens** kommt es auf den Zeitpunkt der Aufnahme der Konkurrenztätigkeit an.

e) Zeitliche Begrenzung des Wettbewerbsverbotes

3065 Das Wettbewerbsverbot kann dem Arbeitnehmer Beschränkungen nur für die **Dauer von höchstens 2 Jahren** auferlegen. Darüber hinausgehend wird unwiderleglich eine unbillige Erschwerung des Fortkommens vermutet, mit der Folge, dass die Wettbewerbsabrede **insoweit unverbindlich** ist, als sie die Obergrenze überschreitet.

Die **Grenze von 2 Jahren** ist dabei eine **Höchstgrenze**! Auch bei einer kürzeren Bindung kann Unbilligkeit vorliegen.

Probleme tauchen häufig bei der **Berechnung der 2-jährigen Höchstdauer** auf. Hier kann man sich als Faustregel folgende 4 **Fallgruppen** merken:

- **Kündigt der Arbeitgeber zu Unrecht fristlos**, läuft die Frist von der tatsächlichen Beendigung des Arbeitsverhältnisses an, da der Arbeitgeber ansonsten aus seiner unwirksamen Maßnahme Vorteile in Form einer Verlängerung der Wettbewerbsbindung ziehen würde.
- **Läuft zunächst ein Kündigungsschutzprozess**, in dessen Verlauf der Arbeitnehmer weiter beschäftigt wird, beginnt die Frist erst mit dem tatsächlichen Ende des Arbeitsverhältnisses.
- **Wird der Arbeitnehmer nicht weiter beschäftigt**, ist regelmäßig auf den rechtlichen Beendigungszeitpunkt abzustellen.
- **Kündigt** der **Arbeitnehmer** zu Unrecht **fristlos**, gilt das Wettbewerbsverbot vom Zeitpunkt der rechtlichen Beendigung an.
- Entsprechend den soeben skizzierten Fallgruppen kann verfahren werden, wenn das Arbeitsverhältnis durch (arbeitsgerichtlichen oder »einfachen« **Vergleich** endet.

f) Räumliche Begrenzung des Wettbewerbsverbots

3066 Auch **in räumlicher Hinsicht** unterliegt die Wettbewerbsabrede gewissen Beschränkungen. Dem Arbeitnehmer muss insbesondere eine **berufliche Bewegungsfreiheit** verbleiben. In diesem Zusammenhang ist darauf hinzuweisen, dass eine für das Gebiet der früheren Bundesrepublik einschließlich Berlin-West vereinbarte Wettbewerbsabrede **im Wege der ergänzenden Vertragsauslegung** auf das gesamte heutige Gebiet der Bundesrepublik erstreckt werden kann *(LAG Berlin 26.03.1991, LAGE § 74 HGB Nr. 6)*.

IV. Rechtsmängel der Wettbewerbsabrede

3067 Leidet die Wettbewerbsabrede an **Rechtsmängeln**, so ist im Hinblick auf die sich hieraus ergebenden Folgen eine differenzierte Betrachtung geboten. Es muss zwischen **Nichtigkeit und Unverbindlichkeit** unterschieden werden. Liegt Unverbindlichkeit vor, steht dem Arbeitnehmer, nicht aber dem Arbeitgeber, ein **Wahlrecht** zu, ob er sich für die Einhaltung der Wettbewerbsabrede entscheidet.

In folgenden Fällen ist eine solche **Unverbindlichkeit** mit der Rechtsfolge des **Wahlrechts** des Arbeitnehmers anzunehmen:

- Unzureichende Karenzentschädigung
- Fehlen des berechtigten geschäftlichen Interesses
- Erschwerung des beruflichen Fortkommens
- Überschreitung des Höchstzeitraums von 2 Jahren.

Nichtigkeit der Wettbewerbsabrede ist hingegen gegeben, wenn die Formvorschriften des § 74 Abs. 1 HGB nicht eingehalten werden. Gleiches gilt, wenn überhaupt keine Karenzentschädigung zugesagt ist. In diesen Fällen können beiderseits keine Rechte aus der Wettbewerbsabrede hergeleitet werden.

Ob ein unwirksames Wettbewerbsverbot zur **Gesamtnichtigkeit** des Arbeitsvertrages führt, hängt von den Umständen des Einzelfalles ab. Regelmäßig wird dies zu verneinen sein. Umgekehrt bleibt auch die Wettbewerbsabrede von dem nichtigen Arbeitsverhältnis unberührt, es sei denn, dieses ist noch nicht in Vollzug gesetzt worden und der Arbeitnehmer hat noch keine Betriebsgeheimnisse erfahren.

Den Unterschied zwischen Unverbindlichkeit und Nichtigkeit verdeutlicht nachfolgende Übersicht:

3068

- Unverbindlichkeit
  - Wahlrecht des Arbeitnehmers
  - bei Wettbewerbsenthaltung Anspruch auf Karenzentschädigung
- Nichtigkeit
  - kein Wahlrecht des Arbeitnehmers
  - keine Wettbewerbsenthaltung, keine Karenzentschädigung aber evtl. Schadensersatz

V. Anspruch auf die Karenzentschädigung

Liegt eine wirksame Wettbewerbsabrede vor und enthält sich der Arbeitnehmer Wettbewerbshandlungen, hat er **Anspruch auf Zahlung einer Karenzentschädigung**. Diese beträgt entsprechend den obigen Grundsätzen zumindest die Hälfte der zuletzt bezogenen vertragsgemäßen Leistungen. Allerdings sind hier gewisse **Obergrenzen** zu beachten. So wird anderweitiger Verdienst in einem gewissen Umfang angerechnet.

3069

Auch ist zu berücksichtigen, ob der Arbeitnehmer infolge der Wettbewerbseinschränkung gezwungen ist, seinen Wohnsitz zu verlegen, um an anderer Stelle seiner Tätigkeit nachgehen zu können *(BAG 13.02.1996, EzA § 74 HGB Nr. 58)*.

1. Anrechnung anderweitigen Erwerbs

Der Arbeitnehmer muss sich auf die Entschädigung in einem bestimmten Umfang anrechnen lassen, was er während des Zeitraumes, für den die Entschädigung gezahlt wird, durch anderweitige Verwertung seiner Arbeitskraft erwirbt oder zu erwerben böswillig unterlässt (§ 74 c HGB). Dies **kann vertraglich zugunsten des Arbeitnehmers ausgeschlossen werden**. Eine **erhöhte Anrechnung** kann nicht vereinbart werden.

3070

Vereinbaren die Parteien der Wettbewerbsabrede, dass die Karenzentschädigung für die gesamte Dauer des Wettbewerbsverbots **in einem Betrage im voraus** zu zahlen ist, muss mangels gegenteiliger ausdrücklicher Abrede angenommen werden, dass der Handlungsgehilfe die Entschädigung ohne Rücksicht auf etwaige sonst anrechenbare Einnahmen erhalten soll.

Ist dies nicht geschehen, erfolgt die **Anrechnung nur innerhalb bestimmter Grenzen**. Sie beginnt ab einem Grenzbetrag von 110 % der in dem Arbeitsverhältnis zuletzt erhaltenen Bezüge. Ist der Arbeitnehmer jedoch wegen des Wettbewerbsverbotes gezwungen, seinen Wohnsitz zu verlegen, erhöht sich der Grenzbetrag auf 125 % des bisherigen Verdienstes. Eine Anrechnung kommt also solange nicht in Betracht, wie die gezahlte Karenzentschädigung zuzüglich des anderweitigen Erwerbs bzw. Nichterwerbs einen Betrag von 110 % bzw. 125 % des bisher erzielten Arbeitseinkommens nicht übersteigt.

Ein **erzwungener Wohnsitzwechsel** liegt nur vor, wenn das Wettbewerbsverbot ursächlich für den Wohnsitzwechsel war, der Arbeitgeber also an seinem bisherigen Wohnsitz oder in dessen Einzugsbereich ohne das Wettbewerbsverbot eine vergleichbare Beschäftigung hätte aufnehmen können. Die **Beweislast** trifft den Arbeitnehmer. Es genügt dabei, wenn er darlegt, dass er mit Rücksicht auf das Wettbewerbsverbot eine seiner früheren Tätigkeit vergleichbare Beschäftigung nur bei einem branchenfremden ortsansässigen Arbeitgeber unter dem Vorbehalt der späteren Versetzung aufnehmen konnte *(BAG 08.11.1994, EzA § 74 c HGB Nr. 33).*

BEISPIEL:

Der Arbeitnehmer A ist bei der S-AG als Systemspezialist beschäftigt. Mit ihm ist ein nachvertragliches Wettbewerbsverbot vereinbart. Nach mehreren vergeblichen Bewerbungen im Raum München nahm der A eine niedriger vergütete Beschäftigung bei einem Mobilfunkunternehmen in Düsseldorf auf und verlegte seinen Wohnsitz dorthin. Er meint, es greife die Anrechnungsgrenze von 125%.

Dies hat das BAG (23.02.1999, 9 AZR 739/97) bestätigt. Hiernach gilt: Für die Erhöhung der Anrechnungsgrenze genügt, dass der Arbeitnehmer eine nach Art, Vergütung und Aufstiegschancen seiner bisherigen Tätigkeit nahekommende Stellung nur in einer anderen Stadt bei einem nicht vom Wettbewerbsverbot erfassten Unternehmen finden kann.

Ursächlich für den Wohnsitzwechsel ist ein Wettbewerbsverbot aber nur dann, wenn sich am bisherigen Wohnsitz überhaupt ein Wettbewerber befindet.

3071 Die Anrechnung laufender Bezüge erfolgt im Regelfall nur für den Monat, in dem das anderweitige Arbeitseinkommen erzielt worden ist *(LAG Hamm 30.03.2000, 16 Sa 1684/99).* Dies bedeutet: Liegt der Neuverdienst des Arbeitnehmers zunächst unter der Anrechnungsgrenze, so ist die Anrechnung für diese Monate später auch dann **nicht nachzuholen**, wenn der Arbeitnehmer jetzt weit mehr verdient.

BEISPIEL:

Arbeitnehmer A verdient im Januar und Februar nur 2.000 EUR und liegt weit unter der Anrechnungsgrenze. Im März liegt sein Verdienst jedoch weit über der Anrechnungsgrenze.
Hier ist für Januar und Februar keine rückwirkende Anrechnung vorzunehmen.

Die erhaltene Entschädigung braucht **nicht** zurückgezahlt zu werden, wenn nach Ablauf der Verbotszeit feststeht, dass der Gesamtverdienst so hoch war, dass beim Abstellen auf den Gesamtzeitraum gar keine Entschädigung angefallen wäre. Andererseits kann der Arbeitnehmer auch **keine Nachzahlung** verlangen, wenn er sich zunächst viel anrechnen lassen muss, der Verdienst später aber wieder abfällt.

Liegen nicht laufende Bezüge sondern andere Arbeitsvergütungen vor, die sich auf das Jahr oder einen größeren Zeitraum beziehen, sind sie **anteilig** zu berechnen. Der je Monat anzurechnende Betrag muss ermittelt werden, indem die Vergütung durch die Zahl der Monate geteilt wird, für die sie gezahlt worden ist. Im Fall der **Jahresgratifikation** ergibt sich daher ein Betrag von 1/12 pro Monat.

BEISPIEL:

Läuft das Wettbewerbsverbot im April 2000 ab und erhält der Arbeitnehmer im Dezember 2000 eine Jahresgratifikation, so ist diese auf die gezahlte Karenzentschädigung für die Monate Januar bis April 2000 anzurechnen.

Eine **monatliche Anrechnung des Neuverdienstes** kann nicht erfolgen, wenn der ehemalige Arbeitnehmer kein festes monatliches Einkommen hat. Dies kommt insbesondere bei einer **selbständigen Tätigkeit** in Betracht. Hier sind die anrechnungspflichtigen Einkünfte grundsätzlich jährlich zu ermitteln und mit der **Jahreskarenzentschädigung** zu verrechnen.

3072

Anzurechnen ist das Arbeitseinkommen aus **jeder anderweitigen Verwertung der Arbeitskraft (damit aber keine Abfindung)**. Es kommt also nicht darauf an, ob der anderweitige Erwerb aus selbständiger oder unselbständiger Tätigkeit erzielt wurde. Auslagen des Arbeitnehmers sind hierbei abzuziehen. Wird dem Arbeitnehmer von dritter Seite freiwillig etwas zugewandt, scheidet eine Anrechnung regelmäßig aus.

Vom Finanzamt anerkannte Werbungskosten können nicht von dem anrechenbaren neuen Arbeitseinkommen des Arbeitnehmers abgesetzt werden! Diese sind nicht identisch mit Auslagen i.S.d. § 74 b Abs. 2 HGB.

Neben dem tatsächlich Verdienten muss sich der Arbeitnehmer noch das anrechnen lassen, was zu erwerben er **böswillig unterlässt** (§ 74 c Abs. 1 Satz 1 HGB). Ein böswilliges Unterlassen liegt vor, wenn der Arbeitnehmer **in Kenntnis der objektiven Umstände** (Arbeitsmöglichkeit, Zumutbarkeit der Arbeit, Nachteilsfolge für den Arbeitgeber) **vorsätzlich untätig bleibt oder sich wegen der Zahlungspflicht des Arbeitgebers mit einer zu geringen Vergütung zufrieden gibt**. Eine **Schädigungsabsicht** ist hier nicht erforderlich. Es reicht ein vorsätzliches Verhalten. Allerdings ist der Arbeitnehmer nicht ver-

3073

pflichtet, im Interesse seines ehemaligen Arbeitgebers alle Verdienstchancen zu realisieren. Er muss nur seine Arbeitskraft **in zumutbarer Weise** verwerten. So handelt ein Arbeitnehmer nicht böswillig, wenn er nach eigener Kündigung ein Weiterbeschäftigungsangebot des Arbeitgebers ablehnt. Gleiches gilt, wenn das Arbeitsverhältnis nicht durch Kündigung, sondern **aus Altersgründen** endet. Nimmt der durch ein Wettbewerbsverbot gebundene Arbeitnehmer nach dem Ausscheiden ein **mehrjähriges Studium auf**, um die Voraussetzungen zu schaffen, seine berufliche Tätigkeit zukünftig auf eine ganz andere Grundlage stellen zu können, liegt allein hierin kein böswilliges Unterlassen *(BAG 13.02.1996, EzA § 74 HGB Nr. 58; a.A. LAG Hessen 28.02.1994, LAGE § 74 HGB Nr. 10).* Dasselbe Problem stellt sich bei sonstigen Umschulungsmaßnahmen. Es gilt allgemein: Die bloße Wettbewerbsenthaltung genügt, um den Anspruch auf Karenzentschädigung auszulösen.

Tipp

Da der Arbeitgeber nur selten erfahren wird, was der Arbeitnehmer anderweitig verdient, steht ihm ein **Auskunftsanspruch** zu. Bei Einkünften aus selbständiger Tätigkeit kann er die Vorlage des Einkommensteuerbescheides verlangen. Er hat **kein Recht**, in **Geschäftsbücher** einzusehen oder die Vorlage einer **Bilanz** zu verlangen. Verweigert der Arbeitnehmer die Auskunft, so kann der Arbeitgeber die Karenzentschädigung zurückhalten. Die **Darlegungs- und Beweislast** für das böswillige Unterlassen trägt der Arbeitgeber *(LAG Hessen 28.02.1994, NZA 1995, 632, 633).* Das BAG *(a.a.O.)* stellt dem **Arbeitgeber hohe Hürden** in den Weg. Statistische Auswertungen über Job-Angebote genügen nicht, wenn diese keine Aussagekraft im Hinblick auf konkrete Verdienst- und Beschäftigungsmöglichkeiten für den Arbeitnehmer enthalten. Auch die Studienaufnahme ist als Indiz nicht ausreichend.

2. Steuerliche Behandlung der Karenzentschädigung

3074 Die **Karenzentschädigung** unterliegt der **Lohnsteuerpflicht**. Ob sie nur mit dem halben Steuersatz versteuert werden muss (§§ 24, 34 EStG), war teilweise umstritten *(BFH 12.06.1996, BB 1996, 1811; BFH 23.02.1999, BB 1999, 1642* und → Rz. 8035). Voraussetzung ist stets eine **Zusammenballung von Einnahmen;** die Karenzentschädigung kann daher nur steuerbegünstigt sein, wenn sie in einem Veranlagungszeitraum zufließt, sich aber auf mehr als einen Veranlagungszeitraum erstrecken soll. Beachte auch die zwischenzeitliche Änderung **der Steuervergünstigung des § 34 EStG.** Den Parteien ist anzuraten, eine Lohnsteueranrufungsauskunft beim Betriebsstättenfinanzamt einzuholen (§ 42 e EStG).

3. Sozialversicherungsrechtliche Behandlung der Karenzentschädigung

3075 Die Karenzentschädigung ist sozialversicherungsfrei. Sie ist kein Arbeitsentgelt, da sie für die **Zeit nach Beendigung des Arbeitsverhältnisses** gezahlt wird und diesem nicht zugerechnet werden kann. Hiermit einher geht dann natürlich eine erhebliche Minderung der Sozialversicherungsrenten.

4. Pfändungsschutz und weitere Einzelfälle

Die Karenzentschädigung ist **Arbeitseinkommen im Sinne des Lohnpfändungsrechts**. Sie kann also wie dieses gepfändet werden. Bei der Berechnung des pfändbaren Einkommens ist die Karenzentschädigung mit einem anderweitigen Arbeitseinkommen **zusammenzurechnen** (§ 850 e Nr. 2 ZPO). Soweit die Karenzentschädigung unpfändbar ist, kann sie **weder abgetreten noch kann gegen sie aufgerechnet** werden §§ 400, 394 BGB.

3076

Denkbar sind auch **Ausschlussfristen für die Geltendmachung von Ansprüchen auf Karenzentschädigung**. Diese können sogar in **Formulararbeitsverträgen** enthalten sein. Eine Klausel, nach der alle beiderseitigen Ansprüche aus dem Arbeitsverhältnis und solche, die mit dem Arbeitsverhältnis in Verbindung stehen, dem Verfall unterliegen, erfasst auch Ansprüche auf Karenzentschädigung *(BAG 17.06.1997, EzA § 74 HGB Nr. 60)*.

VI. Aufhebung und Änderung des Wettbewerbsverbotes

1. Einvernehmliche Aufhebung oder Änderung

Eine **einvernehmliche Aufhebung oder Änderung** des Wettbewerbsverbotes ist **jederzeit** möglich, und zwar auch durch mündliche Vereinbarung. Unterliegen vertragliche Änderungen einem **vereinbarten Schriftformzwang**, so sind mündliche Vereinbarungen dann wirksam, wenn die Parteien die Maßgeblichkeit der mündlichen Vereinbarung übereinstimmend gewollt haben. Eine bloß **einvernehmliche Aufhebung des Arbeitsverhältnisses** berührt hingegen die Wettbewerbsabrede in der Regel selbst dann nicht, wenn die Wettbewerbsklausel Bestandteil des Arbeitsvertrages war. Zur Problematik von Aufhebungsvertrag und Wettbewerbsabrede s. → Rz. 4050 und → 4078b.

3077

Nach Beendigung des Arbeitsverhältnisses kann eine Abänderung der Wettbewerbsabrede auch ohne Einhaltung der Schutzvorschriften der §§ 74 ff. HGB erfolgen. Auch ein entschädigungsloses Wettbewerbsverbot ist dann möglich.

2. Verzicht durch den Arbeitgeber

Der **Arbeitgeber** kann vor Beendigung des Arbeitsverhältnisses durch schriftliche Erklärung **auf das Wettbewerbsverbot** mit der Wirkung **verzichten**, dass er mit Ablauf eines Jahres seit der Erklärung von der Verpflichtung zur Zahlung der Karenzentschädigung frei wird (§ 75 a HGB). Dabei ist es grundsätzlich ohne Bedeutung, wie lange das Arbeitsverhältnis nach dem Verzicht noch weitergeführt wird. Der **Arbeitnehmer wird also sofort frei**, der Arbeitgeber muss, falls das Arbeitsverhältnis früher als ein Jahr nach der Verzichtserklärung beendet wird, von der Beendigung an bis zum Ablauf dieses Jahres die Karenzentschädigung zahlen.

3078

Die **Verzichtserklärung** muss deutlich und zweifelsfrei erkennen lassen, dass der Arbeitnehmer mit sofortiger Wirkung von der Pflicht, Wettbewerbshandlungen zu unterlassen, befreit ist. **Vorbehalte und Bedingungen** sind unzulässig. **Nach Beendigung** des Arbeitsverhältnisses kommt ein Verzicht selbstverständlich nicht mehr in Betracht.

Während des bestehenden Arbeitsverhältnisses hat der Arbeitgeber keinen Anspruch darauf zu erfahren, welche Tätigkeit der Arbeitnehmer zukünftig aus- üben will. Ansonsten hätte es der Arbeitgeber in der Hand, durch rechtzeitige Nachfrage und eventuellen Verzicht eine Verpflichtung zur Zahlung der Karenzentschädigung zu umgehen.

BEISPIEL:

Arbeitgeber A erfährt gerüchteweise, dass Arbeitnehmer B aus familiären Gründen in einem Jahr 200 km vom bisherigen Arbeitsort wegziehen muss. Daraufhin erwägt er einen Verzicht auf das Wettbewerbsverbot. Er will jedoch sichergehen und fragt B nach seinen Plänen. Einem Auskunftsansinnen braucht B nicht nachzukommen.

3. Wegfall des Wettbewerbsverbots nach Kündigung

3079   Auch durch eine **Kündigung** kann der Bestand der Wettbewerbsvereinbarung beeinträchtigt werden. Keiner näheren Betrachtung bedarf dabei die Beendigung des Arbeitsverhältnisses durch eine **ordentliche Kündigung des Arbeitnehmers**. Genau dieser Fall sollte mit der Wettbewerbsvereinbarung geregelt werden. Ein im Übrigen wirksames Wettbewerbsverbot bleibt also bestehen, der Arbeitnehmer hat Anspruch auf die Karenzentschädigung.

Kündigt der Arbeitnehmer das Arbeitsverhältnis nach § 626 BGB aus wichtigem Grund fristlos und liegt tatsächlich ein wichtiger Grund vor, so wird das Wettbewerbsverbot unwirksam, wenn der Arbeitnehmer vor Ablauf eines Monats nach der Kündigung schriftlich erklärt, dass er sich an die Vereinbarung nicht mehr gebunden erachtet (§ 75 Abs. 1 HGB). Gleiches gilt für eine ordentliche arbeitnehmerseitige Kündigung oder den Abschluss eines Aufhebungsvertrages, wenn ein außerordentlicher Kündigungsgrund für den Arbeitnehmer objektiv vorlag und dies dem Arbeitgeber auch bekannt war. Dem Arbeitnehmer steht also in den vorgenannten Fällen ein Wahlrecht zu.

3080   Bei einer ordentlichen Kündigung durch den Arbeitgeber sind zwei Fallgruppen zu unterscheiden:

- Besteht in der Person des Arbeitnehmers ein **erheblicher Anlass** für die Kündigung, so bleibt dieser an die Wettbewerbsabrede gebunden.
- Liegt hingegen **kein erheblicher Anlass** vor, so kann der Arbeitnehmer sich von der Wettbewerbsabrede lossagen. Ihm steht ein Wahlrecht zu, ob er sich dem Wettbewerbsverbot unterwerfen will. Dieses kann der Arbeitgeber ausschließen, indem er sich bei der ordentlichen Kündigung verpflichtet, für die Dauer des Wettbewerbsverbots den zuletzt bezogenen Verdienst in voller Höhe weiterzuzahlen. Zur Anrechnung anderweitigen Erwerbs in diesen Fällen s. *Welslau, HzA Gruppe 1, Teilbereich 6, Rdnr. 2283*.

Umstritten ist die Beurteilung der Frage, wann ein **erheblicher Anlass** vorliegt. Sicherlich ist hierfür kein wichtiger Grund i.S.d. § 626 BGB erforderlich, andererseits kann auch nicht jeder personen- oder verhaltensbedingte Kündigungsrund ausreichen. Ein erheblicher Anlass soll voraussetzen, dass ein Grund vorliegt, der **über einen normalen Kündi-**

gungsgrund hinausgeht. Dieser muss nicht vom Arbeitnehmer verschuldet sein (etwa Krankheit). Bei der **betriebsbedingten Kündigung** hat der Arbeitnehmer immer ein Wahlrecht, es sei denn, diese ist an die Stelle einer sonst auszusprechenden Kündigung aus erheblichem Anlass getreten. Die **Frist von einem Monat** für den Arbeitnehmer, innerhalb derer er sich von dem Wettbewerbsverbot lossagen muss, beginnt grundsätzlich mit der Kündigung. Dies gilt auch dann, wenn die Parteien sich später über die Beendigung des Arbeitsverhältnisses einigen. Der Arbeitnehmer muss also unbedingt **vorsorglich die Erklärung nach § 75 Abs. 1 HGB abgeben**, selbst wenn er die Kündigung im Prozess anficht. Andernfalls bleibt das Wettbewerbsverbot wirksam.

Kündigt der Arbeitgeber das Arbeitsverhältnis aus wichtigem Grund wegen vertragswidrigen Verhaltens, so hat nach der Regelung des § 75 Abs. 2 HGB der Arbeitnehmer keinen Anspruch auf die Karenzentschädigung, soll aber an das Wettbewerbsverbot gebunden bleiben. Diese Regelung ist jedoch verfassungswidrig. An ihrer Stelle gilt Folgendes: Der Arbeitgeber hat ein Wahlrecht. Er kann innerhalb eines Monats nach der außerordentlichen Vertragsbeendigung schriftlich erklären, dass er sich an das Wettbewerbsverbot nicht mehr gebunden halte *(BAG 19.05.1998, EzA § 75 HGB Nr. 15; bei einer späteren Wiederholungskündigung kann dann eine neuerliche Lösungserklärung entbehrlich sein)*. Von der Pflicht zur Zahlung der Karenzentschädigung wird der Arbeitgeber dann frei. Hier besteht eine Parallele zur berechtigten außerordentlichen Kündigung des Arbeitnehmers (s. auch → Rz. 3079). Die Lossagung muss eindeutig ergeben, dass der Arbeitgeber keine Karenzentschädigung zahlen will und den Arbeitnehmer mit sofortiger Wirkung aus dem Verbot entlässt. Ansonsten fehlt es an einer wirksamen Erklärung.

3081

VII. Rechtsfolgen der Verletzung des Wettbewerbsverbotes

3082

1. Unterlassungsklage

Im Hinblick auf die getroffene Vereinbarung schuldet der Arbeitnehmer dem Arbeitgeber grundsätzlich die **Unterlassung von Wettbewerbshandlungen**. Diesen Anspruch kann der Arbeitgeber mittels einer **Unterlassungsklage** vor dem Arbeitsgericht geltend machen. Auch eine **einstweilige Verfügung** ist möglich. Die zu unterlassene Handlung muss genau bezeichnet werden.

3083

Der Arbeitgeber ist nicht nur auf den Unterlassungsanspruch beschränkt, er kann **darüber hinaus** auch einen **Beseitigungsanspruch** geltend machen. Hierzu gehört etwa die Schließung eines dem Verbot zuwider laufenden Erwerbsgeschäftes und die Löschung im Handelsregister. Ist der Arbeitnehmer unter Verstoß gegen die Wettbewerbsvereinbarung in die Dienste eines anderen Unternehmens getreten, so kann der Arbeitgeber **die Beendigung des Vertragsverhältnisses** verlangen.

2. Wegfall der Entschädigungspflicht

3084 Der Arbeitgeber kann aufgrund des wettbewerbswidrigen Verhaltens des Arbeitnehmers auch vom Wettbewerbsverbot **zurücktreten oder Schadensersatz wegen Nichterfüllung** verlangen. **Tritt er zurück,** verliert das Wettbewerbsverbot aber seine Wirksamkeit. Dies ist also regelmäßig ein schlechter Weg.

> **Tipp:** Übt der Arbeitnehmer eine unerlaubte Konkurrenztätigkeit aus, so wird der Arbeitgeber während dieser Zeit von seiner Pflicht zur Zahlung der Karenzentschädigung befreit (Gedanke der §§ 325, 323 BGB). Der Wegfall des Entschädigungsanspruchs beschränkt sich dabei auf **den Zeitraum, in dem der Arbeitnehmer Wettbewerb gemacht hat.** Hält er sich später wieder an das Verbot, so steht ihm die Karenzentschädigung für die Zukunft wieder zu.

3. Auskunftsanspruch

3085 Ein **Auskunftsanspruch des Arbeitgebers** ist im Gesetz nicht ausdrücklich geregelt, wird von der Rechtsprechung aber dann anerkannt, wenn der Arbeitnehmer durch sein Verhalten Anlass zu der Annahme gegeben hat, er habe das Wettbewerbsverbot verletzt. Selbstverständlich kann auch hier nicht ins Blaue hinein Auskunft verlangt werden!

4. Vertragsstrafen

3086 Zur **Sicherung einer Wettbewerbsabrede** kann auch eine **Vertragsstrafe** vereinbart werden. Ansprüche aus dieser kann der Arbeitgeber aber nur nach Maßgabe des § 340 BGB geltend machen. Er kann also nicht parallel Wettbewerbsunterlassung und Vertragsstrafe verlangen. Aber Vorsicht! Als Teil der Wettbewerbsabrede unterliegt das Vertragsstrafeversprechen auch im Fall nachträglicher Vereinbarung der Form des § 74 Abs. 1 HGB. Hinsichtlich der **Höhe der Vertragsstrafe** sind die Parteien grundsätzlich frei. Allerdings kommt evtl. eine Herabsetzung der Vertragsstrafe in Betracht (s. § 343 BGB). Der Arbeitnehmer muss dann vor Gericht einen entsprechenden **Antrag** stellen. Das Gericht legt dann die **Höhe der Vertragsstrafe** unter Abwägung aller Umstände fest.

VIII. Wettbewerbsverbote in besonderen Fallkonstellationen

1. Wettbewerbsabrede und Eintritt in den Ruhestand

3087 Ein nachvertragliches Wettbewerbsverbot entfällt nicht dadurch, dass der Arbeitnehmer in den Ruhestand eintritt, da er grundsätzlich auch als Ruheständler Konkurrenz betreiben kann. Diese für viele Arbeitgeber überraschende Erkenntnis muss unbedingt beachtet werden! Es empfiehlt sich, hier eine Art Fristenbuch zu führen, damit ggf. rechtzeitig auf die Wettbewerbsvereinbarung verzichtet werden kann. In dieses Fristenbuch sind die bestehenden Wettbewerbsabreden und die voraussichtlichen Zeitpunkte des Ausscheidens der Mitarbeiter einzutragen. Allerdings ist der Ruheständler dann selbstverständlich auch nicht gehindert, eine Konkurrenztätigkeit zu entfalten. Nach Ende des Arbeitsverhältnisses und Eintritt in den Ruhestand ist ein solcher Verzicht nicht mehr möglich!

Allerdings kann die Nichtgeltung der Wettbewerbsabrede für den Fall des Erreichens einer bestimmten Altersgrenze oder des Eintritts in den Ruhestand vorgesehen werden. Dann unterliegt der Ruheständler jedoch auch keinem Konkurrenzverbot, ist also insbesondere an einer Konkurrenztätigkeit durch eine etwaige Betriebsrente nicht gehindert. Diese substituiert keine Wettbewerbsabrede!

Eine Anrechnung von gesetzlichen Renten auf die Karenzentschädigung kommt nicht in Betracht. Die gesetzliche Rente wird nämlich nicht durch anderweitige Verwertung der Arbeitskraft erworben. Auch eine Betriebsrente wird grundsätzlich nicht anzurechnen sein.

Jedoch kann in einer **Versorgungsordnung** wirksam vorgesehen werden, dass die Karenzentschädigung auf die Betriebsrente angerechnet wird. In der Wettbewerbsvereinbarung selber ist dies nicht möglich, weil ansonsten die Karenzentschädigung hinter dem durch § 74 Abs. 2 HGB festgelegten Mindestumfang zurückbleiben würde. Hier ist also auf die **richtige Vertragsgestaltung** zu achten.

Entfaltet der Ruheständler entgegen einem vertraglichen Wettbewerbsverbot unerlaubte Konkurrenztätigkeit, so ist der Arbeitgeber grundsätzlich nicht berechtigt, eine **Versorgungszusage** zu **widerrufen**. Allerdings kann im extremen Einzelfall die Berufung des Arbeitnehmers auf die Zusage rechtsmissbräuchlich sein. Die Darlegungs- und Beweislast trägt der Arbeitgeber (BAG 15.06.1993, EzA § 74 HGB Nr. 55). Keineswegs kann ein Wettbewerbsverbot dadurch ersetzt werden, dass dem Arbeitnehmer eine Betriebsrente zugesagt wird (s. → Rz. 3087). 3088

> **BEISPIEL:**
> Dem Arbeitnehmer ist eine Betriebsrente von 34,50 EUR monatlich zugesagt. Für ein nachvertragliches Wettbewerbsverbot hätten ca. 3.000 EUR aufgewendet werden müssen. Die Betriebsrente von 34,50 EUR vermittelt kein nachvertragliches Wettbewerbsverbot (vgl. BAG 03.04.1990, EzA § 1 BetrAVG Rechtsmissbrauch Nr. 2; BAG 15.06.1993, EzA § 74 HGB Nr. 55).

> **BEISPIEL:**
> Der bei dem Großunternehmen G beschäftigte Arbeitnehmer A soll vorzeitig aus dem Arbeitsverhältnis ausscheiden. Zum Ausgleich der entstehenden Nachteile wird ihm die Aufstockung seiner vertraglichen Pensionszahlungen zugesagt und das bisherige Wettbewerbsverbot aufgehoben. A entfaltet in der Folge Konkurrenztätigkeit.
>
> Das BAG geht davon aus, dass die **Zusage erhöhter Versorgungsleistungen** keine Pflicht des A begründet, sich einer Konkurrenztätigkeit zu enthalten. Solange der ehemalige Arbeitnehmer seine nachwirkende Verschwiegenheitspflicht nicht verletzt, ist er nicht gehindert sein Wissen, bei einem Konkurrenten einzusetzen und zu verwerten. Auch eine Umdeutung einer Abfindungszahlung in eine (teilweise) Karenzentschädigung kommt nicht in Betracht. Auch hier wird die Abfindung nicht dazu benützt, eine Karenzentschädigung zu substituieren. **Der sichere Weg heißt daher: Wettbewerbsabrede und Anrechnung der Karenzentschädigung auf die erhöhte Betriebsrente.**

2. Wettbewerbsverbot und Insolvenz des Arbeitgebers

3089 Die Behandlung von **Wettbewerbsverboten in der Insolvenz** des Arbeitgebers war unter Geltung der alten KO teilweise umstritten. Für die alte KO galt folgendes: War der Arbeitnehmer bereits aus dem Arbeitsverhältnis ausgeschieden, so **berührte die Konkurseröffnung die Wettbewerbsabrede** nicht. Im Falle des Ausscheidens des Arbeitnehmers nach Konkurseröffnung hatte der **Konkursverwalter ein Wahlrecht (§ 17 KO)**. Er konnte überlegen, ob er die Wettbewerbsenthaltung verlangte. Dann musste er jedoch auch die Karenzentschädigung zahlen. **Bis zur Eröffnung des Konkursverfahrens** erwachsene Karenzentschädigungsansprüche standen rangmäßig Dienstbezügen gleich (§ 59 Abs. 1 Nr. 3 b KO). Sie waren demnach ebenso bevorrechtigt wie Lohn- und Gehaltsrückstände. Lag ein mehr als 12-monatiger Zahlungsrückstand vor, handelte es sich nur um eine **einfache Konkursforderung** (§ 61 Abs. 1 Nr. 6 KO). Unter Geltung der neuen **InsO** greifen keine Besonderheiten mehr ein.

3. Wettbewerbsverbote und Betriebsübergang

3090 Ist der Arbeitnehmer noch zum Zeitpunkt der Betriebsveräußerung im Unternehmen beschäftigt, geht die **Wettbewerbsabrede auf den Erwerber über**. Die Entscheidung über das Ob und gegebenenfalls den Umfang ihrer Wirksamkeit hängt aber nunmehr von dem **Verhältnis Arbeitnehmer/Betriebserwerber** ab. Das berechtigte Interesse muss also nun in der Person des Erwerbers bestehen. Ob der Veräußerter ein solches hatte, wird unerheblich.

Höchst umstritten ist hingegen die Frage, ob und wenn ja, in welchem Umfang der Erwerber in **Wettbewerbsabreden bereits ausgeschiedener Arbeitnehmer** eintritt. Hier ist eine klare Linie in der Rechtsprechung noch nicht gefunden. Die überwiegende Meinung geht aber davon aus, dass eine entsprechende Anwendung des § 613 a BGB nicht in Betracht kommt, so dass der bisherige Arbeitgeber zur Zahlung verpflichtet bleibt *(s. LAG Hessen 03.05.1993, NZA 1994, 1033 und Welslau, HzA Gruppe 1, Teilbereich 6, Rdnr. 2300).*

Tipp

Die Rechtslage kann insgesamt nur als unsicher bezeichnet werden. Dem sollten die Arbeitsvertragsparteien durch eine entsprechende **Vertragsgestaltung** Rechnung tragen.

Es kann beispielsweise vereinbart werden, dass ein Betriebsübergang die Wettbewerbsabrede nicht berühren soll, dass vielmehr von nun an das Verhältnis Betriebserwerber – ausgeschiedener Arbeitnehmer maßgeblich ist.

> **Muster:**
> Geht der Betrieb durch Rechtsgeschäft auf einen anderen Inhaber über, so soll dieser in die Wettbewerbsabreden bereits ausgeschiedener Arbeitnehmer eintreten. Maßgeblich für Bestand und Umfang der Abrede soll das Verhältnis des ehemaligen Arbeitnehmers zum neuen Betriebsinhaber sein.

4. Wettbewerbsverbot und Aufhebungsvertrag

Vereinbaren die Parteien in einem Aufhebungsvertrag die Zahlung einer Abfindung und in einer gesonderten Vereinbarung, dass diese nur unter der Voraussetzung gezahlt werden soll, dass der Arbeitnehmer keine Tätigkeit bei einem Wettbewerber aufnimmt, so verstößt diese Bestimmung gegen § 74 HGB und ist nichtig *(LAG Bremen 25.02.1994, LAGE § 74 HGB Nr. 9)*. Es fehlt an der **unbedingten Zusage einer Karenzentschädigung**. Dies führt aber regelmäßig nicht zur Gesamtnichtigkeit des Aufhebungsvertrages (s. → Rz. 4050 und → 4078b).

3090a

Dies entspricht im Kern auch der **Auffassung des BAG.** Ein nachvertragliches Wettbewerbsverbot, dass im Zusammenhang mit der einvernehmlichen Aufhebung des Arbeitsverhältnisses vereinbart wird, unterfällt demnach dem Schutz der §§ 74 ff. HGB. Dies bedeutet, dass beispielsweise keine entschädigungslose Pflicht zur Wettbewerbsenthaltung begründet werden kann. Eine etwa vereinbarte Abfindung kann auch nicht im nachhinein in eine Entschädigungszusage umgedeutet werden.

Entscheidend ist also **der Zusammenhang mit der Aufhebung des Arbeitsverhältnisses.** Diesen hat das BAG *(03.05.1994, EzA § 74 HGB Nr. 56)* im Ausgangsfall bejaht, wenn das Wettbewerbsverbot 5 Monate vor dem geplanten Ausscheidenszeitpunkt getroffen wird. Ob und in welchen Fallkonstellationen die Nichtigkeit einer entsprechenden Vereinbarung auch die **Nichtigkeit der gesamten Aufhebungsvereinbarung** zu Folge hat, hängt von den Umständen des Einzelfalles ab und muss durch Auslegung geklärt werden.

IX. Wettbewerbsabrede und Erstattungspflichten des Arbeitgebers

Das BVerfG *(Beschluss vom 10.11.1998, 1 BvR 2296/96 u.a., SozR 3-4100 § 128 a Nr. 9)* hatte entschieden, dass es mit der in Art. 12 Abs. 1 GG garantierten Berufsfreiheit unvereinbar ist, wenn der Arbeitgeber für die Dauer eines vereinbarten Wettbewerbsverbots zusätzlich zu der arbeitsrechtlichen Karenzentschädigung die gesamten Kosten der Arbeitslosigkeit seines früheren Arbeitnehmers tragen muss, ohne Rücksicht darauf, ob die Arbeitslosigkeit im konkreten Fall durch die Wettbewerbsvereinbarung verursacht wurde. Der Gesetzgeber war vom BVerfG aufgefordert worden, bis zum 01.01.2001 eine neue Regelung zu schaffen.

3091

Nachdem § 148 SGB III zunächst ersatzlos aufgehoben werden sollte, weil auch bei hohem Verwaltungsaufwand nicht zuverlässig unterschieden werden könne, ob Arbeitslosigkeit nun arbeitsmarktbedingt oder Folge eines Wettbewerbsverbots sei (BR-Drucks. 529/00), hat sich der Gesetzgeber überraschend zu einer anderen Regelung entschlossen.

Die jetzt gültige Neuregelung des § 148 SGB III i.d.F. des Einmalzahlungs-Neuregelungsgesetzes vom 21.12.2000 (BGBl. I S. 1971) ist am 01.01.2001 in Kraft getreten und bestimmt: Im Falle eines vereinbarten Wettbewerbsverbots hat der Arbeitgeber dem Arbeitsamt 30 v.H. des Arbeitslosengeldes plus anteilige Sozialversicherungsbeiträge zu erstatten. Den zu erstattenden Anteil seines Arbeitslosengeldes muss sich der Arbeitnehmer wie Arbeitsentgelt auf seine Karenzentschädigung anrechnen lassen.

3091a Für **alle Altfälle, die möglicherweise nicht unter die Entscheidung des BVerfG fallen,** sei die **bisherige Rechtslage** nochmals erläutert: War der Arbeitnehmer arbeitslos und durch eine Vereinbarung mit dem bisherigen Arbeitgeber in seiner beruflichen Tätigkeit beschränkt, so musste der **Arbeitgeber der Bundesanstalt für Arbeit vierteljährlich das Arbeitslosengeld, das dem arbeitslosen Arbeitnehmer bezahlt wurde und die Beiträge der Kranken, Pflege- und Rentenversicherung für die Zeit der Beschränkung erstatten.** Das vom Arbeitgeber **erstattete Arbeitslosengeld** musste sich der Arbeitnehmer wie Arbeitsentgelt auf die Entschädigung für die Wettbewerbsbeschränkung anrechnen lassen. Diese reduzierte sich also entsprechend.

BEISPIEL:

Arbeitnehmer A war durch ein nachvertragliches Wettbewerbsverbot für sechs Monate nach Beendigung des Vertragsverhältnisses eine Konkurrenztätigkeit untersagt. Nach ordentlicher Kündigung zum 30.09.1991 meldete sich A arbeitslos und erhielt bis zum 31.12.1991 8.300 DM Arbeitslosengeld. Zugleich bezahlte die Bundesanstalt für ihn die Kranken- und Rentenversicherungsbeiträge in Höhe von 2.700 DM. Den Gesamtbetrag von 11.000 DM musste Arbeitgeber B erstatten. Er seinerseits konnte selbstverständlich nicht die vollen 11.000 DM auf die angenommene Karenzentschädigung des A in Höhe von 6.000 DM anrechnen. Vielmehr war eine Anrechnung nur in dem Umfang möglich, in dem auch anderweitiges Arbeitsentgelt berücksichtigt wurde (§ 148 Abs. 1 Satz 2 SGB III, s. auch → Rz. 3070). Regelmäßig also nur dann, wenn Arbeitslosengeld und Karenzentschädigung zusammen 110 % (125 % bei erzwungenem Wohnsitzwechsel) der letzten Bezüge übersteigen.

Die BA war jedoch verpflichtet, den Arbeitgeber darüber zu belehren, durch Verzicht auf die Wettbewerbsabrede den Erstattungsanspruch abzuwehren *(BSG 13.03.1990, NZA 1990, 906).* Die Belehrungspflicht hing nicht vom Umfang der Vermittlungsbehinderung ab.

Allerdings entfiel auch bei unterbliebener Belehrung der Erstattungsanspruch nur dann, wenn die unterbliebene Belehrung über die Möglichkeit des Verzichts auf das Wettbewerbsverbot ursächlich dafür geworden war, dass der Arbeitgeber tatsächlich nicht verzichtet hatte. Dies war von den Sozialgerichten im Rahmen einer Prognoseentscheidung festzustellen und zu würdigen. Griff der Arbeitgeber die Erstattung nur aus Rechtsgründen an, ließ er erkennen, dass ihm die Einhaltung der Wettbewerbsabrede vorrangig erschien.

Ansonsten kam es darauf an, wie der Arbeitgeber auf die Befragung durch die Sozialbehörden reagierte, ob er insbesondere erklärte, dass ihm der Schutz des Wettbewerbsverbots durch die nun erhöhten Kosten (Erstattungspflicht) unmöglich gemacht worden war. Der Arbeitgeber konnte also die Erstattungspflicht durch seine Einlassung steuern. **Hier galt: Eine falsche Äußerung konnte teuer werden!**

X. Arbeitshilfen für die betriebliche Praxis

Muster einer ausführlichen Wettbewerbsvereinbarung

Zwischen der Firma ...., nachfolgend kurz Firma genannt
und
Herrn/Frau ....
wird nachfolgende Wettbewerbsabrede getroffen:

§ 1 Geltungsbereich

I. Herr/Frau ... verpflichtet sich, für die Dauer von ... Jahren nach Beendigung des Arbeitsverhältnisses ohne schriftliches Einverständnis der Firma in keiner Weise für ein Unternehmen tätig zu sein, das in nachstehenden Bereichen als Konkurrenzunternehmen anzusehen ist, es sei denn Herr/Frau ... weist nach, dass er/sie mit den untenstehenden Erzeugnissen nicht in Berührung kommt.

II. Das Arbeitsgebiet der Firma erfasst folgende Bereiche: ...

III. Der örtliche Geltungsbereich des Wettbewerbsverbots erstreckt sich auf ...

IV. Herrn/Frau ... ist es insbesondere versagt, ein festes Arbeitsverhältnis oder ein freies Beratungs- oder Vertretungsverhältnis zu einem Unternehmen i.S.v. Absatz 1 zu begründen. Gleiches gilt für Errichtung oder Erwerb eines Konkurrenzunternehmens oder die maßgebliche finanzielle Beteiligung an einem solchen Unternehmen. Verboten ist jede selbständige oder unselbständige Konkurrenztätigkeit.

§ 2 Entschädigung

I. Für die Dauer des Wettbewerbsverbots zahlt die Firma Herrn/Frau ..... eine Entschädigung in Höhe von .....% der zuletzt gewährten Bezüge.

II. Die Entschädigung wird jeweils am Schluss eines jeden Kalendermonats gezahlt.

Auf die Entschädigung wird angerechnet, was Herr/Frau ... während der Dauer der Wettbewerbseinschränkung durch anderweitige Verwertung seiner/ihrer Arbeitskraft erwirbt oder zu erwerben böswillig unterlässt.

Dies gilt jedoch nur, so weit die Entschädigung unter Hinzuziehung dieses Betrages die Summe der zuletzt bezogenen vertragsmäßigen Leistungen um mehr als 1/10 übersteigt.

IV. Ist Herr/Frau ... gezwungen durch das Wettbewerbsverbot seinen Wohnsitz zu verlegen, so tritt an die Stelle der Erhöhung um 1/10 eine solche um 1/4.

V. Als anderweitiger Erwerb gilt jede Art von Einkünften, die Ersatz für den Einnahmeausfall darstellt, insbesondere auch von der Firma gezahlte Ruhegelder (Zulässigkeit streitig; besser Anrechnung in Versorgungsordnung vorsehen).

VI. Herr/Frau ... wird der Firma während der Dauer der Wettbewerbsabrede auf Verlangen in prüfbarer Form Auskunft über die Höhe seines/ihres Erwerbes erteilen. Er/Sie wird am Schluss eines Kalenderjahres die Lohnsteuerkarte vorlegen.

VII. Herr/Frau ... verpflichtet sich über jeden Wohnsitzwechsel der Firma unverzüglich Mitteilung zu machen.

§ 3 Kündigung

Kündigt die Firma das Arbeitsverhältnis, ohne dass ein erheblicher Anlass in der Person von Herrn/Frau ... gegeben ist, wird das Wettbewerbsverbot unwirksam, wenn Herr/Frau ..... innerhalb eines Monats nach Zugang der Kündigung schriftlich erklärt, dass er/sie sich nicht an die Wettbewerbsvereinbarung gebunden halte. Das Wettbewerbsverbot bleibt jedoch wirksam, wenn sich die Firma bei der Kündigung bereit erklärt, die vollen, zuletzt bezogenen Leistungen an Herrn/Frau ... für die Dauer des Verbots zu zahlen. Die Firma kann sich in derselben Weise von der Wettbewerbsvereinbarung lossagen, wenn sie das Arbeitsverhältnis wegen vertragswidrigen Verhaltens von Herrn/Frau ... aus wichtigem Grund außerordentlich kündigt.

§ 4 Verzicht

Die Firma kann vor Beendigung des Arbeitsverhältnisses durch schriftliche Erklärung auf das Wettbewerbsverbot mit der Folge verzichten, dass sie nach Ablauf eines Jahres seit der Erklärung von der Verpflichtung zur Zahlung der Entschädigung befreit wird.

§ 5 Vertragsstrafe

Herr/Frau ... ist verpflichtet, für jeden Fall der Verletzung des Wettbewerbsverbots an die Firma eine Vertragsstrafe in Höhe von ... EUR zu zahlen. Die Firma ist berechtigt, die Vertragsstrafe auch ohne Nachweis eines durch die Verletzungshandlung entstandenen Schadens zu beanspruchen. Bei einer dauerhaften Verletzung des Wettbewerbsverbots wird die Vertragsstrafe für jeden angefangenen Monat der Verletzung neu verwirkt.

Die Geltendmachung weiterer im Einzelfall nachzuweisender Schäden durch die Firma bleibt von dieser Vertragsstrafenvereinbarung unberührt.

§ 6 Sonstige Vereinbarungen

Beispiel: Altersrente, Invalidität, Betriebsübergang etc.

§ 7 Geltung der handelsrechtlichen Vorschriften

Im Übrigen gelten die Vorschriften der §§ 74 – 75 c HGB entsprechend.

§ 8 Salvatorische Klausel

Sollte eine Bestimmung dieser Vereinbarung unwirksam sein, so lässt dies die Wirksamkeit der übrigen unberührt. An die Stelle der nichtigen Vereinbarung tritt eine dem Parteiwillen möglichst nahekommende wirksame Vereinbarung.

§ 9 Vertragsurkunde

Herr/Frau ...... bestätigt, eine Ausfertigung dieser Wettbewerbsabrede, die von beiden Parteien unterzeichnet worden ist, erhalten zu haben.

Ort, Datum ....

Für die Firma .... Herr/Frau..................................

Muster: Wettbewerbsabrede im Arbeitsvertrag

§ .... Wettbewerbsklausel

I. Herr/Frau .... verpflichtet sich, für die Dauer von .... Jahren nach Beendigung des Arbeitsverhältnisses nicht auf folgenden Gebieten in selbständiger oder nicht selbständiger Form tätig zu werden:

....

II. Herr/Frau .... steht es offen nachzuweisen, dass nachfolgende Tätigkeiten nicht gegen die Wettbewerbsklausel verstoßen:

....

III. Der örtliche Geltungsbereich der Wettbewerbsabrede erstreckt sich auf folgendes Gebiet

....

IV. Für die Dauer des Wettbewerbsverbots zahlt die Firma Herrn/Frau .... als Entschädigung ....% der zuletzt gezahlten Bezüge:

V. Im Übrigen sollen die Vorschriften der §§ 74 – 75 c HGB Anwendung finden.

VI. Herr/Frau .... bestätigt, eine von beiden Vertragsparteien unterzeichnete Ausfertigung der Wettbewerbsabrede erhalten zu haben.

3094

Muster: Wettbewerbsverbot in Probearbeitsvertrag

Das Wettbewerbsverbot wird erst wirksam, wenn das Dienstverhältnis über die vertraglich vereinbarte Probezeit hinaus fortgesetzt wird.

oder

Das Wettbewerbsverbot wird erst wirksam, wenn nicht eine der Parteien während der Probezeit das Dienstverhältnis kündigt.

oder

Das Wettbewerbsverbot wird erst wirksam, wenn das Arbeitsverhältnis über die vereinbarte Probezeit hinaus fortgesetzt wird.

3095

Muster: Wettbewerbsabrede und Vorvertrag

Herr/Frau .... verpflichtet sich, bei Übernahme der Tätigkeit als .... nachfolgendes Wettbewerbsverbot mit der Firma zu vereinbaren:

Es folgt: Wettbewerbsabrede

3096

XI. Weiterführende Literaturhinweise

Bauer/Diller, Indirekte Wettbewerbsverbote, DB 1995, 426
Bengelsdorf, Der Anspruch auf Karenzentschädigung, DB 1985, 1585
Dombrowski/Zettelmeyer, Die Wertermittlung der Nutzungsvorteile von Firmenwagen im Rahmen der Karenzentschädigung nach § 74 Abs. 2 HGB

3097

Fischer, Wettbewerbsverbot im internationalen Konzern bei Ausübung von Aktienoptionen durch Arbeitnehmer, DB 1999, 1702

Grunsky, Wettbewerbsverbote für Arbeitnehmer, 2. Aufl. 1987

Schaub, Arbeitsrechtshandbuch, 8. Aufl. 1996, §§ 57 und 58

Welslau, Nachvertragliche Wettbewerbsverbote, HzA Gruppe 1, Teilbereich 6, Rdnr. 2181 ff.

ders. in Kasseler Handbuch zum Arbeitsrecht (hrsg. von W. Leinemann), Gruppe 1.2, 2. Aufl. Neuwied 1999

Wertheimer, Abhängigkeit der Karenzentschädigungspflicht vom Abschlusszeitpunkt des nachvertraglichen Wettbewerbsverbots, BB 1996, 1714

ders., Bezahlte Karenz oder entschädigungslose Wettbewerbsenthaltung des ausgeschiedenen Arbeitnehmers?, BB 1999, 1600

Winterstein, Nachvertragliches Wettbewerbsverbot und Karenzentschädigung, NJW 1989, 1463

16. Kapitel: Arbeitnehmerüberlassung

I.	Einführung	3500
II.	Der Begriff der Arbeitnehmerüberlassung	3502
III.	Abgrenzung zur Arbeitsvermittlung	3503
IV.	Abgrenzung zu sonstigen Formen drittbezogenen Personaleinsatzes	3504
	1. Rechtliche Einordnung nach dem Geschäftsinhalt	3505
	2. Werkvertrag	3506
	3. Dienstvertrag	3507
V.	Abgrenzung zur Abordnung an Werkarbeitsgemeinschaften	3508
VI.	Erlaubnisfreie Arbeitnehmerüberlassung	3509
	1. Gelegentliche entgeltliche Überlassung von Arbeitnehmern an andere Unternehmen	3510
	2. Überlassung von Maschinen mit Bedienungspersonal	3511
	3. Arbeitnehmerüberlassung zwischen Arbeitgebern desselben Wirtschaftszweiges	3512
	4. Arbeitnehmerüberlassung im Konzern	3513
	5. Arbeitnehmerüberlassung in deutsch-ausländisches Gemeinschaftsunternehmen	3513a
	6. Arbeitnehmerüberlassung durch Kleinunternehmen	3514
	7. Abschluss des Arbeitnehmerüberlassungsvertrages	3515
	8. Meldepflichten	3516
	9. Betriebsverfassungsrechtliche Stellung des Leiharbeitnehmers	3517
	10. Beteiligung des Betriebsrates	3518
VII.	Erlaubnispflichtige Arbeitnehmerüberlassung	3519
	1. Der Begriff der Gewerbsmäßigkeit	3520
	2. Mischbetriebe	3523
	3. Grenzüberschreitende Arbeitnehmerüberlassung	3524
	4. Die Erlaubnis nach dem Arbeitnehmerüberlassungsgesetz	3525
	5. Abschluss des Leiharbeitnehmervertrages	3526
	6. Abschluss des Arbeitnehmerüberlassungsvertrages	3527
	7. Meldepflichten	3528
VIII.	Sonderregelung im Baugewerbe	3529
IX.	Rechtsfolgen illegaler Arbeitnehmerüberlassung	3530
X.	Weiterführende Literaturhinweise	3531
XI.	Muster eines Werkarbeitsgemeinschaftsvertrages	3532
XII.	Muster eines Arbeitnehmerüberlassungsvertrages für die gelegentliche Arbeitnehmerüberlassung	3533
XIII.	Merkblatt für Leiharbeitnehmer	3534

CHECKLISTE

- **Begriff/Anwendungsfälle**
    - der Arbeitgeber (Verleiher) unterstellt eigene Arbeitnehmer (Leiharbeitnehmer) dem Weisungsrecht eines anderen Arbeitgebers (Entleihers),
    - Arbeitnehmer eines anderen Arbeitgebers werden dem eigenen Weisungsrecht unterstellt.

- **Keine Arbeitnehmerüberlassung liegt vor**
  - Dienst-/Werkvertrag – Vorsicht! Abgrenzung zur Arbeitnehmerüberlassung nach dem tatsächlichen Geschäftsinhalt, nicht nach der Bezeichnung des Vertrages,
  - verbotene Arbeitsvermittlung – wird vermutet bei einer Überlassungsdauer von länger als 24 Monaten! (vgl. unten → Rz. 3503),
  - Abordnung von Arbeitnehmern an Werkarbeitsgemeinschaft unter den Voraussetzungen des Art. 1,
  - § 1 Abs. 1 Satz 2 AÜG (vgl. im Einzelnen → Rz. 3508).
- **Zulässigkeitsvoraussetzung bei gewerbsmäßiger Arbeitnehmerüberlassung: Erlaubnis des Landesarbeitsamtes**
- **Erlaubnis des Landesarbeitsamtes ausnahmsweise entbehrlich**
  - gelegentliche Überlassung ohne Wiederholungsabsicht,
  - Überlassung von Maschinen mit Bedienungspersonal, wenn die Personalüberlassung nur wirtschaftlich geringwertige Nebenleistung,
  - Arbeitnehmerüberlassung zwischen Arbeitgebern desselben Wirtschaftszweiges, wenn dies tarifvertraglich vereinbart ist,
  - nur vorübergehende konzerninterne Arbeitnehmerüberlassung,
  - Arbeitnehmerüberlassung durch Arbeitgeber mit weniger als 20 Arbeitnehmern zur Vermeidung von Kurzarbeit oder Entlassungen, aber: Anzeigepflicht!
- **Rechtsfolge bei gewerbsmäßiger Arbeitnehmerüberlassung ohne Erlaubnis: Fiktion eines Arbeitsverhältnisses zwischen Leiharbeitnehmer und Entleiher**

I. Einführung

3500 In der betrieblichen Praxis ist es oftmals zweckmäßig, fremdes Personal in Anspruch zu nehmen oder eigenes Personal an Dritte zu überlassen.

Die Gründe für einen solchen drittbezogenen Personaleinsatz können vielfältig sein. Möglicherweise mangelt es dem eigenen Personal an den entsprechenden Spezialkenntnissen. Ein drittbezogener Personaleinsatz kommt aber insbesondere auch dann in Betracht, wenn es darum geht, einen kurzfristig auftretenden und zeitlich begrenzten Personalbedarf zu decken. Seine Ursache kann ein solcher Bedarf sowohl in einem vorübergehenden Ausfall von Stammpersonal haben als auch in einer notwendigen Produktionssteigerung, die mit dem Stammpersonal nicht zu bewältigen ist. Denkbar ist es auch, dass Neueinstellungen wegen einer unsicheren Zukunftsprognose oder auch allein aus Kostengründen grundsätzlich vermieden werden sollen. Der Einsatz eigenen Personals in Drittbetrieben kann vor allem auch geeignet sein, einen vorübergehenden Arbeitnehmerüberhang zu beseitigen.

3501 Wird von Dritten Personal in Anspruch genommen oder eigenes Personal an Dritte überlassen, so wird dies häufig mit Begriffen wie **Zeitarbeit, Leiharbeit oder Personalleasing** bezeichnet.

Dabei wird übersehen, dass es sich rechtlich oftmals um eine **gewerbsmäßige Arbeitnehmerüberlassung** handelt, auf die das Gesetz zur Regelung der gewerbsmäßigen Arbeitnehmerüberlassung (Arbeitnehmerüberlassungsgesetz – **AÜG**) Anwendung findet. Danach ist eine gewerbsmäßige Arbeitnehmerüberlassung nur dann zulässig, wenn das zuständige **Landesarbeitsamt zuvor eine entsprechende Erlaubnis erteilt hat.** Anderenfalls treten Rechtsfolgen ein, die wirtschaftlich genau zum Gegenteil dessen führen können, was seitens der Beteiligten angestrebt wurde (z.B. zur Begründung eines Arbeitsverhältnisses mit dem Arbeitgeber, der fremdes Personal in Anspruch nimmt, vgl. unten → Rz. 3530). Die **genaue rechtliche Einordnung des drittbezogenen Personaleinsatzes** ist aber nicht nur aus diesem Grund jeweils vor Beginn einer solchen Maßnahme sorgfältig zu prüfen. Ein Verstoß gegen die Bestimmungen des Arbeitnehmerüberlassungsgesetzes kann als Ordnungswidrigkeit und ggf. auch als Straftat geahndet werden.

Für alle Verantwortlichen im Personalbereich eines Betriebes muss also gelten: **Vorsicht bei dem Einsatz drittbezogenen Personals!** Es ist vorab genau zu prüfen, ob eine Arbeitnehmerüberlassung im Sinne des Arbeitnehmerüberlassungsgesetzes vorliegt, und wenn ja, ob die Bestimmungen des Arbeitnehmerüberlassungsgesetzes eingehalten werden.

Mit der gesetzlichen Regelung wollte der Gesetzgeber vor allem den sozialen Mindestschutz für den Leiharbeitnehmer sicherstellen. Daneben sollte auch einer Aushöhlung des staatlichen Arbeitsvermittlungsmonopols entgegengewirkt werden. Als weitere Zielsetzungen sind hier zu nennen:

- Fernhalten unseriöser Verleiher vom Markt,
- Unterbindung eines langfristigen Leiharbeitnehmereinsatzes und
- der Schutz ausländischer Arbeitnehmer.

Diese Zielsetzungen sind bei Rechtsfragen im Zusammenhang mit dem Einsatz drittbezogenen Personals im Auge zu behalten.

Erlaubnispflichtig ist aber nur die gewerbsmäßige Arbeitnehmerüberlassung (vgl. unten → Rz. 3519). Erlaubnisfrei ist dagegen eine Überlassung von Arbeitnehmern, die **nicht gewerbsmäßig** erfolgt (vgl. unten → Rz. 3509). Auf diese Fälle ist das AÜG nur bedingt anwendbar.

Die nachfolgende Darstellung befasst sich schwerpunktmäßig mit den erlaubnisfreien Formen der Arbeitnehmerüberlassung. Bleiben bei einem beabsichtigten drittbezogenen Personaleinsatz Zweifel, ob die Voraussetzungen für eine erlaubnisfreie Arbeitnehmerüberlassung vorliegen, sollte in der Praxis vorsorglich eine entsprechende Erlaubnis beim Arbeitsamt beantragt werden.

Durch das Gesetz zur Reform der Arbeitsförderung (BGBl. I 1997, S. 594) ist das Arbeitnehmerüberlassungsgesetz (AÜG) **in wesentlichen Punkten geändert worden.** Ab **01.04.1997** ist zulässig

3501a

- eine Überlassungsdauer von **12 Monaten** (§ 13 Abs. 1 Nr. 6 AÜG a.F, vgl. unten),
- eine **einmalige** (in unmittelbaren Anschluss an einen mit dem selben Verleiher geschlossenen Arbeitsvertrag auch eine **mehrmalige**) Befristung des Arbeitsverhältnis-

ses zwischen Verleiher und Leiharbeitnehmer, ohne dass es auf einen in der Person des Leiharbeitnehmers liegenden Grund ankommt,
- die **einmalige** erneute Einstellung des Leiharbeitnehmers binnen 3 Monaten nach einer erfolgten Kündigung (§§ 3, 9 AÜG).

Erleichterungen für die Überlassung von Arbeitnehmern gelten für Arbeitgeber mit weniger als **50 Beschäftigten**, vgl. unten → Rz. 3514. Neben der inhaltlichen Änderung des Arbeitnehmerüberlassungsgesetzes wurde auch dessen Struktur zum 01.04.1997 neu gefasst, so dass seit dem die Paragraphen des Arbeitnehmerüberlassungsgesetzes **ohne Artikelangabe** zitiert werden können.

Achtung! Mit dem Gesetz zur Reform der arbeitsmarktpolitischen Instrumente (Job-Aqtiv-Gesetz) vom 10.12.2001 (BGBl. I S. 3443) ist ab **01.01.2002** die zulässige Höchstüberlassungsdauer auf **24 aufeinanderfolgende Monate** ausgedehnt worden (vgl. § 3 Abs. 1 Nr. 6 AÜG n.F.). Voraussetzung einer länger als 12 aufeinander folgende Monate andauernden Überlassung desselben Leiharbeitnehmers an einen Entleiher ist, dass der Verleiher nach Ablauf des 12. Monats dem Leiharbeitnehmer die im Betrieb des Entleihers für vergleichbare Arbeitnehmer des Entleihers geltenden Arbeitsbedingungen einschließlich des Arbeitsentgelts gewährt, soweit nicht im Leiharbeitsvertrag günstiger Arbeitsbedingungen bzw. ein höheres Arbeitsentgelt vereinbart sind/ist (§ 10 Abs. 5 AÜG n.F.).

II. Der Begriff der Arbeitnehmerüberlassung

3502 Eine Arbeitnehmerüberlassung liegt vor, wenn ein Arbeitgeber **(Verleiher)** einem Dritten **(Entleiher)** Arbeitnehmer **(Leiharbeitnehmer)** zur Arbeitsleistung überlässt (§ 1 Abs. 1 Satz 1 AÜG).

Das ist der Fall, wenn der Verleiher dem Entleiher geeignete Leiharbeitnehmer zur Verfügung stellt, die der Entleiher nach **eigenen betrieblichen Erfordernissen in seinem Betrieb nach seinen Weisungen einsetzt**. Kennzeichnend für das Vorliegen einer Arbeitnehmerüberlassung ist es, dass vertragliche Beziehungen zwischen Entleiher und Leiharbeitnehmer nicht bestehen. Vielmehr besteht lediglich ein Arbeitsvertrag zwischen dem Verleiher und dem Leiharbeitnehmer sowie ein zwischen dem Verleiher und dem Entleiher abgeschlossener Vertrag, der sich auf die entgeltliche Überlassung dieses Arbeitnehmers bezieht (Arbeitnehmerüberlassungsvertrag). Zu den sozialrechtlichen Auswirkungen der Arbeitnehmerüberlassung vgl. → Rz. 5211, 5632; zu den steuerrechtlichen Folgen vgl. → Rz. 8010, 8167.

III. Abgrenzung zur Arbeitsvermittlung

3503 Eine Arbeitnehmerüberlassung liegt dagegen nicht vor, wenn es sich bei der Bereitstellung von Arbeitskräften um eine private Arbeitsvermittlung handelt. Hierunter versteht man jede Tätigkeit, die darauf gerichtet ist, Arbeitsuchende mit Arbeitgebern **zur Begründung von Arbeitsverhältnissen zusammenzuführen (vgl. auch → Rz. 5001). Eine solche Arbeitsvermittlung wird immer dann vermutet, wenn die Dauer der Arbeitnehmerüberlassung im Einzelfall 12 Monate übersteigt oder der Überlassende nicht die üblichen Arbeitgeberpflichten oder das Arbeitgeberrisiko trägt (§ 1 Abs. 2 AÜG). Unter die üblichen Arbeitgeberpflichten fallen alle arbeits-, sozial- und steuerrechtlichen Pflichten eines Arbeitgebers. Das Arbeitgeberrisiko besteht u.a. im Verbot für den Verleiher, den Leiharbeitnehmer wiederholt nur befristet zu beschäftigen (vgl. im Einzelnen § 3 Abs. 1 Nr. 1 – 5 AÜG). Diese Vermutung kann allerdings widerlegt werden, wenn der Verleiher Tatsachen vorträgt, die den Vermittlungscharakter erschüttern.

Achtung! Obgleich mit dem Job-Aqtiv-Gesetzes (vgl. oben → Rz. 3501a) die höchstzulässige Überlassungsdauer auf weitere 24 Monate verlängert wurde, ist es bei der bisherigen Fassung des § 1 Abs. 2 AÜG geblieben, wonach bei einer länger als 12 Monate andauernden Arbeitnehmerüberlassung Arbeitsvermittlung vermutet wird. Hieraus resultieren Unklarheiten in Bezug auf die rechtliche Einordnung des 13. bis 24. Überlassungsmonats. Soweit die Überlassungsvoraussetzungen des § 10 Abs. 5 AÜG beachtet sind, wird man richtigerweise davon ausgehen müssen, dass eine Arbeitsvermittlung erst dann vorliegen kann, wenn die Überlassungsdauer 24 Monate übersteigt *(vgl. Schneider/Welslau, Handbuch Zeitarbeit, Rdnr. 7, 457 ff.).*

Wird dagegen die 24-monatige Einsatzfrist überschritten, so wird bei der **gewerbsmäßigen Arbeitnehmerüberlassung** die Arbeitsvermittlung unwiderlegbar vermutet. Lediglich bei der **nicht gewerbsmäßigen Arbeitnehmerüberlassung** kann der Verleiher die Vermutung durch den Nachweis widerlegen, dass er auch nach dem Ablauf der 12 Monate die üblichen Arbeitgeberpflichten und das Arbeitgeberrisiko übernimmt (vgl. → Rz. 3520).

Soweit der Verleiher nicht die erforderliche Erlaubnis zur privaten Arbeitsvermittlung (§ 291 Abs. 1 SGB III) hat, kann es sich bei einer über 12 Monate hinausgehenden Überlassung eines Arbeitnehmers um eine **verbotene Arbeitsvermittlung** handeln, die als Ordnungswidrigkeit mit einem Bußgeld geahndet werden kann (§ 404 Abs. 2 Nr. 6 SGB III). Die gesetzliche Regelung (§ 13 AÜG), wonach bei einer verbotswidrigen Arbeitsvermittlung ein Arbeitsverhältnis zwischen dem Arbeitnehmer und demjenigen, an den vermittelt worden ist, zustande kam, ist mit Wirkung vom **01.04.1997** an ersatzlos entfallen.

Hieraus folgt, dass in den Fällen der nach §§ 1 Abs. 2; 3 Abs. 1 Nr. 6 AÜG vermuteten Arbeitsvermittlung zwischen dem Leiharbeitnehmer und dem Entleiher **kein** Arbeitsverhältnis mehr entsteht. Es fehlt an der hierfür erforderlichen gesetzlichen Grundlage. Die Fiktion eines Arbeitsverhältnisses lässt sich weder mit § 1 Abs. 2 AÜG allein noch mit einer entsprechenden Anwendung des § 10 Abs. 1 Satz 1 AÜG begründen *(BAG 28.06.2000, EzA § 1 AÜG Nr. 10).* Das Arbeitsverhältnis zwischen Verleiher und Leiharbeitnehmer besteht also auch in den Fällen der vermuteten Arbeitsvermittlung fort *(vgl. BAG 15.04.1999, DB 1999, 2315).* Zur Beendigung dieses Arbeitsverhältnisses bedarf es also einer Kündigung oder eines Aufhebungsvertrages.

IV. Abgrenzung zu sonstigen Formen drittbezogenen Personaleinsatzes

3504 Eine Arbeitnehmerüberlassung ist auch dann nicht gegeben, wenn es sich bei dem Vertrag zwischen Arbeitgeber und Drittem um einen **Werk- oder Dienstvertrag** handelt. In diesen Fällen wird der Arbeitnehmer nicht als Leiharbeitnehmer, sondern als **Erfüllungsgehilfe** seines Arbeitgebers bei dem Dritten tätig. Unter einem Erfüllungsgehilfen versteht man diejenigen Personen, derer sich der Schuldner (Arbeitgeber) zur Erfüllung seiner vertraglichen Verpflichtung bedient (§ 278 BGB).

Diese Formen des drittbezogenen Personaleinsatzes sind grundsätzlich ohne weiteres zulässig (Ausnahme: besondere gewerberechtliche Erlaubnis).

Von daher ist oftmals in der Praxis die Versuchung groß, die Rechtsfolgen des Arbeitnehmerüberlassungsgesetzes dadurch zu vermeiden, dass entsprechende Verträge über einen drittbezogenen Personaleinsatz als Werk- oder Dienstverträge bezeichnet und vordergründig entsprechende rechtliche Elemente in den Vertrag einbezogen werden. **Vor derartigen Umgehungsversuchen kann nur dringend gewarnt werden!** Auf die Bezeichnung eines Vertrages kommt es für seine rechtliche Einordnung nur sehr bedingt an.

1. Rechtliche Einordnung nach dem Geschäftsinhalt

3505 Für die rechtliche Einordnung eines Vertrages als Werk- oder Dienstvertrag oder als Arbeitnehmerüberlassungsvertrag kommt es entscheidend auf den Geschäftsinhalt an und nicht auf die von den Vertragsparteien gewünschte Rechtsfolge oder auf eine Bezeichnung, die dem tatsächlichen Geschäftsinhalt nicht entspricht.

Dieser Geschäftsinhalt ist aufgrund einer **wertenden Gesamtbetrachtung** zu ermitteln. Er kann sich sowohl aus den ausdrücklichen Vereinbarungen der Vertragsparteien als auch aus der praktischen Durchführung des Vertrages ergeben. Weichen beide voneinander ab, so ist die tatsächliche Durchführung des Vertrages maßgebend, denn hieraus lassen sich am ehesten Rückschlüsse auf den tatsächlichen Willen der Vertragsparteien ziehen. Es ist jedoch erforderlich, dass die auf Seiten der Vertragsparteien zum Vertragsabschluß berechtigten Personen die abweichende Vertragspraxis kannten oder sie zumindest geduldet haben.

Die Abgrenzung der Arbeitnehmerüberlassung gegenüber den sonstigen Formen des drittbezogenen Personaleinsatzes hat also nach dem ausdrücklichen Inhalt des Vertrages und seiner Durchführung zu erfolgen.

2. Werkvertrag

3506 Ein Werkvertrag liegt vor, wenn der Arbeitgeber nach dem Inhalt des Vertrages entweder die Herstellung bzw. die Veränderung einer Sache oder einen anderen durch Arbeit oder Dienstleistung **herbeizuführenden Erfolg schuldet** (§ 631 BGB).

BEISPIEL:

Der Arbeitgeber verpflichtet sich, einen bestimmten Bauabschnitt zu errichten.

Hier schuldet der Arbeitgeber einen Erfolg, nämlich die Errichtung des Bauabschnittes. Regelmäßig wird es sich bei Subunternehmerverhältnissen, Montageverträgen sowie bei Verträgen über die Anfertigung von Gutachten oder sonstigen Analysen um Werkverträge handeln.

Demgegenüber schuldet der Verleiher aufgrund eines Arbeitnehmerüberlassungsvertrages nur die Zurverfügungstellung von arbeitsbereiten und arbeitsfähigen Arbeitnehmern zum Zwecke der Arbeitsleistung beim Entleiher.

Maßgebend für die Abgrenzung von Werkvertrag und Arbeitnehmerüberlassungsvertrag sind darüber hinaus folgende Umstände:

- **Direktionsrecht**
  Beim Werkvertrag steht allein dem Werkunternehmer das Direktionsrecht (vgl. → Rz. 2002 ff.) zu. Liegt das Direktionsrecht dagegen bei dem Dritten, so handelt es sich um eine Arbeitnehmerüberlassung.
- **Organisation**
  Der Werkunternehmer organisiert den Einsatz seiner Arbeitnehmer selbst. Er wählt das eingesetzte Personal aus und bestimmt das Arbeitstempo, ordnet Überstunden an und gewährt Freizeit und Urlaub. Er führt auch die Anwesenheits- und Arbeitszeitkontrollen durch und überwacht seine Arbeitnehmer sowie die einzelnen Arbeitsvorgänge. Werden die vorgenannten Aufgaben hingegen von dem Dritten durchgeführt, so spricht dies für das Vorliegen einer Arbeitnehmerüberlassung.
- **Eingliederung**
  Die auf werkvertraglicher Basis eingesetzten Arbeitnehmer sind nicht in die Arbeitsläufe oder in den Produktionsprozess des Dritten organisatorisch eingegliedert. Hierzu gehört, dass die geschuldeten Arbeiten weitgehend autonom verrichtet werden. In der bloßen Abstimmung des Arbeitseinsatzes des eingesetzten Personals auf die Produktionsabläufe oder die Arbeitszeiten des Dritten liegt noch keine betriebliche Eingliederung. Gleiches gilt für den Umstand, dass das eingesetzte Personal den Sicherheitsbestimmungen des Dritten (z.B. Tragen von Schutzkleidung) unterworfen wird.
  Dagegen spricht die Bildung gemeinsamer Arbeitsgruppen mit Arbeitnehmern des Dritten regelmäßig für eine Eingliederung der eingesetzten Arbeitnehmer und damit für das Vorliegen einer Arbeitnehmerüberlassung.
- **Gewährleistung/Haftung**
  Beim Werkvertrag haftet der Unternehmer für die Erstellung des Werkes bis zur Abnahme durch den Besteller (§§ 631 ff., 644 BGB). Der Unternehmer ist ferner zur Mängelgewährleistung verpflichtet (§§ 633 ff. BGB). Der Unternehmer muss auch für schuldhafte Schlechtleistungen der von ihm eingesetzten Arbeitnehmer einstehen (§ 278 BGB).
  Ist eine derartige Gewährleistung bzw. Haftung nach dem Willen der Parteien ausgeschlossen oder die Haftung auf die ordnungsgemäße Auswahl der eingesetzten Arbeitnehmer beschränkt, so spricht dies für das Vorliegen einer Arbeitnehmerüberlassung.

- **Materialgestellung**
  Für das Vorliegen eines Werkvertrages spricht es, wenn der Arbeitgeber die erforderlichen Werkzeuge, Maschinen und Materialien den Arbeitnehmern zur Verfügung stellt. Werden diese Materialien hingegen durch den Dritten gestellt, so deutet das auf eine Arbeitnehmerüberlassung hin.
- **Vergütungsmodalitäten**
  Typisch für das Vorliegen eines Werkvertrages ist auch die Abrechnung auf der Basis von erfolgsbezogenen Festpreisen. Zwingend ist dies aber nicht. Bei schwer kalkulierbaren Arbeiten kann auch eine Abrechnung auf Stundenbasis vereinbart sein. Dagegen ist es regelmäßig Kennzeichen eines Arbeitnehmerüberlassungsvertrages, wenn die Abrechnung nach den erbrachten Lohnstunden erfolgen soll.

3. Dienstvertrag

3507 Im Gegensatz zum Werkvertrag besteht der Leistungsgegenstand des Dienstvertrages nicht in der Herbeiführung eines bestimmten Erfolges, sondern in der **Erbringung bestimmter Dienstleistungen** (§§ 611 ff. BGB).

Ein Dienstvertrag kommt unter anderem bei der Wartung von wertvollen Spezialmaschinen oder sonstigen technischen Anlagen, Durchführung von Bewachungsaufgaben, Ausführung von Werbemaßnahmen oder Unternehmensberatungsaufgaben in Betracht. Auch Serviceleistungen im EDV-Bereich können aufgrund eines Dienstvertrages erbracht werden.

Auch beim Dienstvertrag hat die Abgrenzung zur Arbeitnehmerüberlassung nach den oben genannten Kriterien zu erfolgen. Auch hier empfiehlt es sich, die geschuldeten Dienstleistungen im Vertrag so genau wie möglich zu bezeichnen. Insbesondere muss für die Annahme eines Dienstvertrages sichergestellt sein, dass die geschuldete Dienstleistung durch den Dienstverpflichteten überhaupt selbständig, das heißt ohne Eingliederung der eingesetzten Arbeitnehmer in die Betriebsorganisation des dienstberechtigten Dritten erbracht werden kann.

V. Abgrenzung zur Abordnung an Werkarbeitsgemeinschaften

3508 Ebenfalls keine Arbeitnehmerüberlassung ist die Abordnung von Arbeitnehmern an Arbeitsgemeinschaften, wenn
- die Arbeitsgemeinschaft zur Herstellung eines Werkes gebildet wurde,
- der abordnende Arbeitgeber Mitglied der Arbeitsgemeinschaft ist,
- für alle Mitglieder der Arbeitsgemeinschaft Tarifverträge desselben Wirtschaftszweiges gelten und
- alle Mitglieder aufgrund des Arbeitsgemeinschaftsvertrages zur selbständigen Erbringung von Vertragsleistungen verpflichtet sind (§ 1 Abs. 1 Satz 2 AÜG).

Diese Möglichkeit ist insbesondere für die Bauwirtschaft von Bedeutung (vgl. § 9 BRTV sowie unten → Rz. 3529).

Der Zusammenschluss von Arbeitgebern zu einer Werkarbeitsgemeinschaft erfolgt üblicherweise in der Rechtsform einer Gesellschaft bürgerlichen Rechts (§§ 705 ff. BGB; vgl. Muster → Rz. 3532). Dabei ist jedoch immer zu beachten, dass die aufgrund eines Werkarbeitsgemeinschaftsvertrages erfolgende Abordnung von Arbeitnehmern nur dann keine Arbeitnehmerüberlassung ist, wenn die vorgenannten Voraussetzungen des § 1 Abs. 1 Satz 2 AÜG vorliegen. Für alle Gesellschafter müssen also Tarifverträge desselben Wirtschaftszweiges gelten.

VI. Erlaubnisfreie Arbeitnehmerüberlassung

Handelt es sich danach bei dem beabsichtigten drittbezogenen Personaleinsatz um eine Arbeitnehmerüberlassung, so benötigt der Verleiher nur dann keine Erlaubnis, wenn die Arbeitnehmerüberlassung **nicht gewerbsmäßig erfolgt** bzw. das AÜG die beabsichtigte Arbeitnehmerüberlassung ausdrücklich von der Erlaubnispflicht ausnimmt. Zum Begriff der Gewerbsmäßigkeit vgl. unten → Rz. 3520. 3509

1. Gelegentliche entgeltliche Überlassung von Arbeitnehmern an andere Unternehmen

Die nur gelegentliche entgeltliche Überlassung von Arbeitnehmern an Dritte erfolgt im allgemeinen nicht gewerbsmäßig und ist daher erlaubnisfrei. Dies setzt allerdings voraus, dass 3510

- der Arbeitnehmer regelmäßig im Betrieb des Verleihers arbeitet und dass
- der Einsatz des Arbeitnehmers bei einem Drittbetrieb nur ausnahmsweise und vorübergehend und mit seiner Zustimmung erfolgt.

> **BEISPIEL:**
>
> Die befreundeten Arbeitgeber A und B betreiben jeweils ein Speditionsunternehmen. Als bei A plötzlich ein Kraftfahrer erkrankt und infolgedessen für 2 Wochen ausfällt, fragt A bei B an, ob dieser ihm für diesen Zeitraum einen seiner Kraftfahrer überlassen könne, da A andernfalls seine vertraglichen Verpflichtungen gegenüber seinen Auftraggebern nicht einhalten könne. Der normalerweise bei B beschäftigte Kraftfahrer C ist bereit, vorübergehend für A zu fahren, bis der dort erkrankte Kraftfahrer wieder arbeitsfähig ist.
>
> Die beabsichtigte Arbeitnehmerüberlassung ist hier auch ohne Vorliegen einer arbeitsamtlichen Erlaubnis zulässig, da die Überlassung lediglich ausnahmsweise anlässlich der Erkrankung eines Arbeitnehmers erfolgt und C ansonsten regelmäßig im Betrieb des Arbeitgebers B arbeitet.

Für die Beurteilung, ob eine Überlassung nur gelegentlich erfolgt, kommt es entscheidend darauf an, dass es an einer Absicht des Verleihers fehlt, die Überlassungstätigkeit fortwährend zu wiederholen (vgl. unten → Rz. 3521). Daher ist es nicht unproblematisch, wenn Arbeitnehmer im Wege der **unternehmerischen »Nachbarschaftshilfe«** ständig an befreundete Arbeitgeber überlassen werden.

BEISPIEL:

Die befreundeten Arbeitgeber A und B tauschen ständig Arbeitnehmer untereinander aus, um auftretende Personalengpässe zu beseitigen.

In diesen Fällen wird im allgemeinen eine Wiederholungsabsicht zu bejahen sein mit der Folge, dass die Überlassung von Arbeitnehmern nur dann zulässig ist, wenn das Landesarbeitsamt eine entsprechende Erlaubnis erteilt hat. Die Abgrenzung zur nur gelegentlichen Überlassung ist hier mitunter schwierig und kann nur anhand des jeweiligen Einzelfalles abschließend vorgenommen werden.

Im Hinblick darauf ist in der betrieblichen Praxis äußerste Zurückhaltung geboten, um unnötige Risiken zu vermeiden. Erweist sich der regelmäßige Austausch von Arbeitnehmern mit eng kooperierenden Unternehmen als unvermeidbar oder erwünscht, so sollte in jedem Fall eine Erlaubnis beantragt werden.

2. Überlassung von Maschinen mit Bedienungspersonal

3511 Die Überlassung von Maschinen mit Bedienungspersonal ist im Arbeitnehmerüberlassungsgesetz nicht ausdrücklich geregelt.

Es besteht jedoch Einigkeit, dass die Überlassung von Maschinen mit Bedienungspersonal dann keine erlaubnispflichtige Arbeitnehmerüberlassung darstellt, wenn die Gestellung von Arbeitnehmern nur als eine **vertragliche Nebenleistung** im Rahmen eines Kauf-, Miet- oder Leasingvertrages anzusehen ist.

BEISPIEL:

Vermietung von Baumaschinen (z.B. Baggern und Planierraupen) unter Gestellung des Bedienungspersonals.

Bei derartigen gemischten Verträgen ist die Personalgestellung dann eine Nebenleistung, wenn der wirtschaftliche Wert der sonstigen geschuldeten Leistung wesentlich höher ist als der Wert der Personalgestellung. Dies wird in der Regel nur bei besonders wertvollen Maschinen und technischen Anlagen (z.B. EDV) in Betracht kommen. Maßgebend ist, ob nach Sinn und Zweck des gemischten Vertrages die **Gebrauchsüberlassung des Geräts im Vordergrund steht** und die Zurverfügungstellung des Personals nur dienende Funktion hat, indem es den Einsatz des Geräts erst ermöglichen soll oder ob der Vertrag schwerpunktmäßig auf die Verschaffung der Arbeitsleistung des Personals gerichtet ist und die Überlassung des Geräts demgegenüber nur untergeordnete Bedeutung hat.

Soweit die Arbeitnehmer nur mit Werkzeugen oder mit geringwertigen Maschinen ausgestattet sind, stellt die Arbeitnehmerüberlassung die Hauptleistungspflicht des Vertrages dar, weshalb für ein gewerbsmäßiges Tätigwerden eine Erlaubnis erforderlich ist.

3. Arbeitnehmerüberlassung zwischen Arbeitgebern desselben Wirtschaftszweiges

Ebenfalls erlaubnisfrei ist die Arbeitnehmerüberlassung zwischen Arbeitgebern desselben Wirtschaftszweiges, wenn sie

- zur Vermeidung von Kurzarbeit oder Entlassungen erfolgt und
- ein für den Entleiher und Verleiher geltender Tarifvertrag für diesen Fall die Unanwendbarkeit des AÜG vorsieht (§ 1 Abs. 3 Nr. 1 AÜG).

4. Arbeitnehmerüberlassung im Konzern

Das AÜG ist ebenfalls nicht anwendbar auf die Arbeitnehmerüberlassung zwischen Konzernunternehmen, wenn der Arbeitnehmer seine Arbeit vorübergehend nicht bei seinem Arbeitgeber leistet (§ 1 Abs. 3 Nr. 2 AÜG). Voraussetzung ist, dass es sich um ein **Konzernunternehmen i.S.d. § 18 AktG** handelt. Dabei muss es sich aber nicht zwingend um eine Aktiengesellschaft oder Kommanditgesellschaft auf Aktien handeln. Vielmehr können auch Konzernunternehmen, die in einer anderen Gesellschaftsform geführt werden (z.B. GmbH, Personengesellschaften) ein Konzernunternehmen i.S.d. AÜG sein. Unerheblich ist es, ob es sich um einen Gleichordnungs- oder einen Unterordnungskonzern handelt.

Der Begriff »**vorübergehend**« ist bei der konzerninternen Arbeitnehmerüberlassung weit auszulegen. Daher kann auch eine mehrjährige Arbeitnehmerüberlassung noch erlaubnisfrei zulässig sein, wenn die weitere Beschäftigung des Arbeitnehmers beim Entleiher gewährleistet ist.

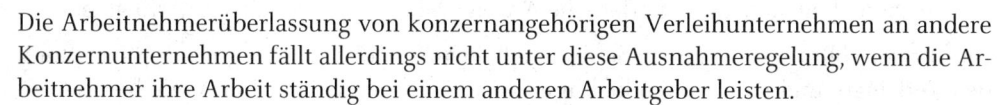

Die Arbeitnehmerüberlassung von konzernangehörigen Verleihunternehmen an andere Konzernunternehmen fällt allerdings nicht unter diese Ausnahmeregelung, wenn die Arbeitnehmer ihre Arbeit ständig bei einem anderen Arbeitgeber leisten.

Die Anwendbarkeit des AÜG kommt ebenfalls nicht in Betracht, wenn bei einem Einsatz eines Arbeitnehmers der Muttergesellschaft bei einer Tochtergesellschaft diese nicht über eine eigene Betriebsorganisation verfügt oder mit der Muttergesellschaft einen **Gemeinschaftsbetrieb** führt. In diesem Fall handelt es sich schon nicht um eine Arbeitnehmerüberlassung i.S.d. AÜG *(BAG 03.12.1997, EzA § 1 AÜG Nr. 9)*.

5. Arbeitnehmerüberlassung in deutsch-ausländisches Gemeinschaftsunternehmen

Seit 01.04.1997 ebenfalls erlaubnisfrei ist die Arbeitnehmerüberlassung in das Ausland, wenn der Leiharbeitnehmer in ein auf der Grundlage zwischenstaatlicher Vereinbarungen begründetes deutsch-ausländisches Gemeinschaftsunternehmen verliehen wird, an dem der Verleiher beteiligt ist (§ 1 Abs. 3 Nr. 3 AÜG).

6. Arbeitnehmerüberlassung durch Kleinunternehmen

3514 Für Arbeitgeber mit weniger als **50 Beschäftigten** (bis 01.04.1997 mit weniger als 20 Beschäftigten) wird die Arbeitnehmerüberlassung erleichtert.

Diese Arbeitgeber bedürfen keiner Erlaubnis, wenn sie zur **Vermeidung von Kurzarbeit oder Entlassungen** an einen Arbeitgeber einen Arbeitnehmer bis zur Dauer von 3 Monaten überlassen wollen. Allerdings muss die Überlassung **vorher schriftlich dem zuständigen Landesarbeitsamt angezeigt** werden. Die Anzeige muss die Personalien des Leiharbeitnehmers, die Art seiner Tätigkeit, Beginn und Dauer der Überlassung sowie Firma und Anschrift des Entleihers enthalten (§ 1 a AÜG).

Ist die vorherige Anzeige unterblieben, so kann es sich um eine illegale Arbeitnehmerüberlassung handeln (vgl. unten → Rz. 3530). Dagegen ist es bereits seit dem 01.01.1994 nicht mehr erforderlich, dass die Überlassung an einen Arbeitgeber des selben Wirtschaftszweiges im selben oder im unmittelbar angrenzenden Handwerkskammerbezirk erfolgt.

7. Abschluss des Arbeitnehmerüberlassungsvertrages

3515 Der Arbeitnehmerüberlassungsvertrag zwischen Verleiher und Entleiher kann bei der erlaubnisfreien Arbeitnehmerüberlassung im allgemeinen formlos erfolgen. Gleichwohl ist der Abschluss eines **schriftlichen Vertrages** dringend zu empfehlen! Dies gilt insbesondere für die Arbeitnehmerüberlassung durch Kleinunternehmen, da der Arbeitgeber insoweit nur von der Erlaubnispflicht des Arbeitnehmerüberlassungsgesetzes befreit ist (vgl. § 1 a Abs. 1 AÜG). Daher sollte der Überlassungsvertrag in diesen Fällen auch die Erklärung enthalten, dass die erforderliche Anzeige beim Landesarbeitsamt erfolgt ist.

Im Übrigen sollte der Vertrag insbesondere Regelungen über die Vergütung, die Haftung des Verleihers und den Zeitpunkt seiner Beendigung enthalten. Der Verleiher ist verpflichtet, dem Entleiher die für die Meldung nach § 28 a Abs. 4 SGB IV erforderlichen Angaben zu machen.

8. Meldepflichten

3516 Der Entleiher ist verpflichtet, die so genannte **Entleiherkontrollmeldung** nach § 28 a Abs. 4 SGB IV vorzunehmen. In der Meldung sind der für den Arbeitnehmer zuständigen Krankenkasse der Arbeitnehmer, dessen Arbeitgeber sowie Beginn und Ende der Überlassung mitzuteilen.

Von der Kontrollmeldepflicht ausgenommen sind allerdings die Fälle des § 1 Abs. 3 AÜG, da insoweit das AÜG insgesamt unanwendbar ist (vgl. oben → Rz. 3512, 3513).

9. Betriebsverfassungsrechtliche Stellung des Leiharbeitnehmers

Obgleich das AÜG auf die nicht gewerbsmäßige Arbeitnehmerüberlassung nicht unmittelbar anwendbar ist, richtet sich die betriebsverfassungsrechtliche Stellung des Leiharbeitnehmers nach § 14 AÜG. Aufgrund der gleichartigen Interessenlage findet diese Vorschrift nach der Rechtsprechung **entsprechende Anwendung** *(BAG 22.03.2000, EzA § 14 AÜG Nr. 4)*.

Mit dem Gesetz zur Reform des Betriebsverfassungsgesetzes (Betriebsverfassungs-Reformgesetz) vom 23.07.2001 (BGBl. I S. 1852) hat der Gesetzgeber mit Wirkung vom **27.07.2001** an § 14 Abs. 2 Satz 1 AÜG geändert. Es muss davon ausgegangen werden, dass die Rechtsprechung auch nach dieser Änderung die entsprechende Anwendung des § 14 AÜG auf die nicht gewerbsmäßige Arbeitnehmerüberlassung bejaht.

Auch nach der vorgenannten gesetzlichen Neufassung gilt weiterhin, dass der Leiharbeitnehmer auch während der Zeit seiner Arbeitsleistung bei dem Entleiher Angehöriger des entsendenden Betriebes des Verleihers bleibt.

Nach der bis zum 26.07.2001 gültigen Fassung des Gesetzes war der Leiharbeitnehmer bei den Wahlen zu betriebsverfassungsrechtlichen Arbeitnehmervertretungen im Entleiherbetrieb weder wahlberechtigt noch wählbar. Nunmehr gilt, dass der Leiharbeitnehmer im Entleiherbetrieb lediglich nicht wählbar ist (§ 14 Abs. 2 Satz 1 AÜG). Das aktive Wahlrecht zum Betriebsrat des Entleiherbetriebes besteht aber nur dann, wenn der Leiharbeitnehmer **länger als 3 Monate** im Betrieb des Entleihers eingesetzt wird (§ 7 Satz 2 BetrVG). Der Leiharbeitnehmer bleibt weiterhin berechtigt, die Sprechstunden der Arbeitnehmervertretungen im Entleiherbetrieb aufzusuchen und an den Betriebsversammlungen teilzunehmen. Darüber hinaus gelten auch für Leiharbeitnehmer im Entleiherbetrieb die §§ 81, 82 Abs. 1 und 84-86 BetrVG.

Nach den ab 01.01.2002 geltenden Regelungen des Job-Aqtiv-Gesetzes (vgl. oben → Rz. 3501a) ist das Wahlrecht des Leiharbeitnehmers im Betrieb des Entleihers ergänzend ausdrücklich auch auf die Wahl der Arbeitnehmervertreter in den Aufsichtsrat im Entleiherunternehmen ausgedehnt worden (vgl. § 14 Abs. 2 Satz 1 AÜG n.F.).

Obgleich der Leiharbeitnehmer grundsätzlich betriebsverfassungsrechtlich dem Betrieb des Verleihers zugeordnet ist, besteht im Hinblick auf die **Festlegung von Beginn und Ende der täglichen Arbeitszeit des Leiharbeitnehmers** einschließlich der Pausen sowie der Verteilung der Arbeitszeit auf die einzelnen Wochentage (§ 87 Abs. 1, 2 BetrVG) ein **Mitbestimmungsrecht des Betriebsrates des Entleiherbetriebes**. Dagegen stehen alle Beteiligungsrechte, die in Zusammenhang mit der Entlohnung des Leiharbeitnehmers stehen, ausschließlich dem Betriebsrat des Verleiherbetriebs zu *(BAG 15.12.1992, DB 1993, 888)*.

10. Beteiligung des Betriebsrates

Der Betriebsrat des **Entleiherbetriebes** hat bei dem Einsatz von Leiharbeitnehmern ein Mitbestimmungsrecht, so dass der Einsatz nur dann zulässig ist, wenn der Betriebsrat zugestimmt hat (§ 14 Abs. 3 AÜG, § 99 BetrVG).

Voraussetzung für das Mitbestimmungsrecht ist jedoch, dass das Fremdpersonal in den Betrieb eingegliedert wird. Die **Eingliederung** setzt voraus, dass der Arbeitgeber des Betriebs auch gegenüber dem Fremdpersonal wenigstens einen Teil der Arbeitgeberstellung übernimmt *(BAG 18.10.1994, EzA § 99 BetrVG 1972 Nr. 124).*

Der Betriebsrat des **verleihenden Betriebes** ist ebenfalls entsprechend zu beteiligen, wenn es sich bei der Überlassung gleichzeitig um eine Versetzung handelt (vgl. → Rz. 2037 ff.), was bei der nicht gewerbsmäßigen Arbeitnehmerüberlassung häufig der Fall sein wird.

Darüber hinaus kommt für den Betriebsrat des verleihenden Betriebes ein Mitbestimmungsrecht nach § 87 Abs. 1 Nr. 3 BetrVG in Betracht, wenn der Verleiher Leiharbeitnehmer in Betriebe/zu Entleihern entsendet, deren Wochenarbeitszeit die arbeitsvertraglich vereinbarte Stundenzahl der Leiharbeitnehmer übersteigt *(BAG 19.06.2001, EzA § 87 BetrVG 1972 Arbeitszeit Nr. 63).*

Die Überlassung verhält sich dann faktisch für den einzelnen Leiharbeitnehmer als Anordnung von Überstunden. Das Mitbestimmungsrecht besteht aber nur in Bezug auf die Überlassung des Leiharbeitnehmers, nicht dagegen für einzelne vom Entleiher später angeordnete Überstunden.

Ob bei Maßnahmen, die Leiharbeitnehmer betreffen, der Betriebsrat des Verleiherbetriebs oder derjenige des Entleiherbetriebs mitzubestimmen hat, richtet sich danach, ob der Vertragsarbeitgeber (Verleiher) oder der Entleiher die mitbestimmungspflichtige Entscheidung trifft *(BAG a.a.O.).*

Während des Einsatzes der Leiharbeitnehmer kommt ferner ein Mitbestimmungsrecht des Betriebsrates des Entleiherbetriebes dann in Betracht, wenn die Leiharbeitnehmer außerhalb der betriebsüblichen Arbeitszeit eingesetzt werden sollen (vgl. § 87 Abs. 1 Nr. 2, 3 BetrVG). Soweit hierdurch Interessen der Belegschaft berührt werden (z.B. Überstundenregelung) ist ein Mitbestimmungsrecht zu bejahen. Dies gilt vor allem dann, wenn der Einsatz von Leiharbeitnehmern erfolgt, um ein Mitbestimmungsrecht des Betriebsrates zu umgehen (vgl. → Rz. 2217).

Zu beachten ist, dass bei einem Einsatz von Fremdarbeitnehmern selbst dann ein Mitbestimmungsrecht des Betriebsrates gegeben sein kann, wenn der Einsatz aufgrund eines echten Werk- oder Dienstvertrages (vgl. → Rz. 3506 f.) erfolgt. Eine mitbestimmungspflichtige Einstellung (§ 99 Abs. 1 BetrVG) liegt jedenfalls dann nicht vor, wenn die Drittfirma die für ein Arbeitsverhältnis typischen Entscheidungen über den Arbeitseinsatz nach Zeit und Ort zu treffen hat *(BAG 18.101994, EzA § 99 BetrVG 1972 Nr. 124).* Im Übrigen wird es darauf ankommen, inwieweit durch die Beschäftigung kollektive Interessen betroffen sind. Hier ist im Einzelfall eine sorgfältige Prüfung vorzunehmen.

VII. Erlaubnispflichtige Arbeitnehmerüberlassung

Erfolgt die beabsichtigte Arbeitnehmerüberlassung durch den Verleiher **gewerbsmäßig**, so findet das AÜG uneingeschränkt Anwendung. Die Arbeitnehmerüberlassung ist dann grundsätzlich verboten, soweit dem Verleiher nicht eine ausdrückliche Erlaubnis durch das zuständige Landesarbeitsamt erteilt wurde (§ 1 Abs. 1 Satz 1 AÜG, so genanntes **Verbot mit Erlaubnisvorbehalt**).

3519

1. Der Begriff der Gewerbsmäßigkeit

Ob eine gewerbsmäßige Arbeitnehmerüberlassung vorliegt, beurteilt sich nach gewerberechtlichen Maßstäben.

3520

Unter gewerbsmäßig in diesem Sinne ist jede nicht nur gelegentliche (vgl. oben → Rz. 3510), sondern auf eine gewisse Dauer angelegte und auf die Erzielung wirtschaftlicher Vorteile gerichtete selbständige Tätigkeit zu verstehen.

Aus dem Erfordernis der **Selbständigkeit** folgt, dass die Überlassung von Arbeitskräften durch Personen, die selbst Arbeitnehmer sind (z.B. so genannte Zwischenmeister), nicht unter die Erlaubnispflicht des AÜG fällt.

Das Merkmal »auf eine gewisse Dauer« meint keinen fest bestimmbaren Zeitraum. Vielmehr ist es entscheidend, ob die Überlassung auf Dauer »angelegt« ist und damit in **Wiederholungsabsicht** vorgenommen wird.

3521

Das ist der Fall, wenn der Verleiher bereits bei der Überlassung des Arbeitnehmers plant, diesen zu einem späteren Zeitpunkt **erneut Entleihern zur Arbeitsleistung zu überlassen**. Von einer derartigen **Wiederholungsabsicht** ist jedenfalls dann auszugehen, wenn der Arbeitnehmer **ausschließlich dazu eingestellt wurde, für den Arbeitgeber als Leiharbeitnehmer tätig zu werden** (Überlassungsklausel im Arbeitsvertrag, vgl. → Rz. 2006).

Allerdings dürfte eine entsprechende Wiederholungsabsicht auch dann regelmäßig zu bejahen sein, wenn der Arbeitsvertrag des Arbeitnehmers lediglich die Verpflichtung enthält, für den Arbeitgeber nicht ausschließlich, sondern nur von Fall zu Fall auf Weisung des Arbeitgebers als Leiharbeitnehmer tätig zu werden. Dabei ist zu beachten, dass der in aller Regel schriftlich abgeschlossene Arbeitsvertrag durch nachträgliche mündliche Abreden sowie durch stillschweigendes Einvernehmen der Arbeitsvertragsparteien entsprechend geändert werden kann. Aus diesem Grunde ist es äußerst problematisch, wenn zwar der Arbeitsvertrag des Arbeitnehmers keine Verpflichtung enthält, als Leiharbeitnehmer tätig zu werden, der Arbeitnehmer aber dennoch wiederholt mit seiner Zustimmung an Dritte überlassen wird (vgl. oben → Rz. 3510).

Liegt eine Wiederholungsabsicht vor, so kann bereits die **erstmalige und kurzzeitige Überlassung** von Arbeitnehmern zur Annahme der Gewerbsmäßigkeit führen. Selbst wenn eine Wiederholungsabsicht nicht feststellbar ist, ist eine einmalige Arbeitnehmerüberlassung auch dann auf Dauer angelegt, wenn der Überlassungszeitraum außergewöhnlich lang ist. Bei einer Überlassungsdauer von 2 1/2 Jahren kann gewerbsmäßiges Handeln vorliegen, ohne dass es der Feststellung einer Wiederholungsabsicht bedarf.

3522 Von entscheidender Bedeutung für die Annahme der Gewerbsmäßigkeit ist darüber hinaus das Vorliegen einer **Gewinnerzielungsabsicht** beim Verleiher.

Es kommt nicht darauf an, ob tatsächlich Gewinn erzielt wird. Auch muss nicht ein Gewinn im bilanztechnischen Sinne angestrebt werden. Ausreichend ist vielmehr jeder unmittelbare oder mittelbare wirtschaftliche Vorteil. Dabei muss es sich auch nicht um einen geldwerten Vorteil handeln. Ein mittelbarer Vorteil kann also auch dann vorliegen, wenn die Überlassung erfolgt, um bei Auftragsmangel die Lohnkosten niedrig zu halten und Entlassungen zu vermeiden. Gleiches dürfte auch dann gelten, wenn die Arbeitnehmerüberlassung in der Erwartung oder der Gewissheit erfolgt, zu einem späteren Zeitpunkt bei eigenem Personalbedarf auf Arbeitskräfte des Entleihers zurückgreifen zu können (vgl. oben → Rz. 3510).

2. Mischbetriebe

3523 Unerheblich ist es, ob die Arbeitnehmerüberlassung Haupt- oder lediglich Nebenzweck eines Betriebes des Verleihers ist. Auch wenn der Betriebszweck nicht in der Überlassung von Arbeitnehmern liegt, benötigt er als so genannter Mischbetrieb eine Erlaubnis, wenn er in Gewinnerzielungsabsicht Arbeitnehmer einem Entleiher überlassen will. Maßgeblich ist also allein der **Hauptzweck des Geschäftes im Einzelfall**.

3. Grenzüberschreitende Arbeitnehmerüberlassung

3524 Grundsätzlich erlaubnispflichtig ist auch die grenzüberschreitende gewerbsmäßige Arbeitnehmerüberlassung.

Verleiher aus den Staaten der Europäischen Gemeinschaft sowie aus einem anderen Vertragsstaat des EWR-Abkommens (derzeit Österreich, Finnland, Island, Norwegen, Schweden und – demnächst – Liechtenstein) benötigen zur Arbeitnehmerüberlassung in der Bundesrepublik Deutschland neben der Erlaubnis des Staates ihres Geschäftssitzes die Erlaubnis nach dem AÜG (§ 3 Abs. 4 AÜG). Gleiches gilt für Verleiher aus Staaten, die mit der Europäischen Gemeinschaft in Assoziation verbunden sind (derzeit Polen, Ungarn, Bulgarien, Rumänien, Tschechische und Slowakische Republik, vgl. § 3 Abs. 5 AÜG). Verleiher aus dem sonstigen Ausland können in der Bundesrepublik Deutschland nicht tätig werden (vgl. § 3 Abs. 2 AÜG). Im gleichen Maße ist der Verleih in solche Staaten unzulässig. Die grenzüberschreitende Arbeitnehmerüberlassung in Länder der Europäischen Gemeinschaft oder einen Vertragsstaat des EWR-Abkommens bedarf der Erlaubnis nach dem AÜG und ggf. nach den Bestimmungen des Entleiherlandes.

Bis zum 01.01.1994 konnten lediglich Verleiher aus den Ländern der Europäischen Gemeinschaft in der Bundesrepublik Deutschland tätig werden.

Zur Zulässigkeit der Arbeitnehmerüberlassung in das Ausland, wenn es sich bei dem Entleiher um ein deutsch-ausländisches Gemeinschaftsunternehmen handelt, vgl. oben → Rz. 3513a.

Die betriebsverfassungsrechtliche Zuordnung des Leiharbeitnehmers zum Betrieb des Verleihers nach § 14 Abs. 1 AÜG gilt auch dann, wenn ein in Deutschland ansässiger Vertragsarbeitgeber (Verleiher) Arbeitnehmer an den Inhaber eines im Ausland liegenden Betriebs verleiht *(BAG 22.03.2000, EZA § 14 AÜG Nr. 4).*

4. Die Erlaubnis nach dem Arbeitnehmerüberlassungsgesetz

Der Verleiher hat auf schriftlichen Antrag hin einen **Anspruch** auf Erteilung der Erlaubnis (§ 2 Abs. 1 AÜG). Der Antrag ist an das Landesarbeitsamt zu richten, in dessen Bezirk der Verleiher seinen Hauptgeschäftssitz hat. Die zu verwendenden Antragsformulare sind beim Landesarbeitsamt erhältlich. Die Erlaubnis ist zu erteilen, wenn der Arbeitgeber hinreichend **zuverlässig** ist (vgl. im Einzelnen § 3 AÜG). Die Erlaubnis ist dagegen zu versagen, wenn der Arbeitgeber

- die Zuverlässigkeit für die Tätigkeit der Arbeitnehmerüberlassung nicht besitzt. Dies wird regelmäßig zu bejahen sein, wenn der Arbeitgeber Vorschriften des Sozialversicherungs- und Lohnsteuerrechts, über die Arbeitsvermittlung, über die Anwerbung im Ausland oder über die Ausländerbeschäftigung, die Vorschriften des Arbeitsschutzrechtes oder die arbeitsrechtlichen Pflichten nicht einhält oder keine hinreichenden Kenntnisse in diesen Bereichen vorweisen kann;
- nach der Gestaltung seiner Betriebsorganisation nicht in der Lage ist, die üblichen Arbeitgeberpflichten zu erfüllen;
- mit dem Leiharbeitnehmer **wiederholt** einen befristeten Arbeitsvertrag abschließt, es sei denn, dass sich für die Befristung aus der Person des Leiharbeitnehmers ein sachlicher Grund ergibt, oder die Befristung für einen Arbeitsvertrag vorgesehen ist, der unmittelbar an einen mit demselben Verleiher geschlossenen Arbeitsvertrag anschließt;
- mit dem Leiharbeitnehmer jeweils unbefristete Arbeitsverträge abschließt, diese Verträge jedoch durch Kündigung beendet und den Leiharbeitnehmer **wiederholt** innerhalb von 3 Monaten nach Beendigung des Arbeitsverhältnisses erneut einstellt;
- die Dauer des Arbeitsverhältnisses mit dem Leiharbeitnehmer **wiederholt** auf die Zeit der erstmaligen Überlassung an den Entleiher beschränkt, es sei denn, der Leiharbeitnehmer tritt unmittelbar nach der Überlassung in ein Arbeitsverhältnis zu dem Entleiher ein und war dem Verleiher von der Bundesanstalt für Arbeit als schwervermittelbar vermittelt worden, oder
- einem Entleiher denselben Leiharbeitnehmer länger als 12 aufeinanderfolgende Monate überlässt, wobei der Zeitraum einer unmittelbar vorangehenden Überlassung durch einen anderen Verleiher an denselben Entleiher anzurechnen ist.

Die Erlaubnis kann unter Vorbehalt des Widerrufs oder unter Bedingungen erteilt werden (§ 2 Abs. 2 AÜG). Die Kosten des Erlaubnisverfahrens sind vom Antragsteller zu tragen (§ 2 a AÜG). Die Erlaubnis wird zunächst auf ein Jahr befristet erteilt. Der Verlängerungsantrag ist spätestens 3 Monate vor Ablauf dieses Jahres zu stellen. Wird der Antrag nicht vor Ablauf des Jahres abgelehnt, verlängert sich die Erlaubnis automatisch um ein weiteres Jahr. Die Erlaubnis kann erst dann unbefristet erteilt werden, wenn der Verleiher

3 aufeinanderfolgende Jahre mit der erforderlichen Erlaubnis tätig war. Die Kosten für die Erteilung der Erlaubnis können bis zu 2.500 EUR betragen (§ 2 a AÜG).

Die Erlaubnis erlischt, wenn der Verleiher von ihr ein Jahr lang keinen Gebrauch gemacht hat. Im Übrigen endet sie durch Ablauf des Befristungszeitraumes sowie Rücknahme oder Widerruf der Erlaubnis.

Wird die Erlaubnis nicht oder nicht in vollem Umfang erteilt, so ist der Rechtsweg zu den Sozialgerichten eröffnet (§ 51 Abs. 1 SGG). Widerspruch und Klage (Fristen beachten!) haben keine aufschiebende Wirkung (§ 97 Abs. 2 SGG).

5. Abschluss des Leiharbeitnehmervertrages

3526 Der Abschluss des Leiharbeitnehmervertrages unterliegt bei der gewerbsmäßigen Arbeitnehmerüberlassung strengen Vorschriften. So ist der Vertrag nur wirksam, wenn der Verleiher die erforderliche **Erlaubnis** hat. Unwirksam sind im allgemeinen auch wiederholte Befristungen des Leiharbeitsverhältnisses (vgl. im Einzelnen § 9 AÜG). Als grundsätzlich zulässig wird man dagegen die Vereinbarung einer Beschäftigung auf Abruf (vgl. § 12 Abs. 1 Satz 1 TzBfG) ansehen müssen.

Der Verleiher ist verpflichtet, den wesentlichen Inhalt des Arbeitsverhältnisses in einer von ihm zu unterzeichnenden **Urkunde** aufzunehmen. Zu den Einzelheiten des erforderlichen Urkundeninhalts vgl. § 11 Abs. 1 AÜG. Zweckmäßig ist es insoweit, den Leiharbeitnehmervertrag schriftlich abzuschließen. Bei Vertragsschluss muss dem Arbeitnehmer ein bei den Arbeitsämtern erhältliches **Merkblatt** über den wesentlichen Inhalt des Arbeitnehmerüberlassungsgesetzes ausgehändigt werden. Dem unter → Rz. 3534 abgedruckten Merkblatt kann unter Ziffer A.2 a) bis l) auch der notwendige Urkundeninhalt (§ 11 Abs. 1 AÜG) entnommen werden.

Zu beachten ist, dass mit dem zu erwartenden Inkrafttreten des sog. Job-Aqtiv-Gesetzes (vgl. oben → Rz. 3501a) ab 01.01.2002 der Verleiher dem Leiharbeitnehmer bei einer länger als 12 aufeinanderfolgende Monate dauernden Überlassung aneinen Entleiher, die im Betrieb des Entleihers für vergleichbare Arbeitnehmer des Entleihers geltenden Arbeitsbedingungen einschließlich des Arbeitsentgelts zu gewähren hat (vgl. § 10 Abs. 5 AÜG n.F.).

Zu den sonstigen Pflichten im bestehenden Arbeitsverhältnis vgl. § 11 Abs. 3 ff. AÜG. Die **betriebsverfassungsrechtliche Stellung** des Arbeitnehmers richtet sich nach § 14 AÜG (vgl. oben → Rz. 3517). Die Beteiligungsrechte des Betriebsrates bestehen in dem gleichen Umfang wie bei der erlaubnisfreien Arbeitnehmerüberlassung. Ein Mitbestimmungsrecht des Betriebsrates im Verleiherbetrieb besteht jedoch regelmäßig nicht (§ 95 Abs. 3 Satz 2 BetrVG).

6. Abschluss des Arbeitnehmerüberlassungsvertrages

Der Abschluss des Überlassungsvertrages zwischen Verleiher und Entleiher muss schriftlich erfolgen und die Erklärung beinhalten, dass der Verleiher die erforderliche Erlaubnis besitzt (§ 12 AÜG). Vom Wegfall der Erlaubnis hat der Verleiher den Entleiher rechtzeitig zu unterrichten (§ 12 Abs. 2 AÜG).

3527

Im Übrigen ist der Verleiher verpflichtet, dem Entleiher die für die Entleiherkontrollmeldung (vgl. oben → Rz. 3516) erforderlichen Angaben zu machen (§ 12 Abs. 3, § 20 Nr. 1 AÜG).

7. Meldepflichten

Der Entleiher ist zur Abgabe der Entleiherkontrollmeldung verpflichtet (vgl. oben → Rz. 3516). Den Verleiher treffen umfangreiche Anzeige- und Auskunftspflichten gegenüber der Bundesanstalt für Arbeit, vgl. §§ 7, 8 AÜG.

3528

VIII. Sonderregelung im Baugewerbe

Grundsätzlich und damit auch für Erlaubnisinhaber verboten ist die gewerbsmäßige Arbeitnehmerüberlassung in Betrieben des Baugewerbes für Arbeiten, die üblicherweise von Arbeitern verrichtet werden (§ 1 b AÜG). Ausnahmsweise gestattet ist die erwerbsmäßige Arbeitnehmerüberlassung seit dem 01.03.1994 zwischen Betrieben des Baugewerbes, wenn diese Betriebe von denselben Rahmen- und Sozialkassentarifverträgen oder von deren Allgemeinverbindlichkeit erfasst werden (§ 1 b AÜG).

3529

Gleichwohl bleibt für die Bauwirtschaft insbesondere die Bildung von Bauarbeitsgemeinschaften zwecks gemeinsamer Durchführung von Bauvorhaben von Bedeutung. Zulässig ist auch im Baugewerbe die nichtgewerbsmäßige Arbeitnehmerüberlassung. Soweit die Überlassung gewerbsmäßig erfolgt, ist § 1 b AÜG auch für die Arbeitnehmerüberlassung zwischen Arbeitgebern desselben Wirtschaftszweiges und die konzerninterne Arbeitnehmerüberlassung zu beachten.

Betriebe des Baugewerbes im Sinne des vorgenannten Verbotstatbestandes sind die Betriebe des sog. **Bauhauptgewerbes** *(BGH 17.02.2000, NJW 2000, 1557)*. Zur Abgrenzung zu den sog. Betrieben des Baunebengewerbes vgl. die Baubetriebe – Verordnung (BGBl. III 810-1-30). Soweit ausnahmsweise die Überlassung von Leiharbeitnehmern in Betriebe des Baugewerbes zulässig ist, ist das Arbeitnehmerentsendegesetz (BGBl. III/FNA 2034-8) zu beachten. Das Bundesministerium für Arbeit und Sozialordnung hat auf dieser gesetzlichen Grundlage die Verordnung über die zwingenden Arbeitsbedingungen im Baugewerbe vom 17.08.2000 (BGBl. I S. 1290) erlassen, die zunächst bis zum 31.08.2002 gelten soll. Die damit vorgenommene Geltungserstreckung der Rechtsnormen des Tarifvertrages zur Regelung eines Mindestlohnes im Baugewerbe ist verfassungsrechtlich nicht zu beanstanden *(BVerfG 18.07.2000, EzA Art. 9 GG Nr. 69)*. Mithin ist die tarifliche Mindestvergütung auch nicht tarifgebundenen Leiharbeitnehmern zu gewähren.

IX. Rechtsfolgen illegaler Arbeitnehmerüberlassung

3530 Unter illegaler Arbeitnehmerüberlassung versteht man die gewerbsmäßige Überlassung von Arbeitnehmern an Dritte, die ohne die erforderliche Erlaubnis vorgenommen wird. Fehlt die Erlaubnis durch das Landesarbeitsamt, so treten im Wesentlichen folgende Rechtsfolgen ein:

- **Fiktion eines Arbeitsverhältnisses mit dem Entleiher**
  Der Leiharbeitnehmervertrag zwischen Verleiher und Leiharbeitnehmer ist nichtig. Statt dessen wird ein Arbeitsverhältnis zwischen Entleiher und Leiharbeitnehmer fingiert, dessen Inhalt sich nach den im Entleiherbetrieb geltenden Vorschriften und Regelungen richtet (§ 10 Abs. 1 AÜG). Der Leiharbeitnehmer kann von dem Entleiher mindestens das mit dem Verleiher vereinbarte Arbeitsentgelt verlangen. Dieser Anspruch gewährleistet jedoch nicht, dass dem Leiharbeitnehmer bei Zustandekommen des Arbeitsverhältnisses mit dem Entleiher ein bestehender Vergütungsvorsprung vor vergleichbaren Arbeitnehmern des Entleihers ungeschmälert erhalten bleibt (vgl. § 10 Abs. 1 Satz 4 AÜG). Das kraft gesetzlicher Fiktion zwischen dem Leiharbeitnehmer und dem Entleiher zustande gekommene Arbeitsverhältnis steht einem vertraglich begründeten gleich und kann, wenn es unbefristet ist, nur durch Kündigung oder durch Aufhebungsvertrag beendet werden. Hat der Verleiher das Arbeitsentgelt zumindest teilweise trotz Nichtigkeit des Arbeitsvertrages an den Leiharbeitnehmer gezahlt, so ist er auch zur Zahlung des Restbetrages verpflichtet. Der Leiharbeitnehmer kann seine Vergütung also sowohl vom Verleiher als auch vom Entleiher verlangen. Beide haften insoweit als Gesamtschuldner (§ 10 Abs. 3 AÜG).

Gleichwohl hat die Rechtsprechung entschieden, dass zwischen dem Verleiher und dem Entleiher von unter Verstoß gegen § 1 AÜG überlassenen Arbeitnehmern ein Ausgleichsanspruch nach § 426 BGB ausgeschlossen ist *(BGH 18.07.2000, EzA-SD 26/00, 9)*. Soweit also die Vergütung entweder vom Verleiher oder aber vom Entleiher gezahlt wurde, kann diese vom jeweils anderen nicht hälftig nach § 426 BGB erstattet verlangt werden.

Die Rechtsfolge der Fiktion eines Arbeitsverhältnisses mit dem Entleiher gilt auch bei Arbeitnehmerüberlassung an einen **Betrieb des Baugewerbes**. Das grundsätzliche Verbot der gewerbsmäßigen Arbeitnehmerüberlassung in Betriebe des Baugewerbes (vgl. oben → Rz. 3529) steht dem nicht entgegen. Mithin hat auch der Entleiher für die überlassenen Leiharbeitnehmer Beiträge zu den Sozialkassen des Baugewerbes abzuführen *(BAG 08.07.1998, EzA § 10 AÜG Nr. 9)*.

Durch die gesetzliche Neuregelung zum 01.04.1997 hat der Gesetzgeber nunmehr auch sichergestellt, dass eine im Zeitpunkt der Überlassung des Arbeitnehmers an einen Entleiher bestehende Erlaubnis zur Arbeitnehmerüberlassung auch im Falle ihres späteren Wegfalls für die Abwicklung der bereits geschlossenen Arbeitnehmerüberlassungsverträge als fortbestehend gilt bis längstens für **12 Monate**. Die bis zum Zeitpunkt der gesetzlichen Neuregelung für einen Entleiher bestehenden Risiken im Falle des späteren Wegfalls der bei Beginn der Arbeitnehmerüberlassung vorhandenen Erlaubnis sind damit entfallen.

- **Schadensersatzanspruch des Arbeitnehmers**
  Der Leiharbeitnehmer hat gegen den Verleiher einen Anspruch auf Ersatz des Schadens, der ihm dadurch entstanden ist, dass er auf die Gültigkeit des Leiharbeitnehmervertrages vertraut hat. Dies gilt allerdings nur dann, wenn der Leiharbeitnehmer die Unwirksamkeit des Vertrages nicht kannte (§ 10 Abs. 2 AÜG).
- **Haftung für die Lohnsteuer** (vgl. → Rz. 8010 und 8167)
- **Haftung für Sozialversicherungsbeiträge**
  Für die Zahlung der Sozialversicherungsbeiträge haftet grundsätzlich der Entleiher. Daneben haftet aber auch der Verleiher, wenn er bereits das Arbeitsentgelt oder Teile davon an den Leiharbeitnehmer ausgezahlt hat (vgl. → Rz. 5211, 5632).
- **Ordnungswidrigkeiten/strafrechtliche Folgen**
  Der illegale Verleih von Arbeitnehmern kann sowohl gegenüber dem Entleiher als auch gegenüber dem Verleiher als Ordnungswidrigkeit mit einer Geldbuße bis zu 25.000 EUR geahndet werden (§ 16 AÜG). Strafbar ist der illegale Verleih nichtdeutscher Leiharbeitnehmer ohne Arbeitserlaubnis (§ 15 AÜG). Soweit von der Bundesanstalt für Arbeit Verstöße gegen die Vorschriften des Arbeitnehmerüberlassungsgesetzes festgestellt werden, erfolgt auch regelmäßig die Einleitung der entsprechenden Bußgeld- bzw. Strafverfahren.

X. Weiterführende Literaturhinweise

Amann/Feuerborn, Neuregelungen im Arbeitnehmerüberlassungsgesetz, BB 1994, 1346 ff.;
Becker/Wulfgramm, Kommentar zum Arbeitnehmerüberlassungsgesetz, 3. Auflage 1985;
Becker, Leitfaden zur gewerbsmäßigen Arbeitnehmerüberlassung, 4. Aufl. 1985; *Dauner – Lieb*, Der innerbetriebliche Fremdfirmeneinsatz auf Dienst oder Werkvertragbasis im Spannungsfeld zwischen AÜG und BetrVG, NZA 1992, 817 ff.;
Engelbrecht, Die Abgrenzung der Arbeitnehmerüberlassung von der Arbeitsvermittlung, 1979;
Kokemoor, Arbeitnehmerüberlassung im Arbeitnehmerinteresse, NZA 2000, 1077.
Leitner, Abgrenzung zwischen Werk und Dienstvertrag und erlaubnispflichtiger Arbeitnehmerüberlassung, DB 1990, 2071 ff.;
Maschmann, Leiharbeitnehmer und Betriebsratswahl nach dem BetrVG-Reformgesetz, DB 2001, 2446
Mummenhoff, Arbeitnehmerüberlassung bei Freigabe der Arbeitsvermittlung, DB 1992, 1982 ff.;
Sandmann/Marschall, Kommentar zum Arbeitnehmerüberlassungsgesetz, Stand 2001;
Schaub, Arbeitsrechts Handbuch, 8. Aufl. 1996, S. 1043 ff.;
Schneider/Welslau, Handbuch Zeitarbeit, Stand 2001;
Siller/Schliephacke, Fremdpersonal und Leiharbeitnehmer, 2. Aufl. 1989;
Sturm, Gewerbsmäßige Arbeitnehmerüberlassung und werkvertraglicher Personaleinsatz, 1990.

XI. Muster eines Werksarbeitsgemeinschaftsvertrages

1000

Muster

Gesellschaftsvertrag

Ziff. 1 Gesellschafter/Zweck der Gesellschaft

(1) Die nachfolgend aufgeführten Firmen schließen sich mit Unterzeichnung dieses Vertrages zu einer Arbeitsgemeinschaft in der Form einer Gesellschaft bürgerlichen Rechts (§§ 705 ff. BGB) zusammen. Gesellschafter sind:

1. ....

2. ....

3. ....

(2) Zweck der Gesellschaft ist die gemeinsame Ausführung des mit der Firma ..... am ..... abgeschlossenen Vertrages.

Ziff. 2 Beteiligung/Haftung

Ziff. 3 Gesellschafterversammlung

Ziff. 4 Geschäftsführung/Vertretung

Ziff. 5 Beiträge der Gesellschafter

(1) Die Gesellschafter sind verpflichtet, die zur Ausführung des Vertrages erforderlichen Arbeitskräfte an die Arbeitsgemeinschaft abzuordnen. Die Anzahl der abzuordnenden Arbeitnehmer richtet sich nach den in Ziff. 2 dieses Vertrages genannten Beteiligungsverhältnissen.

(2) Die abzuordnenden Arbeitnehmer unterliegen für den Zeitraum der Abordnung dem Weisungsrecht der Arbeitsgemeinschaft.

(3) Das von den Gesellschaftern den abgeordneten Arbeitnehmern für die Dauer der Tätigkeit für die Arbeitsgemeinschaft gezahlte Arbeitsentgelt wird den Gesellschaftern nachträglich erstattet.

(4) Sonstige Beiträge der Gesellschafter (Finanzierung).

Ziff. 6 Sonstige Vereinbarungen

XII. Muster eines Arbeitnehmerüberlassungsvertrages für die gelegentliche Arbeitnehmerüberlassung

3533 Das nachfolgende Muster eines Arbeitnehmerüberlassungsvertrages kann in den Fällen der **gelegentlichen Überlassung** von Arbeitnehmern an andere Unternehmen herangezogen werden, nicht dagegen, wenn die Überlassung gewerbsmäßig erfolgt. Bei der gewerbsmäßigen Arbeitnehmerüberlassung muss der Vertrag die Erklärung des Verleihers enthalten, dass er die Erlaubnis nach § 1 AÜG besitzt (vgl. im Einzelnen § 12 AÜG).

Muster

Zwischen der Firma.................... in .... – nachfolgend Verleiher – und
der Firma .... in .... – nachfolgend Entleiher –
wird folgender

Arbeitnehmerüberlassungsvertrag

geschlossen:

Ziff. 1 Überlassung

Der Verleiher überlässt dem Entleiher für die Zeit vom ..... bis zum ..... die nachfolgend aufgeführten Arbeitnehmer zum Einsatz in dessen Betrieb in .....

Name Vorname

1. ....
2. ....
3. ....

Ziff. 2 Vergütung

Der Entleiher vergütet dem Verleiher für jede Arbeitsstunde eines jeden Arbeitnehmers ..... EUR zzgl. MwSt. Der Verleiher kann eine wöchentliche Abschlagszahlung in Höhe von ..... EUR verlangen.

Ziff. 3 Arbeitszeit

(1) Die tägliche/wöchentliche Arbeitszeit der Arbeitnehmer beträgt ...../..... Stunden. Soll die Arbeitszeit überschritten werden, bedarf dies der vorherigen Zustimmung des Verleihers.

(2) Der Entleiher verpflichtet sich zur Einhaltung des Arbeitszeitgesetzes.

Ziff. 4 Weisung und Überwachung

(1) Der Entleiher ist berechtigt, den überlassenen Arbeitnehmern die Weisungen bzgl. der Arbeitsleistung zu erteilen. Der Entleiher darf die Arbeitnehmer jedoch nur mit den nachfolgend aufgeführten Tätigkeiten betrauen.
 – z.B. Tätigkeiten eines Bauarbeiters etc.

(2) Die Überwachung der Arbeitnehmer ist Sache des Entleihers.

Ziff. 5 Erklärung des Verleihers

Der Verleiher erklärt hiermit ausdrücklich, dass die Überlassung der Arbeitnehmer nicht der Erlaubnispflicht des AÜG unterliegt. Er erklärt ferner, dass die Überlassung nicht gewerbsmäßig erfolgt, insbesondere, dass die überlassenen Arbeitnehmer normalerweise bei ihm selbst beschäftigt und mit der in diesem Vertrag vereinbarten Überlassung an den Entleiher einverstanden sind.

Ziff. 6 Haftung des Verleihers

(1) Der Verleiher haftet dem Entleiher für die Richtigkeit der Angaben unter Ziff. 5 dieses Vertrages.

(2) Darüber hinaus haftet der Verleiher dem Entleiher nur für die ordnungsgemäße Auswahl der Arbeitnehmer für die in diesem Vertrag unter Ziff. 4 (1) angegebene Tätigkeit. Eine weitergehende Haftung trifft den Verleiher nicht.

Ziff. 7 Haftung des Entleihers

Der Entleiher übernimmt gegenüber den überlassenen Arbeitnehmern die Fürsorgepflicht eines Arbeitgebers. Insbesondere hat er dafür zu sorgen, dass die in seinem Betrieb geltenden Arbeitsschutzvorschriften eingehalten werden. Für die Erfüllung dieser Pflichten haftet der Entleiher dem Verleiher.

Ziff. 8 Kontrollmeldung

Der Entleiher hat die erforderlichen Angaben zur Abgabe der Kontrollmeldung erhalten.

Ziff. 9 Schriftform

Änderungen dieses Vertrages bedürfen der Schriftform.

Ort, Datum .... Unterschriften ....

XIII. Merkblatt für Leiharbeitnehmer

3534 Das abgedruckte Merkblatt ist bei den Arbeitsämtern erhältlich und dem Leiharbeitnehmer bei Abschluss des Leiharbeitnehmervertrages auszuhändigen.

Sozialversicherungsgrenzwerte (2001/2002)

Beitragsart	Alte Bundesländer		Neue Bundesländer	
	2001	2002	2001	2002
Beitragsbemessungsgrenze • Renten- und Arbeitsl.-Versg. • Kranken- und PflegeVersg.	4.397,11 3.336,18	4.500,00 3.375,00	3.732,43 3.336,18	3.750,00 3.375,00
Beitragssätze Renten-Versg. • Höchstbetrag (je ½ ArbG u. AN)	19,1%	19,1%	19,1%	19,1%
Arbeitslosen-Versg. • Höchstbetrag (je ½ ArbG u. AN)	6,5%	6,5%	6,5%	6,5%
Kranken-Versg.	*Beitragssatz ist kassenindividuell unterschiedlich*			
Pflege-Versg. • Höchstbetrag (je ½ ArbG u. AN)	1,7% 56,72	1,7% 57,38	1,7% 56,72	1,7% 57,38
Beiträge zur Renten-Versg. *Pflichtversicherte AN* • Höchstbetrag	 849,61	 859,50	 712,89	 716,26
Pflichtversicherte Selbständige • Regelbeitrag • Mindestbeitrag • Höchstbetrag	 437,50 61,52 849,61	 447,90 62,08 859,50	 359,19 61,52 712,89	 374,36 62,08 716,26
Freiwillig Versicherte • Mindestbeitrag • Höchstbetrag	 61,52 849,61	 62,08 859,50	 61,52 712,89	 62,08 716,26
Entgeltgrenze für geringfügige Beschäftigungen sowie für alleinige Beitragspflicht des ArbG's	322,11	325,00	322,11	325,00
Bezugsgröße	2.290,59	2.345,00	1.861,10	1.960,00

Steuerfreie Fahrtkostenerstattung bei Nutzung von Privatfahrzeug
(ohne Einzelnachweis, pauschal)

Fahrzeug	Kilometersatz: bis 31.12.01	Kilometersatz: ab 01.01.02
Pkw	58 Pfg.	30 Cent
Motorrad/Motorroller	25 Pfg.	13 Cent
Moped/Mofa	15 Pfg.	8 Cent
Fahrrad	7 Pfg	5 Cent

Sachbezugswerte für freie Verpflegung 2002
(neue und alte Bundesländer einschl. Gesamt-Berlin, **alle Werte in EURO**)

Personen		Frühstück	Mittagessen	Abendessen	Verpflegung insg.
volljährige Arbeitnehmer	mtl.	42,10	75,25	75,25	192,60
	ktgl.	1,40	2,51	2,51	6,42
Jugendliche und Azubi's	mtl.	42,10	75,25	75,25	192,60
	ktgl.	1,40	2,51	2,51	6,42
volljährige Familienang.	mtl.	33,68	60,20	60,20	154,08
	ktgl.	1,12	2,01	2,01	5,14
Familienang. vor Vollendung des 18. Lj.	mtl.	25,26	45,15	45,15	115,56
	ktgl.	0,84	1,51	1,51	3,85
Familienang. vor Vollendung des 14. Lj.	mtl.	16,84	30,10	30,10	77,04
	ktgl.	0,56	1,00	1,00	2,57
Familienang. vor Vollendung des 7. Lj.	mtl.	12,63	22,58	22,58	57,78
	ktgl.	0,42	0,75	0,75	
	ktgl.				

Sachbezugswerte für freie Unterkunft 2002
(neue und alte Bundesländer einschl. Gesamt-Berlin, **alle Werte in EURO**)

			Unterkunft allgemein		Gemeinschafts- unterkunft	
			alte BL	neue BL	alte BL	neue BL
Arbeit- neh- mer	Unterkunft mit 1 Beschäftigtem	mtl.	186,65	164,00	158,65	139,40
		ktgl.	6,22	5,47	5,29	4,65
	2 Beschäftigten	mtl.	111,99	98,40	83,99	73,80
		ktgl.	3,73	3,28	2,80	2,46
	3 Beschäftigten	mtl.	93,32	82,00	65,33	57,40
		ktgl.	3,11	2,73	2,18	1,91
	mehr als 3 Beschäftigten	mtl.	74,66	65,60	46,66	41,00
		ktgl.	2,49	2,19	1,55	1,37
Azubi/ Ju- gend- liche bis 18. Lj.	1 Beschäftigtem	mtl.	151,19	132,84	130,65	114,80
		ktgl.	5,04	4,43	4,35	3,83
	2 Beschäftigten	mtl.	76,53	67,24	55,99	49,20
		ktgl.	2,55	2,24	1,87	1,64
	3 Beschäftigten	mtl.	57,86	50,84	37,33	32,80
		ktgl.	1,93	1,70	1,24	1,09
	mehr als 3 Beschäftigten	mtl.	39,20	34,44	18,66	16,40
		ktgl.	1,31	1,15	0,62	
		ktgl.				

Reisekosten 2002/Steuerfreie Arbeitgebererstattung
(alle Werte in EURO)

Abwesenheits-dauer	Steuerfreier Spesensatz	zusätzlich mit 25 % pauschal versteuerter Spesensatz	Höchstbetrag (ohne Zurechnung zum laufenden Arbeitslohn)	
			Spesen	LSt. pauschal
unter 8 Std.	0,00	–	–	–
mind. 8 Std.	6,00	6,00	12,00	1,50
mind. 14 Std.	12,00	12,00	24,00	3,00
mind. 24 Std.	24,00	24,00	48,00	6,00
Sozial-versicherung	keine	keine	keine	–

Teilzeitbeschäftigung

Lohnsteuer:

Art der Beschäftigung	Voraussetzungen der Lohnsteuerpauschalierung	Steuer-satz
Kurzfristig (§ 40 a Abs. 1 EStG)	• Gelegentlich, nicht regelm. wiederkehrend; außerdem... • Beschäftigungsdauer nicht über 18 zusammenhängende Arbeitstage, und entweder ◊ Arbeitslohn nicht höher als durchschnittlich 62 Euro pro Arbeitstag, oder ◊ bei einer zu einem unvorhersehbaren Zeitpunkt sofort erforderlich werdenden Beschäftigung ohne Begrenzung auf Tageshöchstverdienst, • jedoch in beiden Fällen durchschnittlich kein höherer Stundenlohn als 12 Euro.	25 %
In geringem Umfang und gegen geringen Arbeitslohn	• Arbeitslohn nicht mehr als 325 Euro monatlich • Der Stundenlohn darf durchschnittlich 12 Euro nicht übersteigen.	20 %

Sozialversicherung:

Art der Beschäftigung	Voraussetzungen für die Versicherungsfreiheit
Kurzfristige Beschäftigung	Beschränkung im Voraus durch Arbeitsvertrag oder aufgrund der Natur der Sache auf längstens 2 Monate oder 50 Arbeitstage innerhalb eines Jahres. Auszugehen ist von 2 Monaten bei einer Beschäftigung von mind. 5 Tagen wöchentlich; 50 Arbeitstagen bei entweder regelm. wenige als 5 Tagen wöchentlich oder bei Zusammenrechnung von Beschäftigungen mit mind. 5 und weniger als 5 Tagen wöchentlich; 60 Kalendertagen bei Zusammenfassung mehrere Beschäftigungen mit nicht vollen Kalendermonaten, wenn die Beschäftigung an mind. 5 Tagen wöchentlich ausgeübt wird. Das Jahr ist der Zeitraum, der sich rückschauend vom Ende der zu beurteilenden Beschäftigung ergibt.
Geringfügig entlohnte Beschäftigung*	• Regelmäßiges monatl. Arbeitsentgelt nicht mehr als 325 Euro und wöchentliche Arbeitszeit unter 15 Stunden. • Geringfügig entlohne und versicherungspflichtige Hauptbeschäftigung werden in der Kranken-, Pflege-, und Rentenversicherung zusammengerechnet. Bei schwankendem Arbeitsentgelt ist zu schätzen. Einmalige Einnahmen sind bei Ermittlung des Grenzwertes von 325 Euro monatlich einzubeziehen, wenn sie mit hinreichender Sicherheit zu erwarten sind und ihre Höhe bekannt ist.

* Trotz regelmäßig bestehender Versicherungsfreiheit, muss der Arbeitgeber seit dem 01.04.1999 für geringfügig Beschäftigte einen besonderen Arbeitgeberbeitrag entrichten; der Beitragssatz liegt in der Krankversicherung bei 10 % und in der Rentenversicherung bei 25 % des Beschäftigungsentgelts.

Ausgewählte Lohnsteuerwerte 2002

Regelungsgegenstand	Gesetzliche Grundlage	DM	Euro
Altersentlastungsbetrag	§ 24a EStG	3.720	1.908
Arbeitnehmer-Pauschbetrag	§ 9a Nr. 1a EStG	2.000	1.044
Arbeitslohn aus einer steuerfreien geringfügigen Beschäftigung monatlich	§ 3 Nr. 39 EStG	630	325
Aufmerksamkeiten	Abschn. 73 LStR	60	40
Entlassungsabfindungen allgemein ab 50. Lebensjahr/15 Dienstjahre ab 55. Lebensjahr/20 Dienstjahre	§ 3 Nr. 9 EStG	16.000 20.000 24.000	8.181 10.226 12.271
Geburtsbeihilfen je Kind	§ 3 Nr. 15 EStG	700	358
Trinkgelder	§ 3 Nr. 51 EStG	2.400	1.224
Fehlgeldentschädigung	R 70 Abs. 1 Nr. 4 LStR	30	16
Freibetrag für nebenberufliche Tätigkeiten als Übungsleiter, Ausbilder, Erzieher, Betreuer u.ä.	§ 3 Nr. 26 EStG	3.600	1.848
Kinderfreibetrag je Kind/Jahr bei Zusammenveranlagung Grenzbetrag für eigene Einkünfte eines Kindes	§ 32 Abs. 6 EStG, § 32 Abs. 4 Satz 2 EStG	6.912 14.040	3.648 7.188
Kindergeld für das 1. und 2. Kind für das 3. Kind für das 4. und alle weiteren Kinder	§ 66 Abs. 1 EStG	270 300 350	154 154 179
Versorgungs-Freibetrag	§ 19 Abs. 2 EStG	6.000	3.072
Vermögensbeteiligungen	§ 19a EStG	300	154
Grundfreibetrag	§ 32a EStG	14.093	7.235
Haushaltsfreibetrag	§ 32 Abs. 7 EStG	5.616	2.340
Betriebsveranstaltung (Freigrenze)	R 72 Abs. 4 LStR	200	110

Regelungsgegenstand	Gesetzliche Grundlage	DM	Euro
Lohnsteuer-Anmeldungszeitraum monatliche Abgabe, LSt über vierteljährliche Abgabe, LSt über jährliche Abgabe, LSt nicht mehr als	§ 41a Abs. 2 EStG	6.000 1.600 1.600	3.000 800 800
Pauschalierung bei Direktversicherungen Höchstbetrag im Kalenderjahr je AN	§ 40b Abs. 2 EStG	3.408	1.752
Durchschnittsberechnung möglich bis zu (je Arbeitnehmer)		4.200	2.148
Pauschalierung bei kurzfristig Beschäftigten Arbeitslohn je Kalendertag (Ausnahme: Beschäftigung zu einem unvorhergesehenen Zeitpunkt) Stundenlohngrenze	§ 40a Abs. 1 EStG	120 22	62 12
Pauschalierung bei Teilzeitbeschäftigten Arbeitslohn im Monat Stundenlohngrenze	§ 40a Abs. 2 EStG	630 22	325 12
Pauschalierung bei Unfallversicherungen Höchstbetrag im Kalenderjahr je Arbeitnehmer	§ 40b Abs. 3 EStG		

Bundesanstalt für Arbeit

Merkblatt
für Leiharbeitnehmer

(Leiharbeitnehmer i.S. des "Gesetzes zur Regelung der gewerbsmäßigen Arbeitnehmerüberlassung" (AÜG) vom 7. August 1972 - BGBl. I S. 1393 - ist ein Arbeitnehmer, der zu einem Verleiher in einem Arbeitsverhältnis steht und Dritten (Entleihern) gewerbsmäßig zur Arbeitsleistung überlassen wird.)

Wenn S i e als Leiharbeitnehmer tätig werden wollen, sind für Sie folgende Informationen von Bedeutung:

A. Arbeitsverhältnis

1. Grundlage der Tätigkeit eines Leiharbeitnehmers ist der Abschluß eines Arbeitsvertrages mit einem Verleiher, der eine Erlaubnis des Landesarbeitsamtes zur gewerbsmäßigen Überlassung von Arbeitnehmern hat.

   Ein Arbeitsvertrag zwischen Ihnen und dem Verleiher ist unwirksam, wenn der Verleiher diese Erlaubnis nicht besitzt. In diesem Falle kommt ein Arbeitsverhältnis zwischen Ihnen und dem Entleiher zustande, und zwar zu dem zwischen Verleiher und Entleiher für den Beginn der Tätigkeit vorgesehenen Zeitpunkt. Für dieses Arbeitsverhältnis gilt die zwischen dem Verleiher und dem Entleiher vorgesehene tägliche Arbeitszeit. Außerdem haben Sie mindestens Anspruch auf das mit dem Verleiher vereinbarte Arbeitsentgelt. Dieses Arbeitsverhältnis besteht jedoch nur für den zwischen Verleiher und Entleiher vereinbarten Zeitraum der Überlassung. Im übrigen gelten für dieses Arbeitsverhältnis die für den Betrieb des Entleihers maßgebenden sonstigen Vorschriften und Regelungen; sind solche nicht vorhanden, gelten diejenigen vergleichbarer Betriebe.

   Soweit Ihnen dadurch, daß Sie auf die Gültigkeit des Vertrages zum Verleiher vertraut haben, ein Schaden entstanden ist, können Sie von dem Verleiher Ersatz des Schadens verlangen.
   Die Ersatzpflicht tritt nicht ein, wenn Sie den Grund der Unwirksamkeit kannten.

   Der Verleiher hat Sie unverzüglich über den Zeitpunkt des Wegfalls der Erlaubnis zu unterrichten und Sie auf das voraussichtliche Ende der Abwicklung hinzuweisen. Die Abwicklungsfrist beträgt höchstens 6 Monate.

2. Der Verleiher ist verpflichtet, den wesentlichen Inhalt des Arbeitsverhältnisses in eine von ihm zu unterzeichnende Urkunde aufzunehmen und Ihnen diese auszuhändigen. In der Urkunde sind in jedem Falle anzugeben:

   a) Firma und Anschrift des Verleihers, die Erlaubnisbehörde sowie Ort und Datum der Erteilung der Erlaubnis.

   b) Vor- und Familienname, Wohnort und Wohnung, Tag und Ort der Geburt des Leiharbeitnehmers,

   c) Art der von dem Leiharbeitnehmer zu leistenden Tätigkeit, ein Hinweis darauf, daß der Arbeitnehmer an verschiedenen Orten beschäftigt wird, und etwaige Pflicht zur auswärtigen Leistung,

   d) Beginn und Dauer des Arbeitsverhältnisses, Gründe für eine Befristung,

   e) Fristen für die Kündigung des Arbeitsverhältnisses,

   f) die Zusammensetzung und Höhe des Arbeitsentgelts, einschließlich der Zuschläge, Zulagen, Prämien und Sonderzahlungen sowie anderer Bestandteile des Arbeitsentgelts und deren Fälligkeit,

   g) Leistungen bei Krankheit, Urlaub und vorübergehender Nichtbeschäftigung,

   h) Zeitpunkt und Ort der Begründung des Arbeitsverhältnisses,

   i) die Dauer des jährlichen Erholungsurlaubs,

   j) die vereinbarte Arbeitszeit,

   k) der in allgemeiner Form gehaltene Hinweis auf die Tarifverträge und Betriebsvereinbarungen, die auf das Leiharbeitsverhältnis anzuwenden sind,

   l) die Angaben nach § 2 Abs. 2 des Nachweisgesetzes, wenn der Leiharbeitnehmer länger als einen Monat seine Arbeitsleistung außerhalb der Bundesrepublik Deutschland zu erbringen hat.

3. Das Arbeitsverhältnis zwischen dem Verleiher und Ihnen darf nur befristet werden, wenn dafür in Ihrer Person ein sachlicher Grund vorliegt. Sachliche Gründe sind z.B. familiäre Verpflichtungen, Ferienarbeit, Überbrücken eines Zeitraumes bis zur Aufnahme eines neuen Dauerarbeitsplatzes. Der sachliche Grund muß näher bezeichnet werden.
   Befristungen im Interesse des Verleihers sind unwirksam. Der Anspruch auf Arbeitsentgelt bleibt Ihnen bei einer unwirksamen Befristung auch dann erhalten, wenn Sie Ihre Arbeitsleistung nicht anbieten.

4. Wenn der Verleiher das Arbeitsverhältnis kündigt und Sie innerhalb von 3 Monaten erneut einstellt, ist die Kündigung unwirksam. Sie haben dann auch Anspruch auf Arbeitsentgelt für den Zeitraum zwischen Kündigung und erneuter Einstellung. Der Anspruch hängt nicht davon ab, daß Sie dem Verleiher Ihre Arbeitsleistung angeboten haben.

   Das Arbeitsverhältnis kann mit einer Frist von 4 Wochen zum Fünfzehnten oder zum Ende eines Kalendermonats gekündigt werden (§ 622 Abs. 1 des Bürgerlichen Gesetzbuchs - BGB -).

AÜG 1 - 8/95 S 1/95

Arbeitnehmerüberlassung

Bei einer Kündigung durch den Arbeitgeber beträgt die Kündigungsfrist, wenn das Arbeitsverhältnis in dem Betrieb oder Unternehmen 2 Jahre bestanden hat, einen Monat zum Ende des Kalendermonats. Die Kündigungsfristen verlängern sich - gestaffelt nach der Dauer des Arbeitsverhältnisses - bis zu einer Kündigungsfrist von 7 Monaten zum Ende eines Kalendermonats, wenn das Arbeitsverhältnis zwanzig Jahre bestanden hat.
Bei der Berechnung der Beschäftigungsdauer werden Zeiten, die vor der Vollendung des fünfundzwanzigsten Lebensjahres des Arbeitnehmers liegen, nicht berücksichtigt (§ 622 Abs. 2 BGB).

Während einer vereinbarten Probezeit, längstens für die Dauer von 6 Monaten, kann das Arbeitsverhältnis mit einer Frist von 2 Wochen gekündigt werden (§ 622 Abs. 3 BGB).

Kürzere als die in § 622 Abs. 1 und 2 BGB genannten Kündigungsfristen können durch Tarifvertrag vereinbart werden. Die einzelvertragliche Vereinbarung kürzerer Kündigungsfristen ist ausgeschlossen.

5. Das Arbeitsverhältnis zwischen Ihnen und dem Verleiher muß den ersten Einsatz bei einem Entleiher überdauern. Das ist nur dann der Fall, wenn die Zeit, für die das Leiharbeitsverhältnis fortgesetzt wird, in einem angemessenen Verhältnis zur Dauer des ersten Einsatzes steht.
Das Arbeitsverhältnis muß den ersten Einsatz lediglich dann nicht überdauern, wenn Sie unmittelbar nach der Überlassung in ein Arbeitsverhältnis zu dem Entleiher eintreten und dem Verleiher vom Arbeitsamt als schwervermittelbar vermittelt worden sind.

6. Der Verleiher darf Sie (zur Zeit) nicht länger als 9 aufeinanderfolgende Monate einem Entleiher überlassen. Der Zeitraum einer unmittelbar vorangehenden Überlassung durch einen anderen Verleiher an denselben Entleiher wird angerechnet.

7. Bei der Wahl der Arbeitnehmervertretungen im Entleiherbetrieb sind Sie weder wahlberechtigt noch wählbar. Sie sind jedoch berechtigt, die Sprechstunden dieser Arbeitnehmervertretungen aufzusuchen und an den Betriebs- und Jugendversammlungen im Entleiherbetrieb teilzunehmen. Die §§ 81, 82 Abs. 1 und §§ 84 bis 86 des Betriebsverfassungsgesetzes (Mitwirkungs- und Beschwerderecht des Arbeitnehmers) gelten im Entleiherbetrieb auch für Sie.

Vor dem Einsatz eines Leiharbeitnehmers ist der Betriebsrat des Entleiherbetriebes nach § 99 des Betriebsverfassungsgesetzes einzuschalten.

Die vorstehenden Regelungen gelten sinngemäß für die Anwendung des Bundespersonalvertretungsgesetzes.

8. Der Verleiher darf Ihnen nicht untersagen, nach Beendigung Ihres Leiharbeitsverhältnisses ein Arbeitsverhältnis mit dem Entleiher einzugehen. Entsprechende Vereinbarungen sowie ähnliche Vereinbarungen zwischen Entleiher und Verleiher sind unwirksam.

9. Der Verleiher hat Ihnen das vereinbarte Arbeitsentgelt auch dann zu zahlen, wenn er Sie nicht bei einem Entleiher beschäftigen kann.

10. Sie sind nicht verpflichtet, bei einem Entleiher tätig zu werden, soweit dieser durch einen Arbeitskampf unmittelbar betroffen ist. Bei einem solchen Arbeitskampf muß der Verleiher Sie auf Ihr Leistungsverweigerungsrecht hinweisen.

11. Sie dürfen nicht an Betriebe des Baugewerbes für Arbeiten überlassen werden, die üblicherweise von Arbeitern verrichtet werden. Dieses Verbot gilt nicht zwischen Betrieben des Baugewerbes, wenn diese Betriebe von denselben Rahmen- und Sozialkassentarifverträgen oder von deren Allgemeinverbindlichkeit erfaßt werden.

12. Arbeitnehmer, die nicht Deutsche im Sinne des Artikels 116 des Grundgesetzes sind, bedürfen grundsätzlich zur Ausübung einer Beschäftigung einer Arbeitserlaubnis der Bundesanstalt für Arbeit, soweit sie nicht Staatsangehörige eines Mitgliedstaates der Europäischen Union bzw. eines Vertragsstaates des Abkommens über den Europäischen Wirtschaftsraum sind.

B. Sozialversicherung

Dem Verleiher als Ihrem Arbeitgeber obliegt die Abführung der Beiträge zur gesetzlichen Kranken-, Unfall-, Renten- und Arbeitslosenversicherung. Kommt er seiner Beitragszahlungspflicht nicht nach, haftet dafür der Entleiher.

Träger der Sozialversicherung sind:

Krankenversicherung	Krankenkassen
Unfallversicherung	Berufsgenossenschaften
Rentenversicherung	Landesversicherungsanstalten (Arbeiter)
	Bundesversicherungsanstalt für Angestellte, Berlin
Arbeitslosenversicherung	Bundesanstalt für Arbeit (Arbeitsämter)

C. Arbeitsschutz und Unfallverhütung

Ihre Tätigkeit bei dem Entleiher unterliegt den für den Betrieb des Entleihers geltenden öffentlich-rechtlichen Vorschriften des Arbeitsschutzrechts. Für die Einhaltung dieser Vorschriften sind Verleiher und Entleiher verantwortlich. Der Entleiher hat auch die im Rahmen der gesetzlichen Unfallverhütung notwendigen Unfallverhütungsmaßnahmen zu treffen. Sie sind verpflichtet, die entsprechenden Vorschriften zu befolgen.

D. Zuständigkeitsfragen

Zur Entscheidung von Streitigkeiten aus dem Leiharbeitsverhältnis zwischen Ihnen und dem Verleiher sind die Arbeitsgerichte zuständig. Nähere Auskünfte in diesem Bereich erteilen Arbeitnehmer- und Arbeitgeberverbände sowie Rechtsanwälte.

Bei Zweifeln, ob der Verleiher die erforderliche Erlaubnis der Bundesanstalt für Arbeit besitzt, können Sie sich an das zuständige Landesarbeitsamt wenden.

17. Kapitel: Betriebsübergang nach § 613 a BGB

I.	**Voraussetzungen des Betriebsübergangs**	**3600**
	1. Übertragung durch Rechtsgeschäft	3601
	2. Übergang eines Betriebs oder Betriebsteils	3602
	3. Übergang auf einen neuen Inhaber	3603
	4. Zeitpunkt des Übergangs	3604
II.	**Rechtsfolgen des Betriebsübergangs**	**3605**
	1. Überblick	3605
	2. Individualrechtliche Folgen	3606
	a) Kündigungsschutz	3606
	b) Widerspruchsrecht des Arbeitnehmers	3607
	c) Zeitpunkt der Ausübung des Widerspruchs	3608
	d) Widerspruchsrecht und Sozialauswahl	3609
	3. Kollektivrechtliche Folgen	3610
	a) Betriebsvereinbarungen	3610
	b) Tariffragen	3611
	4. Verschmelzung, Aufspaltung, Umwandlung	3612
	5. Betriebsübergang und Insolvenz	3613
III.	**Outsourcing und Betriebsübergang**	**3615**
	1. Entwicklung der Rechtsprechung des EuGH	3616
	2. Neue Rechtsprechung von EuGH und BAG	3620
IV.	**Übersicht: Betriebsübergang nach § 613 a BGB**	**3621**
V.	**Weiterführende Literaturhinweise**	**3622**

I. Voraussetzungen des Betriebsübergangs

Probleme in Zusammenhang mit **Betriebsübergängen** (§ 613 a BGB) nehmen in der betrieblichen Praxis einen breiten Raum ein. Auch der europarechtliche Bezug darf dabei nicht unterschätzt werden.. Bereits im Jahr 1977 hat der europäische Rat eine eigene Betriebsübergangsrichtlinie verabschiedet, die zwischenzeitlich durch die sog. Änderungsrichtlinie 98/50/EG vom 29.06.1998 *(ZIP 1998, 1328)* nochmals modifiziert worden ist. Umzusetzen gewesen ist die Änderungsrichtlinie bis zum 17.07.2001. Die Richtlinie sieht auch Änderungen vor, die sich auf das deutsche Recht auswirken können. In vielen Punkten enthält die Richtlinie lediglich Klarstellungen oder Anpassungen an die Rechtsprechung des EuGH (vgl. dazu → Rz. 3615 ff.), zum Teil aber auch zwingende Vorgaben, die sich bei der Umsetzung auf das deutsche Recht auswirken werden (bspw. zum Übergangsmandat des Betriebsrats beim Betriebsübergang, vgl. → Rz. 3605). 3600

Nunmehr hat das **Bundeskabinett am 02.10.2001** eine **Ergänzung** der arbeitsrechtlichen Bestimmungen über den Betriebsübergang beschlossen. In § 613a BGB soll eine Regelung aufgenommen werden, die den bisherigen Arbeitgeber und den neuen Inhaber verpflichtet, die Arbeitnehmer über einen Betriebsinhaberwechsel zu **unterrichten**. Darüber hinaus soll das bereits bestehende Recht der Arbeitnehmers, dem Übergang seines Arbeitsverhältnisses auf den neuen Inhaber zu **widersprechen**, **ausdrücklich** gesetzlich verankert werden. Die Neuregelung erfolgt im Rahmen eines Gesetzgebungsvorhabens, das vor allem Änderungen des Seemannsgesetzes betrifft. Die parlamentarischen Beratungen über den Regierungsentwurf haben im November 2001 begonnen. Die erweiterte Fassung des § 613a BGB wird **voraussichtlich** am **01.04.2002** in Kraft treten.

§ 613a BGB soll um folgende **Absätze 5 und 6** ergänzt werden:

»(5) Der bisherige Arbeitgeber oder der neue Inhaber hat die von einem Übergang betroffenen Arbeitnehmer vor dem Übergang in Textform zu unterrichten über:

1. den Zeitpunkt oder den geplanten Zeitpunkt de Übergangs,
2. den Grund für den Übergang,
3. die rechtlichen, wirtschaftlichen und sozialen Folgen des Übergangs für die Arbeitnehmer und
4. die hinsichtlich der Arbeitnehmer in Aussicht genommenen Maßnahmen.

(6) Der Arbeitnehmer kann dem Übergang des Arbeitsverhältnisses innerhalb von 3 Wochen nach Zugang der Unterrichtung nach Absatz 5 schriftlich widersprechen. Der Widerspruch kann gegenüber dem bisherigen Arbeitgeber oder dem neuen Inhaber erklärt werden.«

Nach dem Gesetzentwurf soll die Unterrichtungspflicht gegenüber den von einem Betriebsübergang betroffenen Arbeitnehmern **unabhängig** von der **Betriebsgröße** und unabhängig davon bestehen, ob der **Betriebsrat** über den Übergang nach § 111 BetrVG zu informieren ist.

Die Unterrichtung soll in **Textform** erfolgen. Bei dieser in **§ 126b BGB neu** geregelten Form muss die Erklärung so abgegeben werden, dass sie in Schriftzeichen lesbar, die Person des Erklärenden angegeben und der Abschluss der Erklärung erkennbar gemacht ist. Im Gegensatz zur **Schriftform**, bei der jeder Arbeitnehmer ein vom Arbeitgeber oder dessen Vertreter eigenhändig unterzeichnetes Schriftstück erhalten müsste, können bei der Textform alle Arbeitnehmer durch einen **vervielfältigten Text** mit faksimilierter Unterschrift informiert werden.

Im Interesse der Rechtssicherheit ist auch für den **Arbeitnehmer** vorgesehen, dass er seinen Widerspruch (vgl. → Rz. 3606 f.) **schriftlich** erklärt.

Die neuen Regelungen des § 613a BGB sollen auch im Falle einer **Unternehmensumwandlung** (vgl. → Rz. 3612) Anwendung finden.

§ 613 a Abs. 1 Satz 1 BGB bestimmt für den Fall eines Betriebsübergangs im Wege der **Einzelrechtsnachfolge** (typischer Beispielsfall: *Betriebsveräußerung*), dass der neue Inhaber in die Rechte und Pflichten aus den im Zeitpunkt des Übergangs bestehenden Arbeitsverhältnissen eintritt. Sind diese Rechte und Pflichten durch Rechtsnormen eines Tarifvertrages geregelt, so werden sie nach § 613 a Abs. 1 Satz 2 und 3 BGB Inhalt des Arbeitsverhältnisses zwischen dem neuen Inhaber und dem Arbeitnehmer und dürfen nicht vor Ablauf eines Jahres nach dem Zeitpunkt des Übergangs zum Nachteil des Arbeitnehmers geändert werden. Die Vorschrift des § 613 a BGB verfolgt also den Zweck, den **Bestand des Arbeitsverhältnisses vom Wechsel des Arbeitgebers unabhängig zu machen**. Sie soll letztlich die **Kontinuität des Arbeitsverhältnisses** gewährleisten.

1. Übertragung durch Rechtsgeschäft

In § 613 a BGB werden die Folgen des Übergangs eines Betriebes oder Teilbetriebes auf einen neuen Inhaber **kraft Einzelrechtsnachfolge** geregelt. Hiervon grundsätzlich zu unterscheiden ist der Übergang eines Betriebs oder Betriebsteils kraft **Gesamtrechtsnachfolge**. In diesem Fall tritt der neue Inhaber kraft Gesetzes in vollem Umfang in die Rechtsstellung des bisherigen Inhabers. Dabei geht das gesamte Vermögen einschließlich bestehender Verbindlichkeiten auf ihn über. Die Fälle der **Gesamtrechtsnachfolge** sind gesetzlich geregelt.

Dazu zählen die

- Erbfolge (§§ 1922, 1967 BGB),
- Verschmelzung (§§ 2 – 122 UmwG),
- Spaltung (§§ 123 – 173 UmwG),
- Vermögensübertragung (§§ 174 – 189 UmwG),
- Formwechsel (§§ 190 – 304 UmwG).

BEISPIEL:

Arbeitgeber A stirbt. Alleinerbe ist sein Sohn B. Dieser nimmt die Erbschaft an. Den Arbeitnehmern gegenüber erklärt er, er wolle zwar die Arbeitsverhältnisse fortsetzen, aber nur zu schlechteren Bedingungen (pauschale Entgeltkürzung um 20 %). Arbeitnehmer C hält dieses Ansinnen für eine Unverschämtheit und verweist auf die Veränderungssperre des § 613 a BGB.

Im Beispielsfall ist § 613 a BGB nach überwiegender Auffassung überhaupt nicht berührt. B tritt kraft Erbschaft (Gesamtrechtsnachfolge) in die Arbeitsverhältnisse ein; und zwar zu den vorher bestehenden Bedingungen. Bei angestrebten Veränderungen ist er nicht durch § 613 a BGB blockiert, muss sich aber selbstverständlich an die allgemeinen arbeitsrechtlichen Voraussetzungen halten (einvernehmliche Abänderung oder Massenänderungskündigung).

Zu einzelnen Aspekten der Neuerungen aufgrund des **Umwandlungsgesetzes**, das § 613 a BGB für entsprechend anwendbar erklärt s. → Rz. 3612.

Die typischen **Fälle der Einzelrechtsnachfolge** sind demgegenüber der Kauf, der Nießbrauch oder die Verpachtung. Dem Betriebsübergang oder Betriebsteilübergang muss stets ein **Rechtsgeschäft** zugrunde liegen. Sinn und Zweck der Norm ist die Sicherung von Arbeitsplätzen, solange der Betrieb als wirtschaftliche oder organisatorische Einheit bestehen bleibt.

Das Tatbestandsmerkmal »**Übergang durch Rechtsgeschäft**« wird daher sehr **weit ausgelegt**. Ein rechtsgeschäftlicher Betriebsübergang wird bereits dann angenommen, wenn der Betrieb als funktionsfähige organisatorische Einheit erhalten bleibt und im Einverständnis zwischen Veräußerer und Erwerber vom Erwerber im Wesentlichen fortgeführt wird. Auf die Art des Rechtsgeschäfts kommt es dabei nicht an. So kann auch die Übernahme bestimmter Tätigkeiten aufgrund eines Werkrahmenvertrags als rechtsgeschäftliche Grundlage ausreichend sein, sofern die weiteren Tatbestandsmerkmale des Betriebsübergangs gegeben sind *(BAG 09.02.1994, EzA § 613 a BGB Nr. 116)*. Es bedarf nach ganz überwiegender Meinung noch nicht einmal unmittelbarer rechtsgeschäftlicher Beziehungen zwischen Veräußerer und Betriebserwerber. So kann nach Auffassung des BAG bei **Pachtverträgen** *(BAG 29.09.1988, EzA § 613 a BGB Nr. 85)* ein Betriebsübergang vom alten auf den neuen Pächter und damit ein »Übergang durch Rechtsgeschäft« selbst dann gegeben sein, wenn der neue Pachtvertrag ausschließlich zwischen Verpächter und neuem Pächter abgeschlossen wird und der »Vorpächter« von dieser Vereinbarung ausgeschlossen ist *(s. auch BAG 22.05.1997, EzA § 613 a BGB Nr. 148;* weitere Einzelheiten → Rz. 3620c).

Auch auf die **Rechtswirksamkeit einer dem Betriebsübergang zugrundeliegenden vertraglichen Beziehung** kommt es nicht an. Ist der Erwerber bspw. geschäftsunfähig, ist nach ganz überwiegender Ansicht die tatsächliche Übernahme und Fortführung des Betriebs in seinem Namen entscheidend, nicht das unwirksame Kausalgeschäft *(BAG 06.02.1985, EzA § 613 a BGB Nr. 44).*

2. Übergang eines Betriebs oder Betriebsteils

3602 Nach dem Gesetzeswortlaut ist Voraussetzung für die Anwendbarkeit des § 613 a BGB der Übergang eines »**Betriebs oder Betriebsteils**«. Die Feststellung des Vorliegens dieses Begriffes ist dabei eines der Kernprobleme der Anwendung der Norm. Die Schwierigkeit resultiert letztlich aus der notwendigen Abgrenzung zwischen einem Betrieb oder Betriebsteil von einer bloßen Ansammlung von **Betriebsmitteln**, für welche die Vorschrift keine Anwendung findet.

> **BEISPIEL: (nach BAG 26.08.1999, EzA § 613 a BGB Nr. 185)**
>
> Ein Arbeitnehmer arbeitet in einer Fabrik, die Zahnräder produziert. Er fertigt ausschließlich an einer bestimmten Maschine spezielle Zahnräder für einen bestimmten Pkw-Hersteller. Kauft der Pkw-Hersteller die betreffende Maschine, um die Produktion selbst zu übernehmen, so liegt darin selbst dann kein Teilbetriebsübergang, wenn er den Arbeitnehmer zu diesem Zweck einstellt.

Nach Auffassung der Rechtsprechung (EuGH und BAG, vgl. Einzelheiten unter → Rz. 3620 ff.) ist unter dem in § 613 a BGB verwendeten Betriebs(teil)begriff eine »**wirtschaftliche Einheit**« zu verstehen. Dabei handelt es sich um eine **organisierte Gesamtheit von Personen und Sachen zur Ausübung einer wirtschaftlicher Tätigkeit mit eigener Zielsetzung**. Unwesentliche Bestandteile des Betriebes bleiben dabei außer Betracht. Es ist also nicht erforderlich, dass alle Betriebsmittel auf den neuen Betriebsinhaber übergehen. Selbstverständlich muss im Einzelfall geklärt werden, welche Betriebsmittel für einen Betrieb zur Erfüllung der arbeitstechnischen Zwecke wesentlich sind.

Dies hängt nicht zuletzt von der **Art des Betriebes** ab *(BAG 22.05.1985, EzA § 613 a Nr. 45).* In einem ersten Schritt kann dafür unterschieden werden zwischen:

- Handels- und Dienstleistungsbetrieben,
- Mischbetrieben und
- Produktionsbetrieben (s. auch → Rz. 3619).

Bei letzteren kommt es im Wesentlichen auf die **materiellen Betriebsmittel** an. Umgekehrt kommt es bei Handels- und Dienstleistungsbetrieben, da deren Betriebsvermögen im Wesentlichen aus Rechtsbeziehungen besteht, primär auf **immaterielle Betriebsmittel** an. Hierzu gehören etwa Kundenstamm, Kundenlisten, Geschäftsbeziehungen zu Dritten, das »Know-how« und der »Good-will«. Mit zu berücksichtigen sind auch die örtliche und räumliche Lage des Betriebes, sofern diese es wesentlich erleichtert oder ermöglicht, den bisherigen Kundenkreis auf den Betriebsinhaber überzuleiten.

Die **Arbeitnehmer selbst** gehören nicht zu einem Betrieb i.S.v. § 613 a BGB *(BAG 16.10.1987, EzA § 613 a BGB Nr. 66)*. Allerdings gibt es hier **Ausnahmen**, wenn es sich um einen Mitarbeiter handelt, der für den Betrieb besonders wichtig ist. So ist anerkannt, dass der bisherige Betriebsinhaber immaterielle Wirtschaftsgüter (insbesondere in der Form von »Know-how« und »Good-will«, Kundenbeziehungen und besonderen Branchenkenntnissen) in der Weise auf den Betriebserwerber übertragen kann, dass im allseitigen Einvernehmen ein Arbeitnehmer, der die genannten immateriellen Betriebsmittel in sich verkörpert zum Erwerber wechselt. Der Übergang eines solchen »**Know-how-Trägers**« stellt zumindest ein zusätzliches, sehr starkes Indiz für einen Betriebsübergang dar *(s. bereits BAG 09.02.1994, EzA § 613 a BGB Nr. 115)*. In Branchen, in denen es im Wesentlichen auf die menschliche Arbeitskraft ankommt, kann eine **Gesamtheit von Arbeitnehmern,** die durch ihre gemeinsame Tätigkeit dauerhaft miteinander verbunden ist, eine wirtschaftliche Einheit darstellen *(BAG 22.05.1997, EzA § 613 a BGB Nr. 148)* und damit die Rechtsfolgen des § 613 a BGB auslösen. Die wirtschaftliche Einheit darf sich aber nicht in einer bloßen Tätigkeit erschöpfen (bloße »Funktionsnachfolge«, s. → Rz. 3620b).

Ein Betriebsübergang kann auch vorliegen, wenn im Kfz-Gewerbe die **Vertriebsberechtigung** von einem Unternehmen auf ein anderes **übertragen** wird, das – ohne Übertragung von Aktiva – einen Teil der Belegschaft übernimmt und für das bei der Kundschaft geworben wird *(EuGH 07.03.1996, EzA § 613 a BGB Nr. 138)*. Die Übertragung der **Fertigstellung einer Baustelle** stellt hingegen keinen Betriebsübergang dar *(EuGH 19.09.1995, § 613 a BGB Nr. 128)*.

Ein **Betriebsübergang** kann auch nur in Bezug auf einen **Betriebsteil** vorliegen. Speziell in diesen Fällen stellt sich die Frage nach der Abgrenzung zwischen dem Übergang von nur einzelnen Betriebsmitteln (kein Betriebsübergang i.S.v. § 613 a) und dem Übergang eines Betriebsteils (Betriebsübergang i.S.v. § 613 a BGB). Ein **Teilbetriebsübergang** liegt immer dann vor, wenn der Erwerber mit Hilfe der übernommenen Gegenstände eine Teilaufgabe des bisherigen Gesamtbetriebs nunmehr selbständig wahrnehmen kann und dabei die Teilorganisation im Wesentlichen unverändert fortgeführt werden kann *(BAG 22.05.1985, EzA § 613 a BGB Nr. 45)*. Erfüllen die übernommenen Gegenstände demgegenüber nur eine **untergeordnete Hilfsfunktion** im Betrieb des Erwerbers, liegt kein Teilbetriebsübergang vor.

3. Übergang auf einen neuen Inhaber

3603 Weitere Voraussetzung des Betriebsübergangs ist ein **Wechsel in der Peron desjenigen, in dessen Namen zuvor der Betrieb geführt wurde.** Im Falle des Betriebsübergangs scheidet der bisherige Arbeitgeber aus dem Arbeitsverhältnis aus. Der Betriebsinhaberwechsel setzt keinen Übergang des Eigentums an den Betriebsmitteln voraus *(BAG 20.11.1984, EzA § 613 a BGB Nr. 41; Beispiel: Pächterwechsel).* Das dem Betriebsübergang zugrundeliegende Rechtsgeschäft muss nur zu einer **Übertragung der Leitungsmacht** auf einen neuen Inhaber führen. Kein Betriebsübergang liegt demgegenüber vor, wenn Anteile an einer Kapital- oder Personenhandelsgesellschaft veräußert werden oder wenn – u.U. auch alle – Gesellschafter wechseln *(BAG 12.07.1990, AP Nr. 87 zu § 613 a BGB).* Dies gilt selbst bei einer **Personenhandelsgesellschaft (OHG, KG).**

4. Zeitpunkt des Übergangs

3604 Der Betriebsübergang wird nicht bereits durch das ihm zugrundeliegende Rechtsgeschäft ausgelöst. Maßgeblicher Zeitpunkt für das Vorliegen eines Betriebsübergangs ist der Moment, in dem der Erwerber die **Leitungsmacht im Betrieb im Einvernehmen mit dem Betriebsveräußerer ausüben kann.** Es kommt daher nicht darauf an, wann der Erwerber die **Leitungsmacht tatsächlich ausübt bzw. ob er diese erst zu einem späteren Zeitpunkt ausüben will** *(BAG 13.11.1986, EzA § 613 a BGB Nr. 55).* Schwierige Abgrenzungsfragen stellen sich, wenn nicht sofort alle Betriebsmittel übertragen werden, sondern ein schrittweises Vorgehen erfolgt *(BAG 16.02.1993, NZA 1993, 643)*: Hier ist der Betriebsübergang in dem Zeitpunkt erfolgt, in dem die **wesentlichen, zur Fortführung des Betriebs erforderlichen Betriebsmittel** übergegangen sind und die Entscheidung über den Betriebsübergang nicht mehr rückgängig gemacht werden kann. Dies ist stets eine Frage des Einzelfalles.

Ein Betriebsübergang nach § 613 a BGB ist nur so lange möglich, wie der **Betrieb als solcher noch besteht.** Nach erfolgter **Stillegung** können die Grundsätze der Betriebsnachfolge nicht mehr eingreifen. Dies gilt selbst dann, wenn ein Arbeitgeber später die Maschinen erwirbt und dieselben Arbeitnehmer wieder einstellt. Selbstverständlich ist hier ein besonderes Augenmerk auf **Missbrauchsfälle** zu werfen. Wird der Betrieb also nur scheinbar stillgelegt und steht die Veräußerung an einen Betriebserwerber bereits fest, greift § 613 a BGB ein *(BAG 12.02.1987, EzA § 613 a BGB Nr. 64).* Dies spielt insbesondere beim **Pächterwechsel** eine Rolle. Hier kommt es entscheidend auf die Dauer einer eventuellen Unterbrechung der betrieblichen Tätigkeit an. Eine der Annahme eines Betriebsübergangs entgegenstehende wirtschaftlich erhebliche Zeitdauer der Unterbrechung der Tätigkeit ist beim Bekleidungseinzelhandel etwa bei 9 Monaten anzunehmen *(BAG 22.05.1997, EzA § 613 a BGB Nr. 148).*

II. Rechtsfolgen des Betriebsübergangs

1. Überblick

Mit § 613 a BGB verfolgt der Gesetzgeber primär drei Ziele: 3605

- **Bestandsschutzfunktion**
  Schutz der einzelnen Arbeitnehmer (auch Auszubildende und leitende Angestellte) durch Sicherung und Fortführung des Arbeitsverhältnisses *(BAG 22.02.1978, EzA § 613 a BGB Nr. 13)*.
- **Mitbestimmungsfunktion**
  Die Rechtsstellung und Kontinuität das amtierenden Betriebsrats bzw. des Sprecherausschusses werden durch einen Betriebsübergang nicht beeinträchtigt *(BAG 11.10. 1995, EzA § 81 ArbGG 1979 Nr. 16)*. Wird jedoch ein Betriebsteil auf einen anderen Inhaber übertragen und von diesem als selbständiger Betrieb fortgeführt, endet damit die Zuständigkeit des Betriebsrats des abgebenden Teils für die im abgegebenen Teil weiterbeschäftigten Arbeitnehmer. Insoweit besteht nach überwiegender Auffassung kein Restmandat des Betriebsrats im abgebenden Teil. Dies gilt auch für die Übergangszeit bis zur Wahl eines neuen Betriebsrats im abgegebenen Teil *(BAG 23.11.1988, EzA § 102 BetrVG 1972 Nr. 72)*. Dies ist allerdings heftig umstritten.
- **Haftungsfunktion**
  Nach § 613 a Abs. 2 BGB haftet der bisherige Arbeitgeber neben dem Erwerber für Verbindlichkeiten nach § 613 a Abs. 1 BGB, soweit sie
  – vor dem Zeitpunkt des Übergangs entstanden sind und
  – vor Ablauf von 1 Jahr nach diesem Zeitpunkt fällig werden.
  – Werden Verpflichtungen nach dem Zeitpunkt des Übergangs fällig, haftet der bisherige Arbeitgeber für sie nach § 613 a Abs. 2 Satz 2 BGB nur in dem Umfang, der dem im Zeitpunkt des Übergangs abgelaufenen Teil ihres Bemessungszeitraums entspricht. Der bisherige Betriebsinhaber haftet zeitlich unbeschränkt als Gesamtschuldner neben dem neuen Betriebsinhaber für solche Ansprüche, die vor dem Betriebsübergang entstanden und fällig geworden sind.

Nach h. M. erlischt bei Übergang von Teilbetrieben oder Betriebsteilen nach § 613 a BGB außerhalb des Anwendungsbereichs des UmwG für die übergegangenen Arbeitnehmer das Mandat des bisher für sie zuständigen **Betriebsrates**, auch wenn der Teilbetrieb oder Betriebsteil nicht in einen Betrieb eingegliedert wird, in dem bereits ein Betriebsrat besteht. Ein **Übergangsmandat** des Betriebsrates ist im deutschen Recht nur in § 321 Abs. 1 UmwG vorgesehen. Die bis zum 17.07.2001 umzusetzende **europarechtliche Richtlinie zum Betriebsübergang** (vgl. Rz. → 3600) sieht dagegen stets beim Übergang von Betriebsteilen ein so genanntes Übergangsmandat des Betriebsrates vor.

2. Individualrechtliche Folgen

a) Kündigungsschutz

Aus Arbeitnehmersicht ist der **Bestandsschutz** von entscheidender Bedeutung. Nach 3606

§ 613 a Abs. 4 Satz 2 BGB ist die Kündigung wegen des Übergangs eines Betriebs oder Betriebsteils unzulässig. Dies gilt sowohl für den Betriebsveräußerer als auch für den Betriebserwerber. Unerheblich ist ferner die Art der Kündigung, das heißt also die Frage, ob es sich um eine Beendigungs- oder Änderungskündigung, eine ordentliche oder außerordentliche Kündigung handelt.

§ 613 a Abs. 4 Satz 1 BGB wird als **eigenständiges**, nicht unter das KSchG fallendes **Kündigungsverbot** angesehen. Das bedeutet: Die Unwirksamkeit kann auch außerhalb der 3-Wochen-Frist des § 4 KSchG geltend gemacht werden. Grenze ist nur die Regelung des § 242 BGB (Treu und Glauben) unter dem Gesichtspunkt der Verwirkung. Eine **Kündigung** erfolgt **wegen eines Betriebsübergangs,** wenn dieser sich als wesentlich mitbestimmende Ursache darstellt. Der Betriebsübergang selbst ist kein Kündigungsgrund *(s. auch LAG Köln 03.03.1997, LAGE § 613 a BGB Nr. 59).*

Relativ einfach sind die Fälle zu beurteilen, in denen beim Betriebsveräußerer in Folge des Betriebsübergangs und **Ausübung des Widerspruchsrechts** durch den Arbeitnehmer keine oder nur noch eingeschränkte Weiterbeschäftigungsmöglichkeiten bestehen. Fehlt jeder Arbeitsplatz bzw. jede Weiterbeschäftigungsmöglichkeit, kommt eine Beendigungskündigung in Betracht (zur **Betriebsratsanhörung** *s. BAG 21.03.1996, EzA § 102 BetrVG 1972 Nr. 91*; s. auch → Rz. 3608). Hatte der Arbeitgeber zunächst geplant, den Betrieb stillzulegen und die Betriebsstillegung schon eingeleitet oder bereits durchgeführt und zu diesem Zweck Kündigungen ausgesprochen, so kommt nach neuerer Rechtsprechung jedenfalls noch während des Laufs der Kündigungsfrist ein **Wiedereinstellungsanspruch** in Betracht *(BAG 27.02.1997, EzA § 1 KSchG Wiedereinstellungsanspruch Nr. 1).*

Dieser greift aber nur dann, wenn der Arbeitgeber noch keine Dispositionen getroffen hat und ihm die Fortsetzung des Arbeitsverhältnisses zumutbar ist. Wenn ein Betriebsübergang geplant war, dieser aber später scheitert und der Arbeitgeber zur Vorbereitung des Betriebsübergangs Kündigungen ausgesprochen hatte, sind diese nach § 613 a Abs. 4 BGB unwirksam. Selbstverständlich kann der Arbeitgeber die Unwirksamkeit nicht geltend macht *(BAG 27.06.1995, EzA § 111 BetrVG 1972 Nr. 31 – Gedanke des widersprüchlichen Verhaltens).*

Das **Recht zur Kündigung von Arbeitsverhältnissen aus anderen Gründen** bleibt nach § 613 a Abs. 4 Satz 2 BGB unberührt. In erster Linie sind hier Kündigungen aus personen- oder verhaltensbedingten Gründen gemeint. Auch betriebsbedingte Kündigungen bleiben aber möglich, wenn sie nicht wegen des Betriebsübergangs erfolgen. Dies kann ganz gravierende Auswirkungen in den Fällen haben, wo der Betriebserwerber den Betrieb regional verlagert (Betriebsverlegung mit geographischem Augenmaß). Sind die Arbeitnehmer nicht bereit, an dem neuen Produktionsort tätig zu werden, so kann auch schon vor der Veräußerung betriebsbedingt gekündigt werden.

BEISPIEL:

Arbeitgeber A will seinen Produktionsbetrieb in Berlin an Erwerber B veräußern. Dieser kündigt an, er werde die Produktion in Lyon fortführen. Wie erwartet, erklären alle Arbeitnehmer nicht dazu bereit zu sein, zukünftig in Frankreich zu arbeiten.

Machen **Strukturveränderungen** eine Reduzierung der Beschäftigten erforderlich, ist der Schutzzweck des § 613 a BGB nicht berührt. Dies ist etwa anzunehmen, wenn die frühere Treuhandanstalt Personal reduziert, um – nach mehreren vorausgegangenen Fehlversuchen – einen Betriebsübernehmer zu finden. Hier erfolgt der Personalabbau nicht wegen des Betriebsübergangs, sondern aus strukturellen Gründen *(BAG 18.07.1996, 8 AZR 127/ 94)*.

§ 613 a Abs. 4 BGB verhindert auch **Umgehungen.** Werden Arbeitnehmer mit dem Hinweis auf eine geplante Betriebsveräußerung und Arbeitsplatzgarantien des Erwerbers veranlasst, ihre Arbeitsverhältnisse mit dem Betriebsveräußerer selbst fristlos zu kündigen oder Aufhebungsverträgen zuzustimmen, um mit dem Betriebserwerber neue Arbeitsverträge zu schlechteren Bedingungen abzuschließen, liegt darin eine Umgehung des § 613 a Abs. 4 Satz 1 BGB (sog. **»Lemgoer Modell«**). Dies gilt jedoch **nicht**, wenn die Vereinbarung auf das **endgültige Ausscheiden** des Arbeitnehmers aus dem Betrieb gerichtet ist. Die Arbeitsvertragsparteien können also grundsätzlich ihr Rechtsverhältnis auch im Zusammenhang mit einem Betriebsübergang ohne Vorliegen eines sachlichen Grundes wirksam durch **Aufhebungsvertrag** auflösen. Dieser ist nur dann wegen objektiver Gesetzesumgehung nichtig, wenn er lediglich die Beseitigung der Kontinuität des Arbeitsverhältnisses bei gleichzeitigem Erhalt des Arbeitsplatzes bezweckt. Diesem Zweck dient der Abschluss eines Aufhebungsvertrages dann, wenn zugleich ein **neues Arbeitsverhältnis** zum Betriebsübernehmer vereinbart oder zumindest verbindlich in Aussicht gestellt wird *(BAG 10.12.1998, EzA § 613 a BGB Nr. 175)*.

b) Widerspruchsrecht des Arbeitnehmers

Der Eintritt des Betriebserwerbers in die Rechte und Pflichten aus den zum Zeitpunkt des Betriebsübergangs bestehenden Arbeitsverhältnisses setzt nicht die Zustimmung des Arbeitnehmers voraus. Allerdings können Arbeitnehmer einem bevorstehenden oder bereits eingetretenen **Betriebsübergang widersprechen** *(BAG 15.02.1984, EzA § 613 a BGB Nr. 39; EuGH 05.05.1988, EzA § 613 a BGB Nr. 89)* und zwar zumindest bis zum Zeitpunkt des Betriebsübergangs unbefristet *(BAG 19.03.1998, EzA § 613 a BGB Nr. 163)*.

Ein **Widerspruch** gegen den Übergang des Arbeitsverhältnisses kann **konkludent** ausgeübt werden. Umgekehrt ist es treuwidrig, wenn ein Arbeitnehmer zunächst erklärt, er werde dem Übergang seines Arbeitsverhältnisses nicht widersprechen und er sich dann doch anders entscheidet. In diesem Fall ist der Widerspruch unbeachtlich *(vgl. hierzu bereits BAG 15.02.1984, EzA § 613 a BGB Nr. 39)*.

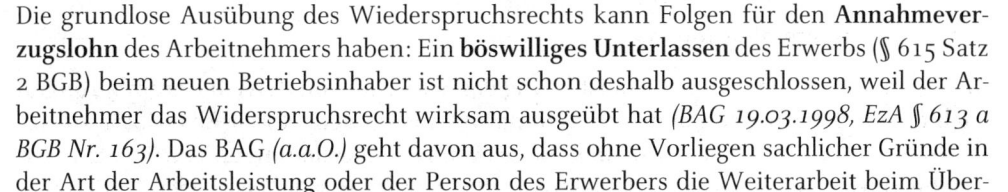

Die grundlose Ausübung des Wiederspruchsrechts kann Folgen für den **Annahmeverzugslohn** des Arbeitnehmers haben: Ein **böswilliges Unterlassen** des Erwerbs (§ 615 Satz 2 BGB) beim neuen Betriebsinhaber ist nicht schon deshalb ausgeschlossen, weil der Arbeitnehmer das Widerspruchsrecht wirksam ausgeübt hat *(BAG 19.03.1998, EzA § 613 a BGB Nr. 163)*. Das BAG *(a.a.O.)* geht davon aus, dass ohne Vorliegen sachlicher Gründe in der Art der Arbeitsleistung oder der Person des Erwerbers die Weiterarbeit beim Übernehmer grundsätzlich zumutbar ist.

c) Zeitpunkt der Ausübung des Widerspruchs

3608 Ein Arbeitnehmer, der von seinem Arbeitgeber nicht rechtzeitig über den bevorstehenden Betriebsübergang unterrichtet wurde, kann, ohne rechtsmissbräuchlich zu handeln, noch nach dem Betriebsübergang sein Widerspruchsrecht ausüben. Der ausgeübte Widerspruch wirkt dann auf den Zeitpunkt des Betriebsübergangs zurück. Er kann sowohl gegenüber dem Betriebsveräußerer als auch gegenüber dem Betriebserwerber erklärt werden *(BAG 22.04.1993, EzA § 613 a BGB Nr. 112 und 19.03.1998, EzA § 613 a BGB Nr. 163)*. Im Regelfall beginnt die **Erklärungsfrist des Arbeitnehmers** mit der ausreichenden Unterrichtung über den bevorstehenden oder erfolgten Betriebsinhaberwechsel. Im Anschluss hieran muss der Arbeitnehmer sein Widerspruchsrecht unverzüglich ausüben. Das BAG geht hier von einer **3-Wochen-Frist** aus *(BAG a.a.O.)*. Es ist daher nicht erforderlich, dass der Betriebsveräußerer oder der Betriebserwerber dem widerspruchsberechtigten Arbeitnehmer Fristen zur Ausübung des Widerspruchsrechts setzen.

Tipp: Im Interesse der Rechtssicherheit und den mit einer etwaigen Rückabwicklung verbundenen Schwierigkeiten ist eine **schriftliche Fristsetzung** aber empfehlenswert.

d) Widerspruchsrecht und Sozialauswahl

3609 Unsicher war in der Vergangenheit, ob der Arbeitgeber nach einem Teilbetriebsübergang einen widersprechenden Arbeitnehmer mit anderen Arbeitnehmern im Rahmen der **Sozialauswahl vergleichen muss**. Das BAG *(07.04.1993, EzA § 613 a BGB Nr. 113)* ging hier zunächst davon aus, dass eine solche Einbeziehung des widersprechenden Arbeitnehmers in die Sozialauswahl nur zu erfolgen habe, wenn für den Widerspruch ein sachlicher Grund streitet. In seiner **neueren Rechtsprechung** vertritt das BAG nunmehr den Standpunkt, dass der dem Teilbetriebsübergang widersprechende Arbeitnehmer sich **stets** auf die mangelhaft Sozialauswahl berufen kann. Erst bei der Prüfung der **sozialen Gesichtspunkte** sind die **Gründe** für den Widerspruch zu berücksichtigen: Je **geringer** die Unterschiede in der sozialen Schutzbedürftigkeit im Übrigen sind, **desto gewichtiger** müssen die Gründe des widersprechenden Arbeitnehmers sein. Nur wenn dieser einen **baldigen Arbeitsplatzverlust** oder eine **baldige wesentliche Verschlechterung** seiner Arbeitsbedingungen bei dem Erwerber zu befürchten hat, kann er einen Arbeitskollegen, der nicht ganz erheblich weniger schutzbedürftig ist, **verdrängen** *(BAG 18.03.1999, EzA § 1 KSchG Soziale Auswahl Nr. 40)*.

3. Kollektivrechtliche Folgen

a) Betriebsvereinbarungen

3610 In der Praxis besonders interessant ist häufig das **Schicksal von Betriebsvereinbarungen nach einem Betriebsübergang**. Hier geht das BAG (entgegen § 613 a Abs. 1 Satz 2 BGB) im Grundsatz davon aus, dass, jedenfalls dann, wenn der **übernommene Betrieb identisch erhalten bleibt,** sich auch an der kollektivrechtlichen Wirkung der bisherigen Betriebsvereinbarung nichts ändert. Bleibt die **betriebliche Identität gewahrt,** gelten die bisherigen

Betriebsvereinbarungen unverändert fort. Für Veränderungen gilt das **Ablösungsprinzip**. Eine zeitlich spätere Betriebsvereinbarung verdrängt also die frühere. Es gelten ebenfalls die **allgemeinen Regeln zur Kollision von verschiedenen Betriebsvereinbarungen**, wenn beim Erwerber andere Betriebsvereinbarungen Anwendung finden. Hier wird stets zu überlegen sein, ob die beim Erwerber bereits geltenden überbetrieblichen Regelungen überhaupt für später hinzukommende Betriebe Anwendung finden sollten.

Anders ist der Fall zu entscheiden, wenn die **Betriebsidentität verloren geht**. Hier kommt es zu einer **individualarbeitsrechtlichen Fortgeltung** der bisherigen Betriebsvereinbarungsregelungen nach § 613 a Abs. 1 Sätze 2 – 4 BGB. Davon ist u.U. eine Ausnahme zu machen, wenn – etwa bei der Verschmelzung von Betrieben – im Betrieb des Erwerbers bereits eine Betriebsvereinbarung besteht, die ungefähr denselben Regelungsgegenstand betrifft. In diesem Fall kommt es **nicht** zu einer **Transformation in den Inhalt des Einzelarbeitsvertrages**. Vielmehr gilt die neue Regelung der Betriebsvereinbarung, die die alte ablöst. Fehlen hingegen überhaupt inhaltsgleiche Kollektivregelungen beim Erwerber, erfolgt eine Transformation der Inhaltsnormen der Betriebsvereinbarung in den Einzelarbeitsvertrag.

Konsequenz: Es gilt grundsätzlich nicht mehr das Ablösungsprinzip der Betriebsvereinbarungen, sondern der Arbeitgeber ist auf den Weg des Änderungsvertrages oder – bei fehlendem Einverständnis des Arbeitnehmers – auf den der Änderungskündigung angewiesen. Keine Lösung bietet hier die Kündigung der zu transformierenden Betriebsvereinbarung im Vorfeld des Betriebsübergangs, also noch durch den Betriebsveräußerer. Hier kommt es regelmäßig zu einer Nachwirkung der Betriebsvereinbarung, die aber die individualrechtliche Transformierung nicht hindert. Der Vorteil für den Erwerber liegt im **Nachwirkungsfall** in der Aufhebung des zwingenden Charakters der Betriebsnorm während der Jahresfrist nach § 613 a Abs. 1 Satz 2 BGB *(so Henssler, NZA 1994, 913, 919)*. Natürlich kann die transformierte Betriebsvereinbarung auch durch eine beim Erwerber neu abgeschlossene ersetzt werden.

b) Tariffragen

Ist der **Betriebserwerber tarifgebunden**, so gelten die Rechtsnormen dieser Tarifverträge bei einem Betriebsübergang auch für den erworbenen Betriebsteil und verdrängen dort möglicherweise bestehende andere tarifliche Regelungen. **Fehlt die Tarifbindung** des Erwerbers oder erstreckt sich der Geltungsbereich der ihn bindenden Tarifverträge nicht auf den übernommenen Betrieb, sind folgende **Fälle** zu unterscheiden:

- Der Erwerber kann mit einer Gewerkschaft für den übernommenen Betrieb einen **Haustarifvertrag** abschließen, der sinnvollerweise im Wesentlichen den Regelungen entspricht, die für seine sonstigen Betriebe gelten.
- Der Erwerber wird **Mitglied des Arbeitgeberverbandes, dem der Veräußerer angehörte**. Es gelten die bisherigen Tarifverträge.

Wird der Erwerber nicht tätig, werden die Rechtsnormen des bisherigen Tarifvertrages Inhalt der Arbeitsverhältnisse zwischen Erwerber und übernommenem Arbeitnehmer und dürfen nicht vor Ablauf eines Jahres nach dem Zeitpunkt der Übernahme zum Nachteil der Arbeitnehmer abgeändert werden. Dies ergibt sich aus § 613 a Abs. 1 Satz 2 BGB. Die **individualrechtliche Fortgeltung mit der 1-jährigen Veränderungssperre** ist aber in 2-facher Hinsicht beschränkt:

- Sie tritt nicht ein, wenn bei dem Betriebserwerber der Regelungsgegenstand durch Rechtsnormen eines anderen Tarifvertrages oder einer anderen Betriebsvereinbarung erfasst wird. Dies gilt auch dann, wenn die Bindung an den Tarifvertrag erst nach dem Betriebsübergang innerhalb der Jahresfrist entsteht *(BAG 19.03.1986, AP Nr. 49 zu § 613 a BGB)*. Ein Tarifvertrag kann jedoch nur dann den Übergang tarifrechtlicher Normen in den Arbeitsvertrag verhindern, wenn er nach seinem Geltungsbereich auf das Arbeitsverhältnis Anwendung findet, die Parteien tarifgebunden sind und wenn er den gleichen Regelungsgegenstand betrifft *(BAG 20.04.1994, DB 1994, 2629)*.
  Mit anderen Worten tritt die Wirkung der individualrechtlichen Fortgeltung mit Veränderungssperre nach § 613 a Abs. 1 Satz 3 BGB nur dann **nicht** ein, wenn das Arbeitsverhältnis beim neuen Arbeitgeber durch »seine« Tarifverträge geregelt wird. Dafür genügt es nicht, dass **nur der neue Arbeitgeber** an diese anderen Tarifverträge gebunden ist. Vielmehr greift § 613 a Abs. 1 Satz 3 BGB nur ein, wenn auch der **Arbeitnehmer tarifgebunden** ist. Dazu muss er der **Gewerkschaft** angehören, welche die **anderen** Tarifverträge abgeschlossen hat, so dass zwischen Arbeitgeber und Arbeitnehmer im Hinblick auf die Tarifverträge eine »**kongruente**« **Tarifbindung** besteht *(BAG 21.02.2001, EzA § 613 a BGB Nr. 195)*.
- Eine Änderung vor Ablauf der Jahresfrist kommt in Betracht, wenn die Betriebsvereinbarung oder der Tarifvertrag auch bei dem Betriebsveräußerer nicht mehr gelten würden oder wenn Betriebserwerber und Arbeitnehmer im Geltungsbereich eines anderen, neuen Tarifvertrags dessen Anwendung vereinbaren *(s. auch BAG 16.11.1996, 9 AZR 640/95)*. Die Einschränkungen der individualrechtlichen Fortgeltung der Kollektivnorm lassen sich nicht dadurch entgehen, dass Betriebsrat oder Gesamtbetriebsrat noch vor dem Betriebsübergang die Fortgeltung von Regelungen auch für die Zeit nach dem Betriebsübergang mit dem Betriebsveräußerer vereinbaren; dies überschreitet die Regelungsmacht der Betriebsvereinbarungsparteien *(BAG 01.04.1987, AP Nr. 64 zu § 613 a BGB)*.
- Die Ablösung der individualrechtlichen Fortgeltung durch andere, neue Betriebsvereinbarungen oder Tarifverträge findet unabhängig davon statt, welche Arbeitsbedingungen günstiger sind; das Günstigkeitsprinzip gilt nicht *(BAG 26.09.1979, AP Nr. 17 zu § 613 a BGB)*.

4. Verschmelzung, Aufspaltung, Umwandlung

Nach § 613 a Abs. 3 gilt Abs. 2 BGB nicht, wenn eine juristische Person durch Verschmelzung, Aufspaltung oder Umwandlung erlischt. Neue Unsicherheiten hat insoweit zunächst § 324 UmwG geschaffen. Danach bleibt § 613 a Abs. 1 Satz 4 BGB durch die Wirkungen der Eintragung einer Verschmelzung, Spaltung oder Vermögensübertragung unberührt. Ein Rechtsgeschäft i.S.d. § 613 a BGB ist demnach auch die **Universalsukzession (Gesamtrechtsnachfolge)**.

Folge: Die Vorschrift ist in den erwähnten Umwandlungsfällen **anwendbar**. Dies hat das BAG mit der einer neueren Entscheidung bestätigt. Danach ist die Umwandlung **nicht** der gegenüber dem Betriebsübergang **speziellere Tatbestand**. Vielmehr sind die Voraussetzungen des § 613 a BGB auch im Zusammenhang mit einer Umwandlung **selbständig** zu prüfen *(BAG 25.05.2000, EzA § 613 a BGB Nr. 190)*.

Demnach kommt es insbesondere zur Fortwirkung von Tarifverträgen nach § 613 a Abs. 1 Satz 2 BGB. Auch das Widerspruchsrecht der Arbeitnehmer kommt zum Tragen. Die Mithaftung des bisherigen Arbeitgebers greift nach der Neufassung des § 613 a Abs. 3 BGB nicht, wenn eine juristische Person oder eine Personenhandelsgesellschaft durch Umwandlung erlischt.

Die folgende Übersicht veranschaulicht die wichtigsten Tatbestände der **Reorganisation** nach dem **Umwandlungsgesetz**:

Verschmelzung (§§ 2 – 122 UmwG)	Spaltung (§§ 123 – 173)	Vermögensübertragung (§§ 174 – 189)	Formwechsel (§§ 190 – 304)

In diesem Zusammenhang sind sodann folgende Fälle der **Spaltung** möglich:

Aufspaltung	Abspaltung	Ausgliederung
Aufteilung des Vermögens eines Rechtsträgers ohne Abwicklung	Teilweise Aufteilung des Vermögens eines Rechtsträgers auf eine oder mehrere andere Rechtsträger	s. Abspaltung; die zu gewährenden Anteile kommen dem übertragenden Rechtsträger zu

5. Betriebsübergang und Insolvenz

Grundsätzlich bleiben **Bestandsschutz- und Mitbestimmungsfunktion auch in der Insolvenz erhalten**. Der Insolvenzverwalter erhält die Befugnis zur Fortführung des Betriebes des Gemeinschuldners **kraft Gesetzes** und nicht durch Rechtsgeschäft. Für die Anwendung des § 613 a BGB bleibt an dieser Stelle also **kein Raum**. Überträgt jedoch der Insolvenzverwalter den Betrieb durch **Rechtsgeschäft** auf einen Dritten, findet die Regelung des § 613 a BGB **grundsätzlich Anwendung**. Diese in der Vergangenheit unter Geltung der Konkursordnung durch die Rechtsprechung festgestellte Rechtsfolge, ist durch den Gesetzgeber mit der Insolvenzordnung (§ 128 InsO) bestätigt worden. Die Besonderheiten des Insolvenzverfahrens werden jedoch weiterhin bei der **Haftung** des Betriebserwerbers berücksichtigt:

- Für bereits entstandene Ansprüche haftet der Erwerber des Betriebes nicht. Insoweit gelten die Verteilungsgrundsätze des Insolvenzverfahrens.
- Die **Haftungsbesonderheiten für den Betriebsübergang** im Rahmen von Insolvenzverfahren hängen grundsätzlich davon ab, ob der Betriebsübergang vor oder nach Ver-

fahrenseröffnung stattfindet. Die Haftungsbeschränkung tritt nur ein, wenn der Betriebserwerber den Betrieb nach Eröffnung des Insolvenzverfahrens übernimmt. Übernimmt der Betriebserwerber die Leitungsmacht vor Insolvenzeröffnung, und sei es auch nur ganz kurz vorher, so bleibt § 613 a Abs. 1 Satz 1 BGB uneingeschränkt anwendbar *(BAG 28.04.1987 AP Nr. 5 zu § 1 BetrAVG Betriebsveräußerung).*
- aber auch bei dem **Kauf aus der Insolvenzmasse** ist Vorsicht geboten: Entsteht der Anspruch auf eine Sonderzahlung erst am Fälligkeitstag, schuldet der Betriebserwerber diese auch dann voll, wenn er den Betrieb aus der Insolvenzmasse erworben hat und das Insolvenzverfahren im Laufe des Bezugszeitraums eröffnet worden ist *(BAG 11.10.1995, EzA § 611 BGB Gratifikation, Prämie Nr. 132).*

III. Outsourcing und Betriebsübergang

3615 Unter »**Outsourcing**« wird allgemein die Vergabe von einzelnen Leistungen an Drittunternehmen verstanden, die zuvor vom Unternehmen selbst erbracht wurden (»**Fremdvergabe**«). Umgekehrt kann man auch von einem Einkauf externer Leistungen sprechen (»**Insourcing**«). Die mit dem »Outsourcing« verfolgten Ziele sowie die damit verbundenen Vor- und Nachteile sind abhängig vom Unternehmen und der Leistungsvergabe unterschiedlich. Vor dem Hintergrund der neuen Rechtsprechung des Europäischen Gerichtshofs stellte sich aus arbeitsrechtlicher Sicht vor allem die Frage, ob eine als »**Outsourcing**«-**Maßnahme** geplante Umstrukturierung nicht bereits einen **Betriebsübergang** i.S. des § 613 a BGB darstellt. Angesprochen ist dabei das Problem eines Betriebsübergangs durch bloße Funktionsnachfolge, das in den letzten Jahren für Furore gesorgt hat; allerdings nunmehr als geklärt betrachtet werden darf (vgl. → Rz. 3620).

1. Entwicklung der Rechtsprechung des EuGH

3616 Ausgangspunkt der Diskussion – und zum Verständnis der Gesamtproblematik eminent wichtig – war die inzwischen nicht mehr gültige Entscheidung des EuGH vom 14.04.1994 *(EzA § 613 a BGB Nr. 113),* der ein Sachverhalt zugrunde lag, den bislang wohl fast niemand als Betriebsübergang verstanden hatte (vgl. auch → Rz. 3620).

BEISPIEL:

Ein Arbeitgeber hatte die einzige bei ihm in einer Filiale beschäftigte Reinigungskraft gekündigt, weil er die Reinigungsarbeiten an ein Reinigungsunternehmen übertragen wollte. Das Reinigungsunternehmen hatte der Arbeitnehmerin den Abschluss eines Arbeitsvertrages angeboten, was diese jedoch abgelehnt hatte, weil die zu putzende Fläche und der dafür zu zahlende Arbeitslohn ihr zu gering erschienen. Die Arbeitnehmerin machte mit ihrer Kündigungsschutzklage die Unwirksamkeit der betriebsbedingten Kündigung nach § 613 a Abs. 4 BGB geltend. Sie hatte sich auf den Standpunkt gestellt, die Kündigung sei wegen eines Betriebsübergangs ausgesprochen worden.

Zum Verständnis der Problematik ist ferner wichtig, dass das zweitinstanzliche Arbeitsgericht, das LAG Schleswig-Holstein, erwogen hatte, in dieser Situation einen **Betriebsübergang** anzunehmen. Es hatte daher dem EuGH mit Beschluss vom 27.10.1992 folgende Fragen vorgelegt:

»Können die Reinigungsaufgaben eines Betriebs, wenn sie vertraglich auf eine Firma übertragen werden, einem Betriebsteil im Sinne der EG-Richtlinie 77/187 gleichgestellt werden? Gilt dies auch dann, wenn die Reinigungsaufgaben bis zur Übertragung von einer einzigen Arbeitnehmerin erledigt worden sind?«

Für die Praxis völlig überraschend hatte der EuGH *(14.04.1994, EzA § 613 a BGB Nr. 113)* beide Fragen bejaht.

Unerheblich sollte auch sein, dass es sich nur um einen einzigen Arbeitnehmer handelte. Entscheidend für den Übergang eines Betriebs oder Betriebsteils war nach Auffassung des Europäischen Gerichtshofs nur die Wahrung der Identität der wirtschaftlichen Einheit. Die Wahrung der Identität ergebe sich daraus, dass dieselbe oder eine gleichartige Geschäftstätigkeit von dem neuen Inhaber tatsächlich weitergeführt oder wieder aufgenommen wurde. Bereits die Gleichartigkeit der vor und nach der Übertragung ausgeführten Reinigungsarbeiten sei entscheidend und führe dazu, dass die Arbeitnehmerin, deren Tätigkeitsbereich übertragen worden sei, den Schutz der Richtlinie 77/187 genieße.

Dies bedeutete im Ergebnis, dass nicht mehr zwischen einem Betriebsübergang und der bloßen Funktionsverlagerung unterschieden werden kann. Der EuGH hatte sich insoweit völlig vom klassischen Betriebsbegriff gelöst. Die Auswirkungen der Entscheidung für »Outsourcing«-Maßnahmen waren beträchtlich *(vgl. Bauer, BB 1994, 1433; Blomeyer, Anm. zu EuGH EzA § 613 a BGB Nr. 113; Buchner, DB 1994, 1417; Loritz, Anm. zu EuGH AP Nr. 106 zu § 613 a BGB; Röder/Baeck, NZA 1994, 542; Schiefer, DB 1995, 276)*.

2. Neue Rechtsprechung von EuGH und BAG

Seine eingangs dargestellte Rechtsprechung zum Begriff der wirtschaftlichen Einheit i.S.v. § 613 a BGB, der im Wesentlichen dem Betriebs- oder Betriebsteilbegriff des § 613 a BGB entspricht, hat der EuGH später wieder modifiziert *(EuGH 11.03.1997, EzA § 613 a BGB Nr. 145 – »Ayse Süzen«)*. Der **EuGH** vertritt in der Entscheidung die Auffassung, dass die Richtlinie 77/187/EWG des Rates vom 14.02.1977 (also die Betriebsübergangsrichtlinie) nicht für den Fall gilt, dass ein Auftraggeber, der die Reinigung von Räumlichkeiten einem Unternehmer übertragen hat, **den Vertrag mit diesem kündigt und zur Durchführung ähnlicher Arbeiten einen neuen Vertrag mit einem anderen Unternehmer schließt,** sofern dieser Vorgang **weder mit einer Übertragung relevanter materieller oder immaterieller Betriebsmittel von einen auf den anderen Unternehmer noch mit der Übernahme eines nach Zahl und Sachkunde wesentlichen Teils des von dem einen Unternehmer zur Durchführung des Vertrags eingesetzten Personals durch den anderen Unternehmer verbunden ist.**

Wichtig ist die Klarstellung des EuGH zum Begriff der **wirtschaftlichen Einheit** i.S.d. oben erwähnten Richtlinie: Es muss stets um den **Übergang einer auf Dauer angelegten wirtschaftlichen Einheit** gehen, deren Tätigkeit nicht auf die Durchführung eines bestimmten Vorhabens beschränkt ist. Der Begriff **Einheit** bezieht sich nach Auffassung des EuGH (a.a.O.) auf eine organisierte Gesamtheit von Personen und Sachmitteln zur Ausübung einer wirtschaftlichen Tätigkeit mit eigener Zielsetzung. **Bei der Prüfung, ob eine Einheit übergegangen ist, müssen sämtliche den Vorgang kennzeichnenden Tatsachen berücksichtigt werden.**

3620a Nach dieser Rechtsprechung, die vom BAG gebilligt wird *(seit dem std. Rspr., vgl. bspw. BAG 10.12.1998, EzA § 613 a BGB Nr. 197)* sind daher u.a. folgende Indizien zu berücksichtigen

- die Art des betreffenden Unternehmens oder Betriebs,
- der Übergang materieller Betriebsmittel wie Gebäude und bewegliche Güter,
- der Wert der immateriellen Aktiva im Übergangszeitpunkt,
- die etwaige Übernahme der Hauptbelegschaft durch den neuen Inhaber,
- der etwaige Übergang der Kundschaft sowie
- der Grad der Ähnlichkeit der vor und nach dem Übergang verrichteten Tätigkeiten und
- die Dauer einer evtl. Unterbrechung dieser Tätigkeiten.

All diese Umstände sind jedoch stets nur **Teilaspekte** und als solche im Rahmen einer **Gesamtschau** nicht isoliert zu bewerten. Erforderlich ist vielmehr eine Gesamtbewertung.

Das bedeutet: Eine Einheit i.S.d. wirtschaftlichen Einheit darf nicht als bloße Tätigkeit verstanden werden. Ihre Identität ergibt sich auch aus anderen Merkmalen, wie etwa

- ihrem Personal,
- ihren Führungskräften,
- ihrer Arbeitsorganisation,
- ihren Betriebsmethoden und ggf.
- den zur Verfügung stehenden Betriebsmitteln.

Der bloße Verlust eines Auftrags an einen Konkurrenten stellt daher keinen Betriebsübergang dar.

Immer noch gilt, dass für die **Annahme eines Betriebsübergangs** i.S.v. § 613 a BGB **nicht erforderlich** ist, dass **zwischen Veräußerer und Erwerber unmittelbare vertragliche Beziehungen** bestehen. Die Übertragung kann auch in zwei Schritten unter Einbeziehung eines Dritten – etwa des Eigentümers oder Verpächters – der Betriebsmittel erfolgen.

3620b In konsequenter Fortführung der Rechtsprechung des EuGH hat das BAG in mehreren Entscheidungen zu § 613 a BGB unter dem Blickwinkel der **Funktionsnachfolge** Stellung genommen und hierfür erheblich mehr Rechtsklarheit gesorgt. Allerdings bleiben nach wie vor viele ungeklärte Fragen. Grundsätzlich gilt nunmehr folgendes:

Eine **bloße Funktionsnachfolge allein ist kein Betriebsübergang** *(BAG 13.11.1997, EzA § 613 a BGB Nr. 154)*. Für Reinigungsarbeiten und den möglichen Übergang sonstiger personalintensiver Dienstleistungsbetriebe ist hiernach von folgenden **Leitlinien** auszugehen:

- Endet ein Reinigungsauftrag und übernimmt der neue Auftragnehmer **keine sächlichen Betriebsmittel**, setzt ein (Teil-)Betriebsübergang voraus, dass der neue Auftragnehmer **kraft eigenen Willensentschlusses** einen nach Zahl und Sachkunde **wesentlichen Teil der bisher** für die betreffenden Arbeiten **eingesetzten Arbeitnehmer im Wesentlichen unverändert weiterbeschäftigt**.
- Für den Betriebsübergang in der soeben beschriebenen Konstellation bedarf es **keines Vertrages zwischen den Auftragnehmern**. Es genügt die bloße Fortführung der Reinigungsarbeiten auf vertraglicher Grundlage in Verbindung mit der einvernehmlichen Weiterbeschäftigung der Arbeitnehmer *(BAG 11.02.1997, EzA § 613 a BGB Nr. 159)*.
- Endet ein **Reinigungsauftrag** und liegen keine greifbaren Anhaltspunkte dafür vor, dass nach der Rechtsprechung des EuGH (s. → Rz. 3620) von einer Wahrung der Identität auszugehen ist, weil der neue Auftragnehmer kraft eigenen Willensentschlusses keine **organisierte Gesamtheit von Arbeitnehmern** übernehmen wird, kann der frühere Auftragnehmer solchen Arbeitnehmern wirksam betriebsbedingt kündigen, für die er keine Beschäftigung mehr hat. Auch der **Teilbetriebsveräußerer** kann solchen Arbeitnehmern wirksam betriebsbedingt kündigen, für die er keine Verwendung mehr hat, weil er den verbleibenden Teilbetrieb nicht mehr sinnvoll fortführen kann (s. zur Reichweite des Kündigungsverbots zuletzt *EuGH 12.03.1998, EzA § 613 a BGB Nr. 168*). Folge des Verbleibs eines nicht überlebensfähigen Teilbetriebs ist also nicht, dass der Erwerber nunmehr auch noch die restlichen Arbeitnehmer übernehmen muss.
- Kommt es **nach Zugang der Kündigungen zu einem Betriebsübergang** i.S.d. Rechtsprechung des BAG haben die gekündigten Arbeitnehmer, die in der Einheit beschäftigt waren, einen Anspruch gegen den neuen Auftragnehmer, zu unveränderten Bedingungen unter Wahrung ihres Besitzstandes eingestellt zu werden *(BAG a.a.O.)*. Dies gilt auch nach der Rechtsprechung des **EuGH**: Den unzulässigerweise gekündigten Arbeitnehmern steht ein Wiedereinstellungsanspruch gegenüber dem Erwerber zu. Sie können sich diesem gegenüber auf die Rechtswidrigkeit der Kündigung berufen *(EuGH 11.12.1997, EzA § 613 a BGB Nr. 168)*.
- Wird i.Ü. ein **Bewachungsauftrag** neu vergeben und übernimmt der neue Auftragnehmer nicht wesentliche Teile des Personals, liegt ein Betriebsübergang nicht deshalb vor, weil von dem neuen Auftragnehmer die vom Auftraggeber eingebauten Sicherungseinrichtungen genutzt werden *(s. BAG 22.01.1998, EzA § 613 a BGB Nr. 158)*.
- Unsicher ist aber in allen vorgenannten Fällen, **wie viele Arbeitnehmer** vom neuen Auftragnehmer übernommen worden sein müssen, wann also mit anderen Worten die Schwelle zum Betriebsübergang überschritten wird. Hält der neue Auftragnehmer die frühere Arbeitsorganisation **nicht aufrecht** und stellen die Arbeitsplätze keine hohen Anforderungen an die **Qualifikation** der Arbeitnehmer, genügt ein Anteil von 75 % der früheren Beschäftigten **nicht**, um die Übernahme der Hauptbelegschaft feststellen zu können *(BAG 10.12.1998, EzA § 613 a BGB Nr. 174)*.

Aus Sicht des neuen Auftragnehmers ist es empfehlenswert, möglichst wenig bereits früher beim ersten Auftragnehmer beschäftigte Arbeitnehmer zu übernehmen.

Das BAG hat auch seine Rechtsprechung zu den »**Pachtfällen**« fortgeführt. Hiernach sind **zwei Konstellationen** zu unterscheiden:

- Gänzlich unstreitig ist, dass beim **Pächterwechsel** ein **Betriebsübergang** vorliegen kann, wenn der neue Pächter den Betrieb im Wesentlichen unverändert fortführt, dieser also seine Identität bewahrt. Zu berücksichtigen sind alle den Betrieb kennzeichnenden Tatsachen. Hierzu gehören nach der Rechtsprechung des BAG u.a.
  - der etwaige Übergang der materiellen Betriebsmittel wie Gebäude und bewegliche Güter,
  - der Wert der immateriellen Aktiva im Zeitpunkt des Übergangs,
  - der etwaige Übergang der Kundschaft sowie
  - der Grad der Ähnlichkeit zwischen den vor und nach dem Übergang verrichteten Tätigkeiten und
  - die Dauer einer eventuellen Unterbrechung dieser Tätigkeit.
  - Die Identität der wirtschaftlichen Einheit kann sich aus ihrer Arbeitsorganisation und ihren Betriebsmethoden ergeben.
  - Bei einer Gaststätte hängt dies u.a. von ihrem kundenorientierten Leistungsangebot sowie der Übernahme der Führungskräfte oder des sonstigen Personals, insbesondere der Hauptbelegschaft, ab *(BAG 11.09.1997, EzA § 613 a BGB Nr. 153)*.
  - Nicht ausreichend ist, dass nur die bloße Möglichkeit zur Weiterbeschäftigung einzelner Arbeitnehmer besteht, dass diese also ihre Arbeit auch beim Neupächter verrichten könnten *(BAG, a.a.O.)*.
- Ein rechtsgeschäftlicher Betriebsübergang liegt nach Auffassung des BAG *(27.04.1995, EzA § 613 a BGB Nr. 126)* aber auch dann vor, wenn der **verpachtete Betrieb auf den Verpächter zurückfällt**. Die Rückgabe eines verpachteten Betriebs an den Verpächter nach Ablauf des Pachtverhältnisses kann aber nur dann einen Betriebsübergang darstellen, wenn der Verpächter den Betrieb **tatsächlich** selbst weiterführt. Die bloße Möglichkeit, den Betrieb selbst unverändert fortführen zu können, erlaubt **nicht** die Annahme eines Betriebsübergangs *(BAG 18.03.1999, EzA § 613 a BGB Nr. 177)*.

In einer **weiteren Entscheidung** hatte sich das BAG *(11.12.1997, EzA § 613 a BGB Nr. 159)* mit der **Neuvergabe eines Catering-Vetrages** auseinanderzusetzen. Wesentlich für die Frage des Betriebsübergangs ist hiernach, ob dem Berechtigten Betriebsmittel zur eigenwirtschaftlichen Nutzung überlassen werden. Erbringt der Auftragnehmer nur eine (Dienst-)Leistung an fremden Geräten und Maschinen innerhalb fremder Räume, ohne dass ihm die Befugnis eingeräumt ist, über Art und Weise der Nutzung der Betriebsmittel in eigenwirtschaftlichem Interesse zu entscheiden, können ihm diese Betriebsmittel nicht als eigene zugerechnet werden. Hier muss kritisch gefragt werden, ob die vom BAG geforderte Abgrenzung wirklich trennscharf durchzuführen ist.

ÜBERSICHT BETRIEBSÜBERGANG NACH § 613 A BGB

- **Voraussetzungen des Betriebsübergangs**
  - Übertragung eines Betriebs oder Betriebsteiles (wesentliche materielle und/oder immaterielle Betriebsmittel),
  - durch Rechtsgeschäft (bspw. Kauf- oder Pachtvertrag),
  - auf einen anderen Inhaber (einvernehmliche Übertragung der Leitungsmacht, keine Voraussetzung ist der Eigentumsübergang an Betriebsmitteln).
- **Rechtsfolgen des Betriebsübergangs**
  - Der neue Inhaber tritt in die Rechte und Pflichten des vorherigen Inhabers ein, die im Zeitpunkt des Betriebsübergangs bestanden haben.
  - Die Kündigung von Arbeitsverhältnissen durch den bisherigen Inhaber oder den Erwerber wegen des Betriebsübergangs ist unwirksam; das Recht zur Kündigung aus anderen Gründen bleibt unberührt.
  - Der rechtzeitige Widerspruch eines Arbeitnehmers kann den Übergang seines Arbeitsverhältnisses auf den neuen Inhaber verhindern. Bei Ausspruch einer betriebsbedingten Kündigung muss der alte Arbeitgeber den widersprechenden Arbeitnehmer stets in eine etwaige Sozialauswahl miteinbeziehen; die Berücksichtigung der Widerspruchgründe erfolgt erst bei Abwägung der Auswahlkriterien).
  - Zuvor geltende Rechtsnormen eines Tarifvertrages sowie geltende Regelungen aufgrund von Betriebsvereinbarungen behalten grundsätzlich ihre kollektivarbeitsrechtlichen Wirkungen auch gegenüber dem neuen Inhaber. Ausnahmen können dann bestehen, wenn bei dem neuen Inhaber bereits andere Tarifverträge und/oder Betriebsvereinbarungen gelten.
  - Die Transformation in Einzelarbeitsverträge ist dann möglich, wenn die Betriebsidentität verloren geht und keine kollektivrechtlichen Regelungen bestehen.
  - Der alte und der neue Inhaber haften als Gesamtschuldner zeitlich unbeschränkt für die Verpflichtungen, die aus den Arbeitsverhältnissen vor dem Betriebsübergang entstanden sind und vor Ablauf von einem Jahr nach diesem Zeitpunkt fällig werden (Ausnahmen: Betriebsübergang bei Insolvenz).

3621

V. Weiterführende Literaturhinweise

Die **Literatur** zum Thema Betriebsübergang ist mittlerweile ebenso wie die Flut höchstrichterlicher und instanzgerichtlicher Entscheidungen **unübersehbar**. Daher kann im folgenden nur eine knappe Übersicht über die Auswahl an Aufsätzen und Monographien gegeben werden.

3622

Annuß, Der Betriebsübergang nach »Ayse Süzen«, NZA 1998, 70
Haupt/Welslau, Betriebsübergang nach § 613 a BGB, BuW 1995, 803
Henssler, Aktuelle Rechtsprobleme des Betriebsübergangs, NZA 1994, 913
Kaiser/Gradel, Betriebliche Altersversorgung bei Unternehmenskäufen, DB 1996, 1621
Kania, Tarifeinheit nach Betriebsübergang, DB 1994, 529
Kempen, Betriebsübergang und Tarifvertrag, BB 1991, 2006
Moll, Die Rechtsstellung des Arbeitnehmers nach einem Betriebsübergang, NJW 1993, 2016

Naumann, Steuerfreie Abfindungen gem. § 3 Nr. 9 Satz 1 EStG bei Betriebsübergang, BB 1998, 74

Preis/Steffan, Neue Konzepte des BAG zum Betriebsübergang nach § 613 a BGB, DB 1998, 309

Richardi, Die Anwendbarkeit des § 613 a BGB in den neuen Bundesländern, NZA 1991, 289

Röder/Baeck, EuGH: Funktionsnachfolge als Betriebsübergang, NZA 1994, 542

Schiefer, Rechtsfolgen des Betriebsübergangs nach § 613 a BGB, NJW 1998, 1817

Schlachter, Die Rechtsstellung des widersprechenden Arbeitnehmers bei Betriebsübergang, NZA 1995, 705

Wank, Die Geltung von Kollektivvereinbarungen nach einem Betriebsübergang, NZA 1987, 505

18. Kapitel: Aufhebungsvertrag

I.	Aufhebungsvertrag statt Kündigung – warum ?	4002
II.	Taktik des Aufhebungsvertrages	4003
	1. Aufhebungsvertrag anstelle betriebsbedingter Kündigung	4004
	2. Aufhebungsvertrag anstelle personenbedingter Kündigung	4005
	3. Aufhebungsvertrag anstelle verhaltensbedingter Kündigung	4006
III.	Zulässigkeit der einvernehmlichen Aufhebung	4007
	1. Aufhebung mit Wirkung für die Zukunft	4008
	2. Zeitfragen – Streitfragen	4009
	a) Aufhebung nach Arbeitsaufnahme	4010
	b) Rückwirkung nach Kündigung ohne Weiterbeschäftigung	4011
	c) Rückwirkung nach Kündigung und Weiterbeschäftigung	4012
IV.	Zustandekommen des Aufhebungsvertrages	4013
	1. Angebot und Annahme	4014
	2. Stillschweigender Vertragsschluss	4015
	a) Sonderproblem: Kündigungsverlangen des Arbeitnehmers	4018
	b) Sonderproblem: Kündigung beider Parteien	4020
	c) Sonderproblem: Schweigen auf Vertragsangebot	4021
	3. Umdeutung von Kündigungen	4022
	a) Umdeutung einer Kündigung in ein Aufhebungsvertragsangebot	4023
	b) Annahme einer umgedeuteten Kündigung	4024
	4. Annahmefristen	4025
	a) Allgemeines	4026
	b) Überlegungs- und Widerrufsvorbehalt	4027
	5. Schriftformerfordernis	4029
	6. Aufklärungs- und Hinweispflichten des Arbeitgebers	4030
	a) Aufklärung über Verlust von Sonderkündigungsschutz	4031
	b) Aufklärung über nachteilige Folgen bei der betrieblichen Altersversorgung	4032
	c) Aufklärung über sozialrechtliche Nachteile	4033
	d) Aufklärung über steuerrechtliche Nachteile	4034
	e) Sonstige Aufklärungs- und Hinweispflichten	4034a
	7. Aufhebungsverträge mit Minderjährigen	4035
	8. Bedingte Aufhebungsverträge	4036
	a) Zulässig bedingter Aufhebungsvertrag	4037
	b) Unzulässig bedingter Aufhebungsvertrag	4039
	c) Bedingter Aufhebungsvertrag im Rahmen eines Prozessvergleichs	4040
V.	Unwirksamkeit von Aufhebungsverträgen	4041
	1. Verstoß gegen gesetzliches Verbot	4042
	a) Umgehung des § 613 a BGB	4043
	b) Verpflichtung, kein Arbeitslosengeld zu beantragen	4044
	c) Abfindung einer betrieblichen Versorgungsanwartschaft	4045
	d) Rückdatierung von Aufhebungsverträgen	4046
	e) Tatsachenvergleich	4048
	2. Sittenwidrigkeit des Aufhebungsvertrages	4049
	3. Rechtsfolgen der Nichtigkeit/Teilnichtigkeit	4050
	4. Anfechtung durch den Arbeitnehmer	4051
	a) Inhaltsirrtum	4052
	b) Verkehrswesentliche Eigenschaft	4054

	c) Rechtsfolgeirrtum	4055
	d) Arglistige Täuschung und widerrechtliche Drohung	4056
	e) Anfechtungsfrist	4060
	5. Geschäftsunfähigkeit des Arbeitnehmers	4060a
VI.	**Inhalt des Aufhebungsvertrages von A – Z**	**4061**
	1. Art und Anlass der Beendigung	4062
	2. Beendigungszeitpunkt	4063
	3. Abfindung	4064
	a) Aufhebungsvertrag ohne Abfindung	4065
	b) Höhe des Abfindungsanspruchs	4066
	c) Fälligkeit der Abfindung	4067
	d) Abtretbarkeit des Abfindungsanspruchs	4068
	e) Aufrechnung gegen den Abfindungsanspruch	4069
	f) Pfändbarkeit des Abfindungsanspruchs	4070
	g) Vererblichkeit des Abfindungsanspruchs	4071
	h) Abfindung und neuer Beendigungstatbestand	4073
	i) Abfindungsanspruch und tarifliche Ausschlussfrist	4075
	j) Verjährung des Anspruchs auf Abfindungszahlung	4076
	k) Insolvenzrechtliche Behandlung des Abfindungsanspruchs	4077
	l) Abfindungsanspruch und Vergleichsverfahren	4078
	m) Abfindungsanspruch und Sozialplan	4078a
	n) Abfindungsanspruch und Karenzentschädigung	4078b
	o) Rücktritt vom Aufhebungsvertrag	4078c
	4. Freistellung	4079
	a) Beschäftigungsanspruch des Arbeitnehmers	4079
	b) Resturlaub	4080
	c) Konkurrenztätigkeit	4081
	d) Anrechnung anderweitigen Erwerbs	4082
	e) Freistellung und Arbeitslosengeld	4083
	5. Sonstiger Inhalt	4084
VII.	**Weiterführende Literaturhinweise**	**4101**

4001 **CHECKLISTE FÜR AUFHEBUNGSVERTRÄGE**

- **Zulässigkeit des Aufhebungsvertrages**
  - grundsätzlich immer

- **Form des Aufhebungsvertrages**
  - Schriftform, § 623 BGB seit dem 01.05.2000 zwingend vorgeschrieben für Arbeitnehmer
  - Ausnahme:
    Organpersonen oder Altfälle vor dem 01.05.2000
  - Beachte aber auch dann!
    Einzelvertragliches Schriftformerfordernis kann konkludent abbedungen werden
  - empfehlenswert ohnehin Schriftform

- **Zeitpunkt der Beendigung des Arbeitsverhältnisses**
  - grundsätzlich keine Rückwirkung möglich;
  - anders: bloße Rückdatierung des Aufhebungsvertrages
  - aber: Vorsicht bei Vereinbarung zu Lasten Dritter (bspw. Sozialversicherungsträger; Folgeprobleme drohen!)

- bei möglicher außerordentlicher Kündigung:
  - Beendigungszeitpunkt an sich irrelevant
- bei möglicher ordentlicher Kündigung:
  - Einhaltung der Kündigungsfrist wegen § 143a SGB III
- **Freistellung des Arbeitnehmers**
  - grundsätzlich: einverständlich sofort möglich
  - Frage, ob widerrufliche oder unwiderrufliche Freistellung
  - falls unwiderrufliche Freistellung, Miterledigung von Urlaubsansprüchen empfehlenswert Anrechnung anderweitigen Erwerbs
- **Art der Beendigung des Arbeitsverhältnisses**
  - einvernehmliche Beendigung
  - bei betriebsbedingter Beendigung: Verlust von Ansprüchen auf Rückzahlung von Gratifikationen, Darlehen etc, möglich
  - **Achtung!**
    Zur Vermeidung einer Sperrzeit (§ 144 SGB III) ist Kündigungs-(beendigungs-)grund von entscheidender Bedeutung
- **Abfindung (beachte insbes. § 143 a SGB III)**
  - grds.: Aufhebungsvertrag auch ohne Abfindungsregelung wirksam
  - Höhe der Abfindung in der Regel Maßstab der §§ 9, 10 KSchG
  - übliche Formel: 1/4 bis 1 Monatsgehalt pro Jahr der Betriebszugehörigkeit; Beachtung der Chancen eines Kündigungsschutzprozesses
  - Sicherheitshalber Anrechnung auf ev. Sozialplanleistungen vorsehen
  - Fälligkeitszeitpunkt vereinbaren
- **wichtige Fragen beim Abschluss des Aufhebungsvertrages (von A – Z)**
  - **Arbeitgeberdarlehen**, Rückzahlung
  - **Aufklärungspflichten**, Erfüllung durch Bestätigung des Arbeitnehmers sicherstellen.
  - **Ausgleichsklausel**, in Aufhebungsvertrag aufnehmen. Reichweite einer Ausgleichsklausel ist aber eingeschränkt.
  - **betriebliche Altersversorgung**
    - Abfindungsverbot nach §§ 3, 17 Abs. 3 BetrAVG
    - liegt noch keine unverfallbare Anwartschaft vor, geht Arbeitnehmer grundsätzlich leer aus;
    - Tatsachenvergleich zulässig
    - Zustimmung des Betriebsrats erforderlich, wenn Verzicht auf betriebliche Altersversorgung, die auf einer Betriebsvereinbarung beruht (§ 77 Abs. 4 Satz 1 BetrVG).
    - So auch bei Tarifvertrag (§ 4 Abs. 4 TVG) Unverfallbarkeitsbescheinigung nach § 2 Abs. 6 BetrAVG bei Vorliegen einer unverfallbaren Versorgungsanwartschaft; beachte zur Abfindung der Anwartschaft aber § 3 BetrAVG
  - **Diensterfindungen**
  - **Dienstwagen**, Rückgabe/Weiternutzung im Freistellungszeitraum
  - **Geschäfts- und Betriebsgeheimnisse** wahren
  - **Gratifikation**, Prämie, Jahressonderleistung, Tantiemen
  - **Hinweispflichten**:
    unter bestimmten Umständen hinsichtlich arbeits- sowie sozial- und steuerrechtlicher Konsequenzen denkbar

- **Krankheit des Arbeitnehmers**, Vorsicht bei Aufhebung aus Anlass der Krankheit, Entgeltfortzahlung beachten.
- **nachvertragliche Wettbewerbsverbote**
  - einvernehmliche Aufhebung oder Änderung jederzeit möglich
  - nach rechtlichem Ende des Arbeitsverhältnisses sind die Parteien nicht mehr an die Vorschriften der §§ 74 ff. HGB gebunden; anders bei Regelung vor dem Ende des Arbeitsverhältnisses
- **Outplacement-Maßnahme**, Übernahme der Kosten
- **Rückgabe von sonstigen Gegenständen**, Firmenunterlagen, überlassenes Arbeitsgerät, Arbeitsbescheinigung etc.
- **Urlaubsfragen:**
  es muss vereinbart werden, ob Ansprüche auf Urlaubsabgeltung neben einer Abfindung erhalten bleiben sollen. Wird nichts vereinbart, stehen dem Arbeitnehmer beide Ansprüche zu. Es findet also keine automatische Verrechnung statt.
- **Rückzahlung von Arbeitgeberdarlehen**
- **Werkswohnungen**, Räumung / Weiternutzung
- **Zahlung rückständiger Vergütung** (insbes. Behandlung von Tantiemen, Prämien, Gratifikationen)
- **Zeugnis:**
  empfehlenswert: Festlegung im Aufhebungsvertrag um Folgestreitigkeiten zu verhindern; Ideallösung sofortige Miterledigung des Zeugnisanspruchs und Verzicht auf mögliche rechtliche Schritte seitens des Arbeitnehmers; Alternative Grobstrukturierung des zu erteilenden Zeugnisses und spätere Aushändigung; zum Zeugnis s. insbes. → Rz. 4880 ff.
- **Zurückbehaltungsrecht**, ggf. Vereinbarung treffen

• **Aufhebungsverträge mit besonderen Personengruppen**
  - **Ausländer:**
    Sprachrisiko
    »Heimkehrerklausel«
  - **Auszubildende:**
    bei minderjährigen Auszubildenden ist zu beachten, dass § 113 BGB keine Anwendung findet. Vielmehr ist die Zustimmung des gesetzlichen Vertreters für den wirksamen Abschluss eines Aufhebungsvertrages erforderlich
  - **Betriebsratsmitglieder**
    keine Zustimmung des Betriebsrats erforderlich; aber sozialrechtliche Besonderheiten, § 143 a Abs. 1 Satz 3, 2.Hs. SGB III; s. hierzu → Rz. 4111
  - **Werdende Mütter**
    sozialrechtliche Besonderheit § 143 a Abs. 2 SGB III (s. hierzu → Rz. 4111); keine Einschaltung des Gewerbeaufsichtsamtes; besondere Hinweispflichten (streitig)
  - **Schwerbehinderte**
    sozialrechtliche Besonderheiten: § 143 a Abs. 1 Satz 3 SGB III (s. hierzu → Rz. 4111) und Einschaltung der Hauptfürsorgestelle zur Vermeidung einer Sperrzeit (regional unterschiedlich); Verzicht auf Sonderkündigungsschutz zulässig

I. Aufhebungsvertrag statt Kündigung – warum?

Aufhebungsvertrag statt Kündigung – warum? Die Antwort auf diese Frage ist gerade angesichts der Komplexität der zu bedenkenden Fragen nicht immer leicht zu finden. Vor- und Nachteile von Aufhebungsvertrag und Kündigung ergeben sich aus der folgenden Übersicht:

4002

- **Vorteile des Aufhebungsvertrags aus Sicht des Arbeitgebers:**
  - keine Bindung an Kündigungsfristen und -termine;
  - besonderer Kündigungsschutz für Mütter, Schwerbehinderte etc. entfällt;
  - öffentliche Stellen wie Gewerbeämter, Hauptfürsorgestellen müssen nicht beteiligt werden (bei Schwerbehinderten kann aber Beteiligung der Hauptfürsorgestelle empfehlenswert sein);
  - Anhörungs- und Zustimmungserfordernisse des Betriebsrats entfallen ebenso wie eine Anhörung des Sprecherausschusses; beachte aber die Besonderheiten im öffentlichen Dienst (etwa § 72 a LPVG NW)
  - im Unterschied zu einer Befristung bedarf der Aufhebungsvertrag keiner sachlichen Rechtfertigung *(BAG 13.11.1996, EzA § 112 BetrVG 1972 Nr. 80; BAG 10.12.1998, BB 1999, 1274)*
  - keine Prozessbelastung
  - flexible Gestaltung möglich.

- **Nachteile des Aufhebungsvertrages aus Sicht des Arbeitgebers:**
  - Abschluss geht zumeist mit Zahlung einer Abfindung einher;
  - es drohen sozialrechtliche Folgen.

- **Vorteile des Aufhebungsvertrages aus Sicht des Arbeitnehmers:**
  - es gelten keine Kündigungsfristen und -termine, kurzfristige Berufschancen können wahrgenommen werden;
  - es droht keine Publizität des Kündigungsgrundes bei an sich möglicher personen- oder verhaltensbedingter Kündigung;
  - regelmäßig kann eine Abfindungszahlung erreicht werden;
  - bei geschickter Vertragsgestaltung lassen sich steuerrechtliche Vorteile erreichen;
  - Abfindungen sind sozialversicherungsfrei
  - Prozessrisiken und -belastungen können vermieden werden.

- **Nachteile des Aufhebungsvertrages aus Sicht des Arbeitnehmers:**
  - drohender zeitweiliger Verlust des Anspruchs auf Arbeitslosengeld durch Ruhen, Sperrzeit oder (früher) Pauschalanrechnung einer Abfindung;
  - allgemeiner und besonderer Kündigungsschutz entfallen;
  - bei Schwangeren Verlust der Arbeitsplatzgarantie;
  - Verlust von Versorgungsanwartschaften.

Schon im Vorgriff auf die folgenden Erörterungen kann also festgestellt werden, dass ein **geschickt gestalteter Aufhebungsvertrag** für alle Beteiligten erhebliche Vorteile bringen kann.

II. Taktik des Aufhebungsvertrages

4003 Die Frage, wann der Aufhebungsvertrag als einvernehmliches Mittel zur Konfliktbeseitigung eingesetzt werden soll, kann nicht einheitlich beantwortet werden. Vielmehr muss hier stets eine Abwägung zwischen Arbeitgeber- und Arbeitnehmerinteressen erfolgen, wobei diese nur in Ausnahmefällen vollständig deckungsgleich sein werden. Nachfolgend soll anhand typischer Fallgestaltungen eine »Aufhebungsvertragstaktik« entwickelt werden.

1. Aufhebungsvertrag anstelle betriebsbedingter Kündigung

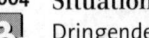

4004 Situation:
Dringende betriebliche Interessen (Auftragsrückgang, Schließung einer Betriebsabteilung) machen einen Personalabbau unumgänglich.

Ausgangslage:
Aus Sicht des Arbeitgebers kann in der geschilderten Situation der Abschluss eines Aufhebungsvertrages regelmäßig nur empfohlen werden. Das Risiko des Scheiterns einer betriebsbedingten Kündigung ist groß. Mit ihr sind diverse Fehlerquellen (Betriebsratsanhörung, Sozialauswahl etc.) verbunden, die nicht immer ausgeschaltet werden können. Auch wird eine »Paralysierung« des Betriebes vermieden, da nicht jeder Arbeitnehmer sich als mögliches Opfer einer betriebsbedingten Kündigung sieht. Schließlich wird durch den Abschluss des Aufhebungsvertrages vermieden, dass gerade die sozial stärksten, nicht aber die leistungsstärksten Arbeitnehmer im Betrieb verbleiben.

Vorgehensweise:
Es sollte mit vorher gezielt ausgewählten Arbeitnehmern jedenfalls der Abschluss eines Aufhebungsvertrages versucht werden. Hierzu wird zwar regelmäßig eine Abfindung gezahlt werden müssen, diese fällt aber angesichts der sonstigen Vorteile nicht gravierend ins Gewicht. Ein Sozialplan ist ohnehin in etwa gleich teuer.

Aber Vorsicht:
Bei einer Vielzahl »betriebsbedingter Aufhebungsverträge« ist eine **Anzeige an das Arbeitsamt** (Massenentlassungsanzeige) zu machen (s. dazu → Rz. 4164). Auch drohen Erstattungspflichten nach § 147 a SGB III (s. → Rz. 7051 ff.). **Sperr- und Ruhenszeiten** (§§ 144, 143 a SGB III) können hingegen in der Regel vermieden werden.

2. Aufhebungsvertrag anstelle personenbedingter Kündigung

4005 Situation:
Durch langanhaltende oder häufig wiederkehrende Kurzerkrankungen eines Arbeitnehmers treten Störungen im Betriebsablauf ein. Der Arbeitgeber ist entschlossen, diese durch Entlassung des alten und Einstellung eines neuen Mitarbeiters zu beheben.

Ausgangslage:
Aus Sicht des Arbeitgebers bietet sich hier vor allem dann der Abschluss eines Aufhebungsvertrages an, wenn die Schwelle der Kündigung wegen Krankheit (s. → Rz. 4351 ff.)

noch nicht oder jedenfalls noch nicht mit hinreichender Sicherheit überschritten ist, so dass eine an sich erforderliche Kündigung schon wegen der unsicheren Prozesslage ausscheidet. Im Übrigen ist zu differenzieren:

Bei **langanhaltender Krankheit** treten in der Regel keine übergroßen Belastungen mit Lohn-/Gehaltsfortzahlungskosten auf. Auch halten sich die betrieblichen Beeinträchtigungen im Rahmen, da der Einsatz von Aushilfskräften möglich ist. Anders stellt sich die Situation bei **häufigen Kurzerkrankungen** dar. Hier sind hohe Lohn-/Gehaltsfortzahlungskosten zu befürchten. Auch drohen durch die Kurzfristigkeit des Ausfalls erhebliche Beeinträchtigungen der betrieblichen Interessen.

Vorgehensweise:
Es muss zunächst genau geprüft werden, ob eine Kündigung wegen Krankheit hinreichende Aussicht auf Erfolg bietet. Erscheint dies zumindest unsicher, was angesichts der Prognoserisiken fast der Standardfall ist, sollte bei **häufigen Kurzerkrankungen** des Arbeitnehmers der Abschluss eines Aufhebungsvertrages erwogen werden. Gerade in dieser Fallgestaltung sollte der Arbeitnehmer darauf hingewiesen werden, dass bei Fortdauer der Kurzerkrankungen eine Kündigung in Betracht kommt (aber Vorsicht: Anfechtungsrisiko, vgl. → Rz. 4051). Bei **langanhaltenden Erkrankungen** ist das Interesse am Abschluss eines Aufhebungsvertrages eher gering. Um eine langfristige Personalplanung zu ermöglichen, kann sich aber auch in dieser Fallgestaltung eine einvernehmliche Aufhebung des Arbeitsverhältnisses gegen Zahlung einer geringen Abfindung als sinnvoll erweisen. Oft werden die Kosten der Vorhaltung des Arbeitsplatzes die der Abfindungszahlung übersteigen.

3. Aufhebungsvertrag anstelle verhaltensbedingter Kündigung

Situation:
Dem Arbeitnehmer fallen trotz Abmahnung häufige Pflichtverletzungen zur Last. Hierdurch werden betriebliche Interessen stark beeinträchtigt.

Ausgangslage:
In der geschilderten Situation ist primär eine Kündigung in Betracht zu ziehen. Die Verletzung arbeitsvertraglicher Pflichten sollte – schon aus präventiven Gründen – nicht durch Abschluss eines Aufhebungsvertrages mit Abfindungsklausel prämiert werden.

Vorgehensweise:
Ist die Situation der verhaltensbedingten Kündigung gegeben, wird der Aufhebungsvertrag in der Regel nicht empfehlenswert sein. Der Arbeitnehmer sollte vielmehr eindringlich auf kündigungsrechtliche und zeugnisrechtliche Konsequenzen hingewiesen werden. Häufig wird er dann von sich aus um die Auflösung des Arbeitsverhältnisses bitten. Vorsicht: keine Drohung; Grund: Anfechtungsrisiko (Rz. → 4051 ff.)!

Nur dann, wenn die Schwelle zur Kündigung noch nicht erreicht ist oder ein Fehlverhalten (Beispiel: Diebstahl von Arbeitsmaterialien) nicht nachweisbar ist, kommt ein Aufhebungsvertrag als Mittel der Konfliktbeseitigung in Betracht.

Tipp Aber auch hier gilt: Schon aus Gründen der »Abschreckung« ist der Kündigung der Vorrang zu geben. I.Ü. sind die sozialrechtlichen Folgewirkungen zu beachten (vgl. → Rz. 4125 ff.)

III. Zulässigkeit der einvernehmlichen Aufhebung

4007 Im Grundsatz gilt: Das Arbeitsverhältnis kann jederzeit, auch nach Ausspruch einer Kündigung (**sog. Abwicklungsvertrag**, vgl. → Rz. 4166 a), aufgehoben werden. Allerdings sind hierbei bestimmte zeitliche Schranken zu beachten. Dabei gilt die Faustformel, dass bereits Vergangenes nicht rückgängig gemacht werden kann, auch wenn es steuerrechtlich und sozialrechtlich noch so lukrativ erscheinen mag (s. → Rz. 4102 u. 4139). Bei fehlender Zeitbestimmung ist im Zweifel von einer sofortigen Wirksamkeit auszugehen.

1. Aufhebung mit Wirkung für die Zukunft

4008 Aus dem Grundsatz der Vertragsfreiheit folgt die Zulässigkeit der einvernehmlichen Beendigung des Arbeitsverhältnisses mit **Wirkung für die Zukunft**. Hier besteht sozial- und steuerrechtlich ein gewisser Gestaltungsspielraum (s. → Rz. 4063). Sonderkündigungsschutz oder ähnliche Kündigungshindernisse betreffen den Aufhebungsvertrag als solchen nicht, können aber für den ausscheidenden Arbeitnehmer unangenehme Konsequenzen haben.

2. Zeitfragen – Streitfragen

4009 Eine **rückwirkende Aufhebung** des Arbeitsverhältnisses ist hingegen mit Problemen behaftet. Sie kommt grundsätzlich nur in Betracht, wenn das Arbeitsverhältnis noch nicht in Vollzug bzw. bereits außer Vollzug gesetzt wurde *(BAG 10.12.1998, BB 1999, 1274)*. In diesem Fall sind noch keine Folgen eingetreten, deren Beseitigung für die Parteien unzumutbar oder gar unmöglich wären. Ein **Invollzugsetzen** liegt grundsätzlich mit der tatsächlichen Arbeitsaufnahme vor. Ist der Arbeitnehmer zum Zeitpunkt der vereinbarten Arbeitsaufnahme arbeitsunfähig krank, so wird das Arbeitsverhältnis auch ohne Aufnahme der Tätigkeit in Vollzug gesetzt.

a) Aufhebung nach Arbeitsaufnahme

4010 Der **Reiz der rückwirkenden Aufhebung** des Arbeitsverhältnisses liegt darin, dass bestimmte aus Anlass der Beendigung gezahlte Beträge sowohl **steuer-** als auch **sozialrechtlich** vom Gesetzgeber privilegiert werden. Durch geschickte Gestaltung versuchen die Arbeitsvertragsparteien nicht selten, sich in den Genus dieser Vorteile zu setzen. Hier sind 3 Punkte zu nennen:

- Steuerfreiheit/Steuerermäßigung einer Abfindungszahlung
- keine Sozialversicherungspflicht der Abfindung
- Möglicher »Doppelbezug« von Abfindung und Arbeitslosengeld

BEISPIEL:

Nach 3-monatiger Tätigkeit schließen Arbeitgeber und Arbeitnehmer einen Aufhebungsvertrag rückwirkend auf »den Zeitpunkt des Beginns des Arbeitsverhältnisses«. Hierdurch soll das bisher angefallene, steuer- und sozialversicherungspflichtige Arbeitsentgelt in eine steuer- und sozialversicherungsfreie Abfindung »umgewandelt« werden.

Eine solche Vereinbarung ist unzulässig und unabhängig davon weder dem Arbeitnehmer noch dem Arbeitgeber zu empfehlen. Nur unter besonderen Voraussetzungen wird in Zusammenhang mit einer Kündigung ein rückwirkender Aufhebungsvertrag nach Aufnahme des Arbeitsverhältnisses für zulässig erachtet (s. dazu sogleich bei → Rz. 4011).

b) Rückwirkung nach Kündigung ohne Weiterbeschäftigung

Eine – allerdings **zeitlich begrenzte** – Rückwirkung ist möglich, wenn der Arbeitnehmer nach Ablauf der Kündigungsfrist oder Zugang der außerordentlichen Kündigung im Verlauf eines nachfolgenden Kündigungsschutzprozesses tatsächlich nicht weiterbeschäftigt wird. Hier werden keine faktisch nicht rückgängig zu machenden Tatsachen geschaffen. Daher sind derartige Gestaltungen möglich. 4011

BEISPIEL:

Der Arbeitgeber kündigt das Arbeitsverhältnis. Hiergegen erhebt der Arbeitnehmer Kündigungsschutzklage. Während der Dauer des Kündigungsschutzprozesses wird der Arbeitnehmer nicht weiterbeschäftigt.

Hier ist wie folgt zu differenzieren:

- **Bei einer ordentlichen Kündigung kann das Ende des Arbeitsverhältnisses auf den Zeitpunkt des Ablaufs der ordentlichen Kündigungsfrist festgelegt werden.**
- **Bei einer außerordentlichen Kündigung kann das Ende des Arbeitsverhältnisses auf den Zugang der Kündigungserklärung zurück bezogen werden.**

c) Rückwirkung nach Kündigung und Weiterbeschäftigung

Anders ist die Situation, wenn der Arbeitnehmer im Verlauf des Kündigungsschutzprozesses freiwillig oder aufgrund eines Widerspruchs des Betriebsrats vom Arbeitgeber weiterbeschäftigt wird (s. → Rz. 4678). 4012

BEISPIEL:

Der Arbeitgeber kündigt das Arbeitsverhältnis. Hiergegen erhebt der Arbeitnehmer Kündigungsschutzklage. Während der Dauer des Kündigungsschutzprozesses wird der Arbeitnehmer freiwillig vom Arbeitgeber weiterbeschäftigt.

Hier ist wie folgt zu differenzieren:

- **Bei einer einvernehmlichen Weiterbeschäftigung während des Kündigungsschutzverfahrens bleibt das Arbeitsverhältnis in Vollzug und kann nur mit Wirkung für die Zukunft aufgelöst werden.**

- Gleiches gilt bei einer erzwungenen Weiterbeschäftigung auf der Grundlage des § 102 Abs. 5 BetrVG, wenn also der Betriebsrat der ordentlichen Kündigung frist- und ordnungsgemäß widersprochen, der Arbeitnehmer Kündigungsschutzklage erhoben und Weiterbeschäftigung verlangt hat.
- Beschäftigt der Arbeitgeber den Arbeitnehmer nur aufgrund des allgemeinen Weiterbeschäftigungsanspruchs (s. → Rz. 4702, 4678) weiter, ist eine rückwirkende Aufhebung möglich (streitig).

Zur **schlichten Rückdatierung** in betrügerischer Absicht, die den Aufhebungsvertrag möglicherweise nichtig macht, s. → Rz. 4046.

IV. Zustandekommen des Aufhebungsvertrages

4013 Über eine einvernehmliche Aufhebung des Arbeitsverhältnisses müssen sich die Parteien einigen – und zwar unter Geltung des § 623 BGB schriftlich. Sie kann also nicht einseitig angeordnet oder erzwungen werden. Erforderlich ist eine Willensübereinstimmung.

1. Angebot und Annahme

4014 Wie jeder Vertrag kommt auch der Aufhebungsvertrag durch zwei übereinstimmende Willenserklärungen zustande. Diese bezeichnet man als **Angebot** und **Annahme**. Voraussetzung für das Zustandekommen des Aufhebungsvertrages ist dabei der **beiderseitige rechtsgeschäftliche Wille**, das **Arbeitsverhältnis** sofort oder später **zu beenden**. Wichtig ist dabei für den »Normalfall« die Beachtung der Schriftform (§ 623 BGB). Wenig Probleme bereitet der **ausdrückliche Abschluss** eines Aufhebungsvertrages.

BEISPIEL:
Arbeitgeber und Arbeitnehmer unterschreiben auf derselben Urkunde eine Vereinbarung mit dem Inhalt, dass das Arbeitsverhältnis der Parteien mit sofortiger Wirkung gegen Zahlung einer Abfindung von 10.000 EUR aufgehoben wird.

2. Stillschweigender Vertragsschluss

4015 Nicht so eindeutig ist die Rechtslage, wenn die Parteien nur eine mündliche Übereinkunft erzielen, ohne dass ausdrücklich das Wort »Aufhebungsvertrag« gebraucht wird. Hier kam und kommt – für bestimmte Personengruppen – ein Vertragsschluss durch so genanntes »**schlüssiges Verhalten**« in Betracht.

Die folgenden Ausführungen sind aufgrund des neuen § 623 BGB allerdings nur noch für Altfälle (vor dem 01.05.2000) und für Organpersonen wie etwa Vorstände einer AG oder Geschäftsführer einer GmbH bedeutsam. Aufgrund der längeren Dauer mancher Rechtsstreite werden die Fälle des schlüssigen Verhaltens kurz dargestellt.

Von besonderem Interesse ist, wann von einem stillschweigenden bzw. konkludenten Abschluss eines Aufhebungsvertrages auszugehen ist. Da der Arbeitnehmer auf den gesamten Kündigungsschutz verzichtet und auch mit sozialrechtlichen Folgewirkungen rechnen muss, legt das BAG insoweit einen **strengen Maßstab** an.

Erforderlich sind eindeutige Beendigungserklärungen *(LAG Sachsen-Anhalt 09.03.1995, BB 1995, 1691)*. Es müssen **besondere Umstände** vorliegen, aus denen auf das Einverständnis des Arbeitnehmers mit einem entsprechenden Aufhebungsvertragsangebot geschlossen werden kann.

- Der Arbeitnehmer verlangt im Anschluss an ein entsprechendes Angebot seine Arbeitspapiere heraus.
- Der Arbeitnehmer erklärt im Anschluss an eine Kündigung, dass er diese »annimmt« und verlangt die Aushändigung der Arbeitspapiere oder eines Zeugnisses.
- Der Arbeitnehmer macht Urlaubsabgeltungsansprüche (s. → Rz. 2901) geltend, nachdem ihm der Arbeitgeber die Aufhebung des Arbeitsverhältnisses angetragen hat.

Entscheidend für die Frage, wann von einem **stillschweigenden Abschluss** eines Aufhebungsvertrages ausgegangen werden kann, sind die Umstände des Einzelfalles. Es kommt letztlich darauf an, wie der Erklärungsempfänger das Verhalten der erklärenden Partei unter Berücksichtigung der gegebenen Umstände verstehen musste und durfte *(s. LAG Sachsen-Anhalt 09.03.1995, BB 1995, 1691)*.

Ein wichtiges gegen den Abschluss eines Aufhebungsvertrages sprechendes Indiz ist die **Rechtshängigkeit einer Kündigungsschutzklage**. Will der Arbeitnehmer also einerseits den Fortbestand des Arbeitsverhältnisses festgestellt wissen, kann nicht andererseits davon ausgegangen werden, dass er durch eine Aufhebung des Arbeitsverhältnisses seiner Kündigungsschutzklage »den Boden unter den Füßen wegzieht«.

4016

Auch wenn der Arbeitnehmer während des Kündigungsschutzprozesses unter Weiterverfolgung seines Klagebegehrens ein neues Arbeitsverhältnis eingeht, liegt hierin kein Aufhebungsvertragsangebot. Sein Verhalten wird hier letztlich dazu dienen, dem Arbeitgeber den Einwand des böswilligen Unterlassens anderweitigen Erwerbs abzuschneiden.

Ein **stillschweigender Vertragsschluss** liegt auch in folgenden Fällen vor:

4017

- Der Arbeitnehmer bittet, vor Ablauf der Kündigungsfrist ausscheiden zu dürfen, da er eine neue Stelle gefunden habe. Der Arbeitgeber erklärt, er wolle dem Arbeitnehmer »keine Steine in den Weg legen«.
- Der Arbeitgeber kündigt dem Arbeitnehmer und bietet ihm gleichzeitig eine Abfindung von 10.000 EUR an. Der Arbeitnehmer lässt sich die Abfindung auszahlen und sucht sich einen neuen Arbeitsplatz.
- Nach Vorhaltungen des Arbeitgebers erklärt der Arbeitnehmer, er wolle gehen. Der Arbeitgeber sagt, er könne sofort gehen. Daraufhin verlässt der Arbeitnehmer seinen Arbeitsplatz.

Ein stillschweigender Vertragsschluss ist in folgenden Fällen **zu verneinen**:

- Der Arbeitnehmer bleibt unentschuldigt von der Arbeit fern und reagiert auf Nachfragen nicht.
- Der Arbeitgeber meldet den Arbeitnehmer bei der Krankenkasse ab.
- Der Arbeitnehmer verlangt die Abgeltung seines Jahresurlaubs. Der Arbeitgeber reagiert nicht.

- Der Arbeitnehmer verlangt ein Zwischenzeugnis. Der Arbeitgeber kommt dem nach, erklärt aber, der Arbeitnehmer könne dann gleich gehen. Dieser bleibt bei seinem Wunsch.
- Der Arbeitnehmer teilt dem Arbeitgeber mit, er habe keine Lust mehr. Dieser spricht daraufhin die fristlose Kündigung aus (BAG 04.02.1993, EzA § 20 SchwbG 1986 Nr. 1).

a) Sonderproblem: Kündigungsverlangen des Arbeitnehmers

4018 Verlangt der Arbeitnehmer **wiederholt** vom Arbeitgeber die Kündigung und kommt dieser der Bitte nach, so endet das Arbeitsverhältnis durch Aufhebungsvertrag mit dem Ablauf der ordentlichen Kündigungsfrist (beachte auch insoweit das Schriftformerfordernis des § 623 BGB); hier sind aber **Besonderheiten** zu beachten, wie der nachfolgende Fall deutlich macht.

BEISPIEL:

Zwischen Arbeitgeber A und Arbeitnehmer B ist es wiederholt zu Meinungsverschiedenheiten über dessen Arbeitsweise und Verhalten am Arbeitsplatz gekommen. In diesem Zusammenhang hat der B dem A mehrfach erklärt, wenn diesem seine Arbeitsweise nicht passe, könne er ihm ja kündigen. Dies sei ihm auch recht, da er ohnehin kein Interesse mehr habe, für den A tätig zu sein. Nur weil er sonst kein Arbeitslosengeld erhalte, werde er nicht selber kündigen. Nachdem B dies noch mehrfach wiederholt hat, kündigt der A das Arbeitsverhältnis schriftlich ordentlich.

Gibt der Arbeitgeber wie im Beispielsfall dem **ernsthaften und wiederholt geäußerten Kündigungsverlangen** des Arbeitnehmers nach, so handelt es sich bei Ausspruch der begehrten »Kündigung« nicht mehr um eine einseitige Willenserklärung des Arbeitgebers. Damit ist das ursprüngliche Kündigungsverlangen als ein Angebot auf Abschluss eines Aufhebungsvertrages, die Kündigungserklärung als die Annahme des Angebots zu werten. Falls dabei nicht ein gegenteiliger Wille der Parteien explizit zum Ausdruck kommt, ist für die Frage des **Beendigungszeitpunkts** auf den Ablauf der ordentlichen Kündigungsfrist abzustellen. Für den Arbeitnehmer hat dies die einschneidende Konsequenz, dass er seinen allgemeinen oder gegebenenfalls auch besonderen **Kündigungsschutz verliert**. Auch drohen sozialrechtliche und – bei Abfindungszahlung – steuerrechtliche Nachteile!

4019 Anders ist die Situation, wenn der Arbeitnehmer **nur einmal**, etwa aus Verärgerung oder Zorn, seinen Beendigungswunsch äußert. Hier kann regelmäßig nicht ernsthaft von einem – konkludenten – Angebot auf Abschluss eines Aufhebungsvertrages ausgegangen werden. Eine dennoch erklärte Annahme des vermeintlichen Angebots seitens des Arbeitgebers ist als **neues Angebot** zu werten.

b) Sonderproblem: Kündigung beider Parteien

4020 **Kündigen beide Parteien (nach § 623 BGB nunmehr schriftlich)**, so liegt darin nicht ohne weiteres ein Aufhebungsvertrag zu dem Zeitpunkt, zu dem sich die Beendigungs- bzw. Änderungswirkungen beider Kündigungen decken. Dies gilt schon deshalb, weil es an zwei mit Bezug aufeinander abgegebenen Willenserklärungen fehlt. Zudem ist die Kündigung eine einseitige Gestaltungserklärung, die gerade nicht auf eine vertragliche Einigung gerichtet ist.

c) Sonderproblem: Schweigen auf Vertragsangebot

In dem bloßen **Schweigen auf das Angebot, einen Aufhebungsvertrag abzuschließen**, oder der **Entgegennahme einer Kündigung** liegt keine Annahmeerklärung des Arbeitnehmers. Schweigen stellt grundsätzlich keine Willenserklärung dar.

4021

> **BEISPIEL:**
> Erklärt der Arbeitgeber mündlich oder schriftlich gegenüber dem Arbeitnehmer, er wolle das Arbeitsverhältnis einvernehmlich beenden, so kann das Schweigen des Arbeitnehmers daraufhin keinesfalls als Zustimmung gewertet werden.

Nicht verwechselt werden darf dieses bloße Schweigen mit einer stillschweigenden Willenserklärung (s. → Rz. 4015). Wer sich auf die Beendigungswirkung berufen will, muss dabei beweisen, dass nicht nur ein bloßes Schweigen, sondern eine konkludentes Erklärung vorliegt.

3. Umdeutung von Kündigungen

Sprechen Arbeitgeber oder Arbeitnehmer eine jetzt zwingend schriftliche (§ 623 BGB) Kündigung aus, so kann in dieser unter bestimmten Voraussetzungen ein Angebot auf Abschluss eines Aufhebungsvertrages gesehen werden. Man spricht hier von »**Umdeutung**«. Es wird also davon ausgegangen, dass die Kündigung, die grundsätzlich einseitig wirkt, ein (natürlich ihrerseits annahmebedürftiges) Angebot beinhaltet.

4022

a) Umdeutung einer Kündigung in ein Aufhebungsvertragsangebot

Unter bestimmten Voraussetzungen kann eine ordentliche oder außerordentliche Kündigung in das Angebot auf Abschluss eines Aufhebungsvertrages umgedeutet werden (zur Umdeutung einer – unwirksamen – fristlosen Eigenkündigung des Arbeitnehmers s. *LAG Düsseldorf 24.11.1995, LAGE § 140 BGB Nr. 12*). Grundsätzlich kommt dies in Betracht, wenn es dem **mutmaßlichen Willen** des Kündigenden entspricht, auch bei Fehlen eines wichtigen Grundes gleichwohl unter allen Umständen das Arbeitsverhältnis sofort zu beenden und dieser Wille dem Gekündigten erkennbar ist *(BAG 04.02.1993, EzA § 20 SchwbG 1986 Nr. 1)*.

4023

> **BEISPIEL:**
> Der Arbeitgeber kündigt dem Arbeitnehmer schriftlich wegen des Verdachts einer Straftat. In der Kündigungserklärung bringt er zum Ausdruck, dass er sich unabhängig von der Bestätigung des Verdachts im konkreten Fall wegen verschiedener anderer Vorkommnisse auf jeden Fall von dem Arbeitnehmer trennen möchte. Auch sei die Vertrauensbasis aus seiner Sicht zerstört.
>
> Hier ist hinreichend klar erkennbar, dass der Arbeitgeber das Arbeitsverhältnis jedenfalls lösen möchte.

Unter Geltung des Schriftformerfordernisses des § 623 BGB hat sich die Frage der **Umdeutung** weiter verschärft. So hat etwa das ArbG Nürnberg *(05.06.2001, 12 Ca 2734/01)* darauf erkannt, eine von der Arbeitnehmerin mündlich ausgesprochene fristlose Kündigung sei auch dann nicht geeignet, das Arbeitsverhältnis zu beenden, wenn sie mit dem zweifachen, gegenüber dem Arbeitgeber ausgesprochenen Zitat von Götz von Berlichingen verbunden sei. Auch in diesem Fall könne sich die Arbeitnehmerin auf ein wegen der Schwangerschaft bestehendes Kündigungsverbot berufen.

Bei einer befristeten (ordentlichen) Kündigung kommt selbstverständlich nur eine Umdeutung zum Zeitpunkt des vom Kündigenden angestrebten Kündigungstermins (Auslaufen der ordentlichen Kündigungsfrist) in Betracht.

Tipp: Um auslegungsbedingte Unklarheiten zu vermeiden, kann es aus der Sicht des Kündigenden empfehlenswert sein, schon in der Kündigung auf ein **Einverständnis mit einer einvernehmlichen Beendigung** hinzuweisen.

b) Annahme einer umgedeuteten Kündigung

4024 Kann eine schriftliche außerordentliche oder ordentliche Kündigung in ein Angebot auf Abschluss eines Aufhebungsvertrages umgedeutet werden, kommt es nur dann zum Abschluss eines Aufhebungsvertrages, wenn der Kündigungsempfänger die Kündigung ebenfalls schriftlich in dem Bewusstsein akzeptiert, eine rechtsgeschäftliche Willenserklärung abzugeben. Dies setzt voraus, dass die **Unwirksamkeit der Kündigung** vom Empfänger **erkannt** worden ist und entsprechend dem mutmaßlichen Willen des Kündigenden der vertraglichen Aufhebung zugestimmt wird. Es reicht keinesfalls aus, dass der Kündigungsempfänger nur die Kündigung entgegennimmt, also eine bloße **Empfangsbestätigung** vorliegt. Auch muss beachtet werden, dass ein durch Umdeutung einer mündlichen Erklärung (beachte jetzt § 623 BGB) gewonnenes Angebot grundsätzlich nur sofort angenommen werden kann (s. → Rz. 4025 ff.). **Bei nunmehr zwingend vorgeschriebenen schriftlichen Erklärungen gilt die normale Übermittlungsfrist (Rz. → 4026).**

BEISPIEL:

Der Arbeitgeber kündigt dem Arbeitnehmer ordentlich oder außerordentlich und bringt dabei im Kündigungsschreiben zum Ausdruck, dass er notfalls auch mit einer einvernehmlichen Beendigung des Arbeitsverhältnisses einverstanden ist. Der Arbeitnehmer erklärt, er »akzeptiere« die Kündigung.

Die Erklärung des Arbeitnehmers ist hier nicht ohne weiteres ausreichend, um die Annahme des in der Kündigungserklärung zum Ausdruck kommenden Vertragsangebots zu unterstellen. Hierfür hätte deutlich werden müssen, dass der Arbeitnehmer sich über mögliche sozialrechtliche Folgen eines Aufhebungsvertrages im klaren gewesen ist und diese in Kauf nehmen wollte.

4. Annahmefristen

4025 Selbstverständlich kann der Empfänger eines Angebots auf einvernehmliche Aufhebung des Arbeitsverhältnisses die andere Partei nicht beliebig lange »schmoren lassen«. Vielmehr muss er **binnen bestimmter Zeit reagieren**, damit die erforderliche Rechtssicherheit gewahrt ist. Die **Überlegungszeit**, die dem Empfänger zugebilligt wird, heißt »Annahmefrist«. Wird diese versäumt, kommt der Vertrag zunächst nicht zustande.

a) Allgemeines

Das – früher vor Inkrafttreten des § 623 BGB noch häufiger – **gesprächsweise gemachte Angebot** auf Abschluss eines Aufhebungsvertrages (heute nicht mehr möglich, § 623 BGB) kann grundsätzlich nur sofort angenommen werden *(LAG Sachsen-Anhalt 09.03.1995, BB 1995, 1691)*. Dies ist gerade für den Nichtjuristen häufig überraschend, muss aber unbedingt beachtet werden.

4026

Etwas anderes gilt lediglich dann, wenn der Antragende eine **Annahmefrist** bestimmt, er also der anderen Partei einen bestimmten Überlegungszeitraum zugebilligt hat – auch dies ist heute typischerweise nur noch schriftlich möglich. Hier kann das Angebot bis zum Ablauf der bestimmten Frist angenommen werden.

Bei dem nur noch ausnahmsweise möglichen mündlichen Angebot hängt viel von den Umständen des Falles ab. Grundsätzlich bestimmt sich die **Länge der Annahmefrist** danach, wie der Antragende sich hinsichtlich des Angebots verhält. Ergeben sich aus dem Gesprächs- und Verhandlungsverlauf für eine vom Antragenden geforderte eilige Annahme keine Hinweise, so ist ein sich aus den regelmäßigen Umständen ergebender Zeitrahmen, wie etwa eine angemessene Überlegungsfrist unter Einschluss einer rechtlichen Beratung, zugrunde zu legen *(LAG Berlin 25.07.1996, NZA-RR 1999, 355)*.

Geht Arbeitgeber oder Arbeitnehmer ein **schriftliches Angebot** zu, steht ihm für die Annahme eine **angemessene Überlegungsfrist** zu. Deren Länge richtet sich zunächst nach einer etwaigen Zeitbestimmung des Antragenden (s. oben), ansonsten nach den Umständen des Einzelfalles. Zu berücksichtigen sind hier neben der eigentlichen Überlegungszeit, deren Länge je nach Regelungsgehalt des Aufhebungsvertrages wohl mit mindestens 3 Tagen anzusetzen ist, auch etwaige Postlaufzeiten.

Kommt es nach diesen Vorgaben zu einer **verspäteten Annahme**, bleibt diese nicht folgenlos. Sie **gilt – natürlich nur, wenn die Formvorschrift des § 623 BGB beachtet wird – als neues Angebot**, das der ursprünglich Anbietende annehmen kann. Dieselbe Rechtsfolge ergibt sich, wenn eine Annahme unter Erweiterungen, Einschränkungen oder sonstigen Änderungen erfolgt (auch hier ist sicherheitshalber die Schriftform zu beachten). Erklärt etwa der Arbeitnehmer auf ein entsprechendes Angebot des Arbeitgebers hin, er scheide nur bei Zahlung einer Abfindung von 20.000 EUR, nicht aber bei einer solchen von 10.000 EUR aus, so liegt hierin ein neues Angebot. Es wird nicht etwa in der Form gesplittet, dass das Arbeitsverhältnis jedenfalls endet und nur noch die Höhe der Abfindung ausgehandelt werden muss.

Um Unklarheiten zu vermeiden, sollte schon im sinnvoller Weise schriftlichen Angebot eine **Fristbestimmung** getroffen werden.

b) Überlegungs- und Widerrufsvorbehalt

Ein gesetzlich ausgestaltetes, allgemeines **Widerrufsrecht**, also das Recht, die Rechtsfolgen des Aufhebungsvertrages durch eine Erklärung wieder rückgängig zu machen, besteht grundsätzlich nicht (beachte aber § 126 Abs. 1 BGB, dass sich durch das sog. Schuldrechtsmodernisierungsgesetz möglicherweise Änderungen ergeben; Einzelheiten können hier noch nicht dargestellt werden). Gelegentlich sehen Tarifverträge jedoch ein Wider-

4027

rufsrecht des Arbeitnehmers vor, dessen Anwendung aber die Tarifgebundenheit beider am Aufhebungsvertrag beteiligten Parteien voraussetzt. Die Tarifgebundenheit besteht, wenn

- die Arbeitsvertragsparteien Mitglied des tarifschließenden Verbandes sind,
- der Tarifvertrag im Arbeitsvertrag in Bezug genommen wird oder
- der Tarifvertrag für allgemeinverbindlich erklärt worden ist.

Findet der Tarifvertrag Anwendung, ist trotzdem Vorsicht geboten. Das **Widerrufsrecht** ist oftmals **verzichtbar** ausgestaltet. So hieß es beispielsweise in § 10 Abs. 9 des Manteltarifvertrages für den Einzelhandel in Nordrhein-Westfalen vom 06.07.1989: »*Auflösungsverträge bedürfen der Schriftform. Jede der Parteien kann eine Bedenkzeit von drei Werktagen in Anspruch nehmen. Ein Verzicht hierauf muss schriftlich erklärt werden.*«

Dabei kann die **Verzichtserklärung** mangels anderer sachlicher Voraussetzungen **zusammen mit der Auflösung** des Arbeitsverhältnisses **in einer Vertragsurkunde** niedergelegt werden. Es ist nicht etwa eine gesonderte Erklärung nötig *(s. zuletzt BAG 30.09.1993, EzA § 611 BGB Aufhebungsvertrag Nr. 9)*. Anders kann jedoch selbstverständlich vereinbart werden. Eine solche Vereinbarung liegt aber nicht schon darin, dass in dem Aufhebungsvertragsmuster 2 Alternativen (Inanspruchnahme der Bedenkzeit oder nicht) aufgeführt sind, von denen eine zu streichen ist. Heißt es hier in der Erläuterung »Nichtzutreffendes bitte streichen und von beiden Parteien abzeichnen«, so bedarf es nur einer **Unterschrift der Vertragsparteien am Ende des Vertragstextes**, nicht aber einer gesonderten Unterschrift, es sei denn, es ist bei der zu streichenden Klausel Raum für eine gesonderte Unterschrift gelassen. Wenn nicht anderes bestimmt ist, hängt die Ausübung des Widerrufsrechts nicht von **sachlichen Voraussetzungen** ab.

BEISPIEL:

In dem für allgemeinverbindlich erklärten Manteltarifvertrag ist folgende Klausel enthalten: »Auflösungsverträge bedürfen der Schriftform. Jede der Parteien kann bis spätestens zum Ende des folgenden Arbeitstages widerrufen«. Arbeitnehmer A soll aus verhaltensbedingten Gründen von Arbeitgeber B gekündigt werden. Statt dessen schließen die Parteien am Freitag einen Aufhebungsvertrag ab. In diesem ist auch eine Ausgleichsklausel enthalten (s. → Rz. 4801 ff.). Am Montag nach Abschluss des Vertrages widerruft A diesen.

Im Ausgangsfall (ArbG Nürnberg 06.08.1993, EzA § 611 BGB Aufhebungsvertrag Nr. 12) ist der Aufhebungsvertrag unwirksam geworden, weil A sein Widerrufsrecht wirksam ausgeübt hat. Der Widerruf war nach dem Tarifwortlaut nicht an Voraussetzungen gekoppelt Auch die Ausgleichsklausel hindert die Ausübung des Widerrufsrechts nicht, denn ein Verzicht auf tarifliche Rechte ist nur mit Zustimmung der Tarifparteien möglich (§ 4 TVG). In gleicher Weise bedarf es für den **Verzicht auf ein Widerrufsrecht** keiner sachlichen Gründe (BAG 30.09.1993, EzA § 611 BGB Aufhebungsvertrag Nr. 13).

4028 Ob dem Arbeitnehmer über die tarifvertraglich geregelten Fälle hinaus ein Widerrufsrecht zusteht, war lange Zeit unsicher. Nach einer in der **Rechtsprechung teilweise vertretenen Ansicht** *(s. etwa LAG Hamburg 03.07.1991, LAGE § 611 BGB Aufhebungsvertrag*

Nr. 9) sollte dem Arbeitnehmer ein Widerrufsrecht auch dann zustehen, wenn dieser völlig unvorbereitet durch den Arbeitgeber zum Abschluss eines Aufhebungsvertrages veranlasst worden ist (**sog. Überrumpelungsfälle**).

Das **BAG** ist hier jedoch gänzlich anderer Auffassung. Es geht davon aus, dass es **ohne entsprechende Vereinbarung** auch **kein Widerrufs- oder Rücktrittsrecht** gibt, und zwar insbesondere auch dann, wenn dem Arbeitnehmer das Thema des beabsichtigten Gesprächs vorher nicht mitgeteilt wird *(30.09.1993, EzA § 611 BGB Aufhebungsvertrag Nr. 13)*. Auch aus § 242 BGB kann der Arbeitnehmer hier regelmäßig nichts herleiten. Das BAG **lehnt** eine entsprechende Rechtsfortbildung in Richtung auf ein **ungeschriebenes Widerrufs- oder Rücktrittsrecht ab** *(14.02.1996, EzA § 611 BGB Aufhebungsvertrag Nr. 21; s. auch LAG Köln 13.11.1998, NZA-RR 1999, 232)*.

Zur **Anfechtung des Aufhebungsvertrages** wegen des Erzwingens einer überstürzten Entscheidung s. → Rz. 4059, zur Inhaltskontrolle wegen struktureller Ungleichheit der Vertragspartner s. → Rz. 4049. Zum Widerruf eines Prozessvergleichs s. etwa *LAG Köln 31.07.1996, NZA-RR 1997, 105*.

Selbstverständlich steht es den Parteien grundsätzlich frei, ein Widerrufsrecht binnen einer bestimmten Frist in den Aufhebungsvertrag mit aufzunehmen.

Regelmäßig ist die Gewährung einer ausreichenden **Bedenkzeit nur empfehlenswert**, da ansonsten eine auf Zeitdruck gestützte Anfechtung des Aufhebungsvertrages, zumindest aber ein Folgekonflikt droht. Durch eine Bedenkzeit wird also letztlich die Position des Arbeitgebers in einem späteren Streitfall nicht unerheblich gestärkt. I.Ü. bleibt abzuwarten, ob die neue Bundesregierung die schon lange diskutierte gesetzlich verankerte Widerrufsmöglichkeit bei Aufhebungsverträgen nunmehr Realität werden lässt. Dies ist derzeit noch nicht erkennbar.

Prozesstaktisch kann es hilfreich sein, die Formulierung in den Aufhebungsvertrag aufzunehmen, dass die Initiative zu dessen Abschluss von beiden Seiten (»auf beiderseitigen Wunsch«) ausgegangen ist. Allerdings sind bei einer solchen Formulierung auch die sozialrechtlichen Folgewirkungen zu beachten (→ Rz. 4125 ff.). Hier spielt die arbeitgeberseitige Veranlassung häufig eine entscheidende Rolle, wenn es um die Vermeidung von Sperr- und Ruhenszeiten geht. Es gilt also aus Sicht des Arbeitnehmers: **Keine unnötige Rechthaberei!**

5. Schriftformerfordernis

Der Aufhebungsvertrag bedarf seit dem 01.05.2000 für seine Wirksamkeit grundsätzlich der Einhaltung der Schriftform; ansonsten tritt keine Beendigungswirkung ein. Es handelt sich um ein **konstitutives Schriftformerfordernis, d.h. bei Nichtbeachtung der Form ist der Vertrag unwirksam.**

4029

Kernfrage ist, was die Parteien tun müssen, um dem Schriftformerfordernis Rechnung zu tragen. Einschlägig ist hier § 126 BGB, der folgende Kernaussagen beinhaltet: Ist durch Gesetz schriftliche Form vorgeschrieben, so muss die Urkunde von dem Aussteller **eigen-**

händig durch **Namensunterschrift** oder mittels notariell beglaubigten Handzeichens unterzeichnet werden (§ 126 Abs. 1 BGB). Nicht ausreichend ist also eine reine **Paraphe** oder ein **maschineller Namenszug**. Auch **elektronische Signaturen** sind einstweilen noch nicht ausreichend. Gleiches gilt für Telegramme. Ausreichend ist aber ein gerichtlich protokollierter Vergleich (§ 127 a BGB). Bei einem Vertrage (insbesondere also dem **Aufhebungsvertrag**) muss die **Unterzeichnung der Parteien auf derselben Urkunde** erfolgen. Werden über den Vertrag mehrere **gleichlautende Urkunden** aufgenommen, so genügt es, wenn jede Partei die für die andere Partei bestimmte Urkunde unterzeichnet (§ 126 Abs. 2 BGB). Die Namensunterschrift muss dabei den gesamten Erklärungsinhalt abdecken, typischerweise also am Ende des Textes stehen. Werden Urkunden in Bezug genommen, so sollten sie mit dem unterschriebenen Haupttext fest verbunden werden. Nicht ausreichend ist also ein bloßer **Briefwechsel** oder ein nachträgliches **Bestätigungsschreiben**.

Selbstverständlich wird die gesetzliche Schriftform durch die **notarielle Beurkundung** ersetzt (§ 126 Abs. 3 BGB). Vorsicht gilt i.Ü. auch bei nur **vereinbarten Schriftformerfordernissen:** Die Vorschriften des § 126 gelten nach § 127 BGB im Zweifel auch für die durch Rechtsgeschäft bestimmte schriftliche Form. Zur Wahrung der Form genügt jedoch, soweit nicht ein anderer Wille anzunehmen ist, telegraphische Übermittlung und bei einem Vertrage Briefwechsel; wird eine solche Form gewählt, so kann nachträglich eine dem § 126 entsprechende Beurkundung verlangt werden (Einzelheiten s. unten).

Die Folgen der Nichtbeachtung des Schriftformerfordernisses sind gravierend: Einschlägig ist hier § 125 BGB: Ein Rechtsgeschäft (dies kann auch ein einseitiges wie etwa die **Kündigung** sein), das der durch Gesetz vorgeschriebenen Form ermangelt, ist **nichtig**. Es handelt sich bei der Missachtung des Schriftformerfordernisses um einen sonstigen Unwirksamkeitsgrund i.S.d. § 13 KSchG. Der Formmangel bei einer Kündigung kann also auch **außerhalb der 3-Wochen-Frist** des § 4 KSchG bzw. des § 18 TzBfG/§ 1 Abs. 5 BeschFG geltend gemacht werden. Auch **formwidrige Aufhebungsverträge** sind selbstverständlich unwirksam; das Arbeitsverhältnis besteht also fort. Bereits ausgetauschte Leistungen sind rückabzuwickeln.

Eine Schriftformklausel konnte bereits vor Inkrafttreten des § 623 BGB tarifvertraglich oder einzelvertraglich vereinbart worden sein. Hier galt: War **nur** für eine Kündigung die Schriftform vorgesehen, so galt dies für den Aufhebungsvertrag nicht. Ebenso lag der Fall bei einer **tarifvertraglichen Schriftformklausel für Ausgleichsquittungen**. Da es sich beim Aufhebungsvertrag um ein anderes Rechtsinstitut handelt, wird er von dieser Regelung nicht erfasst *(BAG 24.01.1984, EzA § 4 TVG Einzelhandel Nr. 2)*.

War hingegen generell für die Begründung und Aufhebung des Arbeitsverhältnisses ein Schriftformerfordernis vereinbart worden, musste auch der Aufhebungsvertrag schriftlich geschlossen werden. Bei **tariflich vorgeschriebener Schriftform** war ein nur mündlich geschlossener Aufhebungsvertrag im Zweifel unwirksam, es sei denn, die Schriftform sollte nur Beweiszwecken dienen. Regelmäßig war aber die Einhaltung der Schriftform Wirksamkeitsvoraussetzung. Ein **individualvertraglich vereinbartes Schriftformerfordernis** konnte von den Parteien stillschweigend und formlos wieder aufgehoben werden. Dies war in der Regel schon der Fall, wenn zwischen den Parteien mündlich die Auflösung des Arbeitsverhältnisses vereinbart wurde.

Allein aus **Beweisgründen** und um Unklarheiten zu vermeiden empfahl es sich bereits vor dem 01.05.2000, unabhängig von einer bestehenden Pflicht, den Aufhebungsvertrag mit allen Regelungspunkten schriftlich niederzulegen, denn die **Beweislast** für die einvernehmliche Beendigung des Arbeitsverhältnisses trägt die Partei, die sich hierauf beruft *(LAG Sachsen-Anhalt 09.03.1995, BB 1995, 1691).*

Hinzuweisen ist i.Ü. auf § 154 Abs. 2 BGB: Bei **Vereinbarung einer Beurkundung** ist im Zweifel anzunehmen, dass keine vertragliche Bindung entsteht, solange die Beurkundung nicht erfolgt ist *(BAG 16.01.1997, EzA § 154 BGB Nr. 2; LAG Köln 14.02.1997, LAGE § 154 BGB Nr. 2).* Dies konnte sich zu Lasten des Arbeitgebers auswirken, da mündliche Abreden hier nicht ohne weiteres zur einvernehmlichen Beendigung führen.

6. Aufklärungs- und Hinweispflichten des Arbeitgebers

Nicht einheitlich wird die Frage nach dem Bestehen von **Aufklärungspflichten** des Arbeitgebers gegenüber dem Arbeitnehmer beurteilt im Hinblick auf

- den Verlust des Sonderkündigungsschutzes
- den Verlust von betrieblichen Versorgungsanwartschaften
- sozial und steuerrechtliche Nachteile.

Im Grundsatz ist es **Sache jeder Vertragspartei, sich rechtzeitig über die Auswirkungen des Rechtsgeschäfts zu informieren.** Der Arbeitnehmer muss sich also über die rechtlichen Folgen seines Handelns selbst Klarheit verschaffen, wenn er von diesen die Beendigung des Arbeitsverhältnisses abhängig machen will und darf sich nicht blindlings auf den Arbeitgeber verlassen *(s. nur LAG Düsseldorf 10.07.2001, 8 Sa 515/01).* Im **Einzelfall** kann jedoch der Arbeitgeber verpflichtet sein, den Arbeitnehmer auf für diesen nachteilige Folgen hinzuweisen. Dabei sind die Interessen der Beteiligten gegeneinander abzuwägen *(s. etwa BAG 13.11.1996, EzA § 112 BetrVG 1972 Nr. 90).* Es gilt das **Prinzip der Sachnähe:** Je näher der Arbeitnehmer der Angelegenheit selbst steht, desto eher ist eine Hinweispflicht zu verneinen und umgekehrt. Entscheidend sind auch die Umstände des Vertragsschlusses. Betreibt der Arbeitgeber die Auflösung des Arbeitsverhältnisses in seinem Interesse und unter für den Arbeitnehmer nachteiligen Umständen (etwa Verkürzung der Kündigungsfrist), ist eine Hinweispflicht tendenziell zu bejahen. Wünscht andererseits der Arbeitnehmer die Auflösung aus persönlichen Gründen, so ist eine Hinweispflicht tendenziell zu verneinen *(LAG Hamburg 20.08.1992, LAGE § 611 BGB Aufhebungsvertrag Nr. 9 mit Anm. Welslau).* Dies gilt natürlich erst recht bei einer Eigenkündigung des Arbeitnehmers.

Schon an dieser Stelle muss aber darauf hingewiesen werden: Eine **schuldhaft falsche Auskunft** verpflichtet den Arbeitgeber zum Schadensersatz! Hier ist äußerste Vorsicht geboten. Der Arbeitgeber muss eine ggf. an ihn gerichtete Frage zutreffend beantworten oder den Arbeitnehmer an die zuständigen Stellen verweisen. Im Zweifel ist der Verweis vorzuziehen! Ob im Rahmen der Verhandlungen die **Grundsätze des Verschuldens bei Vertragsschluss** Anwendung finden, ist umstritten *(LAG Köln 07.02.1996, BB 1996, 1615)*.

a) Aufklärung über Verlust von Sonderkündigungsschutz

4031 Nach § 9 Abs. 1 MuSchG ist jede **Kündigung** einer Frau **während der Schwangerschaft** und bis zum Ablauf von 4 Monaten nach der Entbindung unzulässig, wenn dem Arbeitgeber zur Zeit der Kündigung die Schwangerschaft oder Entbindung bekannt war oder innerhalb von 2 Wochen nach Zugang der Kündigung mitgeteilt wird. Eine vergleichbare Rechtslage besteht bei **schwerbehinderten Menschen**. Nach § 85 SGB IX (des früheren § 15 SchwbG) und § 91 SGB IX (des früheren § 21 SchwbG) bedarf die ordentliche bzw. die außerordentliche Kündigung eines schwerbehinderten Menschen für ihre Wirksamkeit der vorherigen Zustimmung des Integrationsamts (der früheren Hauptfürsorgestelle). Grundsätzlich ist es nicht erforderlich, eine werdende Mutter oder einen schwerbehinderten Menschen vor Abschluss eines Aufhebungsvertrages auf den Verlust dieses zwingenden Kündigungsschutzes hinzuweisen. Dies kann nur anders sein, **wenn der Arbeitnehmer sich erkennbar in einem Irrtum befindet,** er etwa annimmt, er könne trotz Aufhebungsvertrag seinen Sonderkündigungsschutz gerichtlich geltend machen.

b) Aufklärung über nachteilige Folgen bei der betrieblichen Altersversorgung

4032 Grundsätzlich muss sich der Arbeitnehmer vor Abschluss eines Aufhebungsvertrages selbst Klarheit über die rechtlichen Folgen dieses Schrittes verschaffen. Dies gilt auch für den hierdurch bedingten Verlust einer Versorgungsanwartschaft *(LAG Düsseldorf 10.07.2001, 8 Sa 515/01)*. Das BAG hat allerdings betreffend öffentlicher Arbeitgeber (Bund, Länder und Gemeinden) darauf erkannt, dass diese den Arbeitnehmer auf drohende **Versorgungsschäden** aufmerksam zu machen haben. Diese Rechtsprechung ist auch auf private Arbeitgeber zu übertragen. Danach gilt Folgendes:

Eine Belehrung über den drohenden Verlust einer Versorgungsanwartschaft kommt in Betracht, wenn der Arbeitnehmer aufgrund besonderer Umstände darauf vertrauen darf, der Arbeitgeber werde bei der vorzeitigen Beendigung des Arbeitsverhältnisses seine Interessen wahren und ihn redlicherweise vor unbedachten nachteiligen Folgen des Ausscheidens bei der Versorgung, bewahren *(noch weitergehend anscheinend jetzt BAG 17.10.2000, 3 AZR 605/99)*.

> **BEISPIEL:**
>
> Der Arbeitgeber möchte sich von einem älteren, ordentlich unkündbaren Arbeitnehmer trennen und macht diesem ein Aufhebungsvertragsangebot.
>
> In diesem Fall darf der Arbeitnehmer darauf vertrauen, dass der Arbeitgeber ihn auf einen Verlust von Versorgungsanwartschaften hinweist bzw. dies bei seinem Vertragsangebot berücksichtigt.

Entscheidend ist auch die Frage der **Vorkenntnis des Arbeitnehmers**: Weiß dieser oder müsste er durch die ihm ausgehändigten Unterlagen wissen, dass der Wegfall einer Versorgungsanwartschaft droht, so ist tendenziell eine Aufklärungspflicht eher zu verneinen. Der **zeitlichen Nähe** des Aufhebungsvertrages zu dem für die Unverfallbarkeit einer Versorgungsanwartschaft maßgebenden Zeitpunkt misst das BAG hingegen keine ausschlaggebende Bedeutung zu *(Beispiel: Ausscheiden 3 Tage vor Erreichen des Stichtags).* Nach Auffassung des BAG ist es gerade die Eigenart einer Stichtags- oder Fristenregelung, dass auch eine nur **kurzfristige Über- oder Unterschreitung** zu **Rechtsnachteilen** führt.

c) Aufklärung über sozialrechtliche Nachteile

Als sozialrechtlicher Nachteil in Zusammenhang mit einem Aufhebungsvertrag kommt insbesondere eine Sperrzeit oder ein Ruhen beim Bezug des Arbeitslosengeldes in Betracht. Das BAG erwartet insoweit zwar **keine umfassende Unterrichtung des Arbeitnehmers** durch den Arbeitgeber. Von diesem wird aber zumindest verlangt, dass er den Arbeitnehmer, sofern diesem eine Bedenkzeit eingeräumt wird, wegen diesbezüglicher Fragen an das Arbeitsamt verweist. Der Arbeitgeber genügt seiner Hinweispflicht auch, wenn er einem von sich aus um die Auflösung des Arbeitsverhältnisses bittenden Mitarbeiter mitteilt, dass er womöglich mit Nachteilen rechnen müsse. Dies reicht insbesondere dann aus, wenn der Arbeitnehmer durch **Rechtsanwälte** oder **Gewerkschaftssekretäre** vertreten ist und der Aufhebungsvertrag vor **Gericht** geschlossen wird.

4033

Angesichts der schwierigen Materie des Sozialrechts, die zudem dauernden Änderungen unterworfen ist, sollte nicht versucht werden, detaillierte Auskünfte zu diesem Problempunkt zu geben. Der Arbeitnehmer sollte vielmehr zur ersten Orientierung auf die Merkblätter für Arbeitslose, die bei den Arbeitsämtern erhältlich sind, hingewiesen und im Übrigen an die zuständigen Stellen verwiesen werden.

Schuldhaft falsche Auskünfte verpflichten den Arbeitgeber zum Schadensersatz! Daher Vorsicht bei Rechtsauskünften. Umgekehrt gilt, dass der Arbeitgeber nur unter bestimmten Umständen für die Änderung gesetzlicher Rahmenbedingungen einstehen muss. Dies hat das BAG *(20.06.2001, EzA § 242 BGB Geschäftsgrundlage Nr. 6)* für die nachträgliche Verschlechterung der vorgezogenen gesetzlichen Rente bei Frühverrentungsmodellen entschieden. Hiernach gilt: Ein Abwicklungsvertrag, in dem sich der Arbeitgeber verpflichtet hat, durch bestimmte Gesetzesänderungen eingetretene Verschlechterungen der vorgezogenen Altersrente auszugleichen, ist regelmäßig nicht unter dem Gesichtspunkt einer Änderung der Geschäftsgrundlage anzupassen. wenn der Gesetzgeber weitere Verschlechterungen der vorgezogenen Altersrente beschließt. Diese können grundsätzlich nicht auf den Arbeitgeber überbordet werden.

d) Aufklärung über steuerrechtliche Nachteile

Es besteht Einigkeit darüber, dass der Arbeitgeber nicht verpflichtet ist, den Arbeitnehmer auf mögliche steuerrechtliche Konsequenzen der Abfindungsvereinbarung hinzuweisen oder gar auf eine steuerlich günstigere Gestaltung hinzuwirken (zu Falschauskünften s. → Rz. 4033).

4034

> **Tipp**
> Der Arbeitgeber genügt seiner Sorgfaltspflicht sicherlich, wenn er eine Lohnsteueranrufungsauskunft nach § 42 e EStG beim zuständigen Betriebsstättenfinanzamt einholt und das Ergebnis dem Arbeitnehmer mitteilt.

e) Sonstige Aufklärungs- und Hinweispflichten

4034 a Neben den skizzierten Fallgruppen kommen noch eine Reihe weiterer Punkte in Betracht. Beispielhaft lassen sich hier erwähnen

- Offenbarung einer ernsthaft drohenden Zahlungsunfähigkeit des Arbeitgebers und der hierdurch möglichen Gefährdung der Realisierung des Abfindungsanspruchs
- Hinweis auf einen bevorstehenden Betriebsübergang
- Es besteht aber keine Pflicht, den Arbeitnehmer auf die Möglichkeit eines Vollstreckungsschutzantrages nach § 850 i ZPO oder auf weitere sozialplanpflichtige Entlassungen hinzuweisen (BAG 13.11.1996, EzA § 112 BetrVG 1972 Nr. 90).

> **Tipp**
> Fazit daher an dieser Stelle: Es ist empfehlenswert, sich die Erfüllung einer Hinweispflicht im Aufhebungsvertrag schriftlich bestätigen zu lassen.

> **Muster**
> Der Arbeitnehmer wurde auf mögliche sozialrechtliche Konsequenzen des Aufhebungsvertrags (Ruhen, Sperrzeit) aufmerksam gemacht. Über Versorgungsnachteile wurde er gleichfalls informiert.

Rechtlich wohl nicht möglich ist ein **genereller Verzicht des Arbeitnehmers auf etwaige Hinweise**. Hiermit können nur Wirkungen auf tatsächlichem Gebiet erzielt werden, wenn der Arbeitnehmer glaubt, wirksam verzichtet zu haben.

7. Aufhebungsverträge mit Minderjährigen

4035 Soll ein **Minderjähriger** Partner des Aufhebungsvertrages sein, ist § 113 BGB zu beachten. Danach ist ein Minderjähriger, der durch seinen gesetzlichen Vertreter ermächtigt worden ist, in Dienst oder Arbeit zu treten, für solche Rechtsgeschäfte unbeschränkt geschäftsfähig, welche die Eingehung oder Aufhebung eines Dienst- oder Arbeitsverhältnisses der gestatteten Art oder die Erfüllung der sich aus einem solchen Verhältnis ergebenden Verpflichtungen betreffen.

Nach **allgemeiner Meinung** umfasst die wirksame Ermächtigung zur Eingehung eines Arbeitsverhältnisses auch den Abschluss eines Aufhebungsvertrags durch den Minderjährigen ohne Beteiligung des gesetzlichen Vertreters. Die Ermächtigung des § 113 BGB ist aber grundsätzlich eng auszulegen.

BEISPIEL:

Schwebend unwirksam wegen fehlender Üblichkeit i.S.v. § 113 BGB ist ein aus Anlass der Schwangerschaft geschlossener Aufhebungsvertrag mit einer Minderjährigen.

Bei **Ausbildungsverhältnissen** findet § 113 BGB keine Anwendung. Das bedeutet für den Arbeitgeber, dass ein Aufhebungsvertrag mit einem Minderjährigen nur mit Zustimmung der gesetzlichen Vertreter, also regelmäßig der Eltern, geschlossen werden kann.

8. Bedingte Aufhebungsverträge

Aus dem Grundsatz der Vertragsfreiheit folgt, dass auch **bedingte Aufhebungsverträge** abgeschlossen werden können. Die Vereinbarung der Bedingung darf aber nicht dazu führen, dass zwingende Arbeitnehmerschutznormen – insbesondere solche des KSchG – umgangen werden. 4036

a) Zulässig bedingter Aufhebungsvertrag

Das BAG *(07.05.1987, NZA 1988, 15)* hatte sich in Zusammenhang mit der Frage eines bedingten Aufhebungsvertrages u.a. mit so genannten »**Heimkehrklauseln**« auseinander zusetzen. Hier wird mit einem ausländischen Arbeitnehmer in einem Aufhebungsvertrag vereinbart, dass dieser für den Fall der endgültigen Rückkehr in seine Heimat eine Abfindung erhalten soll. Nach Auffassung des BAG kann die Abfindungszahlung grundsätzlich von weiteren, über die Aufgabe des Arbeitsplatzes hinausgehenden Bedingungen abhängig gemacht werden, ohne dass hiermit eine Umgehung von zwingenden Bestimmungen des KSchG verbunden ist. Allerdings darf nicht willkürlich zwischen einzelnen Arbeitnehmern differenziert werden. 4037

Eine solche »**Heimkehrklausel**« kann wegen funktionswidriger Umgehung der Vorschriften des BetrVG unwirksam sein, wenn der Aufhebungsvertrag in Ausführung einer Betriebsvereinbarung geschlossen wird, die einen Personalabbau durch Abschluss von Aufhebungsverträgen zum Ziel hat und der deshalb eine Art »Sozialplanersatzcharakter« zukommt. Hier dürfen nicht die Pflichten des Arbeitnehmers kumuliert werden.

Folge: Der Arbeitnehmer **behält den Abfindungsanspruch,** auch wenn er nicht in seine Heimat zurückkehrt.

Vorsicht ist auch geboten, wenn statt einer Kündigung ein bedingter Aufhebungsvertrag aus sozialen Gründen abgeschlossen wird. 4038

BEISPIEL:

Arbeitnehmer A ist wiederholt volltrunken am Arbeitsplatz erschienen. Arbeitgeber B sieht von einer Kündigung ab, schließt aber mit dem A einen Aufhebungsvertrag des Inhalts, dass das Arbeitsverhältnis »als beendet gilt, wenn A nochmals angetrunken zum Dienst erscheint«.

Bei einer solchen Vertragsgestaltung ist der Arbeitgeber dafür darlegungs- und beweispflichtig, dass gerade die sozialen Belange des Arbeitnehmers für den Abschluss des Aufhebungsvertrages ausschlaggebend waren. Gerade in der Konfliktsituation wird dieser Beweis häufig nur schwer zu führen sein.

BEISPIELE ZULÄSSIGER BEDINGUNGEN:

- In einem Prozessvergleich wird die Weiterbeschäftigung des Arbeitnehmers bis zum Abschluss des Kündigungsschutzrechtsstreits vereinbart.
- Der Arbeitsvertrag soll als aufgehoben gelten, wenn der Arbeitnehmer nicht seine gesundheitliche Eignung durch ein ärztliches Attest nachweist.

Die Zulässigkeit der letztgenannten Bedingung ist in einzelnen Arbeitsgerichtsbezirken **nicht unumstritten!** Besser ist es daher, zumindest die Eignung des Arbeitnehmers zu überprüfen und erst dann den Arbeitsvertrag zu schließen.

b) Unzulässig bedingter Aufhebungsvertrag

4039 Wegen **Umgehung des KSchG** ist die Vereinbarung, dass das Arbeitsverhältnis ende, wenn der Arbeitnehmer nicht nach dem Ende seines Urlaubs an dem vereinbarten Tag seine Arbeit wieder aufnehme, unwirksam .

Gleiches gilt in den Fällen der **bedingten Wiedereinstellungszusage**, wenn also die Wiedereinstellung von der fristgemäßen Rückkehr aus dem Urlaub, der Zustimmung des Betriebsrats oder einer günstigen Auftragslage abhängig gemacht wird, die Beschäftigung bei Abschluss des Vertrages für die Zeit nach dem Urlaub jedoch als notwendig erachtet wurde. Auch die auflösende Bedingung der **nicht ordnungsgemäßen Erbringung der Arbeitsleistung** ist selbstverständlich unwirksam. Der Arbeitgeber ist hier auf eine Kündigung angewiesen. Die Vereinbarung mit einem **alkoholgefährdeten Arbeitnehmer**, das Arbeitsverhältnis ende, wenn dieser Alkohol zu sich nehme, stellt gleichfalls einen unzulässigen Verzicht auf den Kündigungsschutz dar, und zwar unabhängig davon, ob der Arbeitnehmer nur aus sozialen Motiven eingestellt wird. Es sollen keine Arbeitsverhältnisse 2. Klasse geschaffen werden. Gleiches gilt für eine Übereinkunft, nach welcher ein **Berufsausbildungsverhältnis** endet, wenn das Zeugnis des Auszubildenden in einem bestimmten Fach die Note mangelhaft aufweist. Hier liegt eine Umgehung des § 15 Abs. 2 Nr. 1 BBiG vor. Hiernach kann ein Berufsausbildungsverhältnisses nach der Probezeit nur aus wichtigem Grund gekündigt werden. **Insgesamt ist also festzuhalten, dass die aus Arbeitgebersicht »interessanten« Bedingungen in der Regel unwirksam sind.** Bei bedingten Aufhebungsverträgen ist Zurückhaltung geboten!

c) Bedingter Aufhebungsvertrag im Rahmen eines Prozessvergleichs

4040 Im Rahmen eines Prozessvergleichs (Abschluss eines Aufhebungsvertrages vor Gericht), wurden von Teilen der Rechtsprechung an die Zulässigkeit bedingter Aufhebungsverträge schon seit längerer Zeit im Grundsatz geringere Anforderungen gestellt. Das **Risiko der Umgehung des KSchG** durch Abschluss eines Aufhebungsvertrages wurde hier als nicht so hoch eingeschätzt wie beim Abschluss außerhalb eines Prozesses, da häufig der Richter bei der Formulierung mitwirkt. Dieser Gedanke findet sich nunmehr auch in dem neuen **Gesetz über Teilzeitarbeit und befristete Arbeitsverträge (§ 14 Abs. 1 Nr. 8)**, das **ab 01.01.2000** in Kraft getreten ist.

Als zulässig erachtet wurde von der Rechtsprechung beispielsweise eine Vereinbarung des Inhalts, dass das Arbeitsverhältnis ende, wenn die Klägerin für einen bestimmten Zeitraum mehr als 10 % der Arbeitstage fehlen sollte. Nach der Rechtsprechung steht hier die **Abmilderung des Prozessrisikos** durch Vergleich im Vordergrund. Anders stellt sich die Sachlage im Rahmen eines außergerichtlichen Vergleichs vor Ausspruch einer Kündigung dar. Hier ist die geschilderte Klausel nicht vereinbarungsfähig.

Auch der **Prozessvergleich** rechtfertigt i.Ü. nicht die Anerkennung **zukünftig erst noch zu vereinbarender Befristungen**. Nur die im Prozessvergleich vereinbarte konkrete Befristung bedarf keines weiteren sachlichen Grundes.

V. Unwirksamkeit von Aufhebungsverträgen

Wie jeder zivilrechtliche Vertrag kann auch der Aufhebungsvertrag wegen Verstoßes gegen **gesetzliche Verbote** oder wegen **Sittenwidrigkeit** unwirksam sein. Die Feststellung der Unwirksamkeit ist dabei häufig mit unangenehmen Konsequenzen verbunden. Zumeist wird der bisherige Arbeitsplatz des Arbeitnehmers schon vergeben sein, so dass eine **doppelte Zahlungsverpflichtung** bei einmaliger Arbeitsleistung droht. **Fallgruppen der Unwirksamkeit** sind vorrangig der Verstoß gegen ein gesetzliches Verbot, die Sittenwidrigkeit eines Aufhebungsvertrages und die Anfechtung des Aufhebungsvertrages durch den Arbeitnehmer. Gleiches gilt, wenn ein Aufhebungsvertrag nicht auf die alsbaldige Beendigung des Arbeitsverhältnisses gerichtet ist, sondern auf dessen länger währende **befristete Fortsetzung** hinausläuft. Eine derartige **nachträgliche Befristung** bedarf zu ihrer Wirksamkeit eines sachlichen Grundes *(BAG 12.01.2000, EzA § 611 BGB Aufhebungsvertrag Nr. 33)*. Indiz kann etwa das Fehlen einer ansonsten üblichen Abfindungszahlung sein.

4041

Denkbar ist auch eine Unwirksamkeit nach § 105 BGB wegen **Geschäftsunfähigkeit**. Die Anforderungen sind aber hoch. Starker Stress i.V.m. einem hohen Motivationsdruck reicht dann nicht aus, wenn die auf ihm beruhende Entscheidung auch im nachhinein weder krankhaft noch persönlichkeitsfremd ist, sondern nachvollziehbar und verständlich erscheint *(LAG Köln 13.11.1998, NZA-RR 1999, 232)*.

1. Verstoß gegen gesetzliches Verbot

Verstößt der Inhalt des Aufhebungsvertrages gegen ein gesetzliches Verbot, so ist die Vereinbarung nach **§ 134 BGB** unwirksam. Wann ein Verbotsgesetz vorliegt, ist jeweils im Einzelfall zu bestimmen. Allerdings haben sich bestimmte **typische Fallgruppen** herausgebildet, die immer wieder zu Problemen führen.

4042

a) Umgehung des § 613 a BGB

Vorsicht ist geboten, wenn im Rahmen einer Betriebsveräußerung die Arbeitnehmer dazu veranlasst werden, mit dem Betriebsveräußerer Aufhebungsverträge zu schließen und dies dadurch motiviert ist, dass der Betriebserwerber Wiedereinstellungsgarantien zu geänderten regelmäßig schlechteren Bedingungen abgibt.

4043

BEISPIEL:

Der Arbeitnehmer wird im Rahmen einer Betriebsveräußerung veranlasst, mit dem Veräußerter Aufhebungsverträge abzuschließen, um dann mit dem Erwerber neue Arbeitsverträge zu schlechteren Bedingungen zu schließen. Ansonsten würde der Betrieb nicht von dem Erwerber übernommen.

Hier liegt eine Umgehung des § 613 a Abs. 4 BGB vor, wonach die Kündigung des Arbeitsverhältnisses durch den alten oder neuen Arbeitgeber aus Anlass des Betriebsübergangs unwirksam ist. Damit ist die entsprechende Vereinbarung unwirksam.

Eine Umgehung des § 613 a BGB liegt auch dann vor, wenn die Arbeitnehmer unter Hinweis auf die geplante Betriebsveräußerung dazu veranlasst werden, auf ihre Altersversorgung zu verzichten und sodann mit dem Erwerber neue Arbeitsverträge ohne Zusage einer Altersversorgung abzuschließen *(LAG Düsseldorf 28.04.1997, LAGE § 613 a BGB Nr. 61)*. **Bei Aufhebungsverträgen in Zusammenhang mit einem Betriebsübergang ist also Vorsicht geboten.** Nur in Ausnahmefällen wird ein anlässlich des Aufhebungsvertrages erklärter Verzicht von der Rechtsprechung gebilligt. **Wird der Arbeitnehmer vor die Wahl gestellt, entweder auf Rechte zu verzichten oder ein Betriebsübergang finde nicht statt, so ist der darauf erklärte Verzicht unwirksam** *(s. zum Ganzen BAG 11.07.1995, EzA § 613 a BGB Nr. 130)*.

Fazit: **Zulässig** ist eine Vereinbarung, die auf das endgültige Ausscheiden aus dem Arbeitsverhältnis gerichtet ist. Geht es hingegen nur um die völlige oder teilweise **Durchbrechung** der **Kontinuität** des Arbeitsverhältnisses bei gleichzeitigem Erhalt des Arbeitsplatzes, ist der Aufhebungsvertrag rechtsunwirksam. Diesem Zweck dient der Abschluss eines Aufhebungsvertrages, wenn zugleich ein neues Arbeitsverhältnis mit dem Betriebserwerber begründet oder zumindest verbindlich in Aussicht gestellt wird *(BAG 10.12.1998, BB 1999, 1274)*.

b) Verpflichtung, kein Arbeitslosengeld zu beantragen

4044 Unwirksam sind auch so genannte »**128er-Vereinbarungen**«. Nach § 128 AFG a.F. (§ 147 a SGB III) ist der Arbeitgeber unter bestimmten Voraussetzungen verpflichtet, das von der BA an den ausgeschiedenen Arbeitnehmer gezahlte Arbeitslosengeld für einen gewissen Zeitraum zu erstatten. Um diese Erstattungspflicht zu vermeiden, wurde vielfach in einen Aufhebungsvertrag eine Klausel aufgenommen, wonach sich der ausscheidende Arbeitnehmer verpflichtete, keinen Antrag auf Arbeitslosengeld zu stellen.

BEISPIEL:

Der Arbeitnehmer verpflichtet sich im Aufhebungsvertrag, keinen Antrag auf Arbeitslosengeld zu stellen. Der Arbeitgeber verpflichtet sich, dem Arbeitnehmer den dem Arbeitslosengeld entsprechenden Betrag monatlich bis zum frühestmöglichen Verrentungszeitpunkt zu erstatten.

Die Rechtsprechung hat eine solche Vereinbarung wegen Verstoßes gegen § 32 SGB I als nichtig angesehen. Nach dieser Vorschrift sind privatrechtliche Vereinbarungen, die zum Nachteil des Sozialleistungsberechtigten von Vorschriften des SGB abweichen, unwirksam. Enthält der Aufhebungsvertrag aber die Verpflichtung, kein Arbeitslosengeld zu beantragen, entstehen dadurch dem Arbeitnehmer sozialrechtliche Nachteile in der Kranken- und Rentenversicherung.

Das Arbeitsamt hat den Arbeitnehmer i.Ü. darauf hinzuweisen, dass die »128er-Vereinbarung« ihn nicht bindet. Wird dieser Hinweis unterlassen, kann der Arbeitnehmer im Wege des sozialrechtlichen Herstellungsanspruchs Schadensersatz verlangen. Liegt eine **unwirksame »128er-Vereinbarung«** vor, behält der Aufhebungsvertrag aber gleichwohl regelmäßig seine Wirksamkeit. Es kann aber eine Anpassung an die nun geänderte Geschäftsgrundlage in Betracht kommen. Unangenehmen Folgestreitigkeiten können die Parteien versuchen zu entgehen, wenn sie schon im Aufhebungsvertrag eine Vereinbarung treffen.

> **Muster**
>
> »Sollte sich Frau/Herr ..... in der Zeit vom ..... bis zum ..... arbeitslos melden und die Firma infolgedessen mit Erstattungspflichten belastet werden, so verpflichtet sich Frau/Herr ..... einen der Erstattungspflicht entsprechenden Teil der Abfindung zurückzuzahlen«.

Derartige Vereinbarungen, in denen sich der Arbeitnehmer verpflichtet, für den Fall der Heranziehung des Arbeitgebers zur Erstattung von Arbeitslosengeld einen dem Erstattungsbetrag entsprechenden Teil der **Abfindung zurückzuzahlen**, sollen wirksam sein *(BAG 25.01.2000, EzA § 128 AFG Nr. 3)*. Der Arbeitgeber kann mit dem Arbeitnehmer in einem Aufhebungsvertrag rechtswirksam vereinbaren, dass er gegen ihn einen Anspruch auf Rückforderung einer Überbrückungsgeldzahlung hat, soweit er Erstattungsleistungen nach § 128 AFG (§ 147 a SGB III) an das Arbeitsamt erbringt. Die Vereinbarung verstößt insbesondere nicht gegen § 32 SGB I.

Nach dem Wortlaut des § 32 SGB I soll die Rechtsfolge der Nichtigkeit nur für Regelungen angeordnet werden, mit denen unmittelbar in die aufgrund der Sozialgesetze begründeten Rechtspositionen eingegriffen wird. Voraussetzung soll damit sein, dass die Abrede – ihre Wirksamkeit unterstellt – bestehende oder zukünftige Ansprüche des Berechtigten beeinträchtigt oder seine Pflichten nach dem SGB nachteilig verändert. Hierzu soll die aufgrund des Sozialrechts bestehende Rechtsstellung des Berechtigten mit der zu vergleichen sein, die sich unter Berücksichtigung der privatrechtlichen Vereinbarung ergibt. Seine Rechtsstellung wird daher insbesondere nicht beeinträchtigt, wenn es ihm überlassen bleibt, Leistungen in Anspruch zu nehmen. Ein nur mittelbarer Druck – geringere Überbrückungsgeldzahlung – genügt hierfür nicht

c) Abfindung einer betrieblichen Versorgungsanwartschaft

Auch **betriebliche Versorgungsanwartschaften** können nicht beliebig abgefunden werden. Eine – in der Zwischenzeit gelockerte – **Sperre** ergibt sich hier aus § 3 BetrAVG. Nach der **Neuregelung** des BetrAVG gilt: »Eine nach § 1 Abs. 1-3 **unverfallbare Anwartschaft** kann im Falle der Beendigung des Arbeitsverhältnisses nur nach den Sätzen 2 bis 6 abge-

4045

funden werden. Die Anwartschaft ist auf **Verlangen des Arbeitgebers oder des Arbeitnehmers** abzufinden, wenn der bei Erreichen der vorgesehenen Altersgrenze maßgebliche Monatsbetrag der laufenden Versorgungsleistung eins vom Hundert der monatlichen Bezugsgröße (§ 18 Viertes Buch Sozialgesetzbuch), bei Kapitalleistungen zwölf Zehntel der monatlichen Bezugsgröße nicht übersteigt. Die Anwartschaft kann nur **mit Zustimmung des Arbeitnehmers** abgefunden werden, wenn ihr monatlicher Wert zwei vom Hundert der monatlichen Bezugsgröße, bei Kapitalleistungen vierundzwanzig Zehntel der monatlichen Bezugsgröße nicht übersteigt, ihr monatlicher Wert vier vom Hundert der monatlichen Bezugsgröße, bei Kapitalleistungen achtundvierzig Zehntel der monatlichen Bezugsgröße nicht übersteigt und der Abfindungsbetrag vom Arbeitgeber unmittelbar zur Zahlung von Beiträgen zur gesetzlichen Rentenversicherung oder zum Aufbau einer Versorgungsleistung bei einer Direktversicherung oder Pensionskasse verwendet wird oder die Beiträge zur gesetzlichen Rentenversicherung erstattet worden sind. Der Teil einer Anwartschaft, der während eines **Insolvenzverfahrens** erdient worden ist, kann **ohne Zustimmung des Arbeitnehmers** abgefunden werden, wenn die Betriebstätigkeit vollständig eingestellt und das Unternehmen liquidiert wird. Die Abfindung ist gesondert auszuweisen und einmalig zu zahlen. Für Versorgungsleistungen, die gemäß § 2 Abs. 4 von einer Unterstützungskasse zu erbringen sind, gelten die Sätze 1 bis 5 entsprechend.«

Die Abfindung wird nach dem Barwert der nach § 2 bemessenen künftigen Versorgungsleistungen im Zeitpunkt der Beendigung des Arbeitsverhältnisses berechnet. Soweit sich der Anspruch auf die künftigen Versorgungsleistungen gegen ein Unternehmen der Lebensversicherung oder eine Pensionskasse richtet, berechnet sich die Abfindung nach dem **geschäftsplanmäßigen Deckungskapital** im Zeitpunkt der Beendigung des Arbeitsverhältnisses oder, soweit die Berechnung des Deckungskapitals nicht zum Geschäftsplan gehört, nach dem Zeitwert gemäß § 176 Abs. 3 des Gesetzes über den Versicherungsvertrag. Hierbei sind der bei der jeweiligen Form der betrieblichen Altersversorgung vorgeschriebene Rechnungszinsfuß und die Rechnungsgrundlagen sowie die anerkannten Regeln der Versicherungsmathematik, bei Direktversicherungen und Pensionskassen deren Geschäftsplan oder Geschäftsunterlagen, maßgebend.

d) Rückdatierung von Aufhebungsverträgen

4046 Gerade für den Arbeitnehmer im Hinblick auf den späteren Bezug von Arbeitslosengeld interessant ist die **Rückdatierung von Aufhebungsverträgen** zur Vermeidung von Nachteilen in der Sozialversicherung.

BEISPIEL:

Der Arbeitnehmer hat eine Kündigungsfrist von 3 Monaten zum Ende des Quartals. Ende April 1995 schließt er mit seinem Arbeitgeber einen Aufhebungsvertrag, demzufolge das Arbeitsverhältnis sofort enden soll. Um ein mögliches Ruhen für den Bezug des Arbeitslosengeldes nach § 143 a SGB III zu umgehen, wird der Aufhebungsvertrag einvernehmlich auf den 30.09.1994 rückdatiert.

Probleme stellen sich, wenn die Parteien des Aufhebungsvertrages diesen rückdatieren, um den Folgen des § 143 a SGB III zu entgehen. Nach § 143 a Abs. 1 SGB III ruht der Anspruch auf Arbeitslosengeld, wenn der Arbeitslose wegen der Beendigung des Arbeitsverhältnisses eine Abfindung erhalten oder zu beanspruchen hat und das Arbeitsverhältnis ohne Einhaltung einer der ordentlichen Kündigungsfrist entsprechenden Frist beendet worden ist. In diesem Fall wird vermutet, dass die Vergütung für die Zeit zwischen dem tatsächlichen Ende der Vergütungszahlung und dem vereinbarten Ende des Arbeitsverhältnisses in der Abfindung enthalten ist. Dabei steht im Ausgangspunkt fest, dass durch die Rückdatierung häufig eine **Täuschung der Arbeitsverwaltung** erreicht werden soll, um dem Arbeitnehmer den sofortigen Bezug des Arbeitslosengeldes zu ermöglichen.

Strafrechtlich kann dieses Vorgehen als gemeinschaftlicher (versuchter) Betrug zu Lasten der Bundesanstalt für Arbeit gewertet werden. Vor einer solchen Vertragsgestaltung kann daher nur gewarnt werden! Die Risiken belegen eindringlich diverse Presseveröffentlichungen über staatsanwaltschaftliche Ermittlungsverfahren.

Bei der Lösung der zivilrechtlichen Fallgestaltung vertraten die bisher damit befassten LAG – mit unterschiedlichen Begründungen – die Auffassung, dass ein rückdatierter Aufhebungsvertrag seine Wirksamkeit behalte und insbesondere nicht wegen Verstoßes gegen die guten Sitten nichtig sei. Dies hat zur Folge, dass zum einen die Beendigung des Arbeitsverhältnisses feststeht, zum anderen der Arbeitnehmer sich mit der, im Hinblick auf den sofortigen Bezug des Arbeitslosengeldes, regelmäßig niedrigeren Abfindung begnügen muss. Trotzdem kann eine solche Gestaltung unangenehme Konsequenzen haben, da Folgestreitigkeiten drohen und außerdem damit gerechnet werden muss, dass in einem Prozess »schmutzige Wäsche« gewaschen wird.

4047

BEISPIEL:

Die Parteien schlossen im April 1995 einen auf den 14.02.1995 rückdatierten Aufhebungsvertrag, demzufolge das Arbeitsverhältnis mit Wirkung zum 31.03.1995 beendet wurde. Tatsächlich arbeitete die Arbeitnehmerin noch im April 1995 bei dem Beklagten. Die Rückdatierung erfolgte, um der Arbeitnehmerin bereits ab April 1995 Ansprüche gegen die Arbeitsverwaltung zu verschaffen. Nachdem dieser Versuch scheiterte, beantragte die Arbeitnehmerin vor dem ArbG, auch über den 31.03. hinaus weiterbeschäftigt zu werden.

Nach Auffassung des ArbG Wetzlar (24.08.1993, EzA § 611 BGB Aufhebungsvertrag Nr. 14) ist der abgeschlossene **Aufhebungsvertrag nach § 138 BGB unwirksam**, da er zum Zwekke der Täuschung der Arbeitsverwaltung rückdatiert worden war, um der Arbeitnehmerin bereits ab April einen Anspruch auf Arbeitslosengeld zu verschaffen. Unsicher ist aber nach wie vor, ob der Arbeitnehmer, der in betrügerischer Absicht an der manipulierten Aufhebungsvereinbarung mitwirkt, im Nachhinein selbst die Unwirksamkeit des Aufhebungsvertrages geltend machen kann (s. zu einer ähnlichen Konstellation BAG 11.12.1996, EzA § 611 BGB Aufhebungsvertrag Nr. 14). Dies dürfte wegen Treuwidrigkeit zu verneinen sein. Anders ist die Rechtslage zu beurteilen, wenn der Arbeitnehmer nicht aktiv an der Täuschung mitwirkt, sondern diese entweder gar nicht bemerkt oder sich bei der Rückdatierung nichts denkt.

Bei rechtzeitiger Personalplanung können sozialrechtliche Probleme vermieden werden. Hier ist **Augenmaß** gefragt.

e) Tatsachenvergleich

4048 Von der unwirksamen Rückdatierung des Aufhebungsvertrages ist ein so genannter **Tatsachenvergleich** *(BAG 23.08.1994, EzA § 3 BetrAVG Nr. 4, 31.07.1996, EzA § 112 BetrVG 1972 Nr. 88 ; 05.11.1997, EzA § 4 TVG Verzicht Nr. 3 zum Verzicht auf tarifliche Rechte)* zu unterscheiden.

BEISPIEL:

Der Arbeitgeber kündigt dem Arbeitnehmer verhaltensbedingt außerordentlich. Der in der Kündigung gemachte Verhaltensvorwurf lässt sich letztlich infolge von Beweisschwierigkeiten aber nur teilweise aufrechterhalten. Ob dieser nunmehr überhaupt eine verhaltensbedingte Kündigung rechtfertigen kann, ist zweifelhaft. Daraufhin schließen die Parteien einen Aufhebungsvertrag mit einer geringen Abfindung zum Ende der ordentlichen Kündigungsfrist.

Im Ausgangspunkt stellen sich hier dieselben Fragen wie bei der Rückdatierung eines Aufhebungsvertrages. Hier gilt es, eine mögliche Sperrzeit nach § 144 SGB III zu verhindern. Danach ruht der Anspruch auf Arbeitslosengeld bzw. Arbeitslosenhilfe, wenn der Arbeitnehmer die Beendigung des Arbeitsverhältnisses veranlasst, indem er Grund zu einer verhaltensbedingten Kündigung gibt oder es selbst durch Aufhebungsvertrag oder Eigenkündigung beendet, sofern er für diese »Veranlassung« der Beendigung keinen wichtigen Grund hat.

Eine **Einigung der Parteien auf bestimmte Beendigungssachverhalte** zur Vermeidung einer Sperrzeit nach § 144 SGB III ist nicht von vornherein unzulässig. Selbstverständlich binden solche Erklärungen insoweit nicht, als Tatsachen entstellt oder fingiert werden. Es kann also kein neuer Sachverhalt erfunden werden. Den Parteien steht insbesondere bei der **Tatsachenbewertung** ein gewisser **Beurteilungsspielraum** zu. Voraussetzung ist allerdings, dass zwischen den Parteien tatsächlich ein ungeklärter Streit über das Vorliegen des ursprünglich vorgesehenen Beendigungsgrundes (Ungewissheit über tatsächliche Umstände, *BAG 23.08.1994, EzA § 3 BetrAVG Nr. 4*). Gerade bei Beendigungsstreitigkeiten ist diese Ungewissheit fast der Regelfall.

Der im Beispielsfall getroffene Tatsachenvergleich über die Gründe für die Beendigung des Arbeitsverhältnisses ist daher auch für die Bundesanstalt für Arbeit als wirksam anzusehen, so dass eine Sperrzeit nach § 144 SGB III ausscheidet. Dies ist nach der Verschärfung der sozialrechtlichen Vorschriften für die Aufhebung von Arbeitsverhältnissen um so wichtiger.

2. Sittenwidrigkeit des Aufhebungsvertrages

4049 In Einzelfällen kann ein Aufhebungsvertrag sittenwidrig sein. Dies kommt beispielsweise in Betracht, wenn der Arbeitgeber die Zwangslage oder Unerfahrenheit des Arbeitnehmers ausbeutet (s. § 138 BGB).

Insbesondere kann nach teilweise vertretener Auffassung eine Inhaltskontrolle des Aufhebungsvertrages wegen **strukturell ungleicher Verhandlungsstärke** in Betracht kommen *(LAG Hamm 24.02.1995, LAGE § 611 BGB Inhaltskontrolle Nr. 2)*. Besteht eine nicht mehr **grundrechtskonforme Vertragsdisparität** zwischen den Parteien, wird von Teilen der

Rechtsprechung in Anlehnung an eine Entscheidung des BVerfG *(19.10.1993, NJW 1994, 36)* eine solche **Inhaltskontrolle des Aufhebungsvertrages** vorgenommen *(zurückhaltend LAG Mecklenburg-Vorpommern 06.07.1995, LAGE § 611 BGB Aufhebungsvertrag Nr. 18)*

Das **BAG** *(14.02.1996, EzA § 611 BGB Aufhebungsvertrag Nr. 21)* lehnt eine Inhaltskontrolle aber ab. Da der Arbeitnehmer zu einem entsprechenden Ansinnen des Arbeitgebers nur »nein« sagen muss, liegt schon keine strukturell ungleiche Verhandlungsstärke vor. **Fazit:** Die Inhaltskontrolle des Aufhebungsvertrages hat sich damit faktisch erledigt. Vorrangig sind die **Anfechtung wegen Erzwingens einer überstürzten Entscheidung** oder sonstige Unwirksamkeitstatbestände zu berücksichtigen (vgl. → Rz. 4059).

3. Rechtsfolgen der Nichtigkeit

Unwirksame einzelne Bestimmungen des Aufhebungsvertrages führen nach der Auslegungsregel des § 139 BGB **im Zweifel** zur **Gesamtnichtigkeit** des Vertrages. Wann **Teil- oder Gesamtnichtigkeit** anzunehmen ist, muss durch Auslegung ermittelt werden. Es muss die Kontrollfrage gestellt werden: Kann davon ausgegangen werden, dass der Vertrag auch ohne die unwirksame Klausel geschlossen worden wäre? Die Anwendung der Vorschrift des § 139 BGB kann und sollte ausgeschlossen werden. Haben die Parteien im Aufhebungsvertrag ausdrücklich oder konkludent eine Regelung für den Fall der Nichtigkeit einzelner Klauseln des Vertrages getroffen, so geht diese der Vorschrift des § 139 BGB vor. Empfehlenswert ist also die Abbedingung des § 139 BGB im Aufhebungsvertrag (s. dazu das Vertragsmuster unter → Rz. 4173 und dort § 20).

4050

4. Anfechtung durch den Arbeitnehmer

Die Annahme des Angebots auf Abschluss eines Aufhebungsvertrages kann nach den allgemeinen Grundsätzen der §§ 119, 123 BGB angefochten werden. Eine erfolgreiche Anfechtung führt zur **Nichtigkeit** der Vereinbarung; der Arbeitnehmer muss also auf seinem alten Arbeitsplatz weiter beschäftigt werden. Das ist insbesondere unter dem Blickwinkel des Annahmeverzuges dann bitter, wenn der alte Arbeitsplatz nicht mehr besteht oder dort ein anderer Arbeitnehmer tätig ist. Voraussetzung ist stets eine Anfechtungserklärung. Der Arbeitnehmer muss die Unwirksamkeit seiner Willenserklärung **wegen eines Irrtums** geltend machen. Beruft er sich auf andere Mängel, liegt in seiner Erklärung nicht zugleich die Anfechtung *(LAG Mecklenburg-Vorpommern 06.07.1995, LAGE § 611 BGB Aufhebungsvertrag Nr. 18 und zur umgekehrten Situation BAG 31.01.1996, EzA § 178 BGB Nr. 1)*. Gegenüber einer Anfechtung vorrangig ist jedoch die **Auslegung** des Aufhebungsvertrages *(LAG Berlin 28.04.2000, EzA-SD 2000/14 S. 13)*.

4051

a) Inhaltsirrtum

Ein **Irrtum über den Inhalt** einer Willenserklärung liegt vor, wenn der äußere Tatbestand der Erklärung dem Willen des Erklärenden entspricht, dieser aber über die Bedeutung und Tragweite der Erklärung irrte.

4052

Als Faustformel lässt sich hier festhalten: Der Erklärende weiß, was er sagt, er weiß aber nicht, was er damit sagt. Die Anfechtung von Aufhebungsverträgen wegen Inhaltsirrtums wird vor allem deshalb erklärt, weil der Arbeitnehmer geltend macht, sich in einem **Irrtum über das Bestehen allgemeinen oder besonderen Kündigungsschutzes** befunden zu haben oder er seine auf Aufhebung des Arbeitsverhältnisses gerichtete Willenserklärung in Unkenntnis der Umstände abgegeben habe, die diesen Kündigungsschutz begründen. Regelmäßig liegt hier nur ein **unbeachtlicher Rechtsfolgeirrtum** vor.

BEISPIEL:

Hat eine Schwangere bei Abschluss eines Aufhebungsvertrages keine Kenntnis von ihrer Schwangerschaft, so begründet dies kein Anfechtungsrecht wegen Irrtums über die inhaltliche Tragweite der abgegebenen Erklärung.

Gleiches gilt, wenn in der Aufhebungsvereinbarung die Beendigungsmodalität mit einem Hinweis auf eine – unzutreffende – Rechtsnorm nur angedeutet wird.

4053 Vorsicht bei Aufhebungsverträgen mit ausländischen Arbeitnehmern! Bei **Aufhebungsverträgen mit ausländischen Arbeitnehmern** kommt eine Anfechtung wegen Inhaltsirrtums aufgrund von Sprachproblemen in Betracht. Zu unterscheiden ist zwischen dem **Zustandekommen** und **Anfechtung** des Aufhebungsvertrages wegen Irrtums:

BEISPIEL 1:

Der Arbeitgeber macht gegenüber einem ausländischen Arbeitnehmer ein schriftliches Aufhebungsvertragsangebot in deutscher Sprache. Dieser bringt dem Arbeitgeber gegenüber durch Unterschrift sein Einverständnis zum Ausdruck.

Im Streitfall ist der **Arbeitgeber** für diejenigen Umstände **darlegungs- und beweispflichtig**, aus denen sich ergibt, dass der ausländische Arbeitnehmer den Wortlaut der Erklärung verstanden hat, der deutschen Sprache insoweit also ausreichend mächtig ist. Hier genügt es, wenn er darlegen und beweisen kann (insbesondere durch Benennung von Zeugen), dass die allgemeine Verständigung mit dem Arbeitnehmer in deutscher Sprache bisher problemlos verlaufen ist. Kommt der Arbeitgeber seiner Darlegungs- und Beweispflicht nicht nach, ist wegen Fehlen eines wirksamen Zugangs des Angebots ein Aufhebungsvertrag nicht zustande gekommen. Einer Anfechtung bedarf es dann nicht.

BEISPIEL 2:

Der Arbeitgeber durfte aufgrund äußerer Umstände davon ausgehen, der ausländische Arbeitnehmer habe das Angebot richtig verstanden, da dieser zu allen Punkten freundlich genickt hat. Tatsächlich war dem ausländischen Arbeitnehmer die Bedeutung seiner Erklärung nicht klar.

Will letzterer den Aufhebungsvertrag durch eine Irrtumsanfechtung seiner Annahmeerklärung rückwirkend wieder zu Fall bringen, muss er im Prozess **darlegen und beweisen**, dass er sich über den Inhalt der abgegebenen Erklärung im Irrtum befunden hat.

Um den aufgezeigten Problemen auszuweichen, sollte bei Abschluss eines Aufhebungsvertrages mit einem ausländischen Arbeitnehmer im Zweifel immer ein **Dolmetscher** hinzugezogen und gegebenenfalls auch die Rechtsfolgen eines solchen Vertrages erörtert werden.

b) Verkehrswesentliche Eigenschaft

Nach **§ 119 Abs. 2 BGB** berechtigt ein Irrtum über solche Eigenschaften einer Person oder Sache zur Anfechtung, die im Verkehr als wesentlich angesehen werden. Als Eigenschaften einer Person werden nicht nur diejenigen Umstände angesehen, die ihre tatsächliche Beschaffenheit betreffen, wie Geschlecht, Alter etc., sondern darüber hinaus auch solche tatsächlichen und rechtlichen Verhältnisse, die nach der Verkehrsanschauung **Einfluss auf die Wertschätzung einer Person** haben. Voraussetzung ist allerdings, dass diese von einiger Dauer sind. In Zusammenhang mit dem Aufhebungsvertrag kann dabei die Frage relevant werden, ob ein **Irrtum über** eine bestehende **Schwangerschaft** zugleich einen Irrtum über eine verkehrswesentliche Eigenschaft einer Person darstellt, der die Arbeitnehmerin zur Anfechtung eines abgeschlossenen Aufhebungsvertrages berechtigt. Hierzu ist zunächst zu bemerken, dass jeder Irrtum eine konkrete Fehlvorstellung im Zeitpunkt der Abgabe der Willenserklärung voraussetzt. Macht sich eine Arbeitnehmerin also bei Abschluss eines Aufhebungsvertrages über eine mögliche Schwangerschaft gar keine Gedanken, fehlt es bereits an einem rechtserheblichen Irrtum. Für die konkrete Fehlvorstellung ist die Arbeitnehmerin darlegungs- und beweispflichtig.

4054

Das BAG verneint im Hinblick auf eine Schwangerschaft das Vorliegen einer verkehrswesentlichen Eigenschaft in der Person der Arbeitnehmerin und lehnt damit ein Anfechtungsrecht nach § 119 Abs. 2 BGB ab.

c) Rechtsfolgeirrtum

Nicht zur Anfechtung berechtigt der so genannte **Rechtsfolgeirrtum**, es sei denn, die Rechtsfolgen sind zum Inhalt der Erklärung gemacht worden. Irrt sich also der Erklärende nur über die rechtlichen Folgen seiner Erklärung, die sich aufgrund der Gesetzeslage oder der Rechtsprechung ergeben, scheidet eine Anfechtung aus. Es können aber u.U. Schadensersatzpflichten wegen Nichtaufklärung oder mangelhafter Aufklärung ausgelöst werden *(BAG 14.02.1996, EzA § 611 BGB Aufhebungsvertrag Nr. 21).*

4055

So ist z.B. der **Irrtum über mutterschutzrechtliche oder sozialrechtliche Folgen** des Aufhebungsvertrages unbeachtlich. Entsprechendes gilt für Schwerbehinderte oder andere Arbeitnehmer, wenn diese sich über die nachteiligen Rechtsfolgen eines Aufhebungsvertrages, z.B. über die Sperrzeit für den Bezug des Arbeitslosengeldes, irren. Im umgekehrten Falle berechtigt aber auch ein **Irrtum des Arbeitgebers über Erstattungspflichten** nach § 147a SGB III (§ 128 AFG a.F.) nicht zur Anfechtung des Aufhebungsvertrages.

d) Arglistige Täuschung und widerrechtliche Drohung

Neben der Anfechtung wegen Inhaltsirrtums kommt auch eine solche wegen **arglistiger Täuschung** oder **widerrechtlicher Drohung** in Betracht.

4056

- **Androhen einer Kündigung**

»Klassiker« der Anfechtung wegen widerrechtlicher Drohung ist das **Inaussichtstellen einer Kündigung** für den Fall des Nichtabschlusses eines Aufhebungsvertrages. Das BAG *(14.02.1996, EzA § 611 BGB Aufhebungsvertrag Nr. 21)* geht davon aus, dass die Androhung einer fristlosen Kündigung dann nicht widerrechtlich ist, wenn ein verständiger Arbeitgeber diese ernsthaft in Erwägung gezogen hätte. Das ist nicht nur anhand des **tatsächlichen Wissensstandes** des Arbeitgebers zu beantworten, sondern es sind auch die Ergebnisse weiterer Ermittlungen zu berücksichtigen, die ein **verständiger Arbeitgeber** zur Aufklärung angestellt hätte *(BAG 21.03.1996, EzA § 123 BGB Nr. 42)*. Umgekehrt ist auch **nicht** auf den **idealen Arbeitgeber** mit hervorragenden Arbeitsrechtskenntnissen abzustellen. Einen eindeutigen Fall hatte hier das LAG Hessen *(02.06.1997, EzA-SD 25/ 1997 S. 9)* zu entscheiden: Der Arbeitgeber führt zwei Unternehmen. Er trifft den im Unternehmen 1 als Gabelstaplerfahrer eingesetzten und krankgeschriebenen Arbeitnehmer in seinem Unternehmen 2, einem Speiselokal, als Kellner an. Er droht ihm für den Fall des Nichtabschusses eines Aufhebungsvertrags die Kündigung an. Zu recht!

4057 Auch die Drohung mit einer **ordentlichen Kündigung** berechtigt unter Umständen zur Anfechtung.

Hier gelten die obigen Grundsätze entsprechend!

BEISPIEL:

Arbeitnehmer B erscheint wiederholt verspätet zur Arbeit. Auch zeigt er sich gegenüber den Kunden unhöflich. Arbeitgeber A mahnt den B wegen dieser Pflichtverletzungen ab. B ändert daraufhin sein Verhalten und geht dazu über, sich mit seinen Arbeitskollegen zu streiten. A stellt den B sodann vor die Alternative, entweder in die Aufhebung des Arbeitsverhältnisses einzuwilligen oder eine ordentliche verhaltensbedingte Kündigung zu riskieren. B willigt in die Aufhebung ein, erklärt jedoch später die Anfechtung.

Die Anfechtung des B ist begründet, da die Pflichtverletzung, auf die der A die Kündigung stützen will (Auftreten gegenüber den Arbeitskollegen), nicht abgemahnt ist. Eine **verhaltensbedingte Kündigung** setzt aber grundsätzlich eine **Abmahnung** voraus (vgl. → Rz. 4306, 4415). In der geschilderten Situation hätte ein **verständiger Arbeitgeber** demnach eine Kündigung nicht in Betracht gezogen.

Die Rechtsprechung zur Androhung einer ordentlichen Kündigung ist auf die Fälle des Inaussichtstellens einer unbegründeten **Änderungskündigung** bzw. einer **Versetzung** zu übertragen.

Die **Äußerung der Kündigungsabsicht** unter gleichzeitiger Ankündigung der Einberufung des Betriebsrats, um über die Kündigung zu beraten, ist keine widerrechtliche Drohung, weil es an der Unmittelbarkeit des Druckes fehlt und die in Aussicht gestellte Beteiligung des Betriebsrats nicht als widerrechtlich bezeichnet werden kann. Die **Beweislast für eine widerrechtliche Drohung** liegt in jedem Fall beim Arbeitnehmer *(BAG 21.03.1996, EzA § 123 BGB Nr. 42; BAG 12.0.1999, EzA § 123 BGB Nr. 53)*. Der vorherige Ausspruch der Kündigung gefolgt von späteren Beratungen über ein einvernehmliches Ausscheiden beseitigt Anfechtungsrisiken nach neuester Rechtsprechung nicht völlig. Das BAG nimmt in der Entscheidung vom 12.01.1999 *(a.a.O.)* den Standpunkt ein, dass u.U. von einem Fortwirken der zwanghaften Situation auszugehen sei, so dass sich das Geschehen insgesamt als ein einheitliches darstelle.

- **Androhung einer Strafanzeige**
Möglich ist auch eine Anfechtung bei rechtsgrundloser Androhung einer Straf- anzeige oder eines Schadensersatzprozesses.

Beachte aber: Nicht jede Drohung ist widerrechtlich. So ist die Drohung mit einer Strafanzeige ohne weiteres rechtmäßig, wenn das Begehren des Drohenden mit einer unstreitig in der Person des Bedrohten begangenen Straftat in innerem Zusammenhang steht.

4058

BEISPIEL:
Arbeitgeber A fordert den Kassierer B ultimativ auf, unterschlagenes Geld zurückzugeben. Andernfalls werde er Strafanzeige erstatten.

- **Verweigerung einer Bedenkzeit/Zeitdruck**
Das Anfechtungsrecht kann jedenfalls dann nicht auf **Zeitdruck** gestützt werden, wenn nicht der Arbeitnehmer um eine Überlegungsfrist gebeten hat (s. aber → Rz. 4027). Ob etwas anderes gilt, wenn der Drohende eine überstürzte Entscheidung erzwingt und dem Bedrohten durch das Ablehnen jeder Frist die Möglichkeit der freien Entschließung nimmt, hat das BAG ausdrücklich offengelassen *(30.09.1993, EzA § 611 BGB Aufhebungsvertrag Nr. 13; s. auch LAG Düsseldorf 26.01.1993, NZA 1993, 702)*. Wird ein längeres Gespräch ruhig und sachlich geführt, kann jedenfalls von einer Drohung durch Zeitdruck nicht gesprochen werden *(BAG, a.a.O.)*.

4059

- **Sonstige Fälle der Arglist**
Eine **Anfechtung wegen arglistiger Täuschung** seitens des Arbeitnehmers ist beispielsweise in folgenden Fällen möglich:

- **Der Arbeitgeber spiegelt dem Arbeitnehmer vor, der Kündigungsschutz gelte trotz Aufhebung des Arbeitsverhältnisses.**
- **Der Arbeitgeber erklärt dem Arbeitnehmer bewusst wahrheitswidrig, der Betriebsrat habe der Kündigung schon zugestimmt.**
- **Der Arbeitgeber erklärt dem Arbeitnehmer, dieser müsse nicht mit einer Sperrzeit nach § 144 SGB III rechnen. Auch könne er die Abfindung in voller Höhe neben dem Arbeitslosengeld behalten.**

Eine Anfechtung wegen arglistiger Täuschung kommt auch in Betracht, wenn der Arbeitgeber den Arbeitnehmer bei einem Aufhebungsvertrag nach vorangegangener betriebsbedingter Kündigung über das Vorliegen dringender betrieblicher Erfordernisse täuscht und der Arbeitnehmer aus diesem Grunde eine verhältnismäßig **geringe Abfindung** akzeptiert. Hier kann der Arbeitnehmer aus c.i.c. im Wege der **Anpassung des Vertrages** eine angemessene Abfindung verlangen. Dies soll allerdings auf die Fälle des Vorsatzes beschränkt sein *(s. LAG Köln 07.01.1994, BB 1994, 1716 streitig, s. auch LAG Köln 07.02.1996, BB 1996, 1615).* Er hat dann quasi ein Wahlrecht: Fortsetzung des Arbeitsverhältnisses oder Abfindung!

e) Anfechtungsfrist

4060 Bei einer **Anfechtung wegen Irrtums** muss die Anfechtung nach § 121 BGB ohne schuldhaftes Zögern, d.h. unverzüglich, erfolgen, nachdem der Anfechtungsberechtigte von dem Anfechtungsgrund Kenntnis erlangt hat. In jedem Fall steht dem Anfechtungsberechtigten eine **angemessene Überlegungsfrist** zu. Soweit erforderlich, darf vor der Anfechtung auch der Rat eines Rechtsanwalts eingeholt werden. Als Obergrenze dürfte in der Regel ein Zeitraum von 2 Wochen anzunehmen sein. **Rechtsfolge der Anfechtung wegen Irrtums** ist die Fortführung des Arbeitsverhältnisses. Der Anfechtende ist darüber hinaus schadensersatzpflichtig (Ersatz des sog. Vertrauensschadens).

Bei der **Anfechtung wegen arglistiger Täuschung oder widerrechtlicher Drohung** beträgt die Anfechtungsfrist nach § 123 BGB ein Jahr ab Kenntnis von der Täuschung bzw. ab Ende der Zwangslage. Die **Zwangslage** endet bei einer (unzulässigen) Drohung mit einer Kündigung wohl mit dem Ablauf einer 14-tägigen Frist entsprechend § 626 Abs. 2 BGB und nicht bereits mit dem Abschluss des Aufhebungsvertrages. Bei der **Anfechtung wegen arglistiger Täuschung oder Drohung** ist der Anfechtende natürlich nicht schadensersatzpflichtig. Das Arbeitsverhältnis ist fortzusetzen. Hat der Arbeitnehmer einen **Aufhebungsvertrag wegen widerrechtlicher Drohung des Arbeitgebers wirksam angefochten,** so kann sein **Recht, die Nichtigkeit des Aufhebungsvertrages geltend zu machen,** nur unter ganz **außergewöhnlichen Umständen verwirken.** Dies gilt gerade vor dem Hintergrund, dass der Bedrohte bereits für die Anfechtung eine Überlegungsfrist von einem Jahr hat. Der Drohende muss sich deshalb in der Regel damit abfinden, dass der Bedrohte die Nichtigkeit des Rechtsgeschäfts auch noch einige Monate nach der Anfechtung und Klageandrohung klageweise geltend macht *(BAG 06.11.1997, EzA § 242 BGB Prozessverwirkung Nr. 2).*

Bei einem **Streit über die Wirksamkeit einer Anfechtung** kommen die Grundsätze zum allgemeinen Weiterbeschäftigungsanspruch zur Anwendung *(BAG 21.03.1996, EzA § 123 BGB Nr. 42).* Das bedeutet, der erstinstanzlich obsiegende Arbeitnehmer ist grundsätzlich weiter zu beschäftigen (vgl. → Rz. 2961 f.).

VI. Inhalt des Aufhebungsvertrages von A – Z

4061 Der mögliche Inhalt von Aufhebungsverträgen ist denkbar weit und kann nur im jeweiligen Einzelfall präzisiert werden. Die selbstverständliche **Kernregelung** eines jeden Aufhebungsvertrages ist die einvernehmliche Beendigung des Arbeitsverhältnisses. Jedoch sollte stets sorgfältig geprüft werden, inwieweit ein **Regelungsbedarf für weitere Punkte** besteht.

1. Art und Anlass der Beendigung

Da es sich bei der Aufhebung eines Arbeitsverhältnisses im Gegensatz zur Kündigung um ein gegenseitiges Rechtsgeschäft handelt, muss hierüber zwischen den Parteien ein **Einvernehmen** erzielt werden. Anlass für die Herstellung eines solchen Einvernehmens kann selbstverständlich eine zuvor arbeitgeber- oder arbeitnehmerseitig ausgesprochene Kündigung sein.

4062

Wegen der möglichen **Verhängung einer Sperrzeit nach § 144 SGB III**, kommt dem Anlass für die Beendigung des Arbeitsverhältnisses entscheidende Bedeutung zu. Um eine Sperrzeit zu vermeiden, sollte in dem Vertrag der **Anlass für die Beendigung** möglichst detailliert mit aufgenommen werden. Dies bedeutet:

- **Vor Ausspruch einer arbeitgeberseitigen Kündigung**
Aus dem Vertrag muss hervorgehen, dass die Auflösung des Arbeitsverhältnisses zur Vermeidung einer arbeitgeberseitigen Kündigung vereinbart worden ist, die sonst entweder personen- oder betriebsbedingt erfolgt wäre.

- **Nach Ausspruch einer arbeitgeberseitigen Kündigung**
Hier sollte deutlich werden, ob es sich um eine personen- oder betriebsbedingte Kündigung gehandelt hat.

Im Fall einer verhaltensbedingten Kündigung kommt bei Vorliegen der entsprechenden Voraussetzungen zur Vermeidung einer Sperrzeit ein **Tatsachenvergleich** in Betracht (s. → Rz. 4048).

2. Beendigungszeitpunkt

Eine Rückwirkung des Aufhebungsvertrages nach Arbeitsaufnahme ist grundsätzlich nicht möglich. Irrelevant ist der Beendigungszeitpunkt bei einer möglichen außerordentlichen Kündigung. Wird hingegen bei einer möglichen ordentlichen Kündigung eine der ordentlichen Kündigungsfrist entsprechende Frist bis zum Ausscheiden des Arbeitnehmers aus dem Arbeitsverhältnis nicht eingehalten, kommt es zu einem möglichen **Ruhen des Anspruchs auf Arbeitslosengeldzahlung**. Zu bedenken ist auch, dass dem Arbeitnehmer, der in die Arbeitslosigkeit entlassen wird, nur ein zeitlich begrenzter Anspruch auf **Arbeitslosengeld** zusteht. Dessen Länge hängt von der die Beitragspflicht begründenden Beschäftigung ab. Hier ist, wenn möglich, darauf zu achten, dass die **nächst höhere Stufe** nicht um nur wenige Tage **verfehlt** wird. Dies zeigt, wie wichtig die genaue Vorbereitung des Aufhebungsvertrages ist.

4063

3. Abfindung

Aus Sicht des Arbeitnehmers steht häufig die Frage der **Abfindungszahlung** im Vordergrund. Aber auch der Arbeitgeber wird sich in seinem eigenen Interesse hiermit befassen müssen, da ansonsten wirtschaftliche Nachteile und/oder Folgestreitigkeiten drohen. Grundsätzlich gilt, und das ist zunächst für manchen Arbeitnehmer überraschend, es gibt

4064

keinen Abfindungsautomatismus. Eine Abfindung muss vielmehr vereinbart werden oder worden sein.

a) Aufhebungsvertrag ohne Abfindung

4065 Auch ein Aufhebungsvertrag, in dem keine Abfindungszahlung durch den Arbeitgeber vorgesehen ist, ist wirksam, in der Praxis jedoch selten.

Häufiger Fall des Verzichts auf eine Abfindungsklausel im Arbeitsvertrag ist der der **Ersetzung einer begründeten außerordentlichen Kündigung durch die einvernehmliche Beendigung des Arbeitsverhältnisses**, um mögliche Nachteile des Arbeitnehmers beim Bezug von Arbeitslosengeld zu vermeiden. Eine solche Vereinbarung ist allerdings, außer bei einem Tatsachenvergleich, nur dann möglich, wenn der Arbeitnehmer ohne das Verhalten auch aus anderen Gründen hätte kündigen können.

BEISPIEL:

Der Arbeitnehmer hat durch ein schwerwiegendes Fehlverhalten Anlass für eine außerordentliche Kündigung gegeben. Der Arbeitgeber könnte unabhängig davon dem Arbeitnehmer aber auch betriebsbedingt kündigen.

Wie im Fall der Kündigung steht es dem Arbeitgeber auch im Rahmen eines Aufhebungsvertrages frei, auf welche Gründe er die Auflösung des Arbeitsverhältnisses stützt. Ebenso wenig wie es eine Zwangskündigung gibt, besteht ein **Begründungszwang**!

Auch im Hinblick auf das berufliche Fortkommen des Arbeitnehmers kann es in solchen Fällen sinnvoll sein, statt eines Kündigungsausspruchs die abfindungslose Aufhebung des Arbeitsverhältnisses zu vereinbaren.

b) Höhe des Abfindungsanspruchs

4066 Während § 10 KSchG für die Auflösung des Arbeitsverhältnisses durch Urteil des Arbeitsgerichts bestimmte Höchstgrenzen festsetzt (s. Pauly, AuR 1997, 145), bestehen solche für die einvernehmliche Aufhebung des Arbeitsverhältnisses nicht. **Die Parteien sind also grundsätzlich frei, höhere oder niedrigere Beträge zu vereinbaren.** In der Praxis schwankt jedoch die Abfindung für den Verlust des Arbeitsplatzes zwischen 50% und 100% eines Bruttomonatseinkommens je Jahr der Beschäftigung im Unternehmen. Mit steigendem Lebensalter und wachsender Beschäftigungsdauer nimmt die Höhe der Abfindung zu. Ebenfalls bedeutsam sind die Aussichten des Arbeitnehmers in einem Bestandsschutzprozess. Muss der Arbeitgeber dem Arbeitnehmer also den Bestandsschutz quasi abkaufen, was insbesondere bei Sonderkündigungsschutz in Betracht kommt, wird eine relativ hohe Abfindung zu zahlen sein. Insgesamt wird man **holzschnittartig** mit folgender **Formel** arbeiten können:

Abfindung = 0,25 – 1 Monatsgehalt (abhängig von der sozialen Schutzbedürftigkeit) x Beschäftigungsdauer in Jahren x Risikofaktor (Chancen in einem Bestandsschutzprozess)

Zu berücksichtigen sind u.U. auch **Gleichbehandlungsgesichtspunkte,** wenn an mehrere Arbeitnehmer nach einem bestimmten Schlüssel Abfindungen wegen einer betrieblich veranlassten Aufhebung des Arbeitsverhältnisses gezahlt werden. Hier wird die Rechtsprechung zu Sozialplanleistungen entscheidende Anhaltspunkte liefern können *(s. BAG 08.03. 1995, EzA § 242 BGB Gleichbehandlung Nr. 62; s. auch BAG 07.11.1995, NZA 1996, 778).*

c) Fälligkeit der Abfindung

Der Anspruch auf Zahlung einer Abfindung wird mangels abweichender Abreden nach § 271 Abs. 1 BGB **sofort fällig.** Schon aus Gründen der Rechtssicherheit und um Folgestreitigkeiten zu vermeiden, ist jedoch die Fälligkeitsabrede grundsätzlich zu empfehlen.

4067

In der Rechtsprechung nicht einheitlich beurteilt wird bspw. die Fälligkeit eines Abfindungsanspruchs dann, wenn im Aufhebungsvertrag allgemein festgelegt wird, dass eine Abfindung aus Anlass der Beendigung des Arbeitsverhältnisses gezahlt werden soll und nur der Beendigungszeitpunkt konkret vereinbart wird. Nach teilweise vertretener Auffassung soll dieser Formulierung zu entnehmen sein, dass die Abfindung bis zum Ausscheidenszeitpunkt fällig wird. Nach anderer Ansicht ist jedenfalls **ein im arbeitsgerichtlichen Vergleich titulierter Abfindungsanspruch** mangels abweichender Abrede auch dann sofort zur Zahlung fällig, wenn das Arbeitsverhältnis im Zeitpunkt des Vergleichsabschlusses noch nicht beendet ist, sondern gemäß der ausgehandelten Vergleichsregelung noch gewisse Zeit fortdauert. Diese Unsicherheit sollte durch eine Fälligkeitsabrede vermieden werden.

Ebenso ist wegen des im Steuerrecht nach § 11 Abs. 1 EStG geltenden »**Zuflussprinzips**«, wonach auch eine Abfindung erst in dem Jahr zu versteuern ist, in welchem sie dem Arbeitnehmer ausgezahlt wird, eine Fälligkeitsvereinbarung ratsam. Kann auf diese Weise der Zufluss auf einen Gewinnermittlungszeitraum verschoben werden, in welchem mit niedrigeren Einkünften zu rechnen ist, kommt der Arbeitnehmer bei der Versteuerung der Abfindung in den Genus einer niedrigeren Progression.

BEISPIEL:

Aufhebung des Arbeitsverhältnisses gegen Zahlung einer Abfindung. Der Arbeitnehmer geht im Folgejahr in Pension.

Hier wird der Arbeitnehmer im Jahr der Pensionierung regelmäßig niedrigere Steuern zu zahlen haben. Damit empfiehlt es sich, den den Steuerfreibetrag der Abfindung übersteigenden Betrag erst im Jahr der Pensionierung auszuzahlen, um den **Progressionsvorteil** zu nutzen. Dies alles ist jedoch angesichts der gravierenden Änderungen im Steuerrecht nicht unproblematisch.

d) Abtretbarkeit des Abfindungsanspruchs

Nach § 399 BGB kann eine Forderung dann nicht abgetreten werden, wenn entweder die Leistung an einen anderen als den ursprünglichen Gläubiger nicht ohne Veränderung ihres Inhalts erfolgen kann oder wenn die Abtretung durch Vereinbarung mit dem Schuldner ausgeschlossen worden ist.

4068

Der **Entschädigungscharakter der Abfindung** steht einer Abtretung nicht entgegen. Insbesondere ist hiermit nicht eine Inhaltsänderung des Anspruchs im eingangs erwähnten Sinne verbunden. Ebenso wenig handelt es sich bei der Abfindung um einen höchstpersönlichen Anspruch, was eine Abtretung ebenfalls ausschließen würde.

Zu beachten sind jedoch die **Pfändungsfreigrenzen**. So ist nach § 400 BGB die Abtretung einer Forderung dann ausgeschlossen, wenn diese nicht der Pfändung unterworfen ist.

Eine **Abtretung** des Abfindungsanspruchs ist bereits **im voraus** zulässig, wenn der Anspruch hinreichend bestimmt oder zumindest bestimmbar ist. So kann bspw. ein Abfindungsanspruch schon dann abgetreten werden, wenn sich die Parteien über die Zahlung einer bestimmten Abfindungssumme geeinigt haben, die Fälligkeit der Zahlung aber noch gar nicht bestimmt oder für einen späteren Zeitpunkt festgelegt haben.

e) Aufrechnung gegen den Abfindungsanspruch

4069 Will der Arbeitgeber gegen die Abfindungsforderung des Arbeitnehmers **aufrechnen**, etwa wegen eines Schadensersatzanspruchs, so ist insbesondere die Vorschrift des § 394 BGB zu beachten. Danach kann gegen eine Forderung, soweit diese der Pfändung nicht unterworfen ist, nicht aufgerechnet werden. Inwieweit die Abfindungszahlung gepfändet werden kann, richtet sich nach den **allgemeinen Pfändungsvorschriften** der §§ 850 ff. ZPO.

Eine große Rolle kommt hier der Vorschrift des § 850 i BGB zu, derzufolge das Vollstreckungsgericht auf **Pfändungsschutzantrag** des beklagten Arbeitnehmers einen Teil der Abfindung für unpfändbar erklären kann (s. → Rz. 4070).

Selbstverständlich kann auch ein **Aufrechnungsverbot** vereinbart werden. Ob eine entsprechende stillschweigende Vereinbarung schon immer dann anzunehmen ist, wenn der Arbeitgeber sich zur Auszahlung des Abfindungsanspruchs zu einem bestimmten Termin und auf eine bestimmte Art und Weise verpflichtet (insbesondere bei Barzahlungsvereinbarungen), erscheint fraglich.

Allerdings kann der mit der Abfindungszahlung verfolgte Zweck eine andere Beurteilung gebieten. Gehen etwa beide Seiten davon aus, dass dem Arbeitnehmer kein Arbeitslosengeld zusteht und er von der Abfindungszahlung für einen bestimmten Zeitraum leben soll, wird ein **stillschweigender Abschluss eines Aufrechnungsverbots** über die Pfändungsfreigrenzen hinaus anzunehmen sein.

f) Pfändbarkeit des Abfindungsanspruchs

4070 Gemäß den Vorschriften der §§ 850 ff. ZPO unterliegt Arbeitseinkommen, das in Geld zahlbar ist, in bestimmtem Umfang einem **Pfändungsschutz**. Auch **Abfindungszahlungen sind Arbeitseinkommen** im Sinne dieser Vorschriften, da die Abfindung ihrer Zweckbestimmung nach in erster Linie, noch vor ihrer Entschädigungsfunktion, der **Sicherung des Lebensunterhalts** des Arbeitnehmers dient.

Dies bedeutet in der Praxis, dass von einem auf Antrag eines Gläubigers des Arbeitnehmers **formularmäßig erlassenen Pfändungs- und Überweisungsbeschluss** der Abfindungsanspruch zunächst mit erfasst wird. Für die Abfindung gelten im Übrigen die Pfändungsfreigrenzen des § 850 c ZPO nicht, da diese Vorschrift ein Arbeitseinkommen für einen fest umrissenen Zeitraum voraussetzt. Der Arbeitgeber darf also in diesem Fall weder den die Pfändungsfreigrenzen des regelmäßigen Arbeitseinkommens übersteigenden Betrag noch die Abfindung ohne Zustimmung des Drittgläubigers an den Arbeitnehmer auszahlen. Ansonsten droht eine doppelte Inanspruchnahme!

Da es sich bei einer Abfindung um eine einmalige, nicht wiederkehrende Leistung handelt, kann der Arbeitnehmer jedoch die **volle Pfändbarkeit der Abfindung** abwenden, indem er einen Antrag nach § 850 i ZPO an das zuständige Vollstreckungsgericht stellt. Nach dieser Vorschrift hat das Gericht dann dem Arbeitnehmer soviel von der Abfindung zu belassen, als er während eines angemessenen Zeitraums für seinen Lebensunterhalt benötigt.

Dieser Vollstreckungsschutz schlägt über die entsprechenden gesetzlichen Bestimmungen durch auf die Grenzen der

→ Aufrechenbarkeit und der

→ Abtretbarkeit des Abfindungsanspruchs (s. → Rz. 4068).

g) Vererblichkeit des Abfindungsanspruchs

Grundsätzlich ist der Abfindungsanspruch, wie jede andere Forderung auch, **vererblich**. Im Einzelfall relevant werden kann in diesem Zusammenhang die Frage, ob das **Erleben des Auflösungszeitpunktes** Voraussetzung für den Anspruch der Erben ist. Fehlt es hier an einer – empfehlenswerten – vertraglichen Regelung, so hängt dies von einer **Auslegung der Abfindungsvereinbarung** ab. Das BAG *(26.08.1997, EzA § 611 BGB Aufhebungsvertrag Nr. 29)* geht hier grundsätzlich davon aus, dass auch der **Tod des Arbeitnehmers vor dem avisierten Beendigungszeitpunkt** die Verpflichtung des Arbeitgebers zur Zahlung der Abfindung entfallen lässt. Dies gilt jedenfalls dann, wenn es um einen Aufhebungsvertrag im Rahmen eines Frühpensionierungsprogramms geht. Hier ist davon auszugehen, dass ein vererblicher Abfindungsanspruch nicht entsteht, da die Abfindungsvereinbarung in einem solchen Fall erkennbar nur sinnvoll ist, wenn zu dem Auflösungstermin tatsächlich noch ein Arbeitsverhältnis bestand *(BAG 25.09.1996, EzA § 112 BetrVG 1972 Nr. 89; s. zuletzt BAG 16.05.2000, EzA § 611 BGB Aufhebungsvertrag Nr. 36)*.

4071

Die Betriebsparteien sollten diese Rechtsprechung bedenken und ggf. anderweitige Regelungen in einem Sozialplan treffen, jedenfalls aber eine entsprechende Verteilung der Risikosphären vornehmen.

I.Ü. wird es in sonstigen Fällen eine Frage der **Auslegung der vertraglichen Abreden** sein, was beim vorzeitigen Tod des Arbeitnehmers zu gelten hat.

4072

z.B. Entscheidende Bedeutung kann in diesem Zusammenhang etwa der Frage zukommen, ob der Arbeitgeber den Arbeitnehmer ab dem Zeitpunkt der Auflösungsvereinbarung **unwiderruflich freistellt**. Hierdurch gibt er nämlich zu erkennen, dass er den Vertrag für zumindest teilweise erfüllt ansieht und nicht von weiteren Bedingungen abhängig machen will.

Tipp Grundsätzlich kann den Parteien nur eine schriftliche Regelung des Problems angeraten werden.

h) Abfindung und neuer Beendigungstatbestand

4073 Ähnliche Probleme wie bei der Vererbbarkeit des Abfindungsanspruchs stellen sich dann, wenn das Arbeitsverhältnis vor dem im Aufhebungsvertrag vereinbarten Termin durch einen **neuen Beendigungstatbestand** (z.B. außerordentliche Kündigung) beendet wird.

BEISPIEL:

z.B. Arbeitgeber A und Arbeitnehmer B kommen am 02.04. überein, das zwischen ihnen bestehende Arbeitsverhältnis zum 30.06. gegen Zahlung einer Abfindung von 10.000 EUR aufzulösen, da »man sich auseinandergelebt habe«. 2 Tage nach dieser Vereinbarung erfährt A, dass dem B ein Spesenbetrug zur Last fällt. Daraufhin entschließt er sich zur außerordentlichen Kündigung und verweigert die Zahlung der Abfindung.

Auch hier ist im Wege der **Vertragsauslegung** das Schicksal des Abfindungsanspruchs zu klären. Dabei ist u.a. zu berücksichtigen, ob der Arbeitnehmer oder der Arbeitgeber den **neuen Beendigungstatbestand schuldhaft herbeigeführt** hat.

4074 Geht man mit der **Rechtsprechung des BAG** davon aus, dass der Arbeitnehmer mit der Einwilligung in den Aufhebungsvertrag seine Leistung erbracht hat, so ist ein aus der Sphäre des Arbeitgebers stammender anderweitiger Beendigungstatbestand grundsätzlich jedenfalls nicht geeignet, den Abfindungsanspruch zu beseitigen. Hat der Arbeitnehmer hingegen schuldhaft den neuen Beendigungstatbestand herbeigeführt, kommt möglicherweise ein Wegfall der Geschäftsgrundlage für den Aufhebungsvertrag in Betracht, was zu einer rückwirkenden Unwirksamkeit des Vertrages führen kann. Dies ist etwa im Beispielsfall anzunehmen.

Letztlich sind aber die Umstände des Einzelfalles entscheidend. Eine Vereinbarung der Auswirkungen eines neuen Beendigungstatbestandes auf den Abfindungsanspruch ist hilfreich und unbedingt zu empfehlen. Eindeutig ist etwa folgende Formulierung: »Sollte das Arbeitsverhältnis vor dem vorgesehen Beendigungstermin aus sonstigen Gründen beendet werden, entfällt der Abfindungsanspruch«. Aber auch in Tarifverträgen finden sich gelegentlich derartige Klauseln (s. etwa BAG 28.10.1999, EzA-SD 23/1999 S. 3 – Rückzahlung einer Abfindung wegen Bezugs einer Erwerbsunfähigkeitsrente).

i) Abfindungsanspruch und tarifliche Ausschlussfrist

Ob ein Abfindungsanspruch einer **tariflichen Ausschlussfrist** unterfällt, hängt zunächst von dem Inhalt der zugrundeliegenden Tarifnorm ab. Tarifliche Verfallklauseln können auf tarifliche Ansprüche oder sonstige, einzeln aufgeführte Forderungen beschränkt sein. In der Praxis haben sich jedoch Klauseln durchgesetzt, die alle möglichen Ansprüche aus und in Zusammenhang mit dem Arbeitsverhältnis umfassen.

4075

> **Muster:**
> »Alle beiderseitigen Ansprüche aus dem Arbeitsverhältnis und solche, die mit dem Arbeitsverhältnis in Verbindung stehen, verfallen, wenn sie nicht innerhalb von 3 Monaten nach Fälligkeit gegenüber der anderen Vertragspartei schriftlich geltend gemacht werden«.

Eine solche Klausel umfasst grundsätzlich auch den Abfindungsanspruch. Dies gilt nach der Rechtsprechung des BAG allerdings nicht für eine Abfindung, die nach § 9 und § 10 KSchG zwischen Arbeitgeber und Arbeitnehmer in einem **gerichtlichen Vergleich** vereinbart worden ist.

j) Verjährung des Anspruchs auf Abfindungszahlung

Die Frage nach dem Zeitpunkt der **Verjährung eines Anspruchs auf Abfindungszahlung**, der nicht auf einem gerichtlichen Prozessvergleich beruht, wird in der Rechtsprechung unterschiedlich beantwortet.

4076

Nach überwiegender Meinung verjährt in Anwendung des § 196 Abs. 1 Nr. 8 bzw. Nr. 9 BGB dieser Anspruch in 2 Jahren. Folgt man dieser Ansicht, so ist zu bedenken, dass die Verjährung erst mit dem **Schluss des Kalenderjahres** beginnt, in dem der Abfindungsanspruch fällig wird. Nach anderer Ansicht soll die **Regelverjährungsfrist** des § 195 BGB, also 30 Jahre, zur Anwendung gelangen, da Abfindungsansprüche nicht laufend monatlich oder zu bestimmten Zeiten wiederkehrend erbracht werden.

Dieser Auffassung hat sich zuletzt das LAG Niedersachsen *(26.06.2001, 10 Sa 1753/00)* mit der Begründung angeschlossen, dass die Abfindung eben gerade kein Äquivalent für die erbrachte Arbeitsleistung sei.

Ein in einem **gerichtlichen Vergleich** festgelegter Abfindungsanspruch unterliegt im Gegensatz zu den außergerichtlichen Abfindungsansprüchen einer 30-jährigen Verjährung. Dies ergibt sich aus der Regelung des § 218 BGB.

Angesichts der Unsicherheiten hinsichtlich des Verjährungsbeginns empfiehlt es sich, die Rechtsprechung des zuständigen LAG zu ermitteln! Auch gilt es, sorgfältig die Neuregelungen im sog. **Schuldrechtsmodernisierungsgesetz** zu beachten.

k) Insolvenzrechtliche Behandlung des Abfindungsanspruchs

4077 Die insolvenzrechtliche **Einordnung von Abfindungsansprüchen** richtet sich nach den allgemeinen Vorschriften der InsO. Eine Bevorrechtigung kommt demnach grundsätzlich nicht in Betracht. Um eine bevorrechtigte Masseschuld handelt es sich nur dann, wenn sich der Insolvenzverwalter und der Arbeitnehmer auf einen Abfindungsvergleich einigen.

l) Abfindungsanspruch und Vergleichsverfahren

4078 Nach Außerkrafttreten der Vergleichsordnung haben sich die Fragen der Behandlung von Abfindungsansprüchen im Vergleich erledigt (s. hierzu die Vorauflagen).

m) Abfindungsanspruch und Sozialplan

4078a Besteht ein **Sozialplan**, so kann der Arbeitnehmer nicht ohne weiteres im Rahmen des Aufhebungsvertrages gegen Abfindungszahlung auf **Sozialplanleistungen** verzichten (s. §§ 77 Abs. 4 Satz 2, 112 Abs. 1 Satz 3 BetrVG). Vielmehr bedarf es der Zustimmung des Betriebsrats. Dies gilt auch, wenn der Arbeitnehmer vor Aufstellung des Sozialplans, aber in **zeitlichem und innerem Zusammenhang mit der geplanten Betriebsänderung** aufgrund eines Aufhebungsvertrages ausscheidet. Der ausgeschiedene Arbeitnehmer unterfällt hier ebenfalls dem Sozialplan mit der Folge einer eventuellen Kumulation von einzelvertraglicher Abfindung und Sozialplanabfindung. Allerdings ist nach der Rechtsprechung regelmäßig von einem stillschweigend vereinbarten **Anrechnungsvorbehalt** auszugehen. Schon um keine falschen Hoffnungen zu wecken, empfiehlt sich eine **Anrechnungsvereinbarung**. Zu verrechnen sind i.Ü. nach der Rechtsprechung *(BAG 20.11.2001, 1 AZR 97/01)* auch Ansprüche auf Nachteilsausgleich wegen Nichtdurchführung oder nicht richtiger Durchführung des Verfahrens nach §§ 111, 112 BetrVG.

Die Herausnahme von **aus betrieblichen Gründen per Aufhebungsvertrag** ausgeschiedenen Arbeitnehmern aus Sozialplanleistungen ist im Übrigen regelmäßig nicht möglich *(BAG 20.04.1993, EzA § 112 BetrVG 1972 Nr. 68)*. Der betrieblich veranlasste Aufhebungsvertrag steht insoweit unter dem Gesichtspunkt der Gleichbehandlung der betriebsbedingten Kündigung regelmäßig gleich *(BAG 20.04.1994, EzA § 112 BetrVG 1972 Nr. 75)*. Allerdings können die Betriebspartner in einem Sozialplan vereinbaren, dass Arbeitnehmer, die nach Bekanntwerden eines vom Arbeitgeber zunächst **geplanten Personalabbaus** einen Aufhebungsvertrag vereinbart haben, eine geringere Abfindung erhalten als diejenigen, die eine solche Beendigungsvereinbarung erst nach der später erfolgten Mitteilung des Arbeitgebers geschlossen haben, er beabsichtige seinen **Betrieb stillzulegen** *(BAG 24.11.1993, EzA § 112 BetrVG 1972 Nr. 71)*.

Auch kann es u.U. gerechtfertigt sein, die Arbeitnehmer ganz von Sozialplanabfindungen auszunehmen, die ihr Arbeitsverhältnis durch Aufhebungsvertrag gelöst haben, nachdem sie eine neue Beschäftigung gefunden hatten – *ggf. auch durch Hilfe des bisherigen Arbeitgebers (BAG 25.11.1993, EzA § 242 BGB Gleichbehandlung Nr. 58)*. Ersteres wird sich in der Regel nur selten beweisen lassen; bei arbeitgeberseitiger Vermittlung eines neuen Arbeitsplatzes ist dies anders.

Ein **Aufhebungsvertrag** ist nicht schon dann **vom Arbeitgeber veranlasst**, wenn dieser den Arbeitnehmern nur unter Hinweis auf die wirtschaftliche Lage des Unternehmens rät, sich um eine neue Arbeitsstelle zu bemühen. Der Aufhebungsvertrag muss vielmehr an die Stelle einer sonst im Zuge der Betriebsänderung notwendig erscheinenden Kündigung treten. Hierfür ist es erforderlich, dass der Arbeitgeber die Betriebsänderung in Umrissen darlegt und den betroffenen Arbeitnehmer darauf hingewiesen hat, dass auch in dem Betrieb, in dem er tätig ist, ein möglicherweise auch ihn betreffender Personalabbau geplant ist. Liegt nach diesen Kriterien ein **betrieblich veranlasster Aufhebungsvertrag** vor, so ist noch offen, ob in der Höhe der Sozialplanabfindung danach differenziert werden kann, ob der Arbeitnehmer wegen seines Alters (über 58 Jahre) endgültig aus dem Arbeitsverhältnis ausscheidet und mithin eine Vermutung für ein Anschlussarbeitsverhältnis nicht besteht.

Die Rechtsprechung zur **betrieblichen Veranlassung** einer Kündigung ist, wie die vorhergehenden Beispiele zeigen, kompliziert. Grundsätzlich muss sich der Arbeitgeber darauf einstellen, dass aus betriebsbedingten Gründen per Aufhebungsvertrag ausgeschiedene Arbeitnehmer mit der Forderung nach Sozialplanleistungen an ihn herantreten. Zu den bei der Abfindungszahlung auftretenden Gleichbehandlungsproblemen *(BAG 08.03.1995, EzA § 242 BGB Gleichbehandlung Nr. 62;* s. → Rz. 4066).

Auch **Höchstbeträge** für **Sozialplanabfindungen** können vorgesehen werden. Die Rechtsprechung zeigt sich hier relativ großzügig *(s. nur BAG 19.10.1999, EzA-SD 22/1999 S. 3)*.

n) Abfindungsanspruch und Karenzentschädigung

Eine auch **erhöhte Abfindungszahlung** ersetzt **keine** unbedingte **Zusage** einer **Karenzentschädigung** i.S.d. § 74 HGB. Manipulationen sind hier nicht möglich. Es kann also nicht vereinbart werden, dass der Arbeitnehmer gegen eine bestimmte, erhöhte Abfindungssumme ausscheidet und dafür auf eine ihm ansonsten zustehende Karenzentschädigung verzichtet. Hier ist der Arbeitnehmer nicht gehindert, Konkurrenztätigkeiten zu entfalten (s. auch → Rz. 3090a). Es gilt: **Abfindung und Karenzentschädigung strikt voneinander trennen; ein Wettbewerbsverbot kann nur durch Zusage einer Karenzentschädigung erkauft werden.**

4078b

o) Rücktritt vom Aufhebungsvertrag

Unter Umständen kann der Arbeitnehmer **vom Aufhebungsvertrag zurücktreten**, wenn der Arbeitgeber mit der Zahlung der Abfindung in Verzug gerät. Die **Einzelheiten sind streitig.** Grundsätzlich kann der Arbeitnehmer aber von einem **Rücktrittsrecht aus § 326 BGB** Gebrauch machen, wenn der Arbeitgeber auf eine Mahnung mit Nachfristsetzung hin, seinen Zahlungspflichten nicht nachkommt. Allerdings kann § 326 BGB abbedungen werden *(s. LAG Köln 07.01.1996, BB 1996, 907)*. Dies kann auch konkludent geschehen.

4078c

Will der Arbeitgeber hier sichergehen, sollte er eine entsprechende Klausel ausdrücklich in den Aufhebungsvertrag aufnehmen. Ansonsten muss er sich der Diskussion stellen, ob

– wie für § 326 BGB erforderlich – Abfindung und einvernehmliche Beendigung des Arbeitsverhältnisses in einem **Gegenseitigkeitsverhältnis** stehen.

4. Freistellung

4079 In Zusammenhang mit einem Aufhebungsvertrag ist auch zu überlegen, ob der Arbeitnehmer bis zum Zeitpunkt der rechtlichen Beendigung des Arbeitsverhältnisses von der Leistungserbringung freigestellt werden soll.

a) Beschäftigungsanspruch des Arbeitnehmers

Festzuhalten ist zunächst, dass bis zur rechtlichen Beendigung auf Arbeitgeberseite ein Leistungsanspruch besteht, der auf Arbeitnehmerseite mit einem Beschäftigungsanspruch korrespondiert.

Daher kommt grundsätzlich nur eine einverständliche **Abbedingung der Leistungspflicht** und damit auch des Beschäftigungsanspruchs in Betracht. Hierbei muss unbedingt in Erwägung gezogen werden, ob anderweitig in der Freistellungsperiode erzielter Verdienst angerechnet werden soll (vgl. → Rz. 4082).

b) Resturlaub

4080 Weiterhin ist im Fall einer einvernehmlichen Freistellung zu überlegen, ob der Arbeitnehmer **widerruflich oder unwiderruflich freigestellt** werden soll. Zu berücksichtigen ist insoweit, dass eine widerrufliche Freistellung des Arbeitnehmers einer Urlaubserteilung nicht gleich steht, da dieser stets mit einem Rückruf an den Arbeitsplatz rechnen muss und dementsprechend nicht frei disponieren kann. Bei einer unwiderruflichen Freistellung wird man hingegen davon ausgehen müssen, dass damit zugleich stillschweigend der Resturlaub erteilt wurde.

Um Streitfälle zu vermeiden empfiehlt es sich aber unbedingt, zur Klarstellung eine entsprechende Klausel in den Aufhebungsvertrag aufzunehmen.

> **Muster:**
> Der Arbeitnehmer wird unter Anrechnung seines Resturlaubs bis zum.... »freigestellt«.

Auch wenn dies unterblieben ist, kann nach der Rechtsprechung in einem solchen Fall die Geltendmachung eines Urlaubsabgeltungsanspruchs ausnahmsweise rechtsmissbräuchlich sein. Ein – auch **vergleichsweise** erklärter – **Verzicht** auf den gesetzlichen **Mindesturlaubsanspruch** ist i.Ü. unwirksam (BAG 20.01.1998, EzA § 13 BUrlG Nr. 57; vgl. → Rz. 4821).

c) Konkurrenztätigkeit

Auch während des **Freistellungszeitraums** ist dem Arbeitnehmer grundsätzlich eine **Konkurrenztätigkeit** verboten, da das gesetzliche Wettbewerbsverbot des § 60 HGB trotz Freistellung weiter gilt (s. → Rz. 3000 ff.). 4081

Entfaltet der Arbeitnehmer gleichwohl eine Konkurrenztätigkeit, berechtigt dies den Arbeitgeber zur **Kündigung**. Unter Umständen kommt hier sogar eine fristlose Kündigung in Betracht.

BEISPIEL:

Arbeitgeber A und Arbeitnehmer B lösen das Arbeitsverhältnis am 04.05.1992 mit Wirkung zum 01.08.1992 auf. B wird unwiderruflich freigestellt. Schon am Folgetag nimmt er nach einem vorher gefassten Plan eine Konkurrenztätigkeit auf.

Unsicher ist, wie sich die Wettbewerbstätigkeit und die daraufhin ausgesprochene Kündigung auf den Abfindungsanspruch auswirkt. Daher ist es empfehlenswert, eine entsprechende Vertragsklausel aufzunehmen (s. → Rz. 4173).

d) Anrechnung anderweitigen Erwerbs

Regelungsbedürftig ist u.a. auch die Frage der **Anrechnung von anderweitigem Erwerb**, der während einer Freistellung vom Arbeitnehmer möglicherweise erzielt wird. Zu klären ist hier also, ob und gegebenenfalls in welcher Höhe sich der Arbeitnehmer auf den vom Arbeitgeber während der Freistellung weiter bezahlten Arbeitslohn einen anderweitig erzielten Erwerb anrechnen lassen muss. 4082

Es ist hier dringend zu empfehlen, Vorsorge durch eine entsprechende **Anrechnungsvereinbarung** zu treffen, andernfalls kann es zweifelhaft sein, ob sich der Arbeitnehmer seinen anderweitigen Verdienst auf die weiter bezahlten Bezüge anrechnen lassen muss. Dies muss durch eine **Auslegung der getroffenen Vereinbarung** werden. Insoweit spricht für eine Anrechnung, dass bei einer einvernehmlichen Aufhebung der Arbeitspflicht unter Fortzahlung der Bezüge der Arbeitnehmer keinen wirtschaftlichen Nachteil erleidet. Insoweit erscheint es unbillig, wenn der Arbeitnehmer ohne die Anrechnung anderweitiger Bezüge in die Lage versetzt wird, doppelt zu verdienen.

In der Rechtsprechung wird aber zum Teil die gegenteilige Auffassung vertreten. Der Arbeitgeber habe schließlich freiwillig auf die Erbringung der Arbeitsleistung verzichtet. Ohne eine gegenteilige Vereinbarung komme daher eine Anrechnung des anderweitigen Erwerbs nicht in Betracht. Eine weit gefasste Ausgleichsklausel (s. hierzu → Rz. 4811) kann die Anrechnung anderweitigen Erwerbs verhindern. Hier ist Vorsicht geboten, will man vor unliebsamen Überraschungen sicher sein. Jedenfalls kommt eine Anrechnung keinesfalls in Betracht, wenn hierüber im Rahmen der Aufhebungsvereinbarung gesprochen wurde, die Parteien aber letztlich eine entsprechende Vereinbarung nicht getroffen haben *(LAG Baden-Württemberg 21.06.1994, LAGE § 615 BGB Nr. 41)*. Hier ist der Weg der ergänzenden Vertragsauslegung versperrt.

e) Freistellung und Arbeitslosengeld

4083 Stellt der Arbeitgeber den Arbeitnehmer gegen dessen Willen und ohne Fortzahlung der Bezüge von der Arbeitsleistung frei, so hat dieser **Anspruch auf Zahlung von Arbeitslosengeld**. Auch im ungekündigten Arbeitsverhältnis kann Arbeitslosengeld beansprucht werden, wenn die Arbeitskraft des Arbeitnehmers vom Arbeitgeber nicht angenommen, also keine weitere Verfügungsmacht beansprucht wird.

Allerdings hat in diesem Fall die Bundesanstalt für Arbeit gegen den Arbeitgeber nach § 115 SGB X einen **Rückgriffsanspruch** in Höhe der erbrachten Zahlungen. Nach dieser Vorschrift geht ein Anspruch des Arbeitnehmers gegen den Arbeitgeber auf den Leistungsträger insoweit über, als der Arbeitgeber den Anspruch des Arbeitnehmers auf Arbeitsentgelt nicht erfüllt und deshalb ein Leistungsträger Sozialleistungen erbracht hat. Da dem Arbeitnehmer in der geschilderten Situation ein **Anspruch auf Verzugslohn** zusteht, wird regelmäßig ein Anspruchsübergang stattfinden.

Siehe hierzu auch das Stichwort »Arbeitslosengeldanspruch« unter → Rz. 4085.

Steht der Bundesanstalt für Arbeit zugleich auch ein **Erstattungsanspruch nach § 147 a SGB III (§ 128 AFG a.F.)** zu, so geht gleichwohl der Anspruch aus § 115 SGB X vor, da beide Ansprüche unterschiedliche Wirkungen haben. Die – vorrangige – Befriedigung des übergegangenen Arbeitsentgeltanspruchs hat nämlich zur Folge, dass sich der Anspruch des Arbeitnehmers auf Arbeitslosengeld auf einen späteren Zeitraum verschiebt.

Ein Erstattungsanspruch nach § 147 a SGB III (§ 128 AFG a.F.) entfällt dann für den Zeitraum der ursprünglichen Gleichwohlgewährung.

5. Sonstiger Inhalt

4084 Das **Spektrum möglicher Regelungen** in einem Aufhebungsvertrag neben den bislang angesprochenen Fragen ist denkbar weit und orientiert sich an den Umständen des Einzelfalles. Die Aufhebungsvertragsparteien werden sich zu überlegen haben, welche Einzelpunkte einer Regelung zugeführt werden müssen.

Dabei sollten **taktische Erwägungen** nicht vernachlässigt werden. Oft ist es besser, zunächst Punkte bewusst offenzulassen, um das Erreichen des Hauptziels – einvernehmliche Beendigung des Arbeitsverhältnisses – nicht zu gefährden. Umgekehrt birgt eine nur knappe Regelung die Gefahr von Folgestreitigkeiten in sich. Hier gilt es jeweils abzuwägen.

Welche Fragen zu bedenken sind, kann mittels nachfolgender **Übersicht** geprüft werden.

Sonstiger Inhalt des Aufhebungsvertrages in Stichworten:
(in alphabetischer Reihenfolge)

4085
- **Arbeitgeberdarlehen,**
  Rückzahlung; eine Ausgleichsklausel in einem Prozessvergleich (»sämtliche wechselseitigen Ansprüche der Parteien aus dem Arbeitsverhältnis sind erledigt, gleich aus welchem Rechtsgrund«) erfasst nicht den Anspruch auf Rückzahlung eines Arbeitgeberdarlehens *(LAG Hamm 28.04.1995, LAGE § 794 ZPO Ausgleichsklausel Nr. 1).*

- **Arbeitslosengeldanspruch**
  Bezieht der Arbeitnehmer Arbeitslosengeld im Wege der sog. Gleichwohlgewährung (§ 143 Abs. 3 SGB III) und willigt er schließlich gegen Abfindungszahlung in die Beendigung des Arbeitsverhältnisses ein, ist der Arbeitgeber berechtigt, die von ihm an das Arbeitsamt zu erstattenden Beträge von der Abfindung abzuziehen und zwar auch dann, wenn die Parteien eine allgemeine Ausgleichsklausel vereinbart haben *(BAG 09.10.1996, EzA § 117 AFG Nr. 11)*. Hier werden häufig Fehler gemacht; der Abzug entspricht aber mangels anderweitiger klarer und eindeutiger Regelung der ständigen Rechtsprechung des BAG.

- **Aufklärungspflichten,**   **4086**
  Erfüllung durch Bestätigung des Arbeitnehmers sicherstellen.

- **Ausgleichsklausel,**   **4087**
  sollte jedenfalls aufgenommen werden. Aber Vorsicht: eingeschränkte Reichweite; bestimmte Ansprüche sind unverzichtbar! Die Formulierung in einem Prozessvergleich »Damit ist der Rechtsstreit ... erledigt« kann grundsätzlich nicht als Ausgleichsklausel ausgelegt werden *(LAG Köln 28.10.1994, NZA 1995, 739)*. Die folgende Ausgleichsklausel in einem Prozessvergleich (»sämtliche wechselseitigen Ansprüche der Parteien aus dem Arbeitsverhältnis sind erledigt, gleich aus welchem Rechtsgrund«) erfasst nicht den Anspruch auf Rückzahlung eines Arbeitgeberdarlehens *(LAG Hamm 28.04.1995, LAGE § 794 ZPO Ausgleichsklausel Nr. 1)*. Nachdem das BAG nun in mehreren Entscheidungen *(s. nur 04.12.1997, EzA § 1 KSchG Wiedereinstellungsanspruch Nr. 3)* einen Wiedereinstellungsanspruch des Arbeitnehmers gebilligt hat, kann es sich i.Ü. empfehlen, dem im Aufhebungsvertrag durch Aufnahme einer Klausel Rechnung zu tragen, in der der Arbeitnehmer auf sein Recht, bei Besserung der Auftragslage eine Wiedereinstellung geltend zu machen, verzichtet. Fehlt eine solche Regelung kommt eine Anpassung des Aufhebungsvertrages wegen Wegfalls der Geschäftsgrundlage in Betracht *(BAG a.a.O.)*.

- **Betriebliche Altersversorgung:**   **4088**
  - Abfindungsverbot nach §§ 3, 17 Abs. 3 BetrAVG für unverfallbare Versorgungsanwartschaft.
  - liegt noch keine unverfallbare Anwartschaft vor, geht Arbeitnehmer grundsätzlich leer aus; anderweitige Vereinbarung (Abfindung) aber möglich.
  - Tatsachenvergleich zulässig (vgl. → Rz. 4048).
  - Vereinbarungen über die Verrechnung künftiger Betriebsrentenansprüche mit Abfindungsansprüchen sind nach § 3 BetrAVG i.V.m. § 134 BGB nichtig; Rechtsfolge ungekürzter Versorgungsanspruch des Arbeitnehmers *(s. BAG 24.03.1998, EzA § 3 BetrAVG Nr. 5)*.
  - Zustimmung des Betriebsrats erforderlich, wenn Verzicht auf betriebliche Altersversorgung, die auf einer Betriebsvereinbarung beruht (§ 77 Abs. 4 Satz 1 BetrVG).
  - Unverfallbarkeitsbescheinigung nach § 2 Abs. 6 BetrAVG bei Vorliegen einer unverfallbaren Versorgungsanwartschaft.
  - **Beachte die Änderungen im Betriebsrentenrecht!**

4089 • **Betriebsratsbeteiligung**
– Grundsatz: Keine Betriebsratsbeteiligung
– Es kann aber eine solche Beteiligung in einer Betriebsvereinbarung vorgesehen sein. Unsicher ist, ob die Bestandskraft des Aufhebungsvertrages berührt wird, wenn die vereinbarte Beteiligung unterlassen wird *(ArbG Darmstadt 07.12.1994, BR-Info Heft 3/1994 m. Anm. von Welslau).*
– Beachte die Sonderregelungen im öffentlichen Dienst!

4090 • **Diensterfindungen**
• **Dienstwagen**, Rückgabe/Weiternutzung im Freistellungszeitraum

4091 • **Geschäfts- und Betriebsgeheimnis,**

4092 • **Gratifikation, Prämie, Jahressonderleistung, Tantiemen**
– (welche Leistungen sollen noch erbracht werden?)
– Macht eine tarifliche Regelung den Anspruch auf eine Jahreszahlung davon abhängig, dass das Arbeitsverhältnis an einem bestimmten Stichtag ungekündigt ist, dann steht ein vor dem Stichtag abgeschlossener Aufhebungsvertrag einer Kündigung des Arbeitsverhältnisses nicht gleich.
– Dies ist anders, wenn die Leistung (bspw. 13. Monatseinkommen) nach tarifvertraglicher Vereinbarung anteilig bei einer ordentlichen Kündigung zu zahlen ist. In diesem Fall hat der Arbeitgeber auch zu zahlen, wenn anstelle der ordentlichen Kündigung ein Aufhebungsvertrag abgeschlossen wird.

4093 • **Krankheit:**
Wird das Arbeitsverhältnis zumindest auch deshalb beendet, weil der Arbeitnehmer arbeitsunfähig erkrankt ist, muss berücksichtigt werden, dass diesem Ansprüche auf Entgeltfortzahlung im Krankheitsfall für bis zu 6 Wochen nach Beendigung des Arbeitsverhältnisses verbleiben. Die Aufhebung aus Anlass der Arbeitsunfähigkeit steht der sog. Anlasskündigung gleich (vgl. → Rz. 2727).

4094 • **Nachvertragliche Wettbewerbsverbote:**
– Einvernehmliche Aufhebung oder Änderung möglich.
– Nach rechtlichem Ende des Arbeitsverhältnisses sind die Parteien nicht mehr an die Vorschriften der §§ 74 ff. HGB gebunden;
– anders bei Regelung vor dem Ende des Arbeitsverhältnisses (streitig bei Einhergehen von Aufhebungsvertrag und Wettbewerbsregelung; s. auch → Rz. 4078b).

4095 • **Outplacement-Maßnahme**, Übernahme der Kosten

4095a • **Prozesskostenhilfe**
Nach überwiegender Auffassung zählt eine vergleichsweise gezahlte Abfindung zu dem nach § 115 ZPO einzusetzenden Vermögen *(LAG Rheinland-Pfalz 06.03.1995, NZA 1995, 863 und LAG Köln 07.03.1995, NZA 1995, 864).*

4096 • **Rückgabe von sonstigen Gegenständen:**
Firmenunterlagen, überlassenem Arbeitsgerät, Arbeitsbescheinigungen etc.

- **Urlaubsfragen** 4097
  Zu beachten sind folgende Einzelpunkte:
  – Wie viel Urlaub steht dem Arbeitnehmer noch zu?
  – soll dieser in Natur genommen oder abgegolten werden?
  – wann und in welcher Höhe soll restliches Urlaubsentgelt/Urlaubsgeld gezahlt werden?
  – Vorsicht: Allgemeine Ausgleichsklausel erfasst Urlaubsabgeltungsanspruch nicht; dies muss bei Abfindungshöhe beachtet werden, um Anspruchskumulation zu vermeiden.

- **Werkswohnungen,** 4098
  Räumung/Weiternutzung

- **Zahlung rückständiger Vergütung,** 4099
  Behandlung von Tantiemen, Prämien, Gratifikationen

- **Zeugnis** 4100
  empfehlenswert: Festlegung im Aufhebungsvertrag, um Folgestreitigkeiten zu verhindern.

- **Zurückbehaltungsrecht**
  – Was soll bei – teilweiser – Nichterfüllung des Vertrages geschehen?
  – Empfehlenswert ausdrückliche Vereinbarung, um spätere Unklarheiten zu vermeiden.

VII. Weiterführende Literaturhinweise

Literatur zum Aufhebungsvertragsrecht ist reichlich vorhanden. Daher seien nachfolgend nur einige Hinweise aus aktuelle Veröffentlichungen gegeben. 4101

Bauer, Arbeitsrechtliche Aufhebungsverträge, 6. Aufl. 1999
ders., Beseitigung von Aufhebungsverträgen, NZA 1992, 1015
ders., Unwirksame Aufhebungsverträge, NJW 1994, 980
ders., Grundregeln erfolgreicher Verhandlungsführung
Bengelsdorf, Aufhebungsvertrag und Abfindungsvereinbarungen, 2. Aufl. 1994
Etzel, Der Aufhebungsvertrag im Arbeitsrecht, NWB Fach 22, S. 1763
Ernst, Aufhebungsverträge zur Beendigung von Arbeitsverhältnissen, 1993
Keppeler, Der Aufhebungsvertrag – wirklich ein mitbestimmungsfreier Raum?, AuR 1996, 263
Kotthaus, Der arbeitsrechtliche Aufhebungsvertrag, 1987
Müller, Arbeitsrechtliche Aufhebungsverträge, 1991
Welslau, Aufhebungsverträge, HzA Gruppe 1, Rdnr. 2000 ff.
ders., Die Anfechtung der Aufhebung, Personalwirtschaft Heft 5/1994, S. 60
ders., Drohende Erstattungspflichten nach § 147 a SGB III und Aufhebungsvertrag, PRP 2001, 51

19. Kapitel: Sozial- und steuerrechtliche Folgen des Aufhebungsvertrages

I.	**Sozialrechtliche Folgen des Aufhebungsvertrages**	**4102**
	1. Ruhen des Anspruchs auf Arbeitslosengeld	4103
	a) Aufhebungsvertrag und Abfindung	4104
	b) Einfluss von Kündbarkeit und Kündigungsfristen auf das Ruhen des Anspruchs auf Arbeitslosengeld nach § 143a SGB III	4107
	c) Umfang der Anrechnung der Abfindung	4113
	d) Zu berücksichtigende Leistungen des Arbeitgebers	4116
	e) Dauer des Ruhenszeitraums	4118
	f) Kein Ruhen des Anspruchs auf Arbeitslosengeld nach § 143a SGB III	4119
	g) Hinweispflichten des Arbeitgebers im Hinblick auf ein Ruhen des Arbeitslosengeldanspruchs	4121
	h) Rückdatierung des Aufhebungsvertrages zur Vermeidung eines Ruhenszeitraums	4122
	i) Weitere Einschränkung des Gestaltungsspielraums	4122a
	j) Inanspruchnahme des Arbeitgebers durch die Bundesanstalt für Arbeit	4123
	k) Rückgriff der Bundesanstalt auf den Arbeitnehmer	4124
	2. Das frühere Ruhen mit Sperrzeitwirkung (§ 117a AFG a.F.)	4124a
	3. Eintritt einer Sperrzeit nach § 144 SGB III	4125
	a) Vorsätzliche/grob fahrlässige Herbeiführung der Arbeitslosigkeit	4126
	b) Kausalität	4127
	c) Wichtiger Grund	4128
	d) Beweisfragen	4131
	e) Rechtsfolgen der Sperrzeit	4132
	f) Beginn der Sperrzeit	4133
	g) Einfluss der Sperrzeit auf die Wirksamkeit des Aufhebungsvertrages	4135
	h) Zusammentreffen von Sperrzeit- und Ruhenszeitraum bzw. mehrerer Ruhenszeiträume	4136
	4. Regelungen durch das AFRG/SGB III	4136c
	a) Erste Stufe der AFG-Reform	4136d
	b) Zweite Stufe der AFG-Reform	4136e
	c) Neuregelungen im Einzelnen	4136f
	d) Übergangsregelung	4136n
	5. Abfindungen und Sozialversicherungsrecht	4137
	6. Muster: Berechnungsbogen der BA	4138b
II.	**Steuerrechtliche Folgen des Aufhebungsvertrages**	**4139**
	1. Allgemeines	4139
	2. Steuerfreie Abfindungen	4140
	a) Arbeitnehmereigenschaft im steuerrechtlichen Sinne	4141
	b) Auflösung des Dienstverhältnisses auf Veranlassung des Arbeitgebers	4142
	c) Weitere arbeitgeberseitig veranlasste Lösungstatbestände	4144
	d) Ursächlichkeit zwischen Aufhebung und Abfindung	4145
	e) Gestaltungsmöglichkeiten der Parteien im Hinblick auf den Aufhebungszeitpunkt	4146
	f) Übersicht: Beendigungszeitpunkt und Abfindung	4149
	g) Höhe der Abfindung	4150
	3. Steuerbegünstigte Entschädigungen	4154
	a) Allgemeine Voraussetzungen der Tarifermäßigung	4154

b)	Fünftelungsregelung	4155
c)	Zusammenballung von Einkünften	4157
d)	Weitere typische Fallstricke	4158a
e)	Vertrauensschutzregelung	4159a
f)	Zusätzliche Entschädigungsleistungen des Arbeitgebers	4159b
g	Weitere Nutzung des Dienstwagens und betrieblicher Einrichtungen	4159c
h)	Weitere Nutzung der verbilligten Wohnung	4159d
i)	Planwidriger Zufluss in mehreren Veranlagungszeiträumen	4159e
k)	Versehentlich zu niedrige Auszahlung	4159g
l)	Nachzahlung nach Rechtsstreit	4159h
4.	Brutto-Netto-Klauseln	4160
III.	**Weiterführende Literaturhinweise**	**4160a**

I. Sozialrechtliche Folgen des Aufhebungsvertrages

4102 Der Abschluss eines Aufhebungsvertrages ist in der Regel mit **gravierenden sozialrechtlichen Folgen** verbunden.

Seitens des Arbeitnehmers sind die **§§ 143a, 144 SGB III (Ruhens- und Sperrzeit)** zu nennen; auf Seiten des Arbeitgebers **§§ 147a, § 148 SGB III (Erstattungspflicht, bei letzterem wahrscheinlich künftiger Entfall)**. Hinzu kam die umfassende **Neuregelung des AFG durch das SGB III mit den jetzigen Re-Reformen**, was für eine Übergangszeit im Extremfall die Anwendung **dreier Rechtssysteme** bedingte. Weitere Änderungen sind seitens der neuen Bundesregierung zumindest für den Fall des Scheiterns der Bündnisgespräche bereits angekündigt, aber noch nicht absehbar. Es bleibt spannend!

Grundsätzlich gilt jetzt: Normalerweise greifen die §§ 143a, 147a SGB III ein, wenn ihre Voraussetzungen vorliegen. Ist ein Fall unter § 115a AFG a.F. bzw. § 140 SGB III a.F. gefallen, steht dem Arbeitnehmer ein unbefristetes Antragsrecht zu, ihn unter § 143a SGB fallen zu lassen, wenn dies für ihn günstiger ist (s. daher → Rz. 4136 ff. mit Erläuterungen zu diesem alten Recht, um den Günstigkeitsvergleich durchzuführen). Für »Uraltfälle« können auch noch die alten AFG-Regelungen zur Anwendung kommen; dies gilt aber typischerweise nur noch, wenn es hier zu Streitigkeiten kommt, was etwa bei »Altsozialplänen« durchaus der Fall sein kann.

1. Ruhen des Anspruchs auf Arbeitslosengeld

4103 Wird das Arbeitsverhältnis aufgelöst und dem Arbeitnehmer eine Abfindung (Entlassungsentschädigung) gezahlt, so muss dieser damit rechnen, für einige Zeit kein Arbeitslosengeld zu erhalten (sog. **Ruhen des Anspruchs auf Arbeitslosengeld – zeitliches Hinausschieben des Bezuges**) Zu einem solchen Ruhen kann es auf zweifache Weise kommen: **Nichteinhaltung der Kündigungsfrist** (§ 143a SGB III) und – allerdings nur noch in »Uraltfällen« – **Ruhen wegen grundloser Aufgabe der Beschäftigung** (vgl. § 117a AFG a.F. und → Rz. 4124a ff.). Im Vordergrund der Betrachtungen steht aber das Ruhen nach § 143a SGB III.

Der Arbeitnehmer ist beim Ruhen des Anspruchs auf Arbeitslosengeldzahlung temporär auf die Abfindungszahlung angewiesen, die er von seinem Arbeitgeber erhält. In dieser Situation zeigt sich für den betroffenen Arbeitnehmer häufig erstmals der **wahre Wert der Abfindung**. Vermeintliche steuer- und sozialrechtliche Vorteile verwandeln sich plötzlich in erhebliche Nachteile. Der Arbeitnehmer finanziert seine Arbeitslosigkeit selbst. Hier liegt es aus seiner Sicht nah, Nachverhandlungen über die Abfindungshöhe einzuleiten, um zumindest »netto« auf den ursprünglich erwarteten Betrag zu kommen. Es drohen also Folgestreitigkeiten.

Besonders fatal ist es in dieser Situation, wenn vorher rückständiges Arbeitsentgelt zur Erlangung vermeintlicher Vorteile in eine Abfindung umgewandelt wurde. Dem Arbeitgeber drohen hier nicht nur arbeits- und sozialrechtliche Nachteile (Beitragsnachentrichtung), sondern unter Umständen auch strafrechtliche Konsequenzen.

Daher gilt:
- Folgestreitigkeiten jedenfalls vermeiden!
- keine falschen Vorstellungen beim Arbeitnehmer wecken!
- genaue Information über steuer- und sozialrechtliche Folgen einholen!
- keine Verwandlung von Arbeitsentgelt in eine vermeintliche Abfindungszahlung!
- kein versuchter Betrug zu Lasten der Bundesanstalt für Arbeit!

a) Aufhebungsvertrag und Abfindung

Auch wenn die vertragliche Aufhebung eines Arbeitsverhältnisses ohne Abfindungsregelung grundsätzlich wirksam ist, sind solche Fälle in der Praxis selten. Regelmäßig geht der Abschluss des Aufhebungsvertrags mit der Zahlung einer Abfindung einher. Hieran knüpfen sich gravierende **sozialrechtliche Folgen für den betroffenen Arbeitnehmer**. Hat der Arbeitnehmer wegen der Beendigung des Arbeitsverhältnisses eine Abfindung, Entschädigung oder ähnliche Leistung erhalten oder zu beanspruchen, so kommt es nach § 143a SGB III in bestimmten Fällen zu einem Ruhen des Anspruchs auf Arbeitslosengeld (zur früheren Pauschalanrechnung s. → Rz. 4136c ff.). 4104

Gleiches gilt i.Ü., wenn dem Arbeitnehmer **Urlaubsabgeltungszahlungen** zufließen und zwar **unabhängig** davon, ob er auf die Abgeltung des Urlaubs **arbeitsrechtlich** einen **Anspruch** hatte (s. § 143 Abs. 2 SGB III). Hier lassen sich Gestaltungsfehler unkompliziert vermeiden. Einzelheiten finden sich bei → Rz. 2903. (s. auch *BSG 20.01.2000, EzA § 143a SGB III Nr. 1*).

Welcher Teil der **Abfindung** zu einem Ruhen des Anspruchs auf Arbeitslosengeldzahlung führt, hängt davon ab, ob die ordentliche Kündigungsfrist bei der Beendigung des Arbeitsverhältnisses eingehalten wurde und – in »Uraltfällen« – aus welchen Gründen das Arbeitsverhältnis beendet wurde (§ 143a SGB III, § 117, 117a AFG a.F.; s. zu Ausscheidensoptionen und der Anwendung des § 117 AFG und heutigen § 143a SGB III *BSG 21.09.1995, BB 1996, 1335*). 4105

Nicht entscheidend sind hingegen Kausalitätsüberlegungen. Arbeitslosengeld kann also trotz vorzeitiger Beendigung des Arbeitsverhältnisses und Abfindungserhalt und bezogen werden, wenn der Arbeitnehmer – etwa wegen langanhaltender Erkrankung gar keinen Anspruch auf Arbeitsentgelt gehabt hätte. Dies hat das BSG *(20.01.2000, B 7 AL 48/99 R)* bejaht. Konkret ging es um die Frage, inwieweit die Vermutungswirkung des § 143a SGB III vom Arbeitnehmer widerlegt werden kann.

BEISPIEL:

Die Beteiligten stritten um die Zahlung von Arbeitslosengeld für den Zeitraum vom 15.08.1996 bis 23.09.1996. Die Klägerin war ab 13.07.1995 arbeitsunfähig krank und bezog bis zur Erschöpfung des Anspruchs am 14.08.1996 fortlaufend Krankengeld. Am 15.07.1996 schloss sie mit ihrem Arbeitgeber einen Aufhebungsvertrag, wonach das Arbeitsverhältnis zum 31.07.1996 endete. Sie erhielt »für den Verlust des Arbeitsplatzes eine einmalige freiwillige Abfindung«. Nach Angaben des Arbeitgebers erfolgte die Auflösung des Arbeitsverhältnisses aus gesundheitlichen Gründen. Die Kündigungsfrist des Arbeitgebers betrug sechs Wochen zum Quartalsende, wurde also nicht eingehalten. Die Klägerin meldete sich am 02.08.1996 bei der Beklagten arbeitslos und beantragte Arbeitslosengeld, das mit Bescheid vom 19.08.1996 ab 24.09.1996 bewilligt wurde. Durch weiteren Bescheid vom 24.08.1996 stellte die Beklagte das Ruhen des Leistungsanspruchs vom 01.08. bis zum 23.09.1996 (54 Kalendertage) wegen Erhalts einer Abfindung fest.

Das BSG hat die Zuerkennung eines Anspruch sauf Arbeitslosengeld abgelehnt. Nach seiner Auffassung ist es für § 143a SGB III unerheblich, ob tatsächlich ein Anspruch auf Arbeitslosengeld bei nicht vorzeitiger Beendigung überhaupt denkbar gewesen wäre: »§ 117 Abs. 2 AFG (heute § 143a SGB III) unterscheidet nicht danach, ob während der Ruhenszeit – bei Fortbestand des Arbeitsverhältnisses – ein Anspruch auf Arbeitsentgelt bestanden hätte oder ein solcher – z.B. wegen Arbeitsunfähigkeit – entfallen wäre. Der Senat hat bereits mehrfach entschieden, dass der Gesetzgeber in § 117 Abs. 2 AFG in typisierender Wertung davon ausgeht, dass jede Abfindung, Entschädigung oder ähnliche Leistung, die im Zusammenhang mit einer vorzeitigen Beendigung des Arbeitsverhältnisses gewährt wird, in einem bestimmten, durch § 117 Abs. 3 AFG pauschalierten Umfang eine Entschädigung für ausgefallenes Arbeitsentgelt enthält ... § 117 Abs. 2 AFG enthält damit die unwiderlegliche Vermutung, dass Abfindungen, die unter den Voraussetzungen dieser Regelung gewährt werden, in bestimmtem Umfang eine Entschädigung für Lohnausfall enthalten ... « D.h.: Hat der Arbeitslose wegen der Beendigung des Arbeitsverhältnisses eine Abfindung, Entschädigung oder ähnliche Leistung erhalten oder zu beanspruchen und ist das Arbeitsverhältnis ohne Einhaltung einer der ordentlichen Kündigungsfrist des Arbeitgebers entsprechenden Frist beendet worden, so ruht der Anspruch auf Arbeitslosengeld nach § 143 a SGB III auch dann, wenn dem Arbeitnehmer im Zeitpunkt der Beendigung gegen seinen Arbeitgeber wegen Arbeitsunfähigkeit ein Anspruch auf Arbeitsentgelt zugestanden hat.

Durch das Ruhen des Anspruchs nach § 143a SGB III wird der Beginn der Arbeitslosengeldzahlungen für eine bestimmte Zeit **(Ruhenszeit)** hinausgeschoben. **Die Dauer des Bezugs des Arbeitslosengeldes wird jedoch nicht verkürzt** (Stammrecht bleibt unberührt; anders bei Ruhen nach dem früheren § 117a AFG a.F. und anders heute noch bei der Sperrzeit). Zu beachten ist aber, dass sich das Ruhen faktisch wie eine Kürzung des Arbeitslosengeldanspruchs auswirkt, wenn der Arbeitslose vor Ausschöpfung des vollen Arbeitslosengeldanspruchs wieder auf Dauer eine neue Arbeitsstelle findet.

Während des Ruhenszeitraums nach § 143a SGB III ist der Arbeitnehmer weder renten- noch krankenversichert. Es besteht nur ein zeitlich eingeschränkter Krankenversicherungsschutz (§ 19 Abs. 2 SGB V). Nach dieser Vorschrift besteht Anspruch auf Leistungen aus der Krankenversicherung längstens für einen Monat nach dem Ende der Mitgliedschaft, wenn die Mitgliedschaft des Versicherungspflichtigen endet und er keine weitere Erwerbstätigkeit ausübt. Dieser nachgehende Leistungsanspruch erfasst auch mitversicherte Familienmitglieder, § 10 SGB V.

4106

Ruht also der Arbeitslosengeldanspruch **länger als einen Monat**, ist zwingend der Abschluss einer freiwilligen Weiterversicherung **geboten**. Für die Dauer des **Ruhens nach § 117a AFG a.F.** bestand jedoch **Krankenversicherungsschutz**, s. § 155 AFG a.F.

In der **gesetzlichen Rentenversicherung** werden Zeiten der Arbeitslosigkeit ohne den Bezug von Leistungen, also Arbeitslosengeld, unter bestimmten im Rentenrecht näher geregelten Voraussetzungen als Ausfallzeit berücksichtigt. Hier ist aber regelmäßig Expertenrat gefragt.

Steht dem Arbeitnehmer eine Abfindung oder ähnliche Leistung zwar zu, hat er sie jedoch nicht erhalten, so gewährt das Arbeitsamt Arbeitslosengeld übergangsweise auch für die Zeit, in welcher der Anspruch auf Arbeitslosengeld ruht (sog. **Gleichwohlgewährung**). Jedoch geht der Anspruch auf die Abfindung oder ähnliche Leistung dann auf die Bundesanstalt für Arbeit in der Höhe und für den Zeitraum über, in dem Arbeitslosengeld gezahlt worden ist (§ 143a Abs. 4 AFG a.F. i.V.m. § 115 SGB X). Dem Arbeitgeber droht mithin eine Inanspruchnahme **im Wege des Rückgriffs**.

b) Einfluss von Kündbarkeit und Kündigungsfristen auf das Ruhen des Anspruchs auf Arbeitslosengeld nach § 143a SGB III

Abfindungen werden vielfach als Entschädigung für den Verlust des sozialen Besitzstandes gezahlt. Sie bezwecken häufig, älteren Arbeitnehmern das vorzeitige Ausscheiden annehmbarer zu machen. Auch wird mit ihnen vom Arbeitgeber die **Unkündbarkeit oder die »Schwerkündbarkeit«** abgekauft.

4107

BEISPIEL:

Kündigung von Personen mit Sonderkündigungsschutz: schwerbehinderte Menschen, Betriebsratsmitglieder, werdende Mütter (s. im Einzelnen → Rz. 4551 ff.).

Das **Verhältnis von Kündbarkeit bzw. Kündigungsfrist einerseits und Abfindung andererseits** ist in § 143a SGB III (Schadensfall: **Aufgabe des Arbeitsplatzes unter Nichteinhaltung der Kündigungsfrist**) wie folgt geregelt:

1. Fallgruppe: Ordentlich unkündbare Arbeitnehmer

4108 Arbeitnehmern, die zeitlich unbegrenzt **ordentlich unkündbar** sind, wird zur Anrechnung von Abfindungen eine fiktive Kündigungsfrist von 18 Monaten zugeordnet (§ 143a Abs. 1 Satz 3 Nr. 1 SGB III). Die ordentliche Kündigung ist häufig gerade bei älteren Arbeitnehmern durch Tarifvertrag, Betriebsvereinbarung oder individuelle Vereinbarung ausgeschlossen.

BEISPIEL:

B kann nach dem Tarifvertrag nicht mehr ordentlich gekündigt werden. Durch Vereinbarung und Zahlung einer Abfindung wird das Arbeitsverhältnis am 30.04.2001 mit Wirkung zum Ende dieses Tages gelöst.

Dies bedeutet, dass eine **fiktive Kündigungsfrist** läuft, die am 01.05.2001 beginnt und am 31.10.2002 endet. Für diesen Zeitraum führt ein Teil der Abfindung zum Ruhen des Arbeitslosengeldanspruchs.

BEISPIEL:

B vereinbart mit dem Personalchef bereits am 01.02.2001 sein Ausscheiden zum 30.04.2002 gegen Zahlung einer Abfindung.

Diese kann der B, wenn er anschließend arbeitslos ist und Arbeitslosengeld beantragt, anrechnungsfrei behalten.

4109 Bei zeitlich begrenztem Ausschluss der ordentlichen Kündigung oder bei Vorliegen der Voraussetzungen für eine **fristgebundene Kündigung aus wichtigem Grund** (vgl. → Rz. 4502) gilt die Kündigungsfrist, die ohne den Ausschluss der ordentlichen Kündigung gelten würde (§ 143a Abs. 2 Satz 2 SGB III). Diese Regelung trägt der Rechtsprechung des BAG und des Bundessozialgerichts (s. nur *BSG 13.03.1990, EzA § 117 AFG Nr. 7*) Rechnung und vermeidet die bisherige Benachteiligung der ordentlich Unkündbaren beim Ruhen des Anspruchs auf Arbeitslosengeld. Bei der Prüfung, ob die Voraussetzungen für eine **fristgebundene Kündigung aus wichtigem Grund** vorliegen, sind alle in Betracht kommenden Umstände umfassend zu würdigen und abzuwägen. So ist es dem Arbeitgeber etwa nicht zuzumuten, nach einer **Betriebsstillegung** die Dienste des altersgesicherten Arbeitnehmers noch jahrelang zu vergüten, ohne sie in Anspruch nehmen zu können. Die fiktive 18-monatige Kündigungsfrist ist aber anzuwenden, wenn es nur um einen **Personalabbau** geht und der ausscheidende altersgesicherte Arbeitnehmer einen Anspruch auf Weiterbeschäftigung gehabt hätte.

2. Fallgruppe: »an sich« unkündbare Arbeitnehmer

4110 Arbeitnehmer, denen aufgrund von Tarifverträgen und Sozialplänen nur noch bei Zahlung von Abfindungen ordentlich gekündigt werden kann, wird eine **fiktive Kündigungsfrist von einem Jahr** zugeordnet (§ 143a Abs. 1 Satz 4 SGB III).

BEISPIEL:

Arbeitnehmer A und Arbeitgeber B vereinbaren am 30.04.2001, dass A zum 31.05.2001 ausscheidet und die im Sozialplan vorgesehene Abfindung von 50.000 EUR erhält, obwohl der Tarifvertrag eine Kündigungsfrist von 6 Monaten vorsieht.

In diesem Fall gilt die fiktive Kündigungsfrist von einem Jahr, die am 01.05.2001 beginnt und am 30.04.2002 endet.

Zweifelhaft war, ob mit der Festlegung einer fiktiven Kündigungsfrist von 12 Monaten nicht ein unzulässiger Eingriff in die Regelungsbefugnis der Tarifvertragsparteien bzw. der Betriebsverfassungsorgane erfolgt ist. Dies ist nach überwiegender Ansicht zu verneinen.

Für Mutige gilt: Widerspruch erheben und notfalls klagen, bis eine Entscheidung getroffen worden ist. Allerdings hat das Problem durch die Anerkennung der außerordentlichen Kündigung mit sozialer Auslauffrist an Schärfe verloren (vgl. → Rz. 4109).

3. Fallgruppe: Ausschluss der ordentlichen Kündigung für begrenzte Zeit

Bei Arbeitnehmern, bei denen die **ordentliche Kündigung für eine begrenzte Zeit ausgeschlossen** ist und denen der Arbeitgeber gleichwohl unter Einhaltung der ordentlichen Kündigungsfrist und Zahlung einer Abfindung kündigt, kommt eine Anrechnung der Abfindung auf das Arbeitslosengeld nicht in Betracht. Hierher gehören die Fälle des **befristeten Sonderkündigungsschutzes**, also die des zeitweisen Ausschlusses der Kündigung. **Beispiele** hierfür sind:

- Frauen während der Schwangerschaft (§ 9 MuSchG),
- schwerbehinderte Menschen (§ 85 SGB IX, früher § 15 SchwbG),
- Betriebsräte (§ 15 KSchG).

4111

Hier ist die Kündigungsfrist maßgebend, die gesetzlich, tariflich oder vertraglich einzuhalten wäre, wenn der Sonderkündigungsschutz nicht bestünde.

BEISPIEL:

Wegen Arbeitsmangel wird einem Betriebsratsmitglied unter Einhaltung der ordentlichen Kündigungsfrist gekündigt, obwohl es während der Dauer der Zugehörigkeit zum Betriebsrat nach § 15 KSchG nicht kündbar ist. Das gekündigte Betriebsratsmitglied akzeptiert in einem Aufhebungsvertrag eine Abfindung von 50.000 EUR.

Der Anspruch auf Arbeitslosengeld ruht hier nicht, weil der Arbeitgeber die ordentliche Kündigungsfrist eingehalten hat (§ 143a Abs.12 Satz 3 Nr. 2 SGB III.).

4. Fallgruppe: Arbeitnehmer mit ordentlicher Kündigungsfrist

Bei Arbeitnehmern, denen vorzeitig gekündigt wird oder deren Arbeitsverhältnis durch Vereinbarung vorzeitig endet und denen wegen der Kündigung oder Auflösung eine Abfindung gezahlt wird, **ohne dass die ordentliche Kündigungsfrist eingehalten wurde,**

4112

ruht der Anspruch auf Arbeitslosengeld von dem Ende des Arbeitsverhältnisses bis zu dem Tage, an dem das Arbeitsverhältnis bei Einhaltung der ordentlichen Kündigungsfrist geendet hätte. Diese **Frist beginnt** mit der Kündigung, die der Beendigung des Arbeitsverhältnisses vorausgegangen ist. Bei Fehlen einer solchen Kündigung beginnt sie mit dem Tage des Abschlusses der Vereinbarung über die Beendigung des Arbeitsverhältnisses. Die Frist gilt auch, wenn das Arbeitsverhältnis im gegenseitigen Einvernehmen oder durch Urteil beendet wird (§ 143a Abs. 1 Satz 1 und 2 SGB III).

BEISPIEL:

Der A kündigt dem B am 30.06. fristlos, obwohl er ihm ordentlich erst zum 30.09. kündigen könnte. Zugleich zahlt A an B wegen der Kündigung als Abfindung 10.000 EUR. Dieser »nimmt deshalb die Kündigung hin«. Am 01.07. meldet sich B arbeitslos und beantragt Arbeitslosengeld.

Hier ruht der Anspruch auf Arbeitslosengeld vom 01.07. bis 30.09., wenn der anrechnungspflichtige Teil der Abfindung (s. hierzu → Rz. 4113 ff.) hierfür ausreicht.

Nach der **Neuregelung der Kündigungsfristen** im Kündigungsfristengesetz kann auch für Arbeiter die ordentliche Kündigungsfrist wieder eindeutig bestimmt werden. Die bisherige, aus der Entscheidung des Bundesverfassungsgerichts vom 30.05.1990 *(EzA § 622 BGB n.F. Nr. 22)* herrührende, Problematik kann – wenn überhaupt – nur für Altfälle Bedeutung haben.

c) Umfang der Anrechnung der Abfindung

4113 Nicht die ganze sondern nur ein **bestimmter prozentualer Anteil der Abfindung** oder ähnlichen Leistung führt zum Ruhen des Arbeitslosengeldes. Der Rest soll dem Arbeitnehmer voll erhalten bleiben. Dies beruht auf dem Gedanken, dass in der Abfindung bei vorzeitiger Beendigung des Arbeitsverhältnisses ein bestimmter Anteil von Arbeitsentgelt enthalten ist, auf dessen Erwerb der Arbeitnehmer zu Lasten der Versichertengemeinschaft verzichtet hat.

Für die **Bestimmung des Restes** kommt es im Rahmen des § 143a SGB III darauf an

- wie alt der Arbeitnehmer am Tag des Ausscheidens ist und
- wie viele Jahre er dem Betrieb oder Unternehmen angehört hat.

Je nach dem bleiben mindestens 40 %, höchstens 75 % der **Abfindungssumme unangetastet** erhalten (eine eindeutige Besserstellung gegenüber dem alten § 117 AFG).

Dies verdeutlicht nachfolgende **Tabelle:**

Betriebszugehörigkeit in Jahren	Lebensalter zum Zeitpunkt der Beendigung des Arbeitsverhältnisses in Jahren					
	bis 40	ab 40	ab 45	ab 50	ab 55	Ab 60
Weniger als 5	60%	55%	50%	45%	40%	35%
5 und mehr	55%	50%	45%	40%	35%	30%
10 und mehr	50%	45%	40%	35%	30%	25%
15 und mehr	45%	40%	35%	30%	25%	25%
20 und mehr	40%	35%	30%	25%	25%	25%
25 und mehr	35%	30%	25%	25%	25%	25%
30 und mehr	–	25%	25%	25%	25%	25%
35 und mehr	–	–	25%	25%	25%	25%
der Abfindung werden maximal angerechnet						

Der **Ruhenszeitraum** ergibt sich daraus, dass der zu berücksichtigende Teil der Abfindung durch den kalendertäglichen Brutto-Tagesverdienst geteilt wird, wobei hier aus Vereinfachungsgründen für jeden Monat pauschal 30 Kalendertage zugrunde gelegt werden (grundsätzlich ist mathematisch genau zu rechnen). Das Ergebnis gibt die Anzahl von Kalendertagen an, an denen der Anspruch auf Arbeitslosengeld ruht.

Der **Brutto-Tagesverdienst** wird nach § 143a Abs. 2 Satz 4 und 5 SGB III berechnet, indem die Vergütung der letzten vom Arbeitgeber abgerechneten 52 Wochen mit Anspruch auf Arbeitsentgelt durch die Anzahl der Kalendertage, die diesen Abrechnungen zugrunde liegen, geteilt wird. Unberücksichtigt bleiben dabei Arbeitsentgeltkürzungen infolge von Krankheit, Kurzarbeit, Arbeitsausfall oder Arbeitsversäumnis sowie einmalige Zuwendungen.

BEISPIEL:

A hatte in dem Jahr vor Beendigung seines Arbeitsverhältnisses einen Brutto-Verdienst von jeweils 2.250 EUR. Der Brutto-Tagesverdienst berechnet sich wie folgt:

12 x 2.250 EUR = 27.000 EUR : 360 Tage = 75 EUR pro Tag.

Die Anzahl der Tage, an denen der Anspruch ruht, ergibt sich aus der Teilung der anzurechnenden Abfindung, hier etwa 1.500 EUR, durch den Brutto-Tagesverdienst:

1.500 EUR : 75 EUR pro Tag = 20 Kalendertage.

Es zählen nur volle Kalendertage, weshalb bei Bruchteils-Tagen auf volle Kalendertage abzurunden ist.

4115 Wie die Berechnung abstrakt vorzunehmen ist, verdeutlicht die nachfolgende Übersicht. Dabei ist in folgenden Schritten vorzugehen:

- Ermittlung des **Bruttotagesverdienstes** (rechte Spalte),
- Ermittlung des **zu berücksichtigenden Teils der Abfindung** nach allgemeinen Kriterien (vgl. → Rz. 4113),
- Bildung des **Quotienten** aus zu berücksichtigender Abfindung und Bruttotagesverdienst,
- evtl. **Abrundung** des Ergebnisses.

Errechnung Ruhenszeitraum für Abfindung		Errechnung Brutto-Tagesverdienst	
Gezahlte Abfindung	... EUR : 100	Brutto-Arbeitsentgeld der letzten Beschäftigungszeit (regelmäßig 52 Wochen, s. im Einzelnen → Rz. 4114)	... EUR
Zu berücksichtigender %-Anteil der Abfindung nach Tabelle (Ant.Abf), s. die Tabelle bei → Rz. 4113	x Ant.Abf	Kalendertage der letzten Beschäftigungszeit (meistens 52 Wochen, mindestens 100 Tage)	: Kal.tage
Zu berücksichtigender Anteil der Abfindung	= ... EUR	Brutto-Tagesverdienst (Br.Tgsv.)	= EUR/ Tag
Brutto-Tagesverdienst	: Br.Tgsv.		
Nach Abrundung: Volle Tage Ruhenszeit, während der die Abfindung als verbraucht gilt.	= Tage Ruhenszeit		

d) Zu berücksichtigende Leistungen des Arbeitgebers

4116 Zu berücksichtigen sind nur solche Abfindungen oder ähnliche Leistungen, die **wegen der Beendigung** des Arbeitsverhältnisses gezahlt werden. Es muss also zwischen der Beendigung des Arbeitsverhältnisses und der Entstehung des Anspruchs ein **ursächlicher Zusammenhang** bestehen (»ohne Ausscheiden kein Geld«). Dies ist etwa der Fall bei Leistungen, die aufgrund eines Sozialplans oder arbeitsgerichtlichen Vergleichs oder Urteils gezahlt werden. Grundsätzlich gilt der Brutto-Betrag der Abfindung als berücksichtigungspflichtig.

Übernimmt der Arbeitgeber zusätzlich die auf die Abfindung entfallende Lohnsteuer, so ist der Gesamtbetrag der Leistung um diesen Betrag zu erhöhen.

Zu der **Abfindung (Entlassungsentschädigung)** gehört also u.a.:

- Gehaltsfortzahlung »über das Ende des Arbeitsverhältnisses hinaus«,
- Entschädigung oder Schadensersatzansprüche wegen Auflösung des Arbeitsvertrages vor Antritt der Arbeit,
- zusätzliche Zahlungen bei Jahresabschluss oder Gewinnermittlung nach Beendigung des Arbeitsverhältnisses, wenn auf diese Zahlungen nicht bereits aus dem Arbeitsverhältnis ein Anspruch bestand,
- als Rente bezeichnete laufende Zahlungen, auf die nicht im Rahmen betrieblicher Altersversorgung ein Anspruch bestand,
- Schadensersatzansprüche nach § 628 Abs. 2 BGB wegen einer durch Vertragsverletzung des Arbeitgebers veranlassten Kündigung des Arbeitsverhältnisses durch den Arbeitnehmer,
- Zahlungen für eine im Rahmen des Aufhebungsvertrags vereinbarte entschädigungslose Wettbewerbsenthaltung des Arbeitnehmers nach Wirksamwerden der Aufhebungsvereinbarung *(BAG 03.05.1994, EzA § 74 HGB Nr. 56)*,
- Sachleistungen wie Pkw, Häuser, sonstige Wertgegenstände.

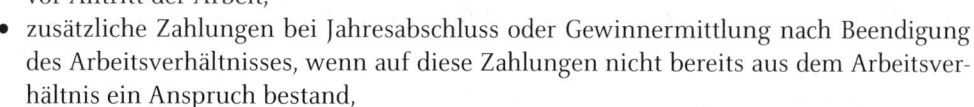

Notwendige Kosten eines Rechtsstreits (z.B. Anwaltskosten im Arbeitsgerichtsprozess) können wohl nicht mehr abgesetzt werden (Änderung gegenüber der früheren Praxis).

Von der Abfindung zu unterscheiden sind also Leistungen, die der Arbeitnehmer auch ohne die Beendigung des Arbeitsverhältnisses hätte beanspruchen können. Hierzu gehören etwa **rückständige Teile des Arbeitsentgelts**, anteiliges Weihnachtsgeld, Gewinnbeteiligungen, Jubiläumszuwendungen, Beihilfen, Erfindervergütungen oder Karenzentschädigungen. Kurz gefasst handelt es sich um Zahlungen, auf die aus der Zeit des Arbeitsverhältnisses ein **Rechtsanspruch** besteht. Umgekehrt können auch nicht eindeutig vereinbarte Abfindungen in andere Entgeltbestandteile umgedeutet werden (s. etwa → Rz. 3090a)! Unerheblich ist, ob Abfindungen oder ähnliche Leistungen erst später gezahlt werden. Eine Abfindung führt also auch dann zum Ruhen des Anspruchs auf Arbeitslosengeld, wenn sie z.B. erst 3 Monate nach Ende des Arbeitsverhältnisses ausgezahlt werden soll. Sie wird dann schlicht hochgerechnet, also kapitalisiert.

4117

BEISPIEL:

Arbeitgeber A vereinbart mit dem ordentlich unkündbaren Arbeitnehmer B am 01.04., dass das Arbeitsverhältnis am 30.06. enden soll und für ein Jahr eine Überbrückungshilfe von wöchentlich 300 EUR gezahlt wird.

Da das Arbeitsverhältnis nicht mehr ordentlich gekündigt werden kann, gilt eine fiktive Kündigungsfrist von 18 Monaten, was zu einem Ruhen des Anspruchs auf Arbeitslosengeld führt. Die Abfindung beträgt kapitalisiert 300 EUR x 52 Wochen = 15.600 EUR. Davon sind 40% ohnehin, und bei Lebensalter 55 Jahre (4 x 5%) sowie 20 Jahren Betriebszugehörigkeit (wiederum 4 x 5%), zusammen natürlich nicht mehr als 75% anrechnungsfrei. Die restlichen 25% = 3.900 EUR müssen angerechnet werden. Angenommen, der arbeitstägliche Verdienst beträgt 100 EUR, so bewirkt dies ein Ruhen des Arbeitslosengeldes von 39 Tagen. **Zahlt der Arbeitgeber in Kenntnis des Übergangs** die Überbrückungshilfe an den Arbeitnehmer aus, muss er mit einer doppelten Inanspruchnahme rechnen.

Zu beachten ist: Zu einem Ruhen kommt es auch dann, wenn dem Arbeitnehmer etwa wegen Arbeitsunfähigkeit kein Arbeitsentgeltsanspruch zugestanden hat. Das BSG *(20.01.2000, EzA § 143a SGB III Nr. 1)* geht hier also von einer umfassenden Vermutungswirkung aus. **Der Gesetzgeber, so das BSG, gehe von einer typisierenden Vermutung aus (Abfindungen, die unter § 143a SGB III fallen, enthalten einen Entgeltanteil).**

e) Dauer des Ruhenszeitraums

4118 Das Ruhen des Arbeitslosengeldanspruchs, ist von folgenden Faktoren abhängig:

- Kündbarkeit, Kündigungsfrist, Kündigungsgrund,
- Anzahl der Kalendertage, die zwischen dem tatsächlichen Arbeitsende und dem Ende des Arbeitsverhältnisses bei ordentlicher Kündigungsfrist bzw. fiktiver Kündigungsfrist liegen (§ 143a Abs. 1 SGB III),
- nach dem längsten Ruhenszeitraum (§ 143a Abs. 2 Satz 1 SGB III: maximal ein Jahr),
- der Höhe der Abfindung,
- dem Lebensalter sowie der Dauer der Betriebszugehörigkeit,
- dem Arbeitsentgelt der letzten Beschäftigungszeit, § 143a Abs. 2 Satz 4 SGB III,
- dem Zeitpunkt der Beantragung von Arbeitslosengeld.

Angesichts der Komplexität der Berechnungsfaktoren und der Schwierigkeit der Materie empfiehlt es sich, einen Spezialisten hinzuzuziehen.

f) Kein Ruhen des Anspruchs auf Arbeitslosengeld nach § 143a SGB III

4119 Kein Ruhen des Anspruchs auf Arbeitslosengeld tritt in folgenden Fällen ein:

1. Fallgruppe: Außerordentliches Kündigungsrecht des Arbeitgebers (§ 143a Abs. 2 Satz 2 Nr. 3 SGB III)

BEISPIEL:

Arbeitgeber A vereinbart mit Arbeitnehmer B dessen sofortiges Ausscheiden. A hätte wegen eines Vorfalls **aus wichtigem Grund** fristlos kündigen können (s. hierzu § 626 BGB). Zahlt A aus sozialen Gründen dem B eine Abfindung, so kann B diese anrechnungsfrei behalten.

Hier droht dem B aber eine Sperrzeit nach § 144 SGB III von bis zu 12 Wochen. Auch ein Ruhen nach § 117a AFG a.F. (s. → Rz. 4124a f.) kam früher in Betracht!

2. Fallgruppe: Einhaltung der fiktiven Kündigungsfrist

BEISPIEL:

Arbeitgeber A vereinbart mit dem tarifvertraglich unkündbaren Arbeitnehmer B am 31.03.2001 ein Ausscheiden zum 30.09.2002 und zahlt 30.000 EUR Abfindung.

Da hier die fiktive Kündigungsfrist von 18 Monaten eingehalten wurde, ruht der Anspruch auf Arbeitslosengeld nach § 143a SGB III nicht. Jedoch konnte hier früher § 117a AFG a.F. eingreifen.

3. Fallgruppe: Einhaltung der ordentlichen Kündigungsfrist

BEISPIEL:

Der Arbeitgeber kündigt mit ordentlicher Kündigungsfrist dem Arbeitnehmer B. Das Arbeitsgericht gibt der Kündigungsschutzklage des B statt, löst das Arbeitsverhältnis jedoch nach §§ 9, 10 KSchG gegen Zahlung einer Abfindung von 10.000 EUR auf.

Da die ordentliche Kündigungsfrist eingehalten wurde, ruht der Anspruch auf Arbeitslosengeld nicht. Das Arbeitslosengeld wird neben der Abfindung gezahlt (§ 143a Abs. 1 Satz 1 SGB III). Selbstverständlich galt auch hier früher § 117a AFG a.F. (vgl. → Rz. 4124a ff.).

4. Fallgruppe: Auslaufen eines befristeten Beschäftigungsverhältnisses

Läuft ein befristetes Beschäftigungsverhältnis aus und zahlt der Arbeitgeber gleichwohl eine Abfindung, so ruht der Anspruch auf das Arbeitslosengeld nicht, weil das Fristende für das Beschäftigungsverhältnis eingehalten worden ist (§ 143a Abs. 2 Satz 2 Nr. 2 SGB III).

Der Anspruch auf Arbeitslosengeld ruht nach § 143a ASGB III jedoch **längstens für ein Jahr**. Dies wird immer dann bedeutsam, wenn der Zeitpunkt, zu dem ordentlich gekündigt werden konnte, mehr als ein Jahr nach der Auflösung des Arbeitsverhältnisses liegt. Gleiches gilt für diejenigen Personen, deren (fingierte) Kündigungsfrist 18 Monate beträgt (vgl. → Rz. 4108). Die **18-Monatsfrist beginnt** dann nämlich mit dem Auflösungszeitpunkt, die **Jahresfrist** jedoch mit dem Zeitpunkt der Beendigung des Arbeitsverhältnisses. Verschiedene Ruhenstatbestände (§§ 143, 143a SGB III) werden addiert.

4120

g) Hinweispflichten des Arbeitgebers im Hinblick auf ein Ruhen des Arbeitslosengeldanspruchs

Die Frage nach **Hinweispflichten des Arbeitgebers gegenüber dem Arbeitnehmer im Hinblick auf ein mögliches Ruhen des Arbeitslosengeldanspruchs** ist nicht einfach zu beantworten. Die Rechtsprechung geht aber grundsätzlich davon aus, dass im Zusammenhang mit der Beendigung eines Arbeitsverhältnisses Aufklärungspflichten denkbar sind. Dabei ist von folgenden »Eckdaten« auszugehen:

4121

- Jede Partei muss sich über die rechtlichen Folgen ihres Handelns selbst Klarheit verschaffen.
- Es gibt keine umfassende Unterrichtungspflicht.
- Eine falsche Auskunft verpflichtet zum Schadensersatz.

Ist der Arbeitgeber sich hinsichtlich der sozialrechtlichen Folgen nicht völlig sicher, empfiehlt es sich, den Arbeitnehmer nur darauf hinzuweisen, dass dieser unter Umständen mit sozialrechtlichen Folgen rechnen muss und ihn im Übrigen **an das zuständige Arbeitsamt zu verweisen.** Diesen Hinweis sollte man sich so bestätigen lassen, um späteren Streitigkeiten aus dem Wege zu gehen. In diesem Zusammenhang ist auch auf mehrere von der Bundesanstalt für Arbeit herausgegebene Merkblätter für Arbeitslose hinzuweisen. Im Zusammenhang mit Abfindungen gewinnt das Merkblatt »Auswirkung von Abfindungen auf das Arbeitslosengeld« an Bedeutung. Aus diesem können die Arbeitsvertragsparteien zumindest erste Richtwerte entnehmen, die sie ihrer Kalkulation zugrunde legen können. (s. im Übrigen → Rz. 4030 ff).

Zu beachten ist: Das BAG scheint nunmehr die Hinweispflichten des Arbeitgebers in einer neuen Entscheidung noch weiter ausgedehnt zu haben *(BAG 21.11.2000, EzA § 611 BGB Fürsorgepflicht Nr. 61)*. In dem zu entscheidenden Fall ging es allerdings um eine betriebliche Altersversorgung. Hier liegt ein beträchtlicher Sprengstoff. Nähere Aussagen sind erst möglich, wenn die Entscheidungsgründe vorliegen.

h) Rückdatierung des Aufhebungsvertrages zur Vermeidung eines Ruhenszeitraums

4122 Durch eine Rückdatierung des Aufhebungsvertrages kann ein Ruhen des Anspruchs auf Arbeitslosengeldzahlung nicht vermieden werden. Es handelt sich um eine Manipulation zu Lasten der Bundesanstalt.

BEISPIEL:

Arbeitgeber A und der ordentlich unkündbare Arbeitnehmer B kommen am 31.03.2002 überein, dass der kränkliche B mit Wirkung zum 01.04.2002 aus dem Arbeitsverhältnis ausscheidet. Dieser erhält eine Abfindung von 10.000 EUR. Der Abfindungsvertrag wird zur Umgehung eines Ruhens des Arbeitslosengeldanspruchs auf den 30.09.1999 rückdatiert. Wenige Wochen später erhebt B Klage vor dem Arbeitsgericht mit dem Antrag festzustellen, dass das Arbeitsverhältnis der Parteien zu unveränderten Bedingungen fortbestehe. Der Aufhebungsvertrag sei nämlich wegen versuchter Täuschung der Bundesanstalt für Arbeit unwirksam und sittenwidrig. Allerdings signalisiert er die Bereitschaft, die Klage zurückzunehmen, falls A sich bereit erkläre, weitere 10.000 EUR »nachzuzahlen«.

In dem Beispielsfall ist sich die Rechtsprechung im Ergebnis darüber einig, dass der **Aufhebungsvertrag seine Wirksamkeit** behält und nur die Rückdatierung nichtig ist (s. allerdings zu einer neuen Entwicklung oben → Rz. 4046). Ob die herrschende Meinung in der Rechtsprechung dauerhaft stabil sein wird, muss bezweifelt werden.

Im Übrigen dürfte eine arbeitsgerichtliche Bestandsschutzklage, die nur mit dem Ziel geführt wird, eine höhere Abfindung zu bekommen, unzulässig sein.

Machen Sie sich gleichwohl nicht erpressbar. Hüten Sie sich vor Manipulationen. Gerade unter dem Vorzeichen der Bekämpfung des Leistungsmissbrauchs kann es verstärkt zu Ermittlungen seitens der Arbeitsämter kommen.

i) Weitere Einschränkungen des Gestaltungsspielraums

4122a Einer bislang in der Praxis beliebten Gestaltungsmöglichkeit, dem **Auslaufenlassen eines Arbeitsverhältnisses** unter Verzicht auf gegenseitige Leistungen, ist der Gesetzgeber durch Einführung des § 143a Abs. 3 SGB III begegnet.

BEISPIEL:

Die Parteien treffen am 01.04. folgende Auflösungsvereinbarung: »Das Arbeitsverhältnis endet unter Einhaltung der ordentlichen Kündigungsfrist am 30.09. Arbeitnehmer A erhält eine Abfindung von 20.000 EUR. Er wird sofort und unwiderruflich von der Arbeit freigestellt und verzichtet im Gegenzug auf Entgeltansprüche.

Durch eine solche Vertragsgestaltung wollen die Parteien vermeiden, dass ein Teil der Abfindung wegen Nichteinhaltung der ordentlichen Kündigungsfrist zum Ruhen des Anspruchs auf Arbeitslosengeldzahlung führt. Daher bleibt das **Arbeitsverhältnis formal bestehen**, das Beschäftigungsverhältnis wird hingegen aufgehoben. Nach bisheriger Gesetzes- und Rechtsprechungslage war unsicher, ob eine derartige Gestaltung den gewünschten Erfolg bringen kann. Dies ist jetzt eindeutig zu verneinen. **§ 143a Abs. 3 SGB III** ordnet nämlich für eine solche Gestaltung an, dass Abs. 1 und 2 hier entsprechend gelten. Der Fall wird also so behandelt, als sei der Arbeitnehmer sofort am 01.04. ausgeschieden.

j) Inanspruchnahme des Arbeitgebers durch die Bundesanstalt für Arbeit

Wird das Arbeitsverhältnis nach vorangegangener Kündigung durch Vergleich rückwirkend gegen Zahlung einer Abfindung beendet, so kann es vorkommen, dass mit dem Zeitpunkt der Vereinbarung die Abfindung in dem Umfang, in dem sie zum Ruhen des Arbeitslosengeldanspruchs führt, **auf die Bundesanstalt übergeht** (§ 115 SGB X i.V.m. § 143a Abs. 4 Satz 1 SGB III). Der Arbeitgeber muss dann den entsprechenden Teil der Abfindung an die Bundesanstalt weiterleiten und darf diesen nicht an den Arbeitnehmer auszahlen. Tut er dies gleichwohl, muss er eventuell mit einer doppelten Zahlungsverpflichtung rechnen, zumindest aber mit Folgestreitigkeiten.

4123

Diese können etwa eintreten, wenn die Parteien des Aufhebungsvertrages bei dessen Gestaltung nicht bedenken, dass im Laufe des Kündigungsrechtsstreits vom Arbeitnehmer Arbeitslosengeld bezogen worden ist, was zu einem (teilweisen) Übergang des Abfindungsanspruchs auf die Bundesanstalt für Arbeit führt (s. auch → Rz. 4085).

BEISPIEL:

Arbeitgeber A kündigte dem B zum 31.05.2000. B erhob Kündigungsschutzklage. Am 19.06 wies das Arbeitsamt A daraufhin, dass B Arbeitslosengeld beziehe und deshalb eventuell ein Rückgriffsanspruch nach § 115 SGB X i.V.m. § 143a Abs. 4 SGB III. in Betracht komme. Am 19.09. verglichen sich die Parteien vor Gericht in der Weise, dass das Arbeitsverhältnis zum 31.05. aufgehoben wurde und B eine Abfindung von 18.550 DM abzugsfrei erhalten sollte. A zahlte diese in voller Höhe aus. In der Folge erstattete er dem Arbeitsamt auf Anfordern 4.467 DM des von B bezogenen Arbeitslosengeldes. A verlangte die Erstattung dieses Betrages.

Nach Auffassung des BAG war der Erstattungsanspruch begründet. Es bedurfte demnach einer ausdrücklichen Regelung im Vergleich, wenn der Abfindungsanspruch nicht um den darauf entfallenden Anteil an der Arbeitslosenunterstützung gekürzt werden soll, sondern die auf die Bundesanstalt übergegangenen Ansprüche vom Arbeitgeber allein getragen werden sollen. Das Wort »abzugsfrei« bezieht sich nur auf die Steuerfreiheit der Abfindung, nicht aber auf die sozialversicherungsrechtliche Seite. Auch eine allgemeine Ausgleichsklausel (vgl. → Rz. 4801 ff.) steht der Geltendmachung nicht im Wege. Streitigkeiten lassen sich durch eine klare Vergleichsregelung vermeiden! Hier empfiehlt sich etwa folgende Klausel:

> **Muster**
>
> »Sollte der Arbeitgeber von der Bundesanstalt für Arbeit auf Erstattung von Arbeitslosengeld in Anspruch genommen werden, hat der Arbeitnehmer ihm den zu erstattenden Betrag binnen 2 Wochen nach Rechnungslegung in voller Höhe/zu ...% zu ersetzen«.

k) Rückgriff der Bundesanstalt auf den Arbeitnehmer

4124 Ein Rückgriff der Bundesanstalt auf den Arbeitnehmer ist hingegen nur selten möglich. Er kommt nur in Betracht, wenn der Arbeitgeber vom Arbeitslosengeldbezug durch den Arbeitnehmer nichts wusste und deshalb **mit befreiender Wirkung** an den Arbeitnehmer gezahlt hat.

2. Das frühere Ruhen mit Sperrzeitwirkung

4124a Eine – zwischenzeitlich aufgehobene und auch durch das EEÄndG nicht wieder eingeführte – Änderung war hinsichtlich des Umfangs der Anrechnung von Abfindungszahlungen auf das Arbeitslosengeld durch die mit Wirkung zum 01.01.1993 in Kraft getretene **AFG-Novelle** bewirkt worden: Während nach früherem und heutigen Recht ein Ruhen des Anspruchs auf Arbeitslosengeldzahlung nur in Betracht kam, wenn die ordentliche Kündigungsfrist nicht eingehalten wurde, galt zwischenzeitlich folgendes: Hatte der Arbeitslose wegen der Beendigung des Arbeitsverhältnisses eine **Abfindung erhalten oder zu beanspruchen und** war wegen der Beendigung des Beschäftigungsverhältnisses eine **Sperrzeit** (s. → Rz. 4125 ff.) von 12 Wochen eingetreten, so ruhte der Anspruch auf Arbeitslosengeld für einen bestimmten Zeitraum selbst dann, wenn die Kündigungsfrist eingehalten worden war. Schadensfall, an den die Sanktion anknüpfte, war also die **grundlose Aufgabe des Arbeitsplatzes.** Auch verkürzte sich der Anspruch auf den Bezug von Arbeitslosengeld. Insoweit war § 117a AFG a.F. vergleichbar mit § 144 SGB III. Da der Tatbestand an die Verhängung einer Sperrzeit nach § 144 SGB III anknüpfte, war es für die Arbeitsvertragsparteien um so wichtiger, deren Eintritt zu vermeiden.

4124b Die Regelungen waren **seit 1995 und längstens bis 31.03.1999 regelmäßig anzuwenden.** Die Übergangsvorschrift des § 242 m Abs. 9 AFG a.F. bestimmte, dass § 117a AFG a.F. für Ansprüche auf Arbeitslosengeld nicht anzuwenden war, wenn der Arbeitslose innerhalb der Rahmenfrist des § 104 Abs. 2, 3 AFG a.F. mindestens 360 Kalendertage vor dem 01.01.1993 in einer die Beitragspflicht begründenden Beschäftigung gestanden hatte. Hinter dem kompliziert erscheinenden Gesetzeswortlaut verbarg sich folgendes:

Vereinbarten etwa die Arbeitsvertragsparteien am 30.09.1994, dass das Arbeitsverhältnis zum 31.03.1995 beendet werden sollte, kam die Neuregelung zur Geltung. Die Rahmenfrist betrugt 3 Jahre (§ 104 Abs. 3 AFG a.F.) und wurde vom 1. Tag des Beginns der Arbeitslosigkeit an zurückgerechnet. War der Arbeitnehmer ab dem 01.04.1995 arbeitslos, ergab sich eine Rahmenfrist, die vom 01.04.1992 bis zum 31.03.1995 lief. Da der Arbeitnehmer vor dem 01.01.1993 (Inkrafttreten der AFG-Novelle) nicht mehr 360 Kalendertage in einer die Beitragspflicht begründenden Tätigkeit gestanden haben konnte (vom 01.04.1992 – 31.12.1992 logisch undenkbar!), war die Neuregelung anwendbar. Wäre das Arbeitsverhältnis ein Jahr früher beendet worden (31.03.1994), hätte der Arbeitnehmer hingegen die Rahmenfrist erfüllen können. Wenn die Neuregelung nicht anwendbar war, galten die bisherigen Bestimmungen (s. für § 110 AFG a.F. die Regelung in § 242 m Abs. 6 AFG a.F.). Die Übergangsvorschrift hat heute nur für alle »Altfälle« ihre Bedeutung!

Hinsichtlich der **Länge des zusätzlichen Ruhenszeitraums** war folgende Bestimmung getroffen worden: Zunächst wurde von der Abfindungssumme ein Freibetrag in Höhe des 90fachen kalendertäglichen Arbeitsverdienstes abgezogen (vgl. zur Berechnung des kalendertäglichen Arbeitsverdienstes → Rz. 4114). Von dem dann noch verbleibenden Abfindungsbetrag wurden 20 % unabhängig von der Einhaltung der Kündigungsfrist angerechnet. Dies geschah in der Weise, dass die Anrechnungssumme durch den kalendertäglichen Arbeitsverdienst geteilt wurde. Die so ermittelte Zahl gab die Summe der Tage an, an denen der Anspruch auf Arbeitslosengeld unabhängig von der Einhaltung der Kündigungsfrist ruhte. Der **Ruhenszeitraum begann erst mit dem Ende der Sperrzeit** (s. auch → Rz. 4125 ff., 4136). 4124c

BEISPIEL:

Abfindungssumme 30.000 DM, kalendertäglicher Arbeitsverdienst (vgl. → Rz. 4115) 166,67 DM, Verhängung einer Sperrzeit nach § 144 SGB III wegen Arbeitsaufgabe ist gerechtfertigt, die ordentliche Kündigungsfrist wurde eingehalten.

Hier war folgende Berechnung vorzunehmen:

Abfindungssumme	60.000 DM
abzüglich Freibetrag nach § 117a Abs. 2 Satz 2 AFG a.F.	= 90 x 166,67 DM = 15.000 DM
restliche Abfindung	= 45.000 DM
hiervon 20 % nach § 117a Abs. 2 Satz 1 AFG a.F.	= 9.000 DM
anrechenbarer Teil der Abfindung :	
kalendertäglichen Arbeitsverdienst = 9.000 DM : 166,66 DM = 54 Kalendertage	

Der Anspruch auf Arbeitslosengeldzahlung ruht also unabhängig von der Einhaltung der ordentlichen Kündigungsfrist für 54 Kalendertage; und zwar im Anschluss an die Sperrzeit nach § 144 SGB III.

3. Eintritt einer Sperrzeit nach § 144 SGB III

Ist ein Ruhen nach § 143a SGB III vermieden worden, was im Grundsatz leicht möglich ist und nur von der , Planung und Gestaltung der Parteien abhängt, kann es gleichwohl Probleme mit einer Sperrzeit nach § 144 SGB III geben. Der Norm liegt der Gedanke zugrunde, dass derjenige Arbeitnehmer, der seinen **Arbeitsplatz freiwillig aufgibt**, dadurch bestraft wird, dass er für einen bestimmten Zeitraum keinen Anspruch auf Leistungen der Arbeitslosenversicherung hat. Liegt eine grundlose Aufgabe des Arbeitsplatzes vor und ist eine Abfindung gezahlt worden, mussten die Parteien früher auch § 117a AFG a.F. beachten, der heute allerdings nicht mehr gilt (s. → Rz. 4124a ff.). Die **Vermeidung von** 4125

Sperrzeiten hat unabhängig davon für die Parteien des Aufhebungsvertrages **zentrale Bedeutung!**

Nach § 144 SGB III tritt eine Sperrzeit u.a. dann ein, wenn der Arbeitnehmer das Arbeitsverhältnis gelöst oder durch ein vertragswidriges Verhalten Anlass für die Lösung des Arbeitsverhältnisses gegeben und er hierdurch seine **Arbeitslosigkeit vorsätzlich oder zumindest grob fahrlässig herbeigeführt** hat, ohne für sein Verhalten einen wichtigen Grund zu besitzen.

Eine Auflösung des Arbeitsverhältnisses nach § 144 SGB III stellt dabei auch eine Einverständniserklärung des Arbeitnehmers dar, ohne die das Arbeitsverhältnis nicht bzw. nicht zu diesem Zeitpunkt beendet worden wäre. Dementsprechend ist grundsätzlich auch der **Abschluss eines Aufhebungsvertrages** geeignet, eine Sperrzeit auszulösen. Dabei kommt es nicht auf die dem Abschluss des Aufhebungsvertrages zugrundeliegenden Motive an. Diese gewinnen vielmehr erst dann an Bedeutung, wenn es darum geht, zu ermitteln, ob ein **wichtiger Grund** die einvernehmliche Auflösung rechtfertigt. Auch die Frage, wer die Initiative zur Auflösung des Arbeitsverhältnisses ergriffen hat, ist unerheblich.

Als einvernehmliche Beendigung war früher auch die Herabsetzung der Arbeitszeit auf weniger als die Geringfügigkeitsgrenze anzusehen, da der Arbeitnehmer dann als arbeitslos i.S.d. § 101 Abs. 1 AFG a.F. galt (s. hierzu auch § 102 Abs. 1 AFG a.F. i.V.m. § 101 Abs. 1 AFG a.F.). Beachte heute §§ 118, 119 Abs. 1 SGB III: Ausübung geringfügiger Beschäftigung schließt Arbeitslosigkeit nicht aus. Zur sog. »**Abwicklungsvertrag**« zur Vermeidung einer Sperrzeit s. → Rz. 4166a ff.

a) Vorsätzliche/grob fahrlässige Herbeiführung der Arbeitslosigkeit

4126 Die Frage, wann der Arbeitnehmer i.S.d. § 144 SGB III die Arbeitslosigkeit vorsätzlich oder grob fahrlässig herbeigeführt hat, ist von einer Einzelfallwürdigung abhängig. Der vom Gesetz verlangte **Schuldvorwurf** ist dabei nicht auf die Lösung des Arbeitsverhältnisses zu beziehen, sondern allein auf die **Herbeiführung der Arbeitslosigkeit**. Eine **grobe Fahrlässigkeit** ist beispielsweise zu verneinen, wenn der Arbeitnehmer eine feste Aussicht auf einen Anschlussarbeitsplatz hatte. Hierzu ist es nicht erforderlich, dass schon ein bindendes Angebot des in Aussicht genommenen neuen Arbeitgebers vorlag. An die Annahme der groben Fahrlässigkeit sind **strenge Anforderungen** zu stellen. Sie liegt nur vor, wenn der Arbeitnehmer unter Berücksichtigung seiner persönlichen Einsichtsfähigkeiten eine Sorgfaltspflichtverletzung in ungewöhnlich hohem Maße, d.h. eine besonders grobe und **subjektiv schlechthin unentschuldbare Leichtfertigkeit** begangen hat, er also nicht beachtet, was jedem einleuchten muss *(LSG Niedersachsen 26.10.1999, L 7 AL 73/98)*.

b) Kausalität

4127 Eine Sperrzeit tritt nur ein, wenn das Verhalten des Arbeitnehmers letztlich der **Grund für die Arbeitslosigkeit** war. Dies ist nicht der Fall, wenn der Arbeitnehmer mit der Kündigung oder mit dem Abschluss des Aufhebungsvertrages einer sicheren Kündigung des Arbeitgebers nur zuvorgekommen ist oder wenn dem Arbeitnehmer ansonsten aus anderen Gründen gekündigt worden wäre.

BEISPIEL:
Der Arbeitgeber A kündigt dem Arbeitnehmer B aus betriebsbedingten Gründen. Es hätte aber gleichfalls auch aus verhaltensbedingten Gründen gekündigt werden können. Im Kündigungsschutzverfahren schließen die Parteien einen Vergleich, demzufolge das Arbeitsverhältnis mit Ablauf der ordentlichen Kündigungsfrist als beendet angesehen wird. Im Beispielsfall fehlt es an der Kausalität, da die Kündigung nicht in erster Linie auf das Verhalten des Arbeitnehmers gestützt worden ist.

An der Kausalität fehlt es auch, wenn die Auflösungsvereinbarung an die Stelle einer sonst auszusprechenden begründeten betriebsbedingten Kündigung tritt; anders allerdings wenn Arbeitslosengeld für eine Zeit beansprucht wird, zu der Arbeitslosigkeit ohnehin eingetreten wäre *(BSG 20.01.2000, B 7 AL 20/99 K)*.

c) Wichtiger Grund

Die Verhängung einer Sperrzeit kommt nicht in Betracht, wenn der Arbeitnehmer einen wichtigen Grund für die Auflösung des Arbeitsverhältnisses hatte, ihm also die Fortführung unzumutbar war. Einen **wichtigen Grund i.S.v. § 144 SGB III** stellen dabei für den Arbeitnehmer regelmäßig alle Gründe dar, die ihm arbeitsrechtlich eine Fortsetzung des Arbeitsverhältnisses unzumutbar machen, ihn also zur fristlosen Kündigung aus wichtigem Grund berechtigen. Es kommen aber gleichfalls **Gründe im persönlichen Bereich** in Betracht, die es notwendig machen, die Art der Arbeit, die Arbeitsstätte oder den Wohnort zu wechseln. 4128

Der Katalog der wichtigen Gründe ist insoweit nicht abschließend. Namentlich kommen in Betracht:
- religiöse und weltanschauliche Gründe, etwa Weigerung eines anerkannten Kriegsdienstverweigerers, an der Kriegswaffenproduktion mitzuwirken,
- Einleitung eines Berufswechsels,
- Beendigung einer bereits begonnenen Abendschulausbildung,
- familiäre Gründe, u.U. auch Begründung einer verfestigten nichtehelichen Lebensgemeinschaft *(BSG 29.04.1998, EzA § 144 SGB III Nr. 1)*,
- vertragswidriges Verhalten des Arbeitgebers trotz vorheriger Abmahnung durch den Arbeitnehmer,
- Ablehnung einer Auslandsbeschäftigung,
- nachgewiesene gesundheitliche Gründe.

Selbst wenn das Arbeitsverhältnis wegen **vertragswidrigen Verhaltens** des Arbeitnehmers aufgelöst wird, scheidet eine Sperrzeit aus, wenn der Arbeitnehmer die Vertragsverletzung mit **anerkennenswerten persönlichen Gründen** rechtfertigen kann. 4129

BEISPIEL:

Arbeitnehmerin A erscheint wiederholt verspätet zur Arbeit, da sie ihr kleines Kind zum Kinderhort bringen muss. Der Arbeitgeber ist nicht bereit, dieses Verhalten auf Dauer zu akzeptieren, mahnt die A ab und stellt ihr eine fristlose Kündigung in Aussicht. Schließlich bietet er ihr aber aus sozialen Gründen den Abschluss eines Aufhebungsvertrages an, um der B nicht die Zukunft zu verbauen.

Hier ist zu erwägen, ob das Verhalten der B nicht **durch einen wichtigen Grund** gerechtfertigt ist, mit der Folge, dass eine Sperrzeit ausscheidet.

Einen wichtigen Grund stellt es gleichfalls dar, wenn ein **älterer Arbeitnehmer** anlässlich eines vom Arbeitgeber beabsichtigten Personalabbaus sein Arbeitsverhältnis aufgibt, um dadurch **jüngere Arbeitnehmer vor der Entlassung zu bewahren**.

4130 Scheiden Arbeitnehmer bei **betrieblichen Strukturveränderungen** aufgrund von Aufhebungsverträgen aus, so können sich hieraus Sperrzeitprobleme ergeben. Einen wichtigen Grund stellt nicht schon das Motiv des Arbeitnehmers dar, einen Arbeitsplatz für einen Arbeitslosen freizumachen. Es ist **nicht Aufgabe des Arbeitnehmers, Arbeitsmarktpolitik zu betreiben**.

Im folgenden Beispielsfall kann hingegen aus sozialen Motiven ein wichtiger Grund vorliegen, was aber sinnvollerweise im Vorfeld mit der Arbeitsverwaltung abgestimmt wird, um spätere unliebsame Überraschungen zu vermeiden:

BEISPIEL:

Bei drohender Schließung des Betriebes infolge wirtschaftlicher Schwierigkeiten wird kurzfristig ein größerer Personalabbau erforderlich. Um die verbleibenden Arbeitsplätze für jüngere Arbeitnehmer, zumeist Familienväter und Alleinverdiener, zu erhalten, entschließt sich Arbeitnehmer A, der schon 57 Jahre alt ist, seinen Arbeitsplatz aufzugeben.

Eine Sperrzeit scheidet aus, wenn der Arbeitnehmer unter erheblichem Druck seiner ansonsten von der Kündigung bedrohten Kollegen in die Auflösung des Arbeitsverhältnisses einwilligt. Gleiches gilt, wenn für den Arbeitnehmer nur eine unter seiner Qualifikation liegende Beschäftigung möglich ist, die ihm angesichts der **Länge seiner Betriebszugehörigkeit** und seines **Lebensalters** nicht zugemutet werden kann.

Aber Vorsicht:
Selbst bei sozialen Motiven kommt die Verhängung einer Sperrzeit in Betracht.

Speziell für den **Aufhebungsvertrag** geht die BA davon aus, dass die Verhängung einer Sperrzeit nicht in Betracht kommt, wenn der Arbeitgeber dem Arbeitslosen eine von dessen Verhalten unabhängige, arbeitsrechtlich zulässige, Kündigung **mit Bestimmtheit in Aussicht gestellt** hat, die **zu demselben Zeitpunkt wirksam** geworden wäre wie die – auch durch Aufhebungsvertrag vereinbarte – Arbeitsaufgabe, weil der Arbeitnehmer damit Nachteilen einer arbeitgeberseitigen Kündigung entgegenwirkt. Ob die in Aussicht gestellte Kündigung arbeitsrechtlich zulässig gewesen wäre, ist im Zweifel nach der **verständigen Würdigung des Arbeitslosen** zu beurteilen. Von ihm kann etwa nicht erwartet werden, eine ernsthaft in Aussicht gestellte Kündigung daraufhin zu überprüfen, ob sie auch hinsichtlich der Sozialauswahl arbeitsrechtlich zulässig gewesen wäre.

Anders sieht die Situation aus, wenn für den Arbeitslosen Informationen verfügbar waren, aus denen er ohne Schwierigkeiten entnehmen konnte, dass die Kündigung arbeitsrechtlich nicht ernsthaft in Betracht kommen konnte (**offensichtlich unwirksame Kündigung** – etwa fehlende Betriebsratsanhörung, Nichtbeachtung von Sonderkündigungsschutz). Siehe zum Zusammenhang von **Sperrzeit und Abwicklungsvertrag** bzw. sonstigen Formen der Beendigung → Rz. 4166a ff.

d) Beweisfragen

Die BA hat die Beweislast für die Tatbestandsvoraussetzungen des § 144 SGB III. Umstritten ist hingegen, ob dies auch für das Tatbestandsmerkmal des wichtigen Grundes gilt. **Regelmäßig** wird man jedoch davon ausgehen können, dass die **Bundesanstalt für sämtliche Merkmale**, also auch die negativen Tatbestandsvoraussetzungen, **beweispflichtig** ist.

4131

e) Rechtsfolgen der Sperrzeit

Die Rechtsfolgen einer Sperrzeit sind für den betroffenen Arbeitnehmer äußerst hart: Für die Dauer der Sperrzeit bekommt er kein Arbeitslosengeld und keine Arbeitslosenhilfe.

4132

Zudem wird die Sperrzeit auf die Dauer seines Anspruchs auf Arbeitslosengeld angerechnet. Die Anspruchsdauer wird also um die Sperrzeit verkürzt.

> **BEISPIEL:**
> Arbeitnehmer A gibt ohne wichtigen Grund seinen Arbeitsplatz auf. Das Arbeitsamt verhängt eine Sperrzeit von 12 Wochen (§ 144 SGB III). Angenommen, A hätte für insgesamt 26 Wochen Anspruch auf Arbeitslosengeld, so verkürzt sich die Anspruchsdauer auf 14 Wochen.
>
> U.U. verkürzt sich die Anspruchsdauer für den Bezug von Arbeitslosengeld noch weiter und zwar in den Fällen der Sperrzeit wegen Arbeitsaufgabe (§ 144 SGB III), nach neuester AFG-Fassung in jedem Fall der Sperrzeit, mindestens um ein Viertel der Anspruchsdauer, die dem Arbeitslosen bei erstmaliger Erfüllung der Voraussetzungen für den Anspruch auf Arbeitslosengeld nach dem Ereignis, das die Sperrzeit begründet hat, zusteht (§ 128 SGB III; beachte: diese Rechtsfolge kann auch nicht durch verspätete Antragstellung vermieden werden – s. BSG 05.08.1999, EzA § 144 SGB III Nr. 2). Ein älterer Arbeitnehmer mit einer angenommenen Bezugsdauer von 32 Monaten, der seinen Arbeitsplatz ohne wichtigen Grund i.S.v. § 144 SGB III aufgibt, muss eine Verkürzung von 32 auf 24 Monate, also um 25 %, hinnehmen. Zusätzlich reduzierte sich früher die Bezugsdauer um die Tage, an denen der Arbeitslosengeldanspruch nach § 117a AFG a.F. ruhte (s. hierzu → Rz. 4124a ff.).

Zudem hat die Sperrzeit auch **Auswirkungen auf den Krankenversicherungsschutz** des Arbeitnehmers. Während der ersten 4 Wochen der Sperrzeit ist der Arbeitslose nicht in der Krankenversicherung pflichtversichert, sondern ist auf den nachgehenden Leistungsanspruch aus § 19 Abs. 2 SGB V angewiesen. Auch der **Anspruch auf Krankengeld ruht** während der Sperrzeit (§ 49 Abs. 1 Nr. 3 SGB V; allerdings galt dies nicht bei Sperrzeiten nach § 117a AFG a.F.). Nach Ablauf der ersten 4 Wochen der Sperrzeit greifen §§ 155 Abs. 2, 155a AFG a.F./§ 5 SGB V ein: Das Arbeitslosengeld gilt als bezogen mit der Folge, dass der Krankenversicherungsschutz des Arbeitnehmers gewährleistet wird.

In der **Rentenversicherung ist der Arbeitslose während der Sperrzeit nicht versichert.** Weil keine Leistung bezogen wird, besteht keine Beitragspflicht. Es werden auch keine Anrechnungszeiten gutgeschrieben. Der Arbeitslose muss sich ggf. freiwillig versichern. Auch hier empfiehlt sich Expertenrat.

f) Beginn der Sperrzeit

4133 Die Sperrzeit beginnt an dem Tag, nachdem der Arbeitnehmer durch die Auflösung des Arbeitsverhältnisses Anlass zu der Sperrzeit gegeben hatte. Die Laufzeit ist **unabhängig davon, ob der Arbeitslose sich arbeitslos gemeldet hat.**

BEISPIEL:
Arbeitgeber A und Arbeitnehmer B schließen am 20.03. einen Aufhebungsvertrag.
Die Sperrzeit beginnt hier am 21.03., auch wenn B sich erst am 15.04. arbeitslos meldet.

Meldet sich der Arbeitslose erst später arbeitslos – beispielsweise weil er eine Abfindung erhalten hat und von dieser leben kann -, können die Sperrzeitfolgen u.U. vermieden werden, s. aber § 128 SGB III – d.h. Jahreszeitraum beachten *(BSG 05.08.1999, EzA § 144 SGB III Nr. 1)!* Das **Arbeitsamt sollte den Arbeitslosen darauf hinweisen, dass er Sperrzeitfolgen vermeiden kann,** wenn er den Antrag auf Arbeitslosengeld erst später stellt. Versäumt das Arbeitsamt dieses, ist es schadensersatzpflichtig. Der Arbeitnehmer ist dann so zu behandeln, als hätte er den Antrag auf Arbeitslosengeld erst später, also etwa nach Ablauf der Sperrzeit gestellt. Unsicher ist aber, ob die Rechtsprechung des Bundessozialgerichts zur Vermeidung von Sperrzeitfolgen noch uneingeschränkt Gültigkeit hat (s. → Rz. 4134b)

4134 Sperrzeiten betragen heute nach § 144 SGB III in aller Regel **12 Wochen.** Dies gilt jedoch nicht schrankenlos. Würde eine Sperrzeit von 12 Wochen nach den für den Eintritt der Sperrzeit maßgebenden Tatsachen für den Arbeitslosen eine **besondere Härte** bedeuten, so umfasst die Sperrzeit 6 Wochen (sog. 1. oder allgemeine Härteklausel). Die Sperrzeit umfasst 3 Wochen, wenn das Arbeitsverhältnis innerhalb von 6 Wochen nach dem Ereignis, das die Sperrzeit begründet hat, ohne eine Sperrzeit geendet hätte (2. Härteklausel).

Zur Beurteilung der Frage, ob der Eintritt einer zwölfwöchigen Sperrzeit nach den für ihren Eintritt maßgeblichen Tatsachen für den Arbeitslosen eine besondere Härte bedeutet, sind die Gesamtumstände des Einzelfalles zu beurteilen. Die Annahme einer besonderen Härte ist gerechtfertigt, wenn nach diesen Gesamtumständen der Eintritt einer Sperrzeit mit einer Regeldauer von 12 Wochen im Hinblick auf die für ihren Eintritt maßgebenden Tatsachen objektiv als unverhältnismäßig anzusehen ist *(BSG 04.09.2001, B 7 AL 4/01 R)*.

BEISPIELE:

- Arbeitnehmer A hat durch ständiges Zuspätkommen die Kündigung veranlasst. Das Zuspätkommen ist auf eine schwere Erkrankung des Kindes des Arbeitnehmers zurückzuführen.
- Wiederherstellung einer langjährig bestehenden nichtehelichen Lebensgemeinschaft.

Ob eine **Verkürzung der Sperrzeit** möglich ist, muss das Arbeitsamt **von Amts wegen prüfen.** Gleichwohl geschieht dies nicht in allen Fällen. Für den Arbeitnehmer ist es daher sinnvoll, immer einen entsprechenden Antrag zu stellen.

Achtung **Altfälle**: Die verkürzten Sperrzeiten hatten früher Bedeutung für das **Ruhen mit Sperrzeitwirkung nach § 117a AFG a.F.** Hatte der Arbeitslose wegen der Beendigung des Beschäftigungsverhältnisses eine Abfindung erhalten oder zu beanspruchen und war wegen der Beendigung dieses Beschäftigungsverhältnisses eine Sperrzeit von 12 Wochen eingetreten, so kam es unabhängig von den Voraussetzungen des § 117 AFG a.F., insbesondere der Einhaltung der Kündigungsfristen, zu einem weiteren Ruhen des Anspruchs auf Arbeitslosengeld. Bei den verkürzten Sperrzeiten nach §§ 119, 119a AFG a.F./§ 144 SGB III schied also ein Ruhen mit Sperrzeitwirkung nach § 117a AFG a.F. aus.

Achtung **Neufälle**: Dies ist für alle heutigen Sperrzeitfälle ebenfalls von Bedeutung. § 128 SGB III mit der Mindestkürzung greift nämlich nur bei einer 12-wöchigen Sperrzeit!

Fragen der **Länge einer Sperrzeit** nach den bisherigen §§ 119, 119a AFG a.F. unter dem Blickwinkel des Übermaßverbots und damit gerade unter dem Blickwinkel des § 128 SGB III nach wie vor aktuell waren Gegenstand der Entscheidung des BSG vom 09.02.1995 *(7 RAR 34/94)*.

4134a

BEISPIEL:

Der Arbeitgeber kündigte dem Arbeitnehmer (Kläger) am 16.08. aus betriebsbedingten Gründen zum 30.09.1991. Am 23.08. schlossen die Parteien einen Aufhebungsvertrag, demzufolge das Arbeitsverhältnis gegen Zahlung einer Abfindung bereits zum 31.08.1991 endete. Der Kläger meldete sich am 27.08. zum 01.10. arbeitslos. Das Arbeitsamt stellte nach §§ 119, 119a AFG a.F. die Minderung der Dauer des Arbeitslosengeldanspruchs für 36 Leistungstage (6 Wochen) bis zum 12.10. fest, weil der Kläger die Arbeitslosigkeit durch Auflösung des Arbeitsverhältnisses selbst verursacht habe. Hiergegen wendet sich der Kläger u.a. unter Hinweis auf die fehlende Kausalität seines Fehlverhaltens für den Eintritt der Arbeitslosigkeit. Da er sich erst zum Oktober arbeitslos gemeldet habe, also zu einem Zeitpunkt, zu dem er ohnehin sperrzeitunschädlich aus betriebsbedingten Gründen seinen Arbeitsplatz verloren habe, falle ihm kein Fehlverhalten gegenüber der Versichertengemeinschaft zur Last.

Da das Arbeitsverhältnis des Klägers nicht innerhalb von 4 Wochen nach dem Ereignis (Aufhebungsvertrag zum 31.08.1991), das die Sperrzeit auslöste, geendet hätte, sondern erst zum 30.09 und mithin länger als 4 Wochen, kam eine 2-wöchige Sperrzeit unter Anwendung der 2. Härteklausel des § 119 Abs. 2 Satz 2 Nr. 1 AFG a.F. nicht in Betracht.

Allerdings lehnt das BSG auch den Eintritt einer dann nach dem Gesetzeswortlaut an sich verwirkten und vom Arbeitsamt auch angenommenen 6-wöchigen Sperrzeit unter Anwendung der 1. Härteklausel ab. Aus verfassungsrechtlichen Überlegungen sei von einer Sperrzeit von 3 Wochen auszugehen. »Diese zweite Härteklausel ... soll berücksichtigen, dass die Dauer der Sperrzeit in einem angemessenen Verhältnis zur Dauer der verursachten Arbeitslosigkeit steht... . Dabei werden solche Arbeitsverhältnisse als kurzfristig angesehen, die ... ohne das Verhalten des Arbeitslosen innerhalb von 4 Wochen geendet hätten, ohne eine Sperrzeit zu begründen. In diesen Fällen ... wird eine – auf die Hälfte der Regeldauer – verkürzte Sperrzeit von 4 Wochen für nicht angemessen erachtet; sie (die Sperrzeit) entspricht vielmehr unter Berücksichtigung des Verhältnismäßigkeitsgrundsatzes pauschal nur 2 Wochen und entspricht damit einem Viertel der Regeldauer der Sperrzeit ... Derselbe Gedanke beansprucht bei den Sperrzeiten nach § 119 Abs. 1 Satz 1 Nr. 1 AFG a.F. Gültigkeit, die statt 8 bzw. 4 Wochen – 12 bzw. 6 Wochen betragen. In einem Fall des § 119a Nr. 1 AFG a.F., in dem die Regeldauer der Sperrzeit auf 12 Wochen verlängert ist, umfasst die Sperrzeit – ungeachtet der Anwendung des § 119 Abs. 2 Satz 1 Nr. 1 AFG a.F. – längstens 3 Wochen (ein Viertel der Regeldauer), wenn das **Arbeitsverhältnis innerhalb von 6 Wochen** (halbe Regeldauer) nach dem Ereignis, das die Sperrzeit begründet, **ohnehin geendet hätte**.

Da der Kläger im Ausgangsfall nur für einen Monat (September) seine verfrühte Arbeitslosigkeit verursacht hatte, konnte sich die zu verhängende Sperrzeit von 3 Wochen nur bis zum 21.09.1991 auswirken. Das erst ab Oktober begehrte Arbeitslosengeld stand ihm demgemäss grundsätzlich zu.

Fazit: Nicht immer beträgt die Sperrzeitdauer 12 Wochen. In der Praxis ist schon wegen § 128 SGB II und früher § 117a AFG a.F. besonderes Augenmerk auf die 1. und 2. Härteklausel zu legen. Ist die herbeigeführte Arbeitslosigkeit im Verhältnis zur Regeldauer der Sperrzeit relativ kurz, umfasst sie nur einen Zeitraum bis zur Dauer der halben Sperrzeit, muss die Sperrzeit in einem dem § 119 Abs. 2 Satz 2 AFG a.F. entsprechenden Maß gekürzt werden.

- Bei einer (heute aufgrund § 144 SGB III anzunehmenden) Regelsperrzeit von 12 Wochen und einer vorzeitigen Verursachung der Arbeitslosigkeit von nur maximal 6 Wochen, kommt nur eine 3-wöchige Sperrzeit in Betracht.
- Was bei nur minimal verfrühter Arbeitslosigkeit gilt, ist unsicher!

4134b Ungeklärt ist, wie sich diese neue Entscheidung zu den bisherigen **Kausalitätsüberlegungen** (→ vgl. Rz. 4127, 4133) verhält. So hatte das BSG früher entschieden, dass ein Arbeitnehmer, der ein bis zum 31.03. befristetes Arbeitsverhältnis vorzeitig zum 15.02. auflöst, grundsätzlich eine 12-wöchige Sperrzeit bis zum 10.05. hinnehmen muss. Einigkeit bestand aber darüber, dass diese Folge vom Arbeitnehmer dadurch verhindert werden konnte, wenn er sich erst zum 01.04 arbeitslos meldete, also zu dem Zeitpunkt, zu dem infolge Befristungseintritts **ohnehin Arbeitslosigkeit eingetreten wäre**. Hier fehlt es an der Ursächlichkeit von Pflichtwidrigkeit zu Lasten der Versichertengemeinschaft und Bezug des Arbeitslosengeldes. Nunmehr führt das BSG aus, die Sperrzeitwirkung trete unabhängig davon ein, wann der Antrag auf Arbeitslosengeld gestellt werde, bzw. der Arbeitslosengeldanspruch entstehe; der Sperrzeiteintritt hänge allein von der Lösung des Beschäftigungsverhältnisses und der schuldhaften Herbeiführung der Arbeitslosigkeit ab. Die Frage, ob ausnahmsweise eine Sperrzeit nicht eintrete, wenn Arbeitslosengeld erst für eine Zeit beansprucht werde, zu der das Arbeitsverhältnis ohnehin beendet worden sei, bedürfe keiner Entscheidung. Ob sich hier eine Rechtsprechungswende anbahnt, ist noch offen. In diesem Zusammenhang ist darauf hinzuweisen, dass etwa Gagel *(in: Gagel/ Vogt, Beendigung von Arbeitsverhältnissen, Rn. 190)* unter Hinweis auf das Urteil des BSG vom 12.12.1984 *(SozR 4100 § 119 Nr. 24)* die BA für verpflichtet hält, den Arbeitslosen darauf hinzuweisen, dass er Sperrzeitfolgen durch eine verzögerte Arbeitslosmeldung verhindern könne. Versäume das Arbeitsamt diese Belehrung, so sei der Arbeitslose aufgrund des Herstellungsanspruchs so zu behandeln, als hätte er den Antrag erst zu dem Zeitpunkt gestellt, zu dem das Arbeitsverhältnis ohnehin geendet hätte. Ob dies auch der zukünftigen Position des Bundessozialgerichts entspricht, musste nach der früheren Entscheidung bezweifelt werden. Angesichts der verschärften Folgen der Sperrzeit steht zu vermuten, dass diese nicht mehr ohne weiteres vermieden werden kann *(so jetzt auch BSG 05.08.1999, EzA § 144 SGB III Nr. 2)*.

g) Einfluss der Sperrzeit auf die Wirksamkeit des Aufhebungsvertrages

Unter Umständen kann infolge der für beide Parteien unerwarteten Sperrzeitverhängung die **Geschäftsgrundlage des Aufhebungsvertrages** beeinträchtigt, dieser also in seinem Bestand gefährdet werden:

4135

BEISPIEL:
Arbeitgeber A und Arbeitnehmer B schließen einen Aufhebungsvertrag mit sofortiger Wirkung, demzufolge B gegen Zahlung von 10.000 EUR aus dem Arbeitsverhältnis ausscheidet. Beide Parteien gehen davon aus, dass eine Sperrzeit nicht verhängt werde, weil B einen wichtigen Grund für die Auflösung habe (etwa Wunsch des B, jüngeren Arbeitnehmern Platz zu machen). Das Arbeitsamt erkennt einen wichtigen Grund nicht an und verhängt eine Sperrzeit. B fühlt sich an die Auflösung des Arbeitsverhältnisses daher nicht mehr gebunden.

Für den Arbeitgeber stellt sich hier das Problem, dass ein vermeidbarer Folgestreit eintritt. Er muss damit rechnen, dass er den B weiterbeschäftigen muss oder sich diese Weiterbeschäftigung durch eine erhöhte Abfindung abkaufen lassen muss. **Regelmäßig wird aber nur eine Anpassung des Aufhebungsvertrages in Betracht kommen**. Diese kann etwa in der Weise vorgenommen werden, dass der Arbeitgeber während des Laufs der Sperrzeit für den Arbeitnehmer bestimmte Leistungen erbringt, beispielsweise dessen Versicherung aufrechterhält.

Es ist ratsam, schon im Aufhebungsvertrag festzuhalten, dass der Arbeitnehmer auf eine mögliche Sperrzeit sowie sonstige sozialrechtliche Konsequenzen hingewiesen wurde.

Eventuell kann auch eine ergänzende Regelung des Inhalts getroffen werden, dass im Fall der Sperrzeitverhängung bestimmte Zahlungen geleistet werden.

Zum **Wegfall der Geschäftsgrundlage** bei Aufhebungsverträgen siehe auch *BAG 29.01.1997, EzA § 611 BGB Aufhebungsvertrag Nr. 27*: Eine noch vor dem vereinbarten Ausscheidenstermin ausgesprochene Kündigung führt zum Entfallen des Abfindungsanspruchs, wenn sie für die Beendigung konstitutiv wird. Beachte in diesem Zusammenhang auch die Problematik des Wiedereinstellungsanspruchs (vgl. → Rz. 4168 und *BAG 04.12.1997, EzA § 1 KSchG Wiedereinstellungsanspruch Nr. 2)*.

h) Zusammentreffen von Sperrzeit- und Ruhenszeitraum bzw. mehrerer Ruhenszeiträume

4136 **Mehrere Ruhenszeiträume** werden zusammengerechnet! Es kann also hierdurch zu einem Ruhen über ein Jahr hinaus kommen.

BEISPIEL:

Arbeitnehmer A erhält Urlaubsabgeltung für 30 Arbeitstage und eine Abfindung von 100.000 EUR, die zu einem angenommenen Ruhenszeitraum von 11 Monaten führt. Hier ist eine Addition der Ruhenszeiträume (11 Monate und 6 Wochen) vorzunehmen.

Beim **Zusammentreffen von Ruhenszeitraum und Sperrzeittatbestand** findet hingegen **keine Addition** statt. Beide Zeiträume laufen nebeneinander. Allerdings bestand insoweit früher eine Ausnahme für **Ruhenszeiten nach dem alten § 117a** AFG a.F. (s. → Rz. 4124a ff.). Der Ruhenszeitraum nach § 117a AFG a.F. schloss an die Sperrzeit bzw. die längere Ruhenszeit an!

4136a Wie sich die verschiedenen **Ruhens- und Sperrzeitvorschriften** zu Lasten des Arbeitnehmers auswirken verdeutlichen nachfolgende Beispiele:

BEISPIEL 1:

Arbeitgeber A und Arbeitnehmer B heben das bestehende Arbeitsverhältnis einvernehmlich zum 31.12. auf. Hierdurch kommt es zu einem Ruhen des Anspruchs auf Arbeitslosengeld nach § 143a SGB III für einen Monat. Auch tritt eine 12-wöchige Sperrzeit nach § 144 SGB III ein.

Der Ruhenszeitraum und die Sperrzeit laufen parallel, so dass dem 1-monatigem Ruhenszeitraum neben der Sperrzeit keine eigenständige Bedeutung zukommt. Nach Ablauf der 12-wöchigen Sperrzeit hat der Arbeitnehmer Anspruch auf Arbeitslosengeld. Die Gesamtdauer des möglichen Bezugs von Arbeitslosengeld verkürzt sich um 12 Wochen (Sperrzeit), mindestens aber um ein Viertel, § 128 SGB III.

BEISPIEL 2:

Fall wie oben bei Beispiel 1. Allerdings soll der Ruhenszeitraum nach § 143a SGB III 4 Monate betragen.

Hier reicht der Ruhenszeitraum über den der Sperrzeit hinaus. Der längere Ruhenszeitraum ist also für den Beginn des Anspruchs auf Arbeitslosengeldzahlung maßgeblich. Die Sperrzeit verkürzt wiederum die Gesamtbezugsdauer für den Arbeitslosengeldanspruch.

Die Beispiele 1 und 2 zeigen

- §§ 143a, 144 SGB III laufen vom Beginn der Arbeitslosigkeit an parallel,
- für den Beginn der Arbeitslosengeldzahlungen ist der jeweils längere Tatbestand ausschlaggebend,
- § 144 SGB III führt aber über § 128 SGB III zu einer Verkürzung der Bezugsdauer des Arbeitslosengeldanspruchs und zwar auch dann, wenn der Ruhenszeitraum nach § 143a SGB III länger ist,
- ein kürzeres Ruhen fällt neben einer längeren Sperrzeit nicht ins Gewicht.

4. Regelungen durch das AFRG/SGB III

Achtung: Für Übergangsfälle (vgl. → Rz. 4102) noch von Bedeutung ist die Vorschrift des § 140 SGB III a.F., da dem Arbeitnehmer ein Wahlrecht zusteht, einen unter diese Vorschrift bzw. ihren Vorgänger – § 115a AFG a.F. – gefallenen Sachverhalt, dem neuen Recht (§ 143a SGB III) zu unterwerfen, wenn dies für ihn günstiger ist. Die folgenden Ausführungen sind also nur für derartige Altfälle als Vergleichsparameter interessant. Die Änderungen beim Arbeitslosengeldbezug sind aber unangetastet geblieben!

4136c

Mit Wirkung ab dem 01.04.1997 hatte der Gesetzgeber zu einem neuen Schlag gegen den vermeintlichen Leistungsmissbrauch, also die ungerechtfertigte Inanspruchnahme der Versicherungsleistung Arbeitslosengeld, ausgeholt. Kernstück war hier die **Pauschalanrechnung von Abfindungen** auf das Arbeitslosengeld unabhängig von den Voraussetzungen des § 117 Abs. 2, 3 AFG bisheriger Fassung und des § 117a AFG bisheriger Fassung. Quasi im Gegenzug verzichtete der Gesetzgeber auf die Erstattung von Arbeitslosengeld nach § 128 AFG bisheriger Fassung bei der Entlassung älterer Arbeitnehmer.

a) Erste Stufe der AFG-Reform

In einer ersten Stufe sind – allerdings mit Übergangsfrist – bereits zum 01.04.1997 u.a. folgende wesentliche **Änderungen des AFG** in Kraft getreten und – was die Punkte 1 und 2 anbelangt – nach wie vor in Kraft:

4136d

- **Anhebung der Altersgrenze** um jeweils 3 Jahre bei der Verlängerung der **Dauer des Anspruchs auf Arbeitslosengeld** für ältere Arbeitslose.
  Diese Regelung gilt jedoch nicht für Arbeitslose, die vor Inkrafttreten der Änderungen bereits arbeitslos waren oder aufgrund einer vor dem 14.02.1996 erfolgten Kündigung oder Vereinbarung als ältere Arbeitnehmer noch arbeitslos werden (**Vertrauensschutzregelung nach dem ATZG**) oder nach Inkrafttreten arbeitslos werden und ihre Anwartschaft auf Arbeitslosengeld noch vor dem Inkrafttreten erworben haben (**Übergangsregelung**);
- Neuregelung über die **Anrechnung von Abfindungen** auf das Arbeitslosengeld oder die Arbeitslosenhilfe, wobei für letztere entsprechende Vertrauensschutzregelungen wie bei der Anhebung der Altersgrenze galten;
- Aufhebung von **Ruhens-** (§§ 117, 117a AFG a.F.) und **Erstattungstatbeständen** (§ 128 AFG a.F.) im Zusammenhang mit dem Arbeitslosengeldbezug.

b) Zweite Stufe der AFG-Reform

Ziel war es, die Vorschriften des AFG in ein neues Sozialgesetzbuch III (SGB III) zu überführen. Dies ist ab 01.01.1998 geschehen.

4136e

Dessen Vorschriften sind, unter Berücksichtigung der geplanten Änderungen im AFG durch das AFRG – bereits als Art. 1 im AFRG enthalten und bereits mehrmals wieder geändert worden (1. und 2. SGB III ÄndG). Das neue SGB III konnte im Hinblick auf die vielfältigen sonstigen Änderungen gegenüber dem AFG nicht kurzfristig in Kraft treten.

c) Neuregelungen im Einzelnen

4136f
- Bezugsdauer von Arbeitslosengeld

Die **Voraussetzungen und der Umfang für den erstmaligen Anspruch auf Arbeitslosengeld** sind unverändert geblieben: Nach einer versicherungspflichtigen Beschäftigung von **mindestens 12 Monaten** besteht ein Anspruch auf Arbeitslosengeld für **6 Monate**.

Die allgemeinen Voraussetzungen des Arbeitslosengeldbezuges sind erhalten geblieben, werden aber zunehmend ernster genommen. Dies gilt etwa für die Beschäftigungssuche. Das BSG hatte sich in der Entscheidung vom 20.06.2001 *(B 11 AL 10/01 R)* mit der Frage zu befassen, wann ein Arbeitsloser eine Beschäftigung sucht. Im konkreten Fall ging es um die Frage, ob der Kläger den Vermittlungsbemühungen zur Verfügung stand, wie es das SGB III vorsieht (s. § 119 SGB III). Interessant ist dies für Arbeitgeber u.a. dann, wenn Ausscheidensmodelle auf dem Bezug von Arbeitslosengeld aufsetzen und ansonsten eine Einstandspflicht des Arbeitgebers entsteht.

BEISPIEL:

Der Kläger meldete sich am 01.09.1998 arbeitslos. Ende September 1998 verzog er von Reinfelden nach Freiburg, ohne dies dem Arbeitsamt mitzuteilen. Erst am 26.11.1998 meldete er sich beim Arbeitsamt Freiburg, das ihm seitdem Leistungen gewährt hat. Durch die mit der Klage angefochtenen Bescheide hob die Bundesanstalt für Arbeit (BA) die Arbeitslosenhilfebewilligung ab dem 28.09.1998 auf und forderte die Erstattung von Überzahlungen sowie Beiträgen zur Kranken- und Pflegeversicherung. Das SG hat der Klage stattgegeben. Der Kläger sei ungeachtet des nicht angezeigten Umzugs weiter verfügbar gewesen, weil er den Vorschlägen des Arbeitsamtes tatsächlich zeit- und ortsnah Folge leisten konnte. Soweit nach der Erreichbarkeitsanordnung hierfür verlangt werden, dass der Arbeitslose unverzüglich Mitteilungen des Arbeitsamtes persönlich zur Kenntnis nehmen könne und sicherzustellen habe, dass das Arbeitsamt ihn persönlich an jedem Werktag an seinem Wohnsitz oder gewöhnlichen Aufenthalt unter der von ihm benannten Anschrift durch Briefpost erreichen könne, widerspreche dies dem Wortlaut des § 119 SGB III und sei daher durch die Ermächtigungsgrundlage nicht gedeckt. Das LSG hat die Klage abgewiesen.

Die Revision des Klägers hatte vor dem BSG keinen Erfolg. In Übereinstimmung mit dem LSG hat das BSG ausgeführt, dass der Kläger nicht sichergestellt habe, vom Arbeitsamt von seinem Umzug persönlich an jedem Werktag an seinem Wohnsitz unter der von ihm benannten Anschrift durch Briefpost erreichbar zu sein. Der Verwaltungsrat der BA habe mit der entsprechenden Forderung in der Erreichbarkeitsanordnung das ihm nach den §§ 119, 152 SGB III übertragene Satzungsermessen nicht überschritten.

Die Entscheidung des BSG zeigt einmal mehr, dass beim Bezug von Arbeitslosengeld und Arbeitslosenhilfe gerade den formalen Erfordernissen hohes Augenmerk zu schenken ist. Dies gilt auch und insbesondere in den Fällen, wo Unternehmen über vorruhestandsähnliche Maßnahmen Personalabbau betreiben. Finden sich hier Ausscheidensmodelle, die einen bestimmten Mindeststandard an Einkommen unter Anrechnung von Arbeitslosengeld garantieren, so sollten die Arbeitnehmer hierüber deutlich belehrt werden. Ebenfalls unangetastet bleibt die **Höchstbezugsdauer** von 32 Monaten. Die **Staffelung der Bezugsdauer** abhängig vom Lebensalter des Versicherten ist demgegenüber um 3 Jahre heraufgesetzt worden (Einzelheiten s. die folgenden Tabellen). Dies führt zu einer entsprechenden Verschlechterung der Rechtsstellung des Arbeitslosen, da er erst »mit Verzögerung« in eine längere Dauer des Bezugs »hineinrutscht«. Insbesondere die bisherigen Frühverrentungsmodelle, die auf dem 55. Lebensjahr und 32 Monaten Arbeitslosengeldbezug aufsattelten, funktionieren nunmehr auch aus diesem Grund nicht mehr.

BEISPIEL:

So wird ein Anspruch auf Arbeitslosengeld in Höhe von 14 Monaten erst nach einer Beschäftigungsdauer von mindestens 28 Monaten und nach Vollendung des 45. Lebensjahres (z.Zt. 42. Lebensjahr) erreicht. Die Höchstanspruchsdauer von 32 Monaten kann erst nach Vollendung des 57. Lebensjahres (z.Zt. 54. Lebensjahr) erreicht werden.

Nach wie vor gilt i.Ü., dass durch eine verzögerte Antragstellung eine höhere Stufe der Arbeitslosengeldbezugsdauer erreicht werden kann, was für den Arbeitnehmer zu beträchtlichen Vorteilen führen kann.

BEISPIEL:

Die beitragspflichtige Beschäftigung des Arbeitnehmers soll 590 Tage betragen. Die Parteien des Arbeitsverhältnisses wollen dieses mit sofortiger Wirkung beenden. Der Arbeitnehmer sollte hierfür eine Abfindung von 10.000 DM erhalten.

Hier ist es – wenn dem Arbeitnehmer kein Anschlussarbeitsplatz zur Verfügung steht – wesentlich günstiger, das Beschäftigungsverhältnis noch 10 Tage länger aufrechtzuerhalten und den hiefür erforderlichen Betrag ggf. von der Abfindung abzuziehen. Der Arbeitnehmer »gewinnt« hierdurch 50 Tage Arbeitslosengeld, wie ein Blick in die nachfolgenden Übersichten zeigt.

Insgesamt sollten die Parteien des Aufhebungsvertrags dieser Gestaltungsmöglichkeit mehr Aufmerksamkeit schenken als dies bisher häufig der Fall war. Hier können bereits kleine zeitliche Verschiebungen große Folgen haben.

4136g Übersicht Arbeitslosengeldbezugsdauer nach altem Recht

Nach einer die Beitragspflicht begründenden Beschäftigung von insges. mindestens ... Kalendertagen/Monaten	und nach Vollendung des ... Lebensjahres	... Tage/Monate
360/12		156/6
480/16		208/8
600/20		260/10
720/24		312/12
840/28	42.	364/14
960/32	42.	416/16
1.080/34	42.	468/18
1.200/40	44.	520/20
1.320/44	44.	572/22
1.440/47	49.	624/24
1.560/52	49.	676/26
1.680/55	54.	728/28
1.800/55	54.	780/30
1.920/64	54.	832/32

Übersicht Arbeitslosengeldbezugsdauer nach neuem Recht

nach einer die Beitragspflicht begründenden Beschäftigung von insges. mindestens ... Kalendertagen/Monaten	und nach Vollendung des ... Lebensjahres	... Tage/Monate
360/12		156/6
480/16		208/8
600/20		260/10
720/24		312/12
840/27	45.	364/14
960/32	45.	416/16
1.080/34	45.	468/18
1.200/40	47.	520/20
1.320/44	47.	572/22
1.440/47	52.	624/24
1.560/52	52.	676/26
1.680/55	57.	728//28
1.800/55	57.	780//30
1.920/64	57.	832/32

- **Pauschalanrechnung von Abfindungen** 4136h
Die wohl einschneidendste Neuregelung brachte der inzwischen wieder aufgehobene § 115a AFG/§ 140 SGB III mit sich. Dort hieß es: Eine Abfindung, Entschädigung oder ähnliche Leistung (**Entlassungsentschädigung**), die der Arbeitslose wegen der Beendigung des Arbeits- oder Beschäftigungsverhältnisses erhält oder zu beanspruchen hat, wird regelmäßig auf die Hälfte des Arbeitslosengeldes angerechnet, soweit sie einen bestimmten Prozent- oder Festfreibetrag überschreitet; und zwar **unabhängig davon, ob die Kündigungsfrist eingehalten worden ist.**

Bemerkenswert war, dass es nunmehr ausschließlich auf den (nach einem von der BA festzulegenden einheitlichen Prozentsatz ermittelten) **Nettowert der Abfindung** ankam (Abkehr vom bisherigen Bruttoprinzip). Der **Festfreibetrag** betrug immer 10.000 DM netto. Die prozentuale Anrechnungsregelung stellte sich wie folgt dar:

- Grundfreibetrag immer 25 % der Abfindung,
- Erhöhung des Grundfreibetrags um je 5 % für je 5 Jahre Dauer der Betriebszugehörigkeit,
- Altersabhängiger Mindestfreibetrag ab Vollendung des
  - 50. Lebensjahres: mindestens 40 %
  - 55. Lebensjahres: mindestens 45 %,
- Festfreibetrag immer mindestens 10.000 DM.

- **Funktionsweise der Anrechnung**
Der Arbeitslose erhielt solange nur die Hälfte seines Arbeitslosengeldes ausbezahlt, bis durch die Einbehaltung ein Betrag in Höhe des anrechenbaren Teils der Abfindung erreicht worden war. Der Vergleich der alten Werte mit denen bei → Rz. 4113 zeigt unmittelbar, dass sich der anrechenbare Teil der Abfindung auf das Arbeitslosengeld in der Regel beträchtlich erhöht hatte.

Es kann auch gar nicht genug betont werden, dass eine **Pauschalanrechnung** stattfinden sollte. Die Anrechnung konnte also bei Eintritt von Arbeitslosigkeit und nachfolgendem Arbeitslosengeldbezug auch nicht dadurch verhindert werden, dass die ordentliche Kündigungsfrist eingehalten wurde.

Die BA hatte i.Ü. eine Marke von **21 %** als **pauschale Steuer** auf den **steuerpflichtigen Teil der Abfindung** (also ohne den § 3 Nr. 9 EStG unterfallenden Betrag) festgesetzt.

- **Musterrechnungen** (aus Gründen der besseren Vergleichbarkeit auf Basis DM) 4136i
Die Tragweite der damaligen Änderungen verdeutlicht folgendes Beispiel.

BEISPIEL:

Der 52 Jahre alte Arbeitnehmer A scheidet unter Einhaltung der ordentlichen Kündigungsfrist nach einer 17jähriger Betriebszugehörigkeit durch Aufhebungsvertrag aus dem Arbeitsverhältnis aus. Ansonsten wäre ihm betriebsbedingt gekündigt worden. Im Aufhebungsvertrag sagt der Arbeitgeber für den Verlust des sozialen Besitzstandes eine Abfindung von 20.000 DM netto zu. A soll einen Arbeitslosengeldanspruch von monatlich 2.000 DM haben.

- **Musterrechnung bisheriges und neues Recht**
  Nach uraltem AFG-Recht und auch heute wieder geltendem Recht konnte bzw. kann A die Abfindung ungeschmälert und steuerfrei (§ 3 Nr. 9 EStG) behalten. Da die ordentliche Kündigungsfrist eingehalten worden war, schied ein Ruhen nach § 117 AFG a.F. (heute § 143a SGB III) aus. Auch eine Sperrzeit kam/kommt nicht in Betracht, da A für das Lösen des Arbeitsverhältnisses einen wichtigen Grund hatte/hat (ihm war eine wirksame betriebsbedingte Kündigung ernsthaft in Aussicht gestellt worden). Folglich kam auch eine Teilanrechnung der Abfindung über § 117a AFG a.F. nicht in Betracht. A konnte also sofort Arbeitslosengeld beziehen und auf eine Entschädigung von 20.000 DM zugreifen.

- **Musterrechnung § 140 SGB III**
  Auch nach § 140 SGB III droht dem A keine Sperrzeit, da die Vorschrift des früheren § 119 AFG (heute § 144 SGB III) inhaltsgleich erhalten geblieben ist.

  Ganz anders stellte sich die Situation im **Bereich des früher § 117 AFG, jetzt § 143a SGB III**, dar. Es kam nicht mehr darauf an, ob die ordentliche Kündigungsfrist eingehalten worden war. Vielmehr war einzig entscheidend, dass der Arbeitnehmer eine Abfindung erhielt. Diese führte – unter Berücksichtigung eines Freibetrags – zu einer Pauschalanrechnung der Abfindung.

  Im Ausgangsfall war zunächst der anrechenbare Teil der Abfindung zu ermitteln. Entscheidend waren hierfür
  - das Lebensalter,
  - die Dauer der Betriebszugehörigkeit und
  - die Höhe der Entlassungsentschädigung.

Im **Ausgangsfall** bedeutete dies, dass dem A (Lebensalter 52 Jahre; 17jährige Betriebszugehörigkeit) 40 % seiner Abfindung anrechnungsfrei verblieben (8.000 DM). Umgekehrt wurden **60 % der Abfindung angerechnet,** bei der angenommenen Abfindung von 20.000 DM also 12.000 DM. Hier griff aber der Festfreibetrag von 10.000 DM zugunsten des Arbeitnehmers ein.

Die verbleibenden 10.000 DM **(anrechenbarer Teil der Abfindung)** wurden nach der Altregelung auf die **Hälfte des Arbeitslosengeldes** angerechnet. Bei einer Arbeitslosengeldzahlung von 2.000 DM (so der angenommene Wert im Ausgangsfall) ergab dies eine **Anrechnung von 1.000 DM monatlich** (2.000 DM : 2). A erhielt also solange nur ein Arbeitslosengeld von 1.000 DM je Monat bis der anrechnungspflichtige Teil der Abfindung aufgebraucht war; hier also 10 Monate (12.000 DM : 1.000 DM = 10 Monate). Bei längerer Bezugsdauer und höheren Abfindungsbeträgen konnte es hier durchaus zu Anrechnungszeiten in Höhe der Maximalbezugsdauer für den Bezug von Arbeitslosengeld kommen. Umgekehrt konnte das **Entfallen der Erstattungspflicht** nach **§ 128 AFG a.F.** auch zu beträchtlichen Erleichterungen führen. Gleiches galt im Bereich des § 117 AFG a.F., da es nicht mehr auf die Berücksichtigung der (u.U. fiktiven) Arbeitgeberkündigungsfrist ankam. In Einzelfällen kam es also durchaus auch zu Verbesserungen; es soll aber nicht verhohlen werden, **dass in der Vielzahl der Fälle Verschlechterungen** eintraten. Insbesondere arbeitsgerichtliche Vergleiche wären durch die Pauschalanrechnung zukünftig erheblich teurer geworden.

4136j Die Anrechnung war selbstverständlich begrenzt durch die Möglichkeit Arbeitslosengeld zu beziehen. Wer also kein Arbeitslosengeld beziehen konnte oder dessen Anspruch erschöpft war oder, wer einen neuen Arbeitsplatz fand, konnte die Abfindung anrechnungsfrei behalten. Insoweit ergaben sich keine Änderungen zum alten AFG bzw. heutigem SGB III.

Wichtig ist – **und zwar auch für § 143a SGB III** –, folgendes zu beachten: Leistungen, die der Arbeitgeber für einen Arbeitslosen, dessen Arbeitsverhältnis frühestens mit Vollendung des 55. Lebensjahres beendet wird, **unmittelbar für dessen Rentenversicherung** aufwendet, bleiben – in Abstimmung mit den Regelungen im ATZG – unberücksichtigt. Dies gilt entsprechend für eine berufsständische Versorgungseinrichtung. Anrechnungsfrei bleiben aber wohl nur Zahlungen nach § 187a SGB VI, nicht jedoch Zahlungen zur Höherversicherung nach § 243 SGB VI. Es geht jeweils nur um den Ausgleich von Rentenminderungen.

- **Vermeidung der Pauschalanrechnung**

4136 k

Für die Praxis stellte sich die Frage nach der **Vermeidung der Pauschalanrechnung**. Hier gab es jedenfalls keine Patentrezepte.

Insgesamt galt damit: Durch die Neuregelungen kam es zu einer **beträchtlichen Verschärfung der Anrechnung von Abfindungen auf das Arbeitslosengeld. Vermeidungsmöglichkeiten** wurden **stark eingeschränkt. Intelligente Gestaltungen** wurden immer wichtiger; das häufig – zweifelos rechtswidrig – praktizierte Rückdatieren von Aufhebungsverträgen oder Kündigungsschreiben vermied keine Ruhenszeiten nach § 117 AFG a.F./§ 143a SGB III mehr.

4136l

- **Aufhebung von Ruhens- und Erstattungstatbeständen**

4136m

Die **Ruhenstatbestände nach § 117 Abs. 2 bis 3a AFG a.F.** waren aufgehoben worden. Es blieb aber bei dem Ruhen wegen Erhalts von Arbeitsentgelt oder einer Urlaubsabgeltung. Auch die Gleichwohlgewährung (§ 117 Abs. 4 AFG a.F.) blieb unverändert. Der 1993 eingefügte § 117a AFG a.F. (Ruhen mit Sperrzeitwirkung bei Eintritt einer Sperrzeit und Zahlung einer Abfindung) wurde wieder aufgehoben (und ist auch nicht neu eingeführt worden).

Eine Erstattungspflicht des Arbeitgebers nach **§ 128 AFG a.F.** war nicht mehr vorgesehen. Es blieb jedoch bei den Erstattungspflichten im Falle einer vereinbarten Konkurrenzklausel bzw. eines nachvertraglichen Wettbewerbsverbots (**§ 128a AFG**) und bei einer **arbeitgeberseitigen Ablöseforderung (§ 128 b AFG)** für den Fall der Arbeitsaufnahme.

d) Übergangsregelung

Die Regelungen des § 140 SGB III waren nicht sofort anwendbar. Vielmehr war eine nicht unkomplizierte Übergangsregelung zu beachten. Die **Übergangsregelung** entsprach der Regelung des § 242 m Abs. 9 AFG zu erstmaligen Anwendung von § 117a AFG (s. hierzu auch → Rz. 4124b).

4136n

Die Regelungen zur pauschalen Anrechnung von Abfindungsleistungen auf das Arbeitslosengeld, der Wegfall der Ruhenstatbestände nach §§ 117 Abs. 2, 3 a, 117a AFG a.F., der Erstattungspflicht des Arbeitgebers nach § 128 AFG a.F. sowie zur geänderten Bezugsdauer des Arbeitslosengeldanspruchs waren **nur dann anzuwenden, wenn der Arbeitslose nicht innerhalb einer vom 31.03.1997 zurückgerechneten 3-jährigen Rahmenfrist mindestens 360 Kalendertage vor dem Tag des Inkrafttreten des Gesetzes am 01.04.1997**

4136o

in einer die Beitragspflicht begründenden Beschäftigung gestanden hatte oder unter eine an das Altersteilzeitgesetz angelehnte Vertrauensschutzregelung fiel. Stichtag für das Auslaufen der Übergangsfrist wäre der 06.04.1999 gewesen, wenn nicht zwischenzeitlich das EEÄndG in Kraft getreten wäre. Für Altfälle galt:

4136p
- 1. Schritt
  Feststellen des Tages der Arbeitslosigkeit (§§ 117 ff., 323 SGB III)
- 2. Schritt
  Berechnung der Rahmenfrist; diese beträgt nach § 104 Abs. 3 AFG a.F. 3 Jahre und geht dem ersten Tag der Arbeitslosigkeit unmittelbar voraus, an dem die sonstigen Voraussetzungen für den Anspruch auf Arbeitslosengeld erfüllt sind oder nach § 105 AFG a.F. als erfüllt gelten.
- 3. Schritt
  Zeitliche Reichweite der Rahmenfrist; d.h. Ermittlung des Beginns der Rahmenfrist
- 4. Schritt
  Prüfung, ob vom Beginn der Rahmenfrist an mindestens 360 Tage beitragspflichtiger Beschäftigung (§ 168 AFG a.F. i.V.m. § 427 SGB III) vor dem 01.04.1997 (Inkrafttreten der Neuregelung) zurückgelegt worden sind.

4136q Als **Faustformel** galt also, dass die beitragspflichtige Beschäftigung spätestens am Samstag, dem 06.04.1996, aufgenommen worden sein musste, um noch vor dem 01.04.1997 360 Kalendertage zurücklegen zu können. Wer die beitragspflichtige Beschäftigung erst nach dem 06.04.1996 aufgenommen hatte, konnte innerhalb der Rahmenfrist nicht mehr 360 Kalendertage vor dem 01.04.1997 zurücklegen. Für ihn galt dann § 140 SGB III. Für alle Arbeitnehmer, die vor dem 01.04.1997 innerhalb der Rahmenfrist in einer die Beitragspflicht begründenden Beschäftigung von 360 Kalendertagen gestanden haben, griff die Vertrauensschutzregelung bis zum 01.04.1999 (Inkrafttreten des EEÄndG) ein. Wer danach arbeitslos wurde, unterfällt §§ 143a, 147a SGB III.

5. Abfindungen und Sozialversicherungsrecht

4137 Die **beitragsrechtliche Behandlung von Abfindungen** ist heute unumstritten: BAG und Bundessozialgericht haben übereinstimmend entschieden, dass die Abfindungszahlung nicht zum beitragspflichtigen Arbeitsentgelt gehört. Es werden also keine Pflichtbeiträge zur Kranken-, Renten- und Arbeitslosenversicherung geschuldet. Hierin liegt ein großer Vorteil der Abfindungszahlung, lassen sich so doch leicht ca. 20 % der Abfindung für Arbeitgeber und Arbeitnehmer sparen. **Es muss aber betont werden, dass dies nur für »wirkliche« Abfindungszahlungen gilt.**

Wird also in die Abfindung schon verdienter Arbeitslohn mit einbezogen (Beispiel: *rückständiges Arbeitsentgelt, Urlaubsgeld, Weihnachtsgeld, Provisionen, Tantiemen etc.*), so unterliegt dies in dem Umfang der Beitragspflicht, in dem es auch vorher beitragspflichtig gewesen wäre. Es gilt also die **Faustformel: Rückständiges Arbeitsentgelt kann nicht in eine beitragsfreie Abfindung umgewandelt werden. Vorsicht bei versteckter Lohnzahlung!**

BEISPIEL:

Arbeitgeber A und Arbeitgeber B hoben das zwischen ihnen bestehende Arbeitsverhältnis mit Wirkung zum 30.04. auf. B erhielt einen als Abfindung bezeichneten Betrag von 8.000 DM. Hierin waren u.a. Urlaubsgeld und Gewinnbeteiligung in Höhe von insgesamt 3.000 DM enthalten.

Beitragsfrei ist hier nur der reine Abfindungsbetrag in Höhe von 5.000 DM. Bei den weiteren 3.000 DM handelt es sich in Wirklichkeit um **beitragspflichtiges Arbeitseinkommen**, das auch als solches behandelt wird.

Die Einbeziehung von an sich beitragspflichtigem Arbeitsentgelt in eine beitragsfreie Abfindung ist für den Arbeitgeber daneben mit einer weiteren unangenehmen Konsequenz verbunden. Ist der Beitragsabzug unterblieben und wird der Arbeitgeber später von der Einzugsstelle in Anspruch genommen, so hat er unter Umständen **keine Rückgriffsmöglichkeit gegen den ausgeschiedenen Arbeitnehmer mehr**. Beiträge zur Kranken-, Pflege-, Renten- und Arbeitslosenversicherung darf der Arbeitnehmer nämlich nur **vom laufenden Arbeitsentgelt** abziehen (§ 28 g SGB IV). Ein Beitragsabzug darf dabei nur bei den nächsten drei Lohn- oder Gehaltszahlungen vorgenommen werden. Später ist dies nur noch möglich, wenn der Abzug **ohne Verschulden** unterblieben ist oder der Arbeitnehmer seine Mitteilungspflichten nach § 28 o SGB VI vorsätzlich, also bewusst und gewollt, oder grob fahrlässig nicht erfüllt hat. **Nachträgliche Forderungen auf Schadensersatz oder Bereicherung sind kraft Gesetzes ausgeschlossen.** Wird die Beitragspflicht also erst festgestellt, nachdem der Arbeitnehmer ausgeschieden ist, **muss der Arbeitgeber den Beitrag alleine zahlen**.

4138

Abfindungen, Entschädigungen oder ähnliche Leistungen werden nicht immer nur aus Anlass der (Voll-)beendigung eines Arbeitsverhältnisses gezahlt. Zunehmend häufiger kommt es zu der Situation, dass im bestehenden Arbeitsverhältnis bestimmte Leistungen abgefunden werden. Anlässe hierfür können mannigfaltig sein. Denkbar ist etwa die Entschädigung für Nachteile, die sich aus einer Ver- oder Umsetzung ergeben. Gleiches gilt für Zahlungen, die vom Betriebsveräußerer oder Betriebserwerber geleistet werden, um dem Arbeitnehmer das Widerspruchsrecht »abzukaufen«. Leistungen außerhalb der Vollbeendigung des Arbeitsverhältnisses führen aber in der Regel zu sozialversicherungspflichtigem Arbeitsentgelt. Dies kann für die Parteien, wenn die »Fehlbehandlung« entdeckt wird, zu bösen Überraschungen führen.

4138a

BEISPIEL:

Arbeitgeber und Krankenkasse (Einzugsstelle) stritten hinsichtlich gewährter Einmalzahlungen über die Höhe der Beiträge in der Kranken-, Renten- und Arbeitslosenversicherung. Diesem Streit liegt folgender Sachverhalt zugrunde: Die beigeladenen Arbeitnehmer sind bei der klagenden Bank als Angestellte versicherungs- und beitragspflichtig beschäftigt und Mitglieder der beklagten Krankenkasse. Sie wurden nach dem einschlägigen Manteltarifvertrag vergütet. Als die Klägerin feststellte, dass diese Angestellten aufgrund einzelvertraglicher Vereinbarung nach einer höheren als der ihrer Tätigkeit entsprechenden Tarifgruppe bezahlt wurden, schloss sie mit ihnen zur Vermeidung einer Änderungskündigung im Jahre 1993 Änderungsverträge. Darin wurde für die Zukunft eine Rückführung auf die tarifliche Einstufung gegen Zahlung einer einmaligen Abfindung vereinbart, die zurückzuzahlen war, sofern der Angestellte das Arbeitsverhältnis innerhalb von 5 Jahren kündigte. Die Abfindungen wurden aus einem Prozentsatz des pauschalierten Einkommensverlustes der Angestellten bis zum Ende der Lebensarbeitszeit errechnet und im Jahre 1993 gezahlt. Die Beklagte stellte mit Bescheid die Beitragspflicht der gezahlten Abfindungen in der Kranken-, Renten- und Arbeitslosenversicherung fest und forderte deren Entrichtung. Bei den Abfindungen handelte es sich nach Auffassung der Beklagten um einmalig gezahltes Arbeitsentgelt i.S.v. § 14 Abs. 1 SGB IV. Die beigeladenen Arbeitnehmer stehen unstreitig in versicherungs- und beitragspflichtigen Beschäftigungsverhältnissen zur Klägerin. Daher sind aus ihrem Arbeitsentgelt Beiträge zu entrichten. Dies ergab sich im Jahre 1993 für die Krankenversicherung aus § 226 Abs. 1 Satz 1 Nr. 1 SGB V, für die Rentenversicherung aus § 162 Nr. 1 SGB VI und für die Arbeitslosenversicherung aus § 175 Abs. 1 Satz 1 Nr. 1 AFG. In den genannten Versicherungszweigen sind nach § 14 Nr. 1 SGB IV (in der Arbeitslosenversicherung i.V.m. § 173a AFG a.F.) Arbeitsentgelt alle laufenden oder einmaligen Einnahmen aus einer Beschäftigung, gleichgültig, ob Rechtsanspruch auf die Einnahmen besteht, unter welcher Bezeichnung und in welcher Form sie geleistet werden und ob sie unmittelbar aus der Beschäftigung oder im Zusammenhang mit ihr erzielt werden.

Entscheidungserheblich war mithin die Frage, ob es sich bei den Abfindungen um **Arbeitsentgelt** i.S.d. § 14 SGB IV handelte. Dazu nimmt das **BSG** wie folgt Stellung: »Die weite Begriffsbestimmung des Arbeitsentgelts in § 14 Abs. 1 SGB IV umfasst solche Einnahmen, die dem Versicherten in ursächlichem Zusammenhang mit einer Beschäftigung zufließen ... Hierzu gehören die Gegenleistungen des Arbeitgebers oder eines Dritten für eine konkret zu ermittelnde Arbeitsleistung des Beschäftigten ... und solche Vergütungen, die zugleich einen Anreiz für eine weitere erfolgreiche Arbeit schaffen sollen, wie Gratifikationen, Gewinnbeteiligungen und sonstige Vorteile ... Ebenso umfasst werden Zahlungen, denen ein Anspruch des Arbeitgebers auf eine Arbeitsleistung nicht gegenübersteht, wie die Entgeltfortzahlung im Krankheitsfall und Urlaubsgeld. Schließlich hat der Senat in seinem Urteil vom 21.02.1990 *(BSGE 66, 219 = SozR 3-2200 § 14 Nr. 2)* ausgesprochen, dass auch Zahlungen, die anlässlich der Beendigung eines Arbeitsverhältnisses geleistet werden, beitragspflichtiges Arbeitsentgelt sind, soweit sie sich zeitlich der versicherungspflichtigen Beschäftigung zuordnen lassen, das heißt auf die Zeit der Beschäftigung und der Versicherungspflicht entfallen. Es hat daher Zahlungen von rückständigem Arbeitsentgelt anlässlich einer einvernehmlichen Beendigung von Arbeitsverhältnissen oder ihrer gerichtlichen Auflösung im Kündigungsschutzprozess dem Arbeitsentgelt aus der versicherungspflichtigen Beschäftigung zugerechnet, selbst wenn sie von den Beteiligten als 'Abfindungen' bezeichnet wurden und unabhängig davon, ob ihre Zahlung vor oder nach dem Ende des Arbeitsverhältnisses vereinbart worden war ...«. **Diese Rechtsprechung ergänzt das BSG in der vorliegenden Entscheidung dahin, dass auch solche Abfindungen Arbeitsentgelt sind, die bei Fortsetzung des versicherungspflichtigen Beschäftigungsverhältnisses nach einer Änderungskündigung oder nach einer einvernehmlichen Änderung des Arbeitsvertrages als Gegenleistung für die Verschlechterung der Arbeitsbedingungen gezahlt werden.**

Das BSG *(12.10.2000, B 12 KR 2/00 R)* hatte sich in einer ebenfalls sehr praxisnahen Sachverhaltskonstellation mit der Frage zu befassen, welche **Zahlungen als beitragspflichtiges Arbeitsentgelt** anzusehen sind.

BEISPIEL

Der Kläger (frühere Arbeitnehmer) verlangte von der Beklagten als Einzugsstelle die Meldung zusätzlicher Einnahmen als beitragspflichtiges Arbeitsentgelt. Dem lag folgender – stark vereinfachter – Sachverhalt zugrunde: Der frühere Arbeitgeber des Klägers beschäftigte ihn seit Mitte 1993 nicht mehr, stellte sodann die Entgeltzahlung ein und kündigte zugleich das Arbeitsverhältnis. Das Ende des Arbeitsverhältnisses wurde durch rechtskräftiges Urteil des LAG zum 30.09.1993 festgestellt. Schon vor diesem Urteil hatte allerdings ein ArbG mit ebenfalls rechtskräftigem Urteil den Arbeitgeber zur Zahlung von 35.000 DM als Arbeitsentgelt und Urlaubsabgeltung für die Zeit vom 01.07.1993 bis 31.12.1993 verurteilt. In der Zeit vom Ende der tatsächlichen Beschäftigung bis zum 30.09.1993 bezog der Kläger Konkursausfallgeld, das heutige Insolvenzgeld. Die Beklagte meldete der beigeladenen BfA als beitragspflichtiges Arbeitsentgelt das aufgrund des Beschäftigungsverhältnisses bis zum 30.09.1993 geschuldete Arbeitsentgelt. Der Kläger verlangte hingegen von der Beklagten, dass diese auch den vom ArbG für die Zeit vom 01.10.1993 bis 31.12.1993 als Arbeitsentgelt zugesprochenen Betrag und zusätzlich den der Bemessung des Konkursausfallgeldes zugrundeliegenden Betrag zu melden habe.

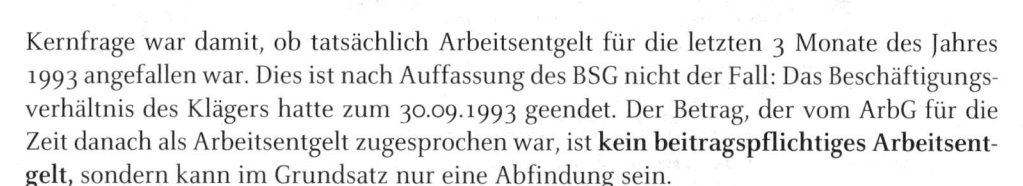

Kernfrage war damit, ob tatsächlich Arbeitsentgelt für die letzten 3 Monate des Jahres 1993 angefallen war. Dies ist nach Auffassung des BSG nicht der Fall: Das Beschäftigungsverhältnis des Klägers hatte zum 30.09.1993 geendet. Der Betrag, der vom ArbG für die Zeit danach als Arbeitsentgelt zugesprochen war, ist **kein beitragspflichtiges Arbeitsentgelt**, sondern kann im Grundsatz nur eine Abfindung sein.

Fazit für die Praxis: **Abfindungen, die bei Fortsetzung des versicherungspflichtigen Beschäftigungsverhältnisses nach einer Änderungskündigung oder nach einer einvernehmlichen Änderung des Arbeitsvertrages als Gegenleistung für die Verschlechterung von Arbeitsbedingungen gezahlt werden, sind Arbeitsentgelt i.S.v. § 14 Abs. 1 SGB IV und damit beitragspflichtig.** Gleiches gilt i.Ü. für die steuerrechtliche Betrachtung im Hinblick auf § 3 Nr. 9 EStG. Im konkreten Fall stellt sich die Frage, wie lange ein Arbeitsverhältnis ggf. unterbrochen sein muss, um dem vom BSG in der Ausgangsentscheidung angenommenen Gedanken eines einheitlichen Beschäftigungsverhältnisses zu konterkarieren. Feste Zeitangaben sind hier sicher nicht möglich; vor dem Hintergrund des § 32 SGB I erscheinen aber Zweifel angebracht, dass hier nur kurzfristige rechtliche Unterbrechungen mit späterer Wiederbegründung des Arbeitsverhältnisses (möglicherweise noch unter Anrechnung von vorher erdienten Leistungen wie etwa Altersversorgung, Jubiläumsgelder etc.) ausreichen. U.U. bietet sich hier eine Parallele zur steuerrechtlichen Rechtsprechung zu § 3 Nr. 9 EStG an.

4138b

4138c

6. Muster: Berechnungsbogen der BA

Berechnung des Ruhenszeitraumes nach § 143a Abs. 1 und 2 SGB III

Kundennummer: ☐

zu verwenden, wenn
- wegen der Beendigung des Arbeitsverhältnisses eine Entlassungsentschädigung gewährt wurde **und**
- das Arbeitsverhältnis bei Einhaltung einer der ordentlichen Kündigungsfrist des Arbeitgebers entsprechenden Frist - bei Unkündbaren ggf. Jahres- oder 18-Monats-Frist - später geendet hätte.

1. Letzter Tag des Arbeitsverhältnisses →
2. Vergleichsberechnungen zum letzten Tag des Ruhenszeitraumes

   2.1 Kalendertag 1 Jahr nach dem letzten Tag des Arbeitsverhältnisses (§ 143a Abs. 2 Satz 1) →

   2.2 fiktiver letzter Tag des Arbeitsverhältnisses bei Einhaltung der Fristen nach § 143a Abs. 1
   zu ermitteln aus:

   2.21 Tag der Kündigung bzw. Vereinbarung über die Beendigung
   des Arbeitsverhältnisses →

   2.22 Frist nach § 143a Absatz 1

   ☐ ordentliche Kündigungsfrist des Arbeitgebers
   (weil ordentliche Arbeitgeberkündigung möglich oder nur zeitlich begrenzt ausgeschlossen)

   zum
   ☐ Kalendertage   ☐ Werktage   ☐ Wochen   ☐ Monate
   ☐ Wochenschluß   ☐ Monatsschluß   ☐ Fünfzehnten d. Monats
   ☐ Vierteljahresschluß ☐ ohne feststehenden Endtermin

   ☐ ein Jahr nach dem unter 2.21 angegebenen Tag
   (weil zeitlich unbegrenzt ausgeschlossene ordentliche Arbeitgeberkündigung nur bei Zahlung einer Entlassungsentschädigung möglich)

   ☐ 18 Monate nach dem unter 2.21 angegebenen Tag
   (weil ordentliche Arbeitgeberkündigung zeitlich unbegrenzt ausgeschlossen)

   2.23 fiktiver letzter Tag des Arbeitsverhältnisses →

   2.3 Kalendertag, bis zu dem der zu berücksichtigende Anteil der Entlassungsentschädigung verdient worden wäre
   (§ 143a Abs. 2 Satz 2 Nr. 1)
   Gesamtbruttobetrag der Entlassungsentschädigung ohne
   Arbeitgeberleistungen zur Rentenversicherung → DM

zu berücksichtigender Anteil der Entlassungsentschädigung (zutreffendes Feld ankreuzen)		Lebensalter am Ende des Arbeitsverhältnisses				
		unter 40 Jahre ↓vH	ab 40 Jahre vH	ab 45 Jahre vH	ab 50 Jahre vH	ab 55 Jahre vH	ab 60 Jahre vH
Betriebs- oder Unternehmenszugehörigkeit	weniger als 5 Jahre	60	55	50	45	40	35
	5 und mehr Jahre	55	50	45	40	35	30
	10 und mehr Jahre	50	45	40	35	30	25
	15 und mehr Jahre	45	40	35	30	25	25
	20 und mehr Jahre	40	35	30	25	25	25
	25 und mehr Jahre	35	30	25	25	25	25
	30 und mehr Jahre			25	25	25	25

100 x vH-Satz

= zu berücksichtigender Anteil der Entlassungsentschädigung DM

Arbeitsentgelt während der letzten Beschäftigungszeit : Kalendertage der letzten Beschäftigungszeit = Entgelt pro Kalendertag DM

letzter Tag des Arbeitsverhältnisses + = Ruhen für volle Kalendertage

Kal. Tage =

2.4 Das Arbeitsverhältnis war i. S. des § 143a Abs. 2 Satz 2 Nr. 2 von vornherein befristet bis →

2.5 Das Arbeitsverhältnis konnte vom Arbeitgeber i. S. des § 143a Abs.2 Satz 2 Nr. 3
fristlos gekündigt werden →

3. Für den Arbeitnehmer günstigster letzter Tag des Ruhenszeitraumes (aus 2.1 bis 2.5)
ggf. Kalendertage einer Urlaubsabgeltung (Differenz zwischen Ende des Arbeitsverhältnisses
fiktivem Urlaubsende gem. Nr. 8c der Arbeitsbescheinigung) →

=

Ende (letzter Tag) des Ruhenszeitraumes →

II. Steuerrechtliche Folgen des Aufhebungsvertrages

1. Allgemeines

Aus Anlass der Beendigung des Arbeitsverhältnisses gezahlte Abfindungen sind in begrenztem Umfang **steuerfrei und/oder einem ermäßigten Steuersatz zu unterwerfen**. Einschlägig sind hier die §§ 3 Nr. 9 , 24, 34 EStG. Hier haben sich in 1999 entscheidende Änderungen vollzogen (Kürzung der Freibeträge; weitgehender Entfall des Privilegs nach §§ 24, 34 EStG.

4139

2. Steuerfreie Abfindungen

Zum 01.01.2002 müssen alle steuerlichen Werte wie zum Beispiel Freibeträge und Freigrenzen, Pausch- und Höchstbeträge von DM auf EUR umgestellt sein. Zur Umrechnung wurde Ende letzten Jahres das Euroglättungsgesetz (StEuglG; BGBl. I, S. 1790) verabschiedet, nach dem bei der Umrechnung von DM auf EUR der Wert von 1,95583 DM für 1 EUR zugrundegelegt wird sowie besondere Rundungsvorschriften zu beachten sind. Häufig wurden glatte Eurobeträge festgesetzt und auf genaue Umrechnungen verzichtet.

4140

Nach § 3 Nr. 9 EStG sind Abfindungen wegen einer vom Arbeitgeber veranlassten oder gerichtlich ausgesprochenen Auflösung des Dienstverhältnisses bis zu einer bestimmten Höchstgrenze **steuerfrei**. Diese beträgt für Arbeitnehmer vor Vollendung des 50. Lebensjahres 8.181 EUR (früher 16.000 DM). Hat der ausscheidende Arbeitnehmer das 50. Lebensjahr bereits vollendet und hat das Arbeitsverhältnis mehr als 15 Jahre bestanden, so erhöht sich diese Grenze auf 10.226 EUR (früher 20.000 DM) und auf 12.271 EUR (früher 24.000 DM), wenn der Arbeitnehmer zum Zeitpunkt seines Ausscheidens das 55. Lebensjahr vollendet und das Arbeitsverhältnis mindestens 20 Jahre bestanden hat. (s. zum alten Recht Auflage 1999 unter → Rz. 4140).

»Abfindungen« im Sinne dieser Vorschrift sind **Entschädigungen, die der Arbeitnehmer als Ausgleich für die mit der Auflösung des Dienstverhältnisses verbundenen Nachteile**, insbesondere den Verlust des Arbeitsplatzes, erhält. Nicht hierher gehören also andere Bezüge, die nur aus Anlass der Auflösung des Arbeitsverhältnisses gezahlt werden. Keine Abfindungen sind demnach Zahlungen zur Abgeltung vertraglicher Ansprüche, die der Arbeitnehmer aus dem Dienstverhältnis bis zum Zeitpunkt der Auflösung bereits verdient hatte. Keine Abfindungen sind auch **Abgeltungszahlungen** aus Anlass eines **Betriebsübergangs**.

a) Arbeitnehmereigenschaft im steuerrechtlichen Sinne

In den Genus einer steuerfreien Abfindung kommen grundsätzlich nur **Arbeitnehmer im steuerrechtlichen Sinne**. Auszuscheiden sind demnach beispielsweise Gesellschafter – Geschäftsführer einer Personengesellschaft. Diese erhalten nämlich keinen Arbeitslohn im steuerrechtlichen Sinne, sondern einen Anteil am Gewinn.

4141

Für ein Arbeitsverhältnis im lohnsteuerrechtlichen Sinne spricht etwa:

- Verpflichtung zur persönlichen Erbringung der Arbeitsleistung,
- feste Bezüge,
- feste Arbeitszeit,
- kein nennenswertes Vergütungsrisiko bei Krankheit,
- kein oder nur geringes unternehmerisches Risiko.

Abfindungen, die der bei einer KG **angestellte Kommanditist** aus Anlass der Auflösung seines Dienstverhältnisses bezogen hat, gehören zu den Sondervergütungen i.S.d. § 15 Abs. 1 Nr. 2 EStG. Sie sind nicht steuerbefreit *(BFH 23.04.1996, DB 1996, 1757).* Insgesamt ist der steuerrechtliche Arbeitnehmerbegriff nicht immer und unbedingt mit dem arbeitsrechtlichen identisch (Beispiel:: Witwe eines Arbeitnehmers ist lohnsteuerrechtlich Arbeitnehmerin; arbeitsrechtlich natürlich nicht – kein Vererben des Arbeitsverhältnisses!).

b) Auflösung des Dienstverhältnisses auf Veranlassung des Arbeitgebers

4142 Die Steuerfreiheit verlangt eine Auflösung des Dienst- oder Arbeitsverhältnisses. Ob diese durch eine Kündigung oder durch Abschluss eines Aufhebungsvertrages eintritt, ist unerheblich.

Zusätzlich muss die Auflösung durch den Arbeitgeber **veranlasst** sein. Dies ist der Fall, wenn er die **entscheidenden Ursachen** für die Auflösung gesetzt hat. Maßgebend sind die tatsächlichen Gründe, die zur Auflösung führen. Auf ein Verschulden des Arbeitgebers kommt es insoweit nicht an. In folgenden Fällen ist eine Veranlassung durch den Arbeitgeber anzunehmen:

4143
- **Kündigung durch den Arbeitgeber**
  Ausnahme: Kündigung wegen vertragswidrigen Verhaltens des Arbeitnehmers (Diebstahl, Tätlichkeiten, Beleidigungen gegenüber Vorgesetzten oder Mitarbeitern, beharrliche Arbeitsverweigerung, Vertrauensbruch).
- **Kündigung durch den Arbeitgeber und gerichtliche Auflösung des Arbeitsverhältnisses** auf Antrag einer der Parteien nach §§ 9, 10 KSchG.
- **Kündigung durch den Arbeitnehmer** infolge vom Arbeitgeber gesetzter Gründe.
- **Gerichtliche oder außergerichtliche Aufhebung** des Arbeitsverhältnisses durch Vergleich **aufgrund vom Arbeitgeber getroffener Maßnahmen**.

In der Regel kommt also eine Steuerbefreiung nur dann **nicht** in Betracht, wenn der Arbeitnehmer sich vertragswidrig verhält oder aus persönlichen Gründen an den Arbeitgeber mit der Bitte um Auflösung des Arbeitsverhältnisses herantritt.

Aber selbst bei einer trotz vertragswidrigen Verhaltens des Arbeitnehmers gezahlten Abfindung ist eine Steuerbefreiung nicht von vornherein ausgeschlossen, da auch in diesem Fall nicht immer eine Kündigung gerechtfertigt ist.

c) Weitere arbeitgeberseitig veranlasste Lösungstatbestände

4144 Eine **Veranlassung seitens des Arbeitgebers** zur Auflösung des Dienstverhältnisses ist auch in folgenden Fällen zu bejahen:

- Stilllegung eines Betriebes/eines Betriebsteils,
- Verlegung der Betriebsstätte,
- Wirtschaftliche Schwierigkeiten des Arbeitgebers,
- Personalabbau/Personalumstrukturierungen,
- Eröffnung des Insolvenzverfahrens,
- Frühpensionierung des Arbeitnehmers auf Betreiben des Arbeitgebers.

Es kann nur empfohlen werden, schon **im Vergleich** festzuhalten, warum das Arbeitsverhältnis beendet wird, um dem Finanzamt gegenüber zu dokumentieren, dass eine arbeitgeberseitige Veranlassung vorliegt. Den Arbeitsvertragsparteien kommt dabei auch ein gewisser **Spielraum** zu. Im Übrigen besteht eine **Vermutung** dafür, dass in den Fällen der Abfindungszahlung eine Veranlassung durch den Arbeitgeber gegeben ist. Auch werden **Tatsachenvergleiche** (vgl. → Rz. 4048) akzeptiert.

BEISPIEL:

Arbeitnehmer A wird wegen Diebstahlverdachts fristlos gekündigt. In dem späteren Kündigungsschutzprozess lässt sich der Verdacht nicht erhärten. Die Tatsachenlage bleibt mithin unklar. Angesichts der mit der Kündigung verbundenen Vorbelastung des Arbeitsverhältnisses, die zukünftig eine gedeihliche Zusammenarbeit nicht erwarten lässt, kommen die Parteien überein, das Arbeitsverhältnis einvernehmlich aus betrieblichen Gründen aufzuheben.

Eine aus **Anlass des Betriebsübergangs** gezahlte **Abfindung** ist nicht steuerfrei *(BFH 16.07.1997, XI R 85/96)*!

d) Ursächlichkeit zwischen Aufhebung und Abfindung

Weitere Voraussetzung der Steuerfreiheit ist, dass die Abfindung **wegen** der Aufhebung des Dienst- oder Arbeitsverhältnisses gezahlt wird. Es muss also ein ursächlicher Zusammenhang zwischen der Zahlung und der Aufhebung bestehen. Deshalb liegt keine Abfindung vor, wenn **rückständiges Arbeitsentgelt unter dem Deckmantel der Abfindung** steuerfrei ausgezahlt werden soll. Auf dieses hätte der Arbeitnehmer nämlich unabhängig von der Kündigung Anspruch gehabt. Gleiches gilt selbstverständlich für bereits erdiente Gratifikationen, Tantiemen und Prämien.

4145

BEISPIEL:

Arbeitgeber A und Arbeitnehmer B kamen im März 2000 überein, das zwischen ihnen bestehende Arbeitsverhältnis gegen Zahlung von 15.000 DM zum 30.06. aufzulösen. A schlug vor, der Arbeitnehmer B sollte den Steuerfreibetrag voll ausschöpfen. Er werde daher rückständiges Gehalt von brutto 12.000 DM im Wert von 9.000 DM auf die Abfindung aufschlagen.

Eine derartige **Umwandlung von rückständigem Entgelt in eine steuerfreie Abfindung** ist nicht möglich.

Entscheidungserheblich für die Beantwortung der Frage, welcher Teil einer aus Anlass der Aufhebung des Arbeitsverhältnisses geleisteten Zahlung als Abfindung anzusehen und dementsprechend steuerfrei ist, ist der **Zeitpunkt der Auflösung des Arbeitsverhältnisses**. Die Steuerbehörden müssen sich dabei an den Vereinbarungen der Arbeitsvertragsparteien orientieren. Deren **zeitliche Festlegungen sind demnach grundsätzlich bindend**. Allerdings gilt auch bei der Frage der Steuerfreiheit einer Abfindung, dass eine **rückwirkende Aufhebung** (dazu → Rz. 4010) des **vollzogenen Arbeitsvertrages** nicht möglich ist.

e) Gestaltungsmöglichkeiten der Parteien im Hinblick auf den Aufhebungszeitpunkt

4146 Anzuerkennen ist eine Auflösung des Arbeitsverhältnisses zum Zeitpunkt des Abschlusses des Aufhebungsvertrages oder zu einem späteren Zeitpunkt.

BEISPIEL:

Arbeitnehmer A wird am 30.06. zum 31.12. gekündigt. Am 30.09. vereinbaren die Parteien eine Auflösung des Arbeitsverhältnisses mit sofortiger Wirkung. A erhält 3 Monatsgehälter als Abfindung.

BEISPIEL:

3 Monate vor Auslaufen eines befristeten Arbeitsverhältnisses wird dieses einvernehmlich aufgehoben. Der Arbeitnehmer A erhält eine Abfindung von einem Monatsgehalt.

Die Arbeitsvertragsparteien haben es also in der Hand, in welchem Umfang Arbeitslohn oder eine steuerfreie Abfindung gezahlt wird. Unschädlich ist insoweit auch eine Zahlung in Raten. Bei der **Ratenzahlung** werden die Parteien aber die §§ 24, 34 EStG und die damit verbundene Steuerermäßigung zu beachten haben. Wird eine steuerbegünstigte Abfindung ratenweise ausgezahlt, so kann der Freibetrag gem. § 3 Nr. 9 EStG nur für die zuerst gezahlten 8.181 (16.000), 10.226 (20.000) oder 12.271 (24.000) EUR gewährt werden. Ein Wahlrecht des Arbeitnehmers, die Begünstigung erst bei späteren Zahlungen zu berücksichtigen, soll hingegen nicht bestehen *(FG Rheinland-Pfalz 26.01.1994, EzA § 3 EStG Nr. 2).*

4147 Unter bestimmten Umständen kommt auch eine **rückwirkende Aufhebung** (s. → Rz. 4010 ff.) des Arbeitsverhältnisses in Betracht. Hierfür ist jedoch stets erforderlich, dass es sich quasi um ein »**gestörtes Arbeitsverhältnis**« handelt. So müssen es die Finanzbehörden akzeptieren, wenn die Parteien nach Ausspruch einer ordentlichen oder außerordentlichen Kündigung in einem nachfolgenden Vergleich das Ende des Arbeitsverhältnisses auf den Ablauf der ordentlichen Kündigungsfrist oder den Zugang der außerordentlichen Kündigung festlegen. Zu einer solchen **Verfügung über den Bestand des Arbeitsverhältnisses** sind die Arbeitsvertragsparteien befugt.

BEISPIEL:

Arbeitnehmer A erhält am 30.04. eine außerordentliche Kündigung, gegen die er im Wege der Kündigungsschutzklage vorgeht. Im Gütetermin am 29.05. vereinbaren die Parteien die Auflösung des Arbeitsverhältnisses zum 30.04. Es wird eine Abfindungszahlung vereinbart, die sich am Mai-Gehalt orientiert.

Anders stellt sich die Situation dar, wenn der Arbeitnehmer nach vorangegangener **arbeitgeberseitiger Kündigung** aufgrund Vereinbarung der Parteien, gem. § 102 Abs. 5 BetrVG oder aufgrund des allgemeinen Weiterbeschäftigungsanspruchs weiter beschäftigt wird (s. → Rz. 4702) Hier wird laufender Arbeitslohn erzielt, der zu versteuern ist. Gleiches gilt bei einer einvernehmlichen Aufhebung, die das Ende des Arbeitsverhältnisses auf einen Zeitpunkt vor Ablauf der ordentlichen Kündigungsfrist oder vor Zugang der außerordentlichen Kündigung vorverlegt, wenn tatsächlich weitergearbeitet wurde. Ebenfalls **steuerlich nicht anzuerkennen** ist eine Gestaltung, die ein Ende des Arbeitsverhältnisses zum Ablauf der ordentlichen Kündigungsfrist vorsieht, den Arbeitnehmer aber gegen Bezahlung von der Arbeit sofort freistellt. Eine Steuerbefreiung dieser Zahlungen kommt nicht in Betracht. Vielmehr handelt es sich um normalen **Arbeitslohn**. Dies gilt selbst dann, wenn die Fortzahlung des Arbeitsentgelts sich mehr als **soziale Maßnahme** darstellt.

4148

BEISPIEL:

Die Parteien einigen sich 1992 nach langer schwerer Erkrankung des Arbeitnehmers A darauf, dass das Arbeitsverhältnis am 31.12.1995 aufgelöst wird. Für die Restlaufzeit des Vertrages wird A von jeder Arbeitsleistung entbunden. A begehrt für die laufenden Leistungen die Anwendung des § 3 Nr. 9 EStG.

Dies hat der BFH (27.04.1994, EzA § 3 EStG Nr. 1) abgelehnt. Der grundsätzliche **Bestand des Arbeitsverhältnisses** werde durch die bezahlte Freistellung nicht berührt. Bis zum vereinbarten Ende des Arbeitsverhältnisses geleistete Zahlungen seien deshalb keine Abfindungen, sondern Erfüllungsleistungen in dem **(modifizierten) Dienstverhältnis**. Die typischerweise auftretenden Härten würden angesichts der Fortzahlung des Arbeitsentgelts im Beispielsfall gerade nicht auftreten. Fazit: Steuerrechtlich ist ein früherer Auflösungszeitpunkt vorzuziehen!

Das bedeutet:

- Der BFH stellt auf eine formale Betrachtungsweise ab.
- Auch modifizierter Arbeitslohn ist keine Abfindung.
- Steuerrechtlich ist es am günstigsten, einen möglichst frühen Beendigungszeitpunkt zu wählen.

f) Übersicht: Beendigungszeitpunkt und Abfindung

Welchen **Entscheidungsspielraum** die Parteien haben, verdeutlicht die nachfolgende Übersicht:

4149

- Im **ungestörten Arbeitsverhältnis** ist keine Rückwirkung möglich
- Im **gestörten Arbeitsverhältnis** ist eine rückwirkende Festlegung auf den Zeitpunkt des Ablaufs der ordentlichen Kündigungsfrist oder Zugang der außerordentlichen Kündigung möglich.

g) Höhe der Abfindung

4150 Die Höhe der steuerfreien Abfindung richtet sich nach Alter und Betriebszugehörigkeit und beträgt entweder 8.181 EUR (früher 16.000 DM), 10.226 EUR (früher 20.000 DM) oder 12.271 EUR (früher 24.000 DM). Maßgebend für die Berechnung der Dauer der Betriebszugehörigkeit ist der Zeitpunkt der Auflösung des Arbeitsverhältnisses/des Wirksamwerdens einer Kündigung.

Auch eine **bezahlte Freistellungsperiode** ist also bei der Berechnung der Dauer der Betriebszugehörigkeit zu berücksichtigen. Die Parteien haben es also in der Hand, durch gewisse Verschiebungen des Beendigungstermins erhöhte Steuerfreibeträge zu erlangen.

4151 Ist ein Dienstverhältnis aus vom Arbeitnehmer nicht zu vertretenden Gründen aufgelöst worden und war der Arbeitnehmer anschließend arbeitslos, so sind bei der Ermittlung des maßgebenden Freibetrages auch Dienstzeiten zu berücksichtigen, die der Arbeitnehmer vor der Arbeitslosigkeit bei dem Arbeitgeber verbracht hat, wenn er unmittelbar im Anschluss an die Arbeitslosigkeit erneut ein Dienstverhältnis zu dem selben Arbeitgeber eingegangen ist.

4152 Bei **Beschäftigungen innerhalb eines Konzerns** sind Zeiten, in denen der Arbeitnehmer früher bei anderen rechtlich selbständigen Unternehmen des Konzerns tätig war, im allgemeinen nicht zu berücksichtigen. Sind jedoch bei früheren Umsetzungen innerhalb des Konzerns an den Arbeitnehmer keine Abfindungen gezahlt worden, weil der Konzern diese Umsetzung als Fortsetzung eines einheitlichen Dienstverhältnisses betrachtet hat, so ist für die Ermittlung des Freibetrages von einer Gesamtbeschäftigungsdauer für den Konzern auszugehen, wenn der Arbeitsvertrag hierfür wichtige Anhaltspunkte, wie z.B. die Berechnung der Pensionsansprüche, des Urlaubsanspruchs oder des Dienstjubiläums des Arbeitnehmers enthält. Werden **Arbeitnehmer im Baugewerbe zu Arbeitsgemeinschaften entsandt**, berechnet sich die Dauer des nach § 3 Nr. 9 EStG maßgebenden Dienstverhältnisses aus der Summe der Zeiten im Stammbetrieb und auf den Baustellen der Arbeitsgemeinschaften. Das gleiche gilt auch, wenn der Arbeitnehmer ein eigenständiges Dienstverhältnis zur Arbeitsgemeinschaft begründet hat und vom Stammbetrieb freigestellt worden ist, sofern während der Beschäftigung bei der Arbeitsgemeinschaft das Dienstverhältnis zum Stammbetrieb lediglich ruht und der Arbeitnehmer gegenüber dem Stammbetrieb weiterhin Rechte besitzt.

4153 BEISPIEL ZUR BERECHNUNG DER DAUER DER BETRIEBSZUGEHÖRIGKEIT

Der 56jährige Arbeitnehmer A, der seit dem 01.02.1975 bei dem Arbeitgeber beschäftigt ist, vereinbart mit diesem am 20.01.1995 sein Ausscheiden mit Wirkung zum 31.12.1995 gegen Zahlung einer Abfindung in Höhe von 36.000 DM. Ab dem 01.04.1995 wird er gegen Fortzahlung seines Gehaltes freigestellt. Im Mai 1995 geht er ein neues Arbeitsverhältnis ein. Für die Frage, in welchem Umfang hier eine Abfindung steuerfrei ist, kommt es nur auf folgende Daten an:

- Lebensalter: 56 Jahre,
- Zeitpunkt der rechtlichen Beendigung: 31.12.1993,
- Eintrittszeitpunkt: 01.02.1973.

Zum vorgesehenen rechtlichen Ende ist der Arbeitnehmer über 55 Jahre alt und das Arbeitsverhältnis hat über 20 Jahre bestanden. Demnach ist eine Abfindung von 36.000 DM steuerfrei (**Altfall:** bis 31.12.2001 24.000 DM). Unerheblich ist also, dass der Aufhebungsvertrag schon am 20.01.1993 geschlossen wurde, dass der Arbeitnehmer freigestellt wurde und dass er ein neues Arbeitsverhältnis angetreten hat.

Das Beispiel zeigt, dass schon ein **geringfügiger zeitlicher Fehler erhebliche finanzielle Einbußen** bringen kann. Auf die richtige zeitliche Gestaltung ist somit erhöhtes Augenmerk zu richten. Wichtig ist, sich stets klarzumachen, dass das Steuerrecht – im Gegensatz zum Sozialrecht – auf eine **sehr formale Betrachtungsweise** abstellt!

3. Steuerbegünstigte Entschädigungen

a) Allgemeine Voraussetzungen der Tarifermäßigung

Liegen die **Voraussetzungen** für eine **Steuerbefreiung** nach § 3 Nr. 9 EStG nicht vor (selten) oder **überschreitet** die Abfindung den Steuerfreibetrag, so kann dennoch eine **Steuerbegünstigung nach §§ 24, 34 EStG** in Betracht kommen.

4154

Diese Begünstigung hat folgenden für das Grundverständnis der Regelungen wichtigen Hintergrund: Grundsätzlich werden bei der Einkommensbesteuerung die in einem **Veranlagungszeitraum (Kalenderjahr)** erzielten Einkünfte **zusammengerechnet** und einheitlich dem **Einkommensteuertarif** unterworfen. Dies gilt unabhängig davon, ob die Einkünfte in etwa gleicher Höhe jährlich **wiederkehrend** oder nur **einmalig** gezahlt worden sind. Wegen der **Progression** des Einkommensteuertarifs kann dies zu einer stark schwankenden Steuerbelastung führen, wenn zu den laufend erzielten Einkünften in einem Jahr **außerordentliche** und nicht regelmäßig erzielbare Einkünfte hinzutreten. Dabei kann es sich insbesondere auch um Abfindungen bzw. Entschädigungsleistungen handeln. Zur **Abmilderung** dieses **Progressionsnachteils** sind derartige »außerordentliche Einkünfte« schon in der Vergangenheit stets nach § 34 Abs. 1 EStG einem ermäßigten Steuersatz unterworfen worden. Dies war bis zum **31.12.1998** der »**halbe Durchschnittssteuersatz**«. Das war die Hälfte des Steuersatzes, der sich nach dem Einkommensteuertarif für das **gesamte** zu versteuernde Einkommen, einschließlich der außerordentlichen Einkünfte, ergab (s. → Rz. 4154).

b) »Fünftelregelung«

Der halbe durchschnittliche Steuersatz für Abfindungen nach § 34 Abs. 1 EStG a.F. ist – wie es schon im Entwurf des Steuerentlastungsgesetzes 1999/2000/2002 vorgesehen war

4155

– ab dem 01.01.1999 **gestrichen** worden. Eine **Übergangsregelung**, wie für den Bereich der Abfindungsfreibeträge, ist hier nicht vorgesehen (s. § 52 Abs. 47 EStG – letztmalige Anwendung des »alten« § 34 EStG für den VZ 1998). Dies ist aus Sicht der Praxis in doppelter Hinsicht nicht unproblematisch.

Zum einen kann es dadurch zu **Äquivalenzstörungen** kommen, dass unter Geltung des § 34 EStG n.F. nunmehr netto weniger beim Arbeitnehmer ankommt, als dieser ursprünglich erwartet hatte. Dies gilt insbesondere dann, wenn die Parteien die **Abfindung** – was nach altem Recht häufig die beste Gestaltung war – in einen steuerfreien und einen steuerpflichtigen Teil **gesplittet** haben. Eine **Ausgleichspflicht** des Arbeitgebers wird man aber im Grunde nur bei einer – nur ausnahmsweise anzunehmenden – Nettozusage anerkennen müssen.

Allerdings kann u.U. die Geschäftsgrundlage der Ausscheidensvereinbarung betroffen sein, wenn beide Parteien gemeinsam bei der Kalkulation der Entschädigung den § 34 EStG a.F. zugrunde gelegt haben.

Für den **Arbeitgeber** droht ein weiteres **Risiko**: Wenn er etwa einen aus 1998 stammenden Anspruch auf Entschädigung im Januar 1999 abgerechnet hat, hat er den **Steuerabzug** nach § 39 Abs. 3 Satz 10 EStG alter Fassung vorgenommen. Er hat also zu wenig Steuern abgeführt. Gem. § 42 d EStG haften Arbeitgeber und Arbeitnehmer für die zu wenig entrichtete Steuer **gesamtschuldnerisch**. Allerdings muss das Finanzamt ein Auswahlermessen ausüben. Ermessensfehlerhaft kann ein gegen den Arbeitgeber gerichteter Haftungsbescheid etwa sein, wenn der Arbeitgeber den Steuerabzug wegen entschuldbaren Rechtsirrtums unterlassen hat oder die Steuer vom Arbeitnehmer ebenso schnell und einfach nacherhoben werden kann.

4156 Zur Abmilderung des Progressionsnachteils wird durch § 34 EStG n.F. eine antragsabhängige **rechnerische Verteilung** der Einkünfte entsprechend der bisherigen »**Drittelregelung**« (§ 34 Abs. 3 EStG a.F.; s. dazu → Rz. 4159a) auf nunmehr **fünf Veranlagungszeiträume** zugelassen. Die Lohn- bzw. Einkommensteuer wird dabei in der Weise ermäßigt, dass die steuerpflichtige Entschädigung nur mit 1/5 des gezahlten Betrages angesetzt und die sich daraus ergebende Steuer mit dem **Faktor 5 multipliziert** wird. Die sich aus dieser Regelung ergebenden **Steuervorteile** für den einzelnen **Arbeitnehmer** hängen dabei sehr stark von den Umständen des Einzelfalles ab. Fest steht, dass Steuerpflichtige, deren Einkommen bereits ohne die außerordentlichen Einkünfte in den Bereich der **oberen Proportionalzone** des Steuertarifs hineinreichen, für ihre außerordentlichen Einkünfte **keine** Steuerermäßigung mehr erlangen – was erklärtes Ziel des Gesetzgebers gewesen ist. Aber auch bei mittleren Einkommen kommt es oftmals nur zu einer vergleichsweise **geringen** Steuerentlastung. Als **Fazit** wird man festhalten können, dass die neue **Fünftelungsregelung** in der Regel nur dann nennenswerte Effekte bringt, wenn bei einem **relativ niedrigen Arbeitseinkommen** und damit niedriger Progression eine **relativ hohe Abfindung** gezahlt wird (*Hümmerich, NJW* 1999, 1663, 1665). Die größten steuerlichen Effekte über die Fünftelungsregelung werden erzielt, wenn sich das Einkommen ausschließlich auf außerordentliche Einkünfte beschränkt, das verbleibende zu versteuernde Einkommen also bei Null liegt oder sogar negativ ist. Dieser Fall dürfte bei Arbeitnehmern aber eher selten auftreten.

Allerdings können hier gerade im Rahmen von **Vorruhestandsmodellen** interessante Gestaltungsalternativen bestehen. Hat der Arbeitnehmer nämlich nach dem Ausscheiden nur oder ganz überwiegend Einkünfte, die nicht zu versteuern sind – wie etwa das **Arbeitslosengeld**, das ausschließlich dem Progressionsvorbehalt unterliegt – so führt die Fünftelungsregelung sogar u.U. zu Verbesserungen gegenüber dem alten § 34 EStG *(Hümmerich, NJW 1999, 1663, 1665)*. Allerdings sind hier unter Geltung des neuen »**Zusammenballungserlasses**« des BMF schwierige mathematische **Klimmzüge** erforderlich.

Abschließend ist noch darauf hinzuweisen, dass die Steuervergünstigung des § 34 EStG nur auf unwiderruflichen Antrag gewährt wird (Abs. 1 Satz 1).

c) Zusammenballung von Einkünften

Ein weiteres gravierendes Problem bei der Anwendung der neuen Fünftelungsregelung ist das Erfordernis der **Zusammenballung**. Die **Zielsetzung** der Neuregelung und des § 34 EStG a.F. sind **identisch**: Eine **verschärfte Progressionswirkung** durch die Zusammenballung von laufend bezogenen und außerordentlichen, nicht regelmäßig erzielbaren Einkünften in einem Veranlagungszeitraum soll **verhindert** bzw. **gemildert** werden.

4157

Nach wie vor – trotz der nur noch bescheidenen Vorteile – ist daher die Prüfung notwendig, ob es aufgrund der Abfindungszahlung tatsächlich zu einer »**Zusammenballung**« von Einkünften **im Veranlagungszeitraum** als Voraussetzung für die Anwendung der steuerlich begünstigenden Tarifvorschrift des § 34 EStG kommt.

Seit der Entscheidung des BFH vom 04.03.1998 *(BStBl. II 1998, 787)* zur Zusammenballung von Einkünften und dem darauf basierenden **BMF Schreiben vom 18.12.1998 (BStBl. I 1998, 1512)** ist diese Prüfung **deutlich komplizierter** geworden, da die alte – in der Praxis wesentlich einfachere Prüfung der Zusammenballung aufgegeben wurde. Früher galt: Floß die Entlassungsentschädigung in einem Veranlagungszeitraum zu, so ging die Finanzverwaltung bisher grundsätzlich von der Anwendbarkeit des § 34 Abs. 1 EStG aus.

Der BFH *(04.03.1998, BStBl. II 1998, 787; s. auch schon BFH NV 1996, 204)* ist dem bekanntlich nicht gefolgt und verlangt im Kern die **Prüfung des potentiellen Progressionsnachteils**. Entscheidend soll nach der neuen Entscheidung des BFH *(a.a.O.)* sein, ob es unter Einschluss der Entschädigung infolge der Beendigung des Arbeitsverhältnisses in dem jeweiligen Veranlagungszeitraum insgesamt zu einer über die normalen Verhältnisse hinausgehenden Zusammenballung von Einkünften komme. Die Frage, ob die Entschädigung nach dem Willen der Parteien für den Einnahmeverlust mehrerer Jahre gewährt werden solle, sei ohne Bedeutung. Bezugspunkt sei nicht die Zusammenballung als solche, sondern allein die **entschädigungsbedingte Zusammenballung der Gesamtbezüge des Veranlagungszeitraumes**.

4157a

Diese Rechtsprechung ist durch die **Finanzverwaltung** umgesetzt worden. Dabei ist von der bisherigen Handhabung der Steuerverwaltung nicht mehr viel übriggeblieben. Noch 1997 *(BMF-Schreiben vom 18.11.1997, BStBl. I 1997, 973)* hatte das BMF die Auffassung vertreten hat, die Frage der Zusammenballung von Einkünften könne nicht anhand der

4157b

objektiven Zahlen beantwortet werden. **Entscheidend seien vielmehr die Gründe, die die Vertragsparteien zur Aufhebung des Dienstverhältnisses veranlasst und die in der Aufhebungsvereinbarung ihren Niederschlag gefunden hätten.**

4157c Nunmehr ist nach dem BMF-Schreiben vom 18.12.1998 *(BStBl. I 1998, 1512)* die Zusammenballung von Einkünften in **zwei Schritten** zu prüfen:

Zunächst muss festgestellt werden, ob eine **Zusammenballung in einem Veranlagungszeitraum** (Kalenderjahr) vorliegt. Daran kann es z.B. fehlen, wenn einem Arbeitnehmer im Zusammenhang mit der Auflösung seines Arbeitsverhältnisses neben einer Einmalentschädigung noch andere Abfindungsbestandteile zufließen und ihm diese über **mehr als das Kalenderjahr** des Ausscheidens hinweg gezahlt werden (»Ratenzahlung« über mehrere Veranlagungszeiträume).

Sodann ist das Merkmal der Zusammenballung unter Berücksichtigung der bis zum Jahresende **wegfallenden Einnahmen** zu prüfen.

Übersteigt die anlässlich der Beendigung eines Arbeitsverhältnisses gezahlte Entlassungsentschädigung die bis zum Ende des Veranlagungszeitraumes entgehenden Einnahmen, die der Arbeitnehmer bei Fortsetzung seines Arbeitsverhältnisses bezogen hätte, so ergeben sich **keine Probleme.** Das Merkmal der Zusammenballung ist hier stets erfüllt, die Steuerbegünstigung nach § 34 EStG kann gewährt werden *(Rdnr. 11 des BMF-Schreibens vom 18.12.1998).*

Dies führt natürlich zu dem auf den ersten Blick nicht einleuchtendem Ergebnis, dass eine gegen Ende des Veranlagungszeitraums vorgenommene Beendigung des Dienst- oder Arbeitsverhältnisses günstiger ist als eine solche, die zu Beginn des Veranlagungszeitraums vorgenommen wird, da schlicht die Chance, dass die Entschädigung höher ist als die entgehenden Einnahmen im Laufe des Jahres immer mehr zunimmt. Dies sieht auch der BFH *(a.a.O.)*, er vertritt aber die Auffassung, dass dies die logische Konsequenz aus der vom Gesetz vorgesehenen Einkünfteermittlung für den Veranlagungszeitraum sein.

Bei der auf das Dienstverhältnis bezogenen Gegenüberstellung von Entlassungsentschädigung und wegfallenden Einnahmen bezieht die Finanzverwaltung steuerfreie Abfindungen ein (dies wird zwar in der zitierten Rdnr. 11 nicht ausdrücklich aufgeführt, ergibt sich aber aus dem Beispiel 4 in Rdnr. 15 des Entschädigungserlasses). Allerdings wird im selben Erlass in Beispiel 5 bei dem einleitenden Lösungssatz die steuerfreie Abfindung wiederum nicht berücksichtigt, was aber wohl als Versehen zu werten ist. Die Einbeziehung auch des steuerfreien Teils wirkt zwar zugunsten des Steuerpflichtigen, ist aber mit der Zielrichtung der Vorschrift an sich nicht vereinbar, da steuerfreie Teile der Entschädigung auch keinen Einfluss auf die Progressionswirkung haben können *(so auch Ross, DStZ 1999, 212, 214).*

4157d Anders liegt der Fall, wenn durch eine Entschädigung nur ein Betrag abgegolten wird, der die bis zum Jahresende weggefallenen Einnahmen **nicht überschreitet**. Dann ist ab 1999 grundsätzlich eine **normale Versteuerung** durchzuführen.

Dies gilt allerdings nicht uneingeschränkt. Bei der Ermittlung der Einkünfte, die ein Arbeitnehmer bei Fortbestand seines Vertragsverhältnisses im fraglichen Veranlagungszeitraum bezogen hätte, kann ein **Vergleich mit dem Vorjahr** gemacht werden (nach teilweiser Ansicht in der Literatur soll auf den Durchschnitt von 3 Veranlagungszeiträumen abzustellen sein, so *Seitz, DStR 1998, 1377*).

Für die Vergleichsbetrachtung können Steuerbescheide bzw. Steuererklärungen zur Hilfe genommen werden. Bei Einkünften aus **nichtselbständiger Tätigkeit** lässt es die Finanzverwaltung sogar zu, dass die Vergleichsberechnung anhand der betreffenden **Einnahmen** durchgeführt wird. Dabei gestattet sie, dass steuerfreie Abfindungen (§ 3 Nr. 9 EStG), pauschal besteuerte Arbeitgeberleistungen und dem Progressionsvorbehalt unterliegende Lohnersatzleistungen in die Vergleichsberechnung mit einbezogen werden.

Im Einzelnen gilt Folgendes: **Hat der Arbeitnehmer keine Einkünfte oder nur solche, die er auch ohne die Auflösung des Dienstverhältnisses bezogen hätte** (z.B. Einkünfte aus Vermietung und Verpachtung, s. Rdnr. 15 Beispiel 5 des *BMF-Schreibens v. 18.12.1998)*, **kommt die Anwendung des § 34 EStG nicht in Betracht**. Dies ergibt sich aus Rdnr. 14 Satz 2 des BMF-Schreibens. **Hat er dagegen weitere Einkünfte, die er bei Fortsetzung des Arbeitsverhältnisses nicht bezogen hätte und übersteigen diese zusammen mit der Entlassungsentschädigung die entgehenden Einnahmen, so wird die Zusammenballung bejaht** (Rdnr. 15 Satz 5 des BMF-Schreibens).

4157e

Scheidet der Arbeitnehmer im Laufe des Kalenderjahres aus, muss der Arbeitgeber die Frage der möglichen Steuerermäßigung prüfen. Denn er ist nach § 39b Abs. 3 Satz 9 EStG n.F. berechtigt, die Steuerermäßigung im Abzugsverfahren zu berücksichtigen.

4157f

In vielen Fällen ist der Arbeitgeber bei der notwendigen Vergleichsberechnung unbedingt auf **Angaben des Arbeitnehmers angewiesen** (Steuerbescheide, Steuererklärungen und andere persönliche Papiere), die dieser ihm möglicherweise gar nicht bereit ist vorzulegen. Gibt der Mitarbeiter die erforderlichen Erklärungen nicht ab, wozu er **arbeitsrechtlich nicht verpflichtet** ist, und ist die Zusammenballung von Einkünften nicht bereits anhand der Arbeitgeberleistungen **eindeutig** feststellbar, muss die Entlassungsentschädigung im Zeitpunkt der Auszahlung **voll versteuert** werden.

Die Steuerbegünstigung des § 34 EStG kann dem ausgeschiedenen Mitarbeiter dann erst im Rahmen der **persönlichen Veranlagung** gewährt werden. Der unsicheren Prognoseentscheidung trägt der neu eingefügte § 46 Abs. 2 Nr. 4 a) EStG Rechnung, nach dem eine Veranlagung zur Einkommensteuer vorzunehmen ist, wenn bei einem Steuerpflichtigen die Lohnsteuer für einen sonstigen Bezug i.S. des § 34 Abs. 1, 2 Nr. 2 und 4 EStG nach § 39b Abs. 3 Nr. 9 EStG ermittelt wurde.

Konnte der Arbeitgeber die Zusammenballung von Einkünften nicht prüfen, sollte der Arbeitnehmer auf die Möglichkeit **hingewiesen werden**, dass er die neue Fünftel-Regelung im Rahmen seiner persönlichen Veranlagung in Anspruch nehmen kann und dass er dafür bei seiner Steuererklärung einen **Antrag** stellen muss!.

d) Weitere typische Fallstricke

4158 Aus dem oben genannten neuen Schreiben des BMF zur Klärung von »Zweifelsfragen im Zusammenhang mit der ertragsteuerlichen Behandlung von Entlassungsentschädigungen« lassen sich folgende weiteren Leitlinien entnehmen:

Grundsatzregelung bis zum **Veranlagungszeitraum 1998**

- Die Beurteilung der Zusammenballung von Einkünften i.S.d. § 34 EStG in Fällen, in denen durch die Entschädigung nur ein Betrag bis zur Höhe der bis zum Jahresende wegfallenden Einnahmen abgegolten wird, richtet sich bis zum Veranlagungszeitraum **1998 einschließlich** nach dem BMF-Schreiben vom 18.11.1997 *(BStBl I S. 973)* und den darauf beruhenden Erlassen der obersten Finanzbehörden der Länder (Rdnr. 12).
- Entlassungsvereinbarungen zwischen Arbeitnehmer und Arbeitgeber, die auf einer **vor** dem **04.03.1998** geschlossenen Betriebsvereinbarung oder vor dem 04.03.1998 verabschiedeten Vorruhestandsregelung für öffentlich Bedienstete beruhen, können weiterhin nach dem BMF-Schreiben vom 18.11.1997 *(a.a.O.)* behandelt werden (Rdnr. 13).

Grundsatzregelung ab dem **Veranlagungszeitraum 1999**

- Ab Veranlagungszeitraum 1999 ist die Zusammenballung i.S.d. § 34 EStG nach der BFH-Entscheidung vom 04.03.1998 *(BStBl. 1998, 787)* zu beurteilen, d.h.:
- Übersteigt die anlässlich der Beendigung eines Dienstverhältnisses gezahlte Entschädigung die bis zum Ende des Veranlagungszeitraums entgehenden Einnahmen **nicht** und bezieht der Steuerpflichtige **keine weiteren Einnahmen**, die er bei Fortsetzung des Dienstverhältnisses nicht bezogen hätte, so ist das Merkmal der Zusammenballung von Einkünften nicht erfüllt (vgl. oben).

e) Vertrauensschutzregelung

4159a Hinzuweisen ist ferner darauf, dass das BMF in einem weiteren Schreiben *(02.07.1999, DB 1999, 1532)* eine Art **Vertrauensschutzregelung** geschaffen hat. Hintergrund ist, dass in Erwartung der ursprünglich vorgesehenen Änderungen des § 3 Nr. 9 EStG – Halbierung der Freibeträge mit Abschmelzungsregelung) in vielen Fällen der steuerfreie Teil der Abfindung noch in 1998 zu den alten Bedingungen ausgezahlt wurde. Der steuerpflichtige Teil wurde dann in 1999 ausgezahlt. Dies kann heute zu Nachteilen für den Arbeitnehmer führen, weil bei der Vergleichsberechnung nach Rdnr. 15 Satz 9 des BMF-Schreibens v. 18.12.1998 die steuerfreie Abfindungszahlung in die Ermittlung der Höhe der Vorjahreseinkünfte einbezogen wird. Dies bedeutet: Die Abfindung erhöht die Vorjahreseinkünfte mit der möglichen Folge, dass in 1999 kein Übersteigen der Einkünfte gegenüber 1998 festgestellt wird. Da sich Arbeitgeber und Arbeitnehmer in 1998 auf die Neuregelung im Entschädigungserlass nicht einstellen konnten, soll in diesen Fällen zur Vermeidung von Härten daher darauf verzichtet werden, die steuerfreie Abfindung in 1998 in die Vergleichsrechnung einzubeziehen.

f) Zusätzliche Entschädigungsleistungen des Arbeitgebers

Aus dem BMF-Schreiben *(a.a.O.)* ergibt sich folgendes: »Sehen Entlassungsvereinbarungen zusätzliche Leistungen des früheren Arbeitgebers vor, z.B. unentgeltliche Nutzung des Dienstwagens oder des Firmentelefons, ohne dass der ausgeschiedene Mitarbeiter noch zu einer Dienstleistung verpflichtet wäre, so kann es sich um eine Entschädigung handeln ...«

4159b

Handelt es sich um eine Entschädigung, ist dies für die Anwendung des § 34 EStG **schädlich**, wenn die steuerpflichtige Gesamtentschädigung (Einmalbetrag zuzüglich zusätzlicher Entschädigungsleistungen) **nicht in einem Kalenderjahr zufließt**. Eine Entschädigung liegt in diesen Fällen u.a. **nicht** vor, wenn derartige zusätzliche Leistungen nicht nur bei vorzeitigem Ausscheiden, sondern auch in **anderen Fällen**, insbesondere bei altersbedingtem Ausscheiden, erbracht werden, z.B. **Fortführung von Mietverhältnissen, von Arbeitgeberdarlehen oder von Deputatlieferungen**. Lebenslänglich zugesagte Geld- oder Sachleistungen sind stets nach § 24 Nr. 2 EStG zu behandeln (Rdnr. 6-9 des BMF-Schreibens) Derartige Leistungen sind keine außerordentlichen Einkünfte i.S.d. § 34 Abs. 2 EStG und damit für eine begünstigte Besteuerung der im Übrigen gezahlten Entlassungsentschädigung i.S.d. § 24 Nr. 1a EStG unschädlich. Dem liegt die Vorstellung zugrunde, dass § 24 EStG verschiedene, sich gegenseitig ausschließende Tatbestände enthält und somit Einkünfte, die unstreitig unter § 24 Nr. 2 EStG subsumiert werden können, nicht zugleich Entschädigungen sein können. Denkbare Fallgestaltungen sind etwa der Verzicht des Arbeitgebers auf die Kürzung einer lebenslänglichen Betriebsrente (Rdnr. 7), die Inanspruchnahme einer vorgezogenen lebenslänglichen Betriebsrente (Rdnr. 8) oder die Umwandlung eines noch verfallbaren in einen unverfallbaren Anspruch auf lebenslängliche Betriebsrente (Rdnr. 9).

Insgesamt liegt hier ein im Einzelfall durchaus interessantes **Gestaltungspotential**.

g) Weitere Nutzung des Dienstwagens und betrieblicher Einrichtungen

Die **weitere** unentgeltliche oder teilentgeltliche (zeitlich befristete) Nutzung des Dienstwagens, der nicht in das Eigentum des Arbeitnehmers übergeht, oder betrieblicher Einrichtungen (z.B. Nutzung von Telefonen, Fax-Geräten, ganzer Büros) ist regelmäßig **Teil der Entschädigung**. In diesen Fällen wird dieser Teil des Entschädigungsanspruchs durch die weitere Nutzung in dem jeweiligen Kalenderjahr erfüllt. In diesen Fällen kann § 34 EStG **nicht angewendet** werden, wenn die Wirtschaftsgüter auch in einem anderen als dem Veranlagungszeitraum genutzt werden, in dem die übrige Entschädigung zufließt. Das gleiche gilt sinngemäß, wenn der frühere Arbeitgeber weiterhin die Kosten z.B. des Büropersonals trägt.

4159c

h) Weitere Nutzung der verbilligten Wohnung

Ist die weitere Nutzung einer Wohnung Bestandteil der Entschädigungsvereinbarung, so ist die Mietverbilligung nur dann für die Zusammenballung von Einkünften **schädlich**,

4159d

wenn sie mietrechtlich frei vereinbar und dem Grunde nach **geldwerter Vorteil** aus dem früheren Dienstverhältnis ist und nicht auf die Lebenszeit des oder der Berechtigten abgeschlossen ist.

i) Planwidriger Zufluss in mehreren Veranlagungszeiträumen

4159e Die Anwendung des begünstigten Steuersatzes nach § 34 Abs. 1 und 2 EStG setzt u.a. voraus, dass die Entschädigungsleistungen zusammengeballt, d.h. in einem Veranlagungszeitraum zufließen. ... Das Interesse der Vertragsparteien ist daher regelmäßig auf den **planmäßigen Zufluss** in einem Veranlagungszeitraum gerichtet. Findet in den [folgenden] Fällen ... ein **planwidriger Zufluss** in mehreren Veranlagungszeiträumen statt, obwohl die Vereinbarungen **eindeutig** auf einen einmaligen Zufluss gerichtet waren, ist der Korrekturbetrag eines nachfolgenden Veranlagungszeitraums (VZ 02) **auf Antrag** des Steuerpflichtigen in den Veranlagungszeitraum (VZ 01) **zurückzubeziehen**, in dem die – grundsätzlich begünstigte – Hauptentschädigung zugeflossen ist. Stimmt das Finanzamt diesem Antrag zu (§ 163 AO), ist der Steuerbescheid (VZ 01) nach § 175 Abs. 1 Satz 1 Nr. 2 AO zu ändern, wobei der **begünstigte Steuersatz** auf die **gesamten** Entschädigungsleistungen anzuwenden ist. Wird der **Antrag nicht gestellt** und ist die Steuerfestsetzung für diesen Veranlagungszeitraum (VZ 02) bereits bestandskräftig, so ist der Bescheid (VZ 01) nach § 175 Abs. 1 Satz 1 Nr. 2 AO zu ändern und der begünstigte Steuersatz wegen fehlender Zusammenballung **zu versagen**.

4159f Hat der Steuerpflichtige in einem nachfolgenden Veranlagungszeitraum (VZ 03) einen Teil der Einmalabfindung **zurückzuzahlen**, so ist die Rückzahlung als Korrektur der Einmalabfindung zu behandeln. Der tarifbegünstigte Betrag des Veranlagungszeitraums, in dem die Einmalabfindung zugeflossen ist (VZ 01), ist dementsprechend um den Rückzahlungsbetrag zu mindern. Ist die Steuerfestsetzung für diesen Veranlagungszeitraum bereits bestandskräftig, so ist der Bescheid nach § 175 Abs. 1 Satz 1 Nr. 2 AO zu ändern.

k) Versehentlich zu niedrige Auszahlung der Entschädigung

4159g Es kommt vor, dass eine Entschädigung an den ausscheidenden Arbeitnehmer **versehentlich** – z.B. auf Grund eines **Rechenfehlers**, nicht jedoch bei unzutreffender rechtlicher Würdigung – im Jahr des Ausscheidens zu niedrig ausgezahlt wird. Der Fehler wird im Laufe eines späteren Veranlagungszeitraums erkannt und der Differenzbetrag ausgezahlt (Rdnr. 21).

l) Nachzahlung nach Rechtsstreit

4159h Streiten sich Arbeitgeber und Arbeitnehmer vor Gericht über die Höhe der Entschädigung, zahlt der Arbeitgeber üblicherweise an den Arbeitnehmer im Jahr des Ausscheidens nur den von ihm (Arbeitgeber) für zutreffend gehaltenen Entschädigungsbetrag und leistet ggf. erst Jahre später auf Grund einer gerichtlichen Entscheidung oder eines Vergleichs eine weitere Zahlung. Voraussetzung für die Anwendung der Billigkeitsregelung

... ist in diesen Fällen, dass der ausgeschiedene Arbeitnehmer **keinen Ersatzanspruch** hinsichtlich einer aus der Nachzahlung resultierenden eventuellen ertragsteuerlichen Mehrbelastung gegenüber dem früheren Arbeitgeber hat (Rdnr. 22). Hat der Arbeitnehmer allerdings einen Ersatzanspruch in bezug auf die steuerliche Mehrbelastung (etwa weil der Arbeitgeber vereinbarungswidrig einen Teil der Entschädigung zurückgehalten hat), bleibt für einen Billigkeitsmaßnahme kein Raum *(Ross, DStZ 1999, 212, 215)*. Ggf. muss der Ausgang eines anhängigen Rechtsstreits abgewartet werden *(Ross, a.a.O., Fn. 48a)*.

Eine **ähnliche Begünstigung** nimmt die Finanzverwaltung in dem Entschädigungserlass (Rdnr. 24 – 26) vor, wenn es infolge der Änderung der Rechtsprechung des BSG zur Sperrzeit *(09.11.1995, BSGE 77, 48)* oder infolge der stufenweisen Anhebung der Rentengrenzen zu Korrekturen der Entschädigungsvereinbarung gekommen ist. Diese **Billigkeitserwägungen** sind aber an bestimmte **Stichtage** geknüpft.

4. Brutto-Netto-Klauseln

Grundsätzlich sind die von den Parteien vereinbarten Abfindungsbeträge als **Bruttosummen** gemeint. Etwa anfallende Steuern hat also der Arbeitnehmer zu tragen. Diese an sich klare Regelung schädigen die Parteien gelegentlich durch unklare Formulierungen.

4160

Nicht selten wird von den Parteien des Aufhebungsvertrages ohne Not vereinbart, dass eine **Abfindung brutto, netto oder brutto = netto** auszuzahlen ist. Eine solche Vereinbarung ist nicht eindeutig, allerdings ist regelmäßig davon auszugehen, dass der Arbeitnehmer gleichwohl das Risiko einer eventuellen Besteuerung trägt. Die Steuerlast soll trotz der Verwendung der Begriffe »brutto = netto« oder »brutto für netto« oder »brutto ist gleich netto« *(s. LAG Köln 20.03.1997, LAGE § 9 KSchG Nr. 29; LAG Baden-Württemberg 17.04.1997, LAGE § 9 KSchG Nr. 31.)*

Wird eine **Netto-Abfindung vereinbart**, so trägt der Arbeitgeber das Risiko einer Besteuerung. Erkennt das Finanzamt die Steuerbefreiung oder Steuerermäßigung nicht an, so ist der Arbeitgeber verpflichtet, den Arbeitnehmer von Nachforderungen seitens des Finanzamtes freizustellen bzw. wenn er selbst in Anspruch genommen wird, die nachverlangte Lohnsteuer abzuführen.

Dies gilt i.Ü. für jede **Nettolohnvereinbarung.** So kommt es wiederholt zu Streit darüber, mit welchen Abzügen der Arbeitgeber normalerweise rechnen muss und welche quasi dem »Privatbereich« des Arbeitnehmers zuzurechnen sind *(s. zu einem solchen fall etwa LAG Rheinland-Pfalz 16.12.1996, LAGE § 611 BGB Nettolohn, Lohnsteuer Nr. 5)*.

Soweit ausdrücklich eine **Brutto-Abfindung vereinbart** wird, bleibt es bei der gesetzlichen Regel, nach der der Arbeitnehmer Steuerschuldner ist. Er hat also die Lohn-/Einkommensteuer zu tragen. Bei einer solchen Brutto-Abfindung ist der Abfindungsbetrag bis zur Höhe des Freibetrages nach § 3 Nr. 9 EStG ungekürzt auszuzahlen. Ansonsten ist er dem **Lohnsteuerabzugsverfahren** zu unterwerfen.

z.B. Ist in einem **Sozialplan** festgelegt, dass der ausgeschiedene Arbeitnehmer als Abfindung sein **bisheriges Durchschnittsnettoeinkommen** unter Anrechnung von Leistungen der Arbeitsverwaltung erhalten soll, schuldet der Arbeitgeber regelmäßig die **Abfindungszahlung als Nettobetrag**. Daher ist er zum Ausgleich des Steuernachteils verpflichtet, der dem Arbeitnehmer dadurch entsteht, dass – nach Ausschöpfung der Freibeträge des § 3 Nr. 9 EStG – die Abfindung steuerpflichtig wird und der Arbeitnehmer aufgrund des Progressionsvorbehalts nach § 32 b EStG Einkommensteuer nachzuzahlen hat (LAG Düsseldorf 27.06.1996, DB 1996, 1884).

Um **Folgestreitigkeiten** zu vermeiden, sollte die Frage, wer die auf die Abfindung/Entschädigung eventuell zu entrichtenden Steuern zu tragen hat, angesprochen und einer klaren Vereinbarung zugeführt werden.

III. Weiterführende Literaturhinweise

4160a
Bauer, Arbeitsrechtliche Aufhebungsverträge, 6. Aufl. 1999
Bauer, Steuerliche Optimierung von Abfindungen, NZA 1991, 617
Bauer, Steuerliche Tücken bei Aufhebungsverträgen, NZA 1996, 729
Gagel, Sicherung des sozialen Schutzes durch richtige Wahl des Zeitpunkts für die Auflösung des Arbeitsverhältnisses, AuR 1992, 255
Gagel/Vogt, Beendigung von Arbeitsverhältnissen, 4. Aufl. 1994
Haupt/Welslau, Sozial- und steuerrechtliche Folgen der Beendigung von Arbeitsverhältnissen, Seminarskriptum des Deutschen Anwaltsinstituts, 2000
Offerhaus, Zur Besteuerung von Arbeitgeberleistungen bei Auflösung des Dienstverhältnisses, DB 1991, 2456
Seitrich, Abfindung wegen Umsetzung im Konzern – einkommensteuerfrei?, BB 1987, 389
Waltermann, Sozialrechtliche Konsequenzen arbeitsrechtlicher Aufhebungsverträge, NJW 1992, 1136
Welslau, Altersteilzeit in der betrieblichen Praxis, 2000
ders. Neue Aspekte der sozial- und steuerrechtlichen Behandlung von Entlassungsentschädigungen in: Brennpunkte des Arbeitsrechts 2000, S. 171 ff.

20. Kapitel: Aufhebungsverträge in besonderen Situationen

I.	**Aufhebungsverträge in besonderen betrieblichen Situationen**	**4161**
	1. Betriebsübergang	4161
	2. Insolvenzverfahren	4162
	3. Betriebsänderung	4163
	4. Massenentlassung	4164
	a) Fallgruppen zur Anzeigepflicht i.R. des § 17 KSchG	4165
	b) Rechtsfolgen der unterlassenen Anzeige	4166
	5. Abwicklungsverträge	4166a
II.	**Aufhebungsverträge im Rahmen des Prozessvergleichs**	**4167**
	1. Besonderheiten des Prozessvergleichs	4167
	2. Fragerechte und Offenbarungspflicht beim Prozessvergleich	4167a
	3. Widerrufsvorbehalt	4168
	4. Kosten	4169
	5. Streitwert	4170
	6. Ausgleichsklausel	4170a
III.	**Arbeitshilfen für die betriebliche Praxis: Aufhebungsvertragsmuster**	**4171**
	Muster eines einfachen Aufhebungsvertrages	4171
	Muster eines Aufhebungsvertrages mit Abfindungsregelung	4172
	Muster eines ausführlichen Aufhebungsvertrages	4173
	Taktische Überlegungen:	4174

CHECKLISTE AUFHEBUNGSVERTRÄGE IN BESONDEREN SITUATIONEN

- **Betriebsänderungen**
  - auch ein bloßer Personalabbau kann eine Betriebsänderung darstellen;
  - Betrieblich veranlasste Aufhebungsverträge zählen bei der Betriebsänderung mit

Betriebsveräußerungen
  - Problem der Umgehung des § 613a Abs. 4 BGB, »Lemgoer Modell« (Aufhebungsvertrag mit Wiedereinstellungszusage) unzulässig

Massenentlassungen
  - betrieblich veranlasste Aufhebungsverträge zählen im Rahmen des § 17 KSchG und der §§ 111 ff. BetrVG mit, wie sich aus § 112a Abs. 1 BetrVG ergibt

Besonderheiten des Prozessvergleichs

Form:
  - gerichtliche Protokollierung,
  - Genehmigung seitens Parteien
  - Widerrufsvorbehalt: Festlegung, wann, wo u. wem gegenüber Widerruf ausgeübt werden soll.

- Kostenregelung:
  Entgegen § 12a Abs. 1 Satz 1 ArbGG kann die Partei die Erstattung der Anwaltskosten im Arbeitsgerichtsprozess verlangen, wenn bei eigener Prozessführung mindestens gleich hohe kosten entstanden wären (Beispiel: Vermeidung eigener Reisekosten durch Hinzuziehung eines Anwalts; hier sind die hypothetischen Reisekosten erstattungsfähig). Daher keine übereilte Kostenaufhebung
- Streitwert: § 12 Abs. 7 ArbGG: i.d.R. ¼ Jahresbezug, nicht nur 3 Monatsbezüge
- Verhalten vor Gericht
  Wortlaut des Prozessvergleichs mitschreiben, das gerichtliche Protokoll wird erst später zugestellt.
- Fragerecht hinsichtlich Anschlussarbeitsverhältnis besteht; gleichwohl auf richtige Vergleichsgestaltung achten

I. Aufhebungsverträge in besonderen betrieblichen Situationen

1. Betriebsübergang

4161 Auch in Zusammenhang mit einem **Betriebsübergang** steht es den Parteien grundsätzlich frei, einen Aufhebungsvertrag abzuschließen. Der Arbeitnehmer kann sowohl mit dem Veräußerer als auch mit dem Erwerber die Aufhebung des Arbeitsverhältnisses vereinbaren.

Allerdings müssen sich die Parteien vor einer **unzulässigen Umgehung des § 613a Abs. 4 BGB** hüten. Eine solche liegt vor, wenn der Arbeitnehmer unter Hinweis auf die geplante Betriebsveräußerung und eine Arbeitsplatzgarantie des Erwerbers veranlasst wird, sein Arbeitsverhältnis selbst (fristlos) zu kündigen bzw. ein Aufhebungsvertragsangebot anzunehmen, um dann sofort im Anschluss einen neuen Arbeitsvertrag zu schlechteren Bedingungen abzuschließen. Eine solche Umgehung des § 613a BGB macht den Aufhebungsvertrag nichtig.

Es geht bei einer solchen Gestaltung nur um die **Verringerung des sozialen Schutzes des Arbeitnehmers** durch den Abschluss »billigerer« Arbeitsverträge.

Spiegelt der Arbeitgeber dem Arbeitnehmer ungeachtet einer geplanten Veräußerung vor, der Betrieb werde alsbald stillgelegt, und veranlasst er diesen hierdurch zum Abschluss eines Aufhebungsvertrages, kommt eine **Anfechtung** nach § **123 BGB** in Betracht (vgl. → Rz. 4051 ff.). Folge: Das Arbeitsverhältnis bleibt wirksam und geht auf den Betriebserwerber über.

Die Rechtsprechung lässt sich wie folgt zusammenfassen: **Bei Aufhebungsverträgen in Zusammenhang mit einem Betriebsübergang ist Vorsicht geboten.** Nur in Ausnahmefällen wird ein anlässlich des Aufhebungsvertrages erklärter Verzicht von der Rechtsprechung gebilligt. **Wird der Arbeitnehmer vor die Wahl gestellt, entweder auf Rechte zu verzichten oder ein Betriebsübergang finde nicht statt, so ist der darauf erklärte Verzicht unwirksam** *(s. zum Ganzen BAG 11.07.1995, EzA § 613a BGB Nr. 130).* Fazit: **Zulässig** ist eine Vereinbarung, die auf das endgültige Ausscheiden aus dem Arbeitsverhältnis gerichtet ist. Geht es hingegen nur um die völlige oder teilweise **Durchbrechung** der **Kontinuität** des Arbeitsverhältnisses bei gleichzeitigem Erhalt des Arbeitsplatzes, ist der Aufhebungsvertrag rechtsunwirksam. Diesem Zweck dient der Abschluss eines Aufhebungsvertrages, wenn zugleich ein neues Arbeitsverhältnis mit dem Betriebserwerber begründet oder zumindest verbindlich in Aussicht gestellt wird *(BAG 10.12.1998, BB 1999, S. 1274)*

Bitte beachten: Zahlt der alte oder neue Arbeitgeber an die übergehenden Arbeitnehmer einen Betrag, damit diese ihr **Widerspruchsrecht** nicht ausüben, handelt es sich richtiger Ansicht nach nicht um steuerbegünstigte Abfindungen *(BFH 18.09.1997, EzA-SD Heft 20/ 1997 S. 6)*. Auch eine Sozialversicherungsfreiheit ist zu verneinen.

2. Insolvenzverfahren

Soll in **der Insolvenz des Arbeitgebers** ein Aufhebungsvertrag geschlossen werden, sind bestimmte Besonderheiten zu berücksichtigen. 4162

- Der Arbeitgeber als Gemeinschuldner verliert mit Eröffnung des Insolvenzverfahrens (früher Konkursverfahren) die Befugnis zur Verfügung über sein Vermögen. Vertragschließender des Aufhebungsvertrages auf Arbeitgeberseite kann also nur der Insolvenzverwalter sein.
- Weiterhin ist im Hinblick auf § 143a SGB III und ein mögliches Ruhen des Anspruchs auf Arbeitslosengeld die Vorschrift des § 113 InsO mit ihren u. U. **verkürzten Kündigungsfristen** zu beachten. Nach dieser Norm kann in der Insolvenz (im Konkurs) einer Frist von 3 Monaten zum Monatsende gekündigt werden, wenn nicht eine kürzere Frist maßgeblich ist (s. zu Details → Rz. 4274).

Im früheren **Vergleichsverfahren** galten im Hinblick auf Aufhebungsverträge keine Besonderheiten. Diese konnten jederzeit und ohne Einschaltung des Vergleichsgerichts abgeschlossen werden. Die aus einem Vergleichsschluss resultierende Abfindungsforderung war gewöhnliche, d.h. nicht privilegierte Vergleichsforderung. Nicht vom Vergleich erfasst wurde hingegen die nach Eröffnung des Vergleichs entstehende Abfindungsforderung *(Bauer, Aufhebungsverträge, Rdnr. 846)*.

3. Betriebsänderung

Besteht eine **Betriebsänderung** u.a. im **Personalabbau**, zählen betrieblich veranlasste Aufhebungsverträge bei den nach §§ 112, 112a BetrVG (Betriebsänderung) erforderlichen Richtwerten mit. Eine **Veranlassung** besteht nicht, wenn der Arbeitnehmer unabhängig vom geplanten Personalabbau aus eigenem Wunsch ausscheidet. Gleiches gilt, wenn eine personen- oder verhaltensbedingte Kündigung ausgesprochen wird. Anders ist die Situation zu beurteilen, wenn der Arbeitgeber Aufhebungsverträge anstelle einer betriebsbedingten Kündigung aufgrund eines einheitlichen unternehmerischen Plans einsetzt. Zum **Verhältnis von Sozialplanabfindung und einzelvertraglicher Abfindung** vgl. → Rz. 4078a. 4163

4. Massenentlassung

4164 Nach § 17 KSchG ist der Arbeitgeber verpflichtet, dem Arbeitsamt Entlassungen im dort genannten Umfang anzuzeigen. Entlassung i.S. dieser Vorschrift ist neben der durch Kündigung herbeigeführten Beendigung des Arbeitsverhältnisses auch die einvernehmliche Beendigung.

Dies hat der Gesetzgeber nunmehr klargestellt (§ 17 Abs. 1 Satz 2 KSchG). Voraussetzung ist allerdings, dass die Beendigung **vom Arbeitgeber veranlasst** ist. Insoweit ist zwischen verschiedenen **Fallgruppen** zu differenzieren.

a) Fallgruppen zur Anzeigepflicht i.R. des § 17 KSchG

4165 **1. Fallgruppe:**
Eine Anzeigepflicht nach § 17 KSchG wird nicht dadurch beseitigt, dass sich Arbeitgeber und Arbeitnehmer nach einer **ausgesprochenen betriebsbedingten Kündigung** über eine einvernehmliche Beendigung einigen (Situation des Abwicklungsvertrages vgl. → Rz. 4166a). Ansonsten könnte sich der Arbeitgeber auf diesem Wege der Anwendung des § 17 KSchG entziehen.

2. Fallgruppe:
Eine **Gleichstellung von Aufhebungsvertrag und Kündigung** ist geboten, wenn der Arbeitgeber im Vorfeld eines Personalabbaus einer bestimmten Zahl von Arbeitnehmern seine konkret bestehende Kündigungsabsicht unter gleichzeitigem Angebot eines Aufhebungsvertrages mit Abfindungsregelung mitteilt. Hier liegt zweifellos eine Veranlassung i.S.d. § 17 Abs. 1 Satz 2 KSchG n.F. vor. Ansonsten wird man auf die Rechtsprechung zum arbeitgeberseitig veranlassten Ausscheiden im Rahmen eines Sozialplans abstellen können.

3. Fallgruppe:
Eine Gleichstellung scheidet aus, wenn der Arbeitnehmer **aus eigenem Antrieb,** etwa aus persönlichen Motiven, den Abschluss eines Aufhebungsvertrages veranlasst.

b) Rechtsfolgen der unterlassenen Anzeige

4166 Unterlässt der Arbeitgeber die Anzeige einer Massenentlassung, waren nach früherer Rechtsprechung sämtliche der Entlassung zugrundeliegenden Kündigungen unwirksam. Bislang noch nicht entschieden war, ob dies auch für Aufhebungsverträge gilt *(s. Bauer, Aufhebungsverträge Rdnr. 888).*

Dies wird nunmehr vom BAG zumindest für den Fall bejaht, dass der Arbeitgeber das Verfahren überhaupt nicht betreibt oder überhaupt keine Stellungnahme des Betriebsrats einholt.

Klärungsbedürftig ist aber, ob nicht mit Hilfe von Aufhebungsverträgen auf die **Anzeigepflicht** verzichtet werden kann. Dies lehnt das BAG ab. »Unzutreffend erscheint ... die Auffassung ..., das gelte auch für den Verzicht auf den Kündigungsschutz nach §§ 17, 18

KSchG, weil im KSchG im Unterschied zu § 4 Abs. 4 TVG, § 13 Abs. 2 Satz 3 BUrlG oder § 77 Abs. 4 Satz 1 BetrVG keine Regelung getroffen ist, die dem Arbeitnehmer den Verzicht auf den Kündigungsschutz untersagt. Dass die Fälle eines unwirksamen Verzichts von Arbeitnehmerrechten enumerativ und abschließend im Gesetz aufgezählt seien, ist der Gesetzessystematik nicht zu entnehmen.«

Auch die Berufung auf die Vertragsfreiheit hilft nicht. Denn er gilt nicht uneingeschränkt, insbesondere wird er durch öffentliche Interessen eingeschränkt: »**Die Vorschriften der §§ 17 ff. KSchG verfolgen, ... primär einen arbeitsmarktpolitischen Zweck**; die Dienststellen der Arbeitsverwaltung sollen die Möglichkeit erhalten, rechtzeitig Maßnahmen zur Vermeidung, wenigstens aber zur Verzögerung umfangreicher Arbeitslosigkeit einzuleiten und für die anderweitige Unterbringung der entlassenen Arbeitnehmer zu sorgen.

»*Der **Individualschutz des Arbeitnehmers** gemäß §§ 1 ff. KSchG bleibt ... von den §§ 17 ff. KSchG unberührt*, und die Zustimmung des Landesarbeitsamts zu einer Massenentlassung nimmt dem einzelnen nicht den Schutz des § 1 KSchG. *Insofern lässt sich im Übrigen nicht generell sagen ..., die Bedeutung der §§ 17 f. KSchG liege nicht auch in einer Erweiterung des Individualschutzes.* Das gilt zumindest insoweit nicht, als in § 20 Abs. 4 KSchG geregelt ist, der Entscheidungsträger hinsichtlich der Zustimmungserklärung nach § 18 Abs. 1 KSchG habe sowohl das Interesse des Arbeitgebers **als auch das der zu entlassenden Arbeitnehmer**, das öffentliche Interesse und die Lage des gesamten Arbeitsmarktes zu berücksichtigen. ...«

Ein Verzicht kommt danach allenfalls nach Abschluss der Aufhebungsvereinbarung in Betracht: Ein Verzicht in der Aufhebungserklärung selbst liefe im Ergebnis darauf hinaus, den Arbeitgeber von vornherein von ihrer gesetzlichen Anzeigepflicht nach § 17 KSchG zu befreien. Der u.a. aus arbeitsmarktpolitischen Gründen verankerte Massenentlassungskündigungsschutz würde damit unterlaufen. Er steht aber nach Auffassung des BAG nicht zur Disposition der Arbeitsvertragsparteien.

Das BAG macht sodann darauf aufmerksam, dass das dem Arbeitnehmer eingeräumte Wahlrecht, sich auf die Unwirksamkeit einer Kündigung bzw. Aufhebung des Arbeitsverhältnisses zu berufen, ins Leere ginge, würde man es zulassen, schon von vornherein die Anzeigepflicht nach § 17 Abs. 1 KSchG und den damit bezweckten Kündigungsschutz abzubedingen.

Dem Betriebspraktiker kann angesichts dieser neuen Auffassung des BAG nur empfohlen werden, einer möglichen oder tatsächlichen Anzeigepflicht nach § 17 KSchG jedenfalls nachzukommen. Das Problem einer möglichen Entlassungssperre nach § 18 KSchG kann dabei durch frühzeitige Planung umgangen werden. I.Ü. kann der Arbeitnehmer auf die Geltendmachung der Unwirksamkeit des Aufhebungsvertrages nach dessen Abschluss verzichten.

5. Abwicklungsverträge

4166a Bei der **einvernehmlichen Beendigung** des Arbeitsverhältnisses bestehen 2 **Varianten:**

- Aufhebungsvertrag ohne vorausgehende Kündigung (»klassischer Aufhebungsvertrag«)
- Aufhebungsvertrag nach vorangegangener Kündigung; d.h. der Arbeitnehmer erklärt in einer Vereinbarung ggf. unter Abfindungszahlung, keine Einwände gegen die Kündigung erheben zu wollen (»Abwicklungsvertrag«).

Der **Abwicklungsvertrag** unterscheidet sich idealtypisch vom Aufhebungsvertrag dadurch, dass er das Arbeitsverhältnis nicht selbst beendet. Dieses wird vielmehr (formal) durch die Kündigung des Arbeitgebers beendet.

Im **nachgeschalteten Abwicklungsvertrag** werden durch beiderseitiges Rechtsgeschäft nur die **Modalitäten der Beendigung** geregelt. Insoweit ähnelt der Abwicklungsvertrag der Ausgleichsquittung mit Verzichtswirkung (vgl. → Rz. 4801 ff.).

4166b • **Vorteile des Abwicklungsvertrages**
Vorteile des Abwicklungsvertrages als besonderer Form des Aufhebungsvertrages **können** u.a. im **Bereich des Arbeitsförderungsrechts** liegen, scheidet doch die Beendigung des Arbeitsverhältnisses durch Kündigung als Lösungstatbestand i.S.v. § 144 SGB III aus mit der Folge, dass weder eine Sperrzeit noch – folgerichtig – früher ein Ruhen mit Sperrzeitwirkung in Betracht kommen bzw. kamen (s. → Rz. 4125 ff. und 4166 f.).

Es entspricht nämlich der bisher ständigen Rechtsprechung des Bundessozialgerichts *(07.12.1984, Soziale Sicherheit 1984, 388),* dass ein **Lösen des Arbeitsverhältnisses i.S.v. § 144 SGB III** nicht angenommen werden kann, wenn der Arbeitnehmer sich nicht mit einer Klage gegen eine ihm gegenüber ausgesprochenen Kündigung wehrt. Hierin liegt eben **kein Fehlverhalten gegenüber der Versichertengemeinschaft,** das über § 144 SGB III zu sanktionieren wäre. Allerdings weist das BSG bereits in der zitierten Entscheidung auch darauf hin, dass die Sperrzeitregelung bezweckt, die Gemeinschaft der Beitragszahler davor zu schützen, dass Anspruchsberechtigte das Risiko ihrer Arbeitslosigkeit manipulieren. An dieser Aussage muss sich auch der Abwicklungsvertrag unter den Vorzeichen der Bekämpfung des Leistungsmissbrauchs messen lassen (s. → Rz. 4166 f.).

4166c Vorteile der Abwicklungsvereinbarung können in der möglichen **Vermeidung von Erstattungspflichten nach § 147a SGB III** liegen. § 147a Abs. 1 Satz 2 Nr. 4 SGB III schließt die Erstattungspflicht aus, wenn das Arbeitsverhältnis durch **sozial gerechtfertigte arbeitgeberseitige Kündigung** geendet hat. Der reine **Aufhebungsvertrag** reicht insoweit nach allgemeiner Meinung nicht aus. Etwas anderes gilt, wenn die Parteien sich im Nachhinein über die weiteren Einzelheiten der Beendigung des Arbeitsverhältnisses einigen. Vorteile können auch darin liegen, dass beim Abwicklungsvertrag Probleme mit § 143a SGB III quasi automatisch ausscheiden, wenn die ordentliche oder fiktive Kündigungsfrist eingehalten wird.

Vorteile können schließlich auch im Bereich der augenscheinlich an Bedeutung zunehmenden **Anfechtung des Aufhebungsvertrages wegen Drohung** mit einer widerrechtlichen Kündigung gesehen werden. Hier entsprach es schon bislang der überwiegenden Auffassung, dass im Falle des Ausspruchs der Kündigung unter anschließender Aufhebung des Arbeitsverhältnisses, eine Anfechtungsmöglichkeit grundsätzlich auszuscheiden hat.

Dies gilt allerdings nicht, wenn sich Androhung und Ausspruch der Kündigung sowie nachfolgender Aufhebungsvertrag als ein **Paket** darstellen und die angedrohte Kündigung so fortwirkt.

- **Nachteile des Abwicklungsvertrages** 4166d

Das Vorschalten der Kündigung bedingt die **Beteiligung des Betriebsrats** mit der dieser immanenten Fehlerquellen. Ob es hier gelingen wird, dem Betriebsrat den geplanten »Deal« schmackhaft zu machen, ist eine Frage des Einzelfalles.

Darüber hinaus stellen sich noch die Probleme der **Beteiligung von Behörden** im Bereich des besonderen Kündigungsschutzes (Schwangere, Erziehungsurlauber, schwerbehinderte Menschen etc.). Für diese Personengruppe bringen Abwicklungsverträge daher keine Hilfe.

Auch muss sich jeder Arbeitgeber genau überlegen, mit welchem Arbeitnehmer er einen evtl. **Deal** »Abwicklungsvertrag« durchzuführen gedenkt. Hat er nämlich die Kündigung ausgesprochen und löst sich der Arbeitnehmer von der Vorstellung demnächst dem Heer der Arbeitslosen anzugehören, so hindert ihn nichts daran, die **Unwirksamkeit der Kündigung gerichtlich geltend** zu machen. Umgekehrt gilt entsprechendes: Nichts hindert den Arbeitgeber daran, nach Verstreichen der 3-Wochen-Frist davon Abstand zu nehmen, noch eine Abwicklungsvereinbarung mit eventueller Abfindungszahlung zu treffen. Der so geplante Abwicklungsvertrag verlangt also beiderseits ein **besonderes Vertrauensverhältnis** und scheidet demnach aus, wenn es nur darum geht, dem Arbeitnehmer in Form der Kündigung einen Schuss vor den Bug zu setzen.

- **Abwicklungsvertrag und Arbeitsverwaltung** 4166e

Dreh- und Angelpunkt der Bewertung des Abwicklungsvertrages ist die Frage, inwieweit die **erhofften sozialrechtlichen Vorteile** erreicht werden können. Es liegt auf der Hand, dass weder die Sozialgerichte noch die Arbeitsverwaltung blindlings allein auf die formale Beendigungsmodalität (im Fall des Abwicklungsvertrages also die Kündigung) schielen und qualitative Erwägungen nicht anstellen. Hier lag sehr schnell eine erste, inzwischen überholte, **Reaktion der Arbeitsverwaltung** vor, die eine Einordnung des Abwicklungsvertrages in das Geflecht von Kündigung und Aufhebungsvertrag versuchte und sich im Grundsatz skeptisch zeigte.

- **Abwicklungsvertrag und BSG** 4166f

Auch das BSG *(09.11.1995, EzA § 119a AFG Nr. 2)* hatte sich gegenüber dem Abwicklungsvertrag skeptisch geäußert. Die **Entscheidung** ist **von überragender Bedeutung** für die einvernehmliche Beendigung von Arbeitsverhältnissen. Sie ist nach wie vor gültig und Ausgangspunkt der DA der BA zu § 144 SGB III. Von daher kann ihre Relevanz gar nicht hoch genug eingeschätzt werden.

BEISPIEL:

Die Parteien des Rechtsstreits (der klagende Arbeitnehmer und die BA) stritten um die Rechtmäßigkeit der Verhängung einer Sperrzeit (§§ 119, 119a AFG a.F./§ 144 SGB III) für den Bezug von Arbeitslosengeld. Der 1933 geborene Arbeitnehmer war von 1975 – 1991 als Chemiearbeiter bei der Fa. S beschäftigt. Nach dem einschlägigen Manteltarifvertrag war er ordentlich unkündbar. Ausnahmen hiervon galten bei einer Kündigung aus wichtigem Grund, bei Vorliegen eines Sozialplans oder bei Änderungskündigungen zum Zwecke der Versetzung. Unter dem 07.02.1990 kündigte die Arbeitgeberin das Arbeitsverhältnis ordentlich aus betriebsbedingten Gründen zum 31.08.1991. In dem Kündigungsschreiben teilte sie u.a. mit, dass man auf weitere Einzelheiten im Zusammenhang mit der Beendigung des Arbeitsverhältnisses noch zurückkommen werde. Ein Sozialplan lag nicht vor. Der Arbeitnehmer erhob keine Kündigungsschutzklage und nahm in der Folge die von der Arbeitgeberin angebotenen Leistungen im Zusammenhang mit dem Ausscheiden (Übergangszuschuss, Beihilfe für langjährige Dienstzeiten und Ruhegeld) in Anspruch. Das ab 01.09.1991 beantragte Arbeitslosengeld wurde ihm von der beklagten BA zeitweilig versagt, da eine Sperrzeit eingetreten sei. Der Kläger habe, so die BA, konkludent einem Aufhebungsvertrag zugestimmt und damit das Arbeitsverhältnis i.S.v. 119 AFG gelöst. Die Arbeitgeberkündigung sei tariflich ausgeschlossen und die Fortsetzung des Arbeitsverhältnisses dem Kläger zumutbar gewesen. Der Kläger ist der Auffassung ein Aufhebungsvertrag und mithin Lösen des Arbeitsverhältnisses liege nicht vor. Die Arbeitgeberin habe nach Anhörung des Betriebsrats gekündigt. Sein Arbeitsplatz sei gerade durch innerbetriebliche Umorganisationsmaßnahmen entfallen. Eine eventuell ihm gegenüber mögliche Änderungskündigung hätte dazu geführt, dass ein anderer – jüngerer – Arbeitnehmer seinen Arbeitsplatz verloren habe, da die Notwendigkeit des Personalabbaus bei der Arbeitgeberin unabweisbar sei. Dementsprechend liege für die Aufgabe des Arbeitsplatzes ein wichtiger Grund vor. Auch bei einer arbeitsgerichtlichen Kündigungsschutzklage hätte er keine weiteren Leistungen erhalten als die, die die Arbeitgeberin ihm ohnehin gewährt habe. Das Nichtvorliegen eines Sozialplans sei für seine Kündbarkeit unerheblich, da die übrigen Leistungen der Arbeitgeberin an dessen Stelle getreten seien.

Das BSG **verabschiedet** die **vermeintlichen Vorteile des Abwicklungsvertrags** gegenüber dem Aufhebungsvertrag im Bereich des § 119 AFG a.F./§ 144 SGB III: Nach §§ 119, 119a AFG »tritt eine Sperrzeit von zwölf Wochen u.a. ein, wenn der Arbeitslose das Beschäftigungsverhältnis gelöst hat und dadurch vorsätzlich oder grob fahrlässig die Arbeitslosigkeit herbeigeführt hat, ohne für sein Verhalten einen wichtigen Grund zu haben. Nach der Rechtsprechung des BSG löst ein Arbeitnehmer das Beschäftigungsverhältnis, wenn er selbst kündigt, was hier nicht geschehen ist, oder einen zur Beendigung des Arbeitsverhältnisses führenden Vertrag schließt ... Ein solcher Vertrag muss **nicht unmittelbar** zur Beendigung des Arbeitsverhältnisses führen. Auch durch eine **Vereinbarung über eine noch auszusprechende Arbeitgeberkündigung (und ihre Folgen)** löst der Arbeitnehmer das Arbeitsverhältnis. Es ist gerade Sinn einer solchen Vereinbarung, das Ende des Beschäftigungsverhältnisses herbeizuführen. Nichts anderes gilt, wenn nach einer Arbeitgeberkündigung »Abwicklungsverträge« über Abfindungen, Entschädigungen oder ähnliche Leistungen anlässlich des Ausscheidens getroffen werden .... Auch durch solche Verträge beteiligt sich ein Arbeitnehmer an der Beendigung des Beschäftigungsverhältnisses. ...«

4166g • Zwischenfazit

Die Vereinbarung, die letztlich zur Beendigung des Arbeitsverhältnisses führt, muss nicht konstitutiv sein; es genügt, wenn sie **auf die spätere** – auch einseitige **Beendigung des Arbeitsverhältnisses** durch Kündigung – **gerichtet** ist. Damit sind alle – beweisbaren – Vorfeldabsprachen »tot«. Gleiches gilt für Abwicklungsverträge, in denen dem Arbeitnehmer für den Fall der Hinnahme der Kündigung bestimmte Leistungen zugesagt werden, wenn etwa der Erhalt einer Abfindung daran geknüpft wird, dass keine Kündigungsschutzklage erhoben wird oder Kündigungsgründe unstreitig gestellt werden sollen.

- **Hinnahme einer Kündigung weiterhin erlaubt?**

4166h

Das LSG hatte im Beispielsfall eine Lösung durch einen Aufhebungsvertrag verneint und maßgeblich darauf abgestellt, dass der Kläger die Kündigung durch den Arbeitgeber lediglich hingenommen habe. Das müsse einem Mitwirken an einer Auflösungsvereinbarung nicht gleichkommen. Das BSG legt dem LSG zur Last, versäumt zu haben, den tatsächlichen Ablauf der Ereignisse festzustellen, die zur Lösung des Beschäftigungsverhältnisses geführt haben.»Diese Tatsachen sind Grundlage für die Beurteilung möglicherweise vom Kläger abgegebener Erklärungen und seines Verhaltens im Rahmen der Gespräche, die zwischen ihm, dem Betriebsrat und dem Arbeitgeber vor der 'Kündigung' und zur Abwicklung des Arbeitsverhältnisses stattgefunden haben. ... Die Frage, ob ein Arbeitsloser das Beschäftigungsverhältnis durch Vertrag gelöst hat, ist abhängig von rechtsgeschäftlichen Erklärungen. Deren Feststellung fällt in den Aufgabenbereich der Tatsachengerichte. ... **Feststellungen über den tatsächlichen Ablauf der Ereignisse, die zur Lösung des Beschäftigungsverhältnisses geführt haben,** sind nicht deshalb entbehrlich, weil der Arbeitgeber – abweichend von seiner früheren Praxis – anstelle eines Aufhebungsvertrages die Arbeitgeberkündigung zur Lösung des Beschäftigungsverhältnisses gewählt hat, um den Eintritt der Sperrzeit auszuschließen. Die mit der Bereitschaft, dem Kläger sofort betriebliches Ruhegeld und außerdem bis zur Vollendung des 60. Lebensjahres weitere finanzielle Vergünstigungen zu erbringen, verbundene Kündigung des Arbeitgebers und das vorausgehende oder nachgehende Verhalten des Klägers kann einen Aufhebungsvertrag verdecken, so dass die für diesen geltenden Vorschriften anzuwenden sind (vgl. § 117 Abs. 2 BGB).«

Folgt man dem BSG, wird man zwei Situationen zu unterscheiden haben und zwar

4166i

- den konkludenten Aufhebungsvertrag im arbeitsrechtlichen Sinne und
- den »echten« verdeckten Aufhebungsvertrag, bei dem zwar keine auf die einvernehmliche Aufhebung gerichteten rechtsgeschäftlichen Willenserklärungen vorliegen, nach der Tatsachenlage aber von einer einvernehmlichen Beendigung auszugehen ist.

Alternative Beendigungstatbestände und § 119 AFG a.F./§ 144 SGB III

4166j

Deutliche Worte verliert das BSG auch zu den weiteren Einwänden des Klägers hinsichtlich der Möglichkeit der Beendigung des Arbeitsverhältnisses durch Kündigung: *Dass der Arbeitgeber ... durch Abschluss eines Sozialplans die* **Kündbarkeit des Klägers** *hätte herbeiführen können oder das Arbeitsverhältnis durch eine Änderungskündigung hätte beenden können, macht ebenfalls Feststellungen über die Lösung des Beschäftigungsverhältnisses nicht entbehrlich. Feststellungen, die diese rechtlichen Schlüsse rechtfertigen könnten, hat das LSG nicht getroffen. Im Übrigen kommt es für die Frage, ob eine Lösung des Beschäftigungsverhältnisses zur Arbeitslosigkeit geführt hat,* **allein auf den tatsächlichen Geschehensablauf** *an (BSG SozR 4100 § 119 Nr. 24 m.w.N.). Selbst wenn dem Kläger eine unabwendbare Kündigung drohte, kann dieser Umstand allenfalls einen wichtigen Grund für sein tatsächliches Verhalten geben (BSGE 66, 94, 97 = SozR 4100 119 Nr. 36)«.*

Für die Praxis sind die **Hinweise**, die das **BSG** in der Folge gibt, von besonderer Bedeutung.

Dies gilt zunächst für den **Prüfungsmaßstab,** der an eine **einvernehmliche Beendigung** gelegt wird:

»*Eine rechtsgeschäftliche Erklärung zur Lösung eines Beschäftigungsverhältnisses liegt nicht nur vor, wenn der Kläger diese ausdrücklich abgegeben hat. Der Inhalt des mit dem 07.02.1990 datierten Kündigungsschreiben des Arbeitgebers, das die Regelung »weiterer Einzelheiten im Zusammenhang mit der Beendigung (des) Arbeitsverhältnisses« ankündigt, und die Stellungnahme des Klägers vom 14.10.1991, die hervorhebt, in einem Arbeitsgerichtsprozess seien günstigere Bedingungen als die vom Arbeitgeber gewährten »diversen finanziellen Unterstützungen« nicht zu erreichen gewesen, gibt nach § 103 SGG Anlas, die Äußerungen und das übrige Verhalten des Klägers von der »mündlichen Darlegung« der Umstände für die Lösung des Beschäftigungsverhältnisses bis zur Regelung der Einzelheiten seiner Abwicklung auf für den* **Abschluss eines Aufhebungsvertrages schlüssiges Verhalten** *des Klägers zu untersuchen (<beachte aber seit 01.05.2000 § 623 BGB>). Entscheidend ist der auf die* **angestrebte Rechtsfolge** *gerichtete wirkliche Wille der Arbeitsvertragsparteien, nicht der Wortlaut oder die äußere Form der von ihnen abgegebenen Erklärungen (§ 133 BGB). Es liegt nahe, dass dieser auf eine einverständliche Lösung des Beschäftigungsverhältnisses gerichtet war. Bei Ausscheiden älterer Arbeitnehmer ist die Interessenlage häufig, wenn nicht gar typischerweise durch den gemeinsamen Willen zur Lösung des Beschäftigungsverhältnisses gekennzeichnet, die mit einer sozialen Absicherung des Arbeitnehmers begleitet wird. Die Annahme einer einverständlichen Lösung liegt um so näher, als im Zuge eines Personalabbaus gerade auf seiten des Arbeitgebers Interesse an der Wahrung des Betriebsfriedens besteht und Kündigungsschutzklagen möglichst vorgebeugt werden soll. Dies gilt insbesondere, wenn – wie hier – eine ordentliche Kündigung des Arbeitgebers tariflich ausgeschlossen ist. Unter diesen Umständen kann sich die Inanspruchnahme finanzieller Zuwendungen als Zustimmung zur Beendigung des Beschäftigungsverhältnisses und damit als Lösung des Beschäftigungsverhältnisses durch den Kläger darstellen. Widersprüchlich wäre es, die Beendigung des Beschäftigungsverhältnisses angeblich nicht zu wollen, wohl aber die für diesen Fall versprochenen finanziellen Vergünstigungen in Anspruch zu nehmen.«*

4166k Sollte auch unter Zugrundelegung dieses verschärften Prüfungsmaßstabs ein »**Lösen des Beschäftigungsverhältnisses**« nicht anzunehmen sein, rückt das BSG ein **mögliches widersprüchliches Verhalten** in den Vordergrund:

»*Eine Erklärung des Klägers, nur auf Kündigung des Arbeitgebers ausscheiden zu wollen, kann bei tariflichem Kündigungsausschluss als Verwahrung gegen das eigene Verhalten (protestatio facto contraria) unerheblich sein (dazu: Teichmann, Die Gesetzesumgehung, 1962, 47, der für die Feststellung des maßgeblichen Erklärungsinhalts nicht nur die Verständnismöglichkeit des Erklärungsgegners, sondern auch die Belange der Allgemeinheit einbezieht). Wirksamkeit kann eine Kündigung bei tariflichem Kündigungsausschluss allenfalls entfalten, weil der Arbeitnehmer seine tariflichen Rechte nicht wahrzunehmen gewillt ist. Gerade sein Verhalten kann damit mittelbar die Lösung des Beschäftigungsverhält-*

nisses herbeigeführt haben. .... Diese im zivilrechtlichen Schrifttum höchst umstrittene Ansicht hat auch das BSG in vergleichbarem Zusammenhang vertreten (BSG DBlR § 117 AFG Nr. 2226 a; vgl. auch BAG AP § 626 BGB Nr. 64). Ob daran festzuhalten ist, wird zu überprüfen sein, nachdem der BGH eine Willenserklärung auch bei fehlendem Erklärungsbewusstsein annimmt, ‚wenn sie als solche dem Erklärenden zugerechnet werden kann'. Dies setzt – nach Ansicht des BGH – voraus, dass der Erklärende mit der im Verkehr erforderlichen Sorgfalt hätte erkennen und vermeiden können, dass sein Verhalten vom Geschäftsgegner nach Treu und Glauben mit Rücksicht auf die Verkehrssitte als Willenserklärung aufgefasst werden durfte (BGHZ 91, 324, 330).«

- **Drohende Rechtsprechungsänderung**

4166l

Für den Fall, dass die oben dargestellten Kriterien nicht eingreifen, droht das BSG einen Rechtsprechungswandel an:

»... Zutreffend weist das LSG darauf hin, dass die bloße Hinnahme einer Arbeitgeberkündigung und das Unterlassen einer Kündigungsschutzklage nach der Rechtsprechung des BSG den Eintritt einer Sperrzeit nicht begründet (BSG DBlR § 117 Nr. 2226 a). Sollten die weiteren Ermittlungen des LSG einen konstitutiven Aufhebungsvertrag oder eine sonstige Vereinbarung über die Lösung des Beschäftigungsverhältnisses nicht ergeben, stellt sich allerdings die Frage, ob an dieser Rechtsprechung festzuhalten ist oder ob eine Sperrzeit jedenfalls dann eintritt, wenn der Arbeitnehmer eine offensichtlich rechtswidrige Kündigung im Hinblick auf eine zugesagte finanzielle Vergünstigung hinnimmt. Eine solche Rechtsfortbildung im Sinne eines offeneren Lösungsbegriffes ist naheliegend.«

- **Dienstanweisung der BA**

4166m

Für die Praxis von eminenter Bedeutung ist die neue Dienstanweisung der BA zu § 144 SGB III. Die BA setzt hier in konsequenter Weise die Rechtsprechung des BSG zum Abwicklungsvertrag um. Es wird eine gesteigerte Ermittlungspflicht ausgelöst, wenn der Arbeitslose auf ein Vorgehen gegen eine offensichtlich rechtswidrige Kündigung verzichtet und er eine Abfindung erhält. Die BA geht hier davon aus, dass sich der Arbeitnehmer gegenüber der Solidargemeinschaft der Versicherten pflichtwidrig verhalten hat.

Im Einzelnen ist nach den typischen Geschehensabläufen wie folgt zu differenzieren:

- Bei einer **initiierten Kündigung** (Vorfeldabsprache zwischen Arbeitgeber und Arbeitnehmer) tritt eine Sperrzeit ein, wenn der Arbeitnehmer wegen der Zusage einer Entschädigung auf ein Vorgehen gegen eine rechtswidrige Kündigung verzichtet.
- Keine Sperrzeit tritt demgegenüber ein, wenn der Arbeitnehmer eine **rechtmäßige Kündigung** hinnimmt. Ob hier eine Abfindung gezahlt wird oder nicht, spielt keine Rolle. Allerdings wird ein Arbeitgeber beim Vorliegen eines Kündigungsgrundes eher selten eine Abfindung zahlen.
- Eine Sperrzeit kann allerdings eintreten, wenn aufgrund betrieblicher Übung oder Vereinbarung **Kündigungen nur im Einvernehmen mit dem Arbeitnehmer** ausgesprochen werden.
- Keine Sperrzeit tritt ein, wenn der Arbeitnehmer eine – u.U. auch offensichtlich rechtswidrige Kündigung – »gutgläubig« hinnimmt. Hieran ändert sich wohl auch dann

nichts, wenn eine Abfindung gezahlt wird. Man wird demnach davon ausgehen dürfen, dass im Regelfall die Hinnahme einer Kündigung weiterhin erlaubt ist.
- Ob dies auch in Extremfällen gilt *(Beispiel: der ordentlich unkündbare Arbeitnehmer akzeptiert eine ordentliche Kündigung)*, bleibt abzuwarten, ist aber auch nicht der typische Lebenssachverhalt (warum sollte der Arbeitnehmer ohne Gegenleistung seinen Arbeitsplatz aufgeben?). Fazit zu dieser wichtigen Fallgruppe: Die Hinnahme einer auch rechtswidrigen Kündigung ist jedenfalls erlaubt, wenn der Arbeitnehmer an die Rechtmäßigkeit der Kündigung geglaubt hat und auch glauben durfte. Eine Obliegenheit zur Einholung von Rechtsrat besteht zu Lasten des Arbeitnehmers wohl nicht.
- Nimmt der Arbeitnehmer eine Kündigung, deren Rechtswidrigkeit er erkannt hat, hin und erhält er eine Entschädigung für den Verlust des Arbeitsplatzes, tritt eine Sperrzeit ein. Die BA geht hier von einem versicherungsschädigendem Verhalten aus und **unterstellt ein Lösen des Arbeitsverhältnisses** i.S.v. § 144 SGB III (Gedanke des Abkaufens des Kündigungsschutzes). Wann eine Kündigung offensichtlich rechtswidrig ist, ist sicherlich einzelfallabhängig. Allerdings wird man auch hier nach Fallgruppen differenzieren können:
  - Die **fehlerhafte Sozialauswahl** begründet in aller Regel keine offensichtlich rechtswidrige Kündigung..
  - Die Hinnahme einer ordentlichen Kündigung gegen Zahlung einer Abfindung bei **Ausschluss des ordentlichen Kündigungsrechts** ist sperrzeitauslösend.
  - Die Nichteinhaltung der maßgeblichen ordentlichen Kündigungsfrist ist ebenfalls sperrzeitauslösend.
  - Gleiches dürfte in den Fällen anzunehmen sein, wo der **bestehende Sonderkündigungsschutz zu Lasten des Arbeitnehmers missachtet** wird. Zu nennen sind hier folgende Fallgruppen:
    - Missachtung des Mutterschutzes
    - Missachtung des Schutzes für Erziehungsurlauber
    - Missachtung des Schwerbehindertenschutzes im SGB IX
    - Missachtung des Schutzes betriebsverfassungsrechtlicher Mandatsträger.
    - Missachtung der Schriftform des § 623 BGB
  - Ob auch die **Nichtanhörung des Betriebsrats** hierhin gehört, ist derzeit noch unsicher. Die **nicht ordnungsgemäße Anhörung des Betriebsrats** reicht jedenfalls nicht aus, um eine Sperrzeit zu begründen.

4166n • **Folgerungen für die Praxis**
Das bisherige Todschlagsargument »kein Lösen des Arbeitsverhältnisses bei konstitutiver Beendigung durch Arbeitgeberkündigung und nachfolgende Regelung der Modalitäten der Beendigung« hat sich nach der Entscheidung des BSG vom 09.11.1995 *(EzA § 119a AFG Nr. 2)* und der folgenden Umsetzung durch die DA der BA ganz offensichtlich erledigt. Die Praxis wird sich nun verstärkt mit der Frage beschäftigen müssen, wann von einem konkludenten Aufhebungsvertrag auszugehen ist bzw. wann eine sonstige zur Beendigung des Arbeitsverhältnisses führende Abrede vorliegt und wann eine offensichtlich rechtswidrige Kündigung anzunehmen ist. Klar ist die Situation hingegen in den Fällen der Vorfeldabsprache.

- **Vorfeldabsprachen über Kündigungen** 4166o
Durch eine Vereinbarung über eine noch auszusprechende Arbeitgeberkündigung (und ihre Folgen) löst der Arbeitnehmer das Arbeitsverhältnis. Es ist gerade Sinn einer solchen Vereinbarung, das Ende des Beschäftigungsverhältnisses herbeizuführen. Die Vereinbarung muss mithin für die spätere Lösung des Beschäftigungsverhältnisses nicht konstitutiv sein. Dies bedeutet, einigen sich die Parteien über eine vom Arbeitgeber auszusprechende Kündigung, hat dies sozialrechtlich nicht die Wirkung, § 144 SGB III zu vermeiden. I.Ü. erscheint in einer solchen Situation ohnehin zweifelhaft, ob überhaupt von einer Kündigung im Rechtssinne als einer einseitigen rechtsgestaltenden Willenserklärung gesprochen werden kann.

- **Aufhebungsvertrag durch konkludentes Verhalten** 4166p
Auch der konkludente Aufhebungsvertrag hatte ursprünglich an Bedeutung gewinnen (vgl. → Rz. 4015 ff.). Dies hat sich jedoch zwischenzeitlich durch die neue **Schriftform** für »Auflösungsverträge« (§ 623 BGB) erledigt (s. → Rz. 4015).

- **Wichtiger Grund** 4166q
Sozialrechtliche Nachteile im Hinblick auf das Lösen i.S.v. § 144 SGB III werden sich zukünftig nur vermeiden lassen, wenn der **wichtige Grund** zur Arbeitsplatzaufgabe durch den Arbeitnehmer **sauber dokumentiert** wird. Die zweifellos höchste und auch von der BA akzeptierte Authentizität hat hier ein arbeitsgerichtlicher Vergleich, mit dem zumindest – wenn man den bisherigen Erfahrungen traut – tatsächliche Wirkungen erzielt werden können. Aber auch sperrzeitunschädliche außergerichtliche Vereinbarungen über die Beendigung des Beschäftigungsverhältnisses werden möglich bleiben; sie sind aber sozialrechtlich betrachtet nicht privilegiert. Es wird also darauf ankommen, den Wegfall des Arbeitsplatzes und die Möglichkeiten des Fehlens einer anderweitigen Beschäftigungsmöglichkeit für den Mitarbeiter der BA plausibel darzulegen. Gelingt dies, kann einer solchen Vereinbarung nicht der Stempel »Sperrzeitfolge« aufgedrückt werden. Welche Kriterien die BA anlegt, zeigt der folgende Auszug aus der alten DA zu § 119 AFG (in der neuen DA zu § 144 SGB III ist dieser Passus im Wesentlichen so erhalten geblieben):

> *»Der Arbeitslose hat einen wichtigen Grund für seine Arbeitsaufgabe, wenn ihm der Arbeitgeber eine von seinem Verhalten unabhängige, arbeitsrechtlich zulässige Kündigung mit Bestimmtheit in Aussicht gestellt hat, die zu demselben Zeitpunkt wirksam geworden wäre wie die – auch durch Aufhebungsvertrag vereinbarte – Arbeitsaufgabe, weil er damit Nachteilen einer arbeitgeberseitigen Kündigung entgegenwirkt. ... Ob die in Aussicht gestellte Kündigung arbeitsrechtlich zulässig gewesen wäre, ist in Zweifelsfällen nach der verständigen Würdigung des Arbeitslosen zu beurteilen (vgl. DA 1. 532 (1), Beispiel 3 zu § 119 AFG). Vom Arbeitslosen kann grundsätzlich nicht erwartet werden, eine fiktive Kündigung des Arbeitgebers daraufhin zu überprüfen, ob sie auch hinsichtlich der vom Arbeitgeber zu treffenden Sozialauswahl (§ 1 KSchG) arbeitsrechtlich zulässig wäre. Ein wichtiger Grund für die Arbeitsaufgabe liegt aber dann nicht vor, wenn für den Arbeitslosen Informationen verfügbar waren, denen er ohne Schwierigkeiten entnehmen konnte, dass die Kündigung durch den Arbeitgeber – z.B. aus Gründen der Sozialauswahl – arbeitsrechtlich nicht ernst-*

lich in Betracht kommen konnte. Dies gilt vor allem, wenn der Arbeitgeber intensiv auf den Arbeitnehmer eingewirkt hat, um ihn zur Zustimmung zu bewegen.«

4166r
- **Offensichtlich unwirksame Kündigung?**
Wann von einer **offensichtlich rechtswidrigen Kündigung** auszugehen ist, bleibt **Tatfrage**. Wichtige Indizien kann hier die Rechtsprechung des BAG zum Weiterbeschäftigungsanspruch liefern.

Tipp

Offensichtlich rechtswidrig und damit unwirksam ist eine Kündigung, wenn sich dies einem Kundigen ohne Beurteilungsspielraum und ohne Beweisaufnahme aufdrängt, wenn also an der Unwirksamkeit der Kündigung keine vernünftigen Zweifel bestehen. Dies ist sie sicherlich dann, wenn der **Betriebsrat** nicht beteiligt oder **Sonderkündigungsschutz** missachtet wird. Gleiches gilt in den Fällen der Wiederholungskündigung (die Kündigung wird auf Gründe gestützt, die bereits zuvor gerichtlich nicht anerkannt worden sind). Aber auch die ordentliche Kündigung bei tariflichem **Ausschluss der ordentlichen Kündbarkeit** zählt hierzu. Die im Einzelfall zu fordernde Quantität und Qualität der Darlegungen, wird sicherlich nicht unwesentlich von der Mentalität und Arbeitsbelastung des einzelnen Arbeitsamtsmitarbeiters abhängen.

4166s
Um die Problematik zu verdeutlichen, seien einige **Szenarien** entworfen, wobei bewusst auf Beweisprobleme verzichtet wird. Hier gilt selbstverständlich: Wer nicht entdeckt wird, kann auch nicht bestraft werden! Allerdings sollte nicht aus dem Blick geraten, dass die »gemeinsame Leiche« zu Folgeproblemen führen kann.

Tipp

BEISPIEL 1:

z.B.

Ein wichtiger Grund i.S.v. § 144 SGB III für die Arbeitsaufgabe liegt nicht vor. Auch fehlt es an einem Kündigungsgrund i.S.d. § 1 KSchG. Um gleichwohl das Ausscheiden für beide Parteien akzeptabel zu gestalten, insbesondere um eine Sperrzeit zu vermeiden, treffen Arbeitgeber und Arbeitnehmer mündlich folgende Vereinbarung:

1. Der Arbeitgeber spricht eine ordentliche schriftliche fristgemäße Kündigung aus.
2. Der Arbeitnehmer lässt diese durch Verstreichen der 3-Wochen-Frist der §§ 4, 7 KSchG wirksam werden.
3. Nach Beendigung des Arbeitsverhältnisses werden die weiteren Beendigungsmodalitäten (insbes. Abfindungszahlung) in einer Abwicklungsvereinbarung geregelt.

In der geschilderten Situation kann die gewählte Konstruktion die Sperrzeit nicht verhindern. Aufgrund der vorherigen Absprache ist davon auszugehen, dass bei tatsächlicher Betrachtung gerade **keine konstitutive Beendigung durch Kündigung** erfolgt, sondern dass ein **einvernehmliches Ausscheiden** vorliegt. Ob man hier rechtlich mit dem Argument des Scheingeschäfts oder mit dem Gedanken des Gestaltungsmissbrauchs arbeitet, ist letztlich gleichgültig. Da die gewählte Konstruktion nur der Umgehung arbeitsförderungsrechtlicher Vorschriften dient, ist ihr jedenfalls die Anerkennung zu versagen. Das kollusive Zusammenwirken zum Nachteil der Versichertengemeinschaft übersteigt die bloße Ausübung der Vertragsfreiheit.

BEISPIEL 2:

z.B.

Sachverhalt wie im Beispiel 1. Der Arbeitnehmer soll aber die Kündigung arbeitsgerichtlich angreifen, allerdings den Kündigungsgrund streitlos stellen.

Auch hier lässt sich der Eintritt einer Sperrzeit wohl nicht vermeiden. Die Argumentation entspricht der in Fall 1. Tatsächlich liegt eine einvernehmliche Beendigung des Arbeitsverhältnisses vor. Gleiches muss i.Ü. gelten, wenn im Vorfeld eine Absprache des Inhalts getroffen wird, dass in einem Prozessvergleich nur die Rechtswirksamkeit der Kündigung protokolliert wird; das Arbeitsgericht also quasi nur als Notar eingesetzt wird. Gegenüber der Arbeitsverwaltung kann der Prozessvergleich rechtlich keine erhöhte Authentizität beanspruchen.

BEISPIEL 3:
Der Arbeitgeber stellt dem Arbeitnehmer eine Kündigung in Aussicht und bietet ihm im Hinblick auf den unverschuldeten Verlust des Arbeitsplatzes den Abschluss eines Abwicklungsvertrages mit Abfindungszahlung an. Arbeitgeber und Arbeitnehmer gehen davon aus, dass ein gerichtlich haltbarer Kündigungsgrund nicht besteht. Der Arbeitnehmer steigt auf die Paketlösung ein.

Im Gegensatz zu den Fällen 1) und 2) liegt hier zunächst kein kollusives Zusammenwirken vor. Allerdings beteiligt sich der Arbeitnehmer an dem Geschäft. Zwar steht es ihm grundsätzlich frei, die – u.U. rechtswidrige – Kündigung hinzunehmen. Dies gilt aber nicht schrankenlos. Wichtig ist es, sich den **Schutzzweck des § 144 SGB III** bei der Beurteilung des Abwicklungsvertrages stets vor Augen zu führen: Bestraft werden soll, wer sich freiwillig in die Arbeitslosigkeit begibt, wer mit anderen Worten **zu Lasten der Versichertengemeinschaft über seinen Arbeitsplatz disponiert.**

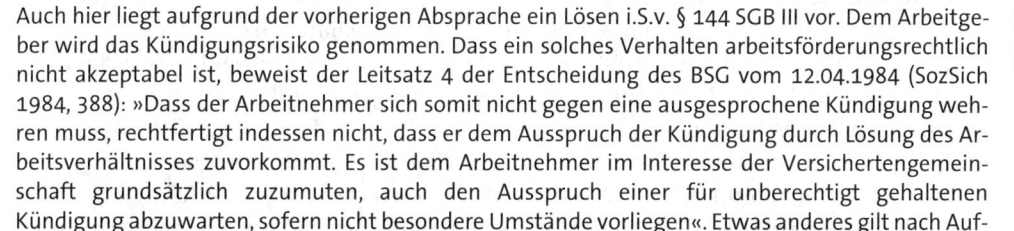

Auch hier liegt aufgrund der vorherigen Absprache ein Lösen i.S.v. § 144 SGB III vor. Dem Arbeitgeber wird das Kündigungsrisiko genommen. Dass ein solches Verhalten arbeitsförderungsrechtlich nicht akzeptabel ist, beweist der Leitsatz 4 der Entscheidung des BSG vom 12.04.1984 (SozSich 1984, 388): »Dass der Arbeitnehmer sich somit nicht gegen eine ausgesprochene Kündigung wehren muss, rechtfertigt indessen nicht, dass er dem Ausspruch der Kündigung durch Lösung des Arbeitsverhältnisses zuvorkommt. Es ist dem Arbeitnehmer im Interesse der Versichertengemeinschaft grundsätzlich zuzumuten, auch den Ausspruch einer für unberechtigt gehaltenen Kündigung abzuwarten, sofern nicht besondere Umstände vorliegen«. Etwas anderes gilt nach Auffassung des BSG nur, wenn dem Arbeitnehmer durch das Abwarten der rechtmäßigen nicht verhaltensbedingten Kündigung Nachteile drohen.

- Fazit:

4166u

Gestaltungen, bei denen **im Vorfeld der Kündigung kollusiv zusammengewirkt** wird, mit dem Ziel, den Eintritt einer Sperrzeit nach § 144 SGB III zu vermeiden, ist die Anerkennung zu versagen. Es geht hier de facto nicht um ein Ausscheiden aufgrund Kündigung, sondern um eine einvernehmliche Beendigung des Arbeitsverhältnisses in anderem Gewand. Anders ist die Rechtslage u.U. zu beurteilen, wenn der Arbeitgeber zunächst das **Risiko einer unwirksamen Kündigung in Kauf nimmt** und auf einen gütlichen Ausgang hofft.

BEISPIEL 4:
Arbeitgeber und Arbeitnehmer verhandeln ergebnislos über ein Ausscheiden des Arbeitnehmers. Der Arbeitgeber spricht daraufhin die schriftliche Kündigung aus, hofft aber, dass es zu einer gütlichen Einigung kommt, weil ihm der Kündigungsgrund zweifelhaft erscheint. Tatsächlich erkennt der Arbeitnehmer in der Folge wie gehofft die Rechtmäßigkeit der Kündigung an und schließt einen Abfindungsvergleich.

In der geschilderten Situation laufen beide Parteien ein Risiko: Der Arbeitgeber muss damit rechnen, dass die ausgesprochene Kündigung arbeitsgerichtlich für unwirksam erachtet wird; der Arbeitnehmer muss umgekehrt mit der Wirksamkeit der Kündigung rechnen, zumindest aber damit, dass er keine oder nur eine geringe Abfindung erhält. Steht es dem Arbeitnehmer frei, eine u.U. auch rechtswidrige Kündigung ohne Abfindungszahlung hinzunehmen, kann nichts anderes gelten, wenn er sich die Ungewissheit mit einer Abfindung bezahlen lässt.

BEISPIEL 5:

Der Arbeitgeber kündigt dem Arbeitnehmer betriebs- oder personenbedingt ohne vorherige Absprachen. Die Rechtslage hinsichtlich der Wirksamkeit der Kündigung ist offen. Mit der Kündigung übergibt er dem Arbeitnehmer einen Vereinbarungsentwurf, in dem er für den Fall, dass der Arbeitnehmer sich nicht gegen die Kündigung wehrt, eine Abfindung in Aussicht stellt.

Fall 5 ist wie Fall 4 zu behandeln. Aufgrund der offenen Rechtslage hinsichtlich der Wirksamkeit der Kündigung laufen beide Parteien das oben skizzierte Risiko. Muss der Arbeitnehmer sich keinem Prozess aussetzen, kann er dies auch bei Gewährung einer Abfindung tun. Entscheidend in den Fällen 4 und 5 ist, dass das Arbeitsverhältnis nicht nur formal, sondern auch materiell durch die Kündigung beendet wird, die Abwicklungsvereinbarung hingegen nur die weiteren Modalitäten regelt.

Gradmesser ist unter Berücksichtigung der neuen DA der BA jeweils der **Schutzzweck des § 144 SGB III:** Bestraft werden soll, wer sich freiwillig in die Arbeitslosigkeit begibt, wer mit anderen Worten zu Lasten der Versichertengemeinschaft über seinen Arbeitsplatz disponiert. Selbstverständlich stellt sich die Frage, wo die **Schnittstelle zwischen der sperrzeitunschädlichen Hinnahme einer rechtswidrigen Kündigung und dem sperrzeitauslösenden Abkaufen des Bestandsschutzes** liegt. Aufgrund der Schutzrichtung des § 144 SGB III kann es maßgeblich nur auf die Person des Arbeitnehmers ankommen. Weiß dieser oder nimmt er zumindest an, dass die ausgesprochene Kündigung offensichtlich unwirksam ist, so ist der Versuch, sich den Bestandsschutz abkaufen zu lassen, unter § 144 SGB III zu subsumieren. Nun liegt es auf der Hand, dass kein gut beratener Arbeitnehmer in der geschilderten Situation zu erkennen geben wird, er habe die Unwirksamkeit der Kündigung erkannt. Daher müssen **objektive Kriterien** herangezogen werden, um diese Evidenzfälle zu ermitteln.

II. Aufhebungsverträge im Rahmen des Prozessvergleichs

1. Besonderheiten des Prozessvergleichs

4167 Während der Aufhebungsvertrag im allgemeinen formfrei zustande kommt, ist beim **gerichtlichen Vergleich** eine **Protokollierung** vorgeschrieben. Nach Verlesung des Protokolls durch das Gericht müssen die Parteien den protokollierten Text genehmigen. Beachte aber folgende Tücke des Prozessvergleichs: Soll ein außergerichtlich geschlossener Vergleich noch gerichtlich protokolliert werden, so ist der Vertragsschluss in der Regel erst mit der Protokollierung wirksam (§ 154 BGB; s. hierzu *BAG 16.01.1997, EzA § 154 BGB Nr. 2*).

Bei der Gestaltung des **Prozessvergleichs** kommt den Parteien ein größerer Spielraum zu, da letztlich das mitwirkende Gericht für eine gewisse Gerechtigkeitskontrolle sorgt (s. → Rz. 4040). Dies zeigt sich etwa bei **Befristungen** *(BAG 02.12.1998, EzA § 620 BGB Nr. 156)*.

Die Befristung eines Arbeitsverhältnisses aufgrund gerichtlichen Vergleichs schließt regelmäßig eine objektive Umgehung des Kündigungsschutzes zu Lasten des Arbeitnehmers aus. Tragender Grund ist hier die Mitwirkung des Gerichts als objektivem Dritten. Dieser Grundsatz zeigt sich auch im neuen **Gesetz über Teilzeit und befristete Arbeitsverhältnisse** (§ 14 Abs. 1 Nr. 8).

Wichtig ist: Bestätigen die Parteien in einem Prozessvergleich die Wirksamkeit einer zuvor erklärten arbeitgeberseitigen Kündigung, liegt hierin kein Auflösungsvertrag. Dies kann für tarifliche Nebenleistungen von Bedeutung sein *(BAG 16.09.1998, EzA § 611 BGB Aufhebungsvertrag Nr. 31).*

2. Fragerechte und Offenbarungspflicht beim Prozessvergleich

Gerade die Situation des **Prozessvergleichs** verlangt ein **besonderes taktisches Geschick.** So ist es aus Sicht des Arbeitgebers wegen der Höhe der zu zahlenden Abfindung interessant zu erfahren, ob der Arbeitnehmer bereits einen **Anschlussarbeitsplatz** gefunden hat. Umgekehrt hat der Arbeitnehmer ein starkes Interesse daran, einen Anschlussarbeitsplatz zu verschweigen, um eine möglichst hohe und nicht um angerechnete Verzugslohnansprüche geschmälerte Abfindung zu erhalten. Ob der Arbeitnehmer die **Frage des Arbeitgebers nach dem Anschlussarbeitsplatz** im Rahmen gerichtlicher Vergleichsverhandlungen zutreffend beantworten muss, war lange ungeklärt. Dies hatte das ArbG Rheine *(25.06.1993, EzA § 123 BGB Nr. 38 m. Anm. v. Welslau)* verneint.

4167a

Das **LAG Hamm** *(19.05.1994, BB 1994, 2072)* hat in der Berufungsentscheidung darauf erkannt, dass der Arbeitnehmer die Frage nach der **Anschlussbeschäftigung wahrheitsgemäß beantworten** muss. Von sich aus ist der Arbeitnehmer allerdings nicht verpflichtet, eine Anschlussbeschäftigung zu offenbaren. Allerdings hat das LAG die Berufung gleichwohl zurückgewiesen, da **kein Schaden für den Arbeitgeber** entstanden sei. Die Abfindung wurde nach den in der arbeitsgerichtlichen Praxis allgemein üblichen Regeln (0,5 – 1 Monatsgehalt pro Jahr der Beschäftigung) berechnet. Dies erscheint angreifbar.

Die **Vergleichspraxis** sollte das Problem durch Verwendung folgender Klausel versuchen zu umgehen:

> **Muster**
>
> »Der Arbeitnehmer erhält eine Abfindung von .... EUR. Die Abfindungssumme reduziert sich für den Fall, dass der Arbeitnehmer binnen sechs Monaten einen Anschlussarbeitsplatz findet, für jeden vollen Monat der neuen Beschäftigung um ....EURO. Sollte der Arbeitnehmer den Anschlussarbeitsplatz binnen 6 Monaten aus nicht zu vertretenden Gründen wieder verlieren, so wird die Abfindung nachgezahlt. Der Arbeitnehmer verpflichtet sich, das Eingehen eines Anschlussarbeitsverhältnisses dem Arbeitgeber binnen einer Woche anzuzeigen.«

3. Widerrufsvorbehalt

Häufig geht der Abschluss eines Prozessvergleichs mit Vereinbarung eines **Widerrufsvorbehaltes** einher. Der mit der Prozessführung betraute Praktiker wird hier genau

4168

festhalten müssen, wem gegenüber und in welcher Frist der Widerruf auszuüben ist. Ist der Widerruf gegenüber dem Gericht auszuüben, reicht es nicht, wenn er gegenüber dem Vertragsgegner erklärt wird. Die Widerrufsfrist ist dann nicht gewahrt. Der Vergleich bleibt wirksam! Auch muss der Widerrufsschriftsatz von der Partei oder ihrem Prozessvertreter unterzeichnet werden, wenn eine Partei sich vorbehält, den Prozessvergleich bis zu einem bestimmten Zeitpunkt mit Schriftsatz zum Arbeitsgericht zu widerrufen!

Tipp

Zugleich ist es ratsam, sich den Inhalt des Vergleichs wenigstens in groben Zügen zu notieren, da das Protokoll den Parteien oft erst erheblich später zugestellt wird. Im Sinne einer endgültigen Beilegung des Streits und wegen der damit verbundenen Rechtsunsicherheit sollte ein **Widerrufsvorbehalt** regelmäßig vermieden werden. Hierzu dient auch eine **umfassende Vollmacht für den Prozessvertreter**. Eine entsprechende Absprache sollte im Vorfeld getroffen werden.

Wird der Vergleich widerrufen, verliert er als **Prozessvergleich** seine Wirkung. Einigen sich die Parteien sodann außergerichtlich auf die **Wiederherstellung des Vergleichsergebnisses** oder wird es der widerrufenden Partei erlaubt, den **Widerruf zurückzunehmen**, so wird der Vergleich zwar nicht als Prozessvergleich wieder wirksam, wohl aber als außergerichtlicher Vergleich (s. zu einer solchen Konstellation *LAG Köln 31.07.1996, NZA-RR 1997, 105*).

Eine **Wiedereinsetzung in den vorigen Stand** wegen Versäumung der Widerrufsfrist ist unzulässig! Auch verstößt es nicht gegen Treu und Glauben, wenn ein Vergleich schriftlich widerrufen werden soll, der Widerruf nur mündlich erklärt wird und die andere Partei sich hierauf beruft *(BAG 22.01.1998, EzA § 794 ZPO Nr. 10)*.

Dem Arbeitnehmer steht i.Ü. nach ganz überwiegender Meinung kein **Wiedereinstellungsanspruch** zu, wenn nach einer betriebsbedingten Kündigung und späterem Abschluss eines Prozessvergleichs nach Ablauf der Kündigungsfrist sich die **ursprüngliche Prognose zum Wegfall des Arbeitsplatzes als falsch erweist. Anders** kann sich die Rechtslage darstellen, wenn das Ereignis noch **während des Laufs der Kündigungsfrist** eintritt. In diesem Fall kann der Arbeitgeber zur Wiedereinstellung verpflichtet sein, wenn ihm dies zumutbar ist. *(s. BAG 04.12.1997, EzA-SD 25/1997 S. 3)*. Allerdings ist hier der Prozessvergleich von entscheidender Bedeutung (vgl. → Rz. 2970 ff.). Zum einen kann in diesem auf den Wiedereinstellungsanspruch **verzichtet** werden, zum anderen besteht nur unter den strengen Voraussetzungen des **Wegfalls der Geschäftsgrundlage** die Möglichkeit, sich von diesem zu lösen *(BAG 28.06.2000, 7 AZR 904/98)*.

4. Kosten

Im Urteilsverfahren vor den Arbeitsgerichten besteht kein Anspruch der gewinnenden Partei auf Entschädigung wegen Zeitversäumnis und auf Erstattung der Kosten für die Hinzuziehung eines Rechtsanwalts. Entgegen dieser grundsätzlichen Regelung kann die Partei die Erstattung der Anwaltskosten im Arbeitsgerichtsprozess verlangen, wenn bei eigener Prozessführung mindestens gleich hohe Kosten entstanden wären. Vermeidet also die Partei eigene Reisekosten durch Hinzuziehung eines gerichtsansässigen Rechtsanwaltes, so sind die **hypothetischen Reisekosten** der Partei erstattungsfähig.

Vor einer übereilten Einwilligung in einen wechselseitigen Kostenerstattungsverzicht kann demnach nur gewarnt werden (zur Erstattung von Detektivkosten *LAG Hamm 28.08.1991, DB 1992, 279).*

5. Streitwert

Der Streitwert bei Beendigungsstreitigkeiten beträgt nach § 12 Abs. 7 ArbGG regelmäßig den für die Dauer eines Vierteljahres maßgeblichen Bruttoverdienst des Arbeitnehmers. Hierbei handelt es sich um einen Höchstbetrag, also eine Streitwertobergrenze. Eine Abfindung bleibt hierbei außer Betracht. Hinzuzurechnen sind Zuschläge und regelmäßige Prämien. Nicht zu berücksichtigen sind Sonderleistungen, wie (anteiliges) Weihnachts- oder Urlaubsgeld und Trennungsentschädigungen. **Streitwert ist also nicht etwa der Abfindungsbetrag!**

4170

6. Ausgleichsklausel

Häufig wird in einem gerichtlichen Vergleich eine **Ausgleichsklausel** verwendet. Die materielle Reichweite derartiger Klauseln ist häufig umstritten.

4170a

Eine **allgemein gehaltene Ausgleichsklausel** erfasst etwa nach Auffassung des LAG Hamm *(28.04.1995, LAGE § 794 ZPO Ausgleichsklausel Nr. 1)* nicht Ansprüche auf Rückzahlung eines **Arbeitgeberdarlehens.**

Die genaue Reichweite einer Ausgleichsklausel muss also stets durch Auslegung ermittelt werden! Bei der gängigen **Schlussfloskel** »Damit ist der Rechtsstreit ... erledigt« handelt es sich regelmäßig **nicht** um eine **Ausgleichsklausel.** Die Geltendmachung weiterer, über die bereits rechtshängig gemachten Ansprüche hinausgehender Forderungen, ist daher nicht ausgeschlossen *(LAG Köln 28.10.1994, NZA 1995, 739; s. auch LAG München 24.04.1997, NZA-RR 1998, 198).* Insgesamt gilt: Vorsicht, keine übereilten Ausgleichsklauseln vorsehen.

III. Arbeitshilfen für die betriebliche Praxis: Aufhebungsvertragsmuster

4171 **Muster eines einfachen Aufhebungsvertrages**

Zwischen .... (im folgenden Firma) und

Herr/Frau ....

wird folgende Vereinbarung getroffen:

Herr/Frau ... und die Firma ... sind sich darüber einig, dass das zwischen den Parteien bestehende Arbeitsverhältnis am ... in beiderseitigem Einvernehmen/aus betrieblichen Gründen/aufgrund betriebsbedingter Kündigung vom ... endet/enden wird.

Ort/Datum...........................

Für die Firma .... Arbeitnehmer ....

4172 **Muster eines Aufhebungsvertrages mit Abfindungsregelung**

Zwischen .... (im folgenden Firma) und

Herr/Frau ....

wird folgende Vereinbarung getroffen:

§ 1 Aufhebung des Arbeitsverhältnisses

Die Parteien sind sich darüber einig, dass das Arbeitsverhältnis vom ... mit Ablauf des ... aufgrund betriebsbedingter Umstände/arbeitgeberseitiger Veranlassung/ordentlicher betriebsbedingter Kündigung ... enden wird.

§ 2 Abfindung

Herr/Frau ... erhält wegen der Beendigung des Arbeitsverhältnisses eine Abfindung i.S.d. §§ 9, 10 KSchG, 3 Nr. 9 EStG von ... EUR. Diese wird mit der rechtlichen Beendigung des Arbeitsverhältnisses, also am ... gezahlt. Eine Zahlung vor Fälligkeit ist nur im Einvernehmen mit Herrn/Frau ... möglich.

§ 3 Freistellung

Herr/Frau ... wird unwiderruflich bis zur rechtlichen Beendigung des Arbeitsverhältnisses von der Arbeitsleistung freigestellt. Er/Sie muss sich anderweitigen Verdienst anrechnen lassen/nicht anrechnen lassen/in folgendem Umfang anrechnen lassen. Noch ausstehender Urlaub wird in die Freistellungsperiode gelegt.

§ 4. Ausgleichsklausel

Mit Erfüllung dieser Vereinbarung sind sämtliche gegenseitigen Ansprüche, gleich aus welchem Rechtsgrund, aus dem Arbeitsverhältnis und aus Anlass seiner Beendigung erfüllt.

Dies gilt insbesondere auch für folgende Ansprüche:
- Arbeitnehmererfindungsvergütung
- Restlohn/Gehalt
- Urlaubsgeld
- Sonstiges ...

Sollte für die Mitarbeiter der Firma ... bis zum ... ein Sozialplan erstellt werden, aus dem sich für Herrn/Frau ... eine höhere Abfindung ergibt, so erhöht sich der Abfindungsbetrag nach § 2 dieser Vereinbarung entsprechend. Eine bereits gezahlte Abfindung wird angerechnet.

§ 5 Hinweise

Auf mögliche Konsequenzen der Abfindungszahlung für den Bezug von Arbeitslosengeld wurde Herr/Frau ... hingewiesen. Er/Sie erklärte, sich hiernach bereits beim Arbeitsamt erkundigt zu haben/über ausreichende Informationen zu verfügen/die ausgehändigten Merkblätter zum Arbeitslosengeld zur Kenntnis genommen zu haben.

Ort/Datum............................

Für die Firma .... Arbeitnehmer.............................

Muster eines ausführlichen Aufhebungsvertrages

Zwischen .... als Arbeitgeber (nachfolgend Firma) und

Herr/Frau ....

wird nachfolgender Aufhebungsvertrag geschlossen:

§ 1 Aufhebung des Arbeitsverhältnisses

Das zwischen den Parteien bestehende Arbeitsverhältnis wird mit Ablauf des ... auf Veranlassung der Firma/aus betrieblichen Gründen/wegen Stillegung der x-Abteilung/aus persönlichen Gründen/wegen Krankheit beendet.

§ 2 Freistellung

Bis zum Austrittstag wird Herr/Frau ... von der Arbeitsleistung freigestellt unter Fortzahlung der Bezüge/ohne Fortzahlung der Bezüge.

Die Firma kann Herrn/Frau ... während der Freistellungsperiode jederzeit ganz oder teilweise unter Einhaltung einer Ankündigungsfrist von 3 Tagen an den Arbeitsplatz zurückrufen/kann Herrn/Frau nicht zurückrufen.

Herr/Frau ... steht es frei seine/ihre Arbeitskraft schon im Freistellungszeitraum anderweitig zu verwerten. Ausgeschlossen hiervon ist die Tätigkeit in einem Konkurrenzunternehmen. Die Parteien sind sich einig, dass die vorgesehene Tätigkeit als ... nicht gegen das Wettbewerbsverbot verstößt. Herr/Frau ... muss sich den während der Freistellungszeit erzielten anderweitigen Verdienst anrechnen lassen/nicht anrechnen lassen/in folgendem Umfang anrechnen lassen ...

Während der Freistellungsperiode darf Herr/Frau ... sein/ihr bisheriges Büro für private Zwecke in folgendem Umfang nutzen: ...

Eingeschlossen ist auch die angemessene Nutzung des Schreibdienstes für Zwecke der Bewerbung.

§ 3 Resturlaub

Der Herrn/Frau ... bis zur rechtlichen Beendigung des Arbeitsverhältnisses zustehende Resturlaub von ... Tagen wird während des Freistellungszeitraums von ... bis ... gewährt/wird nach Rücksprache im Freistellungszeitraum gewährt/wird durch die unwiderrufliche Freistellung und die Erlaubnis zu anderweitiger Tätigkeit abgegolten.

Kann Herr/Frau ... Urlaub wegen der vorzeitigen Beendigung des Arbeitsverhältnisses nicht nehmen, so erhält er/sie eine Urlaubsabgeltung von ... EUR mit Ende des Arbeitsverhältnisses, also am ...

§ 4 Abfindung

Herr/Frau ... erhält für den Verlust des Arbeitsplatzes eine Abfindung nach §§ 3 Nr. 9, 24, 34 EStG, §§ 9, 10 KSchG in Höhe von ... EUR. Die Abfindungszahlung ist am ... fällig. Eine Zahlung vor Fälligkeit ist ausgeschlossen. Die Abfindung wird ohne Abzug von Sozialversicherungsabgaben und soweit möglich lohnsteuerfrei ausgezahlt. Steuerschuldner ist Herr/Frau .../die Firma.

oder

Wegen der steuerlichen Behandlung der Abfindung wird auf die eingeholte Lohnsteueranrufungsauskunft verwiesen.

Sollte Herr/Frau ... das Ende des Arbeitsverhältnisses nicht erleben, so soll der Abfindungsanspruch auf seine/ihre Erben übergehen/nicht auf seine/ihre Erben übergehen.

Herr/Frau ... wurde darauf hingewiesen, dass er/sie wegen der vorzeitigen Beendigung des Arbeitsverhältnisses mit dem Ruhen des Anspruchs auf Arbeitslosengeld rechnen muss/mit einer Sperrzeit rechnen muss.

Herr/Frau ... kann das Arbeitsverhältnis unter Einhaltung einer Frist von ... Wochen auch vor dem in § 1 genannten Zeitpunkt beenden. Die hierdurch entfallenden Bezüge werden in folgendem Umfang zu der Abfindung addiert: ...

Die Firma erklärt ausdrücklich, dass die vorzeitige Beendigung auf ihren Wunsch erfolgt und in ihrem Interesse liegt. Herr/Frau ... wurde auf die mit dem vorzeitigen Ausscheiden u.U. verbundenen steuer- und sozialrechtlichen Folgen hingewiesen.

Berücksichtigung eines etwaigen Anschlussarbeitsverhältnisses bei der Abfindungshöhe, s. Musterformulierung bei → Rz. 4167 a.

§ 5 Betriebliche Altersversorgung

Die Parteien sind sich darüber einig, dass Herr/Frau ... wegen des vorzeitigen Ausscheidens keinen Anspruch auf eine unverfallbare Anwartschaft nach dem BetrAVG erworben hat.

oder

Herr/Frau ... hat eine unverfallbare Anwartschaft auf Leistungen der betrieblichen Altersversorgung erworben. Eine Bescheinigung nach 2 Abs. 6 BetrAVG wird erteilt. oder

Die unverfallbare Anwartschaft, die Herr/Frau ... auf Zahlung einer Altersrente von ... UR ab Vollendung des ... Lebensjahres erworben hat, wird nach versicherungsmathematischen Grundsätzen durch Einmalzahlung von ... EUR fällig am ... abgefunden (aber Vorsicht: partielles Abfindungsverbot nach § 3 Abs. 1 BetrAVG).

§ 6 Zeugnis

Herr/Frau ... erhält zunächst das anliegende Zwischenzeugnis.

Das Endzeugnis wird, soweit rechtlich zulässig, mit dem Zwischenzeugnis übereinstimmen.

oder

In dem Zeugnis wird klargestellt, dass Herr/Frau ... auf eigenen Wunsch/aus betrieblichen Gründen/wegen Stilllegung der x-Abteilung ausscheidet.

Auskünfte über Art und Anlass der Beendigung wird die Firma nur im Rahmen des Zeugnisses erteilen.

oder

Herr/Frau ... wird am ... ein Zeugnis entsprechend dem anliegenden Entwurf erhalten.

§ 7 Wettbewerbsvereinbarung

Von diesem Vertrag bleibt die Wettbewerbsabrede zwischen den Parteien unberührt.

Die Parteien sind sich darüber einig, dass die von Herrn/Frau beabsichtigte Aufnahme der Tätigkeit als ... für die Firma ... nicht gegen das vereinbarte Wettbewerbsverbot verstößt.

oder

Das vereinbarte Wettbewerbsverbot wird mit sofortiger Wirkung aufgehoben.

oder

Das vereinbarte Wettbewerbsverbot wird wie folgt geändert: ...

§ 8 Verschwiegenheit

Herr/Frau ... wird auch nach Beendigung des Arbeitsverhältnisses Verschwiegenheit über Betriebs- und Geschäftsgeheimnisse wahren. Hierzu zählen namentlich ...

§ 9 Dienstwagen

Der überlassene Dienstwagen wird am ... zu folgenden Konditionen übernommen: ... /wird am ... zurückgegeben.

§ 10 Werkwohnung

§ 11 Darlehen

§ 12 Diensterfindung

Herr/Frau erhält für die Diensterfindung vom ... .Weitergehende Ansprüche bestehen nicht.

§ 13 Firmenunterlagen

Herr/Frau ... wird folgende Firmenunterlagen am ... zurückgeben/hat folgende Firmenunterlagen zurückgegeben: ...

§ 14 Arbeitsentgelt, Gratifikationen, Gewinnbeteiligungen

Restliches Arbeitsentgelt wird am ... gezahlt.

Herr/Frau ... wird trotz vorzeitigen Ausscheidens eine Weihnachtsgratifikation in Höhe von ... EUR am ... gezahlt. Der Anspruch von Herrn/Frau ... auf Gewinnbeteiligung wird durch Zahlung von ... EUR abgegolten/die Gewinnbeteiligung wird am ... gezahlt/eine Gewinnbeteiligung wird nicht gezahlt.

§ 15 Aufrechnung

Eine Aufrechnung seitens der Firma gegen Ansprüche, die Herr/Frau ... aus diesem Aufhebungsvertrag erwirbt, ist ausgeschlossen/nicht ausgeschlossen.

§ 16 Zurückbehaltungsrecht

Der Firma steht ein/kein Zurückbehaltungsrecht hinsichtlich der aus dem Vertrag resultierenden Verbindlichkeiten zu.

§ 17 Ausgleich aller Ansprüche/Wiedereinstellung

Die Parteien sind sich darüber einig, dass mit vorstehender Vereinbarung sämtliche Ansprüche aus dem Arbeitsverhältnis, aus seiner Beendigung und für die Zeit nach der Beendigung erledigt und abgegolten sind, soweit nicht vorstehend etwas anderes bestimmt worden ist. Dies gilt auch für einen möglichen Wiedereinstellungsanspruch. Davon unberührt bleiben folgende Ansprüche: ...

§ 18 Wirksamwerden der Vereinbarung

Die Vereinbarung wird sofort wirksam. Herr/Frau ... hat die Möglichkeit diese Vereinbarung binnen 3 Tagen nach Unterzeichnung, spätestens also am ... gegenüber der Firma durch schriftliche Erklärung zu widerrufen./Herr/Frau ... kann binnen einer Bedenkzeit von 3 Tagen von dieser Vereinbarung zurücktreten.

oder

Herr/Frau ... wurde bereits am ... ein Entwurf dieser Vereinbarung ausgehändigt. Er/Sie hat diesen geprüft. Er/Sie hat diesen geprüft und sich über die bestandsschutzrechtlichen und sozialrechtlichen Folgen vergewissert.

§ 19 Rücknahme anhängiger Klagen

Herrn/Frau ... verpflichtet sich, die von ihm/ihr erhobene Kündigungsschutzklage/...-klage umgehend zurückzunehmen.

Gerichtliche und außergerichtliche Kosten werden gegeneinander aufgehoben./

Herr/Frau ... trägt ... Kosten./

Die Firma übernimmt sämtliche gerichtlichen und außergerichtlichen Kosten.

§ 20 Salvatorische Klausel

Sollte eine Bestimmung dieser Vereinbarung unwirksam sein, soll die Wirksamkeit der übrigen Bestimmung hiervon nicht berührt werden. Die Parteien verpflichten sich, die unwirksame Bestimmung durch eine dieser in Interessenlage und Bedeutung möglichst nahekommende wirksame Vereinbarung zu ersetzen.

Ort/Datum ....

Für die Firma .... Arbeitnehmer ....

Taktische Überlegungen – Welchen Aufhebungsvertrag wann einsetzen?

Vorauszuschicken ist zunächst, dass es den für alle Fälle richtigen Aufhebungsvertrag nicht gibt. Muster sind eben nur Gedankenstützen und Formulierungshilfen. Das »**Customizing**« im Einzelfall ist von entscheidender Bedeutung.

4174

Im Grundsatz steht i.Ü. fest: Je umfassender die Regelung, desto eher können Folgestreitigkeiten vermieden werden, desto schwieriger aber auch die Verhandlungen.

Dabei hat der **ausführliche Aufhebungsvertrag** den Vorteil einer umfassenden Erledigung des Streites einschließlich aller »Nebenkriegsschauplätze«. In der Regel werden hierdurch die Interessen der beteiligten Parteien am besten gewahrt und die Befriedungsfunktion kommt voll zum Zuge.

Der **einfache Aufhebungsvertrag** hat hingegen einen doppelten Nachteil.

4175

- Zum einen kann es vorkommen, dass bestimmte, von den Parteien als regelungsbedürftig angesehene Fragen noch offen geblieben sind (sog. Dissens). War den Parteien dies bewusst (offener Dissens), so ist im Zweifel kein Vertrag zustande gekommen, wenn die Parteien sich noch nicht über alle Punkte, über die nach Erklärung auch nur einer Partei eine Vereinbarung getroffen werden sollte, geeinigt haben. Dies gilt unabhängig von der Wichtigkeit der noch fehlenden Abrede. War den Parteien die Regelungsbedürftigkeit nicht bekannt, so liegt ein versteckter Dissens vor und es ist zu klären, ob der Vertrag auch ohne die noch offene Regelung aufrechterhalten werden kann.
- Auch wird es beim einfachen Aufhebungsvertrag häufiger zu **Folgestreitigkeiten** kommen, wenn es etwa um die Frage der Zeugniserteilung oder um rückständiges Arbeitsentgelt geht.

Regelmäßig ist also folgende **Vorgehensweise** empfehlenswert:
Gehen die Parteien im beiderseitigen Einvernehmen auseinander, sollten möglichst alle offenen Punkte geregelt und eine Ausgleichsklausel aufgenommen werden. Geht es hingegen primär darum, nur den »missliebigen« Arbeitnehmer loszuwerden, bietet sich der einfache Aufhebungsvertrag an.

Aber Vorsicht:

- Keine Überrumpelungstaktik, es droht ansonsten eine Anfechtung.
- Beachtung der Dissensproblematik.

21. Kapitel: Allgemeines zur Kündigung

	ABC der Kündigung	4200
I.	Kündigungserklärung	4201
II.	Sind nur schriftliche Kündigungen wirksam?	4204
	1. Schriftformvereinbarung	4205
	2. Schriftform als Wirksamkeitsvoraussetzung	4206
	3. Aufhebung des Schriftformerfordernisses	4207
III.	Begründungszwang für Kündigungen	4208
IV.	Unklare Kündigungserklärung	4211
V.	Zugang der Kündigungserklärung	4212
	1. Zugang gegenüber Anwesenden	4213
	2. Zugang gegenüber Abwesenden	4214
	3. Sonderfälle: Urlaub, Krankheit etc.	4215
	4. Zugangsvereinbarung	4218
	5. Einschaltung eines Prozessbevollmächtigten	4219
	6. Beweislast für den Zugang	4220
VI.	Kündigung durch einen Bevollmächtigten des Arbeitgebers	4221
VII.	Allgemeines zu Kündigungsfristen und ihrer Berechnung	4222
	1. Versäumung der Kündigungsfrist	4224
	2. Vorzeitige Kündigung	4225
	3. Kündigung vor Dienstantritt	4226
VIII.	Verzicht auf Kündigungsrecht durch Abmahnung	4227
IX.	Kündigungen in erheblichem Umfang, Massenentlassungen	4229
X.	Weiterführende Literaturhinweise	4234

ABC der Kündigung

Naturgemäß stehen Kündigungs- und Kündigungsschutzrecht im Brennpunkt des Interesses der Arbeitsvertragsparteien. Das nachfolgende ABC erläutert in alphabetischer Reihenfolge wichtige kündigungsschutzrechtliche Fachbegriffe, die zum besseren Verständnis der folgenden Kapitel beitragen. 4200

- **Abmahnung**
  Eine Abmahnung ist regelmäßig vor Ausspruch einer verhaltensbedingten Kündigung (s. dort) erforderlich. Sie stellt den Ausdruck der Missbilligung wegen der Verletzung von arbeitsvertraglichen Pflichten durch eine der Arbeitsvertragsparteien dar und kann somit als Vorstufe zur Kündigung bezeichnet werden. Regelmäßig enthält die Abmahnung drei Bestandteile:
  – detaillierte Schilderung des beanstandeten Verhaltens,
  – die Aufforderung, das beanstandete Verhalten zu ändern,
  – die Inaussichtstellung des Verlustes des Arbeitsplatzes bei Fortsetzung des gerügten Verhaltens.
  Eine Abmahnung ist im Übrigen auch dann eine solche im Rechtssinne, wenn die Worte Abmahnung oder Kündigung nicht gebraucht werden, sich aber aus dem Gesamtzu-

sammenhang ergibt, dass ein bestimmtes Verhalten als arbeitsvertragswidrig gerügt wird und dessen Fortsetzung Konsequenzen für den Bestand des Arbeitsverhältnisses nach sich ziehen soll.

- **Anzeigepflicht bei Massenentlassungen**
Gemäß § 17 Abs. 1 KSchG hat der Arbeitgeber Entlassungen, die innerhalb von 30 Tagen einen bestimmten, von der Betriebsgröße abhängigen zahlenmäßigen Umfang erreichen, gegenüber dem Arbeitsamt anzuzeigen, ansonsten sind die Beendigungen unwirksam. Das Arbeitsamt kann bei Massenentlassungen unter bestimmten Umständen eine Entlassungssperre (§ 18 KSchG) erlassen. Entscheidend ist der Zeitpunkt der Beschlussfassung zur Massenentlassung. Unter einer Entlassung i.S.v. § 17 Abs. 1 KSchG ist die tatsächliche Beendigung des Arbeitsverhältnisses zu verstehen. Folgende Ausscheidensgründe rechnen mit:
    - betriebsbedingte Entlassung,
    - vom Arbeitgeber veranlasste Eigenkündigung des Arbeitnehmers,
    - Entlassungen aufgrund ohne Vorbehalt angenommener Änderungskündigungen,
    - außerordentliche Kündigung aus betriebsbedingten Gründen,
    - Abschluss von (»betriebsbedingten«) Aufhebungsverträgen.

- **Allgemeiner Kündigungsschutz**
Als allgemeiner Kündigungsschutz wird der im Kündigungsschutzgesetz geregelte Kündigungsschutz bezeichnet. Das Kündigungsschutzgesetz beschränkt das Kündigungsrecht des Arbeitgebers zugunsten des Arbeitnehmerschutzes. Das Eingreifen des allgemeinen Kündigungsschutzes hängt von zwei Voraussetzungen ab:
    - im Betrieb müssen regelmäßig mehr als 5 Arbeitnehmer beschäftigt werden (§ 23 Abs. 1 KSchG; beachte insbesondere die geänderte Berücksichtigung von Teilzeitbeschäftigten)
    - das Arbeitsverhältnis des gekündigten Arbeitnehmers in demselben Betrieb oder Unternehmen muss ohne Unterbrechungen länger als 6 Monate bestanden haben, sog. Wartezeit (§ 1 Abs. 1 KSchG).

    Findet das Kündigungsschutzgesetz Anwendung, so gilt es für ordentliche und außerordentliche Beendigungs- sowie Änderungskündigungen. Vom allgemeinen Kündigungsschutz nach dem Kündigungsschutzgesetz ist der sog. Sonderkündigungsschutz (s. → Rz. 4552 ff.) zu unterscheiden.

- **Änderungskündigung**
Eine Änderungskündigung beinhaltet die Kündigung des Arbeitsverhältnisses zu einem bestimmten Zeitpunkt verbunden mit dem Angebot, dieses danach zu geänderten Bedingungen fortzusetzen. Eine Änderungskündigung hat regelmäßig Vorrang vor einer Beendigungskündigung. Ist der Arbeitgeber schon aufgrund des Direktionsrechts zur einseitigen Änderung der Arbeitsbedingungen berechtigt, ist der Ausspruch einer Änderungskündigung rechtsunwirksam. Die Änderungskündigung kommt sowohl in Form der ordentlichen als auch in Form der außerordentlichen Änderungskündigung vor. Wird im Geltungsbereich des Kündigungsschutzgesetzes eine Änderungskündigung ausgesprochen, so kann der Arbeitnehmer das in ihr enthaltene Vertragsangebot

unter dem Vorbehalt annehmen, dass die ihm angetragene Änderung der Arbeitsbedingungen nicht sozial ungerechtfertigt ist (§ 2 KSchG). Beachte: Eine tarifwidrige Änderungskündigung ist bereits nach § 134 BGB unwirksam. Der Einhaltung einer Klagefrist bedarf es hier nicht.

- **Aushilfsarbeitsverhältnis**
  Nach § 622 Abs. 4 BGB kann ein Aushilfsarbeitsverhältnis einzelvertraglich mit kürzeren als den gesetzlichen Kündigungsfristen vereinbart werden, wenn es nicht länger als drei Monate andauert. Allerdings können Aushilfsarbeitsverhältnisse nicht unbeschränkt begründet werden. Benötigt der Arbeitgeber Dauerarbeitskräfte, scheidet der Abschluss mehrerer hintereinander geschalteter befristeter Aushilfsarbeitsverhältnisse aus.

- **Außerordentliche Kündigung**
  Das Arbeitsverhältnis – und zwar auch das befristete – kann nach § 626 Abs. 1 BGB außerordentlich gekündigt werden, wenn dem Kündigenden unter Berücksichtigung der Umstände des Einzelfalles und Abwägung der gegenseitigen Interessen die Fortsetzung bis zum Ablauf der Kündigungsfrist oder einer vereinbarten Beendigung durch Befristung nicht zuzumuten ist. Dies ist regelmäßig nur bei besonders schwerwiegenden Vertragsverletzungen der Fall. Auch wird es häufig einer vorhergehenden – erfolglos gebliebenen – Abmahnung bedürfen. Das Recht zur außerordentlichen Kündigung gilt für Arbeitnehmer und Arbeitgeber. Der Vorteil der außerordentlichen Kündigung liegt darin, das regelmäßig keine Kündigungsfrist einzuhalten ist. Sie kann aber auch mit sozialer Auslauffrist, also einer Art »Gnadenfrist« ausgesprochen werden. Die außerordentliche Kündigung kommt in den Formen der Beendigungs- und der Änderungskündigung vor.

- **Auszubildende**
  Für Auszubildende gelten besondere Kündigungsvorschriften. Nach § 15 Abs. 1 BBiG kann ein Berufsausbildungsverhältnis während der mindestens ein-, höchstens dreimonatigen Probezeit durch jederzeitige Kündigung ohne Kündigungsfrist beendet werden. Nach Ablauf der Probezeit kann das Berufsausbildungsverhältnis nur noch durch außerordentliche Kündigung des Auszubildenden oder des Ausbilders oder des Auszubildenden mit vierwöchiger Kündigungsfrist wegen Berufsaufgabe oder -wechsels nach § 15 Abs. 2 BBiG beendet werden. Die Kündigung muss schriftlich und nach der Probezeit unter Angabe der Kündigungsgründe erfolgen (Ausnahme!). Eine Kündigung aus einem wichtigen Grund ist unwirksam, wenn die ihr zugrundeliegenden Tatsachen dem zur Kündigung Berechtigten länger als zwei Wochen bekannt sind. Ist ein vorgesehenes Güteverfahren vor einer außergerichtlichen Stelle eingeleitet, so wird bis zu dessen Beendigung der Lauf dieser Frist gehemmt (§ 15 Abs. 4 BBiG)

- **Befristetes Arbeitsverhältnis**
  Regelmäßig kommt nur eine außerordentliche Kündigung in Betracht. Ein befristetes Arbeitsverhältnis unterliegt nur dann der ordentlichen Kündigung, wenn dies einzelvertraglich oder im anwendbaren Tarifvertrag vereinbart ist. Ist das Arbeitsverhältnis für die Lebenszeit einer Person oder für längere Zeit als fünf Jahre eingegangen, so

kann es von dem Arbeitnehmer nach Ablauf von fünf Jahren gekündigt werden. Die Kündigungsfrist beträgt sechs Monate.

- **Begründungszwang**
  Regelmäßig bedarf eine Kündigung keiner Begründung (Ausnahme: Berufsausbildungsverhältnis, § 15 BBiG). In einem etwaigen Prozess muss der Arbeitgeber selbstverständlich die Kündigungsgründe darlegen und beweisen (§ 1 Abs. 2 Satz 4 KSchG). Die Arbeitsvertragsparteien oder die Tarifpartner können auch die Begründungspflicht für eine Kündigung vereinbaren. Wichtig ist sodann, zwischen nur deklaratorischen Klauseln und konstitutiven Klauseln zu unterscheiden. Im letzteren Fall ist die Begründung ein echtes **Wirksamkeitserfordernis**.

- **Betriebsbedingte Kündigung**
  Im Geltungsbereich des Kündigungsschutzgesetzes kann eine Kündigung des Arbeitgebers aus betrieblichen Gründen sozial gerechtfertigt sein. Dies ist der Fall, wenn dringende betriebliche Erfordernisse der Weiterbeschäftigung des Arbeitnehmers entgegenstehen (§ 1 Abs. 2 Satz 1 KSchG). Eine betriebsbedingte Kündigung kann auf inner- oder außerbetriebliche Ursachen zurückzuführen sein (Beispiele: Auftragsmangel, Umsatzrückgang, Produktionseinstellung, Rationalisierung etc.). Ist eine Kündigung demnach an sich betriebsbedingt, kann sich die stets vorzunehmende Interessenabwägung nur noch im Ausnahmefall zugunsten des Arbeitnehmers auswirken. Allerdings hat der Arbeitgeber auch die Sozialauswahl, das heißt die Auswahl unter den für eine Kündigung in Betracht kommenden mehreren Arbeitnehmern, korrekt vorzunehmen (s. unter Sozialauswahl). Schließlich dürfen keine milderen Mittel in Betracht kommen. Beachte: Die bisherigen Erleichterungen bei der betriebsbedingten Kündigung hat die neue Bundesregierung nun wieder revidiert.

- **Betriebsratsanhörung**
  Besteht in dem Betrieb des Arbeitgebers ein Betriebsrat, so ist dieser vor jeder Kündigung anzuhören (§ 102 Abs. 1 Satz 1 BetrVG). Dem Betriebsrat sind also die Kündigungsgründe mitzuteilen. Der Betriebsrat ist im Übrigen auch anzuhören, wenn der Arbeitnehmer noch nicht dem allgemeinen Kündigungsschutz unterfällt. Kommt der Arbeitgeber der Anhörungspflicht nicht nach, ist eine ausgesprochene Kündigung rechtsunwirksam (§ 102 Abs. 1 Satz 3 BetrVG). Hat der Betriebsrat Bedenken gegen die Kündigung, so hat er dies dem Arbeitgeber innerhalb einer Woche mitzuteilen, anderenfalls gilt seine Zustimmung als erteilt. Im Falle einer außerordentlichen Kündigung beträgt die Äußerungsfrist des Betriebsrats nur drei Tage. Widerspricht der Betriebsrat der Kündigung, kann der Arbeitgeber diese gleichwohl aussprechen. Allerdings steht dem Arbeitnehmer dann unter bestimmten weiteren Voraussetzungen ein Weiterbeschäftigungsanspruch zu.

- **Betriebsratsmitglieder**
  Betriebsratsmitglieder oder Mitglieder anderer Arbeitnehmervertretungen genießen sog. Sonderkündigungsschutz nach § 15 KSchG. Die Kündigung eines Mitglieds eines Betriebsrats, einer Jugend- oder Auszubildendenvertretung ist demnach grundsätzlich unzulässig, es sei denn, dass Tatsachen vorliegen, die den Arbeitgeber zur Kündigung

aus wichtigem Grund ohne Einhaltung einer Kündigungsfrist berechtigen und eine Zustimmung des Betriebsrats zur Kündigung vorliegt (§ 103 BetrVG) oder diese durch gerichtliche Entscheidung ersetzt ist. Mitgliedern der soeben aufgezählten Arbeitnehmervertretungen steht im Übrigen auch ein sog. nachwirkender Kündigungsschutz zu. Nach Beendigung ihrer Amtszeit ist die Kündigung innerhalb eines Jahres unzulässig, es sei denn, dass Tatsachen vorliegen, die den Arbeitgeber zur Kündigung aus wichtigem Grund ohne Einhaltung einer Kündigungsfrist berechtigen. Der nachwirkende Kündigungsschutz besteht auch für Ersatzmitglieder des Betriebsrats. Dies gilt unabhängig davon, ob sie endgültig nachgerückt sind oder nur vorübergehend als Stellvertreter tätig waren. Gegenüber Mitgliedern des Wahlvorstandes ist ab ihrer Bestellung und gegenüber Wahlbewerbern ab ihrer Aufstellung die ordentliche Kündigung unzulässig, und zwar für sechs Monate (§ 15 Abs. 3 KSchG). Hier bestehen jedoch Ausnahmen (§ 15 Abs. 4 KSchG): Wird der Betrieb stillgelegt, so ist die Kündigung der in den Absätzen 1 bis 3 genannten Personen frühestens zum Zeitpunkt der Stillegung zulässig, es sei denn, dass ihre Kündigung zu einem früheren Zeitpunkt durch zwingende betriebliche Erfordernisse bedingt ist.

- **Betriebsübergang**
  Geht ein Betrieb oder ein Betriebsteil durch Rechtsgeschäft auf einen anderen Inhaber über, so hat dies Auswirkungen auf das Kündigungsrecht. Gemäß § 613 a Abs. 4 BGB ist die Kündigung eines Arbeitsverhältnisses durch den alten oder neuen Arbeitgeber aus Anlass des Betriebsübergangs unwirksam. Allerdings kann das Arbeitsverhältnis aus anderen Gründen gekündigt werden. Eine Kündigung aus Anlass des Betriebsübergangs liegt vor, wenn dieser das tragende Motiv der Kündigung ist. Dabei kommt es auf den Zeitpunkt des Kündigungsausspruchs an.

- **Bürgerlich-rechtlicher Kündigungsschutz**
  Als bürgerlich-rechtlicher Kündigungsschutz wird der Kündigungsschutz nach dem BGB bezeichnet. So kann eine Kündigung nach § 138 Abs. 1 BGB wegen Verstoßes gegen die guten Sitten nichtig sein, sie kann gegen Treu und Glauben verstoßen (§ 242 BGB), sie kann gegen ein gesetzliches Verbot verstoßen (§ 134 BGB) oder eine unzulässige Maßregelung des Arbeitnehmers darstellen (§ 612 a BGB). Hierher gehört auch der Fall der Kündigung aus Anlass des Betriebsübergangs. Dem bürgerlich-rechtlichen Kündigungsschutz kommt insbesondere dann große Bedeutung zu, wenn der Arbeitnehmer nicht dem allgemeinen oder besonderen Kündigungsschutz unterfällt (s. → Rz. 4621 ff.). Auch hat das BVerfG den bürgerlich-rechtlichen Kündigungsschutz erheblich aufgewertet (vgl. → Rz. 4624a).

- **Darlegungs- und Beweislast**
  Unter dem Stichwort Darlegungs- und Beweislast wird die Frage behandelt, wer in einem Kündigungsschutzprozess (s. dort) die Rechtfertigung einer Kündigung vorzutragen und ggf. zu beweisen hat. Regelmäßig trifft den Arbeitgeber die Darlegungs- und Beweislast (§ 1 Abs. 2 Satz 4 KSchG). Nur bei der sog. Sozialauswahl bei betriebsbedingten Kündigungen kehrt sich die Beweislast um (§ 1 Abs. 3 Satz 3 KSchG).

- **Druckkündigung**
  Muss der Arbeitgeber auf Druck Dritter dem Arbeitnehmer kündigen, obwohl an sich kein Kündigungsgrund besteht, spricht man von einer Druckkündigung *(s. BAG 04.06.1998, EzA § 823 BGB Nr. 9)*. Die schadensersatzrechtlichen Folgen einer Druckkündigung sind nach wie vor heftig umstritten

- **Elternzeit**
  Nach § 18 Abs. 1 Satz 1 BErzGG darf der Arbeitgeber das Arbeitsverhältnis ab dem Zeitpunkt, von dem an Elternzeit verlangt worden ist, höchstens jedoch sechs Wochen vor Beginn der Elternzeit, und während der Elternzeit nicht kündigen.
  Allerdings kann die für den Arbeitsschutz zuständige oberste Landesbehörde in besonderen Fällen ausnahmsweise eine Kündigung für zulässig erklären. Besondere Vorschriften gelten für die Beendigung eines befristeten Arbeitsverhältnisses, das zur Überbrückung des Ausfalls eines Elternzeiters begründet worden ist. Nach § 21 Abs. 4 BErzGG kann ein solches befristetes Arbeitsverhältnis unter Einhaltung einer Frist von drei Wochen gekündigt werden, wenn die Elternzeit ohne Zustimmung des Arbeitgebers vorzeitig beendet wird und der Arbeitnehmer dem Arbeitgeber die vorzeitige Beendigung seiner Elternzeit mitgeteilt hat. Dies gilt entsprechend, wenn der Arbeitgeber die vorzeitige Beendigung der Elternzeit in den Fällen des § 16 Abs. 3 Satz 2 BErzGG (vorzeitige Beendigung wegen der Geburt eines Kindes oder eines Härtefalles i.S.v. § 1 Abs. 5 BErzGG) nicht ablehnen darf. Die Kündigung ist frühestens zu dem Zeitpunkt zulässig, zu dem die Elternzeit endet. In diesem Fall ist das Kündigungsschutzgesetz nicht anzuwenden.
  Das Sonderkündigungsrecht nach § 21 Abs. 4 BErzGG kann jedoch vertraglich ausgeschlossen werden (§ 21 Abs. 6 BErzGG).

- **Fristlose Kündigung**
  Als fristlose Kündigung wird die Kündigung bezeichnet, die das Arbeitsverhältnis ohne Einhaltung einer Kündigungsfrist beenden soll. Regelmäßig handelt es sich hier um eine außerordentliche Kündigung (s. dort), es kann jedoch auch eine entfristete ordentliche Kündigung in Betracht kommen.

- **Integrationsamt**
  Grundsätzlich soll der Arbeitgeber alles tun, um Kündigungen schwerbehinderter Menschen zu vermeiden. Die Kündigung eines schwerbehinderten Menschen (s. dort) bedarf der vorherigen Zustimmung des Integrationsamtes (§§ 81, 88 SGB IX). Eine ohne vorherige Zustimmung ausgesprochene Kündigung ist nichtig (§ 85 SGB IX i.V.m. § 134 BGB). Das Integrationsamt muss im Übrigen auch dann zustimmen, wenn das Kündigungsschutzgesetz keine Anwendung findet, weil es sich um einen sog. Kleinbetrieb handelt. Besteht das Arbeitsverhältnis des schwerbehinderten Menschen aber noch nicht länger als 6 Monate, bedarf es keiner Zustimmung des Integrationsamtes.

- **Jugend- und Auszubildendenvertreter**
  Jugend- und Auszubildendenvertreter genießen Sonderkündigungsschutz (vgl. §§ 15 KSchG, 103 BetrVG und die Ausführungen unter dem Stichwort »Betriebsratsmitglieder«).

- **Krankheitsbedingte Kündigung**
  Im Geltungsbereich des Kündigungsschutzgesetzes stellt einen Fall die sog. krankheitsbedingte Kündigung dar. Es handelt sich hier um einen Unterfall der personenbedingten Kündigung nach § 1 Abs. 2 KSchG (s. dort).
  Die Rechtsprechung hat im Kern vier Fallgruppen herausgebildet:
  – die Kündigung wegen häufiger Kurzerkrankungen,
  – die Kündigung wegen langandauernder Erkrankung,
  – Erkrankung von unabsehbarer Dauer,
  – die Kündigung wegen dauernder krankheitsbedingter Unmöglichkeit, die Arbeitsleistung zu erbringen.
  Die krankheitsbedingte Kündigung ist regelmäßig in drei Stufen zu prüfen:
  – negative Gesundheitsprognose,
  – erhebliche Beeinträchtigung betrieblicher Interessen,
  – umfassende Interessenabwägung.

- **Kündigung vor Dienstantritt**
  Eine Kündigung kann bereits vor vereinbartem Dienstantritt erfolgen. Umstritten ist, wann bei einer Kündigung vor Dienstantritt die Kündigungsfrist zu laufen beginnt. Hier kann sich aus den Umständen ergeben, dass das Arbeitsverhältnis erst aktualisiert werden sollte, bevor der Lauf der Kündigungsfrist beginnt.

- **Kündigungserklärung**
  Die Kündigungserklärung ist eine einseitige rechtsgestaltende Willenserklärung. Sie dient dazu, das Arbeitsverhältnis mit Wirkung für die Zukunft zu beenden. Die Kündigungserklärung kommt in Form der außerordentlichen oder ordentlichen Kündigung vor. Für das Wirksamwerden einer Kündigung ist deren Zugang beim Kündigungsgegner erforderlich. Schriftform beachten, § 623 BGB!

- **Kündigungsfrist**
  Regelmäßig kann das Arbeitsverhältnis nur unter Einhaltung einer bestimmten Zeitspanne zwischen dem Ausspruch der Kündigung und dem beabsichtigten letzten Tag des Arbeitsverhältnisses beendet werden. Diese Zeitspanne heißt Kündigungsfrist. Welche Kündigungsfrist einzuhalten ist, hängt von der Person des Arbeitnehmers und der Dauer des Beschäftigungsverhältnisses ab. Wird eine außerordentliche Kündigung (»fristlose Kündigung«) ausgesprochen, bedarf es regelmäßig nicht der Einhaltung einer Frist.

- **Kündigungsschutzgesetz**
  Das Kündigungsschutzgesetz (KSchG) ist das Kernstück des allgemeinen Kündigungsschutzes. Die Kündigung des Arbeitnehmers durch den Arbeitgeber wird nur unter bestimmten Voraussetzungen für zulässig erklärt. Es gilt also keine Kündigungsfreiheit.

- **Kündigungsschutzklage**
  Will der Arbeitnehmer im Geltungsbereich des KSchG die Unwirksamkeit einer Kündigung geltend machen, hat er eine Kündigungsschutzklage zu erheben. Diese ist fristgebunden. Sie muss binnen drei Wochen nach Zugang der Kündigung erhoben

werden. Wird die Frist versäumt und scheidet auch eine Wiedereinsetzung aus, so kann die Rechtsunwirksamkeit der Kündigung nicht mehr damit begründet werden, dass gegen Grundsätze des Kündigungsschutzgesetzes verstoßen worden ist. Allerdings können sonstige Fehler der Kündigung (z.B. fehlende Anhörung des Betriebsrats) auch nach Ablauf der Drei-Wochen-Frist geltend gemacht werden (§ 13 Abs. 3 KSchG).

- **Massenentlassung**, s. Anzeigepflicht bei Massenentlassungen
- **Mutterschutz**
  Sonderkündigungsschutz steht auch (werdenden) Müttern zu. Nach § 9 Abs. 1 MuSchG ist die Kündigung gegenüber einer Frau während der Schwangerschaft und bis zum Ablauf von vier Monaten nach der Entbindung unzulässig, wenn dem Arbeitgeber zur Zeit der Kündigung die Schwangerschaft oder Entbindung bekannt war oder innerhalb zweier Wochen nach Zugang der Kündigung mitgeteilt wird. Das Überschreiten der Mitteilungsfrist ist unschädlich, wenn es auf einem von der Frau nicht zu vertretenden Grunde beruht und die Mitteilung unverzüglich nachgeholt wird. Im Einzelfall kann die für den Arbeitsschutz zuständige oberste Landesbehörde oder die von ihr bestimmte Stelle eine Kündigung für zulässig erklären. Dies wird vor allem der Fall sein, wenn es um Kündigungen aus wichtigem Grund geht.

- **Personenbedingte Kündigung**
  Eine Kündigung kann im Geltungsbereich des KSchG durch Gründe in der Person des Arbeitnehmers bedingt sein (§ 1 Abs. 2 Satz 1 KSchG). Hier kommen insbesondere Umstände in Betracht, die ihre Ursache in der Sphäre des Arbeitnehmers haben. Ein Verschulden ist insoweit nicht Voraussetzung. Auch eine Abmahnung ist nach überwiegender Meinung entbehrlich. Hauptanwendungsfall der personenbedingten Kündigung ist die krankheitsbedingte Kündigung (s. dort). Zu nennen sind aber auch die fehlende Arbeitserlaubnis, der Entzug des Führerscheines oder die Verbüßung längerer Haftstrafen.

- **Probearbeitsverhältnis**
  Ein Probearbeitsverhältnis kann rechtlich in zwei Erscheinungsformen auftauchen:
  – befristetes Probearbeitsverhältnis,
  – unbefristetes Arbeitsverhältnis mit vorgeschalteter Probezeit.
  Ein befristetes Probearbeitsverhältnis kann mangels anderweitiger Vereinbarung nicht ordentlich gekündigt werden (§ 15 Abs. 3 TzBfG). Hier kommt nur eine außerordentliche Kündigung in Betracht. Ist das Probearbeitsverhältnis unbefristet vereinbart worden, kann es durch Kündigung beendet werden. Die Vereinbarung eines Probearbeitsverhältnisses hat dabei nach Auffassung des BAG zur Folge, dass das Arbeitsverhältnis mit der kürzestmöglichen Kündigungsfrist beendet werden kann. Der Sonderkündigungsschutz nach dem Mutterschutzgesetz gilt auch im Probearbeitsverhältnis. Der Sonderkündigungsschutz nach dem SGB IX findet erst nach 6 Monaten Anwendung. Der Betriebsrat ist auch bei der Kündigung eines Probearbeitsverhältnisses zu beteiligen.

- **Schriftform**
Für die Kündigung ist die Einhaltung der Schriftform seit dem 01.05.2000 Wirksamkeitsvoraussetzung (§ 623 BGB). Früher waren auch mündliche Kündigungen möglich. Wurde hier die Schriftform vereinbart, galt: Was gewollt war, war durch Auslegung zu ermitteln. Häufig war die Schriftformeinhaltung Wirksamkeitsvoraussetzung. I.Ü. galt: Schon aus Beweisgründen war eine schriftliche Kündigung stets zu empfehlen. Soll ein Berufsausbildungsverhältnis beendet werden, ist die Schriftform ebenfalls gesetzlich vorgeschrieben (§ 15 BBiG).

- **Schwangere**
Schwangere genießen einen Sonderkündigungsschutz nach dem Mutterschutzgesetz (s. dort).

- **Schwerbehinderte Menschen**
Schwerbehinderte Menschen genießen Sonderkündigungsschutz. Für eine Kündigung ist die vorherige Zustimmung der Hauptfürsorgestelle erforderlich (§§ 81, 88 SGB IX). Eine ohne vorherige Zustimmung des Integrationsamtes ausgesprochene Kündigung ist unwirksam (s. Integrationsamt). Bei der Kündigung dieser sind auch besondere Kündigungsfristen zu beachten (§ 86 SGB IX).
Der Sonderkündigungsschutz für schwerbehinderte Menschen kann nicht durch Vereinbarung ausgeschlossen werden. Er besteht neben dem allgemeinen Kündigungsschutz bzw. sonstigem Sonderkündigungsschutz (Beispiel: MuSchG).

- **Sonderkündigungsschutz**
Als Sonderkündigungsschutz bezeichnet man den über den bürgerlich-rechtlichen und den allgemeinen Kündigungsschutz hinausgehenden, weiteren Kündigungsschutz. Dieser Sonderkündigungsschutz kommt bestimmten Arbeitnehmergruppen zu. Zu nennen sind hier etwa:
    - Mitglieder von Betriebsverfassungsorganen, Jugend- und Auszubildendenvertretungen,
    - Mütter, Schwangere,
    - Schwerbehinderte Menschen,
    - Elternzeiter.

  Der Sonderkündigungsschutz zeichnet sich dadurch aus, dass die Kündigung einer Person, die dem Sonderkündigungsschutz unterfällt, an weitere Voraussetzungen geknüpft ist. Häufig ist hier die Zustimmung öffentlicher Stellen erforderlich.

- **Sozialauswahl**
Wird einem Arbeitnehmer aus dringenden betrieblichen Erfordernissen (betriebsbedingte Kündigung, s. dort und → Rz. 4451 ff.) gekündigt, so ist die Kündigung unwirksam, wenn der Arbeitgeber bei der Auswahl dieses Arbeitnehmers aus mehreren vergleichbaren anderen Arbeitnehmern soziale Gesichtspunkte nicht oder nicht ausreichend berücksichtigt hat (§ 1 Abs. 3 Satz 1 KSchG). Die Sozialauswahl verlangt demnach, dass in aller Regel der sozial stärkste Arbeitnehmer als erster seinen Arbeitsplatz verliert. Seit der Änderung des Kündigungsschutzgesetzes durch das arbeitsrechtliche Beschäftigungsförderungsgesetz vom 25.09.1996 *(BGBl. I S.1476)* waren die im Rah-

men der Sozialauswahl zu berücksichtigenden Kriterien zwischenzeitlich abschließend festgelegt worden (dies ist ab 01.01.1999 wieder revidiert worden):
Grundsätzlich, aber nicht abschließend, maßgeblich sind nach wie vor:
- Lebensalter,
- Betriebszugehörigkeit,
- Unterhaltspflichten.

In die Sozialauswahl einzubeziehen sind die vergleichbaren Arbeitnehmer des Betriebes, nicht also des gesamten Unternehmens. Bei der Sozialauswahl steht dem Arbeitgeber ein Wertungsspielraum zu. Vergleichbar und damit in die Sozialauswahl einzubeziehen, sind alle Arbeitnehmer, deren Funktion auch von dem Arbeitnehmer wahrgenommen werden könnte, dessen Arbeitsplatz wegfällt. Ein Verdrängungswettbewerb nach unten findet im Übrigen nicht statt. Niedriger bewertete Positionen sind also nicht einzubeziehen. Zur Erleichterung der Sozialauswahl können die Betriebspartner Auswahlrichtlinien vereinbaren. Starre Punktetabellen werden aber dem Prinzip der Einzelfallwürdigung nicht gerecht und sind deshalb unwirksam. Kündigt der Arbeitgeber einem sozial stärkeren Arbeitnehmer nicht, können sich alle gekündigten Arbeitnehmer auf diesen Auswahlfehler mit der Folge berufen, dass alle Kündigungen sozial ungerechtfertigt sind.

- **Teilkündigung**
  Eine Teilkündigung ist regelmäßig unzulässig. Mit der Teilkündigung will der Kündigende den Bestand des Arbeitsverhältnisses grundsätzlich unangetastet lassen, aber bestimmte Bedingungen aus dem Arbeitsverhältnis »herausbrechen«. Von der (unzulässigen) Teilkündigung ist die Änderungskündigung (s. dort) zu unterscheiden. Das wirtschaftliche Ergebnis einer Teilkündigung kann über einen zulässigen Widerrufsvorbehalt erreicht werden. Allerdings kann der Kernbestand des Arbeitsverhältnisses (Vergütungs-/Arbeitspflicht) nicht unter Widerrufsvorbehalt gestellt werden. Anstelle eines zulässigen Widerrufsvorbehalts kann auch das Recht zur Teilkündigung vereinbart werden. Gegen eine solche Teilkündigung kann der Kündigungsempfänger mit allgemein gerichtlichen Mitteln (Feststellungsklage nach § 256 ZPO) vorgehen.

- **Ultima-ratio-Prinzip**, s. Verhältnismäßigkeitsgrundsatz

- **Verhältnismäßigkeitsgrundsatz**
  Im gesamten Kündigungsschutz gilt der Verhältnismäßigkeitsgrundsatz. Die Kündigung kann also nur als äußerstes Mittel in Betracht kommen. Vorrangig sind mildere geeignete Maßnahmen zu überprüfen. Als mildere Maßnahmen kommen namentlich in Betracht:
  - Ausübung eines Widerrufsvorbehalts,
  - Abmahnung,
  - Versetzung,
  - Änderungskündigung.

  Inwieweit der Verhältnismäßigkeitsgrundsatz auch außerhalb des Kündigungsschutzgesetzes zur Anwendung gelangt, ist umstritten.

- **Verhaltensbedingte Kündigung**
Durch den Ausspruch einer verhaltensbedingten Kündigung will der Arbeitgeber die Verletzung von arbeitsvertraglichen Pflichten durch den Arbeitnehmer sanktionieren. Voraussetzung einer solchen verhaltensbedingten Kündigung ist ein schuldhaftes Verhalten des Arbeitnehmers, schuldlose Pflichtverletzungen reichen grundsätzlich nicht aus. Regelmäßig verlangt der Verhältnismäßigkeitsgrundsatz, dass der Arbeitgeber bei Störungen im Leistungsbereich (Erbringung der Arbeitsleistung) vor Ausspruch der Kündigung eine Abmahnung (s. dort) ausspricht. Gleiches gilt im Grundsatz auch im sog. Vertrauensbereich. Entscheidend für die Frage der Erforderlichkeit einer Abmahnung ist, ob eine Wiederherstellung des notwendigen Vertrauensverhältnisses zwischen Arbeitgeber und Arbeitnehmer erwartet werden kann. Die bisherige Trennung in Leistungs- und Vertrauensbereich hat das BAG aufgegeben. Eine verhaltensbedingte Kündigung ist in zwei Stufen zu prüfen. Zunächst ist festzustellen, ob das beanstandete Verhalten an sich geeignet ist, eine Kündigung zu rechtfertigen, sodann folgt eine umfassende Interessenabwägung.

- **Wehrpflichtige**
Während des Wehrdienstes oder einer Wehrübung ruht das Arbeitsverhältnis (§ 1 Abs. 1 ArbPlSchG). Nach § 2 Abs. 1 ArbPlSchG darf ein Arbeitgeber einem Arbeitnehmer von der Zustellung des Einberufungsbescheides bis zur Beendigung des Wehrdienstes oder der Wehrübung nicht ordentlich kündigen. Dies gilt auch für freiwillige Wehrübungen und für Zeitsoldaten. Insbesondere eine Kündigung aus Anlass des Wehrdienstes ist unzulässig. Die außerordentliche Kündigung des Arbeitsverhältnisses bleibt hingegen nach § 2 Abs. 3 ArbPlSchG möglich. Regelmäßig ist die Einberufung zum Wehrdienst aber kein wichtiger Grund i.S.v. § 626 BGB. Besonderheiten gelten bei Kleinbetrieben und bei Unzumutbarkeit der Weiterbeschäftigung.

- **Weiterbeschäftigung**
Unter dem Stichwort Weiterbeschäftigung wird diskutiert, inwiefern der Arbeitnehmer nach Ablauf der Kündigungsfrist an seinem bisherigen Arbeitsplatz weiter zu beschäftigen ist. Zu unterscheiden sind hier der betriebsverfassungsrechtliche und der allgemeine Weiterbeschäftigungsanspruch.
Der betriebsverfassungsrechtliche Weiterbeschäftigungsanspruch wird ausgelöst, wenn der Betriebsrat einer ordentlichen Kündigung des Arbeitgebers frist- und ordnungsgemäß widersprochen und der Arbeitnehmer Kündigungsschutzklage erhoben hat. Er ist dann bis zum rechtskräftigen Abschluss des Kündigungsrechtsstreits bei unveränderten Arbeitsbedingungen weiter zu beschäftigen.
Dem Arbeitnehmer kann auch ein allgemeiner Weiterbeschäftigungsanspruch zustehen. Ob ein solcher allgemeiner Weiterbeschäftigungsanspruch gegeben ist, hängt von einer Interessenabwägung ab. Er kommt regelmäßig nicht in Betracht, bis die erste Instanz im Kündigungsschutzrechtsstreit abgeschlossen ist. Gewinnt der Arbeitnehmer den Kündigungsschutzprozess in erster Instanz, so hat er ein überwiegendes Beschäftigungsinteresse, mit der Folge, dass ihm ein Weiterbeschäftigungsanspruch zusteht. Verliert er sodann in der zweiten Instanz, gewinnt das Interesse des Arbeitgebers an der Nichtbeschäftigung die Überhand.

- **Wichtiger Grund**
  Eine außerordentliche Kündigung ist nur dann gerechtfertigt, wenn dem Kündigenden ein wichtiger Grund zur Seite steht. Als wichtiger Grund kommen regelmäßig nur schwerwiegende Vertragsverletzungen in Betracht. Regelmäßig ist hier eine vorherige Abmahnung zu verlangen. Im Übrigen besteht kein Katalog wichtiger Gründe. Es ist jeweils eine Einzelfallwürdigung vorzunehmen. Allerdings haben sich insoweit klassische Fallgruppen wichtiger Gründe herausgebildet.

- **Zivildienstleistende**
  Zivildienstleistenden steht derselbe Kündigungsschutz wie Wehrdienstleistenden zu (s. Wehrpflichtige).

- **Zugang der Kündigung**
  Bei der Kündigung handelt es sich um eine empfangsbedürftige Willenserklärung, die erst mit ihrem Zugang beim Kündigungsempfänger wirksam wird. Früher noch mögliche mündliche Kündigungen gingen sofort zu, allerdings stellte sich hier das Beweisproblem. Schriftliche Kündigungen gehen dann zu, wenn sie so in den Machtbereich des Kündigungsempfängers gelangt sind, dass unter normalen Umständen mit einer Kenntnisnahme gerechnet werden kann. Kündigungen per Einschreiben gehen nicht schon mit Hinterlassen des Benachrichtigungszettels, sondern erst mit Abholung des Briefes von der Post zu (anders beim neuen Einwurfeinschreiben; auch hier bleibt aber die Beweislast problematisch).

VORÜBERLEGUNGEN VOR AUSSPRUCH DER KÜNDIGUNG

- **Eingreifen des allgemeinen Kündigungsschutzes nach dem Kündigungsschutzgesetz**
- **Tarif-/einzelvertraglich vereinbarte oder gesetzliche Erschwernisse der Kündigung**
  - Art des Kündigungsgrundes
  - Wichtiger Grund
  - Personen-/verhaltens-/betriebsbedingte Kündigung
  - Sozialauswahl
  - Abmahnung erforderlich
  - Abmahnung ausgesprochen
- **Betriebsratsanhörung erfolgt**
  - Anhörungsverfahren eingeleitet
  - Anhörungsfrist abgelaufen
  - Stellungnahme des Betriebsrats:
  - Widerspruch/Zustimmung/Bedenken
- **Bei Sonderkündigungsschutz: Zustimmung der zu beteiligenden öffentlichen Stellen**
  - Zustimmungsverfahren eingeleitet
  - Zustimmung erteilt/abgelehnt
- **Ausspruch der Kündigung**
  - Ab 01.05.2000 zwingend schriftlich (§ 623 BGB)
  - Stellungnahme des Betriebsrats bei Widerspruch beifügen
  - Beweis des Zugangs der Kündigung sicherstellen

- **Weiterbeschäftigung des Arbeitnehmers bis zum Ablauf der Kündigungsfrist oder Suspendierung**
  - Vereinbarung über Weiterbeschäftigung treffen?
  - Freistellung und Anrechnung des Zwischenverdienstes
  - Miterledigung von Urlaubsansprüchen bei Freistellung
- **Droht Weiterbeschäftigung über den Ablauf der Kündigungsfrist hinaus?**
  - Allgemeiner Weiterbeschäftigungsanspruch
  - Betriebsverfassungsrechtlicher Weiterbeschäftigungsanspruch

CHECKLISTE AUSSPRUCH DER KÜNDIGUNG

- Die Kündigung muss schriftlich ausgesprochen werden? (Zweckmäßig war die Schriftform immer)
- Stellungnahme des Betriebsrats der Kündigung im Falle eines Widerspruchs beifügen (§ 102 Abs. 4 BetrVG)
- Ist der fristgerechte Zugang der Kündigungserklärung gesichert durch
  - Übergabe am Arbeitsplatz?
  - Übermittlung durch Boten?
- Ist der Beweis für den Zugang gesichert (Empfangsbestätigung des Arbeitnehmers, protokollierte Erklärung des Boten)?
- Soll der Arbeitnehmer während der Kündigungsfrist den ihm noch zustehenden Erholungsurlaub nehmen?
- Soll der Arbeitnehmer während der Kündigungsfrist von der Arbeit freigestellt werden?
- Sonstiges
  - Arbeitsmittel herausgeben lassen
  - Pkw-Übergabe
  - Rückzahlungsansprüche sonstiger Art
  - Überstundenabrechnung offen?
  - Unverfallbare Versorgungsansprüche?
  - Vorschüsse/Spesenvorschuss usw. und Darlehen
  - Wettbewerbsverbot, nachvertragliches:
    Kommt Verzicht in Betracht?

I. Kündigungserklärung

Neben dem Aufhebungsvertrag und dem Befristungseintritt kann das Arbeitsverhältnis durch eine **Kündigung** enden. Die Kündigung ist eine einseitige empfangsbedürftige Willenserklärung, d.h. der zu kündigende Arbeitnehmer braucht nicht sein **Einverständnis** zu erklären. 4201

Sogar ein ausdrücklicher Widerspruch hindert – bei Vorliegen der weiteren Voraussetzungen – die Beendigungswirkung nicht.

BEISPIEL:

Arbeitgeber A kündigt Arbeitnehmer B durch schriftliche Erklärung zum nächst möglichen Termin, da der B unentschuldigt gefehlt habe. B bestreitet dies und weist die Kündigung deshalb zurück.

Der von B erklärte Widerspruch hindert die Beendigungswirkung der Kündigung nicht. Es handelt sich um eine einseitige Erklärung des Kündigenden. Natürlich kann die einseitige Wirkung nur unter bestimmten Voraussetzungen eintreten (s. dazu → Rz. 4321 ff.).

Eine Erklärung kann nur dann als Kündigung qualifiziert werden, wenn aus ihr klar und eindeutig der Wille hervorgeht, das Arbeitsverhältnis zu beenden. Es gilt insoweit der **Bestimmtheitsgrundsatz**. Das Wort »Kündigung« braucht freilich nicht verwandt zu werden.

Für die Frage, ob eine Erklärung als Kündigung angesehen werden kann, kommt es nicht darauf an, wie der Erklärungsempfänger die Erklärung subjektiv verstehen will, sondern darauf, wie ein **objektiver Erklärungsempfänger** die Erklärung verstehen durfte. Derartige Problemstellungen sind jedoch seit dem grundsätzlichen Schriftformerfordernis aus § 623 BGB seltener geworden.

BEISPIEL:

Erklärte etwa ein Arbeitnehmer (vor dem 01.05.2000), dass er ihm noch zustehenden Urlaub nehme und sich nicht ausnutzen lasse, lag hierin keine Kündigungserklärung. Der Arbeitnehmer hatte eben nicht eindeutig bekundet, dass er sein Arbeitsverhältnis aufgeben wolle (LAG Rheinland-Pfalz 04.06.1992, LAGE § 620 BGB Nr. 1).

4202 Da die Kündigung eine einseitige Erklärung darstellt, soll der Erklärungsempfänger geschützt werden. Er soll nicht darüber im unklaren gehalten werden, ob das Arbeitsverhältnis beendet worden ist oder nicht. Daher sind so genannte **bedingte Kündigungen** unwirksam.

BEISPIEL:

(1) Arbeitgeber A erklärt dem Arbeitnehmer B die Kündigung für den Fall, dass sich der Auftragsrückgang weiter fortsetzt.

(2) A erklärt dem B die Kündigung, falls dieser nicht innerhalb einer bestimmten Frist seine Leistungen verbessere.

In beiden Fällen sind die ausgesprochenen Kündigungen wegen der mit ihnen verbundenen Bedingung (Auftragsrückgang bzw. Leistungsverbesserung) unwirksam.

Dies ist immer dann der Fall, wenn der Eintritt der Bedingung ungewiss ist und der Gekündigte durch die Bedingung in eine ungewisse Lage versetzt wird. Dagegen sind solche Bedingungen wirksam, deren Eintritt allein vom Willen des Kündigungsempfängers abhängig ist. Der Gekündigte muss sich also **im Zeitpunkt der Kündigung** sofort entschließen können, ob er die Bedingung erfüllen will und kann oder nicht. In diesem Fall entsteht für den Gekündigten keine Ungewissheit über den Fortbestand des Arbeitsverhältnisses. Häufigster Fall ist hier der der Änderungskündigung (s. → Rz. 4531 ff.).

BEISPIEL:

A erklärt dem B die Kündigung für den Fall, dass dieser sich nicht mit einer Versetzung von Bielefeld nach München einverstanden erklärt.

Hier liegt es allein an B, ob er sich versetzen lassen oder die Beendigung des Arbeitsverhältnisses in Kauf nehmen will.

Ebenso wie die bedingte Kündigung ist auch eine **Teilkündigung** unwirksam. Hier will der Kündigende nur erreichen, dass ein bestimmter Teil des Arbeitsverhältnisses beseitigt wird, während es im Übrigen fortbestehen soll. Krassester denkbarer Fall: A kündigt dem B die Zahlung des Arbeitsentgelts, besteht aber weiter auf Erbringung der Arbeitsleistung. 4203

II. Sind nur schriftliche Kündigungen wirksam?

Die Kündigung bedarf kraft Gesetzes der **Schriftform (§ 623 BGB)**, so bislang schon in Berufsausbildungsverhältnissen (§ 15 Abs. 3 BBiG und hierzu *LAG Hamburg 29.08.1997, LAGE § 15 BBiG Nr. 11*). **Für Altfälle vor dem 01.05.2000 gilt:** Im Einzelarbeitsvertrag oder in einem Tarifvertrag konnte für die Kündigung die Schriftform vorgesehen sein. Die häufig verwendete Klausel »Aufhebung, Änderung und Ergänzung des Vertrages bedürfen der Schriftform« beinhaltete kein Schriftformerfordernis für Kündigungen *(BAG 09.10.1997, EzA § 125 BGB Nr. 12)*. 4204

1. Schriftformvereinbarung

War in Altfällen vor dem 01.05.2000 Schriftform vereinbart oder durch Tarifvertrag vorgeschrieben, stellte sich zunächst die Frage, ob die Schriftform nur für die ordentliche oder auch für die außerordentliche Kündigung galt. Traf eine **Schriftformklausel** für die ordentliche Kündigung Regelungen hinsichtlich der Kündigungsfrist, des Kündigungszeitpunkts und der Form, wurde jedoch die außerordentliche Kündigung darin nicht erwähnt, so bedurfte die **außerordentliche Kündigung keiner Schriftform**. Eine Formvorschrift in Tarifverträgen sollte im Zweifel nur für die ordentliche Kündigung gelten. Da dies jedoch eine Frage der Auslegung des jeweiligen Tarifvertrages war, sollte in Zweifelsfällen das **Schriftformerfordernis stets** gewahrt werden. 4205

2. Schriftform als Wirksamkeitsvoraussetzung

War einzelvertraglich oder tarifvertraglich die Schriftform für die Kündigung vereinbart bzw. vorgeschrieben, so stellte sich das Problem, ob die Einhaltung der Form **Wirksamkeitsvoraussetzung** ist oder nur **Beweiszwecken** dienen sollte. Dies musste durch Auslegung ermittelt werden. 4206

BEISPIEL:

Die Formulierung »Die Kündigung ist schriftlich auszusprechen« sollte auf eine echte Formvorschrift hinweisen. Das gleiche sollte für die Formulierung gelten »Die Kündigung bedarf der Schriftform«.

Für die Annahme einer bloßen Beweissicherungsfunktion sollte es **besonderer Abreden** bedürfen (*BAG 20.09.1979, EzA § 125 BGB Nr. 5*).

Hatten die Parteien vereinbart, dass die Kündigung durch **eingeschriebenen Brief** erfolgen sollte, so war im allgemeinen davon auszugehen, dass nur die Schriftform der Kündigung Wirksamkeitsvoraussetzung sein sollte und dass nur bei deren Vernachlässigung die Nichtigkeit eintrat. Im Übrigen ging ein Einschreiben nicht schon dann zu, wenn dem Empfänger ein Benachrichtigungsschein hinterlassen wurde. Dieser vermittelte keine Kenntnis des Inhalts. Die Kündigung ging daher erst mit Abholung des Einschreibens zu. Weigerte sich der Empfänger das Einschreiben abzuholen, musste er dessen Inhalt nach einer Frist von 3 – 7 Tagen gegen sich gelten lassen

War die Schriftform Wirksamkeitsvoraussetzung für die Kündigung, so war eine mündliche Kündigung nichtig (§§ 125, 126 BGB). Diesen Mangel konnte der Arbeitnehmer auch nach Ablauf der **Drei-Wochen-Frist des § 4 Satz 1 KSchG** geltend machen (§ 13 Abs. 3 KSchG). Auch per **Telefax** wird bei konstitutiver Schriftform nicht wirksam gekündigt werden können. Dies gilt heute erst recht. Das ArbG Frankfurt a. M. *(09.01.2001, EzA-SD 12/2001 S. 9)* vertritt die Auffassung, dass auch eine durch Telegramm ausgesprochene Kündigung mangels Fehlens einer eigenhändigen Unterschrift nicht wirksam sei.

3. Aufhebung des Schriftformerfordernisses

4207 Die Arbeitsvertragsparteien konnten ein einzelvertraglich vereinbartes Formerfordernis **jederzeit auch mündlich aufheben**. Die einvernehmliche Aufhebung des Formerfordernisses hatte aber der Kündigende zu beweisen.

Die Kündigung eines Arbeitsverhältnisses sollte bereits früher ungeachtet von Formerfordernissen schon aus Beweisgründen stets schriftlich erfolgen.

III. Begründungszwang für Kündigungen

4208 Eine Kündigung bedarf **kraft Gesetzes keiner Begründung**. Der Arbeitgeber muss selbstverständlich bei der Kündigung von Arbeitnehmern, die dem **Kündigungsschutzgesetz** unterliegen, die Kündigungsgründe im Kündigungsschutzprozess darlegen und beweisen (§ 1 Abs. 2 Satz 4 KSchG). Ein Begründungszwang ist allein für die Kündigung von Berufsausbildungsverhältnissen nach der Probezeit vorgesehen (§ 15 BBiG und hierzu *LAG Hamburg 29.08.1997, LAGE § 15 BBiG Nr. 11*). Danach bedarf die Kündigung eines Berufsausbildungsverhältnisses nach Ablauf der Probezeit, wenn der Auszubildende die Berufsausbildung aufgeben oder sich für einen anderen Beruf ausbilden lassen will oder wenn das Ausbildungsverhältnis fristlos gekündigt wird, der Begründung. Die Begründung ist hier ebenso wie die Schriftform Wirksamkeitsvoraussetzung für die Kündigung, d.h. bei Nichteinhaltung der Schriftform und des Begründungszwanges ist die Kündigung nichtig.

Selbstverständlich können die Arbeitsvertragsparteien die Begründungspflicht für eine Kündigung vereinbaren. Gleiches gilt für die Tarifvertragsparteien. Eine ev. vereinbarte Schriftform umfasst dann auch die Begründung. Soweit eine Begründungspflicht einzel- oder tarifvertraglich als **Wirksamkeitsvoraussetzung** für die Kündigung vorgeschrieben ist, führt die fehlende Begründung zur Unwirksamkeit der Kündigung. Es ist aber auch bei einem vereinbarten Begründungszwang stets zu prüfen, ob die Begründung tatsächlich Wirksamkeitsvoraussetzung für die Kündigung sein oder ob dem Gekündigten nur die Kündigungsgründe transparent gemacht werden sollen. 4209

Soweit für die **außerordentliche Kündigung** angeordnet ist, dass der Kündigende dem Kündigungsempfänger den Kündigungsgrund unverzüglich mitzuteilen hat, handelt es sich dabei schon nach der Gesetzesfassung um keine Wirksamkeitsvoraussetzung für eine fristlose Kündigung (vgl. § 626 Abs. 2 Satz 3 BGB).

Soweit **ordentliche Kündigungen** nicht dem KSchG unterliegen, etwa weil der Arbeitnehmer die Wartezeit (§ 1 Abs. 1 KSchG) noch nicht erfüllt hat oder weil er in einem Kleinstbetrieb (§ 23 Abs. 1 Satz 2 KSchG) beschäftigt ist, besteht für den Arbeitgeber an sich Kündigungsfreiheit. Er ist auch nicht aufgrund der **Fürsorgepflicht** (s. → Rz. 2952) zu einer Begründung gezwungen.

Es ist – aus Sicht des Arbeitgebers – sogar gefährlich, in diesen Fällen eine Begründung zu geben, weil dies den Arbeitnehmer veranlassen kann, den mitgeteilten Kündigungsgrund an dem stets eingreifenden bürgerlich-rechtlichen Kündigungsschutz (§§ 134, 138 Abs. 1, 242, 612 a BGB) messen zu lassen.

Nach der Rechtsprechung löst der Arbeitgeber mit einer völlig unsubstantiierten Begründung nicht den Verdacht aus, nur aus nicht mit Tatsachen belegbaren, sondern von der Rechtsordnung missbilligten Gründen gekündigt zu haben. Da der Arbeitgeber jedoch auch bei Kündigungen innerhalb der ersten 6 Monate des Bestandes eines Arbeitsverhältnisses dem **Betriebsrat** Kündigungsgründe benennen muss, ist das Unterlassen einer Begründung nur beschränkt möglich.

Bei Kündigungen, die dem **Kündigungsschutzgesetz** unterliegen, ist die **vorprozessuale** Begründung der Kündigung ebenfalls keine Wirksamkeitsvoraussetzung. 4210

Soweit aus der **Fürsorgepflicht** ein Anspruch auf Bekanntgabe der Kündigungsgründe abgeleitet wird, ist die Sanktion mager: Wenn der Arbeitgeber seiner Verpflichtung zur Bekanntgabe der Kündigungsgründe nicht nachkommt oder diese Verpflichtung schlecht erfüllt, soll eine Schadensersatzpflicht in Betracht kommen. Der Schaden soll in den **Rechtsverfolgungskosten** des Kündigungsgegners bestehen, wenn dieser nach Mitteilung der Kündigungsgründe eine bereits erhobene Kündigungsschutzklage zurücknimmt; der Schaden soll ferner im **Verdienstausfall** infolge eines u.U. nicht rechtzeitigen Antritts eines neuen Arbeitsverhältnisses bestehen können.

Dabei ist freilich zu berücksichtigen, dass der Arbeitnehmer in einem derartigen Schadensersatzprozess seine außergerichtlichen Kosten erster Instanz wiederum **nicht** erstattet erhält.

Dennoch ist der Arbeitgeber gut beraten, einem entsprechenden Begründungsverlangen des Arbeitnehmers voll zu genügen, und zwar in **schriftlicher** Form, da er ansonsten im Kündigungsschutzprozess mit seinen erst jetzt vorgebrachten Kündigungsgründen u.U. nicht »ernst« genommen wird.

IV. Unklare Kündigungserklärung

4211 Die **Auslegung einer Kündigungserklärung** erfolgt vom Empfängerhorizont aus. Ist die Willenserklärung mehrdeutig, so kann der Empfänger sie so verstehen, wie sie **auch** verstanden werden kann. Eine Kündigung mit **zu kurz bemessener Kündigungsfrist** ist nicht unwirksam. Es ist vielmehr im Wege der **Umdeutung** davon auszugehen, dass der Kündigende das Arbeitsverhältnis zum nächstzulässigen Termin beenden wollte.

Sprechen Arbeitgeber oder Arbeitnehmer eine (seit dem 01.05.2000 immer schriftliche) Kündigung aus, so kann in dieser unter bestimmten Voraussetzungen ein Angebot auf Abschluss eines Aufhebungsvertrages gesehen werden. Man spricht hier von »**Umdeutung**«. Es wird also davon ausgegangen, dass die Kündigung, die grundsätzlich einseitig wirkt, ein (natürlich ihrerseits annahmebedürftiges) Angebot beinhaltet.

Die Umdeutung einer außerordentlichen, fristlosen Kündigung in eine solche mit notwendiger Auslauffrist setzt grundsätzlich die Beteiligung des Betriebs- oder Personalrats nach den für eine ordentliche Kündigung geltenden Bestimmungen voraus *(BAG 18.10.2000, EzA § 626 BGB Krankheit Nr. 3).* Erklärt ein Arbeitgeber dem befristet eingestellten Arbeitnehmer, dass das Arbeitsverhältnis zu dem vereinbarten Termin endet (sog. **Nichtverlängerungsanzeige**), so liegt hierin nach der Rechtsprechung **keine Kündigung**. Bei einer wirksamen Befristung endet das Arbeitsverhältnis also zum vereinbarten Zeitpunkt.

Etwas anderes soll nur dann gelten, wenn die Parteien schon zuvor über die **Rechtswirksamkeit der Befristung gestritten** haben.

Deshalb sollte immer dann, wenn hinsichtlich des Befristungsgrundes Zweifel bestehen, **vorsorglich ordentlich gekündigt werden**, und zwar unter Beachtung der Beteiligungsrechte des Betriebsrats.

Für Altfälle vor dem 01.05.2000 galt: Die Erklärung »wenn Sie so weitermachen, ist für Sie am Ersten der Letzte« stellte keine Kündigung dar. Das gleiche galt für die Aufforderung, sich einen anderen Arbeitsplatz zu suchen. Hierbei handelte es sich allenfalls um die **bloße Vorankündigung einer Kündigung**. Forderte dagegen der Arbeitnehmer die Arbeitspapiere, so sollte hierin eine Kündigung liegen (hierzu im Zusammenhang mit einem Aufhebungsvertrag, → Rz. 4013 ff.).

Es sollte peinlichst darauf geachtet werden, dass aus der Kündigungserklärung eindeutig der Wille hervorgeht, das Arbeitsverhältnis zu einem **bestimmten** Termin mit einer **be-**

stimmten Frist zu beenden. Dabei muss auch klargestellt werden, ob es sich um eine ordentliche, eine außerordentliche oder um eine außerordentliche Kündigung mit sozialer Auslauffrist handeln soll.

BEISPIEL:

Der Arbeitgeber schreibt dem Arbeitnehmer, da sie seit Ende März 1992 für uns keine Tätigkeit mehr ausgeführt haben, betrachten wir das Arbeitsverhältnis zum 31.03.1992 als beendet.

Hier hat das LAG Nürnberg (18.02.1994, BB 1994, 1290) die Annahme einer Kündigungserklärung verneint. Der Sinn des Schreibens bestehe darin, dem Arbeitnehmer die Rechtsauffassung mitzuteilen, wer nicht arbeite, beende sein Arbeitsverhältnis selbst. Es handele sich quasi um eine Bestätigung einer (vermuteten) Beendigungserklärung des Arbeitnehmers.

Fazit: Der einseitige Beendigungswille muss deutlich zum Ausdruck gebracht werden!

Wie eine schriftliche Kündigung aussehen sollte, zeigt das nachfolgende Muster einer ordentlichen Kündigung:

> **Muster einer Kündigung**
>
> hiermit kündige ich das mit Ihnen seit dem ... bestehende Arbeitsverhältnis zum nächstzulässigen Termin, dem ...
>
> Die Kündigung erfolgt aus folgenden Gründen: ...
>
> Der Betriebsrat wurde vor der Kündigung angehört. Die Stellungnahme des Betriebsrats ist beigefügt.
>
> Hochachtungsvoll

V. Zugang der Kündigungserklärung

Da die Kündigung eine empfangsbedürftige **Willenserklärung** ist, muss sie dem Kündigungsgegner zugehen. Dieser muss also in die Lage versetzt werden, in zumutbarer Weise von der Kündigungserklärung Kenntnis nehmen zu können.

Damit die **Ausschlussfrist des § 626 Abs. 2 BGB** und die Kündigungsfristen gewahrt werden, muss die außerordentliche Kündigung innerhalb der Ausschlussfrist von 2 Wochen und die ordentliche Kündigung so rechtzeitig zugehen, dass diese Fristen noch gewahrt sind.

1. Zugang gegenüber Anwesenden

Eine Kündigung, die einem **Anwesenden** gegenüber abzugeben ist, geht in aller Regel **sofort** zu und wird damit wirksam. Ist der Kündigungsempfänger jedoch taub (Altfall, s. § 623 BGB) oder versteht er die Sprache nicht, so wird kein Zugang bewirkt. Auch die einem Anwesenden übergebene schriftliche Kündigungserklärung wird sofort wirksam und zwar unabhängig davon, ob der Kündigungsempfänger die Erklärung zur Kenntnis nimmt (*BAG 16.02.1983, EzA § 123 BGB Nr. 21*).

2. Zugang gegenüber Abwesenden

4214 Die Kündigungserklärung unter **Abwesenden** wird wirksam, wenn sie so in den Machtbereich des Empfängers gelangt ist, dass unter gewöhnlichen Umständen damit zu rechnen war, dass der gekündigte Arbeitnehmer von ihr Kenntnis nehmen konnte. Wird ein Brief gegen 16.00 Uhr in den Hausbriefkasten des Arbeitnehmers geworfen, so geht er also erst am nächsten Tag zu, da nicht erwartet werden kann, dass der Arbeitnehmer seinen Briefkasten zweimal leert. Dies gilt auch für Sendungen, die in ein Postschließfach gelegt werden (*BAG 08.12.1983, EzA § 130 BGB Nr. 13*). Die Erklärung geht aber dann zu, wenn ein Kündigungsschreiben unter der Wohnungstür des Empfängers durchgeschoben wird.

Verfügt ein Haus mit mehreren Mietparteien über keine Briefkästen und erfolgt die Postzustellung üblicherweise durch Einwurf in den Briefschlitz der Haustür, ist ein Kündigungsschreiben in den Machtbereich des Empfängers gelangt und zugegangen. Auf die tatsächliche Kenntnisnahme kommt es nicht an *(LAG Düsseldorf 19.09.2000, EzA-SD 1/2001 S. 8)*.

3. Sonderfälle: Urlaub, Krankheit etc.

4215 Problematisch war lange Zeit, wann ein Schreiben zugeht, wenn sich der Gekündigte **infolge Urlaub, Krankheit, Haft oder Kur** nicht mehr an seinem gewöhnlichen Aufenthaltsort aufhält.

Die Rechtsprechung steht nunmehr wiederum auf dem Standpunkt, dass eine Kündigung **auch während des Urlaubs zugeht**, auch wenn der Arbeitnehmer verreist ist. Dabei ist es ohne Bedeutung, ob der Arbeitgeber die urlaubsbedingte Abwesenheit kennt oder nicht. Dies gilt in aller Regel sogar dann, wenn ihm die Urlaubsanschrift bekannt ist. Dem Arbeitnehmer erwächst daraus kein Schaden, da er, soweit er die Klagefrist für eine Kündigungsschutzklage versäumt (§ 4 Satz 1 KSchG), mit dem Antrag auf Zulassung einer verspäteten Klage (§ 5 KSchG) stets Erfolg haben wird (*BAG 16.03.1988, EzA § 130 BGB Nr. 16*). Siehe zu den Schwierigkeiten, die sich aus dem Zusammenspiel von Klagefrist und Frist für die nachträgliche Zulassung der Kündigungsschutzklage ergeben, etwa LAG Thüringen *19.04.2001, EzA-SD 13/2001 S. 8*.

4216 Noch ungeklärt ist die Rechtslage, wenn dem Arbeitnehmer während seines **Urlaubs eine Änderungskündigung** zugeht. Versäumt nämlich der Arbeitnehmer die Frist für die Annahme unter Vorbehalt (§ 2 Satz 2 KSchG), so erlischt sein Recht, einen Vorbehalt zu erklären. Eine nachträgliche Zulassung des Vorbehaltes entsprechend § 5 KSchG ist nicht möglich. Dem Arbeitnehmer kann hier nur auf dem Wege geholfen werden, dass man den Arbeitgeber nach **Treu und Glauben** für verpflichtet erachtet, sich mit der Annahme unter Vorbehalt trotz Fristablauf einverstanden zu erklären. Dem Arbeitnehmer kann nicht die Wohltat der Annahme unter Vorbehalt und der Änderungsschutzklage dadurch abgeschnitten werden, dass der Arbeitgeber den Zugang einer Änderungskündigung während des Urlaubs des Arbeitnehmers bewirkt.

Ein Zugang wird auch dadurch bewirkt, dass die Erklärung **einer Person ausgehändigt** wird, die nach der Verkehrsanschauung als **ermächtigt** anzusehen ist, den Empfänger bei der Empfangnahme zu vertreten (Familienangehörige, Lebensgefährten, Vermieter, Hausangestellte). Lehnt ein als **Empfangsbote** anzusehender Familienangehöriger des abwesenden Arbeitnehmers die Annahme eines Kündigungsschreibens des Arbeitgebers ab, so muss der Arbeitnehmer die Kündigung nur dann als zugegangen gegen sich gelten lassen, wenn er auf die Annahmeverweigerung, etwa durch vorherige Absprache mit dem Angehörigen, Einfluss genommen hat *(BAG 11.11.1992, EzA § 130 BGB Nr. 24)*, was vom Arbeitgeber zu beweisen ist und in der Regel wohl nicht gelingen dürfte! Daraus folgt: Wird der Arbeitnehmer durch den Boten also nicht angetroffen, so ist **Vorsicht geboten**. Die Kündigungserklärung sollte **keinesfalls dritten Personen** ausgehändigt werden, von denen nicht klar ist, welche Stellung sie bekleiden. Der Zugang kann in diesen Fällen dadurch bewirkt werden, dass die Erklärung durch den Boten schlicht in den Hausbriefkasten eingeworfen wird.

Die Ausführungen zu den Empfangsboten gelten auch für **Einschreibesendungen**. Ob der Postbote dabei gegen Vorschriften der Postordnung verstößt, ist ohne Belang. Eingeschriebene Briefe gehen dem abwesenden Empfänger grundsätzlich erst zu, wenn dieser die Post **abholt**. Die bloße Hinterlassung des **Benachrichtigungsscheins** bewirkt nach der Rechtsprechung noch keinen Zugang.

Geht dem Arbeitnehmer eine Arbeitgeberkündigung per Einschreiben zu, so ist die Klagefrist nach § 4 KSchG auch dann **grundsätzlich gewahrt**, wenn der Postbote den Arbeitnehmer nicht antrifft und dieser das Einschreiben **zwar nicht alsbald, aber noch innerhalb der** ihm von der Post mitgeteilten **Aufbewahrungsfrist** beim zuständigen Postamt abholt oder abholen lässt *(BAG 25.04.1996, EzA § 130 BGB Nr. 27)*. Holt der Adressat die Einschreibesendung dagegen **nicht** ab, weil er etwa weiß, dass es sich nur um die Kündigung handeln kann, so gilt der Zugang zu dem Zeitpunkt als bewirkt, zu dem üblicherweise ein eingeschriebener Brief nach Hinterlegung des Benachrichtigungsscheins vom Empfänger abgeholt wird. Ob dies im Regelfall der Tag nach Zugang des Benachrichtigungsscheins ist, erscheint insbesondere auch unter Berücksichtigung der o. gen. Entscheidung **zweifelhaft**. Spätestens nach **Ablauf einer Woche** gilt jedoch der Zugang als bewirkt *(BAG 15.11.1962, EzA § 130 BGB Nr. 2)*.

Wer es duldet, dass die an ihn adressierte Post ständig auf die Treppe im Hausflur gelegt wird, kann unter dem Gesichtspunkt der **Zugangsvereitelung** (§ 242 BGB) nicht geltend machen, die dort niedergelegte Post müsse verlorengegangen sein. Geht auf diese Weise die Benachrichtigung über einen Einschreibebrief verloren, ist der Zugang zu dem Zeitpunkt anzunehmen, zu dem es dem Adressaten möglich und zumutbar gewesen wäre, den Benachrichtigungszettel einzulösen, mangels Vorliegen besonderer Umstände ist dies nach der Rechtsprechung spätestens innerhalb einer Woche der Fall.

Mit einem Fall der **Zugangsvereitelung** war das LAG Hamm *(12.10.1992, LAGE § 130 BGB Nr. 17)* befasst. Der Arbeitgeber sandte an den Arbeitnehmer per Telefax ein Kündigungsschreiben. Dieser hielt zu diesem Zeitpunkt ein Telekom-Telefaxgerät ohne Dokumentenspeicher angeschlossen. Der Arbeitgeber erhielt einen Sendebericht, worin die fehlerfreie Übersendung des Schreibens durch »ok-Mitteilung« bestätigt wurde. Der Arbeitnehmer hat im nachfolgenden Prozess behauptet, die Kündigungserklärung sei ihm nicht ausgedruckt worden, da er in sein Gerät kein Papier eingelegt habe. Die Bescheinigung der ordnungsgemäßen Übersendung durch das Sendeprotokoll sei erfolgt, weil der Papiersensor defekt gewesen sei. Hier ist es dem Arbeitnehmer nach **Treu und Glauben** verwehrt, sich auf den Nichtzugang der Willenserklärung zu berufen, für den er selbst durch sein Verhalten die alleinige Ursache gesetzt hat. Es reicht dabei aus, wenn der Nichtzugang auf Umstände zurückzuführen ist, die zum **alleinigen Einflussbereich des Empfängers** gehören. Hier hatte der Arbeitnehmer die Verpflichtung, das Telefaxgerät für Mitteilungen des Arbeitgebers empfangsbereit zu halten, nicht erfüllt, indem er kein Papier in das Gerät nachgelegt hatte.

Von der Frage, ob durch Telefax wirksam gekündigt werden kann, ist streng die Frage zu unterscheiden, ob ein **gesetzliches oder tarifliches Schriftformerfordernis durch Telefax gewahrt werden kann** (Altfall; s. → Rz. 4206). Man wird aber davon auszugehen haben, dass ein **konstitutives Schriftformerfordernis** durch Telefax **nicht gewahrt werden konnte**. Hier bestehen aber noch rechtliche Unsicherheiten! Vor einer entsprechenden Verfahrensweise kann also nur gewarnt werden.

Eine Kündigung kann auch dann als nicht zugegangen gelten, wenn sie zur Unzeit erfolgt. Dies ist nach § 242 BGB bzw. § 138 BGB zu beurteilen. Die Unzeit der Kündigung allein führt jedoch regelmäßig noch nicht zu deren Unwirksamkeit. Die Annahme der Treu- bzw. Sittenwidrigkeit setzt vielmehr weitere Umstände voraus, etwa dass der Arbeitgeber absichtlich oder aufgrund einer auf Missachtung der persönlichen Belange der Gegenseite beruhenden Gedankenlosigkeit einen Kündigungszeitpunkt wählt, der den Arbeitnehmer besonders beeinträchtigt *(BAG 05.04.2001, EzA-SD 08/2001 S. 4)*.

4. Zugangsvereinbarung

4218 Arbeitgeber und Arbeitnehmer können über das Wirksamwerden einer Kündigungserklärung **keine** von der gesetzlichen Regelung **abweichende Parteivereinbarung** treffen, also z.B. vereinbaren, dass das Datum der Aufgabe zur Post entscheidend sein soll. Dies folgt schon daraus, dass ansonsten die gesetzlichen Mindestkündigungsfristen (§ 622 BGB) verkürzt würden. Auch würde die Klagefrist des § 4 Satz 1 KSchG in unzulässiger Weise verkürzt.

Der Zugang kann durch förmliche Zustellung, die durch Vermittlung des Gerichtsvollziehers erfolgen muss, ersetzt werden (§ 132 BGB).

5. Einschaltung eines Prozessbevollmächtigten

Ob ein **Zugang beim Prozessbevollmächtigten** bewirkt werden kann, ist eine Frage der **Prozessvollmacht**. Die Prozessvollmacht, aufgrund derer eine Kündigung mit der allgemeinen Feststellungsklage nach § 256 ZPO angegriffen wird, bevollmächtigt den Prozessbevollmächtigten zur Entgegennahme aller Kündigungen, die den mit der Feststellungsklage verbundenen weiteren Streitgegenstand betreffen.

4219

Es kommt insoweit nicht darauf an, ob und wann die Kündigungen auch dem **Arbeitnehmer selbst** zugegangen sind (*BAG 21.01.1988, EzA § 4 KSchG Nr. 33*).

6. Beweislast für den Zugang

Den Zugang hat **derjenige** zu beweisen, **der sich auf ihn beruft**. Es ist in jedem Fall der volle Beweis zu erbringen. Der Nachweis der Einlieferung bei der Post genügt für den Beweis des Zugangs **nicht**. Es gibt keinen Erfahrungssatz des Inhalts, dass abgesandte Briefe den Empfänger auch erreichen. Dies gilt für gewöhnliche Briefe, aber auch für Einschreibesendungen.

4420

Der Beweis des Zugangs sollte unter Einschaltung eines Boten wie folgt gesichert werden: Dem Boten wird ein offener Brief mit dem innenliegenden Kündigungsschreiben, dessen Inhalt er zur Kenntnis nimmt, übergeben. Er wirft sodann den Brief mit dem Kündigungsschreiben in den Hausbriefkasten des Empfängers ein und fertigt ein kurzes Protokoll (Kündigungsschreiben am ... in ... in den Hausbriefkasten eingeworfen). In diesem Fall kommt der Bote als tauglicher **Zeuge** für die wirksame Zustellung in Betracht.

Bereits seit dem 01. September 1997 besteht zudem die Möglichkeit der Zustellung durch das sog. »**Einwurf-Einschreiben**«, bei welchem der Postbote bei Abwesenheit des Empfängers das Einschreiben in den Hausbriefkasten einwirft und dem Absender Datum und Uhrzeit der auf diese Art erfolgten Zustellung Mitteilung macht. Wenn auch auf diese Weise mit Mühe der Beweis des Zugangs **eines** Schreibens geführt werden kann, gilt dies naturgemäß nicht für den Inhalt. Der Empfänger kann also etwa geltend machen, das Einwurfeinschreiben habe überhaupt keine Nachricht enthalten. Daher ist auch der Weg des Einwurfeinschreibens letztlich nicht zu empfehlen.

VI. Kündigung durch einen Bevollmächtigten des Arbeitgebers

Die Kündigung kann auch durch einen **Bevollmächtigten** erklärt werden. Dies ist auf der Arbeitgeberseite sogar die Regel.

4221

Von Bedeutung ist hier die Vorschrift des § 174 Satz 1 BGB. Danach ist ein einseitiges Rechtsgeschäft, also auch eine Kündigung, die ein Bevollmächtigter gegenüber einem anderen vornimmt, unwirksam, wenn der Bevollmächtigte eine Vollmachtsurkunde nicht vorlegt und der andere die Kündigung aus diesem Grunde unverzüglich zurückweist.

BEISPIEL:

Arbeitgeber A beschließt an seinem Urlaubsort den missliebigen Arbeitnehmer B zu kündigen. Kurz entschlossen beauftragt er hiermit seinen Rechtsanwalt R und schickt ihm eine entsprechende Vollmacht per Post. R spricht unter Vorlage einer Kopie der Vollmacht gegenüber B die Kündigung aus. Dieser weist die Kündigung wegen fehlenden Nachweises der Bevollmächtigung zurück.

Zu Recht! Die Bevollmächtigung ist im Original vorzulegen. Selbst die Übermittlung einer Faxkopie vom Original reicht nicht (OLG Hamm, 26.10.1990, NJW 1991, 1185).

Die Zurückweisung macht die Kündigung **nichtig**. Eine Wiederholung der Kündigung ist erforderlich. Die Vollmachtsurkunde, die vorgelegt werden muss, muss die Vornahme von Kündigungen mit umfassen. Die Zurückweisung muss nicht sofort, wohl aber unverzüglich, d.h. ohne schuldhaftes Zögern erfolgen. Der Erklärungsempfänger kann also Rechtsrat einholen. Ein Zeitraum von einer Woche dürfte in der Regel nicht zu lange sein.

Die **Zurückweisung** ist aber **ausgeschlossen**, wenn der Vertretene den Erklärungsgegner von der Vollmacht in Kenntnis gesetzt hat (§ 174 Satz 2 BGB). Zur Wirksamkeit einer Kündigung bedarf es **keiner Vorlage einer Vollmachtsurkunde**, wenn die Kündigung durch einen Prokuristen des Arbeitgebers ausgesprochen wird und die Prokura im Handelsregister eingetragen und bekannt gemacht worden ist. Der Arbeitgeber hat in einem derartigen Fall nach der Rechtsprechung seine Belegschaft über die von der Prokura miterfasste Kündigungsberechtigung in Kenntnis gesetzt. Der Gekündigte muss die Prokuraerteilung gegen sich gelten lassen. Dies gilt auch dann, wenn der Prokurist nicht mit einem die Prokura andeutenden Zusatz zeichnet (§ 51 HGB).

§ 174 Satz 2 BGB gilt auch für »**Personalleiter**«. Von diesen kann ebenfalls die Vorlage einer Vollmachtsurkunde nicht verlangt werden (und zwar selbst dann nicht, wenn der Personalleiter nur noch im laufenden Gesamtvollstreckungsverfahren für den Verwalter tätig ist, *BAG 22.01.1998, EzA § 174 BGB Nr. 13).* Etwas anderes gilt aber für den bloßen **Sachbearbeiter** einer Abteilung. Zu beachten ist, dass es in den Fällen der Kündigung durch den Personalleiter oder durch den Prokuristen **nicht darauf ankommt**, ob diese im Innenverhältnis, etwa aufgrund einer internen Geschäftsordnung zur Kündigung befugt sind. Der Arbeitnehmer kann sich in diesen Fällen also nicht auf die fehlende Kündigungsbefugnis im Innenverhältnis berufen und mit dieser Begründung die Kündigung zurückweisen. Für ihn ist nur das Außenverhältnis maßgebend *(BAG 29.10.1992, EzA § 174 BGB Nr. 10).* Dies hat das BAG nochmals bestätigt *(18.05.1994, EzA § 102 BetrVG 1972 Nr. 85).*

Gleichwohl empfiehlt es sich, auf die Position bzw. Stellung des Kündigenden in Unternehmens- oder Behördenhierarchie genaues Augenmerk zu richten. So gehört bspw. im Bereich des Öffentlichen Dienstes der **Referatsleiter** innerhalb der Personalabteilung einer Behörde **nicht** ohne weiteres zu dem Personenkreis, der nach § 174 Satz 2 BGB als Bevollmächtigter des Arbeitgebers gilt. Letzteres trifft nur für den **Personalabteilungsleiter** zu *(BAG 20.08.1997, EzA § 174 BGB Nr. 12).*

Hat der Kündigende **keine Vertretungsmacht** gehabt, so ist die Kündigung an sich unwirksam (§ 180 Satz 1 BGB). Hat jedoch derjenige, welchem gegenüber die Kündigung vorgenommen wurde, die von dem Vertreter behauptete Vertretungsmacht bei der Vornahme des Rechtsgeschäfts nicht beanstandet oder ist er damit einverstanden gewesen, dass der Vertreter ohne Vertretungsmacht handelt, so finden die Vorschriften über Verträge (§§ 177 ff BGB) entsprechende Anwendung, d.h. der Vertretene kann die Kündigung **genehmigen**.

Bei einer **Kündigung durch einen Minderjährigen** finden die §§ 112, 113 BGB Anwendung. Der Minderjährige muss die Kündigung selbst aussprechen.

VII. Allgemeines zu Kündigungsfristen und ihrer Berechnung

Die **ordentliche Kündigung** kann zumeist nur zu bestimmten Terminen (Monats-, Quartalsschluss) unter Einhaltung bestimmter Fristen erfolgen. Soweit eine tarifliche Kündigungsfrist für Arbeiter wegen eines möglichen Verstoßes gegen Art 3 GG nicht sicher ausmachbar ist, kann sich der Arbeitgeber nicht damit »retten«, dass er die Kündigung zum **nächstzulässigen Termin** ausspricht. Die Bestimmtheit der Kündigungserklärung erfordert, dass der Arbeitgeber klarstellt, zu welchem Zeitpunkt er das Arbeitsverhältnis beendet sehen will. Im Rahmen der **Betriebsratsanhörung** ist es freilich unschädlich, wenn der Arbeitgeber nur mitteilt, zum nächst zulässigen Termin kündigen zu wollen.

4222

Für die **Fristenberechnung** gelten die §§ 186 ff. BGB. Nach § 187 Abs. 1 BGB ist der Tag, an dem gekündigt wird, nicht in die Frist einzurechnen.

BEISPIEL:

Ist also eine monatliche Kündigung zum Monatsschluss vereinbart, so ist spätestens am letzten Tag des Vormonats zu kündigen. Bei 6-wöchiger Kündigungsfrist zum Quartalsende muss die Kündigung spätestens am 17.02. (im Schaltjahr: 18.02.), 19.05., 19.08. bzw. 19.11. zugehen. Fällt der letzte Tag, an dem noch hätte gekündigt werden können, auf einen Sonntag, Samstag oder staatlich anerkannten **Feiertag** (s. → Rz. 2823), so muss die Kündigung **spätestens** am Feiertag zugehen. Der Folgetag ist nicht ausreichend. § 193 BGB ist nicht anwendbar (BAG 05.03.1970, EzA § 622 BGB n.F. Nr. 1).

Im Einzelnen treffen die §§ 187 ff. BGB folgende Bestimmungen: Ist für den Anfang einer Frist ein Ereignis oder ein in den Lauf eines Tages fallender Zeitpunkt maßgebend, so wird bei der Berechnung der Frist der Tag nicht mitgerechnet, in welchen das Ereignis oder der Zeitpunkt fällt. Eine nach Tagen bestimmte Frist endigt mit dem Ablaufe des letzten Tages der Frist.

Eine Frist, die nach Wochen, nach Monaten oder nach einem mehrere Monate umfassenden Zeitraum – Jahr, halbes Jahr, Vierteljahr – bestimmt ist, endigt im Falle des § 187 Abs. 1 BGB mit dem Ablaufe desjenigen Tages der letzten Woche oder des letzten Monats, welcher durch seine Benennung oder seine Zahl dem Tage entspricht, in den das Ereignis oder der Zeitpunkt fällt. Unter einem halben Jahre wird i.Ü. eine Frist von sechs Monaten, unter einem Vierteljahre eine Frist von drei Monaten, unter einem halben Monat eine Frist von fünfzehn Tagen verstanden.

4223 Die Kündigungsfrist kann **verlängert** werden (s. § 622 Abs. 4, 5 BGB n.F.). Ist die Kündigungsfrist verlängert, so ist, soweit nichts anderes vereinbart ist, davon auszugehen, dass der Kündigungstermin (Beispiel: Quartalsschluss) unverändert bleibt. Umstritten ist, ob eine **einzelvertragliche Verlängerung** von Kündigungsfristen für den Arbeitnehmer immer günstiger ist. Für die Verlängerung von Kündigungsfristen gelten aber Höchstgrenzen (s. etwa § 624 BGB). Aber auch schon bei kürzeren Kündigungsfristen kann Unwirksamkeit anzunehmen sein (§ 138 BGB, Art. 12 GG).

1. Versäumung der Kündigungsfrist

4224 Wird die Kündigungsfrist versäumt, so ist die Kündigung **nicht unwirksam**. Es handelt sich vielmehr im Zweifel um eine Kündigung zum nächstzulässigen Termin.

2. Vorzeitige Kündigung

4225 Wird **vorzeitig gekündigt**, so liegt darin im Zweifel ein Verzicht auf eine etwaige kürzere Kündigungsfrist. Zweifelhaft ist, ob dem Arbeitnehmer durch eine vorzeitige Kündigung der Kündigungsschutz genommen werden kann, den er bei rechtzeitiger Kündigung gehabt hätte.

> **BEISPIEL:**
>
> X ist von der A-OHG zum 01.01. eingestellt worden. Die Kündigungsfrist beträgt nach dem Arbeitsvertrag 6 Wochen zum Jahresende. Die X-OHG kündigt am 02.03. zum 31.12. des Jahres.
>
> Da es für das Eingreifen des Kündigungsschutzgesetzes darauf ankommt, ob der Arbeitnehmer im Zeitpunkt des Zugangs der Kündigung die Wartezeit des § 1 Abs. 1 KSchG erfüllt, könnte in der vorzeitigen Kündigung eine **treuwidrige Vereitelung der Erfüllung der Wartezeit** liegen. Davon kann nur ausgegangen werden, wenn der Arbeitgeber die Kündigung nur deshalb vor Ablauf der 6-monatigen Wartefrist erklärt, um den Eintritt des Kündigungsschutzes zu verhindern und wenn dieses Vorgehen unter Berücksichtigung der im Einzelfall gegebenen Umstände gegen Treu und Glauben verstößt. Dies gilt sowohl für den Fall, dass der Arbeitgeber kurz vor Erfüllung der Wartezeit kündigt als auch für den Fall, dass der Arbeitgeber längere Zeit vor Erfüllung der Wartezeit vorzeitig die Kündigung ausspricht.

3. Kündigung vor Dienstantritt

4226 Unsicher ist, wann die Kündigungsfrist bei einer **Kündigung vor Dienstantritt** in Gang gesetzt wird. Fallen Abschluss des Arbeitsvertrages und vereinbarter Dienstantritt zeitlich auseinander, so kann unstreitig bereits vor Dienstantritt ordentlich und außerordentlich gekündigt werden. Auch bei einer derartigen Kündigung ist jedoch der Betriebsrat zu hören (*BAG 02.11.1978, EzA § 620 BGB Nr. 38*). Wann die **Kündigungsfrist** in Gang gesetzt wird, soll sich nach der Rechtsprechung aus einer Würdigung der Interessenlage im Einzelfall ergeben. Eine allgemeine Erfahrungsregel, dass die Kündigungsfrist bereits vor Dienstantritt zu laufen beginnt, hat die Rechtsprechung ebenso abgelehnt wie den Grundsatz, dass die Kündigungsfrist regelmäßig erst von dem Tage des Dienstantrittes an läuft.

Typische Vertragsgestaltungen können aber nach der Rechtsprechung für und gegen die Annahme sprechen, die Parteien hätten eine auf die Dauer der vereinbarten Kündigungsfrist beschränkte Realisierung des Arbeitsverhältnisses gewollt, also vereinbart, dass die Kündigungsfrist erst mit Dienstantritt in Gang gesetzt wird (*BAG 09.05.1985, EzA § 620 BGB Nr. 75*).

BEISPIEL:

Die Parteien haben die **kürzestmögliche Kündigungsfrist** vereinbart.

Dies spricht nach der Rechtsprechung **gegen** die Vereinbarung der Realisierung des Arbeitsverhältnisses für diesen Zeitraum. Gleiches soll auch für die Vereinbarung einer **Probezeit** gelten. In beiden Fällen läuft die Kündigungsfrist also noch vor Beginn des Arbeitsverhältnisses.

VIII. Verzicht auf Kündigungsrecht durch Abmahnung

Hat der Arbeitgeber eine **Abmahnung** ausgesprochen, so hat er damit konkludent auf sein Kündigungsrecht **wegen der Gründe, die Gegenstand der Abmahnung waren, verzichtet**. Er kann daher eine Kündigung nicht allein auf die abgemahnten Gründe stützen, sondern erst bei einer erneuten gleichartigen oder ähnlichen Pflichtwidrigkeit auf diese abgemahnten Gründe unterstützend zurückgreifen (*BAG 10.11.1988, EzA § 611 BGB Abmahnung Nr. 18*; s. zur Abmahnung auch → Rz. 4307). Hier ist also Vorsicht geboten!

4227

Dagegen darf der Arbeitgeber einen Arbeitnehmer nach erfolgloser Kündigung wegen desselben unstreitigen, für eine Kündigung aber allein nicht ausreichenden vertragswidrigen Verhaltens abmahnen. Dies ist schon deshalb geboten, weil ansonsten der Arbeitnehmer das Urteil im Kündigungsschutzprozess missverstehen kann (*BAG 07.09.1988, EzA § 611 BGB Abmahnung Nr. 17*).

BEISPIEL:

Die A ist bei der C-OHG als Kassiererin beschäftigt. Sie hat die Weisung, von den Kunden an der Kasse zu verlangen, dass sie alle Waren aus dem Warenkorb nehmen und an der Kasse präsentieren. Die A hält sich nicht an diese Weisung. Daraufhin kündigt ihr die C-OHG. A wendet sich dagegen mit der Kündigungsschutzklage.

Die Kündigungsschutzklage hat Erfolg, da der Kündigung keine Abmahnung vorangegangen ist. Die C-OHG ist jedoch nicht gehindert, die A im nachhinein wegen dieses Vorgangs abzumahnen.

Es versteht sich von selbst, dass eine ursprünglich berechtigte Abmahnung durch **Zeitablauf** ihre kündigungsrechtliche Bedeutung verliert, also gegenstandslos wird. Dies lässt sich jedoch nach der Rechtsprechung nicht anhand bestimmter Regelfristen (z.B. 2 Jahre), sondern nur aufgrund aller Umstände des Einzelfalls beurteilen.

Es ist also vor Ausspruch einer verhaltensbedingten Kündigung stets zu prüfen, ob nicht eine vorangegangene Abmahnung wegen einer gleichartigen oder ähnlichen Pflichtwidrigkeit bereits verbraucht ist. Der **Betriebsrat** ist bei Ausspruch einer Abmahnung nicht zu beteiligen. Er hat auch kein Recht auf Einsichtnahme in eine Abmahnung.

4228 Schwierigkeiten stellen sich bei der Abgrenzung der Abmahnung von so genannten **Betriebsbußen** ein. Eine Maßnahme der Betriebsstrafgewalt liegt nach der Rechtsprechung immer dann vor, wenn das beanstandete Verhalten geahndet werden soll. Wortlaut und Begleitumstände sollen entscheiden, wie die Erklärung im Einzelfall verstanden werden muss. Dabei soll es auf den Empfängerhorizont des Arbeitnehmers ankommen (*BAG 07.11.1979, EzA § 87 BetrVG 1972 Betriebsbuße Nr. 4*).

IX. Kündigungen in erheblichem Umfang, Massenentlassungen

4229 Will der Arbeitgeber Entlassungen **erheblichen Umfangs** vornehmen, so ist er verpflichtet, seine Absicht dem Arbeitsamt zuvor anzuzeigen (§§ 17, 18 KSchG). Der so genannte **Massenentlassungsschutz** will Massenentlassungen nicht verbieten, sondern arbeitsmarktpolitisch mildern. Die Arbeitsverwaltung soll durch die vorzeitige Information die Möglichkeit erhalten, rechtzeitig Maßnahmen zur Vermeidung oder Verzögerung umfangreicher Arbeitslosigkeit einzuleiten.

Der Schutz der §§ 17, 18 KSchG erstreckt sich ohne Rücksicht auf die Dauer der Betriebszugehörigkeit auf alle Arbeitnehmer einschließlich der Auszubildenden und Volontäre. Nicht als Arbeitnehmer gelten vertretungsberechtigte Organmitglieder juristischer Personen, vertretungsberechtigte Personen von Personengesamtheiten, Geschäftsführer, Betriebsleiter und ähnliche leitende Personen, soweit diese zur selbständigen Einstellung oder Entlassung von Arbeitnehmern berechtigt sind (§ 17 Abs. 5 KSchG).

Der Schutz bezieht sich auf **anzeigepflichtige »Entlassungen«**. Unter Entlassung ist die tatsächliche Beendigung des Arbeitsverhältnisses zu verstehen, die auf eine ordentliche Kündigung durch den Arbeitgeber zurückgeht. Auf den Kündigungsgrund kommt es nicht an. Eine Eigenkündigung des Arbeitnehmers fällt grundsätzlich nicht unter den Begriff der Entlassung.

Fristlose Entlassungen werden ebenfalls bei der Berechnung der Mindestzahl der Entlassungen nicht mitgerechnet.

Ob **Änderungskündigungen** mitgerechnet werden, hängt entscheidend davon ab, wie der Arbeitnehmer auf die Änderungskündigung reagiert. Nimmt er das Angebot auf Änderung der Arbeitsbedingungen an, unterbleibt eine Beendigung des Arbeitsverhältnisses; lehnt er es ab, so wird aus der Änderungs- eine Beendigungskündigung und damit eine Entlassung. Nimmt dagegen der Arbeitnehmer das Änderungsangebot unter dem Vorbehalt des § 2 KSchG an, so stellt dies ebenfalls keine Entlassung dar.

4230 Der Arbeitgeber ist verpflichtet, dem Arbeitsamt Anzeige zu erstatten, bevor er

- in Betrieben mit in der Regel mehr als 20 und weniger als 60 Arbeitnehmern mehr als 5 Arbeitnehmer
- in Betrieben mit in der Regel mindestens 60 und weniger als 500 Arbeitnehmern 10 von 100 der im Betrieb regelmäßig beschäftigten Arbeitnehmer oder aber mehr als 25 Arbeitnehmer,

- in Betrieben mit in der Regel mindestens 500 Arbeitnehmern mindestens 30 Arbeitnehmer innerhalb von 30 Kalendertagen entlässt (§ 17 Abs. 1 KSchG).

Maßgebend ist insoweit der Zeitpunkt der Entlassung. Es kommt dabei nicht auf die tatsächliche Beschäftigtenzahl zu diesem Zeitpunkt, sondern auf diejenige Personalstärke an, die für den Betrieb im allgemeinen kennzeichnend ist.

Bei der **Berechnung der Zahl der entlassenen Arbeitnehmer bleiben solche unberücksichtigt, die infolge nicht dem Massenentlassungsschutz unterliegender Tatbestände ausscheiden** (z.B. fristlose Entlassungen, Befristung, Anfechtung etc.). Maßgebender Zeitpunkt für die Berechnung der Zahlen ist also nicht die Kündigung, sondern das Ausscheiden. Es werden alle Entlassungen innerhalb von 30 Kalendertagen zusammengerechnet, auch wenn sie sukzessive erfolgen.

Beschließt der Arbeitgeber, den Betrieb zu einem bestimmten Zeitpunkt stillzulegen, und entlässt er anschließend stufenweise Personal, so stellt der im Zeitpunkt dieser Beschlussfassungen, **nicht aber** der spätere, verringerte Personalbestand die für die Anzeigepflicht nach § 17 Abs. 1 KSchG maßgebende regelmäßige Arbeitnehmerzahl dar. Der im Zeitpunkt des Stillegungsbeschlusses vorhandene Personalbestand bleibt auch dann für die Anzeigepflicht maßgebend, wenn der Arbeitgeber zunächst allen Arbeitnehmern zu dem vorgesehenen Stillegungstermin kündigt und später er oder an seiner Stelle der Konkursverwalter wegen zwischenzeitlich eingetretenen Vermögensverfalls zu demselben Termin vorsorglich nochmals kündigt.

Ist eine Massenentlassung i.S.v. § 17 Abs. 1 KSchG gegeben, so hat der Arbeitgeber dem Arbeitsamt eine **Anzeige zu erstatten**.

Die Anzeige bedarf der **Schriftform**. Sie hat u.a. Angaben über die Zahl der in der Regel beschäftigten Arbeitnehmer, die Zahl der zu entlassenden Arbeitnehmer, die Gründe für die Entlassungen und den Zeitraum, in dem die Entlassungen vorgenommen werden sollen, zu enthalten (§ 17 Abs. 3 Satz 4 KSchG). Ferner hat der Arbeitgeber dem Arbeitsamt eine **Abschrift** seiner gesetzlich vorgeschriebenen Mitteilung an den **Betriebsrat** und dessen Stellungnahme zu den Entlassungen zuzuleiten. Fehlt die Stellungnahme des Betriebsrats, so ist die Anzeige nur wirksam, wenn der Arbeitgeber glaubhaft macht, dass er den Betriebsrat mindestens zwei Wochen vor Erstattung der Anzeige unterrichtet hat und den Stand seiner - ebenfalls notwendigen – Beratungen mit dem Betriebsrat darlegt (§ 17 Abs. 3 Satz 1, 2, 3 KSchG).

4231

Die Anzeige muss vor der tatsächlichen Entlassung erstattet werden. Kann der Arbeitgeber die Zahl der notwendigen Entlassungen nicht voraussehen, ist eine **vorsorgliche Anzeige** möglich.

Trotz der Beteiligung des Betriebsrats im Rahmen der Massenentlassung ist der Betriebsrat auch noch vor den Kündigungen nach § 102 BetrVG zu hören (vgl. → Rz. 4669).

4232

Wenn erkennbare Veränderungen des Betriebes innerhalb der nächsten 12 Monate voraussichtlich zu einer Massenentlassung führen, musste der Arbeitgeber früher auch dies dem **Landesarbeitsamt unverzüglich schriftlich mitteilen** (§ 8 Abs. 1 AFG a.F.). Verletzte der Arbeitgeber diese Mitteilungspflicht vorsätzlich oder grob fahrlässig, so hatte er der **Bundesanstalt für Arbeit** die Aufwendungen zu erstatten, die ihr durch die Umschulung der Entlassenen oder auf eine andere Tätigkeit umgesetzten Arbeitnehmer für die Dauer von 6 Monaten entstanden. Eine dieser Vorschrift entsprechende Regelung ist in dem **ab 01.01.1998** an die Stelle des bisherigen AFG getretenen SGB III nicht enthalten.

Hat der Arbeitgeber die Anzeige **nicht, nicht rechtzeitig oder nicht ordnungsgemäß erstattet**, so wurde **nach bisheriger Rechtsprechung** auf die Unwirksamkeit **aller anzeigepflichtigen Entlassungen** geschlossen, soweit sich der Arbeitnehmer auf diesen Unwirksamkeitsgrund beruft. Dies gilt auch für die Entlassungen, die unterhalb der anzeigepflichtigen Zahlen des § 17 Abs. 1 KSchG liegen. Es gilt daher, sehr sorgfältig zu agieren, u, mögliche Fehlerquellen von vornherein auszuschließen.

Mit dem Eingang der Anzeige beim Arbeitsamt beginnt eine **einmonatige Sperrfrist**, vor deren Ablauf anzeigepflichtige Entlassungen nur mit Zustimmung des Landesarbeitsamts wirksam werden (§ 18 Abs. 1 KSchG). Dies bedeutet, dass die ausgesprochenen Kündigungen zwar wirksam sind, aber ihre das Arbeitsverhältnis beendende Wirkung bis zum Ende der Frist gehemmt ist. Kann bei einer Massenentlassung die Kündigung eines Angestellten wegen später ablaufender Sperrfrist nicht zu dem im Kündigungsschreiben genannten Kündigungstermin rechtswirksam werden, so wirkt die Kündigung erst zum nächstzulässigen Kündigungstermin.

4233 Das Landesarbeitsamt kann die Sperrzeit verkürzen, wobei die Zustimmung auch rückwirkend bis zum Tag der Antragstellung erteilt werden kann (§ 18 Abs. 1 KSchG). Das Landesarbeitsamt kann im Einzelfall die Sperrzeit jedoch auch bis zu **längstens 2 Monaten** nach dem Eingang der Anzeige beim Arbeitsamt **verlängern** (§ 18 Abs. 2 KSchG).

Nach Ablauf der gesetzlichen, verkürzten oder verlängerten Sperrfrist können die Entlassungen durchgeführt werden, sofern die Kündigungsfristen eingehalten sind und die Kündigungsschutzvorschriften nicht entgegenstehen. Auch die Zustimmung des Landesarbeitsamtes zur Massenentlassung nimmt dem gekündigten Arbeitnehmer nicht den Kündigungsschutz nach § 1 KSchG. Die beabsichtigten Entlassungen müssen innerhalb eines Monats seit Ablauf der Sperrfrist (sog. **Freifrist**) durchgeführt werden. Andernfalls bedarf es unter den Voraussetzungen des § 17 Abs. 1 KSchG einer erneuten Anzeige (§ 18 Abs. 4 KSchG).

Insgesamt ist die Rechtslage bei Massenentlassungen schwierig. Von daher wird es sich empfehlen, einen Spezialisten heranzuziehen oder sich beim Arbeitsamt zu erkundigen.

X. Weiterführende Literaturhinweise

4234 Allgemeines zu Fragen des Kündigungsrechts findet sich in einer Unzahl von Büchern. Nachfolgend werden daher nur einige Hinweise gegeben, die ihrerseits wieder weiterführende Literatur enthalten.

Hönsch/Natzel, Handbuch des Fachanwalts Arbeitsrecht, 2. Aufl. 1994, Teil D *Münchener Handbuch zum Arbeitsrecht*, Band 2, 1993, § 115
Schaub, Arbeitsrechts-Handbuch, 9. Aufl. 1999, §§ 123 ff.
Schulz, Kündigungsschutz im Arbeitsrecht von A-Z, 1997
Zöllner/Loritz, Arbeitsrecht, 6. Aufl. 1999, § 22

22. Kapitel: Kündigungsfristen

I.	Kündigungsfristengesetz und Folgeprobleme	4251
	1. Gesetzliche Regelung	4251
	2. Bestehende tarifliche Regelungen	4252
	3. Kündigungsfristen in den neuen Bundesländern	4252a
II.	Verlängerte Fristen für Arbeitnehmer	4253
III.	Kürzere tarifliche Fristen	4254
IV.	Kleinunternehmen	4255
V.	Inbezugnahme tariflicher Kündigungsfristen	4256
VI.	Übergangsvorschriften und Altverträge	4257
VII.	Kündigungsfristen in Sonderfällen	4258
	1. Auszubildende	4258
	2. Wehrpflichtige	4259
	3. Schwangere und Mütter	4260
	4. Schwerbehinderte Menschen	4261
	5. Heimarbeiter und Hausgewerbetreibende	4262
	6. Seeleute	4262a
	7. Arbeitsverhältnisse auf längere Zeit	4263
	8. Kündigungsfristen für GmbH-Geschäftsführer	4263a
VIII.	Kündigung bei Probe-, Aushilfsarbeitsverhältnissen,	**4264**
	1. Das Probearbeitsverhältnis	4264
	a) Unbefristete Probearbeitsverhältnisse	4265
	b) Befristete Probearbeitsverhältnisse	4266
	c) Berufsausbildungsverhältnis in der Probezeit	4267
	2. Aushilfsarbeitsverhältnisse	4268
	a) Unbefristete Aushilfsarbeitsverhältnisse	4269
	b) Befristete Aushilfsarbeitsverhältnisse	4270
IX.	Kündigung in befristeten Arbeitsverhältnissen	4271
X.	Kündigungsfristen bei Fortsetzung eines Arbeitsverhältnisses	4272
XI.	Kündigung vor Dienstantritt	4273
XII.	Kündigung in der Insolvenz	4274
XIV.	Weiterführende Literaturhinweise	4275

CHECKLISTE: KÜNDIGUNGSFRIST

- **Welche Kündigungsfrist ist einzuhalten gemäß**
  - Einzelarbeitsvertrag?
    Achtung: Vereinbarung wirksam?
  - Tarifvertrag?
    Achtung: Tarifliche Kündigungsfrist wirksam?
  - Gesetz?
    Eingreifen der gesetzlichen Regelung?
    Ausnahme Altfall vor 1993?
    Welche spezielle gesetzliche Regelung greift ein?

- Zu welchem Zeitpunkt soll das Arbeitsverhältnis beendet werden?
- An welchem Tage spätestens muss die Kündigung zugegangen sein, damit die Kündigungsfrist gewahrt wird?
  Achtung! Rechtzeitigen Zugang der Kündigung ggf. durch Boten sicherstellen!
- Soll aus besonderen Gründen zu einem späteren Termin als dem nächstmöglichen Termin gekündigt werden?
  Wenn ja, zu welchem?

4250 Bei einer ordentlichen Kündigung ist eine **Kündigungsfrist** einzuhalten. Wie lang im Einzelfall die Kündigungsfrist zu bemessen ist, ist gesetzlich, tariflich oder einzelvertraglich geregelt. Die einschlägigen Fristen ergeben sich insbesondere aus den Vorschriften des Bürgerlichen Gesetzbuchs (§ 622). Häufig sind auch in Tarifverträgen Kündigungsfristen vereinbart. Auch die Arbeitsvertragsparteien können die gesetzlichen Fristen verlängern, dürfen aber für den Arbeitnehmer keine längeren Fristen als für den Arbeitgeber vereinbaren (§ 622 Abs. 5 BGB; zu solchen Kündigungserschwerungen durch tarifliche Rückzahlungsklauseln s. *BAG 09.11.1994, EzA § 112 BetrVG 1972 Nr. 81*). Sie können auch einschlägige tarifliche Kündigungsfristenregelungen in Bezug nehmen (§ 622 Abs. 4 Satz 2 BGB).

Bei der **Suche nach der zutreffenden Kündigungsfrist** ist, wie sich aus der vorstehenden Checkliste ergibt, zunächst von den speziellen Vorschriften auszugehen (bspw. arbeitsvertragliche oder tarifvertragliche Vereinbarungen). Greifen solche nicht ein, sind die allgemeinen gesetzlichen Regelungen zu Grunde zu legen.

I. Kündigungsfristengesetz und Folgeprobleme

4251 Das **Bundesverfassungsgericht** *(30.05.1990, EzA § 622 BGB n.F. Nr. 27)* hatte bereits 1990 entschieden, dass § 622 Abs. 2 BGB a.F. mit dem allgemeinen Gleichheitssatz des Grundgesetzes unvereinbar ist, soweit hiernach die Kündigungsfristen für Arbeiter kürzer waren als die für Angestellte. Dies bedeutete für die Praxis, dass die diskriminierenden Bestimmungen bis zur Neuregelung durch den Gesetzgeber von staatlichen Stellen **nicht mehr angewendet werden durften** und der Gesetzgeber verpflichtet war, die Rechtslage unverzüglich mit dem Grundgesetz in Einklang zu bringen.

1. Gesetzliche Regelung

Mit Wirkung zum 15.10.1993 hatte der Bundesgesetzgeber dann ein neues Kündigungsfristenrecht geschaffen. Die gesetzliche Regelung in § 622 BGB stellt sich wie folgt dar:

(1) Das Arbeitsverhältnis eines Arbeiters oder eines Angestellten (Arbeitnehmers) kann mit einer Frist von **vier Wochen zum 15.** oder **zum Ende eines Kalendermonats** gekündigt werden.

(2) Für eine Kündigung durch den Arbeitgeber beträgt die **Kündigungsfrist**, wenn das Arbeitsverhältnis in dem Betrieb oder Unternehmen

- → **zwei Jahre** bestanden hat, **einen Monat** zum Ende eines Kalendermonats,
- → **fünf Jahre** bestanden hat, **zwei Monate** zum Ende eines Kalendermonats,
- → **acht Jahre** bestanden hat, **drei** Monate zum Ende eines Kalendermonats,
- → **zehn Jahre** bestanden hat, **vier Monate** zum Ende eines Kalendermonats,
- → **zwölf Jahre** bestanden hat, **fünf Monate** zum Ende eines Kalendermonats,
- → **fünfzehn Jahre** bestanden hat, **sechs Monate** zum Ende eines Kalendermonats,
- → **zwanzig Jahre** bestanden hat, **sieben Monate** zum Ende eines Kalendermonats.

Bei der Berechnung der Beschäftigungsdauer werden Zeiten, die **vor** der **Vollendung des 25. Lebensjahres** des Arbeitnehmers liegen, **nicht berücksichtigt**.

(3) Während einer vereinbarten **Probezeit, längstens** für die **Dauer von sechs Monaten**, kann das Arbeitsverhältnis mit einer **Frist von zwei Wochen** gekündigt werden.

(4) Von den Absätzen 1 bis 3 **abweichende Regelungen** können durch **Tarifvertrag** vereinbart werden. Im Geltungsbereich eines solchen Tarifvertrages gelten die abweichenden tarifvertraglichen Bestimmungen **zwischen nichttarifgebundenen** Arbeitgebern und Arbeitnehmern, wenn ihre Anwendung zwischen ihnen **vereinbart** ist.

(5) **Einzelvertraglich** kann eine **kürzere** als die in Absatz 1 genannte **Kündigungsfrist nur vereinbart** werden,

1. wenn ein Arbeitnehmer zur vorübergehenden **Aushilfe** eingestellt ist; dies gilt **nicht**, wenn das Arbeitsverhältnis **über die Zeit von drei Monaten hinaus** fortgesetzt wird;

2. wenn der **Arbeitgeber** in der Regel **nicht mehr als zwanzig Arbeitnehmer** ausschließlich der zu ihrer Berufsbildung Beschäftigten beschäftigt und die **Kündigungsfrist vier Wochen nicht unterschreitet**. Bei der Feststellung der Zahl der beschäftigten Arbeitnehmer sind nur **Arbeitnehmer** zu berücksichtigen, deren regelmäßige Arbeitszeit **wöchentlich zehn Stunden** oder **monatlich 45 Stunden** übersteigt.

Die einzelvertragliche Vereinbarung **länger** als der in den Absätzen 1 bis 3 genannten Kündigungsfristen bleibt hiervon **unberührt**.

(6) Für die Kündigung des Arbeitsverhältnisses durch den Arbeitnehmer darf keine längere Frist vereinbart werden als für die Kündigung durch den Arbeitgeber.

2. Bestehende tarifliche Regelungen

Tarifliche Kündigungsfristen sind heute zumeist verfassungskonform und damit wirksam. Im Anschluss an die Entscheidung des Bundesverfassungsgerichts zum Kündigungsfristenrecht ist es jedoch wiederholt zu Meinungsverschiedenheiten darüber gekommen, was mit bestehenden tariflichen Regelungen, die zwischen Arbeitern und Angestellten differenzieren, passiert. Die nachstehenden Ausführungen gehen dieser Frage nach.

4252

Hier gilt zunächst, dass es sich um eine **eigenständige (konstitutive) tarifliche Regelung** handeln muss. Wird nur die gesetzliche Regelung unmittelbar (Verweisung) oder mittelbar (wörtliches oder sinnentsprechendes Abschreiben) in Bezug genommen, liegt also nur eine **deklaratorische tarifliche Kündigungsfristenregelung** vor, bestehen keine Probleme. Es gilt schlicht die neue gesetzliche Regelung. Die Unterscheidung zwischen eigenständigen und deklaratorischen Regelungen ist anhand des gesamten Tarifinhalts vorzunehmen. Besonderes Gewicht kommt dabei u.a. Protokollnotizen der Tarifpartner oder gemeinsamen Erklärungen zu.

Eigenständige tarifliche Kündigungsfristen müssen sich am Maßstab des Art. 3 GG messen lassen. Allerdings ist nicht schlechthin jede unterschiedliche Behandlung von Arbeitern und Angestellten in Tarifverträgen unwirksam, solange nur ein **sachlicher Grund** die Differenzierung rechtfertigt. Hier kann nach Auffassung des BAG *(23.01.1992, EzA § 622 BGB n.F. Nr. 41)* insbesondere das **Bedürfnis nach flexibler Personalplanung im produktiven Bereich** eine erheblich kürzere Grundkündigungsfrist für Arbeiter rechtfertigen, wenn diese im Gegensatz zu den Angestellten nur in der Produktion tätig sind. Ein Bedürfnis nach flexibler Personalplanung kann z.B. wegen **produkt-, mode- und saisonbedingter Auftragsschwankungen** bestehen. Zu nennen ist ebenso die »Just-in-time-Produktion«. Eine Differenzierung rechtfertigt etwa auch das in der **Hotel- und Gastronomiebranche** bestehende Flexibilitätsbedürfnis *(LAG Köln 10.03.1995, LAGE § 622 BGB Nr. 30)*. Hier spielen saison- und witterungsbedingte Auslastungsschwankungen eine besondere Rolle.

Im **Baugewerbe** ist ein besonderes Interesse auf Arbeitgeberseite anerkannt, auf Konjunktureinbrüche und Auftragsrückgänge unmittelbar und ohne erhebliche Zeitverzögerung reagieren zu können. Diese rasche Reaktionsmöglichkeit ist insbesondere deshalb geboten, weil die Arbeit auf den Baustellen saisonalen sowie witterungsbedingten Einflüssen ausgesetzt ist. Die Grundkündigungsfrist in § 12 Ziff. 1.1 BRTV-Bau von 12 Werktagen für Arbeiter im Gegensatz zu der für Angestellte im Baugewerbe geltenden Frist von 6 Wochen zum Quartal verstößt nicht gegen Art. 3 Abs. 1 GG *(BAG 02.04.1992, EzA § 622 BGB n.F. Nr. 43)*.

Der **Prüfungsmaßstab** des Art. 3 GG gilt sowohl für unterschiedliche Grundfristen als auch für ungleich verlängerte Fristen für Arbeiter und Angestellte mit längerer Betriebszugehörigkeit und höherem Lebensalter.

BEISPIEL:

Der Tarifvertrag des Lackiererhandwerks sieht für ältere Angestellte (ab Vollendung des 40. Lebensjahres) eine Kündigungsfrist von 3 Monaten zum Quartalsende vor. Die gleiche Kündigungsfrist gilt für ältere Arbeiter erst ab Vollendung des 50. Lebensjahres.

Besteht für diese tarifvertragliche Regelung kein sachlich gerechtfertigter Grund, liegt ein Verfassungsverstoß vor. Über diesen entscheiden die Arbeitsgerichte eigenständig.

Die Frage, ob die einschlägige tarifliche Kündigungsfrist verfassungsgemäß ist, kann nur unter Berücksichtigung des **gesamten Tarifinhalts beurteilt** werden. Es greift dann die gesetzliche Regelung ein.

Wenn die Kündigungsgrundfrist oder die verlängerten Kündigungsfristen für die ordentliche Kündigung von Arbeitern **in Tarifverträgen eigenständig geregelt** sind, haben die Gerichte für Arbeitssachen in eigener Kompetenz zu prüfen, ob die Kündigungsregelungen im Vergleich zu den für Angestellte geltenden Bestimmungen mit dem Gleichheitssatz des Grundgesetzes vereinbar sind. An diesen sind nämlich auch die Tarifvertragspartner gebunden. An sachlichen Gründen für unterschiedliche Regelungen fehlt es, wenn die schlechtere Rechtsstellung der Arbeiter, d.h. also die kürzere Kündigungsfrist, nur auf einer **pauschalen Differenzierung** zwischen den Gruppen der Angestellten und Arbeiter beruht. **Sachlich gerechtfertigt** sind hingegen hinreichend gruppenspezifisch ausgestaltete unterschiedliche Regelungen, die z.B. entweder nur eine verhältnismäßig kleine Gruppe nicht intensiv benachteiligen, oder funktions-, branchen- oder betriebsspezifischen Interessen im Geltungsbereich des Tarifvertrages mit Hilfe verkürzter Kündigungsfristen für Arbeiter entsprechen. Hier sind z.B. zu nennen: Überwiegende Beschäftigung von Arbeitern in der Produktion. Aber auch andere **sachliche Differenzierungsgründe** können in Betracht kommen.

Ob auch bei Vorliegen eines Flexibilitätsbedürfnisses in der Zukunft noch der herkömmliche große Unterschied von 2 Wochen ohne Termin für Arbeiter im Vergleich zu 6 Wochen zum Quartal für Angestellte haltbar ist, hatte das BAG zunächst offengelassen *(10.03.1994, EzA § 622 BGB n.F. Nr. 50).* Der angekündigte Rechtsprechungswandel hat sich nunmehr vollzogen. D. h.: Auch bei einem an sich bestehenden Flexibilitätsinteresse muss stets geprüft werden, ob die dieses auch die **qualitative Unterscheidung** rechtfertigt. Hierdurch kann es zu Unsicherheiten kommen, da die Prüfung mit einem zusätzlichen Risikofaktor behaftet wird. Die Praxis wird sich hierauf einstellen müssen.

Was die **Ermittlungstiefe** anbelangt, hat das BAG *(16.09.1993, EzA § 622 BGB n.F. Nr. 45)* festgestellt, dass es ausreicht, wenn die Wirksamkeit einer tariflichen Kündigungsfristenregelung nur von einer Partei oder vom Gericht bezweifelt wird. Sodann müssen die Arbeitsgerichte **von Amts wegen** die für oder gegen die Verfassungsmäßigkeit sprechenden Umstände ermitteln. Hierbei werden erhebliche Anforderungen an die Ermittlungspflicht gestellt. Die bloße Tatsache, dass in der Produktion mehr Arbeiter beschäftigt sind, genügt nicht.

Ist eine tarifliche Kündigungsfrist nicht mit Art. 3 GG vereinbar, so ist sie nichtig. An ihre Stelle tritt regelmäßig die gesetzliche Regelung, es sei denn, es wäre ein anderer Wille der Tarifpartner im Wege der Auslegung zu ermitteln *(BAG 10.03.1994, EzA § 622 BGB n.F. Nr. 48).*

Bitte beachten: Geht es um die **Wirksamkeit einer bestimmten tariflichen Kündigungsfristenregelung,** hilft häufig ein **Blick in die Entscheidungssammlungen zu § 622 BGB (EzA, LAGE, AP),** da hier die wichtigsten Entscheidungen abgedruckt sind. Auf diese Weise lässt sich ohne großen Aufwand ermitteln, ob und wie das BAG zu einer bestimmten Kündigungsfrist bereits Stellung genommen hat.

3. Kündigungsfristen in den neuen Bundesländern

4252a Auch in den neuen Bundesländern gilt das Kündigungsfristengesetz (Art. 5 des Kündigungsfristengesetzes). Die frühere Rechtszersplitterung wurde hierdurch beendet. Etwa für den Bereich des öffentlichen Dienstes bestehen partiell Sonderregelungen.

II. Verlängerte Fristen für Arbeitnehmer

4253 Arbeitnehmern mit **längerer Betriebszugehörigkeit** kommen verlängerte Kündigungsfristen zugute, damit diese auf dem Arbeitsmarkt nach einer Kündigung länger die Möglichkeit haben, eine neue Stelle zu finden (s. § 622 Abs. 2 BGB). Die Verlängerung gilt also **nur für die Arbeitgeberkündigungsfrist**. Eine Übernahme der Verlängerung für den Arbeitnehmer ist möglich.

Für eine Kündigung durch den **Arbeitgeber** beträgt die Kündigungsfrist, wenn das Arbeitsverhältnis in dem Betrieb oder Unternehmen

- zwei Jahre bestanden hat, einen Monat zum Ende eines Kalendermonats,
- fünf Jahre bestanden hat, zwei Monate zum Ende eines Kalendermonats,
- acht Jahre bestanden hat, drei Monate zum Ende eines Kalendermonats,
- zehn Jahre bestanden hat, vier Monate zum Ende eines Kalendermonats,
- zwölf Jahre bestanden hat, fünf Monate zum Ende eines Kalendermonats,
- fünfzehn Jahre bestanden hat, sechs Monate zum Ende eines Kalendermonats,
- zwanzig Jahre bestanden hat, sieben Monate zum Ende eines Kalendermonats.

Bei der Berechnung der Beschäftigungsdauer werden Zeiten, die vor der Vollendung des 25. Lebensjahres des Arbeitnehmers liegen, nicht berücksichtigt.

Die früheren Unterschiede zwischen Arbeitern und Angestellten sind aufgehoben worden. Für das Eingreifen der verlängerten Kündigungsfristen kommt es auf den **Zeitpunkt des Zugangs der Kündigung** an. Es geht also um **vollendete Jahre der Beschäftigung.** Das volle Ausschöpfen der Zeiträume ist zulässig. Da es nur auf den rechtlichen Bestand des Arbeitsverhältnisses ankommt, schaden Krankheitszeiten etc. nicht. Auch im Falle des **Betriebsübergangs** findet keine Unterbrechung statt. Besteht zwischen 2 Arbeitsverhältnissen bei demselben Arbeitgeber ein enger zeitlicher Zusammenhang, kommt u.U. eine Addition der Beschäftigungszeiten in Betracht. Eine Zusammenrechnung kommt auch bei einem nahtlos vorhergehenden **Ausbildungsverhältnis** in Betracht, sofern die Ausbildung nach Vollendung des **25.** Lebensjahres erfolgte *(BAG 02.12.1999, EzA § 622 BGB n.F. Nr. 60).*

Zu **Kündigungserschwerungen** (§ 622 Abs. 6 BGB) s. *BAG 09.11.1994, EzA § 112 BetrVG 1972 Nr. 81.*

III. Kürzere bzw. längere tarifliche Fristen

§ 622 Abs. 4 Satz 1 BGB in der Fassung des Kündigungsfristengesetzes gestaltet alle Kündigungsfristen **tarifdispositiv**. Der Sinn und Zweck dieser Tarifdispositivität liegt darin, die Besonderheiten einzelner Wirtschaftsbereiche oder Beschäftigungsgruppen angemessen zu berücksichtigen. Von der Tarifdispositivität erfasst sind

4254

- die Grundkündigungsfrist und der Kündigungstermin,
- die verlängerte Kündigungsfrist,
- die Kündigungsfrist während der Probezeit.

Mit der Formulierung »Abweichende Regelung« sind sowohl Verschlechterungen als auch Verbesserungen der gesetzlichen Regelung erfasst. In Betracht kommen also Verkürzungen und Verlängerungen der Kündigungsfrist und des Kündigungstermins. In Konsequenz der Vereinheitlichung der Kündigungsfristen gilt die **Tariföffnungsklausel** zukünftig auch für die verlängerten Kündigungsfristen der Angestellten.

Von der Tarifdispositivität erfasst sind auch abweichende Regelungen hinsichtlich der Kündigungstermine und der Voraussetzungen, von denen der Anspruch auf eine verlängerte Kündigungsfrist abhängt. Zu nennen sind hier etwa

- Dauer der Betriebszugehörigkeit und
- Berechnung der Betriebszugehörigkeit ab einem bestimmten Alter.

Hervorzuheben ist jedoch, dass auch die Tarifparteien an § 622 Abs. 6 BGB gebunden sind. Für die Kündigung des Arbeitsverhältnisses durch den Arbeitnehmer darf keine längere Frist vereinbart werden als für die Kündigung durch den Arbeitgeber. Es besteht also ein **Benachteiligungsverbot** zu Gunsten der Arbeitnehmer. Die frühere Beschränkung auf den Einzelarbeitsvertrag ist aufgehoben worden.

Zur **Differenzierung zwischen Arbeiter- und Angestelltenkündigungsfristen** in Tarifverträgen s. → Rz. 4252 und die in den Entscheidungssammlungen nachgewiesenen Judikate zur Wirksamkeit einzelner Tarifregelungen.

IV. Kleinunternehmen

Wichtig für **kleinere Unternehmen** ist die Vorschrift des § 622 Abs. 5 Satz 1 Nr. 2 BGB. Hiernach kann **einzelvertraglich** eine **kürzere** als die in § 622 Abs. 1 BGB genannte Kündigungsfrist nur vereinbart werden, wenn der Arbeitgeber in der Regel nicht mehr als zwanzig Arbeitnehmer ausschließlich der zu ihrer Berufsbildung Beschäftigten beschäftigt und die Kündigungsfrist vier Wochen nicht unterschreitet. Möglich sind also abweichende Vereinbarungen hinsichtlich des Kündigungstermins, bis hin zum Verzicht auf den Kündigungstermin. Da sich § 622 Abs. 5 BGB ausdrücklich nur auf Absatz 1 der Vorschrift bezieht, ist für Arbeitnehmer mit längeren Kündigungsfristen die Kleinunternehmensklausel wohl bedeutungslos.

4255

Bei der **Feststellung der Zahl der beschäftigten Arbeitnehmer** werden Teilzeitbeschäftigte abhängig von ihrer regelmäßigen wöchentlichen Arbeitszeit wie folgt berücksichtigt:

- bis zu 20 Stunden wöchentlich: 0,5
- über 20 und bis zu 30 Stunden wöchentlich: 0,75
- über 30 Wochenstunden: 1,0.

Bemerkenswert ist hier, dass nicht an den Betriebs-, sondern an den **Unternehmensbegriff** angeknüpft wird. Entscheidend ist mithin die Zahl der von einem Arbeitgeber beschäftigten Arbeitnehmer. Die **Differenzierung** zwischen größeren und kleineren Arbeitgebern ist zulässig.

Steigt im Nachhinein die Zahl der Beschäftigten über 20 an, wird die Abkürzungsvereinbarung unwirksam. Ob sie bei einem Absinken unter die Schwellengrenze automatisch wieder auflebt, ist unsicher aber unter logischen Aspekten wohl zu bejahen. Es kann hierdurch zu Schwankungen kommen. Bedauerlicherweise liegt noch keine Entscheidung des BAG zu dieser Frage vor.

Dem Arbeitgeber kann einstweilen nur angeraten werden, sich in einer solchen Situation nicht auf die Wirksamkeit der Abkürzungsregelung zu verlassen und statt dessen mit Augenmaß vorzugehen und vorsorglich die längere Frist einzuhalten.

V. Inbezugnahme tariflicher Kündigungsfristen

4256 Nach § 622 Abs. 4 Satz 2 BGB gelten die in Satz 1 genannten abweichenden tarifvertraglichen Bestimmungen auch zwischen nicht tarifgebundenen Arbeitgebern und Arbeitnehmern im Geltungsbereich eines entsprechenden Tarifvertrages, wenn ihre Anwendung **einzelvertraglich vereinbart** ist. Die bisherige Rechtslage (§ 622 Abs. 3 Satz 2 BGB a.F.) besteht daher fort.

Die Übernahme der tariflichen Regelung muss aber insgesamt erfolgen und es muss sich um einen **einschlägigen Tarifvertrag** handeln. Wie die Inbezugnahme erfolgt, ist gleichgültig (Verweis, Wiederholung, Mischform). Unzulässig ist jedenfalls ein Herauspicken einzelner Teile einer geschlossenen tariflichen Kündigungsfristenregelung. Auch ein nur nachwirkender Tarifvertrag (§ 4 Abs. 5 TVG) kann nach überwiegender Ansicht in Bezug genommen werden.

VI. Übergangsvorschriften und Altverträge

4257 Teilweise ist unsicher, was mit **Verweisungsklauseln in Altverträgen** von Angestellten passiert. Angesprochen ist das Verhältnis der jetzigen gesetzlichen Regelungen zu Vereinbarungen, die vor dem Hintergrund des früheren Rechtszustandes geschlossen worden sind. Hier war die **Inbezugnahme der früheren gesetzlichen oder tariflichen Bestimmungen** nicht selten (s. zu einem solchen Fall etwa *ArbG Krefeld 13.07.2000, EzA* § 622 BGB n.F. Nr. 60).

BEISPIEL:

Der Angestellte A ist seit neun Jahren bei Arbeitgeber B beschäftigt. In dem Arbeitsvertrag findet sich folgende Klausel: »Die Kündigungsfristen und Kündigungstermine richten sich nach den gesetzlichen Bestimmungen«. B ist der Auffassung, er könne sich bei einer Kündigung des A nunmehr auf die für ihn günstigere Neuregelung berufen. A hingegen meint, für ihn würden die alten Bestimmungen weiter gelten.

Hier ist danach zu unterscheiden, ob die Verweisung so zu verstehen ist, dass die jeweilige gesetzliche Regelung anzuwenden ist. Die neuen gesetzlichen Regelungen finden nur dann Anwendung, wenn die vertragliche Regelung einen rein deklaratorischen Charakter hat. Keine Anwendung der Neuregelung wäre hingegen möglich bei einer konstitutiven Verweisungsklausel. Das Problem lässt sich nur im Wege der Auslegung lösen. Bei Formularverträgen soll hierbei auf die Verständnismöglichkeit des Durchschnittsvertragspartners des Verwenders, also des Durchschnitts-arbeitnehmers, abzustellen sein. Dies soll nach teilweise vertretener Auffassung dazu führen, dass in aller Regel das Gesetz in seiner jeweils gültigen Fassung in Bezug genommen wird. Die Kündigung eines Arbeitsverhältnisses erfolge regelmäßig erhebliche Zeit nach Vertragsschluss, eine Gesetzesänderung bezüglich der Kündigungsfristen erscheine somit zum Zeitpunkt des Vertragsbeginns nicht als völlig überraschende Besonderheit. Der Durchschnittsarbeitnehmer werde die Vertragsabrede deshalb so verstehen, dass er die einschlägige Kündigungsfrist durch einen Blick ins Gesetz erfahren könne (s. hierzu Preis/Kramer DB 1993, 2125, 2131). Hiernach soll regelmäßig eine rein deklaratorische Verweisung anzunehmen sein. Ob diese Auffassung vollends überzeugend ist, kann noch **nicht abschließend beurteilt werden**. Immerhin ist auch eine Argumentation denkbar, die davon ausgeht, dass die bisherige Kündigungsfristenregelung für Angestellte in langer Tradition als Fixpunkt betrachtet wurde mit der Folge, dass von einer Fortgeltung der bisherigen Regelung auszugehen ist.

Hier kann man jeder Partei mangels Vorliegen von Entscheidungen zu diesem Problemfeld nur raten: Es kommt auf den Versuch an! Allerdings hält die weit überwiegende Ansicht die Annahme einer deklaratorischen Regelung für richtig, so dass jedenfalls ein erhebliches Prozessrisiko- besteht.

Wenig Probleme beinhalten Verweisungsklauseln, die **konkret – mit eigenständigem Rechtsetzungswillen – auf eine bestimmte gesetzliche Regelung Bezug nehmen.** Wird etwa auf die Kündigungsfristen für Angestellte verwiesen, so ist hinreichend klargestellt, dass es bei einer Kündigungsfrist von sechs Wochen zum Quartal bleiben soll. Gleiches gilt natürlich auch, wenn die Fristdauer konkret benannt ist. Heißt es etwa »Kündigungsfrist sechs Wochen zum Quartal«, so wird diese Klausel durch die Neuregelung der Kündigungsfristen nicht berührt (streitig).

Ist in einem Arbeitsvertrag eine Kündigungsfrist von 3 Monaten zum Quartalsschluss vereinbart und beträgt die neue gesetzliche Kündigungsfrist 7 Monate zum Monatsende, so kann sich der Arbeitnehmer nicht beide Vergünstigungen »wählen«. Es gilt als nicht eine neue Frist von 7 Monaten zum Quartalsschluss. Gibt es bei einer entsprechenden Vereinbarung keine Anhaltspunkte für einen abweichenden Parteiwillen, so greift regelmäßig das neue KündFG *(BAG 04.07.2001, EzA § 622 BGB n.F. Nr. 63).*

Sprechen die Parteien in ihrer Vereinbarung von **»der gesetzlichen Kündigungsfrist von sechs Wochen zum Quartalsende«**, so kommt es darauf an, welche Komponente der

Klausel in den Vordergrund gerückt wird. Hier wird man regelmäßig davon ausgehen müssen, dass dabei die genau gekennzeichnete Frist von sechs Wochen zum Quartalsende den Vorzug genießt. Der Hinweis auf die gesetzliche Kündigungsfrist tritt demgegenüber zurück *(streitig; s. etwa ArbG Krefeld 13.07.2000, EzA § 622 BGB n.F. Nr. 60).*

VII. Kündigungsfristen in Sonderfällen

1. Auszubildende

4258 Falls ein **Auszubildender** nach Ablauf der Probezeit die Berufsausbildung aufgeben oder sich für eine andere Berufstätigkeit ausbilden lassen will, kann er mit einer Frist von 4 Wochen kündigen (§ 15 Abs. 2 Nr. 2 BBiG). Nach Ansicht des BAG kann ein Berufsausbildungsvertrag entsprechend der Vorschrift des § 15 Abs. 1 BBiG bereits vor Beginn der Berufsausbildung von beiden Vertragsparteien ordentlich entfristet gekündigt werden, wenn die Parteien keine abweichende Regelung vereinbart haben und sich der Ausschluss der Kündigung vor Beginn der Ausbildung für den Auszubildenden nicht aus den konkreten Umständen ergibt.

Auch ein **Berufsausbildungsverhältnis** kann während der Probezeit unter Zubilligung einer Auslauffrist wirksam ordentlich gekündigt werden. Die **Auslauffrist** muss allerdings so bemessen sein, dass sie nicht zu einer unangemessen langen Fortsetzung des Berufsausbildungsvertrages führt, der nach dem endgültigen Entschluss des Kündigenden nicht bis zur Beendigung der Ausbildung durchgeführt werden soll.

Erstmals hatte das BAG *(27.05.1993, EzA § 22 KO Nr. 5)* entschieden, unter welchen Voraussetzungen ein Ausbildungsverhältnis im Konkurs (heute der Insolvenz) des Arbeitgebers beendet werden kann. Nach § 22 Abs. 1 Satz 1 der früheren Konkursordnung konnte ein in dem Haushalte, Wirtschaftsbetriebe oder Erwerbsgeschäfte des Gemeinschuldners angetretenes Dienstverhältnis von jedem Teil gekündigt werden. Die **Kündigungsfrist** war dabei **die gesetzliche**, falls nicht eine kürzere Frist bedungen war (§ 22 Abs. 1 Satz 2 KO). Als gesetzliche Kündigungsfristen werden dabei nach ständiger Rechtsprechung des BAG auch die **tariflichen** angesehen (§ 15 BBiG). Im Ausbildungsverhältnis ist jedoch die ordentliche Kündigung vom Ausnahmefall der Kündigung durch den Auszubildenden bei Berufsaufgabe abgesehen, ausgeschlossen. Dies führt jedoch nicht dazu, dass das Ausbildungsverhältnis im Konkurs (der Insolvenz) des Ausbilders außerordentlich gekündigt werden kann. Vielmehr ist in den Fällen der **Betriebsstillegung** durch den Konkursverwalter die Kündigungsfrist einzuhalten, die für das Arbeitsverhältnis gelten würde, wenn die Ausbildung zu dem erstrebten Beruf geführt hätte.

BEISPIEL:

Strebt der Auszubildende eine Tätigkeit an, die zum Angestelltenberuf führt, so ist die für Angestellte maßgebliche Kündigungsfrist einzuhalten.

Siehe auch § 113 InsO: Ein Dienstverhältnis, bei dem der Schuldner der Dienstberechtigte ist, kann vom Insolvenzverwalter und vom anderen Teil ohne Rücksicht auf eine vereinbarte Vertragsdauer oder einen vereinbarten Ausschluss des Rechts zur ordentlichen Kündigung gekündigt werden. Die Kündigungsfrist beträgt drei Monate zum Monatsende, wenn nicht eine kürzere Frist maßgeblich ist. Kündigt der Verwalter, so kann der andere Teil wegen der vorzeitigen Beendigung des Dienstverhältnisses als Insolvenzgläubiger Schadenersatz verlangen

Zur **außerordentlichen fristlosen Kündigung eines Ausbildungsverhältnisses** wegen Infragestellen der Anzahl der in deutschen KZ´s ermordeten Juden s. jetzt LAG Köln 11.08.1995, LAGE § 15 BBiG Nr. 10 (Kündigung ohne Abmahnung möglich).

2. Wehrpflichtige

Will ein Arbeitgeber, der in seinem Betrieb in der Regel 5 oder weniger Arbeitnehmer ausschließlich der zu ihrer Berufsbildung Beschäftigten beschäftigt, im Falle des **Grundwehrdienstes** einem unverheirateten Arbeitnehmer kündigen, wenn ihm infolge der Einstellung einer Ersatzkraft die Weiterbeschäftigung des Arbeitnehmers nach Entlassung aus dem Wehrdienst nicht zugemutet werden kann, so darf die Kündigung nur unter Einhaltung einer Frist von 2 Monaten für den Zeitpunkt der Entlassung aus dem Wehrdienst ausgesprochen werden (§ 2 Abs. 3 ArbPlSchG). Diese Regelung gilt nur für **Kleinbetriebe**, wobei Teilzeitbeschäftigte anteilig gerechnet werden (s. → Rz. 4255).

4259

3. Schwangere und Mütter

Eine Frau kann **während der Schwangerschaft** und während der **Schutzfrist** nach der Entbindung ohne Einhaltung einer Frist zum Ende der Schutzfrist nach der Entbindung kündigen (§ 10 Abs. 1 Satz 1 MuSchG). Der Arbeitgeber kann einer Frau während der Schwangerschaft mit normaler Kündigungsfrist kündigen. Allerdings bedarf er nach § 9 Abs. 3 MuSchG hierzu der Zustimmung der für den Arbeitsschutz zuständigen Landesbehörde.

4260

Während des **Erziehungsurlaubs** gibt es ein **Sonderkündigungsrecht** nach § 19 BErzGG. Der Arbeitnehmer kann das Arbeitsverhältnis zum Ende der Elternzeit nur unter Einhaltung einer Kündigungsfrist von drei Monaten kündigen.

4. Schwerbehinderte Menschen

Gegenüber **schwerbehinderten Menschen** und Gleichgestellten, die nicht unter § 90 SGB IX/20 SchwbG fallen, d.h. Kündigungsschutz nach § 85 SGB IX/§ 15 SchwbG besitzen, beträgt die Frist für die Kündigung des Arbeitgebers mindestens 4 Wochen (§ 86 SGB IX/ § 16 SchwbG). Diese Vorschrift hat nach der Neuregelung der Kündigungsfristen nur noch für in zulässiger Weise verkürzte tarifliche Kündigungsfristen Bedeutung.

4261

Soweit in Arbeitsverträgen, Tarifverträgen oder Gesetzen geregelt ist, dass eine ordentliche Kündigung nur zu bestimmten Kündigungsterminen erfolgen kann, hat der Arbeitgeber sowohl diese Termine als auch die Mindestfrist nach dem SGB IX bzw. dem Schwerbehindertengesetz zu beachten. Es gelten also **beide Privilegierungen** nebeneinander.

Fällt der schwerbehinderte Mensch unter § 90 SGB IX/§ 20 SchwbG (s. → Rz. 4573), gilt die normale, gesetzliche, tarifliche oder vertragliche Kündigungsfrist.

5. Heimarbeiter und Hausgewerbetreibende

4262 Das Beschäftigungsverhältnis eines in **Heimarbeit** Beschäftigten i.S.d. § 1 Abs. 1 Heimarbeitsgesetz kann beiderseits an jedem Tag für den Ablauf des folgenden Tages gekündigt werden (§ 29 Abs. 1 Heimarbeitsgesetz). Wird ein in Heimarbeit Beschäftigter von einem Auftraggeber oder Zwischenmeister länger als 4 Wochen beschäftigt, so kann das Beschäftigungsverhältnis beiderseits nur mit einer Frist von 2 Wochen gekündigt werden (§ 29 Abs. 2 Heimarbeitsgesetz). Wird ein in Heimarbeit Beschäftigter überwiegend von einem Auftraggeber oder Zwischenmeister beschäftigt, so kann das Beschäftigungsverhältnis mit einer Frist von vier Wochen zum Fünfzehnten oder zum Ende eines Kalendermonats gekündigt werden. Während einer vereinbarten Probezeit, längstens für die Dauer von sechs Monaten beträgt die Kündigungsfrist zwei Wochen (§ 29 Abs. 3 Heimarbeitsgesetz). Unter den in Abs. 3 Satz 1 genannten Voraussetzungen beträgt die Frist für eine Kündigung durch den Auftraggeber oder Zwischenmeister, wenn das Beschäftigungsverhältnis

- zwei Jahre bestanden hat, einen Monat zum Ende eines Kalendermonats,
- fünf Jahre bestanden hat, zwei Monate zum Ende eines Kalendermonats,
- acht Jahre bestanden hat, drei Monate zum Ende eines Kalendermonats,
- zehn Jahre bestanden hat, vier Monate zum Ende eines Kalendermonats,
- zwölf Jahre bestanden hat, fünf Monate zum Ende eines Kalendermonats,
- fünfzehn Jahre bestanden hat, sechs Monate zum Ende eines Kalendermonats,
- zwanzig Jahre bestanden hat, sieben Monate zum Ende eines Kalendermonats.

Auch hier werden bei der Berechnung der Beschäftigungsdauer die Zeiten, die vor der Vollendung des 25. Lebensjahres des Beschäftigten liegen, nicht berücksichtigt. Nach **§ 29 Abs. 5 des Heimarbeitsgesetzes** gelten i.Ü. die Vorschriften des § 622 Abs. 4 bis Abs. 6 BGB über abweichende Vereinbarungen entsprechend.

6. Seeleute

4262a Nach **§ 63 Abs. 1 Seemannsgesetz** kann das **Heuerverhältnis** eines Besatzungsmitglieds während der ersten drei Monate mit einer Frist von einer Woche gekündigt werden. Dauert die erste Reise länger als drei Monate, so kann die Kündigung während der ersten sechs Monate noch in den auf die Beendigung der Reise folgenden drei Tagen mit Wochenfrist ausgesprochen werden. Nach Ablauf der vorbezeichneten Zeiten beträgt die Kündigungsfrist vier Wochen zum Fünfzehnten oder zum Ende eines Kalendermonats, wenn das Heuerverhältnis in dem Betrieb oder Unternehmen zwei Jahre bestanden hat.

Nach **§ 63 Abs. 2 Seemannsgesetz** beträgt die Kündigungsfrist für eine Kündigung durch den Reeder, wenn das Heuerverhältnis in dem Betrieb oder Unternehmen
- acht Jahre bestanden hat, drei Monate zum Ende eines Kalendermonats,
- zehn Jahre bestanden hat, vier Monate zum Ende eines Kalendermonats,
- zwölf Jahre bestanden hat, fünf Monate zum Ende eines Kalendermonats,
- fünfzehn Jahre bestanden hat, sechs Monate zum Ende eines Kalendermonats,
- zwanzig Jahre bestanden hat, sieben Monate zum Ende eines Kalendermonats.

I.Ü. finden die §§ 622 Abs. 3 bis Abs. 6 BGB entsprechende Anwendung.

7. Arbeitsverhältnisse auf längere Zeit

Ist das **Arbeitsverhältnis auf Lebenszeit** einer Person oder für länger als 5 Jahre eingegangen, so kann es von dem Arbeitnehmer nach Ablauf von 5 Jahren mit einer Frist von 6 Monaten gekündigt werden (§ 624 BGB).

4263

8. Kündigungsfristen für GmbH-Geschäftsführer

Das KündFG regelt die Kündigungsfristen für Arbeitnehmer. Nach überwiegender Ansicht sind GmbH-Geschäftsführer gerade keine Arbeitnehmer. Es besteht daher eine Regelungslücke. Diese ist – mangels anderweitiger Vereinbarung – durch entsprechende Anwendung des § 622 BGB zu schließen.

4263a

VIII. Kündigung bei Probe- und Aushilfsarbeitsverhältnissen

1. Das Probearbeitsverhältnis

Soll ein **Probearbeitsverhältnis** gekündigt werden, ist zunächst zu ermitteln, ob dieses **befristet** oder **unbefristet** ausgestaltet wurde. Ein Probearbeitsverhältnis kann nämlich rechtlich entweder **auf bestimmte Zeit zur Probe** oder **auf unbestimmte Zeit mit vorgeschalteter Probezeit** ausgestaltet werden. Ist keine gegenteilige Vereinbarung getroffen, ist bei einer Einstellung des Arbeitnehmers zur Probe die Probezeit als Beginn eines **Arbeitsverhältnisses auf unbestimmte Zeit** anzusehen. Hier ist also von vornherein auf die richtige **Vertragsgestaltung** zu achten!

4264

a) Unbefristete Probearbeitsverhältnisse

Unbefristete Arbeitsverhältnisse mit vorgeschalteter Probezeit enden nicht automatisch mit Ablauf der Probezeit, sondern bedürfen zu ihrer Beendigung während der Probezeit einer **Kündigung**. Im allgemeinen wünschen die Parteien, sich während der Probezeit möglichst schnell wieder voneinander lösen zu können. Allerdings kann für die vorgeschaltete Probezeit die ordentliche Kündigung auch vertraglich ausgeschlossen werden. Meist vereinbaren die Parteien jedoch ausdrücklich kürzere Kündigungsfristen als die später geltenden. Dies ist zulässig.

4265

§ 622 Abs. 3 BGB trifft eine ausdrückliche gesetzliche Regelung der Kündigungsfrist während einer vereinbarten Probezeit, soweit diese sechs Monate nicht übersteigt. **Die Kündigungsfrist beträgt hiernach zwei Wochen.** Sie gilt, ohne dass es weiterer Vereinbarungen bedarf. Allein die Verabredung der Probezeitklausel führt also zur Anwendung der 2-Wochen-Frist. Die relativ kurze 2-Wochen-Frist trägt dem praktischen Bedürfnis beider Arbeitsvertragsparteien Rechnung, in einer überschaubaren Zeit der Beschäftigung die Leistungsfähigkeit des Arbeitnehmers und die Arbeitsbedingungen zu erproben. Unbefristete Einstellungen werden dadurch für den Arbeitgeber erleichtert.

Wird eine Probezeit von mehr als sechsmonatiger Dauer vereinbart, gilt nach Ablauf des sechsten Beschäftigungsmonats die gesetzliche Grundkündigungsfrist. Entscheidend ist dabei hinsichtlich der Einhaltung der 6-Monats-Frist der **Zeitpunkt des Zugangs der Kündigung.** Die zweiwöchige Kündigungsfrist kann also bis zum Ablauf von sechs Monaten ausgenutzt werden, auch wenn das Ende der Kündigungsfrist erst nach diesem Zeitpunkt liegt.

Auch durch die **Neufassung des § 622 BGB** hat sich an der Differenzierung zwischen dem unbefristeten Probearbeitsverhältnis und dem befristeten Probearbeitsverhältnis nichts geändert (s. → Rz. 4266), so jedenfalls die ganz überwiegende Meinung.

Längere Kündigungsfristen können selbstverständlich einzelvertraglich vereinbart werden. Die Vereinbarung einer Kündigungsfrist, die kürzer als zwei Wochen ist, ist nach § 622 Abs. 3 BGB i.V.m. § 622 Abs. 5 Satz 2 BGB unwirksam. An die Stelle einer solchen unwirksamen Regelung tritt die gesetzliche Regelung. Es gilt dann also eine zweiwöchige Kündigungsfrist während der Probezeit (§ 622 Abs. 3 BGB).

Die **Tarifvertragsparteien** haben auch für Probearbeitsverhältnisse eine gesteigerte Gestaltungsbefugnis, § 622 Abs. 4 BGB. Im Extremfall ist eine entfristete, also quasi fristlose, ordentliche Kündigung möglich.

b) Befristete Probearbeitsverhältnisse

4266 In einem **befristeten Probearbeitsverhältnis** (§ 14 Abs. 1 Nr. 5 TzBfG) ist die **ordentliche** Kündigung beiderseits **grundsätzlich ausgeschlossen.** Es endet regelmäßig ohne Kündigung durch Fristablauf. Eine dennoch ausgesprochene ordentliche Kündigung ist unwirksam. Ein befristeter Probearbeitsvertrag kann demnach nur aus wichtigem Grund gekündigt werden (s. → Rz. 4501). Hieran hat sich auch nach der Neufassung des Kündigungsfristengesetzes nach überwiegender Meinung nichts geändert (s. → Rz. 4265).

Allerdings können die Arbeitsvertragsparteien vereinbaren, dass das befristete Probearbeitsverhältnis gleichwohl ordentlich gekündigt werden kann. Da die Befristung grundsätzlich für einen Ausschluss der ordentlichen Kündigung spricht, muss eine derartige **Ausnahmeregelung** aber ausdrücklich getroffen werden oder der dahingehende beiderseitige Wille aus den Umständen eindeutig erkennbar sein.

Teilt der Arbeitgeber dem Arbeitnehmer nur mit, ein befristeter Probearbeitsvertrag werde nicht verlängert, so stellt dies selbstverständlich keine Kündigung dar.

c) Berufsausbildungsverhältnis in der Probezeit

Das **Berufsausbildungsverhältnis** kann während der Probezeit fristlos gekündigt werden (§ 15 Abs. 1 BBiG). Nach Ablauf der Probezeit bestehen nur noch eingeschränkte Kündigungsmöglichkeiten (§ 15 Abs. 2 BBiG; s. im Einzelnen auch → Rz. 4258).

4267

2. Aushilfsarbeitsverhältnisse

Bei einem **Aushilfsarbeitsverhältnis** will der Arbeitgeber nur einen vorübergehenden Mehrbedarf an Arbeitskräften abdecken, der etwa durch den Ausfall von Stammkräften oder einen zeitlich begrenzten zusätzlichen Arbeitsanfall begründet sein mag. Es soll also von vornherein ein nicht auf Dauer angelegtes Arbeitsverhältnis begründet werden. Diese Absicht muss jedoch auch **in dem Arbeitsvertrag** zum Ausdruck kommen. Bei einem Aushilfsarbeitsverhältnis i.S.v. § 622 Abs. 5 Satz 1 Nr. 1 BGB muss der Inhalt des Arbeitsvertrages die nur vorübergehend beabsichtigte Beschäftigung zur Aushilfe durch die so genannte »**Aushilfsklausel**« deutlich ausweisen. Außerdem muss der Tatbestand des nur vorübergehenden Bedarfs auch **objektiv** gegeben sein. Bei einem zeitlich befristeten Aushilfsarbeitsverhältnis ist es dagegen nicht unbedingt erforderlich, die konkreten betrieblichen oder außerbetrieblichen Gründe für den vorübergehenden Bedarf ebenfalls zum Inhalt des Arbeitsverhältnisses zu machen.

4268

Die Unterscheidung zwischen befristeten und unbefristeten Arbeitsverhältnissen greift also auch beim Aushilfsarbeitsverhältnis ein.

a) Unbefristete Aushilfsarbeitsverhältnisse

Für ein **unbefristetes Aushilfsarbeitsverhältnis** gelten grundsätzlich die gesetzlichen Kündigungsfristen des §§ 622 Abs. 1 u. 622 Abs. 2 BGB. Nach § 622 Abs. 5 Satz 1 BGB kann die gesetzliche Kündigungsfrist im Rahmen eines Aushilfsarbeitsverhältnisses während der ersten drei Monate verkürzt werden. Diese Möglichkeit der Fristverkürzung gilt unbeschränkt. Es kann also auch eine entfristete ordentliche Kündigung vereinbart werden. Für die Einhaltung der dreimonatigen Beschäftigungsfrist kommt es auf den **Zugang der Kündigung** an. Die zulässigerweise in einem Aushilfsarbeitsvertrag vereinbarte verkürzte Kündigungsfrist kann daher bis zum Ablauf von drei Monaten ausgenutzt werden, selbst wenn das Ende der Kündigungsfrist erst nach diesem Zeitpunkt liegen sollte *(MünchKomm/Schwerdt-ner, BGB, 3. Aufl., § 622 Rdnr. 57)*.

4269

Wird das Aushilfsarbeitsverhältnis über die Dauer von drei Monaten hinaus fortgesetzt, werden Vereinbarungen über Kündigungsfristen unwirksam, wenn sie den gesetzlichen Kündigungsfristen widersprechen. Es kommt dann die gesetzliche Regelung des § 622 BGB zum Tragen, es sei denn, es ist zulässigerweise etwas anderes vereinbart.

Vor **unbefristeten Aushilfsarbeitsverhältnissen** kann im Übrigen nur gewarnt werden! Wird bspw. eine zur Aushilfe auf unbestimmte Zeit eingestellte Arbeitnehmerin schwanger, so genießt sie trotz des Aushilfscharakters des Arbeitsverhältnisses den vollen Mutterschutz, einschließlich eines etwaigen Erziehungsurlaubs. Dies kann im Extremfall dazu führen, dass eine nur wenige Tage beschäftigte Aushilfe für mehrere Monate weiterbezahlt werden muss.

b) Befristete Aushilfsarbeitsverhältnisse

4270 Die Parteien können vereinbaren, dass ihr Aushilfsarbeitsverhältnis nach Ablauf einer bestimmten Zeit oder zu einem bestimmten Kalendertermin enden soll (**befristetes Aushilfsarbeitsverhältnis**). Auch ist eine Vereinbarung möglich, dass die Dauer des Arbeitsverhältnisses von dem Aushilfszweck abhängig gemacht werden soll.

BEISPIEL:
Genesung eines erkrankten Arbeitnehmers.

Ein solcher »**zweckbefristeter Arbeitsvertrag**« ist nach § 620 Abs. 2 BGB dann zulässig, wenn der Zeitpunkt der Zweckerfüllung voraussehbar ist und in überschaubarer Zeit liegt. Ob nur ein befristetes Aushilfsarbeitsverhältnis gewollt ist oder ob die Befristung nur die Höchstdauer darstellen und gleichzeitig den Parteien die Möglichkeit eingeräumt sein soll, vorzeitig zu kündigen, hängt von dem Inhalt der getroffenen Vereinbarungen ab. Auch die Vereinbarung einer **Höchstdauer mit zwischenzeitlicher Kündigungsmöglichkeit** ist also eine zulässige Vertragsgestaltung. Soll der Aushilfsarbeitsvertrag auf längere Zeit als 6 Monate befristet werden, muss ein sachlicher Grund bestehen.

IX. Kündigung in befristeten Arbeitsverhältnissen

4271 Ein befristetes Arbeitsverhältnis kann unter den Voraussetzungen des § 626 BGB **außerordentlich** gekündigt werden (s. → Rz. 4501 ff.). Eine **ordentliche** Kündigung ist hingegen in befristeten Arbeitsverhältnissen grundsätzlich **ausgeschlossen**. Eine gleichwohl ausgesprochene Kündigung ist unwirksam. Allerdings kann auch bei einem befristeten Arbeitsverhältnis eine ordentliche Kündigungsmöglichkeit vereinbart werden.

Wollen sich Arbeitgeber oder Arbeitnehmer eine solche Möglichkeit eröffnen, ist auf eine richtige **Vertragsgestaltung** zu achten. Hier empfiehlt sich eine **eindeutige Regelung**, da die Annahme eines ordentlichen Kündigungsrechts in befristeten Arbeitsverhältnissen die Ausnahme ist.

X. Kündigungsfristen bei Fortsetzung eines Arbeitsverhältnisses

Wird ein Arbeitsverhältnis nach Ablauf der eigentlich vorgesehenen Zeit auf **unbestimmte Zeit fortgesetzt**, gelten die vertraglich vereinbarten und nicht die gesetzlichen Fristen zumindest dann, wenn die vereinbarte Kündigungsregelung aufgrund der Auslegung des ursprünglichen Vertrages auch auf den Fall der Fortsetzung des Arbeitsverhältnisses zu beziehen ist oder die Parteien bei Fortsetzung des Arbeitsverhältnisses eine entsprechende Vereinbarung getroffen haben. Lassen sich diese Fälle nicht feststellen, richtet sich die Kündigungsfrist nach den normalen gesetzlichen oder tariflichen Bestimmungen.

4272

XI. Kündigung vor Dienstantritt

Eine ordentliche Kündigung eines Arbeitsvertrages kann auch **vor Dienstantritt** erfolgen, wenn bereits durch den Vertragsschluss vertragliche Beziehungen entstehen und nur die Aktualisierung des Arbeitsverhältnisses noch nicht eingetreten ist (s. hierzu auch → Rz. 4226). Der Ausschluss eines Rechts zur ordentlichen Kündigung des Arbeitsvertrages vor Dienstantritt erfordert jedoch eine **eindeutige Vereinbarung** der Parteien.

4273

Fehlt eine solche, ist bei der Auslegung des Vertrages nicht von einer allgemeinen Erfahrungsregel auszugehen, der zu Folge der Vertrag erst nach Antritt des Arbeitsverhältnisses gekündigt werden dürfe. Vielmehr müssen besondere Umstände vorliegen, die einen gesteigerten Vertrauensschutz für den Kündigungsempfänger erforderlich machen (Einstellung für einen Dauerarbeitsplatz, Abwerbung aus einem bestehenden Arbeitsverhältnis).

Wann bei einer Kündigung vor Dienstantritt die Kündigungsfrist zu laufen beginnt, hängt von den getroffenen Vereinbarungen ab. Es kann also von den Parteien vorgesehen werden, dass die Kündigungsfrist bereits mit dem Zugang der Kündigung zu laufen beginnt, so dass das Arbeitsverhältnis sich erst gar nicht aktualisiert.

Andererseits kann auch vereinbart werden, dass die Kündigungsfrist erst von dem Tage an berechnet wird, an dem das **Arbeitsverhältnis vertragsgemäß aktualisiert** werden sollte. Fehlt es hier an eindeutigen Parteivereinbarungen, dann ist die beiderseitige Interessenlage maßgeblich dafür, wann die Kündigungsfrist zu laufen beginnt.

Bei der **Würdigung dieser Interessenlage** kommt es entscheidend auf die konkreten Umstände an. Allgemeine Erfahrungsregelungen oder der Grundsatz des Vertrauensschutzes können hier nicht herangezogen werden.

Bedeutung kommt bspw. auch hier der Tatsache zu, dass der Arbeitnehmer auf **Veranlassung des neuen Arbeitgebers** einen gesicherten Arbeitsplatz aufgegeben hat. Hier wird regelmäßig sein Vertrauen darauf, zumindest das neue Beschäftigungsverhältnis für eine bestimmte Zeit aufzunehmen, schützenswert sein, so dass die Kündigungsfrist erst mit der vertragsmäßigen Aktualisierung des Arbeitsverhältnisses beginnt.

Gelangt man zu dem Ergebnis, dass die Kündigungsfrist bei einer vor Dienstantritt ausgesprochenen ordentlichen Kündigung erst in dem Zeitpunkt, zu dem die Aktualisierung des Arbeitsverhältnisses vereinbart war, beginnt, dann ist auf den Zeitpunkt des vertraglich vereinbarten Beginns des Arbeitsverhältnisses abzustellen. Es kommt also nicht darauf an, wann die Arbeit **tatsächlich aufgenommen worden ist.**

Eine vertragliche Vereinbarung, nach der **einseitig** die arbeitnehmerseitige Kündigung vor Dienstantritt ausgeschlossen ist, verstößt gegen **§ 622 Abs. 6 BGB** und ist deshalb unwirksam. Die hierdurch entstehende Regelungslücke kann nicht einfach durch die Anwendung der gesetzlichen Vorschriften geschlossen werden. Es greift also nicht der Grundsatz ein, dass grundsätzlich eine Kündigung vor Dienstantritt für beide Vertragsparteien möglich ist. Vielmehr sind die Interessenlage und der Parteiwille im Einzelnen zu ermitteln.

XII. Kündigung in der Insolvenz

4274 Für die Kündigung in der Insolvenz sieht **§ 113 InsO Sonderregelungen** vor, die in der Praxis zu viel Streit geführt haben. Von folgenden Leitlinien ist auszugehen:

- Ein Dienstverhältnis, bei dem der Schuldner der Dienstberechtigte, also der Arbeitgeber, ist, kann vom Insolvenzverwalter oder vom anderen Teil (Arbeitnehmer) ohne Rücksicht auf eine vereinbarte Vertragsdauer oder einen vereinbarten Ausschluss des ordentlichen Kündigungsrechts gekündigt werden.
- Die **Kündigungsfrist** beträgt 3 Monate zum Monatsende, wenn nicht eine kürzere Frist maßgeblich ist. Das BAG *(03.12.1998, 2 AZR 425/98)* legt den Begriff »maßgeblich« im Sinne der individuellen Abreden aus. Es ist nicht auf die jeweils kürzeste gesetzliche **oder** vertragliche Frist abzustellen, sondern auf die im konkreten Fall getroffenen Verabredungen. Ist also etwa die gesetzliche Regelfrist des § 622 BGB kürzer als die vertraglich vereinbarte Frist, die aber ihrerseits wiederum 3 Monate zum Monatsende nicht überschreitet, so gilt die Kündigungsfrist des § 113 InsO und nicht etwa die gesetzliche Mindestkündigungsfrist aus § 622 BGB. Es kommt also auf eine individuelle Maßgeblichkeit an, nicht hingegen auf eine abstrakte Betrachtung von gesetzlicher Regelfrist, vertraglicher Vereinbarung und § 113 InsO.
- Ein **tariflicher Kündigungsschutz für ältere, langjährig beschäftigte Arbeitnehmer** (Ausschluss der ordentlichen Kündbarkeit) wird bei einer Kündigung durch den Insolvenzverwalter durch die in § 113 Abs. 1 Satz 2 InsO vorgegebene Höchstfrist von 3 Monaten zum Monatsende verdrängt *(s. hierzu etwa BAG 19.01.2000, EzA § 113 InsO Nr. 10).*
- Ist ein **Arbeitsverhältnis** im Zeitpunkt der Kündigung durch den Insolvenzverwalter ohne ordentliche Kündigungsmöglichkeit noch mindestens für weitere drei Monate **befristet**, so gilt die gesetzliche Höchst-Kündigungsfrist von 3 Monaten. Sie wird nicht durch eine kürzere gesetzliche Kündigungsfrist verdrängt, die für das Arbeitsverhältnis auch vor der Eröffnung des Insolvenzverfahrens nicht maßgeblich war *(BAG 06.07.2000, EzA § 113 InsO Nr. 11).*
- Kündigt der Insolvenzverwalter vorzeitig, so kann der Arbeitnehmer wegen der vorzeitigen Beendigung als Insolvenzgläubiger Schadensersatz verlangen.

Hinzuweisen ist i.Ü. darauf, dass an der **Verfassungsmäßigkeit der Regelung des § 113 InsO** vor dem Hintergrund eines Eingriffs in die ausgeübte Tarifautonomie (Art. 9 Abs. 3 GG) erhebliche Zweifel angemeldet wurden. Dies hat sich zwischenzeitlich durch mehrere Entscheidungen von BAG und Instanzgerichten erledigt. Ganz überwiegend wird nunmehr angenommen, dass § 113 InsO verfassungsgemäß sei *(s. BAG 16.06.1999, EzA § 113 InsO Nr. 8; s. auch BVerfG 21.05.1999, EzA-SD 15/1999 S. 19 und 08.02.1999, EzA-SD 7/1999 S. 9)*.

Die Unwirksamkeit einer Kündigung durch den Insolvenzverwalter kann der Arbeitnehmer nur binnen 3 Wochen nach Zugang der Kündigung geltend machen, und zwar auch dann, wenn er sich nicht auf Sozialwidrigkeitstatbestände beruft.

XIV. Weiterführende Literaturhinweise

Adomeit/Thau, Das Gesetz zur Vereinheitlichung der Kündigungsfristen von Arbeitern und Angestellten, NJW 1994, 11

Bauer, Kündigung und Kündigungsschutz vertretungsberechtigter Organmitglieder, BB 1994, Heft 12

Buchner, Die Kündigungsfristen für Arbeiter nach der Entscheidung des Bundesverfassungsgerichts vom 30.05.1990, NZA 1991, 41

Hromadka, Rechtsfragen zum Kündigungsfristengesetz, BB 1993, 2372

Kehrmann, Neue gesetzliche Kündigungsfristen für Arbeiter und Angestellte, AiB 1993, 740

Preis/Kramer, Das neue Kündigungsfristengesetz, DB 1993 2125

Voss, Auswirkungen des Gesetzes zur Vereinheitlichung der Kündigungsfristen (KündFG) auf das Arbeitnehmerüberlassungsgesetz, NZA 1994, 57

Wank, Die neuen Kündigungsfristen für Arbeitnehmer (§ 622 BGB), NZA 1993, 961

Widlak, Einheitliche Kündigungsfristen für Arbeiter und Angestellte, AuA 1993, 353

Wollgast, Verfassungswidrigkeit der Übergangsregelung des Kündigungsfristengesetzes, AuR 1993, 325

23. Kapitel: Die Kündigung als »letztes Mittel«

I.	Anderweitige Weiterbeschäftigungsmöglichkeit	4301
II.	Wo muss nach der anderen Beschäftigungsmöglichkeit gesucht werden?	4302
III.	Voraussetzungen des Ausweicharbeitsplatzes	4304
IV.	Weiterführende Literaturhinweise	4308

I. Anderweitige Weiterbeschäftigungsmöglichkeit

Für das **Grundverständnis des gesamten Kündigungsschutzrechts** ist es wichtig, sich einige allgemeingültige **Prinzipien** vor Augen zu führen: Nach ständiger Rechtsprechung gilt im Kündigungsschutzrecht ganz allgemein, dass eine Beendigungskündigung nur **als äußerstes Mittel** in Betracht kommt (sog. Ultima-ratio-Prinzip). Daraus folgt u.a., dass keine Möglichkeit zu einer anderweitigen zumutbaren Beschäftigung, wenn auch unter Umständen zu schlechteren Bedingungen, bestehen darf.

4301

Der Arbeitgeber hat also vor jeder **Beendigungskündigung** zu prüfen, ob es ihm nicht zumutbar ist, den Arbeitnehmer auf einem anderen gleichwertigen oder geringerwertigen Arbeitsplatz weiter zu beschäftigen. Hieraus leitet sich der **Vorrang der Änderungs- vor der Beendigungskündigung** ab (vgl. → Rz. 4305). Dies gilt i.Ü. unabhängig von einem **Widerspruch des Betriebsrats** nach § 102 Abs. 3 BetrVG. Eine **Beförderungsmöglichkeit** muss der Arbeitgeber hingegen für den Arbeitnehmer nicht suchen. Auch das **Abmahnungserfordernis** folgt letztlich aus dem Ultima-ratio-Prinzip. Umstritten ist, ob und inwieweit das Ultima-ratio-Prinzip auch außerhalb des Geltungsbereichs des Kündigungsschutzgesetzes zur Anwendung kommt.

Naturgemäß ist die Reichweite des Ultima-ratio-Grundsatzes umstritten. So wird von Teilen des arbeitsrechtlichen Schrifttums die Auffassung vertreten, aus **§ 2 SGB III** (Grundsatz der Vermeidung von Arbeitslosigkeit, Pflicht zur Erhaltung des Arbeitsplatzes) folge, dass der Arbeitgeber überhaupt nur kündigen könne, wenn er zuvor erfolglos die dort normierten milderen Mittel versucht habe. Die überwiegende Meinung steht demgegenüber auf dem Standpunkt, **§ 2 SGB III** entfalte keine Wechselwirkungen zum Kündigungsschutzrecht.

4301a

II. Wo muss nach der anderen Beschäftigungsmöglichkeit gesucht werden?

Die Weiterbeschäftigungspflicht ist **betriebs- und unternehmensbezogen**. Besteht also das Unternehmen aus mehreren Betrieben, so hat der Arbeitgeber in Bezug auf **jeden dieser Betriebe** zu untersuchen, ob eine Weiterbeschäftigung möglich ist. Ein konzernbezogener Kündigungsschutz besteht im Grundsatz nicht. Er kann sich freilich aus den vertraglichen Abreden ergeben.

4302

Wann von einem solchen **Konzernbezug** auszugehen ist, ist im Einzelfall fraglich. Ein kündigungsrechtlich relevanter Konzernbezug ist **nicht bereits dann anzunehmen**, wenn Arbeitnehmer in einem Konzernunternehmen – ohne versetzt oder abgeordnet zu werden – **bestimmten fachlichen Weisungen** durch ein anderes Konzernunternehmen unterstellt werden. Dies gilt jedenfalls dann, wenn dadurch noch kein **Vertrauenstatbestand** begründet wird, der einem vereinbarten oder in der Vertragsabwicklung konkludent durchgeführten Versetzungsvorbehalt gleichgestellt werden kann (*BAG 27.11.1991, EzA § 1 KSchG Betriebsbedingte Kündigung Nr. 72*). Ein Konzernbezug ist hingegen zu bejahen, wenn sich ein anderes Konzernunternehmen ausdrücklich zur Übernahme des Arbeitnehmers bereiterklärt hat.

4303 Eine konzernbezogene Betrachtung ist aber nicht nur dann geboten, wenn sich ein anderes Konzernunternehmen ausdrücklich zur Übernahme des Arbeitnehmers bereit erklärt hat, sondern auch und vor allem dann, wenn sich eine solche Verpflichtung unmittelbar aus dem **Arbeitsvertrag** oder einer **sonstigen vertraglichen Absprache** ergibt. Der Arbeitnehmer kann von vornherein für den Unternehmens- und den Konzernbereich eingestellt worden sein oder sich arbeitsvertraglich mit einer Versetzung innerhalb der Unternehmens- bzw. Konzerngruppe einverstanden erklärt haben. Bei einer solchen Vertragsgestaltung ist der Arbeitgeber verpflichtet, zunächst eine Unterbringung des Arbeitnehmers in einem anderen Unternehmens- oder Konzernbetrieb zu versuchen, bevor er dem Arbeitnehmer aus betriebsbedingten Gründen kündigt. Gleiches gilt dann, wenn der Arbeitgeber dem Arbeitnehmer eine diesbezügliche Zusage macht oder eine Übernahme durch einen anderen Unternehmens- oder Konzernbetrieb in Aussicht stellt. Ob auch Folgen daraus herzuleiten sind, dass grundsätzlich die konzernweite Mobilität der Arbeitnehmer gefordert und gefördert wird, ist offen, wird aber vom Grad der »Verdichtung« derartiger Programme abhängen.

Voraussetzung ist allerdings stets, dass dem Beschäftigungsbetrieb aufgrund einer Abstimmung mit dem herrschenden Unternehmen oder dem anderen Konzernbetrieb ein **bestimmender Einfluss auf die »Versetzung«** eingeräumt worden und die Entscheidung darüber nicht dem grundsätzlich zur Übernahme bereiten Unternehmen vorbehalten worden ist. Inwieweit hier konzernrechtliche Leitungsmacht ausgeübt werden muss, ist unsicher.

Aus Arbeitnehmersicht misslich ist, dass das BAG *(20.01.1994, EzA § 1 KSchG Betriebsbedingte Kündigung Nr. 74)* vom Arbeitnehmer auch im Falle des konzerndimensionalen Kündigungsschutzes verlangt, konkret aufzuzeigen, wie er sich eine **anderweitige Beschäftigungsmöglichkeit** vorstellt. Der Arbeitnehmer ist hier im Grundsatz auf umfassende eigene Nachforschungen angewiesen. Legt es der Arbeitgeber darauf an zu »mauern«, so wird der Arbeitnehmer seiner Darlegungslast nur schwer nachkommen können, es sei denn, er kann sich auf unternehmensinterne Medien oder etwa Stellengesuche in Tageszeitungen stützen.

Hier hilft dem Arbeitnehmer nunmehr aber zumindest bis zum Ablauf der individuellen Kündigungsfrist die **Rechtsprechung des BAG zum Wiedereinstellungsanspruch nach betriebsbedingter Kündigung.** Das BAG *(s. etwa BAG 06.08.1997, EzA § 1 KSchG Wieder-*

einstellungsanspruch Nr. 2 und BAG 04.12.1997, EzA § 1 KSchG Wiedereinstellungsanspruch Nr. 3) hält den Arbeitgeber im Grundsatz für verpflichtet, den Arbeitnehmer von sich aus darauf hinzuweisen, dass eine andere Beschäftigungsmöglichkeit entstanden ist oder entsteht. Einzelheiten – insbesondere das Ausmaß der Beobachtungspflicht des Arbeitgebers gerade in größeren Unternehmen oder Konzernen – sind allerdings noch umstritten. Gleiches gilt für die Rechtsfolgen eines entsprechenden Versäumnisses des Arbeitgebers. Diese Rechtsprechung zum Wiedereinstellungsanspruch gilt i.Ü. grundsätzlich auch nach personen- insbesondere krankheitsbedingter Kündigung.

III. Voraussetzungen des Ausweicharbeitsplatzes

Die Verpflichtung zur Weiterbeschäftigung auf einem freien, gleichwertigen oder zumutbaren geringerwertigen Arbeitsplatz setzt zunächst einen **freien Arbeitsplatz** voraus. Als frei sind solche Arbeitsplätze anzusehen, die zum Zeitpunkt des Zugangs der Kündigung unbesetzt sind; sofern der Arbeitgeber bei Ausspruch der Kündigung mit hinreichender Sicherheit vorhersehen kann, dass ein Arbeitsplatz bis zum Ablauf der Kündigungsfrist, z.B. aufgrund des Ausscheidens eines anderen Arbeitnehmers, zur Verfügung stehen wird, ist ein derartiger Arbeitsplatz als frei anzusehen.

4304

Als frei sind aber nach **neuester Rechtsprechung** auch solche Arbeitsplätze anzusehen, die erst eine **gewisse Zeit nach dem Kündigungstermin frei sein werden.** Es sind auch solche Arbeitsplätze in die Bewertung mit einzubeziehen, bei denen im Zeitpunkt des Ausspruchs der Kündigung bereits feststeht, dass sie in absehbarer Zeit nach Ablauf der Kündigungsfrist frei werden, sofern die Überbrückung dieses Zeitraums dem Arbeitgeber zumutbar ist. Zumutbar ist dabei jedenfalls ein Zeitraum, den ein anderer (externer) **Stellenbewerber zur Einarbeitung benötigen würde** *(BAG 15.12.1994, EzA § 1 KSchG Betriebsbedingte Kündigung Nr. 75).* Hiermit ist eine erhebliche Ausweitung des Begriffs des freien Arbeitsplatzes verbunden.

Die Verpflichtung zur Weiterbeschäftigung bezieht sich **nicht** auf einen frei gewordenen Arbeitsplatz **zu besseren Bedingungen.** Es gibt **keinen Anspruch auf Beförderung.** Allerdings kann dies in »**Missbrauchsfällen**« anders sein. Gestaltet etwa der Arbeitgeber den Arbeitsablauf um und verlagert bestimmte Tätigkeiten in eine andere Betriebsabteilung, so rechtfertigt dies allein keine betriebsbedingte Kündigung der bisher mit den Arbeiten beschäftigten Arbeitnehmer, wenn nach wie vor im Wesentlichen dieselben Arbeiten zu erledigen sind und die bisher mit den Arbeiten beschäftigten Arbeitnehmer zur Erledigung der Tätigkeiten geeignet sind. Dies gilt auch, wenn es sich bei den neu eingerichteten Stellen in der anderen Abteilung um sog. **Beförderungsstellen** handelt *(BAG 10.11.1994, EzA § 1 KSchG Betriebsbedingte Kündigung Nr. 77).* Die Rechtsprechung stellt also nicht auf eine rein formale Betrachtung ab, sondern nimmt auch qualitative Erwägungen vor. Für den **Normalfall** gilt aber nach wie vor: **Kein Beförderungsanspruch** des Arbeitnehmers!

Unter bestimmten Voraussetzungen ist dem Arbeitgeber vor einer Kündigung auch eine **Umschulung** zumutbar.

4304

BEISPIEL:

A ist bei der X-GmbH als Laborfacharbeiterin beschäftigt. Sie vermag wegen einer berufsbezogenen Krankheit auf Dauer ihren Beruf nicht mehr auszuüben. Sie verlangt die Umschulung und anschließende Weiterbeschäftigung als Bürokraft.

Nach der Rechtsprechung ist eine Kündigung auch dann rechtsunwirksam, wenn die Weiterbeschäftigung des Arbeitnehmers nach zumutbaren Umschulungs- und Fortbildungsmaßnahmen auf einem freien Arbeitsplatz möglich ist. Es muss aber mit hinreichender Sicherheit voraussehbar sein, dass nach Abschluss der Umschulungs- und Fortbildungsmaßnahmen ein freier Arbeitsplatz vorhanden sein wird. Der Arbeitgeber ist grundsätzlich zu **keiner Personalplanung gezwungen** (s. aber § 92 BetrVG)

Der Arbeitgeber hat den Betriebsrat über die Personalplanung, insbesondere über den gegenwärtigen und künftigen Personalbedarf sowie über die sich daraus ergebenden personellen Maßnahmen und Maßnahmen der Berufsbildung an Hand von Unterlagen rechtzeitig und umfassend zu unterrichten. Er hat mit dem Betriebsrat über Art und Umfang der erforderlichen Maßnahmen und über die Vermeidung von Härten zu beraten).

Der Arbeitgeber hat also keinen Arbeitsplatz zu schaffen oder bei einer noch nicht voraussehbaren Vakanz für einen Umschüler bereitzuhalten. Gegenüber bestimmten Personengruppen greifen aber gesteigerte Rücksichtnahmepflichten. Dies gilt insbesondere für schwerbehinderte Menschen oder Arbeitnehmer, bei denen die ordentliche Kündigung ausgeschlossen ist. Hier können in Grenzen auch organisatorische Maßnahmen erforderlich sein, um eine Weiterbeschäftigung zu ermöglichen.

4305 Aus dem Ultima-ratio-Prinzip folgt auch der **Vorrang der Änderungskündigung** (§ 2 KSchG) vor einer Beendigungskündigung *(BAG 27.09.1984, EzA § 2 KSchG Nr. 5)*. Dies bedeutet, dass der Arbeitgeber vor jeder Kündigung (sei sie betriebs-, personen- oder verhaltensbedingt) überprüfen muss, ob es ihm zumutbar ist, das Arbeitsverhältnis zu geänderten Bedingungen fortzusetzen.

Der Arbeitgeber muss nach der Rechtsprechung **von sich aus** dem Arbeitnehmer eine beiden Parteien zumutbare Weiterbeschäftigung auf einem freien Arbeitsplatz **auch zu geänderten Bedingungen** anbieten.

Bei diesen Verhandlungen mit dem Arbeitnehmer hat der Arbeitgeber klarzustellen, dass **bei Ablehnung des Änderungsangebotes eine Kündigung beabsichtigt** ist, und hat ihm eine Überlegungsfrist von einer Woche einzuräumen (daher sog. Wochengespräch). Das Änderungsangebot muss **unmissverständlich und vollständig** die neuen Vertragsbedingungen enthalten *(LAG Hamm 22.06.1998, LAGE § 1 KSchG Betriebsbedingte Kündigung Nr. 51)*. Dieses Angebot kann der Arbeitnehmer unter einem dem § 2 KSchG entsprechenden Vorbehalt annehmen. Der Arbeitgeber muss dann eine Änderungskündigung aussprechen, d.h. das Ursprungsarbeitsverhältnis ordentlich kündigen und dem Arbeitnehmer anbieten, zu veränderten Arbeitsbedingungen weiterzuarbeiten. Lehnt der Arbeitnehmer das Änderungsangebot vorbehaltlos und endgültig ab, dann kann der Arbeitgeber eine Beendigungskündigung aussprechen (s. → Rz. 4531 ff.).

Diese **Grundsätze** gelten – das ist noch einmal zu betonen – für die **personen-, verhaltens- und betriebsbedingte Kündigung**, mag auch dem Arbeitgeber bei verschuldeten erheblichen Vertragsverletzungen eine Weiterbeschäftigung zu anderen Bedingungen nur ausnahmsweise zumutbar sein. Kann aber etwa ein Arbeitnehmer aufgrund seines Gesundheitszustandes einen bestimmten Arbeitsplatz nicht mehr ausfüllen, so ist der Arbeitgeber gehalten, vor einer Beendigungskündigung zu überprüfen, ob er den Arbeitnehmer auf einem anderen freien **gleichwertigen oder geringerwertigen** Arbeitsplatz weiterbeschäftigen kann.

Selbstverständlich gibt es auch noch die **klassische Änderungskündigung** in der Form, dass der Arbeitgeber unmittelbar die Kündigung ausspricht. Das Vorgehen über das Wochengespräch, das schwierige Probleme bei der Anhörung des Betriebsrats aufwirft, ist dann obsolet.

In seiner interessanten und lehrreichen Entscheidung vom 19.05.1993 hatte sich das BAG (*EzA § 1 KSchG Betriebsbedingte Kündigung Nr. 73*) erneut mit der **Reichweite des Ultima-ratio-Prinzip** unter Berücksichtigung der **Änderungskündigung** zu befassen.

BEISPIEL:

Der Arbeitgeber beschließt im Rahmen einer Umorganisation seines Betriebes eine Reduzierung des Servicebereiches um täglich acht Stunden. Gegenüber den beiden sozial stärksten Arbeitnehmern im Servicebereich spricht er eine Änderungskündigung von Vollzeitbeschäftigung auf 50%ige Teilzeitbeschäftigung aus, weil ihm dies bei Besserung der wirtschaftlichen Lage ein Aufstocken der Stundenzahl ermöglicht und er zudem in den arbeitsintensiven Morgenstunden auf zwei Kräfte zurückgreifen kann. Der sozial schwächere von den beiden gekündigten Arbeitnehmern meint, der Arbeitgeber habe eine Beendigungskündigung statt zweier Änderungskündigungen aussprechen müssen.

Zu klären war erstmals, ob ein Arbeitgeber als Folge des durch seine organisatorische Maßnahme entstandenen Arbeitskräfteüberhangs eine **Mehrzahl von Änderungskündigungen** zur Verkürzung der Arbeitszeit **anstelle einzelner Beendigungskündigungen** aussprechen darf. Nach Auffassung des BAG gehört die Bestimmung, ob ein umfangmäßig konkretisierter Dienstleistungsbedarf nur mit Volltags- oder teilweise auch mit Halbtagsbeschäftigungen abgedeckt werden soll, zum Bereich der Unternehmenspolitik (freie Unternehmerentscheidung). Etwas anderes gilt nur, wenn für die Umgestaltung keine sachlich begründbaren, betrieblichen Erfordernisse vorliegen. Auch aus den Wertungen des § 1 Abs. 3 KSchG ergibt sich keine Verpflichtung zum Ausspruch einer Beendigungskündigung anstelle zweier Änderungskündigungen. Dies gebietet insbesondere auch nicht der **Verhältnismäßigkeitsgrundsatz**.

Festzuhalten ist aber: Eine **Atomisierung der Arbeitsverhältnisse** zur Flucht aus dem Kündigungsschutz ist nicht zulässig!

Aus dem **Grundsatz der Verhältnismäßigkeit** folgt auch, dass der Arbeitgeber bei verschuldeten Vertragsverletzungen grundsätzlich nur kündigen kann, wenn er zuvor den Arbeitnehmer wegen einer gleichen oder ähnlichen Pflichtwidrigkeit zumindest schon einmal **abgemahnt** hat (s. → Rz. 4415 ff.). Er muss also den Arbeitnehmer im Regelfall darauf hinweisen, dass er die missbilligte Verhaltensweise nicht weiter hinnehmen und

4306

im Wiederholungsfall Konsequenzen für den Bestand des Arbeitsverhältnisses ziehen werde. I.Ü. bedarf es außerhalb des Geltungsbereichs des Kündigungsschutzgesetzes keiner Abmahnung.

4307 Die Auswirkungen eines Verstoßes gegen das Ultima-ratio-Prinzip verdeutlicht nachstehender Sachverhalt.

BEISPIEL:

Der Arbeitgeber spricht anstelle einer eigentlich angemessenen Änderungskündigung (hier: von Dekorateurin zu Kassiererin) eine Beendigungskündigung aus. Es wird arbeitsgerichtlich festgestellt, dass die Beendigungskündigung unwirksam ist, weil eine Tätigkeit als Kassiererin möglich war. Dies nimmt das ArbG in die Entscheidungsgründe auf. Der Arbeitgeber spricht daraufhin sofort eine Änderungskündigung aus und verlangt von der Arbeitnehmerin unter Berufung auf die Begründung des arbeitsgerichtlichen Urteils den unmittelbaren Einsatz als Kassiererin. Die Arbeitnehmerin weigert sich und begeht stattdessen Verzugslohn.

Zu Recht! Der Arbeitgeber hätte hier bis zum Wirksamwerden der 2. Kündigung die Tätigkeit als Dekorateurin anbieten müssen. Dass die Klägerin sich selbst im Vorprozess auf die Möglichkeit des Einsatzes als Kassiererin berufen hat, spielt demgegenüber keine Rolle. Dies geschah nur in Wahrnehmung ihrer berechtigten prozessualen Belange (s. zum Ganzen BAG 27.01.1994, EzA § 615 BGB Nr. 80).

IV. Weiterführende Literaturhinweise

4308 Bemerkungen zur Reichweite des Ultima-ratio-Prinzips finden sich in allen gängigen Kommentaren und Lehrbüchern zum Arbeitsrecht. Daher sei hier nur exemplarisch auf einige Beiträge hingewiesen.

Hönsch/Natzel, Handbuch des Fachanwalts Arbeitsrecht, 2. Aufl. 1994, Teil D Rn. 157
Gemeinschaftskommentar zum Kündigungsschutzgesetz und zu sonstigen kündigungsrechtlichen Vorschriften, 5. Aufl. 1998
Preis, Prinzipien des Kündigungsrechts bei Arbeitsverhältnissen, S. 313 ff.

24. Kapitel: Kündigungsschutz nach dem Kündigungsschutzgesetz

I.	Betriebsgröße und Arbeitnehmerbegriff	4322
II.	Erfüllung der Wartezeit	4328
III.	Auswirkungen des Kündigungsschutzgesetzes	4335
IV.	Weiterführende Literaturhinweise	4336

> **ÜBERSICHT ANWENDUNGSBEREICH DES KÜNDIGUNGSSCHUTZGESETZES** 4320
>
> - **Mindestgröße des Betriebs**
>   - Mehr als 5 Arbeitnehmer dauerhaft beschäftigt
>   - Auszubildende zählen nicht mit
>   - Teilzeitbeschäftigte werden pauschaliert quotal mitgezählt
>   - Auszubildende zählen nicht mit
> - **Mindestbeschäftigungsdauer 6 Monate**
>   - Verkürzung durch einzelvertragliche Vereinbarung möglich
>   - Verlängerung kündigungsrechtlich unzulässig
>   - Anrechnungsvereinbarungen: Anrechnung von Vordienstzeiten beim selben Arbeitgeber zulässig, aber nicht unstreitig
>   - Einbeziehung von Zeiten eines früheren Arbeitsverhältnisses bei anderen Arbeitgebern ebenfalls zulässig, aber nicht unstreitig
> - **Weitere Besonderheiten des KSchG**
>   - Für Saison- und Kampagnebetriebe (§ 22 KSchG)
>   - Für Betriebe der öffentlichen Hand (§ 23 KSchG)
> - **Achtung! Besonderheiten können sich bei bestimmten Personengruppen ergeben:**
>   - Organmitglieder, bspw., GmbH-Geschäftsführer, Vorstandsmitglieder von Aktiengesellschaften oder Genossenschaften
>   - Gesellschafter von Personenhandelsgesellschaften
>   - Beamte
>   - Auszubildende (teilweise streitig)
>   - Beschäftigte in kirchlichen/religiösen Einrichtungen

Das Kündigungsschutzgesetz findet nicht in allen Betrieben Anwendung. Vielmehr ist eine bestimmte **Betriebsgröße**, nicht Unternehmensgröße erforderlich. Auch der Arbeitnehmer muss bestimmte Voraussetzungen erfüllen, um Kündigungsschutz nach dem Kündigungsschutzgesetz zu genießen. 4321

I. Betriebsgröße und geschützte Arbeitnehmer

4322 Nach der ursprünglichen Fassung des § 23 Abs. 1 Satz 2 KSchG fanden die Vorschriften des Kündigungsschutzgesetzes keine Anwendung auf Betriebe und Verwaltungen, in denen **in der Regel 5 oder weniger Arbeitnehmer** ausschließlich der zur Berufsbildung Beschäftigten (Auszubildende, Volontäre, Praktikanten) beschäftigt werden. **Teilzeitbeschäftigte** wurden bei der Bestimmung der Regelbeschäftigtenzahl nur berücksichtigt, wenn ihre regelmäßige Arbeitszeit wöchentlich 10 oder monatlich 45 Stunden überstieg (§ 23 Abs. 1 Satz 3 KSchG). War dies der Fall, zählten sie allerdings voll mit.

Der **Schwellenwert** für die Anwendung des KSchG wurde sodann auf mehr als 10 regelmäßig beschäftigte Arbeitnehmer angehoben. Die mit der Anhebung des **Schwellenwertes** verbundene Beeinträchtigung der kündigungsrechtlichen Rechtsstellung berührte nicht solche Arbeitnehmer, die am 30.09.1996 die Wartezeit erfüllt hatten und in einem Betrieb beschäftigt waren, der unter Zugrundelegung des alten Schwellenwertes dem KSchG unterfiel (§ 23 Abs. 1 Satz 4 KSchG). Diese Übergangsregelung ist nur noch für Altfälle bedeutsam. **Mit Wirkung ab 01.01.1999 ist der Schwellenwert wieder auf 5 Arbeitnehmer gesenkt worden.** Damit fallen erheblich mehr Betriebe in den Geltungsbereich des KSchG.

Teilzeitbeschäftigte werden derzeit nach neuester Gesetzesfassung anteilig – aber in pauschalierter Form – entsprechend ihrer wöchentlichen Beschäftigungsdauer berücksichtigt

- bis zu 20 Stunden wöchentlich: 0,5,
- über 20 bis zu 30 Stunden wöchentlich: 0,75,
- über 30 Stunden wöchentlich: 1,0.

Die **Auswirkungen** der Neuregelung sind erheblich: Bislang konnte etwa ein Arbeitgeber 40 Arbeitnehmer mit 10 Stunden beschäftigen (40 x 0,25 = 10), ohne dass das Kündigungsschutzgesetz eingriff. Nunmehr kann derselbe Arbeitgeber nur noch 10 Arbeitnehmer mit 10 Stunden beschäftigen (10 x 0,5 = 5).

4323 Die Regelung, dass es in so genannten **Kleinstbetrieben** keinen Kündigungsschutz mehr gibt, sieht man einmal von dem Kündigungsschutz nach bürgerlichem Recht ab (vgl. → Rz. 4621 ff.), verstößt nicht gegen den Gleichheitssatz der Verfassung (Art. 3 GG). Auch ein Verstoß gegen europarechtliche Vorgaben ist vom EuGH abgelehnt worden *(EuGH 30.11.1993, EzA-SD Heft 26/1993 S. 5)*.

Ob ein Betrieb unter das Kündigungsschutzgesetz fällt, bestimmt sich nach der **Regelbeschäftigtenzahl im Zeitpunkt der Kündigungserklärung**. Arbeitnehmer i.S.v. § 23 Abs. 1 Satz 2 KSchG ist dabei nur derjenige, der aufgrund eines **privatrechtlichen Vertrages** in einem **Verhältnis persönlicher Abhängigkeit** Arbeitsleistungen erbringt. Deshalb werden z.B. Zivildienstleistende nicht mitgerechnet. Auch Organmitglieder, also etwa die Geschäftsführer einer GmbH oder Vorstand einer AG oder Genossenschaft, zählen nicht mit.

Entscheidend ist, wie viel Arbeitnehmer der **Betrieb im Regelfall** aufweist. Der Betriebsbegriff ist dabei nicht mit dem des Unternehmens identisch. Vielmehr kommt es auf die Einheit an, in der die maßgeblichen personellen und organisatorischen Entscheidungen im Wesentlichen selbständig getroffen werden. Dabei steht die Rechtsprechung auf dem Standpunkt, dass mehrere in einem Gebäude untergebrachte Unternehmen unter bestimmten Voraussetzungen als ein Betrieb i.S.v. § 23 Abs. 1 Satz 2 KSchG angesehen werden können, was z.B. dann der Fall ist, wenn von mehreren in einem Gebäude untergebrachten Unternehmen im Rahmen einer gemeinsamen Arbeitsorganisation und unter einer einheitlichen Leitungsmacht **arbeitstechnische Zwecke** verfolgt werden **(sog. Gemeinschaftsbetrieb; s. auch die Neudefinition im BetrVG)**. Dies gilt auch dann, wenn in einer solchen Organisationsform verschiedene arbeitstechnische Zwecke verfolgt werden. Nicht vorausgesetzt ist, dass die beteiligten Unternehmen ausdrücklich eine rechtliche Vereinbarung über die einheitliche Leitung des gemeinsamen Betriebes geschlossen haben. Es reicht aus, wenn sich eine solche Vereinbarung aus den näheren Umständen des Einzelfalls ergibt.

Diese Grundsätze hat das BAG *(29.04.1999, EzA § 23 KSchG Nr. 21)* nochmals untermauert. Hiernach gilt: Ein gemeinschaftlicher Betrieb zwischen einer **Holding** und einer **Tochtergesellschaft** liegt nicht bereits dann vor, wenn die Holding aufgrund ihrer konzernrechtlichen Leitungsmacht gegenüber dem Vorstand der Tochter-AG anordnet, die Tochter solle bestimmte Arbeiten für die Holding mit erledigen. Die Holding-Arbeitnehmer genießen beim Nichtvorliegen eines Gemeinschaftsbetriebes nur dann Kündigungsschutz, wenn die Holding ihrerseits die erforderliche Personalstärke aufweist. Wer i.Ü. als Arbeitgeber so auftritt als betreibe er zusammen mit anderen Unternehmen einen Gemeinschaftsbetrieb, muss sich so behandeln lassen als bestehe tatsächlich ein solcher *(BAG 18.10.2000, EzA § 15 KSchG n.F. Nr. 51)*.

Nach **zwei Entscheidungen des Bundesverfassungsgerichts** ist zweifelhaft geworden, ob an dem soeben skizzierten **Betriebsbegriff**, den das BAG bisher in ständiger Rechtsprechung zugrundelegt, so auf Dauer festgehalten werden kann. Das BVerfG *(27.01.1998, EzA § 23 KSchG Nr. 17 und 18)* hat darauf erkannt, dass der Betriebsbegriff des § 23 KSchG im Wege verfassungskonformer Auslegung **auf solche Einheiten zu beschränken ist, die des Schutzes wirklich bedürfen**. Im Einzelfall können dies auch Teile größerer Unternehmen sein.

Da das BVerfG keine **Anwendungsbeispiele** gebracht hatte, bestand zunächst erhebliche Unsicherheit, wie diese **neue Rechtsprechung zu interpretieren** war. Denkbar wäre etwa, dass zukünftig Kündigungsschutz bereits dann greift, wenn ein Unternehmer 4 GmbH´s mit maximal je 4 Beschäftigten als Alleingesellschafter-Geschäftsführer beherrscht und eine derartige Aufspaltung einer einheitlichen betrieblichen Tätigkeit an sich nicht notwendig wäre. Gleiches gilt möglicherweise in dem eher realistischen Fall, dass ein größeres Unternehmen 3 selbständige Betriebsstätten mit je 4 Beschäftigten im bisherigen Sinne des § 23 KSchG unterhält, obwohl auch eine andere Organisation denkbar und vernünftig wäre. I.Ü. sind der Gestaltungsphantasie keine Grenzen gesetzt. Auch jede Kombination der beiden Modelle ist denkbar (Unternehmer A betreibt ein Geschäft als

Einzelkaufmann und ein weiteres in der Form der GmbH, wobei er alleiniger Gesellschafter und Geschäftsführer ist.

Ob seitens des Arbeitgebers eine **Missbrauchsabsicht** bestehen muss und wer diese ggf. darzulegen und zu beweisen hat, ist ebenfalls unsicher. Um nicht über das Ziel hinauszuschießen, erscheint es angebracht, vom Arbeitgeber getroffene **unternehmerische Organisationsentscheidungen** grundsätzlich zu akzeptieren und nur in den Fällen, wo die Organisation nur und ausschließlich den Zweck hat oder haben kann, dem Kündigungsschutz zu entfliehen, unter Zugrundelegung der Erwägungen des BVerfG Kündigungsschutz gleichwohl eintreten zu lassen. Ansonsten sollte von Zusammenrechnungen Abstand genommen werden.

Dies deckt sich mit der Auffassung des BAG *(12.11.1998, EzA § 23 KSchG Nr. 20)*, das sich in einer ersten Entscheidung zumindest im Hinblick auf **Konzerntatbestände** zurückhaltend gezeigt. So lehnt es insbesondere einen **Berechnungsdurchgriff** im Konzern ab. Im Einzelnen nimmt das BAG *(a.a.O.)* in Anknüpfung an das BVerfG zum **Betriebsbegriff** wie folgt Stellung: »Unter solchen 'Einheiten' hat des Bundesverfassungsgericht aber nicht etwa auch solche in eigener Rechtspersönlichkeit, d.h. (Konzern-) Unternehmen verstanden, sondern ausgehend vom betriebsverfassungsrechtlichen Betriebsbegriff organisatorische Einheiten, innerhalb derer der Arbeitgeber bestimmte arbeitstechnische Zwecke verfolgt ... Die Absage des Gesetzgebers an eine von einer einheitlichen institutionellen Leitung auch im sozialen und personellen Bereich unabhängige unternehmensübergreifende Berechnung der für die Anwendung des Kündigungsschutzgesetzes maßgebliche Beschäftigtenzahl ist nach Ansicht des erkennenden Senats verfassungsrechtlich unbedenklich. Sie verletzt weder Art. 12 Abs. 1 noch Art. 3 Abs. 1 GG ... **Den Arbeitnehmern im konzernabhängigen Kleinunternehmen ist das größere rechtliche Risiko eines Arbeitsplatzverlustes angesichts grundrechtlich geschützten Belange der Arbeitgeber zuzumuten** ... .«

Dabei fällt nach Auffassung des BAG auch ins Gewicht, dass die Arbeitnehmer durch die Herausnahme dem gesetzlichen Kündigungsschutz nicht völlig schutzlos gestellt sind: »**Wo die Bestimmungen des Kündigungsschutzgesetzes nicht greifen, sind die Arbeitnehmer durch die zivilrechtlichen Generalklauseln vor einer sitten- oder treuwidrigen Ausübung des Kündigungsrechts des Arbeitgebers geschützt**. Im Rahmen dieser Generalklauseln ist auch der objektiver Gehalt der Grundrechte zu beachten. Hier ergeben sich die maßgebenden Grundsätze vor allem aus Art. 12 Abs. 1 GG. Der verfassungsrechtlich gebotene Mindestkündigungsschutz des Arbeitsplatzes vor Verlust durch private Disposition ist damit in jedem Fall gewährleistet. In sachlicher Hinsicht geht es vor allem darum, Arbeitnehmer vor willkürlichen oder auf sachfremden Motiven beruhenden Kündigungen zu schützen. ... Mit anderen Worten: Die gerade auch im Interesse der Rechtssicherheit grundsätzlich zu beachtende Grenzziehung des Gesetzgebers steht einer sachgerechten Lösung von **Missbrauchsfällen** nicht entgegen ... .«

Die gesetzlichen Schranken für eine unternehmensübergreifende Berechnung der für die Anwendbarkeit des Kündigungsschutzgesetzes maßgebenden Beschäftigungszahl sind nach Meinung des BAG auch mit **Art. 3 Abs. 1 GG** vereinbar: »Insbesondere die ... Störanfälligkeit kleiner Teams für Missstimmungen und Personalquerelen ist ein sachlicher Grund, der eine Anknüpfung des allgemeine Kündigungsschutzes an die unter einheitlicher Leitung hinsichtlich des Kernbereichs der Arbeitgeberfunktionen beschäftigte Zahl von Arbeitnehmer und damit eine Ungleichbehandlung der Arbeitnehmer von Kleinbetrieben bzw. Kleinverwaltungen im Vergleich zu denen rechtfertigt, die in größeren Betrieben bzw. Verwaltungen tätig sind. **Würde im Konzernverbund die Personalführung konzernabhängiger Unternehmen zentralisiert, d.h. würden insbesondere das arbeitgeberseitige Direktionsrecht und die übrigen Arbeitgeberfunktionen in konzernabhängigen Unternehmen in sozialen und personellen Bereich von einer übergeordneten Konzernzentrale gesteuert, könnte eine verfassungskonforme Auslegung des § 23 Abs. 1 Satz 2 KSchG dahin geboten sein, dass ... ein 'Berechnungsdurchgriff' auf den Konzern vorgenommen wird.** Eine lediglich unternehmerische Zusammenarbeit auf der Grundlage von Organ- und Beherrschungsverträgen, die den Kernbereich der Arbeitgeberfunktionen bei den einzelnen beteiligten Unternehmen belässt, reicht dafür aber nicht aus ... .«

Siehe zum **Betriebsbegriff** auch *BAG 20.08.1999, EzA § 2 KSchG Nr. 31*. Hiernach gilt: Bei § 23 KSchG kommt es nicht auf die Differenzierung zwischen Betrieb und **Betriebsteil** i.S.v. § 4 BetrVG an. Entscheidend ist immer die organisatorische Einheit, in der der Unternehmer allein oder in Gemeinschaft mit seinen Mitarbeitern mit Hilfe von sachlichen und immateriellen Mitteln bestimmte arbeitstechnische Zwecke fortgesetzt verfolgt.

Von **Betrieben** zu unterscheiden sind **Betriebsteile**, die gegenüber dem Hauptbetrieb organisatorisch unselbständig sind und eine Teilfunktion von dessen arbeitstechnischem Zweck wahrnehmen. **Betriebsteile** zeichnen sich dadurch aus, dass sie über einen eigenen Arbeitnehmerstamm, eigene technische Hilfsmittel und eine durch die räumliche und funktionale Abgrenzung vom Hauptbetrieb bedingte relative **Selbständigkeit** verfügen. Andererseits fehlt ihnen aber nach Auffassung des BAG ein **eigenständiger Leitungsapparat** Eine vom Hauptbetrieb weit entfernt gelegene kleinere Betriebsstätte (im Fall: Tischlerei in einer Werft mit einem Meister und zwei weiteren Arbeitnehmern) ist bei der Berechnung der Betriebsgröße nach § 23 Abs. 1 Satz 2 KSchG regelmäßig dem Hauptbetrieb zuzurechnen, wenn die Kompetenzen des Meisters denen des Leiters einer Betriebsabteilung vergleichbar sind und die wesentlichen Entscheidungen in personellen und sozialen Angelegenheiten im Hauptbetrieb getroffen werden *(BAG 15.03.2001, EzA § 23 KSchG Nr. 23)*.

Durch die skizzierten Entscheidungen ist der **Geltungsbereich des KSchG trotz der zurückhaltenden Rechtsprechung des BAG in Fluss geraten**, ohne dass bislang exakt absehbar wäre, wo nunmehr im Einzelfall die Grenzen liegen. Damit sind **Chancen und Risiken** verbunden.

Hinsichtlich der für die Praxis wichtigen **Darlegungs- und Beweislast** vertritt das BAG *(15.03.2001, EzA § 23 KSchG Nr. 23)* eine differenzierte Herangehensweise. Der **Arbeitnehmer** muss danach im Einzelnen darlegen und gegebenenfalls beweisen, in einem Betrieb tätig zu sein, in dem in der Regel mehr als fünf Arbeitnehmer ausschließlich der zu ihrer Berufsbildung Beschäftigten tätig sind. Nach den Grundsätzen der **abgestuften Dar-**

legungs- und Beweislast, die auch für die Fragen des Betriebsbegriffs gelten, dürfen keine strengen Anforderungen an die Darlegungslast des Arbeitnehmers gestellt werden. Es reicht nach Auffassung des BAG in der Regel aus, wenn der Arbeitnehmer die äußeren Umstände schlüssig darlegt, die für die Annahme sprechen, dass die Betriebsstätte, in der er beschäftigt ist, über keinen eigenständigen Leitungsapparat verfügt, diese vielmehr zentral gelenkt wird. Hat der Arbeitnehmer schlüssig derartige Umstände behauptet, so hat der **Arbeitgeber** hierauf gemäß § 138 Abs. 2 ZPO im Einzelnen zu erklären, welche rechtserheblichen Umstände gegen die Annahme eines einheitlichen Leitungsapparates für mehrere Betriebsstätten sprechen denn nach dem Prinzip der Sachnähe ist regelmäßig nur er in der Lage, nähere Auskunft über die betrieblichen Führungsstrukturen zu geben. Ob der Grundrechtsschutz des Arbeitnehmers noch weitergehende Konsequenzen hinsichtlich der Darlegungs- und Beweislast erfordert, hat das BAG offen gelassen.

4324 Bei der **Ermittlung der Regelbeschäftigtenzahl** i.S.v. § 23 Abs. 1 Satz 2 KSchG ist nach der Rechtsprechung **nicht** auf die **zufällige Belegschaftsstärke** zur Zeit der Kündigung, sondern auf die Zahl der im normalen Betrieb beschäftigten Arbeitnehmer abzustellen (typische Beschäftigtenzahl). Hierdurch sollen zufällige Schwankungen vermieden werden. Gelegentlich hat die Rechtsprechung auch auf einen **Vergleichszeitraum von 12 Monaten** abgestellt. Gleichwohl sind Prognoserisiken nie auszuschließen.

Befindet sich eine Arbeitnehmerin in der Elternzeit, wird die Regelbeschäftigtenzahl nicht verändert, wenn vor und nach der Elternzeit der Betrieb mit der gleichen Beschäftigtenzahl unverändert ausgestattet ist, d.h. ein Vertreter beschäftigt ist (**§ 21 Abs. 7 BErzGG**). Mit dieser Bestimmung wird sichergestellt, dass bei der Ermittlung der Anzahl der beschäftigten Arbeitnehmer nur der Elternzeiter **oder die für ihn eingestellte Ersatzkraft mitgezählt** wird, wenn die Anwendung arbeitsrechtlicher Gesetze von der Zahl der im Betrieb beschäftigten Arbeitnehmer abhängt. Damit soll gewährleistet werden, dass bei einer regelmäßigen Beschäftigtenzahl von 5 Arbeitnehmern, von denen eine Person in der Elternzeit ist und für sie (zusätzlich) eine Ersatzkraft eingestellt worden ist, die Kleinstbetriebsklausel trotz einer Zahl von nunmehr 6 Arbeitnehmern weiterhin gilt. Diese Grundsätze gelten ganz allgemein auch **für sonstige ruhende Arbeitsverhältnisse** (z.B. Ableistung von Wehrdienst).

4325 Das Kündigungsschutzgesetz setzt nicht voraus, dass der Arbeitnehmer ein **bestimmtes Alter** erreicht hat. Auch leitende Angestellte nehmen am Kündigungsschutz teil. Für **leitende Angestellte** i.S.v. § 14 KSchG gilt jedoch die Besonderheit, dass bei einer sozial ungerechtfertigten Kündigung der Antrag des Arbeitgebers auf Auflösung des Arbeitsverhältnisses keiner Begründung bedarf (§ 14 Abs. 2 Satz 2 KSchG). Für den leitenden Angestellten gilt daher der Grundsatz »**Dulde und Liquidiere!**«. Gleiches gilt für Betriebsleiter i.S.v. § 14 Abs. 2 Satz 1 KSchG. Zum Begriff des Betriebsleiter s. *BAG 25.11.1993, EzA § 14 KSchG Nr. 3*. **Betriebsleiter** ist hiernach jedenfalls, wer einen selbständigen Betrieb mit zahlreichen Arbeitnehmern leitet und dabei personell und wirtschaftlich bedeutende **Entscheidungsspielräume** hat.

Für Kündigungen von juristischen Personen und Personengesamtheiten gegenüber ihren unmittelbaren **Organvertretern** gilt das Kündigungsschutzgesetz nicht. Das Kündigungsschutzgesetz ist daher nicht anwendbar auf die Kündigung des Dienstverhältnisses von Vorstandsmitgliedern einer AG, Geschäftsführern einer GmbH und geschäftsführenden Gesellschaftern einer offenen Handelsgesellschaft oder Kommanditgesellschaft. Dies gilt jedoch nur für Kündigungen gegenüber ihren **unmittelbaren Organvertretern**. Auf die von einer GmbH & Co. KG ausgesprochene Kündigung eines zwischen ihr und dem Geschäftsführer ihrer Komplementär-GmbH bestehenden Anstellungsvertrags ist daher das Kündigungsschutzgesetz anwendbar. Das Kündigungsschutzgesetz ist auch anwendbar, wenn zwischen einem Geschäftsführer und der GmbH bzw. zwischen dem Vorstand und der AG zwei Rechtsverhältnisse bestehen, von denen eines ein dienstlich abgrenzbares Arbeitsverhältnis ist.

4326

Nach bisheriger Rechtsprechung des BAG galten Besonderheiten dann, wenn ein **Angestellter einer GmbH ohne eine wesentliche Änderung seiner Vergütung zum Geschäftsführer bestellt** wurde. In diesem Fall war **im Zweifel** davon auszugehen, dass das bisherige Arbeitsverhältnis nur suspendiert und nicht endgültig beendet wurde. Wurde daher der Angestellte bei einer derartigen Vertragsgestaltung als Geschäftsführer abberufen, wurde das Arbeitsverhältnis wieder auf seinen ursprünglichen Inhalt zurückgeführt, so dass sich die Gesellschaft nur im Wege einer Kündigung, die dem Kündigungsschutzgesetz unterliegt, von dem Angestellten trennen konnte. Hier hat sich eine **Umkehrung der Rechtsprechung** vollzogen. Der Leitsatz der Entscheidung des BAG vom 07.10.1993 (EzA § 5 ArbGG 1979 Nr. 9) lautet: »Soll der Arbeitnehmer zwecks späterer Anstellung als GmbH-Geschäftsführer zunächst in einem Arbeitsverhältnis erprobt werden, so ist im Zweifel anzunehmen, dass mit Abschluss des Geschäftsführervertrages das ursprüngliche Arbeitsverhältnis beendet sein soll.«

Aus den Entscheidungsgründen ergibt sich, dass dies nicht nur auf den Sonderfall der Erprobung beschränkt sein soll. Das BAG geht davon aus, dass es zwar Fälle geben mag, in denen ein Arbeitsverhältnis trotz Abschluss eines freien Dienstvertrages ruhend fortbestehen soll. Fehle es aber an einer solchen Vereinbarung, sei **im Normalfall von einer automatischen Vertragsumwandlung auszugehen**. Das BAG zieht insoweit eine Parallele zur Befristungsrechtsprechung. Auch hier wird regelmäßig auf den letzten befristeten Vertrag abgestellt. Die ursprüngliche Zweifelsregel zugunsten des Arbeitsvertrages ist also de facto umgekehrt (s. auch BAG 08.06.2000, EzA § 5 ArbGG 1979 Nr.35).

Da hier noch keine endgültige Sicherheit besteht, sollte aber der Arbeitsvertrag bei der Bestellung zum Geschäftsführer **ausdrücklich aufgehoben** werden. Dann bestehen keine Probleme (s. hierzu BAG 21.02.1994, EzA § 2 ArbGG 1979 Nr. 28).

Mitarbeitende Gesellschafter einer GmbH können, soweit sie persönlich abhängig sind, Arbeitnehmer sein!

Dies hängt ganz wesentlich von der Ausgestaltung des Gesellschaftsvertrages ab. In diesem Zusammenhang ist es auch denkbar, dass ein Gesellschafter teilweise Leistungen aufgrund des Gesellschaftsvertrages und teilweise solche aufgrund eines privatrechtlichen Arbeitsvertrages zur Gesellschaft erbringt.

BEISPIEL:

Gesellschafter A der X-GmbH ist gesellschaftsvertraglich verpflichtet, monatlich einen Tag der Gesellschaft für Beratungszwecke zur Verfügung zu stehen. Da ein leitender Mitarbeiter ausscheidet, verpflichtet sich der A in einem Arbeitsvertrag mit der Gesellschaft, weitere 4 Tage gegen einen Tagessatz von 1.000 EUR der Gesellschaft beratend zur Verfügung zu stehen.

4327 Unter den **persönlichen Geltungsbereich** des allgemeinen Kündigungsschutzes fallen grundsätzlich auch solche Arbeitnehmer, die neben einer hauptamtlichen Beamtentätigkeit in geringem zeitlichen Umfang Arbeitsleistungen im Rahmen einer Nebenbeschäftigung erbringen. Der Umstand, dass ein nebenberuflich tätiger Arbeitnehmer als Beamter auf Lebenszeit weitgehend wirtschaftlich und sozial abgesichert ist, stellt nach der Rechtsprechung keinen Grund für eine Kündigung des nebenberuflich ausgeübten Teilzeitarbeitsverhältnisses dar. Die arbeitsmarkt-, beschäftigungs- und sozialpolitisch motivierte Absicht des Arbeitgebers, anstelle von nebenberuflich tätigen Teilzeitarbeitnehmern Arbeitslose im Rahmen von Vollzeitarbeitsverhältnissen zu beschäftigen, vermag danach eine Kündigung nicht zu rechtfertigen.

2. Erfüllung der Wartezeit

4328 Das Kündigungsschutzgesetz greift nur ein, wenn das Arbeitsverhältnis des zu kündigenden Arbeitnehmers im Zeitpunkt des Wirksamwerdens der Kündigung, d.h. im Zeitpunkt des Zugangs der Kündigung ohne Unterbrechung **länger als 6 Monate** gewährt hat. Dies gilt auch für Arbeitsverhältnisse von Schwerbehinderten (§ 20 Abs. 1 Nr. SchwbG). Im Falle einer Betriebsveräußerung (§ 613 a BGB) wird selbstverständlich die Beschäftigungsdauer im Veräußererbetrieb mitberücksichtigt.

Wird ein Ausgebildeter vom Ausbilder übernommen, so genießt er wegen der Anrechnung der Ausbildungszeit sofort Kündigungsschutz.

Trotz des Gesetzeswortlauts sind nach der Rechtsprechung **kurzfristige rechtliche Unterbrechungen** des Arbeitsverhältnisses unerheblich.

BEISPIEL:

A ist von der O-OHG wegen Auftragsmangels entlassen worden. 4 Tage nach Ablauf der Kündigungsfrist wird er von dem bisherigen Arbeitgeber wieder eingestellt.

In diesem Beispiel besteht ein enger sachlicher Zusammenhang, so dass die bisherige Beschäftigungsdauer bei der Bestimmung der Wartezeit mit berücksichtigt wird. Entscheidendes Gewicht kommt auch der Frage zu, welche Partei die Beendigung und anschließende Neueinstellung veranlasst hat.

4329 Zeiten eines **früheren Arbeitsverhältnisses** mit dem Arbeitgeber sind nach der Rechtsprechung anzurechnen, wenn zwischen beiden Arbeitsverhältnissen ein **enger sachlicher Zusammenhang** besteht. Für die Frage des engen sachlichen Zusammenhangs kommt es insbesondere auf Anlass und Dauer der Unterbrechung sowie Art der Weiterbeschäftigung an *(BAG 20.08.1998, EzA § 1 KSchG Nr. 50)*. Die Dauer der Unterbrechung ist für sich allein ein wichtiger, aber nicht ausschlaggebender Umstand; von Bedeutung ist auch, von welcher Partei und aus welchem Anlass das frühere Arbeitsverhältnis beendet worden ist und ob die weitere Beschäftigung des Arbeitnehmers seiner früheren Stellung entspricht. Ein enger sachlicher Zusammenhang ist auf jeden Fall zu verneinen, wenn die Zeit der Unterbrechung **unverhältnismäßig lang** war. Auch insoweit ist nach der Rechtsprechung stets eine Einzelfall bezogene Würdigung erforderlich. Eine Unterbrechung von 2 3/4 Monaten im Falle des mehrfach befristet angestellten Arbeitnehmers hat die Rechtsprechung als so erheblich angesehen, dass allein dies einen engen sachlichen Zusammenhang zu dem bisher befristeten Arbeitsverhältnis ausschließt.

Die frühere Regelung in Art. 1 § 1 Abs. 3 BeschFG 1985 a.F., wonach ein sachlicher Zusammenhang zu einem vorhergehenden befristeten oder unbefristeten Arbeitsvertrag mit demselben Arbeitgeber insbesondere dann anzunehmen ist, wenn zwischen den Arbeitsverträgen ein Zeitraum von weniger als 4 Monaten liegt, hat nach der Rechtsprechung auf die Berechnung der Wartefrist des § 4 Satz 1 KSchG keinen Einfluss *(BAG 20.08.1998, EzA § 1 KSchG Nr. 50; zur Anrechnung eines **Praktikums** auf die Wartezeit s. BAG 18.11.1999, EzA § 1 KSchG Nr. 52 und zur Anrechnung von **Beschäftigungszeiten im Rahmen eines Eingliederungsvertrages** s. LAG Hamm 22.10.1999, 15 Sa 963/99 sowie BAG 17.05.2001, EzA § 1 KSchG Nr. 54)*

BEISPIEL:

Der klagende Arbeitnehmer war bei dem beklagten Arbeitgeber zunächst zur Eingliederung (§§ 229 ff. SGB III) tätig. Im Anschluss daran wurde er in ein Arbeitsverhältnis übernommen. Noch innerhalb der ersten 6 Monate dieses Arbeitsverhältnisses wurde ihm gegenüber eine Kündigung ausgesprochen. Der Kläger hat die Auffassung vertreten, diese sei sozialwidrig. Der Beklagte steht demgegenüber auf dem Standpunkt, die vorhergehende Eingliederungsmaßnahme sei nicht zu berücksichtigen; demgemäss bedürfe es nicht der sozialen Rechtfertigung der Kündigung. Kernpunkt ist damit die Frage, ob der Eingliederungsvertrag als Arbeitsvertrag anzusehen ist mit der Folge, dass zumindest bei einer nahtlosen oder annähernd nahtlosen Übernahme eines Beschäftigten einer Eingliederungsmaßnahme in ein nachfolgendes Arbeitsverhältnis die (Vor-)beschäftigungszeiten zu berücksichtigen sind. Dies wird von BAG und LAG zu Recht abgelehnt.

Offen gelassen hat die Rechtsprechung bislang, ob auf die **Wartefrist** auch die Zeit der Unterbrechung anzurechnen ist. Da die Wartefrist der Erprobung dient, während der Unterbrechung aber eine **Erprobung** ausgeschlossen ist, ist eine derartige Anrechnung abzulehnen. 4330

Ist zwischen den Arbeitsvertragsparteien streitig, ob ein unstreitig begründetes, dann tatsächlich unterbrochenes Arbeitsverhältnis auch rechtlich unterbrochen war, so hat der Arbeitgeber darzulegen und zu beweisen, dass auch eine rechtliche Unterbrechung vorlag.

Tatsächliche Unterbrechungen – etwa durch Krankheit oder Urlaub – sind für den Lauf der Wartefrist unschädlich. Sie zählen mit, und zwar unabhängig von ihrer Länge im Einzelfall. 4331

4332 Da das Kündigungsschutzrecht Arbeitnehmerschutzrecht darstellt, kann die Wartezeit **rechtsgeschäftlich verkürzt**, aber nicht verlängert werden. Es kann also mit einem Arbeitnehmer vereinbart werden, dass dieser vom ersten Tag des Beschäftigungsverhältnisses an Kündigungsschutz genießen soll. Eine zeitliche Vorverlagerung des allgemeinen Kündigungsschutzes kann auch im Wege einer **stillschweigenden Vereinbarung** der Arbeitsvertragsparteien erfolgen. Eine derartige stillschweigende Vereinbarung kann beispielsweise angenommen werden, wenn ein Arbeitnehmer vor der Aufgabe des bisherigen Arbeitsplatzes dem neuen Arbeitgeber erklärt hat, dass er Wert auf eine Dauerstellung lege und dieser dies akzeptiert.

Ob auch vor Erfüllung der Wartezeit das Kündigungsschutzgesetz eingreifen kann, ist unsicher. Dies gilt insbesondere für den Fall, dass der Arbeitgeber früher kündigt als nach Gesetz oder Vertrag zur Wahrung der Kündigungsfrist notwendig ist und dieses Vorgehen den Anschein erweckt, als sollte die Erfüllung der Wartezeit vereitelt werden.

> **BEISPIEL:**
>
> A ist bei der C-KG am 01.01.1994 eingestellt worden. Seine einzelvertragliche Kündigungsfrist beträgt 6 Wochen zum Jahresende. Die C-KG kündigt das Arbeitsverhältnis am 30.06.1994 zum 31.12.1994.
>
> Nach der Rechtsprechung liegt dann kein Verstoß gegen Treu und Glauben vor, wenn der Arbeitgeber kurz vor Ablauf der Wartefrist kündigt, um z.B. einen Rechtsstreit über die Rechtfertigung der Kündigung zu vermeiden. Der Arbeitgeber übt damit lediglich die ihm während dieses Zeitraums noch eingeräumte **Kündigungsfreiheit** aus.

Diese Grundsätze gelten erst recht, wenn der Arbeitgeber **längere Zeit vor Erfüllung der Wartezeit** die Kündigung ausspricht.

Will sich daher ein Arbeitgeber von einem Arbeitnehmer kurz nach Begründung des Arbeitsverhältnisses wieder trennen, so sollte er, da es für die Erfüllung der Wartezeit auf den Zugang der Kündigung und nicht auf den Zeitpunkt des Ablaufs der Kündigungsfrist ankommt, die Kündigung so frühzeitig wie möglich aussprechen.

4333 Auf eine **Kündigung vor Dienstantritt** ist das KSchG nicht anwendbar, auch wenn Vertragsschluss und Dienstbeginn weit mehr als 6 Monate auseinanderfallen.

> **BEISPIEL:**
>
> Z hat mit der A-GmbH am 01.01.1999 einen Arbeitsvertrag abgeschlossen. Als Zeitpunkt des Dienstantritts war der 01.10.1999 vereinbart worden.
>
> Hier läuft die Wartefrist erst ab dem 01.10.1999, da in dem Zeitraum zwischen Vertragsschluss und Dienstantritt eine Erprobung des Arbeitnehmers nicht möglich war und die Wartefrist eben ein gesetzliches Probearbeitsverhältnis darstellt. In einer vorzeitigen Kündigung liegt regelmäßig auch keine Vereitelung des Eintritts des Kündigungsschutzes (s. → Rz. 4332).

Auf den Kündigungsschutz kann der Arbeitnehmer **rechtswirksam** erst nach Ausspruch der Kündigung **verzichten**. Das Kündigungsschutzgesetz ist zugunsten des Arbeitnehmers zwingendes Recht. Der Verzicht auf die Erhebung einer Kündigungsschutzklage erfolgt regelmäßig im Rahmen einer sog. **Ausgleichsquittung** (s. → Rz. 4801). Aus der Vereinbarung muss jedoch eindeutig hervorgehen, dass der Arbeitnehmer auf den Kündigungsschutz verzichtet bzw. sich verpflichtet, eine bereits erhobene Kündigungsschutzklage zurückzunehmen, ansonsten bleibt die entsprechende Klausel der Ausgleichsquittung wirkungslos. **Grundsätzlich gilt hier**: Kommt die Verzichtswirkung nicht eindeutig und für jedermann verständlich zum Ausdruck, entfaltet die Ausgleichsquittung keine Rechtswirkung.

4334

Das LAG Düsseldorf *(02.10.1992, LAGE § 4 KSchG Nr. 22)* hat noch einmal bestätigt, dass der Arbeitnehmer nach erfolgter Kündigung auch **innerhalb der Klagefrist des § 4 Satz 1 KSchG** wirksam auf die **Erhebung einer Kündigungsschutzklage verzichten kann**. Es besteht hier also kein Verzichtsverbot. Auch ist der Verzicht nicht daran geknüpft, dass dem Arbeitnehmer Widerrufsmöglichkeiten oder Rücktrittsrechte eingeräumt werden. Dies ist allerdings in der Literatur nicht unumstritten. In dem der Ausgangsentscheidung zugrunde liegenden Fall hatte die Arbeitnehmerin gegenüber dem Arbeitgeber erklärt, dass sie keine rechtlichen Schritte gegen die Kündigung unternehmen werde. Dennoch erhob sie im folgenden Kündigungsschutzklage. Dabei hat sie die Auffassung vertreten, ein wirksamer Verzicht auf die Klageerhebung sei nicht innerhalb der Dreiwochenfrist des § 4 Satz 1 KSchG möglich. Dies ist schon deshalb nicht überzeugend, weil **keine gesetzliche Regelung besteht, die dem Arbeitnehmer den Verzicht auf den Kündigungsschutz untersagt.**

Das KSchG schützt i.Ü. auch vor Abreden, die geeignet sind, den Bestandsschutz zu unterlaufen. Dies gilt etwa für Befristungen und auflösende Bedingungen. Der Schutz auch ein, wenn **wesentliche Bestandteile des Arbeitsverhältnisses befristet** werden. Angesprochen ist die Frage der Umgehung des Änderungsschutzes. Dieser wird nicht umgangen, wenn eine Provisionszusage befristet wird, die neben das Tarifgehalt tritt und nur 15 % der Gesamtvergütung ausmacht *(BAG 21.04.1993, EzA § 2 KSchG Nr. 20 und dazu Leuchten, NZA 1994, 721)*. Entscheidend war hier, dass es sich um eine **zusätzliche Vergütung** handelte!

Wünscht der Arbeitnehmer die arbeitgeberseitige Kündigung, so ist Vorsicht geboten. Ein stillschweigender Abschluss eines Aufhebungsvertrages kann hier nicht ohne weiteres angenommen werden. Auch von einem rechtswirksamen Verzicht auf den Kündigungsschutz kann nicht ausgegangen werden, da der Verzicht vor Ausspruch der Kündigung erfolgt ist. Dennoch wird man eine dennoch erhobene Kündigungsschutzklage jedoch als **treuwidrig** ansehen müssen. Siehe zu einem solchen Treueverstoß bei der Berufung auf ein Arbeitsverhältnis *BAG 11.12.1996, EzA § 242 BGB Rechtsmissbrauch Nr. 1 und 2*.

Die **Darlegungs- und Beweislast** für das Vorliegen eines Arbeitsverhältnisses i.S.v. § 1 Abs. 1 KSchG trifft den Arbeitnehmer *(BAG 09.02.1995, EzA § 1 KSchG Personenbedingte Kündigung Nr. 12)*. Dieser muss also im Kündigungsschutzprozess die entsprechenden

Umstände vortragen. Umgekehrt gilt: Legt der Arbeitnehmer einen schriftlichen Arbeitsvertrag vor, so kehrt sich die Beweislast um. Der Arbeitgeber muss dann etwa darlegen, es handele sich nur um ein **Scheingeschäft**, das zum Zwecke der Steuerersparnis mit der Ehefrau abgeschlossen worden sei *(BAG a.a.O.)*. Dieser Fall ist gerade bei Ehegattenarbeitsverhältnissen nicht selten.

III. Auswirkungen des Kündigungsschutzgesetzes

4335 Greift das Kündigungsschutzgesetz ein, so hat dies schwerwiegende Auswirkungen auf die Möglichkeiten des Arbeitgebers, eine wirksame Kündigung auszusprechen. Hierauf wird im Einzelnen in den folgenden Kapiteln eingegangen (s. → Rz. 4351 ff.).

Zu nennen sind insbesondere

- die Notwendigkeit der sozialen Rechtfertigung einer Kündigung,
- das Eingreifen des Verhältnismäßigkeitsprinzips (Ultima-ratio-Prinzip),
- die mögliche Auflösung des Arbeitsverhältnisses durch gerichtliches Gestaltungsurteil nach §§ 9, 10 KSchG.

Auf Seiten des Arbeitnehmers ist insbesondere die Notwendigkeit der Erhebung einer **fristgebundenen Kündigungsschutzklage** zur Geltendmachung der fehlenden sozialen Rechtfertigung einer Kündigung zu nennen (s. §§ 4, 7, 13 Abs. 1 KSchG). Der Arbeitnehmer muss innerhalb von 3 Wochen nach Zugang der Kündigung deren Sozialwidrigkeit geltend machen. Andernfalls kann er nur die Unwirksamkeit aus sonstigen Gründen einwenden (sog. bürgerlich-rechtlicher Kündigungsschutz, s. → Rz. 4621 ff.). Seine Möglichkeiten, die Unwirksamkeit einer Kündigung geltend zu machen, sind hier erheblich schlechter. Deshalb ist die **Fristwahrung von eminenter Bedeutung.** Stets ist auch an die Möglichkeit der **nachträglichen Zulassung der verspäteten Kündigungsschutzklage** zu denken. Dies kommt bei unverschuldeter Fristversäumnis in Betracht.

Zur **Zurechnung des Verschuldens eines Rechtsanwalts** bei Versäumung der Klagefrist sind die Ansichten in der Rechtsprechung extrem geteilt. Gegen eine solche Zurechnung etwa *LAG Niedersachsen 27.07.2000, LAGE § 5 KSchG Nr. 98*. Zur Klagefrist bei Befristungs- und Bedingungsstreitigkeiten s. § 17 TzBfG.

Die Rechtsprechung ist immer wieder damit beschäftigt, wann die dreiwöchige Klagefrist schuldhaft versäumt ist, mit der Folge, dass auch die Zulassung einer verspäteten Klage ausscheidet (§ 5 KSchG).

Hier hat das LAG Nürnberg *(23.07.1993, LAGE § 5 KSchG Krankheit Nr. 61)* eine beachtliche Klarstellung getroffen. Die Klagefrist ist hiernach schuldhaft versäumt, wenn die rechtskundig vertretene Partei am letzten Tag der Frist per Telefax unter Benutzung eines gerichtsfremden Telefaxes die Klage einreicht, die Inhaberin des Anschlusses, im Ausgangsfall die Staatsanwaltschaft, die Klage jedoch erst verspätet weiterleitet. Der klagende Arbeitnehmer kann sich dann auch nicht darauf berufen, in der Vergangenheit seien entsprechende Prozessschriften immer fristgerecht weitergeleitet worden.

Auch **Krankheit** allein rechtfertigt die nachträgliche Zulassung der Kündigungsschutzklage nicht. Es ist erforderlich, dass infolge der Krankheit bis zum Ablauf der Klagefrist die rechtzeitige Klageerhebung unmöglich wird. Entscheidend ist, ob der Arbeitnehmer durch seine Krankheit objektiv gehindert war, eine Klage zu formulieren bzw., solange seine Entscheidungsfähigkeit dies erlaubte, andere Personen um entsprechende Hilfe anzugehen *(LAG Köln 01.09.1993, LAGE § 5 KSchG Nr. 62)*.

Neben den soeben geschilderten Auswirkungen beinhaltet das Kündigungsschutzgesetz noch **Sonderregelungen** für bestimmte Personen- und Fallgruppen. Hierzu zählen im Einzelnen:

- Kündigungsschutz von Mitgliedern des Betriebsrats bzw. der Personalvertretung (§ 15 KSchG),
- Anzeigepflicht bei Massenentlassungen (§ 17 KSchG),
- Entlassungssperren (§ 18 KSchG) und Zulässigkeit von Kurzarbeit (§ 19 KSchG)
- Auflösungsantrag nach § 14 KSchG bei Leitenden Angestellten.

Im Hinblick auf die **Anzeigepflicht bei Massenentlassungen** ist auf die Entscheidung des BAG vom 24.10.1996 *(EzA § 17 KSchG Nr. 6)* hinzuweisen. Das BAG hat in der zitierten Entscheidung eine **weitere wichtige Klarstellung** getroffen: Stimmt das Landesarbeitsamt einer nach § 17 KSchG anzeigepflichtigen Entlassung zu einem bestimmten Zeitpunkt durch bestandskräftigen Verwaltungsakt zu und stellt damit inzident fest, dass eine wirksame Massenentlassungsanzeige vorlag, so sind die Arbeitsgerichte durch die **Bestandskraft des Verwaltungsaktes gehindert, im Kündigungsschutzprozess die Entscheidung der Arbeitsverwaltung nachzuprüfen.** Auch diese Klarstellung ist zu begrüßen, führt sie doch zu mehr Rechtssicherheit im Kündigungsschutzprozess.

Wichtig ist weiterhin, dass der im KSchG verwendete Begriff des **Leitenden Angestellten**, wie ihn § 14 verwendet, häufig nicht deckungsgleich ist mit einer im Unternehmen eingeführten Sprachpraxis. Als Faustformel ist davon auszugehen, dass der Fachbegriff des § 14 KSchG wesentlich enger ist als der umgangssprachliche.

IV. Weiterführende Literaturhinweise

Literatur zum Thema Eingreifen des Kündigungsschutzgesetzes ist mehr als reichlich erhältlich. Ausführliche Darstellungen finden sich in allen Werken, die sich mit dem Kündigungsschutz beschäftigen, aber auch in allgemeinen arbeitsrechtlichen Beratungsbüchern.

4336

25. Kapitel: Personenbedingte Kündigung

I.	»Personenbedingte« Kündigungsgründe	4351
II.	Krankheit und Arbeitsunfähigkeit	4352
III.	Kündigung wegen Krankheit	4354
IV.	Alkoholmissbrauch	4363
V.	Erreichen des 65. Lebensjahres	4366
VI.	Wehrdienstverpflichtung im Ausland	4367
VII.	Fehlen der Arbeitserlaubnis/sonstige Fälle	4368
VIII.	Weiterführende Literaturhinweise	4370

KRANKHEITSBEDINGTE KÜNDIGUNG

- Faustformel: Bis zu sechs Wochen im Jahr ist die Krankheit kündigungsrechtlich irrelevant; i.Ü. ist zu differenzieren:
- Langanhaltende Erkrankung
  - Zeitpunkt der Erkrankung
  - Voraussichtliche Dauer der Erkrankung
  - Zukünftig weitere überdurchschnittliche Krankheitszeiten zu erwarten?
  - Auswirkungen der langanhaltenden Erkrankung
  - Möglichkeiten zur Überbrückung der langanhaltenden Erkrankung:
    - Versetzung
    - Befristete Neueinstellung
    - Umorganisation der Arbeit
  - Ursachen der langanhaltenden Erkrankung; betrieblicher Sphäre erfordert größere Rücksichtnahme
  - Weniger einschneidende Maßnahmen:
    - Versetzung/Umsetzung
    - Umschulung
    - Änderungskündigung
- Häufige Kurzerkrankungen
  - Bisherige Fehlzeiten
  - Tendenz, Blick in die Zukunft
  - Krankheitsursachen, wenn bekannt
- Negative Prognose (weitere Ausfallzeiten zu erwarten?)
  - Betriebliche Auswirkungen der häufigen Kurzerkrankungen:
  - Hohe Entgeltfortzahlungskosten
  - Betriebsablaufstörungen
  - Möglichkeiten zur Überbrückung der häufigen Ausfallzeiten durch weniger einschneidende Maßnahmen:
    - Versetzung
    - Umsetzung
    - Umschulung
    - Änderungskündigung

- Auf Dauer oder unabsehbare Zeit eingeschränkte Leistungsfähigkeit
  - Negative Prognose
  - Erhebliche Beeinträchtigung betrieblicher Interessen Achtung! Insbesondere wirtschaftliche Belastung durch Äquivalenzstörung, Direktionsrecht nicht mehr ausübbar
  - Interessenabwägung: Belastung für den Arbeitgeber billigenswerter Weise nicht mehr hinzunehmen

I. »Personenbedingte« Kündigungsgründe

4351   Eine Kündigung ist gerechtfertigt, wenn sie durch Gründe in der Person des Arbeitnehmers bedingt ist. Hauptfall der personenbedingten Kündigung ist die **krankheitsbedingte Kündigung**. Zwischen der Kündigung wegen **lang anhaltender Krankheit** und der **Kündigung wegen häufiger Kurzerkrankungen** zu unterscheiden. Eine dritte Fallgruppe bildet der Tatbestand, dass der Arbeitnehmer **dauernd unfähig** ist, die geschuldete Arbeitsleistung zu erbringen. Dem steht der Fall der **Krankheit von nicht absehbarer Dauer** gleich *(vgl. etwa BAG 21.05.1993, EzA § 1 KSchG Krankheit Nr. 38)*. Die Ungewissheit der Wiederaufnahme der Arbeit kann hier wie eine feststehende dauernde Arbeitsunfähigkeit zu einer erheblichen Beeinträchtigung betrieblicher Interessen führen.

Neben der krankheitsbedingten Kündigung bestehen noch eine Reihe **sonstiger personenbedingter Kündigungsgründe** (vgl. → Rz. 4366 ff.). Zunächst soll aber als Hauptanwendungsfall auf die krankheitsbedingte Kündigung eingegangen werden, die in der Praxis die größten Schwierigkeiten aufweist und die trotz langer Rechtsprechungstradition immer wieder zu unliebsamen Überraschungen führt.

II. Krankheit und Arbeitsunfähigkeit

4352   Die krankheitsbedingte Kündigung setzt zunächst eine krankheitsbedingte Arbeitsunfähigkeit voraus. Eine **Arbeitsunfähigkeit** liegt vor, wenn der Erkrankte nicht oder nur mit der Gefahr, in absehbarer Zukunft seinen Zustand zu verschlimmern, fähig ist, seiner bisherigen Erwerbstätigkeit nachzugehen. Der arbeitsrechtliche Begriff der Erkrankung ist nicht mit dem medizinischen Begriff der Erkrankung identisch. Eine vom Arzt festgestellte Krankheit wird arbeitsrechtlich erst relevant, wenn die Erkrankung den Arbeitnehmer hindert, die von ihm vertraglich geschuldete Arbeitsleistung zu erbringen. Krankheitsbefunde, durch die der Arbeitnehmer nicht gehindert ist, seine Verpflichtungen aus dem Arbeitsverhältnis zu erfüllen, sind arbeitsrechtlich ohne Bedeutung. Das bedeutet, dass die Arbeitsfähigkeit nicht losgelöst von der nach dem Arbeitsvertrag zu verrichtenden Tätigkeit bestimmt werden kann. Ob eine so genannte **Teilarbeitsunfähigkeit** anerkannt werden kann, ist unsicher.

4353   **BEISPIEL:**

Die A ist bei der X-OHG als Packerin und Lagerarbeiterin beschäftigt. Sie hat sich eine Zehe gebrochen und ist deshalb arbeitsunfähig geschrieben worden. Die X-OHG verweigerte die Lohnfortzahlung mit dem Hinweis, dass die A in dem fraglichen Zeitraum mit einer sitzenden Tätigkeit hätte betraut werden können.

Eine **Teilarbeitsunfähigkeit** kommt allenfalls dann in Betracht, wenn der Arbeitgeber kraft seines **Direktionsrechtes** den Inhalt der Arbeitstätigkeit so bestimmen kann, dass sich die **Erkrankung** im arbeitsrechtlichen Sinne **nicht mehr auswirkt**. In Ausübung des Direktionsrechts kann der Arbeitgeber einen arbeitsunfähig erkrankten Arbeitnehmer jedoch nicht zu einer arbeitsvertraglich nicht geschuldeten Leistung heranziehen.

BEISPIEL:

M ist als Dreher bei der Z-AG beschäftigt. Er hat sich die Hand gebrochen. Die Z-AG fordert D auf, den Telefondienst zu übernehmen.

Hierzu ist D arbeitsvertraglich nicht verpflichtet.

III. Kündigung wegen Krankheit

Die Kündigung wegen Krankheit hat vor allem deshalb an Bedeutung gewonnen, weil viele Tarifverträge und Sozialpläne einen Verzicht auf betriebsbedingte Kündigungen enthalten.

4354

Nach der Rechtsprechung ist die Berechtigung einer Kündigung wegen Krankheit grundsätzlich in **drei Stufen** zu prüfen:

- Zunächst ist eine **negative Gesundheitsprognose** erforderlich, d. h. es muss auch in der Zukunft mit ganz erheblichen Ausfallzeiten des Arbeitnehmers gerechnet werden können.
- Die prognostizierten Fehlzeiten sind nur dann geeignet, eine krankheitsbedingte Kündigung sozial zu rechtfertigen, wenn sie zu einer **erheblichen Beeinträchtigung** der betrieblichen Interessen führen, und zwar entweder durch hohe Entgeltfortzahlungskosten oder durch Betriebsablaufstörungen.
- Die Weiterbeschäftigung dem Arbeitgeber unzumutbar sein (Interessenabwägung, Einzelfallwürdigung.)

Dieses **Grundschema** wird vom BAG für alle Arten der krankheitsbedingten Kündigung verwendet. Ob eine krankheits- oder eine betriebsbedingte Kündigung vorliegt, ist gelegentlich nicht einfach zu ermitteln. Dies gilt insbesondere, wenn **organisatorische Maßnahmen** zu einem **Wegfall eines leidensgerechten Arbeitsplatzes** führen.

BEISPIEL:

Der Arbeitgeber A trifft eine betriebsorganisatorische Maßnahme. Hierdurch entfällt für den gesundheitlich vorbelasteten Arbeitnehmer B die Möglichkeit, weiterhin leidensgerecht beschäftigt werden zu können. Es steht zu befürchten, dass sich das Leiden des B nunmehr verschlimmern wird. B ist infolgedessen auch nicht bereit, an dem entsprechend modifizierten Arbeitsplatz tätig zu werden. Daraufhin kündigt A. B hält die Kündigung für unwirksam, weil A durch seine Organisationsmaßnahme die betriebsbedingte Beendigung des Arbeitsverhältnisses provozieren wollte, um eine krankheitsbedingte Kündigung, deren Voraussetzungen unstreitig nicht vorliegen, zu umgehen.

Das BAG (06.11.1997, EzA § 1 KSchG Betriebsbedingte Kündigung Nr. 95) nimmt im Beispielsfall an, dass der Fall insgesamt unter dem Aspekt der betriebsbedingten Kündigung zu prüfen sei. Führe eine betriebliche Organisationsmaßnahme dazu, dass ein gesundheitlich beeinträchtigter Arbeitnehmer nur noch so beschäftigt werden könne, dass sich sein Leiden absehbar verschlimmern werde, rechtfertige dies eine Beendigungskündigung jedenfalls dann, wenn der Arbeitnehmer nicht auf der Ausübung der Beschäftigung bestehe. Bei Mischsachverhalten kommt es mithin nach Auffassung des BAG (a.a.O.) auf die letztlich entscheidende Ursache des Kündigungsentschlusses an. Da die organisatorische Maßnahme als solche nicht zu beanstanden war (freie Unternehmerentscheidung), der Wegfall des leidensgerechten Arbeitsplatzes unstreitig war und B nicht an dem neuen Arbeitsplatz tätig werden wollte, geht die Kündigung durch. Sie scheitert insbesondere nicht an der Sozialauswahl, da diese sich erübrigt. B ist mit den gesunden Arbeitnehmern, die die Arbeit verrichten können und wollen, von vornherein nicht vergleichbar. Hier liegen erhebliche Gestaltungsspielräume des Arbeitgebers, die – wenn man sich den Sachverhalt der Entscheidung vor Augen führt – auch genutzt werden.

4355 Zu den im Einzelnen vorzunehmenden Prüfungsschritten bei der krankheitsbedingten Kündigung ist folgendes anzumerken:

1. Stufe: Negative Prognose
Problematisch ist bei der krankheitsbedingten Kündigung häufig schon die erste Stufe, also die **negative Prognose**. Dies gilt gerade bei vielen einmaligen und je für sich betrachtet kurzfristigen Erkrankungen. Hinzu kommt, dass der Arbeitgeber häufig keine Kenntnis von den Krankheitsursachen hat. **Weder Arzt noch Arbeitnehmer sind ihm zur Auskunft verpflichtet.** Wenn der Arbeitgeber sich illegal derartiges Wissen beschafft, kann es u.U. einem Verwertungsverbot unterliegen; jedenfalls wird es ihm in der Prozesssituation praktisch keine Vorteile verschaffen.

Das BAG *(14.01.1993, EzA § 1 KSchG Krankheit Nr. 39)* und die Instanzgerichte haben hinsichtlich der negativen Prognose immerhin im Ansatz Klarheit geschaffen. Die nicht auf Betriebsunfällen beruhenden krankheitsbedingten Fehlzeiten, ihre jeweilige Dauer und ihre Ursachen sind in erster Linie für die Rechtfertigung der Besorgnis künftiger Erkrankungen (negative Prognose) die maßgeblichen Anhaltspunkte. Im allgemeinen sollen Fehlzeiten unterhalb einer Quote von 12 bis 14% der Jahresarbeitszeit irrelevant sein *(LAG Hamm 04.12.1996, LAGE § 1 KSchG Krankheit Nr. 26)*. Dabei soll der **Referenzzeitraum** mindestens zwei Jahre betragen *(LAG Hamm, a.a.O.)*. Bei häufigen Fehlzeiten in der Vergangenheit bedarf es **besonderer Darlegungen des Arbeitnehmers,** warum die hieraus abgeleitete Prognose des Arbeitgebers falsch sein soll *(BAG 12.12.1996, EzA § 1 KSchG Krankheit Nr. 41)*.

Eine weitere Erleichterung kommt dem Arbeitgeber nach einer Entscheidung des BAG *(03.12.1998, EzA § 1 KSchG Krankheit Nr. 45)* für den Fall einer krankheitsbedingten Kündigung eines **ruhenden Arbeitsverhältnisses** zugute: Die nur befristete Gewährung einer Erwerbsunfähigkeitsrente schließt eine Kündigung wegen dauernder Arbeitsunfähigkeit des Arbeitnehmers nicht aus. Im konkreten Fall ging es um die Kündigung eines nach § 59 Abs. 1 BAT ruhenden Arbeitsverhältnisses während des Bezugs einer nur **befristeten Erwerbsunfähigkeitsrente.** Der insoweit ergangene Rentenbescheid bindet die Arbeitsgerichte nicht zwingend. Ansonsten, so das BAG, drohe eine Umgehung des Kündigungsschutzes

Der Richter kann i.Ü. davon ausgehen, dass **auf einmaligen Ursachen beruhende Fehltage nicht zur Fehlzeitprognose herangezogen werden können**. Schon die negative Prognose ist also nicht möglich, wenn der Arbeitnehmer darlegt, seine Fehlzeiten seien auf einmalige Vorfälle zurückzuführen. **Erkrankungen mit Ausnahmecharakter** bleiben also unberücksichtigt. Es bleibt demnach ein erhebliches **Prognoserisiko.** Der Arbeitgeber kann nämlich bei Ausspruch der Kündigung mangels vorhandener Kenntnisse und Nichtvorliegens eines Informationsanspruchs nicht zwischen Erkrankungen mit Wiederholungsgefahr und solchen ohne Wiederholungsgefahr unterscheiden. Er ist also letztlich gezwungen, ins Blaue hinein zu kündigen. Auch wenn die negative Prognose vom Arbeitgeber zu Recht getroffen wurde, kann es beim Eintreten neuer Tatsachen zumindest noch während des Laufs der Kündigungsfrist zu einem **Wiedereinstellungsanspruch** kommen. Die Einzelheiten sind allerdings noch umstritten.

BEISPIEL (IN ANLEHNUNG AN BAG 17.06.1999, 2 AZR 639/98):

Der 40-jährige Arbeitnehmer (Kläger) war seit 1990 bei der Arbeitgeberin (Beklagten) als Maschinenführer beschäftigt. Er war unstreitig alkoholkrank, was allerdings der Beklagten nicht bekannt war. Der Kläger fehlte krankheitsbedingt in den Jahren 1993, 1994 und 1995 an 42, 38 und 43 Arbeitstagen. Im Jahr 1996 fehlte der Kläger bis zum April bereits an 15 Arbeitstagen. Während des Gesamtzeitraums leistete die Beklagte Entgeltfortzahlung einschließlich Lohnnebenkosten in Höhe von 32.347,24 DM. Sie führte mit dem Kläger im November 1995 sowie im Januar und Februar 1996 Gespräche über dessen krankheitsbedingte Ausfallzeiten. Dabei verschwieg der Kläger seine Alkoholkrankheit. Mit Schreiben vom 25.04.1996 kündigte die Beklagte das Arbeitsverhältnis ordentlich zum 30.06.1996. Noch im Juni 1996 nahm der Kläger an einer dreiwöchigen stationären Entziehungstherapie teil. Er vertrat im Prozess die Auffassung, er sei inzwischen »trocken«. Diese Tatsache erschüttere die negative Prognose für seinen Gesundheitszustand. Da die Änderung der Prognose zwar erst nach dem Ausspruch der Kündigung, aber vor Ablauf der Kündigungsfrist eingetreten sei, stehe ihm jedenfalls ein Wiedereinstellungsanspruch zu. Die Beklagte entgegnet, die Fehlzeiten des Klägers beruhten allein auf seiner Alkoholkrankheit, die im Zeitpunkt des Zugangs der Kündigung noch bestanden habe.

Die Klage blieb erfolglos. Die von der Rechtsprechung des BAG entwickelten Voraussetzungen für eine krankheitsbedingte Kündigung (negative Prognose, erhebliche Beeinträchtigung betrieblicher Interessen und umfassende Interessenabwägung) lagen vor.

Die nachträgliche Erschütterung der negativen Gesundheitsprognose durch die Entziehungstherapie im Juni 1996 konnte die Wirksamkeit der Kündigung nicht in Frage stellen, weil es insoweit auf den **Zeitpunkt des Zugangs** der Kündigung ankommt. Für einen **Wiedereinstellungsanspruch** des Klägers genügte die Erschütterung der Negativprognose nicht; vielmehr hätte es einer positiven Gesundheitsprognose bedurft, für die die dreiwöchige Entziehungstherapie nicht ausreichte, zumal der Kläger einen erheblichen Teil seiner krankheitsbedingten Fehlzeiten auf andere Ursachen als seine Alkoholkrankheit zurückführt (s. hierzu BAG 17.06.1999, EzA § 1 KSchG Wiedereinstellungsanspruch Nr. 4). Beachte auch, dass das BAG seine Rechtsprechung zum sog. Wiedereinstellungsanspruch inzwischen erheblich konsolidiert hat (s. → Rz. 2970).

Beachte in diesem Zusammenhang auch BAG 27.06.2001, EzA § 1 KSchG Wiedereinstellungsanspruch Nr. 6: Ein Wiedereinstellungsanspruch nach einer Kündigung wegen langandauernder Erkrankung setzt jedenfalls voraus, dass sich nach Ausspruch der Kündigung vor Ablauf der Kündigungsfrist überraschend eine positive Gesundheitsprognose im Gesundheitszustand des Arbeitnehmers herausstellt, nach der die Besorgnis einer erneuten langandauernden Erkrankung ausgeräumt ist.

4356 **2. Stufe: Erhebliche Beeinträchtigung betrieblicher Interessen**
Liegen keine Betriebsablaufstörungen vor bzw. können keine Betriebsablaufstörungen nachgewiesen werden (s. → Rz. 4355), so kann der Arbeitgeber eine krankheitsbedingte Kündigung auch auf die Belastung mit außergewöhnlich hohen **Entgeltfortzahlungskosten** stützen (s. → Rz. 4355).

6 Wochen Lohnfortzahlung im Jahr hat der Arbeitgeber immer hinzunehmen. Allerdings besteht **kein Grundsatz** des Inhalts, dass Entgeltfortzahlungskosten, die – bezogen auf die **Gesamtdauer des Bestehens des Arbeitsverhältnisses** – **durchschnittlich** den Umfang einer Vergütung für 6 Wochen jährlich nicht übersteigen, in der Regel nicht geeignet sind, eine unzumutbare wirtschaftliche Belastung des Arbeitgebers darzustellen *(BAG 13.08.1992, EzA § 1 KSchG Krankheit Nr. 36)*. Es wird also **keine Durchschnittsberechnung** angestellt. Eine solche hätte – je nach Fallgestaltung – fatale Auswirkungen auf Arbeitnehmer- bzw. Arbeitgeberseite.

Bei der Prüfung, ob eine erhebliche wirtschaftliche Beeinträchtigung betrieblicher Interessen vorliegt, ist maßgeblich, **welche Kostenbelastung der Arbeitgeber in der Zukunft zu besorgen hat.** Deshalb berücksichtigt die Rechtsprechung nur die Entgeltfortzahlungskosten (einschließlich der Lohnnebenkosten), die auf die in Zukunft zu erwartenden, im Rahmen der negativen Gesundheitsprognose ermittelten Ausfallzeiten entfallen.

4357 Die **bisherige Belastung** mit Entgeltfortzahlungskosten wird nur im Rahmen der so genannten **Interessenabwägung** berücksichtigt. Sieht ein **Tarifvertrag** die Verpflichtung des Arbeitgebers vor, Arbeitnehmern mit längerer Unternehmenszugehörigkeit im Krankheitsfall über den gesetzlichen 6-Wochen-Zeitraum hinaus für bestimmte Zeiträume einen Zuschuss zum Krankengeld zu zahlen, so kann allein daraus nicht gefolgert werden, 6 Wochen übersteigende krankheitsbedingte Ausfallzeiten des Arbeitnehmers seien grundsätzlich nicht geeignet, eine ordentliche Kündigung zu rechtfertigen. Festzuhalten ist, dass nur eine **unzumutbar hohe wirtschaftliche Belastung** des Arbeitgebers durch bereits gezahlte und künftig zu erwartende Entgeltfortzahlungskosten eine krankheitsbedingte Kündigung sozial rechtfertigen kann.

4358 Ob die finanziellen Belastungen dem Arbeitgeber noch zumutbar sind, soll insbesondere von der Dauer des ungestörten Arbeitsverhältnisses abhängen. Je länger ein Arbeitsverhältnis ungestört, d.h. ohne Ausfallzeiten, bestanden hat, desto mehr **Rücksichtnahme** soll vom Arbeitgeber zu erwarten sein. Entscheidend sind natürlich auch die Ursachen der Erkrankung (s. → Rz. 4355). In einer neueren Entscheidung *(BAG 29.07.1993, EzA § 1 KSchG Krankheit Nr. 40)* betont das BAG, dass allein außergewöhnlich hohe Entgeltfortzahlungskosten, die für **jeweils einen Zeitraum von mehr als 6 Wochen** aufzuwenden sind, eine krankheitsbedingte Kündigung rechtfertigen können, und zwar auch dann, wenn der Arbeitgeber **keine Personalreserve** vorhält.

Leistungen der Lohnfortzahlungsversicherung sind hierbei nicht mit zu berücksichtigen, weil die Lohnfortzahlungsversicherung aus den Beiträgen der Arbeitgeber gespeist wird und diese ansonsten durch die Beitragslast und die Ausfälle doppelt gestraft wären. Auch die **Absenkung der Entgeltfortzahlung auf 80%** hatte keinen Einfluss auf die Möglichkeit, eine krankheitsbedingte Kündigung auszusprechen.

Ist es zu **Störungen im Betriebsablauf** gekommen, so können schon jährliche Ausfallzeiten von weniger als 6 Wochen erhebliche betriebliche Auswirkungen zur Folge haben und damit eine ordentliche Kündigung rechtfertigen. Da krankheitsbedingte Kündigungen nicht »vom Himmel fallen«, empfiehlt es sich, ab dem Zeitpunkt, zu dem ein Arbeitsverhältnis auffällig wird, ein sog. **Störungsprotokoll** anzufertigen, um in einem möglichen Kündigungsschutzprozess derartige Betriebsablaufstörungen auch beweisen zu können.

4359

Auch vor einer **krankheitsbedingten Kündigung** muss der Arbeitgeber jedoch überprüfen, ob er den Arbeitnehmer nicht auf einem freien gleichwertigen oder freien geringerwertigen Arbeitsplatz in seinem Betrieb einsetzen kann, auf dem sich das Leiden nicht auswirkt (vgl. → Rz. 4361). Dies liegt insbesondere dann auf der Hand, wenn die Ausfallzeiten (auch) durch die äußeren Umstände der Ableistung der Arbeit bedingt sind. Im Einzelfall sollten daher vor einer Kündigung Gespräche mit dem Arbeitnehmer und seinen behandelnden Ärzten geführt werden. Selbstverständlich darf der Arbeitnehmer nicht gezwungen werden, sein Leiden zu offenbaren. Seine **Persönlichkeitssphäre** ist zu achten.

Ist der Arbeitnehmer **dauernd** außerstande, die vertraglich geschuldete Leistung zu erbringen, ist eine ordentliche Kündigung gerechtfertigt, ohne daß der Arbeitgeber darüber hinausgehende Betriebsbeeinträchtigungen darlegen muß.

4360

BEISPIEL:

M ist als Küchengehilfe beschäftigt. Er muss nach dem Arbeitsvertrag schwere Kübel heben. Bei M stellt sich ein Wirbelsäulensyndrom ein, was dazu führt, dass er die Kübel nicht mehr zu heben vermag.

Hier ist der Arbeitgeber zu einer ordentlichen Kündigung wegen dauernder Unfähigkeit, die vertraglich geschuldete Leistung zu erbringen, befugt (s. aber → Rz. 4361).

Achtung: Der Arbeitgeber ist aber verpflichtet, zu prüfen, ob der Arbeitnehmer auf einem anderen freien gleichwertigen oder zumutbaren geringerwertigen Arbeitsplatz eingesetzt werden kann. Eine krankheitsbedingte Kündigung ist hiernach sozial ungerechtfertigt, wenn der Arbeitnehmer auf einem **leidensgerechten Arbeitsplatz** in dem Betrieb oder Unternehmen weiterbeschäftigt werden kann, also ein gleichwertiger oder jedenfalls zumutbarer Arbeitsplatz frei und der Arbeitnehmer für die dort zu leistende Arbeit geeignet ist.: Gegebenenfalls hat der Arbeitgeber einen solchen Arbeitsplatz durch **Ausübung seines Direktionsrechts** freizumachen und sich auch um die eventuell erforderliche Zustimmung des Betriebsrats zu bemühen (s. dazu sogleich).

Wichtig ist: Es greift insoweit eine **abgestufte Darlegungs- und Beweislast**: Das bedeutet: Der Umfang der Darlegungslast des Arbeitgebers hinsichtlich der möglichen und zumutbaren Weiterarbeit auf einem leidensgerechten Arbeitsplatz hängt im Kündigungsschutzprozess davon ab, wie sich der gekündigte Arbeitnehmer auf die Kündigung einlässt. Bestreitet der Arbeitnehmer zum Beispiel nur seine dauernde Leistungsunfähigkeit, so genügt der allgemeine Vortrag des Arbeitgebers, eine Weiterbeschäftigung auf einem anderen leidensgerechten Arbeitsplatz sei nicht möglich. Es obliegt dann dem Arbeitnehmer, konkret darzustellen, wie er sich eine anderweitige Beschäftigung vorstellt, an welche Art der Beschäftigung er denkt, falls die Weiterarbeit auf seinem bisherigen Arbeitsplatz tatsächlich nicht mehr möglich sein sollte. Erst nach einem solchen konkreten Sachvortrag des Arbeitnehmers hat der Arbeitgeber im Einzelnen darzulegen und zu beweisen, aus welchen wirtschaftlichen, organisatorischen oder technischen Gründen eine solche anderweitige Beschäftigung nicht möglich ist, wobei es genügt, wenn er beweist, dass kein entsprechender Arbeitsplatz frei ist oder durch Ausübung seines Direktionsrechts durch ihn freigemacht werden kann (s. bereits BAG 10.01.1994, 2 AZR 489/83).

Für eine ihrer Dauer unabsehbare Krankheit gilt entsprechendes *(BAG 21.05.1992, EzA § 1 KSchG Krankheit Nr. 38).* Ist ein Arbeitnehmer bereits längere Zeit arbeitsunfähig krank und ist im Zeitpunkt der Kündigung die Wiederherstellung der Arbeitsfähigkeit noch völlig ungewiss, so kann diese Ungewissheit **wie eine feststehende dauernde Arbeitsunfähigkeit** zu einer erheblichen Beeinträchtigung betrieblicher Interessen führen und eine ordentliche Kündigung rechtfertigen, da der Arbeitgeber dauerhaft oder auf unabsehbare Zeit gehindert ist, sein Direktionsrecht auszuüben. Hierin liegt eine **schwerwiegende Störung des Äquivalenzverhältnisses**. Selbst der befristete Einsatz von Aushilfskräften wird angesichts der nach § 14 Abs. 2 TzBfG auf 24 Monate beschränkten Möglichkeiten hier regelmäßig ausscheiden, wenn solche Arbeitnehmer einen Dauerarbeitsplatz für sich reklamieren. Weiterer betrieblicher Beeinträchtigungen bedarf es dann nicht mehr.

Das BAG macht von diesen Grundsätzen nur dann eine Ausnahme, wenn die **Arbeitsleistung** des Arbeitnehmers für den Arbeitgeber **keinerlei Wert** hat. Dies wird allenfalls in Extremsituationen der Fall sein.

4361 **3. Stufe: Interessenabwägung**
Besonderheiten gelten vor allem bei der **Interessenabwägung** (3. Stufe der krankheitsbedingten Kündigung). Ganz allgemein gilt zunächst: Ist ein Arbeitnehmer auf Dauer krankheitsbedingt nicht mehr in der Lage, die geschuldete Arbeitsleistung auf seinem bisherigen Arbeitsplatz zu erbringen, ist er vorrangig auf einem **leidensgerechten freien Arbeitsplatz** weiterzubeschäftigen, wenn er die dort verlangten Anforderungen erfüllt. Hervorzuheben ist: Ggf. hat der Arbeitgeber einen solchen Arbeitsplatz **durch Ausübung seines Direktionsrechts frei zu machen** und sich um eine evtl. erforderliche Zustimmung des Betriebsrats zur Versetzung (§§ 95 Abs. 3, 99 BetrVG) zu bemühen. Zu einer weitergehenden Umorganisation oder Durchführung des Zustimmungsersetzungsverfahrens ist der Arbeitgeber hingegen nicht verpflichtet *(BAG 29.01.1997, EzA § 1 KSchG Krankheit Nr. 42).*

Das heißt erst recht keine Verpflichtung zur **Freikündigung** eines leidensgerechten Arbeitsplatzes! Diese Entscheidung ist von großer Bedeutung für die krankheitsbedingte

Kündigung, zeigt sie doch eindrucksvoll, welche Pflichten das BAG dem Arbeitgeber aufbürdet, bevor er überhaupt an eine krankheitsbedingte Kündigung denken darf. Gegenüber **Schwerbehinderten** besteht eine nochmals gesteigerte Fürsorgepflicht, die im Rahmen der Interessenabwägung stets mit zu berücksichtigen ist *(BAG 20.01.2000, EzA § 1 KSchG Krankheit Nr. 47).*

Der Arbeitgeber kann aufgrund einer nebenvertraglichen Verpflichtung gehalten sein, sich über den künftigen Krankheitsverlauf und seine Auswirkungen auf den Betrieb **zu unterrichten**, bevor er aus Anlass der Erkrankung eine Kündigung ausspricht. Eine Verletzung der **Nachforschungsobliegenheit** durch den Arbeitgeber führt aber nicht unmittelbar zur Unwirksamkeit der Kündigung. Es kommt vielmehr darauf an, ob die Kündigung nach dem Sachverhalt, der zum Zeitpunkt des Zugangs der Kündigung gegeben war, gerechtfertigt ist. Eine Verletzung dieser Pflicht kann aber in Ausnahmefällen zu Schadensersatzansprüchen führen.

4362

War bei einer ordentlichen Kündigung wegen langanhaltender Erkrankung im Kündigungszeitpunkt bereits ein Kausalverlauf in Gang gesetzt, der entgegen der Ansicht des den Arbeitnehmer behandelnden Arztes die Wiederherstellung der Arbeitsfähigkeit in absehbarer Zeit als sicher oder zumindest möglich erscheinen ließ, ist die Kündigung in der Regel schon mangels negativer Prognose sozial ungerechtfertigt *(BAG 21.02.2001, EzA § 1 KSchG Krankheit Nr. 48).* **Grundsätzlich gilt:** Sprechen schon im Zeitpunkt der Kündigung objektive Umstände dafür, dass die Arbeitsunfähigkeit unabhängig von einer möglichen Fehldiagnose, deren Risiko der Arbeitnehmer trägt, voraussichtlich oder möglicherweise von **absehbarer** Dauer sein wird, kann keine negative Prognose gestellt werden.

Auch eine **außerordentliche Kündigung** wegen Krankheit kann in **eng begrenzten Ausnahmefällen** in Betracht kommen, wenn aufgrund tarifvertraglicher oder einzelvertraglicher Vereinbarungen die **ordentliche Kündigung ausgeschlossen** ist. Dabei ist die für die ordentliche krankheitsbedingte Kündigung gebotene dreistufige Prüfung grundsätzlich auch bei der außerordentlichen krankheitsbedingten Kündigung vorzunehmen *(BAG 09.09.1992, EzA § 626 BGB n.F. Nr. 142).* Allerdings ist die außerordentliche krankheitsbedingte Kündigung sehr selten, weil schon die Anforderungen an die ordentliche krankheitsbedingte Kündigung hoch sind *(s. KR-Hillebrecht, § 626 BGB Rdnr. 105).*

Insbesondere der in der betrieblichen Praxis häufige Fall der **krankheitsbedingten Minderung der Leistungsfähigkeit** eines älteren Arbeitnehmers ist in der Regel nicht geeignet, einen wichtigen Grund für eine außerordentliche Kündigung darzustellen *(BAG 12.07.1995, EzA § 626 BGB n.F. Nr. 156).*

Im Rahmen der **Interessenabwägung** berücksichtigt das BAG *(12.07.1995, EzA § 626 BGB n.F. Nr. 156)* vor allem, dass es dem Arbeitgeber gerade bei tariflicher Unkündbarkeit eines älteren Arbeitnehmers regelmäßig zugemutet wird und zumutbar ist, einen krankheitsbedingten Leistungsabfall durch andere Maßnahmen (Umsetzung, andere Aufgabenverteilung etc.) auszugleichen. Bestehen solche Möglichkeiten nicht, bleibt aber die außerordentliche krankheitsbedingte Kündigung möglich. Achtung: **Kündigt der Arbeitgeber kurz vor Eintritt der tariflichen Alterssicherung**, kann entsprechend § 162 BGB die Einräumung des besonderen Kündigungsschutzes geboten sein. Dies ist aber nicht der

Fall, wenn der Arbeitgeber eine krankheitsbedingte Kündigung bereits früher hätte aussprechen können *(BAG 12.12.1996, EzA § 1 KSchG Krankheit Nr. 41).*

Offen gelassen hat das BAG *(12.07.1995, EzA § 626 BGB n.F. Nr. 156)*, ob der Arbeitgeber geltend machen kann, gerade seine ihm gegenüber dem Arbeitnehmer bestehende **Schutzpflicht** habe es geboten erscheinen lassen, den Arbeitnehmer durch seine arbeitgeberseitige Kündigung **vor** einer (weiteren) **Selbstschädigung zu bewahren.** Dies wird nur in Betracht kommen, wenn die Fortsetzung der Tätigkeit zweifelsfrei zu einer ganz erheblichen Verschlechterung des Gesundheitszustandes des Arbeitnehmers führen würde *(LAG Hessen 11.02.1997, LAGE § 1 KSchG Personenbedingte Kündigung Nr. 14)* und sollte ansonsten ausgeschlossen sein.

Beim Ausschluss der ordentlichen Kündbarkeit ist eine Auslauffrist bei der außerordentlichen Kündigung einzuhalten, die der ordentlichen Kündigungsfrist entspricht. Die Betriebs- bzw. Personalratsbeteiligung ist so vorzunehmen wie bei der ordentlichen Kündigung! S. zum Ganzen BAG *18.01.2001, EzA § 626 BGB Krankheit Nr. 5.*

An eine außerordentliche krankheitsbedingte Kündigung ist auch dann zu denken, wenn die ordentliche Kündigung bei **befristeten Arbeitsverhältnissen** mangels anderweitiger Absprachen ausgeschlossen ist. Hier wird aber häufig schon aufgrund der höchstzulässigen Befristungsdauer bereits die negative Prognose nur schwer möglich sein. I.Ü. ist auch die Unzumutbarkeit der Weiterbeschäftigung bis zum Fristablauf nur schwer darzulegen.

Eine außerordentliche krankheitsbedingte Kündigung eines Betriebsratsmitglieds bedarf grundsätzlich der Zustimmung des Betriebsrats (§ 103 BetrVG). Verweigert dieser seine Zustimmung, so kommt die Ersetzung der Zustimmung durch das Arbeitsgericht nur in Betracht, wenn die dauernde krankheitsbedingte Leistungsminderung offensichtlich ist *(ArbG Hagen 05.08.1993, EzA § 103 BetrVG 1972 Nr. 34).* Dies gebietet der erweiterte Bestandsschutz nach § 103 BetrVG.

Auch kommt eine Kündigung eines Betriebsratsmitglieds wegen Krankheit nach § 15 KSchG nur bei Vorliegen eines wichtigen Grundes i.S.v. § 626 BGB in Betracht. Bei der Zumutbarkeitsprüfung im Rahmen des § 15 KSchG ist auf die ohne den Sonderkündigungsschutz eingreifende Kündigungsfrist abzustellen *(BAG 18.02.1993, EzA § 15 KSchG n.F. Nr. 40).* Entscheidend ist damit, ob der Arbeitgeber ohne den besonderen Kündigungsschutz des Betriebsratsmitglieds zu einer außerordentlichen Kündigung i.S.v. § 626 BGB oder nur zu einer ordentlichen berechtigt wäre. Soweit nur eine ordentliche Kündigung möglich wäre, darf dem Betriebsratsmitglied nicht gekündigt werden. Das Arbeitsverhältnis eines Betriebsratsmitglieds kann daher in aller Regel nicht wegen häufiger krankheitsbedingter Fehlzeiten außerordentlich gekündigt werden *(BAG, a.a.O.).* Zur außerordentlichen betriebsbedingten Änderungskündigung eines Betriebsratsmitglieds s. → Rz. 4608 und *BAG 21.06.1995, EzA § 15 KSchG n.F. Nr. 43.*

Gegenüber ehemaligen Betriebsratsmitgliedern soll es dem Arbeitgeber regelmäßig zumutbar sein, das Ende des nachwirkenden Kündigungsschutzes nach § 15 Abs. 1 Satz 2 KSchG abzuwarten und sodann ordentlich zu kündigen. Die oben skizzierte Rechtsprechung gilt also entsprechend *(BAG 15.03.2001, EzA § 1 KSchG Nr. 52).* Ob § 15 KSchG die

Möglichkeit einer außerordentlichen Kündigung mit notwendiger Auslauffrist generell ausschließt, bleibt offen. Von der Kündigung wegen Krankheit ist i.Ü. streng die Kündigung wegen **Androhung einer Krankheit** zu unterscheiden. Hierbei handelt es sich um einen verhaltensbedingten Kündigungsgrund (s. → Rz. 4403). Gleiches gilt für sonstige Nebenpflichtverletzungen in Zusammenhang mit Arbeitsunfähigkeitszeiten.

IV. Alkoholmissbrauch

Alkoholmissbrauch wertet die Rechtsprechung als Krankheit. Die Kündigung wegen Alkoholismus ist daher nach den für die krankheitsbedingte Kündigung geltenden Grundsätzen zu beurteilen. Allerdings kann sich nach der Rechtsprechung aus den Besonderheiten der Trunksucht unter Berücksichtigung der jeweiligen Aufgabenstellung des Arbeitnehmers die Notwendigkeit ergeben, an die Prognose geringere Anforderungen zu stellen. Der Arbeitgeber muss jedoch vor einer Kündigung wegen Trunksucht dem Arbeitnehmer die Möglichkeit eröffnen, sich einer Entziehungskur zu unterziehen. Zur verhaltensbedingten Kündigung wegen Alkoholmissbrauchs s. BAG 04.06.1997, EzA § 626 BGB n.F. Nr. 168.

4363

Verstößt ein Arbeitnehmer infolge Alkoholabhängigkeit gegen seine Arbeitsvertragspflichten, so kann ihm infolge der Abhängigkeit kein Schuldvorwurf gemacht werden. Eine **verhaltensbedingte Kündigung** (s. → Rz. 4400 ff.) kommt daher nicht in Betracht. Der Alkoholismus kann auch nicht abgemahnt werden. Maßgebender Zeitpunkt für die Beurteilung der Rechtfertigung der Kündigung ist der Sachverhalt, der im Zeitpunkt des Zugangs der Kündigung vorgelegen hat. Eine **Therapiebereitschaft**, die erst nach Zugang der Kündigung gegeben ist, findet im Kündigungsschutzprozess keine Berücksichtigung mehr.

4364

> **BEISPIEL:**
> Arbeitnehmer A ist alkoholkrank. Mehrfach bietet ihm Arbeitgeber B an, sich einer Therapie zu unterziehen. Dies lehnt A stets ab. Auch die Ankündigung einer Kündigung ändert hieran nichts. Erst unter dem Druck einer daraufhin tatsächlich ausgesprochenen Kündigung macht A die Therapie und wird von seinem Leiden vollständig geheilt. Ein Rückfall steht nicht zu erwarten. A besteht auf einer Rücknahme der Kündigung.
> Zu Unrecht! Entscheidend ist nur die Situation bei Kündigungsausspruch.

Im Rahmen der **Betriebsratsanhörung** muss der Arbeitgeber dem Betriebsrat neben der Art der Kündigung, der Kündigungsfrist sowie den sozialen Daten des Arbeitnehmers die Ausfallzeiten der Vergangenheit und die geleistete Lohnfortzahlung mitteilen. Dabei darf aber **keine Addition der Ausfallzeiten und der Entgeltfortzahlungskosten** vorgenommen werden. Vielmehr ist dem Betriebsrat mitzuteilen, in welchen Zeiträumen der Arbeitnehmer erkrankt war und in welcher Höhe er jeweils Lohnfortzahlung erhalten hat.

4365

Ansonsten ist das Anhörungsverfahren nach § 102 Abs. 1 Satz 3 BetrVG nicht ordnungsgemäß und die Kündigung unwirksam.

V. Erreichen des 65. Lebensjahres

4366 Das **Erreichen des 65. Lebensjahres** stellt in der Privatwirtschaft keinen hinreichenden Grund für eine personenbedingte Kündigung dar. Vielmehr soll es weiterer Umstände bedürfen, um die Kündigung als sozial gerechtfertigt erscheinen zu lassen (so z.B. das Interesse am Schutz vor Überalterung der Belegschaft). Der Anspruch des Versicherten auf eine **Rente wegen Alters** ist vor Vollendung des 65. Lebensjahres nicht als ein Grund anzusehen, der die Kündigung eines Arbeitsverhältnisses durch den Arbeitgeber bedingen kann (§ 41 Abs. 4 SGB VI).

Hinzuweisen ist in diesem Zusammenhang auf die **Neuregelung der Altersgrenzen.** Nach einigen Irrungen und Wirrungen in Gesetzgebung und Rechtsprechung sind auch tarifliche Altersgrenzenvereinbarungen nun wieder möglich. Allerdings muss ein sachlicher Grund bestehen. Der sozialen Absicherung des Arbeitnehmers kommt in diesem Zusammenhang großes Gewicht bei.

Zum Geltungsbereich des § 41 SGB VI bei Zusage einer Versorgung nach beamtenrechtlichen Grundsätzen s. *BAG 26.04.1995, EzA § 41 SGB VI Nr. 5*. Nach Auffassung des BAG gilt § 41 Abs. 4 Satz 3 SGB VI hier nicht.

In der jetzt anwendbaren Fassung bestimmt § 41 SGB VI folgendes: Der Anspruch des Versicherten auf eine Rente wegen Alters ist nicht als ein Grund anzusehen, der die Kündigung eines Arbeitsverhältnisses durch den Arbeitgeber nach dem Kündigungsschutzgesetz bedingen kann. Bei einer Kündigung aus dringenden betrieblichen Erfordernissen darf bei der sozialen Auswahl der Anspruch eines Arbeitnehmers auf eine Rente wegen Alters vor Vollendung des 65. Lebensjahres nicht berücksichtigt werden. Eine Vereinbarung, die die Beendigung des Arbeitsverhältnisses eines Arbeitnehmers ohne Kündigung zu einem Zeitpunkt vorsieht, in dem der Arbeitnehmer vor Vollendung des 65. Lebensjahres eine Rente wegen Alters beantragen kann, gilt dem Arbeitnehmer gegenüber als auf die Vollendung des 65. Lebensjahres abgeschlossen, es sei denn, dass die Vereinbarung innerhalb der letzten drei Jahre vor diesem Zeitpunkt abgeschlossen oder von dem Arbeitnehmer bestätigt worden ist.

VI. Wehrdienstverpflichtung im Ausland

4367 Der längere **ausländische Wehrdienst** kann ein in der Person des Arbeitnehmers liegender Grund zur Kündigung sein. Sozial gerechtfertigt ist die Kündigung aus diesem Grunde nur dann, wenn die Fehlzeit des Arbeitnehmers zu einer erheblichen Beeinträchtigung der betrieblichen Interessen führt und der Ausfall nicht durch zumutbare Maßnahmen zu überbrücken ist. Dies gilt aber nur für den **normalen Wehrdienst**. Bei einem **abgekürzten Wehrdienst bis zu 2 Monaten** steht dem ausländischen Arbeitnehmer ein Leistungsverweigerungsrecht zu.

VII. Fehlen der Arbeitserlaubnis/sonstige Fälle

Eine **fehlende Arbeitsgenehmigung** (Arbeitserlaubnis) und das damit verbundene Beschäftigungsverbot kann zu bestandsschutzrechtlichen Konsequenzen führen. Diese liegen grundsätzlich im Bereich der personenbedingten Gründe, ausnahmsweise auch im Bereich der verhaltensbedingten. Das BAG *(07.02.1990, 2 AZR 359/89)* und ihm folgend in jüngster Zeit das LAG Hamm *(09.02.1999, LAGE § 1 KSchG Personenbedingte Kündigung Nr. 16)* gehen von folgenden **Grundsätzen** aus:

4368

Ist einem ausländischen Arbeitnehmer die erforderliche Arbeitsgenehmigung **rechtskräftig versagt** worden, ist eine ordentliche Kündigung regelmäßig sozial gerechtfertigt, weil der Arbeitnehmer dann zur Leistung der vertraglich geschuldeten Dienste dauernd außerstande ist.

Ist über die von dem ausländischen Arbeitnehmer beantragte Arbeitsgenehmigung noch **nicht rechtskräftig entschieden,** so ist für die soziale Rechtfertigung einer wegen Fehlens der Erlaubnis ausgesprochenen Kündigung darauf abzustellen, ob für den Arbeitgeber bei objektiver Beurteilung im **Zeitpunkt des Zugangs der Kündigung** mit der Erteilung der Erlaubnis in absehbarer Zeit nicht zu rechnen war und der Arbeitsplatz für den Arbeitnehmer ohne erhebliche betriebliche Beeinträchtigungen nicht offengehalten werden konnte.

Das bedeutet auch: Der bloße Ablauf einer notwendigen Arbeitserlaubnis rechtfertigt als solcher noch keine Kündigung eines seit längerem vollzogenen Arbeitsverhältnisses; die Vereinbarung einer entsprechenden **auflösenden Bedingung** ist – da sie zur Umgehung des zwingenden Bestandsschutzes führen würde – unwirksam *(LAG Köln 18.04.1997, LAGE § 1 KSchG Personenbedingte Kündigung Nr. 15).*

Umgekehrt gilt aber: Das Erlöschen einer einem ausländischen Arbeitnehmer erteilten Arbeitsgenehmigung und das sich hieraus ergebende Beschäftigungsverbot sind also an sich geeignet, einen personenbedingten Grund i.S.d. § 1 Abs. 2 Satz 1 KSchG abzugeben und zwar selbst dann, wenn über die Erteilung der Arbeitserlaubnis **noch nicht rechtskräftig entschieden** ist. Für diese Fallgruppe nimmt das **BAG folgende Prognose vor:** Ist im Zeitpunkt der Kündigung mit der Erteilung der Arbeitserlaubnis in absehbarer Zeit nicht zu rechnen, bedarf es, entsprechend der Rechtsprechung zur krankheitsbedingten Kündigung, der weiteren Prüfung, in welcher Weise sich diese Ungewissheit auf das Arbeitsverhältnis auswirkt. Dabei ist der Arbeitgeber verpflichtet, den ausländischen Arbeitnehmer bei Erteilung der Arbeitsgenehmigung zu unterstützen, zumal dann, wenn er dies bei früheren Gelegenheiten getan hat. Diese Hilfestellung darf er nicht einfach deshalb unterlassen, weil er ihn nicht mehr beschäftigen will. Wirkt er darüber hinaus der Erteilung der Arbeitsgenehmigung entgegen, so kann es ihm nach dem in **§ 162 Abs. 2 BGB** zum Ausdruck gebrachten allgemeinen Rechtsgedanken verwehrt sein, sich auf das dadurch herbeigeführte Beschäftigungsverbot zu berufen, wenn der Arbeitgeber diesen **Umstand gegen Treu und Glauben herbeigeführt** hat. Ist aber die **Frage der Verlängerung/Wiedererteilung der Arbeitsgenehmigung völlig offen,** d.h. eine Entscheidung hierüber nach objektiver Prognose des Arbeitgebers in absehbarer Zeit nicht zu erwarten, so handelt dieser nicht **rechtsmissbräuchlich,** wenn er dem Arbeitsamt gegenüber erklärt, er habe an dem bisher beschäftigten Arbeitnehmer kein Interesse mehr und um Vermittlung einer bevorrechtigt zu berücksichtigenden Person nachsucht *(LAG Hamm 09.02.1999, LAGE § 1 KSchG Personenbedingte Kündigung Nr. 16).*

Fazit: Die **rechtskräftig versagte Arbeitsgenehmigung** ist als personenbedingter Kündigungsgrund anerkannt. In einer solchen Fallgestaltung muss die Beeinträchtigung der betrieblichen Verhältnisse nicht besonders dargelegt werden, denn wenn der tatsächlichen Beschäftigung des Arbeitnehmers ein öffentlich-rechtliches Beschäftigungsverbot dauerhaft entgegensteht, ist der Arbeitnehmer für die Zukunft gehindert, seine Arbeitsleistung zu erbringen. Die Erfüllung des Arbeitsvertrages wird ihm dauerhaft unmöglich. Damit würde die Aufrechterhaltung des Arbeitsverhältnisses zu einer bloßen Hülle führen, die als solche keinen Sinn macht.

Ist das **Verfahren über die Erteilung der Arbeitsgenehmigung noch nicht rechtskräftig abgeschlossen,** ist naturgemäß zu differenzieren. Das bedeutet, der Arbeitgeber muss eine Prognoseentscheidung treffen. Bei der Prognoseentscheidung des Arbeitgebers kommt es darauf an, ob für diesen bei objektiver Beurteilung bei Ausspruch der Kündigung in absehbarer Zeit mit der Erteilung der Erlaubnis zu rechnen war und wie sich die Zeit der Ungewissheit auf das Arbeitsverhältnis auswirken wird. Für den kündigungswilligen Arbeitgeber ist das Prognoseprinzip letztlich vorteilhaft, weil er nicht auf die exakte Einschätzung der sozialrechtlichen Erfolgsaussichten des Antrags des Arbeitnehmers angewiesen ist. Ist die Erteilung nach objektiver Prognose des Arbeitgebers ausgeschlossen, kann personenbedingt gekündigt werden.

Ist mit der Erteilung hingegen zu rechnen, wird eine personenbedingte Kündigung regelmäßig nicht sozial gerechtfertigt sein, da dem Arbeitgeber Überbrückungsmaßnahmen grundsätzlich zumutbar sind. Naturgemäß kommt es hier im Rahmen einer **Interessenabwägung** auf die Umstände des Einzelfalles an (bisheriger Bestand des Arbeitsverhältnisses, soziale Daten des Arbeitnehmers, betriebliche Situation des Arbeitgebers. Besondere Bedeutung kommen hier Überbrückungsmaßnahmen durch Einstellung einer befristeten Ersatzkraft oder Umverteilung der Arbeit bzw. Mehrarbeit der übrigen Beschäftigten zu.

Kümmert sich der ausländische Arbeitnehmer nur schleppend oder überhaupt nicht um die Arbeitserlaubnis, so kommt eine **verhaltensbedingte Kündigung** in Betracht.

Denkbar ist auch eine **personenbedingte Kündigung wegen Antritts einer Strafhaft.** Insbesondere die Verbüßung einer längeren Strafhaft ist an sich geeignet, eine außerordentliche Kündigung des Arbeitsverhältnisses zu rechtfertigen, wenn sich die Arbeitsverhinderung konkret nachteilig auf das Arbeitsverhältnis auswirkt und für den Arbeitgeber zumutbare Überbrückungsmöglichkeiten nicht bestehen. Allerdings kann der Arbeitgeber aufgrund seiner Fürsorgepflicht gehalten sein, an der Erlangung des Freigängerstatusses seines Arbeitnehmers mitzuwirken *(s. BAG 09.03.1995, EzA § 626 BGB n.F. Nr. 154; auch LAG Rheinland-Pfalz 12.04.1999, 7 Sa 61/99).*

4369 Die personenbedingte Kündigung kann auf eine **zerrüttete Ehe** gestützt werden. Da Ehegattenarbeitsverhältnisse schon aus steuerlichen Gründen nicht selten sind, verdient diese Fallgruppe besondere Beachtung.

BEISPIEL:

Die Klägerin und ihr Ehemann sind beide Gesellschafter einer GmbH mit 5% bzw. 95%. Der Ehemann ist Geschäftsführer, die Ehefrau Arbeitnehmerin der GmbH. Diese beschäftigt mehr als 5 Arbeitnehmer, so dass das Kündigungsschutzgesetz eingreift. In der Folge kommt es zu Streitigkeiten unter den Eheleuten, eine Scheidung bahnt sich an. Der Ehemann spricht daraufhin namens der GmbH der Klägerin gegenüber die Kündigung aus. Diese erhebt Kündigungsschutzklage.

Hier ist zunächst zu prüfen, ob überhaupt ein Arbeitsverhältnis besteht oder ob es sich nur um ein steuerlich bedingtes »Scheinarbeitsverhältnis« handelt. Die Beweislast für letzteres trägt der Arbeitgeber; für das Vorliegen eines Arbeitsverhältnisses trägt sie der Arbeitnehmer. Nach dem Sachverhalt ist ein Arbeitsverhältnis anzunehmen.

Geht man hiervon aus, stellt sich die Frage der sozialen Rechtfertigung der Kündigung. Diese hat das LAG Köln (26.01.1994, LAGE § 1 KSchG Personenbedingte Kündigung Nr. 11) im Ausgangsfall bejaht. Bei der zerrütteten Ehe sei für den Ehemann die Zusammenarbeit mit der Klägerin unzumutbar. Auf ein Verschulden an der Zerrüttung komme es hingegen nicht an. Dies ist vom BAG (09.02.1995, EzA § 1 KSchG Personenbedingte Kündigung Nr. 12) im Wesentlichen bestätigt worden. Allerdings kommt die Kündigung nur in Betracht, wenn vom Arbeitgeber **konkret nachteilige Auswirkungen auf das Arbeitsverhältnis** dargelegt werden. Die ehelichen Streitigkeiten müssen sich also dergestalt auf das Arbeitsverhältnis auswirken, dass der Arbeitgeber Gründe zu der Annahme hat, der Arbeitnehmer werde seine arbeitsvertraglich geschuldeten Pflichten nicht mit der notwendigen Sorgfalt oder Loyalität erfüllen bzw. es werde infolge der ehelichen Streitigkeiten zu einer Störung des Betriebsfriedens kommen. Gerade in kleineren Betrieben stellt sich die Frage, ob das BAG die Anforderungen an den Arbeitgeber nicht überspannt.

Kein Kündigungsgrund ist i.Ü. das Geständnis sadomasochistischer Sexpraktiken in einer Talkshow, wenn kein konkreter Bezug zum Arbeitsverhältnis besteht. Es handelt sich hier um eine reine **Privatangelegenheit** des Arbeitnehmers. Dies gilt grundsätzlich selbst dann, wenn der Arbeitnehmer im kirchlichen Bereich – hier etwa in der Diakonie – beschäftigt ist (LAG Berlin 07.07.1999, 36 Ca 3054/98).

Zur Kündigung eines **Piloten** wegen Nichtbestehens der sog. **Überprüfungsflüge** s. *BAG 07.12.2000, EzA § 1 KSchG Personenbedingte Kündigung Nr. 15*: Hier ist entscheidend, ob im Zeitpunkt des Zugangs der Kündigung mit einer Erneuerung der Erlaubnis des Piloten in absehbarer Zeit nicht gerechnet werden konnte. Hierzu muss der Arbeitgeber dem Beschäftigten zunächst Gelegenheit geben, binnen angemessener Frist die Zustimmung des LBA gem. § 128 Abs. 6 i.V.m. Abs. 10 LuftPersV zu einer weiteren Wiederholung der Prüfung einholen.

VIII. Weiterführende Literaturhinweise

Umfassende Informationen zur personenbedingten Kündigung enthalten alle Standardwerke zum Kündigungsschutzrecht.

Bauer/Lingemann, Personalabbau und Altersstruktur, NZA 1993, 625
Boewer, Krankheit als Kündigungsgrund, NZA 1988, 678
Eich, Rechtsfragen bei Krankheit des Arbeitnehmers, BB 1988, 197

Gola, Krankheit im Arbeitsverhältnis, BB 1987, 197
Schaub, Arbeitsrechtshandbuch, 9. Aufl. 1999, § 129
Wenzel, Kündigung und Kündigungsschutz, 6. Aufl. 1994, Rdnr.. 206 ff.
Willemsen, Alkohol und Arbeitsrecht, DB 1988, 2304

26. Kapitel: Verhaltensbedingte Kündigung

I.	Gründe für eine »verhaltensbedingte« Kündigung	4400
II.	Einzelfälle aus der Rechtsprechung	4401
	1. Unentschuldigte Fehlzeiten	4401
	2. Politische Betätigung im Betrieb	4401
	3. Androhung einer Krankmeldung	4403
	4. Verzögerung des Heilungsprozesses	4404
	5. Minderleistung	4405
	6. Verspätete Vorlage der Arbeitsunfähigkeitsbescheinigung	4406
	7. Verbüßung einer Freiheitsstrafe	4407
	8. Arbeitsverweigerung/Arbeitsverweigerung aus Gewissensgründen	4408
	9. Mehrfache Ausübung einer geringfügigen Beschäftigung	4410
	10. Verstoß gegen Wettbewerbsverbot	4411
	11. Missachtung von Sicherheitsvorschriften	4412
	12. Straftat zum Nachteil des Arbeitgebers	4413
	13. Außerdienstliches Verhalten	4414
	14. Sonstige Fälle	4414
III.	Abmahnung vor verhaltensbedingter Kündigung	4415
IV.	Entfernung einer Abmahnung aus der Personalakte	4422
V.	Weiterführende Literaturhinweise	4425

CHECKLISTE: VERHALTENSBEDINGTE KÜNDIGUNG

- **Abmahnung erforderlich,** siehe Checkliste vor → Rz. 4415
- **Verhaltensbedingter Kündigungsgrund, 2-stufige Prüfung:**
  - Kündigungsgrund an sich geeignet
  - Interessenabwägung, Einzelfallwürdigung
- **Beispiele möglicher verhaltensbedingter Kündigungsgründe von A–Z:**
  - Alkoholmissbrauch
  - Anpumpen von Arbeitskollegen
  - Anschwärzen von Arbeitskollegen
  - Anstiftung zum Arbeitsvertragsbruch
  - Anzeigen gegen den Arbeitgeber
  - Arbeitsunfähigkeit: Vorlagepflichtverletzung
  - Arbeitsverweigerung ohne rechtfertigenden Grund
  - Beleidigungen
- Betriebsfrieden, Störung des
- Geschenke, Annahme trotz Verbots des Arbeitgebers und nicht nur gebräuchliches Gelegenheitsgeschenk
  - Konkurrenz trotz des gesetzlichen Wettbewerbsverbots während des Arbeitsverhältnisses
  - Krankheitsandrohung bei Abschlagen von Freizeit oder Zuweisung unangenehmer Arbeit
  - Manko, zumindest bei wiederholten hohen Mankobeträgen

- Nebentätigkeit, die die Haupttätigkeit beeinträchtigt
- Rauchverbot, Verstoß gegen ein betriebliches
- Straftaten zum Nachteil des Arbeitgebers
- Tätlichkeiten gegenüber dem Arbeitgeber
- Telefongespräche, unerlaubte Telefonbenutzung für Ferngespräche/Ortsgespräche
- Toilette, erneute erhebliche Verschmutzung trotz vorheriger Abmahnung
- Unpünktlichkeiten, dauernde
- Urlaubsüberschreitung
- Verlassen des Arbeitsplatzes für nicht unerhebliche Zeit ohne Genehmigung

I. Gründe für eine »verhaltensbedingte« Kündigung

4400 Unter die so genannte **verhaltensbedingte Kündigung** fällt der gesamte Bereich der **arbeitsvertraglichen Pflichtwidrigkeiten**. Hierzu zählt z. B. das häufige Nichteinhalten der Arbeitszeit, die Selbstbeurlaubung, die Nichteinhaltung betrieblicher Rauch- und Alkoholverbote oder die unberechtigte Kritik an Arbeitgeber und Vorgesetzten. Eine verhaltensbedingte Kündigung setzt regelmäßig (aber nicht immer!) ein **schuldhaftes Verhalten** voraus. Ob ein bestimmtes Verhalten eine verhaltensbedingte Kündigung rechtfertigt, ist zunächst davon abhängig, wie stark der Betrieb durch das Verhalten des Arbeitnehmers belastet worden ist. Die Dauer der Betriebszugehörigkeit spielt in diesem Zusammenhang ebenfalls eine ganz erhebliche Rolle.

Tipp Da es **keine allgemein gültigen Maßstäbe** zu der Frage gibt, wann eine verhaltensbedingte Kündigung sozial gerechtfertigt ist, empfiehlt es sich so vorzugehen, dass zunächst mittels der nachstehenden Übersicht oder anderer Zusammenstellungen von Kündigungsgründen und des Arbeitsvertrages geprüft wird, ob überhaupt ein **Grund** gegeben ist, der eine **verhaltensbedingte Kündigung** rechtfertigen kann. Es muss also an sich ein Kündigungsgrund bestehen. Dabei kann auch auf die Übersicht zu den wichtigen Gründen i.S.d. § 626 BGB zurückgegriffen werden (s. → Rz. 4507 ff.). Ein Verhalten, das zur außerordentlichen Kündigung herangezogen werden kann, erst recht zur Begründung einer ordentlichen Kündigung dienen. Hervorzuheben ist, dass es bei der Frage, ob ein Verhalten an sich als Kündigungsgrund in Betracht kommt, nicht darauf ankommt, ob es zu **Betriebsablaufstörungen** gekommen ist. Diese wirken sich nur bei der Interessenabwägung zu Lasten des Arbeitnehmers aus. **Auch ohne Betriebsablaufstörungen kann also ggf. verhaltensbedingt gekündigt werden!** Selbst bei **schuldlosen Pflichtverletzungen** des Arbeitnehmers kommt ausnahmsweise eine verhaltensbedingte (ggf. außerordentliche) Kündigung in Betracht. Selbstverständlich ist die Frage der **Vorwerfbarkeit** im Rahmen der Interessenabwägung gebührend zu berücksichtigen *(s. etwa BAG 21.01.1999, EzA § 626 BGB n.F. Nr. 178)*. Besondere Bedeutung im Rahmen der Interessenabwägung kommt auch einem Mitverschulden des Arbeitgebers bzw. einer längeren Hinnahme von Pflichtwidrigkeiten zu *(BAG 11.03.1999, 2 AZR 427/98)*.

Liegt hiernach ein an sich verhaltensbedingter Kündigungsgrund vor, ist in einem **zweiten Schritt** zu untersuchen, ob es einer vorhergehenden **Abmahnung** bedarf und ob diese ggf. ausgesprochen worden ist.

Schließlich ist in einem **dritten Schritt** die **Interessenabwägung** vorzunehmen. Dabei sind die gegenseitigen Interessen umfassend gegeneinander abzuwägen. Zu fragen ist hier insbesondere, warum es zu dem Pflichtenverstoß gekommen ist und ob nicht mildere Mittel zur Verfügung stehen, die zukünftig Pflichtverstöße als ausgeschlossen erscheinen lassen. Wie schon dargelegt, wirken sich Betriebsablaufstörungen hier zu Lasten des Arbeitnehmers aus. In diesem Bereich kommt es selbstverständlich auch darauf an, wie lange das Arbeitsverhältnis bestanden hat, ohne dass Pflichtwidrigkeiten aufgetaucht sind. Dabei gilt die **Faustformel**: Je länger das Arbeitsverhältnis ungestört bestanden hat, desto eher sind vom Arbeitgeber bestimmte Pflichtwidrigkeiten hinzunehmen.

Gerade dieser dritte Prüfungsschritt, also die Interessenabwägung, wirft in der Praxis die größten **Schwierigkeiten** auf, da eine Einzelfallwürdigung vorzunehmen ist. Grundsätzlich wird man davon ausgehen müssen, dass eine Kündigung Aussicht auf Erfolg hat, wenn das Arbeitsverhältnis schon belastet ist, also bereits mehrere Pflichtverletzungen und ggf. Abmahnungen vorliegen. Gleichwohl bleibt hier ein großes Prognoserisiko bestehen (s. etwa → Rz. 4413 – Beispielsfall).

II. Einzelfälle aus der Rechtsprechung

1. Unentschuldigte Fehlzeiten

Wiederholtes **unentschuldigtes Fehlen** eines Arbeitnehmers trotz Abmahnung ist an sich geeignet, eine verhaltensbedingte Kündigung zu rechtfertigen *(BAG 15.03.2001, EzA § 626 BGB n.F. Nr. 185; LAG Berlin 12.08.1996, LAGE § 1 KSchG Verhaltensbedingte Kündigung Nr. 55)*. Dies gilt zumindest dann, wenn es sich um wiederholtes ganztägiges und unentschuldigtes Fehlen handelt. Ob auch nur jedes kurzfristige Fehlen von wenigen Minuten in gleicher Weise als Störung des Arbeitsverhältnisses kündigungsrechtlich relevant werden kann oder ob insoweit eine Vertragspflichtverletzung von einigem Gewicht vorliegen muss, ist unsicher und von den Umständen des Einzelfalles abhängig. Ist es aufgrund des wiederholten unentschuldigten Fehlens zu nachteiligen Auswirkungen im Betrieb (**Betriebsablaufstörungen**) gekommen, so wirkt sich dies zu Lasten des Arbeitnehmers aus; eine verhaltensbedingte Kündigung ist dann erst recht gerechtfertigt (s. zur außerordentlichen Kündigung wegen unentschuldigten Fehlens und eigenmächtiger Urlaubsnahme auch *BAG 16.03.2000, EzA § 626 BGB n.F. Nr. 179 und BAG 15.03.2001, EzA § 626 BGB n.F. Nr. 185)*.

4401

2. Politische Betätigung im Betrieb

Ist es aufgrund einer **politischen Betätigung** des Arbeitnehmers im Betrieb (z.B. Plakettentragen) zu einer Störung des Betriebsfriedens gekommen, so kann nach Abmahnung eine verhaltensbedingte ordentliche Kündigung in Betracht kommen.

4402

Nach Abmahnung kann eine verhaltensbedingte Kündigung wegen Arbeitsversäumnis infolge **Teilnahme an einer politischen Demonstration während der Arbeitszeit** gerechtfertigt sein *(LAG Schleswig-Holstein 18.01.1995, LAGE § 611 BGB Abmahnung Nr. 39)*.

3. Androhung einer Krankmeldung

4403 Auch die **Ankündigung einer Krankheit** kann eine verhaltensbedingte Kündigung rechtfertigen. Droht z.B. ein Arbeitnehmer die Vorlage einer Arbeitsunfähigkeitsbescheinigung an, wenn die angeordnete Schichtzeit nicht abgeändert wird, so rechtfertigt dies, soweit dies gegenüber dem Arbeitgeber geschieht, ohne Abmahnung die ordentliche Kündigung. Der Arbeitgeber braucht also nicht abzuwarten, bis der Arbeitnehmer tatsächlich »blau macht«. Kündigungsgrund ist also bereits die Ankündigung der Pflichtverletzung *(BAG 05.11.1992, EzA § 626 BGB n.F. Nr. 143)*. Unerheblich ist auch, ob der Arbeitnehmer später tatsächlich erkrankt. Bei der **Androhung einer Krankheit** legt die Rechtsprechung einen äußerst strengen Maßstab an. So hat das ArbG Paderborn *(11.05.1994, EzA § 1 KSchG Verhaltensbedingte Kündigung Nr. 46)* entschieden, dass die Androhung einer Erkrankung auch dann zur (außerordentlichen) Kündigung berechtigt, wenn der Arbeitnehmer bereits 58 Jahre alt ist und seit fast 25 Jahren bei dem Arbeitgeber beschäftigt ist.

4. Verzögerung des Heilungsprozesses

4404 Bei einer Erkrankung, die zur Arbeitsunfähigkeit geführt hat, ist der Arbeitnehmer aus der dem Arbeitsvertragsverhältnis zugrundeliegenden Treuepflicht auch zu einem **gesundheitsfördernden Verhalten** verpflichtet. Verstößt der Arbeitnehmer gegen diese Verpflichtung, so können zunächst erhebliche Vorbehalte hinsichtlich der Arbeitsunfähigkeitsbescheinigung gerechtfertigt sein. Im Übrigen kann die Verletzung der Pflicht zu einem genesungsfördernden Verhalten nach den Umständen des Einzelfalls die ordentliche arbeitgeberseitige Kündigung rechtfertigen, ohne dass es des Nachweises einer tatsächlichen Verzögerung des Heilungsprozesses bedarf.

Auch eine außerordentliche Kündigung kann in Betracht kommen *(BAG 26.08.1993, EzA § 626 BGB n.F. Nr. 148)*. Einer derartigen außerordentlichen Kündigung muss dann keine vergebliche Abmahnung vorausgegangen sein. Eine solche ist bei schwerwiegenden Störungen im Leistungsbereich überflüssig. Entscheidend hierfür ist, dass eine so grobe Pflichtverletzung vorlag, dass der Arbeitnehmer mit einer Billigung seiner Verhaltensweise nicht rechnen konnte. Dies ist etwa anzunehmen, wenn ein Arbeitnehmer seine **Genesungszeit** dadurch **verlängert**, dass er im Zeitraum der Krankschreibung nächtelang Reinigungsarbeiten in einer Zweitbeschäftigung verrichtet.

5. Minderleistung

4405 Auch eine **Minderleistung** kann, soweit der Arbeitnehmer sein Verhalten steuern kann, nach Abmahnung eine verhaltensbedingte Kündigung rechtfertigen. Wichtig kann aber hier die Abgrenzung zur personenbedingten Kündigung sein. Entscheidend ist, ob die Minderleistung auf einem steuerbaren Verhalten beruht.

6. Verspätete Vorlage der Arbeitsunfähigkeitsbescheinigung

Verletzt der Arbeitnehmer im Fall der Arbeitsunfähigkeit seine **Anzeigepflicht** (§ 5 EFZG), so ist ein derartiges Verhalten, soweit es der Arbeitnehmer zu vertreten hat, nach vorheriger Abmahnung geeignet, eine ordentliche Kündigung zu rechtfertigen. Gleiches gilt für den Fall der nicht rechtzeitigen Vorlage der Arbeitsunfähigkeitsbescheinigung. Die Anzeige muss dabei unverzüglich, d. h. ohne schuldhaftes Zögern erfolgen. Nach der Rechtsprechung muss der Arbeitgeber jedenfalls **am ersten Tag unterrichtet werden**, und zwar durch **Zugang der Anzeige**.

Das bloße Absenden der Erklärung am gleichen Tage genügt nicht!

Auch die schuldhafte Verletzung der Pflicht, die **über den bislang schon bekannten Termin hinausgehende**, fortdauernde Arbeitsunfähigkeit anzuzeigen, rechtfertigt nach vergeblicher Abmahnung eine verhaltensbedingte ordentliche Kündigung. Dabei sind durch die Nichtvorlage eingetretene Störungen im Betriebsablauf oder im Betriebsfrieden im Rahmen der Interessenabwägung noch zu Lasten des Arbeitnehmers zu bewerten.

4406

7. Verbüßung einer Freiheitsstrafe

Die Arbeitsverhinderung wegen **Verbüßung einer Freiheitsstrafe** stellt nach der Rechtsprechung keinen Grund für eine verhaltens- sondern für eine **personenbedingte Kündigung** (s. → Rz. 4351 ff.) dar.

4407

8. Arbeitsverweigerung/Arbeitsverweigerung aus Gewissensgründen

Die **unberechtigte Arbeitsverweigerung** des Arbeitnehmers stellt in der Regel einen Grund für eine verhaltensbedingte – zumindest ordentliche – Kündigung dar *(s. etwa ArbG Frankfurt a.M. 08.10.1997, EzA § 1 KSchG Verhaltensbedingte Kündigung Nr. 68)*.

Bei Verlegungen der Arbeitszeit ist selbstverständlich das **Mitbestimmungsrecht des Betriebsrats** zu beachten. Hat dieser der Arbeitszeitänderung zugestimmt, muss der Arbeitnehmer zu der geänderten Arbeitszeit seine Arbeitsleistung erbringen, es sei denn es lägen arbeitsvertragliche Vereinbarungen vor, die eine andere Lage der Arbeitszeit garantieren. Fehlt es an der erforderlichen Zustimmung des Betriebsrats, kommt eine Kündigung nach überwiegender Meinung nicht in Betracht, da der Arbeitgeber die Arbeitszeitänderung überhaupt nicht umsetzen kann.

Die **Arbeitsverweigerung aus Gewissensgründen** stellt nach der Rechtsprechung u.U. einen Grund für eine personenbedingte Kündigung dar.

4408

BEISPIEL:

A war als Arzt in der Forschungsabteilung der B, einer deutschen Tochter des international tätigen Pharmakonzerns, beschäftigt. Im Frühjahr 1987 begann die B mit Forschungsarbeiten an einer Substanz, die geeignet ist, Brechreiz zu unterdrücken. In einem internen Firmenvermerk hieß es dazu, falls sich die Strahlenkrankheit, hervorgerufen entweder bei der Strahlenbehandlung des Krebses oder als mögliche Folge eines Nuklearkrieges, als behandelbar oder verhütbar erweisen sollte, würden die Marktchancen für eine solche Substanz signifikant erhöht werden. A lehnte die Mitwirkung bei der Erforschung dieser Substanz unter Berufung auf eine Gewissensentscheidung ab. B hatte daraufhin das Arbeitsverhältnis ordentlich gekündigt.

Bei der Konkretisierung der arbeitsvertraglich geschuldeten Leistung hat nach der Rechtsprechung der Arbeitgeber einen ihm offenbarten Gewissenskonflikt des Arbeitnehmers zu berücksichtigen. Vor einer Kündigung muss der Arbeitgeber versuchen, den Arbeitnehmer mit Arbeiten zu befassen, bei denen der Gewissenskonflikt nicht auftritt. Ist eine andere Beschäftigungsmöglichkeit für den Arbeitnehmer nicht gegeben, so kommt freilich eine **ordentliche personenbedingte Kündigung** in Betracht. Die Gewissensentscheidung des Arbeitnehmers schränkt nämlich die unternehmerische Freiheit, den Inhalt der Produktion zu bestimmen, nicht ein.

4409 Die **Betreuung eines Kindes** ist nur dann ein Grund, der Arbeit fernzubleiben, wenn sich der Arbeitnehmer in einer Zwangslage befindet, die ihm keine andere Wahl lässt. Der Arbeitnehmer und sein Ehegatte haben alles zu tun, um den Konflikt abzuwenden. Der Arbeitgeber ist auch nicht verpflichtet, für eine nicht absehbare Zeit zur Betreuung eines Kindes unbezahlte Freistellung von der Arbeit zu gewähren. Weigert sich ein Arbeitnehmer, wegen der Betreuung seines Kindes die Arbeitspflicht zu erfüllen, ist, soweit die Sicherstellung der Versorgung des Kindes nicht absehbar ist, eine **ordentliche Kündigung gerechtfertigt**. Liegen aber andererseits die Voraussetzungen des § 45 SGB V vor, so kann der Arbeitnehmer sich selbst freistellen, wenn der Arbeitgeber zu Unrecht die Freistellung verweigert. Eine gleichwohl ausgesprochene Kündigung verstößt dann bereits gegen § 612 a BGB *(LAG Köln 13.10.1993, LAGE § 612 a BGB Nr. 5).*

Nach § 45 Abs. 1 SGB V haben Versicherte Anspruch auf Krankengeld, wenn es nach ärztlichem Zeugnis erforderlich ist, dass sie zur Beaufsichtigung, Betreuung oder Pflege ihres erkrankten und versicherten Kindes der Arbeit fernbleiben, eine andere in ihrem Haushalt lebende Person das Kind nicht beaufsichtigen, betreuen oder pflegen kann und das Kind das zwölfte Lebensjahr noch nicht vollendet hat oder behindert und auf Hilfe angewiesen ist. Versicherte mit Anspruch auf Krankengeld haben für die Dauer dieses Anspruchs gegen ihren Arbeitgeber Anspruch auf unbezahlte Freistellung von der Arbeitsleistung, soweit nicht aus dem gleichen Grund Anspruch auf bezahlte Freistellung – etwa aufgrund eines Tarifvertrages oder eines Einzelarbeitsvertrages – besteht.

9. Mehrfache Ausübung einer geringfügigen Beschäftigung

4410 Der Arbeitgeber kann von einem **geringfügig Beschäftigten** (§ 8 SGB IV) nicht verlangen, dass dieser auf eine weitere geringfügige Beschäftigung bei einem anderen Arbeitgeber verzichtet, wenn diese mit der geschuldeten Arbeitsleistung zeitlich nicht zusammentrifft und auch sonst mit den Pflichten aus dem Arbeitsverhältnis vereinbar ist (Ausfluss des Grundrechts der Berufsfreiheit aus Art. 12 GG). Der Arbeitnehmer verletzt durch ein derartiges Verhalten nicht seine vertraglichen Pflichten und kann deshalb auch nicht gekündigt werden, wenngleich der Arbeitgeber die Versicherungsfreiheit des Arbeitsverhältnisses verliert. Der Arbeitnehmer ist freilich verpflichtet, die Aufnahme einer weiteren geringfügigen Beschäftigung seinem Arbeitgeber mitzuteilen. Verletzt der Arbeitnehmer diese Anzeigepflicht, ist er dem Arbeitgeber zum Schadensersatz verpflichtet. Ob im Falle der **Verletzung der Anzeigepflicht** eine ordentliche verhaltensbedingte Kündigung möglich ist, ist unsicher, aber wohl abzulehnen, da auch bei Erfüllung der Anzeigepflicht der Arbeitgeber kündigungsrechtlich nicht reagieren konnte.

10. Verstoß gegen Wettbewerbsverbot

Die **Verletzung des für die Dauer des Arbeitsverhältnisses bestehenden Wettbewerbsverbots** (vgl. § 60 HGB) kann sogar eine außerordentliche Kündigung rechtfertigen, die – da durch die Konkurrenztätigkeit der Vertrauensbereich berührt wird und eine Wiederherstellung des Vertrauens nicht erwartet werden kann – nicht einmal eine Abmahnung voraussetzt *(BAG 26.01.1995, EzA § 626 BGB n.F. Nr. 155; 21.11.1996, EzA § 626 BGB n.F. Nr. 162)*. Etwas anderes gilt nur, soweit der Arbeitnehmer mit vertretbaren Gründen annehmen konnte, sein Verhalten sei nicht vertragswidrig bzw. werde vom Arbeitgeber zumindest nicht als erhebliches, den Bestand des Arbeitsverhältnisses gefährdendes Fehlverhalten angesehen.

4411

11. Missachtung von Sicherheitsvorschriften

Die **vorsätzliche Missachtung von Sicherheitsvorschriften**, die dem Schutz von Leben und Gesundheit von Arbeitskollegen sowie von erheblichen Sachwerten dienen, ist grundsätzlich geeignet, eine verhaltensbedingte ordentliche oder außerordentliche Kündigung zu rechtfertigen. Ob es einer Abmahnung bedarf, ist einzelfallabhängig.

4412

12. Straftat zum Nachteil des Arbeitgebers

Eine verhaltensbedingte ordentliche oder außerordentliche Kündigung kommt auch in Betracht, wenn der Arbeitnehmer **Vermögens- oder Eigentumsdelikte zu Lasten des Arbeitgebers** begangen hat. Dabei kommt es nicht auf die Höhe des entstandenen Schadens an. Allerdings kann dies im Einzelfall durchaus eine Rolle dafür spielen, ob eine außerordentliche oder nur eine ordentliche Kündigung zulässig ist *(LAG Köln 24.08.1995, LAGE § 626 BGB Nr. 86)*. Auch ist im Grundsatz in diesen Fällen eine Abmahnung entbehrlich, da hier der Vertrauensbereich angesprochen ist und eine Wiederherstellung des Vertrauens häufig nicht zu erwarten sein wird.

4413

BEISPIEL:

Die als Küchenhilfe tätige Arbeitnehmerin entwendet 2 Stück Bratfisch im Wert von ca. 10. Sie war bei ihrer Einstellung darüber belehrt worden, dass die Mitnahme von Essen nur nach Absprache mit dem Kantinenleiter zulässig sei.

Das LAG Köln (a.a.O.) hat hier die ständige Rechtsprechung des BAG (Bienenstich-Fall) bestätigt. Eine ordentliche Kündigung ist möglich! Bei höheren Werten wäre auch eine außerordentliche Kündigung möglich. Wird zunächst nur eine letztere ausgesprochen und ist diese nicht gerechtfertigt, kommt eine Umdeutung in eine ordentliche Kündigung in Betracht. Beachte aber die Betriebsratsanhörung (s. auch zur falschen Deklaration von Privat- als Geschäftstelefonate LAG Sachsen-Anhalt 23.11.1999, LAGE § 103 BetrVG 1972 Nr. 15)!

Von einer solchen **Tatkündigung** ist im Übrigen eine **Verdachtskündigung** zu unterscheiden. Eine solche liegt nur vor, wenn der Arbeitgeber die Kündigung damit begründet, gerade der Verdacht eines nicht erwiesenen Verhaltens habe das für die Fortsetzung des Arbeitsverhältnisses erforderliche Vertrauensverhältnis zerstört. Entscheidend für die Abgrenzung zwischen Tat- und Verdachtskündigung ist die **Überzeugung des Arbeitgebers,** nicht die objektive Rechts- und Tatsachenlage.

Kündigt der Arbeitgeber nach rechtskräftiger Verurteilung des Arbeitnehmers in einem Strafverfahren, wird regelmäßig nicht mehr nur eine Verdachts-, sondern eine Tatkündigung vorliegen *(BAG 26.03.1992, EzA § 626 BGB Verdacht strafbarer Handlung Nr. 4; s. auch BAG 21.11.1996, EzA § 626 BGB n.F. Nr. 162).* Die Suspendierung des Arbeitsverhältnisses kann Einfluss nehmen auf die Zulässigkeit einer Verdachtskündigung; grundsätzlich bleibt aber auch bei einer vorhergehenden Suspendierung die außerordentliche Verdachtskündigung möglich *(BAG 05.04.2001, EzA § 626 BGB n.F. Verdacht strafbarer Handlung Nr. 10).* Auch **Tätlichkeiten gegenüber Arbeitskollegen** sind an sich geeignet, einen Grund für eine ordentliche oder sogar außerordentliche Kündigung abzugeben. Allerdings zeigt sich gerade hier, wie schwierig die Interessenabwägung ist.

BEISPIEL:

Der seit fast 30 Jahren bei dem Arbeitgeber beschäftigte Arbeitnehmer A, dessen Personalakte ansonsten »sauber« ist, erscheint stark angetrunken am Arbeitsplatz. Der Arbeitgeber will ihn vom Werkschutz nach Hause fahren lassen. A weigert sich mit der Begründung, der Werkschutzwagen sei ihm zu klein. In der Folge kommt es zu einer tätlichen Auseinandersetzung, bei der die Werkschutzmitarbeiter erheblich verletzt werden und hoher Sachschaden entsteht.
Hier hat das BAG (30.09.1993, EzA § 626 BGB n.F. Nr. 152) die ausgesprochenen Kündigungen (ordentliche und außerordentliche) an der Interessenabwägung scheitern lassen und dabei wesentlich auf die lange Betriebszugehörigkeit, die saubere Personalakte und die fehlende Wiederholungsgefahr abgestellt. Die Entscheidung zeigt eindringlich, dass das »Schielen« auf bestimmte Fallgruppen nur bedingt weiterhelfen kann.

13. Außerdienstliches Verhalten

4414 Ein **außerdienstliches Verhalten** eines Arbeitnehmers, das weder zur konkreten Beeinträchtigung des Arbeitsverhältnisses noch zu einer konkreten Gefährdung im Vertrauensbereich geführt hat, ist nicht geeignet, einen Grund im Verhalten des Arbeitnehmers i.S.v. § 1 Abs. 2 KSchG zu bilden. Außerhalb von kirchlichen Einrichtungen und von Tendenzunternehmen ist das außerdienstliche Verhalten eines Arbeitnehmers grundsätzlich **kündigungsrechtlich irrelevant.** Siehe aber zur außerdienstlichen Trunkenheit bei einem Schiffsführer *LAG Berlin 18.02.2000, 2 Sa 2375/99* und zur »außerdienstlichen« Volksverhetzung *LAG Köln 07.07.1999, 7 Sa 22/99.*

14. Sonstige Fälle

Die verhaltensbedingte Kündigung kann auch wegen **Alkoholmissbrauchs im Betrieb** gerechtfertigt sein *(BAG 26.01.1995, EzA § 1 KSchG Verhaltensbedingte Kündigung Nr. 46)*. Hier ist grundsätzlich eine **Abmahnung erforderlich**. Zur Problematik der **Privatfahrt** eines angestellten Berufskraftfahrzeugführers unter erheblicher Alkoholisierung s. *BAG 04.06.1997, EzA § 626 BGB n.F. Nr. 168*. Eine außerordentliche oder ordentliche Kündigung ist hier nicht automatisch gerechtfertigt. Das Tatsachengericht hat einen weiten Beurteilungsspielraum.

4414a

Bei Verstößen gegen ein **betriebliches Alkoholverbot** kommt grundsätzlich eine Kündigung nach entsprechender einschlägiger Abmahnung in Betracht *(s. nur LAG Hamm 11.11.1996, LAGE § 1 KSchG Verhaltensbedingte Kündigung Nr. 56)*. **Scharf zu unterscheiden** ist diese **Fallgruppe** von der **Alkoholabhängigkeit**. Beruht der Alkoholmissbrauch auf einer Alkoholabhängigkeit, kommt nur eine personenbedingte Kündigung in Betracht. Eine verhaltensbedingte Kündigung, die auf Pflichtverletzungen wegen Alkoholabhängigkeit beruht, ist aber regelmäßig nicht sozial gerechtfertigt, weil dem Arbeitnehmer infolge mangelnder Steuerungsfähigkeit kein Schuldvorwurf gemacht werden kann. Probleme stellen sich häufig beim **Nachweis der Alkoholisierung**. Eine mit Zustimmung des Arbeitnehmers durchgeführte Messung der Blutalkoholkonzentration per **Alkomat** kann sowohl zur Be- als auch zur Entlastung des Arbeitnehmers herangezogen werden. Selbstverständlich darf der Arbeitgeber keine Entnahme einer Blutprobe erzwingen. Gleiches gilt für die Atemanalyse. Im Prozess muss der Arbeitgeber daher ggf. durch Zeugen nachweisen, dass der Arbeitnehmer alkoholisiert war. Wichtige **Indizien** können hier etwa das Lallen oder sonstige Ausfallerscheinungen sein (s. auch *LAG Hamm, a.a.O.*, Verweigerung der BAK-Untersuchung und Beweiswürdigung). Regelmäßig ist ein Arbeitnehmer **nicht** verpflichtet, im laufenden Arbeitsverhältnis an Blutuntersuchungen zur Klärung der Frage, ob er alkohol- oder drogenabhängig ist, teilzunehmen *(BAG 12.08.1999, EzA § 1 KSchG Personenbedingte Kündigung Nr. 55)*.

Eine **verhaltensbedingte Kündigung wegen Beleidigung** der Geschäftsführung/von Vorgesetzten ist möglich. Vertrauliche – auch beleidigende – Äußerungen im Kollegenkreis sind aber kein Kündigungsgrund *(BAG 30.11.1972, EzA § 626 BGB n.F. Nr. 23)*, wenn der Arbeitnehmer auf die **Vertraulichkeit des Wortes** rechnen darf *(LAG Köln 18.04.1997, LAGE § 626 BGB Nr. 111)*. Hinsichtlich der verhaltensbedingten **Kündigung wegen rassistischem Verhalten** ist auf die Entscheidung des BAG vom 01.07.1999 *(EzA § 15 BBiG Nr. 13)* hinzuweisen.

4415 CHECKLISTE ABMAHNUNGSERFORDERNIS VOR KÜNDIGUNG

- **Abmahnung überhaupt erforderlich**
  - Nicht: Bei personenbedingter Kündigung
  - Nicht: Bei betriebsbedingter Kündigung
- **Abmahnung grundsätzlich erforderlich bei verhaltensbedingten Kündigungen**
  - Ausnahmen hiervon:
    - teilweise bei Störungen im Vertrauensbereich wie etwa Diebstahl, Betrug, Unterschlagung, Untreue o.ä.
    - Unbehebbare Leistungsmängel
    - Ernstliche Weigerung des Arbeitnehmers, sein Verhalten zu ändern
    - Privater Lebensbereich betroffen, den der Arbeitnehmer nicht beeinflussen kann
    - Innerhalb der ersten 6 Monate des Arbeitsverhältnisses (streitig)
    - In Kleinbetrieben, § 23 Abs. 1 Satz 2 KSchG (streitig)
- **Erforderlich ist die Abmahnung insbesondere bei Störungen im Leistungsbereich:**
  - Schlechte Arbeitsergebnisse
  - Verspätungen
  - Bummelei etc.
- Auch bei **Störung im Leistungsbereich** ausnahmsweise keine Abmahnung, wenn ein so grober Pflichtverstoß vorliegt, dass der Arbeitnehmer mit einer Billigung seines Verhaltens keinesfalls rechnen kann (besonders schwere Pflichtverletzung), Dies ist allerdings ein seltener Ausnahmefall.
- **Abmahnungsbefugnis:** Nicht nur der kündigungsberechtigte Mitarbeiter, sondern alle Mitarbeiter, die nach ihrer Stellung im Betrieb befugt sind, verbindliche Anweisungen bezüglich Ort, Zeit, Art und Weise der Erbringung der Arbeitsleistung zu erteilen.
- **Achtung:** Abmahnung verbraucht Kündigungsrecht im konkreten Fall! Daher: »Gleichschaltung« von Abmahnungs- und Kündigungsbefugnis sinnvoll!
- **Form der Abmahnung:**
  - Grundsätzlich formfrei
  - Aber Schriftform empfehlenswert
  - Beweis des Zugangs und der Kenntnisnahme sicherstellen
- Notwendigen **Inhalt** der Abmahnung beachten!
- **Grundsätzlich keine Beteiligung des Betriebsrats vor einer Abmahnung, anders im öffentlichen Dienst**

III. Abmahnung vor verhaltensbedingter Kündigung

Aus dem **Grundsatz der Verhältnismäßigkeit** folgt auch, dass der Arbeitgeber bei verschuldeten Vertragsverletzungen grundsätzlich nur kündigen kann, wenn er zuvor den Arbeitnehmer wegen einer gleichen oder ähnlichen Pflichtwidrigkeit zumindest schon einmal **abgemahnt** hat. Da der Arbeitgeber **innerhalb der ersten 6 Monate** des Bestandes eines Arbeitsverhältnisses **frei kündigen** kann, entfällt das Abmahnungserfordernis bei Kündigungen innerhalb der ersten 6 Monate eines Beschäftigungsverhältnisses.

Dies hat das BAG *(21.02.2001, EzA § 242 BGB Kündigung Nr. 2)* nochmals ausdrücklich klargestellt: Das Erfordernis einer vergeblichen Abmahnung ist im Anwendungsbereich des Kündigungsschutzgesetzes Ausfluss des Grundsatzes der Verhältnismäßigkeit und Bestandteil des Kündigungsgrundes Dem Grundsatz der Verhältnismäßigkeit kommt aber nur im Rahmen des normierten Kündigungsschutzes Bedeutung zu. Zwar könnte nach Treu und Glauben (§ 242 BGB) eine vorherige vergebliche Abmahnung auch dann geboten sein, wenn sich der Arbeitgeber andernfalls mit der Kündigung in Widerspruch zu seinem bisherigen Verhalten setzen würde, dies ist aber auf enge Ausnahmefälle begrenzt.

Von einer **Abmahnung** kann nur gesprochen werden, wenn der Arbeitgeber den Arbeitnehmer deutlich und ernsthaft auf die Pflichtverletzung hinweist und ihn auffordert, ein genau bezeichnetes Fehlverhalten zu ändern bzw. aufzugeben. Außerdem muss in der Abmahnung zum Ausdruck kommen, dass der Arbeitnehmer damit rechnen muss, dass weitere Pflichtverletzungen die Fortsetzung des Arbeitsverhältnisses gefährden.

4416

Die Abmahnung darf nicht lediglich einen Hinweis auf die Folgen der Vertragsverletzung haben (Manko etc.). Vielmehr ist die Pflichtwidrigkeit darin zu benennen. Dies folgt daraus, dass die Abmahnung von ihrer Funktion her nicht auf eine spätere Kündigung ausgerichtet ist, sondern auf das Abstellen des Leistungsmangels. Die Abmahnung ist formlos möglich. Einer Betriebsratsbeteiligung bedarf es nicht.

Muster einer Abmahnung

Firma ....

Anschrift des Arbeitnehmers ....

Sehr geehrte(r) Frau/Herr ...,

Nach der vorliegenden ärztlichen Arbeitsunfähigkeitsbescheinigung vom ... waren Sie in der Zeit vom ... bis zum ... arbeitsunfähig krank.

Sie haben entgegen Ihrer Verpflichtung Ihre Arbeitsunfähigkeit und deren voraussichtliche Dauer nicht unverzüglich mitgeteilt. Eine Mitteilung erfolgte vielmehr erst nach Ablauf von ... Arbeitstagen.

Sie haben damit Ihre Pflichten aus dem Arbeitsvertrag verletzt.

Ich/wir weise(n) Sie darauf hin, dass Sie im Wiederholungsfalle mit der Kündigung des Arbeitsverhältnisses rechnen müssen.

Eine Durchschrift dieser Abmahnung wird zu Ihren Personalakten genommen und dem Betriebsrat zur Kenntnisnahme zugeleitet.

....
(Ort, Datum)   (Unterschrift Arbeitgeber)

Zur Kenntnis genommen am: ....
                (Datum)   (Unterschrift Arbeitnehmer)

Achtung! Wichtig im Zusammenhang mit der Abmahnung:

- Pflichtverletzung konkret benennen!
- **mehrere** Pflichtverletzungen in **mehreren** Abmahnungen! Keine Sammelabmahnung!
- deutliche Androhung, das Arbeitsverhältnis zu beenden!
- Beweis des Zugangs sicherstellen!
- Abmahnung auch noch nach unwirksamer Kündigung zulässig (aber kein Wechsel von der Abmahnung zur Kündigung möglich;
- **Merke:** Abmahnung verbraucht Kündigung!)

Es empfiehlt sich, **schriftlich** abzumahnen! Da der Arbeitgeber bei einer späteren Kündigung wegen einer gleichen oder ähnlichen Pflichtwidrigkeit die Berechtigung dieser Abmahnung beweisen muss, empfiehlt es sich auch, zu versuchen, den Arbeitnehmer zu bewegen, die Richtigkeit der Vorwürfe schriftlich bestätigt.

4417 Sollen **ausländische Arbeitnehmer** abgemahnt werden, so sollte die Abmahnung in deren Heimatsprache abgefasst sein. **Wertungen** (Betrugsversuch etc.) sollten in einer Abmahnung nicht ausgesprochen werden. Will ein Arbeitgeber **mehrere Pflichtwidrigkeiten** abmahnen, so sollte er für jede Pflichtwidrigkeit eine gesonderte Abmahnung aussprechen. Fasst er die Abmahnungen nämlich in einer so genannten **Sammelabmahnung** zusammen, so entfaltet eine derartige Abmahnung keine Wirkung, wenn auch nur einer der darin enthaltenen Vorwürfe unberechtigt war. Auch ist eine derartige in Teilpunkten unberechtigte Abmahnung insgesamt aus der Personalakte zu entfernen. Ob die **Abmahnung** dann **wiederholt** werden kann, ist unsicher. Dies hängt u.a. vom Zeitablauf ab. Handelte es sich etwa nur um eine geringfügige Pflichtverletzung und ist schon längere Zeit verstrichen, dann scheidet eine Wiederholung der Abmahnung aus.

4418 Als **abmahnungsberechtigte Personen** kommen nicht nur kündigungsberechtigte Personen, sondern alle Mitarbeiter in Betracht, die aufgrund ihrer Aufgabenstellung dazu befugt sind, verbindliche Weisungen bezüglich des Ortes, der Zeit sowie der Art und Weise der arbeitsvertraglich geschuldeten Arbeitsleistung zu erteilen.

4419 Einer Abmahnung ist nach wohl überwiegender Meinung in der Literatur nur ein Verhalten zugänglich, das für den Arbeitnehmer **steuerbar** ist. Der Arbeitnehmer muss also auf das beanstandete Verhalten Einfluss nehmen können, wenn er nur will. Deshalb kann ein Arbeitnehmer nicht wegen Alkoholismus oder einer sonstigen Erkrankung abgemahnt werden. Demgegenüber vertritt die Rechtsprechung *(BAG 21.04.1993, EzA § 543 ZPO Nr. 8)* die gegenteilige Auffassung. Für die Frage, ob eine im Leistungsbereich ergangene Abmahnung zu Recht ergangen ist, kommt es demnach nicht darauf an, ob das beanstandete Verhalten dem Arbeitnehmer auch subjektiv vorgeworfen werden kann. Die Frage der Steuerbarkeit des Verhaltens ist demnach nur im **kündigungsrechtlichen Bereich** von Bedeutung. Hier ist klar, dass ein nicht steuerbares Verhalten seltener kündigungsrechtliche Folgen auslösen wird.

Beachte in diesem Zusammenhang aber etwa die Entscheidung des BAG vom 21.01.1999 *(EzA § 626 BGB n.F. Nr. 178)*: Auch **schuldlose Pflichtverletzungen** des Arbeitnehmers können einen wichtigen Grund für eine außerordentliche Kündigung aus verhaltensbedingten Gründen abgeben. Zwar bildet bei der verhaltensbedingten Kündigung der Grad des Verschuldens das Arbeitnehmers im Rahmen der Interessenabwägung ein wichtiges, oft das wichtigste Abgrenzungskriterium, was dazu führt, dass verhaltensbedingte Gründe eine außerordentliche Kündigung in der Regel nur dann rechtfertigen können, wenn der Gekündigte nicht nur objektiv und rechtswidrig, sondern auch schuldhaft seine Pflichten aus dem Vertrag verletzt hat. Unter besonderen Umständen kann aber auch ein schuldloses Verhalten des Arbeitnehmers den Arbeitgeber zur verhaltensbedingten Kündigung berechtigen.

Das Abmahnungserfordernis gilt für alle Störungen im Bereich der gegenseitigen Hauptpflichten (so genannter **Leistungsbereich**). Bei einer Störung im **Vertrauensbereich** (Eigentums- und Vermögensdelikte zu Lasten des Arbeitgebers) war bislang eine Abmahnung nur erforderlich, wenn der Arbeitnehmer mit vertretbaren Gründen (unklare Regelungen oder Anweisungen) annehmen konnte, sein Verhalten sei nicht rechtswidrig oder werde vom Arbeitgeber zumindest nicht als ein erhebliches, den Bestand des Arbeitsverhältnisses gefährdendes Fehlverhalten angesehen. Anders war die Rechtslage bei leichteren Verstößen zu beurteilen. Solche wurden angenommen, wenn ohnehin Streit darüber bestand, wie sich der Arbeitnehmer konkret verhalten musste, was also zu seinen arbeitsvertraglichen Pflichten gehörte. Zu einem solchen Fall siehe *BAG 07.10.1993, EzA § 611 BGB Kirchliche Arbeitnehmer Nr. 40* – Kündigung des Chefarztes eines katholischen Krankenhauses wegen »homologer Insemination.«

Inzwischen vertritt das BAG *(04.06.1997, EzA § 626 BGB n.F. Nr. 168)* aber teilweise eine andere – arbeitnehmerfreundlichere – Auffassung. **Auch bei Störungen im Vertrauensbereich** ist vor der Kündigung eine **Abmahnung erforderlich**, wenn es sich um ein steuerbares Verhalten des Arbeitnehmers handelt und eine Wiederherstellung des Vertrauens erwartet werden kann. Schon zuvor hatte das BAG die Auffassung vertreten, dass bei Störungen im Vertrauensbereich eine Abmahnung jedenfalls dann nicht entbehrlich sei, wenn der Arbeitnehmer annehmen durfte, sein Verhalten sei nicht vertragswidrig bzw. der Arbeitgeber werde es zumindest nicht als ein erhebliches, den Bestand des Arbeitsverhältnisses gefährdendes Fehlverhalten ansehen.

Zu prüfen ist das Abmahnungserfordernis deshalb bei jeder Kündigung, die wegen eines steuerbaren Verhaltens des Arbeitnehmers oder aus einem Grund in seiner Person ausgesprochen wurde, den er durch sein steuerbares Verhalten beseitigen, wenn also eine Wiederherstellung des Vertrauens erwartet werden konnte.

Eine Abmahnung ist **entbehrlich**, wenn der Arbeitnehmer nicht willens ist, sich vertragsgerecht zu verhalten. Dies ist der Fall, wenn der Arbeitnehmer die Pflichtwidrigkeit seines Verhaltens kennt, er sich aber trotzdem **hartnäckig und uneinsichtig weigert, sein Verhalten zu ändern,** sondern die Pflichtwidrigkeit fortsetzt *(BAG 18.05.1994, EzA § 611 BGB Abmahnung Nr. 31 und BAG 21.11.1996 EzA § 1 KSchG Verhaltensbedingte Kündigung Nr. 50).* Auch **besonders schwere Verstöße** bedürfen keiner Abmahnung, da hier der Arbeitnehmer von vornherein damit rechnen kann, dass sein Verhalten nicht hingenommen wird und er sich bewusst sein muss, dass er mit seiner Pflichtwidrigkeit den Arbeitsplatz aufs Spiel setzt. Dies gilt etwa, wenn ein **Betriebsratsvorsitzender** einen Diebstahl zu Lasten seines Arbeitgebers begeht *(BAG 10.02.1999, EzA § 15 KSchG n.F. Nr. 47)*. Weitere Beispiele:

BEISPIEL:

A ist bei der Z-Spedition seit 7 Monaten als Fahrer beschäftigt. Er führt an dem Lkw aufgrund grober Fahrlässigkeit einen Totalschaden in Höhe von 50.000 EUR herbei.

In dieser Situation ist es dem Arbeitgeber nicht zumutbar, den Wiederholungsfall hinzunehmen. Er kann deshalb ordentlich kündigen, wenn der Arbeitnehmer wegen einer gleichen oder ähnlichen Pflichtwidrigkeit noch nicht abgemahnt worden war.

BEISPIEL:

Der Leitende Angestellte L droht seiner Arbeitgeberin, einer Bank, an, von ihm behauptete Steuervergehen der Arbeitgeberin in die Öffentlichkeit zu tragen (BAG 11.0.1998, EzA § 626 BGB n.F. Nr. 176).

Auch bei **ausländerfeindlichen Äußerungen im Betrieb** ist eine Abmahnung vor der (ggf. außerordentlichen) Kündigung entbehrlich *(vgl. hierzu LAG Hamm 11.11.1994, LAGE § 626 BGB Nr. 82)*.

Gleiches gilt bei der Kündigung wegen **Beleidigung der Geschäftsführung** *(LAG Hamm 14.03.1995, LAGE § 102 BetrVG Nr. 51; s. aber → Rz. 4414)*. Die fristlose Kündigung des Dienstverhältnisses eines **GmbH-Geschäftsführers** hat regelmäßig eine Abmahnung nicht zur Voraussetzung *(BGH 14.02.2000, II ZR 218/98)*.

4421 Auch gegenüber **Betriebsratsmitgliedern** ist eine Abmahnung möglich. So ist der Arbeitgeber berechtigt, auch ohne Mitwirkung des Betriebsrats ein nicht freigestelltes Betriebsratsmitglied wegen Versäumnis von Arbeitszeit abzumahnen, wenn es Betriebsratstätigkeiten wahrgenommen hat, die es nicht für erforderlich i.S.v. § 37 Abs. 2 BetrVG halten durfte.

BEISPIEL:

Das nichtfreigestellte Betriebsratsmitglied B sagt zu seiner Arbeitskollegin A, er wolle an einer Sitzung des Arbeitsgerichts als Zuschauer teilnehmen. Die A solle ggf. auf Nachfrage den Chef darüber informieren.

Ist ein Betriebsratsmitglied der objektiv fehlerhaften Ansicht, eine Betriebsratsaufgabe wahrzunehmen, kommt eine Abmahnung seitens des Arbeitgebers wegen einer hierdurch bedingten Versäumnis an Arbeitszeit nicht in Betracht, wenn es um die **Verkennung schwieriger und ungeklärter Rechtsfragen** geht *(BAG 31.08.1994, EzA § 611 BGB Abmahnung Nr. 33)*.

Soweit **ausschließlich betriebsverfassungsrechtliche Pflichten** verletzt werden, wird im Regelfall nur das Verfahren nach § 23 Abs. 1 BetrVG eingreifen. Es sind in diesem Bereich also zwei verschiedene Ebenen streng voneinander zu trennen.

Vor Ausspruch der Abmahnung muss der **Betriebsrat nicht beteiligt** werden. Es empfiehlt sich jedoch, dem Betriebsrat nach erfolgter Abmahnung eine Abschrift des Abmahnungsschreibens zugänglich zu machen. Die Abmahnung braucht nicht innerhalb bestimmter Regelfristen geltend gemacht zu werden. Es empfiehlt sich jedoch, mit dem Ausspruch einer Abmahnung nicht allzu lang zu warten.

4421a

Zwischen einer Abmahnung und der Kündigung wegen Leistungsmängeln muss dem Arbeitnehmer ein **hinreichender Zeitraum zur Leistungssteigerung** verbleiben. Hat sich also jahrelang ein bestimmtes Fehlverhalten eingeschlichen, so kann der Arbeitgeber nicht verlangen, dass dieses ad hoc abgestellt wird.

BEISPIEL:

Alle Arbeitnehmer kommen seit Jahren trotz Dienstbeginns um 7.00 Uhr erst um 10.00 Uhr. Der Arbeitgeber spricht daraufhin allen gegenüber eine Abmahnung aus. Als am nächsten Tag wieder einige Arbeitnehmer erst um 9.00 Uhr kommen, erhalten diese eine ordentliche verhaltensbedingte Kündigung.

Fazit: Wenn eine Kündigung mit Leistungsmängeln begründet werden soll, muss zwischen einer vorhergehenden Abmahnung und der späteren Kündigung ein vom Einzelfall abhängiger Zeitraum liegen, der dem Arbeitnehmer die Gelegenheit gibt, sein **Leistungsverhalten entsprechend anzupassen** *(Hessisches LAG 26.04.1999, 16 Sa 1409/98).*

Eine **Anhörung des Arbeitnehmers** vor Ausspruch einer Abmahnung ist **nicht** Voraussetzung für deren Wirksamkeit. Etwas anderes gilt im Bereich des öffentlichen Dienstes. Hier ist für die Wirksamkeit einer Abmahnung gem. § 13 Abs. 2 Satz 1 BAT die vorherige Anhörung des Arbeitnehmers erforderlich *(s. hierzu auch BAG 21.05.1992, EzA § 1 KSchG Verhaltensbedingte Kündigung Nr. 42).*

IV. Entfernung einer Abmahnung aus der Personalakte

Der Arbeitnehmer kann nach der Rechtsprechung verlangen, dass der Arbeitgeber eine missbilligende Äußerung aus den Personalakten entfernt, wenn diese **unrichtige Tatsachenbehauptungen** enthält, die den Arbeitnehmer in seiner Rechtsstellung und seinem beruflichen Fortkommen beeinträchtigen können. Ist also eine schriftliche Abmahnung zu den Personalakten genommen worden, so kann der Arbeitnehmer deren Entfernung verlangen, wenn der darin erhobene Vorwurf nicht gerechtfertigt ist *(s. etwa BAG 11.12.2001, 9 AZR 464/00 – Pressemitteilung des BAG Nr. 82/2001).*

4422

Dabei kommt es nach der Rechtsprechung darauf an, ob der erhobene Vorwurf **objektiv gerechtfertigt** ist *(s. etwa BAG 11.12.2001, 9 AZR 464/00 – Pressemitteilung des BAG Nr. 82/2001).* Es soll also nicht darauf ankommen, ob das beanstandete Verhalten dem Arbeitnehmer auch **subjektiv** vorgeworfen werden kann. Unerheblich ist freilich, ob eine gleichartige oder ähnliche Pflichtwidrigkeit im Wiederholungsfall eine Kündigung rechtfertigen würde.

Verbindet der Arbeitgeber mit der Abmahnung **Wertungen** (z.B. Vorwurf des Betrugsversuchs), so ist mit dieser Wertung die Tatsachenbehauptung verbunden, der Arbeitnehmer habe den Arbeitgeber mit dem beanstandeten Verhalten in seinem Vermögen geschädigt. Kann eine Vermögensschädigung nicht dargetan werden, muss die Abmahnung aus der Personalakte entfernt werden.

Tipp: Deshalb sollte in Abmahnungen auf **Wertungen** allgemein verzichtet werden! Ebenso wie unrichtige Tatsachenbehauptungen, die Gegenstand einer zu den Personalakten genommenen Abmahnung waren, sind auch Abmahnungen aus der Personalakte zu entfernen, wenn darin enthaltene Vorwürfe weder hinreichend genaue zeitliche noch inhaltliche Angaben enthalten.

4423 Ist ein Arbeitsverhältnis bereits rechtsbeständig beendet, so besteht ein Anspruch auf Entfernung einer Abmahnung aus den Personalakten nur dann, wenn der klagende Arbeitnehmer eine drohende konkrete Beeinträchtigung darlegt. Hierher gehören etwa die Fälle, in denen die Personalakte an Dritte weitergegeben wird, so etwa im öffentlichen Dienst.

Auch nach **Entfernung einer Abmahnung aus der Personalakte** ist der Arbeitnehmer nicht gehindert, einen Anspruch auf Widerruf der in der Abmahnung abgegebenen Erklärungen gerichtlich geltend zu machen. Voraussetzung ist, dass eine andauernde Rechtsbeeinträchtigung vorliegt (d.h. erforderlich ist das Vorliegen einer Rechtsverletzung, deren Andauern und das Abstellen der Rechtsverletzung durch den begehrten Widerruf). Siehe zu den Voraussetzungen im Einzelnen *BAG 15.04.1999, EzA § 611 BGB Abmahnung Nr. 41*.

Der Arbeitnehmer hat das **Recht**, die Entfernung einer unberechtigten Abmahnung aus der Personalakte zu verlangen. Er ist hierzu jedoch **nicht verpflichtet**. Geht er gegen die Abmahnung nicht vor, so ist er nicht gehindert, in einem anschließenden Kündigungsschutzprozess die Berechtigung der Abmahnung zu bestreiten. Dies ist vor dem Hintergrund der Vermeidung einer unnötigen weiteren Belastung des Arbeitsverhältnisses sicherlich nur vernünftig. Der Arbeitgeber kann dadurch jedoch in ganz erhebliche Beweisschwierigkeiten geraten. Deshalb sollte er von vornherein versuchen, den Arbeitnehmer bei Ausspruch der Abmahnung dazu zu bewegen, die Richtigkeit der **erhobenen Vorwürfe zu bestätigen**. Gelingt ihm dies nicht, so sollte er auf andere Weise zu sichern versuchen, dass er den Beweis der Berechtigung der Abmahnung in einem möglichen anschließenden Kündigungsschutzprozess erbringen kann.

Nach ganz **überwiegender Meinung** hat der Arbeitgeber keine Möglichkeit die angesprochenen **Beweisprobleme** auf dem Wege zu umgehen, dass er nach Ausspruch einer Abmahnung sich deren Richtigkeit gerichtlich bestätigen lässt, indem **er eine positive Feststellungsklage erhebt**. Hier fehlt es am Rechtsschutzinteresse.

Die Beweisprobleme muss der Arbeitgeber also anderweitig lösen.

Werden in einer Abmahnung **mehrere Pflichtverletzungen** gerügt, so ist die Abmahnung nach der **Rechtsprechung** schon dann aus den Personalakten zu entfernen, wenn einer dieser Vorwürfe zu Unrecht erhoben worden ist. Die Abmahnung entfaltet in diesen Fällen auch hinsichtlich der Vorwürfe, die zu Recht erfolgt sind, keine Wirkung.

Tarifliche Ausschlussfristen können auch für das Verlangen des Arbeitnehmers, eine Abmahnung aus den Personalakten zu entfernen, gelten. Allerdings hat das BAG für den Geltungsbereich des § 70 BAT darauf erkannt, dass der Anspruch des Arbeitnehmers auf Entfernung einer Abmahnung aus der Personalakte kein der Verfallklausel unterliegender Anspruch aus dem Arbeitsverhältnis sei *(BAG 14.12.1994, EzA § 4 TVG Ausschlussfristen Nr. 109)*. Ob dies auch für **sonstige tarifliche Ausschlussfristen** gilt, ist offen und hängt von der Formulierung der Klausel im Einzelfall ab. Im Regelfall wird die neue Rechtsprechung aber auf andere Ausschlussklauseln zu übertragen sein.

4424

I.Ü. bestehen **keine Regelfristen,** wie lange überhaupt eine Pflichtwidrigkeit abgemahnt werden kann und wie lange eine Abmahnung wirksam bleibt. Entscheidend sind jeweils die Umstände des Einzelfalles. Ggf. können sich Konkretisierungen der zeitlichen Reichweite einer Abmahnung durch Betriebsvereinbarung oder arbeitsvertragliche Regelungen anbieten.

Ganz geringfügige Pflichtverstöße dürfen überhaupt nicht abgemahnt werden. Ansonsten ist zu beachten, dass nicht bereits jede erneute Pflichtwidrigkeit bereits eine verhaltensbedingte Kündigung rechtfertigt. Kommt der Pflichtwidrigkeit kein besonderes Gewicht zu, so ist unter Umständen, vor einer Kündigung eine **erneute Abmahnung auszusprechen.** Im Übrigen muss sich die vorausgegangene Abmahnung stets auf eine Pflichtwidrigkeit beziehen, die der erneuten Pflichtwidrigkeit entspricht.

BEISPIEL:

A ist von dem Geschäftsführer der C-GmbH wegen Unpünktlichkeit abgemahnt worden. Eine Woche später verstößt er gegen ein betriebliches Alkoholverbot und wird daraufhin gekündigt.

Diese Kündigung ist unwirksam, da die vorangegangene Abmahnung sich nicht auf eine Pflichtwidrigkeit bezogen hat, die der erneuten Pflichtwidrigkeit entspricht. Eine vorweggenommene Abmahnung ist gänzlich unwirksam.

BEISPIEL:

Die O-AG hat vor dem Werkstor ein großes Schild mit der Aufschrift angebracht: »Wer hier säuft, fliegt raus.« Der Arbeitnehmer Z verstößt in der Folgezeit erstmals gegen das betriebliche Alkoholverbot.

In diesem Fall ist eine Kündigung nicht möglich, soweit es sich nicht um einen ganz besonders schwerwiegenden Verstoß handelt. Z ist nämlich nicht wirksam abgemahnt worden. Eine Abmahnung kann immer erst dann erfolgen, wenn sich die Pflichtwidrigkeit bereits ereignet hat.

Die Abmahnungsgrundsätze gelten auch für verhaltensbedingte Änderungskündigungen und im Grundsatz auch für die außerordentliche Kündigung durch den Arbeitnehmer.

Gerade dieser letzte Aspekt wird sehr häufig nicht hinreichend beachtet. Hier herrscht bei vielen Arbeitnehmern der Irrglaube vor, derartige mildere Mittel gegenüber der Kündigung würden nur für den Arbeitgeber gelten. Fehler in diesem Bereich können teuer werden. Der Arbeitgeber wird hier u. U. Schadensersatzansprüche wegen ungerechtfertigter fristloser Kündigung geltend machen.

BEISPIEL:

B ist von seinem Arbeitgeber A permanent zur Mehrarbeit herangezogen worden. B kündigt daraufhin das Arbeitsverhältnis fristlos.

Diese Kündigung ist unwirksam, da auch der Arbeitnehmer grundsätzlich verpflichtet ist, vor einer außerordentlichen Kündigung den Arbeitgeber abzumahnen, soweit ihm die Fortsetzung des Arbeitsverhältnisses nicht bereits unzumutbar geworden ist.

V. Weiterführende Literaturhinweise

4425 *Beckerle/Schuster*, Die Abmahnung, 1988
Eich, Anspruch auf Entfernung einer berechtigten Abmahnung aus der Personalakte durch Zeitablauf, NZA 1988, 759
Falkenberg, Die Abmahnung, NZA 1988, 489
Schaub, Arbeitsrechts-Handbuch, 9. Aufl. 1999, § 130
Schunck, Gescheiterte Abmahnung: kündigungsrechtliche Konsequenzen?, NZA 1993, 828
Sibben, Abschied vom Erfordernis der einschlägigen Abmahnung, NZA 1993, 583

27. Kapitel: Betriebsbedingte Kündigung und soziale Auswahl

	Checkliste: Betriebsbedingte Kündigung	4450
I.	Betriebsbedingte Kündigung im Überblick	4451
	1. Was sind »betriebliche« Erfordernisse?	4451
	2. Unternehmerentscheidung und betriebsbedingte Kündigung	4452
	3. Feststellung eines konkreten Arbeitskräfteüberhangs	4453
	4. Was sind »dringende« betriebliche Erfordernisse?	4454
	a) »Ultima ratio«-Gedanke	4454
	b) Fehlende Weiterbeschäftigungsmöglichkeit	4455
	c) Konkurrenz um Weiterbeschäftigungsmöglichkeit	4455a
	d) Aufhebung des § 1 Abs. 5 KSchG- Namensliste der zu Kündigenden i.V.m. Interessenausgleich	4455b
II.	Sozialauswahl	4456
	1. Kreis vergleichbarer Arbeitnehmer	4457
	a) Betriebsbezogenheit der Sozialauswahl	4457
	b) Horizontale Vergleichbarkeit	4458
	2. Berechtigte betriebliche Bedürfnisse	4459
	3. Auswahlkriterien	4460
	4. Auswahlrichtlinien	4461
III.	Wiedereinstellungsanspruch bei Wegfall des betriebsbedingten Kündigungsgrundes nach Kündigungsausspruch?	4462
IV.	Übersicht: Abgestufte Darlegungs- und Beweislast bei der betriebsbedingten Kündigung	4463
V.	Weiterführende Literaturhinweise	4464

CHECKLISTE BETRIEBSBEDINGTE KÜNDIGUNG   4450

- **Betriebliche Erfordernisse …**
  - außerbetriebliche Gründe
    (bspw. Auftragsmangel, Umsatzrückgang)
    und/oder
  - innerbetriebliche Gründe (z.B. Rationalisierung, Produktionseinschränkung etc.)

- **… führen zu einem Wegfall von Arbeitsplätzen = »Überhang von Arbeitskräften«; die Art und genaue Zahl der betroffenen Arbeitsplätze ist vom Arbeitgeber darzulegen:**
  - bei **außerbetrieblichen Ursachen:**
    Auftragsmangel, Umsatzrückgang etc. müssen sich unmittelbar auf Arbeitskräftebedarf auswirken. Der Zusammenhang von geringerem Arbeitsanfall und dem Wegfall einer **bestimmten Anzahl von Arbeitsplätzen** muss ermittelt und **rechnerisch nachvollziehbar** dargelegt werden.
  - bei **innerbetrieblichen Ursachen:**

> Wegfall **bestimmter Arbeitsplätze**
  Beispiel:
  Einzelne Maschinen werden nicht mehr betrieben; einzelne Abteilungen werden insgesamt geschlossen; bisher im Betrieb erledigte Arbeiten werden zukünftig von Fremdunternehmen übernommen.

  Dieser Fall ist relativ unproblematisch, da sich Art und Zahl der entfallenden Arbeitsplätze leicht ermitteln lässt.

> **Kein Wegfall bestimmter Arbeitsplätze**
  Beispiel:
  Einschränkung der Produktion insgesamt als Reaktion auf Auftragsrückgang; Rationalisierung etc.

  Wie bei Auftragsmangel, Umsatzrückgang etc.: Zusammenhang von geringerem Arbeitsanfall bzw. Produktivitätssteigerung und dem Wegfall einer **bestimmten Anzahl von Arbeitsplätzen** muss ermittelt und **rechnerisch nachvollziehbar** dargelegt werden.

- **Dringende betriebliche Erfordernisse:**
  Wegfall der Arbeitsplätze und damit verbundene betriebsbedingte Kündigungen müssen unvermeidbar sein (»ultima ratio«). Das ist nicht der Fall, wenn...

  – Wegfall der Arbeitsplätze durch **anderes, milderes Mittel** vermeidbar ist:

  Beispiel:
  Auftragsrückgang ist erkennbar nur vorübergehend; Wegfall der Arbeitsplätze ist durch Arbeitsstreckung, Abbau von Überstunden, Kurzarbeit vermeidbar (Ausnahmefall!).

  – **Weiterbeschäftigung** des Arbeitnehmers auf einem **anderen, freien Arbeitsplatz** möglich ist:

  > Anforderungen an den Arbeitsplatz:

  ✓ im selben Betrieb oder einem anderen Betrieb des Unternehmens (Konzernbetrieb nur ausnahmsweise!);

  ✓ Freier Arbeitsplatz; ggf. erst bis zum Ablauf der Kündigungsfrist frei werdender Arbeitsplatz oder auch danach, sofern Überbrückungszeitraum für den ArbG noch zumutbar; aber: keine Neuschaffung, keine Freikündigung!

  ✓ grds. von der Hierarchie gleichwertiger Arbeitsplatz (kein Anspruch auf Beförderung);

  ✓ schlechterer Arbeitsplatz: Möglichkeit der Änderungskündigung prüfen (Vorrang der Änderungs- vor der Beendigungskündigung, s.u.).

➢ Anforderungen an den Arbeitnehmer:	✓ AN ist für die Tätigkeit ohne weiteres geeignet;
	✓ AN ist erst nach Fortbildung/Umschulung für die Tätigkeit geeignet: dann muss Umschulung/Fortbildung für den Arbeitgeber zumutbar sein.

– Weiterbeschäftigung nach Ausspruch einer **Änderungskündigung** möglich ist: (bspw. schlechterer freier Arbeitsplatz / keine Versetzung o.w. möglich)

➢ AN muss vor Ausspruch einer Beendigungskündigung Angebot zur Weiterbeschäftigung zu geänderten Bedingungen auf freiem Arbeitsplatz gemacht werden.	
➢ AN hat eine Woche Bedenkzeit, um Angebot unter Vorbehalt anzunehmen oder abzulehnen:	✓ Wenn Annahme unter Vorbehalt: Ausspruch der Änderungskündigung;
	✓ Wenn vorbehaltlose Ablehnung: Beendigungskündigung möglich.
➢ ArbG ist nicht verpflichtet, statt mehrerer Änderungskündigungen eine geringere Anzahl Beendigungskündigungen auszusprechen oder	
➢ statt einer Beendigungskündigung mehrere Änderungskündigungen vorzunehmen.	

- **Sozialauswahl**: Bei der Auswahl eines zu kündigenden Arbeitnehmers unter mehreren vergleichbaren Arbeitnehmers hat der ArbG soziale Gesichtspunkte ausreichend zu berücksichtigen (§ 1 Abs. 3 KSchG):

• **Vergleichbar** i.d.S. sind nur AN:	➢ desselben Betriebes,
	➢ derselben Hierarchiestufe,
	➢ die vergleichbare Tätigkeit ausüben (ggf. auch erst nach zumutbarer Einarbeitung).
• Ermittlung der sozialen Stärke vergleichbarer Arbeitnehmer anhand ihrer **Sozialdaten**:	➢ Lebensalter;
	➢ Betriebszugehörigkeit;
	➢ Unterhaltspflichten;
	➢ sonstige soziale Gesichtspunkte wie z.B. Chancen auf dem Arbeitsmarkt, unverschuldeter Arbeitsunfall etc.
– **keine Auswahl** nach sozialen Kriterien, wenn...	➢ betriebstechnische,
	➢ wirtschaftliche oder
	➢ sonstige berechtigte betriebliche Bedürfnisse die Weiterbeschäftigung eines/mehrer AN bedingen
– Gerichtlich kann ArbG-Sozialauswahl nur auf **grobe Fehlerhaftigkeit** prüfen, wenn...	➢ in einem TV oder einer BV festgelegt worden ist,
	➢ welche sozialen Gesichtspunkte zu berücksichtigen sind und
	➢ wie diese im Verhältnis zueinander zu bewerten sind (§ 1 Abs. 4 KSchG)

I. Betriebsbedingte Kündigung im Überblick

1. Was sind »betriebliche Erfordernisse«?

4451 Eine Kündigung ist gem. § 1 Abs. 2 Satz 1 KSchG u.a. dann sozial gerechtfertigt, wenn sie durch dringende betriebliche Erfordernisse bedingt ist, die einer Weiterbeschäftigung des Arbeitnehmers im Betrieb entgegenstehen. Als **betriebliche Erfordernisse** kommen nach ständiger Rechtsprechung *(vgl. nur BAG 17.10.1980, EzA § 1 KSchG Betriebsbedingte Kündigung Nr. 15)* in Betracht

- **außerbetriebliche** Gründe (bspw. Auftragsmangel, Umsatzrückgang) oder
- **innerbetriebliche** Gründe (bspw. (Teil-)Betriebsstilllegung, Rationalisierungsmaßnahmen, Änderung der Produktpalette etc.).

Die **Trennung** zwischen außer- und innerbetrieblichen Gründen ist **nicht immer eindeutig**. Oft lösen außerbetriebliche Umstände erst innerbetriebliche Ursachen aus. Dies ist bspw. dann der Fall, wenn der Unternehmer sich aufgrund verringerter Nachfrage entschließt, bestimmte Produkte nicht mehr zu produzieren.

Ein **Unterschied** zwischen außer- und innerbetrieblichen Gründen ist im Hinblick auf die **gerichtliche Überprüfbarkeit** gegeben. Das Vorliegen von **außerbetrieblichen Gründen** und die sich daraus ergebenden **Auswirkungen auf den Arbeitskräftebedarf** ist **arbeitsgerichtlich in vollem Umfang nachprüfbar**. Der **Arbeitgeber** ist sowohl für das Vorliegen der außerbetrieblichen Ursachen als auch für die sich daraus ergebenden Konsequenzen für den Arbeitskräftebedarf **in vollem Umfang darlegungs- und beweispflichtig**. Die **innerbetrieblichen Gründe** beruhen demgegenüber auf einer **Unternehmerentscheidung**. Diese ist **nur eingeschränkt gerichtlich überprüfbar**. Es gilt insoweit der Grundsatz der »freien Unternehmerentscheidung«.

2. Unternehmerentscheidung und betriebsbedingte Kündigung

4452 Macht ein Arbeitgeber als Anlass für eine betriebsbedingte Kündigung unternehmerische Gründe geltend, wird vom Arbeitsgericht zunächst **voll** nachgeprüft, ob **tatsächlich** eine unternehmerische Entscheidung vorliegt und ob **durch deren Umsetzung** das Beschäftigungsbedürfnis für eine bestimmte Zahl von Arbeitnehmern entfallen ist.

Eine solche Unternehmerentscheidung ist hinsichtlich ihrer **organisatorischen Durchführbarkeit** und hinsichtlich des Begriffs »**Dauer**« zu verdeutlichen, damit das Gericht u.a. prüfen kann, ob sie **nicht offensichtlich unsachlich, unvernünftig oder willkürlich** ist. Insofern gelten die Grundsätze der abgestuften Darlegungslast: Zunächst hat der Arbeitgeber darzulegen, dass und wie die von ihm getroffene Maßnahme durchgeführt werden soll. Dann ist es Sache des Arbeitnehmers vorzutragen, warum die getroffene Maßnahme offensichtlich unsachlich, unvernünftig oder willkürlich sein soll. Als dann hat sich der Arbeitgeber hierauf weiter einzulassen *(BAG 17.06.1999, EzA § 1 KSchG Betriebsbedingte Kündigung Nr. 101).*

Ob der mit der Unternehmerentscheidung **verfolgte Zweck** (bspw. Rationalisierung, Umstellung des Produktionsverfahrens etc.) nicht auch ohne Kündigung **durch andere be-**

trieblich-organisatorische Maßnahmen erreicht werden kann, unterliegt ebenfalls gerichtlicher Kontrolle *(BAG 18.01.1990, EzA § 1 KSchG Betriebsbedingte Kündigung Nr. 65)*. Nicht überprüft wird die **sachliche Rechtfertigung und Zweckmäßigkeit der Unternehmerentscheidung selbst**, also deren »wirtschaftliche Vernünftigkeit«. Hier greift der genannte Grundsatz der »freien Unternehmerentscheidung«. Unternehmerentscheidungen sind damit zum einen alle Entscheidungen, die der Unternehmer **im Hinblick auf den Markt** trifft, wie z.B.:

- die Hereinnahme oder Nichthereinnahme eines Auftrags,
- die Planung der Absatzgebiete und der Werbung,
- die Einkaufspolitik und die Finanzierungsmethoden.

Zusätzlich kommen aber **auch unternehmensinterne Entscheidungen** in Betracht, wie bspw.:

- die Fremdvergabe von bislang im Unternehmen ausgeführter Tätigkeiten (»Outsourcing«; vgl. zur Problematik aufgrund der Rechtsprechung des Europäischen Gerichtshofes zum Betriebsübergang nach § 613 a BGB in diesen Fällen und *BAG 22.01.1998, EzA § 613a BGB Nr. 161*),
- die Fortführung oder Stillegung eines Betriebes,
- Standortverlagerungen,
- Betriebseinschränkungen bzw. Änderungen des Betriebszweckes,
- die Umstellung von Produktions- , Fabrikations- und Arbeitsmethoden,
- Rationalisierungsvorhaben und Organisationsänderungen.

Die unternehmerische Entscheidung ist aber **nicht der Kündigungsentschluss** des Arbeitgebers **an sich**. Andernfalls gäbe es praktisch keinen Kündigungsschutz. Gleichwohl gehört auch die Entscheidung des Arbeitgebers, den Personalbestand auf Dauer zu reduzieren, zu den sog. unternehmerischen Maßnahmen, die zum Wegfall von Arbeitsplätzen führen und damit den entsprechenden Beschäftigungsbedarf entfallen lassen können. Je näher jedoch die eigentliche Organisationsentscheidung an den Kündigungsentschluss rückt, um so mehr muss der Arbeitgeber durch **Tatsachenvortrag** verdeutlichen, dass ein Beschäftigungsbedürfnis für den Arbeitnehmer entfallen ist. Dazu gehört auch die Darlegung, wie die verbleibende Arbeit ohne überobligatorische Leistungen von den verbleibenden Arbeitnehmern bewältigt werden kann *(BAG 17.6.1999, EzA § 1 KSchG Betriebsbedingte Kündigung Nr. 102)*.

Andererseits folgt aus der **Respektierung der Unternehmerentscheidung** zugleich, dass bei betriebsbedingten Kündigungen **nicht zu prüfen** ist, ob die vom Arbeitgeber aufgrund seiner Unternehmerentscheidung erwarteten Vorteile in einem **vernünftigen Verhältnis** zu den Nachteilen stehen, die der Arbeitnehmer durch die Kündigung erleidet *(BAG 30.04.1987, EzA § 1 KSchG Betriebsbedingte Kündigung Nr. 47)*.

Auch der **Entschluss des Arbeitgebers**, ab sofort keine neuen Aufträge mehr anzunehmen, allen Arbeitnehmern zum nächstmöglichen Kündigungstermin zu kündigen, zur Abarbeitung der vorhandenen Aufträge eigene Arbeitnehmer nur noch während der jeweiligen Kündigungsfristen einzusetzen und so den **Betrieb schnellstmöglich stillzule-**

gen, ist als unternehmerische Entscheidung grundsätzlich geeignet, die entsprechenden Kündigungen sozial zu rechtfertigen *(BAG 18.01.2001, EzA § 1 KSchG Betriebsbedingte Kündigung Nr. 109).*

3. Feststellung eines konkreten Arbeitskräfteüberhangs

4453 Aufgrund von inner- oder außerbetrieblichen Gründen muss **ein Überhang an Arbeitskräften** entstanden sein, durch den **unmittelbar oder mittelbar das Bedürfnis zur Weiterbeschäftigung eines oder mehrerer Arbeitnehmer entfallen ist.** Die Auswirkungen der betrieblichen Gründe auf den Arbeitskräftebedarf sowie **die genaue Zahl der betroffenen Arbeitsplätze** müssen vom Arbeitgeber im Streitfall zur Überzeugung des Gerichts dargelegt und ggf. bewiesen werden.

Bei **außerbetrieblichen Ursachen** bedeutet dies, dass **vom Arbeitgeber plausibel und rechnerisch nachvollziehbar vorgetragen werden muss,** wie sich bspw. ein bestimmter Umsatzrückgang auf den Arbeitskräftebedarf ausgewirkt hat und welche Arbeitsplätze im Betrieb konkret betroffen sind. Werden aufgrund einer Unternehmerentscheidung bestimmte **Betriebsabteilungen vollständig geschlossen,** ist die Feststellung von Art und Zahl der betroffenen Arbeitsplätze relativ leicht möglich. Entschließt sich demgegenüber der Arbeitgeber wegen Nachfragerückgangs **die Produktion insgesamt um einen bestimmten Prozentanteil** zu drosseln, so muss auch in diesem Fall vom Arbeitgeber **konkret belegt** werden, wie sich die **Produktionseinschränkung auf den Arbeitskräftebedarf auswirkt und welche Arbeitsplätze betroffen sind.**

4. Was sind »dringende« betriebliche Erfordernisse?

a) »Ultima ratio«-Gedanke

4454 Liegen betriebliche Erfordernisse vor, die zu einem bestimmten Arbeitskräfteüberhang geführt haben, so ist dies **allein noch nicht ausreichend** für die soziale Rechtfertigung einer betriebsbedingten Kündigung. Die genannten Gründe müssen zudem **»dringlich«** sein.

Nach der Rechtsprechung des BAG ist dies nur dann der Fall, wenn durch die betrieblichen Erfordernisse »das Bedürfnis zur Weiterbeschäftigung des betroffenen Arbeitnehmers entfallen und die Kündigung im Interesse des Betriebes notwendig und unvermeidbar ist«. Die Kündigung darf nur als letztes Mittel (»ultima-ratio«, vgl. auch → Rz. 4301 f.) in Betracht kommen. Ausnahmsweise können hier mildere Mittel in Betracht kommen, die zum selben vom Unternehmer gewünschten Ziel führen. So kann es im Fall eines Auftragsrückgangs zunächst angezeigt sein, diesen durch die Einführung von Kurzarbeit, Arbeitsstreckung etc. aufzufangen, bevor zum Mittel der betriebsbedingten Kündigung gegriffen wird *(BAG 07.02.1985, EzA § 1 KSchG Soziale Auswahl Nr. 20).*

Umgekehrt bedeutet die Einführung von Kurzarbeit aber nicht in jedem Fall die **Unzulässigkeit** von betriebsbedingten Kündigungen **während der Kurzarbeitsperiode.** Zwar spricht **indiziell** die Einführung von Kurzarbeit zunächst dafür, dass der Arbeitgeber nur von einem vorübergehenden Arbeitsmangel ausgegangen ist, der eine betriebsbedingte Kündigung nicht rechtfertigen kann. Dieses Indiz kann jedoch der beweisbelastete Arbeitgeber (vgl. § 1 Abs. 2 Satz 4 KSchG) durch einen konkreten Sachvortrag entkräften, wonach eine Beschäftigungsmöglichkeit für einzelne von der Kurzarbeit betroffene Arbeitnehmer **auf Dauer** entfallen ist *(BAG 26.06.1997, EzA § 1 Betriebsbedingte Kündigung Nr. 93).*

b) Fehlende Weiterbeschäftigungsmöglichkeit

Erhebliche praktische Bedeutung hat die Verpflichtung des Arbeitgebers, einen Arbeitnehmer, dessen Arbeitsplatz weggefallen ist, **auf einem anderen vergleichbaren freien Arbeitsplatz weiterzubeschäftigen**. Die Regelung des § 1 Abs. 2 Satz 2 Nr. 1 b KSchG, die einen Weiterbeschäftigungsanspruch von einem **Widerspruch des Betriebsrats** abhängig macht, ist nach der Rechtsprechung **zu eng**. Der Anspruch auf Weiterbeschäftigung greift daher **unabhängig** von einem Widerspruch des Betriebsrats gegen die Kündigung und auch in betriebsratslosen Betrieben *(vgl. bspw. BAG 22.11.1973, EzA § 1 KSchG Nr. 28).*

Die wichtigsten Punkte im Zusammenhang mit der **Prüfung einer Weiterbeschäftigungsmöglichkeit** für einen betroffenen Arbeitnehmer lassen sich wie folgt zusammenfassen:

- Ob die Möglichkeit einer Weiterbeschäftigung besteht, ist **unternehmensbezogen** zu prüfen; also nicht nur betriebsbezogen, im Regelfall aber auch nicht konzernbezogen *(BAG 14.10.1982, EzA § 1 KSchG Soziale Auswahl Nr. 10).* Ein konzernweiter Kündigungsschutz kann **ausnahmsweise** anzunehmen sein, wenn der Arbeitnehmer für den Konzernbereich angestellt worden ist und dementsprechende Versetzungsmöglichkeiten arbeitsvertraglich vereinbart worden sind *(zuletzt BAG 20.01.1994, EzA § 1 KSchG Betriebsbedingte Kündigung Nr. 74).*
- Die Weiterbeschäftigungspflicht besteht in erster Linie **im Hinblick auf einen im Zeitpunkt des Zugangs der Kündigung bereits freien oder bis zum Ablauf der Kündigungsfrist frei werdenden Arbeitsplatz.**

Nach der Rechtsprechung des BAG *(15.12.1994, EzA § 1 KSchG Betriebsbedingte Kündigung Nr. 75)* gilt aber darüber hinaus auch ein solcher Arbeitsplatz als »frei«, bei dem **im Zeitpunkt der Kündigung** bereits feststeht, dass er in absehbarer Zeit **nach Ablauf der Kündigungsfrist** frei sein wird, sofern die **Überbrückung dieses Zeitraums für den Arbeitgeber zumutbar ist**. Zumutbar ist jedenfalls ein Zeitraum, den ein anderer Stellenbewerber zur Einarbeitung benötigen würde. Begründet wird diese Auffassung vom BAG mit einem Schluss »a maiore ad minus«: Da vom Arbeitgeber eine Weiterbeschäftigung des Arbeitnehmers nach zumutbaren Umschulungs- oder Fortbildungsmaßnahmen verlangt werde (vgl. übernächsten Punkt), die über den Ablauf der Kündigungsfrist hinaus einen zeitweiligen Verzicht auf die Arbeitskraft des Arbeitnehmers bedingen können, müssten erst Recht in zumutbarem Rahmen Arbeitsplätze berücksichtigt werden, deren **Freiwerden** dem Arbeitgeber **im Zeitpunkt der Kündigung bekannt ist oder bekannt sein** muss und deren Besetzung ohne Umschulung oder Fortbildung möglich ist.

Entsteht die anderweitige Beschäftigungsmöglichkeit demgegenüber **erst nach Ablauf der Kündigungsfrist** und war dieser Umstand für den Arbeitgeber **nicht vorhersehbar**, hat der betriebsbedingt gekündigte Arbeitnehmer **keinen Wiedereinstellungsanspruch**. Mit Ablauf der Kündigungsfrist sind die Vertragsbeziehungen zwischen Arbeitgeber und Arbeitnehmer beendet, so dass für einen möglichen Wiedereinstellungsanspruch die Rechtsgrundlage fehlt (*BAG 06.08.1997, DB 1998, 423*); im genannten Fall war ein vergleichbarer Arbeitsplatz während des laufenden Kündigungsschutzverfahrens, aber **nach Ablauf der Kündigungsfrist** durch **Eigenkündigung** eines anderen Arbeitnehmers frei geworden).

- Der Arbeitgeber ist **nicht verpflichtet**, einen **neuen Arbeitsplatz zu schaffen**, einen besetzten Arbeitsplatz **frei zu kündigen** oder dem Arbeitnehmer eine **freie Beförderungsstelle** anzubieten (zum Ganzen *BAG 29.03.1990, EzA § 1 KSchG Soziale Auswahl Nr. 29 und BAG 07.02.1985, EzA § 1 KSchG Soziale Auswahl Nr. 20*).
- Die Verpflichtung zur Weiterbeschäftigung besteht auch dann, wenn der Arbeitnehmer einen freien Arbeitsplatz erst nach einer vom Aufwand her noch vertretbaren **Einarbeitungszeit oder Umschulung** ausfüllen kann (*vgl. BAG 07.02.1991, EzA § 1 KSchG Personenbedingte Kündigung Nr. 9*).
- Es gilt der **Vorrang der Änderungs- vor der Beendigungskündigung** (vgl. → Rz. 4531): Ist die Beschäftigung nur auf einem freien, **schlechteren Arbeitsplatz** möglich (bspw. geringer bezahlte Tätigkeit; Teil- statt Vollzeitbeschäftigung), muss der Arbeitgeber **vor jeder ordentlichen Beendigungskündigung von sich aus dem Arbeitnehmer die Weiterbeschäftigung auf dem freien Arbeitsplatz zu geänderten Bedingungen anbieten**. Der Arbeitgeber muss dem Arbeitnehmer sodann eine **1-wöchige Bedenkzeit** einräumen, um das Angebot zur Weiterarbeit unter geänderten Bedingungen anzunehmen oder abzulehnen. Erst bei **Ablehnung des Änderungsangebots** ist die betriebsbedingte Beendigungskündigung möglich (*BAG 27.09.1984, EzA § 1 KSchG Betriebsbedingte Kündigung Nr. 30*).
- Für die Möglichkeit der Weiterbeschäftigung auf einem freien Arbeitsplatz ist **der Arbeitnehmer darlegungs- und beweispflichtig**. Dies gilt selbst dann, wenn sich der Arbeitnehmer (ausnahmsweise) auf eine Weiterbeschäftigungsmöglichkeit im Konzern des Arbeitnehmers berufen will (*BAG 20.01.1994, EzA § 1 KSchG Betriebsbedingte Kündigung Nr. 74*).

c) Konkurrenz um Weiterbeschäftigungsmöglichkeit

4455a Im Zusammenhang mit der zu prüfenden Möglichkeit der Weiterbeschäftigung auf einem anderen freien Arbeitsplatz kann die Frage auftreten, ob der Arbeitgeber auch dann eine Sozialauswahl in direkter oder entsprechender Anwendung des § 1 Abs. 3 Satz 1 KSchG vorzunehmen hat, wenn in einem anderen Betrieb des Unternehmens freie Arbeitsplätze vorhanden sind, die eine Weiterbeschäftigung der von Kündigungsmaßnahmen betroffenen Arbeitnehmer zulassen, jedoch entweder

- die freien Arbeitsplätze mit **unterschiedlichen sozialen Belastungen** für die betroffenen Arbeitnehmer verbunden sind oder

- die Anzahl der zu kündigenden Arbeitnehmer **größer** ist als die der zur Verfügung stehenden freien Arbeitsplätze.

Das BAG hat erstmals mit seiner Entscheidung vom 15.12.1994 *(EzA § 1 KSchG Betriebsbedingte Kündigung Nr. 76)* zu dieser Problematik wie folgt Stellung genommen:

Fallen in **verschiedenen** Betriebsteilen eines Unternehmens Arbeitsplätze weg, und ist die Weiterbeschäftigung nur eines Arbeitnehmers auf einem freien Arbeitsplatz dieser Betriebe möglich, so hat der Arbeitgeber bei der Besetzung des freien Arbeitsplatzes (§ 1 Abs. 2 Satz 2 Nr. 1 b KSchG) die sozialen Belange der betroffenen Arbeitnehmer zumindest nach § 315 BGB mit zu berücksichtigen.

In dieser Entscheidung konnte vom BAG zunächst offen gelassen werden, ob der Arbeitgeber bei derartiger Konkurrenz der Weiterbeschäftigungsansprüche von Arbeitnehmern verschiedener Betriebe eines Unternehmens nach § 1 Abs. 2 Satz 2 Nr. 1 b KSchG **eine Sozialauswahl entsprechend § 1 Abs. 3 KSchG vorzunehmen hat**. In seiner neueren Entscheidung zum gleichen Sachverhalt vertritt das BAG nunmehr die Auffassung, dass gewichtige Argumente **dafür sprechen**, in derartigen Fällen eine Sozialauswahl entsprechend § 1 Abs. 3 KSchG vorzunehmen. Dies soll jedenfalls dann gelten, wenn um freie Arbeitsplätze in einem Betrieb des Unternehmens **ausschließlich** Arbeitnehmer aus verschiedenen anderen Betrieben des Unternehmens konkurrieren *(BAG 21.09.2000, EzA § 1 Betriebsbedingte Kündigung Nr. 107)*.

d) Aufhebung des § 1 Abs. 5 KSchG – Namensliste der zu Kündigenden i.V.m. Interessenausgleich

Nach dem durch das **Arbeitsrechtliche Beschäftigungsförderungsgesetz** mit Wirkung seit dem 01.10.96 neu eingefügten § 1 Abs. 5 KSchG wurde das Vorliegen »**dringender betrieblicher Erfordernisse**« i.S.d. § 1 Abs. 2 KSchG **vermutet**, wenn im Rahmen einer **Betriebsänderung** nach § 111 BetrVG die Arbeitnehmer, denen gekündigt werden soll, in einem **Interessenausgleich** zwischen Arbeitgeber und Betriebsrat **namentlich bezeichnet** worden waren. Das BAG hatte mit dem Urteil vom 07.05.1998 *(EzA § 1 KSchG Interessenausgleich Nr. 5)* entschieden, dass bei Vorliegen der Voraussetzungen des § 1 Abs. 5 KSchG a.F. (Betriebsänderung i.S.v. 111 BetrVG sowie Interessenausgleich mit Namensliste) der gekündigte **Arbeitnehmer** – entgegen der allgemeinen Beweislastregel in § 1 Abs. 2 Satz 4 KSchG – die gegen ihn sprechende Vermutung der Betriebsbedingtheit der Kündigung durch substantiierten Vortrag entkräften muss. Erst wenn die Vermutung durch schlüssigen Vortrag widerlegt worden war, war es Sache des Arbeitgebers, zu den Kündigungsgründen substantiiert Stellung zu nehmen. Mit Inkrafttreten des Gesetzes zu Korrekturen in der Sozialversicherung und zur Sicherung der Arbeitnehmerrechte vom 19.12.1998 (BGBl. I 1998, S. 3843) am 01.01.1999), ist § 1 Abs. 5 KSchG ersatzlos **wieder aufgehoben** worden.

Zu beachten ist jedoch, dass auf in der Zeit vom **l. Oktober 1996 bis 3l. Dezember 1998** zugegangene Kündigungen das Kündigungsschutzgesetz in der in diesem Zeitraum geltenden Fassung **weiter anzuwenden ist** *(BAG 10.2.1999, EzA § 1 KSchG Soziale Auswahl*

4455b

Nr. *38*). Hinzuweisen ist ferner auf die mit der aufgehobenen Vorschrift des § 1 Abs. 5 KSchG a.F. im Wesentlichen **identische** Regelung des **§ 125 Insolvenzordnung (InsO)**, welche von der Neufassung des § 1 KSchG **unberührt** geblieben ist. Insoweit behält die Rechtsprechung des BAG zum § 1 Abs. 5 KSchG a.F. für den Fall der **Insolvenz** des Arbeitgebers und dem dann anzuwendenden § 125 InsO ihre Gültigkeit.

II. Sozialauswahl

4456 Nach § 1 Abs. 3 Satz 1 KSchG ist eine Kündigung, die aus dringenden betrieblichen Erfordernissen i.S.v. § 1 Abs. 2 Satz 1 KSchG ausgesprochen worden ist, auch dann sozial ungerechtfertigt, wenn der Arbeitgeber bei der Auswahl des Arbeitnehmers **soziale Gesichtspunkte nicht oder nicht ausreichend berücksichtigt hat**. Das genaue Vorgehen bei der Sozialauswahl wird im Gesetz nicht erläutert. Wie sich aus der Rechtsprechung ergibt, hat diese im Wesentlichen in 3 Schritten zu erfolgen:

- Bestimmung der Arbeitnehmer, unter denen die Sozialauswahl vorzunehmen ist (= Kreis vergleichbarer Arbeitnehmer);
- Erfassung und Bewertung der sozialen Stärke der Arbeitnehmer anhand ihrer Sozialdaten;
- Notwendige Korrektur des Kreises vergleichbarer Arbeitnehmer wegen berechtigter betrieblicher Bedürfnisse.

1. Kreis vergleichbarer Arbeitnehmer

a) Betriebsbezogenheit der Sozialauswahl

4457 Die Sozialauswahl ist im Gegensatz zur unternehmensbezogenen (in Ausnahmefällen konzernbezogenen) Weiterbeschäftigungspflicht **in der Regel nur betriebsbezogen** (*BAG 22.05.1986, EzA § 1 KSchG Soziale Auswahl Nr. 22*). Umgekehrt ist die Sozialauswahl auch nicht nur auf eine Betriebsabteilung zu beschränken. Sie bezieht sich also auch auf solche Arbeitnehmer, die aufgrund des dringenden betrieblichen Erfordernisses **nicht unmittelbar, sondern aufgrund der Sozialauswahl nur mittelbar betroffen sind**. Es geht nicht um den Wegfall eines bestimmten Arbeitsplatzes, sondern einer Weiterbeschäftigungsmöglichkeit überhaupt.

Wortlaut und Sinn des § 1 Abs. 2 KSchG stellen darauf ab, dass ein dringendes betriebliches Erfordernis vorliegen muss, das der Weiterbeschäftigung des – letztlich durch die soziale Auswahl ermittelten und personifizierten – Arbeitnehmers entgegensteht. Wenn mehrere Unternehmen einen einheitlichen Betrieb unterhalten, ist die Sozialauswahl in bezug auf den **Gemeinschaftsbetrieb** vorzunehmen (*vgl. BAG 05.05.1994, EzA § 1 KSchG Soziale Auswahl Nr. 31; zur betriebsbedingten Änderungskündigung auch BAG, Urt. v. 01.07.1999, EzA § 2 KSchG Nr. 35*).

b) Horizontale Vergleichbarkeit

Die soziale Auswahl erstreckt sich nur auf **vergleichbare Arbeitnehmer**. Der Vergleich vollzieht sich **auf derselben Ebene der Betriebshierarchie** (*BAG 07.02.1985, EzA § 1 KSchG Soziale Auswahl Nr. 20*). Die Vergleichbarkeit der in die soziale Auswahl einzubeziehenden Arbeitnehmer richtet sich vor allem nach **arbeitsplatzbezogenen Merkmalen** und somit nach der **bislang ausgeübten Tätigkeit**. Die tarifliche Eingruppierung kann für die Frage der Vergleichbarkeit **in engen Grenzen** herangezogen werden. So kommt bei ausgesprochenen **Hilfstätigkeiten** der identischen Eingruppierung für die Vergleichbarkeit ein ausreichender Indizwert zu. Andererseits verliert die tarifliche Eingruppierung bei **steigender beruflicher Qualifikation** an Bedeutung, weil die betriebliche Spezialisierung ebenso wie durch Weiterbildung erworbene umfangreichere Fachkenntnisse der Vergleichbarkeit entgegenstehen können (*BAG 05.05.1994, EzA § 1 KSchG Soziale Auswahl Nr. 31*).

4458

Im Laufe eines Arbeitsverhältnisses kann sich die Vergleichbarkeit von Arbeitnehmern auch aus anderen Gründen ändern. Wird einem Arbeitnehmer bspw. unter Abänderung seines Arbeitsvertrages die Leitung eines konkreten Arbeitsbereichs übertragen und kündigt der Arbeitgeber später betriebsbedingt, weil dieser Arbeitsbereich wegfällt, so sind die ehemals vergleichbaren, ohne Leitungsfunktion in anderen Arbeitsbereichen beschäftigten Arbeitnehmer in der Regel nicht (mehr) in die soziale Auswahl einzubeziehen *(BAG 17.09.1998, EzA § 1 KSchG Soziale Auswahl Nr. 36)*.

Kann ein Arbeitnehmer nach dem **Arbeitsvertrag** nur innerhalb eines bestimmten Arbeitsbereichs versetzt werden (im Fall: eine Layouterin/Redakteurin eines großen Verlagshauses nur innerhalb der Redaktion der von ihr betreuten Zeitschrift), so ist bei einer wegen Wegfalls dieses Arbeitsbereichs erforderlichen betriebsbedingten Kündigung **keine Sozialauswahl** unter Einbeziehung der vom Tätigkeitsfeld vergleichbaren Arbeitnehmer **anderer** Arbeitsbereiche (Redaktionen anderer Zeitschriften des Verlages) vorzunehmen *(BAG 17.2.2000, EzA § 1 KSchG Soziale Auswahl Nr. 43)*.

Eine Vergleichbarkeit ist nicht gegeben, wenn der Arbeitgeber dem Arbeitnehmer den von ihm benannten Arbeitsplatz nicht im Wege seines **Direktionsrechts** zuweisen kann, sondern dafür **ein Änderungsvertrag oder eine Änderungskündigung des bisherigen Arbeitsverhältnisses** erforderlich wäre. Vergleichbar sind stets nur solche Arbeitnehmer, die **austauschbar** sind (*BAG 29.03.1990, EzA § 1 KSchG Soziale Auswahl Nr. 29*).

Ob bei der Kündigung **teilzeitbeschäftigter Arbeitnehmer** vollzeitbeschäftigte und bei der Kündigung vollzeitbeschäftigter Arbeitnehmer teilzeitbeschäftigte in die Sozialauswahl nach § 1 Abs. 3 KSchG einzubeziehen sind, hängt nach Auffassung des BAG (*03.12.1998, EzA § 1 KSchG Soziale Auswahl Nr. 37*) von der betrieblichen Organisation durch den Arbeitgeber ab:

- Hat der Arbeitgeber eine **Organisationsentscheidung** getroffen, aufgrund derer bestimmte Arbeiten für Vollzeitkräfte vorgesehen sind, kann diese Entscheidung als sog. freie Unternehmerentscheidung nur darauf überprüft werden, ob sie offenbar unsachlich, unvernünftig oder willkürlich ist. Liegt danach eine bindende Unternehmerent-

scheidung vor, sind bei der Kündigung einer Teilzeitkraft die Vollzeitkräfte **nicht** in die Sozialauswahl einzubeziehen;
- Will der Arbeitgeber in einem bestimmten Bereich lediglich die **Zahl** der insgesamt geleisteten **Arbeitsstunden abbauen**, ohne dass eine Organisationsentscheidung vorliegt, sind **sämtliche** in diesem Bereich beschäftigte **Arbeitnehmer** ohne Rücksicht auf ihr Arbeitszeitvolumen in die Sozialauswahl einzubeziehen.

Beruft sich der Arbeitgeber auf eine von ihm getroffene Organisationsentscheidung zur ausschließlichen Beschäftigung von Vollzeitkräften, kann der Teilzeitbeschäftigte nach Auffassung des BAG sich wegen der **arbeitsvertraglichen Bindung** nicht **einseitig** zur Vollzeittätigkeit bereit erklären mit dem Ziel, die Vergleichbarkeit mit den übrigen Vollzeitkräften herzustellen. Da aus familiären Gründen mehr Frauen als Männer zur Aufnahme einer Teilzeitbeschäftigung gezwungen sind, verstößt diese Auslegung des § 1 Abs. 3 KSchG nach Auffassung mehrer Instanzgerichte gegen das europarechtliche Verbot der mittelbaren Diskriminierung wegen des Geschlechts. Nach der inzwischen vorliegenden Entscheidung des EuGH *(26.9.2000, EzA § 1 KSchG Soziale Auswahl Nr. 45)* zu dieser Problematik stellt - entgegen der Befürchtungen der **Instanzgerichte** – diese Auslegung des § 1 Abs. 4 KSchG jedoch **keine mittelbare Diskriminierung** dar.

Arbeitnehmer, die eine **geringere Betriebszugehörigkeit als 6 Monate** aufweisen und damit nicht dem **Anwendungsbereich des Kündigungsschutzgesetzes** unterfallen, sind nicht in die Sozialauswahl einzubeziehen *(BAG 25.04.1995, EzA § 1 KSchG Betriebsbedingte Kündigung Nr. 35)*. Da diese keinen Bestandsschutz nach dem Kündigungsschutzgesetz genießen, müssen sie als erste weichen.

Grundsätzlich nicht mit in die Sozialauswahl einbezogen werden können solche Arbeitnehmer, für die **besondere Schutzvorschriften** gelten, bspw.:
- betriebsverfassungsrechtliche Funktionsträger (§ 15 KSchG),
- Erziehungsurlauber (§ 18 BErzGG),
- Schwerbehinderte (§ 85 SGB IX),
- Wehr- oder Zivildienstleistende (§ 2 ArbPlSchG),
- werdende Mütter (§ 9 MuSchG).

Schließlich dürfen auch Arbeitnehmer, bei denen eine **ordentliche Kündigung einzel- oder tarifvertraglich ausgeschlossen ist**, nicht mit in den Kreis vergleichbarer Arbeitnehmer aufgenommen werden.

3. Berechtigte betriebliche Bedürfnisse

4459 Auch die Erleichterungen im Bereich der Herausnahme von **Leistungsträgern** und **jüngeren Arbeitnehmern** aus der Sozialauswahl sind mit Inkrafttreten des Arbeits- und sozialrechtlichen Korrekturgesetzes am 01.01.1999 wieder revidiert worden. Die Rückkehr zum früheren Wortlaut hat in auch in diesem Punkt die **alte Rechtslage** wieder hergestellt.

Anerkannt ist hierzu etwa, dass bestimmte **Spezialkenntnisse** oder **erhebliche Leistungsunterschiede** das Bedürfnis nach Weiterbeschäftigung bestimmter Arbeitnehmer bedingen können. Auch in der Erhaltung einer **ausgewogenen Altersstruktur** wurde ein berechtigtes betriebliches Bedürfnis gesehen.

Nach der Rechtsprechung des BAG *(24.03.1983, EzA § 1 KSchG Betriebsbedingte Kündigung Nr. 21)* entfiel die Notwendigkeit einer Sozialauswahl, wenn die **Leistungsunterschiede so erheblich waren, dass auf den leistungsstärkeren Arbeitnehmer im Interesse eines geordneten Betriebsablaufs nicht verzichtet werden konnte.** Allerdings wurden die Anforderungen an die Darlegungs- und Beweislast des Arbeitgebers von Teilen der **instanzgerichtlichen Rechtsprechung** so hoch angesetzt, dass es in der Praxis **nur selten** möglich war, einen sozial stärkeren Arbeitnehmer unter Hinweis auf dessen Unverzichtbarkeit wegen seiner besonderen Leistungsstärke von der Sozialauswahl auszunehmen. Streitig diskutiert wurde in diesem Zusammenhang auch stets, ob zu den »berechtigten betrieblichen Bedürfnissen« auch eine **ausgewogene Alters- bzw. Personalstruktur** des Betriebes gehören kann *(vgl. LAG Schleswig-Holstein 08.07.1994, BB 1995, 2660 m.w.N.).*

In einer jüngeren Entscheidung *(13.05.1998, 3 Sa 694/97, EzA-SD 23/98, S. 15)* macht im amtlichen Leitsatz das LAG Sachsen-Anhalt dazu folgende Ausführungen: Die Aufrechterhaltung der bisherigen Altersstruktur ist allenfalls dann ein die Sozialauswahl verdrängendes berechtigtes betriebliches Bedürfnis i.S.d. § 1 Abs. 3 Satz 2 KSchG a.F., wenn bei einer an den Kriterien des § 1 Abs. 3 Satz 1 KSchG a.F. orientierten Sozialauswahl, die insbesondere Unterhaltsverpflichtungen jüngerer Arbeitnehmer zu Lasten des Lebensalters stärker gewichtet, der Altersaufbau zugunsten der älteren so verschoben würde, dass hierdurch der geordnete Betriebsablauf in einer im Einzelnen darzulegenden Weise gefährdet würde.

Nach Auffassung des BAG kann die Sicherung einer ausgewogenen Altersstruktur der Erzieherinnen bei einer Stadt, die zahlreiche Kindergärten, Kindertagesstätten und Internate unterhält, ein solches berechtigtes betriebliches Interesse darstellen. Dieses konnte jedenfalls bei einer erforderlich werdenden Massenkündigung einer Sozialauswahl allein nach den Kriterien des § 1 Abs. 3 Satz 1 KSchG in der vom **01.10.1996 bis 31.12.1998 geltenden Fassung** entgegenstehen *(BAG 23.11.2000, EzA § 1 KSchG Betriebsbedingte Kündigung Nr. 110).*

4. Auswahlkriterien

Ebenfalls wieder hergestellt worden ist mit dem Arbeits- und sozialrechtlichen Korrekturgesetz seit dem 01.01.1999 die ursprünglich geltende Fassung des Kündigungsschutzgesetzes (Stand vor dem 01.10.1996) im Hinblick auf die Berücksichtigung der sozialen Auswahlkriterien. Danach sind bei der Auswahl der für eine betriebsbedingte Kündigung in Betracht kommenden vergleichbaren Arbeitnehmer **soziale Gesichtspunkte ausreichend** zu berücksichtigen sind. Die ursprüngliche **Begrenzung** auf die von der Rechtsprechung entwickelten Kriterien **Betriebszugehörigkeit**, **Lebensalter** und **Unterhaltspflichten** ist als zu eng verworfen worden. Demzufolge behalten die vorgenannten Kriterien zwar ein **besonderes Gewicht**; jedoch sind auch **andere** soziale Gesichtspunkte (wieder) in die

4460

Wertung einzubeziehen. Vorprogrammiert ist damit aber auch das Aufleben der alten Rechtsunsicherheit, welche **sonstigen** Kriterien im Rahmen der Sozialauswahl zu berücksichtigen sind. Hingewiesen sei hier nur beispielhaft auf die in der Vergangenheit äußerst kontrovers diskutierte Frage der Berücksichtigungsfähigkeit eines **Doppelverdienstes**, also des zusätzlichen Verdienstes des Lebensgefährten oder Ehepartners des Arbeitnehmers *(vgl. KR-Etzel, 4. Aufl. 1996, § 1 KSchG Rn. 581 f. m.w.N.)*. Das BAG hatte in diesem Zusammenhang die Auffassung vertreten, der Doppelverdienst sei jedenfalls dann **nicht** zu berücksichtigen, wenn er zur Sicherung der Existenzgrundlage der Familie des Arbeitnehmers erforderlich sei *(BAG 08.08.1985, EzA § 1 KSchG Soziale Auswahl Nr. 21)*.

Hinweis:
Entscheidend für die **Richtigkeit einer Sozialauswahl** sind nicht die wirklichen, vom Arbeitgeber angestellten Überlegungen, sondern ob zum Zeitpunkt des Zugangs der Kündigung eine **objektiv richtige Sozialauswahl** vom Arbeitgeber tatsächlich getroffen worden ist *(BAG 15.06.1989, EzA § 1 KSchG Soziale Auswahl Nr. 27)*.

Wird **mehreren Arbeitnehmern** aus dringenden betrieblichen Erfordernissen zur selben Zeit gekündigt, einem vergleichbaren Arbeitnehmer, der **sozial weniger schutzbedürftig ist dagegen nicht**, können sich **alle gekündigten Arbeitnehmer, die sozial schwächer sind, auf diesen Auswahlfehler mit Erfolg berufen** *(BAG 18.10.1984, EzA § 1 KSchG Betriebsbedingte Kündigung Nr. 34)*.

Dies kann u.U. zur Folge haben, dass bei einer **Massenentlassung** Hunderte von Kündigungen unwirksam sind, obwohl letztlich nur ein Arbeitnehmer (der sozial Schutzbedürftigste) erfolgreich seinen bisherigen Arbeitsplatz verteidigen kann. In der zuletzt genannten Entscheidung hat es das BAG offen gelassen, ob der Arbeitgeber den Auswahlfehler **nachträglich** durch Kündigung des weniger schutzbe-dürftigeren und Weiterbeschäftigung des sozial schwächeren Arbeitnehmers noch korrigieren kann.

Der Arbeitnehmer kann sich auf eine **mangelhafte Sozialauswahl** nach § 1 Abs. 3 KSchG auch dann berufen, wenn der Verlust seines Arbeitsplatzes darauf beruht, dass er dem Übergang des Arbeitsverhältnisses auf einen **Teilbetriebserwerber widersprochen** hat. Bei der Prüfung der sozialen Gesichtspunkte sind die Gründe für den Widerspruch zu berücksichtigen. Je geringer die Unterschiede in der sozialen Schutzbedürftigkeit im Übrigen sind, desto gewichtiger müssen die Gründe des widersprechenden Arbeitnehmers sein. Nur wenn dieser einen baldigen Arbeitsplatzverlust oder eine baldige wesentliche Verschlechterung seiner Arbeitsbedingungen bei dem Erwerber zu befürchten hat, kann er einen Arbeitskollegen, der nicht ganz erheblich weniger schutzbedürftig ist, verdrängen *(BAG 18.03.1999, EzA § 1 KSchG Soziale Auswahl Nr. 40; vgl. zum Betriebsübergang → Rz. 3600 ff.)*.

Der Arbeitgeber hat bei der Sozialauswahl **keinen Ermessens-, sondern nur einen (geringen) Bewertungsspielraum**. Die Auswahlentscheidung ist dann nicht fehlerhaft, wenn lediglich relevante Auswahlkriterien berücksichtigt wurden und danach die Verhältnisse der in Betracht kommenden Arbeitnehmer nur **geringfügig** voneinander abweichen oder der gekündigte Arbeitnehmer nur **geringfügig schlechter** gestellt ist als andere vergleichbare Arbeitnehmer (*BAG 18.10.1984, § 1 KSchG Betriebsbedingte Kündigung Nr. 34*). So erreicht bspw. bei gleicher Betriebszugehörigkeit die soziale Schutzbedürftigkeit zweier Arbeitnehmer eine den Beurteilungsspielraum des Arbeitgebers eröffnende Nähe, wenn den zwei unterhaltspflichtigen Kindern auf der einen Seite ein erheblich höheres Lebensalter (im entschiedenen Fall 11 Jahre) auf der anderen Seite gegenüber steht (*LAG Köln 12.05.1995, LAGE § 1 KSchG Betriebsbedingte Kündigung Nr. 32*).

5. Auswahlrichtlinien

Im Grundsatz beibehalten worden ist auch nach Inkrafttreten des Arbeits- und sozialrechtlichen Korrekturgesetzes die Regelung, wonach beim Vorliegen von **Auswahlrichtlinien**, die in Tarifverträgen, Betriebsvereinbarungen nach § 95 BetrVG oder in einer entsprechenden Richtlinie nach den Personalvertretungsgesetzen zwischen Arbeitgeber und Arbeitnehmervertretungen vereinbart worden sind, die soziale Auswahl der Arbeitnehmer gerichtlich nur auf **grobe Fehlerhaftigkeit** überprüft werden kann.

Bei genauerer Betrachtung weicht die Neufassung in zwei Punkten von der bisherigen Regelung ab: Zum einen wird – notwendigerweise – nicht mehr nur darauf abgestellt, **wie** die vorgegebenen sozialen Gesichtspunkte im Verhältnis zueinander zu gewichten, sondern auch darauf, **welche** sozialen Gesichtspunkte nach Abs. 3 Satz 1 KSchG zu berücksichtigen sind. Des weiteren bezieht die Neufassung von ihrem Wortlaut die eingeschränkte Überprüfbarkeit nicht nur auf die **Auswahl und Bewertung** der sozialen Gesichtspunkte, sondern die soziale Auswahl der Arbeitnehmer **insgesamt**. Demzufolge müsste die gesamte Sozialauswahl, also (1) Feststellung des Kreises der vergleichbaren Arbeitnehmer, (2) Bewertung der sozialen Auswahlkriterien und (3) Herausnahme von Arbeitnehmern unter dem Gesichtspunkt des § 1 Abs. 3 Satz 2 KSchG nur auf grobe Fehlerhaftigkeit überprüft werden können.

Das BAG hatte mit Urteil vom 07.05.1998 *(EzA § 1 KSchG Interessenausgleich Nr. 5)* zum Umfang der Überprüfungsbeschränkung durch § 1 Abs. 5 KSchG a.F. im Hinblick auf die **Sozialauswahl** entschieden, dass sich die Beschränkung nicht nur auf die **eigentlichen Auswahlkriterien** (Alter, Betriebszugehörigkeit und Unterhaltspflichten) und deren Gewichtung, sondern auch auf die Festlegung des **auswahlrelevanten Kreises** der Arbeitnehmer bezieht.

Zu beachten ist dabei aber, dass auch wenn ein Arbeitnehmer in eine Namensliste gem. § 1 Abs. 5 KSchG a.F. aufgenommen worden ist, er im Kündigungsschutzprozess gem. § 1 Abs. 3 Satz 1 Halbsatz 2 KSchG verlangen kann, dass der Arbeitgeber die **Gründe** angibt, die zu der getroffenen sozialen Auswahl geführt haben; dazu gehören gegebenenfalls auch betriebliche Interessen, die den Arbeitgeber zur Ausklammerung an sich vergleichbarer Arbeitnehmer aus der sozialen Auswahl gem. § 1 Abs. 3 Satz 2 KSchG a.F. veranlassten. Kommt der Arbeitgeber dem Verlangen des Arbeitnehmers **nicht nach**, ist die streitige Kündigung ohne weiteres als sozialwidrig anzusehen; auf den Prüfungsmaßstab der groben Fehlerhaftigkeit der sozialen Auswahl kommt es dann **nicht an**. *(BAG 10.2.1999, EzA § 1 KSchG Soziale Auswahl Nr. 38)*.

4461

Ob diese Rechtsprechung zum Umfang der Einschränkung bei der gerichtlichen Überprüfung der Sozialauswahl in gleicher Weise auf die Regelung des § 1 Abs. 4 KSchG n.F. übertragen werden kann, bleibt abzuwarten.

Ersatzlos gestrichen worden ist die Möglichkeit des Abschlusses von Auswahlrichtlinien in **betriebsratslosen** Betrieben. Nach § 1 Abs. 4 Satz 2 a.F. KSchG galt die nur eingeschränkte Kontrolle auch für solche Richtlinien, die ein Arbeitgeber in Betrieben oder Verwaltungen **ohne gewählte Arbeitnehmervertretung** (Betriebs- oder Personalrat) mit Zustimmung von **mindestens zwei Dritteln der Arbeitnehmer** des Betriebes oder der Dienststelle schriftlich erlassen hatte. Die praktische Bedeutung dieser Vorschrift war indes ohnehin gering.

III. Wiedereinstellungsanspruch bei Wegfall des betriebsbedingten Kündigungsgrundes nach Kündigungsausspruch?

4462 Bei Ausspruch einer Kündigung ist für die Frage nach deren Wirksamkeit auf den Zeitpunkt des **Zugangs der Kündigungserklärung** beim Arbeitnehmer abzustellen (vgl. → Rz. 4706). Die insbesondere auch im Rahmen einer betriebsbedingten Kündigung notwendige **Prognose** über das Vorliegen von dringenden betrieblichen Erfordernissen, welche die Kündigung als sozial gerechtfertigt erscheinen lassen, kann sich im nachhinein als falsch erweisen (bspw. wenn nach Zugang der Kündigung beim Arbeitnehmer völlig überraschend dem Arbeitgeber der Auftrag für ein Großprojekt erteilt wird). Nach dem eingangs Gesagten, bleibt die Wirksamkeit der ausgesprochenen Kündigung von dieser Entwicklung **unberührt**. Inwiefern sich aus solch einer unvorhergesehenen Entwicklung oder Fehleinschätzung unter dem Gesichtspunkt von **Treu und Glauben (§ 242 BGB)** oder **nachwirkender Fürsorgepflicht** ein Wiedereinstellungsanspruch gegen den Arbeitgeber ergeben kann, ist umstritten.

Nach Auffassung des **BAG** kommt es für die Beantwortung dieser Frage entscheidend darauf an, ob der Kündigungsgrund noch **während** des Laufs der Kündigungsfrist oder erst nach deren **Ablauf** weggefallen ist. Danach hat der Arbeitnehmer **keinen Wiedereinstellungsanspruch**, wenn eine betriebsbedingte Kündigung sozial gerechtfertigt ist und eine anderweitige Beschäftigungsmöglichkeit erst **nach Ablauf der Kündigungsfrist** entsteht. Dies gilt nach Auffassung des BAG selbst dann, wenn zu diesem Zeitpunkt noch ein Kündigungsschutzverfahren andauert (*BAG 06.08.1997, EzA § 1 KSchG Wiedereinstellungsanspruch Nr. 2*).

Beruht demgegenüber eine betriebsbedingte Kündigung auf einer Prognose des Arbeitgebers und erweist sich diese noch **während des Laufs** der Kündigungsfrist als falsch (z.B. weil es doch zu einem Betriebsübergang kommt), so hat der Arbeitnehmer einen Anspruch auf Fortsetzung des Arbeitsverhältnisses, wenn der Arbeitgeber mit Rücksicht auf die Wirksamkeit der Kündigung noch keine Dispositionen getroffen hat und ihm die unveränderte Fortsetzung des Arbeitsverhältnisses zumutbar ist (*BAG 27.02.1997, EzA § 1 KSchG Wiedereinstellungsanspruch Nr. 1*).

Innerhalb welcher **Frist** dieser Einstellungsanspruch geltend gemacht werden muss, hat das BAG bisher offen gelassen *(BAG 13.11.1997, EzA § 613a BGB Nr. 154)*. Sofern **mehrere Arbeitnehmer** einen Wiedereinstellungsanspruch geltend machen, jedoch nur die Wiedereinstellung **einzelner** in Betracht kommt, hat der Arbeitgeber bei der Auswahl **soziale Gesichtspunkte** (Alter, Betriebszugehörigkeit, Unterhaltspflichten der Arbeitnehmer) zu berücksichtigen *(BAG 04.12.1997, EzA § 1 KSchG Wiedereinstellungsanspruch Nr. 1)*.

Dem Wiedereinstellungsanspruch entgegenstehende **berechtigte Interessen** des Arbeitgebers können insbesondere darin bestehen, dass der Arbeitgeber den in Betracht kommenden Arbeitsplatz **bereits wieder besetzt** hat. Der Arbeitgeber kann sich auf die Neubesetzung des Arbeitsplatzes jedoch dann **nicht** berufen, wenn hierdurch der Wiedereinstellungsanspruch **treuwidrig** vereitelt wird. Bei der Auswahl des wiedereinzustellenden Arbeitnehmers hat der Arbeitgeber gem. § 242 BGB die Umstände des Einzelfalls zu berücksichtigen.

Ob ein **Arbeitgeber** verpflichtet ist, **von sich aus** einen Arbeitnehmer über eine sich unvorhergesehen ergebende Beschäftigungsmöglichkeit zu **unterrichten**, hängt ebenfalls gem. § 242 BGB von den Umständen des Einzelfalls ab.

Ein **Abfindungsvergleich** kann dem Wiedereinstellungsanspruch entgegenstehen. Der Arbeitgeber kann ihn auch bei der Auswahl des wiedereinzustellenden Arbeitnehmers berücksichtigen. Nach den Grundsätzen über den Wegfall der Geschäftsgrundlage entfällt ein Abfindungsvergleich nur dann, wenn das Festhalten an ihm für eine Partei **unzumutbar** ist *(BAG 28.06.2000, EzA § 1 KSchG Wiedereinstellungsanspruch Nr. 5)*.

IV. Übersicht: Abgestufte Darlegungs- und Beweislast bei der betriebsbedingten Kündigung (ohne Sonderfall nach § 1 Abs. 4 KSchG)

Arbeitgeber	Arbeitnehmer
hat **darzulegen** und zu **beweisen**	muss substantiiert bestreiten und dafür
die Anhörung des Betriebsrats die Betriebsbedingtheit der Kündigung, d.h.:	
1. Stufe:	
außerbetriebliche Umstände (Tatsachen, bspw. Umsatzrückgang) und/oder innerbetriebliche Umstände (Unternehmerentscheidung, auf Zweckmäßigkeit nicht überprüfbar)	
	1. Stufe:
	darlegen und beweisen, dass die getroffene Unternehmerentscheidung offensichtlich willkürlich, unsachlich oder unvernünftig ist

2. Stufe:	
Auswirkungen auf den Arbeitsplatz (Arbeitskräfteüberhang) und Unvermeidbarkeit der Kündigung (kein milderes Mittel), insbesondere,	
	2. Stufe: Konkrete Alternativen aufzeigen und ggf.
3. Stufe: dass keine anderweitige Beschäftigungsmöglichkeit besteht (§ 1 Abs. 2 KSchG).	
	3. Stufe: anderen freien Arbeitsplatz im Betrieb oder Unternehmen benennen, auf dem eine Weiterbeschäftigung möglich ist.

V. Weiterführende Literaturhinweise

4464 Die Literatur zu Fragen der betriebsbedingten Kündigung ist nahezu unüberschaubar. Die folgenden Nachweise sind daher nur ein kleiner Ausschnitt aus einer ganzen Flut von Materialien.

Beckenschulze, Der Wiedereinstellungsanspruch nach betriebsbedingter Kündigung, DB 1998, 417

Bitter, Zur Unternehmerentscheidung zwecks Personalabbau, DB 2000, 1760

Franzen, Die unternehmerische Entscheidung in der Rechtsprechung des BAG zur betriebsbedingten Kündigung, NZA 2001, 805

Bleistein, Auswahlrichtlinien für betriebsbedingte Kündigungen: Muster für eine Betriebsvereinbarung, b+p 1999, 166

Preis, Das neue Recht der Sozialauswahl – Neues und Altes zu § 1 Abs. 3 KSchG, DB 1998, 1761

Ricken, Grundlagen und Grenzen des Wiedereinstellungsanspruchs, NZA 1998, 460

Stahlhacke/Preis, Kündigung und Kündigungsschutz im Arbeitsverhältnis, 7. Aufl. 1999

Zwanziger, Zur Auslegung von § 1 Abs. 5 Kündigungsschutzgesetz, DB 1997, 2174

28. Kapitel: Außerordentliche Kündigung

I.	Allgemeines	4501
II.	Altersgesicherte Arbeitnehmer	4502
III.	Verhältnis zur Anfechtung	4503
IV.	Unabdingbarkeit	4504
V.	Darlegungs- und Beweislast	4506
VI.	Wichtiger Grund	4507
VII.	Einzelfälle zum wichtigen Grund	4509
	1. Wichtige Gründe für die Kündigung durch den Arbeitgeber	4510
	2. Wichtige Gründe für die Kündigung durch den Arbeitnehmer	4519
VIII.	Wahrung der Ausschlussfrist	4523
IX.	Weiterführende Literaturhinweise	4528

CHECKLISTE AUSSERORDENTLICHE KÜNDIGUNG

- Wichtiger Grund
  - Unzumutbarkeit der Fortsetzung des Arbeitsverhältnisses bis zum Ablauf der Kündigungsfrist
  - einschlägige Abmahnung erforderlich/erfolgt?
  - Soziale Auslauffrist möglich

- Einhaltung der 2-Wochen-Frist des § 626 Abs. 2 BGB
  - Kenntniserlangung vom Kündigungsgrund
  - Sicherstellung des rechtzeitigen Zugangs der Kündigung innerhalb der 2-Wochen-Frist
  - Betriebsratsanhörung verlängert 2-Wochen-Frist nicht

- Besonderheiten bei der außerordentlichen Kündigung eines schwerbehinderten Menschen: § 91 Abs. 5 SGB IX

- Besonderheiten auch bei der außerordentlichen Kündigung einer Schwangeren (§ 9 MuSchG)

- Keine Besonderheiten bei der Kündigung von Amtsträgern nach dem Betriebsverfassungsgesetz (§ 103 BetrVG, § 15 KSchG), aber Zustimmungserfordernis

I. Allgemeines

Das Recht der **außerordentlichen Kündigung** ist, sieht man von den in der Schiffahrt Beschäftigten (§§ 64 – 68, 78 SeemG) und Auszubildenden (§ 5 BBiG) ab, ausschließlich in § 626 BGB geregelt.

Die außerordentliche Kündigung ist im Regelfall eine **fristlose Kündigung**. Es kann jedoch auch aus wichtigem Grund mit einer Frist gekündigt werden (außerordentliche befristete Kündigung). In bestimmten Fällen ist der Arbeitgeber sogar bei einer außerordentlichen Kündigung zur Einhaltung einer Kündigungsfrist gezwungen. Durch die Gewährung einer so genannten **sozialen Auslauffrist** verliert die Kündigung nicht ihren

4501

Charakter als außerordentliche Kündigung. Ein wichtiger Grund zur außerordentlichen Kündigung gem. § 626 Abs. 1 BGB und vergleichbaren Tarifbestimmungen kann auch dann vorliegen, wenn dem Arbeitnehmer zwar zunächst eine Weiterbeschäftigung des Arbeitnehmers für einen **bestimmten Zeitraum**, nicht jedoch bis zum **Ablauf der Kündigungsfrist** oder bis zur vereinbarten Beendigung des Arbeitsverhältnisses zumutbar ist *(BAG 13.04.2000, EzA § 626 BGB n.F. Nr. 180).*

Bei der **Bemessung der sozialen Auslauffrist** ist zu berücksichtigen, dass je mehr die Dauer der tatsächlichen Beschäftigung der ordentlichen Kündigungsfrist entspricht oder diese gar überschreitet, die Voraussetzung der Unzumutbarkeit der Fortsetzung des Arbeitsverhältnisses bis zum Ablauf der ordentlichen Kündigungsfrist entfällt. Der Arbeitgeber kann also bei einer außerordentlichen Kündigung mit sehr langer sozialer Auslauffrist nicht mehr vorbringen, dass ihm die Fortsetzung des Arbeitsverhältnisses bis zum Ablauf der ordentlichen Kündigungsfrist unzumutbar sei.

Im Übrigen muss der Arbeitgeber, wenn er außerordentlich mit einer sozialen Auslauffrist kündigt, deutlich und zweifelsfrei erklären, dass es sich um eine außerordentliche Kündigung handeln soll. Diese ist ohnehin nur bei Vorliegen eines Sachverhalts zulässig, der auch zu einer sofortigen Beendigung des Arbeitsverhältnisses berechtigen würde *((BAG 13.04.2000 a.a.O.).*

Die Erklärung einer außerordentlichen Kündigung aus wichtigem Grund muss Satz für den Erklärungsempfänger **zweifelsfrei** den Willen des Erklärenden erkennen lassen, dass er von seinem Recht zur außerordentlichen Kündigung Gebrauch machen will. Auch gegenüber dem **Betriebsrat** muss der Arbeitgeber darstellen, ob eine außerordentliche oder ordentliche Kündigung gewollt ist.

II. Altersgesicherte Arbeitnehmer

4502 In bestimmten Fällen ist die Einhaltung einer sozialen Auslauffrist sogar geboten. Dies ist z.B. in den Fällen der Betriebsstillegung bei so genannten **Altersgesicherten**, d.h. ordentlich unkündbaren Arbeitnehmern der Fall. Ist ein Arbeitnehmer einzelvertraglich oder tarifvertraglich ordentlich unkündbar, so kann er nach der Rechtsprechung im Falle der Betriebsstillegung sogar außerordentlich gekündigt werden. Bei dieser außerordentlichen Kündigung muss aber die Frist eingehalten werden, die gelten würde, wenn die ordentliche Kündigung einzelvertraglich oder tarifvertraglich nicht ausgeschlossen wäre. Auch in diesem Fall muss der Arbeitgeber jedoch klarstellen, dass eine **außerordentliche Kündigung gewollt** ist. Zur Einhaltung der ordentlichen Kündigungsfrist ist der Arbeitgeber auch gezwungen bei einer **krankheitsbedingten Kündigung eines Altersgesicherten**, d.h. ordentlich unkündbaren Arbeitnehmers. Durch den Ausschluß des ordentlichen Kündigungsrechts sollen nämlich diese Arbeitnehmer privilegiert werden. Käme nunmehr ihnen gegenüber eine außerordentliche fristlose Kündigung in Betracht, obwohl der gleiche Kündigungssachverhalt bei ordentlich noch kündbaren Arbeitnehmern nur eine fristgemäße ordentliche Kündigung rechtfertigen würde, so würde dieses Privileg in sein Gegenteil umschlagen *(BAG 18.10.2000, EzA § 626 BGB Krankheit Nr. 3).*

Die außerordentliche Kündigung gegenüber einem tariflich unkündbaren Arbeitnehmer kann aus **betriebsbedingten Gründe** auch nur **ausnahmsweise** unter Einhaltung der ordentlichen Kündigungsfrist zulässig sein, wenn der Arbeitsplatz des Arbeitnehmers weggefallen ist und der Arbeitgeber den Arbeitnehmer auch unter Einsatz aller zumutbaren Mittel, ggf. durch Umorganisation seines Betriebes nicht weiter beschäftigen kann.

Für die Anwendung der Ausschlußfrist des § 626 Abs. 2 BGB ist in solchen Fällen kein Raum, da der Wegfall der Beschäftigungsmöglichkeit einen Dauertatbestand darstellt. Hinsichtlich der Sozialauswahl und der Betriebsratsbeteiligung steht diese außerordentliche Kündigung einer ordentlichen Kündigung gleich (BAG 05.02.1998, EzA § 626 BGB Unkündbarkeit Nr. 2).

Fristlos kann einem tariflich unkündbaren Arbeitnehmer nach § 626 BGB aus **verhaltensbedingten Gründen** nur gekündigt werden, wenn dem Arbeitgeber bei einem vergleichbaren **kündbaren** Arbeitnehmer dessen Weiterbeschäftigung bis zum Ablauf der einschlägigen ordentlichen Kündigungsfrist **unzumutbar** wäre. Ist danach eine fristlose Kündigung gegenüber einem tariflich unkündbaren Arbeitnehmer **ausgeschlossen**, so ist in den Fällen, in denen bei einem **kündbaren** Arbeitnehmer nur eine **ordentliche Kündigung** in Betracht käme, so ist bei dem **tariflich unkündbaren** Arbeitnehmer nur eine **außerordentliche Kündigung** unter Gewährung einer **Auslauffrist**, die der fiktiven ordentlichen Kündigungsfrist entspricht, möglich *(BAG 12.08.1999, EzA § 626 BGB Verdacht strafbarer Handlung Nr. 8).*

III. Verhältnis zur Anfechtung

Unberührt von dem Recht zur außerordentlichen Kündigung bleibt die Möglichkeit, den Arbeitsvertrag durch **Anfechtung gemäß §§ 119, 123 BGB** zu beenden.

4503

> **BEISPIEL:**
> B ist von der A-OHG als kaufmännischer Leiter eingestellt worden. Bei der Einstellung hatte B gefälschte Zeugnisse vorgelegt. Nach einem halben Jahr bemerkt die A-OHG, dass sie von B insoweit getäuscht worden ist. Sie erklärt die außerordentliche Kündigung und die Anfechtung des Arbeitsvertrages.

Die **Rechtsprechung** steht auf dem Standpunkt, dass das Anfechtungsrecht (§ 123 BGB) nicht durch das Recht zur außerordentlichen Kündigung verdrängt wird. Dem Arbeitgeber steht vielmehr ein **Wahlrecht** zu. Dieses Wahlrecht ist schon deshalb von Bedeutung, weil bei einer Anfechtung des Arbeitsvertrags kein Sonderkündigungsschutz, also kein Mutterschutz oder kein Schwerbehindertenschutz eingreifen kann, da dieser Sonderkündigungsschutz immer an den Beendigungstatbestand »Kündigung« anknüpft. Auch muss bei der Anfechtung des Arbeitsvertrages der **Betriebsrat** nicht angehört werden. Von Bedeutung ist auch, dass für die Anfechtung dem Arbeitgeber eine **Frist von einem Jahr** (**§ 124 BGB**) zur Verfügung steht, während er das außerordentliche Kündigungsrecht innerhalb von 2 Wochen ab Kenntnis des Kündigungsgrundes ausüben muss. Erklärt der Arbeitgeber nach einer entfristeten Kündigung die Anfechtung, so kann freilich zweifelhaft sein, ob er mit der Kündigung nicht auf sein **Anfechtungsrecht verzichtet** hat. Deshalb sollte in allen Fällen, in denen eine arglistige Täuschung bei der Einstellung nicht ausgeschlossen werden kann, **gleichzeitig** sowohl die außerordentliche Kündigung als auch die Anfechtung wegen arglistiger Täuschung erklärt werden.

IV. Unabdingbarkeit

4504 Das Recht zur außerordentlichen Kündigung ist für beide Arbeitsvertragsparteien unabdingbar. Schon in einem Arbeitsvertrag kann also **nicht vereinbart** werden, dass das außerordentliche Kündigungsrecht für beide Arbeitsvertragsparteien oder für eine der beiden Arbeitsvertragsparteien ausgeschlossen ist. Die Vorschrift des § 626 BGB über die außerordentliche Kündigung steht Vereinbarungen entgegen, durch die der für die Wirksamkeit der außerordentlichen Kündigung erforderliche wichtige Grund beseitigt, eingeschränkt oder erweitert wird. **In einem Arbeitsvertrag kann also nicht festgelegt werden, dass bestimmte Tatbestände die Arbeitsvertragsparteien zur außerordentlichen Kündigung berechtigen.** Ob ein **wichtiger Grund** zur außerordentlichen Kündigung vorliegt, bestimmt sich allein nach der **gesetzlichen Regelung** (§ 626 Abs. 1 BGB). Derartige vertragliche Festlegungen sind allein ein **Indiz** dafür, welche Pflichtverletzungen die Parteien für besonders gravierend erachtet haben. Mit dem zwingenden Charakter des außerordentlichen Kündigungsrechtes ist es aber vereinbar, wenn Arbeitgeber und Betriebsrat vereinbaren, dass Kündigungen der Zustimmung des Betriebsrats bedürfen und dass bei Meinungsverschiedenheiten über die Berechtigung der Nichterteilung der Zustimmung die Einigungsstelle entscheidet (§ 102 Abs. 6 BetrVG).

4505 Spricht der Arbeitgeber aus Gründen, die eine außerordentliche Kündigung rechtfertigen könnten, vor Ablauf der 2-Wochenfrist des § 626 Abs. 2 Satz 1 BGB eine ordentliche Kündigung aus, so **verzichtet er dadurch in schlüssiger Weise auf sein Recht zur außerordentlichen Kündigung**. Eine dennoch ausgesprochene außerordentliche Kündigung ist rechtsunwirksam.

V. Darlegungs- und Beweislast

4506 Wie bei der ordentlichen Kündigung trifft auch bei der außerordentlichen Kündigung den Kündigenden die **Darlegungs- und Beweislast** für die Tatsachen, die die Kündigung rechtfertigen sollen. Wer eine außerordentliche Kündigung ausspricht und damit ein Gestaltungsrecht ausübt, ist also darlegungs- und beweisbelastet für alle Umstände, die als wichtige Gründe geeignet sein können, die Grundlagen für seine Rechtsausübung darzustellen. Bestreitet allerdings der Arbeitnehmer, rechtswidrig eine Vertragsverletzung begangen zu haben, so muss er **substantiiert** die Tatsachen vortragen, aus denen sich die Berechtigung zu einem bestimmten Verhalten ergibt.

VI. Wichtiger Grund

Das Arbeitsverhältnis kann von jedem Vertragsteil aus wichtigem Grund ohne Einhaltung einer Kündigungsfrist gekündigt werden. Ein **wichtiger Grund** ist gegeben, wenn Tatsachen vorliegen, aufgrund derer dem Kündigenden unter **Berücksichtigung aller Umstände des Einzelfalls und unter Abwägung der Interessen beider Vertragsteile** die Fortsetzung des Arbeitsverhältnisses bis zum Ablauf der Kündigungsfrist oder bis zur vereinbarten Beendigung des Arbeitsverhältnisses nicht zugemutet werden kann (s. insoweit den Gesetzeswortlaut des § 626 Abs. 1 BGB).

4507

Bei der Beurteilung der Rechtswirksamkeit einer außerordentlichen Kündigung nimmt die Rechtsprechung eine **zweistufige Prüfung** vor:

1. Stufe:
- Auf der 1. Stufe ist zunächst zu prüfen, ob ein bestimmter Sachverhalt **an sich geeignet** ist, einen wichtigen Grund zur außerordentlichen Kündigung abzugeben.

2. Stufe:
- Auf der 2. Stufe findet eine umfangreiche **Interessenabwägung** statt. Es wird geprüft, ob der an sich für eine außerordentliche Kündigung. geeignete Sachverhalt im konkreten Einzelfall geeignet ist, die außerordentliche Kündigung zu rechtfertigen. Bei dieser Interessenabwägung wird das **Bestandsschutzinteresse des Arbeitnehmers** gegen das **Auflösungsinteresse des Arbeitgebers** abgewogen. Dabei sind bspw. von Bedeutung:
  - Art und Schwere der Verfehlung,
  - Wiederholungsgefahr,
  - Grad des Verschuldens,
  - Betriebszugehörigkeit,
  - Lebensalter,
  - Entwicklung des Arbeitsverhältnisses (wiederholte Störungen?),
  - Größe des Betriebs etc.

Dies kann im Einzelfall dazu führen, dass **selbst schwerwiegende Gründe** wie ein **Diebstahls- oder Unterschlagungsverdacht** nicht ausreichen, um eine außerordentliche Kündigung zu rechtfertigen, wenn im Rahmen der Interessenabwägung zugunsten des Arbeitnehmers eine lange Betriebszugehörigkeit ohne Beanstandungen sowie dessen Schwerbehinderteneigenschaft zu berücksichtigen sind (*Hessisches LAG 24.11.1994, LAGE § 626 BGB Nr. 83*).

Der wichtige Grund setzt nicht unbedingt ein **Verschulden** voraus. Dies schließt jedoch nicht aus, dass ein Verschulden für die Zumutbarkeit zur Fortsetzung des Arbeitsverhältnisses von Bedeutung ist. Bei der Beurteilung der Rechtswirksamkeit einer außerordentlichen Kündigung ist zunächst zu prüfen, ob ein bestimmter Sachverhalt **an sich** geeignet ist, einen wichtigen Grund zur außerordentlichen Kündigung abzugeben.

4508

VII. Einzelfälle zum wichtigen Grund

4509 Einen eigentlichen Katalog wichtiger Gründe zur Kündigung gibt es nicht. Derartige Kataloge sind auch nicht ungefährlich, da sie häufig zu der Annahme veranlassen, eine Einzelfallprüfung sei entbehrlich. Die **Rechtsprechung** steht deshalb zu Recht auf dem Standpunkt, dass auch bei einem abstrakt erheblichen Verhalten die Unzumutbarkeit der Fortsetzung des Arbeits- oder Dienstverhältnisses gerade für die **konkreten Arbeitsvertragsparteien individuell** zu prüfen ist.

Dies heißt für die betriebliche Praxis: **Es ist eine Einzelfallprüfung vorzunehmen!**

Gleichwohl haben sich bestimmte **typische Fallgruppen** herausgebildet, in denen die Rechtsprechung Leitlinien geben kann:

1. Wichtige Gründe für die Kündigung durch den Arbeitgeber

4510 • **Abwerbung**

Wirbt ein Arbeitnehmer **während des Bestandes des Arbeitsverhältnisses** Arbeitnehmer für Drittbetriebe ab, so ist bei der Annahme einer Treuepflichtverletzung mit der Folge der Anerkennung einer außerordentlichen Kündigung Vorsicht geboten. Ein Recht zur außerordentlichen Kündigung wird dann zu bejahen sein, wenn sich der Arbeitnehmer einem Drittbetrieb gegenüber zur Abwerbung verpflichtet hat. Gleiches gilt, wenn die Abwerbung im Auftrag eines Konkurrenzunternehmens und zum Zweck des Wettbewerbs erfolgt oder eine sittenwidrige Schädigung oder eine Aufforderung zum Vertragsbruch beinhaltet. Der **bloße Hinweis** eines Arbeitnehmers an seinen Arbeitskollegen, dass er sich selbständig mache und hierfür noch Mitarbeiter suche, stellt keine zur Kündigung berechtigende Treuepflichtverletzung dar.

• **Alkoholismus**

Die **krankheitsbedingte Beeinträchtigung** infolge Alkoholismus kommt im Falle sog. tarifvertraglicher **Unkündbarkeit** je nach den Umständen auch als **wichtiger Grund** in Betracht. Will sich der Arbeitnehmer bei einem aufgrund objektiver Anhaltspunkte bestehenden Verdacht einer Alkoholisierung im Dienst mit Hilfe eines Alkoholtests entlasten, muss er in der Regel einen entsprechenden Wunsch von sich aus – schon wegen des damit verbundenen Eingriffs in sein Persönlichkeitsrecht – an den Arbeitgeber herantragen. Bei einem mehrfachen »Rückfall« des Arbeitnehmers nach Alkoholtherapien ist davon auszugehen, dass sich hieran auch in Zukunft nichts ändern wird und es erneut zu suchtbedingten Reaktionen und Ausfällen kommt. Bei einer alkoholbedingten Suchtkrankheit sind geringere Anforderungen an die **negative Prognose** zu stellen. Bei einer auf Alkoholismus als Krankheit gestützten Kündigung handelt es sich um einen **Dauertatbestand** *(BAG 16.09.1999, EzA § 626 Krankheit Nr. 2).*

• **Ankündigung einer Krankheit**

Einen wichtigen Grund kann es darstellen, wenn ein Arbeitnehmer für den Fall, dass eine von ihm gewünschte Begünstigung ausbleibt, seine Erkrankung ankündigt *(BAG 05.11.1992, EzA § 626 BGB n.F. Nr. 143)*. Dabei kommt es nicht darauf an, ob er in der Folge tatsächlich der Arbeit fern bleibt. Kündigungsgrund ist die bloße Ankündigung der Pflichtwidrigkeit. Siehe auch *ArbG Paderborn 11.05.1994, EzA § 1 KSchG Verhaltensbedingte Kündigung Nr. 46.*

Aus Sicht der Praxis ist es für diese Fälle besonders bedeutsam, über den Inhalt von derartigen Gesprächen einen Vermerk zu machen. Dieser kann im Rahmen eines nachfolgenden Prozesses als Beweismittel dienen.

- **Annahme und Forderung von Schmiergeldern**

Die Annahme und das Fordern von Schmiergeldern stellt eine schwere Treuepflichtverletzung dar. Soweit es sich hierbei nicht um Gelegenheitsgeschenke und in manchen Branchen um die Annahme von Trinkgeldern handelt, rechtfertigt die Hingabe und das Fordern sowie die Annahme von Schmiergeldern die außerordentliche Kündigung. Dies gilt ohnehin, wenn der Arbeitnehmer solche Leistungen von sich aus fordert. Auf eine Schädigung des Arbeitgebers kommt es nicht an, da sein **Vertrauen in die Unanfechtbarkeit seines Angestellten** schon durch ein derartiges Verhalten erschüttert wird.

- **Antritt einer Strafhaft**

Nach Ansicht des BAG (*09.03.1995, EzA § 626 BGB n.F. Nr. 154*) ist die Verbüßung einer längeren Strafhaft an sich geeignet, eine außerordentliche Kündigung des Arbeitsverhältnisses zu rechtfertigen, wenn sich die Arbeitsverhinderung konkret nachteilig auf das Arbeitsverhältnis auswirkt und für den Arbeitgeber zumutbare Überbrückungsmöglichkeiten nicht bestehen.

- **Anzeigen gegen den Arbeitgeber**

Die Rechtsprechung steht auf dem Standpunkt, dass der Arbeitgeber zur fristlosen Kündigung berechtigt sein kann, wenn der Arbeitnehmer gegen ihn bei staatlichen Stellen Anzeigen erstattet. Dies ist unabhängig davon, ob der mitgeteilte Sachverhalt der Wahrheit entspricht oder nicht. Erstattet freilich der Arbeitnehmer wegen einer Beleidigung durch den Arbeitgeber Strafanzeige, so rechtfertigt dies keine Entlassung. Etwas anderes gilt aber, wenn heimlich Geschäftsunterlagen mitgenommen werden, um eine Strafanzeige gegen den Arbeitgeber vorzubereiten. Im Einzelfall wird man bei Anzeigen gegen den Arbeitgeber danach differenzieren müssen, ob der Verstoß gegen Gesetzesrecht die Interessen des Arbeitnehmers berührt. Selbst in diesem Fall wird der Arbeitnehmer jedoch erst dann zur Anzeige schreiten dürfen, wenn Vorstellungen bei Betriebsrat und Arbeitgeber keine Abhilfe erbracht haben.

- **Arbeitsverweigerung**

Auch eine **unberechtigte** Arbeitsverweigerung kann zur außerordentlichen Kündigung berechtigen. Um eine Arbeitsverweigerung feststellen zu können, gilt es zunächst auszumachen, zu welcher Dienstleistung der Arbeitnehmer nach dem Arbeitsvertrag verpflichtet ist. Es sind also Umfang und Grenzen des Direktionsrechts zu bestimmen. Ist im Arbeitsvertrag eine bestimmte Tätigkeit vereinbart, so ist allein diese geschuldet. Der Arbeitgeber kann dem Arbeitnehmer nicht einseitig eine andere Tätigkeit zuweisen und damit die vertraglich vereinbarte Leistungspflicht verändern.

z.B. Ist beispielsweise ein Autoschlosser verpflichtet, im Rahmen seiner Tätigkeit die von ihm reparierten Wagen auch Probe zu fahren und auf den Parkplätzen vor und nach der Reparatur abzustellen, so stellt die Weigerung, das Auto zu fahren, eine Arbeitsverweigerung dar. Verweigert dagegen ein Auszubildender »Nebenarbeiten«, wie Getränkeholen, so stellt dies angesichts der Zielsetzung des Ausbildungsverhältnisses selbstverständlich keinen wichtigen Grund zur außerordentlichen Kündigung dar. Hier liegt noch nicht einmal eine Vertragsverletzung vor.

Eine unberechtigte Arbeitsverweigerung kann insbesondere dann angenommen werden, wenn der Arbeitnehmer sich **beharrlich** weigert, bestimmten Anweisungen des Arbeitgebers nachzukommen.

BEISPIEL:

z.B. Der Arbeitnehmer arbeitete bei dem Arbeitgeber an einem Brennofen, der eine Temperatur von ca. 900 Grad aufweist. In diesem Brennofen hatte der Arbeitnehmer wiederholt in einem mit Wasser gefüllten Behälter Konservendosen erhitzt. Hierdurch bestand die Gefahr, dass das Wasser in dem Behälter sehr schnell verdampfte und die Konservendosen explodierten, was später auch tatsächlich geschah. Der Arbeitnehmer wurde mehrfach aufgefordert, dies zu unterlassen, kam entsprechenden Anweisungen jedoch nicht nach. Schließlich explodierte eine Konservendose, was eine einmonatige Arbeitsunfähigkeit des Arbeitnehmers zur Folge hatte. Der Arbeitgeber sprach daraufhin die fristlose Kündigung aus.
Im Beispielsfall ist nach Auffassung des LAG Köln (17.03.1993, LAGE § 626 BGB Nr. 71) die **außerordentliche Kündigung** gerechtfertigt. Einer **Abmahnung** bedurfte es nicht, da der Arbeitnehmer sich beharrlich geweigert hatte, den berechtigten Anweisungen des Arbeitgebers nachzukommen. Auch war der Vertrauensbereich betroffen, da der Arbeitgeber nicht mehr davon ausgehen konnte, dass der Arbeitnehmer auf das gebotene Sicherheitsbedürfnis Rücksicht nehmen werde. Dass im Betrieb des Arbeitgebers sonst keine Möglichkeit bestand, sich Essen warm zu machen, vermochte das Verhalten des Arbeitnehmers auch nicht zu entschuldigen.

Eine fristlose Kündigung wegen **Verweigerung von Überstunden** kommt nicht in Betracht, wenn keine entsprechende Verbindlichkeit des Arbeitnehmers zur Ableistung von Überstunden besteht.

Bleiben **ausländische Arbeitnehmer** an **hohen religiösen Feiertagen** ihres Mutterlandes der Arbeit fern, so liegt hierin zwar objektiv eine Arbeitsverweigerung. Sie rechtfertigt jedoch nicht in allen Fällen die fristlose Kündigung. Auch die religiösen Gebräuche ausländischer Arbeitnehmer können bei der Würdigung des außerordentlichen Kündigungsrechts nicht außer Betracht bleiben.

Eine Arbeitsverweigerung rechtfertigt freilich die außerordentliche Kündigung nur dann, wenn sie **als beharrlich qualifiziert** werden kann. Es genügt also regelmäßig nicht der einmalige Verstoß, selbst wenn er mit Wissen und Wollen erfolgt. Bloße Vergesslichkeit stellt ohnehin keinen wichtigen Grund zur außerordentlichen Kündigung dar. Entscheidend ist also, dass der Arbeitnehmer sich wiederholt Anweisungen der Vorgesetzten in einer Weise widersetzt hat, die den Schluss zulässt, dass er auch zukünftig Anweisungen missachten wird. Zwischen Einzelverstößen muss nach der Rechtsprechung des BAG ein innerer Zusammenhang bestehen.

- **Ausländerfeindliches Verhalten**
Auch ein Ausbildungsverhältnis kann wegen schwerwiegender rassistischer, ausländerfeindlicher und nationalistischer Äußerungen fristlos gekündigt werden. Dies ist etwa anzunehmen, wenn der Auszubildende ein Blechschild stanzt mit der Inschrift »Arbeit macht frei – Türkei schönes Land« und dieses an der Werkbank einer türkischen Auszubildenden anbringt, nachdem zuvor bereits Lieder mit rassistischen Äußerungen gesungen wurden. Eine Abmahnung ist in der beschriebenen Situation entbehrlich *(BAG 01.07.1999, EzA § 15 BBiG Nr. 13)*.

Auch nach einer Entscheidung des LAG Köln vom 11.08.1995 *(LAGE § 15 BBiG Nr. 10)* kann ein Grund für die außerordentlich Kündigung eines Berufsausbildungsverhältnisses gem. § 15 BBiG Abs. 2 Nr. 1 BBiG gegeben sein, wenn ein bei einer Großforschungsanstalt mit internationaler Verflechtung beschäftigter Auszubildender wiederholt neonazistische Thesen (im entschiedenen Fall die Infragestellung der Anzahl der in deutschen KZ's ermordeten Juden) über ein Computer-Kommunikationssystem verbreitet, zu dem er ausbildungsbedingt Zugang haben muss. Dies gilt auch dann, wenn das Ausbildungsverhältnis bereits über einen Zeitraum von 1 3/4 Jahre bestanden hat.

- **Außerdienstliches Verhalten**
Außerdienstliches Verhalten kann im Regelfall die außerordentliche Kündigung nicht rechtfertigen. Wirkt sich das außerdienstliche Verhalten innerbetrieblich aus, so ist es selbstverständlich kündigungsrelevant.

Begeht ein im öffentlichen Dienst Beschäftigter ein vorsätzliches Tötungsdelikt, so ist es dem öffentlichen Arbeitgeber in der Regel unzumutbar, ihn weiterzubeschäftigen, ohne dass eine konkret messbare Ansehensschädigung nachgewiesen werden müsste. In einem solchen Fall kann der öffentliche Arbeitgeber regelmäßig nicht auf den Ausspruch einer Abmahnung verwiesen werden. Dem Arbeitnehmer muss klar sein, dass die Begehung eines vorsätzlichen Tötungsdeliktes als massive Rechtsverletzung seine Weiterbeschäftigung im öffentlichen Dienst in Frage stellen kann *(BAG 08.06.2000, EzA § 626 BGB n.F. Nr. 182)*.

- **Beleidigungen, Verdächtigungen**
Ob **Beleidigungen, üble Nachrede oder Verdächtigungen** die außerordentliche Kündigung rechtfertigen können, ist zweifelhaft. Von der Rechtsprechung wird ein wichtiger Grund bejaht, wenn die Würdigung der Umstände des Einzelfalls die Fortsetzung des Arbeits- und Dienstverhältnisses als unzumutbar erscheinen lässt. Grobe Beleidigungen des Arbeitgebers oder seines Vorgesetzten können die außerordentliche Kündigung rechtfertigen, wenn dadurch die Vorgesetztenfunktion untergraben wird. Eine üble Nachrede zum Nachteil eines Vorgesetzten kann ebenso wie eine grundlose Beschuldigung durch Vorgesetzte die außerordentliche Kündigung rechtfertigen, wenn dadurch die Grundlagen einer gedeihlichen Zusammenarbeit beeinträchtigt werden. Unter einer groben Beleidigung ist nur eine besonders schwere, kränkende Beleidigung, d.h. eine bewusste und gewollte Ehrenkränkung aus gehässigen Motiven zu verstehen. Entscheidend sind immer die Sitten und Gebräuche der beteiligten Verkehrskreise. Dass die Verwendung des Götz-Zitates unter Arbeitnehmern nicht besonders schwer wiegt, ist eindeutig. Der Portier ei-

nes Großstadt-Hotels kann jedoch fristlos entlassen werden, wenn er dieses Zitat in Anwesenheit eines weiblichen Gastes gegenüber einem Arbeitskollegen gebraucht.

Erklärt eine **Verkäuferin** gegenüber einer **Kundin**, sie werde dieser »eins aufs Maul hauen«, so rechtfertigt dies ohne Abmahnung eine fristlose Kündigung, soweit die Kundin eine derartige Äußerung nicht provoziert hat *(ArbG Nürnberg 10.10.2000, EzA-SD 11/2001, S. 12)*.

Die Beleidigung eines **Vorgesetzen** mit den Worten »Du bist ein Arschloch« stellt einen wichtigen Grund zur außerordentlichen Kündigung i.S.v. § 626 Abs. 1 BGB dar *(LAG Rheinland-Pfalz, 08.11.2000, EzA-SD 08/2001, S. 13)*.

Ein **Arbeitnehmer**, der eine **Arbeitskollegin** von hinten umfasst und zielgerichtet deren Brüste berührt und dabei sagt, er könne ihre »Fotze lecken« und ihr »verschiedene Techniken« zeigen, begeht eine grobe Beleidigung und **sexuelle Belästigung**, die grundsätzlich eine außerordentliche Kündigung rechtfertigt *(ArbG Lübeck 02.11.2000, EzA-SD 11/2001, S. 12)*.

Unwahre oder ehrenrührige Äußerungen über Vorgesetze **im Kollegenkreis** berechtigen **nicht** zur außerordentlichen Kündigung, wenn sie in der sicheren Erwartung abgegeben werden, dass sie nicht über den Kreis der Gesprächsteilnehmer **hinausdringen** *(LAG Köln 16.01.1998, LAGE § 1 KSchG Verhaltensbedingte Kündigung Nr. 64)*.

- Gefährlichkeit des Arbeitnehmers

Einem Arbeitnehmer, der Frau und Kind erschossen und anschließend einen Selbstmordversuch unternommen hat und dem Zurechnungsunfähigkeit zuerkannt worden ist, kann bei Gefährdung von Kollegen, die sich weigern, mit ihm zusammenzuarbeiten, außerordentlich gekündigt werden.

4512 • Konkurrenztätigkeit

Der Arbeitnehmer ist **während des Bestehens des Arbeitsverhältnisses** verpflichtet, sich jeder Konkurrenztätigkeit gegenüber seinem Arbeitgeber zu enthalten (s. → Rz. 3000 ff.). Verstößt der Arbeitnehmer gegen das Konkurrenzverbot, so kann dies die außerordentliche Kündigung rechtfertigen *(BAG 26.05.1995, EzA § 626 BGB Nr. 155)*.

- Krankfeiern

Besondere Schwierigkeiten stellen sich ein, wenn der Arbeitnehmer seine Krankheit rechtzeitig angezeigt und die Arbeitsunfähigkeitsbescheinigung fristgerecht vorgelegt hat, sein Verhalten aber den Verdacht des Krankfeierns erweckt. Dass der Arbeitnehmer während der Krankheit Restaurants, Bars, Kinos etc. aufsucht, rechtfertigt die außerordentliche Kündigung nicht in jedem Fall. Vielmehr ist insoweit zunächst auf die **Art der Erkrankung** abzustellen. Beispielsweise kann einem Kraftfahrer, der sich das Bein gebrochen hat, der Besuch von Kinos oder Bars nicht als vertragswidriges Verhalten angelastet werden. Es ist vielmehr in jedem Einzelfall zu prüfen, welche ärztlichen Auflagen bestanden und wie sich der Dienstpflichtige darauf eingerichtet hat. Entspricht das Verhalten des Arbeitnehmers nicht diesen Anforderungen, so rechtfertigt auch ein einmaliger Vorfall noch nicht die außerordentliche Kündigung, es sei denn es liegt ein **besonders gravierender Pflichtverstoß** vor (Beispiel: Nachtschichten in einer Putzkolonne während der Zeit der Erkrankung im Hauptarbeitsverhältnis, s. etwa *BAG 26.08.1993, EzA § 626*

BGB n.F. Nr. 148) . Das Verhalten muss objektiv geeignet sein, den Genesungsprozess nicht unerheblich zu verzögern (s. dazu unten). Hat der Dienstpflichtige ein derartiges Verhalten an den Tag gelegt, so kann freilich die außerordentliche Kündigung alternativ darauf gestützt werden, dass er entweder überhaupt nicht erkrankt war oder den Genesungsprozess vorsätzlich verzögert hat.

Die **Darlegungs- und Beweislast** für die Arbeitsfähigkeit trägt der kündigende **Arbeitgeber**. Dass der Arbeitnehmer tatsächlich andernorts eine Arbeitsleistung erbracht hat, steht der Annahme einer Arbeitsunfähigkeit **nicht** entgegen. Eine Verdachtkündigung wegen vorgetäuschter Arbeitsunfähigkeit ist dann unwirksam, wenn sich nachträglich ausreichende entlastende Gesichtspunkte ergeben *(LAG München 03.11.2000, EzA-SD 11/2001, S. 9)*

- Krankheit

Das BAG geht in ständiger Rechtsprechung davon aus, dass die **krankheitsbedingte Minderung der Leistungsfähigkeit** eines Arbeitnehmers **in der Regel nicht geeignet ist**, einen wichtigen Grund für eine außerordentliche Kündigung darzustellen *(BAG 12.07.1995, EzA § 626 BGB n.F. Nr. 156)*. Schon nach dem Ultima-ratio-Grundsatz muss der Arbeitgeber vor Ausspruch einer solchen Kündigung vor allem bei älteren Arbeitnehmern prüfen, ob der Minderung ihrer Leistungsfähigkeit nicht durch **organisatorische Maßnahmen** (Änderung des Arbeitsablaufs, Umgestaltung des Arbeitsplatzes, Umverteilung der Aufgaben) begegnet werden kann.

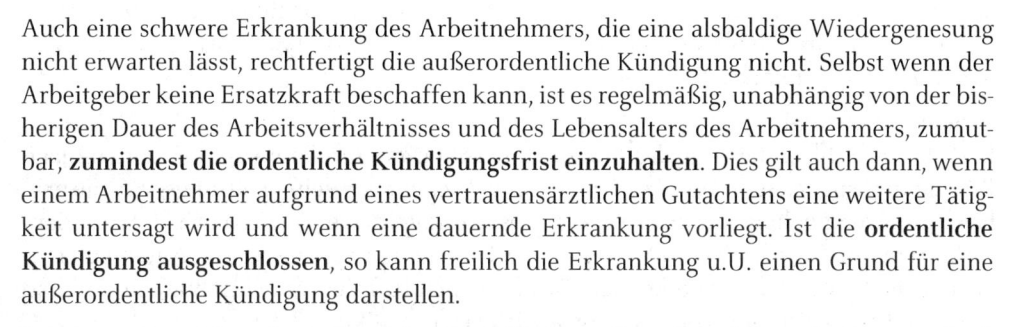

Auch eine schwere Erkrankung des Arbeitnehmers, die eine alsbaldige Wiedergenesung nicht erwarten lässt, rechtfertigt die außerordentliche Kündigung nicht. Selbst wenn der Arbeitgeber keine Ersatzkraft beschaffen kann, ist es regelmäßig, unabhängig von der bisherigen Dauer des Arbeitsverhältnisses und des Lebensalters des Arbeitnehmers, zumutbar, **zumindest die ordentliche Kündigungsfrist einzuhalten**. Dies gilt auch dann, wenn einem Arbeitnehmer aufgrund eines vertrauensärztlichen Gutachtens eine weitere Tätigkeit untersagt wird und wenn eine dauernde Erkrankung vorliegt. Ist die **ordentliche Kündigung ausgeschlossen**, so kann freilich die Erkrankung u.U. einen Grund für eine außerordentliche Kündigung darstellen.

Bei einem **Ausschluss** der ordentlichen Kündigung aufgrund tarifvertraglicher Vorschriften kann eine krankheitsbedingte außerordentliche Kündigung nur in **eng begrenzten Ausnahmefällen** in Betracht kommen. *(BAG 09.07.1998, EzA § 626 BGB Krankheit Nr. 1)*.

- Nachweis der Erkrankung / Arbeitsunfähigkeitsbescheinigung

4513

Die Nichtbeachtung der Anzeige- und Nachweispflicht des § 5 EFZG kann die Kündigung rechtfertigen, wenn die Anzeigepflicht **wiederholt und vorsätzlich** verletzt wird. Dies gilt auch für die Verpflichtung des Arbeitnehmers, über seine Erkrankung ein Attest vorzulegen. Ein außerordentliches Kündigungsrecht kann jedoch auch beim Erschleichen von Attesten in Betracht kommen. Gleiches gilt, wenn der Arbeitnehmer nach der Genesung die Arbeit nicht wieder rechtzeitig antritt.

- Nebentätigkeit

Ob der Arbeitnehmer aufgrund seiner Treuepflicht eine **Nebentätigkeit** zu unterlassen hat, ist zweifelhaft (vgl. → Rz. 1960). Eine Nebentätigkeit, die keine Konkurrenztätigkeit zum Inhalt hat, ist nur dann unzulässig, wenn die vertraglich geschuldete Leistung durch die Nebentätigkeit beeinträchtigt wird. Es besteht also kein generelles Nebentätigkeitsverbot! Wird durch eine erlaubte Nebentätigkeit die Arbeitskraft beeinträchtigt, so greift allein aufgrund dieses Umstandes kein ordentliches oder außerordentliches Kündigungsrecht ein. Soweit jedoch die Nebentätigkeit rechtswirksam verboten ist, kann bei deren Ausübung ein außerordentliches Kündigungsrecht zum Tragen kommen.

4514
- **Politische Betätigung**

Die außerbetriebliche politische Betätigung rechtfertigt als solche weder die außerordentliche noch die ordentliche Kündigung. Das Verbot der innerbetrieblichen parteipolitischen Betätigung ist selbstverständlich auch von den Arbeitnehmern zu beachten. Nimmt ein Arbeitnehmer trotz der Androhung der Entlassung während der Arbeitszeit an einer politischen Demonstration teil, so rechtfertigt dies nicht unbedingt die fristlose oder ordentliche Kündigung.

- **Private Telefonate**

Darf der Arbeitnehmer von seinem dienstlichen Fernsprechanschluss grundsätzlich auch private Telefonate führen, so berechtigt das ausschweifende Gebrauchmachen von dieser Möglichkeit verbunden mit einer durch unzureichende Organisation verzögerten Abrechnung **nicht ohne weiteres** zur Kündigung des Arbeitsverhältnisses. Auch bei Störungen im Vertrauensbereich ist jedenfalls dann vor der Kündigung eine **Abmahnung** erforderlich, wenn es um ein steuerbares Verhalten des Arbeitnehmers geht und eine Wiederherstellung des Vertrauens erwartet werden kann *(LAG Köln 02.07.1998, LAGE § 1 KSchG Verhaltensbedingte Kündigung Nr. 66).*

4515
- **Schlechtleistung**

Im Falle der Schlechtleistung des Arbeitnehmers kommt nur dann eine außerordentliche Kündigung zum Zuge, wenn der Arbeitnehmer vorsätzlich seine Leistungskraft zurückhält. Ein weitergehendes außerordentliches Kündigungsrecht ist nur bei **besonders schwerem und folgenreichem Versagen** von Leitenden Angestellten und Angestellten in gehobenen Stellungen anzuerkennen. Grundsätzlich rechtfertigt Schlechtarbeit die fristlose Kündigung also nur, wenn sie vorsätzlich erfolgt!

Ein **fahrlässiges Verhalten** kann nur dann ausreichen, wenn es sich um Wiederholungsfälle handelt.

Bei **Berufskraftfahrern** kann Trunkenheit am Steuer einen wichtigen Grund zur außerordentlichen Kündigung darstellen.

- **Schwarzarbeit**

Wird **Schwarzarbeit während der Arbeitszeit** ausgeübt, so kann dies zur außerordentlichen Kündigung berechtigen. **Schwarzarbeit außerhalb der Arbeitszeit** kann die außerordentliche Kündigung nach vorangegangener Abmahnung nur rechtfertigen, wenn der Arbeitnehmer in Wettbewerb zu dem Arbeitgeber tritt.

- **Selbstbeurlaubung**

Die Selbstbeurlaubung des Arbeitnehmers rechtfertigt **grundsätzlich** die außerordentliche Kündigung. Verlängert beispielsweise ein Arbeitnehmer, der im ersten Teil des Urlaubs erkrankt, eigenmächtig seinen Urlaub um diese Arbeitstage, so ist die außerordentliche Kündigung gerechtfertigt. Selbst wenn man beim Arbeitnehmer keine Kenntnis des Urlaubsrechts voraussetzen kann, verletzt er mit einer derartigen Selbstbeurlaubung die arbeitsrechtliche Treuepflicht. Ein Recht zur Selbstbeurlaubung ist dem geltenden Recht fremd! Ausnahmen vom Kündigungsrecht bestehen aber insbesondere dann, wenn der Arbeitgeber durch sein Verhalten die Selbstbeurlaubung maßgeblich mit beeinflusst hat (**etwa unberechtigte Urlaubsverweigerung**) und gerichtliche Hilfe nicht rechtzeitig zu erlangen ist *(BAG 20.01.1994, EzA § 626 BGB n.F. Nr. 153)*.

- **Strafbare Handlungen**

Strafbare Handlungen, die sich gegen den Arbeitgeber richten, können das Recht zur außerordentlichen Kündigung begründen. Dies ist z.B. der Fall, wenn ein Schachtmeister einem Subunternehmer falsche Leistungen bescheinigt. Das gleiche gilt bei Betrugshandlungen. Es entspricht der überwiegenden Rechtsprechung, dass Eigentumsdelikte auch im Versuchsstadium stets die fristlose Entlassung eines Arbeitnehmers rechtfertigen. Entscheidend ist dabei nicht der Wert der entwendeten Sache, sondern die **Zerstörung des Vertrauensverhältnisses**. Ob auch kleinere Verfehlungen die außerordentliche Kündigung rechtfertigen, ist umstritten. Dies ist z.B. verneint worden bei der Entwendung von 3 bis 5 Zigaretten aus einer Besucherschatulle. Allerdings hat das BAG auch entschieden, dass die Entwendung eines Stückes Bienenstichkuchen durch eine Büffetkraft an sich geeignet ist, einen wichtigen Grund zur außerordentlichen Kündigung abzugeben.

In zwei neueren Entscheidungen hatte das BAG nochmals klargestellt, dass Eigentums- und Vermögensdelikte des Arbeitnehmers zum Nachteil des Arbeitgebers an sich einen **wichtigen Grund** für eine außerordentliche Kündigung darstellen, und zwar auch dann, wenn es sich um **geringwertige Sachen** handelt (Lebensmittel im Wert von ca. 19,57 DM/ Metall-Schrott im Wert von ca. 200 DM). Bei solch schwerwiegenden Verstößen, deren Rechtswidrigkeit dem Arbeitnehmer **ohne weiteres erkennbar** ist und bei dem es offensichtlich ausgeschlossen ist, dass sie der Arbeitgeber hinnimmt, ist auch **keine Abmahnung** erforderlich *(BAG 10.02.1999, EzA § 15 KSchG n.F. Nr. 15; BAG 12.08.1999, EzA § 626 BGB Verdacht strafbarer Handlung Nr. 8)*.

In der Entscheidung vom 24.08.1995 hatte das LAG Köln *(LAGE § 626 BGB Nr. 86)* die Mitnahme von **2 Stück gebratenem Fisch im Wert von ca. 10 DM**, die vom Mittagessen übrig geblieben waren, durch eine in der Kantine als Küchenhilfe beschäftigte Arbeitnehmerin **als wichtigen Grund** für eine außerordentliche Kündigung angesehen. Nur weil im konkreten Fall davon auszugehen war, dass der Arbeitgeber die Essensreste nicht weiterverwenden konnte und diese damit für ihn wirtschaftlich wertlos waren, hat das LAG die Einhaltung der Kündigungsfrist **ausnahmsweise** für zumutbar erachtet.

Daher muss noch einmal betont werden, dass für jeden Kündigungssachverhalt eine Einzelfallprüfung vorzunehmen ist.

- **Spesenbetrug**

Der Spesenbetrug berechtigt nicht in allen Fällen zur außerordentlichen Kündigung. Die Rechtsprechung steht auf dem Standpunkt, dass die Liquidation nicht entstandener Übernachtungsspesen in der Regel das Recht zur fristlosen Kündigung begründet. Etwas anderes soll nur dann der Fall sein, wenn der Arbeitgeber ein derartiges **Verhalten in ähnlichen Fällen hingenommen oder sogar gefördert** hat.

4516
- **Trunkenheit am Steuer**

Dass Trunkenheit am Steuer ein hinreichender Grund zur fristlosen Entlassung eines Berufskraftfahrers sein kann, ist anerkannt. Sogar die fristlose Kündigung eines Postomnibusfahrers, der sich während seines Urlaubs im angetrunkenen Zustand mit einem Blutalkoholgehalt von 2,1 Promille ans Steuer seines Privatwagens gesetzt hat, ist vom BAG akzeptiert worden. Das BAG verlangt jedoch, dass der Arbeitgeber bei Berufskraftfahrern nach Verlust des Führerscheins die Möglichkeit der Weiterbeschäftigung auf einem anderen Arbeitsplatz prüft.

- **Überzahl von Ehrenämtern**

Die Übernahme von Ehrenämtern in Gemeinderäten, Kreistagen etc. rechtfertigt die außerordentliche Kündigung nicht. Es ist eine Analyse von Fehlzeiten und Auswirkungen dieser Fehlzeiten auf den Betrieb vorzunehmen. Hierbei kommt es auch auf die **Stellung des Arbeitnehmers im Betrieb** an.

- **Unpünktlichkeit**

Eine außerordentliche Kündigung kann auch bei wiederholten Unpünktlichkeiten des Arbeitnehmers zum Tragen kommen. Welche Anforderungen hier im Einzelfall an die Häufigkeit und die Auswirkungen der Verspätungen zu stellen sind, lässt sich nicht allgemeingültig darstellen.

- **Urlaubsüberschreitung**

Bei Urlaubsüberschreitungen wird man zunächst die **Verschuldensfrage** zu berücksichtigen haben. Kann ein Arbeitnehmer wegen einer Naturkatastrophe seinen Arbeitsplatz nicht rechtzeitig wieder einnehmen, so entfällt sowohl ein außerordentliches als auch ein ordentliches Kündigungsrecht. Im Übrigen wird es auf die Dauer der Urlaubsüberschreitung ankommen. Kurzfristige Urlaubsüberschreitungen reichen regelmäßig nicht aus. Verlängert ein Arbeitnehmer den ihm wegen Erkrankung eines nahen Angehörigen bewilligten Urlaub eigenmächtig, so kann eine fristlose Kündigung berechtigt sein, wenn die Urlaubsverlängerung auf eine fortdauernde, allerdings nicht mehr lebensbedrohende Erkrankung des Angehörigen zurückzuführen ist. **Kündigt** ein Arbeitnehmer bereits vor Urlaubsantritt eine **Urlaubsüberschreitung an** und legt er anschließend eine Arbeitsunfähigkeitsbescheinigung vor, so wird man den Beweiswert der Arbeitsunfähigkeitsbescheinigung nicht immer mit der Folge auf Null reduzieren können, dass ein Kündigungsrecht eintritt.

4517
- **Änderungen von Zeitangaben auf einer Stempelkarte; Gleitzeitmanipulation**

Die Veränderung von Zeitangaben auf einer Stempelkarte soll selbst bei geringfügigem Schaden ohne Abmahnung die fristlose Kündigung rechtfertigen.

Ebenso kann eine Gleitzeitmanipulation je nach den Umständen – vor allem, wenn der Arbeitnehmer vorsätzlich falsche Zeitangaben auch noch beharrlich leugnet – einen wichtigen Grund für eine außerordentliche Kündigung darstellen *(BAG 12.8.1999, EzA § 123 BGB Nr. 53)*.

- **Verleitung zu Änderungskündigungen**
Verleitet ein Arbeitnehmer seine Kollegen zu gleichzeitigen und gleichartigen Änderungskündigungen (s. hierzu → Rz. 4531), um höhere Akkordlöhne zu erzwingen, so liegt hierin eine schwere Verletzung der Interessenwahrungspflicht, wenn der Handelnde Mitglied der Tarifkommission der zuständigen Gewerkschaft ist und daher wusste, dass die Tarifverhandlungen noch im Gange waren.

- **Verrat von Betriebs- und Geschäftsgeheimnissen**
Der Arbeitnehmer ist verpflichtet, Betriebs- und Geschäftsgeheimnisse nicht zu verraten. Ein Verrat berechtigt den Arbeitgeber zur außerordentlichen Kündigung (s. zur Reichweite von Betriebs- und Geschäftsgeheimnissen → Rz. 3000 ff.). Aus Arbeitgebersicht ist es zu empfehlen, den Umfang der Geheimhaltungsbedürftigkeit vertraglich möglichst exakt festzulegen. Dies erhöht die Erfolgsaussichten einer eventuellen Kündigung.

- **Verzögerung der Genesung** 4518
Die außerordentliche Kündigung kann auch damit begründet werden, dass der Arbeitnehmer seine Genesung verzögert. Ein arbeitsunfähig erkrankter Arbeitnehmer hat alles zu unterlassen, was die Wiederherstellung seiner Arbeitsfähigkeit verzögern kann. Hier gehört etwa die **Ausübung von Nebentätigkeiten während der Krankschreibungsphase**. Es braucht auch nicht vorher abgemahnt zu werden, wenn die Pflichtwidrigkeit so schwer ist, dass der Arbeitnehmer keinesfalls mit einer Billigung seines Verhaltens rechnen konnte.

2. Wichtige Gründe für die Kündigung durch den Arbeitnehmer

Auch der Arbeitnehmer kann selbstverständlich in bestimmten Fallkonstellationen fristlos aus wichtigem Grund das Arbeitsverhältnis beenden. Auch hier ist jeweils eine Einzelprüfung vorzunehmen. Die nachfolgenden Ausführungen können daher allenfalls einen Überblick geben. 4519

- **Beleidigungen** 4520
Bei groben Beleidigungen kann der Arbeitnehmer fristlos kündigen, und zwar wegen seines freien Kündigungsrechts grundsätzlich unter weniger strengen Voraussetzungen als der Arbeitgeber.

- **Lohnrückstände**
Lohnrückstände rechtfertigen die außerordentliche Kündigung durch den Arbeitnehmer nur, wenn der Rückstand für eine erhebliche Zeit besteht oder einen erheblichen Betrag ausmacht. Bei einer **Neueinstellung** wird man freilich gewisse Verzögerungen bei der rechtzeitigen Zahlung des Gehaltes hinzunehmen haben. Auch die länger andauernde Unterlassung der Abführung einbehaltener Steuer- und Sozialversicherungsbeiträge rechtfertigt die außerordentliche Kündigung durch den Arbeitnehmer.

- **Verletzung der Beschäftigungspflicht** 4521
Verletzt der Arbeitgeber seine Beschäftigungspflicht schuldhaft, so kann der Arbeitnehmer zumindest nach entsprechenden Gegenvorstellungen außerordentlich kündigen.

- **Verletzung von Fürsorgepflichten**
Bei der Verletzung von Fürsorgepflichten kann dem Arbeitnehmer ein Recht zur außerordentlichen Kündigung zustehen. Hierbei kommt es auf die Intensität der Verletzung und auf die Qualität der verletzten Fürsorgepflicht an. So rechtfertigt beispielsweise das ständige Verlangen des Arbeitgebers, die nach der Arbeitszeitordnung zulässige Arbeitszeit zu überschreiten, die außerordentliche Kündigung ohne Rücksicht auf die anfängliche Bereitschaft des Arbeitnehmers zur Leistung der verbotenen Mehrarbeit.

- **Verdächtigungen**
Eine außerordentliche Kündigung durch den Arbeitnehmer ist auch gerechtfertigt, wenn dieser zu Unrecht verdächtigt wird.

4522
- **Widerruf einer erteilten Prokura**
Widerruft der Arbeitgeber vertragswidrig eine Prokura, so kann er schadensersatzpflichtig werden. Zugleich kann auch eine außerordentliche Kündigung des Arbeitnehmers in Betracht kommen.

- **Wunsch nach Arbeitsplatzwechsel**
Die Möglichkeit, einen günstigeren Arbeitsplatz anzutreten, rechtfertigt die außerordentliche Kündigung nicht. Das kurzfristige Angebot eines Studienplatzes oder die Ladung zum Strafantritt rechtfertigen die außerordentliche Kündigung, wenn die Termine bei Wahrung der ordentlichen Kündigungsfrist nicht eingehalten werden können. Eine beabsichtigte Eheschließung lässt es hingegen nicht als unzumutbar erscheinen, die ordentliche Kündigungsfrist einzuhalten.

VIII. Wahrung der Ausschlussfrist

4523 Bei der **außerordentlichen Kündigung** gilt es, die Ausschlussfrist des § 626 Abs. 2 Satz 1, 2 BGB zu wahren. Danach kann die fristlose Kündigung nur innerhalb von 2 Wochen ab Kenntnis des Kündigungssachverhalts ausgesprochen werden. Entscheidend ist im Grundsatz die **Kenntnis des Kündigungsberechtigten**. Diese Regelung ist zwingend und kann weder durch Einzelarbeitsvertrag noch durch Tarifvertrag abgeändert werden. Die Ausschlußfrist ist nur dann gewahrt, wenn die fristlose Kündigung **innerhalb von 2 Wochen** dem anderen Teil zugeht. Durch die Notwendigkeit der **Betriebsratsanhörung** wird die Frist nicht verlängert.

4524 Für den Beginn der Ausschlussfrist kommt es auf den Zeitpunkt an, zu dem der Arbeitgeber eine **sichere und möglichst vollständige positive Kenntnis** von den für die Kündigung maßgebenden Tatsachen hat. Selbst grob fahrlässige Unkenntnis genügt nicht.

Solange der Kündigungsberechtigte die für die Aufklärung des Sachverhalts nach pflichtgemäßem Ermessen **notwendig erscheinenden Maßnahmen** mit der gebotenen Eile durchführt, kann die Ausschlussfrist nicht beginnen *(BAG 31.03.1994, EzA § 626 BGB Ausschlussfrist Nr. 5)*. Der Beginn der Ausschlussfrist darf indessen nicht länger als unbedingt notwendig hinausgeschoben werden. Sie ist nur solange gehemmt, wie der Kündigungsberechtigte aus verständlichen Gründen mit der gebotenen Eile noch Ermittlungen anstellt, die ihm eine umfassende und zuverlässige Kenntnis des Kündigungssachverhalts verschaffen sollten. Hält der Arbeitgeber einen bestimmten Kenntnisstand für ausreichend, eine fristlose Kündigung wegen Verdachts einer strafbaren Handlung oder wegen begangener Straftat auszusprechen, so muss er nach § 626 Abs. 2 BGB binnen zwei Wochen kündigen, nachdem er diesen Kenntnisstand erlangt hat *(BAG 29.07.1993, EzA § 626 BGB Ausschlussfrist Nr. 4).*

Eine **Regelfrist** gibt es insoweit **nicht**. Die Anhörung des Arbeitnehmers wirkt freilich nur fristhemmend, wenn sie spätestens innerhalb einer Woche stattfindet, nachdem der Arbeitgeber den Vorgang kennt, der zur außerordentlichen Kündigung führen kann. Wenn eine schriftliche Stellungnahme des Kündigungsgegners zu dem Sachverhalt, der zum Anlass einer außerordentlichen Kündigung genommen werden soll, dem Kündigungsberechtigten ausnahmsweise noch keine sichere und vollständige Kenntnis von den für die Kündigung maßgebenden Tatsachen verschafft hat, kann es sachlich gerechtfertigt und geboten sein, den Kündigungsgegner zu den gegen ihn erhobenen Vorwürfen erneut anzuhören. Die Frist des § 626 Abs. 2 BGB beginnt dann erst mit der **zweiten Anhörung**, sofern diese alsbald nach der schriftlichen Stellungnahme erfolgt.

4525

Eine beachtliche Klarstellung zum Lauf der **Ausschlußfrist bei einer Kündigung wegen der Begehung von Straftaten** hat auch folgende Entscheidung des BAG gebracht: Soll danach wegen einer Straftat gekündigt werden, so steht es dem Kündigenden grundsätzlich frei, anstatt eigene Ermittlungen durchzuführen, den Ausgang des Ermittlungs- bzw. Strafverfahrens abzuwarten. Das bedeutet aber nicht dass der Arbeitgeber trotz eines hinlänglich begründeten Anfangsverdachts zunächst von eigenen weiteren Ermittlungen absehen und den Verlauf des Ermittlungs- bzw. Strafverfahrens abwarten darf, um sodann spontan, ohne dass sich neue Tatsachen ergeben hätten, zu einem willkürlich gewählten Zeitpunkt Monate später selbständig Ermittlungen aufzunehmen um in der Folge binnen 2-Wochen-Frist zu kündigen *(BAG 29.07.1993, EzA § 626 BGB Ausschlussfrist Nr. 4).* Der Arbeitgeber kann auch deshalb den Ausgang eines Strafverfahrens abwarten, weil es ihm auf das **Werturteil** ankommt, das mit der Verurteilung verbunden ist.

Soweit der Arbeitnehmer zu seiner Entlastung Tatsachen vorträgt, die im Zeitpunkt der Kündigung vorlagen, sind diese unabhängig davon zu berücksichtigen, ob sie dem Arbeitgeber im Kündigungszeitpunkt bekannt waren oder bekannt sein konnten *(BAG 14.09.1994, EzA § 626 BGB Verdacht strafbarer Handlung Nr. 5).*

Bei sog. **auergründen**, beginnt die Frist mit dem letzten Vorfall, der ein weiteres und letzteres Glied in der Kette bildet. Fehlt bspw. der Arbeitnehmer unentschuldigt, so beginnt die **Ausschlußfrist** des § 626 Abs. 2 BGB für eine hierauf gestützte außerordentliche Kündigung **frühestens** mit dem Ende der unentschuldigten Fehlzeit *(BAG 22.01.1998 EzA § 626 BGB Ausschlussfrist Nr. 11).*

4526

Weder der Verdacht strafbarer Handlungen noch eine begangene Straftat stellen Dauerzustände dar, die es dem Arbeitgeber ermöglichen, bis zur strafrechtlichen Verurteilung des Arbeitnehmers zu irgendeinem beliebigen Zeitpunkt eine fristlose Entlassung auszusprechen *(BAG 29.07.1993, EzA § 626 BGB Ausschlussfrist Nr. 4).*

Entscheidend ist im Grundsatz die Kenntnis des **Kündigungsberechtigten**.

Die Kenntnis **anderer Personen** ist aber dann von Bedeutung, wenn diese eine ähnlich selbständige Stellung haben wie gesetzliche oder rechtsgeschäftliche Vertreter des Arbeitgebers und nicht nur zur Meldung sondern vorab auch zur Feststellung der für eine außerordentliche Kündigung maßgebenden Tatsachen verpflichtet sind. Der Kündigungsberechtigte muss sich die Kenntnis eines Dritten dann zurechnen lassen, wenn es dessen Stellung im Betrieb erwarten lässt, dass er **den Kündigungsberechtigten informiert.**

Hinzukommen muss, dass die verspätet erlangte Kenntnis darauf beruht, dass die Organisation des Betriebes zu einer Verzögerung führt, obwohl eine andere Organisation sachgerecht und zumutbar wäre. **Organisationsmängel, die den Informationsfluss beeinträchtigen, muss der Arbeitgeber sich zurechnen lassen.** Bei Gesamtvertretung ist für den Beginn der Frist auf die Kenntnis schon eines Vertreters abzustellen. Ist die Gesellschafterversammlung für die Kündigung zuständig, so beginnt die Frist erst zu laufen, wenn alle Gesellschafter Kenntnis haben.

Es sind also stets **2 Komponenten** zu beachten: Die selbständige Stellung des Dritten im Betrieb und Verzögerung der Kenntniserlangung des Kündigungsberechtigten durch eine schuldhaft fehlerhafte Organisation *(BAG 18.05.1994, EzA § 626 BGB Ausschlussfrist Nr. 6)!*

Für die Einhaltung der Kündigungserklärungsfrist gem. § 626 Abs. 2 BGB kann es im **Konzern ausnahmsweise** auf die Kenntnis des **Konzernpersonalchefs** vom Kündigungssachverhalt auch dann ankommen, wenn dieser gegenüber den leitenden Angestellten einer Tochtergesellschaft **nicht selbst kündigungsberechtigt** ist. Die Kenntnis des Konzernpersonalchefs als Dritten ist dem Kündigungsberechtigen einer Tochtergesellschaft **zuzurechnen**, wenn intensive konzernrechtliche **Verflechtungen** zwischen der Konzernobergesellschaft und der Tochtergesellschaft bestehen (hier: teilweise Personalunion der gesetzlichen Vertretungsorgane) und auf der Ebene der Tochtergesellschaft ein **Organisationsdefizit** entsteht, das die Verzögerung der Kündigungserklärung bewirkt *(LAG Hamm 29.01.2001, EzA-SD 13/2001, S. 7).*

Angesichts der vielfältigen Unwägbarkeiten hinsichtlich des Beginns der Ausschlußfrist kann dem Arbeitgeber nur angeraten werden, mit dem Ausspruch einer außerordentlichen Kündigung nicht allzu lange zuzuwarten.

4527 Die **ohne hinreichende Vertretungsmacht** erklärte außerordentliche Kündigung kann vom Vertretenen mit rückwirkender Kraft nur innerhalb der 2-wöchigen Ausschlußfrist genehmigt werden.

Ist die Ausschlußfrist **versäumt**, so ist der Arbeitgeber nicht gehindert, dennoch wegen des gleichen Vorgangs noch eine ordentliche Kündigung auszusprechen. In Zweifelsfällen sollte auch hier – selbstverständlich nach entsprechender Beteiligung des Betriebsrats – eine so genannte **Verbundkündigung** ausgesprochen werden, d.h. der Arbeitgeber sollte primär außerordentlich und vorsorglich ordentlich kündigen.

> **Muster Außerordentliche Kündigung**
>
> Firma
>
> Anschrift des Arbeitnehmers
>
> Sehr geehrte(r) Frau/Herr
>
> Hiermit kündige ich das mit Ihnen bestehende Arbeitsverhältnis fristlos, hilfsweise ordentlich zum nächstzulässigen Termin, dem
>
> Die Kündigung erfolgt aus folgenden Gründen:
>
> ....
>
> Der Betriebsrat wurde sowohl zur außerordentlichen als auch zur hilfsweise ausgesprochenen ordentlichen Kündigung angehört. Die Stellungnahme des Betriebsrats ist beigefügt.
>
> Hochachtungsvoll

IX. Weiterführende Literaturhinweise

Becker-Schaffner, Die Rechtsprechung zur Ausschlußfrist des § 626 Abs. 2 BGB, DB 1987, 2147   **4528**
Bengelsdorf, Alkohol im Betrieb – Die Aufgaben des Vorgesetzten, NZA 1999, 1304
Gamillscheg, Der zwingende Charakter des § 626 BGB, ArbuR 1981, 105
Gerauer, Nochmals – Beginn der Ausschlußfrist bei Dauertatbeständen, BB 1988, 2032
Kapischke, Beginn der Ausschlußfrist des § 626 Abs. 2 BGB, BB 1989, 1061
Schaub, Arbeitsrechts-Handbuch, 9. Aufl. 2000, § 125
Schwerdtner, Das Recht zur außerordentlichen Kündigung als Gegenstand rechtsgeschäftlicher Vereinbarungen im Rahmen des Handelsvertreterrechts, DB 1989, 1757
Stahlhacke/Preis, Kündigung und Kündigungsschutz im Arbeitsverhältnis, 7. Aufl. 1999, Rdnr. 425 ff.

29. Kapitel: Änderungskündigung

I.	Allgemeines	4531
II.	Reaktionen auf eine Änderungskündigung	4534
	1. Vorbehaltlose Annahme	4535
	2. Annahme unter Vorbehalt	4536
	3. Vorbehaltlose Ablehnung	4537
	4. Sonderprobleme bei der Annahme unter Vorbehalt	4538
III.	Änderungskündigung und Gleichbehandlungsgrundsatz	4542
IV.	Außerordentliche Änderungskündigung	4543
V.	Betriebsbedingte ordentliche Änderungskündigung	4544
VI.	Betriebsratsbeteiligung und Änderungskündigung	4545
VII.	Änderungskündigung gegenüber Betriebsratsmitgliedern	4547
VIII.	Änderungskündigung und Beendigungskündigung	4548
IX.	Weiterführende Literaturhinweise	4549

CHECKLISTE ÄNDERUNGSKÜNDIGUNG

- Grundsätzlich keine Besonderheiten gegenüber Beendigungskündigungen
- Aber: Vorrang der Änderungskündigung vor der Beendigungskündigung; Ultima-ratio-Prinzip
- Reaktionsmöglichkeiten des Arbeitnehmers
  - Vorbehaltlose Ablehnung des Änderungsangebots
  - Vorbehaltlose Annahme des Änderungsangebots
  - Annahme des Änderungsangebots unter Vorbehalt
- Auch bei Änderungskündigung gilt grundsätzlich:
  - Betriebsratsanhörung erforderlich
  - Soziale Rechtfertigung der Änderungskündigung ist zu prüfen, Prüfungsmaßstab teilweise streitig
  - Kündigungsfristen und -termine beachten
  - Außerordentliche und ordentliche Änderungskündigung möglich

I. Allgemeines

Bei der Änderungskündigung kündigt der Arbeitgeber das Arbeitsverhältnis und bietet dem Arbeitnehmer an, zu veränderten, im Regelfall verschlechterten Arbeitsbedingungen, weiterzuarbeiten. **4531**

Von der so genannten Änderungskündigung ist die **Teilkündigung** zu unterscheiden. Teilkündigungen sind, sieht man von tarifvertraglichen Teilkündigungsklauseln ab, grundsätzlich unzulässig.

BEISPIEL:

P hat in seinem Arbeitsvertrag die Verpflichtung zum Bewohnen einer Werksdienstwohnung übernommen. In der Folgezeit kündigt er nur diese Verpflichtung.

Dies ist nicht möglich. P hat nur die Möglichkeit, den gesamten Arbeitsvertrag zu kündigen und dem Arbeitgeber anzubieten, bei ihm ohne die Verpflichtung zum Bewohnen der Werksdienstwohnung weiter zu arbeiten.

Auch für eine Teilkündigung gilt der **Bestimmtheitsgrundsatz** (vgl. → Rz. 4200). In der Äußerung einer – möglicherweise falschen – **Rechtsansicht** liegt noch keine Willenserklärung. Erläutert der Arbeitgeber nach einer Änderung des Tarifvertrages in einem Schreiben mit der Überschrift »Gehaltsmitteilung«, wie sich seiner Ansicht nach das Gehalt des Arbeitnehmers nunmehr zusammensetzt, handelt es sich nicht um ein einseitiges Lösen von einzelnen Pflichten aus dem Arbeitsvertrag (Teilkündigung), sondern lediglich um eine Rechtsansicht (*BAG 22.01.1997, § 622 BGB Teilkündigung Nr. 7*).

4532 Von der so genannten Teilkündigung ist der **Widerrufsvorbehalt** zu unterscheiden. Der Widerrufsvorbehalt ist dadurch gekennzeichnet, dass die Arbeitsvertragsparteien bei bestimmten Leistungen vereinbart haben, dass der Arbeitgeber diese widerrufen kann. Der Widerrufsvorbehalt findet sich vor allem bei so genannten **freiwilligen Sozialleistungen** (Gratifikationen, Jubiläumszuwendungen, betriebliche Altersversorgung).

BEISPIEL:

L ist bei der städtischen Musikschule M als Musiklehrer beschäftigt. Seine wöchentliche Arbeitszeit beträgt 20 Stunden. Die Vergütung beträgt pro Stunde 25 EUR. In dem Arbeitsvertrag ist gleichzeitig vereinbart, dass bei nachlassender Nachfrage nach Musikunterricht die Wochenstundenzahl und die entsprechende Vergütung einseitig vom Arbeitgeber reduziert werden kann.

Eine arbeitsvertragliche Vereinbarung, die bei arbeitszeitabhängiger Vergütung den Arbeitgeber berechtigten soll, die zunächst festgelegte Arbeitszeit später einseitig nach Bedarf zu reduzieren, stellt nach der Rechtsprechung eine objektive **Umgehung des zwingenden Kündigungsschutzrechtes** dar und ist daher nach § 134 BGB nichtig (vgl. auch § 4 BeschFG 1985). Hier bedarf es stets einer Änderungskündigung!

Nach der Rechtsprechung stellt es einen Verstoß gegen den **Grundsatz der Verhältnismäßigkeit** dar, wenn der Arbeitgeber bei einer widerruflich ausgestalteten Sozialleistung von seinem Widerrufsrecht keinen Gebrauch macht, sondern eine Änderungskündigung ausspricht. Aus dem Grundsatz der Verhältnismäßigkeit soll auch folgen, dass eine Änderungskündigung unwirksam ist, wenn der Arbeitgeber das gleiche Ziel durch Ausübung seines **Direktionsrechts** erreichen kann.

Da im Einzelfall äußerst zweifelhaft sein kann, wie weit das Direktionsrecht reicht, kann dem Arbeitgeber in Zweifelsfällen nur geraten werden, sein Direktionsrecht auszuüben und **vorsorglich** eine Änderungskündigung auszusprechen.

Die Änderungskündigung hat deshalb in der betrieblichen Praxis eine nicht unerhebliche Bedeutung erlangt, weil die Rechtsprechung auf dem Standpunkt steht, dass der Arbeitgeber vor jeder ordentlichen Beendigungskündigung von sich aus dem Arbeitnehmer einen freien gleichwertigen bzw. freien geringerwertigen zumutbaren Arbeitsplatz anzubieten hat (siehe → Rz. 4305).

Ein mit »Änderungskündigung« überschriebener Brief des Arbeitgebers enthält dann keine Änderungskündigung im Rechtssinne, wenn die angestrebte neue Vertragsgestaltung nicht **gleichzeitig** mitgeteilt wird. Daran ändert sich nichts, wenn mehrere Tage nach Ausspruch der Kündigung unter Bezugnahme auf die »Änderungskündigung« die neuen Arbeitsbedingungen mitgeteilt werden, da das Änderungsangebot gleichzeitig mit der Kündigung unterbreitet werden muss.

4533

Die Änderungskündigung kann eine **ordentliche** oder eine **außerordentliche** Kündigung sein. Die Vorschriften über die Änderungskündigung (§§ 2, 4 Satz 2 KSchG) sind auf die außerordentliche Änderungskündigung entsprechend anwendbar. Die Notwendigkeit der Anerkennung eines Rechts zur außerordentlichen Änderungskündigung folgt schon aus der Notwendigkeit, dem Arbeitnehmer, der gesetzlich oder vertraglich ordentlich nicht kündbar ist, also nur außerordentlich gekündigt werden kann, den Weg der Änderungsschutzklage nach §§ 2, 4 Satz 2 KSchG nicht zu verschließen. Dies erlangt vor allem bei so genannten **altersgesicherten**, d. h. ordentlich unkündbaren Arbeitnehmern immer größere praktische Bedeutung.

II. Reaktionen auf eine Änderungskündigung

Der von einer Änderungskündigung betroffene Arbeitnehmer hat drei Möglichkeiten, auf die Änderungskündigung zu reagieren:

4534

1. Vorbehaltlose Annahme

Einmal kann er das Änderungsangebot **vorbehaltlos annehmen**. Damit ist der Vertragsinhalt einverständlich verändert worden. Die Kündigung hat sich erledigt.

4535

2. Annahme unter Vorbehalt

Der Arbeitnehmer kann auch die **Annahme mit dem Vorbehalt** verbinden, dass die Änderung der Arbeitsbedingungen nicht i.S.v. § 1 Abs. 2, 3 Satz 1 KSchG sozial ungerechtfertigt ist. Mit der fristgerecht erklärten Annahme unter Vorbehalt hat sich das Änderungsangebot insoweit erledigt, als es mit einer bedingten Kündigung verbunden war. Auf diesem Wege wird der Arbeitnehmer vom **Risiko des endgültigen Verlustes des Arbeitsplatzes befreit**, dem er dann ausgesetzt ist, wenn er das Angebot vorbehaltlos ablehnt.

4536

3. Vorbehaltlose Ablehnung

4537 Der Arbeitnehmer, demgegenüber eine Änderungskündigung ausgesprochen worden ist, kann aber das Änderungsangebot auch **vorbehaltlos ablehnen** und Kündigungsschutzklage erheben.

4. Sonderprobleme bei der Annahme unter Vorbehalt

4538 Normalerweise wird der Arbeitnehmer zur Minimierung seines Risikos das Angebot unter dem Vorbehalt, dass die Änderung der Arbeitsbedingungen sozial gerechtfertigt war, annehmen. Dabei hat der Arbeitnehmer jedoch zwei Konsequenzen zu bedenken:

Bei einer Annahme unter Vorbehalt und einer anschließenden Änderungsschutzklage (§§ 2, 4 Satz 2 KSchG) ist dem Arbeitnehmer die Möglichkeit genommen, die Auflösung des Arbeitsverhältnisses im Kündigungsschutzprozess zu beantragen (§§ 9, 10 KSchG). Ein derartiger Antrag setzt nämlich voraus, dass das Gericht feststellt, dass die Kündigung sozial ungerechtfertigt war. Ferner ist zu bedenken, dass der Arbeitnehmer bei einer Annahme unter Vorbehalt zunächst zu den veränderten Arbeitsbedingungen arbeiten muss.

BEISPIEL:

M ist bei der B-AG in München-Bogenhausen beschäftigt. Er wird im Wege der Änderungskündigung nach Oberhausen-Sterkrade versetzt.

Mit Ablauf der Kündigungsfrist muss M, auch wenn er Änderungsschutzklage erhoben hat, zunächst in Oberhausen arbeiten.

Die **Rechtsprechung** hat es bislang dahingestellt sein lassen, ob in entsprechender Anwendung des § 102 Abs. 5 BetrVG dann ein betriebsverfassungsrechtlich begründeter Weiterbeschäftigungsanspruch besteht, wenn die Änderung der Arbeitsbedingungen mit einer Umgruppierung oder Versetzung verbunden ist, dazu die Zustimmung des Betriebsrats fehlt und es dem Arbeitgeber verwehrt ist, die Maßnahmen vorläufig durchzuführen (vgl. §§ 99, 100 BetrVG).

Ob bereits in der **schlichten Fortsetzung** der Arbeit die Annahme des Änderungsangebots gesehen werden kann, ist unsicher. Ein Arbeitnehmer, der zu geänderten Arbeitsbedingungen über den Ablauf der Kündigung hinaus weiterarbeitet, ohne einen Vorbehalt zu erklären, erklärt damit in jedem Fall, das Änderungsangebot annehmen zu wollen. Ein derartiges Rechtsgeschäft kann jedoch anfechtbar sein.

4539 Der Vorbehalt muss dem **Arbeitgeber gegenüber erfolgen**. Er kann schriftlich oder mündlich erklärt werden. Ist der Vorbehalt erfolgt, kann er nicht einseitig zurückgenommen werden. Auch in der Erhebung der Kündigungsschutzklage kann die Erklärung des Vorbehalts liegen, wenn aus ihr hinreichend deutlich hervorgeht, dass der Arbeitnehmer beabsichtigt, das Arbeitsverhältnis zunächst zu den geänderten Arbeitsbedingungen fortzusetzen. Freilich ist darauf zu achten, dass der Vorbehalt innerhalb der Kündigungsfrist, spätestens jedoch innerhalb von **3 Wochen nach Zugang der Kündigung** erklärt sein muss (§ 2 Satz 2 KSchG). Dies gilt nicht, wenn sich der Arbeitgeber auf den verspätet erklärten Vorbehalt einlässt (*LAG Hamm, 22.08.1997, LAGE § 2 KSchG Nr. 29*).

Bei einer außerordentlichen Kündigung muss, da in der Regel keine Kündigungsfrist besteht, der Vorbehalt **unverzüglich** erklärt werden.

Versäumt der Arbeitnehmer diese Frist, so erlischt das Recht, den Vorbehalt zu erklären. Eine nachträgliche Zulassung des Vorbehalts entsprechend § 5 KSchG oder eine Wiedereinsetzung in den vorigen Stand (§§ 230 ff. ZPO) ist nicht möglich.

Geht die Änderungskündigung dem Arbeitnehmer während seines **Urlaubs** zu, so kann die Frist des § 2 Satz 2 KSchG nach Rückkehr aus dem Urlaub abgelaufen sein. Dem Arbeitnehmer wäre dann die Änderungsschutzklage verwehrt. § 5 KSchG ist nach ganz überwiegender Meinung auf die Erklärung des Vorbehalts **nicht anwendbar**. Dem Arbeitnehmer kann nur auf dem Wege geholfen werden, dass man den Arbeitgeber nach **Treu und Glauben** für verpflichtet erachtet, sich mit der Annahme unter Vorbehalt trotz Fristablaufs einverstanden zu erklären.

Die Wahrung der Klagefrist (§ 4 Satz 2 KSchG) und die Wahrung der Frist zur Erklärung des Vorbehalts nach § 2 Satz 2 KSchG sind **unterschiedlich** zu beurteilen, da für die Erklärung des Vorbehalts, zu den in der Änderungskündigung angebotenen Bedingungen weiterarbeiten zu wollen, eine Prozesshandlung nicht erforderlich ist. Deshalb ist die Frist nach § 2 Satz 2 KSchG nicht gewahrt, wenn die Klageschrift, in der erstmals der Vorbehalt zur Weiterarbeit zu den angebotenen geänderten Bedingungen vom Arbeitnehmer erklärt wird, zwar innerhalb der 3-Wochen-Frist beim Arbeitsgericht eingeht, aber erst nach Ablauf der 3-Wochen-Frist dem Arbeitgeber zugestellt wird (*BAG 17.06.1998, EzA § 2 KSchG Nr. 30*).

4540

Gleichwohl kann das Kündigungsschutzverfahren entsprechend § 4 Satz 2 KSchG durchgeführt werden, wenn die Kündigungsschutzklage innerhalb von 3 Wochen beim Arbeitsgericht erhoben wird und die Kündigungsfrist für die ausgesprochene ordentliche Änderungskündigung länger als 3 Wochen ist. Zumindest wird dies dann gelten, wenn der Arbeitnehmer mit **Wissen und Wollen des Arbeitgebers** nach Ablauf der Kündigungsfrist unter Vorbehalt zu den geänderten Arbeitsbedingungen weiter arbeitet. Der Arbeitnehmer, der unter Vorbehalt angenommen hat, muss innerhalb von 3 Wochen ab Zugang der Kündigung Klage auf Feststellung erheben, dass die Änderung der Arbeitsbedingungen sozial ungerechtfertigt ist (§ 4 Satz 2 KSchG). Wird die **Klagefrist nicht gewahrt**, so erlischt ein vom Arbeitnehmer erklärter Vorbehalt (§ 7, 2. Halbsatz KSchG).

Stellt das Gericht fest, dass die Änderung der Arbeitsbedingungen **sozial nicht gerechtfertigt** war, so gilt die Änderungskündigung als von Anfang an rechts- unwirksam (§ 8 KSchG). Weist das Gericht rechtskräftig die Klage ab, so steht umgekehrt fest, dass an die Stelle der alten Arbeitsbedingungen mit Ablauf der Kündigungsfrist die geänderten Arbeitsbedingungen getreten sind.

4541

III. Änderungskündigung und Gleichbehandlungsgrundsatz

4542 Die Berufung des Arbeitgebers auf den **Gleichbehandlungsgrundsatz** stellt für sich allein nach der Rechtsprechung kein dringendes betriebliches Erfordernis für eine Änderungskündigung (etwa zur Vereinheitlichung der Kündigungsfristen) dar. Das BAG steht auf dem Standpunkt, dass ansonsten der arbeitsrechtliche Gleichbehandlungsgrundsatz als arbeitsrechtliches Schutzprinzip in sein Gegenteil verkehrt würde.

BEISPIEL:

C hat den Betrieb der A-OHG übernommen. Den Beschäftigten der A-OHG stand arbeitsvertraglich kein Anspruch auf eine Weihnachtsgratifikation zu, während die Beschäftigten des C einen Anspruch auf Weihnachtsgratifikation hatten.

In diesem Fall kann C keine betriebsbedingte Massenänderungskündigung mit dem Ziel aussprechen, die Weihnachtsgratifikation auch für seine Stammbelegschaft in Wegfall kommen zu lassen.

Auch unter Berücksichtigung der **Unternehmerentscheidung** zur Festlegung einer neuen **Arbeitszeitstruktur** ist eine Änderungskündigung dann nicht sozial gerechtfertigt (§§ 1 Abs. 2, 2 KSchG), wenn das einer **Teilzeitarbeitskraft** gemachte Änderungsangebot zur Lage der künftigen Arbeitszeit – insbesondere durchgehend samstags – im Verhältnis zu den Vollzeitarbeitskräften, die alle 6 Wochen samstags frei haben, gegen das **Diskriminierungsverbot bei Teilzeitbeschäftigung** nach § 2 BeschFG verstößt (*BAG 24.04.1997, EzA § 2 KSchG Nr. 26*).

IV. Außerordentliche Änderungskündigung

4543 Eine Änderungskündigung ist nicht nur als ordentliche, sondern auch als außerordentliche Kündigung zulässig.

Bei Nachprüfung der Wirksamkeit einer vom Arbeitgeber erklärten außerordentlichen Änderungskündigung ist nicht auf die Frage der Beendigung des Arbeitsverhältnisses, sondern auf das **Angebot** des Arbeitgebers abzustellen, das Arbeitsverhältnis unter bestimmten anderen Bedingungen fortzusetzen.

Dem Arbeitgeber muss die Fortsetzung des Arbeitsverhältnisses unter den bisherigen Bedingungen **unzumutbar** geworden sein und ihre alsbaldige Änderung muss **unabweisbar** notwendig sein.

Darüber hinaus müssen die neuen Bedingungen dem Gekündigten zumutbar sein. All diese Voraussetzungen müssen **kumulativ** vorliegen. Das gilt auch, wenn der Arbeitnehmer das Angebot ablehnt, sich jedoch gegen die Wirksamkeit der Kündigung im Klagewege wendet.

Die **Gleichbehandlung** mit anderen Arbeitnehmern stellt **kein dringendes betriebliches Erfordernis** im Sinne von § 1 Abs. 2 Satz 1 KSchG dar, das die Verschlechterung einer arbeitsvertraglichen Vergütungsregelung im Wege der Änderungskündigung bedingen kann; auch dass sich der Arbeitgeber auf eine die angestrebte Neuregelung vorgebende

(Gesamt-) Betriebsvereinbarung berufen kann, erleichtert die Änderungskündigung nicht *(BAG 20.1.2000, EzA § 95 BetrVG 1972 Nr. 30)*.

Auch für die außerordentliche Änderungskündigung gilt die **Ausschlussfrist** des § 626 Abs. 2 BGB. Hält der Arbeitgeber z. B. auf Grund eigenständiger herbeigeführter betrieblicher Umstände eine Änderungskündigung für erforderlich, so beginnt die **2-Wochen-Frist** mit dem Zeitpunkt der Entscheidung, dass der Stelleninhaber nicht mehr auf seinem bisherigen Arbeitsplatz weiterbeschäftigt werden kann. Versucht der Arbeitgeber zunächst durch Ausübung des **Direktionsrechts** dem Arbeitnehmer eine andere Tätigkeit zuzuweisen, so wirkt sich dies auf den Lauf der 2-Wochen-Frist nicht fristhemmend aus. Nach Ablauf dieser Frist ist die außerordentliche Änderungskündigung **ausgeschlossen**. Der organisatorisch veranlasste Wegfall es Arbeitsplatzes stellt **keinen Dauertatbestand** dar.

Die Vorschrift des § 4 S. 2 KSchG über die Änderungsschutzklage gegen ordentliche Änderungskündigungen ist auf außerordentliche Änderungskündigungen aus wichtigem Grund **entsprechend** anzuwenden.

Die analoge Anwendung des § 2 KSchG auf die außerordentliche Änderungskündigung bedeutet, dass der Arbeitnehmer die Ablehnung des Änderungsangebots, die Annahme des Änderungsangebots sowie die Annahme des Änderungsangebotes nur unter Vorbehalt **unverzüglich** erklären muss. Unverzüglich wird auch hier durch § 121 BGB definiert. Da die Vorbehaltserklärung etc. innerhalb einer Kündigungsfrist nicht möglich ist, muss dem Arbeitnehmer zumindest eine **Überlegungsfrist** eingeräumt werden, um sich Klarheit über die Rechtslage verschaffen zu können; es ist ihm demzufolge erlaubt, Rechtsrat einzuholen. Unverzüglich agiert der Arbeitnehmer nicht mehr zwei Wochen nach Aufnahme der geänderten Arbeitsbedingungen.

Allein die sofortige **widerspruchslose Weiterarbeit** des Arbeitnehmers auf dem ihm mit der fristlosen Kündigung angebotenen neuen Arbeitsplatz ist jedenfalls in der Regel so lange nicht als vorbehaltlose Annahme des Änderungsangebotes und damit als Verzicht auf die Geltendmachung der Unwirksamkeit der außerordentlichen Änderungskündigung zu verstehen, wie der Arbeitnehmer noch rechtzeitig, d. h. ohne schuldhaftes Zögern, einen Vorbehalt entsprechend § 2 KSchG erklären kann. Der Arbeitgeber ist nicht berechtigt, bei Ausspruch einer fristlosen Änderungskündigung einseitig die sich aus den Wertungen des KSchG ergebende Frist, innerhalb der sich der Arbeitnehmer auf das Änderungsangebot des Arbeitgebers abschließend erklären muss, zu verkürzen.

V. Betriebsbedingte ordentliche Änderungskündigung

Hinsichtlich **betriebsbedingter ordentlicher Änderungskündigungen** stellt das **BAG** darauf ab, dass das Änderungsangebot des Arbeitgebers daran zu messen sei, ob dringende betriebliche Erfordernisse i.S.v. § 1 Abs. 2 Satz 1 KSchG das Änderungsangebot bedingen und ob der Arbeitgeber sich bei einem an sich anerkennenswerten Anlass zur Änderungskündigung darauf beschränkt hat, nur solche Änderungen vorzuschlagen, die der Arbeitnehmer billigerweise hinnehmen muss. Dabei geht das BAG von der Rechtmäßig-

4544

keit einer betriebsbedingten Änderungskündigung nur aus, wenn bei Ausspruch der Kündigung eine akute Gefahr für die Arbeitsplätze oder eine Existenzgefährdung des Betriebes erkennbar ist. Abzustellen ist dabei auf die **wirtschaftlichen Verhältnisse im Bereich des Betriebes**. Das dringende Bedürfnis, eine unselbständige Betriebsabteilung (Werkstatt) wegen hoher Kostenbelastung zu sanieren, stellt noch kein dringendes betriebliches Erfordernis für eine Änderungskündigung zum Zwecke der Streichung außertariflicher Zulagen gegenüber den in der Werkstatt beschäftigten Arbeitnehmern dar. Abzustellen ist vielmehr auf die wirtschaftlichen Verhältnisse im Bereich des **gesamten Betriebes** *(BAG 20.08.1998, EzA § 2 KSchG Nr. 31)*.

Im Übrigen steht die **Rechtsprechung** nicht auf dem Standpunkt, dass der Grund für die Änderungskündigung nicht so gewichtig sein müsste, um die Beendigung ohne Rücksicht auf das Änderungsangebot zu rechtfertigen. An die Rechtfertigung einer Änderungskündigung werden daher **keine geringeren Anforderungen als an die Rechtfertigung einer Beendigungskündigung** gestellt.

Auch eine Änderungskündigung, mit der der Arbeitgeber den Abbau **tariflich gesicherter Leistungen** (Erhöhung der tariflichen Arbeitszeit von 35 Stunden auf 38,5 Stunden mit einer Lohnerhöhung von 3 %) durchzusetzen versucht, ist **rechtsunwirksam** *(BAG 10.02.1999, EzA § 2 KSchG Nr. 34)*.

Führt ein **tarifgebundener Arbeitgeber** durch **einzelvertragliche Abreden** mit nahezu sämtlichen Arbeitnehmern einer Abteilung dort ein vom Tarifvertrag abweichendes **Arbeitszeitmodell** ein (Samstag als Regelarbeitstag), so ist die Versetzung des einzigen Arbeitnehmers, der – selbst tarifgebunden – diese Abrede nicht akzeptiert und an seiner tariflich vorgesehenen Arbeitszeit (Montag – Freitag) festhalten möchte, in einen anderen Betrieb des Unternehmens, **nicht** nach »billigem Ermessen« i.S.v. § 315 BGB **gerechtfertigt**. Auch eine entsprechende **Änderungskündigung** ist wegen der tarifwidrigen Abrede nicht sozial gerechtfertigt *(BAG 18.12.1997, EzA § 2 KSchG Nr. 28)*.

In seiner Entscheidung vom 19.05.1993 *(EzA § 1 KSchG Betriebsbedingte Kündigung Nr. 73)* hat das BAG zur **Sozialauswahl bei der betriebsbedingten Änderungskündigung** Stellung genommen. Da es hier um die soziale Rechtfertigung des Änderungsangebotes geht, ist auch bei der sozialen Auswahl darauf abzustellen, wie sich die vorgetragene Vertragsänderung auf den sozialen Status vergleichbarer Arbeitnehmer auswirkt. Es ist zu prüfen, ob der Arbeitgeber statt die Arbeitsbedingungen des gekündigten Arbeitnehmers zu ändern, diese Änderung einem anderen vergleichbaren Arbeitnehmer hätte anbieten können, dem sie in sozialer Hinsicht eher zumutbar gewesen wäre. Dabei ist auch zu berücksichtigen, dass die Änderungskündigung mit einer Änderung der Vergütung oder der Arbeitszeit verbunden sein kann.

Die **Abwägung** darf also nicht nur auf Lebensalter und Dauer der Betriebszugehörigkeit beschränkt werden. Vielmehr sind alle zu berücksichtigenden Umstände gegeneinander abzuwägen, wobei dem Arbeitgeber ein gewisser Wertungsspielraum zusteht.

Änderungskündigungen sind im Übrigen unwirksam, wenn im **Zeitpunkt des Zugangs der Kündigung** ein **Kündigungsverbot** besteht. Der Massenentlassungsschutz der

§§ 17 ff. KSchG gilt nicht für Änderungskündigungen, die von dem Arbeitnehmer unter dem Vorbehalt der sozialen Rechtfertigung angenommen worden sind.

VI. Betriebsratsbeteiligung und Änderungskündigung

Da die Änderungskündigung eine Kündigung beinhaltet, ist der Betriebsrat **vor jeder Änderungskündigung** zu hören (§ 102 BetrVG). Dabei muss der Arbeitgeber dem Betriebsrat auch das Änderungsangebot mitteilen, weil nur dadurch der Betriebsrat in den Stand versetzt wird, eigenständig und ohne weitere Nachprüfung zu entscheiden, ob die Kündigung berechtigt erscheint, oder ob er Widerspruch erheben soll oder kann. Unterrichtet der Arbeitgeber den Betriebsrat im Anhörungsverfahren nur über die **wirtschaftlichen Verhältnisse des unselbständigen Betriebsteiles**, in dem die Änderungskündigungen ausgesprochen werden sollen, nicht aber zugleich über die Ertragslage des **Betriebes**, dann kann er sich im Kündigungsschutzprozess jedenfalls nicht auf ein dringendes Sanierungsbedürfnis im Bereich des Betriebes berufen.

4545

Ist mit einem Änderungsangebot eine **Versetzung (§ 95 Abs. 3 BetrVG) oder Umgruppierung** verbunden, so hat der **Betriebsrat** in Betrieben mit in der Regel mehr als 20 wahlberechtigten Arbeitnehmern bei diesen personellen Maßnahmen auch nach **§ 99 BetrVG** mitzubestimmen. Er muss dabei den **Betriebsrat sowohl nach § 99 BetrVG als auch nach § 102 BetrVG beteiligen.** Die Möglichkeit, beide Verfahren miteinander zu verbinden, bedeutet aber nicht zugleich, dass in der Unterrichtung des Betriebsrats von einer mitbestimmungspflichtigen personellen Einzelmaßnahme und der hierzu erteilten Zustimmung zugleich die Mitwirkung des Betriebsrats oder dessen Zustimmung liegt, zur Durchführung der personellen Maßnahme eine Änderungskündigung auszusprechen. Zur Vermeidung von Unklarheiten ist es daher nicht nur zweckmäßig sondern **notwendig, den Betriebsrat nicht nur von der beabsichtigten Änderung der Arbeitsbedingungen, sondern auch von der geplanten Durchführung dieser Maßnahme im Wege der Änderungskündigung zu unterrichten.**

Bislang war es umstritten, wie sich die Situation darstellt, wenn der Arbeitgeber unter Anhörung des Betriebsrats eine **Änderungskündigung zum Zwecke der Versetzung** oder **Umgruppierung** ausspricht, den Betriebsrat nach §§ 99, 95 Abs. 3 BetrVG aber nicht beteiligt.

BEISPIEL:

Arbeitgeber B will Arbeitnehmer A zukünftig nicht mehr im Innendienst, sondern im Außendienst beschäftigen. A ist hierzu einvernehmlich nicht bereit. B spricht daraufhin nach vorheriger Anhörung des Betriebsrats eine ordentliche Änderungskündigung aus. Eine Zustimmung zur Versetzung des A holt er beim Betriebsrat hingegen nicht ein.

Hier wurde teilweise die Auffassung vertreten die nicht erteilte oder ersetzte Zustimmung des Betriebsrats mache die Kündigung – schwebend – unwirksam. Nunmehr hat das BAG (30.09.1993, EzA § 99 BetrVG 1972 Nr. 118) die Rechtsfrage im gegenteiligen Sinne entschieden. Will der Arbeitgeber also mit einer fristgerechten Änderungskündigung eine Versetzung des Arbeitnehmers i.S.v. § 95

Abs. 3 BetrVG bewirken, so ist die Zustimmung des Betriebsrats nach § 99 BetrVG Wirksamkeitsvoraussetzung nur für die **tatsächliche Zuweisung** des neuen Arbeitsbereichs nach Ablauf der Kündigungsfrist bzw. Zugang der außerordentlichen Kündigung. D.h. der Arbeitgeber kann die geänderten Vertragsbedingungen **nicht durchsetzen**, solange das Verfahren nach § 99 BetrVG nicht ordnungsgemäß durchgeführt ist. Sein durch die erfolgreiche Änderungskündigung eigentlich erweitertes Direktionsrecht kann er nicht ausnutzen. Der betroffene Arbeitnehmer ist in dem alten Arbeitsbereich weiterzubeschäftigen ist. Dieser kann ihm nicht entzogen werden, da er einen Beschäftigungsanspruch hat und die Voraussetzungen für eine Suspendierung nicht vorliegen. Im Beispielsfall kann B also vorerst weiterhin seiner Tätigkeit im Innendienst nachgehen. Eine **gegenteilige Weisung** des B wäre **nichtig** (§ 134 BGB). Der Arbeitgeber ist, will er die missliche Situation beenden, gehalten, den Betriebsrat nach § 99 BetrVG zu beteiligen und ggf. die erforderliche Zustimmung durch das Arbeitsgericht ersetzen zu lassen. Wird die **Zustimmung endgültig nicht ersetzt**, bleibt es unter Anwendung des Rechtsgedankens aus § 275 BGB bei dem bisherigen Vertragsinhalt. Hier kann natürlich u.U. eine Beendigungskündigung ausgesprochen werden, wenn der bisherige Arbeitsplatz weggefallen war.

Die gleichen Rechtsfolgen ergeben sich grundsätzlich, wenn der Arbeitgeber bei **Umgruppierungen** gegen das Mitbestimmungsrecht des Betriebsrats verstößt.

4546 Die Rechtslage verkompliziert sich weiter, wenn ein Arbeitnehmer in einen anderen Betrieb des Unternehmens versetzt werden soll. Eine derartige **Versetzung** stellt sich für den aufnehmenden Betrieb als Einstellung (§ 99 BetrVG) dar und bedarf der **Zustimmung des dortigen Betriebsrates**, auch wenn die Versetzung voraussichtlich nicht länger als einen Monat dauern wird (vgl. § 95 Abs. 3 BetrVG).

Für den **abgebenden Betrieb** ist zu unterscheiden:

- Ist die Versetzung auf Dauer angelegt, so stellt sie sich als Ausscheiden aus dem Betrieb dar, das der Zustimmung des Betriebsrats des abgebenden Betriebes nur dann bedarf, wenn die Versetzung nicht im Einverständnis des Arbeitnehmers erfolgt.
- Bei vorübergehenden Versetzungen in einen anderen Betrieb ist dagegen nach der Rechtsprechung der **abgebende Betrieb immer** zu beteiligen.

II. Änderungskündigung gegenüber Betriebsratsmitgliedern

4547 Nach § 15 Abs. 1 KSchG ist auch die ordentliche Änderungskündigung gegenüber den dort genannten Mitgliedern von betriebsverfassungsrechtlichen Organen **unzulässig**. Hierüber besteht, soweit es um eine ordentliche Änderungskündigung gegenüber dem besonders geschützten Arbeitnehmer **als einzelnem geht**, Einigkeit.

Im Streit ist dagegen, ob dieser besondere Kündigungsschutz auch für **ordentliche Massen- oder Gruppenänderungskündigungen** gilt, durch die die Arbeitsbedingungen aller Arbeitnehmer oder einer Arbeitnehmergruppe geändert werden sollen.

BEISPIEL:

Die X-AG hat eine ordentliche Massenänderungskündigung zum Abbau einer Weihnachtsgratifikation gegenüber allen Beschäftigten des Unternehmens einschließlich der Mitglieder betriebsverfassungsrechtlicher Organe ausgesprochen.

Das BAG geht davon aus, dass auch eine ordentliche Massen- oder Gruppenänderungskündigung Betriebsratsmitglieder nicht erreichen kann. Das BAG stützt diese Auffassung auf den Wortlaut und den inneren Aufbau der Norm bzw. auf den Willen des Gesetzgebers. Freilich hat das BAG auf die **Möglichkeit einer außerordentlichen Änderungskündigung** verwiesen. Die Anforderungen an eine derartige außerordentliche Änderungskündigung sind jedoch in der Rechtsprechung äußerst streng.

Allerdings dürfen durch den besonderen Kündigungsschutz Betriebsratsmitglieder auch keine **ungerechtfertigten Vorteile** erwachsen. In einer neueren Entscheidung hat das BAG *(21.06.1995, EzA § 15 KSchG n.F. Nr. 43)* darauf hingewiesen, dass, wenn ein Unternehmer **ein einheitliches Umstrukturierungskonzept** einführen will (im entschiedenen Fall die ersatzlose Abschaffung einer unteren Leitungsebene), es als **unabweisbare Notwendigkeit** anzusehen ist, dass davon **grundsätzlich auch Organvertreter trotz des Sonderkündigungsschutzes betroffen werden können**. In einem solchen Fall kann eine Angleichung der Arbeitsbedingungen des nach § 15 KSchG geschützten Arbeitnehmers an die übrigen Mitglieder einer bestimmten Arbeitnehmergruppe auch durch eine **außerordentliche, ggf. befristete Änderungskündigung** erreicht werden, wenn hierfür ein wichtiger Grund vorliegt. Ein solches, auf **betrieblichen Gründen** beruhendes außerordentliches Kündigungsrecht ist auch gegenüber einem Amtsträger nicht ausgeschlossen.

In der Entscheidung hat das BAG sodann zu **zwei weiteren wichtigen Punkten Stellung genommen**. Zu einen hat es die Auffassung des LAG Köln *(24.02.1994, LAGE § 103 BetrVG 1872 Nr. 9)* bestätigt. Beantragt demnach der Arbeitgeber die Ersetzung der Zustimmung des Betriebsratsmitglieds zu einer **außerordentlichen betriebsbedingten Änderungskündigung**, so beginnt die **Ausschlußfrist des § 626 Abs. 2 BGB** grundsätzlich erst mit dem vorgesehenen Eintritt der organisatorischen Veränderung. Der Arbeitgeber kann zwar vorher kündigen, muss es aber insbesondere dann nicht, wenn er eine auf die veränderte Beschäftigung abgestellte Auslauffrist beachtet. Hier gilt also nichts anderes als bei der teilweisen oder völligen Stillegung des Betriebes.

Des weiteren ist bei der Interessenabwägung nach § 15 KSchG, § 626 BGB stets zu prüfen, ob die Fortsetzung des Arbeitsverhältnisses dem Kündigenden noch bis zum Ablauf der Kündigungsfrist zuzumuten ist. Dabei sollte nach der **bisherigen Rechtsprechung im Falle der Änderungskündigung von Betriebsratsmitgliedern**, bei denen eine ordentliche Kündigung ausgeschlossen ist, **hypothetisch** die Frist zugrunde zulegen sein, **die ohne den besonderen Kündigungsschutz bei einer ordentlichen Kündigung gelten würde** *(vgl. dazu BAG 06.03.1986, EzA § 15 KSchG n.F. Nr. 34 [Änderungskündigung]; BAG 14.11.1989, EzA § 626 BGB n.F. Nr. 93 [Beendigungskündigung]).*

Für eine **betriebsbedingte außerordentliche Änderungskündigung** hat das BAG in der genannten Entscheidung **seine bisherige Rechtsprechung aufgeben**. Nach Auffassung des BAG kann vom Arbeitgeber bei einer Änderungskündigung, bei der der Arbeitsplatz als solcher gesichert ist, wegen des generellen Effektes einer Umstrukturierungsmaßnahme und der erstrebten Gleichbehandlung der Arbeitnehmer die Einhaltung einer derartigen hypothetisch zu veranschlagenden Kündigungsfrist **nicht gefordert werden**. Dem besonderen Kündigungsschutz des § 15 KSchG ist bereits dadurch Rechnung getragen, weil der Fortbestand und die Stetigkeit der jeweiligen Arbeitnehmervertretung gesichert sind. Es geht in diesem Fall nicht um die Beendigung des Arbeitsverhältnisses, sondern 'nur' um dessen inhaltliche Umgestaltung. Daher relativiert sich die Zumutbarkeitsprüfung. Ob an dieser Rechtsprechung für **Beendigungskündigungen** festzuhalten ist, hat das BAG allerdings **unentschieden** gelassen.

VIII. Änderungskündigung und Beendigungskündigung

4548 Mit der Entscheidung vom 19.05.93 *(EzA § 1 KSchG Betriebsbedingte Kündigung Nr. 73)* hat das BAG das Verhältnis von Beendigungs- und Änderungskündigung entschieden.

BEISPIEL:

Der Arbeitgeber beschließt im Rahmen einer Umorganisation seines Betriebes eine Reduzierung des Servicebereiches um täglich acht Stunden. Gegenüber den beiden sozial schwächsten Arbeitnehmern im Servicebereich spricht er eine Änderungskündigung von Vollzeitbeschäftigung auf 50%ige Teilzeitbeschäftigung aus, weil ihm dies bei Besserung der wirtschaftlichen Lage ein Aufstocken der Stundenzahl ermöglicht und er zudem in den arbeitsintensiven Morgenstunden auf zwei Kräfte zurückgreifen kann. Der sozial stärkere von den beiden gekündigten Arbeitnehmern meint, der Arbeitgeber habe eine Beendigungskündigung statt zweier Änderungskündigungen aussprechen müssen.

Zu klären war erstmals, ob ein Arbeitgeber als Folge des durch seine organisatorische Maßnahme entstandenen Arbeitskräfteüberhangs eine **Mehrzahl von Änderungskündigungen** zur Verkürzung der Arbeitszeit **anstelle einzelner Beendigungskündigungen** aussprechen darf. Nach Auffassung des BAG gehört die Bestimmung, ob ein umfangmäßig konkretisierter Dienstleistungsbedarf nur mit Volltags- oder teilweise auch mit Halbtagsbeschäftigungen abgedeckt werden soll, zum Bereich der Unternehmenspolitik. Etwas anderes gilt nur, wenn für die Umgestaltung keine sachlich begründbaren, betrieblichen Erfordernisse vorliegen. Auch aus den Wertungen des § 1 Abs. 3 KSchG ergibt sich keine Verpflichtung zum Ausspruch einer Beendigungskündigung anstelle zweier Änderungskündigungen. Dies gebietet insbesondere auch nicht der **Verhältnismäßigkeitsgrundsatz**.

Nach einer neueren Rechtsprechung des BAG *(BAG 03.12.1998, EzA § 1 KSchG Soziale Auswahl Nr. 37; BAG 12.08.1999, EzA § 1 KSchG Soziale Auswahl Nr. 38)* muss bei einer **bloßen Verringerung des Beschäftigungsvolumens** und im Übrigen gegebener arbeitsplatzbezogener Vergleichbarkeit von **Voll- und Teilzeitkräften** vom Arbeitgeber zwischen den Arbeitnehmern eine Sozialauswahl nach allgemeinen Grundsätzen vorgenommen werden und bei bleibenden Weiterbeschäftigungsmöglichkeiten im **Teilzeitbereich** statt einer Beendigungskündigung eine Änderungskündigung gegenüber der sozial stärksten Vollzeitkraft ausgesprochen werden! (vgl. → Rz. 4458)

Eine betriebsbedingte Änderungskündigung wird oftmals mit dem Ziel der **Entgeltangleichung** bzw. **-absenkung** innerhalb eines Unternehmens verfolgt und versucht. Die **Gleichbehandlung** mit anderen Arbeitnehmern ist jedoch **kein dringendes betriebliches Erfordernis** i.S.v. § 1 Abs. 2 Satz 1 KSchG, das die Verschlechterung einer arbeitsvertraglichen Vergütungsregelung im Wege der Änderungskündigung bedingen kann (vgl. dazu bereits oben unter → Rz. 4543).

Unabhängig davon stellt das BAG an die **Darlegungslast** des Arbeitgebers sehr **hohe Anforderungen**. Die nachteilige Änderung arbeitsvertraglicher Vergütungsregelungen sind nur dann sozial gerechtfertigt, wenn die Unrentabilität des Betriebes einer Weiterbeschäftigung zu unveränderten Bedingungen entgegensteht, wenn also durch die Senkung der Personalkosten die **Stillegung** des **Betriebes** oder die **Reduzierung** der **Belegschaft** verhindert werden kann und soll. Das BAG geht davon aus, dass der Arbeitgeber nachhaltig in das **arbeitsvertraglich vereinbarte** Verhältnis von Leistung und Gegenleistung **eingreift**, wenn er die vereinbarte Vergütung reduziert. Grundsätzlich sind einmal geschlossene Verträge **einzuhalten** und es ist anerkannt, dass **Geldmangel** den Schuldner **nicht entlastet**. Der Arbeitgeber muss demzufolge darlegen, dass die Sanierung mit den Eingriffen in die Arbeitsverträge **steht oder fällt** und alle gegenüber der beabsichtigten Änderungskündigung **milderen Mittel** ausgeschöpft sind. Mit anderen Worten muss der Arbeitgeber einen umfassenden **Sanierungsplan** offen legen können, der einzig und allein die ansonsten notwendigen – und aufgrund dringender betrieblicher Erfordernisse auch sozial gerechtfertigter – Entlassungen verhindern kann *(BAG 01.07.1999, EzA § 2 KSchG Nr. 35; BAG 20.01.2000, EzA § 95 BetrVG 1972 Nr. 30)*.

Muster einer Änderungskündigung

Firma

Anschrift des Arbeitnehmers

Sehr geehrte(r) Frau/Herr ...,

hiermit kündigen wir das mit Ihnen seit ... bestehende Arbeitsverhältnis ordentlich zum ....

Wir bieten Ihnen aber gleichzeitig an, das Arbeitsverhältnis ab ... zu den bisherigen Bedingungen fortzusetzen, allerdings mit folgenden Änderungen: ....

Die Änderungskündigung erfolgt aus folgenden Gründen:

Wir bitten für diese Maßnahme um Ihr Verständnis und versichern Ihnen, dass wir auch in Zukunft an einer guten Zusammenarbeit mit Ihnen interessiert sind.

Der Betriebsrat hat der Änderungskündigung nach § 102 BetrVG zugestimmt. Da die Änderungskündigung gleichzeitig eine Versetzung beinhaltet, hat er auch nach § 99 BetrVG seine Zustimmung erklärt.

Wir nehmen insoweit Bezug auf die beigefügten Kopien der Stellungnahmen des Betriebsrats.

Hochachtungsvoll

....
Ort, Datum   Unterschrift

IX. Weiterführende Literaturhinweise

4549 *Berkowsky*, Die betriebsbedingte Änderungskündigung und ihr Streitgegenstand, NZA 2000, 1129
Fischermeier, Die betriebsbedingte Änderungskündigung, NZA 2000, 737
Gaul, Änderungskündigung zur Absenkung oder Flexibilisierung von Arbeitszeit und/oder Arbeitsentgelt, DB 1998, 1998
Pauly, Hauptprobleme der Änderungskündigung, DB 1997, 2378

30. Kapitel: Besonderer Kündigungsschutz

I.	Schwangere und Mütter	4552
II.	Schwerbehinderte Menschen	4570
III.	Wehrpflichtige und Zivildienstleistende	4590
IV.	Mitglieder von Betriebsverfassungsorganen	4599
V.	Vertrauensmänner und -frauen der schwerbehinderten Menschen	4615
VI.	Erziehungsurlaub	4616
VII.	Elternzeit	4617a
VIII.	Weiterführende Literaturhinweise	4618

CHECKLISTE: SONDERKÜNDIGUNGSSCHUTZ

- **Liegt ein Ausbildungsverhältnis vor und ist die Probezeit abgelaufen?** (§ 15 BBiG)
- **Ist der AN Wehrpflichtiger einberufen?**
    - im Grundwehrdienst
    - im Dienst auf höchstens 2 Jahre
    - in einer Wehrübung
    - im Zivildienst
- **Ist/war** (nachwirkender Kündigungsschutz) **der Arbeitnehmer**
    - Mitglied des Betriebsrats
    - Mitglied der Jugend- oder Auszubildendenvertretung
    - Mitglied des Wahlvorstandes
    - Wahlbewerber
    - Mitglied der Schwerbehindertenvertretung? (§ 15 KSchG)
- **Ist die Arbeitnehmerin schwanger** oder hat sie in den 4 Monaten vor dem beabsichtigten Ausspruch der Kündigung ein Kind geboren? (§ 9 MuSchG) ggf.: Liegt die Zulässigerklärung der zuständigen Behörde (in NRW Regierungspräsident) vor?
- **Befindet sich der AN im Erziehungsurlaub** (§ 18 BErzGG)
    - Wenn ja, ist die Zulässigerklärung der zuständigen Behörde beantragt?
    - Liegt die Zustimmung vor?
- **Ist der AN schwerbehindert** oder hat er die Feststellung der Schwerbehinderteneigenschaft bzw. die Gleichstellung beantragt (§§ 85 ff. SGB IX)
    - Wenn ja, ist die Zustimmung des Integrationsamtes beantragt?
    - Liegt die Zustimmung vor?

Bestimmten besonders schutzwürdigen Personengruppen billigt der Gesetzgeber einen **erhöhten Bestandsschutz** ihres Arbeitsverhältnisses zu. Dieser besondere Bestandsschutz wird als Sonderkündigungsschutz bezeichnet. Ob Sonderkündigungsschutz eingreift, muss vom Arbeitgeber vor jeder Kündigung geprüft werden. Jedes Versäumnis kann hier die Unwirksamkeit der ausgesprochenen Kündigung zur Folge haben. Der Sonderkündigungsschutz tritt dabei nicht an die Stelle des allgemeinen Kündigungsschutzes, sondern zu diesem hinzu. Es sind also mehrere Hürden zu nehmen, wenn hier erfolgreich

4551

gekündigt werden soll. Häufig empfiehlt sich daher in diesen Fällen der Versuch, einen **Aufhebungsvertrag** abzuschließen (s. → Rz. 4001).

I. Schwangere und Mütter

4552 Das **Mutterschutzgesetz** (MuSchG) enthält einen besonderen Kündigungsschutz während der Schwangerschaft und bis zum Ablauf von 4 Monaten nach der Entbindung (§ 9 MuSchG). Dieser besondere Kündigungsschutz gilt auch für schwangere Auszubildende.

Erforderlich ist zum Zeitpunkt des Kündigungszugangs eine **Schwangerschaft** oder eine nicht länger als 4 Monate zurückliegende **Entbindung**. Während die **Totgeburt** eine Entbindung darstellt, wird durch eine **Fehlgeburt** die Schwangerschaft ohne Entbindung beendet. Eine Frau scheidet daher bei einer Fehlgeburt aus dem Geltungsbereich des Mutterschutzgesetzes aus. Gleiches gilt für den **Schwangerschaftsabbruch**. Beim Tod des Kindes nach der Geburt bleibt freilich der Kündigungsschutz erhalten.

Bislang war unklar, ob der **Sonderkündigungsschutz** für Schwangere auch in den Fällen einer **Kündigung vor Dienstantritt** (s. hierzu → Rz. 4226) zum Tragen kommt. Nach § 9 MuSchG greift der Sonderkündigungsschutz für Schwangere ein, wenn zum Zeitpunkt des Kündigungszugangs eine Schwangerschaft besteht. Das LAG Düsseldorf *(30.09.1992, LAGE § 9 MuSchG Nr. 18)* darauf erkannt, dass es für das Eingreifen des Sonderkündigungsschutzes allein auf das **Bestehen eines Arbeitsverhältnisses im Zeitpunkt des Kündigungszugangs**, nicht aber auf dessen Aktualisierung ankommt. Das Kündigungsverbot des § 9 MuSchG greift demnach mit Abschluss des Arbeitsverhältnisses ein, gleichgültig zu welchem Zeitpunkt die Arbeit tatsächlich aufgenommen wird. Dies muss auch in den Fällen gelten, in denen die Arbeitnehmerin zum Zeitpunkt der vorgesehenen Arbeitsaufnahme arbeitsunfähig krank ist.

4553 Die Kündigung einer Schwangeren bzw. einer Frau innerhalb von 4 Monaten nach der Entbindung ist nur dann unzulässig, wenn dem Arbeitgeber zur Zeit der Kündigung die Schwangerschaft oder die Entbindung bekannt war oder innerhalb **zweier Wochen nach Zugang der Kündigung** mitgeteilt wird. Dabei ist es unerheblich, woher der Arbeitgeber seine Kenntnis hat.

Der Kenntnis des Arbeitgebers steht die Kenntnis der Personen gleich, die den Arbeitgeber im Rahmen des Arbeitsverhältnisses gegenüber der Arbeitnehmerin vertreten (Vorgesetzte, Personalsachbearbeiter). **Darlegungs- und beweispflichtig für die Kenntnis des Arbeitgebers** ist die Arbeitnehmerin. Es muss also der Arbeitgeber oder ein Vertreter Kenntnis von den betreffenden Umständen haben. Wenn jedoch in einem Betrieb die Übung besteht, dass schwangere Arbeitnehmerinnen ihre Schwangerschaft dem unmittelbaren Dienstvorgesetzten anzeigen, kann sich der Arbeitgeber nicht darauf berufen, dass diese Mitteilungen nicht zu ihm selbst oder seinem Stellvertreter gelangt sind.

4554 Hat der Arbeitgeber keine Kenntnis von der Schwangerschaft bzw. Entbindung, so muss die Arbeitnehmerin ihm ihre Schwangerschaft (Entbindung) mündlich, schriftlich oder durch Vorlage einer entsprechenden Bescheinigung anzeigen. Es genügt insoweit die Mitteilung durch den **Ehemann, die Eltern oder die Prozessbevollmächtigten** der Schwangeren.

Die **nachträgliche Mitteilung** der Schwangerschaft muss das Bestehen einer Schwangerschaft zum Zeitpunkt des Zugangs der Kündigung oder die Vermutung einer solchen Schwangerschaft zum Inhalt haben. Dagegen ist eine Mitteilung der Schwangerschaft ohne Rücksicht darauf, ob der Erklärungsempfänger daraus das Bestehen dieses Zustandes zum Zeitpunkt der Kündigung entnehmen kann, nicht ausreichend. Teilt die Arbeitnehmerin ausdrücklich nur das Bestehen einer Schwangerschaft mit, so hängt es von den Umständen des Einzelfalles ab, ob die Mitteilung dahingehend ausgelegt werden kann, dass die Schwangerschaft bereits bei Zugang der Kündigung bestanden hat. **§ 9 Abs. 1 Satz 1 MuSchG** schreibt nur die Mitteilung der Schwangerschaft (Entbindung) innerhalb der gesetzlich vorgeschriebenen Frist vor.

Hat der Arbeitgeber Zweifel an der behaupteten Schwangerschaft, so kann er deren Nachweis verlangen. Der **Nachweis** einer Schwangerschaft braucht erst innerhalb einer angemessenen Frist nach Aufforderung des Arbeitgebers erbracht zu werden. Selbst wenn der Nachweis binnen angemessener Frist unterbleibt, geht dadurch der Kündigungsschutz nicht verloren. Die Verletzung der Nachweispflicht kann aber im Einzelfall dazu führen, dass die Berufung auf den Kündigungsschutz als **unzulässige Rechtsausübung** erscheint. Dies wird vor allem dann der Fall sein, wenn die Schwangere wiederholten Nachweisaufforderungen längere Zeit nicht nachkommt und der Arbeitgeber den Eindruck gewinnen muss und darf, die Schwangere wolle sich nicht auf den Sonderkündigungsschutz berufen.

Die Zwei-Wochenfrist wird auch durch die Mitteilung gewahrt, eine Schwangerschaft sei **wahrscheinlich oder werde vermutet**. In diesen Fällen der nur möglichen Schwangerschaft kann aber der Arbeitgeber den Nachweis der Schwangerschaft durch das Zeugnis eines Arztes oder einer Hebamme oder auf seine Kosten einen Schwangerschaftsfrühtest fordern.

Die Mitteilungsfrist des § 9 Abs. 1 Satz 1 MuSchG ist eine **Ausschlußfrist**. Die Arbeitnehmerin verliert ihren Sonderkündigungsschutz, wenn sie trotz Kenntnis ihrer Schwangerschaft die Frist schuldhaft versäumt. Der Sonderkündigungsschutz bleibt dagegen erhalten, wenn die Arbeitnehmerin im Zeitpunkt der Kündigung schwanger war, ihren Arbeitgeber aber hiervon unverschuldet nicht innerhalb der Frist unterrichtet hat, dies jedoch unverzüglich nachholt. Eine schuldhafte Verzögerung der Mitteilung liegt nicht bereits darin, dass die Arbeitnehmerin alsbald nach Kenntnis von der Schwangerschaft einen Prozessbevollmächtigten mit der Klageerhebung gegen die bis dahin nicht angegriffene Kündigung beauftragt und die Schwangerschaft nur in der Klageschrift mitteilt. Eine Verzögerung der Mitteilung durch den Prozessbevollmächtigten hat die Arbeitnehmerin nach der Rechtsprechung nicht zu vertreten. Eine Arbeitnehmerin handelt nicht schuldhaft, wenn sie eine Schwangerschaft bloß vermutet und dem Arbeitgeber nicht mitteilt. Verschuldet ist ihre Unterlassung erst von dem Zeitpunkt an, zu dem **zwingende Anhaltspunkte** gegeben sind, die das Vorliegen einer Schwangerschaft praktisch unabweisbar erscheinen lassen. Von einem unverschuldeten Versäumen der Zwei-Wochen-Frist ist auch dann auszugehen, wenn die schwangere Frau trotz Kenntnis vom Bestehen einer Schwangerschaft mit der entsprechenden Mitteilung an den Arbeitgeber zuwartet, bis sie vom Arzt eine **Schwangerschaftsbestätigung** erhält, aus der sie den Beginn der Schwangerschaft entnehmen kann.

Die Bestimmung des Beginns der Schwangerschaft erfolgt grundsätzlich durch **Rückrechnung** um 280 Tage von dem ärztlich festgestellten voraussichtlichen Entbindungstermin. Die Schwangere genügt deshalb ihrer **Darlegungslast** für das Bestehen einer Schwangerschaft im Kündigungszeitpunkt zunächst durch Vorlage der ärztlichen Bescheinigung über den mutmaßlichen Tag der Entbindung, wenn der Zugang der Kündigung innerhalb von 280 Tagen vor diesem Termin liegt. Der Arbeitgeber kann jedoch den **Beweiswert** der Bescheinigung **erschüttern** und Umstände darlegen und beweisen, aufgrund derer es der wissenschaftlich gesicherten Erkenntnis widersprechen würde, von einem Beginn der Schwangerschaft der Arbeitnehmerin **vor Kündigungszugang** auszugehen. Die Arbeitnehmerin muss dann weiteren Beweis führen und ist ggf. gehalten, ihre Ärzte von der Schweigepflicht zu entbinden (*BAG 07.05.1998, EzA § 9 MuSchG n.F. Nr. 35*).

Erhebt eine schwangere Arbeitnehmerin noch am Tag des Zugangs der Kündigung Kündigungsschutzklage vor der Rechtsantragsstelle des Arbeitsgerichts, so triff sie kein Verschulden i.S.d. § 9 Abs. 1 Satz 2 2. Hs. MuSchG, wenn die Klage beim Arbeitgeber erst nach Ablauf der Zwei-Wochen-Frist zugestellt wird. Dies gilt jedenfalls dann, wenn in der Klageschrift auf die Schwangerschaft hingewiesen wird (*LAG Köln, 16.06.1997, LAGE § 9 MuSchG Nr. 22*).

Noch ungeklärt ist, wie es sich auf den Lauf der Zwei-Wochen-Frist auswirkt, wenn die schwangere Frau während der **Mitteilungsfrist krankgeschrieben** und ihr Bettruhe verordnet ist.

4556 Die **Darlegungs- und Beweislast** für eine unverschuldete Versäumung der Mitteilungsfrist und für die unverzügliche Nachholung der Mitteilung trägt die Arbeitnehmerin. Bestreitet also der Arbeitgeber nach einer von ihm ausgesprochenen Kündigung die erstmalige Kenntnis einer Arbeitnehmerin von ihrer Schwangerschaft, so trägt sie dafür die Darlegungs- und Beweislast (*LAG Berlin 05.07.1993, LAGE § 9 MuSchG Nr. 19*). Voraussetzung ist aber immer, dass die entsprechende Beweisführungslast überhaupt ausgelöst wird. Hierfür ist ein substantiiertes Bestreiten der negativen Tatsache erforderlich.

Hinsichtlich der **sachlichen Reichweite des Kündigungsverbots nach § 9 MuSchG** ist auf folgendes hinzuweisen: Gegenüber einer Schwangeren und einer Frau bis zum Zeitraum von 4 Monaten nach der Entbindung ist **jede Kündigung unzulässig**. Das **temporäre Kündigungsverbot** betrifft also nicht nur alle Formen der ordentlichen, sondern auch die der außerordentlichen Kündigung. Unzulässig ist auch eine **Änderungskündigung** sowie eine Kündigung während eines **Probearbeitsverhältnisses** oder im **Vergleichs- und Konkursverfahren**. Der Sonderkündigungsschutz ist auch unabhängig davon, ob die Schwangere ihrerseits gerade als Schwangerschaftsvertretung eingestellt wurde (*EuGH 14.07.1994, EzA Art. 119 EWG-Vertrag Nr. 17*).

Erklärt dagegen eine Arbeitnehmerin dem Arbeitgeber, dass sie sich Behandlungen unterziehen wolle, die der künstlichen Befruchtung dienen, so ist eine darauf ausgesprochene Kündigung weder nach §§ 138 Abs. 1, 242, 612a BGB noch nach Art. 6 Abs. 1 , 4 GG unwirksam. Auch eine analoge Anwendung des § 9 Abs. 1 MuSchG kommt nicht in Betracht (*ArbG Elmshorn, 29.11.1996, EzA § 242 BGB Nr. 40*).

§ 9 Abs. 3 MuSchG eröffnet jedoch die Möglichkeit, dass die **zuständige Behörde** in besonderen Fällen eine Kündigung für zulässig erklären kann. Eine nach § 9 Abs. 1 MuSchG nichtige fristgemäße Kündigung kann grundsätzlich nicht in eine Anfechtung wegen Irrtums oder Täuschung **umgedeutet** werden. Der Arbeitgeber, der trotz der unwirksamen Entlassung die Arbeitnehmerin nicht beschäftigt, gerät regelmäßig in **Annahmeverzug**, soweit nicht ausnahmsweise dem Arbeitgeber die Annahme der Arbeitsleistung nicht zugemutet werden kann. Dies ist nach der Rechtsprechung nur in ganz engen Grenzen möglich, nämlich dann, wenn durch die Entgegennahme der Arbeitsleistung Leben und Gesundheit des Arbeitgebers oder anderer Mitarbeiter gefährdet werden. Hier ist der berühmte »Madonna mit dem Beilchen-Fall« zu nennen *(BAG GS 26.04.1956, BAGE 5, 66)*.

4557

Auch in Zeiten des Mutterschutzes und des Erziehungsurlaubs kann eine Kündigung durch die jeweils zuständige Behörde genehmigt werden. Dabei stehen die **Kündigungsverbote** nach dem **Mutterschutzgesetz** und dem **Bundeserziehungsgeldgesetz nebeneinander**. Bei Vorliegen von Mutterschaft und zusätzlich Erziehungsurlaub benötigt der Arbeitgeber für eine Kündigung die Zulässigkeitserklärung der Arbeitsschutzbehörde **nach beiden Gesetzen** (s. § 9 Abs. 3 MuSchG und § 18 Abs. 1 BErzGG).

Eine Kündigung kann rechtswirksam während des Schutzzeitraums erst erklärt werden, wenn die Kündigungsschutzzeit abgelaufen ist. Die Kündigung kann also **nicht schon zu deren Ende erklärt werden**. D.h.: Während der Zeit des besonderen Kündigungsschutzes nach § 9 MuSchG kann nicht wirksam gekündigt werden!

4558

Das Kündigungsverbot gilt nicht für Frauen, die von demselben Arbeitgeber im Familienhaushalt mit hauswirtschaftlichen, erzieherischen oder pflegerischen Arbeiten in einer ihre Arbeitskraft voll in Anspruch nehmenden Weise beschäftigt werden, und zwar für die Zeit nach Ablauf des 5. Schwangerschaftsmonats (§ 9 Abs. 1 Satz 2, 1. Halbsatz MuSchG). Zu dieser **Personengruppe** zählen **insbesondere** Hausgehilfinnen, Tagesmädchen, Köchinnen, Kindermädchen, Kindergärtnerinnen, Hauslehrerinnen, Kranken- und Säuglingsschwestern sowie Sprach- und Musiklehrerinnen. Voll in Anspruch genommen ist eine Frau regelmäßig nur bei einer Wochenarbeitszeit von 40 Stunden. Für Teilzeitbeschäftigte mit einer täglichen Arbeitszeit von weniger als 5 Stunden und Frauen mit mehreren Arbeitgebern gilt der volle Schutz nach § 9 Abs. 1 Satz 1 MuSchG. Nach Auflösung des Arbeitsverhältnisses wird von diesem Zeitpunkt an bis zum Einsetzen der Leistungen des Mutterschaftsgeldes eine **Sonderunterstützung** zu Lasten des Bundes gezahlt (§ 12 Abs. 1 Satz 1 MuSchG).

4559

Das MuSchG schließt weder eine Kündigung durch die Schwangere und Mutter noch **die vertragliche Aufhebung des Arbeitsverhältnisses** aus. Ebenso kann sich ein Arbeitgeber bei einem rechtswirksam **befristeten Arbeitsvertrag** grundsätzlich auf die Beendigung

4560

des Arbeitsverhältnisses durch Fristablauf trotz inzwischen eingetretener Schwangerschaft berufen. Nur ausnahmsweise ist hier die Berufung auf die Befristung treuwidrig.

BEISPIEL:

Die Parteien hatten am 01.02.1994 zunächst einen auf die Dauer von 6 Monaten befristeten Probearbeitsvertrag abgeschlossen. Am 09.07.1994 unterrichtete die Arbeitnehmerin den Arbeitgeber von ihrer Schwangerschaft. Mit Schreiben vom gleichen Tage machte der Arbeitgeber die Arbeitnehmerin darauf aufmerksam, dass der Arbeitsvertrag nach Ablauf der 6-monatigen Probezeit nicht verlängert werde. Unter dem 29.08.1994 stellte der Arbeitgeber der Klägerin ein Zeugnis aus, in dem dieser unter anderem bestätigt wurde, dass ihre Arbeitsweise einwandfrei und sie pünktlich, fleißig und ehrlich war.

Das Beispiel zeigt: Einmal sollten mit Personen, bei denen Mutterschutz noch in Betracht kommen kann, nur befristete Probearbeitsverhältnisse abgeschlossen werden. Wird nämlich sofort ein Arbeitsverhältnis auf unbestimmte Zeit abgeschlossen mit vorangeschalteter Probezeit, so löst die Schwangerschaft das **Kündigungsverbot des § 9 MuSchG** aus. Zum anderen sollte der Arbeitgeber bei Abschluss eines befristeten Probearbeitsverhältnisses nicht die Übernahme in ein Arbeitsverhältnis auf unbestimmte Zeit in Aussicht stellen bzw. die Arbeitsleistung der Arbeitnehmer während der Probezeit über Gebühr loben. Schon gar nicht sollte er der Arbeitnehmerin nach Ablauf des befristeten Arbeitsverhältnisses ein zu überschwängliches Zeugnis ausstellen. **In allen Fällen riskiert nämlich der Arbeitgeber, dass die Berufung auf den Fristablauf als rechtsmissbräuchlich angesehen wird.**

4561 Eine Frau kann während der Schwangerschaft und während der Schutzfrist nach der Entbindung (§ 6 Abs. 1 MuSchG) das Arbeitsverhältnis unter Einhaltung einer Frist zum Ende der Schutzfrist nach der Entbindung kündigen (§ 10 Abs. 1 MuSchG). Wird das Arbeitsverhältnis derart aufgelöst und wird die Frau innerhalb eines Jahres nach der Entbindung in ihren bisherigen Betrieb wieder eingestellt, so gilt, soweit Rechte aus dem Arbeitsverhältnis von der Dauer der Betriebs- oder Berufszugehörigkeit oder von der Dauer der Beschäftigungs- oder Dienstzeit abhängen, das Arbeitsverhältnis als **nicht unterbrochen (§ 10 Abs. 2 Satz 1 MuSchG).** Dies gilt nicht, wenn die Frau in der Zeit von der Auflösung des Arbeitsverhältnisses bis zur Wiedereinstellung bei einem **anderen Arbeitgeber beschäftigt** war (§ 10 Abs. 2 Satz 2 MuSchG).

4562 Der Arbeitsvertrag mit einer schwangeren Arbeitnehmerin, durch den sich diese ausschließlich zur **Nachtarbeit** i.S.v. § 8 MuSchG verpflichtet hat, ist nicht nichtig, wenn bei Vertragsabschluß noch mit der Erteilung einer Ausnahmegenehmigung nach § 8 Abs. 6 MuSchG zu rechnen war. Die schwangere Arbeitnehmerin ist jedoch bei einer derartigen Fallgestaltung auch ohne Befragung verpflichtet, ihre Schwangerschaft zu offenbaren. Kommt sie ihrer **Offenbarungspflicht** nicht nach, so kann eine Anfechtung wegen arglistiger Täuschung (§ 123 BGB) in Betracht kommen, soweit der Arbeitnehmerin Arglist nachgewiesen werden kann. Ob an dieser Rechtsprechung auf Dauer festgehalten werden wird, ist nach der Entscheidung des Europäischen Gerichtshofs *(14.07.1994, EzA Art. 119 EWG-Vertrag Nr. 17)* **zweifelhaft** geworden.

II. Sonderkündigungsschutz für schwerbehinderte Menschen

Mit Wirkung zum **01. Juli 2001** hat der Gesetzgeber im **Neunten Buch Sozialgesetzbuch (SGB IX)** alle für Schwerbehinderte relevanten Normen »unter einem Dach« vereint *(BGBl. I v. 19.06.2001, S. 1046).*

4570

Hierdurch ist die bislang zu konstatierende Zersplitterung schwerbehindertenrechtlicher Vorschriften in zahlreichen Gesetzen des Sozial- und Arbeitsrechts weitgehend aufgehoben worden. In aller Regel entsprechen die Inhalte des neuen SGB IX dem, was der Gesetzgeber bereits Ende letzten Jahres im »Gesetz zur Bekämpfung der Arbeitslosigkeit Schwerbehinderter«, dem sog. SchwbAG, geregelt hat, das bereits mit Wirkung vom 01.10.2000 bzw. 01.01.2001 an wichtige Änderungen mit sich gebracht hat *(BGBl. I S. 1394 vom 29.09.2000).*

Die früheren **Hauptfürsorgestellen** heißen nunmehr **Integrationsämter**; **Schwerbehinderte** werden durchgängig und diskriminierungsfreier als **schwerbehinderte Menschen** bezeichnet.

Die für den Sonderkündigungsschutz relevanten Normen des Schwerbehindertengesetzes sind – abgesehen von redaktionellen Änderungen – **inhaltsgleich** in das SGB IX überführt worden. Trotz zeitgleicher Aufhebung des Schwerbehindertengesetzes (vgl. Art. 63 SGB IX) behält daher die bisherige Rechtsprechung zum Schwerbehindertenrecht ihre **Gültigkeit**.

Synopse: Kündigungsrelevante Normen

Gegenstand	SGB IX	SchwbG
Behinderung	§ 2	§§ 1, 3
Gleichstellung	§ 2 Abs. 3; § 68 Abs. 2 u. 3	§ 2
Schwerbehindertenrecht	§§ 68 ff.	§§ 1 ff.
Feststellung der Behinderung, Ausweis	§ 69	§ 4
Kündigungsschutz	§§ 85 – 92	§§ 15 – 22
Zustimmungserfordernis	§ 85	§ 15
Kündigungsfrist	§ 86	§ 16
Antragsverfahren	§ 87	§ 17
Entscheidung des Integrationsamtes/ Hauptfürsorgestelle	§ 88	§ 18
Ermessenseinschränkung	§ 89	§ 19
Ausnahmen	§ 90	§ 20
Außerordentliche Kündigung	§ 91	§ 21
Erweiterter Beendigungsschutz	§ 92	§ 22

Gegenstand	SGB IX	SchwbG
Aufgaben des Integrationsamtes	§ 102	§ 31
Beendigung des Schutzes	§ 116	§ 38
Widerspruchsverfahren	§§ 118 – 121	§§ 40 – 43

Die ordentliche oder außerordentliche Kündigung eines **schwerbehinderten Arbeitnehmers** sind nur möglich, wenn zuvor die Zustimmung des Integrationsamtes vorliegt (§§ 85, 91 SGB IX). Dies gilt freilich nur, wenn das Arbeitsverhältnis des Schwerbehinderten im Zeitpunkt des Zugangs der Kündigung und der Erklärung ohne Unterbrechung bereits **länger als 6 Monate** bestanden hat. Auch Auszubildende sind Arbeitnehmer im Sinne des Schwerbehindertenrechts.

4571 Schwerbehinderte Menschen im Sinne dieses Gesetzes sind Personen mit einem **Grad der Behinderung von wenigstens 50%**. Die Schwerbehinderteneigenschaft tritt kraft Gesetzes ein, wenn eine Behinderung mit einem derartigen Grad gegeben ist. Eine entsprechende behördliche Bestätigung (Versorgungsämter) ist nach der gesetzlichen Regelung keine Voraussetzung und folglich hat der versorgungsamtliche **Feststellungsbescheid (§ 69 SGB IX)** bezüglich der Schwerbehinderteneigenschaft **keine rechtsbegründende** sondern lediglich erklärende Wirkung.

Allerdings treten die rechtlichen Wirkungen der Schwerbehinderteneigenschaft nicht ohne weiteres ein. Sie müssen vom Schwerbehinderten **in Anspruch genommen werden**. Hat der schwerbehinderte Mensch vor Ausspruch der Kündigung einen entsprechenden **Antrag** (§ 69 Abs. 1 SGB IX) nicht gestellt, so kann er sich auf die eingeräumten Schutzrechte daher nicht berufen.

4572 So genannte **Gleichgestellte** (§ 2 Abs. 3, § 68 Abs. 2 u. 3 SGB IX). Danach sollen Personen mit einem **Grad der Behinderung von weniger als 50 %, aber mindestens 30 %** aufgrund einer Feststellung auf ihren Antrag vom Arbeitsamt den Schwerbehinderten gleichgestellt werden, wenn sie infolge ihrer Behinderung ohne die Gleichstellung einen geeigneten Arbeitsplatz nicht erlangen oder nicht behalten können. Die Gleichstellung, die auch befristet erteilt werden kann, beginnt bereits mit dem **Tag des Eingangs des Antrags** (§ 2 Abs. 1 Satz 2 SGB IX).

Der Sonderkündigungsschutz für schwerbehinderte Menschen gilt für ordentliche und außerordentliche Kündigungen des Arbeitgebers. Dabei ist es gleichgültig, ob es sich um eine Beendigungs- oder Änderungskündigung oder um Einzel-, Gruppen- oder Massenkündigungen handelt.

4573 Die Beendigung des Arbeitsverhältnisses eines Schwerbehinderten bedarf auch dann der vorherigen Zustimmung des Integrationsamtes, wenn sie im Falle des Eintritts der **Berufsunfähigkeit oder Erwerbsunfähigkeit** auf Zeit ohne Kündigung erfolgt (§ 92 SGB IX).

Bei einem reinen **Auslandsarbeitsverhältnis** eines Schwerbehinderten, das nach Vertrag und Abwicklung auf den Einsatz des Arbeitnehmers bei ausländischen Baustellen beschränkt ist und keinerlei Ausstrahlung auf den inländischen Betrieb des Arbeitgebers hat, bedarf die Kündigung des Arbeitgebers auch dann keiner Zustimmung des Integrationsamtes, wenn die Arbeitsvertragsparteien die Anwendung deutschen Rechts vereinbart haben und die Kündigung im Bundesgebiet ausgesprochen werden soll.

Der Sonderkündigungsschutz für schwerbehinderte Menschen gilt **nicht ausnahmslos:**

Er gilt zunächst nicht für schwerbehinderte Menschen, deren Arbeitsverhältnis im Zeitpunkt des Zugangs der Kündigungserklärung ohne Unterbrechung noch **nicht länger als 6 Monate** bestanden hat (§ 90 Abs. 1 Nr. 1 SGB IX). Der Arbeitgeber ist in diesen Fällen jedoch verpflichtet, das Integrationsamt innerhalb von 4 Tagen von der Kündigung zu unterrichten. Verletzt der Arbeitgeber diese **Unterrichtungsobliegenheit**, so führt dies nicht zur Unwirksamkeit der Kündigung. Der Arbeitgeber ist dann jedoch dem Schwerbehinderten unter Umständen schadensersatzpflichtig.

Keinen Sonderkündigungsschutz nach dem Schwerbehindertengesetz genießen auch Personen, die auf Stellen i.S.d. § 73 Abs. 2 Nr. 2 – 6 SGB IX beschäftigt werden. Ein Fall des **§ 73 Abs. 2 Nr. 2 SGB IX** liegt **nicht** vor, wenn der schwerbehinderte Mensch eine echte Erwerbstätigkeit ausübt, bei der keine karitativen oder religiösen Zwecke im Vordergrund stehen.

Der Ausnahmetatbestand des **§ 73 Abs. 2 Nr. 3 SGB IX** ist nach Ansicht des BAG **nicht** erfüllt, wenn ein Arbeitsverhältnis nach **§ 19 Abs. 2 Halbs. 1, 1. Alt. BSHG** vorliegt. Hier handelt es sich um ein **echtes Arbeitsverhältnis**. Die Arbeit hat **nicht nur therapeutischen Charakter**, sondern dient dazu, dem **Sozialhilfesuchenden** eine **ausreichende Lebensunterlage zu sichern** *(BAG 04.02.1993, EzA § 20 SchwbG 1986 Nr. 1)*. Nach **§ 73 Abs. 2 Nr. 4 SGB IX i.V.m. § 90 Abs. 1 Nr. 2 SGB IX** findet der Kündigungsschutz keine Anwendung bei Maßnahmen der **Arbeitsbeschaffung** und Strukturanpassungsmaßnahmen nach dem Dritten Buch Sozialgesetzbuch (Arbeitsförderung).

Für die Praxis ist es wichtig, dass die Ausnahmevorschriften des § 90 Abs. 1 Nr. 2 i.V.m. § 73 Abs. 2 Nr. 2 – 6 SGB IX **eng auszulegen** sind. Auch eine entsprechende Anwendung wird daher nur selten in Betracht kommen *(BAG, a.a.O.)*.

Sonderkündigungsschutz wird ebenfalls nicht gewährt, wenn der schwerbehinderte Mensch dadurch sozial abgesichert ist, dass er das 58. Lebensjahr vollendet und Anspruch auf eine Abfindung, Entschädigung oder ähnliche Leistungen aufgrund eines Sozialplans hat oder Anspruch auf Knappschaftsausgleichsleistungen nach SGB VI oder auf Anpassungsgeld für entlassene Arbeitnehmer des Bergbaus (s. zum Ganzen § 90 Abs. 1 Nr. 2, 3 SGB IX).

Der Sonderkündigungsschutz für schwerbehinderte Menschen findet auch keine Anwendung bei Entlassungen, die aus **Witterungsgründen** vorgenommen werden, sofern die Wiedereinstellung der Schwerbehinderten bei Wiederaufnahme der Arbeit gewährleistet ist (§ 90 Abs. 2 SGB IX).

Für den Sonderkündigungsschutz ist es unerheblich, ob der Arbeitnehmer bereits bei der Begründung des Arbeitsverhältnisses Schwerbehinderter war oder es erst während des Arbeitsverhältnisses geworden ist. Für den Sonderkündigungsschutz ist es auch unerheblich, ob der Arbeitgeber den Arbeitnehmer zur Erfüllung seiner Beschäftigungspflicht einer bestimmten Mindestzahl von Schwerbehinderten (§ 71 Abs. 1 SGB IX) oder über die dort festgelegte Pflichtgrenze hinaus beschäftigt. Beschäftigt der Arbeitgeber beispielsweise 20 % schwerbehinderte Menschen, kann er sich gleichwohl nicht darauf berufen, dass nur die innerhalb der vorgeschriebenen Beschäftigungsquote liegenden Sonderkündigungsschutz in Anspruch nehmen könnten. **Jeder einzelne schwerbehinderte Mensch kann sich also ungeachtet der über die gesetzliche Verpflichtung hinausgehenden Beschäftigung Schwerbehinderter auf seinen Sonderkündigungsschutz berufen.** Bedeutungslos für den Sonderkündigungsschutz ist es auch, ob dem Arbeitnehmer bei Ausspruch der Kündigung die Schwerbehinderteneigenschaft des Arbeitnehmers bekannt war oder nicht.

4575 Nach der Rechtsprechung greift der Sonderkündigungsschutz für schwerbehinderte Menschen jedoch nicht ein, wenn die Schwerbehinderteneigenschaft im Zeitpunkt der Kündigung weder festgestellt (§ 2 Abs. 3 SGB IX) noch ein Antrag auf Erteilung eines entsprechenden Bescheides gestellt war. Eine Arbeitgeberkündigung bedarf in diesen Fällen nicht der vorherigen Zustimmung des Integrationsamtes. Dies gilt auch, wenn das Versorgungsamt aufgrund eines nach der Kündigung gestellten Antrags die Schwerbehinderteneigenschaft oder deren wesentliche Voraussetzungen **rückwirkend** für die Zeit vor der Kündigung feststellt. Die Schwerbehinderteneigenschaft ist in diesen Fällen aber rechtlich nicht völlig unerheblich. Es entfällt zwar die Notwendigkeit der Zustimmung des Integrationsamtes. Im Streit um die Rechtswirksamkeit der Kündigung im Kündigungsschutzverfahren wird bei der sozialen Rechtfertigung einer ordentlichen Kündigung oder beim Vorliegen eines wichtigen Grundes die Schwerbehinderteneigenschaft aber mitberücksichtigt.

4576 Hat der Arbeitnehmer im Zeitpunkt des Zugangs der Kündigung einen Bescheid über seine Schwerbehinderteneigenschaft erhalten (§ 69 SGB IX) oder wenigstens einen entsprechenden Antrag beim Versorgungsamt gestellt und ist dies dem Arbeitgeber bekannt, so bedarf die Kündigung der vorherigen Zustimmung des Integrationsamtes. Der volle Sonderkündigungsschutz steht jedoch dem Arbeitnehmer auch dann zu, wenn er innerhalb einer **Frist von einem Monat nach Zugang der Kündigung** dem Arbeitgeber seine bereits festgestellte oder zur Feststellung beantragte Schwerbehinderteneigenschaft mitteilt. Unterlässt dies der Arbeitnehmer, ist die Kündigung nicht bereits wegen des Fehlens der Zustimmung des Integrationsamtes unwirksam.

4577 Auch bei einer **außerordentlichen Kündigung** muss der Arbeitnehmer dem Arbeitgeber, soweit er diesen nicht schon zu einem vorherigen Zeitpunkt informiert hat, innerhalb einer **Regelfrist** von einem Monat eine entsprechende Mitteilung machen. Bei einer außerordentlichen Kündigung kann der Arbeitgeber dann **innerhalb von 2 Wochen nach Kenntniserlangung** von einer bereits festgestellten oder beantragten Schwerbehinderteneigenschaft die **Zustimmung zu einer außerordentlichen Kündigung bei dem Integrationsamt beantragen** (§ 91 Abs. 2 SGB IX). Der Arbeitnehmer darf diese Regelfrist von einem Monat nach Zugang der Kündigung grundsätzlich voll ausschöpfen. Die Mitteilung von der festgestellten oder beantragten Schwerbehinderteneigenschaft muss gegenüber dem Arbeitgeber oder einem Vertreter des Arbeitgebers erfolgen, der **kündigungsberechtigt** ist oder eine ähnliche selbständige Stellung innehat. Es reicht nicht aus, wenn nur ein untergeordneter Vorgesetzter davon informiert wird.

Legt der schwerbehinderte Arbeitnehmer dem Arbeitgeber innerhalb der einmonatigen Regelfrist einen die Schwerbehinderteneigenschaft **verneinenden Feststellungsbescheid** des Versorgungsamtes vor, ohne auf einen zwischenzeitlich eingelegten Widerspruch hinzuweisen, so liegt hierin keine wirksame Geltendmachung des besonderen Kündigungsschutzes. Ob bei einem fehlenden Antrag auf Feststellung der Schwerbehinderteneigenschaft oder bei unterlassener nachträglicher Mitteilung des Arbeitnehmers von der Schwerbehinderteneigenschaft der Sonderkündigungsschutz dann anwendbar ist, wenn die **Schwerbehinderteneigenschaft offenkundig** ist, ist höchstrichterlich noch nicht entschieden. Allerdings ist jedenfalls darauf hinzuweisen, dass die Fälle offenkundiger Schwerbehinderung selten sind. Es ist nämlich zu verlangen, dass auch der für den Kündigungsschutz wichtige Grad der Behinderung offensichtlich ist!

4578

BEISPIEL:

K wurde seit 1965 von der G als Monteur beschäftigt. Seit dem 01.08.2001 ist er Schwerbehinderter i.S.d. § 2 SGB IX. Mit Schreiben vom 09.09.2001, das dem K spätestens Ende September 2001 zuging, kündigte G das Arbeitsverhältnis zum 31.12.2001. Mit seiner Klage wandte sich K gegen diese Kündigung. Er hat behauptet, etwa ein Jahr vor Kündigungsausspruch habe er dem Betriebsleiter und dem Lohnbuchhalter der G seine Schwerbehinderteneigenschaft angezeigt. Im Übrigen sei seine Schwerbehinderteneigenschaft offenkundig, da er hochgradig sehbehindert und schwerhörig sei. Die G hat vorgetragen, von der Schwerbehinderteneigenschaft des K erst durch die Klageschrift erfahren zu haben. Die Regelfrist von einem Monat war nicht gewahrt. Die Mitteilung gegenüber dem Betriebsleiter und Lohnbuchhalter reichte nicht aus. Die Schwerbehinderteneigenschaft war auch nicht offenkundig. Offenkundig muss **nach der Rechtsprechung** nicht nur die Schwerbehinderung, sondern auch der hierauf beruhende Grad der Behinderung von 50 % sein. Für eine solche Annahme reichte der pauschale Vortrag des K, er sei hochgradig sehbehindert und schwerhörig nicht aus. K kann daher keinen Sonderkündigungsschutz für schwerbehinderte Menschen geltend machen.

Die Zustimmung zu der ordentlichen Kündigung hat der Arbeitgeber beim örtlich zuständigen Integrationsamt **schriftlich** zu beantragen (§ 87 Abs. 1 Satz 1 SGB IX). Das Integrationsamt soll die Entscheidung **innerhalb eines Monats nach Eingang des Antrages** treffen (§ 88 Abs. 1 SGB IX). Sie entscheidet nach freiem pflichtgemäßem Ermessen.

4579

Das **Ermessen des Integrationsamtes ist eingeschränkt,** wenn der Betrieb nicht nur vorübergehend eingeschränkt oder nicht nur vorübergehend wesentlich eingeschränkt werden soll, s. § 89 Abs. 1 Satz 1, Satz 2 SGB IX. Dies gilt freilich nicht, wenn eine Weiterbeschäftigung auf einem freien Arbeitsplatz in einem anderen Betrieb desselben Arbeitgebers möglich und zumutbar ist (§ 89 Abs. 1 Satz 3 SGB IX). Danach soll die Zustimmung erteilt werden, wenn dem Schwerbehinderten ein anderer angemessener und zumutbarer Arbeitsplatz gesichert ist (§ 89 Abs. 2 SGB IX).

Ist der infolge eines **Betriebsunfalls schwerbehinderte Arbeitnehmer** nicht mehr in der Lage, seine bisherige vertraglich geschuldete Tätigkeit auszuüben und steht dem Arbeitgeber ein **freier Arbeitsplatz** zur Verfügung, auf dem eine den Fähigkeiten und Kenntnissen des Arbeitnehmers entsprechende Beschäftigung möglich ist, so ist dem Arbeitnehmer der **Abschluss eines Arbeitsvertrages** zu den betriebsüblichen Bedingungen anzubieten, der die dem Schwerbehinderten mögliche Arbeitsaufgabe zum Inhalt hat.

Der Arbeitgeber ist demgegenüber **nicht verpflichtet**, für den schwerbehinderten Arbeitnehmer einen **zusätzlichen Arbeitsplatz einzurichten**. Das gilt auch dann, wenn der Arbeitgeber eine Teilbetriebsstillegung durchführt, auf deshalb mögliche betriebsbedingte Kündigungen aus sozialen Gründen verzichtet und die von der Stillegung betroffenen Arbeitnehmer über seinen eigentlichen Personalbedarf hinaus beschäftigt *(BAG 28.04.1998, EzA § 14 SchwbG 1986 Nr. 5).*

Wie die Zustimmung zur Kündigung eines Schwerbehinderten zu beantragen ist, verdeutlicht das nachfolgende Muster. (Auch die Integrationsämter halten vielfach Informationsbroschüren bereit).

Muster: Antrag auf Zustimmung zur Kündigung eines Schwerbehinderten

Firma

Adresse des Integrationsamtes

Antrag auf Zustimmung zur ordentlichen Kündigung / außerordentlichen Kündigung / außerordentlichen, hilfsweise ordentlichen Kündigung / Änderungskündigung (nichtzutreffendes bitte streichen)

des ....
(Name, Vorname, Geburtsdatum, Familienstand, Anschrift)

Sehr geehrte Damen und Herren,

wir beabsichtigen, Frau/Herrn ... ordentlich/außerordentlich/außerordentlich, hilfsweise ordentlich zu kündigen. Wir bitten Sie deshalb, zuvor der beabsichtigten Personalmaßnahme zuzustimmen. Unser Kündigungsentschluss stützt sich auf folgenden Sachverhalt:

1. Die Erwerbsminderung von Herrn ... beträgt ... %.

   Herr ... ist bei uns als ... seit ... beschäftigt. Er verdient zur Zeit ... DM brutto/monatlich. Die Kündigung ist vorgesehen zum ....

   Die gesetzliche/vertragliche/tarifvertragliche Kündigungsfrist beträgt ....

2. In unserem Betrieb werden zur Zeit ... Arbeitnehmer beschäftigt, davon ... schwerbehinderte Menschen/Gleichgestellte. Der Pflichtsatz beträgt gem. § 71 SGB IX ....

3. Die Kündigung ist nötig, weil ...

4. Stellungnahmen des Betriebsrates und des Vertrauensmanns der Schwerbehinderten fügen wir bei.

....
Ort, Datum   Unterschrift

Kommt das Integrationsamt zu dem Ergebnis, dass die Kündigung nicht zustimmungsbedürftig ist, so erteilt es ein so genanntes **Negativattest**. Dieses Negativattest beseitigt – ebenso wie die Zustimmung – die Kündigungssperre (§ 85 SGB IX).

Wird die Zustimmung erteilt, kann der Arbeitgeber die Kündigung nur **innerhalb eines Monats nach Zustellung des Bescheides** erklären. Die Kündigung kann wirksam erst nach **Zustellung des Zustimmungsbescheides** des Integrationsamtes an den Arbeitgeber erfolgen. Die Zustimmung ist bereits dann erteilt, wenn nur dem Arbeitgeber, nicht jedoch dem Schwerbehinderten der Zustimmungsbescheid zugestellt worden ist (§ 88 Abs. 2 SGB IX). Dieser Zeitpunkt ist auch maßgeblich für den Beginn der einmonatigen Frist, innerhalb derer die Kündigung nach Zustellung des Bescheides auszusprechen ist (s. § 88 Abs. 3 SGB IX).

Die **Kündigungsfrist** für die Kündigung eines Schwerbehinderten beträgt ungeachtet ansonsten geltender kürzerer Fristen mindestens 4 Wochen, § 86 SGB IX.

Trotz der Zustimmung des Integrationsamtes muss der Arbeitgeber vor Ausspruch der Kündigung den **Betriebsrat** anhören (§ 102 BetrVG, vgl. → Rz. 4651). Die Betriebs- (Personalrats-)anhörung muss i.Ü. auch dann nicht wiederholt werden, wenn die Zustimmung des Integrationsamtes erst nach einem längeren Verfahren erteilt wird, der eigentliche Kündigungssachverhalt aber unverändert ist *(BAG 18.05.1994, EzA § 611 BGB Abmahnung Nr. 31)*.

Die Vorschriften über den Sonderkündigungsschutz gelten auch bei der außerordentlichen Kündigung der Arbeitsverhältnisse von Schwerbehinderten, soweit das Arbeitsverhältnis bereits länger als 6 Monate in dem Betrieb bestanden hat.

Es gelten hier jedoch auch Besonderheiten. Die Zustimmung kann nur **innerhalb von 2 Wochen beantragt** werden. Maßgebend ist der Eingang des Antrags bei dem Integrationsamt. Die Frist beginnt mit dem Zeitpunkt, in dem der Arbeitgeber von den für die Kündigung maßgebenden Tatsachen Kenntnis erlangt. Hat der Arbeitgeber bei Ausspruch einer außerordentlichen Kündigung keine Kenntnis davon, dass der Arbeitnehmer die Feststellung seiner Schwerbehinderteneigenschaft beantragt hat oder dass diese Feststellung bereits getroffen war, teilt aber der Arbeitnehmer dies dem Arbeitgeber innerhalb der Regelfrist von einem Monat mit, so kann der Arbeitgeber **innerhalb von 2 Wochen** nach Kenntniserlangung die Zustimmung zu einer außerordentlichen Kündigung beantragen (§ 91 Abs. 2 SGB IX).

Das Integrationsamt soll die Zustimmung erteilen, wenn die Kündigung aus einem Grunde erfolgt, der nicht im Zusammenhang mit der Behinderung steht (§ 91 Abs. 4 SGB IX).

BEISPIEL:

Der Arbeitnehmer A, der als Schwerbehinderter anerkannt ist, hat dem Betrieb seines Arbeitgebers Werkzeug im Werte von 500 DM entwendet. Der Arbeitgeber beantragt die Zustimmung des Integrationsamtes zur außerordentlichen Kündigung.

Hier besteht kein Zusammenhang zwischen der Schwerbehinderung des Arbeitnehmers und dem Kündigungsgrund. Das Integrationsamt muss daher in diesem Fall die Zustimmung erteilen.

Das Integrationsamt hat ihre Entscheidung innerhalb von **2 Wochen vom Tage des Eingangs des Antrages** an zu treffen. Wird innerhalb dieser Frist eine Entscheidung nicht getroffen, so gilt die Zustimmung als erteilt (§ 91 Abs. 3 SGB IX), so dass der Arbeitgeber die Kündigung aussprechen kann. Das Integrationsamt muss, wenn es den Antrag ablehnen will, ihre Entscheidung dem Arbeitgeber innerhalb der 2-wöchigen Frist in irgendeiner Weise bekannt geben, sei es auch nur durch (fern-) mündliche Unterrichtung.

Die **Zustimmungsfiktion** (§ 91 Abs. 3 Satz 2 SGB IX) greift indes nach der Rechtsprechung nicht ein, wenn die den Antrag des Arbeitgebers ablehnende Entscheidung innerhalb der Frist des § 91 Abs. 3 Satz 1 SGB IX den Machtbereich des Integrationsamtes verlassen hat. Es genügt also, wenn das Integrationsamt den Bescheid rechtzeitig zur Post gibt *(BAG 09.02.1994, EzA § 21 SchwbG 1986 Nr. 5)*.

Es **empfiehlt** sich daher in Zweifelsfällen, dass der Arbeitgeber vor Ausspruch der außerordentlichen Kündigung sich noch bei dem Integrationsamt informiert. Erhält er eine aus seiner Sicht positive Antwort, kann er kündigen.

Einer vorherigen **Zustellung** der Entscheidung des Integrationsamtes bedarf es **nicht** Dies gilt auch im Fall einer außerordentlichen Kündigung unter Gewährung einer **Auslauffrist** gegenüber einem ordentlich unkündbaren, schwerbehinderten Arbeitnehmer *(BAG 12.08.1999, EzA § 21 SchwbG 1986 Nr. 9)*.

4583 Ist die Zustimmung des Integrationsamtes zu einer außerordentlichen Kündigung erteilt, so kann die Kündigung auch nach Ablauf der 2-Wochenfrist des § 626 Abs. 2 Satz 2 BGB noch erfolgen, wenn sie unverzüglich, d. h. ohne schuldhaftes Zögern nach Erteilung der Zustimmung erklärt wird (§ 91 Abs. 5 SGB IX). Das Erfordernis einer unverzüglichen Kündigung gilt entsprechend, wenn ein Negativattest erteilt worden ist. Soweit das Gesetz (§ 91 Abs. 5 SGB IX) verlangt, dass die Kündigung unverzüglich erklärt wird, so bedeutet dies, dass sie innerhalb dieses Zeitraums dem schwerbehinderten Arbeitnehmer auch zugegangen sein muss. Die Absendung der Kündigungserklärung innerhalb dieses Zeitraums genügt demnach nicht.

Hat der Arbeitgeber mit Einschreiben außerordentlich gekündigt, war dieses Einschreiben jedoch nicht zustellbar, so kann sich der Arbeitnehmer unter Umständen nach Treu und Glauben nicht darauf berufen, die Kündigung sei nicht unverzüglich erklärt worden, wenn ihm der Benachrichtigungsschein über die Niederlegung des Einschreibebriefs bei der Postanstalt (z.B. durch Einwurf in den Hausbriefkasten) i.S.d. § 130 BGB zugegangen ist.

Dies ist nach der **Rechtsprechung** der Fall, wenn der Arbeitnehmer weiß, dass bei dem Integrationsamt ein Zustimmungsverfahren anhängig ist, er den Benachrichtigungsschein tatsächlich erhält oder die Unkenntnis von dessen Zugang zu vertreten hat. Der Arbeitnehmer hat in dem Zeitraum, in dem er mit einer Kündigung rechnen muss, seine Post sorgfältig durchzusehen.

4584 Die **Schwerbehindertenvertretung** ist vom Arbeitgeber in allen Angelegenheiten, die einen Schwerbehinderten betreffen, rechtzeitig und umfassend zu unterrichten und vor einer Entscheidung zu hören. Die getroffene Entscheidung ist ihr unverzüglich mitzuteilen (§ 95 Abs. 2 Satz 1 SGB IX).

Strittig ist, ob die Verletzung der Anhörungspflicht gegenüber der Schwerbehindertenvertretung (§ 95 Abs. 2 SGB IX) die Rechtsunwirksamkeit der Kündigung zur Folge hat. Dies wird überwiegend abgelehnt. Die **Schwerbehindertenvertretung** hat im Übrigen auch das Recht, an **beratenden Sitzungen gemeinsamer Ausschüsse** von Arbeitgeber und Betriebsrat i.S.d. § 28 Abs. 3 BetrVG teilzunehmen *(BAG 21.04.1993, EzA § 25 SchwbG 1986 Nr. 2)*.

4584 a Geht der Arbeitnehmer sowohl vor den Arbeitsgerichten gegen die Kündigung vor als auch vor den Verwaltungsgerichten gegen die Zustimmung des Integrationsamtes, so stellt sich die Frage, ob das **arbeitsgerichtliche Verfahren** bis zur Beendigung des verwaltungsgerichtlichen Verfahrens **auszusetzen** ist (§ 148 ZPO). Dies steht im pflichtgemäßen Ermessen des Gerichts *(BAG 26.09.1991, EzA § 1 KSchG Personenbedingte Kündigung Nr. 110)*

III. Wehrpflichtige und Zivildienstleistende

4590 Das Arbeitsplatzschutzgesetz gilt für alle Arbeitnehmer, die aufgrund des Wehrpflichtgesetzes Wehrdienst bei der Bundeswehr leisten. Es gilt also für Arbeiter, Angestellte und die zu ihrer Berufsbildung Beschäftigten, s. auch § 15 Abs. 1 ArbPlSchG.

4591 Bei **ausländischen Arbeitnehmern**, die in ihrem Heimatland Wehrdienst leisten, ist zu differenzieren. Das Arbeitsplatzschutzgesetz enthält an sich nur Schutzbestimmungen zugunsten der Arbeitnehmer, deren Einberufung durch Maßnahmen veranlasst worden ist, die auf der deutschen Wehrgesetzgebung beruhen. Eine **Gleichstellung** ausländischer Arbeitnehmer mit den Schutzvorschriften dieses Gesetzes ist nach der Rechtsprechung nur bei Arbeitnehmern geboten, die Angehörige eines Mitgliedstaates der Europäischen Gemeinschaft und im Geltungsbereich des Arbeitsplatzschutzgesetzes beschäftigt sind. Auf Arbeitnehmer aus nicht EG-Ländern ist das Arbeitsplatzschutzgesetz daher nicht anwendbar.

4592 Der Schutz des Arbeitsplatzes bezieht sich auf den **verkürzten und den vollen Grundwehrdienst** (§ 5 WehrpflG), auf Pflichtwehrübungen (§ 6 WehrpflG) und freiwillige Wehrübungen (§ 4 Abs. 3 WehrpflG), die in einem Kalenderjahr zusammen nicht länger als 6 Wochen dauern (§ 10 ArbPlSchG), bei so genannten Kurzwehrübungen von nicht mehr als 3 Tagen ist der Arbeitnehmer während des Wehrdienstes und unter Weitergewährung des Arbeitsentgelts von der Arbeitsleistung freigestellt (§ 11 Abs. 1 ArbPlSchG).

4593 Das Arbeitsplatzschutzgesetz gilt auch im Falle des Wehrdienstes als **Soldat auf Zeit** für die zunächst auf 6 Monate festgesetzte Dienstzeit (Probezeit) und die endgültig auf insgesamt nicht mehr als 2 Jahre festgesetzte Dienstzeit mit der Maßgabe, dass die für den Grundwehrdienst geltenden Vorschriften anzuwenden sind (§ 16 a Abs. 1 ArbPlSchG).

Wird ein Arbeitnehmer zum Grundwehrdienst bzw. zur Wehrübung einberufen, so **ruht das Arbeitsverhältnis** während des Wehrdienstes (§ 1 Abs. 1 ArbPlSchG).

Von der Zustellung des Einberufungsbescheides bis zur Beendigung des Grundwehrdienstes sowie während einer Wehrübung darf der Arbeitgeber **nicht ordentlich kündigen** (§ 3 Abs. 1 ArbPlSchG). Dieses Kündigungsverbot gilt auch während einer vereinbarten Probezeit. Eine trotzdem ausgesprochene außerordentliche Kündigung ist unwirksam. Auf die Kenntnis des Arbeitgebers kommt es nicht an. Die Unwirksamkeit der Kündigung braucht der Arbeitnehmer nicht innerhalb von 3 Wochen nach Zugang der Kündigung geltend zu machen (§ 13 Abs. 3 KSchG).

Das Recht des Arbeitgebers zur **außerordentlichen Kündigung**, d. h. zur fristlosen Kündigung, bleibt unberührt (§ 2 Abs. 3 Satz 1 ArbPlSchG). Die Einberufung als solche stellt keinen Kündigungsgrund dar (§ 2 Abs. 3 Satz 2 ArbPlSchG). Ob aus **betrieblichen Gründen** während des Wehrdienstes gekündigt werden kann, ist streitig.

4594 In **Kleinbetrieben (weniger als 6 Arbeitnehmer**, ausschließlich der zu ihrer Berufsbildung Beschäftigten) gilt die Einberufung zum Grundwehrdienst von mehr als 6 Monaten als wichtiger Grund (§ 2 Abs. 3 Satz 2 ArbPlSchG). Voraussetzung dafür ist, dass der Arbeitnehmer unverheiratet ist und dem Arbeitgeber infolge Einstellung einer Ersatzkraft die Weiterbeschäftigung des Arbeitnehmers nach der Entlassung aus dem Wehrdienst nicht zugemutet werden kann. Eine hiernach zulässige Kündigung darf jedoch nur unter Einhaltung einer Frist von 2 Monaten zum Zeitpunkt der Entlassung aus dem Wehrdienst ausgesprochen werden (§ 2 Abs. 3 Satz 5 ArbPlSchG).

4595 Eine **Weiterbeschäftigung** des aus dem Wehrdienst entlassenen Arbeitnehmers ist dem Arbeitgeber dann unzumutbar, wenn er das Beschäftigungsverhältnis mit der Ersatzkraft nicht mehr lösen kann. Allerdings ist vom Arbeitgeber zu erwarten, dass er von vornherein nur ein befristetes Arbeitsverhältnis mit der Ersatzkraft eingeht, so dass der Arbeitsplatz für den Wehrpflichtigen nach der Entlassung aus dem Wehrdienst wieder rechtzeitig frei wird.

4596 Vor und nach dem Wehrdienst darf der Arbeitgeber zwar grundsätzlich ordentlich bzw. außerordentlich kündigen, aber nicht aus **Anlass des Wehrdienstes** (§ 2 Abs. 2 Satz 1 ArbPlSchG).

Aus Anlass des Wehrdienstes erfolgt jede Kündigung, für die der bevorstehende oder bereits abgeleistete Wehrdienst den Grund abgibt. Es genügt, dass der Wehrdienst **mitbestimmendes Motiv** des Arbeitgebers war. Eine derartige Kündigung ist unwirksam.

Ist es streitig, ob der Arbeitgeber aus Anlass des Wehrdienstes gekündigt hat, so trifft die **Beweislast den Arbeitgeber** (§ 2 Abs. 2 Satz 3 ArbPlSchG). Dieser muss also nachweisen, dass die Kündigung schon vor der Musterung beschlossen oder betrieblich erforderlich war.

4597 Muss der Arbeitgeber aus dringenden betrieblichen Erfordernissen Arbeitnehmer entlassen, so darf er bei der Auswahl der zu Entlassenden den Wehrdienst eines Arbeitnehmers **nicht zu dessen Ungunsten** berücksichtigen (§ 2 Abs. 2 Satz 2 ArbPlSchG). Im Streitfall muss wiederum der Arbeitgeber beweisen, dass er bei der Auswahl der zu entlassenden Arbeitnehmer den Wehrdienst eines Arbeitnehmers nicht zu dessen Ungunsten berücksichtigt hat.

Für anerkannte **Kriegsdienstverweigerer**, d. h. für Wehrpflichtige, die aus Gewissensgründen den Kriegsdienst mit der Waffe verweigern und einen Zivildienst außerhalb der Bundeswehr leisten, ist das Arbeitsplatzschutzgesetz entsprechend anwendbar (§ 78 Abs. 1 Satz 1 ZDG). 4598

Von diesen Zivildienstleistenden sind die Dienstpflichtigen zu unterscheiden, die nicht nur den Dienst mit der Waffe, sondern auch den Ersatzdienst aus Gewissensgründen verweigern, aber zu einer Tätigkeit im Kranken-, Heil- und Pflegebereich bereit sind (§ 15 a ZDG). Auf diesen Personenkreis ist das Arbeitsplatzschutzgesetz nicht anwendbar, so dass ein besonderer Kündigungsschutz fehlt.

IV. Mitglieder von Betriebsverfassungsorganen

Einen besonderen Kündigungsschutz genießen auch Mitglieder eines Betriebsrats, einer Jugend- und Auszubildendenvertretung, einer Bordvertretung oder eines Seebetriebsrates (§ 15 Abs. 1 KSchG), einer Personalvertretung und einer Jugend- und Auszubildendenvertretung (§ 15 Abs. 2 KSchG) sowie eines Wahlvorstandes und Wahlbewerbern (§ 15 Abs. 3 KSchG). Keinen besonderen Kündigungsschutz genießen Ersatzmitglieder, also die Mitglieder des Betriebsrates, die ein zeitweilig verhindertes Mitglied des Betriebsrates vertreten bzw. nach Ausscheiden eines Mitglieds in den Betriebsrat nachrücken sollen (§ 15 BetrVG). Etwas anderes gilt freilich dann, wenn sie nachgerückt oder als Vertreter für ein zeitweilig verhindertes Betriebsratsmitglied tätig geworden sind. Da eine zeitweilige Verhinderung herbeigeführt werden kann, können dann auch Ersatzmitglieder in großem Umfang Sonderkündigungsschutz erlangen (vgl. → Rz. 4604). 4599

Keinen Sonderkündigungsschutz genießen die Bewerber für den Wahlvorstand, die Mitglieder des Wirtschaftsausschusses (§ 107 BetrVG), sofern sie nicht auch dem Betriebsrat angehören, die Mitglieder einer Einigungsstelle, einer betrieblichen Beschwerdestelle oder tariflichen Schlichtungsstelle. Überraschenderweise genießen auch keinen Sonderkündigungsschutz die Mitglieder des Sprecherausschusses der Leitenden Angestellten. Keinen Sonderkündigungsschutz genießen ferner gewerkschaftliche Vertrauensleute in den Betrieben. Auch auf Arbeitnehmervertreter im Aufsichtsrat ist § 15 KSchG nicht anwendbar.

Der Schutz der **Mitglieder des Wahlvorstandes** beginnt mit dem Zeitpunkt der Bestellung und besteht bis zur Bekanntgabe des Wahlergebnisses (§ 15 Abs. 3 Satz 1 KSchG). Danach hat das Wahlvorstandsmitglied 6 Monate lang nachwirkenden Kündigungsschutz. Dies gilt freilich nicht, wenn der Wahlvorstand durch einen anderen Wahlvorstand ersetzt worden ist (§ 15 Abs. 3 Satz 2 KSchG). 4600

Die in einer nichtigen Wahl gewählten Wahlvorstandsmitglieder genießen nicht den besonderen Kündigungsschutz des § 15 Abs. 3 KSchG. Mitglieder des Wahlvorstandes, die vor Durchführung der Betriebsratswahl ihr Amt niederlegen, erwerben vom Zeitpunkt der Amtsniederlegung an den 6-monatigen nachwirkenden Kündigungsschutz. Innerhalb dieses Zeitraumes ist also nur eine außerordentliche Kündigung möglich (§ 15 Abs. 3 KSchG, § 103 BetrVG).

Der Schutz des Wahlbewerbers setzt im Zeitpunkt der Aufstellung des Wahlvorschlages ein (§ 15 Abs. 3 Satz 1 KSchG). Notwendig ist, dass ein Wahlvorstand bestellt ist und für den Wahlbewerber ein Wahlvorschlag vorliegt, der die nach dem Betriebsverfassungsgesetz erforderliche Mindestzahl von **Stützungsunterschriften** aufweist. Auf die Einreichung des Wahlvorschlags beim Wahlvorstand kommt es nicht an. Der Arbeitnehmer ist also nicht besonders geschützt, solange nicht wenigstens ein Wahlvorschlag für seine Person aufgestellt ist, der den Anforderungen des § 14 Abs. 6 BetrVG genügt. Allerdings kann auch in diesem Falle eine Arbeitgeberkündigung unwirksam sein, wenn sie nur ausgesprochen wird, um den demnächst zu erwartenden Kündigungsschutz des Arbeitnehmers als Wahlbewerber zu vereiteln.

Der besondere Kündigungsschutz nach § 15 Abs. 3 Satz 1 KSchG endet mit der Bekanntgabe des Wahlergebnisses; sofern der Bewerber nicht gewählt worden ist, folgt der nachwirkende Schutz unter Ausschluß des ordentlichen Kündigungsrechts in den sich anschließenden 6 Monaten (§ 15 Abs. 3 KSchG).

4601 Für die **Betriebsratsmitglieder** setzt der Schutz mit der Bekanntgabe des Wahlergebnisses oder, wenn zu diesem Zeitpunkt noch ein Betriebsrat besteht, mit Ablauf von dessen Amtszeit ein (§ 21 Abs. 2 BetrVG, § 15 Abs. 1 Satz 1 KSchG).

Ob bei einer Betriebsratswahl gegen wesentliche Vorschriften über das Wahlrecht, die Wählbarkeit oder das Verfahren verstoßen worden und die Wahl daher anfechtbar ist (§ 19 BetrVG), ist für den besonderen Kündigungsschutz der gewählten Betriebsratsmitglieder **unerheblich**, solange die Wahl nicht aufgrund einer Anfechtung gerichtlich rechtskräftig für unwirksam erklärt worden ist.

Ist hingegen die Betriebsratswahl **nichtig**, weil gegen allgemeine Grundsätze jeder ordnungsgemäßen Wahl in so hohem Maße verstoßen worden ist, dass auch der Anschein einer dem Gesetz entsprechenden Wahl nicht mehr vorliegt, so besteht kein Vertrauensschutz zugunsten eines aus einer solchen Wahl hervorgegangenen Betriebsrats. Die Nichtigkeit einer Wahl kann jederzeit geltend gemacht werden.

4602 Der Schutz von Betriebsratsmitgliedern und der ihnen gleichgestellten Personen (§ 15 Abs. 1 KSchG) **dauert bis zur Beendigung der Amtszeit**. Danach genießt das Betriebsratsmitglied für die **Dauer eines Jahres nachwirkenden Kündigungsschutz**; dies bedeutet, dass während dieses Zeitraums ein ordentliches Kündigungsrecht ausgeschlossen ist. Dies gilt aber nicht, wenn die Beendigung der Mitgliedschaft auf einer gerichtlichen Entscheidung beruht (§ 15 Abs. 1 Satz 2 KSchG i.V.m. § 23 Abs. 1 BetrVG).

Die Amtszeit endet **nach 4 Jahren** (§ 21 Satz 1 BetrVG), spätestens am 31.05. des Jahres, in dem nach § 13 Abs. 1 BetrVG die regelmäßigen Betriebsratswahlen stattfinden. Die Amtszeit eines außerhalb des regelmäßigen Wahlzeitraums gewählten Betriebsrats endet mit der Bekanntgabe des Wahlergebnisses des neugewählten Betriebsrats.

Die Mitgliedschaft im Betriebsrat **erlischt** vor Ablauf der Amtszeit durch Niederlegung des Betriebsratsamtes, Beendigung des Arbeitsverhältnisses, Verlust der Wählbarkeit, Ausschluß aus dem Betriebsrat oder Auflösung des Betriebsrats aufgrund gerichtlicher Entscheidung oder durch gerichtliche Entscheidung über die Feststellung der Nichtwählbarkeit (§ 24 Abs. 1 Nr. 2 – 6 BetrVG).

4603

Auch Betriebsratsmitglieder, die ihr Amt niedergelegt haben, besitzen aber nachwirkenden Kündigungsschutz, d. h. auch sie sind innerhalb eines Jahres ordentlich unkündbar. Beschließt der Betriebsrat seinen Rücktritt, führt er aber die Geschäfte weiter, ist der neue Betriebsrat gewählt und das Wahlergebnis bekannt gegeben worden (§ 22 BetrVG), so genießen die Betriebsratsmitglieder den Schutz des § 15 Abs. 1 Satz 1 KSchG.

Ersatzmitglieder des Betriebsrats genießen den Sonderkündigungsschutz, solange sie stellvertretend für ein verhindertes ordentliches Betriebsratsmitglied dem Betriebsrat angehören. Dieser Schutz besteht nach der Rechtsprechung für die **gesamte Dauer der Vertretung** und nicht nur an den Tagen, an denen sie Geschäfte eines Betriebsratsmitglieds (z.B. Sitzungsteilnahme) wahrnehmen. Die Vertretung beginnt mit der Arbeitsaufnahme des Ersatzmitgliedes an dem Tag, an dem das **ordentliche Betriebsratsmitglied erstmals verhindert** ist. Eine förmliche Benachrichtigung des Ersatzmitglieds ist nicht erforderlich. Da das Ersatzmitglied **automatisch nachrückt,** bedarf es weder einer (förmlichen) Benachrichtigung über den Vertretungsfall noch einer ausdrücklichen Annahmeerklärung. Mit dem Erwerb der Vollmitgliedschaft im Betriebsrat setzt auch der besondere Kündigungsschutz ein. Dies gilt unabhängig davon, ob das Ersatzmitglied bereits betriebsrätlich aktiv geworden ist.

4604

Allerdings muss das **Ersatzmitglied** die **Bereitschaft zum Nachrücken** haben *(zum Ganzen LAG Schleswig-Holstein 07.04.1994, LAGE § 15 KSchG Nr. 8).* Ebenso greift der besondere Bestandsschutz ein, wenn das Ersatzmitglied zur Vertretung eines ordentlichen Mitglieds aufgefordert wird, aber an der geplanten Betriebsratssitzung deshalb nicht teilnehmen kann, weil der Vorgesetzte ihm dies wegen Unabkömmlichkeit untersagt *(LAG Brandenburg 25.10.1993, LAGE § 15 KSchG Nr. 8).*

Das erste Ersatzmitglied der jeweiligen Vorschlagsliste ist solange Vertreter im Betriebsrat, wie ein Vertretungsfall gegeben ist. Weitere Ersatzmitglieder rücken nach, solange und soweit weitere Vertretungsfälle eintreten.

Tritt bei einem zur Amtsausübung berufenen Ersatzmitglied nachträglich ebenfalls ein Verhinderungsfall ein, so behält das Ersatzmitglied den Sonderkündigungsschutz auch während der eigenen Verhinderung, sofern deren Dauer im Vergleich zur voraussichtlichen Dauer des Vertretungsfalls als unerheblich anzusehen ist. Eine ersichtlich unbedeutende Unterbrechung der Amtsausübung gilt nicht als Unterbrechung der Berufung des Ersatzmitgliedes zur stellvertretenden Wahrnehmung des Betriebsratsamtes. Den den Betriebsratsmitgliedern **gleichwertigen Sonderkündigungsschutz** haben Ersatzmitglieder bis zum Ende der Vertretung eines ordentlichen Betriebsratsmitglieds.

4605

Nach Beendigung des Vertretungsfalles genießen Ersatzmitglieder, die stellvertretend für ein zeitweilig verhindertes ordentliches Betriebsratsmitglied dem Betriebsrat angehören und Aufgaben eines Betriebsratsmitglieds wahrgenommen haben, grundsätzlich nachwirkenden Kündigungsschutz, d. h. auch bei ihnen ist innerhalb eines Jahres die ordentliche Kündigung ausgeschlossen. Noch nicht höchstrichterlich entschieden ist die Frage, ob der nachwirkende Kündigungsschutz auch dann eingreift, wenn dem Arbeitgeber bei Ausspruch der ordentlichen Kündigung nicht bekannt ist, dass das Ersatzmitglied vor Ablauf eines Jahres stellvertretend als Mitglied des Betriebsrats amtiert hat.

4606 Für Mitglieder einer **Jugend- und Auszubildendenvertretung**, einer Bordvertretung und eines Seebetriebsrats gelten die gleichen Regelungen wie für Betriebsratsmitglieder (vgl. § 15 Abs. 1 KSchG).

Solange ein Amtsträger i.S.d. § 15 KSchG Sonderkündigungsschutz genießt, sei es während der Amtszeit, sei es im **Nachwirkungszeitraum**, ist eine ordentliche Kündigung durch den Arbeitgeber unzulässig.

Etwas anderes gilt nur dann, wenn der Gesamtbetrieb oder eine Betriebsabteilung stillgelegt wird (§ 15 Abs. 4, 5 KSchG). In diesen Fällen ist auch gegenüber dem betriebsverfassungsrechtlichen Mandatsträger eine ordentliche Kündigung möglich.

4607 Eine ordentliche Kündigung ist ansonsten gegenüber **betriebsverfassungsrechtlichen Mandatsträgern** auch dann nichtig, wenn ein wichtiger Grund vorgelegen, aber der Arbeitgeber eine außerordentliche Kündigung unterlassen hat.

Ein Betriebsratsmitglied darf grundsätzlich auch nicht zum Zwecke der Änderung seines Arbeitsvertrages (z.B. Herabgruppierung) ordentlich gekündigt werden. Nach der Rechtsprechung ist eine solche ordentliche Kündigung selbst dann unzulässig, wenn gleichzeitig allen anderen Arbeitnehmern des Betriebes oder einer Betriebsabteilung eine derartige Änderungskündigung, d.h. die so genannte Massen- oder Gruppenänderungskündigung, erklärt wird. Eine **Massenänderungskündigung** soll auch gegenüber einem erfolglosen Wahlbewerber innerhalb der 6 Monate nach Bekanntgabe des Wahlergebnisses zulässig sein (vgl. § 15 Abs. 3 Satz 2 KSchG).

4608 Unter bestimmten Voraussetzungen ist jedoch auch gegenüber einem Betriebsratsmitglied eine **außerordentliche Änderungskündigung** möglich. Die Anforderungen an eine solche außerordentliche Änderungskündigung sind jedoch **äußerst streng**.

Grundsätzlich darf der gesetzliche Ausschluß der Unkündbarkeit nämlich nicht dazu führen, dass die Möglichkeit einer außerordentlichen Kündigung unter erleichterten Voraussetzungen gegeben ist *(LAG Köln 24.02.1994, LAGE § 103 BetrVG 1972 Nr. 9 und → Rz. 4547)*. Entscheidend ist, ob die Fortsetzung des Arbeitsverhältnisses zu unveränderten Bedingungen bis zum Ende des Sonderkündigungsschutzes zumutbar ist *(BAG 21.06.1995, EzA § 15 KSchG Nr. 43)*. Die Änderung der Arbeitsbedingungen muss für den Arbeitgeber unabweisbar und für den Arbeitnehmer zumutbar sein *(BAG a.a.O.)*.

4609 Wird eine **ordentliche Kündigung** vor Eintritt des besonderen Kündigungsschutzes ausgesprochen, ist sie zulässig, auch wenn die Kündigungsfrist während der Schutzzeit ausläuft. Geht die Kündigung nach Eintritt des Kündigungsschutzes zu, so ist sie unzulässig, selbst wenn die Kündigungsfrist erst nach der Schutzzeit endet.

Dem besonders geschützten betriebsverfassungsrechtlichen Mandatsträger kann auch außerordentlich gekündigt werden, wenn die Voraussetzungen für diesen Beendigungstatbestand gegeben sind, also ein wichtiger Grund zur fristlosen Kündigung vorliegt (§ 626 Abs. 1 BGB). Bei der Beurteilung, ob ein wichtiger Grund zur fristlosen Kündigung gegeben ist, darf die Mitgliedschaft dem Betriebsrat weder zum Vor- noch zum Nachteil gereichen.

4610
Bei Betriebsratsmitgliedern und sonstigen betriebsverfassungsrechtlichen Mandatsträgern ist im Übrigen zwischen einer Verletzung von **Amtspflichten** und der Verletzung von **Vertragspflichten** zu unterscheiden. Ein grober Verstoß eines Betriebsratsmitglieds gegen seine Amtspflichten rechtfertigt in der Regel nur den Ausschluß aus dem Betriebsrat (§ 23 Abs. 1 BetrVG). Pflichtverletzungen im Rahmen der Betriebsratstätigkeit rechtfertigen eine außerordentliche Kündigung nur, wenn das Betriebsratsmitglied gleichzeitig gegen seine Pflichten aus dem Arbeitsverhältnis schwer verstoßen hat. Im Regelfall wird man feststellen können, dass eine außerordentliche Kündigung eines Betriebsratsmitglieds nur in Ausnahmefällen möglich ist.

Die 2-Wochenfrist, innerhalb derer eine außerordentliche Kündigung ausgesprochen werden muss (§ 626 Abs. 2 BGB) gilt auch bei dem besonderen Kündigungsschutz für betriebsverfassungsrechtliche Mandatsträger. Sie beginnt mit der Kenntnis des Arbeitgebers von den kündigungserheblichen Tatsachen.

4611
Vom Beginn bis zur Beendigung der Amtszeit (Betriebsratsmitglieder) sowie von der Bestellung (Wahlvorstandsmitglieder) beziehungsweise von der Ausführung des Wahlvorschlags (Wahlbewerber) bis zur Bekanntgabe des Wahlergebnisses ist für die Zulässigkeit der Kündigung ferner Voraussetzung, dass der **Betriebsrat der außerordentlichen Kündigung zugestimmt hat** bzw. dass die Zustimmung des Betriebsrats durch **gerichtliche Entscheidung ersetzt** worden ist (§ 103 BetrVG, § 15 Abs. 1, 3 KSchG).

Soll ein Betriebsratsmitglied wegen einer nicht offensichtlichen dauernden krankheitsbedingten Leistungsunfähigkeit gekündigt werden, so kommt eine Ersetzung der Zustimmung nicht in Betracht *(ArbG Hagen 05.08.1993, EzA § 103 BetrVG 1972 Nr. 34)*.

Die Zustimmung des Betriebsrats bzw. die ersetzte Zustimmung ist **Wirksamkeitsvoraussetzung für die Kündigung.** Sie muss ausnahmslos vor Kündigungsausspruch vorliegen. Die nachträgliche Zustimmung ist rechtlich bedeutungslos *(BAG 09.07.1998, EzA § 103 BetrVG 1972 Nr. 39)*.

Der Arbeitgeber muss die Zustimmung innerhalb der Frist des § 626 Abs. 2 BGB beim Betriebsrat beantragen und ihm die Gründe für die beabsichtigte außerordentliche Kündigung angeben. Der Betriebsrat ist verpflichtet, seine Entscheidung **unverzüglich, spätestens innerhalb von 3 Tagen dem Arbeitgeber mitzuteilen** (§ 102 Abs. 2 Satz 3 BetrVG). Gibt er innerhalb dieser Frist keine zustimmende Erklärung ab, so gilt dies als **Verweigerung** der Zustimmung. Der Betriebsrat kann die von ihm zunächst verweigerte oder noch nicht erteilte Zustimmung zur beabsichtigten außerordentlichen Kündigung nach Einleitung eines Verfahrens nach § 103 Abs. 2 BetrVG auch dann noch nachträglich erteilen, wenn die Voraussetzungen des § 626 Abs. 1 BGB erfüllt sind.

4612 Will der Arbeitgeber in einem **betriebsratslosen Betrieb** dem Wahlvorstandsmitglied oder einem Wahlbewerber kündigen, dann muss er unmittelbar die Zustimmung des Arbeitsgerichts zur Kündigung einholen (entsprechend § 103 Abs. 2 BetrVG, *s. nunmehr BAG 14.09.1994, EzA § 103 BetrVG 1972 Nr. 36*). Die Kündigung ist dann erst nach Rechtskraft des Zustimmungsbeschlusses zulässig.

4613 Gleiches gilt, wenn der Arbeitgeber dem **Betriebsobmann**, d.h. dem einzigen Betriebsratsmitglied kündigen will, sofern er gewählt ist und ein Ersatzmitglied fehlt. Auch dann muss der Arbeitgeber vor der Kündigung die Zustimmung des Arbeitsgerichts einholen *(BAG 14.09.1994, EzA § 103 BetrVG 1972 Nr. 36).*

4614 Wird der Betrieb **stillgelegt**, so ist die Kündigung der in § 15 KSchG geschützten Person frühestens zum Zeitpunkt der Stillegung zulässig, es sei denn, dass ihre Kündigung zu einem früheren Zeitpunkt durch zwingende betriebliche Erfordernisse bedingt ist (§ 15 Abs. 4 KSchG). Die Kündigung ist als ordentliche Kündigung nur unter Einhaltung der Kündigungsfrist, frühestens aber zum Stillegungszeitpunkt, möglich.

Wird einer der in § 15 Abs. 1 – 3 KSchG genannten betriebsverfassungsrechtlichen Mandatsträger in einer Betriebsabteilung beschäftigt, die stillgelegt wird, so ist er in eine andere Betriebsabteilung zu übernehmen (§ 15 Abs. 1 KSchG). Ist dies aus betrieblichen Gründen nicht möglich, so ist eine ordentliche Kündigung möglich (15 Abs. 4 KSchG entsprechend). Die Kündigung eines Betriebsratsmitglieds wegen einer Betriebsstillegung ist nur dann gerechtfertigt, wenn keine Weiterbeschäftigungsmöglichkeit in einem **anderen Betrieb des Unternehmens besteht**. Der Kündigungsschutz ist hier ausnahmsweise unternehmensbezogen! Besteht eine unternehmensbezogene Weiterbeschäftigungsmöglichkeit, so muss dem Betriebsratsmitglied der entsprechende Arbeitsplatz angeboten oder aber sofort eine Änderungskündigung ausgesprochen werden. Erst bei Ablehnung des Änderungsangebots kommt eine Beendigungskündigung in Betracht.

Achtung: Führt der Arbeitgeber den Betrieb wider Erwarten fort oder geht der Betrieb auf einen anderen Inhaber über, ist die Kündigung des Betriebsratsmitglieds gegenstandslos, weil die **Betriebsstillegung gesetzliche Bedingung für die Wirksamkeit der Kündigung** ist (*BAG 14.09.1994, EzA § 103 BetrVG 1972 36*).

Soll ein Betriebsratsmitglied wegen der Betriebsstillegung oder der Stillegung einer Betriebsabteilung ordentlich gekündigt werden, so ist der Betriebsrat vor dieser Kündigung anzuhören (§ 102 BetrVG).

V. Vertrauensmänner und -frauen der schwerbehinderten Menschen

4615 In Betrieben, in denen wenigstens **5 schwerbehinderte Menschen nicht nur vorübergehend beschäftigt** sind, werden als Schwerbehindertenvertretung ein Vertrauensmann oder eine Vertrauensfrau und wenigstens ein Stellvertreter gewählt, der den Vertrauensmann oder die Vertrauensfrau im Falle der Verhinderung vertritt (§ 94 Abs. 1 Satz 1 SGB IX). Die **Amtszeit** der Schwerbehindertenvertretung beträgt ebenso wie die Amtszeit des Betriebsrats 4 Jahre (§ 94 Abs. 8 Satz 1 SGB IX).

Die Vertrauensmänner/-frauen besitzen den gleichen **Kündigungsschutz wie ein Mitglied des Betriebsrats** (§ 94 Abs. 3 Satz 1 SGB IX). Stellvertreter nehmen während der Dauer der Vertretung die gleiche Rechtsstellung wie Ersatzmitglieder des Betriebsrats ein (§ 96 Abs. 3 Satz 2 SGB IX).

VI. Erziehungsurlaub

Der Gesetzgeber hat mit Wirkung ab dem 01.01.2001 das Bundeserziehungsgeldgesetz (BErzGG) umfassend novelliert *(vgl. BGBl. I v. 26.10.2000, S. 1426)* und insbesondere auch die Vorschriften über den Erziehungsurlaub neu gestaltet. Für vor dem 01.01.2001 geborene Kinder richtet sich die Rechtslage jedoch weiterhin nach der Bundeserziehungsgeldgesetz in der bis zum 31.12.2000 unveränderten Fassung. Der Arbeitgeber darf das Arbeitsverhältnis ab dem Zeitpunkt, von dem an **Erziehungsurlaub** verlangt worden ist, höchstens jedoch 6 Wochen vor Beginn des Erziehungsurlaubs, und während des Erziehungsurlaubs nicht kündigen (§ 18 Abs. 1 Satz 1 BErzGG). Dies gilt für ordentliche und außerordentliche Kündigungen. Voraussetzung ist immer, dass der Arbeitnehmer entsprechend den allgemeinen Voraussetzungen einen Anspruch auf Erziehungsurlaub hat.

Verlangt der Arbeitnehmer vom Arbeitgeber Erziehungsurlaub, so greift der Kündigungsschutz nach § 18 Abs. 1 Satz 1 BErzGG schon dann sofort ein, wenn das Verlangen 6 Wochen vor Beginn des Erziehungsurlaubs oder während der 6-Wochen-Frist erfolgt. Erfolgt das Verlangen früher als 6 Wochen vor Beginn des Erziehungsurlaubs, so ist der Sonderkündigungsschutz nicht bereits mit dem Verlangen gegeben, sondern setzt erst ab dem 6-Wochen-Zeitpunkt vor Beginn des Erziehungsurlaubs ein.

Anknüpfungspunkt für die Fristberechnung ist in jedem Fall der Beginn des Erziehungsurlaubs nach § 16 BErzGG. Sind die Anspruchsvoraussetzungen für den Erziehungsurlaub erfüllt und hat der Arbeitnehmer eine dem § 16 BErzGG genügende Erklärung abgegeben, so kann der Arbeitnehmer zum vorgesehenen Zeitpunkt und für die begehrte Dauer der Arbeit fernbleiben. Einer **Einverständniserklärung des Arbeitgebers** bedarf es nicht *(s. zum Ganzen BAG 17.02.1994, EzA § 611 BGB Abmahnung Nr. 30).*

Üben **Teilzeitbeschäftigte** ihre Tätigkeit während der Kindererziehung aus, gelten folgende Besonderheiten:

- Arbeitnehmer, die während des Erziehungsurlaubs bei ihrem Arbeitgeber in Teilzeit bis zu **19 Wochenstunden** tätig sind, haben ebenfalls Sonderkündigungsschutz (§ 18 Abs. 2 Nr. 1 BErzGG).
- Selbst wenn der Teilzeitarbeitnehmer **keinen Erziehungsurlaub** für die Kinderbetreuung beansprucht, genießt dieser **Sonderkündigungsschutz** nach § 18 BErzGG, wenn er Anspruch auf **Erziehungsgeld** hat oder nur deshalb nicht hat, weil sein Einkommen die Einkommensgrenzen übersteigt!

- Bei Teilzeittätigkeit für einen **anderen Arbeitgeber** besteht kein Sonderkündigungsschutz für das Teilzeitarbeitsverhältnis; für das infolge des Erziehungsurlaubs ruhenden (Haupt-)Arbeitsverhältnisses greift jedoch der Sonderkündigungsschutz nach § 18 BErzGG.

In besonderen Fällen kann ausnahmsweise eine Kündigung durch **behördliche Erlaubnis** für zulässig erklärt werden (§ 18 Abs. 1 Satz 2 BErzGG). Die Zulässigkeitserklärung erfolgt durch die für den Arbeitsschutz zuständige oberste Landesbehörde oder die von ihr bestimmte Stelle. Zuständige Stellen sind, wie auch in den Fällen des § 9 Abs. 3 MuSchG:

- die Gewerbeaufsichtsämter in Baden-Württemberg, Bayern, Bremen, Niedersachsen und Schleswig-Holstein sowie in den neuen Bundesländern,
- die Regierungspräsidenten in Hessen und Nordrhein-Westfalen,
- die Ämter für Arbeitsschutz in Berlin und Hamburg, das Landesgewerbeamt in Rheinland-Pfalz und
- der Minister für Frauen, Arbeit, Gesundheit und Soziales im Saarland.

Insoweit bestehen »allgemeine Verwaltungsvorschriften zum Kündigungsschutz beim Erziehungsurlaub«.

4617 Die Zulässigkeitserklärung ist vom Arbeitgeber bei der zuständigen Behörde **schriftlich** zu beantragen. Die Behörde hat ihre Entscheidung **unverzüglich** zu treffen, nachdem sie dem Arbeitgeber und dem Betriebsrat Gelegenheit zur Äußerung gegeben hat. Die Zulässigkeitsprüfung muss vor der Kündigung erfolgen, braucht jedoch noch nicht bestandskräftig zu sein.

Als Arbeitnehmer im Sinne des **Bundeserziehungsgeldgesetzes** gelten auch die zu ihrer Berufsausbildung Beschäftigten (§ 20 Abs. 1 BErzGG). Die Zeit des Erziehungsurlaubs wird auf die **Berufsausbildungszeit** nicht angerechnet.

Hieraus folgt ein doppeltes: Ein Berufsausbildungsverhältnis, dessen Dauer im Erziehungsurlaub abläuft, kann während dieses Zeitraums nicht enden. Der vertragliche Ausbildungszeitraum verlängert sich um die Dauer des Erziehungsurlaubs.

Anspruch auf Erziehungsurlaub haben auch die in **Heimarbeit** Beschäftigten und die ihnen Gleichgestellten, soweit sie am Stück mitarbeiten (§ 20 Abs. 2 BErzGG).

Die Kündigungsverbote nach dem MuSchG und dem BErzGG stehen i.Ü. nebeneinander. Bei Vorliegen von Mutterschutz und Erziehungsurlaub ist also eine Zustimmung **der jeweils zuständigen Behörde** erforderlich (s. § 9 Abs. 3 MuSchG, § 18 Abs. 1 BErzGG), ansonsten ist die ausgesprochene Kündigung unwirksam.

VII. Elternzeit

4617a Das neu gefasste Bundeserziehungsgeldgesetz gewährt für ab dem 01.01.2001 geborenen Kindern von Arbeitnehmern, zu ihrer Berufsbildung Beschäftigten sowie den in Heimarbeit Beschäftigten und den ihnen Gleichgestellten nunmehr **Elternzeit**. Diese dauert grundsätzlich bis zur Vollendung des 3. Lebensjahres des Kindes, wenn sie es selbst betreuen und erziehen. Ein Jahr kann bis zur Vollendung des 8. Kindesjahres mit Zustimmung des Arbeitgebers verschoben werden. Die Elternzeit muss vom Arbeitnehmer spätestens 8 Wochen, in Ausnahmefällen kurzfristiger vor dem gewünschten Termin verlangt werden. Eine Verlängerung oder Verkürzung einer solchermaßen festgelegten Elternzeit kann der Arbeitnehmer nur in Ausnahmefällen verlangen. Es besteht jedoch die Möglichkeit, die Elternzeit mit Unterbrechungen zu verlangen, also für einen kürzeren Zeitraum als 3 Jahre. Wollen die Eltern sich abwechseln oder parallel Elternzeit nehmen, besteht die Möglichkeit, die Elternzeit in 4 Abschnitte zu unterteilen. Wie bislang beim Erziehungsurlaub genießt der Arbeitnehmer auch während der Elternzeit Kündigungsschutz. Gleiches gilt, wenn der Arbeitnehmer während der Elternzeit in Teilzeitarbeit beschäftigt werden möchte.

Im Hinblick auf die Ausgestaltung des Kündigungsschutzes gelten im Grundsatz die unter → Rz. 4616 gemachten Ausführungen. Dieser beginnt ebenfalls bereits vor Antritt der Elternzeit ab **Geltendmachung** des Anspruchs durch den Arbeitnehmer, frühestens jedoch **6 Wochen** vor dem gewünschten Termin. Obwohl im Regelfall der Arbeitnehmer die Elternzeit bereits 8 Wochen vor Beginn geltend machen muss, hat der Gesetzgeber die 6-Wochen-Frist für den Beginn des Kündigungsschutzes **nicht verlängert**. Eine Kündigung in den ersten 2 Wochen nach Beantragung der Elternzeit dürft jedoch bereits wegen Verstoßes gegen § 612 a BGB (Maßregelungsverbot) unwirksam sein.

Üben **Teilzeitbeschäftigte** ihre Tätigkeit während der Kindererziehung aus, gelten die unter → Rz. 4616 zur Teilzeit gemachten Ausführungen mit folgenden Modifikationen:

- Nach der ab dem 01.01.2001 gültigen Rechtslage ist eine Erwerbstätigkeit von bis zu **30 Wochenstunden** Erziehungsgeld- und Elternzeit unschädlich; demzufolge haben auch Arbeitnehmer, die während der Elternzeit bei ihrem Arbeitgeber in Teilzeit bis zu 30 Wochenstunden tätig sind, Sonderkündigungsschutz (§ 18 Abs. 2 Nr. 1 BErzGG). Das gilt auch dann, wenn der Arbeitnehmer bereits vor der Elternzeit in Teilzeit beschäftigt gewesen ist und diese als »Teilzeitarbeit während der Elternzeit« (§ 15 Abs. 5 Satz 2 BErzGG) fortsetzt.
- **Weiterhin gilt:** Selbst wenn der Teilzeitarbeitnehmer **keine Elternzeit** für die Kinderbetreuung beansprucht genießt er **Sonderkündigungsschutz** nach § 18 BErzGG, wenn er Anspruch auf **Erziehungsgeld** hat oder nur deshalb nicht hat, weil sein Einkommen die Einkommensgrenzen übersteigt!
- Bei Teilzeittätigkeit für einen **anderen Arbeitgeber** besteht weiterhin **kein Sonderkündigungsschutz** für das **Teilzeitarbeitsverhältnis**; für das infolge der Elternzeit ruhenden (Haupt-)Arbeitsverhältnisses greift jedoch der Sonderkündigungsschutz nach § 18 BErzGG.

Eine Kündigung ist während des geltenden Sonderkündigungsschutzes nur unter den oben genannten, eingeschränkten Möglichkeit denkbar.

VII. Weiterführende Literaturhinweise

4618 *Fenski/Eylert*, Untersuchungsgrundsatz und Mitwirkungspflichten im Zustimmungsersetzungsverfahren nach § 103 Abs. 2 BetrVG, BB 1990, 2401

Lorenz, Verbesserter Arbeitsplatzschutz wehrpflichtiger Arbeitnehmer, DB 1978, 890

Mareck, Die Kündigung von Betriebsratsmitgliedern. Eine Übersicht zur Rechtsprechung, BB 1986, 1082

Sahmer, Das Gesetz über den Schutz des Arbeitsplatzes bei Einberufung zum Wehrdienst (Arbeitsplatzschutzgesetz), Loseblatt

Schaub, Arbeitsrechts-Handbuch, 8. Aufl. 1996, §§ 143, 144, 70, 179

Stahlhacke/Preis, Kündigung und Kündigungsschutz im Arbeitsverhältnis, 7. Aufl. 1999, Rdnr. 781 ff.

Sowka, Der Erziehungsurlaub nach neuem Recht – Rechtslage ab 01.01.2001, NZA 2000, 1185

Wenzel, Kündigung und Kündigungsschutz, 6. Aufl. 1994, Rdnr. 495 ff.

31. Kapitel: Bürgerlich-rechtlicher Kündigungsschutz

I.	Allgemeines	4621
II.	Unwirksamkeit einer rechtsmissbräuchlichen Kündigung	4622
III.	Sonstige Unwirksamkeitsfälle	4625
IV.	Kündigung aus Anlass eines Betriebsübergangs	4626
V.	Weiterführende Literaturhinweise	4631

I. Allgemeines

Nach der Rechtsprechung ist neben dem Kündigungsschutzgesetz noch Raum für **bürgerlich-rechtlichen Kündigungsschutz**. So kann eine Kündigung etwa nach § 138 Abs. 1 BGB wegen **Verstoßes gegen die guten Sitten** nichtig sein (§ 13 Abs. 2 KSchG), sie kann gegen die Gebote von **Treu und Glauben** verstoßen (§ 242 BGB). Eine Kündigung ist auch dann unwirksam, wenn sie gegen ein **gesetzliches Verbot** verstößt (§ 134 BGB) oder eine **unzulässige Maßregelung** des Arbeitnehmers darstellt (§ 612 a BGB). Dies gilt etwa, wenn der Arbeitgeber kündigt, weil der arbeitsunfähig erkrankte Arbeitnehmer sich weigert, die Arbeit wieder aufzunehmen *(LAG Sachsen-Anhalt 27.07.1999, LAGE § 612a BGB Nr. 6)*. Anders ist der Fall zu beurteilen, wenn der Arbeitnehmer wegen der Auswirkungen der Fehlzeiten entlassen werden soll, es sich also um eine »krankheitsbedingte« Kündigung handelt. Schließlich ist eine Kündigung nach bürgerlichem Recht auch dann unwirksam, wenn die Kündigung des Arbeitsverhältnisses eines Arbeitnehmers durch den bisherigen Arbeitgeber oder durch den neuen Inhaber wegen des **Übergangs eines Betriebs** oder eines Betriebsteils erfolgt, der Übergang eines Betriebs oder eines Betriebsteils Motiv für die Kündigung war (§ 613 a Abs. 4 Satz 1 BGB). **Gerade der bürgerlich-rechtliche Kündigungsschutz hat in jüngster Zeit eine Renaissance erfahren.**

4621

Bürgerlich-rechtlicher Kündigungsschutz ist deshalb so wichtig, weil er unabhängig von der Erfüllung der Wartezeit des § 1 KSchG und auch in Kleinbetrieben eingreift. Auch muss die Klagefrist des § 4 KSchG nicht eingehalten werden.

Dies zeigt eindringlich die Entscheidung des BAG vom 10.02.1999 *(EzA § 2 KSchG Nr. 34)*. Hiernach gilt: Eine **Änderungskündigung**, mit der der Arbeitgeber den Abbau tariflich gesicherter Leistungen (hier: Erhöhung der tariflichen Arbeitszeit von 35 Stunden auf 38,5 Stunden mit einer Lohnerhöhung von 3 %) durchzusetzen versucht, ist rechtsunwirksam. Dieses Urteil ist für die Praxis von großer Bedeutung, zeigt es doch zugleich welch hohen Schutz die Tarifautonomie genießt.

II. Unwirksamkeit einer rechtsmissbräuchlichen Kündigung

Eine Kündigung kann nur dann wegen **Rechtsmissbrauchs** nichtig sein, wenn sie aus anderen Gründen, die durch das Kündigungsschutzgesetz nicht erfasst sind, Gebote von

4622

Treu und Glauben verletzt und deshalb nicht mehr vom Recht gebilligt werden kann. Ansonsten würde die Grundentscheidung des Kündigungsschutzgesetzes, dass ein Arbeitnehmer Kündigungsschutz erst genießt, wenn er länger als 6 Monate in dem Betrieb oder Unternehmen beschäftigt war, unterlaufen (*LAG Berlin 10.09.1999, 19 Sa 737/99*).

Als mögliche **Fälle einer treuwidrigen oder ungehörigen Kündigung** hat die Rechtsprechung im Wesentlichen die Tatbestände des widersprüchlichen Verhaltens des kündigenden Arbeitgebers, des Ausspruchs einer Kündigung in ehrverletzender Form und die Fälle der willkürlichen Kündigung angesehen.

BEISPIEL:

K war seit dem 15.08.1994 bei dem Arbeitgeber als Florist eingestellt worden. Nachdem K von einer HIV-Infektion erfahren hatte, unternahm er am 24.08.1994 einen Selbsttötungsversuch, der zu einer Behandlung im Krankenhaus führte und zu einer Arbeitsunfähigkeit ab dem 24.08.1994. Etwa eine Woche später unterrichtete er seinen Arbeitgeber von der Infektion und von dem Krankenhausaufenthalt. Die dem K am 13.11.1994 zugegangene ordentliche Kündigung hatte der Arbeitgeber ausgesprochen, nachdem ihm K eine Bescheinigung des behandelnden Arztes vom 31.10.1994 zugeleitet hatte, nach der der Kläger »bis auf weiteres arbeitsunfähig« war.

Wegen der fehlenden Erfüllung der Wartezeit konnte sich K noch nicht auf das Kündigungsschutzgesetz berufen. Die Kündigung konnte nur daraufhin überprüft werden, ob sie aus sonstigen Gründen rechtsunwirksam ist. Nach Auffassung der **Rechtsprechung** hat hier der Arbeitgeber schon nach dem objektiven Geschehensablauf die Kündigung nicht aus niedrigen und verwerflichen Beweggründen ausgesprochen, da er die Kündigung erst aussprach, nachdem auch Anfang November 1994 die Wiederherstellung der Arbeitsfähigkeit des Klägers noch nicht absehbar war.

In einem weiteren Fall hat das BAG einen Verstoß gegen § 242 BGB bejaht *(23.06.1994, EzA § 242 BGB Nr. 39)*. Es ist hiernach rechtsmissbräuchlich, wenn der Arbeitgeber unter Ausnutzung der Privatautonomie (Kündigungsfreiheit) das **persönliche (Sexual-) Verhalten** des Arbeitnehmers in der Probezeit zum Anlass einer Kündigung nimmt. Im Ausgangsfall wurde eine Kündigung wegen der Homosexualität des Arbeitnehmers ausgesprochen. Diese ist aber arbeitsrechtlich nur relevant, wenn es eine Beziehung zum Arbeitsverhältnis gibt, das persönliche Verhalten also auf den betrieblichen Bereich durchschlägt und es dort zu Störungen kommt. **Der Arbeitgeber ist nicht zum Sittenwächter berufen!** Problematisch ist aber, dass der **Arbeitnehmer** dafür **beweispflichtig** ist, dass die Kündigung wegen seines privaten Verhaltens ausgesprochen wurde.

In diesem Zusammenhang sind auch **Arbeitsverhältnisse im kirchlichen Bereich** wiederholt Gegenstand gerichtlicher Entscheidungen geworden. So hatte sich das BAG *(24.04.1997, EzA § 611 BGB Kirchliche Arbeitnehmer Nr. 43)* mit der Frage zu befassen, ob ein Angestellter der mormonischen Kirche wegen Ehebruchs gekündigt werden kann. Das BAG hat diese Frage bejaht und erneut das Regel-Ausnahme-Prinzip des bürgerlich-rechtlichen Kündigungsschutzes betont. **Macht der Arbeitgeber von seinem Kündigungsrecht Gebrauch, ist regelmäßig nicht das Unwerturteil gerechtfertigt, die Kündigung verstoße gegen das Anstandsgefühl aller billig und gerecht Denkenden.**

Die **Rechtsprechung** steht ferner auf dem Standpunkt, dass **allein** durch die Wahl des **4623**
Zeitpunktes des **Ausspruchs einer Kündigung** noch kein Fall des § 138 Abs. 1 BGB bzw.
des § 242 BGB vorliegt. So stellt allein der Zugang einer Kündigung am 24.12. (»Heiliger
Abend«) noch keinen Fall einer ungehörigen Kündigung dar. Die **Treuwidrigkeit** kann
sich nicht allein aus dem Zeitpunkt des Zugangs der Kündigung ergeben. Hinzu kommen
muss eine Beeinträchtigung berechtigter Interessen des Kündigungsgegners, insbesondere die Missachtung seiner Persönlichkeit. Der Zugang einer Kündigung kurz nach einer
Fehlgeburt soll noch nicht zur Treuwidrigkeit und damit zur Unwirksamkeit der Kündigung führen.

Gleiches nimmt das BAG *(05.04.2001, EzA § 242 BGB Nr. 3)* für den Fall an, dass der Arbeitgeber wenige Tage nach dem Tod des Lebensgefährten der Arbeitnehmerin kündigt.
Das Gesetz, so das BAG, kenne keinen Sonderkündigungsschutz wegen des Todes eines
nahen Angehörigen. Entscheidend für die Frage, ob eine Kündigung zur Unzeit erfolgt
und mithin unwirksam ist demnach, dass der Arbeitgeber absichtlich oder aufgrund einer
Missachtung der persönlichen Belange des Arbeitnehmers einen Kündigungszeitpunkt
wählt, der den Arbeitnehmer besonders beeinträchtigt. Neben der »Unzeit« müssen also
weitere Indizien gegeben sein.

BEISPIEL:

O ist nach einem schweren Arbeitsunfall ins Krankenhaus eingeliefert worden. Am gleichen Tag
ließ ihm der Arbeitgeber unmittelbar vor einer auf dem Unfall beruhenden Operation eine betriebsbedingte Kündigung aushändigen.

Diese Kündigung ist nach § 242 BGB nichtig, auch wenn Motiv für die Kündigung nicht der Unfall,
sondern betriebsbedingte Gründe waren, zu denen zuvor der Betriebsrat angehört worden ist.

Umstritten ist freilich, ob eine derartige Kündigung zur Unzeit automatisch unwirksam ist oder von
dem Empfänger der Kündigung unverzüglich zurückgewiesen werden muss.

Eine treuwidrige Kündigung liegt auch dann vor, wenn der kündigende Arbeitgeber auf- **4624**
grund einer **nicht bestätigten Aussage vom Hörensagen** unsubstantiierte Verdächtigungen von weitreichender Tragweite für das spätere berufliche Fortkommen des Arbeitnehmers (Verdacht des Haschisch-Konsums) zum Anlass einer ordentlichen Kündigung
nimmt, ohne dem Arbeitnehmer vor Ausspruch der Kündigung Gelegenheit zu geben, zu
den Vorwürfen Stellung zu nehmen. Eine derartige Kündigung ist freilich aber auch
schon deshalb unwirksam, weil der Arbeitgeber nach der neueren Rechtsprechung verpflichtet ist, vor einer so genannten **Verdachtskündigung** den Arbeitnehmer anzuhören.

Besondere Bedeutung hat der Kündigungsschutz in Kleinbetrieben erlangt, nachdem das **4624a**
BVerfG hierzu in gleich zwei Entscheidungen Stellung genommen hat *(27.01.1998, EzA
§ 23 KSchG Nr. 17 und 18)*. U.a. hatte sich das Gericht mit der Frage zu befassen, unter welchen Voraussetzungen auch in einem **Kleinbetrieb eine »Art Kündigungsschutz«** greift
und dabei insbesondere dem Vertrauensschutz **älterer Arbeitnehmer** einen hohen Stellenwert zugemessen. Es wurde quasi über die bislang diskutierten Fallgruppen hinaus ein
weiterer Tatbestand bürgerlich-rechtlichen Kündigungsschutzes geschaffen, der dem

durch **langjährige treue Dienste** erdienten **Vertrauensschutz in den Fortbestand des Arbeitsverhältnisses** Rechnung trägt.

4624b Hier liegt eine instanzgerichtliche Entscheidung vor *(ArbG Reutlingen, 21.10.1998, EzA § 242 BGB Vertrauensschutz Nr. 1)*, die wesentliche Aussagen zu diesen Fragen beinhaltet.

BEISPIEL:

Der Kläger trat am 02.05.1968 als Bäcker in die Dienste des Beklagten, der weniger als 5 Arbeitnehmer beschäftigte. Am 23.03.1986 wurde er infolge eines Geschwürs arbeitsunfähig krank. Er musste sich deshalb am 25.03.1986 ins Krankenhaus begeben, wo er sich zusätzlich eine Blutvergiftung zuzog, so dass er bis zum 25.04.1986 im Krankenhaus verbleiben musste. Er war anschließend bis zum 19.07.1986 arbeitsunfähig krank. Vom 19.07. – 17.08.1986 waren Betriebsferien. Vom 18.08. – 20.08.1986 arbeitete der Kläger. Danach erkrankte er erneut am 21.08.1986. Daraufhin erkundigte sich der Beklagte beim Hausarzt des Klägers, der ihm erklärte, dass er hoffe, dass der Kläger ab 20.09.1986 wieder arbeiten könne, garantieren könne er dies aber selbstverständlich nicht. Der Beklagte kündigte das Arbeitsverhältnis am 28.08.1986 zum 31.10.1986 und stützte sich im Wesentlichen darauf, dass er in seinem Betrieb derartige Fehlzeiten nicht auffangen könne.

Der Kläger genoss zwar, da er in einem Kleinbetrieb arbeitete, keinen Kündigungsschutz nach dem Kündigungsschutzgesetz. Das BVerfG fordert aber ein Mindestmaß an Kündigungsschutz auch in einem Kleinbetrieb (Art. 12 GG). Der Arbeitnehmer werde durch die zivilrechtlichen Generalklauseln der §§ 138, 242 BGB vor einer sittenwidrigen und treuwidrigen Ausübung des Kündigungsrechts des Arbeitgebers geschützt. **Insbesondere ein durch langjährige Mitarbeit verdientes Vertrauen in den Fortbestand eines Arbeitsverhältnisses dürfe nicht unberücksichtigt bleiben.**

Unter Anwendung dieser Kriterien kommt das ArbG zur Annahme der **Treuwidrigkeit der Kündigung**: »Der Kläger war 18 Jahre lang ohne ernsthafte Erkrankung bei dem Beklagten beschäftigt gewesen, als dieser ihm bereits aus Anlass der ersten schweren Erkrankung kündigte. Dabei muss berücksichtigt werden, dass sich der Kläger bei seiner Einlieferung ins Krankenhaus wegen eines Geschwürs am Fuß unglücklicher Weise im Krankenhaus noch eine Blutvergiftung zugezogen hatte, so dass die Ausheilung dadurch zusätzlich verlängert wurde, ohne dass dem Kläger deswegen ein Vorwurf gemacht werden könnte. Entscheidend ist ..., dass der Beklagte bevor er am 28.08.1986 auf den 31.10.1986 kündigte, den Hausarzt des Klägers angerufen hatte. Eine solche Handlungsweise ist als solche sehr ungewöhnlich und lässt darauf schließen, dass der Beklagte die Persönlichkeitsrechte des Klägers – vorsichtig ausgedrückt – dann jedenfalls nicht besonders ernst genommen hat, als es darum ging, seine eigenen Interessen durchzusetzen. Nachdem aber der Beklagte vom Hausarzt des Klägers – möglicher Weise sogar unter Bruch der ärztlichen Schweigepflicht – die Auskunft erhalten hat, dass wahrscheinlich bis zum 30.09.1986 mit der vollständigen Wiederherstellung des Klägers zu rechnen sei, stellte es einen schweren Verstoß gegen die Grundsätze von Treu und Glauben dar, den Kläger dennoch vor diesem Termin zu kündigen, ohne die wenigen Wochen bis zum Ende September 1986 noch abzuwarten. ... Unter diesen Umständen gebot es die – aus dem Arbeitsverhältnis sich ergebende erhöhte gegenseitige Treue- und Rücksichtspflicht ebenfalls noch die Zeit abzuwarten, die der Arzt bis zur vollständigen Wiederherstellung des Klägers genannt hatte. Wenn dann nach Ablauf dieser Zeit – also am 30.09.1986 – noch immer keine Aussicht auf Genesung des Klägers bestanden hätte, wäre dann möglicherweise die Kündigung auch unter dem Gesichtspunkt von Treu und Glauben nicht mehr zu beanstanden gewesen. Eine besondere finanzielle Belastung wäre einem solchen Zuwarten für den Beklagten nicht verbunden gewesen, weil der 6-Wochen-Entgeltfortzahlungszeitraum längst abgelaufen war.«

Das ArbG Reutlingen nimmt eine langjährige Beschäftigung in Anlehnung an § 1 BetrAVG bei mindestens 10jähriger Tätigkeit und Vollendung des 35. Lebensjahres an. »Als Ältere, die auch außerhalb des KSchG besonders schutzwürdig sind, müssen nach Ansicht der Kammer in Anlehnung an § 1 Abs. 1 BetrAVG jedenfalls solche Arbeitnehmer angesehen werden, die mindestens das 35. Lebensjahr vollendet haben und 10 Jahre dem Betrieb angehört haben ... .« Dies mag sicherlich angreifbar erscheinen, gibt aber einen ersten Anhaltspunkt.

Als Fazit dieser Entwicklung ist festzuhalten:

4624c

- In Kleinbetrieben kommt dem bürgerlich-rechtlichen Kündigungsschutz ein herausragender Stellenwert zu. Die angesprochenen Fragen sind sowohl für Arbeitgeber als auch für Arbeitnehmer interessant und müssen bei jeder Entscheidung über eine Beendigung des Arbeitsverhältnisses im Vorfeld sorgfältig bedacht werden.
- Die Gerichte beginnen nun, den vom BVerfG *(27.01.1998, EzA § 23 KSchG Nr. 17 und 18)* gesteckten Rahmen des langjährigen Beschäftigungsverhältnisses zu füllen.
- »Langjährige Mitarbeit« soll in Anlehnung an § 1 BetrAVG dann vorliegen, wenn der Arbeitnehmer mindestens das 35. Lebensjahr vollendet und dem Betrieb mindestens 10 Jahre angehört hat.
- Denkbar ist auch eine Analogie zu § 624 BGB.
- Im Einzelfall wird es stets auf die besonderen Umstände ankommen. Damit ist Rechtsunsicherheit vorprogrammiert.
- Falls ein Betriebsrat vorhanden ist, ist besonderes Augenmerk auf § 102 BetrVG zu legen.
- Jeder Arbeitgeber in einem Kleinbetrieb wird gut daran tun, im konkreten Fall diese Grundsätze zu beachten und eher zurückhaltend vorzugehen.

Nunmehr hat das BAG *(21.02.2001, EzA § 242 BGB Kündigung Nr. 1)* zu diesen Fragen grundsätzlich Stellung genommen. Hiernach gilt: Soweit im Fall der Kündigung unter mehreren Arbeitnehmern eine Auswahl zu treffen ist, hat auch der Arbeitgeber im Kleinbetrieb, auf den das Kündigungsschutzgesetz keine Anwendung findet, ein durch Art. 12 GG gebotenes Mindestmaß an sozialer Rücksichtnahme zu wahren. Eine Kündigung, die dieser Anforderung nicht entspricht, verstößt gegen Treu und Glauben (§ 242 BGB) und ist deshalb unwirksam. Ist bei einem Vergleich der grundsätzlich von dem gekündigten Arbeitnehmer vorzutragenden Sozialdaten evident, dass dieser erheblich sozial schutzbedürftiger ist als ein vergleichbarer weiterbeschäftigter Arbeitnehmer, so spricht dies zunächst dafür, dass der Arbeitgeber das gebotene Mindestmaß an sozialer Rücksichtnahme außer acht gelassen hat. Setzt der Arbeitgeber dem schlüssigen Sachvortrag des Arbeitnehmers weitere (betriebliche, persönliche etc.) Gründe entgegen, die ihn zu der getroffenen Auswahl bewogen haben, so hat unter dem Gesichtspunkt von Treu und Glauben eine Abwägung zu erfolgen. Es ist zu prüfen, ob auch unter Einbeziehung der vom Arbeitgeber geltend gemachten Gründe die Kündigung die sozialen Belange des betroffenen Arbeitnehmers in treuwidriger Weise unberücksichtigt lässt. Der unternehmerischen Freiheit des Arbeitgebers im Kleinbetrieb kommt bei dieser Abwägung en erhebliches Gewicht zu.

Im Ausgangsfall des BAG beschäftigte der beklagte Arbeitgeber insgesamt fünf vergleichbare Arbeitnehmer. Außer dem Kläger waren dies vier Arbeitnehmer, die alle als Lackierer tätig waren:

- der gegenüber vier Kindern unterhaltspflichtige Arbeitnehmer E., der jünger als der Kläger und kürzer als dieser beschäftigt ist
- der am 01.06.1947 geborene, verheiratete Arbeitnehmer S., der kürzer als der Kläger beschäftigt ist
- der Sohn des Beklagten, der ebenfalls jünger als der Kläger und kürzer als dieser beschäftigt ist
- ein lediger Arbeitnehmer ohne Unterhaltspflichten, der am 26.03.1962 geboren und seit dem 01.03.1993 beschäftigt ist.

Der Kläger selbst war bereits seit 18 Jahren beim Arbeitgeber beschäftigt und deshalb grundsätzlich schutzwürdiger.

Für die Praxis sind gerade in der Fallgruppe der treuwidrigen Kündigung Fragen der **Darlegungs- und Beweislast** von entscheidender Bedeutung. Hier gilt nach Auffassung des BAG *(21.02.2001, EzA § 242 BGB Kündigung Nr. 1)* folgendes abgestuftes System:

Es obliegt anders als im Geltungsbereich des KSchG grundsätzlich dem Arbeitnehmer darzulegen und zu beweisen, dass die Kündigung nach § 242 BGB treuwidrig ist. Das BAG *(21.02.2001, EzA § 242 BGB Kündigung Nr. 1)* bringt die Grundsätze der abgestuften Darlegungs- und Beweislast zur Anwendung.

- Zunächst muss der Arbeitnehmer, der die Auswahlüberlegungen des Arbeitgebers, die zu seiner Kündigung geführt haben, regelmäßig nicht kennt, nur einen Sachverhalt vortragen, der die Treuwidrigkeit der Kündigung nach § 242 BGB indiziert. Hierzu reicht es nach Auffassung des BAG zunächst aus, dass der Arbeitnehmer die Sozialdaten der aus seiner Sicht vergleichbaren Arbeitnehmer, die ihm im Kleinbetrieb in der Regel zumindest annähernd bekannt sind,.
- Ist hieraus folgend offensichtlich, dass der Arbeitgeber einen erheblich weniger schutzbedürftigen, vergleichbaren Arbeitnehmer als den Kläger weiterbeschäftigt, so spricht dies dafür, dass der Arbeitgeber das erforderliche Mindestmaß an sozialer Rücksichtnahme außer acht gelassen hat und deshalb die Kündigung treuwidrig (§ 242 BGB) ist.
- Der Arbeitgeber muss sich nach § 138 Abs. 2 ZPO qualifiziert auf diesen Vortrag einlassen, um ihn zu entkräften. In diesem Zusammenhang obliegt es ihm, Angaben zu seinen Auswahlüberlegungen zu machen. Kommt er dieser sog. sekundären Behauptungslast nicht nach, gilt der schlüssige Sachvortrag des Arbeitnehmers gemäß § 138 Abs. 3 ZPO als zugestanden.
- Trägt der Arbeitgeber hingegen die betrieblichen, persönlichen oder sonstigen Gründe vor, die ihn dazu bewogen haben, den auf den ersten Blick sozial schutzbedürftigeren Arbeitnehmer zu entlassen, so hat der Arbeitnehmer die Tatsachen, aus denen sich die Treuwidrigkeit der Kündigung ergeben soll, zu beweisen

III. Sonstige Unwirksamkeitsfälle

Eine Kündigung ist auch dann unwirksam, wenn der Arbeitgeber einem Arbeitnehmer wegen eines **Gewerkschaftsbeitritts** oder wegen sonstiger gewerkschaftlicher Aktivitäten kündigt (Art. 9 Abs. 3 Satz 2 GG).

4625

Um nicht Gefahr zu laufen, dass eine Kündigung innerhalb der ersten 6 Monate eines Beschäftigungsverhältnisses an den §§ 242, 138 Abs. 1 BGB gemessen wird, sollte der Arbeitgeber bei Kündigungen während dieses Zeitraumes keine Gründe nennen. Weniger ist hier mehr!

Bürgerlich-rechtlicher Kündigungsschutz ergibt sich auch aus § 612 a BGB. Eine Kündigung kann eine Maßregelung im Sinne dieser Norm sein.

BEISPIEL:

Der Arbeitnehmer Z beschwert sich durchschnittlich einmal im Monat bei den zuständigen Stellen im Betrieb, weil er sich vom Arbeitgeber benachteiligt fühlt. Die Geschäftsleitung beschließt daher, das Beschäftigungsverhältnis mit Z ordentlich zu kündigen.
Diese ordentliche Kündigung ist bereits deshalb unwirksam, weil Z nur von seinem Recht aus § 84 BetrVG Gebrauch gemacht hat.

§ 612 a BGB enthält ein **allgemeines Diskriminierungsverbot**. Diese Norm soll verhindern, dass Arbeitnehmerrechte deshalb nicht wahrgenommen werden, weil die Arbeitnehmer bei ihrer Inanspruchnahme mit Benachteiligungen rechnen müssen. Geschützt ist damit die Willensfreiheit des Arbeitnehmers bei der Entscheidung darüber, ob er ein Recht ausüben will oder nicht. Die Kündigung des Arbeitgebers ist freilich nur dann unwirksam, wenn sie eine **unmittelbare Reaktion** auf die Wahrnehmung der Rechte des Arbeitnehmers darstellt. Wegen § 612 a BGB unwirksam ist auch eine Kündigung, die der Arbeitgeber ausspricht, weil der Arbeitnehmer seinen Freistellungsanspruch nach § 45 SGB V realisiert. Dabei ist nicht das Bewusstsein des Arbeitgebers erforderlich, dass das Verhalten des Arbeitnehmers rechtmäßig war (vgl. hierzu LAG Köln 13.10.1993, LAGE § 612 a BGB Nr. 5).

Allerdings trifft ansonsten den Arbeitnehmer die volle **Beweislast für die Voraussetzungen des § 612 a BGB**. Die Beweiserleichterung des § 611 a Abs. 1 Satz 3 BGB kann nicht übertragen werden *(BAG 25.11.1993, EzA § 14 KSchG Nr. 3)*.

IV. Kündigung aus Anlass eines Betriebsübergangs

Nach § 613 a Abs. 4 BGB ist die Kündigung des Arbeitsverhältnisses eines Arbeitnehmers durch den bisherigen Arbeitgeber oder durch den neuen Inhaber **wegen des Übergangs eines Betriebs oder Betriebsteils** unwirksam (s. zum Betriebsübergang → Rz. 3600 ff. und speziell zu kündigungsrechtlichen Fragestellungen → Rz. 3606 f.). Dies ist eine Folge der gesetzlichen Anordnung des § 613 a Abs. 1 Satz 1 BGB, dass bei einem rechtsgeschäft-

4626

lichen Übergang eines Betriebs oder Betriebsteils der Erwerber in die Rechte und Pflichten aus den im Zeitpunkt des Übergangs bestehenden Arbeitsverhältnissen eintritt. Das Recht zur Kündigung des Arbeitsverhältnisses aus anderen Gründen bleibt nach § 613 a Abs. 4 Satz 2 BGB unberührt. § 613 a BGB gilt im Übrigen grundsätzlich auch bei einer Veräußerung durch den Insolvenzverwalter.

4627 Werden Arbeitnehmer mit dem Hinweis auf eine geplante Betriebsveräußerung und Arbeitsplatzgarantien des Erwerbers veranlasst, ihre Arbeitsverhältnisse mit dem Betriebsveräußerer selbst fristlos zu kündigen oder Auflösungsverträgen zuzustimmen, um dann mit dem Betriebserwerber neue Arbeitsverträge, nämlich Arbeitsverträge zu schlechteren Bedingungen abschließen zu können, so liegt darin nach der Rechtsprechung eine Umgehung des § 613 a Abs. 4 Satz 1 BGB. Dies gilt aber nur bei kollektiven Tatbeständen (»Lemgoer-Modell«). Einzelne Aufhebungsverträge aus Anlass eines Betriebsübergangs stellen keine Umgehung des § 613 a Abs. 4 Satz 1 BGB dar.

Ist ein Betriebsübergang mit einer wesentlichen **Änderung** des **Leistungsortes** verbunden, wird also die Betriebsstätte verlagert, so sind Kündigungen durch den Veräußerer unter bestimmten Voraussetzungen möglich.

BEISPIEL:

Die K-GmbH, die in Berlin PVC-Fußböden herstellt, verkaufte ihre gesamten sachlichen Mittel und das Know-how an eine französische Aktiengesellschaft in Lyon.
Die Produktion wurde in Lyon fortgeführt.
Erklärt ein Arbeitnehmer bereits vor der Betriebsveräußerung, dass er nicht bereit sei, das Arbeitsverhältnis am künftigen Betriebssitz fortzusetzen, so kann ihm bereits der Betriebsveräußerer aus betriebsbedingten Gründen kündigen, wenn er selbst keine Beschäftigungsmöglichkeit für die Arbeitnehmer mehr hat.

4628 Eine Kündigung wegen des Übergangs eines Betriebs oder Betriebsteils i.S.v. § 613 a Abs. 4 Satz 1 BGB liegt auch dann vor, wenn der Arbeitgeber zum Zeitpunkt der Kündigung den Betriebsübergang bereits geplant, dieser bereits greifbare Formen angenommen und die Kündigung aus der Sicht des Arbeitgebers ausgesprochen wird, um den geplanten Betriebsübergang vorzubereiten und zu ermöglichen. Bei dieser Fallgestaltung wirkt sich ein **späteres Scheitern des erwarteten und eingeleiteten Betriebsübergangs** auf den Kündigungsgrund nicht aus, d.h. die Kündigung ist aus Gründen des § 613 a Abs. 4 Satz 1 BGB unwirksam. Andererseits ist die Kündigung nach § 613 a Abs. 4 Satz 1 BGB nicht unwirksam, wenn der Arbeitgeber eine Betriebsstillegung endgültig geplant und schon eingeleitet oder bereits durchgeführt hatte und sich anschließend die Möglichkeit der Betriebsveräußerung ergibt und wahrgenommen wird.

4629 **Widerspricht der Arbeitnehmer im Rahmen eines Teilbetriebsübergangs dem Übergang seines Arbeitsverhältnisses** auf den Betriebserwerber, so war lange Zeit unklar, ob er sich gegenüber dem ihm daraufhin kündigenden Betriebsveräußerer noch auf eine fehlerhafte Sozialauswahl berufen kann.

BEISPIEL:

Der Arbeitgeber hat einen aus zwei Teilbetrieben bestehenden Betrieb. Er entschließt sich, den Betriebsteil Stauerei an einen anderen Arbeitgeber zu veräußern. Der Arbeitnehmer widerspricht dem Übergang seines Arbeitsverhältnisses und erhält daraufhin eine betriebsbedingte Kündigung. Nunmehr macht er geltend, dem Arbeitgeber sei ein Fehler bei der Sozialauswahl unterlaufen. Er habe insoweit mit den Arbeitnehmern des beim Arbeitgeber verbleibenden Teilbetriebes verglichen werden müssen.

In dieser Konstellation sind gleich mehrere Fragenkreise berührt. Zunächst einmal besteht nach der ständigen und auch vom Europäischen Gerichtshof abgesegneten Rechtsprechung des BAG ein **Widerspruchsrecht des Arbeitnehmers**. Er braucht sich also nicht mit dem Betrieb verkaufen zu lassen. Die Ausübung dieses Widerspruchsrechts ist auch an keine Voraussetzungen geknüpft. Gleichwohl hat das BAG entschieden, dass der Arbeitnehmer sich auf eine **fehlerhafte Sozialauswahl** nur dann berufen kann, wenn er für den Widerspruch gegen den Betriebsübergang sachliche Gründe hat (BAG 07.04.1993, EzA § 1 KSchG Soziale Auswahl Nr. 30).

Das BAG *(18.03.1999, EzA § 1 KSchG Soziale Auswahl Nr. 40)* geht von folgenden Grundsätzen aus:

- Der Arbeitnehmer kann sich auf eine mangelhafte Sozialauswahl nach § 1 Abs. 3 KSchG auch dann berufen, wenn der Verlust seines Arbeitsplatzes darauf beruht, dass er dem Übergang des Arbeitsverhältnisses auf einen Teilbetriebserwerber widersprochen hat. Bei der Prüfung der sozialen Gesichtspunkte sind die Gründe für den Widerspruch zu berücksichtigen.
- Je geringer die Unterschiede in der sozialen Schutzbedürftigkeit im Übrigen sind, desto gewichtiger müssen die Gründe des widersprechenden Arbeitnehmers sein. Nur wenn dieser einen baldigen Arbeitsplatzverlust oder eine baldige wesentliche Verschlechterung seiner Arbeitsbedingungen bei dem Erwerber zu befürchten hat, kann er einen Arbeitskollegen, der nicht ganz erheblich weniger schutzbedürftig ist, verdrängen.
- Liegt keiner der genannten Fälle oder ein vergleichbarer Fall vor, handelt der dem Betriebsübergang widersprechende Arbeitnehmer rechtsmissbräuchlich, wenn er sich auf eine fehlerhafte Sozialauswahl gegenüber dem Betriebsveräußerer beruft.

Regelmäßig ist es erforderlich, dass der Arbeitnehmer bei Kenntnis der Umstände des Betriebsübergangs das Widerspruchsrecht binnen 3 Wochen ausübt *(BAG 22.04.1993, EzA § 613 a BGB Nr. 112)*. Der Veräußerer oder der Erwerber müssen dem Arbeitnehmer keine Erklärungsfrist setzen. Ist der Arbeitnehmer nicht rechtzeitig über den Betriebsübergang unterrichtet worden, kann er sein Widerspruchsrecht auch später noch ausüben, und zwar sowohl gegenüber dem Veräußerer als auch gegenüber dem Erwerber. Der Widerspruch wirkt auf den Zeitpunkt des Betriebsübergangs zurück *(BAG 22.04.1993, EzA § 613 a BGB Nr. 111)*. Unsicher ist, ob zwischenzeitlich Verzugsfolgen eintreten können.

V. Weiterführende Literaturhinweise

4631 Literatur zum Thema bürgerlich-rechtlicher Kündigungsschutz ist reichlich vorhanden. Hier nur eine kleine Auswahl:

Gemeinschaftskommentar zum Kündigungsschutzgesetz und zu sonstigen kündigungsschutzrechtlichen Vorschriften, 5. Aufl. 1998, Anm. zu § 613 a BGB

Helpertz, Widerspruch des Arbeitnehmers und Sozialauswahl beim Betriebsübergang, DB 1990, 1562

Hillebrecht, Der Bestandsschutz des Arbeitsverhältnisses im Zusammenhang mit § 613 a BGB, NZA 1989, Beil. 4

Kreitner, Kündigungsschutzrechtliche Probleme beim Betriebsinhaberwechsel, 1989

Schaub, Arbeitsrechts-Handbuch, 9. Aufl. 1999, §§ 118 ff.

32. Kapitel: Betriebsratsanhörung bei Kündigungen

I.	Bedeutung der Betriebsratsanhörung	4651
II.	Anhörung bei Kündigung leitender Angestellter	4652
III.	Vor welchen Kündigungen ist der Betriebsrat anzuhören?	4653
IV.	Was muss mitgeteilt werden?	4654
V.	Probleme bei der Einleitung des Anhörungsverfahrens	4667
VI.	Anhörung bei Massenentlassungen	4669
VII.	Anhörung bei schwerbehinderten Menschen	4670
VIII.	Abschluss des Anhörungsverfahrens	4671
IX.	Mängel bei der Anhörung	4673
X.	Vertrauensschutz im Zustimmungsersetzungsverfahren	4674
XI.	Betriebsratsanhörung und Umdeutung einer Kündigung	4675
XII.	Auslegung der Stellungnahme des Betriebsrats/Rechtsfolgen	4677
XIII.	Weiterführende Literaturhinweise	4679

CHECKLISTE
ANHÖRUNG DES BETRIEBSRATS VOR ORDENTLICHER KÜNDIGUNG (§ 102 BETRVG)

- **Kann das Arbeitsverhältnis auch ohne Anhörung beendet werden** (bspw. Anfechtung des Arbeitsvertrages, Auslaufen einer Befristung, Abschluss eines Aufhebungsvertrages)?
- **Wann ist das Anhörungsverfahren spätestens einzuleiten, damit die Kündigungsfrist gewahrt werden kann?**
  - Anhörung muss vor Kündigungsausspruch erfolgen!
- **Ist der Betriebsrat über die beabsichtigte Kündigung informiert?**
  - zusätzlich bei Behinderten: Ist die Schwerbehindertenvertretung informiert?
- **Kündigungsgründe konkret benannt?**
  - Wichtig! Alle Kündigungsgründe benennen! Das Nachschieben von Kündigungsgründen ist nur in Ausnahmefällen problemlos möglich!
- **Hat der Betriebsrat Stellung genommen oder ist die Wochenfrist für die Stellungnahme abgelaufen?**
- **Ist der Beweis für die Anhörung des Betriebsrats gesichert?**
  - Empfangsbestätigung des Betriebsratsvorsitzenden
  - protokollierte Erklärung eines Boten
- **Betriebsrat hat Bedenken:** Soll die Kündigung trotzdem ausgesprochen werden?
- **Betriebsrat legt Widerspruch ein:**
  - Widerspruch des Betriebsrats rechtzeitig?
  - Welche Gründe nennt der Betriebsrat?
  - Entsprechen die Gründe den gesetzlichen Voraussetzungen?
  - Sind die Gründe sachlich zutreffend?
  - Soll trotz des Widerspruchs gekündigt werden?

- **Weiterbeschäftigung des Arbeitnehmers:** Richtig begründeter Widerspruch des Betriebsrats mit Antrag auf Weiterbeschäftigung über die Kündigungsfrist hinaus?
  - Hat der Arbeitnehmer Kündigungsschutzklage erhoben und ist er deshalb bis zum rechtskräftigen Abschluss des Rechtsstreits weiterzubeschäftigen? (nur auf Verlangen des Arbeitnehmers)
  - Hat der Arbeitnehmer zur Weiterbeschäftigung aufgefordert?

I. Bedeutung der Betriebsratsanhörung

4651 In Betrieben mit einem Betriebsrat ist der Betriebsrat vor **jeder Kündigung** zu hören. Der Arbeitgeber hat dem Betriebsrat die Gründe für die Kündigung mitzuteilen. Eine ohne Anhörung des Betriebsrats ausgesprochene Kündigung ist nach § 102 Abs. 1 Satz 3 BetrVG unwirksam, wie immer der Kündigungssachverhalt auch gelagert sein mag. Dabei steht der unterlassenen Betriebsratsanhörung nach der ständigen Rechtsprechung die **nicht ordnungsgemäße Betriebsratsanhörung gleich**, also eine Anhörung, bei der der Betriebsrat nicht ausführlich über den Kündigungssachverhalt informiert wurde. Die Anhörung des Betriebsrats ist daher **Wirksamkeitsvoraussetzung** für eine Kündigung.

Ist dagegen eine »erste« Kündigung dem Arbeitnehmer **unstreitig nicht zugegangen**, so hat diese Kündigung nicht zu Rechtswirkungen geführt. Vor einer »erneuten« Kündigung muss der Betriebsrat nicht nochmals angehört werden, da eine »zweite« Kündigung im eigentlichen Sinne gar nicht vorliegt *(BAG 06.02.1997, 06.02.1997, EzA § 102 BetrVG 1972 Nr. 95).*

Der Betriebsrat hat dem Arbeitgeber im Falle der **ordentlichen Kündigung** seine Einwände **innerhalb einer Woche schriftlich** mitzuteilen. Äußert er sich innerhalb dieser Frist nicht, gilt seine Zustimmung als erteilt, (außerordentliche Kündigung: Äußerungsfrist 3 Tage).

Die Berechnung der Frist richtet sich nach dem BGB. Fällt das Ende der Frist für die Stellungnahme also auf einen Sonn- oder Feiertag, endet die Frist erst am nächsten Werktag. Unsicher ist, ob der Betriebsrat seine Erklärung nur innerhalb der üblichen Arbeitszeiten wirksam abgeben kann *(so LAG Hamm 11.02.92, LAGE § 102 BetrVG 1972 Nr. 33).* Daher gilt: Im Zweifelsfall die Dienststunden der Personalabteilung einhalten.

Vor **Aufhebungsverträgen oder bei einer Anfechtung des Arbeitsvertrages** bedarf es keiner Betriebsratsanhörung *(BAG 11.11.1993, EzA § 123 BGB Nr. 40).*

II. Anhörung bei Kündigung Leitender Angestellter

4652 Bei **leitenden Angestellten** (§ 5 Abs. 3 BetrVG) erschöpft sich die Beteiligung des Betriebsrats freilich in einem Informationsanspruch, dessen Verletzung zivilrechtlich folgenlos bleibt. Der Arbeitgeber hat den Betriebsrat über die beabsichtigte Entlassung nur rechtzeitig zu informieren. Da im Einzelfall zweifelhaft sein kann, ob ein Arbeitnehmer Leitender Angestellter ist oder nicht, **empfiehlt** es sich, den Betriebsrat nach § 105 BetrVG und nach § 31 des Gesetzes über Sprecherausschüsse der leitenden Angestellten zu informieren und hilfsweise den Betriebsrat nach §§ 105, 102 BetrVG zu unterrichten.

III. Vor welchen Kündigungen ist der Betriebsrat anzuhören?

Die Verpflichtung zur Anhörung des Betriebsrats **besteht vor jeder Kündigung**. Dabei macht es keinen Unterschied, ob es sich um eine ordentliche oder außerordentliche, um eine Beendigungs- oder Änderungskündigung oder ob es sich um eine Einzelkündigung oder eine Massenentlassung handelt. Die Anhörungspflicht besteht auch bei einer Kündigung innerhalb der ersten 6 Monate des Bestandes eines Arbeitsverhältnisses, also während des Zeitraums, in dem **an sich Kündigungsfreiheit** gegeben ist *(vgl. → Rz. 4655)*.

4653

Auch die Erstellung eines Interessenausgleichs mit Namensliste gem. § 1 Abs. 5 KSchG a.F. hat den Arbeitgeber **nicht** von der Anhörung des Betriebsrats zu den auszusprechenden Kündigungen nach § 102 BetrVG **entbunden** *(BAG 20.5.1999, EzA § 1 KSchG Interessenausgleich Nr. 7 und § 102 BetrVG 1972 Nr. 102)*. Die Anhörung konnte zwar in Zusammenhang mit den Verhandlungen über den Interessenausgleich erfolgen. Jedoch unterlag diese **keinen erleichterten Anforderungen**. Diese Rechtsprechung dürfte in entsprechender Weise auch für die Regelung des § 125 InsO weiter gelten (vgl. zum § 1 Abs. 5 KSchG a.F. und § 125 InsO auch → Rz. 4455b).

IV. Was muss mitgeteilt werden?

Die Mitteilungsobliegenheit ist »**subjektiv determiniert**«. Teilt der Arbeitgeber objektiv kündigungsrechtlich erhebliche Tatsachen dem Betriebsrat deshalb nicht mit, weil er darauf die Kündigung (zunächst) nicht stützen will, oder weil er sie für seinen Kündigungsentschluss für unerheblich oder entbehrlich hält, dann ist die Anhörung selbst ordnungsgemäß. Die in objektiver Hinsicht unvollständige Anhörung verwehrt es aber dem Arbeitgeber, im Kündigungsschutzprozess Gründe **nachzuschieben**, die über die Erläuterung des mitgeteilten Sachverhalts hinausgehen. Weil der Arbeitgeber die ihm bei Ausspruch der Kündigung bekannten, aber dem Betriebsrat nicht mitgeteilten Kündigungsgründe im Kündigungsschutzprozess nicht nachschieben kann, **empfiehlt** es sich, den Betriebsrat umfassend über die objektiv gegebenen Kündigungsgründe zu informieren. Der Arbeitgeber verletzt seine Pflicht zur Unterrichtung des Betriebsrats, wenn er aus seiner subjektiven Sicht dem Betriebsrat **bewusst unrichtige oder unvollständige** Sachdarstellungen unterbreitet oder einen für die Entschließung des Betriebsrats wesentlichen Umstand verschweigt. Enthält der Arbeitgeber somit dem Betriebsrat bewusst ihm bekannte und seinen Kündigungsentschluss bestimmende Umstände vor, die nicht nur eine Ergänzung oder Konkretisierung des mitgeteilten Sachverhalts darstellen, sondern diesem erst das Gewicht eines Kündigungsgrundes geben oder weitere Kündigungsgründe beinhalten, dann ist das **Anhörungsverfahren fehlerhaft**, die Kündigungen also nach § 102 Abs. 1 Satz 2 BetrVG unwirksam.

4654

Ob die **subjektive Determinierung** der Anhörung sich auch auf die im Rahmen der Interessenabwägung bedeutsamen **persönlichen Umstände** des Arbeitnehmers (etwa Lebensalter, Betriebszugehörigkeit, Unterhaltspflichten etc.) erstreckt, muss bezweifelt werden *(anders LAG Düsseldorf 02.03.1993, LAGE § 102 BetrVG 1972 Nr. 35)*. Hier besteht die Gefahr, dass der Arbeitgeber im Anhörungsbogen schlicht angibt, dass persönliche Umstände ihn nicht weiter interessierten und er diese daher gar nicht mitteile. Hierdurch würde das Anhörungsverfahren letztlich sinnentleert. Ob dies auch der Auffassung des BAG entspricht, steht nicht fest. Das BAG hat die **Nichtzulassungsbeschwerde** gegen das Urteil des LAG Düsseldorf **zurückgewiesen**, ohne in der Sache selbst Stellung zu nehmen *(Beschl. v. 25.10.1993, 2 AZN 482/93, n.v.)*.

Entschieden worden durch das BAG ist jedoch die Frage der Mitteilungsobliegenheit bei einem gänzlichen **Absehen von einer Sozialauswahl**. Hält der Arbeitgeber eine Sozialauswahl vor Ausspruch einer betriebsbedingten Kündigung wegen des **Widerspruchs** des Arbeitnehmers gegen den Übergang des Arbeitsverhältnisses für überflüssig, so hat er die sozialen Gesichtspunkte vergleichbarer Arbeitnehmer auch **nicht vorsorglich** dem Betriebsrat mitzuteilen *(BAG 24.02.2000, EzA § 102 BetrVG 1972 Nr. 104; bestätigt durch BAG 22.03.2001, EzA-SD 18/2001, S. 5)*.

Nach std. Rechtsprechung des BAG ist dem Betriebsrat grundsätzlich auch die **Kündigungsfrist** und ggf. der **Kündigungstermin** mitzuteilen. Ausreichend ist insoweit, wenn der Betriebsrat das ungefähre Vertragsende und die zwischen Ausspruch der Kündigung und Entlassungstermin liegende Zeitdauer ungefähr abschätzen kann. Ein besonderen Mitteilung von Kündigungsfrist und -termin bedarf es jedoch **nicht**, wenn der Betriebsrat über die tatsächlichen Umstände für die Berechnung der maßgeblichen Kündigungsfrist bzw. den Endtermin **unterrichtet ist** *(BAG 24.10.1996, EzA § 17 KSchG Nr. 6)*.

4655 Bei einer **Kündigung innerhalb der ersten 6 Monate** des Arbeitsverhältnisses richtet sich der Inhalt der Mitteilungspflicht des Arbeitgebers nach § 102 BetrVG nicht nach den objektiven Merkmalen der Kündigungsgründe des noch nicht subjektiv seinen Kündigungsentschluss herleitet *(BAG 18.05.1994, EzA § 102 BetrVG 1972 Nr. 85)*.

Der Arbeitgeber handelt dabei aus seiner subjektiven Sicht konsequent, wenn er trotz konkreter Anhaltspunkte seinen Kündigungsentschluss nur aus subjektiven Umständen herleitet. Handelt es sich also um eine **Kündigung innerhalb der ersten 6 Monate** des Bestandes eines Arbeitsverhältnisses, dann ist die Substantiierungspflicht gegenüber dem Betriebsrat daran zu messen, welche konkreten Umstände oder subjektiven Vorstellungen zum Kündigungsentschluss geführt haben. Hat der Arbeitgeber keine Gründe oder wird sein Entschluss allein von subjektiven, durch Tatsachen nicht belegbare Vorstellungen bestimmt, so reicht die **Unterrichtung über diese Vorstellungen** aus. Der Arbeitgeber handelt dann aus seiner subjektiven Sicht konsequent, indem er trotz konkreter Ansatzpunkte seinen Kündigungsentschluss nur aus subjektiven Werturteilen herleitet *(BAG 03.12.1998 § 102 BetrVG 1972 Nr. 100)*.

Dagegen kommt er seiner Unterrichtungspflicht nicht nach, wenn er auch aus seiner subjektiven Sicht dem Betriebsrat bewusst unrichtige oder unvollständige Sachdarstellungen unterbreitet oder wenn er bewusst ihm bekannte, genau konkretisierbare Kündigungsgründe nur pauschal vorträgt, obwohl sein Kündigungsentschluss auf der Würdigung konkreter Kündigungssachverhalte beruht.

Diffizil wird die Ordnungsmäßigkeit der Anhörung auch in den ersten 6 Monaten des Arbeitsverhältnisses, wenn der Arbeitgeber sich nicht auf **persönliche Eignungskriterien**, sondern auf ein **mangelhaftes Leistungsverhalten** des Arbeitnehmers stützen will. Hier sind im Grunde die der Bewertung zugrundeliegenden Tatsachen anzugeben. Allerdings legt das BAG *(18.05.1994, EzA § 102 BetrVG 1972 Nr. 85)* hier einen relativ großzügigen Maßstab an.

Im Übrigen darf der Arbeitgeber die Gründe dem Betriebsrat gegenüber **nicht pauschal, schlagwortartig oder stichwortartig** umschreiben. Vielmehr muss er den als maßgebend betrachteten Sachverhalt unter Angabe von Tatsachen, aus denen der Kündigungsentschluss hergeleitet wird, so beschreiben, dass der Betriebsrat **ohne zusätzliche eigene Nachforschungen** in die Lage versetzt wird, die Stichhaltigkeit der Kündigungsgründe zu prüfen und sich über eine Stellungnahme schlüssig zu werden.

§ 102 BetrVG gebietet es dem Arbeitgeber, dem Betriebsrat Information zu geben bzw. nicht vorzuenthalten, aufgrund derer bzw. ohne die bei ihm ein falsches Bild über den Kündigungssachverhalt entsteht. Eine bewusst und gewollt unrichtige Mitteilung der für den Kündigungsentschluss des Arbeitgebers maßgebenden Kündigungsgründe führt zu einem fehlerhaften und damit unwirksamen Anhörungsverfahren.

4656

Will der Arbeitgeber im Wege der **Änderungskündigung** die Arbeitsbedingungen einseitig ändern, so hat er dem Betriebsrat das Änderungsangebot und die Gründe für die beabsichtigte Änderung der Arbeitsbedingungen mitzuteilen.

4657

Dem Betriebsrat ist daher bspw. auch die **Vergütung** mitzuteilen, die der Arbeitnehmer am neuen Arbeitsplatz erhalten soll *(LAG Hamm 15.07.1997, LAGE § 102 BetrVG 1972 Nr. 16)*. Hat der Arbeitgeber zunächst dem Arbeitnehmer nur das Änderungsangebot unterbreitet, so muss er, wenn er sich eine Beendigungskündigung vorbehalten und dazu eine **erneute Anhörung** des Betriebsrats ersparen will, zugleich bei der Betriebsratsanhörung verdeutlichen, dass er im Falle der Ablehnung des Änderungsangebots durch den Arbeitnehmer die Beendigungskündigung beabsichtigt. Geschieht dies nicht, liegt **keine ordnungsgemäße Anhörung** zu dieser Kündigung vor *(LAG Hamm 15.07.1997 a.a.O.)*.

Die Anhörungsobliegenheit greift auch dann ein, wenn das Arbeitsverhältnis **vor Dienstantritt** gekündigt werden soll.

Hält der Arbeitgeber bei einer **betriebsbedingten Kündigung** eine Sozialauswahl wegen einer **Betriebsstillegung** für **entbehrlich**, müssen dem Betriebsrat im Rahmen des § 102 BetrVG das **Lebensalter** und die **Dauer** der Betriebszugehörigkeit mitgeteilt werden. Eine Mitteilung der Unterhaltspflichten oder des Familienstandes ist in diesem Fall nicht notwendig *(BAG 22.01.1998, EzA § 613a BGB Nr. 161)*.

Das Anhörungsverfahren ist nur dann **ordnungsgemäß eingeleitet**, wenn der Arbeitgeber dem Betriebsrat die Person des zu kündigenden Arbeitnehmers, die Kündigungsart,

4658

die Kündigungsfrist und die Kündigungsgründe unter näherer Umschreibung des ihnen zugrunde liegenden Sachverhalts mitteilt. Der Arbeitgeber ist nach der Rechtsprechung grundsätzlich gehalten, dem Betriebsrat die **Kündigungsfrist** mitzuteilen, es sei denn, dem Betriebsrat sind die zu beachtenden Fristen ohnehin bekannt. Ob das Ganze auch hinsichtlich des **Kündigungstermins** gilt, ist unsicher. Soweit etwa bei tarifvertraglich unterschiedlichen Kündigungsfristen für Arbeiter und Angestellte die einzuhaltende Kündigungsfrist zweifelhaft ist, reicht es aus, dass der Arbeitgeber dem Betriebsrat mitteilt, mit welcher Kündigungsfrist er das Arbeitsverhältnis beenden will.

Es ist nicht zulässig, dass der Arbeitgeber dem Betriebsrat nur mitteilt, dass er das Arbeitsverhältnis zum nächsten zulässigen Termin beendet sehen will.

4659 Die ordnungsgemäße Anhörung des Betriebsrats setzt auch voraus, dass der Arbeitgeber dem Betriebsrat die **Art** der beabsichtigten Kündigung, also insbesondere mitteilt, ob eine ordentliche oder eine außerordentliche Kündigung ausgesprochen werden soll. Dies gilt auch im Fall der beabsichtigten Kündigung eines »unkündbaren« Arbeitnehmers, wenn der Arbeitgeber ohne jede Erläuterung eine nach der objektiven Rechtslage nur außerordentlich mögliche Kündigung unter Einhaltung einer Frist aussprechen will. Ist also ein **Arbeitnehmer »altersgesichert«**, so muss der Arbeitgeber dem Betriebsrat mitteilen, ob er dem Arbeitnehmer ordentlich oder außerordentlich zu kündigen beabsichtigt.

Die Informationspflicht gegenüber dem Betriebsrat geht nicht so weit wie die Darlegungspflicht im Kündigungsschutzprozess. Der Arbeitgeber ist deshalb nicht verpflichtet, dem Betriebsrat Unterlagen oder Beweismaterial zur Verfügung zu stellen, bzw. Einsicht in die Personalakte des betreffenden Arbeitnehmers zu gewähren. Zu einer Einsicht in die Personalakte ist der Arbeitgeber nicht einmal befugt. Er macht sich gegenüber dem Arbeitnehmer schadensersatzpflichtig, wenn er dem Betriebsrat ohne dessen Einverständnis Einsicht in die Personalakte gewährt. Die Anhörung des Betriebsrats gemäß § 102 Abs. 1 BetrVG bedarf auch dann **nicht der Schriftform** bzw. der Übergabe vorhandener **schriftlicher Unterlagen**, wenn der Kündigungssachverhalt ungewöhnlich komplex ist *(BAG 06.02.1997, EzA § 102 BetrVG 1972 Nr. 96).*

4660 Der Arbeitgeber hat dem Betriebsrat nicht nur über den Kündigungssachverhalt, sondern auch über die **persönlichen Daten** des zu kündigenden Arbeitnehmers (Alter, Familienstand, Unterhaltspflichten, Dauer der Betriebszugehörigkeit, Berufstätigkeit des Ehepartners laut Lohnsteuerkarte) zu unterrichten, weil diese Daten für die Interessenabwägung und die Bestimmung der Kündigungsfrist von Bedeutung sein können *(s. etwa LAG Nürnberg 15.03.1994, LAGE § 102 BetrVG 1972 Nr. 40).*

Bei **schweren Vorwürfen** (außerordentliche Kündigung wegen der Annahme von Schmiergeldern in Millionenhöhe) kann **ausnahmsweise** die exakte Kenntnis des Betriebsrats von den sozialen Daten des Arbeitnehmers entbehrlich sein, wenn feststeht, dass angesichts der Tragweite der Vorwürfe sich diese zugunsten des Arbeitgebers im Rahmen einer Interessenabwägung nicht auswirken können *(BAG 15.11.1995, EzA § 102 BetrVG 1972 Nr. 89).*

In einer neueren Entscheidung hat das BAG in einer ähnlichen Fallkonstellation (ebenfalls Annahme von Schmiergeld) aber noch einmal auf die im **Regelfall bestehende Mitteilungspflicht** hingewiesen: Für die **Interessenabwägung** komme es insbesondere auch auf die voraussichtliche Dauer der Vertragsbindung an. Im Falle tariflicher Unkündbarkeit des Arbeitnehmers sei ferner zu erwägen, ob dem Arbeitgeber die Einhaltung der **fiktiven Kündigungsfrist** zumutbar wäre; gegebenenfalls könne eine außerordentliche Kündigung dann nur unter Einräumung einer entsprechenden Auslauffrist erfolgen, zu der der Personal- bzw. Betriebsrat dann wie bei einer ordentlichen Kündigung zu beteiligen wäre *(vgl. BAG 21.06.2001, EzA § 626 BGB Unkündbarkeit Nr. 7)*.

Nach der Rechtsprechung gehören die persönlichen Umstände des Gekündigten nicht zum Kündigungsgrund, wohl aber zur **Interessenabwägung** für die Entscheidung über die Zumutbarkeit oder Unzumutbarkeit der Fortsetzung des Arbeitsverhältnisses. Dabei ist die Dauer der Betriebszugehörigkeit auch dann dem Betriebsrat mitzuteilen, wenn die Kündigung auf Vermögensdelikte zu Lasten des Arbeitgebers gestützt wird. Die Unterhaltspflichten sind bei vorsätzlichen Vermögensdelikten zum Nachteil des Arbeitgebers allenfalls dann mitzuteilen, wenn sie das bestimmende Motiv für die Tat wahren.

Dagegen gehört die Vorlage von **Unterlagen und Beweismaterial** im Fall einer außerordentlichen Kündigung im allgemeinen **nicht** zu einer ordnungsgemäßen Anhörung nach § 102 BetrVG. Etwas anderes ergibt sich nach Auffassung des BAG (*26.01.1995, EzA § 102 BetrVG Nr. 87*) auch nicht aus der allgemeinen Unterrichtungspflicht des Arbeitgebers gegenüber dem Betriebsrat nach § 80 Abs. 2 BetrVG, die auch die Vorlage der erforderlichen Unterlagen umfasst.

Einigkeit besteht darüber, dass pauschale, schlagwortartige oder stichwortartige Bezeichnungen für Kündigungsgründe dem Anhörungsverfahren nicht gerecht werden. Etwas anderes gilt nur dann, wenn der Betriebsratsvorsitzende bereits einen entsprechenden Kenntnisstand hat.

Unter bestimmten Voraussetzungen hat der Arbeitgeber dem Betriebsrat auch erhebliche, für den Arbeitnehmer sprechende Umstände und Einlassungen des Arbeitnehmers mitzuteilen. Dies gilt aber nur für konkrete Vorwürfe, deren tatsächliche, für den Arbeitgeber maßgebliche Grundlagen schon vor der Kündigung umstritten waren. In diesen Fällen soll es der Grundsatz der **vertrauensvollen Zusammenarbeit** (§ 2 Abs. 1 BetrVG) gebieten, dass der Arbeitgeber dem Betriebsrat auch die Umstände mitteilt, die **gegen eine Kündigung** sprechen. Davon ist die Rechtsprechung ausgegangen, wenn der Arbeitgeber im Anhörungsverfahren gegenüber dem Betriebsrat verschweigt, dass die einzige in Betracht kommende Tatzeugin, den von einer Zeugin vom Hörensagen erhobenen Vorwurf einer schweren Pflichtverletzung nicht bestätigt. Eine nicht ordnungsgemäße Anhörung soll auch dann vorliegen, wenn der Arbeitgeber den Betriebsrat nicht darüber informiert, dass der Arbeitnehmer in einer **Gegendarstellung** die gegen ihn erhobenen Vorwürfe in Abrede gestellt hat.

Eine wirksame Anhörung des Betriebsrats zu einem vom Arbeitnehmer angekündigten, aber noch nicht eingetretenen Verhalten ist unzulässig. Eine so genannte **Vorratsanhörung** wird nicht anerkannt.

BEISPIEL:

Der Arbeitnehmer A verlangt von seinem Arbeitgeber im Februar Urlaub für den Monat August. Der Arbeitgeber verweigert den Urlaub unter Hinweis auf dringende betriebliche Erfordernisse. Nunmehr kündigt der Arbeitnehmer an, dass er vom 01. – 31.08. der Arbeit fernbleiben werde.

Leitet nunmehr im März der Arbeitgeber ein Anhörungsverfahren für den Fall ein, dass der Arbeitnehmer am 01.08. der Arbeit fernbleibt, so ist dies eine Betriebsratsanhörung, die den Anforderungen des § 102 Abs. 1 BetrVG nicht genügt. Der Arbeitgeber hätte freilich im konkreten Fall die Ankündigung eines Vertragsbruches zum Anlass einer ordentlichen oder außerordentlichen Kündigung ohne Abmahnung nehmen können. Hier ist also besonders auf die richtige Vorgehensweise zu achten!

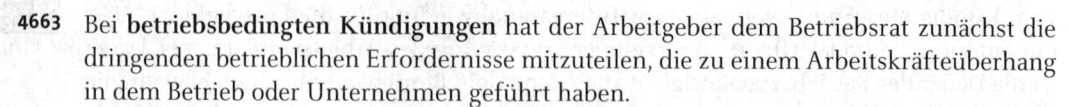

4663 Bei **betriebsbedingten Kündigungen** hat der Arbeitgeber dem Betriebsrat zunächst die dringenden betrieblichen Erfordernisse mitzuteilen, die zu einem Arbeitskräfteüberhang in dem Betrieb oder Unternehmen geführt haben.

Die Anhörung des Betriebsrats ist aber nicht deshalb unwirksam, weil der Arbeitgeber nicht mitgeteilt hat, dass er bis zur geplanten **Betriebsstilllegung** notfalls **Subunternehmer** einsetzen will, soweit die gekündigten Arbeitnehmer die vorhandenen Aufträge innerhalb der jeweiligen Kündigungsfristen nicht vollständig abarbeiten können *(BAG 18.01.2001, EzA § 1 KSchG Betriebsbedingte Kündigung Nr. 109)*.

Der Arbeitgeber hat dem Betriebsrat auch die Gründe für die von ihm getroffene **Sozialauswahl** mitzuteilen. Der Arbeitgeber muss also dem Betriebsrat mitteilen, welche Arbeitnehmer er für vergleichbar erachtet, welche **Auswahlkriterien** er seiner Entscheidung zugrunde gelegt und wie er die einzelnen Auswahlkriterien gewichtet hat. Der Arbeitgeber hat seine Angaben zum Kreis der für vergleichbar erachteten Arbeitnehmer im Prozess zu konkretisieren, wenn sich der Arbeitnehmer auf eine Gruppe anderer, nach ihrer Tätigkeit vergleichbarer Arbeitnehmer beruft, die er nach Zahl, Person und Sozialdaten nicht genau bezeichnen kann.

Kündigt der Arbeitgeber wegen wiederholten Zuspätkommens zur Arbeit, kann er sich im Prozess auf **betriebstypische Störungen** des Betriebsablaufs auch dann berufen, wenn er diese Störungen dem Betriebsrat bei dessen Anhörung nicht ausdrücklich mitgeteilt hatte, weil solche Verspätungsfolgen **beim Betriebsrat allgemein bekannt** sind *(BAG 27.02.1997, EzA § 1 KSchG Verhaltensbedingte Kündigung Nr. 51)*.

Bei einer **verhaltensbedingten Kündigung** darf der Arbeitgeber dem Betriebsrat nicht den Arbeitnehmer entlastende Umstände bewusst vorenthalten. Ansonsten liegt keine ordnungsgemäße Anhörung vor. Die **Darlegungs- und Beweislast** dafür, dass eine irreführende Darstellung des Kündigungssachverhalts nicht bewusst erfolgt ist, trägt der Arbeitgeber *(LAG Köln 30.09.1993, LAGE § 102 BetrVG 1972 Nr. 36)*!

4664 Der Arbeitgeber braucht im Regelfall den Betriebsrat zu einer Stellungnahme **nicht aufzufordern**. Etwas anderes gilt nur dann, wenn der Zweck der Unterrichtung für den Betriebsrat nicht ausmachbar ist. Dies ist z.B. der Fall, wenn der Arbeitgeber dem Betriebsrat die Gründe für eine bereits erfolgte Kündigung mitteilt, um die Gründe wiederholen zu können, sich der Betriebsrat dessen aber nicht bewusst ist.

Die Mitteilung der Kündigungsgründe ist **zwingend**. Einer weiteren Darlegung der Kündigungsgründe gegenüber dem Betriebsrat durch den Arbeitgeber bedarf es aber nicht, wenn der Betriebsrat bei Einleitung des Anhörungsverfahrens bereits über den erforderlichen Kenntnisstand verfügt, um über die konkret beabsichtigte Kündigung eine Stellungnahme abgeben zu können. Dabei ist es unerheblich, ob es sich um einen Klein- oder Großbetrieb handelt.

Der Betriebsrat muss sich freilich nur das Wissen eines zur Entgegennahme von Erklärungen berechtigten oder hierzu **ausdrücklich ermächtigten Betriebsratsmitglieds** zurechnen lassen (§ 26 Abs. 3 Satz 2 BetrVG). Unterlässt es der Arbeitgeber, den Betriebsrat über die Gründe der Kündigung zu unterrichten, weil er irrigerweise davon ausgeht, dass dieser bereits über den erforderlichen und aktuellen Kenntnisstand verfügt, so geht diese Fehleinschätzung des Kenntnisstandes des Betriebsrates zu seinen Lasten. Hier ist also Vorsicht geboten!

Hat der Arbeitgeber eine ordnungsgemäße Anhörung des Betriebsrats gemäß § 102 BetrVG im Detail **schlüssig dargelegt**, so muss der Arbeitnehmer nach den Grundsätzen der **abgestuften Darlegungslast** deutlich machen, welche der Angaben er aus welchem Grund **weiterhin** bestreiten will. Soweit es um Tatsachen außerhalb seiner eigenen Wahrnehmung geht, kann der Arbeitnehmer sich dabei gemäß § 138 Abs. 4 ZPO auf Nichtwissen berufen; ein **pauschales Bestreiten** des Arbeitnehmers ohne jede Begründung genügt dagegen nicht *(BAG 16.03.2000, EzA § 626 BGB n.F. Nr. 179).*

4665 Scheitert eine Kündigung, zu der der Betriebsrat ordnungsgemäß angehört worden ist und der er vorbehaltlos zugestimmt hatte, am fehlenden Zugang beim Kündigungsgegner, so ist vor einer erneuten Kündigung eine nochmalige Anhörung des Betriebsrats dann entbehrlich, wenn sie in engem zeitlichen Zusammenhang ausgesprochen und auf den selben Sachverhalt gestützt wird. Die Berufung auf das Fehlen einer erneuten Anhörung des Betriebsrates soll in diesen Fällen nach der Rechtsprechung rechtsmissbräuchlich sein. Angesichts des Umstandes, dass unsicher ist, wann von einem engen zeitlichen Zusammenhang gesprochen werden kann, empfiehlt es sich gerade bei kurzen Kündigungsfristen, den Betriebsrat **erneut anzuhören** und die Kündigung auszusprechen.

4666 **Vor der Konstituierung** eines Betriebsrats besteht keine Anhörungspflicht des Arbeitgebers nach § 102 BetrVG. Den Arbeitgeber trifft auch keine Verpflichtung, mit dem Ausspruch der Kündigung zu warten, bis sich der Betriebsrat konstituiert hat.

V. Probleme bei der Einleitung des Anhörungsverfahrens

4667 Wird das Anhörungsverfahren außerhalb der Arbeitszeit des Betriebsratsvorsitzenden eingeleitet (fernmündliche Mitteilung), so kann dies **fehlerhaft** mit der Folge sein, dass die Frist des § 102 Satz 1 BetrVG nicht in Gang gesetzt wird. Nach der Rechtsprechung sind der Betriebsratsvorsitzende und bei dessen Verhinderung sein Stellvertreter berechtigt, aber grundsätzlich nicht verpflichtet, eine Mitteilung des Arbeitgebers außerhalb der Arbeitszeit und außerhalb der Betriebsräume entgegenzunehmen. Ob in einzelnen Fällen

– insbesondere bei außerordentlichen Kündigungen – etwas anderes zu gelten hat, hat die **Rechtsprechung** unentschieden gelassen. Die **widerspruchslose Entgegennahme** einer Mitteilung des Arbeitgebers nach § 102 BetrVG durch den Betriebsratsvorsitzenden oder (bei dessen Verhinderung) durch dessen Stellvertreter setzt aber grundsätzlich die Wochenfrist des § 102 Abs. 2 Satz 1 BetrVG auch dann in Gang, wenn die Mitteilung außerhalb der Arbeitszeit und außerhalb der Betriebsräume erfolgt.

Grundsätzlich gilt also: Wird einem unzuständigen Betriebsratsmitglied ein Anhörungsbogen übergeben, so ist dieser Erklärungsbote des Arbeitgebers. Das Anhörungsverfahren wird also erst dann eingeleitet, wenn der Bote die Erklärung dem zuständigen Mitglied des Betriebsrats überbringt. Mängel liegen also im Verantwortungsbereich des Arbeitgebers! Diese können zur Unwirksamkeit einer ausgesprochenen Kündigung führen. Deshalb sollte auf eine korrekte Einleitung des Anhörungsverfahrens großer Wert gelegt werden. Mängel bei der Beschlussfassung selber fallen hingegen in den Verantwortungsbereich des Betriebsrats, wirken sich also zu Lasten des zu Kündigenden aus *(s. zum Ganzen BAG 16.10.1991, EzA § 102 BetrVG 1972 Nr. 83 und → Rz. 4673).*

Es liegt auch keine ordnungsgemäße Anhörung vor, wenn erst ein Betriebsratsmitglied dem Betriebsratsvorsitzenden auf dessen Nachfragen Kenntnis von den wesentlichen Kündigungstatsachen verschafft und diese Mitteilung aber nicht auf Veranlassung des Arbeitgebers erfolgt *(LAG Nürnberg 24.02.1994, LAGE § 102 BetrVG Nr. 38).* Fazit: **Eigene Ermittlungen muss der Betriebsratsvorsitzende nicht anstellen, tut er es gleichwohl, heilt dies die fehlerhafte Einleitung des Anhörungsverfahrens nicht.!**

4668 Ist ein Betriebsrat für die Dauer der Äußerungsfristen des § 102 Abs. 2 BetrVG **beschlussunfähig** i.S.v. § 33 Abs. 2 BetrVG, weil in dieser Zeit mehr als die Hälfte der Betriebsratsmitglieder an der Amtsausübung verhindert sind und nicht durch Ersatzmitglieder vertreten werden können, so nimmt der Restbetriebsrat in entsprechender Anwendung des § 22 BetrVG die Beteiligungsrechte nach § 102 BetrVG wahr.

VI. Anhörung bei Massenentlassungen

4669 § 102 BetrVG gilt selbstverständlich auch bei **Massenentlassungen**. Dabei stellt sich nur die Frage, ob die Einlassungsfrist des § 102 Abs. 2 Satz 1 BetrVG sich in diesen Fällen **automatisch** verlängert. Dies lehnt die **Rechtsprechung** ab. Eine automatische oder einstweilige Verlängerung der Anhörungsfrist des § 102 BetrVG zugunsten des Betriebsrats ist auch bei Massenentlassungen danach nicht möglich. Die Anhörungsfrist des § 102 BetrVG kann zwar durch Vereinbarung zwischen Betriebsrat und Arbeitgeber verlängert werden. Jedoch besteht auch bei Massenentlassungen kein Anspruch des Betriebsrats auf eine solche Vereinbarung. Nach dem die gesamte Rechtsordnung beherrschenden Grundsatz von **Treu und Glauben** soll jedoch im Einzelfall die Berufung des Arbeitgebers auf die Einhaltung der einwöchigen Anhörungsfrist des § 102 BetrVG rechtsmissbräuchlich sein, weil die Frist einvernehmlich verlängert werden kann und der Arbeitgeber nach § 2 BetrVG zur **vertrauensvollen Zusammenarbeit mit** dem Betriebsrat verpflichtet ist. Der

Rechtsmissbrauch kann danach nicht allein mit objektiven Umständen wie der Zahl der Kündigungen und den sich hieraus für die Bearbeitung im Betriebsrat ergebenden Schwierigkeiten begründet werden. Wesentlich ist danach auch, ob und wann der Arbeitgeber die geplanten Entlassungen mit dem Betriebsrat bereits im Rahmen der §§ 111 ff. BetrVG erörtert hat und ob der Betriebsrat die Verhandlungen über einen Interessenausgleich und die Bildung einer **Einigungsstelle** durch Ausnutzung formaler Rechtspositionen verschleppt und auf eine Verzögerung der nach dem Unternehmenskonzept geplanten Entlassungen hingearbeitet hat. Eine **Fristverlängerung** kommt auch nur dann in Betracht, wenn der Betriebsrat innerhalb der Wochenfrist vom Arbeitgeber eine Verlängerung verlangt hat. Der Arbeitgeber sollte in allen Fällen der Massenentlassung die Einlassungsfrist von einer Woche verlängern, soweit dies der Betriebsrat innerhalb der Wochenfrist des § 102 Abs. 2 Satz 1 BetrVG verlangt.

VII. Anhörung bei schwerbehinderten Menschen

Ist der zu kündigende Arbeitnehmer ein **schwerbehinderter Mensch i.S.d. Sozialgesetzbuch IX. Buch (SGB IX)**, so kann der Arbeitgeber das Verfahren zur Anhörung des Betriebsrats vor dem Antrag auf Zustimmung der Hauptfürsorgestelle (vgl. → Rz. 4579), während des Zustimmungsverfahrens oder erst nach dessen Ende einleiten. Eine bestimmte zeitliche Reihenfolge für die Anhörung des Betriebsrats und für die Stellung des Antrags auf Zustimmung der Hauptfürsorgestelle ist danach im **Betriebsverfassungsgesetz** ebenso wenig vorgeschrieben wie im **Personalvertretungsgesetz**. Wird freilich der Betriebsrat vor Einleitung des Zustimmungsverfahrens (§§ 85, 91 SGB IX) angehört, so ist zu beachten, dass der Arbeitgeber verpflichtet ist, bei einem sich länger hinziehenden Zustimmungsverfahren den Betriebsrat **erneut anzuhören**, wenn sich der Kündigungssachverhalt zwischenzeitlich **wesentlich verändert** hat. Ist dies nicht der Fall, muss die Anhörung auch dann nicht wiederholt werden, wenn zwischenzeitlich ein längerer Zeitraum vergangen ist *(std. Rspr., vgl. BAG 20.01.2000, EzA § 1 KSchG Krankheit Nr. 47)*.

4670

Gleichwohl sollte, soweit eine ordentliche Kündigung beabsichtigt ist, zunächst das Integrationsamt um seine Zustimmung ersucht und danach der Betriebsrat angehört werden. Dies schützt vor dem Risiko, dass im Nachhinein eine wesentliche Veränderung des Kündigungssachverhalts geltend gemacht wird.

War dem Arbeitgeber bei Äußerung der Kündigungsabsicht **nicht bekannt**, dass der Arbeitnehmer einen Antrag auf Anerkennung als schwerbehinderter Mensch gestellt hat, so muss das Verfahren zur Anhörung des Betriebsrats nicht wiederholt werden, wenn der Arbeitnehmer auf einen entsprechenden Antrag hinweist, **die Zustimmung zur Kündigung seitens des Integrationsamtes aber erteilt wird** oder der Antrag auf Zuerkennung der Schwerbehinderteneigenschaft zurückgewiesen wird.

Teilt ein gekündigter Arbeitnehmer **binnen eines Monats nach Kündigung** dem Arbeitgeber mit, er habe **vor dem Zugang** der Kündigung bereits einen Antrag auf Zuerkennung der Schwerbehinderteneigenschaft gestellt, so muss der Arbeitgeber den Betriebsrat **erneut nach § 102 BetrVG anhören**, wenn er jetzt mit Zustimmung des Intergrationsamtes **nochmals kündigen will**. Ob zu einer solchen erneuten Anhörung eine rechtliche Verpflichtung besteht, war zunächst umstritten, ist aber vom BAG bejaht worden *(16.09.1993, EzA § 102 BetrVG 1972 Nr. 84)*. Nach Auffassung des BAG besteht in diesem Fall keine Parallele zu dem Sachverhalt, in dem die Kündigung am fehlenden Zugang beim Kündigungsempfänger scheiterte (s. → Rz. 4665). Auch eine Gleichbehandlung mit dem Fall der vorbehaltlosen und ausdrücklichen Zustimmung des Betriebsrats zur außerordentlichen Kündigung wird vom BAG abgelehnt (s. → Rz. 4675).

Grundsätzlich gilt also: Scheitert die erste, dem schwerbehinderten Mensch zugegangene Kündigung an der fehlenden Zustimmung des Integrationsamtes, so muss der Betriebsrat zu der **nach Erteilung der Zustimmung beabsichtigten zweiten Kündigung** erneut angehört werden.

Im Hinblick auf die **Weiterbeschäftigungsmöglichkeit** auf einem anderen, leidensgerechten Arbeitsplatz, gilt es in Zusammenhang mit der Betriebsratsanhörung folgendes zu beachten: Besteht aus der Sicht des Arbeitgebers keine Möglichkeit, den zu kündigenden Arbeitnehmer auf einem anderen Arbeitsplatz weiterzubeschäftigen (§ 1 Abs. 2 Satz 2 1b und 2b KSchG), so genügt der Arbeitgeber seiner Anhörungspflicht nach § 102 BetrVG in der Regel schon durch den **ausdrücklichen** oder **konkludenten Hinweis** auf fehlende Weiterbeschäftigungsmöglichkeiten.

Hat jedoch der Betriebsrat vor Einleitung des Anhörungsverfahrens Auskunft über Weiterbeschäftigungsmöglichkeiten für den zu kündigenden Arbeitnehmer auf einem **konkreten**, kürzlich frei gewordenen Arbeitsplatz verlangt, so muss der Arbeitgeber dem Betriebsrat nach § 102 Abs. 1 Satz 2 BetrVG mitteilen, warum aus seiner Sicht eine Weiterbeschäftigung des Arbeitnehmers auf diesem Arbeitsplatz nicht möglich ist. Der lediglich **pauschale Hinweis** auf fehlende Weiterbeschäftigungsmöglichkeiten im Betrieb reicht dann **nicht** mehr aus *(BAG 17.02.2000, EzA § 102 BetrVG 1972 Nr. 103)*.

VIII. Abschluss des Anhörungsverfahrens

4671 Ist das Anhörungsverfahren nach § 102 BetrVG **abgeschlossen**, so kann der Arbeitgeber, wie immer die Stellungnahme des Betriebsrats ausgefallen ist, die Kündigung aussprechen.

Solange freilich der Betriebsrat eine **abschließende Stellungnahme** noch nicht abgegeben hat, muss der Arbeitgeber den Ablauf der Fristen des § 102 Abs. 2 BetrVG abwarten. § 102 BetrVG sieht auch für **Eilfälle** keinen Ausnahmetatbestand vor. Soweit daher der Betriebsrat noch keine abschließende Stellungnahme abgegeben hat, hat der Arbeitgeber bei einer ordentlichen Kündigung **eine Woche** und bei einer außerordentlichen Kündigung 3 **Tage** abzuwarten.

4672 Unsicher ist, wann zu einem früheren Zeitpunkt von einer **abschließenden Stellungnahme** des Betriebsrats ausgegangen werden kann. Von einer abschließenden Stellungnahme des Betriebsrats kann keine Rede sein, wenn der Betriebsratsvorsitzende dem Arbeitgeber nur mündlich mitteilt, zugleich aber eine schriftliche Wiedergabe dieser Bedenken in Aussicht stellt oder der Arbeitgeber aus sonstigen Gründen noch mit einer schriftlichen Stellungnahme des Betriebsrats rechnen muss. Der Arbeitgeber kann die Kündigung jedoch schon vor Ablauf der dem Betriebsrat eingeräumten Äußerungsfristen des § 102 Abs. 2 BetrVG aussprechen, wenn der Betriebsrat, ohne sachlich zu der **Kündigungsabsicht** Stellung zu nehmen, lediglich erklärt hat, er werde sich zu der Kündigung nicht äußern und darin eine abschließende Stellungnahme liegt. Soweit der Betriebsrat dies **nicht ausdrücklich** erklärt, ist durch Auslegung zu ermitteln, ob eine bestimmte Äußerung (z.B. er nehme die Kündigungsabsicht zur Kenntnis) oder ob ein bestimmtes Verhalten diesen Erklärungsinhalt hat. Hierbei kann insbesondere die **Übung des Betriebsrats** von maßgeblicher Bedeutung sein.

IX. Mängel bei der Anhörung

Ist die Anhörung des Betriebsrats unterblieben oder ist sie nicht ordnungsgemäß durchgeführt worden, so ist die Kündigung nach § 102 Abs. 1 Satz 3 BetrVG unheilbar nichtig (s. zu Mängeln bei der Einleitung des Anhörungsverfahrens → Rz. 4667). Der Betriebsratsvorsitzende oder dessen Stellvertreter können weder allgemein noch im Einzelfall ermächtigt werden, zu einer vom Arbeitgeber beabsichtigten Kündigung eine verbindliche Stellungnahme abzugeben. Für die Stellungnahme ist der Betriebsrat als kollegiales Organ bzw. ein entsprechender Ausschuss zuständig.

Mängel bei der Anhörung, die in den Zuständigkeits- und Verantwortungsbereich des Betriebsrats fallen, berühren grundsätzlich die Ordnungsmäßigkeit des Anhörungsverfahrens nicht und wirken sich auch nicht auf die Rechtswirksamkeit der Kündigung aus, selbst wenn der Arbeitgeber im Zeitpunkt der Kündigung weiß oder vermuten kann, dass die Behandlung der Angelegenheiten durch den Betriebsrat nicht fehlerfrei gewesen ist. Diese Mängel fallen in den **Risikobereich** des Arbeitnehmers. Dies folgt schon daraus, dass ansonsten der Betriebsrat es in der Hand hätte, mit einer nicht ordnungsgemäßen Beschlussfassung den Kündigungsschutz perfekt zu machen!

Etwas anderes gilt aber dann, wenn der Betriebsratsvorsitzende, dem der Arbeitgeber die Kündigungsabsicht mündlich mitteilt, der Kündigung sofort zustimmt. In diesem Fall weiß nämlich der Arbeitgeber, dass es sich lediglich um eine **persönliche Stellungnahme** des Betriebsratsvorsitzenden handelt. Hat der Arbeitgeber durch unsachgemäßes Verhalten die fehlerhafte Betriebsratsanhörung veranlasst (Anregung, im Umlaufverfahren zu entscheiden), so ist ebenfalls das Anhörungsverfahren unwirksam. Fehler des Arbeitgebers bei der Einleitung des Anhörungsverfahrens werden im Übrigen nicht dadurch geheilt, dass der Betriebsrat zu der Kündigung Stellung nimmt.

Mängel bei der Anhörung, die zur Unwirksamkeit des Anhörungsverfahrens führen, hindern den Arbeitgeber im Grundsatz nicht, nach deren Behebung eine **erneute Kündigung wegen derselben Kündigungsgründe** auszusprechen. Hiervon ist die Situation der Trotz- oder Wiederholungskündigung strikt zu unterscheiden (s. → Rz. 4709a). In diesem Fall sind die **Kündigungsgründe quasi verbraucht!** Sollte eine Kündigung aus wichtigem

4673

Grund ausgesprochen werden, kann selbstverständlich die 2-Wochen-Frist des § 626 Abs. 2 BGB abgelaufen sein.

X. Vertrauensschutz im Zustimmungsersetzungsverfahren

4674 Im **Zustimmungsersetzungsverfahren** nach § 103 Abs. 2 BetrVG geht die Rechtsprechung von einer **Durchbrechung des Vertrauensschutzes** aus. Nach den Grundsätzen des Vertrauensschutzes darf danach der Arbeitgeber grundsätzlich auf die Wirksamkeit eines Zustimmungsbeschlusses nach § 103 BetrVG vertrauen, wenn ihm der Betriebsratsvorsitzende oder sein Vertreter mitteilt, der Betriebsrat habe die beantragte Zustimmung erteilt. Dies soll aber nicht gelten, wenn der Arbeitgeber die Tatsachen kennt oder kennen muss, aus denen die Unwirksamkeit des Beschlusses folgt.

XI. Betriebsratsanhörung und Umdeutung einer Kündigung

4675 Hat der Arbeitgeber eine **unwirksame außerordentliche Kündigung** ausgesprochen, so stellt sich das Problem, ob diese unwirksame außerordentliche Kündigung auch in Betrieben mit einem Betriebsrat im Kündigungsschutzprozess in eine ordentliche Kündigung umgedeutet werden kann. Wegen der **unterschiedlichen Beteiligungsrechte des Betriebsrats** bei einer ordentlichen und außerordentlichen Kündigung stimmt die Rechtsprechung einer Umdeutung einer unwirksamen außerordentlichen Kündigung in eine ordentliche Kündigung (§ 140 BGB) nur zu, wenn der Arbeitgeber den Betriebsrat bei der Anhörung deutlich darauf hingewiesen hat, dass die beabsichtigte außerordentliche Kündigung hilfsweise als ordentliche Kündigung gelten soll oder wenn der Betriebsrat ausdrücklich oder vorbehaltlos der außerordentlichen Kündigung, die sich im nachhinein als unwirksam herausstellt, zugestimmt hat und einer ordentlichen Kündigung erkennbar nicht entgegengetreten wäre.

4676 Um die Schwierigkeiten bei der Umdeutung von unwirksamen außerordentlichen Kündigungen in ordentliche Kündigungen bei Betrieben mit einem Betriebsrat zu vermeiden, sollte in allen Grenzfällen eine sog. **Verbundkündigung** ausgesprochen werden, d.h. es sollte primär außerordentlich und vorsorglich für den Fall der Unwirksamkeit der außerordentlichen Kündigung ordentlich gekündigt werden.

Dabei ist freilich zu beachten, dass der Arbeitgeber, soweit nicht zu einem früheren Zeitpunkt eine abschließende Stellungnahme des Betriebsrats vorliegt, mit der außerordentlichen Kündigung 3 Tage und mit der ordentlichen Kündigung eine Woche warten muss.

XII. Auslegung der Stellungnahme des Betriebsrats/Rechtsfolgen

Für die **Auslegung der Stellungnahme** des Betriebsrats ist vom **Wortlaut** des Betriebsratsschreibens auszugehen, so wie es vom Arbeitgeber als Erklärungsempfänger unter Berücksichtigung der ihm bekannten Umstände nach Treu und Glauben und unter Berücksichtigung der Verkehrssitte aufgefasst werden muss. Erklärt der Betriebsrat, dass er die beabsichtigte außerordentliche Kündigung für sozial zu hart halte und bittet er um Disziplinarmaßnahmen, so spricht er sich nach der **Rechtsprechung** gegen jegliche Beendigung des Arbeitsverhältnisses aus und befürwortet nur einen Verweis oder eine Verwarnung.

Nach der Rechtsprechung trägt der Arbeitgeber die **Darlegungs- und Beweislast** dafür, dass die Anhörung des Betriebsrats ordnungsgemäß durchgeführt worden ist. Danach muss der Arbeitnehmer die ordnungsgemäße Anhörung des Betriebsrats jedoch bestreiten, damit die entsprechende Darlegungslast des Arbeitgebers ausgelöst wird und das Gericht Anlass hat, sich mit dieser Frage zu beschäftigen. Regelmäßig genügt danach gem. § 138 Abs. 4 ZPO ein Bestreiten mit Nichtwissen, weil die Betriebsratsanhörung keine Handlung des Arbeitnehmers und gewöhnlich auch nicht Gegenstand seiner Wahrnehmung ist.

Hat der Arbeitnehmer die ordnungsgemäße Betriebsratsanhörung bestritten, so sollte, soweit Zweifel an der ordnungsgemäßen Anhörung bestehen, der Betriebsrat erneut angehört und die Kündigung wiederholt werden.

Hat der Betriebsrat gegen eine ordentliche Kündigung Bedenken, so kann er aus bestimmten Gründen nach § 102 Abs. 3 BetrVG ein **Widerspruchsrecht** ausüben. Liegt ein derartiger Widerspruch tatsächlich vor, so ist die Kündigung nach § 1 Abs. 2 Satz 2, 3 KSchG ebenfalls sozial ungerechtfertigt. Die **Rechtsprechung** steht auf dem Standpunkt, dass die Möglichkeit der **Weiterbeschäftigung** an einem anderen Arbeitsplatz in demselben Betrieb oder in einem anderen Betrieb des Unternehmens (§ 102 Abs. 3 Nr. 3 BetrVG) auch dann im Kündigungsschutzprozess zu berücksichtigen ist, wenn der Betriebsrat der Kündigung nicht widersprochen hat.

Das Widerspruchsrecht des § 102 Abs. 3 BetrVG bezieht sich nicht nur auf betriebsbedingte, sondern auch auf personen- und verhaltensbedingte Gründe. Der Schwerpunkt des Widerspruchsrechtes wird freilich stets bei **betriebsbedingten** Kündigungen liegen, da den Arbeitgeber insbesondere bei verhaltensbedingten Kündigungen die Fortsetzung des Arbeitsverhältnisses an einem anderen Arbeitsplatz nur in Ausnahmefällen einmal zumutbar sein wird.

Für einen ordnungsgemäßen Widerspruch des Betriebsrats nach § 102 Abs. 3 Nr. 3 BetrVG gegen eine ordentliche Kündigung reicht es zur Begründung eines **Weiterbeschäftigungsanspruchs** nach § 102 Abs. 5 Satz 1 BetrVG **nicht** aus, wenn der Betriebsrat nur **allgemein** auf eine anderweitige Beschäftigungsmöglichkeit im selben Betrieb oder in einem anderen Betrieb des Unternehmens verweist. Dem Betriebsrat wird vielmehr von der Rechtsprechung ein Mindestmaß an konkreter Argumentation abverlangt. Danach muss der Arbeitsplatz, auf dem der zu kündigende Arbeitnehmer eingesetzt werden kann, in **bestimmbarer Weise** angegeben werden *(BAG 17.06.1999, EzA § 102 BetrVG Beschäftigungspflicht Nr. 10)*. Offen gelassen worden ist vom BAG in dieser Entscheidung die streitig diskutierte Frage, ob das Weiterbeschäftigungsverlangen nach § 102 Abs. 5 Satz 1 BetrVG spätestens zum Ablauf der Kündigungsfrist geltend gemacht werden muss *(so BAG 31.08.1978, EzA § 102 BetrVG 1972 Beschäftigungspflicht Nr. 10)*.

Durch den Widerspruch wird der Arbeitgeber an der Kündigung nicht gehindert. Der Arbeitgeber ist freilich dann, soweit der Arbeitnehmer bereits Kündigungsschutz genießt, also die Wartezeit des § 1 Abs. 1 KSchG erfüllt und nicht in einem Kleinstbetrieb beschäftigt ist, zur **Weiterbeschäftigung** zu unveränderten Arbeitsbedingungen verpflichtet (§ 102 Abs. 5 BetrVG).

Dieser **betriebsverfassungsrechtliche Weiterbeschäftigungsanspruch** kann im Wege der einstweiligen Verfügung durchgesetzt werden. Dabei genügt es nach der Meinung des LAG Hamm *(24.01.1994, LAGE § 102 BetrVG 1972 Beschäftigungspflicht Nr. 14)* zur Begründung der Dringlichkeit, also des Verfügungsgrundes, außer dem drohenden Zeitablauf keiner Darlegung und Glaubhaftmachung weiterer Umstände.

Muster Anhörung des Betriebsrats vor Kündigung

An den

Betriebsrat der ....

z.H. des Betriebsratsvorsitzenden ....

Die Firma .... beabsichtigt den Arbeitnehmer

Name ....

Vorname ....

Geburtsdatum ....

Familienstand ....

Kinder ....

Wohnhaft in ....

ordentlich zu kündigen.

Der zu kündigende Arbeitnehmer ... ist seit dem ... als ... zuletzt in der Betriebsabteilung ... beschäftigt. Er arbeitet mit der vollen Arbeitszeit/in Teilzeit/zur Aushilfe.

Begründung der Kündigung:

Die Kündigung ist erforderlich weil ....

Der Betriebsrat wird gebeten, der beabsichtigten Kündigung zuzustimmen.

Eventuell:

Es wird gebeten, wegen der besonderen Eilbedürftigkeit, sofort eine Betriebsratssitzung einzuberufen und die beabsichtigte Kündigung zum Gegenstand dieser Sitzung zu machen. Die besondere Eilbedürftigkeit ist darin begründet, dass ...

> **Muster Empfangsbestätigung über die Einleitung des Anhörungsverfahrens**
>
> Wir bestätigen, die Unterrichtung über die beabsichtigte Kündigung des Arbeitnehmers ... am ... erhalten zu haben.
>
> Ort, den ....
>
> ....
>
> gez. der Betriebsratsvorsitzende

XIII. Weiterführende Literaturhinweise

Bayer, Anforderungen an den Arbeitgeber bei der Anhörung des Betriebsrats zu einer Kündigung, DB 1992, 782

Becker-Schaffner, Die Rechtsprechung zum Umfang der Pflicht zur Mitteilung der Kündigungsgründe nach § 102 BetrVG, DB 1996, 426

Griese, Neuere Tendenzen bei der Anhörung des Betriebsrats vor der Kündigung, BB 1990, 1899

Kliemt, § 102 Abs. 4 BetrVG – keine unentdeckte Formvorschrift!, NZA 1993, 921

Oppertshäuser, Anhörung des Betriebsrats zur Kündigung und Mitteilung der Sozialdaten, NZA 1997, 920

Rinke, Anhörung des Betriebsrats: Vorgezogenes Kündigungsschutzverfahren, NZA, 1998, 77

Schwerdtner, Grenzen der Zulässigkeit des Nachschiebens von Kündigungsgründen im Kündigungsschutzprozess, NZA 1987, 361

4679

33. Kapitel: Fragen in Zusammenhang mit dem Kündigungsschutzprozess

I.	Weiterbeschäftigung während des Kündigungsschutzprozesses?	4702
II.	Zu welchem Zeitpunkt ist die Wirksamkeit einer Kündigung zu beurteilen?	4706
III.	Wer trägt die Darlegungs- und Beweislast im Kündigungsschutzprozess?	4710
IV.	Kündigungsschutzklage	4718
V.	Der Auflösungsantrag	4719
VI.	Weiterführende Literaturhinweise	4720

I. Weiterbeschäftigung während des Kündigungsschutzprozesses?

Während des Kündigungsschutzprozesses steht dem Arbeitnehmer unter bestimmten Voraussetzungen ein **so genannter Weiterbeschäftigungsanspruch** zu, d.h. der Arbeitgeber ist verpflichtet, den Arbeitnehmer zu unveränderten Arbeitsbedingungen weiter zu beschäftigen. Durch diesen Weiterbeschäftigungsanspruch soll gesichert werden, dass der einzelne Arbeitnehmer seinen konkreten Arbeitsplatz verteidigen kann. Das Kündigungsschutzgesetz soll nicht zu einem **Abfindungsgesetz** werden. Zum **betriebsverfassungsrechtlichen Weiterbeschäftigungsanspruch** s. → Rz. 4678. 4702

Nach der **Rechtsprechung** (*BAG GS 27.02.1985, EzA § 611 BGB Beschäftigungspflicht Nr. 9*) steht dem gekündigten Arbeitnehmer zunächst ein Weiterbeschäftigungsanspruch mit Ablauf der Kündigungsfrist bzw. bei einer außerordentlichen Kündigung mit deren Zugang zu, wenn sich schon aus **dem eigenen Vortrag des Arbeitgebers ohne Beweiserhebung** und ohne dass ein Beurteilungsspielraum gegeben wäre, jedem Kundigen die Unwirksamkeit der Kündigung geradezu aufdrängen muss, bzw. wenn ein **besonderes Beschäftigungsinteresse** gegeben ist.

Solches Beschäftigungsinteresse ist insbesondere gegeben, wenn es sich um **Ausbildungsverhältnisse** im weitesten Sinne handelt. Im Übrigen soll ein Weiterbeschäftigungsanspruch nur eingreifen, **wenn ein Arbeitsgericht einer Instanz der Kündigungsschutzklage stattgegeben hat** und der Weiterbeschäftigung **keine überwiegenden Interessen des Arbeitgebers** entgegenstehen.

Derartige überwiegende Interessen des Arbeitgebers an einer Nichtbeschäftigung können sich aus der Stellung des Arbeitnehmers im Betrieb, aus dem Kündigungsgrund (Straftat) oder aus der wirtschaftlichen Unzumutbarkeit einer Weiterbeschäftigung ergeben. Diese Grundsätze gelten für ordentliche und außerordentliche Kündigungen, für Befristungsstreitigkeiten und beim **Streit über die Wirksamkeit eines Aufhebungsvertrages**.

Hat der Arbeitgeber nach Zuerkennung eines Weiterbeschäftigungsanspruchs durch das Arbeitsgericht **erneut eine Kündigung ausgesprochen,** so kommt es darauf an, ob diese erneute Kündigung zu einer **erneuten Ungewissheit** über den Fortbestand des Arbeits- 4703 verhältnisses führt, die derjenigen entspricht, die vor Verkündung des Urteils bestanden hat, das die Unwirksamkeit der ersten Kündigung festgestellt hat. Dementsprechend soll nach der **Rechtsprechung** (*BAG 26.08.1993, EzA § 322 ZPO Nr. 9*) eine weitere **offensichtlich unwirksame Kündigung** den Weiterbeschäftigungsanspruch ebenso wenig wie eine weitere Kündigung zu Fall bringen, die auf **dieselben Gründe** gestützt wird, die nach Auffassung des Arbeitsgerichts schon für die erste Kündigung nicht ausgereicht haben. War freilich die **erste Kündigung aus formalen Gründen** (z.B. fehlende Anhörung des Betriebsrats) für unwirksam erklärt worden, so stellt die nach Behebung des formalen Mangels ausgesprochene zweite Kündigung aus denselben Gründen eine Unsicherheit über den Fortbestand des Arbeitsverhältnisses her, die derjenigen vor Verkündung des Urteils über die erste Kündigung entspricht. Stützt der Arbeitgeber eine weitere Kündigung auf einen **neuen Lebenssachverhalt**, der es möglich erscheinen lässt, dass die erneute Kündigung eine andere rechtliche Beurteilung erfährt, dann wird damit eine zusätzliche Ungewissheit über den Fortbestand des Arbeitsverhältnisses begründet, die das schutzwürdige Interesse des Arbeitgebers an der Nichtbeschäftigung wieder überwiegen lässt.

4704 Unsicher ist, ob und wie das so genannte Weiterbeschäftigungsverhältnis rückabgewickelt wird (*vgl. BAG GS 27.02.1985 a.a.O.*).

BEISPIEL:

Arbeitnehmer A wurde ordentlich zum 30.06.2002 gekündigt. Hiergegen hat er sich mit seiner Kündigungsschutzklage gewandt und gleichzeitig beantragt, ihn zu unveränderten Arbeitsbedingungen weiter zu beschäftigen. Das Arbeitsgericht hat der Kündigungsschutzklage und dem Weiterbeschäftigungsantrag stattgegeben. Seit dem 01.08.2002 wurde A zur Abwendung der Zwangsvollstreckung weiter beschäftigt. Mit Urteil vom 20.03.2002 hat das LAG das Urteil des Arbeitsgerichts aufgehoben und die Klage insgesamt abgewiesen.

Erfolgt die **Weiterbeschäftigung** freiwillig, so kann dies auf einer Vereinbarung beruhen, aufgrund derer das Arbeitsverhältnis auflösend bedingt durch die rechtskräftige Abweisung der Kündigungsschutzklage fortgesetzt werden soll.

Vor einer derartigen freiwilligen Weiterbeschäftigung kann jedoch nur gewarnt werden, da damit der Ausgang eines möglichen Kündigungsschutzprozesses präjudiziert wird. Dem Arbeitgeber wird es z.B. nicht mehr gelingen, dringende betriebliche Erfordernisse, die einer Weiterbeschäftigung des Arbeitnehmers entgegenstehen, im Kündigungsschutzprozess darzulegen und zu beweisen, wenn er dem Arbeitnehmer freiwillig angeboten hat, diesen bis zum rechtskräftigen Abschluss des Kündigungsschutzprozesses zu unveränderten Arbeitsbedingungen weiter zu beschäftigen. Anders kann sich freilich die Sachlage bei einer krankheitsbedingten Kündigung darstellen.

4705 Bei einer **Weiterbeschäftigung zur Abwendung der Zwangsvollstreckung**, erfolgt die Rückabwicklung nach dem Recht der **ungerechtfertigten Bereicherung** (§ 812 Abs. 1 Satz 1, 1. Alternative BGB). Dies bedeutet, dass dem Arbeitnehmer nur der **Wert seiner Arbeitsleistung** verbleibt. Als Obergrenze ist dabei das anzusehen, was die Parteien selbst für angemessen erachten. Der Wert der Arbeitsleistung bestimmt sich also nach der üblichen oder hilfsweise der angemessenen Vergütung. Die hiernach ermittelte Vergütung muss nicht immer dem Tariflohn entsprechen *(s. BAG 12.02.1992, EzA § 611 BGB Beschäftigungspflicht Nr. 52)*. Sie kann vielmehr auch darüber oder darunter liegen. Den geringeren Wert der Arbeitsleistung im Weiterbeschäftigungszeitraum hat freilich der Arbeitgeber darzulegen und zu beweisen.

Ist mangels anderer Erkenntnisse für den nach § 818 Abs. 2 BGB zu leistenden Wertsatz vom Tariflohn auszugehen, bedeutet dies, dass der übertarifliche Lohn zuzüglich des hierauf entfallenden Arbeitgeberanteils für Sozialversicherung vom Arbeitnehmer an den Arbeitgeber zurückzuzahlen ist.

Für die Tage, an denen der Arbeitnehmer aufgrund gesetzlicher oder tariflicher Vorschriften von der Arbeit **unter Fortzahlung des Lohnes freigestellt** war (Urlaub, Feiertage sowie Heiligabend und Sylvester, Arbeitsunfähigkeit) ist der Arbeitgeber um keine Arbeitsleistung bereichert. Deshalb hat der Arbeitnehmer keine Beträge zurückzuerstatten. Der Arbeitgeber sollte in diesen Fällen stets unter Vorbehalt leisten und den Arbeitnehmer ausdrücklich auf dieses nicht unerhebliche **Rückabwicklungsrisiko** hinweisen. Allerdings vertritt das BAG die Auffassung, dass eine Zahlung unter Vorbehalt nicht ohne weiteres genügt, um die verschärfte Haftung des Empfängers auszulösen *(BAG 12.02.1992, EzA § 611 BGB Beschäftigungspflicht Nr. 52)*.

II. Zu welchem Zeitpunkt ist die Wirksamkeit einer Kündigung zu beurteilen?

Maßgeblicher Zeitpunkt für die Beurteilung der Rechtfertigung einer ordentlichen Kündigung ist der Sachverhalt, der zum Zeitpunkt des Zugangs der Kündigung objektiv vorgelegen hat. Frühere Umstände, die zu einer Abmahnung geführt haben, können und müssen bei der Würdigung des neuen Kündigungsgrundes jedoch mit herangezogen werden, sofern sie nicht bereits lange Zeit zurückliegen und daher kein Gewicht mehr haben.

4706

Daraus folgt für **krankheitsbedingte Kündigungen**, dass die Entwicklung einer Krankheit bis zur letzten mündlichen Verhandlung in der Tatsacheninstanz dann keine Berücksichtigung mehr finden kann, wenn die Ursache für diese Entwicklung erst nach Zugang der Kündigung gesetzt wurde *(BAG 29.04.1999, EzA § 1 KSchG Krankheit Nr. 46)*.

BEISPIEL:

Z ist Alkoholiker. Er weist ganz erhebliche Ausfallzeiten auf. Obwohl ihn sein Arbeitgeber wiederholt aufgefordert hat, sich einer Entziehungskur zu unterziehen, verweigerte Z eine entsprechende Maßnahme. Nach erfolgter Kündigung unterzieht er sich erfolgreich dieser Entziehungskur.

Dieser Umstand kann im Kündigungsschutzprozess nicht mehr berücksichtigt werden. Das gleiche gilt, wenn sich ein Arbeitnehmer vor Ausspruch der Kündigung einer notwendigen und Erfolg versprechenden Operation verweigert hat. Unterzieht er sich nach erfolgter Kündigung nunmehr der Operation, so kann auch dieser Umstand im Kündigungsschutzprozess nicht mehr berücksichtigt werden. Dies gilt nach der Rechtsprechung selbst für den Fall, dass nach erfolgter Kündigung ein neues medizinisches Präparat oder eine neue Heilmethode auf dem Markt erscheint und nunmehr bei dem wegen Krankheit gekündigten Arbeitnehmer erfolgreich angewandt wird.

Werden nach einer betriebsbedingten Kündigung (s. → Rz. 4451) wegen eines **veränderten Auftragsvolumens** wieder Neueinstellungen notwendig, so ändert dies nichts daran, dass die betriebsbedingten Kündigungen rechtswirksam waren, soweit im Zeitpunkt des Zugangs der Kündigung dringende betriebliche Erfordernisse vorgelegen haben, die zu einem Arbeitskräfteüberhang geführt haben. Ob insoweit ein **Wiedereinstellungsanspruch** in Betracht kommt, ist höchst- richterlich noch nicht entschieden. Ein solcher Wiedereinstellungsanspruch ist bislang nur anerkannt worden, wenn sich das Beschäftigungsvolumen noch **während des Laufs der Kündigungsfrist** verändert. Können in diesem Falle nicht alle gekündigten Arbeitnehmer neu eingestellt werden, so ist eine **Auswahl nach sozialen Gesichtspunkten** vorzunehmen (vgl. dazu → Rz. 4464a).

4707 Der Grundsatz, dass es für die Beurteilung der Rechtmäßigkeit einer ordentlichen Kündigung auf den Sachverhalt ankommt, der im Zeitpunkt des Zugangs der Kündigung vorgelegen hat, wird durchbrochen in bezug auf die Weiterbeschäftigung auf **einem freien gleichwertigen oder geringerwertigen Arbeitsplatz** im Betrieb. Nach der Rechtsprechung ist von einem freien Arbeitsplatz auszugehen, wenn der Arbeitgeber bei Ausspruch der Kündigung mit **hinreichender Sicherheit vorhersehen** kann, dass ein Arbeitsplatz bis zum Ablauf der Kündigungsfrist, z.B. aufgrund des Ausscheidens eines anderen Arbeitnehmers, zur Verfügung stehen wird.

Nach der Rechtsprechung des BAG *(15.12.1994, EzA § 1 KSchG Betriebsbedingte Kündigung Nr. 75)* gelten nunmehr darüber hinaus auch solche Arbeitsplätze als »frei«, bei denen **im Zeitpunkt der Kündigung** bereits feststeht, dass sie in absehbarer Zeit **nach Ablauf der Kündigungsfrist** frei sein werden, sofern die **Überbrückung dieses Zeitraums für den Arbeitgeber zumutbar ist.** Zumutbar ist jedenfalls ein Zeitraum, den ein anderer Stellenbewerber zur Einarbeitung benötigen würde (vgl. → Rz. 4455).

Für die Möglichkeit der Weiterbeschäftigung auf einem freien Arbeitsplatz ist **der Arbeitnehmer darlegungs- und beweispflichtig**. Dies gilt selbst dann, wenn sich der Arbeitnehmer (ausnahmsweise) auf eine Weiterbeschäftigungsmöglichkeit im Konzern des Arbeitnehmers berufen will *(BAG 20.01.1994, EzA § 1 KSchG Betriebsbedingte Kündigung Nr. 74)*.

Bei der so genannten **Sozialauswahl** (vgl. → Rz. 4456) bleiben die sozialen Gesichtspunkte unberücksichtigt, die sich erst nach Zugang der Kündigung ergeben haben.

4708 Stellt sich im **Kündigungsschutzprozess** heraus, dass die vom Arbeitgeber angeführten Gründe die ordentliche Kündigung nicht zu rechtfertigen vermögen, so stellt sich die Frage, ob und unter welchen Voraussetzungen der Arbeitgeber weitere **Kündigungsgründe nachschieben** kann. Hierbei ist zu unterscheiden zwischen Betrieben **mit einem Betriebsrat** und Betrieben ohne einen Betriebsrat. In Betrieben mit einem Betriebsrat können nach der Rechtsprechung Tatsachen **uneingeschränkt nachgeschoben** werden, die lediglich der Erläuterung und Konkretisierung der dem Betriebsrat mitgeteilten Gründe dienen, **nicht aber andere Umstände,** die erstmals einen kündigungsrelevanten Sachverhalt umschreiben. Dies folgt daraus, dass dem Betriebsrat grundsätzlich die Gründe für die Kündigung mitzuteilen sind.

Deshalb kann nur der **Rat** gegeben werden, dem Betriebsrat alle bei Ausspruch der Kündigung bekannten Kündigungsgründe mitzuteilen. Soziale Rücksichtnahme auf den Arbeitnehmer wandelt sich im Kündigungsschutzprozess in einen Nachteil des Arbeitgebers um.

Besondere Vorsicht ist geboten bei einer Kündigung wegen des Verdachts einer strafbaren Handlung oder des Verdachts einer schweren Vertragsverletzung. Da die Rechtsprechung auf dem Standpunkt steht, dass es sich bei dem Verdacht einer strafbaren Handlung bzw. dem Verdacht einer schweren Vertragsverletzung und der für erwiesen erachteten Straftat oder der für erwiesen erachteten Vertragsverletzung um zwei unterschiedliche Kündigungsgründe handelt, sollte der Betriebsrat in allen Zweifelsfällen **vorsorglich** zu einem entsprechenden Verdacht angehört werden.

Kündigungsgründe, die der Arbeitgeber erst **nach Ausspruch der Kündigung** in Erfahrung bringt, die aber bereits vor Ausspruch der Kündigung entstanden waren, können in Betrieben mit einem Betriebsrat nur nachgeschoben werden, wenn der Arbeitgeber hierzu den Betriebsrat zuvor **anhört**. Dem Betriebsrat müssen insoweit die entsprechenden Einlassungsfristen des § 102 Abs. 2 BetrVG eingeräumt werden.

Im **Zustimmungsersetzungsverfahren** nach § 103 Abs. 2 BetrVG können nach der **Rechtsprechung** nur solche Gründe vorgebracht werden, die zuvor dem Betriebsrat mit dem Ziel mitgeteilt worden sind, die Zustimmung zur außerordentlichen Kündigung des Betriebsratsmitglieds zu erhalten.

In Betrieben ohne Betriebsrat gilt etwas anderes. Materiellrechtlich können **Kündigungsgründe**, die bei Ausspruch der Kündigung bereits entstanden waren, in betriebsratslosen Betrieben **immer nachgeschoben** werden. Insoweit sind aber die **prozessualen Verspätungsvorschriften** zu beachten. Bei einer außerordentlichen Kündigung müssen die später bekannt gewordenen weiteren wichtigen Gründe nicht einmal innerhalb der Ausschlußfrist des § 626 Abs. 2 BGB nachgeschoben werden.

Von dem Nachschieben von Kündigungsgründen ist die Frage zu unterscheiden, ob nach einem für den Arbeitgeber negativen Urteil in einem Kündigungsschutzprozess dieser auf **dieselben Gründe** eine **erneute Kündigung** stützen kann (Situation der Wiederholungskündigung) und wie der Arbeitnehmer hierauf reagieren sollte. **Ist in einem Kündigungsrechtsstreit entschieden, dass das Arbeitsverhältnis durch eine bestimmte Kündigung nicht aufgelöst worden ist, so kann der Arbeitgeber eine erneute Kündigung nicht auf Kündigungsgründe stützen, die er schon zur Begründung der ersten Kündigung vorgebracht hat und die in dem ersten Kündigungsschutzprozess materiell geprüft worden sind, mit dem Ergebnis, dass sie die Kündigung nicht rechtfertigen können.** Dies gilt sowohl für eine Wiederholungs- als auch für eine sog. Trotzkündigung. Gegen die ausgesprochene zweite Kündigung muss der Arbeitnehmer allerdings nach §§ 4, 7 KSchG Klage erheben, dieser wird aber schon wegen des vorherigen Urteils ohne weiteres stattgegeben *(s. zum Ganzen BAG 26.08.1993, EzA § 322 ZPO Nr. 9).*

Aus Sicht des Arbeitnehmers ist es also in der geschilderten Situation nur wichtig, die Trotz- oder Wiederholungskündigung rechtzeitig anzugreifen. Der Arbeitgeber kann hingegen auf die Nachlässigkeit des Arbeitnehmers spekulieren und die mögliche Kostenfolge in Kauf nehmen.

Anders als in der Situation der Trotz- oder Wiederholungskündigung ist freilich zu entscheiden, wenn **die Kündigung nur aus formalen Gründen scheitert,** etwa einer fehlerhaften Betriebsratsanhörung. Hier ist der Arbeitgeber nach erneut durchgeführter – ordnungsgemäßer – Betriebsratsanhörung nicht gehindert, die Kündigung auf dieselben materiellen Kündigungsgründe zu stützen.

III. Wer trägt die Darlegungs- und Beweislast im Kündigungsschutzprozess?

4710 Im Kündigungsschutzprozess hat der **Arbeitgeber** die Tatsachen zu beweisen, die die Kündigung bedingen (§ 1 Abs. 2 Satz 4 KSchG). Lediglich im Rahmen der so genannten **Sozialauswahl** bei betriebsbedingten Kündigungen (§ 1 Abs. 3 Satz 3 KSchG) kehrt sich die Beweislast um.

Über die bisherige Rechtslage hinaus lässt § 1 Abs. 4 KSchG jetzt **Richtlinien** in einem Tarifvertrag, einer Betriebsvereinbarung nach § 95 BetrVG oder einer entsprechenden Richtlinie nach den Personalvertretungsgesetzen zu. Ist dort festgelegt, **welche sozialen Gesichtspunkte** nach § 1 Abs. 3 Satz 1 KSchG zu berücksichtigen und wie diese im Verhältnis zueinander **zu bewerten** sind, kann diese Bewertung arbeitsgerichtlich nur auf »grobe Fehlerhaftigkeit« überprüft werden (zu den Einzelheiten vgl. → Rz. 4461).

Die Voraussetzungen für die Anwendbarkeit des Kündigungsschutzgesetzes – die Erfüllung der Wartezeit (§ 1 Abs. 1 KSchG), die Größe des Betriebes (§ 23 Abs. 1 Satz 2 KSchG) und den Umstand, dass eine Kündigung ausgesprochen worden ist – hat der **Arbeitnehmer** zu beweisen. Seine Klage ist demnach schon schlüssig, wenn aus ihr hervorgeht, dass er länger als **6 Monate** in dem Beschäftigungsverhältnis gestanden hat, der Betrieb in der Regel mehr als **5 Beschäftigte** hat und eine Kündigung ausgesprochen worden ist, die er nicht für gerechtfertigt hält.

Bei dem **Hauptanwendungsfall** der **personenbedingten Kündigung** – der Kündigung wegen Krankheit (vgl. → Rz. 4351) – gelten nach der Rechtsprechung folgende Grundsätze:

- Der Arbeitgeber darf sich bei einer Kündigung wegen Krankheit zunächst mit dem **pauschalen Vortrag** der Tatsachen begnügen, aus denen sich ergeben soll, dass der Arbeitnehmer auch in Zukunft Ausfallzeiten haben wird und unzumutbare betriebliche und/oder wirtschaftliche Störungen auftreten.
- Nur für den Fall der **langanhaltenden Erkrankungen** sowie für den Fall der **Wiederholungserkrankungen** steht die **Rechtsprechung** auf dem Standpunkt, dass sich der Arbeitgeber zunächst auf die Angabe der Ausfallzeiten in der Vergangenheit beschränken kann. Der Dauer der bisherigen Arbeitsunfähigkeit kommt danach eine gewisse Indizwirkung zu.

- Der Arbeitnehmer muss sodann darlegen, weshalb mit seiner alsbaldigen Genesung zu rechnen ist. Dieser **prozessualen Mitwirkungspflicht** (§ 138 Abs. 2 ZPO) genügt der Arbeitnehmer schon dadurch, dass er die Behauptung des Arbeitgebers bestreitet und gleichzeitig die ihn behandelnden Ärzte von der **Schweigepflicht entbindet**. Ansonsten muss der Arbeitnehmer offen legen, welche Krankheiten den Ausfallzeiten zugrunde lagen und/oder welche ärztlichen Maßnahmen getroffen wurden, aus denen sicher hervorgeht, dass ein Leiden ausgeheilt ist. Kommt der Arbeitnehmer dieser prozessualen Mitwirkungspflicht nicht nach, so ist seine Einlassung prozessual unerheblich, d.h. die Kündigungsschutzklage abzuweisen.

Die **Rechtsprechung** hält daran fest, dass mangels gesicherter Erkenntnisse in diesem Zusammenhang die Möglichkeit entfällt, die Beweisanforderungen zu erleichtern. Vielmehr hält sie daran fest, dass der zu fordernde volle Beweis in aller Regel wegen der erforderlichen Sachkenntnis nur durch **ein medizinisches Gutachten** zu führen ist. Dies gilt selbst dann, wenn der Arbeitnehmer ungewöhnlich hohe Ausfallzeiten aufzuweisen hat.

4711

Die nicht mehr hinzunehmenden **betrieblichen und/oder wirtschaftlichen Auswirkungen** hat selbstverständlich der **Arbeitgeber** darzulegen und gegebenenfalls zu beweisen. Wegen der fehlenden Sachnähe kann sich, was die betrieblichen Auswirkungen anbetrifft, der Arbeitnehmer darauf beschränken, die Behauptungen des Arbeitgebers schlicht zu bestreiten, um seiner prozessualen Mitwirkungspflicht zu genügen. Zur Darlegung **erheblicher Betriebsstörungen** bei einer Kündigung wegen Krankheit ist es erforderlich, dass der Arbeitgeber im Einzelnen vorträgt, in welcher Weise er den Ausfall bisher überwunden hat und warum die bisherigen Maßnahmen nicht fortgesetzt werden können. Dennoch wird man vom Arbeitgeber nicht verlangen können, dass er **zukünftige** Betriebsstörungen darlegt. Es muss ausreichen, wenn er darlegt und beweist, welche Betriebsablaufstörungen in der Vergangenheit eingetreten sind. Die **Rechtsprechung** hat in anderem Zusammenhang festgestellt, dass von einem Arbeitgeber Unmögliches verlangt würde, wenn er zukünftige Betriebsstörungen darlegen müsste. Behauptet der Arbeitnehmer, dass **seine Ausfallzeiten betriebliche Ursachen** haben, so trägt der Arbeitgeber die Darlegungs- und Beweislast dafür, dass ein solcher vom Arbeitnehmer behaupteter ursächlicher Zusammenhang nicht besteht. Insoweit muss der Arbeitnehmer seinen Arzt wiederum von der Schweigepflicht entbinden.

Der Arbeitgeber muss auch darlegen, welche Überbrückungsmaßnahmen getroffen worden sind (Einstellung von Aushilfskräften, Anordnung von Überstunden) bzw. warum solche **Überbrückungsmaßnahmen** nicht mehr möglich waren.

Bei **verhaltensbedingten Kündigungen** muss der Arbeitgeber die einzelne **Vertragsverletzung** so genau wie möglich benennen, auf die er die Kündigung zu stützen beabsichtigt. Er muss auch darlegen, ob und wann der Arbeitnehmer **abgemahnt** worden ist, dass diese Abmahnung für den Arbeitnehmer unmissverständlich war und dass nach der letzten (immer noch nicht verbrauchten) Abmahnung eine weitere Vertragsverletzung aufgetreten ist, soweit nicht ausnahmsweise eine Abmahnung entbehrlich ist (s. → Rz. 4307).

4712

Soll einem Arbeitnehmer im Zusammenhang mit einem **alkoholbedingten Fehlverhalten** verhaltensbedingt gekündigt werden, muss zunächst abgegrenzt werden, ob tatsächlich verhaltensbedingte Gründe vorliegen oder ob die strengen Maßstäbe einer personenbedingten Kündigung aus Krankheitsgründen anzuwenden sind (vgl. → Rz. 4414a).

Für den oftmals schwierigen Nachweis der Alkoholisierung gilt, dass eine mit Zustimmung des Arbeitnehmers durchgeführte Messung der Blutalkoholkonzentration per **Alkomat** sowohl zur Be- als auch zur Entlastung des Arbeitnehmers herangezogen werden kann *(BAG 26.01.1995, EzA § 1 KSchG Verhaltensbedingte Kündigung Nr. 46)*.

Selbstverständlich darf der Arbeitgeber keine Entnahme einer Blutprobe erzwingen. Gleiches gilt für die Atemanalyse. Im Prozess muss der Arbeitgeber daher ggf. durch Zeugen nachweisen, dass der Arbeitnehmer alkoholisiert war. Wichtige **Indizien** können her etwa das Lallen oder sonstige Ausfallerscheinungen sein.

Besondere Probleme stellen sich auch bei Kündigungen **wegen unentschuldigten Fehlens des Arbeitnehmers**. Der Arbeitgeber genügt in diesem Zusammenhang zunächst seiner Darlegungslast, wenn er die Dauer der Fehlzeiten darlegt. Bestreitet der Arbeitnehmer den Vorwurf, unentschuldigt gefehlt zu haben, muss der Arbeitgeber darlegen und beweisen, dass der Arbeitnehmer unentschuldigt gefehlt hat. Der Arbeitnehmer muss jedoch substantiiert bestreiten, dass er unentschuldigt fehlte. Beruft er sich also etwa auf eine **Arbeitsunfähigkeit**, so muss er entweder ein Attest vorlegen oder erklären, warum er nicht zum Arzt gehen konnte und an welcher Krankheit er litt. Soweit der Arbeitnehmer sein Fernbleiben mit einer **Urlaubsbewilligung** begründet, muss er vortragen, wer ihm den Urlaub bewilligt hat, da der Arbeitgeber erst dadurch in den Stand versetzt wird, die Richtigkeit der Angaben des Arbeitnehmers zu überprüfen und gegebenenfalls zu widerlegen.

4713 Auch bei verhaltensbedingten Kündigungen muss der Arbeitgeber überprüfen, ob nicht seinen Interessen dadurch genügt ist, dass der Arbeitnehmer auf einem anderen Arbeitsplatz in dem Betrieb beschäftigt wird. Dies muss freilich dem Arbeitgeber auch zumutbar sein. Im Übrigen muss der Arbeitnehmer zunächst darlegen, wie er sich eine anderweitige Beschäftigung vorstellt, wenn eine Weiterbeschäftigung auf seinem bisherigen Arbeitsplatz nicht möglich ist. Erst nach einem substantiierten Vortrag des Arbeitnehmers muss der Arbeitgeber darlegen und beweisen, dass eine Versetzung auf einen entsprechenden freien Arbeitsplatz nicht möglich ist.

4714 Beruft sich der Arbeitgeber auf den **betriebsbedingten Wegfall** (vgl. → Rz. 4451 ff.) eines Arbeitsplatzes, so darf er sich bei **außerbetrieblichen** Gründen (Auftragsmangel, Umsatzrückgang) nicht mit schlagwortartigen Formulierungen wie Gewinnverlust oder Umsatzrückgang begnügen. Er muss seine Angaben so konkret machen, dass der gekündigte Arbeitnehmer in den Stand versetzt wird, Gegentatsachen vorzutragen. Der Arbeitgeber muss also konkrete Zahlen über den Umsatzrückgang mit Vergleichszahlen für das Vorjahr und den gegenwärtigen Auftragsbestand darlegen und die **Personalbedarfsplanung** offen legen. Bei **innerbetrieblichen Gründen** muss der Arbeitnehmer diese innerbetrieblichen Maßnahmen darlegen. Darüber hinaus muss er sowohl bei innerbetrieblichen als auch außerbetrieblichen Gründen darlegen und gegebenenfalls beweisen, wie sich diese

Umstände auf die Beschäftigungsmöglichkeit gerade des gekündigten Arbeitnehmers auswirken. Der Wegfall des Arbeitsplatzes muss dabei bereits **greifbare Formen** angenommen haben bzw. nach Ablauf der Kündigungsfrist greifbare Formen annehmen. Führt ein dauerhafter Umsatzrückgang zur Verringerung einer bestimmten Arbeitsmenge, so kann ein Arbeitgeber die Kündigung eines Arbeitnehmers darauf stützen, dass durch den Umsatzrückgang ein **dringendes betriebliches Erfordernis** zur Entlassung des Arbeitnehmers entstanden ist. Wenn Umfang und Dauer des Umsatzrückganges strittig sind, hat das Gericht zu überprüfen, ob ein dauerhafter Umsatzrückgang vorliegt und in welchem Ausmaß er sich auf die Arbeitsmenge bestimmter Arbeitnehmer auswirkt. Liegt ein dauerhafter Umsatzrückgang vor, dann kann die Dringlichkeit der Personalreduzierung auch nicht mit dem Hinweis auf die Möglichkeit der **Einführung von Kurzarbeit** geleugnet werden. (zu den Voraussetzungen für eine **Beweislastumkehr** in diesem Punkt vgl. oben → Rz. 4710 sowie → Rz. 4463)

Hinsichtlich der **Weiterbeschäftigungsmöglichkeit** auf einem freien Arbeitsplatz genügt zunächst der **allgemeine Vortrag** des Arbeitgebers, dass wegen der notwendigen Betriebsänderung eine Weiterbeschäftigung des Arbeitnehmers nicht mehr möglich sei. Es ist **Sache des Arbeitnehmers**, darzulegen, wie er sich eine anderweitige Beschäftigung vorstellt, wenn sein bisheriger Arbeitsplatz in Wegfall gekommen ist. Erst danach muss der Arbeitgeber eingehend erläutern, aus welchen Gründen eine Versetzung auf einen entsprechenden freien gleichwertigen oder geringerwertigen Arbeitsplatz nicht möglich ist.

Ob bei der **Auswahl der gekündigten Arbeitnehmer** (vgl. → Rz. 4456 f.) **soziale Gesichtspunkte** nicht oder nicht ausreichend berücksichtigt wurden, hat der **Arbeitnehmer zu beweisen** (§ 1 Abs. 3 Satz 3 KSchG). Die Rechtsprechung geht insoweit von einer **abgestuften Darlegungslast** aus. Es ist zunächst Sache des Arbeitnehmers, die Fehlerhaftigkeit der Sozialauswahl darzulegen, sofern er über die dazu erforderlichen Informationen verfügt. Soweit der Arbeitnehmer nicht in der Lage ist, zur sozialen Auswahl Stellung zu nehmen und er deswegen den Arbeitgeber zur **Mitteilung der Gründe auffordert**, die ihn zu der Auswahl veranlasst haben, hat der Arbeitgeber als Folge seiner materiellen Auskunftspflicht (§ 1 Abs. 3 Satz 1, 2. Halbsatz KSchG) substantiiert im Prozess vorzutragen. Der Arbeitnehmer hat freilich keinen Anspruch auf die vollständige Auflistung der Sozialdaten aller objektiv vergleichbaren Arbeitnehmer. Der Arbeitgeber muss lediglich seine **subjektiven, von ihm tatsächlich angestellten Auswahlüberlegungen** mitteilen. Gibt der Arbeitgeber keine oder keine vollständige Auskunft über seine subjektiven Erwägungen ab, so kann der Arbeitnehmer bei fehlender eigener Kenntnis seiner Substantiierungspflicht nicht genügen. In diesen Fällen ist der der fehlenden Kenntnis des Arbeitnehmers entsprechende Vortrag, es seien sozial stärkere Arbeitnehmer als er vorhanden, schlüssig und ausreichend. Dieser der Kenntnis des Arbeitnehmers entsprechende Vortrag, der Arbeitgeber habe soziale Gesichtspunkte nicht ausreichend beachtet, ist zugleich unstreitig, wenn der **Arbeitgeber bei seiner auskunftsverweigernden** Haltung verbleibt, denn dieser hat damit nicht hinreichend bestritten (§ 138 Abs. 2 ZPO).

4715

Die gleichen Erwägungen gelten auch dann, wenn dem Vortrag des Arbeitgebers zu entnehmen ist, dass er die Sozialauswahl nicht unter Berücksichtigung des Vortrages des Ar-

4716

beitnehmers auf die aus dessen Sicht vergleichbaren Arbeitnehmer erstreckt hat. Er muss insoweit im Prozess **seinen Vortrag ergänzen.**

4717 Stützt der Arbeitnehmer die Sozialwidrigkeit einer Kündigung auf den Umstand, dass ein **Widerspruchsgrund i.S.v. § 102 Abs. 3 BetrVG** bestanden hat und dass der Betriebsrat aus einem dieser Gründe der Kündigung innerhalb der Einlassungsfristen (§ 102 Abs. 2 Satz 1 BetrVG) schriftlich widersprochen hat, so obliegt dem Arbeitgeber die Darlegungs- und Beweislast, dass der Widerspruch nicht begründet ist.

Insgesamt kann jedem Beteiligten eines Kündigungsschutzprozesses angesichts dieser schwierigen Darlegungs- und Beweisfragen nur empfohlen werden, den Rat eines Fachkundigen in Anspruch zu nehmen. Es gilt: **Fehler im Kündigungsschutzprozess sind teuer!**

IV. Kündigungsschutzklage

4718 Auf die Notwendigkeit der Erhebung einer **fristgebundenen Kündigungsschutzklage** wurde bereits an mehreren Stellen hingewiesen (s. §§ 4, 7 KSchG).

Da das BAG vom sog. punktuellen Streitgegenstand ausgeht, geht es im Kündigungsschutzprozess grundsätzlich immer nur um die Wirksamkeit einer einzigen Kündigung. **Folgekündigungen werden also nicht erfasst.** Sie gelten als nicht durch die Kündigungsschutzklage angegriffen. Daher wurde in der Praxis häufig folgender Antrag gestellt: »... beantragen wir festzustellen, dass das Arbeitsverhältnis der Parteien nicht durch die Kündigung vom ... aufgelöst worden ist, sondern unverändert fortbesteht«. Diese Formulierung sollte nach dem Willen des Klägers durch die Kombination von Kündigungsschutz und allgemeiner Feststellungsklage alle Folgekündigungen erfassen.

Das **BAG** *(16.03.1994, EzA § 4 KSchG n.F. Nr. 40)* legt in seiner jüngeren Rechtsprechung an eine solche Antragstellung aber einen **strengeren Maßstab** an. Befasst sich die Antragsbegründung **ausschließlich** mit der Frage, ob durch eine **bestimmte Kündigung** wirksam gekündigt worden ist, liegt kein gegenüber der normalen Kündigungsschutzklage erweiterter Streitgegenstand vor mit der Folge, dass Folgekündigungen nicht erfasst werden. Das BAG versteht die Antragskumulation nur als **bloße Floskel**, nicht als selbständige Klage! Dies bedeutet, dass der Arbeitnehmer und sein Vertreter besondere Obacht auf Folgekündigungen geben müssen, wollen sie nicht Gefahr laufen, dass das Arbeitsverhältnis durch eine weitere Kündigung nach §§ 4, 7 KSchG beendet wird.

Ein wirksamer Schutz ist nur durch einen **eindeutig formulierten, zusätzlichen Feststellungsantrag** möglich, zu dem auch in der Klagebegründung entsprechende Ausführungen gemacht werden. Ein nach § 256 ZPO **zulässiger** Feststellungsantrag setzt aber auch im Kündigungsschutzprozess ein **besonderes Feststellungsinteresse** voraus. Dafür ist es erforderlich, dass der klagende Arbeitnehmer durch Tatsachenvortrag **weitere streitige Beendigungstatbestände** in den Prozess einführt oder wenigstens deren Möglichkeit darstellt und damit belegt, warum der die Klage nach § 4 KSchG erweiternde Antrag zulässig sein soll.

Dieser Sachvortrag ist im Falle einer ursprünglich mangels ausreichender Begründung unzulässiger Klage jedoch nach Auffassung des BAG (*BAG 13.03.1997, EzA § 4 KSchG n.F. Nr. 57*) auch **noch nach Ablauf der 3-Wochen- Frist** bei einer inzwischen ausgesprochenen, weiteren Kündigung **nachholbar und ergänzbar**.

V. Der Auflösungsantrag

Stellt das Gericht fest, dass das Arbeitsverhältnis durch die Kündigung nicht aufgelöst ist, ist jedoch dem Arbeitnehmer die Fortsetzung des Arbeitsverhältnisses nicht zuzumuten, so hat das Gericht auf **Antrag des Arbeitnehmers** das Arbeitsverhältnis aufzulösen und den Arbeitgeber zur Zahlung einer angemessenen Abfindung zu verurteilen (§ 9 Abs. 1 Satz 1 KSchG). Die gleiche Entscheidung hat das Gericht auf **Antrag des Arbeitgebers** zu treffen, wenn Gründe vorliegen, die eine den Betriebszwecken dienliche weitere Zusammenarbeit zwischen Arbeitgeber und Arbeitnehmer nicht mehr erwarten lassen (§ 9 Abs. 1 Satz 2 KSchG).

4719

Beantragt der **Arbeitnehmer** die Auflösung, so hat er darzulegen, aus welchen Gründen die Fortsetzung unzumutbar wäre. An diese Gründe werden nicht so strenge Maßstäbe angelegt wie an den wichtigen Grund bei einer außerordentlichen Kündigung. Ausreichend ist es, wenn das Gericht es als nachgewiesen betrachtet, dass der Arbeitnehmer bei einer Fortsetzung des Arbeitsverhältnisses mit spürbaren Benachteiligungen zu rechnen hat.

Stellt dagegen der **Arbeitgeber** einen Antrag auf Auflösung, so muss er konkrete Tatsachen beweisen, aus denen hervorgeht, dass eine gedeihliche Zusammenarbeit mit dem Arbeitnehmer nicht mehr möglich sein wird.

Diese können im prozessualen wie im außerprozessualen Verhalten des Arbeitnehmers liegen. An diese Gründe werden im Interesse eines wirksames Bestandsschutzes **erhöhte Anforderungen** gestellt. Denkbar ist z.B. die Zerstörung des Vertrauensverhältnisses durch Beleidigungen, tätliche Angriffe usw.

Bei Arbeitsverhältnissen mit Geschäftsführern, Betriebsleitern und vergleichbaren **leitenden Angestellten** bedarf der Antrag des Arbeitgebers auf Auflösung des Arbeitsverhältnisses **keiner Begründung** (§ 14 Abs. 2 KSchG).

Der Antrag des **Arbeitgebers** auf gerichtliche Auflösung des Arbeitsverhältnisses eines **Betriebsleiters** gegen Abfindung bedarf jedoch dann der Begründung, wenn dieser nicht zur **selbständigen** Einstellung oder Entlassung von Arbeitnehmern berechtigt ist oder wenn die Ausübung einer solchen Befugnis keinen **wesentlichen Teil** seiner Tätigkeit ausmacht und somit seine Stellung **nicht prägt** (*BAG 18.10.2000, § 14 KSchG Nr. 5*).

Einem Auflösungsantrag **beider Parteien** muss das Gericht folgen.

Das Gericht hat für die Auflösung des Arbeitsverhältnisses den Zeitpunkt festzusetzen, an dem es bei sozial gerechtfertigter Kündigung geendet hätte. Hiermit kann für den Arbeitnehmer die unangenehme Konsequenz verbunden sein, dass er erhebliche Ansprüche auf Verzugslohn verliert. Daher ist größte Vorsicht geboten.

Auch auf **eine außerordentliche Kündigung** hin kann unter den oben skizzierten Umständen der **Arbeitnehmer** einen **Auflösungsantrag** stellen (§ 13 Abs. 1 Satz 3 KSchG). Voraussetzung ist auch hier, dass ihm die Fortsetzung des Arbeitsverhältnisses nicht mehr zuzumuten ist. Die oben angesprochene Verzugslohnproblematik stellt sich ebenfalls. Für die Unzumutbarkeit der Fortsetzung des Arbeitsverhältnisses ist kein wichtiger Grund i.S.v. § 626 BGB erforderlich (s. → Rz. 4509 ff.).

VI. Weiterführende Literaturhinweise

4720 *Bauer/Hahn*, Der Auflösungsantrag in zweiter Instanz, DB 1990, 2471
Habscheid, Neue Probleme zum Streitgegenstand, RdA 1989, 88
Lepke, Zur Rechtsnatur der Klagefrist des § 4 KSchG, DB 1991, 2034
Popp, Streitwert im arbeitsgerichtlichen Bestandsschutzprozess, DB 1990, 481
Schwab, Die Rechtsprechung des BAG zur Kombination einer Kündigungsschutzklage mit einer allgemeinen Feststellungsklage, NZA 1998, 342
Schwerdtner, Vom Beschäftigungs- zum Weiterbeschäftigungsanspruch, ZIP 1985, 1361
Stahlhacke/Preis, Kündigung und Kündigungsschutz im Arbeitsverhältnis, 7. Aufl. 1999, Rdnr.. 1039 ff.
Stichler, Rechtswegzuständigkeit bei Führungskräften, BB 1998, 1531
Tschöpe, Zurechnung anwaltlichen Verschuldens bei Versäumung der Klagefrist nach § 4 KSchG, BB 1998, 157
Wenzel, Kündigung und Kündigungsschutz, 6. Aufl. 1994, Rdnr. 325 ff.
ders., Nochmals: Zur Kombination der Kündigungsschutzklage nach § 4 KSchG mit der allgemeinen Feststellungsklage nach § 256 Abs. 1 ZPO, DB 1997, 1869

34. Kapitel: Ausgleichsquittung

	Checkliste: Ausgleichsquittung	4801
I.	**Ausgleichsquittung – Warum?**	**4802**
II.	**Funktion und Rechtsnatur der Ausgleichsquittung**	**4803**
	1. Bestätigungsfunktion	4803
	2. Verzichtsfunktion	4804
III.	**Inhalt der Ausgleichsquittung**	**4805**
	1. Verzicht auf Erhebung einer Kündigungsschutzklage	4806
	2. Anforderungen an den Wortlaut der Erklärung	4809
	3. Wirkung des Verzichts	4810
	4. Umfang der Verzichtswirkung	4811
IV.	**Unverzichtbare Ansprüche**	**4813**
	1. Verzicht auf tarifvertragliche Rechte	4814
	2. Verzicht auf Rechte aus Betriebsvereinbarungen	4815
	3. Gesetzlich unverzichtbare Ansprüche	4816
	a) Urlaubsanspruch	4817
	b) Entgeltfortzahlungsanspruch	4818
	c) Versorgungsanwartschaft	4819
	d) Zeugnisanspruch	4820
V.	**Verzichtbare Ansprüche**	**4821**
VI.	**Wirksamwerden der Verzichtserklärung**	**4822**
VII.	**Aufklärungs- und Hinweispflichten**	**4823**
VIII.	**Erzwingung der Abgabe einer Ausgleichsquittung**	**4824**
IX.	**Ausgleichsquittungen mit besonderen Personengruppen**	**4825**
	1. Ausländische Arbeitnehmer	4825
	2. Minderjährige	4826
X.	**Beseitigung der Rechtsfolgen der Ausgleichsquittung**	**4827**
	1. Empfangsbestätigung	4828
	2. Willenserklärung	4829
	a) Arglistige Täuschung/Widerrechtliche Drohung	4830
	b) Inhalts-, Erklärungs-, Motivirrtum	4831
	3. Darlegungs- und Beweislast	4833
XI.	**Arbeitshilfen für die betriebliche Praxis**	**4834**
XII.	**Weiterführende Literaturhinweise**	**4836**

CHECKLISTE: AUSGLEICHSQUITTUNG   4801

- Sinn und Zweck
  - Bestätigungsfunktion
  - Verzichtsfunktion
  - Achtung: Verzicht auf Erhebung einer Kündigungsschutzklage muss klar und unmissverständlich zum Ausdruck kommen
- Unverzichtbar sind etwa folgende Ansprüche:
  - Rechte aus Tarifverträgen und Betriebsvereinbarungen (Zustimmungserfordernis)
  - Mindesturlaubs- bzw. Urlaubsabgeltungsanspruch
  - Noch nicht entstandene Ansprüche auf Entgeltfortzahlung im Krankheitsfall

- Ausgleichsquittung mit besonderen Personengruppen
  - Ausländische Arbeitnehmer: Sprachrisiko
  - Minderjährige, Auszubildende: Zustimmung der gesetzlichen Vertreter
- Hinweispflichten/Widerrufsmöglichkeiten beachten!
- Anfechtungstatbestände vermeiden!

Regelmäßig geht die Beendigung eines Arbeitsverhältnisses mit der Unterzeichnung einer Ausgleichsquittung einher.

I. Ausgleichsquittung – Warum?

4802 Die aus Anlass der Beendigung des Arbeitsverhältnisses abgegebene Ausgleichsquittung kommt dem praktischen Bedürfnis der Arbeitsvertragsparteien entgegen, die zwischen ihnen bestehenden Beziehungen sachlich und zeitlich möglichst schnell abzuschließen. Sie dient demnach dazu, kosten- und zeitintensive **Folgestreitigkeiten zu vermeiden und die Beweisführung zu erleichtern**.

Zugleich kommt der Ausgleichsquittung, was in der Praxis häufig verkannt wird, eine **Befriedungsfunktion** zu, wenn das Arbeitsverhältnis streitig beendet wird, die Parteien aber dessen Abwicklung vertraglich vereinbaren. Insgesamt ist die Ausgleichsquittung daher **ein wichtiges Instrument der Personalarbeit** bei der Abwicklung des Arbeitsverhältnisses. Da der Inhalt der Ausgleichsquittung nicht festgelegt ist, erlaubt sie eine flexible Gestaltung und kommt in ihren Wirkungen einem Aufhebungsvertrag gleich, dessen Bestandteil sie auch häufig ist. Allerdings darf nicht verkannt werden, dass der **Trend der Rechtsprechung** dahin geht, einer Ausgleichsquittung immer dann ihre Wirkung zu versagen, wenn die Regelung für den betroffenen Arbeitnehmer schmerzhaft oder überraschend ist. Um so wichtiger ist daher die **richtige Gestaltung der Ausgleichsquittung** unter Beachtung der von der Rechtsprechung entwickelten und im folgenden aufgezeigten Kriterien.

II. Funktion und Rechtsnatur der Ausgleichsquittung

4803 Hinsichtlich **Funktion und Rechtsnatur der Ausgleichsquittung** sind verschiedene Elemente zu unterscheiden, was insbesondere an Bedeutung gewinnt, wenn es um »Störfälle« geht (s. → Rz. 4827).

1. Bestätigungsfunktion

Der Ausgleichsquittung kommt zunächst eine **Bestätigungsfunktion** zu. Es handelt sich insoweit um eine Empfangsbestätigung, mithin um eine **Quittung** i.S.d. § 368 BGB. Dies hat zur Folge, dass der Arbeitgeber gegen den Arbeitnehmer einen Anspruch auf Bestätigung hat, wenn die Voraussetzungen des § 368 BGB vorliegen. Hierfür ist kein irgendwie geartetes rechtliches Interesse erforderlich. Vielmehr reicht das **bloße Quittungsverlangen** bereits aus. Verlangt der Arbeitgeber also eine Quittung, hat der Arbeitnehmer diese zu erteilen.

Inhaltlich werden beispielsweise folgende Punkte häufig vom **Arbeitnehmer** aus Anlass der Beendigung des Arbeitsverhältnisses bestätigt:

- Erhalt der Lohn-, Gehalts-, Vergütungsabrechnung
- Erhalt der Arbeitspapiere, wie z.B. Lohnsteuerkarte, Versicherungsnachweisheft, Urlaubsbescheinigung etc.
- Erhalt eines einfachen/qualifizierten Zeugnisses

Vom **Arbeitgeber** können etwa folgende Punkte bestätigt werden:

- Erhalt von Firmenunterlagen
- Rückgabe des Dienstwagens
- Erhalt von Arbeitsmaterialien, wie bspw. Werkzeug etc.
- Rückgabe von Büroschlüsseln etc.

Die Ausgleichsquittung in Form der Empfangsbestätigung beinhaltet demnach keinen Anspruchsverzicht, sondern stellt nur eine **Wissenserklärung** dar.

> **BEISPIEL:**
> Bestätigt der Arbeitnehmer den Empfang der letzten Lohn- bzw. Gehaltsabrechnung, so erkennt er damit nicht deren inhaltliche Richtigkeit an.

Die Ausgleichsquittung dient bei eventuellen Streitigkeiten als **Beweismittel**. Die **Möglichkeit des Gegenbeweises** bleibt jedoch erhalten. So kann beispielsweise der Einwand nachträglicher Verfälschung erhoben werden.

2. Verzichtsfunktion

Neben der Bestätigungsfunktion kommt der Ausgleichsquittung – und darin liegt ihr primärer Zweck – auch eine **Verzichtswirkung** zu, wenn die Parteien ihr eine entsprechende Bedeutung zumessen. So können die Arbeitsvertragsparteien einander bestätigen, dass keine wechselseitigen Ansprüche mehr bestehen.

Die Rechtsnatur dieser Vereinbarung hängt von den Umständen des Einzelfalles ab, ist aber zumeist nicht von ausschlaggebender Bedeutung. In der Regel stellt eine Ausgleichsquittung ein **negatives Schuldanerkenntnis** da.

III. Inhalt der Ausgleichsquittung

Der **Inhalt einer Ausgleichsquittung** ist denkbar weit und reicht vom Verzicht auf die Erhebung einer Kündigungsschutzklage bis hin zum Verzicht auf Rechte aus Betriebsvereinbarungen und Tarifverträgen.

1. Verzicht auf Erhebung einer Kündigungsschutzklage

4806 Ist vom Arbeitgeber eine Kündigung ausgesprochen, kann der Arbeitnehmer z.B. in Form einer sog. Ausgleichsquittung auf die **Erhebung einer Kündigungsschutzklage** und somit letztlich auf die Geltendmachung der Unwirksamkeit der Kündigung verzichten *(s. etwa LAG Köln 24.11.1999, LAGE § 4 KSchG Nr. 4).*

Ein **Verzicht vor Ausspruch der Kündigung** ist hingegen wegen Umgehung des allgemeinen und besonderen Bestandsschutzes unwirksam. Diese Bestimmungen enthalten zugunsten des Arbeitnehmers zwingendes, unabdingbares Recht, so dass ein Verzicht weder bei Abschluss des Arbeitsvertrages noch während des Arbeitsverhältnisses möglich ist. Auch der Verzicht auf den Kündigungsschutz in einem **Sozialplan** ist unzulässig, die Klausel »Abfindung nur dann, wenn keine Kündigungsschutzklage erhoben wird« also unwirksam.

4807 Jedoch kann nach überwiegender Ansicht das Verzichtsverbot nicht auf den **Zeitraum zwischen Zugang der Kündigung und Ablauf der 3-Wochenfrist** nach § 4 Satz 1 KSchG ausgedehnt werden.

BEISPIEL:

Dem Arbeitnehmer wird außerordentlich gekündigt. Er ist über soviel Undankbarkeit tief enttäuscht. Um die »leidige Angelegenheit« möglichst schnell hinter sich zu bringen, unterschreibt er eine ihm vorgelegte Ausgleichsquittung. In dieser heißt es u.a.: »Auf mein mir bekanntes Recht, Kündigungsschutzklage zu erheben, verzichte ich.« Am folgenden Tag ist die Enttäuschung der Verärgerung gewichen und der Arbeitnehmer entschließt sich, doch eine Kündigungsschutzklage zu erheben.

Der Arbeitnehmer hätte im Beispielsfall grundsätzlich das Recht, binnen 3-Wochenfrist (§ 13 Abs. 1 Satz 1 i.V.m. § 4 Abs. 1 Satz 1 KSchG) Kündigungsschutzklage zu erheben. **Folgt man der Rechtsprechung**, hat er hierauf jedoch wirksam verzichtet. Danach kann der Arbeitnehmer **bereits unmittelbar nach Zugang** der Kündigung auf das Recht, diese einer gerichtlichen Überprüfung zuzuführen, verzichten. Er kann frei darüber entscheiden, ob er die Kündigung akzeptieren will oder nicht. Dem Arbeitnehmer wird **also keine Überlegungsfrist** zugebilligt.

4808 Allerdings kann eine solche Widerrufs- oder Überlegungsfrist durch Tarifvertrag vorgesehen oder einzelvertraglich vereinbart werden. Vor Unterzeichnung der Ausgleichsquittung sollte dieser Punkt jedenfalls geprüft werden. Ansonsten drohen unangenehme Folgestreitigkeiten.

Bei der **Gestaltung der Widerrufsfrist** ist auf folgende Einzelheiten zu achten:

- Bis wann soll der Widerruf ausgeübt werden?
- Wem gegenüber soll der Widerruf ausgeübt werden?
- Soll ein Verzicht auf das Widerrufsrecht möglich sein und wenn ja, soll der Arbeitnehmer hierauf verzichten können?
- Soll der Verzicht in derselben Urkunde erklärt werden können?

Wie das Widerrufsrecht im Einzelfall ausgestaltet wird, bleibt den Parteien überlassen. Jedoch kann der nachstehende Formulierungsvorschlag hilfreich sein.

Muster einer Widerrufsklausel:

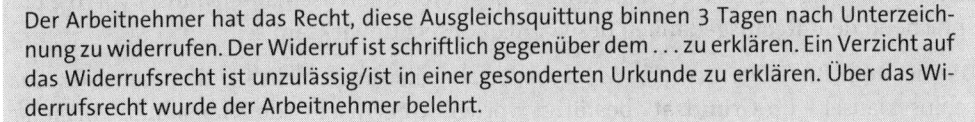

Der Arbeitnehmer hat das Recht, diese Ausgleichsquittung binnen 3 Tagen nach Unterzeichnung zu widerrufen. Der Widerruf ist schriftlich gegenüber dem ... zu erklären. Ein Verzicht auf das Widerrufsrecht ist unzulässig/ist in einer gesonderten Urkunde zu erklären. Über das Widerrufsrecht wurde der Arbeitnehmer belehrt.

In dem **Verzicht auf die Erhebung einer Kündigungsschutzklage** kann ein Aufhebungsvertrag (s. → Rz. 4001), ein **Vergleich** oder ein **Klageverzichtsvertrag** liegen. Ist vom Arbeitnehmer bereits ein Kündigungsrechtsstreit anhängig gemacht, so handelt es sich nur um ein **Klagerücknahmeversprechen**, das der weiteren klageweisen Geltendmachung der Forderung entgegenstehen kann. Der Arbeitgeber kann also den Verzicht im Prozess mit der Wirkung geltend machen, dass die Klage des Arbeitnehmers abgewiesen wird. **Im Prozess muss sich der Arbeitgeber auf den Verzicht berufen!** Das Arbeitsgericht fragt also nicht von sich aus, ob der Arbeitnehmer auf sein Recht, Klage zu erheben, verzichtet hat *(s. grundsätzlich LAG Köln 24.11.1999, LAGE § 4 KSchG Nr. 4).*

2. Anforderungen an den Wortlaut der Erklärung

Angesichts des etwaigen Verzichts auf den Kündigungsschutz mit den damit verbundenen einschneidenden Folgen (endgültiger Verlust des Arbeitsplatzes, mögliche sozialrechtliche Nachteile) sind an **die Verzichtserklärung strenge Anforderungen** zu stellen *(LAG Köln a.a.O.).* Der Verzicht muss in der Urkunde **unmissverständlich** zum Ausdruck kommen. Daher ist etwa die Formulierung »Damit ist der Rechtsstreit ... erledigt« nicht als Ausgleichsklausel aufzufassen *(LAG Köln 28.10.1994, NZA 1995, 739).* Als nicht ausreichend hat das BAG auch folgende Klausel angesehen:

4809

»Ich erkläre hiermit, dass mir aus Anlass der Beendigung des Arbeitsverhältnisses keine Ansprüche mehr zustehen«.

Anerkannt wurde hingegen die Formulierung:

»Ich erhebe gegen die Kündigung keine Einwendungen und werde mein Recht, das Fortbestehen des Arbeitsverhältnisses geltend zu machen, nicht wahrnehmen oder eine mit diesem Ziel erhobene Klage nicht durchführen«.

Es ist jedoch darauf hinzuweisen, dass das BAG die Anforderungen an die Auslegung von Ausgleichsquittungen weiter **erheblich verschärft** hat. Eine Ausgleichsquittung mit einem dem Wortlaut nach eindeutigen Forderungsverzicht liegt nach dieser Entscheidung nur dann vor, wenn sich aus den Umständen ergibt, dass **der Arbeitnehmer die Bedeutung dieser Erklärung auch erkannt hat.** Dies kann durch eine entsprechende vertragliche Gestaltung sichergestellt werden (s. → Rz. 4823). Nach einer Entscheidung des LAG Berlin *(18.01.1993, LAGE § 4 KSchG Ausgleichsquittung Nr. 3)* war zweifelhaft geworden, ob **ein formularmäßiger Verzicht auf den Kündigungsschutz** in einer Ausgleichsquittung überhaupt möglich ist. Das LAG geht davon aus, dass dem Arbeitnehmer, der aus Anlass der Zahlung des restlichen Lohnes und der Aushändigung der Arbeitspapiere eine

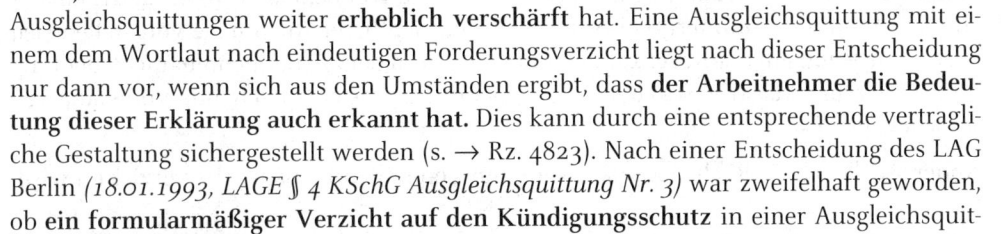

Ausgleichsquittung unterzeichnet, der ebenfalls erklärte Verzicht auf den Kündigungsschutz nicht zugerechnet werden kann. Es liege **eine überraschende Klausel** vor, die entsprechend dem Rechtsgedanken des § 3 AGB-Gesetz unwirksam sei.

Dies ist **vom BAG** *(29.11.1995, NZA 1996, 702)* – allerdings nicht für den Fall einer Ausschlussklausel – im Grundsatz bestätigt worden. **Überraschende Klauseln** in Formularverträgen und allgemeinen Arbeitsbedingungen werden nicht Vertragsbestandteil. So wird etwa eine **vertragliche Ausschlussfrist** nicht Vertragsbestandteil, wenn sie der Verwender ohne besonderen Hinweis und ohne drucktechnische Hervorhebung unter falscher oder missverständlicher Überschrift einordnet. Die Rechtsgrundlage für diese Ansicht (analoge Anwendung des § 3 AGBG oder § 242 BGB), lässt das BAG offen. Ob der Arbeitgeber aus **arbeitsrechtlicher Fürsorgepflicht** heraus verpflichtet ist, den Arbeitnehmer auf den **Inhalt** der Ausgleichsquittung **hinzuweisen**, ist umstritten, vom BAG aber bislang verneint worden. Allerdings kann eine **Hinweispflicht** gegenüber besonders schutzbedürftigen Arbeitnehmern, also etwa Ausländern, Schwangeren, Jugendlichen und erkennbar rechtsunkundigen Personen durchaus in Betracht kommen (s. auch → Rz. 4825). Angesichts der neueren Rechtsprechung sollte im Zweifelsfall **vorsorglich ein entsprechender Hinweis** gegeben werden *(zu den Pflichten gegenüber ausländischen Arbeitnehmern insbesondere LAG Köln 24.11.1999, LAGE § 4 KSchG Nr. 4 – Eindeutigkeit des Verzichts sowie gesteigerte Fürsorgepflicht).*

3. Wirkung des Verzichts

4810 Hat der Arbeitnehmer entsprechend den obigen Ausführungen wirksam auf die Erhebung der Kündigungsschutzklage verzichtet, so ist eine dennoch erhobene **Klage bereits unzulässig**.

4. Umfang der Verzichtswirkung

4811 Ist eine Ausgleichsquittung nicht nur in Form einer Empfangsbestätigung abgegeben worden, sondern beinhaltet sie auch einen Anspruchsverzicht, stellt sich die Frage nach dem **Umfang der Verzichtswirkung.** Dabei ist von dem in der Ausgleichsquittung verkörperten Willen der Parteien auszugehen. Regelmäßig nicht vom Umfang der Ausgleichsquittung erfasst werden solche Forderungen, die objektiv außerhalb des Vorstellungsinhalts der Parteien liegen und subjektiv unvorstellbar waren. Liegt eine – empfehlenswerte – **enumerative Aufzählung** verzichtbarer Ansprüche vor, stellen sich bei der Auslegung in der Regel keine Probleme, sofern dem Arbeitnehmer die Bedeutung seiner Erklärung klar war, was der Arbeitgeber durch eine entsprechende Vorgehensweise sicherstellen kann.

4812 Anders stellt sich die Rechtslage dar, **wenn nur generell auf Ansprüche verzichtet wird.**

BEISPIEL:

Der Arbeitnehmer erklärt, keine Ansprüche aus dem beendeten Arbeitsverhältnis zu haben.

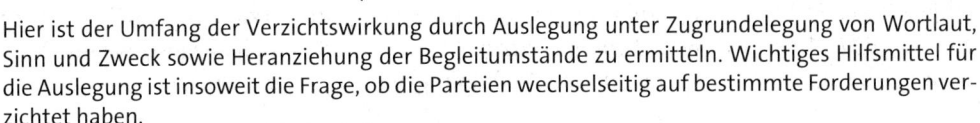

Hier ist der Umfang der Verzichtswirkung durch Auslegung unter Zugrundelegung von Wortlaut, Sinn und Zweck sowie Heranziehung der Begleitumstände zu ermitteln. Wichtiges Hilfsmittel für die Auslegung ist insoweit die Frage, ob die Parteien wechselseitig auf bestimmte Forderungen verzichtet haben.

Erklärt beispielsweise nur der Arbeitnehmer nach betriebsbedingter ordentlicher Kündigung, keine Ansprüche mehr zu haben, so kann nicht davon ausgegangen werden, dass hiervon ihm unbekannte Ansprüche erfasst werden. Ein Verzicht ohne Gegenleistung widerspricht also regelmäßig der Lebenserfahrung. Ist die Ausgleichsquittung demnach wie in dem obigen Beispiel formuliert, liegt eine reine Bestätigung vor, die Arbeitspapiere erhalten zu haben. Unter Umständen liegt hierin auch noch eine Anerkennung der Richtigkeit einer Lohnabrechnung. Dies hängt jedoch von den Umständen des Einzelfalles ab.

BEISPIEL:

Eine Ausgleichsklausel in einem Prozessvergleich, durch die »sämtliche wechselseitigen Ansprüche der Parteien gleich aus welchem Rechtsgrund – mit Ausnahme der Ansprüche auf betriebliche Altersversorgung« erledigt werden, erfasst nicht den Anspruch auf Rückzahlung eines Arbeitgeberdarlehens (LAG Hamm 28.04.1995, LAGE § 794 ZPO Ausgleichsklausel Nr. 1; s. auch LAG Hamm 11.10.1996, LAGE § 615 BGB Nr. 49 zur Frage der Auslegung einer Ausgleichsklausel in einem gerichtlichen Vergleich. Die Parteien stritten um die Frage, ob sich der Arbeitnehmer während der Zeit einer vereinbarten Freistellung erzielten anderweitigen Verdienst anrechnen lassen muss).

Grundsätzlich gilt also: **Auslegungsunklarheiten durch enumerative Aufzählungen vermeiden!**

IV. Unverzichtbare Ansprüche

In bestimmtem Umfang kommt ein Verzicht auf Ansprüche überhaupt nicht oder nur mit Zustimmung Drittbeteiligter in Betracht. Wird der Verzicht dennoch erklärt, ist er unwirksam. Hier ist Vorsicht geboten.

1. Verzicht auf tarifvertragliche Rechte

Ein **Verzichtsverbot mit Zustimmungsvorbehalt** gilt einmal für Ansprüche aus Tarifverträgen (§ 4 Abs. 4 TVG). Nach dieser Vorschrift darf auf tarifliche Rechte grundsätzlich nicht verzichtet werden, es sei denn, die Tarifvertragsparteien billigen den vergleichsweisen Verzicht. Das Verzichtsverbot gilt aber nur für die Tarifgebundenen. Arbeitgeber und Arbeitnehmer müssen also Mitglied des tarifschließenden Verbandes sein. Dem steht der Fall gleich, dass der Tarifvertrag für allgemeinverbindlich erklärt worden ist. Gilt der Tarifvertrag hingegen nur kraft **einzelvertraglicher Inbezugnahme**, greift das Verzichtsverbot nicht ein.

Ist beispielsweise in einem **für allgemeinverbindlich erklärten Tarifvertrag** eine **Widerrufsmöglichkeit** für Aufhebungsverträge vorgesehen, so kann der Arbeitnehmer bei Abschluss einer Auflösungsvereinbarung hierauf nicht wirksam verzichten *(ArbG Nürnberg 06.08.1993, EzA § 611 BGB Aufhebungsvertrag Nr. 12)*. Der dennoch ausgesprochene Verzicht hindert ihn nicht, gleichwohl den Aufhebungsvertrag zu widerrufen.

Das Verzichtsverbot gilt im Übrigen auch nicht für sog. **Tatsachenvergleiche** (vgl. auch → Rz. 4048).

BEISPIEL:

Arbeitnehmer A und Arbeitgeber B sind beide Mitglieder des tarifschließenden Verbandes. Der einschlägige Tarifvertrag sieht vor, dass Arbeitnehmern, die überwiegend mit einer Tätigkeit im Kühlhaus beschäftigt sind, ein »Kältezuschlag« von 5 EUR pro Arbeitsstunde zu zahlen ist. A macht diesen Zuschlag gerichtlich geltend. Im Prozess lässt sich nicht klären, ob tatsächlich eine überwiegende Tätigkeit im Kühlhaus vorgelegen hat. Vergleichsweise vereinbaren die Parteien, dass B dem A zur Abgeltung eines möglicherweise entstandenen Anspruchs 600 EUR zahlt.

Hier wird also eine **tatsächliche Unsicherheit** im Wege des gegenseitigen Nachgebens beseitigt. Wichtig ist aber: die tatsächliche Unsicherheit muss wirklich bestehen, sie darf nicht nur einvernehmlich von den Parteien erfunden werden.

2. Verzicht auf Rechte aus Betriebsvereinbarungen

4815 Nur mit Zustimmung des Betriebsrats darf auch **auf Rechte aus einer Betriebsvereinbarung** verzichtet werden (§ 77 Abs. 4 Satz 2 BetrVG). Auch hier unterliegt das Verzichtsverbot den obigen Einschränkungen. Tatsachenvergleiche sind also möglich. Auch hier gelten aber die obigen Einschränkungen (s. → Rz. 4814). Schädlich ist die »künstliche« Herbeiführung einer Vergleichssituation.

3. Gesetzlich unverzichtbare Ansprüche

4816 Neben diesen »Verzichtserschwerungen« gibt es bestimmte, **gesetzlich als unverzichtbar eingestufte Ansprüche.**

a) Urlaubsanspruch

4817 Im Hinblick auf Urlaubsansprüche gilt ein solches Verzichtsverbot. Nach § 13 Abs. 1 Satz 3 BUrlG sind die Bestimmungen des Bundesurlaubsgesetzes grundsätzlich zwingend. **Mindesturlaubsanspruch und Urlaubsabgeltungsansprüche** sind demnach unverzichtbar. Eine abweichende Vereinbarung ist **nach § 134 BGB** nichtig. Dies gilt auch im Fall des Ausscheidens im ersten Kalenderhalbjahr, wenn die 6-monatige Wartezeit erfüllt ist. Auch hier ist jedoch unter den genannten Voraussetzungen ein Tatsachenvergleich möglich (vgl. → Rz. 4048). Auch besteht die Möglichkeit, auf Urlaub und Urlaubsabgeltung zu verzichten, soweit der Anspruch über der Höhe des gesetzlichen Mindesturlaubsanspruchs von 24 Werktagen liegt. Nur der **gesetzliche Mindesturlaub** ist unverzichtbar (bestätigt durch *BAG 20.01.1998, EzA* § *13 BUrlG Nr. 57 betr. den Verzicht im Rahmen einer Ausscheidensvereinbarung*). Zum Verzicht auf **Mehrurlaub** beachte auch → Rz. 4814.

b) Entgeltfortzahlungsanspruch

Grundsätzlich kann auf noch nicht entstandene oder noch nicht fällige Ansprüche auf **Entgeltfortzahlung im Krankheitsfall** nicht verzichtet werden, auf bereits entstandene nach Beendigung des Arbeitsverhältnisses hingegen schon. Ein vor Beendigung des Arbeitsverhältnisses geschlossener Erlassvertrag (etwa in Form einer Ausgleichsquittung) müsste, auch wenn er am letzten Tag des Arbeitsverhältnisses zustande gekommen ist, jedenfalls an der Unabdingbarkeit der Entgeltfortzahlungsansprüche gemäß § 12 EFZG scheitern.

4818

c) Versorgungsanwartschaft

Beachte zunächst die jetzt geltenden Abfindungsregelungen durch die Reform des BetrAVG (§ 3). Eine Abfindung einer Versorgungsanwartschaft ist nunmehr unter erleichterten Voraussetzungen zulässig. Verzichtbar sind verfallbare Anwartschaften. Eine Ausgleichsquittung, in der der Arbeitnehmer nur erklärt, keine Ansprüche aus dem Arbeitsverhältnis mehr zu haben, erfasst nicht Betriebsrentenansprüche.

4819

d) Zeugnisanspruch

Ob ein Verzicht auf den Zeugnisanspruch möglich ist, ist streitig. Entscheidend ist hier der Verzichtszeitpunkt. Eine **allgemeine Verzichtserklärung** in Zusammenhang mit einer Kündigung oder einem Aufhebungsvertrag ist aber keinesfalls ausreichend (s. auch → Rz. 4908 f.).

4820

V. Verzichtbare Ansprüche

Auf sonstige Ansprüche kann – bei Vorliegen einer eindeutigen Verzichtserklärung, grundsätzlich verzichtet werden. Beispiele hierfür sind etwa:

4821

- Entgeltfortzahlungsansprüche nach Beendigung des Arbeitsverhältnisses und Fälligkeit,
- Karenzentschädigungsansprüche nach Fälligkeit,
- Ansprüche nach dem Arbeitnehmererfindungsgesetz,
- über das gesetzliche Mindestmaß hinausgehende Ansprüche auf Erholungsurlaub.

VI. Wirksamwerden der Verzichtserklärung

Grundsätzlich wird die Verzichtserklärung mit dem in der Ausgleichsquittung festgelegten Zeitpunkt wirksam. Ist kein Zeitpunkt festgelegt, wird sie sofort wirksam. In einzel-

4822

nen Tarifverträgen sind jedoch Schutzfristen und Widerrufsrechte zugunsten der Arbeitnehmer festgelegt (s. → Rz. 4027).

VII. Aufklärungs- und Hinweispflichten

4823 Angesichts des unter Umständen weiten Umfangs und der weitreichenden Konsequenzen ist streitig, ob eine Aufklärungspflicht besteht. Grundsätzlich muss jede Partei sich selbst vor nachteiligen Rechtsfolgen schützen. Eine andere Beurteilung kann möglicherweise gegenüber **besonders schutzbedürftigen Arbeitnehmern** geboten sein (ausländische Arbeitnehmer, schwangere Arbeitnehmerinnen).

VIII. Erzwingung der Abgabe einer Ausgleichsquittung

4824 Der Arbeitgeber hat grundsätzlich keinen Anspruch gegen den Arbeitnehmer auf Abgabe einer Ausgleichsquittung. Dies gilt jedenfalls, soweit es sich um den **Verzicht auf Rechte** handelt. Geht es hingegen nur um eine **reine Bestätigung**, so hat der Arbeitnehmer diese unter den Voraussetzungen des § 368 BGB abzugeben (bloße Quittungsfunktion, s. → Rz. 4803).

Allerdings darf der Arbeitgeber nicht die Arbeitspapiere oder fälligen Restlohn zurückhalten, um die Abgabe einer Ausgleichsquittung zu erzwingen. **An Arbeitspapieren steht dem Arbeitgeber kein Zurückbehaltungsrecht zu!** Andernfalls kommt jedenfalls eine Anfechtung wegen widerrechtlicher Drohung in Betracht. Diese hat regelmäßig zur Folge, dass der mit der Ausgleichsquittung angestrebte Zweck nicht erreicht wird.

IX. Ausgleichsquittungen mit besonderen Personengruppen

1. Ausländische Arbeitnehmer

4825 Besondere Probleme stellen sich, wenn **ein ausländischer, der deutschen Sprache und Schrift nicht oder nicht ausreichend mächtiger Arbeitnehmer eine Ausgleichsquittung unterzeichnet,** die in deutscher Sprache abgefasst ist und die nicht durch einen Dolmetscher übersetzt wird. In diesem Fall ist nach überwiegender Ansicht der Arbeitgeber gehindert, sich auf Rechtswirkungen der Ausgleichsquittung zu berufen. Auch der ausländische Arbeitnehmer muss die Ausgleichsquittung aber gegen sich gelten lassen, wenn er deren Inhalt versteht bzw. ihn zumindest hätte verstehen können, die Ausgleichsquittung aber ungelesen unterschreibt. Das **hinreichende Verständnis des Arbeitnehmers ist, sofern es nicht unstreitig ist, vom Arbeitgeber zu beweisen.** Anders ist die Rechtslage, wenn der **ausländische Arbeitnehmer** den Inhalt der von ihm unterzeichneten Ausgleichsquittung nicht richtig verstanden hat. Hier kommt eine Anfechtung wegen Inhaltsirrtums in Betracht.

Insgesamt ist es empfehlenswert, gerade auch gegenüber ausländischen Arbeitnehmern sicherzustellen, dass diese vom Inhalt Kenntnis nehmen können. Nur so können die Folgestreitigkeiten, die mit der Ausgleichsquittung vermieden werden sollen, auch tatsächlich vermieden werden.

2. Minderjährige

Auch ein **minderjähriger, beschränkt geschäftsfähiger Arbeitnehmer** kann wirksam eine Ausgleichsquittung unterzeichnen, wenn er ermächtigt ist, in Dienst und Arbeit zu treten (§ 113 BGB). Dies ist nicht der Fall, wenn die gesetzlichen Vertreter des Minderjährigen den Arbeitsvertrag für diesen unterzeichnet haben oder zumindest für diesen auftreten. Im Übrigen ist die Frage des Vorliegens einer Ermächtigung durch Auslegung zu klären. 4826

Ein **minderjähriger Auszubildender** kann hingegen keine Ausgleichsquittung unterzeichnen, da § 113 BGB auf Berufsausbildungs- und gleichgelagerte Verhältnisse keine Anwendung findet.

X. Beseitigung der Rechtsfolgen der Ausgleichsquittung

In bestimmten Konstellationen können die Rechtsfolgen der Ausgleichsquittung wieder beseitigt werden. Dies kommt zum einen durch einen **Widerruf** in Betracht, wenn dieser kollektiv- oder individualvertraglich vorgesehen ist (s. → Rz. 4808). **Hauptfall** ist jedoch die **Anfechtung.** Dabei muss zwischen den verschiedenen Arten der Ausgleichsquittung unterschieden werden. 4827

1. Empfangsbestätigung

Da es sich bei der bloßen Empfangsbestätigung nur um eine Wissens-, nicht aber um eine Willenserklärung handelt, scheidet eine Anfechtung grundsätzlich aus. Allerdings kann der **Umfang der Beweiswirkung** der Ausgleichsquittung entfallen, wenn sie unter Einfluss von Täuschungen oder Drohungen abgegeben worden ist. Wird die Ausgleichsquittung vom Arbeitnehmer im voraus erteilt, so ist ihre Beweiskraft bereits dann erschüttert, wenn der Gläubiger (der Arbeitnehmer) den **Beweis der Vorauserteilung** führt. 4828

2. Willenserklärung

Beinhaltet die Ausgleichsquittung zugleich auch einen Verzicht auf Rechte liegt eine Willenserklärung vor, die unter den Voraussetzungen der §§ 119, 123 BGB angefochten werden kann. 4829

a) Arglistige Täuschung / Widerrechtliche Drohung

Eine solche Anfechtung kommt zum einen unter dem Gesichtspunkt der **widerrechtlichen Drohung** (§ 123 BGB) in Betracht. Diese liegt beispielsweise vor, wenn der Arbeitge- 4830 ber dem Arbeitnehmer die Unterzeichnung der Ausgleichsquittung dadurch abnötigt, dass er erklärt, anderenfalls die Erfüllung bestehender Ansprüche – etwa auf Herausgabe der Arbeitspapiere – zu verweigern. Gleiches gilt für die rechtsgrundlose Drohung mit der Einleitung eines Strafverfahrens.

Weiterhin kommt eine Anfechtung wegen **arglistiger Täuschung** (§ 123 BGB) in Betracht. Spiegelt der Arbeitgeber dem Arbeitnehmer **bewusst wahrheitswidrig** vor, es bestünden keine Ansprüche mehr und wird letzterer hierdurch zur Unterzeichnung einer Ausgleichsquittung veranlasst, so kommt eine Anfechtung wegen Arglist in Betracht.

Die Anfechtung kann in den Fällen der arglistigen Täuschung oder widerrechtlichen Drohung nur **binnen Jahresfrist** erfolgen (§ 124 Abs. 1 BGB). Die Frist beginnt im Fall der arglistigen Täuschung mit dem Zeitpunkt, in dem der getäuschte Arbeitnehmer die Täuschung entdeckt, im Fall der Drohung mit dem Ende der Zwangslage. **Anfechtungsgegner** ist grundsätzlich der Vertragspartner, also der Arbeitgeber.

b) Inhalts-, Erklärungs-, Motivirrtum

4831 Im Übrigen kann der Arbeitnehmer die Rechtswirkungen der Ausgleichsquittung unter den Voraussetzungen des § 119 BGB beseitigen. Ein **Inhaltsirrtum** liegt dabei vor, wenn der Arbeitnehmer sich Fehlvorstellungen über die inhaltliche Bedeutung seiner Erklärung macht, er also mit dieser eine andere Bedeutung verbindet.

BEISPIEL:

Der Arbeitnehmer meint, nur eine einfache Empfangsbescheinigung zu unterschreiben und den Erhalt des Restlohnes zu quittieren, tatsächlich verzichtet er aber auf noch ausstehendes Urlaubsgeld.

Voraussetzung der Anfechtung wegen Inhaltsirrtums ist jedoch stets, dass der Arbeitnehmer sich **konkrete Fehlvorstellungen** macht. Dies hat er darzulegen und zu beweisen. Die **bewusste Unkenntnis** des Inhalts der Ausgleichsquittung berechtigt demnach nicht zur Anfechtung wegen Inhaltsirrtums. Unterschreibt also der Arbeitnehmer die **Ausgleichsquittung** ungelesen, so kann er sie nicht im nachhinein anfechten.

Ausländische Arbeitnehmer sind dann zur Anfechtung wegen Inhaltsirrtums berechtigt, wenn sie aufgrund **sprachlicher Schwierigkeiten** nicht in der Lage sind, den Inhalt der Ausgleichsquittung richtig zu verstehen, der Arbeitgeber aber auf eine **Verständnismöglichkeit** vertrauen kann. Fehlt es schon an letzterem kann sich der Arbeitgeber nicht auf die Wirkungen der Ausgleichsquittung berufen. Eine Anfechtung erübrigt sich dann.

4832 Wenig praktische Relevanz kommt dagegen dem **Erklärungsirrtum** (Versprechen, Verschreiben) zu. Hier besteht selbstverständlich unter den Voraussetzungen des § 119 BGB eine Anfechtungsmöglichkeit. Unbeachtlich – also nicht zur Anfechtung berechtigend – ist ein bloßer **Motivirrtum**. Dieser kann etwa in der Form auftreten, dass der Arbeitnehmer sich falsche Vorstellungen über die rechtlichen und wirtschaftlichen Folgen seiner Erklärung macht.

BEISPIEL:

Der Arbeitnehmer geht davon aus, der Anspruchsverzicht erfasse keine Ansprüche auf Urlaubsgeld, da diese »tarifvertraglich gesichert« seien.

Hier gilt allgemein: **Ein Irrtum über die rechtlichen Folgen ist grundsätzlich unbeachtlich!** Eine Anfechtung begründet er nicht. Wer sicher gehen will, muss die Hilfe eines Rechtskundigen in Anspruch nehmen.

3. Darlegungs- und Beweislast

Bei der **Anfechtung** ist grundsätzlich der Arbeitnehmer, der die Rechtsfolgen der Ausgleichsquittung beseitigen will, darlegungs- und beweisbelastet. Dies bringt in der Praxis größere Probleme mit sich, da eine Parteivernehmung des Arbeitnehmers auf seinen eigenen Antrag hin nicht in Betracht kommt. Wird die **Ausgleichsquittung in voraus erteilt**, so ist die Beweiskraft erschüttert, wenn der Beweis der Vorauserteilung gelingt. Zur Beweisverteilung, wenn **ausländische Arbeitnehmer** eine Ausgleichsquittung unterzeichnet haben s. → Rz. 4825.

4833

Fazit: Regelmäßig wird der Arbeitnehmer also nur unter großen Schwierigkeiten in der Lage sein, sich von der einmal unterzeichneten Ausgleichsquittung zu lösen.

XI. Arbeitshilfen für die betriebliche Praxis

Muster einer Empfangsbescheinigung
Arbeitgeber (Name, Anschrift) ....
Empfangsbescheinigung
Hiermit bestätige ich, Name, Vorname ....
geboren am .... in ....
folgende Unterlagen am heutigen Tag erhalten zu haben:
Gehalts-/Lohn-/Vergütungsabrechnung für den Monat ...
Lohnsteuerkarte für das Kalenderjahr ...
Urlaubsbescheinigung ...
Versicherungsnachweisheft ...
Zeugnis ...
Sonstiges: ...
....   Ort, Datum   Unterschrift des Arbeitnehmers

4834

4835 **Muster einer Empfangsbestätigung und Verzichtserklärung**

Wie oben und zusätzlich:

Ich erkläre, dass ich gegen die Kündigung durch die Firma ... vom ... keine Einwendungen erheben und mein mir bekanntes Recht, das Fortbestehen des Arbeitsverhältnisses auf gerichtlichem Wege geltend zu machen, nicht wahrnehmen bzw. eine mit diesem Ziel erhobene Klage nicht durchführen oder wieder zurücknehmen werde. Ferner verzichte ich auf etwaige Ansprüche, die mir noch aus dem Arbeitsverhältnis zustehen.

Alternativ:

Ich verzichte auf folgende Ansprüche: ....

- Entgeltfortzahlungsanspruch
- Weihnachtsgeld, Sonderzahlung, Gratifikation
- Urlaubsabgeltung für ... Tage (nach Erhalt des gesetzlichen Mindesterholungsurlaubs)

Diese Ausgleichsquittung habe ich sorgfältig durchgelesen und ihren Inhalt verstanden. Eine Kopie habe ich erhalten.

Bei ausländischen Arbeitnehmern:

Mir ist der Inhalt der Erklärung in meine Heimatsprache übersetzt worden. Ich habe ihn verstanden und bin mit ihm einverstanden.

Alternativ:

Ich habe eine in meine Heimatsprache übersetzte Ausfertigung dieser Ausgleichsquittung bekommen. Deren Inhalt habe ich verstanden.

....
Ort, Datum   Unterschrift des Arbeitnehmers

Zum Muster einer Quittung für Arbeitspapiere s. auch → Rz. 4864. Grundsätzlich gilt: Je ausführlicher die zu berücksichtigenden Punkte sich in der Musterformulierung wiederfinden, desto weniger wird es Probleme hinsichtlich des Umfangs der Verzichtswirkung geben. **Das bedeutet für die Praxis:**

- Eine **detaillierte Ausgleichsquittung** hilft, Folgestreitigkeiten zu vermeiden und ist daher in der Regel am sinnvollsten.
- Eine sehr knappe, **allgemein gehaltene Ausgleichsklausel** wird sich demgegenüber nur in Ausnahmefällen oder als Bestandteil einer anderen Vertragsurkunde anbieten.
- Der **Verzicht auf eine Ausgleichsklausel** ist in der Regel unsinnig, da Folgestreitigkeiten vorprogrammiert sind.

XII. Weiterführende Literaturhinweise

4836 *Heither,* Aktuelle Rechtsprechung zu Fragen der betrieblichen Altersversorgung bei individualrechtlicher Ausgestaltung, DB 1991, 165

Plander, Die Ausgleichsquittung als Rechtsanwendungs- und Gesetzgebungsproblem, DB 1986, 1873

Schulte, Rechtsfragen der Ausgleichsquittung bei Beendigung des Arbeitsverhältnisses, DB 1981, 937

Schwarz, Überraschungskontrolle nach § 3 AGBG im Arbeitsrecht?, BB 1996, 1434

35. Kapitel: Arbeitspapiere

I.	**Welche Bescheinigungen gehören zu den »Arbeitspapieren«?**	**4841**
	1. Pflichten während des Arbeitsverhältnisses	4842
	2. Pflichten nach Beendigung des Arbeitsverhältnisses	4843
	a) Herausgabepflicht	4843
	b) Zeitpunkt der Herausgabe	4845
	c) Art und Weise der Herausgabe	4850
	d) Zurückbehaltung der Arbeitspapiere	4852
	e) Tarifliche Ausschlussfristen, Verjährung und Verwirkung	4853
II.	**Was passiert, wenn der Arbeitgeber seine Pflichten verletzt?**	**4854**
	1. Schadensersatzansprüche	4854
	a) Zivilrechtlicher Schadensersatzanspruch des Arbeitnehmers	4855
	b) Öffentlich-rechtliche Ersatzpflichten	4856
	2. Prozessuale Durchsetzung von Ausfüllungs-, Berichtigungs- und Herausgabeansprüchen	4857
	a) Zuständige Gerichte	4857
	b) Durchsetzung eines Anspruchs gegenüber dem Arbeitgeber	4860
	c) Einstweiliger Rechtsschutz	4861
	d) Beweislastverteilung	4862
III.	**Muster**	
	Muster einer Ersatzbescheinigung für die Lohnsteuerkarte	4863
	Muster einer Quittung für Arbeitspapiere	4864
IV.	**Weiterführende Literaturhinweise**	**4865**

I. Welche Bescheinigungen gehören zu den »Arbeitspapieren«?

Das Spektrum an Arbeitspapieren ist breit. An dieser Stelle wird daher nur ein Überblick über die in der Praxis häufigsten Bescheinigungen gegeben. In erster Linie dient dieses Kapitel dazu, Hinweise **zum Umgang mit den Arbeitspapieren allgemein** zu geben. Inhaltliche Fragen zu einzelnen Arbeitspapieren werden demgegenüber in Zusammenhang mit deren jeweiligen Anwendungsbereich erörtert (vgl. insoweit die **Randziffernhinweise.**). 4841

Zu den Arbeitspapieren gehören u.a.

- das einfache oder qualifizierte Zeugnis
  (§§ 630 BGB, 130 Abs. 1, Abs. 2 GewO, 73 HGB, 8 BBiG; s. → Rz. 4899 ff.),
- das Sozialversicherungsnachweisheft (§§ 1 ff. 2. DEVO, s. → Rz. 5500 ff.),
- die Lohnsteuerkarte
  (§ 39 EStG, s. → Rz. 8042 ff.),
- die einfache und besondere Lohnsteuerbescheinigung
  (§ 41b EStG, R 135 LStR, s. → Rz. 8116 ff.),
- die Arbeitsbescheinigung
  (§ 312 SGB III, früher § 133 AFG, s. → Rz. 7015),

- die Urlaubsbescheinigung
  (§ 6 Abs. 2 BUrlG, s. → Rz. 2843),
- die Lohnnachweiskarte bei einer Beschäftigung im Baugewerbe
  (§ 2 BRTV-Bau, s. → Rz. 2911),
- die Krankenkassenbescheinigung
  (§ 183 Abs. 3 SGB V, früher § 518 RVO),
- Entgeltbescheinigungen
  (§ 194 SGB VI, früher § 1401 Abs. 1 RVO, → Rz. 6142 f.),
- die Arbeitserlaubnis nach § 284 SGB III (→ Rz. 5050 ff.) sowie
- die Gesundheitsbescheinigung von Jugendlichen
  (§ 32 JArbSchG).

Zu den Arbeitspapieren gehört auch der Sozialversicherungsausweis (§§ 95 ff. SGB IV, vgl. → Rz. 5527). Dieser wird grundsätzlich nicht dem Arbeitgeber übergeben, sondern ist ihm bei Beginn der Beschäftigung nur vorzulegen (§ 98 Abs. 1 SGB IV). Allerdings kann der Arbeitgeber für die **Zeit einer Lohn- oder Gehaltsfortzahlung wegen Arbeitsunfähigkeit** gem. § 100 Abs. 2 SGB IV die Hinterlegung des Sozialversicherungsausweises verlangen. Darüber hinaus besteht für bestimmte Arbeitnehmergruppen die Pflicht, den Ausweis stets mitzuführen und auf Verlangen der zuständigen Behörde für Kontrollzwecke vorzulegen (§ 99 Abs. 2 SGB IV).

1. Pflichten während des Arbeitsverhältnisses

4842 Während des bestehenden Arbeitsverhältnisses trifft den Arbeitgeber im Hinblick auf die ihm übergebenen Papiere eine **Verwahrungspflicht.** Diese ergibt sich zum Teil unmittelbar aus den einschlägigen Gesetzesvorschriften (s. beispielsweise § 28 o Abs. 1 SGB IV: »Er *[der Arbeitnehmer]* hat dem Arbeitgeber jedes Heft mit Versicherungsnachweisen der Sozialversicherung unverzüglich auszuhändigen, **der es aufzubewahren hat.**«).

Für die Verletzung seiner Aufbewahrungspflicht haftet der Arbeitgeber nach § 276 BGB bei **Vorsatz oder Fahrlässigkeit auf Schadensersatz.** Meist wird dieser in der Mitwirkung bei der Neubeschaffung von Papieren bestehen sowie im Ersatz der hierfür notwendigen Aufwendungen (Verdienstausfall, Verwaltungsgebühren etc.).

2. Pflichten nach Beendigung des Arbeitsverhältnisses

a) Herausgabepflicht

4843 Bei Beendigung des Arbeitsverhältnisses hat der Arbeitgeber die in seinem Besitz befindlichen Arbeitspapiere nach Durchführung etwaiger noch erforderlicher Eintragungen (bspw. die Lohnsteuerbescheinigung, vgl. → Rz. 8116) **an den Arbeitnehmer herauszugeben.**

Hinweis:
Zu den Arbeitspapieren im weiteren Sinne könnte man u.U. auch die Bewerbungsunterlagen nebst Lebenslauf eines Arbeitnehmers zählen, die dieser vor Beginn des Arbeitsver-

hältnisses dem Arbeitgeber übersandt hat. Insoweit bestehen aber **keine Rückgabepflichten**. Diese Unterlagen **werden mit Einstellung des Arbeitnehmers** Eigentum des Arbeitgebers.

Auch der Anspruch auf Herausgabe der Arbeitspapiere ist **teilweise gesetzlich** verankert. Dies gilt etwa für

- die Arbeitsbescheinigung (§ 312 SGB III),
- die Lohnsteuerkarte (§ 39b Abs. 1 Satz 3 EStG, vgl. → Rz. 8122)
- die Lohnsteuerbescheinigung (§ 41b Abs. 1 Satz 4 EStG, vgl. → Rz. 8122) und
- das Sozialversicherungsnachweisheft (§ 4 Abs. 2 Satz 1 2. DEVO, s. auch → Rz. 5505).

Soweit es an einer solchen gesetzlichen Verankerung fehlt, resultiert der **Herausgabeanspruch** aus der so genannten »**nachwirkenden Fürsorgepflicht**« des Arbeitgebers. Nach Auffassung der Rechtsprechung des BAG enden die Pflichten eines Arbeitgebers nämlich nicht abrupt mit der rechtlichen oder tatsächlichen Beendigung eines Arbeitsverhältnisses. Vielmehr wirken die Arbeitgeberpflichten in bestimmten Fällen (dies gilt insbesondere auch im Zeugnisrecht, vgl. → Rz. 4889 ff.) über den Zeitpunkt der Beendigung des Arbeitsverhältnisses hinaus.

4844

In Bezug auf die Arbeitspapiere gilt, dass diese dem Arbeitgeber nach Sinn und Zweck nur wegen und für die Dauer des Arbeitsverhältnisses übergeben worden sind, diese also nach Beendigung des Arbeitsverhältnisses dem Arbeitnehmer unverzüglich zurückzugewähren sind.

Zusätzlich kann der Arbeitnehmer bestimmte Arbeitspapiere vom Arbeitgeber auch in seiner Eigenschaft als Eigentümer nach den Vorschriften des Bürgerlichen Gesetzbuches (§§ 985 ff. BGB) zurückverlangen.

So werden etwa nach überwiegender Ansicht Arbeitserlaubnis, Gesundheitszeugnis und Sozialversicherungsnachweisheft nach Ausstellung durch die Behörde Eigentum des Arbeitnehmers und bleiben es auch nach Aushändigung an den Arbeitgeber.

b) Zeitpunkt der Herausgabe

Da der Arbeitnehmer möglichst bei seinem Ausscheiden aus dem Betrieb seine Arbeitspapiere ausgefüllt in den Händen halten soll, sind diese ihm **grundsätzlich** im Zeitpunkt der **tatsächlichen** und nicht erst der rechtlichen **Beendigung** des Arbeitsverhältnisses ordnungsgemäß ausgefüllt herauszugeben.

4845

In der Personalpraxis sind daher folgende **Fallgestaltungen** sind zu unterscheiden:

- Endet das Arbeitsverhältnis durch **ordentliche Kündigung**, fallen der Zeitpunkt der tatsächlichen und der rechtlichen Beendigung regelmäßig zusammen. Dem Arbeitnehmer sind die Arbeitspapiere **dann im Zeitpunkt seines tatsächlichen Ausscheidens** mit Ablauf der Kündigungsfrist auszuhändigen.

4846

Eine Ausnahme gilt für das **Arbeitszeugnis**. Hier kann der Arbeitnehmer bereits **nach Zugang der Kündigungserklärung**, also noch vor Ablauf einer Kündigungsfrist, seinen

Anspruch auf Zeugniserteilung geltend machen, den der Arbeitgeber sodann unverzüglich (innerhalb einer angemessenen Bearbeitungszeit) erfüllen muss (vgl. Einzelheiten → Rz. 4891 ff.).

4847
- Auf den Zeitpunkt der tatsächlichen Beendigung des Arbeitsverhältnisses ist auch dann abzustellen, wenn dieses **einvernehmlich aufgehoben** wird. In der Regel kann sich der Arbeitgeber hier auf den Beendigungszeitpunkt einstellen.
- Endet das Arbeitsverhältnis durch **außerordentliche Kündigung oder ist der Beendigungszeitpunkt streitig**, so wird der Anspruch auf Herausgabe der Arbeitspapiere **auch dann mit der tatsächlichen Beendigung fällig** (§ 271 BGB), wenn die rechtliche Beendigung beispielsweise infolge unwirksamer Kündigung nicht eintritt. Dies folgt schon daraus, dass der Arbeitnehmer unter Umständen verpflichtet ist, eine anderweitige Beschäftigung aufzunehmen, um sich dem Vorwurf des böswilligen Unterlassens anderweitigen Erwerbs nicht auszusetzen (§ 615 Satz 2 BGB und § 11 KSchG).

4848
Ist dem Arbeitgeber aufgrund **zwingender betrieblicher Abläufe** die Herausgabe einzelner Arbeitspapiere im Zeitpunkt der tatsächlichen Beendigung unmöglich, so wird der Anspruch erst zu dem Zeitpunkt fällig, in dem der Arbeitgeber bei gebotener Eile die ausgefüllten Papiere **frühestmöglich bereitstellen kann**. Verzögerungen können sich etwa hinsichtlich Lohnsteuerkarte und Lohnsteuerbescheinigung wegen des Einsatzes einer EDV-Anlage ergeben.

BEISPIEL:

Der Arbeitgeber lässt seine Lohnabrechnungen durch ein Fremdunternehmen jeweils zum letzten Werktag eines Monats unter Zuhilfenahme einer EDV-Anlage erstellen.

Hier wird der Herausgabeanspruch des Arbeitnehmers hinsichtlich Lohnsteuerkarte und Lohnsteuerbescheinigung erst zu dem Zeitpunkt fällig, in dem üblicherweise die Abrechnung durch das Drittunternehmen erfolgt.

Eine Verzögerung kann sich auch dann ergeben, wenn der Arbeitnehmer beispielsweise im Gruppenakkord arbeitet und für die endgültige Abrechnung zunächst das Ergebnis der betreffenden Gruppe zu einem bestimmten Stichtag abgewartet werden muss.

Allerdings hat der Arbeitgeber in all diesen Fällen dem Arbeitnehmer die Verzögerung zu bestätigen und ihm eine **Zwischenbescheinigung** auszustellen, die er dem nächsten Arbeitgeber vorlegen kann (vgl. § 41b Abs. 1 Satz 6 EStG und das Muster → Rz. 4863). Diese muss die für den neuen Arbeitgeber unentbehrlichen Angaben enthalten, also je nach dem, welches Arbeitspapier die Zwischenbescheinigung ersetzen soll, bspw.

- Arbeitszeit,
- Beschäftigungsdauer,
- sämtliche Eintragungen auf der Lohnsteuerkarte oder im Sozialversicherungsnachweisheft.

Die Zwischenbescheinigung vertritt demnach während einer bestimmten Zeit die Arbeitspapiere. Sie setzt den Arbeitnehmer in den Stand, auch ohne die Originalarbeitspapiere eine neue Beschäftigung anzutreten und verhindert zugleich Schadensersatzansprüche wegen verspäteter Herausgabe gegen den ursprünglichen Arbeitgeber (s. dazu nachfolgend → Rz. 4855).

Zu einer **vorzeitigen Herausgabe der Arbeitspapiere** ist der **Arbeitgeber nicht verpflichtet**. Verlangt etwa der Arbeitnehmer unter **Verletzung seiner Vertragspflicht vorzeitig** seine Papiere heraus, braucht der Arbeitgeber dem nicht Folge zu leisten. Er ist nicht verpflichtet, daran mitzuwirken, dem vertragsbrüchigen Arbeitnehmer die anderweitige Verwertung seiner Arbeitskraft zu ermöglichen. 4849

c) Art und Weise der Herausgabe

Grundsätzlich gilt: Der Arbeitnehmer muss die **Arbeitspapiere** beim Arbeitgeber abholen. Es handelt sich bei der Herausgabepflicht um eine sog. »**Holschuld**«. Der Arbeitnehmer kann also im Regelfall nicht die Übersendung der Papiere fordern *(BAG 08.03.1995, EzA § 630 BGB Nr. 19)*. Allerdings muss der Arbeitgeber die Arbeitspapiere auch **abholbereit** in seinem Betrieb liegen haben. Der Arbeitgeber muss sich und seine bestehende Organisation darauf einstellen, dass der Arbeitnehmer am Ende des Beschäftigungsverhältnisses die Arbeitspapiere herausverlangt. Er muss **hinreichende Vorkehrungen** treffen, um seiner Pflicht zur Ausstellung und Aushändigung ohne schuldhaftes Zögern nachkommen zu können. Dabei müssen betriebsorganisatorische Gründe und Arbeitnehmerinteressen gegeneinander abgewogen werden (vgl. oben → Rz. 4845). 4850

Der Arbeitgeber ist **ausnahmsweise** verpflichtet, dem Arbeitnehmer die Papiere zu übersenden, wenn

- der Arbeitgeber beim Ausscheiden des Arbeitnehmers aus dem Betrieb nicht in der Lage ist, die Arbeitspapiere an diesen auszuhändigen;
- im Falle eines **Vertragsbruchs des Arbeitnehmers** der Arbeitgeber dem Arbeitnehmer **verboten** hat, den Betrieb noch einmal zu betreten.

Der Arbeitgeber hat die Arbeitspapiere in diesen Fällen **auf seine Kosten** an den Arbeitnehmer zu übermitteln. Er trägt dabei auch die **Gefahr der Übersendung**, ist also dafür verantwortlich, dass die Papiere den Arbeitnehmer tatsächlich erreichen.

Eine Pflicht zur Übersendung der Arbeitspapiere wird teilweise auch dann angenommen, wenn die Abholung der Papiere für den Arbeitnehmer mit **unverhältnismäßig hohen Kosten** oder besonderen Mühen verbunden ist (bspw. der Arbeitnehmer erkrankt ist oder anlässlich der Auflösung seines Arbeitsverhältnisses seinen Wohnsitz in einen weit entfernten Ort verlegt hat). 4851

Im Gegensatz zu den oben genannten Fällen hat hier die **Übersendung der Arbeitspapiere aber auf Kosten und Gefahr des Arbeitnehmers** zu erfolgen, denn letztlich scheitert die Abholung der Papiere allein aus Gründen, die in seinem Bereich liegen.

Den **Empfang der Arbeitspapiere** hat der Arbeitnehmer auf Verlangen des Arbeitgebers zu quittieren (§ 368 BGB; vgl. auch → Rz. 4852).

d) Zurückbehaltung der Arbeitspapiere

4852 Nach allgemeiner Meinung besteht kein Recht des Arbeitgebers, die Herausgabe der Arbeitspapiere wegen eigener Gegenansprüche – unabhängig von deren Berechtigung – zu verweigern. Ein solches »Zurückbehaltungsrecht« besteht selbst in den Fällen grober Pflichtverletzung durch den Arbeitnehmer nicht *(LAG Düsseldorf 18.04.1966, BB 1967, 1207).*

Angesichts ihrer Bedeutung für die Erlangung einer neuen Stelle wäre ein Zurückbehaltungsrecht mit dem Wesen des Arbeitsvertrages und der Fürsorgepflicht unvereinbar. Auch soll verhindert werden, dass der Arbeitgeber durch die Zurückbehaltung der Arbeitspapiere den Arbeitnehmer zumindest indirekt zur Erfüllung seiner Arbeitspflicht zwingen kann.

Wegen des Ausschlusses des Zurückbehaltungsrechts ist es ihm ebenfalls untersagt, die Aushändigung der Arbeitspapiere von der **Unterzeichnung einer Ausgleichsquittung** abhängig zu machen (diese ist nicht zu verwechseln mit der **Quittung i.S.d. § 368 BGB**, die eine reine Empfangsbestätigung darstellt und zu deren Erteilung der Arbeitnehmer auf Verlangen des Arbeitgebers verpflichtet ist; vgl. zum Ganzen → Rz. 4803 f.).

e) Tarifliche Ausschlussfristen, Verjährung und Verwirkung

4853 Sind auf das Arbeitsverhältnis **tarifliche Ausschlussfristen** anwendbar, unterliegt der **Herausgabeanspruch des Arbeitnehmers** nicht der tariflichen Ausschlußfrist, wenn der Anspruch auf dessen Eigentümerstellung hinsichtlich des herausverlangten Papiers beruht (s. → Rz. 4844). Nicht abschließend geklärt ist die Frage, ob der arbeitsvertragliche Anspruch auf **ordnungsgemäße Ausfüllung** der Arbeitspapiere unter eine tarifliche Ausschlußfrist fällt, wenn diese Verpflichtung auch auf **öffentlich-rechtlichen Vorschriften** beruht (für die Anwendung der Ausschlußfrist: *LAG Düsseldorf, 15.07.1970, DB 1970, 1934*).

Der Anspruch auf Herausgabe der **Arbeitspapiere verjährt in 30 Jahren (§ 195 BGB)**. In bestimmten Fällen kann **ausnahmsweise** noch vor Eintritt der Verjährung der Herausgabeanspruch des Arbeitnehmers **»verwirkt«** sein. Die Verwirkung eines Rechts bedeutet, dass der Berechtigte es über einen längeren Zeitraum nicht geltend gemacht hat und die verspätete Geltendmachung für den Anspruchsgegner aufgrund besonderer Umstände unzumutbar ist. Besondere Umstände sind in diesem Zusammenhang immer dann anzunehmen, wenn der Anspruchsgegner auf die Nichtausübung des Rechts vertrauen durfte und auch tatsächlich vertraut hat (s. bspw. für das Zeugnis → Rz. 4908).

II. Was passiert, wenn der Arbeitgeber seine Pflichten verletzt?

1. Schadensersatzansprüche

4854 Verletzt der Arbeitgeber schuldhaft seine Pflicht zur ordnungsgemäßen Ausstellung oder Aushändigung der Arbeitspapiere, so ist er u. U. verpflichtet, den hieraus entstehenden Schaden zu ersetzen.

Zu unterscheiden ist hier zwischen einem **zivil- bzw. privatrechtlichen Schadensersatzanspruch** des **betroffenen Arbeitnehmers** und **einem öffentlich-recht-lichen Schadensersatzanspruch** der **Behörde,** die durch die falsch ausgestellte Bescheinigung Nachteile erlitten hat.

a) Zivilrechtlicher Schadensersatzanspruch des Arbeitnehmers

Der Arbeitnehmer kann einen zivil- bzw. privatrechtlichen Anspruch auf Ersatz eines ihm durch die fehlende oder unrichtige Ausstellung der Arbeitspapiere entstandenen Schadens haben.

4855

Dieser Schaden kann bspw. in einem **Verdienstausfall** bestehen, wenn nämlich der Arbeitnehmer wegen des Fehlens der Arbeitspapiere keine neue Stelle erhält. Es kommen aber auch sonstige Aufwendungen und allgemeine Kosten (Porto-, Telefon-, Bearbeitungs-, Fahrtkosten etc.) in Betracht.

Die praktische Durchsetzbarkeit eines solchen (zivilrechtlichen) Schadensersatzanspruchs erscheint allerdings mehr als zweifelhaft.

Der **Arbeitnehmer** muss nämlich für die prozessuale Durchsetzung des Anspruchs **darlegen und beweisen,** dass der Schaden gerade wegen der Nichtaushändigung bzw. der fehlerhaften oder verspäteten Ausstellung der Arbeitspapiere entstanden ist.

Hierfür reichen allgemeine Behauptungen nicht aus. Vielmehr muss der Arbeitnehmer die Einzelheiten und Umstände vorbringen, aus denen sich ergibt, dass **ein bestimmter Arbeitgeber** bereit gewesen ist, ihn einzustellen, jedoch **aufgrund der fehlenden oder fehlerhaften Arbeitspapiere** davon Abstand genommen hat. Angesichts der vielfältigen Gründe, die zum Scheitern einer Einstellung führen können, wird der vom Arbeitnehmer geforderte Nachweis nur in Ausnahmefällen gelingen (vgl. *BAG 25.10.1967, EzA § 73 HGB Nr. 1 zur verspäteten Zeugniserteilung*).

Macht ein Arbeitnehmer gegen den Arbeitgeber neben der Herausgabe der ausgefüllten Lohnsteuerkarte zugleich für den Fall nicht fristgerechter Ausfüllung und Herausgabe uneingeschränkt eine Entschädigung nach § 61 Abs. 2 ArbGG geltend, sind mit der Entschädigung in der Regel sämtliche Schadensersatzansprüche wegen der Nichtherausgabe – auch wegen entgangener Lohnsteuererstattung – abgegolten! (*BAG 20.02.1997, EzA § 611 BGB Arbeitgeberhaftung Nr. 5*).

b) Öffentlich-rechtliche Ersatzpflichten

Kommt der Arbeitgeber seinen Pflichten nicht nach, kann neben der zivilrechtlichen Schadensersatzhaftung auch eine **öffentlich-rechtliche** in Betracht kommen. So ist der Arbeitgeber der Bundesanstalt für Arbeit (BA) zum Schadensersatz verpflichtet, wenn er vorsätzlich oder fahrlässig eine Arbeitsbescheinigung unrichtig ausfüllt (§ 321 SGB III).

4856

Der Haftungstatbestand kann nach der Rechtsprechung aber grundsätzlich nur dann erfüllt sein, wenn auf eine **eindeutige Frage** eine **falsche Antwort** gegeben wird. Das zusätzliche Ausfüllen von Rubriken, die andere im Einzelfall nicht vorliegende Fallgestaltungen betreffen, ist grundsätzlich kein Fehler sondern nur überflüssig (*BSG 30.01.1990, NZA 1990, 790*). Der Arbeitgeber kann sich also nur dann schadensersatzpflichtig machen, wenn er eine **von ihm zu beantwortende Frage** falsch beantwortet.

Die **BA** darf sich auf die **Angaben des Arbeitgebers verlassen.** Sie ist nicht verpflichtet, diese ohne erkennbaren Anlass zu überprüfen.

Neben der Schadensersatzpflicht begeht derjenige Arbeitgeber, der seinen öffentlich-rechtlichen Pflichten nicht oder nur unvollständig nachkommt, eine Ordnungswidrigkeit und kann mit einem **Bußgeld** belegt werden (vgl. §§ 111 ff. SGB IV; § 404 SGB III).

Zu den Meldepflichten des Arbeitgebers im Einzelnen s. → Rz. 5500 ff.

2. Prozessuale Durchsetzung von Ausfüllungs-, Berichtigungs- und Herausgabeansprüchen

a) Zuständige Gerichte

4857 Der Arbeitgeber schuldet nach Ende des Arbeitsverhältnisses nicht nur die Herausgabe der Arbeitspapiere, sondern auch deren **Ausfüllung und gegebenenfalls deren Berichtigung.**

Hierbei handelt es sich um Verpflichtungen, die einerseits im **öffentlichen** Recht, andererseits im **privaten** (Arbeits-)Recht wurzeln. Für den Fall einer gerichtlichen Auseinandersetzung muss dann eine **genaue Prüfung der gerichtlichen Zuständigkeit** (ArbG einerseits, Sozial- und Finanzgericht andererseits) erfolgen. Die sachliche Zuständigkeit der einzelnen Gerichtszweige hängt im Wesentlichen davon ab, ob es sich (noch) um eine privatrechtliche Streitigkeit aus dem Arbeitsverhältnis handelt (dann Zuständigkeit des Arbeitsgerichts) oder um eine so genannte »öffentlich-rechtliche« Streitigkeit (dann Zuständigkeit von Sozial- oder Finanzgericht). Die Abgrenzung ist im Einzelfall schwierig und zum Teil auch in der Rechtsprechung nicht endgültig geklärt. Der folgende Überblick über die Zuständigkeit der einzelnen Gerichte kann daher nur als Anhaltspunkt dienen.

4858 Übersicht über die **Zuständigkeit der einzelnen Gerichtszweige** bei Streitigkeiten im Zusammenhang mit Arbeitspapieren:

- Die **Arbeitsgerichte** sind **immer zuständig,** wenn es **um bürgerlich-rechtliche Arbeitspapiere** (Zeugnis, Urlaubsbescheinigung, Lohnnachweiskarte) geht; und zwar sowohl für Erteilung (Ausstellung und Herausgabe) als auch für Ansprüche auf Ergänzung und Berichtigung. Dies ergibt sich aus der Regelung des § 2 Abs. 1 Nr. 3 e ArbGG 1979.
- Soweit »**öffentlich-rechtliche**« Arbeitspapiere betroffen sind (insbesondere Arbeitsbescheinigung, Lohnsteuerkarte, Sozialversicherungsnachweisheft), ist die Rechtslage umstritten. Die wohl überwiegende Ansicht in Rechtsprechung und Literatur differenziert wie folgt:

Für **Klagen auf Erteilung,** d.h. Ausstellung und Herausgabe, eines »öffentlich-rechtlichen« Arbeitspapiers sind die **Arbeitsgerichte** nach § 2 Abs. 1 Nr. 3 e) ArbGG 1979 zuständig. Ausstellung bedeutet dabei die vollständige – mit Unterschrift und Datumsangabe versehene – Beantwortung aller Fragen des amtlichen Formblatts durch den Arbeitgeber.

Dies gilt auch dann, wenn die Herausgabepflicht in einer öffentlich-rechtlichen Norm gesetzlich verankert ist (bspw. für die Arbeitsbescheinigung in § 312 SGB III; vgl. → Rz. 4843). Nach Auffassung des BAG (vgl. *15.01.1992, EzA § 133 AFG Nr. 5; BAG 30.08.2000, EzA § 2 ArbGG Nr. 5*1) wird durch die öffentlich-rechtliche Vorschrift nur die arbeitsvertragliche Fürsorgepflicht des Arbeitgebers gegenüber dem Arbeitnehmer konkretisiert.

BEISPIEL:

(1) A ist über einen längeren Zeitraum für B als »freier Mitarbeiter« tätig gewesen. Sozialversicherungsbeiträge und Steuern sind von B nicht abgeführt worden. Mit seiner Klage vor dem ArbG begehrt A zum einen die Feststellung, dass in dem Beschäftigungszeitraum ein Arbeitsverhältnis bestanden hat sowie die Verurteilung des B, ihm eine Arbeitsbescheinigung gem. § 312 SGB III auszustellen und auszuhändigen.

Für beide Klageanträge ist das ArbG sachlich zuständig.

(2) Nach Beendigung des Arbeitsverhältnisses behält der Arbeitgeber die bereits ordnungsgemäß ausgefüllte Lohnsteuerkarte mit der Begründung zurück, er sei zur Herausgabe nur gegen Ersatz des vom Arbeitnehmer am Firmenfahrzeug verursachten Schadens bereit.

Für die Klage auf Herausgabe der Lohnsteuerkarte ist das ArbG sachlich zuständig. (Im Übrigen hat die Klage auch Aussicht auf Erfolg, weil dem Arbeitgeber kein Zurückbehaltungsrecht an Arbeitspapieren zusteht, vgl. → Rz. 4852).

Geht es nicht um die Erteilung eines »öffentlich-rechtlichen« Arbeitspapiers, sondern ausschließlich um dessen **inhaltliche Richtigkeit, Ergänzung oder Berichtigung,** so ist das jeweilige **Fachgericht** sachlich zuständig. Demzufolge ist bspw. für die Berichtigung einer Lohnsteuerkarte das Finanzgericht, für die inhaltliche Ergänzung einer Arbeitsbescheinigung das Sozialgericht zuständig.

Hinweis:
Macht demgegenüber der Arbeitnehmer einen **Anspruch aus dem Arbeitsverhältnis** geltend und ist in diesem Zusammenhang **als öffentlich-rechtliche Vorfrage** auch die korrekte Einbehaltung der Lohnsteuer für den Anspruch von Bedeutung, so behält nach Auffassung von Teilen der instanzgerichtlichen Rechtsprechung und jetzt auch nach der des BFH das ArbG auch für die Prüfung dieser Vorfrage seine sachliche Zuständigkeit (*so bspw. LAG Hamm, 16.06.1988, DB 1988, 2316; BFH 29.06.1993, BB 1993, 1936*).

BEISPIEL:

Der Arbeitnehmer klagt einen Teil seines Bruttoverdienstes mit der Begründung ein, der Arbeitgeber habe von seinem Arbeitslohn zu hohe Lohnsteuer einbehalten.

Hier ist das ArbG sachlich auch zuständig für die Prüfung des korrekten Lohnsteuerabzugs, weil davon der geltend gemachte Anspruch des Arbeitnehmers aus dem Arbeitsverhältnis (Lohn- bzw. Gehaltszahlung) mit abhängt.

4859 Steht die Zuständigkeit des einen oder anderen Gerichtszweigs fest, so stellt sich darüber hinaus die Frage, ob ein **Rechtsschutzbedürfnis** für eine Klage besteht. Hierfür wird verlangt, dass dem Kläger **keine einfachere Möglichkeit** zur Seite steht, um sein Ziel zu erreichen. Dies kann der Fall sein, wenn die Einschaltung der zuständigen Behörde schneller und einfacher zum Ziel führt.

Allerdings hat das *BAG (15.01.1992, EzA § 133 AFG Nr. 5)* darauf erkannt, dass das Rechtsschutzbedürfnis für eine Klage auf Erteilung einer Arbeitsbescheinigung durch ein laufendes Verwaltungsverfahren beim Arbeitsamt zwecks Arbeitslosengeldgewährung nicht beeinträchtigt wird. Der wichtigste Zweck der Arbeitsbescheinigung, die Beschleunigung des Verwaltungsverfahrens, werde im Regelfall durch die arbeitsgerichtliche Verurteilung des Arbeitgebers zur Erteilung der Bescheinigung gefördert.

Im Streitfall empfiehlt es sich angesichts der insgesamt schwierigen Materie einen Fachmann (Rechtsanwalt, ggf. auch Steuerberater) hinzuzuziehen.

b) Durchsetzung eines Anspruchs gegenüber dem Arbeitgeber

4860 Die **Vollstreckung** eines Urteils **auf Herausgabe der Arbeitspapiere** erfolgt in der Weise, dass der Gerichtsvollzieher dem Arbeitgeber **die Arbeitspapiere wegnimmt** und sie dem Arbeitnehmer übergibt.

Auf Antrag des Arbeitnehmers kann bereits im Urteil nach § 255 ZPO eine **Frist zur Herausgabe** festgesetzt werden.

Ist der Arbeitgeber dazu verurteilt worden, bestimmte **Eintragungen vorzunehmen** (Ausstellung, Berichtigung, Ergänzung) oder **Auskünfte zu erteilen,** kann der Arbeitgeber nach § 888 ZPO mit **Zwangsgeld** oder ggf. auch **Zwangshaft** zur Vornahme der Handlung angehalten werden *(Thüringer LAG 23.12.2000, EzA-SD 11/2001, S. 15).*

c) Einstweiliger Rechtsschutz

4861 Die Arbeitspapiere können in **dringenden Fällen** ausnahmsweise noch vor Abschluss des eigentlichen Verfahrens vom Arbeitnehmer im Wege einer **einstweiligen Verfügung** herausverlangt werden.

Ob die prozessualen Voraussetzungen hierfür im Einzelfall gegeben sind, kann jedoch nur mit Hilfe eines Rechtsanwalts geklärt werden, so dass auf eine allgemeine Darstellung der Voraussetzungen des einstweiligen Rechtsschutzes an dieser Stelle verzichtet wird.

d) Beweislastverteilung

4862 Grundsätzlich muss der die Herausgabe begehrende **Arbeitnehmer darlegen und beweisen,** dass sich die Papiere im **Besitz des Arbeitgebers** befinden.

Angesichts der gängigen Praxis der Weitergabe der Arbeitspapiere an den Arbeitgeber bei Begründung eines Arbeitsverhältnisses, geht die Rechtsprechung aber – jedenfalls bis zum Vorliegen gegenteiliger Anhaltspunkte – davon aus, dass der Arbeitgeber dem Arbeitnehmer die Arbeitspapiere **abverlangt** und auch **ausgehändigt bekommen hat**.

Letztlich muss daher der Arbeitgeber die Umstände vortragen und ggf. beweisen, aus denen sich ergibt, dass er im konkreten Fall (ausnahmsweise!) die Arbeitspapiere nicht vom Arbeitnehmer erhalten hat.

III. Muster

Muster einer Zwischenbescheinigung für die Lohnsteuerkarte

Herr/Frau .... geb. am ....

wohnhaft in .... Straße ....

war vom ... bis ... in unserem Unternehmen beschäftigt.

Auf der uns bei Beschäftigungsbeginn ausgehändigten Lohnsteuerkarte für das Jahr 20... befinden sich folgende Eintragungen:

A. Allgemeine Eintragungen:

Gemeinde / AGS	Finanzamt	Nr.	Geb.-Datum
Steuerklasse	Kinder unter 18 Jahren: Kinderfreibeträge		Kirchensteuerabzug:
Gemeindebehörde		Datum	

B. Steuerfreibeträge:

Bei der Berechnung der Lohnsteuer sind vom tatsächlichen Arbeitslohn als steuerfrei abzuziehen (in EUR):

Jahresbetrag	monatlich	wöchentlich	täglich	Eintragung gilt bis
....	....	....	....	....

Die Lohnsteuerbescheinigung konnte aus technischen Gründen nicht sofort ausgehändigt werden. Sie wird Herrn/Frau ... unverzüglich, spätestens innerhalb von 8 Wochen nach Beendigung des Dienstverhältnisses (§ 41 b Abs. 1 Satz 7 EStG), nachgereicht. Diese Bescheinigung soll bis zu diesem Zeitpunkt als Unterlage für die Berechnung der Lohn- und Kirchensteuer dienen.

Für weitere Auskünfte stehen wir Ihnen jederzeit zur Verfügung.

....
Ort, Datum   Unterschrift

4864 **Muster einer Quittung für Arbeitspapiere**

Ausfertigung für*⁾

☐ Arbeitnehmer
☐ Arbeitgeber

Anlässlich meines Ausscheidens aus dem Arbeitsverhältnis mit der Firma ... bestätige ich, folgende Arbeitspapiere ordnungsgemäß erhalten zu haben:

☐ Arbeitsbescheinigung
☐ Einfaches / Qualifiziertes Arbeitszeugnis
☐ Entgeltbescheinigung für die Zeit vom ... bis ...
☐ Ersatz- oder Zwischenbescheinigungen über ...
☐ Lohnsteuerkarte für das Jahr ...
☐ Urlaubsbescheinigung
☐ Sozialversicherungsnachweisheft Nr. : ... und Abmeldung

Die Aushändigung der Lohnsteuerkarte / der Abmeldung / der Lohnsteuerbescheinigung kann aus technischen Gründen erst nach dem ... erfolgen.

Die fehlende(n) Unterlage(n) wird / werden unverzüglich nach Vornahme der erforderlichen Eintragungen, spätestens bis zum Ablauf von 8 Wochen nach Beendigung des Arbeitsverhältnisses an den Arbeitnehmer übersandt.

Ein Exemplar dieser Quittung ist mir ausgehändigt worden.

....
Ort, Datum   Unterschrift

*⁾ Zutreffendes bitte ankreuzen

IV. Weiterführende Literaturhinweise:

4865 *Buchner*, Münchner Handbuch zum Arbeitsrecht, Band 1, Individualarbeitsrecht, § 45 Rn. 34 ff.

Haupt, KHzA, Beendigung 1.2, Teil C Arbeitspapiere

Kitzelmann, Die einstweilige Verfügung auf Herausgabe der Arbeitspapiere, ArbuR 1970, 299

Müller, Die Eintragung des Arbeitgebers in die Arbeitspapiere und ihre Berichtigung, DB 1973, 570

ders., Die Zuständigkeit der Arbeitsgerichte zur Entscheidung steuer- und sozialversicherungsrechtlicher Fragen, DB 1977, 997

ders., Praxisfragen zur Lohnsteuerkarte, DStZ 1993, 307

Peterek, Zur Aushändigung der Arbeitspapiere bei beendetem Arbeitsverhältnis, DB 1968, 173

Schaub, Arbeitsrechts-Handbuch, 9. Aufl. 2000, § 33; § 149

36. Kapitel: Zeugnis

	Übersicht Zeugnisarten	4880
	Checkliste für die Zeugniserteilung	4881
	Muster eines einfachen Zeugnisses	4882
	Muster eines qualifizierten Zeugnisses	4883
	Muster eines qualifizierten Ausbildungszeugnisses	4884
	Muster eines qualifizierten Zwischenzeugnisses	4884a
	ABC des Zeugnisrechts	4884b
I.	Gesetzliche Grundlagen des Zeugnisrechts	4885
II.	Wer hat Anspruch auf ein Zeugnis?/Wer muss ein Zeugnis erteilen?	4886
	1. Anspruchsberechtigte Personen	4886
	2. Anspruchsverpflichtete Personen	4887
	3. Geltendmachung des Zeugnisanspruchs	4889
	4. Zeugnis – eine Holschuld des Arbeitnehmers	4890
III.	Wann muss ein Zeugnis erteilt werden?	4891
	1. Entstehung des Zeugnisanspruchs allgemein	4891
	2. Kündigung	4892
	3. Vorläufiges Zeugnis und Endzeugnis	4893
	4. Befristete und auflösend bedingte Arbeitsverhältnisse	4884
	5. Aufhebungsvertrag	4895
	6. Zwischenzeugnis	4896
IV.	Formvorschriften	4897
V.	Inhalt und Zeugnissprache	4898
	1. Einfaches Zeugnis	4899
	2. Qualifiziertes Zeugnis	4900
	a) Allgemeines	4900
	b) Leistung und Leistungsbeurteilung	4901
	c) Führung	4903
	d) Sonstiger Zeugnisinhalt	4904
	3. Zeugnisformulierung	4905
	a) Grundsätze	4905
	b) Zeugnissprache	4906
	4. Wechsel zwischen einfachem und qualifiziertem Zeugnis	4907
VI.	Bis zu welchem Zeitpunkt kann vom Arbeitgeber eine Zeugniserteilung verlangt werden?	4908
VII.	Mitbestimmungsrechte des Betriebsrats bei der Zeugniserteilung	4910
VIII.	Nachträgliche Abänderung eines Zeugnisses	4911
	1. Widerruf	4911
	2. Berichtigung	4912
IX.	Gerichtliche Geltendmachung des Zeugniserteilungs- sowie des Zeugnisberichtigungsanspruchs	4913
	1. Zeugniserteilungsanspruch	4913
	2. Einstweilige Verfügung	4914
	3. Berichtigungsanspruch	4915
	4. Beweislast des Arbeitgebers	4916
	5. Streitwert	4917
X.	Schadensersatz bei verspäteter oder unrichtiger Zeugniserteilung	4918
	1. Haftung gegenüber dem Arbeitnehmer	4918
	2. Haftung gegenüber neuem Arbeitgeber	4919

XI.	**Was ist bei einer Auskunft über einen ausgeschiedenen Arbeitnehmer an einen Folgearbeitgeber zu beachten?**	**4920**
	1. Auskunftsersuchen durch den Bewerbungsempfänger	4921
	2. Auskunftserteilung durch den bisherigen Arbeitgeber	4922
	a) Auf Wunsch des Arbeitnehmers	4922
	b) Auf Wunsch des Bewerbungsempfängers	4923
	3. Haftung bei Auskunftserteilung	4924
XII.	**Weiterführende Literaturhinweise**	**4925**

4880 ÜBERSICHT ZEUGNISARTEN

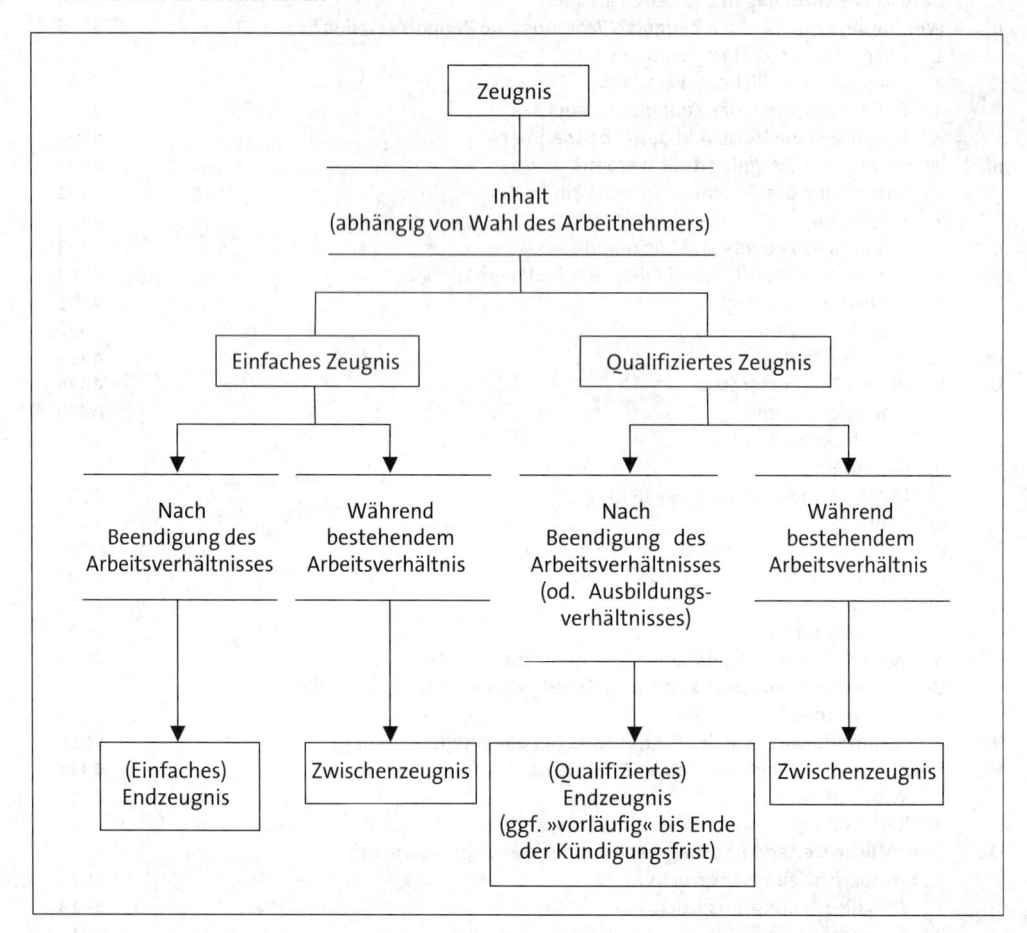

```
                          Zeugnis
                             │
                          Inhalt
               (abhängig von Wahl des Arbeitnehmers)
                    ┌────────┴────────┐
            Einfaches Zeugnis    Qualifiziertes Zeugnis
              ┌─────┴─────┐          ┌─────┴─────┐
              ▼           ▼          ▼           ▼
            Nach       Während      Nach       Während
         Beendigung  bestehendem Beendigung  bestehendem
            des     Arbeits-      des       Arbeits-
         Arbeits-   verhältnis  Arbeits-    verhältnis
         verhältnisses         verhältnisses
                               (od. Ausbildungs-
                                verhältnisses)
              ▼           ▼          ▼           ▼
          (Einfaches) Zwischen-  (Qualifiziertes) Zwischen-
          Endzeugnis  zeugnis    Endzeugnis       zeugnis
                                 (ggf. »vorläufig« bis Ende
                                  der Kündigungsfrist)
```

4881 Checkliste und Muster für die Zeugniserteilung

Der Gesetzgeber unterscheidet nur zwischen zwei Zeugnisarten, nämlich dem einfachen und dem um die Leistungs- und Führungsbeurteilung (Beurteilung des Sozialverhaltens) ergänzten qualifizierten Zeugnis (vgl. → Rz. 4898). Welche Grundelemente jedes qualifizierte Zeugnis enthalten muss, ist gesetzlich nicht ausdrücklich geregelt und durch die Rechtsprechung nur ansatzweise geklärt. In der einschlägigen Literatur und in der betrieblichen Praxis ist jedoch insbesondere im Hinblick auf bestimmte Mindestmerkmale der Leistungs- und Führungsbeurteilung eine weitgehende Übereinstimmung erkennbar. Die Checklisten und die Musterzeugnisse sind insoweit als Orientierungshilfen zu verstehen. Nicht in jedem Zeugnis müssen alle in der Checkliste genannten Punkte ausführlich behandelt werden. So ist es bspw. bei der Leistungsbeurteilung durchaus üblich und zulässig, einzelne der genannten Punkte zusammenzufassen. Auch gehen die Beschreibung des Arbeitsplatzes und des Aufgaben- und Verantwortungsbereichs regelmäßig in einander über. Schließlich hat der Zeugnisaussteller in jedem Einzelfall zu prüfen, mit welchen Formulierungen und Bewertungen er den Anforderungen des Zeugnisempfängers individuell gerecht wird.

CHECKLISTE FÜR DIE ZEUGNISERTEILUNG

Bestandteile und Aufbau des einfachen und qualifizierten Zeugnisses, unter Berücksichtigung der zusätzlichen Besonderheiten von Zwischen-, vorläufigem und Ausbildungszeugnis.

Firmenbogen wenn geschäftsüblich; sonst mit PC oder maschinenschriftlich			vgl. Muster
• Firmenbriefkopf		• Angaben zum Arbeitgeber	
Überschrift			❶
Einleitung			❷
• Personalien des Arbeitnehmers • Akademische Titel	• Beschäftigungsdauer • Umfang der Beschäftigung	• Berufs-/ Positionsbezeichnung	
Besonderheiten Ausbildungszeugnis			A
− Ausbildungsberuf/-ziel			
Tätigkeitsbeschreibung			❸
• Arbeitsplatz • Funktion • Aufgaben- und Verantwortungsbereich	• Aufgabenschwerpunkte • Aufgabenwechsel • Zusätzliche Aufgaben	• Spezialaufgaben	
Besonderheiten Ausbildungszeugnis			A
− Zusätzliche Aufgaben-durchlaufene Ausbildungsstationen	− erworbene Kenntnisse und Fähigkeiten	− Berufsschulbesuch	

NUR FÜR QUALIFIZIERTES ZEUGNIS:	Leistungsbeurteilung		❹
• Leistungsbereitschaft (Wollen)	• Arbeitsweise (Stil)	• Fachkenntnisse	
• Arbeitsbefähigung (Können)	• Arbeitsergebnis (Erfolg)	• Weiterbildung	
	Herausragende Erfolge		
• Arbeitnehmererfindungen		• Verbesserungsvorschläge	
	Besonderheiten beim Ausbildungszeugnis		A
– Ausbildungsbereitschaft und -befähigung	– Lern- und Arbeitsweise	– Lernerfolge	
	• Zusammenfassende Leistungsbeurteilung		
	Führungsumstände und -erfolg bei Vorgesetzten		
• Zahl der Mitarbeiter	• Delegation von Verantwortung	• Motivation und Förderung von Untergebenen	
	• Zusammenfassende Führungsbeurteilung		
NUR FÜR QUALIFIZIERTES ZEUGNIS:	Sozialverhalten		❺
• Vorgesetzte	• Mitarbeiter	• Dritte	
	Besonderheiten beim Ausbildungszeugnis		A
– Ausbilder	– andere Auszubildende		
	• Zusammenfassende Führungsbeurteilung		
	Schlussabsatz		❻
• Beendigungsmodalität		• Beendigungsformel	
	Besonderheiten beim Ausbildungszeugnis		A
– Erreichen des Ausbildungsziels		– Übernahme nach der Ausbildung	
	Besonderheiten beim Ausbildungszeugnis		Z
	– Grund für die Erteilung		
Ort, Ausstellungsdatum		**Unterschrift**	

Muster eines einfachen Zeugnisses

4882

> Firma _____
>
> ❶   Zeugnis
> ❷   Herr/Frau _____ geboren am _____ in _____, war vom _____ bis zum _____ als _____ in unserem Betrieb tätig.
> ❸   Herr/Frau _____ arbeitete in der _____-Produktion und hatte alle anfallenden Arbeiten an der _____-Maschine auszuführen. Insbesondere zählten hierzu _____.
>
> **[Alternativ:]**
>
> Er/Sie führte folgende Arbeiten durch:
>
> 1. _____
>
> 2. _____
>
> 3. _____
>
> In Spitzenzeiten mit hoher Kundennachfrage übernahm Herr/Frau _____ zusätzliche Aufgaben, z.B. _____ .
>
> ❻   Das Arbeitsverhältnis endete mit dem heutigen Tag aufgrund ordentlicher Kündigung von Herrn/Frau _____ .
>
> Ort, Datum   Unterschrift

Muster eines qualifizierten Zeugnisses
(überdurchschnittliche Beurteilung)

4883

> Firma _____
>
> ❶   Zeugnis
> ❷   Herr/Frau _____ geboren am _____ in _____, war vom _____ bis zum _____ als _____ in unserem Betrieb tätig.
> ❸   Sein/Ihr Aufgaben- und Verantwortungsbereich umfasste in der Hauptsache _____ .
>
> Zusätzlich bearbeitete er/sie _____ .
>
> Im Vertretungsfall übernahm Herr/Frau _____ außerdem _____ .
>
> **[Bei Tätigkeiten in verschiedenen Bereichen:]**
>
> Sein/Ihr Aufgabengebiet umfasste zunächst _____ .
>
> Am _____ wurde Herr/Frau _____ in die Abteilung _____ versetzt. Dort nahm er/sie folgende Aufgaben wahr: _____ .
>
> ❹   Herr/Frau _____ zeigte stets Initiative und eine hohe Motivation. Bereits nach kurzer Einarbeitungszeit arbeitete er/sie vollkommen selbständig und bewältigte auch neue Aufgaben aufgrund seines/ihres fundierten Fachwissens immer zuverlässig und exakt. Die Arbeitsergebnisse von Herrn/Frau waren stets überdurchschnittlich. Insgesamt hat Herr/Frau _____ die ihm übertragenen Aufgaben stets zu unserer vollen Zufriedenheit erledigt.

❺ Sein/Ihr Verhalten gegenüber Vorgesetzten und Mitarbeitern war einwandfrei. Von unseren Kunden wurde er/sie wegen seiner/ihrer Zuvorkommenheit sehr geschätzt.

❻ Herr/Frau _____ verlässt unseren Betrieb auf eigenen Wunsch, um _____. Mit ihm/ihr verlieren wir eine engagierte und tüchtige Fachkraft. Wir danken Herrn/Frau _____ für die stets gute Arbeitsleistung und wünschen ihm/ihr für die berufliche und persönliche Zukunft alles Gute.

Ort, Datum   Unterschrift

4884 Muster eines qualifizierten Ausbildungszeugnisses
(überdurchschnittliches Ausbildungsergebnis)

Firma _____

❶   Ausbildungszeugnis

❷ A Herr/Frau _____ geboren am _____ in _____, ist in unserem Betrieb vom _____ bis _____ zum _____ ausgebildet worden.

❸ A Im Verlauf seiner/ihrer Ausbildung wurde Herr/Frau in die Arbeiten der Abteilungen _____ eingeführt. Herr/Frau erhielt entsprechend der Ausbildungsordnung für _____ fundierte Kenntnisse in den Bereichen _____.

Während seiner/ihrer Ausbildung besuchte Herr/Frau _____ die Berufsschule sowie den ergänzenden Unterricht in unserem Hause.

❹ A Herr/Frau _____ verfügt über eine gute Auffassungsgabe und folgte sowohl der praktischen als auch theoretischen Ausbildung stets mit großem Eifer.

Er/Sie beherrscht alle Fertigkeiten und Kenntnisse eines/einer _____ gut. Insgesamt waren wir mit den Leistungen von Herrn/Frau _____ stets voll zufrieden.

❺ A Sein/Ihr Verhalten gegenüber Vorgesetzten, Ausbildern, Mitarbeitern und den anderen Auszubildenden war einwandfrei. Dieses gilt ebenso für das Verhalten gegenüber Kunden.

❻ A Herr/Frau legte am _____ vor der Industrie- und Handelskammer _____ die Abschlussprüfung mit der Note gut ab.

Nach Beendigung der Ausbildung haben wir Herrn/Frau als _____ wunschgemäß in die _____ Abteilung übernommen.

Ort, Datum   Unterschrift

4884a Muster eines qualifizierten Zwischenzeugnisses
(überdurchschnittliche Bewertung)

Firma _____

❶   Zwischenzeugnis

❷ Z Herr/Frau _____ geboren am _____ in _____, ist seit dem _____ in unserem Betrieb als _____ tätig.

❸ Sein/Ihr Aufgaben- und Verantwortungsbereich gliedert sich wie folgt:
– _____,
– _____,
– _____.
Dabei liegen die Schwerpunkte in der Bearbeitung der _____.
Zusätzlich ist Herr/Frau _____ verantwortlich für _____.

❹ Herr/Frau zeigt stets von sich aus Initiative und Einsatzbereitschaft. Er/Sie verfügt über eine große Berufserfahrung und beherrscht sein/ihr Arbeitsgebiet umfassend und sicher. Herr/Frau _____ arbeitet selbständig und erfüllt seine/ihre Aufgaben jederzeit zuverlässig und exakt. Seine/ihre Arbeitsergebnisse übertreffen daher deutlich die gestellten Anforderungen. Das Fachwissen von Herrn/Frau _____ ist fundiert und entspricht dem technisch neuesten Stand. Mit den bislang in unserem Betrieb von Herrn/Frau _____ erbrachten Leistungen sind wir stets voll zufrieden gewesen.

❺ Sein/Ihr Verhalten gegenüber Vorgesetzten, Mitarbeitern und unseren Kunden ist ebenfalls als in jeder Hinsicht vorbildlich zu bewerten.

❻Z Herr/Frau _____ wird dieses Zwischenzeugnis auf seinen/ihren Wunsch anlässlich seiner/ihrer Versetzung nach _____ ausgestellt.

Ort, Datum   Unterschrift

ABC des Zeugnisrechts

4884b

Anspruch auf Zeugniserteilung	Jeder Arbeitnehmer hat bei Beendigung des Arbeitsverhältnisses Anspruch auf ein schriftliches Zeugnis über Art und Dauer seiner Tätigkeit (»einfaches Zeugnis«). Auf sein Verlangen ist in das Zeugnis zusätzlich eine Leistungs- und Führungsbeurteilung aufzunehmen (»qualifiziertes Zeugnis«). Für den Zeugnisanspruch ist die Art des Beschäftigungsverhältnisses unerheblich (Voll-, Teilzeit-, Haupt-, Nebenbeschäftigung, Probe- oder Praktikantenarbeitsverhältnis, *vgl.* → *Rz. 4885 ff.*).
Arbeitnehmer, Arbeitnehmerähnliche Personen	Einen Anspruch auf Zeugniserteilung haben nur Arbeitnehmer sowie die diesen gleichstellte Personengruppen (»arbeitnehmerähnliche Personen«, *vgl.* → *Rz. 4886*).
Aufhebungsvertrag	Ein Anspruch auf Zeugniserteilung besteht auch nach einvernehmlicher Beendigung des Arbeitsverhältnisses *(vgl.* → *Rz. 4895).*
Ausbildungszeugnis	Nach Abschluss des Berufsausbildungsverhältnisses hat der Ausbildende nach § 8 Abs. 1 Satz 1 BBiG dem Auszubildenden auch ohne dessen ausdrückliches Verlangen ein Zeugnis auszustellen (»einfaches Ausbildungszeugnis«). Dieses muss Angaben enthalten über die Art, Dauer und das Ziel der Berufs-

	ausübung sowie über die erworbenen Fähigkeiten. Auf Verlangen des Auszubildenden ist zusätzlich eine Führungs- und Leistungsbeurteilung mit aufzunehmen (»qualifiziertes Ausbildungszeugnis«, *vgl.* → *Rz. 4898*).
Auskunftserteilung	Auf Wunsch des Arbeitnehmers ist der Arbeitgeber neben seiner Pflicht zur Zeugniserteilung auch zur Auskunftserteilung gegenüber einem möglichen neuen Arbeitgeber verpflichtet. Die in diesem Zusammenhang gegebenen Auskünfte müssen wahr sein. Sie dürfen über den Inhalt eines erteilten qualifizierten Zeugnisses nicht hinausgehen. Nach Auffassung des BAG ist eine solche Auskunftserteilung auch allein auf Wunsch des möglichen neuen Arbeitgebers ohne Zustimmung und sogar gegen den Wunsch des Arbeitnehmers zulässig *(vgl.* → *Rz. 4920 ff.).*
Ausschlussfrist, tarifvertragliche	Bestehen tarifliche Ausschlussfristen, fällt auch der Zeugnisanspruch als Anspruch aus dem Arbeitsverhältnis unter diese Fristen. Ausschlussklauseln können nach der Rechtsprechung auch im Einzelvertrag gesondert vereinbart werden, solange die Grenze der Sittenwidrigkeit nicht überschritten wird. Daneben kann die Geltendmachung des Zeugnisanspruchs durch Verjährung, Verwirkung oder Verzicht ausgeschlossen sein *(vgl.* → *Rz. 4908).*
Ausstellungsdatum	Ausstellungsdatum des Zeugnisses ist grundsätzlich das Datum des Ausstellungstages, nicht das des tatsächlichen oder rechtlichen Endes des Arbeitsverhältnisses. Wird ein Arbeitszeugnis später berichtigt, behält dieses das ursprüngliche Datum, sofern die verspätete Erteilung nicht vom Arbeitnehmer zu vertreten ist *(vgl.* → *Rz. 4897).*
Beendigungsgrund, Beendigungsmodalität	Der Grund der Beendigung des Arbeitsverhältnisses darf nur auf Wunsch des Arbeitnehmers in das Zeugnis aufgenommen werden. Gleiches gilt für die Beendigungsmodalität, also die Art der Kündigung (ordentliche, außerordentliche) und die Frage, von welcher Seite die Kündigung erklärt wurde *(vgl.* → *Rz. 4899).*
»Beredtes Schweigen«	Bedeutet eine negative Beurteilung dadurch zum Ausdruck zu bringen, dass an einer Stelle im Zeugnis, wo nach der Verkehrsanschauung mit einer Aussage gerechnet wird (Ehrlichkeit von Handlungsgehilfen, Kassierern, Verkäufern, Loyalität von Sekretärinnen etc.) Aussagen weggelassen werden. Der kundige Leser des Zeugnisses folgert zum Nachteil des Betreffenden das Nichtvorliegen der erwarteten Eigenschaft *(vgl.* → *Rz. 4906).*

Betriebsratstätigkeit	Eine Tätigkeit des Arbeitnehmers im Betriebsrat ist grundsätzlich nur auf dessen Verlangen ins Zeugnis aufzunehmen. Auch Umschreibungen oder Andeutungen der Arbeitnehmervertretung sind nicht zulässig *(vgl. → Rz. 4904).*
Betriebsübergang	Ab dem Zeitpunkt eines Betriebsübergangs nach § 613a BGB richtet sich der Zeugnisanspruch gegen den neuen Arbeitgeber *(vgl. → Rz. 4888).*
Beurteilungsspielraum des Arbeitgebers	Der Arbeitgeber hat bei der Leistungs- und Führungsbeurteilung des Arbeitnehmers einen Beurteilungsspielraum. Dieser ist gerichtlich dahingehend überprüfbar, ob willkürliche oder überzogene Maßstäbe der Bewertung zugrundegelegt worden sind. Im Streitfall muss grundsätzlich der Arbeitgeber die Tatsachen darlegen und beweisen, die der Zeugniserteilung und der Bewertung zugrundegelegt worden sind. Dies gilt ohne Einschränkung für den Fall, dass dem Arbeitnehmer im Zeugnis eine unterdurchschnittliche Leistung bescheinigt worden ist *(vgl. → Rz. 4916).*
Dauer des Arbeitsverhältnisses	Die Dauer des Arbeitsverhältnisses ist für das Entstehen des Zeugnisanspruchs grundsätzlich ohne Belang. Nach Sinn und Zweck des Zeugnisanspruchs ist allein entscheidend, dass das Arbeitsverhältnis für einen gewissen Zeitraum tatsächlich ausgeübt wurde. Bei sehr kurzen Zeiträumen (wenige Tage) kann die Pflicht des Arbeitgebers aber auf Erteilung eines einfachen Zeugnisses beschränkt sein.
Einfaches Zeugnis	Das einfache Zeugnis stellt ausschließlich eine Bestätigung des Arbeitgebers über die Art und Dauer der Beschäftigung dar. Nicht enthalten sind eine Leistungs- und Führungsbeurteilung des Arbeitnehmers. Zweck des einfachen Zeugnisses ist es, dem Arbeitnehmer bei einem Arbeitsplatzwechsel einen lückenlosen Nachweis über seine bisherige fachspezifische Tätigkeit zu ermöglichen *(vgl. → Rz. 4899).*
Erkrankung(en) des Arbeitnehmers	Eine Erkrankung des Arbeitnehmers ist auch im Falle wiederholter und längerer Krankheitszeiten im Zeugnis grundsätzlich nicht zu erwähnen *(vgl. → Rz. 4904).*
Form	Das Arbeitszeugnis ist schriftlich, üblicherweise maschinenschriftlich zu erstellen. Es muss mit einem ordnungsgemäßen Briefkopf ausgestaltet sein, aus dem Name und Anschrift des Ausstellers erkennbar sind (selbst erstellt oder – wenn geschäftsüblich – offizieller Firmenbogen). Die Person des Ar-

	beitnehmers ist mit (soweit vorhanden) akademischem Grad bzw. öffentlich-rechtlichem Titel, Berufsangabe, Vorname, Nachname (bei weiblichen Arbeitnehmern ggf. zusätzlich mit Mädchenname), Geburtsdatum und Geburtsort genau zu bezeichnen. Das Zeugnis darf keine nachträglichen Verbesserungen enthalten. Bei Schreibfehlern besteht grundsätzlich Anspruch auf Ausstellung eines neuen, fehlerfreien Zeugnisses. Das zweimalige Knicken eines Zeugnisses zum Zwecke des Postversands stellt keinen formalen Mangel dar. Die Textsprache ist deutsch, auch bei der Abfassung des Zeugnisses für einen ausländischen Arbeitnehmer. Das Zeugnis ist handschriftlich am Ende zu unterzeichnen *(vgl. → Rz. 4897)*.
Führungsbeurteilung	Das auf Wunsch des Arbeitnehmers auszustellende qualifizierte Zeugnis muss neben der Leistungsbeurteilung auch eine Führungsbeurteilung enthalten. Im Rahmen der Führungsbeurteilung ist das Sozialverhalten des Arbeitnehmers gegenüber Mitarbeitern und Vorgesetzten zu beurteilen. Zusätzlich ist bei leitenden Angestellten die Fähigkeit zum Führen von Untergebenen zu bewerten. Beurteilungsgrundlage ist nur die Führung während der Arbeitszeit. Verhalten außerhalb des Betriebs darf nur dann Berücksichtigung finden, wenn es die Führung während der Arbeitszeit beeinträchtigt hat *(vgl. → Rz. 4903)*.
Geheimcode	Der Arbeitgeber darf ein Zeugnis nicht mit Merkmalen versehen, die den Zeugnisempfänger in einer aus dem Wortlaut des Zeugnisses nicht ersichtlichen Weise kennzeichnen (Unterstreichungen, Anführungszeichen, Ausrufungs- oder Fragezeichen etc., *vgl. → Rz. 4897)*.
Geltendmachung des Zeugnisanspruchs	Die Pflicht des Arbeitgebers zur Zeugniserteilung besteht nur, wenn der Arbeitnehmer einen entsprechenden Anspruch geltend macht. Dies gilt insbesondere für das qualifizierte Zeugnis, das nur »auf Verlangen« des Arbeitnehmers auszustellen ist (Ausnahme: Beendigung der Berufsausbildung). Eine Form für die Geltendmachung ist gesetzlich nicht vorschrieben *(vgl. → Rz. 4889)*.
Haftung des Arbeitgebers	Bei schuldhafter Pflichtverletzung (verspätete oder unrichtige Zeugniserteilung) kommt eine Schadensersatzhaftung des Arbeitgebers in Betracht. Gegenüber dem Arbeitnehmer etwa auf Ersatz des Schadens durch eine verspätete Einstellung; gegenüber einem nachfolgenden Arbeitgeber eine Haftung wegen vorsätzlicher, sittenwidriger Schädigung durch falsche Zeugnisausstellung *(vgl. → Rz. 4918 ff.)*

Holschuld	Die Zeugnisschuld ist eine Holschuld, d.h. der Arbeitgeber muss das Zeugnis am Ort seiner gewerblichen Niederlassung zur Abholung bereithalten. Nur ausnahmsweise kann der Arbeitgeber aufgrund nachwirkender Fürsorgepflicht gehalten sein, das Zeugnis zu übersenden *(vgl. → Rz. 4890)*.
Insolvenz des Arbeitgebers	Bei Insolvenz des Arbeitgebers bleibt die Verpflichtung zur Zeugniserteilung für die Arbeitsverhältnisse bestehen, die noch vor Insolvenzeröffnung beendet worden sind. Ist ein Arbeitnehmer erst nach Insolvenzeröffnung aus dem Arbeitsverhältnis ausgeschieden, hat der Insolvenzverwalter den Zeugnisanspruch zu erfüllen *(vgl. → Rz. 4887)*.
Leistungsbeurteilung	Das auf Wunsch des Arbeitnehmers auszustellende qualifizierte Zeugnis muss neben der Führungsbeurteilung auch eine Leistungsbeurteilung enthalten. Unter den Begriff der Leistung fallen insbesondere Umstände wie das körperliche und geistige Leistungsvermögen, fachliches Wissen und Können, Leistungsbereitschaft, Arbeitsweise und Arbeitserfolg usw. Das Leistungsvermögen ist an einem Maßstab vergleichbarer Kräfte zu messen. Hinsichtlich der Bewertung der einzelnen Leistungsmerkmale hat der Arbeitgeber einen Beurteilungsspielraum *(vgl. → Rz. 4901)*.
Mitbestimmung des Betriebsrats	Der Betriebsrat hat kein Mitbestimmungsrecht nach dem BetrVG hinsichtlich des Inhalts von Zeugnissen *(vgl. → Rz. 4910)*.
Qualifiziertes Zeugnis	Ein qualifiziertes Zeugnis ist vom Arbeitgeber nur auf Verlangen des Arbeitnehmers auszustellen. Dieses unterscheidet sich vom einfachen Zeugnis dadurch, dass zusätzlich eine Leistungs- und eine Führungsbeurteilung (Beurteilung des Sozialverhaltens) mit aufzunehmen ist. Eine Beschränkung allein auf die Leistungs- oder die Führungsbeurteilung ist nicht möglich *(vgl. → Rz. 4900 ff.)*.
Referenzzeugnis	Empfehlungsschreiben eines Vorgesetzten auf persönlicher Ebene. Ein solches lässt den arbeitsvertraglichen Zeugnisanspruch des Arbeitnehmers unberührt *(vgl. → Rz. 4888)*.
Schlussfloskel	Floskel, in welcher der Arbeitgeber sein Bedauern über den Weggang sowie seine »Wünsche für die Zukunft« des ausscheidenden Arbeitnehmers zum Ausdruck bringt. Nach der nunmehr vorliegenden höchstrichterlichen Rechtsprechung *(BAG v. 20.02.2001, EzA § 630 BGB Nr. 23)* ist der Arbeitgeber gesetzlich nicht verpflichtet, das Arbeitszeugnis mit Formulie-

	rungen abzuschließen, in denen er dem Arbeitnehmer für die gute Zusammenarbeit dankt und ihm für die Zukunft alles Gute wünscht. Das BAG weist in der o.g. Entscheidung jedoch auf folgendes ausdrücklich hin: Im Schrifttum wird empfohlen, mit einer Schlussfloskel das Zeugnis abzuschließen und dadurch das im Zeugnis vom Arbeitnehmer gezeichnete Bild abzurunden. Die Schlussformulierung ist mithin nicht »beurteilungsneutral«, sondern grds. geeignet, die objektiven Zeugnisaussagen zu Führung und Leistung des Arbeitnehmers sowie die Angaben zum Beendigungsgrund zu bestätigen oder zu relativieren. Soweit der Arbeitgeber solche Schlussformulierungen verwendet, müssen diese mit dem übrigen Zeugnisinhalt im Einklang stehen. Ist das nicht der Fall, kann der Arbeitnehmer den Arbeitgeber auf Erteilung eines ordnungsgemäßen Zeugnisses in Anspruch nehmen *(vgl. → Rz. 4904)*.
Straftaten während des Arbeitsverhältnisses	Straftaten und -verfahren sind für ein Zeugnis nur dann relevant, wenn sie mit dem Arbeitsverhältnis in Verbindung stehen und ihr Vorliegen nachweisbar feststeht. In einem solchen Fall ist der Arbeitgeber verpflichtet, die Straftat bei der Beurteilung im Rahmen eines qualifizierten Zeugnisses zu berücksichtigen *(vgl. → Rz. 4904)*.
Teilzeitbeschäftigte	Der Zeugnisanspruch von teilzeitbeschäftigten Arbeitnehmern entspricht dem der Vollzeitbeschäftigten *(vgl. → Rz. 4886)*.
Vergleich	Wird in der Abgeltungsklausel eines gerichtlichen oder außergerichtlichen Vergleichs der Zeugnisanspruch nicht ausdrücklich als mit erledigt genannt, wird er von dieser nicht erfasst *(vgl. → Rz. 4909)*.
Verjährung, Verwirkung, Verzicht	Der Zeugnisanspruch erlischt durch Erfüllung. Diese tritt dann ein, wenn dem Arbeitnehmer ein nach Form und Inhalt den gesetzlichen Vorschriften entsprechendes Zeugnis erteilt worden ist. Der Erfüllungsanspruch verjährt in 30 Jahren. Für die Praxis bedeutsamer sind jedoch die außerhalb von Erfüllung und Verjährung liegenden Erlöschenstatbestände durch Ausschlussklauseln, Verwirkung und Verzicht *(vgl. → Rz. 4908)*.
Vertragsverletzung	Ein arbeitsvertragswidriges Verhalten lässt den Zeugnisanspruch grundsätzlich unberührt. Dieses ist ggf. im Rahmen der Führungsbeurteilung zu berücksichtigen. Auch in diesem Fall hat der Arbeitnehmer aber Anspruch auf eine wohlwollende Formulierung *(vgl. → Rz. 4903)*.

Vorläufiges Zeugnis und Endzeugnis	Können sich bspw. während einer längeren Kündigungsfrist die für das Zeugnis maßgeblichen Umstände bis zum endgültigem Ausscheiden des Arbeitnehmers noch entscheidend ändern und will sich der Arbeitgeber daher eine abschließende Bewertung noch offen halten, kann er dem Verlangen nach einem qualifizierten Zeugnis zunächst mit einem »vorläufigen (qualifizierten) Zeugnis« nachkommen. Spätestens mit Ablauf der Kündigungsfrist oder bei seinem tatsächlichen Ausscheiden aus dem Betrieb ist dem Arbeitnehmer aber ein qualifiziertes Endzeugnis auszuhändigen *(vgl. → Rz. 4896)*.
Wahrheitspflicht und Wohlwollen	Oberster Grundsatz im Rahmen der Zeugniserteilung ist die Wahrheitspflicht: Sämtliche in das Zeugnis aufgenommenen Tatsachen müssen wahr sein. Nach der Rechtsprechung hat der Arbeitgeber das Zeugnis aber auch im Interesse des Arbeitnehmers, d.h. mit einem gewissen Wohlwollen, zu erstellen. Das Zeugnis ist aus der Sicht eines verständigen Arbeitgebers abzufassen und soll nicht durch Vorurteile oder Voreingenommenheit bestimmt sein, die ein Fortkommen des Arbeitnehmers unnötig erschweren. Im Rahmen der Zeugniserteilung dürfen daher auch negative Eigenschaften und Vorfälle nur in einer adäquaten Weise zum Ausdruck kommen *(vgl. → Rz. 4905)*.
Wechsel zwischen den Zeugnisarten	Ein qualifiziertes Zeugnis kann der Arbeitnehmer bis zur Grenze der Verwirkung auch dann noch verlangen, wenn er bereits ein einfaches Zeugnis erhalten hat. Ob im umgekehrten Fall der Arbeitnehmer nach Erhalt eines qualifizierten Zeugnisses noch Anspruch auf ein einfaches Zeugnis hat, ist höchstrichterlich nicht entschieden. Fürsorgegesichtspunkte sprechen jedoch dafür *(vgl. → Rz. 4907)*.
Zeitpunkt der Zeugniserteilung	Der Anspruch auf Zeugniserteilung entsteht bei Beendigung des Arbeitsverhältnisses. Im Fall der Kündigung tritt die Beendigung mit deren Zugang beim Kündigungsempfänger ein (Arbeitgeber oder Arbeitnehmer). Ab diesem Zeitpunkt muss der Arbeitgeber einem Zeugnisverlangen des Arbeitnehmers unverzüglich, d.h. ohne schuldhaftes Zögern, nachkommen. Dies gilt unabhängig davon, ob es sich um eine ordentliche (befristete) oder außerordentliche (fristlose) Kündigung handelt. Auch im Fall des Vertragsbruches steht dem Arbeitnehmer ein Zeugnisanspruch zu *(vgl. → Rz. 4891 ff.)*.
Zeugnisberichtigung	Erteilt der Arbeitgeber ein Zeugnis, welches den formellen und/oder inhaltlichen Anforderungen nicht genügt, hat der Ar-

	beitnehmer einen Anspruch auf Änderung bzw. Berichtigung des Zeugnisses. Die Rechtsprechung sieht in dem Änderungsverlangen die Geltendmachung des ursprünglichen Erfüllungsanspruchs. Die Berichtigung erfolgt durch Ausstellung eines neuen Zeugnisses *(vgl. → Rz. 4911 ff.).*
Zeugnissprache	Redewendungen in Arbeitszeugnissen, die beim unkundigen Leser einen positiven Eindruck erwecken, erweisen sich für den verständigen Betrachter oftmals als negative Beurteilung. Die von der Rechtsprechung geforderte wohlwollende Zeugniserteilung hat dazu geführt, dass negative Wertungen vor allem bei der Leistungs- und Führungsbeurteilung hinter fein abgestuften positiven Formulierungen versteckt oder durch Auslassungen (»beredtes Schweigen«) an bestimmten Stellen impliziert werden *(vgl. → Rz. 4906).*
Zurückbehaltungsrecht	Der Arbeitgeber darf die Zeugniserteilung nicht wegen noch bestehender Ansprüche gegen den Arbeitnehmer (bspw. einen Schadensersatzanspruch) verweigern *(vgl. → Rz. 4890).*
Zwischenzeugnis	Als Zwischenzeugnis wird ein Zeugnis im ungekündigten Arbeitsverhältnis bezeichnet. Gesetzlich ist der Anspruch darauf nicht normiert. Oftmals geben tarifvertragliche Regelungen (bspw. § 61 Abs. 2 BAT) dem Arbeitnehmer einen entsprechenden Anspruch bei Vorliegen von »triftigen Gründen«. Nach der Rechtsprechung ist diese Floskel großzügig auszulegen *(vgl. → Rz. 4896).*

4885 ## I. Auf welchen gesetzlichen Regelungen beruht das Zeugnisrecht?

Für das berufliche Fortkommen des Arbeitnehmers ist es nahezu unerlässlich, Nachweise über frühere Tätigkeiten und Leistungen zu besitzen. Umgekehrt ist in einer Vielzahl der Fälle das Zeugnis für den Arbeitgeber der einzig mögliche Anhaltspunkt, um sich vom Bewerber ein Bild machen und zumindest eine Vorauswahl treffen zu können.

Dem Zeugnis kommt daher in zweierlei Hinsicht entscheidende Bedeutung zu, nämlich

- einerseits für das berufliche Fortkommen des Arbeitnehmers,
- andererseits zur Unterrichtung eines neuen Arbeitgebers.

Nach § 630 Satz 1 BGB kann der Arbeitnehmer vom Arbeitgeber bei Beendigung des Arbeitsverhältnisses ein schriftliches Zeugnis über Art und Dauer seiner Tätigkeit fordern. Ähnliche Regelungen enthalten

- § 73 HGB für kaufmännische Angestellte,
- § 113 GewO für gewerbliche Arbeiter und
- § 8 BBiG für Auszubildende.

Aber selbst wenn keine der genannten Anspruchsgrundlagen eingreifen sollte, besteht ein Anspruch des Arbeitnehmers auf Zeugniserteilung aufgrund der »allgemeinen Fürsorgepflicht des Arbeitgebers« (vgl. → Rz. 4844).

Trotz der auf den ersten Blick unterschiedlichen Regelungen für die einzelnen Arbeitnehmergruppen ist das Zeugnisrecht letztlich für alle Beschäftigten einheitlich.

II. Welche Beschäftigten haben Anspruch auf ein Zeugnis und wer muss dieses dann erteilen?

1. Anspruchsberechtigte Personen

Grundsätzlich hat **jeder Arbeitnehmer** einen Rechtsanspruch auf Erteilung eines Zeugnisses. Einen allgemein festgeschriebenen Arbeitnehmerbegriff gibt es nicht. Nach der überwiegenden Ansicht in Rechtsprechung und Literatur fallen unter diesen Begriff »all diejenigen Personen, **4886**

- die aufgrund eines **privatrechtlichen Vertrages** oder eines gleichgestellten Rechtsverhältnisses,
- im **Dienste eines anderen** zur Verrichtung von Arbeit verpflichtet sind und dabei
- zum Arbeitgeber in einem **persönlichen Abhängigkeitsverhältnis** stehen«.

(vgl. zum Arbeitnehmerbegriff auch → Rz. 5205).

Unerheblich ist, ob es sich bei dem Arbeitsverhältnis um

- eine **Voll- oder Teilzeitbeschäftigung**,
- eine **Haupt- oder Nebentätigkeit**,
- ein **Probe- oder Praktikantenarbeitsverhältnis** handelt.

Im Zweifel ist zunächst davon auszugehen, dass ein in einem Betrieb Beschäftigter, der hinsichtlich Zeit, Dauer und Ort der Ausführung seiner Tätigkeit den unmittelbaren Weisungen des Arbeitgebers unterworfen ist, **auch Arbeitnehmer im arbeitsrechtlichen Sinn** ist und damit einen Zeugnisanspruch hat. Daneben sind auch die in **Heimarbeit** Beschäftigten Arbeitnehmer. Gleiches gilt für die **Leiharbeitnehmer** (vgl. → Rz. 3500 ff.). Diese bleiben allerdings auch während der Arbeit beim Entleiher **Arbeitnehmer des Verleihers**, so dass sich ihr Zeugnisanspruch ausschließlich gegen diesen richtet.

2. Anspruchsverpflichteter

Das Zeugnis kann vom Arbeitgeber selbst oder durch einem von ihm beauftragten Bearbeiter (bspw. dem Personalleiter) ausgestellt werden. **4887**

Ein für die Zeugniserteilung beauftragter Arbeitnehmer muss in jedem Fall **»ranghöher«** sein als der Arbeitnehmer, für den das Zeugnis ausgestellt wird *(BAG 26.06.2001, EzA § 630 BGB Nr. 24)*. Der für den Arbeitgeber tätig werdende Vertreter muss außerdem bei diesem beschäftigt sein. Unzulässig ist bspw. die Ausstellung eines Zeugnisses durch einen mit der Interessenwahrnehmung des Arbeitgebers beauftragten Rechtsanwalt *(LAG Hamm 02.11.1966, DB 1966, 1815).*

4888 Einzelfragen:

- *Arbeits- und Entgeltbescheinigungen*

In der Praxis werden häufig Arbeits- und Entgeltbescheinigungen ausgefüllt, damit der Arbeitnehmer mit ihnen den Nachweis bestimmter Tätigkeiten bzw. Einkommen führen kann. Diese Bescheinigungen sind **keine »Zeugnisse« im arbeitsrechtlichen Sinne.** Der Arbeitgeber ist zur Ausstellung solcher Bestätigungen aufgrund seiner Fürsorgepflicht gegenüber dem Arbeitnehmer verpflichtet.

- *Arbeitsbescheinigung nach § 312 SGB III*

Der Arbeitgeber hat gegenüber der Bundesanstalt für Arbeit eine **öffentlich-rechtliche Pflicht zur Ausstellung der Arbeitsbescheinigung nach § 312 SGB III.** Der Arbeitnehmer benötigt die Bescheinigung zur Darlegung der Tatsachen, die für den Bezug von Arbeitslosengeld von Bedeutung sind (vgl. Einzelheiten → Rz. 7015). Auch diese Bescheinigung lässt den Zeugnisanspruch des Arbeitnehmers unberührt, selbst wenn hier Art und Dauer der Tätigkeit bescheinigt werden müssen.

- *Betriebsübergang*

Im Falle des **Betriebsübergangs nach § 613 a BGB** tritt der Erwerber in die Rechte und Pflichten aus den im Zeitpunkt des Übergangs bestehenden Arbeitsverhältnissen ein. Der Zeugnisanspruch richtet sich ab diesem Zeitpunkt gegen den neuen Arbeitgeber. Kann dieser nicht aufgrund eigener Anschauung die Leistungen des Arbeitnehmers beurteilen, muss er sich ggf. beim bisherigen Arbeitgeber erkundigen.

Neu Akzeptiert ein Arbeitnehmer nach einem Betriebsübergang in einem **Zwischenzeugnis** des **Betriebsveräußerers** die Formulierung »zu unserer vollen Zufriedenheit«, mithin die Bescheinigung »befriedigender« Leistungen, und verlangt er eineinhalb Jahre nach dem Betriebsübergang bei Beendigung des Arbeitsverhältnisses mit dem **Betriebserwerber** ein Zeugnis mit der Leistungsbewertung »stets zu unserer vollen Zufriedenheit«, also »gute« Leistungen, so muss der **Arbeitnehmer** im Einzelnen darlegen, in welchen Bereichen und auf welche Weise sich seine Leistungen gegenüber den im Zwischenzeugnis bescheinigten verbessert haben. Eine erneute – bessere – Bewertung der Leistungen beim Betriebsveräußerer kann vom Betriebsübernehmer **nicht** verlangt werden *(LAG Bremen 09.11.2000, EzA-SD 11/2001, S. 8).*

- *Insolvenz des Arbeitgebers*

Bei **Insolvenz des Arbeitgebers** sind die folgenden Besonderheiten zu beachten:

– auch bei Insolvenz bleibt die **Verpflichtung des Arbeitgebers** (dann sog. »Gemeinschuldner«) **zur Zeugniserteilung für die Arbeitsverhältnisse bestehen,** die den Insolvenzeintritt nicht überdauert haben. Ist ein Arbeitnehmer noch vor Insolvenzeröffnung aus dem Arbeitsverhältnis ausgeschieden und hat Klage auf Erteilung eines Zeugnisses erhoben, wird dieser Rechtsstreit nach Insolvenzeröffnung gegen den Gemeinschuldner fortgesetzt.

– ist der Arbeitnehmer erst **nach** Insolvenzeröffnung aus dem Arbeitsverhältnis ausgeschieden, hat der **Insolvenzverwalter den Zeugnisanspruch zu erfüllen,** und zwar unabhängig davon, wie lange das Arbeitsverhältnis nach Insolvenzeröffnung noch fortgeführt worden ist *(BAG 30.01.1990, EzA § 630 BGB Nr. 13)*. Auch in diesem Fall ist der Insolvenzverwalter als neuer Arbeitgeber gehalten, sich ggf. beim bisherigen Arbeitgeber kundig zu machen.

- *Referenzzeugnis*
Geben Vorgesetzte über Arbeitnehmer im eigenen Namen ein so genanntes »**Referenzzeugnis**« ab, also ein Empfehlungsschreiben auf persönlicher Ebene, so ändert dies nichts am **arbeitsvertraglichen Zeugnisanspruch** des Arbeitnehmers.

3. Geltendmachung des Zeugnisanspruchs

Die Pflicht des Arbeitgebers zur Zeugniserteilung besteht nur, wenn der Arbeitnehmer einen entsprechenden **Anspruch geltend macht.** Dies gilt insbesondere für das sog. »qualifizierte« Zeugnis, das nach § 630 Satz 2 BGB nur »auf Verlangen« auszustellen ist (s. → Rz. 4900). Erst von diesem Zeitpunkt an ist auch eine Haftung des Arbeitgebers wegen verspäteter Zeugniserteilung möglich (vgl. → Rz. 4918).

4889

Etwas anderes gilt nach Beendigung eines **Berufsausbildungsverhältnisses.** Hier hat der Ausbildende nach § 8 Abs. 1 Satz 1 BBiG dem Auszubildenden **auch ohne dessen ausdrückliches Verlangen** ein Zeugnis auszustellen.

Für die Geltendmachung ist gesetzlich **keine Form** einzuhalten. Allerdings kann zur Wahrung von Ausschlussfristen ein **tarifvertragliches Schriftformerfordernis** oder die **gerichtliche Geltendmachung** des Anspruchs vorgeschrieben sein. Die Erhebung einer Kündigungsschutzklage allein erfüllt in diesem Fall noch nicht das Formerfordernis und wahrt damit ebenfalls nicht eine mögliche Ausschlußfrist.

Auch ohne Formvorschrift empfiehlt sich schon aus Beweisgründen stets die schriftliche Geltendmachung des Anspruchs auf Zeugniserteilung.

4. Abholung des Zeugnisses durch den Arbeitnehmer

Die Zeugnisschuld ist eine **Holschuld,** d.h. der Arbeitgeber muss das Zeugnis am Ort seiner gewerblichen Niederlassung zur Abholung bereithalten *(BAG 08.03.1995, EzA § 630 BGB Nr. 19).* Nur ausnahmsweise kann der Arbeitgeber aufgrund nachwirkender Fürsorgepflicht gehalten sein, das Zeugnis zu übersenden (vgl. Fallgestaltungen unter → Rz. 4850).

4890

Der Arbeitgeber darf die **Zeugniserteilung nicht wegen noch bestehender Ansprüche gegen den Arbeitnehmer** (bspw. einen Schadensersatzanspruch) **verweigern** (vgl. auch → Rz. 4852).

III. Wann muss ein Zeugnis erteilt werden?

1. Entstehung des Zeugnisanspruchs allgemein

4891 Der Anspruch auf Zeugniserteilung entsteht nach dem Gesetzeswortlaut (§ 630 BGB, § 73 HGB, § 8 BBiG) »bei Beendigung« des Arbeits- oder Ausbildungsverhältnisses bzw. »bei Abgang« (§ 113 Abs. 1 GewO). Unabhängig von den unterschiedlichen Formulierungen hat der Arbeitnehmer einen Zeugnisanspruch **nicht erst bei rechtlicher**, sondern bereits bei **tatsächlicher Beendigung** des Arbeitsverhältnisses. Dafür spricht schon der Gesetzeswortlaut, der den Zeugnisanspruch »bei« und nicht »nach« Beendigung des Arbeitsverhältnisses gewährt. Anders wäre auch den Interessen des Arbeitnehmers nur unvollkommen Rechnung getragen, da dieser das Zeugnis bereits vor der rechtlichen Beendigung des Arbeitsverhältnisses, die von der tatsächlichen insbesondere bei längeren Kündigungsfristen und Kündigungsschutzprozessen erheblich abweichen kann, für Bewerbungen dringend benötigt.

2. Kündigung

4892 Die tatsächliche Beendigung des Arbeitsverhältnisses tritt **im Fall der Kündigung grundsätzlich mit deren Zugang** beim Kündigungsempfänger (Arbeitgeber oder Arbeitnehmer) ein. Ab diesem Zeitpunkt muss der Arbeitgeber einem Zeugnisverlangen des Arbeitnehmers unverzüglich, d.h. ohne schuldhaftes Zögern, nachkommen. Dies gilt unabhängig davon, ob es sich um eine **ordentliche (befristete)** oder **außerordentliche (fristlose) Kündigung** handelt. Auch im Fall des Vertragsbruches steht dem Arbeitnehmer ein Zeugnisanspruch zu.

BEISPIEL:

Der Arbeitgeber kündigt dem Arbeitnehmer ordentlich zum 30.06.2002. Hiergegen wehrt sich der Arbeitnehmer mit einer fristgemäß erhobenen Kündigungsschutzklage und verlangt gleichzeitig die Erteilung eines qualifizierten Zeugnisses. Bis zum Ablauf der Kündigungsfrist soll der Arbeitnehmer weiter im Betrieb arbeiten.

In diesem Fall muss der Arbeitgeber dem Verlangen des Arbeitnehmers auf Erteilung eines qualifizierten Zeugnisses ohne schuldhaftes Zögern nachkommen, selbst wenn dieser noch bis zum Ablauf der Kündigungsfrist im Betrieb weiterarbeitet.

Das Zeugnisverlangen bringt im Übrigen kein Einverständnis des Arbeitnehmers mit der Kündigung zum Ausdruck.

3. Vorläufiges Zeugnis und Endzeugnis

4893 In welchen Fällen der Arbeitgeber berechtigt ist, dem Zeugnisverlangen des Arbeitnehmers zunächst mit einem »**vorläufigen Zeugnis**« nachzukommen, ist nicht abschließend geklärt.

Ein Bedürfnis hierfür kann immer dann entstehen, wenn sich – wie im Fall der Weiterbeschäftigung des Arbeitnehmers **während einer längeren Kündigungsfrist** bzw. **während der Dauer eines Kündigungsschutzprozesses** (vgl. → Rz. 4702) – die für das Zeugnis maßgeblichen Umstände bis zu dessen endgültigem Ausscheiden noch entscheidend ändern können.

Um der Gefahr einer falschen Gesamtbeurteilung entgegenzuwirken, wird man dem Arbeitgeber die Möglichkeit einräumen müssen, dem Arbeitnehmer zunächst ein »vorläufiges« Zeugnis zu erteilen. Erst bei Ausscheiden des Arbeitnehmers wird dann dem Arbeitnehmer ein »endgültiges« Zeugnis ausgestellt. Der Arbeitgeber ist dabei selbstverständlich nicht verpflichtet, die im »vorläufigen Zeugnis« verwendeten Formulierungen auch ins Endzeugnis zu übernehmen.

Zu berücksichtigen ist aber die **inhaltliche Bindungswirkung** eines vorläufigen Zeugnisses (vgl. → Rz. 4896).

BEISPIEL:
Sachverhalt wie im Fall oben.

Liegt hier zwischen der Kündigungserklärung und dem Ablauf der ordentlichen Kündigungsfrist eine erhebliche Zeitspanne (bspw. 9 Monate), kann der Arbeitgeber dem Zeugnisverlangen des Arbeitnehmers zunächst mit einem »vorläufigen« Zeugnis nachkommen und ein endgültiges Zeugnis nach Ablauf der Kündigungsfrist ausstellen.

Unabhängig von einem Kündigungsschutzprozess hat ein gekündigter Arbeitnehmer spätestens mit Ablauf der Kündigungsfrist oder bei seinem **tatsächlichen Ausscheiden aus dem Betrieb Anspruch auf ein qualifiziertes Endzeugnis** und nicht nur auf **ein vorläufiges Zeugnis** *(BAG 27.02.1987, EzA § 630 Nr. 11).*

4. Befristete und auflösend bedingte Arbeitsverhältnisse

Bei **befristeten und auflösend bedingten Arbeitsverhältnissen,** die ohne Kündigungsfrist auslaufen, entsteht der Zeugnisanspruch nach überwiegender Ansicht eine **angemessene Zeit vor der Beendigung** des Beschäftigungsverhältnisses (Faustformel: 2-3 Monate vorher). 4894

5. Aufhebungsvertrag

Auch nach dem Abschluss eines **Aufhebungsvertrages** besteht ein Zeugnisanspruch. Hier kann der Arbeitnehmer die Erteilung des Zeugnisses regelmäßig **ab dem Zeitpunkt des Vertragsschlusses** fordern. 4895

6. Zwischenzeugnis

Nicht abschließend geklärt ist die Frage, ob der Arbeitnehmer unter bestimmten Voraussetzungen auch **im ungekündigten Arbeitsverhältnis** einen Anspruch auf Erteilung ei- 4896 nes sog. »**Zwischenzeugnisses**« hat (obwohl auch in der Rechtsprechung die Begriffe »Zwischenzeugnis« und »vorläufiges Zeugnis« oftmals gleichgesetzt werden, sollte hier deutlich unterschieden werden zwischen einem »Zwischenzeugnis«, das **während** des Arbeitsverhältnisses erteilt wird, und dem »vorläufigen Zeugnis«, dem wie beim Endzeugnis die **Kündigung** des Arbeitsverhältnisses vorausgeht).

Eine entsprechende Gesetzesvorschrift, die einen solchen Anspruch normiert, ist nicht vorhanden. Allerdings gibt es oftmals tarifvertragliche Regelungen, die dem Arbeitnehmer den Anspruch auf Erteilung eines Zeugnisses während des bestehenden Arbeitsverhältnisses bei **Vorliegen von »triftigen Gründen«** gewähren (bspw. § 61 Abs. 2 BAT).

Als Beispiele für einen »triftigen Grund« kommen danach in Betracht:
- Inaussichtstellen der Kündigung durch den Arbeitgeber;
- der Wunsch des Arbeitnehmers eine Fach- oder Hochschule zu besuchen bzw. sonstige Weiterbildungsangebote zu nutzen, für welche die Vorlage eines Zeugnisses Zulassungsvoraussetzung ist;
- die Versetzung von einem Konzernunternehmen ins andere;
- wesentliche Änderungen im Unternehmensgefüge, insbesondere Ausscheiden von dem Arbeitnehmer vorgesetzten Führungskräften, Verkauf des Unternehmens und Inhaberwechsel.
- **Ausscheiden eines Vorgesetzten**, dem der Angestellte über mehrere Jahre unmittelbar fachlich unterstellt war *(BAG 01.10.1998, EzA § 630 BGB Nr. 21).*

Nach Auffassung des BAG *(BAG 21.01.1993, EzA § 630 BGB Nr. 18)* ist ein Grund im allgemeinen dann als »triftig« anzusehen, wenn dieser bei verständiger Betrachtungsweise den Wunsch des Arbeitnehmers nach Erteilung eines Zwischenzeugnisses als berechtigt erscheinen lässt. Dies soll dann der Fall sein, wenn das Zwischenzeugnis geeignet ist, den mit ihm angestrebten Erfolg zu fördern. Insoweit ist nach Meinung des BAG bei der Auslegung des Begriffs des »triftigen Grundes« nicht »kleinlich« vorzugehen.

Zu berücksichtigen ist daneben, dass der Arbeitnehmer seinen Arbeitsplatz grundsätzlich frei wählen kann. Dieses Recht würde nur unvollkommen gewährt, wenn der Anspruch des Arbeitnehmers auf Erteilung eines Zwischenzeugnisses vom Vorliegen eines im Einzelnen nicht näher definierten »triftigen Grundes« abhängig gemacht werden soll.

Außer in den genannten Fällen, in denen weitgehende Einigkeit besteht, sollte daher jedem Arbeitnehmer bis zur Grenze des Missbrauchs ein Anspruch auch auf Erteilung eines Zwischenzeugnisses zugebilligt werden. Auch für den Arbeitgeber kann die regelmäßige »Zwischenbeurteilung« eines Arbeitnehmers im Hinblick auf das später zu erteilende Endzeugnis durchaus von Vorteil sein (vgl. »Tipp« → Rz. 4906).

Hat ein Arbeitgeber ein Zwischenzeugnis ausgestellt, so unterliegt er – wie auch beim vorläufigen Zeugnis – **keiner formalen Bindung** im Hinblick auf die **Formulierungen** im Endzeugnis *(LAG Düsseldorf 02.07.1976, DB 1976, 2310).*

Nicht zu verkennen und von viel größerer Tragweite ist aber, dass das Zwischenzeugnis **inhaltlich** eine nicht unerhebliche Bindungswirkung auslösen kann. Dies gilt jedenfalls dann, wenn sich die **Beurteilungsgrundlagen** seit der Erteilung des Zwischenzeugnisses **nicht oder nicht wesentlich geändert** haben.

Selbst wenn nach Erteilung des Zwischenzeugnisses negative Vorfälle eingetreten sind, muss der Arbeitgeber die Bedeutung des **Gesamtbildes,** welches ein Zeugnis vermitteln soll, ausreichend berücksichtigen. Hier gilt der Grundsatz, dass **einmalige Vorfälle** – positiver oder negativer Art – bei der Gesamtbeurteilung unberücksichtigt bleiben müssen (vgl. → Rz. 4901). Inhaltliche Abweichungen zum Nachteil des Arbeitnehmers im Endzeugnis können demzufolge nur dann gerechtfertigt sein, wenn die während der Zeit bis zur Erteilung des Endzeugnisses aufgetretenen Vorkommnisse nach Auffassung des **Arbeitgebers für das Gesamtbild prägend** waren.

Akzeptiert ein Arbeitnehmer nach einem Betriebsübergang in einem **Zwischenzeugnis** des **Betriebsveräußerers** die Bescheinigung einer »befriedigenden« Leistungen, und verlangt er eineinhalb Jahre nach dem Betriebsübergang bei Beendigung des Arbeitsverhältnisses mit dem **Betriebserwerber** ein Zeugnis mit einer »guten« Leistungsbewertung, so muss der **Arbeitnehmer** im Einzelnen darlegen, in welchen Bereichen und auf welche Weise sich seine Leistungen gegenüber den im Zwischenzeugnis bescheinigten verbessert haben. Eine erneute – bessere – Bewertung der Leistungen beim Betriebsveräußerer kann vom Betriebsübernehmer **nicht** verlangt werden *(LAG Bremen 09.11.2000, EzA-SD 11/2001, S. 8).*

Im Übrigen gelten für das Zwischenzeugnis die gleichen Grundsätze wie für die Erteilung eines Endzeugnisses.

IV. Was für Formvorschriften sind bei der Ausstellung des Zeugnisses zu beachten?

Das Arbeitszeugnis ist **schriftlich** zu erteilen. Bei dem heutigen Stand der Technik kann **üblicherweise** verlangt werden, dass das Zeugnis **maschinenschriftlich** erstellt wird. Keinesfalls ausreichend ist die handschriftliche Abfassung des Zeugnisses mit Bleistift, da Änderungen durch Radierung möglich sind.

Dass ein Zeugnis wegen des Postversandes **zweimal geknickt** ist, stellt **keinen** formalen Mangel dar *(BAG 21.09.1999, EzA § 630 BGB Nr. 22).*

Es darf keine nachträglichen **Verbesserungen** enthalten. In einem solchen Fall ist das Zeugnis neu zu schreiben. Enthält das Zeugnis **Schreibfehler,** so hat der Arbeitnehmer zumindest dann einen Anspruch auf Ausstellung eines neuen, fehlerfreien Zeugnisses, wenn diese negative Folgen für ihn haben könnten *(ArbG Düsseldorf 19.12.1984, NJW 1986, 1281).*

Das Zeugnis muss mit einem **ordnungsgemäßen Briefkopf** ausgestaltet sein, aus dem **Name und Anschrift des Ausstellers** erkennbar sind. Dabei ist es grundsätzlich nicht zu beanstanden, wenn der Briefkopf mit Schreibmaschine oder Personalcomputer selbst gestaltet wird. Werden jedoch im Geschäftszweig des Arbeitgebers für schriftliche Äußerungen **üblicherweise Firmenbögen** verwendet und benutzt auch der Arbeitgeber solches Geschäftspapier, muss er auch das Zeugnis auf einem solchen Bogen erteilen *(BAG 03.03.1993 EzA 630 BGB Nr. 17)*.

Auch technisch einwandfreie Kopien von Zeugnisurkunden sind als Originalurkunden anzusehen, wenn die Kopie mit einer Original-Unterschrift des Arbeitgebers versehen ist *(LAG Bremen 23.06.1989, LAGE 630 BGB Nr. 6)*.

Die **Person des Arbeitnehmers** ist mit Vorname, Nachname, Beruf und ggf. akademischem Grad und öffentlich-rechtlichem Titel genau zu bezeichnen. Ist dem Absolventen einer Fachhochschule der Titel »Diplom-Ingenieur, Dipl. Ing.« verliehen worden, ist die Hinzufügung des Zusatzes »FH« unzulässig.

Darüber hinausgehende Angaben wie Geburtsdatum, Geburtsort und Anschrift des Arbeitnehmers sollten – jedenfalls dann, wenn auch ohne diese Angaben eine zweifelsfreie Identifizierung der Person möglich ist – nur auf dessen Wunsch hinzugefügt werden.

Männliche Arbeitnehmer sind im Zeugnis mit »Herr« anzusprechen. Weibliche Arbeitnehmer haben die Wahl, ob sie mit »Frau« oder »Fräulein« tituliert werden möchten.

Die im Zeugnis gebrauchten **Formulierungen** müssen klar und verständlich sein. Die Textsprache ist deutsch, auch bei der Abfassung des Zeugnisses für einen ausländischen Arbeitnehmer (zur Zeugnisformulierung und Zeugnissprache im Einzelnen vgl. → Rz. 4905 f.).

Der Arbeitgeber darf ein Arbeitszeugnis nicht mit **Geheimzeichen** oder ähnlichen Merkmalen (Verwendung bestimmter Zeichen, Stempel, einer bestimmten Wortwahl oder Benutzung eines bestimmten Papiers) versehen, die den Zeugnisempfänger in einer aus dem Wortlaut des Zeugnisses nicht ersichtlichen Weise kennzeichnen. Hierbei handelt es sich um einen in § 113 Abs. 3 GewO zum Ausdruck kommenden allgemeinen Grundsatz des Zeugnisrechts. Ebenso wenig dürfen Worte durch **Unterstreichungen** oder **Anführungszeichen** hervorgehoben werden. Unzulässig ist auch die Verwendung von **Ausrufungs- oder Fragezeichen.**

Wesentlicher Bestandteil des Zeugnisses ist das **Datum der Ausstellung.** Dies ist grundsätzlich das Datum des Ausstellungstages, nicht das des tatsächlichen oder rechtlichen Endes des Arbeitsverhältnisses.

Lange Zeit fehlte es an einer abschließenden Stellungnahme des BAG zu der Frage, welches Datum ein Zeugnis zu tragen hat, das vom Arbeitgeber **nachträglich berichtigt** worden ist.

Schon zuvor vertrat die überwiegende Meinung in der arbeitsrechtlichen Literatur und der instanzgerichtlichen Rechtsprechung die Auffassung, dass das berichtigte Zeugnis das **Datum des ursprünglich und erstmals erteilten Zeugnisses** behält. Dies unabhängig davon, ob der Arbeitgeber von sich aus die Berichtigung vorgenommen hat, er dazu gerichtlich verurteilt oder durch Prozessvergleich angehalten worden ist.

Mit der Entscheidung vom 23.09.1992 *(EzA § 630 BGB Nr. 16)* hat das BAG diesen lange schwelenden Streit weitgehend entschärft und darauf erkannt, dass ein vom Arbeitgeber berichtigtes Zeugnis jedenfalls dann auf **das ursprüngliche Ausstellungsdatum zurückzudatieren** ist, wenn die verspätete Ausstellung **nicht vom Arbeitnehmer zu vertreten ist.**

Dies ist nach der Entscheidung regelmäßig dann der Fall, wenn der Arbeitgeber seiner Zeugniserteilungspflicht zunächst nicht korrekt nachkommt und der Arbeitnehmer erfolgreich einen Zeugnisberichtigungsanspruch (vgl. → Rz. 4912) geltend machen kann.

In diesem Zusammenhang teilt das BAG die Auffassung, dass das Ausstellungsdatum in einem berichtigten Zeugnis den Arbeitnehmer in seinem beruflich Fortkommen hindern könne, da aus der Zeitdifferenz zwischen dem Ausscheiden aus dem Arbeitsverhältnis und dem Zeugnisdatum ersichtlich sei, dass eine Auseinandersetzung über das ursprüngliche Zeugnis stattgefunden habe.

Offen gelassen hat das BAG die Frage, ob auch ein Arbeitnehmer, der erst einige Zeit nach seinem Ausscheiden **erstmalig ein Zeugnis verlangt,** wegen der u.U. drohenden Nachteile ebenfalls eine Rückdatierung auf den Tag der Beendigung verlangen kann (wohl zu Recht verneinend insoweit *LAG Bremen 23.06.1989, LAGE 630 BGB Nr. 6*).

Das Zeugnis ist **handschriftlich am Ende zu unterzeichnen.** Der Arbeitnehmer hat allerdings keinen Anspruch darauf, dass sein Zeugnis vom Arbeitgeber persönlich unterschrieben wird *(LAG Frankfurt a.M. 30.06.1992, ARSt 1993, 140).* Allein entscheidend ist auch hier die Stellung des Unterzeichners, die ranghöher sein muss als die des Arbeitnehmers (vgl. → Rz. 4887), sowie dessen Vollmacht zur Abgabe verbindlicher Erklärungen für den Arbeitgeber.

V. Welchen Inhalt muss ein Zeugnis haben und wie ist dieser zu formulieren?

Inhaltlich unterscheidet das Gesetz zwischen zwei Arten von Zeugnissen: **4898**

- dem **einfachen** und
- dem **qualifizierten** Zeugnis.

Ob der Arbeitgeber das eine oder das andere auszustellen hat, hängt allein von der **Wahl des Arbeitnehmers** ab.

Die Begriffe »Zwischenzeugnis«, »Vorläufiges Zeugnis« und »Ausbildungszeugnis« unterscheiden demgegenüber nur nochmals nach **Anlass und Zeitpunkt** der Zeugniserteilung.

Inhaltlich handelt es sich aber auch in diesen Fällen, abhängig von der Wahl des Arbeitnehmers, um ein einfaches oder qualifiziertes Zeugnis (vgl. Übersicht → Rz. 4880).

1. Einfaches Zeugnis

Das einfache Zeugnis stellt ausschließlich eine Bestätigung des Arbeitgebers über die **Art** **4899** und **Dauer** der Beschäftigung dar (vgl. § 630 Satz 1 BGB). **Nicht enthalten** sind also insbesondere Aussagen über **Leistung und Führung** des Arbeitnehmers. Sein Zweck besteht darin, dem Arbeitnehmer beim Arbeitsplatzwechsel einen lückenlosen Nachweis über seine bisherige fachspezifische Tätigkeit zu ermöglichen *(BAG 12.08.1976, EzA § 630 BGB Nr. 7)*.

Die Art der Beschäftigung ist so genau und vollständig zu beschreiben, dass sich ein Dritter hierüber ein Bild machen kann. Die bisherigen Aufgaben des Arbeitnehmers, seine Verantwortung und Kompetenzen sollten hier genauso Erwähnung finden, wie gegebenenfalls der Werdegang im Unternehmen über die gesamte Dauer der Tätigkeit. Die Art der Beschäftigung und die Beschreibung des Aufgabengebietes gehen dabei meist ineinander über. Die Erläuterungen zum Aufgabengebiet im Zeugnis sollen ein getreues Spiegelbild aller vom Zeugnisempfänger ausgeführten Tätigkeiten und Arbeiten sein *(LAG Hamm 28.08.1997, NZA-RR 1998, 490)*. Wie weitgehend dafür **Einzelheiten** in das Zeugnis aufzunehmen sind, hängt von der verrichteten Arbeit ab.

> **BEISPIEL:**
> Die Tätigkeit eines Lagerhilfsarbeiters in einer Großhandlung bedarf keiner umfassenden Beschreibung. Anders ist dies bei einem Facharbeiter oder Mechaniker.

Allgemeine Angaben genügen nicht, wenn der Arbeitnehmer mit Sonderaufgaben (bspw. regelmäßiger Vertretung von Vorgesetzten) betraut war.

Ein Beurteilungsspielraum steht dem Arbeitgeber hier praktisch nicht zu. Selbstverständlich müssen alle in das Zeugnis aufgenommenen Tatsachen der **Wahrheit** entsprechen (vgl. zu Wahrheitspflicht und Beurteilungsspielraum im Einzelnen → Rz. 4905).

Hinsichtlich der **Dauer** kommt es darauf an, wie lange das Arbeitsverhältnis **rechtlich** Bestand hatte. Unerheblich sind demnach z.B. Zeiten der Freistellung nach Ausspruch, aber vor Wirksamwerden der Kündigung.

> **BEISPIEL:**
> Der Arbeitgeber kündigt dem Arbeitnehmer wegen des Verdachts einer Straftat am 28.02.2002 zwar unter Einhaltung der ordentlichen Kündigungsfrist zum Ablauf des 31.03.2002, erteilt diesem aber wegen des Straftatverdachts ein sofortiges Hausverbot.
> Als Beendigungszeitpunkt ist hier der 31.03.2002 in das Arbeitszeugnis aufzunehmen.

Auch kürzere Unterbrechungen (Krankheit, Urlaub) bleiben im Zeugnis regelmäßig unberücksichtigt.

Längere Zeiten der Arbeitsunterbrechung (bspw. Wehr- oder Zivildienstzeiten, langandauernde Krankheitszeiten, sonstige Arbeitsbefreiungen) sind aber **jedenfalls dann im Zeugnis** – ggf. ohne Angabe des Grundes – **zu erwähnen**, wenn diesen **für die Einschätzung der Gesamtbeurteilung des Arbeitnehmers** eine Bedeutung zukommt. Schließlich muss dem Arbeitgeber schon im Interesse der Zeugniswahrheit die Möglichkeit eingeräumt werden, auf die für ihn wegen der längeren Fehlzeit nur eingeschränkte Beurteilungsgrundlage hinzuweisen (vgl. auch → Rz. 4904).

Nach Auffassung des LAG Sachsen (30.01.1996, NZA-RR 1997, 47) darf eine Krankheit im Zeugnis grundsätzlich **nicht** vermerkt werden, auch dann nicht, wenn sie den **Kündigungsgrund** bildet. Krankheitsbedingte Fehlzeiten dürfen **nur dann** im Zeugnis erwähnt werden, wenn sie außer Verhältnis zur tatsächlichen Arbeitsleistung stehen, wenn sie also etwa die **Hälfte** der gesamten Beschäftigungszeit ausmachen.

Als Faustregel kann also gelten, dass die Unterbrechung dann im Zeugnis Erwähnung finden sollte, wenn sie **mehr als die Hälfte der Gesamtbeschäftigungszeit** ausgemacht hat.

Der Zeitraum des rechtlichen Bestandes des Arbeitsverhältnisses ist **datumsmäßig** genau festzulegen.

Der **Grund der Beendigung** des Arbeitsverhältnisses, also **warum** gekündigt wurde, hat weder mit der Art noch mit der Dauer des Arbeitsverhältnisses zu tun und darf daher nur auf Wunsch des Arbeitnehmers in das Zeugnis aufgenommen werden *(LAG Köln 29.11.1990, LAGE § 630 BGB Nr. 11)*.

Gleiches gilt für die **Beendigungsmodalität,** also die **Art** der Kündigung (ordentliche, außerordentliche) sowie für die Frage, von welcher Seite die Kündigung erklärt wurde.

BEISPIEL:

»Frau... ist durch ordentliche Kündigung seitens des Arbeitgebers vom 30.04.2002 mit Wirkung zum 30.06.2002 aus unserem Betrieb ausgeschieden«.

Ohne ausdrückliches Verlangen des Arbeitnehmers ist die Aufnahme eines solchen Passus in ein Zeugnis unzulässig. Der Arbeitnehmer hat Anspruch auf Entfernung der Formulierung und kann das Entfernungsverlangen notfalls gerichtlich geltend machen (vgl. → Rz. 4913 f.).

2. Qualifiziertes Zeugnis

a) Allgemeines

Das auf Verlangen des Arbeitnehmers ausgestellte **qualifizierte Zeugnis** unterscheidet sich vom einfachen dadurch, dass es sich **zusätzlich** auf **Leistung** und **Führung des Arbeitnehmers während des Bestehens des Arbeitsverhältnisses** erstreckt. Eine Beschränkung des qualifizierten Zeugnisses auf die zusätzliche Beurteilung allein der Leistung **oder** der Führung ist nicht möglich, da das Zeugnis ein **Gesamtbild** von der Persönlichkeit des Arbeitnehmers vermitteln soll *(ArbG Düsseldorf 01.10.1987, DB 1988, 508)*.

4900

Aus demselben Grund kann der Arbeitnehmer auch **nicht** die Erteilung eines Zeugnisses **nur für einen bestimmten Zeitraum** des Arbeitsverhältnisses oder, bei gemischter Tätigkeit, **für jede Funktion gesondert** fordern *(LAG Frankfurt a.M. 14.09.1984, NZA 1985, 27)*.

Ebenso wenig ist es ausreichend, wenn sich aus der positiven Leistungsbeurteilung nur gewisse positive Rückschlüsse auf das Führungsverhalten des Arbeitnehmers ziehen lassen *(LAG Düsseldorf 30.05.1990, LAGE § 630 BGB Nr. 10)*.

b) Leistung und Leistungsbeurteilung

4901 Unter den Begriff der **Leistung** fallen insbesondere Umstände wie

- das körperliche und geistige **Leistungsvermögen**,
- fachliches **Wissen und Können**,
- **Leistungsbereitschaft**,
- **Arbeitsweise und Arbeitserfolg**.

Einzelne Aspekte könnten hier bspw. Verhandlungsgeschick, Ausdrucksvermögen, Verantwortungsbereitschaft etc. sein. Für die Frage des Fachwissens kann darüber hinaus von Bedeutung sein, inwieweit der Arbeitnehmer während des Arbeitsverhältnisses an Schulungs- und Weiterbildungsmaßnahmen teilgenommen hat.

Das Leistungsvermögen ist an einem **Maßstab vergleichbarer Kräfte** zu messen.

Hinsichtlich der **Bewertung der einzelnen Leistungsmerkmale** hat der Arbeitgeber einen **Beurteilungsspielraum** (s.a. → Rz. 4899). Aber auch hier sollte er um **größtmögliche Objektivität** bemüht sein. Es muss eine wahrheitsgemäße, nach sachlichen Maßstäben ausgerichtete und **nachprüfbare Gesamtbewertung** der Leistung des Arbeitnehmers erfolgen. Einmalige Vorfälle oder Umstände positiver oder negativer Art bleiben dabei unberücksichtigt *(BAG 18.06.1960, NJW 1960, 1973)*.

4902 Für die **Gesamtbewertung** der Leistung im Zeugnis haben sich in der betrieblichen Praxis bestimmte Formulierungen herausgebildet, die **einer Notenskala gleichzusetzen** sind (vgl. *LAG Hamm 13.02.1992, LAGE § 630 BGB Nr. 16*):

Standardformulierungen zur Leistungsbeurteilung	
Er (sie) hat die ihm (ihr) übertragenen Aufgaben **stets zu unserer vollsten Zufriedenheit** erledigt	bescheinigt eine sehr gute Leistung *(BAG 23.09.1992, EzA § 630 BGB Nr. 16)*
Er (sie) hat die ihm (ihr) übertragenen Aufgaben **stets zu unserer vollen Zufriedenheit** erledigt	bedeutet eine gute Leistung *(LAG Düsseldorf 26.02.1985, DB 1985, 2692)*
Er (sie) hat die ihm (ihr) übertragenen Aufgaben **zu unserer vollen Zufriedenheit** erledigt	dem Arbeitnehmer wird eine zumindest befriedigende, weil nicht zu beanstandende, Durchschnittsleistung attestiert *(BAG 12.08.1976, EzA § 630 BGB Nr. 7; LAG Düsseldorf 12.03.1986, LAGE § 630 BGB Nr. 2; LAG Bremen, 09.11.2000, EzA-SD 11/2001, S. 8)*

Er (sie) hat die ihm (ihr) übertragenen Aufgaben **zu unserer Zufriedenheit** erledigt	bescheinigt eine unterdurchschnittliche, aber ausreichende Leistung *(LAG Frankfurt 10.09.1987, LAGE § 630 BGB Nr. 3; LAG Hamm 19.10.1990, LAGE § 630 Nr. 12)*
Er (sie) hat die ihm (ihr) übertragenen Aufgaben **im großen und ganzen zu unserer Zufriedenheit** erledigt	bringt eine mangelhafte Leistung zum Ausdruck *(vgl. Notenskala LAG Hamm 13.02.1992, LAGE § 630 BGB Nr. 16)*
Er (sie) hat sich **bemüht,** die ihm (ihr) übertragene Arbeit zu unserer Zufriedenheit zu erledigen oder führte die ihm (ihr) übertragenen Aufgaben mit großem Fleiß und Interesse durch	bedeutet eine völlig ungenügende Beurteilung. Diese ist nur dann zulässig, wenn die negative Wertung durch Tatsachen zu belegen ist *(vgl. BAG 24.03.1977, EzA § 630 BGB Nr. 9)*

Wichtig bei zusammenfassenden Zeugnisfloskeln, und zwar unabhängig davon, ob es sich um die zusammenfassende Beurteilung einzelner Leistungsmerkmale oder der Leistung insgesamt handelt, ist zum einen der **Zeitfaktor.** Mit dem Wort »stets« oder anderen gleichbedeutenden Redewendungen (»jederzeit«) bringt der Arbeitgeber zum Ausdruck, dass die von ihm abgegebene Leistungsbeurteilung einheitlich für die gesamte Beschäftigungszeit gelten soll. Fehlt dieser Zeitfaktor völlig, so kommt dieser Tatsache die Bedeutung eines »beredten Schweigens« zu, d.h. die vorgenommene Beurteilung gilt **zeitlich nur eingeschränkt.**

Eine Abstufung in der Leistungsbeurteilung wird zum anderen dadurch erreicht, dass den **Leistungsfaktor** (»Zufriedenheit«) näher **bestimmende Eigenschaftsworte** (»vollen«, »vollsten«) weggelassen oder hinzugefügt werden.

Hinweis:
Obwohl das Wort »voll« zu den nicht vergleichs- und damit nicht steigerungsfähigen Adjektiven gehöre, wird in der Zeugnissprache die Formulierung »vollste Zufriedenheit« in Kauf genommen *(BAG 23.09.1992, EzA § 630 BGB Nr. 16)*. Auch nach Auffassung des LAG Hamm *(13.02.1992, LAGE § 630 BGB Nr. 16)* erscheint es »abulistisch«, im Hinblick auf den in Sprachlehrbüchern nicht vorhandenen Superlativ des Wortes »voll« dem Arbeitnehmer das Adjektiv »vollste« bei der Beurteilung im Zeugnis zu verweigern, wenn es in arbeitsrechtlichen Monographien, Musterbüchern und Zeitschriften gebräuchlich ist.

Bei den oben genannten Beispielen handelt es sich durchweg um Gesamtbeurteilungen der Arbeitsleistung eines Arbeitnehmers, bei denen auf **individuelle Leistungsmerkmale** nicht eingegangen wird.

Gerade weil für die Gesamtbeurteilungen weitgehend ein Konsens hinsichtlich deren Bedeutung besteht, neigen die Verfasser von Arbeitszeugnissen immer mehr dazu, sich auf eine allgemeine Bewertung zu beschränken. Das qualifizierte Arbeitszeugnis ist aber nur dann noch ein Erkenntnismittel mit einer bestimmten Aussagekraft, wenn zusätzlich zu einer ausführlichen Tätigkeitsbeschreibung auch ausreichende und sehr **individuelle In-**

formationen über Eignung, Befähigung und Leistung des betreffenden Arbeitnehmers gegeben werden. Sinnvoll erscheint eine abschließende Bewertung erst danach, um dem Leser des Zeugnisses die Einschätzung der Leistung insgesamt zu erleichtern.

c) Führung

4903 Auch die Beurteilung der **Führung** soll ein Gesamtbild der für die Beschäftigung wesentlichen Charaktereigenschaften und Persönlichkeitszüge des Arbeitnehmers vermitteln. Hierzu gehört das **Sozialverhalten** gegenüber Mitarbeitern und Vorgesetzten ebenso wie bei leitenden Angestellten die **Fähigkeit zum Führen von Untergebenen.** Zu bewerten ist **nur die Führung während der Arbeitszeit.** Verhalten außerhalb des Betriebs darf nur erwähnt werden, wenn es die Führung während der Arbeitszeit beeinträchtigt hat *(BAG 29.01.1986, DB 1986, 1340).*

BEISPIEL:

Aufgrund seines nicht unerheblichen Alkoholkonsums am Wochenende kommt der Arbeitnehmer regelmäßig auch am Montag alkoholisiert in den Betrieb. Hierunter leiden seine Arbeitsergebnisse jedenfalls bis zum Nachmittag in nicht geringem Maße.

Unter den Begriff der »Führung« fällt auch ein **arbeitsvertragswidriges Verhalten des Arbeitnehmers.**

Ein Vertragsbruch kann daher bei der Beurteilung der Führung Berücksichtigung finden. Allerdings darf auch in diesem Fall der Arbeitnehmer **eine wohlwollende Formulierung** erwarten *(LAG Hamm 24.09.1985, LAGE 630 BGB Nr. 1).*

BEISPIEL:

(Nichteinhaltung der vereinbarten Kündigungsfrist durch den Arbeitnehmer)

Unzulässige Formulierung:

»Herr/Frau… hat seinen Arbeitsplatz vertragswidrig und vorzeitig zum 31.12. verlassen«.

Zulässige, wohlwollende Formulierung:

»Herr/Frau… hat unsere Gesellschaft aus eigenem Entschluss am 31.12. verlassen, um sofort eine neue Tätigkeit aufzunehmen«.

Die ausdrückliche Erwähnung eines Vertragsbruchs ist gänzlich unzulässig, wenn sich dieser bereits aus dem von üblichen Kündigungsfristen abweichenden Beendigungsdatum des Arbeitsverhältnisses ergibt *(LAG Köln 08.11.1989, LAGE § 630 BGB Nr. 8).*

BEISPIEL:

»Herr/Frau… war vom 01.01.1985 bis zum 24.06.1989 in unserem Unternehmen beschäftigt«.

Dasselbe gilt für die Erwähnung einer **fristlosen arbeitgeberseitigen Kündigung aufgrund eines Vertragsbruchs.** Auch hier ist deren ausdrückliche Erwähnung unzulässig, wenn sich diese in einem »ungeraden« Beendigungsdatum widerspiegelt *(LAG Düsseldorf 22.01.1988, LAGE § 630 BGB Nr. 4)*.

Grundsätzlich gilt, dass der Arbeitgeber dort, wo nach der Verkehrsanschauung mit einer Aussage gerechnet wird, z.B. hinsichtlich der Ehrlichkeit von Handlungsgehilfen, Kassierern, Verkäufern, der Loyalität von Sekretärinnen etc., **nicht schweigen darf** *(BAG 29.07.1971, EzA § 630 BGB Nr. 1)*. Hier berechtigt auch der bloße Verdacht der Unehrlichkeit den Arbeitgeber nicht dazu, den Zusatz »ehrlich« im Zeugnis zu unterlassen. Fehlt die hier erwartete Aussage, so kommt diese Tatsache auch hier einem »beredten Schweigen« gleich, d.h. der kundige Leser des Zeugnisses folgert zum Nachteil des Betreffenden das Nichtvorliegen der erwarteten Eigenschaft.

Andererseits muss sich der Arbeitgeber an der Beurteilung, die er dem Arbeitnehmer erteilt hat, diesem und einem Dritten gegenüber festhalten lassen. So ist die Rückforderung eines Mankos, das nach Ausscheiden des Kassierers festgestellt worden ist und dem im Zeugnis ein »ehrliches« Verhalten bescheinigt wurde, ausgeschlossen *(BAG 08.02.1972, EzA § 630 BGB Nr. 3)*. Gegenüber einem Dritten kann die unrichtige Bewertung einen Schadensersatzanspruch auslösen (vgl. unten → Rz. 4919).

d) Sonstiger Zeugnisinhalt

- **Beendigungsgrund, Beendigungsmodalität**

4904

Zur Unzulässigkeit der Aufnahme von Beendigungsgrund und -modalität in das Zeugnis allgemein s.o. → Rz. 4899. **Keinesfalls** darf im Zeugnis vermerkt werden, es werde aufgrund eines **gerichtlichen Urteils** oder **Vergleichs** erteilt.

- **Betriebsratstätigkeit**

Eine Tätigkeit des Arbeitnehmers im **Betriebsrat** ist grundsätzlich nur auf dessen Verlangen ins Zeugnis aufzunehmen *(BAG 19.08.1992, EzA § 630 BGB Nr. 14)*. Auch eine Umschreibung und damit Andeutung der Arbeitnehmervertretung, bspw. »er setzte sich für die Belange seiner Kollegen ein« oder »er ist inner- und außerbetrieblich ein sehr engagierter Mitarbeiter« muss unterbleiben.

Eine Ausnahme wird man hier machen müssen, wenn das Betriebsratsmitglied über einen **längeren Zeitraum für die Betriebsratstätigkeit freigestellt** gewesen ist und deswegen die **Gesamtbeurteilung** von Leistung und Führung **nur eingeschränkt** möglich ist.

- **Erkrankung(en) des Arbeitnehmers**

Gleiches gilt für eine **Erkrankung** des Arbeitnehmers, und zwar auch im Falle wiederholter und längerer Erkrankung. Eine Ausnahme wird man in dem Fall zu machen haben, in dem die Krankheitszeiten so lang gewesen sind, dass eine abschließende Beurteilung durch den Arbeitgeber gar nicht mehr möglich ist.

Krankheitsbedingte Fehlzeiten sind aber niemals Gegenstand der Leistungs- oder Führungsbeurteilung des Arbeitnehmers, d.h. selbst häufige Fehlzeiten rechtfertigen keine negative Beurteilung.

- **Prokura, Widerruf**
Modalitäten, die von den Arbeitsvertragsparteien im Zusammenhang mit der Beendigung des Arbeitsverhältnisses vereinbart werden (bspw. der Widerruf der Prokura), sind nicht zu erwähnen *(BAG 26.06.2001, EzA § 630 BGB Nr. 24)*.

- **Schlussfloskel**
Üblicherweise endet das Zeugnis mit einer **Schlussfloskel,** in welcher der Arbeitgeber sein Bedauern über den Weggang sowie seine »Wünsche für die Zukunft« des ausscheidenden Arbeitnehmers zum Ausdruck bringt.

BEISPIEL:

»Wir bedauern das Ausscheiden von Herrn/Frau, danken für die geleistete Arbeit und wünschen für den weiteren Berufsweg alles Gute«.

Nach der nunmehr vorliegenden höchstrichterlichen Rechtsprechung *(BAG 20.02.2001, EzA § 630 BGB Nr. 23)* ist der Arbeitgeber gesetzlich **nicht verpflichtet,** das Arbeitszeugnis mit Formulierungen abzuschließen, in denen er dem Arbeitnehmer für die gute Zusammenarbeit dankt und ihm für die Zukunft alles Gute wünscht. Das BAG weist in der o.g. Entscheidung jedoch auf **folgendes ausdrücklich hin**: Im Schrifttum wird empfohlen, mit einer Schlussfloskel das Zeugnis abzuschließen und dadurch das im Zeugnis vom Arbeitnehmer gezeichnete Bild abzurunden. Die Schlussformulierung ist mithin nicht »**beurteilungsneutral**«, sondern grds. geeignet, die objektiven Zeugnisaussagen zu Führung und Leistung des Arbeitnehmers sowie die Angaben zum Beendigungsgrund zu **bestätigen** oder zu **relativieren**. Soweit der Arbeitgeber solche Schlussformulierungen verwendet, müssen diese mit dem übrigen Zeugnisinhalt **im Einklang stehen**. Ist das nicht der Fall, kann der Arbeitnehmer den Arbeitgeber auf Erteilung eines ordnungsgemäßen Zeugnisses in Anspruch nehmen

Nach Auffassung des LAG Köln *(29.11.1990, LAGE § 630 BGB Nr. 11)* machen das vom Arbeitgeber geschuldete Wohlwollen und die Rechtskraftbindung an die festgestellte Sozialwidrigkeit einer Kündigung es zum einen erforderlich, im Anschluss an einen **arbeitsgerichtlichen Vergleich** die (unwirksame) Kündigung und den Kündigungsschutzprozess im Zeugnis unerwähnt zu lassen und andererseits etwaige nachteilige Rückschlüsse des Zeugnislesers **durch eine wohlwollende Formulierung (vgl. Beispiel)** zu vermeiden. Wird eine Schlussformel gebraucht, so darf sie nach Auffassung des LAG Hamm *(12.07.1994, LAGE § 630 BGB Nr. 26)* jedenfalls **nicht in Widerspruch** zu dem vorangehenden Zeugnisinhalt stehen und diesen **nicht relativieren**.

In einer Entscheidung des LAG Berlin *(10.12.1998, BB 1999, 851)* ging es um die Frage, ob der Arbeitgeber gezwungen werden kann, in eine im Zeugnis bereits **vorhandene** Schlussformel zusätzlich den Ausdruck des **»Bedauerns«** über das Ausscheiden der Arbeitnehmerin aufzunehmen. Dies hat das LAG Berlin unter Hinweis darauf verneint, dass es sich jedenfalls **insoweit nicht** um einen **notwendigen Bestandteil** des Zeugnisses handele.

Demgegenüber steht das Hessische LAG (*17.06.1999, BB 2000, 155*) auf dem Standpunkt, dass das Fehlen einer Schlussformulierung (insbesondere ein gutes) Zeugnis **entwerten**. und der Arbeitnehmer unter Umständen einen **Anspruch** auf die Aufnahme der Formulierung »Wir danken ... für die gute Zusammenarbeit und wünschen für die Zukunft alles Gute und weiterhin Erfolg« **haben kann**.

- **Straftaten während des Arbeitsverhältnisses**
Straftaten und -verfahren sind für ein Zeugnis **nur dann relevant,** wenn
    - sie **mit dem Arbeitsverhältnis in Verbindung** stehen und
    - ihr Vorliegen **nachweisbar** feststeht (entweder gerichtliche Entscheidung oder eindeutige Fakten, insbes. zusammen mit einem Eingeständnis). Ein bloßer Straftatverdacht ist also nicht ausreichend!

Der Arbeitgeber darf in so einem Fall bei der Führungsbeurteilung des Arbeitnehmers **keinesfalls den nachweisbaren Straftatbestand völlig unberücksichtigt lassen,** bspw. um dem Arbeitnehmer nicht die Zukunftsperspektiven zu verbauen. Derartig gravierende Umstände dürfen nicht verschwiegen werden, falls in solchen Fällen die Ausstellung eines qualifizierten Zeugnisses überhaupt verlangt wird. Verlangt der Arbeitnehmer überhaupt ein qualifiziertes Zeugnis, trägt er grundsätzlich das Risiko, dass dieses Nachteiliges über ihn enthält.

Hier besteht ein Haftungsrisiko des Arbeitgebers, wenn nachgewiesene Straftatbestände, die sich während des Arbeitsverhältnisses ereignet haben, wider besseres Wissen im Zeugnis in keiner Weise Erwähnung finden und einem nachfolgenden Arbeitgeber vom Arbeitnehmer ein Schaden zugefügt wird (vgl. auch → Rz. 4919).

Ob im Hinblick auf die Zukunft des Arbeitnehmers **die Straftat als solche** (Unterschlagung, Diebstahl etc.) im Zeugnis erwähnt werden muss, ist abschließend nicht geklärt. Insoweit ist auch zu berücksichtigen, dass ein entsprechender Hinweis dem Arbeitnehmer sein Leben lang anhängen würde (selbst im Bundeszentralregister werden Vorstrafen nach einer bestimmten Zeit getilgt). Andererseits wird man dem Arbeitgeber auch eine ausdrückliche Erwähnung der Straftaten insbesondere dann nicht verwehren dürfen, wenn aus diesem **Anlass** das Arbeitsverhältnis beendet worden ist.

In jedem Fall muss aber zumindest indirekt das Fehlverhalten des Arbeitnehmers in dessen Führungsbeurteilung zum Ausdruck kommen.

BEISPIEL:
»Sein Verhalten gab Anlass zu Beanstandungen« oder »das persönliche Verhalten von Herrn/Frau ... war nicht frei von Beanstandungen. Ihm/Ihr fiel es schwer, sich in die betriebliche Ordnung einzufügen«.

- **Vorstrafen**
Vorstrafen dürfen auch dann nicht im Zeugnis erwähnt werden, wenn sie zur Entlassung geführt haben. Ebenso ist die Aufnahme **des bloßen Verdachts einer strafbaren Handlung** unzulässig.

- **Wettbewerbsverbot**

Ein bestehendes **Wettbewerbsverbot** ist in das Zeugnis nicht aufzunehmen, da es weder mit der Leistung noch der Führung des Arbeitnehmers in Zusammenhang steht (s. → Rz. 3030).

3. Zeugnisformulierung

a) Grundsätze

Bei der **Formulierung** des Zeugnisses muss seiner **Doppelfunktion** Rechnung getragen werden: **Einerseits** soll es dem Arbeitnehmer als Unterlage für eine neue Bewerbung dienen, die nur dann Aussicht auf Erfolg haben kann, wenn seine Leistung nicht falsch oder zu gering bewertet worden ist. **Andererseits** hat es die Aufgabe, einen Dritten zu unterrichten, der die Einstellung des Zeugnisinhabers erwägt und dessen Interessen möglicherweise dann gefährdet sind, wenn der Arbeitnehmer zu hoch eingeschätzt worden ist.

Oberster **Grundsatz** im Rahmen der Zeugniserteilung ist daher, **dass alle im Zeugnis aufgenommenen Tatsachen wahr** sein müssen. Andernfalls kommt eine **Haftung des Zeugnisausstellers** für die unrichtige Erteilung sowohl gegenüber dem Zeugnisempfänger als auch dem neuen Arbeitgeber in Betracht (dazu → Rz. 4918 f.).

Es ist allerdings nicht zu verkennen, dass jede Art von Bewertung ein subjektives Element beinhaltet. Die Formulierung des Zeugnisses ist Sache des Arbeitgebers. So steht es ihm grundsätzlich frei, bestimmte Eigenschaften und Leistungen des Arbeitnehmers mehr hervorzuheben oder zurücktreten zu lassen *(BAG 29.07.1971, EzA § 630 BGB Nr. 1)*.

Insoweit hat der Arbeitgeber unvermeidlich einen **Beurteilungsspielraum** *(BAG 12.08.1976, EzA § 630 BGB Nr. 7)*. Dieser ist naturgemäß bei der Leistungsbeurteilung größer als bei der bloßen Darstellung der Tätigkeit (→ Rz. 4899). Aber auch bei der Leistungsbeurteilung muss sich der Arbeitgeber um **möglichst objektive, nachvollziehbare Bewertungskriterien** bemühen.

Der Beurteilungsspielraum ist gerichtlich dahingehend überprüfbar, ob willkürliche oder überzogene Maßstäbe der Bewertung zugrundegelegt wurden. Dies ist bspw. der Fall, wenn sämtliche Einzelleistungen in einem Zeugnis, die ohne Einschränkungen und daher mit »sehr gut« bewertet worden sind, in ihrer Gesamtheit nur zu einer »guten« Bewertung führen *(BAG 23.09.1992, EzA § 630 BGB Nr. 16)*.

Bestätigt worden ist mit dieser Entscheidung auch, dass der Arbeitgeber auf die **Verkehrssitte Rücksicht zu nehmen hat,** nach der in der Praxis des Arbeitslebens bestimmten Zeugnisformulierungen ganz bestimmte Wertungen zugerechnet werden. Dies geht soweit, dass grammatikalische Ungereimtheiten (»vollsten« Zufriedenheit) in Kauf genommen werden (s. Beispiele für die Leistungsbeurteilung → Rz. 4902).

Hat ein Arbeitnehmer in mehreren Jahren nur selten Fehlleistungen gezeigt, so muss mindestens ein Durchschnittszeugnis erteilt werden *(LAG Düsseldorf 26.02.1985, DB 1985, 2692; LAG Köln 02.07.1999, – 11 Sa 255/99 -, EzA SD 23/99, S. 10)*.

Der Arbeitgeber kann wegen des Beurteilungsspielraums hingegen nicht gezwungen werden, eine nicht beanstandete Leistung als »sehr gute« zu bewerten *(LAG Düsseldorf 12.03.1986, LAGE § 630 BGB Nr. 2)*.

Schließlich hat nach der Rechtsprechung *(BAG 26.11.1962, AP Nr. 10 zu § 826 BGB)* der Arbeitgeber das Zeugnis im Interesse des Arbeitnehmers mit **Wohlwollen** zu erstellen. Dies bedeutet nicht, dass nur positive und damit dem Arbeitnehmer günstige Bewertungen in das Zeugnis aufgenommen werden dürfen. Ein solches Zeugnis widerspräche dem zuvor erläuterten Grundsatz der Wahrheitspflicht. Ein Arbeitnehmer, der ein qualifiziertes Zeugnis verlangt, muss damit rechnen, dass darin auch negative Aussagen enthalten sein können. Unter einem wohlwollenden Maßstab ist vielmehr zu verstehen, dass das Zeugnis aus der Sicht eines verständigen Arbeitgebers abzufassen ist und nicht durch Vorurteile oder Voreingenommenheit bestimmt sein darf, die ein Fortkommen des Arbeitnehmers unnötig erschweren. Im Rahmen der Zeugniserteilung dürfen **daher auch negative Eigenschaften und Vorfälle nur in einer adäquaten Weise** zum Ausdruck kommen (vgl. das Beispiel für den Vertragsbruch, → Rz. 4903).

Probleme entstehen hier oftmals dann, wenn der Arbeitnehmer sich gegen eine vom Arbeitgeber ausgesprochene Kündigung mit einer **Kündigungsschutzklage** zur Wehr setzt. Auch in dieser Situation muss der Arbeitgeber in der Lage sein, ein an objektiven Maßstäben ausgerichtetes Zeugnis zu erteilen.

Der Versuch, einen bspw. durch Abfindungsvergleich beendeten Kündigungsschutzprozess durch ein negatives Zeugnis »wettzumachen«, endet dann oftmals in einem weiteren (für den Arbeitgeber wenig aussichtsreichen) Zeugnisberichtigungsstreit.

b) Zeugnissprache

Viele Redewendungen in Arbeitszeugnissen, die beim unkundigen Leser einen positiven Eindruck erwecken, erweisen sich für den verständigen Betrachter keinesfalls als positive Beurteilung, sondern als außerordentlich negativ. Diese Differenz zwischen der Bedeutung einer Formulierung im allgemeinen Sprachgebrauch und in einem Zeugnis kann so groß sein, dass man hier nicht mehr weit von einem »Geheimcode« entfernt ist. Dies führt für alle Beteiligten zu einer erheblichen Rechtsunsicherheit. Trotz der unterschiedlichen Interpretationsmöglichkeiten im Einzelfall soll hier auf die in der Praxis häufigsten Formulierungstechniken hingewiesen werden (vgl. im Einzelnen *Weuster/Scheer*, Arbeitszeugnisse in Textbausteinen, 6. Aufl. 1995, S. 21 ff. sowie *Weuster*, Zeugnisgestaltung und Zeugnissprache zwischen Informationsfunktion und Werbefunktion, *BB 1992, 58)*:

4906

- negative Wertungen werden vor allem bei der Leistungsbeurteilung (s. Beispiele oben) hinter fein abgestuften positiven Formulierungen versteckt.
- es fehlen Aussagen an Stellen, wo üblicherweise Aussagen erwartet werden (»beredtes Schweigen«, bspw. hinsichtlich »Ehrlichkeit«, »Loyalität« eines Arbeitnehmers, aber auch Führungsqualitäten bei leitenden Angestellten).
- an sich Nachrangiges wird vorangestellt

BEISPIEL:

»Das Verhalten von Herrn/Frau ... gegenüber Mitarbeitern und Vorgesetzten war stets einwandfrei«.

Die Beurteilung des Verhaltens gegenüber Mitarbeitern vor dem gegenüber Vorgesetzten kann darauf hinweisen, dass zu den Mitarbeitern ein weit besseres Verhältnis bestand als zu den Vorgesetzten.

- besondere Hervorhebung von Selbstverständlichkeiten anstatt eines Hinweises auf besondere Eigenschaften oder Fähigkeiten

BEISPIEL:

»Er/Sie hat alle Arbeiten ordnungsgemäß/pflichtbewusst/ordentlich erledigt« bescheinigt fehlende Eigeninitiative und einen Mangel an besonderen Leistungen, die es lohnt einzeln zu erwähnen.

- Einschränkungen in der Aussage durch Vermeidung von aktiven Verben

BEISPIEL:

»Er/Sie hatte den Zahlungsverkehr mit Kunden zu bearbeiten« anstatt

»Er/Sie bearbeitete den Zahlungsverkehr mit Kunden«

- Verwendung von mehrdeutigen oder ungewöhnlichen Redewendungen

BEISPIEL:

»Er/Sie war tüchtig und wusste sich gut zu verkaufen«

meint im Klartext, dass der oder die Betreffende sich auf Kosten anderer in den Vordergrund drängte.

- Widersprüche innerhalb der einzelnen Zeugniskomponenten
  Bspw. kann das Fehlen des Schlussabsatzes mit der Dankesformel und den Wünschen für die Zukunft trotz einer zuvor durchschnittlichen oder guten Leistungsbeurteilung eine Verärgerung des Arbeitgebers andeuten.

Festzuhalten ist, dass für eine Beurteilung, die sowohl der Wahrheitspflicht als auch dem geforderten Wohlwollen genügen soll, bei den naturgemäß schon bestehenden sprachlichen Unwägbarkeiten der Gebrauch von **eindeutigen und offenen Aussagen** unerlässlich ist. Diese müssen für den Zeugnisleser **verständlich** sein und keinen Platz für überzogene Deutungen lassen. Schließlich verbietet auch das von der Rechtsprechung geforderte Gebot der wohlwollenden Zeugniserteilung nicht jede negative Aussage, sofern diese nur **durch Tatsachen gerechtfertigt** ist und in einer angemessenen Weise zum Ausdruck gebracht wird.

Bereits während des laufenden Arbeitsverhältnisses für den »Ernstfall« Zeugniserteilung vorbauen:

Der Arbeitgeber sollte sich in regelmäßigen Abständen Gedanken hinsichtlich Leistung und Führung der einzelnen Arbeitnehmer machen und diese »Zwischenbeurteilungen«

mit den entscheidenden Gründen auch schriftlich festhalten. Verlangt ein Arbeitnehmer von sich aus ein »Zwischenzeugnis«, sollte auch diesem Wunsch bereitwillig nachgekommen werden. Nur auf diese Weise ist es überhaupt möglich, eine zutreffende Gesamtbeurteilung aufgrund von **nachprüfbaren Tatsachen** für einen längeren Zeitraum (u.U. mehrere Jahre) in einem Zeugnis zu bescheinigen.

Die Nachprüfbarkeit der Beurteilungsgrundlagen (bspw. bestimmte Verhaltensweisen und Vorfälle, die zu einer schlechten Beurteilung des Arbeitnehmers geführt haben) ist dann von erheblicher Bedeutung, wenn der Arbeitgeber in einem Rechtsstreit die Gründe für seine Beurteilungen nicht nur darlegen, sondern beim Bestreiten durch den Arbeitnehmer auch beweisen muss (vgl. → Rz. 4916).

4. Wechsel zwischen einfachem und qualifiziertem Zeugnis

Ein **qualifiziertes Zeugnis** kann der Arbeitnehmer bis zur Grenze der Verwirkung **auch dann noch verlangen, wenn er bereits ein einfaches Zeugnis erhalten hat.** Hierfür spricht schon der Wortlaut der einschlägigen Bestimmungen, wonach das Zeugnis »auf Verlangen« des Arbeitnehmers auf Führung und Leistung »zu erstrecken« ist. Auch kann sich die Notwendigkeit eines einfachen Zeugnisses erst zu einem späteren Zeitpunkt herausstellen. 4907

Der umgekehrte Fall, in dem der Arbeitnehmer **zunächst ein qualifiziertes Zeugnis** verlangt, ist höchstrichterlich noch nicht entschieden. Die Meinungen in der Fachliteratur zu dieser Frage sind uneinheitlich. Warum das sich aus den gesetzlichen Bestimmungen ergebende Wahlrecht des Arbeitnehmers zwingend nur in eine Richtung ausgeübt werden darf, bleibt dabei allerdings offen. Aus der Fürsorgepflicht des Arbeitgebers ergibt sich, dass dieser den beruflichen Fortgang des Arbeitnehmers nicht unnötig erschweren darf. Hat nun der Arbeitnehmer ein qualifiziertes Zeugnis erhalten, das – obwohl zutreffend – nicht seinen Erwartungen entspricht, ist nicht einzusehen, warum ihm der Weg zu dem für seinen beruflichen Werdegang möglicherweise vorteilhafteren einfachen Zeugnis abgeschnitten sein soll.

VI. Bis zu welchem Zeitpunkt kann vom Arbeitgeber eine Zeugniserteilung verlangt werden?

Wie jeder andere privatrechtliche Anspruch erlischt auch der Zeugnisanspruch gem. § 362 BGB durch Erfüllung. Diese tritt dann ein, wenn dem Arbeitnehmer ein nach Form und Inhalt den gesetzlichen Vorschriften entsprechendes Zeugnis erteilt worden ist (zum Wechsel der Zeugnisart vgl. → Rz. 4907). 4908

Der Erfüllungsanspruch verjährt nach § 195 BGB in 30 Jahren. Für die Praxis bedeutsam sind jedoch viel häufiger die außerhalb von Erfüllung und Verjährung liegenden Erlöschenstatbestände durch

- **Ausschlussklauseln,**
- **Verwirkung** und
- **Verzicht.**

Bestehen **tarifliche Ausschlussfristen,** so fällt auch der Zeugnisanspruch als Anspruch aus dem Arbeitsverhältnis unter diese Fristen.

BEISPIEL:

§ ... des Tarifvertrags lautet:

»Alle gegenseitigen Ansprüche aus dem Arbeitsverhältnis und solche, die mit dem Arbeitsverhältnis in Verbindung stehen, verfallen, wenn sie **nicht innerhalb von 3 Monaten** nach der Fälligkeit gegenüber der anderen Vertragspartei **schriftlich** geltend gemacht werden«.

Ausschlussklauseln können darüber hinaus nach der Rechtsprechung des BAG *(BAG 24.03.1988, EzA § 4 TVG Ausschlußfrist Nr. 72)* auch im **Einzelvertrag** gesondert vereinbart werden, solange die Grenze der Sittenwidrigkeit (§ 138 Abs. 1 BGB) nicht überschritten wird. Sittenwidrig sind insbes. solche Regelungen, die den Arbeitnehmer einseitig benachteiligen.

BEISPIEL:

»Alle Ansprüche des Arbeitnehmers gegen den Arbeitgeber verfallen, wenn sie nicht innerhalb von 2 Monaten nach Beendigung des Arbeitsverhältnisses schriftlich geltend gemacht werden. Die Ansprüche des Arbeitgebers gegen den Arbeitnehmer werden von dieser Regelung nicht berührt.«

Unabhängig davon unterliegt auch der Zeugnisanspruch der **Verwirkung**, d.h. noch vor Ablauf der Verjährungsfrist kann dessen Geltendmachung ausgeschlossen sein. Nach der Rechtsprechung des BAG *(17.02.1988, EzA § 630 BGB Nr. 12)* ist hierfür Voraussetzung, dass der Arbeitnehmer

- sein Recht über eine längere Zeit nicht geltend gemacht hat (sog. Zeitmoment),
- dadurch beim Arbeitgeber der Eindruck entstanden ist, er werde dieses auch nicht mehr ausüben (sog. Umstandsmoment) und
- der Arbeitgeber sich darauf eingestellt hat und ihm nach Treu und Glauben die Erfüllung des Anspruchs nicht mehr zumutbar ist.

4909 Exakte Grenzen oder Fristen für das zeitliche Moment gibt es dabei nicht. Es kommt jeweils auf die Umstände des Einzelfalles an, insbes. auch darauf, ob nur ein einfaches oder ein qualifiziertes Zeugnis verlangt wird (im entschiedenen Fall hat das BAG 10 Monate als ausreichend angesehen, um das Zeitmoment zu erfüllen; in einem anderen Urteil *[BAG 17.10.1973, BB 1973, 195]* bereits **5 Monate**).

Der Anspruch des Arbeitnehmers auf Erteilung des Zeugnisses **ist zwingend und unverzichtbar.** Er kann nicht **im voraus** für die Zukunft ausgeschlossen werden.

Zu bejahen ist jedoch die Möglichkeit des Verzichts auf den **Anspruch nach Beendigung** des Arbeitsverhältnisses, wenn die Parteien mit hinreichender Deutlichkeit den Zeugnisanspruch erfassen wollten und die Willenserklärung frei von Mängeln (Täuschung, Drohung) abgegeben wurde (vgl. → Rz. 4820).

Für die **Abgeltungsklausel** in einem gerichtlichen oder außergerichtlichen Vergleich, in der die Abgeltung der gegenseitigen Ansprüche der Parteien festgestellt wird, gilt ebenfalls: wird in der Klausel der Zeugnisanspruch nicht ausdrücklich als mit erledigt genannt, wird er von dieser nicht erfasst *(BAG 16.09.1974, EzA § 630 BGB Nr. 5)*.

Im Fall von **Verlust oder Beschädigung des Zeugnisses** ist der Arbeitgeber verpflichtet, ein neues Zeugnis auszustellen, wenn die Ausstellung noch zumutbar ist. Unzumutbar ist die Ersatzausstellung ohne entsprechende Unterlagen oder eine sichere Erinnerung. ist, wodurch der Verlust oder die Beschädigung eingetreten ist, insbesondere, ob den Arbeitnehmer hieran ein **Verschulden** trifft. Der Anspruch des Arbeitnehmers auf Ersatz ist **kein neuer Zeugnisanspruch.**

VII. Unterliegt die Zeugniserteilung der Mitbestimmung durch den Betriebsrat?

Wie bereits dargelegt ist die Formulierung des Zeugnisses Sache des Arbeitgebers. Der Arbeitnehmer kann nach § 82 Abs. 2 BetrVG **vom Arbeitgeber verlangen,** dass mit ihm die **Beurteilung seiner Leistungen erörtert wird** und ihm Einsicht in die über ihn geführte **Personalakte** gewährt wird (§ 83 Abs. 1 BetrVG).

4910

In beiden Fällen hat er das Recht, ein **Mitglied des Betriebsrats hinzuzuziehen.** Der Betriebsrat hat aber kein **Mitbestimmungsrecht nach dem BetrVG** hinsichtlich des **Inhalts von Zeugnissen,** auch dann nicht, wenn er auf eine Beschwerde (§ 85 Abs. 1 BetrVG) des Arbeitnehmers hin tätig wird.

Werden jedoch **allgemeine Beurteilungsgrundsätze** auch zur Grundlage der Leistungsbeurteilung im Zeugnis gemacht, besteht für deren Aufstellung ein Mitbestimmungsrecht des Betriebsrats nach § 94 Abs. 2 BetrVG.

VIII. In welchen Fällen kann oder muss der Inhalt eines Zeugnisses nachträglich geändert werden?

1. Widerruf

Hat sich der Arbeitgeber bei der **Ausstellung geirrt** und ist **das Zeugnis deshalb unrichtig,** kann er ausnahmsweise die mit dem Zeugnis abgegebene Erklärung zwar nicht anfechten, aber **widerrufen** und Zug um Zug gegen Neuerteilung die Herausgabe des Zeugnisses verlangen. Dieses Widerrufsrecht gilt für alle Zeugnisarten (End-, Zwischenzeugnis und vorläufiges Zeugnis).

4911

Hat der Arbeitgeber dagegen das Zeugnis aufgrund einer **gerichtlichen Verurteilung** erteilt, so **scheidet ein Widerruf** wegen der Rechtskraft des Urteils **grundsätzlich aus.** Gleiches muss angenommen werden, wenn das Zeugnis nach einem **gerichtlichen Vergleich** ausgestellt worden ist.

Ein Widerruf kommt insbesondere auch dann in Betracht, wenn aufgrund nachträglich bekannt gewordener Umstände die grobe Unrichtigkeit des Zeugnisses erkennbar wird und sich das Interesse eines anderen Arbeitgebers an einer Mitteilung dieser Umstände geradezu aufdrängt.

BEISPIEL:

Der Arbeitgeber hat seinem auch für die Abrechnungen zuständigen Arbeitnehmer im Zeugnis ein »ehrliches und zuverlässiges Verhalten« bestätigt. Nach dem Ausscheiden des Arbeitnehmers wird festgestellt, dass dieser eine Unterschlagung zum Nachteil des Arbeitgebers begangen hat.

In diesem Fall kann der Widerruf des Zeugnisses zur **Abwendung von Schadensersatzansprüchen** (vgl. dazu unten → Rz. 4918 ff.) **zwingend** sein.

Die **Beweislast** für die Unrichtigkeit des Zeugnisses trägt der **Arbeitgeber**.

2. Berichtigung

4912 Der Arbeitnehmer hat einen Anspruch auf Erteilung eines Zeugnisses, das nach **Form und Inhalt den gesetzlichen Bestimmungen entspricht.** Erteilt der Arbeitgeber ein Zeugnis, welches den Anforderungen nicht genügt, muss der Arbeitnehmer einen Anspruch auf Änderung bzw. Berichtigung des Zeugnisses haben. Da das Gesetz einen Berichtigungsanspruch nicht kennt, sieht der überwiegende Teil der Rechtsprechung in dem **Änderungsverlangen** weiterhin **die Geltendmachung des Erfüllungsanspruchs** *(BAG 23.06.1960, AP Nr. 1 zu § 73 HGB; BAG 23.02.1983, EzA § 70 BAT Nr. 15).*

Der Berichtigungsanspruch muss **ausdrücklich geltend gemacht werden.** Die bloße Erhebung einer Kündigungsschutzklage ist hierfür nicht ausreichend. Ein Anspruch auf Berichtigung besteht von vornherein nicht, wenn der beanstandete Text ohne jede Bedeutung ist, bspw. das Vorliegen eines unbedeutenden Schreibfehlers *(ArbG Düsseldorf 19.12.1984, NJW 1986, 1281: »integren« statt »integeren«).*

Auch der Berichtigungsanspruch unterliegt den oben unter → Rz. 4908 genannten Erlöschenstatbeständen. Eine tarifliche Ausschlußfrist beginnt von dem Zeitpunkt an zu laufen, in welchem der Arbeitnehmer sein Zeugnis erhalten hat. Die Berichtigung erfolgt durch Ausstellung eines neuen Zeugnisses. Dies **trägt das Ausstellungsdatum des berichtigten Zeugnisses** (vgl. → Rz. 4897). Eine Bezugnahme auf das Gerichtsurteil oder den Vergleich, der zur Berichtigung geführt hat, ist unzulässig (vgl. oben → Rz. 4904).

IX. Wie wird ein Zeugniserteilungs- oder Zeugnisberichtigungsanspruch gerichtlich geltend gemacht?

1. Zeugniserteilungsanspruch

4913 Weigert sich der Arbeitgeber, **überhaupt ein Zeugnis auszustellen,** so kann der Arbeitnehmer nach seiner Wahl auf Erteilung eines einfachen oder qualifizierten Zeugnisses klagen. Die inhaltliche Ausgestaltung des zu erteilenden Zeugnisses spielt hierbei keine Rolle. Der Arbeitgeber hat im Fall seines Unterliegens das gewünschte Zeugnis nach den allgemeinen Grundsätzen zu erstellen.

Verlang der Arbeitnehmer dagegen nicht nur ein einfaches oder qualifiziertes Zeugnis, sondern außerdem auch einen bestimmten Zeugnisinhalt, so hat er im Klageantrag außerdem genau zu bezeichnen, was in welcher Form das Zeugnis enthalten soll *(BAG 14.03.2000, FA 2000, 286).*

Für die prozessuale Geltendmachung des Zeugnisanspruchs sind die **Arbeitsgerichte sachlich zuständig.**

Die **Zwangsvollstreckung** des Titels auf Erteilung eines Zeugnisses – sei es Urteil oder Vergleich – erfolgt, da die Zeugniserteilung nur vom Arbeitgeber selbst erbracht werden kann und mithin eine nicht vertretbare Handlung vorliegt, mittels Androhung eines Zwangsgeldes oder Zwangshaft (vgl. → Rz. 4913) durch das Arbeitsgericht erster Instanz.

Der Vollstreckungsanspruch auf Erteilung eines qualifizierten Zeugnisses ist bereits dann erfüllt, wenn ein qualifiziertes Zeugnis in der notwendigen Form erteilt worden ist. Die inhaltliche Richtigkeit ist nur in einem erneuten Verfahren nachprüfbar *(LAG Frankfurt a.M. 16.06.1989, LAGE § 630 Nr. 7).*

Etwas anderes gilt nur dann, wenn im Rahmen eines Prozessvergleichs der **genaue Inhalt** im Vergleich festgelegt worden ist. Nicht ausreichend ist hier allerdings die oftmals gebrauchte Formulierung, der Arbeitgeber verpflichte sich, ein »wohlwollendes« Zeugnis auszustellen.

Eines Verfahrens zum Zwecke der Berichtigung bedarf es auch dann nicht, wenn es darum geht, **bestimmte Zusätze,** z.B. »ausgestellt aufgrund des Urteils/Vergleichs vom ...« wegzulassen.

2. Einstweilige Verfügung

Zeugniserteilungs- und Berichtigungsanspruch kann der Arbeitnehmer unter den Voraussetzungen der §§ 62 Abs. 2 ArbGG, § 940 ZPO auch mittels **einstweiliger Verfügung** durchsetzen (vgl. auch → Rz. 4915).

4914

3. Berichtigungsanspruch

Hat der Arbeitnehmer ein Zeugnis erhalten, sei es unmittelbar nach Beendigung des Arbeitsverhältnisses oder aufgrund eines Urteils über die Ausstellung eines qualifizierten Zeugnisses, und ist er dann mit dessen **Inhalt nicht einverstanden,** so muss er auch in diesem Fall weiter auf Erfüllung klagen (vgl. oben → Rz. 4912). Im Klageantrag muss der Arbeitnehmer **genau bezeichnen,** was in welcher Form geändert werden soll. Er muss also das **Berichtigungsverlangen** notfalls ganz oder in einzelnen Punkten **selbst formulieren** *(LAG Düsseldorf 21.08.1973, DB 1973, 1853).* Es ist dann Sache des Gerichts, das Begehren zu prüfen und ggf. das Zeugnis selbst in einzelnen Punkten oder insgesamt neu zu verfassen.

4915

4. Beweislast des Arbeitgebers

4916 Der **Arbeitgeber** muss die Tatsachen darlegen und beweisen, die der Zeugniserteilung und der darin enthaltenen Bewertung zugrunde liegen *(BAG 25.10.1967, EzA § 73 HGB Nr. 1)*. Hier reichen allgemeine Angaben zur Rechtfertigung einer schlechten Beurteilung (bspw. »der Arbeitnehmer hat das Arbeitspensum nicht bewältigt« oder »es traten häufig Arbeitsrückstände auf« etc.) nicht aus. Der Arbeitgeber muss möglichst genau darlegen, welche Vorkommnisse zum Anlass für die schlechte Beurteilung genommen worden sind. Gerade bei einer längeren Zeitspanne kann der Arbeitgeber seiner Darlegungspflicht nur nachkommen, wenn bereits während des Arbeitsverhältnisses Zwischenbeurteilungen vorgenommen und diese schriftlich festgehalten worden sind (vgl. »Tipp« → Rz. 4906). Werden die vorgebrachten Umstände vom Arbeitnehmer bestritten, muss der Arbeitgeber durch Zeugen (Vorarbeiter, Meister, andere Arbeitnehmer) die vorgebrachten Tatsachen beweisen.

Nicht abschließend geklärt ist bisher die Darlegungs- und Beweislast für eine vom Arbeitnehmer **angestrebte Verbesserung der Beurteilung** nach Erteilung eines **zumindest durchschnittlichen Zeugnisses.** Diese Frage hat das BAG auch in seiner Entscheidung vom 23.09.1992 *(EzA § 630 BGB Nr. 16)* ausdrücklich offengelassen.

Vor dem Hintergrund der allgemeinen Regelungen der zivilprozessualen Darlegungs- und Beweislast (§ 138 Abs. 2 ZPO) wird man von folgenden Grundsätzen auszugehen haben:

- Hat der Arbeitnehmer eine **durchschnittliche Leistung** im Zeugnis bescheinigt bekommen und will er eine **gute Benotung,** muss **er zunächst aus seiner Sicht die Tatsachen schlüssig darlegen,** die eine gute Benotung rechtfertigen. Es ist dann Sache des Arbeitgebers, diese Tatsachen zu erschüttern oder darzulegen, dass er trotz dieser Umstände seinen **Beurteilungsspielraum** bei der Benotung nicht überschritten hat.
- Liegt eine **überdurchschnittliche Leistungsbeurteilung** vor und begehrt der Arbeitnehmer eine weitere Verbesserung i.S. einer Bestbenotung, so muss dessen Tatsachenvortrag zur Rechtfertigung dieser Spitzenbenotung letztlich so eindeutig und überzeugend sein, dass aus Sicht des Gerichts der **Arbeitgeber trotz seines Beurteilungsspielraums keine andere Wahl gehabt hat, als die Bestnote zu vergeben** *(so auch LAG Frankfurt a.M. 06.09.1991, EzA § 630 BGB Nr. 14)*.

5. Streitwert

4917 Der **Streitwert,** aufgrund dessen sich anteilig die Gerichts- und ggf. Anwaltskosten bemessen, beträgt (im Regelfall) bei der **Klage auf Zeugniserteilung oder -berichtigung ein Bruttomonatsgehalt.** Auf den Umfang der vom Arbeitnehmer verlangten Änderung kommt es nicht an *(BAG v. 20.02.2001, EzA § 630 BGB Nr. 23)*.

X. Kann der Arbeitgeber für eine unrichtige Zeugniserteilung auf Schadensersatz in Anspruch genommen werden?

1. Haftung gegenüber dem Arbeitnehmer

Verletzt der Arbeitgeber schuldhaft seine arbeitsvertragliche Pflicht, dem Arbeitnehmer ein wahrheitsgemäßes Zeugnis auszustellen oder wird das Zeugnis verspätet erteilt, so haftet er dem Arbeitnehmer auf **Schadensersatz.** Der zu ersetzende **Schaden** besteht regelmäßig in dem **Verdienstausfall,** den der Arbeitnehmer dadurch erleidet, dass er wegen des fehlenden oder unrichtig erteilten Zeugnisses keine neue Arbeitsstelle findet oder zu schlechteren Bedingungen eingestellt wird. Allerdings muss der **Arbeitnehmer** diesen Schadensverlauf beweisen. Angesichts der vielfältigen Ursachen, auf denen die Nichteinstellung beruhen kann, wird dieser Nachweis wohl nur in Ausnahmefällen gelingen (vgl. auch → Rz. 4862).

4918

2. Haftung gegenüber neuem Arbeitgeber

Auch gegenüber einem nachfolgenden Arbeitgeber kommt grundsätzlich eine Haftung für ein dem Arbeitnehmer falsch ausgestelltes Zeugnis in Betracht.

4919

Eine sittenwidrige Schädigung, die zum Schadensersatz verpflichtet, liegt z.B. vor, wenn ein Arbeitgeber eine Unterschlagung des Arbeitnehmers verschweigt und diesem bescheinigt, er habe seine Stelle »voll ausgefüllt und die übertragenen Aufgaben zur Zufriedenheit« erledigt *(BGH 22.9.1970, AP Nr. 16 zu § 826 BGB).*

Der Arbeitgeber muss bei der Formulierung eines Zeugnisses immer dann **vorsichtig** sein, wenn der Arbeitnehmer während des Arbeitsverhältnisses eine **strafbare Handlung** begangen hat. Hier ist zu beachten, dass die Wahrheitspflicht bei der Zeugniserteilung oberster Grundsatz ist!

Wird die **Unrichtigkeit** des ausgestellten Zeugnisses dem Arbeitgeber erst **nachträglich bekannt,** so ist der Arbeitgeber gehalten, den **neuen Arbeitgeber auf die Unrichtigkeit des Zeugnisses hinzuweisen,** wenn es aus nachträglicher Sicht **grob unrichtig** ist und ein Dritter durch Vertrauen auf die im Zeugnis gemachten Aussagen Schaden nehmen könnte. Dies gilt **auch dann,** wenn ihn **bei Erteilung des Zeugnisses kein Verschulden** traf.

Die Rechtsprechung *(BGH 15.05.1979, EzA § 630 BGB Nr. 10)* steht allgemein auf dem Standpunkt, dass der Aussteller eines Zeugnisses gegenüber dem zukünftigen Arbeitgeber eine **nach Treu und Glauben unerlässliche Mindestgewähr für die Richtigkeit des Zeugnisses** übernehme. Daraus ergibt sich umgekehrt eine **Berichtigungspflicht** des Ausstellers gegenüber dem neuen Arbeitgeber, deren Verletzung zu einem Schadensersatzanspruch führt, wenn er

- **bewusst ein unrichtiges** Zeugnis erteilt hat, sofern die Unrichtigkeit einen Punkt betrifft, der die **Verlässlichkeit des Arbeitnehmers im Kern** berührt
- oder bei einem zunächst **unbewusst** falsch ausgestellten Zeugnis später dessen **grobe Unrichtigkeit** erkennt und ihm eine Unterrichtung des neuen Arbeitgebers **zuzumuten** ist (insbes. die nachträgliche Kenntnis von einer strafbaren Handlung).

Dies **gilt nicht,** wenn die Unrichtigkeit auf **bloßer Nachlässigkeit** beruht: Der Zeugnisaussteller muss zumindest die **Unrichtigkeit des Zeugnisses** (bei oder nach der Ausstellung) **klar erkannt** haben, auch wenn danach bereits das fahrlässige Unterlassen der Unterrichtung des neuen Arbeitgebers für eine Haftung ausreichen kann.

XI. Was ist bei einer Auskunft über einen ausgeschiedenen Arbeitnehmer an einen Folgearbeitgeber zu beachten?

4920 Häufig hat der Arbeitgeber bei Bewerbungen den Wunsch, zusätzliche Informationen neben dem Zeugnis zu erhalten. Dies gilt insbesondere, je mehr sich das Lesen von Zeugnissen durch die Verwendung von mehrdeutigen Formulierungen und Floskeln zu einer »Geheimwissenschaft« entwickelt. Aufgrund der im Arbeitsverhältnis geltenden Fürsorgepflicht ist der Arbeitgeber verpflichtet, bereits **vor Abschluss eines Arbeitsvertrages** auf die berechtigten Interessen eines Bewerbers Rücksicht zu nehmen. Es versteht sich daher von selbst, dass aus dem sicher legitimen Interesse des Arbeitgebers an weiteren Auskünften dem Bewerber **keine ungerechtfertigten Nachteile** erwachsen dürfen.

1. Auskunftsersuchen durch den Bewerbungsempfänger

4921 Ein solcher Nachteil kann sich schon allein aus dem Auskunftsersuchen des Bewerbungsempfängers ergeben, nämlich dann, wenn der Arbeitnehmer sich aus einem **ungekündigten Arbeitsverhältnis** heraus beworben hat. Eine Auskunft beim derzeitigen Arbeitgeber sollte in einem solchen **Fall nur mit Zustimmung des Bewerbers** eingeholt werden. Umgekehrt ist der Umstand, dass der Bewerber auf sein ungekündigtes Arbeitsverhältnis ausdrücklich hinweist oder sich in sonstiger Weise, etwa aus der Korrespondenz mit dem Bewerber oder aus einem Vorstellungsgespräch ergibt, dass er sich in einem ungekündigten Arbeitsverhältnis befindet, ausreichend, um beim gegenwärtigen Arbeitgeber **zunächst keine Auskunft** einzuholen.

Wendet sich der Bewerbungsempfänger trotzdem an den derzeitigen Arbeitgeber und entsteht dem Bewerber hierdurch ein Schaden, so ist der Bewerbungsempfänger auch dann zum Schadensersatz verpflichtet, wenn kein Arbeitsvertrag zustande kommt.

2. Auskunftserteilung durch den bisherigen Arbeitgeber

a) Auf Wunsch des Arbeitnehmers

4922 Neben der Pflicht des Arbeitgebers, ein Zeugnis auszustellen, ist dieser unter dem Gesichtspunkt der **nachvertraglichen Fürsorgepflicht** auch dazu **verpflichtet, auf Wunsch des Arbeitnehmers einem Dritten,** mit dem er in Verhandlung über den Abschluss eines Arbeitsvertrages steht, in bestimmtem **Umfang mündlich, fernmündlich oder schriftlich Auskünfte** über dessen Leistungen und Verhalten zu erteilen *(LAG Berlin 08.05.1989, EzA § 242 BGB Auskunftspflicht Nr. 2).* Die in diesem Zusammenhang gegebenen Auskünfte müssen wahr sein. Sie dürfen **über den Inhalt des erteilten qualifizier-**

ten Zeugnisses nicht hinausgehen. So verletzt der Arbeitgeber das allgemeine Persönlichkeitsrecht des Arbeitnehmers, wenn er dessen Personalakten einem Dritten ohne Wissen des Betroffenen zugänglich macht und diesem dadurch u.a. auch Einblick in den bisherigen Arbeitsvertrag verschafft *(BAG 18.12.1984, EzA § 611 BGB Persönlichkeitsrecht Nr. 2).*

Entspricht die Auskunft der Wahrheit, so kann diese auch dann gegeben werden, wenn sie dem Arbeitnehmer schadet.

b) Auf Wunsch des Bewerbungsempfängers

Praktisch wichtiger sind die Fälle, in denen Arbeitgeber über Arbeitnehmer auf Wunsch eines Bewerbungsempfängers Auskünfte erteilen sollen, **von denen der Bewerber nichts weiß. Auch ohne Zustimmung** und sogar gegen **den Wunsch des Arbeitnehmers** ist der bisherige Arbeitgeber **grundsätzlich berechtigt, wahrheitsgemäße Auskünfte** über die Person und das während des Arbeitsverhältnisses gezeigte Verhalten des Arbeitnehmers zu geben *(BAG a.a.O.).*

4923

Auch insoweit gilt aber, dass das Auskunftsrecht grundsätzlich nicht über den Inhalt des qualifizierten Zeugnisses hinausgeht und der Arbeitgeber für falsche Auskünfte auf Schadensersatz haftet (s. → Rz. 4924).

Das **Recht besteht nicht,** wenn der Arbeitgeber darauf in einer Vereinbarung mit dem Arbeitnehmer **verzichtet** hat, was oftmals in Vergleichen vor dem Arbeitsgericht geschieht. Auch bestehen gegen Vereinbarungen, die das **Recht inhaltlich beschränken,** keine Bedenken *(LAG Hamburg 16.08.1984, DB 1985, 284).*

Einigkeit besteht darüber, dass der **bisherige Arbeitgeber nicht verpflichtet** ist, einem entsprechenden Auskunftsersuchen nachzukommen. Wird ein Auskunftsersuchen ohne Zustimmung des Arbeitnehmers zurückgewiesen, sollte die Ablehnung begründet werden, um dem Nachfragenden keinen Anlass für falsche Schlussfolgerungen zu geben. Hat der Arbeitgeber eine Auskunft über den Arbeitnehmer erteilt, so muss er in der Regel dem ausgeschiedenen Arbeitnehmer **auf Verlangen die Auskunft bekannt geben.**

3. Haftung bei Auskunftserteilung

Die Haftung richtet sich nach den **gleichen Grundsätzen wie bei der Zeugniserteilung** (vgl. → Rz. 4918 f.) Unrichtige Auskünfte können auch **hier Schadensersatzansprüche** in Höhe des beim neuen Arbeitgeber entgangenen Verdienstes begründen, wenn aufgrund der Auskunft von der Einstellung Abstand genommen wurde. Enthält die Auskunft des Arbeitgebers nicht nur Tatsachen, die selbstverständlich wahr sein müssen, sondern auch eine **Beurteilung und Bewertung,** insbesondere des Temperaments und des Charakters des Arbeitnehmers, so muss jedoch berücksichtigt werden, dass diese notwendig subjektiv sind und von den Anforderungen und Maßstäben bestimmt werden, die der Arbeitgeber an seine Arbeitnehmer stellt und die bei jedem Arbeitgeber zwangsläufig anders sind. Derartige Bewertungen können nur dann vom Gericht beanstandet werden, wenn sie den

4924

Rahmen des pflichtgemäßen Ermessens überschreiten, d.h. subjektiv unrichtig und von Vorurteil und Voreingenommenheit geprägt sind.

Im Rahmen der **Beweislast** stellen sich für den Arbeitnehmer weitgehend dieselben Probleme wie bei der Geltendmachung eines Schadensersatzes wegen fehlerhafter Zeugniserteilung. Er muss darlegen und beweisen, dass der potentielle Arbeitgeber bereit gewesen wäre, ihn einzustellen und nur wegen der unrichtigen Auskunft davon Abstand genommen hat.

Neben der Geltendmachung von Schadensersatzansprüchen kann der Arbeitnehmer auf **Beseitigung der Beeinträchtigung** durch Widerruf der Auskunft, **bei Wiederholungsgefahr auch auf Unterlassung klagen.**

XII. Weiterführende Literaturhinweise:

Haupt, KHzA, 2. Aufl. 2000, 1.2 Beendigung, D. Zeugnis
Kühle/Bopp, Zeugnismuster für die betriebliche Praxis, 12. Aufl. 1997
Kölsch, Die Haftung des Arbeitgebers bei nicht ordnungsgemäßer Zeugniserteilung, NZA 1985, 382
Pfeiffer, GK-GewO, § 113
Popp, Bekanntgabe des Austrittgrunds in Arbeitszeugnissen, NZA 1997, 588
Schaub, Arbeitsrechts-Handbuch, 9. Aufl. 2000, § 146 Zeugnis
Schleßmann, Das Arbeitszeugnis, 15. Aufl. 1998,
Schmid, Rechtsprobleme bei der Einholung von Auskünften über Bewerber, DB 1982, 769
ders., Zur Interpretation von Zeugnisinhalten, DB 1988, 2253
Schulz, Alles über Arbeitszeugnisse, 5. Aufl. 1997
Weuster/Scheer, Arbeitszeugnisses in Textbausteinen, 7. Aufl. 1997
Weuster, Arbeits- und Ausbildungszeugnisse, AiB 1992, 328
ders., Zeugnisgestaltung und Zeugnissprache zwischen Informations- und Werbefunktion, BB 1992, 58
Witt, Erwähnung des Betriebsratsamts und der Freistellung im Arbeitszeugnis, BB 1996, 2194

37. Kapitel: Arbeitsgerichtsverfahren

I.	**Beschlussverfahren**	**4950**
	1. Gegenstand	4950
	2. Rechtsschutzinteresse	4951
	3. Verfahrensablauf	4952
	a) Güteverhandlung	4952
	b) Anhörungstermin	4952a
	c) Untersuchungsgrundsatz	4952b
	4. Beteiligte	4953
	5. Erledigung	4954
	6. Einstweiliger Rechtsschutz	4955
	7. Kosten	4956
II.	**Urteilsverfahren**	**4957**
	1. Gegenstand	4957
	2. Verfahrensablauf	4958
	a) Güteverhandlung	4958
	b) Kammertermin	4959
	c) Verhandlungsgrundsatz	4960
	3. Terminvorbereitung	4961
	4. Verhalten im Termin	4962
	5. Verfahrensbeendigung	4963
	6. Einstweiliger Rechtsschutz	4964
	7. Kosten	4965

Übersicht Arbeitsgerichtsverfahren

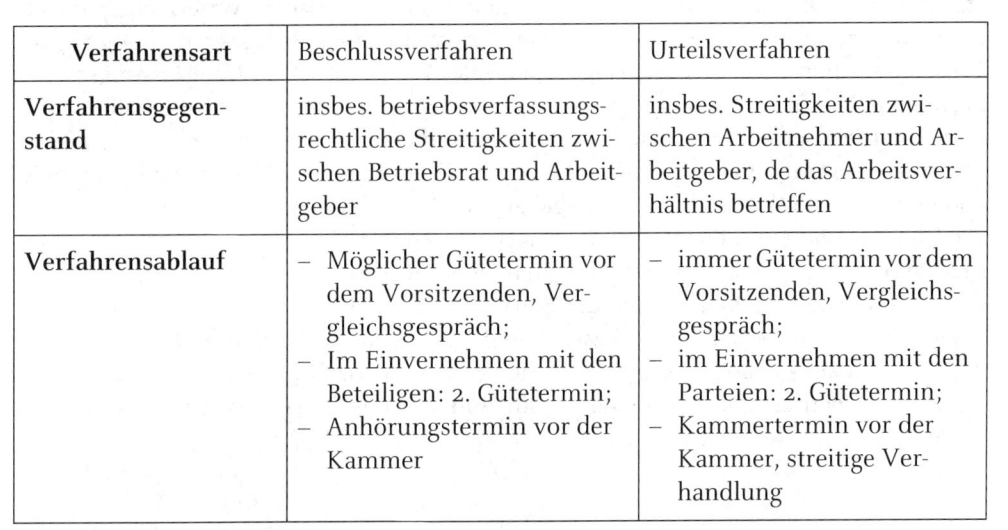

Verfahrensart	Beschlussverfahren	Urteilsverfahren
Verfahrensgegenstand	insbes. betriebsverfassungsrechtliche Streitigkeiten zwischen Betriebsrat und Arbeitgeber	insbes. Streitigkeiten zwischen Arbeitnehmer und Arbeitgeber, de das Arbeitsverhältnis betreffen
Verfahrensablauf	– Möglicher Gütetermin vor dem Vorsitzenden, Vergleichsgespräch; – Im Einvernehmen mit den Beteiligen: 2. Gütetermin; – Anhörungstermin vor der Kammer	– immer Gütetermin vor dem Vorsitzenden, Vergleichsgespräch; – im Einvernehmen mit den Parteien: 2. Gütetermin; – Kammertermin vor der Kammer, streitige Verhandlung

Verfahrensart	Beschlussverfahren	Urteilsverfahren
Verfahrensprinzip	Eingeschränkter Untersuchungsgrundsatz: Gericht erforsch den Sachverhalt im Rahmen des fristgerechten Vorbringens der Beteiligten	Verhandlungsgrundsatz: Parteien müssen Tatsachen im Verfahren vortragen
Verfahrensergebnis	Beschluss	Urteil

I. Beschlussverfahren

1. Gegenstand

4950 In bestimmten Streitigkeiten findet beim ArbG das Beschlussverfahren statt. Dieses betrifft nach § 2 a ArbGG insbesondere die Angelegenheiten aus dem Betriebsverfassungsgesetz. Darüber hinaus werden aber auch Angelegenheiten aus dem Sprecherausschussgesetz, dem Mitbestimmungsgesetz, dem Mitbestimmungsergänzungsgesetz und dem Betriebsverfassungsgesetz von 1952 sowie Fragen über die Tariffähigkeit und die Tarifzuständigkeit einer Vereinigung im Rahmen eines Beschlussverfahrens behandelt.

Die weit überwiegende Anzahl der Beschlussverfahren betrifft dabei die Angelegenheiten aus dem Betriebsverfassungsgesetz. Diese sind immer dann betroffen, wenn die durch das Betriebsverfassungsgesetz geregelte Ordnung des Betriebes und die gegenseitigen Rechte und Pflichten der Betriebspartner als Träger dieser Ordnung im Streit sind. Solche Streitfälle sind vielfältiger Weise denkbar. Hierzu gehören beispielsweise auch schon alle Probleme, die im Zusammenhang mit der Errichtung eines Betriebsverfassungsorgans auftreten können. Ebenso können alle Aspekte der Wahl eines Betriebsverfassungsorgans in einem Beschlussverfahren aufgegriffen werden. Auch Streitigkeiten innerhalb der einzelnen Betriebsverfassungsorgane oder zwischen diesen sind Angelegenheiten aus dem Betriebsverfassungsgesetz. Entsprechendes gilt für Streitigkeiten über die Einigungsstelle und über die Verpflichtung des Arbeitgebers, die Kosten der Betriebsratstätigkeit zu tragen. Die qualitativ und quantitativ wichtigste Gruppe der Angelegenheiten aus dem Betriebsverfassungsgesetz sind Streitigkeiten über Beteiligungsrechte des Betriebsrates. Über das Beschlussverfahren kann der Betriebsrat seine Beteiligungsrechte durchsetzen, arbeitgeberseitige Verletzungen dieser Beteiligungsrechte feststellen und sanktionieren lassen. Der Arbeitgeber seinerseits kann die verweigerte Beteiligung des Betriebsrates an bestimmten betrieblichen Maßnahmen im Rahmen des Beschlussverfahrens ersetzen lassen.

2. Rechtsschutzinteresse

Das Rechtsschutzinteresse ist eine Zulässigkeitsvoraussetzung für jedes Beschlussverfahren. Es besteht, wenn die Klärung der Streitigkeit im Interesse des Betriebsfriedens notwendig erscheint. Dies ist regelmäßig der Fall, wenn der Ausgangspunkt des Konfliktes in der Zukunft erneut auftreten kann. An einem Rechtsschutzinteresse fehlt es aber, wenn die gerichtliche Entscheidung auf ein bloßes Rechtsgutachten hinauslaufen würde.

3. Verfahrensablauf

a) Güteverhandlung

Durch das Arbeitsgerichtsbeschleunigungsgesetz vom 20.01.00 wurde die Möglichkeit einer Güteverhandlung im Beschlussverfahren eingeführt. Nach § 80 Abs. 2 Satz 2 ArbGG kann der Vorsitzende ein Güteverfahren ansetzen. Für dieses Güteverfahren gelten die Vorschriften für das Urteilsverfahren im ersten Rechtszug über das Güteverfahren entsprechend. Deshalb kann hier auf die Ausführungen unter → Rz. 4958 verwiesen werden.

Es ist den Beteiligten dringend zu empfehlen, diesen Gütetermin auch wahrzunehmen. Denn der Gütetermin ist eine Chance, betriebliche Konflikte einer schnellen Regelung zuzuführen, womit den weiter aufeinander angewiesenen Betriebsparteien regelmäßig gedient wird.

Allerdings wird eine »Säumnis« im Gütertermin nicht durch einen »Versäumnisbeschluss« bestraft werden können. Einen solchen »Versäumnisbeschluss« sieht das ArbGG nicht vor. Die bloße Bezugnahme des § 80 Abs. 2 ArbGG auf die Vorschriften im Urteilsverfahren erweitert die Befugnisse des Vorsitzenden nicht. Dieser ist nicht befugt, ohne die Kammer eine Alleinentscheidung zu treffen.

b) Anhörungstermin

Nach dem Scheitern der Güteverhandlung wird durch das Gericht ein Anhörungstermin bestimmt, der vor der Kammer stattfindet. Hinsichtlich des Verhandlungsablaufs wird auf → Rz. 4959 verwiesen.

Wichtig ist, dass im Beschlussverfahren ein streitiger Beschluss auch bei Säumnis eines Beteiligten ergehen kann. Die Beteiligten können sich schriftlich äußern und müssen den Termin zur Anhörung nicht wahrnehmen.

c) Untersuchungsgrundsatz

Nach § 83 Abs. 1 ArbGG hat das Gericht im Beschlussverfahren den Sachverhalt im Rahmen der gestellten Anträge von Amts wegen zu erforschen. Im Beschlussverfahren gilt also der Untersuchungsgrundsatz. Durch das Arbeitsgerichtsbeschleunigungsgesetz vom 20.01.2000 wurde dieser Grundsatz allerdings erheblich gelockert. Nach der neuen Vorschrift des § 83 Abs. 1 a ArbGG kann der Vorsitzende den Beteiligten nämlich eine Frist für ihren Sachvortrag setzen. Ein verspäteter Vortrag kann vom Gericht zurückgewiesen werden, wenn

- die Beteiligten diese Frist nicht beachten und
- die Beteiligten über diese Möglichkeit belehrt wurden und
- das Gericht zur Überzeugung gekommen ist, dass
  - die Zulassung des Vortrags den Rechtsstreit verzögern würde oder
  - der Beteiligte die Verzögerung nicht genügend entschuldigt.

Durch diese Regelung will der Gesetzgeber den Beteiligten die Möglichkeit nehmen, durch neuen Vortrag »in letzter Sekunde« im Anhörungstermin eine Entscheidung zu verzögern oder sogar zu verhindern.

Der fortbestehende Untersuchungsgrundsatz verpflichtet das Gericht aber auch weiterhin, den Sachverhalt auf der Grundlage des (rechtzeitigen) Vorbringens und der Anträge der Beteiligten zu ermitteln. Diese Ermittlung geschieht in der Praxis über Auflagen an die Beteiligten.

4. Beteiligte

4953 Im Beschlussverfahren gibt es keinen Kläger und keinen Beklagten. Vielmehr werden die Subjekte im Beschlussverfahren »Beteiligte« genannt.

Wer Beteiligter des Verfahrens ist, hängt von dem konkreten Streitgegenstand des Verfahrens ab. Neben dem Antragsteller sind immer die Personen oder Organe Beteiligte, die durch die begehrte Entscheidung in ihrer betriebsverfassungsrechtlichen, personalvertretungsrechtlichen oder mitbestimmungsrechtlichen Rechtsstellung unmittelbar betroffen sind. Das bloße Interesse einer Person oder eines Organs an einer Entscheidung genügt nicht. Betroffen ist aber stets diejenige Person oder Stelle, der gegenüber vom Antragsteller ein Recht geltend gemacht wird – also der Antragsgegner. In aller Regel sind die Beteiligten der Betriebsrat und der Arbeitgeber.

Auch in Rechtsstreitigkeiten über die betriebsverfassungsrechtliche Zulässigkeit personeller Einzelmaßnahmen (Einstellung, Versetzung, Eingruppierung, Umgruppierung) ist der jeweils betroffene Arbeitnehmer nicht zu beteiligen.

Eine Beteiligung eines von einer außerordentlichen Kündigung betroffenen Betriebsratsmitglieds hat nach § 103 Abs. 3 Satz 2 BetrVG zu erfolgen.

5. Erledigung

4954 Ein Beschlussverfahren kann durch eine gerichtliche Entscheidung, die in der Form eines Beschlusses ergeht, beendet werden. Darüber hinaus können die Beteiligten nach § 83 a ArbGG einen verfahrensbeendenden Vergleich schließen oder das Verfahren für erledigt erklären. Im letzteren Fall ist das Verfahren vom Vorsitzenden des Arbeitsgerichts förmlich einzustellen.

Wenn der Antragsteller das Verfahren einseitig für erledigt erklärt hat, ist den übrigen Beteiligten vom Gericht eine Frist einzuräumen, innerhalb derer sie mitzuteilen haben, ob sie der Erledigung zustimmen. Hier ist zu beachten, dass die Zustimmung als erteilt gilt, wenn sich die Beteiligten innerhalb der bestimmten Frist nicht äußern.

6. Einstweiliger Rechtsschutz

Auch im Beschlussverfahren sind einstweilige Verfügungen möglich. Sie sind auch erforderlich, um einen effektiven Rechtsschutz zu garantieren. Ein Antrag auf Erlass einer einstweiligen Verfügung ist nur zulässig, wenn dem Anspruchsteller ein besonderer Grund zur Seite steht, nach dem es ihm nicht zuzumuten ist, seinen Anspruch im normalen Beschlussverfahren zu verfolgen. Dies ist der Verfügungsgrund. Dieser liegt vor, wenn die Besorgnis besteht, dass die Verwirklichung eines Rechtes ohne eine alsbaldige einstweilige Regelung vereitelt oder wesentlich erschwert wird. Dabei handelt es sich um Ausnahmefälle. 4955

Soweit ein Betriebsrat ein Beteiligungsrecht durch eine Unterlassungsverfügung sichern will, ist zu beachten, dass ihm diese Beteiligungsrechte nicht als Selbstzweck zugewiesen wurden. Nur wenn der mit der Beteiligung des Betriebsrates bezweckte Schutz der Arbeitnehmer ohne Vornahme einer Unterlassungsverfügung unwiederbringlich vereitelt wird, ist eine solche zulässig.

7. Kosten

Das Beschlussverfahren ist gerichtskostenfrei. Soweit dem Betriebsrat durch die Einschaltung eines Prozessbevollmächtigten Kosten entstehen, hat diese regelmäßig der Arbeitgeber nach § 40 Abs. 1 BetrVG zu tragen. Denn die Prozessführung gehört zur Tätigkeit des Betriebsrates. 4956

Davon besteht insofern eine Ausnahme, als der Betriebsrat ein Beschlussverfahren mutwillig anhängig gemacht hat.

II. Urteilsverfahren

1. Gegenstand

Die Arbeitsgerichte entscheiden im Urteilsverfahren praktisch über alle Streitigkeiten zwischen Arbeitgebern und Arbeitnehmern, die in dem Arbeitsverhältnis wurzeln. Dabei handelt es sich insbesondere um Streitigkeiten, die die gegenseitigen Pflichten und Rechte aus dem Arbeitsverhältnis betreffen. Dies reicht von A – wie Abmahnung – bis Z – wie Zeugnis. 4957

Eine gewisse Bedeutung haben daneben noch die Rechtsstreitigkeiten zwischen verschiedenen Arbeitnehmern. Soweit besteht insbesondere eine Zuständigkeit der Arbeitsgerichte, wenn Ansprüche aus unerlaubten Handlungen hergeleitet werden, die mit dem Arbeitsverhältnis im Zusammenhang gestanden haben. Dies ist beispielsweise der Fall, wenn ein Arbeitnehmer seinen Kollegen während der Arbeit tätlich verletzt. Auch Verkehrsunfälle zwischen Arbeitnehmern auf dem Betriebsgelände des Arbeitgebers unterfallen der Zuständigkeit des Arbeitsgerichtes.

2. Verfahrensablauf

4958 Das arbeitsgerichtliche Urteilsverfahren gliedert sich in 2 Abschnitte. Es beginnt mit dem Titelverfahren und setzt sich bei dessen Scheitern im Kammerverfahren fort.

a) Güteverhandlung

Kern des Güteverfahrens ist die Güteverhandlung. Diese findet nur vor dem Vorsitzenden statt. Die ehrenamtlichen Richter der Kammer werden nicht beteiligt. Ziel und Zweck der Güteverhandlung ist es, eine gütliche Einigung herbeizuführen. Die Güteverhandlung ist eine Besonderheit des arbeitsgerichtlichen Urteilsverfahrens, die sich bewährt hat. In ihr werden ein erheblicher Teil aller Verfahren bereits erledigt. Der Erfolg einer Güteverhandlung hängt maßgeblich von den Moderationsfähigkeiten des Vorsitzenden und der Vorbereitung durch die Parteien ab.

Die Güteverhandlung kann in ihrer Wichtigkeit gar nicht hoch genug eingeschätzt werden. Sie ist die Gelegenheit, den Rechtsstreit auf wirtschaftlich vernünftige Weise beizulegen. Dies gilt insbesondere für Kündigungsschutzverfahren. Diese haben nämlich eine eigene Dynamik. Das mit einem Kündigungsschutzverfahren verbundene wirtschaftliche Risiko für einen Arbeitgeber steigt nämlich in der Regel mit dessen Dauer an. Dies folgt daraus, dass der Arbeitgeber in dem Fall, dass am Ende des Verfahrens die Unwirksamkeit der ausgesprochenen Kündigung festgestellt wird, regelmäßig verpflichtet ist, für die gesamte Zwischenzeit die Arbeitsvergütung unter dem Gesichtspunkt der Annahmeverzuges nachträglich zu erstatten. Eine Verfahrensdauer von einem halben Jahr bis zum erstinstanzlichen Urteil ist inzwischen keine Seltenheit mehr. Dies gilt insbesondere dann, wenn auch noch eine Beweiserhebung notwendig ist. Dies bedeutet beispielsweise bei einem Arbeitsverhältnis, in dem der Arbeitnehmer eine Bruttovergütung in Höhe von 4.000 DM verdient hatte, dass das Risiko bis zur erstinstanzlichen Entscheidung auf mehr als 25.000 DM anwuchs (6 x 4.000 zzgl. Arbeitgeberanteile). Demgegenüber findet der Gütetermin sehr schnell statt. Zwar wird auch hier die im Gesetz vorgesehene Terminierungsfrist von 2 Wochen inzwischen kaum noch eingehalten. Aber mit einer Terminierung binnen 4 Wochen nach Klageerhebung kann in aller Regel gerechnet werden. Zu diesem Zeitpunkt ist das Risiko für die Beteiligten noch kalkulierbar und tragbar.

In dem Gütetermin soll das gesamte Streitverhältnis mit den Parteien unter freier Würdigung aller Umstände erörtert werden. Dabei kann dann natürlich nur das erörtert werden, was die Parteien bis zu dem frühen Verhandlungstermin in das Verfahren eingebracht haben. Je mehr die Parteien im Vorfeld dem Vorsitzenden in bezug auf das streitige Rechtsverhältnis mitgeteilt haben, desto eher können sie darauf hoffen, schon im Gütetermin Hinweise auf rechtliche Probleme und insbesondere auf die Rechtsmeinung des Vorsitzenden zu erhalten. Natürlich ist es auch möglich, im Verhandlungstermin selbst die Umstände des Falls mündlich vorzutragen. Dabei darf aber nicht verkannt werden, dass die Gütermine in der Arbeitsgerichtspraxis zeitlich eng begrenzt sind. Im Durchschnitt wird ein Vorsitzender darauf achten, dass ein Gütertermin nicht länger als 10 Minuten dauert. In dieser kurzen Zeitspanne können häufig nicht alle – sondern nur die wichtigsten – Aspekte eines Streitfalles erörtert werden.

Eine gütliche Einigung kann durch einen Vergleich erfolgen. Dieser ist quasi ein Vertrag zwischen den Parteien, mit dem die bestehende Streitigkeit geregelt wird. Dieser Vergleich ist im Termin zu protokollieren. Rechtsunerfahrene Parteien könnten insoweit die Formulierungshilfe des Vorsitzenden in Anspruch nehmen.

Sofern eine Partei zu dem Gütertermin trotz ordnungsgemäßer Ladung nicht erscheint, kann gegen sie ein Versäumnisurteil ergehen. Gegen ein solches Versäumnisurteil kann nur binnen einer Woche Rechtsmittel eingelegt werden.

Wenn beide Parteien nicht zum Gütertermin erscheinen wird das Ruhen des Verfahrens mit der Folge angeordnet, dass nach einem Ablauf von weiteren 6 Monaten das Verfahren ausgetragen wird. Dies können die Parteien nur dadurch verhindern, dass sie in dieser 6-Monats-Frist einen Terminierungsantrag stellen.

Durch das Arbeitsgerichtsbeschleunigungsgesetz vom 20.01.2000 wurde die alte Regelung des § 111 Abs. 2 Satz 8 ArbGG gestrichen. Dort sind die Streitigkeiten im Ausbildungsverhältnis geregelt. Bis zur gesetzlichen Änderung sollte ein Güteverfahren nicht stattfinden, wenn ein Ausschuss zur Beilegung von Streitigkeiten zwischen Auszubildenden und Ausbilder tätig gewesen ist. Jetzt muss also auch bei solchen Streitigkeiten immer ein Gütertermin stattfinden.

Darüber hinaus wurde durch das Arbeitsgerichtsbeschleunigungsgesetz vom 20.01.00 die Regelung des § 54 Abs. 1 ArbGG um einen Satz 5 ergänzt. Danach kann der Vorsitzende mit Zustimmung der Parteien die Güteverhandlung in einem weiteren Termin (2. Gütertermin) fortsetzen. Das kann sinnvoll sein, wenn in der Güteverhandlung ein Sachvortrag erfolgt, der von der Gegenseite überprüft werden muss, oder wenn Informationsdefizite bei den Bevollmächtigten offenbar werden.

b) Kammertermin

Nach dem Scheitern des Gütertermins wird durch das Gericht ein Kammertermin zur Fortsetzung der streitigen Verhandlung bestimmt. Diese Verhandlung findet, wie der Name schon sagt – vor der Kammer statt, die aus dem Vorsitzenden und 2 ehrenamtlichen Richtern besteht.

Die Verhandlung beginnt mit dem Aufruf der Sache. Dieser erfolgt in den meisten Gerichten über eine Lautsprecheranlage. Man kann aber den Gerichtssaal auch schon vorher betreten. Sofern dort schon eine andere Verhandlung stattfindet, ist es für den Unkundigen interessant und sinnvoll, dieser zuzuhören.

Die Verhandlung wird durch den Vorsitzenden eröffnet und geleitet. Die Art und Weise der Verhandlungsführung hängt zum einen von den objektiven Rahmenbedingungen, zum anderen aber auch von der Person des Vorsitzenden ab. Eine Rolle spielen dabei neben der zeitlichen Enge des Termins – für einen Kammertermin werden in aller Regel 30 Minuten anberaumt – auch die Qualität der schriftsätzlichen Vorbereitung des Termins. Sofern Fragen offengeblieben sind, wird der Vorsitzende versuchen, diese im Gespräch zu klären. Darüber hinaus ist der Vorsitzende gehalten, das tatsächlich und rechtlich Wichtige des Rechtsstreits anzusprechen und den Parteien Gelegenheit zur Stellungnahme zu geben. Auch die gütliche Erledigung des Rechtsstreits spielt eine wichtige Rolle in den Erörterungen. Schließlich sind in der mündlichen Verhandlung auch die Anträge zu stellen. Wenn eine vergleichsweise Erledigung des Rechtsstreits im Termin nicht erreicht wird, schließt der Vorsitzende nach der Antragstellung die mündliche Verhandlung mit dem Hinweis, dass eine Entscheidung am Schluss der Verhandlung ergehen wird. Dies bedeutet, dass am Ende des Terminstages eine Entscheidung des Gerichtes verkündet wird. Diese kann dann ein Urteil oder nur ein Vertagungs- oder Beweisbeschluss sein.

Das Ergebnis erfahren die Parteien, die die Verkündung nicht abwarten, durch die Zustellung der Terminprotokolle. Sie können aber auch vorher schon beim Gericht anrufen und das Ergebnis abfragen.

Wenn in einem Kammertermin nur eine Partei erscheint, kann wie im Gütetermin ein Versäumnisurteil gegen die nicht erschienene Partei ergehen. Erscheinen beide Parteien nicht, wird auch hier das Ruhen des Verfahrens angeordnet.

Im Mittelpunkt des Kammertermins wird in aller Regel der Versuch des Gerichtes stehen, eine vergleichsweise Erledigung des Rechtsstreites herbeizuführen. Auch rechtliche Hinweise des Gerichtes sind in diesem Zusammenhang zu verstehen. Durch sie wird deutlich, wie das Gericht die Verteilung von Chancen und Risiken im Prozess sieht.

c) Verhandlungsgrundsatz

4960 Im Urteilsverfahren darf das Gericht seiner Entscheidung nur das Tatsachenmaterial zugrundelegen, das von den Parteien vorgetragen ist. Das Urteilsverfahren unterscheidet sich hier grundsätzlich von dem erläuterten Beschlussverfahren.

Hier liegt eine besondere Gefahr für rechtsunkundige Parteien. Diese wissen nämlich häufig gar nicht, welche Tatsachen für die Entscheidung ihrer Streitigkeit erheblich sind. Beispielsweise vergisst ein auf Überstundenvergütung klagender Arbeitnehmer darzulegen, dass er seine Ansprüche innerhalb der anzuwendenden tariflichen Ausschlußfrist formgerecht geltend gemacht hat. Oder ein Arbeitgeber, der die Wirksamkeit einer wegen wiederholter Schlechtleistung ausgesprochenen ordentlichen Kündigung verteidigen will, versäumt mitzuteilen, dass der Arbeitnehmer wegen anderer Schlechtleistungen bereits abgemahnt worden ist.

Das Gericht hat zwar die Möglichkeit, von einem Fragerecht Gebrauch zu machen. Dies geht aber nicht soweit, dass es den jeweils darlegungspflichtigen Parteien den Vortrag »in den Mund legt«.

Die Darlegung bestimmter Tatsachen wird auch nicht dadurch ersetzt, dass eine Partei sich pauschal auf einen Zeugen beruft. Über die Vernehmung eines Zeugen kann nämlich nur die Bestätigung eines streitigen Parteivorbringens erreicht werden. Alles andere wäre eine unzulässige Ausforschung des Zeugen.

Vor diesem Hintergrund gilt: Der Schlüssel einer erfolgreichen Prozessführung liegt in einer umfassenden Tatsachenaufbereitung.

3. Terminvorbereitung

> **CHECKLISTE TERMINSVORBEREITUNG**
> - Kann der Termin wahrgenommen werden? Muss Verlegung beantragt werden?
>   - Stimmen die Angaben in der Klageschrift über
>   - Betriebszugehörigkeitsdauer
>   - Durchschnittsverdienst
>   - Lebensalter
>   - soziale Verhältnisse
> - Was sind die Grundlagen des Arbeitsverhältnisses
>   - schriftlicher Arbeitsvertrag
>   - Tarifvertrag, ggf. welcher
> - Sind bestimmte gerichtliche Auflagen zu erfüllen oder Fristen zu beachten?

4961

Der Verlauf eines Gerichtstermins hängt auch davon ab, ob und wie gut die Beteiligten darauf vorbereitet sind. Im Rahmen der Terminsvorbereitung sollten verschiedene Aspekte berücksichtigt werden.

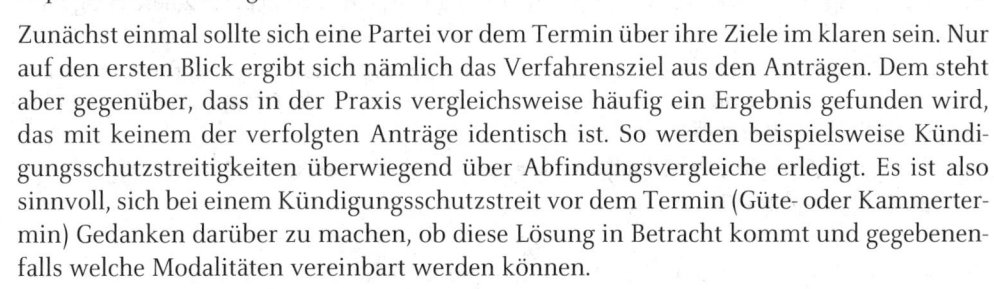

Zunächst einmal sollte sich eine Partei vor dem Termin über ihre Ziele im klaren sein. Nur auf den ersten Blick ergibt sich nämlich das Verfahrensziel aus den Anträgen. Dem steht aber gegenüber, dass in der Praxis vergleichsweise häufig ein Ergebnis gefunden wird, das mit keinem der verfolgten Anträge identisch ist. So werden beispielsweise Kündigungsschutzstreitigkeiten überwiegend über Abfindungsvergleiche erledigt. Es ist also sinnvoll, sich bei einem Kündigungsschutzstreit vor dem Termin (Güte- oder Kammertermin) Gedanken darüber zu machen, ob diese Lösung in Betracht kommt und gegebenenfalls welche Modalitäten vereinbart werden können.

Es ist nicht möglich, an dieser Stelle alle Umstände zu beleuchten, die dabei eine Rolle spielen können. Zwei Aspekte spielen aber regelmäßig eine Rolle. Zum einen ist dies der mit der Durchführung eines streitigen Verfahrens unter Umständen verbundene Aufwand. Dieser umfasst zum einen die Kosten. Darüber hinaus muss aber auch der zeitliche Aufwand berücksichtigt werden. Selbst wenn man einen Prozessbevollmächtigten eingeschaltet hat, müssen letztlich doch die Parteien das Tatsachenmaterial sichten und aufbereiten. Darüber hinaus muss damit gerechnet werden, dass das Gericht das persönliche Erscheinen der Parteien zum Termin anordnet. Und schließlich kann eine Beweisaufnahme erforderlich werden, in deren Rahmen beispielsweise Mitarbeiter oder Kunden vernommen werden. Letztlich ist zu beachten, dass gegen streitige Entscheidungen regelmäßig das Rechtsmittel der Berufung gegeben ist und somit nicht ausgeschlossen werden kann, dass das gesamte Verfahren in einer zweiten Instanz wieder aufgerollt wird.

Dieser Aspekt sollte insbesondere bei Streitigkeiten über Abmahnungen und Zeugnisformulierungen beachtet werden.

Der zweite Aspekt ist der des Verfahrensrisikos. Bei Leistungsklagen, die auf die Zahlung eines bestimmten Betrages (Weihnachtsgeld, Urlaubsgeld, Gehaltserhöhung usw.) gerichtet sind, ist das Risiko meist überschaubar. Anders verhält es sich aber insbesondere bei den Kündigungsschutzstreitigkeiten. Hier ist zu berücksichtigen, dass das wirtschaftliche Risiko des Arbeitgebers mit der Dauer des Verfahrens ansteigt.

Es ist insbesondere auch zu berücksichtigen, dass ein rechtskräftiges Urteil 2. Instanz über eine Kündigungsschutzstreitigkeit selten vor Ablauf eines Jahres nach Ausspruch der Kündigung zu erreichen ist. Sowohl personelle Dispositionen des Arbeitgebers als auch diesbezügliche Entscheidungen des Arbeitnehmers können während der Dauer des Verfahrens nur vorläufig sein. Das Ergebnis des Verfahrens ist schließlich nicht vorher bekannt. Vor diesem Hintergrund ist den Praktikern zuzustimmen, die gerade bei Kündigungsschutzstreitigkeiten meinen, dass ein früher schlechter Vergleich immer besser ist als ein spätes obsiegendes erstinstanzliches Urteil.

BEISPIEL FÜR EINE ABFINDUNGSBERECHNUNG:

Der 35-jährige gewerbliche Arbeitnehmer A wurde nach genau 3-jähriger Betriebszugehörigkeit betriebsbedingt ordentlich gekündigt. Er verdiente zuletzt 4.000 DM brutto/Monat.

Nach der gängigen **Faustformel** wird eine Abfindung in Höhe von einem Bruttoeinkommen für 2 Beschäftigungsjahre berechnet, für A also (3 Beschäftigungsjahre x 4000 DM) : 2 Beschäftigungsjahre = 6.000 DM netto.

Diese Faustformel ist nur der Ausgangspunkt einer Berechnung. Es kann angezeigt sein, von der so errechneten Abfindung **Risikoabschläge** abzuziehen. Dabei werden die Erfolgsaussichten der Kündigungsschutzklage zu berücksichtigen sein.

Regelmäßig rechtfertigt die Verteilung der Darlegungs- und Beweislast eine Chancenprognose von 2 : 1 zugunsten des Arbeitnehmers.

Des weiteren können im Einzelfall besondere persönliche Umstände des Arbeitnehmers **soziale Aufschläge** rechtfertigen. In Betracht kommen beispielsweise die Schwerbehinderteneigenschaft oder ein Lebensalter über 50 Jahre.

Derartige Aufschläge können je nach Gewichtigkeit 1/2 – 1 Bruttomonatsverdienst je Umstand betragen.

Schließlich kann sich ein Aufschlag aus dem Annahmeverzugsrisiko des Arbeitgebers rechtfertigen, das mit der Dauer des Verfahrens ansteigt (vgl. → Rz. 4958).

Neben der Zielbestimmung gehört zur Terminsvorbereitung die Beachtung gerichtlicher Auflagen. Beispielsweise kann durch den Vorsitzenden das persönliche Erscheinen des

Geschäftsführers zum Termin angeordnet worden sein. In diesen Fällen empfiehlt es sich, zu überprüfen, ob der geladene Geschäftsführer zur Klärung der Sache wirklich etwas beitragen kann. Gerade bei größeren Unternehmen wird dies häufig nicht der Fall sein. Dann kann sich der geladene Geschäftsführer nach § 141 Abs. 3 ZPO durch einen in der Sache informierten Mitarbeiter vertreten lassen. Diesem muss dann eine Vollmacht für den Termin ausgestellt werden.

In Vorbereitung des schnell anberaumten Gütetermins ist es darüber hinaus sinnvoll, die Richtigkeit der klägerischen Angaben in der Klageschrift anhand der Personalunterlagen zu überprüfen. Sofern beispielsweise Betriebszugehörigkeitsdauer oder Personaldaten oder die Vergütung seitens des Klägers falsch bezeichnet wurden, sollte dies richtig gestellt werden. Es empfiehlt sich, Unterlagen wie Arbeitsvertrag, Abmahnungen, Verdienstbescheinigungen, Tarifverträge im Termin parat zu haben, um eventuelle Fragen des Vorsitzenden beantworten zu können.

In Vorbereitung des Kammertermins ist es immer sinnvoll, die Grundlagen des Arbeitsverhältnisses schriftsätzlich zu benennen und gegebenenfalls Kopien von Verträgen oder getroffenen Absprachen zur Akte zu reichen.

Darüber hinaus sind Auflagen des Gerichtes genau zu beachten. Diesen Auflagen ist nämlich zu entnehmen, welchen Tatsachenvortrag das Gericht für entscheidungserheblich hält. Dabei kann nur empfohlen werden, die Auflagen so detailliert wie möglich zu befolgen. Dies gilt insbesondere dann, wenn das Gericht zu einer so genannten »substantiierten Stellungnahme« aufgefordert hat. Damit macht das Gericht nämlich deutlich, dass ein pauschaler Vortrag nicht genügt.

Die Nichtbeachtung gesetzter Fristen kann zur Folge haben, dass das verspätete Vorbringen von dem Gericht bei der Entscheidungsfindung nicht mehr berücksichtigt wird. Es ist darum zu empfehlen, gesetzte Fristen auch zu beachten.

Unabhängig davon sollte eine Partei das aus ihrer Sicht erhebliche Tatsachenmaterial so früh wie möglich in das Verfahren einbringen. Damit wächst die Chance, schon im ersten Kammertermin eine abschließende Entscheidung zu erhalten.

4. Verhalten im Termin

Die Gesprächsleitung im Termin obliegt dem Vorsitzenden. Er stellt Fragen und fordert zu Stellungnahmen auf.

4962

Der Vorsitzende ist mit »Herr Vorsitzender/Frau Vorsitzende«, die beisitzenden Richter mit »Herr Richter/Frau Richterin« und die Gegenpartei bzw. deren Prozessbevollmächtigte mit Namen anzusprechen.

Bei den Gerichten gibt es eine Sitzordnung, nach der die klagende Partei vom Vorsitzenden aus gesehen links und die beklagte Partei rechts Platz zu nehmen hat. Es ist zu empfehlen, sich in der mündlichen Verhandlung um ein sachliches Auftreten zu bemühen. Insbesondere ehrabschneidende Formulierungen gegenüber der anderen Partei sollten unterlassen werden.

Für den Fall, dass Vergleiche oder Widerrufsvergleiche im Termin geschlossen werden oder der Vorsitzende Auflagenbeschlüsse verkündet, sollten diese möglichst mitgeschrieben werden. Dadurch kann der mit der Zustellung der Terminsprotokolle verbundene Zeitverlust vermieden werden.

5. Verfahrensbeendigung

4963 Das Verfahren kann im Gütetermin durch Vergleich oder Klagerücknahme oder Anerkenntnis erledigt werden. Ein streitiges Urteil kann im Gütetermin nicht ergehen. Dieses ist nur im Kammertermin möglich.

Ein besonderer Fall der vergleichsweisen Erledigung ist der Abschluss eines Widerrufsvergleichs. Das spezifische eines Widerrufsvergleichs ist, dass sich eine oder beide Parteien den Widerruf des abgeschlossenen Vergleichs binnen einer bestimmten Frist vorbehalten haben. Sofern sie form- und fristgerecht von diesem Widerruf Gebrauch machen, wird der geschlossene Widerrufsvergleich mit der Folge hinfällig, dass das Verfahren streitig fortgesetzt werden muss.

Dabei ist zu beachten, dass die in der Vorbehaltsklausel festgelegten Regeln für die Vornahme des Widerrufs eingehalten werden. Beispielsweise ist eine Schriftform einzuhalten oder der Widerruf innerhalb der vereinbarten Frist an das Gericht zu senden. Dann wäre ein telefonischer Widerruf oder die Zusendung des Widerrufs an den Verfahrensgegner nicht wirksam.

6. Einstweiliger Rechtsschutz

4964 Auch bei dem den Urteilsverfahren zuzurechnenden Streitgegenständen ist ein Antrag auf Erlass einer einstweiligen Verfügung möglich. Die Möglichkeit, dieses besonders geregelte Eilverfahren in Anspruch zu nehmen, ist aber wie beim Beschlussverfahren an besondere Voraussetzungen geknüpft.

Es bedarf eines besonderen Verfügungsgrundes. Der Antragsteller muss glaubhaft machen, dass die Verwirklichung eines Individualanspruches gefährdet oder aus besonderen Gründen die Sicherung eines Zustandes in seinem Interesse notwendig ist.

In Betracht kommt das Erfordernis einer einstweiligen Verfügung beispielsweise bei der Durchsetzung von Urlaubsgewährung, Entgeltzahlung, Beschäftigung und Herausgabe von Arbeitspapieren. Beispielsweise kann der Grund für eine einstweilige Verfügung in bezug auf Vergütungsansprüche darin liegen, dass der Arbeitnehmer auf die Entgeltzahlung angewiesen ist, um eine Notlage zu vermeiden. Allerdings ergeben sich aus der Begrenztheit dieses Grundes auch Einschränkungen für eine mögliche Anordnung. Im Rahmen einer einstweiligen Verfügung werden dem Arbeitnehmer regelmäßig nur Vergütungszahlungen in dem Umfang zugesprochen werden können, die er für die Deckung des Lebensunterhaltes notwendig ist.

Die dem Verfügungsgrund und dem Anspruch selbst zugrundeliegenden Tatsachen müssen von dem Anspruchsteller im Verfügungsverfahren glaubhaft gemacht werden. Dies geschieht in aller Regel durch die Abgabe einer eidesstattlichen Versicherung. Dabei genügt es nicht, dass unter Bezugnahme auf die Antragsschrift die Richtigkeit aller in dieser enthaltenen tatsächlichen Behauptungen eidesstattlich versichert wird, vielmehr müssen in einer gesonderten Schrift diese Behauptungen noch einmal zusammengefasst oder aufgelistet werden.

Das Gericht kann mit oder ohne mündliche Verhandlung entscheiden. Sofern es auf eine mündliche Verhandlung verzichtet, entscheidet es durch Beschluss. Nach einer mündlichen Verhandlung ergeht die Entscheidung in Form eines Urteils.

Das Gericht kann die Ladungs- und Einlassungsfristen drastisch verkürzen.

7. Kosten

Nach § 12 a ArbGG besteht im Urteilsverfahren des 1. Rechtszuges kein Anspruch der obsiegenden Partei auf Kostenerstattung. Dies umfasst insbesondere die Kosten der Hinzuziehung eines Prozessbevollmächtigten und einen etwa erlittenen Dienstausfall. Lediglich Reisekosten (Kosten für Übernachtung, Fahrtauslagen, Verpflegungsgelder) sind erstattungsfähig. Im Urteilsverfahren werden Gerichtsgebühren erhoben. Sofern die Parteien vor Gericht einen den Prozess beendenden Vergleich abschließen, entfallen die Gerichtsgebühren.

Neben den Gerichtsgebühren sind aber in jedem Fall gerichtliche Auslagen zu ersetzen. Diese umfassen beispielsweise Zustellgebühren, Dolmetscher- und Sachverständigenkosten.

Wenn eine streitige Entscheidung ergeht, wird von Amts wegen über die Kostenlast entschieden. Bei Vergleichen gilt, sofern die Parteien nichts anderes vereinbaren, die Regel, dass die Kosten gegeneinander aufgehoben werden. Dies bedeutet, dass jede Partei ihre eigenen Kosten selbst zu tragen hat und die gerichtlichen Kosten geteilt werden. Wenn die Parteien den Rechtsstreit in der Hauptsache für erledigt erklärt haben, entscheidet das Gericht über die Kosten unter Berücksichtigung des bisherigen Sach- und Streitstandes nach billigem Ermessen. Diese Kostenentscheidung verursacht wiederum eine gerichtliche Gebühr. Vor diesem Hintergrund ist es in den Fällen, in denen erst geringe gerichtliche Kosten angefallen sind, wirtschaftlicher, die Gerichtskosten freiwillig zu übernehmen und auf eine Kostenentscheidung zu verzichten.

38. Kapitel: Anbahnung des Arbeitsverhältnisses und Arbeitsvermittlung

I.	Wegfall des Vermittlungsmonopols des Arbeitsamtes	5001
II.	Vermittlung durch das Arbeitsamt	5004
III.	Private Arbeitsvermittlung mit Erlaubnis des Arbeitsamtes	5010
IV.	Vermittlung in berufliche Ausbildungsstellen	5015
V.	Erlaubnisfreie Tätigkeiten zur Anbahnung von Arbeitsverhältnissen	5016
VI.	Weiterführende Literaturhinweise	5020

I. Wegfall des Vermittlungsmonopols des Arbeitsamtes

Wenn ein Arbeitgeber für einen freien Arbeitsplatz einen geeigneten Arbeitnehmer sucht oder umgekehrt ein Arbeitnehmer einen neuen Arbeitsplatz, können sie die Suche selbst vornehmen. Hierfür bieten sich u.a. ein Aushang im Betrieb, das Herumfragen bei Kollegen und Bekannten oder eine Zeitungsannonce an. Der Selbstsuche fehlt aber nicht selten die notwendige Breitenwirkung. Deshalb kommt der **Arbeitsvermittlung** besondere Bedeutung zu. Wirksame Arbeitsvermittlung ist wesentliche Voraussetzung für einen funktionierenden Arbeitsmarkt. 5001

Wegen ihrer hohen Bedeutung war Arbeitsvermittlung traditionell als Bestandteil staatlicher Daseinsvorsorge anerkannt und den Arbeitsämtern vorbehalten; sie besaßen das Vermittlungsmonopol. Arbeitsvermittlung durch private Unternehmen war nur mit besonderer Erlaubnis des Arbeitsamtes zugelassen. Erteilt wurde sie nur für bestimmte Berufszweige, z.B. für die Vermittlung in künstlerischen Berufen (Künstleragenturen).

In den letzten Jahren ist das Monopol der Arbeitsämter bei der Arbeitsvermittlung in die Kritik geraten. Die Freizügigkeitsgarantie und Wettbewerbsfreiheit innerhalb der Europäischen Union trugen dazu ebenso bei wie Zweifel, ob die Arbeitsämter ihre Aufgabe noch ausreichend effektiv erfüllen könnten. Namentlich für Führungskräfte (leitende Angestellte) bediente sich die private Wirtschaft zunehmend der Tätigkeit von Personalberatern und erreichte so im Rahmen erlaubter Selbstsuche ohne Inanspruchnahme des Arbeitsamtes die gewünschte Breitenwirkung.

Zu Anfang 1994 wurde das Vermittlungsmonopol der Arbeitsämter deshalb gelockert. Private Arbeitsvermittlung sollte in größerem Umfang zugelassen werden können. Die Lockerung sollte in erster Linie solcher privater Vermittlung zugute kommen, die nicht auf Gewinn ausgerichtet ist, also für ihre Tätigkeit nur Ersatz der Aufwendungen beansprucht. Gedacht war an eine Kammer oder einen Verband, die es übernehmen, in einer Region oder einer Branche die von den dazu gehörigen Unternehmen gesuchten Arbeitskräfte zu vermitteln. Unter bestimmten Voraussetzungen, namentlich für leitende Angestellte, sollte auch auf Gewinn gerichtete private Arbeitsvermittlung zugelassen werden 5002 können. Vorgesehen war schließlich, in bestimmten Regionen als Modellversuch ganz allgemein private Arbeitsvermittlung zu ermöglichen, um Erfahrungen damit zu gewinnen.

5003 Unter dem Eindruck der anhaltenden Probleme auf dem Arbeitsmarkt hat das Beschäftigungsförderungsgesetz 1994, BeschFG 1994, *(26.07.1994, BGBl. I S. 1786)* schließlich mit Wirkung ab **01.08.1994** das **Vermittlungsmonopol der Arbeitsämter aufgehoben.**

Jetzt gilt: Welcher Arbeitgeber für freie Arbeitsplätze geeignete Arbeitnehmer sucht oder welcher Arbeitnehmer einen neuen Arbeitsplatz sucht, kann wählen. Er kann wie bisher kostenfrei die Vermittlungstätigkeit des Arbeitsamtes in Anspruch nehmen. Er kann sich aber **auch eines privaten Arbeitsvermittlungs-Büros** bedienen.

Nach wie vor gilt aber: Private oder gewerbliche Arbeitsvermittlung darf **nur mit besonderer Erlaubnis** des Arbeitsamtes betrieben werden! Der private Vermittler muss sich also zunächst die Erlaubnis beschaffen,

II. Vermittlung durch das Arbeitsamt

5004 Sucht der Arbeitgeber für einen freien Arbeitsplatz einen geeigneten Bewerber, meldet er das dem Arbeitsamt, beschreibt die Anforderungen und nennt die Arbeitsbedingungen. Der Vermittler wird aus dem Kreis der registrierten Arbeitslosen geeignete Bewerber vorschlagen und diese auffordern, sich bei dem Arbeitgeber vorzustellen. Die Vermittlungstätigkeit des Arbeitsamtes ist kostenlos. Das Arbeitsamt darf i.Ü. auch in selbständige Tätigkeiten vermitteln, z.B. im künstlerischen Bereich. Hierin liegt weder ein Wettbewerbs- noch ein sonstiger Verstoß zu Lasten einer privaten Künstleragentur *(BSG 11.05.1999, B 11 AL 45/98 R).*

Das **Vermittlungsgesuch** schafft **keinen bürgerlich-rechtlichen Auftrag**, im Namen des Arbeitgebers mit dem Arbeitsuchenden Vertragsverhandlungen zu führen. Das Arbeitsamt bringt die am Abschluss des Arbeitsvertrages interessierten Parteien nur zueinander, es wirkt **wie ein Makler**. Den Arbeitsvertrag auszuhandeln und abzuschließen ist Sache des Arbeitgebers und des Arbeitsuchenden.

Die Vermittlungstätigkeit des Arbeitsamtes ist **schlichtes Verwaltungshandeln** auf der Grundlage öffentlichen Rechts. Für Schäden, die z.B. durch eine Fehlvermittlung entstehen (etwa: Vermittlung eines Kraftfahrers, der keinen Führerschein besitzt oder unter Nichtbeachtung gesundheitlicher Einschränkungen), muss die Bundesanstalt nach den Grundsätzen über die Amtshaftung einstehen (§ 839 BGB, Art. 34 GG). Streitigkeiten über solchen Schadenersatzanspruch wegen fehlerhafter Vermittlung sind vor dem Landgericht auszutragen.

5005 Das Arbeitsamt darf nicht vermitteln, wenn ein Arbeits- oder Ausbildungsverhältnis begründet werden soll, das gegen ein Gesetz oder die gegen die guten Sitten verstößt. Deshalb darf das Arbeitsamt z.B. nicht am Zustandekommen von Arbeitsverhältnissen zu tarifwidrigen Bedingungen oder unter Verstoß gegen Mindestarbeitsbedingungen mitwirken. Auf Verlangen hin muss das Arbeitsamt den Arbeitsuchenden auch über die Tarifwidrigkeit von Arbeitsbedingungen beraten.

Während eines **Streiks oder einer Aussperrung** darf das Arbeitsamt in dem vom Arbeitskampf unmittelbar betroffenen Bereich Arbeit nur vermitteln, wenn es Arbeitgeber und auch Arbeitsuchender nach ausdrücklichem Hinweis auf den laufenden Arbeitskampf verlangen. 5006

Damit das Arbeitsamt von einem Arbeitskampf Kenntnis erlangt, ist der Arbeitgeber verpflichtet, den Ausbruch eines Arbeitskampfes dem für seinen Betriebssitz örtlich zuständigen Arbeitsamt schriftlich anzuzeigen. Die Anzeige kann auch von einer Gewerkschaft erstattet werden.

Auch in sonstiger Hinsicht handelt das **Arbeitsamt** bei der Vermittlung streng **unparteiisch**. So dürfen schon nach arbeitsrechtlichen Grundsätzen vom Arbeitgeber vorgegebene Einschränkungen für eine Vermittlung hinsichtlich des Geschlechts, des Alters, des Gesundheitszustandes oder der Staatsangehörigkeit des Arbeit- oder Ausbildungssuchenden vom Arbeitsamt nur berücksichtigt werden, wenn sie nach der Art der auszuübenden Tätigkeit unerlässlich sind. 5007

Einschränkungen mit Bezug auf Zugehörigkeit zu einer Gewerkschaft oder einer Religionsgemeinschaft dürfen nur für Tendenzbetriebe (§ 118 Abs. 1 Satz 1 BetrVG) oder dann berücksichtigt werden, wenn die Art der auszuübenden Tätigkeit solche Einschränkung rechtfertigt, z.B. bei einer Tätigkeit in einem privaten Haushalt oder Tätigkeiten bei einer Religionsgemeinschaft und in ihren sozialen oder karitativen Einrichtungen.

Sowohl der Arbeitsuchende oder Ausbildungssuchende als auch der Arbeitgeber sind verpflichtet, an der Vermittlung aktiv mitzuwirken (§§ 38, 39 SGB III). Das Arbeitsamt kann die Vermittlung einstellen, wenn diese Mitwirkung unterbleibt, z.B. wenn der Arbeitgeber die für eine Vermittlung notwendigen Auskünfte nicht erteilt. 5008

Das Arbeitsamt kann die Vermittlung ferner einstellen, wenn der Arbeitgeber durch sein Verhalten eine erfolgreiche Vermittlung erschwert, insbesondere wenn

- die Arbeitsbedingungen der angebotenen Stelle so ungünstig sind, dass sie dem Arbeitsuchenden nicht zumutbar sind und eine Vermittlung deshalb von vornherein keinen Erfolg verspricht; allerdings muss der Arbeitgeber zuvor darauf hingewiesen werden, um Gelegenheit zu erhalten, die Bedingungen anzupassen;
- der Arbeitgeber keine oder unzutreffende Rückmeldungen über den Misserfolg vorangegangener Vermittlungsvorschläge gemacht hat.

Unabhängig davon läuft ein Vermittlungsauftrag 6 Monate; die Ausbildungsvermittlung darf freilich frühestens 3 Monate nach Beginn eines Ausbildungsjahres eingestellt werden. Der Arbeitgeber kann sein Vermittlungsgesuch allerdings wiederholen.

Die Vermittlungstätigkeit des Arbeitsamtes ist wie bisher **kostenlos.** Allerdings darf das Arbeitsamt ausnahmsweise vom Arbeitgeber einen Aufwendungsersatz verlangen, wenn seine Aufwendungen den gewöhnlichen Aufwand erheblich übersteigen (z.B. bei besonderen Anforderungen des Stellenanbieters oder wenn wegen der geringen Zahl möglicher Bewerber besondere Akquisitionsarbeit erforderlich wird). Der Arbeitgeber muss in solchem Fall frühzeitig über die Kosten unterrichtet werden. 5009

Vermittlungsgebühren können im Übrigen wie unter dem bisherigen Recht für Fälle der Auslandsvermittlung verlangt werden (dazu AnO nach § 44 SGB III vom 26.11.1997, ANBA 1998, 1). Zu beachten ist: Einen Aufwendungsersatz oder eine Vermittlungsgebühr darf sich der Arbeitgeber nicht vom vermittelten Arbeitnehmer und auch nicht von einem Dritten erstatten lassen (§ 43 Abs. 4 SGB III)!

Dem Arbeitgeber steht es frei, den vom Arbeitsamt vorgeschlagenen Arbeitsuchenden einzustellen oder nicht. Stellt er nicht ein, ist er gehalten, dem Arbeitsamt darüber Nachricht zu geben (**Rückmeldung**), andernfalls das Arbeitsamt seine Vermittlungsbemühungen einstellen kann (s. oben → Rz. 5008).

Auf der für die Rückmeldung vorgesehenen Vermittlungskarte gibt der Arbeitgeber **stichwortartig den Grund** an, wenn es nicht zur Einstellung kommt, z.B.

- »Stelle bereits besetzt« oder
- »Bewerber nicht geeignet« oder
- »Bewerber nicht zur Vorstellung erschienen«.

Der Arbeitsuchende ist allerdings gehalten, der Vermittlung des Arbeitsamtes Folge zu leisten. Dazu gehört es, sich beim Stellenanbieter binnen angemessener Frist vorzustellen und, wenn dieser einstellungsbereit ist, die Stelle auch anzunehmen und anzutreten. Nimmt der Arbeitsuchende die Stelle nicht an oder tritt er sie nicht an und hat er für sein Verhalten **keinen wichtigen Grund** zur Seite, setzt das Arbeitsamt eine **Sperrzeit von regelmäßig 12 Wochen** fest, für welche Zeit der Arbeitslose kein Arbeitslosengeld erhält; im Wiederholungsfalle erlischt der Anspruch vollständig. Vorausgesetzt wird dabei, dass die Stelle konkret mit Namen des Arbeitgebers und Art der Tätigkeit angeboten und der Arbeitslose über die Rechtsfolgen bei Nichtannahme oder Nichtantritt der Arbeit ausdrücklich belehrt worden ist. Eine Sperrzeit tritt auch ein, wenn der vom Arbeitsamt vermittelte Arbeitnehmer schon die Anbahnung eines Beschäftigungsverhältnisses verhindert, z.B. ein Vorstellungsgespräch verhindert. Die Rückmeldung des Arbeitgebers ist deshalb für das Arbeitsamt sehr wichtig und der Arbeitgeber sollte den Grund für das Nicht-Zustandekommen genau angeben.

III. Private Arbeitsvermittlung mit Erlaubnis des Arbeitsamtes

5010 Will eine Kammer oder ein Arbeitgeberverband, ein bisher in der Personalberatung tätiges Unternehmen oder ein privater Gewerbetreibender ähnlich wie das Arbeitsamt Arbeitskräfte vermitteln, benötigt er dazu eine **Erlaubnis**. Sie muss **beim Arbeitsamt beantragt** werden.

Auf die Erlaubnis besteht Rechtsanspruch und das Arbeitsamt wird sie erteilen, wenn der Antragsteller die folgenden **Voraussetzungen** erfüllt:

- Er muss die erforderliche **Eignung** für die angestrebte Tätigkeit besitzen. Gefordert wird eine qualifizierte Berufsausbildung mit hinreichenden Kenntnissen der Berufsfelder. Bei einer juristischen Person oder Personengesellschaft (z.B. Kammer, GmbH, KG o.ä.) müssen für die Tätigkeit verantwortliche natürliche Personen bestellt sein, welche die notwendige Eignung besitzen.

Die Eignung wird angenommen, wenn der Antragsteller entweder über eine **anerkannte Berufsausbildung** verfügt oder ein **Hochschulstudium** abgeschlossen hat und mindestens **3 Jahre berufstätig** war oder wenn er mindestens 3 Jahre beruflich Aufgaben des Personalwesens, der Arbeitsvermittlung, Personalberatung oder Arbeitnehmerüberlassung wahrgenommen hat; liegt solche **einschlägige Berufserfahrung** vor, kommt es auf eine Berufsausbildung nicht an.

- Er muss die erforderliche **persönliche Zuverlässigkeit** besitzen; bei juristischen Personen oder Personengesellschaften kommt es auch hier auf die Zuverlässigkeit der Verantwortlichen an. Die Anforderungen in Bezug auf die Zuverlässigkeit ähneln denen, wie sie für Erlaubnisse im Bereich des Gewerberechts gelten (z.B. polizeiliches Führungszeugnis, Auskunft aus dem Gewerbezentralregister). Wesentliche Elemente der Zuverlässigkeit sind Unbescholtenheit und einwandfreies bisheriges Geschäftsgebaren. Entscheidend ist, ob eine Gefährdung der Interessen der vermittelten Personen oder der suchenden Arbeitgeber zu besorgen ist. Es wird eine Prognoseentscheidung getroffen. Führt die Prognose zu keinem klaren Ergebnis, geht das zu Lasten der Erlaubnisbehörde *(LSG Rheinland-Pfalz 12.11.1995, NZS 1996, 293).*
- Er muss in **geordneten Vermögensverhältnissen** leben und dies durch Auskunft über Einträge im Schuldnerverzeichnis des für ihn in den letzten 5 Jahren zuständigen Amtsgerichts belegen und
- er muss über **angemessene Geschäftsräume** verfügen. Die Forderung nach angemessenen Geschäftsräumen dient dem Datenschutz und soll gewährleisten, dass die vom Vermittler erhobenen persönlichen Daten der Bewerber nicht zweckwidrig verwendet, z.B. nicht an einen mit dem Vermittler verbundenen Arbeitnehmer-Überlassungsbetrieb weitergegeben werden (vgl. → Rz. 5014); die Geschäftsräume des Vermittlers müssen geeignet sein, dem Datenschutz ausreichend Rechnung zu tragen.

Die Erlaubnis wird **auf Antrag** zunächst **auf 3 Jahre befristet** erteilt. Frühestens 6 Monate vor Ablauf der 3 Jahre kann Antrag auf **Verlängerung** gestellt werden. Sie wird dann unbefristet verlängert.

5011

Der Antrag auf die Erlaubnis muss auf einem vom Arbeitsamt vorgeschriebenen **Vordruck** gestellt werden. Folgende **Angaben** sind erforderlich:

- Name und Anschrift des Antragstellers,
- berufliche Vorbildung und Berufserfahrung,
- Vorstrafen, Gewerbeuntersagungen, Erlaubnisrücknahmen, anhängige Ermittlungs- oder Strafverfahren,
- ob die Vermittlungstätigkeit auf bestimmte Berufe oder Personengruppen beschränkt sein soll und
- in welcher Region oder welchen Regionen die Vermittlungstätigkeit ausgeübt werden soll.

Es sind folgende **Unterlagen beizufügen:**

- Polizeiliches Führungszeugnis,
- Auskunft aus dem Gewerbezentralregister,
- Auskunft über Einträge im Schuldnerverzeichnis,
- Nachweis über Einzahlung des Vorschusses auf die Bearbeitungsgebühr und, sofern der Vermittler eine juristische Person oder Handelsgesellschaft ist:
- Gesellschaftsvertrag, Statut oder Satzung mit Auszug aus dem Handels- oder Genossenschaftsregister.

Für die Bearbeitung des Antrags erhebt das Arbeitsamt eine **Gebühr.** Sie beträgt 1.000,00 DM bzw. den entsprechenden EURO-Betrag für die Erteilung einer befristeten und 2.000,00 DM bzw. den entsprechenden EURO-Betrag für die Erteilung einer unbefristeten Erlaubnis.

5012 Ähnlich wie eine gewerberechtliche Erlaubnis kann auch die **Vermittlungserlaubnis** vom Arbeitsamt **wieder aufgehoben** werden, wenn

- der Vermittler über mehr als 2 Jahre keine Vermittlungstätigkeit ausgeübt hat,
- wenn sich herausstellt, dass die Voraussetzungen für die Erlaubnis von Anfang an nicht vorgelegen haben, z.B. wenn die erforderliche Zuverlässigkeit in Wahrheit fehlte,
- wenn die Voraussetzungen für die Erlaubnis später wegfallen, z.B. keine angemessenen Geschäftsräume mehr vorhanden oder die Vermögensverhältnisse jetzt nicht mehr als geordnet angesehen werden können oder
- wenn der Vermittler wiederholt und in schwerwiegender Weise gegen gesetzliche Bestimmungen oder eine Auflage des Arbeitsamtes verstoßen hat.

5013 **Private Arbeitsvermittlung** mit Erlaubnis des Arbeitsamtes ist **nicht kostenlos.** Der private Vermittler darf für seine Tätigkeit eine Vergütung beanspruchen. Wichtig ist: Grundsätzlich darf eine **Vergütung nur vom Arbeitgeber** und nicht vom Arbeitsuchenden verlangt werden. Entgegenstehende Vereinbarungen sind nichtig! Die Vergütung muss im Vermittlungsvertrag **schriftlich** vereinbart werden. Sie darf nur verlangt werden, wenn der Arbeitsvertrag durch die Vermittlungstätigkeit tatsächlich zustande gekommen ist. Die Ausgestaltung der Gebühr (Höhe, Berechnungsmaßstab) kann der Vermittler mit dem Arbeitgeber frei aushandeln und z.B. einen zusätzlichen Auslagenersatz vereinbaren, der auch im Falle erfolgloser Vermittlungsbemühungen gezahlt werden soll. Verlangt der Vermittler eine unverhältnismäßig hohe Gebühr vom Arbeitgeber, kann dieser gem. § 655 BGB angemessene Herabsetzung verlangen.

Vom Arbeitsuchenden darf nur ausnahmsweise eine Vergütung für die Vermittlungstätigkeit verlangt werden, sofern das durch Rechtsverordnung ausdrücklich zugelassen worden ist. Dasselbe gilt in Bezug auf Vergütungen für Nebenleistungen; auch sie sind grundsätzlich nicht zulässig.

Die ArbeitsvermittlungsVO (AVermV) vom 11.03.1994 *(BGBl. I S. 563)* i.d.F. vom 01.08.1994 *(BGBl. I S. 1946)* erlaubt die Belastung des Arbeitsuchenden mit einer Vermittlungsvergütung nur für den Bereich der Künstlervermittlung (Künstler, Artisten, Fotomodelle, Werbetyp, Mannequin, Dressmen, Doppelgänger, Stuntmen, Discjockey), bei Berufssportlern oder bei Personen, die in Au-Pair-Arbeitsverhältnissen tätig werden. **Nicht verboten** ist es, wenn der private Arbeitsvermittler vom Arbeitsuchenden die Hinterlegung einer **Kaution** in nicht unverhältnismäßiger Höhe (z.B. 30,00 DM bzw. den entsprechenden EURO-Betrag) verlangt, welcher Betrag bei erfolgreicher Vermittlung oder dann zurückgezahlt wird, wenn der Arbeitsuchende nicht mehr zur Vermittlung registriert sein will und wenn der privatre Vermittler die Kaution auf einem besonderen Konto verwahrt. Solche Kaution ist keine unzulässige Vergütung, sie soll nur sicherstellen, dass der Arbeitsuchende den privaten Vermittler informiert, wenn kein Interesse an der Vermittlung mehr besteht und damit er seine Bewerbungsunterlagen zurückholt. Sie dient damit der Effektivität der Vermittlung *(BSG 06.04.2000, B 11/7 AL 50/99 R)*.

Sofern die Belastung des Arbeitsuchenden mit einer Gebühr überhaupt erlaubt ist, muss sie im Vermittlungsvertrag **schriftlich vereinbart sein** und darf nur für erfolgreiche Vermittlung geschuldet werden; **Vorschüsse sind unzulässig.** Die Erstattung tatsächlicher Auslagen kann zusätzlich vereinbart werden.

Die Höhe der Vergütung darf **12 v.H.** des Arbeitsentgelts nicht übersteigen. Bei der Vermittlung in Arbeitsverhältnisse von länger als 12 Monaten darf die Vergütung bis zu 12 v.H. des Arbeitsentgelts für ein Jahr reichen. Bei Vermittlung in nur kurzfristige Arbeitsverhältnisse von bis zu 7 Tagen Dauer darf die Vergütung bis zu 15 v.H. des Arbeitsentgelts betragen (§ 12 AVermV i.d.F. vom 01.08.1994, *BGBl. I S. 1946*).

Exklusivvereinbarungen sind unzulässig und nichtig. Der Vermittler darf im Vertrag mit dem Arbeitgeber oder dem Arbeitsuchenden nicht ausschließen, dass diese andere private Vermittler oder das Arbeitsamt in Anspruch nehmen.

Ist der Vermittler im Besitz der Erlaubnis, darf er in der Region tätig werden, für welche die Erlaubnis erteilt ist. Ist sie räumlich unbeschränkt erteilt, darf er im Inland tätig werden und auch über die Grenze hinweg vermitteln, also Arbeitsuchende **aus dem Ausland** für eine Beschäftigung in Deutschland oder umgekehrt suchen und vermitteln. Das gilt aber nur innerhalb der Europäischen Union (EU) und der Staaten des Europäischen Wirtschaftsraumes (EWR). Will der Vermittler vom Inland aus Arbeitsuchende aus Staaten außerhalb der EU oder des EWR vermitteln, bedarf er einer zusätzlichen **besonderen Erlaubnis** des Arbeitsamtes, die nur erteilt wird, wenn die angestrebte Vermittlung arbeitsmarktpolitisch zweckmäßig ist.

5014

Bei einem **Betriebsübergang** i.S.d. § 613 a BGB geht die Erlaubnis nicht auf den Erwerber über, er muss sie für sich neu beantragen. Beim **Tod des Erlaubnisinhabers** erlischt die personengebundene Erlaubnis. Noch nicht hinreichend geklärt ist, ob – wie bei sonstigen gewerberechtlichen Erlaubnissen – § 46 GewO gilt, ob also z.B. die Witwe den Betrieb durch einen geeigneten Stellvertreter weiterführen darf. Bei **Konkurs** des Erlaubnisinhabers wird die Erlaubnis in aller Regel wegen Vermögensverfalls vom Arbeitsamt zurückgenommen werden.

Der mit Erlaubnis tätige private Arbeitsvermittler muss dem Arbeitsamt ähnlich wie ein Arbeitgeber die zur Beobachtung des Arbeitsmarktes notwendigen **statistischen Meldungen** erstatten (vgl. → Rz. 6124).

Die **Meldungen** sind auf einem amtlichen Vordruck halbjährlich am 01.08. (für das 1. Halbjahr) und am 01.02. des Folgejahres (für das 2. Halbjahr) zu erstatten (VO vom 01.08.1994, *BGBl. I S. 1949*). Er ist auch im Übrigen dem Arbeitsamt auf Verlangen auskunftspflichtig und verpflichtet, seine Geschäftsbücher vorzulegen.

Namen und weitere Angaben über Stellenbewerber sowie Daten über Zahl und Art offener Stellen, über Entlohnung und Arbeitsbedingungen (**personenbezogene Daten** sowie Betriebs- und Geschäftsgeheimnisse) darf der private Vermittler nur erheben, verarbeiten und nutzen, wenn der Betroffene im Einzelfall nach Maßgabe des § 4 BDSG **eingewilligt** hat; der Vermittler muss diese Einwilligung einholen.

Diese Daten dürfen nur für die Vermittlungstätigkeit verwendet und müssen nach deren Abschluss grundsätzlich gelöscht werden; dem Vermittler überlassene Unterlagen sind zurückzugeben.

IV. Vermittlung in berufliche Ausbildungsstellen

5015 Die Vermittlung in berufliche Ausbildungsstellen war bisher weitgehend dem Arbeitsamt **vorbehalten.**

Jetzt gilt: Wie bisher schon für die Arbeitsvermittlung (vgl. → Rz. 5010) kann auch für die Ausbildungsvermittlung an Private eine Erlaubnis erteilt werden und sie können Ausbildungsvermittlung betreiben. Bisher insoweit bestehende Beschränkungen sind weggefallen.

V. Erlaubnisfreie Tätigkeiten zur Anbahnung von Arbeitsverhältnissen

5016 Schon unter dem früheren Arbeitsvermittlungsmonopol des Arbeitsamtes war für Arbeitgeber wie für Arbeitsuchende die **Selbstsuche** ohne weiteres erlaubt. Daran hat sich nichts geändert. Zur erlaubnisfreien Selbstsuche gehört auch die Aufgabe von **Stellenangeboten oder -gesuchen in Zeitungen oder in elektronischen Medien** (§ 291 Abs. 3 SGB III).

Wer allerdings **Stellenlisten** (»Anzeigenmarkt«) herausgeben, vertreiben oder aushängen will oder auch listengleiche Auszüge oder Sonderdrucke aus Zeitungen oder Zeitschriften, muss beachten: Die Herausgabe und der Vertrieb solcher Listen über Stellenanbieter, Ausbildungs- und Arbeitsuchende einschließlich der Herausgabe und des Vertriebs von Auszügen aus periodischen Druckschriften mit solchem Inhalt ist erlaubnisfrei, wenn sich die Ausbildungs- oder Arbeitsuchenden für die Aufnahme in die Liste oder den Auszug allenfalls in geringem Umfang an den Kosten beteiligen müssen. Die Gefahr finanzieller Ausnutzung von Arbeit- oder Ausbildungsuchenden muss ausgeschlossen sein.

Im Übrigen muss sich die vermittlerische Tätigkeit auf die Herausgabe und den Vertrieb solcher Listen oder Auszüge beschränken. Übernimmt der Herausgeber oder Vertreiber weitere vermittlerische Aufgaben (z.B. eine Bewerbervorauswahl), überschreitet das die Grenze der Erlaubnisfreiheit und er benötigt hierfür eine **Erlaubnis** des Arbeitsamts.

Erlaubnisfrei im Rahmen der Selbstsuche ist die **Mitwirkung von Personalberatern,** deren sich Unternehmen vor allem bei der Suche nach Führungskräften gerne bedienen. Wenn sich die Tätigkeit des Personalberaters auf die Auswahl und Beurteilung von Bewerbern für eine konkrete Stelle beschränkt, ist das erlaubnisfrei. Die Arbeit des Personalberaters kann aber leicht in den Bereich der echten Arbeitsvermittlung hineinreichen, wenn er z.B. auch mit der Suche nach geeigneten Kräften beauftragt ist. In der Vergangenheit sind hier Abgrenzungsprobleme entstanden. Sie bestehen heute nicht mehr, weil der Personalberater die Möglichkeit hat und nutzen wird, vom Arbeitsamt die Erlaubnis zur privaten Arbeitsvermittlung zu erlangen. Er kann dann sowohl geeignete Bewerber auf dem Arbeitsmarkt suchen als auch den Arbeitgeber bei Auswahl und Beurteilung beraten.

Arbeitnehmerüberlassung (Leiharbeit) kann ebenso die Grenzen zur Arbeitsvermittlung überschreiten. Werden Arbeitnehmer Dritten zur Arbeitsleistung überlassen und übernimmt der Verleiher nicht die üblichen Arbeitgeberpflichten oder das Arbeitgeberrisiko oder übersteigt die Dauer der Überlassung im Einzelfall 9 Monate, so wird vermutet, dass der Verleiher Arbeitsvermittlung betreibt; er bedarf dann der dazu erforderlichen Erlaubnis.

Erlaubnisfrei sind **Maßnahmen öffentlich-rechtlicher Stellen** der sozialen Sicherung zur Anbahnung von Arbeitsverhältnissen, wenn es um die Unterbringung der von diesen Stellen betreuten Personen geht. Darunter fallen z.B. die Träger der Jugend- oder der Sozialhilfe, die Hauptfürsorgestellen für Schwerbehinderte oder die BfA oder die Landesversicherungsanstalten im Rahmen der beruflichen Rehabilitation. Sie arbeiten mit den Arbeitsämtern eng zusammen und stimmen sich ab.   5017

Erlaubnisfrei ist weiterhin die **gelegentliche und unentgeltliche Empfehlung** von Arbeitskräften zur Einstellung. Das sind im Alltagsleben übliche Fälle zwischenmenschlicher oder freundschaftlicher Hilfe durch Empfehlung zur Einstellung oder durch Hinweise auf Beschäftigungsmöglichkeiten, für die ein Entgelt weder erwartet noch vereinbart wird (z.B. Empfehlung durch Kollegen, Nachbarn oder Vereinskameraden). Ersatz barer Auslagen oder ein kleines Anerkennungsgeschenk sind kein Entgelt und machen solche nachbarliche oder freundschaftliche Empfehlung nicht zur erlaubnispflichtigen Arbeitsvermittlung.   5018

Zu beachten bleibt allerdings, dass empfohlene Arbeitskräfte **aus dem Inland,** aus den Mitgliedstaaten der Europäischen Union oder den Vertragsstaaten des Abkommens über den Europäischen Wirtschaftsraum kommen und deren Staatsangehörige sein müssen.

Aber: Stammen sie aus dem sonstigen **Ausland** (z.B. aus außereuropäischen Staaten), gilt die Erlaubnisfreiheit nicht und sie gilt ferner nicht, wenn die Arbeitskräfte zwar aus dem Raum der EU oder dem EWR-Raum kommen, aber Staatsangehörige eines Drittstaates sind.

Unterstützen der Selbstsuche erlaubnisfrei! Wer den Arbeitgeber in dessen alleinigem Interesse und Auftrag bei der Selbstsuche nach Arbeitskräften unterstützt, handelt erlaubnisfrei, auch wenn er für seine Mithilfe ein Entgelt erhält. Voraussetzung ist, dass   5019 eine lediglich unterstützende Tätigkeit in beratender Funktion für den Arbeitgeber ausgeübt wird, so dass der Arbeitgeber Herr des Verfahrens bleibt (vgl. § 291 Abs. 2 Nr. 2 SGB III).

Hierunter fallen auch z.B. Personalberater, die den Arbeitgeber bei der Bewerberauswahl unterstützen oder konzernangehörige Personalführungsgesellschaften, die Personalauswahl zentral für die Konzernunternehmen betreiben.

VI. Weiterführende Literaturhinweise

5020 *Hamann*, Die Neuregelung der Arbeitsvermittlung, NZS 1995, 244

ders., Privatisierung der Arbeitsvermittlung und Arbeitnehmerüberlassung, NZS 1995, 493

Marschner, Die Abgrenzung der Arbeitnehmerüberlassung von anderen Formen des Personaleinsatzes, NZS 1995, 668

Rademacher in: GK-SGB III, Kommentar, Erläuterungen zu §§ 35 ff., 291 ff. SGB III, Neuwied 1999

Schmidt-Glamann, Die öffentliche Arbeitsvermittlung, AuB 1995, 360

Wagner, HzS, Gruppe 7, Loseblatt, Neuwied 1999

Zahn/Hennch, Die Bundesanstalt für Arbeit und ihre private Konkurrenz, AuB 1995, 357

39. Kapitel: Arbeitsgenehmigung für ausländische Arbeitnehmer

I.	Allgemeines	5050
II.	Formen der Arbeitsgenehmigung	5051
	1. Die Arbeitsberechtigung	5052
	2. Die Arbeitserlaubnis	5054
	3. Besonderheit: sog. Greencard	5054a
III.	Räumliche und zeitliche Geltung der Arbeitsgenehmigung	5055
IV.	Auswirkungen einer fehlenden Arbeitsgenehmigung auf das Arbeitsverhältnis	5056
V.	Straf- und Bußgeldregelungen	5057

I. Allgemeines

Die **Genehmigungspflicht** für eine Beschäftigung ausländischer Arbeitnehmer ist in den §§ 284 ff. SGB III geregelt. Die gesetzlichen Vorschriften werden konkretisiert durch die Arbeitsgenehmigungsverordnung (ArGV).

5050

Ausländische Arbeitnehmer benötigen eine **Genehmigung des Arbeitsamtes**, falls sie in der Bundesrepublik eine Beschäftigung ausüben wollen (§ 284 Abs. 1 Satz 1 SGB III). Das Genehmigungserfordernis gilt nur für eine Tätigkeit als Arbeitnehmer (einschließlich einer Berufsausbildung), nicht dagegen für eine selbständige Erwerbstätigkeit. Eine **Arbeitsgenehmigung** darf nur dann erteilt werden, wenn die für den rechtmäßigen Inlandsaufenthalt erforderliche **ausländerrechtliche Genehmigung** vorliegt bzw. wenn die Beschäftigung nicht durch eine ausländerrechtliche Auflage ausgeschlossen ist (§ 284 Abs. 5 SGB III).

Von der Arbeitsgenehmigungspflicht sind solche ausländischen Arbeitnehmer **ausgenommen**, die einen besonderen Status besitzen; hierunter fallen vor allem Arbeitnehmer aus Mitgliedstaaten der EU (vgl. näher § 284 Abs. 1 Satz 2 Nr. 1 bis 3 SGB III).

II. Formen der Arbeitsgenehmigung

Im Arbeitsförderungsrecht wird die bisherige »besondere Arbeitserlaubnis« als »Arbeitsberechtigung« und die bisherige »allgemeine Arbeitserlaubnis« als »Arbeitserlaubnis« bezeichnet (vgl. hierzu § 284 Abs. 4 SGB III). Die neuen Benennungen, die seit dem 01.01.1998 gelten, erfolgten in Anlehnung an die Begrifflichkeit des Ausländerrechts.

5051

1. Die Arbeitsberechtigung

5052 Die Arbeitsberechtigung (§ 286 SGB III) wird unabhängig von der Lage und Entwicklung des Arbeitsmarktes, ohne Beschränkung auf bestimmte Betriebe, Berufsgruppen oder Gewerbezweige und zudem unbefristet erteilt. Voraussetzung für die Erteilung einer Arbeitsberechtigung ist, dass der ausländische Arbeitnehmer für fünf Jahre eine versicherungspflichtige Beschäftigung im Inland ausgeübt hat und sich seit sechs Jahren im Bundesgebiet ununterbrochen aufhält (§ 286 Abs. 1 Nr. 1 SGB III). Weitere Voraussetzung für die Erteilung der Arbeitsberechtigung ist, dass der ausländische Arbeitnehmer nicht zu ungünstigeren Arbeitsbedingungen als vergleichbare deutsche Arbeitnehmer beschäftigt wird (Nr. 2 a.a.O.).

Daneben kommt die Erteilung einer Arbeitsberechtigung auch und insbesondere für folgende Personengruppen in Betracht (vgl. § 2 Abs. 1 ArGV):

- Personen, die in einer Lebensgemeinschaft mit einem deutschen Familienangehörigen stehen und im Besitz einer ausländerrechtlichen Aufenthaltserlaubnis sind,
- unanfechtbar anerkannte Asylberechtigte (nicht Asylbewerber),
- Personen, die eine ausländerrechtliche Aufenthaltsbefugnis besitzen.

5053 Dieser Katalog wird durch Sonderregelungen ergänzt, von denen eine Härtefallregelung wegen ihrer großen praktischen Bedeutung hervorzuheben ist: Eine Arbeitsberechtigung ist auch dann (d. h., unabhängig von der Zugehörigkeit zu einer der o. g. Fallgruppen und unabhängig von den anderen Genehmigungsvoraussetzungen) zu erteilen, wenn die Versagung der Erlaubnis nach den besonderen **Verhältnissen des Ausländers eine Härte** bedeuten würde (§ 1 Abs. 2 ArGV).

Zu der Frage, wann die **Härtefallregelung** greift, gibt es eine umfangreiche Rechtsprechung des Bundessozialgerichts, die hier nicht näher dargelegt werden kann *(vgl. nur BSG SGb 1993, 404).*

2. Die Arbeitserlaubnis

5054 Besteht kein Anspruch auf eine Arbeitsberechtigung, kommt für den ausländischen Arbeitnehmer nur die Erteilung einer Arbeitserlaubnis in Betracht. Diese kann grundsätzlich nur dann erteilt werden, wenn (vgl. näher § 285 Abs. 1 SGB III)

- die Beschäftigung des ausländischen Arbeitnehmers keine nachteiligen Auswirkungen auf den Arbeitsmarkt mit sich bringt,
- für die Beschäftigung ein deutscher Arbeitnehmer nicht zur Verfügung steht und
- der Ausländer nicht zu ungünstigeren Arbeitsbedingungen als vergleichbare deutsche Arbeitnehmer beschäftigt wird.

Das Arbeitsamt muss die Erteilung stets unter dem Gesichtspunkt der Verhältnisse des einzelnen Falles prüfen. Bei der erstmaligen Erteilung einer Arbeitserlaubnis kommt regelmäßig nur eine Arbeitserlaubnis in Betracht, die auf eine bestimmte berufliche Tätigkeit in einem bestimmten Betrieb beschränkt ist (vgl. § 285 Abs. 4 und 5 SGB III).

3. Besonderheit: sog. Greencard

Eine Besonderheit im Arbeitserlaubnisrecht bildet die »Verordnung über die Arbeitsgenehmigung für hochqualifizierte ausländische Fachkräfte der Informations- und Kommunikationstechnologie (IT-ArGV)« vom 11.07.2000 *(BGBl. I S. 1146),* die am 01.08.2000 in Kraft gesetzt wurde. Diese sog. Greencard-Verordnung hat den Zweck, den in Deutschland für die nächste Jahre absehbaren Mangel an hochqualifizierte Fachkräften der Computertechnologie durch die Erteilung von Arbeitserlaubnissen an ausländische Spezialisten zu decken. Die Verordnung lässt die Erteilung einer besonders gearteten Arbeitserlaubnis unter folgenden Voraussetzungen zu:

Es geht um Ausländer mit Wohnsitz im Ausland (außerhalb der EU) oder um ausländische Absolventen deutscher Hochschulen und Fachhochschulen.

Es handelt sich um Fachkräfte, die eine Hochschul- oder Fachhochschulausbildung mit Schwerpunkt auf dem Gebiet der Informations- und Kommunikationstechnologie abgeschlossen haben oder deren Qualifikation auf diesem Gebiet durch ein vereinbartes Jahresgehalt von mindestens 50.000 EUR nachgewiesen wird.

Es geht um eine inländische Beschäftigung in bestimmten Berufen (z.B. System-, Internet- und Netzwerkspezialist).

5054a

Eine Ausnahme von der arbeitsmarktpolitischen Prüfung ist zwar nicht vorgesehen, jedoch wird diese Prüfung in der Regel zugunsten des betreffenden Ausländers ausgehen. Die Arbeitserlaubnis ist **befristet** auf die Dauer der Beschäftigung, maximal auf 5 Jahre. Das Verfahren der Erlaubniserteilung soll beschleunigt erfolgen. Bereits vor der Einreise ist eine Zusicherung möglich, welche für die ersten drei Beschäftigungsmonate eine Arbeitserlaubnis ersetzt. Die **Höchstanzahl** von Arbeitserlaubnissen in der Computertechnologie ist auf 10.000 festgelegt, wird aber voraussichtlich 20.000 angehoben. Flankiert wird die sog. Greencard-Verordnung durch eine ausländerrechtliche Verordnung (»Verordnung über Arbeitserlaubnisse für ausländische Fachkräfte der Informations- und Kommunikationstechnologie – IT-AV« vom 25.07.2000, *BGBl. I S. 1176).*

5054b

III. Räumliche und zeitliche Geltung der Arbeitsgenehmigung

Der räumliche Geltungsbereich einer Arbeitserlaubnis erstreckt sich auf den Bezirk desjenigen Arbeitsamtes, das die Erlaubnis erteilt hat; Einschränkungen oder Erweiterungen sind möglich (§ 4 Abs. 1 ArGV). Die Arbeitsberechtigung gilt für das gesamte Bundesgebiet, jedoch kann das Arbeitsamt Beschränkungen vornehmen.

5055

Im Hinblick auf die zeitliche Geltungsdauer einer Arbeitserlaubnis gibt es differenzierte Regelungen: Die Arbeitserlaubnis wird für die Dauer der Beschäftigung erteilt, längstens jedoch für 3 Jahre (vgl. § 4 Abs. 1 Satz 3 ArGV). Die Arbeitsberechtigung ist regelmäßig unbefristet zu erteilen.

IV. Auswirkungen einer fehlenden Arbeitsgenehmigung auf das Arbeitsverhältnis

5056 Um die Arbeitsgenehmigung muss sich der ausländische Arbeitnehmer selbst vor dem Antritt der Arbeit bemühen *(BAG AP Nr. 2 zu § 3 EFZG)*.

Es ist dem Arbeitgeber gesetzlich verboten, einen ausländischen Arbeitnehmer zu beschäftigen, der nicht im Besitz einer Arbeitsgenehmigung ist (vgl. § 284 Abs. 1 Satz 1 SGB III).

Dieses Beschäftigungsverbot wird aber vom Bundesarbeitsgericht so ausgelegt, dass die Beschäftigung nicht zur rechtlichen Nichtigkeit des Arbeitsvertrages führt. Es gilt vielmehr im Grundsatz, dass der Arbeitgeber dazu berechtigt ist, das Arbeitsverhältnis durch **ordentliche Kündigung** zu beenden *(vgl. BAG AP Nr. 2 – 4 zu § 19 AFG;* s. auch → Rz. 4368 m.w.N. aus der Rechtsprechung des BAG und der Instanzgerichte).

V. Straf- und Bußgeldregelungen

5057 Gegen einen Arbeitnehmer, der eine Beschäftigung ohne die erforderliche Arbeitsgenehmigung aufnimmt, kann ein Bußgeld verhängt werden (§ 404 Abs. 2 Nr. 3 SGB III).

Gegenüber dem Arbeitgeber kommen sowohl ein Bußgeld als auch eine Strafe in Betracht:

Wer als Arbeitgeber einen ausländischen Arbeitnehmer ohne Arbeitsgenehmigung beschäftigt, kann vom Arbeitsamt mit einem Bußgeld belegt werden (§ 404 Abs. 2 Nr. 2 SGB III).

Wer als Arbeitgeber beharrlich, wiederholt und vorsätzlich ausländische Arbeitnehmer ohne Arbeitsgenehmigung beschäftigt, wird mit einer Geld- oder Freiheitsstrafe bestraft (§ 407 Abs. 1 Nr. 2 SGB III).

Wer als Arbeitgeber gleichzeitig mehr als 5 ausländische Arbeitnehmer ohne Arbeitsgenehmigung für mindestens 30 Kalendertage beschäftigt, wird ebenfalls mit einer Geld- oder einer Freiheitsstrafe bestraft (§ 407 Abs. 1 Nr. 1 SGB III).

40. Kapitel: Versicherungs- und Beitragspflicht zu den Zweigen der Sozialversicherung

I.	**Versicherungspflichtige Beschäftigung und selbständige Tätigkeit**	**5200**
	1. Die Unterscheidung Arbeiter/Angestellte	5201
	2. Der Begriff des Arbeitnehmers	5205
	3. Arbeitnehmertätigkeit gegen Entgelt	5208
	4. Berufsausbildungsverhältnis	5209
	5. Mittelbares Arbeitsverhältnis	5210
	6. Leiharbeitnehmer	5211
	7. Familienangehörige als Arbeitnehmer	5212
	8. Gesellschafter und Geschäftsführer	5213
	9. Vorstandsmitglieder von Aktiengesellschaften	5217
	10. Beschäftigungsverhältnis in der Pflegeversicherung	5217a
II.	**Versicherungsfreiheit und Befreiung von der Versicherungspflicht bei bestimmten Personengruppen**	**5218**
	1. Allgemeines	5218
	2. Geringfügige Beschäftigung	5220
	a) Allgemeines	5220
	b) Voraussetzungen der geringfügigen Beschäftigung	5221
	c) Besonderheiten	5222
	3. Erhebung eines besonderen Arbeitgeberbeitrags zur Renten- und Krankenversicherung	5224
	4. Kurzfristige Beschäftigung	5225
	5. Beamte	5226
	6. Altersrentner	5227
	7. Höherverdiener in der Krankenversicherung	5228
	8. Hauptberuflich Selbständige in der Kranken- und Pflegeversicherung	5229
	9. Werkstudenten	5230
III.	**Verteilung der Beitragslast**	**5231**
	1. Grundsatz der hälftigen Verteilung der Beitragslast und Sonderregelungen für die Pflegeversicherung	5231
	2. Ausnahme: Arbeitgeber trägt die volle Beitragslast bei Personen in einem freiwilligen sozialen oder ökologischen Jahr	5232
	3. Arbeitgeberanteil zur Renten- und Arbeitslosenversicherung für beschäftigte Altersrentner	5233
IV.	**Beitragssatz**	**5234**
V.	**Besonderheiten im Zusammenhang mit der Frage der Versicherungs- und Beitragspflicht**	**5238**
	1. Beschäftigung eines Arbeitnehmers im Ausland (Aus- und Einstrahlung, über- und zwischenstaatliches Recht)	5238
	a) Aus- und Einstrahlung	5238
	b) Über- und zwischenstaatliches Recht	5241
	2. Beschäftigung im Beitrittsgebiet und Besonderheiten deutsch-deutschen Beschäftigungsverhältnissen	5244
	a) Beschäftigung im Beitrittsgebiet	5244
	b) Besonderheiten bei deutsch-deutschen Beschäftigungsverhältnissen	5245
	3. Missglückter Arbeitsversuch bis Ende 1997	5247

4. Beschäftigung im Rahmen von Arbeitsbeschaffungsmaßnahmen (ABM)	5248
VI. Weiterführende Literaturhinweise	5249

In diesem Kapitel geht es darum, für welche Personen in der Kranken-, Unfall-, Renten-, Pflege- und Arbeitslosenversicherung eine Versicherungspflicht besteht, so dass Sozialversicherungsbeiträge zu entrichten sind. Der 5. Abschnitt behandelt dann die Frage, wie – bei gegebener Versicherungspflicht – die Beiträge zu berechnen sind und die Beitragsabführung geschieht (vgl. → Rz. 5600 ff.). Zu beachten ist stets, dass die Versicherungspflicht zu den fünf Versicherungszweigen getrennt zu prüfen ist. Im Normalfall eines vollzeitarbeitenden Arbeitnehmers wird zwar in allen Sozialversicherungszweigen eine Versicherungspflicht gegeben sein. Es kann aber Sonderfälle von Arbeitnehmern geben, in denen eine Versicherungspflicht nur in einem bestimmten Versicherungszweig eingreift.

I. Versicherungspflichtige Beschäftigung und selbständige Tätigkeit

5200 Versicherungspflichtig ist nur, wer als »Arbeitnehmer« tätig ist (die modernen Sozialgesetze sprechen von einer Tätigkeit als »abhängig Beschäftigter«). Somit ist es für die Frage der Versicherungspflicht entscheidend, ob jemand als Selbständiger oder als Arbeitnehmer eine Erwerbstätigkeit ausübt. Zu diesem Fragenkreis gehört auch die Thematik der sog. Scheinselbständigkeit (vgl. → Rz. 5207).

1. Die Unterscheidung Arbeiter/Angestellte

5201 Steht fest, dass eine Person »Arbeitnehmer« ist, und damit der Versicherungs- und Beitragspflicht unterliegt (dazu → Rz. 5205), spielt die Unterscheidung in Arbeiter und Angestellte in bestimmten Teilbereichen des Sozialversicherungsrechts eine Rolle. Hierbei geht es vor allem um die Rentenversicherungszugehörigkeit: Für Arbeiter sind die Landesversicherungsanstalten zuständig, für Angestellte wird die Rentenversicherung von der Bundesversicherungsanstalt für Angestellte (BfA) durchgeführt.

Eine mittelbare Bedeutung hat die Unterscheidung von Arbeitern und Angestellten auch für die Bestimmung derjenigen Krankenkasse (der sog. Einzugsstelle, vgl. → Rz. 5634), die die Sozialversicherungsbeiträge einzieht: Nur Angestellte (und einige Arbeiter) können Mitglieder von Ersatzkassen sein, so dass die Ersatzkasse auch die zuständige Einzugsstelle ist.

Die Unterscheidung in Arbeiter und Angestellte beruht auf dem Grundgedanken, dass die **Beschäftigung eines Angestellten überwiegend geistiger Art** ist (»Kopfarbeit«), während ein Arbeiter überwiegend körperlich tätig wird (»Handarbeit«). Für die genaue Prüfung bildet aber diese Unterscheidung in überwiegend geistige oder körperliche Arbeit nur die letzte Stufe eines Indizienkatalogs.

Nach diesem **Katalog,** der auf die Frage der Eigenschaft als Angestellter abstellt, sind nacheinander folgende Fragen zu stellen: 5202

- Übt der Arbeitnehmer einen Beruf aus, der von der Aufzählung des Gesetzes beispielhaft als Angestelltenberuf genannt wird?
- Gehört der Arbeitnehmer zu denjenigen Berufsgruppen, die nach der Rechtsprechung des Bundessozialgerichts als Angestelltenberufe anerkannt sind?
- Ergibt sich aus der Verkehrsauffassung eine Zuordnung zum Kreis der Angestellten?
- Spricht das Berufsbild für eine Qualifikation als Angestellter?
- Werden im Einzelfall überwiegend geistige oder körperliche Tätigkeiten ausgeübt?

Dieser Indizienkatalog ist so anzuwenden, dass auf eine spätere Frage nur dann einzugehen ist, wenn eine vorrangige Frage nicht bejaht werden konnte. Zu den einzelnen Fragen ist zu bemerken:

- Zu Frage 1): 5203

Nach der beispielhaften, im Gesetz (§ 133 Abs. 2 SGB VI) enthaltenen Aufzählung sind als »Angestellte« insbesondere anzusehen:
  - Angestellte in leitender Stellung,
  - technische Angestellte in Betrieb, Büro und Verwaltung, Werkmeister und andere Angestellte in einer ähnlich gehobenen oder höheren Stellung,
  - Büroangestellte, soweit sie nicht ausschließlich mit Botengängen, Reinigen, Aufräumen oder ähnlichen Arbeiten beschäftigt werden, einschließlich Werkstattschreibern,
  - Handlungsgehilfen und andere Angestellte für kaufmännische Dienste, auch wenn der Gegenstand des Unternehmens kein Handelsgewerbe ist, Gehilfen und Praktikanten in Apotheken,
  - Bühnenmitglieder und Musiker ohne Rücksicht auf den künstlerischen Wert ihrer Leistungen,
  - Angestellte in Berufen der Erziehung, des Unterrichts, der Fürsorge, der Krankenpflege und Wohlfahrtspflege,
  - Schiffsführer, Offiziere des Decksdienstes und Maschinendienstes, Schiffsärzte, Funkoffiziere, Zahlmeister, Verwalter und Verwaltungsassistenten sowie die in einer ähnlich gehobenen oder höheren Stellung befindlichen Mitglieder der Schiffsbesatzung von Binnenschiffen oder deutschen Seeschiffen,
  Bordpersonal der Zivilluftfahrt.

- Zu Frage 2): 5204

Auf die Wiedergabe der Rechtsprechung des Bundessozialgerichts zu bestimmten Berufsgruppen wird hier ebenfalls verzichtet *(vgl. etwa BSG Die Sozialgerichtsbarkeit 1988, 558).*

- Zu Frage 3):

Die »Verkehrsauffassung« ist die Auffassung der beteiligten Berufskreise auf Bundesebene, die aus Tarifverträgen ersichtlich ist.

- Zu Frage 4):

Das »Berufsbild« ergibt sich aus den Richtlinien über Ausbildung, Prüfung und Arbeitsweise.

- Zu Frage 5):
Ob im Einzelfall überwiegend geistige oder körperliche Tätigkeiten ausgeübt werden, ist nicht nur aufgrund des Ausmaßes der manuellen Betätigung zu entscheiden. Ergeben arbeitsvertragliche Regelungen, dass eine Zuordnung als Arbeiter oder Angestellter beabsichtigt ist, so sind diese Regelungen ausschlaggebend.

Zu Einzelfällen der Zuordnung zum Kreis der Arbeiter oder der Angestellten vgl. auch *Gschwendtner, Berufs – ABC der Rentenversicherungszugehörigkeit, 6. Aufl. 1988.*

2. Der Begriff des Arbeitnehmers

5205 Der Begriff des Arbeitnehmers (im Sprachgebrauch der Sozialversicherungsgesetze: des »abhängig Beschäftigten«, vgl. § 7 Abs. 1 SGB IV) ist kein feststehender Begriff in dem Sinne, dass es eine allgemeingültige Definition gibt, die für alle denkbaren Fälle eine zweifelsfreie Einordnung ermöglicht. Vielmehr ist ein **Indizienkatalog** heranzuziehen, der allerdings (anders als bei der Bestimmung der Angestellteneigenschaft) offen gestaltet ist, d.h., es gibt keine festgelegte Stufenfolge und keine bestimmte Anzahl von Indizien.

Hinter dem Indizienkatalog steht der Grundgedanke, dass die Eigenschaft als Arbeitnehmer vor allem durch die »**persönliche Abhängigkeit**« des Beschäftigten gegenüber dem Arbeitgeber gekennzeichnet ist. Diese persönliche Abhängigkeit kommt wiederum vor allem in der Eingliederung des Arbeitnehmers in die Organisation des Betriebes zum Ausdruck (vgl. § 7 Abs. 1 Satz 2 SGB IV).

Ob eine solche Eingliederung in den Betrieb vorliegt, ist danach zu beurteilen, ob der Arbeitnehmer zur Befolgung von Weisungen des Arbeitgebers verpflichtet ist. Die Frage der Sittenwidrigkeit eines Arbeitsverhältnisses spielt keine Rolle *(BSG 10.08.2000, BSGE 87, 53).* Ist eine persönliche Abhängigkeit und damit eine Arbeitnehmereigenschaft zu verneinen, so handelt es sich bei der betroffenen Person um einen Selbständigen. Wesentliches Kennzeichen einer selbständigen Tätigkeit ist es, dass die Berufstätigkeit frei gestaltet und die Arbeitszeit selbst bestimmt werden kann. Befindet sich ein Arbeitnehmer im Rahmen der **flexiblen Arbeitszeitgestaltung** in einer **Freistellungsphase,** so besteht das Beschäftigungsverhältnis nach Maßgabe einer gesetzlichen Sonderbestimmung weiter (§ 7 Abs. 1 a SGB IV).

5206 Zum (nicht abschließenden) Katalog von Indizien, die **für** eine **Arbeitnehmereigenschaft** sprechen, zählen folgende Punkte:

- Verpflichtung zur Befolgung von detaillierten Weisungen des Arbeitgebers über die Ausführung der Arbeit,
- Bindung an eine bestimmte Arbeitszeit, verbunden mit der Verpflichtung, regelmäßig im Betrieb zu erscheinen,
- Anspruch auf Erholungsurlaub, auf Entgeltfortzahlung und auf Fortzahlung von Urlaubs- und Weihnachtsgeld,
- Stellung der Arbeitsgeräte durch den Arbeitgeber.

Ein (ebenfalls nicht abschließender) Katalog von Gegenindizien, die **gegen** eine **Arbeit-** 5207
nehmereigenschaft sprechen, umfasst folgende Punkte:

- Freiheit von Weisungen,
- freie Verfügung über die Arbeitszeit,
- Erledigung der Arbeit an einem selbst gewählten Ort,
- Tragen des Unternehmerrisikos,
- Einsatz eigenen Kapitals und eigener Betriebsmittel,
- Benutzung eigener Arbeitsgeräte.

In den letzten Jahren wurden neue Regelungen zur sog. **Scheinselbständigkeit** in das So- 5207a
zialversicherungsrecht eingeführt. Der Kern der neuen Regelungen bildet eine gesetzliche
Vermutungsnorm (§ 7 Abs. 4 Satz 1 SGB IV), die folgendes besagt: Bei einer erwerbsmäßig tätigen Person, die ihren sozialversicherungsrechtlichen **Mitwirkungspflichten** nicht
erfüllt, wird vermutet, dass sie beschäftigt ist, wenn mindestens **drei der folgenden fünf
Merkmale** vorliegen:

- Die betreffende Person beschäftigt regelmäßig keinen sozialversicherungspflichtigen
  Arbeitnehmer (dessen Verdienst regelmäßig über 325 EUR monatlich liegt).
- Die Person ist auf Dauer und im Wesentlichen nur für einen Auftraggeber tätig.
- Der Auftraggeber der Person lässt entsprechende Tätigkeiten regelmäßig durch von
  ihm beschäftigte Arbeitnehmer verrichten.
- Die Tätigkeit der betreffenden Person lässt typische Merkmale unternehmerischen
  Handelns nicht erkennen.
- Die Tätigkeit der Person entspricht ihrem äußeren Erscheinungsbild nach derjenigen
  Tätigkeit, die sie für denselben Auftraggeber zuvor aufgrund eines Beschäftigungsver-
  hältnisses ausgeübt hatte.

Diese Vermutung (die laut ausdrücklicher gesetzlicher Klarstellung widerlegbar ist und 5207b
im Übrigen nicht für Handelsvertreter gilt) wird durch verschiedene Regelungen ergänzt:

- Schaffung eines **Statusklärungsverfahrens** (Feststellung der Eigenschaft als Selbständiger der Arbeitnehmer), das bei der Bundesversicherungsanstalt für Angestellte (BfA)
  konzentriert wird (§ 7a SGB IV).
- Schaffung von speziellen Regelungen über Beitragsrückstände (§ 7 a, b SGB IV).
- Schaffung von Regelungen über die Rentenversicherungspflicht von arbeitnehmerähnlichen Selbständigen (§ 2 Abs. 1 Nr. 9 SGB VI).

3. Arbeitnehmertätigkeit gegen Entgelt

Genau genommen ist die Versicherungspflicht zur Kranken-, Renten-, Pflege- und Ar- 5208
beitslosenversicherung (nicht aber zur Unfallversicherung) nicht nur an die Arbeitnehmereigenschaft geknüpft. Vielmehr ist weitere Voraussetzung, dass die Beschäftigung gegen ein »Arbeitsentgelt« ausgeübt wird (dies gilt nicht für eine Berufsausbildung, vgl. →
Rz. 5209). Auf den Begriff des Arbeitsentgelts wird an anderer Stelle näher eingegangen
(vgl. → Rz. 5602 ff.).

Wichtig ist, dass es Fallgruppen gibt, in denen der Arbeitnehmer trotz des Bezugs von Arbeitsentgelt nicht der Versicherungspflicht in einem bestimmten Versicherungszweig unterliegt (so gibt es z.B. eine Versicherungsfreiheit wegen geringfügiger Beschäftigung, vgl. → Rz. 5220 ff.).

4. Berufsausbildungsverhältnis

5209 Im sozialversicherungsrechtlichen Sinne (d.h., für die Frage des Vorliegens einer Versicherungspflicht) wird ein Berufsausbildungsverhältnis ebenso behandelt wie ein Arbeitsverhältnis (§ 7 Abs. 2 SGB IV). Wer in einer betrieblichen (oder auch überbetrieblichen, aber betriebsähnlichen) Berufsausbildung steht, ist demnach sozialversicherungspflichtig.

Eine Besonderheit besteht insofern, als es – anders als bei ausgelernten Arbeitnehmern – für die Versicherungspflicht zur Kranken-, Renten-, Pflege- und Arbeitslosenversicherung nicht erforderlich ist, dass dem zur Berufsausbildung Beschäftigten ein Entgelt gezahlt wird. Fehlt es an der Entgeltzahlung, so werden die Beiträge auf der Grundlage eines Arbeitsentgelts von 28,14 EUR im Jahre 2002 berechnet (in den neuen Ländern: 23,52 EUR).

5. Mittelbares Arbeitsverhältnis

5210 Von einem »mittelbaren Arbeitsverhältnis« wird dann gesprochen, wenn ein Arbeitnehmer (»mittelbarer Arbeitnehmer«) durch Einschaltung eines Mittelsmannes eine Arbeitsleistung erbringt, die einem Dritten zugute kommt. Der Dritte ist dann sozialversicherungsrechtlich als Arbeitgeber anzusehen und daher in vollem Umfang mit den sozialversicherungsrechtlichen Verpflichtungen eines Arbeitgebers belastet (»mittelbarer Arbeitgeber«). Eine andere – meist zu bejahende – Frage ist es, ob der Mittelsmann selbst als Arbeitnehmer einzustufen ist. Für das Bestehen eines mittelbaren Arbeitsverhältnisses ist nicht zu fordern, dass ein solches Verhältnis ausdrücklich im Arbeitsvertrag festgeschrieben ist. Vielmehr kommt es allein auf die tatsächlichen Verhältnisse an. Oftmals werden mittelbare Arbeitsverhältnisse mit den Familienangehörigen eines Arbeitnehmers begründet, der dann als »Mittelsmann« anzusehen ist. So kann z.B. ein mittelbares Arbeitsverhältnis mit der Ehefrau eines als Hausverwalter angestellten Ehemannes zustande kommen, wenn die Ehefrau bei der Verwaltung mithilft. Ein weiteres Beispiel für ein mittelbares Arbeitsverhältnis bildet die Fallgestaltung, dass sich ein Kapellmeister (Mittelsmann) gegenüber einem mittelbaren Arbeitgeber (z.B. Gastwirt oder Rundfunkanstalt) dazu verpflichtet, ein Orchester aus mehreren Musikern zusammenzustellen; jeder einzelne Musiker ist dann als mittelbarer Arbeitnehmer des Dritten zu qualifizieren.

6. Leiharbeitnehmer

5211 Der Begriff des Leiharbeitnehmers entstammt dem Arbeitsrecht und bezeichnet einen Arbeitnehmer, der im Rahmen einer sog. **Arbeitnehmerüberlassung** tätig wird, also von einem Unternehmer (dem Verleiher) einem weiteren Unternehmer (dem Entleiher) zur

Verfügung gestellt wird, um dort seine Arbeitsleistung zu erbringen. Zur Arbeitnehmerüberlassung vgl. → Rz. 3500 ff.

Im Hinblick auf die sozialversicherungsrechtliche Beurteilung muss zwischen erlaubter und unerlaubter Arbeitnehmerüberlassung unterschieden werden:

Im Rahmen einer erlaubten Arbeitnehmerüberlassung ist der Verleiher als Arbeitgeber im sozialversicherungsrechtlichen Sinne anzusehen, so dass ihn die üblichen Arbeitgeberpflichten treffen (Meldung, Beitragsberechnung, Beitragsentrichtung usw.).

Auch der Entleiher hat aber im Zusammenhang mit der Beitragsentrichtung und den Meldungen bestimmte Verpflichtungen. So ist beispielsweise auch der Entleiher zur Beitragsentrichtung verpflichtet, falls zuvor der Verleiher erfolglos herangezogen wurde.

Handelt es sich um eine unerlaubte Arbeitnehmerüberlassung (besitzt also der Verleiher nicht die erforderliche Erlaubnis des Arbeitsamtes), so gilt:

- Der Entleiher ist aufgrund gesetzlicher Anordnung als Arbeitgeber anzusehen, trägt also in der Sozialversicherung die üblichen Arbeitgeberpflichten.
- Daneben bleibt aber auch der Verleiher Schuldner der Sozialversicherungsbeiträge, sofern er an den Leiharbeitnehmer ein Arbeitsentgelt gezahlt hat. Ver- und Entleiher haften also beide für die Beiträge (vgl. → Rz. 5632).

7. Familienangehörige als Arbeitnehmer

Ein Arbeitsverhältnis kann auch mit einem Familienangehörigen bestehen. Das wichtige Kriterium der »persönlichen Abhängigkeit« ist dann naturgemäß nicht so stark ausgeprägt wie bei anderen Arbeitsverhältnissen. Um Missbräuchen (Scheinarbeitsverhältnissen) vorzubeugen, kann aber auf gewisse Mindestanforderungen an ein entgeltliches Arbeitsverhältnis unter Angehörigen nicht verzichtet werden. Als wichtigstes Indiz für das Vorliegen eines Arbeitsverhältnisses ist es anzusehen, wenn die dem Familienangehörigen gewährte Vergütung nicht nur ein »Taschengeld« darstellt, sondern eine echte Gegenleistung für die geleistete Arbeit.

5212

Zur Abgrenzung eines Beschäftigungsverhältnisses von einer familiären Mitarbeit gibt es eine umfangreiche Rechtsprechung des BSG (vgl. etwa *BSG NJW 1994, 676 und BSG 04.02.1998, SozR 3-3100 § 35 Nr. 8*).

8. Gesellschafter und Geschäftsführer

Erbringt eine Person als Gesellschafter und/oder Geschäftsführer eine Arbeitsleistung für die Gesellschaft, so kann die Frage nach einem sozialversicherungspflichtigen Beschäftigungsverhältnis Schwierigkeiten bereiten.

5213

Im Einzelnen gilt:

Im Rahmen einer **Gesellschaft des bürgerlichen Rechts (BGB-Gesellschaft)** ist der mitarbeitende Gesellschafter in aller Regel nicht als sozialversicherungspflichtiger Arbeitnehmer anzusehen. Etwas anderes gilt nur in den seltenen Ausnahmefällen, wo der BGB-Gesellschafter außerhalb des mit der Gesellschaft bestehenden Rechtsverhältnisses wie ein Außenstehender von der Gesellschaft beschäftigt wird.

Bei einer **offenen Handelsgesellschaft (OHG)** ist der mitarbeitende Gesellschafter regelmäßig kein sozialversicherungspflichtiger Arbeitnehmer. Dies hängt damit zusammen, dass alle Gesellschafter persönlich haften und deshalb ein Unternehmerrisiko tragen, welches in der Regel einer Arbeitnehmereigenschaft entgegensteht.

5214 Geht es dagegen um die Mitarbeit in einer **Kommanditgesellschaft (KG),** ist für die sozialversicherungsrechtliche Beurteilung zwischen den Komplementären (persönlich haftende Gesellschafter) und den Kommanditisten (nur mit ihrer Einlage haftende Gesellschafter) zu unterscheiden: Da ein in der Gesellschaft mitarbeitender **Komplementär** – ebenso wie der Gesellschafter einer OHG – ein persönliches Haftungsrisiko trägt, kann er regelmäßig nicht als Arbeitnehmer angesehen werden.

Anders verhält es sich bei einem **Kommanditisten,** der aufgrund eines besonderen Vertrages für die KG tätig ist. Ein solcher Kommanditist wird regelmäßig der Sozialversicherungspflicht unterliegen. Ist ein Kommanditist allerdings in der Weise an der Geschäftsführung beteiligt, dass er die Geschicke der Gesellschaft maßgeblich bestimmt, so ist keine sozialversicherungspflichtige Arbeitnehmereigenschaft gegeben.

5215 Im Rahmen einer **Gesellschaft mit beschränkter Haftung (GmbH)** kann es vorkommen, dass ein Gesellschafter nicht nur aufgrund des Gesellschaftsvertrages in einer Beziehung zur GmbH steht, sondern auch auf der Grundlage eines Dienstvertrages (z.B. als Geschäftsführer).

Ein solcher »Gesellschafter-Geschäftsführer« ist in der Regel dann als sozialversicherungspflichtiger Arbeitnehmer zu betrachten, wenn er

- für seine Tätigkeit eine Vergütung erhält, die von Gewinn und Verlust unabhängig ist, und
- aufgrund seiner Gesellschaftsanteile keinen maßgeblichen Einfluss auf die Geschicke der GmbH ausüben kann.

Ob die Gesellschaftsanteile dem Gesellschafter-Geschäftsführer einen maßgeblichen Einfluss sichern, richtet sich danach, ob die Anteile in Verbindung mit dem Gesellschaftsvertrag dazu führen, dass er in der Gesellschafterversammlung jeden Beschluss verhindern kann, der ihm nicht genehm ist. Es ist nicht stets erforderlich, dass der Anteil am Stammkapital bei mindestens 50 % liegt. Vielmehr ist ein maßgeblicher Einfluss schon dann zu bejahen, wenn der Gesellschafter-Geschäftsführer eine Sperrminderheit besitzt, wenn also nach dem Gesellschaftsvertrag eine qualifizierte Mehrheit zur Beschlussfassung erforderlich ist, die ohne ihn nicht zustande kommt *(BSG 07.05.2001, B 12 KR 34/00 R).*

5216 Für die Mitarbeit von Gesellschaftern an einer **GmbH & Co KG** gelten hinsichtlich der mitarbeitenden Kommanditisten der KG die obigen Ausführungen zur KG, hinsichtlich der mitarbeitenden GmbH-Gesellschafter die Ausführungen zur GmbH entsprechend.

9. Vorstandsmitglieder von Aktiengesellschaften

Die Vorstandsmitglieder einer Aktiengesellschaft (AG) sind nach ausdrücklicher Gesetzesregelung von der Rentenversicherungspflicht ausgenommen (§ 1 Satz 3 SGB VI). Nach der Rechtsprechung des Bundessozialgerichts *(NZA 1987, 614)* ist diese Ausnahmeregelung aber für alle Sozialversicherungszweige maßgebend.

Das BSG hat ferner entschieden, dass **auch** die **Stellvertreter** der Vorstandsmitglieder einer AG sowie die Vorstandsmitglieder von größeren Versicherungsvereinen auf Gegenseitigkeit (VVaG) nicht der Sozialversicherungspflicht unterfallen *(BSG NJW 1974, 208)*. Sozialversicherungspflicht besteht hingegen bei den Vorstandsmitgliedern eines eingetragenen Vereins *(BSG 19.06.2001, B 12 KR 44/00 R)*.

10. Beschäftigungsverhältnis in der Pflegeversicherung

Nur in der Pflegeversicherung gilt folgende **Sonderregelung** zum Vorliegen eines versicherungspflichtigen Beschäftigungsverhältnisses (§ 20 Abs. 4 SGB XI):

Es wird vom Gesetz die widerlegbare Vermutung aufgestellt, dass eine versicherungspflichtige Beschäftigung nicht vorliegt wenn,

- die Beschäftigung von untergeordneter wirtschaftlicher Bedeutung ist und
- in den letzten 10 Jahren keine Versicherungspflicht zur Kranken- oder Rentenversicherung bestanden hat.

Eine »**Beschäftigung von untergeordneter wirtschaftlicher Bedeutung**« wird in der sozialversicherungsrechtlichen Praxis dann angenommen, wenn die Höhe des Bruttoarbeitsentgelts

- nicht in einem angemessenen Verhältnis zur Arbeitsleistung steht oder,
- einen Betrag von 1.407 EUR monatlich im Jahre 2002 nicht übersteigt.

II. Versicherungsfreiheit und Befreiung von der Versicherungspflicht bei bestimmten Personengruppen

1. Allgemeines

Bestimmte Personengruppen gehören zwar an sich zum Kreis der sozialversicherungspflichtigen Arbeitnehmer (d.h., die Arbeitnehmereigenschaft und die Entgeltlichkeit der Tätigkeit sind an sich zu bejahen), werden aber durch Ausnahmevorschriften von der Sozialversicherung ausgenommen. Im Hinblick auf diese Ausnahmevorschriften unterscheidet man zwei Konstellationen, nämlich

- »**Versicherungsfreiheit**«, die automatisch bei bestimmten Personen greift, und
- »**Befreiung von der Versicherungspflicht**«, die auf Antrag möglich ist.

Bei der Frage nach der Versicherungsfreiheit bzw. der Befreiung von der Versicherungspflicht zeigen sich die Auswirkungen des gegliederten, in vier verschiedene Versicherungszweige aufgeteilten Sozialversicherungssystems der Bundesrepublik. Es muss nämlich jeder Versicherungszweig gesondert betrachtet werden, da die Versicherungsfreiheitsbestimmungen in den einzelnen Versicherungszweigen teilweise voneinander abweichen.

5219 Die nachfolgend (vgl. → Rz. 5220-5230) erläuterten Fallgruppen betreffen die wichtigsten Fälle einer Versicherungsfreiheit. Auf eine nähere Darstellung der praktisch weniger bedeutsamen Befreiung von der Versicherungspflicht, die nur in der Kranken-, Renten- und Pflegeversicherung vorkommt, wird hier verzichtet.

> **Tipp**
>
> Es sollen nur folgende Hinweise angebracht werden: In der **Krankenversicherung** ist (auf Antrag, der innerhalb von 3 Monaten zu stellen ist) eine Befreiung von der Versicherungspflicht unter anderem für folgende Personen vorgesehen:
>
> - höherverdienende Arbeitnehmer, die wegen Erhöhung der Jahresarbeitsentgeltgrenze an sich krankenversicherungspflichtig werden (dieses Befreiungsrecht gilt auch in der Pflegeversicherung),
> - höherverdienende Arbeitnehmer, die arbeitslos geworden sind und in den letzten 5 Jahren nicht gesetzlich krankenversichert waren (diese Personen wären an sich aufgrund eines Arbeitslosengeldbezuges krankenversicherungspflichtig),
> - höherverdienende Arbeitnehmer, die seit mindestens 5 Jahren krankenversicherungspflichtig waren, nunmehr auf eine Halbtagsbeschäftigung übergehen und deshalb an sich krankenversicherungspflichtig werden,
> - Arbeitnehmer, die während eines Erziehungsurlaubs eine Teilzeitbeschäftigung aufnehmen und deshalb an sich krankenversicherungspflichtig werden.
>
> Der wichtigste Fall einer Befreiung von der Versicherungspflicht in der gesetzlichen **Rentenversicherung** betrifft Angestellte, die Mitglieder einer berufsständischen Versorgungseinrichtung sind.
>
> Wer freiwilliges Mitglied der gesetzlichen Krankenversicherung ist (z.B. höherverdienende Arbeitnehmer oder Beamte), wurde an sich ab dem 01.01.1995 versicherungspflichtig in der sozialen Pflegeversicherung. Der betroffene Personenkreis konnte jedoch von der Versicherungspflicht in der sozialen Pflegeversicherung befreit werden, wenn er dies beantragte und eine gleichwertige private Pflegeversicherung vorwies.

2. Geringfügige Beschäftigung

a) Allgemeines

5220 In der Kranken-, Pflege-, Arbeitslosen- und Rentenversicherung gibt es die wichtige Versicherungsfreiheit wegen geringfügiger Beschäftigung (§ 7 SGB V, § 20 Abs. 1 SGB XI, § 5 Abs. 2 SGB VI und § 27 Abs. 2 Satz 1 SGB III), die mit Wirkung ab dem 01.04.1999 neu geregelt wurde.

In der Unfallversicherung gibt es von vornherein keine »geringfügige« Beschäftigung, sondern der Arbeitnehmer ist ohne Rücksicht auf den Umfang der Arbeitszeit und die Höhe des Arbeitsentgelts unfallversichert.

b) Voraussetzungen der geringfügigen Beschäftigung

Die Geringfügigkeit einer Arbeitnehmerbeschäftigung ergibt sich aus einer Kombination von wochenstündlicher und entgeltlicher Geringfügigkeit. Die Versicherungsfreiheit wegen geringfügiger Beschäftigung hat nämlich (gem. § 8 Abs. 1 Nr. 1 SGB IV) zur Voraussetzung, dass

- die Beschäftigung regelmäßig für weniger als 15 Wochenstunden ausgeübt wird, **und**
- das monatliche Arbeitsentgelt regelmäßig einen Grenzwert von einem Siebtel der sog. Bezugsgröße nicht übersteigt (dieser Grenzwert beläuft sich seit dem 01.04.1999 auf 630 DM monatlich, wobei zum 01.01.2002 eine Umstellung auf 325 EUR erfolgt).

Nur dann, wenn **beide** Voraussetzungen gegeben sind, besteht letztlich eine Versicherungsfreiheit. Dass eine Beschäftigung für weniger als 15 Stunden ausgeübt wird, reicht also für eine Versicherungsfreiheit nicht aus, wenn die Entgeltgrenze überschritten wird.

Umgekehrt führt ein **Unterschreiten der Entgeltgrenze** dann nicht zur Versicherungsfreiheit wegen Geringfügigkeit, wenn die Beschäftigung einen Umfang von mindestens 15 Wochenstunden erreicht.

Eine tabellarische Übersicht zur Geringfügigkeitsgrenze und zu anderen wichtigen Sozialversicherungswerten findet sich unter→ Rz. 5627.

c) Besonderheiten

Hinsichtlich der »entgeltlichen Geringfügigkeit« (die immer neben der wochenstündlichen Geringfügigkeit vorliegen muss) galt die Besonderheit, dass diese Grenze nur dann maßgeblich war, wenn der Arbeitnehmer neben dem Beschäftigungsentgelt keine weiteren Einnahmen (z.B. aus Vermietung und Verpachtung) erzielte; diese Gesamteinkommensklausel ist zum 01.04.1999 entfallen.

Eine weitere Besonderheit der Geringfügigkeitsregelung besteht darin, dass **für die Geringfügigkeitsprüfung mehrere geringfügige Beschäftigungen zusammengezählt werden** (§ 8 Abs. 2 SGB IV). Diese Zusammenrechnung hat in vielen Fällen zur Folge, dass Mehrfachbeschäftigte sozialversicherungspflichtig sind, obwohl die einzelnen Beschäftigungen für sich genommen versicherungsfrei wären.

Außerdem ist (ebenfalls in § 8 Abs. 2 SGB IV in Verbindung mit speziellen Verweisungsnormen der einzelnen Sozialversicherungszweige) geregelt, dass **eine geringfügige** (an sich nicht versicherungspflichtige) **Nebenbeschäftigung mit einer sozialversicherungspflichtigen Hauptbeschäftigung zusammenzurechnen** ist, so dass letztlich eine einheitliche Versicherungspflicht eintritt. Diese Zusammenrechnung von Haupt- und Nebenbeschäftigung gilt allerdings nicht in der Arbeitslosenversicherung (vgl. § 27 Abs. 2 SGB III).

3. Erhebung eines besonderen Arbeitgeberbeitrags zur Renten- und Krankenversicherung

5224 Seit dem 01.04.1999 führt eine geringfügige Beschäftigung dazu, dass (trotz regelmäßig bestehender Versicherungsfreiheit) **ein besonderer Arbeitgeberbeitrag** zu entrichten ist, und zwar in Höhe von 12 % des Bruttoarbeitsentgelts an die Rentenversicherung und in Höhe von 10 % an die Krankenversicherung (vgl. die §§ 168 Abs. 1 Nr. 1b, 172 Abs. 1 für die Rentenversicherung und den § 249 b SGB V für die Krankenversicherung). In der **Krankenversicherung** wird dieser Beitrag, der eher als sozialpolitische Abgabe zu bewerten ist, nur dann erhoben, wenn schon aus anderen Gründen (z.B. wegen einer sog. Familienversicherung nach § 10 SGB V) ein Krankenversicherungsverhältnis besteht (was regelmäßig der Fall ist). In der **Rentenversicherung** wird der Arbeitgeberbeitrag z.B. auch bei geringfügig nebenbeschäftigten Beamten erhoben, die an sich nicht der Rentenversicherung angehören.

Außerdem gilt für die gesetzliche Rentenversicherung, dass der geringfügig beschäftigte Arbeitnehmer auf die Versicherungsfreiheit schriftlich verzichten kann (§ 5 Abs. 2 SGB VI). Dieser Verzicht bewirkt, dass der Arbeitnehmer einerseits eine Aufstockung des Arbeitgeberbeitrags aus eigenen Mitteln vorzunehmen hat, andererseits in den Genus aller Leistungsansprüche der Rentenversicherung und einer erhöhten Rentensteigerung kommt.

Das neue, seit dem 01.04.1999 gültige Recht der geringfügigen Beschäftigungsverhältnisse soll anhand der nachfolgenden **Beispiele** veranschaulicht werden.

Zur **steuerrechtlichen Seite** der geringfügigen Beschäftigungen vgl. im Übrigen → Rz. 8078a ff.

BEISPIEL 1:

Frau A ist Hausfrau und (zwecks Aufbesserung des Familieneinkommens) für wenige Stunden in der Woche als Kassiererin beschäftigt. Das Bruttoarbeitsentgelt beläuft sich auf 325 EUR monatlich. Weitere Einkünfte bezieht Frau A nicht. Der Ehemann ist als Arbeitnehmer berufstätig. Für Frau A besteht eine Familienversicherung in der gesetzlichen Krankenversicherung (§ 10 SGB V).

Es ist zwar eine Sozialversicherungsfreiheit wegen Geringfügigkeit gegeben. Es fallen aber ein Pauschalbeitrag des Arbeitgebers zur Rentenversicherung (in Höhe von 12 % des Arbeitsentgelts) und ein Pauschalbeitrag des Arbeitgebers zur Krankenversicherung (in Höhe von 10 %) an. Frau A hat die Möglichkeit, zusätzlich einen Aufstockungsbetrag aus eigener Tasche an die Rentenversicherung zu zahlen, um ihre rentenversicherungsrechtliche Position zu verbessern.

BEISPIEL 2:

Frau B ist Hausfrau und arbeitet für einige Stunden in der Woche in einem privaten Haushalt, um das Familieneinkommen aufzubessern. Ihr Entgelt beträgt 325 EUR monatlich; weitere Einkünfte werden nicht bezogen. Der Ehemann ist Beamter. Weil Frau B über ihren Ehemann beihilfeberechtigt ist, gehört sie nicht der gesetzlichen Krankenversicherung an (auch nicht über die Familienversicherung).

Es besteht Sozialversicherungsfreiheit in der gesetzlichen Rentenversicherung, jedoch fällt gleichwohl ein pauschaler Arbeitgeberbeitrag zur Rentenversicherung an, der von Frau B auf freiwilliger

Basis aufgestockt werden kann (vgl. insoweit das Beispiel 1). Ein Pauschalbeitrag des Arbeitgebers zur gesetzlichen Krankenversicherung wird nicht erhoben, weil der Sonderfall gegeben ist, dass in der Krankenversicherung keine Mitgliedschaft (auch nicht über eine Familienversicherung) besteht.

BEISPIEL 3:

Herr C bezieht in seinem Hauptberuf als Verkäufer ein Bruttoarbeitsentgelt von 2.000 EUR im Monat. Früh morgens ist er zusätzlich in einer Bäckerei beschäftigt und erhält hierfür ein Entgelt von 325 EUR monatlich.

Herr C wird in diesem Beispiel sozialversicherungsrechtlich so behandelt, als würde er eine einzige Beschäftigung mit dem Gesamtentgelt von 2.325 EUR ausüben (auch die Nebenbeschäftigung ist sozialversicherungspflichtig). Von diesem Gesamtentgelt werden Sozialversicherungsbeiträge erhoben, wobei allerdings in der Arbeitslosenversicherung keine Beiträge für die Nebenbeschäftigung berechnet werden (keine Versicherungspflicht für die Nebenbeschäftigung in diesem Versicherungszweig).

BEISPIEL 4:

Herr D ist hauptberuflich Verwaltungsbeamter und erledigt nach Feierabend die Personalbuchhaltung eine Handwerksbetriebes. Für diese Nebenbeschäftigung erhält er ein Bruttoarbeitsentgelt von 325 EUR im Monat.

In diesen Fall eines Beamten kann keine Zusammenschau von Haupt- und Nebenberuf vorgenommen werden (d.h., anders als im Beispiel 3 kann die Nebenbeschäftigung nicht in die »normalen« Regelungen zur Versicherungs- und Beitragspflicht einbezogen werden). Vielmehr gilt: Zur Krankenversicherung fällt kein Pauschalbeitrag des Arbeitgebers an, weil keine Mitgliedschaft des Herrn D in der gesetzlichen Krankenversicherung gegeben ist. In der Rentenversicherung besteht hinsichtlich des Hauptberufes eine Versicherungsfreiheit wegen der Beamteneigenschaft und hinsichtlich des Nebenberufes eine Versicherungsfreiheit wegen Geringfügigkeit; gleichwohl wird für die Nebenbeschäftigung ein pauschaler Arbeitgeberbeitrag erhoben, und zwar in Höhe von 12 % des nebenberuflichen Entgelts. Herr D hat im Übrigen die Möglichkeit, zwecks Verbesserung seiner rentenversicherungsrechtlichen Position zusätzliche Beiträge an die Rentenversicherung zu zahlen.

4. Kurzfristige Beschäftigung

Die »kurzfristige Beschäftigung« ist nach der gesetzlichen Regelung ein Unterfall der »geringfügigen Beschäftigung« (vgl. § 8 Abs. 1 Nr. 2 SGB IV), hat aber eine eigenständige Bedeutung.

Dabei geht es praktisch um **Aushilfsbeschäftigungen** *(BSG NZS 1995, 516):* »Kurzfristig« und damit sozialversicherungsfrei sind solche Arbeitsverhältnisse, die im voraus auf bis zu 2 Monate befristet sind (oder nach ihrer Eigenart auf bis zu 2 Monate begrenzt sind). Die Versicherungsfreiheit wegen kurzfristiger Beschäftigung kommt aber nicht zum Zuge, wenn die (bis zu 2 Monate lange) Beschäftigung

- mit einem Entgelt verbunden ist, das über 325 EUR monatlich liegt, **und**
- berufsmäßig ausgeübt wird (d.h., die Lebensgrundlage abgibt).

5. Beamte

5226 Aktive Beamte und Ruhestandsbeamte sind in allen Zweigen der Sozialversicherung (also auch in der Unfallversicherung) versicherungsfrei. Allerdings kann es in der Arbeitslosenversicherung vorkommen, dass ein unter 65jähriger Ruhestandsbeamter versicherungspflichtig ist. In diesem Versicherungszweig gibt es nämlich keine Versicherungsfreiheitsregelung, die auf Ruhestandsbeamte zugeschnitten ist. Vielmehr sind alle Arbeitnehmer arbeitslosenversicherungsfrei, die das 65. Lebensjahr vollendet haben. Auch kann es vorkommen, dass für einen Beamten, der freiwilliges Mitglied der gesetzlichen Krankenversicherung ist, eine Versicherungspflicht in der sozialen Pflegeversicherung eintritt. Die **Versicherungsfreiheit von aktiven Beamten** bezieht sich grundsätzlich nur auf die Beamteneigenschaft als solche. Übt also ein Beamter eine Nebenbeschäftigung aus (die nicht schon wegen Geringfügigkeit bzw. Kurzzeitigkeit oder Kurzfristigkeit versicherungsfrei ist, vgl. bereits → Rz. 5220-5225), so ist er nicht automatisch als »Nebentätigkeitsarbeitnehmer« versicherungsfrei. Vielmehr gilt dann:

Ein aktiver Beamter mit **Nebenbeschäftigung** ist stets bezüglich der Kranken- und Pflegeversicherung sowie regelmäßig auch bezüglich der Arbeitslosenversicherung in der Nebenbeschäftigung versicherungsfrei. Dagegen besteht aufgrund der Nebentätigkeit eine Versicherungspflicht in der Unfall- und Rentenversicherung (zur Beitragserhebung bei geringfügiger Nebenbeschäftigung s. → Rz. 5224).

Übt ein Ruhestandsbeamter eine Beschäftigung aus, so ist zu beachten: Besteht Rentenversicherungsfreiheit nur wegen der Beamteneigenschaft, so muss der Arbeitgeber gleichwohl den halben Rentenversicherungsbeitrag zahlen. Besteht eine Arbeitslosenversicherungsfreiheit des beschäftigten Ruhestandsbeamten nur wegen Vollendung des 65. Lebensjahres, so muss der Arbeitgeber außerdem den Arbeitgeberanteil zur Arbeitslosenversicherung zahlen (vgl. → Rz. 5233).

6. Altersrentner

5227 Hinsichtlich der Frage der Versicherungsfreiheit von Altersrentnern muss zwischen den verschiedenen Versicherungszweigen unterschieden werden:

In der Rentenversicherung sind Altersrentner versicherungsfrei. Allerdings gilt dies nur für Bezieher einer Vollrente wegen Alters, nicht aber für die Bezieher einer sog. Teilrente (vgl. zu den Teilrenten → Rz. 6325 ff.). Trotz der Versicherungsfreiheit muss aber für die Rentenversicherung (wie bei den Ruhestandsbeamten) ein Arbeitgeberanteil entrichtet werden.

In der Kranken- und Pflegeversicherung besteht keine Versicherungsfreiheit von Altersrentnern, sondern es führt eine Nebenbeschäftigung zur Krankenversicherungspflicht. Diese Versicherungspflicht geht derjenigen Kranken- und Pflegeversicherung vor, die an die Eigenschaft als Rentner anknüpft. Für die Berechnung des auf das Arbeitsentgelt bezogenen Beitrags des beschäftigten Rentners zur Krankenversicherung wird nicht der allgemeine Beitragssatz der zuständigen Krankenkasse herangezogen, sondern ein ermäßigter Beitragssatz (vgl. → Rz. 5237).

Daneben wird noch ein besonderer Krankenversicherungsbeitrag erhoben, der nur auf die Rente und auf weitere Einkünfte bezogen ist.

In der Arbeitslosenversicherung gilt wiederum die Regelung, dass eine Versicherungsfreiheit für alle Arbeitnehmer besteht, die das 65. Lebensjahr vollendet haben. Für diese Personen (bei denen es sich regelmäßig um Altersrentner handelt) muss dann ein Arbeitgeberanteil abgeführt werden.

7. Höherverdiener in der Krankenversicherung

Nur in der Krankenversicherung gibt es für Höherverdiener eine **Versicherungspflichtgrenze** (sog. Jahresarbeitsentgeltgrenze des § 6 Abs. 1 Nr. 1 SGB V), die zu Beginn eines jeden Kalenderjahres erhöht wird. Im Jahre 2002 liegt diese Grenze **bundesweit** bei (umgerechnet) 3.375 EUR.

5228

Wer als Arbeitnehmer (Arbeiter oder Angestellter) diese Grenze überschreitet, ist krankenversicherungsfrei. Zur genauen Berechnung der Jahresarbeitsentgeltgrenze vgl. → Rz. 5614; ferner die tabellarische Übersicht → Rz. 5627).

Es muss beachtet werden, dass der Arbeitgeber für diese Höherverdiener einen Zuschuss zum Krankenversicherungsbeitrag und auch zum Pflegeversicherungsbeitrag zahlen muss (vgl. → Rz. 5669 ff.). Im Übrigen gibt es die Krankenversicherungspflichtgrenze nicht in der knappschaftlichen Krankenversicherung (in der vor allem Bergleute versichert sind).

8. Hauptberuflich Selbständige in der Kranken- und Pflegeversicherung

Nur für die Kranken- und Pflegeversicherung gilt die Regelung, dass Personen versicherungsfrei bleiben, die im Hauptberuf selbständig tätig sind (§ 5 Abs. 5 SGB V, § 20 Abs. 1 Satz 1 SGB XI). Damit wird erreicht, dass diese Personen auch dann nicht der gesetzlichen Versicherung angehören, wenn sie nebenher als Arbeitnehmer tätig sind.

5229

»**Hauptberuflich**« wird die selbständige Erwerbstätigkeit dann ausgeübt, wenn diese Tätigkeit (und nicht die daneben verrichtete Arbeitnehmertätigkeit) den Mittelpunkt des Erwerbslebens darstellt.

Die Sozialversicherungsträger gehen davon aus, dass

- in der Regel hauptberuflich selbständig ist, wer als Arbeitgeber mindestens einen Arbeitnehmer in seinem Betrieb beschäftigt,
- in der Regel nicht hauptberuflich selbständig ist, wer eine Arbeitnehmertätigkeit für mindestens 18 Wochenstunden ausübt und daraus im Jahre 2002 ein Arbeitsentgelt von mehr als 1.407 EUR monatlich erzielt (in den neuen Ländern 1.176 EUR).

9. Werkstudenten

In der Kranken-, Pflege- und Arbeitslosenversicherung besteht eine Versicherungsfreiheit von Hochschulstudenten, die nebenbei einer Beschäftigung nachgehen (sog. Werkstu-

5230

denten). Diese Versicherungsfreiheit greift aber nur dann ein, wenn die Beschäftigung dem Studium nach Art und Dauer untergeordnet ist. Von einer solchen Unterordnung ist dann auszugehen, wenn die Beschäftigung einen Umfang von 20 Wochenstunden nicht überschreitet. Während der Semesterferien besteht Versicherungsfreiheit auch dann, wenn die 20-Stunden-Grenze überschritten wird. In der Rentenversicherung gibt es keine Versicherungsfreiheit von Werkstudenten.

Studenten sind auch dann in einer Beschäftigung während des Studiums versicherungsfrei, wenn sie wegen Überschreitens der Altersgrenze nicht mehr in der Krankenversicherung der Studenten versicherungspflichtig sind *(BSG 23.09.1999 SozR 3-2500 § 6 Nr. 17)*.

III. Verteilung der Beitragslast

5231 Steht die Versicherungs- und Beitragspflicht eines Arbeitnehmers fest, so stellt sich die weitere Frage nach der Verteilung der Beitragslast in der Kranken-, Renten-, Pflege- und Arbeitslosenversicherung. Im Bereich der Unfallversicherung tritt diese Frage nicht auf, da hier stets der Arbeitgeber die Beiträge zu tragen hat.

1. Grundsatz der hälftigen Verteilung der Beitragslast und Sonderregelung für die Pflegeversicherung

In der Kranken-, Renten-, Pflege- und Arbeitslosenversicherung gilt die Regelung, dass sich Arbeitnehmer und Arbeitgeber die Beitragslast teilen. Für jeden der 4 Versicherungszweige sind also an der Beitragstragung der Arbeitnehmer und der Arbeitgeber jeweils zu gleichen Teilen beteiligt. Bezieht man den **Grundsatz der hälftigen Verteilung** auf den Beitragssatz (vgl. → Rz. 5234 ff.), so gilt: Für Arbeitnehmer und Arbeitgeber ist jeweils die Hälfte des Beitragssatzes maßgebend. Nur in der knappschaftlichen Rentenversicherung gibt es die Sonderregelung, wonach der Arbeitgeber den größeren Teil der Beitragslast zu tragen hat.

In der **Pflegeversicherung** gilt folgende **Sonderregelung** *(die verfassungsgemäß ist; s. BSG 30.09.1999, NZS 2000, 302)*: Für den Fall, dass in einem Bundesland kein (gesetzlicher, landesweiter und stets auf einen Werktag fallender) Feiertag abgeschafft ist, müssen die Arbeitnehmer nicht lediglich die Hälfte des gesamten Beitragssatzes von 1,7 % tragen, sondern einen erhöhten Satz von 1,35 %; die restlichen 0,35 % übernimmt der Arbeitgeber.

Diese besondere Situation besteht zur Zeit nur im Land Sachsen. Mit Blick auf dieses Bundesland kommt es für die Frage der Tragung des Pflegeversicherungsbeitrags in Zweifelsfällen darauf an, was unter dem »**Beschäftigungsort**« zu verstehen ist. Dieser Begriff wird im Sozialversicherungsrecht gesetzlich definiert (§ 9 SGB IV): Beschäftigungsort ist grundsätzlich der Ort, an dem die Beschäftigung tatsächlich ausgeübt wird. Als Beschäftigungsort gilt der Ort, an dem eine feste Arbeitsstätte errichtet ist, falls Personen von dieser Stätte aus mit einzelnen Arbeiten außerhalb der Stätte beschäftigt werden. Sind Personen bei einem Arbeitgeber in mehreren festen Arbeitsstätten beschäftigt, gilt als Beschäftigungsort die Arbeitsstätte, in der sie überwiegend beschäftigt sind.

Von der Frage nach der Verteilung der Beitragslast ist die andere Fragestellung zu unterscheiden, von wem letztlich die in der Kranken-, Renten-, Pflege- und Arbeitslosenversicherung anfallenden Beiträge (deren Summe man als »Gesamtsozialversicherungsbeitrag« bezeichnet) an welche Stelle abzuführen sind. Insoweit gilt, dass der Arbeitgeber den Gesamtsozialversicherungsbeitrag an die zuständige Einzugsstelle (Krankenkasse) abführen muss, also als Beitragsschuldner behandelt wird (vgl. → Rz. 5632). Die Unfallversicherungsbeiträge werden unmittelbar an die zuständige Berufsgenossenschaft entrichtet (vgl. → Rz. 5673 ff.).

2. Ausnahme: Arbeitgeber trägt die volle Beitragslast bei Personen in einem freiwilligen sozialen oder ökologischen Jahr

Der Grundsatz der hälftigen Verteilung der Beitragslast wird bei Personen durchbrochen, die auf der Grundlage von entsprechenden Bundesgesetzen ein **freiwilliges soziales Jahr oder ein freiwilliges ökologisches Jahr** ableisten. Für diese Personen trägt der Arbeitgeber die volle Beitragslast in der Kranken-, Pflege-, Renten- und Krankenversicherung.

5232

3. Arbeitgeberanteil zur Renten- und Arbeitslosenversicherung für beschäftigte Altersrentner

Beschäftigt ein Arbeitgeber einen Altersrentner, so muss er den Arbeitgeberanteil (also den halben Sozialversicherungsbeitrag) tragen und an die Einzugsstelle (Krankenkasse) entrichten, soweit es um die Renten- und Arbeitslosenversicherung geht. Dieser Arbeitgeberanteil (für Personen, die an sich versicherungsfrei sind) ist seinem Wesen nach kein echter Sozialversicherungsbeitrag, sondern eine Art sozialpolitische Abgabe, um den finanziellen Anreiz zur Beschäftigung von Altersrentnern zu beseitigen.

5233

Genau genommen muss in diesem Zusammenhang noch beachtet werden, dass
- in der Rentenversicherung der Beitragsanteil nur zu entrichten ist, wenn der Betroffene eine Vollrente wegen Alters bezieht (nicht aber eine Teilrente, vgl. → Rz. 6324);
- in der Rentenversicherung stets nur der »halbe« Beitrag anfällt, also auch bei geringverdienenden Altersrentnern (vgl. → Rz. 5233);
- in der Arbeitslosenversicherung nicht auf die Eigenschaft als Altersrentner abgestellt wird, sondern darauf, dass ein Arbeitnehmer das 65. Lebensjahr vollendet hat;
- die Pflicht zur Entrichtung des Arbeitgeberanteils entfällt, wenn die Beschäftigung des Altersrentners bereits aus anderen als Altersgründen versicherungsfrei ist (z.B. in der Rentenversicherung wegen Geringfügigkeit – vgl. → Rz. 5221 ff.

IV. Beitragssatz

Zum Arbeitgeberbeitrag bei geringfügig Beschäftigten vgl. → Rz. 5224.

5234

Die Höhe der für den einzelnen Arbeitnehmer abzuführenden Sozialversicherungsbeiträge ergibt sich dadurch, dass der Beitragssatz auf die sog. Beitragsbemessungsgrundlage angewendet wird. Diese Beitragsbemessungsgrundlage wird regelmäßig vom Bruttoarbeitsentgelt des Arbeitnehmers gebildet, das weiter hinten (vgl. → Rz. 5601 ff.) näher erläutert wird. **In den einzelnen Sozialversicherungszweigen** gelten für 2002 **folgende Beitragssätze:**

- Rentenversicherung: 19,1 % (je 9,55 % für den Arbeitgeber und den Arbeitnehmer, in der knappschaftlichen Rentenversicherung jedoch insgesamt 25,4 %,
- Arbeitslosenversicherung: 6,5 % (je 3,25 % für den Arbeitgeber und den Arbeitnehmer),
- Pflegeversicherung: 1,7 % (je 0,85 % für den Arbeitgeber und den Arbeitnehmer, vgl. aber auch → Rz. 5231).
- Krankenversicherung: der Beitragssatz wird von jeder Krankenkasse gesondert festgesetzt (und liegt derzeit im bundesweiten Durchschnitt etwa bei 14 %); als Besonderheit ist hier außerdem zu beachten, dass es neben dem allgemeinen auch einen erhöhten und einen ermäßigten Beitragssatz gibt.

Mit dem erhöhten bzw. ermäßigten Beitragssatz zur Krankenversicherung hat es folgendes auf sich:

5235 Bei Arbeitnehmern, denen ein Anspruch auf Lohnfortzahlung für mindestens 6 Wochen nicht zusteht, kommt in der gesetzlichen Krankenversicherung der **erhöhte Beitragssatz** zur Anwendung, der in der Kassensatzung festgelegt wird. Hierbei handelt es sich um seltene Ausnahmefälle.

5236 Der erhöhte Beitragssatz der Krankenversicherung kommt aber nicht nur dann in Frage, wenn der Anspruch auf Lohnfortzahlung (wie bei den o.g. Personengruppen) gänzlich ausgeschlossen ist. Entscheidend ist vielmehr, dass der Anspruch auf Lohnfortzahlung unter 6 Wochen liegt (wie z.B. bei einem auf 5 Wochen befristeten Arbeitsverhältnis, wo der Lohnfortzahlungsanspruch nicht über das Ende der Befristung hinaus reichen darf).

5237 Der **ermäßigte Beitragssatz** zur Krankenversicherung kommt bei Personen zum Zuge, die ohne Anspruch auf Krankengeld in der gesetzlichen Krankenversicherung versichert sind. Dieser ermäßigte Beitragssatz, der ebenfalls von der Kassensatzung festgelegt wird, betrifft vor allem

- freiwillig Versicherte (bei diesem Personenkreis sieht die Satzung der Kasse oft den Ausschluss des Krankengeldes vor) und
- Bezieher einer Alters- oder Erwerbsunfähigkeitsrente (diese Personen sind nach dem Gesetz auch dann vom Krankengeldanspruch ausgeschlossen, wenn sie nebenher eine Beschäftigung ausüben).

Eine tabellarische Übersicht zu den Beitragssätzen der Renten- und Arbeitslosenversicherung sowie zu anderen wichtigen Sozialversicherungswerten findet sich unter → Rz. 5627.

V. Besonderheiten im Zusammenhang mit der Frage der Versicherungs- und Beitragspflicht

1. Beschäftigung eines Arbeitnehmers im Ausland (Aus- und Einstrahlung, über- und zwischenstaatliches Recht)

a) Aus- und Einstrahlung

Wird der Arbeitnehmer eines deutschen Unternehmens im Ausland eingesetzt, so stellt sich die Frage der sozialversicherungsrechtlichen Beurteilung. Hierbei geht es mit anderen Worten um die Fragestellung, ob der Arbeitnehmer zur deutschen oder zur ausländischen Sozialversicherung pflichtig ist (oder sogar in beiden Staaten eine Sozialversicherungspflicht besteht). Für die Beantwortung dieses Problemkreises ist es von zentraler Bedeutung, ob eine sog. Ausstrahlung vorliegt. »**Ausstrahlung**« bedeutet, dass der Arbeitnehmer trotz des Auslandsaufenthalts weiterhin der Versicherungspflicht in der deutschen Sozialversicherung unterliegt. Die Ausstrahlung (gem. § 4 SGB IV) ist an die Voraussetzungen geknüpft, dass die Beschäftigung

- im Rahmen eines in der Bundesrepublik Deutschland bestehenden Beschäftigungsverhältnisses ausgeübt wird,
- infolge einer Entsendung des Arbeitnehmers ausgeübt wird und
- nach ihrer Eigenart oder ihrer vertraglichen Ausgestaltung im voraus zeitlich begrenzt ist.

Die erste Voraussetzung, die ein **inländisches Beschäftigungsverhältnis** fordert, ist dann gegeben, wenn die vertraglichen Bindungen des Arbeitnehmers in der Bundesrepublik Deutschland geschaffen wurden. Davon ist in der Regel auch dann auszugehen, wenn im Rahmen einer Arbeitnehmerüberlassung (vgl. → Rz. 3500 ff.) ein Leiharbeitnehmer von einem inländischen Verleiher ins Ausland entsendet wird.

Die zweite Voraussetzung für das Vorliegen einer »Ausstrahlung« (und damit für das Weiterbestehen einer inländischen Versicherungspflicht) ist mit dem Stichwort der »**Entsendung**« verbunden. Darunter versteht man die vom Arbeitgeber veranlasste und in seinem Interesse liegende Ortsveränderung, die ins Ausland vorgenommen wird.

Die Definition der »Entsendung« bringt es mit sich, dass all diejenigen Arbeitnehmer von der Ausstrahlung (und damit letztlich von der Anwendung des inländischen Sozialversicherungsrechts) ausgeschlossen sind, die im Ausland (am Ort der Auslandsbeschäftigung) eingestellt werden (sog. Ortskräfte). Ebenfalls keine »Entsendung« stellt es dar, wenn der Arbeitnehmer in einem ausländischen Staat für eine Beschäftigung in einem anderen ausländischen Staat eingestellt wird. Hingegen liegt eine Ausstrahlung vor, wenn der Arbeitnehmer im Inland lediglich deshalb eingestellt wird, um ins Ausland entsendet zu werden.

Für die Erfüllung der dritten Ausstrahlungsvoraussetzung (**zeitliche Begrenzung** infolge der Eigenart der Beschäftigung oder einer vertraglichen Vereinbarung) kann keine feste Zeitgrenze angegeben werden. Vielmehr muss in Zweifelsfällen (entsprechend dem Grundgedanken der Ausstrahlungsregelung) geprüft werden, ob trotz längerer Entsendung der Schwerpunkt der Beschäftigung noch im Inland liegt. Als Faustregel kann aber gesagt werden, dass bei Überschreitung einer Zeitgrenze von 2 Jahren keine »Entsendung« mehr gegeben ist.

5239 Das deutsche Sozialversicherungsrecht enthält auch Regelungen zur »Einstrahlung«, die das Gegenstück zur »Ausstrahlung« bildet. Einstrahlung bedeutet also, dass unter bestimmten Voraussetzungen der in der Bundesrepublik tätige, aus dem Ausland entsendete Arbeitnehmer nicht der deutschen Sozialversicherung unterworfen ist. Die Voraussetzungen einer Entsendung sind in § 5 SGB IV entsprechend den Voraussetzungen der Ausstrahlung) so ausgestaltet, dass eine Beschäftigung

- im Rahmen eines im Ausland bestehenden Beschäftigungsverhältnisses ausgeübt wird,
- infolge einer Entsendung des Arbeitnehmers ausgeübt wird und
- nach ihrer Eigenart oder ihrer vertraglichen Ausgestaltung im voraus zeitlich begrenzt ist.

Wegen des Entsprechungsverhältnisses von Aus- und Einstrahlung treten bei der Anwendung dieser 3 Voraussetzungen dieselben Probleme auf, die soeben (vgl. → Rz. 5238) für die Ausstrahlung abgehandelt wurden *(BSG NZS 1997, 372)*.

5240 Die Grundsätze zur Ein- und Ausstrahlung sind auch innerhalb der Bundesrepublik von Bedeutung. Diese Grundsätze werden nämlich im Verhältnis vom westlichen zum östlichen Deutschland so lange entsprechend angewendet, wie in West und Ost unterschiedliche Berechnungsgrößen in der Sozialversicherung bestehen (vgl. → Rz. 5245).

b) Über- und zwischenstaatliches Recht

5241 Die Regelungen zur Ein- und Ausstrahlung sind nicht die einzigen Regelungen, die bei »Auslandsfällen« beachtet werden müssen. Es gilt nämlich der Grundsatz, dass das überstaatliche Recht (d.h., das Recht der EU und des europäischen Wirtschaftsraumes) und das zwischenstaatliche Recht (d.h., das Recht, das auf Sozialversicherungsabkommen beruht) **dem inländischen Recht vorgeht** und damit den unter → Rz. 5238 dargelegten Aus- und Einstrahlungsregelungen unterfällt.

So gibt es im EU-Recht die wichtige Bestimmung, dass innerhalb der Mitgliedstaaten für die Entsendung eines Arbeitnehmers von einem in einen anderen Mitgliedstaat folgendes gilt: Der entsendete Arbeitnehmer unterliegt weiterhin der Sozialversicherungspflicht des entsendenden Staates, wenn die Entsendung voraussichtlich einen Zeitraum von 12 Monaten nicht überschreitet.

Steht dagegen von vornherein fest, dass die Entsendung länger als 12 Monate andauern wird, so endet die Sozialversicherungspflicht im entsendenden Staat bereits mit dem Beginn der Entsendung.

Von den EU-Mitgliedstaaten können allerdings auch abweichende Vereinbarungen zur sozialversicherungsrechtlichen Beurteilung von entsendeten Arbeitnehmern vereinbart werden.

Was das überstaatliche Recht (also die Sozialversicherungsabkommen der Bundesrepublik mit Staaten außerhalb der EU) angeht, können die Einzelheiten der (je nach Abkommen unterschiedlich gefassten) Entsendungsregelungen hier nicht näher behandelt werden.

5242

Für den gesetzlichen Krankenversicherungsschutz von Arbeitnehmern, die von der Bundesrepublik ins Ausland entsendet werden, gilt folgende Regelung (§ 17 SGB V): Erkrankt der gesetzlich krankenversicherte Arbeitnehmer während einer Entsendung in das »**vertragslose Ausland**« (also in einen Staat, der weder zur EU bzw. zum europäischen Wirtschaftsraum gehört noch mit der Bundesrepublik Deutschland ein Sozialversicherungsabkommen geschlossen hat), so erhält er die Krankenversicherungsleistungen vom deutschen Arbeitgeber. Leistungsberechtigt sind ebenfalls die mitversicherten Familienangehörigen des entsendeten Arbeitnehmers (»Familienversicherte«), sofern sie diesen im Ausland begleiten oder besuchen. Der Arbeitgeber bekommt die Aufwendungen von der gesetzlichen Krankenkasse des Arbeitnehmers erstattet, und zwar in Höhe der Krankenversicherungsleistungen, die im Inland von der Kasse zu leisten wären.

5243

2. Beschäftigung im Beitrittsgebiet und Besonderheiten bei deutsch-deutschen Beschäftigungsverhältnissen

a) Beschäftigung im Beitrittsgebiet

Aufgrund des Umstandes, dass im Beitrittsgebiet (also im Gebiet der neuen Bundesländer einschließlich Ostberlin) derzeit noch ein niedrigeres Lohn- und Einkommensniveau herrscht, sind in Ostdeutschland auch wichtige sozialversicherungsrechtliche Berechnungsgrößen niedriger angesetzt als im westlichen Teil Deutschlands.

5244

Insbesondere gilt im Jahre 2002, dass die Beitragsbemessungsgrenze der gesetzlichen Renten- und Arbeitslosenversicherung lediglich 3.500 EUR monatlich beträgt.

Die wichtigsten Sozialversicherungswerte für das Jahr 2002 finden sich auch in der tabellarischen Übersicht vgl. → Rz. 5627.

b) Besonderheiten bei deutsch-deutschen Beschäftigungsverhältnissen

Die unterschiedlichen, unter → Rz. 5244 dargelegten Berechnungsgrößen machen es erforderlich, für deutsch-deutsche Beschäftigungsverhältnisse besondere Konkurrenzregelungen einzuführen (in der gesetzlichen Krankenversicherung wurde allerdings zum 01.01.2001 eine grundsätzliche Rechtseinheit West/Ost eingeführt).

5245

Mit dem Stichwort der »deutsch-deutschen Beschäftigungsverhältnisse« sind Sachverhalte gemeint, wo ein Arbeitnehmer in dem einen (westlichen oder östlichen) Teil der Bundesrepublik Deutschland tätig ist, aber die Beschäftigung eine Beziehung zum anderen Teil aufweist. Es stellt sich dann die Frage, welche sozialversicherungsrechtlichen Berechnungswerte (diejenigen der alten oder der neuen Bundesländer) maßgebend sind.

In diesem Zusammenhang gilt zunächst einmal der Grundsatz, dass es auf den Beschäftigungsort ankommt. Ist also der Arbeitnehmer beispielsweise für ein westdeutsches Unternehmen tätig, liegt aber der Beschäftigungsort (Betrieb) in den neuen Bundesländern, so sind grundsätzlich die ostdeutschen Berechnungswerte heranzuziehen.

Handelt es sich jedoch um einen »Entsendungsfall« (z.B. um die Entsendung eines westdeutschen leitenden Angestellten in die neuen Bundesländer), so sind im Verhältnis vom westlichen zum östlichen Teil Deutschlands die Grundsätze zur »Aus- und Einstrahlung« entsprechend anwendbar (vgl. → Rz. 5238).

Wird also beispielsweise ein Arbeitnehmer von einem westdeutschen Arbeitgeber in den neuen Bundesländern eingesetzt, so sind (analog den Grundsätzen zur »Ausstrahlung«) weiterhin die westlichen Berechnungsgrößen maßgebend, wenn die Beschäftigung

- im Rahmen eines in den alten Bundesländern bestehenden Beschäftigungsverhältnisses ausgeübt wird,
- infolge einer Entsendung ausgeübt wird und
- nach ihrer Eigenart oder ihrer vertraglichen Ausgestaltung im voraus zeitlich begrenzt ist.

5246 In einzelnen Fällen kann es vorkommen, dass ein westdeutscher Arbeitnehmer vorübergehend im östlichen Teil Deutschlands (oder umgekehrt) tätig ist, ohne dass die soeben erläuterten Grundsätze der Ausstrahlung greifen. In einer solchen Fallgestaltung kann durch einen bei der Einzugsstelle (Krankenkasse) zu stellenden Antrag gleichwohl erreicht werden, dass der Arbeitnehmer weiterhin dem westdeutschen Sozialversicherungsrecht unterliegt.

Der Antrag auf dieses Beibehalten der Pflichtversicherung (Kranken-, Unfall-, Renten-, Pflege- und Arbeitslosenversicherung) kann nicht vom Arbeitnehmer gestellt werden, sondern nur von einer Stelle im westlichen bzw. östlichen Deutschland (in der Regel: vom bisherigen Arbeitgeber). Diese Stelle hat dann die Arbeitgeberpflichten zu erfüllen. Zwecks Vermeidung einer Doppelversicherung kann bei der ostdeutschen Einzugsstelle ein entsprechender Antrag auf Befreiung von der Versicherungspflicht eingereicht werden.

3. Missglückter Arbeitsversuch bis Ende 1997

5247 Bis zum Ende des Jahres 1997 wurde in der Praxis die Rechtsfigur des »missglückten Arbeitsversuchs« angewendet. Im Fall des »missglückten Arbeitsversuchs« kam ein sozialversicherungspflichtiges Beschäftigungsverhältnis nicht zustande, obwohl an sich eine versicherungspflichtige Beschäftigung von einem Arbeitnehmer aufgenommen wurde. Der Arbeitgeber erhielt seinen Beitragsanteil zur Sozialversicherung (ebenso wie der Arbeitnehmer) zurückerstattet.

Das **BSG** hat jedoch in einem Urteil vom 04.12.1997 *(NZS 1998, 234)* die **Rechtsfigur des »missglückten Arbeitsversuchs« aufgegeben.** Der »missglückte Arbeitsversuch spielt somit keine Rolle mehr *(vgl. auch BSG SozR 3-2500 § 5 Nr. 40; so auch BSG 08.02.2000 B 1 KR 13/99 R).*

4. Beschäftigung im Rahmen von Arbeitsbeschaffungsmaßnahmen (ABM)

Bei den ABM handelt es sich um Förderungsleistungen der Bundesanstalt für Arbeit, welche der Schaffung von Arbeitsgelegenheiten für arbeitslose Arbeitnehmer dienen. Die Förderung geschieht vor allem dadurch, dass dem Träger der ABM, der als Arbeitgeber anzusehen ist, für die betroffenen Arbeitnehmer ein Lohnkostenzuschuss des Arbeitsamtes gezahlt wird (vgl. → Rz. 6321 ff). Für das Verhältnis zwischen dem Träger der ABM und dem betroffenen Arbeitnehmer gilt, dass es sich grundsätzlich um ein normales Arbeitsverhältnis handelt. Für das Sozialversicherungsrecht folgt daraus, dass den Träger die üblichen Pflichten treffen (Beitragstragung, Anmeldung zur Versicherung usw.).

Was die arbeitsrechtliche Seite anbelangt, so gibt es allerdings nach ausdrücklicher gesetzlicher Regelung (§ 270 SGB III) **besondere Kündigungsmöglichkeiten:**

- Das Arbeitsverhältnis kann vom Arbeitgeber fristlos gekündigt werden, wenn das Arbeitsamt den Arbeitnehmer aus der ABM abberuft.
- Der Arbeitnehmer kann das Arbeitsverhältnis fristlos kündigen, wenn er eine andere Arbeit findet (oder an einer beruflichen Bildungsmaßnahme teilnehmen kann).

VI. Weiterführende Literaturhinweise

Brackmann, Handbuch der Sozialversicherung, Loseblatt, 1989
Handbuch zum Sozialrecht, Gruppe 10 a, Loseblatt, Neuwied
Marburger, Die Versicherungspflicht, 1989

41. Kapitel: Meldepflichten des Arbeitgebers bei Beginn der Beschäftigung

I.	Allgemeines zu den Meldepflichten	5500
II.	Anmeldung des Arbeitnehmers bei der Einstellung	5501
	1. Meldepflichtiger Personenkreis	5501
	2. Adressat der Meldungen	5503
	3. Meldefristen	5504
	4. Form und Inhalt der Meldungen	5505
III.	Ausfüllen des Meldevordrucks als Anmeldung	5506
IV.	Besonderes Meldeverfahren bei unständig Beschäftigten	5519
V.	Meldung für geringfügig Beschäftigte	5520
	1. Meldepflichtiger Personenkreis	5520
	2. Adressat der Meldung	5522
	3. Meldefrist	5523
	4. Form und Inhalt der Meldung	5524
VI.	Meldepflichten in Zusammenhang mit dem Sozialversicherungsausweis	5525
	1. Der Sozialversicherungsausweis	5525
	a) Personengruppen die keinen SV-Ausweis erhalten	5528
	b) Personengruppen die einen SV-Ausweis mit Lichtbild stets mit sich führen müssen	5528a
	2. Sofortmeldung	5530
	3. Kontrollmeldung	5532
	4. Kontrollmeldung bei Arbeitnehmerüberlassung	5534
VII.	Automatische Datenübermittlung durch den Arbeitgeber	5536

I. Allgemeines zu den Meldepflichten

Versicherungspflicht in der Sozialversicherung (Kranken-, Pflege- und Rentenversicherung sowie zur Arbeitslosenversicherung) tritt bei Verwirklichung der gesetzlichen Voraussetzungen kraft Gesetzes ohne besonderes Zutun ein. Die Sozialversicherungsträger müssen vom Entstehen der Versicherungspflicht jedoch Kenntnis erlangen; die Beitragsabführung muss überwacht und abgeführte Beiträge müssen dem einzelnen Versicherten zugeordnet werden können. Diesem Zweck dienen die **Meldungen**, die der **Arbeitgeber** der **Krankenkasse als Einzugsstelle** zu erstatten hat. Die Rechtsgrundlage für die Arbeitgeber Meldungen liefert § 28 a SGB IV.

5500

Die näheren Einzelheiten regelt die 2. Datenerfassungs- und Übermittlungsverordnung (2. DEVO) vom 10.02.1998 *(BGBl. I S. 343)*. Sie hat seit dem 01.01.1999 die bisherigen Rechtsgrundlagen abgelöst. Das Meldeverfahren ist in der DÜVO weitgehend neu geregelt worden.

Zur Erstattung der Meldungen ist der Arbeitgeber verpflichtet. Wird eine Meldung vorsätzlich oder grob fahrlässig (leichtfertig) nicht, nicht rechtzeitig, nicht richtig oder nicht vollständig abgegeben, ist das ordnungswidrig und kann mit Geldbuße geahndet werden.

Darüber hinaus kommen Schadenersatzansprüche z.B. der Krankenkasse in Betracht, wenn diese wegen unterlassener Abmeldung des Versicherten irrtümlich noch Leistungen gewährt hat.

Meldepflichtige Tatbestände (Meldeanlässe) entstehen

- bei Beginn der Beschäftigung (Einstellung) – dazu bei → Rz. 5501 ff.
- während des laufenden Arbeitsverhältnisses – dazu bei → Rz. 6100 ff.
- bei Ende der Beschäftigung – dazu bei → Rz. 7004 ff.

II. Anmeldung des Arbeitnehmers bei der Einstellung

1. Meldepflichtiger Personenkreis

5501 Bei der **Einstellung** ist der **versicherungspflichtig beschäftigte Arbeitnehmer** bei der Einzugsstelle anzumelden.

In manchen Fällen können aber Zweifel auftreten. So kann z.B. zweifelhaft sein, ob ein neuer Mitarbeiter als Praktikant versicherungsfrei ist, ein **Werkstudent** wegen seines Studiums versicherungsfrei ist (freilich nicht in der Rentenversicherung) oder aber, weil seinem Erscheinungsbild nach überwiegend Arbeitnehmer, der Versicherungspflicht unterliegt (vgl. → Rz. 5201 ff.) oder ob er als Familienangehöriger im Rahmen der sog. familienhaften Mithilfe tätig ist oder ob er aufgrund geringfügiger Beschäftigung tätig wird oder schließlich ob er als sog. freier Mitarbeiter oder Subunternehmer rechtlich selbständig ist oder ein Gesellschafter-Geschäftsführer einer GmbH für die abhängig beschäftigt sein kann.

Ebenso kann die **Berechnung des Arbeitsentgelts** Zweifel auslösen, ob die Jahresarbeitsentgeltgrenze überschritten und damit Versicherungsfreiheit in der Krankenversicherung eingetreten ist (→ Rz. 5601, 5626).

Tipp

In solchen **Zweifelsfällen** sollte zur Vermeidung von Fehlern die Krankenkasse als Einzugsstelle um **Auskunft und Beratung** angegangen werden. Lassen sich Zweifel nicht durch einfache Rückfrage bei der Kasse ausräumen, weil z.B. Ermittlungen zum Sachverhalt notwendig sind, kann die **förmliche Entscheidung der Einzugsstelle** über die Versicherungspflicht durch entsprechenden **Antrag** herbeigeführt werden. Die Entscheidung regelt die Frage dann für alle Beteiligten verbindlich. So kann vermieden werden, dass z.B. bei einer späteren Betriebsprüfung durch den dafür zuständigen Rentenversicherungsträger im nachhinein Probleme auftauchen und Beitragsnachforderungen erhoben werden.

Die Kompetenz zur Klärung von und Entscheidung bei Zweifelsfällen lag bisher einheitlich bei der Krankenkasse als Einzugsstelle. Jetzt muss unterschieden werden: Die Kompetenz zur Entscheidung, ob Versicherungspflicht vorliegt oder nicht, liegt weiterhin grundsätzlich bei der Krankenkasse als Einzugsstelle. Bestehen hingegen **Zweifel, ob** der neue Mitarbeiter **Arbeitnehmer** (also abhängig beschäftigt) ist oder ob er z.B. als freier Mitarbeiter, Subunternehmer oder GmbH-Gesell-schafter-Geschäftsführer **rechtlich selb-**

ständig ist, liegt die Entscheidungskompetenz einheitlich bei der **Bundesversicherungsanstalt für Angestellte (BfA)** in Berlin. § 7 a SGB IV hat dafür ein besonderes **Anfrageverfahren** eingeführt.

Bei objektiven Zweifeln, ob eine (abhängige) Beschäftigung vorliegt oder aber eine selbständige Tätigkeit, kann der Auftraggeber bzw. Arbeitgeber und auch der Auftragnehmer bzw. Arbeitnehmer (einer allein, beide zusammen oder jeder von beiden für sich, auch mit unterschiedlicher Zielrichtung etwa bei Dissens) durch **schriftlichen Antrag an die BfA (Anschrift: BfA, 10704 Berlin)** das Anfrageverfahren einleiten. Die BfA hält dafür Vordrucke bereit, die genau auszufüllen sind.

Ausgeschlossen ist das Anfrageverfahren, wenn die Krankenkasse als Einzugsstelle oder ein anderer Sozialversicherungsträger bereits eine Entscheidung darüber getroffen hat. Das kann z.B., der Fall sein, wenn der neue Mitarbeiter sich selbst als selbständig sieht und bei der BfA um die Zulassung zur freiwilligen Versicherung nachgesucht hat oder wenn eine Betriebsprüfung läuft oder angekündigt ist. Ist der **Antrag zulässig**, erlässt die BfA nach Prüfung einen Bescheid, in dem über die Zweifelsfrage verbindlich entschieden wird; die Einzugsstelle wird davon unterrichtet.

Wenn der **Antrag innerhalb eines Monats nach Aufnahme der Tätigkeit** gestellt wird, **beginnt** die daraufhin von der BfA festgestellte **Versicherungspflicht** abweichend vom Regelfall nicht mit dem beginn der Beschäftigung, sondern **erst mit der Bekanntgabe des Bescheides**, sofern der **Betroffene zustimmt** und über ausreichenden **Versicherungsschutz** (z.B. in der privaten Krankenversicherung und durch private Lebensversicherung mit einer Prämie mindestens in der Höhe des Mindestbeitrags in der gesetzlichen Rentenversicherung) verfügt; auf einen Arbeitgeberzuschuss besteht in der Schwebezeit kein Anspruch.

Für den **Beginn der Versicherungspflicht** kommt es nicht auf den Abschluss des Arbeitsvertrages an. Versicherungspflicht beginnt vielmehr erst, wenn der Arbeitnehmer tatsächlich **in die Beschäftigung eintritt**, also die Arbeit auch tatsächlich aufnimmt.

Fällt z.B. der vorgesehene Beginn eines Beschäftigungsverhältnisses auf einen arbeitsfreien Sonntag, so beginnt die Versicherungspflicht nur und erst, wenn der Arbeitnehmer am nächstfolgenden Arbeitstag in die Beschäftigung eintritt. Scheitert der Eintritt in die Beschäftigung daran, dass der **Arbeitnehmer** an dem vorgesehenen Tag **arbeitsunfähig krank ist,** kommt es nicht zum Beginn der Versicherungspflicht und diese kann erst beginnen, wenn der wieder genesene Arbeitnehmer dann tatsächlich die Arbeit aufnimmt (*BSG 04.12.1997, 12 RK 3/97 und 12 RK 46/94, SGb 1998, 112*).

Dasselbe gilt übrigens, wenn der Arbeitnehmer für längere Zeit unbezahlten Urlaub hatte. Die dadurch unterbrochene Beschäftigung und Versicherungspflicht beginnt erst wieder, wenn der Arbeitnehmer am vereinbarten Tage die Arbeit wieder aufnimmt. Ist er an diesem Tage arbeitsunfähig krank, kommt es erst dann zum Wiederbeginn, wenn er die Arbeit tatsächlich wieder aufnimmt (*BSGE 75,277 = SozR 3-2500 § 186 Nr. 2*).

Die Frage nach dem genauen Zeitpunkt des Beginns der sozialrechtlich relevanten Beschäftigung und damit der Versicherungspflicht ist in solchen Fällen einer mit Arbeitsunfähigkeit verbundenen Erkrankung zu Beginn des vorgesehenen Arbeitsverhältnisses besonders bedeutsam, seit für die **Entgeltfortzahlung** im Krankheitsfall nach § 3 Abs. 3 EFZG die **Wartezeit von 4 Wochen** gilt. Kann ein Arbeitnehmer die Arbeit infolge Arbeitsunfähigkeit zum vorgesehenen Zeitpunkt nicht antreten, hat er keinen Entgeltfortzahlungsanspruch gegen den Arbeitgeber (wegen der Wartezeit von 4 Wochen gem. § 3 Abs. 3 EFZG) und läuft Gefahr, dass mangels »Eintritt in die Beschäftigung« keine Versicherungspflicht und damit auch keine Ansprüche gegen die Krankenkasse entstanden sind!

Die **Spitzenverbände** verstehen als »Eintritt« den Tag, an dem das entgeltliche Beschäftigungsverhältnis beginnt. Kann der Arbeitnehmer wegen krankheitsbedingter **Arbeitsunfähigkeit** die Beschäftigung nicht zu dem vereinbarten Zeitpunkt aufnehmen, kommt es danach gleichwohl zum »Eintritt in das Beschäftigungsverhältnis«, wenn er **Anspruch auf Entgeltfortzahlung hat.**

Der Gesetzgeber hat inzwischen durch Änderung des § 186 SGB V durch das Gesetz vom 06.04.1998 *(BGBl I S. 688)* klargestellt, dass es (auch im Bereich der gesetzlichen Krankenversicherung) für den Beginn des sozialrechtlichen Beschäftigungsverhältnisses nicht zwingend der tatsächlichen Aufnahme der Arbeit bedarf, wenn es z.B. wegen Erkrankung oder auch wegen einer am Anfang liegenden Freistellungsphase im Rahmen flexibler Arbeitszeitregelung am an sich vereinbarten Tag nicht zur Arbeitsaufnahme kommt; es reicht aus, ist aber auch erforderlich, dass zu diesem Zeitpunkt Anspruch auf Entgeltfortzahlung besteht.

Anders ist es, wenn die Beschäftigung zu dem vereinbarten Zeitpunkt wegen Erkrankung und Arbeitsunfähigkeit nicht aufgenommen werden kann **und kein Anspruch auf Entgeltfortzahlung** besteht, z.B. wegen der in § 3 Abs. 3 EFZG vorgesehenen Wartezeit von 4 Wochen. Dann entsteht das entgeltliche Beschäftigungsverhältnis erst mit Beginn der 5. Woche.

Wiederum anders ist es, wenn das **Beschäftigungsverbot nach dem MuSchG** die (Wieder-)Aufnahme der Arbeit hindert.

BEISPIEL:

F hatte im Anschluss an einen Erziehungsurlaub einen längeren unbezahlten Urlaub vereinbart und genommen. Zum vereinbarten Tag der Wiederaufnahme der Arbeit bestand das Beschäftigungsverbot nach dem MuSchG.

Jedenfalls dann, wenn Mutterschaftsgeld und der Arbeitgeberzuschuss gewährt worden sind, steht die Nichtaufnahme der Arbeit an dem vereinbarten Tag dem »Eintritt« in das (entgeltliche) Beschäftigungsverhältnis nicht entgegen, weil das Beschäftigungsverbot zur Vermeidung einer europarechtlich verbotenen Benachteiligung von Frauen nicht nachteilig wirken darf *(BSG 10.12.1998, B 12 KR 7/98 R).*

Wegen der Konsequenzen für den Betroffenen sollte bei Zweifeln über den »richtigen« Tag des Beschäftigungsbeginns die Krankenkasse um Auskunft und Beratung angegangen werden!

Anzumelden sind bei der Einstellung hiernach 5502

- Arbeitnehmer, die in der Kranken-, Pflege- und Rentenversicherung und zur Arbeitsförderung versicherungspflichtig sind (Regelfall).
Die soziale Pflegeversicherung folgt hinsichtlich der Versicherungspflicht den Regeln der gesetzlichen Krankenversicherung: Wer versicherungspflichtig in der Krankenversicherung ist, ist es grundsätzlich auch zur sozialen Pflegeversicherung! Die Beiträge zur sozialen Pflegeversicherung werden ebenso wie die Beiträge zur Krankenversicherung entrichtet (§ 28 d SGB IV).
- Arbeitnehmer, die in der Rentenversicherung und zur Arbeitsförderung versicherungspflichtig sind, aber wegen Überschreitens der **Jahresarbeitsentgeltgrenze** in der Krankenversicherung versicherungsfrei sind. Wegen der Höhe der Jahresarbeitsentgeltgrenze vgl. die Tabelle bei → Rz. 5627.
Freiwillige Mitglieder der gesetzlichen Krankenversicherung sind in der sozialen Pflegeversicherung versicherungspflichtig! Sie können sich davon aber auf besonderen Antrag befreien lassen (§ 22 SGB XI), wenn sie einen ausreichenden privaten Pflegeversicherungsschutz nachweisen. Ansonsten wirkt die Beitrittserklärung zur gesetzlichen Krankenversicherung als Anmeldung zur sozialen Pflegeversicherung.
- Arbeitnehmer, die Altersrente beziehen und für die deshalb unter Fortbestand der Versicherungspflicht in der Kranken- und Pflegeversicherung sowie zur Arbeitsförderung der eigene Beitragsanteil zur Rentenversicherung entfällt und insoweit nur der Arbeitgeberanteil zu entrichten ist (vgl. → Rz. 5227),
- Arbeitnehmer nach Vollendung des 65. Lebensjahres, für die der eigene Beitragsanteil zur Arbeitsförderung (Arbeitslosenversicherung) entfällt und insoweit nur der Arbeitgeberanteil zu entrichten ist,
- Arbeitnehmer in Altersteilzeit nach Maßgabe des Altersteilzeitgesetzes
- Arbeitnehmer, die eine Teilrente wegen Alters beziehen,
- für Arbeitnehmer, die eine geringfügige und versicherungsfreie Beschäftigung ausüben, ist eine besondere Meldung zu erstatten (Näheres dazu unten bei → Rz. 5530),
- Besondere Meldungen sind schließlich für bestimmte Arbeitnehmergruppen im Zusammenhang mit dem Sozialversicherungsausweis zu erstatten (Näheres unter → Rz. 5528).

Studenten, die während ihres Studiums eine (Neben-)Beschäftigung ausüben, die die Geringfügigkeitsgrenze überschreitet, waren in der Vergangenheit gem. § 5 Abs. 3 SGB VI auch in der gesetzlichen Rentenversicherung versicherungsfrei. Die Vorschrift ist weggefallen. Solche sog. Studentenjobs sind nur noch zur Kranken-, Pflege- und Arbeitslosenversicherung versicherungsfrei; es besteht aber Versicherungspflicht zur Rentenversicherung. Deshalb müssen sie angemeldet werden.

2. Adressat der Meldungen

Die Anmeldung wird an die zuständige Krankenkasse als **Einzugsstelle** gerichtet. 5503

Weil seit dem 01.01.1996 Arbeitnehmer ihre Krankenkasse frei wählen können, haben sich die bisherigen Zuständigkeitsregeln geändert. Die Zuständigkeit der Krankenkasse als Einzugsstelle (zur Entgegennahme der Arbeitgeber-Meldungen und zur Einziehung des Gesamtsozialversicherungsbeitrag) bestimmt sich wie folgt:

- Für Arbeitnehmer, die zur gesetzlichen Krankenversicherung versicherungspflichtig sind:
  - Der Arbeitnehmer wählt eine Krankenkasse. Er kann eine AOK oder eine nach ihrer Satzung zur Aufnahme befugte Ersatzkasse, Innungs- oder Betriebskrankenkasse wählen.
  - Die gewählte Krankenkasse erteilt eine Mitgliedsbescheinigung, die dem Arbeitgeber spätestens 2 Wochen nach Beginn der Beschäftigung vorgelegt werden muss. Diese Krankenkasse ist dann die zuständige Einzugsstelle.
  Die Mitgliedsbescheinigung sollte sich der Arbeitnehmer schon rechtzeitig vor Beginn der Beschäftigung, z.B. sogleich nach Abschluss des Arbeitsvertrages besorgen und beim Arbeitgeber vorlegen. Sie ist auch erforderlich, wenn der Arbeitnehmer bei seiner bisherigen Krankenkasse verbleiben will.
  Legt der Arbeitnehmer bei Antritt der Beschäftigung noch keine Mitgliedsbescheinigung vor, sollte der Arbeitgeber ihn umgehend schriftlich daran erinnern und darauf hinweisen, dass er sonst nach Ablauf von 2 Wochen seit Beschäftigungsbeginn einer Krankenkasse zugewiesen werden kann.
  - Legt der Arbeitnehmer nach Ablauf von 2 Wochen seit Beginn der Beschäftigung dem Arbeitgeber **keine Mitgliedsbescheinigung** vor:
  In diesem Fall meldet der Arbeitgeber den Arbeitnehmer bei der Krankenkasse an, bei welcher der Arbeitnehmer **zuletzt vorher versichert** war.
  Der Arbeitgeber muss einen neu Eingestellten deshalb stets befragen, bei welcher Krankenkasse zuletzt zuvor eine Versicherung bestanden hat. Der Arbeitnehmer ist zur Auskunft verpflichtet!
  Bestand zuletzt **zuvor keine Krankenversicherung**, wählt der Arbeitgeber selbst eine Krankenkasse aus, wodurch der Arbeitnehmer dieser Kasse zugewiesen wird. Er wird dort angemeldet und sie ist die Einzugsstelle.
  Über die gewählte Krankenkasse muss der Arbeitgeber den Arbeitnehmer unterrichten!

- Für Arbeitnehmer, die in der gesetzlichen Krankenversicherung versicherungsfrei und (nur) renten- und arbeitslosenversicherungspflichtig sind, jedoch freiwillig in der gesetzlichen Krankenversicherung versichert sind:
  - Der Arbeitgeber meldet den Arbeitnehmer bei der Krankenkasse an, bei welcher der Arbeitnehmer freiwillig krankenversichert ist.
  - Der Arbeitnehmer legt hierzu binnen 2 Wochen seit Beschäftigungsbeginn die Mitgliedsbescheinigung seiner Krankenkasse vor.

- Für Arbeitnehmer, die in der gesetzlichen Krankenversicherung versicherungsfrei und (nur) renten- und arbeitslosenversicherungspflichtig sind und die nicht freiwillig in der gesetzlichen Krankenversicherung versichert sind:
  Solche privat krankenversicherten Arbeitnehmer meldet der Arbeitgeber bei der Krankenkasse an, bei welcher zuletzt zuvor eine Krankenversicherung bestanden hat. Be-

stand keine, wählt der Arbeitgeber eine Krankenkasse und unterrichtet den Arbeitnehmer darüber. Diese Kasse ist die Einzugsstelle.

Das Gesetz zur Neuregelung des Krankenkassenwahlrechts hat mit Wirkung ab 01.01. 2002 die Vorschriften zum Kassenwahlrecht geändert (Neufassung des § 175 SGB X).

Mit Wirkung ab 01.01.2002 gilt Folgendes:

- Der Arbeitnehmer kann im laufenden Beschäftigungsverhältnis seine Krankenkasse frei wechseln. Ein fester Kündigungs-Stichtag (bisher 30.09. zum Jahresende) besteht nicht mehr.
- Er kann ab 01.01.2002 die alte Kasse kündigen; die **Kündigungsfrist beträgt zwei Monate**. (Beispiel: Kündigungserklärung im Januar 2002 wird wirksam zum 31.03.2002; Kündigungserklärung im Februar 2002 wird wirksam zum 30.04.2002 usw.).
- Solche Kündigung wird wirksam, wenn innerhalb der Kündigungsfrist eine Mitgliedschaft bei einer anderen Kasse durch Mitgliedsbescheinigung nachgewiesen wird.
- Das Mitglied ist dann für 18 Monate an die gewählte Krankenkasse gebunden. Das bedeutet: Wer im Januar 2002 (erste Möglichkeit!) die Kündigung erklärt, dessen Mitgliedschaft endet zum 31.03.2002 und die neue Mitgliedschaft bei der neuen Kasse endet am 01.04.2002. Er ist dann an die neue Kasse für 18 Monate bis zum 30.09.2003 gebunden und kann diese Kasse erst wieder im Oktober 2003 zum 31.12.2003 kündigen.
- Keine 18-Monate-Bindung besteht nur, wenn die Krankenkasse ihren **Beitragssatz erhöht**; dann ist Kündigung unter Beachtung der Kündigungsfrist von 2 Monaten jederzeit möglich. Keine 18-Monate-Bindung besteht eben so für **freiwillige Mitglieder**, die aus der gesetzlichen Krankenversicherung gänzlich ausscheiden (und sich privat versichern wollen) oder die die Voraussetzungen für die Familienversicherung nach § 10 SGB V erfüllen. Die **Satzung** der Krankenkasse darf schließlich bestimmen, dass die 18-Monate-Bindung nicht gilt, wenn eine andere Krankenkasse der gleichen Kassenart begründet werden soll (z.B. bei einer anderen AOK).
- Erste Kündigungsmöglichkeit besteht also ab 01.01.2002 mit Wirkung ab 31.03.2002. Eine noch nach bisherigem Recht im Jahre 2001 nach dem 09.05.2001 erklärte Kündigung ist unwirksam!

Der Arbeitnehmer muss nach Wechsel der Kasse dem Arbeitgeber die Mitgliedsbescheinigung der neuen Kasse unverzüglich vorlegen, damit er dort angemeldet werden kann.

3. Meldefristen

Die Anmeldung ist **binnen 2 Wochen nach Beginn der Beschäftigung** zu erstatten. Für die besondere Meldung **geringfügig Beschäftigter** und die besondere Meldung in bestimmten Gewerbezweigen (Kontroll- und Sofortmeldungen, s. → Rz. 5530, 5532) gelten kürzere Fristen.

Legt der Arbeitnehmer die Mitgliedsbescheinigung der von ihm gewählten Krankenkasse erst am letzten Tage der 2-Wochen-Frist vor, kann der Arbeitgeber die für ihn geltende

Anmeldefrist von ebenfalls 2 Wochen nicht einhalten. Geringfügige Anmeldeverzögerungen um ein oder zwei Tage sind dann hinzunehmen.

Nimmt der Arbeitgeber nach entsprechender Zulassung am Verfahren der Datenübermittlung teil, gilt für die Anmeldung eine Frist von 6 Wochen (§ 5 DEÜV).

4. Form und Inhalt der Meldungen

5505 In der Vergangenheit benutzte der Arbeitgeber für die Meldungen das **Sozialversicherungsnachweis-Heft** (SVN-Heft), das dem Arbeitnehmer vom Rentenversicherungsträger ausgestellt wurde und das er dem Arbeitgeber aushändigen musste. Für die einzelnen Meldungen galten jeweils besondere Vordrucke aus diesem Heft.

Ab 01.01.1999 gilt ein einheitlicher neuer Vordruck »Meldung zur Sozialversicherung«.

Will der Arbeitgeber den Vordruck mit Hilfe eigener automatischer Einrichtungen (EDV) herstellen, muss er dem Aufbau des amtlichen Vordrucks entsprechen. Viele Krankenkassen stellen dafür Software auf CD-ROM zur Verfügung.

III. Ausfüllen des Meldevordrucks als Anmeldung

Meldung zur Sozialversicherung

11 Belegart

Beim Ausfüllen mit der Schreibmaschine können Sie fortlaufend schreiben; Sie brauchen die Kästchen dabei nicht zu beachten!

*Hinweise siehe Rückseite

Wichtiger Hinweis bei der erstmaligen Erhebung von Daten:
Die hiermit angeforderten personenbezogenen Daten werden unter Beachtung des Bundesdatenschutzgesetzes erhoben; ihre Kenntnis ist zur Durchführung des Meldeverfahrens nach Maßgabe des Vierten Buches Sozialgesetzbuch sowie der Datenerfassungs- und -übermittlungs-Verordnung erforderlich.

Versicherungsnummer Personalnummer (freiwillige Angabe)

Name, Vorsatzwort, Namenszusatz, Titel (Trennung durch Kommata)

Vorname

Straße und Hausnummer *(Anschrift nur bei Anmeldung und Anschriftenänderung)*

(Land) Postleitzahl Wohnort

Grund der Abgabe* Kontrollmeldung Sofortmeldung Namensänderung Änderung der Staatsangehörigkeit

Beschäftigungszeit
von bis Betriebsnummer des Arbeitgebers Personengruppe* Mehrfachbeschäftigung Betriebsstätte Ost West

Beitragsgruppen* KV RV ALV PV Angaben zur Tätigkeit Schlüssel der Staatsangehörigkeit*

Beitragspflichtiges Bruttoarbeitsentgelt *(in DM ohne Pfennige / Euro ohne Cent)* DM EUR Beamtenähnliche Gesamtversorgung

Stornierung einer bereits abgegebenen Meldung Es wurde gemeldet: Grund der Abgabe

von bis Betriebsnummer des Arbeitgebers Personengruppe* Mehrfachbeschäftigung Betriebsstätte Ost West

Beitragsgruppen* KV RV ALV PV Angaben zur Tätigkeit Schlüssel der Staatsangehörigkeit*

Beitragspflichtiges Bruttoarbeitsentgelt *(in DM ohne Pfennige / Euro ohne Cent)* DM EUR Beamtenähnliche Gesamtversorgung

Namensänderung *(bisheriger Name)*
Name, Vorsatzwort, Namenszusatz, Titel (Trennung durch Kommata)

Vorname

Änderung der Staatsangehörigkeit Schlüssel der *neuen* Staatsangehörigkeit

Wenn keine Versicherungsnummer angegeben werden kann:
Geburtsname Geburtsort

Geburtsdatum Geschlecht Schlüssel der Staatsangehörigkeit*
männlich weiblich

Nur bei erstmaliger Aufnahme einer Beschäftigung von nichtdeutschen Bürgern des Europäischen Wirtschaftsraumes:
Geburtsland (Schlüssel der Staatsangehörigkeit)* Versicherungsnummer des Staatsangehörigkeitslandes

Name der Krankenkasse (Geschäftsstelle)
AOK BKK IKK EK LKK See-KK BKN

Datum, Name, Anschrift des Arbeitgebers
(Firmenstempel)

Bei Krankenkasse einreichen

Grund der Abgabe in den Meldungen nach der DEÜV

Anmeldungen

10 Anmeldung wegen Beginn einer Beschäftigung
11 Anmeldung wegen Krankenkassenwechsel
12 Anmeldung wegen Beitragsgruppenwechsel
13 Anmeldung wegen sonstiger Gründe/
   Änderungen im Beschäftigungsverhältnis
   z. B.
   – Anmeldung nach unbezahltem Urlaub
     oder Streik von mehr als einem Monat
     nach § 7 Abs. 3 Satz 1 SGB IV
   – Anmeldung wegen Rechtskreiswechsel
     ohne Krankenkassenwechsel
   – Anmeldung wegen Wechsel
     des Entgeltabrechnungssystems (optional)
   – Anmeldung wegen Änderung
     des Personengruppenschlüssels
     ohne Beitragsgruppenwechsel

Abmeldungen

30 Abmeldung wegen Ende einer Beschäftigung
31 Abmeldung wegen Krankenkassenwechsel
32 Abmeldung wegen Beitragsgruppenwechsel
33 Abmeldung wegen sonstiger Gründe/
   Änderungen im Beschäftigungsverhältnis
34 Abmeldung wegen Ende einer sozialversicherungsrechtlichen Beschäftigung nach einer
   Unterbrechung von länger als einem Monat
35 Abmeldung wegen Arbeitskampf
   von länger als einem Monat
36 Abmeldung wegen Wechsel
   des Entgeltabrechnungssystems (optional)
40 Gleichzeitige An- und Abmeldung
   wegen Ende der Beschäftigung
49 Abmeldung wegen Tod

Jahresmeldung/Unterbrechungsmeldungen/sonstige Entgeltmeldungen

50 Jahresmeldung
51 Unterbrechungsmeldung wegen Bezug
   von bzw. Anspruch auf Entgeltersatzleistungen
52 Unterbrechungsmeldung wegen Elternzeit
53 Unterbrechungsmeldung
   wegen gesetzlicher Dienstpflicht
54 Meldung eines einmalig gezahlten
   Arbeitsentgelts (Sondermeldung)
55 Meldung von nicht vereinbarungsgemäß
   verwendetem Wertguthaben (Störfall)
56 Meldung des Unterschiedsbetrags
   bei Entgeltersatzleistungen während
   Altersteilzeitarbeit

Meldungen in Insolvenzfällen

70 Jahresmeldung für freigestellte Arbeitnehmer
71 Meldung des Vortages der Insolvenz/
   der Freistellung
72 Entgeltmeldung zum rechtlichen Ende
   der Beschäftigung

Personengruppen in den Meldungen nach der DEÜV

101 Sozialversicherungspflichtig Beschäftigte
    ohne besondere Merkmale
102 Auszubildende
103 Beschäftigte in Altersteilzeit
104 Hausgewerbetreibende
105 Praktikanten
106 Werkstudenten
107 Behinderte Menschen
    in anerkannten Werkstätten
    oder gleichartigen Einrichtungen
108 Bezieher von Vorruhestandsgeld
109 Geringfügig entlohnte Beschäftigte
    nach § 8 Abs. 1 Nr. 1 SGB IV
110 Kurzfristig Beschäftigte
    nach § 8 Abs.1 Nr. 2 SGB IV
111 Personen in Einrichtungen der Jugendhilfe,
    Berufsbildungswerken oder ähnlichen
    Einrichtungen für behinderte Menschen
112 Mitarbeitende Familienangehörige
    in der Landwirtschaft
113 Nebenerwerbslandwirte
114 Nebenerwerbslandwirte,
    saisonal beschäftigt
116 Ausgleichsgeldempfänger
    nach dem FELEG
118 Unständig Beschäftigte
119 Versicherungsfreie Altersvollrentner
    und Versorgungsbezieher wegen Alters
120 Personen, bei denen eine Beschäftigung
    vermutet wird (§ 7 Abs. 4 SGB IV)

Häufige Staatsangehörigkeiten

deutsch	000		
ägyptisch	287	luxemburgisch	143
amerikanisch	368	marokkanisch	252
äthiopisch	225	niederländisch	148
belgisch	124	norwegisch	149
britisch	168	österreichisch	151
dänisch	126	pakistanisch	461
finnisch	128	polnisch	152
französisch	129	portugiesisch	153
ghanaisch	238	rumänisch	154
griechisch	134	schwedisch	157
indisch	436	schweizerisch	158
iranisch	439	spanisch	161
irisch	135	thailändisch	476
isländisch	136	tschechisch	164
italienisch	137	tunesisch	285
japanisch	442	türkisch	163
jugoslawisch	138	ungarisch	165
libanesisch	451	vietnamesisch	432
liechtensteinisch	141		

Beitragsgruppen in den Meldungen nach der DEÜV

Die Beitragsgruppen sind so zu verschlüsseln, daß für jeden Beschäftigten in der Reihenfolge
Krankenversicherung, Rentenversicherung, Arbeitslosenversicherung und Pflegeversicherung
die jeweils zutreffende Ziffer anzugeben ist.

Krankenversicherung (KV)
0 kein Beitrag
1 allgemeiner Beitrag
2 erhöhter Beitrag
3 ermäßigter Beitrag
4 Beitrag zur landwirtschaftlichen KV
5 Arbeitgeberbeitrag
  zur landwirtschaftlichen KV
6 Pauschalbeitrag
  für geringfügig Beschäftigte
Freiwillige Krankenversicherung
9 Firmenzahler

Rentenversicherung (RV)
0 kein Beitrag
1 voller Beitrag zur ArV
2 voller Beitrag zur AnV
3 halber Beitrag zur ArV
4 halber Beitrag zur AnV
5 Pauschalbeitrag zur ArV
  für geringfügig Beschäftigte
6 Pauschalbeitrag zur AnV
  für geringfügig Beschäftigte

Arbeitslosenversicherung (ALV)
0 kein Beitrag
1 voller Beitrag
2 halber Beitrag

Pflegeversicherung (PV)
0 kein Beitrag
1 voller Beitrag
2 halber Beitrag

Kastenfeld Personalien

Die einzutragende **Versicherungsnummer** wird dem Sozialversicherungsausweis des Beschäftigten entnommen.

Die Angabe der betrieblichen **Personalnummer** ist freiwillig; die Angabe ist für Rückfragen hilfreich.

Die Personalien des Beschäftigten (**Name, Vorname**) sind amtlichen Dokumenten zu entnehmen (Personalausweis, Pass).

Die **Anschrift** ist nur noch bei Anmeldung einzutragen, und zwar die aktuelle Anschrift. Die Frage nach dem **Land** ist nur bei Auslandsanschriften einzutragen, dabei ist das Nationalitätskennzeichen zu verwenden (z.B. CH für die Schweiz, A für Österreich, PL für Polen).

Kastenfeld Grund der Abgabe

Anders als im bisherigen Melderecht ist der Abgabegrund jetzt **zweistellig** zu verschlüsseln. Die Meldegründe sind differenzierter als die bisherigen, schaffen jedoch bessere Klarheit bei der Krankenkasse und helfen, Rückfragen zu vermeiden. Die Schlüsselzahlen finden sich auf der Rückseite des Formulars.

Bei der **Anmeldung** kommen folgende Meldegründe in Betracht:

- Schlüsselzahl 10: Beginn der Beschäftigung
- Schlüsselzahl 11: Krankenkassenwechsel
- Schlüsselzahl 12: Beitragsgruppenwechsel
- Schlüsselzahl 13: sonstige Gründe, z.B. Wieder-Anmeldung nach unbezahltem Urlaub von mehr als einem Monat

Kastenfeld Namensänderung/Änderung der Staatsangehörigkeit

Im gegebenen Fall ist das jeweilige Feld anzukreuzen.

Kastenfeld Sofortmeldung/Kontrollmeldung

Bei der oder Sofort-/Kontrollmeldung (dazu unter → Rz. 5530, 5532) ist das entsprechende Feld anzukreuzen.

Kastenfeld Beschäftigungszeit

Bei der **Anmeldung** ist das Datum des Beginns der Beschäftigung mit Tag, Monat (jeweils zweistellig) und Jahr (vierstellig) einzutragen. Ferner einzutragen ist die **Betriebsnummer des Arbeitgebers;** sie wird dem Arbeitgeber vom Arbeitsamt auf Antrag zugeteilt.

Weitere Felder in diesem Bereich sind:

- **Personengruppe**
  Die Schlüsselzahlen finden sich auf der Formular-Rückseite. Regelmäßig gilt die Schlüsselzahl 101.
  Weist das Beschäftigungsverhältnis besondere Merkmale auf, kommen die Schlüsselzahlen 102 ff. in Betracht, z.B.

- 102: Auszubildende
- 106: Werkstudenten
- 109: geringfügig entlohnte Beschäftigte nach § 8 Abs. 1 Nr. 1 SGB IV
- 110: geringfügig (kurzfristig) Beschäftigte nach § 8 Abs. 1 Nr. 2 SGB IV

5512 • **Mehrfachbeschäftigter**
In dieses Kastenfeld wird ein »x« eingetragen, wenn der Arbeitnehmer noch Beschäftigungen bei anderen Arbeitgebern ausübt, worüber er zu befragen ist.

5513 • **Betriebsstätte Ost/West**
Es ist das Feld »West« anzukreuzen, wenn die Beschäftigung in den alten Bundesländern (»Rechtskreis West«) ausgeübt wird und das Feld »Ost«, wenn sie in den neuen Bundesländern einschl. des östlichen Teils von Berlin ausgeübt wird. Die Angabe dient Zwecken der Rentenversicherung zur Berechnung der Entgeltpunkte Ost (vgl. § 254 d SGB VI). Im bisherigen Melderecht konnte aus der Betriebsnummer auf den Rechtskreis gefolgert werden, was freilich bei ungenauer Angabe zu Problemen führte.

5514 • **Beitragsgruppen**
Hier wird der aus der Rückseite des Formulars ersichtliche zutreffende Beitragsgruppenschlüssel eingetragen, und zwar getrennt für die einzelnen Sozialversicherungszweige **KV** (Krankenversicherung), **RV** (Rentenversicherung), **ALV** (Arbeitslosenversicherung) und **PV** (Pflegeversicherung). Es gelten im Einzelnen folgende Schlüsselzahlen:

KV
- kein Beitrag: 0
- allgemeiner Beitrag 1
- erhöhter Beitrag 2
- ermäßigter Beitrag 3
- landwirtschaftl. KV 4
- nur Arbeitgeberbeitrag zur landwirtschaftl. KV 5
- Beitrag zur freiwilligen KV bei Firmenzahlern 9

Der neue Pauschalbeitrag für geringfügig Beschäftigte erhält die Nummer 6.

RV
- kein Beitrag 0
- voller Beitrag zur Arbeiterrentenversicherung 1
- voller Beitrag zur Angestelltenversicherung 2
- halber Beitrag zur ArV 3
- halber Beitrag zur AnV 4

Der neue Pauschalbeitrag für geringfügig Beschäftigte erhält in der ArV die Nummer 5 und in der ANV die Nummer 6.

ALV/PV
- kein Beitrag 0
- voller Beitrag 1
- halber Beitrag 2

- **Angaben zur Tätigkeit** 5515
Die Angaben zur **ausgeübten Tätigkeit** werden nach den Verhältnissen im **Zeitpunkt der Abgabe der Meldung** gemacht und linksbündig mit der entsprechenden Schlüsselzahl eingetragen; die Schlüsselzahl ergibt sich aus dem von der Bundesanstalt für Arbeit herausgegebenen Schlüsselverzeichnis. Die Schlüsselzahl ist fünfstellig (für die Zukunft geplant: neunstellig). Die ersten 3 Stellen der Schlüsselzahl bezeichnen die ausgeübte Tätigkeit (s. Schlüsselverzeichnis). Die 4. Stelle gibt Auskunft über die Stellung im **Beruf**.

Vollzeitbeschäftigter
- Auszubildender   0
- Arbeiter (nicht Facharbeiter)   1
- Arbeiter (Facharbeiter)   2
- Meister, Polier (Ang. oder Arb.)   3
- Angestellter   4
- Heimarbeiter/Hausgewerbetreibender   7
- Teilzeitbeschäftigter < 18 Std./WAZ   8
- Teilzeitbeschäftigter > 18 Std./WAZ   9

Die 5. Stelle betrifft die Ausbildung

Volks- oder Hauptschule, mittlere Reife oder gleichwertige Schulausbildung
- ohne abgeschlossene Berufsausbildung   1
- mit abgeschlossener Berufsausbildung   2

Abitur (allgemeine oder fachgebundene Hochschulreife)
- ohne abgeschlossene Berufsausbildung   3
- mit abgeschlossener Berufsausbildung   4
- FH-Abschluss   5
- Hochschulabschluss   6
- Ausbildung unbekannt   7

- **Staatsangehörigkeit** 5516
In dieses Kastenfeld ist die vom Statistischen Bundesamt festgelegte entsprechende Schlüsselzahl einzutragen, z.B.
- Belgien   124
- Dänemark   126
- Deutschland   000
- Frankreich   129
- Griechenland   134
- Spanien   161
- Großbritannien   168
- Irland   135
- Italien   137
- Luxemburg   143
- Niederlande   148
- Rumänien   154

- Polen   152
- Türkei   163
- staatenlos   997
- ohne Angabe   999

5517 • **Währung**
Für die Zeit bis zum 31.12.2001 ist das Feld »DM« anzukreuzen, danach das Feld »Euro«.

5518 **Unteres Kastenfeld: Anmeldung ohne Angabe der Versicherungs-Nummer**

Kann bei der Anmeldung (noch) keine Versicherungs-Nummer angegeben werden, müssen für deren Vergabe im unteren Kastenfeld angegeben werden:

- der Geburtsname, falls er vom Familiennamen abweicht,
- der Geburtsort des Beschäftigten,
- das Geburtsdatum nach Tag, Monat (zweistellig) und Jahr (vierstellig),
- das Geschlecht,
- die Staatsangehörigkeit mit der Schlüsselzahl (siehe oben bei → Rz. 5516).

Bei **erstmaliger Aufnahme einer Beschäftigung** im Inland durch einen nichtdeutschen Angehörigen eines Mitgliedstaates des EWR werden zusätzlich folgende Angaben benötigt:

- Geburtsland (mit der Schlüsselzahl für die Staatsangehörigkeit, s. → Rz. 5516),
- Versicherungsnummer des Beschäftigten in seinem Heimatland, dessen Staatsangehörigkeit er besitzt.

IV. Besonderes Meldeverfahren bei unständig Beschäftigten

5519 Unständig Beschäftigte sind solche Arbeitnehmer, deren Beschäftigung auf weniger als eine Woche nach der Natur der Sache befristet zu sein pflegt oder im voraus durch Arbeitsvertrag beschränkt ist. Es handelt sich um Personen, die zwar abhängige Arbeit verrichten, aber ohne festes Arbeitsverhältnis bald hier, bald dort, heute mit dieser und morgen mit jener Arbeit beschäftigt sind.

Welcher Betrieb erstmalig oder voraussichtlich letztmalig eine Person unständig beschäftigt, muss das der Krankenkasse als Einzugsstelle unabhängig von der individuellen An- oder Abmeldung formlos anzeigen. Anstelle der Einzelmeldung kann für unständig Beschäftigte mit der Krankenkasse ein vereinfachtes **Listenmeldeverfahren** vereinbart werden. Ist dies vereinbart, erstattet der Arbeitgeber auf einem besonderen Vordruck bis zum 5. Werktag eines Monats für den Vormonat die Meldung mit folgenden Angabe:

- Name, Anschrift und Betriebsnummer des Arbeitgebers
- Versicherungsnummer des Beschäftigten, sein Name (ggf. abweichender Geburtsname), Vorname, Geburtsdatum und seine Anschrift
- Beitragsgruppe (vgl. → Rz. 5514), Beschäftigungstage und Höhe des beitragspflichtigen Bruttoarbeitsentgelts
- einbehaltene Beiträge

V. Meldung für geringfügig Beschäftigte

1. Meldepflichtiger Personenkreis

Mehrere geringfügige Beschäftigungen werden **zusammengerechnet** und lösen bei Überschreiten der Arbeitszeit- und/oder -entgeltgrenze Versicherungs- und Beitragspflicht aus. Auch wenn der erste Arbeitgeber des geringfügig Beschäftigten von dessen zweiter Beschäftigung nichts weiß, tritt die Beitragspflicht ein und der Arbeitgeber sieht sich plötzlich entsprechenden Forderungen der Krankenkasse ausgesetzt.

Wenn der geringfügig beschäftigte Arbeitnehmer trotz Befragung und gesetzlicher Auskunftspflicht die Aufnahme der weiteren geringfügigen Beschäftigung seinem Arbeitgeber vorsätzlich oder grob fahrlässig verschweigt, kann der Arbeitgeber vom Arbeitnehmer wegen der dadurch eingetretenen Beitragsbelastung Schadenersatz verlangen! Das ist vom BAG höchstrichterlich anerkannt *(BAG 16.03.1994, 8 AZR 112/93).*

Eine gewisse Kontrollmöglichkeit für den Arbeitgeber schafft hier der Sozialversicherungsausweis (vgl. unten → Rz. 5525, 5527).

Zusammengerechnet wird seit dem 01.04.1999 auch eine geringfügige Beschäftigung (630-DM-Job) mit einer versicherungspflichtigen Hauptbeschäftigung.

Wer neben seiner versicherungspflichtigen Haupt-Beschäftigung noch eine geringfügige Beschäftigung aufnimmt und ausübt, ist auch in dieser geringfügigen Beschäftigung versicherungspflichtig! Das gilt aber nur für die Kranken-, Pflege- und Rentenversicherung, nicht für die Arbeitslosenversicherung. Für die neben einer versicherungspflichtigen Haupt-Beschäftigung ausgeübte geringfügige (Zweit-)Be-schäftigung fallen also keine Beiträge zur Arbeitslosenversicherung an. Die Grenze für eine geringfügig entlohnte Beschäftigung (630-DM-Job) liegt ab 01.01.2002 bei 325 EUR.

Der Arbeitgeber muss im Grundsatz **jeden Beschäftigten anmelden**, der eine geringfügige Beschäftigung aufnimmt (dazu → Rz. 5220).

Seit dem 01.04.1999 werden geringfügig Beschäftigte wie alle anderen auf dem allgemeinen Vordruck »Meldungen zur Sozialversicherung« gemeldet. Dabei ist für die **Personengruppe** die **Schlüsselzahl 109** bei geringfügig entlohnten Beschäftigungen, also den üblichen 630-DM-Jobs (liegt ab 01.01.2002 bei 325 EUR) anzugeben und **110** für geringfügig-kurzfristig Beschäftigte (z.B. Saisonaushilfen). Für die Beitragsgruppe wird die Schlüsselzahl KV 6 (für die Krankenversicherung) und die Schlüsselzahl RV 5 (Arbeiterrentenversicherung) oder RV 6 (Angestelltenversicherung) verwendet. Das früher gültige besondere Meldeverfahren für geringfügig Beschäftigte ist weggefallen. Jetzt gilt das übliche Meldeverfahren auch für diese geringfügig Beschäftigten. Jetzt sind mithin auch geringfügig Beschäftigte in Privathaushalten zu melden und ebenso Personen vor Vollendung des 16. Lebensjahres.

2. Adressat der Meldung

Die Meldung wird an die **Krankenkasse** gerichtet, bei welcher der Arbeitnehmer krankenversichert ist. Das ist die Krankenkasse, welche die Krankenversicherung z.B. aus der

Hauptbeschäftigung durchführt oder diejenige, bei welcher der Arbeitnehmer im Rahmen der Familienversicherung versichert ist. Besteht für den Arbeitnehmer keine gesetzliche Krankenversicherung, ist diejenige Krankenkasse zuständig, bei welcher der Arbeitnehmer zuletzt vorher krankenversichert war. Lässt sich keine »letzte« Krankenkasse bestimmen, richtet der Arbeitgeber die Meldung an eine von ihm gewählte Krankenkasse. **Wegen der notwendigen Informationen für den Arbeitgeber muss der Arbeitnehmer Auskunft geben und Unterlagen vorlegen!**

3. Meldefrist

5523 Für die Anmeldung gilt die übliche Frist von **zwei Wochen.**

4. Form und Inhalt der Meldung

5524 Die Meldung erfolgt auf dem ab 01.01.1999 neuen einheitlichen **Vordruck »Meldung zur Sozialversicherung«** (vgl. → Rz. 5506 ff.). Anzugeben ist der Abgabegrund mit der Schlüsselzahl 10 (Anmeldung) und dem **Personengruppenschlüssel**

- 109 bei einer geringfügig entlohnten Beschäftigung (§ 8 Abs. 1 Nr. 1 SGB IV)
- 110 bei einer kurzfristig-geringfügigen Beschäftigung, z.B. Saisonaushilfe (§ 8 Abs. Nr. 2 SGB IV).

VI. Meldepflichten in Zusammenhang mit dem Sozialversicherungsausweis

1. Der Sozialversicherungsausweis

5525 Jeder Beschäftigte erhält einen Sozialversicherungsausweis (SV-Ausweis). Er muss unter bestimmten Voraussetzungen bei der Beschäftigung stets mitgeführt, bei Kontrollen vorgelegt und bei Inanspruchnahme von Sozialleistungen (Krankengeld, Arbeitslosengeld) beim Sozialleistungsträger auf Verlangen hinterlegt werden. Mit diesem Instrument soll illegale Beschäftigung (»Schwarzarbeit«) verhindert und der missbräuchlichen Inanspruchnahme von Sozialleistungen sowie dem Missbrauch der Versicherungsfreiheit geringfügiger Beschäftigungen begegnet werden.

Der Beschäftigte ist verpflichtet, den SV-Ausweis bei Beginn der Beschäftigung dem Arbeitgeber vorzulegen und für den Arbeitgeber besteht die Verpflichtung, sich den SV-Ausweis vorlegen zu lassen.

Tipp

Der **Arbeitgeber kann auch verlangen**, dass der **Sozialversicherungsausweis bei ihm hinterlegt** wird, nämlich für die Zeit, für die bei **Arbeitsunfähigkeit** Lohn- oder Gehaltsfortzahlung zu leisten ist. Solange der erkrankte Arbeitnehmer dem nicht nachkommt, kann der Arbeitgeber die Entgeltfortzahlung verweigern (§ 100 Abs. 2 SGB IV, vgl. → Rz. 2750a).

Der SV-Ausweis wird für jeden Arbeitnehmer ohne besonderen Antrag von Amts wegen vom Rentenversicherungsträger ausgestellt. Das geschieht **bei erstmaliger Vergabe einer Versicherungsnummer**, also bei erstmaliger Aufnahme einer Beschäftigung im Inland.

Der in der früheren DDR übliche Ausweis für Arbeit und Sozialversicherung hatte eine andere Bedeutung. Er war Nachweis über die versicherungspflichtige Beschäftigung und die beitragspflichtigen Entgelte, die vom Betrieb darin bescheinigt wurden. Er behält seine Bedeutung für die Rentenversicherung und muss sorgfältig aufbewahrt werden.

Muster: Sozialversicherungsausweis

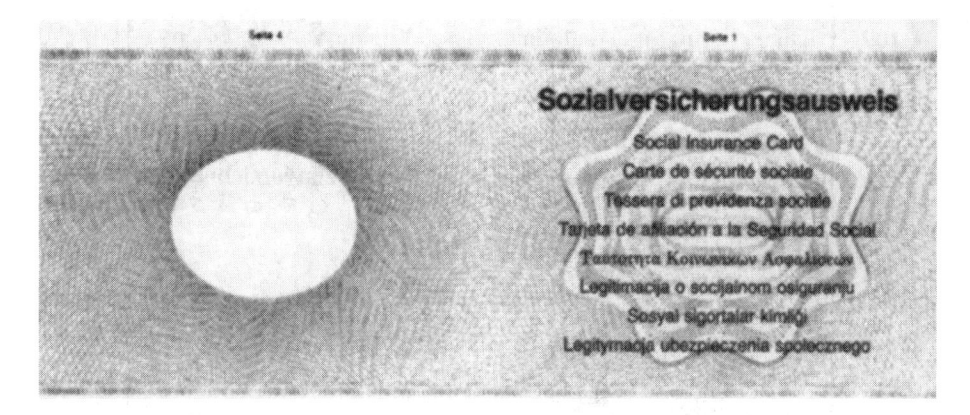

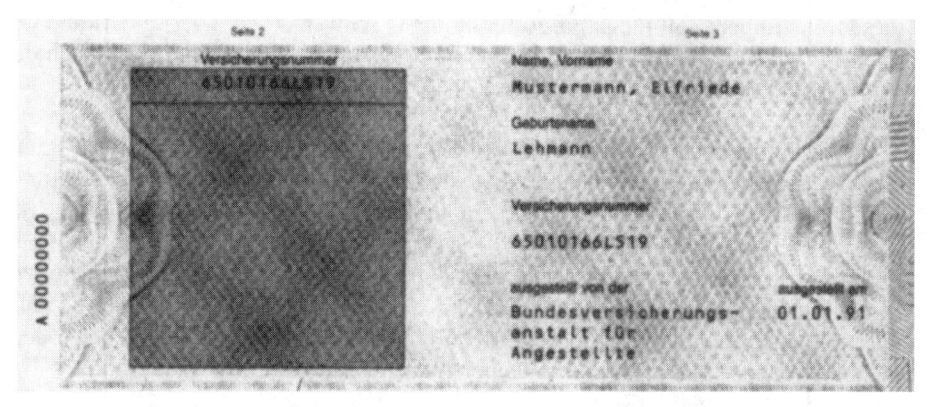

AUSWEIS
ÜBER DIE VERSICHERUNGSNUMMER IN DER SOZIALVERSICHERUNG

ausgestellt am

Geburtsname

ausgestellt von der

Herrn Frau Fräulein

Diesen Ausweis sorgfältig aufbewahren.

Die Versicherungsnummer ist bei allen Anfragen, Mitteilungen und Anträgen anzugeben.

a) Personengruppen die keinen SV-Ausweis erhalten

- Arbeitnehmer, die in ihrer Beschäftigung zur Kranken- und Rentenversicherung versicherungsfrei und zur Bundesanstalt für Arbeit beitragsfrei sind. Das gilt vor allem für **Beamte, Versorgungsempfänger** (pensionierte Beamte). Wird neben der versicherungs- und beitragsfreien Beschäftigung (z.B. als Beamter) noch eine zweite geringfügige (Neben-) Beschäftigung ausgeübt, besteht hingegen die Ausweis- und Meldepflicht. Für Beamte und Pensionäre gilt deshalb: Sie erhalten einen SV-Ausweis, wenn sie eine geringfügige (Neben-)Beschäftigung aufnehmen; Studentenjobs sind übrigens jetzt rentenversicherungspflichtig! Frei sind sie nur noch in der Kranken- und Arbeitslosenversicherung!

- **Beschäftigte in privaten Haushalten**, sofern die einzelne Beschäftigung die Geringfügigkeitsgrenze nicht überschreitet. Die Beschäftigung muss sich auf den privaten Haushalt beschränken. Es kommt nur darauf an, ob die einzelne Beschäftigung im privaten Haushalt des Arbeitgebers die Geringfügigkeitsgrenze des § 8 Abs. 1 SGB IV nicht überschreitet und es spielt insoweit keine Rolle, ob der Arbeitnehmer womöglich anderswo noch eine weitere geringfügige Beschäftigung ausübt. **Für im privaten Haushalt geringfügig Beschäftigte** besteht deshalb keine Ausweispflicht und für den Arbeitgeber **entfällt die Pflicht zur Meldung** der geringfügigen Beschäftigung.

- **Schüler bis zum vollendeten 16. Lebensjahr**, wenn die einzelne Beschäftigung die Geringfügigkeitsgrenze nicht überschreitet; wie bei den Beschäftigten im privaten Haushalt kommt es wegen der Geringfügigkeitsgrenze nur auf die einzelne Beschäftigung an;

- mitarbeitende **Ehegatten und Familienangehörige landwirtschaftlicher Unternehmer**, soweit die Mitarbeit im landwirtschaftlichen Unternehmen betroffen ist. Für etwaige weitere Beschäftigungen besteht Ausweis- und Meldepflicht.

- Beschäftigte, die im Rahmen eines im Ausland bestehenden Beschäftigungsverhältnisses nach Deutschland entsandt werden. Sie müssen sich jedoch von der AOK ihres deutschen Beschäftigungsortes einen Ersatzausweis ausstellen lassen.

b) Personengruppen die einen SV-Ausweis mit Lichtbild stets mit sich führen müssen

In einer Reihe von Wirtschaftszweigen wird der SV-Ausweis mit einem **Lichtbild** versehen und **muss vom Arbeitnehmer stets mit sich geführt werden,** damit er bei Kontrollen vorgelegt werden kann. Bei diesem Personenkreis ist auch die Sofortmeldung fällig (vgl. unten → Rz. 5530).

Der Arbeitgeber ist übrigens verpflichtet, den betroffenen Arbeitnehmer über seine Pflicht, den SV-Ausweis mit sich zu führen, zu belehren. Es handelt sich um folgende Bereiche (im Einzelnen: Katalog der Spitzenverbände der Sozialversicherungsträger, WzS 1993, 249):

- **Baugewerbe** einschl. des Ausbau- und Baunebengewerbes und des Garten- und Landschaftsbaues. Ob die Tarifverträge für das Baugewerbe auf den Betrieb Anwendung finden, ist nicht entscheidend.

- **Schaustellergewerbe** (Schaubuden, Schießbuden, Losbuden, Karussells u.ä. auf Jahrmärkten, Volksfesten u.dgl., ferner Zirkusse, Marionettentheater oder Wanderbühnen);
- **Gebäudereinigungsgewerbe** (Gebäude-, Fassaden-, Räume- und Inventarreinigung sowie Industriereinigung);
- Unternehmen, die sich am **Auf- und Abbau von Messen und Ausstellungen** beteiligen (Messe-Standbau). Für Messe-Aussteller (sog. Messebeschicker) besteht die Mitführungspflicht nicht, auch wenn das Unternehmen den Auf- und Abbau des Messestandes selbst vornimmt;
- **Gaststätten- und Beherbergungsgewerbe**; dazu gehören neben Hotels, Gasthöfen, Pensionen, Restaurants, Cafes, Schankwirtschaften Kantinen u.a. auch Campingplätze, Ferienhäuser und Ferienwohnungen, Imbisshallen (mobile Imbissstätten), Caterer und Party-Services sowie Gastronomiebetriebe auf Seeschiffen;
- **Güter- und Personenbeförderungs-Gewerbe**; dazu wird gezählt u.a. die Personenbeförderung mit Stadt-, Schnell- und Straßenbahnen, der Betrieb von Berg- und Seilbahnen, von Taxis oder Mietwagen mit Fahrer, ferner Fluss- und Kanalfähren oder auch private Kurierdienste (Brief-, Zeitungs- und Paketdienste). Dazu zählen nunmehr auch nicht im Güterbeförderungsgewerbe beschäftigte Personen, die an der Beförderung von Gütern einschl. Be- und Entladen beteiligt sind. Von der Mitführungspflicht befreit sind diese Beschäftigten nur, wenn sie Güter nur auf dem Betriebsgelände des Arbeitgebers befördern oder wenn sie nur im Werkverkehr arbeiten; dann besteht auch keine Verpflichtung zur Sofortmeldung (vgl. hierzu § 99 Abs. 2 SGB IV i.d.F. des Gesetzes vom 26.07.1994, *BGBl. I S. 1792*).

5529 Jeder Arbeitnehmer darf **nur einen SV-Ausweis** besitzen. Der Verlust und das Wiederauffinden muss der Krankenkasse unverzüglich angezeigt werden. Unbrauchbar gewordene oder Zweit-Ausweise sind zurückzugeben. Verstöße dagegen werden als Ordnungswidrigkeiten geahndet. Der nach Verlust des ersten Ausweises ausgestellte Ersatzausweis trägt neben dem Ausstellungsdatum die Folgenummer (z.B. -2). Seinen SV-Ausweis muss der Arbeitnehmer dem Arbeitgeber zu Beschäftigungsbeginn vorlegen. **Andernfalls ist die Kontrollmeldung fällig** (vgl. unten → Rz. 5532). Auch der Arbeitgeber ist verpflichtet, sich den SV-Ausweis vorlegen zu lassen.

> **Tipp**
>
> Der Arbeitgeber sollte in seinen Lohn- und Personalunterlagen festhalten, dass der SV-Ausweis vorgelegt worden ist, z.B. Kopie des Ausweises zu den Unterlagen nehmen oder die Vorlage durch den Arbeitnehmer durch Unterschrift bestätigen lassen.

Bei **geringfügig Beschäftigten** sollte der SV-Ausweis **für die Dauer der Beschäftigung beim Arbeitgeber hinterlegt** werden. Dadurch wird dem Arbeitnehmer die Aufnahme einer weiteren geringfügigen Beschäftigung erschwert, denn er müsste dort seinen Ausweis ebenfalls vorlegen; der Arbeitgeber kann sich so davor schützen, dass ohne sein Wissen bei Aufnahme einer weiteren geringfügigen Beschäftigung Beitragspflicht einsetzt. Eine **Fotokopie des SV-Ausweises reicht in diesem Falle nicht aus**.

Die Hinterlegung des SV-Ausweises beim Arbeitgeber ist aber **freiwillig** und muss mit dem Arbeitnehmer **vereinbart** werden. Nur für die Zeit, für die bei Arbeitsunfähigkeit

Entgeltfortzahlung zu leisten ist, kann der Arbeitgeber vom Arbeitnehmer die Hinterlegung des SV-Ausweises verlangen und bis dahin die Lohnfortzahlung verweigern.

2. Sofortmeldung

Für alle diejenigen Beschäftigten, die zur stetigen Mitführung des SV-Ausweises mit Lichtbild verpflichtet sind (Baugewerbe, Gaststätten- und Beherbergungsgewerbe, Beförderungsgewerbe, vgl. oben → Rz. 5528a), **muss der Arbeitgeber die Sofortmeldung erstatten.**

5530

Sie dient der besseren Überwachung bei Bekämpfung von Leistungsmissbrauch und illegaler Beschäftigung. Bei Kontrollen wird gelegentlich als »Ausrede« benutzt, die Beschäftigung sei soeben erst begonnen worden, so dass die Anmeldung noch nicht erfolgt sein könne. Diese Ausrede soll mit der Sofortmeldung abgeschnitten werden. Deshalb die **kurze Frist** dafür.

Die Sofortmeldung muss **spätestens am Tage des Beginns der Beschäftigung** erstattet werden!

Weil die Sofortmeldung nur der Kontrolle dient, ersetzt sie nicht die normale Anmeldung (oben → Rz. 5506) und ebenso nicht die normale Anmeldung geringfügig Beschäftigter (oben → Rz. 5520).

Wenn der Arbeitgeber spätestens am Tage der Aufnahme der Beschäftigung die normale Anmeldung auf Meldevordruck bereits vornehmen kann, kann er die Sofortmeldung auf diesem Beleg mit erstatten. Nur dann entfällt eine gesonderte Sofortmeldung.

Adressat ist die Krankenkasse, die als Einzugsstelle den Gesamtsozialversicherungsbeitrag einzieht. Für geringfügig Beschäftigte s. → Rz. 5522.

5531

Die Sofortmeldung erfolgt auf dem seit 01.01.1999 neuen einheitlichen Vordruck »Meldung zur Sozialversicherung« (→ Rz. 5506 ff.).

Für die Sofortmeldung ist neben den Personalien und der Versicherungsnummer das Kastenfeld »Sofortmeldung« mit »x« anzukreuzen, das Datum des Beschäftigungsbeginns nach Tag, Monat (jeweils zweistellig) und Jahr (vierstellig) zu bezeichnen (z.B. 03.08.2000) und es ist in den entsprechenden Kastenfeldern jeweils anzugeben, ob eine geringfügige Beschäftigung oder eine Mehrfachbeschäftigung gegeben ist.

Im Falle einer geringfügigen Beschäftigung kann zugleich der Abgabegrund 109 oder 110 ausgefüllt und damit die vorgeschriebene Anmeldung vorgenommen werden (→ Rz. 5524); solche kombinierte Meldung muss dann aber innerhalb der kurzen Frist für die Sofortmeldung – noch am Tage der Aufnahme der Beschäftigung – vorgenommen werden.

3. Kontrollmeldung

Die Kontrollmeldung dient dazu, die Einhaltung der Vorschriften über den SV-Ausweis zu überwachen. Wie die Sofortmeldung ersetzt sie nicht die allgemeine Anmeldung für versicherungspflichtige oder geringfügig Beschäftigte (dazu → Rz. 5501, 5530).

5532

Wird die für die Kontrollmeldung gültige kurze Frist beachtet, kann sie freilich mit der allgemeinen Anmeldung kombiniert werden.

Die Kontrollmeldung muss unverzüglich **am 4. Tage nach Beschäftigungsaufnahme** erstattet werden, wenn der Arbeitnehmer bei Beginn der Beschäftigung seinen SV-Ausweis nicht vorlegt oder die Vorlage bis zum 3. Tage nachholt.

In den Gewerbezweigen, in denen der Beschäftigte den SV-Ausweis mit Lichtbild stets mit sich führen muss (oben → Rz. 5528a) und in denen die Sofortmeldung fällig ist (oben → Rz. 5530), muss der Arbeitgeber, falls der SV-Ausweis ihm nicht vorgelegt wird (z.B. weil er soeben in Verlust geraten ist), die **Kontrollmeldung noch am Tage der Beschäftigungsaufnahme** zugleich mit der Sofortmeldung erstatten; dem Arbeitnehmer sollte eine Kopie der Kontrollmeldung überlassen werden, damit er bis zur Beschaffung des SV-Ausweises für etwaige Kontrollen einen Beleg hat.

5533 Adressat der Kontrollmeldung ist die Krankenkasse, die als Einzugsstelle den Gesamtsozialversicherungsbeitrag einzieht.

Für die Kontrollmeldung wird der neue einheitliche Vordruck verwendet, wie er auch für die Sofortmeldung und die Meldung geringfügig Beschäftigter gilt (Abb. oben bei → Rz. 5506). Das entsprechende Kastenfeld wird angekreuzt.

Die Personalien soll der Arbeitgeber nach Möglichkeit amtlichen Unterlagen entnehmen, zu deren Vorlage der Arbeitnehmer verpflichtet ist (Personalausweis, Reisepass, Führerschein). Stehen amtliche Unterlagen nicht zur Verfügung, muss sich der Arbeitgeber wegen der kurzen Meldefrist auf die Angaben des Arbeitnehmers zu den Personalien verlassen. Er sollte diesen Umstand freilich in seinen Unterlagen festhalten.

4. Kontrollmeldung bei Arbeitnehmerüberlassung (Leiharbeit) durch Entleiher

5534 Im Falle der Arbeitnehmerüberlassung (Leiharbeit) ist der Verleiher Arbeitgeber und hat sämtliche damit zusammenhängenden Pflichten einschließlich der Meldepflicht zu erfüllen.

Dem Entleiher obliegt es jedoch, eine besondere Kontrollmeldung zu erstatten.

Zu melden sind jeweils Beginn und Ende der Überlassung. Die Meldefrist beträgt 2 Wochen seit Beginn der Überlassung. Bei kurzfristiger Überlassung können unter Wahrung der Frist Beginn und Ende zugleich gemeldet werden.

5535 Inhalt und Form der Meldung richten sich nach dem dafür vorgesehenen besonderen Vordruck. Dieser ist umseitig abgebildet.

Muster: Kontrollmeldung bei Arbeitnehmerüberlassung

Anlage 3

Kontrollmeldung nach § 28 a Abs. 4 SGB IV für Krankenkasse und Arbeitsamt

Bei Krankenkasse einreichen

Versicherungsnummer

Leiharbeitnehmer
Name, Vorname

Geburtsdatum Tag Monat Jahr

Schlüssel der Staatsangehörigkeit

Beginn der Überlassung Tag Monat Jahr

Ende der Überlassung Tag Monat Jahr

Anschrift (mit Postleitzahl)

Verleiher
Name, Vorname (Firma)

Telefon

Betriebsnummer

Anschrift (mit Postleitzahl)

Entleiher
Name, Vorname (Firma)

Telefon

Betriebsnummer

Anschrift (mit Postleitzahl)

Name der Krankenkasse (Geschäftsstelle)

Datum, Name, Anschrift des Entleihers (Firmenstempel)

AOK BKK IKK EK LKK See-KK BKN

Eingangsstempel der Krankenkasse

KONTROLLMELDUNG DURCH ENTLEIHER

Die Durchschriften unterscheiden sich von der Erstschrift nur dadurch, dass
a) auf der ersten Durchschrift der Zusatz „Durchschrift der" und
b) auf der zweiten Durchschrift der Zusatz „Durchschrift der" und an Stelle der auf der Erstschrift und auf der ersten Durchschrift aufgedruckten Worte „bei Krankenkasse einreichen" die Worte „für Entleiher (4 Jahre aufbewahren)" aufgedruckt sind.

VII. Automatische Datenübermittlung durch den Arbeitgeben

5536 Der Arbeitgeber kann anstelle der Meldungen auf dem amtlichen Vordruck (vgl. → Rz. 5506 ff.) oder auf einem mit Hilfe der eigenen EDV erstellten entsprechenden Vordruck, also anstelle von »Papier-Meldungen«, seine Meldungen im Wege der automatischen Datenübermittlung an die Krankenkasse als Einzugsstelle übermitteln.

Solches Meldeverfahren bedarf der ausdrücklichen **Zulassung durch die Krankenkasse!**

Vorausgesetzt wird insbesondere, dass die Daten über die Beschäftigungszeiten und die Höhe der beitragspflichtigen Bruttoarbeitsentgelte aus maschinell geführten Lohn- und Gehaltsunterlagen hervorgehen, erstellt und ausgelöst werden und das Abrechnungsverfahren ordnungsgemäß durchgeführt wird.

Nimmt der Arbeitgeber an diesem automatisierten Verfahren nach Zulassung teil, muss er den Beschäftigten bis zum 30.04. eines jeden Jahres für alle im Vorjahr erstatteten Meldungen eine maschinell erstellte Bescheinigung erteilen, welche inhaltlich getrennt die einzelnen gemeldeten Daten wiedergibt.

42. Kapitel: Beitragsentrichtung zur Sozialversicherung

I.	**Beitragspflichtiges Entgelt**	**5601**
	1. Definition des Arbeitsentgelts	5602
	a) Grundsatz	5602
	b) Besonderheiten	5603
	c) Sachbezüge	5604
	2. Beitragsfreies Arbeitsentgelt	5604
	a) Steuerfreie Einnahmen	5605
	b) Pauschalversteuerte Einnahmen	5606
	c) Besonderheiten	5607
	3. Entgeltgrenzen	5608
	a) Beitragsbemessungsgrenze	5608
	b) Jahresarbeitsentgeltgrenze der Krankenversicherung	5613
	4. Beitragsberechnung	5615
	a) Allgemeines	5616
	b) Grundsätze der Beitragsabrechnung	5617
	c) Abrechnung von Einmalzahlungen	5620
	d) Abrechnung von Entgeltnachzahlungen	5622
	e) Beitragsabrechnung bei Arbeitsunterbrechungen	5623
	5. Alphabetische Auflistung zur Frage der Sozialversicherungspflicht von Arbeitsentgelten	5626
	6. Tabellarische Übersicht zu den wichtigsten Werten der Sozialversicherung	5627
II.	**Beitragsabführung und Beitragsüberwachung**	**5628**
	1. Grundsätze	5628
	2. Beitragseinbehalt durch den Arbeitgeber	5629
	3. Der Arbeitgeber als Beitragsschuldner	5632
	4. Beitragsentrichtung	5633
	a) Allgemeines	5633
	b) Zuständige Einzugsstelle	5634
	c) Fälligkeit der Beiträge	5636
	d) Erstattung von zu Unrecht entrichteten Beiträgen	5641
	5. Beitragsüberwachung	5643
	a) Allgemeines	5643
	b) Ort der Überwachung und vorzulegende Unterlagen	5644
	c) Pflichten des Arbeitgebers zur Mitwirkung an der Überwachung	5646
III.	**Aufzeichnungspflichten des Arbeitgebers**	**5648**
	1. Allgemeines	5648
	2. Inhalt und Aufbewahrung von Lohn- und Beitragsunterlagen	5649
	3. Einreichung von Beitragsnachweisen	5652
IV.	**Entscheidungen der Einzugsstelle**	**5655**
V.	**Lohnfortzahlungsversicherung für Kleinbetriebe**	**5658**
	1. Allgemeines	5658
	2. An der Lohnfortzahlungsversicherung teilnehmende Arbeitgeber	5659
	3. Zuständige Krankenkasse	5661
	4. Höhe und Fälligkeit der Umlage	5662
	5. Erstattungsfähige Entgelte	5664
	6. Versicherung für Arbeitgeberaufwendungen bei Mutterschaft	5665
VI.	**Beitragszuschüsse des Arbeitgebers an den Arbeitnehmer**	**5669**

1. Beitragszuschuss zur privaten Krankenversicherung	5669
a) Voraussetzungen	5669
b) Höhe	5671
2. Beitragszuschuss zur freiwilligen Krankenversicherung	5672
3. Beitragszuschüsse zu einer Pflegeversicherung	5672a
VII. **Beitragsentrichtung zur Unfallversicherung**	**5673**
1. Allgemeines	5673
2. Berechnung und Nachweis des Arbeitsentgelts	5675
3. Besonderheiten	5677
4. Beitragsbescheid	5678
VIII. **Verhängung von Strafen und Bußgeldern gegen pflichtwidrig handelnde Arbeitgeber**	**5679**
IX. **Weiterführende Literaturhinweise**	**5680**

5600   Steht die Versicherungs- und Beitragspflicht zu allen bzw. zu bestimmten Zweigen der Sozialversicherung fest und sind auch die Fragen nach der Verteilung der Beitragslast und dem Beitragssatz geklärt (vgl. → Rz. 5200 ff.), so stellt sich die weitere Frage, in welcher Höhe und auf welche Art und Weise die Sozialversicherungsbeiträge zu entrichten sind. Mit dieser Frage befasst sich das vorliegende Kapitel.

Die nachfolgenden Ausführungen beschäftigen sich zunächst nur mit den Beiträgen zur Kranken-, Renten-, Pflege- und Arbeitslosenversicherung. Diese werden im sog. Lohnabzugsverfahren entrichtet (durch Abführung des sog. Gesamtsozialversicherungsbeitrags an die gesetzliche Krankenkasse, die als sog. Einzugsstelle fungiert). Die Unfallversicherung, die ein besonderes Beitragseinzugsverfahren kennt, wird gesondert abgehandelt (vgl. → Rz. 5673 ff.).

I. Beitragspflichtiges Entgelt

5601   Die Höhe des Beitrags zur Kranken-, Renten-, Pflege- und Arbeitslosenversicherung wird ermittelt, indem das beitragspflichtige Arbeitsentgelt mit dem jeweils gültigen Beitragssatz (unter Beachtung der Beitragsbemessungsgrenze) vervielfältigt wird. Somit ist es von entscheidender Bedeutung, was unter dem die Beitragsbemessungsgrundlage abgebenden »Arbeitsentgelt« zu verstehen ist (vgl. → Rz. 5602 ff.) und welche Entgeltbestandteile von der Beitragspflichtigkeit ausgenommen sind.

1. Definition des Arbeitsentgelts

a) Grundsatz

5602   »Arbeitsentgelt« im Sinne des Sozialversicherungsrechts ist jede vermögenswerte Leistung, die der Arbeitnehmer als Gegenleistung für seine Arbeit erhält (§ 14 SGB IV). Anzusetzen ist also das Bruttoentgelt (und zwar auch bei der Vereinbarung eines sog. Nettoentgelts, vgl. → Rz. 5603), wobei nicht nur Barleistungen zählen, sondern auch sog. Sachbezüge (vgl. → Rz. 5604).

Zum Arbeitsentgelt gehören alle laufenden und einmaligen Einnahmen aus einer Beschäftigung, wobei es nicht darauf ankommt,

- ob ein Rechtsanspruch auf das Entgelt besteht,
- unter welcher Bezeichnung das Arbeitsentgelt gezahlt wird,
- ob das Entgelt unmittelbar aus der Arbeitnehmertätigkeit oder nur im Zusammenhang mit dieser Tätigkeit erzielt wird.

Die Definition des »Arbeitsentgelts« ist somit sehr weit gefasst und erstreckt sich z.B. auch auf betriebliche Prämien *(BSG 26.03.1998, SozR 3-2400 § 14 Nr. 15)*.

b) Besonderheiten

Ist zwischen dem Arbeitnehmer und dem Arbeitgeber ein **Netto-Arbeitsentgelt** vereinbart *(vgl. BSG BB 1994, 943)*, so ist es zum Zwecke der Beitragserhebung auf einen Bruttobetrag umzurechnen. In diesem Falle gelten als Arbeitsentgelt die Einnahmen des Arbeitnehmers einschließlich der darauf entfallenden Steuern und der dem Arbeitnehmeranteil entsprechenden Beiträge zur Kranken-, Renten-, Pflege- und Arbeitslosenversicherung (§ 14 Abs. 2 SGB IV).

5603

Bei Verwendung eines sog. **Haushaltsschecks** gilt der ausgezahlte Betrag zuzüglich der vom Arbeitslohn einbehaltenen Steuern als Arbeitsentgelt (§ 14 Abs. 3 SGB IV). Zum Entgeltbegriff bei den sog. Scheinselbständigen vgl. § 14 Abs. 4 SGB IV.

c) Sachbezüge

Wie bereits erwähnt, gehören zum sozialversicherungsrechtlichen Arbeitsentgelt nicht nur Barbezüge, sondern auch sog. Sachbezüge. Hierunter sind vor allem freie (oder zumindest verbilligte) **Kost und Wohnung** zu verstehen. Zum Zwecke der Beitragsberechnung ist es notwendig, den Wert der Sachbezüge (in EUR) zu bestimmen. Diese Bestimmung erfolgt alljährlich durch eine Verordnung des Bundes, die sog. **Sachbezugsverordnung**, die jährlich neue Sachbezugswerte festlegt. Im Einzelnen **gelten für das Jahr 2002 folgende Berechnungswerte (beachte auch den Anhang)**, deren Struktur teilweise von dem bislang geltenden Berechnungsverfahren abweicht:

5604

Der Wert für **Verpflegung** beläuft sich auf monatlich 192,60 EUR. Wird Verpflegung nur teilweise zur Verfügung gestellt, sind monatlich für Frühstück 42,10 EUR, für Mittagessen 75,25 EUR und für Abendessen 75,25 EUR anzusetzen. Wird freie Verpflegung auch für Familienangehörige eines Arbeitnehmers gewährt, so sind bestimmte Erhöhungswerte vorgesehen.

Der Wert für freie **Unterkunft** beläuft sich auf monatlich 186,65 EUR, wobei Besonderheiten für Familienunterkünfte und Mehrfachbelegungen vorgesehen sind. In den neuen Bundesländern liegt der Monatswert für Unterkunft bei 164 EUR.

Für freie **Wohnung** ist grundsätzlich der ortsübliche Mietpreis als Sachbezugswert maßgebend. Für Energie, Wasser und sonstige Wohnungsnebenkosten ist der ortsübliche

Preis anzusetzen. Eine »Wohnung« ist im Gegensatz zu einer »Unterkunft« dann vorhanden, wenn eine in sich geschlossene Einheit von Räumen vorliegt, in denen ein selbständiger Haushalt geführt werden kann.

Werden Verpflegung, Unterkunft oder Wohnung verbilligt als Sachbezug zur Verfügung gestellt, ist der Unterschiedsbetrag zwischen dem vereinbarten Preis und dem Wert maßgebend, der sich aus den vorstehenden Berechnungsgrundsätzen und Berechnungswerten ergibt.

2. Beitragsfreies Arbeitsentgelt

a) Steuerfreie Einnahmen

5605 In der Sozialversicherung bleiben folgende Einnahmen beitragsfrei, sofern sie zugleich lohnsteuerfrei sind: Einmalige Zuwendungen, laufende Zulagen, Zuschläge und Zuschüsse. Das Sozialversicherungsrecht lehnt sich hier also an das Steuerrecht an, denn aus der Steuerfreiheit folgt die Sozialversicherungsfreiheit. Die wichtigsten Fälle einer auf das Lohnsteuerrecht zurückgehenden Beitragsfreiheit sind in die Auflistung eingearbeitet, die weiter unter → Rz. 5626 abgedruckt ist.

b) Pauschalversteuerte Einnahmen

5606 Beitragsfrei sind auch Einnahmen, für die nach dem Steuerrecht eine sog. Pauschalversteuerung möglich ist und bei denen der Arbeitgeber von dieser Möglichkeit der Pauschalversteuerung Gebrauch gemacht hat. Hierunter fallen

- Aufwendungen für Mahlzeiten im Betrieb sowie für Essenszuschüsse,
- Arbeitslohn aus Anlass von Betriebsveranstaltungen,
- Erholungsbeihilfen,
- Fahrtkostenzuschüsse,
- Zukunftssicherungsleistungen (das sind Zuwendungen für eine zusätzliche Altersversorgung),
- Beiträge für eine private Unfallversicherung des Arbeitnehmers.

Die wichtigsten Fälle dieser aus einer Pauschalbesteuerung folgenden Beitragsfreiheit sind ebenfalls in die erwähnte Auflistung (vgl. → Rz. 5626) aufgenommen worden. In diesem Zusammenhang ist noch darauf hinzuweisen, dass das Steuerrecht zwar auch die Möglichkeit der Pauschalversteuerung des Arbeitslohnes von kurzfristig oder in geringem Umfang Beschäftigten kennt. Das Arbeitsentgelt dieser Personen ist aber im sozialversicherungsrechtlichen Sinne beitragspflichtig, sofern nicht eine Versicherungs- und Beitragsfreiheit greift. Die für geringfügig Beschäftigte vom Arbeitgeber zu tragende **Pauschalsteuer** stellt somit **kein** beitragspflichtiges Arbeitsentgelt dar *(BSG BB 1984, 943 und BSG NZS 1998, 176).*

c) Besonderheiten

Wegen weiterer Besonderheiten, die bei der Bestimmung des sozialversicherungspflichtigen Arbeitsentgelts zu beachten sind (z.B. der Beitragsfreiheit von Krankengeldzuschüssen oder der Frage nach der Beitragsfreiheit von Abfindungen bei Beendigung des Arbeitsverhältnisses) wird wiederum auf die erwähnte Auflistung (vgl. → Rz. 5626) hingewiesen.

3. Entgeltgrenzen

a) Beitragsbemessungsgrenze

Die Beitragsbemessungsgrenze ist diejenige Grenze, bis zu der in der Renten- und Arbeitslosenversicherung das (an sich beitragspflichtige) Arbeitsentgelt zur Beitragsberechnung herangezogen wird (§ 159 SGB VI und § 341 Abs. 4 SGB III). Liegt also ein Arbeitnehmer mit seinem Arbeitsentgelt über der Beitragsbemessungsgrenze, so ändert das zwar nichts an der Versicherungs- und Beitragspflicht, jedoch werden Beiträge für das über der Beitragsbemessungsgrenze liegende Entgelt nicht mehr erhoben.

Die Beitragsbemessungsgrenze, die zum 1. Januar eines jeden Jahres neu festgesetzt wird, ist in der **Renten- und Arbeitslosenversicherung** gleich hoch. Sie beläuft sich im Jahre 2002 auf 4.500 EUR monatlich = 54.000 EUR jährlich (**West**) und 3.750 EUR = 45.000 EUR jährlich (**Ost**). Für die knappschaftliche Rentenversicherung (wo im Wesentlichen Bergleute versichert sind) gilt die Besonderheit, dass die Beitragsbemessungsgrenze im Jahre 2002 bei 5.500 EUR monatlich bzw. 66.600 EUR jährlich liegt.

Die Beitragsbemessungsgrenze der Renten- und Arbeitslosenversicherung muss von der sog. Jahresarbeitsentgeltgrenze der gesetzlichen **Krankenversicherung** unterschieden werden (zu dieser Grenze des § 6 Abs. 1 Nr. 1 SGB V vgl. → Rz. 5613 ff.). Die Jahresarbeitsentgeltgrenze ist eine Versicherungspflichtgrenze, d.h., ein darüber liegender Höherverdiener ist krankenversicherungsfrei (vgl. → Rz. 5228). Die Jahresarbeitsentgeltgrenze hat aber in der Krankenversicherung auch die Bedeutung einer Beitragsbemessungsgrenze (vgl. § 223 Abs. 3 SGB V).

Die Beitragsbemessungsgrenze der **Pflegeversicherung** liegt stets bei 75 % der Beitragsbemessungsgrenze der Renten- und Arbeitslosenversicherung (§ 55 Abs. 2 SGB XI). Somit beläuft sich diese Grenze im Jahre 2002 auf 3.375 EUR monatlich bzw. 40.500 EUR jährlich (seit **dem 01.01.2001 gelten in den alten und neuen Bundesländern die gleichen Beitragsbemessungsgrenzen in der Kranken- und Pflegeversicherung**).

Wird das Arbeitsentgelt eines sozialversicherungspflichtigen Arbeitnehmers in vollen Kalendermonaten abgerechnet, so bereitet die Beitragsberechnung keine Probleme. Ist dagegen nur ein **Teilmonat beitragspflichtig** (weil das Arbeitsverhältnis im Verlaufe eines Kalendermonats beginnt oder endet), so muss – anders als z.B. bei einer Beitragslücke wegen eines unbezahlten Urlaubs oder eines Arbeitskampfes – die anteilige monatliche Beitragsbemessungsgrenze berücksichtigt werden. Dies geschieht durch Ablesen des kalendertäglichen Arbeitsentgelts aus der Beitragstabelle der Krankenkasse. Meistens ist aber die Umrechnung auf kalendertägliche Werte nicht erforderlich, da die Beitragstabellen der Krankenkassen auch Tabellen über (anteilige) Beitragsbemessungsgrenzen enthalten.

5610 Im Hinblick auf beitragspflichtige **Einmalzahlungen** (also insbesondere auf Weihnachts- und Urlaubsgelder) gilt die Besonderheit, dass an die Stelle der monatlichen Beitragsbemessungsgrenze eine anteilige **Jahresbeitragsbemessungsgrenze** tritt (§ 23 a SGB IV).

Dies bedeutet: Für den Monat, dem die einmalige Entgeltzahlung zuzuordnen ist (regelmäßig für den Monat der Auszahlung der Einmalzahlung) ist nicht auf die monatliche Beitragsbemessungsgrenze abzustellen. Vielmehr ist für einen bestimmten Zeitraum eine anteilige Jahresbeitragsbemessungsgrenze festzustellen. Der Zeitraum beginnt mit dem Beginn des Kalenderjahres (frühestens jedoch mit dem Beginn der versicherungspflichtigen Beschäftigung) und endet mit Ablauf des Monats, dem die Einmalzahlung zuzuordnen ist. Für diesen Zeitraum wird dann geprüft, ob das darin erzielte Arbeitsentgelt (anteiliges Jahresentgelt) die anteilige Jahresbeitragsbemessungsgrenze überschreitet. Nur derjenige Teil der Einmalzahlung, der diese Grenze übersteigt, ist letztlich beitragsfrei.

Das Abstellen auf eine anteilige Jahresbeitragsbemessungsgrenze bewirkt eine **erweiterte Beitragspflichtigkeit von Einmalzahlungen** bei Personen, die mit ihrem laufenden Arbeitsentgelt unter der Beitragsbemessungsgrenze liegen (im Hinblick auf die Einmalzahlung aber an sich die Beitragsbemessungsgrenze überschreiten).

BEISPIEL:

Ein Arbeitnehmer, der seit Beginn des Jahres 2002 in einem Beschäftigungsverhältnis steht und ein laufendes Arbeitsentgelt von 2.500 EUR monatlich (in den alten Bundesländern) erzielt, erhält im November 2002 eine Einmalzahlung (einmalig gezahltes Arbeitsentgelt) von ebenfalls 2.500 EUR. An sich wäre im November 2002 ein Teil des Gesamtentgelts von 5.000 EUR sozialversicherungsfrei, weil die Beitragsbemessungsgrenzen der Kranken- und Pflegeversicherung einerseits und der Renten- und Arbeitslosenversicherung andererseits zum Teil überschritten werden. In Wirklichkeit ist jedoch die gesamte Einmalzahlung beitragspflichtig, und zwar wegen der Heranziehung einer anteiligen Jahresbeitragsbemessungsgrenze, die sich wie folgt errechnet:

- Kranken- und Pflegeversicherung: Die anteilige Beitragsbemessungsgrenze (zugleich Jahresarbeitsentgeltgrenze, vgl. Æ Rz. 5613 ff.) für Januar bis November 2002 liegt in der Krankenversicherung bei 11 mal 3.375 EUR, das sind 37.125 EUR.
- Renten- und Arbeitslosenversicherung: Die anteilige Beitragsbemessungsgrenze liegt bei 11 mal 4.500 EUR, das sind 49.500 EUR.
- Von der anteiligen Beitragsbemessungsgrenze sind bis zur Einmalzahlung im November 2002 bereits ausgeschöpft:
    - in der Kranken- und Pflegeversicherung: 11 x 2.500 EUR, das sind 27.500 EUR,
    - in der Renten- und Arbeitslosenversicherung: ebenfalls 27.500 EUR.

Somit sind noch **nicht** ausgeschöpft:

- in der Kranken- und Pflegeversicherung: 9.625 EUR,
- in der Renten- und Arbeitslosenversicherung: 22.000 EUR,

weshalb sowohl in der Kranken- und Pflegeversicherung als auch in der Renten- und Arbeitslosenversicherung die Einmalzahlung vom November 2002 in vollem Umfang der Beitragspflicht unterworfen ist.

Ergänzend sei darauf hingewiesen, dass es sich um ein vereinfachtes Beispiel handelt. In der Praxis müssen folgende Umstände zusätzlich berücksichtigt werden: **5611**
- Ist im Verlaufe des Jahres bereits eine Einmalzahlung (z.B. Urlaubsgeld) gewährt worden, so ist diese Zahlung bei der Ermittlung der anteiligen Jahresbeitragsbemessungsgrenze abzusetzen.
- Bestand im Verlaufe des Jahres für eine begrenzte Zeit ein Krankengeldbezug mit einer daraus folgenden Beitragsfreiheit in der Krankenversicherung, so bleibt der Zeitraum des Krankengeldbezuges bei der Ermittlung der anteiligen Jahresbeitragsbemessungsgrenze außer Betracht.

Werden einmalige Zahlungen im ersten Kalendervierteljahr geleistet, so gilt für die Beitragsberechnung folgende Sonderregelung (sog. Märzklausel des 23a Abs. 4 SGB IV): Die Einmalzahlung ist nach ausdrücklicher gesetzlicher Anordnung dem letzten Entgeltabrechnungszeitraum des Vorjahres (also regelmäßig dem Dezember des Vorjahres) zuzuordnen, falls **5612**
- die anteilige Jahresbeitragsbemessungsgrenze für das laufende Kalenderjahr (gerechnet bis zum Zeitpunkt der Einmalzahlung) nicht überschritten wird und
- das sozialversicherungspflichtige Arbeitsverhältnis bereits im Vorjahr bestanden hat.

b) Jahresarbeitsentgeltgrenze der Krankenversicherung

Die Jahresarbeitsentgeltgrenze, die es nur in der gesetzlichen Krankenversicherung gibt, ist eine **Versicherungspflichtgrenze für Höherverdiener:** Wer über der Jahresarbeitsentgeltgrenze liegt, ist krankenversicherungsfrei (vgl. → Rz. 5228). Hinsichtlich der Frage der Beitragspflichtigkeit von Einmalzahlungen gilt, dass eine »anteilige Jahresarbeitsentgeltgrenze« zu bilden ist, denn die Jahresarbeitsentgeltgrenze hat in der Krankenversicherung zugleich die Bedeutung einer Beitragsbemessungsgrenze (vgl. das Beispiel → Rz. 5610). **5613**

Die hauptsächliche **Bedeutung der Jahresarbeitsentgeltgrenze** liegt aber bei der Frage, wann ein Höherverdiener wegen Überschreitens der Jahresarbeitsentgeltgrenze krankenversicherungsfrei wird. Hierzu bedarf es einer Definition der Jahresarbeitsentgeltgrenze und des Jahresarbeitsentgelts. Die Jahresarbeitsentgeltgrenze, die zu Beginn eines jeden Jahres neu festgesetzt wird, beläuft sich stets auf 75 % der jährlichen Beitragsbemessungsgrenze der gesetzlichen Renten- und Arbeitslosenversicherung (entspricht also im Grundsatz der Beitragsbemessungsgrenze der Pflegeversicherung). Im Jahre 2002 liegt die Jahresarbeitsentgeltgrenze bei 40.500 EUR = 3.375 EUR monatlich (Ost/West). Wird die Jahresarbeitsentgeltgrenze überschritten, so endet die Krankenversicherungspflicht mit Ablauf des Kalenderjahres, in dem die Überschreitung erfolgt. Die Krankenversicherungsfreiheit tritt aber nicht ein, wenn voraussichtlich das Jahresarbeitsentgelt diejenige **5614**

Jahresarbeitsentgeltgrenze nicht übersteigt, die vom Beginn des nächsten Kalenderjahres an gilt. Bei rückwirkender Erhöhung des Arbeitsentgelts endet die Versicherungspflicht mit Ablauf des Kalenderjahres, in dem der Anspruch auf das erhöhte Entgelt entstanden ist.

Für **Personen, die bei der Bundesknappschaft versichert sind** (das sind im Wesentlichen Bergleute) gibt es keine Jahresarbeitsentgeltgrenze.

5615 Die **Definition des »Jahresarbeitsentgelts«** geht im Grundsatz dahin, dass es sich um das regelmäßige Bruttoentgelt handelt, das im Zeitraum eines Jahres aus einem Arbeitsverhältnis erzielt wird und der Sozialversicherungspflicht unterliegt. Nicht zum Jahresarbeitsentgelt zählen aber Zuschläge, die mit Rücksicht auf den Familienstand gezahlt werden (z.B. erhöhte Ortszuschläge im öffentlichen Dienst).

Da auf das »regelmäßige« Entgelt abgestellt wird, ist

- eine Einmalzahlung (z.B. von Weihnachtsgeld) nur dann einzubeziehen, wenn auf die Zahlung ein Anspruch besteht oder wenn zumindest die Zahlung mit hinreichender Wahrscheinlichkeit erwartet werden kann,
- eine Mehrarbeitsvergütung nur ausnahmsweise (nämlich bei vollkommen regelmäßiger Gewährung) einzubeziehen,
- bei schwankendem Entgelt eine Schätzung des regelmäßigen Jahrsarbeitsentgelts vorzunehmen, wobei das Ergebnis der Schätzung (Versicherungspflicht oder Versicherungsfreiheit) so lange maßgeblich bleibt, bis sich die tatsächlichen Grundlagen der Schätzung verändert haben,
- das Jahresarbeitsentgelt zu ermitteln, indem das 12-fache des monatlichen Durchschnittsentgelts angesetzt wird, wobei (regelmäßig gewährte) Einmalzahlungen hinzuzurechnen sind.

Aus alledem ergibt sich, dass das Jahresarbeitsentgelt meist unter dem sozialversicherungspflichtigen Bruttoentgelt liegt.

Steht ein Arbeitnehmer in mehreren Arbeitsverhältnissen, so ist für die Ermittlung des Jahresarbeitsentgelts die Summe des regelmäßigen Entgelts aus allen Beschäftigungen zu bilden. In die Zusammenrechnung werden aber nur solche Beschäftigungen einbezogen, die für sich genommen der Krankenversicherungspflicht unterliegen (außer Betracht bleiben also Beschäftigungen, die wegen Geringfügigkeit versicherungsfrei sind, vgl. → Rz. 5220).

Die Wochen- und Tagesbeträge der Beitragsbemessungsgrenze und der Jahresarbeitsverdienstgrenze (sowie weitere wichtige Werte der Sozialversicherung) sind aus der tabellarischen Übersicht zu ersehen, die weiter unten (→ Rz. 5627) abgedruckt ist.

4. Beitragsberechnung

a) Allgemeines

5616 Die Berechnung des Beitrags zur Kranken-, Renten-, Pflege- und Arbeitslosenversicherung geschieht in der Weise, dass – getrennt für jeden Versicherungszweig – der Beitragssatz mit dem Arbeitsentgelt vervielfältigt wird. Die Beitragssätze wurden bereits erläutert (vgl. → Rz. 5234). Auch wurden bereits zum Begriff des Arbeitsentgelts Ausführungen gemacht (vgl. → Rz. 5602 ff.). Schließlich wurde auch dargelegt, inwieweit Entgeltgrenzen (nämlich die Beitragsbemessungsgrenze und die Jahresarbeitsentgeltgrenze) bei der Beitragsberechnung zu berücksichtigen sind (vgl. → Rz. 5608 ff.).

Nachfolgend wird deshalb nur auf den Abrechnungsvorgang eingegangen, nämlich auf die Grundsätze der Beitragsabrechnung, die Abrechnung von Einmalzahlungen und die Abrechnung von Entgeltnachzahlungen.

b) Grundsätze der Beitragsabrechnung

Die Sozialversicherungsbeiträge werden nach dem Arbeitsentgelt berechnet, das im Beitragsabrechnungszeitraum erzielt wurde. Es stehen dem Arbeitgeber zwei Möglichkeiten der Beitragsberechnung zur Verfügung, nämlich

5617

- die genaue Berechnung nach dem tatsächlichen Arbeitsentgelt (unter Heranziehung des Beitragssatzes) oder
- die Ermittlung der Lohnabzüge (d.h., der Abzüge von Steuern und Sozialversicherungsbeiträgen) anhand einer Tabelle, die nach Lohnsteuerstufen eingeteilt ist.

Ist ein Kalendermonat nur teilweise mit Beiträgen belegt, muss das monatliche Teilarbeitsentgelt durch die Anzahl der Kalendertage geteilt werden. Der daraus ermittelte Betrag des kalendertäglichen Entgelts ist dann mit der Anzahl der belegten Kalendertage zu vervielfältigen. Liegt das Teilmonatsentgelt bereits über der Beitragsbemessungsgrenze bzw. der Jahresarbeitsentgeltgrenze, so ist für den betreffenden Monat nur ein Beitrag unter Zugrundelegung dieser Grenze zu berechnen.

Der sozialversicherungsrechtliche Beitragsabrechnungszeitraum ist der jeweilige Kalendermonat. Führt ein Arbeitgeber die Abrechnung ausnahmsweise in anderen Zeitabständen durch (z.B. wöchentlich), so muss er zunächst ein monatliches Arbeitsentgelt ermitteln und hiervon die Beiträge berechnen.

5618

Im Hinblick auf die Zuordnung des Arbeitsentgelts zu einem bestimmten Beitragsabrechnungszeitraum gilt, dass es auf den Zeitpunkt des Erzielens des Entgelts ankommt. »Erzielt« wird das Entgelt nicht im Kalendermonat der Auszahlung, sondern in dem Monat, für den die Arbeitsleistung erbracht wurde.

Es ist aber zulässig, in bestimmten Fällen nicht auf den Kalendermonat der Arbeitsleistung, sondern auf den Kalendermonat der tatsächlichen Auszahlung abzustellen. Dies gilt für Zuwendungen, die zwar als Bestandteile des laufenden Arbeitsentgelts anzusehen sind (also nicht etwa als »einmalig gezahltes Arbeitsentgelt«, vgl. → Rz. 5620 ff.), die aber variabel sind, weil ihre Höhe erst nach der Lohnabrechnung endgültig feststeht. Zu diesen Zuwendungen zählen vor allem Mehrarbeitsvergütungen, aber z.B. auch Provisionen.

5619

Tipp

Die Sonderregelung für diese »**variablen Entgeltbestandteile**« besteht darin, dass es zulässig ist, wenn der Berechnung des Sozialversicherungsbeitrags nicht der Monat der Erbringung der Arbeitsleistung zugrundegelegt wird, sondern der nächste oder auch der übernächste Monat. Die Zuordnung zu einem späteren Monat ist aber nur dann gestattet, wenn eine »regelmäßige verspätete Abrechnung« mit ein- oder zweimonatiger »Phasenverschiebung« erfolgt. Geschieht die verspätete Abrechnung der variablen Entgeltbestandteile unregelmäßig (oder mit einer »Phasenverschiebung« von mehr als zwei Monaten), so sind die Entgelte (z.B. Provisionen) für die Beitragsberechnung auf die Monate aufzuteilen, in denen die dazugehörige Arbeitsleistung erbracht wurde.

Ebenso wie bei den variablen, mit regelmäßiger Phasenverschiebung gezahlten Entgeltbestandteilen wird auch ein Abstellen auf den nächsten oder übernächsten Monat für zulässig erachtet, wenn der Arbeitnehmer der Arbeit ferngeblieben ist, so dass es zu einer Minderung des Arbeitsentgelts kommt. Diese »**Entgeltminderung wegen Fehlzeiten**« wird dem Arbeitgeber nämlich oftmals erst nach Beginn der monatlichen Entgeltabrechnung bekannt. Es kommt dann zu einer Überzahlung des Arbeitsentgelts, die durch einen Abzug vom Entgelt des Folgemonats oder des übernächsten Monats ausgeglichen wird. Hier ist es zulässig, für die Beitragsberechnung auf das tatsächlich im Kalendermonat ausgezahlte Entgelt abzustellen.

c) Abrechnung von Einmalzahlungen

5620 Einmalzahlungen (vom Gesetz in § 23 a SGB IV als »einmalig gezahltes Arbeitsentgelt« bezeichnet) sind solche Zuwendungen, die zwar zum beitragspflichtigen Entgelt gehören, aber nicht monatlich (genau genommen: nicht für die Abrechnung in einem bestimmten Arbeitszeitraum) ausgezahlt werden (z.B. Weihnachtsgeld, Urlaubsgeld, Tantiemen).

Als Einmalzahlung ist es auch anzusehen, wenn der Arbeitnehmer nach dem Ausscheiden aus dem Arbeitsverhältnis eine Sonderzahlung erhält. Laufende, sozialversicherungspflichtige Zulagen (z.B. Mehrarbeitsvergütungen) sind auch dann **nicht** als Einmalzahlung einzustufen, wenn sie in größeren Zeitabständen gewährt werden; vielmehr handelt es sich um laufendes Arbeitsentgelt.

5621 Für die sozialversicherungsrechtliche Behandlung von Einmalzahlungen gilt der Grundsatz, dass diese Zahlungen dem Kalendermonat zugeordnet werden, in dem die tatsächliche Auszahlung erfolgt. Es sind aber folgende Besonderheiten zu beachten:

- Aus Vereinfachungsgründen ist es zulässig, die Einmalzahlung dem Vormonat der tatsächlichen Auszahlung zuzuordnen, sofern zum Zeitpunkt der Auszahlung noch nicht das laufende Arbeitsentgelt des Vormonats abgerechnet wurde.
- Wurde das Arbeitsverhältnis beendet oder ruht das Arbeitsverhältnis (z.B. wegen eines Wehr- oder Zivildienstes), so ist die Einmalzahlung dem letzten Abrechnungsmonat des Kalenderjahres zuzuordnen, in dem die Einmalzahlung tatsächlich geleistet wurde. Daraus folgt, dass die Einmalzahlung für den Fall beitragsfrei bleibt, dass im Kalenderjahr ihrer Zahlung überhaupt kein Entgeltabrechnungszeitraum gegeben ist (so z.B. beim Ausscheiden aus der Beschäftigung zum 31.12. des Vorjahres).

Zur erweiterten Beitragspflichtigkeit von Einmalzahlungen, die mit der Ansetzung einer anteiligen Jahresbeitragsbemessungsgrenze zusammenhängt, vgl. → Rz. 5610 ff.

d) Abrechnung von Entgeltnachzahlungen

Wird Arbeitsentgelt für vergangene Monate nachgezahlt, so müssen für die sozialversicherungsrechtliche Behandlung **zwei verschiedene Fallgruppen** auseinandergehalten werden *(vgl. BSG 30.08.1994, NZA 1995, 701)*:

Die eine Fallgruppe ist dadurch gekennzeichnet, dass der Arbeitnehmer von vornherein einen Anspruch auf das Arbeitsentgelt hatte, dieser Anspruch aber vom Arbeitgeber verspätet erfüllt wird. Für die Berechnung der Sozialversicherungsbeiträge gilt dann, dass die Nachzahlung auf die einzelnen Monate des Nachzahlungszeitraumes zu verteilen ist, also letztlich für diese Monate eine Beitragsneuberechnung stattfinden muss. Dieselbe Neuberechnung muss im Übrigen »spiegelbildlich« vorgenommen werden, falls der Arbeitnehmer ein Weihnachtsgeld zurückzuzahlen hat (die Beitragsberechnung für den entsprechenden Monat des Vorjahres muss dann nochmals erfolgen).

Die zweite, sozialversicherungsrechtlich anders zu behandelnde Fallgruppe ist dann gegeben, wenn ein Arbeitsentgelt (z.B. aufgrund eines Tarifvertrages) rückwirkend erhöht wird. Es ist dann zulässig, dass entsprechend den Abrechnungsregelungen verfahren wird, die für einmalige Zahlungen gelten.

e) Beitragsabrechnung bei Arbeitsunterbrechungen

Im Grundsatz ist die Sozialversicherungspflicht und damit die Pflicht zur Beitragsabführung an die Voraussetzung gebunden, dass tatsächlich ein Arbeitsverhältnis gegen Arbeitsentgelt ausgeübt wird.

Fällt also das Entgelt weg, so endet grundsätzlich auch die Versicherungs- und Beitragspflicht.

Davon gibt es allerdings Ausnahmen: Die Mitgliedschaft zur Krankenversicherung bleibt bei bestimmten Tatbeständen erhalten, nämlich (gem. § 192 Abs. 1 Nr. 1 SGB V).

- für einen Monat bei unbezahltem Urlaub, unentschuldigtem Fehlen oder unrechtmäßigem Streik und
- zeitlich unbegrenzt bei einem rechtmäßigen Streik.

Liegt ein solcher Fall der Mitgliedschaftserhaltung vor (z.B. ein unbezahlter Urlaub von nicht mehr als 4 Wochen), so gilt für den betroffenen Zeitraum, dass weder eine Abmeldung des Arbeitnehmers von der Sozialversicherung vorzunehmen ist noch eine Beitragsentrichtung zur Sozialversicherung erfolgen muss. Die Berücksichtigung der monatlichen Beitragsbemessungsgrenze geschieht in der Weise, dass die tatsächlichen Beiträge des betroffenen (nur teilweise mit Entgelt belegten) Kalendermonats bis zur monatlichen Beitragsbemessungsgrenze anzusetzen sind (anders als bei »angebrochenen« Kalendermonaten, vgl. → Rz. 5609).

Erhält der Arbeitnehmer von einem Sozialleistungsträger bestimmte Leistungen, insbesondere ein **Krankengeld** (oder auch Mutterschaftsgeld, Erziehungsgeld, Versorgungskrankengeld, Verletztengeld oder Übergangsgeld), so sind während dieser Zeit vom Arbeitgeber keine Sozialversicherungsbeiträge zu entrichten. Eine Ausnahme gilt, wenn ein Krankengeldbezieher eine Teilzeitarbeit verrichtet; aus dem erzielten Teilarbeitsentgelt (welches auf das Krankengeld angerechnet wird) sind dann Sozialversicherungsbeiträge abzuführen.

Zu beachten ist im Übrigen, dass Einmalzahlungen fast stets beitragspflichtig sind (vgl. → Rz. 5620).

5625 Beruht eine Arbeitsunterbrechung auf Kurzarbeit, so wird es regelmäßig zur Zahlung von Kurzarbeitergeld kommen (zu dieser vom Arbeitsamt finanzierten und vom Arbeitgeber auszuzahlenden Leistung vgl. → Rz. 6306 ff.). Es gelten dann für die Berechnung der Sozialversicherungsbeiträge Besonderheiten (vgl. den Krankenversicherungsrechtlichen § 232 a Abs. 2 und 3 SGB V, der entsprechend auch in den anderen Sozialversicherungszweigen gilt).

5. Alphabetische Auflistung zur Frage der Sozialversicherungspflicht von Arbeitsentgelten

5626 Die nachfolgende Auflistung gibt – ohne Anspruch auf Vollständigkeit – die wichtigsten Besonderheiten wieder, die bei der Frage nach der Sozialversicherungspflicht von Arbeitgeberzuwendungen zu beachten sind.

Hierbei werden bestimmte Zuwendungsarten in alphabetischer Reihenfolge abgehandelt.

Sozialversicherungspflicht von Arbeitsentgelten	
Abfindungen	aus Anlass der Beendigung eines Arbeitsverhältnisses sind sozialversicherungsfrei *(BSG 21.02.1990, NZA 1990, 751)*. Keine Abfindung n diesem Sinne (und damit sozialversicherungspflichtig) sind jedoch Zahlungen zur Abgeltung von Ansprüchen aus dem Arbeitsverhältnis, die der Arbeitnehmer bis zur Auflösung des Arbeitsverhältnisses erlangt hat (geschuldetes Arbeitsentgelt), wozu auch eine Abfindung wegen Verkürzung der Wochenarbeitszeit zählt *(BSG 28.01.1999, NZS 1999, 358)*. Wurde ein Arbeitsverhältnis vorzeitig (vor Ablauf der ordentlichen Kündigungsfrist) aufgelöst, so sind auch solche Abfindungen sozialversicherungsfrei, die Ansprüche abgelten sollen, welche bis zur ordentlichen Beendigung des Arbeitsverhältnisses entstanden wären.
Abnutzungsentschädigungen	die für das Tragen von Kleidung gewährt werden, sind sozialversicherungspflichtig.
Abschlagszahlungen	auf das Arbeitsentgelt sind (ebenso wie Teil- oder Vorauszahlungen auf das Arbeitsentgelt) sozialversicherungspflichtig.

Akkordzuschüsse	sind sozialversicherungspflichtig. Im Übrigen sind sog. Akkordlohn-Spitzenbeträge (die im Baugewerbe nach Fertigstellung eines Vorhabens gezahlt werden) nicht als einmalig gezahltes, sondern als laufendes Arbeitsentgelt anzusehen und folglich auf die entsprechenden Lohnabrechnungszeiträume aufzuteilen.
Anwesenheitsprämien	die für ein nicht eingetretenes Arbeitsversäumnis gezahlt werden, sind sozialversicherungspflichtig.
Arbeitskleidung	(Berufskleidung), die dem Arbeitnehmer unentgeltlich oder verbilligt überlassen wird, ist sozialversicherungsfrei. Es muss sich aber stets um typische Arbeitskleidung handeln.
Aufmerksamkeiten	die der Arbeitgeber dem Arbeitnehmer in kleinerem Umfang zukommen lässt (z.B. Blumen und Bücher) sind sozialversicherungsfrei.
Aufwandsentschädigungen	die einem Arbeitnehmer in der Privatwirtschaft gewährt werden, sind sozialversicherungspflichtig.
Auslagenersatz	(d.h., Ersatz von Aufwendungen, die der Arbeitnehmer für seinen Arbeitgeber erbracht hat) ist sozialversicherungsfrei.
Baukostenzuschüsse	die ein Arbeitgeber zum Auf- oder Ausbau eines Hauses (oder einer neuen Wohnung) gewährt, sind sozialversicherungspflichtig.
Beihilfen	die von Arbeitgebern in Krankheits- oder Unglücksfällen gewährt werden, sind bis zu einem Betrag von 600 EUR jährlich sozialversicherungsfrei. Diese Grenze gilt nicht, wenn ein besonderer Notfall vorliegt (z.B. Naturkatastrophe) und siehe zu den sonstigen Voraussetzungen § 3 Nr. 11 EStG
Belegschaftsrabatte	sind Preisnachlässe, die der Arbeitgeber für vom Betrieb hergestellte Waren bzw. vom Betrieb erbrachte Dienstleistungen gewährt und die überwiegend für den Bedarf der Arbeitnehmer gedacht sind (z.B. Haustrunk im Brauereigewerbe und Freiflüge in Luftverkehrsunternehmen). Belegschaftsrabatte sind sozialversicherungsfrei bis zu einem Wert von 1.224 EUR im Kalenderjahr.

Belohnungen	die vom Arbeitgeber im Zusammenhang mit der Verhütung von Unfällen oder der Hilfeleistung bei Unfällen gewährt werden, sind sozialversicherungspflichtig. Dagegen sind solche Belohnungen sozialversicherungsfrei, die von Berufsgenossenschaften zur Unfallverhütung gezahlt werden.
Betriebsveranstaltungen	Zuwendungen, die der Arbeitgeber an den Arbeitnehmer im Rahmen von Betriebsveranstaltungen erbringt, sind sozialversicherungsfrei, wenn die Zuwendungen für den einzelnen Arbeitnehmer einen Betrag von 40 EUR nicht übersteigen (in diesen Fällen wird eine rechtserhebliche Üblichkeit der Veranstaltung unterstellt). Hierzu zählen etwa Speisen, Getränke, Süßigkeiten und die Übernahme von Fahrtkosten.
Darlehen	des Arbeitgebers an den Arbeitnehmer sind sozialversicherungsfrei, wenn sie nicht als Vergütung für geleistete Arbeit (Lohnvorschuss) gezahlt werden.
Dienstwohnung	Wird dem Arbeitnehmer vom Arbeitgeber im Rahmen des Arbeitsverhältnisses eine verbilligte Dienstwohnung überlassen, so ist dieses sozialversicherungspflichtig.
Erfindervergütungen	die vom Arbeitgeber an den Arbeitnehmer für eine Diensterfindung gewährt werden (und die eine nach dem Patentrecht schutzfähige Erfindung betreffen), sind sozialversicherungspflichtig *(BSG 26.03.1998, SozR 3-2400 § 14 Nr. 15)*.
Erholungsbeihilfen	des Arbeitgebers an den Arbeitnehmer sind nur dann sozialversicherungsfrei, wenn sie zur Abwehr oder Besserung einer Berufskrankheit erforderlich sind oder deshalb notwendig sind, weil der erholungsbedürftige Arbeitnehmer ohne die Beihilfe aus finanziellen Gründen nicht dazu in der Lage wäre, in Erholung zu gehen.
Erschwerniszuschläge	zum Arbeitsentgelt (z.B. Gefahren-, Hitze- und Schmutzzulagen) sind sozialversicherungspflichtig.
Essenszuschüsse	die vom Arbeitgeber zur Verbilligung von Mahlzeiten der Arbeitnehmer gewährt werden (z.B. in einer Kantine oder Gaststätte) sind sozialversicherungsfrei, wenn sie pauschal besteuert werden, sind aber

	bei fehlender Pauschalbesteuerung insofern sozialversicherungspflichtig, als zwischen dem Kostenanteil des Arbeitnehmers und dem maßgebenden Wert der Sachbezugsverordnung ein Unterschiedsbetrag entsteht.
Familienzuschläge	die zum Arbeitsentgelt bei einem bestimmten Familienstand bzw. einer bestimmten Kinderzahl gewährt werden, sind sozialversicherungspflichtig. Bei der Entgeltermittlung für die Versicherungspflichtgrenze der gesetzlichen Krankenversicherung (Jahresarbeitsentgeltgrenze) werden Familienzuschläge nicht mitgezählt.
Fehlgeldentschädigungen	(Mankogelder) für Arbeitnehmer im Kassen- oder Zähldienst sind sozialversicherungsfrei, soweit die pauschale monatliche Entschädigung nicht über 16 EUR liegt. Wird keine pauschale Entschädigung vorgenommen, sondern der tatsächliche Kassenfehlbetrag vom Arbeitgeber ersetzt, so besteht eine vollständige Sozialversicherungsfreiheit.
Feiertagsarbeitszuschläge	sind nur in der Unfallversicherung stets sozialversicherungspflichtig. In den anderen Sozialversicherungszweigen sind die Zuschläge sozialversicherungsfrei, sofern folgende Voraussetzungen erfüllt sind: Feiertagsarbeit an den Weihnachtsfeiertagen (sowie am 24. Dezember ab 14 Uhr) und am 1. Mai, sofern 150 % der Grundlohns nicht überstiegen werden; Feiertagsarbeit an anderen gesetzlichen Feiertagen (sowie am 31.12. ab 14 Uhr) sofern 125 % des Grundlohns nicht überstiegen werden.
Ferienaufenthalte	Gewährt der Arbeitgeber dem Arbeitnehmer Zuschüsse zu Ferien- oder Erholungsaufenthalten (oder wird vom Arbeitgeber eine kostenlose oder verbilligte Unterbringung in einem Erholungsheim gewährt), so ist die Zuwendung nur dann sozialversicherungsfrei, wenn sie pauschal versteuert wird.
Freie Unterkunft und Verpflegung	die der Arbeitgeber gewährt, ist sozialversicherungspflichtig. Die Bewertung der freien Unterkunft und Verpflegung geschieht nach der Sachbezugsverordnung, die für jedes Kalenderjahr neu veröffentlicht wird.

Freifahrten	mit Werksbussen zwischen Wohn- und Arbeitsort sind sozialversicherungsfrei.
Heimarbeiterzuschläge	die einem Heimarbeiter zur Abgeltung des Umstandes gewährt werden, dass bei Arbeitsunfähigkeit keine Lohnfortzahlung geleistet wird, sind sozialversicherungsfrei.
Jubiläumszuwendungen	sämtliche Jubiläumszuwendungen sind ab 01.01.1999 weggefallen. Entsprechende Zahlungen werden damit in voller Höhe lohnsteuer- und sozialversicherungspflichtig. Eine rückwirkende Beitragspflicht tritt in der Sozialversicherung allerdings nicht ein.
Karenzentschädigungen	die vom Arbeitgeber an den Arbeitnehmer wegen eines vereinbarten Wettbewerbsverbots gezahlt werden, sind sozialversicherungsfrei.
Kindergartenplatz	Stellt der Arbeitgeber einen kostenlosen oder verbilligten Kindergartenplatz im Betrieb zur Verfügung (oder wird ein Zuschuss zur Unterbringung des Kindes in einem betriebsfremden Kindergarten geleistet), so ist diese Zuwendung sozialversicherungsfrei.
Kraftfahrzeugüberlassung	Überlässt der Arbeitgeber dem Arbeitnehmer ein Kraftfahrzeug zum privaten Gebrauch, so ist der daraus vom Arbeitnehmer gezogene Vorteil sozialversicherungspflichtig. Hierbei sind pauschale Nutzungswerte anzusetzen.
Krankengeldzuschüsse	Erhält ein Arbeitnehmer Krankengeld aus der gesetzlichen Krankenversicherung (nicht: Krankentagegeld aus der privaten Krankenversicherung), so sind während der Zeit des Krankengeldbezuges geleistete Arbeitgeberzuschüsse sozialversicherungsfrei, sofern sie zusammen mit dem Krankengeld nicht das letzte Nettoentgelt übersteigen.
Krankenversicherungszuschüsse	Der Arbeitgeberzuschuss zu einer privaten oder freiwilligen Krankenversicherung des höherverdienenden Arbeitnehmers ist sozialversicherungsfrei, soweit er aufgrund gesetzlicher Verpflichtung gewährt wird (zur Ausgestaltung dieser Zuschüsse vgl. unten zu VI., → Rz. 5669 ff.).

Lebensversicherung	Zahlt der Arbeitgeber Prämien für eine pauschal versteuerte Direktversicherung des Arbeitnehmers, so sind diese Aufwendungen sozialversicherungsfrei. Leistet der Arbeitgeber für einen von der gesetzlichen Rentenversicherungspflicht befreiten Arbeitnehmer Zuschüsse zu einer Lebensversicherung (oder einer freiwilligen Versicherung in der gesetzlichen Rentenversicherung oder einer Versicherung in einem berufsständischen Versorgungswerk), so sind diese Zuschüsse sozialversicherungsfrei. Die Sozialversicherungsfreiheit besteht jedoch höchstens bis zur Höhe des (fiktiven) Arbeitgeberbeitrags zur Rentenversicherung und ist auf die Hälfte der tatsächlichen Versicherungsaufwendungen des Arbeitnehmers begrenzt.
Losgewinne	die vom Arbeitnehmer bei einer vom Arbeitgeber veranstalteten Verlosung erzielt werden, sind nur dann sozialversicherungspflichtig, wenn ein enger Bezug zur Arbeitsleistung besteht. Davon ist auszugehen, wenn die Teilnahmeberechtigung von bestimmten Leistungen des Arbeitnehmers abhängig gemacht wird, oder die Verlosung wesentlich dazu dient, den Arbeitnehmern eine Zusatzvergütung für geleistete Arbeit zugute kommen zu lassen und zugleich einen Anreiz für erfolgreiche Arbeit zu schaffen.
Mehrarbeitszuschläge	sind sozialversicherungspflichtig. Zur zeitlichen Zuordnung von Mehrarbeitszuschlägen vgl. → Rz. 5619.
Mutterschaftsgeldzuschüsse	die der Arbeitgeber nach dem Mutterschutzgesetz zu gewähren hat, sind sozialversicherungsfrei. Dagegen sind Überstundenvergütungen nicht sozialversicherungsfrei, wenn sie während der Mutterschutzfristen gezahlt werden.
Nachtarbeitszuschläge	sind sozialversicherungsfrei, sofern sie 25 % des Grundlohns nicht übersteigen (hat die Nachtarbeit vor 0 Uhr begonnen, so erhöht sich dieser Prozentsatz für die Zeit von 0 bis 4 Uhr auf 40 %).
Provisionen	sind sozialversicherungspflichtig, weil Bestandteil des laufenden Arbeitsentgelts.

Reisekosten	Werden dem Arbeitnehmer vom Arbeitgeber Reisekosten erstattet, die unmittelbar durch das Arbeitsverhältnis verursacht wurden, so sind diese Reisekostenerstattungen sozialversicherungsfrei. Der Arbeitnehmer hat seinem Arbeitgeber geeignete Nachweise vorzulegen.
Schadensersatzleistungen	des Arbeitgebers an den Arbeitnehmer sind sozialversicherungsfrei, wenn es sich im rechtlichen Sinne um einen Schadensersatz handelt, der unmittelbar aus einer gesetzlichen Verpflichtung folgt (sog. echter Schadensersatz, z.B. wegen unerlaubter Handlungen). Dagegen unterliegen solche Schadensersatzleistungen der Sozialversicherungspflicht, die ihre Grundlage im Arbeitsvertrag haben.
Sonntagsarbeitszuschläge	sind sozialversicherungsfrei, soweit sie 50 % des Grundlohns nicht übersteigen.
Urlaubsabgeltungen	sind sozialversicherungspflichtig und als einmalig gezahlte Einnahmen zu behandeln *(BSG 26.06.1991, SozR 3-4100 § 117 Nr. 4)*.
Urlaubsgeld	ist sozialversicherungspflichtig.
Vermittlungsprovisionen	(für Arbeitnehmer bei Kreditinstituten, Versicherungsunternehmen, Reisebüros etc.) sind sozialversicherungspflichtig, wenn der Arbeitnehmer die Vermittlung im Rahmen des Arbeitsverhältnisses ausübt.
Vermögensbeteiligungen	die vom Arbeitgeber kostenlos oder verbilligt ermöglicht werden (z.B. Aktien inländischer Unternehmen einschließlich Belegschaftsaktien und Wandelschuldverschreibungen) sind sozialversicherungsfrei, sofern der Vorteil für den Arbeitnehmer nicht über 154 EUR jährlich und außerdem nicht über der Hälfte des Wertes der Vermögensbeteiligung liegt. Zudem ist Voraussetzung für die Sozialversicherungsfreiheit, dass sich der Arbeitnehmer dazu verpflichtet, in den nächsten 6 Jahren nicht über die Vermögensbeteiligung zu verfügen.
Vermögenswirksame Leistungen	des Arbeitgebers sind sozialversicherungspflichtig. Diese Leistungen sind aber ausnahmsweise sozialversicherungsfrei, wenn sie in einen Zeitraum fallen, in dem Krankengeld oder Mutterschaftsgeld aus der

	gesetzlichen Krankenversicherung, Übergangsgeld aus der gesetzlichen Rentenversicherung oder Erziehungsgeld gezahlt wird.
Wegegelder	die für Arbeiter im Wald-, Straßen- und Wasserbau gewährt werden, sind sozialversicherungspflichtig.
Weihnachtszuwendungen	sind sozialversicherungspflichtig.
Werkzeuggeld	ist sozialversicherungsfrei, soweit es die einschlägigen Aufwendungen des Arbeitnehmers nicht offensichtlich übersteigt.
Zinsersparnisse	Gewährt ein Arbeitgeber außerhalb des Kreditgewerbes seinen Arbeitnehmern unverzinsliche oder zinsverbilligte Darlehen, sind die Zinsvorteile als Sachbezüge zu versteuern, wenn die Summe der noch nicht getilgten Darlehen am Ende des Lohnzahlungszeitraums 2.600 EUR übersteigt. Zinsvorteile sind anzunehmen, soweit der Effektivzins für ein Darlehen 5,5 % (bis 31.12.1999 6 %) unterschreitet. Die Änderung des Zinssatzes ab 01.01.2000 ist auch bei Darlehen maßgebend, die vor diesem Zeitpunkt abgeschlossen worden sind.

6. Tabellarische Übersicht zu den wichtigsten Werten der Sozialversicherung

Die nachstehende Übersicht bietet einen Überblick über die wichtigsten Berechnungswerte des Jahres 2002 für die Sozialversicherung in den alten und neuen Bundesländern.
Dabei handelt es sich nicht nur um Werte für die eigentliche Beitragsberechnung, sondern auch um Werte zur Beantwortung der Frage, ob überhaupt eine Versicherungspflicht besteht (so bei der Jahresarbeitsentgeltgrenze der Krankenversicherung).

Beitragsbemessungsgrenze der Renten- und Arbeitslosenversicherung	jährl. 54.000 EUR mtl. 4.500 EUR (in der knappschaftlichen RV: jährl. 66.600 EUR)	jährl. 45.000 EUR mtl. 3.750 EUR (in der knappschaftlichen RV: jährl. 55.800 EUR)
Jahresarbeitsentgeltgrenze der Krankenversicherung und Beitragsbemessungsgrenze der Pflegeversicherung	jährl. 40.500 EUR mtl. 3.375 EUR	jährl. 40.500 EUR mtl. 3.375 EUR

Beitragssatz der Rentenversicherung	19,1 % (in der knappschaftlichen RV: 25,4 %)		19,1 % (in der knappschaftlichen RV: 25,4 %)	
Beitragssatz der Arbeitslosenversicherung	6,5 %		6,5 %	
Entgeltgrenze für geringfügige Beschäftigungen in der Kranken-, Pflege- und Rentenversicherung	mtl.	25 EUR	mtl.	325 EUR

II. Beitragsabführung und Beitragsüberwachung

1. Grundsätze

5628 Die Beiträge zur Kranken-, Renten-, Pflege- und Arbeitslosenversicherung werden im sog. Lohnabzugsverfahren entrichtet: Der Arbeitgeber muss die zu den 4 Versicherungszweigen abzuführenden Beiträge zunächst berechnen (vgl. → Rz. 5600 ff.). Im Vorfeld der eigentlichen Beitragsentrichtung hat der Arbeitgeber ein Recht zur Einbehaltung des anfallenden Arbeitnehmeranteils zur Sozialversicherung, also des halben Beitrags (vgl. → Rz. 5629 ff.). Sodann hat der **Arbeitgeber**, der **Schuldner der Sozialversicherungsbeiträge** ist, die Summe der Beiträge zur Kranken-, Renten-, Pflege- und Arbeitslosenversicherung (die sich jeweils aus einem Arbeitgeber- und Arbeitnehmeranteil zusammensetzt und vom Gesetz als »Gesamtsozialversicherungsbeitrag« bezeichnet wird) an die zuständige Einzugsstelle (Krankenkasse) zu entrichten. Die Beitragsentrichtung unterliegt bestimmten Überwachungsregelungen.

2. Beitragseinbehalt durch den Arbeitgeber

5629 Zwecks Beitragsentrichtung ist der Arbeitgeber dazu berechtigt, den Arbeitnehmeranteil zur Kranken-, Renten-, Pflege- und Arbeitslosenversicherung einzubehalten (also vom Bruttogehalt abzuziehen). Der Abzug erfolgt grundsätzlich für die laufende Lohnzahlungsperiode, also in monatlichen Abständen.

In diesem Zusammenhang stellt sich die Frage, ob und inwieweit ein »**nachträglicher Beitragsabzug**« möglich ist, also ein Abzug der Arbeitnehmeranteile in einem späteren Monat. Hier gilt der Grundsatz, dass ein unterbliebener Abzug nur innerhalb der nächsten drei Monate nachgeholt werden darf (§ 28 g SGB IV).

Außer diesem »Verbot des nachträglichen Beitragsabzugs« gibt es auch ein »Verbot des Abzugs auf anderem Wege«, denn der Arbeitgeber darf die Arbeitnehmeranteile nur im Wege des Abzugs vom Arbeitsentgelt einbehalten. Dieses Verbot hat zur Folge, dass dem

Arbeitgeber keinerlei nachträgliches Abzugsrecht mehr zusteht, wenn der Arbeitnehmer aus der Beschäftigung ausgeschieden und deshalb kein Arbeitsentgelt mehr zu zahlen ist *(vgl. auch BSG 27.01.2000, AuA 2000, 448)*.

Vom »Verbot des nachträglichen Beitragsabzugs« (nicht aber vom »Verbot des Abzugs auf anderem Wege«) gibt es eine Ausnahme, wenn der Abzug ohne Verschulden des Arbeitgebers unterblieben ist. Es muss aber beachtet werden, dass der Begriff des »Verschuldens« sehr streng gehandhabt wird. Praktisch ist dem Arbeitgeber nur in den seltenen Fällen kein Verschulden anzulasten, wo er von der Einzugsstelle (Krankenkasse) schriftlich eine fehlerhafte Auskunft über die Beitragspflicht bzw. Beitragshöhe erhalten hat. 5630

Sowohl das »Verbot des nachträglichen Beitragsabzugs« als auch das »Verbot des Abzugs auf anderem Wege« sind außer Kraft gesetzt, wenn der Arbeitnehmer vorsätzlich oder grob fahrlässig den Auskunfts- und Vorlagepflichten nicht nachgekommen ist, die ihn gegenüber dem Arbeitgeber treffen. Diese Ausnahme vom Arbeitnehmerschutz ist vor allem bei der vom Arbeitnehmer verschwiegenen Zweitbeschäftigung von Bedeutung: Übt ein Arbeitnehmer nebeneinander mehrere geringfügige Beschäftigungen aus, so ist im Sozialversicherungsrecht eine Zusammenrechnung vorgesehen, die regelmäßig zu einer Versicherungs- und Beitragspflicht in der Kranken-, Pflege- und Rentenversicherung führt (vgl. → Rz. 5223). Gibt nun der Arbeitnehmer die Beschäftigung jeweils dem anderen Arbeitgeber nicht an, so unterbleibt die Beitragsentrichtung zur Kranken-, Pflege- und Rentenversicherung, obwohl an sich aufgrund der gebotenen Zusammenrechnung eine Versicherungs- und Beitragspflicht des Arbeitnehmers besteht. Bei dieser Fallgestaltung ist der Arbeitgeber zu einem nachträglichen (mehr als drei Monate umfassenden) Beitragsabzug berechtigt. Darüber hinaus hat der Arbeitgeber – rechtlich gesehen – auch die Möglichkeit, den Arbeitnehmer nach dem Ausscheiden aus der Beschäftigung zu belangen. 5631

3. Der Arbeitgeber als Beitragsschuldner

Obwohl sich der Arbeitgeber und der Arbeitnehmer in der Kranken-, Renten-, Pflege- und Arbeitslosenversicherung die Beitragslast grundsätzlich teilen, ist der Arbeitgeber gegenüber der Einzugsstelle (Krankenkasse) der alleinige Beitragsschuldner (§ 28 e SGB IV). Er hat also den Gesamtsozialversicherungsbeitrag zum Zeitpunkt der Fälligkeit (vgl. → Rz. 5636 ff.) an die Einzugsstelle zu zahlen. 5632

Ist ein Arbeitnehmer mehrfach beschäftigt, so darf insgesamt gesehen die Beitragsbemessungsgrenze nicht überschritten werden, d.h., es ist das erzielte Arbeitsentgelt ggf. im Wege einer Verhältnisrechnung aufzuteilen.

Ist ein Arbeitnehmer im Rahmen einer von der Bundesanstalt für Arbeit erlaubten **Arbeitnehmerüberlassung** tätig, so gilt hinsichtlich der Frage nach dem Beitragsschuldner: An sich ist der Verleiher der Schuldner, da ihn grundsätzlich die sozialversicherungsrechtlichen Arbeitgeberpflichten treffen. Ist allerdings der Arbeitgeber trotz Mahnung nicht seiner Pflicht zur Beitragsentrichtung nachgekommen, so geht die Zahlungspflicht auf den Entleiher über (dieser haftet dann gegenüber der Einzugsstelle wie ein »selbstschuldnerischer Bürge«).

Im Falle der unerlaubten Arbeitnehmerüberlassung gilt der Entleiher als Arbeitgeber, weshalb er auch die Sozialversicherungsbeiträge zu entrichten hat. Zahlt aber der Verleiher dem Arbeitnehmer (ganz oder teilweise) das Arbeitsentgelt, so hat er auch die entsprechenden Sozialversicherungsbeiträge abzuführen. Die Verpflichtung des Verleihers tritt neben die Pflicht des Entleihers. Beide haften als sog. Gesamtschuldner, d.h., sowohl der Verleiher als auch der Entleiher können von der Einzugsstelle belangt werden.

Ist ein Beitrag von einem Sozialversicherungsträger als Arbeitgeber geschuldet, so gilt der für den Träger bestimmte Beitrag als gezahlt.

4. Beitragsentrichtung

a) Allgemeines

5633 Der Arbeitgeber muss den Gesamtsozialversicherungsbeitrag (Gesamtheit der für einen Arbeitnehmer abzuführenden Beiträge zur Kranken-, Renten-, Pflege- und Arbeitslosenversicherung) an eine bestimmte **Krankenkasse** entrichten, die **als Einzugsstelle tätig** ist (§ 28 h SGB IV). Hierbei sind bestimmte Fälligkeitstermine zu beachten. Wurden die Beiträge zu Unrecht entrichtet, so sind sie zurückzuerstatten. Die Verpflichtung des Arbeitgebers zur monatlichen Entrichtung von Sozialversicherungsbeiträgen besteht unabhängig davon, ob das Arbeitsentgelt erst verspätet (in einem der Folgemonate) ausgezahlt wird. Als maßgeblicher Zeitpunkt des Eingangs der Beiträge bei der Einzugsstelle zählt das Datum der Wertstellung (bei rückwirkender Wertstellung das Datum der Buchung).

b) Zuständige Einzugsstelle

5634 Die Einzugsstelle für den Gesamtsozialversicherungsbeitrag des Arbeitnehmers ist die Krankenkasse, bei der die Krankenversicherung des Arbeitnehmers durchgeführt wird (§ 28 i Abs. 1 SGB IV). Ist der Arbeitnehmer nicht Mitglied der gesetzlichen Krankenversicherung, so ist Einzugsstelle diejenige Krankenkasse, die im Falle einer gesetzlichen Pflichtkrankenversicherung zuständig wäre. Es kommen hier nur Orts-, Betriebs- und Innungskrankenkassen in Betracht.

5635 Für größere Arbeitgeber, die eine zentrale Stelle für die Lohn- und Gehaltsabrechnung besitzen, gelten folgende Besonderheiten. Soweit die Sozialversicherungsbeiträge an sich an mehrere Ortskrankenkassen zu entrichten sind, kann auf Antrag der Arbeitgeber eine Entrichtung an den AOK-Landesverband oder (falls die Betriebe des Arbeitgebers in mehreren Landesverbandsbezirken liegen) an den AOK-Bundesverband vorgenommen werden.

Daneben hat der mit einer zentralen Abrechnungsstelle ausgestattete Arbeitgeber auch noch eine weitere Möglichkeit, falls die Betriebe in den Bezirken mehrerer Orts- oder Innungskrankenkassen betroffen sind: Die Renten- und Arbeitslosenversicherungsbeiträge für nicht gesetzlich krankenversicherte (oder bei einer Allgemeinen Ortskrankenkasse oder einer Innungskrankenkasse versicherte) Arbeitnehmer können auf Antrag an diejenige Orts- bzw. Innungskrankenkasse entrichtet werden, in deren Bezirk die zentrale Abrechnungsstelle des Arbeitgebers liegt.

c) Fälligkeit der Beiträge

Die Fälligkeit des Gesamtsozialversicherungsbeitrags richtet sich grundsätzlich nach dem Datum, das **in der Satzung der jeweiligen Einzugsstelle (Krankenkasse) festgelegt** ist. Das Gesetz (§ 23 Abs. 1 Satz 1 und 2 SGB IV) bestimmt hierzu im Grundsatz, dass die Beiträge im Verlaufe der ersten Hälfte des Folgemonats fällig werden. »Folgemonat« in diesem Sinne ist der Kalendermonat, der dem Kalendermonat folgt, in dem die Beschäftigung ausgeübt wurde, die dem Arbeitsentgelt zugrunde liegt. Von Betrieben, in denen üblicherweise erst nach dem 10. des Folgemonats abgerechnet wird, sind am (von der Kassensatzung festgelegten) Fälligkeitstag Beiträge in voraussichtlicher Höhe der Beitragsschuld abzuführen; verbleibt eine Restschuld, so wird diese eine Woche nach dem betriebsüblichen Abrechnungszeitraum fällig. Von den meisten Einzugsstellen (Krankenkassen) wurde der Fälligkeitstag auf den 15. des Folgemonats festgelegt.

Ergänzend gilt: Ist das **Arbeitsentgelt des sozialversicherten Arbeitnehmers spätestens am 15. eines Monats fällig, so werden** die **Beiträge spätestens am 25. dieses Monats fällig**; sollte der 25. nicht auf einen Arbeitstag fallen (was immer im Dezember eines Jahres zutrifft), so werden die Beiträge am letzten banküblichen Arbeitstag davor fällig.

Werden Sozialversicherungsbeiträge vom Arbeitgeber nicht rechtzeitig bis zum Ablauf des Fälligkeitstages entrichtet, so muss die Einzugsstelle einen **Säumniszuschlag** von 1 % erheben (§ 24 SGB IV). Der Zuschlag wird für jeden angefangenen Säumnismonat erhoben, wobei die rückständigen Sozialversicherungsbeiträge mit einem auf fünfzig EUR nach unten abgerundeten Betrag anzusetzen sind.

Der Säumniszuschlag ist bei einem Beitragsrückstand von unter 100 EUR nicht zu erheben, wenn der Zuschlag gesondert schriftlich anzufordern wäre.

Der Zuschlag ist auch dann nicht zu erheben, wenn eine Beitragsforderung durch Bescheid der Einzugsstelle für die Vergangenheit festgestellt wird und der Arbeitgeber glaubhaft nacht, dass er unverschuldet keine Kenntnis von seiner Beitragspflicht hatte.

Ist der Einzugsstelle vom Arbeitgeber eine Einzugsermächtigung erteilt worden, so gilt folgende Erleichterung: Als Zahltag ist nicht der Tag der Wertstellung anzusehen, sondern der Tag der Fälligkeit. Es wird also zugunsten des Arbeitgebers unwiderlegbar davon ausgegangen, dass die Einzugsstelle aufgrund der Einzugsermächtigung die Beiträge rechtzeitig abbucht.

Bei **Teilzahlungen auf rückständige Beiträge** kann der Arbeitgeber bestimmen, dass zunächst die Arbeitnehmeranteile getilgt werden.

Eine **Stundung** der Beiträge soll nach der gesetzlichen Vorgabe nur gegen eine angemessene Verzinsung und regelmäßig nur gegen Sicherheitsleistung erfolgen. Die Stundung hat außerdem zur Voraussetzung, dass

- die sofortige Einziehung mit erheblichen Härten für den zahlungspflichtigen Arbeitgeber verbunden wäre und
- der Beitragsanspruch durch die Stundung nicht gefährdet wird.

5639 Neben der Stundung besteht für die Einzugsstelle (Krankenkasse) auch noch die Möglichkeit der Niederschlagung und des Erlasses von Beitragsforderungen (vgl. § 76 SGB IV).

Bei der **Niederschlagung** wird auf die Einziehung von Beiträgen verzichtet, ohne dass dadurch die Beitragsschuld im rechtlichen Sinne erlischt. Eine Niederschlagung kommt in Betracht, wenn die ausstehende Beitragsschuld sehr niedrig ist (so dass eine Beitreibung einen unverhältnismäßigen Verwaltungsaufwand erfordern würde) oder wenn von vornherein feststeht, dass die Einziehung keinen Erfolg haben wird.

Der **Erlass** von Beitragsansprüchen kommt nur selten in Frage. Denkbar ist ein Erlass(der im rechtlichen Sinne die Beitragsforderung zum Erlöschen bringt) beispielsweise dann, wenn der Beitragseinzug für den Arbeitgeber eine besondere Härte bedeuten würde, der nicht durch eine Stundung Rechnung getragen werden kann. Wird von der Krankenkasse (Einzugsstelle) ein Erlass mit dem Arbeitgeber vereinbart, so wird es sich meist um einen Teilerlass handeln. Vom Gesetz wird als Voraussetzung eines Erlasses gefordert, dass die Beitragseinziehung nach Lage des einzelnen Falles unbillig wäre.

5640 Die Frist für die **Verjährung** der Beitragsansprüche beläuft sich auf 4 Jahre, in den Fällen der vorsätzlichen Beitragsvorenthaltung auf 30 Jahre (§ 25 SGB IV). Die Verjährungsfrist beginnt mit Ablauf des Kalenderjahres, in dem der betreffende Beitragsanspruch fällig wurde.

d) Erstattung von zu Unrecht entrichteten Beiträgen

5641 Sind zu Unrecht Beiträge zur Kranken-, Renten-, Pflege- und Arbeitslosenversicherung entrichtet worden, so sind sie zu erstatten (§§ 26, 27 SGB IV). Der Erstattungsanspruch steht demjenigen zu, der die Beiträge getragen hat, so dass regelmäßig der Arbeitgeber und der Arbeitnehmer jeweils die Hälfte erhalten. Der Erstattungsanspruch ist mit 4 % zu verzinsen. Die Erstattung von zu Unrecht zur Kranken-, Pflege- und Rentenversicherung entrichteten Beiträgen ist ausgeschlossen, wenn aus diesen Versicherungszweigen aufgrund der Beiträge eine Leistung an den Arbeitnehmer gewährt wurde. In der Krankenversicherung ist eine Erstattung auch dann ausgeschlossen, wenn eine Leistung für den Zeitraum erbracht wurde, für den Beiträge zu Unrecht entrichtet worden sind. Bei zu Unrecht entrichteten Arbeitslosenversicherungsbeiträgen ist der Erstattungsbetrag um Leistungen zu kürzen, die aus der Arbeitslosenversicherung gewährt werden (§ 351 Abs. 1 SGB III).

Der Erstattungsanspruch verjährt in 4 Jahren nach Ablauf des Kalenderjahres, in dem die Beiträge entrichtet worden sind (bei Beanstandung der Beiträge durch den Sozialversicherungsträger jedoch erst 4 Jahre nach Ablauf des Kalenderjahres der Beanstandung).

5642 Zum Zwecke der Verwaltungsvereinfachung haben sich die Sozialversicherungsträger auf bestimmte Grundsätze zur Durchführung der Erstattung geeinigt. Danach

- kann der Arbeitgeber unter bestimmten Voraussetzungen die unrechtmäßig entrichteten Beiträge mit den laufend zu entrichtenden Beiträgen verrechnen,

- wird eine Erstattung oder Verrechnung von der Einzugsstelle (Krankenkasse) vorgenommen, falls keine Verrechnung durch den Arbeitgeber stattfindet (weil dieser zur Verrechnung nicht bereit oder die Verrechnung nicht zulässig ist),
- kommt es nur in Sonderfällen dazu, dass der Träger der Renten- bzw. Arbeitslosenversicherung in das Verfahren der Beitragserstattung einbezogen wird.

Eine Verrechnung (durch den Arbeitgeber oder die Einzugsstelle) ist unter anderem dann nicht zulässig, wenn

- nicht sichergestellt ist, dass der Arbeitnehmer seinen Anteil an den zu Unrecht entrichteten Beiträgen zurückerhält oder
- der Arbeitnehmer von der Möglichkeit Gebrauch macht, zu Unrecht entrichtete Rentenversicherungsbeiträge in freiwillige Beiträge umzuwandeln.

Eine Verrechnung durch den Arbeitgeber ist im Übrigen stets ausgeschlossen, wenn der Zeitraum, für den die Beiträge entrichtet wurden, länger als 6 Monate zurückliegt.

5. Beitragsüberwachung

a) Allgemeines

Die Richtigkeit der Beitragsentrichtung ist in 4-jährigen Abständen von der Einzugsstelle (Krankenkasse) durch Maßnahmen der Beitragsüberwachung (**Betriebsprüfungen** gem. § 28 p SGB IV) nachzuprüfen. Es besteht auch die Möglichkeit, die Beitragsüberwachung in kürzeren Abständen durchzuführen. Die seit dem 01.01.1999 ausschließlich vom Rentenversicherungsträger vorzunehmende Prüfung erstreckt sich auf die Beiträge zur Kranken-, Renten-, Pflege- und Arbeitslosenversicherung.

5643

Die Einzugsstelle kann an der vom Rentenversicherungsträger durchgeführten Prüfung teilnehmen.

Die Beitragsüberwachung ist dem Arbeitgeber vorher anzukündigen. Die Ankündigungsfrist soll einen Monat nicht unterschreiten und muss mindestens 14 Tage betragen, jedoch kann der Arbeitgeber auf die Einhaltung dieser Mindestfrist verzichten. Ohne vorherige Ankündigung ist die Beitragsüberwachung nur zulässig, wenn besondere Gründe (z.B. ein begründeter Verdacht der Beitragshinterziehung) dies rechtfertigen. Das Ergebnis der Prüfung ist dem Arbeitgeber binnen 2 Monaten schriftlich mitzuteilen.

b) Ort der Überwachung und vorzulegende Unterlagen

Die Beitragsüberwachung (Betriebsprüfung durch Einsichtnahme in die Lohnunterlagen) kann entweder in den Geschäftsräumen des Arbeitgebers oder im Hause des überwachenden Versicherungsträgers stattfinden. Der Arbeitgeber hat grundsätzlich die Wahl zwischen den beiden Örtlichkeiten für die Beitragsüberwachung. Besteht allerdings der begründete Verdacht einer Beitragshinterziehung, so kann der überwachende Versicherungsträger (ohne vorherige Ankündigung) die Prüfung in den Geschäftsräumen des Arbeitgebers vornehmen.

5644

Der Beitragsüberwachung unterfallen im Übrigen auch steuerberatende Stellen, Rechenzentren und vergleichbare Einrichtungen, die im Auftrag des Arbeitgebers die Entgeltabrechnung vornehmen.

5645 Vom Arbeitgeber sind alle Unterlagen dem Versicherungsträger zur Einsichtnahme vorzulegen, die für das Versicherungs- und Beitragsrecht der Sozialversicherung von Bedeutung sind. Hierzu gehören alle Unterlagen, die Aussagen zu den beschäftigten Personen, zum Arbeitsentgelt und zur Beitragsentrichtung enthalten. Vorzulegen sind auch Unterlagen, die mit der Frage der Versicherungsfreiheit oder der Entsendung des Arbeitnehmers ins Ausland zusammenhängen. Die Überwachung erstreckt sich nicht nur auf die Lohn- und Gehaltsabrechnung, sondern z.B. auch auf die Kassenbücher. Dagegen ist es dem überwachenden Versicherungsträger verwehrt, in Unterlagen Einsicht zu nehmen, die der Finanzbuchhaltung des Betriebes dienen.

c) Pflichten des Arbeitgebers zur Mitwirkung an der Überwachung

5646 Im Verfahren der Beitragsüberwachung treffen den Arbeitgeber bestimmte Mitwirkungspflichten.

Er hat

- dem Prüfer einen geeigneten Arbeitsplatz sowie geeignete Hilfsmittel zur Verfügung zu stellen (falls die Prüfung in den Räumen des Arbeitgebers stattfindet),
- die prüfungserheblichen Unterlagen so zu führen, dass der Prüfer sich binnen angemessener Zeit einen Überblick über die Lohn- und Gehaltsabrechnung verschaffen kann,
- angemessene Hilfestellungen beim Prüfungsvorgang zu geben,
- aus Anlass der Prüfung festgestellte Mängel unverzüglich (ggf. nach angemessener Fristsetzung) zu beheben sowie dafür Sorge zu tragen, dass die Mängel nicht noch einmal auftreten.

5647 Lässt der zu überwachende Arbeitgeber die Gehaltsabrechnung mit Hilfe der elektronischen Datenverarbeitung vornehmen, so gelten besondere Grundsätze für das Prüfverfahren und die Mitwirkungspflichten des Arbeitgebers. In der Regel stellt der prüfende Versicherungsträger sog. Testaufgaben, mit deren Hilfe die Tauglichkeit der vom Arbeitgeber eingesetzten Gehaltsabrechnungsprogramme geprüft wird. Der Arbeitgeber hat die maschinelle Verarbeitung der Testaufgaben durchzuführen und die aus der Verarbeitung resultierenden Unterlagen dem Prüfer vorzulegen.

Der Arbeitgeber kann die Verarbeitung von Testaufgaben ablehnen, muss dann aber auf Anforderung bestimmte Unterlagen ausdrucken, die bestimmte Fallgruppen betreffen (sog. Selektionsprüfung). Diese »prüfungsrelevanten Fallgruppen« sind:

- versicherungsfreie Beschäftigte,
- nach dem Arbeitsförderungsgesetz beitragsfrei Beschäftigte,
- in der Rentenversicherung versicherungsfrei Beschäftigte,
- kurzzeitig Beschäftigte,

- Beschäftigte, die eine Rente wegen Erwerbsminderung (Berufs- oder Erwerbsunfähigkeitsrente) oder eine Altersrente beziehen,
- Beschäftigte, für die zur Renten- und Arbeitslosenversicherung nur der Arbeitgeberanteil zu entrichten ist,
- bestimmte Berufsgruppen,
- bestimmte Lohnarten,
- Einmalzahlungen, die dem Vorjahr zugeordnet worden sind.

Zusätzlich zur Selektionsprüfung hat der Arbeitgeber Fälle vorzulegen, die manuell abgerechnet worden sind (oder in denen das sozialversicherungspflichtige Arbeitsentgelt manuell vorgegeben wurde).

III. Aufzeichnungspflichten des Arbeitgebers

1. Allgemeines

Die (in § 28 f SGB IV geregelte) Verpflichtung des Arbeitgebers zur Führung von Aufzeichnungen (also von Lohn- und Beitragsunterlagen) steht in einem engen Zusammenhang mit der soeben (vgl. → Rz. 5643 ff.) geschilderten Beitragsüberwachung. Die Aufzeichnungen sind nämlich Gegenstand der Beitragsüberwachung und die Verpflichtung zur Führung der Unterlagen macht die Überwachung erst möglich.

5648

Die Verpflichtung des Arbeitgebers zur Führung von Lohn- und Beitragsunterlagen besteht im Hinblick auf alle Personen, die vom Arbeitgeber beschäftigt werden. Die Unterlagen müssen also auch für die sog. geringfügig Beschäftigten geführt werden, die in der Kranken-, Pflege-, Arbeitslosen- und Rentenversicherung versicherungsfrei sind (vgl. → Rz. 5220 ff.). Die Unterlagen müssen vollständig und richtig geführt werden. Sie müssen darüber hinaus so gestaltet sein, dass sie es einem sachverständigen Dritten (insbesondere dem Prüfer im Verfahren der Beitragsüberwachung) ermöglichen, binnen angemessener Frist einen Überblick über die Gehaltsabrechnung zu vermitteln.

Besonderheiten (Vereinfachungen zugunsten des Arbeitgebers) gelten beim sog. **Haushaltsscheck**, der bei der Beschäftigung eines Arbeitnehmers in privaten Haushalten verwendet werden kann (vgl. § 28 f Abs. 1 Satz 1 i.V.m. Abs. 7 und 8 SGB IV). **Keine Verpflichtung zur Führung der Lohnunterlagen besteht bei Arbeitnehmern, die in privaten Haushalten beschäftigt werden.**

2. Inhalt und Aufbewahrung von Lohn- und Beitragsunterlagen

Die Lohnunterlagen des Arbeitgebers müssen folgende Mindestangaben zur Person eines Beschäftigten enthalten:

5649

- den Familien- und Vornamen (ggf. zusammen mit dem betrieblichen Ordnungsmerkmal),
- das Geburtsdatum,

- die Anschrift,
- den Beginn und das Ende der Beschäftigung,
- die Beschäftigungsart,
- die für die Versicherungsfreiheit oder die Befreiung von der Versicherungspflicht maßgebenden Angaben,
- das Arbeitsentgelt, seine Zusammensetzung und zeitliche Zuordnung,
- das beitragspflichtige Arbeitsentgelt bis zur Beitragsbemessungsgrenze, seine Zusammensetzung und zeitliche Zuordnung,
- den Beitragsgruppenschlüssel,
- die Einzugsstelle,
- den vom Beschäftigten zu tragenden Anteil am Gesamtsozialversicherungsbeitrag, getrennt nach Beitragsgruppen,
- die für die Erstattung von Meldungen erforderlichen Daten,
- bei Entsendung: Eigenart und zeitliche Begrenzung der Beschäftigung,
- bei Bezug von Kurzarbeitergeld und Schlechtwettergeld: das gezahlte Kurzarbeiter- bzw. Schlechtwettergeld und das ausgefallene meldepflichtige Arbeitsentgelt.

Da es sich um Mindestinhalte handelt, kann der Arbeitgeber über den Beschäftigten noch weitere Daten anlegen (wozu aber keine sozialversicherungsrechtliche Verpflichtung besteht).

5650 Als Beitragsunterlage (auch als »Beitragsabrechnung« bezeichnet) sind für jeden Beschäftigten, für jeden Beitragsabrechnungszeitraum und im Übrigen getrennt nach Einzugsstellen folgende Angaben auf einer Liste zu erfassen:

- der Familien- und Vorname (ggf. zusammen mit dem betrieblichen Ordnungsmerkmal),
- das beitragspflichtige Bruttoarbeitsentgelt bis zur Beitragsbemessungsgrenze,
- der Beitragsgruppenschlüssel,
- die Sozialversicherungstage,
- die Beiträge zur Kranken-, Renten-, Pflege- und Arbeitslosenversicherung, jeweils getrennt, sowie die vom Arbeitgeber allein zu tragenden Beitragsanteile zur Renten- und Arbeitslosenversicherung.

5651 Die Lohn-/Beitragsunterlagen sind vom Arbeitgeber bis zum Ablauf des Kalenderjahres aufzubewahren, das dem Jahr der letzten Beitragsüberwachung folgt.

3. Einreichung von Beitragsnachweisen

5652 Für jeden Beitragsabrechnungszeitraum hat der Arbeitgeber bei der Einzugsstelle (Krankenkasse) einen Beitragsnachweis einzureichen. Der Zeitpunkt, bis zu dem die Einreichung erfolgen muss, wird von der jeweiligen Einzugsstelle (Krankenkasse) festgelegt. Wird der Nachweis verspätet eingereicht, so kann die Einzugsstelle die Sozialversicherungsbeiträge schätzen (und später ggf. eine Korrektur entsprechend der tatsächlichen Beitragshöhe vornehmen).

Der Beitragsnachweis ist an Hand eines bundesweit gültigen Vordrucks vorzunehmen. **5653**
Der Vordruck kann (durch entsprechende Kennzeichnung) auch in zwei Sonderformen
verwendet werden, nämlich

- als Dauer-Beitragsnachweis (falls das Arbeitsentgelt für längere Zeit gleich bleibt, was praktisch nur bei Kleinbetrieben der Fall ist),
- als Korrektur-Beitragsnachweis (unter anderem für den Fall, dass einmalige Zuwendungen, die im ersten Kalendervierteljahr gezahlt werden, dem letzten Entgeltzeitraum des Vorjahres zuzurechnen sind, sog. Märzklausel, → Rz. 5612).

Muster eines Beitragsnachweises

Arbeitgeber

Betriebs-/Beitragskonto-Nr. des Arbeitgebers

Zeitraum: von Tag Monat Jahr

bis Tag Monat Jahr

Dauer-Beitragsnachweis*) ☐

Bisheriger Dauer-Beitragsnachweis gilt erneut ab nächsten Monat*) ☐

Beitragsnachweis enthält Beiträge aus Wertguthaben, das abgelaufenen Kalenderjahren zuzuordnen ist*) ☐

Korrektur-Beitragsnachweis für abgelaufene Kalenderjahre*) ☐

Beitragsnachweis	Beitrags-gruppe	☐ DM*) ☐ Euro*)	Pf Cent
Beiträge zur Krankenversicherung – allgemeiner Beitrag –	1000		
Beiträge zur Krankenversicherung – erhöhter Beitrag –	2000		
Beiträge zur Krankenversicherung – ermäßigter Beitrag –	3000		
Beiträge zur Krankenversicherung für geringfügig Beschäftigte	6000		
Beiträge zur Rentenversicherung der Arbeiter – voller Beitrag –	0100		
Beiträge zur Rentenversicherung der Angestellten – voller Beitrag –	0200		
Beiträge zur Rentenversicherung der Arbeiter – halber Beitrag –	0300		
Beiträge zur Rentenversicherung der Angestellten – halber Beitrag –	0400		
Beiträge zur Rentenversicherung der Arbeiter für geringfügig Beschäftigte	0500		
Beiträge zur Rentenversicherung der Angestellten für geringfügig Beschäftigte	0600		
Beiträge zur Arbeitsförderung – voller Beitrag –	0010		
Beiträge zur Arbeitsförderung – halber Beitrag –	0020		
Beiträge zur sozialen Pflegeversicherung	0001		
Umlage nach dem Lohnfortzahlungsgesetz (LFZG) für Krankheitsaufwendungen	U1		
Umlage nach dem Lohnfortzahlungsgesetz (LFZG) für Mutterschaftsaufwendungen	U2		
Gesamtsumme			

Es wird bestätigt, dass die Angaben mit denen der Lohn- und Gehaltsunterlagen übereinstimmen und in diesen sämtliche Entgelte enthalten sind.

	Beiträge für freiwillig Kranken-versicherte**)	zur Krankenversicherung	
		zur Pflegeversicherung	
	abzüglich Erstattung gemäß § 10 LFZG		
	zu zahlender Betrag/ Guthaben		

Datum, Unterschrift

*) Zutreffendes ankreuzen
**) freiwillige Angabe des Arbeitgebers

Die Beiträge zur Renten- und Arbeitslosenversicherung (je nach Kasse auch diejenigen 5654
zur Kranken- und Pflegeversicherung) werden mindestens einmal jährlich abgestimmt,
indem ein Vergleich zwischen den gezahlten und den tatsächlich eingegangenen Entgelten vorgenommen wird. Kommt es zu (nicht nur geringfügigen) Differenzen, so müssen
diese aufgeklärt werden.

IV. Entscheidungen der Einzugsstelle

Die Versicherungs- und Beitragspflicht zur Sozialversicherung tritt zwar schon dann ein, 5655
wenn die Voraussetzungen des Gesetzes (also eine Arbeitnehmertätigkeit gegen Entgelt)
vorliegen. In Zweifelsfällen muss jedoch geklärt werden, ob überhaupt diese Voraussetzungen gegeben sind.

Die Entscheidung über solche Zweifelsfälle wird von der zuständigen Einzugsstelle (Krankenkasse) getroffen, soweit es um den sog. Gesamtsozialversicherungsbeitrag geht, also
um die Versicherungs- und Beitragspflicht in der Kranken-, Renten-, Pflege- und Arbeitslosenversicherung. Diese Entscheidungsbefugnis der Einzugsstelle (Krankenkasse) besteht ohne Rücksicht darauf, dass seit dem 01.01.1999 die Betriebsprüfung (Beitragsüberwachung) nicht mehr Aufgabe der Einzugsstelle, sondern ausschließlich eine Aufgabe des
Rentenversicherungsträgers ist.

Die Einzugsstelle (Krankenkasse) entscheidet nicht nur über die Frage der Versicherungs-
und Beitragspflicht, sondern auch über alle weiteren Fragestellungen, die im Zusammenhang mit dem Verfahren der Beitragsentrichtung stehen.

Eine besondere, neuerdings im Gesetz ausdrücklich geregelte und von der Rechtsprechung seit längerer Zeit anerkannte *(BSGE 45, 206)* Entscheidungsmöglichkeit besteht im 5656
Erlass eines sog. **Lohnsummenbescheides** (§ 28 f Abs. 2 SGB IV): Verletzt der Arbeitgeber seine Aufzeichnungspflichten (vgl. → Rz. 5648 ff.) derart, dass die Arbeitnehmer
bzw. die vom einzelnen Arbeitnehmer erzielten Arbeitsentgelte nicht mehr (oder nur mit
unverhältnismäßig großem Verwaltungsaufwand) festgestellt werden können, so ist ein
solcher Lohnsummenbescheid zulässig. Dieser Bescheid zeichnet sich dadurch aus, dass
auf der Grundlage der insgesamt gezahlten Entgelte (Lohnsumme) die Beiträge zur Kranken-, Renten- und Arbeitslosenversicherung erhoben werden, ohne dass die einzelnen Arbeitnehmer namentlich benannt werden. Lässt sich auch die Lohnsumme nicht ermitteln,
wird eine Schätzung vorgenommen. Zuständig für den Erlass eines Lohnsummenbescheides ist grundsätzlich der prüfende Rentenversicherungsträger.

Werden vom Arbeitgeber nachträglich Unterlagen vorgelegt, die eine genaue Bestimmung der Sozialversicherungsbeiträge zulassen, so ist der Lohnsummenbescheid ganz
oder teilweise aufzuheben.

Alle grundlegenden Entscheidungen der Einzugsstelle, die den Arbeitgeber in seinen 5657
Rechten betreffen (Entscheidungen über die Versicherungspflicht, die Beitragspflicht
und die Beitragserhebung) sind sog. Verwaltungsakte, gegen die der Arbeitgeber mit fol-

genden Rechtsbehelfen vorgehen kann (dasselbe gilt für Lohnsummenbescheide der Rentenversicherungsträger).

Es ist zunächst binnen eines Monats ein **Widerspruch** bei der Einzugsstelle (Krankenkasse) einzulegen. Wird der Widerspruch (durch sog. Widerspruchsbescheid) zurückgewiesen, so kann binnen eines Monats eine **Klage** beim zuständigen Sozialgericht erhoben werden.

Zu beachten ist, dass weder Widerspruch noch Klage eine »aufschiebende Wirkung« haben, d.h., trotz der Anfechtung des Bescheides müssen vom Arbeitgeber die Beiträge zunächst einmal entrichtet werden. Der Arbeitgeber kann zwar beim Sozialgericht beantragen, dass die aufschiebende Wirkung des Beitragsbescheides angeordnet wird (im Wege des vorläufigen Rechtsschutzes). Das Gericht wird diesem Antrag aber nur in Ausnahmefällen stattgeben (vgl. → Rz. 7548).

V. Lohnfortzahlungsversicherung für Kleinbetriebe

1. Allgemeines

5658 Da die Verpflichtung zur Lohnfortzahlung (die bei Arbeitsunfähigkeit des Arbeitnehmers besteht, vgl. → Rz. 7510 ff.) für Kleinbetriebe eine erhebliche finanzielle Belastung mit sich bringt, ist für diese Betriebe eine besondere Lohnfortzahlungsversicherung vorgesehen: Die beteiligten Arbeitgeber zahlen eine Umlage, die von der Krankenkasse eingezogen und verwaltet wird. Die Kasse erstattet dann dem Arbeitgeber die Lohnfortzahlungsaufwendungen aus dem Umlagefonds.

Wichtig ist, dass nur die Aufwendungen für erkrankte Arbeiter (sowie für erkrankte Auszubildende) erstattet werden, nicht aber die Aufwendungen für die Fortzahlung des Gehalts eines arbeitsunfähig erkrankten Angestellten *(BSG MDR 1996, 721; BSG 20.04.1999, NZA-RR 1999, 594)*.

Neben der Lohnfortzahlungsversicherung gibt es für Kleinbetriebe auch noch eine Versicherung für Arbeitgeberaufwendungen bei Mutterschaft, die ähnlich ausgestaltet ist (vgl. → Rz. 5665 ff.).

2. An der Lohnfortzahlungsversicherung teilnehmende Arbeitgeber

5659 Am Ausgleichsverfahren nehmen solche Arbeitgeber teil, die in der Regel nicht mehr als 20 Arbeitnehmer beschäftigen. Durch die Satzung der für das Ausgleichsverfahren zuständigen Krankenkasse kann die Anzahl bis auf 30 Beschäftigte angehoben werden.

Bei der Feststellung der maßgebenden Anzahl der Beschäftigten werden alle Arbeiter und Angestellten mitgezählt (ohne Rücksicht darauf, dass nur die Fortzahlungsaufwendungen für die Arbeiter erstattungsfähig sind und dass bestimmte Arbeitnehmer keinen Anspruch auf Fortzahlung besitzen). Nicht mitzuzählen sind allerdings

- Auszubildende,
- Schwerbehinderte,

- Bezieher von Vorruhestandsgeld,
- bestimmte Berufsgruppen (Wehr- und Zivildienstleistende, Heimarbeiter und Hausgewerbetreibende, mitarbeitende Familienangehörige in der Landwirtschaft).

Hinsichtlich der teilzeitbeschäftigten Arbeitnehmer gilt Folgendes:

- Teilzeitbeschäftigte, deren regelmäßige Arbeitszeit wöchentlich 10 oder monatlich 45 Stunden nicht übersteigt, werden nicht mitgezählt;
- andere Teilzeitbeschäftigte (die mitzählen) werden in der Weise berücksichtigt, dass
  - bei einer wöchentlichen Arbeitszeit von bis zu 20 Stunden der Faktor 0,5 angesetzt wird,
  - bei über 20 bis zu 30 Stunden der Faktor 0,75 gilt,
  - bei mehr als 30 Wochenstunden eine Gleichstellung mit einem Vollzeitbeschäftigten erfolgt.

Im Hinblick auf den Zeitraum, der für die Feststellung der Beschäftigtenzahl heranzuziehen ist, gilt: Es sind diejenigen Arbeitgeber in die Lohnfortzahlungsversicherung einzubeziehen, die im letzten Kalenderjahr für einen Zeitraum von mindestens 8 Kalendermonaten mit ihrer Beschäftigtenzahl die maßgebliche Grenze nicht überschritten haben. 5660

Hat ein Betrieb nicht während des gesamten vorausgegangenen Kalenderjahres bestanden, so ist er an der Lohnfortzahlungsversicherung beteiligt, wenn während des Bestehens des Betriebes in der überwiegenden Anzahl der Kalendermonate die maßgebliche Beschäftigtenzahl nicht überschritten wurde. Ist ein Betrieb erst im Verlaufe des letzten Jahres neu gegründet worden, so nimmt er an der Lohnfortzahlungsversicherung teil, wenn zu erwarten ist, dass in der überwiegenden Anzahl der verbleibenden Kalendermonate des Jahres die maßgebliche Beschäftigtenzahl nicht überschritten wird.

3. Zuständige Krankenkasse

Als zuständige Krankenkassen für die Durchführung der Lohnfortzahlungsversicherung kommen die Orts- und Innungskrankenkassen sowie die Bundesknappschaft und die Seekasse in Betracht (die Betriebskrankenkassen und die Ersatzkassen scheiden aus). Im Einzelnen gilt: 5661

Zuständig ist die gesetzliche Krankenkasse, bei der die Arbeitnehmer des beteiligten Kleinbetriebes krankenversichert sind. Ist der Arbeitnehmer Mitglied einer Ersatzkasse, so wird die Lohnfortzahlungsversicherung von der Kasse durchgeführt, die zuständig wäre, wenn keine Ersatzkassenmitgliedschaft bestehen würde. Ist der Arbeitnehmer krankenversicherungsfrei, so ist die gesetzliche Krankenkasse für die Lohnfortzahlungsversicherung zuständig, die bei einer Krankenversicherungspflicht des Arbeitnehmers zuständig wäre.

4. Höhe und Fälligkeit der Umlage

Die Höhe der Umlage, die von den Kleinbetrieben für die Lohnfortzahlungsversicherung aufzubringen ist, richtet sich nach der Satzung der zuständigen Krankenkasse. Meist liegt 5662 der Umlagesatz bei etwa 3%. **Berechnungsgrundlage** der Umlage ist die Summe der Arbeitsentgelte aller Arbeitnehmer (Angestellte, Arbeiter, Auszubildende), jedoch sind die Entgelte von folgenden Personengruppen nicht heranzuziehen:

- Gehälter der Angestellten,
- Löhne derjenigen Arbeiter, die nicht lohnfortzahlungsberechtigt sind.

Es ist dasjenige Arbeitsentgelt zur Umlageberechnung heranzuziehen, von dem Rentenversicherungsbeiträge zu entrichten sind bzw. bei bestehender Rentenversicherungspflicht zu entrichten wären.

5663 Der Fälligkeitstermin für die Beiträge zur Lohnfortzahlungsversicherung entspricht dem Termin für die Fälligkeit des Gesamtsozialversicherungsbeitrags (vgl. oben → Rz. 5636 ff.). Die Fälligkeit richtet sich also nach der Kassensatzung, die meistens den 15. des Folgemonats als Fälligkeitsdatum bestimmt.

5. Erstattungsfähige Entgelte

5664 Der an der Lohnfortzahlungsversicherung beteiligte Arbeitgeber hat gegen die Krankenkasse einen Anspruch auf Erstattung von 80 % des Entgelts, das er Arbeitern oder Auszubildenden bei Arbeitsunfähigkeit fortzuzahlen hat. Da sich der Erstattungsanspruch auf den Bruttolohn bezieht, erfasst er auch die Arbeitnehmeranteile zur Kranken-, Renten-, Pflege- und Arbeitslosenversicherung (sowie die Lohn- und Kirchensteuer und die vermögenswirksamen Leistungen).

Der zuständigen Krankenkasse ist die Möglichkeit eingeräumt, die Höhe der Erstattung in ihrer Satzung zu beschränken (z.B. den Umlagesatz herabzusetzen).

Die Erstattung erfolgt nur auf Antrag des Arbeitgebers und kann auf verschiedene Weise bewerkstelligt werden (Gutschrift auf dem Arbeitgeberkonto oder Verrechnung mit dem monatlich zu zahlenden Gesamtsozialversicherungsbeitrag).

6. Versicherung für Arbeitgeberaufwendungen bei Mutterschaft

5665 Für bestimmte Leistungen, die ein Arbeitgeber aus Anlass der Mutterschaft einer Arbeitnehmerin aufzubringen hat, gibt es eine gesonderte Versicherung. Diese Versicherung ist nach denselben Grundsätzen aufgebaut wie die Lohnfortzahlungsversicherung, d.h., es handelt sich um ein Umlageverfahren für Kleinbetriebe *(vgl. auch BSG 15.04.1997, NZS 1998, 32)*.

Hinsichtlich der Frage nach den am Umlageverfahren teilnehmenden Arbeitgebern gelten die Ausführungen zur Lohnfortzahlungsversicherung entsprechend. Die Umlage ist auch von solchen Arbeitgebern zu entrichten, die nur männliche Arbeitnehmer beschäftigen *(BSG NZA 1992, 1103)*.

5666 Die zuständige Kasse ist dieselbe wie bei der Lohnfortzahlungsversicherung. Auch die Höhe und Fälligkeit der Umlage entsprechen den Regelungen zur Lohnfortzahlungsumlage (siehe → Rz. 5662 f.), jedoch sind in die Berechnung auch die Gehälter der Angestellten mit einzubeziehen. Der Umlagesatz ist deutlich niedriger als bei der Lohnfortzahlungsversicherung und liegt regelmäßig unter 1%.

Im Hinblick auf die erstattungsfähigen Beträge besteht insofern ein Unterschied zur Lohnfortzahlungsversicherung, als es nicht um Aufwendungen wegen Arbeitsunfähigkeit, sondern wegen Mutterschaft geht (außerdem kommt es nicht darauf an, ob die Aufwendungen für eine Arbeitnehmerin im Arbeiter- oder Angestelltenberuf entstanden sind). 5667

Erstattungsfähig sind

- der Zuschuss zum Mutterschaftsgeld, den der Arbeitgeber nach dem Mutterschutzgesetz zu zahlen hat (für 6 Wochen vor dem mutmaßlichen Tag der Entbindung bzw. regelmäßig 8 Wochen nach der Entbindung);
- das Mutterschaftsentgelt, das Arbeitnehmerinnen gezahlt wird, die wegen eines Beschäftigungsverbots die Entlohnungsart wechseln und dadurch ein geringeres Entgelt erzielen;
- das Arbeitsentgelt, das der Arbeitgeber solchen Arbeitnehmerinnen fortzuzahlen hat, die wegen eines Beschäftigungsverbots (oder wegen eines Mehr-, Nacht- oder Sonntagsarbeitsverbots) ganz oder teilweise mit der Arbeit aussetzen;
- die auf den Mutterschaftslohn entfallenden Anteile der Beiträge zur Kranken-, Renten- und Arbeitslosenversicherung.

Der Erstattungssatz ist derselbe wie bei der Lohnfortzahlungsversicherung, liegt also bei 80 % (kann aber von der Krankenkasse herabgesetzt werden). 5668

Wie bei der Lohnfortzahlungsversicherung wird die Erstattung von der Krankenkasse nur auf Antrag vorgenommen.

VI. Beitragszuschüsse des Arbeitgebers an den Arbeitnehmer

1. Beitragszuschuss zur privaten Krankenversicherung

a) Voraussetzungen

Arbeitnehmer, die bei einem privaten Krankenversicherungsunternehmen versichert sind, haben unter bestimmten Voraussetzungen einen Anspruch darauf, dass ihnen der Arbeitgeber einen Zuschuss zum Krankenversicherungsbeitrag zahlt (§ 257 Abs. 2 SGB V). 5669

Voraussetzung für den Zuschussanspruch ist, dass der privat krankenversicherte Arbeitnehmer aus der Sicht der gesetzlichen Krankenversicherung zu bestimmten Personengruppen gehört. Die wichtigste Untergruppe bilden höherverdienende Arbeitnehmer, die nur wegen Überschreitens der Jahresarbeitsentgeltgrenze krankenversicherungsfrei sind (vgl. → Rz. 5228).

Ferner kommt ein Zuschuss für solche Personen in Betracht, die an sich wegen Unterschreitung der Jahresarbeitsentgeltgrenze krankenversicherungspflichtig sind, aber auf Antrag von der Krankenversicherungspflicht befreit wurden, nämlich aus Anlass

- einer Erhöhung der Jahresarbeitsentgeltgrenze,
- der Aufnahme einer Teilzeitbeschäftigung während eines Erziehungsurlaubs,
- des Wechsels von einer Vollzeit- in eine Teilzeitbeschäftigung (sofern vorher für mindestens 5 Jahre eine Beschäftigung ausgeübt wurde, die wegen Überschreitens der Jahresarbeitsentgeltgrenze versicherungsfrei war).

5670 Weitere Voraussetzung für den Anspruch auf den Arbeitgeberzuschuss zur privaten Krankenversicherung ist, dass der Arbeitnehmer vom Krankenversicherungsunternehmen für sich und für seine Angehörigen (die bei unterstellter Krankenversicherungspflicht in die sog. Familienversicherung einbezogen würden) Vertragsleistungen beanspruchen kann, die ihrer Art nach den Leistungen der gesetzlichen Krankenversicherung entsprechen. Es ist nicht erforderlich, dass die privaten Krankenversicherungsleistungen dem gesamten Leistungskatalog der gesetzlichen Krankenversicherung entsprechen. Der Zuschuss wird nur gezahlt, wenn das private Krankenversicherungsunternehmen bestimmten Anforderungen genügt (§ 257 Abs. 2 a SGB V). Diese Anforderungen werden in der Praxis regelmäßig erfüllt.

b) Höhe

5671 Der **Zuschuss zur privaten Krankenversicherung** beläuft sich auf die Hälfte des Betrages, der sich bei Anwendung des durchschnittlichen allgemeinen Beitragssatzes aller Krankenkassen ergibt, wenn das Bruttoeinkommen wie beitragspflichtiges Entgelt behandelt wird. Die Zuschusshöhe ist außerdem auf die Hälfte des Betrages begrenzt, den der Arbeitnehmer tatsächlich für seine private Krankenversicherung aufwendet. Bei der **Zuschussberechnung** sind ebenfalls die Beitragsaufwendungen von Familienangehörigen zu berücksichtigen, falls die Angehörigen (im Falle einer unterstellten Krankenversicherungspflicht familienversichert wären und)

- selbst in der privaten Krankenversicherung oder selbst freiwillig in der gesetzlichen Krankenversicherung versichert sind oder
- Beiträge zur gesetzlichen Krankenversicherung der Studenten leisten, falls bei unterstellter Krankenversicherungspflicht des Arbeitnehmers die studentische Krankenversicherung durch eine Familienversicherung verdrängt würde.

Der Beitragszuschuss zählt nicht zum sozialversicherungspflichtigen Arbeitsentgelt, sofern er aufgrund einer gesetzlichen Verpflichtung gezahlt wird.

2. Beitragszuschuss zur freiwilligen Krankenversicherung

5672 Arbeitnehmer, die

- bei einer gesetzlichen Krankenkasse freiwillig versichert sind und
- in der gesetzlichen Krankenversicherung nur wegen Überschreitens der Jahresarbeitsentgeltgrenze krankenversicherungsfrei sind,

haben ebenfalls gegen ihren Arbeitgeber einen Anspruch auf Zahlung eines Beitragszuschusses (§ 257 Abs. 1 SGB V).

Die **Höhe des Zuschusses** beläuft sich auf die Hälfte des Betrages, der bei Krankenversicherungspflicht des Arbeitnehmers an diejenige Kasse zu zahlen wäre, bei der die freiwillige Versicherung besteht. Der Zuschuss ist (ebenso wie derjenige zur privaten Krankenversicherung) auf die Hälfte des Betrages begrenzt, den der Arbeitnehmer **tatsächlich für seine freiwillige Krankenversicherung aufwendet.** Eine weitere Gemeinsamkeit mit dem Zuschuss zur privaten Krankenversicherung besteht darin, dass der Zuschuss insoweit von der Sozialversicherungspflicht freigestellt ist, als er aufgrund gesetzlicher Verpflichtung geleistet wird.

3. Beitragszuschüsse zu einer Pflegeversicherung

Beschäftigte, die in der gesetzlichen Krankenversicherung freiwillig versichert sind, werden in der sozialen Pflegeversicherung als Pflichtversicherte geführt (§ 20 Abs. 3 SGB XI). 5672a

Für diesen Personenkreis ist ein Beitragszuschuss des Arbeitgebers vorgesehen (§ 61 Abs. 1 SGB XI), der dem Beitragszuschuss nachgebildet ist, welcher zur freiwilligen Krankenversicherung gezahlt wird (vgl. → Rz. 5672).

Beschäftigte, der nicht der gesetzlichen Krankenversicherung angehören, sind verpflichtet, eine private Pflegeversicherung abzuschließen (§ 23 SGB XI). Es ist auch für diesen Personenkreis ein Arbeitgeberzuschuss vorgesehen (§ 61 Abs. 2 und 6 SGB XI), welcher dem Beitragszuschuss zur privaten Krankenversicherung nachgebildet ist (vgl. → Rz. 5669 bis 5671).

VII. Beitragsentrichtung zur Unfallversicherung

1. Allgemeines

Der jährliche Beitrag, den der Arbeitgeber (in der Unfallversicherung als »Unternehmer« bezeichnet) für seine Arbeitnehmer an die zuständige Berufsgenossenschaft (Träger der gesetzlichen Unfallversicherung) zu zahlen hat, ergibt sich aus einer Vervielfältigung von drei Faktoren (vgl. § 167 Abs. 1 SGB VII). Es sind dies 5673

- das Arbeitsentgelt (Gesamtheit der jährlichen Arbeitnehmerentgelte)
- die sog. Gefahrklasse
- der sog. Beitragsfuß

wobei das Produkt – geteilt durch 1.000 – den jährlichen Beitrag ergibt.

Zusätzlich sind noch einige Besonderheiten des Finanzierungsverfahrens zu berücksichtigen. Die Beiträge werden mittels eines Beitragsbescheides der Berufsgenossenschaft erhoben.

Die Bestimmung des Arbeitsentgelts richtet sich nach denselben Grundsätzen wie in der Kranken-, Renten-, Pflege- und Arbeitslosenversicherung (vgl. → Rz. 5602 ff.), jedoch sind einige Punkte zusätzlich zu beachten. Die Gefahrklasse gibt den Grad der Unfallgefahr an, der im Gewerbezweig des jeweiligen Unternehmens besteht. Der **Beitragsfuß** ist 5674 eine bestimmte Berechnungsgröße, in die unter anderem die Gesamtausgaben der zuständigen Berufsgenossenschaft und die im Unternehmen erzielten Arbeitsentgelte (jeweils bezogen auf das vergangene Kalenderjahr) eingehen.

Die **Unfallversicherungsbeiträge** sind vom Unternehmer **direkt an die zuständige Berufsgenossenschaft** zu zahlen (die Zuständigkeit der als Einzugsstelle tätigen Krankenkasse erstreckt sich lediglich auf die Beiträge zur Kranken-, Renten- und Arbeitslosenversicherung). Die Beiträge sind allein vom Arbeitgeber aufzubringen.

Für die **Beitragsberechnung** ist auf die Arbeitnehmer abzustellen, die gesetzlich unfallversichert sind. Dabei handelt es sich praktisch um alle Arbeitnehmer, auch um Teilzeitkräfte. Nicht unter dem Schutz der gesetzlichen Unfallversicherung stehen lediglich Beamte.

2. Berechnung und Nachweis des Arbeitsentgelts

5675 Der Begriff des »Arbeitsentgelts« ist in der Unfallversicherung derselbe wie in den anderen Sozialversicherungszweigen. Für die Beitragsentrichtung zur Unfallversicherung sind jedoch Besonderheiten zu berücksichtigen:

Das tatsächlich vom einzelnen Arbeitnehmer erzielte Arbeitsentgelt geht in die Beitragsberechnung nur bis zu einer Höchstgrenze ein, die von der jeweiligen Berufsgenossenschaft festgelegt wird.

Von der jeweiligen Berufsgenossenschaft hängt es auch ab, ob für die Beitragsberechnung ein bestimmter **Mindestbetrag des Arbeitsentgelts** (bezogen auf den einzelnen Arbeitnehmer) anzusetzen ist. Regelmäßig gibt es keine solche Mindestgrenze, da in den Satzungen der meisten Berufsgenossenschaften angeordnet ist, dass das tatsächlich erzielte Entgelt (unter Beachtung der Höchstgrenze) heranzuziehen ist.

5676 Zum **Nachweis der Arbeitsentgelte** versenden die Berufsgenossenschaften um die Jahreswende ein Lohnnachweisformular, das vom Unternehmer innerhalb einer bestimmten Frist (regelmäßig bis Mitte Februar) auszufüllen und zurückzusenden ist. Im Lohnnachweis sind die Arbeitsentgelte nicht einzeln aufzuführen, sondern in der Regel als Lohnsumme (geordnet nach den Gefahrenklassen des für das Unternehmen maßgebenden Gefahrtarifs).

Wird der **jährliche Lohnnachweis** vom Arbeitgeber nicht rechtzeitig (oder nicht vollständig) eingereicht, so wird die Lohnsumme von der Berufsgenossenschaft geschätzt (unabhängig davon, ob den Unternehmer ein Verschulden trifft). Außerdem kann der Unternehmer bei verschuldeter Fristversäumnis mit einer Geldbuße belegt werden. Da zur Einreichung des Lohnnachweises eine gesetzliche Verpflichtung besteht, kann sich der Unternehmer im Bußgeldverfahren nicht darauf berufen, dass er von der Berufsgenossenschaft keinen Nachweisvordruck erhalten habe.

Um die jährlichen Lohnnachweise nachprüfen zu können, sind die Berufsgenossenschaften dazu berechtigt, die Lohnunterlagen des Unternehmers einzusehen. Dieser ist verpflichtet, die Unterlagen für eine von der Berufsgenossenschaft festgesetzte Frist (die mindestens 3 Jahre beträgt) aufzubewahren.

3. Besonderheiten

Um dem Unternehmer einen Anreiz zur verstärkten Unfallverhütung zu geben, werden unter Abweichung von der grundsätzlichen (vgl. → Rz. 5673) Berechnungsformel Beitragsnachlässe gewährt bzw. Beitragszuschläge erhoben. Die Höhe der Nachlässe bzw. Zuschläge richtet sich nach der Zahl der im Unternehmen aufgetretenen Arbeitsunfälle (wobei die näheren Einzelheiten von der Berufsgenossenschaft festgelegt werden).

5677

Wichtig ist, dass hierbei bestimmte Unfälle nicht mitzählen, was sich finanziell zugunsten des Unternehmers auswirkt. Unberücksichtigt bleiben stets sog. Wegeunfälle (Unfälle auf dem Weg zur oder von der Arbeit), da sie außerhalb des betrieblichen Einflussbereichs liegen. Die Berufsgenossenschaft ist dazu ermächtigt, in ihrer Satzung weitere Unfälle (z.B. Unfälle infolge höherer Gewalt) auszunehmen.

Für den Unternehmer ist es daher wichtig, die im Beitragsbescheid der Berufsgenossenschaft angegebenen Unfälle genau zu prüfen.

Eine weitere Besonderheit besteht darin, dass zur finanziellen Unterstützung von einigen finanzschwachen Berufsgenossenschaften eine Umlage von den anderen Berufsgenossenschaften erhoben wird. Zur Finanzierung der Umlage ziehen die Berufsgenossenschaften einen bestimmten Anteil der Lohnsumme des einzelnen Unternehmens heran, wobei ein Freibetrag angesetzt wird.

Stellt ein Unternehmen seine Tätigkeit ein, so ist in den Satzungen der Berufsgenossenschaften regelmäßig vorgesehen, dass vom Unternehmer eine Beitragsabfindung (mit der Folge des Erlöschens der Beitragsschuld) oder eine Sicherheitsleistung (in Höhe der zu erwartenden Beitragszahlungen) verlangt werden kann.

Schließlich ist noch darauf hinzuweisen, dass die Mittel für das Konkursausfallgeld (zu dieser Leistung des Arbeitsamtes vgl. → Rz. 6317 ff.) von den Berufsgenossenschaften durch Beiträge der Unternehmer erhoben werden.

4. Beitragsbescheid

Mit dem Beitragsbescheid (§ 168 SGB VII) fordert die Berufsgenossenschaft alljährlich vom Unternehmer den Beitrag des vorausgegangenen Kalenderjahres an. Der Beitragsbescheid wird regelmäßig im April versandt; zuvor werden Vorschüsse angefordert.

5678

Der Beitragsbescheid muss so gestaltet sein, dass es dem Unternehmer ermöglicht wird, die Berechnung nachzuprüfen (jedoch braucht die Ermittlung des Beitragsfußes nicht näher aufgeschlüsselt zu werden).

Nach gesetzlicher Regelung (§ 23 Abs. 3 SGB IV) werden die Unfallversicherungsbeiträge am 15. des Monats fällig, der dem Monat der Bescheidzustellung folgt. Eine Stundung, eine Niederschlagung oder ein Erlass der fälligen Beiträge können unter denselben Bedingungen zugelassen werden, die auch für die Beiträge zur Kranken-, Renten- und Arbeitslosenversicherung gelten, welche von der Einzugsstelle (Krankenkasse) eingezogen werden (vgl. → Rz. 5638 f.).

Der Beitragsbescheid ist ein Verwaltungsakt, gegen den dieselben Rechtsbehelfe eingelegt werden können wie gegen einen Bescheid der Einzugsstelle. Dabei ist vor allem zu beachten, dass Widerspruch und Klage keine aufschiebende Wirkung haben (vgl. → Rz. 5657).

VIII. Verhängung von Strafen und Bußgeldern gegen pflichtwidrig handelnde Arbeitgeber

5679 Wer als Arbeitgeber der Einzugsstelle (Krankenkasse) Beiträge des Arbeitnehmers zur Sozialversicherung (Kranken-, Renten-, Pflege- und Arbeitslosenversicherung) vorenthält, wird mit einer Freiheitsstrafe bis zu fünf Jahren oder mit Geldstrafe bestraft.

Das Gericht kann aber von einer Bestrafung absehen, wenn folgende Voraussetzungen (nebeneinander) gegeben sind:

- Die Beiträge wurden nachträglich binnen einer angemessenen (von der Einzugsstelle gesetzten) Frist entrichtet,
- der Arbeitgeber befindet sich in einer finanziellen Zwangslage,
- der Arbeitgeber teilt (spätestens zum Zeitpunkt der Fälligkeit) an die Einzugsstelle schriftlich mit, wie hoch die vorenthaltenen Beiträge sind und weshalb – trotz ernsthafter Bemühungen – die fristgemäße Entrichtung nicht möglich war.

Dagegen liegt kein Straftatbestand, sondern lediglich eine Ordnungswidrigkeit (also ein Anlass für die Verhängung eines Bußgeldes) vor, wenn der Arbeitgeber vom Arbeitsentgelt des Arbeitnehmers einen höheren als den zulässigen Beitragsanteil einbehält. Weitere Bußgeldvorschriften greifen z.B. bei fehlender Führung von Lohnunterlagen oder bei unterbliebener Einreichung des Beitragsnachweises.

IX. Weiterführende Literaturhinweise

5680 *Brackmann*, Handbuch der Sozialversicherung, Loseblattwerk
Gleitze/Krause/von Maydell/Merten, Gemeinschaftskommentar zum SGB, Gemeinsame Vorschriften für die Sozialversicherung, 2. Aufl., 1992
Handbuch zum Sozialrecht, Gruppe 10 a, Loseblattwerk
Schneider, Der Gesamtsozialversicherungsbeitrag, 5. Aufl. 1985

43. Kapitel: Meldungen und Auskunftspflichten des Arbeitgebers im laufenden Beschäftigungsverhältnis

I.	**Meldungen an die Einzugsstelle aus besonderem Anlas**	**6100**
	1. Wechsel des Versicherungszweiges	6101
	2. Wechsel der Beitragsgruppe	6102
	3. Wechsel der Krankenkasse	6104
	4. Wechsel der Betriebsstätte aus dem oder in das Beitrittsgebiet	6105
	5. Beginn und Ende einer Berufsausbildung	6107
	6. Eintritt oder Wegfall der Versicherungpflicht im laufenden Beschäftigungsverhältnis als Meldegrund	6108
	7. Unterbrechung des Arbeitsentgelts	6109
	8. Bezug von Erziehungsgeld und Erziehungsurlaub	6113
	9. Konkurseröffnung	6114
	10. Die Jahresmeldung	6115
	a) Allgemeines zur Jahresmeldung	6115
	b) Frist und Form der Jahresmeldung	6116
	11. Einmalig gezahlte Entgelte	6117
	12. Meldung von Änderungen und Stornierung einer Meldung	6121
II.	**Melde- und Auskunftspflichten des Arbeitgebers gegenüber dem Arbeitsamt**	**6124**
	1. Anzeige bei Kurzarbeit	6124
	2. Antrag auf Winterleistungen im Baugewerbe	6127
	3. Anzeige- und Auskunftspflichten bei Insolvenz (im Konkurs)	6129
	4. Anzeigepflichten bei Arbeitskampf	6131
	5. Meldungen betreffend Schwerbehinderte	6132
	6. Massenentlassungsanzeige	6133
	7. Nebenverdienstbescheinigung	6137
	8. Verdienstbescheinigungen im Zusammenhang mit Sozialleistungsbezug	6142

I. Meldungen an die Einzugsstelle aus besonderem Anlas

Auch während des laufenden Arbeits- und Beschäftigungsverhältnisses sind aus mannigfaltigen Gründen vom Arbeitgeber Meldungen an die Krankenkasse zu erstatten. Die Anlässe dafür liegen zum Teil im Formalen, wenn es z.B. um die Änderung des Familiennamens eines Arbeitnehmers geht oder darum, eine vorangegangene Meldung zu berichtigen. Vor allem für Zwecke der Rentenversicherung dient die Jahresmeldung, die am Jahresende für jeden versicherungspflichtig Beschäftigten zu erstatten ist. Wichtige Meldetatbestände ergeben sich aus Veränderungen im Arbeitsverhältnis, die für die Versicherungs- und Beitragspflicht des Arbeitnehmers von unmittelbarer Bedeutung sind. Zu denken ist z.B. an den Fall, dass durch Änderungen von Arbeitszeit und Arbeitsentgelt eine bisher versicherungsfreie geringfügige Beschäftigung nunmehr versicherungspflichtig wird oder umgekehrt ein bisher versicherungspflichtig Beschäftigter jetzt mit seinem

6100

Entgelt die Jahresarbeitsentgeltgrenze der gesetzlichen Krankenversicherung überschreitet und fortan in diesem Versicherungszweig versicherungsfrei ist. Von Bedeutung sind ferner die Unterbrechung der Beschäftigung z.B. durch Gewährung unbezahlten Urlaubs oder durch Streik oder Aussperrung im Arbeitskampf, ferner die Unterbrechung der Entgeltzahlung z.B. bei Arbeitsunfähigkeit. Wegen der noch unterschiedlichen Bemessungsgrenzen im östlichen und westlichen Teil Deutschlands muss schließlich der Krankenkasse gemeldet werden, wenn ein Arbeitnehmer innerhalb seines Arbeitsverhältnisses von einer Betriebsstätte im Beitrittsgebiet (östliche Bundesländer und östliche Bezirke Berlins) in eine Betriebsstätte im Übrigen Bundesgebiet wechselt oder umgekehrt; seit dem 01.01.1992 müssen auch Beginn und Ende eines Berufsausbildungsverhältnisses gemeldet werden.

1. Wechsel des Versicherungszweiges

6101 Wird ein Arbeiter im Rahmen des fortbestehenden Beschäftigungsverhältnisses bei seinem Arbeitgeber in das Angestelltenverhältnis übernommen oder umgekehrt, ändert sich die Zuständigkeit des Rentenversicherungsträgers (z.B. BfA statt LVA). Deshalb muss für ihn zum Datum der Veränderung erstattet werden

- eine Abmeldung sowie
- eine Anmeldung.

Die Meldung wird auf dem **neuen einheitlichen Vordruck Meldung zur Sozialversicherung** getrennt als Ab- und Anmeldung erstattet.

Als Abgabegrund ist bei der Anmeldung die Schlüsselzahl 12 und bei der Abmeldung 32 einzutragen; bei der Beitragsgruppe ist der nunmehr gültige Schlüssel (z.B. RV 2 statt RV 1) einzutragen.

2. Wechsel der Beitragsgruppe

6102 Im laufenden Beschäftigungsverhältnis können Veränderungen eintreten, die den Wegfall oder das (Wieder-) Einsetzen von Versicherungs- und Beitragspflicht in einem der Versicherungszweige oder in allen zur Folge haben. In solchen Fällen muss der Wechsel der Beitragsgruppe gemeldet werden.

6103 Zum Wechsel der Beitragsgruppe kommt es z.B.

- beim Übertritt vom Arbeiter- in das Angestelltenverhältnis oder umgekehrt (s. → Rz. 6101)
- wenn der Arbeitnehmer sein 65. Lebensjahr vollendet und seine Beitragspflicht zur Arbeitsförderung (Arbeitslosenversicherung) mit Ablauf des Monats seines Geburtstages wegfällt, der Arbeitgeber insoweit nur noch den Arbeitgeberanteil zu zahlen hat,
- wenn mit Zubilligung einer Rente wegen Erwerbsunfähigkeit an den Arbeitnehmer seine Beitragspflicht zur Arbeitsförderung wegfällt. Bei solchen Rentenbeziehern muss im Übrigen die **Hinzuverdienstgrenze** beachtet werden, die mit der Geringfügigkeits-

grenze identisch ist. Wird sie im laufenden Jahr mehr als zweimal überschritten, wird die Rente nur noch als Berufsunfähigkeitsrente weitergewährt und die Beitragsfreiheit entfällt.
- Wenn der Arbeitnehmer Altersrente erhält und fortan nur noch der Arbeitgeberanteil zur Rentenversicherung zu entrichten ist; eine Teilrente wegen Alters bleibt ohne Einfluss.
- Wenn infolge des Überschreitens der Jahresarbeitsentgeltgrenze die Versicherungspflicht in der Krankenversicherung wegfällt.

Zum Zeitpunkt der Änderung ist auf dem allgemeinen Vordruck »Meldung zur Sozialversicherung« eine Ab- und eine Anmeldung mit der neuen Beitragsgruppe zu erstatten (s. → Rz. 6102 ff.).

Seit 1996 kann der Arbeitnehmer seine Krankenkasse frei wählen (vgl. §§ 173 ff. SGB V). Deshalb kann es im laufenden Beschäftigungsverhältnis häufiger zum Kassenwechsel kommen. Das Gesetz zur Neuregelung des Krankenkassenwahlrechts vom 27.07.2001 *(BGBl. I S.1946)* hat mit Wirkung ab **01.01.2002** die Wahlrechtsvorschriften allerdings geändert (siehe → Rz. 5503 b):

6104
Neu

- Der Arbeitnehmer kündigt seine alte Kasse unter Beachtung der Kündigungsfrist von 2 Monaten (erste Kündigungsmöglichkeit im Januar 2002 zum 31.03.2002; im Einzelnen siehe → Rz. 5503 b).
- Er legt dem Arbeitgeber die Mitgliedsbescheinigung der neuen Kasse vor (z.B. ab 01.04.2002).
- Der Arbeitgeber meldet ihn (wegen Kassenwechsels) bei der alten Kasse ab und gibt an die neu gewählte Kasse die Anmeldung (im Beispiel: ab 01.04.2002). Es gilt dann die 18 Monate andauernde Bindung an die Kasse, bis der Arbeitnehmer erneut kündigen und neu wählen kann. Ohne solche 18-Monate-Bindungsfrist an die gewählte Kasse darf unter Beachtung der Kündigungsfrist von 2 Monaten gekündigt werden, wenn die Kasse ihren Beitragssatz erhöht oder durch freiwillige Mitglieder (Näheres bei → Rz. 5503 b).

3. Wechsel der Krankenkasse

Seit dem 01.01.1996 kann der Arbeitnehmer seine Krankenkasse frei wählen (vgl. § 173 SGB V). Deshalb kann es häufiger als früher zum Wechsel der zuständigen Krankenkasse im laufenden Arbeitsverhältnis kommen. Zu solchem Wechsel kommt es, wenn

6104

- der krankenversicherungspflichtige Arbeitnehmer rechtzeitig zum 30.09. eines Jahres die Mitgliedschaft bei der bisherigen Kasse kündigt und
- zum 01.01. des neuen Jahres eine neue Krankenkasse wählt.

Hierzu muss der Arbeitnehmer seinem Arbeitgeber bis zum 31.12. des Jahres die Mitgliedsbescheinigung der neuen Kasse vorlegen und der Arbeitgeber muss sodann

- den Arbeitnehmer zum 31.12. des Jahres bei der alten Kasse abmelden und
- zum 01.01. des neuen Jahres bei der neuen Kasse anmelden.

Arbeitnehmer, die z.B. wegen der Höhe ihres Arbeitsentgelts **krankenversicherungsfrei** sind, können wie bisher (unter Beachtung der Kündigungsfristen) auch im laufenden Jahr ihre Krankenkasse wechseln; dann sind jeweils Ab- und Anmeldung durch den Arbeitgeber fällig.

Auch bei einem **krankenversicherungspflichtigen Arbeitnehmer** kann es im laufenden Kalenderjahr zum Wechsel der Krankenkasse kommen.

Unabhängig davon, ob das Arbeitsverhältnis rechtlich fortbesteht, kann der Arbeitnehmer die Krankenkasse neu wählen, wenn das sozialrechtliche Beschäftigungsverhältnis beendet war (vgl. → Rz. 7001, 7003).

So ist es z.B., wenn der Arbeitnehmer für längere Zeit unbezahlten Urlaub hatte (vgl. → Rz. 6111, 7001). Tritt er die Arbeit wieder an, kann die Krankenkasse neu gewählt werden und dem Arbeitgeber muss die Mitgliedsbescheinigung vorgelegt werden (dazu → Rz. 5503).

4. Wechsel der Betriebsstätte aus dem oder in das Beitrittsgebiet

6105 Wechselt ein Arbeitnehmer im laufenden Beschäftigungsverhältnis von einer Betriebsstätte im Rechtskreis West in eine solche im Rechtskreis Ost (d.h. neue Bundesländer) oder umgekehrt, muss eine Ab- und Anmeldung erstattet werden mit der Schlüsselzahl 13 bei der Anmeldung bzw. 33 bei der Abmeldung für den Abgabegrund.

6106 Arbeitnehmer, die wegen Überschreitens der Jahresarbeitentgeltgrenze versicherungsfrei sind und eine **private Krankenversicherung** unterhalten, bekommen vom Arbeitgeber zum Ausgleich des sonst zu zahlenden Arbeitgeber-Anteils zur Sozialversicherung den **Beitragszuschuss**.

Hat ein solcher Arbeitnehmer seinen Wohnsitz im Rechtskreis Ost (neue Bundesländer), ist er aber im Rechtskreis West beschäftigt (alte Bundesländer und Gesamt-Berlin), soll er nach Auffassung der Spitzenverbände der Krankenkassen den Beitragszuschuss nur in der für die neuen Bundesländer gültigen Höhe erhalten. Das Bundesgesundheitsministerium vertritt allerdings dazu die Auffassung, dass auch in solchem Falle der **Beschäftigungsort** maßgebend sei. Deshalb soll trotz Wohnsitzes im Rechtskreis Ost der (höhere) Beitragszuschuss des Rechtskreises West gezahlt werden, wenn der Beschäftigungsort im Rechtskreis West liegt *(Schreiben des Bundesgesundheitsministeriums vom 27.12.1996, PKV-publik 7/97 S. 79)*.

5. Beginn und Ende einer Berufsausbildung

6107 Zeiten einer Berufsausbildung werden in der gesetzlichen Rentenversicherung ungeachtet der Höhe der tatsächlich bezogenen Ausbildungsvergütung besonders bewertet. Solche Zeiten müssen vom Rentenversicherungsträger deshalb gesondert erfasst werden, und zwar auch dann, wenn sich der Berufsausbildung ein Beschäftigungsverhältnis bei demselben Arbeitgeber unmittelbar anschließt oder ein Beschäftigungsverhältnis (z.B. als Ungelernter) **der Ausbildung unmittelbar** vorausgeht.

Wird der Ausgebildete im Ausbildungsbetrieb nicht anschließend weiterbeschäftigt, ist das Ende der Ausbildung mit der normalen Abmeldung zu melden. Der Beginn einer Berufsausbildung wird mit der normalen Anmeldung gemeldet.

Wird der Ausgebildete im Betrieb unmittelbar anschließend weiterbeschäftigt und muss ohnehin eine An- und/oder Abmeldung erstattet werden, weil z.B. ein Wechsel der Beitragsgruppe eintritt, bedarf es keiner weiteren gesonderten Meldung.

Kommt es im Falle der Weiterbeschäftigung des Ausgebildeten (oder beim Übergang von einem Beschäftigungs- in ein Ausbildungsverhältnis) nicht zu einer An- oder Abmeldung nach den allgemeinen Regeln, so muss die besondere **Ausbildungsmeldung** auf dem üblichen Meldevordruck erstattet werden.

Im Regelfall der Weiterbeschäftigung nach Ende der Ausbildung ist deshalb eine Ab- und eine Anmeldung mit den entsprechenden Schlüsselzahlen zu erstatten.

Beachte das Verzeichnis auf der Rückseite des amtlichen Formulars!

6. Eintritt oder Wegfall der Versicherungspflicht im laufenden Beschäftigungsverhältnis als Meldegrund

Überschreitet das Arbeitsentgelt die Jahresarbeitsentgeltgrenze des laufenden Kalenderjahres, so endet die Versicherungspflicht in der gesetzlichen Krankenversicherung mit Ablauf des Kalenderjahres, wenn auch die für das Folgejahr gültige Grenze überschritten wird. Bei Anhebung der Jahresarbeitsentgeltgrenze kann die Versicherungspflicht wieder einsetzen. 6108

Wegen des Wechsels der Beitragsgruppe ist in solchem Falle an- und abzumelden (vgl. → Rz. 6102).

Wird eine versicherungspflichtige Beschäftigung durch Änderung von Arbeitsentgelt und/oder Arbeitszeit zu einer geringfügigen Beschäftigung und damit versicherungsfrei, muss eine Abmeldung wegen Ende der Beschäftigung erstattet und sodann der Beginn der geringfügigen Beschäftigung gemeldet werden.

Umgekehrt ist die geringfügige Beschäftigung mit ihrem Ende zu melden und anschließend die normale Anmeldung zu erstatten.

7. Unterbrechung des Arbeitsentgelts

Im laufenden Beschäftigungsverhältnis kann aus verschiedenen Gründen eine Unterbrechung in der Fortzahlung des Arbeitsentgelts eintreten. Gründe dafür können z.B. sein: 6109

- längere Arbeitsunfähigkeit über das Ende des Entgeltfortzahlungszeitraumes (in der Regel: 6 Wochen) hinaus oder Arbeitsunfähigkeit vor Ablauf der Wartefrist für die Entgeltfortzahlung
- unbezahlter Urlaub,
- Streik oder Aussperrung im Arbeitskampf,
- Einberufung zum Wehrdienst oder Zivildienst.

Die Wirkungen solcher Unterbrechung des Arbeitsentgelts im fortdauernden Beschäftigungsverhältnis in Hinsicht auf die Sozialversicherung waren bisher in den einzelnen Versicherungszweigen unterschiedlich. So war z.B. für die gesetzliche Rentenversicherung eine Unterbrechung erst dann bedeutsam, wenn sie mindestens einen vollen Kalendermonat andauerte, weil für diesen Kalendermonat dann mangels Arbeitsentgelt kein Beitrag anfiel. In der gesetzlichen Kranken- und der Arbeitslosenversicherung waren hingegen Unterbrechungen des Entgelts bis zu einem Monat (d.h. 30 Tagen, unabhängig vom Lauf des Kalendermonats) unschädlich und deshalb kein Meldeanlass.

6111 Seit dem 01.01.1999 gilt eine **neue einheitliche Regelung** für alle Zweige der Sozialversicherung. **Jetzt gilt auch für die gesetzliche Rentenversicherung:**

Eine (versicherungspflichtige) Beschäftigung gilt als fortdauernd, solange das Beschäftigungsverhältnis ohne Anspruch auf Arbeitsentgelt fortbesteht, jedoch nicht länger als einen Monat. Dies gilt nur dann nicht, wenn z.B. Krankengeld, Übergangsgeld oder Erziehungsgeld bezogen wird oder Erziehungsurlaub in Anspruch genommen wird (§ 7 Abs. 3 SGB IV). In solchen Fällen des Bezuges einer Lohnersatzleistung (z.B. Krankengeld) bleibt die Mitgliedschaft in der gesetzlichen Krankenversicherung ohnehin erhalten und für die Rentenversicherung besteht wegen des Bezuges der Lohnersatzleistung Versicherungspflicht.

6112 Für die Meldungen durch den Arbeitgeber bedeutet das:

- Tritt eine **Entgeltunterbrechung** für einen Zeitraum von **bis zu einem Monat** (bis zu 30 Tagen, unabhängig vom Lauf des Kalendermonats) ein, z.B. durch Arbeitsunfähigkeit ohne Entgeltfortzahlung oder durch unbezahlten Urlaub, so ist das unschädlich und **kein** Meldeanlass.
- Tritt eine **Entgeltunterbrechung für mindestens einen vollen Monat (Zeitmonat)** ein (z.B. bei unbezahltem Urlaub oder bei Auslaufen der Entgeltfortzahlung bei Arbeitsunfähigkeit) und wird **keine Lohnersatzleistung** bezogen, endet das sozialrechtliche Beschäftigungsverhältnis mit Ablauf dieses Monats und es ist eine **Abmeldung** fällig. Das erzielte Arbeitsentgelt ist für den gesamten Zeitraum zu bescheinigen. Die neue Regelung gilt auch für Arbeitnehmer, die nicht gesetzlich, sondern **privat krankenversichert** sind! Für diese Arbeitnehmer ist zum Ablauf eines Monats die Abmeldung zu erstatten, weil sie kein Krankengeld beziehen.
- Tritt **Entgeltunterbrechung für mindestens einen vollen Monat ein und wird z.B. Krankengeld, Übergangsgeld, Mutterschaftsgeld oder Erziehungsgeld bezogen oder Erziehungsurlaub** in Anspruch genommen, ist die **Unterbrechungsmeldung** fällig für den Zeitraum bis zum Wegfall des Entgeltanspruchs. Als Grund der Abgabe sind die Schlüssel **51** oder **52** (bei Erziehungsurlaub) anzugeben. Zu bescheinigen ist der Zeitraum bis zum Wegfall des Entgeltanspruchs. Die Meldung ist innerhalb von 2 Wochen nach Ablauf des ersten Monats der Unterbrechung zu erstatten.

8. Bezug von Erziehungsgeld und Erziehungsurlaub

6113 Wird nach Wegfall des Entgeltanspruchs Erziehungsgeld bezogen oder Erziehungsurlaub in Anspruch genommen, bleibt die Mitgliedschaft in der gesetzlichen Krankenversicherung aufrechterhalten. In aller Regel war in solchem Falle bereits die Unterbrechungsmeldung (s. oben → Rz. 6112) zu erstatten. Schließt sich der Erziehungsurlaub wie allgemein üblich an den Bezug der Lohnersatzleistung an, ist keine weitere Meldung fällig.

9. Konkurseröffnung

Für **freigestellte Arbeitnehmer** muss zum Stichtag eine **Abmeldung** mit der Schlüsselzahl 71 beim Grund der Abgabe vorgenommen werden. Darin ist das bisher in einer früheren (z.B. Jahres-)Meldung noch nicht gemeldete Entgelt einzutragen, das bis zum Stichtag gezahlt worden ist zuzüglich des noch zustehenden, aber noch nicht ausgezahlten Arbeitsentgelts. Zugleich ist ohne neue Anmeldung eine **weitere Entgeltmeldung** mit der Schlüsselzahl 72 beim Abgabegrund zum Tage des rechtlichen Endes des Arbeitsverhältnisses (nach Auslaufen der gültigen Kündigungsfrist) abzugeben. Darin ist das Entgelt anzugeben, auf das der Arbeitnehmer in dem Meldezeitraum Anspruch hat. Fällt das rechtliche Ende des Arbeitsverhältnisses in das nächste Kalenderjahr, muss außerdem die **Jahresmeldung** mit Abgabegrund Schlüsselzahl 50 erstattet werden.

6114

Stichtag ist nicht mehr wie bisher der Insolvenztag, weil der Tag der Konkurseröffnung oder der Abweisung der Eröffnung mangels Masse nach der neuen Rechtsprechung des Bundessozialgerichts *(22.03.1995, 10 RAr 1/94, BSGE 76,67 = SozR 3-4100 § 141 b Nr. 2)* für den Anspruch auf Konkursausfallgeld nicht mitzählt. Deshalb ist **Stichtag der Tag vor dem Insolvenztag,** also der Tag, welcher dem Tag der Konkurseröffnung oder Abweisung mangels Masse vorausgeht.

Für **weiterbeschäftigte Arbeitnehmer** muss zu demselben Stichtag eine Abmeldung vorgenommen und darin das noch nicht gemeldete Entgelt eingetragen werden, das bis zum Stichtag gezahlt worden ist zuzüglich des Entgelts, auf das noch Anspruch besteht. Zugleich ist zum nachfolgenden Tag (also dem Insolvenztag) eine neue Anmeldung fällig.

Obgleich die Arbeitgebereigenschaft auf den Insolvenzverwalter übergeht, kann für diese Meldungen noch die bisherige Betriebsnummer des insolventen Arbeitgebers benutzt werden.

10. Die Jahresmeldung

a) Allgemeines zur Jahresmeldung

Für jeden versicherungspflichtig und beitragspflichtig Beschäftigten muss der Arbeitgeber zu Beginn des neuen Kalenderjahres die Dauer der Beschäftigung und das beitragspflichtige Arbeitsentgelt im abgelaufenen Kalenderjahr melden, sofern das Beschäftigungsverhältnis über den Jahreswechsel hinaus fortbesteht, der Arbeitnehmer also auch im neuen Jahr bei dem Arbeitgeber beschäftigt bleibt.

6115

Auf der Jahresmeldung darf nur die Dauer der Beschäftigung und das Arbeitsentgelt des abgelaufenen Kalenderjahres gemeldet werden unabhängig davon, ob das Beschäftigungsverhältnis in diesem abgelaufenen Kalenderjahr nur für wenige Tage bestanden hat, also z.B. erst am 27.12. des vergangenen Jahres begonnen hat.

Die Jahresmeldung gilt nur für versicherungspflichtig und beitragspflichtig Beschäftigte. Eine Jahresmeldung ist jetzt aber auch für Arbeitnehmer zu erstatten, die geringfügig entlohnt beschäftigt werden (bis zu 15 Wochenstunden, 325 EUR monatlich).

Die Jahresmeldung ist nur erforderlich, wenn das Beschäftigungsverhältnis **über den Jahreswechsel hinaus** unverändert fortbesteht. Sie ist deshalb nicht erforderlich, wenn bereits aus anderen Gründen zum 31.12. des Kalenderjahres eine Abmeldung oder Unterbrechungsmeldung zu erstatten ist.

Keine Jahresmeldung ist hiernach zu erstatten, wenn

- das Arbeitsverhältnis zum 31.12. des abgelaufenen Jahres endete und deshalb die normale Abmeldung fällig ist;
- wegen eines zum 01.01. des neuen Jahres wirksam werdenden Beitragsgruppenwechsels oder Wechsels des Versicherungszweiges oder Wechsels der Krankenkasse zum 31.12. des abgelaufenen Jahres aus diesem besonderen Anlass eine Abmeldung zu erstatten ist; in solchem Fall werden Dauer der Beschäftigung und Entgelthöhe in dieser Abmeldung bescheinigt;
- wegen Unterbrechung des Arbeitsentgelts im vorangegangenen Kalenderjahr (z.B. längere Arbeitsunfähigkeit, Arbeitskampf) bereits eine Meldung (Unterbrechungsmeldung) erstattet worden ist und diese Unterbrechung über den 31.12. hinaus im neuen Kalenderjahr andauert.

b) Frist und Form der Jahresmeldung

6116 Die Jahresmeldung musste bisher bis zum 31. März des neuen Jahres erstattet werden. Jetzt gilt als **neuer Abgabetermin** der **15. April** des neuen Jahres.

Tritt zum Jahreswechsel eine Veränderung ein (z.B. Kassenwechsel, Beitragsgruppenwechsel) und wird deshalb eine Abmeldung fällig, entfällt die gesonderte Jahresmeldung.

Die Jahresmeldung (Schlüsselzahl 50) wird wie alle anderen Meldungen auf dem einheitlichen Vordruck erstattet, sofern der Arbeitgeber nicht am Verfahren der automatischen Datenübermittlung teilnimmt.

11. Einmalig gezahlte Entgelte

6117 Erhält der Arbeitnehmer während des fortbestehenden Arbeitsverhältnisses eine beitragspflichtige (oder unter Beachtung der Beitragsbemessungsgrenze teilweise beitragspflichtige) Einmalzahlung **(Sonderzuwendung)**, so löst eine solche Zahlung im Grundsatz keine besondere Meldung an die Krankenkasse aus. Der unter Beachtung der anteiligen Jahres-Beitragsbemessungsgrenze beitragspflichtige Teil der Einmalzahlung wird dem laufenden Arbeitsentgelt hinzugerechnet und die Gesamtsumme in die nächstfällige Meldung aufgenommen. Bei unveränderten Bedingungen der Beschäftigung wird das die Jahresmeldung sein, es kann aber auch eine aus besonderem Anlass notwendige Meldung (Abmeldung) sein.

In die nächstfällige Meldung aufgenommen wird die Einmalzahlung auch, wenn das Beschäftigungsverhältnis unterbrochen oder inzwischen beendet ist, sofern die dafür notwendige Abmeldung noch nicht erstattet wurde.

Eine gesonderte Meldung einmalig gezahlten Arbeitsentgelts **(Sondermeldung)** ist zu erstatten, wenn

- eine Meldung für das Kalenderjahr, dem die Zahlung zuzuordnen ist, nicht mehr erfolgt,
- die letzte Meldung kein laufendes Arbeitsentgelt enthielt oder
- für das einmalig gezahlte Arbeitsentgelt ein anderer Beitragsgruppenschlüssel gilt.

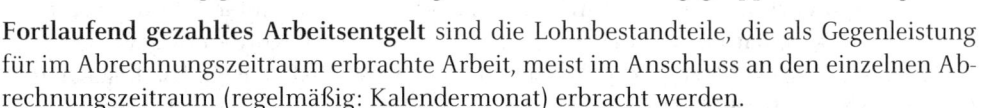

Fortlaufend gezahltes Arbeitsentgelt sind die Lohnbestandteile, die als Gegenleistung für im Abrechnungszeitraum erbrachte Arbeit, meist im Anschluss an den einzelnen Abrechnungszeitraum (regelmäßig: Kalendermonat) erbracht werden.

Einmalig gezahlte Arbeitsentgelte sind demgegenüber dem Arbeitsentgelt zuzurechnende Zuwendungen, die **nicht für Arbeit in einem einzelnen Abrechnungszeitraum gewährt** werden.

Unterschieden wird, ob die Vergütung Entgelt für in einem bestimmten Abrechnungszeitraum (Kalendermonat) geleistete Arbeit ist, also einem bestimmten Abrechnungszeitraum zugeordnet werden kann (dann laufendes Entgelt) oder ob sie »aufgestautes Arbeitsentgelt« ohne Zuordnung zu bestimmten Abrechnungszeiträumen ist, das entweder in einer Summe einmal jährlich oder in mehrmonatigen Abständen mehrmals jährlich gezahlt wird *(BSG 09.02.1994, 11 RAr 43/93, DBl. 4102 AFG § 112)*.

Kommt es infolge einer **rückwirkend tarifvertraglich vereinbarten Lohnerhöhung zu einer Nachzahlung** auf den Lohn, so handelt es sich um laufendes Arbeitsentgelt, wenn durch den neuen Tarifvertrag der Lohn von Anfang an in monatlich gleichem Umfang erhöht wird. In solchem Falle ist eine bereits für die Vergangenheit abgegebene Meldung zu stornieren und sodann neu zu melden.

Bei Tariflohnerhöhungen kommt es aber auch vor, dass die Tarifparteien für die vor der neuen Tarifvereinbarung liegende Zeit eine **pauschale Nachzahlung** vereinbaren. Solange solche Nachzahlung noch bestimmten Abrechnungszeit- räumen individuell zugeordnet werden kann (z.B. Nachzahlung in bestimmter Höhe für jeden Monat zurück bis zum Beginn der neuen Tarifregelung), handelt es sich um laufendes Arbeitsentgelt. Wird aber pauschal eine Nachzahlung in einer Summe für den gesamten zurückliegenden Zeitraum festgelegt, so fehlt die Zuordnung zu einem bestimmten Abrechnungszeitraum und es handelt sich dann um eine Einmalzahlung *(BSG 09.02.1994, 11 RAr 43/93)*.

Zur beitrags- und leistungsrechtlichen Behandlung von einmalig gezahltem Arbeitsentgelt (Sonderzuwendungen) hatte das BVerfG *(11.01.1995, 1 BvR 892/88, EzA-SD 1995 Nr. 11 = DB 1995,1084)* entschieden, dass die einschlägigen Vorschriften der § 227 SGB V, § 164 SGB VI und § 175 Abs. 1 Nr. 1 AFG verfassungswidrig sind und nur noch bis zu einer gesetzlichen Neuregelung, längstens bis zum 31.12.1996 angewendet werden dürfen.

Die Verfassungswidrigkeit folgte daraus, dass es dem Gleichbehandlungsgebot des Art. 3 GG widerspricht, einmalig gezahltes Arbeitsentgelt (Weihnachtsgeld, Urlaubsgeld usw.)

einerseits mit zu den Sozialversicherungsbeiträgen heranzuziehen, auf der anderen Seite aber nicht bei Berechnung kurzfristiger Lohnersatzleistungen (z.B. beim Krankengeld, beim Arbeitslosengeld) mit zu berücksichtigen. Im Interesse der Rechtssicherheit hatte das BVerfG die weitere Anwendung der bisherigen Regelungen bis längstens zum 31.12.1996 zugelassen und den Gesetzgeber aufgefordert, spätestens ab 01.01.1997 die gesetzlichen Bestimmungen zu ändern. Diese Änderung ist vorgenommen worden.

6120 Nunmehr fasst § 23 a SGB IV die bislang verstreuten Bestimmungen über die beitragsrechtliche Behandlung von Einmalzahlungen zusammen und hat die alten Vorschriften abgelöst. **Einmalzahlungen blieben** und sind weiterhin wie unter Geltung des alten Rechts **beitragspflichtig**. Auf der Seite des Leistungsrechts wurde ein gewisser, aber kaum praktisch gewordener Ausgleich geschaffen (§ 47 a SGB V a.F.). Die Regelung im Gesetz vom 12.12.1996 *(BGBl. I S.1859)* stieß auf Kritik. Das BVerfG hat mit Beschluss vom 24.05.2000 entschieden, dass zur Beitragsabführung herangezogene Einmalleistungen auch bei kurzfristigen Lohnersatzleistungen (Krankengeld, Arbeitslosengeld) mit berücksichtigt werden müssen. Das Ein-malzahlungs-Neuregelungsgesetz vom 21.12.2000 *(BGBl. I S. 1971)* hat nunmehr die Berücksichtigung von Einmalzahlungen auch bei der Bemessung kurzfristiger Lohnersatzleistungen vorgesehen. In Ansehung der Arbeitgeber-Meldungen ändert sich nichts.

12. Meldung von Änderungen und Stornierung einer Meldung

6121 Wenn sich

- der **Name** des Beschäftigten ändert (z.B. nach Eheschließung), muss der Arbeitgeber die Änderung auf dem üblichen neuen Vordruck unverzüglich melden. Das gilt auch für geringfügig Beschäftigte. Unverzüglich zu melden ist ebenso, wenn sich
- die **Staatsangehörigkeit** des Beschäftigten ändert; die zutreffende Staatsangehörigkeit wird auf dem üblichen Vordruck mit der Schlüsselzahl gemeldet. Dies gilt allerdings nicht für geringfügig Beschäftigte; bei ihnen ist diese besondere Meldung entbehrlich.

6122 Es kommt immer wieder vor, dass sich in eine Arbeitgebermeldung Fehler einschleichen, z.B. Schreib- oder Rechenfehler oder auch Irrtümer (z.B. infolge Datenverwechslung). Ebenso kann es vorkommen, dass eine Meldung an die unzuständige (»falsche«) Krankenkasse gerichtet wurde oder dass für einen Beschäftigten eine Meldung überhaupt nicht zu erstatten war.

Bisher waren solche **fehlerhaften Meldungen** zum Teil zu berichtigen (Berichtigungsmeldung, z.B. **bei fehlerhafter Angabe des Beschäftigungszeitraumes**) oder sie waren zu stornieren **(Stornierungsmeldung, z.B. Meldung an die unzuständige Krankenkasse)**. Diese Unterscheidung entfällt ab 01.01.1999.

6123 Ab 01.01.1999 gilt: **Fehlerhafte Meldungen sind zu stornieren! Stornierungsmeldung** und **korrekte erneute Meldung** können auf dem Meldevordruck kombiniert werden. Im Abschnitt »Stornierung einer Meldung« auf dem Meldevordruck werden die ursprünglich gemeldeten (fehlerhaften) Daten eingetragen. Sodann wird die Meldung in dem entsprechenden Abschnitt des Meldevordrucks in korrekter Weise neu erstattet. Das gilt auch für geringfügig Beschäftigte, wenn z.B. die Betriebsnummer des Arbeitgebers fehlerhaft angegeben worden war oder wenn Beginn und Ende der Beschäftigung fehlerhaft angegeben worden waren. Die Stornierung muss **unverzüglich** erfolgen, sobald der Fehler erkannt ist.

II. Melde- und Auskunftspflichten des Arbeitgebers gegenüber dem Arbeitsamt

1. Anzeige bei Kurzarbeit

Die Anzeige des Arbeitsausfalles ist **zwingende Voraussetzung** für die Gewährung von Kurzarbeitergeld. Anzeigepflichtig ist der Arbeitgeber; eine Stellungnahme des Betriebsrats muss beigefügt werden. Notfalls kann der Betriebsrat die Anzeige auch von sich aus erstatten, wenn sie vom Arbeitgeber versäumt wird. Die anspruchsberechtigten Arbeitnehmer haben kein eigenes Antragsrecht; der Arbeitgeber wird für sie als Treuhänder tätig und haftet für Versäumnisse auf Schadenersatz.

6124

Die Anzeige muss **schriftlich** auf dem **amtlichen Vordruck** erstattet und vom Arbeitgeber oder einer vertretungsberechtigten Person **unterschrieben** werden. Eine telefonische Anzeige reicht nicht aus, wohl aber die Übermittlung per Fernkopie (Telefax). Sie muss bei dem für den Sitz des Betriebes örtlich **zuständigen Arbeitsamt** eingereicht werden; ihr Eingang bei einem anderen Arbeitsamt oder einer anderen Stelle genügt nicht.

Für die Anzeige ist eine bestimmte **Frist** nicht vorgeschrieben. Allerdings wird Kurzarbeitergeld (Kug) **frühestens vom Kalendermonat des Eingangs der Anzeige** beim zuständigen Arbeitsamt an gewährt (§ 173 SGB III): Das Arbeitsamt soll prüfen können, ob die Anspruchsvoraussetzungen für die Leistung vorliegen. Zeigt der Arbeitgeber den Arbeitsausfall deshalb nicht sogleich an, verkürzt er den Anspruch der Arbeitnehmer auf Kurzarbeitergeld und haftet ihnen dafür wegen Verletzung arbeitsvertraglicher (Neben-)Pflichten auf Schadenersatz.

Die Anzeige muss **folgende Angaben** enthalten:

6125

- Firma und Anschrift
- Bezeichnung und Sitz des verkürzt arbeitenden Betriebsteiles
- Beginn des Arbeitsausfalles
- die betriebsübliche und die verkürzte Arbeitszeit
- die Gesamtzahl der im Betrieb beschäftigten Arbeitnehmer
- Anzahl der von Kurzarbeit betroffenen Arbeitnehmer
- die Gründe für den Arbeitsausfall.

Vor allem die Gründe für den Arbeitsausfall müssen glaubhaft gemacht und durch geeignete Unterlagen belegt werden. Die Stellungnahme des sachkundigen Betriebsrats gewinnt hier Bedeutung. Das gilt vor allem, wenn der Arbeitsausfall auf den **Folgen eines Arbeitskampfes** beruht und darzulegen ist, dass der Arbeitsausfall als Wirkung eines in anderen Bereichen geführten Arbeitskampfes unvermeidbar geworden ist.

Auf die Anzeige hin prüft das Arbeitsamt, ob die Voraussetzungen für das Kurzarbeitergeld dem Grunde nach erfüllt sind und erlässt einen entsprechenden **Anerkennungs-** (oder: Ablehnungs-) **Bescheid**. Den Bescheid erhält, wer die Anzeige erstattet hat, ggf. also der Betriebsrat. Ist der Arbeitgeber mit einer Ablehnung nicht einverstanden, muss er binnen eines Monats nach Zugang des Ablehnungsbescheides **Widerspruch** einlegen. Bleibt das erfolglos, kommt binnen einer Frist von einem Monat nach Zustellung des Widerspruchsbescheides **Klage zum Sozialgericht** in Betracht. Die Klage kann nur vom Arbeitgeber (oder vom Betriebsrat, falls er die Anzeige erstattet hatte) erhoben werden, hingegen nicht von dem einzelnen Arbeitnehmer.

6126 Für die **Zahlung des Kug** ist außer der Anzeige und dem darauf folgenden Anerkennungsbescheid noch ein **gesonderter Leistungsantrag erforderlich**. Auch dieser Antrag ist fristgebunden. Wird die Frist versäumt, verkürzt das den Anspruch der Arbeitnehmer und kann für den Arbeitgeber Schadenersatzansprüche zur Folge haben .

Auf Verlangen des Arbeitsamtes muss der Arbeitgeber die Voraussetzungen für die Erbringung des Kug **nachweisen.** Wird Kug geleistet, muss der Arbeitgeber für die Dauer des Leistungsbezuges **monatlich Auskünfte** über

- die Betriebsart,
- die Zahl der insgesamt Beschäftigten,
- die Zahl der Kurzarbeiter,
- den Ausfall der Arbeitszeit und bisherige Dauer sowie über
- Unterbrechung und Beendigung der Kurzarbeit

erteilen (§ 320 Abs. 1, Abs. 4 SGB III). Die **Arbeitnehmer** sind ihrerseits verpflichtet, dem Arbeitgeber alle Auskünfte zu erteilen, die notwendig sind, damit der Arbeitgeber das Kug berechnen und auszahlen kann (§ 317 SGB III).

2. Antrag auf Winterleistungen im Baugewerbe

6127 Für das frühere Schlechtwettergeld im Baugewerbe war ein zweistufiges Verfahren ähnlich dem für das Kurzarbeitergeld vorgesehen. Zunächst war der witterungsbedingte Arbeitsausfall anzuzeigen und sodann der Leistungsantrag zu stellen. Das ist weggefallen.

Jetzt muss für das **Wintergeld** ein Antrag an das für den Sitz des Betriebs örtlich zuständige Arbeitsamt gestellt werden, und zwar vom Arbeitgeber unter Beifügung einer Stellungnahme des Betriebsrats, der notfalls den Antrag auch selbst stellen kann. Zu benutzen ist der **amtliche Vordruck** (Abrechnungsliste).

Der Antrag wird nachträglich gestellt. Für ihn gilt eine **unbedingt einzuhaltende Ausschlussfrist**. Sie endet am 15. des übernächsten Kalendermonats nach dem Ende des Kalendermonats, in dem die Tage liegen, für welche die Leistung beantragt wird.

BEISPIEL:

Wird die Leistung für den 20.02. beantragt, endet die Antragsfrist am 15.04.

Der Antrag muss am **letzten Tage der Frist** beim Arbeitsamt **eingegangen sein**; Absendung mit der Post am letzten Tage der Frist reicht nicht aus. Bei Fristversäumnis gibt es keine Wiedereinsetzung in den vorigen Stand (§ 27 SGB X). Ist freilich der letzte Tag der Frist *(im obigen Beispiel der 15.04.)* ein Sonnabend, Sonntag oder gesetzlicher Feiertag, genügt Eingang beim Arbeitsamt am nächst folgenden Werktag. Entsprechendes gilt für das **Winterausfallgeld**.

Die unterschiedlichen Ausschlussfristen für Kug einerseits (3 Monate) und die Winterleistungen andererseits (6 Wochen) sind bei den Arbeitgebern immer wieder auf Unverständnis gestoßen. Deshalb sind sie mit dem Gesetz zur Neuregelung der Förderung der ganzjährigen Beschäftigung in der Bauwirtschaft, das weitere wichtige Änderungen bei Winterleistungen enthält, angeglichen worden. Künftig gilt: Auch für den Antrag auf die Winterleistungen gilt eine Ausschlussfrist von 3 Monaten. Sie beginnt mit Ablauf des Monats, in dem die Tage liegen, für welche die Leistungen beantragt werden.

Ähnlich wie beim Kurzarbeitergeld muss der Arbeitgeber auch für die Winterbauleistungen auf Verlangen des Arbeitsamtes die Voraussetzungen **nachweisen**. Ferner hat der Arbeitgeber für jeden Arbeitstag während der Dauer der beantragten Förderung (beim Wintergeld) bzw. während der Schlechtwetterzeit (beim Winterausfallgeld) **Aufzeichnungen** über die auf der Baustelle geleisteten und ausgefallenen Arbeitsstunden zu führen; diese Aufzeichnungen müssen 3 Jahre aufbewahrt werden (§ 320 Abs. 3 SGB III).

3. Anzeige- und Auskunftspflichten bei Insolvenz (im Konkurs)

Bei Insolvenz (Konkurs) des Arbeitgebers gewinnen die betroffenen Arbeitnehmer wegen ihres rückständigen Lohnes Anspruch auf Insolvenz-(Konkurs-)ausfallgeld (»Kaug«; jetzt »InsG«) gegenüber dem Arbeitsamt, auf welches ihre Lohnforderungen übergehen. Das Arbeitsamt ist auf die notwendigen Auskünfte vor allem wegen des Umfangs der Lohnrückstände angewiesen. Deshalb sind **alle Personen auskunftspflichtig**, die bei Feststellung der notwendigen Tatsachen behilflich sein können.

Die Auskunftspflicht trifft den Arbeitgeber (Gemeinschuldner) ebenso wie den Konkursverwalter, aber auch die betroffenen Arbeitnehmer selbst und alle weiteren Personen, die über Kenntnis der Lohnunterlagen verfügen (z.B. Mitarbeiter oder ehemalige Mitarbeiter des Lohnbüros). Rechtsgrundlage für diese Auskunftspflicht ist § 316 Abs. 1 SGB III.

Zusätzlich besteht die Verpflichtung des Arbeitgebers (Gemeinschuldners), der betroffenen Arbeitnehmer und aller weiteren auskunftsbefähigten Personen, **dem Insolvenzverwalter (Konkursverwalter)** alle Auskünfte zu erteilen, die dieser benötigt, um dem Arbeitsamt die rückständigen Löhne für den Kaug-Zeitraum (die letzten 3 Monate vor dem Konkurs) beziffern zu können (§ 316 Abs. 2 SGB III).

Der **Insolvenz-(Konkurs-)Verwalter** seinerseits ist verpflichtet, auf Verlangen des Arbeitsamtes für jeden Arbeitnehmer, für den Kaug in Betracht kommt, die Höhe des Arbeitsentgelts für die letzten drei Monate zu bescheinigen einschließlich der gesetzlichen Abzüge und einschließlich Angabe der auf den geschuldeten Lohn geleisteten Zahlungen;

ebenso muss er bescheinigen, ob Arbeitsentgelt gepfändet oder abgetreten ist. Dafür ist der amtliche Vordruck zu benutzen (§ 314 SGB III).

Wird ein Insolvenzverfahren nicht eröffnet oder nach § 207 der Insolvenzordnung (in Kraft ab 01.01.1999) eingestellt, trifft die Verpflichtung den **Arbeitgeber**.

4. Anzeige bei Arbeitskampf

6131 Im Arbeitskampf gilt für die Arbeitsämter der Grundsatz der Neutralität. Sie sollen in einen Arbeitskampf nicht durch Stellenvermittlung eingreifen und nicht daran mitwirken, durch Streik oder Aussperrung frei gewordene Arbeitsplätze zu besetzen. Neutralität ist ebenso bei den Leistungen geboten. Von Streik oder Aussperrung unmittelbar betroffene Arbeitnehmer erhalten kein Kurzarbeitergeld und kein Arbeitslosengeld. Das Arbeitsamt muss deshalb über den Ausbruch eines Arbeitskampfes unterrichtet werden.

Der Arbeitgeber ist anzeigepflichtig, unabhängig davon, ob der Arbeitskampf rechtmäßig ist oder nicht. Die Anzeige muss **schriftlich** beim Arbeitsamt erstattet werden; im Namen und in Vollmacht der Arbeitgeber kann sie auch vom Arbeitgeberverband als Sammelanzeige erstattet werden.

Angezeigt werden müssen **Ausbruch** und **Beendigung** des Arbeitskampfes, und zwar **unverzüglich** (§ 320 Abs. 5 SGB III).

Bei Ausbruch des Arbeitskampfes muss die Anzeige enthalten;

- Name und Anschrift des Betriebes,
- Datum des Beginns der Arbeitseinstellung (Streik, Aussperrung)
- Zahl der betroffenen Arbeitnehmer.

Die Anzeige der Beendigung des Arbeitskampfes muss enthalten:

- Name und Anschrift des Betriebes,
- Datum der Beendigung der Arbeitseinstellung,
- Zahl der an den einzelnen Tagen betroffenen Arbeitnehmer
- Zahl der durch Arbeitseinstellung ausgefallenen Arbeitstage

5. Meldungen betreffend Schwerbehinderte

6132 Das frühere Schwerbehindertengesetz begründete die Verpflichtung des Arbeitgebers, im Betrieb in bestimmten Umfang Schwerbehinderte zu beschäftigen. Diese Verpflichtung besteht fort; die Rechtsgrundlage dafür liefert nunmehr § 71 SGB IX. In Zusammenhang damit steht die Pflicht des Arbeitgebers, jährlich einmal bis zum 31.03. eines Jahres für das vorausgegangene Kalenderjahr dem Arbeitsamt Anzeige zu erstatten. Kleinbetriebe, für welche die Beschäftigungspflicht nicht gilt, brauchen diese Anzeige nur auf Aufforderung durch das Arbeitsamt alle 5 Jahre zu erstatten. In der Anzeige muss für das abgelaufene Jahr (oder die abgelaufenen Jahre) aufgegliedert nach Monaten angegeben werden

- die Zahl der Arbeitsplätze insgesamt
- die Zahl solcher Arbeitsplätze, die nach der Natur der Arbeit oder nach dem Arbeitsvertrag auf die Dauer von 8 Wochen begrenzt sind oder auf denen Arbeitnehmer nur unter 18 Wochenstunden beschäftigt werden,
- die Zahl solcher Arbeitsplätze, auf denen Teilnehmer an Arbeitsbeschaffungsmaßnahmen (ABM) oder an Strukturanpassungsmaßnahmen (SAM) beschäftigt werden,
- die Zahl der im Betrieb oder in den getrennt anzugebenden einzelnen Betrieben beschäftigten schwerbehinderten Menschen, Gleichgestellten und sonst anrechnungsfähigen Personen sowie
- Mehrfachanrechnungen und
- der Gesamtbetrag der geschuldeten Ausgleichsabgabe.

Über die in dem einzelnen Betrieb des Arbeitgebers beschäftigten schwerbehinderten Menschen, ihnen Gleichgestellten und sonst anrechnungsfähigen Personen muss ein **Verzeichnis** geführt werden und auf Verlangen dem Arbeitsamt oder dem Integrationsamt (das ist die bisherige Hauptfürsorgestelle) vorgelegt werden. Der Jahresanzeige an das Arbeitsamt muss das Verzeichnis beigefügt werden.

Für die Anzeige und das Verzeichnis sind die von der BA bereitgehaltenen Vordrucke zu verwenden; elektronische Übermittlung wird die BA regeln und zulassen. Bei nicht rechtzeitiger, nicht richtiger oder unvollständiger Anzeige erlässt das Arbeitsamt einen Feststellungsbescheid zu den erheblichen Daten.

6. Massenentlassungsanzeige

Die bisher in § 8 AFG vorgesehene Verpflichtung des Arbeitgebers, **geplante Betriebsveränderungen** rechtzeitig anzuzeigen, ist in das neue ab 01.01.1998 geltende Arbeitsförderungsrecht nicht übernommen worden und entfällt daher ab 01.01.1998.

Geblieben ist die Verpflichtung, Entlassungen größeren Umfangs anzuzeigen (**Massenentlassungsanzeige**).

Anzeigepflichtig sind Arbeitgeber mit Betrieben, in denen mindestens regelmäßig 21 Arbeitnehmer beschäftigt werden. Die Anzeige wird fällig, wenn innerhalb von 30 Tagen (einem Monat) eine größere Zahl von Arbeitnehmern entlassen werden sollen. Dasselbe gilt, für andere vom Arbeitgeber veranlasste Beendigungen des Arbeitsverhältnisses. Die Anzeige muss deshalb nicht nur im Falle der Arbeitgeberkündigung erstattet werden, sondern ebenso in Fällen vom Arbeitgeber veranlasster **Aufhebungsverträge**.

Betroffen sein muss eine **größere Anzahl von Arbeitnehmern.** Im Einzelnen gilt:
- Bei einer Betriebsgröße von bis zu 59 Arbeitnehmern müssen mindestens 6,
- bei 60 bis 499 Arbeitnehmern 26 und mehr Arbeitnehmer oder 10 v.H. der regelmäßig Beschäftigten und
- bei mehr als 500 regelmäßig Beschäftigten müssen 30 und mehr Arbeitnehmer von Entlassung oder sonstiger Beendigung betroffen sein.

Der Massenentlassungsanzeige **muss** eine **Stellungnahme des Betriebsrats** beigefügt sein, andernfalls ist sie unwirksam!

Dem **Betriebsrat** muss der Arbeitgeber zuvor angeben:
- die Gründe für die geplanten Entlassungen (oder sonstigen vom Arbeitgeber veranlasste Beendigungen des Arbeitsverhältnisses)
- Zahl und Berufsgruppen der zu entlassenden Arbeitnehmer
- Zeitraum, in dem die Entlassungen vorgenommen werden sollen
- vorgesehene Kriterien für die Auswahl der zu entlassenden Arbeitnehmer
- die für die Bemessung einer etwaigen Abfindung vorgesehenen Kriterien

Dem **Arbeitsamt** muss der Arbeitgeber eine Abschrift der Mitteilung an den Betriebsrat zuleiten, in welcher lediglich der letzte Punkt (Abfindungskriterien) fehlen darf.

Im Übrigen muss die **Massenentlassungsanzeige** (die Arbeitsämter halten Vordrucke bereit) folgende Angaben enthalten:
- Namen des Arbeitgebers, Sitz und Art des Betriebes
- Gründe für die geplanten Entlassungen (oder sonstige vom Arbeitgeber veranlasste Beendigungen des Arbeitsverhältnisses)
- Zahl und Berufsgruppen der von Entlassung Betroffenen
- Zahl und Berufsgruppen der regelmäßig Beschäftigten
- Auswahlkriterien
- Zeitraum der geplanten Entlassungen.

Das Arbeitsamt empfiehlt eine **namentliche Liste** der betroffenen Arbeitnehmer, wofür besondere Vordrucke zur Verfügung stehen. Stehen alle Namen noch nicht fest, lässt sich die Liste mit einem entsprechendem Vorbehalt versehen.

Wirksam erstattet ist die Anzeige erst, wenn sie mit dem zwingend vorgeschriebenen Inhalt **und** der Stellungnahme des Betriebsrats beim Arbeitsamt eingegangen ist.

6135 Für Entlassungen (oder sonstige Beendigungen, z.B. vom Arbeitgeber veranlasste Aufhebungsverträge) in einer anzeigepflichtigen Anzahl gilt eine **Entlassungs- sperre von einem Monat (Sperrfrist)**, gerechnet ab Eingang der wirksam erstatteten Anzeige beim Arbeitsamt. Erst nach Ablauf der Sperrfrist kann eine Entlassung wirksam werden.

Vorgenommen werden können die Entlassungen **innerhalb von 90 Tagen** nach Auslaufen der Entlassungssperre. Diese **Freifrist** betrug bisher nur einen Monat und wurde im Interesse der Betriebe verlängert. Die Freifrist schließt sich unmittelbar an die Sperrfrist an. Wurde die Anzeige z.B. am 02.03. erstattet, läuft die Sperrfrist bis zum 02.04. und hieran schließt sich die Freifrist von 90 Tagen an.

Die **Sperrfrist** von grundsätzlich einem Monat kann auf besonderen Antrag verlängert oder auch abgekürzt werden, und zwar bis zum Tage des Anzeigeeingangs. Über solchen Antrag entscheidet der Direktor des zuständigen Arbeitsamtes, wenn höchstens 50 Entlassungen betroffen sind, andernfalls ein besonderer Ausschuss beim Arbeitsamt. Bei der Entscheidung werden alle Einzelfallumstände berücksichtigt, der Arbeitgeber und der Betriebsrat werden angehört.

6136 Entlassungen oder sonstige vom Arbeitgeber veranlasste Beendigungen (z.B. Aufhebungsverträge),

- die zwar anzeigepflichtig, aber nicht angezeigt worden sind oder
- solche, die innerhalb der Sperrfrist (von grundsätzlich einem Monat ab wirksamer Anzeigeerstattung) oder
- nach Auslaufen der Freifrist von 90 Tagen nach Ende der Sperrfrist vorgenommen wurden, sind **arbeitsrechtlich unwirksam (streitig)**. Über die Unwirksamkeit entscheidet auf Kündigungsschutzklage hin das Arbeitsgericht (s. zum Ganzen *Opolny*, NZA 1999, 791).

7. Nebenverdienstbescheinigung

Ein Arbeitsloser, der Arbeitslosengeld oder -hilfe bezieht, darf daneben eine versicherungsfreie geringfügige Beschäftigung ausüben. Sie ist für den Leistungsanspruch unschädlich, daraus erzieltes Arbeitsentgelt wird jedoch unter Belassung bestimmter Freibeträge auf das Arbeitslosengeld oder die Arbeitslosenhilfe angerechnet (§ 141 SGB III). Um bei einem solchen Nebenverdienst die möglichen Folgen für den Leistungsanspruch feststellen und die Anrechnung ordnungsgemäß vornehmen zu können, benötigt das Arbeitsamt die erforderlichen Informationen. Der Arbeitgeber ist deshalb zur Erteilung einer **Nebeneinkommensbescheinigung** verpflichtet (§ 313 SGB III).

Die bislang in der Arbeitslosenversicherung geltende besondere Kurzzeitigkeitsgrenze (bis zu 18 Wochenstunden, keine Entgeltbegrenzung) ist übrigens weggefallen.

Jetzt gilt wie in den anderen Sozialversicherungszweigen: Versicherungsfrei ist (nur noch) eine geringfügige Beschäftigung i.S.d. § 8 SGB IV (vor allem: weniger als 15 Wochenstunden, Entgeltgrenze 325 EUR monatlich).

Der Anspruch besteht zugunsten dessen, den der Arbeitgeber **gegen Arbeitsentgelt beschäftigt**. Angesprochen ist damit die abhängige Beschäftigung i.S.d. § 7 SGB IV gegen **Entgelt** (§ 14 SGB IV). Sachbezüge reichen als Entgelt aus. Keine Bescheinigungspflicht besteht bei unentgeltlicher Beschäftigung oder wenn nur Auslagen erstattet oder nur kleine Zuwendungen ohne Entgeltcharakter und ohne Rechtsanspruch darauf gewährt werden. Er besteht hingegen unabhängig davon, ob die entgeltliche Beschäftigung versicherungspflichtig ist, also auch bei geringfügiger Beschäftigung (z.B. Aushilfen) oder für sog. Studenten-Jobs.

Der Anspruch besteht gleichfalls zugunsten dessen, dem eine **selbständige Tätigkeit gegen Vergütung** übertragen wird, etwa im Rahmen eines Werkvertrages, und zugunsten der Beschäftigten, die **Kurzarbeitergeld** oder **Winterausfallgeld** beziehen oder für die solche Leistungen beantragt worden sind.

Neben der Bescheinigungspflicht besteht die Verpflichtung des Arbeitgebers oder Auftraggebers, dem Arbeitsamt **auf Verlangen** Einsicht in Geschäftsbücher und -unterlagen, in Belege, Listen und Entgeltverzeichnisse zu gewähren, um Prüfung zu ermöglichen.

Voraussetzung ist, dass der Betroffene eine **laufende Geldleistung** beim Arbeitsamt **beantragt hat** oder bereits **bezieht**. Laufende Geldleistung ist jede Leistung, die **über einen gewissen Zeitraum** in – nicht notwendig regelmäßigen – Abständen **wiederkehrend** gezahlt wird. Dazu gehören neben dem Arbeitslosengeld und der -hilfe die Berufsausbildungsbeihilfe, das Unterhaltsgeld und das Übergangsgeld sowie ebenso Kurzarbeitergeld und Winterausfallgeld. **Bezieher** ist jeder, der die fragliche Leistung tatsächlich erhält oder ohne Anrechnung des fraglichen Nebeneinkommens erhielte. Das bloße Ruhen des Anspruchs steht der Verpflichtung nicht entgegen. Dem Bezug gleich steht es, wenn die Leistung **beantragt ist.**

Ob der Beschäftigte solche Leistungen bezieht oder beantragt hat, braucht der Arbeitgeber (Auftraggeber) nicht zu ermitteln. Er ist erst auskunfts- (bescheinigungs-)pflichtig, wenn ihm die Voraussetzungen deutlich werden, sei es durch Vorlage des Vordrucks durch den Beschäftigten, sei es auf Anforderung durch das Arbeitsamt; im letzteren Fall wird es sich freilich um ein Auskunftsverlangen nach § 315 SGB III (früher: § 144 Abs. 2 AFG a.F.) handeln.

6139 Die Bescheinigungspflicht **entsteht kraft Gesetzes,** wenn ihre Voraussetzungen erfüllt sind. Einer Aufforderung durch das Arbeitsamt bedarf es zum Entstehen der Verpflichtung nicht. Solches Auskunftsverlangen des Arbeitsamtes würde sich im Übrigen auf § 315 SGB III gründen müssen.

Weil der Arbeitgeber oder Auftraggeber zum einen die Voraussetzungen (Leistungsbezug oder Leistungsantrag) von sich aus nicht ermitteln kann und nicht zu ermitteln braucht und andererseits ausdrücklich verpflichtet wird, den amtlichen Vordruck der BA zu benutzen, den zu besorgen und vorzulegen wiederum Sache des Betroffenen ist, wird die Bescheinigungspflicht erst durchsetzbar, wenn dem Arbeitgeber oder Auftraggeber durch **Vorlage des Vordrucks** deutlich gemacht wird, dass sein Bediensteter Leistungsbezieher oder Antragsteller ist. Dann muss er die Bescheinigung **unverzüglich** (ohne schuldhaftes Zögern) erteilen und sie ist dem Betroffenen auch **unverzüglich auszuhändigen.**

Der Arbeitgeber braucht deshalb nicht selbst die Initiative zu ergreifen. Es ist Sache des Beschäftigten (oder gegen Vergütung selbständig Tätigen), den **amtlichen Vordruck** für die Nebeneinkommensbescheinigung beim Arbeitsamt zu beschaffen und dem Arbeitgeber **vorzulegen;** hierzu ist der Betroffene seinerseits gemäß § 313 Abs. 2 SGB III verpflichtet. Es besteht für den Beschäftigten oder gegen Vergütung selbständig Tätigen eine **öffentlich-rechtliche Pflicht**, den Vordruck beim Arbeitgeber oder Auftraggeber vorzulegen. Die Vorlage muss **unverzüglich** erfolgen, also in aller Regel zu dem Zeitpunkt, in dem der Betroffene beim Arbeitsamt eine laufende Geldleistung selbst beantragt hat oder im Falle des Kurzarbeiter- oder Winterausfallgeldes Kenntnis von erfolgter Antragstellung erhält.

§ 313 SGB III begründet eine **öffentlich-rechtliche Verpflichtung** des Arbeitgebers oder Auftraggebers gegenüber seinem Bediensteten, aber mittelbar auch gegenüber dem Arbeitsamt. Die Verpflichtung umfasst das (unverzügliche) **Ausstellen der Bescheinigung** sowie das (unverzügliche) **Aushändigen** an den Betroffenen und schließt die Verpflichtung zur **Vollständigkeit und Richtigkeit** der in der Bescheinigung erteilten Auskunft ein.

Der Arbeitgeber oder Auftraggeber ist nicht verpflichtet, die Bescheinigung unmittelbar beim Arbeitsamt einzureichen oder auf den Bediensteten einzuwirken, sie an das Arbeitsamt weiterzuleiten. Es genügt Aushändigung an den Betroffenen. Der Arbeitgeber ist aber nach ausdrücklicher Gesetzesbestimmung zur Benutzung des **amtlichen Vordrucks** verpflichtet.

Ersatz von Kosten für die Erteilung der Auskunft (Bescheinigung) kann der Arbeitgeber nicht verlangen. Das hat das *BSG (SozR 3-4100 § 144 Nr. 1)* im Falle eines Auskunftsverlangens nach § 144 AFG a.F. unter Hinweis auf das Fehlen einer entsprechenden Gesetzesnorm entschieden. Das JahressteuerG 1997 hatte § 144 AFG sodann geändert und durch Inbezugnahme von § 21 Abs. 3 Satz 4 SGB X eine Rechtsgrundlage für Kostenersatz geschaffen; sie findet sich jetzt in § 315 SGB III für die dort geregelten Auskunfts- und Bescheinigungspflichten. § 313 SGB III enthält eine entsprechende Verweisung auf die Kostenersatzregelung für Zeugen und Sachverständige in § 21 Abs. 3 SGB X nicht. **Kostenersatz** kann der **Arbeitgeber** hier also **weiterhin nicht verlangen**.

6140

Zuwiderhandlungen gegen die Bescheinigungspflicht des Arbeitgebers sind Ordnungswidrigkeiten. Dasselbe gilt für den Betroffenen hinsichtlich seiner Vorlagepflicht. Gegenüber dem Leistungsempfänger greift darüber hinaus die Sanktion der §§ 66 Abs. 1, 67 SGB I. Die Leistung kann ihm versagt oder entzogen werden. Gegenüber dem Arbeitgeber (Auftraggeber) kommt schließlich der **Schadensersatzanspruch** aus § 321 Nr. 1 SGB III in Betracht: Entsteht dem Arbeitsamt durch Nichterteilung oder Falscherteilung der Bescheinigung ein Schaden (z.B. das an sich anzurechnende Nebeneinkommen wird beim Arbeitslosen nicht oder zu gering angerechnet und führt zur Überzahlung), so haftet der Arbeitgeber dem Arbeitsamt auf Ersatz dieses Schadens (vgl. → Rz. 1312 ff.).

6141

Für Streitigkeiten zwischen Arbeitgeber und dem betroffenen Arbeitnehmer in bezug auf die Bescheinigung ist trotz § 2 Abs. 1 Nr. 3 Buchstabe e ArbGG der **Rechtsweg zum Sozialgericht** gegeben, nicht anders als beim Streit um die Arbeitsbescheinigung.

8. Verdienstbescheinigungen im Zusammenhang mit Sozialleistungsbezug

Über die Verpflichtung hinaus, auf Vorlage des entsprechenden Vordrucks dem z.B. geringfügig beschäftigten Leistungsbezieher die Nebeneinkünfte zu bescheinigen, treffen den Arbeitgeber gegenüber dem Arbeitsamt weitere Auskunftspflichten. Gegenstand der Auskunft ist **Art, Umfang und Dauer einer Beschäftigung sowie das daraus erzielte Arbeitsentgelt**.

6142

Die **Auskunftspflicht des Arbeitgebers** besteht nur auf **Verlangen des Arbeitsamtes**. Die Aufforderung zur Auskunftserteilung ergeht durch Verwaltungsakt. Der Auskunftspflichtige steht als Auskunfts- und Beweisperson im Unterordnungsverhältnis zur BA, wodurch das Vorgehen durch **Verwaltungsakt** gerechtfertigt ist. Der Verwaltungsakt ist selbständig anfechtbar und kann mit den Mitteln der Verwaltungsvollstreckung (§ 66 SGB X) durchgesetzt werden *(BSG SozR 4100 § 144 Nr. 1)*.

Verlangen kann das Arbeitsamt die Auskunft, soweit es zur Durchführung seiner Aufgaben erforderlich ist. Erforderlichkeit besteht nur bei **konkretem leistungsrechtlichen Anlass**. Die erfragte Auskunft muss für einen konkreten Leistungsfall und dessen Bezugszeitraum relevant sein.

Die Auskunftspflicht setzt deshalb ein, wenn ein Antrag auf eine laufende Geldleistung (z.B. Arbeitslosengeld oder -hilfe) gestellt ist und sie hält über den Bezugszeitraum hinaus an. Auskunft verlangen kann das Arbeitsamt auch noch nach inzwischen beendetem Bezug einer laufenden Geldleistung, freilich bezogen auf die Umstände des Bezugszeitraumes. Zu einer allgemeinen Betriebsprüfung befugt diese Auskunftspflicht nicht. Angesprochen ist hier nicht nur der (bisherige) Arbeitgeber des Arbeitslosen selbst, sondern auch **Arbeitgeber dritter Personen**, deren Einkünfte sich auf den vom Arbeitslosen geltend gemachten Leistungsanspruch auswirken können.

6143
- **Auskunftspflichtig ist der Arbeitgeber** des betroffenen Leistungsbeziehers oder Antragstellers
  Hier wird in aller Regel die dem Arbeitnehmer beim Ausscheiden zu erteilende Arbeitsbescheinigung ausreichen oder auch die Nebeneinkommensbescheinigung; es kann aber notwendig sein, wegen zurückliegender Beschäftigungen beim damaligen Arbeitgeber zu ermitteln oder wegen einer vom Leistungsbezieher nicht gemeldeten z.B. kurzen Zwischenbeschäftigung zwischen Perioden der Arbeitslosigkeit oder z.B. auch im Falle noch nicht in die Arbeitsbescheinigung aufgenommener nachträglicher (Nach-)Zahlungen des Arbeitgebers;

- **der Arbeitgeber des Ehegatten** des betroffenen Leistungsbeziehers bzw. Antragstellers. Arbeitsentgelt des Ehegatten des Arbeitslosen ist vor allem für einen Anspruch auf Arbeitslosenhilfe bedeutsam, weil es in bestimmten Umfang darauf angerechnet wird und muss deshalb vom Arbeitsamt ermittelt werden;

- **der Arbeitgeber eines nahen Verwandten** des betroffenen Leistungsbeziehers bzw. Antragstellers,
  soweit der nahe Verwandte dem Arbeitslosen nach bürgerlichem Recht zu Unterhalt verpflichtet ist. **Unterhaltspflichtig** sind neben Ehegatten Kinder im Verhältnis zu Eltern und umgekehrt. Namentlich bei der Arbeitslosenhilfe kann ein solcher Unterhaltsanspruch von Bedeutung sein. Das Arbeitsamt muss in diesem Zusammenhang die wirtschaftliche Leistungsfähigkeit des zu Unterhalt verpflichteten Verwandten aufklären und ist deshalb befugt, beim Arbeitgeber des unterhaltspflichtigen nahen Verwandten Ermittlungen wegen des Arbeitsentgelts anzustellen.

6144 Unter Geltung des alten § 144 AFG konnte der Auskunftsverpflichtete Ersatz seiner Kosten und Aufwendungen nicht verlangen, weil es dafür an **einer Rechtsgrundlage fehlte** (*BSG SozR 3-4100 § 144 Nr. 1*). Solche Rechtsgrundlage wurde ab 01.01.1997 durch entsprechende Ergänzung des § 144 Abs. 2 und Abs. 5 AFG geschaffen (Änderung durch das JahressteuerG 1997 vom 20.12.1996, BGBl. I S. 2049). Diese neue Regelung gilt fort. Kostenersatz verlangen können aber nur bestimmte Dritte, z.B. **die kontoführende Bank des Arbeitslosen**. Ihrer erhöhten Sozialpflichtigkeit wegen (»Indienstnahme Privater«, vgl. dazu *BSG SozR 3-4100 § 144 Nr. 1*) **erhalten Arbeitgeber weiterhin keinen Kostenersatz**.

6145 Wer eine verlangte Auskunft nicht, nicht richtig oder nicht vollständig erteilt, ist der BA zum Ersatz des daraus entstandenen Schadens verpflichtet. Im Übrigen ist ein Verstoß gegen die Auskunftsverpflichtung bußgeldbewehrt.

44. Kapitel: Ergänzende Sozialleistungen im laufenden Beschäftigungsverhältnis

I.	Leistungen bei Krankheit und Mutterschaft	6300
	1. Leistungen bei Krankheit, insbesondere Krankengeld	6300
	2. Leistungen bei Mutterschaft	6302
II.	Leistungen bei Kindererziehung	6303
III.	Leistungen bei Kurzarbeit	6304
	1. Allgemeines	6304
	2. Dauer und Höhe des Kurzarbeitergeldes	6305
	3. Arbeitgeberpflichten	6312
IV.	Leistungen bei Insolvenz (Insolvenzgeld)	6317
V.	Kindergeldzahlung durch den Arbeitgeber für die Jahre 1996 – 1998	6319
VI.	Arbeitsbeschaffungsmaßnahmen	6321
VII.	Hinzuverdienstgrenzen bei Rentenbeziehern (Teilrenten)	6324
VIII.	Leistungen bei witterungsbedingtem Arbeitsausfall im Baugewerbe	6327a
IX.	Weiterführende Literaturhinweise	6328

I. Leistungen bei Krankheit und Mutterschaft

1. Leistungen bei Krankheit, insbesondere Krankengeld

Bei **Krankheit** eines Arbeitnehmers, der Mitglied einer gesetzlichen Krankenkasse ist, kommen zwei verschiedene Arten von Leistungsansprüchen aus der gesetzlichen Krankenversicherung in Betracht. Es handelt sich um

- die sog. **Krankenbehandlung**, die aus verschiedenen Dienst- und Sachleistungen besteht (z.B. ärztliche Behandlung, Krankenbehandlung und Versorgung mit Arznei- und Hilfsmitteln) und
- das **Krankengeld**.

Ein direkter **Bezug zum Arbeitsverhältnis** besteht nur beim Krankengeld. Das Krankengeld beginnt an dem Tag, welcher dem Tag der ärztlichen Feststellung der Arbeitsunfähigkeit folgt. Da aber eine vom Arbeitgeber geleistete **Entgeltfortzahlung dem Krankengeld vorgeht**, setzt das Krankengeld regelmäßig erst nach Ablauf der 6 Wochen ein, für die den Arbeitgeber eine Pflicht zur Entgeltfortzahlung trifft (zur Lohnfortzahlungsversicherung für Kleinbetriebe vgl. → Rz. 5658 ff.).

Kommt der Arbeitgeber seiner Verpflichtung zur Entgeltfortzahlung nicht nach, so setzt das Krankengeld sofort (nach dem Tage der ärztlichen Feststellung der Arbeitsunfähigkeit) ein. Der Entgeltfortzahlungsanspruch geht dann auf die Kasse über, so dass diese beim Arbeitgeber Rückgriff nehmen kann.

Der Anspruch auf Krankengeld besteht **längstens für 78 Wochen** (nach dem Ablauf von weiteren 78 Wochen kann der Anspruch unter engen Voraussetzungen wieder aufleben).

Während der Dauer des Krankengeldanspruchs besteht die Mitgliedschaft in der gesetzlichen Krankenversicherung fort, die in diesem Falle beitragsfrei ist. Trat die das Krankengeld auslösende Arbeitsunfähigkeit vor Beendigung des Arbeitsverhältnisses ein, so ist die Beendigung ohne Einfluss auf die Dauer des Krankengeldanspruchs.

Zur **Renten-, Pflege- und Arbeitslosenversicherung** besteht eine Versicherungs- und Beitragspflicht, jedoch muss sich der **Arbeitgeber nicht an der Beitragstragung beteiligen** (an der jeweils zur Hälfte die Kasse und der Krankengeldbezieher teilnehmen). Zuschüsse des Arbeitgebers zum Krankengeld sowie vermögenswirksame Leistungen bleiben während der Zeit des Krankengeldbezuges beitragsfrei.

Das Krankengeld beläuft sich auf **70 % des letzten Bruttoentgelts, höchstens aber auf 90 % des letzten Nettoarbeitsentgelts.** Aus der Sicht des Arbeitnehmers folgt eine Schmälerung der so berechneten Krankengeldhöhe daraus, dass noch der (halbe) Beitrag zur Renten- und Arbeitslosenversicherung abzuziehen ist.

Das letzte **Bruttoentgelt**, das von grundlegender Bedeutung für die Krankengeldberechnung ist, besteht aus dem sog. **Regelentgelt**, d.h., aus dem zuletzt regelmäßig erzielten Arbeitsentgelt, soweit es der Beitragsberechnung unterliegt (zum sozialversicherungspflichtigen Arbeitsentgelt vgl. → Rz. 5602 ff.). Für die Berechnung des Regelentgelts ist das im letzten vor Beginn der Arbeitsunfähigkeit abgerechneten Entgeltabrechnungszeitraum erzielte Bruttoentgelt heranzuziehen. Dabei ist (anders als bei der Berechnung der Beiträge zur Sozialversicherung) einmalig gezahltes Arbeitsentgelt nicht zu berücksichtigen.

2. Leistungen bei Mutterschaft

6302 Während der **Schutzfristen** (also für die **6 Wochen vor** der mutmaßlichen **Entbindung** und regelmäßig für **8 Wochen nach der Entbindung**) erhält die gesetzlich krankenversicherte Arbeitnehmerin von der Kasse ein Mutterschaftsgeld.

Die Höhe des Mutterschaftsgeldes richtet sich nach dem durchschnittlichen Nettoentgelt der letzten drei Kalendermonate vor dem Beginn der Schutzfristen, jedoch darf das Mutterschaftsgeld einen Betrag von 13 EUR täglich nicht übersteigen.

Wichtig ist, dass der Arbeitgeber einen **Zuschuss zum Mutterschaftsgeld** zahlen muss, falls das **tatsächliche Arbeitsentgelt** der Arbeitnehmerin höher lag als das (auf 13 EUR pro Tag begrenzte) Mutterschaftsgeld. Der Arbeitgeberzuschuss geht dann auf die Differenz zwischen dem Mutterschaftsgeld und dem Nettolohn. Kleinbetriebe sind in eine besondere (durch eine Umlage unter den beteiligten Arbeitgebern finanzierte) Versicherung einbezogen, aus der die Aufwendungen für den Arbeitgeberzuschuss erstattet werden (vgl. → Rz. 5666). Der Zuschuss unterliegt nicht der Beitragspflicht zur Sozialversicherung.

Bestehen infolge der Schwangerschaft bzw. Mutterschaft der Arbeitnehmerin gesetzliche Beschäftigungsbeschränkungen oder Beschäftigungsverbote (außerhalb der normalen Mutterschutzfristen), so trifft den Arbeitgeber für diese Zeiträume eine **Verpflichtung zur Entgeltfortzahlung.** Die dadurch einem Kleinbetrieb entstehenden Aufwendungen werden ebenfalls aus der erwähnten Versicherung erstattet.

II. Leistungen bei Kindererziehung

Als staatliche Leistung bei Kindererziehung wird für erziehende Elternteile ein Erziehungsgeld nach dem **Bundeserziehungsgeldgesetz** gewährt. Anspruchsberechtigt sind nicht nur Mütter, sondern auch erziehende Väter. Die Anspruchsberechtigung besteht unabhängig davon, ob der erziehende Elternteil vor der Kindesgeburt als Arbeitnehmer tätig war.

6303

Die **Dauer des Erziehungsgeldes** beläuft sich auf **24 Monate**. Neben dem Erziehungsgeldbezug ist eine Teilzeitbeschäftigung zulässig (d.h. die Beschäftigung beseitigt nicht den Anspruch auf das Erziehungsgeld), falls sie für nicht mehr als 19 Wochenstunden ausgeübt wird. Die Höhe des Erziehungsgeldes beträgt 307 EUR monatlich, jedoch findet ggf. eine Einkommensanrechnung ab dem 7. Lebensmonat des Kindes statt (Besonderheiten gelten für das sog. Budget-Erziehungsgeld, dessen Höhe bei 460 EUR monatlich liegt).

Für den Arbeitgeber von wesentlich größerer Bedeutung ist der Anspruch des erziehenden Elternteils auf den **Erziehungsurlaub**, der ebenfalls im Bundeserziehungsgeldgesetz geregelt ist. Die Dauer des Erziehungsurlaubs beläuft sich auf drei Jahre.

Die wichtigste Konsequenz aus der Inanspruchnahme eines Erziehungsurlaubs durch den Arbeitnehmer ist ein **gesetzliches Verbot der Arbeitgeberkündigung**. Außerdem gibt es im Zusammenhang mit dem Erziehungsurlaub Sonderregelungen zum Erholungsurlaub und zum Abschluss von befristeten Arbeitsverträgen mit Erziehungsurlaubsvertretungen.

Zur Frage der Kürzung von betrieblichen Sonderzuwendungen (z.B. Weihnachtsgratifikationen) aus Anlass eines Erziehungsurlaubs gibt es eine differenzierte Rechtsprechung des BAG.

III. Leistungen bei Kurzarbeit (Kurzarbeitergeld)

1. Allgemeines

Das Arbeitsamt gewährt nach den gesetzlichen Bestimmungen (§§ 165 ff. SGB III) ein **Kurzarbeitergeld**. Diese Leistung wird mit der Zielrichtung gewährt, dass bei einem vorübergehenden Arbeitsausfall zu erwarten ist, dass die Arbeitsplätze im Betrieb oder in einer Betriebsabteilung erhalten bleiben. Neben der Arbeitsplatzerhaltung wird mit dem Kurzarbeitergeld auch das Ziel verfolgt, den Lohnausfall teilweise auszugleichen, der beim Arbeitnehmer aufgrund der Kurzarbeit eintritt.

6304

Das Kurzarbeitergeld ist vom Arbeitgeber zu berechnen und auszuzahlen. Deshalb soll nachfolgend auf zwei Gesichtspunkte näher eingegangen werden, nämlich auf die Dauer und Höhe des Kurzarbeitergeldes (unten zu 2.) sowie auf die mit der Zahlung des Kurzarbeitergeldes zusammenhängenden Arbeitgeberpflichten (unten zu 3.).

2. Dauer und Höhe des Kurzarbeitergeldes

6305 Das Kurzarbeitergeld beginnt mit dem Tag, an dem alle Anspruchsvoraussetzungen erfüllt sind. Nach der gesetzlichen Grundsatzregelung kann das Kurzarbeitergeld bis zum Ablauf von 6 Monaten seit dem Tag gewährt werden, für den erstmals Kurzarbeitergeld gewährt worden ist (§ 177 Abs. 1 SGB III). Der Bundesarbeitsminister hat jedoch von der Möglichkeit Gebrauch gemacht, die sechsmonatige Höchstbezugsdauer durch Rechtsverordnung zu verlängern (§ 182 Nr. 3 SGB III).

Neu Nach derzeitiger Rechtslage *(Verordnung vom 07.03.2001, BGBl. I S. 383)* gilt Folgendes: Das strukturelle Kurzarbeitergeld (§ 175 SGB III) wird für höchstens 24 Monate gewährt, und zwar bis zum 31.03.2003. Das konjunkturelle Kurzarbeitergeld (§ 169 SGB III) wird in der Zeit bis zum 31.03.2003 für höchstens 15 Monate gewährt.

Eine kurzarbeitsfreie Zeit von mindestens einem Monat innerhalb der Bezugsfrist verlängert diese entsprechend (§ 177 Abs. 2 SGB III). Eine neue Bezugsfrist kann erst 3 Monate nach Ablauf der letzten Bezugsfrist beginnen (§ 177 Abs. 3 SGB III).

6306 Kurzarbeitergeld wird u.a. **nicht gewährt** für Zeiten,

- in denen aus anderen als kurzarbeitsbedingten Gründen die Arbeit ausfällt (z.B. gesetzliche Feiertage, bezahlte oder unbezahlte Urlaubstage),
- in denen bereits eine Kündigung des Arbeitsverhältnisses ausgesprochen war.

6307 Außer in den Fällen der Ausschöpfung der Höchstbezugsfrist endet das Kurzarbeitergeld insbesondere dann, wenn die **betrieblichen oder persönlichen Voraussetzungen** des Kurzarbeitergeldanspruchs **wegfallen**.

Zu den **betrieblichen Voraussetzungen** des Kurzarbeitergeldes gehört zunächst, dass der betriebliche Arbeitsausfall auf wirtschaftlichen Ursachen oder auf einem unabwendbaren Ereignis beruht. Ferner ist zu fordern, dass der Arbeitsausfall unvermeidbar ist. Außerdem müssen bezüglich des Umfangs des Arbeitsausfalls bestimmte Mindesterfordernisse erfüllt sein: Im jeweiligen Kalendermonat (Anspruchszeitraum) muss für mindestens ein Drittel der tatsächlich im Betrieb beschäftigten Arbeitnehmer jeweils ein Arbeitsausfall von mehr als 10 % des monatlichen Bruttoentgelts eintreten.

Ein bestehendes **Arbeitszeitguthaben** muss grundsätzlich erst aufgelöst werden, bevor das Kurzarbeitergeld beansprucht werden kann (vgl. näher § 170 Abs. 4 SGB III).

Zur Erfüllung der **persönlichen Voraussetzungen** für den Anspruch auf Kurzarbeitergeld ist insbesondere erforderlich, dass der von Kurzarbeit betroffene Arbeitnehmer nach Beginn des Arbeitsausfalls eine arbeitslosenversicherungspflichtige Beschäftigung fortsetzt (oder aus zwingenden Gründen aufnimmt).

6308 Ist die endgültige Stilllegung des Betriebs beabsichtigt oder ist eine Erhaltung der betrieblichen Arbeitsplätze nicht mehr zu erwarten, so entfällt der Anspruch auf Kurzarbeitergeld, so dass das Arbeitsamt den Anerkennungsbescheid aufzuheben hat *(BSG SozR 3-4100 § 63 Nr. 1 und 2)*.

Die **Höhe des Kurzarbeitergeldes (§ 178 SGB III)** beläuft sich auf

- **67 % der Nettoentgeltdifferenz** für Arbeitnehmer **mit mindestens einem Kind** und
- **60 % der Nettoentgeltdifferenz** für Arbeitnehmer **ohne Kind.**

Die **Nettoentgeltdifferenz** entspricht dem Unterschiedsbetrag zwischen dem Sollentgelt und dem Istentgelt. »Sollentgelt« ist dasjenige Bruttoarbeitsentgelt, das der Arbeitnehmer ohne den Arbeitsausfall und vermindert um Entgelt für Mehrarbeit im Anspruchszeitraum erzielt hätte. »Istentgelt« ist das Bruttoarbeitsentgelt, das der Arbeitnehmer im Anspruchszeitraum tatsächlich erzielt hat. Das Ist- und das Sollentgelt werden (vergleichbar dem Leistungsentgelt bei der Berechnung des Arbeitslosengeldes) **in pauschalierter Form festgestellt** (vgl. zum Ganzen § 179 SGB III).

Ist ein Arbeitnehmer vor Beginn der Kurzarbeit **arbeitsunfähig** geworden, so gilt: An die Stelle des Kurzarbeitergeldes tritt ein Anspruch auf Krankengeld in Höhe des Kurzarbeitergeldes, solange ein Anspruch auf Lohnfortzahlung gegeben ist (vgl. § 172 Abs. 2 Nr. 2 SGB III).

Auf das Kurzarbeitergeld wird ein Einkommen **angerechnet**, das der Arbeitnehmer an Ausfalltagen aufgrund einer anderen Beschäftigung oder einer selbständigen Tätigkeit erzielt. Dies geschieht rechtstechnisch durch eine Erhöhung des sog. Istentgelts, vgl. § 179 Abs. 3 SGB III.

Das Kurzarbeitergeld wird trotz bestehenden Anspruchs **nicht ausgezahlt** (sog. Ruhen nach § 180 SGB III)

- bei Arbeitskämpfen,
- beim Zusammentreffen mit anderen Lohnersatzleistungen (z.B. Unterhaltsgeld, Krankengeld oder Erwerbsunfähigkeitsrente,
- bei Verletzung vom Meldepflichten durch den Kurzarbeitergeldbezieher.

3. Arbeitgeberpflichten

Die Kurzarbeit muss dem Arbeitsamt vom Arbeitgeber (oder Betriebsrat) **angezeigt werden**, um einen Anspruch auf Kurzarbeitergeld auslösen zu können (vgl. § 173 Abs. 1 Satz 1 SGB III). Erstattet der Arbeitgeber die Anzeige, so ist eine **Stellungnahme des Betriebsrats** beizufügen (§ 173 Abs. 1 Satz 2 SGB III). Mit der Anzeige sind die Voraussetzungen für die Notwendigkeit von Kurzarbeit glaubhaft zu machen (§ 173 Abs. 1 Satz 3 SGB III).

Die Anzeige muss **schriftlich** bei dem Arbeitsamt angezeigt werden, in dessen Bezirk der Betrieb oder Betriebsteil liegt. Vor Eingang der Anzeige beim Arbeitsamt kann der Anspruch auf Kurzarbeitergeld nicht einsetzen (§ 173 Abs. 2 Satz 1 SGB III). Verzögerungen im Postverkehr hat der Arbeitgeber zu vertreten. Beruht der Arbeitsausfall auf einem unabwendbaren Ereignis, so wird Kurzarbeitergeld frühestens vom ersten Tage dieses Ereignisses an gewährt, wenn danach die Anzeige unverzüglich erstattet worden ist (§ 173 Abs. 2 Satz 2 SGB III).

Liegt der letzte Tag, für den Kurzarbeitergeld gezahlt worden ist, länger als **3 Monate** zurück, muss die Anzeige bei erneuter Kurzarbeit erneut vorgenommen werden. Bei Ablauf der ersten **6 Monate** des Kurzarbeitergeldbezuges hat der Arbeitgeber dem Arbeitsamt den Bezieher zu melden, und zwar mit Namen, Anschrift, Alter und Beruf.

6313 Das Arbeitsamt muss dem Anzeigenden unverzüglich einen **schriftlichen Bescheid** darüber erteilen, ob die betrieblichen Voraussetzungen für das Kurzarbeitergeld anerkannt werden. Dieser Anerkennungsbescheid bezieht sich nicht auf den Leistungsanspruch des einzelnen Arbeitnehmers.

Lehnt das Arbeitsamt die Anerkennung ab, so kann der Arbeitgeber dagegen mit einem **Widerspruch beim Arbeitsamt** vorgehen; dasselbe gilt für die Leistungsablehnung in einem späteren Leistungsverfahren. Beim erfolglosem Widerspruch kann der Arbeitgeber Klage vor dem Sozialgericht erheben (zu den Klagearten im Anerkennungs- bzw. Leistungsverfahren vgl. *BSG 18.05.1995, 7 RAr 28/94*). Zu den Fürsorgepflichten des Arbeitgebers *BAG 19.03.1992, EzA § 611 BGB Arbeitgeberhaftung Nr. 3*.

6314 Unabhängig von der Anzeige muss das Kurzarbeitergeld bei dem Arbeitsamt beantragt werden, in dessen **Bezirk die für den Betrieb zuständige Lohnstelle** liegt (§ 323 Abs. 2 SGB III). Ebenso wie hinsichtlich der Anzeige gilt auch hier, dass neben dem Arbeitgeber auch der **Betriebsrat antragsberechtigt** ist. Dagegen ist der **einzelne Arbeitnehmer nicht zur Antragstellung berechtigt**.

Der Arbeitnehmer hat jedoch einen Anspruch darauf, dass der Arbeitgeber den Antrag auf Kurzarbeitergeld beim Arbeitsamt stellt. Unterbleibt die Antragstellung infolge schuldhaften Verhaltens des Arbeitgebers, so führt dies zu einem **Schadensersatzanspruch des Arbeitnehmers**. Im Übrigen kann den Arbeitgeber eine Erstattungspflicht gegenüber dem Arbeitsamt für den Fall treffen, dass Kurzarbeitergeld zu Unrecht geleistet wurde. Für die Gewährung von Kurzarbeitergeld bei einem **Arbeitskampf** gelten **besondere Bestimmungen,** die ebenfalls zu einem **Rückerstattungsanspruch** gegenüber dem Arbeitsamt führen können (§§ 174, 320 Abs. 5 SGB III).

Für die wirksame Antragstellung gelten nicht die strengen Form- und Zuständigkeitsvorschriften wie bei der Anzeige. Der Antrag muss innerhalb einer **Ausschlussfrist von 3 Monaten** gestellt werden. Fristbeginn ist der erste Tag, für den das Kurzarbeitergeld beantragt wird. Mit dem Antrag sind die Namen, Anschriften und Sozialversicherungsnummern der Arbeitnehmer mitzuteilen, für die Kurzarbeitergeld beantragt wird.

6315 Der Arbeitgeber ist dazu verpflichtet, das Kurzarbeitergeld kostenlos zu berechnen und auszuzahlen. Dieser Berechnung hat der Arbeitgeber die Eintragungen auf der Lohnsteuerkarte sowie ggf. eine Bestätigung des Arbeitsamtes über ein den höheren Leistungssatz (67 %) begründendes Kind zugrunde zulegen.

Bei der Abrechnung mit dem Arbeitsamt hat der Arbeitgeber die Voraussetzungen für die Gewährung von Kurzarbeitergeld nachzuweisen, was in der Regel durch geeignete Personal- und Lohnunterlagen geschieht.

6316 Zur Berechnung der Kranken- und Rentenversicherungsbeiträge für Bezieher von Kurzarbeitergeld vgl. → Rz. 5625).

IV. Leistungen bei Insolvenz (Insolvenzgeld)

Das **Insolvenzgeld** (§§ 183 ff. SGB III) ist eine Leistung des Arbeitsamtes, die den Arbeitnehmer vor einem Lohnausfall schützen soll, wenn der Arbeitgeber zahlungsunfähig wird.

Anspruch auf Insolvenzgeld hat ein Arbeitnehmer, der bei **Eröffnung des Insolvenzverfahrens** über das Vermögen des Arbeitgebers noch Ansprüche auf Arbeitsentgelt hat, und zwar für die letzten dem Insolvenzereignis vorausgehenden 3 Monate. Dem Zeitpunkt der Eröffnung des Insolvenzverfahrens sind **folgende Tatbestände gleichgestellt:**

- Die Abweisung eines Antrags auf Eröffnung des Insolvenzverfahrens mangels Masse;
- die vollständige Beendigung der Betriebstätigkeit (falls ein Antrag auf Eröffnung des Insolvenzverfahrens nicht gestellt wurde oder ein Insolvenzverfahren offensichtlich mangels Masse nicht in Betracht kommt).

Den Tag der **Insolvenzeröffnung** (bzw. den Tag, an dem einer der beiden gleichgestellten Tatbestände eingetreten ist) bezeichnet man als »Insolvenzereignis«. Dieser Stichtag ist zunächst einmal deshalb von Bedeutung, weil er eine Antragsfrist von zwei Monaten in Gang setzt.

Außerdem ist das **Insolvenzereignis** wichtig für die Festlegung des dreimonatigen Zeitraumes, aus dem das **Insolvenzgeld** ermittelt wird, des sog. Insolvenzzeitraumes *(BSG MDR 1995, 706).*

Der **Insolvenzzeitraum** umfasst die letzten 3 Monate vor dem Insolvenzereignis.

Die Höhe des Insolvenzgeldes entspricht dem **vollen Nettoentgelt**, das der Arbeitnehmer für die letzten 3 Monate des Arbeitsverhältnisses (die der Insolvenzeröffnung vorausgehen) zu beanspruchen hat.

Wurde der Anspruch auf Arbeitsentgelt einem Dritten übertragen (z.B. einem Kreditinstitut), so steht dem Dritten auch das entsprechende Insolvenzgeld zu; der Anspruch auf das Insolvenzgeld selbst kann erst nach der Antragstellung auf einen Dritten übertragen werden.

Mit der Stellung des Antrags gehen die Arbeitsentgeltansprüche des Arbeitnehmers gegen den Arbeitgeber, die das Insolvenzgeld begründen, auf das Arbeitsamt über.

Das Insolvenzgeld wird durch eine **Arbeitgeberumlage** finanziert, die von den Berufsgenossenschaften erhoben wird (vgl. → Rz. 5677).

V. Kindergeldzahlung durch den Arbeitgeber für die Jahre 1996 – 1998

Mit dem Jahressteuergesetz 1996 wurde eine Neuregelung des Inhalts eingeführt, dass das Kindergeld ab dem 01.01.1996 grundsätzlich vom Arbeitgeber auszuzahlen ist. Die Vorschriften zur **Auszahlung des Kindergeldes** (§§ 62 ff. EStG n.F.) werden im steuerrechtlichen Teil dieses Handbuchs näher erläutert (vgl. → Rz. 8077b). Hier haben sich erhebliche Änderungen ergeben (Auszahlung ab dem 01.01.1999 wieder durch die Kindergeldkassen).

VI. Arbeitsbeschaffungsmaßnahmen

6321 Arbeitsbeschaffungsmaßnahmen (§§ 260 ff. SGB III) sind Leistungen des Arbeitsamtes, die der schnellen Entlastung des Arbeitsmarktes und darüber hinaus der Schaffung von Dauerarbeitsplätzen dienen.

Die Durchführung von Arbeitsbeschaffungsmaßnahmen erfolgt **nicht** durch die **Arbeitsämter**, sondern durch sog. **Träger der Arbeitsbeschaffungsmaßnahmen**, die von den Arbeitsämtern finanziell unterstützt werden. Als Träger werden zumeist private Institutionen tätig, die gemeinnützige Zwecke verfolgen. Der Träger kann die Arbeitsbeschaffungsmaßnahmen entweder selbst durchführen (sog. Regiearbeiten) oder ein Wirtschaftsunternehmen mit der Durchführung beauftragen (sog. Vergabearbeiten als Regelfall).

Arbeitsbeschaffungsmaßnahmen werden auf schriftlichen Antrag des Trägers beim Arbeitsamt gewährt. Grundsätzlich besteht – bei Erfüllung der Förderungsvoraussetzungen – kein Anspruch des Trägers auf Förderung, sondern das Arbeitsamt entscheidet nach Ermessen.

6322 Die Arbeitsbeschaffungsmaßnahmen haben zur Voraussetzung, dass die zu fördernden Arbeiten zusätzlich durchgeführt werden und im öffentlichen Interesse liegen.

»Zusätzlich« sind Arbeiten, die ohne die Arbeitsbeschaffungsmaßnahmen nicht oder erst zu einem späteren Zeitpunkt durchgeführt würden. Dieses Kriterium der »**Zusätzlichkeit**« wird vor allem deshalb gefordert, weil wirklich neue Arbeitsplätze entstehen sollen.

Die Arbeiten liegen dann im »**öffentlichen Interesse**«, wenn sie der Allgemeinheit unmittelbar oder mittelbar zugute kommen. Wichtig ist, dass allein die Beschäftigung des Arbeitslosen noch kein »öffentliches Interesse« in diesem Sinne begründet.

6323 Die **Dauer der Förderung** ist stets begrenzt und soll im Regelfall ein Jahr nicht überschreiten. Allerdings ist gesetzlich vorgesehen, dass

- die Höchstdauer unter bestimmten Voraussetzungen auf zwei Jahre verlängert werden kann,
- in Ausnahmefällen die Höchstdauer bei drei Jahren liegt,
- in besonderen Fällen mehrere Förderungsmaßnahmen »aneinandergereiht« werden können.

Die Förderung von Arbeitsbeschaffungsmaßnahmen geschieht in der Regel durch **Gewährung von Lohnkostenzuschüssen**. Das Arbeitsamt übernimmt also im wirtschaftlichen Ergebnis einen Teil der Lohnkosten des Trägers.

Dem Maßnahmeträger werden die Arbeitnehmer zugewiesen. Der Träger und der Arbeitnehmer haben keinen Anspruch darauf, einer bestimmten Maßnahme zugewiesen zu werden.

Zu Besonderheiten im Zusammenhang mit der Frage der Sozialversicherungspflicht von Arbeitsbeschaffungsmaßnahmen vgl. → Rz. 5248.

VII. Hinzuverdienstgrenzen bei Rentenbeziehern (Teilrenten)

Für bestimmte Rentenarten aus der gesetzlichen Rentenversicherung gibt es Hinzuverdienstgrenzen, deren Überschreitung zum **Wegfall des Rentenanspruchs** führt. Hinzuverdienstgrenzen sind grundsätzlich **nur bei Altersrenten** zu beachten, außerdem auch bei Renten wegen Berufs- bzw. Erwerbsunfähigkeit, die nach dem 31.12.1995 begonnen haben.

6324

Bei einem betroffenen Berufs- oder Erwerbsunfähigkeitsrentner sind die Hinzuverdienstgrenzen wie folgt ausgestaltet:

Bei einer **Rente wegen Erwerbsunfähigkeit** liegt die Hinzuverdienstgrenze im Jahre 2002 bei monatlich 325 EUR. Wird diese Grenze überschritten, so wird die Erwerbsunfähigkeitsrente nur noch in Höhe einer Berufsunfähigkeitsgrenze gezahlt, wobei zusätzlich die Hinzuverdienstgrenzen für die Berufsunfähigkeitsrente zu beachten sind.

Bei der **Rente wegen Berufsunfähigkeit** gibt es keine einheitliche Hinzuverdienstgrenze, sondern mehrere Grenzen. Außerdem ist hier zwischen der allgemeinen und der individuellen Hinzuverdienstgrenze zu unterscheiden. Wegen der zur Zeit noch sehr geringen Bedeutung dieser Hinzuverdienstregelungen bei Berufsunfähigkeit wird auf eine nähere Darstellung verzichtet.

Mit Blick auf die **Altersrenten** gilt allgemein, dass Hinzuverdienstgrenzen nur bei solchen Altersrentnern eingreifen, die **noch nicht das 65. Lebensjahr** vollendet haben.

Bei einer Altersvollrente (keine Teilrente) liegt die **Hinzuverdienstgrenze bei 325 EUR** monatlich im Jahre 2002 (einheitlich in West und Ost).

Neben der Altersvollrente gibt es auch **Teilrenten** aus der gesetzlichen Rentenversicherung, nämlich in Höhe von einem Drittel, der Hälfte oder zwei Dritteln der Vollrente.

6325

Die **Hinzuverdienstgrenzen bei den Teilrenten** sind kompliziert ausgestaltet, da nicht nur zwischen den drei Arten von Teilrenten unterschieden werden muss, sondern auch für jede Teilrentenart eine »allgemeine« und eine »individuelle Hinzuverdienstgrenze« gelten (ferner sind für das Beitrittsgebiet die Hinzuverdienstgrenzen niedriger angesetzt).

Die »allgemeine Hinzuverdienstgrenze« ist eine Mindestgrenze des erlaubten Hinzuverdienstes, die für alle Personen gilt, welche im letzten Kalenderjahr nicht mehr als die Hälfte des Entgelts eines Durchschnittsverdieners erreicht haben. War der Verdienst höher, so greift die »individuelle Hinzuverdienstgrenze«. Dabei handelt es sich um eine Höchstgrenze, die nur bei solchen Arbeitnehmern zu Anwendung kommt, die im letzten Kalenderjahr einen so hohen Verdienst erzielt haben, dass die Beitragsbemessungsgrenze der gesetzlichen Renten- und Arbeitslosenversicherung überstiegen wurde.

6326 Es gelten seit dem 01.07.2001 folgende monatliche **Hinzuverdienstgrenzen bei den Teilrenten** in den **alten Bundesländern** (angegeben sind für jede Rentenart nacheinander die allgemeine und die individuelle Hinzuverdienstgrenze):

- Bei der 1/3-Teilrente: mindestens 1.730,37 DM / 884,72 EUR und höchstens 6.580,04 DM / 3.364,32 EUR,
- bei der 1/2-Teilrente: mindestens 1.299,64 DM / 664,50 EUR und höchstens 4.942,09 DM / 2.526,85 EUR,
- bei der 2/3-Teilrente: mindestens 868,90 DM / 444,26 EUR und höchstens 3.304,14 DM / 1.689,38 EUR.

Für die **neuen Bundesländer** gelten seit dem 01.07.2001 folgende Werte:

- Bei der 1/3-Teilrente: mindestens 1.508,09 DM / 771,07 EUR und höchstens 5.734,77 DM / 2.932,14 EUR,
- bei der 1/2-Teilrente: mindestens 1.132,69 DM / 579,14 EUR und höchstens 4.307,23 DM / 2.202,25 EUR,
- bei der 2/3-Teilrente: mindestens 757,28 DM / 387,19 EUR und höchstens 2.879,69 DM / 1.472,36 EUR.

Das **Überschreiten einer Hinzuverdienstgrenze** bewirkt nicht, dass der Rentenanspruch vollständig entfällt. Vielmehr besteht dann ein Anspruch auf die jeweils niedrigere Teilrente.

6327 Will ein älterer Arbeitnehmer eine Teilrente beanspruchen und deshalb seine Arbeitsleistung einschränken (z.B. Übergang von einer Vollzeit- zu einer Teilzeitarbeit), so kann er nach dem Gesetz vom Arbeitgeber verlangen, dass die Möglichkeit der Einschränkung der Arbeitsleistung erörtert wird. Macht der Arbeitnehmer für seinen Arbeitsbereich Vorschläge zur Einschränkung der Arbeitsleistung, so muss der Arbeitgeber zu diesen Vorschlägen Stellung nehmen.

Hinsichtlich des **Kündigungsschutzes von älteren, zum Bezug einer Altersrente berechtigten Arbeitnehmern** gilt seit dem 01.08.1994 folgendes (Neufassung des § 41 Abs. 4 Satz 3 SGB VI durch *Gesetz vom 26.07.1994, BGBl. I S. 1797*):

Eine Vereinbarung zwischen Arbeitnehmer und Arbeitgeber, welche die automatische (nicht mit dem Erfordernis der Kündigung verbundene) Beendigung des Arbeitsverhältnisses zu einem Zeitpunkt vorsieht, in dem der Arbeitnehmer vor Vollendung des 65. Lebensjahres eine Altersrente beantragen kann, gilt als auf die Vollendung des 65. Lebensjahres abgeschlossen.

Hinsichtlich der Auswirkungen dieser gesetzlichen Neuregelung muss zwischen Tarifverträgen und sonstigen Vereinbarungen unterschieden werden: Tarifvertragliche Regelungen, die eine automatische Beendigung des Arbeitsverhältnisses mit dem 65. Lebensjahr vorsehen, sind in aller Regel zulässig.

Soweit es um sonstige Vereinbarungen geht (nämlich um einzelvertragliche Vereinbarungen zwischen Arbeitgeber und Arbeitnehmer oder um Betriebsvereinbarungen), ist folgendes zu beachten: Eine vereinbarte Altersgrenze (über eine automatische Beendigung des Arbeitsverhältnisses) ist nur wirksam, wenn sie auf einen sachlichen Grund zurückgeführt werden kann. Als »sachlicher Grund« wird beispielsweise die Sicherung einer ausgewogenen Altersstruktur im Rahmen der Betriebs- und Personalplanung anzusehen sein, falls der ausscheidende Arbeitnehmer das 65. Lebensjahr vollendet hat und eine ausreichende Altersversorgung erhält.

Nach ausdrücklicher Bestimmung des Gesetzes (letzter Teilsatz des § 41 Abs. 3 Satz 3 SGB VI) ist jedoch die Vereinbarung einer automatischen Beendigung stets wirksam, wenn zwischen Arbeitnehmer und Arbeitgeber eine einzelvertragliche Vereinbarung über die Altersgrenze in den letzten drei Jahren vor der Altersrentenberechtigung geschlossen wurde oder wenn eine länger zurückliegende Vereinbarung in diesem Dreijahreszeitraum vom Arbeitnehmer bestätigt wurde.

Eine auf die Vollendung des 65. Lebensjahres bezogene Altersgrenzenvereinbarung, die gegen die frühere, bis zum 31.07.1994 gültig gewesene Fassung des § 41 Abs. 4 Satz 3 SGB VI verstoßen hat, ist wieder wirksam geworden, wenn der Arbeitnehmer nach dem 31.07.1994 das 65. Lebensjahr vollendet hat *(BAG 11.06.1997, EzA § 620 BGB Altersgrenze Nr. 6).*

VIII. Leistungen bei witterungsbedingtem Arbeitsausfall im Baugewerbe

Die Leistungen der Arbeitsförderung bei witterungsbedingtem Arbeitsausfall im Baugewerbe (**»Förderung der ganzjährigen Beschäftigung in der Bauwirtschaft«** nach den §§ 209 ff. SGB III), zu denen insbesondere das sog. Winterausfallgeld zählt (früher als »Schlechtwettergeld« bezeichnet), wurden **zum 01.11.1999** einer **Reform** unterzogen.

6327a

Die wesentlichen Inhalte der Schlechtwettergeldreform können wie folgt umschrieben werden: Es verbleibt bei dem sog. **Dreisäulenmodell**, also bei der zeitlich hintereinandergeschalteten Finanzierung des witterungsbedingten Arbeitsausfalls in der Winterzeit durch den Arbeitnehmer, den Arbeitgeber und die Bundesanstalt für Arbeit.

Es verschieben sich jedoch die Zeitgrenzen: Der **Eigenbeitrag des Arbeitnehmers** wird von bisher 50 Stunden auf nunmehr 30 Stunden **verringert**: Von der 31. bis zur 100. Ausfallstunde (betreffend den witterungsbedingten Arbeitsausfall in der Winterzeit) wird ein Winterausfallgeld aus der arbeitgeberfinanzierten Winterbau-Umlage gewährt; ab der 101. Stunde wird ein Winterausfallgeld aus allgemeinen Beitragsmitteln der Bundesanstalt geleistet.

Das Verbot der witterungsbedingten Kündigung durch den Arbeitgeber in der Winterzeit, das u.a. im Bundesrahmentarifvertrag-Bau verankert ist, bleibt erhalten. Neu ist aber, dass den **Arbeitgeber** gegenüber der BA eine **Erstattungspflicht hinsichtlich eines an den entlassenen Bauarbeitnehmer gezahlten Arbeitslosengeldes** trifft, falls sich der Arbeitgeber nicht an das Kündigungsverbot hält.

Bauarbeitnehmer, die mit ihrem Arbeitgeber die tarifvertraglich vorgesehene flexible Arbeitszeit (»Ansparmodell« außerhalb der Winterzeit) vereinbaren, können nun nicht nur

– wie schon bisher – ein verstetigtes Monatseinkommen im Jahresverlauf erzielen, sondern erhalten nunmehr als »Bonus« für jede eingesetzte Guthabenstunde, welche die Zahlung von Winterausfallgeld entbehrlich macht, eine neuartiges Zusatz-Wintergeld in Höhe von 1,03 EUR.

Dem Arbeitgeber werden nunmehr von der Bundesanstalt die vollen Beiträge erstattet, die zur Kranken-, Renten- und Pflegeversicherung beim umlagefinanzierten Winterausfallgeld zu entrichten sind (bisher wurden den Arbeitgebern diese Beiträge lediglich zur Hälfte zurückerstattet).

Zugunsten des Arbeitgebers wird die **Ausschlussfrist für die Beantragung des Winterausfallgeldes verlängert**, und zwar von bisher 6 Wochen auf nunmehr 3 Monate (es gilt nun dieselbe Dreimonatsfrist wie bei der Beantragung von Kurzarbeitergeld).

IX. Weiterführende Literaturhinweise

Literaturübersicht Kurzarbeit (noch zur alten Gesetzeslage)

Bähringer/Spiegelhalter, Kurzarbeit, 11. Aufl. 1987
Niemann, Das Kurzarbeitergeld, BlStSozArbR 1974, 33
Säcker, Die Gewährung von Kurzarbeitergeld bei Strukturkrisen, BB 1973, 1217

Literaturübersicht Insolvenzgeld

Heilmann, Erfahrungen mit dem Gesetz über das Konkursausfallgeld, BB 1979, 275
Henrich, Sicherung rückständiger Arbeitsentgelte bei Konkursen, RdA 1974, 37
Marschner, Der Anspruch auf Konkursausfallgeld, DB 1996, 780
Schneider, Die arbeits- und sozialversicherungsrechtliche Absicherung des Arbeitnehmers im Konkurs des Arbeitgebers, JZ 1976, 1

45. Kapitel: Sozialrechtliche Wirkungen bei Beendigung des Arbeitsverhältnisses

I.	**Ende des Beschäftigungs- und Ende des Arbeitsverhältnisses**	**7000**
II.	**Meldungen des Arbeitgebers beim Ausscheiden des Arbeitnehmers**	**7004**
	1. Abmeldung bei der Krankenkasse	7004
	a) Regelfall der Abmeldung	7004
	b) Auflösung des Arbeitverhältnisses während Unterbrechung der Beschäftigung	7005
	c) Meldung bei Streit um die Kündigung	7006
	d) Frist und Form der Abmeldung	7007
	2. Meldung nachträglicher Zahlungen	7008
	3. Verfahren bei Rückzahlung einer Weihnachtsgratifikation	7009
	4. Verfahren bei nachträglicher Beitragsforderung	7010
	5. Vorausbescheinigung des Arbeitsentgelts für die Rente	7011
	6. Weiterführender Literaturhinweis	7014
III.	**Die Arbeitsbescheinigung**	**7015**
	1. Allgemeines zur Arbeitsbescheinigung	7015
	2. Ausfüllen des amtlichen Vordrucks	7018
	3. Benutzung firmeneigener Vordrucke	7031
	4. Durchsetzung des Anspruchs bei Streit um die Arbeitsbescheinigung	7019
	5. Schadensersatzpflicht des Arbeitgebers	7021
IV.	**Entgeltnachzahlungen an den ausgeschiedenen Arbeitnehmer**	**7023**
V.	**Anrechnung von Abfindungen auf das Arbeitslosengeld**	**7027**
	1. Abfindung wegen Beendigung des Arbeitsverhältnisses	7027
	2. Die anzuwendenden Vorschriften	7028
	3. Entlassungsentschädigung	7030
	4. Anrechnung bei vorzeitigem Ausscheiden	7033
	5. Dauer und Umfang der Anrechnung einer Abfindung	7039b
	6. Regress beim Arbeitgeber und weitere Gefahren für den Arbeitnehmer bei Abfindungsvereinbarungen	7040
VI.	**Erstattungspflicht des Arbeitgebers**	**7043**
	1. Die anzuwendenden Vorschriften	7043
	2. Die Erstattungspflicht und ihre Voraussetzungen	7044
	3. Wegfall und Minderung der Erstattungspflicht	7045
	a) Kleinbetriebe	7046
	b) Mittlere Betriebe	7047
	c) Nicht ausreichend lange Dauer des Arbeitsverhältnisses	7048
	d) Umstände der Kündigung	7049
	e) Personalminderung	7050
	f) Kurzfristiger drastischer Personalabbau	7051
	g) Existenzgefährdung des Unternehmens	7052
	4. Umfang der Erstattungspflicht	7053
	5. Verfahrensfragen	7054
	6. Weiterführende Literaturhinweise	7058a
VII.	**Folgen eines Wettbewerbsverbots**	**7059**
	1. Bisher: Wettbewerbsverbot bewirkt Erstattungspflicht	7059
	2. Jetzige Rechtslage	7060
VIII.	**Erstattungspflicht bei Inanspruchnahme von Winterleistungen**	**7073**

I. Ende des Beschäftigungs- und Ende des Arbeitsverhältnisses

7000 Das aufgrund des Arbeitsvertrages bestehende Arbeitsverhältnis zwischen Arbeitgeber und Arbeitnehmer endet durch

- Kündigung,
- gegenseitiges Einvernehmen (Aufhebungsvertrag),
- arbeitsgerichtlichen Vergleich (z.B. im Kündigungsschutzprozess),
- Ablauf der vereinbarten Frist, wenn das Arbeitsverhältnis befristet war,
- Tod des Arbeitnehmers.

Häufig geht mit dem Arbeitsverhältnis zugleich auch das **sozialrechtliche Beschäftigungsverhältnis** zu Ende. In vielen Fällen kann das sozialversicherungsrechtliche Beschäftigungsverhältnis aber abweichend zu einem anderen Zeitpunkt enden. Es kann beendet sein, obwohl das arbeitsrechtliche Arbeitsverhältnis formal noch fortbesteht oder auch über dessen Ende hinaus.

7001 Das sozialrechtliche Beschäftigungsverhältnis **orientiert sich** eher **am Tatsächlichen**. Es besteht fort, solange

- der Arbeitnehmer in den Betrieb des Arbeitgebers eingegliedert bleibt,
- der Weisungsbefugnis des Arbeitgebers (Direktionsrecht) unterliegt und vor allem
- Anspruch auf das Arbeitsentgelt hat.

Wenn trotz fortbestehenden Arbeitsvertrages der Entgeltanspruch wegfällt, z.B. bei Vereinbarung unbezahlten Urlaubs oder im Falle eines Streiks, wird das sozialrechtliche Beschäftigungsverhältnis **unterbrochen** und es wird die Abmeldung bei der Krankenkasse erforderlich (dazu → Rz. 6111).

Hatte der Arbeitnehmer für längere Zeit **unbezahlten Urlaub** erhalten (s. dazu → Rz. 6111), so kommt es nur dann zum Wieder-Beginn der Beschäftigung mit Versicherungs- und Beitragspflicht, wenn der Arbeitnehmer an dem vereinbarten Tage (oder wenn dieser auf einen arbeitsfreien Sonntag fällt: am nächstfolgenden Werktag) tatsächlich wieder in die Beschäftigung eintritt, also die Arbeit aufnimmt. Ist er an diesem Tage **arbeitsunfähig krank**, so beginnt die versicherungspflichtige Beschäftigung erst wieder bei tatsächlicher Aufnahme der Arbeit (*BSG 15.12.1994, SozR 3-2500 § 186 Nr. 2; s. aber auch* → Rz. 5501).

Im besonderen Fall kann das sozialrechtliche Beschäftigungsverhältnis über das zeitliche Ende des Arbeitsverhältnisses hinaus fortbestehen. So ist es, wenn der Arbeitgeber das Arbeitsverhältnis **aus Anlass der Arbeitsunfähigkeit des Arbeitnehmers kündigt**. Dem Arbeitnehmer bleibt dann der Lohnfortzahlungsanspruch für die Dauer von 6 Wochen erhalten (§ 8 EFZG). Das ist ein echter Anspruch auf Arbeitsentgelt; er unterliegt der Beitragspflicht und bewirkt im Ergebnis die entsprechende Verlängerung des sozialrechtlichen Beschäftigungsverhältnisses über das Ende des Arbeitsverhältnisses hinaus.

Der fortbestehende Anspruch auf Arbeitsentgelt bis zum Wirksamwerden der Kündigung lässt das Beschäftigungsverhältnis auch im **Konkurs** des Arbeitgebers fortbestehen. Das bleibt so, auch wenn der Arbeitnehmer bereits zuvor endgültig von der Arbeit freigestellt wird und sich arbeitslos meldet.

Für die **gesetzliche Unfallversicherung** enden das Beschäftigungsverhältnis und die Beitragspflicht allerdings schon mit der endgültigen Freistellung des Arbeitnehmers nach Konkurseröffnung, also noch während des Laufs der Kündigungsfrist. Mit der endgültigen Freistellung endet nämlich das Arbeitsunfallrisiko.

7002

Endet das Arbeitsverhältnis wie häufig durch Kündigung, so endet das Beschäftigungsverhältnis jedenfalls zunächst mit dem tatsächlichen Wirksamwerden der Kündigung, also mit dem letzten Arbeitstag. Wenn der Arbeitnehmer die Kündigung nicht hinnehmen will und Kündigungsschutzklage zum Arbeitsgericht erhebt, kommt es auf das Ergebnis des Arbeitsgerichtsprozesses an.

7003

Stellt das Arbeitsgericht die Unwirksamkeit der Kündigung und das Fortbestehen des Arbeitsverhältnisses über den Kündigungszeitpunkt hinaus fest und erhält der Arbeitnehmer für die entsprechende Zeit Arbeitsentgelt nachgezahlt, so besteht auch das Beschäftigungsverhältnis bis zu dem vom Gericht im Urteil oder von den Parteien im Vergleich festgelegten Endzeitpunkt fort. Das nachgezahlte Entgelt muss der Krankenkasse durch erneute An- und Abmeldung gemeldet werden. Vereinbaren die Parteien, das gekündigte Arbeitsverhältnis um die dem Arbeitnehmer noch zustehenden Urlaubstage zu verlängern, endet das Beschäftigungsverhältnis mit dem Ablauf des letzten Urlaubstages.

Anders ist es, wenn es im Kündigungsprozess nicht zur Nachzahlung von Arbeitsentgelt kommt, sondern die Zahlung einer Abfindung für den Verlust des Arbeitsplatzes festgelegt wird. Auch wenn sich die Abfindung der Höhe nach am Arbeitsentgelt orientiert, ist sie doch kein Arbeitsentgelt, unterliegt nicht der Beitragspflicht und verlängert das Beschäftigungsverhältnis deshalb nicht.

Der Abfindung kann allerdings doppelter Charakter beizumessen sein, zum Teil Entschädigung für den Verlust des Arbeitsplatzes, zum Teil nachgezahltes Arbeitsentgelt für die Zeit zwischen dem tatsächlichen Wirksamwerden der Kündigung und dem schließlich festgelegten Ende des Arbeitsverhältnisses. Soweit sie Arbeitsentgelt für die Zeit bis zum Ende des Arbeitsverhältnisses enthält, ist die Abfindung beitragspflichtig. Bei Vereinbarung einer Abfindung muss deshalb die Zielrichtung deutlich und die Berechnung nachvollziehbar gemacht werden, um spätere Auseinandersetzung mit der Krankenkasse zu vermeiden.

Wird mit dem Arbeitnehmer beim Ausscheiden eine **Abfindung** vereinbart, so stellt sich nicht nur die Frage, ob der Betrag der Beitragspflicht unterliegt. Die Abfindung kann für den Arbeitnehmer zu sozialrechtlichen Nachteilen führen. Sie wird unter bestimmten Voraussetzungen auf sein **Arbeitslosengeld angerechnet** (dazu unten → Rz. 7039 ff.). Ebenso kann die Gewährung einer Abfindung für den Verlust des Arbeitsplatzes bewirken, dass das beitragspflichtige Arbeitsverhältnis zu einem Zeitpunkt endet, zu dem die Anwartschaft für Arbeitslosengeld noch nicht erfüllt ist. Der ausgeschiedene Arbeitnehmer läuft Gefahr, keinen Anspruch auf Arbeitslosengeld zu erwerben (dazu unten → Rz. 7039).

Verurteilt das Arbeitsgericht den Arbeitgeber zur **Weiterbeschäftigung** des zunächst gekündigten Arbeitnehmers, lebt das Beschäftigungsverhältnis wieder auf und der Arbeitnehmer muss erneut angemeldet werden.

II. Meldungen des Arbeitgebers beim Ausscheiden des Arbeitnehmers

1. Abmeldung bei der Krankenkasse

a) Regelfall der Abmeldung

7004 Die sozialrechtliche Versicherungs- und Beitragspflicht knüpft an die Beschäftigung gegen Entgelt an. Entfällt der Entgeltanspruch (z.B. bei unbezahltem Urlaub oder nach Auslaufen der Entgeltfortzahlung bei Arbeitsunfähigkeit), wird trotz fortbestehenden Arbeitsverhältnisses das sozialrechtliche Beschäftigungsverhältnis unterbrochen. Deshalb werden auch im laufenden Arbeitsverhältnis aus zur Unterbrechung des Entgeltanspruchs führenden Anlässen Meldungen fällig, namentlich die Unterbrechungsmeldung (vgl. → Rz. 6109 ff.)

Abzumelden ist der Arbeitnehmer schließlich, wenn das Arbeitsverhältnis beendet wird und er bei dem Arbeitgeber ausscheidet. Zu melden ist gleichfalls das Ende einer versicherungsfreien geringfügigen Beschäftigung.

b) Auflösung des Arbeitsverhältnisses während Unterbrechung der Beschäftigung

7005 Aufmerksamkeit verdient der Fall, dass das Arbeitsverhältnis während des anhaltenden Unterbrechungszeitraumes aufgelöst wird. Der Arbeitnehmer ist z.B. arbeitsunfähig krank, der Zeitraum der Entgeltfortzahlung läuft ab und er erhält von der Krankenkasse Krankengeld. Jetzt wird das Arbeitsverhältnis beendet.

Enden sowohl die Entgeltfortzahlung als auch das Arbeitsverhältnis in demselben Monat, kommt es mithin zu keiner Entgeltunterbrechung für mehr als einen Monat, ist nur eine Abmeldung zu erstatten.

Anders ist es, wenn die Unterbrechung des Entgelts länger andauert, bevor das Arbeitsverhältnis aufgelöst wird.

Wird die Beschäftigung (durch Wegfall des Entgeltanspruchs) **für mindestens einen vollen Kalendermonat** unterbrochen **und** bezieht der Arbeitnehmer z.B. Krankengeld oder nimmt er Erziehungsurlaub in Anspruch, so ist innerhalb von zwei Wochen nach Ablauf des ersten Kalendermonats der Unterbrechung für den Zeitraum bis zum Wegfall des Entgeltanspruchs die **Unterbrechungsmeldung** zu erstatten. Wird kein Krankengeld bezogen (z.B. bei einem privat krankenversicherten Arbeitnehmer), endet die sozialrechtliche Beschäftigung **einen Monat** nach dem Ende des Entgeltanspruchs und es ist binnen sechs Wochen die Abmeldung zu erstatten. Dasselbe gilt, wenn die Beschäftigung während der (Entgelt-) Unterbrechung endet (§ 9 Abs. 1 Satz 2 DEÜV).

c) Meldung bei Streit um die Kündigung

7006 Über die Rechtmäßigkeit einer Kündigung kann es zwischen den Parteien des Arbeitsvertrages zum Streit kommen; der Arbeitnehmer erhebt bei dem Arbeitsgericht Kündigungsschutzklage. Unbeschadet solchen Streits muss der Arbeitgeber die Abmeldung bei der Krankenkasse zu dem Zeitpunkt vornehmen, zu dem die Beschäftigung zunächst tatsächlich endet. Wird später z.B. durch Urteil des Arbeitsgerichts oder im Wege des Vergleichs festgestellt, dass das Arbeitsverhältnis über den zunächst vom Arbeitgeber gesetzten Endzeitpunkt hinaus fortbestanden hat mit der Folge eines Entgeltanspruchs für die weitere Zeit, ist hierfür eine Anmeldung vorzunehmen und sodann die Abmeldung zu dem im Urteil oder Vergleich bestimmten Endzeitpunkt.

d) Frist und Form der Abmeldung

Die Abmeldung muss innerhalb von **sechs Wochen** nach dem Ausscheiden erstattet werden. Sie kann bei Arbeitsverhältnissen von kurzer Dauer übrigens mit der Anmeldung verbunden werden, wenn diese noch nicht erstattet war. 7007

Das Ende einer **geringfügigen Beschäftigung** ist wie bei einer sonstigen Beschäftigung zu melden.

2. Meldung nachträglicher Zahlungen

Erhält der ausgeschiedene Arbeitnehmer noch nachträgliche Zahlungen, sei es eine einmalige Zahlung (z.B. eine Jahressonderzuwendung), sei es die Nachzahlung einer beim Ausscheiden noch nicht abgerechneten Tariflohnerhöhung, und kann solche Zahlung bei der Abmeldung nicht mehr berücksichtigt werden, weil diese bereits erstattet ist, muss die Abmeldung **storniert** und erneut erstattet werden. 7008

Im Übrigen werden **einmalige Zahlungen** grundsätzlich mit dem laufenden Arbeitsentgelt gemeldet. Gesondert gemeldet werden müssen sie vor allem, wenn für das laufende Jahr, dem die einmalige Zahlung zuzuordnen ist, keine Meldung mehr erfolgt.

Erfolgt die einmalige Zahlung an den Arbeitnehmer während einer durch Unterbrechungsmeldung gemeldeten Unterbrechung der sozialrechtlichen Beschäftigung oder während des Bezuges z.B. von Krankengeld, so **kann** der Arbeitgeber die einmalige Zahlung gesondert melden. Er kann aber auch die alte Meldung **stornieren** und unter Einbeziehung der einmaligen Zahlung jetzt neu melden.

3. Verfahren bei Rückzahlung einer Weihnachtsgratifikation

Mitunter ist in einem Tarifvertrag oder einem Einzelarbeitsvertrag vorgesehen, dass eine Weihnachtszuwendung vom Arbeitnehmer zurückgezahlt werden muss, wenn er das Arbeitsverhältnis bis zu einem bestimmten Zeitpunkt im Folgejahr (z.B. 31.03.) aufkündigt. Durch die Rückzahlung mindert sich das für die Beitragsberechnung heranzuziehende und zu meldende Arbeitsentgelt für das abgelaufene Kalenderjahr. In der Vergangenheit musste die Jahresmeldung bis zum 31.03. eines Jahres erstattet werden, zu welchem Zeitpunkt die Gehaltsabrechnung für den Monat März noch nicht abgeschlossen war und es wurden Korrekturmeldungen fällig. Jetzt läuft die Frist für die Jahresmeldung bis zum 7009

15.04. eines Jahres und solche Fälle können darin berücksichtigt werden. Andernfalls muss die letzte Meldung storniert und neu erstattet werden.

4. Verfahren bei nachträglicher Beitragsforderung

7010 Ob Zahlungen an den Arbeitnehmer der Beitragspflicht unterliegen und dafür Beiträge zu entrichten und die Entgelte zu melden sind, kann im Einzelfall zweifelhaft sein. Lässt der Arbeitgeber Entgelte beitragsfrei und stellt sich später, z.B. im Rahmen einer Betriebsprüfung ihre Beitragspflicht heraus, muss die Meldung für den fraglichen Zeitraum korrigiert werden. Dies geschieht durch Stornierung und erneute Meldung auf dem allgemeinen Vordruck.

Die Beitragspflicht von Arbeitsentgelt hängt übrigens nicht davon ab, ob der Arbeitnehmer das fragliche Entgelt selbst noch verlangen kann. Ist sein Anspruch darauf z.B. wegen einer **tariflichen Ausschlussklausel** verfallen, so ist das Entgelt dennoch beitragspflichtig und der Arbeitgeber muss den Gesamtsozialversicherungsbeitrag an die Einzugsstelle entrichten *(BSG 30.08.1994, 12 RK 59/92; BSG 22.06.1994, 10 RAr 3/93).*

5. Vorausbescheinigung des Arbeitsentgelts für die Rente

7011 Arbeitsverhältnisse enden nicht selten, weil der Arbeitnehmer in den Ruhestand treten und Altersrente in Anspruch nehmen will. Die Regelaltersrente beginnt mit Vollendung des 65. Lebensjahres, in vielen Fällen kommt sie schon vom 60. oder 63. Lebensjahr an in Frage.

Das seit dem 01.01.1992 gültige neue Rentenrecht sah in § 41 Abs. 4 SGB VI zur weiteren Flexibilisierung der Altersgrenzen eine Stärkung der Entschließungsfreiheit des Arbeitnehmers vor. Ob und wann er in die Rente geht, sollte allein der Entscheidung des Arbeitnehmers unterliegen. Das gilt nach wie vor. So darf der Arbeitgeber die Möglichkeit des Arbeitnehmers, Rente wegen Alters in Anspruch nehmen zu können, **nicht zum Kündigungsgrund** nehmen. Ebenso wenig darf er die Möglichkeit, Altersrente in Anspruch nehmen zu können, vor Vollendung des 65. Lebensjahres im Rahmen der sozialen Auswahl bei einer betriebsbedingten Kündigung berücksichtigen. Er darf also nicht den 63-jährigen Arbeitnehmer auswählen und dessen Arbeitsverhältnis betriebsbedingt kündigen, nur weil der doch ohne weiteres Rente beanspruchen könnte.

Die Regelung des neuen Rentenrechts beschränkte darüber hinaus aber auch einzelvertragliche und vor allem tarifvertragliche Festlegungen, wonach das Arbeitsverhältnis eines Arbeitnehmers automatisch zu dem Zeitpunkt endet, von dem an Altersrente in Anspruch genommen werden kann. Das BAG hat nämlich aus § 41 Abs. 4 Satz 3 SGB VI bisheriger Fassung im praktischen Ergebnis ein Verbot tarifvertraglicher Altersgrenzen hergeleitet *(BAG 28.10.1993, 7 AZR 135/93).*

Weil eine Blockierung von Arbeitsplätzen durch ältere, wirtschaftlich durch die Altersrente gesicherte Arbeitnehmer angesichts der angespannten Lage auf dem Arbeitsmarkt nicht vertretbar erschien, hat der Gesetzgeber reagiert und das Rentenrecht mit Wirkung

ab 01.08.1994 wieder geändert *(Gesetz zur Änderung des SGB VI vom 26.07.1994, BGBl. I S. 1797).* Es gilt:

Eine Vereinbarung, die die Beendigung des Arbeitsverhältnisses eines Arbeitnehmers ohne Kündigung (also automatisch) zu einem Zeitpunkt vorsieht, in dem der Arbeitnehmer **vor Vollendung seines 65. Lebensjahres** eine Rente wegen Alters beantragen kann (also z.B. zum 60. oder zum 63. Lebensjahr), gilt dem Arbeitnehmer als auf die Vollendung des 65. Lebensjahres abgeschlossen, es sei denn, dass die Vereinbarung innerhalb der letzten 3 Jahre vor diesem Zeitpunkt abgeschlossen oder von dem Arbeitnehmer bestätigt worden ist. Das bedeutet, dass die **Vereinbarung einer Altersgrenze zum 65. Lebensjahr** des Arbeitnehmers jetzt ohne weiteres zulässig ist. Frühere Altersgrenzen sind es nur, wenn der Arbeitnehmer zeitnah zustimmt.

Hat sich der Arbeitnehmer zum Übertritt in den Ruhestand entschlossen, wird er seinen **Rentenantrag** so rechtzeitig stellen wollen, dass die Altersrente nahtlos an sein letztes Arbeitsentgelt anschließen kann. Zur Zeit des Rentenantrages fehlt aber noch das für die Rentenberechnung unerlässliche Arbeitsentgelt für die letzte Phase des Arbeitsverhältnisses, weil dieses schließlich noch andauert.

Damit dennoch die Rente rechtzeitig berechnet werden kann, muss der Arbeitgeber auf Verlangen des Arbeitnehmers, der die Rente beantragen möchte, das **voraussichtliche Arbeitsentgelt** bis zum Ende der Beschäftigung in einer Vorausbescheinigung angeben, und zwar für eine Zeit **bis zu 3 Monaten im voraus.**

Im Voraus zu bescheinigen ist das für den Zeitraum von bis zu 3 Monaten vorhersehbare Arbeitsentgelt einschließlich vorhersehbarer beitragspflichtiger Einmalzahlungen. Ist das Arbeitsentgelt für die nächsten 3 Monate nicht vorhersehbar, wird das Durchschnittsentgelt der letzten 6 Monate angegeben. 7012

Die Vorausbescheinigung wird dem Arbeitnehmer schriftlich, aber formlos erteilt. Die Vorausbescheinigung macht zum Ende der Beschäftigung nicht die förmliche Abmeldung entbehrlich. Es kann vorkommen, dass am Ende das tatsächlich erzielte Arbeitsentgelt doch von dem Betrag abweicht, der als voraussichtliches Entgelt in der Vorausbescheinigung angegeben worden war. Die Beitragsberechnung und die Meldung an die Krankenkasse erfolgen dann auf Grundlage des tatsächlich erzielten Entgelts unabhängig von der Vorausschätzung.

Mitunter stellt der Arbeitnehmer seinen Rentenantrag sehr frühzeitig, weil er sichergehen will, die Rente in jedem Falle im nahtlosen Anschluss an sein letztes Arbeitsentgelt zu erhalten. Er wünscht dann womöglich eine Vorausbescheinigung für einen längeren Zeitraum als 3 Monate. Der Arbeitgeber ist zu so weiträumiger Voraussicht nicht verpflichtet, kann solche Bescheinigung aber freiwillig erteilen. Der Rentenversicherungsträger wird eine Vorausbescheinigung für einen längeren Zeitraum als 3 Monate auch nur akzeptieren und die Rente danach berechnen, wenn es um erkennbar festes und unverändertes Arbeitsentgelt (z.B. festes Monatsgehalt) geht. 7013

Die Renten-Vorausbescheinigung birgt nämlich sowohl für den Arbeitnehmer als auch für den Rentenversicherungsträger ein Risiko. Weicht am Ende das tatsächlich erzielte Arbeitsentgelt von dem in der Vorausbescheinigung genannten Betrag ab, findet keine Neuberechnung der Rente statt: es bleibt bei dem, was im voraus bescheinigt worden war (§ 70 Abs. 4 SGB VI). Das kann zu Gunsten, aber auch zu Lasten des Arbeitnehmers ausgehen.

Das BSG *(16.11.1996, DAngVers 1996, 362)*, hat zwar entschieden, dass beim unvorhersehbaren Abweichen des endgültigen vom vorausbescheinigten Entgelt eine Neuberechnung der Rente zugunsten des Versicherten vorgenommen werden muss. Das Urteil ist aber zum bis 1991 gültigen alten Rentenrecht ergangen und die Rentenversicherungsträger folgen dem Urteil unter Geltung des neuen Rechts nicht.

Eine Vorausbescheinigung für einen längeren Zeitraum als 3 Monate hat keine bindende Wirkung. Im Falle am Ende von der Prognose abweichenden Entgelts wird eine aufwendige Rentenneuberechnung notwendig. Deshalb sind die Rentenversicherungsträger gegenüber solchen langfristigen Vorausbescheinigungen zurückhaltend.

7014 Hat der Arbeitgeber das voraussichtliche Arbeitsentgelt zu gering bescheinigt als es am Ende tatsächlich war, kann sich das in freilich engen Grenzen auf die Rentenhöhe auswirken. Ein Schadensersatzanspruch des Arbeitnehmers gegen den Arbeitgeber wegen dieser Differenz kann nur dann in Frage kommen, wenn dem Arbeitgeber oder dessen Mitarbeiter der Vorwurf gemacht werden kann, die Vorausschau fahrlässig angestellt zu haben, z.B. wenn eine kurz bevorstehende beitragspflichtige Einmalzahlung vergessen wurde.

6. Weiterführender Literaturhinweis

Lehmann, Zur alterbedingten Beendigung von Arbeitsverhältnissen, NJW 1994, 3054
Marburger, Aufgaben des Arbeitgebers im Zusammenhang mit dem Rentenantrag des Arbeitnehmers, BB 1991, 1482
Marschner, Aufgaben des Arbeitgebers im Zusammenhang mit dem Rentenantrag des Arbeitnehmers, BB 1991, 1482

III. Die Arbeitsbescheinigung

1. Allgemeines zur Arbeitsbescheinigung

7015 Bei Beendigung seiner Beschäftigung erhält der Arbeitnehmer vom Arbeitgeber seine Arbeitspapiere ausgehändigt. Darauf hat er einen arbeitsrechtlichen Anspruch und dem Arbeitgeber steht an den Arbeitspapieren **kein Zurückbehaltungsrecht** zu. Neben einem Zeugnis und dem Sozialversicherungsnachweisheft gehört dazu die Arbeitsbescheinigung. Der Arbeitnehmer benötigt sie zur Vorlage **beim Arbeitsamt**, wenn er dort Arbeitslosengeld, Arbeitslosenhilfe oder andere Leistungen beantragen will. Das Arbeitsamt soll rasch und ohne zeitraubende Rückfragen feststellen können, ob und welche Ansprüche dem Arbeitslosen zustehen und es soll sie rasch berechnen können. Deshalb ist es auf die Daten der letzten Beschäftigung angewiesen, die der Arbeitgeber zu diesem Zweck zu bescheinigen hat.

Die Arbeitsbescheinigung muss **für jeden Arbeitnehmer** ausgestellt werden, egal, ob für ihn Sozialversicherungsbeiträge an die Krankenkasse abzuführen waren oder nicht. Zu erteilen ist sie deshalb auch an versicherungsfreie Arbeitnehmer z.B. geringfügig Beschäftigte oder Studenten.

Zur Erteilung der Bescheinigung an den ausscheidenden Arbeitnehmer ist der Arbeitgeber gesetzlich verpflichtet (§ 312 SGB III), und zwar ohne besondere Aufforderung. Er muss dabei den von der Bundesanstalt für Arbeit herausgegebenen **amtlichen Vordruck** benutzen, den er vom Arbeitsamt auf Nachfrage erhält. Bei Beendigung der Beschäftigung muss er die ausgefüllte Bescheinigung **dem Arbeitnehmer aushändigen.** Möchte der Arbeitgeber die Arbeitsbescheinigung mit Hilfe seiner betrieblichen EDV-Einrichtung maschinell erstellen und nicht den amtlichen Vordruck benutzen, bedarf es dazu einer Vereinbarung mit dem Arbeitsamt, in dem die zu beachtenden Einzelheiten festgelegt werden.

7016

2. Ausfüllen des amtlichen Vordrucks

Der amtliche Vordruck ist übersichtlich gestaltet und gibt auch Erläuterungen zu den einzelnen Fragen. Im Wesentlichen müssen angegeben werden:

7017

- die **Art der Tätigkeit** des Arbeitnehmers;
  war der Arbeitnehmer z.B. als Geschäftsführer einer GmbH beschäftigt, muss auch angegeben werden, ob und mit welchem Anteil er Mit-Gesellschafter war;
- **Beginn, Ende und Unterbrechungen** des Beschäftigungsverhältnisses;
  hier kann auf die Daten der Arbeitgeber-Meldungen an die Krankenkasse zurückgegriffen werden;
- der **Grund** für **die Beendigung** des Beschäftigungsverhältnisses; z.B.
  - fristgemäße Arbeitgeberkündigung,
  - Arbeitgeberkündigung aus wichtigem Grunde mit Angabe des Kündigungsgrundes,
  - Eigenkündigung des Arbeitnehmers (ggf. mit Angabe des Grundes),
  - einvernehmliche Beendigung durch Aufhebungsvertrag
- das **Arbeitsentgelt**, das der Arbeitnehmer erhalten oder (noch) zu beanspruchen hat, und zwar bis zum letzten abgerechneten Lohnabrechnungszeitraum. Weil der für die Berechnung des Arbeitslosengeldes wichtige Bemessungszeitraum jetzt 52 Wochen zurückreicht, kommt es auf das Entgelt jedenfalls des letzten Jahres an.
- sonstige Geldleistungen, die der Arbeitnehmer erhalten oder (noch) zu beanspruchen hat, z.B. eine **Abfindung** (Entlassungsentschädigung).

3. Benutzung firmeneigener Vordrucke

Möchte der Arbeitgeber nicht den amtlichen Vordruck benutzen, sondern die Arbeitsbescheinigung mit Hilfe seiner betrieblichen EDV-Anlage erstellen, kann er das mit dem für seinen Betrieb örtlichen zuständigen Arbeitsamt vereinbaren und die Einzelheiten der Gestaltung des betriebseigenen Musters festlegen. Ohne Absprache mit dem Arbeitsamt muss jedoch der amtliche Vordruck benutzt werden.

7018

4. Durchsetzung des Anspruchs bei Streit um die Arbeitsbescheinigung

7019 Stellt der Arbeitgeber die Arbeitsbescheinigung nicht aus oder aber nur unvollständig oder nimmt er eine vom Arbeitnehmer verlangte Berichtigung des Inhalts nicht vor, ist der Arbeitnehmer womöglich gezwungen, gegen den Arbeitgeber auf dem Klagewege vorzugehen.

7020 Geht es dem Arbeitnehmer allein darum, die Arbeitsbescheinigung überhaupt zu erhalten, z.B. weil der Arbeitgeber ein Zurückbehaltungsrecht geltend macht, und besteht kein Streit um den Inhalt der Bescheinigung, kommt Klage zum Arbeitsgericht in Betracht. Ein Zurückbehaltungsrecht steht dem Arbeitgeber übrigens nicht zu! Er muss die Arbeitsbescheinigung erteilen und herausgeben, auch wenn er aus dem Arbeitsverhältnis noch Gegenansprüche gegen den Ausgeschiedenen hat. Immer wenn es aber auch um den Inhalt der Arbeitsbescheinigung geht und der Arbeitnehmer z.B. Korrektur hinsichtlich der Dauer der Beschäftigung, der Entgeltangabe oder des Grundes für das Ausscheiden verlangt, ist für eine Klage nicht das Arbeitsgericht, sondern das Sozialgericht zuständig *(BAG 15.01.1992, NZA 1992, S. 996)*.

Solche Klage, sei es zum Arbeitsgericht, sei es zum Sozialgericht, ist allerdings selten und in aller Regel nicht erforderlich. Der Arbeitnehmer benötigt die Arbeitsbescheinigung in den meisten Fällen zur Vorlage beim Arbeitsamt, damit sein Anspruch auf Arbeitslosengeld festgestellt und berechnet werden kann. Er kann deshalb **das Arbeitsamt einschalten** und das Arbeitsamt fordert dann den Arbeitgeber auf, die Arbeitsbescheinigung zu erteilen oder inhaltlich zu berichtigen.

Kommt der Arbeitgeber der Aufforderung nicht nach, kann das Arbeitsamt gegen ihn Geldbuße festsetzen und mit Zwangsmitteln vorgehen! Unabhängig davon kann das Arbeitsamt die Angaben des Arbeitgebers in der Arbeitsbescheinigung, wenn Zweifel auftauchen oder z.B. von dem Arbeitslosen geltend gemacht werden, beim Arbeitgeber etwa durch Rückfragen überprüfen.

Kommt es zwischen dem Arbeitslosen und dem Arbeitsamt zum Streit über einen Leistungsanspruch oder seine Berechnung und erhebt der Arbeitslose schließlich gegen das Arbeitsamt Klage zum Sozialgericht, kann das Gericht zur Aufklärung des Streitfalles den Arbeitgeber oder einen sachkundigen Mitarbeiter als Zeugen vorladen und auffordern, geeignete (Lohn-) Unterlagen vorzulegen, wenn diese Angaben für den Leistungsanspruch des Arbeitslosen wesentlich sind. Der Zeugenvorladung zum Gericht muss Folge geleistet werden.

5. Schadensersatzpflicht des Arbeitgebers

7021 Fehlerhafte Angaben in der Arbeitsbescheinigung können dazu führen, dass dem Arbeitslosen irrtümlich zuviel Arbeitslosengeld bewilligt wird, weil z.B. eine anzurechnende Abfindung nicht ordnungsgemäß angegeben wurde oder dass Arbeitslosengeld bewilligt wird, auf das an sich kein Anspruch bestand, weil z.B. die Dauer der beitragspflichtigen Beschäftigung falsch angegeben wurde.

Für solchen Schaden des Arbeitsamtes **haftet der Arbeitgeber** dem Amt **auf Schadensersatz**, wenn er schuldhaft falsche Angaben gemacht hat. Der Schaden des Arbeitsamtes besteht in der eingetretenen Überzahlung an den Arbeitslosen, soweit sie nicht durch Rückforderung rückgängig gemacht werden kann. Rückforderung beim Arbeitslosen ist bei zum Lebensunterhalt verbrauchten Leistungen kaum möglich, sofern nicht der Arbeitslose den Fehler selbst genau erkannt hatte. Zusätzliche Verwaltungskosten oder eine Verzinsung kann das Arbeitsamt in aller Regel nicht in Rechnung stellen, wohl aber die Beiträge zur Krankenversicherung des Arbeitslosen, wenn diesem irrtümlich Arbeitslosengeld oder -hilfe bewilligt worden war und der Irrtum auf dem Fehler in der Arbeitsbescheinigung beruhte.

Das Arbeitsamt wird im gegebenen Fall seinen Anspruch bei dem Arbeitgeber schriftlich anmelden. Kommt es darüber zum Streit, kann das Arbeitsamt gegen den Arbeitgeber einen **Leistungsbescheid** auf Zahlung erlassen, gegen den sich der Arbeitgeber dann mit dem **Widerspruch** und sodann mit der **Klage zum Sozialgericht** wehren kann.

Ob das Arbeitsamt die Forderung einseitig durch Leistungsbescheid festsetzen darf und damit den Arbeitgeber auf den Klageweg zwingen kann, ist umstritten. Nach der bisher noch vorherrschenden Auffassung **muss das Arbeitsamt**, will es seinen Anspruch durchsetzen, **gegen den Arbeitgeber selbst Klage erheben.** Zuständig dafür ist auch in diesem Falle das Sozialgericht.

Die Fragen in dem umfangreichen Vordruck für die Arbeitsbescheinigung sind nicht immer leicht zu beantworten. Zu Angaben verpflichtet ist der Arbeitgeber nur über Tatsachen, die für den Anspruch des Arbeitslosen von Bedeutung sein können. Zu den Tatsachen gehören zunächst z.B. die Daten der Beschäftigung und deren Art. Dazu gehören aber auch einfache Rechtsbegriffe der Alltagssprache, wie etwa die Begriffe Arbeitsentgelt, Urlaubsabgeltung oder Kündigung. Für die Richtigkeit dieser angegebenen Tatsachen hat der Arbeitgeber einzustehen.

Nicht einzustehen hat er hingegen, wenn es um Rechtsfragen geht und der Arbeitgeber hier einem Irrtum oder Fehlverständnis unterliegt. Es dürfen keine Angaben verlangt werden, die beim Arbeitgeber eine eigene rechtliche Wertung voraussetzen. Die Grenze zwischen Tatsachen, Rechtsbegriffen der Alltagssprache und Begriffen mit rechtlicher Wertung ist fließend.

Hat der Arbeitgeber zu einzelnen Fragen Zweifel, sollte er sie unter Angabe der entsprechenden Tatsachen deutlich machen (»zweifelhaft«) oder gegebenenfalls auf einem Anlagebogen näher erläutern. So kann er einem möglichen Vorwurf, fehlerhaft ausgefüllt zu haben, am besten begegnen.

IV. Entgeltnachzahlungen an den ausgeschiedenen Arbeitnehmer

Wenn dem Arbeitnehmer für die Zeit bis zu seinem Ausscheiden noch rückständiges Arbeitsentgelt zusteht, so bestehen sozialversicherungsrechtlich keine Besonderheiten. Das Entgelt ist beitragspflichtig und zu melden. Wird es erst nach erfolgter Abmeldung gezahlt, muss die Abmeldung **storniert** und neu erstattet werden.

Die Beitragspflicht von Arbeitsentgelt hängt übrigens nicht davon ab, ob der Arbeitnehmer das fragliche Entgelt selbst noch verlangen kann. Ist sein Anspruch darauf z.B. wegen einer **tariflichen Ausschlussklausel** verfallen, so ist das Entgelt dennoch beitragspflichtig und der Arbeitgeber muss den Gesamtsozialversicherungsbeitrag an die Einzugsstelle entrichten *(BSG 30.08.1994, 12 RK 59/92, SozR 3-2200 § 385 Nr. 5; BSG 22.06.1994, 10 RAr 3/93, SozR 3-4100 § 160 Nr. 1)*.

Beitragspflichtig bleibt im Übrigen auch das Arbeitsentgelt, das der Arbeitnehmer selbst vom Arbeitgeber wegen einer verwirkten, nach dem Arbeitsvertrag zu einer Lohnminderung führenden Vertragsstrafe nicht mehr verlangen kann *(BSG 21.06.1996, 12 RK 64/94)*.

7024 Auf der anderen Seite ist der tatsächlich und endgültig ausgeschiedene Arbeitnehmer faktisch arbeitslos. Er kann sich beim Arbeitsamt melden und Arbeitslosengeld beantragen. Sind die dafür notwendigen sonstigen Voraussetzungen erfüllt und kann das Arbeitsamt ihn nicht vermitteln, wird er die Leistung erhalten.

Zwar zahlt das Arbeitsamt im Grundsatz kein Arbeitslosengeld für die Zeit, für die der ausgeschiedene Arbeitnehmer noch Arbeitsentgelt verlangen kann; der Anspruch ruht insoweit. Erhält der Arbeitslose das ihm noch zustehende Arbeitsentgelt vom Arbeitgeber aber tatsächlich nicht ausgezahlt (z.B. wegen Zahlungsunfähigkeit oder wegen Streits um die Kündigung) wird das Arbeitsamt einspringen und Arbeitslosengeld auch für diesen Zeitraum zahlen (Gleichwohlgewährung).

In solchem Fall tritt das Arbeitsamt an die Stelle des an sich zahlungspflichtigen Arbeitgebers. Der Lohnanspruch des Arbeitnehmers geht deshalb bis zur Höhe des gezahlten Arbeitslosengeldes für denselben Zeitraum auf das Arbeitsamt über. Das Arbeitsamt ist jetzt Gläubiger dieses Lohnanspruchs gegen den Arbeitgeber und kann ihn vor dem Arbeitsgericht auf Zahlung verklagen.

Zum Übergang des Lohnanspruchs auf das Arbeitsamt mit der Konsequenz, dass das Arbeitsamt den Arbeitgeber auf Zahlung des rückständigen Lohnes in Anspruch nehmen kann, kommt es aber nicht, wenn das Arbeitsentgelt **bereits vor Zahlung von Arbeitslosengeld** an den arbeitslos gewordenen Arbeitnehmer ausgezahlt worden ist *(BSG 14.07.1994, SozR 3-4100 § 117 Nr. 11)*.

7025 Weil das Arbeitsamt für die Dauer der Zahlung von Arbeitslosengeld auch für den Arbeitnehmer die Beiträge zur Krankenversicherung getragen hat, muss der Arbeitgeber dem Arbeitsamt auch die gezahlten Krankenkassenbeiträge erstatten, soweit er ansonsten als Arbeitgeber Beiträge zu entrichten gehabt hätte. Die Verpflichtung ist der Höhe nach auf den Betrag begrenzt, den das Arbeitsamt an Beiträgen aufgewendet hat und weiter auf den Betrag, den der Arbeitgeber bei rechtzeitiger Lohnzahlung zu zahlen gehabt hätte.

Soweit der Arbeitgeber dem Arbeitsamt die Beiträge erstattet, wird er gegenüber der Krankenkasse frei. Nur eine verbleibende Differenz hat er an die Krankenkasse als Rest-Beitrag zu entrichten.

Tritt das Arbeitsamt mit Arbeitslosengeld und Krankenkassenbeiträgen für den säumigen Arbeitgeber ein, wird es ihn davon unterrichten und darauf hinweisen, dass der Lohnanspruch nunmehr dem Arbeitsamt zusteht.

Auch ohne solche Mitteilung muss der Arbeitgeber mit dem Übergang des Lohnanspruchs auf das Arbeitsamt schon dann rechnen, wenn ihm erkennbar wird, dass der ausgeschiedene Arbeitnehmer Arbeitslosengeld beantragt hat oder beantragen wird.

Muss er damit rechnen oder hat er sogar Mitteilung vom Arbeitsamt erhalten, wird er von seiner Schuld nicht frei, wenn er dennoch an den ausgeschiedenen Arbeitnehmer zahlt. Er setzt sich der Gefahr aus, noch einmal an das Arbeitsamt zahlen zu müssen. 7026

Vor nachträglichen Zahlungen an den ausgeschiedenen Arbeitnehmer empfiehlt sich deshalb Rückfrage beim Arbeitsamt!

Zum Ruhen des Anspruchs auf Arbeitslosengeld führt übrigens auch eine dem ausgeschiedenen Arbeitnehmer gewährte Urlaubsabgeltung (vgl. → Rz. 2903).

V. Anrechnung von Abfindungen auf das Arbeitslosengeld

1. Abfindung wegen Beendigung des Arbeitsverhältnisses

Im Zuge von Aufhebungsverträgen wird dem ausscheidenden Arbeitnehmer nicht selten eine Abfindung gewährt. Ebenso kann es im Verlauf des Kündigungsschutzprozesses zu einem Vergleich über die Beendigung des Arbeitsverhältnisses mit Abfindung kommen oder die Abfindung für ausscheidende Arbeitnehmer wird in einem Sozialplan festgelegt. In diesen Fällen muss bedacht werden, dass die Abfindung womöglich auf das von dem ausgeschiedenen Arbeitnehmer beantragte Arbeitslosengeld angerechnet wird, er also für einen Zeitraum kein Arbeitslosengeld erhält und auf den Verbrauch der Abfindung angewiesen ist. 7027

Die arbeitsrechtlichen Fragen einschließlich der sozial- und steuerrechtliche Folgen sind bei → Rz. 4102 ff. dargestellt.

2. Die anzuwendenden Vorschriften

Der Gesetzgeber hat die **Vorschriften über die Anrechnung einer** dem Arbeitnehmer beim Ausscheiden gewährten **Abfindung** auf das Alg (und in Zusammenhang damit auch die Vorschriften über die Erstattungspflicht des Arbeitgebers in jüngster Zeit **mehrfach reformiert.** 7028

Bis zum 31.03.1997 galten die §§ 117, 117a des alten AFG (und § 128 AFG für die Erstattungspflicht). Sie sahen die Anrechnung einer Abfindung auf das Alg in bestimmten Umfang vor bei »vorzeitigem« Ausscheiden des Arbeitnehmers unter »Abkauf« der normalerweise für den Arbeitgeber gültigen längeren Kündigungsfrist oder bei Unkündbarkeit des Arbeitnehmers (§ 117 AFG) fristgerechtem Ausscheiden des Arbeitnehmers, aber ohne wichtigen Grund mit der Folge des Eintritts einer Sperrzeit (§ 117 a AFG).

Diese Vorschriften sind durch das AFRG vom 24.03.1997 *(BGBl I. S. 594)* mit Wirkung **ab 01.04.1997 aufgehoben** worden.

Sie wirkten jedoch kraft der Besitzschutzregelung in § 242 x Abs. 3 AFG und (ab 01.01.1998:) § 427 Abs. 6 SGB III **übergangsweise fort**; im praktischen Ergebnis **bis einschließlich März 1999**.

7029 Ab 01.04.1997 galt hinsichtlich der Anrechnung einer Abfindung (nunmehr: »Entlassungsentschädigung«) zunächst § 115 a AFG i.d.F. des ARG, welche Regelung sodann ab 01.01.1998 als § 140 in das neue **SGB III** übernommen wurde.

Das neue Recht sah nunmehr vor: Jede **Entlassungsentschädigung** wird auf die Hälfte des Arg angerechnet, soweit sie einen bestimmten Freibetrag (der bei mindestens 10.000 DM lag) übersteigt. Es sollte nicht mehr darauf ankommen, ob der Arbeitnehmer vorzeitig oder ohne wichtigen Grund mit Sperrzeitfolge ausgeschieden war.

Wegen der **Übergangsvorschriften** in § 242 x Abs. 3 AFG und ab 01.01.1998 § 427 Abs. 6 SGB III (dazu oben → Rz. 7028) konnten sich die neuen Vorschriften erst **ab April 1999 praktisch auswirken**.

Wenn im Einzelfall auf einen in der Zeit vom 01.04.1997 bis zum 31.03.1999 entstandenen Anspruch auf Arbeitslosengeld die seinerzeit gültigen Vorschriften des § 115a AFG oder (ab 01.01.1998) § 140 SGB III angewendet werden konnten und worden sind, konnte nunmehr eine Korrektur verlangt werden!

Neu Ab dem **01.04.1998** hat das Entlassungsentschädigungs-ÄndG (EEÄndG) vom 24.03.1999 (BGBl. I S. 396) den ab 01.01.1998 gültigen § 140 SGB III wieder aufgehoben und im Grundsatz den bis zum 31.03.1997 gültigen Rechtszustand wieder hergestellt.

§ 143 a SGB III sieht nunmehr wie früher § 117 AFG die Anrechnung einer Abfindung beim »**vorzeitigen**« **Ausscheiden** des Arbeitnehmers in bestimmtem Umfang vor und § 147 a SGB III führt die **Erstattungspflicht** des Arbeitgebers bei Entlassung älterer Arbeitnehmer (früher: § 128 AFG) wieder ein.

Für **Übergangsfälle** gilt Folgendes:

> Wenn im Einzelfall auf einen in der Zeit vom 01.04.1997 bis zum 31.03.1999 entstandenen Anspruch auf Arbeitslosengeld die seinerzeit gültigen (und regelmäßig schärferen) Vorschriften des § 115 a AFG oder (ab 01.01.1998:) § 140 SGB III angewendet werden konnten und worden sind, kann der Arbeitslose nunmehr beim Arbeitsamt **Korrektur der damaligen Entscheidung** beantragen, auch wenn der Bescheid bereits bestandskräftig geworden ist. Das Arbeitsamt hebt dann seinen alten Bescheid auf und wendet wegen der Anrechnung der Abfindung die neuen ab 01.04.1999 gültigen Vorschriften (§ 143 a SGB III) auch für die zurückliegende Zeit an.

Im folgenden wird deshalb die heute wieder geltende Rechtslage dargestellt; die kaum praktisch gewordene Zwischenphase kann vernachlässigt werden.

3. Entlassungsentschädigung

Arbeitslosengeld ist Ersatz für den durch Arbeitslosigkeit ausgefallenen Lohn. Für die Lohnersatzleistung ist kein Raum, wenn der Arbeitslose noch Anspruch auf Arbeitsentgelt für denselben Zeitraum hat.

Erhält er vom Arbeitgeber wegen der Beendigung des Arbeitsverhältnisses eine Abfindung, soll diese für den Verlust des Arbeitsplatzes entschädigen. Sie enthält aber auch Arbeitsentgelt für eine bestimmte Zeitspanne, vor allem, wenn das Arbeitsverhältnis schon vor dem Zeitpunkt enden soll, zu dem es der Arbeitgeber normalerweise hätte ordentlich kündigen können. Dieser Entgeltanteil bildet zwar eine Rechengröße bei der Kalkulation, wird aber nur selten getrennt und äußerlich erkennbar ausgewiesen.

Wird im Rahmen einer Abfindungsvereinbarung eine Position für rückständiges Arbeitsentgelt für die Zeit bis zum (möglicherweise zunächst umstrittenen) Zeitpunkt der Beendigung ausdrücklich ausgewiesen, handelt es sich insoweit um nachträglich gezahltes Arbeitsentgelt.

Nicht betroffen sind nur solche Leistungen, auf welche ein Arbeitnehmer in jedem Falle Anspruch hat, z.B. Ausschüttung von Gewinnanteilen, Treueprämien, Jubiläumsgelder oder tarifliche Übergangsgelder, für deren Gewährung das Ausscheiden keine Rolle spielt. Nicht betroffen sind ebenso Abfindungen wegen der Anwartschaft auf betriebliche Altersversorgung.

Als **Entlassungsentschädigung** bezeichnet das Gesetz jede **Abfindung, Entschädigung** oder ähnliche Leistung, die **wegen der Beendigung** des Arbeitsverhältnisses gewährt wird.

> Betroffen sind alle Leistungen des Arbeitgebers ohne Rücksicht auf ihre Bezeichnung, ihren Zweck und davon, ob sie in einer Summe oder ratenweise, ob sie sofort beim Ausscheiden oder aber später gezahlt werden sollen. Entscheidend ist allein, ob sie **wegen** der Beendigung gewährt werden, ob also zwischen ihrer Gewährung und der Beendigung ein **ursächlicher Zusammenhang** besteht.

Die Abfindung (Entlassungsentschädigung) kann in einem **Aufhebungsvertrag**, im arbeitsgerichtlichen **Vergleich** im Kündigungsschutzprozess oder auch in einem **Sozialplan** *(BSG 29.08.1991, SozR 3-4100 § 117 Nr. 6)* festgelegt sein. Erfasst wird auch ein **Schadenersatzanspruch** des Arbeitnehmers aus § 628 Abs. 2 BGB für die Zeit nach Beendigung des Arbeitsverhältnisses, denn solcher Anspruch hat Lohnersatzfunktion *(BSG 13.03.1990, SozR 3-4100 § 117 Nr. 2)*. Betroffen sind ferner **monatliche Ausgleichszahlungen** bis zum Beginn einer betrieblichen Altersversorgung und auch Leistungen juristisch selbständiger **Versorgungseinrichtungen,** sofern sie nur mit dem Arbeitgeber wirtschaftlich verbunden sind.

BEISPIEL:

Um zu vermeiden, dass die Abfindung auf das Arbeitslosengeld des ausscheidenden Arbeitnehmers angerechnet wird, wählte der Arbeitgeber folgendes Verfahren:

Seine Hilfskasse gewährte dem Arbeitnehmer in Höhe der Abfindung für 2 Jahre ein Darlehn; dessen Rückzahlung durch den Arbeitgeber wurde in Aussicht gestellt und war Grundlage der Vereinbarung.

Hier ist die Darlehensgewährung ein bloßes Scheingeschäft, um den wahren Charakter der Zuwendung zu verdecken. Gem. § 117 Abs. 2 BGB gelten dann die Regeln des verdeckten Rechtsgeschäfts, d.h. die Gewährung einer Abfindung und sie kommt im gesetzlich bestimmten Umfang zur Anrechnung (BSG 03.03.1993, SozR 3-4100 117 Nr. 10).

7032 Nicht entscheidend ist, ob die Entlassungsentschädigung im ursächlichen Zusammenhang mit der vorzeitigen Beendigung des Arbeitsverhältnisses steht. Der Anrechnung kann deshalb **nicht** entgegengehalten werden, die Abfindung wäre auch beim fristgerechten Ausscheiden unter Einhaltung der gültigen ordentlichen Kündigungsfrist zu beanspruchen gewesen (*BSG 21.09.1995, BSGE 76, 294 = SozR 3-4100 § 117 Nr. 12*). Gefragt wird nur, ob ein ursächlicher Zusammenhang mit dem Ausscheiden überhaupt besteht. Dieser Zusammenhang besteht immer dann, wenn die Leistung ohne das Ausscheiden nicht angefallen wäre.

Deshalb werden auch im **Tarifvertrag** festgelegte Entschädigungen für den Fall des Ausscheidens ergriffen, z.B. **prämienbegünstigtes Ausscheiden im Rahmen von Personalabbau**. Nicht erfasst sind hingegen z.B. Nachzahlungen, Treueprämien, Gewinnausschüttungen oder Jubiläumszuwendungen, die der Arbeitnehmer auch ohne Beendigung des Arbeitsverhältnisses zu beanspruchen hat.

Nicht betroffen sind und nicht angerechnet werden ferner solche Leistungen, die der Arbeitgeber an den Arbeitnehmer bei Vereinbarung von **Altersteilzeit** im Rahmen des gleitenden Übergangs in den Ruhestand auf der Grundlage des Altersteilzeitgesetzes vom 23.07.1996 *(BGBl. I S. 1078)* erbringt.

Die gesetzliche Rentenversicherung hat die bisher bei 60 Jahren liegende Altersgrenze für eine Altersrente wegen Arbeitslosigkeit oder nach Altersteilzeitarbeit für nach dem 31.12.1936 geborene Versicherte (stufenweise) angehoben. Eine **vorzeitige Inanspruchnahme der Rente vom 60. Lebensjahr** an bleibt zwar weiterhin möglich, jedoch nur unter Inkaufnahme von Rentenabschlägen.

Will der Arbeitnehmer solche **Rentenminderung** vermeiden und trotzdem die Altersrente schon vom 60. Lebensjahr an in Anspruch nehmen, kann er **zum Ausgleich besondere Beiträge** entrichten.

Solche Beitragsleistung zum Ausgleich der Rentenminderung kann der Arbeitgeber im Rahmen der Altersteilzeitvereinbarung zugunsten des Arbeitnehmers übernehmen. Diese Zahlungen des Arbeitgebers sind beim Arbeitslosengeld **anrechnungsfrei**.

Wegen der sehr komplizierten rentenrechtlichen Auswirkungen einer vorzeitigen Inanspruchnahme der Rente und der Frage der Einzahlung von Ausgleichsbeiträgen sollte in jedem Falle Beratung durch den Rentenversicherungsträger oder einen kompetenten Rentenberater eingeholt werden.

4. Anrechnung bei vorzeitigem Ausscheiden

Die Entlassungsentschädigung wird nicht (mehr) in jedem Falle des Ausscheidens auf das Arbeitslosengeld angerechnet. Die Anrechnungsfrage stellt sich nur dann, wenn das Arbeitsverhältnis vorzeitig, d.h. ohne Einhaltung der für den Arbeitgeber normalerweise gültigen Kündigungsfrist erfolgt.

7033

Die früher in § 117 a AFG vorgesehene Anrechnung auch im Falle des fristgerechten Ausscheidens, jedoch ohne wichtigen Grund mit Sperrzeitfolge, ist im neuen Recht nicht wieder aufgegriffen worden.

Für die Beurteilung, ob der Arbeitnehmer »vorzeitig« ausgeschieden ist, sind folgende Fallgruppen zu unterscheiden:

Fallgruppe 1: Arbeitnehmer mit ordentlicher Kündigungsfrist

Nicht »vorzeitig« scheidet der Arbeitnehmer aus, wenn sein Arbeitsverhältnis unter Einhalten der für den Arbeitgeber gültigen (gesetzlichen, tariflichen oder individuell vereinbarten) ordentlichen Kündigungsfrist endet. Es kommt nur darauf an, ob diese Kündigungsfrist eingehalten wurde, gleichgültig, wer gekündigt hat oder ob Aufhebungsvertrag oder Vergleich geschlossen wurde. Der Annahme vorzeitigen Ausscheidens steht nicht entgegen, dass das Arbeitsverhältnis formal aufrechterhalten bleibt, etwa um dem Arbeitnehmer Ansprüche aus der betrieblichen Altersvorsorge zu sichern oder auch aus Gründen der Firmentradition; entscheidend ist in solchem Falle nur, dass das sozialrechtliche entgeltliche **Beschäftigungsverhältnis** vorzeitig endet (§ 143 a Abs. 3 SGB III).

7034

Für die Vorzeitigkeit des Ausscheidens kommt es allein auf die objektiv gültige Arbeitgeber-Kündigungsfrist an. Das Arbeitsamt legt deshalb ein vorzeitiges Ausscheiden mit Anrechnungsfolge auch dann zugrunde, wenn sich die **Arbeitsvertragsparteien über die richtige Kündigungsfrist geirrt** haben und beide von einer kürzeren als der tatsächlich gültigen ausgegangen sind *(BSG 25.10.1989, SozR 3-4100 § 117 Nr. 26).*

Übrigens tritt das Ruhen des Anspruchs auf Arbeitslosengeld wegen Anrechnung einer Abfindung bei vorzeitigem Ausscheiden **unabhängig davon** ein, **ob** der Arbeitnehmer bei Fortsetzung des Arbeitsverhältnisses noch **Anspruch auf Arbeitsentgelt** gehabt hätte. Wird deshalb z.B. mit einem seit langem und weiterhin arbeitsunfähigen Arbeitnehmer, dessen Anspruch auf Krankengeld erschöpft ist, eine Aufhebungsvereinbarung mit Abfindung vereinbart, ohne die für den Arbeitgeber gültige Kündigungsfrist einzuhalten, unterliegt die Abfindung der Anrechnung, obwohl wegen der anhaltenden Arbeitsunfähigkeit kein Anspruch auf Arbeitsentgelt mehr bestand *(BSG 20.01.2000, B 7 AL 48/99 R).*

Fallgruppe 2: Befristete Arbeitsverhältnisse

7035 Das befristete Arbeitsverhältnis endet »vorzeitig«, wenn es einvernehmlich vor Fristablauf gelöst wird, ohne dass der Arbeitgeber zu diesem Zeitpunkt ein Recht zur außerordentlichen (fristlosen) Kündigung aus wichtigem Grund hatte.

Fallgruppe 3: Außerordentliches Kündigungsrecht des Arbeitgebers

7036 Hat der Arbeitgeber zu dem Zeitpunkt, zu dem das Arbeitsverhältnis beendet wird, ein Recht zur außerordentlichen Kündigung aus wichtigem Grunde, scheidet der Arbeitnehmer nicht »vorzeitig« aus unabhängig davon, welche Form der Beendigung des Arbeitsverhältnisses gewählt wird. Entscheidend ist nur, ob dem Arbeitgeber an dem fraglichen Tage das Recht zur außerordentlichen Kündigung zur Seite stand.

7037 Dass der **Arbeitnehmer fristlos kündigen durfte**, z.B. wegen ausgebliebener Lohnzahlung, steht der Anrechenbarkeit einer Entlassungsentschädigung nicht entgegen (*BSG 29.08.1991, SozR 3-4100 § 117 Nr. 6*).

Wird z.B. im Kündigungsschutzprozess die zunächst ausgesprochene und umstrittene **fristlose Arbeitgeberkündigung durch Aufhebungsvergleich** mit demselben Endzeitpunkt oder jedenfalls einem Endzeitpunkt vor dem Ende der ordentlichen Kündigungsfrist **ersetzt**, etwa um dem Arbeitnehmer sein berufliches Fortkommen nicht zu erschweren und wird in solchem Falle eine Abfindung gewährt, geht das AA im Zweifel davon aus, dass ein wichtiger Grund zur außerordentlichen Kündigung nicht vorlag und nimmt deshalb ein »vorzeitiges« Ausscheiden mit der Konsequenz der Abfindungsanrechnung an.

> Im sozialgerichtlichen Prozess zwischen dem Ausgeschiedenen, jetzt Arbeitslosen und dem Arbeitsamt um die Anrechnung wird der wichtige Grund dann selbständig nachgeprüft unabhängig davon, welche Feststellungen vor dem Arbeitsgericht getroffen wurden oder welche Motive zum arbeitsgerichtlichen Vergleich führten.

Fallgruppe 4: Ordentlich unkündbare Arbeitnehmer

7038 Vor allem bei älteren Arbeitnehmern mit langer Betriebszugehörigkeit ist die ordentliche Kündigung häufig durch Tarifvertrag oder einzelvertraglich ausgeschlossen. Hier legt das Gesetz fiktiv eine **Kündigungsfrist von 18 Monaten** zugrunde (§ 143 a Abs. 1 SGB III). Endet das Arbeitsverhältnis vor Ablauf dieser Frist von 18 Monaten, liegt ein vorzeitiges Ausscheiden vor und die Abfindung wird für die Dauer der Beendigungsfrist angerechnet, jedoch längstens für ein Jahr vom Endzeitpunkt des Arbeitsverhältnisses an gerechnet.

Wenn die **ordentliche Kündigung** durch den Arbeitgeber nicht auf Dauer, sondern **vorübergehend ausgeschlossen** ist, ist maßgebend, ob die normalerweise (ohne den vorübergehenden Ausschluss) gültige Frist eingehalten wurde. Das gilt z.B. für Betriebsratsmitglieder (§ 15 KSchG) oder im Mutterschutz (§ 9 MuSchG).

Fallgruppe 5: Kündigung aus wichtigem Grund mit Auslauffrist

7039 Namentlich im Falle einer **Betriebsstillegung** erkennt das Arbeitsrecht dem Arbeitgeber die Befugnis zu, auch ordentlich unkündbare Arbeitnehmer außerordentlich (aus dem wichtigen Grund der Betriebsstillegung) zu kündigen, jedoch unter Einhalten einer der ordentlichen Kündigungsfrist entsprechenden Auslauffrist (fristgebundene Kündigung aus wichtigem Grund).

Der **Sozialplan** sieht dann häufig Abfindungen vor. Hier wird diejenige ordentliche Kündigungsfrist zugrunde gelegt, die normalerweise für den Arbeitgeber maßgeblich wäre.

Fallgruppe 6: Ordentliche Kündigung nur gegen Abfindung

Ist arbeitsrechtlich vorgesehen, dass die ordentliche Arbeitgeberkündigung nur gegen Abfindung zulässig ist, wird fiktiv eine **Kündigungsfrist von einem Jahr** zugrunde gelegt. Diese Frist muss eingehalten werden, soll die Entlassungsentschädigung anrechnungsfrei bleiben. Das gilt unabhängig davon, ob z.B. der Tarifvertrag für diese Art ordentlicher Kündigung eine kürzere Frist (z.B. 6 Monate) vorschreibt. 7039a

Mitunter ist in einem Tarifvertrag vorgesehen, dass ein Arbeitnehmer **nur noch mit Zustimmung der Tarifvertragsparteien oder bei Vorliegen eines** für ihn geltenden **Sozialplans** mit bestimmter Kündigungsfrist ordentlich kündbar ist (z.B. im GMTV niedersächs. Metallindustrie vom 17.10.1994). Bei solcher alternativer Kündigungsmöglichkeit genügt nicht die bloße abstrakte Möglichkeit, dass auch aus einem anderen Grunde ohne Abfindung (nämlich mit Zustimmung der TV-Parteien) gekündigt werden konnte. Es gilt vielmehr eine **konkrete Betrachtungsweise**. Es kommt darauf an, ob die geforderte Zustimmung der TV-Parteien vorlag und ob sie bereits vor Vereinbarung des Sozialplans und unabhängig von der Gewährung einer Abfindung erteilt wurde. Nur dann würde die Anrechnung ausscheiden, hingegen nicht, wenn die Zustimmung erst nach und im Hinblick auf den Sozialplan gegeben wurde. Im Übrigen spricht viel dafür, dass die Alternative: Kündigung nur mit Zustimmung der TV-Parteien keinen Gegensatz zu der Möglichkeit: Kündigung mit Sozialplanabfindung bildet, sondern nur eine Ergänzung dazu für solche Fälle, in denen mangels ausreichender Zahl betroffener Arbeitnehmer nicht die Voraussetzungen für einen Sozialplan vorliegen. Sie ermöglicht deshalb gerade nicht die Beendigung des Arbeitsverhältnisses ohne Abfindung *(BSG 05.02.1998 SozR 3-4100 § 117 Nr. 15)*.

5. Dauer und Umfang der Anrechnung der Abfindung

Die Anrechnung der Entlassungsentschädigung auf das Arbeitslosengeld bringt den Anspruch zum Ruhen. Der Beginn der Zahlung des Arbeitslosengeldes wird entsprechend **hinausgeschoben,** jedoch ohne Kürzung der Anspruchsdauer. 7039b

Der Anspruch ruht **vom Ende des Arbeitsverhältnisses** an; erster Ruhenstag ist mithin der Tag, der auf den Tag der Beendigung des Arbeitsverhältnisses folgt. Er ruht sodann **bis zum Ende** der maßgeblichen ordentlichen **Kündigungsfrist,** ggf. bis zum Ende der für Unkündbare oder in den anderen Sonderfällen zu Grunde zu legenden fiktiven Kündigungsfrist von bis zum 18 Monaten. **Der Lauf** dieser Kündigungsfrist **beginnt mit dem Tage der Kündigung,** im Falle einer Auflösungsvereinbarung mit dem Tage dieser Vereinbarung. Der Tag der Kündigung bleibt auch dann maßgebend, wenn später z.B. im Kündigungsschutzprozess ein anderer, danach liegender Zeitpunkt vereinbart wird. Er bleibt immer maßgebend, solange die Kündigung auslösender Faktor für die Beendigung des Arbeitsverhältnisses ist.

Erst und nur, wenn der **Kausalzusammenhang** zu der ursprünglichen Kündigung vollständig weggefallen ist und z.B. nach »Rücknahme« dieser Kündigung und Wiederaufnahme der Arbeit später erneut gekündigt oder sonst beendet wird, beginnt ein neuer Lauf der Frist. Mit dem Ende des Arbeitsverhältnisses beginnt der Lauf der Ruhensfrist auch dann, wenn im unmittelbaren Anschluss ein neues, befristetes Arbeitsverhältnis mit demselben Arbeitgeber vereinbart wird. Dies gilt jedenfalls dann, wenn nach erfolgter Eröffnung des Insolvenzverfahrens das neue befristete Arbeitsverhältnis mit dem Insolvenzverwalter zwecks Abwicklungsarbeiten begründet wird *(BSG 15.02.2000, B 11 AL 45/99 R)*.

Vor allem für Unkündbare mit der anzuwendenden fiktiven langen Kündigungsfrist von bis zu 18 Monaten ist wichtig, dass der im Übrigen kalendermäßig ablaufende Zeitraum – gerechnet vom Ende des Arbeitsverhältnisses an – **längstens ein Jahr** ausmacht. **Kürzer ist der Anrechnungs- oder Ruhenszeitraum beim befristeten Arbeitsverhältnis.** Hier läuft der Zeitraum nur bis zu dem Tag, zu dem das von vornherein befristete Arbeitsverhältnis ohnehin geendet hätte sowie wenn dem Arbeitgeber das Recht zur außerordentlichen Kündigung aus wichtigem Grund zur Seite stand; hier läuft der Zeitraum nur bis zu dem Tag, an dem der Arbeitgeber aus dem wichtigen Grund hätte kündigen können.

Weil die dem Arbeitnehmer gewährte Abfindung nicht in vollem Umfang angerechnet wird, sondern nur im Umfang ihres vom Gesetz **pauschal bemessenen Entgeltanteils**, verkürzt sich häufig der Ruhenszeitraum. Der Anspruch ruht nur für den Zeitraum, in dem der Arbeitslose, hätte er weiter gearbeitet, den Teil der Entlassungsentschädigung, der dem Arbeitsentgeltverlust entspricht, verdient hätte.

Im Höchstfall werden **60 %** der Abfindung angesetzt. Leistungen des Arbeitgebers zur Rentenversicherung zum Ausgleich von Rentenminderungen bei vorzeitiger Inanspruchnahme der Altersrente (§ 187 a SGB VI) bleiben dabei außer Ansatz.

Der **Prozentsatz (60 %) vermindert sich** für je 5 Jahre des Arbeitsverhältnisses in demselben Betrieb oder Unternehmen als auch für je 5 Lebensjahre nach Vollendung des 35. Lebensjahres um **je 5 %**; er liegt aber bei **mindestens 25 %** (s. die Tabelle bei → Rz. 4113).

Der genaue **Anrechnungszeitraum** ergibt sich, wenn der sich aus der Tabelle ergebende Teil der Abfindungssumme (mindestens 25 %, höchstens 60 %) durch das zuletzt kalendertäglich verdiente Arbeitsentgelt geteilt wird (s. zu Einzelheiten der Berechnung → Rz. 4114 ff.).

Grundsätzlich ist in folgenden **Schritten** vorzugehen:

Schritt 1:
Ermittlung der maßgeblichen Kündigungsfrist

Schritt 2:
Höchstdauer des Ruhenszeitraumes 1 Jahr

Schritt 3:
Ermittlung des individuellen Ruhenszeitraumes unter Berücksichtigung des prozentual und sodann absolut anrechenbaren Teils der Abfindung sowie des kalendertäglichen Tagesverdienstes

Dies führt zu folgender **Formel**:

Ruhenszeitraum = anrechenbarer Teil der Abfindung: kalendertägliches Arbeitsentgelt)

6. Regress beim Arbeitgeber und weitere Gefahren für den Arbeitnehmer bei Abfindungsvereinbarungen

Vereinbarungen zwischen Arbeitgeber und Arbeitnehmer über den Zeitpunkt der Beendigung des Arbeitsverhältnisses, wie sie in einem Auflösungsvertrag mit Abfindungsregelung oder auch in einem arbeitsgerichtlichen Vergleich getroffen werden, sind grundsätzlich möglich und zulässig.

Abgesehen von der Frage der Anrechnung der Abfindung auf das Arbeitslosengeld und einer möglichen Erstattungspflicht des Arbeitgebers gem. § 147a SGB III (dazu → Rz. 7051), birgt solche Vereinbarung über die Beendigung des Arbeitsverhältnisses für beide Seiten weitere Gefahren.

BEISPIEL:

Der Arbeitgeber kündigt fristlos zum Ende November. Der Gekündigte erhebt zum Arbeitsgericht die Kündigungsschutzklage. Im Termin vor dem Arbeitsgericht schließen die Parteien im März des folgenden Jahres schließlich den folgenden Vergleich:

1. Die Parteien sind sich einig, dass das Arbeitsverhältnis durch ordentliche betriebsbedingte Kündigung (erst) zum 15.03. beendet ist;
2. Der Arbeitnehmer erhält für den Verlust des Arbeitsplatzes entsprechend §§ 9, 10 KSchG eine Abfindung in Höhe von .....;
3. Die Parteien sind sich einig, dass mit der Erfüllung dieses Vergleichs sämtliche gegenseitigen finanziellen Ansprüche aus dem Arbeitsverhältnis ausgeglichen sind.

In solchem Falle ergeben sich für den ausgeschiedenen Arbeitnehmer abgesehen von der Anrechnung der Abfindung auf das Arbeitslosengeld zusätzliche Probleme. Hat er aufgrund der zunächst ausgesprochenen fristlosen Kündigung seit Ende November nicht mehr gearbeitet, war das beitragspflichtige Beschäftigungsverhältnis (zunächst) zu diesem Termin beendet und nur die Zeit bis Ende November kann auf die Anwartschaft für das Arbeitslosengeld angerechnet werden. Wird nun im arbeitsgerichtlichen Vergleich ein späteres Ende des Arbeitsverhältnisses festgelegt, so rechnet diese weitere Zeitspanne (im Beispiel: bis März des folgenden Jahres) nur dann für die Anwartschaft auf Arbeitslosengeld mit, wenn dafür auch Arbeitsentgelt geschuldet wird. Das wird regelmäßig gem. § 615 BGB der Fall sein, wenn sich die fristlose Kündigung vor dem Arbeitsgericht als nicht zu halten erweist.

Wenn der Arbeitnehmer freilich in dem Vergleich die Abfindung ausdrücklich »für den Verlust des Arbeitsplatzes« erhält und zudem im Vergleich die »Ausgleichsquittung« unter Verzicht auf alle weitergehenden finanziellen Ansprüche erteilt, dann wird für die fragliche Zeitspanne gerade kein Arbeitsentgelt geschuldet und es bewendet dabei, dass für den Anspruch auf Arbeitslosengeld nur die Zeit bis zum faktischen Ausscheiden Ende November angerechnet werden kann. Reicht sie für einen Anspruch nicht aus, hat sich der Arbeitnehmer durch Zustimmung zum Vergleich seiner wirtschaftlichen Sicherung für die Dauer der Arbeitslosigkeit begeben.

7041 Wegen der Konsequenzen für den Arbeitnehmer sollte bei Zweifeln, ob eine Abfindung zur Anrechnung gelangen wird oder gar den Anspruch auf Arbeitslosengeld vernichtet oder verkürzt, vor Abschluss der Vereinbarung das Arbeitsamt um Rat und Auskunft gebeten werden!

Der Arbeitgeber ist verpflichtet, den Arbeitnehmer auf mögliche Folgen einer Auflösungsvereinbarung mit Abfindung hinzuweisen.

Geht die Initiative zur Auflösung des Arbeitsverhältnisses gegen Abfindung vom Arbeitnehmer aus, so genügt der Arbeitgeber seiner Beratungspflicht, wenn er den Arbeitnehmer auf die Gefahr einer Sperrzeit hinweist. Es ist dann Sache des Arbeitnehmers, sich beim Arbeitsamt näher zu erkundigen und er kann, wenn er das unterlässt und gegen ihn die Sperrzeit festgesetzt wird, vom Arbeitgeber keinen Schadenersatz verlangen (*BAG 10.03.1988, EzA § 611 BGB Aufhebungsvertrag Nr. 6*). Aber auch für die Arbeitgeberseite birgt die Auflösungsvereinbarung oder ein entsprechender arbeitsgerichtlicher Vergleich Gefahren.

Wenn sich beide Seiten einig sind, können sie den Zeitpunkt, zu dem das Arbeitsverhältnis enden soll, im Prinzip einvernehmlich festlegen. Freilich muss dabei die **Rechtsposition des Arbeitsamtes** beachtet werden. Der zum Ende des Arbeitsverhältnisses noch bestehende Anspruch des Arbeitnehmers auf rückständiges, noch nicht ausgezahltes Arbeitsentgelt geht nämlich kraft Gesetzes auf das Arbeitsamt über, sobald das Arbeitsamt dem Ausgeschiedenen Arbeitslosengeld gewährt. Dasselbe gilt für einen Anspruch auf Abfindung. An sich hat zwar der Ausscheidende für eine Zeitspanne, für die noch Arbeitsentgelt zu zahlen ist (z.B. für die Zeit von der Freistellung bis zum Ende der laufenden Kündigungsfrist oder für die Zeit nach zunächst ausgesprochener und dann vergleichsweise »zurückgenommener« fristloser Kündigung bei Streit um deren Wirksamkeit) keinen Anspruch auf Arbeitslosengeld. Erhält der Ausscheidende aber tatsächlich keine Zahlung vom Arbeitgeber, springt das Arbeitsamt mit Arbeitslosengeld ein und zahlt die Leistung gleichwohl (sog. Gleichwohlgewährung); der Restanspruch des Arbeitnehmers geht dann aber auf das Arbeitsamt über und das Arbeitsamt nimmt den Arbeitgeber insoweit in Regress. Er muss statt an den Ausgeschiedenen an das Arbeitsamt zahlen. Schließen nun Arbeitgeber und Arbeitnehmer z.B. im Kündigungsschutzprozess einen Vergleich über den Zeitpunkt der Beendigung, so kann dadurch die Stellung des Arbeitsamtes als Gläubiger des Anspruchs auf restliches Arbeitsentgelt beeinträchtigt werden.

Haben die Arbeitsvertragsparteien in einem Beendigungsvergleich z.B. durch eine Abgeltungsklausel auch die dem Arbeitnehmer noch zustehenden Ansprüche auf Entgelt für die restliche Dauer des Arbeitsverhältnisses einbezogen, so haben sie als Nichtberechtigte über auf das Arbeitsamt übergegangene Ansprüche verfügt und der Vergleich ist nichtig (*OLG Frankfurt/Main 27.05.1993, BB 1993,1812; ähnlich BGH 17.06.1992, VIII ZR 191/91, LAG Hamm 09.01.1980, 14 Sa 1168/79*).

Unzulässig ist vor allem eine **Rückdatierung** des Beendigungszeitpunktes. Ist z.B. das Kündigungsschutzverfahren rechtskräftig abgeschlossen, besteht das Arbeitsverhältnis unangefochten fort und sind Entgeltansprüche des Arbeitnehmers aus § 615 BGB entstanden, können Arbeitgeber und Arbeitnehmer wegen der Gläubigerstellung des Arbeitsamtes keinen Abfindungsvergleich unter rückwirkender Beendigung des Arbeitsverhältnisses mehr schließen, weil damit die Stellung des Arbeitsamtes beeinträchtigt werden würde (*LAG Hamm 19.02.1988, DB 1988,1327 = NZA 1988,773*).

7042

HIERZU FOLGENDES WEITERES BEISPIEL:

Der Arbeitgeber kündigte das Arbeitsverhältnis am 19.08. ordentlich und fristgerecht zum 31.03. des Folgejahres. Der Arbeitnehmer wurde sofort von der Arbeit freigestellt. Weil er kein Entgelt mehr erhielt, beantragte der Ausgeschiedene Arbeitslosengeld und das Arbeitsamt zahlte es im Wege der sog. Gleichwohlgewährung. Im Zuge des Kündigungsschutzprozesses schloss man am 29.01. des Folgejahres vor dem Arbeitsgericht einen Vergleich. Darin wurde als Beendigungszeitpunkt des Arbeitsverhältnisses der 23.01. festgelegt und dem Ausgeschiedenen eine Abfindung zugesprochen.

Das BSG sieht in einem solchem Beendigungs- und Abfindungsvergleich einen Rechtsmissbrauch zu Lasten des Arbeitsamtes. Wenngleich die Parteien um die Wirksamkeit der Kündigung stritten, bestand doch über den durch die Arbeitgeberkündigung gesetzten Zeitpunkt der Beendigung kein Streit: jedenfalls nicht vor dem 31.03. Bis dahin stand dem Arbeitnehmer und kraft Anspruchsübergangs sodann dem Arbeitsamt jedenfalls der Entgeltanspruch zu. Durch rückwirkende Beendigung auf einen früheren Zeitpunkt wird der Entgeltanspruch zu Lasten des Arbeitsamtes verzichtet, was unzulässig ist (*BSG 14.07.1994, SozR 3-4100 § 117 Nr. 11 = SGb 1995, 405 mit Anm. Wagner*).

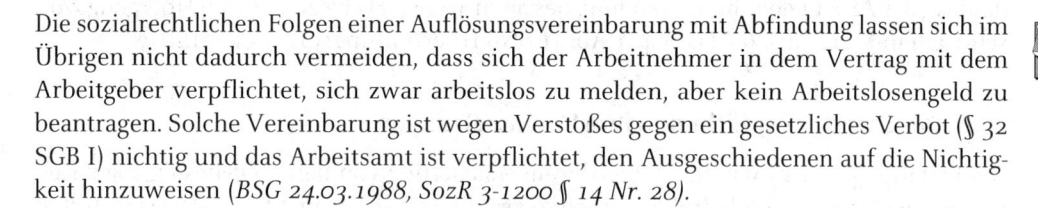

Die sozialrechtlichen Folgen einer Auflösungsvereinbarung mit Abfindung lassen sich im Übrigen nicht dadurch vermeiden, dass sich der Arbeitnehmer in dem Vertrag mit dem Arbeitgeber verpflichtet, sich zwar arbeitslos zu melden, aber kein Arbeitslosengeld zu beantragen. Solche Vereinbarung ist wegen Verstoßes gegen ein gesetzliches Verbot (§ 32 SGB I) nichtig und das Arbeitsamt ist verpflichtet, den Ausgeschiedenen auf die Nichtigkeit hinzuweisen (*BSG 24.03.1988, SozR 3-1200 § 14 Nr. 28*).

VI. Erstattungspflicht des Arbeitgebers

1. Die anzuwendenden Vorschriften

Die Verpflichtung des Arbeitgebers, dem Arbeitsamt das Arbeitslosengeld für einen ausgeschiedenen Arbeitnehmer zu erstatten, gründete sich zunächst auf § 128 des alten AFG. Die weitere Rechtsentwicklung gleicht derjenigen, wie sie für die Anrechenbarkeit einer Abfindung (»Entlassungsentschädigung«) auf das Arbeitslosengeld aufgezeigt wurde (vgl. oben → Rz. 7028). Kurz zur Chronologie:

7043

Zum 31.03.1997 ist § 128 AFG außer Kraft getreten. **Ab 01.04.1997** galt diese Erstattungsvorschrift **für Übergangsfälle** fort, und zwar im praktischen Ergebnis bis zum 01.04.1999 (§ 242 x Abs. 6 AFG, § 431 Abs. 1 SGB III; siehe dazu oben → Rz. 7028).

Ab 01.04.1999 hat das EEÄndG vom 24.03.1999 *(BGBl. I S. 396)* mit dem **neuen § 147 a SGB III** im praktischen Ergebnis den alten Rechtszustand wieder hergestellt und die Erstattungspflicht nach dem Vorbild des alten § 128 AFG **wieder eingeführt**.

Für **Übergangsfälle** gilt Folgendes (§ 431 Abs. 2 SGB III):

Fall 1:
Der Anspruch auf Alg ist vor dem 01.04.1999 entstanden, d.h. die Arbeitslosigkeit ist vor dem 01.04.1999 eingetreten.
Folge: Der neue § 147 a SGB III ist **nicht** anzuwenden.

Fall 2:
Das Arbeitsverhältnis ist vor dem 10.02.1999 gekündigt worden.
Folge: Aus Gründen des Vertrauensschutzes ist der neue § 147 a SGB III bei Kündigungen, die vor dem Tag des Kabinettsbeschlusses über das neue Gesetz ausgesprochen worden sind, **nicht** anzuwenden.

Fall 3:
Die Auflösung des Arbeitsverhältnisses ist vor dem 10.02.1999 vereinbart worden.
Folge: Auch hier gilt wie bei Kündigungen der Vertrauensschutz und § 147 a SGB III ist nicht anzuwenden.

Zu beachten bleibt aber: Auch wenn für die vorgenannten Übergangsfälle der neue § 147 a SGB III nicht anzuwenden ist und eine Erstattungspflicht des Arbeitgebers darauf nicht gestützt werden kann, kann in solchen Fällen, in denen die Arbeitslosigkeit vor dem 01.04.1999 eingetreten (und der Arbeitslosengeldanspruch vor dem 01.04.1999 entstanden) ist, der Arbeitgeber in Anwendung des alten § 128 AFG wegen dessen Übergangsvorschriften in § 242 Abs. 6 AFG, § 431 Abs. 1 SGB III erstattungspflichtig sein!

2. Die Erstattungspflicht und ihre Voraussetzungen

7044 Die Erstattungspflicht will die Arbeitslosenversicherung von den Folgekosten sog. Frühverrentungsprogramme befreien. Arbeitgeber, die mit ihren nicht sozial gerechtfertigt kündbaren älteren Arbeitnehmern ein vorzeitiges Ausscheiden vereinbaren und dadurch einen Anspruch auf Arbeitslosengeld und vom 60. Lebensjahr an auf vorzeitige Altersrente wegen Arbeitslosigkeit auslösen, sollen verpflichtet sein, das diesen Arbeitslosen gewährte Arbeitslosengeld (Alg) der Bundesanstalt für Arbeit zu erstatten *(Amtl. Begr. z. damaligen Entwurf des § 128 AFG, BT-Drucks. 12/3211 zu Nr. 35)*.

Die Erstattungspflicht des Arbeitgebers hängt von folgenden grundsätzlichen Voraussetzungen ab:

Lebensalter des Arbeitnehmers
Die Erstattungspflicht tritt nur ein, wenn das Arbeitsverhältnis ab **Vollendung des 56. Lebensjahres** des Arbeitnehmers beendet wird.

Dauer des Arbeitsverhältnisses
Die Erstattungspflicht tritt nur ein, wenn der Arbeitnehmer bei dem Arbeitgeber oder ei-

nem anderen Konzernunternehmen **innerhalb der letzten vier Jahre** vor Beginn der Arbeitslosigkeit **für mindestens 24 Monate** versicherungspflichtig beschäftigt war.

Kein Anspruch auf alternative Sozialleistung
Keine Erstattungspflicht entsteht dann, wenn der Arbeitnehmer die Voraussetzungen für eine alternative Sozialleistung erfüllt, nämlich für

- Krankengeld
- Verletztengeld aus der gesetzlichen Unfallversicherung,
- Übergangsgeld z.B. vom Rentenversicherungsträger,
- Rente wegen Berufsunfähigkeit (§ 43 SGB VI)
- Rente wegen Erwerbsunfähigkeit (§ 44 SGB VI)
- Altersrente, insbesondere die vorzeitigen Altersrenten ab Vollendung des 60. oder 63. Lebensjahres (§§ 36 ff. SGB VI)

einschl. ähnlicher öffentlich-rechtlicher Leistungen für Zeiten vor dem 65. Lebensjahr, z.B. Ruhegelder für Beamte und einschl. vergleichbarer ausländischer Leistungen (*dazu Wissing NZA 1993, 385*).

Sind die Voraussetzungen für eine solche alternative Sozialleistung erfüllt, fällt das Risiko nicht der Arbeitslosenversicherung an und es bedarf keiner Erstattungspflicht. Dabei ist **allein entscheidend, ob die gesetzlichen Voraussetzungen** für eine solche alternative Leistung **erfüllt sind**, z.B. auf Rente wegen Berufs- oder Erwerbsunfähigkeit; es kommt nicht darauf an, ob der Arbeitnehmer sie dann auch beantragt oder ob er sie tatsächlich bezieht.

Maßgebender Zeitpunkt dafür, ob solcher Anspruch besteht, ist der Zeitpunkt des Entstehens seines Anspruchs (also im Ergebnis: der Beginn der Arbeitslosigkeit), jedoch frühestens der **Zeitpunkt der Vollendung des 58. Lebensjahres**.

Ob die gesetzlichen Voraussetzungen für eine alternative Sozialleistung, vor allem: für eine Rente wegen Berufs- oder Erwerbsunfähigkeit erfüllt sind, muss das Arbeitsamt im Rahmen des Erstattungsverfahrens von Amts wegen prüfen. Der Arbeitslose muss daran mitwirken und sich z.B. einer ärztlichen Untersuchung stellen. Das Arbeitsamt kann auch die Krankenkasse oder den Rentenversicherungsträger in die Ermittlungen einschalten. Der Arbeitgeber hat kaum eigene Möglichkeiten zur Feststellung, er kann aber ihm bekannte Umstände (z.B. längere Zeiten der Arbeitsunfähigkeit) als Anhaltspunkte benennen.

Ohne konkrete Anhaltspunkte, gleichsam »ins Blaue hinein« braucht das Arbeitsamt freilich nicht zu ermitteln.

3. Wegfall oder Minderung der Erstattungspflicht

Auch wenn die soeben geschilderten Voraussetzungen erfüllt sind, tritt die Erstattungspflicht dennoch nicht in allen Fällen ein. Das Gesetz sieht eine Reihe von **Ausnahmen und Befreiungsmöglichkeiten** vor. Sie knüpfen an unterschiedliche Umstände an und wollen dem Gedanken der **Zumutbarkeit** der Belastung für den Arbeitgeber Rechnung tragen.

7045

In folgenden Fällen tritt hiernach trotz Erfüllung der grundsätzlichen Voraussetzungen **keine Erstattungspflicht** ein:

a) Kleinbetriebe

7046 Wenn der Arbeitgeber in seinem Betrieb oder seinen Betrieben in der Regel **nicht mehr als 20 Arbeitnehmer** beschäftigt, tritt keine Erstattungspflicht ein.

Bei die Zahl der Beschäftigten werden nicht mitgerechnet:

- Zur **Berufsausbildung** Beschäftigte,
- **Schwerbehinderte** nach dem SchwbG und Gleichgestellte
- **Teilzeitbeschäftigte** mit einer Arbeitszeit von bis zu 10 Stunden wöchentlich oder bis zu 45 Stunden monatlich (bei einer Arbeitszeit bis zu 20 Stunden wöchentlich werden Teilzeitbeschäftigte zur Hälfte, bei einer solchen über 20, aber bis zu 30 Wochenstunden werden sie zu ¾ in Ansatz gebracht),
- **Heimarbeiter** und Hausgewerbetreibende,
- **Leiharbeitnehmer**.

Hat der Arbeitgeber für Arbeitnehmerinnen oder Arbeitnehmer, die sich im **Erziehungsurlaub** befinden, bereits Ersatzkräfte eingestellt, sind diese in die Beschäftigtenzahl einzurechnen; sind keine Ersatzkräfte eingestellt, bleiben sie außer Ansatz. Dasselbe gilt für Arbeitnehmerinnen im Mutterschutz. **Maßgebend** für die Anzahl der Beschäftigten ist das Kalenderjahr, das dem Kalenderjahr vorausgeht, in dem die Voraussetzungen für die Erstattungspflicht (grundsätzlich) erfüllt sind. In diesem maßgebenden (**vorausgehenden**) **Kalenderjahr** darf die Beschäftigtenzahl in mindestens 8 Monaten die Grenze von 20 Arbeitnehmern nicht überschritten haben.

> **Tipp**
> Ist der Erstattungsanspruch zunächst entstanden und **mindert sich** nunmehr **die Zahl der Beschäftigten** derart, dass die Grenze jetzt unterschritten wird, entfällt die Erstattungspflicht vom Folgejahr an für die Zukunft. Dass der Arbeitgeber zu den »Kleinbetrieben« gehört, muss der darlegen und nachweisen, wofür u.a. auf die Teilnahme an der Lohnfortzahlungsversicherung nach § 10 LFZG zurückgegriffen werden kann.

b) Mittlere Betriebe

7047 Mittlere Betriebe mit **nicht mehr als 40** bzw. **nicht mehr als 60 Arbeitnehmern** (Berechnung der Anzahl: s. oben) entfällt die Erstattungspflicht zwar nicht völlig, **sie mindert sich** jedoch **um zwei Drittel** (bei mehr als 20, jedoch nicht mehr als 40) und **um ein Drittel** (bei mehr als 40, jedoch nicht mehr als 60 Arbeitnehmern). Auch hier gelten jeweils die Verhältnisse des Vorjahres; mindert sich die Zahl der Beschäftigten, mindert sich die Erstattungspflicht vom Folgejahr an entsprechend für die Zukunft.

c) Nicht ausreichend lange Dauer des Arbeitsverhältnisses

7048 Die Erstattungspflicht wurzelt nicht zuletzt in der erhöhten Fürsorgepflicht des Arbeitgebers gegenüber langjährig bei ihm Beschäftigten. **Sie entfällt deshalb bei nicht ausreichend langer Betriebszugehörigkeit.** Grundsätzlich tritt sie ein, wenn der Arbeitslose **in den letzten vier Jahren für mindestens 24 Monate** bei dem Arbeitgeber versicherungspflichtig beschäftigt war (s. oben).

Ist diese Voraussetzung gegeben, muss differenziert werden.

- Kündigung nach Vollendung des 56. aber vor Vollendung des 57. Lebensjahres des Arbeitnehmers, dieser hat in den **letzten 18 Jahren** vor dem Tag der Arbeitslosigkeit insgesamt (auch mit Unterbrechungen) **weniger als 15 Jahre** zu dem Arbeitgeber oder einem anderen Konzernunternehmen in einem Arbeitsverhältnis gestanden, es besteht also innerhalb der 18-jährigen Rahmenfrist eine zeitliche Lücke von mindestens 3 Jahren und einem Tag: Die Erstattungspflicht entfällt.
- Kündigung ab Vollendung des 57. Lebensjahres des Arbeitnehmers, dieser hat **in den letzten 12 Jahren** vor dem Tag der Arbeitslosigkeit insgesamt (auch mit Unterbrechungen) **weniger als 10 Jahre** zu dem Arbeitgeber oder einem anderen Konzernunternehmen in einem Arbeitsverhältnis gestanden (zeitliche Lücke in der 12-jährigen Rahmenfrist von mindestens 2 Jahren und einem Tag). Die Erstattungspflicht entfällt.

Zeiten vor dem 03.10.1990 bei einem Arbeitgeber im sog. **Beitrittsgebiet** rechnen auch hier in beiden Fällen für die Dauer der Arbeitszeit nicht mit.

d) Umstände der Kündigung

Unabhängig von der Anzahl der Beschäftigten und der Dauer des Arbeitsverhältnisses wird dem Arbeitgeber die Erstattung nicht zugemutet, wenn die Kündigung unter bestimmten Umständen erfolgt ist, nämlich bei einer Eigenkündigung des Arbeitnehmers.

7049

Keine Erstattungspflicht, wenn der Arbeitnehmer das Arbeitsverhältnis **selbst gekündigt und keine Abfindung**, Entschädigung oder ähnliche Leistung wegen der Beendigung des Arbeitsverhältnisses erhalten oder zu beanspruchen hat. Wird solche Abfindung (auch nach Kündigung des Arbeitnehmers) vereinbart, bringt der Arbeitgeber sein Interesse an der Beendigung des Arbeitsverhältnisses zum Ausdruck und wird erstattungspflichtig.

Ein **Aufhebungsvertrag** steht einer Eigenkündigung des Arbeitnehmers nicht gleich und kann auch nicht in eine Arbeitnehmerkündigung umgedeutet werden, denn bei einem solchen Aufhebungsvertrag leistet der Arbeitgeber (wie bei Versprechen einer Abfindung) einen ursächlichen Beitrag zur Beendigung.

Kündigt der Arbeitgeber auf Wunsch des Arbeitnehmers, wird ebenfalls ein ursächlicher Beendigungsbeitrag geleistet und die Erstattungspflicht entfällt nicht (*BSG 11.05.1999, B 11 AL 73/98 R*).

Sieht das Arbeitsrecht eine Arbeitgeberkündigung nach Maßgabe des § 1 KSchG als sozial gerechtfertigt an, soll das Sozialrecht dem Arbeitgeber keine Erstattungspflicht aufbürden. Entscheidend dabei ist nur die **soziale Rechtfertigung der Kündigung i.S.d. § 1 KSchG**; ob die Kündigung aus anderen Gründen z.B. aus formalen Gründen unwirksam ist, wird nicht geprüft. **Die Fiktion des § 7 KSchG gilt nicht.** Die Kündigung gilt also nicht schon deshalb als sozial gerechtfertigt, weil der Arbeitnehmer nicht rechtzeitig binnen dreier Wochen Kündigungsschutzklage erhoben hat.

An eine **rechtskräftige Entscheidung des ArbG** ist das Arbeitsamt und im Streitfall das Sozialgericht gebunden. Es muss sich aber um eine (Sach-) Entscheidung »über die soziale Rechtfertigung der Kündigung« handeln. Ein **Prozess- oder Versäumnisurteil** des ArbG entfaltet keine Bindungswirkung, auch kein arbeitsgerichtlicher Vergleich.

Immer wenn keine die Kündigungsumstände genau würdigende Entscheidung des ArbG vorliegt oder wenn der Arbeitnehmer keine oder verspätet Kündigungsschutzklage erhoben hat, prüfen das Arbeitsamt und im Streitfall das SG die Kündigungsgründe eigenständig; der Arbeitgeber muss sie darlegen und nachweisen.

Wegen **sozial gerechtfertigter Kündigung** kann die Erstattungspflicht nur entfallen, wenn

- das **KSchG** für den Arbeitnehmer generell **anwendbar** ist,
- der Arbeitnehmer **ordentlich kündbar** ist; bei ordentlich Unkündbaren kann der Befreiungstatbestand deshalb nur eingreifen, wenn im Einzelfall außerordentlich gekündigt werden darf.

Sodann ist in Anwendung arbeitsrechtlicher Grundsätze zu prüfen, ob die Kündigung **aus personenbedingten Gründen, aus verhaltensbedingten Gründen oder aus betriebsbedingten Gründen** gerechtfertigt ist.

Tipp: Der für die sozial gerechtfertigte Arbeitgeberkündigung gültige Befreiungstatbestand gilt nicht, wenn das Arbeitsverhältnis durch **Aufhebungsvertrag** gelöst wird *(BSG 17.12.1997, SozR 3-4100 § 128 Nr. 5)*. **Im besonderen Fall** kann aber auch bei einem Aufhebungsvertrag die Erstattungspflicht entfallen:

BEISPIEL:

Der Anstellungsvertrag eines leitenden Angestellten war an seine entsprechend § 84 Abs. 1 AktG auf jeweils fünf Jahre ausgelegte Bestellung zum Mitglied der Geschäftsführung einer Tochter-GmbH des Unternehmens geknüpft und dementsprechend (mit mehrfacher Verlängerung) befristet. Schließlich lief er aus und es kam beim Ausscheiden zu einer Aufhebungsvereinbarung.

Das LSG NRW (12.02.1999, L 1 AL 26/98, NZS 1999,407) sieht die Beendigung des befristeten Anstellungsverhältnisses nicht als erstattungspflichtig, weil das Beschäftigungsverhältnis nicht durch aktives Tun des Arbeitgebers, sondern durch Fristablauf beendet worden sei. Die wiederholte Befristung sei mit Blick auf die gesellschaftsrechtliche Regelung entsprechend § 84 Abs. 1 AktG auch sachlich gerechtfertigt.

Keine Erstattungspflicht wird dem Arbeitgeber zugemutet, wenn er **im Zeitpunkt der Beendigung des Arbeitsverhältnisses zur fristlosen Kündigung aus wichtigem Grund oder zu außerordentlicher Kündigung aus wichtigem Grund mit Auslauffrist** berechtigt ist.

Auf die gewählte **Auflösungsform** (z.B. Aufhebungsvertrag) kommt es nicht an, wenn nur zum fraglichen Beendigungszeitpunkt der wichtige Grund gegeben war; die 2-Wochen-Frist des § 626 Abs. 2 BGB muss im Falle eines Auflösungsvertrages deshalb beachtet werden.

Die außerordentliche Kündigung mit sozialer Auslauffrist betrifft ordentlich unkündbare Arbeitnehmer vor allem im Falle einer Betriebsstillegung oder bei dauerhafter Arbeitsunfähigkeit.

e) Personalminderung

Die Erstattungspflicht wird dem Arbeitgeber nicht zugemutet, wenn er in seinem Betrieb oder seinen Betrieben zu einer Personalminderung in einer Größenordnung gezwungen ist, die nicht mehr im Rahmen normaler Fluktuation bewältigt werden kann. Wesentlich dabei ist, ob davon **überproportional ältere Arbeitnehmer betroffen** sind. 7050

Im Einzelnen tritt die **pauschale Freistellung** von der Erstattungspflicht unter folgenden Voraussetzungen ein:

Fall 1: Personalminderung innerhalb eines Jahres um 3 %

Auszugehen ist von der Zahl der Arbeitnehmer (zur Berechnung: s. oben) zu Beginn des Jahreszeitraumes, der kein Kalenderjahr sein muss. Die Anzahl der Ausgeschiedenen und der Neueingestellten wird saldiert. Die **Befreiung greift ein,** wenn unter den Ausgeschiedenen nicht mehr Ältere (ab Vollendung des 56. Lebensjahres) sind, als dem Anteil dieser Personengruppe an der Gesamtbelegschaft entspricht.

Fall 2: Personalminderung innerhalb eines Jahres um 10 %

Im Falle einer Personalminderung um 10 % innerhalb Jahresfrist (Zwölfmonatszeitraum) verdoppelt sich der höchstzulässige Anteil Älterer. ihr Anteil darf also bis zum **Zweifachen** ihrer Quote an der Gesamtbelegschaft reichen.

f) Kurzfristiger drastischer Personalabbau

Verschärft sich die Situation des Arbeitgebers zu einer **krisenhaften Lage,** so dass er gezwungen ist, innerhalb kürzester Zeit (3 Monate) seinen Personalbestand **um mindestens 20 % zu reduzieren** und ist dieser Personalabbau auch **für den örtlichen Arbeitsmarkt von erheblicher Bedeutung,** so wird davon ausgegangen, dass Arbeitsplätze nur um den Preis der Freisetzung eines großen Teils älterer Arbeitnehmer gesichert werden können. In solcher krisenhaften Situation tritt die **pauschale Befreiung von der Erstattungspflicht unabhängig vom Anteil Älterer** an der Zahl der Ausgeschiedenen ein. 7051

Die **Bedeutung für den Arbeitsmarkt** hängt von der Zahl der Entlassenen und davon ab, ob die drohende Arbeitslosigkeit vom örtlichen Arbeitsmarkt ohne weiteres aufgefangen werden kann. Die erhebliche Bedeutung wird zu bejahen sein, wenn der Betrieb in einem anerkannten Fördergebiet der regionalen Strukturpolitik liegt oder in einem Bezirk mit überdurchschnittlicher Arbeitslosenquote oder wenn es sich um einen den örtlichen Arbeitsmarkt dominierenden Betrieb handelt.

g) Existenzgefährdung des Unternehmens

7052 Die Erstattungspflicht kann schließlich **pauschal entfallen,** wenn die Erstattung für den Arbeitgeber eine **unzumutbare Belastung** bedeuten würde, weil durch die Erstattung

- der **Fortbestand** des Unternehmens oder
- die nach Personalabbau verbleibenden **Arbeitsplätze gefährdet** wären.

Der Fortbestand des Unternehmens kann als gefährdet angesehen werden, wenn die Belastung mit der Erstattung seine Leistungsfähigkeit überforderte, weil es bereits an die Grenzen seines finanziellen Handlungsrahmens gestoßen ist und eine weitere zusätzliche Beanspruchung Zahlungsunfähigkeit oder Überschuldung zur Folge hätte. Hierfür ist **Sachverständigengutachten** notwendig.

Die **verbleibenden Arbeitsplätze** sind gefährdet, wenn angesichts der erheblichen Schwierigkeiten die Erstattung nicht aus dem Wertzuwachs und den Erträgen aufgebracht werden könnte, sondern auf die Substanz zurückgegriffen, z.B. Anlagewerte veräußert oder Personal entlassen werden müsste.

4. Umfang der Erstattungspflicht

7053 Ist die Erstattungspflicht entstanden und kommen individuelle oder pauschale Ausnahme- oder Befreiungstatbestände nicht in Betracht, hat der Arbeitgeber dem Arbeitsamt **vierteljährlich** die Aufwendungen zu erstatten, die es für den Arbeitslosen an Arbeitslosengeld einschl. der Sozialversicherungsbeiträge getätigt hat. Die Erstattungspflicht erfasst die **Zeitspanne von der Vollendung des 58. Lebensjahres** des Arbeitslosen auf die Dauer von **2 Jahren.** Vom 60. Lebensjahr an entfällt die Erstattung, weil der Arbeitslose dann im Grundsatz in den Risikobereich der gesetzlichen Rentenversicherung gelangt, unabhängig davon, ob es im Einzelfall zum Rentenanspruch kommt.

5. Verfahrensfragen

7054 Über alle die Erstattungspflicht betreffenden Fragen muss das AA den Arbeitgeber auf Wunsch umfassend **beraten.** Dazu gehört, ihm Ausnahme- und Befreiungsmöglichkeiten aufzuzeigen.

7055 In den Fällen der Personalminderung (s. oben) oder des drastischen Personalabbaues (s. oben) kann der Arbeitgeber durch entsprechenden Antrag eine **Vorabentscheidung des Arbeitsamtes** herbeiführen, ob die Erstattungspflicht eintritt oder der Befreiungstatbestand anerkannt wird. Solcher Vorabbescheid dient der Planungssicherheit und besserer Kalkulierbarkeit; er ist selbständig mit Widerspruch und sodann Klage zum SG anfechtbar.

Will das Arbeitsamt seine Erstattungsforderung für den Erstattungszeitraum beim Arbeitgeber geltend machen, muss es ihn zuvor gem. § 24 SGB X **anhören**. Die Anhörung gibt dem Arbeitgeber Gelegenheit, z.B. Ausnahme- oder Befreiungstatbestände geltend zu machen. Sodann erlässt das Arbeitsamt **vierteljährlich nachträglich** den **Erstattungsbescheid**, in dem die Voraussetzungen des Anspruchs nach Grund und Höhe aufgezeigt werden müssen. Der Erstattungsbescheid kann (jeweils innerhalb eines Monats nach Bekanntgabe) mit Widerspruch (beim Arbeitsamt) und sodann Klage zum SG angefochten werden.

7056

In der Vergangenheit hatte das Arbeitsamt seine Entscheidung aufgespalten: Dem Bescheid über die vierteljährlich-nachträgliche Festsetzung der Erstattungsforderung (der Höhe nach) ging ein vorab erteilter und auf Dauer angelegter **Feststellungs- oder Grundlagenbescheid** voraus, in dem – gleichsam »vor die Klammer gezogen« – die Voraussetzungen für den Erstattungsanspruch (dem Grunde nach) festgestellt wurden. Damit sollte die vierteljährliche Abrechnung vom etwaigen Streit um die Grundlagen des Anspruchs entlastet werden.

7057

Dieses Ziel konnte freilich nur unvollkommen erreicht werden, denn anspruchshindernde Umstände (z.B. Erfüllung der Voraussetzungen für eine alternative Sozialleistung) oder Ausnahme- oder Befreiungstatbestände können auch nachträglich im Laufe des Erstattungszeitraumes eintreten und müssen dann geltend gemacht werden können. Unabhängig davon fehlt es für solchen Feststellungs- oder Grundlagenbescheid an einer gesetzlichen Grundlage. Er ist deshalb **unzulässig** (*BSG 17.12.1997, SozR 3-4100 § 128 Nr. 4*).

Gegen den Erstattungsbescheid des Arbeitsamtes kann der Arbeitgeber binnen eines Monats nach Bekanntgabe **Widerspruch** einlegen. Bleibt der erfolglos, steht ihm die (Anfechtungs-)**Klage zum SG** zur Verfügung, die wiederum binnen eines Monats nach Bekanntgabe des Widerspruchsbescheides beim Gericht eingegangen sein muss *(zum Gerichtsverfahren: siehe im 47. Kapitel)*.

7058

Widerspruch und Klage gegen den Erstattungsbescheid haben **keine aufschiebende Wirkung**; das Arbeitsamt darf deshalb ohne Rücksicht auf ein anhängiges Widerspruchs- oder Klageverfahren aus dem Bescheid **vollstrecken**.

Droht der Vollzug des Bescheides vor Entscheidung zur Hauptsache, kann der Arbeitgeber durch Antrag an das SG im einstweiligen Rechtsschutz zu erwirken versuchen.

Das SG kann die aufschiebende Wirkung anordnen. Sie kommt in Betracht, wenn **ernstliche Zweifel an der Rechtmäßigkeit des angefochtenen Bescheides bestehen**. Es findet eine **summarische Prüfung** der Erfolgsaussichten für eine Klage zur Hauptsache statt.

Macht der Arbeitgeber in dem Verfahren z.B. eine Gefährdung des Unternehmens und/oder der verbleibenden Arbeitsplätze geltend, ist es angezeigt, zur Glaubhaftmachung dieser Umstände sogleich mit dem Antrag ein entsprechendes **Gutachten eines geeigneten Sachverständigen** vorzulegen (z.B. eines Wirtschaftsprüfers).

Lassen sich bei der gebotenen summarischen Prüfung die Erfolgsaussichten (noch) nicht abschätzen, wird geprüft, ob die Vollziehung für den Pflichtigen eine **unbillige**, nicht durch überwiegende öffentliche Interessen gebotene **Härte** darstellt; es darf nicht so sein, dass durch den Vollzug bei dem Pflichtigen ein endgültiger Schaden eintritt, der auch im Falle späteren Obsiegens in der Hauptsache nicht reparabel wäre. Auch hierzu ist Vorlage eines Sachverständigengutachtens sehr hilfreich. Seine Anordnung kann das SG auch von einer Sicherheitsleistung (z.B. Bankbürgschaft) abhängig machen.

6. Weiterführende Literaturhinweise

7058a Durchführungsanweisungen (DA) der Bundesanstalt für Arbeit zu § 128, Dienstblatt-Runderlaß 11/93 in NZA 1994, 733
Buchner, Die Neuregelung der Erstattungspflicht nach § 128 AFG, NZA 1993, 481
ders., Gesetzliche Maßnahmen gegen Frühverrentung, ZIP 1993, 717
Hess in Ambs u.a., GK-AFG, Erläut. zu § 128 AFG, Loseblatt
Stolz, Der neue § 128 AFG – Erste praktische Erfahrungen, BB 1993, 1650
ders., Die Erstattungspflicht des Arbeitgebers nach § 128 AFG n.F. – eine Checkliste, NZS 1993, 62
ders., Die neue Dienstanweisung zu § 128 AFG, NJW 1994, 2137
Weber, Verfahrensrechtliche Fragen im Zusammenhang mit § 128 AFG, NZS 1994, 150
Wissing, Die Erstattungspflicht des Arbeitgebers nach § 128 AFG, NZA 1993, 385

Die genannte Literatur zum alten § 128 AFG behält wegen der Inhaltsgleichheit der neuen Vorschrift ihre Bedeutung. Zum neuen Recht s. *Hess* in GK-SGB III, Erläut. zu § 147a, Loseblatt, Neuwied

VII. Folgen eines Wettbewerbsverbots

1. Bisher: Wettbewerbsverbot bewirkt Erstattungspflicht

7059 Der Arbeitgeber hat oft Interesse daran, dass der Arbeitnehmer nach seinem Ausscheiden aus den Diensten des Arbeitgebers keine Tätigkeit aufnimmt, bei der er in Wettbewerb zu seinem früheren Arbeitgeber tritt. Beide Seiten vereinbaren deshalb ein Wettbewerbsverbot, worin dem Arbeitnehmer für eine bestimmte Frist nach seinem Ausscheiden berufliche Betätigung im Geschäftszweig des Arbeitgebers untersagt wird. Für die Geltungsdauer der Vereinbarung (Karenzzeit) erhält der Arbeitnehmer eine Karenzentschädigung in vereinbarter Höhe. Abgesehen vom Einzelarbeitsvertrag kann ein Wettbewerbsverbot auch im Tarifvertrag oder in einer Betriebsvereinbarung vorgesehen sein; solche Fälle sind freilich selten.

Näheres zur arbeitsrechtlichen Seite des Wettbewerbsverbots findet sich bei → Rz. 3031 ff. Meldet sich der ausgeschiedene, nun arbeitslos gewordene Arbeitnehmer beim Arbeitsamt, so wird seine Vermittlung in Arbeit durch das Wettbewerbsverbot erschwert. Weil die im Wettbewerbsverbot vereinbarte Beschränkung beruflicher Betätigung den Interessen des bisherigen Arbeitgebers dient, soll dieser für den sozialen Schutz des Arbeitslosen aufkommen.

Für die Geltungsdauer des Wettbewerbsverbots **soll der Arbeitgeber dem Arbeitsamt die Aufwendungen** für Arbeitslosengeld und Arbeitslosenhilfe einschließlich der Beiträge zur Kranken-, Pflege- und Rentenversicherung **ersetzen**. Diese in § 128 a AFG enthaltene Regelung galt auch unter dem neuen Recht fort (§ 148 SGB III).

2. Jetzige Rechtslage

Das BVerfG *(Beschluss vom 10.11.1998, 1 BvR 2296/96 u.a., SozR 3-4100 § 128 a Nr. 9)* hat nunmehr entschieden: Es ist mit der in Art. 12 Abs. 1 GG garantierten Berufsfreiheit unvereinbar, wenn der Arbeitgeber für die Dauer eines vereinbarten Wettbewerbsverbots zusätzlich zu der arbeitsrechtlichen Karenzentschädigung die gesamten Kosten der Arbeitslosigkeit seines früheren Arbeitnehmers tragen muss, ohne Rücksicht darauf, ob die Arbeitslosigkeit im konkreten Fall durch die Wettbewerbsvereinbarung verursacht wurde.

Der Gesetzgeber, vom BVerfG aufgefordert, bis zum 01.01.2001 eine neue Regelung zu schaffen, wollte § 148 SGB III zunächst ersatzlos aufheben, weil auch bei hohem Verwaltungsaufwand nicht zuverlässig unterschieden werden kann, ob Arbeitslosigkeit nun arbeitsmarktbedingt oder Folge eines Wettbewerbsverbots ist (BR-Drucks. 529/00). Schließlich wurde eine Regelung gefunden, die auf dem Boden der Forderungen des BVerfG einen angemessenen Ausgleich schaffen soll und zugleich in der Anwendung praktikabel ist. Die jetzt gültige Neuregelung des § 148 SGB III i.d.F. des Einmalzahlungs-Neuregelungsgesetzes vom 21.12.2000 *(BGBl. I S. 1971)* ist am 01.01.2001 in Kraft getreten und bestimmt: Im Falle eines vereinbarten Wettbewerbsverbots hat der Arbeitgeber dem Arbeitsamt 30 v.H. des Arbeitslosengeldes plus anteilige Sozialversicherungsbeiträge zu erstatten. Den zu erstattenden Anteil seines Arbeitslosengeldes muss sich der Arbeitnehmer wie Arbeitsentgelt auf seine Karenzentschädigung anrechnen lassen.

Wenn ein Arbeitgeber in der Zeit vor dem Spruch des BVerfG vom Arbeitsamt auf Erstattung in Anspruch genommen worden, dieser Bescheid nicht angefochten und bestandskräftig geworden ist und der Arbeitgeber auf den Bescheid hin gezahlt hat, stellt sich die Frage, ob unter Hinweis auf den nun ergangenen Spruch des BVerfG auch in einem solchen Altfall eine Aufhebung des belastenden Bescheides und Rückzahlung vom Arbeitsamt verlangen kann. *Diller/Dannecke (NJW 1999, 898)* befürworten die Rückzahlungspflicht des Arbeitsamtes unter Hinweis auf § 330 Abs. 4 SGB III. Diese Vorschrift ordnet die Rücknahme eines auf Erstattung von Arbeitslosengeld oder -hilfe durch den Arbeitgeber gerichteten Bescheides für die Vergangenheit an, wenn die Voraussetzungen für dessen Rücknahme (vgl. § 44 SGB X) vorliegen. Diese Voraussetzungen liegen aber nur vor, wenn der Verwaltungsakt von Anfang an rechtswidrig war (§ 44 SGB X); § 330 Abs. 4 SGB III setzt an die Stelle der in § 44 Abs. 2 SGB X vorgesehenen Ermessensentscheidung nur die gebundene Entscheidung, den Verwaltungsakt auch für die Vergangenheit zurückzunehmen. Abgeschlossene Verfahren werden indessen von einem Spruch des BVerfG, in dem die Verfassungswidrigkeit der zugrunde liegenden Vorschrift festgestellt wird, grundsätzlich nicht erfasst. Für diesen besonderen Fall ordnet § 330 Abs. 1 SGB III gerade nur die Rücknahme des Bescheides für die Zeit nach der Entscheidung des BVerfG an. Eine Korrektur und Rückzahlung in bereits abgeschlossenen Verfahren wird deshalb kaum erreicht werden können.

VIII. Erstattungspflicht bei Inanspruchnahme von Winterleistungen

7073 Eine weitere Erstattungspflicht des Arbeitgebers führt ab 01.11.1999 das Gesetz zur Neuregelung der Förderung der ganzjährigen Beschäftigung in der Bauwirtschaft ein im Zusammenhang mit der Neuregelung der Winterbauleistungen.

Wenn der (Bau-)Arbeitgeber das Arbeitsverhältnis mit dem Arbeitnehmer in der Schlechtwetterzeit unter Verstoß gegen das tarifvertragliche Verbot der witterungsbedingten Kündigung beendet und damit die Arbeitslosigkeit seines Arbeitnehmers verursacht, soll er dem Arbeitsamt das Arbeitslosengeld erstatten, das dem Arbeitslosen zu zahlen ist einschl. der darauf entfallenden Sozialversicherungsbeiträge. Der Erstattungszeitraum erfasst die Schlechtwetterzeit; umfasst der Erstattungszeitraum innerhalb der Schlechtwetterzeit weniger als 12 Wochen und reicht die Arbeitslosigkeit über das Ende der Schlechtwetterzeit hinaus, so ist das Arbeitslosengeld auch über das Ende der Schlechtwetterzeit hinaus zu erstatten, jedoch insgesamt längstens für 12 Wochen (§ 147 b SGB III i.d.F. des NeuregelungsG).

46. Kapitel: Beschäftigungsfördernde Leistungen des Arbeitsamtes für Arbeitgeber

I.	Förderleistungen an Arbeitgeber im Überblick	7100
II.	Eingliederungszuschüsse bei Neueinstellung	7102
	1. Vom Einarbeitungszuschuss zum Eingliederungszuschuss	7102
	2. Eingliederungszuschuss bei Einarbeitung	7103
	a) Inhalt und Zweck der Leistung	7103
	b) Leistungsvoraussetzungen	7104
	aa) Begünstigte Arbeitnehmer	7104
	bb) Anforderungen in Bezug auf den Arbeitgeber	7109
	cc) Voraussetzungen beim Arbeitnehmer	7111
	dd) Anforderungen an das Arbeitsverhältnis	7112
	ee) Anforderung an die Einarbeitung	7114
	ff) Kein Anspruch bei gleichartigen Leistungen	7115
	c) Dauer und Höhe des Zuschusses	7116
	d) Antrag und Bewilligungsverfahren	7119
	aa) Antragsstellung	7119
	bb) Ermessensleistung	7120
	cc) Bewilligungsbescheid und Zahlung	7121
	e) Rückzahlungspflicht des Arbeitgebers	7122
	3. Eingliederungszuschuss bei erschwerter Vermittlung	7124
	a) Inhalt und Zweck der Leistung	7124
	b) Leistungsvoraussetzungen	7125
	aa) Begünstigter Personenkreis	7125
	bb) Dauerarbeitsverhältnis	7127
	c) Dauer und Höhe des Zuschusses	7128
	d) Antrag und Bewilligungsverfahren	7129
	e) Rückzahlungspflicht des Arbeitgebers	7130
	4. Eingliederungszuschuss für ältere Arbeitnehmer	7131
	a) Inhalt und Zweck der Leistung	7131
	b) Leistungsvoraussetzungen	7132
	c) Dauer und Höhe der Leistung	7133
	d) Antrag und Bewilligungsverfahren	7134
	e) Rückzahlungspflicht des Arbeitgebers	7135
	5. Eingliederungszuschuss für jüngere Arbeitnehmer	7136
III.	Weiterbildung durch Vertretung (Job-Rotation)	7138
	1. Leistungsvoraussetzungen	7138
	2. Umfang und Wirkung der Förderung	7141
IV.	Starthilfen für Existenzgründer	7145
	1. Einstellungszuschuss bei Neugründungen	7145
	a) Inhalt und Zweck der Leistung	7145
	b) Leistungsvoraussetzungen	7146
	c) Dauer und Höhe der Leistung	7149
	d) Antrag und Bewilligungsverfahren	7150
	2. Überbrückungsgeld für Existenzgründer	7151
	a) Inhalt und Zweck der Leistung	7151
	b) Leistungsvoraussetzungen	7152

	c) Dauer und Höhe der Leistung	7156
	d) Antrag und Bewilligungsverfahren	7157
V.	**Förderung der Beschäftigung Behinderter**	**7159**
	1. Inhalt und Zweck der Leistung	7159
	2. Leistungsvoraussetzungen	7161
	a) Begünstigter Personenkreis	7161
	b) Vorrangige Verpflichtung anderer Träger (Subsidiarität)	7162
	3. Art und Umfang der Leistungen	7163
	a) Eingliederungs-, Ausbildung und Weiterbildungszuschüsse	7163
	b) Probebeschäftigung	7164
	c) Zuschuss für Arbeitshilfen im Betrieb	7165
	4. Antrag und Bewilligungsverfahren	7168
VI.	**Förderung der Berufsausbildung und der beruflichen Weiterbildung**	**7169**
	1. Ziel und Inhalt der Förderung, begünstigter Personenkreis	7169
	2. Leistungsvoraussetzungen und -umfang	7170
	3. Antrag und Bewilligungsverfahren	7171
VII.	**Förderung von Ausbildungseinrichtungen und von Jugendwohnheimen**	**7172**
	1. Förderung von Aus- und Fortbildungseinrichtungen	7172
	2. Förderung von Jugendwohnheimen 7177	
IX.	**Weiterführende Literaturhinweise**	**7180**

I. Förderleistungen an Arbeitgeber im Überblick

7100 Im Rahmen ihrer aktiven Arbeitsmarktpolitik beschränkt sich die Bundesanstalt für Arbeit mit ihren Arbeitsämtern nicht darauf, bei eingetretener Arbeitslosigkeit Lohnersatzleistungen zu gewähren. Sie wirkt in mannigfaltiger Weise darauf hin, den Eintritt von Arbeitslosigkeit zu vermeiden oder bestehende Arbeitslosigkeit durch Vermittlung in Arbeit zu beheben. Dabei sollen namentlich die Möglichkeiten benachteiligter Arbeitsuchender für eine Erwerbstätigkeit verbessert werden (§ 1 Abs. 1 SGB III). Deshalb sieht das Leistungssystem des ab 01.01.1998 geltenden III. Buches Sozialgesetzbuch (SGB III) mit seinem neuen Arbeitsförderungsrecht nicht nur Förderleistungen an Arbeitnehmer bzw. Arbeitslose vor, sondern stellt Fördermittel auch für Arbeitgeber bereit. Das neue Recht baut auf dem bisher bekannten Leistungsspektrum des AFG auf, baut es noch aus und stellt für Arbeitgeber auch **neue Förderinstrumente** bereit. Die Arbeitgeberförderung stellt keine »Subvention« im herkömmlichen Sinne dar. Sie zielt nicht oder nicht in erster Linie auf die wirtschaftliche Sicherung des Betriebes ab. Im Vordergrund steht vielmehr die Schaffung und Sicherung von Arbeitsplätzen. Die **arbeitsplatzbezogene Förderung** von Betrieben und Arbeitgebern gehört der Struktur nach zum Risikobereich der beitragsfinanzierten Arbeitsförderung.

7101 Wie bisher steht dem Arbeitgeber die Arbeitmarktberatung sowie die Ausbildungs- und Arbeitsvermittlung des Arbeitsamtes zur Verfügung (§ 3 Abs. 2 Nr. SGB III).

Im Vordergrund der finanziellen Arbeitgeberförderung stehen **Zuschüsse zu den Lohnkosten**. Sie sollen dem Arbeitgeber einen Anreiz bieten, einen förderungsbedürftigen Arbeitnehmer neu einzustellen und sollen helfen, ein wegen erwarteter Minderleistung damit womöglich verbundenes Risiko des Arbeitgebers zu mindern. Hinzu treten

Zuschüsse zur Ausbildungsvergütung und Sachkostenzuschüsse, z.B. zur behindertengerechten Ausstattung des Arbeitsplatzes.

Hierzu werden im Wesentlichen folgende Leistungen des Arbeitsamtes bereitgestellt:

- Zuschüsse zu den Arbeitsentgelten bei Eingliederung von leistungsgeminderten Arbeitnehmern (Eingliederungszuschuss)
- Zuschüsse zu den Lohnkosten bei Betriebs-Neugründungen (Einstellungszuschuss bei Neugründungen)
- Starthilfen für Arbeitnehmer beim Aufbau einer selbständigen Existenz (Starthilfe für Existenzgründer)
- Zuschüsse zur Ausbildungsvergütung bei Durchführung von Maßnahmen während der betrieblichen Ausbildungszeit,
- Zuschüsse zu den Sachkosten bei Einstellung von behinderten Menschen
- Zuschüsse des Arbeitsamtes kommen auch für Maßnahmen in Betracht, die im Rahmen eines Sozialplanes getroffen werden (§§ 254 ff. SGB III).

Die Erstattung von Arbeitsentgelt für Zeiten ohne Arbeitsleistung, die im Jahre 1998 mit dem Eingliederungsvertrag eingeführt worden war, wurde nur in wenigen Fällen genutzt und hat sich in der Praxis nicht bewährt. Sie wird ab 01.01.2002 aufgegeben. Das Gesetz zur Reform der arbeitsmarktpolitischen Instrumente (Job-Aqtiv-Gesetz) sieht zugleich eine Reihe von Änderungen bei den arbeitsmarktpolitischen Instrumenten vor und soll am 01.01.2002 in Kraft treten. Es ist in der Fassung des Entwurfs in der Darstellung bereits berücksichtig.

II. Eingliederungszuschüsse bei Neueinstellung

1. Vom Einarbeitungszuschuss zum Eingliederungszuschuss

Das AFG kannte ein gefächertes Instrumentarium an Lohnkostenzuschüssen für Arbeitgeber. Der Einarbeitungszuschuss (§ 49 AFG) zielte auf eine notwendige berufliche Qualifizierung des neu Eingestellten durch Einarbeitung im Betrieb. Die Eingliederungsbeihilfe (§ 54 AFG) sollte älteren oder aus anderen Gründen schwer vermittelbaren Arbeitslosen helfen, einen Dauerarbeitsplatz zu finden. Für Behinderte fasste die Eingliederungshilfe beide Instrumente zusammen. Hinzu traten Lohnkostenzuschüsse für Ältere im Rahmen von Arbeitsbeschaffungsmaßnahmen sowie die Leistungen des Sonderprogramms der Bundesregierung »Beschäftigungshilfen für Langzeitarbeitslose«. Das **neue Recht** fasst die verschiedenen Zuschussarten unter dem gemeinsamen Begriff »**Eingliederungszuschuss**« zusammen, lässt aber die unterschiedliche Zielrichtung und damit unterschiedliche Leistungsvoraussetzungen bestehen.

7102

2. Eingliederungszuschuss bei Einarbeitung

a) Inhalt und Zweck der Leistung

7103 Der Zuschuss dient dem Ausgleich von Minderleistungen für die Zeit notwendiger Einarbeitung eines neu eingestellten Arbeitnehmers im Betrieb (§§ 217, 218 Abs. 1 Nr. 1 SGB III). Der Arbeitnehmer soll durch die und während der Einarbeitung berufliche Qualifizierung erfahren, weshalb die Leistung im bisherigen AFG zu den Maßnahmen der beruflichen Bildung gerechnet wurde. Nicht jede Neueinstellung führt deshalb zur Gewährung des Eingliederungszuschusses. Hinzutreten müssen besondere Voraussetzungen sowohl in bezug auf die Person des einzustellenden Arbeitnehmers als auch in bezug auf die Gestaltung der Einarbeitung.

b) Leistungsvoraussetzungen

aa) Begünstigte Arbeitnehmer

7104 Der Zuschuss kommt nur für förderungsbedürftige Arbeitnehmer in Betracht. Als förderungsbedürftig definiert § 217 Satz 2 SGB III solche Arbeitnehmer, die ohne die Leistung nicht oder nicht dauerhaft in den Arbeitsmarkt eingegliedert werden können. Aus dem vorausgesetzten besonderen Eingliederungsbedürfnis folgt im Ergebnis, dass die Leistung nur in bezug auf Arbeitnehmer gewährt wird, die vor der Einstellung arbeitslos oder von Arbeitslosigkeit bedroht oder nicht dauerhaft beschäftigt waren.

Arbeitslos ist, wer vorübergehend nicht in einem Beschäftigungsverhältnis steht, aber eine versicherungspflichtige Beschäftigung sucht und dabei den Vermittlungsbemühungen des Arbeitsamtes zur Verfügung steht und sich beim Arbeitsamt arbeitslos gemeldet hat (§ 16 SGB III).

Von Arbeitslosigkeit bedroht sind versicherungspflichtig beschäftigte Arbeitnehmer, die alsbald mit der Beendigung ihres Beschäftigungsverhältnisses rechnen müssen (z.B. nach bereits ausgesprochener Kündigung) und sodann voraussichtlich arbeitslos werden (§ 17 SGB III).

7105 Als **förderungsbedürftig** kommen hiernach Arbeitnehmer in Betracht, die vor der Neueinstellung bei dem Arbeitgeber

- arbeitslos i.S.d. § 16 SGB III waren oder
- von Arbeitslosigkeit bedroht waren (§ 17 SGB III), weil ihr versicherungspflichtiges Beschäftigungsverhältnis
  - befristet oder
  - bereits gekündigt war oder weil
  - die Kündigung z.B. im Zuge anstehender Betriebsänderung unmittelbar bevorstand oder weil
  - Konkursantrag über das Vermögen des bisherigen Arbeitgebers gestellt ist oder
- nur eine versicherungsfreie geringfügige Beschäftigung (Teilzeitbeschäftigung, Saisonaushilfe) ausgeübt haben oder die

- zuvor in einer Maßnahme der beruflichen Bildung gestanden haben oder
- nach Unterbrechung wegen der Betreuung und Erziehung von Kindern oder der Betreuung pflegebedürftiger Angehöriger in die Erwerbstätigkeit zurückkehren (**Berufsrückkehrer**, § 20 SGB III).

Auf die **Dauer** einer vorangegangenen **Arbeitslosigkeit** kommt es für eine Förderung im Grundsatz nicht an, wenngleich das Arbeitsamt diesen Umstand im Rahmen seines Ermessens berücksichtigen darf. 7106

Die Zuschussgewährung wird nicht davon abhängig gemacht werden können, ob der Arbeitsplatz dem Arbeitsamt vom Arbeitgeber als offen gemeldet war und die Einstellung durch Vermittlung des Arbeitsamtes zustande kam. Dies gilt jedenfalls dann, wenn die offene Stelle beim Arbeitsamt bekannt, in den Stellen-Informations-Service (SIS) aufgenommen und dem Arbeitsuchenden ein Ausdruck aus dem SIS für Zwecke der Selbstsuche ausgehändigt worden war. Wenn zudem dem Arbeitsuchenden zuvor Arbeitslosengeld bewilligt worden war, so ist in solchem Falle die weitergehende Forderung nach Vermittlung durch das Arbeitsamt nicht sachgerecht *(so zum bisherigen Recht LSG Berlin 11.10.1994, L 14 Ar 102/93)*.

Die Förderungsbedürftigkeit beschränkt sich auf den Kreis der Arbeitnehmer. Dazu gehören auch Personen, die beabsichtigen, eine Beschäftigung aufzunehmen oder sich in einer Entscheidungssituation befinden, die dies möglich erscheinen lässt *(amtl. Begr. BT-Drucks. 13/4941 zu 3)*. Unter der Voraussetzung ihres besonderen Eingliederungsbedürfnisses können deshalb zum Kreis der Begünstigten auch **zuvor selbständig Tätige** oder mithelfende Familienangehörige zählen, wenn sie gezwungen sind, diese Tätigkeit aufzugeben und eine Beschäftigung als Arbeitnehmer anstreben. Ebenso eingeschlossen sein können Berufsanfänger, z.B. nach nicht abgeschlossener Berufsausbildung sein. Unter Geltung des alten Rechts forderte die BA insoweit eine berufliche Vortätigkeit von mindestens 6 Monaten, wobei freilich eine Tätigkeit im eigenen Haushalt gleichgestellt war. 7107

Welche **Staatsangehörigkeit** der Arbeitnehmer hat, ist unerheblich; der Ausländer bedarf freilich der Arbeitserlaubnis, sofern er nicht vor allem als Angehöriger eines Mitgliedstaates der EU von solchen Einschränkungen befreit ist.

Schließlich muss der Eingestellte für die konkrete Tätigkeit geeignet sein und eine **erfolgreiche Einarbeitung** erwarten lassen. Hierfür hat das Arbeitsamt eine **Prognoseentscheidung** zu treffen, für die von Bedeutung ist, ob der Betroffene nach seinen körperlichen Kräften und geistigen Fähigkeiten, seinen Kenntnissen und seinem Werdegang die Erwartung rechtfertigt, den Anforderungen der angestrebten Tätigkeit gerecht zu werden und die Einarbeitung erfolgreich abzuschließen. 7108

Die näheren Voraussetzungen der Leistung zu bestimmen, bleibt im Übrigen einer (ZZ. noch nicht vorliegenden) Anordnung der BA vorbehalten (§ 228 SGB III).

bb) Anforderungen in bezug auf den Arbeitgeber

Unter Geltung des bisherigen Rechts war der (Einarbeitungs-) Zuschuss grundsätzlich 7109 ausgeschlossen, wenn die Einarbeitung **beim bisherigen Arbeitgeber** erfolgt. Innerbetriebliche Umsetzungen waren nicht förderungsfähig.

Tipp

Vor allem im Interesse von Personen, die nach Zeiten der Kindererziehung oder Pflege von Angehörigen in die Erwerbstätigkeit zurückkehren wollen (Berufsrückkehrer) erlaubt das neue Recht auch die Förderung im Falle der (Wieder-)Einstellung beim früheren Arbeitgeber. Freilich muss das Ende der früheren Beschäftigung wenigstens **4 Jahre** zurückliegen (§ 223 Abs. 1 SGB III). War der Arbeitnehmer hingegen in den letzten 4 Jahren vor Förderungsbeginn bereits bei demselben Arbeitgeber beschäftigt, muss davon ausgegangen werden, dass eine Minderleistungsfähigkeit oder ein besonderer Einarbeitungsaufwand nicht gegeben ist *(amtl. Begr. BT-Drucks. 13/4941 zu § 221 des Entwurfs).*

Diese Erwartung erscheint nicht gerechtfertigt, wenn es sich bei der früheren Beschäftigung bei demselben Arbeitgeber um ein Probearbeitsverhältnis handelte oder um eine Beschäftigung im Rahmen von ABM und ebenso, wenn der Arbeitnehmer zuvor auf einem anderen Arbeitsplatz kurzfristig und befristet als Urlaubsvertreter beschäftigt war und nunmehr auf einem neuen Arbeitsplatz in eine Dauerbeschäftigung eingearbeitet werden soll. In diesen Fällen schadet die Identität des Arbeitgebers nicht, auch wenn die alte Beschäftigung noch nicht 4 Jahre zurückliegt. Das 2. SGB III ÄndG v. 21.07.1999 *(BGBl. I S. 1648)* hat durch Änderung des § 223 Abs. 1 Nr. 2 SGB III jetzt klargestellt:

Bei (Wieder-) Einstellung beim früheren Arbeitgeber ist eine frühere Beschäftigung bei demselben Arbeitgeber für den Zuschuss nur dann schädlich, wenn sie

- innerhalb der letzten 4 Jahre liegt
- und wenn sie versicherungspflichtig war
- sowie länger als 3 Monate andauerte.

7110 Das Gesetz will Mitnahmeeffekte ausschließen. **Kein Zuschuss** wird deshalb gewährt, wenn zu vermuten ist, dass der Arbeitgeber, um einen Eingliederungszuschuss zu erhalten, zuvor die **Beendigung eines Beschäftigungsverhältnisses veranlasst hat** (§ 223 Abs. 1 SGB III). Es darf nicht so sein, dass der Arbeitsplatz für die Neueinstellung mit dem Ziel, den Zuschuss zu erhalten, durch Entlassung eines anderen Arbeitnehmers eigens »freigemacht« worden ist. Die Förderung ist schon dann ausgeschlossen, wenn hinreichende Anhaltspunkte für das Arbeitsamt eine **Vermutung** in diese Richtung zulassen *(amtl. Begr. BT-Drucks. 13/4941 zu § 221 des Entwurfs).*

cc) Voraussetzungen beim Arbeitnehmer

7111 Zu den wesentlichen Leistungsvoraussetzungen gehört es, dass der neue Arbeitnehmer eine **volle Leistung am Arbeitsplatz** erst nach einer Einarbeitung erreichen kann und er eben deshalb der Einarbeitung zur beruflichen Qualifizierung bedarf.

Der Zuschuss darf nur gewährt werden. wenn der Arbeitnehmer mit seinen beruflichen Kenntnissen und Erfahrungen nicht imstande ist, den Anforderungen des neuen Arbeitsplatzes von Anfang an zu genügen, sondern nur eine Minderleistung erbringen kann und deshalb ohne Förderung nicht oder nicht dauerhaft in den Arbeitsmarkt eingegliedert werden kann.

Fehlende Berufspraxis kennzeichnet jeden Berufsanfänger und ist in diesem Sinne keine Minderleistung. Deshalb darf es nicht nur um eine übliche betriebliche Einarbeitung gehen, die im gesamten Berufszweig für Bewerber ohne Berufserfahrung erforderlich ist. Vielmehr muss die Arbeitsaufnahme deshalb erschwert sein, weil die Kenntnisse und Fähigkeiten des Arbeitnehmers Lücken aufweisen und nicht dem üblichen beruflichen Stand entsprechen.

BEISPIEL:

Eine Textilfacharbeiterin, die über eine Ausbildung in industrieller Bekleidungsfertigung verfügt, benötigt für eine Beschäftigung als Verkäuferin mit Änderungsschneiderei in einem Jeans-Shop aufgrund ihrer vorhandenen fachlichen Kenntnisse lediglich die übliche betriebliche Einweisung und keine qualifizierende Einarbeitung, so dass der Einarbeitungszuschuss nicht in Betracht kommen kann.

dd) Anforderungen an das Arbeitsverhältnis mit dem neuen Arbeitnehmer

Mit Rücksicht auf den mit der Leistung angestrebten Eingliederungserfolg muss das Arbeitsverhältnis im Grundsatz ein **Dauerarbeitsverhältnis** sein. Allerdings ist die Förderung auch eines **befristeten Arbeitsverhältnisses** nicht ausgeschlossen. Das Arbeitsamt darf im Rahmen des ihm eingeräumten Ermessens die Förderung von der dauerhaften Eingliederung des betroffenen Arbeitnehmers abhängig machen. Der Erfolg kann auch durch ein befristetes Arbeitsverhältnis erreicht werden, wenn es über die Förderzeit hinausreicht oder sichergestellt ist, dass es in ein unbefristetes Verhältnis übergeht oder auch, wenn die Förderung eines befristeten Arbeitsverhältnisses der Wiederherstellung beruflicher Mobilität eines Langzeitarbeitslosen dienlich ist (*amtl. Begr. BT-Drucks. 13/4941 zu § 215 des Entwurfs*).

7112

Förderungsfähig ist die Einarbeitung auch im Rahmen eines Teilzeitarbeitsverhältnisses. Es muss freilich des erstrebten Eingliederungserfolges wegen versicherungspflichtig sein und deshalb die Grenzen der Geringfügigkeit (§ 8 SGB IV – unter 15 Wochenstunden, monatliches Entgelt maximal 325 EUR -) überschreiten.

7113

ee) Anforderungen an die Einarbeitung

Die Einarbeitung ähnelt einer beruflichen Bildungsmaßnahme. Qualifizierende und mobilitätsfördernde berufliche Kenntnisse und Fähigkeiten sollen im Rahmen eines Beschäftigungsverhältnisses vermittelt werden. An den Inhalt der **Einarbeitung** werden deshalb besondere Anforderungen gestellt. Die übliche betriebliche Einweisung in einen neuen Arbeitsplatz ist keine Einarbeitung. Schon zum bisherigen Recht wurde verlangt, dass die Einarbeitung länger als 4 Wochen andauert und im Übrigen ihre Dauer sich an dem Zeitraum orientiert, der zur Erreichung des Förderzieles notwendig ist. Dem Arbeitsamt muss ein genauer **Einarbeitungsplan** vorgelegt werden, in dem die inhaltliche Gestaltung mit Blick auf das Förderziel festgelegt ist. Dabei kann die Einarbeitung zeitweise auch in Form reiner Schulung durchgeführt werden.

7114

ff) Kein Anspruch, wenn Arbeitgeber gleichartige Leistungen erbringt

7115 Der Eingliederungszuschuss bei Einarbeitung soll beschäftigungswirksam sein. Neben der Entlastung der Arbeitgeber wegen der Minderleistung und des Einarbeitungsaufwands soll er vor allem die Zahl von Einarbeitungen vermehren helfen. Förderung durch den Zuschuss kommt deshalb nicht in Betracht, wenn der **Arbeitgeber schon aus eigenem Interesse** die Einarbeitung neuer Kräfte vornehmen muss, weil er auf dem Arbeitsmarkt keine seinen speziellen Anforderungen entsprechend geschulten Arbeitsuchenden vorfindet. Das kann z.B. bei der Einarbeitung von Autobusfahrern öffentlicher Nahverkehrsunternehmen der Fall sein (*BSG SozR 3-4100 § 49 Nr. 2*).

Die Rechtsgrundlage für gleichartige Arbeitgeberleistungen kann in einem Tarifvertrag, Sozialplan oder Rationalisierungs-Schutzabkommen liegen. Diese Leistungen werden angerechnet, soweit sie der Arbeitgeber erbringt oder erbringen wird. Im Einzelfall kann Raum für einen entsprechend geminderten Zuschuss bleiben.

Ausgeschlossen ist der Zuschuss auch dann, wenn die Einarbeitung berufsüblich, durch die Eigenart des Betriebes bedingt oder aus Gründen der Lage des Arbeitsmarktes notwendig ist. In diesen Fällen muss der Arbeitgeber die Einarbeitung schon im eigenen Interesse vornehmen.

BEISPIEL 1:

Ein Unternehmen legt ein sog. Trainee-Programm auf, das auf seine individuellen Bedürfnisse abgestellt ist und dazu dienen soll, sich eine Personalreserve an Fachkräften zu verschaffen. Hier steht das eigenwirtschaftliche Unternehmensinteresse im Vordergrund und ein Zuschuss scheidet aus (BSG SozR 3-4100 § 49 Nr. 1; LSG Berlin 30.06.1995, L 10 Ar 5/94).

BEISPIEL 2:

A stand bis Ende März in einer beruflichen Bildungsmaßnahme. Die Firma F schließt den Arbeitsvertrag mit ihm bereits im Februar, und zwar mit Wirkung ab 01.04. Der Zuschussantrag wird noch im Februar gestellt.

Hier ist zunächst zweifelhaft, ob A im Rechtssinne »arbeitslos« ist, wenn die Bildungsmaßnahme bis zum 25. März andauert und der bereits geschlossene Arbeitsvertrag zum 01.04. wirksam werden soll. Ferner muss überwiegendes Eigeninteresse angenommen werden, weil A schon vor Entscheidung des Arbeitsamtes über den Zuschuss eingestellt worden ist und daraus gefolgert werden muss, dass F sich den A in jedem Falle »sichern« wollte (LSG Berlin 08.09.1995, L 4 Ar 50/94).

Im eigenen betrieblichen Interesse vorgenommen wird die Einarbeitung des neu Eingestellten auch dann, wenn er am Betrieb selbst finanziell beteiligt ist (z.B. als Mitgesellschafter einer GmbH), wenn er als Geschäftsführer tätig werden soll oder wenn sein Gehalt deutlich über der Beitragsbemessungsgrenze liegt.

c) Dauer und Höhe des Zuschusses

Die **Dauer der Bezuschussung** richtet sich im Einzelfall danach, welcher Zeitraum als Einarbeitungszeit notwendig ist, damit der Arbeitnehmer den Anforderungen des Arbeitsplatzes voll entsprechen kann. Die Regeldauer liegt bei **6 Monaten** (§ 220 Abs. 2 SGB III). In begründeten Fällen besonders schwerer Vermittelbarkeit kann bis zu **maximal 12 Monaten** gefördert werden (§ 222 Abs. 1 SGB III). Eine solche Ausnahme kann z.B. für Arbeitnehmer nach längerer Familienphase (Berufsrückkehrer) angenommen werden, wenn der Arbeitgeber besondere Qualifizierungsleistungen zur Einarbeitung erbringen muss. Aus der auf 6 Monate (im besonderen Fall: 12 Monate) begrenzten Förderdauer folgt zugleich, dass für den betroffenen Arbeitnehmer das Förderziel innerhalb dieser Frist (regelmäßig also innerhalb von 6 Monaten) erreichbar sein muss. Ist von vornherein erkennbar, dass die Förderdauer dazu nicht ausreicht, entfällt die Förderung.

Für die **Höhe des Zuschusses** ist die Differenz zwischen den Anforderungen des Arbeitsplatzes und dem vorhandenen Leistungsvermögen des Eingestellten wesentlich, also das Ausmaß der Minderleistung in der Einarbeitungszeit.

Die Obergrenze liegt bei **30 v.H. des Arbeitsentgelts** und kann in begründeten Fällen bis zu **50 v.H.** reichen (§§ 220 Abs. 1, 221 SGB III).

Wird die Regelförderdauer von 6 Monaten (auf bis zu 12 Monate) verlängert, kann der Zuschuss nach Ablauf der ersten 6 Monate **degressiv gesenkt** werden, und zwar um wenigstens 10 v.H. Damit soll der wachsenden Leistungsfähigkeit des Arbeitnehmers und den abnehmenden Eingliederungserfordernissen Rechnung getragen werden (§ 222 Abs. 2 SGB III).

Der **Bemessung des Zuschusses** wird das zu Beginn der Einarbeitung maßgebliche tarifliche oder ortsübliche Arbeitsentgelt bis zur Höhe der Beitragsbemessungsgrenze zugrunde gelegt zuzüglich des Arbeitgeberanteils am Gesamtsozialversicherungsbeitrag.

Spätere tarifliche oder einzelvertragliche Erhöhungen bleiben auf den Zuschuss ohne Einfluss. Einmalige oder wiederkehrende (Sonder-)Zuwendungen (z.B. ein 13. Monatsgehalt) sind bei Bemessung des Zuschusses nicht berücksichtigungsfähig (§ 218 Abs. 3 SGB III).

Zur **Verwaltungsvereinfachung werden** die Zuschüsse für die Förderzeit in monatlichen Festbeträgen festgelegt. Sie werden nur angepasst, wenn sich das berücksichtigungsfähige Arbeitsentgelt verringert, hingegen nicht, wenn es sich erhöht (§ 218 Abs. 4 SGB III).

d) Antrag und Bewilligungsverfahren
aa) Antragstellung

Für den Zuschuss bedarf es eines schriftlichen Antrags an das für den Sitz des Betriebes örtlich zuständige Arbeitsamt. Der Einarbeitungsplan muss beigefügt werden; das Arbeitsamt kann Vorlage einer Stellungnahme des Betriebsrates verlangen.

Der Antrag muss rechtzeitig vor Beginn der Einarbeitung gestellt werden.

bb) Ermessensleistung

7120 Auch wenn sämtliche Leistungsvoraussetzungen erfüllt und nachgewiesen sind, besteht auf den Zuschuss kein unmittelbarer Rechtsanspruch. Die Gewährung steht im **Ermessen des Arbeitsamtes**.

Allerdings hat der Antragsteller Anspruch auf sachgemäße Handhabung des Ermessens. Dazu gehört es, Antragsteller in gleicher Lage nicht ungleich zu behandeln (vgl. § 39 SGB I). Legt die BA innerhalb des gesetzlichen Rahmens der Ermächtigung (§ 224 SGB III) die näheren Voraussetzungen in Anordnungen fest oder gibt sie die Modalitäten in Dienstanweisungen an die Arbeitsämter vor, so bindet sie ihr Ermessen und darf davon nicht zu Lasten einzelner Antragsteller abweichen. Über den **Gleichbehandlungsgrundsatz** kommt der verfahrensrechtliche Anspruch auf sachgerechte Ermessensausübung einem unmittelbaren Rechtsanspruch nahe.

Richtschnur für die **Ermessensausübung** ist der mit der Leistung verfolgte Zweck: Es soll dem Arbeitgeber ein Ausgleich für die Minderleistung des neu eingestellten Arbeitnehmers gewährt werden, wenn der betroffene Arbeitnehmer sonst nicht oder nicht dauerhaft in den Arbeitsmarkt eingegliedert werden kann. Wenn die einzelnen Leistungsvoraussetzungen vorliegen, dürfte der Zweck in aller Regel erfüllt sein. Für die notwendige Beurteilung soll dem Arbeitsamt aber ein weiter Spielraum bleiben *(amtl. Begr. BT-Drucks. 13/4941 zu § 215 des Entwurfs)*. Ein direkter **Rechtsanspruch** auf die Leistung besteht allerdings bei Einarbeitung von **Berufsrückkehrern** (s. → Rz. 7105).

cc) Bewilligungsbescheid und Zahlung

7121 Auf den Antrag erhält der Arbeitgeber schriftlichen Bescheid, ob die Leistung, für welchen Zeitraum und in welcher Höhe bewilligt wird. Bei Ablehnung oder wenn Förderdauer oder -höhe hinter dem beantragten Umfang zurückbleibt, kann der Bescheid mit Widerspruch und nach erfolglosem Widerspruchsverfahren mit der Klage zum SG angefochten werden; für die Rechtsbehelfe gilt jeweils eine Frist von einem Monat seit Bekanntgabe des Bescheides bzw. des Widerspruchsbescheides.

Der Bescheid kann mit **Auflagen oder Bedingungen** versehen werden, etwa mit der Forderung, die bestimmungsgemäße Verwendung nachzuweisen.

Der Zuschuss wird als monatlicher Festbetrag im voraus für den Förderzeitraum gezahlt.

Der Zuschuss für den Arbeitgeber ist keine Sozialleistung i.S.d. § 11 SGB I. Seine **Pfändbarkeit** richtet sich deshalb nicht nach den für die **Pfändbarkeit von Sozialleistungen** gültigen besonderen Regeln des § 53 SGB I *(so SG Speyer 21.01.1991, S 1 Ar 22/90, Breithaupt 1992, 425)*.

e) Rückzahlungspflicht des Arbeitgebers

7122 Werden die dem Arbeitgeber gezahlten Zuschüsse nicht zweckentsprechend verwendet oder erfüllt der Arbeitgeber eine mit der Bewilligung verbundene Auflage nicht, darf die

BA die Bewilligung widerrufen (§ 47 Abs. 2 SGB X) und die bereits ausgezahlten Beträge **zurückfordern** (§ 50 SGB X).

Ferner muss ein Zuschuss jedenfalls teilweise zurückgezahlt werden, **wenn das Arbeitsverhältnis** mit dem durch den Zuschuss geförderten Arbeitnehmer **alsbald** nach Auslaufen des Zuschusses vom Arbeitgeber **wieder beendet wird**, um etwa erneut Zuschuss für andere neu Eingestellte zu beantragen; solche Mitnahmeeffekte sollen ausgeschlossen werden.

Das 2. SGB III-ÄndG vom 21.07.1999 *(BGBl. I S. 1648)* hat die strengen **Rückzahlungsregeln** jetzt zur besseren Akzeptanz bei den Arbeitgebern und zur Verbesserung der Effektivität **gemildert**.

Im Einzelnen gilt: Der Zuschuss ist teilweise zurückzuzahlen, wenn

- das Arbeitsverhältnis noch während der Förderdauer (regelmäßig 6 Monate) beendet wird oder
- wenn es während eines anschließenden, der Förderdauer entsprechenden Zeitraumes von längstens 12 Monaten beendet wird.

Im Falle der Regelförderdauer von 6 Monaten muss das Arbeitsverhältnis (auch als befristetes) deshalb **mindestens 12 Monate** bestanden haben; bei der auf 12 Monate verlängerten Förderdauer muss es für 24 Monate bestanden haben.

Keine Rückzahlungspflicht entsteht bei vorfristiger Beendigung des Arbeitsverhältnisses, wenn der Arbeitgeber berechtigt war, das Arbeitsverhältnis aus in der Person oder im Verhalten des Arbeitnehmers liegenden Gründen zu kündigen (insbesondere: **Kündigung aus wichtigem Grund**) unabhängig davon, ob die Beendigung in solchem Falle durch Kündigung einer Seite oder einvernehmlich herbeigeführt wurde; oder wenn der Arbeitgeber berechtigt war, aus **dringenden betrieblichen Erfordernissen**, die einer Weiterbeschäftigung im Betrieb entgegenstehen, zu kündigen (auch hier: unabhängig von der gewählten Beendigungsform oder wenn die **Beendigung auf Bestreben des Arbeitnehmers** hin erfolgt, ohne dass der Arbeitgeber den Grund hierfür zu vertreten hat (Fälle der Arbeitnehmerkündigung auf eigenen Wunsch). Die Rückzahlung ist auf die Hälfte des Förderbetrages begrenzt, höchstens aber auf den in den letzten 12 Monaten gewährten Förderbetrag, was bei längerer Förderdauer in Betracht kommt.

3. Eingliederungszuschuss bei erschwerter Vermittlung

a) Inhalt und Zweck der Leistung

Die zweite Variante des Eingliederungszuschusses geht auf die bisherige Eingliederungsbeihilfe zurück. Die in § 218 Abs. 1 Nr. 2 SGB III vorgesehene Leistung soll es **schwer vermittelbaren Arbeitslosen** erleichtern, einen Dauerarbeitsplatz zu finden.

Die Einstellungsbereitschaft des Arbeitgebers wird durch den Lohnkostenzuschuss gefördert.

b) Leistungsvoraussetzungen

aa) Begünstigter Personenkreis

7125 Begünstigt sind hier vor allem solche Arbeitnehmer, die wegen in ihrer Person liegender Umstände nur schwer vermittelt werden können, weil der Arbeitgeber von **geminderter Leistungsfähigkeit** ausgeht und das Einstellungsrisiko scheut. In diesem Sinne schwer vermittelbar sind **Langzeitarbeitslose**.

Dazu gehören Arbeitslose, die **ein Jahr und länger arbeitslos** sind (§ 18 SGB III).

Bestimmte Zeiten der Unterbrechung der Arbeitslosigkeit bleiben unberücksichtigt. So wirkt es sich auf die geforderte Mindestdauer der Arbeitslosigkeit von einem Jahr nicht schädlich aus, wenn innerhalb einer **Rahmenfrist von 5 Jahren** die Arbeitslosigkeit unterbrochen wurde durch:

- Krankheitszeiten oder Zeiten eines Beschäftigungsverbots nach dem MuSchG,
- Zeiten der Betreuung und Erziehung aufsichtsbedürftiger Kinder oder der Betreuung pflegebedürftiger Angehöriger,
- Zeiten, in denen eine Beschäftigung rechtlich nicht möglich war,
- kurze Beschäftigungen oder selbständige Tätigkeiten bis zu einer Dauer von insgesamt 6 Monaten (z.B. Probebeschäftigung oder Existenzgründungsversuch),
- kurze Unterbrechungen der Arbeitslosigkeit ohne Nachweis.

So wird erreicht, dass z.B. sog. Familienzeiten (Kinderbetreuung, Pflege von Angehörigen) oder kurze Beschäftigungsversuche, welche die Arbeitslosigkeit an sich unterbrechen, sich nicht schädlich auswirken.

- **Schwerbehinderte**, die als solche mit einem GdB von mindestens 50 anerkannt sind und über einen entsprechenden Ausweis verfügen;
- sonstige Behinderte, die ohne als Schwerbehinderte anerkannt zu sein zum Kreis der Behinderten gehören und leistungsgemindert sind.

7126 Entscheidend ist stets, ob der Langzeitarbeitslose, Schwerbehinderte oder Behinderte in seiner **Wettbewerbsfähigkeit** gegenüber anderen Arbeitslosen benachteiligt ist und es deshalb eines Ausgleichs für Minderleistung bedarf. Gehört der einzustellende Arbeitnehmer zu dem förderungsbedürftigen Personenkreis (z.B. als Langzeitarbeitsloser), wird das in aller Regel zur Erfüllung der Voraussetzungen ausreichen. Gleichwohl darf nicht schematisch vorgegangen werden, zumal es bei einem anerkannten Schwerbehinderten z.B. auch auf den Gesundheitszustand, den Berufsbereich mit seinen Anforderungen und den regionalen Arbeitsmarkt ankommt.

bb) Dauerarbeitsverhältnis

7127 Der Arbeitgeber muss bereit und voraussichtlich in der Lage sein, dem förderungsbedürftigen Arbeitnehmer einen leistungsgerechten **Dauerarbeitsplatz** zu bieten. Lassen erkennbare Betriebsveränderungen oder bevorstehende Kurzarbeit diese Erwartung nicht zu, kommt die Förderung nicht in Betracht.

Allerdings ist unter der Voraussetzung gesicherter Eingliederung des Arbeitnehmers in den Arbeitsmarkt Förderung auch für ein nur **befristetes Arbeitsverhältnis** möglich.

Wegen des angestrebten Förderziels bedarf es zwischen der Gewährung der Beihilfe und der Einstellung des schwer vermittelbaren Arbeitslosen eines **ursächlichen Zusammenhangs**. Die Gewährung des Lohnkostenzuschusses muss ein die Einstellung jedenfalls mitregierendes Motiv sein. Sie ist es nicht, wenn angenommen werden kann, dass der Arbeitgeber den Betroffenen ohnehin eingestellt hätte, z.B. wenn der Arbeitsvertrag bereits vor Entscheidung über den Zuschuss oder gar noch vor Antragstellung geschlossen wird.

Wegen der Förderungsfähigkeit bei (Wieder-)Einstellung beim früheren Arbeitgeber vgl. → Rz. 7109. Ausgeschlossen ist die Förderung, wenn die Vermutung gerechtfertigt ist, dass der Arbeitgeber den Arbeitsplatz für den Neueingestellten durch Entlassung eines anderen Arbeitnehmers »frei gemacht« hat, um den Zuschuss zu erlangen.

c) Dauer und Höhe des Zuschusses

Die Dauer der Förderung durch den Zuschuss liegt im Regelfall bei 12 Monaten; in begründeten Fällen besonders schwerer Vermittelbarkeit bei 24 Monaten. **7128**

Die **Höhe des Zuschusses** liegt regelmäßig bei **50 v.H.** des berücksichtigungsfähigen Arbeitsentgelts. Sie kann je nach Umfang der Minderleistung des Arbeitnehmers oder der Eingliederungserfordernisse um bis zu 20 v.H. erhöht werden und so bis zu 70 v.H. reichen. Bei der auf maximal 24 Monate verlängerten Förderzeit kann nach Ablauf der Regelförderzeit von einem Jahr die Zuschusshöhe degressiv abgesenkt werden.

Zusätzliche Zuschüsse kann das Arbeitsamt aus Mitteln des Europäischen Sozialfonds bewilligen, daneben auch für alleinerziehende Arbeitnehmer Zuschüsse zu Kinderbetreuungskosten *(Richtlinie vom 20.01.2000, BABl. 4/2000 S. 33)*.

d) Antrag und Bewilligungsverfahren

Für die Förderung ist ein schriftlicher Antrag an das für den Betrieb örtlich zuständige Arbeitsamt notwendig. Er soll rechtzeitig vor der Einstellung gestellt werden, damit das Arbeitsamt die notwendigen Prüfungen anstellen kann. **7129**

Die Gewährung steht grundsätzlich im **Ermessen** des Arbeitsamtes. Rechtsanspruch auf sie besteht zugunsten von Berufsrückkehrern. Zum Verfahren vgl. im Übrigen oben → Rz. 7119 ff.

e) Rückzahlungspflicht des Arbeitgebers

Bei nicht zweckentsprechender Mittelverwendung oder Nichterfüllung einer mit der Bewilligung verbundenen Auflage darf die BA die Bewilligung widerrufen und gezahlte Beträge **zurückfordern**. **7130**

Darüber hinaus gilt auch für diese Form des Eingliederungszuschusses die Rückzahlungsverpflichtung für den Fall, dass das Arbeitsverhältnis bald nach Ende der Förderzeit vom Arbeitgeber ohne wichtigen Kündigungsgrund beendet wird (dazu → Rz. 7122).

4. Eingliederungszuschuss für ältere Arbeitnehmer

a) Inhalt und Zweck der Leistung

7131 Die dritte Variante des Eingliederungszuschusses soll die Vermittlungschancen älterer Arbeitnehmer verbessern helfen. Förderungsbedürftig sind hier Arbeitnehmer, die das 55. Lebensjahr vollendet haben; die Altersgrenze ist durch Rechtsverordnung auf 50 Jahre herabgesetzt worden. Dass sie zuvor für längere Zeit arbeitslos waren, wird häufig der Fall sein. Vorausgesetzt wird eine bestimmte Zeit der Arbeitslosigkeit nicht mehr. Das Job-Aqtiv-Gesetz erlaubt die Förderung auch sogleich nach dem Verlust des Arbeitsplatzes, wenn sie notwendig ist.

Förderungsbedürftig sind sie, wenn sie ohne Förderung nicht oder nicht dauerhaft in den Arbeitsmarkt eingegliedert werden können. Es kommt deshalb wie beim Eingliederungszuschuss wegen erschwerter Vermittlung nicht schematisch auf den Einzelumstand Lebensalter an.

b) Leistungsvoraussetzungen

7132 Vorausgesetzt wird, dass der einzustellende Arbeitnehmer zum Kreis der Förderungsbedürftigen gehört, in seiner Person förderungsbedürftig ist und der Arbeitgeber entsprechend dem Eingliederungsziel einen **leistungsgerechten Arbeitsplatz** bietet.

Wie bei den anderen Varianten des Eingliederungszuschusses kann auch ein befristetes Arbeitsverhältnis gefördert werden.

Wegen der Förderungsfähigkeit bei (Wieder-)Einstellung beim früheren Arbeitgeber vgl. oben → Rz. 7109. Ausgeschlossen ist die Förderung, wenn die Vermutung gerechtfertigt ist, dass der Arbeitgeber den **Arbeitsplatz** für den Neueingestellten durch Entlassung eines anderen Arbeitnehmers »**frei gemacht**« hat, um den Zuschuss zu erlangen.

c) Dauer und Höhe der Leistung

7133 Der Zuschuss wird für längstens **24 Monate** gewährt; die Dauer kann in Fällen besonders erschwerter Vermittlung bis zu **36 Monate** reichen.

Seine Höhe liegt regelmäßig bei 50 v.H. des berücksichtigungsfähigen Arbeitsentgelts und kann bis zu 70 v.H. reichen. Nach Ablauf der Regelförderungsdauer von 24 Monaten wird der Zuschuss um jedenfalls 10 v.H. gesenkt (§ 222 Abs. 2 SGB III).

d) Antrag und Bewilligungsverfahren

Für die Förderung ist ein schriftlicher Antrag an das für den Betrieb örtlich zuständige Arbeitsamt notwendig. Er soll rechtzeitig vor der Einstellung gestellt werden, damit das Arbeitsamt die notwendigen Prüfungen anstellen kann. 7134

Die Gewährung steht grundsätzlich im **Ermessen** des Arbeitsamtes (vgl. dazu → Rz. 7120). Rechtsanspruch auf sie besteht zugunsten von Berufsrückkehrern (vgl. dazu → Rz. 7109; zum Verfahren s. auch oben → Rz. 7119).

e) Rückzahlungspflicht des Arbeitgebers

Bei **nicht zweckentsprechender Mittelverwendung** oder Nichterfüllung einer mit der Bewilligung verbundenen Auflage darf die BA die Bewilligung widerrufen und gezahlte Beträge zurückfordern (dazu oben → Rz. 7122). Darüber hinaus gilt auch für diese Form des Eingliederungszuschusses die Rückzahlungsverpflichtung für den Fall, dass das Arbeitsverhältnis bald nach Ende der Förderzeit vom Arbeitgeber ohne wichtigen Kündigungsgrund beendet wird (dazu oben → Rz. 7122). 7135

5. Eingliederungszuschuss für jüngere Arbeitnehmer

Das Job-Aqtiv-Gesetz hat mit dem Eingliederungszuschuss für jüngere Arbeitnehmer Elemente des befristeten Jugendsofortprogramms in das SGB III übernommen. Gefördert werden können hier Arbeitnehmer, die das 25. Lebensjahr noch nicht vollendet haben und die vor Beginn des Arbeitsverhältnisses eine außerbetriebliche Ausbildung oder eine Ausbildung in einem öffentlich geförderten Sonderprogramm, der kein betrieblicher Ausbildungsvertrag zu Grunde liegt, abgeschlossen haben oder nicht über einen anerkannten Berufsabschluss verfügen und eine berufsvorbereitende Bildungsmaßnahme oder eine berufliche Ausbildung aus in der Person liegenden Gründen nicht möglich oder nicht zumutbar ist. 7136

Das Arbeitsamt kann nach Maßgabe der obligatorischen individuellen Chanceneinschätzung (Profiling) und der daraus zu erstellenden Eingliederungsvereinbarung mit dem Jugendlichen den Zuschuss auch sofort gewähren, ohne eine Mindestdauer der Arbeitslosigkeit abzuwarten, wenn er sich zu beruflichen Eingliederung als notwendig erweist.

Der Eingliederungszuschuss für jüngere Arbeitnehmer folgt in der Höhe und nach seiner Dauer den Regeln für den entsprechenden Zuschuss bei erschwerter Vermittlung. Die Höhe liegt im Regelfall bei 50 % des Arbeitsentgeltes, die Dauer reicht für den Regelfall bis zu 12 Monaten. 7137

III. Weiterbildung durch Vertretung (Job-Rotation)

1. Leistungsvoraussetzungen

7138 Im Rahmen von Modellprojekten ist die allgemein als Job-Rotation bezeichnete Beschäftigung eines Vertreters für einen anderen Arbeitnehmer, der sich beruflich weiterbildet, bereits erprobt worden. Das Instrument verbindet strukturpolitische mit arbeitsmarktpolitischen Elementen.

Das Job-Aqtiv-Gesetz hat das Förderinstrument ab 01.01.2002 in das SGB III übernommen (§§ 229 ff. SGB III n.F.).Durch Job-Rotation wird die Freistellung eines Beschäftigten zur beruflichen Weiterbildung ermöglicht und zugleich einem Arbeitslosen die Chance geboten, als »Vertreter« im Rahmen einer Art von Probebeschäftigung seine Wiedereingliederungschancen zu verbessern.

7139 Vorausgesetzt wird, dass einem Arbeitnehmer die **Teilnahme an einer beruflichen Weiterbildung** ermöglicht wird und dass dafür ein bislang **Arbeitsloser eingestellt** wird. Die Neueinstellung des Vertreters muss **nicht synchron** zur weiterbildungsbedingten Abwesenheit des Stamm-Arbeitnehmers erfolgen. Es kann durchaus sinnvoll sein, den Vertreter bereits einige Zeit zuvor einzustellen, damit er noch von dem Stamm-Arbeitnehmer, den er vertreten soll, eingearbeitet werden kann.

Die Förderung kommt auch bei teilzeitbeschäftigten Stamm-Arbeitnehmern in Betracht, wie sie ebenso auch als Vertreter eingestellten **Teilzeit-Beschäftigten** zugute kommt; eine Stelle kann auch mit mehreren jeweils teilzeitbeschäftigten Vertretern besetzt werden.

7140 Der Vertreter braucht auch **nicht unmittelbar** den abwesenden Stamm-Arbeitnehmer an dessen Platz zu ersetzen. Wenn der Stamm-Arbeitnehmer selbst betriebsintern vertreten wird, kann für den betriebsinternen Vertreter ein Arbeitsloser eingestellt werden. Ebenso wird nicht verlangt, dass der Stamm-Arbeitnehmer nach Ende seiner Weiterbildung über einen bestimmten **Mindestzeitraum** bei dem Arbeitgeber beschäftigt bleibt. Er kann seine Weiterbildung durchaus auch zur Vorbereitung auf eigene berufliche Selbständigkeit nutzen wollen.

2. Umfang und Wirkung der Förderung

7141 Der Einstellungszuschuss wird für die **Dauer** der Beschäftigung des Vertreters bis zu längstens **12 Monaten** gewährt. Bei der Bemessung der **Höhe** der Förderung soll u.a. die Höhe der vom Arbeitgeber zugunsten des Stamm-Arbeitnehmers getätigten Aufwendungen für die Weiterbildung berücksichtigt werden, wobei davon ausgegangen wird, dass im Regelfall für die Dauer der Weiterbildung dessen Gehalt an den Stamm-Arbeitnehmer weitergezahlt wird.

Freistellung zur Weiterbildung ohne Gehaltsfortzahlung schließt die Förderung allerdings nicht von vornherein aus. Für den Regelfall wird die Höhe bei **50 v.H. des Arbeitsentgelts** liegen. Förderung im Umfang von 100 v.H. wird nur ausnahmsweise in Betracht kommen.

Die Einstellung eines Arbeitslosen als Vertreter ist arbeitsrechtlich sachlicher Grund für die Befristung des Arbeitsvertrages (so ausdrücklich § 231 Abs. 1 SGB III n.F.).

7142

Erfahrungen, die im Rahmen der Modellprojekte gemacht wurden, haben gezeigt, dass es häufig sinnvoll ist, Planung und Durchführung beruflicher Weiterbildungsmaßnahmen als auch die Auswahl und etwaige Vorbereitung des Vertreters aus einer Hand zu organisieren. Das AA hat deshalb die Möglichkeit, geeignete **Dritte** mit de Vorbereitung und Abwicklung entgeltpflichtig zu beauftragen.

7143

Näheres über die neue Fördermöglichkeit wird die BA in einer Anordnung regeln.

7144

IV. Starthilfen für Existenzgründer

1. Einstellungszuschuss bei Neugründungen

a) Inhalt und Zweck der Leistung

Die Eingliederungszuschüsse und auch der Eingliederungsvertrag sind zielgruppenbezogen; sie sollen vor allem Langzeitarbeitslosen oder aus anderen Gründen schwer vermittelbaren Arbeitslosen zur (Wieder-) Eingliederung auf dem Arbeitsmarkt verhelfen, welchem Zweck der Lohnkostenzuschuss an den Arbeitgeber zum Ausgleich von Minderleistung dient. Hier nun soll die **Einstellung von arbeitslosen Arbeitnehmern** durch Existenzgründer erleichtert und dadurch Arbeitslosigkeit abgebaut werden.

7145

Nicht selten hängt die Tragfähigkeit einer Existenzgründung auch von einer angemessenen Zahl von Arbeitskräften ab, um überhaupt Zugang zum Markt zu finden. Auf der anderen Seite ist es gerade in der Anfangsphase einer Existenzgründung häufig riskant, Arbeitnehmer überhaupt oder in der an sich benötigten Anzahl zu beschäftigen, weil die dafür benötigten Einnahmen noch nicht erwirtschaftet werden können und Banken für die Vorfinanzierung von Löhnen nur selten Kredit gewähren. **Hier setzt die Förderung an**: Für die Einstellung von Arbeitnehmern erhält der Existenzgründer Förderung vom Arbeitsamt durch Lohnkostenzuschüsse, um sein Risiko zu mindern und zugleich einen Beitrag zum Abbau von Arbeitslosigkeit zu leisten. Rechtsgrundlage sind §§ 225 ff. SGB III.

b) Leistungsvoraussetzungen

Die Förderung kann gewährt werden, wenn

7146

- ein Arbeitgeber vor **nicht mehr als 2 Jahren** eine selbständige Tätigkeit aufgenommen hat; es muss sich dabei um die Neuaufnahme einer selbständigen Tätigkeit handeln, so dass nur im Falle einer echten Neugründung gefördert werden kann, hingegen nicht bei einer Umgründung. Auf die Rechtsform des Unternehmens kommt es nicht an, es kann ein Einzelunternehmen, eine Personengesellschaft (z.B. OHG, KG) oder eine Kapitalgesellschaft (GmbH, AG) sein;
- der Arbeitgeber **nicht mehr als 5 Arbeitnehme**r beschäftigt; die Förderung ist damit auf Kleinbetriebe beschränkt. Zur Berechnung der Zahl der Beschäftigten werden Teil-

zeitkräfte mit einer wöchentlichen Arbeitszeit von nicht mehr als 10 Stunden mit 0,25; bei nicht mehr als 20 Stunden mit 0,50 und nicht mehr als 30 Stunden mit 0,75 berücksichtigt.
- der Arbeitgeber einen Arbeitsplatz **geschaffen** hat und
- auf diesem Arbeitsplatz einen zuvor Arbeitslosen unbefristet beschäftigt, wobei auch eine Teilzeitbeschäftigung ausreichen kann.
- Die **Stellungnahme einer fachkundigen Stelle** über die **Tragfähigkeit der Existenzgründung** wird hier nicht (mehr) verlangt.

Tipp: Die Förderung ist für **2 Arbeitnehmer gleichzeitig** möglich; Teilzeitbeschäftigte werden anteilig mit 0,25 bis 0,75 (s. oben) berücksichtigt.

7147 Ausgeschlossen ist die Förderung, wenn der Arbeitnehmer bereits zuvor einmal bei dem Arbeitgeber beschäftigt war oder wenn zu vermuten ist, dass der Arbeitgeber den zu fördernden Arbeitsplatz eigens durch Entlassung eines anderen Arbeitnehmers »frei gemacht« hat.

7148 Der **einzustellende Arbeitnehmer** muss zum Kreis der förderungsbedürftigen Personen gehören. Das ist der Fall, wenn er unmittelbar vor der Einstellung insgesamt mindestens **3 Monate**

- Arbeitslosengeld, Arbeitslosenhilfe oder Kurzarbeitergeld bei sog. Kurzarbeit Null (Struktur-Kurzarbeitergeld) bezogen hat,
- in einer Arbeitsbeschaffungsmaßnahme (ABM) oder einer Strukturanpassungsmaßnahme beschäftigt war oder
- an einer vom Arbeitsamt geförderten beruflichen Weiterbildungsmaßnahme teilgenommen hat.

Wie bei allen Förderungen dieser Art kommt es zudem auf das besondere Eingliederungsbedürfnis an, also darauf, dass der betroffene Arbeitnehmer ohne Förderung nicht oder nicht dauerhaft in den Arbeitsmarkt eingegliedert werden kann.

c) Höhe und Dauer der Leistung

7149 Der Zuschuss macht **50 v.H. des Arbeitsentgelts** aus. Berücksichtigt wird das tarifliche oder ortsübliche Arbeitsentgelt bis zur Höhe der Beitragsbemessungsgrenze. Die Förderdauer kann bis zu **12 Monate** reichen.

Für denselben Arbeitnehmer kann der Einstellungszuschuss bei Neugründung nicht neben anderen Lohnkostenzuschüssen (z.B. einem Eingliederungszuschuss) gewährt werden; es besteht ein Kumulierungsverbot.

d) Antrag und Bewilligungsverfahren

7150 Für den Zuschuss ist ein Antrag bei dem für den Betrieb zuständigen Arbeitsamt zu stellen, und zwar rechtzeitig vor der Einstellung des Arbeitnehmers. Die Gewährung steht im

Ermessen des Arbeitsamtes. Weiteres auch zum Verfahren wird die BA durch Anordnung regeln.

2. Überbrückungsgeld für Existenzgründer

a) Inhalt und Zweck der Leistung

Als Ausweg aus bestehender Arbeitslosigkeit kommt namentlich für beruflich qualifizierte Arbeitslose auch die Gründung einer selbständigen Existenz in Betracht. Neben den Maßnahmen der Wirtschaftsförderung (z.B. durch zinsverbilligte Kredite) kann der Existenzgründer auch vom Arbeitsamt Starthilfe erhalten. 7151

Das Arbeitsamt gewährt keinen Investitionszuschuss. Die Starthilfe dient vielmehr der Sicherung des Lebensunterhalts und der sozialen Sicherung in der ersten Zeit nach der Existenzgründung. Rechtsgrundlage für das Überbrückungsgeld ist § 57 SGB III (früher: § 55 a AFG).

b) Leistungsvoraussetzungen

Das Überbrückungsgeld kann dem gewährt werden, der durch Aufnahme einer selbständigen Existenz seine Arbeitslosigkeit beendet oder vermeidet. Dazu muss er 7152

- eine selbstständige Tätigkeit aufnehmen (oder zuvor an einer Maßnahme zu deren Vorbereitung teilnehmen, z. B. an einem IHK-Lehrgang).
- sowie die Stellungnahme einer fachkundigen Stelle über die Tragfähigkeit der Existenzgründung vorlegen. Als solche Stelle kommen insbesondere die Industrie- und Handelskammer, die Handwerkskammer oder der Fachverband oder auch ein Kreditinstitut in Frage. Wesentlich ist, ob aus der selbständigen Tätigkeit nach einer Anlaufphase voraussichtlich ein Einkommen erzielt werden kann, das den durchschnittlichen monatlichen Brutto-Arbeitnehmereinkünften mindestens zu zwei Dritteln entspricht.
- Bislang musste er unmittelbar zuvor für mindestens 4 Wochen Arbeitslosengeld, Arbeitslosenhilfe oder Kurzarbeitergeld bei »Kurzarbeit Null« tatsächlich bezogen haben.

Die Förderleistung sollte die Entlastung der BA bezwecken. Dieses Ziel sollte durch den vorangegangenen Bezug von insb. Arbeitslosengeld sichergestellt werden. Deshalb verlangte die BA grundsätzlich, dass die zu fördernde Aufnahme einer selbständigen Erwerbstätigkeit **nahtlos** an vorangegangenen Bezug von Arbeitslosengeld oder -hilfe anschließt. Freilich gab es dabei bereits gewisse Ausnahmen. 7153

BEISPIEL 1:

Ein Arbeitnehmer hat beim Ausscheiden aus seiner letzten Beschäftigung eine Abfindung vom Arbeitgeber erhalten. Sein Anspruch auf Arbeitslosengeld ruhte deshalb für den Zeitraum der Anrechnung der Abfindung und er erhielt also tatsächlich kein Arbeitslosengeld. Hier fehlt es am »Bezug« von Arbeitslosengeld für den geforderten Mindestzeitraum von 4 Wochen und damit an der wesentlichen Voraussetzung für die Förderleistung Überbrückungsgeld; sie kann solchem Existenzgründer nicht gewährt werden (BSG 26.11.1992, 7 RAr 16/92, SozR 3-4100 § 55 a Nr. 3 zum alten Recht).

BEISPIEL 2:

Der Arbeitslose bezog Arbeitslosengeld. Weil er ein ihm vom Arbeitsamt unterbreitetes Vermittlungsangebot ablehnte, wurde gegen ihn eine Sperrzeit festgesetzt und er erhielt für deren Dauer (12 Wochen) kein Arbeitslosengeld. Jetzt nimmt er eine selbständige Tätigkeit auf und beantragt das Überbrückungsgeld. Hier sollte nach dem Sinn und Zweck der Förderleistung der Vorbezug von Arbeitslosengeld ausreichen, auch wenn sich die Aufnahme er selbstständigen Existenz der Sperrzeit wegen nicht unmittelbar an diesen Vorbezug anschloss (BSG 17.10.1990, 11 RAr 109/88 SozR 3-4100 § 55 a Nr. 2 zum alten Recht).

7154 Die Forderung nach einem nahtlos-unmittelbarem Anschluss der Aufnahme der selbständigen Tätigkeit an einen Vorbezug von Arbeitslosengeld besteht nicht mehr. Es genügt jetzt, wenn die Aufnahme der selbständigen Tätigkeit (oder die Teilnahme an einer vorbereitenden Maßnahme, z. B. an einem IHK-Lehrgang für Existenzgründer) in engem zeitlichen Zusammenhang mit dem Arbeitslosengeld-Anspruch steht. Ein Übergangszeitraum von etwa einem Monat ist deshalb jetzt unschädlich (Änderung des § 57 SGB III durch das 2. SGB III-ÄndG vom 21.07.1999, *BGBl. I S. 1648*).

Bisher konnte auch nicht gefördert werden, wer seine letzte Beschäftigung verliert und sich dann sogleich selbständig macht, also unmittelbar nach seinem Ausscheiden als Arbeitnehmer die Selbständigkeit aufnimmt, ohne Arbeitslosengeld in Anspruch zu nehmen. Das wird ab 01.01.2002 durch das Job-Aqtiv-Gesetz geändert.

Nunmehr gilt:

Gefördert werden kann, wer eine selbständige Tätigkeit aufnimmt (oder an einem vorbereitenden Lehrgang teilnimmt) und die Stellungnahme einer fachkundigen Stelle vorlegt (dazu → Rz. 7152), wenn er in engem zeitlichen Zusammenhang damit Entgeltersatzleistungen der Arbeitsförderung (insbesondere Arbeitslosengeld) tatsächlich bezogen hat, wenn auch für weniger als vier Wochen, oder ohne sie bezogen zu haben, doch Anspruch darauf hätte. Damit soll nicht nur derjenige in den Förderkreis einbezogen sein, der Entgeltersatzleistungen in Anspruch genommen hat, sondern auch derjenige, der solche nicht bezog, aber doch Anspruch darauf gehabt hätte.

Damit soll insbesondere der Übergang von einer versicherungspflichtigen (Arbeitnehmer-)Beschäftigung sogleich in die Selbständigkeit gefördert werden können, auch wenn der bisherige Arbeitnehmer kein Arbeitslosengeld in Anspruch genommen hatte. Es kommt dann nur darauf an, ob er in dem maßgebenden Zeitpunkt Anspruch darauf gehabt hätte.

Allerdings darf der bisherige Arbeitnehmer seine letzte Beschäftigung nicht freiwillig ohne wichtigen Grund aufgeben, nur um sich selbständig machen zu können oder den Grund für eine Arbeitgeber-Kündigung setzen. Ebenso wenig darf er als arbeitslos Gewordener Vermittlungsvorschläge des Arbeitsamtes grundlos ablehnen oder sonst das Zustandekommen eines vom Arbeitsamt vermittelten Anschluss-Arbeitsverhältnisses durch sein Verhalten grundlos vereiteln. Dann liefert er den Grund für eine **Sperrzeit** und für deren Dauer von regelmäßig 12 Wochen wird kein Überbrückungsgeld gewährt. Dasselbe gilt, wenn andere gesetzliche Ruhenstatbestände für die Entgeltersatzleistung vorliegen und ihm für die Dauer des Ruhens ohnehin keine Entgeltersatzleistung gewährt werden könnte, z.B. weil er eine alternative Sozialleistung bezieht (etwa Krankengeld) oder eine im Zusammenhang mit dem Ausscheiden vom Arbeitgeber gewährte Entlassungsentschädigung für eine bestimmte Zeit anzurechnen ist.

Insgesamt gilt also: Überbrückungsgeld kann nur erhalten, wenn der Existenzgründer im maßgeblichen Zeitpunkt wenigstens Anspruch auf eine Entgeltersatzleistung (insbesondere Arbeitslosengeld) gehabt hat, ohne dass diese wegen eines Ruhenstatbestandes (z.B. wegen einer Sperrzeit oder wegen Anrechnung einer Entlassungsentschädigung) geruht hätte

Sind die gesetzlichen Voraussetzungen erfüllt, so kann die Förderleistung auch für die Aufnahme einer selbständigen Tätigkeit im Ausland gewährt werden *(LSG Baden-Württemberg 24.01.1990, L 5 Ar 1486/88 Breithaupt 1991, 426).* 7155

c) Dauer und Höhe des Überbrückungsgeldes

Der Förderzeitraum beträgt stets 6 Monate. Die Höhe des Überbrückungsgeldes entspricht dem Betrag, den der Arbeitslose zuvor als Arbeitslosengeld oder -hilfe bezogen hat oder, wenn er zuvor Kurzarbeitergeld bezog oder in einer AB-Maßnah-me beschäftigt war, bei Arbeitslosigkeit hätte beziehen können. Praktisch wird also das Arbeitslosengeld oder die Arbeitslosenhilfe für die Startphase der selbständigen Tätigkeit weiter gezahlt. Hinzu kommen die Beiträge für eine Krankenversicherung, Pflegeversicherung und Altersvorsorge. Sie werden in pauschalierter Höhe gewährt. 7156

d) Antrag und Bewilligungsverfahren

Den Antrag muss der Existenzgründer rechtzeitig vor Aufnahme der selbständigen Tätigkeit bei dem für ihn örtlich zuständigen Arbeitsamt stellen. Die Stellungnahme der fachkundigen Stelle muss er sich zuvor besorgen, denn sie ist dem Antrag beizufügen. Beizufügen ist auch die Gewerbeanmeldung oder – bei freiberuflicher Tätigkeit – die Anzeige beim zuständigen Finanzamt. 7157

Die Gewährung der Leistung steht im **Ermessen** des Arbeitsamtes. Dabei sind auch die wirtschaftlichen Verhältnisse des Antragstellers von Bedeutung, vor allem, ob die zur Sicherstellung des Lebensunterhalts in der Startphase benötigten Mittel selbst aufgebracht werden können. Lehnt das Arbeitsamt im Ermessenswege die Leistung im Wesentlichen deshalb ab, weil die selbständige Tätigkeit in Geschäftsräumen ausgeübt werden soll, in denen sich zuvor ein Unternehmen des Ehegatten des Antragstellers befand, so ist solche Entscheidung ermessensfehlerhaft, wenn unberücksichtigt bleibt, dass die Aufnahme einer neuen selbständigen Erwerbstätigkeit ernsthaft gewollt und mit der Schaffung von Arbeitsplätzen zu rechnen ist *(so SG Gießen 18.08.1993, S 12 Ar 497/92).*

Manche **private Rechtsschutzversicherung** enthält den Risikoausschluss für »selbständige Tätigkeit«. Führt ein arbeitsloser Versicherungsnehmer, der eine selbständige Existenz aufbauen will, gegen das Arbeitsamt vor dem Sozialgericht einen Rechtsstreit um die För- 7158 derleistung Überbrückungsgeld, so greift dieser Risikoausschluss nicht ein und die private Rechtsschutzversicherung ist leistungspflichtig, denn der Rechtsstreit beruht nicht auf den geschäftlichen Aktivitäten eines Selbständigen, sondern wurzelt in der früheren Arbeitnehmerbeschäftigung und der darauf folgenden Arbeitslosigkeit (*LG Stuttgart 10.10.1990, VersR 1991, 921*).

V. Förderung der Beschäftigung Behinderter

1. Inhalt und Zweck der Leistung

7159 Behinderte sind in besonderer Weise in ihrer Wettbewerbsfähigkeit auf dem Arbeitsmarkt benachteiligt. Die Sozialleistungsträger müssen deshalb angemessene Hilfen zum Ausgleich der Benachteiligung und zur beruflichen Eingliederung zur Verfügung stellen (§ 10 SGB I). Die Leistungsverpflichtung bei der beruflichen Rehabilitation Behinderter trifft in erster Linie die **Rentenversicherungsträger** (§§ 9, 16 SGB VI), die Träger der gesetzlichen Unfallversicherung und die Versorgungsträger im Rahmen des Sozialen Entschädigungsrechts. Die BA ist nur nachrangig verpflichtet, soweit Ansprüche gegen andere Sozialleistungsträger nicht bestehen.

7160 Der Begriff des Behinderten (oder genauer: des behinderten Menschen) ist nicht notwendig mit dem des anerkannten Schwerbehinderten oder Gleichgestellten im Sinne des alten SchwbG identisch. Behinderte im Sinne des neuen § 2 SGB IX sind Menschen, deren körperliche Funktion, geistige Fähigkeit oder seelische Gesundheit mit hoher Wahrscheinlichkeit länger als 6 Monate von dem für das Lebensalter typischen Zustand abweicht und deren Teilhabe am Leben in der Gemeinschaft daher beeinträchtigt ist. Menschen sind dann schwerbehindert, wenn bei ihnen ein Grad der Behinderung von mindestens 50 vorliegt; die Gleichstellung setzt einen Grad der Behinderung von wenigstens 30 voraus (§ 2 SGB IX, inhaltsgleich zum alten SchwbG). Für die Arbeitsförderung stellt § 19 SGB III in der Neufassung durch das SGB IX auf die wegen Art oder Schwere der Behinderung i.S.d. § 2 SGB IX auf die geminderte Aussicht ab, am Arbeitsleben teilzuhaben. Sie erhalten Förderung, wenn diese Aussicht wesentlich gemindert ist. Entsprechend dem Förderziel werden u.a. an Arbeitgeber Lohn- und Sachkostenzuschüsse gewährt, wenn sie einen behindertengerechten Arbeitsplatz schaffen oder eine entsprechende Ausbildungsstelle einrichten.

2. Leistungsvoraussetzungen

a) Begünstigter Personenkreis

7161 Begünstigt sind **Behinderte** einschl. der Personen, bei denen der Eintritt einer Behinderung droht. Die Förderung muss entsprechend dem Förderziel zur Eingliederung oder Wiedereingliederung in den Arbeitsmarkt notwendig und im konkreten Fall zweckmäßig sein und der Behinderte muss mit Blick auf den vorgesehenen Arbeits- oder Ausbildungsplatz geeignet sein, das Förderziel zu erreichen.

b) Vorrangige Verpflichtung anderer Träger (Subsidiarität)

Das Arbeitsamt erbringt Leistungen zur Förderung der Teilhabe behinderter Menschen am Arbeitsleben nur nachrangig, soweit nicht andere Rehabilitationsträger zu entsprechenden Förderleistungen verpflichtet sind. Zu den in erster Linie Verpflichteten gehören (nach Arbeitsunfall) die Träger der gesetzlichen Unfallversicherung (Berufsgenossenschaften) und die Rentenversicherungsträger (Bundesversicherungsanstalt für Angestellte, Landesversicherungsanstalten, Bundesknappschaft). Sie gewähren im Rahmen beruflicher Rehabilitation auch Leistungen an Arbeitgeber (§ 34 SGB IX), nämlich Ausbildungszuschüsse, Eingliederungszuschüsse, Zuschüsse für Arbeitshilfen im Betrieb und Kostenerstattung für eine befristete Probebeschäftigung. Solche Leistungen müssen vorrangig in Anspruch genommen werden, bevor eine Leistungsverpflichtung des Arbeitsamtes in Betracht kommt.

7162

3. Art und Umfang der Leistungen

a) Eingliederungs-, Ausbildungs- und Weiterbildungszuschüsse

Für die Neueinstellung eines erschwert vermittelbaren behinderten Menschen kommt der **Eingliederungszuschuss** in Betracht. Begünstigt sind hier anerkannte schwerbehinderte Menschen (i.S.d. § 104 SGB IX, bislang des alten SchwbG) die ihrer Behinderung wegen im Arbeits- oder Berufsleben besonders betroffen sind, langzeitarbeitslos sind im Anschluss an eine Beschäftigung in einer anerkannten Behinderten-Werkstatt oder einem Integrationsprojekt eingestellt werden, als Teilzeitbeschäftigte eingestellt werden einschl. der anerkannten schwerbehinderten Menschen Gleichgestellte, die eines der vorgenannten Vermittlungserschwernisse aufweisen.

7163

Die **Förderhöhe** reicht bis zu 70 v.H. des Arbeitsentgelts für die **Förderdauer** von bis zu 36 Monaten (für Ältere bis zu 96 Monaten). Nach Ablauf eines Jahres wird der Zuschuss entsprechend der zu erwartenden Zunahme an Leistungsfähigkeit degressiv gesenkt, darf aber als Untergrenze 30 v.H. des Arbeitsentgelts nicht unterschreiten. Für die berufliche Ausbildung und Weiterbildung von behinderten Menschen werden Zuschüsse zur Ausbildungsvergütung oder vergleichbaren Vergütung gewährt, wenn die Aus- oder Weiterbildung sonst nicht möglich ist. Sie liegen im Regelfall bei 60 bis 80 v.H. des Arbeitsentgelts. Für die Übernahme in ein Arbeitsverhältnis nach Ende der Aus- oder Weiterbildung kommt der Eingliederungszuschuss in Frage.

b) Probebeschäftigung

Wenn nur dadurch eine vollständige und dauerhafte berufliche Eingliederung zu erreichen ist oder die beruflichen Eingliederungsmöglichkeiten des Behinderten verbessert werden können, kann das Arbeitsamt die Kosten für eine befristete Probebeschäftigung bis zu einer Dauer von drei Monaten übernehmen und dem Arbeitgeber erstatten (§ 238 SGB III).

7164

c) Zuschuss für Arbeitshilfen im Betrieb

7165 Soweit zur Erreichung des Förderzieles der dauerhaften beruflichen Eingliederung notwendig, kann das Arbeitsamt dem Arbeitgeber Zuschüsse zur behindertengerechten Ausgestaltung von Arbeits- oder Ausbildungsplätzen gewähren, z.B. für behindertenspezifische Arbeitshilfen oder Einrichtungen. Ausgeschlossen ist solche Förderung freilich, wenn der Arbeitgeber dafür nach § 14 Abs. 2, 3 SchwbG selbst aufzukommen hat (§ 237 SGB III).

4. Antrag und Bewilligungsverfahren

7168 Für die Leistungen ist bei dem für den Betrieb örtlich zuständigen Arbeitsamt der **Antrag** zu stellen, und zwar rechtzeitig vor Einstellung des Behinderten, vor Aufnahme der Probebeschäftigung oder vor Anschaffung der zu bezuschussenden Arbeitshilfe oder Einrichtung.

Zu beachten ist: Bei verspätetem Antrag ist eine Bewilligung nur ausnahmsweise möglich.

VI. Förderung der Berufsausbildung und der beruflichen Weiterbildung

1. Ziel und Inhalt der Förderung, begünstigter Personenkreis

7169 Förderziel ist die Berufsausbildung **benachteiligter Jugendlicher**, nämlich ausländischer Auszubildender und lernbeeinträchtigter oder sozial benachteiligter deutscher Auszubildender (z.B. verhaltensgestörte Jugendliche, ehemals drogenabhängige oder strafentlassene Jugendliche). Wen ihnen auch nach Teilnahme an berufsvorbereitenden Maßnahmen ohne Förderung keine qualifizierte Ausbildungsstelle vermittelt werden kann, kann der Ausbildungsbetrieb Zuschüsse zur Ausbildungsvergütung erhalten. Weiter kommt eine Förderung durch **Erstattung der Praktikumsvergütung** bis zu 192 EUR zuzüglich des Gesamtsozialversicherungsbeitrags in Betracht, wenn Arbeitgeber Auszubildenden im Rahmen eines Praktikums Grundkenntnisse und -fertigkeiten vermitteln, die für eine Berufsausbildung förderlich sind und wenn das Berufspraktikum mit einer berufsvorbereitenden Bildungsmaßnahme in Teilzeit verbunden ist (§ 235 b SGB III i.d.F. des Job-Aqtiv-Gesetzes). Schließlich wird ein Anreiz für den Arbeitgeber geschaffen, einen Arbeitnehmer, der über keinen Berufsabschluss verfügt, das **Nachholen des Berufsabschlusses** im Rahmen des bestehenden Arbeitsverhältnisses zu ermöglichen.

2. Leistungsvoraussetzungen und -umfang

7170 Zur Förderung **benachteiligter Jugendlicher** wird eine betriebliche Ausbildung nach Maßgabe des Berufsbildungsgesetzes und der Abschluss eines Berufsausbildungsvertrages vorausgesetzt. Die Zuschüsse werden für die Zeit erbracht, in der während der betrieblichen Ausbildungszeit vom AA geförderte ausbildungsbegleitende Hilfen (z.B. Stütz-

oder Förderunterricht) durchgeführt oder durch Abschnitte der Berufsausbildung in einer außerbetrieblichen Einrichtung ergänzt werden und für welche Zeit die Ausbildungsvergütung weitergezahlt wird. Der Zuschuss kann in Höhe der anteiligen Ausbildungsvergütung einschl. des entsprechenden Anteils am Gesamtsozialversicherungsbeitrags erbracht werden (§ 235 SGB III).

Die Erstattung der **Praktikumsvergütung** kommt in Betracht in Bezug auf Betriebs-Praktika, die berufs- oder berufsbereichbezogene fachliche sowie soziale Kompetenzen vermitteln, die einen Übergang in eine Berufsausbildung erleichtern. Für die Dauer der ergänzenden Berufsvorbereitung ist der Auszubildende vom Betrieb freizustellen. Ein Praktikumsvertrag muss abgeschlossen werden und der Arbeitgeber muss eine Praktikumsvergütung von im Regelfall 192 EUR zahlen. Wenn im vergleichbaren Tätigkeitsbereich eine geringere Ausbildungsvergütung gezahlt wird, mindert sich die Praktikumsvergütung entsprechend. Gefördert wird durch Erstattung dieser Praktikumsvergütung; die Auszahlung kann durch den Träger der berufsvorbereitenden Bildungsmaßnahme erfolgen. Die Abwicklung kann deshalb über den Träger erfolgen. 7170a

Wenn der Arbeitgeber einem Arbeitnehmer ohne Berufsabschluss seine berufliche Weiterbildung im Rahmen und unter Beibehaltung des bestehenden Arbeitsverhältnisses ermöglicht und ihn zur Nachholung des Berufsabschlusses freistellt, können die auf die Zeit ohne Arbeitsleistung entfallenden Lohnkosten erstattet werden. Vorausgesetzt wird, dass die **Notwendigkeit der Weiterbildung** wegen fehlenden Berufsabschlusses für den fraglichen Arbeitnehmer vom AA **förmlich anerkannt** ist und die Weiterbildung im Rahmen des **bestehenden Arbeitsverhältnisses** durchgeführt wird. Die **Höhe** des Zuschusses reicht bis zur Höhe des anteiligen Arbeitsentgelts (einschl. anteiligen Teils des Gesamtsozialversicherungsbeitrags) für die Zeit ohne Arbeitsleistung, d.h. der Freistellung zur Weiterbildung. Bei der Bemessung wird das Interesse des Arbeitgebers an der Nachqualifizierung seines Arbeitnehmers berücksichtigt. 7170b

3. Antrag und Bewilligungsverfahren

Ein Antrag auf Förderleistung, der rechtzeitig zuvor gestellt werden muss, ist unerlässliche Voraussetzung. Alles Nähere wird die BA noch durch Anordnung regeln. 7171

VII. Förderung von Ausbildungseinrichtungen und Jugendwohnheimen

1. Förderung von Aus- und Fortbildungseinrichtungen sowie von Einrichtungen zur beruflichen Eingliederung Behinderter

Ziel der in § 248 SGB III vorgesehenen Förderung ist es wie schon unter Geltung des bisherigen AFG, ein Angebot an Bildungsträgern zu schaffen und zu erhalten, das der **Lage und Entwicklung des Arbeitsmarktes und der Berufe** gerecht wird. Dadurch soll auch die Beschäftigungsstruktur in den einzelnen Wirtschaftszweigen und Regionen verbessert werden. 7172

7173 Gefördert werden können sowohl bestehende als auch neu zu errichtende überbetriebliche **Lehrwerkstätten** und **sonstige Einrichtungen** der überbetrieblichen (außerbetrieblichen) Berufsaus- oder -weiterbildung. Träger solcher Einrichtungen können natürliche oder juristische Personen sein, z.B. die öffentliche Hand, die Industrie- und Handelskammern sowie Handwerkskammern, Fachverbände, Gewerkschaften, Wohlfahrtsverbände oder gemeinnützige Organisationen.

7174 Vorausgesetzt wird, dass die Einrichtung für die Erbringung anderer Leistungen der aktiven Arbeitsförderung **erforderlich** ist, namentlich für förderungsfähige Maßnahmen der beruflichen Aus- und Weiterbildung. Behinderteneinrichtungen sind darüber hinaus nur förderbar, wenn die BA berechtigt ist, in der Einrichtung berufliche Eingliederungsmaßnahmen selbst durchzuführen oder durchführen zu lassen.

Eine Förderung ist **ausgeschlossen**, wenn die Einrichtung
- der beruflichen Aus- oder Weiterbildung in berufsbildenden Schulen oder
- überwiegend den eigenen Zwecken eines Betriebes, mehrerer Betriebe, eines Verbandes oder zu gewerblichen (Erwerbs-) Zwecken dient.

Im besonderen Bedarfsfall ist Förderung aber auch insoweit möglich.

7175 Geleistet werden Zuschüsse oder Darlehn, und zwar für Bau oder Erweiterung einer Einrichtung, ihre Ausstattung sowie für der beruflichen Bildung Behinderter dienende begleitende Dienste einschließlich Internate, Wohnheime und Nebeneinrichtungen sowie bei der beruflichen Eingliederung Behinderter auch zur Entwicklung oder Weiterentwicklung von Lehrgängen, Lehrprogrammen oder -methoden. Vorausgesetzt wird eine angemessene Eigenbeteiligung des Trägers.

7176 Das Nähere, auch zum Verfahren, wird die BA noch durch Anordnung regeln (vgl. zum bisherigen Recht: Anordnung über die institutionelle Förderung vom 10.07.1991, *ANBA 1991, 1447*).

2. Förderung von Jugendwohnheimen

7177 Neben der **individuellen Förderung** beruflicher Ausbildung soll die Förderung der **Träger von Jugendwohnheimen** helfen, Berufsanwärtern Arbeits- oder Ausbildungsplätze zugänglich zu machen und einen Ausgleich am Arbeitsmarkt zu erreichen. § 252 SGB III übernimmt die Fördergrundsätze des bisherigen Rechts ohne sachliche Änderung (vgl. im Einzelnen: Anordnung der BA über die Förderung der Errichtung von Arbeitnehmer- und Jugendwohnheimen i.d.F. vom 18.03.1987, *ANBA 1987, 877*).

7178 Förderbar sind Arbeitnehmer- und Jugendwohnheime, z.B. für die Unterbringung von Auszubildenden, von Teilnehmern an Weiterbildungsmaßnahmen oder von jugendlichen Arbeitnehmern.

Geleistet werden **Zuschüsse oder Darlehn** zu den Aufwendungen für Bau, Umbau oder Erweiterung sowie für die Erst- oder Ersatzausstattung der Heime. Die Heime müssen angemessene Wohnbedingungen bieten und von betrieblichen Einrichtungen oder Anlagen getrennt sein. Werkswohnungen, gewerbliche betriebene Wohnheime oder Behelfsunterkünfte (Baracken, Container) werden nicht gefördert.

Das Nähere, auch zum Verfahren, regelt die BA durch Anordnung (bisher: Anordnung der BA über die Förderung der Errichtung von Arbeitnehmer- und Jugendwohnheimen i.d.F. vom 18.03.1987, *ANBA 1987, 877*).

IX. Weiterführende Literaturhinweise

Beachte zunächst, dass die zuständigen Stellen der Arbeitsverwaltung in der Regel ausführliche Informationen vorrätig halten und auch gerne zur persönlichen Beratung zur Verfügung stehen. Im folgenden ein kleiner Auszug aus der umfangreichen Literatur.

Bartling, Direkte und indirekte Subventionierung durch die Bundesanstalt für Arbeit, BB 1993, 208
Gröber, Mit verstärkter Kraft, BABl. 4/1995, 5
Feckler in Ambs u.a., GK-SGB III, Erläut. zu §§ 217 ff. SGB III, Loseblatt
Hammer/Weiland, Strukturpolitische Ziele, Arbeitsförderung Ost, BABl 11/1995, 17
Hanau, Der Eingliederungsvertrag, DB 1997, 1278
Marschner, Leistungen der produktiven Arbeitsförderung in den alten Bundesländern (ABM Umwelt West), NZS 1995, 400
Natzel, Der Eingliederungsvertrag, NZA 1997, 806
Schmidt, Produktive Arbeitsförderung Ost, BABl. 1/1993, 10
Weiland, »h« wie Hoffnung, Arbeitsförderung Ost, BABl. 4/1994, 5

47. Kapitel: Klageverfahren vor dem Sozialgericht

I.	**Zuständigkeit der Sozialgerichte**	**7500**
	1. Allgemeines zur Zuständigkeit	7500
	2. Typische Fälle der Zuständigkeit des Sozialgerichts	7502
	3. Örtliche Zuständigkeit	7511
	4. Verweisung an das zuständige Gericht	7512
II.	**Gerichtsaufbau und Besetzung der Richterbank**	**7513**
III.	**Der Gang des Verfahrens vor dem Sozialgericht**	**7516**
	1. Vor Klageerhebung: Widerspruchsverfahren	7516
	2. Klage ohne Widerspruchsverfahren	7526
	3. Das Klageverfahren	7528
	4. Aufschiebende Wirkung der Klage	7532
	5. Beiladung Dritter zum Rechtsstreit	7535
	6. Von der Klageerhebung bis zum Gerichtstermin	7536
	7. Mündliche Verhandlung vor dem Gericht	7542
	8. Urteil ohne mündliche Verhandlung vor dem Gericht	7543
	9. Beendigung des Rechtsstreits ohne Urteil	7544
	a) Der Gerichtsbescheid	7544
	b) Rücknahme der Klage	7545
	c) Anerkenntnis des Klageanspruchs	7546
	d) Der Vergleich	7547
	10. Vorläufiger Rechtsschutz	7548
IV.	**Berufung, Revision und Beschwerde**	**7551**
	1. Die Berufung	7551
	2. Beschwerde gegen Entscheidungen des Sozialgerichts	7553
	3. Revision gegen Urteile des Landessozialgerichts	7555
V.	**Kosten im sozialgerichtlichen Verfahren**	**7556**
	1. Gerichtskosten	7556
	2. Außergerichtliche Kosten (Anwaltskosten)	7557
	a) Wer trägt die Kosten?	7557
	b) Höhe der Kosten	7558
	3. Prozesskostenhilfe	7560
	4. Kosten des Widerspruchsverfahrens	7561
VI.	**Weiterführende Literaturhinweise**	**7563**

I. Zuständigkeit der Sozialgerichte

1. Allgemeines zur Zuständigkeit

Vor dem Amts- oder Landgericht geht es um privatrechtliche Streitigkeiten, z.B. den Rechtsstreit unter Kaufleuten. Vor dem Arbeitsgericht wird um Rechte und Pflichten aus einem Arbeitsverhältnis gestritten. Vor dem Sozialgericht ist Klagegegner im allgemeinen eine Behörde als Einrichtung des Staates. Es geht um Ansprüche und Verpflichtungen aus dem öffentlichen Recht, um Streitigkeiten zwischen Bürger und Staat. Die Sozi-

7500

algerichte sind deshalb neben den allgemeinen Verwaltungsgerichten und den Finanzgerichten (für Steuerstreitigkeiten) besondere Verwaltungsgerichte.

7501 Das Sozialgericht ist immer dann zuständig, wenn es zur Klärung der umstrittenen Rechtsbeziehungen auf die Anwendung der Sozialgesetze ankommt, wenn sich also die umstrittenen Rechte und Pflichten aus den Sozialversicherungsgesetzen oder sonstigen Sozialgesetzen ergeben. Dazu gehören vor allem folgende Bereiche:

- Angelegenheiten der gesetzlichen Kranken-, Renten- und Unfallversicherung sowie der neuen Pflegeversicherung; das gilt auch für in der gesetzlichen Krankenversicherung freiwillig Versicherte als Pflichtversicherte in der sozialen Pflegeversicherung und ebenso für **privat Pflegeversicherte in Streitigkeiten mit ihrer privaten Pflegversicherung** (z.B. für Selbständige),
- Angelegenheiten der Arbeitslosenversicherung und der weiteren Aufgaben der Bundesanstalt für Arbeit (Arbeitsförderungsrecht),
- Angelegenheiten des Erziehungsgeldes; Angelegenheiten des Kindergeldes gehören nunmehr vor das Finanzgericht; beim SG verbleibt im Wesentlichen nur die Abwicklung der alten Streitsachen,
- Angelegenheiten des Sozialen Entschädigungsrechts (Kriegsopferversorgung, Entschädigung der Opfer von Gewalttaten und bei Impfschäden, Ausgleichsleistungen wegen der Folgen von sog. SED-Unrecht),
- Anerkennung als Schwerbehinderter und Erteilung des entsprechenden Ausweises,
- Streitigkeiten wegen der Arbeitgeber-Umlage und der Erstattung im Rahmen der Lohnfortzahlungs-Versicherung nach dem Entgeltfortzahlungsgesetz (bisher: Lohnfortzahlungsgesetz).

Angelegenheiten der Sozialhilfe nach dem Bundessozialhilfegesetz (BSHG) gehören allerdings nicht vor das Sozialgericht. Über sie entscheidet das **Verwaltungsgericht!**

2. Typische Fälle der Zuständigkeit des Sozialgerichts

- Streit um die Versicherungs- und Beitragspflicht

7502 **BEISPIEL 1:**

Der Arbeitgeber beschäftigt in seinem Betrieb u.a. den Studenten A, die Aushilfskraft B und den Rentner C. In der Annahme, sie seien versicherungs- und beitragsfrei, hat er zwar die notwendigen Meldungen erstattet, aber keine Beiträge an die Krankenkasse als Einzugsstelle entrichtet. Im Rahmen einer Betriebsprüfung stellt die Krankenkasse oder jetzt der Rentenversicherungsträger nun fest, dass A, B und C versicherungs- und beitragspflichtig sind und erlässt einen entsprechenden Bescheid, in dem vom Arbeitgeber auch die Beiträge nachgefordert werden. Der Arbeitgeber hält die Entscheidung für falsch.

BEISPIEL 2:

G ist Mitgesellschafter einer GmbH. Er wird zum Geschäftsführer bestellt und bekommt ein entsprechendes Gehalt. G und die anderen Mitgesellschafter sind unsicher, ob G nun als Geschäftsführer Arbeitnehmer der GmbH ist und der Versicherungs- und Beitragspflicht unterliegt. Um sicherzugehen, beantragt G bei der Krankenkasse die Entscheidung darüber. Diese verneint in ihrem Bescheid das Bestehen von Versicherungs- und Beitragspflicht. G ist damit nicht einverstanden.

Von solchem Bescheid der Krankenkasse als Einzugsstelle oder des Rentenversicherungsträgers sind der Arbeitgeber, der Arbeitnehmer und ebenso die anderen Sozialversicherungsträger (Bundesversicherungsanstalt für Angestellte, Landesversicherungsanstalt, Bundesanstalt für Arbeit) betroffen. Jeder von ihnen kann dagegen Widerspruch bei der Krankenkasse einlegen und, falls der erfolglos bleibt, Klage zum Sozialgericht erheben. Hat einer von ihnen die Klage erhoben (z.B. der Arbeitgeber), sind auch die anderen notwendig am Verfahren beteiligt und werden vom Gericht zum Rechtsstreit beigeladen (vgl. → Rz. 7535).

BEISPIEL 3: 7503

Die Propagandistin P erhält von der Firma F einen Vertrag als freie Mitarbeiterin. Sie ist der Meinung, eigentlich sei sie versicherungs- und beitragspflichtige Arbeitnehmerin. Sie will erreichen, dass sie zur Krankenkasse angemeldet wird und Beiträge für sie entrichtet werden.

Für solchen Streit zwischen Arbeitgeber und Arbeitnehmer um die Frage der Versicherungs- und Beitragspflicht zur Sozialversicherung ist nicht das Arbeitsgericht sondern das Sozialgericht zuständig! Die P muss sich zunächst an die Krankenkasse als Einzugsstelle wenden. Diese wird die näheren Umstände des Arbeitsverhältnisses unter Einschaltung der F ermitteln und sodann ihre Entscheidung treffen. Wer mit der Entscheidung nicht einverstanden ist, erhebt zunächst Widerspruch und ggf. sodann Klage zum SG. Eine unmittelbar zum SG erhobene Klage der P gegen die F mit dem Ziel, die F zur Anmeldung und zur Beitragszahlung zu verpflichten, wäre angesichts des vorgeschriebenen Weges über die Einzugsstelle unzulässig (BSG 11.09.1995, 12 RK 31/93 und 9/95). Eine entsprechende Klage der P gegen die F vor dem ArbG kommt nicht in Betracht, weil es dem ArbG dafür an der Zuständigkeit fehlt.

BEISPIEL 4: 7504

Nach einer Betriebsprüfung fordert der betriebsprüfende Rentenversicherungsträger einen hohen Betrag an rückständigen Beiträgen vom Arbeitgeber nach. Der Arbeitgeber hält den Bescheid für falsch, denn bei den zugrunde gelegten Entgelten habe es sich um beitragsfreie Sonderzuwendungen gehandelt.

Gegen den Beitragsbescheid muss der Arbeitgeber zunächst Widerspruch einlegen und, falls das erfolglos bleibt, Klage zum Sozialgericht erheben.

Ebenso zuständig ist das Sozialgericht, wenn sich die Beitragsforderung nicht gegen den Arbeitgeber richtet, sondern z.B. gegen dessen Bürgen oder gegen die Gesellschafter einer Kommanditgesellschaft wegen rückständiger Beiträge der KG. Vor das Sozialgericht gehört auch die Klage bei Streit um die Zulässigkeit einer Sachpfändung wegen Beitragsrückständen.

Bestehen Zweifel, ob ein neu Eingestellter nun Arbeitnehmer (und dann regelmäßig versicherungs- und beitragspflichtig) ist oder aber Auftragnehmer (und dann im Rechtssinne selbständig) – vgl. dazu oben Beispiele 2 und 3 oder Fälle der sog. Scheinselbständigkeit – kann jeder der beiden Vertragspartner verbindliche Klärung herbeiführen durch einen **Antrag an die Bundesversicherungsanstalt für Angestellte (BfA) in Berlin auf Statusklärung** (Anfrageverfahren, § 7 a SGB IV). Die BfA entscheidet dann nach Prüfung über den versicherungsrechtlichen Status und erteilt einen entsprechenden Bescheid. Die Krankenkasse als Einzugsstelle wird darüber informiert.

Der den Status als versicherungspflichtiger Arbeitnehmer oder Selbständiger feststellende Bescheid kann von beiden Betroffenen (also auch vom Auftraggeber bzw. Arbeitgeber) mit Widerspruch und nachfolgend Klage zum Sozialgericht angefochten werden.

Tipp

Widerspruch und Klage gegen einen solchen den versicherungsrechtlichen Status feststellenden Bescheid der BfA und ebenso gegen einen entsprechenden Bescheid der Einzugsstelle (Krankenkasse) oder einen entsprechenden Bescheid der BfA nach Betriebsprüfung haben **aufschiebende Wirkung**!

Das bedeutet: Bis zur endgültigen Entscheidung entfaltet solcher Bescheid keine Wirkung; Meldungen müssen nicht erstattet, Beiträge brauchen nicht entrichtet zu werden. Freilich hat der betroffene Arbeitnehmer bzw. Auftragnehmer in dieser Schwebezeit auch keine Leistungsansprüche. Näheres dazu im *Rundschreiben der Spitzenverbände vom 20.12.1999, NZA 2000, 190*.

Geht es hingegen um einen reinen Beitragsbescheid der Einzugsstelle, oder des Rentenversicherungsträgers, in dem sie nicht abgeführte Beiträge nachfordert, so gilt weiterhin: Auch wenn gegen den Beitragsbescheid Klage zum SG erhoben ist, darf die Krankenkasse ihre Beitragsforderung notfalls zwangsweise beitreiben! Will der Arbeitgeber das abwenden, kommt ein Antrag beim SG auf vorläufigen Rechtsschutz in Betracht (vgl. → Rz. 7548 ff.).

7505 **BEISPIEL 1:**

z.B.

Der Arbeitnehmer will erreichen, dass der Arbeitgeber für ihn ordnungsgemäß Beiträge zur Sozialversicherung abführt.

BEISPIEL 2:

z.B.

Der Arbeitnehmer ist der Meinung, er sei versicherungs- und beitragsfrei und wendet sich dagegen, dass der Arbeitgeber für ihn Beiträge vom Lohn abzieht und an die Krankenkasse abführt.

Die Frage des ordnungsgemäßen Beitragsabzugs hängt eng mit der Versicherungs- und Beitragspflicht zusammen. In solchem Streitfall muss die Krankenkasse als Einzugsstelle eingeschaltet und deren Entscheidung herbeigeführt werden.

Musste der Arbeitgeber z.B. nach einer Betriebsprüfung durch die Krankenkasse (solche Prüfung geht seit 1996 schrittweise auf den Rentenversicherungsträger über) und entsprechendem Beitragsbescheid für den Arbeitnehmer Beiträge für eine zurückliegende Zeit nachträglich zahlen, kann er den unterbliebenen Abzug des Arbeitnehmeranteils nur noch bei den nächsten 3 Entgeltzahlungen nachholen.

Später ist ein Beitragsabzug vom Lohn nur noch zulässig, wenn beide Seiten kein Verschulden an der Nichtzahlung der Beiträge trifft. Das wird selten der Fall sein, weil es als Verschulden angerechnet wird, dass die Krankenkasse nicht rechtzeitig um Prüfung und Entscheidung gebeten worden ist.

BEISPIEL 3:

Der Arbeitgeber verlangt von dem inzwischen ausgeschiedenen Arbeitnehmer Erstattung des auf ihn entfallenden Arbeitnehmeranteils der nachzuzahlenden Beiträge.

BEISPIEL 4:

Der geringfügig und deshalb beitragsfrei beschäftigte Arbeitnehmer verschweigt dem Arbeitgeber trotz ausdrücklicher Frage, dass er noch eine weitere geringfügige Beschäftigung bei einem anderen Arbeitgeber verrichtet. Der Arbeitgeber muss deshalb, weil beide geringfügigen Beschäftigungen zusammengerechnet werden und damit Versicherungs- und Beitragspflicht auslösen, die fälligen Beiträge für den Arbeitnehmer auf Anforderung der Krankenkasse nachzahlen. Er verlangt nun vom Arbeitnehmer Schadenersatz (solcher Schadenersatzanspruch wird vom BAG bejaht.

BEISPIEL 5:

Der Arbeitnehmer, für den der Arbeitgeber keine Beiträge zur Sozialversicherung abgeführt hatte, verlangt vom Arbeitgeber wegen der unterlassenen Beitragszahlung Schadenersatz, weil die fehlenden Beiträge seine spätere Rente schmälern.

Solcher Streit wurzelt im Arbeitsverhältnis. Er gehört deshalb vor das Arbeitsgericht.

WEITERES BEISPIEL: 7506

Der Arbeitnehmer ist wegen Überschreitens der Jahresarbeitsentgeltgrenze zur Krankenversicherung versicherungsfrei. Er versichert sich freiwillig bei der Krankenkasse oder bei einem privaten Versicherungsunternehmen. Vom Arbeitgeber verlangt er den Beitragszuschuss.

Der Streit um einen Beitragszuschuss nach § 257 SGB V (vgl. → Rz. 5669) gehört vor das Sozialgericht; dort müsste der Arbeitnehmer Klage gegen den Arbeitgeber erheben. Geht es hingegen um einen z.B. tariflich oder im Einzelarbeitsvertrag festgelegten Zuschuss zu dem Beitrag für eine private Lebensversicherung oder zur freiwilligen Rentenversicherung, so muss im Streitfall Klage zum Arbeitsgericht erhoben werden.

- **Streit um die Arbeitsbescheinigung**

Zu den Arbeitspapieren, die dem Arbeitnehmer bei seinem Ausscheiden vom Arbeitgeber ausgehändigt werden müssen, gehört auch die **Arbeitsbescheinigung**. Er benötigt sie vor allem zur Vorlage beim Arbeitsamt, wenn er Arbeitslosengeld in Anspruch nehmen will (vgl. → Rz. 7015). 7507

Es ist im Einzelnen umstritten, ob bei Streit um eine Arbeitsbescheinigung das Arbeitsgericht oder das Sozialgericht angerufen werden müssen.

Als **Faustregel** kann gelten: Weigert sich der Arbeitgeber, die Arbeitsbescheinigung überhaupt zu erteilen oder will er sie nicht herausgeben, so kann der Arbeitnehmer vor dem Arbeitsgericht auf Erteilung bzw. Herausgabe klagen. Geht es dem Arbeitnehmer hingegen um den Inhalt der Arbeitsbescheinigung (z.B. um die korrekte Angabe des in den letzten 6 Monaten erzielten Arbeitsentgelts), so müsste er vor dem Sozialgericht gegen den Arbeitgeber klagen. In aller Regel benötigt der Arbeitnehmer die Bescheinigung für das Arbeitsamt.

> Der bessere Weg ist es dann, das Arbeitsamt einzuschalten. Es kann und wird die Bescheinigung oder ihre inhaltliche Richtigstellung beim Arbeitgeber erwirken.

- **Streitfälle bei Konkurs des Arbeitgebers**

7508 Die Klage zum Sozialgericht kommt bei Insolvenz (Konkurs) des Arbeitgebers in Betracht, wenn es um Ansprüche auf Insolvenzausfallgeld geht, aber auch für Feststellung einer bestrittenen Forderung oder des Konkursvorrechts für sozialversicherungsrechtliche (vor allem: Beitrags-) Forderungen.

Nicht selten ist es ein Sozialversicherungsträger (vor allem: eine Krankenkasse), der wegen Beitragsrückständen beim Amtsgericht den Konkursantrag stellt. Vor dem Amtsgericht kann der Schuldner seine Einwendungen vorbringen und die Konkurseröffnung mit der sofortigen Beschwerde zum Landgericht anfechten.

> Der Schuldner hat aber noch einen zweiten Weg, den Konkursantrag der Krankenkasse abzuwehren. Durch Klage zum Sozialgericht kann er zu erreichen versuchen, dass die Krankenkasse den Konkursantrag nicht stellt oder den bereits gestellten Antrag wieder zurücknimmt. Im eiligen Fall muss beim Sozialgericht Antrag auf Erlass einer einstweiligen Anordnung gestellt werden (zum vorläufigen Rechtsschutz s. → Rz. 7548).

Das Sozialgericht tritt freilich nicht an die Stelle des Amtsgerichts als Konkursgericht. Ob das Konkursrecht den Eröffnungsantrag rechtfertigt und dem Amtsgericht die Konkurseröffnung bzw. Ablehnung mangels Masse erlaubt, wird allein von diesem Gericht entschieden. Die Klage zum Sozialgericht zielt auf einen anderen Gesichtspunkt ab. Es liegt im **Ermessen der Krankenkasse**, ob sie den Konkursantrag stellt oder nicht. Das Ermessen muss sachgerecht ausgeübt, alle Umstände des einzelnen Falles müssen berücksichtigt werden. Dabei kann von Bedeutung sein, in welcher Situation der Betrieb sich befindet, wie hoch die (Beitrags-) Forderung ist, ob sie nach Grund und Höhe unbestritten ist oder ob darum Prozess geführt wird. Hat die Krankenkasse solche oder ähnliche besonderen Umstände im Einzelfall nicht berücksichtigt, kann ihre Entscheidung, den Konkursantrag zu stellen, vom Sozialgericht als ermessensfehlerhaft aufgehoben oder kann die Kasse zur Rücknahme ihres fehlerhaft gestellten Konkursantrags verpflichtet werden. Geht es um solche Gesichtspunkte, ist dafür die Klage zum Sozialgericht eröffnet.

- **Streit mit dem Arbeitsamt**

7509 Streitigkeiten mit dem Arbeitsamt gehören vor das Sozialgericht. Sie können u.a. in folgenden Bereichen entstehen:

- Kurzarbeitergeld, Winterausfallgeld im Baugewerbe;
- Lohnkostenzuschüsse und andere Förderleistungen an Arbeitgeber (vgl. → Rz. 7100 ff.);
- Erlaubnis zur privaten Arbeitsvermittlung oder zur gewerblichen Arbeitnehmerüberlassung.

Hat die Bundesanstalt für Arbeit mit einem **Träger beruflicher Bildungsmaßnahmen** einen Vertrag über die Durchführung solcher (vom Arbeitsamt geförderter) Bildungsmaßnahmen geschlossen und entsteht im Rahmen dieses Vertrages Streit, so muss dieser nicht vor dem SG, sondern vor den **ordentlichen Gerichten** (Amts- oder Landgericht) ausgetragen werden *(BSG SozR 3-1500 § 51 Nr. 24).*

- **Streit im Rahmen der Lohnfortzahlungsversicherung**
Das LFZG sieht zum Ausgleich der Arbeitgeberbelastung mit den Kosten der Entgeltfortzahlung bei Arbeitsunfähigkeit des Arbeitnehmers für Kleinbetriebe eine Erstattung der Aufwendungen des Arbeitgebers vor (vgl. → Rz. 5668). Die Erstattung erfolgt durch die Krankenkasse. Sie erhebt dafür bei den betroffenen Betrieben eine besondere Umlage. Streit um diese Umlage oder um die Erstattung der Arbeitgeberaufwendungen wird auf Klage vom Sozialgericht entschieden.

7510

Die Arbeitsgerichte sind hingegen zuständig, wenn es um die Ansprüche des Arbeitnehmers gegen den Arbeitgeber auf Entgeltfortzahlung bei Arbeitsunfähigkeit geht.

Das Sozialgericht ist ebenso für Streitfälle um die soziale Pflegeversicherung nach dem XI. Buch des SGB zuständig (§ 51 Abs. 2 SGG). Das gilt auch für Personen, die als zur gesetzlichen Krankenversicherung versicherungsfreie Arbeitnehmer (sog. Höherverdiener) oder auch als selbständige **privat krankenversichert** sind und im Zusammenhang damit die Pflegeversicherung bei einem **privaten Pflegversicherungsunternehmen** abgeschlossen haben. Streitigkeiten mit der privaten Pflegeversicherung gehören vor das SG und nicht vor das Amts- oder Landgericht *(BSG 08.08.1996, 3 BS 1/96, SozR 3-5100 § 51 Nr. 19)*. Eine Ausnahme gilt für reine Beitragsforderungen des privaten Versicherungsunternehmens gegen den Versicherungsnehmer (z.B. bei rückständigen Beiträgen). Hier steht dem Versicherungsunternehmen der Weg über das Mahnverfahren beim Amtsgericht offen.

7510a

- **Sonstige Fälle**

BEISPIEL:

7510b

Eine Bank erwirkt beim Amtsgericht gegen ihren Schuldner Pfändung und Überweisung einer sozialrechtlichen Forderung, z.B. der Honorarforderung eines Arztes gegen seine Kassenärztliche Vereinigung (KV) und macht diese Forderung nun gegenüber der Drittschuldnerin (KV) geltend. Inzwischen haben sich der Arzt und die KV wegen dieser Forderung geeinigt und die Bank ändert ihre gegen die KV erhobene Zahlungsklage nunmehr auf Schadensersatz wegen Verletzung der Drittschuldnerverpflichtung aus § 840 ZPO.

Für diese geänderte, nunmehr auf § 840 ZPO gestützte Klage bleibt der Rechtsweg zum SG erhalten *(BSG SozR 3-1500 § 51 Nr. 22)*.

3. Örtliche Zuständigkeit

Bei welchem konkreten Gericht die Klage erhoben werden muss, richtet sich im allgemeinen nach dem Wohnsitz des Beklagten. Anders ist es vor dem Sozialgericht. Im Interesse der Bürgernähe soll das für den Bürger nächstgelegene Gericht zuständig sein. Örtlich zuständig ist deshalb das Sozialgericht, in dessen Bezirk **der Kläger** seinen Wohnsitz oder Sitz hat. Der Arbeitnehmer kann wahlweise auch vor dem Sozialgericht klagen, das für seinen Beschäftigungsort zuständig ist.

7511

Nur wenn der Kläger seinen Wohnsitz oder Sitz im Ausland hat, ist dasjenige Sozialgericht zuständig, in dessen Bezirk der Beklagte seinen Sitz hat.

Maßgebend sind und bleiben immer die Verhältnisse zur Zeit der Erhebung der Klage. Verlegt z.B. der Kläger im Laufe des Prozesses seinen Wohnsitz in eine andere Stadt, ändert sich die örtliche Zuständigkeit nicht und der Prozess bleibt bei dem Sozialgericht, bei dem er begonnen hatte.

4. Verweisung an das zuständige Gericht

7512 Irrt sich der Kläger und erhebt er seine Klage beim Arbeitsgericht statt richtig beim Sozialgericht (oder umgekehrt) oder wählt er fehlerhaft das Sozialgericht Köln statt richtig das Sozialgericht Leipzig, darf das nicht zuständige Gericht über die Klage nicht sachlich entscheiden. Das angerufene Gericht wird den Irrtum erkennen, Kläger wie Beklagten auf die Unzuständigkeit hinweisen und Gelegenheit zur Stellungnahme einräumen. Alsdann wird es die Klage durch Beschluss an das zuständige Gericht verweisen; der Prozess wird dann dort fortgesetzt. Eines besonderen Antrags bedarf es dazu nicht.

Es kann im Einzelfall durchaus zweifelhaft sein, ob für eine bestimmte Klage nun das Sozialgericht oder z.B. das Arbeitsgericht zuständig ist. Möglicherweise ist der Kläger deshalb mit der Verweisung an ein anderes Gericht nicht einverstanden, z.B. wegen des unterschiedlichen Kostenrisikos.

In diesem Falle kann er gegen den Verweisungsbeschluss innerhalb eines Monats nach dessen Zustellung **Beschwerde** einlegen, über die dann die nächste Instanz entscheidet. Keine Beschwerdemöglichkeit gibt es allerdings, wenn ein Sozialgericht wegen örtlicher Unzuständigkeit an ein anderes Sozialgericht verwiesen hat.

II. Gerichtsaufbau und Besetzung der Richterbank

7513 Über eine Klage entscheidet in erster Instanz das SG. Zweite Instanz ist das Landessozialgericht (LSG). Revisionsinstanz schließlich ist das Bundessozialgericht (BSG). Es hat, wie früher das BAG, seinen Sitz in Kassel.

7514 Wie das Arbeitsgericht ist das Sozialgericht mit einem Berufsrichter als Vorsitzenden und zwei ehrenamtlichen Richtern besetzt. Anders als beim LAG wirken im Senat des Landessozialgerichts neben dem Vorsitzenden zwei weitere Berufsrichter mit, hinzu treten auch hier zwei ehrenamtliche Richter. Ebenso besetzt ist das Bundessozialgericht in Kassel.

7515 Die ehrenamtlichen Richter sind Fachleute der Praxis. Nicht wenige von ihnen wirken gleichzeitig bei einem Arbeitsgericht mit. Sie kommen aus dem Kreis der Versicherten (Arbeitnehmer) und der Arbeitgeber. Besonderes gilt für die Kammern für Angelegenheiten des Sozialen Entschädigungs- und des Schwerbehindertenrechts und bei den Kammern für Angelegenheiten der Kassenärzte (Kassenzahnärzte).

In ihr Amt berufen werden die ehrenamtlichen Richter von der Landesregierung auf die Dauer von 4 Jahren, Wiederholung ist möglich. Die Kandidaten werden Vorschlagslisten entnommen, die von den Arbeitgeberverbänden und den Gewerkschaften sowie anderen Arbeitnehmervereinigungen mit berufs- oder sozialpolitischer Zielsetzung eingereicht werden.

Die ehrenamtlichen Richter erhalten für ihre Tätigkeit Auslagenersatz sowie eine Aufwandsentschädigung oder Ersatz des nachgewiesenen Verdienstausfalles.

III. Der Gang des Verfahrens vor dem Sozialgericht

1. Vor Klagerhebung : Widerspruchsverfahren

In aller Regel wendet sich der Betroffene mit seiner Klage gegen einen Bescheid, den z.B. die Krankenkasse oder das Arbeitsamt erlassen hat.

BEISPIELE:

Die Krankenkasse erlässt gegen den Arbeitgeber einen Bescheid, worin sie Beiträge für beschäftigte Arbeitnehmer nachfordert.

Das Arbeitsamt lehnt in seinem Bescheid das beantragte Kurzarbeitergeld oder den beantragten Einarbeitungszuschuss ab.

In solchem Falle muss vor Erhebung der Klage das **Widerspruchsverfahren** durchgeführt werden; die Behörde soll ihre beanstandete Entscheidung unter Berücksichtigung der vorgebrachten Einwendungen noch einmal überprüfen.

Gegen den beanstandeten Bescheid muss der Betroffene deshalb zunächst Widerspruch bei der Stelle einlegen, die den Bescheid erlassen hat.

Besonders wichtig ist es, die für den Widerspruch geltende **Frist zu beachten.** Sie beginnt mit der Bekanntgabe des Widerspruchs und läuft genau **einen Monat**.

Bescheide der Sozialversicherungsträger werden im allgemeinen durch einfachen oder eingeschriebenen Brief bekannt gegeben. Auch wenn er im Einzelnen Fall bereits früher eingegangen sein sollte, gilt solcher Bescheid als am 3. Tage nach Aufgabe zur Post bekannt gegeben. Die Frist läuft dann bis zu dem entsprechenden Tage des folgenden Monats.

BEISPIEL:

Bescheid wird zur Post gegeben am 13.03.1997. Er gilt als bekannt gegeben am 16.03.1997, auch wenn das ein Sonntag ist. Die Frist endet am 16.04.1997.

Kann der Bescheidadressat nachweisen, dass ihn der Brief nicht innerhalb des 3-Tage-Zeitraumes erreicht hat, sondern erst später (bei Einschreibsendungen wird das Datum der Aushändigung von der Post vermerkt), beginnt die Frist erst mit dem Tage des tatsächlichen Zugangs zu laufen. So ist es, wenn nachgewiesen wird, dass der Brief erst am Montag, dem 17.03.1996, zugegangen ist. Dann endet die Frist erst am 17.04.1997 um Mitternacht. Der Adressat sollte den Tag des Zugangs immer auf dem Schriftstück vermerken (z.B. Eingangsstempel).

Fällt das Ende der Frist auf einen Sonnabend, Sonntag oder gesetzlichen Feiertag, endet die Frist am nächsten Werktag.

BEISPIEL:

Bescheid wird zur Post gegeben am 14.04.1997 und gilt als bekannt gegeben am 17.04.1997. Die Frist endet am 20.05.1997 (Dienstag nach Pfingsten)

7518 Der Widerspruch muss spätestens **am letzten Tage der Frist** bei dem Versicherungsträger **eingegangen** sein. Aufgabe zur Post und Poststempel des letzten Tages reichen nicht aus!

Zur Wahrung der Frist genügt es aber, das Widerspruchsschreiben bis zum Ende des letzten Tages der Frist bei jeder anderen deutschen Behörde (im Ausland beim deutschen Konsulat) abzugeben; es wird von dort an die richtige Stelle weitergeleitet.

In eiligen Fällen kann zur Vermeidung der Postlaufzeit deshalb das Widerspruchsschreiben z.B. bei der örtlichen Gemeindeverwaltung, dem Amtsgericht oder bei einem am Ort befindlichen anderen Sozialversicherungsträger ohne Rücksicht auf die Zuständigkeit abgegeben werden.

Übermittlung des Widerspruchsschreibens mittels Fernkopierer **(Telefax)** ist zulässig (vgl. dazu auch → Rz. 7531)

Zur Wahrung der Frist genügt es im Übrigen, wenn gegen den beanstandeten Bescheid zunächst nur Widerspruch eingelegt wird; eine **Begründung** kann **später** nachgereicht werden.

7519 Ist die **Frist für den Widerspruch** versäumt, kann der verspätete Widerspruch noch zugelassen werden, wenn die Fristversäumung entschuldigt ist. Wer **ohne sein Verschulden** verhindert war, die Frist einzuhalten, kann »Wiedereinsetzung in den vorigen Stand« beantragen.

7520 Entschuldigt ist nur, wer die gebotene Sorgfalt an den Tag gelegt hat. Von Kaufleuten, Arbeitgeberverbänden, Rechtsanwälten u.ä. wird eine genaue Fristenkontrolle und -überwachung erwartet. Versäumnisse einer Hilfskraft oder eines Bevollmächtigten gehen zu Lasten des Betroffenen. Fristversäumung wegen Urlaubsabwesenheit kann bei Privatleuten unverschuldet sein; von Kaufleuten oder Rechtsanwälten werden entsprechende Vorkehrungen für die Dauer der Abwesenheit erwartet. Krankheitsbedingte Fristversäumung ist nur dann entschuldigt, wenn der Betroffene so ernsthaft erkrankt war, dass er auch keinen anderen mit der Einlegung des Widerspruchs beauftragen konnte (vgl. → Rz. 7531).

Auf die übliche Postlaufzeit für einen Brief darf man vertrauen. Eine dennoch auftretende **Postverzögerung** ist deshalb grundsätzlich unverschuldet (vgl. → Rz. 7531).

Der versäumte Widerspruch muss umgehend nach Wegfall des Hindernisses (z.B. nach Rückkehr aus dem Urlaub) nachgeholt werden. Die näheren Umstände, warum die Monatsfrist unverschuldet versäumt wurde, müssen dargelegt und durch entsprechende Belege nachgewiesen werden. Nach Ablauf eines Jahres seit dem Ende der Monatsfrist ist die »Wiedereinsetzung in den vorigen Stand« grundsätzlich nicht mehr möglich.

Wer es vergessen hatte, rechtzeitig Widerspruch einzulegen oder wer sich erst später entschließt, z.B. den Beitragsbescheid der Krankenkasse anzufechten, kann auch nach Ablauf der Monatsfrist noch erreichen, dass seine Einwendungen berücksichtigt werden und der Versicherungsträger seine **Entscheidung noch einmal überprüft.** § 44 des Zehnten Buches Sozialgesetzbuch (SGB X) schreibt ausdrücklich vor, dass die Sozialversicherungsträger verpflichtet sind, auch z.B. wegen Versäumung der Widerspruchsfrist bestandskräftig gewordene Entscheidungen zu überprüfen und ggf. zu korrigieren, wenn sich herausstellt, dass sie geltendem Recht widersprechen.

7521

BEISPIEL:

Der Arbeitgeber hat es versäumt, gegen den Beitragsbescheid der Krankenkasse rechtzeitig Widerspruch einzulegen oder er hat erst nach Ablauf der Widerspruchsfrist von einem Monat fachkundigen Rat eingeholt und sich nun entschlossen, die Beitragsforderung anzugreifen. Er bringt vor und kann es belegen, dass die von der Krankenkasse als versicherungs- und beitragspflichtige Beschäftigte angenommenen Arbeitnehmer in Wahrheit nur Aushilfen im Rahmen geringfügiger Beschäftigung waren oder Studenten, die für die Dauer der Semesterferien beschäftigt worden sind.

Trotz Verstreichens der Widerspruchsfrist bleibt die Krankenkasse verpflichtet, die vorgebrachten Umstände zu würdigen und ihren Beitragsbescheid, falls die vom Arbeitgeber geltend gemachten Tatsachen zutreffen, zu korrigieren.

Die Pflicht zu erneuter Überprüfung besteht in tatsächlicher wie in rechtlicher Hinsicht. Es kann also geltend gemacht werden, dass der Sozialversicherungsträger bei seiner ersten Entscheidung bestimmte tatsächliche Umstände außer acht gelassen oder fehlerhaft eingeschätzt hat und ebenso, dass die Rechtslage falsch gewürdigt wurde. Der Betroffene muss freilich **triftige Gründe** vorbringen können, dass die Entscheidung fehlerhaft sei.

Der Versicherungsträger wird seine Entscheidung dann überprüfen. Lehnt er eine Änderung der ursprünglichen Entscheidung ab, kann gegen diesen Bescheid sodann fristgemäß Widerspruch und ggf. Klage erhoben werden.

Über den Rechtsbehelf, der gegen die Behördenentscheidung in Betracht kommt und die dafür gültige Frist wird der Betroffene durch die **Rechtsmittelbelehrung** unterrichtet, die jeder Bescheid (regelmäßig am Ende oder auf einem besonderen Blatt) enthält. Sie gibt auch die Stelle und deren Adresse an, bei welcher der Rechtsbehelf (Widerspruch) und sodann Klage einzureichen ist.

7522

In den meisten Fällen **bewirkt der Widerspruch keinen Aufschub!** So darf die Krankenkasse trotz Einlegung des Widerspruchs ihren Beitragsbescheid vollziehen und die Forderung zwangsweise beitreiben. Nur wenn eine zuvor gewährte Leistung jetzt zurückgefordert wird, bewirkt der Widerspruch Aufschub. Um die zwangsweise Beitreibung einer beanstandeten Beitragsforderung abzuwenden, muss der Betroffene beim Sozialgericht **vorläufigen Rechtsschutz** beantragen (vgl. → Rz. 7548).

7523

7524 Das Widerspruchsverfahren ist gebührenfrei. Seine eigenen Aufwendungen (z.B. Anwaltskosten) muss der Betroffene zunächst selbst tragen. Hat er Erfolg, bekommt er sie ganz oder teilweise erstattet. Näheres bei → Rz. 7562.

2. Klage ohne Widerspruchsverfahren

7525 Keines vorgeschalteten Widerspruchsverfahrens bedarf es, wenn sich die Klage nicht gegen einen Bescheid eines Sozialversicherungsträgers richtet. So kann z.B. der Arbeitnehmer gegen den Arbeitgeber sogleich beim Sozialgericht Klage auf Korrektur der Arbeitsbescheinigung erheben.

7526 Die Sozialversicherungsträger sind verpflichtet, einen gestellten Antrag in angemessener Frist zu bearbeiten und durch Erlass des Bescheides darüber zu entscheiden. Geschieht das nicht, kann ohne vorgeschaltetes Widerspruchsverfahren **Untätigkeitsklage** beim Sozialgericht erhoben werden mit dem Ziel, die Behörde zum Erlass des Bescheides zu verurteilen.

> **BEISPIEL:**
> Der Arbeitgeber A hat beim Arbeitsamt beantragt, ihm für die beabsichtigte Einstellung und Beschäftigung des Arbeitnehmers B einen Einarbeitungszuschuss zu bewilligen. Er hatte alle dazu notwendigen Unterlagen eingereicht. Nun hört er vom Arbeitsamt lange nichts.
>
> Sind seit Antragstellung 6 Monate verstrichen und ist bis dahin noch kein Bescheid ergangen, kann A beim Sozialgericht Untätigkeitsklage gegen die Bundesanstalt für Arbeit erheben mit dem Ziel, diese zum umgehenden Erlass des Bescheides zu verurteilen.

Die Untätigkeitsklage ist **nicht vor Ablauf von 6 Monaten** seit Antragstellung zulässig.

Die beklagte Behörde kann vorbringen, dass zureichende Gründe sie an der fristgerechten Entscheidung hindern, wenn z.B. noch notwendige zeitaufwendige Ermittlungen angestellt werden müssen oder auch wenn bei einer Flut von Anträgen eine außergewöhnliche Arbeitsbelastung eingetreten ist. Das Gericht kann dann die Wartefrist angemessen verlängern und das Verfahren so lange aussetzen. Erkennt es die vorgebrachten Gründe nicht an, wird es die beklagte Behörde zum umgehenden Erlass des Bescheides verurteilen. Voraussetzung ist freilich, dass der Antragsteller alle von ihm verlangten Angaben gemacht und sämtliche notwendigen Unterlagen auch eingereicht hat, damit die Behörde imstande ist, die Entscheidung zu treffen.

7527 Untätigkeitsklage kann auch erhoben werden, wenn über einen **Widerspruch** nicht in angemessener Frist entschieden wurde.

> **BEISPIEL:**
> Das Arbeitsamt hat den beantragten Einarbeitungszuschuss abgelehnt. Gegen den Bescheid hat der Arbeitgeber A Widerspruch eingelegt und dafür seine Gründe vorgebracht. Er wartet auf den Widerspruchsbescheid.

Nach Ablauf von 3 Monaten kann A beim Sozialgericht Untätigkeitsklage erheben und die Verurteilung zum Erlass des Widerspruchsbescheides beantragen. Die **Wartefrist** beträgt hier grundsätzlich **3 Monate**. Zuvor ist die Klage verfrüht und nicht zulässig.

Wird von der beklagten Seite geltend gemacht, dass besondere Gründe sie an der rechtzeitigen Entscheidung hindern, kann das Gericht auch hier die Wartefrist angemessen verlängern (vgl. oben → Rz. 7526).

3. Das Klageverfahren

Vor dem Sozialgericht und dem Landessozialgericht besteht kein Anwaltszwang. Dem Kläger steht es frei, einen Prozessbevollmächtigten zu bestellen. 7528

Dafür kommen neben Rechtsanwälten wie beim Arbeitsgericht auch die Vertreter von Arbeitgeberverbänden, von Gewerkschaften und ähnlichen Arbeitnehmervereinigungen in Betracht, die ihren Mitgliedern Rechtsschutz gewähren.

Nur vor dem Bundessozialgericht in Kassel besteht die Verpflichtung, einen Rechtsanwalt oder Vertreter eines Verbandes zum Prozessbevollmächtigten zu bestellen; der Kläger darf nicht allein tätig werden.

In jedem Falle muss der Prozessbevollmächtigte eine **schriftliche,** vom Kläger unterschriebene **Prozessvollmacht** beim Gericht einreichen. Es genügt nicht, dass der Bevollmächtigte z.B. bereits im vorgeschalteten Widerspruchsverfahren seine Vollmacht eingereicht hat. Fehlt die schriftliche Prozessvollmacht und wird sie auf Verlangen des Gerichts auch nicht binnen einer bestimmten Frist nachgereicht, ist die Klage unzulässig und wird ohne Eingehen auf die Sache abgewiesen. Das gilt im sozialgerichtlichen Verfahren auch für Rechtsanwälte!

Wer beim Sozialgericht Klage erheben will, kann das **schriftlich** (durch Brief an das Gericht) tun oder er kann das Gericht aufsuchen und seine Klage dort mündlich zu Protokoll geben; das Gericht unterhält dafür eine Rechtsantragsstelle. 7529

Für die **Klageschrift** gibt es **keine besonderen Förmlichkeiten.** Es genügt, wenn das Gericht erkennen kann, wer die Klage erhebt, gegen wen sie sich richten soll und worum es geht. Die Klageschrift soll

- den Kläger nach Namen und Anschrift bezeichnen,
- ebenso den Beklagten,
- den Bescheid bezeichnen, gegen den sie sich richtet (Angabe von Datum und Aktenzeichen des Bescheides und des Widerspruchsbescheides), zweckmäßig ist es, den Bescheid und/oder den Widerspruchsbescheid in Kopie beizufügen,
- einen Antrag enthalten, über den das Gericht entscheiden soll, d.h. das Klageziel soll in kurzer Form benannt werden;
- vom Kläger oder dem Prozessbevollmächtigten unterschrieben sein.

Fehlt eine der Angaben, ist das unschädlich und kann nachgeholt werden. Das Gericht wird, wenn nötig, dazu auffordern.

Weil die Klageschrift vom Gericht der beklagten Seite zur Stellungnahme übersandt wird, soll der Kläger davon und von allen weiteren Schriftsätzen jeweils eine **Abschrift** beifügen. Werden Dritte zum Prozess beigeladen, müssen entsprechend mehr Abschriften eingereicht werden.

7530 Von großer Bedeutung ist es, dass der Kläger die **Klagefrist beachtet und einhält.** Die Frist für die Klage beträgt genau **einen Monat** und sie beginnt mit der Zustellung bzw. Bekanntgabe des angegriffenen Bescheides bzw. Widerspruchsbescheides. Lebt der Kläger im Ausland, hat er für die Klage 3 Monate Zeit.

Widerspruchsbescheide werden in aller Regel durch die Post mit (blauer) Postzustellungsurkunde zugestellt. Das Datum der Zustellung wird auf der Urkunde vermerkt. Die Frist endet dann an dem entsprechenden Tage des folgenden Monats oder am nächsten Werktag, wenn dieser letzte Tag der Frist ein Sonnabend (Samstag), Sonn- oder Feiertag ist.

BEISPIEL:
Der Bescheid wird zugestellt am 18.04.1997. Die Klagefrist endet am 20.05.1997 (Dienstag nach Pfingsten).

7531 Wenn der Postzusteller den Adressaten nicht antrifft und auch kein Hausgenosse (z.B. Familienmitglied) oder Firmenmitarbeiter zugegen ist, wird er die Sendung beim Postamt hinterlegen und in der Wohnung bzw. im Büro des Adressaten einen Benachrichtigungszettel hinterlassen.

In solchem Falle ist das **Datum der Niederlegung** für die Frist maßgeblich und nicht das Datum, zu dem die Sendung tatsächlich beim Postamt abgeholt wird.

Die Klage muss bis zum Ende des letzten Tages der Frist beim Gericht eingegangen sein; entscheidend ist der Eingangsstempel des Gerichts. Der Poststempel des letzten Tages der Frist reicht nicht aus! Die Übermittlung der Klageschrift mittels Fernkopierer **(Telefax)** ist zulässig. Es empfiehlt sich, das Originalschreiben mit üblicher Post nachzureichen.

Liegt das Sozialgericht nicht am Ort des Klägers, kann die Klageschrift bis zum Ende des letzten Tages der Frist auch bei einem anderen Gericht abgegeben oder in dessen Nachtbriefkasten eingeworfen werden (z.B. beim örtlichen Amtsgericht) oder auch bei einer anderen Behörde am Ort (z.B. bei der örtlichen Gemeindebehörde oder bei der örtlichen Zweigstelle einer gesetzlichen Krankenkasse).

Ist die **Klagefrist versäumt,** und sei es auch nur um einen Tag, muss das Sozialgericht die Klage ohne Eingehen auf die Sache selbst als verspätet abweisen.

Unter Umständen kann die verspätete Klage dennoch zugelassen werden. Wenn der Kläger **ohne sein Verschulden** verhindert war, die Monatsfrist einzuhalten, kann das Gericht ihm »Wiedereinsetzung in den vorigen Stand« gewähren.

BEISPIEL:

Nach Rückkehr aus dem Urlaub wird im Hausbriefkasten der Benachrichtigungs-zettel vorgefunden, dass beim Postamt eine Sendung mit Postzustellungsurkunde niedergelegt worden ist. Bei Abholung ergibt sich, dass es sich um den Widerspruchsbescheid auf den vor einiger Zeit eingelegten Widerspruch gegen den Bescheid des Arbeitsamtes handelt. Seit dem Zustellungstage ist inzwischen mehr als ein Monat verstrichen.

Oder:

Die Monatsfrist für die Klage läuft am Montag ab. Der Kläger gibt seine Klageschrift am Freitag zur Post. Tatsächlich geht der Brief erst am Dienstag beim Gericht ein.

Bei versäumter Klagefrist muss der Kläger dem Gericht darlegen und nachweisen, welche Umstände ihn hinderten, die Monatsfrist einzuhalten und vor allem, dass ihn dafür kein Verschulden trifft.

Verzögerungen in der Briefbeförderung **durch die Post** dürfen dem Bürger nicht als Verschulden angerechnet werden. Auf die üblichen Postlaufzeiten darf der Bürger vertrauen *(so BVerfGE 62, 334, 336; BVerfG NJW 1994, 1854)*. Erreichen nach allgemeiner Erfahrung am Freitag aufgegebene Sendungen am folgenden Montag den Ort des Gerichts, kann eine dennoch auftretende Verzögerung dem Betroffenen nicht als Verschulden angerechnet werden und er wird »Wiedereinsetzung in den vorigen Stand« erhalten.

Plötzliche Störung des Telefax-Geräts: Der Kläger darf die Rechtsmittelfrist voll ausnutzen und deshalb bis zum letzten Tage warten. Er muss nicht damit rechnen, dass in letzter Minute eine unvorhersehbare »Panne« auftritt, z.B. das Telefax-Gerät versagt. Wird die rechtzeitige Übermittlung der Klageschrift durch einen technischen Defekt des Telefax-Geräts unmöglich, so wird die Verspätung regelmäßig unverschuldet und es wird Wiedereinsetzung in den vorigen Stand zu gewähren sein. Anders ist es nur, wenn der Defekt vorhersehbar war (z.B. weil bekannt war, dass das Gerät nicht richtig funktionierte) oder wenn der Defekt zu einem Zeitpunkt auftritt, zu dem noch Abhilfe möglich und zumutbar ist (z.B. am Mittag des letzten Tages der Frist und Reparatur oder Inanspruchnahme eines anderen Geräts oder Beauftragung eines Boten sind noch mögliche Alternativen; *(so BSG 31.03.1993, SozR 3-1500 § 67 Nr. 7)*. Ähnliches gilt, wenn ein sonst stets zuverlässiger Mitarbeiter versehentlich eine falsche Fax-Nummer angewählt hatte, die Sendung deshalb erst verspätet beim Gericht als dem richtigen Adressaten eingeht und der Fehler bei der Absendung durch das Fax-Gerät abends nach Büroschluss nicht mehr bemerkt werden konnte *(BSG 26.08.1994, 13 RJ 11/94)*.

Krankheit ist nur dann Entschuldigungsgrund, wenn der Kläger dadurch gehindert ist, einen kurzen Brief an das Gericht selbst zu schreiben oder einen anderen damit zu beauftragen. Es kommt darauf an, ob es ihm zumutbar ist, die notwendigen Schritte einzuleiten. Erleidet der Kläger z.B. am letzten Tag der Frist einen Herzanfall und kann er deshalb seine Absicht nicht verwirklichen, an diesem Tage noch rechtzeitig die Klage zu fertigen und zum Gericht zu bringen, trifft ihn an dem Fristversäumnis kein Verschulden. **Urlaub** ist als Entschuldigungsgrund für Fristversäumnis anerkannt *(BSG SozR 3-1500 § 67 Nr. 6)*.

Ein **Irrtum über die Rechtslage** ist regelmäßig kein ausreichender Entschuldigungsgrund. Wer auf die Klage verzichtet, weil er sie nicht für erfolgversprechend hält, kann sich nicht auf unverschuldete Fristversäumung berufen, wenn er sich nach fachkundiger Beratung doch entschließt, die Klage zu erheben. Nicht unverschuldet ist die Versäumung selbst dann, wenn ihn eine unzutreffende Auskunft über die Rechtslage dazu bewogen hat, keine Klage zu erheben.

Versäumnisse eines Prozessbevollmächtigten (z.B. Rechtsanwalts) oder eines gesetzlichen Vertreters werden dem Kläger zugerechnet. Auf seine Hilfskräfte (z.B. Firmenmitarbeiter) darf der Kläger aber ebenso vertrauen wie der Rechtsanwalt auf seine Mitarbeiter in der Kanzlei. Ist durch entsprechende organisatorische Maßnahmen sichergestellt, dass Fristsachen rechtzeitig vorgelegt werden und sind die Mitarbeiter ordnungsgemäß belehrt und überwacht, liegt kein Verschulden darin, dass es im Einzelfall dennoch zu einer »Panne« kommt. Entscheidend ist immer, ob der Kläger die **gehörige Sorgfalt** an den Tag gelegt hat. An Kaufleute oder Rechtsanwälte werden dabei höhere Anforderungen gestellt als an eine Privatperson. Wenngleich z.B. Urlaub als Entschuldigungsgrund anerkannt ist, wird von Kaufleuten oder Rechtsanwälten doch erwartet, dass sie in ihrem Büro für die Zeit ihrer Abwesenheit entsprechende Vorkehrungen treffen.

4. Aufschiebende Wirkung der Klage

7532 Hat ein Sozialversicherungsträger eine beantragte Leistung oder Erlaubnis abgelehnt und wendet der Kläger sich vor Gericht gegen diese Ablehnung, muss er die Entscheidung des Gerichts abwarten. Die Klage allein verhilft noch nicht zu der Leistung oder Erlaubnis.

Ist es aber so, dass z.B. die Krankenkasse als Einzugsstelle vom Arbeitgeber die Nachzahlung von Beiträgen verlangt oder, dass z.B. das Arbeitsamt eine zuvor erteilte Erlaubnis wieder entzieht, hat der Betroffene häufig ein besonderes Interesse, dass vor Entscheidung des Gerichts über die Klage gegen den belastenden Bescheid keine vollendeten Tatsachen geschaffen werden; er möchte, dass die Situation bis zur gerichtlichen Entscheidung möglichst unverändert bleibt und z.B. die geforderten Beiträge nicht zwangsweise beigetrieben werden.

7533 Widerspruch und Klage haben im Grundsatz aufschiebende Wirkung. So bestimmt es nach dem Vorbild der Verwaltungsgerichtsordnung nun auch § 86 a SGG in der ab 01.01.2002 gültigen neuen Fassung. Gleichwohl wird in vielen Fällen kein Aufschub bewirkt, weil das durch § 86 a Abs. 2 SGG oder andere Gesetze (z.B. § 336 a SGB III für den Bereich der Arbeitsämter) ausgeschlossen wird. Auch kann die Behörde den sofortigen Vollzug anordnen und damit den gesetzlich bestimmten Aufschub beseitigen, wenn der sofortige Vollzug im öffentlichen Interesse liegt und sie ihn mit schriftlicher Begründung dieses besonderen Interesses anordnet.

7534 Bewirken Widerspruch und Klage keinen Aufschub, kann die Behörde (oder die Widerspruchsbehörde) den sofortigen Vollzug der Entscheidung aussetzen, sei es ganz, sei es teilweise. Sie soll es tun, wenn z.B. ernstliche Zweifel an der Rechtmäßigkeit der angegriffenen Entscheidung bestehen oder wenn die sofortige Beitreibung der Forderung für den Abgabe-

oder Kostenpflichtigen eine unbillige, nicht durch überwiegende öffentliche Interessen gebotene Härte zur Folge hätte, wenn also durch eine sofortige Beitreibung z.B. der Fortbestand des betroffenen Unternehmens gefährdet wäre. Bewirken Widerspruch und Klage keinen Aufschub, kann der Betroffene auch das Gericht anrufen (dazu → Rz. 7548).

5. Beiladung Dritter zum Rechtsstreit

Es kommt nicht selten vor, dass ein zwischen Kläger und Beklagtem umstrittenes Rechtsverhältnis zugleich die rechtlichen Interessen anderer betrifft. Erhebt z.B. beim Streit um die Versicherungs- und Beitragspflicht von Beschäftigten der Arbeitgeber gegen die Krankenkasse die Klage, so sind an dem umstrittenen Rechtsverhältnis die betroffenen Arbeitnehmer ebenso beteiligt wie als Rentenversicherungsträger die Bundesversicherungsanstalt für Angestellte oder die zuständige Landesversicherungsanstalt sowie die Bundesanstalt für Arbeit. Wegen der ihm zustehenden Kontrollrechte ist der Betriebsrat am Streit mit dem Arbeitsamt um Kurzarbeitergeld oder Winterausfallgeld beteiligt. Im Verlauf des Prozesses kann sich auch ergeben, dass der mit der Klage verfolgte Anspruch zwar nicht gegen den beklagten Versicherungsträger besteht (weil dieser z.B. dafür nicht zuständig ist), sehr wohl aber gegenüber einem anderen Versicherungsträger bestehen kann.

7535

In all diesen Fällen soll erreicht werden, den Streit für alle davon Betroffenen in einem Prozess verbindlich zu klären. Die unmittelbar betroffenen Dritten werden ohne besonderen Antrag vom Gericht zum Rechtsstreit beigeladen.

Die Beiladung dient ihrer Unterrichtung von dem Rechtsstreit und dazu, dass sie ihre Argumente in den Prozess einbringen können. Sie erlangen die Rechte und Pflichten von Prozessbeteiligten. Das Urteil des Gerichts wirkt für und gegen die Beigeladenen; wie Kläger und Beklagter können sie gegen ein sie beschwerendes Urteil Rechtsmittel einlegen.

6. Von der Klagerhebung bis zum Gerichtstermin

Vor dem Arbeitsgericht folgt auf die Erhebung der Klage im allgemeinen recht bald die Ladung zum Gerichtstermin. Im sozialgerichtlichen Verfahren ist das etwas anders.

7536

Häufig streiten die Prozessbeteiligten nicht nur um reine Rechtsfragen. Umstritten sind vielmehr tatsächliche Umstände, z.B. welche Ursachen der Arbeitsausfall hatte, für den Kurzarbeitergeld verlangt wird. Das Sozialgericht muss deshalb den wahren Sachverhalt aufzuklären versuchen. Die dazu notwendigen Feststellungen trifft das Gericht von sich aus; es zieht aber auch die Prozessbeteiligten zur Mitwirkung heran.

Das Gericht übersendet die Klageschrift der beklagten Seite und fordert sie zur Gegenäußerung auf. Es zieht die Akten des Versicherungsträgers bei und wertet sie aus. Je nach Sachlage stellt es weitere Ermittlungen an.

So werden z.B. Akten und Unterlagen von anderen beigezogen, Auskünfte eingeholt oder auch ein schriftliches Sachverständigengutachten angefordert. Die Prozessbeteiligten werden davon unterrichtet und können zu den Ergebnissen Stellung nehmen.

7537 Kommt es auf **Zeugen** an, werden sie im allgemeinen im Verhandlungstermin oder einem gesonderten Beweistermin vom Gericht vernommen. Wohnen sie vom Sitz des Gerichts weit entfernt, veranlasst das Gericht ihre Vernehmung vor einem Gericht an ihrem Heimatort. Die Prozessbeteiligten werden zu solchen Terminen geladen und können der Vernehmung beiwohnen. In geeigneten Fällen kann es genügen, dass sich ein Zeuge zu Fragen des Gerichts schriftlich äußert; die Entscheidung darüber liegt in der Hand des Gerichts. Die Aufklärung des Sachverhalts liegt im Interesse des Klägers und er soll daran mitwirken. Das Gericht kann die besonderen Umstände seines Falles nur berücksichtigen, wenn er sie auch darlegt.

> **Tipp**
> Es ist deshalb Aufgabe des Klägers, dem Gericht alle Umstände zu nennen und geeignete Beweismittel dafür vorzulegen (z.B. Lohnunterlagen, Verträge u.ä.) oder zu benennen (z.B. Zeugen), die nach seiner Auffassung für die Sache Bedeutung haben können.

7538 Das vorbereitende Verfahren dient auch dazu, verfahrensrechtliche Mängel zu beseitigen. Fehlt z.B. noch die schriftliche Prozessvollmacht des vom Kläger bestellten Prozessbevollmächtigten, wird das Gericht sie anfordern und dafür eine Frist setzen. Hat der Kläger die Klage erhoben, ohne das Widerspruchsverfahren abzuwarten und ist seine Klage deshalb an sich unzulässig, wird Gelegenheit gegeben, den Mangel zu beseitigen. Das Widerspruchsverfahren wird nachgeholt und der Widerspruchsbescheid wird automatisch in das Klageverfahren einbezogen.

Hinweise geben wird das Gericht ebenso, wenn neue Gesichtspunkte in tatsächlicher oder in rechtlicher Hinsicht auftauchen, die den Beteiligten bisher nicht bekannt waren oder für sie keine Rolle spielten. Sie erhalten Gelegenheit, sich dazu zu äußern. Der in der Verfassung verankerte Grundsatz des **rechtlichen Gehörs** verlangt es, dass das Gericht bei seiner Entscheidung nur solche Umstände berücksichtigt, die auch den Prozessbeteiligten bekannt geworden sind und zu denen sie sich äußern konnten.

7539 Der vorbereitende Verfahrensabschnitt läuft im allgemeinen schriftlich ab. In geeigneten Fällen kann das Gericht auch einen Termin zur Erörterung mit den Beteiligten anberaumen und sie dazu laden. Auch wenn er z.B. einen Rechtsanwalt zum Prozessbevollmächtigten bestellt hat, kann der Kläger zu diesem **Erörterungstermin** persönlich geladen werden, wenn nur er die notwendigen Auskünfte und Erläuterungen geben kann. Der Erörterungstermin hilft zeitaufwendigen Schriftwechsel vermeiden und bietet sich z.B. bei umfangreichen oder unübersichtlichen Sachverhalten an.

7540 Nicht immer lässt sich ein umstrittener Sachverhalt hinreichend sicher aufklären. Auch nach Auswertung aller verfügbaren Unterlagen oder Vernehmung von Zeugen bleiben Zweifel, wie sich ein Geschehen nun tatsächlich abgespielt hat. Hier gilt der Grundsatz der objektiven Beweislast. Er gibt die Regel für die Folgen, wenn ein umstrittener Anspruch oder eine umstrittene Verpflichtung nicht sicher bewiesen werden kann.

Wer einen Anspruch erhebt, muss die dafür notwendigen tatsächlichen Umstände beweisen. Kann das Gericht diese Umstände nicht sicher feststellen, ist der Anspruch nicht begründet und die Klage wird abgewiesen. Die objektive Beweislast trifft freilich nicht immer den Kläger. Häufig wendet sich die Klage gegen eine dem Kläger auferlegte

Verpflichtung. Es ist also der Versicherungsträger, der einen Anspruch gegen den Betroffenen geltend macht und gegen den sich der Kläger wendet.

Verlangt z.B. die Krankenkasse vom Arbeitgeber Sozialversicherungsbeiträge für Beschäftigte, muss die im Prozess beklagte Kasse die tatsächlichen Voraussetzungen ihrer Beitragsforderung beweisen. Dazu gehört der Nachweis, dass der Arbeitgeber den oder die Arbeitnehmer für eine bestimmte Zeit gegen ein bestimmtes Entgelt beschäftigt hat, so dass sie versicherungs- und beitragspflichtig sind. Hier liegt die objektive Beweislast bei der beklagten Krankenkasse. Hat der Arbeitgeber die fraglichen Arbeitnehmer beschäftigt, wendet er aber ein, sie seien z.B. als Student oder wegen Geringfügigkeit versicherungsfrei, muss er wiederum diese Umstände beweisen können. Gerade in solchen Beitragsstreitigkeiten trifft den Arbeitgeber – sei er Kläger oder Beigeladener des Rechtsstreits – eine besondere Mitwirkungspflicht. Kann er nämlich entgegen seiner Verpflichtung für die fraglichen Arbeitnehmer keine ordnungsgemäß geführten Personal- und Lohnkonten vorlegen, darf die Krankenkasse ihre Beitragsforderung auch schätzen. Der Arbeitgeber kann sich der Schätzung gegenüber nicht darauf berufen, dass exakte Lohnaufzeichnungen nicht vorliegen.

7. Mündliche Verhandlung vor dem Gericht

Den Termin zur mündlichen Verhandlung beraumt das Sozialgericht im allgemeinen erst an, wenn der Streitstoff in dem vorbereitenden Verfahrensabschnitt so weit geklärt worden ist, dass abschließend über die Klage entschieden werden kann.

Während das vorbereitende Verfahren in der Hand des Berufsrichters liegt, wirken in der mündlichen Verhandlung neben ihm auch die beiden ehrenamtlichen Richter mit.

Zu dem Gerichtstermin werden die Prozessbeteiligten oder ihre Prozessbevollmächtigten geladen; die Ladung soll ihnen spätestens zwei Wochen vor dem Termin zugehen.

Kann der Kläger den Termin aus persönlichen oder beruflichen Gründen nicht wahrnehmen, kann er das Gericht um **Verlegung des Termins** bitten. Er muss dafür aber gewichtige Gründe vorbringen können. Es empfiehlt sich, dem Gericht z.B. einen bevorstehenden Urlaub oder eine längere Geschäftsreise rechtzeitig mitzuteilen, damit es das bei der Terminsbestimmung berücksichtigen kann.

Die Beteiligten sind im Grundsatz nicht verpflichtet, den Termin wahrzunehmen. Anders als im Zivilprozess vor dem Amts- oder Landgericht oder beim Arbeitsgericht kennt das sozialgerichtliche Verfahren **kein Versäumnisurteil** bei Ausbleiben eines Prozessbeteiligten im Termin. Wer den Termin nicht wahrnehmen kann, läuft deshalb keine Gefahr, dass »automatisch« gegen ihn entschieden wird.

Ist nur einer der Prozessbeteiligten (z.B. der beklagte Sozialversicherungsträger) im Termin vertreten oder erscheint niemand von den Prozessbeteiligten, kann das Sozialgericht dennoch entscheiden und sein Urteil fällen. Tauchen freilich im Termin neue Umstände auf, die dem abwesenden anderen Beteiligten unbekannt sind, verlangt der Grundsatz rechtlichen Gehörs, dass ihm Gelegenheit zur Stellungnahme eingeräumt wird. Die Sache muss dann vertagt und ein neuer Termin anberaumt werden.

Hält es das Gericht für zweckmäßig, kann es das **persönliche Erscheinen des Klägers** oder eines Beigeladenen (z.B. des beigeladenen Arbeitnehmers) anordnen. Das geschieht,. wenn das Gericht noch klärungsbedürftige Fragen hat oder aus sonstigen Gründen eine mündliche Erörterung der Sache für tunlich hält. Der Anordnung des persönlichen Erscheinens muss Folge geleistet werden. Bleibt der Kläger ohne Entschuldigung fern, kann gegen ihn ein Ordnungsgeld verhängt werden. Der persönlich geladene Kläger oder Beigeladene erhält im Übrigen wie ein Zeuge Entschädigung für seine baren Auslagen (z.B. Fahrtkosten) und Zeitverlust (z.B. Verdienstausfall) aus der Staatskasse.

8. Urteil ohne mündliche Verhandlung vor dem Gericht

7543 Nicht immer ist es erforderlich, dass eine mündliche Verhandlung vor dem Sozialgericht stattfindet. Es kann sein, dass es nur um reine Rechtsfragen geht, zu denen sich die Prozessbeteiligten bereits schriftlich umfassend geäußert haben. Vielleicht hat auch bereits zuvor eine mündliche Verhandlung z.B. mit Zeugenvernehmung stattgefunden, die nur vertagt wurde, damit die Beteiligten zu den Zeugenaussagen noch schriftlich Stellung nehmen konnten,

In solchen oder ähnlichen Fällen, in denen es nach Meinung aller Beteiligten nichts mehr zu erörtern gibt, können sie auf die **mündliche Verhandlung verzichten.** Dazu ist erforderlich, dass Kläger, Beklagter und Beigeladene übereinstimmend dem Gericht gegenüber schriftlich erklären, dass sie mit Entscheidung ohne eine mündliche Verhandlung einverstanden sind.

Das Sozialgericht entscheidet dann in der vollen Besetzung mit den ehrenamtlichen Richtern auf der Grundlage des gesamten Akteninhalts. Das Urteil erhalten die Beteiligten zugestellt.

9. Beendigung des Rechtsstreits ohne Urteil

a) Der Gerichtsbescheid

7544 Um das Gericht zu entlasten und in einfach gelagerten Fällen das aufwendige Urteilsverfahren zu ersparen, kann das Sozialgericht über die Klage auch durch einen Gerichtsbescheid entscheiden. Den Gerichtsbescheid erlässt der Berufsrichter ohne Mitwirkung der ehrenamtlichen Richter und ohne vorherige mündliche Verhandlung im schriftlichen Verfahren. Der Gerichtsbescheid hat die **volle Wirkung eines Urteils.**

Als **Rechtsmittel** dagegen kommt deshalb regelmäßig die Berufung in Betracht (vgl. → Rz. 7551). Nur wenn in einer Sache gegen ein Urteil keine Berufung gegeben wäre, kann gegen den Gerichtsbescheid als Rechtsbehelf binnen Monatsfrist Antrag auf mündliche Verhandlung gestellt werden. Wird dieser Antrag rechtzeitig gestellt, muss das Sozialgericht Termin zur mündlichen Verhandlung anberaumen und sodann durch Urteil über die Klage entscheiden.

Die Beteiligten müssen freilich wissen, dass das Gericht keinen Gerichtstermin anberaumen und im schriftlichen Verfahren durch Gerichtsbescheid entscheiden möchte. Das Gericht muss ihnen deshalb seine Absicht mitteilen und ihnen angemessene Frist zur Stellungnahme einräumen.

Der Kläger kann z.B. darlegen, aus welchen Gründen nach seiner Meinung eine mündliche Verhandlung doch stattfinden sollte. Vor allem sollten sich die Beteiligten darauf einrichten, **innerhalb der eingeräumten Frist** ihre Argumente vollständig schriftlich vorzubringen, damit sie das Gericht noch berücksichtigen kann.

b) Rücknahme der Klage

Der Kläger kann seine Klage jederzeit zurücknehmen, etwa wenn ihm deutlich wird, dass sie keine Aussicht auf Erfolg hat. Er braucht dafür nicht die Zustimmung des Prozessgegners. Rücknahme der Klage ist auch noch in der zweiten Instanz (Berufungsverfahren vor dem Landessozialgericht) und in der Revisionsinstanz vor dem Bundessozialgericht möglich. 7545

Die Rücknahme der Klage erledigt den Prozess und führt dazu, dass die mit der Klage angegriffene Verwaltungsentscheidung bestandskräftig und unanfechtbar wird.

Wenn es der Kläger beantragt, entscheidet das Gericht über die **Kosten** nach der Rücknahme durch besonderen Beschluss. Wie auch sonst entstehen keine Gerichtskosten. Seine eigenen Aufwendungen (z.B. Anwaltskosten) wird der Kläger bei Rücknahme der Klage in aller Regel selbst zu tragen haben. Sind Dritte zum Rechtsstreit beigeladen (z.B. Arbeitnehmer im Streit mit der Krankenkasse um die Versicherungspflicht), muss der Kläger damit rechnen, dass er deren Aufwendungen (z.B. für den Anwalt des beigeladenen Arbeitnehmers) übernehmen muss.

c) Anerkenntnis des Klageanspruchs

Im Verlauf des Rechtsstreits kann sich z.B. nach dem Ergebnis der vom Gericht angestellten Ermittlungen herausstellen, dass der mit der Klage verfolgte Anspruch entgegen der zunächst vom beklagten Versicherungsträger vertretenen Auffassung doch begründet ist. Tritt das klar zutage, wird der beklagte Versicherungsträger den Klageanspruch anerkennen. Das kann schriftlich oder im Verhandlungstermin zu Protokoll des Gerichts erklärt werden. Durch das Anerkenntnis erhält der Kläger, was er verlangt hat. Deshalb bedarf es keines gerichtlichen Urteils mehr. Nimmt der Kläger das Anerkenntnis der Gegenseite an und erklärt er damit sein Einverständnis, ist der Rechtsstreit erledigt. Sollte der Beklagte der im Anerkenntnis übernommenen Verpflichtung nicht nachkommen, kann aus dem angenommenen Anerkenntnis vollstreckt werden. 7546

Die beklagte Seite kann das Anerkenntnis auch auf die Kosten erstrecken; andernfalls entscheidet darüber noch das Gericht (zu den Kosten unten → Rz. 7556).

Es kann auch vorkommen, dass die beklagte Seite den Klageanspruch nur zu einem Teil anerkennt. Der Kläger kann dieses Teil-Anerkenntnis annehmen, so dass der Prozess in diesem Punkt erledigt ist; zu streiten und zu entscheiden ist über den Restanspruch.

Weil das angenommene Anerkenntnis auch Grundlage für eine Zwangsvollstreckung bildet, bedarf es nicht eines im Zivilprozess üblichen Anerkenntnisurteils des Gerichts. Auf der anderen Seite verliert der Kläger, dessen Anspruch vom Beklagten voll anerkannt wird, sein Bedürfnis nach gerichtlichem Rechtsschutz. Weigert er sich, das Anerkenntnis anzunehmen und besteht er auf einem Urteil des Gerichts, riskiert er die Abweisung der Klage wegen Unzulässigkeit.

d) Der Vergleich

7547 Ausgangspunkt für den Abschluss eines Vergleichs zur Beilegung des Prozesses ist im allgemeinen eine Ungewissheit der Prozessbeteiligten in tatsächlicher oder rechtlicher Hinsicht. Sie soll durch gegenseitiges Nachgeben beseitigt werden. **Unterschieden** wird zwischen dem **Prozessvergleich** und dem **außergerichtlichen Vergleich**.

Der **Prozessvergleich** wird im Verhandlungstermin vor Gericht zu dessen Protokoll geschlossen. Er erledigt den Rechtsstreit sowohl zur Hauptsache als auch wegen der Kosten, weil in aller Regel jede Seite ihre Kosten selbst trägt. Freilich können sich die Beteiligten auch wegen der Kosten vergleichen oder die Kostenfrage ausklammern und der Entscheidung des Gerichts überlassen.

Der **außergerichtliche Vergleich** wird von den Beteiligten außerhalb des gerichtlichen Verfahrens geschlossen. Damit der Prozess beendet werden kann, müssen die Beteiligten dem Gericht ihre Einigung mitteilen. Je nach Verabredung im Vergleich nimmt der Kläger die Klage zurück oder beide Beteiligten erklären den Rechtsstreit für erledigt.

10. Vorläufiger Rechtsschutz

7548 Wenn, wie dargestellt, Widerspruch und Klage gegen einen Bescheid keinen Aufschub bewirken oder wenn die Behörde den sofortigen Vollzug angeordnet hat, kann der Betroffene das Gericht anrufen, um Aufschub zu bekommen. Der notwendige **Antrag** ist auch schon **vor Klagerhebung möglich,** wenn z.B. unmittelbar nach Erlass des Widerspruchsbescheides oder sogar schon vorher die Vollstreckung droht. Über den Antrag entscheidet das Gericht durch Beschluss. Der Prozessgegner muss angehört werden. In Eilfällen kann das mittels Telefax oder notfalls telefonisch erfolgen. Das Gericht kann nach seinem Ermessen auch mündliche Verhandlung über den Antrag anberaumen. Das Verfahren soll schnell zur Entscheidung führen; manchmal soll sie binnen weniger Stunden fallen. Das Gericht kann deshalb nicht in umfangreiche Ermittlungen eintreten, sondern ist auf eine summarische Prüfung der Sache angewiesen. Der Antrag sollte deshalb eingehend begründet, Unterlagen oder sonstige Beweismittel sollten beigefügt werden.

7549 Geht es darum, dass z.B. ein Leistungsträger von dem betroffenen Arbeitgeber Beitragszahlung oder eine Umlage fordert oder Erstattung im Zusammenhang mit dem vorzeitigen Ausscheiden eines Arbeitnehmers und bewirkt Widerspruch bzw. Klage keinen Aufschub, geht es also darum, den sofortigen Vollzug der angefochtenen Entscheidung zu verhindern und damit vollendete Tatsachen zu vermeiden, kann das Gericht die aufschiebende Wirkung ganz oder teilweise anordnen; die Anordnung kann auch befristet oder mit Auflagen versehen werden. Der Vollzug ist dann bis zur endgültigen Entscheidung in der Hauptsache – ggf. befristet – gestoppt. Will der Betroffene hingegen etwas erreichen und hat die Behörde z.B. eine Förderleistung oder eine Erlaubnis abgelehnt, kommt eine **einstweilige Anordnung** des Gerichts in Betracht.

Für die Entscheidung des Gerichts ist Richtschnur, welche **Erfolgsaussichten** die Klage zur Hauptsache hat oder hätte. Je größer die Erfolgsaussicht ist, desto weniger kann dem Kläger zugemutet werden, bis zum endgültigen Urteil zu warten und zuzulassen, das die Gegenseite schon vorher vollendete Tatsachen schafft. 7550

Häufig lässt sich bei der im Eilverfahren gebotenen summarischen Prüfung noch nicht abschätzen, wie die Klage zur Hauptsache ausgehen wird. Wird vom Arbeitgeber z.B. die Zahlung von Sozialversicherungsbeiträgen für eine bestimmte Anzahl von Arbeitnehmern als Ergebnis einer Betriebsprüfung verlangt, und wirkt der Beitragsbescheid sorgfältig begründet, so kann est nach Zeugenbefragung und sonstigen aufwändigen Ermittlungen eingeschätzt werden, ob die Einwendungen, die der Arbeitgeber dagegen vorbringt, durchgreifen. In solchen im Ergebnis noch offenen Fällen ist das Gericht auf eine Abwägung der widerstreitenden Interessen angewiesen.

Es kommt darauf an, ob dem Betroffenen wesentliche Nachteile drohen, die auch im Falle eines späteren Obsiegens nicht mehr beseitigt werden können. **Wirtschaftliche Nachteile** allein reichen nicht aus, weshalb eine hohe Beitragsforderung für sich betrachtet keinen vorläufigen Rechtsschutz rechtfertigt. Besteht aber wegen der Höhe der Forderung für den Fall ihrer sofortigen Beitreibung noch vor endgültigem Urteil eine Gefahr für den Bestand des Betriebes, kommt Vollzugsaussetzung in Betracht.

Gegen eine ablehnende Entscheidung des Gerichts kann Beschwerde eingelegt werden, über die dann das Landessozialgericht endgültig entscheidet.

IV. Berufung, Revision und Beschwerde

1. Berufung gegen das Urteil des Sozialgerichts

Gegen das Urteil des Sozialgerichts kann die unterlegene Prozesspartei grundsätzlich Berufung zum Landessozialgericht einlegen. Nur in Fällen mit geringerer Bedeutung ist sie ausgeschlossen und das Sozialgericht entscheidet endgültig, vor allem bei Klagen auf eine Geld- oder Sachleistung im Wert bis zu 1.000 DM bzw. dem entsprechenden nun geltenden Wert in EUR). Geht es um eine Leistung für mehr als ein Jahr (z.B. um eine Rente und deren Höhe), so ist die Berufung unabhängig vom Wert immer eröffnet. Wegen der Berufung gegen einen Gerichtsbescheid s. oben bei → Rz. 7544. 7551

Ist die Berufung ausgeschlossen, weil es um nicht mehr als den Wert von 1.000 DM (bzw. den jetzt geltenden Wert in EUR) geht, kann das Sozialgericht sie dennoch zulassen, z.B. wenn die Sache über den Einzelfall hinaus grundsätzliche Bedeutung hat. Ein Beteiligter kann die Zulassung auch ausdrücklich beantragen und, falls das Sozialgericht die Zulassung ablehnt, wegen der Nichtzulassung der Berufung Beschwerde zum Landessozialgericht erheben. Wird der Beschwerde stattgegeben, läuft das Verfahren als Berufungsverfahren weiter; es muss dann nicht noch gesondert Berufung gegen das Urteil eingelegt werden.

7552 Für die Berufung gilt die übliche Monatsfrist, sie wird vom Tage der Zustellung des sozialgerichtlichen Urteils an gerechnet (vgl. zur Fristberechnung → Rz. 7517, 7520, 7530). **Eingelegt** werden muss die Berufung beim Landessozialgericht, und zwar schriftlich oder zu gerichtlichem Protokoll, wofür das Gericht eine Rechtsantragstelle unterhält. Die Berufungsschrift **muss unterschrieben sein!** Telegrafische Einlegung oder Einlegung durch Fernkopierer **(Telefax)** ist zulässig; bei Einlegung durch Telefax sollte der Originalschriftsatz umgehend nachgesandt werden.

Zur Wahrung der Frist genügt es, wenn die Berufungsschrift bis zum letzten Tage der Frist bei dem Sozialgericht eingeht, dessen Urteil angefochten wird. Anders als bei der Klage kann die Berufung aber nicht bei anderen Stellen oder Behörden abgegeben werden.

Wenn die Berufung nicht ausgeschlossen ist (z.B. in den Fällen mit einem Wert bis zu 1.000 DM bzw. nun dem Wert in EUR) und form- und fristgerecht eingelegt wird, prüft das Landessozialgericht die Sache in vollem Umfang nach. Neue Tatsachen und neue Beweismittel können vorgebracht werden und finden Berücksichtigung. Das gilt auch, wenn das Sozialgericht durch Gerichtsbescheid entschieden hat.

7553 In aller Regel ist das Urteil des Sozialgerichts vollstreckbar und bleibt es, auch wenn z.B. die Gegenseite Berufung einlegt. Auf Antrag kann aber der Vorsitzende des Berufungssenats die Vollziehung des Urteils einstweilen aussetzen oder von einer Sicherheitsleistung abhängig machen. Die Entscheidung trifft er nach seinem Ermessen, sie ist nicht anfechtbar.

2. Beschwerde gegen Entscheidungen des Sozialgerichts

7554 Alle Entscheidungen des Sozialgerichts, die einen bestimmten besonderen Verfahrensabschnitt abschließen, können mit der Beschwerde zum Landessozialgericht angefochten werden, z.B.

- Beschluss über Ablehnung der Entschuldigung bei Fristversäumnis (Wiedereinsetzung in den vorigen Stand),
- Beschluss über Ablehnung von Prozesskostenhilfe,
- Beschluss über Ablehnung vorläufigen Rechtsschutzes
- Entscheidung über Nichtzulassung der Berufung

Eingelegt werden muss die Beschwerde beim Sozialgericht. Es gilt die übliche Monatsfrist, gerechnet vom Tage der Bekanntgabe (in aller Regel: Zustellung durch die Post) des angegriffenen Beschlusses. Das Sozialgericht kann der Beschwerde, wenn sie überzeugend begründet ist, abhelfen. Andernfalls legt es sie dem Landessozialgericht vor, das dann endgültig entscheidet. Ebenso ist es bei der Beschwerde gegen die Nichtzulassung der Berufung (vgl. → Rz. 7551).

3. Revision gegen Entscheidungen des Landessozialgerichts

Gegen das Urteil des Landessozialgerichts ist Revision zum Bundessozialgericht in Kassel nur möglich, wenn das Landessozialgericht die Revision im Urteil ausdrücklich zugelassen hat, z.B. wegen grundsätzlicher Bedeutung der Sache. Ferner ist die Revision bei Verfahrensfehlern möglich.

Hat es das Landessozialgericht abgelehnt, die Revision im Urteil zuzulassen, kann dagegen Beschwerde zum Bundessozialgericht eingelegt werden. Dieses Gericht kann dann die Revision zulassen und damit den Weg zur dritten Instanz eröffnen. Beschwerde und Revision zum Bundessozialgericht darf der Kläger nicht selbst einlegen. Er **muss einen Rechtsanwalt** oder Verbandsvertreter (Vertreter der Arbeitgebervereinigung, Rechtsschutzvertreter einer Gewerkschaft) zum Prozessbevollmächtigten bestellen.

7555

V. Kosten im sozialgerichtlichen Verfahren

1. Gerichtskosten

Das sozialgerichtliche Verfahren war bislang anders als die sonstigen gerichtlichen Verfahren (z.B. vor dem Arbeitsgericht oder vor dem Verwaltungsgericht) gerichtskostenfrei. Es wurden weder Gebühren noch Auslagen erhoben. Dieser Grundsatz kannte nur wenige Ausnahmen.

7556

Ab 01.01.2002 hat das 6. SGG-Änderungsgesetz entscheidende Änderungen gebracht.

Jetzt gilt Folgendes: **Gerichtskostenfrei** ist der Prozess nach wie vor für **Versicherte, Leistungsempfänger** einschließlich der Empfänger von Hinterbliebenenleistungen, für **Behinderte** und für die Sonderrechtsnachfolger im Sinne von § 56 des Ersten Buches Sozialgesetzbuch, die in dieser Eigenschaft regelmäßig als Kläger (im besonderen Fall auch in der Rolle des Beklagten) beteiligt sind. So bestimmt es § 183 SGG in der ab 01.01.2002 geltenden Fassung.

Eine gewisse Ausnahme von der Gerichtskostenfreiheit gilt für Versicherte u.a. durch § 183 SGG Begünstigte nur, wenn sie z.B. das Gutachten eines Arztes ihres Vertrauens verlangen; sie müssen dann gem. § 109 SGG die dafür entstehenden Kosten vorschießen. Auch kann das Gericht ihnen – und allen sonstigen Beteiligten ebenso – »Mutwillenskosten« gem. § 192 SGG auferlegen: Wenn z.B. durch Verschulden eines Beteiligten die Vertagung einer mündlichen Verhandlung oder ein neuer Termin nötig geworden ist oder wenn ein Beteiligter, dem vom Gericht die Missbräuchlichkeit seiner Klage oder seiner Verteidigung unter Hinweis auf die Möglichkeit der Kostenauferlegung dargelegt worden ist, den Prozess gleichwohl fortführt, können ihm besondere Kosten auferlegt werden, die mindestens 150 EUR betragen.

Regelmäßig steht auf der Gegenseite ein Versicherungs- oder Leistungsträger, zumeist als Beklagter. Für diesen ist das Verfahren nicht gerichtskostenfrei. Er muss unabhängig davon, ob er am Ende den Prozess gewinnt oder nicht, eine **besondere Gebühr** entrichten. Diese Gebühr liegt gem. § 184 SGG in der ab 01.01.2002 geltenden Fassung bei **150 EUR** (für das Verfahren erster Instanz), bei 225 EUR (für das Verfahren vor dem Landessozialgericht) und bei 300 EUR (für das Verfahren vor dem Bundessozialgericht).

Wenn sich hingegen vor dem Sozialgericht Personen oder Körperschaften gegenüberstehen, von denen weder der Kläger noch der Beklagte zum Kreis der Versichten, Leistungsempfänger oder Behinderten gehören, dann gilt wegen der Gerichtskosten das **Gerichtskostengesetz**. Dann werden wie im Prozess vor den anderen Gerichten auch hier Gerichtskosten erhoben (§ 197 a SGG in der ab 01.01.2002 gültigen Fassung). Die Höhe richtet sich wie auch sonst nach dem Gegenstandswert, welcher regelmäßig mit dem Geldwert der im Prozess umstrittenen Forderung identisch ist.

Gerichtskostenpflichtig sind danach nicht nur solche Streitigkeiten, bei denen sich verschiedene Leistungsträger gegenüberstehen (z.B. Rentenversicherungsträger und Krankenkasse) und um die Erstattung von Leistungen streiten, die von dem einen erbracht worden sind die der andere nun endgültig tragen und deshalb erstatten soll. Betroffen von der Gerichtskostenpflicht sind auch Prozesse, die ein **Arbeitgeber** z.B. gegen die Krankenkasse als Einzugsstelle oder gegen die Berufsgenossenschaft als Unfallversicherungsträger um Beiträge oder Umlagen führt oder wenn er sich gegen eine Entscheidung des Rentenversicherungsträgers im Zusammenhang mit einer Betriebsprüfung wendet oder wenn ein Arbeitgeber gegen das Arbeitsamt im Prozesswege vorgeht im Streit um Förderleistungen.

Für den Arbeitgeber ist das sozialgerichtliche Verfahren also nicht mehr gerichtskostenfrei!

2. Außergerichtliche Kosten (Anwaltskosten)

a) Wer trägt die Kosten?

7557 Die Entscheidung, wer am Ende die Kosten zu tragen hat, trifft das Gericht im Urteil oder durch Beschluss, wenn das Verfahren nicht durch Urteil beendet wird, sondern z.B. durch angenommenes Anerkenntnis. Letzteres bedarf freilich eines besonderen Antrages. Soweit das Gerichtskostengesetz nicht gilt, beschränkt sich die gerichtliche Kostenentscheidung nur auf die außergerichtlichen Kosten, also die Anwaltskosten. Gilt es hingegen, betrifft die Aussage auch die (verauslagten) Gerichtskosten.

Im allgemeinen steuert das Ergebnis zur Hauptsache auch die Frage, wer Kosten zu erstatten hat. Verliert der Kläger den Prozess, muss er seine Kosten selber tragen. Gewinnt er, bekommt er sie regelmäßig von der Gegenseite erstattet. Dem Gericht ist allerdings Ermessen eingeräumt. Es kann im Einzelnen, besonderen Fall von der Regel abweichen.

Sind Dritte als Beigeladene am Prozess beteiligt (z.B. die Arbeitnehmer im Beitragsstreit), so muss das Gericht auch über deren Kosten entscheiden. Es kommt darauf an, welche Interessen der Beigeladene im Prozess verfolgt und welche Anträge er gestellt hat. Danach richtet sich, ob er zur Gewinner- oder Verliererseite gerechnet wird.

b) Höhe der Kosten

Als außergerichtliche Kosten fallen namentlich die Gebühren eines Rechtsanwalts an. Die Aufwendungen der Versicherungs- und Leistungsträger, Behörden und anderen öffentlichen Stellen, die in aller Regel auf der Beklagtenseite stehen, sind nicht erstattungsfähig. Auf sie erstreckt sich das Kostenrisiko des Klägers nicht. Das gilt jetzt auch für Unternehmen der privaten Pflegeversicherung. Sie sind den anderen Körperschaften gleichgestellt.

Die Anwaltsgebührenordnung sieht für den Rechtsanwalt im sozialgerichtlichen Verfahren eine Rahmengebühr vor. Der Rahmen liegt bei 50 bis 660 EUR (bisher: 100 bis 1.300 DM) für die erste Instanz, bei 60 bis 780 EUR (bisher: 120 bis 1.520 DM) für die zweite Instanz, bei 90 bis 1.300 EUR (bisher: 170 bis 2.540 DM) für die dritte Instanz.

Innerhalb dieses Rahmens wird die Gebühr nach Bedeutung der Sache, Umfang und Schwere der Anwaltstätigkeit und den Einkommensverhältnissen des Mandanten festgesetzt. Die Praxis geht für den Durchschnittsfall von einer mittleren Gebühr aus., so dass sich 700 DM für die erste, 820 DM für die zweite und 1.360 DM für die dritte Instanz ergaben.

Das gilt allerdings nur für den – in der Sozialgerichtsbarkeit typischen – Fall, dass sich Versicherter oder Leistungsempfänger oder Behinderter und Versicherungs- oder Leistungsträger im Prozess gegenüberstehen und das Gerichtskostengesetz nicht gilt.

Sofern hingegen z.B. ein **Arbeitgeber** als Kläger beteiligt ist und auf der anderen Seite ein Leistungsträger (etwa das Arbeitsamt), gelten die üblichen Regeln und der Rechtsanwalt rechnet seine Gebühren nach dem Streitwert ab (§ 116 Abs. 2 BRAGO in der ab 01.01.2002 gültigen Fassung). Streitwert ist der Geldwert des umstrittenen Anspruchs; er wird auf Antrag vom Gericht festgesetzt. Zu der Gebühr treten Nebenkosten (Porti, sonstige Auslagen), die mit pauschal 20 EUR pauschaliert werden können. Dazu kommt die gesetzliche Mehrwertsteuer.

3. Prozesskostenhilfe

Wer wegen geringer finanzieller Mittel an der Kostenhürde zu scheitern droht, kann Prozesskostenhilfe erlangen. Ihm wird ein Anwalt seiner Wahl beigeordnet, der seine Gebühr aus der Staatskasse erhält.

Prozesskostenhilfe darf nur gewährt werden, wenn Einkommensgrenzen nicht überschritten werden; übersteigt das Einkommen den Mindestsatz, wird dem Betroffenen Ratenzahlung in bestimmter Höhe nachgelassen. Unabhängig von der finanziellen Seite kommt Prozesskostenhilfe nur in Frage, wenn die Klage hinreichende Erfolgsaussichten hat und nicht mutwillig ist und wenn die Vertretung durch einen Anwalt erforderlich scheint (§ 73 a SGG i.V.m. § 115 ZPO).

4. Kosten des Widerspruchsverfahrens

Das der Klage vorausgehende Widerspruchsverfahren ist gebührenfrei. das Kostenrisiko erstreckt sich auf die Gebühren eines bevollmächtigten Anwalts.

Bleibt der Widerspruch erfolglos und wird gegen den Widerspruchsbescheid Klage zum Sozialgericht erhoben, gehören die Aufwendungen des Widerspruchsverfahrens zu den außergerichtlichen Kosten des Prozesses, über deren Erstattung durch die Gegenseite das Gericht im Urteil entscheidet. Weil die Gebührenordnung der Rechtsanwälte darüber keine besondere Bestimmung trifft, wird für die **Höhe der Gebühr** auf den allgemeinen Gebührenrahmen (oben → Rz. 7558) zurückgegriffen und auf zwei Drittel ermäßigt. In den sog. Arbeitgebersachen (s. → Rz. 7559) rechnet der Anwalt wie auch sonst üblich nach dem Gegenstandswert ab. Ihm stehen drei Viertel der sich aus der Tabelle der Gebührenordnung ergebenden normalen Gebühr zu.

7562 Anders liegt es, wenn der Widerspruchsbescheid nicht mit der Klage angefochten wird, das Verfahren also mit diesem Widerspruchsbescheid abschließt.

Bleibt der Widerspruch erfolglos, muss der Betroffene seine Anwaltskosten selbst tragen. Andernfalls erhält er sie erstattet, worüber, ähnlich wie im Urteil, im Widerspruchsbescheid entschieden wird. Vorausgesetzt wird, dass der Widerspruch erfolgreich und die Hinzuziehung eines Anwalts geboten war.

Hierüber kann es zum Streit kommen. Lehnt die Behörde trotz erfolgreichen Widerspruchs die Erstattung der Kosten ab, weil z.B. ein Anwalt nicht notwendig gewesen sei, so ist diese Entscheidung selbständig anfechtbar. Gegen den Kostenpunkt im Widerspruchsbescheid wird Klage zum Sozialgericht erhoben; die Kostenfrage ist dann als Hauptsache Gegenstand des Prozesses und wird vom Sozialgericht entschieden.

VI. Weiterführende Literaturhinweise

7563 *Hennies* in Ergänzbares Lexikon des Rechts, Gruppe 11 (Sozialrecht) Stichwort Sozialgerichtsbarkeit, Loseblatt
Schmeling in Hennig (Hrsg.) Handbuch zum Sozialrecht, Gruppe 12; Loseblatt,
Kummer in Sozialrechtshandbuch (SRH), S. 550 ff., 1988;
Hennig/Danckwerts/König, Sozialgerichtsgesetz, Kommentar, Loseblatt,
Peters/Sautter/Wolff, Kommentar zur Sozialgerichtsbarkeit, Loseblatt

48. Kapitel: Überblick über das Lohnsteuerabzugverfahren

I.	Lohnsteuer und Einkommensteuer	8001
II.	Rechtsgrundlagen der Lohnsteuer	8002
III.	Aufgaben des Arbeitgebers	8003
IV.	Übersicht: System des Lohnsteuerabzugsverfahrens	8003a

I. Lohnsteuer und Einkommensteuer

8001 Die »Lohnsteuer« ist entgegen ihrem Wortlaut **keine selbständige Steuerart** wie die Einkommensteuer, die Umsatzsteuer, die Gewerbesteuer usw. Sie ist vielmehr eine **besondere Erhebungsform der Einkommensteuer**. Als »Lohnsteuer« wird die Einkommensteuer bezeichnet, die bei »Einkünften aus nicht- selbständiger Arbeit« durch den Abzug vom Arbeitslohn erhoben, also unmittelbar vom Arbeitgeber einbehalten und an das zuständige Finanzamt abgeführt wird. Die »Einkünfte aus nichtselbständiger Arbeit« sind dabei nur eine der insgesamt 7 Einkunftsarten, die der Einkommensteuer unterfallen. Zu den weiteren Einkunftsarten gehören bspw. die »Einkünfte aus selbständiger Arbeit«, die »Einkünfte aus Gewerbebetrieb« und die »Einkünfte aus Kapitalvermögen«.

II. Rechtsgrundlagen der Lohnsteuer

8002 Da es sich bei der »Lohnsteuer« nur um einen Unterfall der Einkommensteuer (**Einkommensteuerabzug vom Arbeitslohn = Lohnsteuer**) handelt, gibt es auch kein eigenes Lohnsteuergesetz, sondern diese wird auf der Grundlage des **Einkommensteuergesetzes (EStG i.d.F. v. 16.04.1997, BGBl. I S. 823** mit späteren Änderungen), genauer § 2 Abs. 1 Nr. 4 i.V.m. § 38 Abs. 1 Satz 1 EStG, erhoben. Zum Einkommensteuergesetz ist die Lohnsteuer-Durchführungsverordnung (LStDV) ergangen, in der weitere Einzelheiten des Lohnsteuerabzugs geregelt sind.

Wichtige ergänzende Bestimmungen, insbesondere für das Rechtsbehelfsverfahren (s. hierzu → Rz. 8166 f.) und die Außenprüfung durch das Finanzamt (→ Rz. 8150 f.) enthält die **Abgabenordnung (AO)**. Schließlich sind zur Klärung von Zweifels- und Auslegungsfragen sowie zur Sicherstellung einer gleichmäßigen Besteuerung aller Arbeitnehmer zahlreiche **Verwaltungserlasse** der obersten Finanzbehörden und der Länder ergangen. Diese haben in den **Lohnsteuerrichtlinien 2002** vom 22.10.2001 *(BStBl. Sondernummer 1/ 2001)* ihren Niederschlag gefunden (im Folgenden »LStR«).

Die LStR behandeln überwiegend Zweifels- und Auslegungsfragen, die sich bei der Anwendung des Einkommensteuerrechts im Bereich der Lohnbesteuerung ergeben können. Sie geben außerdem zur **Verwaltungsvereinfachung** und zur Vermeidung von Härtefällen den Finanzämtern Anweisungen, wie in bestimmten Fällen zu verfahren ist. Im Gegensatz zum EStG, der LStDV und der AO binden die LStR demzufolge nur die **Finanzbehörden**, **nicht** die **Finanzgerichte** (in der Praxis sehen allerdings auch die Finanzgerichte die Richtlinien häufig als entscheidungsverbindlich an).

III. Aufgaben des Arbeitgebers

8003 Der **Arbeitnehmer** ist der **eigentliche Schuldner der Lohnsteuer**, denn sein Arbeitslohn wird der Besteuerung unterworfen. Allerdings hat der Gesetzgeber dem **Arbeitgeber** die Pflicht auferlegt, die **Lohnsteuer für Rechnung des Arbeitnehmers** bei jeder Lohnzahlung vom Arbeitslohn **einzubehalten** und an das zuständige Finanzamt abzuführen.

Dem Arbeitgeber werden hier Aufgaben übertragen, die bei den sonstigen Steuererhebungen weitgehend vom Finanzamt selbst wahrgenommen werden. Der **Arbeitgeber haftet** andererseits **ohne** Rücksicht auf sein **Verschulden** für die ordnungsgemäße Abführung der Lohnsteuer (vgl. Einzelheiten → Rz. 8162 f.). Das bedeutet, dass das Finanzamt bei Unregelmäßigkeiten auch von ihm ganz oder zum Teil die Lohnsteuerschuld des Arbeitnehmers einfordern kann.

Der Arbeitgeber muss u.a. prüfen

- ob die von ihm beschäftigten Personen Arbeitnehmer im steuerrechtlichen Sinn sind,
- ob bestimmte Zuwendungen an die Arbeitnehmer zum Arbeitslohn oder zu den nicht steuerbaren Leistungen gehören,
- wie hoch die auf den Arbeitslohn entfallende Lohnsteuer ist,
- zu welchem Zeitpunkt die Lohnsteuer anzumelden und abzuführen ist.

All diese genannten Pflichten sind vom Arbeitgeber **unentgeltlich** zu erbringen. Verfassungsmäßige Bedenken gegen diese Inanspruchnahme hat die Rechtsprechung zurückgewiesen (*BFH 05.07.1963, BStBl. III, 468*).

IV. Übersicht: System des Lohnsteuerabzugsverfahrens

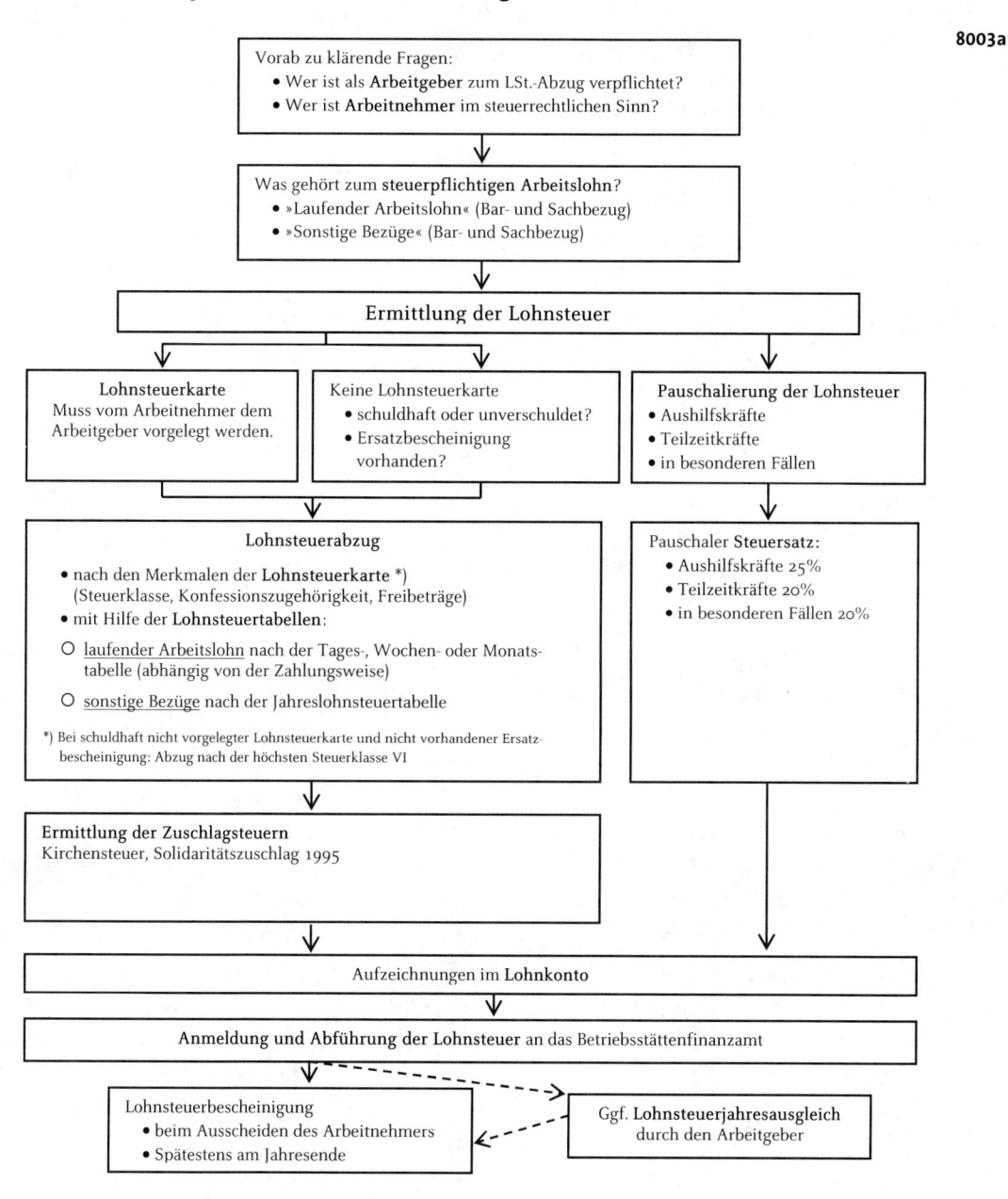

8003a

Vorab zu klärende Fragen:
- Wer ist als **Arbeitgeber** zum LSt.-Abzug verpflichtet?
- Wer ist **Arbeitnehmer** im steuerrechtlichen Sinn?

⬇

Was gehört zum steuerpflichtigen Arbeitslohn?
- »Laufender Arbeitslohn« (Bar- und Sachbezug)
- »Sonstige Bezüge« (Bar- und Sachbezug)

⬇

Ermittlung der Lohnsteuer

⬇ ⬇ ⬇

Lohnsteuerkarte
Muss vom Arbeitnehmer dem Arbeitgeber vorgelegt werden.

Keine Lohnsteuerkarte
- schuldhaft oder unverschuldet?
- Ersatzbescheinigung vorhanden?

Pauschalierung der Lohnsteuer
- Aushilfskräfte
- Teilzeitkräfte
- in besonderen Fällen

⬇

Lohnsteuerabzug
- nach den Merkmalen der **Lohnsteuerkarte** *) (Steuerklasse, Konfessionszugehörigkeit, Freibeträge)
- mit Hilfe der **Lohnsteuertabellen**:
  ○ laufender Arbeitslohn nach der Tages-, Wochen- oder Monatstabelle (abhängig von der Zahlungsweise)
  ○ sonstige Bezüge nach der Jahreslohnsteuertabelle

*) Bei schuldhaft nicht vorgelegter Lohnsteuerkarte und nicht vorhandener Ersatzbescheinigung: Abzug nach der höchsten Steuerklasse VI

Pauschaler Steuersatz:
- Aushilfskräfte 25 %
- Teilzeitkräfte 20 %
- in besonderen Fällen 20 %

⬇

Ermittlung der Zuschlagsteuern
Kirchensteuer, Solidaritätszuschlag 1995

⬇

Aufzeichnungen im Lohnkonto

⬇

Anmeldung und Abführung der Lohnsteuer an das Betriebsstättenfinanzamt

⬇

Lohnsteuerbescheinigung
- beim Ausscheiden des Arbeitnehmers
- Spätestens am Jahresende

Ggf. Lohnsteuerjahresausgleich durch den Arbeitgeber

49. Kapitel: Vorab zu klärende Fragen und Begriffe

I.	Wer ist als Arbeitgeber zum Lohnsteuerabzug verpflichtet?	8004
II.	Wer ist Arbeitnehmer im Steuerrecht?	8005
	1. Definition des Arbeitnehmerbegriffs im Steuerrecht	8005
	2. Arbeitnehmerbegriff außerhalb des Steuerrechts	8006
	3. »Arbeitsverhältnis« als Voraussetzung der Arbeitnehmereigenschaft	8007
III.	In welchen Fällen kann der Arbeitnehmerbegriff Probleme bereiten?	8010
	1. Arbeitnehmerüberlassung	8010
	2. Ausbildungsverhältnis	8011
	3. Aushilfskräfte, Gelegenheitsarbeiter	8012
	4. Familienangehörige	8013
	5. Freie Mitarbeiter	8014
	6. Vertreter	8015
IV.	Unterliegen alle Arbeitnehmer uneingeschränkt der Lohnsteuer?	8016
V.	Welche Finanzämter sind zuständig?	8017
	1. Betriebsstättenfinanzamt des Arbeitgebers	8017
	2. Wohnsitzfinanzamt des Arbeitnehmers	8018

I. Wer ist als Arbeitgeber zum Lohnsteuerabzug verpflichtet?

Der Begriff des Arbeitgebers ist weder im Einkommensteuergesetz noch in der Lohnsteuerdurchführungsverordnung definiert. Er ergibt sich letztlich aus der Umkehr des Arbeitnehmerbegriffs. Als Arbeitgeber zum Lohnsteuerabzug verpflichtet ist danach, wer aufgrund eines Arbeitsvertrages Anspruch auf die Arbeitskraft eines Arbeitnehmers hat und berechtigt ist, diesem Weisungen zu erteilen. Arbeitgeber können sowohl natürliche als auch juristische Personen sein. 8004

BEISPIEL:

- *natürliche Person*
  - Freiberufler (bspw. Arzt, Rechtsanwalt, Steuerberater),
  - Gewerbetreibende (Selbständiger Maler-, Kraftfahrzeugmeister, Bäcker etc.).
- *juristische Person des privaten Rechts*
  - AG, GmbH, eingetragener Verein (e.V.).
- *juristische Person des öffentlichen Rechts*
  - Bund, Land, Gemeinde, Kirche etc.
- *nicht- bzw. teilrechtsfähige Personengesellschaft*
  - OHG, KG, Gesellschaft Bürgerlichen Rechts usw.

Eine natürliche Person kann **sowohl selbständig als auch unselbständig** tätig sein. Demnach kann sie sowohl Arbeitgeber als auch Arbeitnehmer sein, sofern dies verschiedene Tätigkeitsbereiche betrifft.

BEISPIEL:

Der bei einer Bank in leitender Position angestellte Arbeitnehmer beschäftigt für seinen Privathaushalt eine Haushaltshilfe. Hier bekleidet der Arbeitnehmer in Bezug auf die Hausangestellte eine Arbeitgeberfunktion.

Für die Frage, wer Arbeitgeber eines Arbeitnehmers ist, ist **allein entscheidend**, wem der Arbeitnehmer seine **Arbeitsleistung schuldet**. Davon zu trennen ist die Frage, wer dem Arbeitnehmer den Lohn ausbezahlt. Lohnzahlender und Arbeitgeber können durchaus verschiedene Personen sein.

BEISPIEL:

Der geschiedene Ehemann hat sich verpflichtet, seiner vormaligen Ehefrau, die nach der Scheidung wieder berufstätig ist, eine Haushaltshilfe zu bezahlen. Die Hausangestellte wird von der geschiedenen Ehefrau eingestellt. Der Einfachheit halber überweist der Ex-Ehemann den vereinbarten Arbeitslohn an die Hausangestellte direkt und führt die einbehaltene Lohnsteuer an das zuständige Finanzamt ab.

Obwohl der Ex-Ehemann den Arbeitslohn zahlt und die Lohnsteuer an das Finanzamt abführt, ist nicht er, sondern seine geschiedene Frau die Arbeitgeberin der Hausangestellten, da diese ausschließlich ihr die vertraglich vereinbarte Arbeitsleistung schuldet.

II. Wer ist Arbeitnehmer im Steuerrecht?

1. Definition des Arbeitnehmerbegriffs im Steuerrecht

8005 Eine Definition des Arbeitnehmerbegriffs im (lohn-)steuerrechtlichen Sinne findet sich in § 1 LStDV.

Danach sind für den Begriff des Arbeitnehmers **folgende Kriterien entscheidend:**

- Natürliche Person
  Im Gegensatz zur Arbeitgebereigenschaft können juristische Personen keine Arbeitnehmerstellung bekleiden.

BEISPIEL:

Eine Gebäudereinigungs-GmbH verpflichtet sich, ein Bürogebäude zu reinigen. Hier ist die GmbH nicht etwa Arbeitnehmerin des Auftraggebers, denn als juristische Person kann diese im Gegensatz zur natürlichen **keine persönliche Arbeitsleistung**, die von den Weisungen eines anderen abhängig ist, erbringen.

- Arbeitsverhältnis (s. dazu → Rz. 8007)
- Bezug von Arbeitslohn
  - aufgrund eines **bestehenden Arbeitsverhältnisses**

BEISPIEL:

Lagerarbeiter in der Industrie;
Kaufmännischer Angestellter in einer Spedition u.s.w.

– oder aufgrund eines bereits **beendeten Arbeitsverhältnisses**

BEISPIEL:

Der Arbeitnehmer erhält nach seinem Ausscheiden aus dem Unternehmen eine Betriebsrente.

– oder **durch den Rechtsnachfolger eines Arbeitnehmers**

BEISPIEL:

Nach dem Tod des Arbeitnehmers geht im Wege der gesetzlichen Erbfolge die Betriebsrente auf die Witwe über.
In diesem Fall wird die Witwe als Rechtsnachfolger Arbeitnehmer im steuerrechtlichen Sinne. Sie muss nun die Lohnsteuer von der erhaltenen Betriebsrente zahlen.

2. Arbeitnehmerbegriff außerhalb des Steuerrechts

Obwohl oftmals ein Beschäftigter, der im (lohn-)steuerrechtlichen Sinne als Arbeitnehmer anzusehen ist, auch im arbeits- oder sozialrechtlichen Sinne eine Arbeitnehmerstellung einnimmt, muss dies nicht zwingend der Fall sein. Unterschiede ergeben sich hier aus den abweichenden Regelungszwecken der einzelnen Rechtsgebiete (vgl. dazu → Rz. 1501 und → Rz. 5202).

Grundsätzlich gilt daher, dass es für die Beurteilung der Frage, ob lohnsteuerrechtlich eine Arbeitnehmereigenschaft vorliegt, es **nicht** auf die **arbeits- oder sozialrechtliche Betrachtung** ankommt.

8006

BEISPIEL:

(1) Das Vorstandsmitglied einer AG oder der Geschäftsführer einer GmbH muss zwar als Arbeitnehmer Lohnsteuer zahlen, aber keine Sozialabgaben entrichten, da eine Arbeitnehmereigenschaft im sozialrechtlichen Sinne nicht vorliegt.

(2) Arbeitsrechtlich ist die Witwe eines Arbeitnehmers keine Arbeitnehmerin. Sie kann es aber lohnsteuerrechtlich sein, wenn sie aufgrund des Arbeitsverhältnisses des verstorbenen Arbeitnehmers als dessen Rechtsnachfolger Arbeitslohn bezieht, bspw. in Form einer Betriebsrente.

3. »Arbeitsverhältnis« als Voraussetzung der Arbeitnehmereigenschaft

Das **Vorliegen eines Arbeitsverhältnisses** ist das entscheidende Merkmal für die Bestimmung der Arbeitnehmereigenschaft eines Beschäftigten.

8007

Nicht notwendig ist dafür das Vorliegen eines schriftlichen Arbeitsvertrages. Soweit nicht ausnahmsweise zwingende gesetzliche Vorschriften entgegenstehen (dies können auch tarifvertragliche Regelungen mit Gesetzeswirkung sein), kann ein Arbeitsvertrag auch mündlich wirksam geschlossen werden.

Ein Arbeitsverhältnis liegt immer dann vor, wenn der Beschäftigte (= Arbeitnehmer) dem Arbeitgeber seine Arbeitskraft schuldet und von diesem wegen seiner **Weisungsgebundenheit persönlich abhängig** ist. Abzugrenzen ist ein Arbeitsverhältnis und damit die Arbeitnehmereigenschaft von der **selbständigen Tätigkeit**.

BEISPIEL:

Übernimmt ein Malermeister die Renovierung von Büroräumen, ist er selbstverständlich an die Weisungen des Unternehmers als Auftraggeber hinsichtlich Farbgestaltung, Umfang der vorzunehmenden Arbeiten, Fertigstellungstermin etc. gebunden. Er ist aber nicht persönlich abhängig von seinem Auftraggeber. In Bezug auf die **Art und Weise der Durchführung** der Arbeiten, hinsichtlich des **Personaleinsatzes** etc. ist er **in seiner Entscheidung frei**. Er schuldet regelmäßig nicht seine persönliche Arbeitskraft, muss also nicht zu einer bestimmten Zeit an einem vom Arbeitgeber bestimmten Ort sein. Andererseits reicht die bloße Anwesenheit und das Bemühen um eine ordnungsgemäße Arbeitsleistung nicht aus, sondern geschuldet wird ein **konkreter Arbeitserfolg**, nämlich die Fertigstellung der Räume entsprechend den getroffenen Absprachen.

Ob ein Arbeitsverhältnis oder eine selbständige Tätigkeit des Beschäftigten vorliegt, lässt sich nicht immer so eindeutig bestimmen. Die Finanzgerichte und die Finanzverwaltungen haben einen Katalog von Merkmalen aufgestellt, die entweder kennzeichnend für ein Arbeitsverhältnis oder für eine selbständige Tätigkeit sein sollen (ein Teil dieser kennzeichnenden Merkmale klingt bereits im obigen Beispiel an). Je nach dem, ob im Einzelfall ein Übergewicht auf der einen oder anderen Seite festzustellen ist, wird sodann ein Arbeitsverhältnis und damit die Arbeitnehmereigenschaft bejaht oder verneint.

8008 Kennzeichnend für ein **Arbeitsverhältnis** und die **Arbeitnehmereigenschaft** sind demnach u.a.:

- persönliche Abhängigkeit des Beschäftigten,
- Eingliederung in den geschäftlichen Bereich des Arbeitgebers,
- Weisungsgebundenheit hinsichtlich Zeit, Ort und Art der Tätigkeit,
- Festgehalt,
- soziale Absicherung (Entgeltfortzahlung im Krankheitsfall, Urlaubsanspruch etc.).

Merkmale einer **selbständigen Tätigkeit** sind bspw. :

- Unternehmerrisiko,
- freie Arbeitsgestaltung,
- keine Pflicht zur persönlichen Leistungserbringung,
- erfolgsabhängige Entlohnung (bspw. Provision),
- Tätigkeit für mehrere Auftraggeber.

Entscheidend für die Arbeitnehmereigenschaft einer Person ist nun allerdings nicht die zahlenmäßige Gegenüberstellung der Einzelmerkmale die für bzw. gegen eine selbständige Tätigkeit sprechen. Die Rechtsprechung und die Verwaltung gehen vielmehr von einer **Gesamtabwägung aller Umstände im Einzelfall** aus. **Der Wille des Arbeitgebers, bei Vertragsschluss mit der Person kein Arbeitsverhältnis begründen zu wollen, spielt in diesem Zusammenhang keine Rolle.**

Wegen der dem Arbeitgeber im Lohnsteuerverfahren auferlegten Pflichten ist die zutreffende Entscheidung der Frage, ob ein Beschäftigter selbständig tätig wird oder als Arbeitnehmer anzusehen ist, von erheblicher Bedeutung.

In der Praxis birgt die geschilderte Gesamtabwägung aller Umstände allerdings ein nicht unerhebliches Risiko der Fehleinschätzung. Um insbesondere haftungsrechtlichen Nachteilen zu entgehen, die dann entstehen können, wenn fälschlicherweise ein Lohnsteuerabzug nicht vorgenommen wurde, **empfiehlt sich folgendes Vorgehen:**

- Der Begriff des Arbeitsverhältnisses ist weit. Insbesondere ist er nicht vom **Umfang der ausgeübten Tätigkeit** und auch nicht davon, ob die Tätigkeit **haupt- oder nebenberuflich** ausgeübt wird, abhängig.
  Auch die Aushilfskraft, die nur wenige Stunden in der Woche tätig wird, ist bei Vorliegen der weiteren Merkmale Arbeitnehmer.
  Ist ein Beschäftigter **weisungsgebunden**, schuldet er nicht einen bestimmten Arbeitserfolg sondern seine **Arbeitskraft** und ist er unmittelbar in den **Betriebsablauf** des Arbeitgebers **eingegliedert**, ist für den **Regelfall** von einem **Arbeitsverhältnis** mit den sich daraus ergebenden Pflichten für den Arbeitgeber auszugehen.
  Behält der Arbeitgeber die Lohnsteuer ein und führt diese an das zuständige Finanzamt ab, bleibt es allein dem Arbeitnehmer überlassen, gegebenenfalls beim Finanzamt die Erstattung zu beantragen und gegen einen ablehnenden Bescheid den Rechtsweg zu beschreiten.

- Häufige Problemfälle in der Praxis stellen die **Vertreter** sowie die sog. »freien Mitarbeiter« dar (vgl. → Rz. 8010). Darauf hinzuweisen ist, dass es im Streitfall darauf ankommt, wie sich die **tatsächlichen Gegebenheiten** darstellen. Auch wenn die Parteien bspw. nur ein freies Mitarbeiterverhältnis vereinbaren wollten, die tatsächlichen Umstände aber die Merkmale einer persönlichen Abhängigkeit des Beschäftigten aufweisen, liegt ein Arbeitsverhältnis vor. Gleiches gilt für die Frage, ob ein selbständiges oder abhängiges Vertreterverhältnis vorliegt.
  Soll hier ein Lohnsteuerabzug nicht erfolgen, kann wegen des **Haftungsrisikos** nur dringend geraten werden, zuvor eine **Lohnsteueranrufungsauskunft** (siehe hierzu im Einzelnen → Rz. 8137) einzuholen.

III. In welchen Fällen kann der Arbeitnehmerbegriff Probleme bereiten?

1. Arbeitnehmerüberlassung

Von Arbeitnehmerüberlassung oder von einem Leiharbeitsverhältnis wird bei einem Rechtsverhältnis gesprochen, bei dem ein selbständiger Unternehmer (Verleiher) einen

Arbeitnehmer, mit dem er einen Arbeitsvertrag geschlossen hat, vorübergehend an einen anderen Unternehmer (Entleiher) »ausleiht«.

Die gewerbsmäßige Überlassung ist durch das Arbeitnehmerüberlassungsgesetz (AÜG) zum Teil geregelt. Die nichtgewerbsmäßige Arbeitnehmerüberlassung, also z.B. das gelegentliche »Ausleihen« von Arbeitnehmern zwischen Betrieben zur Deckung eines kurzfristigen Personalmehrbedarfs oder das Überlassen von Arbeitnehmern zwischen Betrieben, die wirtschaftlich unter einer Leitung stehen, ist nicht gesetzlich geregelt (Einzelheiten vgl. → Rz. 3500 ff.).

Arbeitnehmer, die von ihrem Arbeitgeber zur Arbeitsleistung an andere Unternehmen ausgeliehen werden (gewerbsmäßig oder gelegentlich), stehen auch während der Arbeitsausübung bei dem **fremden Unternehmen** in einem Arbeitsverhältnis zu dem entsendenden Arbeitgeber. Dies gilt auch dann, wenn diese Arbeitnehmer aufgrund vertraglicher Vereinbarung den Weisungen des fremden Unternehmers zu folgen verpflichtet sind und in dessen Betrieb eingegliedert sind oder wenn gar das Unternehmen, bei dem der Arbeitnehmer tätig wird, die Entlohnung im Auftrag oder in Vertretung des die Arbeitnehmer zur Verfügung stellenden Unternehmers vornimmt.

Bei der Arbeitnehmerüberlassung ist daher steuerrechtlich der **Verleiher Arbeitgeber der Leiharbeitnehmer**. Dies gilt auch bei einer gewerbsmäßigen, unerlaubten Arbeitnehmerüberlassung. Zwar gilt nach § 10 Abs. 1 AÜG bei einer unerlaubten gewerbsmäßigen Arbeitnehmerüberlassung ein Arbeitsverhältnis zwischen Entleiher und Leiharbeitnehmer als zustande gekommen, doch ist diese **Fiktion des Arbeitnehmerüberlassungsgesetzes steuerrechtlich nicht maßgebend**.

Allerdings **haftet** unter bestimmten Voraussetzungen auch der Entleiher neben dem Verleiher für die vom Verleiher nicht abgeführte Lohnsteuer nach § 42d Abs. 6 EStG (s. hierzu → Rz. 8167).

2. Ausbildungsverhältnis

8011 Die Ausbildung eines Auszubildenden erfolgt im Rahmen eines **Arbeitsverhältnisses i.S.d. Lohnsteuerrechts**. Die Ausbildungsvergütung ist steuerpflichtiger Arbeitslohn mit den für den Arbeitgeber im Lohnsteuerabzugsverfahren zu erbringenden Verpflichtungen.

3. Aushilfskräfte, Gelegenheitsarbeiter

8012 Aushilfskräfte bzw. Gelegenheitsarbeiter, die in einem Unternehmen vorübergehend als Ersatz oder zur Verstärkung des Stammpersonals eingesetzt werden, sind für die Dauer ihrer Tätigkeit in den Betrieb eingegliedert und weisungsgebunden. Sie sind daher **steuerlich als Arbeitnehmer** zu behandeln, und zwar **unabhängig vom Umfang ihrer Tätigkeit**; im Einzelfall also auch dann, wenn die Tätigkeit nur stundenweise, beispielsweise zwecks Entladung eines Lkw oder Containers, ausgeübt wird (*BFH 18.01.1974, BStBl. II, S. 301*).

Für den Lohnsteuerabzug gelten zunächst keine Besonderheiten, auch wenn unter Umständen die gesamte einbehaltene Lohnsteuer nach einer vom Arbeitnehmer gem. § 46 Nr. 8 EStG beantragten Veranlagung zur Einkommensteuer (bis zum Inkrafttreten des Steueränderungsgesetzes 1992: **Antrag auf Lohnsteuerjahresausgleich**, vgl. zur Änderung → Rz. 8126 f.) zu erstatten ist.

Häufig liegen hier allerdings die Voraussetzungen für eine »**Pauschalierung der Lohnsteuer**« vor (s. dazu → Rz. 8078).

Ein Arbeitsverhältnis über eine Aushilfstätigkeit kann grundsätzlich **nicht** neben einem »normalen« Beschäftigungsverhältnis bei **demselben Arbeitgeber** begründet werden. Dies gilt auch dann, wenn es sich um unterschiedliche Tätigkeiten handelt. Etwas anderes gilt ausnahmsweise nur dann, wenn ein Arbeitnehmer mit Vorruhestandsbezügen oder einer Werkspension weiter für seinen bisherigen Arbeitgeber tätig bleibt (*BFH 27.07.1990, BStBl. II, S. 931*, vgl. → Rz. 8081).

Diese zunächst nur kraft Rechtsprechung geltende Regelung ist nach **Änderung des § 40a Abs. 4 Nr. 2 EStG** durch das Jahressteuergesetz 1996 auch gesetzlich festgeschrieben worden.

4. Familienangehörige

Auch Familienangehörige können Arbeitnehmer sein. Dies setzt allerdings voraus, dass ein Familienmitglied (insbesondere Ehefrau, Ehemann, Kind) im Geschäftsbetrieb oder Haushalt eines anderen Mitglieds **nicht nur gelegentlich** sondern über die **rein familiäre Verpflichtung** hinaus im Rahmen eines Arbeitsverhältnisses tätig wird.

BEISPIEL:
Die Ehefrau eines Tankstellenpächters ist als Kassiererin im Tankstellenbetrieb angestellt.

Der Vorteil einer solchen Vertragsgestaltung liegt darin, dass die an den mitarbeitenden Ehegatten gezahlte Vergütung für diesen Arbeitslohn und für den Arbeitgeber-Ehegatten eine den **Gewinn mindernde Betriebsausgabe** darstellt. Wegen der hier naturgemäß hohen Missbrauchsgefahr durch die Vereinbarung von sog. »**Scheinarbeitsverhältnissen**«, wird ein **Ehegatten-Arbeitsverhältnis** steuerrechtlich nur unter besonders strengen Voraussetzungen anerkannt. Danach gilt:

- Das Arbeitsverhältnis muss **ernsthaft vereinbart** sein und auch **tatsächlich durchgeführt** werden.
  Ein schriftlicher Arbeitsvertrag als Beleg für die Ernsthaftigkeit des Arbeitsverhältnisses ist hier zwingend erforderlich.
- Die **vertragliche Gestaltung** muss auch **unter Dritten üblich** sein.
  Dies bedeutet insbesondere, dass der Arbeitslohn des mitarbeitenden Ehegatten nicht den Betrag übersteigen darf, den ein fremder Arbeitnehmer für eine gleichartige Tätigkeit erhalten würde. Insbesondere können Heirats- und Geburtsbeihilfen, Unterstüt-

zungen, Aufwendungen für die Zukunftssicherung und ähnliche Zuwendungen an den Arbeitnehmer-Ehegatten nur insoweit berücksichtigt und als Betriebsausgaben beim Arbeitgeber-Ehegatten abgezogen werden, wie die Zuwendungen **in dem Betrieb des Unternehmens üblich** sind. So kann beispielsweise Weihnachtsgeld nur dann als Arbeitslohn behandelt werden, soweit dieses auch **familienfremden Arbeitnehmern** des Betriebs gezahlt wird.

- Das Arbeitsverhältnis muss **tatsächlich durchgeführt** werden.
  Der Arbeitnehmer-Ehegatte muss seine geschuldete Arbeitsleistung **tatsächlich erbringen** und der vereinbarte Arbeitslohn muss in **seinen Verfügungsbereich gelangen**.

Der Arbeitslohn des mitarbeitenden Ehegatten muss auf ein Konto überwiesen werden, das auf **seinen Namen** lautet. Unschädlich ist es allerdings, wenn der Arbeitgeber-Ehegatte unbeschränkte Verfügungsvollmacht für dieses Konto besitzt.

Steuerlich nicht anerkannt wird hingegen, wenn der Arbeitslohn auf ein Konto überwiesen wird, welches auf den **Namen des Arbeitgeber-Ehegatten** lautet, oder wenn der Arbeitslohn auf ein **gemeinsames Konto** der Ehegatten überwiesen wird.

- Schließlich müssen selbstverständlich aus dem Arbeitsverhältnis auch alle weiteren Folgerungen wie **Einbehaltung und Abführung der Lohnsteuer** und ggf. der **Sozialversicherungsbeiträge** gezogen werden.

Arbeitsverhältnisse mit anderen Familienmitgliedern (bspw. Kindern) sind unter den gleichen Voraussetzungen zulässig.

5. Freie Mitarbeiter

8014 Bei sog. »freien Mitarbeitern« ist aufgrund der allgemeinen Abgrenzungsmerkmale (s. → Rz. 8008) zu prüfen, ob eine **nichtselbständige Tätigkeit** und damit ein Arbeitsverhältnis, oder ob eine **selbständige, nicht lohnsteuerpflichtige Tätigkeit** vorliegt. Dem freien Mitarbeiter steht ein Steuererstattungsanspruch zu, falls irrtümlich Lohnsteuer einbehalten worden ist, obwohl eine selbständige Tätigkeit ausgeübt wurde.

6. Vertreter

8015 Vertreter (Handelsvertreter, Reisevertreter, Agenten) können ihre Tätigkeit sowohl **selbständig** als auch innerhalb eines **Arbeitsverhältnisses** ausüben. Auch hier ist die Abgrenzung zum Zweck der lohnsteuerrechtlichen Behandlung nach den allgemeinen Merkmalen zu treffen (s. → Rz. 8008).

Hervorzuheben ist hier nochmals, dass es nicht auf die von den Parteien gewählte Bezeichnung des Arbeitsverhältnisses ankommt sondern auf die **tatsächlichen Gegebenheiten**.

Bei der Entscheidung der Frage, ob ein Vertreter selbständig oder unselbständig tätig ist, kommt es im Rahmen einer Gesamtabwägung wesentlich darauf an, inwieweit er ein **nicht nur unerhebliches unternehmerisches Risiko** trägt. Dies ist insbesondere dann der

Fall, wenn sich seine Vergütung ganz oder zum überwiegenden Teil nach dem Erfolg seiner Tätigkeit richtet, der Vertreter also fast ausschließlich auf **Provisionsbasis** arbeitet.

Insbesondere in diesem Fall sollte eine Lohnsteueranrufungsauskunft zur Vermeidung eines Haftungsrisikos eingeholt werden (Einzelheiten → Rz. 8137).

IV. Unterliegen alle Arbeitnehmer unbeschränkt der Lohnsteuer?

Unbeschränkt steuerpflichtig sind alle Arbeitnehmer, die ihren **Wohnsitz** oder ihren **gewöhnlichen Aufenthalt** (§§ 8, 9 AO) **im Inland (Bundesrepublik Deutschland)** haben. »Unbeschränkt steuerpflichtig« bedeutet, dass das gesamte Einkommen einer Person unabhängig davon, wo es erwirtschaftet wird (also »weltweit«) der Einkommensteuer unterworfen wird. Demgegenüber unterliegen alle natürlichen (also nicht die juristischen) Personen, die nicht unbeschränkt steuerpflichtig sind, als sog. »Steuerausländer« einer beschränkten Steuerpflicht. Hier werden nur die Einkünfte zur Einkommensteuer herangezogen, die im Inland erzielt werden. Das im Ausland bezogene Einkommen bleibt außer Betracht. Beschränkt steuerpflichtige Arbeitnehmer erhalten **keine Lohnsteuerkarte** (s. → Rz. 8042). Diese müssen sich jedoch gem. § 39 d Abs. 1 EStG die Tatsache der beschränkten Steuerpflicht durch eine **amtliche Bescheinigung des Betriebsstättenfinanzamts** (s. → Rz. 8017) bestätigen lassen. Die Bescheinigung tritt an die Stelle der Lohnsteuerkarte und ist vom Arbeitgeber als **Beleg zum Lohnkonto** zu nehmen (vgl. auch → Rz. 8077 und 8111).

8016

V. Welche Finanzämter sind zuständig?

1. Betriebsstättenfinanzamt des Arbeitgebers

Im Zusammenhang mit dem Lohnsteuerabzug ist für den Arbeitgeber allein das sog. »**Betriebsstättenfinanzamt**« von Bedeutung. Das Betriebsstättenfinanzamt ist das Finanzamt, in dessen Bezirk sich die jeweilige Betriebsstätte des Arbeitgebers befindet. Die Zuständigkeit des Betriebsstättenfinanzamts bleibt auch in den Fällen erhalten, in denen der Arbeitgeber die Lohnsteuer selbst übernimmt (Pauschalierung; s. hierzu → Rz. 8078).

8017

Der **Begriff der** »**Betriebsstätte**« ist in § 41 Abs. 2 EStG definiert. Als Betriebsstätte im lohnsteuerrechtlichen Sinn wird danach der Betrieb oder Teil des Betriebs des Arbeitgebers angesehen, in dem der für die Durchführung des Lohnsteuerabzugs maßgebende Arbeitslohn ermittelt wird. Dabei ist unter Ermittlung des für die Durchführung des Lohnsteuerabzugs maßgebenden Arbeitslohns die Zusammenstellung der für den Lohnsteuerabzug relevanten Lohnteile, bei einer maschinellen Lohnabrechnung die Feststellung der für den Lohnsteuerabzug relevanten Eingabewerte zu verstehen.

Für die Ermittlung des maßgebenden Arbeitslohns sind zunächst **Feststellungen tatsächlicher Art** erforderlich. So müssen die Unterlagen, in denen beispielsweise abgeleistete Arbeitszeiten, Überstunden, Zulagen oder Arbeitsausfallzeiten notiert werden, vom zuständigen Sachbearbeiter ausgewertet werden. Sodann müssen die **Besteuerungsmerkmale** eines jeden Arbeitnehmers aus den in den Betriebsstätten zu führenden **Lohnkonten** (s. hierzu → Rz. 8103 f.) entnommen werden. Im Falle eines maschinellen Lohnsteuerabzugsverfahrens muss der Arbeitslohn also quasi »**computerreif**« festgestellt werden. Es kommt **nicht** darauf an, wo die Berechnung der Lohnsteuer letztlich vorgenommen wird und wo die für die Durchführung des Lohnsteuerabzugs maßgebenden Unterlagen (z.B. die Lohnsteuerkarten, die Lohnsteuerbescheinigungen etc.) aufbewahrt werden.

Sämtliche Unterlagen und damit auch die Lohnsteuerkarten müssen allerdings bei einer Lohnsteuer-Außenprüfung (s. hierzu → Rz. 8150) in der Betriebsstätte bereitgestellt, notfalls also zu diesem Zweck wieder dorthin verbracht werden.

Verfährt der Arbeitgeber bei bestimmten Arbeitnehmergruppen oder Betriebsteilen **unterschiedlich**, so brauchen nicht alle der selben Betriebsstätte anzugehören. Ein Arbeitgeber kann also **mehrere Betriebsstätten** unterhalten.

> **BEISPIEL:**
>
> Ein Unternehmen besitzt mehrere Filialen. Der für die Durchführung des Steuerabzugs maßgebende Arbeitslohn der Filialangestellten wird vor Ort ermittelt, der der Filialleiter in der Unternehmenszentrale.
>
> In diesem Fall sind die einzelnen Filialen die Betriebsstätten der Filialangestellten und die Zentrale ist die Betriebsstätte der leitenden Angestellten. Das für den Lohnsteuerabzug zuständige Finanzamt für die leitenden Angestellten ist also das, in dessen Bezirk die Zentrale des Unternehmens liegt. Für den Lohnsteuerabzug der übrigen Arbeitnehmer sind die Finanzämter zuständig, in deren Bezirken die einzelnen Filialen liegen.

2. Wohnsitzfinanzamt des Arbeitnehmers

8018 Vom Betriebsstättenfinanzamt des Arbeitgebers zu unterscheiden ist das sog. »**Wohnsitzfinanzamt**« des Arbeitnehmers. Das Wohnsitzfinanzamt ist beispielsweise zuständig für dessen Antragsveranlagung (früher: Lohnsteuerjahresausgleich, vgl. → Rz. 8127).

Ebenso ist es zuständig für **Eintragungen auf der Lohnsteuerkarte** (s. hierzu im Einzelnen → Rz. 8044), z.B. die Eintragung eines Steuerfreibetrages, die Eintragung der Zahl der Kinder, die Zahl der Kinderfreibeträge i.S.v. § 39 Abs. 3a EStG usw. Das Wohnsitzfinanzamt des Arbeitnehmers ist nach § 19 AO das Finanzamt, in dessen Bezirk der Arbeitnehmer zum Zeitpunkt der Antragstellung seine Wohnung hat. Dieses kann auch ein zweiter Wohnsitz sein, wenn sich der Steuerpflichtige dort überwiegend aufhält. Abweichend davon ist bei Ehegatten, die beide Arbeitnehmer sind und einen mehrfachen Wohnsitz haben, das Finanzamt des Familienwohnsitzes zuständig.

BEISPIEL:

(1) Ein verheirateter Arbeitnehmer, dessen Ehegatte nicht berufstätig ist, wohnt mit seiner Familie in Bielefeld. Er arbeitet in Essen, wo er sich ein Zimmer gemietet hat und kehrt nur am Wochenende zu seiner Familie zurück.

Wohnsitzfinanzamt ist in diesem Fall das Finanzamt Essen, da nicht beide Ehegatten Arbeitnehmer sind und der berufstätige Ehegatte seine Wohnung, von der aus er seiner Beschäftigung regelmäßig nachgeht, nicht in Bielefeld, sondern in Essen unterhält.

(2) Die Ehefrau (s. oben (1)) arbeitet ebenfalls in Essen.

Wohnsitzfinanzamt ist in diesem Fall das Finanzamt Bielefeld, da beide Ehegatten Arbeitnehmer sind und sich der Familienwohnsitz in Bielefeld befindet.

50. Kapitel: Feststellung des zu versteuernden Arbeitslohns

I.	**Begriff des Arbeitslohns allgemein**	**8019**
	1. Abgrenzung zwischen Arbeitslohn und nicht steuerbaren Leistungen des Arbeitgebers	8022
	2. Steuerfreier Arbeitslohn	8027
	3. Bewertung von Sachbezügen	8029
	a) Sachbezüge ohne amtlichen Sachbezugswert	8030
	b) Sachbezüge nach der amtlichen Sachbezugsverordnung	8033
	4. ABC des steuerpflichtigen und steuerfreien Arbeitslohns, einschließlich der nicht steuerbaren Bezüge	8035
II.	**Zeitpunkt der Besteuerung des Arbeitslohns**	**8036**
	1. Veranlagungszeitraum – Zufluss von Arbeitslohn	8036
	2. Lohnzahlungs- und Lohnabrechnungszeitraum	8036a
	3. Abschlagszahlung	8036b
	4. Sonderfall: Abweichende Lohnzahlungszeiträume	8036c
	5. Rückzahlung von Arbeitslohn durch den Arbeitnehmer	8036d
III.	**Vermögenswirksame Leistungen**	**8037**
	1. Begriff der vermögenswirksamen Leistungen	8038
	2. Anlageformen, Sparzulage, Einkommensgrenzen	8039
	3 Bescheinigung vermögenswirksamer Leistungen	8040
	4. Antrag des Arbeitnehmers auf Arbeitnehmer-Sparzulage	8040a
IV.	**Was bedeutet »Laufender Arbeitslohn« und »Sonstige Bezüge«?**	**8041**

I. Begriff des Arbeitslohns allgemein

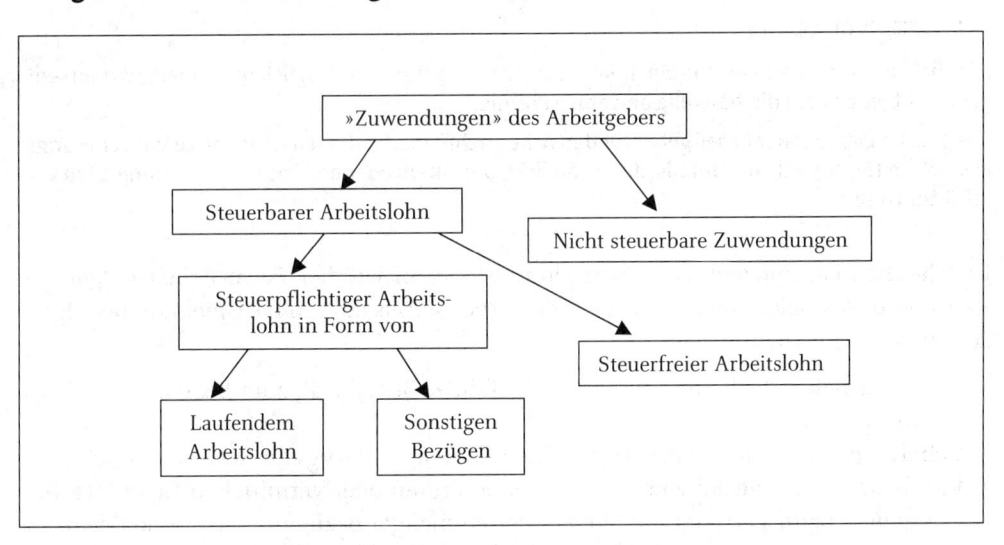

8019

```
                »Zuwendungen« des Arbeitgebers
                    ↓              ↓
        Steuerbarer Arbeitslohn    Nicht steuerbare Zuwendungen
                    ↓
        Steuerpflichtiger Arbeits-
        lohn in Form von       →   Steuerfreier Arbeitslohn
            ↓          ↓
        Laufendem    Sonstigen
        Arbeitslohn  Bezügen
```

8020 Der Arbeitslohn umfasst alle Einnahmen, die einem Arbeitnehmer aus einem **bestehenden** oder **früheren Arbeitsverhältnis** zufließen. Dabei ist es unerheblich, unter welcher Bezeichnung oder in welcher Form die Einnahmen gewährt werden. Für den Arbeitslohn sind danach charakteristisch:

- **Zufluss von Einnahmen aus einem bestehenden oder früheren Arbeitsverhältnis**

BEISPIEL:
Der Arbeitnehmer erhält nach seinem Ausscheiden aus dem Unternehmen eine Betriebsrente.

- **in Geld oder als Sachbezug**

BEISPIEL:
Ein Unternehmer überlässt seinen Arbeitnehmern kostenlos Werkswohnungen.

Der Arbeitgeber übernimmt in der Wohnung des Arbeitnehmers die Kosten der Einrichtung eines Telefons sowie einen bestimmten Betrag der monatlich anfallenden Telefonkosten.

- **als einmalige oder laufende Einnahme**

BEISPIEL:
Der Arbeitgeber gewährt dem Arbeitnehmer zusätzlich zu seinem vertraglich ver-einbarten Lohn wegen guter Arbeitsleistung eine einmalige Prämie von 500 EUR.

- **mit oder ohne Rechtsanspruch**

BEISPIEL (VGL. OBIGES):
Hier hat der Arbeitnehmer nur einen Rechtsanspruch auf das vertraglich vereinbarte Arbeitsentgelt, nicht jedoch auf die freiwillig gewährte Prämie.

Das gleiche gilt, falls der Arbeitgeber für den Arbeitnehmer oder dessen Angehörige Versicherungsleistungen für den Fall des Unfalls, der Invalidität, des Alters oder des Todes leistet, ohne dazu verpflichtet zu sein.

8021 Unerheblich ist, unter welcher **Bezeichnung** oder in welcher **Form** Arbeitsentgelt gewährt wird. Was alles unter den Begriff des Arbeitslohns fällt, soll beispielhaft die folgende Aufstellung verdeutlichen:

- **Lohn** = Arbeitsentgelt eines Arbeiters (laufender Bezug; vgl. zum Begriff → Rz. 8041 mit Rechtsanspruch).
- **Gehalt** = Arbeitsentgelt eines Angestellten (laufender Bezug mit Rechtsanspruch).
- **Provision** = Prozentsatz vom Wert eines besorgten oder vermittelten Geschäfts, beispielsweise beim Vertreter (laufender oder einmaliger Bezug mit oder ohne Rechtsanspruch).

- **Gratifikation** = Entgelt neben dem eigentlichen Arbeitslohn aus einem besonderen Anlass, beispielsweise Weihnachts- oder Urlaubsgeld (einmaliger Bezug, mit oder ohne Rechtsanspruch).
- **Tantieme** = Gewinn- oder Umsatzbeteiligung, beispielsweise für leitenden Angestellten (einmaliger Bezug mit oder ohne Rechtsanspruch).
- **Andere Bezüge und Vorteile**, beispielsweise Belegschaftsrabatt oder Überlassung eines Firmen-Kfz zur privaten Nutzung (laufender oder einmaliger Bezug mit oder ohne Rechtsanspruch).
- **Zuschläge** für die Besonderheit der Arbeit, beispielsweise Erschwernis- oder Schmutzzulage (laufender oder einmaliger Bezug mit oder ohne Rechtsanspruch).
- **Besondere Entlohnungen** für Überstunden, Überschichten und Sonntagsarbeit (laufender oder einmaliger Bezug, in der Regel mit Rechtsanspruch).
- Gelder aus einer **betrieblichen Altersversorgung** (also laufender Bezug mit Rechtsanspruch).
- **Witwen- und Waisengelder** (laufender Bezug mit Rechtsanspruch).

1. Abgrenzung zwischen Arbeitslohn und nicht steuerbaren Leistungen des Arbeitgebers

Arbeitslohn liegt nur dann vor, wenn das Vermögen des Arbeitnehmers **wirtschaftlich vermehrt** worden ist, d.h. dieser in irgendeiner Form bereichert wurde. Ob eine Bereicherung vorliegt, ist objektiv zu beurteilen und nicht etwa aus der Sicht des Arbeitnehmers.

BEISPIEL:

Der Arbeitgeber stellt dem Arbeitnehmer eine Werkswohnung zur Verfügung. Bewohnt der Arbeitnehmer diese Wohnung, liegt ein nach objektiven Maßstäben zu beurteilender Vorteil ohne Rücksicht auf die persönlichen Wohnbedürfnisse des Arbeitnehmers vor. Dieser Vorteil besteht in dem Mietwert der bezogenen Wohnung.

Aber nicht alles, was ein Arbeitgeber aufwendet, bedeutet für den Arbeitnehmer eine Bereicherung. In diesen Fällen liegt nicht Arbeitslohn vor, sondern eine **nicht steuerbare Zuwendung**. Hierzu gehören insbesondere **Annehmlichkeiten**, **Aufmerksamkeiten** und **Schadensersatzleistungen**.

- Annehmlichkeit

BEISPIEL

Der Arbeitgeber stellt zur Verbesserung der Arbeitsbedingungen Aufenthalts- und Erholungsräume sowie betriebseigene Dusch- und Badeanlagen zur Verfügung.

In diesem Fall macht der Arbeitgeber Aufwendungen, die mit einem Arbeitsverhältnis in Verbindung stehen, gleichwohl nicht den einzelnen Arbeitnehmer in seinem Vermögen wirtschaftlich bereichern. Es handelt sich daher nicht etwa um (anteiligen) Arbeitslohn, sondern um so genannte **nicht steuerbare Zuwendungen**.

»Annehmlichkeiten« und damit nicht steuerbare Zuwendungen sind auch die Vorteile »anlässlich« einer **üblichen Betriebsveranstaltung**, weil sie in ganz überwiegend eigenbetrieblichem Interesse des Arbeitgebers zugewendet werden und die Arbeitnehmer die Teilnahme an solchen Veranstaltungen regelmäßig als Aufgabe empfinden. Der Arbeitgeber nimmt hier die Betriebsveranstaltung nicht zum Anlas, den Arbeitnehmer zusätzlich zu entlohnen, sondern will mit seinen Aufwendungen den Kontakt der Arbeitnehmer untereinander und das Betriebsklima fördern. Betriebsveranstaltungen sind z.B. Betriebsausflüge, Weihnachtsfeiern, Jubiläumsfeiern (s. auch »ABC« → Rz. 8035). Dabei ist von folgenden Eckdaten auszugehen:

- Die Veranstaltung muss ganz überwiegend eigenbetrieblichen Interessen des Arbeitgebers dienen. Dies ist nur dann der Fall, wenn
  - ein **Höchstbetrag von 110 EUR** je teilnehmendem Arbeitnehmer nicht überschritten wird und
  - die Veranstaltung **nicht mehr als zweimal im Jahr** stattfindet *(BFH 25.05.1992, BStBl. II, 655)*.

In den Betrag von 110 EUR sind auch die **(anteiligen) Kosten für den äußeren Rahmen** (Aufwendungen für Veranstaltungsräume, Musik, Kegelbahn, künstlerische und artistische Darbietungen) **einschließlich Umsatzsteuer mit einzubeziehen**. Die anteilig auf einen an der Betriebsveranstaltung teilnehmenden **Ehegatten oder anderen Angehörigen** des Arbeitnehmers entfallenden Zuwendungen werden dem jeweiligen Arbeitnehmer **zugerechnet**. In diesen Fällen wird der Höchstbetrag bereits dann überschritten, wenn bspw. der Ehegatte an der Veranstaltung teilnimmt und die Zuwendungen pro Teilnehmer über 55 EUR liegen.

Nach einer neueren Entscheidung des Bundesfinanzhofs *(BFH 04.08.1994, BStBl. II 1995, 59)* kann unter Beachtung dieser Eckdaten eine »übliche Betriebsveranstaltung« sowohl bei gemeinsamen Veranstaltungen für sämtliche Arbeitnehmer des Betriebs als auch bei Veranstaltungen vorliegen, die nur **für einzelne Organisationseinheiten des Betriebs** (bspw. Abteilungen) durchgeführt werden. Auch eine Betriebsveranstaltung mehrerer Abteilungen gemeinsam, die eng zusammenarbeiten müssen, ist danach denkbar. Eine solche Veranstaltung muss aber sämtlichen Arbeitnehmern der teilnehmenden Abteilungen offen stehen (vertikale Beteiligung).

Die Bewirtung eigener Arbeitnehmer **außerhalb von üblichen Betriebsveranstaltungen** führt in der Regel zu einem Zufluss von steuerpflichtigem Arbeitslohn. Bei einem außergewöhnlichen Arbeitseinsatz kann jedoch ausnahmsweise der »Belohnungs-« und damit der Entgeltcharakter der Zuwendung verneint werden *(BFH 05.05.1994, BStBl. II, 771)*.

Hierfür müssen folgende Voraussetzungen gegeben sein:

- die unentgeltliche Überlassung des Essens dient im Interesse des Arbeitgebers der Beschleunigung des Arbeitsablaufs und
- das Essen ist einfach und nicht aufwendig (max. **40 EUR pro Teilnehmer**, R 73 Abs. 2 Satz 2 LStR)

Wann und in welchem Umfang Bewirtungskosten des Arbeitgebers anlässlich von **Feierstunden für einzelne Arbeitnehmer** als Arbeitslohn zu erfassen sind, haben die obersten Finanzbehörden des Bundes und der Länder wie folgt entschieden:

- **Grundsatz:** Auch Bewirtungskosten des Arbeitgebers aus Anlass eines besonderen Ereignisses bei einem Arbeitnehmer (bspw. Jubiläum, Verabschiedung, Geburtstag, Amtseinführung, Beförderung etc.) sind **nur dann kein Arbeitslohn**, wenn die Zuwendungen in ganz überwiegendem betrieblichen Interesse des Arbeitgebers erfolgen. Dies bedeutet im Einzelnen:
    - **Ehrung eines einzelnen Jubilars oder eines ausscheidenden Arbeitnehmers:** Bewirtungskosten aus diesen Anlässen sind als Leistungen im ganz überwiegenden Interesse des Arbeitgebers **nicht als Arbeitslohn** zu behandeln (R 72 Abs. 2 Satz 6 LStR). Entsprechendes gilt für übliche Sachzuwendungen aus eines Amts- oder Funktionswechsels.
    - **Geburtstag des Arbeitnehmers:** Bewirtungskosten aus Anlass des Geburtstages eines Arbeitnehmers sind **stets Arbeitslohn**, auch wenn neben Arbeitnehmern zusätzlich Geschäftsfreunde eingeladen worden sind. In diesem Fall findet die Bewirtung anlässlich eines allein in der Person des Arbeitnehmers begründeten gesellschaftlichen Ereignisses vorrangig im Interesse des Arbeitnehmers statt und führt daher in vollem Umfang zu steuerpflichtigem Arbeitslohn.
    - **Beförderung oder Höhergruppierung:** Bewirtungskosten des Arbeitgebers anlässlich dieser Ereignisse stellen ebenfalls in vollem Umfang **steuerpflichtiges Arbeitsentgelt** dar, das aufgrund der besonderen Arbeitsleistung des Arbeitnehmers gewährt wird.

- **Gelegenheitsgeschenk** 8024

Nach der früheren Rechtsprechung des Bundesfinanzhofs gehörten einmalige Sachzuwendungen des Arbeitgebers an den Arbeitnehmer, die eine Aufmerksamkeit oder Ehrung sein sollten, als **Gelegenheitsgeschenk** nicht zum Arbeitslohn. Nach der neueren Rechtsprechung sind dagegen auch diese Zuwendungen, unabhängig von Höhe und Anlas, durch das individuelle Arbeitsverhältnis veranlasst und gehören **zum steuerbaren und steuerpflichtigen Arbeitslohn**. Nur kleinere Aufmerksamkeiten (Blumen, Pralinen, Buch usw.) bleiben nach R 73 Abs. 1 LStR von der Besteuerung als geldwerter Vorteil dann ausgenommen, wenn diese dem Arbeitnehmer oder dessen Angehörigen **aus besonderem persönlichen Anlass zugewendet werden**. Hiernach sind Fälle, in denen der Wert der als Aufmerksamkeit gewährten Sache einen **Betrag von 40 EUR** nicht übersteigt, regelmäßig nicht zu beanstanden.

Jede **Geldzuwendung**, unabhängig von ihrer Höhe, gehört stets zum steuerpflichtigen Arbeitslohn.

- **Schadensersatzleistung** 8025

Nicht steuerbar und damit steuerfrei sind solche Schadensersatzleistungen, die der Arbeitgeber an den Arbeitnehmer aufgrund einer **unmittelbaren gesetzlichen Verpflichtung** erbringt.

BEISPIEL:

Der Arbeitgeber beschädigt mit seinem Kraftfahrzeug auf dem Firmengelände das dort abgestellte Fahrzeug des Arbeitnehmers.

Überweist der Arbeitgeber dem Arbeitnehmer zusammen mit dem nächsten Gehalt einen Betrag für den entstandenen Schaden, so liegt insoweit kein Arbeitslohn, sondern eine **nicht steuerbare Zuwendung** des Arbeitgebers vor.

Dagegen sind Ersatzleistungen des Arbeitgebers für Verdienstausfall und Schadensersatzleistungen, die ihre Grundlage in dem Arbeitsverhältnis mit dem Arbeitnehmer haben, steuerpflichtiges Entgelt.

BEISPIEL:

Der Arbeitgeber hat seine Vertragspflicht aus dem Arbeitsvertrag gegenüber seinem Arbeitnehmer nicht erfüllt und leistet hierfür eine Entschädigung.

Da ein unmittelbarer Zusammenhang mit dem Arbeitsverhältnis besteht, liegt ein **steuerpflichtiger Arbeitslohn** vor.

8026 • **Auslagenersatz, durchlaufende Gelder**
Nicht zum Arbeitslohn gehören auch solche Beträge, die der Arbeitnehmer vom Arbeitgeber erhält, um sie für **ihn auszugeben (durchlaufende Gelder)** sowie die Beträge, mit denen Auslagen des Arbeitnehmers für den Arbeitgeber ersetzt werden (**Auslagenersatz**). Der Unterschied zum Ersatz von Werbungskosten liegt darin, dass es sich bei diesen Geldern unmittelbar um Auslagen für den Arbeitgeber handelt, die nicht zwingend in seinem Namen, jedoch arbeitsrechtlich in dessen Interesse und für seine Rechnung vom Arbeitnehmer getätigt werden.

Gerade im Grenzbereich zwischen dem grundsätzlich steuerpflichtigen Werbungskosten- und dem steuerfreien Auslagenersatz ist regelmäßig für die steuerliche Anerkennung eine **Einzelabrechnung des Arbeitnehmers** gegenüber dem Arbeitgeber erforderlich.

Weitere Fälle von nicht steuerbaren Bezügen finden sich unter Punkt »ABC des steuerpflichtigen und steuerfreien Arbeitslohns, einschließlich der nicht steuerbaren Bezüge« (vgl. → Rz. 8035).

2. Steuerfreier Arbeitslohn

8027 Nach dem bisher Gesagten war zunächst zu prüfen, ob es sich bei dem an den Arbeitnehmer gezahlten Entgelt um **Arbeitslohn** gehandelt, **oder** ob eine lohnsteuerlich nicht relevante und daher »**nicht steuerbare Zuwendung**« vorgelegen hat.

8028 Steht danach fest, dass es sich bei dem an den Arbeitnehmer gezahlten Entgelt um Arbeitslohn handelt, muss weiter geprüft werden, ob dieser Arbeitslohn **steuerpflichtig** oder **steuerfrei** ist. Regelmäßig unterliegt der an den Arbeitnehmer gezahlte Arbeitslohn natürlich auch der Lohnsteuerpflicht. Aus verschiedenen Gründen hat der Gesetzgeber aber **bestimmte Einnahmen** entweder vollständig oder zum Teil **steuerfrei** gelassen. Den Katalog der steuerfreien Einnahmen enthält § 3 Nr. 1 – 67 EStG. Die in der Praxis wichtigsten Fälle des steuerfreien Arbeitslohns sind ebenfalls im »ABC« s. → Rz. 8035 berücksichtigt.

3. Bewertung von Sachbezügen

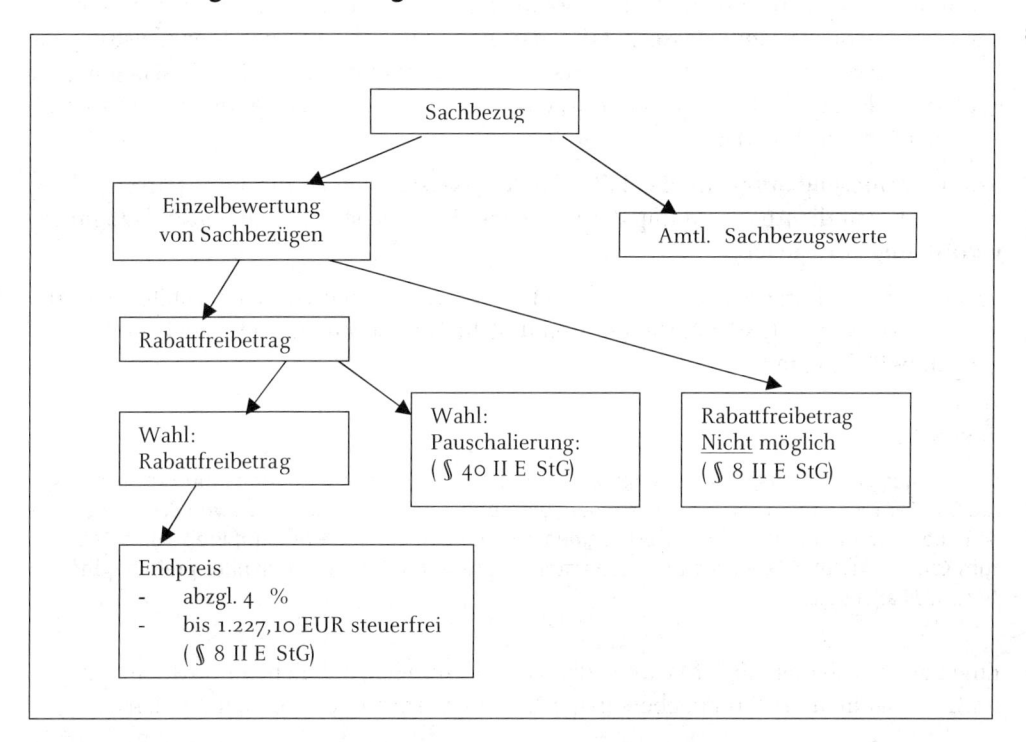

8029

```
                        Sachbezug
                       ↙         ↘
        Einzelbewertung
        von Sachbezügen          Amtl. Sachbezugswerte
              ↓
        Rabattfreibetrag
         ↙        ↓              ↘
    Wahl:      Wahl:          Rabattfreibetrag
    Rabattfreibetrag  Pauschalierung:   Nicht möglich
                (§ 40 II E StG)     (§ 8 II E StG)
       ↓
    Endpreis
    - abzgl. 4 %
    - bis 1.227,10 EUR steuerfrei
      (§ 8 II E StG)
```

Auch Sachbezüge gehören zum steuerpflichtigen Arbeitslohn eines Arbeitnehmers (vgl. → Rz. 8019). Zu den Sachbezügen gehören **alle Zuwendungen des Arbeitgebers**, die **nicht** in **Währungsgeld**, sondern in der Überlassung oder Gebrauchsüberlassung von **wirtschaftlichen Gütern** bestehen. Insbesondere gehört hierzu der Bezug von

- freier Unterkunft und Verpflegung,
- freier Wohnung,
- freier Heizung und Beleuchtung,
- freier Kleidung usw.

Damit diese Sachbezüge überhaupt dem Lohnsteuerabzug unterworfen werden können, müssen diese in **Geldeswert umgerechnet** werden. Hier stellt sich regelmäßig das Problem, mit welchem **Wert** die Sachbezüge anzusetzen sind. Nach R 31 der LStR ist der Geldwert eines Sachbezugs entweder durch **Einzelbewertung** zu ermitteln **oder** mit einem **amtlichen Sachbezugswert** anzusetzen. Zu unterscheiden ist also zunächst zwischen Sachbezügen,

- die **einzeln** bewertet werden müssen und
- solchen, die nach der **amtlichen Sachbezugsverordnung** zu bewerten sind.

a) Sachbezüge ohne amtlichen Sachbezugswert

8030 Sachbezüge, für die es **keine** amtlichen Sachbezugswerte gibt (vgl. → Rz. 8033), sind mit den **üblichen Endpreisen am Abgabeort** im Zeitpunkt der Abgabe anzusetzen. Dies ist der **um übliche Preisnachlässe geminderte Preis** einer Ware oder Dienstleistung für Endverbraucher, einschließlich Umsatzsteuer. Maßgebend für die Preisfeststellung ist der Ort, an dem der Arbeitgeber dem Arbeitnehmer den Sachbezug anbietet. Dies ist meistens der **Ort der Arbeitsstätte**.

Seit der Änderung aufgrund des **Jahressteuergesetzes 1996** ist für die Wertfeststellung nicht mehr auf die Auszeichnung der Ware oder Dienstleistung nach der **Preisangabenverordnung** abzustellen.

Sachbezüge, die unter Anrechnung eines etwaigen vom Arbeitnehmer gezahlten Entgelts einen Wert von **50 EUR im Kalendermonat** nicht überschreiten, bleiben bei der Besteuerung unberücksichtigt.

BEISPIEL:

Anstelle des Weihnachtsgeldes schenkt ein Arbeitgeber seinem Arbeitnehmer ein Farbfernsehgerät. Das Gerät hat der Arbeitgeber von einem befreundeten Händler zum Preis von 800 EUR erworben, dieser wiederum bietet das Gerät seinen Kunden (Endabnehmern) zum Preis von 1.000 EUR zum Kauf an. Als lohnsteuerrechtlich relevanter Endpreis ist hier der Einzelhandelspreis in Höhe von 1.000 EUR anzusetzen.

8031 Eine Sonderregelung gilt für Waren oder Dienstleistungen, die nicht von Dritten, sondern im Unternehmen des Arbeitgebers hergestellt, vertrieben oder erbracht werden.

BEISPIEL:

Ein Automobilunternehmen überlässt einem Arbeitnehmer verbilligt einen Kraftwagen.

Unterfällt der gewährte Sachbezug den genannten Kriterien, so ist **weiter zu differenzieren**:

- entweder sollen die sich aus der verbilligten (oder unentgeltlichen) Abgabe ergebenden Vorteile dem so genannten **Rabattfreibetrag** in Höhe von 1.224 EUR pro Kalenderjahr zugeführt werden oder
- der Bezug dieser Leistungen wird nach § 40 EStG **pauschal versteuert.** Dies bedeutet umgekehrt, dass der Rabattfreibetrag nur dann in Anspruch genommen werden kann, wenn der Arbeitgeber von der Möglichkeit der Pauschalbesteuerung nach § 40 EStG **keinen Gebrauch macht** (s. zur Pauschalbesteuerung → Rz. 8078).

Macht der Arbeitgeber von der Möglichkeit der Pauschalierung **keinen Gebrauch**, so ist die Bewertung der Sachbezüge, die vom Arbeitgeber hergestellt, vertrieben oder erbracht werden, wie folgt vorzunehmen:

- es ist der Endpreis anzusetzen, zu dem der Arbeitgeber oder der dem Abgabeort nächst ansässige Einzelhändler die Waren oder Dienstleistungen fremden Letztverbrauchern im allgemeinen Geschäftsverkehr anbietet.
- dieser Endpreis ist um 4 % zu kürzen.
- der verbleibende Endpreis ist der Geldwert des Sachbezugs. Dieser Geldwert abzüglich eines unter Umständen gezahlten Entgelts des Arbeitnehmers ist als Arbeitslohn anzusetzen.

Dieser Arbeitslohn ist bis zur Höhe von insgesamt **1.224 EUR pro Kalenderjahr** als **Rabattfreibetrag steuerfrei**.

BEISPIEL:

Der Automobilhersteller im obigen Beispiel überlässt seinem Arbeitnehmer den Kraftwagen zu folgenden Bedingungen:

PKW-Listenpreis:	30.000 EUR
abzüglich Personalrabatt in Höhe von 20 %:	6.000 EUR
vom Arbeitnehmer gezahlter Kaufpreis:	24.000 EUR

Der zu versteuernde Arbeitslohn berechnet sich wie folgt:	
Endpreis des PKW für fremden Letztverbraucher:	30.000 EUR
abzüglich 4 %:	1.200 EUR
verbleibender Endpreis:	28.800 EUR
abzüglich Entgelt des Arbeitnehmers:	24.000 EUR
Arbeitslohn:	4.800 EUR
abzüglich Rabattfreibetrag:	1.224 EUR
steuerpflichtiger Arbeitslohn:	3.576 EUR

Hinweis:
Der Rabattfreibetrag in Höhe von 1.224 EUR gilt pro Arbeitsverhältnis **je Kalenderjahr**. Bekäme der Arbeitnehmer im oben genannten Beispiel noch einen zweiten PKW zu verbilligten Konditionen, so wäre der Rabattfreibetrag **nicht** noch ein zweites Mal zu gewähren, sondern der Betrag von 2.448 EUR insgesamt lohnsteuerpflichtiger Arbeitslohn.

b) Sachbezüge nach der amtlichen Sachbezugsverordnung

Beim Bezug von Waren oder Dienstleistungen, deren Wert in der **amtlichen Sachbezugsverordnung** festgelegt ist, kommt es allein auf diesen Wert bzw. das dort festgelegte Berechnungsverfahren an.

In der Sachbezugsverordnung 2002 sind amtliche Berechnungswerte bzw. -verfahren u.a. für die Gewährung von **freier Verpflegung** (vgl. ABC Lohnsteuer, »Mahlzeiten«, → Rz. 8035), **Unterkunft und Wohnung** festgelegt (zur **sozialversicherungsrechtlichen Bewertung** vgl. auch → Rz. 5604).

Bei der Gewährung von Sachbezügen mit amtlichem Sachbezugswert ist **wie folgt zu differenzieren:**

- Der in der Sachbezugsverordnung für die zur Verfügung gestellte Ware oder Dienstleistung ausgewiesene Wert ist als **steuerpflichtiger und beitragspflichtiger Wert** anzusetzen, sofern der Arbeitnehmer die Ware bzw. Dienstleistung **unentgeltlich** erhält **und** der Wert **nicht** nach § 40 EStG **pauschal versteuert wird** (bspw. bei Mahlzeiten) **oder** eine solche **pauschale Besteuerung nicht vorgesehen ist.**
- Sofern der Arbeitnehmer einen Anteil zu zahlen hat, **vermindert** sich insoweit der steuer- und beitragspflichtige Wert der Ware oder Dienstleistung.
  Als zu versteuernder Arbeitslohn ist dann der **Unterschiedsbetrag** zwischen dem **vereinbarten Preis** und dem **Wert** anzusetzen, der sich aus den Berechnungsgrundsätzen und -werten der **Sachbezugsverordnung** ergibt (vgl. Beispiel → Rz. 8034 am Ende).

8034 Bei der **Gewährung von Wohnraum** unterscheidet die Sachbezugsverordnung zwischen der Gewährung von **freier Unterkunft** und **freier Wohnung**. Dabei setzt eine »Wohnung« eine Einheit von in sich abgeschlossenen Räumen voraus, in denen ein selbständiger Haushalt geführt werden kann. Soweit diese Voraussetzungen nicht vorliegen, handelt es sich um eine **Unterkunft**. Ein »freie Wohnung« ist mit dem **ortsüblichen Mietpreis** zu bewerten. Dabei sind allerdings ggf. die sich aus der Lage zum Betrieb ergebenden Beeinträchtigungen mit zu berücksichtigen. Für Energie, Wasser und sonstige Nebenkosten ist der Endpreis am Abgabeort anzusetzen.

Für den Fall, dass die ortsübliche Miete nur **schwierig festzustellen** ist, gelten **pauschalierte** Beträge.

Pauschalierter Mietwert	EUR pro qm	EUR pro qm*)
Alte Bundesländer	3,05	2,55
Neue Bundesländer	2,65	2,30

*) bei **einfacher Ausstattung** ohne Sammelheizung und ohne Bad/Dusche.

Werden Verpflegung und/oder Unterkunft nicht unentgeltlich, sondern lediglich verbilligt gewährt, ist zunächst der maßgebliche Gesamtwert festzustellen und um den Betrag zu vermindern, den der Arbeitnehmer übernimmt. Der Unterschiedsbetrag ist sozialversicherungspflichtiges Arbeitsentgelt.

Demgegenüber sind für eine »**freie Unterkunft**« folgende Sachbezugswerte festgeschrieben sind:

Sachbezugswert für freie Unterkunft (beheizt)	Monatlich	
	Erwachsene	Jugendliche (./. 19 %)
Alte Bundesländer	186,65 EUR	151,19 EUR
Neue Bundesländer	164,00 EUR	132,84 EUR

In dem Wert für freie Unterkunft sind Heizung und Beleuchtung enthalten. Soweit der Arbeitgeber keine Heizung zur Verfügung stellt (bspw. der Arbeitnehmer trägt die Heizkosten selbst), vermindert sich der Wert für die Unterkunft entsprechend.

Die genannten Werte **vermindern** sich auch

- bei Aufnahme des Beschäftigten in den Haushalt des Arbeitgebers oder bei Unterbringung in einer Gemeinschaftsunterkunft um **15 %**,
- für Jugendliche bis zur Vollendung des 18. Lebensjahres und Auszubildende um **19 %** (vgl. Tabellenwert oben); sofern diese im Haushalt des Arbeitgebers aufgenommen oder in einer Gemeinschaftsunterkunft untergebracht sind um 2 x 15 % = **30 %**.
- bei Belegung mit
  - 2 Beschäftigten um **40 %**,
  - 3 Beschäftigten um **50 %**,
  - mehr als 3 Beschäftigten um **60%**.

Liegen **mehrere Voraussetzungen** vor, ist der Prozentsatz der weiteren Nummer auf den sich aus der vorhergehenden Berechnung ergebenden Betrag anzuwenden.

BEISPIEL:

Der Arbeitgeber gewährt dem Arbeitnehmer 2002 in den alten Bundesländern Unterkunft für 100 EUR pro Monat.
Der als steuerpflichtiger Arbeitslohn monatlich anzusetzende Sachbezugswert errechnet sich wie folgt:

amtl. Sachbezugswert für freie Unterkunft	186,65 EUR*)
abzgl. vom Arbeitnehmer gezahltem Entgelt	100,00 EUR
verbleiben als steuerpflichtiger Arbeitslohn pro Monat	**86,65 EUR**

*) ohne Vorliegen von Kürzungstatbeständen!

Für die Gewährung von **freier Verpflegung** sieht die Sachbezugsverordnung einen **eigenen Wert** (unabhängig von der Gewährung von freier Unterkunft) vor. Unter freier Verpflegung sind die Mahlzeiten **Frühstück, Mittagessen und Abendessen** zu verstehen.

Gesonderte Werte gibt es weiterhin für die unentgeltliche oder verbilligte Überlassung von **Kantinenmahlzeiten** (vgl. ABC Lohnsteuer, »Mahlzeiten«, → Rz. 8035). Soweit **keine volle Verpflegung** gewährt wird, sind die **anteiligen Werte** (vgl. untere Tabelle) für die einzelnen Mahlzeiten anzusetzen.

Schon seit einiger Zeit wurden die früher üblichen Abschläge von den festgesetzten Werten für Mahlzeiten an Jugendliche und Auszubildende als nicht mehr gerechtfertigt angesehen. Um einen übermäßigen Anstieg dieser Sachbezugswerte zu vermeiden, erfolgte die **Anpassung aber nur schrittweise**. Seit dem Jahr 1999 erfolgt für **Jugendliche bis zur Vollendung des 18. Lebensjahres und Auszubildende keine Kürzung** mehr.

Freie Verpflegung (Tag)	Alte und Neue Bundesländer
Frühstück	1,40 EUR
Mittag- oder Abendessen	2,51 EUR
Verpflegung insgesamt	6,42 EUR
Freie Verpflegung (Monat)	
Frühstück	42,10 EUR
Mittag- oder Abendessen	75,25 EUR
Verpflegung insgesamt	192,60 EUR

4. ABC des steuerpflichtigen und steuerfreien Arbeitslohns, einschließlich der nicht steuerbaren Bezüge

ABC des steuerpflichtigen und steuerfreien Arbeitslohns

Abfindungen	⇒ *Abfindungen wegen Auflösung eines Arbeitsverhältnisses* sind grds. **bis zur Höhe von 8.181 EUR steuerfrei** (vgl. § 3 Nr. 9 EStG). Sie sind **bis zur Höhe von 10.226 EUR steuerfrei**, wenn der AN das **50. Lebensjahr** vollendet hat und das Arbeitsverhältnis **mindestens 15 Jahre** bestand. Hat der AN das **55. Lebensjahr** vollendet und bestand das Arbeitsverhältnis **mindestens 20 Jahre**, bleibt die **Abfindung bis zu 12.271 EUR** steuerfrei. Der den Freibetrag übersteigende Teilbetrag der Abfindung ist steuerpflichtig. Entlassungsentschädigungen, die als Einmalbeträge gezahlt werden, können u.U. als sonstige Bezüge nach der »Fünftelungsregelung« versteuert werden. (vgl. im Einzelnen → Rz. 4139 ff.). ⇒ *Abfindungen zur Ablösung einer Direktversicherung* (vgl. → Rz. 8084) **nach § 3 Abs. 1 des Betriebsrentengesetzes** sind **steuerfrei**, soweit sich der Abfindungsanspruch gegen das Versicherungsunternehmen richtet. ⇒ *Abfindungen wegen vorzeitiger Räumung einer Werkswohnung* sind **steuerpflichtig**, soweit sie nicht Kostenersatz für Einbauten, Instandsetzungen usw. sind.
Altersteilzeit	Nach dem Altersteilzeitgesetz gezahlte Aufstockungsbeträge und zusätzliche Beiträge zur gesetzlichen Rentenversicherung sind nach § 3 Nr. 28 EStG steuerfrei, wenn die Voraussetzungen des § 2 Altersteilzeitgesetz vorliegen

	(insbes. Vollendung des 55. Lebensjahres, Verringerung der bisherigen Arbeitszeit auf die Hälfte). Liegen die Voraussetzungen des § 2 Altersteilzeitgesetz vor, gilt die Steuerfreiheit auch dann, wenn kein Förderanspruch des Arbeitgebers gegenüber der Bundesanstalt für Arbeit besteht, dieser ruht oder erlischt. Vom AG freiwillig übernommene Rentenversicherungsbeiträge i.S.v. § 187a SGB VI zur Milderung oder Vermeidung von Rentenkürzungen wegen der vorgezogenen Inanspruchnahme einer Altersrente nach Altersteilzeit ab dem 60. Lebensjahr, sind bis zur Hälfte der insgesamt geleisteten zusätzlichen Rentenversicherungsbeiträge steuerfrei (§ 3 Nr. 28 EStG).
Altersrente	→ Rente
Annehmlichkeiten	Beispielsweise Ausgestaltung des Arbeitsplatzes, die Zurverfügungstellung von betrieblichen Freizeiteinrichtungen durch den Arbeitgeber etc. sind kein steuerbarer Arbeitslohn und damit **steuerfrei** (vgl. auch → Rz. 8023).
Antrittsgebühren	im grafischen Gewerbe sind in begrenztem Umfang als Sonntagsarbeitszuschläge (§ 3 b EStG) **steuerfrei.**
Anwesenheitsprämien	die der Arbeitgeber als Belohnung für ein nicht eingetretenes Arbeitsversäumnis zahlt, sind **steuerpflichtiger Arbeitslohn.**
Arbeitgeberbeiträge	⇒ zur *Sozialversicherung* des Arbeitnehmers sind **steuerfrei,** § 3 Nr. 62 EStG, soweit der Arbeitgeber zur Beitragsleistung **gesetzlich verpflichtet** ist. Bei versicherungspflichtigen Arbeitnehmern ist hiernach regelmäßig die Hälfte des Beitrags an die nach den §§ 168, 173–181, 183 und 184 SGB V zuständige Krankenkasse steuerfrei. Zuständige Kassen sind u.a. die Orts-, Betriebs- und auch die Ersatzkassen. ⇒ zur *Insolvenzsicherung* an den Pensions-Sicherungs-Verein auf Gegenseitigkeit sind gem. § 3 Nr. 62 EStG **steuerfrei.** ⇒ für *Direktversicherungen* und Zuwendungen an Pensionskassen, die der Arbeitgeber zusätzlich zum Arbeitsentgelt leistet oder die aus Einmalzahlungen aufgebracht werden, sind **steuerpflichtig.** Nach § 40 b Abs. 1 EStG können diese Arbeitgeberleistungen aber pauschal mit einem Steuersatz von 15 % versteuert werden (vgl. → Rz. 8084).

Arbeitnehmerbeiträge	zur Sozialversicherung, die der Arbeitnehmer aufgrund **gesetzlicher Verpflichtung** zu leisten hat, sind **steuerpflichtig**, wenn der Arbeitgeber diese Beiträge übernimmt. Bei Geringverdienern i.S.d. § 249 SGB V hat der Arbeitgeber die Beiträge allein aufzubringen. Hier fällt ein Arbeitnehmerbeitrag erst gar nicht an, so dass auch die vom Arbeitnehmer sonst aufzubringende Hälfte des Beitrags steuerfrei bleibt.
Arbeitnehmersparzulagen	→ **vermögenswirksame Leistungen**
Arbeitskleidung	gehört, wenn es sich um typische Berufskleidung handelt (beispielsweise Hostessenuniform, Arbeitsschutzkleidung), **nicht zum steuerpflichtigen Arbeitslohn** (§ 3 Nr. 31 EStG, R. 20 LStR). Gleiches gilt für eine aus betrieblichen Gründen gewährte Barablösung eines Anspruchs auf Gestellung von Arbeitskleidung (s. auch → Rz. 8027).
Aufmerksamkeiten	des Arbeitgebers, die im gesellschaftlichen Verkehr üblich sind und zu keiner ins Gewicht fallenden Bereicherung des Arbeitnehmers führen, sind **steuerfrei (Sachwert nicht mehr als 40 EUR**, vgl. → Rz. 8024). Als Aufmerksamkeit bis zu einem Wert **von 40 EUR** steuerfrei ist auch die Bewirtung von Arbeitnehmern durch den Arbeitgeber anlässlich und während eines **außergewöhnlichen Arbeitseinsatzes im Betrieb** (bspw. bei Überstunden oder einer betrieblichen Besprechung)
Aufwandsentschädigungen	**privater** AG, die **pauschal** gezahlt werden, sind **grundsätzlich steuerpflichtig.** Eine Ausnahme gilt nur für eine nebenberufliche Tätigkeit als Übungsleiter, Ausbilder, Pfleger oder Erzieher bis zur Höhe von **1.848 EUR** jährlich (bis 31.12.1999: 2.400 DM, § 3 Nr. 26 EStG).
Ausbildungsvergütungen	von Auszubildenden sind **steuerpflichtiger** Arbeitslohn.
Auslagenersatz	d. h. die Erstattung von Ausgaben, die der Arbeitnehmer für seinen Arbeitgeber geleistet hat und einzeln nachweisen kann, ist **steuerfrei** (§ 3 Nr. 50 EStG).
Aussperrungsunterstützungen	→ **Streikgelder**

Barabgeltung	bei Ablösung eines vertraglichen oder tariflichen Anspruchs des Arbeitnehmers auf Gestellung von Arbeitskleidung o. ä. ist **steuerfrei**.
Beihilfen	des Arbeitgebers, die dem Arbeitnehmer bei Krankheits- oder Unglücksfällen gewährt werden, sind bis zu **600 EUR** pro Kalenderjahr steuerfrei (R 11 Abs. 2 LStR).
Berufsausbildung	→ Ausbildungsbeihilfe
Bedienungszuschläge	→ Trinkgelder
Berufskleidung	die vom Arbeitgeber gestellt wird, ist kein Arbeitslohn (s. auch → Rz. 8027).
Betriebliche Altersversorgung	→ Renten
Betriebs- veranstaltungen	Die **üblichen Zuwendungen** bei einer Betriebsveranstaltung (z.B. bei Betriebsausflügen, Jubiläumsfeiern, Weihnachtsfeiern etc.) sind steuerfrei. Als übliche Zuwendung gelten insbesondere die Überlassung von Speisen, Getränken, Tabakwaren und Süßigkeiten, die Übernahme von Fahrtkosten und von Eintrittsgeldern beim Besuch von Museen, Kulturdenkmälern, kulturellen oder sportlichen Veranstaltungen im Rahmen eines Betriebsausflugs sowie die Überreichung von Geschenken ohne bleibenden Wert. Bis zu **110 EUR je Teilnehmer** wird die Üblichkeit vom Finanzamt unterstellt (R 72 LStR). In diese Freigrenze sind sowohl die Aufwendungen **für Angehörige des Arbeitnehmers** als auch die Aufwendungen für den **äußeren Rahmen** mit einzubeziehen. Demnach sind zunächst die **Gesamtaufwendungen des Arbeitgebers (einschließlich Umsatzsteuer)** durch die Zahl der Teilnehmer zu teilen. Die Zuwendungen sind sodann steuerfrei, wenn der auf den Arbeitnehmer entfallende Durchschnittsbetrag, ggf. zuzüglich des auf Angehörige entfallenden Durchschnittsbetrags, höchstens 110 EUR beträgt. Andernfalls gehört der **Gesamtbetrag** zum steuerpflichtigen Arbeitslohn (vgl. auch → Rz. 8023). **Hinweis:** Eine Betriebsveranstaltung liegt nicht vor, wenn die Veranstaltung nur in der Übergabe von Weihnachtspäckchen besteht oder sich im Besuch einer kulturellen oder sportlichen Veranstaltung erschöpft.

Bewirtung	Nimmt der Arbeitnehmer an einer betrieblich veranlassten Bewirtung von betriebsfremden Personen (beispielsweise Kunden) des Arbeitgebers teil, **liegt kein steuerpflichtiger Arbeitslohn** vor (R 70 Abs. 3 Nr. 2 LStR).
Bußgelder	die vom Arbeitgeber übernommen werden, führen zu **steuerpflichtigem** Arbeitslohn.
Darlehen	die der Arbeitgeber dem Arbeitnehmer gewährt, sind **steuerfrei**, soweit es sich nicht um Arbeitslohnvorschüsse für geleistete Arbeit handelt.
Deputate	sind **steuerfrei**, soweit der Rabattfreibetrag von 1.224 EUR jährlich nicht überschritten wird (s. auch → **Rabatte**).
Dienstwohnung	→ **Werkswohnung**
Direktversicherung	→ **Arbeitgeberbeiträge**
Doppelte Haushaltsführung	Hat der Arbeitnehmer seinen Hauptwohnsitz nicht am Beschäftigungsort, muss er dort aber berufsbedingt einen Zweitwohnsitz unterhalten (**doppelte Haushaltsführung i.S.v. § 9 Abs. 1 Nr. 5 EStG**), so kann der Arbeitgeber nach § 3 Nr. 16 EStG die damit verbundenen Kosten dem Arbeitnehmer **steuerfrei** ersetzen, soweit sie bei diesem als Werbungskosten anerkannt würden. Die **steuerliche Anerkennung** der doppelten Haushaltsführung ist jedoch **bei einer Beschäftigung am selben Ort auf 2 Jahre begrenzt**. Die Regelung des § 9 Abs. 1 Nr. 5 EStG setzt grds. Das Bestehen eines **Familienhausstandes** am Hauptwohnsitz voraus und ist daher in erster Linie auf **verheiratete Arbeitnehmer** anwendbar. Der Bundesfinanzhof erkennt aber auch bei unverheirateten Arbeitnehmern einen Familienhausstand an. Daneben ist ein steuerfreier Kostenersatz in bestimmtem Umfang bei einer **beschränkten doppelten Haushaltsführung** unabhängig vom Vorliegen eines Familienhausstandes möglich (zu den Voraussetzungen im Einzelnen vgl. R 43 LStR). Als ersatzfähige Kosten kommen in Betracht: – *Fahrtkosten* **Tatsächliche Aufwendungen** für die **erste Fahrt** zum Beschäftigungsort und **die letzte Fahrt** vom Beschäftigungsort zum Ort des eigenen Hausstands nach **Dienstreisegrundsätzen** (bei Pkw Nutzung 0,30 EUR je km). Darüber

	hinaus die tatsächlichen Fahrtkosten für **eine Familienheimfahrt wöchentlich**, bei Pkw Nutzung seit dem 01.01.2001 0,36/0,40 EUR je Entfernungskilometer zuzüglich etwaiger Kfz-Unfallkosten.
	– *Verpflegungsmehraufwendungen*
	Ersatz der Verpflegungsmehraufwendungen für die **ersten 3 Monate der doppelten Haushaltsführung mit pauschal 24 EUR pro Tag**.
	– *Unterbringungskosten*
	Steuerfrei ersatzfähig sind die Aufwendungen für das Mieten einer Wohnung am Beschäftigungsort. Neben dem Mietzins gehören hierzu auch die weiteren Kosten in Zusammenhang mit der Wohnung (bspw. Heizung, Licht, Umzugskosten, notwendiges Mobiliar etc.).
Durchlaufende Gelder	das sind Gelder, die der Arbeitnehmer vom Arbeitgeber erhält, um sie für diesen zu verwenden. Sie sind **steuerfrei** (§ 3 Nr. 50 EStG).
Einmalige Bezüge	beispielsweise 13. Monatsgehalt, Weihnachtszuwendungen, Urlaubsgeld, Urlaubsabgeltungen, Gratifikationen und Tantiemen sind **steuerpflichtig** (vgl. im Einzelnen → Rz. 8041).
Eintrittskarten	die der Arbeitgeber unentgeltlich oder verbilligt überlässt, sind grundsätzlich **steuerpflichtiger** Arbeitslohn, ausnahmsweise im Zusammenhang mit einer üblichen **Betriebsveranstaltung** steuerfrei.
Erfindervergütungen	die im Zusammenhang mit dem Arbeitsverhältnis gezahlt werden, sind **steuerpflichtig**, wenn es sich dabei um Patente oder gebrauchsmusterschutzfähige Neuerungen handelt.
Erlass von Forderungen	die der Arbeitgeber gegenüber dem Arbeitnehmer hat, führt **zu steuerpflichtigem Arbeitslohn**.
Erschwerniszuschläge	z.B. Schmutzzulagen, Gefahrenzuschläge, etc. sind **steuerpflichtig**.
Essenszuschüsse	→ Mahlzeiten
Fahrtkostenersatz	für Fahrten des Arbeitnehmers zwischen Wohnung und Arbeitsstätte im eigenen Pkw oder Taxi sind **grundsätzlich steuerpflichtig**. Der Arbeitgeber hat jedoch nach § 40 Abs. 2 Satz 2 EStG die Möglichkeit, den Fahrtkostenersatz **mit 20 % pauschal**

zu versteuern (s. hierzu → Rz. 8078). Die Pauschalbesteuerung ist aber auf die Beträge beschränkt, die der Arbeitnehmer als **Werbungskosten** geltend machen könnte. Mit Wirkung ab dem 01.01.2001 sind die bisherigen gesetzlichen Kilometer-Pauschbeträge in Höhe von 0,70 DM (Kfz) und 0,33 DM (Motorrad u. Motorroller) je Entfernungskilometer für Fahrten zwischen Wohnung und Arbeitsstätte in eine gestaffelte **verkehrsmittelunabhängige Entfernungspauschale** in Höhe von **0,36 EUR** (für die ersten **10 km**) und **0,40 EUR** ab dem **11. km** umgewandelt worden. Eine **Deckelung** erfolgt bei 5.000 EUR. Höhere Kosten können im Einzelfall nur für eigene oder zur Nutzung überlassene Pkw geltend gemacht werden und müssen ab dem Betrag von 5.000 EUR dem Finanzamt gegenüber **glaubhaft** gemacht werden (höhere Aufwendungen, die bei Benutzung von öffentlichen Verkehrsmitteln entstehen, können weiterhin anstelle der Entfernungspauschale berücksichtigt werden).

Für die Bestimmung der Entfernungskilometer ist die **kürzeste benutzbare Straßenverbindung** zwischen Wohnung und Arbeitsstätte maßgebend. Die Entfernungspauschale kann für jeden Arbeitstag nur einmal angesetzt werden. Die bisherige Ausnahme für zusätzliche Fahrten an einem Arbeitstag wegen einer Arbeitszeitunterbrechung von mindestens vier Stunden oder eines zusätzlichen Arbeitseinsatzes außerhalb der regelmäßigen Arbeitszeit wird nicht fortgeführt. Bei Fahrgemeinschaften kann die Entfernungspauschale für den Fahrer und für jeden Mitfahrer angesetzt werden.

Steuerfreie Arbeitgeberzuschüsse und Sachbezüge in Form eines unentgeltlichen oder verbilligten Job-Tickets (zum → **Job-Ticket** s. dort) oder pauschal besteuerte Arbeitgeberleistungen für Fahrten zwischen Wohnung und Arbeitsstätte vermindern die ermittelte Entfernungspauschale beim **Werbungskostenabzug** durch den Arbeitnehmer. Auch die »erhöhten« Beträge können auf der Lohnsteuerkarte als **Freibetrag** (→ Rz. 8043) eingetragen werden.

Bei einer **Dienstreise** oder einem **Dienstgang** können als **Reisekosten** die im Einzelnen **nachgewiesenen tatsächlichen Fahrtkosten** einschließlich etwaiger Unfallkosten steuerfrei ersetzt werden. **Ohne Einzelnachweis** der tatsächlichen Aufwendungen können **pauschal** steuerfrei ersetzt werden je Fahrtkilometer 0,30 EUR bei einem Kfz,

	0,13 EUR bei einem Motorrad, 0,08 EUR bei einem Mofa/Moped und 0,05 EUR bei einem Fahrrad. Bei einer **Einsatzwechseltätigkeit** (R 37 Abs. 6 LStR) ist darüber hinaus der Ersatz der Aufwendungen für die Fahrten zwischen Wohnung und der jeweiligen Einsatzstelle bis zu einer Dauer von 3 Monaten steuerfrei und mit erhöhten Sätzen möglich, wenn die Entfernung **mehr als 30 km** beträgt. Nähere Einzelheiten s. R 37 LStR.
Fehlgeld-entschädigungen	(beispielsweise sog. Mankogelder, Zählgelder), die Arbeitnehmer im Kassen- und Zähldienst gezahlt werden, sind bis **zu 16 EUR monatlich steuerfrei** (R 70 Abs. 2 Nr. 11 LStR).
Feiertagsarbeits-zuschläge	➔ Zuschläge
Firmenwagen	➔ Kraftfahrzeugüberlassung
Geburtsbeihilfen	anlässlich der Geburt eines Kindes sind bis zur Höhe von **358 EUR steuerfrei** (§ 3 Nr. 15 EStG).
Geburtstagsgeschenke	➔ **Aufmerksamkeiten**
Heiratsbeihilfen	sind bis zu einer Höhe von **358 EUR steuerfrei** (§ 3 Nr. 15 EStG).
Incentive-Reisen	die der Arbeitgeber als Prämie für erfolgreiche Verkäufer ausschreibt und kostenlos gewährt, sind als **Sachbezug steuerpflichtig**.
Job-Ticket	Leistungen des Arbeitgebers für Fahrten zwischen Wohnung und Arbeitsstätte mit **öffentlichen Verkehrsmitteln im Linienverkehr** (»Job-Ticket«) sind nach **§ 3 Nr. 34 EStG steuerfrei**. Dies gilt für die unentgeltliche Zurverfügungstellung von Fahrtausweisen, Zuschüssen zu den Fahrtkosten und Leistungen Dritter, die mit Rücksicht auf das Arbeitsverhältnis erbracht werden. Voraussetzung für die Steuerfreiheit der Arbeitgeberleistungen ist allerdings, dass es sich um **zusätzliche Leistungen** handelt, die nicht durch Umwandlung des geschuldeten Arbeitslohns finanziert werden. **Nachweis für die Steuerfreiheit/Aufbewahrungs-pflichten:** Die **Voraussetzung der Steuerfreiheit** ist entweder nachzuweisen ⇒ durch **Vorlage** der vom Arbeitnehmer benutzten **Fahrausweise** und deren **Aufbewahrung** als Beleg zum Lohnkonto (vgl. → Rz. 8111) oder

	⇒ durch eine **Erklärung des Arbeitnehmers** gegenüber dem Arbeitgeber, dass ihm für Fahrten zwischen Wohnung und Arbeitsstätte mit einem öffentlichen Verkehrsmittel im Linienverkehr Aufwand entstanden ist, der ebenso hoch oder höher ist als der vom Arbeitgeber gewährte Zuschuss. Der **Arbeitnehmer** hat dem Arbeitgeber anzuzeigen, wenn sich diese Voraussetzungen ändern, z.B. indem der Aufwand unter den gewährten Zuschussbetrag sinkt. Die Erklärung ist ebenfalls als Beleg zum Lohnkonto aufzubewahren. Sie kann bis zu einer Änderungsanzeige des Arbeitnehmers dem **Lohnsteuerabzug zugrunde gelegt** werden (zu weiteren Einzelheiten vgl. → Rz. 8103 f.).
Jubiläumszuwendungen	Mit Inkrafttreten des Steuerentlastungsgesetzes 99/00/2002 zum 01.01.1999 ist die Steuerbefreiung von Jubiläumszuwendungen **ersatzlos weggefallen.**
Karenzentschädigung	wegen eines Wettbewerbsverbots kann **steuerpflichtig** oder steuerfrei sein (Lohnsteueranrufungsauskunft einholen!) (vgl. → Rz. 8137).
Kraftfahrzeugüberlassung	Steuerpflichtig ist der Vorteil, der sich aus der Nutzung des Kfz. für Privatfahrten ergibt. Der Nutzungswert kann auf zweierlei Weise ermittelt werden: 1. Der Nutzungswert wird pauschal mit monatlich 1 % des Listenpreises angesetzt. Kann das Kfz. auch für Fahrten zwischen Wohnung und Arbeitsstätte genutzt werden, erhöht sich der monatliche Wert um 0,03 % des Listenpreises für jeden Kilometer der Entfernung zwischen Wohnung und Arbeitsstätte. 2. Anstelle des pauschalierten Verfahrens kann durch Einzelnachweis der Privatfahrten eine Aufteilung der gesamten Kfz-Kosten vorgenommen werden. Dafür ist die Führung eines ordnungsgemäßen Fahrtenbuches über das gesamte Kalenderjahr erforderlich. *(Einzelheiten: BMF-Schreiben 28.05.1996, BStBl. I S. 354; v. 12.05.1997, BStBl. I, S. 562).*
Lehrlingsvergütungen	→ Ausbildungsvergütungen
Lohnfortzahlung	für Feiertage, Urlaubstage und im Krankheitsfall ist **steuerpflichtiger Arbeitslohn.**
Mahlzeiten	die unentgeltlich oder verbilligt zusätzlich zum vereinbarten Arbeitsentgelt gewährt werden (»Kantinenessen«),

	sind **nur dann und insoweit** lohnsteuerrechtlich zu erfassen, als der Preis, den der **Arbeitnehmer** für die Mahlzeit **zahlt**, den **festgelegten Sachbezugswert** nicht erreicht **und** der Arbeitgeber von der Möglichkeit der **Lohnsteuerpauschalierung nach § 40 EStG** keinen Gebrauch gemacht hat. Die Werte für freie oder verbilligte Kantinenmahlzeiten werden aus den Werten für freie Verpflegung abgeleitet (vgl. → Rz. 8033). Ab dem 01.01.2002 gelten einheitlich für alle Arbeitnehmer in allen Bundesländern folgende Werte: Frühstück 1,40 EUR Mittag- oder Abendessen 2,51 EUR
Mankogelder	→ **Fehlgeldentschädigungen**
Nachtarbeit	→ **Zuschläge** für Sonntags-, Feiertags-, Nachtarbeit.
Rabatte	des Arbeitgebers s. → Rz. 8031
Renten	Der Begriff »Rente« im allgemeinen Sprachgebrauch ist nicht mit dem steuerrechtlichen Rentenbegriff identisch. Ein Lohnsteuerabzug kommt grundsätzlich nur für solche Vergütungen in Betracht, die aufgrund eines früheren Arbeitsverhältnisses und außerdem **nicht aufgrund eigener Beitragsleistungen** gezahlt werden. Hierbei handelt es sich um »Versorgungsbezüge« oder »Pensionen«. Hingegen ist die Altersrente aus einer betrieblichen Pensionskasse lohnsteuerfrei, weil die Zuführung an die Pensionskasse bereits steuerpflichtig war. Altersrenten kraft Gesetzes, z.B. nach dem SGB VI, sind grds. mit dem sog. Ertragsanteil als »sonstiger Bezug« einkommensteuerpflichtig, § 22 Nr. 1 EStG.
Sachbezüge	wie z.B. freie Verpflegung, mietfreie Wohnung, unentgeltlich abgegebene Waren, zur Privatnutzung überlassenes Kraftfahrzeug, ein zinsloser Kredit etc. **sind steuerpflichtiger Arbeitslohn.** Für die Bewertung sind die üblichen Endpreise oder die entsprechenden amtlichen Sachbezugswerte maßgebend (§ 8 Abs. 2 EStG, § 17 Abs. 1 Nr. 3 SGB IV; vgl. auch → Rz. 8033).
Schadensersatzleistungen	sind steuerfrei, soweit es sich um einen sog. **echten Schadensersatz** aufgrund unmittelbarer gesetzlicher Verpflichtung handelt. (vgl. → Rz. 8025).

Sozialversicherungs-beiträge	→ **Arbeitgeberbeiträge** und **Arbeitnehmerbeiträge**
Streikgelder	der Gewerkschaften sind **lohnsteuerfrei**.
Sparzulagen	→ vermögenswirksame Leistungen
Telefonkosten/ Telekommunikations-kosten *(Neu)*	Die **bisherigen** »Telefonkostenerlasse« der Finanzverwaltung (Telefon in der Wohnung des Arbeitnehmers, *BStBl. I 1990 S. 290* und Autotelefon, *BStBl. I 1993 S. 908*) sahen für die Fälle, bei denen das Telefon kein Zweitanschluss ist und/oder die Privatnutzung vom Arbeitgeber nicht untersagt bzw. auf die Beachtung des Verbots nicht ernsthaft geachtet wird, eine Betragsstaffelung für den steuerfreien Auslagenersatz des Arbeitgebers bzw. des Werbungskostenabzugs vor. Da die Betragsstaffelung nicht alle Umstände berücksichtigte, die die Höhe der Telefonkosten beeinflussen können und die technische Entwicklung es mittlerweile ermöglicht, beruflich veranlasste Gebühren im Wege des Einzelnachweises – heute in der Regel sogar kostenfrei – nachzuweisen, hatte die Finanzverwaltung die steuerliche Behandlung der privaten Mitbenutzung arbeitgebereigener Telekommunikationsgeräte durch den Arbeitnehmer sowie den Auslagenersatz durch den Arbeitgeber und den Werbungskostenabzug des Arbeitnehmers im Zusammenhang mit Telekommunikations-aufwendungen neu geregelt *(BMF Schreiben 24.05.2000, BStBl. I 2000 S. 613)*. Die massiven Proteste gegen dieses BMF-Schreiben, die sich im Wesentlichen gegen den Hinweis richteten, dass privates »Internet-Surfen« am Arbeitsplatz als geldwerter Vorteil zu besteuern sei, haben zum einen zur **Aufhebung** des o.a. BMF-Schreibens *(mit BMF, Schreiben v. 16.10.2000, BStBl. I 2000 S. 1421)*, und zum anderen zu wichtigen Neuregelungen durch Gesetz und Lohnsteuer-Richtlinien 2002 geführt. Danach gilt Folgendes: • **Private Nutzung von Telekommuikationsgeräten und PC am Arbeitsplatz** Vorteile, die dem Arbeitnehmer dadurch entstanden, dass er PC und Telekommunikationsgeräte (bspw. Telefon, Fax, Mobiltelefon) an seinem Arbeitsplatz auch für **private Zwecke** unentgeltlich oder verbilligt nutzen konnte,

waren in der **Vergangenheit** dann als **Sachleistung** der Lohnsteuer zu unterwerfen, wenn sie zusammen mit anderen Sachleistungen aus dem Dienstverhältnis insgesamt 50 DM im Monat überstiegen.

Inzwischen hat der Gesetzgeber die **private Mitbenutzung** von betrieblichen PC`s und Telekommunikationsgeräten steuerfrei gestellt (§ 3 Nr. 45 EStG).

Steuerfrei sind dabei alle Vorteile aus der privaten Nutzung von betrieblichen PC`s und deren Zubehör durch den Arbeitnehmer. Dies betrifft auch die Verbindungsentgelte, die der Arbeitgeber für die Nutzung des **Internets** zahlt. Die private Nutzung von Telekommunikationsgeräten wurde ebenfalls in die Steuerbefreiung einbezogen, weil der Gesetzgeber dort die selben Schwierigkeiten wie bei der Internet-Nutzung gesehen hat, die betriebliche und private Nutzung zu trennen.

Die Steuerfreiheit ist nicht nur auf die private Nutzung des Geräts im Betrieb beschränkt, sondern sie umfasst auch die private Nutzung eines Gerätes, das dem Arbeitgeber gehört und dem Arbeitnehmer z.B. im Rahmen eines Telearbeitsplatzes überlassen wird. Ebenfalls steuerfrei ist die private Nutzung des Mobiltelefons durch einen Außendienstmitarbeiter oder eines Personalcomputers, der dem Arbeitnehmer leihweise zur Verfügung steht. Dies gilt z.B. für ein Notebook, das der Arbeitnehmer auf Dienstreisen mitnimmt.

Für die Steuerfreiheit ist es unerheblich, in welchem Verhältnis die berufliche Nutzung zur privaten Nutzung steht. Selbst dann, wenn die private Nutzung überwiegen sollte, wie z.B. bei dem vorstehend erwähnten Notebook, führt dies nicht zur Versagung der Steuerbefreiung. Allein entscheidend ist in diesen Fällen der Umstand, dass das Gerät **dem Arbeitgeber** gehören muss.

Darüber hinaus hat es der Gesetzgeber in den Fällen der **schenkweisen Überlassung von PC`s** an Arbeitnehmer ermöglicht, den geldwerten Vorteil bei der Lohnsteuer pauschal mit 25% besteuern zu können (§ 40 Abs. 2 EStG Nr. 5 EStG).

Das Gleiche gilt, wenn der Arbeitgeber seinen Arbeitnehmern deren Aufwendungen für die Internetnutzung ersetzt. Diese Leistungen müssen jedoch **zusätzlich** zum ohnehin geschuldeten Arbeitslohn gewährt werden. Da nach der Arbeitsentgeltverordnung Einnahmen nach § 40 Abs. 2 EStG nicht dem sozialversicherungsrechtlichen Arbeitsentgelt zuzurechnen sind, fallen für diese Leistungen des Arbeitgebers auch **keine Sozialversicherungsbeiträge** an.

- **Steuerfreier Auslagenersatz durch den Arbeitgeber**

Bei den Aufwendungen des **Arbeitnehmers** für Telekommunikation (Telefon, PC und Internet) können neben den variablen Gesprächsgebühren auch die Aufwendungen für das Nutzungsentgelt der Telefonanlage sowie für den Grundpreis der Anschlüsse entsprechend dem **beruflichen Anteil** der Verbindungsentgelte an den gesamten Verbindungsentgelten (Telefon und Internet) **steuerfrei ersetzt** werden (§ 3 Nr. 50 EStG).

Voraussetzung für die Steuerfreiheit des Auslagenersatzes ist grundsätzlich der **Einzelnachweis** der verauslagten Beträge. Allerdings lässt die Verwaltung zu, dass **ausnahmsweise** auch **pauschaler** Auslagenersatz steuerfrei gezahlt wird. Voraussetzung hierfür ist, dass er **regelmäßig** geleistet wird und der Arbeitnehmer für die entstandenen Aufwendungen für einen repräsentativen Zeitraum von **3 Monaten** einen **Einzelnachweis** führt (R 22 Abs. 2 LStR).

Fallen erfahrungsgemäß beruflich veranlasste Telekommunikationsaufwendungen an, können auch **ohne Einzelnachweis** des beruflich veranlassten Anteils bis zu **20%** des Rechnungsbetrags, höchstens jedoch **20 EUR monatlich**, steuerfrei erstattet werden. Zur weiteren Vereinfachung kann der monatliche **Durchschnittsbetrag**, der sich aus den Rechnungsbeträgen für den repräsentativen Zeitraum von 3 Monaten ergibt, für den pauschalen Auslagenersatz **fortgeführt** werden und zwar solange, bis sich die Verhältnisse wesentlich ändern. Eine solche Änderung kann sich insbesondere im Zusammenhang mit einer Änderung der Berufstätigkeit ergeben (R 22 Abs. 2 Satz 3 bis 7 LStR) |
| Trinkgelder | sind dann steuerpflichtig, wenn auf diese ein **Rechtsanspruch** besteht (bspw. der 10%tige Bedienungszuschlag im Gaststättengewerbe). Dagegen gehören **Trinkgelder ohne Rechtsanspruch** der Arbeitnehmer nur insoweit zum steuerpflichtigen Arbeitslohn, soweit sie im Kalenderjahr den Betrag von **1.224 EUR** übersteigen (hierzu zählt beispielsweise das freiwillige Trinkgeld eines Gastes an das Bedienungspersonal, R 106 Abs. 3 u. 4 LStR).

Umzugskosten	Bei einem **betrieblich veranlassten Umzug im Inland** kann der Arbeitgeber die nachfolgend genannten Beträge für **sonstige Umzugsauslagen** pauschal steuerfrei ersetzen (Die Werte richten sich nach dem Bundesumzugskostengesetz, welches die Erstattungsfähigkeit von Kosten im Fall des Umzugs von Bundesbeamten regelt): Verheiratete: 1.074 EUR Ledige: 537 EUR Zusätzlich ist in bestimmtem Umfang die Erstattung von zusätzlichen **Unterrichtskosten für Kinder** möglich (bis zu 1.349 EUR je Kind). Bei **Auslandsumzügen** richten sich die erstattungsfähigen Kosten nach der Auslandsumzugsverordnung.
Urlaubsgeld	sowie die Entgeltfortzahlung während der Urlaubstage unterliegen der **Lohnsteuerpflicht**.
Urlaubsabgeltung	für nicht genommene Urlaubstage, ist **lohnsteuerpflichtiges Arbeitseinkommen**.
Werkzeuggelder	sind **steuerfrei**, soweit diese die Aufwendungen des AN im Betrieb des AG nicht offensichtlich übersteigen (§ 3 Nr. 30 EStG). Gem. R 19 LStR sind **Werkzeuge** nur solche Hilfsmittel, die zur leichteren Handhabung, zur Herstellung oder zur Bearbeitung eines Gegenstands verwendet werden (Hammer, Zange, Säge, Bohrer, Fräsen etc.). Nicht zu den Werkzeugen gehören die **Arbeitsmittel** (Computer, Schreibmaschinen, Fotoapparate, Fax-Geräte etc.)
Zählgelder	→ Fehlgeldentschädigungen
Zuschläge	für Sonntags-, Feiertags- und Nachtarbeit können **ganz oder teilweise steuerfrei** sein. ⇒ *Sonntagsarbeitszuschläge:* für Sonntagsarbeit von 0-24 Uhr (als Sonntagsarbeit gilt auch die Arbeit am Montag von 0-4 Uhr, wenn die Nachtarbeit vor 0 Uhr aufgenommen wurde), **steuerfrei: 50 %** des Grundlohns. ⇒ *Feiertagsarbeitszuschläge:* für Arbeit an gesetzlichen Feiertagen von 0-24 Uhr (als Feiertagsarbeit gilt auch die Arbeit des auf den Feiertag folgenden Tages von 0 – 4 Uhr, wenn die Arbeit vor 0 Uhr aufgenommen wurde), **steuerfrei: 125 %** des Grundlohns.

> ⇒ *Nachtarbeitszuschläge:*
> für Nachtarbeit von 20-6 Uhr, **Steuerfrei: 25 %** des Grundlohns;
>
> für Nachtarbeit von 0-4 Uhr, wenn die Nachtarbeit vor 0 Uhr aufgenommen wurde, **Steuerfrei: 40 %** des Grundlohns.
>
> ⇒ *Sonderfälle:*
> Arbeit an **Silvester** von 14-24 Uhr, **Steuerfrei: 125 %** des Grundlohns;
>
> Arbeit an **Heiligabend** von 14-24 Uhr,
>
> Arbeit an den **Weihnachtsfeiertagen** von 0-24 Uhr;
>
> Arbeit am **1. Mai** von 0-24 Uhr (als Feiertagsarbeit gilt auch in den letzten beiden Fällen die Arbeit des auf den Feiertag folgenden Tages von 0-4 Uhr, wenn die Arbeit vor 0 Uhr aufgenommen wurde), **Steuerfrei: jeweils 150 %** des Grundlohns.
>
> **Hinweis:** In allen Fällen setzt die Steuerfreiheit von Zuschlägen voraus, dass diese **neben dem Grundlohn** für **tatsächlich geleistete Arbeit** gezahlt werden.

II. Zeitpunkt der Besteuerung des Arbeitslohns

1. Veranlagungszeitraum – Zufluss von Arbeitslohn

Das Arbeitseinkommen wird der Einkommensteuer in **periodischen Abschnitten** (so genannten **Veranlagungszeiträumen**, § 25 Abs. 1 EStG) unterworfen. Der Veranlagungszeitraum ist dabei regelmäßig das **Kalenderjahr**. Der Arbeitslohn wird innerhalb des Kalenderjahres besteuert, in welchem er dem Steuerpflichtigen zugeflossen ist. Ein **Zufluss** liegt vor, wenn der Arbeitnehmer über die Einnahmen verfügen kann. Auszugehen ist dabei von einer **wirtschaftlichen Verfügungsmacht**.

BEISPIEL:

Barauszahlung des Arbeitslohns	= **sofortige** Verfügungsmacht
Übergabe von Scheck oder Verrechnungsscheck	= **sofortige** Verfügungsmacht
Überweisung an den Arbeitnehmer	= Verfügungsmacht, wenn **Gutschrift** auf dem **Konto** des Arbeitnehmers erfolgt ist (auf die Kenntnis des Arbeitnehmers kommt es nicht an).

2. Lohnzahlungs- und Lohnabrechnungszeitraum

Probleme können entstehen, wenn noch ausstehender Arbeitslohn aus einem alten Kalenderjahr erst kurze Zeit nach Beginn des neuen Kalenderjahres dem Arbeitnehmer zufließt. Für diesen Fall hat der Gesetzgeber die Regelung getroffen, dass »**laufender Arbeitslohn**« (hierzu → Rz. 8041) als in dem Kalenderjahr bezogen gilt, in dem der **Lohnzahlungszeitraum** endet. Der Lohnzahlungszeitraum ist der Zeitraum, für den jeweils der laufende Arbeitslohn gezahlt wird (bspw. Monat, Woche, Tag) unabhängig davon, wie der Arbeitslohn berechnet wird, ob es sich also um Zeitlohn oder Leistungslohn (Akkordlohn, Stücklohn) handelt.

8036a

Erfolgt die Abrechnung des Arbeitslohns stets für einen Lohnzahlungszeitraum (also bspw. Monat, Woche, Tag), stimmen **Lohnzahlungs-** und **Lohnabrechnungszeitraum** überein.

3. Abschlagszahlung

Zur Vereinfachung der Lohnabrechnung und damit des Lohnsteuerabzugs rechnen viele Arbeitgeber den Arbeitslohn aber nicht bei jeder Lohnzahlung genau ab. Sie zahlen ihren Arbeitnehmern den Arbeitslohn für den üblichen (z.B. wöchentlichen) Lohnzahlungszeitraum in Form von **Abschlagszahlungen** nur in ungefährer Höhe aus und nehmen eine genaue **Lohnabrechnung** erst für einen **längeren Lohnzahlungszeitraum** (bspw. 4 Wochen) vor. Um nicht bereits von jeder Abschlagszahlung die Lohnsteuer einbehalten zu müssen, kann in diesen Fällen der Lohnabrechnungszeitraum als Lohnzahlungszeitraum angesehen werden mit der Folge, dass erst bei der endgültigen Lohnabrechung die Lohnsteuer einzubehalten ist. Hierfür müssen bestimmte Voraussetzungen erfüllt sein:

8036b

- der Lohnabrechnungszeitraum darf **5 Wochen** nicht übersteigen,
- die Lohnabrechnung muss **innerhalb von 3 Wochen** nach Ablauf des Lohnabrechnungszeitraums erfolgen.

BEISPIEL:

Der Arbeitnehmer erhält seinen Arbeitslohn monatlich. Der Arbeitgeber leistet jeweils am Ende eines Monats eine Abschlagszahlung und rechnet den Arbeitslohn endgültig am 15. des Folgemonats ab.

Der Arbeitgeber braucht bei Zahlung des Abschlags **noch keine Lohnsteuer einzubehalten,** da der Lohnabrechnungszeitraum (Monat) die **5-Wochen-Zeitspanne** nicht überschreitet. Da außerdem die Lohnabrechnung am 15. des Folgemonats noch **innerhalb der 3-Wochenfrist** nach Ablauf des Lohnabrechnungszeitraums (vorangegangener Monat) liegt, genügt die Einbehaltung der Lohnsteuer im Zeitpunkt der endgültigen Abrechnung am 15. des Folgemonats.

4. Sonderfall: Abweichende Lohnzahlungszeiträume

Die Berechnung der Lohnsteuer bei monatlichen, wöchentlichen und täglichen Lohnzahlungszeiträumen wird mit Hilfe der **Lohnsteuertabellen** (vgl. → Rz. 8049) vorgenom-

8036c

men. Bestehen im Einzelfall abweichende Lohnzahlungszeiträume (bspw. 10 Tage, 2 oder 4 Wochen), für die keine Lohnsteuertabellen aufgestellt werden, ist gem. § 39 b Abs. 4 EStG die Lohnsteuer durch Vervielfachung der Beträge aus der Lohnsteuertages- oder Lohnsteuerwochentabelle mit der Zahl der Kalendertage oder Wochen zu ermitteln.

Dies gilt auch dann, wenn nur einzelne abweichende Lohnzahlungszeiträume bei Beginn oder Ende eines Beschäftigungsverhältnisses vorliegen.

BEISPIEL:

Der Arbeitnehmer wird am 20.04.2001 eingestellt und erhält für den Monat April ein anteiliges Arbeitsentgelt i.H.v. 1.000 EUR. Ab Mai beträgt sein regelmäßiges monatliches Entgelt 3.000 EUR.

Das Arbeitsentgelt für den Monat April ist durch 10 Kalendertage (21.-30. April) zu teilen. Auf den sich ergebenden Tagesbetrag von 100 EUR ist die Lohnsteuer-tagestabelle anzuwenden. Zur die Ermittlung der Lohnsteuer für den Monat April ist der sich daraus ergebende Wert mit 10 zu vervielfachen.

5. Rückzahlung von Arbeitslohn durch den Arbeitnehmer

8036d   Zahlt ein Arbeitnehmer Arbeitslohn zurück, der dem Lohnsteuerabzug unterlegen hat (bspw. die Weihnachtsgratifikation oder das Urlaubsgeld bei vorzeitigem Ausscheiden aus dem Arbeitsverhältnis), so ergibt sich dadurch für den Arbeitnehmer eine Steuerminderung im Kalenderjahr der Rückzahlung.

Wird der **Arbeitslohn noch während des bestehenden Arbeitsverhältnisses** (etwa während der Kündigungsfrist) zurückbezahlt, so kann der Arbeitgeber die zurückbezahlten Beträge einschließlich der darauf entfallenden Steuerabzugsbeträge **vom zu versteuernden laufenden Arbeitslohn abziehen**. Die Lohnsteuer wird in diesem Fall nur von dem den zurückbezahlten Betrag übersteigenden Arbeitslohn abgezogen.

BEISPIEL:

Der Arbeitnehmer (Monatslohn 2.500 EUR, Steuerklasse I/0) scheidet zum 28.02.2002 aus dem Arbeitsverhältnis aus. Im Dezember 2001 ist ihm eine Weihnachtsgratifikation i.H.v. 800 EUR unter der Bedingung gezahlt worden, dass das Arbeitsverhältnis nicht vor dem 31.03.2002 gelöst wird. Die Rückzahlung der Weihnachtsgratifikation erfolgt durch Verrechnung mit der Entgeltzahlung für den Monat Februar 2002.

Laufender Arbeitslohn für Februar 2002	2.500 EUR
abzgl. Rückzahlung	800 EUR
Zu versteuernder Arbeitslohn	1.700 EUR

Kann der zurückbezahlte Arbeitslohn bei größeren Beträgen nicht in voller Höhe auf einmal abgezogen werden, kann die Rückzahlung für die Lohnsteuerberechnung **auf mehrere Lohnzahlungszeiträume verteilt** werden. **Daneben** hat der Arbeitgeber auch die Möglichkeit, den früheren Lohnzahlungszeitraum wieder »**aufzurollen**« und die Lohnsteuer unter Berücksichtigung der Rückzahlung neu zu berechnen. **Schließlich** kann er die Rückzahlung auch im Rahmen eines für den Arbeitnehmer durchgeführten **Lohnsteuerjahresausgleich** (vgl. → Rz. 8126 f.) vom steuerpflichtigen Jahresarbeitslohn absetzen.

Die Ausgleichs- und Verrechnungsmöglichkeiten sind jedoch **ausgeschlossen**, wenn der Arbeitgeber die Lohnsteuerbescheinigung auf der Rückseite der Lohnsteuerkarte (vgl. → Rz. 8116) bereits ausgestellt hat und die Lohnsteuerkarte an den Arbeitnehmer zurückgegeben worden ist. In diesen Fällen berücksichtigt das Finanzamt den zurückbezahlten Betrag im Jahresausgleichs- bzw. Veranlagungsverfahren des Arbeitnehmers (vgl. → Rz. 8126).

Hat dieser an einen **früheren Arbeitgeber**, also nach Beendigung des Arbeitsverhältnisses, versteuerten Arbeitslohn zurückbezahlt, so wird der Ausgleich ebenfalls bei der Veranlagung zur Einkommensteuer durch das zuständige Finanzamt vorgenommen.

III. Vermögenswirksame Leistungen

Für vermögenswirksame Leistungen erhalten Arbeitnehmer nach dem 5. Vermögensbildungsgesetz eine **Sparzulage**. Die Arbeitnehmer-Sparzulage wird nach Ablauf des Kalenderjahres **vom Finanzamt** ausbezahlt. 8037

1. Begriff der vermögenswirksamen Leistungen

Vermögenswirksame Leistungen sind **Teile vom Arbeitslohn**, die der Arbeitgeber für den Arbeitnehmer in bestimmter Weise **anlegt**. Dabei dürfen vermögenswirksame Leistungen auf verschiedene Anlagearten verteilt werden. Bei der vermögenswirksamen Leistung kann es sich entweder um eine **zusätzliche Zahlung des Arbeitgebers** handeln oder um einen **Teil des ohnehin geschuldeten Arbeitslohns**, der auf Verlangen des Arbeitnehmers vermögenswirksam angelegt wird. Werden die vermögenswirksamen Leistungen vom Arbeitgeber **zusätzlich zum geschuldeten Arbeitslohn** erbracht (bspw. aufgrund einzelvertraglicher Abrede mit dem Arbeitnehmer, einer Betriebsvereinbarung oder eines Tarifvertrages), handelt es sich um **steuerpflichtigen Arbeitslohn**. Es gelten insoweit keine Besonderheiten (vgl. »ABC«, → Rz. 8035). 8038

In beiden Fällen ist allerdings eine **Vereinbarung** zwischen dem Arbeitgeber und dem Arbeitnehmer im Hinblick auf die vermögenswirksame Anlage erforderlich. Aus der Vereinbarung muss sowohl **Höhe** und **Zeitpunkt** des vermögenswirksam anzulegenden Arbeitslohns hervorgehen sowie die **Art der Anlage** (also ggf. Unternehmen oder Institut, bei dem die Anlage erfolgen soll).

Zum Abschluss eines Vertrages über die vermögenswirksame Anlage von Teilen des Arbeitslohns ist der **Arbeitgeber verpflichtet**. Eine vermögenswirksame Anlage von Lohnteilen wird im Übrigen nicht dadurch ausgeschlossen, dass der Arbeitgeber freiwillig zusätzliche vermögenswirksame Zuwendungen leistet.

2. Anlageformen, Sparzulage, Einkommensgrenzen

8039 Die Anlagearten, auf die vermögenswirksame Leistungen angelegt werden müssen, sind im VermBG abschließend aufgezählt (§ 2 Abs. 1 VermBG). Die **Förderung** der vermögenswirksamen Leistungen durch steuerfreie Arbeitnehmer-Sparzulagen ist aber auf Vermögensbeteiligungen, z.B. Aktien, Anteilscheine an Aktienfonds, stille Beteiligungen, Arbeitnehmerdarlehen, und auf Anlagen zum Wohnungsbau, Bausparen sowie andere Wohnungsbaumaßnahmen, z.B. Hypothekentilgung oder Grundstückserwerb, **beschränkt**. Vermögenswirksame Leistungen, die auf einen Geldsparvertrag oder ab 2002 auf einen Lebensversicherungsvertrag angelegt werden, sind **nicht zulagebegünstigt**.

Für vermögenswirksame Leistungen, die auf einen **Sparvertrag über Wertpapiere** oder andere **Vermögensbeteiligungen** angelegt werden, wird eine Sparzulage von 20 % für höchstens 408 EUR jährlich gewährt, aufgerundet auf den nächsten vollen EURO-Betrag (= 82 EUR).

Für Arbeitnehmer, die im Sparjahr zu irgend einem Zeitpunkt ihren Hauptwohnsitz in den **neuen Ländern** oder im **ehemaligen Ostteil** von Berlin hatten, erhöht sich der Zulagensatz auf **25 %**; die auf den Sparvertrag angelegten vermögenswirksamen Leistungen sind deshalb mit einer Sparzulage von 102 EUR (25 % von 408 EUR) begünstigt (§ 13 Abs. 2 VermBG). Der erhöhte Zulagensatz von 25 % gilt letztmals für vermögenswirksame Leistungen, die im Kalenderjahr 2004 angelegt werden (§ 17 Abs. 7 VermBG).

Zusätzlich wird für vermögenswirksame Leistungen von insgesamt 480 EUR jährlich, die auf **Bausparverträge** oder zum **Wohnungsbau** angelegt werden, eine Sparzulage von 10 % gewährt (= 48 EUR).

Voraussetzung für die Festsetzung der **Arbeitnehmer-Sparzulage** ist, dass das **zu versteuernde Einkommen** des **Sparjahres** bei Arbeitnehmern der Steuerklasse I und II 17.900 EUR, bei Arbeitnehmern der Steuerklasse III (bzw. bei beiderseits berufstätigen Ehegatten) 35.800 EUR nicht übersteigt. Die 17.900- bzw. 35.800-EUR-Grenze gilt bei Verwitweten auch dann, wenn sie für ein Übergangsjahr noch wie Verheiratete nach der Steuerklasse III besteuert werden. Die Einkommensgrenzen **erhöhen** sich bei Arbeitnehmern mit Kindern um die Freibeträge für Kinder (Kinderfreibeträge und Freibeträge für den Betreuungs- und Erziehungs- oder Ausbildungsbedarf, § 2 Abs. 5 Satz 2 EStG).

3. Bescheinigung vermögenswirksamer Leistungen

8040 Die vermögenswirksamen Leistungen werden nicht vom Arbeitgeber, sondern **auf Verlangen des Arbeitnehmers von dem Anlageinstitut bescheinigt** (§ 15 Abs. 1 5. VermBG).

4. Antrag des Arbeitnehmers auf Arbeitnehmer-Sparzulage

8040a Die Arbeitnehmer-Sparzulage wird auf Antrag des Arbeitnehmers beim Wohnsitzfinanzamt jährlich festgesetzt. Ein Antrag wird entweder im Rahmen der Antragsveranlagung (früher: Lohnsteuerjahresausgleich) oder im Rahmen einer ggf. abzugebenden Einkommensteuer-Erklärung gestellt. Für den Antrag ist auch dann der Vordruck für die Einkommensteuererklärung zu verwenden, wenn der Arbeitnehmer keinen Antrag auf Veranlagung zur Einkommensteuer stellt und auch nicht zur Einkommensteuer zu veranlagen ist, weil er bspw. nur pauschal besteuerten Arbeitslohn bezogen hat. In jedem Fall muss der Antrag **bis zum Ende des 2. Kalenderjahres** nach dem Kalenderjahr gestellt werden, in dem die vermögenswirksamen Leistungen angelegt worden sind.

> **BEISPIEL:**
> Für die vermögenswirksamen Leistungen des Jahres 2002 muss der Antrag spätestens am 31.12.2004 gestellt worden sein.

Dem Antrag ist die **Bescheinigung des Anlageinstituts** (vgl. → Rz. 8040) beizufügen (zu den **Einkommensgrenzen** und der **Höhe** der Sparzulage vgl. unter → Rz. 8039)

IV. Was bedeutet »Laufender Arbeitslohn« und »Sonstige Bezüge«?

Die Unterscheidung beim Arbeitslohn zwischen Bestandteilen, die »**laufend**« gewährt werden und einmaligen Zahlungen, den »**sonstigen Bezügen**«, ist notwendig, weil der Lohnsteuerabzug vom »laufenden Arbeitslohn« von dem bei den »sonstigen Bezügen« z.T. abweicht. Zum »**laufenden Arbeitslohn**«, der dem Arbeitnehmer **fortlaufend** und **regelmäßig** gewährt wird, gehören insbesondere

8041

- Monatsgehälter,
- Wochen- und Tageslöhne,
- Mehrarbeitsvergütungen,
- Zuschläge und Zulagen,
- geldwerte Vorteile aus der ständigen Überlassung eines Firmenwagen zur privaten Nutzung,
- Nachzahlungen und Vorauszahlungen, wenn sich diese ausschließlich auf Lohnzahlungszeiträume beziehen, die im Kalenderjahr der Zahlungen enden.

Ein »**sonstiger Bezug**« ist der Arbeitslohn, der nicht als laufender Arbeitslohn gezahlt wird. Hierzu gehören insbesondere einmalige Arbeitslohnzahlungen, die neben dem laufenden Arbeitslohn (auch Grundlohn genannt) gezahlt werden, z.B.:

- 13. und 14. Monatsgehälter,
- einmalige Abfindungen und Entschädigungen,
- Gratifikationen und Tantiemen, die nicht fortlaufend gezahlt werden,
- Jubiläumszuwendungen,
- Urlaubsgelder, die nicht fortlaufend gezahlt werden,
- Entschädigungen zur Abgeltung nicht genommenen Urlaubs,
- Weihnachtszuwendungen,
- Nachzahlungen und Vorauszahlungen, wenn sich der Gesamtbetrag, oder ein Teilbetrag der Nachzahlung oder Vorauszahlung auf Lohnzahlungszeiträume bezieht, die in einem anderen Jahr als dem der Zahlung enden (vgl. → Rz. 8063).

Der »**laufende Arbeitslohn**« ist nach der für den Lohnzahlungszeitraum maßgebenden **Lohnsteuertabelle** (Monats-, Wochen- oder Tagestabelle) (vgl. → Rz. 8049) zu besteuern.

»**Sonstige Bezüge**« werden nach den Besteuerungsmerkmalen des einzelnen Arbeitnehmers (Steuerklasse, Freibeträge) besteuert, die **im Zeitpunkt des Bezugs** gelten. Anders als beim »laufenden Arbeitslohn« steht hier nicht der Lohnzahlungszeitraum (vgl. → Rz. 8042) im Vordergrund (zum Lohnsteuerabzug von »sonstigen Bezügen« s. im Einzelnen → Rz. 8059).

51. Kapitel: Bedeutung der Lohnsteuerkarte

I.	Allgemeines zur Bedeutung der Lohnsteuerkarte	8042
II.	Maßgeblichkeit der Lohnsteuerkarte	8043
III.	Bescheinigungen auf der Lohnsteuerkarte, insbes. Steuerklassen und Freibeträge	8044
	1. Überblick über die eintragbaren Freibeträge	8046
	2. Überblick über die Steuerklassen	8047
	3. Steuerklassenwahl bei Ehegatten	8047a

I. Allgemeines zur Bedeutung der Lohnsteuerkarte

Die **Lohnsteuerkarte** ist ein wichtiges Hilfsmittel für die Erhebung der Lohnsteuer durch den Arbeitgeber. Auch ohne lohnsteuerrechtliche Fachkenntnisse muss ein Arbeitgeber in der Lage sein, die auf einen zu zahlenden Arbeitslohn für einen bestimmten Lohnzahlungszeitraum entfallende Lohnsteuer richtig zu ermitteln und an das Finanzamt abzuführen. Zu diesem Zweck enthält jede ausgestellte Lohnsteuerkarte **individuelle Besteuerungsmerkmale des Arbeitnehmers**, die auf die sog. **Lohnsteuertabelle** (s. hierzu → Rz. 8049) abgestimmt sind.

8042

Die Lohnsteuerkarte ist eine öffentliche Urkunde und, soweit Eintragungen des Arbeitgebers enthalten sind, eine Privaturkunde. Die Eintragungen auf der Lohnsteuerkarte unterliegen in jedem Fall einem strafrechtlichen Schutz. Arbeitgeber, Arbeitnehmer und anderen Personen ist es nach § 39 Abs. 6 Satz 4 EStG **untersagt, Eintragungen auf der Lohnsteuerkarte zu ändern oder zu ergänzen**. Eine Ausnahme gilt für den Arbeitgeber nur hinsichtlich solcher Eintragungen, die er **selbst** vorzunehmen hat. Amtliche Eintragungen sind durch die zuständige Behörde zu ändern oder zu ergänzen. Nach § 39 Abs. 2 EStG haben die Gemeinden jedem **unbeschränkt einkommensteuerpflichtigen Arbeitnehmer** (näheres bei → Rz. 8016) für jedes Kalenderjahr unentgeltlich eine Lohnsteuerkarte auszustellen. Zuständig ist die Gemeindebehörde, bei der der Arbeitnehmer mit seiner Hauptwohnung gemeldet ist. Da die Gemeinde die Lohnsteuerkarte aufgrund ihrer melderechtlichen Unterlagen ausstellt, ist intern für die Ausstellung der Lohnsteuerkarte regelmäßig das Einwohnermeldeamt zuständig. Die ausgestellte Lohnsteuerkarte ist dem Arbeitnehmer zu übermitteln, und zwar so, dass er diese bis spätestens zum **31.10.** in seinem Besitz hat.

Der Arbeitgeber hat bis zur Beendigung des Arbeitsverhältnisses bzw. des Kalenderjahres die **Pflicht zur Aufbewahrung** der Lohnsteuerkarte (vgl. → Rz. 4842). Vor Ablauf des Kalenderjahres darf der Arbeitgeber die Lohnsteuerkarte nur dann **endgültig** herausgeben, wenn das Arbeitsverhältnis beendet ist und der Arbeitnehmer keinen Arbeitslohn mehr erhält. Maßgebend ist in diesem Zusammenhang das **Ende des Arbeitsverhältnisses** (rechtliches oder tatsächliches, vgl. → Rz. 4846 f.) und nicht der Zeitpunkt der letzten Lohnzahlung.

Alle **Arbeitnehmer** sind **verpflichtet**, bei Beginn eines Kalenderjahres oder bei Aufnahme eines Arbeitsverhältnisses dem Arbeitgeber die von der Gemeindebehörde ausgeschriebene **Lohnsteuerkarte vorzulegen**. Für den Arbeitgeber ergibt sich aus der Tatsache, dass der Arbeitnehmer eine Lohnsteuerkarte vorlegt, gleichzeitig dessen unbeschränkte Steuerpflichtigkeit. Steht der Arbeitnehmer gleichzeitig, also nebeneinander, in mehreren Arbeitsverhältnissen, so hat er sich von der Gemeindebehörde **für jedes Arbeitsverhältnis** eine Lohnsteuerkarte ausstellen zu lassen und diese sodann jedem Arbeitgeber vorzulegen. In diesem Fall ist eine endgültige Herausgabe der Lohnsteuerkarte auch dann zulässig, wenn der Arbeitnehmer die Karte gegen die bisher dem anderen Arbeitgeber vorgelegte Lohnsteuerkarte austauschen will, um einen für ihn günstigeren Lohnsteuerabzug zu erreichen (**Steuerkartenwechsel**, R 114 Abs. 3 LStR; vgl. auch Beispiel → Rz. 8047 zur Steuerklasse VI).

Legt ein Arbeitnehmer dem Arbeitgeber eine Lohnsteuerkarte nicht vor, hat der Arbeitgeber den Lohnsteuerabzug grundsätzlich nach dem unter → Rz. 8073 ff. beschriebenen Verfahren vorzunehmen. Ausnahmsweise kann jedoch auch eine Pauschalierung der Lohnsteuer (s. hierzu → Rz. 8079 ff.) in Betracht kommen, für die eine Vorlage der Lohnsteuerkarte nicht erforderlich ist.

II. Maßgeblichkeit der Lohnsteuerkarte

8043 Im Lohnsteuerabzugsverfahren gilt der Grundsatz der sog. **Maßgeblichkeit der Lohnsteuerkarte**. Nach diesem Grundsatz muss sich der Arbeitgeber stets nach den Eintragungen auf der Lohnsteuerkarte richten. Dies gilt **selbst dann**, wenn ihm die **Unrichtigkeit** einzelner Eintragungen **bekannt ist**. Der Arbeitgeber hat auch die von einem etwaigen früheren Arbeitgeber eingetragenen Beträge zu übernehmen.

BEISPIEL:

(1) Auf der Lohnsteuerkarte des Arbeitnehmers ist die Steuerklasse I eingetragen. Dem Arbeitgeber ist hingegen bekannt, dass der Arbeitnehmer verheiratet ist und eine Versteuerung in der Steuerklasse I ausscheidet.

Gleichwohl hat der Arbeitgeber den Lohnsteuerabzug entsprechend der Steuerklasse I vorzunehmen. Nimmt der Arbeitgeber den Lohnsteuerabzug nach einer anderen Steuerklasse vor (bspw. Steuerklasse III) und führt dieses Vorgehen zu einem Differenzbetrag, so **haftet der Arbeitgeber** für die zuwenig einbehaltene Lohnsteuer.

(2) Nach einem Arbeitsplatzwechsel legt der Arbeitnehmer dem neuen Arbeitgeber eine Lohnsteuerkarte vor, auf welcher der erste Arbeitgeber einen höheren Lohnsteuerbetrag bescheinigt hat als er tatsächlich einbehalten und abgeführt hat. Am Ende des Jahres führt der neue Arbeitgeber einen Lohnsteuerjahresausgleich durch und erstattet aufgrund der unrichtigen Bescheinigung des ersten Arbeitgebers dem Arbeitnehmer zuviel Lohnsteuer.

In diesem Fall haftet für den nunmehr entstandenen Lohnsteuerfehlbetrag **ausschließlich der erste Arbeitgeber**, der die falsche Eintragung auf der Lohnsteuerkarte des Arbeitnehmers vorgenommen hatte.

III. Bescheinigungen auf der Lohnsteuerkarte, insbes. Steuerklassen und Freibeträge

Im Einkommensteuergesetz ist zwar geregelt, dass die Gemeinden jedem unbeschränkt einkommensteuerpflichtigen Arbeitnehmer jährlich eine Lohnsteuerkarte nach **amtlich vorgeschriebenem Muster** auszustellen haben, nicht jedoch, wie eine Lohnsteuerkarte nun auszusehen hat. Damit in allen Bundesländern eine einheitliche Lohnsteuerkarte zur Anwendung kommt, veröffentlicht jedes Jahr der Bundesminister der Finanzen im Bundessteuerblatt einen entsprechenden Erlass, der als Anlage ein amtliches Lohnsteuerkartenmuster enthält (vgl. für die Lohnsteuerkarte 2002 das abgedruckte Muster unter → Rz. 8045 bzw. → Rz. 8116). Die amtlichen Lohnsteuerkartenvordrucke enthalten aus Sicherheitsgründen eine Art Wasserzeichen (drei senkrechte Balken). Die Farbe der Karte wechselt von Jahr zu Jahr in einem Vierjahresrhythmus in der Reihenfolge rot – gelb – grün – orange. Die Farbe für die Lohnsteuerkarte 2002 ist **gelb.**

8044

8045

Alle Eintragungen in der Lohnsteuerkarte genau prüfen!
Lesen Sie die Informationsschrift „Lohnsteuer 2002"

Ordnungsmerkmale des Arbeitgebers

Lohnsteuerkarte 2002

Gemeinde	AGS	
56516 NEUWIED	07138045	44720

Finanzamt und Nr.		Geburtsdatum
56504 NEUWIED		2732

I. Allgemeine Besteuerungsmerkmale

Steuer-klasse	Kinder unter 18 Jahren: Zahl der Kinderfreibeträge

STADTVERWALTUNG NEUWIED

....

....

Kirchensteuerabzug

..... NEUWIED

(Datum)

(Gemeindebehörde)
STADTVERWALTUNG NEUWIED

II. Änderungen der Eintragungen im Abschnitt I

Steuerklasse	Zahl der Kinderfreibeträge	Kirchensteuerabzug	Diese Eintragung gilt, wenn sie nicht widerrufen wird:	Datum, Stempel und Unterschrift der Behörde
			vom 2002 an bis zum 31. 12. 2002	I. A.
			vom 2002 an bis zum 31. 12. 2002	I. A.

III. Für die Berechnung der Lohnsteuer sind vom Arbeitslohn als steuerfrei abzuziehen:

Jahresbetrag Euro	monatlich Euro	wöchentlich Euro	täglich Euro	Diese Eintragung gilt, wenn sie nicht widerrufen wird:	Datum, Stempel und Unterschrift der Behörde
				vom 2002 an	
in Buch-staben -tausend			Zehner und Einer wie oben -hundert	bis zum 31. 12. 2002	I. A.
				vom 2002 an	
in Buch-staben -tausend			Zehner und Einer wie oben -hundert	bis zum 31. 12. 2002	I. A.

IV. Für die Berechnung der Lohnsteuer sind dem Arbeitslohn hinzuzurechnen:

Jahresbetrag Euro	monatlich Euro	wöchentlich Euro	täglich Euro	Diese Eintragung gilt, wenn sie nicht widerrufen wird:	Datum, Stempel und Unterschrift der Behörde
				vom 2002 an	
in Buch-staben -tausend			Zehner und Einer wie oben -hundert	bis zum 31. 12. 2002	I. A.

LSt 1 (Ko 0701)

V. Lohnsteuerbescheinigung für das Kalenderjahr 2002 und besondere Angaben

		vom – bis		vom – bis		vom – bis	
1. Dauer des Dienstverhältnisses							
2. Zeiträume ohne Anspruch auf Arbeitslohn		Anzahl „U":		Anzahl „U":		Anzahl „U":	
		Euro	Ct	Euro	Ct	Euro	Ct
3. Bruttoarbeitslohn einschl. Sachbezüge ohne 9. und 10.							
4. Einbehaltene Lohnsteuer von 3.							
5. Einbehaltener Solidaritätszuschlag von 3.							
6. Einbehaltene Kirchensteuer des Arbeitnehmers von 3.							
7. Einbehaltene Kirchensteuer des Ehegatten von 3. (nur bei konfessionsverschiedener Ehe)							
8. In 3. enthaltene steuerbegünstigte Versorgungsbezüge							
9. Steuerbegünstigte Versorgungsbezüge für mehrere Kalenderjahre							
10. Ermäßigt besteuerter Arbeitslohn für mehrere Kalenderjahre (ohne 9.) und ermäßigt besteuerte Entschädigungen							
11. Einbehaltene Lohnsteuer von 9. und 10.							
12. Einbehaltener Solidaritätszuschlag von 9. und 10.							
13. Einbehaltene Kirchensteuer des Arbeitnehmers von 9. und 10.							
14. Einbehaltene Kirchensteuer des Ehegatten von 9. und 10. (nur bei konfessionsverschiedener Ehe)							
15. Kurzarbeitergeld, Winterausfallgeld Zuschuss zum Mutterschaftsgeld, Verdienstausfallentschädigung (Infektionsschutzgesetz), Aufstockungsbetrag und Altersteilzeitzuschlag							
16. Steuerfreier Arbeitslohn nach	Doppelbesteuerungsabkommen						
	Auslandstätigkeitserlass						
17. Steuerfreie Arbeitgeberleistungen für Fahrten zwischen Wohnung und Arbeitsstätte							
18. Pauschalbesteuerte Arbeitgeberleistungen für Fahrten zwischen Wohnung und Arbeitsstätte							
19. Steuerfreie Beträge des Arbeitgebers an eine Pensionskasse oder einen Pensionsfonds							
20. Steuerpflichtige Entschädigungen und Arbeitslohn für mehrere Kalenderjahre, die nicht ermäßigt besteuert wurden – in 3. enthalten.							
21. Steuerfreie Verpflegungszuschüsse bei Auswärtstätigkeit							
22. Steuerfreie Arbeitgeberleistungen bei doppelter Haushaltsführung							
23. Steuerfreie Arbeitgeberzuschüsse zur freiwilligen Krankenversicherung und zur Ctlegeversicherung							
24. Arbeitnehmeranteil am Gesamtsozialversicherungsbeitrag							
25. Ausgezahltes Kindergeld		–		–		–	

Um Rückfragen zu vermeiden, wird die Ausfüllung empfohlen

Anschrift des Arbeitgebers (lohnsteuerliche Betriebsstätte)
Firmenstempel, Unterschrift;

Finanzamt, an das die Lohnsteuer abgeführt wurde
(Name und dessen vierstellige Nr.)

Kurz eingegangen werden soll an dieser Stelle auf den **Aufbau einer Lohnsteuerkarte** unter Hervorhebung der für den Arbeitgeber wichtigen Eintragungen.

Wie aus dem Muster ersichtlich, gliedert sich die **Vorderseite** der Lohnsteuerkarte in einen Kopfteil und drei Abschnitte.

Im **Kopfteil** sind folgende Angaben enthalten:
- die Bezeichnung »Lohnsteuerkarte« sowie die Jahreszahl des Kalenderjahres, für das die Lohnsteuerkarte gilt;
- die Bezeichnung der Gemeinde nebst
- einem amtlichen Gemeindeschlüssel (AGS);
- die Bezeichnung des Finanzamts, zu dessen Zuständigkeitsbezirk die ausstellende Gemeinde bzw. deren Stadtteil gehört sowie
- den bundeseinheitlichen Finanzamtsschlüssel, der unter anderem Arbeitgebern mit maschineller Lohnberechnung die Erfüllung ihrer lohnsteuerlichen Pflichten erleichtern soll;
- schließlich das Geburtsdatum des Arbeitnehmers, was wegen der Gewährung eines Altersentlastungsbetrages notwendig ist;
- abschließend die Adresse des Arbeitnehmers.

Unter »I. Allgemeine Besteuerungsmerkmale« trägt die ausstellende Gemeinde die für den Lohnsteuerabzug entscheidenden Daten ein:
- **Steuerklasse** des Arbeitnehmers (s. hierzu im Einzelnen → Rz. 8047).
- Die **Zahl der Kinderfreibeträge**. Ein solcher wird eingetragen in den **Steuerklassen I bis IV**, und zwar grundsätzlich mit dem Zähler 0,5 für jedes zu berücksichtigende Kind, ausnahmsweise mit dem Zähler 1 für ein Kind. Die Zahl der Kinderfreibeträge ist für den Arbeitgeber wichtig, um **entsprechend der Lohnsteuertabelle** die einzubehaltende Lohnsteuer richtig auszurechnen (s. hierzu im Einzelnen → Rz. 8053). Da der Anspruch auf eine **Berlinzulage** (s. → Rz. 8086) seit 1994 weggefallen ist, wird die Zahl der Kinder eines Arbeitnehmers **nicht mehr** auf der Lohnsteuerkarte **vermerkt**.

Aufgrund der Änderungen beim Familienleistungsausgleich durch das **Jahres**steuergesetz 1996 spielt die Zahl der eingetragenen Kinderfreibeträge **im laufenden Kalenderjahr** für die **Ermittlung der Lohnsteuer** keine Rolle. Diese sind jedoch von Bedeutung für die Ermittlung der Zuschlagsteuern (Solidaritätszuschlag und Kirchensteuer, vgl. → Rz. 8068).

- Die **Bescheinigung der Religionsgemeinschaft**, welcher der Arbeitnehmer angehört, um den Kirchensteuerabzug zu gewährleisten (s. hierzu im Einzelnen → Rz. 8065). Die am häufigsten verwendeten Abkürzungen sind:
    - ev = evangelisch (protestantisch),
    - lt = evangelisch-lutherisch,
    - rf = evangelisch-reformiert,
    - fr = französisch-reformiert,
    - rk = römisch-katholisch,
    - ak = altkatholisch,
    - is = israelitisch.

Zusätzlich sind für einzelne Länder noch weitere Abkürzungen zugelassen.

Gehört der Arbeitnehmer und (oder) sein Ehegatte keiner Religionsgemeinschaft an, für die der Arbeitgeber die Kirchensteuer einzubehalten hat, so sind zwei Striche »–« einzutragen.

Seit 1995 ist das Kirchensteuermerkmal für den **Ehegatten** nur noch bei konfessionsverschiedenen Eheleuten einzutragen. Bei konfessionsgleichen und bei glaubensverschiedenen Eheleuten ist das Kirchensteuermerkmal des Ehegatten nicht mehr zu bescheinigen *(BMF-Schreiben v. 28.06.1994, BStBl. I S. 455)*.

BEISPIEL:

Konfessionszugehörigkeit Arbeitnehmer	Ehegatte	Eintragung im Feld: »Kirchensteuerabzug«
ev	rk	ev rk
ev	ev	ev
rk	–	rk
–	ev	–
–	–	–

In Abschnitt »II. Änderungen der Eintragungen im Abschnitt I« ist Raum für den Vermerk von den entsprechenden Änderungen.

Wegen des **Grundsatzes der Maßgeblichkeit** der Lohnsteuerkarte (s. → Rz. 8043) hat der Arbeitgeber den Lohnsteuerabzug so lange entsprechend den im I. Abschnitt »Allgemeine Besteuerungsmerkmale« eingetragenen Daten vorzunehmen, bis im Abschnitt II eine **Änderung durch die zuständige Behörde eingetragen worden ist.** Dies gilt auch dann, wenn er von der Unrichtigkeit einzelner der im I. Abschnitt eingetragenen Besteuerungsmerkmale Kenntnis erhalten hat.

Der Abschnitt »III. Für die Berechnung der Lohnsteuer sind vom Arbeitslohn als steuerfrei abzuziehen:« ist für die Eintragung von **Steuerfreibeträgen durch die Behörden** vorgesehen und bei der Berechnung des Lohnsteuerabzugs vom Arbeitgeber entsprechend zu berücksichtigen (s. hierzu → Rz. 8053). Durch die Eintragung von Freibeträgen soll verhindert werden, dass der Arbeitgeber zunächst zuviel Lohnsteuer einbehält und der Arbeitnehmer sich diese erst im Rahmen des Lohnsteuerjahresausgleichs (jetzt: »Antragsveranlagung« s. → Rz. 8127) am Ende des Kalenderjahres zurückerstatten lassen kann.

1. Überblick über die eintragbaren Freibeträge

Nach § 39a Abs. 1 EStG können folgende Beträge auf der Lohnsteuerkarte unter den dort näher genannten Voraussetzungen als **Freibetrag** eingetragen werden:

- Pauschalbeträge für Behinderte und Hinterbliebene;
- Werbungskosten, soweit der Arbeitnehmerpauschalbetrag von 1.044 EUR regelmäßig überschritten wird;

8046

- Sonderausgaben mit Ausnahme von Vorsorgeaufwendungen, soweit die entsprechenden Pauschbeträge überschritten werden;
- außergewöhnliche Belastungen;
- die Steuerbegünstigung für die zu eigenen Wohnzwecken genutzte Wohnung im eigenen Haus.

Nach einer Entscheidung des Bundesfinanzhofs *(29.04.1992, BStBl. II S. 752)* stellte es einen Verstoß gegen den verfassungsrechtlichen Gleichbehandlungsgrundsatz dar, dass Verluste aus Vermietung und Verpachtung von Lohnsteuerzahlern im Lohnsteuerermäßigungsverfahren nur eingeschränkt geltend gemacht werden konnten, während bei Einkommensteuerpflichtigen ohne Einschränkung eine Minderung der Einkommensteuervorauszahlungen vorgenommen wurde. Mit der Änderung des § 39 a Abs. 1 Nr. 5 EStG ist daher auch die Eintragung eines **Freibetrags für negative Einkünfte aus Vermietung und Verpachtung** gesetzlich neu geregelt worden.

Die Eintragung eines Freibetrages setzt in allen genannten Fällen einen **Antrag des Arbeitnehmers** voraus, der auf amtlichem Vordruck bis zum **30. November des Kalenderjahrs**, für das die Lohnsteuerkarte gilt, beim für den Arbeitnehmer zuständigen Wohnsitzfinanzamt gestellt werden kann. Voraussetzung ist jedoch, dass Werbungskosten, Sonderausgaben und außergewöhnliche Belastungen insgesamt die Grenze von 600 EUR überschreiten. Zusätzlich ist bei den Werbungskosten der Arbeitnehmer-Pauschbetrag von 1.044 EUR zu berücksichtigen, so dass Werbungskosten allein erst dann zu einem eintragbaren Freibetrag führen, wenn sie **mehr als 1.644 EUR** betragen.

Seit 1995 können Arbeitnehmer, bei denen sich gegenüber den für das laufende Jahr eingetragenen Freibeträgen keine Änderungen ergeben haben, einen **vereinfachten Antrag auf Lohnsteuerermäßigung** stellen. In diesem Fall übernimmt das Finanzamt die Werte des laufenden Jahres für das folgende.

Auf der Rückseite der Lohnsteuerkarte befindet sich der Abschnitt »IV. Lohnsteuerbescheinigung für das Kalenderjahr ... und besondere Angaben« (vgl. Muster → Rz. 8116). Dieser ist für die Eintragungen des Arbeitgebers bestimmt. Hier sind die Lohnsteuerbescheinigung für das Kalenderjahr und besondere Angaben einzutragen (Einzelheiten zur Lohnsteuerbescheinigung s. → Rz. 8117 f.).

2. Überblick über die Steuerklassen

8047 Für die Einbehaltung der Lohnsteuer sind die Steuerklassen das **wesentlichste Besteuerungsmerkmal**. Die Lohnsteuertabellen (s. hierzu → Rz. 8049) sind auf die **Steuerklassen abgestimmt**. Nur mit diesen Hilfsmitteln ist der Arbeitgeber überhaupt in der Lage, den ansonsten komplizierten Lohnsteuerabzug mit seinen unterschiedlichen Tarifen, Frei- und Pauschbeträgen etc., die zudem bei jedem Arbeitnehmer von dessen persönlichen Verhältnissen abhängig sind, zutreffend vorzunehmen.

Wie bereits erwähnt, ist der Arbeitgeber im Rahmen des Lohnsteuerabzugsverfahrens an die Eintragungen auf der Lohnsteuerkarte auch hinsichtlich der Steuerklasse des Arbeitnehmers gebunden. An dieser Stelle soll daher nur ein kurzer Überblick über die verschiedenen Lohnsteuerklassen gegeben werden, der dem besseren Verständnis des Lohnsteuerabzugs dienen soll. **Im Einkommensteuergesetz** (§ 38 b) sind **sechs Steuerklassen** vorgesehen. Die Steuerklassen I bis III haben die Funktion, bestimmte Steuerfreibeträge zu gewähren. Durch die Steuerklassen IV bis VI soll demgegenüber verhindert werden, dass ein Steuerfreibetrag mehrfach gewährt wird. Die Freibeträge sind zahlenmäßig in die Lohnsteuertabellen (s. → Rz. 8049) eingearbeitet. Durch die Zuordnung eines Arbeitnehmers in eine der Steuerklassen und durch Ablesen des Lohnsteuerbetrages in der entsprechenden Rubrik der Steuertabelle werden die Freibeträge zutreffend berücksichtigt.

- **Steuerklasse I**
  Folgende Arbeitnehmer sind der Steuerklasse I zuzuordnen:
  – **ledige** oder bereits **längere Zeit geschiedene** Arbeitnehmer,

BEISPIEL:

Eine 21-jährige ledige Bürokauffrau wird der Steuerklasse I zugeordnet.

  – ein Arbeitnehmer, der zwar verheiratet ist, aber von seinem Ehegatten **dauernd getrennt** lebt oder dessen **Ehegatte im Ausland** lebt,
  – verwitwete Arbeitnehmer **ab dem 2. Kalenderjahr nach dem Tod** des Ehegatten.

BEISPIEL:

Eine 40-jährige Arbeitnehmerin, die seit dem 30.03.2000 verwitwet ist, ist ab dem 01.01.2002 der Steuerklasse I zuzuordnen.

- **Steuerklasse II**
  Hierunter fallen die zur **Steuerklasse I aufgeführten Arbeitnehmer, in deren Wohnung** (Haupt- oder Nebenwohnung) mindestens **1 Kind** gemeldet ist, für das der Arbeitnehmer einen Kinderfreibetrag erhält. Der Arbeitnehmer erhält grundsätzlich für Kinder, sowohl leibliche als auch Adoptivkinder, bis zur Vollendung des 18. Lebensjahres, unter besonderen Voraussetzungen auch bis zur Vollendung des 27. Lebensjahres und darüber hinaus, einen Kinderfreibetrag in Höhe von ZZ. **monatlich 304 EUR** bzw. für Kinder aus einer geschiedenen oder dauernd getrennten Ehe sowie für nichteheliche Kinder jedes Elternteils einen Kinderfreibetrag von **monatlich 152 EUR**. Seit der **Neuregelung des Familienleistungsausgleichs** durch das **Jahressteuergesetz 1996** (s. → Rz. 8003 c ff.) wird der Kinderfreibetrag wird jedoch nur dann gewährt, wenn dessen steuermindernder Effekt größer ist als der Betrag des zu gewährenden **Kindergeldes**. Entscheidend für die Steuerklasse II ist der **Haushaltsfreibetrag** (ZZ. 2.340 EUR), der zusätzlich dem Arbeitnehmer gewährt wird, in dessen Haushalt das Kind gemeldet ist.

BEISPIEL:

(1) Eine 22-jährige ledige Arbeitnehmerin mit einem Kind ist in die Steuerklasse II einzuordnen, wenn das Kind für ihre Wohnung gemeldet ist.

In diesem Fall erhält die Arbeitnehmerin auch den sog. **Haushaltsfreibetrag** zugerechnet.

(2) Der Vater des nichtehelichen Kindes ist hingegen in die Steuerklasse I einzureihen, da er zwar einen anteiligen Kinderfreibetrag beanspruchen kann, nicht jedoch einen Haushaltsfreibetrag.

Zur **gesetzlichen Neuregelung** über die **stufenweise Abschmelzung** des Haushaltsfreibetrages als Folge der Rechtsprechung des Bundesverfassungsgerichts zum Familienleistungsausgleich vgl. → Rz. 8077c.

- Steuerklasse III
  Steuerklasse III erhalten folgende Arbeitnehmer:
  - **verheiratete**, die nicht dauernd von ihrem Ehegatten getrennt leben, wenn
  - nur ein Ehegatte Arbeitslohn bezieht oder
  - der andere Ehegatte in die Steuerklasse V eingereiht ist.
  - Voraussetzung ist weiterhin, dass beide Ehegatten unbeschränkt steuerpflichtig sind, also im Inland leben;
  - geschiedene für das Kalenderjahr, in dem die Ehe aufgelöst worden ist,
  - wenn im Scheidungsjahr beide Ehegatten unbeschränkt einkommensteuerpflichtig waren und nicht dauernd getrennt gelebt haben und
  - der andere Ehegatte wieder geheiratet hat, von seinem neuen Ehegatten nicht dauernd getrennt lebt und er und sein neuer Ehegatte unbeschränkt einkommensteuerpflichtig sind.
    (Ist dies nicht der Fall und hat auch der in Frage stehende Arbeitnehmer selbst nicht wieder geheiratet, richtet sich die Beurteilung der Geschiedenen nach den Verhältnissen zu Beginn des Kalenderjahrs: Das hat zur Folge, dass die Ehegatten die ihnen einmal bescheinigten Steuerklassen für das ganze Scheidungsjahr behalten. Im Scheidungsjahr kann also der Arbeitnehmer ggf. auch aus diesem Grund der Steuerklasse III zugeordnet bleiben);
  - **verwitwete**, wenn der Ehegatte im zurückliegenden Kalenderjahr verstorben war, beide Ehegatten im Zeitpunkt des Todes im Inland gewohnt und nicht dauernd getrennt gelebt haben. Verwitwete erhalten also für das Jahr, in dem der Ehegatte stirbt und für das folgende noch die Steuerklasse III.

- Steuerklasse IV
  Hierunter fallen **verheiratete Arbeitnehmer**, die von ihrem Ehegatten nicht dauernd getrennt leben, wenn beide Ehegatten im Inland leben, also unbeschränkt steuerpflichtig sind, **der Ehegatte ebenfalls Arbeitslohn** bezieht und für den Ehegatten nicht eine Lohnsteuerkarte mit der **Lohnsteuerklasse V** ausgeschrieben worden ist, sondern eine mit der **Steuerklasse IV**. Diese Steuerklasse ist identisch mit der Steuerklasse I. Die Ehegatten werden somit wie Alleinstehende behandelt. Steuerklasse IV ist für Ehegatten vorgesehen, deren Arbeitslohn ungefähr gleich hoch ist.

- **Steuerklasse V**
  Diese gilt ebenfalls nur für **Verheiratete**, wenn beide Ehegatten im Inland und nicht dauernd getrennt leben und zusätzlich **beide Ehegatten Arbeitslohn beziehen**. Steuerklasse V bekommt ein Ehegatte nur, wenn der **andere Ehegatte auf Antrag** beider Ehegatten in **die Steuerklasse III** eingereiht wird. Die Steuerklasse V unterscheidet sich von der Steuerklasse IV dadurch, dass die Freibeträge, die bei der Einkommensteuerveranlagung oder beim Lohnsteuerjahresausgleich auch dann doppelt zu berücksichtigen sind, wenn nur ein Ehegatte Arbeitslohn bezieht, bei der Steuerklasse V nicht berücksichtigt werden, weil sie bereits beim anderen Ehegatten in der Steuerklasse III erfasst sind.

- **Steuerklasse VI**
  Ein Arbeitnehmer, der **gleichzeitig in mehreren Arbeitsverhältnissen** steht, hat dem ersten Arbeitgeber eine Lohnsteuerkarte mit den Angaben und der Steuerklasse vorzulegen, die seinem steuerlichen Familienstand entspricht. Dem zweiten und jedem weiteren Arbeitgeber hat er eine Lohnsteuerkarte vorzulegen, auf der die Steuerklasse VI bescheinigt ist.
  Diese Steuerklasse ist die **ungünstigste**. Hier werden überhaupt keine Freibeträge mehr berücksichtigt, weil diese bereits aufgrund der ersten Steuerkarte zum Tragen kommt.

BEISPIEL:

Ein lediger, kinderloser Arbeitnehmer ist als kaufmännischer Angestellter in einem Kaufhaus beschäftigt. Am Wochenende arbeitet er als Diskjockey in einer Diskothek.

Der Arbeitnehmer bekommt eine Lohnsteuerkarte mit der Steuerklasse I für seine hauptberufliche Tätigkeit in dem Kaufhaus und eine weitere mit der Steuerklasse VI für seine nebenberufliche Tätigkeit als Diskjockey.

3. Steuerklassenwahl bei Ehegatten

Ehegatten, die beide unbeschränkt steuerpflichtig sind, nicht dauernd getrennt leben und beide Arbeitslohn beziehen, können für den Lohnsteuerabzug **wählen**, ob sie beide in die Steuerklasse IV eingeordnet werden wollen oder ob einer von ihnen (der Höherverdienende) nach Steuerklasse III und der andere nach Steuerklasse V besteuert werden will.

Die Höhe der Jahressteuerschuld wird durch die Steuerklassenwahl zwar nicht beeinflusst. Soll jedoch erreicht werden, dass im Laufe des Jahres **möglichst wenig** Lohnsteuer einbehalten wird, ist das folgende zu beachten:

Bezieht **ein** Ehegatte **weniger als 20%** des gemeinsamen Bruttomonatslohns (nach Abzug von Freibeträgen), empfiehlt sich regelmäßig die Steuerklassenkombination III/V. Ehegatten mit der Steuerklassenkombination III/V werden vom Finanzamt **nach Ablauf** des Veranlagungszeitraums zur Einkommensteuer **veranlagt**. Im Rahmen der Einkommensteuerveranlagung wird die etwa zu wenig gezahlte Steuer nacherhoben. Soweit sich nach der Steuerklassenkombination III/V eine Steuerüberzahlung ergibt, wird diese nach Ablauf des Jahres bei der Einkommensteuerveranlagung vom Finanzamt erstattet.

Bezieht ein Ehegatte **mehr als 40%** des gemeinsamen Bruttomonatslohns (nach Abzug von Freibeträgen), ist i.d.R. die Steuerklassenkombination IV/IV vorzuziehen. Wird der Arbeitslohn beider Ehegatten nach der Steuerklasse IV besteuert, kann es **nicht** vorkommen, **dass**, gemessen an der Jahressteuerschuld beider Ehegatten, **zu wenig** Lohnsteuer einbehalten wird. Die Steuerklassenkombination IV/IV führt jedoch **regelmäßig** zu einer Steuer**überzahlung** im Lohnsteuerabzugsverfahren, wenn die Arbeitslöhne der Ehegatten unterschiedlich hoch sind. Die Steuerüberzahlung ist um so höher, je mehr die Arbeitslöhne der Ehegatten voneinander abweichen. Die zu viel bezahlte Steuer wird nach Ablauf des Jahres im Rahmen der **Einkommensteuerveranlagung** vom Finanzamt erstattet.

Liegt der Bruttomonatslohn eines Ehegatten **zwischen 20 und 40%** des gemeinsamen Bruttomonatslohns, so empfiehlt sich regelmäßig eine Vergleichsrechnung. Ein Merkblatt zur günstigsten Steuerklassenwahl wird jährlich vom Bundesministerium der Finanzen veröffentlicht.

BEISPIEL:

Bei einem Arbeitnehmer-Ehepaar, beide rentenversicherungspflichtig, bezieht im VZ 2002 der höherverdienende Ehegatte einen Monatslohn (nach Abzug etwaiger Freibeträge) von 2.000 EUR.

Wenn in diesem Fall der Monatslohn des geringerverdienenden Ehegatten 1.331 EUR beträgt, spielt die Steuerklassenkombination keine Rolle; der Unterschiedsbetrag zwischen der Steuerklassenkombination III/V und IV/IV beträgt 0 EUR.

Übersteigt der Monatslohn des geringerverdienenden Ehegatten 1.331 EUR, würde die Steuerklassenkombination IV/IV insgesamt zur geringsten Lohnsteuer führen. Im umgekehrten Fall (unter 1.331 EUR) ist die Kombination III/V steuerlich günstiger.

52. Kapitel: Ermittlung der Lohn- und Kirchensteuer

I.	**Ermittlung der Lohn- und Kirchensteuer bei Vorlage der Lohnsteuerkarte (Regelfall)**	**8048**
	1. Verschiedene Verfahrensweisen beim Lohnsteuerabzug	8048
	2. Lohnsteuertabellen	8049
	3. Lohnsteuerabzug vom »laufenden Arbeitslohn«	8053
	a) Allgemeine Vorgehensweise	8053
	b) Berücksichtigung eines Versorgungs-Freibetrags	8054
	c) Berücksichtigung eines Altersentlastungsbetrags	8055
	d) Berücksichtigung des Kinderfreibetrages	8056
	e) Beispielsfall: Lohnsteuerabzug vom laufenden Arbeitslohn	8058
	4. Lohnsteuer auf »sonstige Bezüge«	8059
	a) Vereinfachte Besteuerung bei sonstigen Bezügen bis 150 EUR.	8060
	b) Individuelle Steuerberechnung bei sonstigen Bezügen ab 151 EUR	8061
	c) Arbeitslohn für mehrere Jahre	8063
	d) Entlassungsentschädigungen als sonstiger Bezug	8064
	5. Kirchensteuer	8066
	a) Kirchensteuerabzug vom »laufenden Arbeitslohn«	8067
	b) Kirchensteuer bei sonstigen Bezügen	8072
II.	**Ermittlung und Einbehaltung der Lohn- und Kirchensteuer bei fehlender Lohnsteuerkarte**	**8073**
	1. Schuldhafte Nichtvorlage der Lohnsteuerkarte	8074
	2. Unverschuldetes Fehlen der Lohnsteuerkarte	8076
	3. Sonderfall: Beschränkt steuerpflichtige Arbeitnehmer	8077
III.	**Steuerfreistellung des Existenzminimums/Familienleistungsausgleich**	**8077a**
	1. Vorgaben des Bundesverfassungsgerichts zum Existenzminimum	8077a
	2. Rechtsprechung des Bundesverfassungsgerichts zum Familienleistungsausgleich	8077b

I. Ermittlung der Lohn- und Kirchensteuer bei Vorlage der Lohnsteuerkarte (Regelfall)

1. Verschiedene Verfahrensweisen beim Lohnsteuerabzug

Die Durchführung des Lohnsteuerabzugverfahrens richtet sich nach verschiedenen Kriterien. Das Verfahren ist unterschiedlich, je nach dem, ob 8048

- eine **Lohnsteuerkarte vorliegt (Regelfall)**,
- eine **Lohnsteuerkarte nicht vorgelegt** wird oder von vornherein gänzlich fehlt,
- eine **Pauschalierung** der LSt möglich ist und auch vorgenommen werden soll.

2. Lohnsteuertabellen

Die Einkommensteuer und damit auch die »Lohnsteuer« bemisst sich nach dem **zu versteuernden Einkommen**. Das zu versteuernde Einkommen ist nicht identisch mit dem gesamten Betrag des Arbeitslohns, den der Arbeitgeber dem Arbeitnehmer »brutto« schuldet. Vielmehr sind von den Einnahmen des Arbeitnehmers zunächst bestimmte 8049

Frei- und Pauschbeträge abzuziehen, bevor die Einkünfte als zu versteuerndes Einkommen der Lohnsteuer unterworfen werden können. Welche Freibeträge für den einzelnen Arbeitnehmer gelten, hängt nicht zuletzt von dessen persönlichen Verhältnissen (ledig oder verheiratet, mit oder ohne Kinder etc.) ab. Ein wichtiges Hilfsmittel ist in diesem Zusammenhang bereits genannt worden: Die Einteilung der Arbeitnehmer in verschiedene Steuerklassen (s. → Rz. 8047).

Das zweite wichtige Hilfsmittel stellen die **Lohnsteuertabellen** dar. Damit nicht der Arbeitgeber beim Lohnsteuerabzug stets sämtliche Abzugsbeträge selbst errechnen und abziehen muss, was letztlich auch zu zeitaufwendig und zu kompliziert wäre, gibt es für diesen Zweck amtliche Tabellen, die vom Bundesminister der Finanzen auf der Grundlage der Einkommensteuertabellen ausgestellt werden.

Diese Tabellen sind nach **Lohnstufen** gestaffelt. Ebenso wie bei der Einkommensteuerveranlagung muss auch beim Lohnsteuerabzug berücksichtigt werden, dass der **Steuersatz abhängig von der Höhe des Arbeitslohns unterschiedlich** ist. Wegen der verschiedenen Lohnzahlungszeiträume gibt es neben Jahreslohnsteuertabellen noch Monats-, Wochen- und Tageslohnsteuertabellen. Zur Vereinfachung des Lohnsteuerabzuges sind in die Lohnsteuertabellen, getrennt nach Steuerklasse und Zahl der auf der Lohnsteuerkarte eingetragenen Kinderfreibeträge, folgende Frei- und Pauschbeträge eingearbeitet:

- ein Grundfreibetrag für alle Arbeitnehmer,
- ein Arbeitnehmer-Pauschbetrag für Werbungskosten,
- ein Sonderausgaben-Pauschbetrag,
- eine Vorsorgepauschale und
- der Haushaltsfreibetrag (vgl. dazu auch → Rz. 8077c).

8050 Übersicht über die derzeit gültigen Frei- und Pauschbeträge (Bestandteile der allgemeinen Lohnsteuertabelle/VZ 2001)

Steuerklasse und Zahl der Kinderfreibeträge	Grundfreibetrag	Arbeitnehmer-Pauschbetrag	Sonderausgaben-Pauschbetrag	Vorsorge-Pauschale (maximal)	Haushaltsfreibetrag
I	7.235 EUR	1.044 EUR	36 EUR	1.334 EUR	–
II	7.235 EUR	1.044 EUR	36 EUR	1.334 EUR	2.340 EUR
III	14.470 EUR	1.044 EUR	72 EUR	2.668 EUR	–
IV	7.235 EUR	1.044 EUR	36 EUR	1.334 EUR	–
V	–	1.044 EUR	–	–	–
VI	–	–	–	–	–

Der Kinderfreibetrag von z.Zt. 1.824 EUR (0,5) bzw. 3.648 EUR (1,0) spielt bei der Ermittlung der **Lohnsteuer** im laufenden Kalenderjahr keine Rolle. Dieser wird **anstelle des Kindergeldes** erst im Rahmen der Veranlagung zur Einkommensteuer gewährt, wenn dessen steuermindernder Effekt größer ist, als das gewährte Kindergeld. Für die Ermittlung der **Zuschlagsteuern** (Solidaritätszuschlag/Kirchensteuer), wird dagegen der Kinderfreibetrag **stets** berücksichtigt (vgl. Einzelheiten → Rz. 8068 f.).

Nicht eingearbeitet werden konnten

- der **Versorgungs-Freibetrag** (vgl. → Rz. 8054) und
- der **Altersentlastungsbetrag** (vgl. → Rz. 8055).

Diese Beträge muss der **Arbeitgeber** beim Lohnsteuerabzug noch **selber berücksichtigen**. Bevor also die Lohnsteuer vom Bruttoarbeitslohn anhand der Lohnsteuertabelle vom Arbeitgeber abgelesen werden kann, müssen diese Freibeträge (ganz oder anteilig) und die auf der Lohnsteuerkarte eingetragenen (s. → Rz. 8046) vom Arbeitslohn abgerechnet werden (Einzelheiten vgl. → Rz. 8058).

Da die Vorsorgepauschale darüber hinaus nicht bei allen Arbeitnehmern gleich hoch ist, werden **zwei verschiedene Lohnsteuertabellen**, eine allgemeine und eine besondere, aufgestellt.

Hinweis: Die tatsächlichen Vorsorgeaufwendungen bleiben beim Lohnsteuerabzug und beim Lohnsteuerjahresausgleich durch den Arbeitgeber außer Betracht. Auch wenn die tatsächlichen Vorsorgeaufwendungen die Vorsorgepauschale übersteigen, können sie nicht als Freibetrag auf der Lohnsteuerkarte eingetragen, sondern nur bei einer Veranlagung zur Einkommensteuer vom Finanzamt berücksichtigt werden.

Die **allgemeine Lohnsteuertabelle** ist insbesondere anzuwenden für **8051**

- Arbeitnehmer, die einen Beitragsanteil zur gesetzlichen Rentenversicherung (Arbeitnehmeranteil) entrichten;
- Arbeitnehmer, die von der Versicherungspflicht in der gesetzlichen Rentenversicherung auf Antrag befreit worden sind und die deshalb steuerfreie Arbeitgeberzuschüsse für eine Lebensversicherung, für die freiwillige Weiterversicherung in der gesetzlichen Rentenversicherung oder für eine öffentlich-rechtliche Versicherungs- oder Versorgungseinrichtung ihrer Berufsgruppe erhalten können;
- Arbeitnehmer, die wegen geringfügiger Beschäftigung, ihres geringen Arbeitslohns oder als Praktikanten bzw. Studenten keinen Beitragsanteil zur gesetzlichen Rentenversicherung entrichten. Dabei kommt es nicht darauf an, dass der Arbeitgeber für sozialversicherungspflichtige Arbeitnehmer mit geringem Arbeitslohn den gesamten Sozialversicherungsbeitrag zu übernehmen hat;
- Arbeitnehmer, die von ihrem Arbeitgeber nur Versorgungsbezüge i.S.d. § 19 Abs. 2 Nr. 2 EStG erhalten (so genannte Werkspensionäre). Dies sind Personen, die von Arbeitgebern in der freien Wirtschaft aufgrund einer Versorgungszusage (ohne eigene Beitragsleistung) Pensionen (so genannte Betriebsrenten) beziehen, die dem Lohnsteuerabzug unterliegen (hierfür muss dem Arbeitgeber eine Lohnsteuerkarte vorgelegt werden);
- ausländische Arbeitnehmer, die mit dem Arbeitslohn aus der Tätigkeit für einen inländischen Arbeitgeber von der gesetzlichen Rentenversicherungspflicht befreit worden sind, weil sie in der Sozialversicherung des Heimatstaates versichert sind.

8052 Die **besondere Lohnsteuertabelle** ist insbesondere anzuwenden für den **Kreis nicht sozialversicherungspflichtiger** Arbeitnehmer, beispielsweise

- Beamte, Richter, Berufssoldaten,
- Arbeitnehmer, die von ihrem Arbeitgeber nur Versorgungsbezüge i.S.d. § 19 Abs. 2 Nr. 1 EStG erhalten, z.B. Beamtenpensionäre, Bezieher von Witwen- oder Waisengeld aufgrund beamtenrechtlicher oder entsprechender gesetzlicher Vorschriften.

Diese Aufzählung ist keineswegs abschließend, sondern enthält nur die wichtigsten Arbeitnehmergruppen.

Welche Tabelle anzuwenden ist, richtet sich also grundsätzlich danach, ob der Arbeitnehmer in dem vorliegenden Arbeitsverhältnis **rentenversicherungspflichtig** ist:

- bei **rentenversicherungspflichtigen Arbeitnehmern ist stets die allgemeine Lohnsteuertabelle** anzuwenden (für Arbeitnehmer in der Privatwirtschaft der Regelfall).
- bei rentenversicherungsfreien Arbeitnehmern ist die besondere Lohnsteuertabelle dann anzuwenden, wenn sie zum Personenkreis des § 10 c Abs. 3 EStG gehören. Auf die näheren Einzelheiten soll an dieser Stelle nicht eingegangen werden (vgl. R 120 Abs. 3 LStR).

3. Lohnsteuerabzug vom »laufenden Arbeitslohn«

a) Allgemeine Vorgehensweise

8053 Um einen zutreffenden Lohnsteuerabzug vom »**laufenden Arbeitslohn**« überhaupt vornehmen zu können, muss zunächst festgestellt werden,

- dass es sich bei der an den Arbeitgeber geleisteten Zuwendung (Geld- oder Sachbezug) überhaupt um **Arbeitslohn** im steuerrechtlichen Sinn handelt (vgl. hierzu → Rz. 8019) und
- ob »**laufender Arbeitslohn**« oder ein »**sonstiger Bezug**« vorliegt.

Für die Einbehaltung der Lohnsteuer vom **laufenden Arbeitslohn** hat der Arbeitgeber nunmehr den **Lohnzahlungszeitraum** (vgl. → Rz. 8036) festzustellen. Vom Arbeitslohn sind sodann abzuziehen

- der auf den Lohnzahlungszeitraum entfallende **Anteil des Versorgungsfreibetrages**;
- ein **(anteiliger) Altersentlastungsbetrag** sowie
- ein möglicherweise auf der Lohnsteuerkarte eingetragener **Freibetrag**.

Sodann ist zu klären, ob die **allgemeine (Regelfall)** oder **besondere Lohnsteuertabelle** anzuwenden ist (vgl. → Rz. 8049 ff.).

Ob im Anschluss daran die allgemeine oder besondere Lohnsteuertabelle für **Monat**, **Woche** oder **Tag** zur Anwendung kommt, richtet sich nach dem vereinbarten **Lohnzahlungszeitraum** (vgl. → Rz. 8036).

Schließlich hat der Arbeitgeber in der entsprechenden **Tabelle** abhängig von der **Höhe des gezahlten Lohns** und der weiteren auf der Lohnsteuerkarte eingetragenen **Besteue-**

rungsmerkmale wie Steuerklasse, Freibeträge etc. die **Höhe der einzubehaltenden Lohnsteuer** zu ermitteln (zu den Neuregelungen in Zusammenhang mit dem Kinderfreibetrag vgl. → Rz. 8056 f.)

b) Berücksichtigung eines Versorgungs-Freibetrags

Arbeitnehmer sind auch solche Personen, die Arbeitslohn aus einem **früheren Arbeitsverhältnis** beziehen (vgl. → Rz. 8019). Dasselbe gilt für deren Rechtsnachfolger (Erben). Sofern ein aus dem Arbeitsverhältnis ausgeschiedener Arbeitnehmer von seinem früheren Arbeitgeber noch sog. **Versorgungsleistungen** erhält, für die er keine eigenen Beiträge geleistet hat, werden diese erst nach Abzug des **Versorgungsfreibetrages** (§ 19 Abs. 2 EStG) voll besteuert.

Durch das **Steuerbereinigungsgesetz 1999** ist seit dem 01.01.2000 die **Altersgrenze** für die Anerkennung von Leistungen als Versorgungsbezüge wegen Erreichens einer bestimmten Altersgrenze – und damit für die Gewährung des Versorgungsfreibetrages – auch für den privaten Bereich von bis dahin 62 auf nunmehr **63 Jahre** angehoben worden (§ 19 Abs. 2 Satz 2 Nr. 2 EStG).

Die Höhe des Freibetrages richtet sich nach der Höhe der Versorgungsbezüge und beträgt

- 40 % der Versorgungsbezüge,
- höchstens jedoch 3.072 EUR.

Hierbei handelt es sich um einen **Jahresbetrag**, der auch dann in voller Höhe gewährt wird, wenn der Arbeitnehmer nur während eines Teils des Veranlagungszeitraums Versorgungsbezüge bezogen hat.

Werden Versorgungsbezüge laufend gezahlt, so darf vor Anwendung der Lohnsteuertabelle der Versorgungs-Freibetrag nur mit dem auf den **Lohnzahlungszeitraum** entfallenden **anteiligen Betrag** abgezogen werden. Bei monatlicher Lohnzahlung ist der Jahresbetrag mit 1/12, bei wöchentlicher Lohnzahlung der Monatsbetrag mit 7/30 und bei täglicher Lohnzahlung der Monatsbetrag mit 1/30 anzusetzen. Dabei kann der sich ergebende Monatsbetrag auf den nächsten vollen EURO-Betrag, der Wochenbetrag auf den nächsten durch 10 teilbaren Cent-Betrag und der Tagesbetrag auf den nächsten durch 5 teilbaren Cent-Betrag aufgerundet werden.

Es können demnach **höchstens**

- monatlich   256,00 EUR,
- wöchentlich   59,80 EUR
- täglich   8,55 EUR.

berücksichtigt werden. Der dem Lohnzahlungszeitraum entsprechende anteilige Höchstbetrag darf auch dann nicht überschritten werden, wenn in früheren Lohnzahlungszeiträumen desselben Kalenderjahres wegen der damaligen Höhe der Versorgungsbezüge ein niedrigerer Betrag als der Höchstbetrag angesetzt worden ist. Eine Verrechnung des in einem Monat nicht ausgeschöpften Höchstbetrages mit den den Höchstbetrag übersteiggenden Beträgen eines anderen Monats ist **nicht zulässig**. Ein Ausgleich erfolgt erst beim Lohnsteuerjahresaus- gleich durch den Arbeitgeber oder bei einer Veranlagung des Arbeitnehmers zur Einkommensteuer (welche gegebenenfalls ausschließlich zum Zwecke der Lohnsteuerrückerstattung vorzunehmen ist, vgl. hierzu → Rz. 8128).

BEISPIEL:

Ein nach Erreichen der Altersgrenze von 63 Jahren ausgeschiedener Arbeitnehmer bezieht 2002 eine Betriebsrente von anfänglich 400 EUR und ab 01.07.2001 700 EUR.

Vor Anwendung der Monatstabelle hat der Arbeitgeber den Versorgungsfreibetrag abzuziehen. Für den verbleibenden Betrag ist die Lohnsteuer nach der maßgebenden Steuerklasse aus der Monatstabelle abzulesen. Der Versorgungsfreibetrag beträgt:

- Monatslohn 400 EUR x 40 %   =   160 EUR monatlich
- Monatslohn 700 EUR x 40 %   =   280 EUR monatlich.
- Höchstbetrag: 3.072 EUR : 12   =   256 EUR monatlich.

Die in der Zeit von 01.01. bis Juni nicht ausgeschöpften Beträge in Höhe von insgesamt 576 EUR (256 EUR minus 160 EUR = 96 EUR x 6) können beim Lohnsteuerabzug ab dem 01.07.2001 **nicht** verrechnet werden. Eine Verrechnung ist erst beim Lohnsteuerjahresausgleich durch den Arbeitgeber oder im Rahmen einer Einkommensteuerveranlagung nach Ablauf des Jahres möglich.

c) Berücksichtigung eines Altersentlastungsbetrags

8055 Arbeitnehmer, die vor Beginn des Kalenderjahres das **64. Lebensjahr** vollendet haben, erhalten gem. § 24 a EStG einen **Altersentlastungsbetrag** (für 2002 betrifft dies alle Arbeitnehmer, die vor dem **02.01.1938** geboren worden sind). Ob bei dem Arbeitnehmer der Altersentlastungsbetrag zu berücksichtigen ist, muss der Arbeitgeber nach dem auf der Lohnsteuerkarte eingetragenen **Geburtsdatum** beurteilen (s. auch → Rz. 8044). Der Altersentlastungsbetrag beträgt 40 % des Arbeitslohns, sofern es sich nicht um steuerbegünstigte Versorgungsbezüge (vgl. → Rz. 8054) handelt, **höchstens** jedoch 1.908 EUR im Kalenderjahr. Bei laufendem Arbeitslohn darf der Altersentlastungsbetrag nur mit dem auf den Lohnzahlungszeitraum entfallenden **anteiligen Betrag** berücksichtigt werden.

Insoweit gilt die gleiche Regelung wie beim Versorgungsfreibetrag. Als Altersentlastungsbetrag können demnach höchstens berücksichtigt werden

- monatlich   159,00 EUR,
- wöchentlich   37,10 EUR,
- täglich   5,30 EUR.

Diesen anteiligen Altersentlastungsbetrag hat der Arbeitgeber **vor Anwendung der Lohnsteuertabelle** vom Arbeitslohn **abzuziehen**.

BEISPIEL:

Ein Arbeitnehmer, der am 21.06.1937 geboren ist, bezieht im Kalenderjahr 2002 Arbeitslohn aus einer aktiven Beschäftigung. Der Monatslohn beträgt anfänglich 300 EUR und ab dem 01.07.2002 500 EUR.

Vor Anwendung der Monatstabelle hat der Arbeitgeber den Altersentlastungsbetrag abzuziehen. Für den verbleibenden Betrag ist die Lohnsteuer nach der maßgebenden Steuerklasse aus der Monatstabelle abzulesen. Der Altersentlastungsbetrag beträgt monatlich.:

- Monatslohn 300 EUR x 40 %   =   120 EUR,
- Monatslohn 500 EUR x 40 %   =   200 EUR,
- Höchstbetrag: 1.908 : 12   =   159 EUR.

Die in der Zeit von Januar bis Juni nicht ausgeschöpften Beträge von insgesamt 234 EUR (159 EUR minus 120 EUR = 39 EUR x 6) können beim Lohnsteuerabzug ab 01.07.2002 nicht verrechnet werden. Eine Verrechnung ist auch hier erst nach Ablauf des Jahres beim Lohnsteuerjahresausgleich oder bei einer Veranlagung zur Einkommensteuer möglich.

Auf Vergütungen, von denen die Lohnsteuer zu Lasten des Arbeitgebers pauschal erhoben wird (z.B. auf pauschal versteuerte Vergütungen an Teilzeitbeschäftigte (vgl.→ Rz. 8078)), darf der Altersentlastungsbetrag **nicht** angewendet werden.

d) Berücksichtigung des Kinderfreibetrages

Im **Lohnsteuerabzugsverfahren** spielen bei der **Berechnung der Lohnsteuer** durch den Arbeitgeber die auf der Lohnsteuerkarte eingetragenen **Kinderfreibeträge** (vgl. → Rz. 8045) seit der Neuregelung durch das Jahressteuergesetz 1996 **keine Rolle mehr**. 8056

Diese sind jedoch bei Ermittlung der Bezugsbasis für den **Solidaritätszuschlag** (s. → Rz. 8087 ff.) und die **Kirchensteuer** (s. → Rz. 8066 ff.), die beide von der Höhe der Lohn- bzw. Einkommensteuerschuld abhängen, zu berücksichtigen. 8057

e) Beispielsfall: Lohnsteuerabzug vom laufenden Arbeitslohn

Der Arbeitnehmer (Steuerklasse III, sozialversicherungspflichtig) erhält im Kalenderjahr 2002 ein Monatsgehalt in Höhe von 2.500 EUR. Der Arbeitslohn wird vom Arbeitgeber jeweils am 5. eines Monats für den vorangegangenen Monat überwiesen. Auf der Lohnsteuerkarte 2002 ist ein Monatsfreibetrag in Höhe von 500 EUR eingetragen. Aufgrund des Alters ist dem Arbeitnehmer ein Altersentlastungsbetrag zu gewähren. Mit Wirkung zum 01.05. des Jahres ändert sich der Freibetrag von 500 EUR auf 700 EUR. 8058

Die Lohnsteuer soll beispielhaft für die Monate

- Januar und
- Juni

ermittelt werden:

- Einbehaltung der Lohnsteuer für den Monat **Januar**
  - Feststellung des Lohnzahlungszeitraums: monatlich
  - Höhe des laufenden Arbeitslohns: 2.500,00 EUR
  - Abzug der Freibeträge:
    - anteiliger Altersentlastungsbetrag (Höchstbetrag): ./. 159,00 EUR
    - anteiliger Versorgungsfreibetrag: entfällt
    - Freibetrag auf der Lohnsteuerkarte: 500,00 EUR
  - zu versteuernder Arbeitslohn: 1.841,00 EUR
  - Anwendung der Lohnsteuertabelle:
    - »Allgemeine Lohnsteuertabelle« 2002, da Arbeitnehmer sozial- und rentenversicherungspflichtig
    - Lohnsteuertabelle »Monat«: Lohnstufe 1.844,99 EUR, ausgewiesene Lohnsteuer 37,83 EUR

Vom Arbeitgeber sind also für den Monat Januar 37,83 EUR Lohnsteuer einzubehalten.

- Ermittlung der Lohnsteuer für den Monat **Juni**
  - Ermittlung des Lohnzahlungszeitraums: monatlich
  - Höhe des laufenden Arbeitslohns: 2.500,00 EUR
  - Abzug der Freibeträge:
    - anteiliger Altersentlastungsbetrag (Höchstbetrag): ./. 159,00 EUR
    - anteiliger Versorgungsfreibetrag: entfällt
    - Freibetrag auf der Lohnsteuerkarte (mit Wirkung zum 01.05.2002 erhöht): 700,00 EUR
  - vom Arbeitnehmer zu versteuerndes Einkommen: 1.641,00 EUR
  - Anwendung der »Allgemeinen Lohnsteuertabelle« 2002 für »Monat« (vgl. oben): Lohnstufe 1.643,99 EUR, ausgewiesene Lohnsteuer 4,16 EUR

Der Arbeitgeber hat für den Monat Juni 4,16 EUR Lohnsteuer einzubehalten (zu Kirchensteuer und Solidaritätszuschlag vgl. das Beispiel → Rz. 8068)

4. Lohnsteuer auf »sonstige Bezüge«

8059 Wie bereits erwähnt (vgl. → Rz. 8041), kommt es für den Zeitpunkt der Besteuerung **sonstiger Bezüge** auf deren **Zufluss** an und nicht, wie beim laufenden Arbeitslohn, auf den Lohnzahlungszeitraum. Grundsätzlich wird bei der Ermittlung der auf die sonstigen Bezüge entfallenden Lohnsteuer vom **voraussichtlichen Jahresarbeitslohn** ausgegangen und unter Anwendung der Jahreslohnsteuertabelle die geschuldete Lohnsteuer ermittelt.

Von dieser Verfahrensweise wird allerdings **in zwei Fällen abgewichen:**

- werden in einem Lohnzahlungszeitraum neben laufendem Arbeitslohn auch sonstige Bezüge von insgesamt nicht mehr als 150 EUR gezahlt, so sind sie zur Berechnung der Steuer dem laufenden Arbeitslohn hinzuzurechnen. Die arbeitsaufwendige Berechnung durch Hochrechnung auf den Jahresarbeitslohn ist in diesem Fall entbehrlich.
- bei sonstigen Bezügen, die in einer größeren Zahl von Fällen gewährt werden, kann das **Betriebsstättenfinanzamt** unter bestimmten Voraussetzungen zulassen, dass die Lohnsteuer mit einem **besonderen Pauschsteuersatz** zu Lasten des Arbeitgebers erhoben wird.

a) Vereinfachte Besteuerung bei sonstigen Bezügen bis 150 EUR.

Ein sonstiger Bezug, der 150 EUR nicht übersteigt, ist **stets als laufender Arbeitslohn** zu behandeln. Der sonstige Bezug wird in diesem Fall dem laufenden Arbeitslohn des Lohnzahlungszeitraums hinzugerechnet, in dem er gezahlt wird. Aus Vereinfachungsgründen können mehrere Bezüge, die im selben Lohnzahlungszeitraum gezahlt werden, für die Berechnung der 150-EURO-Grenze **zusammengefasst** und als **einheitlicher sonstiger Bezug** versteuert werden. Für die Feststellung der 150-EURO-Grenze sind nur die steuerpflichtigen sonstigen Bezüge, bei einer Pauschalierung (vgl. → Rz. 8078 f.) nur der **nicht pauschalierte** Teil der sonstigen Bezüge maßgebend.

8060

Die Vereinfachungsregelung ändert aber nichts am Zeitpunkt der steuerlichen **Erfassung beim Zufluss.**

BEISPIEL:

Der Arbeitgeber zahlt eine tarifvertragliche Lohnerhöhung von 120 EUR für die Monate September bis Dezember am 10.01. des Folgejahres.

Bei der rückwirkend gezahlten Lohnerhöhung in Höhe von 120 EUR handelt es sich um einen sonstigen Bezug. Da die Nachzahlung 150 EUR nicht übersteigt, ist diese vereinfacht als laufender Arbeitslohn zu versteuern. Die Nachzahlung ist allerdings zusammen mit dem laufenden Lohn im **Monat Januar** zu versteuern, da erst in diesem Monat die Zahlung dem Arbeitnehmer zugeflossen ist.

Dass die Nachzahlung 150 EUR nicht übersteigt und daher vereinfacht zu besteuern ist, beantwortet lediglich die Frage nach dem »Wie« der Besteuerung, nicht die nach dem »Wann«, welche sich ausschließlich nach dem Zuflusszeitpunkt richtet.

b) Individuelle Steuerberechnung bei sonstigen Bezügen ab 151 EUR

Sonstige Bezüge, die die 150-EURO-Grenze übersteigen, dürfen für die Berechnung der Lohnsteuer dem laufenden Arbeitslohn **nicht** hinzugerechnet werden. Ihre Besteuerung richtet sich nach der **Jahreslohnsteuertabelle**, der ein mittels eines bestimmten **Schätzungsverfahrens** ermittelter Jahresarbeitslohn zugrunde zulegen ist. Ziel dieser Verfahrensweise ist es, eine zu hohe Besteuerung des sonstigen Bezuges im Zuflusszeitpunkt zu verhindern. Der Arbeitnehmer wird so behandelt, als hätte er in jedem Monat des Kalenderjahres 1/12 des sonstigen Bezugs erhalten.

8061

Schematisch lässt sich das Verfahren zur individuellen Berechnung folgendermaßen darstellen:

8062

(1) Berechnung des voraussichtlichen Jahresarbeitslohns

Voraussichtlicher laufender Jahresarbeitslohn ist

- der im Kalenderjahr bereits **gezahlte laufende Arbeitslohn** und
- der bis zum Ende des Kalenderjahres **voraussichtlich noch zufließende laufende Arbeitslohn**.

(a) Zum **bereits gezahlten laufenden Arbeitslohn** gehören der für die bereits abgelaufenen Lohnzahlungszeiträume zugeflossene steuerpflichtige Bruttoarbeitslohn einschließlich aller steuerpflichtigen Vergütungen wie z.B. Überstundenvergütungen, Erschwerniszuschläge, zusätzliche vermögenswirksame Leistungen. Steuerfreie Bezüge bleiben außer Ansatz. Mitzuzählen ist allerdings im gleichen Kalenderjahr bereits bezogener und auf der Lohnsteuerkarte bescheinigter Arbeitslohn aus früheren Arbeitsverhältnissen bei anderen Arbeitgebern.

(b) Der **künftig noch zu zahlende laufende Arbeitslohn** ist anhand der absehbaren Verhältnisse **zu schätzen**. Als Vereinfachungsregelung ist in R 119 Abs. 3 Satz 3 LStR zugelassen, dass der künftig noch zu zahlende laufende Arbeitslohn durch Umrechnung des bisher zugeflossenen laufenden Arbeitslohns auf die Restzeit des Kalenderjahres ermittelt werden kann. **Künftige Lohnerhöhungen** können also nach dieser Vereinfachungsregelung **außer Ansatz** bleiben, auch wenn mit der Lohnerhöhung sicher zu rechnen ist.

(2) Berechnung des maßgebenden Jahresarbeitslohns

Der für die Besteuerung des sonstigen Bezugs maßgebende Jahresarbeitslohn ergibt sich, wenn von dem voraussichtlichen Jahresarbeitslohn (also der Summe der Beträge aus (a) und (b)) folgende Freibeträge abgezogen werden:

- ein auf der Lohnsteuerkarte eingetragener Freibetrag,
- der Altersentlastungsbetrag (soweit dessen Voraussetzungen vorliegen, vgl. → Rz. 8055) und
- der Versorgungs-Freibetrag (ebenfalls soweit die Voraussetzungen hierfür vorliegen, vgl. → Rz. 8054).

(3) Berechnung der Lohnsteuer für den sonstigen Bezug

Für die Besteuerung des sonstigen Bezugs ist zunächst die Jahreslohnsteuer für den maßgebenden Jahresarbeitslohn **ohne** den sonstigen Bezug und sodann die Jahreslohnsteuer für den maßgebenden Jahresarbeitslohn **einschließlich** des sonstigen Bezugs zu ermitteln. Der Unterschiedsbetrag zwischen diesen beiden Jahreslohnsteuerbeträgen entspricht der für den sonstigen Bezug geschuldeten Lohnsteuer.

BEISPIEL:

Der Arbeitnehmer erhält bei monatlicher Lohnabrechnung für die Monate Januar bis Juni 18.000 EUR Grundvergütung sowie 1.000 EUR Überstundenvergütung. Für den Monat Juli bekommt er ein Urlaubsgeld in Höhe von 800 EUR. Der laufende Arbeitslohn für diesen Monat beträgt 3.000 EUR zzgl. 170 EUR Überstundenvergütung. Für den Monat November hat der Arbeitnehmer mit einer Leistungsprämie in Höhe von 1.500 EUR zu rechnen. Auf der Lohnsteuerkarte des Arbeitnehmers sind die Steuerklasse I und ein steuerfreier Jahresbetrag von 700 EUR eingetragen.

Steuerberechnung für das Urlaubsgeld in Höhe von 800 EUR:

(1) Voraussichtlicher laufender Jahresarbeitslohn

- Januar bis Juli:
  18.000 EUR + 1.000 EUR + 3.000 EUR + 170 EUR =   22.170,00 EUR

- Voraussichtlich noch zufließender Arbeitslohn
  (Umrechnung des bisher gezahlten Arbeitslohns auf 12 Monate:
  22.170 EUR : 7 = 3.167,15 EUR) 5 x 3.167,15 EUR =   15.835,75 EUR.
- Voraussichtlicher laufender Jahresarbeitslohn 22.170 EUR + 15.835,75 EUR = 38.005,75 EUR

Die im November zu erwartende Leistungsprämie in Höhe von 1.500 EUR bleibt außer Ansatz)

(2) Berechnung des maßgebenden Jahresarbeitslohns

- Voraussichtlicher laufender Jahresarbeitslohn: 38.005,75 EUR
    - abzüglich:
      Jahres-Freibetrag lt. Lohnsteuerkarte: 700,00 EUR
- Maßgebender Jahresarbeitslohn: 37.305,75 EUR

(3) Berechnung der Lohnsteuer für das Urlaubsgeld

Lohnsteuer nach Klasse I der allgemeinen Jahreslohnsteuertabelle 2002

Vom maßgebenden Jahresarbeitslohn in Höhe von 37.305,75 EUR: 7.739,00 EUR
- Vom maßgebenden Jahresarbeitslohn einschließlich Urlaubsgeld
  (37.305,75 EUR + 800 EUR = 38.105,75 EUR)   8.232,00 EUR
- Differenz = Lohnsteuer für sonstigen Bezug (Urlaubsgeld):   493,00 EUR

c) Arbeitslohn für mehrere Jahre

Einkünfte, die eine Vergütung für eine mehr als 12monatige Tätigkeit darstellten, wurden vor Inkrafttreten des **Steuerentlastungsgesetzes 1999/2000/2002** nach der sog. »Drittelregelung« versteuert. Seit 01.01.1999 sind diese sonstigen Bezüge nach der **»Fünftelregelung«** mit 1/5 bei der Ermittlung des maßgebenden Jahresarbeitslohns anzusetzen. Die sich ergebende Lohnsteuer für den Teilbetrag des sonstigen Bezugs ist sodann mit dem 5-fachen Betrag zu erheben.

Bei der Besteuerung von **Jubiläumszuwendungen** ist das sog. Fünftelungsverfahren grds. anzuwenden, wenn die Jubiläumszuwendung eine **mehr als 12 Monate** dauernde Tätigkeit abgelten soll. Zuwendungen, die ohne Rücksicht auf die Dauer der Betriebszugehörigkeit lediglich aus Anlas eines Firmenjubiläums erfolgen, erfüllen die Voraussetzungen für die Anwendung des Drittelungsverfahrens nicht.

Der mit 1/5 angesetzte sonstige Bezug darf weder um den Versorgungsfreibetrag noch um den Altersentlastungsbetrag gekürzt werden, auch wenn die Voraussetzungen für den Abzug dieser Beträge im Grundsatz erfüllt sind.

BEISPIEL:

Der Arbeitnehmer (Lohnsteuerkarte mit Steuerklasse III) erhält einen Monatslohn von 5.000 EUR. Anlässlich seiner 25-jährigen Betriebszugehörigkeit erhält er im Mai 2002 eine Jubiläumsgratifikation in Höhe von 7.500 EUR.

Das Jubiläumsgeld ist seit Inkrafttreten des Steuerentlastungsgesetzes 1999/2000/2002 zum 01.01.1999 insgesamt steuerpflichtig. Die Lohnsteuer ist wie folgt zu berechnen:

- **Voraussichtlicher laufender Jahresarbeitslohn** (12 x 5.000 EUR): 60.000,00 EUR
- Lohnsteuer nach Steuerklasse III der Jahreslohnsteuertabelle 2002
  - vom **maßgebenden Jahresarbeitslohn**
    (Der »maßgebende Jahresarbeitslohn« entspricht hier dem
    »voraussichtlichen laufenden Jahresarbeitslohn«, da keine Freibeträge
    anzurechnen sind): Lohnsteuer für 60.000 EUR: 11.104,00 EUR
  - vom maßgebenden Jahresarbeitslohn einschließlich **eines Fünftels
    der Jubiläumszuwendung** 60.000 EUR + 1.500 EUR = 61.500 EUR: 11.608,00 EUR
  - Differenz: 504,00 EUR
- Die **Lohnsteuer für die Jubiläumszuwendung** beträgt (5 x 504,00 EUR =) 2.520,00 EUR

Dies bedeutet eine Steuerersparnis im Vergleich zur »Normalversteuerung« von 40 EUR.

Wurden sonstige Bezüge nach der im Beispiel dargestellten sog. »Fünftelregelung« besteuert, so sind diese im Lohnkonto und auf der Lohnsteuerkarte **gesondert zu bescheinigen** (vgl. → Rz. 8118).

d) Entlassungsentschädigungen als sonstiger Bezug

8064 Nach Inkrafttreten des **Steuerentlastungsgesetzes 1999/2000/2002** sind Entlassungsentschädigungen nur noch bis zu einem Betrag von **8.181 EUR grundsätzlich steuerfrei**, wobei für ältere Arbeitnehmer höhere Steuerfreibeträge in Frage kommen können (10.226 EUR, max. 12.271 EUR, vgl. → Rz. 8035). Ist eine Entlassungsentschädigung zum Teil steuerpflichtig, weil der steuerfreie Höchstbetrag überschritten wird, so kann bei Vorliegen der weiteren Voraussetzung der steuerpflichtige Teil als sonstiger Bezug nach der 1/5-Regelung versteuert werden.

8065 BEISPIEL:

Der Arbeitnehmer (38 Jahre, Steuerklasse III) mit einem Monatslohn von 8.000 EUR scheidet zum 31.12.2002 aus dem Arbeitsverhältnis aus und erhält eine Entschädigung wegen Entlassung aus dem Arbeitsverhältnis auf Veranlassung des Arbeitgebers. Die Entschädigung beträgt 40.000 EUR.

Sie ist in Höhe von 8.181 EUR steuerfrei. Die Steuer für den steuerpflichtigen Teil der Entschädigung errechnet sich wie folgt:

- **Voraussichtlicher laufender Jahresarbeitslohn**
  (12 x 8.000 EUR)= 96.000,00 EUR
- **Lohnsteuer** nach Steuerklasse III der Jahreslohnsteuertabelle 2002
  - vom maßgebenden Jahresarbeitslohn
    (dieser ist auch hier identisch mit dem »voraussichtlichen laufenden
    Jahresarbeitslohn«, da keine Freibeträge abzurechnen sind)
    (96.000 EUR) = 24.848,00 EUR
  - vom maßgebenden Jahresarbeitslohn **einschließlich 1/5 des
    steuerpflichtigen Teils der Entschädigung**
    (96.000 EUR + 6.363,80 EUR =102.363,80 EUR =) 27.640,00 EUR

– Differenzbetrag = 2.792,00 EUR
• Lohnsteuer für den sonstigen Bezug (5 x 2.792 EUR) = 13.960,00 EUR

Die ermäßigt besteuerte Entschädigung und die hierauf entfallende Lohnsteuer müssen im **Lohnkonto gesondert aufgezeichnet** und auf der **Lohnsteuerkarte gesondert bescheinigt** werden (vgl. → Rz. 8118).

5. Kirchensteuer

Neben der Lohnsteuer ist bei jeder Lohnzahlung an Arbeitnehmer, die der Kirchensteuerpflicht unterliegen, auch die **Kirchensteuer einzubehalten** und an das Finanzamt abzuführen. Bei Arbeitnehmern, die eine **Lohnsteuerkarte** vorgelegt haben, ergibt sich die Kirchensteuerpflicht aus den Eintragungen der Besteuerungsmerkmale für den Kirchensteuerabzug in Teil I der Lohnsteuerkarte (vgl. → Rz. 8044). Bei der **Pauschalierung** der Lohnsteuer ohne Vorlage einer Lohnsteuerkarte ist die Kirchensteuer ebenfalls pauschal zu errechnen (vgl. → Rz. 8082). Der Arbeitgeber **haftet** für die zutreffende Einbehaltung und Abführung der Kirchensteuer ebenso, wie für die zutreffende Einbehaltung und Abführung der Lohnsteuer. Die Höhe der Kirchensteuer ist in den einzelnen Ländern verschieden, da das Kirchensteuerrecht in den Ländern der Bundesrepublik **nicht einheitlich geregelt** ist. Derzeit gelten folgende Kirchensteuersätze:

8066

Land	Kirchensteuersatz
Baden-Württemberg, Bayern, Bremen und Hamburg	**8 % der Lohnsteuer**
Berlin, Brandenburg, Hessen, Mecklenburg-Vorpommern, Niedersachsen, Nordrhein-Westfalen, Rheinland-Pfalz, Saarland, Sachsen-Anhalt, Schleswig-Holstein und Thüringen:	**9 % der Lohnsteuer**

Der Arbeitgeber hat sich nach den Bestimmungen des Landes zu richten, in dem sein **Betrieb** liegt (§ 41 Abs. 2 EStG), und zwar unabhängig davon, ob ein Beschäftigter in demselben oder in einem anderen Bundesland wohnt. **Ausnahmen** gibt es in Niedersachsen, Nordrhein-Westfalen und Rheinland-Pfalz: Hier kann beim Finanzamt **beantragt** werden, dass die Kirchensteuer nach dem Steuersatz berechnet wird, der am **Wohnort** des Mitarbeiters gilt.

Hinweis:
Auskünfte erteilen insoweit das Finanzamt oder die zuständige Kirchensteuerbehörde.

Bei kirchensteuerpflichtigen Beschäftigten beginnt der Steuerabzug bei der **ersten Lohnzahlung** nach einer Neueinstellung und endet mit der **letzten Lohnzahlung**. Wer während eines Arbeitsverhältnisses Mitglied einer Religionsgemeinschaft wird, hat ab dem auf den Aufnahmetag **folgenden Kalendermonat** Kirchensteuer zu entrichten. Ein Übertritt wirkt sich erst nach dem Ende der bisherigen Kirchensteuerpflicht aus. Bei einem

Kirchenaustritt, auch bei einem Übertritt zu einer anderen Religionsgemeinschaft, hört der Steuerabzug

- in Baden-Württemberg, Bayern, Niedersachsen, Rheinland-Pfalz und im Saarland mit **Ablauf des Monats** auf, in dem die Kirchenaustrittserklärung wirksam abgegeben wird,
- in Berlin, Brandenburg, Bremen, Hamburg, Hessen, Mecklenburg-Vorpommern, Nordrhein-Westfalen, Sachsen, Sachsen-Anhalt, Schleswig-Holstein und Thüringen einen Monat später auf, nämlich erst mit Ablauf des Kalendermonats, der dem **Monat folgt**, in dem der Kirchenaustritt erklärt wurde. Maßgebend ist auch hier jeweils der **amtliche Eintrag auf der Lohnsteuerkarte**.

Bei verheirateten, nicht getrenntlebenden Arbeitnehmern muss für jeden Ehegatten das für ihn zutreffende Kirchensteuermerkmal auf der Lohnsteuerkarte eingetragen sein.

a) Kirchensteuerabzug vom laufenden Arbeitslohn

8067 **Bemessungsgrundlage** für die Anwendung des Kirchensteuersatzes von 8 % oder 9 % ist grundsätzlich die **einzubehaltende Lohnsteuer**.

Die Kirchensteuer bemisst sich dabei **ausschließlich** nach der Lohnsteuer **ohne den Solidaritätszuschlag** (vgl. → Rz. 8091).

8068 Bei Arbeitnehmern, auf deren Lohnsteuerkarte Kinderfreibeträge eingetragen sind, wird stets von der Lohn- bzw. Einkommensteuerschuld als Bemessungsgrundlage ausgegangen, die sich ergibt, wenn bei der Berechnung der entsprechende Kinderfreibetrag berücksichtigt wird.

BEISPIEL:

Ein Arbeitnehmer in Nordrhein-Westfalen hat auf seiner Lohnsteuerkarte 2002 folgende Eintragungen: Steuerklasse III; Zahl der Kinderfreibeträge 1; Kirchensteuerabzug: ev. Sein Monatslohn beträgt 4.000 EUR. Lohn-, Kirchensteuer und Solidaritätszuschlag errechnen sich wie folgt:

Lohnsteuer monatlich nach allgem. LSt.-Tabelle 2002	
(o. Berücksichtigung des Kinderfreibetrags)	609,83 EUR
Kirchensteuer und Solidaritätszuschlag unter Berücksichtigung	
von 1 Kinderfreibetrag: 4.000 EUR – 304 EUR = 3.696 EUR	
Lohnsteuer darauf nach allgem. LSt.-Tabelle 2002	521,83 EUR
= Bemessungsgrundlage für Kirchensteuer und Solidaritätszuschlag	
Kirchensteuer 9 % =	46,96 EUR
Solidaritätszuschlag 5,5 %	28,70 EUR

Regelmäßig sind die **Kinderfreibeträge** in den im Handel erhältlichen Lohnsteuertabellen *(s. bspw. Luchterhand-Tabellen-Programm)* für die Ermittlung der Kirchensteuer und des Solidaritätszuschlag bereits eingearbeitet, so dass die Werte unter Zugrundelegung der Zahl der eingetragenen Kinderfreibeträge und des Kirchensteuersatzes problemlos abgelesen werden können.

Neben dem normalen Kirchensteuersatz gibt es in verschiedenen Ländern eine **Mindestkirchensteuer**. Diese wird erhoben, wenn bei Anwendung des maßgebenden Prozentsatzes von 8 % oder 9 % auf die Bemessungsgrundlage die sich hiernach ergebende Kirchensteuer geringer ist als der Mindestbetrag. Dies kommt insbesondere dann in Betracht, wenn z.B. durch die Kürzung der Lohnsteuer um die Abzugsbeträge für Kinder die Bemessungsgrundlage sehr gering ist oder 0 EUR beträgt. Der Mindestbetrag ist immer dann einzubehalten, wenn vom Arbeitslohn des Arbeitnehmers **grundsätzlich Lohnsteuer einzubehalten** ist. Zur Mindestkirchensteuer vgl. die folgende Übersicht:

Mindestbetrags-Kirchensteuer in EURO

Land/Stadt	Jahr
Baden-Württemberg	3,60
Bayern	–
Berlin	–
Brandenburg	–
Bremen	–
Hamburg	3,60
Hessen	1,80
Meckl.-Vorpommern	–
Niedersachsen	3,60
Nordrhein-Westfalen	–
Rheinland-Pfalz	–
Saarland	–
Sachsen	3,60
Sachsen-Anhalt	3,60
Schleswig-Holstein	3,60
Thüringen	3,60

b) Kirchensteuer bei sonstigen Bezügen

Sonstige Bezüge, die 150 EUR nicht übersteigen, werden wie laufender Arbeitslohn behandelt (vgl. → Rz. 8060). Ist dies nicht der Fall, wird grundsätzlich der **allgemein geltende Kirchensteuersatz (8 % bzw. 9 %)** zugeschlagen.

8072 Ein ggf. bei der Besteuerung des laufenden Arbeitslohnes nicht ausgeschöpfter Kürzungsbetrag für Kinder darf in keinem Fall bei der Ermittlung der Kirchensteuer für den sonstigen Bezug berücksichtigt werden.

Zum Kirchensteuerabzug im Fall der **Lohnsteuerpauschalierung** s. → Rz. 8082.

II. Ermittlung und Einbehaltung der Lohn- und Kirchensteuer bei fehlender Lohnsteuerkarte

8073 Auch in Fällen, in denen der Arbeitnehmer dem Arbeitgeber **keine Lohnsteuerkarte vorlegt**, muss der Arbeitgeber entsprechend den Lohnzahlungszeiträumen den Lohnsteuerabzug für den Arbeitnehmer vornehmen. Zu unterscheiden sind hier **zwei Fälle**:

- der Arbeitnehmer hat **schuldhaft** dem Arbeitgeber die Lohnsteuerkarte nicht vorgelegt,
- der Arbeitnehmer hat **ohne Verschulden** die Vorlage der Lohnsteuerkarte unterlassen.

1. Schuldhafte Nichtvorlage der Lohnsteuerkarte

8074 Der Arbeitnehmer handelt in folgenden Fällen **nicht schuldhaft:**

- legt der Arbeitnehmer die Lohnsteuerkarte zum **Jahresbeginn** nicht vor, kann davon ausgegangen werden, dass dies ohne Verschulden geschehen ist, wenn die Lohnsteuerkarte **bis zum 31.03.** des laufenden Jahres vorgelegt wird.
- beim Wechsel des Arbeitgebers kann es vorkommen, dass der letzte Arbeitgeber dem Arbeitnehmer die Lohnsteuerkarte noch nicht herausgegeben hat, weil er sie für das EDV-Verfahren noch braucht. Dafür hat er dem Arbeitnehmer aber eine **Zwischenbescheinigung** über den erhaltenen Arbeitslohn sowie die einbehaltene und abgeführte Lohnsteuer zu erteilen (s. hierzu → Rz. 4848). Die Zwischenbescheinigung muss der Arbeitnehmer dem neuen Arbeitgeber bei Beginn des Arbeitsverhältnisses vorlegen. Innerhalb der darauffolgenden **10 Wochen** muss der Arbeitnehmer dann auch seine Lohnsteuerkarte dem neuen Arbeitgeber vorlegen. Werden diese Bedingungen eingehalten, liegt kein Verschulden für den Bereich von 10 Wochen vor.
- bei Eintritt in ein neues Dienstverhältnis wird eine Frist von **6 Wochen** zur Vorlage der Lohnsteuerkarte geduldet. Wird die Lohnsteuerkarte innerhalb dieser 6-Wochen-Frist dem Arbeitgeber vorgelegt, liegt so lange kein Verschulden des Arbeitnehmers vor.
- eine dem Arbeitnehmer während des Arbeitsverhältnisses ausgehändigte Lohnsteuerkarte muss **binnen 6 Wochen** wieder an den Arbeitgeber **zurückgegeben werden**. Wird diese Frist eingehalten, so liegt für diese 6 Wochen kein Verschulden des Arbeitnehmers vor.

In allen anderen Fällen und auch bei Überschreiten der genannten Zeiträume muss ein Verschulden des Arbeitnehmers angenommen werden. Allerdings kann der Arbeitnehmer den Gegenbeweis dahingehend führen, dass er die Verzögerung nicht zu vertreten hat. In einem solchen Fall muss der Arbeitgeber den **Nachweisbeleg für das Nichtverschulden** zum **Lohnkonto** nehmen (vgl. → Rz. 8111).

Hat der Arbeitnehmer schuldhaft die Lohnsteuerkarte dem Arbeitgeber nicht vorgelegt (weil er z.B. eine vorübergehend überlassene Lohnsteuerkarte zur Änderung der Steuerklasse oder zur Eintragung eines Freibetrages immer wieder zuhause vergessen hat), zahlt er für diese Nachlässigkeit mehr Steuern: Der Arbeitgeber hat in diesen Fällen nämlich den **Lohnsteuerabzug** nach der für den Arbeitnehmer ungünstigsten **Steuerklasse VI** vorzunehmen. Dies gilt auch dann, wenn der Arbeitgeber von Umständen Kenntnis hat oder wenn ihm solche Umstände vom Arbeitnehmer mitgeteilt werden, die einen anderen Lohnsteuerabzug rechtfertigen würden. Einen Ausgleich kann der Arbeitgeber selbst im betrieblichen Lohnsteuerjahresausgleich **nicht** vornehmen. Erst im Rahmen einer durch das Finanzamt auf Antrag des Arbeitnehmers vorzunehmenden Lohnsteuer-Ausgleichsveranlagung werden die wirklichen Besteuerungsmerkmale des Arbeitnehmers zugrundegelegt.

8075

2. Unverschuldetes Fehlen der Lohnsteuerkarte

Wird die Lohnsteuerkarte **ohne Verschulden** des Arbeitnehmers nicht vorgelegt (wenn beispielsweise der Arbeitnehmer beim Eintritt in das Arbeitsverhältnis eine Zwischenbescheinigung vorgelegt hat und die Dauer der Nichtvorlage der Lohnsteuerkarte 10 Wochen nicht übersteigt), muss der Arbeitgeber den Lohnsteuerabzug nach den **bisher bekannten** oder durch **amtliche Unterlagen bewiesenen Verhältnissen** vornehmen. Die Kenntnis des Arbeitgebers von den wirklichen Verhältnissen ist für ihn ausreichend, bestimmt andererseits auch zwingend sein Handeln. Ein Abweichen davon ist nicht zulässig.

8076

Hier ist zu empfehlen, dass der Arbeitgeber seine Kenntnis bzw. den Nachweis der Umstände im **Lohnkonto vermerkt**.

Liegt die Lohnsteuerkarte beim Jahreswechsel noch nicht vor, kann der Arbeitgeber für den **Monat Januar** die Lohnsteuer nach den Eintragungen auf der Lohnsteuerkarte 2000 berechnen. Korrekturen, die aufgrund der später vorgelegten Lohnsteuerkarte erforderlich werden, sind bei der nächsten Lohnabrechnung durchzuführen.

3. Sonderfall: Beschränkt steuerpflichtige Personen

Beschränkt steuerpflichtige Personen (vgl. → Rz. 8016), die im Inland keinen Wohnsitz und auch keinen gewöhnlichen Aufenthalt haben, dort jedoch Einkünfte beziehen, erhalten keine **Lohnsteuerkarte**. Der Arbeitnehmer muss sich jedoch gem. § 39 d Abs. 1 EStG die Tatsache der beschränkten Steuerpflicht durch eine **amtliche Bescheinigung des Betriebsstättenfinanzamts des Arbeitgebers** (vgl. → Rz. 8017) bestätigen lassen. Die Bescheinigung muss sodann vom Arbeitgeber als **Beleg zum Lohnkonto** genommen werden. Diese ordnet dem Arbeitnehmer die Steuerklasse I zu und **tritt an die Stelle der Lohnsteuerkarte** (§ 39 d Abs. 3 Satz 4 EStG). Dementsprechend können auf Antrag des Arbeitnehmers auf der Bescheinigung auch Freibeträge eingetragen werden (§ 39 d Abs. 2 EStG), die der Arbeitgeber entsprechend den Freibeträgen auf der Lohnsteuerkarte beim Lohnsteuerabzug zu berücksichtigen hat. Solange die Bescheinigung vom Arbeitnehmer

8077

vor Beginn des Kalenderjahres oder bei Eintritt in das Arbeitsverhältnis schuldhaft nicht vorgelegt wird, muss der Arbeitgeber wie bei schuldhafter Nichtvorlage der Lohnsteuerkarte eine erhöhte Lohnsteuer nach der Steuerklasse VI einbehalten. Auch im Übrigen gelten die Vorschriften für die unbeschränkte Steuerpflicht entsprechend.

III. Steuerfreistellung des Existenzminimums/Familienleistungsausgleich

1. Vorgaben des Bundesverfassungsgerichts zum Existenzminimum

8077a Nach dem Beschluss des Bundesverfassungsgerichts vom 25.09.1992 *(BStBl. I S. 1851)* war ab 1993 sicherzustellen, dass bei der Einkommensbesteuerung dem Steuerpflichtigen die Erwerbsbezüge steuerfrei belassen werden, die er zur **Deckung eines existenznotwendigen Bedarfs** benötigt. In seinem Beschluss hatte das Bundesverfassungsgericht zugleich festgestellt, dass der in die Lohnsteuertabellen eingearbeitete Grundfreibetrag i.H.v. 5.616 DM bei Ledigen bzw. 11.232 DM bei Verheirateten zur Sicherung des Existenzminimums **nicht ausreiche** und dementsprechend vom Gesetzgeber bis spätestens zum 01.01.1996 neu festzusetzen war. Bis zum Inkrafttreten einer Neuregelung behielten die in den Lohnsteuertabellen eingearbeiteten Freibeträge ihre Gültigkeit. Allerdings musste dem Steuerpflichtigen **bereits seit 1993** im Lohnsteuerverfahren ein steuerfreies Existenzminimum sichergestellt werden, das deutlich über dem der bisherigen Grundfreibeträge lag. Aus diesem Grund wurden Geringverdiener seit diesem Zeitpunkt nicht nach den regulären Lohnsteuertabellen, sondern nach den **Lohnsteuer-Zusatztabellen** versteuert. Mit dem **Jahressteuergesetz 1996** ist der Gesetzgeber der ihm vom BVerfG aufgegebenen steuerlichen Freistellung des Existenzminimums durch Anhebung der steuerfreien Grundbeträge in den Lohnsteuertabellen nachgekommen. Die Lohnsteuer-Zusatztabellen sind daher seit dem Veranlagungszeitraum 1996 entfallen.

Der in die Steuertabellen eingearbeitete erhöhte **Grundfreibetrag** betrug in den Veranlagungszeiträumen 1996 und 1997 für **Alleinstehende 12.095 DM** und für zusammenveranlagte **Ehegatten 24.191 DM**. In den nachfolgenden Veranlagungszeiträumen ist er bis heute wie folgt erhöht worden:

Grundfreibetrag	1998	1999	2000	2001	2002
Grundtabelle	12.365 DM	13.067 DM	13.499 DM	14.093 DM	7.235 EUR
Splittingtabelle	24.731 DM	26.135 DM	26.999 DM	28.187 DM	14.470 EUR

2. Rechtsprechung des Bundesverfassungsgerichts zum Familienleistungsausgleich

8077b Das Bundesverfassungsgericht hat in zwei Entscheidungen vom 10.11.1998 *(2 BvR 980/91 u. 2 BvR 1226/91, NJW 1999, 557 ff.)* u.a. festgestellt, dass das **Existenzminimum eines Kindes** nicht nur den sächlichen Mindestbedarf, sondern auch einen **Betreuungs-** und Erziehungsbedarf umfasst. Die von den Eltern zu erbringende Betreuungs- und Erziehungsleistung schränkt daher deren **wirtschaftliche Leistungsfähigkeit** gleichfalls ein. Diese Einschränkung ist unabhängig davon, ob die Eltern verheiratet oder unverheiratet sind und ob sie zusammen- oder getrenntleben. Unerheblich ist ebenfalls, ob sie die Leistung selbst oder mit Unterstützung anderer erbringen. Demzufolge sind die Regelungen im Einkommensteuergesetz über den steuermindernden Abzug von **Kinderbetreuungskosten** und eines **Haushaltsfreibetrages** mit Art. 6 GG **unvereinbar**, da sie in ehelicher Gemeinschaft lebende Eltern vom Abzug des verfassungsrechtlich steuerfrei zu stellenden Bedarfs ausschließen.

Um den Vorgaben des Bundesverfassungsgerichts im Hinblick auf den **Betreuungsaufwand** gerecht zu werden, ist zunächst ab dem 01.01.2000 ein aufwendungsunabhängiger so genannter »**Betreuungsfreibetrag**« von 3.024 DM je Elternpaar bzw. 1.512 DM für jeden Elternteil eingeführt worden. Der Betreuungsfreibetrag ist grundsätzlich nur für Kinder berücksichtigt worden, die das 16. Lebensjahr noch nicht vollendet hatten. Ausnahmen galten für behinderte Kinder. Mit Einführung des Betreuungsfreibetrages ist gleichzeitig die Möglichkeit entfallen, Kinderbetreuungskosten als außergewöhnliche Belastung abzusetzen (§ 33c EStG).

Mit Wirkung ab dem 01.01.2002 ist der bisherige Betreuungsfreibetrag durch einen Freibetrag für den **Betreuungs- und Erziehungs- oder Ausbildungsbedarf** ersetzt und gleichzeitig auf 2.160 EUR erhöht worden. Im Ergebnis ist der bisher geltende Betreuungsfreibetrag um eine Erziehungskomponente von 612 EUR erhöht worden. Der neue Freibetrag wird aber allen steuerlich zu berücksichtigenden Kindern gewährt. Die bisherig Altersgrenze von 16 Jahren ist **nicht beibehalten** worden. Wie bisher können das Kindergeld einerseits oder die Summe aus Kinderfreibetrag und dem Freibetrag für Betreuungs- und Erziehungs- oder Ausbildungsbedarf andereseits nur **alternativ in Anspruch genommen werden**. Während des Kalenderjahres wird die Vergünstigung für ein Kind ausschließlich in Form des **Kindergeldes** gewährt.

Das Kindergeld für das erste und zweite Kind ist nunmehr parallel zum neuen Freibetrag auf monatlich 154 EUR angehoben worden.

Danach ergeben sich folgende Beträge:

Kindergeld monatlich	1998	1999	2000/2001	2002
1. und 2. Kind je	220 DM	250 DM	270 DM	154 EUR
3. Kind	300 DM	300 DM	300 DM	154 EUR
4. und jedes weitere Kind	350 DM	350 DM	350 DM	179 EUR

Die sofortige Streichung des **Haushaltsfreibetrags** hätte bei alleinstehenden Eltern zu erheblichen Schlechterstellungen geführt. Der Gesetzgeber hat sich zur Vermeidung von Härten daher für eine stufenweise Abschmelzung entschieden. Der Haushaltsfreibetrag wird danach in den nächsten Jahren wie folgt verringert:

Kalenderjahr	2001	2002	2003	2004	2005
Haushaltsfreibetrag	5.616 DM	2.340 EUR	1.188 EUR	1.188 EUR	0 EUR

Zu beachten ist außerdem, dass der Haushaltsfreibetrag ab dem 01.01.2002 nur noch dann in Anspruch genommen werden kann, wenn die **Voraussetzungen** für den Abzug **bereits im Jahr 2001 vorgelegen haben**. Bei Arbeitnehmern, bei denen erstmals im Jahr 2002 die Voraussetzungen für den Abzug des Haushaltsfreibetrages vorliegen würden, wird der Erziehungsbedarf von vornherein über den **neuen Freibetrag** für Betreuungs-, Erziehungs- und Ausbildungsbedarf berücksichtigt. In diesen Fällen hat der Gesetzgeber keine Notwendigkeit für die Anwendung der Übergangsregelung im o.g. Sinne gesehen, da eine schützenswerter Besitzstand gar nicht vorgelegen hat.

53. Kapitel: Pauschalierung der Lohn- und Kirchensteuer

I.	**Pauschalierung der Lohn- und Kirchensteuer für Teilzeitbeschäftigte und Aushilfskräfte**	**8078**
	1. Neuregelung der »Geringfügigen Beschäftigung«	8078a
	2. Kurzfristig beschäftigte Arbeitnehmer	8079
	3. Geringfügig beschäftigte Arbeitnehmer	8080
	4. Allgemeine Hinweise für die Pauschalierung bei Teilzeitbeschäftigungen	8081
	5. Kirchensteuer bei Lohnsteuerpauschalierung	8082
II.	**Pauschalierung in anderen Fällen**	**8084**
III.	**Überwälzung der pauschalen Lohnsteuer auf den Arbeitnehmer**	**8085**

I. Pauschalierung der Lohn- und Kirchensteuer für Teilzeitbeschäftigte und Aushilfskräfte

Bisher wurde erläutert, wie der Arbeitgeber die Lohnsteuer jeweils aufgrund des ermittelten Arbeitslohns und der persönlichen Daten feststellen kann. Der Gesetzgeber hat daneben aber auch die Möglichkeit einer **pauschalen Lohnsteuererhebung** eingeräumt

8078

- bei Aushilfs- und Teilzeitbeschäftigungen (s. → Rz. 8079 f.),
- bei Zukunftssicherungsleistungen und
- in besonderen Fällen (s. hierzu → Rz. 8084).

In diesen Fällen **übernimmt** der **Arbeitgeber die Lohnsteuer**. Der pauschal besteuerte Arbeitslohn und die pauschale Lohnsteuer bleiben bei einer Veranlagung zur Einkommensteuer bzw. beim Lohnsteuerjahresausgleich und der Antragsveranlagung **außer Ansatz**. Die pauschale Lohnsteuer ist weder auf die Einkommensteuer noch auf die Jahreslohnsteuer anzurechnen.

Völlig außer Betracht bleiben auch alle Aufwendungen des Arbeitnehmers, die mit diesem pauschal besteuerten Arbeitslohn unmittelbar zusammenhängen (insbesondere gibt es hier **keinen Werbungskostenabzug**).

Auf eine pauschale Besteuerung von Arbeitslohn hat der Arbeitnehmer keinen Rechtsanspruch. Er kann **nicht verlangen**, dass der Arbeitgeber hiervon Gebrauch macht. Wenn die Voraussetzungen für eine Pauschalierung erfüllt werden, liegt deren Anwendung allein in der **Entscheidungsfreiheit des Arbeitgebers**. Aushilfs- und Teilzeitbeschäftigte sind wie alle anderen Arbeitnehmer **grundsätzlich verpflichtet,** ihrem Arbeitgeber zu Beginn des Kalenderjahres oder bei Aufnahme des Arbeitsverhältnisses eine **Lohnsteuerkarte vorzulegen**. Das gilt auch in den Fällen, wo absehbar ist, dass der Arbeitnehmer auf das Kalenderjahr gesehen voraussichtlich keine Lohnsteuer schuldet und die ggf. einbehaltene Lohnsteuer im Rahmen einer Veranlagung zur Einkommensteuer (vgl. → Rz. 8126) zurückerstattet wird. Nur wenn der Arbeitgeber von der **Möglichkeit der Lohnsteuerpauschalierung** Gebrauch macht, kann auf die Vorlage der Lohnsteuerkarte verzichtet werden. Die Pauschalierung der Lohnsteuer für Teilzeitbeschäftigte muss dabei nicht einheitlich für alle in Betracht kommenden Arbeitnehmer durchgeführt werden. Der Arbeitgeber kann die Pauschalierung auf bestimmte Arbeitnehmer beschränken (vgl. R 128 Abs. 1 Satz 5 LStR). Unzulässig ist es allerdings, im Laufe des Kalenderjahres **ausschließlich** deshalb zwischen der Regel- und der Pauschalbesteuerung zu wechseln, um hierdurch die mit der Regelbesteuerung verbundenen Frei- und Pauschbeträge auszunutzen *(BFH 20.12.1991, BStBl. 1992 II S. 695)*.

BEISPIEL:

Der Arbeitgeber hat den Monatslohn von 325 EUR für Januar bis September zulässigerweise pauschal versteuert. In den Monaten Oktober bis Dezember versteuert er den Arbeitslohn nach der Allgemeinen Lohnsteuertabelle, damit der Arbeitnehmer (Steuerklasse I) in den Genuss des Arbeitnehmer-Pauschbetrags i.H.v. 1.044 EUR kommt. Aufgrund des in die Lohnsteuertabelle bereits eingearbeiteten Pauschbetrags ist Lohnsteuer für die Monate Oktober bis Dezember nicht einzubehalten.

Der Wechsel von der Pausch- zur Regelbesteuerung ist nach Auffassung des BFH wegen Rechtsmissbrauchs unzulässig, der Arbeitslohn für die Monate Oktober bis Dezember mit dem Pauschsteuersatz vom Arbeitgeber nachzuversteuern.

1. Neuregelung der »Geringfügigen Beschäftigung«

8078a Seit 01.04.1999 ist das »**Gesetz zur Neuregelung der geringfügigen Beschäftigungsverhältnisse**« in Kraft getreten. In der Terminologie und in der Sache weichen das **Sozialversicherungsrecht** und das **Einkommensteuerrecht** von einander ab:

Im Sozialversicherungsrecht fällt unter den Oberbegriff »Geringfügige Beschäftigung« nach § 8 Abs. 1 Nr. 1 oder 2 SGB IV eine Tätigkeit,

- die regelmäßig weniger als **fünfzehn Stunden** in der Woche ausgeübt wird und deren Arbeitsentgelt regelmäßig im **Monat 325 EUR (zuvor: 630 DM)** nicht übersteigt **oder**
- die innerhalb eines Jahres seit ihrem Beginn auf längstens **zwei Monate** oder **50 Arbeitstage** nach ihrer Eigenart begrenzt zu seien pflegt oder im voraus vertraglich begrenzt ist, es sei denn, dass die Beschäftigung **berufsmäßig** ausgeübt wird **und** ihr Entgelt 325 EUR im Monat **übersteigt** (vgl. zu den Einzelheiten → Rz. 5220 ff.).

Das **Einkommensteuergesetz** differenziert unter dem Oberbegriff »**Teilzeitbeschäftigte**« in § 40 a EStG zwischen der

- »**kurzfristigen** Beschäftigung«, und der
- »Beschäftigung in **geringem** Umfang und geringen Arbeitslohn«.

2. Kurzfristig beschäftigte Arbeitnehmer

8079 Eine Art der Teilzeitbeschäftigung, für die eine Pauschalierung der Steuer möglich ist, ist die **kurzfristige Beschäftigung**. Ein Arbeitnehmer ist kurzfristig beschäftigt, wenn folgende 3 **Voraussetzungen** erfüllt sind:

- er darf bei dem Arbeitgeber nur **gelegentlich** arbeiten. Das heißt: Die Tätigkeit darf sich zwar wiederholen, aber sie darf nicht regelmäßig wiederkehren;

BEISPIEL:

Der Arbeitnehmer wird von einem Speditionsunternehmen in unregelmäßigen Abständen teils stundenweise, teils für einen oder mehrere Tage, zu Be- und Entladearbeiten beschäftigt. Wiederholungen werden nicht vereinbart.

Auch wenn der Arbeitgeber den Arbeitnehmer mehrfach im Kalenderjahr beschäftigt, handelt es sich gleichwohl um eine kurzfristige Tätigkeit.

- die Beschäftigungsdauer darf **höchstens 18 hintereinanderliegende Tage** umfassen (arbeitsfreie Wochenenden, Feiertage usw. werden hierbei nicht berücksichtigt);
- der Arbeitslohn darf während dieser Zeit durchschnittlich **62 EUR pro Arbeitstag** und die **durchschnittliche Stundenlohngrenze** und eine durchschnittliche Stundenlohngrenze von **12 EUR** nicht übersteigen.

Zwar kann an einzelnen Tagen etwas mehr verdient werden, aber im **Durchschnitt** darf sich für die gesamte Beschäftigungsdauer kein höherer Tagesbetrag ergeben. Das bedeutet: Eine kurzfristige Beschäftigung darf **höchstens** 1.116 EUR (18 Tage x 62 EUR einbringen.

Ausnahme:
Bei Aushilfsbeschäftigungen, die wegen eines plötzlichen und unvorhergesehenen Ereignisses notwendig werden, darf zwar auch kein höherer Stundenlohn bezahlt werden, aber der **Tageshöchstbetrag** kann die 62-EUR-Grenze **überschreiten**.

Im Übrigen müssen die 3 eingangs genannten Voraussetzungen **gleichzeitig** erfüllt sein. Der Pauschalsteuersatz, den der Arbeitgeber in Fällen der kurzfristigen Beschäftigung einzubehalten und abzuführen hat, beträgt 25 % **des Arbeitslohns**. Selbstverständlich muss der Arbeitgeber bei der Pauschalversteuerung auch den **Solidaritätszuschlag** von 5,5 % der pauschalen Lohnsteuer und grundsätzlich auch die **pauschale Kirchensteuer** nach dem einschlägigen pauschalen Kirchesteuersatz übernehmen. Wie Eingangs bereits erwähnt (vgl. → Rz. 8078), besteht eine **Pflicht** zur Pauschalierung der Lohnsteuer für den Arbeitgeber **nicht!**

BEISPIEL:

Der Arbeitnehmer wird befristet vom 26.03. bis 16.04.2002 (= 22 Kalendertage) beschäftigt. Er arbeitet an 5 Tagen in der Woche jeweils 8 Stunden, wöchentlich also 40 Stunden. Der Arbeitslohn beträgt für die gesamte Beschäftigungszeit 800 EUR.

Sozialversicherung:
Das Beschäftigungsverhältnis ist sozialversicherungsfrei gem. § 8 Abs. 1 Nr. SGB IV, das die zeitliche Grenze von 2 Monaten nicht überschritten wird.

Lohnsteuer:
Eine Pauschalierung der Lohnsteuer mit 25 % **(kurzfristige Beschäftigung)** ist möglich:

- Beschäftigungszeit 26.03. bis 16.04.2002 = 13 Arbeitstage (Kalendertage abzüglich arbeitsfreier Samstage, abzüglich Osterfeiertage), Arbeitslohn nicht mehr als 62 EUR je Arbeitstag (800 : 13 = 61,54 EUR).
- Arbeitslohn nicht mehr als 62 EUR je Arbeitstag (800 : 13 = 61,54 EUR)
- Stundenlohn nicht mehr als 12,00 EUR (61,54 EUR : 8 = 7,70 EUR pro Stunde)
- die pauschale Lohnsteuer beträgt demnach 25% von 800 EUR= 200 EUR.

Hinweis:
Die folgenden Beispiele sind den vom Bundesfinanzministeriums im Internet veröffentlichten nachgebildet

BEISPIEL: (Saisonbeschäftigung (keine Lohnsteuerpauschalierung)
Student A (ledig, keine Kinder) arbeitet in den Sommerferien zwei Monate als Kellner im Biergarten. Wegen des guten Wetters macht er viele Überstunden, auch an Samstagen und Sonntagen, und kommt daher auf einen Verdienst von 5.000 EUR in den beiden Monaten.

Sozialversicherung:
Die kurzfristige Beschäftigung bleibt unabhängig vom Verdienst sozialversicherungsfrei, da sie von Anfang an auf zwei Monate begrenzt war.

Lohnsteuer:
Da für den Verdienst aus der kurzfristigen Beschäftigung keine Pauschalbeiträge zur Rentenversicherung gezahlt werden, kommt die Steuerfreiheit nicht in Betracht; der Arbeitslohn ist steuerpflichtig.

Eine Pauschalierung der Lohnsteuer durch den Arbeitgeber kommt ebenfalls nicht in Betracht, da die zulässigen Zeit- und Entgeltgrenzen überschritten worden sind (vgl. oben).

Für den Lohnsteuerabzug hat A eine Lohnsteuerkarte (Steuerklasse I) vorzulegen. Sofern A im Kalenderjahr keine anderen steuerpflichtigen Einkünfte erzielt oder diese insgesamt – nach Berücksichtigung der üblichen steuerlichen Abzugsbeträge – den Grundfreibetrag (2002: 7.235 EUR/14.470 EUR) nicht übersteigen, erhält er die vom Arbeitgeber einbehaltene Lohnsteuer im Rahmen der Einkommensteuerveranlagung zurück.

BEISPIEL: Nebenberufliche Saisonbeschäftigung (keine Lohnsteuerpauschalierung)
Der Fernmeldehandwerker B liest nach der Heizperiode im Auftrag einer Heizkostenabrechnungsfirma die Verbrauchswerte in Wohnungen und Büros ab. Die Beschäftigung ist auf acht Wochen befristet. B erhält dafür entsprechend der Zahl der abgelesenen Verbrauchswerte ein Entgelt von 1.500 EUR.

Sozialversicherung:
Die kurzfristige Beschäftigung bleibt unabhängig vom Verdienst sozialversicherungsfrei, da sie von Anfang an auf weniger als zwei Monate begrenzt war. Eine Zusammenrech-

nung mit der Hauptbeschäftigung als Fernmeldehandwerker erfolgt bei kurzfristigen Beschäftigungen nicht.

Lohnsteuer: Da für den Verdienst aus der kurzfristigen Beschäftigung von B keine Pauschalbeiträge zur Rentenversicherung gezahlt werden, kommt die Steuerfreiheit nicht in Betracht; der Arbeitslohn ist steuerpflichtig. Für den Lohnsteuerabzug hat B seinem Arbeitgeber eine zweite Lohnsteuerkarte vorzulegen (zu den steuerlichen Aufzeichnungspflichten bei Aushilfs- und Teilzeitkräften s. → Rz. 8115 f.).

3. Geringfügig beschäftigte Arbeitnehmer

Die weitere Möglichkeit einer Teilzeitbeschäftigung ist eine Beschäftigung »**in geringem Umfang und gegen geringen Arbeitslohn**«. Diese ist gegeben, wenn

8080

- der Arbeitslohn **325 EUR monatlich** nicht übersteigt und
- der **durchschnittliche Stundenlohn** höchstens **12 EUR** beträgt.

Der Arbeitslohn für die Teilzeitbeschäftigung ist lohnsteuerpflichtig, wenn die Voraussetzungen für steuerfreien Arbeitslohn aus einer geringfügigen Beschäftigung nicht vorliegen (zu den Voraussetzungen vgl. unten) Der Lohnsteuerabzug richtet sich dann nach den Merkmalen der vorgelegten Lohnsteuerkarte.

Der Arbeitgeber kann aber auch auf die Vorlage einer Lohnsteuerkarte verzichten und den Arbeitslohn zu seinen Lasten mit dem Steuersatz von 20% **pauschal versteuern** (vgl. § 40a Abs. 2 EStG).

Aufgrund der Änderungen durch das Gesetz zur Neuregelung der geringfügigen Beschäftigungsverhältnisse *(v. 24.03.1999, BGBl. I S. 388)* muss der Arbeitgeber für geringfügig entlohnte Beschäftigungsverhältnisse Beiträge aus dem Arbeitsverdienst zu zahlen, und zwar

- zur Krankenversicherung in Höhe von 10 Prozent und
- zur Rentenversicherung in Höhe von 12 Prozent.

Als Ausgleich für die kranken- und rentenversicherungsrechtlichen Mehraufwendungen des Arbeitgebers ist das Einkommen, das aus einer geringfügig entlohnten Beschäftigung erzielt wird, nach § 3 Nr. 39 EStG **steuerfrei**, wenn

- es sich um eine **geringfügig entlohnte** Beschäftigung i.S.v. § 8 Abs. 1 Nr. 1 SGB IV handelt und
- der Arbeitgeber entweder den **Pauschalbeitrag** an die gesetzliche **Rentenversicherung** abführen muss oder er aufgrund des ausgeübten Wahlrechts des Arbeitnehmers Arbeitgeberbeiträge für die geringfügige Beschäftigung abführt und
- der Arbeitnehmer neben den geringfügigen Einkünften aus nichtselbständiger Arbeit **keine anderen positiven Einkünfte** erzielt. Einkünfte des Ehegatten sind dabei nicht einzubeziehen.

Weil der Arbeitgeber eines geringfügig Beschäftigten regelmäßig keine Kenntnis davon hat, ob der Arbeitnehmer neben den von ihm gezahlten Entgelt weitere positive Einnahmen erzielt (bspw. aus einer weiteren nichtselbständigen (Haupt-) Tätigkeit, Einkünften aus Vermietung und Verpachtung etc.) darf er das geringfügig entlohnte Arbeitsentgelt nur dann steuerfrei an den Beschäftigten auszahlen, wenn dieser ihm eine **Freistellungsbescheinigung seines Wohnsitzfinanzamtes** vorgelegt hat, aus der sich ergibt, dass die Einkünfte aus der geringfügigen Beschäftigung steuerfrei ausgezahlt werden dürfen. Die nach § 3 Nr. 39 EStG steuerfrei an den Beschäftigten ausgezahlten Bezüge hat der Arbeitgeber auf einem **besonderen Vordruck** zu bescheinigen. Stellt sich im nachhinein heraus, dass der Arbeitnehmer neben den steuerfrei gezahlten Bezügen aus der geringfügigen Beschäftigung weitere positive Einkünfte im Kalenderjahr erzielt hat, muss dieser eine Einkommensteuerveranlagung durchführen, bei der das zunächst steuerfrei ausgezahlten Entgelt ggf. nachversteuert wird.

Der Antrag auf Erteilung einer solchen Freistellungsbescheinigung war anfänglich an bestimmte Fristen gebunden gewesen. Seit 01.01.2000 kann ein solcher Antrag noch im Dezember eines Jahres gestellt werden und zwar auch **rückwirkend** für bereits abgelaufene Monate des Kalenderjahres.

Bringt der geringfügig Beschäftigte **keine Freistellungsbescheinigung** bei, kann der Arbeitgeber wie bisher den Lohn aus der geringfügigen Beschäftigung entweder nach Vorlage der **Lohnsteuerkarte** der **Regelbesteuerung** oder unter Verzicht auf die Vorlage der Lohnsteuerkarte der **Pauschalbesteuerung** unterwerfen.

Der Pauschalsteuersatz für Beschäftigte in geringem Umfang und gegen geringen Arbeitslohn beträgt **20% des Arbeitslohns**. Auch hier muss der Arbeitgeber den **Solidaritätszuschlag** von 5,5 % der pauschalen Lohnsteuer und grundsätzlich auch die **pauschale Kirchensteuer** nach dem einschlägigen Kirchensteuersatz übernehmen.

Hinweis:
Werden die genannten Arbeitszeit- und Arbeitslohngrenzen einer Beschäftigung in geringem Umfang und gegen geringen Arbeitslohn nicht überschritten, kann die Lohnsteuer **auch im Fall einer kurzfristigen Beschäftigung** (vgl. oben → Rz. 8079) statt mit 25% mit 20% pauschal erhoben werden.

Ist für einen Lohnzahlungszeitraum eine der oben genannten Grenzen überschritten, so **darf nur für diesen Zeitraum das Pauschalierungsverfahren nicht angewendet werden**. Die Zulässigkeit der Pauschalierung für andere Zeiträume wird hiervon nicht berührt. Im Übrigen gehören zur **Beschäftigungsdauer auch solche Zeiträume**, in denen der Arbeitslohn wegen Urlaub, Krankheit oder gesetzlicher Feiertage **fortgezahlt** wird (auf die Besonderheit von Aushilfskräften in Betrieben der Land- und Forstwirtschaft wird an dieser Stelle nicht eingegangen).

Gehen Steuerpflichtige mehreren geringfügigen Beschäftigungsverhältnissen nach, kommt es häufig vor, dass sie den **Grundfreibetrag** im Rahmen des ersten Arbeitsverhältnisses nicht voll ausschöpfen. Bislang mussten sie den Arbeitslohn aus jedem weiteren Arbeitsverhältnis nach Steuerklasse VI ohne irgendwelche Freibeträge versteuern. Dies hat sich seit 2000 für diejenigen geändert, die in mehreren Beschäftigungsverhältnissen insgesamt gesehen im Kalenderjahr ein Arbeitsentgelt unter dem Grundfreibetrag zuzüglich Werbungskosten-Pauschbetrag und Vorsorgepauschale erzielen. Nach der Neuregelung kann der **Eingangsfreibetrag** (oder ein Teil davon) auf die Lohnsteuerkarte mit Steuerklasse VI übertragen werden. Um hier eine Doppelentlastung durch Übertragung des Eingangsfreibetrags zu vermeiden, muß auf der Lohnsteuerkarte für das erste Dienstverhältnis ein entsprechender Hinzurechnungsbetrag eingetragen werden. Dieses Verfahren gilt bereits seit dem Veranlagungszeitraum 2000. Auf diese Weise wird vermieden, dass zuviel einbehaltene Lohnsteuer erst im Rahmen der später durchzuführenden Veranlagung zur Einkommensteuer erstattet werden kann.

BEISPIEL: (Geringfügig beschäftigter Student, gesetzlich krankenversichert)

S arbeitet als wissenschaftliche Hilfskraft sechs Stunden wöchentlich in einem Institut der Universität. Er erhält dafür 325 EUR monatlich.

Sozialversicherung:
Pauschalbeitrag des Arbeitgebers zur Rentenversicherung (12%) 39 EUR
Pauschalbeitrag des Arbeitgebers zur Krankenversicherung (10%) 32,50 EUR

Lohnsteuer:
Falls S keine weiteren Einkünfte bezieht und für seine geringfügige Beschäftigung Pauschalbeiträge zur Rentenversicherung gezahlt werden, ist das Arbeitsentgelt steuerfrei.

Der Arbeitgeber kann es aber nur steuerfrei auszahlen, wenn S ihm eine **Freistellungsbescheinigung** vorlegt. Wird **keine Freistellungsbescheinigung** des Finanzamts vorgelegt, so hat der Arbeitgeber den Arbeitslohn zu versteuern, und zwar nach der Lohnsteuerkarte oder pauschal mit 20% Lohnsteuer zuzüglich Kirchensteuer und Solidaritätszuschlag versteuern.

Bei Studenten, die ein Praktikum ableisten, sind (wie bislang) auch die **Sonderregelungen** zu beachten.

4. Allgemeine Hinweise für die Pauschalierung bei Teilzeitbeschäftigungen

Unter **Arbeitsstunde** ist in allen Fällen der Pauschalierung die **Zeitstunde** zu verstehen. Wird der Arbeitslohn für kürzere Zeiteinheiten gezahlt, ist der Arbeitslohn **umzurechnen**.

BEISPIEL:

Ein Sportverein vereinbart mit einem nebenberuflich tätigen Übungsleiter ein Entgelt von 12 EUR je Übungseinheit. Eine Übungseinheit dauert 45 Minuten.

In diesem Fall muss das Übungsleiterentgelt auf eine Zeitstunde hochgerechnet werden und beträgt demzufolge 16 EUR pro Stunde. Sofern der Übungsleiterpauschbetrag gem. § 3 Nr. 26 EStG überschritten wird, entfällt die Möglichkeit der Pauschalierung für den steuerpflichtigen Teil der Vergütung, da das Übungsleiterentgelt über dem zulässigen Höchstbetrag von 12 EUR pro Zeitstunde liegt.

Steuerfreie Einnahmen (wie im Beispielsfall Einnahmen bis zur Höhe des Übungsleiterpauschbetrags von 1.848 EUR pro Jahr) werden bei der Prüfung, ob die Pauschalierungsgrenzen überschritten sind, **nicht berücksichtigt** (R 128 Abs. 4 Satz 1 LStR).

Bezüge, die **nicht zum laufenden Arbeitslohn** gehören **(sonstige Bezüge)** sind für die Feststellung der Pauschalierungsgrenzen rechnerisch gleichmäßig auf die Lohnzahlungs- oder Lohnabrechnungszeiträume zu verteilen, in denen die Arbeitsleistung erbracht wird. Dies gilt insbesondere für Weihnachtsgeld, Urlaubsgeld oder Beiträge zu einer Direktversicherung (vgl. → Rz. 8048). Diese Beträge sind auf die gesamte Beschäftigungszeit (Kalenderjahr) zu verteilen. Werden die Grenzen infolge der Zusammenrechnung mit den pauschal besteuerten Bezügen überschritten, so ist der laufende Arbeitslohn nach der maßgebenden Lohnsteuertabelle zu versteuern.

BEISPIEL:

Eine teilzeitbeschäftigte Aushilfskraft mit einem monatlichen Arbeitslohn von 325 EUR erhält am Jahresende eine anteilige Leistungsprämie in Höhe von 120 EUR.

Der monatliche Arbeitslohn in Höhe von 325 EUR ist anteilig um 10 EUR pro Monat (120 : 12 = 10) zu erhöhen. Damit übersteigt der Arbeitslohn die monatliche Pauschalierungsgrenze von 325 EUR, so dass die Pauschalierung mit 20% für das ganze Kalenderjahr 2002 unzulässig ist. Die 335 EUR sind dem normalen Lohnsteuerabzug zu unterwerfen.

Die Pauschalierung der Lohnsteuer kann – **anders** als im Rahmen des **Sozialversicherungsrechts** (vgl. → Rz. 5223), wo mehrere geringfügige Beschäftigungen zusammengerechnet werden – **gleichzeitig für mehrere nebeneinander ausgeübte Tätigkeiten bei verschiedenen Arbeitgebern** in Anspruch genommen werden. Der einzelne Arbeitgeber braucht für die Anwendung der Pauschalierungsvorschriften **nicht** prüfen, ob der Arbeitnehmer noch in einem anderen Arbeitsverhältnis steht. Dessen Prüfung hinsichtlich der Anwendung der lohnsteuerrechtlichen Pauschalierungsvorschriften beschränkt sich ausschließlich darauf, ob das **bei ihm** eingegangene Arbeitsverhältnis die Voraussetzungen für eine Pauschalierung erfüllt. Zu beachten ist jedoch, dass ein Arbeitnehmer nicht gleichzeitig bei **einem Arbeitgeber** in zwei Arbeitsverhältnissen stehen kann.

BEISPIEL:

Der Arbeitgeber beschäftigt in seinem Unternehmen den Arbeitnehmer als Fahrer. An den Wochenenden pflegt der Arbeitnehmer den Privatbesitz des Arbeitgebers (z.B. Gartenarbeit, kleinere Hausreparaturen, Pflege der Privatkraftfahrzeuge des Arbeitgebers). Der Arbeitgeber entlohnt den Arbeitnehmer für diese Tätigkeit privat. Der Umfang dieser privaten Tätigkeit und die Höhe des Lohnes liegen im Rahmen der unter »2.« genannten Grenzen.

Eine Versteuerung des laufenden Arbeitslohns als Fahrer nach den Merkmalen der Steuerkarte als erstes Arbeitsverhältnis und eine Pauschalversteuerung mit 20% für die Wochenendtätigkeit als zweites Arbeitsverhältnis ist **nicht zulässig**. Es handelt sich in diesem Fall um ein erweitertes **einheitliches Arbeitsverhältnis**.

Dies galt in der Vergangenheit ohne jede Einschränkung auch dann, wenn ein Arbeitnehmer mit Vorruhestandsbezügen oder einer Werkspension weiterhin für seinen bisherigen Arbeitgeber tätig war. Eine Pauschalierung des Arbeitslohns aus der aktiven Beschäftigung war neben der Besteuerung des Vorruhestandsgeldes oder der Werkspension nach den Merkmalen der Lohnsteuerkarte wegen des Grundsatzes des einheitlichen Beschäftigungsverhältnisses nicht zulässig.

Der BFH hat in einer Entscheidung *(BFH 27.07.1990, BStBl. II S. 931)* diesen Grundsatz jedoch dahingehend eingeschränkt, dass ein einheitliches Beschäftigungsverhältnis nur bei 2 **aktiven Beschäftigungen** (s. Beispielsfall oben) anzunehmen ist. Eine Pauschalierung nach § 40 a EStG ist daher für den Ausnahmefall zulässig, dass eine **aktive Beschäftigung** neben dem **Bezug von Vorruhestandsgeld oder einer Betriebsrente** ausgeübt wird.

Zu den **steuerlichen Aufzeichnungspflichten** bei Aushilfs- und Teilzeitkräften s. → Rz. 8115 f.

5. Kirchensteuer bei Lohnsteuerpauschalierung

Kann die Lohnsteuer pauschaliert werden, gilt dies **grundsätzlich auch** für die **Kirchensteuer**. Bemessungsgrundlage für die pauschale Kirchensteuer ist dabei die **pauschale Lohnsteuer**.

Der Steuersatz für die zu pauschalierende Kirchensteuer ist in den einzelnen Ländern des Bundesgebietes unterschiedlich hoch. Auch das Verhältnis für die Aufteilung der pauschalen Kirchensteuer auf die evangelische und römisch-katholische Kirche ist nicht einheitlich. Die Steuersätze für die Kirchensteuerpauschalierung bei »kurzfristigen Beschäftigungen«, »Beschäftigungen in geringem Umfang und gegen geringen Arbeitslohn«, in besonderen Fällen sowie bei Zukunftssicherungsleistungen, ergeben sich aus folgender Tabelle:

Bundesland	Kirchensteuer bei Lohnsteuerpauschalierung
Hamburg	4%
Berlin, Brandenburg, Mecklenburg-Vorpommern, Sachsen, Sachsen-Anhalt, Thüringen	5%
Niedersachsen	6%
Baden-Württemberg, Bayern, Bremen, Hessen, Nordrhein-Westfalen, Rheinland-Pfalz, Saarland, Schleswig-Holstein	7%

Die Kirchensteuer wird grundsätzlich **unabhängig** von der **tatsächlichen Religionszugehörigkeit** eines Arbeitnehmers entsprechend festgelegter Prozentwerte auf die steuererhebenden Religionsgemeinschaften umgelegt. Jedoch ist nach Auffassung des BFH

(30.11.1989, BStBl. II 1990 S. 993) die **Mitgliedschaft des Arbeitnehmers in einer kirchensteuererhebenden Körperschaft Tatbestandsvoraussetzung** für die Erhebung der pauschalen Lohnkirchensteuer. Von der Erhebung der auf die pauschale Lohnsteuer entfallenden Kirchensteuer kann der Arbeitgeber daher hinsichtlich derjenigen Arbeitnehmer absehen, die **nachgewiesenermaßen** keiner kirchensteuererhebenden Körperschaft angehören. Diesen Grundsatz hat der BFH mit Urteil vom 07.12.1994 *(BStBl. 1995 S. 507)* nunmehr bestätigt.

Zum **Nachweis der Konfessionslosigkeit** eines Arbeitnehmers muss sich der Arbeitgeber von denjenigen Arbeitnehmern, die keine Lohnsteuerkarte vorgelegt haben, eine entsprechende **schriftliche Erklärung** geben lassen. Die Erklärung ist als **Beleg zum Lohnkonto** zu nehmen. Führt der Arbeitgeber den Nachweis für **einen Teil** der Arbeitnehmer, so ist für die übrigen Arbeitnehmer die Kirchensteuer mit dem **vollen Kirchensteuersatz** auf die pauschale Lohnsteuer zu erheben und nach Konfessionen getrennt abzuführen.

Tipp: Hat ein Arbeitgeber in der Vergangenheit im Rahmen der Lohnsteuerpauschalierung (insbesondere bei Teilzeitkräften) auch Kirchensteuer pauschal einbehalten und abgeführt, obwohl der Arbeitnehmer **keiner kirchensteuererhebenden Körperschaft angehört hat**, kommt eine **Rückerstattung** der zu Unrecht abgeführten pauschalen Lohnkirchensteuer unter folgenden Voraussetzungen in Betracht:

- Die Lohnsteueranmeldung ist eine Steuererklärung i.S. des § 150 Abs. 1 Satz 2 AO. Weicht das Finanzamt nicht von der eingereichten Anmeldung ab, ist eine Steuerfestsetzung durch Bescheid nicht notwendig.
- Die Steueranmeldung steht in diesen Fällen einer **Steuerfestsetzung unter dem Vorbehalt der Nachprüfung** gleich.
- Solange der Vorbehalt der Nachprüfung wirkt, kann – auch nach Ablauf der Rechtsbehelfsfrist – die Steuerfestsetzung noch aufgehoben oder geändert werden.
- Die **Festsetzungsfrist beträgt grds. 4 Jahre** und beginnt mit Ende des Kalenderjahres, in welchem die Steueranmeldung **eingereicht** worden ist.

BEISPIEL:

Lohnsteueranmeldung für Dezember 1997 am 10.01.1998
Beginn der Festsetzungsfrist: 31.12.1998
Ende der Festsetzungsfrist: 31.12.2002

Hat der Arbeitgeber irrtümlich im Rahmen der Lohnsteueranmeldung für Dezember 1997 pauschale Lohnkirchensteuer für Arbeitnehmer abgeführt, die keiner steuererhebenden Körperschaft angehören, kann er bis zum 31.12.2002 eine korrigierte Lohnkirchensteuer-Anmeldung einreichen.

II. Pauschalierung in anderen Fällen

Über die Pauschalierungsmöglichkeiten bei den verschiedenen Zukunftssicherungsleistungen und die dafür notwendigen Voraussetzungen soll hier nur ein kurzer Überblick gegeben werden.

Beiträge des Arbeitgebers für die **Zukunftssicherung des Arbeitnehmers**, die dieser für den Arbeitnehmer zusätzlich oder anstelle des geschuldeten Arbeitslohns **ohne gesetzliche Verpflichtung** aufwendet, sind steuerpflichtiger Arbeitslohn (vgl. »ABC- Arbeitgeberbeiträge« → Rz. 8035). Unter den Begriff der »Zukunftssicherung« fallen dabei alle Aufwendungen zur Sicherung der wirtschaftlichen Existenz des Arbeitnehmers oder dessen Angehörigen für den Fall der Krankheit, des Unfalls, der vorzeitigen Arbeitsunfähigkeit, des Alters oder des Todes.

Bestimmte steuerpflichtige Zukunftssicherungsleistungen können nach § 40 b EStG mit einem **Steuersatz von 20% pauschal besteuert** werden. Im Einzelnen handelt es sich hierbei um Beiträge zu einer

- Direktversicherung,
- Pensionskasse oder
- Gruppenunfallversicherung.

Praktisch wichtigster Fall ist dabei die **Direktversicherung**. Darunter ist eine Lebensversicherung auf das Leben des Arbeitnehmers zu verstehen, die durch den Arbeitgeber bei einem inländischen oder ausländischen Versicherungsunternehmen abgeschlossen worden ist und bei der der Arbeitnehmer oder seine Hinterbliebenen hinsichtlich der Versorgungsleistungen des Versicherers ganz oder teilweise bezugsberechtigt sind. Dasselbe gilt für eine Lebensversicherung, die nach Abschluss durch den Arbeitnehmer vom Arbeitgeber übernommen worden ist (zu den weiteren Voraussetzungen s. R 129 LStR).

Für die Pauschalierung der Aufwendungen für eine Direktversicherung nach § 40 b EStG ist es unerheblich, ob die Beiträge **zusätzlich** zu dem ohnehin geschuldeten Arbeitslohn oder aufgrund einer Vereinbarung mit dem Arbeitnehmer **anstelle** des geschuldeten Barlohns erbracht werden (sog. »Barlohnumwandlung«). Dies gilt selbst dann, wenn der Barlohn so weit herabgesetzt wird, dass aus der Barlohnkürzung nicht nur die Zukunftssicherungsleistung, sondern zugleich die pauschale Steuer finanziert werden kann. In diesem Fall entstehen dem Arbeitgeber also durch Übernahme der Beiträge einschließlich Pauschalbesteuerung keine zusätzlichen Kosten. Die durch die Barlohnkürzung finanzierte pauschale Steuer stellt auch **keinen zusätzlichen Arbeitslohn** dar (R 129 Abs. 2, Satz 1 u. 2 LStR).

Bei **pauschal besteuerten Teilzeitarbeitsverhältnissen** (vgl. → Rz. 8078) ist die Pauschalierung ebenfalls zulässig, wenn es sich dabei um das **erste Arbeitsverhältnis** handelt (BFH 08.12.1989, BStBl. 1990 II S. 398).

Nur hingewiesen werden soll auch auf die Pauschalierung der Lohnsteuer in »**besonderen Fällen**« nach § 40 Abs. 1 EStG. Hierzu zählen die Sachverhalte, in denen

- der Arbeitgeber in einer größeren Zahl von Fällen **sonstige Bezüge** zahlt, soweit die sonstigen Bezüge für einen Arbeitnehmer **1.000 EUR im Kalenderjahr** nicht übersteigen,
- Lohnsteuer **in einer größeren Zahl von Fällen nachzuerheben** ist, weil die Lohnsteuer nicht vorschriftsmäßig einbehalten worden ist.

Eine weitere Möglichkeit der Versteuerung bestimmter Lohnteile mit einem festen Pauschsatz ohne Antrag des Arbeitgebers und ohne Anrechnung auf die 1.000-EUR-Grenze besteht dann, wenn

- unentgeltliche oder verbilligte **Kantinenmahlzeiten im Betrieb** durch den Arbeitgeber gewährt werden,
- bei **steuerpflichtigen Zuwendungen** des Arbeitgebers an den Arbeitnehmer aus Anlass von **Betriebsveranstaltungen**,
- für **steuerpflichtige Erholungsbeihilfen** durch den Arbeitgeber.

III. Überwälzung der pauschalen Lohnsteuer auf den Arbeitnehmer

8085 Bei der Pauschalierung für teilzeitbeschäftigte Personen wird ebenso wie bei der Pauschalierung der Lohnsteuer in besonderen Fällen davon ausgegangen, dass der **Arbeitgeber die pauschale Lohnsteuer zu übernehmen hat** und deswegen **Schuldner** der pauschalen Lohnsteuer wird. Der pauschal besteuerte Arbeitslohn und die pauschale Lohnsteuer bleiben auch bei einer Veranlagung zur Einkommensteuer des Arbeitnehmers oder bei der Lohnsteuer-Ausgleichsveranlagung außer Ansatz. Zwischen Arbeitgeber und Arbeitnehmer kann allerdings **vereinbart** werden, dass entgegen dieser Vermutung die **pauschale Lohnsteuer vom Arbeitnehmer** zu tragen ist.

In diesen Fällen gehörte in der Vergangenheit die Lohnsteuer nicht zum Arbeitslohn für die Berechnung der pauschalen Lohnsteuer. Dasselbe galt für eine vom Arbeitnehmer übernommene pauschale Kirchensteuer. Durch die Änderung aufgrund des Steuerentlastungsgesetzes 1999/2000/20002 ist die (**arbeitsrechtlich weiter zulässige!**) Abwälzung der **pauschalen Lohnsteuer** auf den Arbeitnehmer **nicht** mehr in der Form möglich, dass die Minderung des Arbeitslohns auch zu einer Minderung der **Bemessungsgrundlage** für die Lohnsteuer führt.

54. Kapitel: Solidaritätszuschlag

I.	Solidaritätszuschlag-Gesetz 1995	8087
II.	Erhebung des Solidaritätszuschlags	8087
	1. Höhe des Solidaritätszuschlags	8088
	2. Abzug vom laufenden Arbeitslohn	8089
	3. Abzug bei »sonstigen Bezügen« und Steuerpauschalierung	8089
	4. Nettolohnvereinbarung	8089
III.	Lohnsteuer-Jahresausgleich durch den Arbeitgeber	8090
IV.	Solidaritätszuschlag und Kirchensteuer	8091
V.	Aufzeichnung, Anmeldung und Bescheinigung des Solidaritätszuschlags	8092

I. Solidaritätszugschlag-Gesetz 1995

Wie schon im Zeitraum vom 01.07.1991 bis zum 30.06.1992, ist seit dem **01.01.1995** vom Arbeitgeber neben der Lohnsteuer erneut ein Solidaritätszuschlag vom Arbeitslohn einzubehalten. Das Solidaritätszuschlagsgesetz 1995 wurde als Art. 31 im Rahmen des »Gesetzes zur Umsetzung des Föderalen Konsolidierungsprogramms« *(BGBl. I 1993 S. 975 = BStBl. I 1993 S. 510, 523)* eingeführt. Das vom Arbeitgeber zu beachtende Verfahren ist geregelt im »Merkblatt zum Solidaritätszuschlag im Lohnsteuerabzugsverfahren ab 1995« *(BMF 20.09.1994, BStBl. I S. 757).* Die dort gemachten Ausführungen sind in der folgenden Darstellung berücksichtigt worden.

8087

II. Erhebung des Solidaritätszuschlags

Der Solidaritätszuschlag ist

- vom **laufenden Arbeitslohn** zu erheben, der für einen nach dem **31.12.1994** endenden Lohnzahlungszeitraum **gezahlt wird** und
- von **sonstigen Bezügen** zu erheben, die nach dem **31.12.1994 zufließen.**
- Bemessungsgrundlage des Solidaritätszuschlags ist die jeweilige Lohnsteuer.

Bei Arbeitnehmern, auf deren Lohnsteuerkarte Kinderfreibeträge eingetragen sind, ist seit dem 01.01.1996 stets von der Lohn- bzw. Einkommensteuerschuld als Bemessungsgrundlage auszugehen, die sich ergibt, wenn bei der Berechnung der entsprechende Kinderfreibetrag berücksichtigt wird.

Zu den Einzelheiten der Berechnung vgl. das Beispiel bei → Rz. 8068.

1. Höhe des Solidaritätszuschlags

Der Solidaritätszuschlag ist mit Wirkung ab dem **01.01.1998** von 7,5 % auf **5,5 %** der **Lohnsteuer** gesenkt worden. Er ist jeweils **gesondert** zu ermitteln

8088

- für den laufenden Arbeitslohn,
- für die sonstigen Bezügen und
- für die Steuerpauschalierung nach den §§ 40 bis 40 b EStG.

Anders als bei der »Altregelung«, wird der Solidaritätszuschlag 1995 jedoch nicht »ab der ersten Mark« Lohnsteuer erhoben. Bis zu bestimmten Einkommensgrenzen wird der Solidaritätszuschlag nicht erhoben. Werden diese Grenzen überschritten, gibt es einen Übergangsbereich, in dem der Solidaritätszuschlag nicht in voller Höhe mit 5,5 % erhoben wird.

Beim **Abzug vom Arbeitslohn** ist nach § 3 Abs. 4 SolZG der Solidaritätszuschlag nur zu erheben, wenn die Lohnsteuer im jeweiligen Lohnzahlungszeitraum folgende Beträge übersteigt:

- bei monatlicher Lohnzahlung
  - in der Steuerklasse III mehr als 162 EUR und
  - in den Steuerklassen I, II, IV bis VI mehr als 81 EUR;
- bei wöchentlicher Lohnzahlung
  - in der Steuerklasse III mehr als 37,80 EUR und
  - in den Steuerklassen I, II, IV bis VI mehr als 18,90 EUR;
- bei täglicher Lohnzahlung
  - in der Steuerklasse III mehr als 5,40 EUR und
  - in den Steuerklassen I, II, IV bis VI mehr als 2,70 EUR.

Beim **Lohnsteuerjahresausgleich** ist der Solidaritätszuschlag nur zu ermitteln, wenn die Lohnsteuer folgende Summe erreicht:

- in Steuerklasse III mehr als 1.944 EUR und
- in den Steuerklassen I, II, IV bis VI mehr als 972 EUR.

Übersteigt die Lohnsteuer die genannten Werte, gilt nach § 3 Abs. 5 SolZG für einen Übergangsbereich folgende Regel: Der Solidaritätszuschlag darf **20 % des Unterschiedsbetrages** zwischen der einzubehaltenden Lohnsteuer und der im Einzelfall geltenden Freigrenze nicht übersteigen.

BEISPIEL:

Eine Arbeitnehmerin mit der Steuerklasse III/0 erhält einen Bruttoarbeitslohn von 2.500 EUR monatlich. Die Lohnsteuer dafür beträgt 181 EUR. Der Solidaritätszuschlag berechnet sich sodann wie folgt:

Lohnsteuer lt. Tabelle	181,00 EUR
Vergleichsrechnung zum Solidaritätszuschlag:	
5,5 % x 181,00 EUR	9,96 EUR
max. 20 % des Unterschiedsbetrages Lohnsteuer abzgl. Freigrenze:	
(181,00 EUR − 162 = 19 EUR)	3,80 EUR
Als Solidaritätszuschlag sind einzubehalten:	**3,80 EUR**

Regelmäßig ist der reduzierte Zuschlag in den im Handel erhältlichen Lohnsteuertabellen *(s. bspw. Luchterhand-Tabellen-Programm)* bereits eingearbeitet, so dass der entsprechende Wert ohne die dargestellte Berechnung problemlos abgelesen werden kann.

Wird die Lohnsteuer infolge **rückwirkender Änderungen** von Besteuerungsmerkmalen (z.B. rückwirkende Änderung der Zahl der Kinderfreibeträge) **neu ermittelt**, so ist **auch der Solidaritätszuschlag neu zu ermitteln**. In diesen Fällen ist ein etwa zuviel einbehaltener Solidaritätszuschlag dem Arbeitnehmer zu erstatten; ein etwa zu wenig einbehaltener Solidaritätszuschlag ist nachzuerheben. Das gilt auch bei **nachträglicher Eintragung von Freibeträgen** auf der Lohnsteuerkarte (vgl. → Rz. 8044f.).

2. Abzug vom laufenden Arbeitslohn

Beim **laufenden Arbeitslohn** kann die Höhe des Solidaritätszuschlags – abhängig vom Lohnzahlungszeitraum – aus den jeweiligen Lohnsteuertabellen für Monat, Woche und Tag abgelesen werden. Bei **abweichenden Lohnzahlungszeiträumen** ist die Lohnsteuer nach § 39 b Abs. 4 EStG unter Anwendung der Wochen- oder Tageslohnsteuertabelle durch Vervielfachung zu ermitteln (vgl. → Rz. 8036c). In entsprechender Weise ist für die Ermittlung des Solidaritätszuschlags zu verfahren.

8089

3. Abzug bei »sonstigen Bezügen« und Steuerpauschalierung

Für den Steuerabzug von **sonstigen Bezügen** und für die **Steuerpauschalierung** ist der Solidaritätszuschlag **stets mit 5,5 %** der entsprechenden Lohnsteuer zu berechnen.

4. Nettolohnvereinbarung

Übernimmt der Arbeitgeber in den Fällen einer **Nettolohnvereinbarung** (vgl. → Rz. 8094f.) auch den Solidaritätszuschlag, so ist die Lohnsteuer nach dem Bruttoarbeitslohn zu berechnen, der nach Kürzung um die Lohnabzüge ein- schließlich des Solidaritätszuschlags den ausgezahlten Nettolohnbetrag ergibt. Übernimmt der Arbeitgeber den Solidaritätszuschlag nicht, so bleibt dieser bei der Berechnung des Bruttoarbeitslohns außer Betracht. Der Nettolohn ist um den Solidaritätszuschlag zu mindern (vgl. Beispiel 2 → Rz. 8094b).

III. Lohnsteuer-Jahresausgleich durch den Arbeitgeber

Wenn der Arbeitgeber für den Arbeitnehmer einen Lohnsteuer-Jahresausgleich durchführt (vgl. → Rz. 8126f.), ist auch für den Solidaritätszuschlag ein Jahresausgleich durchzuführen.

8090

Übersteigt die Summe der einbehaltenen Zuschlagsbeträge den Jahresbetrag des Solidaritätszuschlags, so ist der Unterschiedsbetrag dem Arbeitnehmer **vom Arbeitgeber zu erstatten**. Übersteigt der Jahresbetrag des Solidaritätszuschlags die Summe der einbehaltenen Zuschlagsbeträge, so kommt eine **nachträgliche Einbehaltung** des Unterschiedsbetrags durch den Arbeitgeber **nur nach Maßgabe des § 41 c EStG** in Betracht.

IV. Solidaritätszuschlag und Kirchensteuer

8091 Der Solidaritätszuschlag bezieht sich nur auf die Lohnsteuer, nicht auf die Kirchensteuer. Die Kirchensteuer bemisst sich nach der **Lohnsteuer ohne den Solidaritätszuschlag** (vgl. → Rz. 8066f.).

V. Aufzeichnung, Anmeldung und Bescheinigung des Solidaritätszuschlags

8092 Der Solidaritätszuschlag ist im **Lohnkonto** (§ 41 EStG, vgl. → Rz. 8103f.), in der **Lohnsteuer-Anmeldung** (§ 41 a EStG, vgl. → Rz. 8095f.) und in der **Lohnsteuerbescheinigung** (§ 41 b EStG, vgl. → Rz. 8116f.) **gesondert** neben der Lohnsteuer und Kirchensteuer **einzutragen**.

55. Kapitel: Lohnsteuerabzug bei Nettolohnvereinbarung

I.	Nettolohn – Bruttolohn	8094
II.	Nettolohnvereinbarung	8094a
III.	Lohnsteuerabzugsverfahren	8094b
	1. Laufender Arbeitslohn als Nettolohn	8094b
	2. Nettolohnvereinbarung bei sonstigen Bezügen	8094c

I. Nettolohn – Bruttolohn

Der Entgeltanspruch des Arbeitnehmers gegen den Arbeitgeber für die geleistete Tätigkeit ist **im Zweifel** auf den **Bruttolohn** gerichtet.   8094

Der Arbeitgeber kann aber die Lohnabzüge, also die Lohn- und Kirchensteuer, die Arbeitnehmeranteile an den Sozialversicherungsbeiträgen und seit **01.01.1995 auch den Solidaritätszuschlag** (vgl. → Rz. 8087f.) ganz oder zumindest teilweise tragen und dem Arbeitnehmer einen **Nettolohn** auszahlen. In diesem Fall übernimmt der Arbeitgeber eine **fremde Schuld**, denn anders als bei der Pauschalierung der Lohnsteuer (vgl. → Rz. 8078f.) bleibt der Arbeitnehmer gegenüber dem Finanzamt Schuldner der Lohnsteuer. Die übernommenen Lohnabzüge stellen einen **zusätzlichen lohnsteuerpflichtigen Arbeitslohn** dar.

II. Nettolohnvereinbarung

Um einen echten »Nettolohn« handelt es sich aber nur dann, wenn die Übernahme der Lohnsteuer und der übrigen Lohnabzüge zwischen dem Arbeitgeber und dem Arbeitnehmer **schriftlich oder mündlich vereinbart** worden ist. Wegen der Außergewöhnlichkeit einer Nettolohnvereinbarung und ihrer Folgen verlangt der BFH *(28.02.1992, BStBl. II S. 441)* insoweit einen klaren und einwandfreien Abschluss. Der einfache Hinweis des Arbeitgebers, dass bestimmte Beträge steuerfrei bleiben sollen, reicht allein nicht aus. Ebenso ist keine Nettolohnvereinbarung anzunehmen, wenn Arbeitgeber und Arbeitnehmer zur Lohnsteuerhinterziehung einvernehmlich zusammenwirken *(BFH 21.02.1992, BStBl. II S. 443)*. Liegt eine wirksame Nettolohnvereinbarung vor, so darf der Arbeitnehmer mit der Auszahlung des Nettolohns davon ausgehen, dass der Arbeitgeber die Lohnsteuer vorschriftsmäßig einbehalten und abgeführt hat. Dies hat zur Folge, dass die Lohnsteuer aus Sicht des Arbeitnehmers selbst dann als entrichtet gilt und bei dessen Jahressteuerfestsetzung angerechnet wird, wenn der Arbeitgeber sie **nicht abgeführt** hat.   8094a

Dies gilt allerdings nur dann, wenn der Arbeitnehmer dem Arbeitgeber auch die Lohnsteuerkarte zur Vornahme des Lohnsteuerabzugs **vorschriftsmäßig ausgehändigt** hat.

III. Lohnsteuerabzugsverfahren

Eine Nettolohnvereinbarung kann sowohl für den laufenden Arbeitslohn als auch für sonstige Bezüge getroffen werden.

1. Laufender Arbeitslohn als Nettolohn

8094b Da die vom Arbeitgeber getragene Lohnsteuer und die ggf. ebenfalls übernommenen Arbeitnehmerbeiträge zur Sozialversicherung für den Arbeitnehmer zusätzlichen Arbeitslohn darstellen, müssen diese auch im Rahmen des Lohnsteuer-Abzugsverfahrens entsprechend berücksichtigt werden. Zur Ermittlung der zutreffenden Abzugsbeträge muss in diesem Fall der **laufende Nettolohn auf einen Bruttolohn hochgerechnet** werden. Das **Berechnungsverfahren** ist im Einzelnen in Abschnitt 122 LStR mit mehreren Beispielen erläutert. Gleichwohl handelt es sich um eine umständliche und nicht unkomplizierte Verfahrensweise. Die Berechnung soll daher nur kurz an einem Beispiel dargestellt werden. Im Übrigen empfiehlt es sich, sog. Monats-Nettolohntabellen zu verwenden, die zu Netto-Löhnen (-Gehältern) die entsprechenden Bruttolohnstufen eines Monatslohns(-Gehalts) unter Berücksichtigung des Lohnsteuer-, Kirchensteuer- und Sozialversicherungsabzugs ausweisen.

BEISPIEL:

Ein rentenversicherungspflichtiger Arbeitnehmer, Steuerklasse I, erhält 2002 einen **monatlichen Nettolohn von 1.500 EUR**. Mit dem Arbeitgeber ist vereinbart, dass dieser die Lohnsteuer übernehmen soll.

Die Lohnsteuer würde ohne Übernahme durch den Arbeitgeber (also für 1.500 EUR) gemäß der allgemeinen **Lohnsteuertabelle 2002** 149,75 EUR betragen. Der zu ermittelnde Bruttoarbeitslohn liegt aber unter Berücksichtigung der übernommenen Lohnsteuer über 1.649,75 EUR (1.500 EUR + 149,75 EUR). Der genaue Betrag muss im Wege des **»Abtastens«** ermittelt werden.

Durch »Ausprobieren« mit Hilfe der Lohnsteuertabelle muss ein Bruttolohn gefunden werden, der nach Abzug der Lohnsteuer laut Tabelle einem Nettolohn von 1.500 EUR entspricht:

- Ausgangsbetrag (Nettolohn) 1.500,00 EUR
  - Lohnsteuer darauf (Steuerklasse I) 149,75 EUR
- Summe A: 1.649,75 EUR
  - Obere Stufengrenze (das ist der in der Lohnsteuertabelle nächsthöhere Wert, für den die Lohnsteuer ausgewiesen ist) für die Summe A 1.649,99 EUR
  - Lohnsteuer darauf 192,91 EUR
  - Differenz 1.457,08 EUR
    also weniger als 1.500 EUR.

Das bedeutet, der gesuchte Bruttolohn ist noch nicht gefunden. Es ist daher solange weiter zu probieren, bis die Differenz (Bruttolohn abzüglich Lohnsteuer) einen Betrag ergibt, der dem Nettolohn von 1.500 EUR entspricht.

- Summe B: 1.500 EUR + 192,91 EUR = 1.692,91 EUR
  - Obere Stufengrenze für die Summe B: 1694,99 EUR
  - Lohnsteuer darauf 205,16 EUR
  - Differenz 1.489,83 EUR
    also weniger als 1.500 EUR

Das bedeutet, der gesuchte Bruttolohn ist noch nicht gefunden. Es ist daher solange weiter zu probieren, bis die Differenz (Bruttolohn abzüglich Lohnsteuer) einen Betrag ergibt, der dem Nettolohn von 1.500 EUR entspricht. Bei einem Bruttoarbeitslohn von 1.709,99 EUR (Stufengrenze) beträgt die Lohnsteuer 209,33 EUR. Nach Abzug dieses Betrags verbleibt ein Nettolohn von 1.500,66 EUR, der nur um 0,66 EUR über dem vereinbarten Nettolohn liegt. Zieht man nun vom Bruttoarbeitslohn von 1.709,99 EUR den Betrag von 0,66 EUR ab = 1.709,33 EUR und berechnet von diesem Betrag die tarifmäßige Lohnsteuer – dies ist die gleiche wie bei 1.709,99 EUR Bruttoarbeitslohn –, hat man den gesuchten Bruttoarbeits-lohn von 1.709,33 EUR gefunden, der nach Abzug der tarifmäßigen Lohnsteuer von 209,33 EUR den vereinbarten Nettolohn von 1.500 EUR ergibt.

Übernimmt der Arbeitgeber außer der Lohnsteuer auch die Kirchensteuer, den Arbeitnehmeranteil an den Sozialversicherungsbeiträgen oder den **Solidaritätszuschlag** (vgl. → Rz. 8089), so sind bei der Ermittlung des für den Lohnsteuerabzug maßgebenden Bruttoarbeitslohns auch diese weiteren Beträge **miteinzubeziehen**.

BEISPIEL:

Sachverhalt wie im obigen Beispiel. Allerdings übernimmt der Arbeitgeber nicht nur die Lohnsteuer, sondern auch die Kirchensteuer (Steuersatz 8 %) sowie den Arbeitnehmeranteil am Gesamtsozialversicherungsbeitrag i.H.v. 20,3 % (angenommener Wert!. Ein Freibetrag ist auf der Lohnsteuerkarte nicht eingetragen. Der Ausgangsbetrag (Nettolohn) ist demzufolge für die oben dargestellte Berechnung wie folgt zu erhöhen:

- Ausgangsbetrag (Nettolohn) 1.500,00 EUR
  - Lohnsteuer darauf (Steuerklasse I) 149,75 EUR
  - Solidaritätszuschlag (5,5 %) 8,23 EUR
  - Kirchensteuer (8 %) 11,92 EUR
  - Gesamtsozialversicherung (20,3 %) 304,50 EUR
  - Summe A 1.974,40 EUR
- Obere Stufengrenze für Summe A: 1.974,40 EUR
  - Lohnsteuer darauf 285,33 EUR
  - Solidaritätszuschlag (5,5 %) 15,69 EUR
  - Kirchensteuer (8 %) 25,67 EUR
  - Gesamtsozialversicherung (20,3 %) 400,80 EUR
  - Lohnabzug insgesamt 727,49 EUR
- Differenz 1.246,91 EUR

Dieser Betrag liegt deutlich unter dem gesuchten Nettobetrag von 1.500 EUR. Die Lohnsteuertabelle muss daher entsprechend dem gezeigten Verfahren weiter »abgetastet« werden, bis die Differenz einen Betrag von 1.500 EUR ergibt bzw. einen geringfügig höheren, bei dem aber – wie im ersten Berechnungsbeispiel- der um die Abweichung »bereinigte« Bruttobetrag noch in der gleichen Lohnstufe liegt. Im Beispielsfall liegt der gesuchte Bruttobetrag bei 2.555,67 EUR.

Hinweis:

Liegen die Voraussetzungen für den Abzug eines anteiligen Versorgungsfreibetrags oder Altersentlastungsbetrags (vgl. → Rz. 8053f.) für den betreffenden Lohnzahlungszeitraum vor, so sind diese gem. Abschn. 122 Abs. 2 LStR aus Vereinfachungsgründen bereits **vor** der oben beschriebenen Steuerberechnung vom **Nettolohn** abzuziehen. Außerdem ist von dem so gekürzten Nettolohn ein etwaiger Freibetrag nach Maßgabe der Eintragungen auf der Lohnsteuerkarte abzuziehen.

Tipp
Bereits dieses – nur im Ansatz dargestellte Berechnungsschema – lässt erkennen, dass die Berechnung des Nettolohns sehr kompliziert und zeitaufwendig ist und daher nur mit einem handelsüblichen **Lohnsteuerberechnungsprogramm** für den PC durchgeführt werden sollte, welches das zutreffende Ergebnis in Sekundenschnelle ermittelt.

2. Nettolohnvereinbarung bei sonstigen Bezügen

8094c Wird hinsichtlich eines **sonstigen Bezugs** (vgl. → Rz. 8041) eine Nettolohnvereinbarung getroffen (bspw. Gewährung einer Nettogratifikation als Erfolgsprämie zum Jahresende), ist die Lohnsteuer grundsätzlich in gleicher Weise durch »Abtasten« der Lohnsteuertabelle zu ermitteln. Fraglich ist allerdings, ob dies anhand der **Jahreslohnsteuertabelle** zu erfolgen hat, nach der sich üblicherweise die Besteuerung der sonstigen Bezüge richtet (vgl. → Rz. 8061) oder (abhängig vom Lohnzahlungszeitraum) nach der **Monats-, Wochen- oder Tagestabelle**.

Dies ist wie folgt zu entscheiden:

Zunächst findet auch hier die Regelung der vereinfachten Besteuerung sonstiger Bezüge bis 150 EUR Anwendung (vgl. → Rz. 8060). Bis zu diesem Betrag gilt der sonstige Bezug demzufolge als **laufender Arbeitslohn.** Dafür wäre allerdings vorab die Feststellung erforderlich, dass der **netto** gezahlte sonstige Arbeitslohn den Betrag von 150 EUR **brutto** nicht übersteigt. Insoweit gilt gem. R 122 Abs. 4 Nr. 2 LStR eine Vereinfachungsregelung. Erst wenn der **netto** gezahlte sonstige Bezug **115 EUR** übersteigt, ist davon auszugehen, dass der Bruttobetrag die Grenze von 150 EUR überschreitet. Ausgangsgröße für das »Abtasten« der **Monats-, Wochen- oder Tagestabelle** in der unter → Rz. 8094b geschilderten Weise ist dann der **Nettobetrag** des monatlich laufenden (Brutto-) Arbeitlohns entsprechend Tabelle zzgl. des **sonstigen Nettobezugs**.

Ab einem sonstigen Nettobezug von **über 115 EUR** ist für das »Abtasten« die **Jahreslohnsteuertabelle** anzuwenden.

In diesem Fall ist der Bruttobetrag festzustellen, der nach Abzug der Lohnsteuer den ausgezahlten Nettobetrag ergibt. Bei der Ermittlung des maßgebenden Jahresarbeitslohns sind der voraussichtliche laufende Jahresarbeitslohn und frühere, netto gezahlte sonstige Bezüge mit den entsprechenden Bruttobeträgen anzusetzen. Übernimmt der Arbeitgeber nicht nur die auf den sonstigen Bezug entfallende Lohnsteuer, sondern auch die hierauf entfallende Kirchensteuer, die Arbeitnehmeranteile an den Sozialversicherungsbeiträgen (Kranken-, Renten-, Arbeitslosenversicherung) oder den Solidaritätsbeitrag, so sind diese dem sonstigen Bezug vor der in mehreren Schritten erfolgenden Berechnung der Lohnsteuer nur **einmal** hinzuzurechnen (ansonsten würde die Einbeziehung der tatsächlich abgeführten Sozialversicherungsbeiträge die Höhe der Lohn- und Kirchensteuer beeinflussen, was sich wiederum auf die abzuführenden Sozialversicherungsbeiträge auswirken könnte).

Hinweis:
Im **Lohnkonto** und in den **Lohnsteuerbescheinigungen** sind in allen Fällen von Nettolohnzahlungen die nach den oben beschriebenen Verfahren ermittelten **Bruttoarbeitslöhne** anzugeben und als einbehaltene Steuerbeträge die vom Arbeitgeber übernommenen Steuerbeträge einzutragen (vgl. auch → Rz. 8108).

56. Kapitel: Einbehaltung, Anmeldung und Abführung der Lohnsteuer

I.	Einbehaltung der Lohnsteuer	8095
II.	Anmeldung der Lohnsteuer	8096
	1. Muster einer Lohnsteueranmeldung	8098
	2. Berichtigung der Lohnsteueranmeldung	8101
III.	Lohnsteuerabführung	8102

I. Einbehaltung der Lohnsteuer

Die Einbehaltung der berechneten Lohnsteuer (zur Berechnung vgl. → Rz. 8048 ff.) geschieht in der Weise, dass der Arbeitgeber den **Arbeitslohn** um die zuvor errechnete **Lohnsteuer kürzt**. Zur Auszahlung kommt nur der gekürzte Arbeitslohn (= **Nettolohn**). Die errechnete Lohnsteuer wird zurückbehalten. Die Pflicht zur Einbehaltung der Lohnsteuer besteht auch dann, wenn der Arbeitnehmer zur Einkommensteuer veranlagt wird. Die steuerlichen Rechtsverhältnisse des Arbeitnehmers sind vom Arbeitgeber nur insoweit zu berücksichtigen, als sie sich **aus der Lohnsteuerkarte ergeben**. Andere Tatsachen darf der Arbeitgeber nicht berücksichtigen (zur Maßgeblichkeit der Lohnsteuerkarte vgl. → Rz. 8043). **8095**

Die Einbehaltungspflicht besteht für den Arbeitgeber grundsätzlich bei **jeder Lohnzahlung**. Von der Pflicht zur Einbehaltung der Lohnsteuer bei jeder Lohnzahlung gibt es **eine Ausnahme:** Der Arbeitgeber zahlt für einen üblichen Lohnzahlungszeitraum den Arbeitslohn nur in ungefährer Höhe aus **(Abschlagszahlung)**. Die genaue Lohnabrechnung wird erst zu einem späteren Zeitpunkt vorgenommen (vgl. → Rz. 8063). Hier ist es aus Vereinfachungsgründen zulässig, die Lohnsteuer **erst bei der Lohnabrechnung** zu erheben. Der **Lohnabrechnungszeitraum** darf allerdings **5 Wochen** nicht überschreiten und die Lohnabrechnung muss **innerhalb von 3 Wochen** nach dessen Ablauf vorgenommen werden.

Wird zuwenig Lohnsteuer einbehalten, und kann oder will der Arbeitgeber diesen Fehler nicht korrigieren, muss er eine **Anzeige an das Betriebsstättenfinanzamt** machen. Diese Anzeige über die zu geringe Einbehaltung der Lohnsteuer ist ggf. auch für die zurückliegenden 4 Jahre zu erstatten. Dies gilt ohne Rücksicht auf die Verjährung eines Steueranspruchs (vgl. im Einzelnen → Rz. 8145).

II. Anmeldung der Lohnsteuer

Der Arbeitgeber hat die bei der Lohn- bzw. Gehaltszahlung erhobene Lohn- und Lohnkirchensteuer **monatlich, vierteljährlich** oder **einmal im Jahr anzumelden und abzuführen**. Dies hängt davon ab, wie hoch der Lohnsteuerbetrag im Vorjahr war. **8096**

Die Lohnsteueranmeldung ist auf einem amtlich vorgeschriebenen Vordruck (vgl. → Rz. 8098) abzugeben und muss vom Arbeitgeber selbst oder seinem beauftragten Vertreter unterschrieben werden. Der Vordruck ist beim Finanzamt kostenlos erhältlich. Allen steuerlich bereits erfassten Arbeitgebern werden die Anmeldungsvordrucke vom Finanzamt zur Jahreswende unaufgefordert zugesandt. Für jede Betriebsstätte und für jeden Lohnsteueranmeldungszeitraum ist eine **einheitliche Lohnsteueranmeldung** einzureichen. Die Abgabe mehrerer Lohnsteueranmeldungen für dieselbe Betriebsstätte und denselben Lohnsteueranmeldungszeitraum, beispielsweise getrennt nach den verschiedenen Bereichen der Lohnabrechnung (gewerbliche Arbeitnehmer, Gehaltsempfänger, Pauschalierungen usw.) ist **nicht zulässig**. Da die Lohnsteueranmeldung vom Arbeitgeber oder von einer zu seiner Vertretung berechtigten Person unterschrieben werden muss, kann die Lohnsteueranmeldung nicht per Telefax eingereicht werden. Mit der Unterschrift wird versichert, dass die Angaben in der Lohnsteueranmeldung wahrheitsgemäß nach bestem Wissen und Gewissen gemacht werden. Eine Lohnsteueranmeldung ist **unabhängig von der Abführung der Lohnsteuer** selbst dann abzugeben, wenn in einem Lohnsteueranmeldungszeitraum **Lohnsteuer nicht einzubehalten** war, Lohnsteuer **nicht übernommen** wurde oder der Arbeitgeber **keine Arbeitnehmer mehr beschäftigt**. Der Arbeitgeber hat in diesem Fall in der Lohnsteueranmeldung zu erklären, dass im Anmeldungszeitraum keine Lohnsteuer einzubehalten war. Hierbei handelt es sich um eine sog. »**Nullanmeldung**«. Nur wenn der Arbeitgeber dem Betriebsstättenfinanzamt formlos mitteilt, dass bei ihm keine Arbeitnehmer mehr beschäftigt sind, braucht er ab diesem Zeitpunkt keine Lohnsteueranmeldung mehr einzureichen.

8097 Die Lohnsteueranmeldung muss spätestens am **10. Tag** nach Ablauf des **Lohnsteueranmeldungszeitraums** abgegeben werden. Dieser Anmeldungszeitraum richtet sich nach der Höhe der für das Vorjahr abzuführenden Lohnsteuer. Folgende Zeiträume kommen in Betracht:

- **Kalendermonat** War für das vorangegangene Kalenderjahr Lohnsteuer von **mehr als 3.000 EUR** abzuführen, so ist Anmeldungszeitraum der Kalendermonat.
- **Kalendervierteljahr** War für das vorangegangene Kalenderjahr Lohnsteuer von **mehr als 800 EUR**, aber **höchstens 3.000 EUR** abzuführen, so ist Anmeldungszeitraum das Kalendervierteljahr.
- **Kalenderjahr** War für das vorangegangene Kalenderjahr Lohnsteuer von **nicht mehr als 800 EUR** abzuführen, so ist Anmeldungszeitraum das Kalenderjahr.

Für die Bestimmung des Anmeldungszeitraums ist im Übrigen die Summe der einbehaltenen und übernommenen Lohnsteuer ohne Kürzung um die der Lohnsteuer entnommenen Bergmannsprämien maßgebend.

BEISPIEL:

Der Arbeitgeber hat für das Kalenderjahr 2001 insgesamt 850 EUR Lohnsteuer an das Finanzamt abgeführt. Der Betrag setzt sich wie folgt zusammen:

einbehaltene Lohnsteuer	850 EUR
abzüglich Bergmannsprämie	50 EUR
abzuführender Betrag	800 EUR

Lohnsteueranmeldungszeitraum für das Kalenderjahr 2002 ist das Kalenderjahr.

Hat der Betrieb nicht während des ganzen vorangegangenen Kalenderjahres bestanden, so ist die im vorangegangenen Kalenderjahr einbehaltene und übernommene Lohnsteuer für die Feststellung des Abführungstermins auf einen **Jahresbetrag umzurechnen**.

Hat der Betrieb im vorangegangenen Kalenderjahr **noch nicht** bestanden, so richtet sich der Zeitpunkt für die Abführung der Lohnsteuer danach, ob die **im ersten vollen Kalendermonat** nach der Eröffnung des Betriebs einbehaltene und übernommene Lohnsteuer nach Umrechnung auf einen Jahresbetrag den Betrag **von 3.000 EUR überstiegen** hat oder noch nicht überstiegen hat.

BEISPIEL:

Betriebseröffnung	01.03.2002
Lohnsteuer März =	300 EUR
umgerechneter Jahresbetrag =	3.600 EUR.

Dieser Betrag übersteigt die Grenze von 3.000 EUR. Lohnsteueranmeldungszeitraum ab 01.03.2002 ist somit der **Kalendermonat**.

Der Lohnsteueranmeldungszeitraum ist je nach Höhe der in einem Kalenderjahr insgesamt anzumeldenden Lohnsteuer **gesetzlich vorgeschrieben**. Der Arbeitgeber kann jedoch ohne weiteres anstelle eines jährlichen oder vierteljährlichen Anmeldungszeitraumes die Lohnsteueranmeldung monatlich abgeben, wenn er dies für zweckmäßig hält.

Bei verspäteter Abgabe der Lohnsteueranmeldung kann das Finanzamt einen **Verspätungszuschlag** festsetzen in Höhe von **bis zu 10 %** des anzumeldenden Betrages. Regelmäßig wird jedoch bei einer bis zu 5 Tagen verspäteten Abgabe der Anmeldung hiervon abgesehen.

1. Muster einer Lohnsteueranmeldung

Lohnsteuer-Anmeldung 2002

Zeile	Feld	Wert
1-3	Fallart	11
	Steuernummer	
	Unterfallart	62
4-13	Finanzamt / Arbeitgeber – Anschrift der Betriebsstätte – Telefon	
	Eingangsstempel oder -datum (30)	

Anmeldungszeitraum

bei monatlicher Abgabe bitte ankreuzen:
- 0201 Jan.
- 0202 Feb.
- 0203 März
- 0204 April
- 0205 Mai
- 0206 Juni
- 0207 Juli
- 0208 Aug.
- 0209 Sept.
- 0210 Okt.
- 0211 Nov.
- 0212 Dez.

bei vierteljährlicher Abgabe bitte ankreuzen:
- 0241 I. Kalendervierteljahr
- 0242 II. Kalendervierteljahr
- 0243 III. Kalendervierteljahr
- 0244 IV. Kalendervierteljahr

bei jährlicher Abgabe bitte ankreuzen:
- 0219 Kalenderjahr

Zeile	Bezeichnung	Kz	EURO	Ct
15	Berichtigte Anmeldung (falls ja, bitte eine „1" eintragen)	10		
16	Zahl der Arbeitnehmer (einschl. Aushilfs- und Teilzeitkräfte)	86		
18	Lohnsteuer ¹) ²)	42		
19	abzüglich an Arbeitnehmer ausgezahltes Kindergeld	43		
20	abzüglich an Arbeitnehmer ausgezahlte Bergmannsprämien	46		
21	abzüglich Kürzungsbetrag für Besatzungsmitglieder von Handelsschiffen	33		
22	Verbleiben ¹)	48		
23	Solidaritätszuschlag ¹) ²)	49		
24	Evangelische Kirchensteuer ¹) ²) (ev)	61		
25	Römisch-katholische Kirchensteuer ¹) ²) (rk)	62		
26	Jüdische Kultussteuer ¹) ²) (is)	64		
27	Freireligiöse Landesgemeinde Pfalz ¹) ²) (fg)	68		
28	Freireligiöse Gemeinde Mainz ¹) ²) (fm)	65		
29	Freie Religionsgemeinschaft Alzey ¹) ²) (fa)	72		
30	Altkatholische Kirchensteuer ¹) ²) (ak)	63		
31	Gesamtbetrag ¹)	83		

¹) Negativen Beträgen ist ein **Minuszeichen** voranzustellen.
²) Nach Abzug der im Lohnsteuer-Jahresausgleich erstatteten Beträge.

Ein Erstattungsbetrag wird auf das dem Finanzamt benannte Konto überwiesen, soweit der Betrag nicht mit Steuerschulden verrechnet wird.
Verrechnung des Erstattungsbetrags erwünscht/Erstattungsbetrag ist abgetreten.
(falls ja, bitte eine „1" eintragen) 29

Geben Sie bitte die Verrechnungswünsche auf einem besonderen Blatt oder auf dem beim Finanzamt erhältlichen Vordruck „Verrechnungsantrag" an.
Die **Einzugsermächtigung** wird ausnahmsweise (z. B. wegen Verrechnungswünschen) für diesen Anmeldungszeitraum **widerrufen** (falls ja, bitte eine „1" eintragen) 26
Ein ggf. verbleibender Restbetrag ist gesondert zu entrichten.
Ich versichere, die Angaben in dieser Steueranmeldung wahrheitsgemäß nach bestem Wissen und Gewissen gemacht zu haben.
Hinweis nach den Vorschriften der Datenschutzgesetze:
Die mit der Steueranmeldung angeforderten Daten werden auf Grund der §§ 149 ff. der Abgabenordnung und des § 41a des Einkommensteuergesetzes erhoben. Die Angabe der Telefonnummer ist freiwillig.

Datum, Unterschrift

Vom Finanzamt auszufüllen

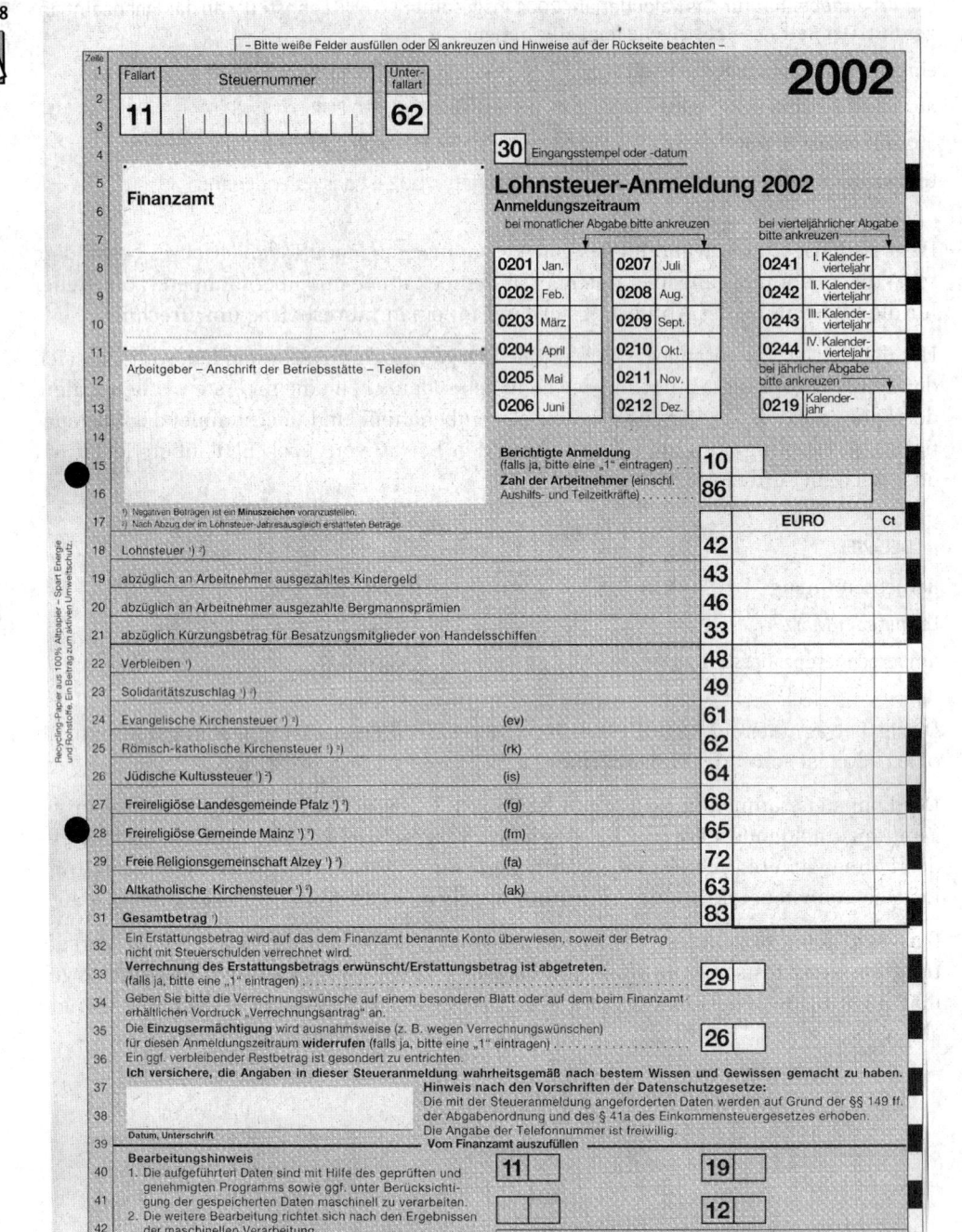

Bearbeitungshinweis
1. Die aufgeführten Daten sind mit Hilfe des geprüften und genehmigten Programms sowie ggf. unter Berücksichtigung der gespeicherten Daten maschinell zu verarbeiten.
2. Die weitere Bearbeitung richtet sich nach den Ergebnissen der maschinellen Verarbeitung.

11 | 19
12

Kontrollzahl und/oder Datenerfassungsvermerk

Datum, Namenszeichen/Unterschrift

LStA - Lohnsteuer-Anmeldung 2002 - (Ko 0901)

S. → Rz. 8098 amtliches Muster für die Lohnsteueranmeldung 2002. **8099**

Bereits seit dem **01.01.1999** akzeptierte die Finanzverwaltung auch die Abgabe der **Lohnsteueranmeldung** in **EURO**. Dies Regelung war jedoch **fakultativ**. Bei Lohnsteueranmeldungen für die Zeiträume ab Januar 2002 sind alle Beträge **zwingend** in EURO auszuweisen.

Zu beachten ist jedoch, dass abweichend hiervon die Ausstellung der den Arbeitnehmern auszuhändigenden **Lohnsteuerbescheinigungen** für 2001 (Lohnsteuerkarte, vgl. → Rz. 8116 f.) unverändert in DM erfolgen muss!

Die Lohnsteueranmeldung ist wie folgt auszufüllen:

- **Zeilen 1- 3:**
  Hier ist die dem Arbeitgeber vom Finanzamt für den Lohnsteuerabzug zugewiesene Steuernummer einzutragen.

- **Zeilen 5-10; 12-16:**
  Unter »Finanzamt« ist das Betriebsstättenfinanzamt einzutragen (zum Betriebsstättenfinanzamt s. → Rz. 8017).
  Nach der Anschrift des Betriebsstättenfinanzamts ist den Zeilen 12-16 die Arbeitgeberanschrift bzw. die Anschrift der Betriebsstätte (vgl. → Rz. 8017) anzugeben.

- **Anmeldungszeitraum:**
  Abhängig vom Lohnsteueranmeldungszeitraum im Einzelfall (vgl. hierzu → Rz. 8097) sind hier entweder der entsprechende Kalendermonat, das Quartal oder das Kalenderjahr als Lohnsteueranmeldungszeitraum anzukreuzen.

- **Berichtigung von Lohnsteueranmeldungen:**
  Falls eine **berichtigte Steueranmeldung** abgegeben werden soll (vgl. hierzu → Rz. 8144), so ist hinter die (grüne) Ordnungskennziffer »10« eine »1« einzutragen.

- **Zahl der beschäftigten Arbeitnehmer:**
  Hinter der (grünen) Ordnungskennziffer »86« ist die Anzahl der beschäftigten Arbeitnehmer einzutragen.

- **Abführung der Steuerabzugsbeträge:**
  – *Zeile 18*
    In Zeile 18 sind die einbehaltenen und übernommenen Steuerabzugsbeträge (bspw. aufgrund einer **Lohnsteuerpauschalierung**, vgl. → Rz. 8097) in **einem** Betrag einzutragen. Wird wegen einer Neuberechnung der Lohnsteuer für bereits abgelaufene Lohnzahlungszeiträume desselben Kalenderjahres mehr an Lohnsteuer erstattet als einbehalten wurde, und führt dieses zu einem negativen Betrag, ist der Betrag mit einem Minuszeichen zu kennzeichnen. Eine Angabe in rot ist nicht mehr zulässig. Pfennigbeträge können auf 10 Pfennig zugunsten des Arbeitgebers gerundet werden.
  – *Zeile 19*
    Seit dem **01.01.1999** haben wieder nur die Arbeitgeber des öffentlichen Dienstes den Arbeitnehmern, auf deren Lohnsteuerkarte ein Kinderfreibetrag eingetragen ist, das

Kindergeld auszuzahlen. Dieses wird aus der abzuführenden Lohnsteuer finanziert. Die **Summe des an alle Arbeitnehmer im Lohnsteueranmeldungszeitraum** ausgezahlten Kindergeldes wird in Zeile 19 eingetragen.

- *Zeile 20*

  Werden **Bergmannsprämien** nach dem Bergmannsprämiengesetz gezahlt, so sind diese – wie das Kindergeld – von dem Betrag abzuziehen, den der Arbeitgeber für seine Arbeitnehmer insgesamt an Lohnsteuer einzubehalten hat. Demzufolge ist bei der **nächsten Lohnsteueranmeldung** ein entsprechender Betrag von der einzubehaltenden und abzuführenden Lohnsteuer abzuziehen und in der Zeile 20 einzutragen.

- *Zeile 21*

  Arbeitgeber, die eigene oder gecharterte Handelsschiffe betreiben, dürfen einen Betrag von 40 % der Lohnsteuer der auf solchen Schiffen in einem zusammenhängenden Arbeitsverhältnis von mehr als 183 Tagen beschäftigten Besatzungsmitglieder abziehen. Dieser Betrag ist in Zeile 21 einzutragen.

  Zeile 22

  Hier ist der **verbleibende Betrag** der Lohnsteuer nach Abzug des ausbezahlten Kindergeldes, der Bergmannsprämien und des Kürzungsbetrages für Besatzungsmitglieder von Handelsschiffen einzutragen. Übersteigt dieser Betrag die insgesamt einzubehaltende und abzuführende Lohnsteuer, so ist dieser Negativbetrag deutlich mit einem Minuszeichen zu versehen. Eine Angabe in rot ist nicht mehr zulässig. Der übersteigende Betrag wird auf **Antrag vom Finanzamt erstattet** (vgl. Anm. zu Zeile 31).

- *Zeile 23*

  Seit dem **Veranlagungszeitraum 1995** ist ein Solidaritätszuschlag nach dem Muster des bereits 1991/1992 erhobenen Solidaritätszuschlags wieder eingeführt worden. Zu den Einzelheiten vgl. → Rz. 8087 ff. Der Gesamtbetrag des im Anmeldungszeitraum einbehaltenen Zuschlags ist in dieser Zeile einzutragen.

- *Zeilen 24 und 25*

  Hier ist die jeweils einbehaltene Kirchensteuer, getrennt nach den einzelnen steuererhebenden Religionsgemeinschaften, einzutragen.

- *Zeile 31*

  In Zeile 31 ist der gesamte Betrag einzutragen, der an das Finanzamt der Betriebsstätte abzuführen ist.

- *Zeile 32*

  Zeile 32 enthält den erforderlichen Erstattungsantrag an das Betriebsstättenfinanzamt für den Fall, dass entweder vom Arbeitgeber z.B. wegen einer neuen Berechnung der Lohnsteuer für bereits abgelaufene Lohnzahlungszeiträume desselben Kalenderjahres mehr an Lohnsteuer erstattet wurde, als dieser einbehalten hat (vgl. Zeile 18) oder wenn der aus der Lohnsteuer zu entnehmende Betrag den Betrag der insgesamt einbehaltenen Lohnsteuer übersteigt (vgl. Zeile 22).

- *Zeilen 33 und 34*

  Für den Fall, dass beim Arbeitgeber besondere Verrechnungswünsche bestehen (beispielsweise Verrechnung der abzuführenden Lohnsteuer mit einem Umsatzsteuererstattungsanspruch) und er diese auf einem gesonderten Blatt angegeben hat, ist hinter der (grünen) Ordnungsziffer »29« eine »1« einzutragen.

- *Zeile 35*
  Bei Widerruf einer Einzugsermächtigung für den Anmeldungszeitraum ist hinter der (grünen) Ordnungsziffer »26« ebenfalls eine 1 einzutragen.

- **Zeilen 36 – 39:**
Datum und Unterschrift nicht vergessen.

Der Arbeitgeber hat unabhängig davon, ob er Lohnsteuer einzubehalten hatte oder ob die einbehaltene Steuer an das Finanzamt abgeführt worden ist, dem Finanzamt der Betriebsstätte **in jedem Fall bis zum Abführungszeitpunkt eine Lohnsteueranmeldung abzugeben** (vgl. auch → Rz. 8096).

BEISPIEL: ANMELDUNG UND ABFÜHRUNG DER LOHNSTEUER 8100

(1) Der Arbeitgeber hat im Kalenderjahr 2001 insgesamt 3.500 EUR Lohnsteuer einbehalten und abgeführt. In den Monaten Januar bis März 2002 hat er jeweils monatlich 150 EUR Lohnsteuer vom Arbeitslohn der in seinem Betrieb beschäftigten Arbeitnehmer einbehalten.

Der Arbeitgeber hat jeweils die in einem abgelaufenen Monat einbehaltene Lohnsteuer spätestens am 10. des folgenden Monats anzumelden und abzuführen. Lohnsteueranmeldungszeitraum ist hier der **Kalendermonat**, da die 2001 insgesamt abzuführende Lohnsteuer **mehr als 3.000 EUR** betrug.

(2) Der Arbeitgeber hat seinen Betrieb zum 01.04.2002 eröffnet. **Im April 2002** hat er 90 EUR, in den Monaten Mai bis Juli 2002 insgesamt 310 EUR Lohnsteuer ermittelt und einbehalten.

Der Arbeitgeber hat vierteljährlich bis zum 10. des auf das abgelaufene Quartal folgenden Monats die in diesem Quartal einbehaltene Lohnsteuer anzumelden und abzuführen. Der maßgebende Lohnsteueranmeldungszeitraum ist hier das **Kalendervierteljahr,** da sich aus der im **Monat April 2002** (erster voller Kalendermonat) einbehaltenen Lohnsteuer von 90 EUR eine auf einen **Jahresbetrag umgerechnete Lohnsteuer von 1.080 EUR ergibt**. Die Höhe der in den Monaten Mai bis Juli einbehaltenen Lohnsteuer ist für die Bestimmung des Lohnsteueranmeldungszeitraumes ohne Bedeutung.

2. Berichtigung der Lohnsteueranmeldung

Stellt der Arbeitgeber nach Abgabe der Lohnsteueranmeldung beim Betriebsstättenfinanzamt fest, dass er z.B. durch einen **Schreibfehler**, **Rechenfehler** oder durch ein anderes Versehen in der Lohnsteueranmeldung unrichtige Angaben gemacht hat, dann ist beim Betriebsstättenfinanzamt eine **berichtigte Lohnsteueranmeldung** einzureichen, die als solche besonders kenntlich zu machen ist (vgl. → Rz. 8099). In die berichtigte Lohnsteueranmeldung sind alle Angaben für den entsprechenden Lohnsteueranmeldungszeitraum aufzunehmen, und zwar auch diejenigen Angaben, die nicht zu berichtigen sind. Nicht möglich ist es daher, nur Unterschiedsbeträge dem Betriebsstättenfinanzamt nachzumelden. (vgl. auch »Änderung des Lohnsteuerabzugs«, → Rz. 8144).

8101

III. Lohnsteuerabführung

8102 Der Arbeitgeber hat **spätestens am 10. Tag nach Ablauf eines jeden Anmeldungszeitraums** die insgesamt einbehaltene und übernommene Lohnsteuer an das Betriebsstättenfinanzamt abzuführen. Der Termin für die Abführung der Lohnsteuer deckt sich also mit dem Tag, an dem die **Lohnsteueranmeldung** beim Betriebsstättenfinanzamt einzureichen ist. Auch hier gewährt die Finanzverwaltung eine **Schonfrist von 5 Tagen**. Diese beginnt mit Ablauf der gesetzlichen Frist.

Diese Frist gilt seit dem 01.01.1994 **nicht** mehr bei Zahlungen in **bar** oder **durch Scheck**.

Eine wirksam geleistete Zahlung gilt als entrichtet

- bei Übergabe oder Übersendung von Zahlungsmitteln am Tag des Eingangs;
- bei Überweisung oder Einzahlung auf ein Konto der Finanzkasse an dem Tag, an dem der Betrag der Finanzkasse gutgeschrieben wird und
- bei Vorliegen einer Einzugsermächtigung am Fälligkeitstag.

Die Übergabe eines Schecks steht einer Barzahlung gleich.

Führt der Arbeitgeber die Lohnsteuer nicht rechtzeitig ab, so ist ein Säumniszuschlag zu entrichten. Der Säumniszuschlag beträgt für jeden angefangenen Monat der Säumnis 1 % des rückständigen, auf 100 nach unten abgerundeten Steuerbetrags. Bei einer Säumnis bis zu 5 Tagen wird ein Säumniszuschlag nur dann nicht erhoben, wenn die Zahlung trotz einer (rechtzeitig und ordnungsgemäß vorgenommenen) Überweisung eingetreten ist (s.o.).

Bei **Überweisung der Lohn- und Kirchensteuer** auf ein Konto der Finanzkasse des Betriebsstättenfinanzamts ist auf dem Überweisungsträger **folgendes anzugeben:**

- die Steuernummer des Arbeitgebers,
- der Lohnsteueranmeldungszeitraum (z.B. Januar 2002 oder II. Quartal 2002).
- die getrennten Beträge für Lohn- und Kirchensteuer, wobei die Kirchensteuer wiederum für die einzelnen Konfessionen getrennt anzugeben ist.

Die gleichen Angaben sind bei der Abgabe eines Schecks erforderlich. Bei der Überweisung der Lohn- und Kirchensteuer ist darauf zu achten, dass die Gutschrift beim Finanzamt rechtzeitig erfolgt.

57. Kapitel: Buchführung – Aufzeichnungspflichten des Arbeitgebers

I.	**Lohnkonto**	**8103**
	1. Eintragungen im Lohnkonto	8104
	2. Belege zum Lohnkonto	8111
	3. Sammellohnkonto	8113
	4. Aushilfs- und Teilzeitbeschäftigte	8115
II.	**Lohnsteuerbescheinigung**	**8116**
	1. Allgemeine Lohnsteuerbescheinigung	8116
	2. Besondere Lohnsteuerbescheinigung	8119
	3. Verbleib der Lohnsteuerkarten und Lohnsteuerbescheinigungen	8122
	4. Aufzeichnungspflichten im maschinellen Lohnabzugsverfahren	8124

I. Lohnkonto

Der Arbeitgeber muss **in jedem Jahr** für **jeden Arbeitnehmer** ein **Lohnkonto** einrichten (vgl. § 41 Abs. 1 EStG i.V.m. § 4 LStDV). Das Lohnkonto, in das alle für den Lohnsteuerabzug erforderlichen Merkmale einzutragen sind, stellt den wesentlichsten **Nachweis des Arbeitgebers** über die vorschriftsmäßige Berechnung der Lohnsteuer dar. **8103**

Da der Arbeitgeber für jeden Arbeitnehmer und für jedes Kalenderjahr ein Lohnkonto zu führen hat, ist zu Beginn des Kalenderjahrs stets ein **neues Lohnkonto** anzulegen.

Nachdem § 4 Abs. 4 LStDV, der für bestimmte Fälle eine Befreiung vom Führen eines Lohnkontos vorsah, durch das Steuerbereinigungsgesetz 1999 mit Wirkung ab dem 01.01.2000 entfallen ist, ist nunmehr **immer** ein Lohnkonto zu führen, wenn Arbeitnehmer beschäftigt werden.

Die Lohnkonten sind am Ort der Betriebsstätte zu führen (zum Begriff der Betriebsstätte vgl. → Rz. 8017).

1. Eintragungen im Lohnkonto

Eine besondere **Form** des Lohnkontos ist nicht vorgeschrieben. Diese hängt weitgehend von der Art der Lohnabrechnung ab. Bedient sich der Arbeitgeber der manuellen Abrechnung, wird das Lohnkonto regelmäßig in Karteiform, Buchform, Heftform, Loseblatt-Form usw. geführt werden. Bei der **maschinellen Lohnabrechnung** können im Durchschreibeverfahren gefertigte Lohnstreifen des einzelnen Arbeitnehmers untereinander auf dessen Lohnkonto aufgeklebt werden. **8104**

Beim **Ausscheiden des Arbeitnehmers** ist das Lohnkonto spätestens am Ende des Kalenderjahres abzuschließen und bis zum **Ablauf des 6. Kalenderjahres**, das auf die zuletzt eingetragene Lohnzahlung folgt, aufzubewahren. Die Aufbewahrungsfrist beginnt am

01.01. des Kalenderjahres, das auf das Kalenderjahr folgt, für welches das betreffende Lohnkonto die letzte Zahlung ausweist. Dies bedeutet, dass das Lohnkonto für das Jahr 2001 bis zum 31.12.2007 aufzubewahren ist.

8105 Der **Inhalt des Lohnkontos** ist in § 4 Abs. 1 und 2 LStDV gesetzlich vorgeschrieben. Hierbei handelt es sich allerdings nur um **Mindestvorschriften**, über die hinaus der Arbeitgeber in der Regel weitere Vermerke in das Lohnkonto aufnehmen wird. Folgende Daten sind danach bei Lohn- und Gehaltszahlungen in das Lohnkonto einzutragen:

In den **Kopf des Lohnkontos** sind sämtliche Merkmale aufzunehmen, die auf der Vorderseite der Lohnsteuerkarte eingetragen sind (Name, Anschrift, Geburtsdatum, Steuerklasse, Religionszugehörigkeit, Zahl der Kinderfreibeträge usw.). Auch hier gilt der **Grundsatz der Maßgeblichkeit** der Lohnsteuerkarte (vgl. → Rz. 8043).

Außerdem ist sowohl die Gemeinde, die die Lohnsteuerkarte ausgestellt hat, als auch das Finanzamt einzutragen, in dessen Bezirk die Lohnsteuerkarte ausgestellt worden ist.

Zusätzlich zu den allgemeinen Daten ist im Lohnkonto »B« einzutragen, wenn die einbehaltene oder übernommene Lohnsteuer nach der **besonderen Lohnsteuertabelle** ermittelt worden ist (vgl. hierzu → Rz. 8052).

8106 Ändern sich im Laufe des Jahres die Steuerklasse oder die auf der Lohnsteuerkarte oder in einer entsprechenden Bescheinigung eingetragene **Zahl der Kinderfreibeträge** und die **Zahl** der durch die Berlin-Zulage **begünstigten Kinder**, so ist auch der **Zeitpunkt** anzugeben, von dem an die Änderung gilt.

8107 Bei **Lohn- und Gehaltszahlungen** sind in das Lohnkonto folgende Daten einzutragen:
- **Tag** der Lohnzahlung sowie der **Lohnzahlungszeitraum**,
- der gezahlte **Bruttoarbeitslohn**, getrennt nach Barlohn und Sachbezügen. Ein eventuell bei der Lohnabrechnung gekürzter Altersentlastungsbetrag oder Versorgungs-Freibetrag darf **nicht** vom Bruttolohn abgezogen werden. Die Berücksichtigung dieser Beträge ist bei der **Berechnung der Lohnsteuer** zu vermerken. Versorgungsbezüge sind als solche zu kennzeichnen. Die vom Arbeitgeber **zusätzlich gezahlten vermögenswirksamen Leistungen** müssen ebenfalls im Bruttoarbeitslohn enthalten sein. Nicht zum Bruttoarbeitslohn gehören jedoch die unter → Rz. 8108 einzeln aufgeführten Beträge, die grundsätzlich gesondert einzutragen sind.
- **Sachbezüge** sind einzeln zu bezeichnen und unter Angabe des Abgabetages oder des Abgabezeitraumes bei laufenden Sachbezügen anzugeben. Einzutragen ist auch der für steuerliche Zwecke **maßgebende Wert**. Dies kann entweder der amtliche Sachbezugswert sein, wenn für diesen Sachbezug amtliche Werte festgesetzt und anwendbar sind, oder es ist der Endpreis am Abgabeort maßgebend (= Einzelhandelspreis gegenüber Letztverbrauchern einschließlich Mehrwertsteuer, vgl. → Rz. 8030).

8108 Waren und Dienstleistungen, auf deren unentgeltliche oder verbilligte Abgabe der **Rabattfreibetrag** (vgl. → Rz. 8031) anwendbar ist, sind **gesondert zu kennzeichnen** und ohne Kürzung um den Rabattfreibetrag von 1.224 EUR einzutragen. Auf Antrag des Arbeitgebers soll das Betriebsstättenfinanzamt aber auf die Aufzeichnung von Sachbezügen für solche Arbeitnehmer verzichten, für die durch betriebliche Regelungen und entsprechende Überwachungsmaßnahmen gewährleistet ist, dass der Rabattfreibetrag von 1.224 EUR jährlich nicht überschritten wird.

Den Antrag auf Befreiung von der besonderen Aufzeichnungspflicht genehmigt das Finanzamt insbesondere dann, wenn es im Hinblick auf die betrieblichen Verhältnisse nach der Lebenserfahrung so gut wie ausgeschlossen ist, dass der Freibetrag von 1.224 EUR im Einzelfall überschritten wird:

- **Sonstige Bezüge**, die nach der **Jahreslohnsteuertabelle** besteuert worden sind, sind grundsätzlich in gleicher Weise im Lohnkonto aufzuzeichnen wie laufender Arbeitslohn. Lediglich sonstige Bezüge, die **pauschal** mit einem besonders ermittelten Pauschsteuersatz versteuert werden, sind gesondert aufzuzeichnen, damit die hierfür geltende 1.000-EUR-Grenze vom Finanzamt nachgeprüft werden kann.

Im Lohnkonto **gesondert einzutragen** ist folgender Arbeitslohn, der für die Ermittlung des **Bruttoarbeitslohns nicht mitzählt**: 8109

- **steuerfreie Bezüge**. Trinkgelder sind nur einzutragen, wenn sie 1.224 EUR im Kalenderjahr übersteigen. Mit Genehmigung des Betriebsstättenfinanzamts braucht der Arbeitgeber Reisekosten, durchlaufende Gelder, Auslagenersatz und sonstige steuerfreie Bezüge nach § 3 EStG nicht in das Lohnkonto einzutragen, wenn es sich um Fälle von geringer Bedeutung handelt oder wenn die zuverlässige Nachprüfung in anderer geeigneter Weise sichergestellt ist (beispielsweise durch eine entsprechende Buchführung);
- **Vergütungen für eine mehrjährige Tätigkeit und die davon einbehaltene Lohnsteuer;**
- **ermäßigt besteuerte Entschädigungen** i.S.d. § 34 Abs. 1 EStG (z.B. der steuerpflichtige Teil einer Abfindung, vgl. → Rz. 8064) und die davon einbehaltene Lohnsteuer;
- **pauschal besteuerte Bezüge und die darauf entfallende Lohnsteuer** (falls diese Beträge nicht auf einem Sammellohnkonto, vgl. → Rz. 8113, gebucht werden).
  Hierunter fallen:
  – Mahlzeiten, Erholungsbeihilfen und Zuwendungen aus Anlass von Betriebsveranstaltungen (§ 40 Abs. 2 EStG),
  – Zuschüsse für Fahrten zw. Wohnung und Arbeitsstätte (§ 40 Abs. 2 EStG),
  – Bezüge der Teilzeitbeschäftigten (§ 40a EStG),
  – besondere Zukunftssicherungsleistungen, die nach § 40b EStG pauschal besteuert worden sind,
  – ferner gehören hierzu Bezüge, die nach einem besonderen Pauschsteuersatz besteuert worden sind.
  Hierunter fallen:
  – sonstige Bezüge unter 1.000 EUR jährlich je Arbeitnehmer in einer größeren Zahl von Fällen (§ 40 Abs. 1 Nr. 1 EStG),
  – Nacherhebung von Lohnsteuer aufgrund einer Lohnsteuer-Außenprüfung in einer größeren Zahl von Fällen (§ 40 Abs. 1 Nr. 2 EStG).
- Die vom Bruttoarbeitslohn einbehaltene **Lohnsteuer und Kirchensteuer;**

- der einbehaltene **Solidaritätszuschlag** (vgl. → Rz. 8091);
- Trägt der Arbeitgeber im Fall der **Nettolohnzahlung** (vgl. → Rz. 8094 ff.) die auf den Arbeitslohn entfallende Steuer selbst, ist in jedem Fall der durch Abtasten der Lohnsteuertabelle ermittelte **Bruttoarbeitslohn** und die hierauf entfallende **Lohn- und Kirchensteuer** sowie der **Solidaritätsbeitrag** einzutragen.

8110
- **Fehlzeiten:** Der Großbuchstabe »U« (für Unterbrechung) ist in den Fällen im Lohnkonto einzutragen, in denen das Beschäftigungsverhältnis zwar weiterbesteht, der Anspruch auf Arbeitslohn aber für **mindestens 5 aufeinanderfolgende Arbeitstage im Wesentlichen** weggefallen ist. Der Anspruch ist gem. R 131 Satz 1 LStR im Wesentlichen weggefallen, wenn z.B. lediglich vermögenswirksame Leistungen oder Krankengeldzuschüsse gezahlt werden.

Die Eintragung des genauen Zeitraums ist nicht erforderlich, da die Bescheinigung auf der Lohnsteuerkarte lediglich die Gesamtzahl der im Lohnkonto vermerkten U's verlangt. In folgenden Fällen ist beispielsweise auf dem Lohnkonto der Großbuchstabe »U« zu vermerken (Unterbrechungszeitraum mehr als 5 Arbeitstage):
- **unentschuldigtes** Fernbleiben von der Arbeit,
- Krankheit **außerhalb** des Lohnfortzahlungszeitraums,
- unbezahlter Urlaub etc.

Kein »U« ist insbesondere zu vermerken, wenn
- Kurzarbeiter- oder Schlechtwettergeld,
- zum Mutterschaftsgeld ein Arbeitgeberzuschuss oder
- der Zuschuss nach § 4 a der Mutterschutzverordnung bzw. einer entsprechenden Landesregelung gezahlt wird.

Bei Unterbrechungszeiten muss ein »U« für jeden relevanten Unterbrechungszeitraum vermerkt werden.

2. Belege zum Lohnkonto

8111
Im Interesse des Nachweises eines ordnungsgemäß durchgeführten Lohnsteuerabzugs ist vorgeschrieben, dass bestimmte Unterlagen als Belege zum Lohnkonto genommen werden müssen. Zu den wichtigsten Unterlagen gehören:
- die Bescheinigung über die bei einem **beschränkt einkommensteuerpflichtigen Arbeitnehmer** anzuwendende Steuerklasse und Kinderzahl (§ 39d Abs. 3 Satz 2 EStG),
- die **Anzeige** des Arbeitnehmers über die **freiwilligen Trinkgelder** (R 106 Abs. 4 Satz 3 LStR),
- die Berechnung des **voraussichtlichen Jahresarbeitslohns**, der der Besteuerung von **sonstigen Bezügen** zugrundegelegt worden ist, die dem Arbeitnehmer nach Ausscheiden aus dem Dienstverhältnis zugeflossen sind (R 119 Abs. 6 Satz 7 LStR),
- Nachweise über eine **entschuldbare Nichtvorlage der Lohnsteuerkarte** (siehe R 124 Abs. 2 Satz 3 LStR).

Sonderfall: Vermögenswirksame Leistungen durch den Arbeitgeber 8112

Bereits durch die Neufassung des 5. Vermögensbildungsgesetzes vom 19.01.1989 ist die Auszahlung der Arbeitnehmersparzulage durch den Arbeitgeber abgeschafft worden. Sie ist daher im Lohnkonto nicht mehr auszuweisen.

Aufgrund einer weiteren Änderung des Vermögensbildungsgesetzes ist auch die Pflicht des Arbeitgebers entfallen, bei jeder Abrechnung den Anlagebetrag einzutragen. Mit dem Wegfall der **Aufzeichnungsverpflichtung des Arbeitgebers** ist gleichzeitig die Verpflichtung zur Aufbewahrung von Urkunden, Belegen und Bestätigungen über die Anlage vermögenswirksamer Leistungen **aufgehoben worden**. Die vermögenswirksamen Leistungen werden **seit 1994** nicht mehr vom Arbeitgeber, sondern **auf Verlangen des Arbeitnehmers von dem Anlageinstitut bescheinigt** (§ 15 Abs. 1 5. VermBG, vgl. → Rz. 8037).

3. Sammellohnkonto

Unter dem steuerlichen Begriff »Sammellohnkonto« ist ein Lohnkonto zu verstehen, das 8113
für **mehrere Arbeitnehmer gemeinsam** geführt wird. Die Namen der betroffenen Arbeitnehmer müssen dabei im Sammellohnkonto **nicht** gesondert vermerkt werden. Die Aufzeichnung des Arbeitslohnes und der darauf entfallenden Lohnsteuer in einem steuerlichen Sammellohnkonto ist bei den **pauschal besteuerten Bezügen zulässig**, so

- bei der Nacherhebung von Lohnsteuer in einer größeren Zahl von Fällen;
- bei Zuwendungen in Form von Mahlzeiten oder bei Zuwendungen anlässlich von Betriebsveranstaltungen und bei Erholungsbeihilfen.

Das Sammellohnkonto besteht aus folgenden Angaben: 8114

- **Tag** der Zahlung,
- **Zahl der Arbeitnehmer**, denen die Bezüge gewährt worden sind,
- **Summe** der insgesamt gezahlten Bezüge,
- **Höhe der Lohnsteuer** und ggf. **Kirchensteuer**,
- **Hinweis auf** die als **Belege zum Sammellohnkonto** aufzubewahrenden Unterlagen (Zahlungsnachweise, Berechnungsunterlagen über den Pauschsteuersatz).

4. Aushilfs- und Teilzeitbeschäftigte

Für **Aushilfskräfte und Teilzeitbeschäftigte**, deren Lohnsteuer der Arbeitgeber **nach** 8115
Pauschsätzen berechnet (vgl. hierzu → Rz. 8078 f.), brauchen ebenfalls keine einzelnen Lohnkonten geführt zu werden. Es genügt, wenn der Arbeitgeber Aufzeichnungen führt, aus denen sich für die einzelne Aushilfskraft ergibt:

- Name und Anschrift,
- Dauer der Beschäftigung,
- Zahl der tatsächlichen Arbeitsstunden,
- Tag der Zahlung sowie
- die Höhe des Arbeitslohns.

Bei Bezügen, die nicht zum laufenden Arbeitslohn gehören, muss aber auch deren Verteilung auf die Beschäftigungszeit aus den Aufzeichnungen ersichtlich sein (vgl. hierzu auch → Rz. 8081).

Tipp

Angesichts der Änderungen aufgrund des »**Gesetz zur Neuregelung der geringfügigen Beschäftigungsverhältnisse**« (vgl. → Rz. 8078a) und den damit einhergehenden sozialrechtlichen Meldepflichten, dürfte diese **steuerliche** Erleichterung entscheidend an Bedeutung verloren haben.

Unabhängig davon ist der **geringfügig beschäftigte Arbeitnehmer** (vgl. → Rz. 8080) dann nicht verpflichtet dem Arbeitgeber eine Lohnsteuerkarte vorzulegen, wenn er ausschließlich Arbeitslohn erzielt, der nach § 3 Nr. 39 EStG **steuerfrei** bleiben kann. Die Vorlage der **Freistellungsbescheinigung** ist allerdings unabdingbare **Voraussetzung** für die Abstandnahme vom Steuerabzug! Soweit der Arbeitgeber steuerfreien Arbeitslohn zahlt, ist dieser im **Lohnkonto gesondert** aufzuzeichnen. Liegt der Arbeitgeber **ausnahmsweise** doch eine **Lohnsteuerkarte** vor, ist der steuerfreie Arbeitslohn in der Lohnsteuerbescheinigung nach Ablauf des Kalenderjahres bzw. bei vorzeitiger Beendigung des Beschäftigungsverhältnisses gesondert **zu bescheinigen**.

Legt der Arbeitnehmer **keine Lohnsteuerkarte** vor, enthält die Freistellungsbescheinigung des Finanzamts eine inhaltlich **reduzierte Lohnsteuerbescheinigung**, in die nach Beendigung des Beschäftigungsverhältnisses bzw. nach Ablauf des Kalenderjahres der steuerfrei gezahlte Arbeitslohn **eingetragen** werden muss. Die Freistellungsbescheinigung hat damit eine ähnliche Bedeutung wie die Lohnsteuerkarte oder die besondere Lohnsteuerbescheinigung (vgl. → Rz. 8119). Wie diese muss sie dem Arbeitnehmer nach Ablauf des Kalenderjahres bzw. bei vorzeitiger Beendigung im laufenden Jahr ausgehändigt werden. Nicht abgeforderte Bescheinigungen muss der Arbeitgeber nach Ablauf des Kalenderjahres seinem Betriebsstättenfinanzamt übersenden.

II. Lohnsteuerbescheinigung

1. Allgemeine Lohnsteuerbescheinigung

V. Lohnsteuerbescheinigung für das Kalenderjahr 2002 und besondere Angaben

8116

		vom – bis		vom – bis		vom – bis	
1. Dauer des Dienstverhältnisses							
2. Zeiträume ohne Anspruch auf Arbeitslohn		Anzahl „U":		Anzahl „U":		Anzahl „U":	
		Euro	Ct	Euro	Ct	Euro	Ct
3. Bruttoarbeitslohn einschl. Sachbezüge ohne 9. und 10.							
4. Einbehaltene Lohnsteuer von 3.							
5. Einbehaltener Solidaritätszuschlag von 3.							
6. Einbehaltene Kirchensteuer des Arbeitnehmers von 3.							
7. Einbehaltene Kirchensteuer des Ehegatten von 3. (nur bei konfessionsverschiedener Ehe)							
8. In 3. enthaltene steuerbegünstigte Versorgungsbezüge							
9. Steuerbegünstigte Versorgungsbezüge für mehrere Kalenderjahre							
10. Ermäßigt besteuerter Arbeitslohn für mehrere Kalenderjahre (ohne 9.) und ermäßigt besteuerte Entschädigungen							
11. Einbehaltene Lohnsteuer von 9. und 10.							
12. Einbehaltener Solidaritätszuschlag von 9. und 10.							
13. Einbehaltene Kirchensteuer des Arbeitnehmers von 9. und 10.							
14. Einbehaltene Kirchensteuer des Ehegatten von 9. und 10. (nur bei konfessionsverschiedener Ehe)							
15. Kurzarbeitergeld, Winterausfallgeld Zuschuss zum Mutterschaftsgeld, Verdienstausfallentschädigung (Infektionsschutzgesetz), Aufstockungsbetrag und Altersteilzeitzuschlag							
16. Steuerfreier Arbeitslohn nach	Doppelbesteuerungsabkommen						
	Auslandstätigkeitserlass						
17. Steuerfreie Arbeitgeberleistungen für Fahrten zwischen Wohnung und Arbeitsstätte							
18. Pauschalbesteuerte Arbeitgeberleistungen für Fahrten zwischen Wohnung und Arbeitsstätte							
19. Steuerfreie Beträge des Arbeitgebers an eine Pensionskasse oder einen Pensionsfonds							
20. Steuerpflichtige Entschädigungen und Arbeitslohn für mehrere Kalenderjahre, die nicht ermäßigt besteuert wurden – in 3. enthalten.							
21. Steuerfreie Verpflegungszuschüsse bei Auswärtstätigkeit							
22. Steuerfreie Arbeitgeberleistungen bei doppelter Haushaltsführung							
23. Steuerfreie Arbeitgeberzuschüsse zur freiwilligen Krankenversicherung und zur Pflegeversicherung							
24. Arbeitnehmeranteil am Gesamtsozialversicherungsbeitrag							
25. Ausgezahltes Kindergeld			—		—		—
Anschrift des Arbeitgebers (lohnsteuerliche Betriebsstätte) Firmenstempel, Unterschrift:							
Finanzamt, an das die Lohnsteuer abgeführt wurde (Name und dessen vierstellige Nr.)							

8117 Als »**Lohnsteuerbescheinigung**« werden die Eintragungen bezeichnet, die der Arbeitgeber auf der **Rückseite der Lohnsteuerkarte in Abschnitt IV.** (vgl. Muster → Rz. 8116) vorzunehmen hat. Der Arbeitgeber hat die Lohnsteuerbescheinigung bereits während des laufenden Kalenderjahres auszustellen, wenn das Arbeitsverhältnis eines Arbeitnehmers vor Ablauf des Kalenderjahres endet, ansonsten **nach Ablauf eines jeden Kalenderjahres (31.12.) für sämtliche Arbeitnehmer**, deren Lohnsteuerkarten ihm vorliegen.

Die Ausschreibung der Lohnsteuerbescheinigung bedeutet gleichzeitig den Abschluss des Lohnkontos des betreffenden Mitarbeiters. Bescheinigt wird der steuerpflichtige Bruttoarbeitslohn ohne pauschal besteuerte Bezüge, ohne Kürzungs- und Freibeträge (R 135 LStR). In der Lohnsteuerbescheinigung ist darüber hinaus stets die Dauer des Arbeitsverhältnisses anzugeben. Zusätzlich ist die Anzahl der im Lohnkonto vermerkten »U« einzutragen.

8118 Folgende Einzelheiten sind bei der Ausstellung der Lohnsteuerbescheinigung 2002 (vgl. Muster → Rz. 8116) zu beachten:

- *Zeile 1:* Angabe der Beschäftigungsdauer

- *Zeile 2:* Angabe der im Lohnkonto vermerkten »U«. Der genaue Unterbrechungszeitraum braucht **nicht** angegeben zu werden.
  Der Zeitraum, für den der Arbeitnehmer die Lohnsteuerkarte dem Arbeitgeber schuldhaft nicht vorgelegt hat, wird auf der Lohnsteuerkarte **nicht** mehr vermerkt.

- *Zeile 3:* **Bescheinigung des Bruttoarbeitslohns.** Der steuerpflichtige Bruttoarbeitslohn ist einschließlich des Werts der Sachbezüge, aber **ohne pauschal besteuerte Bezüge** und **ohne Kürzungs- und Freibeträge** zu bescheinigen. Eine Ausnahme gilt allerdings für Sachbezüge, auf die der Rabattfreibetrag anwendbar ist (vgl. → Rz. 8031). Diese Sachbezüge dürfen nur mit dem um den Rabattfreibetrag gekürzten Wert im Bruttoarbeitslohn enthalten sein. Ebenso dürfen ermäßigt besteuerte Entlassungsentschädigungen und sonstige ermäßigt besteuerte Bezüge nicht mehr in Zeile 3 bescheinigt werden. Sie müssen vielmehr besonders bescheinigt werden, und zwar
  - steuerbegünstigte Versorgungsbezüge für mehrere Kalenderjahre in *Zeile 9*,
  - Ermäßigt besteuerter Arbeitslohn für mehrere Kalenderjahre (ohne Versorgungsbezüge) und ermäßigt besteuerte Entschädigungen, in *Zeile 10*.

Die auf ermäßigt besteuerte sonstige Bezüge entfallen Steuerabzugsbeträge sowie der darauf entfallende Solidaritätszuschlag sind in den *Zeilen 11 – 14* der Lohnsteuerbescheinigung gesondert einzutragen. Zu den Steuerabzugsbeträgen gehören insbesondere die hierauf entfallende Lohn- und Kirchensteuer. Die zusätzlichen vermögenswirksamen Leistungen des Arbeitgebers müssen ebenfalls im Bruttojahresarbeitslohn enthalten sein.

- *Zeile 4:* Hier ist die vom Arbeitslohn im Kalenderjahr 2001 insgesamt einbehaltene Lohnsteuer einzutragen.
  Als einbehaltene **Lohnsteuer** und **Kirchensteuer** (s. unten) sind **stets** die Beträge zu bescheinigen, die sich nach Verrechnung mit den vom Arbeitgeber für das Kalenderjahr beim **Lohnsteuerjahresausgleich** (vgl. → Rz. 8126 ff.) erstatteten Steuerbeträge erge-

ben. Übersteigen die erstatteten Beträge die vom Arbeitgeber einbehaltenen Steuerbeträge, so ist als einbehaltener Steuerbetrag jeweils der **übersteigende Betrag** mit einem deutlichen **Minuszeichen** zu versehen (R 135 Abs. 4 Nr. 1 LStR).

- *Zeile 5:* Hier ist der Betrag des seit 1995 wieder einzubehaltenden **Solidaritätszuschlags** (vgl. → Rz. 8087 f.) einzutragen.

- *Zeilen 6 und 7:* Der Arbeitgeber hat hier die vom Arbeitslohn im Kalenderjahr 2001 insgesamt einbehaltene Kirchensteuer einzutragen (Zum Bescheinigungsumfang bei durchgeführtem **Lohnsteuerjahresausgleich** s. o.!). Die für den Arbeitnehmer einbehaltene Kirchensteuer ist nicht nach kirchensteuererhebungsberechtigten Religionsgemeinschaften getrennt zu bescheinigen. Die Zuordnung der Kirchensteuer ergibt sich nur aus der von der Gemeinde bescheinigten Religionsgemeinschaft auf der Vorderseite der Lohnsteuerkarte (vgl. → Rz. 8044). Bei konfessionsgleichen Ehen (z. B. beide Ehegatten sind evangelisch) gilt dies auch für den Teil der Kirchensteuer, der auf den Ehegatten entfällt. Nur bei konfessionsverschiedenen Ehen, d. h. wenn für die Ehegatten Kirchensteuer für unterschiedliche Religionsgemeinschaften einzubehalten war (Ehemann: evangelisch; Ehefrau: katholisch) ist der auf den Ehegatten entfallene Teil der Kirchensteuer in *Zeile 7* anzugeben.

- *Zeile 8 und 9:* Hier ist der **Bruttobetrag der steuerbegünstigten Versorgungsbezüge** anzugeben, und zwar in *Zeile 9* die Versorgungsbezüge, die zu mehreren Kalenderjahren gehören und in *Zeile 8* die übrigen Versorgungsbezüge. Zu den steuerbegünstigten Versorgungsbezügen gehören solche, für die der Versorgungsfreibetrag gewährt wird. Der in den *Zeilen 8 und 9* einzutragende Bruttobetrag darf dabei nicht um den Versorgungsfreibetrag gekürzt werden.

- *Zeile 10:* Einzutragen ist hier der Arbeitslohn, der sich auf mehrere Kalenderjahre bezieht und die ermäßigt besteuerte Entlassungsentschädigungen..

Der hier bescheinigte Arbeitslohn für mehrere Jahre **darf nicht** in dem in *Zeile 3* bescheinigten Bruttojahresarbeitslohn enthalten sein.

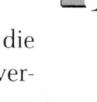

- *Zeile 11:* Einzutragen sind **ermäßigt besteuerte Entschädigungen**, beispielsweise die steuerpflichtigen Teile von Abfindungen anlässlich der Auflösung eines Arbeitsverhältnisses. Zu beachten ist hier, dass in dem in *Zeile 3* zu bescheinigenden Bruttoarbeitslohn weder die steuerfreien Teile von Abfindungen noch deren ermäßigt besteuerten Teile enthalten sein dürfen.

- *Zeile 11:* Hier ist die **Summe der Lohnsteuer** einzutragen, die auf ermäßigt besteuerte Abfindungen, den Arbeitslohn für mehrere Kalenderjahre sowie die steuerbegünstigten Versorgungsbezüge und Entschädigungen zurückzuführen ist.

- *Zeile 12:* Anzugeben ist hier der auf der einbehaltenen Lohnsteuer aus *Zeile 11* basierende **Solidaritätszuschlag**.

- *Zeile 13:* Anzugeben ist hier die ebenfalls auf der einbehaltenen Lohnsteuer aus *Zeile 11* basierende **Kirchensteuer**.

- *Zeile 14:* Bei **konfessionsverschiedener Ehe** ist hier die einbehaltene Kirchensteuer des Ehegatten einzutragen, die aufgrund steuerbegünstigter Versorgungsbezüge und Arbeitslohn für mehrere Kalenderjahre sowie ermäßigt besteuerte Entschädigungen einbehalten worden ist. *Zeile 14* verfolgt dabei den gleichen Zweck wie *Zeile 7*.
- *Zeilen 15:* Hier ist einzutragen
  - das Kurzarbeitergeld,
  - das Schlechtwettergeld,
  - der Zuschuss zum Mutterschaftsgeld,
  - der Aufstockungsbetrag nach dem Altersteilzeitgesetz,
  - die Verdienstausfallentschädigungen nach dem Bundesseuchengesetz.

Anzugeben sind hier die **tatsächlich gezahlten Beträge**. Sind vom Arbeitnehmer ausgezahlte Beträge ganz oder teilweise zurückgefordert worden, so darf nur die um den Rückforderungsbetrag geminderte Lohnersatzleistung bescheinigt werden. Ergibt die Verrechnung von ausgezahlten und zurückgeforderten Beträgen einen negativen Betrag, so ist dieser Betrag – als negativ gekennzeichnet – zu bescheinigen. Die Bescheinigung der genannten Beträge ist notwendig wegen des so genannten »Progressionsvorbehalts«.

- *Zeile 16:* Getrennt voneinander ist hier der Arbeitslohn einzutragen, der nach einem **Doppelbesteuerungsabkommen** oder nach dem **Auslandstätigkeitserlass** nicht dem Lohnsteuerabzug unterworfen wurde.
- *Zeile 17:* **Steuerfreie Arbeitgeberleistungen** für Fahrten zwischen Wohnung und Arbeitsstätte. Hierzu zählen bspw. die Kosten des Arbeitgebers für ein dem Arbeitnehmer überlassenes »Job-Ticket«, vgl. »ABC«, → Rz. 8035.
- **pauschal besteuerte** Arbeitgeberleistungen für Fahrten zwischen Wohnung und Arbeitsstätte *(Zeile 18)*.

  Werden Arbeitgeberzuschüsse zu Aufwendungen für Fahrten zwischen Wohnung und Arbeitsstätte pauschal versteuert, so kann der Arbeitnehmer insoweit keine Werbungskosten beim Lohnsteuerjahresausgleich oder bei der Veranlagung zur Einkommensteuer geltend machen. Der Arbeitgeber hat daher die pauschal mit 15 % besteuerten Fahrtkostenzuschüsse zu bescheinigen.
- *Zeile 19:* Einzutragen sind die steuerfreien Beiträge des Arbeitgebers an eine **Pensionskasse** oder einen **Pensionsfonds**.
- *Zeilen 20 – 25:* Hier können vom Arbeitgeber, **ohne** dass dazu eine **Verpflichtung** besteht, weitere Angaben gemacht werden.

  Im Einzelnen handelt es sich hierbei um geleistete
  - steuerpflichtige Entschädigungen und Arbeitslohn für mehrere Kalenderjahre, die **nicht** ermäßigt besteuert wurden – in Zeile 3 demzufolge enthalten *(Zeile 20)*;
  - steuerfreie Verpflegungszuschüsse bei Fahrtätigkeit oder Einsatzwechseltätigkeit *(Zeile 21)*,
  - steuerfreie Arbeitgeberleistungen bei doppelter Haushaltsführung *(Zeile 22)*
  - Zuschüsse zur freiwilligen Krankenversicherung *(Zeile 23)* und die Angabe des

- **Arbeitnehmer**anteils am Gesamtsozialversicherungsbeitrag *(Zeile 24).* Hier wird seit dem 01.01.1995 auch der Arbeitnehmeranteil zur **sozialen Pflegeversicherung** mit erfasst.
- *Zeile 25:*
Einzutragen ist vom (öffentlich-rechtlichen!) Arbeitgeber in dieser Zeile der **Gesamtbetrag** des im Kalenderjahr 2002 an den Arbeitnehmer **ausgezahlten Kindergeldes**.
- *Letzte Zeile:* Hier hat der Arbeitgeber die **Anschrift der lohnsteuerlichen Betriebsstätte** sowie des Finanzamts, an das der Arbeitgeber die Lohnsteuer abgeführt hat, anzugeben und die Lohnsteuerbescheinigung durch Unterschrift und Firmenstempel abzuschließen.

2. Besondere Lohnsteuerbescheinigung

Besondere Lohnsteuerbescheinigung für das Kalenderjahr 2002

Auf Verlangen dem Arbeitnehmer auszuhändigen, sonst bis zum 31. Dezember 2003 dem Finanzamt der Betriebsstätte einzusenden.

Name, Vorname des Arbeitnehmers				Geburtsdatum	
Straße, Hausnummer, Postleitzahl, Wohnort					

Dem Lohnsteuer-abzug wurden zugrunde gelegt	Steuerklasse	Zahl der Kinderfreibeträge	Kirchensteuermerkmale	vom – bis
	Steuerklasse	Zahl der Kinderfreibeträge	Kirchensteuermerkmale	vom – bis
	Steuerfreier Jahresbetrag	Euro	Hinzurechnungsbetrag (Jahresbetrag)	Euro
Vorgelegen hat	Lohnsteuerkarte 2002, ausgestellt von der Gemeinde im Bezirk des Finanzamts		Bescheinigung des Finanzamts	

Arbeitgeber

Anschrift der Betriebsstätte (Straße, Hausnummer und Ort)

Telefon

Ort, Datum

(Stempel/Unterschrift)

Finanzamt

		vom – bis		
1. Dauer des Dienstverhältnisses				
2. Zeiträume ohne Anspruch auf Arbeitslohn	Anzahl „U":			
		Euro	Ct	
3. Bruttoarbeitslohn einschl. Sachbezüge ohne 9. und 10.				
4. Einbehaltene Lohnsteuer von 3.				
5. Einbehaltener Solidaritätszuschlag von 3.				
6. Einbehaltene Kirchensteuer des Arbeitnehmers von 3.				
7. Einbehaltene Kirchensteuer des Ehegatten von 3. (nur bei konfessionsverschiedener Ehe)				
8. In 3. enthaltene steuerbegünstigte Versorgungsbezüge				
9. Steuerbegünstigte Versorgungsbezüge für mehrere Kalenderjahre				
10. Ermäßigt besteuerter Arbeitslohn für mehrere Kalenderjahre (ohne 9.) und ermäßigt besteuerte Entschädigungen				
11. Einbehaltene Lohnsteuer von 9. und 10.				
12. Einbehaltener Solidaritätszuschlag von 9. und 10.				
13. Einbehaltene Kirchensteuer des Arbeitnehmers von 9. und 10.				
14. Einbehaltene Kirchensteuer des Ehegatten von 9. und 10. (nur bei konfessionsverschiedener Ehe)				
15. Kurzarbeitergeld, Winterausfallgeld, Zuschuss zum Mutterschaftsgeld, Verdienstausfallentschädigung (Infektionsschutzgesetz), Aufstockungsbetrag und Altersteilzeitzuschlag				
16. Steuerfreier Arbeitslohn nach	Doppelbesteuerungsabkommen			
	Auslandstätigkeitserlass			
17. Steuerfreie Arbeitgeberleistungen für Fahrten zwischen Wohnung und Arbeitsstätte				
18. Pauschalbesteuerte Arbeitgeberleistungen für Fahrten zwischen Wohnung und Arbeitsstätte				
19. Steuerfreie Beiträge des Arbeitgebers an eine Pensionskasse oder einen Pensionsfonds				
20. Steuerpflichtige Entschädigungen und Arbeitslohn für mehrere Kalenderjahre, die nicht ermäßigt besteuert wurden – in 3. enthalten				
21. Steuerfreie Verpflegungszuschüsse bei Auswärtstätigkeit				
22. Steuerfreie Arbeitgeberleistungen bei doppelter Haushaltsführung				
23. Steuerfreie Arbeitgeberzuschüsse zur freiwilligen Krankenversicherung und zur Pflegeversicherung				
24. Arbeitnehmeranteil am Gesamtsozialversicherungsbeitrag				
25. Ausgezahltes Kindergeld		–		

Finanzamt, an das die Lohnsteuer abgeführt wurde (Name und dessen **vierstellige Nr.**)

10. 01

Ist es dem Arbeitgeber nicht möglich, die Lohnsteuerbescheinigung auf der Rückseite der Lohnsteuerkarte auszuschreiben, da ihm eine solche bis zum 31.12.2002 oder im Zeitpunkt der Beendigung des Arbeitsverhältnisses vom Arbeitnehmer **nicht vorgelegt worden** ist, so hat er **ersatzweise** in bestimmten Fällen eine **besondere Lohnsteuerbescheinigung** nach amtlich vorgeschriebenem Vordruck (vgl. Muster) zu erteilen. Hier kommen insbesondere die folgenden Fälle in Betracht:

- der Arbeitnehmer hat es unterlassen, die Lohnsteuerkarte dem Arbeitgeber auszuhändigen;
- der Arbeitgeber hat für einen während des Kalenderjahres ausgeschiedenen Arbeitnehmer die Lohnsteuerbescheinigung auf der Lohnsteuerkarte entgegen seiner Verpflichtung nicht ausgeschrieben.

Sonderfall: Teilzeitbeschäftigte

Für Teilzeitbeschäftigte, deren Bezüge nach § 40 a EStG pauschal besteuert werden und die dementsprechend eine Lohnsteuerkarte nicht vorzulegen brauchen (vgl. → Rz. 8042), sind grundsätzlich auch besondere Lohnsteuerbescheinigungen **nicht auszuschreiben**.

Zu beachten ist jedoch auch in diesem Zusammenhang die Neuregelung für »**geringfügig Beschäftigte**«; vgl. → Rz. 8115.

Gleiches gilt für Arbeitnehmer, die nur nach § 40 EStG pauschal besteuerte Bezüge erhalten und beschränkt einkommensteuerpflichtige Arbeitnehmer, die eine Bescheinigung nach § 39 d Abs. 1 EStG vorgelegt haben.

Die vormals ausnahmsweise für die genannten Personengruppen bestehende Pflicht, eine Lohnsteuerbescheinigungen auszuschreiben, wenn zulagebegünstigte vermögenswirksame Leistungen für diese angelegt wurden, ist seit der **Änderung des Vermögensbildungsgesetzes entfallen** (vgl. → Rz. 8039).

Im Übrigen stimmen die in der »besonderen Lohnsteuerbescheinigung« zu machenden Angaben mit denen der »allgemeinen« Lohnsteuerbescheinigung auf der Rückseite der Lohnsteuerkarte überein.

3. Verbleib der Lohnsteuerkarten und Lohnsteuerbescheinigungen

Der Arbeitgeber hat dem Arbeitnehmer **nach dem 31.12.** die Lohnsteuerkarte mit der Lohnsteuerbescheinigung **unverzüglich auszuhändigen**, wenn der Arbeitnehmer zur Einkommensteuer veranlagt wird oder selbst einen entsprechenden Antrag gestellt hat. Gleiches gilt für die besondere Lohnsteuerbescheinigung. Soweit Lohnsteuerkarten mit Lohnsteuerbescheinigungen dem Arbeitnehmer nicht ausgehändigt worden sind, müssen sie dem Betriebsstättenfinanzamt **bis zum Ablauf des Kalenderjahres, das auf das Kalenderjahr folgt**, für das die Lohnsteuerkarte gilt, eingereicht werden. Eine nicht ausgehändigte Lohnsteuerkarte 2002 muss daher bis zum 31.12.2003 dem Betriebsstättenfinanzamt übersandt werden.

Diese Regelung gilt in gleicher Weise für die einem Arbeitgeber verbliebenen besonderen Lohnsteuerbescheinigungen.

Umgekehrt haben Arbeitnehmer, die am Schluss des Kalenderjahres im Besitz ihrer Lohnsteuerkarte sind, z. B. weil sie zu diesem Zeitpunkt nicht in einem Arbeitsverhältnis gestanden haben, die Lohnsteuerkarte spätestens bis zum Ablauf des Folgejahres dem Finanzamt einzusenden, in dessen Bezirk die Gemeinde liegt, die die Lohnsteuerkarte ausgestellt hat. Eine Ausnahme besteht nur insoweit, als die Lohnsteuerkarte für eine Einkommensteuererklärung noch benötigt wird.

4. Aufzeichnungspflichten im maschinellen Lohnabzugsverfahren

8124 Das Einkommensteuergesetz selbst enthält **keine Vorschrift** zu den Besonderheiten einer maschinellen Ermittlung und Aufzeichnung der für den Lohnsteuerabzug erforderlichen Merkmale. Die Vorschriften zur Lohnsteuerermittlung sind ganz auf die Anwendung von Lohnsteuertabellen abgestellt. Bis zum Jahre 1974 hatte daher der Arbeitgeber die maschinelle Lohnsteuerberechnung auf der Basis der Einkommensteuerformeln der Oberfinanzdirektion anzuzeigen. Seit 1975 sieht die Lohnsteuerdurchführungsverordnung eine Anzeige des maschinellen Verfahrens nicht mehr vor. Der Arbeitgeber darf somit die Lohnsteuer **ohne Anzeige** bei der Oberfinanzdirektion und **ohne eine Genehmigung** maschinell ermitteln, wenn ein ordnungsgemäßes Verfahren gewährleistet ist. Danach gilt:

- die maschinell ermittelte Lohnsteuer darf von der Lohnsteuer, die nach der maßgebenden Lohnsteuertabelle zu erheben wäre, **nicht oder nur unwesentlich abweichen**. Als unwesentlich werden Abweichungen bis zum nächst höheren oder nächst niedrigeren Steuerbetrag in der maßgebenden Lohnsteuertabelle angesehen. Die Abweichungen sind am Ende des Kalenderjahres oder bei Beendigung des Dienstverhältnisses vor Ablauf des Kalenderjahres auszugleichen. Dies gilt auch in den Fällen, in denen der Arbeitgeber zur Durchführung eines Lohnsteuerjahresausgleichs nicht berechtigt ist (vgl. zum Lohnsteuerjahresausgleich des Arbeitgebers → Rz. 8126).
- das maschinelle Verfahren muss eine **vorschriftsmäßige Lohnsteuererhebung gewährleisten**. Ist dies nicht der Fall, kann das Betriebsstättenfinanzamt die Ermittlung der Lohnsteuer nach den Lohnsteuertabellen anordnen.
- der **Arbeitnehmer kann verlangen**, dass die Lohnsteuer nach den Lohnsteuertabellen zugrundegelegt wird, wenn die maschinell ermittelte Lohnsteuer diese **übersteigt**.

Auf die einzelnen Besonderheiten des maschinellen Lohnsteuerabzugsverfahren hinsichtlich Lohnkonto, Lohnsteuerkarte und Lohnsteuerbescheinigung soll an dieser Stelle nicht eingegangen werden.

58. Kapitel: Lohnsteuerjahresausgleich durch den Arbeitgeber

I.	Allgemeines zum Lohnsteuerjahresausgleich und zur Einkommensteuerveranlagung	8126
II.	Zuständigkeit des Arbeitgebers	8129
III.	Verbot des Lohnsteuerjahresausgleichs durch den Arbeitgeber	8130
IV.	Durchführung des Lohnsteuerjahresausgleichs durch den Arbeitgeber	8131
	1. Lohnsteuerjahresausgleich	8131
	2. Kirchensteuerjahresausgleich	8134
V.	Aufzeichnungs- und Bescheinigungspflichten beim Lohnsteuerjahresausgleich	8135
VI.	Frist für den Lohnsteuerjahresausgleich durch den Arbeitgeber	8136

CHECKLISTE   8125

- Besteht eine **Berechtigung** oder **Verpflichtung** zum Lohnsteuerjahresausgleich?
- Ermittlung des für den **Lohnsteuerjahresausgleich maßgebenden Jahresarbeitslohns.**
  - Bruttojahresarbeitslohn gemäß Lohnsteuerbescheinigung
    - abzüglich Altersentlastungsbetrag,
    - abzüglich Versorgungs-Freibetrag,
    - abzüglich eines eingetragenen Jahresfreibetrags,
    - Ergebnis: maßgebender Jahresarbeitslohn.
- **Ermittlung des möglichen Erstattungsbetrags:**
  - **Lohn-, ggf. Kirchensteuer und Solidaritätszuschlag** aus der Jahreslohnsteuertabelle für den **maßgebenden** Jahresarbeitslohn.
  - abzüglich der beim **laufenden Lohnsteuerabzug** während des Jahres einbehaltenen Beträge.
- **Ergebnis:** Der dem Arbeitnehmer zu erstattende (negative) Differenzbetrag.

I. Allgemeines zum Lohnsteuerjahresausgleich und zur Einkommensteuerveranlagung

Bei der »Lohnsteuer« als Unterfall der Einkommensteuer handelt es sich um eine **Jahressteuer**. Das bedeutet, dass grundsätzlich die Einkünfte innerhalb eines Kalenderjahres der Besteuerung unterworfen werden. Wird nun beim Lohnsteuerabzug monatlich, wöchentlich oder täglich die Lohnsteuer vom Arbeitgeber einbehalten und abgeführt, so wird jedes Mal stillschweigend unterstellt, dass die dem Steuerabzug zu diesem Zeitpunkt zugrunde gelegten Einkünfte dem Arbeitnehmer über das gesamte Jahr gleichmäßig zufließen. Schwanken allerdings die Einkünfte des Arbeitnehmers oder ändern sich die einzelnen Besteuerungsmerkmale (z.B. Steuerklasse), so wird die Lohnsteuer zwar nach wie vor **für den Lohnabrechnungszeitraum zutreffend** einbehalten, auf das **Jahr** hochgerechnet allerdings **unrichtig**. Ein Ausgleich dieser Unrichtigkeiten wird durch den am Jahresende vorzunehmenden Lohnsteuerjahresausgleich erreicht.

8126

8127 Zu unterscheiden ist hier der Lohnsteuerjahresausgleich, der vom **Arbeitgeber** unmittelbar für den Arbeitnehmer am Ende des Kalenderjahres durchgeführt wird, und der, den das (Wohnsitz-) Finanzamt auf **Antrag des Arbeitnehmers** durchführt. An die Stelle dieses Lohnsteuerjahresausgleichs durch das Finanzamt ist durch das Steueränderungsgesetz 1992 eine **Veranlagung des Arbeitnehmers zur Einkommensteuer** (sog. **Antragsveranlagung gem.** § 46 Abs. 2 Nr. 8 EStG) getreten. Nur im Wege der Einkommensteuerveranlagung können vom Arbeitnehmer auch die tatsächlich entstandenen »**Werbungskosten**« (also alle Aufwendungen, die durch den Beruf veranlasst worden sind) steuerlich geltend gemacht werden, wenn diese über den Pauschbetrag von 1.044 EUR hinausgehen. Eines besonderen Antrags des Arbeitnehmers auf Durchführung des Lohnsteuerjahresausgleichs durch **den Arbeitgeber** bedarf es **nicht**.

8128 Weiter zu unterscheiden ist neben dem Lohnsteuerjahresausgleich durch den Arbeitgeber und der Antragsveranlagung noch von die Pflicht zur **Einkommensteuerveranlagung**. Bei Vorliegen bestimmter gesetzlicher Voraussetzungen reicht der Lohnsteuerabzug durch den Arbeitgeber allein nicht aus. Der Arbeitnehmer ist in diesen Fällen verpflichtet, **zusätzlich** eine **Einkommensteuererklärung** abzugeben und wird daraufhin **zur Einkommensteuer veranlagt**. Dabei wird die beim Lohnsteuerabzug durch den Arbeitgeber bereits einbehaltene Steuer angerechnet. **Zuvor** war ein Arbeitnehmer zur Abgabe einer Einkommensteuererklärung bereits dann verpflichtet, wenn er ein bestimmtes zu versteuerndes Einkommen im Kalenderjahr erzielt hatte, nämlich als Lediger mehr als 27.000 DM und als Verheirateter mehr als 54.000 DM bei zusammen veranlagten Ehegatten.

Durch das **Jahressteuergesetz 1996** ist die Pflicht eines Arbeitnehmers zur Abgabe einer Einkommensteuererklärung **allein wegen Überschreitens bestimmter Einkommensgrenzen weggefallen**. Besteht das Einkommen eines Steuerpflichtigen ganz oder teilweise aus Einkünften aus nichtselbständiger Tätigkeit, von denen ein Steuerabzug durch den Arbeitgeber vorgenommen worden ist, besteht eine Pflicht zur Veranlagung nur dann, wenn einer der Katalogtatbestände des § 46 Abs. 2 Nr. 1 bis 8 bzw. Abs. 2a EStG gegeben ist.

Seit der gesetzlichen Neuregelung des § 46 Abs. 2 Nr. 4 EStG wird eine Veranlagung zur Einkommensteuer auch dann durchgeführt, wenn auf der Lohnsteuerkarte eines Steuerpflichtigen ein **Kinderfreibetrag** oder ein Freibetrag i.S. des § 39a Abs. 1 Nr. 1 bis 3 und 5 EStG (insbes. für höhere Werbungskosten, Sonderausgaben, außergewöhnliche Belastungen) eingetragen worden ist.

II. Zuständigkeit des Arbeitgebers

8129 Der Arbeitgeber ist **berechtigt**, einen Lohnsteuerjahresausgleich durchzuführen, wenn der Arbeitnehmer

- am **Ende des Kalenderjahres** in seinen Diensten steht und
- zu diesem Zeitpunkt **unbeschränkt steuerpflichtig** ist, dem Arbeitgeber also seine **Lohnsteuerkarte vorgelegt** hat.

War der Arbeitnehmer während des Kalenderjahres allerdings auch für **andere Arbeitgeber** tätig, so kann der Arbeitgeber den Lohnsteuerjahresausgleich nur dann durchführen, wenn die Lohnsteuerkarte **alle Lohnsteuerbescheinigungen aus etwaigen vorangegangenen Arbeitsverhältnissen enthält.** Dies ist eine **zwingende Voraussetzung**. Liegen dem Arbeitgeber in einem solchen Fall die Steuerbescheinigungen nicht zusammenhängend für das ganze Ausgleichsjahr einschließlich der Ausfalltage vor, ist die Durchführung des Arbeitgeberjahresausgleichs **unzulässig** (zu weiteren Fällen der Unzulässigkeit vgl. → Rz. 8130).

Der Arbeitgeber ist **verpflichtet** einen Lohnsteuerjahresausgleich durchzuführen, wenn er **am 31.12. des Kalenderjahres** mindestens **10 Arbeitnehmer** beschäftigt hat. Auch hier gilt allerdings, dass der Arbeitgeber nur für diejenigen Arbeitnehmer einen Lohnsteuerjahresausgleich durchführen darf, die entweder während des gesamten Kalenderjahres ununterbrochen bei ihm gearbeitet haben oder die zwar auch bei anderen Arbeitgebern gearbeitet haben, die Lohnsteuerkarte aber alle entsprechenden Lohnsteuerbescheinigungen aufweist.

III. Verbot des Lohnsteuerjahresausgleichs durch den Arbeitgeber

Nach § 42 b Abs. 1 Satz 4 EStG darf der Arbeitgeber den Lohnsteuerjahresausgleich in folgenden Fällen **nicht durchführen**:

8130

- der Arbeitnehmer wünscht die Durchführung nicht (bspw. um schneller in den Besitz der Lohnsteuerkarte für die Antragsveranlagung zu gelangen),
- der Arbeitnehmer war für das Ausgleichsjahr oder für einen Teil des Ausgleichsjahrs nach den **Steuerklassen V oder VI** zu besteuern.

> **BEISPIEL:**
> Für eine Steuerklassenänderung ist dem Arbeitnehmer durch den Arbeitgeber die Lohnsteuerkarte wieder überlassen worden. Trotz mehrfacher Aufforderung durch den Arbeitgeber versäumte es der Arbeitnehmer im Anschluss daran, diesem die Lohnsteuerkarte wieder zurückzugeben. Der Arbeitgeber hatte daher ab dem Zeitpunkt der Aushändigung der Lohnsteuerkarte an den Arbeitnehmer diesen nach der ungünstigsten Steuerklasse VI zu besteuern (vgl. auch → Rz. 8075).
>
> Der Arbeitgeber darf selbst dann keinen Lohnsteuerjahresausgleich durchführen, wenn ihm die Besteuerungsmerkmale des Arbeitnehmers **bekannt** sind und er **weiß**, dass er zuviel Lohnsteuer abgeführt hat. In diesem Fall ist es Sache des Arbeitnehmers, sich im Wege einer Antragsveranlagung die zuviel gezahlte Lohnsteuer erstatten zu lassen.

- der Arbeitnehmer war für einen Teil des Ausgleichsjahrs nach den **Steuerklassen III oder IV** zu besteuern.

BEISPIEL:

Der Arbeitnehmer heiratet am 01.03.2002 und lässt sich ab diesem Zeitpunkt die Steuerklasse von bisher I in III ändern.

Der Arbeitgeber darf für diesen Arbeitnehmer **keinen Lohnsteuerjahresausgleich** durchführen.

- dem Arbeitnehmer sind im Ausgleichsjahr **Lohnersatzleistungen** gewährt worden, und zwar
  - Kurzarbeitergeld,
  - Schlechtwettergeld,
  - Zuschuss zum Mutterschaftsgeld nach dem Mutterschutzgesetz bzw. gem. § 4a Mutterschutzverordnung,
  - Entschädigungen für Verdienstausfall nach dem Infektionsschutzgesetz oder
  - Aufstockungsbeträge nach dem Altersteilzeitgesetz.
- im Lohnkonto oder auf der Lohnsteuerkarte ist mindestens ein **Großbuchstabe »U«** für Unterbrechung bescheinigt (vgl. → Rz. 8109), d.h. der Lohnanspruch war für einen bestimmten Zeitraum weggefallen oder
- der Arbeitnehmer hat im Kalenderjahr 2002 Arbeitslohn bezogen, der nach einem **Doppelbesteuerungsabkommen** oder nach dem **Auslandstätigkeitserlass** vom Lohnsteuerabzug befreit war.
- dem Arbeitgeber liegt die Lohnsteuerkarte für das Ausgleichsjahr **nicht** oder **nicht mehr** vor (vgl. bereits oben → Rz. 8075).
- der Arbeitnehmer hat für das Ausgleichsjahr Arbeitslohn bezogen, der sowohl nach der **allgemeinen** als auch nach der **besonderen Lohnsteuertabelle** zu besteuern war.

Diese Einschränkungen sind grundsätzlich im Interesse des Arbeitgebers gemacht, um ihm erhebliche Ermittlungsarbeiten hinsichtlich der Besteuerungsgrundlagen des Arbeitnehmers zu ersparen. Der Arbeitgeber soll sich an die Angaben der Lohnsteuerkarte halten können.

IV. Durchführung des Lohnsteuerjahresausgleichs durch den Arbeitgeber

1. Lohnsteuerjahresausgleich

8131 Zunächst ist der gesamte Lohn des Arbeitnehmers anhand der Lohnsteuerbescheinigungen auf der Lohnsteuerkarte festzustellen. Maßgebend ist hier der **steuerpflichtige Brutto-Jahresarbeitslohn**, einschließlich des Werts der Sachbezüge. Außer Ansatz bleiben lediglich steuerfreier Arbeitslohn und Arbeitslohn, der vom Arbeitgeber mit einem Pauschalsteuersatz versteuert wurde (beispielsweise Fahrtkostenzuschüsse). Sonstige Bezüge gehören zum Arbeitslohn, soweit sie dem Arbeitnehmer im betreffenden Kalenderjahr zugeflossen sind. Umgekehrt bedeutet dies, dass Vergütungen für mehrjährige Tätigkeiten außer Ansatz bleiben. Ermäßigt besteuerte Abfindungen und Bezüge, die eine Entlohnung für eine Tätigkeit darstellen, die sich über mehrere Jahre erstreckt hat, einschließlich die auf diese Teile des Arbeitslohnes entfallende Lohnsteuer, hat der Arbeitgeber nur dann in den Lohnsteuerjahresausgleich einzubeziehen, wenn der Arbeitnehmer dies ausdrücklich beantragt. Da sich dies für den Arbeitnehmer in der Regel steuerlich nachteilig auswirkt (die Bezüge werden dann nämlich mit der **vollen Tabellensteuer** versteuert), sind die Fälle in der Praxis wenig relevant. Der Arbeitgeber hat daher regelmäßig ermäßigt besteuerte Abfindungen und Arbeitslohn für mehrere Jahre nicht mit einzubeziehen.

Gehören zum Jahresarbeitslohn **steuerbegünstigte Versorgungsbezüge**, so sind diese um den Versorgungs-Freibetrag von 40 %, höchstens 3.072 EUR, zu kürzen. Dabei spielt es keine Rolle, ob und inwieweit die Versorgungsbezüge bereits beim laufenden Lohnsteuerabzug um den Versorgungsfreibetrag gekürzt worden sind. Bei Arbeitnehmern, die vor Beginn des Ausgleichsjahres das 64. Lebensjahr vollendet hatten und die noch in einem aktiven Beschäftigungsverhältnis stehen, sind die für die aktive Tätigkeit gezahlten Arbeitslöhne um den Altersentlastungsbetrag von 40 % dieser Löhne, höchstens um 1.908 EUR jährlich zu kürzen.

Schließlich ist der Jahresarbeitslohn um einen auf der Lohnsteuerkarte des Ausgleichsjahrs etwa eingetragenen **Jahresfreibetrag** zu kürzen. Der Arbeitgeber ist in jedem Fall an die Eintragungen auf der Lohnsteuerkarte gebunden. Ein höherer Freibetrag darf selbst dann nicht berücksichtigt werden, wenn dem Arbeitnehmer offensichtlich ein höherer Freibetrag zusteht. Der Arbeitgeber muss in diesem Fall den höheren Betrag im Wege der Antragsveranlagung beim Finanzamt geltend machen.

Von dem so ermittelten **maßgebenden Jahresarbeitslohn** ist die Lohnsteuer anhand der auf der Lohnsteuerkarte zuletzt eingetragenen Steuerklasse und der Zahl der Kinderfreibeträge mit Hilfe der Jahreslohnsteuertabelle festzustellen. Von diesem Betrag ist sodann die beim laufenden Lohnsteuerabzug während des Jahres einbehaltene **Lohn- und Kirchensteuer sowie der einbehaltene Solidaritätszuschlag** (s.u.) abzuziehen.

Der **(negative) Differenzbetrag** ist dem Arbeitnehmer im Lohnsteuerjahresausgleich zu **erstatten**. Der dem Arbeitnehmer zu erstattende Betrag ist vom Arbeitgeber bar auszuzahlen. Dies kann auch durch Verrechnung mit der vom Arbeitgeber bei der nächsten Gehaltszahlung einzubehaltenden Lohnsteuer und ggf. zusätzlicher Barauszahlung des Restbetrags erfolgen. Die dem Arbeitnehmer zu erstattende Lohnsteuer ist dem Betrag zu entnehmen, den der Arbeitgeber für seine Arbeitnehmer für den Lohnzahlungszeitraum, in den die Erstattung fällt, insgesamt an Lohnsteuer erhoben hat (§ 42 b Abs. 3 EStG). Kann die zu erstattende Lohnsteuer aus diesem Betrag nicht gedeckt werden, so wird der Fehlbetrag dem Arbeitgeber auf Antrag vom Betriebsstättenfinanzamt ersetzt (vgl. hierzu → Rz. 8093).

Hat der Arbeitgeber allerdings im Laufe des Kalenderjahres die Lohnsteuer **falsch berechnet** und stellt er dies beim Jahresausgleich fest, so muss er den **Lohnsteuerabzug berichtigen** und die zuwenig einbehaltene Lohnsteuer **nachfordern** oder dem Finanzamt **Anzeige nach § 41 c EStG** erstatten.

Wenn der Arbeitgeber für den Arbeitnehmer einen **Lohnsteuer-Jahresausgleich durchführt**, ist auch für den **Solidaritätszuschlag ein Jahresausgleich durchzuführen** (vgl. → Rz. 8090).

2. Kirchensteuerjahresausgleich

8134 Wird für den Arbeitnehmer ein Lohnsteuerjahresausgleich durchgeführt, ist auch die **Kirchensteuer** mit auszugleichen.

Bei der Besteuerung **sonstiger Bezüge** im Laufe des Kalenderjahres musste der Arbeitgeber die Kirchensteuer stets mit 8 % oder 9 % aus der Lohnsteuer errechnen, die sich für den sonstigen Bezug ergab. Eine Kürzung der für den sonstigen Bezug errechneten Lohnsteuer um die Kürzungsbeträge für Kinder, die bei der Besteuerung des laufenden Arbeitslohns nicht voll ausgeschöpft wurden, ist nicht zulässig (vgl. → Rz. 8071). Soweit hiernach bei der Besteuerung sonstiger Bezüge **zuviel Kirchensteuer** einbehalten wird, erfolgt der Ausgleich bei dem Lohnsteuerjahresausgleich durch den Arbeitgeber. Der Arbeitgeber kann in diesen Fällen die Kirchensteuer **auch dann erstatten**, wenn sich bei dem vom Arbeitgeber durchgeführten Lohnsteuerjahresausgleich **keine Lohnsteuererstattung** ergibt.

Ist ein Arbeitnehmer im Laufe des Kalenderjahres aus der Kirche **ausgetreten** und dieser **Zeitpunkt** auf der Lohnsteuerkarte **vermerkt**, so ist wie folgt vorzugehen:

Zunächst ist der Teil des auszugleichenden Lohnsteuerbetrags festzustellen, der auf den **Zeitraum** entfällt, in dem der Arbeitnehmer dem **Kirchensteuerabzug unterlegen hat**.

In einem zweiten Schritt ist die **auszugleichende Kirchensteuer** aus diesem Teil der Lohnsteuer zu berechnen.

> **BEISPIEL:**
>
> Ein Arbeitnehmer in Nordrhein-Westfalen mit der Steuerklasse I ist lt. Lohnsteuerkarte mit **Wirkung zum 01.05.2002** aus der evangelischen Kirche ausgetreten. Die im Lohnsteuerjahresausgleich zu erstattende **Lohnsteuer** beträgt 90 EUR.
>
> Auf die Zeit vom 01.01. bis zum 30.04.2002 entfallen demnach 1/3 von 90 EUR = 30 EUR. Die auszugleichende Kirchensteuer beträgt demnach 9 % von 30 EUR = 2,70 EUR.

Zu beachten ist hier die **Mindestkirchensteuer** (vgl. → Rz. 8069), die verschiedene Bundesländer erheben. Tritt der Arbeitnehmer im Laufe des Kalenderjahres aus der Kirche aus, so errechnet sich die Mindestkirchensteuer durch Vervielfältigung der entsprechenden **monatlichen Mindestkirchensteuer** mit der **Anzahl der Monate**, in der die Kirchensteuerpflicht bestand.

V. Aufzeichnungs- und Bescheinigungspflichten beim Lohnsteuerjahresausgleich

8135 Der dem Arbeitnehmer vom Arbeitgeber im Rahmen des Lohnsteuerjahresausgleichs erstattete **Betrag** muss im **Lohnkonto** stets **besonders aufgezeichnet** werden (vgl. auch → Rz. 8104).

Im Gegensatz dazu ist der **Erstattungsbetrag** in der **Lohnsteuerbescheinigung** seit 1991 **nicht mehr gesondert einzutragen**. Als einbehaltene Lohnsteuer ist stets der Betrag zu bescheinigen, der sich nach Verrechnung mit der vom Arbeitgeber für das Kalenderjahr beim Lohnsteuerjahresausgleich erstatteten Lohnsteuer ergibt (vgl. → Rz. 8118). Wenn im Falle des Arbeitgeberwechsels der Erstattungsbetrag so hoch ist, dass der neue Arbeitgeber auch die in den vorherigen Arbeitsverhältnissen einbehaltene und bereits auf der Lohnsteuerkarte bescheinigte Lohnsteuer teilweise erstattet, so ist von dem Arbeitgeber, der den Lohnsteuerjahresausgleich durchgeführt hat, als einbehaltene Lohnsteuer **ein Minusbetrag** zu bescheinigen. Dabei handelt es sich um den Betrag, um den die erstattete Lohnsteuer die vom Arbeitgeber selbst einbehaltene Lohnsteuer übersteigt. Der übersteigende Betrag ist **rot** zu bescheinigen oder mit einem deutlichen **Minuszeichen** zu versehen.

Als einbehaltene Lohnsteuer ist auch hier der Betrag einzutragen, der sich nach Verrechnung mit der im Lohnsteuerjahresausgleich erstatteten Lohnsteuer ergibt. Ebenso gilt: Ist mehr an Lohnsteuer erstattet als einbehalten worden, muss der Arbeitgeber den übersteigenden Betrag **rot** eintragen oder mit einem deutlichen **Minuszeichen** versehen (vgl. bereits im Rahmen der Anmeldung → Rz. 8099).

VI. Frist für den Lohnsteuerjahresausgleich durch den Arbeitgeber

Der Arbeitgeber darf den Lohnsteuerjahresausgleich **frühestens** bei der Lohnabrechnung **für den letzten** im **Ausgleichsjahr** endenden **Lohnzahlungszeitraum**, **spätestens** bei der Lohnabrechnung für den letzten Lohnzahlungszeitraum, der im **Monat März** des dem Ausgleichsjahr folgenden Kalenderjahres endet, durchführen. Der Arbeitgeber muss demzufolge den Jahresausgleich für das Jahr 2001 für einen monatlich entlohnten Arbeitnehmer spätestens bis zur Lohnabrechnung für **März 2002** durchgeführt haben. Für das Jahr 2002, darf für einen monatlich entlohnten Arbeitnehmer **frühestens** bei der Berechnung der auf den Arbeitslohn für **Dezember 2002** entfallenden Lohnsteuer der Jahresausgleich durchgeführt werden, **spätestens** mit der Lohnabrechnung für **März 2003**.

8136

59. Kapitel: Störfälle

I.	**Vorbeugen durch »Anrufungsauskunft«**	**8137**
	1. Was ist eine »Anrufungsauskunft«?	8137
	2. Wer kann sich mit einem Auskunftsersuchen an das Finanzamt wenden?	8138
	3. Welches Finanzamt ist für die Erteilung einer Anrufungsauskunft zuständig?	8139
	4. Ist für das Auskunftsersuchen eine bestimmte Form vorgeschrieben?	8140
	5. Über welche Sachverhalte kann Auskunft begehrt werden?	8141
	6. Welche Wirkung hat die Anrufungsauskunft?	8142
II.	**Änderung des Lohnsteuerabzugs**	**8144**
	1. Wann kommt eine Änderung in Betracht?	8144
	2. Vorgehen bei Änderung des Lohnsteuerabzugs	8148
III.	**Kontrollinstrument Lohnsteueraußenprüfung**	**8150**
	1. Allgemeines zur Lohnsteueraußenprüfung	8150
	2. Wie wird eine bevorstehende Außenprüfung angekündigt?	8153
	3. Welche Möglichkeiten hat der Arbeitgeber nach Zuleitung einer Prüfungsanordnung?	8154
	4. Was wird bei einer Außenprüfung überprüft?	8156
	5. Wie geht eine Außenprüfung vor sich?	8157
	6. Wie und wann wird eine Außenprüfung abgeschlossen?	8158
	7. Welche Maßnahmen kann die Finanzbehörde im Anschluss an eine Lohnsteuer-Außenprüfung treffen?	8159
IV.	**Verbindliche Zusage nach § 204 AO**	**8160**
V.	**Haftungsrisiko des Arbeitgebers**	**8162**
	1. Haftungstatbestände	8162
	2. Rückgriffsanspruch des Arbeitgebers	8166
	3. Haftung bei Arbeitnehmerüberlassung	8167
VI.	**Rechtsschutz**	**8168**
	1. Allgemeines zum Rechtsschutzverfahren	8168
	2. Wer entscheidet über den Einspruch?	8169
	3. Einspruchsverfahren	8170
	a) Wogegen kann im Lohnsteuerverfahren Einspruch erhoben werden?	8170
	b) Wo ist der Einspruch einzulegen?	8171
	c) Ist eine bestimmte Form einzuhalten?	8172
	d) Welche Einspruchsfrist ist einzuhalten?	8173
	e) Was ist im Fall einer Fristversäumnis zu tun?	8174
	f) Was kostet ein Einspruchsverfahren?	8175
	g) Was tut das Finanzamt, wenn der Einspruch eingelegt wurde?	8176
	h) Kann durch die Einlegung eines Einspruchs die Erhebung der Steuer verhindert werden?	8177
	4. Klage vor dem Finanzgericht	8178
VII.	**Weiterführende Literaturhinweise zum Lohnsteuerabzugsverfahren**	**8179**

I. Vorbeugen durch »Anrufungsauskunft«

1. Was ist eine »Anrufungsauskunft«?

8137 Nach § 42 e EStG haben sowohl **Arbeitgeber** als auch **Arbeitnehmer** das Recht, an das Finanzamt der Betriebsstätte eine **Anfrage** zur Klärung der steuerlichen Behandlung von Tatbeständen zu richten, die der Arbeitgeber im **Steuerabzugsverfahren** zu beurteilen hat. Mit dem Lohnsteuerabzugsverfahren hat der Gesetzgeber dem einzelnen Arbeitgeber eine Reihe von Pflichten und Risiken auferlegt (vgl. → Rz. 8003). Insbesondere das **Haftungsrisiko** kann dem Arbeitgeber nur dann zugemutet werden, wenn das Finanzamt in Zweifelsfällen eine verbindliche Auskunft über die Handhabung des Lohnsteuerrechts gibt. Für diesen Zweck hat der Gesetzgeber die Möglichkeit der so genannten »Anrufungsauskunft« geschaffen.

2. Wer kann sich mit einem Auskunftsersuchen an das Finanzamt wenden?

8138 Mit einem Auskunftsersuchen können sich sowohl der **Arbeitgeber** als auch der **Arbeitnehmer** sowie in besonderen Fällen auch dritte Personen, die anstelle des Arbeitgebers für die Lohnsteuer in Anspruch genommen werden können, an die Finanzbehörde wenden. Der Arbeitnehmer ist zwar unmittelbar bei der Anwendung der lohnsteuerrechtlichen Vorschriften nicht beteiligt, ist aber vom Lohnsteuerabzug **wirtschaftlich** betroffen, weil er für seine Rechnung erfolgt. Ist im Einzelfall die Arbeitgeber- oder Arbeitnehmereigenschaft zweifelhaft, ist auch derjenige anfrageberechtigt, für den sich diese Problematik stellt.

3. Welches Finanzamt ist für die Erteilung einer Anrufungsauskunft zuständig?

8139 Für die Erteilung von Anrufungsauskünften im Zusammenhang mit dem Lohnsteuerabzugsverfahren ist nach bisheriger Regelung ausschließlich »**das Betriebsstättenfinanzamt**« zuständig gewesen (vgl. hierzu → Rz. 8017). Sofern der Arbeitgeber im Inland mehrere Betriebsstätten unterhält, kam es demnach dazu, dass unterschiedliche Betriebsstättenfinanzämter zuständig gewesen sind. Nach einer Neuregelung ist für die Erteilung von Anrufungsauskünften auch bei Vorliegen von mehreren Betriebsstätten nur noch **ein Finanzamt** zuständig. Im Regelfall handelt es sich dabei um das Finanzamt, in dessen Bezirk sich die Geschäftsleitung des Arbeitgebers befindet. Handelt es sich beim Sitz der Geschäftsleitung nicht zugleich um eine Betriebsstätte im steuerlichen Sinne, ist das Betriebsstättenfinanzamt zuständig, in dessen Bezirk die meisten Arbeitnehmer beschäftigt werden.

Die Auskunft durch das **Wohnsitzfinanzamt des Arbeitnehmers** (vgl. hierzu → Rz. 8018) ist **keine Anrufungsauskunft** i.S.d. § 42 e EStG und bindet das Betriebsstättenfinanzamt des Arbeitgebers nicht.

4. Ist für das Auskunftsersuchen eine bestimmte Form vorgeschrieben?

Im Grundsatz gilt, dass die Auskunft **nur auf Anfrage** zu erteilen ist. Eine bestimmte Form ist hierfür **nicht** vorgeschrieben, so dass auch mündliche Anfragen ausreichen. Allerdings **empfiehlt es sich** schon aus Beweisgründen, die Anfrage an die zuständige Finanzbehörde immer **schriftlich** abzufassen. Dies gilt um so mehr, wenn es sich um schwierigere und komplexere Sachverhalte handelt.

Ebenso gibt es für die **Erteilung der Auskunft** durch die Finanzbehörde keine gesetzliche Formvorschrift. Unklarheiten und Beweisschwierigkeiten gehen aber auch hier zu Lasten dessen, der sich auf die Auskunft beruft. Diesem Risiko muss ein Auskunftsberechtigter ausweichen können. Daher hat jeder Berechtigte einen Anspruch auf **schriftliche Auskunfterteilung**.

5. Über welche Sachverhalte kann Auskunft begehrt werden?

Gegenstand der Anrufungsauskunft können **alle Fragen** sein, welche die **Einbehaltung, Anmeldung, Abführung** und **Übernahme der Lohnsteuer durch den Arbeitgeber** und die für ihn damit zusammenhängenden Pflichten betreffen. Demgegenüber können Fragen über Steuervergünstigungen, die der Arbeitnehmer in Anspruch nehmen will, nicht Gegenstand der Anrufungsauskunft sein. Werbungskostenfragen können dann Gegenstand der Anrufungsauskunft sein, wenn sie im **Rahmen des steuerfreien Arbeitgeberersatzes** von Bedeutung sind.

Das Auskunftsverlangen muss sich auf **konkrete Einzelfragen** beziehen. Auskunft kann beispielsweise darüber verlangt werden,

- ob eine Arbeitnehmereigenschaft vorliegt;
- inwieweit eine anlässlich der Auflösung eines Arbeitsverhältnisses gezahlte Ausgleichszahlung als steuerfreie Abfindung bzw. steuerbegünstigte Entschädigung anzusehen ist (vgl. Muster Lohnsteueranrufungsauskunft);
- inwieweit eine anlässlich eines Wettbewerbsverbotes gezahlte Karenzentschädigung der steuerlichen Tarifermäßigung unterliegt;
- inwieweit Unterlagen für den Lohnsteuerabzug Bedeutung haben und wie lange diese aufzubewahren sind;
- ob die geführten Lohnkonten den lohnsteuerrechtlichen Vorschriften entsprechen;
- wie Lohnsteuer von sonstigen Bezügen im Einzelfall zu ermitteln ist usw.

> **Muster Lohnsteueranrufungsauskunft**
>
> Fa. ...
> – Anschrift –
>
> Finanzamt
> – Lohnsteuerstelle –
>
> **Steuer-Nr.: .../Lohnsteueranrufungsauskunft**
>
> Sehr geehrte Damen und Herren,
>
> das Arbeitsverhältnis mit Herrn ... soll auf unsere Veranlassung durch den als Anlage beigefügten Aufhebungsvertrag zum ... beendet werden.
>
> Das Arbeitsverhältnis hat zu diesem Zeitpunkt ... Jahre bestanden. Zum Zeitpunkt der rechtlichen Beendigung des Arbeitsverhältnisses ist Herr... .... Jahre alt.
>
> Ich bitte Sie, mir gemäß § 42 e EStG verbindlich zu bestätigen, dass 8.181 EUR/ 10.226 EUR/ 12.271 EUR des an Herrn ... zu zahlenden Ausgleichsbetrags als steuerfreie Abfindung nach § 3 Nr. 9 EStG zu behandeln sind. Ferner der übersteigende Betrag als steuerbegünstigte Entschädigung nach § 24 Nr. 1a EStG i.V.m. § 34 EStG nach der »Fünftel-Regelung« zu versteuern ist, was im Lohnsteuerabzugsverfahren nach § 39 b Abs. 3 Satz 10 EStG die Einbehaltung und Abführung der Lohnsteuer auf Basis von 1/5 des steuerpflichtigen Teils der Entlassungsentschädigung mit 5 multipliziert zur Folge hat.
>
> Mit freundlichen Grüßen
>
> (Unterschrift)

6. Welche Wirkung hat die Anrufungsauskunft?

8142 Durch die einmal erteilte Auskunft wird das Finanzamt **in bestimmtem Umfang gebunden**. Hier ist zu differenzieren: Handelt der Arbeitgeber entsprechend der von ihm erbetenen und vom Finanzamt erteilten Auskunft, so kann das Finanzamt den Arbeitgeber später wegen unrichtig einbehaltener Lohnsteuer **nicht in Anspruch nehmen**, falls es später die ihm vorgelegte Rechtsfrage anders beurteilt. Umgekehrt ist der Arbeitgeber aber nicht verpflichtet, der Auskunft entsprechend zu handeln. In diesem Fall trägt er allerdings das Haftungsrisiko.

Dem **Arbeitnehmer** gegenüber ist das Finanzamt grundsätzlich nicht an die im Rahmen des Lohnsteuerabzugsverfahrens dem Arbeitgeber gegenüber erteilte Anrufungsauskunft gebunden. Es kann deshalb im Rahmen einer Antragsveranlagung oder einer sonstigen Veranlagung zur Einkommensteuer die steuerlichen Tatbestände **abweichend von der erteilten Anrufungsauskunft** beurteilen und besteuern.

> **BEISPIEL:**
>
> Das Betriebsstättenfinanzamt teilt dem Arbeitgeber auf dessen Anfrage in einer Anrufungsauskunft mit, dass die aufgrund einer Betriebsvereinbarung gezahlten Zuschläge für die Sonntags-, Feiertags- und Nachtarbeit nach § 3 b EStG steuerfrei seien. Bei einer Lohnsteueraußenprüfung (vgl. → Rz. 8137 f.) stellt das Finanzamt bei unverändertem Sachverhalt fest, dass ein Teil der Zuschläge entgegen der Auskunft steuerpflichtig ist.

Hier kann aufgrund der Auskunft zum Steuerabzug beim Arbeitgeber keine Lohnsteuer nachgefordert werden. Allerdings kann das Finanzamt beim Arbeitnehmer die entsprechende Lohnsteuer nach Abschluss des Lohnsteuerabzugsverfahrens nachfordern.

Anders war bisher hingegen der Fall zu beurteilen, wenn der Arbeitnehmer als **Beteiligter im Lohnsteuerabzugsverfahren selbst** eine Anrufungsauskunft vom Betriebsstättenfinanzamt erhalten hatte.

Diese Auffassung hat der BFH mit seinem Urteil vom 09.10.1992 *(DB 1993, 73)* **aufgegeben**. Demnach entfaltet auch eine **dem Arbeitnehmer** erteilte Anrufungsauskunft nach § 42 e EStG immer **nur Bindungswirkung für das Lohnsteuerabzugsverfahren**, hingegen **nicht** für die **Veranlagung des Arbeitnehmers zur Einkommensteuer**. Demzufolge kann das Finanzamt vom **Arbeitnehmer** abweichend von einer ihm erteilten Anrufungsauskunft im Rahmen einer späteren Einkommensteuerveranlagung **noch Lohnsteuer nachfordern**.

Besondere Bedeutung hat diese Entscheidung daneben für solche Lohnsteueranrufungsauskünfte, die in Zusammenhang mit dem **Abschluss eines Aufhebungsvertrages** hinsichtlich der **Steuerfreiheit von vereinbarten Abfindungen** erteilt werden (vgl. Muster → Rz. 8141).

Die **Bindungswirkung** gegenüber dem Finanzamt **erlischt** 8143

- wenn die Finanzbehörde eine unzutreffende Auskunft widerruft (dieser Widerruf ist allerdings **nur für die Zukunft möglich**) oder
- wenn die für die Auskunft maßgeblichen gesetzlichen Grundlagen entfallen. Hier erlischt die Bindung **automatisch** ohne ausdrücklichen Widerruf.

Der Arbeitgeber muss sich daher über die Fortentwicklung des Lohnsteuerrechts **(Gesetzesänderungen, Verwaltungsanweisungen, höchstrichterliche Urteile)** auch bei Einholung einer Anrufungsauskunft stets ausreichend informieren.

Eine haftungsweise Inanspruchnahme des Arbeitgebers wegen zuwenig erhobener Lohnsteuer kann nur ausnahmsweise wegen Unbilligkeit ausgeschlossen sein, wenn dieser den Lohnsteuerabzug ohne Berücksichtigung von Gesetzesänderungen durchgeführt hat, weil es ihm in der kurzen Zeit zwischen der Verkündung des Gesetzes und den folgenden Lohnabrechnungen nicht möglich war, die Gesetzesänderung zu berücksichtigen. Dies wird von der Finanzverwaltung unter Anlegung eines strengen Maßstabes geprüft.

II. Änderung des Lohnsteuerabzugs

1. Wann kommt eine Änderung in Betracht?

Oftmals stellt sich für den Arbeitgeber die Frage, ob der bisher vorgenommene Lohnsteuerabzug korrekt vorgenommen wurde oder ggf. eine Berichtigung vorzunehmen ist. Folgende Fälle kommen in Betracht: 8144

- der Arbeitnehmer legt eine geänderte Lohnsteuerkarte vor, deren Eintragungen auf bereits abgerechnete Monate zurückwirken oder

- der Arbeitgeber erkennt von sich aus, dass er den Lohnsteuerabzug nicht richtig durchgeführt hat.

Für eine Änderung des Lohnsteuerabzugs gelten nach § 41 c EStG folgende **Grundsätze:**

Erkennt der Arbeitgeber, dass er im Laufe eines Kalenderjahres zuviel oder zuwenig Lohnsteuer einbehalten hat, ist er **berechtigt**, bei der jeweils nächst folgenden Lohnzahlung den Lohnsteuerabzug **zu berichtigen**. Die Änderung ist grundsätzlich zu Gunsten oder zu Ungunsten des Arbeitnehmers zulässig. Auf die Höhe der zu erstattenden oder nachträglich einzubehaltenden Steuer kommt es nicht an. Die für Fälle der Nachforderung durch das Finanzamt bestehende Vorschrift, dass Beträge bis zu 10 EUR nicht nachzufordern sind, gilt nicht für die nachträgliche Einbehaltung durch den Arbeitgeber. Der Arbeitgeber ist zur Änderung des Lohnsteuerabzugs **nur befugt**, soweit die Lohnsteuer von **ihm selbst** einbehalten worden ist oder einzubehalten war.

8145 Macht der Arbeitgeber von seiner Berechtigung zur Änderung des Lohnsteuerabzugs in den Fällen **keinen Gebrauch**, in denen die Änderung zu einer **Nachforderung** von Lohnsteuer führen würde, so hat er dies dem Finanzamt **unverzüglich anzuzeigen**. Eine Anzeigepflicht besteht auch in dem Fall, in dem der Arbeitslohn aus Geld- und Sachbezügen besteht und der Barlohn zur Deckung der Lohnsteuer nicht ausreicht bzw. der Arbeitnehmer den Fehlbetrag nicht zur Verfügung stellt (selten!).

Kann der Arbeitgeber die Lohnsteuer **nicht nachträglich einbehalten**, weil

- Eintragungen auf der Lohnsteuerkarte eines Arbeitnehmers, die nach Beginn des Arbeitsverhältnisses vorgenommen worden sind, auf einen Zeitpunkt vor Beginn des Arbeitsverhältnisses zurückwirken,
- der Arbeitnehmer vom Arbeitgeber Arbeitslohn nicht mehr bezieht oder
- der Arbeitgeber nach Ablauf des Kalenderjahres bereits die Lohnsteuerbescheinigung ausgeschrieben hat,

so müssen diese Fälle ebenfalls dem **Betriebsstättenfinanzamt unverzüglich angezeigt** werden. Die Anzeige muss schriftlich erstattet werden. Sie muss den Namen und die Anschrift des Arbeitnehmers, die auf der Lohnsteuerkarte eingetragenen Besteuerungsmerkmale (Steuerklasse, Zahl der Kinderfreibeträge, Geburtstag usw.) sowie den Anzeigegrund und die für die Berechnung einer Lohnsteuernachforderung erforderliche Mitteilung über Höhe und Art des Arbeitslohns (z.B. Auszug aus dem Lohnkonto) enthalten. Vordrucke für die Anzeige sind beim Finanzamt kostenlos erhältlich (vgl. Muster).

Störfälle 1621

Steuernummer		Ort, Datum
Arbeitgeber – Anschrift der Betriebsstätte		Telefon

Finanzamt _____

Anzeige über nicht durchgeführten Lohnsteuerabzug

Für den Arbeitnehmer (Name, Vorname, Anschrift) | geboren am

Zutreffendes bitte ankreuzen ☒

wird folgendes angezeigt:

☐ Der Barlohn des Arbeitnehmers reicht zur Deckung der Lohnsteuer nicht aus; der Arbeitnehmer hat den Fehlbetrag an Lohnsteuer nicht zur Verfügung gestellt und der Fehlbetrag konnte auch nicht durch Zurückbehalten anderer Bezüge aufgebracht werden (§ 38 Abs. 4 EStG).

☐ Von der Berechtigung zur nachträglichen Einbehaltung von Lohnsteuer wird kein Gebrauch gemacht (§ 41c Abs. 4 EStG).

☐ Die Lohnsteuer kann nachträglich nicht einbehalten werden (§ 41c Abs. 4 EStG), weil

 ☐ Eintragungen auf der Lohnsteuerkarte des Arbeitnehmers oder der entsprechenden Bescheinigung des Finanzamts, die nach Beginn des Dienstverhältnisses vorgenommen worden sind, auf einen Zeitpunkt vor Beginn des Dienstverhältnisses zurückwirken;

 ☐ der Arbeitnehmer Arbeitslohn nicht mehr bezieht;

 ☐ nach Ablauf des Kalenderjahrs bereits die Lohnsteuerbescheinigung ausgeschrieben wurde.

Auf der Rückseite dieses Vordrucks bzw. auf einem gesonderten Blatt (z. B. Auszug aus dem Lohnkonto) sind angegeben:

1. Die auf der Lohnsteuerkarte oder der entsprechenden Bescheinigung des Finanzamts eingetragenen und ggf. geänderten Besteuerungsmerkmale (Steuerklasse, Zahl der Kinderfreibeträge, Kinderzahl für Berlin-Zulage, Religionszugehörigkeit und Steuerfreibetrag).

2. Die für die Berechnung der Steuernachforderung erforderlichen Angaben über Art und Höhe des bisherigen und ggf. geänderten Arbeitslohns sowie die hierauf entfallenden Steuerabzugsbeträge für jeden betroffenen Lohnzahlungszeitraum.

_____
(Stempel und Unterschrift)

8146 Zur Verdeutlichung der Pflichten des Arbeitgebers im Rahmen der Lohnsteueränderung vergleiche auch das folgende Schema:

8147

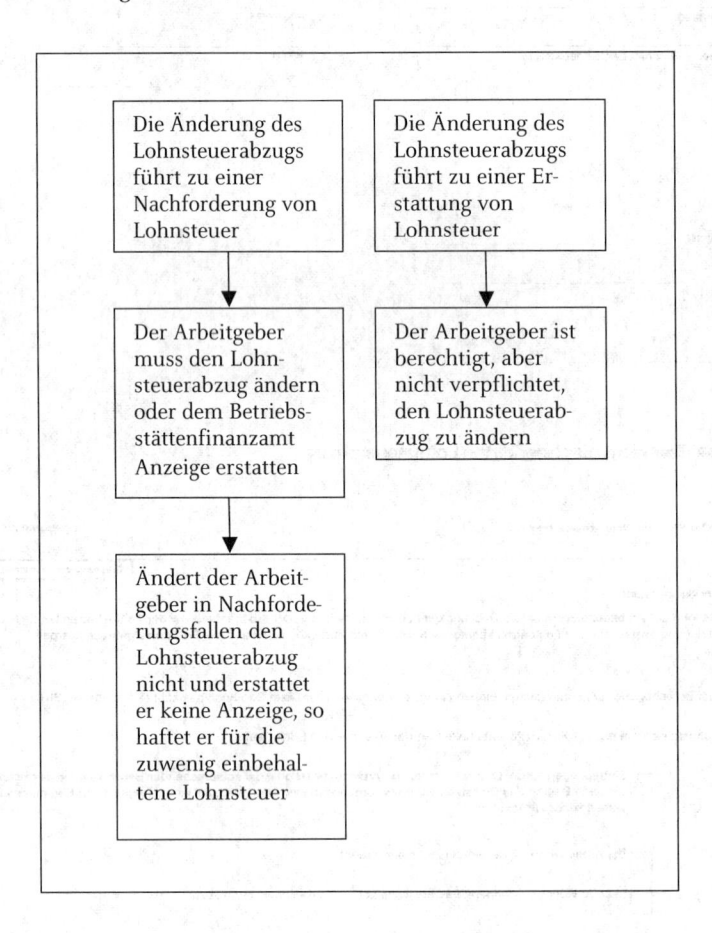

```
┌─────────────────────────┐     ┌─────────────────────────┐
│ Die Änderung des        │     │ Die Änderung des        │
│ Lohnsteuerabzugs        │     │ Lohnsteuerabzugs        │
│ führt zu einer          │     │ führt zu einer Er-      │
│ Nachforderung von       │     │ stattung von            │
│ Lohnsteuer              │     │ Lohnsteuer              │
└───────────┬─────────────┘     └───────────┬─────────────┘
            ▼                               ▼
┌─────────────────────────┐     ┌─────────────────────────┐
│ Der Arbeitgeber         │     │ Der Arbeitgeber ist     │
│ muss den Lohn-          │     │ berechtigt, aber        │
│ steuerabzug ändern      │     │ nicht verpflichtet,     │
│ oder dem Betriebs-      │     │ den Lohnsteuerab-       │
│ stättenfinanzamt        │     │ zug zu ändern           │
│ Anzeige erstatten       │     │                         │
└───────────┬─────────────┘     └─────────────────────────┘
            ▼
┌─────────────────────────┐
│ Ändert der Arbeit-      │
│ geber in Nachforde-     │
│ rungsfallen den         │
│ Lohnsteuerabzug         │
│ nicht und erstattet     │
│ er keine Anzeige, so    │
│ haftet er für die       │
│ zuwenig einbehal-       │
│ tene Lohnsteuer         │
└─────────────────────────┘
```

2. Vorgehen bei Änderung des Lohnsteuerabzugs

8148 Die Änderung des Lohnsteuerabzugs ist bei der **nächsten Lohnzahlung** vorzunehmen, die auf die Vorlage der Lohnsteuerkarte mit den rückwirkenden Eintragungen folgt. Grundsätzlich können Eintragungen auf der Lohnsteuerkarte rückwirkend von der Gemeinde oder dem Finanzamt geändert werden. Der **Geltungszeitpunkt** einer Änderung ergibt sich dabei aus dem Abschnitt »**II. Änderungen der Eintragungen im Abschnitt I.**« auf der Lohnsteuerkarte (vgl. auch → Rz. 8044).

Der Arbeitgeber darf im Feld »**Nachträgliche Einbehaltung von Lohnsteuer**« die Einbehaltung **nicht auf mehrere Lohnzahlungen verteilen**. Die Pfändungsschutzbestimmungen der §§ 850 ff. ZPO gelten im Fall der nachträglichen Einbehaltung von Lohnsteuer durch den Arbeitgeber **nicht**, was bedeutet, dass durch nachträglich einbehaltene Lohnsteuer der dem Arbeitnehmer für den betreffenden Lohnzahlungszeitraum zustehende

Arbeitslohn theoretisch bis auf 0 EUR absinken kann. **Übersteigt** die nachträglich einzubehaltende Lohnsteuer den an den Arbeitnehmer auszuzahlenden Barlohn, so ist die nachträgliche Einbehaltung insgesamt zu unterlassen und dem Finanzamt **Anzeige zu erstatten**.

Eine zu erstattende Lohnsteuer hat der Arbeitgeber dem Lohnsteuerbetrag zu entnehmen, der von ihm **insgesamt für alle Arbeitnehmer** zum nächst fälligen Zeitpunkt an das Finanzamt abzuführen wäre. Reicht dieser Betrag nicht aus, so wird der ganze Betrag dem Arbeitgeber auf Antrag vom Betriebsstättenfinanzamt ersetzt (vgl. → Rz. 8093).

Die Änderung des Lohnsteuerabzugs ist nur möglich für Lohnzahlungszeiträume, für die vom Arbeitgeber Lohnsteuer einbehalten worden ist. Der Arbeitgeber darf keine Änderungen des Lohnsteuerabzugs vornehmen, die auf einen Zeitpunkt **vor Beginn des Arbeitsverhältnisses** zurückwirken.

Nach Ablauf des Kalenderjahres ist die Änderung des Lohnsteuerabzugs nur zulässig, wenn der Arbeitgeber die Lohnsteuerbescheinigung auf der Rückseite der Lohnsteuerkarte **noch nicht ausgefüllt** hat. Eine Änderung des Lohnsteuerabzugs nach Ablauf des Kalenderjahres ist in der Weise vorzunehmen, dass auf den maßgebenden Jahresarbeitslohn die Jahreslohnsteuertabelle anzuwenden und die im Laufe des Kalenderjahres einbehaltene Lohnsteuer gegenüberzustellen ist. Die Differenz zwischen der Jahreslohnsteuer und der einbehaltenen Lohnsteuer ist die Lohnsteuer, die nachträglich einzubehalten oder aber zu erstatten ist.

8149

Eine Erstattung darf nur dann unter Anwendung der Jahreslohnsteuertabelle vorgenommen werden, wenn der Arbeitgeber zur **Durchführung des Lohnsteuerjahresausgleichs berechtigt ist** (vgl. → Rz. 8129). Darf der Arbeitgeber den Lohnsteuerjahresausgleich nicht durchführen, ist nach Ablauf des Kalenderjahres eine Änderung des Lohnsteuerabzugs mit Erstattungsfolge **nicht mehr möglich**. In diesen Fällen kann der Arbeitnehmer die Erstattung im Wege der Antrags- oder sonstigen Einkommensteuerveranlagung erreichen. In Betracht kommt auch ein Erstattungsantrag nach § 37 Abs. 2 AO.

Soweit der Arbeitgeber aufgrund einer Änderung des Lohnsteuerabzugs nach Ablauf des Kalenderjahres nachträglich Lohnsteuer einbehält, handelt es sich um Lohnsteuer des abgelaufenen Kalenderjahres, die zusammen mit der übrigen einbehaltenen Lohnsteuer des **abgelaufenen Kalenderjahres** in einer Summe in der Lohnsteuerkarte anzugeben ist. Wurde die Lohnsteuerkarte demgegenüber bereits ausgefüllt und dem Arbeitnehmer bereits ausgehändigt, ist eine Erstattung oder Nachforderung von Lohnsteuer **nur noch durch das Finanzamt möglich**.

III. Kontrollinstrument Lohnsteueraußenprüfung

1. Allgemeines zur Lohnsteueraußenprüfung

8150

Das Betriebsstättenfinanzamt überwacht die ordnungsgemäße Einbehaltung und Abführung der Lohnsteuer etc. durch turnusmäßige **Lohnsteueraußenprüfungen**. Eine »Außenprüfung« kann aber auch andere den Arbeitgeber betreffende Steuerarten umfassen, etwa Umsatzsteuer und Gewerbesteuer etc.. Die Durchführung bzw. Anordnung der Außenprüfung ist grundsätzlich **Ermessensentscheidung** des Finanzamtes.

Eine Außenprüfung ist bei Personen, die zur Einbehaltung von Steuern verpflichtet sind, also auch Arbeitgebern (§ 193 Abs. 2 Nr. AO), **unbeschränkt zulässig**.

Bei den zu prüfenden Betrieben differenziert das Finanzamt nach der **Betriebsgröße**. Es unterscheidet

- *Großbetriebe* (mit einer lückenlosen Überprüfung),
- *Mittel- und Kleinbetriebe* (mit der Möglichkeit der regelmäßigen Prüfung) und
- *Kleinstbetriebe* (die regelmäßig nur in einem begrenzten Umfang und – angesichts der Personalknappheit in den Finanzbehörden – sehr selten überprüft werden).

Die Einordnung als Groß-, Mittel-, Klein- oder Kleinstbetrieb erfolgt nach bestimmten Einordnungsmerkmalen alle drei Jahre (vgl. nachfolgende Übersicht).

Einheitliche Abgrenzungsmerkmale für den 17. Prüfungsturnus (Merkmale für den Stichtag 01. Januar 2001) BStBl. I 2000 S. 1195 (Auszug)				
Betriebsart,	Betriebsmerkmale	Großbetriebe DM	Mittelbetriebe DM	Kleinbetriebe DM
Handelsbetriebe	Umsatzerlöse oder steuerlicher Gewinn	über 11,9 Mio über 465.000	über 1,45 Mio über 91.000	über 265.000 über 50.000
Fertigungsbetriebe	Umsatzerlöse oder steuerlicher Gewinn	über 6,8 Mio über 415.000	über 835.000 über 91.000	über 265.000 über 50.000
Freie Berufe	Umsatzerlöse oder steuerlicher Gewinn	über 6,9 Mio über 900.000	über 1,29 Mio über 206.000	über 265.000 über 50.000
Andere Leistungsbetriebe	Umsatzerlöse oder steuerlicher Gewinn	über 8,65 Mio über 485.000	über 1,16 Mio über 94.000	über 265.000 über 50.000
Kreditinstitute	Aktivvermögen oder steuerlicher Gewinn	über 202 Mio über 810.000	über 51 Mio über 280.000	über 16 Mio über 64.000
Versicherungsunt.	Jahresprämieneinnahmen	über 44 Mio	über 7,2 Mio	über 2,75 Mio
Land- und forstwirtschaftliche Betriebe	Wirtschaftswert der selbstbewirtschafteten Fläche oder steuerlicher Gewinn	über 283.000 über 164.000	über 139.000 über 87.000	über 62.000 über 50.000

8151 An dieser Stelle soll nur ein **Überblick über die Außenprüfung** gegeben werden. Vor allem kleinere und mittlere Betriebe werden mit einer Lohnsteuer-Außenprüfung häufiger konfrontiert werden als mit einer allgemeinen Außen- bzw. Betriebsprüfung. Die wesentlichen Rechte und Pflichten des Arbeitgebers bei einer Außenprüfung ergeben sich auch aus dem in der Anlage abgedruckten Merkblatt der Finanzämter »Ihre wesentlichen Rechte und Mitwirkungspflichten bei der Außenprüfung«.

Ihre wesentlichen Rechte und Mitwirkungspflichten bei der Außenprüfung

Die Außenprüfung soll dazu beitragen, dass die Steuergesetze gerecht und gleichmäßig angewendet werden; deshalb ist auch zu Ihren Gunsten zu prüfen (§ 199 Abgabenordnung – AO -).

Beginn der Außenprüfung

Wenn Sie wichtige Gründe gegen den vorgesehenen Zeitpunkt der Prüfung haben, können Sie beantragen, dass ihr Beginn hinausgeschoben wird (§ 197 Abs. 2 AO). Wollen Sie wegen der Prüfungsanordnung Rückfragen stellen, wenden Sie sich bitte an die prüfende Stelle und geben Sie hierbei den Namen des Prüfers an. Über den Prüfungsbeginn sollten Sie ggf. Ihren Steuerberater unterrichten.

Der Prüfer wird sich zu Beginn der Außenprüfung unter Vorlage seines Dienstausweises bei Ihnen vorstellen (§ 198 AO),

Ablauf der Außenprüfung

Haben Sie bitte Verständnis dafür, dass Sie für einen reibungslosen Ablauf der Prüfung zur Mitwirkung verpflichtet sind, Sie können darüber hinaus auch sachkundige Auskunftspersonen benennen.

Legen Sie bitte dem Prüfer Ihre Aufzeichnungen, Bücher, Geschäftspapiere und die sonstigen Unterlagen vor, die er benötigt, erteilen Sie ihm die erbetenen Auskünfte und erläutern Sie ggf. die Aufzeichnungen (§ 200 Abs. 1 AO).

Stellen Sie ihm zur Durchführung der Außenprüfung bitte einen geeigneten Raum oder Arbeitsplatz sowie die erforderlichen Hilfsmittel unentgeltlich zur Verfügung (§ 200 Abs. 2 AO).

Werden die Unterlagen nur in Form der Wiedergabe auf einem Datenträger aufbewahrt, kann der Prüfer verlangen, dass Sie auf Ihre Kosten diejenigen Hilfsmittel zur Verfügung stellen, die zur Lesbarmachung erforderlich sind, bzw. dass Sie auf Ihre Kosten die Unterlagen unverzüglich

Ganz oder teilweise ausdrucken oder ohne Hilfsmittel lesbare Reproduktionen beibringen (§ 147 Abs. 5 AO).

Über alle Feststellungen von Bedeutung wird Sie der Prüfer während der Außenprüfung unterrichten, es sei denn, Zweck und Ablauf der Prüfung werden dadurch beeinträchtigt (§ 199 Abs. 2 AO).

Ergebnis der Außenprüfung

Wenn sich die Besteuerungsgrundlagen durch die Prüfung ändern, haben Sie das Recht auf eine Schlussbesprechung, Sie erhalten dabei Gelegenheit, einzelne Prüfungsfeststellungen nochmals zusammenfassend zu erörtern (§ 201 AO),

Über das Ergebnis der Außenprüfung ergeht bei Änderung der Besteuerungsgrundlagen ein schriftlicher Prüfungsbericht, der Ihnen auf Antrag vor seiner Auswertung übersandt wird, Zu diesem Bericht können Sie Stellung nehmen (§ 202 AO).

Rechtsbehelfe können Sie allerdings nicht gegen den Bericht, sondern nur gegen die aufgrund der Außenprüfung ergehenden Steuerbescheide einlegen,

Wird bei Ihnen eine abgekürzte Außenprüfung durchgeführt, findet eine Schlussbesprechung nicht statt (§ 203 AO), Anstelle des schriftlichen Prüfungsberichts erhalten Sie spätestens mit den Steuer-/Feststellungsbescheiden eine schriftliche Mitteilung über die steuerlich erheblichen Prüfungsfeststellungen.

Ablauf der Außenprüfung beim Verdacht einer Steuerstraftat oder einer Steuerordnungswidrigkeit
Ergibt sich während der Außenprüfung der Verdacht einer Steuerstraftat oder einer Steuerordnungswidrigkeit gegen Sie, so dürfen hinsichtlich des Sachverhalts, auf den sich der Verdacht bezieht, die Ermittlungen bei Ihnen erst fortgeführt werden, wenn Ihnen die Einleitung eines Steuerstraf- oder Bußgeldverfahrens mitgeteilt worden ist (vgl. § 397 AO). Soweit die Prüfungsfeststellungen auch für Zwecke eines Steuerstraf- oder Bußgeldverfahrens verwendet werden können, darf Ihre Mitwirkung bei der Aufklärung der Sachverhalte nicht erzwungen werden (§ 393 Abs. 1 Satz 2 AO), Wirken Sie bei der Aufklärung der Sachverhalte nicht mit (vgl. §§ 90, 93 Abs. 200 Abs. 1 AO), können daraus allerdings im Besteuerungsverfahren für Sie nachteilige Folgerungen gezogen werden; ggf. sind die Besteuerungsgrundlagen zu schätzen, wenn eine zutreffende Ermittlung des Sachverhalts deswegen nicht möglich ist (§ 162 AO).

2. Wie wird eine bevorstehende Außenprüfung angekündigt?

8153   Von einer bevorstehenden Außenprüfung erfährt der Betroffene durch die ihm bekannt gegebene **Prüfungsanordnung**. Diese legt das Prüfungsprogramm fest (was geprüft werden soll), nennt den Prüfer und sagt auch, wann mit der Prüfung begonnen werden soll. Die Prüfungsanordnung wird schriftlich **mindestens 2 Wochen** vor dem Prüfungstermin dem Betroffenen zugeleitet.

3. Welche Möglichkeiten hat der Arbeitgeber nach Zuleitung einer Prüfungsanordnung?

8154   Kommt dem Arbeitgeber der Prüfungstermin ungelegen, besteht die Möglichkeit, auf seinen **Antrag** hin den **Prüfungsbeginn** auf einen anderen Zeitpunkt **zu verlegen**. Voraussetzung dafür ist allerdings, dass wichtige Gründe glaubhaft gemacht werden können. Wichtige Gründe für ein Hinausschieben des Prüfungsbeginns können z.B. sein:

- Erkrankung des Arbeitgebers,
- Erkrankung des Arbeitnehmers oder seines für Auskünfte erforderlichen Steuerberaters oder maßgeblichen Mitarbeiters,
- beträchtliche Betriebsstörungen infolge Umbaus oder höherer Gewalt.

Ein Antrag auf Prüfungsverlegung kann **grundsätzlich formlos** (z.B. fernmündlich) gestellt werden. In einem solchen Fall kann der Arbeitgeber auch auf die 14-tägige Zustellfrist der Prüfungsanordnung vor Prüfungsbeginn **verzichten**.

8155

Bestehen Zweifel, ob eine Prüfungsanordnung zu Recht ergangen ist oder umfasst diese nicht die zutreffenden Zeiträume, besteht auch die Möglichkeit, gegen die Anordnung **Einspruch** (vgl. → Rz. 8176) einzulegen.

4. Was wird bei einer Außenprüfung überprüft?

Der **Umfang der Prüfung** im Einzelfall wird durch die **Prüfungsanordnung** bestimmt. Entsprechend dieser Anordnung kann die Prüfung eine oder mehrere Steuerarten, einen oder mehrere Besteuerungszeiträume umfassen oder sich auf bestimmte Sachverhalte beschränken. Im Rahmen der Prüfung eines Unternehmers kann sich die Prüfung auch auf nichtbetriebliche Teile erstrecken.

8156

BEISPIEL:

Im Jahre 2002 erhält die 1994 gegründete Z-KG vom Finanzamt eine Prüfungsanordnung, in der eine Außenprüfung für die Jahre 1996 – 2000 angekündigt wird. Auch die steuerlichen Verhältnisse des persönlich haftenden Gesellschafters A sollen danach in die Prüfung einbezogen werden. A erhält hierüber eine **gesonderte Prüfungsordnung**.

Dieses Vorgehen ist zulässig. Umfangreiche Begründungen für die Prüfung des persönlich haftenden Gesellschafters sind entbehrlich.

Anders ist dies in den Fällen, in denen auch ein **Nichtunternehmer** geprüft werden soll.

Die Lohnsteueraußenprüfung erstreckt sich auf die Verhältnisse aller Arbeitnehmer, und zwar **unabhängig davon**, ob sie dem Steuerabzug unterliegen oder ob die Steuer für ihren Arbeitslohn ganz oder teilweise vom Arbeitgeber übernommen wird. Geprüft werden dabei die **tatsächlichen** und **rechtlichen Verhältnisse**, die für die Steuerpflicht und die Bemessung der Steuer maßgebend sind.

5. Wie geht eine Außenprüfung vor sich?

Bei **Beginn der Prüfung** hat der Prüfer sich **auszuweisen** und den Beginn der Außenprüfung unter Angabe von Datum und Uhrzeit **aktenkundig** zu machen. Der Arbeitgeber ist verpflichtet, dem oder den Prüfern das Betreten der Geschäftsräume in den üblichen Geschäftsstunden zu gestatten und ihnen die erforderlichen Hilfsmittel und einen geeigneten Arbeitsplatz zur Verfügung zu stellen. Ihnen ist Einsicht in die Lohnsteuerkarten der Arbeitnehmer, die Lohnkonten, die Lohnbücher des Betriebes sowie Geschäftsbücher, Sachkonten und Buchführungsunterlagen zu gewähren, soweit dies nach dem Ermessen des Prüfers zur Durchführung der Lohnsteuerprüfung erforderlich ist. Der Arbeitgeber und die für ihn tätigen Personen sind **zur Auskunftserteilung verpflichtet**.

8157

6. Wie und wann wird eine Außenprüfung abgeschlossen?

8158 Der **zeitliche Umfang** einer Außenprüfung ist nicht festgeschrieben. Auch dieses steht im **Ermessen** der prüfenden Behörde. Letztlich wird der zeitliche Umfang aber auch von der Größe des zu prüfenden Unternehmens bzw. der Größe des geprüften Betriebes des Arbeitgebers abhängen. Am Ende der Außenprüfung steht in der Regel eine **Schlussbesprechung**. Diese ist allerdings entbehrlich, wenn sich keine Änderungen der Besteuerungsgrundlagen ergeben haben. In der Praxis ist die Schlussbesprechung oder auch eine Vorbesprechung ohne die Vorgesetzten des Betriebsprüfers das Forum, in dem streitige Punkte diskutiert und Fragen erörtert werden, die einen Beurteilungsspielraum lassen.

Besteht die Möglichkeit, dass in der Folge der Betriebsprüfung ein **Strafverfahren** gegen den Steuerpflichtigen eingeleitet werden könnte, muss der Steuerpflichtige in der Schlussbesprechung darauf **hingewiesen** werden. Über das Ergebnis der Außenprüfung ergeht ein **schriftlicher Prüfungsbericht**, der ggf. als Grundlage für die Erstellung von **Änderungsbescheiden** dient.

7. Welche Maßnahmen kann die Finanzbehörde im Anschluss an eine Lohnsteueraußenprüfung treffen?

8159 Soweit eine Lohnsteueraußenprüfung ergibt, dass **Lohnsteuer nachzuerheben** ist, wird die zuständige Finanzbehörde regelmäßig **Haftungs- bzw. Nachforderungsbescheide** gegen den Arbeitgeber erlassen. Dies ist zulässig, weil die Lohnsteueranmeldungen des Arbeitgebers nur einer **Steuerfestsetzung unter Vorbehalt der Nachprüfung gleichstehen** (§ 68 AO), so dass die bisherigen Lohnsteuerfestsetzungen solange aufgehoben oder geändert werden können wie der Vorbehalt reicht. Zweck einer Steuerfestsetzung unter Vorbehalt ist die Gewährleistung eines möglichst ökonomischen Steuerfestsetzungsverfahrens. Die Steuer wird zunächst **ohne besondere Prüfung** allein aufgrund der **Angaben des Steuerpflichtigen** festgesetzt, wobei die spätere Überprüfung vorbehalten bleibt. Beispielsweise richtet sich die Finanzbehörde bei der Lohnsteuerfestsetzung allein nach den Angaben, die der Arbeitgeber im Rahmen der Lohnsteueranmeldung macht. Zulässig ist eine Vorbehaltsfestsetzung aber nur, solange der Steuerfall **nicht abschließend geprüft** worden ist. Deshalb muss insbesondere nach Abschluss einer Außenprüfung der **Vorbehalt aufgehoben** werden.

Eine Angabe des Vorbehaltsvermerks ist nicht notwendig, wenn die Steuerfestsetzung bereits kraft Gesetzes unter dem Vorbehalt der Nachprüfung steht. Dies betrifft u. a. **auch die Steueranmeldung und bestimmte Eintragungen auf der Lohnsteuerkarte**. Steht eine Steuerfestsetzung unter dem Vorbehalt der Nachprüfung, so erfasst dieser Vorbehalt die gesamte Steuerfestsetzung. Eine Beschränkung ist hier nicht zulässig. Das bedeutet, dass die Gesamtsteuerfestsetzung – solange der Vorbehalt wirksam ist – in vollem Umfang aufhebbar und änderbar ist. Oberste Grenze bildet hier wie auch in anderen Fällen die so genannte Festsetzungsverjährung (§§ 169 ff. AO), die bis zu 10 Jahren betragen kann.

IV. Verbindliche Zusage nach § 204 AO

Unabhängig von dem Recht auf Anrufungsauskunft nach § 42 e EStG (vgl. → Rz. 8137) steht dem Arbeitgeber **im Anschluss an eine Lohnsteueraußenprüfung** das Recht auf eine **verbindliche Zusage (§ 204 AO)** zu: Der Arbeitgeber kann sich durch eine verbindliche Zusage der Finanzbehörde Gewissheit darüber verschaffen, wie ein für die **Vergangenheit** beurteilter Sachverhalt in **Zukunft** lohnsteuerrechtlich zu behandeln ist. Deckt sich der später verwirklichte Sachverhalt mit dem, der der verbindlichen Zusage zugrunde gelegt worden ist, so ist diese für die Besteuerung bindend (§ 206 AO). Ebenso wie eine Anrufungsauskunft bietet somit auch die verbindliche Zusage für den Arbeitgeber die Möglichkeit, sich künftig vor der **haftungsweisen Inanspruchnahme** für zuwenig erhobene Lohnsteuer zu schützen.

8160

> **BEISPIEL:**
>
> Der Arbeitgeber beantragt im Anschluss an eine Lohnsteueraußenprüfung eine verbindliche Zusage darüber, dass er zukünftig bei Betriebsveranstaltungen auch die nahen Angehörigen der Arbeitnehmer einladen könne. Das Finanzamt erklärt ihm daraufhin zutreffend, dass Aufwendungen für die Teilnahme eines Ehegatten oder Angehörigen des Arbeitnehmers ebenso zu beurteilen sind, wie Aufwendungen für den Arbeitnehmer selbst.

Im Einzelnen ist die Erteilung eine verbindlichen Zusage von **folgenden Voraussetzungen** abhängig:

- zwischen der verbindlichen Zusage und der Lohnsteueraußenprüfung muss ein **zeitlicher Zusammenhang** bestehen.
- der Sachverhalt, für den die Zusage begehrt wird, muss von den Prüfern bereits **für die Vergangenheit** geprüft und im ausführlichen **Bericht dargestellt** worden sein. Handelt es sich um einen Sachverhalt, den der Prüfer nicht beanstandet hat, muss er gleichwohl im Hinblick auf die begehrte Zusage in den Prüfungsbericht aufgenommen werden.
- der Arbeitgeber muss die verbindliche Zusage grundsätzlich schon **während der Außenprüfung beantragt** haben.
- die Kenntnis der künftigen steuerrechtlichen Behandlung muss für die **geschäftlichen Maßnahmen** des Arbeitgebers von Bedeutung sein (weite Auslegung).
- ein Antrag kann abgelehnt werden, wenn sich der Sachverhalt **nicht** für eine verbindliche Zusage **eignet** (z.B. hinsichtlich zukünftiger Angemessenheit von bestimmten Warenpreisen), wenn zu dem betreffenden Sachverhalt die Herausgabe von **allgemeinen Verwaltungsvorschriften** oder eine **Grundsatzentscheidung des Bundesfinanzhofs** nahe bevorsteht oder die Zusage einen **unverhältnismäßig hohen Verwaltungsaufwand** erfordert.

8161

Gegen die Ablehnung einer verbindlichen Zusage kann der Arbeitgeber **Einspruch** einlegen (vgl. → Rz. 8168 f.).

Die verbindliche Zusage ist nur wirksam, wenn sie von der Finanzbehörde, das ist beispielsweise das Finanzamt, **nicht der Prüfer selbst**, **schriftlich** erteilt oder als verbindlich gekennzeichnet wird.

Die verbindliche Zusage hat schließlich die Entscheidung über den Sachverhalt, Entscheidungsgründe und die Rechtsvorschriften, auf die die Entscheidung gestützt wird, zu enthalten.

Entspricht der später verwirklichte Sachverhalt demjenigen, der der verbindlichen Zusage zugrundegelegen hat, tritt eine **Bindungswirkung** ein: Die Finanzbehörde ist für die Besteuerung an die damals gemachte Zusage gebunden. Dies gilt selbst dann, wenn sie dem geltenden Recht widerspricht, aber den Arbeitgeber begünstigt.

V. Haftungsrisiko des Arbeitgebers

1. Haftungstatbestände

8162 Grundsätzlich ist der Arbeitnehmer im Rahmen des Lohnsteuerabzugs Steuerschuldner. Der Arbeitgeber behält nur für den Arbeitnehmer die Lohnsteuer ein und führt diese auch an das Finanzamt ab. Insoweit **haftet der Arbeitgeber** aber nach § 42 d EStG für die richtige Einbehaltung und Abführung der Lohnsteuer. Wichtig ist in diesem Zusammenhang, dass der Arbeitgeber auch **ohne ein eigenes Verschulden** haftet. Das Finanzamt muss dem Arbeitgeber also kein Verschulden nachweisen, sondern es reicht bereits die Feststellung, dass Lohnsteuer unrichtig einbehalten wurde.

Wird Lohnsteuer z.B. bei Teilzeitbeschäftigten (vgl. → Rz. 8078 f.) pauschaliert erhoben, ist der Arbeitgeber von vornherein **alleiniger Schuldner** der pauschalen Lohnsteuer. Insoweit kommt eine Haftung, also ein Einstehen für eine **fremde Schuld** wie für die Lohnsteuer des Arbeitnehmers, nicht in Betracht. Unterläuft in diesem Zusammenhang dem Arbeitgeber ein Fehler, führt er also die pauschale Lohnsteuer gar nicht oder in zu geringem Umfang ab, wird diese bei ihm **nachgefordert**.

Der Arbeitgeber haftet

- für die Lohnsteuer, die er einzubehalten und abzuführen hat;
- für die Lohnsteuer, die er beim Lohnsteuerjahresausgleich zu unrecht erstattet hat;
- für die Lohnsteuer, die aufgrund fehlender Angaben im Lohnkonto oder in der Lohnsteuerbescheinigung verkürzt worden ist.

Im Einzelnen bedeutet »richtige Einbehaltung und Abführung« der Lohnsteuer, dass der Arbeitgeber keine von ihm beschäftigten Personen, die Arbeitnehmer sind, vom Lohnsteuerabzug ausnehmen darf. Dies gilt auch für die Personen, die zur Einkommensteuer veranlagt werden (s. → Rz. 8128) oder auf das Jahr gesehen voraussichtlich lohnsteuerfrei bleiben (z.B. aushilfsweise beschäftigte Studenten).

Der Arbeitgeber hat **alle Leistungen**, die Arbeitslohn sind und nicht aufgrund einer bestimmten Vorschrift steuerfrei sind, dem Lohnsteuerabzug zu unterwerfen. Der Arbeitgeber muss die Lohnsteuer **richtig berechnen**, d. h. die dem Lohnzahlungszeitraum entsprechende Lohnsteuertabelle unter Berücksichtigung der persönlichen Besteuerungsmerkmale des Arbeitnehmers, die auf der Lohnsteuerkarte genannt sind, zutreffend anwenden. Die Lohnsteuer muss zu den festgesetzten Terminen an das Finanzamt **abgeführt** werden. Für die einbehaltene Lohnsteuer hat der Arbeitgeber nicht nur persönlich einzustehen, sondern die Nichtabführung kann bei Vorliegen weiterer Voraussetzungen auch als **Steuerhinterziehung** strafbar sein.

Soweit eine Haftung des Arbeitgebers wegen Verletzung der o. g. Pflichten in Betracht kommt, besteht eine so genannte »**Gesamtschuldnerschaft**« zwischen Arbeitgeber und Arbeitnehmer. Dies bedeutet, dass die Finanzbehörde die Lohnsteuerschuld sowohl gegenüber dem Arbeitgeber als auch gegenüber dem Arbeitnehmer nach ihrer **Wahl** geltend machen kann. Allerdings muss das Finanzamt die Wahl zwischen Arbeitgeber und Arbeitnehmer als Schuldner nach **pflichtgemäßem Ermessen** ausüben und dabei die Interessen aller Beteiligten unter Berücksichtigung aller Umstände sorgfältig gegeneinander abwägen. Die Rechtsprechung des Bundesgerichtshofs hat den Vorrang der Arbeitgeberhaftung dabei immer mehr eingeschränkt. Gründe, die **gegen** die vorrangige Inanspruchnahme des Arbeitgebers sprechen, sind beispielsweise:

- die Lohnsteuer kann ebenso einfach und ebenso glatt vom Arbeitnehmer nachgefordert werden,
- der Arbeitnehmer ist bereits aus dem Betrieb ausgeschieden, was bedeutet, der Arbeitgeber hätte Schwierigkeiten, einen Regressanspruch gegen den Arbeitnehmer geltend zu machen,
- der Arbeitnehmer wird ohnehin zur Einkommensteuer veranlagt und die zuwenig einbehaltene Lohn-/Einkommensteuer kann in diesem Verfahren nachgefordert werden.
- Nach der Entscheidung des BFH *(09.10.1992, DB 1993, 209)* ist die Inanspruchnahme des Arbeitgebers als Schuldner nach § 42 d EStG in der Regel auch dann **ermessensfehlerhaft**, wenn die Steuer beim **Arbeitnehmer** deshalb nicht mehr nachgefordert werden kann, weil dessen **Veranlagung zur Einkommensteuer bereits bestandskräftig und eine nachträgliche Abänderung nicht mehr in Betracht kommt**. Hier hätte es die Finanzbehörde nämlich in der Hand gehabt, durch eine von vornherein korrekte Rechtsanwendung die fehlende Lohnsteuer vom Arbeitnehmer über die Einkommensteuerveranlagung nachzufordern. Der BFH hat mit dieser Entscheidung seine **ursprünglich vertretene Auffassung** *(BFH 26.07.1974, BStBl. II S. 756 = DB 1975, 31)* **aufgegeben,** dass auch in einem solchen Fall der Arbeitgeber noch als Haftungsschuldner herangezogen werden kann.

Gründe, die **für** eine vorrangige Inanspruchnahme des Arbeitgebers sprechen, können sein:

- die Inanspruchnahme des Arbeitgebers dient der Vereinfachung, weil gleiche oder ähnliche Berechnungsfehler bei einer größeren Zahl von Arbeitnehmern gemacht worden sind *(BFH 24.01.1992, BStBl. II S. 696: Regelmäßig bei mehr als 40 Arbeitnehmern)*,
- der Arbeitgeber hat gegen seine Pflichten im Lohnsteuerabzugsverfahren in grober Weise verstoßen,
- das Finanzamt kann die Arbeitnehmer wegen unterlassener oder fehlerhafter Aufzeichnungen überhaupt nicht mehr ausfindig machen.

8164 Ausnahmsweise kann die Inanspruchnahme des Arbeitgebers auch dann **wegen Unbilligkeit ausgeschlossen** sein, wenn die Nachforderung der Lohnsteuer beim Arbeitnehmer gar nicht mehr möglich ist. Ein solcher Fall liegt insbesondere dann vor, wenn der Arbeitgeber aufgrund einer **Lohnsteueranrufungsauskunft** die Lohnsteuer falsch einbehalten hat oder das Finanzamt nach Prüfung und Erörterung der Rechtsfrage mit dem Arbeitgeber diesen in seiner unrichtigen Rechtsauslegung bestärkt hat.

Keinesfalls haftet der Arbeitgeber, wenn er zuwenig Lohnsteuer einbehalten und abgeführt hat, weil der Arbeitnehmer seiner Anzeigepflicht zur Änderung der Lohnsteuerkarte nicht nachgekommen ist. Gleiches gilt in dem Fall, wenn der Arbeitgeber dem Betriebsstättenfinanzamt nach Durchführung des Lohnsteuerjahresausgleichs **unverzüglich angezeigt** hat, dass er von seiner Berechtigung zur nachträglichen Einbehaltung von Lohnsteuer keinen Gebrauch machen will (vgl. → Rz. 8144).

Haftet der Arbeitgeber für zuwenig oder gar nicht einbehaltene und abgeführte Lohnsteuer des Arbeitnehmers, erlässt die Finanzbehörde einen **Haftungsbescheid** nach § 191 AO. Unter bestimmten Voraussetzungen kann die nachzuerhebende Lohnsteuer auch **pauschal** erhoben werden (vgl. hierzu → Rz. 8084).

Für die durch den Haftungsbescheid angeforderten Steuerbeträge ist eine **Zahlungsfrist von einem Monat** zu setzen.

In dem Haftungsbescheid muss das Finanzamt angeben

- den Namen des Arbeitnehmers,
- die Höhe der auf den Arbeitnehmer entfallenden Steuer für die einzelnen Kalenderjahre und
- die Berechnungsgrundlage für die Nachforderung.

Darzulegen sind auch die **Gründe für die Ermessensausübung**, also warum der Arbeitgeber in Anspruch genommen worden ist. Enthält der Haftungsbescheid keine Ermessenserwägungen, so können diese im Einspruchsverfahren noch nachgeholt werden.

8165 Wird pauschale Lohnsteuer nacherhoben, bei der der **Arbeitgeber Schuldner** der Steuer ist, ergeht kein Haftungs-, sondern ein **Nachforderungsbescheid**. Der Haftungsbescheid kommt hier nicht in Betracht, da der **Arbeitgeber selbst** der Steuerschuldner ist. U. U. kann der Nachforderungsbescheid auch mit einem Haftungsbescheid zusammengefasst werden, wenn der Arbeitgeber gleichzeitig als Haftungsschuldner in Anspruch genommen wird.

Wird der Arbeitgeber für die Lohnsteuer **mehrerer Arbeitnehmer** in Anspruch genommen, muss im Haftungsbescheid oder einer Anlage hierzu die **auf den einzelnen Arbeitnehmer** entfallende Steuerschuld angegeben werden, damit der Arbeitgeber die Höhe der nachgeforderten Lohnsteuer überprüfen und von den Arbeitnehmern Ersatz der verauslagten Lohnsteuer fordern kann. Zur Angabe der auf den einzelnen Arbeitnehmer entfallenden Steuerschuld im Haftungsbescheid ist das Finanzamt aber nur dann verpflichtet, wenn dies für das Finanzamt möglich und zumutbar ist.

Eine Ausnahme besteht hier insbesondere dann

- wenn viele Arbeitnehmer betroffen sind,
- es sich um kleine Lohnsteuernachforderungsbeträge handelt oder
- aufgrund von im Wesentlichen gleichliegenden Sachverhalten sich die einzelnen Arbeitnehmer schwer ermitteln lassen.

2. Rückgriffsanspruch des Arbeitgebers

Wird der Arbeitgeber für die Lohnsteuer des Arbeitnehmers in Anspruch genommen, hat er seinerseits einen **Rückgriffsanspruch gegen den Arbeitnehmer**. Dies gilt selbstverständlich nicht, wenn mit dem Arbeitnehmer eine sog. »Nettolohnvereinbarung« getroffen worden war.

8166

3. Haftung bei Arbeitnehmerüberlassung

Für die Lohnsteuer eines **Leiharbeitnehmers** haftet zunächst der **Verleiher**, da er in der Regel Arbeitgeber des Leiharbeitnehmers ist. Neben der Lohnsteuerhaftung des Verleihers besteht aber auch eine Lohnsteuerhaftung des Entleihers, wenn es sich um »**gewerbsmäßige Arbeitnehmerüberlassung**« handelt (§ 42 d Abs. 6 EStG). Unerheblich ist es in diesem Fall, ob der Verleiher eine Erlaubnis nach dem AÜG besitzt, es sich also um eine legale Arbeitnehmerüberlassung handelt. Allerdings hat der Entleiher im Falle der legalen Arbeitnehmerüberlassung, also wenn dem Verleiher die Arbeitnehmerüberlassung erlaubt ist, die **Möglichkeit der Enthaftung**. Dieser haftet nämlich nicht, wenn er nachweist, dass er den im AÜG vorgesehenen Meldepflichten nachgekommen ist. Hingegen ist bei illegaler Arbeitnehmerüberlassung eine Enthaftung des Entleihers **nicht möglich**. Dies gilt selbst dann, wenn der Entleiher davon ausgegangen ist, dass dem Verleiher die Arbeitnehmerüberlassung erlaubt ist. Auch eine diesbezügliche schriftliche Erklärung des Verleihers im Überlassungsvertrag ist **nicht ausreichend**.

8167

Um diesen Haftungsproblematiken auszuweichen, sollte sich der Arbeitgeber in den Fällen, in denen er sich Arbeitnehmern eines **gewerbsmäßigen Entleihers** bedient, bei dem für den Verleiher zuständigen Landesarbeitsamt über das **Vorliegen der Erlaubnis nach dem AÜG** vergewissern.

VI. Rechtsschutz

1. Allgemeines zum Rechtsschutzverfahren

Zu unterscheiden ist zunächst zwischen dem **außergerichtlichen** und dem **gerichtlichen** Rechtsbehelfsverfahren. Zur Selbstkontrolle der Verwaltung und zur Entlastung der Finanzgerichte soll den betroffenen Behörden zunächst Gelegenheit gegeben werden, ihr Handeln selbst nochmals zu überprüfen. Erst wenn nach nochmaliger Überprüfung durch die Verwaltungsbehörden dem Begehren des einzelnen nicht stattgegeben worden ist, steht diesem der Weg zu den **Gerichten** offen. Ein Überblick gegeben werden soll an

8168

dieser Stelle nur über das **außergerichtliche Rechtsbehelfsverfahren**, da für das gerichtliche Klageverfahren die Hinzuziehung eines Spezialisten (Rechtsanwalt oder Steuerberater) unabdingbar ist.

Das **außergerichtliche Rechtsbehelfsverfahren (§§ 347 – 367 AO)** wurde durch Art. 4 bis 8 des Grenzpendlergesetzes v. 24.06.1994 *(BGBl. I S. 1395)* **mit Wirkung ab 01.01.1996** reformiert. Die bedeutsamste Rechtsänderung bestand dabei in der **Zusammenfassung von Einspruch und Beschwerde** zu einem **einheitlichen Rechtsbehelf**, dem **Einspruch**. Durch diese Zusammenfassung wurden insbesondere die zuvor oft nur schwer nachvollziehbaren Abgrenzungsprobleme zwischen beiden Verfahren vermieden (vgl. dazu »Handbuch der Personalpraxis«, Ausg. 1995, Rz. 8178).

Für die Rechtsschutzmöglichkeiten speziell im Steuerrecht ergibt sich nunmehr **vereinfacht** folgendes Bild:

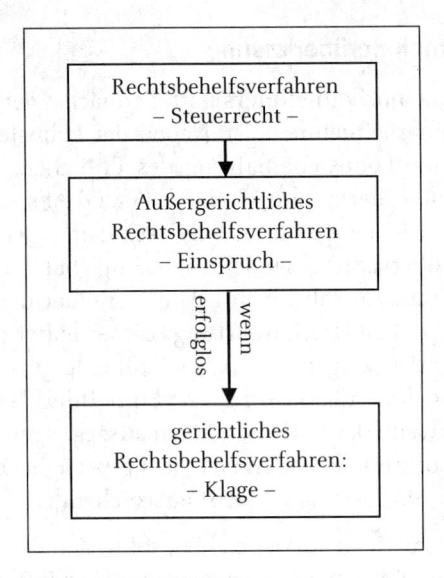

```
┌─────────────────────────────┐
│   Rechtsbehelfsverfahren    │
│       – Steuerrecht –       │
└─────────────────────────────┘
              │
              ▼
┌─────────────────────────────┐
│     Außergerichtliches      │
│    Rechtsbehelfsverfahren   │
│        – Einspruch –        │
└─────────────────────────────┘
         erfolglos  wenn
              │
              ▼
┌─────────────────────────────┐
│       gerichtliches         │
│   Rechtsbehelfsverfahren:   │
│          – Klage –          │
└─────────────────────────────┘
```

2. Wer entscheidet über den Einspruch?

8169 Über den **Einspruch** entscheidet die Finanzbehörde, **die den Verwaltungsakt erlassen hat**, durch **Einspruchsbescheid**. Diese hat die Sache **in vollem Umfang neu zu prüfen** (§ 367 Abs. 1 und 2 AO). **Nach der alten Regelung** musste die Finanzbehörde, deren Verwaltungsakt durch eine **Beschwerde** angefochten worden war und die nach nochmaliger Prüfung der Beschwerde nicht abhelfen wollte, die Sache zur erneuten Überprüfung **der nächsthöheren Finanzbehörde** zur endgültigen Entscheidung vorlegen. Dieser so genannte »Devolotiveffekt« ist nach der Neuregelung **entfallen**.

3. Einspruchsverfahren

a) Wogegen kann im Lohnsteuerverfahren Einspruch erhoben werden?

Nach der **Neuregelung der §§ 347, 348 AO** ist der Einspruch grundsätzlich **gegen alle Verwaltungsakte zulässig**, die im Besteuerungsverfahren ergehen. Eine abschließende Aufzählung der Bescheide und Maßnahmen, die mit dem Rechtsbehelf des Einspruchs angegriffen werden können (§ 348 Abs. 1 AO a.F.), ist daher in der Neufassung nicht mehr enthalten.

8170

Im Rahmen des **Lohnsteuerverfahrens** kommen für den Arbeitgeber als einspruchsfähige Verwaltungsakte insbesondere in Betracht:

- ein **Haftungsbescheid** des Finanzamtes, durch den er als Haftungsschuldner in Anspruch genommen wird;
- ein **Nachforderungsbescheid**, in dem von ihm pauschale Lohnsteuer nachgefordert wird;
- die **Festsetzung eines Verspätungszuschlags** bei der Abgabe der Lohnsteueranmeldung;
- die **Festsetzung von Säumniszuschlägen** bei der Zahlung von Lohn- und Kirchensteuer;
- die **Anordnung einer Lohnsteueraußenprüfung**;
- die **Ablehnung eines Antrags auf Pauschalierung** der Lohnsteuer;
- die Androhung und Festsetzung eines **Zwangsmittels**;
- die **Ablehnung eines Antrags auf Aussetzung der Vollziehung**;
- die **Ablehnung eines Stundungs- oder Erlassantrags**.
- die **eigene Lohnsteueranmeldung**, wenn für einen Lohnzahlungszeitraum die Lohnsteuer entsprechend einer Auskunft oder einer Anordnung des Finanzamts, aber entgegen der Auffassung des Arbeitgebers berechnet und einbehalten worden ist und er die Absicht hat, die steuerliche Behandlung durch die Steuergerichte nachprüfen zu lassen.

b) Wo ist der Einspruch einzulegen?

Der Einspruch ist grundsätzlich bei der Finanzbehörde einzulegen, deren Verwaltungsakt angefochten wird oder bei der ein Antrag auf Erlass eines Verwaltungsakts gestellt worden ist (§ 357 Abs. 2 AO). Im Lohnsteuerabzugsverfahren ist dies also **regelmäßig das Betriebsstättenfinanzamt**. Wird der Einspruch bei einer unzuständigen Behörde eingelegt, ist dies grundsätzlich unschädlich. Die unzuständige Behörde leitet sodann den Einspruch an die zuständige weiter. Hier trifft den Arbeitgeber aber ein zusätzliches Risiko: Wird wegen dieser Weiterleitung die **Einspruchsfrist** (vgl. → Rz. 8171) nicht eingehalten, geht das zu seinen Lasten.

8171

c) Ist eine bestimmte Form einzuhalten?

8172 Nach § 357 Abs. 1 AO ist der Einspruch **schriftlich** einzureichen, zur Niederschrift zu erklären oder durch Telegramm bzw. Telefax einzulegen. Eine telefonische Einlegung ist nicht möglich.

Zwingend ist auch die **Unterschrift** unter dem Einspruch. Neben den genannten Formerfordernissen müssen **weitere Formalien** erfüllt sein:

- Der Einspruch muss erkennbar als Rechtsbehelf gewollt sein. Eine unrichtige Bezeichnung ist jedoch unschädlich (beispielsweise »Beschwerde« oder »Widerspruch« statt Einspruch).
- Es muss erkennbar sein, von wem der Einspruch stammt und gegen welchen Verwaltungsakt er sich wendet. Ferner sollen die Tatsachen, die zur Begründung dienen, und die Beweismittel angeführt werden. Der Einspruch könnte demnach wie folgt aussehen:

> Absender
>
> An das Betriebsstättenfinanzamt
>
> Betrifft: Haftungsbescheid vom ...
>
> Steuernummer
>
> Sehr geehrte Damen und Herren,
>
> gegen den o. a. Bescheid lege ich hiermit Einspruch ein.
>
> Begründung:
>
> Der Bescheid ist in folgenden Punkten unrichtig:
>
> 1. ... (Begründung)
>
> 2. ... (Begründung) usw. ...
>
> Ich bitte daher um eine Überprüfung des Haftungsbescheids und Abhilfe der Beschwer.
>
> (Unterschrift)

d) Welche Einspruchsfrist ist einzuhalten?

8173 Der Einspruch gegen einen Verwaltungsakt ist **innerhalb eines Monats** (nicht innerhalb von 4 Wochen!) **nach Bekanntgabe** einzulegen (§ 355 Abs. 1 AO). Bekanntgabe bedeutet, dass der betroffene Arbeitgeber die Möglichkeit der Kenntnisnahme hat; das ist regelmäßig dann der Fall, wenn ihm der Bescheid per Post zugegangen ist. Ein Einspruch gegen eine Steueranmeldung ist innerhalb von einem Monat **nach Eingang bei der Finanzbehörde** einzulegen.

Die 1-monatige Frist beginnt bei einem **schriftlichen Verwaltungsakt** (Regelfall) nur dann zu laufen, wenn dieser eine **Rechtsbehelfsbelehrung** über die Möglichkeit des Einspruchs und die **zuständige Finanzbehörde für die Einspruchseinlegung** enthält.

Ist die Belehrung unterblieben oder unrichtig erteilt, so ist die Einlegung des Einspruchs noch **binnen Jahresfrist seit der Bekanntgabe** zulässig.

e) Was ist im Fall einer Fristversäumnis zu tun?

Im Falle der **Fristversäumnis** kommt eine **Wiedereinsetzung in den vorigen Stand** (§ 110 AO) in Betracht. Die Wiedereinsetzung e hat folgende Voraussetzungen:

- Versäumen der Einspruchsfrist,
- schuldlose Verhinderung,
- Antrag auf Wiedereinsetzung,
- Glaubhaftmachung von Tatsachen zur Begründung der schuldlosen Verhinderung,
- Nachholung der versäumten Einspruchserhebung,
- Geltendmachung des Einspruchs **innerhalb eines Monats** nach Wegfall des Hindernisses.

8174

Der Arbeitgeber muss die Frist **schuldlos** versäumt haben: Die Abwesenheit von zuhause und eine darauf beruhende Fristversäumnis ist entschuldbar, wenn die Abwesenheit **vorübergehend** ist. Vorübergehend bedeutet **höchstens 6 Wochen**. Bei länger andauernder Abwesenheit müssen entsprechende Vorkehrungen für eine mögliche Bekanntgabe eines Bescheids getroffen werden, also z.B. ein Stellvertreter benannt werden.

Krankheit entschuldigt regelmäßig **nicht**. Etwas anderes kann nur dann gelten, wenn beispielsweise aufgrund eines Unfalls der Betroffene über einen längeren Zeitraum nicht in der Lage ist, Geschäfte des täglichen Lebens wahrzunehmen. Wichtig ist, dass die Wiedereinsetzungsgründe dem Finanzamt rechtzeitig mitgeteilt werden. Demzufolge muss innerhalb der Frist von einem Monat nach Wegfall des Hindernisses nicht nur der unterlassene **Einspruch nachgeholt** werden, sondern in dieser Zeitspanne dem Finanzamt auch die **Gründe für die Fristversäumnis** dargelegt werden.

f) Was kostet ein Einspruchsverfahren?

Das Einspruchsverfahren ist **kostenfrei**. Auch dann, wenn das Einspruchsverfahren erfolglos bleibt, entstehen keinerlei finanzielle Belastungen. Andererseits sind die Kosten eines Rechtsanwalts oder Steuerberaters, der im Einspruchsverfahren tätig wird, **auch bei Erfolg des Einspruchs nicht erstattungsfähig**.

8175

g) Was tut das Finanzamt, wenn der Einspruch eingelegt wurde?

Das Finanzamt bzw. die zuständige Behörde allgemein muss die Sache **in vollem Umfang** neu prüfen. Dies bedeutet aber auch, dass das Finanzamt nach Prüfung zu einer für den Arbeitgeber **nachteiligen Beurteilung** kommen kann. Denn die gesamte Überprüfung der Sach- und Rechtslage kann natürlich auch Fehler zu Lasten des Steuerpflichtigen zu Tage fördern. In diesem Fall wird die Finanzbehörde allerdings den Betroffenen zunächst auf diese Möglichkeit hinweisen. Dieser kann den Einspruch **bis zur Bekanntgabe der Entscheidung zurückzunehmen** (§ 362 Abs. 1 AO).

8176

Hält das Finanzamt den Einspruch für unbegründet, so ergeht eine **Einspruchsentscheidung**. Diese ist schriftlich abzufassen und zu begründen. Ebenso muss ihr eine **Rechtsbehelfsbelehrung** beigefügt werden (§ 366 AO).

h) Kann durch die Einlegung eines Einspruchs die Erhebung der Steuer verhindert werden?

8177 Die Einlegung eines Einspruchs verhindert grundsätzlich **nicht** die Vollziehung des angegriffenen Verwaltungsakts, also beispielsweise eines Haftungsbescheids (§ 361 Abs. 1 AO). Die Finanzbehörde kann zwar von sich aus die Vollziehung ganz oder teilweise aussetzen (§ 361 Abs. 2 Satz 1 AO).

Drohen durch die Vollziehung erhebliche Nachteile, empfiehlt es sich jedoch, von der Möglichkeit eines **zusätzlichen Antrags auf Aussetzung der Vollziehung** (§ 361 Abs. 2 Satz 2 AO) Gebrauch zu machen. Dieser verspricht wegen der strengen Voraussetzungen, die vom Gesetzgeber an eine Aussetzung der Vollziehung gestellt werden, aber nur in **begründeten Ausnahmefällen** Aussicht auf Erfolg.

4. Klage vor dem Finanzgericht

8178 Bleibt der außergerichtliche Rechtsbehelf des Einspruchs erfolglos, kann **innerhalb eines Monats** nach Bekanntgabe der Entscheidung über den außergerichtlichen Rechtsbehelf **Klage vor dem Finanzgericht** erhoben werden (§ 47 Abs. 1 FGO). Über diese Möglichkeit muss die zuständige Finanzbehörde in der Rechtsbehelfsbelehrung zur Einspruchsentscheidung informieren. Die Frist für die Klageerhebung gilt im Übrigen auch dann als gewahrt, wenn die Klage, statt beim zuständigen Finanzgericht, bei der Finanzbehörde, die den Einspruchsbescheid erlassen hat, innerhalb eines Monats nach Bekanntgabe angebracht worden ist (§ 47 Abs. 2 FGO). Im Gegensatz zum außergerichtlichen Rechtsbehelfsverfahren ist das **Klageverfahren nicht kostenlos**. Hierfür werden Gerichtsgebühren erhoben. Letztlich trägt die unterlegene Partei die gesamten Kosten des Verfahrens, also sowohl die Gerichtskosten als auch die Kosten, die der obsiegenden Partei durch Hinzuziehung eines Rechtsanwalts oder Steuerberaters entstanden sind.

Tipp Wegen der Komplexität des Klageverfahrens und des Prozessrisikos sollte in jedem Fall die Hilfe eines Rechtsanwalts oder Steuerberaters in Anspruch genommen werden.

VII. Weiterführende Literaturhinweise zum Lohnsteuerabzugsverfahren

8179 *Heldmann,* Lohnsteuernachforderungen des Finanzamtes und ihr Ausgleich im Arbeitsverhältnis, NZA 1992, 489
Mader u.a., ABC des Lohnbüros, Ausg. 2001.
Mösbauer, Zum Umfang der Mitwirkungspflicht des Arbeitgebers bei der Lohnsteuer-Außenprüfung, DB 1998, 1303
Olbertz, Die Lohnsteuer-Haftung des Arbeitgebers, DB 1998, 1787

Stichwortverzeichnis

A

ABC der verschuldeten Arbeitsunfähigkeit Rz. 2763
Abfindung Rz. 4064, 5626, 7003, 7027
– ABC, Lohnsteuer Rz. 8035
– Abtretbarkeit Rz. 4068
– als sonstiger Bezug im Lohnsteuer-abzugsverfahren Rz. 8064
– Anrechnung auf Arbeitslosengeld Rz. 4103, 7027, 7039 ff.
– Anrechnung bei vorzeitiger Beendigung des Arbeitsverhältnisses Rz. 7027
– Anspruch und Sozialplan Rz. 4078a
– Aufrechnung Rz. 4069
– Aufzeichnungspflichten des Arbeitgebers Rz. 8109, 8118
– Brutto-Netto-Klausel Rz. 4160
– Entlassungsentschädigung 7030
– Fälligkeit Rz. 4067
– Gleichbehandlung Rz. 2989
– Gleichbehandlungsgrundsatz Rz. 2417a
– Höhe Rz. 4066
– Insolvenzverfahren Rz. 4077
– Pfändbarkeit Rz. 4070
– Regreß beim Arbeitgeber Rz. 7040
– sozialrechtliche Konsequenzen Rz. 4102 ff., 7039
– Sozialversicherungsfreiheit Rz. 4137
– Steuerermäßigung Rz. 4154 ff.
– Steuerfreiheit Rz. 4140
– tarifliche Ausschlußfrist Rz. 4075
– Vererblichkeit Rz. 4071
– Vergleichsverfahren Rz. 4078
– Verjährung Rz. 4076
– Versorgungsanwartschaft Rz. 4045
– wegen Auflösung eines Arbeitsverhältnisses Rz. 8035
– wegen Beendigung des Arbeitsverhältnisses Rz. 7039 f.
– wegen vorzeitiger Räumung einer Werkswohnung Rz. 8035
– zur Ablösung einer Direktversicherung Rz. 8035
Abgeltung verfallenen Urlaubs Rz. 2903
Abgrenzung
– Arbeiter, Angestellter Rz. 5201 ff.
Abhängigkeit
– persönliche – als Definitionskriterium des Arbeitnehmers Rz. 5205 ff.
Abholung des Zeugnisses Rz. 4890
Ablehnender Feststellungsbescheid Rz. 4578
Ablösungsprinzip Rz. 1304
ABM-Kräfte
– Betriebliche Altersversorgung Rz. 2989
Abmahnung Rz. 4415 ff.
– abmahnungsberechtigte Person Rz. 4418
– ausländische Arbeitnehmer Rz. 4417
– Betriebsratsmitglieder Rz. 4421
– Entbehrlichkeit Rz. 4420
– Entfernungsverlangen Rz. 4422
– Leistungsbereich Rz. 4419
– Muster Rz. 4416
– Sammelabmahnung Rz. 4416, 4417
– Vertrauensbereich Rz. 4419
Abmeldung
– Wechsel der Betriebsstätte Rz. 6105
– bei der Krankenkasse Rz. 7004
Abnutzungsentschädigung Rz. 5626
Abschlagszahlung
– Sozialversicherungspflicht Rz. 5626
– Lohnsteuerabzug Rz. 8036b
Abschluß des Anhörungsverfahrens Rz. 4671
Abtretungsverbot Rz. 1801
Abwerbung Rz. 2293, 2358, 4510
Abwicklungsvertrag
– Begriff, Hintergrund Rz. 4166a
– Kollusion, Beispielsfälle Rz. 4166f
– Überblick Rz. 4166g
– und Arbeitsverwaltung Rz. 4166e
– Vor- und Nachteile Rz. 4166b
Änderungskündigung Rz. 4531
– außerordentliche – Rz. 4533
– betriebsbedingte, ordentliche Rz. 4544
– Betriebsratsbeteiligung Rz. 4545
– Betriebsratsmitglied Rz. 4547
– einseitige Änderung der Arbeitsbedingungen mit Hilfe der – Rz. 4657
– Gleichbehandlungsgrundsatz Rz. 4542
– Klagefrist Rz. 4540

- Reaktionsmöglichkeiten des Arbeitnehmers Rz. 4534
  - Annahme unter Vorbehalt Rz. 4536
  - Sonderfälle Rz. 4538
  - vorbehaltlose Ablehnung Rz. 4537
  - vorbehaltlose Annahme Rz. 4535
- Sozialauswahl Rz. 4544
- Teilkündigung Rz. 4531
- Verhältnis zur Beendigungskündigung Rz. 4305
- Vorbehaltserklärungsfrist Rz. 4540
- Widerrufsvorbehalt Rz. 4532
- Zugang im Urlaub Rz. 4216
- zum Zwecke der Umgruppierung/Versetzung, Betriebsratsbeteiligung Rz. 4545

Akkordlohn Rz. 1815
- Akkordvergütung Rz. 2437

Akkordzuschuß
- Sozialversicherungspflicht Rz. 5626

Aktie
- als Vermögensbeteiligung, Sozialversicherungspflicht Rz. 5656

Aktiengesellschaften
- Vorstandsmitglieder, Versicherungspflicht Rz. 5217

Alkohol Rz. 1820
- Missbrauch Rz. 4363
- Verbot Rz. 2352 f.

Allgemeine Arbeitserlaubnis Rz. 5054
Altersentlastungsbetrag Rz. 8055
Altersgrenzen
- Vereinbarung von - und Kündigungsschutz Rz. 6327

Altersrente Rz. 7011
Altersrentner Rz. 5227
- und Hinzuverdienst Rz. 6324 ff.
- und Kündigungsschutz Rz. 6327
- Versicherungsfreiheit in der Renten- und Arbeitslosenversicherung Rz. 5227

Altersversorgung, betriebliche s. Betriebliche Altersversorgung
Altersversorgung Teilzeitbeschäftigter Rz. 2981
Amtliche Sachbezugswerte Rz. 8033
Anbahnungsverhältnis Rz. 1001 ff.
anderweitiger Erwerb Rz. 3070
Androhen einer Krankmeldung Rz. 4403
Anerkenntnis des Klageanspruchs Rz. 7546
Anfechtbarkeit
- Anfechtung Rz. 1166 ff.

Anfechtung
- Aufhebungsvertrag Rz. 4051
- Abwicklung des angefochtenen Vertrages Rz. 1162
- Anfechtungserklärung Rz. 1153
- Anfechtungsfrist Rz. 1154
- Erklärungsirrtum Rz. 1155
- Inhaltsirrtum Rz. 1156
- Irrtum über wesentliche Eigenschaften Rz. 1157
- Irrtum wegen Drohung/Täuschung Rz. 1158

Anfechtungsfristen Rz. 4060
Anfechtungsgesetz Rz. 2638
Angemessenheitskontrolle Rz. 1420
Angestellte Rz. 1553
Angestellteneigenschaft Rz. 1550
Angestelltenstatus Rz. 1550
- Vereinbarkeit Rz. 1555

Angestellter
- Abgrenzung zum Arbeiter Rz. 5201 ff.

Ankündigungsfrist Rz. 5643
Anlaßkündigung Rz. 2727
Anmeldung der Lohnsteuer Rz. 8096 ff.
- Berichtigung Rz. 8101
- Muster Rz. 8098

Anmeldung des Arbeitnehmers Rz. 5501
Annahmefristen Aufhebungsvertrag Rz. 4025
Annahmeverzug Rz. 2520 ff.
- anderweitiger Verdienst Rz. 2535 ff.
- Arbeitsangebot Rz. 2524 ff.
- Beendigung Rz. 2532
- Leistungsbereitschaft/-fähigkeit Rz. 2528
- Nichtannahme des Arbeitsangebots Rz. 2530
- Rechtsfolgen Rz. 2533 ff.
- vertragliche Regelung Rz. 2542
- während eines Streiks Rz. 2531

Annehmlichkeiten, Lohnsteuerabzug Rz. 8023
Annoncen Rz. 1010
Anrufungsauskunft, Lohnsteuerabzug Rz. 8137 ff.
Anscheinsbeweis Rz. 2468
Anspruch auf Arbeitszeugnis Rz. 4886
Anspruchsberechtigter Rz. 4886
Anspruchsverpflichteter Rz. 4887
Anteilige Jahresarbeitsentgeltgrenze Rz. 5613
Anteilige Jahres-Beitragsbemessungsgrenze Rz. 5610, 5611
Antrag auf Beibehalten der Pflichtversicherung Rz. 5246

Antrag auf Feststellung der Schwerbehinderteneigenschaft Rz. 4576
Antragsveranlagung
– anstelle des Lohnsteuerjahresausgleichs Rz. 8127
Anwartschaftszeit Rz. 7020
Anwerbung im Ausland Rz. 5018
Anwesenheitsprämie Rz. 2710a
– ABC Lohnsteuer Rz. 8035
– und sozialversicherungspflichtiges Arbeitsentgelt Rz. 5626
Anzahl der Beschäftigten Rz. 5659
Anzeige Rz. 6314
Anzeige und Nachweispflichten bei Entgeltfortzahlung Rz. 2751
Anzeigen gegen Arbeitgeber Rz. 4510
Anzeigepflicht des Arbeitnehmers Rz. 2355, 2357
Anzeigepflichten bei Arbeitskampf Rz. 6137
Anzeige- und Nachweispflichten Rz. 1810
Arbeiter Rz. 1551, 5201
Arbeitgeber Rz. 1830
– als Beitragsschuldner in der Sozialversicherung Rz. 5632
– Begriff des ~ Rz. 8004
– Nebenpflichten s.d.
– Pflichten des Rz. 8003
Arbeitgeberanteil Sozialversicherung Rz. 5233
Arbeitgeberanteil zur Sozialversicherung
– ABC Lohnsteuer Rz. 8035
Arbeitgeberaufwendungen bei Mutterschaft Rz. 5665
– für Direktversicherungen Rz. 8035
– zur Insolvenzsicherung Rz. 8035
– zur Sozialversicherung, Rz. 8035
Arbeitgeberdarlehen Rz. 4085
Arbeitgeberzuschuß Rz. 5670
Arbeitnehmer Rz. 5205, 5674
– Begriff des Rz. 1510, 5205
– Einbeziehung von Kleinbetrieben in die Lohnfortzahlungsversicherung Rz. 5659
– Scheinselbständigkeit Rz. 5207a
– im lohnsteuerrechtlichen Sinne Rz. 8005
Arbeitnehmerähnliche Personen Rz. 1520
Arbeitnehmeranteil zur Sozialversicherung
– Übernahme durch den Arbeitgeber, »Arbeitgeberbeiträge« Rz. 8035
Arbeitnehmerdarlehen Rz. 8035
Arbeitnehmereigenschaft Rz. 1501

– Scheinselbständigkeit Rz. 5207a
Arbeitnehmerhaftung
– Arbeitnehmerschäden Rz. 2324
  – Personenschäden Rz. 2324
  – Sachschäden Rz. 2325
– Arbeitspflichtverletzung Rz. 2281 ff.
  – Schadenspauschalierungsabrede Rz. 2290
– Drittschäden Rz. 2327
– Mankohaftung s. d.
– Schlechtleistung Rz. 2294 ff.
  – Bußgelder Rz. 2328
  – Freistellungsanspruch des Arbeitnehmers Rz. 2237
  – gefahrgeneigte Arbeit s.d.
  – Kausalität Rz. 2304
  – Mitverschulden Rz. 2306
  – Pflichtverletzung Rz. 2301
  – Schaden Rz. 2303, 2305
  – Verschulden Rz. 2302
Arbeitnehmer-Pauschbetrag Rz. 8049
Arbeitnehmerstatus Rz. 1501
Arbeitnehmerüberlassung Rz. 1835, 3500 ff.
– Abgrenzung Rz. 3504 ff.
  – Arbeitsvermittlung Rz. 3503, 5016
  – Dienstvertrag Rz. 3507
  – Geschäftsinhalt Rz. 3505
  – Werkarbeitsgemeinschaften Rz. 3508
  – Werkvertrag Rz. 3506
– Anzeigen/Meldungen gegenüber dem Arbeitsamt Rz. 3528
– Baugewerbe Rz. 3529
– Bedeutung der ~ in der Sozialversicherung Rz. 5211
– Bedienungspersonal Rz. 3511
– Begriff Rz. 3502
– Begründung des Arbeitsverhältnisses Rz. 1063 f.
– Beteiligung des Betriebsrats Rz. 1103, 3518, 3526
– deutsch-ausländisches Gemeinschaftsunternehmen Rz. 3513a
– Entleiher
  – Begriff Rz. 3502
  – Haftung Rz. 3530
– Entleiherkontrollmeldung Rz. 3516, 3528
– Fiktion eines Arbeitnehmerverhältnisses Rz. 3530
– gelegentliche ~ Rz. 3510
– gewerbsmäßige ~ Rz. 3519 ff.

- Erlaubnis Rz. 3525
- Gewinnerzielungsabsicht Rz. 3522
- Wiederholungsabsicht Rz. 3510, 3521
- grenzüberschreitende - Rz. 3524
- illegale - Rz. 3530
- innerhalb eines Wirtschaftszweiges Rz. 3512
- Kontrollmeldung Rz. 5544
- konzerninterne - Rz. 3513
- Leiharbeitnehmer s. d.
- Merkblatt für Leiharbeitnehmer Rz. 3534
- Mischbetriebe Rz. 3523
- nicht gewerbsmäßige - Rz. 3509 ff.
- Überlassungsdauer Rz. 3503, 3525
- unerlaubte - Rz. 1058
- verdeckte Rz. 1103
- Verleiher
  - Begriff Rz. 3502
  - Haftung Rz. 3530

Arbeitnehmerüberlassungsvertrag Rz. 3515, 3527, 3532

Arbeitnehmerweiterbildung Rz. 2568 ff.
- Anspruch auf - Rz. 2569
- anerkannte Bildungsveranstaltungen Rz. 2570
- berufliche - Rz. 2571
- Freistellungsanspruch Rz. 2573
- Fortzahlung der Vergütung Rz. 2575
- politische - Rz. 2571

Arbeits- und Entgeltbescheinigung Rz. 4888

Arbeitsamt Rz. 7015, 7020, 7509
- Meldungen an das - Rz. 6124, 6126

Arbeitsbereitschaft
- Begriff Rz. 2149
- Vergütung Rz. 2150

Arbeitsbeschaffungsmaßnahmen Rz. 1622, 1830, 5248
- für ältere Arbeitnehmer Rz. 6323
- Beschäftigung im Rahmen von - Rz. 5248

Arbeitsbescheinigung Rz. 7015, 7507
- Schadensersatzpflicht des Arbeitgebers bei Fehlern in der - Rz. 7033
- Streit um die - Rz. 7031

Arbeitsbummelei Rz. 2282

Arbeitsentgelt Rz. 5208, 5601, 5602, 5662, 5673, 5674, 5675, 7011
- Unterbrechung des - Rz. 6111

Arbeitserlaubnis Rz. 5050, 7516
- allgemeine Rz. 5053
- Auswirkungen der fehlenden - auf das Arbeitsverhältnis Rz. 5055

Arbeitsfreistellung Rz. 2548 ff.
- Arbeitnehmerweiterbildung Rz. 2568
- Verhinderung des Arbeitnehmers Rz. 2548

Arbeitsgerichtsverfahren Rz. 4950 ff.
- Beschlußverfahren Rz. 4950
- einstweiliger Rechtsschutz Rz. 4955, 4964
- Gütetermin Rz. 4958
- Kammertermin Rz. 4959
- Kosten Rz. 4956, 4965
- Urteilsverfahren Rz. 4957

Arbeitskampf Rz. 5004, 5609, 6300
- Anzeigepflichten bei - Rz. 6126

Arbeitskleidung Rz. 1840, 5626

Arbeitslohn, Lohnsteuer
- Aufmerksamkeiten Rz. 8022, 8024
- Aufwandsentschädigung, ABC Lohnsteuer Rz. 8035
- Auslagenersatz Rz. 8026
- Barlohnumwandlung Rz. 8084
- Begriff Rz. 8019
- Existenzminimum Rz. 8065
- für mehrere Jahre Rz. 8063
- Rückzahlung durch den Arbeitnehmer Rz. 8036d
- Sachbezug Rz. 8019
- steuerfreier - Rz. 8027
- und nicht steuerbare Leistungen des Arbeitgebers Rz. 8022
- Zufluss Rz. 8036

Arbeitslosengeld Rz. 5008
- Erstattungspflicht des Arbeitgebers Rz. 7051

Arbeitslosenhilfe Rz. 7015

Arbeitslosenversicherung Rz. 5224, 5226, 5227, 5233, 5234, 7501

Arbeitsmedizinische Untersuchung Rz. 2183

Arbeitsordnung Rz. 1845

Arbeitspapiere Rz. 4841, 7015
- Arbeitgeberpflichten Rz. 4842, 8042 f.
- Aufhebungsvertrag Rz. 4847
- außerordentliche Kündigung Rz. 4847
- Begriff Rz. 4841
- Fürsorgepflicht Rz. 4844
- Herausgabepflicht Rz. 4843
- Holschuld Rz. 4850
- ordentliche Kündigung Rz. 4850
- prozessuale Durchsetzung des Herausgabeanspruchs Rz. 4857 ff.
- Schadensersatzansprüche Rz. 4854
- Vorzeitige Herausgabe Rz. 4849

- Zurückbehaltung Rz. 4852
- Zwischenbescheinigung Rz. 4848

Arbeitspflicht Rz. 2001
- Befreiung Rz. 2050 ff.
- Konkretisierung Rz. 2002
- Personengebundenheit Rz. 2005
- Verletzung Rz. 2280 ff.
  - Abmahnung Rz. 2283
  - Arbeitnehmerhaftung s.d.
  - Klage auf Erfüllung Rz. 2284 ff.
  - Kündigung Rz. 2286

Arbeitsrechtlicher Gleichbehandlungsgrundsatz
- Anwesenheitsprämienregelung Rz. 2710a

Arbeitstage Rz. 2107 ff.
- Änderung Rz. 2110
- betriebsübliche Arbeitstage Rz. 2108
- Festlegung Rz. 2110
- Gaststätten- und Beherbergungsgewerbe Rz. 2132
- Jugendliche Rz. 2123, 2128
- Mutterschutz Rz. 2124, 2131 ff.
- Samstagsarbeit Rz. 2125, 2128
- Sonn- und Feiertagsarbeit s.d.
- vertragliche Regelung Rz. 2108
- 4-Tage-Woche Rz. 2133

Arbeitsunfähigkeit Rz. 5247, 6111, 7001
Arbeitsunfähigkeitsnachweis Rz. 1850
Arbeitsunterbrechung
- Beitragsabrechnung in der Sozialversicherung Rz. 5623 ff.

Arbeitsvergütung Rz. 1700
- Akkordlohn Rz. 1815
- Anwesenheitsprämie Rz. 1826
- Aufwendungsersatz Rz. 1865
- Flexibilisierung Rz. 1700
- Gehaltsanpassungsklauseln Rz. 1700
- Geschlechtsdiskriminierung Rz. 1700
- Gewinnbeteiligung Rz. 1945
- Gleichbehandlungsgrundsatz Rz. 1700
- Mehrarbeitspauschale Rz. 1700
- Provision Rz. 1962

Arbeitsverhältnis
- Altersgrenzen Rz. 1602
- auf unbestimmte Zeit Rz. 1580
- Auswirkungen der fehlenden Arbeitserlaubnis auf das ~ Rz. 5055
- befristetes Rz. 1600
- Befristung Rz. 1600
- Beginn Rz. 1560
- Dauer Rz. 1570
- Kündigung des ~ aus Anlass von Arbeitsunfähigkeit Rz. 7001
- Lebens- oder Dauerstellung Rz. 1590
- mittelbares Rz. 5210
- Probearbeitsverhältnis Rz. 1650
- Teilzeitbeschäftigung Rz. 1660
- unbestimmte Zeit Rz. 1580
- und Arbeitsbeschaffungsmaßnahmen Rz. 5248
- und Beschäftigungsverhältnis Rz. 7000
- zweckbefristete Rz. 1601

Arbeitsverhalten Rz. 2352
Arbeitsverhinderung
- Anmeldung Rz. 2357, 2565
- Mehrfachverhinderungen Rz. 2564
- objektive Leistungshindernisse Rz. 2555
- persönlicher Grund Rz. 2553
  - Arztbesuche Rz. 2557
  - Behördengänge Rz. 2561
  - besondere Familienereignisse Rz. 2558
  - Gerichtstermine Rz. 2561
  - Krankheit von Familienangehörigen Rz. 2559
  - Umfang Rz. 2567
  - Vergütungsfortzahlung Rz. 2548
  - Wegehindernisse Rz. 2560
- Verhinderung im Urlaub Rz. 2566
- Verhinderungsdauer Rz. 2564
- Verschulden Rz. 2563
- vertragliche Regelung Rz. 2551 ff.

Arbeitsvermittlung Rz. 5001
- Arbeitsvermittlungsbüros, private Rz. 5003
- bei Streik und Aussperrung Rz. 5006
- Erlaubnis zur privaten ~ Rz. 5010
- gewerbliche Rz. 5001
- private ~ mit Erlaubnis Rz. 5001, 5010
- Stellenangebote und -gesuche Rz. 5016
- und Arbeitnehmerüberlassung Rz. 5016
- und Leiharbeit Rz. 5016
- und Personalberatung Rz. 5016
- Vergütung bei privater ~ Rz. 5013
- Vermittlungsmonopol Rz. 5002

Arbeitsversuch
- mißglückter und sozialversicherungspflichtige Beschäftigung Rz. 5247

Arbeitsvertrag
- Abschlussverbot Rz. 1321
- Abwicklung nichtigen Vertrages Rz. 1350
- Angemessenheitskontrolle Rz. 1420
- Auslegung Rz. 1400

- Ausübungskontrolle Rz. 1440
- Beschäftigungsverbot Rz. 1321
- Formerfordernisse Rz. 1068
- Formularverträge Rz. 1361 ff.
- Inhalt des - Rz. 1301
- Maßregelungsverbot Rz. 1340
- Mindestinhalt Rz. 1310
- Mitbestimmungsrechte Rz. 1450
- Nachweis über Vertragsbedingungen Rz. 1069 ff.
- Rechtskontrolle Rz. 1360 ff.
- Rechtstatsachen Rz. 1362
- schriftliche Unterrichtung über Arbeitsbedingungen Rz. 1069 ff.
- Verstoß gegen gesetzliche Vorschriften Rz. 1320
- Verstoß gegen gute Sitten Rz. 1330
- Vertragsfreiheit Rz. 1053
- Vertragsschluß Rz. 1055 ff.
- Zweckmäßige Arbeitsvertragsgestaltung Rz. 1370

Arbeitsvertragsbruch Rz. 2282
Arbeitsverweigerung Rz. 4408, 4511
Arbeitszeit Rz. 2100 ff.
- Arbeitstage Rz. 2107 ff.
  - Beschäftigungsverbot Rz. 2112 ff., 2125
  - Bäckereien u. Konditoreien Rz. 2122
  - Festlegung/Änderung Rz. 2110
- Begriff Rz. 2143 ff.
  - Arbeitsbereitschaft Rz. 2149
  - Beginn/Ende Rz. 2144
  - Bereitschaftsdienst Rz. 2151
  - Dienstreisezeiten Rz. 2147
  - Wegezeiten Rz. 2145
- betriebsübliche Rz. 2108
- Jugendliche Rz. 2123
  - Mutterschutz Rz. 2124
  - Sonn- und Feiertage Rz. 2112
  - vertragliche Regelung Rz. 2108
  - 4-Tage-Woche Rz. 2133, 2134
- KAPOVAZ Rz. 1690
- Kurzarbeit Rz. 2218 ff.
  - Direktionsrecht Rz. 2179
  - Festlegung/Änderung Rz. 2178
  - Mitbestimmungsrecht Rz. 2180
  - Nachtarbeit Rz. 2182
  - Ruhepausen Rz. 2191
  - Ruhezeiten Rz. 2197
- leitende Angestellte Rz. 1690
- Mehrarbeit Rz. 2205
- Mitbestimmungsrechte Rz. 1690
- Nachtarbeit Rz. 2156
  - Zulässigkeit Rz. 2182
- Rechte des Betriebsrats Rz. 2110, 2142, 2180
- tägliche Arbeitszeitdauer Rz. 2135 ff.
  - Bäckereien und Konditoreien Rz. 2166
  - Direktionsrecht Rz. 2141
  - Festlegung/Änderung Rz. 2159 ff.
  - gesetzliche Höchstgrenze Rz. 2157 ff.
  - Jugendliche Rz. 2169
  - Kraftfahrer und Beifahrer Rz. 2174
  - Mitbestimmungsrecht Rz. 2142
  - Mutterschutz Rz. 2168
  - Nachtarbeitnehmer Rz. 2175
  - Schichtarbeitnehmer Rz. 2175
  - vertragliche Regelung Rz. 2136 ff.
- Überstunden Rz. 2204 ff.
- variable Arbeitszeit Rz. 1690

Arbeitszeitgesetz Rz. 2101 ff.
- Geltungsbereich Rz. 2104

Arbeitszeitrechtsgesetz Rz. 2101 ff.
Arbeitszeitverlängerung
- Direktionsrecht Rz. 2141
- Beteiligung Betriebsrat Rz. 2142
- durch Arbeitgeber Rz. 2141
- durch Aufsichtsbehörde Rz. 2210
- durch Tarifvertrag Rz. 2164
- in außergewöhnlichen Fällen Rz. 2211
- Vergütung Rz. 2213

Arbeitszeugnis Rz. 4846
Arglistige Täuschung Rz. 4830
Arrest Rz. 2608
- ärztliche Untersuchungen Rz. 1025 ff.
- Einwilligung Rz. 1027
- gentechnische Analyse Rz. 1029
- graphologische Gutachten Rz. 1030

Aufbewahrung von Lohn- und Beitragsunterlagen Rz. 5649
Aufforderung zur Stellungnahme Rz. 4677
Aufhebung einer personellen Maßnahme Rz. 1143
Aufhebungsvertrag Rz. 4001 ff., 4895, 6324, 7000
- Abfindung s.d.
- Abwicklungsvertrag s.d.
- Anfechtung Rz. 4051
- Anfechtungsfrist Rz. 4060
- Angebot Rz. 4014
- Aufnahme Rz. 4024

- Aufnahmefristen Rz. 4025
- Arbeitgeberdarlehen Rz. 4085
- Aufklärungspflichten Rz. 4030
- Ausgleichsklausel Rz. 4086
- bedingter Rz. 4036
- Beendigungsanlaß Rz. 4062
- betriebliche Altersversorgung Rz. 4088
    - Diensterfindung Rz. 4090
    - Dienstwagen Rz. 4090
    - Freistellung Rz. 4079
    - Geschäftsgeheimnis Rz. 4091
    - Gratifikation Rz. 4092
    - Krankheit Rz. 4093
    - nachvertragliche Wettbewerbsverbote Rz. 4094
    - Outplacement-Maßnahme Rz. 4095
    - Resturlaub Rz. 4080
    - Rückgabe von Gegenständen Rz. 4096
    - Urlaubsfragen Rz. 4097
    - Werkswohnung Rz. 4098
    - Zahlung rückständiger Vergütung Rz. 4099
    - Zeugnis Rz. 4100, 4895
    - Zurückbehaltungsrecht Rz. 4101
- Betriebsänderung Rz. 4163
- Betriebsübergang Rz. 4161
- Beweislast für Zustandekommen Rz. 4029
- Checkliste Rz. 4001
- Form Rz. 4029
- Freistellungsabreden Rz. 4079
- Geschäftsunfähigkeit Rz. 4060a
- Gleichbehandlung bei Abfindungszahlung Rz. 4066
- Hinweispflichten Rz. 4030
    - betriebliche Altersversorgung Rz. 4032
    - Sonderkündigungsschutz Rz. 4031
    - sozialrechtliche Nachteile Rz. 4033
    - steuerrechtliche Nachteile Rz. 4034
- Inhalt Rz. 4061
- Inhaltskontrolle Rz. 4049
- Insolvenzverfahren Rz. 4162
- Jahressonderzahlung Rz. 4099
    - anderweitiger Erwerb Rz. 4082
    - Arbeitgeberdarlehen Rz. 4085
    - Art und Anlaß der Beendigung Rz. 4062
    - Aufklärungspflichten Rz. 4086
    - Ausgleichsklausel Rz. 4087
    - Beendigungszeitpunkt Rz. 4063
- Konkludentes Verhalten Rz. 4015
- Kündigung beider Parteien Rz. 4020
- Kündigungsverlangen Rz. 4018
- Massenentlassung Rz. 4164
- Minderjährige Rz. 4035
- Muster Rz. 4171
    - ausführlicher ~ Rz. 4173
    - einfacher ~ Rz. 4171
    - mit Abfindungsregelung Rz. 4172
    - taktische Überlegungen Rz. 4174
- Prozessvergleich Rz. 4167
    - Bedingung Rz. 4040
    - Besonderheiten Rz. 4167
    - Kosten Rz. 4169
    - Streitwert Rz. 4170
- Rückdatierung Rz. 4046
- Ruhen des Arbeitslosengeldes Rz. 4103
- Ruhen mit Sperrzeitwirkung Rz. 4124a
- Schriftform Rz. 4029
- sozialrechtliche Folgen Rz. 4102
    - Ruhen Rz. 4103
    - Sperrzeit Rz. 4125
- Sittenwidrigkeit Rz. 4047
- Sperrzeit Rz. 4125
- Stillschweigender Vertragsschluß Rz. 4015
- Strukturell ungleiche Verhandlungsstärke Rz. 4049
- Taktik Rz. 4003
- Tatsachenvergleich Rz. 4048
- Überlegungs- und Widerrufsvorbehalt Rz. 4027
- Umdeutung einer Kündigung Rz. 4023
- und Karenzentschädigung Rz. 4078b
- und Sozialplan Rz. 4078a
- Unwirksamkeit Rz. 4041
    - Abfindung einer Versorgungsanwartschaft Rz. 4045
    - Rechtsfolgen der Nichtigkeit Rz. 4050
    - Rückdatierung Rz 4046
    - Tatsachenvergleich Rz. 4048
    - Umgehung des § 613 a BGB Rz. 4043
    - Verpflichtung, kein Arbeitslosengeld zu beantragen Rz. 4044
- Vergleichsverfahren Rz. 4162
- Verhandlungsstärke, strukturell ungleiche Rz. 4049
- Vertragsschluss durch konkludentes Verhalten Rz. 4015
- Vorteile gegenüber Kündigung Rz. 4002
- Weiterführende Literaturhinweise Rz. 4101
- Widerrufsrecht Rz. 4027
- Zeitfragen

- Aufhebung nach Arbeitsaufnahme Rz. 4010
- Rückdatierung Rz. 4046
- Rückwirkung nach Kündigung ohne Weiterbeschäftigung Rz. 4011
- Rückwirkung nach Kündigung und Weiterbeschäftigung Rz. 4012
  - zukünftige Wirkung Rz. 4008
- zeitliche Gestaltung Rz. 4009
- Zulässigkeit Rz. 4013
- Zustandekommen Rz. 4013

Aufklärungs- und Beratungspflicht Rz. 2969, 4030, 4823

Auflösend bedingtes Arbeitsverhältnis Rz. 4894

Auflösende Bedingung Rz. 1640

Aufmerksamkeiten Rz. 5626, 8022, 8024
- ABC Lohnsteuer Rz. 8035

Aufrechnung Rz. 2472 ff.
- Erklärung Rz. 2473
- Pfändungsfreigrenzen Rz. 2477
- Vergütungsanspruch Rz. 2472 ff.
  - Abtretung Rz. 2475
  - Pfändung Rz. 2476

Aufrechnungsverbot Rz. 1860

Aufschiebende Wirkung, Sozialrecht Rz. 5657, 7535

Aufspaltung und Betriebsübergang Rz. 3612

Aufwandsentschädigung
- ABC Lohnsteuer Rz. 8035
- und sozialversicherungspflichtiges Arbeitsentgelt Rz. 5626

Aufwendungsersatz Rz. 1865

Aufzeichnungspflicht
- Arbeitszeit Rz. 2234
- des Arbeitgebers in der Sozialversicherung Rz. 5648 ff.

Aufzeichnungspflicht des Arbeitgebers Rz. 5648

Ausbildungsbeihilfe
- ABC Lohnsteuer Rz. 8035

Ausbildungskosten
- Rückzahlung Rz. 2471

Ausbildungskostenzuschuß Rz. 7120

Ausbildungsstellen, berufliche
- Vermittlung in - Rz. 5016

Ausbildungsvergütungen
- ABC Lohnsteuer Rz. 8035

Ausbildungsverhältnisse Rz. 7024
- Berufsausbildungsverhältnis s. a.
- Begründung des Arbeitsverhältnisses Rz. 1067

Ausfallstunden

- Sozialversicherungsbeitrag bei Kurzarbeiter- und Schlechtwettergeld Rz. 5626

Ausfallzeitraum
- Insolvenzausfallgeld Rz. 6317

Ausgleichsklausel Rz. 4087

Ausgleichsquittung Rz. 4801
- Anfechtung Rz. 4829
  - arglistige Täuschung Rz. 4830
  - Darlegungs- und Beweislast Rz. 4833
  - Erklärungsirrtum Rz. 4832
  - Inhaltsirrtum Rz. 4831
  - Motivirrtum Rz. 4832
- Aufklärungs- und Hinweispflichten Rz. 4823
- ausländische Arbeitnehmer Rz. 4825
- Erzwingung der Abgabe Rz. 4824
- Funktion Rz. 4803
  - Bestätigung Rz. 4803
  - Verzicht Rz. 4804
- Hinweispflichten Rz. 4823
- Inhalt Rz. 4805
- Minderjährige Rz. 4826
- Muster Rz. 4834
  - Empfangsbescheinigung Rz. 4835
- Umfang der Verzichtswirkung Rz. 4811
- unverzichtbare Ansprüche Rz. 4813
  - Betriebsvereinbarung Rz. 4815
  - Entgeltfortzahlung Rz. 4818
  - Tarifvertrag Rz. 4814
  - Urlaub Rz. 4817
  - Versorgungsanwartschaft Rz. 4819
  - Zeugnis Rz. 4820
- Verzicht auf Kündigungsschutzklage Rz. 4806
- verzichtbare Ansprüche Rz. 4821
- Wirkung des Verzichts Rz. 4810

Ausgleichsverfahren Rz. 5659

Ausgleichszeitraum
- bei Feiertagsarbeit Rz. 2126
- bei Sonntagsarbeit Rz. 2126
- bei Verlängerung der täglichen Arbeitszeitdauer Rz. 2159 ff.
- Nachtarbeitnehmer Rz. 2162
- Tarifvertrag/Betriebsvereinbarung Rz. 2164

Aushangpflichten des Arbeitgebers Rz. 2234

Aushilfsarbeitsverhältnis Rz. 4268

Aushilfsbeschäftigung Rz. 5225

Aushilfskräfte
- Arbeitnehmerbegriff Rz. 8012
- Pauschalierung der Lohnsteuer Rz. 8078

Aushilfstätigkeit Rz. 1622

Auskünfte von/an Dritte Rz. 1036 ff.
- Schadensersatzrisiko Rz. 1038
- Zustimmungserfordernis Rz. 1038

Auskunftsanspruch
- des Arbeitgebers bei Annahmeverzug Rz. 2536

Auskunftserteilung durch den Arbeitgeber Rz. 1036 ff., 4922 ff.

Ausländerfeindlichkeit
- Zustimmungsverweigerungsgrund Rz. 1129

Ausländische Arbeitnehmer Rz. 1870, 4825
- und Arbeitserlaubnis Rz. 5050

Auslagenersatz Rz. 5626, 8026
- ABC Lohnsteuer Rz. 8035

Ausland
- Arbeitserlaubnis für Arbeitnehmer aus dem – Rz. 5050

Auslandsbeschäftigung Rz. 1875

Auslagenersatz
- und sozialversicherungspflichtiges Arbeitsentgelt Rz. 5626

Auslegung Rz. 1400

Auslegung der Betriebsratsstellungnahme Rz. 4677

Ausnahmetatbestände Rz. 4574
- Sonderkündigungsschutz für Schwerbehinderte Rz. 4574

Ausschlußfristen Rz. 1880
- Aufrechnung Rz. 2473
- Schadensersatz Rz. 2288, 2292
- Vergütungsanspruch Rz. 2479 ff.
- Vergütungsrückzahlung Rz. 2292, 2466 zweistufige 2480

Ausschlußklauseln, tarifliche und Zeugniserteilung Rz. 4908

Ausschreibung
s. Stellenausschreibung

Außendienstmitarbeiter Rz. 1885

Außenprüfung, Lohnsteuer Rz. 8150 ff.

Außerdienstliches Verhalten Rz. 1890, 2351

Außerdienstliches Verhalten und Kündigung Rz. 4518

Außergerichtliche Kosten Rz. 7557

Außerordentliche Kündigung Rz. 1895, 4501
- altersgesicherte Arbeitnehmer Rz. 4502
- Anhörung des Arbeitnehmers Rz. 4525
- Ausschlußfrist Rz. 4523
  - Beginn Rz. 4524
  - Hemmung Rz. 4524
  - Versäumung Rz. 4527

- Darlegungs- und Beweislast Rz. 4506
- Dauergründe Rz. 4526
- Einzelfälle Rz. 4509
- Fallgruppen Rz. 4510
  - Abwerbung Rz. 4510
  - Ankündigung einer Krankheit Rz. 4510
  - Annahme und Forderung von Schmier-geldern Rz. 4510
  - Antritt einer Strafhaft Rz. 4510
  - Anzeigen gegen den Arbeitgeber Rz. 4510
  - Arbeitsverweigerung Rz. 4510
  - Ausländerfeindliches Verhalten Rz. 4510
  - Außerdienstliches Verhalten Rz. 4510
  - Beleidigungen, Verdächtigungen Rz. 4510
  - Gefährlichkeit des Arbeitnehmers Rz. 4511
  - Konkurrenztätigkeit Rz. 4512
  - Krankfeiern Rz. 4512
  - Nachweis der Erkrankung/Arbeitsunfähigkeitsbescheinigung Rz. 4513
  - Nebentätigkeit Rz. 4513
  - Politische Betätigung Rz. 4514
  - Private Telefonate Rz. 4514
  - Schlechtleistung Rz. 4515
  - Schwarzarbeit Rz. 4515
  - Selbstbeurlaubung Rz. 4515
  - Strafbare Handlungen Rz. 4515
  - Trunkenheit am Steuer Rz. 4516
  - Überzahl von Ehrenämtern Rz. 4517
  - Urlaubsüberschreitung Rz. 4517
  - Veränderungen von Zeitangaben auf einer Stempelkarte Rz. 4518
  - Verleitung zu Änderungskündigungen Rz. 4518
  - Verrat von Betriebs- und Geschäftsgeheimnissen Rz. 4518
  - Verzögerung der Genesung Rz. 4518
- soziale Auslauffrist Rz. 4501
- Unabdingbarkeit Rz. 4504
- Verhältnis zur Anfechtung Rz. 4503
- Versäumung der Ausschlußfrist Rz. 4527
- Verschulden Rz. 4508
- Verzicht Rz. 1895
- vorheriger Ausspruch ordentlicher Kündigung Rz. 4505
- Wahrung der Ausschlußfristen Rz. 4523
- wichtiger Grund Rz. 4507

Ausstrahlung
- in der Sozialversicherung bei Arbeitsverhältnissen mit Auslandsberührung Rz. 5238 ff.

Ausübungskontrolle Rz. 1440
Auswahlrichtlinien Rz. 1124
Auszubildender Rz. 1900
– s. Ausbildungsverhältnisse
– Kündigungsfristen Rz. 4258

B

Baugewerbe
– Kündigungsfristen im ~ Rz. 4252
– Sozialversicherungsausweis Rz. 5538
– Schlechtwetteranzeige Rz. 6139
– Urlaub Rz. 2911
Baukostenzuschuß Rz. 5626
Beamte, Richter und Soldaten Rz. 1512
Beendigungskündigung
– Verhältnis zur Änderungskündigung Rz. 4305
Befreiung von der Versicherungspflicht Rz. 5219
Befristetes Arbeitsverhältnis, Zeugniserteilung Rz. 1590, 4894
Befristungsabrede Rz. 1600
Befristungsarten Rz. 1601
Befristungskontrolle Rz. 1620
Behinderte
– Förderung der Beschäftigung Rz. 7116
Behinderten-Freibetrag Rz. 8046
Beihilfen Rz. 5626
Beihilfe und Teilzeitbeschäftigung Rz. 2982
Beiladung Dritter
– im Prozeß von dem Sozialgericht Rz. 7535
Beitragsabführung in der Sozialver-sicherung Rz. 5628
Beitragsberechnung in der Sozialver-sicherung Rz. 5617 ff.
Beitragsabrechnungszeitraum Rz. 5618 ff.
Beitragsbemessungsgrundlage Rz. 5234, 5601, 5625
Beitragsbescheid Rz. 5677, 5678, 7504
Beitragseinbehalt Rz. 5629
Beitragsentrichtung
– in der Kranken-, Renten-, Pflege- und Arbeitslo-senversicherung Rz. 5633 ff.
– in der Unfallversicherung Rz. 5673
Beitragsforderung Rz. 7504
– Meldung bei nachträglicher ~ Rz. 7010
Beitragsgruppe Rz. 5515
Beitragsgruppenwechsel Rz. 6102
Beitragshinterziehung Rz. 5644

Beitragslast Rz. 5231
Beitragsnachlaß in der Unfallversicherung Rz. 5677
Beitragsnachweis Rz. 5653
Beitragsneuberechnung Rz. 5622
Beitragspflicht
– erweiterte ~ in der Sozialversicherung Rz. 5610
Beitragssatz Rz. 5231 5234
Beitragsschuldner Rz. 5632
Beitragsunterlagen Rz. 5649
Beitragszuschlag Rz. 5677
Beitragszuschuss Rz. 7506
Beitragszuschüsse
– des Arbeitgebers zur Krankenversicherung Rz. 5669 ff.
– des Arbeitgebers zur Pflegeversicherung Rz. 5672a
Beitrittsgebiet Rz. 5244, 5604
– besondere Berechnungsgrößen in der Sozialver-sicherung des Rz. 5244
– Ein- und Ausstrahlung zur Beurteilung der Sozi-alversicherungspflicht Rz. 5240
– Hinzuverdienstgrenzen für Altersrentner im ~ Rz. 6324 ff.
– Übersicht über die wichtigsten Werte der Sozi-alversicherung Rz. 5627
– Wechsel der Betriebsstätte in das ~ Rz. 6107
Bekleidungsvorschriften Rz. 2352
Belegschaftsrabatt Rz. 5626
Beleidigung Rz. 4517, 4521
Belohnung Rz. 5626
Berechnung des Urlaubsanspruchs ~ Rz. 2913
Berechnungswerte für die Sozialversicherung Rz. 5627
Berechtigtes, geschäftliches Interesse, Wettbe-werbsverbot Rz. 3007
Bereitschaftsdienst Rz. 1905, 2151
Berichtigung des Zeugnisses Rz. 4912
– Bezugnahme auf Gerichtsurteil Rz. 4904, 4912
– Datum des berichtigten Zeugnisses Rz. 4897, 4912
Berichtigungsmeldung Rz. 6122
Berlin-Förderungsgesetz Rz. 8086
Berufsausbildung Rz. 6108
Berufsausbildungsverhältnis
– Kündigung Rz. 4267, 4889, 5209
– Kündigung in der Insolvenz Rz. 4258
– Wettbewerbsverbot Rz. 3039

Berufsgenossenschaft Rz. 5231, 5626, 5673, 5676, 5677, 6320
Berufskleidung Rz. 1840
- ABC Lohnsteuer Rz. 8035
Berufskrankheit Rz. 5626
Beschäftigungspflicht Rz. 1910
Beschäftigungsverbot Rz. 1321, 5055, 6303
Beschäftigungsverbot wegen Schwangerschaft und Urlaub Rz. 2867
Beschäftigungsverhältnis
- im Beitrittsgebiet Rz. 5244 ff.
- im Rahmen von Arbeitsbeschaffungsmaßnahmen Rz. 5248
- sozialrechtliches ~ Rz. 7001
- und Pflegeversicherung Rz. 5217a
Beschlußverfahren Rz. 4950
Besondere Arbeitserlaubnis Rz. 5051
Bestellung zur Organperson
- Ruhen des Arbeitsverhältnisses Rz. 4326
Betreuungsfreibetrag Rz. 8077b
Betriebliche Altersversorgung Rz. 1915
- ABM-Kräfte Rz. 2989
- Getrenntlebenklausel Rz. 2984
- Teilzeitbeschäftigung Rz. 2979, 2981a
  - betriebliche Altersversorgung Rz. 2979, 2981
  - betriebliche Sozialleistungen Rz. 2982
  - Essenzuschuss Rz. 2981b
  - Lage der Arbeitszeit, Gleichbehandlung Rz. 2981b
  - nebenberufliche Rz. 2979
  - proportional anteilige Vergütung Rz. 2979
  - Überstundenzuschläge Rz. 2979
  - Zinsgünstige Darlehen Rz. 2979
Betriebsbedingte Gründe
- für Kündigung Rz. 4451 ff.
Betriebsvereinbarung und Betriebsübergang Rz. 3610
Betriebliche Übung Rz. 2457c
Betriebs- und Geschäftsgeheimnisse, Kündigung Rz. 4514
Betriebsablaufstörung Rz. 4401
Betriebsänderung Rz. 4163
Betriebsbedingte Druckkündigung Rz. 4461
Betriebsbedingte Kündigung Rz. 4450 ff.
- Änderungskündigung, »ultima-ratio«-Gedanke Rz. 4454
- betriebliche Gründe Rz. 4451
- betriebsbedingte Druckkündigung Rz. 4461
- Checkliste Rz. 4450 ff.

- Kurzarbeitsperiode Rz. 4454
- Massenentlassung und Auswahlfehler Rz. 4460
- Sozialauswahl Rz. 4456 ff.
- soziale Gesichtspunkte Rz. 4460
- Überhang an Arbeitskräften Rz. 4453
- Unternehmerentscheidung Rz. 4452, 4462
- Vergleichbarkeit Rz. 4457
Betriebsbuße, Abmahnung Rz. 4228
Betriebsbußen Rz. 2354
Betriebsgeheimnis Rz. 1975, 2362, 3033
Betriebsobmann, Kündigung Rz. 4613
Betriebsordnung Rz. 2353
Betriebsprüfung Rz. 5643, 7010, 7502
Betriebsrat
- Mehrarbeitsvergütung Rz. 2576
- Vergütung Rz. 2576
Betriebsratsanhörung Rz. 4365
- abschließende Stellungnahme Rz. 4672
- Abschluß des Anhörungsverfahrens Rz. 4671
- Änderungskündigung Rz. 4657
- altersgesicherte Arbeitnehmer Rz. 4659
- Aufforderung zur Stellungnahme Rz. 4664
- Auslegung der Betriebsratsstellungnahme Rz. 4677
- Bedeutung Rz. 4651
- Beschlussunfähigkeit des Betriebsrats Rz. 4668
- betriebsbedingte Kündigung Rz. 4663
- betriebsverfassungsrechtlicher Weiterbeschäftigungsanspruch Rz. 4678
- Einleitung des Anhörungsverfahrens Rz. 4667
- erneute Anhörung Rz. 4665
- Kündigung innerhalb der ersten sechs Monate Rz. 4655
- Kündigungsmodalität Rz. 4653
- leitende Angestellte Rz. 4652
- Mängel des Anhörungsverfahrens Rz. 4673
- Massenentlassung Rz. 4669
- nachträgliche Mitteilung der Schwerbehinderteneigenschaft Rz. 4670
- ordnungsgemäße Einleitung Rz. 4658
- persönliche Daten Rz. 4660
- Schwerbehinderte Rz. 4670
- subjektive Determinierung Rz. 4654
- Substantiierungspflicht Rz. 4661
- Umdeutung einer Kündigung Rz. 4675
- Umfang der Mitteilungspflicht Rz. 4654
- Verbundkündigung Rz. 4676
- Vorratsanhörung Rz. 4662
- Widerspruchsrecht Rz. 4678

- Wirksamkeitsvoraussetzungen Rz. 4651
- Zustimmungsersetzungsverfahren Rz. 4674

Betriebsratsbeteiligung
- Aufhebungsanspruch des Betriebsrates Rz. 1143 ff.
- Auswahlrichtlinien Rz. 1124
- Eingruppierung Rz. 1107 ff.
- Einstellung Rz. 1108 ff.
- Ordnungswidrigkeit Rz. 1006
- Personalfragebogen Rz. 1033 ff.
- Personalplanung Rz. 1003 ff.
- Sanktion Rz. 1006
- Unterrichtungsanspruch Rz. 1005, 1108, 1112 ff., 1135 ff.
- Unterrichtungspflicht Rz. 1108 ff.
- vorläufige Einstellung Rz. 1134 ff.
- Zustimmungsersetzungsverfahren Rz. 1130 ff.
- Zustimmungsverweigerungsrecht Rz. 1115 ff.

Betriebsratsmitglieder
- Vergütung Rz. 2575

Betriebsratstätigkeit, Zeugniserteilung Rz. 4904

Betriebsrisiko Rz. 2543 ff.

Betriebsstillegung
- während eines Streiks Rz. 2531

Betriebsübergang Rz. 1057, 3090, 3600 ff., 4161, 4621, 4626, 4888
- Aufspaltung Rz. 3612
- Bestandsschutzfunktion Rz. 3605
- Betriebsarten Rz. 3602
- Betriebsteilübergang Rz. 3602
- Betriebsvereinbarung Rz. 3610
- Gesamtrechtsnachfolge Rz. 3601
- Haftungsfunktion Rz. 3605
- Inhaberwechsel Rz. 3603
- Konkurs Rz. 3613
- Kündigungsschutz Rz. 3606
- Mitbestimmungssicherung Rz. 3605
- Neue Bundesländer Rz. 3614
- Outsourcing Rz. 3615
- Rechtsfolgen Rz. 3605
- Sozialauswahl nach Widerspruch gegen Teilbetriebsübergang Rz. 4629
- Tarifvertrag Rz. 3610
- Teilbetriebsübergang Rz. 4629
- Übergang eines Betriebs Rz. 3602
- Übertragung durch Rechtsgeschäft Rz. 3601
- Umwandlung Rz. 3612
- Umwandlungsgesetz Rz. 3601
- Vergleich Rz. 3613
- Verschmelzung Rz. 3612
- Voraussetzungen Rz. 3601
- Weiterführende Literaturhinweise Rz. 3622
- Widerspruchsrecht Rz. 3607
- Wiedereinstellungsanspruch Rz. 2007, 2970
- Zeitpunkt des B's Rz. 3604

Betriebsurlaub Rz. 2861

Betriebsvereinbarung Rauchverbot Rz. 2954

Betriebsverfassungsorganmitglieder Kündigungsschutz Rz. 4599

Betriebsverlegung Rz. 2048a

Beurteilungsspielraum bei der Zeugniserteilung Rz. 4905
- Ermessensspielraum des Arbeitgebers Rz. 4905
- gerichtliche Überprüfbarkeit Rz 4905

Beweislast bei Zeugnisstreitigkeit Rz. 4916

Beweislastklauseln Rz. 1920

Beweislastverteilung im Klageverfahren Rz. 4862

Bewerber
- Rechtsstellung Rz. 1148 ff.

Bewerbungsunterlagen Rz. 1050

Bewertung von Sachbezügen Rz. 8028

Bildungsurlaub Rz. 2930 ff.
- Bedingte Freistellungserklärung Rz. 2945
- Betriebsratsbeteiligung Rz. 2932
- Gesellschaftspolitische Fragestellungen Rz. 2940
- Jedermann-Zugänglichkeit Rz. 2943
- Leistungsverweigerungsrecht des Arbeitgebers Rz. 2942
- Ministerielle Anerkennung Rz. 2941
- Nachträgliche Freistellung Rz. 2944
- Ökologische Fragestellungen Rz. 2938
- Rechtsgrundlage Rz. 2931
- Rechtszersplitterung Rz. 2930
- Sprachkurse Rz. 2934

Bildungsurlaubsgesetze Rz. 2568 ff., 2930 ff.

Billigkeitskontrolle einer Anwesenheitsprämienregelung Rz. 2710a

Brutto-Netto-Klausel, Abfindung Rz. 4160

Bürgerlich-rechtlicher Kündigungsschutz Rz. 4621
- Betriebsübergang Rz. 4621, 4626
- Gesellschafterwechsel Rz. 4627
- gesetzliches Verbot Rz. 4621
- Lemgoer Modell Rz. 4627
- Maßregelung Rz. 4621, 4625
- Rechtsmißbrauch Rz. 4622

- Sittenverstoß Rz. 4621
- Treuwidrigkeit Rz. 4623
Bundessozialgericht Rz. 7514

D

Darlehen
- Zinsersparnisse bei Arbeitgeberdarlehen und sozialversicherungspflichtiges Entgelt Rz. 5626

Darlehen an Arbeitnehmer
- »Darlehen«, ABC Lohnsteuer Rz. 8035

Datenschutz Rz. 1925, 2959
- Bewerbungsunterlagen Rz. 1046
- informationelle Selbstbestimmung Rz. 1037
- Qualifikation des Datenschutzbeauftragten Rz. 1122

Dienstgang
- Fahrtkostenersatz bei ~, ABC Lohnsteuer Rz. 8035

Dienstkleidung Rz. 1840
Dienstnehmer Rz. 1518
Dienstreise Rz. 1930, 2089, 2090
- Fahrtkostenersatz bei ~, ABC Lohnsteuer Rz. 8035

Dienstvertrag
- Abgrenzung zur Arbeitnehmerüberlassung Rz. 3507

Dienstwagen Rz. 1935
Dienstwohnung Rz. 5626
Direktionsrecht Rz. 1936, 2002 ff., 7001
- Arbeitsort Rz. 2016, 2017
- Arbeitstage Rz. 2107 ff.
- Arbeitsumfang Rz. 2018
  - Arbeitsgeschwindigkeit Rz. 2019
  - Arbeitszeit Rz. 2018a
- Arbeitsverhalten Rz. 2352
- Art der Arbeit Rz. 2008 ff.
- Grenzen Rz. 2003
  - billiges Ermessen Rz. 2014
  - Mitbestimmungsrecht des Betriebs-rates Rz. 2015
  - Vollzug des Arbeitsverhältnisses Rz. 2012
- Lage der Arbeitszeit Rz. 2176
- Notfälle Rz. 2020 ff.
- Ordnungsverhalten Rz. 2353
- tägliche Arbeitszeitdauer Rz. 2135 ff.
- Überstunden Rz. 2206
- Übertragbarkeit Rz. 2004 ff.
  - Betriebsübergang Rz. 2007

- Überlassungsklausel Rz. 2006
- Umsetzung Rz. 2026
- Versetzung Rz. 2024 ff.

Direktversicherung Rz. 5626, 8084
- »Abfindungen«, ABC Lohnsteuer Rz. 8035

Diskriminierungsverbot Rz. 1046 ff.
- Ausschreibung Rz. 1009
- Entschädigungsanspruch Rz. 1048
- unmittelbare u. verdeckte Diskriminierung Rz. 1046 f.
- Zustimmungsverweigerungsgrund Rz. 1122, 1129

Doppelfunktion
- des Zeugnisses Rz. 4885, 4905

Doppelte Haushaltsführung
- ABC Lohnsteuer Rz. 8035

Doppelurlaubsanspruch Rz. 2840
Drittbezogener Personaleinsatz Rz. 3500 ff.
Drittschuldner Rz. 2601
Drittschuldnererklärung Rz. 2600, 2619 ff.
- Frist Rz. 2628
- Gegenstand Rz. 2621 ff.
- Schadenersatz Rz. 2630

Drittschuldnerklage Rz. 2618
Drohung, widerrechtliche Rz. 1158
Druckkündigung Rz. 4461
Durchlaufende Gelder Rz. 8026
- ABC Lohnsteuer Rz. 8035

E

Echte Druckkündigung Rz. 4461
Ehegatten
- Arbeitsverhältnis Rz. 8013
- Bescheinigung der Religionsgemeinschaft des ~ Rz. 8045
- Lohnsteuerklasse Rz. 8047
- Wohnsitzfinanzamt Rz. 8018

Einarbeitungszuschuss Rz. 7102
Einbehaltung der Lohnsteuer Rz. 8095 f.
Einbehaltungskontrolle Rz. 1391
Einfaches Zeugnis Rz. 4899
- Arbeitsunterbrechung Rz. 4899
- Art und Dauer der Beschäftigung Rz. 4899
- Beendigungsmodalität Rz. 4899

Einfirmenvertreter Rz. 1540
Eingliederung in den Betrieb Rz. 1102, 5205
Eingliederungsvertrag Rz. 7136
Eingliederungszuschuss Rz. 7102

– für ältere Arbeitnehmer Rz. 7131
– bei Einarbeitung Rz. 7103
– bei erschwerter Vermittlung Rz. 7124
Eingruppierung
– Aufhebungsanspruch Rz. 1147
– Begriff Rz. 1105
– Betriebsratsbeteiligung Rz. 1107 ff.
– Bindungswirkung gerichtlicher Entscheidungen Rz. 1150
Einheit des Verhinderungsfalles Rz. 2729
Einkommensteuerveranlagung Rz. 8026, 8128
Einmalig gezahlte Entgelte Rz. 6120
Einmalzahlung von Arbeitsentgelt
– Abrechnung in der Sozialversicherung Rz. 5620 ff.
– Beitragsbemessungsgrenze in der Sozialversicherung Rz. 5610
– Jahresarbeitsentgeltgrenze Rz. 5615
Einnahmen, Lohnsteuerabzug
– Arbeitslohn Rz. 8019
– Begriff Rz. 8021
– einmalige Rz. 8041
– laufende Rz. 8041
– Zufluß von ~ Rz. 8036
Einstellung
– -sanspruch Rz. 1041 ff.
– Aufhebungsanspruch des Betriebsrates Rz. 1143 ff.
– Begriff Rz. 1101 ff.
– Betriebsratsbeteiligung Rz. 1108 ff.
– Leitende Angestellte Rz. 1151
– Rechtsstellung des eingestellten Bewerbers Rz. 1148 ff.
– vorläufige Einstellung Rz. 1134 ff.
Einstellungsrichtlinie Rz. 1124
Einstellungsuntersuchungen
– ärztliche Einstellungsuntersuchung Rz. 1025
– Einwilligung Rz. 1027, 1029, 1031
– gentechnische Analyse Rz. 1029
– graphologische Gutachten Rz. 1030
– HIV-Antikörpertest Rz. 1028
– Mitteilungsbefugnis des Arztes Rz. 1026
Einstrahlung
– in der Sozialversicherung bei Beschäftigungsverhältnissen mit Auslandsberührung Rz. 5238 ff.
Einstweilige Anordnung Rz. 7548
Einstweilige Verfügung, Zeugniserteilung Rz. 4914

Einstweiliger Rechtsschutz Rz. 4861, 4955, 4964
Eintragungen auf der Lohnsteuerkarte Rz. 8044
Einzugsstelle Rz. 5201, 5231, 5501, 5633, 5634, 5636, 5637, 5639, 5642, 5643, 6100, 7502
Elektronische Form Rz. 2480
Entfernungsverlangen
– Abmahnung Rz. 4422
Entgelt s. auch Arbeitsentgelt
– Arbeitnehmertätigkeit gegen ~ als Voraussetzung der Sozialversicherungspflicht Rz. 5208
– erstattungsfähiges ~ bei der Lohnfortzahlungsversicherung für Kleinbetriebe Rz. 5664
– erstattungsfähiges ~ bei Versicherung gegen Mutterschaftsaufwendungen für Kleinbetriebe Rz. 5666
Entgeltbescheinigung Rz. 6142
Entgelterhöhung
– Gleichbehandlung Rz. 2988
Entgeltfortzahlung Rz. 2700
– Aids Rz. 2763
– Allgemeinerkrankung Rz. 2763
– Anlaßkündigung Rz. 2726
– Beispielsfälle Rz. 2727
– Darlegungs- u. Beweislast Rz. 2727
– Anspruchsübergang bei Dritthaftung Rz. 2776
– Anwendungsbereich des EFZG Rz. 2707
– Anwesenheitsprämie Rz. 2710a
– Anzeigepflichten Rz. 2751
– Arbeitsunfähigkeit Rz. 2714
– Arbeitsunfähigkeit im Ausland Rz. 2752
– Arbeitsunfähigkeitsbescheinigung Rz. 2754, 2758
  – Beweiswert Rz. 2758
  – Indizien Rz. 2758
  – Überprüfung durch Krankenkassen Rz. 2760
  – Vorlage Rz. 2754
– Arbeitsunfall Rz. 2778
– Arbeitsversuch, mißglückter Rz. 2722
– Arztbesuch Rz. 2715
– Ausschluß der ~ Rz. 2762, 2765
  – befristetes Arbeitsverhältnis mit Arbeitern Rz. 2765
  – Berufsausbildungsverhältnis Rz. 2768
  – Bezug von Mutterschaftsgeld Rz. 2767
  – Erziehungsurlaub, Elternzeit Rz. 2769
  – geringfügig beschäftigte Arbeiter Rz. 2766
  – Weiterbeschäftigungszeitraum Rz. 2770
– Beendigung des Arbeitsverhältnisses Rz. 2726
– befristetes Arbeitsverhältnis Rz. 2765

- beratender Schwangerschaftsabbruch Rz. 2733
- Berufsausbildungsverhältnis Rz. 2768
- Billigkeitskontrolle einer Anwesenheitsprämienregelung Rz. 2710a
- Bungee-springen Rz. 2762
- Checkliste Rz. 2700
- Einheit des Verhinderungsfalles Rz. 2729
- Erkrankung vor Beginn des Beschäftigungsverhältnisses Rz. 2712
- Erziehungsurlaub, Elternzeit Rz. 2769
- Europäischer Gerichtshof, mittelbare Diskriminierung Rz. 2704
- faktisches Arbeitsverhältnis Rz. 2712
- Fall Paletta Rz. 2759
- Fehlzeitenreduzierung Rz. 2710
- Fortsetzungserkrankung Rz. 2731
  - Fristberechnung Rz. 2732 ff.
- gesetzlicher Forderungsübergang Rz. 2776
- Gesundheitszirkel Rz. 2710
- Gründe für die Neuregelung Rz. 2703
- Grundsatz Rz. 2709
- Hausbesuche Rz. 2710
- Heilbehandlung Rz. 2782
- Heilverfahren Rz. 2782
- Heimarbeit Rz. 2707
- Höhe Rz. 2746
  - Arbeitsentgelt Rz. 2747
  - Berechnungsgrundlage Rz. 2747
  - Berechnungsverfahren Rz. 2749
- Jahressonderzahlung Rz. 2748
- Krankheit Rz. 2713
- Krankengespräche, Betriebsratsbeteiligung Rz. 2709
- Kuren Rz. 2782
- Legaldefinition Arbeitnehmer Rz. 2707
- Leiharbeitnehmer Rz. 2707
- Leistungsmißbrauch Rz. 2705
- Leistungsverweigerungsrecht Rz. 2773, 2781
- Literaturhinweise Rz. 2799a
- Lohnausfallprinzip Rz. 2746
- Lohnfortzahlungsversicherung für Kleinbetriebe Rz. 5658 ff.
- Maßnahmen der Rehabilitation Rz. 2782
- Maßnahmen der Vorsorge Rz. 2782
  - Nachkur, Entfall Rz. 2784
  - Schonungszeiten, Entfall Rz. 2784
  - Voraussetzungen Rz. 2783
- Maßregelungsverbot, Anwesenheitsprämie Rz. 2710a

- Medizinischer Dienst Rz. 2760
- Mehrfacherkrankungen Rz. 2732
  - Beispielsfälle Rz. 2735
  - Beweislast Rz. 2744
  - Checkliste Rz. 2743
- mißglückter Arbeitsversuch Rz. 2722
- Mitbestimmung bei Krankengesprächen Rz. 2709
- Nachweispflicht Rz. 2751
- Nebentätigkeit Rz. 2763
- Neue Bundesländer Rz. 2786
- Nichthinterlegung Sozialversicherungsnachweis Rz. 2774
- Organspende Rz. 2714
- Quotenvorrecht Rz. 2779
- Rechtsgrundlage Rz. 2702
- Rechtsmißbrauch Rz. 2771
- Referenzprinzip Rz. 2750
- Schlägerei Rz. 2763
- Schwangerschaftsabbruch Rz. 2723
- Selbstmord Rz. 2763
- Sicherheitsgurt Rz. 2763
- Sonderprobleme bei Vorlegungsverlangen Rz. 2755
- Sozialversicherungsausweis, Hinterlegung Rz. 2774
- Sportunfälle Rz. 2763
- Sterilisation und Schwangerschaftsabbruch Rz. 2763
- Suchterkrankungen Rz. 2763
- Teilarbeitsunfähigkeit Rz. 2719
- Überprüfung der Arbeitsunfähigkeit Rz. 2760
- Unterschiede Arbeiter/Angestellte Rz. 2703 ff.
- Ursachenzusammenhang Rz. 2717
  - Aussperrung Rz. 2717
  - Erziehungsurlaub, Elternzeit Rz. 2718
  - hypothetische Betrachtung Rz. 2718
  - Sonderurlaub Rz. 2718
- Vereinheitlichungszweck Rz. 2703
- Verhältnis Arbeitgeber – Krankenver-sicherungsträger Rz. 2744
- Verkehrsunfall Rz. 2763
- Verpflichtung zur E. bei Mutterschutz Rz. 6302
- Verschulden, Anscheinsbeweis Rz. 2764
- verschuldete Arbeitsunfähigkeit Rz. 2762
  - ABC Rz. 2763
  - Begriff Rz. 2762
  - Beweislast Rz. 2764
- Vertrauensarzt Rz. 2760

- Voraussetzungen Rz. 2711
  - Arbeitsunfähigkeit Rz. 2714
  - Bestand eines Arbeitsverhältnisses Rz. 2712
  - Krankheit Rz. 2712
  - Ursachenzusammenhang Rz. 2717
- Vorlage der Arbeitsunfähigkeitsbescheinigung Rz. 2754
- Wegerisiko Rz. 2714
- Weiterbeschäftigungszeitraum Rz. 2770
- Weiterführende Literaturhinweise Rz. 2799a
- Wiedereingliederungsplan Rz. 2721
- Wiedereingliederungsverhältnis Rz. 2721
- wiederholte Arbeitsunfähigkeit Rz. 2728
  - Fortsetzungserkrankung Rz. 2731
  - neue Krankheit Rz. 2732
- Zeitraum der ~ Rz. 2724
  - Beginn Rz. 2725
  - Ende Rz. 2726
- Zurückbehaltungsrecht Rz. 2773, 2781

Entlassungsentschädigungen
- Abfindungen, ABC Lohnsteuer Rz. 8035
- Anrechnung auf Arbeitslosengeld Rz. 7027
- als sonstiger Bezug Rz. 8064

Entleiher Rz. 3502, 5211, 5544, 5632
Entleiherkontrollmeldung Rz. 3516
Entschädigung, steuerbegünstigte Rz. 4154
Entsendung
- von Arbeitnehmern in das Ausland und Sozialversicherungspflicht Rz. 5238

Erbfall Rz. 1057
Erfindervergütung Rz. 5626
- ABC Lohnsteuer Rz. 8035

Erfindung Rz. 5626
Erhöhter Beitragssatz Rz. 5235
Erholungsbeihilfe Rz. 5626
Erklärungsirrtum Rz. 1155, 4832
Erkrankung des Arbeitnehmers, Zeugniserteilung Rz. 4904
Erkrankung von Kleinkindern
- Befreiung von der Arbeitspflicht Rz. 2050
- Kinderkrankengeld Rz. 2050
- Vergütungspflicht Rz. 2559

Erkrankung vor Beginn des Beschäftigungsverhältnisses Rz. 2704
Erlaß
- von Sozialversicherungsbeiträgen Rz. 5639

Erlaubte private Arbeitsvermittlung Rz. 5009
Ermäßigter Beitragssatz Rz. 5237
Ernteaushilfen Rz. 5531

Erörterungstermin
- vor dem Sozialgericht Rz. 7539

Erprobungszweck Rz. 1622
Ersatzbescheinigung
- bei beschränkter Einkommenssteuerpflicht Rz. 8077

Ersatzruhetag
- bei Feiertagsarbeit Rz. 2126
- bei Sonntagsarbeit Rz. 2126

Ersatz-Versicherungsnachweis Rz. 5519, 7007
Erschwerniszuschlag Rz. 5626
Erstattung von zu Unrecht entrichteten Beiträgen Rz. 5641
Erstattungsfähiges Entgelt Rz. 5664
Erstattungspflicht des Arbeitgebers Rz. 7043
- anzuwendende Vorschriften Rz. 7043
- bei Kleinbetrieben Rz. 7046
  bei mittleren Betrieben Rz. 7047
- Existenzgefährdung des Unternehmers Rz. 7052
- Personalminderung Rz. 7050
- Verfahrensfragen Rz. 7054
- Voraussetzungen Rz. 7044
- Umfang der ~ Rz. 7053
- wegen der Umstände der Kündigung Rz. 7049
- wegen nicht ausreichend langer Dauer des Arbeitsverhältnisses Rz. 7048
- Wegfall und Minderung der Erstattungspflicht Rz. 7045

Erziehungsgeld Rz. 6303
- Bezug Rz. 6115

Erziehungsurlaub, Elternzeit
- anderweitige Erwerbstätigkeit Rz. 2925
- Anspruch auf Urlaubsgeld Rz. 2926
- Anspruchsberechtigung Rz. 2920
- Ausschluß Rz. 2921
- Auswirkungen Rz. 2927
- Betriebliche Altersversorgung Rz. 2926
- betriebliche Leistungen Rz. 2926
- Ende Rz. 2922
- Erholungszweck Rz. 2923
- Inanspruchnahme, Voraussetzungen Rz. 2922
- Jahressonderleistung Rz. 2926
- Kündigungsfristen Rz. 4260
- Rechtsgrundlagen Rz. 2919
- tarifliche Sonderleistung Rz. 2926
- Voraussetzungen Rz. 2920
- Vorzeitige Beendigung Rz. 2922
- Wechsel unter den Berechtigten Rz. 2922

Erziehungsgeldstellen Rz. 2928
Erziehungsurlaubsvertretung Rz. 6305
Erzielen des Entgelts Rz. 5618
Essenszuschuß Rz. 5626
- ABC Lohnsteuer Rz. 8035
Existenzgründer
- Starthilfe vom Arbeitsamt Rz. 7122
Existenzminimum, Steuerfreistellung Rz. 8003 b, 8065 ff.
Exklusivvereinbarungen
- bei gewerblicher Arbeitsvermittlung Rz. 5013

F

Fälligkeit von Sozialversicherungsbeiträgen Rz. 5636 ff.
Fälligkeit des Gesamtsozialversicherungsbeitrags Rz. 5636
Fahrtkosten Rz. 5626
- ABC Lohnsteuer Rz. 8035
Faktisches Arbeitsverhältnis Rz. 2407, 2444, 2523
Fallgruppenbewährungsaufstieg Rz. 2999
Familienangehörige Rz. 5212, 5671
- mitarbeitende Rz. 5530, 5538
Familienleistungsausgleich Rz. 8077b
Familienmitglieder Rz. 1512, 1518
Familienversicherung Rz. 5670, 5671
Familienzuschlag Rz. 5626
Fehlgeldentschädigung Rz. 5626
Fehlzeitenreduzierung Rz. 2710
Feiertag
- Übersicht Rz. 2823
Feiertagsarbeit Rz. 5626
Feiertagsarbeitszuschlag Rz. 5626
Ferienaufenthalt Rz. 5626
Ferienjobs
- Schüler in - Rz. 5531
Feuerwehr-Urteil Rz. 2989
Finanzamt
- Betriebsstättenfinanzamt Rz. 8017
- Wohnsitzfinanzamt Rz. 8018
Förderleistungen an Arbeitgeber Rz. 7100
Förderung der Beschäftigung Behinderter Rz. 7159
Förderung von Ausbildungseinrichtungen Rz. 7172
Förderung der Berufsausbildung Rz. 7169
Formularvertrag Rz. 1310

Formvorschriften
- bei der Ausstellung des Zeugnisses Rz. 4897
- bei der Begründung von Arbeitsverhältnissen Rz. 1068
Fortsetzungserkrankung Rz. 2720
Fragerecht des Arbeitgebers
- Aids Rz. 1015
- ärztliche Untersuchungen Rz. 1025
- Auskünfte von Dritten Rz. 1036 ff.
- bei Bewerbern Rz. 1012
- bei Mitarbeitern Rz. 1012a
- beruflicher Werdegang Rz. 1016
- Gewerkschaftszugehörigkeit Rz. 1020
- Heirat Rz. 1021
- Krankheit Rz. 1014
- Lohn- und Gehaltshöhe Rz. 1017
- Personalfragebogen Rz. 1032
- Recht auf Lüge Rz. 1012
- Religions- und Parteizugehörigkeit Rz. 1019
- Schwangerschaft Rz. 1022
- Schwerbehinderteneigenschaft Rz. 1018
- Vermögensverhältnisse Rz. 1024
- Vorstrafen Rz. 1023
Franchisenehmer Rz. 1518
Frauendiskriminierung
- Diskriminierungsverbot Rz. 1046
- Stellenausschreibung Rz. 1010
- Zustimmungsverweigerungsgrund Rz. 1122, 1129
Frauenförderung
- typisierendes Quotensystem Rz. 2984
Freibeträge Rz. 8043
Freie Mitarbeiter Rz. 8014
Freie Unterkunft und Verpflegung Rz. 5604, 5626
Freifahrt Rz. 5626
Freiheitsstrafe, Kündigung Rz. 4407
Freischichtenmodell
- Urlaubsberechnung Rz. 2828a
- Urlaubsentgelt Rz. 2890
Freistellung
- während der Kündigungsfrist Rz. 2960
Freistellung und Aufhebungsvertrag Rz. 4049
Freistellung des Arbeitnehmers
- bei Verhinderung Rz. 2549 ff.
- Teilnahme an Arbeitnehmerweiterbildung Rz. 2568 ff.
Freiwillig Versicherter Rz. 5237
Freiwillige Krankenversicherung Rz. 5672

Freiwilligkeitsvorbehalt Rz. 2897
Freizeitausgleich Rz. 2215a
Fristlose Kündigung Rz. 7041
Fristversäumnis
– s. Sozialgerichtsverfahren Rz. 7519, 7520, 7531
Führungsbeurteilung im Zeugnis Rz. 4903
Fürsorgepflicht
– Abhören Rz. 2958
– allgemeiner Weiterbeschäftigungsanspruch Rz. 2961 f.
– Aufklärungs- und Beratungspflicht Rz. 2969
– Begriff Rz. 2952
– Beschäftigungspflicht Rz. 2960
– Datenschutz Rz. 2959
– eingebrachte Sachen Rz. 2964
– Kfz-Einsatz Rz. 2966
– Leben und Gesundheit des Arbeitnehmers Rz. 2953
– nachwirkende Rz. 2970
– Nichtraucherschutz Rz. 2954
– Parkraum Rz. 2965
– Persönlichkeitsschutz Rz. 2967
– Privat-Kfz Rz. 2966
– Rechtsfolgen der Verletzung Rz. 2972
– Schutzkleidung Rz. 2955
– Tabakrauchfreier Arbeitsplatz Rz. 2954
– Telefonabhörung Rz. 2958
– Überwachung Rz. 2958
– Verletzung, Rechtsfolgen Rz. 2956
– Weiterbeschäftigungsanspruch Rz. 2962
– Zeugniserteilung Rz. 4885
Fürsorgepflichtverletzung, Kündigung Rz. 4520

G

Gebühren eines Rechtsanwalts im Sozialgerichtsverfahren Rz. 7558
Geburtsbeihilfen
– ABC Lohnsteuer Rz. 8035
Gefahrengeneigte Arbeit Rz. 2307, 2310
Gefahrklasse Rz. 5673, 5674
Gehaltsabrechnung
– und Beitragsüberwachung im Sozialversicherungsrecht Rz. 5647
Gehaltsfortzahlung s. Entgeltfortzahlung
Geheimhaltungspflicht Rz. 3032, 4091
Geheimzeichen, Zeugniserteilung Rz. 4897
Gelegenheitsgeschenk, Lohnsteuer Rz. 8024

Geltendmachung des Zeugnisanspruchs Rz. 4889
Gerichtsbescheid Rz. 7544
Gerichtskosten, Sozialgerichtsbarkeit Rz. 7545, 7556
Gerichtsstandvereinbarung Rz. 1940
Geringfügige Beschäftigung Rz. 5531
– Meldung bei ~ Rz. 5530
– Meldefrist bei ~ Rz. 5533
– Sozialversicherungsfreiheit Rz. 5220
Geringverdiener Rz. 5232
Gesamteinkommensklausel Rz. 5222
Gesamtrechtsnachfolge und Betriebsübergang Rz. 3622
Gesamtsozialversicherungsbeitrag Rz. 5600, 5655, 7504
Geschäftsfähigkeit Rz. 1054 ff.
– beschränkte Rz. 1059 f.
– Geschäftsunfähigkeit Rz. 1058 f., 1153
Geschäftsführer Rz. 5213
Geschäftsführer ohne Auftrag Rz. 1512
Geschäftsführertätigkeiten Rz. 7019
Geschäftsgeheimnisse Rz. 1975
Geschäftsgrundlage, Fehlen der Rz. 1503
Geschäftsjubiläum Rz. 5626
Geschlechterdiskriminierung
– s. Diskriminierungsverbot Rz. 1046
Geschuldetes Arbeitsentgelt Rz. 5626
Gesellschaft mit beschränkter Haftung
– sozialversicherungspflichtige Beschäftigung eines mitarbeitenden Geschäftsführers Rz. 5215
Gesellschafterwechsel, Betriebsübergang Rz. 4627
Gesundheitsuntersuchung Rz. 1943
Gesundheitszirkel Rz. 2710
Getrenntlebenklausel in Versorgungsordnung Rz. 2984
Gewerkschaftszugehörigkeit
– Fragerecht des Arbeitgebers Rz. 1020
Gewinnbeteiligung Rz. 1945
Gleichbehandlung Rz. 2973 ff.
– Abfindung Rz. 2989
– ABM-Kräfte Rz. 2989
– s. Diskriminierungsverbot Rz. 1046
– Getrenntlebenklausel in Versorgungsordnung Rz. 2984
– Teilzeitbeschäftigung Rz. 1662, 2979, 2981
  – betriebliche Altersversorgung Rz. 2979, 2981
  – betriebliche Sozialleistungen Rz. 2982

- Essenzuschuß Rz. 2981b
- Lage der Arbeitszeit, Gleichbehandlung Rz. 2981b
- nebenberufliche Rz. 2979
- proportional anteilige Vergütung Rz. 2979
- Überstundenzuschläge Rz. 2979
- Zinsgünstige Darlehen Rz. 2979
- Überbetriebliche Rz. 2987

Gleichbehandlungsgrundsatz in Vergütungsfragen Rz. 2410 ff.
- Erhöhung der Vergütung Rz. 2413 ff.
  - allgemein Rz. 2415
  - Anrechnung übertariflicher Vergütung Rz. 2416
  - individuell Rz. 2413
  - Streikbruchprämien Rz. 2413, 2414
- Jahressonderzahlungen Rz. 2417
- Mitbestimmungsrecht des Betriebsrates Rz. 2410
- Teilzeitbeschäftigte Rz. 2418
- Vergütungsvereinbarung Rz. 2411
- weibliche Arbeitnehmer Rz. 2412

Gleichbehandlungspflicht Rz. 2973
- Allgemeines Rz. 2973
- arbeitsrechtlicher Gleichbehandlungsgrundsatz Rz. 2985
- betriebsverfassungsrechtliche ~ Rz. 2983
- Darlegungs- und Beweislast Rz. 2976
- gesetzliche Ausprägung Rz. 2974
- Gleichbehandlung Rz. 2978
- Grundgesetz Rz. 2984
- mittelbare Benachteiligung Rz. 2978
- Teilzeitbeschäftigung Rz. 2978
  - betriebliche Altersversorgung Rz. 2981
  - Nebenleistungen Rz. 2981
  - Vergütungsfragen Rz. 2979
- Verletzung, Rechtsfolgen Rz. 2977

Gleichgeschlechtliche Lebensgemeinschaft
- Verheiratetenortszuschlag Rz. 2412, 2975

Gleitende Arbeitszeit Rz. 2236 ff.
- Ausfallzeiten Rz. 2244
- Direktionsrecht Rz. 2236
- einfache gleitende Arbeitszeit Rz. 2239
- Grundform Rz. 2238
- Mitbestimmungsrecht des Betriebsrates Rz. 2246
- Musterbetriebsvereinbarung Rz. 2247
- Überstundenregelung Rz. 2245
- Vor-/Nachteil Rz. 2237

- Zeitausgleich Rz. 2240 ff.
  - beschränkter Zeitausgleich Rz. 2241
  - unbeschränkter Zeitausgleich Rz. 2242
- Zeitguthaben/schulden Rz. 2240

GmbH-Geschäftsführer
- Ruhendes Arbeitsverhältnis, Kündigungsschutz Rz. 4326

Gratifikation Rz. 1946
- sozialversicherungspflichtiges Arbeitsentgelt Rz. 5626

Günstigkeitsprinzip Rz. 1303

Güter- und Personalbeförderungsgewerbe
- Sozialversicherungsausweis Rz. 5538

Güteverhandlung Arbeitsgericht Rz. 4958

H

Haftung bei Auskunftserteilung Rz. 4924

Haftung des Arbeitgebers
- Arbeitspapiere Rz. 4854
- bei Auskunftserteilung Rz. 4924
- bei Zeugniserteilung Rz. 4918
- für Lohnsteuer Rz. 8162

Haftungsausschüsse und -beschränkungen Rz. 1947

Haftungseinschränkungen bei Arbeitnehmerhaftung Rz. 2307 ff.
- betrieblich veranlaßte Tätigkeit Rz. 2308
- Haftung bei leichtester Fahrlässigkeit Rz. 2316
- Haftung bei normaler Fahrlässigkeit Rz. 2315
- Haftung bei grober Fahrlässigkeit Rz. 2312
- Haftung bei Vorsatz Rz. 2311
- Haftungsvereinbarung Rz. 2317

Handelsvertreter Rz. 1540

Hausgewerbetreibende Rz. 1530

Haushaltsfreibetrag
- im Rahmen der Steuerklassen Rz. 8047
- in der Lohnsteuertabelle Rz. 8049

Heilbehandlung, Entgeltfortzahlung Rz. 2707

Heimarbeit
- Urlaub Rz. 2910

Heimarbeiter
- Kündigungsfristen Rz. 4262

Heimarbeiterzuschlag Rz. 5626

Heiratsbeihilfen
- ABC Lohnsteuer Rz. 8035

Herausgabepflicht, Arbeitspapiere Rz. 4844
- Art und Weise der Herausgabe Rz. 4850

- Ausschlußfristen, Verjährung und Verwirkung Rz. 4853
- prozessuale Durchsetzung Rz. 4857
- Schadensersatzanspruch wegen verzögerter Herausgabe Rz. 4854 ff.
- Zurückbehaltung Rz. 4852

Hinterlegung
- bei mehrfacher Pfändung Rz. 2648
- nach BGB Rz. 2649

Hinweispflichten, Aufhebungsvertrag Rz. 4030, 4823

Hinzuverdienstgrenze
- bei Invalidenrentenbezug Rz. 6102

Höherverdiener
- Befreiung von der Pflegeversicherungspflicht Rz. 5219
- Beitragszuschuß des Arbeitgebers Rz. 5669 ff.

I

Impfschäden Rz. 7501
Inbezugnahme von Tarifverträgen Rz. 1970
Informationelle Selbstbestimmung Rz. 1037
Inhalt des Arbeitsvertrages Rz. 1301 ff.
Inhalt des Zeugnisses Rz. 4898 ff.
Inhaltskontrolle Rz. 1360, 1382
- Unklarheitenregel Rz. 1324
- Verbot überraschender Klauseln Rz. 1324
- Verbot unangemessener Benachteiligung Rz. 1324
- Vorrang der Individualabrede Rz. 1324

Inländisches Beschäftigungsverhältnis Rz. 5238
Interessenausgleich und Namensliste Rz. 4455a
Insolvenzgeld Rz. 6317

J

Jahresarbeitsentgeltgrenze Rz. 5608, 5613 ff., 6105, 7506
Jahresbeitragsbemessungsgrenze
- anteilige Rz. 5610

Jahressonderzahlung
- Erziehungsurlaub, Elternzeit Rz. 2926
- Gleichbehandlungsgrundsatz Rz. 2417
- Krankheitszeiten Rz. 2434
- Kürzung Rz. 2434, 2458
- Mutterschutzfristen Rz. 2417

Jahressonderzuwendung Rz. 2417, 2434, 2458, 7008

Jahressteuergesetz 1996
- ABC Lohnsteuer Rz. 8035
- Bewertung von Sachbezügen Rz. 8030
- Doppelte Haushaltsführung Rz. 8035
- Existenzminimum Rz. 8065

Job-Ticket Rz. 2989
- ABC Lohnsteuer Rz. 8135

Jubiläumszuwendung
- ABC Lohnsteuer Rz. 8035
- Annehmlichkeit Rz. 8023
- sozialversicherungspflichtiges Arbeitsentgelt Rz. 5626

Jugendliche
- Arbeitstage Rz. 2123, 2128
- tägliche Arbeitszeitdauer Rz. 2169
- Ruhepausen Rz. 2195
- Ruhezeiten Rz. 2199
- Überstunden Rz. 2212
- Urlaub Rz. 2907

K

Kammertermin, Arbeitsgericht Rz. 4959
Kapitalgesellschaft in Gründung Rz. 1830
Karenzentschädigung Rz. 1949, 3052, 5626
- anderweitiger Erwerb Rz. 3070
- Ausschlußfrist Rz. 3062
- Höhe Rz. 3057
- Mindestentschädigung Rz. 3052
- Pfändung Rz. 3076
- Schema zur Berechnung Rz. 3059
- sozialversicherungspflichtiges Arbeitsentgelt Rz. 5626
- sozialversicherungsrechtliche Behandlung Rz. 3075
- steuerliche Behandlung Rz. 3074
- Verjährung Rz. 3061

Kassenbuch Rz. 5645
Kfz-Gestellung, Lohnsteuerabzug Rz. 8021
Kinder
- Eintragung auf der Lohnsteuerkarte Rz. 8018

Kindererziehung
- Leistungen des Sozialrechts bei - Rz. 6303

Kinderfreibetrag
- im Rahmen der Steuerklassen Rz. 8047
- in den Lohnsteuertabellen Rz. 8049

Kindergartenplatz Rz. 5626
Kindergeld Rz. 6319 f., 7501, 8077b
Kinderkrankengeld Rz. 2050

Kirchensteuer Rz. 8066
- bei Lohnsteuerpauschalierung Rz. 8082
- bei sonstigen Bezügen Rz. 8072

Kirchensteuerabzug
- bei Nettolohnvereinbarung Rz. 8094b
- bei »sonstigen Bezügen« Rz. 8072
- Ermittlung bei fehlender Lohnsteuerkarte Rz. 8073
- vom laufenden Arbeitslohn Rz. 8066, 8067

Kirchensteuerjahresausgleich Rz. 8134

Klage auf Erteilung von Arbeitspapieren Rz. 4857
- einstweiliger Rechtsschutz Rz. 4861
- Rechtsschutzbedürfnis Rz. 4859
- sachliche Zuständigkeit Rz. 4858
- Vollstreckung Rz. 4860

Klage beim Finanzgericht Rz. 8178, 8182

Klage gegen Entscheidungen der Einzugsstelle im Sozialversicherungsrecht Rz. 5657

Klage beim Sozialgericht Rz. 7528
- Anerkenntnis Rz. 7546
- aufschiebende Wirkung Rz. 7532
- außergerichtliche Kosten Rz. 7577
- Beiladung Dritter Rz. 7535
- einstweilige Anordnung Rz. 7548
- Erörterungstermin Rz. 7539
- Gerichtsbescheid Rz. 7544
- Klagefrist Rz. 7530
- Klageschrift Rz. 7529
- Kosten Rz. 7556
- mündliche Verhandlung Rz. 7542
- Prozeßvollmacht Rz. 7528
- rechtliches Gehör Rz. 7538
- Vergleich Rz. 7547
- vorläufiger Rechtsschutz Rz. 7548

Klageantrag Rz. 7532

Klageerhebung Rz. 7511

Klagefrist Rz. 7530, 7531

Kleinbetrieb, Kündigungsschutz Rz. 4624 a, 4323

Kleinbetriebsklausel, Auslegung Rz. 4624a

Kleinunternehmen
- Kündigungsfristen Rz. 4255

Kommanditgesellschaft
- sozialrechtliche Qualifizierung des mitarbeitenden Gesellschafters Rz. 5214

Konkurrenztätigkeit, Kündigung Rz. 4512

Konkurs
- Zuständigkeit des Sozialgerichts bei ~ Rz. 7508

Konkurs des Arbeitgebers, Zeugniser-teilung Rz. 4888

Konkurs und Betriebsübergang Rz. 3613

Konkursantrag der Krankenkasse Rz. 7508

Konkursausfallgeld Rz. 6317 ff., 7508
- Urlaubsabgeltung Rz. 2903

Konkurseröffnung Rz. 6116
- Arbeitnehmer, freigestellter bei ~ Rz. 6116

Kontrollmeldung bei Arbeitnehmerüberlassung Rz. 5544

Konzern als Arbeitgeber Rz. 1830

Korrektur-Beitragsnachweis Rz. 5653

Kosten
- im Beschlußverfahren Rz. 4956
- im sozialgerichtlichen Verfahren Rz. 7556
- im Urteilsverfahren Rz. 4965

Kraftfahrer
- Lenkzeiten Rz. 2174, 2196
- Ruhepausen Rz. 2196
- Ruhezeiten Rz. 2203

Kraftfahrzeuggestellung Rz. 8021

Kraftfahrzeugüberlassung Rz. 5626
- ABC Lohnsteuer Rz. 8035

Krankengeld Rz. 5624

Krankengeldbezug Rz. 5611

Krankengeldzuschuß Rz. 5626

Krankengespräch, Betriebsratsbeteiligung Rz. 2709

Krankenhäuser
- Arbeitszeit Rz. 2166, 2200

Krankenkasse Rz. 5501, 7502
- Abmeldung bei der ~ Rz. 7004
- als Einzugsstelle Rz. 6100
- Meldungen an die ~ Rz. 6100
- Wechsel der ~ Rz. 6106

Krankenkasse als Einzugsstelle in der Sozialversicherung Rz. 5633 ff.

Krankenkassen für die Durchführung der Lohnfortzahlungsversicherung Rz. 5661

Krankenversicherung Rz. 5219, 5227, 5228, 5229, 5234

Krankenversicherungspflichtgrenze Rz. 5228

Krankenversicherungsschutz und Sperrzeit Rz. 4132

Krankenversicherungszuschuß Rz. 5626

Krankfeiern Rz. 4513

Krankheit Rz. 4513
- Leistungen der Sozialversicherung bei ~ Rz. 6300 f.

Krankheit im Urlaub Rz. 2877
Krankheitsbedingte Kündigung Rz. 4351 ff.
- Alkoholmißbrauch Rz. 4363
  - Therapiebereitschaft Rz. 4364
- Arbeitsunfähigkeit Rz. 4352
- Betriebsratsanhörung Rz. 4365
- Betriebsablaufstörung Rz. 4355
- dauernde Arbeitsunfähigkeit Rz. 4351, 4360
- dreistufige Prüfung Rz. 4354
- Fehlzeitenprognose Rz. 4355
- Interessenabwägung Rz. 4355, 4357
- Krankheit von unabsehbarer Dauer Rz. 4360
- Kurzerkrankung Rz. 4351
- lang anhaltende Erkrankung Rz. 4351
- Lohnfortzahlungskosten Rz. 4356
- negative Prognose Rz. 4355
- Personalreserve Rz. 4355
- Ringtausch Rz. 4361
- Teilarbeitsunfähigkeit Rz. 4353
- viele einmalige Erkrankungen Rz. 4355

Kündigung
- aus Anlaß des Betriebsübergangs Rz. 4626
- bei Abberufung aus Arbeitsbeschaffungsmaßnahme Rz. 5248
- durch Bevollmächtigten Rz. 4221
- durch Minderjährige Rz. 4221
- Meldungen bei Streit um die ~ Rz. 7006
- Verzicht auf ~ Rz. 4227
- vor Dienstantritt Rz. 4226
- vorzeitige Rz. 4225
- Zugang Rz. 4216

Kündigung, Begründungszwang Rz. 4208
- Berufsausbildungsverhältnis Rz. 4208
- Vereinbarter Rz. 4209
- Verletzung und Schadensersatzpflicht Rz. 4210
- Vorprozessuale Rz. 4210

Kündigung beider Parteien Rz. 4020
Kündigung, Umdeutung Rz. 4023
Kündigung vor Dienstantritt Rz. 4226, 4273, 4333
- Eingreifen von Sonderkündigungsschutz Rz. 4551

Kündigungserklärung Rz. 4201
- Anforderungen Rz. 4201
- Auslegung Rz. 4211
- Bedingungen Rz. 4202
- Bestimmtheitsgrundsatz Rz. 4201
- Schriftform Rz. 4204
  - Aufhebung Rz. 4207

- Schriftformklausel Rz. 4205
- Vereinbarung Rz. 4205
- Wirksamkeitsvoraussetzung Rz. 4206
- Zugang Rz. 4212
- Abwesende Rz. 4214
- Anwesende Rz. 4213
- beim Prozeßbevollmächtigten Rz. 4219
- Beweislast Rz. 4220
- Einschreibesendungen Rz. 4217
- Sonderfälle Rz. 4215
- Urlaub Rz. 4216
- Zugangsvereinbarung Rz. 4218
- Zugangsvereitelung Rz. 4217

Kündigungsfristen Rz. 1950, 4222, 4250
- Allgemeines Rz. 4222
- Berechnung Rz. 4222
- Verlängerung Rz. 4223
- Versäumung Rz. 4224
- Arbeitsverhältnisse auf längere Zeit Rz. 4263
- Aushilfsarbeitsverhältnis Rz. 4268
- Auszubildende Rz. 4258
  - im Konkurs Rz. 4258
- Baugewerbe Rz. 4252
- befristetes Arbeitsverhältnis Rz. 4271
- bestehende tarifliche Regelungen Rz. 4252
- Erziehungsurlaub, Elternzeit Rz. 4260
- gesetzliche Neuregelung Rz. 4251
- gesetzliche Regelfrist Rz. 4251
- Hausgewerbetreibende Rz. 4262
- Heimarbeiter Rz. 4262
- Inbezugnahme tariflicher Fristen Rz. 4256
- in der Insolvenz Rz. 4274
- Inkrafttreten Rz. 4251, 4257
- Kleinunternehmen Rz. 4255
- Kündigung vor Dienstantritt Rz. 4273
- Kündigungsfrist Rz. 4250
- Kündigungsfristengesetz Rz. 4251
- kürzere tarifliche Fristen Rz. 4254
- längere tarifliche Fristen Rz. 4254
- Neue Bundesländer Rz. 4252a
- Probe- und Aushilfsarbeitsverhältnis Rz. 4264
- Schwangere und Mütter Rz. 4260
- Schwerbehinderte Rz. 4261
- Seeleute Rz. 4262a
- Sonderfälle Rz. 4258
- tarifliche Regelungen Rz. 4252, 4254
- Tariföffnungsklausel Rz. 4254
- Verfassungsmäßigkeit der Übergangsvorschrift Rz. 4257

- verlängerte Fristen für Arbeitnehmer Rz. 4253
- Wehrpflichtige Rz. 4259

Kündigungsmöglichkeiten Rz. 5248

Kündigungsschutzgesetz Rz. 4321
- Erprobung Rz. 4330
- geschützte Arbeitnehmer Rz. 4328
- Kleinstbetriebe Rz. 4322
- Kündigung vor Dienstantritt Rz. 4333
- kurzfristige rechtliche Unterbrechung Rz. 4328
- leitende Angestellte Rz. 4325
- Organvertreter Rz. 4326
- persönlicher Geltungsbereich Rz. 4327
- rechtsgeschäftliche Verkürzung der Wartefrist Rz. 4332
- Regelbeschäftigtenzahl Rz. 4322, 4324
- tatsächliche Unterbrechung Rz. 4331
- Verzicht auf Kündigungsschutz Rz. 4334
- Voraussetzungen Rz. 4322
- Wartezeit Rz. 4330

Kündigungsschutzklage
- Verzicht auf ~ Rz. 4806

Kündigungsschutzprozeß Rz. 4702 ff.
- Beurteilungszeitpunkt Rz. 4706
- Darlegungs- und Beweislast Rz. 4710
- Nachschieben von Kündigungsgründen Rz. 4708
- Weiterbeschäftigung Rz. 4702
- Wiederholungskündigung Rz. 4703

Kündigungsverlangen Rz. 4018

Kurzarbeit Rz. 2218 ff.
- Ansagefristen Rz. 2221
- Antrag Rz. 2230, 2232
- Anzeige der Kurzarbeit Rz. 2230
- Anzeigepflicht Rz. 2230, 6140
- Beendigung Rz. 2233
- Beteiligung des Betriebsrats Rz. 2225
- Entlassungssperre Rz. 2223
- Erlaubnis des Landesarbeitsamts Rz. 2223
- Kranken-/Rentenversicherungsbeiträge Rz. 2228
- Minderung der Vergütung Rz. 2227
- Feiertagsvergütung Rz. 2227
- Lohnfortzahlung im Krankheitsfall Rz. 2227
- Urlaubsentgelt Rz. 2227
- Mitbestimmungsrecht des Betriebsrates Rz. 2225
- Rechtsgrundlage Rz. 2219 ff.

Kurzarbeitergeld Rz. 2229, 6304 ff., 7509
- Arbeitgeberpflichten Rz. 6312

- Dauer Rz. 6305
- Höhe der Sozialversicherungsbeiträge für Bezieher von ~ Rz. 5625
- Höhe des ~ Rz. 6306

Kurzerkrankung, Kündigung Rz. 4351

Kurzfristige Beschäftigung Rz. 5225
- Pauschalierung der Lohnsteuer Rz. 8079

Kurzzeitige Beschäftigung Rz. 5224

L

Ladenschlußgesetz Rz. 2120, 2127, 2189

Lage der Arbeitszeit Rz. 2176 ff.
- Änderung/Festlegung Rz. 2178 ff.
  - Direktionsrecht Rz. 2179
  - Mitbestimmungsrecht des Betriebsrates Rz. 2180
- gesetzliche Neuregelung Rz. 2101
- Nachtarbeit Rz. 2156, 2182 ff.
  - Bäckereien und Konditoreien Rz. 2190
  - Jugendliche Rz. 2188
  - Mutterschutz Rz. 2187
  - Verkaufsgeschäfte Rz. 2189
- vertragliche Regelung Rz. 2177

Lage und Entwicklung des Arbeitsmarktes Rz. 5053

Lang anhaltende Erkrankung, Kündigung Rz. 4351

Langjährige Betriebszugehörigkeit und Kündigung Rz. 4624a

Lebens- oder Dauerstellung Rz. 1590

Leiharbeit Rz. 3500 ff.

Leiharbeitnehmer
- Begriff Rz. 3502
- betriebsverfassungsrechtliche Stellung Rz. 3517, 3526
- Merkblatt für ~ Rz. 3533
- Schadensersatzanspruch Rz. 3530

Leiharbeitnehmervertrag Rz. 3526

Leistungsbereich, Abmahnung Rz. 4419

Leistungsbescheid Rz. 7034

Leistungsbeurteilung, Zeugniserteilung Rz. 4901
- Notenskala Rz. 4902
- Standardformulierungen Rz. 4902

Leitende Angestellte Rz. 1556
- Einstellung Rz. 1151

Lemgoer Modell Rz. 4627

Listenverfahren Rz. 5525

Lohnfortzahlung s. Entgeltfortzahlung

Lohnfortzahlungsausschluß Rz. 5236
Lohnfortzahlungskosten, Kündigung Rz. 4356
Lohnfortzahlungsversicherung für Kleinbetriebe Rz. 2787, 5658 ff, 7510
Lohnkonto
– Belege zum ~ Rz. 8111
– Eintragungen Rz. 8104
– Frist für den Lohnsteuerjahresausgleich durch den Arbeitgeber Rz. 8136
– Lohnsteuerjahresausgleich, Aufzeichnungs- und Bescheinigungs-pflichten Rz. 8135
Lohnkostenzuschuß Rz. 6316, 6318, 7100
Lohnnachweis Rz. 5676
Lohnnachweisformular Rz. 5676
Lohnnachweiskarte Rz. 2911
Lohnpfändung Rz. 2600 ff.
– Auskunftspflicht des Arbeitgebers Rz. 2619 ff.
– Drittschuldner Rz. 2601
– Pfändungs- und Überweisungsbeschluß Rz. 2602, 2611 ff.
– Pfändungspfandrecht Rz. 2617
– Schutz guten Glaubens Rz. 2662 ff.
– Verteidigungsmöglichkeiten Rz. 2655 ff.
– vorläufiges Zahlungsverbot Rz. 2603, 2604 ff.
– Vorpfändung Rz. 2603, 2604 ff.
Lohnrückstände, Kündigung Rz. 4521
Lohnsteuer
– Abzug der ~ Rz. 8004 ff.
– Rechtsgrundlagen Rz. 8002
Lohnsteuerabführung Rz. 8102 ff.
Lohnsteuerabzugsverfahren
– bei »laufendem Arbeitslohn« Rz. 8053
– bei »sonstigen Bezügen« Rz. 8059
– beim Nettolohn Rz. 8094b
Lohnsteueranrufungsauskunft Rz. 4159, 8137 ff.
Lohnsteueraußenprüfung Rz. 8150 ff.
Lohnsteuerbelege Rz. 8111
Lohnsteuerbescheinigung
– allgemeine Rz. 8116
– besondere Rz. 8119
– Verbleib der ~ Rz. 8122
Lohnsteuerermäßigung
– zur Sicherung des Existenzminimums Rz. 8065 ff.
Lohnsteuer-Jahresausgleich
– Aufzeichnungs- und Bescheinigungpflichten des Arbeitgebers Rz. 8135
– durch das Finanzamt Rz. 8126
– durch den Arbeitgeber Rz. 8125 ff.

– Frist für den ~ durch den Arbeitgeber Rz. 8136
Lohnsteuerkarte Rz. 5535, 7026, 8042 ff.
– Bescheinigungen auf der ~ Rz. 8044
– Maßgeblichkeit der ~ Rz. 8043
– Muster Rz. 8045
– Nichtvorlage der ~ Rz. 8074
Lohnsteuerpauschalierung Rz. 8078 ff.
– Arbeitslohngrenzen Rz. 8078a
– Geringfügig Beschäftigte Rz. 8080
– Kirchensteuer Rz. 8082
– Kurzfristig Beschäftigte Rz. 8079
– Überwälzung der pauschalen Lohnsteuer Rz. 8085
– Zukunftssicherungsleistungen Rz. 8084
Lohnsteuertabelle Rz. 8049
Lohnsteuer-Zusatztabellen, Wegfall Rz. 8065
Lohnsummenbescheid Rz. 5656
Lohnunterlagen Rz. 5649
Lohnvorschuß Rz. 5626
Lohnwucher Rz. 1330
Lohnzahlungszeitraum Rz. 8036a
– abweichender Rz. 8036c
Losgewinn und sozialversicherungspflichtiges Arbeitsentgelt Rz. 5626

M

Märzklausel Rz. 5612
Mahlzeit
– pauschalversteuerte Einnahmen Rz. 5606
– Zuschüsse Rz. 5626
Mandantenschutzklausel Rz. 3042
Mankoabrede Rz. 1955
Mankogeld Rz. 5626
Mankohaftung Rz. 2318 ff.
– Mankoabrede Rz. 2319, 2320
Maschinelles Lohnsteuerabzugsverfahren Rz. 8124
Massenänderungskündigung Rz. 4607
Massenentlassung Rz. 4229
– Anzeigepflicht Rz. 4230, 6126
– Betriebsratsbeteiligung Rz. 4232
– Entlassung Rz. 4229
– Freifrist Rz. 4233
– Rechtsfolgen unterlassener Anzeige Rz. 4232
– Schriftform Rz. 4231
– Sperrfrist Rz. 4232
– vorsorgliche Anzeige Rz. 4231
– Wahlrecht des Arbeitnehmers Rz. 4232

Maßregelung, Kündigung Rz. 4621, 4625
Maßregelungsverbot, Anwesenheitsprämie
  Rz. 1340, 2710a
Mehrarbeit Rz. 2205 ff.
Mehrurlaub Rz. 2829
Meinungsfreiheit Rz. 2360
Meldeanlässe Rz. 5500
Meldefrist
– bei geringfügiger Beschäftigung Rz. 5533
Meldefristen Rz. 5504
Meldepflichten des Arbeitgebers Rz. 5500
Meldevordruck Rz. 5505
Meldungen
– an das Arbeitsamt Rz. 6124, 6125
– beim Konkursausfallgeld Rz. 6140
– bei Eintritt und Ende der Versicherungspflicht Rz. 6110
– bei nachträglicher Beitragsforderung Rz. 7010
– bei nachträglichen Zahlungen Rz. 7008
– bei Rückzahlung der Weihnachtsgratifikation Rz. 7009
– bei Streit um die Kündigung Rz. 7006
– von Änderungen Rz. 6121
Minderjährige
– Kündigung Rz. 4221
Minderleistung, Kündigung Rz. 4405
Mißachtung von Sicherheitsvorschriften, Kündigung Rz. 4412
Mißglückter Arbeitsversuch Rz. 2722, 5247
Mitbestimmung des Betriebsrats, Zeugniserteilung Rz. 4910
Mitgliedschaft zur gesetzlichen Krankenkasse Rz. 6300
Mitgliedschaft zur Krankenversicherung Rz. 5623
Mitgliedschaftserhaltung Rz. 5623
Mitteilungsfrist, Schwerbehindertenschutz Rz. 4577
Mittelbare Diskriminierung
– bei Eingruppierung Rz. 2412
– beim »Aufstieg« Rz. 2412, 2999
Mittelbares Arbeitsverhältnis Rz. 5210
Motivationszulage Rz. 2417, 2977
Mutterschaft Rz. 5665, 6303
– Leistungen des Sozialrechts Rz. 5665 ff.
– Versicherung für Kleinbetriebe Rz. 5665 ff.
Mutterschaftsentgelt Rz. 5667
Mutterschaftsgeld Rz. 6300, 6303
Mutterschaftsgeldzuschuß Rz. 5626

Mutterschutz
– Beschäftigungsverbot an Wochentagen Rz. 2131
– Ruhezeiten Rz. 2198
– Sonn- und Feiertagsarbeit Rz. 2124
– tägliche Arbeitszeitdauer Rz. 2168
Mutterschutzfrist Rz. 6303
Mutwillenskosten, Sozialgericht Rz. 7556

N
Nacherhebung von Lohnsteuer
– Pauschalierung Rz. 8084
Nachforderung von Lohnsteuer Rz. 8144
Nachschieben von Kündigungsgründen Rz. 4708
Nachtarbeit Rz. 2156 ff.
– ärztliche Untersuchung Rz. 2183
– Zulässigkeit Rz. 2182
– Zuschlag Rz. 2185
Nachtarbeitnehmer Rz. 2156
– arbeitsmedizinische Untersuchung Rz. 2183
– Ausgleich Rz. 2185
– Umsetzung auf Tagesarbeitsplatz Rz. 2184
Nachtarbeitszuschlag Rz. 5626
Nachträglicher Beitragsabzug Rz. 5629
Nachweis
– von Arbeitsbedingungen Rz. 1069 ff.
Nachweisgesetz Rz. 1070 f.
Nachweisrichtlinie Rz. 1069
Namensliste und Interessenausgleich Rz. 4455a
Nebenbeschäftigung Rz. 5226, 5227
Nebeneinkünfte Rz. 6145
– Bescheinigung über Nebeneinkünfte für Sozialleistungsbezieher Rz. 6141
Nebenpflichten des Arbeitgebers Rz. 2951 ff.
– Fürsorgepflicht s. d.
– Gleichbehandlungspflicht s. d.
Nebenpflichten des Arbeitnehmers Rz. 2350 ff.
– Abwerbeverbot Rz. 2358
– andere Arbeit Rz. 2356
– Anzeige-/Auskunftspflichten Rz. 2357
– inner-/außerbetriebliche Meinungsfreiheit Rz. 2360
– Nebentätigkeit Rz. 2366
– Ordnungsverhalten Rz. 2353
– Schadensverhinderungspflicht Rz. 2355
– Schniergelder Rz. 2359
– Überstunden Rz. 2356

– Verletzung von ~ Rz. 2369
– Weisungen des Arbeitgebers Rz. 2351
– Wettbewerbsverbot Rz. 2367
Nebentätigkeit Rz. 1960, 4512
Nebentätigkeitsverbot Rz. 2366
Negativattest, Schwerbehindertenschutz Rz. 4580
Nettolohn
– Begriff Rz. 8094
– laufender Arbeitslohn als ~ Rz. 8094b
– Lohnsteuerabzugsverfahren Rz. 8094b
– sonstiger Bezug als ~ Rz. 8094c
Nettolohnvereinbarung Rz. 5603, 8094a
Neue Bundesländer und Betriebsübergang Rz. 3614
Nichtaufnahme der Arbeit Rz. 1167
Nicht steuerbare Zuwendungen Rz. 8022
Nichtraucherschutz Rz. 2954
Niederschlagung von Sozialversicherungsbeiträgen Rz. 5639, 5678
Notfallarbeit Rz. 2020 ff. 2121, 2211

O
Offenbarungspflichten
– des Arbeitgebers Rz. 1039
– des Arbeitnehmers Rz. 1040
– des Bewerbers Rz. 1040
Offenkundigkeit der Schwerbehinderung Rz. 4578
Opfer von Gewalttaten Rz. 7501
Originalvollmacht Rz. 2480
Organmitglieder juristischer Personen Rz. 1518
– Ruhen des Arbeitsverhältnisses Rz. 4326
Organspende, Entgeltfortzahlung Rz. 2714
Outsourcing und Betriebsübergang Rz. 3615

P
Pauschalierung der Kirchenlohnsteuer Rz. 8082
Pauschalierung der Lohnsteuer Rz. 8078 ff.
– Arbeitslohngrenzen Rz. 8078a
– bei geringfügig beschäftigten Arbeitnehmern Rz. 8080
– bei kurzfristig beschäftigten Arbeitnehmern Rz. 8079
– Beiträge zu einer Pensionskasse Rz. 8084
– Direktversicherung Rz. 8084
– Gruppenunfallversicherung Rz. 8084
– in anderen Fällen Rz. 8084
– Teilzeitarbeitsverhältnis Rz. 8084
– Überwälzung der pauschalen Lohnsteuer Rz. 8085
Pauschalversteuerte Einnahmen Rz. 5606
Pauschalversteuerung Rz. 5606
Pausen Rz. 2131
– Betriebspausen Rz. 2154
– gesetzliche Neuregelung Rz. 2101
– Jugendliche Rz. 2195
– Kraftfahrer und Beifahrer Rz. 2196
– Kurzpausen Rz. 2154, 2194
Persönliche Abhängigkeit Rz. 5205
Persönlichkeitsschutz Rz. 2967
Personalakte
– Abmahnung Rz. 4416
Personalberater Rz. 5016
Personalfragebogen
– Anwendungsbereich Rz. 1032
– Betriebsratsbeteiligung Rz. 1033 ff.
– Muster Rz. 1035
– Zulässigkeit Rz. 1032
Personalhoheit Rz. 1102
Personalleasing Rz. 3500 ff.
Personalplanung
– Arbeitgeberfragerecht Rz. 1012 ff.
– Auskünfte Rz. 1036 ff.
– Begriff Rz. 1004
– Betriebsinfrastruktur Rz. 1002
– Betriebsratsbeteiligung Rz. 1003, 1008
– Bewerberauswahl Rz. 1011
– Einstellungsuntersuchung Rz. 1025 ff.
– Frauendiskriminierung Rz. 1009
– Offenbarungspflichten Rz. 1039 ff.
– Personalabbau Rz. 1002
– Personalbedarf Rz. 1002
– Personalbeschaffung Rz. 1002
– Personaleinsatz Rz. 1002
– Personalentwicklung Rz. 1002
– Personalfragebogen Rz. 1032 ff.
– Personalkosten Rz. 1002
– Personalstruktur Rz. 1002
– Stellenausschreibung Rz. 1007, 1128
– Vorstellungskosten Rz. 1047
– (Wieder-)Einstellungsanspruch Rz. 1041
– Zeitungsinserate Rz. 1010
Personenbedingte Kündigung Rz. 4351
– Arbeitserlaubnis Rz. 4368
– Erreichen des Rentenalters Rz. 4366

- Strafhaft Rz. 2971a
- Wehrdienst, ausländischer Rz. 4367

Pfändung, Karenzentschädigung Rz. 3076

Pfändungs- und Überweisungsbeschluß Rz. 2602, 2611 ff.
- Kosten der Bearbeitung Rz. 2635
- Kostenpauschale Rz. 2636

Pfändungsbeschluß Rz. 2611 ff., 2617

Pfändungsfreibeträge Rz. 2477, 2632
- mehrere Einkommen Rz. 2653
- mehrfache Pfändung Rz. 2647
- nachgezahlte Vergütung Rz. 2652

Pfändungspfandrecht Rz. 2617

Pflegeversicherung, soziale
- Anmeldung zur - Rz. 5502

Politische Betätigung, Kündigung Rz. 4402, 4518

Prämie
- Urlaubsentgelt Rz. 2888a

Private Arbeitsvermittlung Rz. 5001

Private Krankenversicherung Rz. 5669

Private Telefonate, Kündigung Rz. 4516

Private Unfallversicherung Rz. 5606

Probearbeitsverhältnis Rz. 1650

Probearbeitsvertrag, Wettbewerbsabrede Rz. 3045

Probebeschäftigung
- Lohnkostenzuschuß Rz. 7114

Provision Rz. 1962, 2439 ff., 5619, 5626
- Abrechnung Rz. 2455
- Berechnung Rz. 2454
- Bezirksprovision Rz. 2449
- Fälligkeit Rz. 2453
- gesetzliche Regelung Rz. 2439 ff.
  - Handelsvertreter Rz. 2440
  - Handlungsgehilfe Rz. 2441
  - sonstige Arbeitnehmer Rz. 2441
- Höhe Rz. 2454
- Inkassoprovision Rz. 2449
- Provisionsanspruch Rz. 2443 ff.
  - Ausführung des Geschäftes Rz. 2451
  - Geschäftsabschluß Rz. 2444 ff.
  - Mitwirkung des Arbeitnehmers Rz. 2447
  - Nachbestellungen Rz. 2448
  - Sukzessivlieferungsverträge Rz. 2446
  - Wegfall Rz. 2452
  - Werbung neuer Kunden Rz. 2448
- Vereinbarung Rz. 2439, 2456
  - Provisionsausschlußklauseln Rz. 2456

Prozeßbevollmächtigte, Sozialgerichtsverfahren Rz. 7528

Prozeßkostenhilfe, Sozialgerichtsverfahren Rz. 7561

Prozeßvergleich
- Abfindung Rz. 4064
- Bedingung Rz. 4040
- Besonderheiten Rz. 4167
- Fragerecht Rz. 4167a
- Kosten Rz. 4169
- Offenbarungspflicht Rz. 4167
- Streitwert Rz. 4170

Prozeßvollmacht Rz. 7528

Q

Qualifiziertes Zeugnis Rz. 4883, 4900
- Art und Dauer der Beschäftigung Rz. 4899
- Führung Rz. 4903
- Leistungsbeurteilung Rz. 4901
- Notenskala Rz. 4902
- sonstiger Zeugnisinhalt Rz. 4904
- Wechsel zum einfachen Zeugnis Rz. 4907
- Zeugnisformulierung Rz. 4905 f.

Quotensystem, typisierendes Rz. 2984

R

Rabatte
- des Arbeitgebers Rz. 8031

Rabattfreibetrag Rz. 8031

Rabattgewährung durch Arbeitgeber, Lohnsteuerabzug Rz. 8131

Rahmengebühr, Sozialgerichtsverfahren Rz. 7558

Rauchverbot Rz. 2235, 2236, 2954

Rechtsanwalt, Sozialgerichtsverfahren Rz. 7528, 7555

Rechtsgrundlagen des Zeugnisrechts Rz. 4885

Rechtsirrtum Rz. 1503

Rechtskontrolle Rz. 1320, 1382

Rechtsmißbrauch, Kündigung Rz. 4622

Rechtsmittelbelehrung, Sozialgerichtsverfahren Rz. 7522

Rechtsquellen des Arbeitsrechts Rz. 1300

Rechtsschutz im Steuerrecht Rz. 8168 ff.
- Einspruchsverfahren Rz. 8170
- Klage vor dem Finanzgericht Rz. 8178
- Kosten Rz. 8175

– Neues Verfahrensrecht Rz. 8168
Referenzzeugnis Rz. 4888
Regelaltersrente Rz. 7011
Regelbeschäftigtenzahl Rz. 4324
Regelentgelt zur Berechnung des Krankengeldes Rz. 6301
Regelmäßige Arbeitszeit Rz. 7028
Regiearbeiten Rz. 6315
Reisekosten Rz. 5626
Reisekostenerstattung Rz. 5626
Religionszugehörigkeit
– Fragerecht des Arbeitgebers Rz. 1019
Renten
– ABC Lohnsteuer Rz. 8035
Rentenantrag Rz. 7011
Rentenbezieher Rz. 6321
Rentenversicherung Rz. 5219, 5227, 5233, 5234, 7004
Rentenversicherung und Sperrzeit Rz. 4132
Revision Rz. 7555
Richter, ehrenamtliche
– beim Sozialgericht Rz. 7514
Richtigkeit des Zeugnisses Rz. 4919
Rollierendes Freizeitsystem
– Urlaubsberechnung Rz. 2828b
Rückdatierung Rz. 4046
Rücknahme der Klage, Sozialgerichtsverfahren Rz. 7545
Rückständiges Arbeitsentgelt Rz. 7035
Rückzahlung von Arbeitslohn durch den Arbeitnehmer Rz. 8036d
Rückzahlungsklauseln
– Ausbildungskosten Rz. 2471
– Vergütung Rz. 2470
Rufbereitschaft Rz. 2153
Ruhepausen Rz. 2191 f.
– Begriff Rz. 2154
– Dauer der - Rz. 2192
– Jugendliche Rz. 2195
– Kraftfahrer und Beifahrer Rz. 2196
– Kurzpausen Rz. 2194
Ruhezeiten Rz. 2197 ff.
– Dauer der - Rz. 2197
– Gaststätten- und Beherbergungsgewerbe Rz. 2202
– Jugendliche Rz. 2199
– Kraftfahrer und Beifahrer Rz. 2203
– Krankenhäuser Rz. 2200
– Mutterschutz Rz. 2198

– Verkehrsbetriebe Rz. 2201

S
Sachbezug Rz. 5604, 5626
– als Arbeitslohn Rz. 8020
– amtlicher Sachbezugswert Rz. 8034
– Bewertung Rz. 8028
Sachbezugsverordnung Rz. 5604, 5626
Sachbezugswerte, Lohnsteuerabzugsverfahren Rz. 8033
Sachkostenzuschüsse Rz. 7123
Sachpfändung, Sozialgerichtsverfahren Rz. 7504
Säumniszuschlag
– bei Sozialversicherungsbeiträgen Rz. 5637
Saisonarbeiter Rz. 7020
Sammelabmahnung Rz. 4417
Sammellohnkonto Rz. 8113
Schadensverhinderungspflicht Rz. 2355
Schaustellergewerbe Rz. 5531, 5538
Scheinselbständigkeit s. Beilage 2000
Schichtbetriebe
– Sonn- und Feiertagsarbeit Rz. 2116
Schichtwechsel Rz. 2165
Schlechtleistung Rz. 2294 ff.
– Arbeitnehmerhaftung s. d.
– Kündigung Rz. 2298
– Lohnminderung Rz. 2296, 2297
Schlechtwetter Rz. 6311
Schlechtwetteranzeige Rz. 6138
Schlechtwettergeld Rz. 5625, 5653, 7509
– Anzeige bei Schlechtwetter im Baugewerbe Rz. 6134
– Berechnung der Sozialversicherungsbeiträge Rz. 5625
Schlußfloskel, Zeugniserteilung Rz. 4904
Schmiergelder, Kündigung Rz. 2242, 2359, 4514
Schriftformklauseln Rz. 1964
Schüler, Meldepflichten Rz. 5531
Schutz von Leben und Gesundheit Rz. 2953
Schutzkleidung Rz. 1840, 2955
Schutzschrift Rz. 2498
Schwangere und Mütter Rz. 4551
– Befristung Rz. 4560
– behördliche Genehmigung Rz. 4557
– Darlegungs- und Beweislast Rz. 4556
– Eigenkündigung der Frau Rz. 4561
– Fehlgeburt Rz. 4552

- Kenntnis des Beginns der Schwangerschaft Rz. 5453
- Kündigungsfristen Rz. 4260
- Mitteilungsfrist Rz. 4555
- nachträgliche Mitteilung Rz. 4554
- Nachweispflicht Rz. 4555
- Offenbarungspflicht Rz. 4562
- Totgeburt Rz. 4552

Schwangerschaft
- Beschäftigungsverbot und Urlaubsanspruch Rz. 2867
- Fragerecht des Arbeitgebers Rz. 1022

Schwarzarbeit, Kündigung Rz. 4512

Schwerbehinderte Rz. 2904, 4570, 4670, 6125, 6131, 7501
- ablehnender Feststellungsbescheid Rz. 4578
- Antrag auf Feststellung der Schwerbehinderteneigenschaft Rz. 4576
- Ausnahmetatbestände Rz. 4574
- außerordentliche Kündigung Rz. 4581
- Begriff Rz. 4571
- Geltungsbereich Rz. 4573
- Gleichgestellte Rz. 4572
- Kündigungsfristen Rz. 4261
- Mitteilungsfrist Rz. 4578
- Negativattest Rz. 4580
- Offenkundigkeit der Schwerbehinderung Rz. 4578
- Schwerbehindertenvertretung Rz. 4584
- Zugang der Kündigung Rz. 4583
- Zusatzurlaub Rz. 2904
- Zustimmung zur ordentlichen Kündigung Rz. 4579
- Zustimmungsfiktion Rz. 4582

Schwerbehindertenvertretung Rz. 4584

Seeleute
- Kündigungsfristen Rz. 4262a

Selbständiger Rz. 5200, 5202, 5229

Selbstbeurlaubung, Kündigung Rz. 4514

Selbstrealisierung des Urlaubsanspruchs Rz. 2871

Selektionsprüfung Rz. 5647

Sicherheitsleistung Rz. 5638, 5677, 7550

Sittenverstoß, Kündigung Rz. 4621

Sittenwidrigkeit Rz. 1155 ff., 1330

Sofortmeldung Rz. 5540

Solidaritätszuschlag 1995 Rz. 8087 ff.
- Abzug bei sonstigen Bezügen Rz. 8089
- Abzug bei Steuerpauschalierung Rz. 8089
- Abzug vom laufenden Arbeitslohn Rz. 8089
- Aufzeichnungs- und Bescheinigungspflichten Rz. 8091
- Beispielsrechnung Rz. 8092
- Höhe Rz. 8088
- Kirchensteuer Rz. 8091
- Nettolohnvereinbarung Rz. 8089
- Zuschlag-Tabellen Rz. 8093

Sommerzeit Rz. 2235

Sonderausgaben-Pauschbetrag
- in der Lohnsteuertabelle Rz. 8049

Sonderkündigungsschutz Rz. 4551 ff.
- Betriebsverfassungsorganmitglieder Rz. 4599
  - Amtspflichtverletzung Rz. 4610
  - außerordentliche Änderungskündigung Rz. 4608
  - Auszubildende Rz. 4610
  - Betriebsobmann Rz. 4613
  - betriebsratsloser Betrieb Rz. 4612
  - Betriebsratsmitglieder Rz. 4601
  - Betriebsstilllegung Rz. 4614
  - Erlöschen der Mitgliedschaft Rz. 4603
  - Ersatzmitglieder Rz. 4604
  - Erziehungsurlaub, Elternzeit Rz. 4616
  - Geltungsbereich Rz. 4599
  - Jugendvertretung Rz. 4606
  - Kündigung vor Dienstantritt Rz. 4226, 4552
  - Massenänderungskündigung Rz. 4607
  - Mitglieder des Wahlvorstandes Rz. 4600
  - Mutterschutz und Erziehungsurlaub, Elternzeit Rz. 4557
  - nachwirkender Kündigungsschutz Rz. 4602
  - Nachwirkungszeitraum Rz. 4606
  - Schutzdauer Rz. 4602
  - Schwerbehinderte Rz. 4615
  - Zustimmungsersetzung Rz. 4611
- Schwangere und Mütter Rz. 4552
  - Befristung Rz. 4560
  - behördliche Genehmigung Rz. 4557
  - Darlegungs- und Beweislast Rz. 4556
  - Eigenkündigung der Frau Rz. 4561
  - Fehlgeburt Rz. 4552
  - Kenntnis des Beginns der Schwangerschaft Rz. 4553
  - Mitteilungsfrist Rz. 4555
  - nachträgliche Mitteilung Rz. 4554
  - Nachweispflicht Rz. 4555
  - Offenbarungspflicht Rz. 4562
  - Totgeburt Rz. 4552

- unverschuldetes Versäumen der Mitteilungspflicht Rz. 4555
- Schwerbehinderte Rz. 4570
  - ablehnender Feststellungsbescheid Rz. 4578
  - Antrag auf Feststellung der Schwerbehinderteneigenschaft Rz. 4576
  - Ausnahmetatbestände Rz. 4574
  - außerordentliche Kündigung Rz. 4581
  - Begriff Rz. 4571
  - Geltungsbereich Rz. 4573
  - Gleichgestellte Rz. 4572
  - Mitteilungsfrist Rz. 4578
  - Negativattest Rz. 4580
  - Offenkundigkeit der Schwerbehinderung Rz. 4578
  - Schwerbehindertenvertretung Rz. 4584
  - Zugang der Kündigung Rz. 4583
  - Zustimmung zur ordentlichen Kündigung Rz. 4579
  - Zustimmungsfiktion Rz. 4582
- Wehrpflichtige Rz. 4590
  - Arbeitsplatzschutz Rz. 4592
  - ausländischer Wehrdienst Rz. 4591
  - Benachteiligungsverbot Rz. 4597
  - Kleinstbetriebe Rz. 4594
  - Kündigung aus Anlaß des Wehrdienstes Rz. 4596
  - Ruhen des Arbeitsverhältnisses Rz. 4593
  - Soldat auf Zeit Rz. 4593
  - Zivildienstleistende Rz. 4590, 4598

Sonderurlaub Rz. 2802, 2929
Sonderzahlung, Beitragsentrichtung Rz. 5620
Sonderzuwendung Rz. 6120
Sonderzuwendungen/Gratifikationen Rz. 1965
Sonn- und Feiertagsarbeit Rz. 2112 ff.
- außergewöhnliche Fälle Rz. 2121
- Ersatzruhetag Rz. 2115, 2116, 2126
- Regelung durch Tarifvertrag/Betriebsvereinbarung Rz. 2116
- Rechtsverordnung Rz. 2117
- Schichtbetriebe Rz. 2116
- Verbot der ~ Rz. 2112 ff.
- Zulässige ~ Rz. 2114 ff.

Sonntagsarbeitszuschlag Rz. 5626
Sonstige Bezüge Rz. 8041
- bei Pauschalierung der Lohnsteuer Rz. 8081
- Lohnsteuer auf Rz. 8059

Sozialauswahl Rz. 4456
- Änderungskündigung Rz. 4565

- Auswahlrichtlinien Rz. 4460
- Massenentlassung Rz. 4460
- Punkteschema Rz. 4460

Sozialgericht
- Besetzung Rz. 7513
- ehrenamtliche Richter Rz. 7514
- kein Anwaltszwang Rz. 7528
- Klageschrift Rz. 7529
- Klageverfahren Rz. 7528
- örtliche Zuständigkeit Rz. 7511
- Prozeßvollmacht Rz. 7528
- Verweisung Rz. 7512
- Zuständigkeit Rz. 7500, 7501
- Zuständigkeit bei Konkurs des Arbeitgebers Rz. 7508

Sozialgerichtsprozeß Rz. 7511
Sozialhilfe Rz. 7501
Sozialhilfe-Empfänger Rz. 1512
Sozialleistungsbezieher Rz. 6141
- Bescheinigung über Nebeneinkünfte bei Sozialleistungsbezug Rz. 6141

Sozialrechtliche Folgen des Abwicklungsvertrages Rz. 4166 a ff.
Sozialrechtliche Folgen des Aufhebungsvertrages
- Ruhen des Arbeitslosengeldes Rz. 4103
- Ruhen mit Sperrzeitwirkung Rz. 4124a
- Sperrzeit Rz. 4125

Sozialrechtliches Beschäftigungsverhältnis Rz. 7001
Sozialversicherung Rz. 5218, 5238, 7501
- Übersicht über die wichtigsten Werte Rz. 5627

Sozialversicherungsausweis (Vorlagepflicht) Rz. 1970, 5535
- Ausnahmen beim ~ Rz. 5538
- Beamte Rz. 5538
- Hinterlegung des ~ Rz. 5535
- im Baugewerbe Rz. 5538
- im Beherbergungsgewerbe Rz. 5538
- im Gaststättengewerbe Rz. 5538
- im Gebäudereinigungsgewerbe Rz. 5538
- im Güter- und Personenbeförderungsgewerbe Rz. 5538
- Mitführungspflicht Rz. 5538
- Pensionäre Rz. 5538
- Studenten Rz. 5538
- Verlust des ~ Rz. 5539
- Vorlegungspflicht für den Rz. 5535

Sozialversicherungsbeiträge

- Abführung Rz. 5628
- Abrechnung Rz. 5617 ff.
- Berechnung Rz. 5615
- Erlaß Rz. 5639
- Erstattung Rz. 5641
- Fälligkeit Rz. 5636
- Niederschlagung Rz. 5639
- Stundung Rz. 5638
- Überwachung Rz. 5628 ff.

Sozialversicherungsausweis, Vorlagepflicht Rz. 2774
Sozialversicherungsnachweisheft Rz. 5507, 7007
Sozialversicherungsträger Rz. 7508
Sperrzeit Rz. 5008
- Abwicklungsvertrag Rz. 4166 a ff.
- Kausalitätsrechtsprechung des BSG Rz. 4134b
- Länge Rz. 4134a
- Verkürung Rz. 4134a

Spesenbetrug Rz. 4516
Spezialitätsprinzip Rz. 1304
Starthilfen für Existenzgründer Rz. 7145
Stellenanzeigen Rz. 1010, 1047, 5015
Stellenangebote und -gesuche Rz. 5016
Stellenausschreibung
- Anzeigen, Vermittler Rz. 1009
- Betriebsratsbeteiligung Rz. 1008
- innerbetriebliche - Rz. 1007
- Frauendiskriminierung Rz. 1009
- Zustimmungsverweigerungsgrund Rz. 1128

Stellvertretung
- Anscheinsvollmacht Rz. 1057
- Duldungsvollmacht Rz. 1057
- Vertretung bei Vertragsschluß Rz. 1056 ff.
- Vollmacht Rz. 1057

Steuerbegünstigte Abfindung Rz. 4154
Steuerermäßigung Rz. 4154
Steuerfreie Abfindung Rz. 4140
- Auflösung des Dienstverhältnisses Rz. 4142
- Brutto-Nett-Klausel Rz. 4160
- Freibetrag Rz. 4140
- Gestaltungsmöglichkeit der Parteien Rz. 4146
- Höhe Rz. 4150
- Ursächlichkeit von Aufhebung und Abfindung Rz. 4144
- Veranlassung des Arbeitgebers Rz. 4142

Steuerfreie Einnahmen Rz. 5605
Steuerfreier Arbeitslohn Rz. 8022
Steuerfreistellung des Existenzminimums Rz. 8065 ff.

Steuerliche Behandlung, Karenzentschädigung Rz. 3074
Steuerpflichtiger Arbeitslohn Rz. 8019
Steuerrechtliche Folgen des Aufhebungsvertrages Rz. 4139
Strafbare Handlungen Rz. 4516
Straftaten, Kündigung Rz. 4413
Straftaten während des Arbeitsverhältnisses Rz. 4904
Streit um die Kündigung Rz. 7006
Streitigkeiten im Zusammenhang mit Arbeitspapieren
- Zuständigkeit der einzelnen Gerichtszweige Rz. 4858

Streitwert
- bei Zeugnisstreitigkeit Rz. 4917

Strukturell ungleiche Verhandlungsstärke Rz. 4049
Suspendierung Rz. 1910
SVN-Heft Rz. 5505, 7007, 7015

T

Tabakrauchfreier Arbeitsplatz Rz. 2352, 2954
Tägliche Arbeitszeitdauer Rz. 2135 ff.
- Änderung/Festlegung Rz. 2140 ff.
  - Direktionsrecht Rz. 2141
  - Mitbestimmungsrecht des Betriebsrates Rz. 2142
- andere Verteilung der Arbeitszeit Rz. 2159 ff.
- Bäckereien und Konditoreien Rz. 2166
- betriebsübliche Arbeitszeitdauer Rz. 2139
- gesetzliche Höchstarbeitszeitdauer Rz. 2157 ff.
- Ausnahmen Rz. 2159 ff.
- gesetzliche Neuregelung Rz. 2101
- Jugendliche Rz. 2169 ff.
- Anrechnung der Berufsschultage Rz. 2173
- Kraftfahrer und Beifahrer Rz. 2174
- Krankenpflegeanstalten Rz. 2166
- Mehrarbeit Rz. 2204
- Mutterschutz Rz. 2168
- Schichtwechsel Rz. 2165
- vertragliche Regelung Rz. 2136

Tantiemen
- Lohnsteuerabzug Rz. 8021

Tarifbezug Rz. 1970
Tarifliche Sonderleistung und Erziehungsurlaub, Elternzeit Rz. 2926
Tariflohnsenkung

– Rückwirkung 2421b
Tarifvertrag und Betriebsübergang Rz. 3610
Täuschung, arglistige Rz. 1159
Teilarbeitsunfähigkeit Rz. 2711, 4353
Teilkündigung Rz. 4203, 4531
Teilnichtigkeit Rz. 1350, 1430
Teilrenten und Hinzuverdienst Rz. 6325
Teilurlaub Rz. 2830
Teilurlaubsanspruch Rz. 2819
Teilzeitbeschäftigte Rz. 1660, 5219, 5659, 5669, 6304
– betriebliche Altersversorgung Rz. 2979, 2981
– betriebliche Sozialleistungen Rz. 2982
– Essenzuschuß Rz. 2981b
– Lage der Arbeitszeit, Gleichbehandlung Rz. 2981b
– Lohnfortzahlungsversicherung, Kleinbetriebe Rz. 5660
– nebenberufliche Rz. 2979
– Pauschalierung der Lohnsteuer Rz. 8078 f.
– proportional anteilige Vergütung Rz. 2979
– Teilnahme am Verfahren der Lohnfortzahlungsversicherung Rz. 5662
– Überstunden Rz. 1667
– Überstundenzuschläge Rz. 2979
– Vergütung Rz. 2418
– Zinsgünstige Darlehen Rz. 2979
Telefonabhören Rz. 2958
Telefonieren während der Arbeitszeit, Kündigung Rz. 4516
Telekommunikative Übermittlung Rz. 2480
Treuwidrigkeit, Kündigung Rz. 4623
Trinkgelder
– ABC Lohnsteuer Rz. 8035
Trunkenheit, Kündigung Rz. 4515
Typisierendes Quotensystem Rz. 2984

U

Überbetriebliche Gleichbehandlung Rz. 2415, 2987
Überbrückungsgeld Rz. 7122
Übergang eines Betriebes s. Betriebsübergang
Überlassung von Wohnungen
– Sachbezug Rz. 8029
Überlegungs- und Widerrufsvorbehalt Rz. 4027
Übersendung von Arbeitspapieren Rz. 4851
Übersicht
– zu den wichtigsten Werten der Sozialversicherung Rz. 5627
– über die Sozialversicherungspflicht von Arbeitsentgelten Rz. 5626
Überstunden Rz. 2204 ff.
– arbeitsvertragliche Voraussetzungen Rz. 2207
– Begriff Rz. 2206
– Direktionsrecht Rz. 2207
– gesetzliche Voraussetzungen Rz. 2208
– Jugendliche Rz. 2212
– Mehrarbeit s. d.
– Mitbestimmungsrecht des Betriebsrates Rz. 2216
– Mutterschutz Rz. 2212
– Vergütung Rz. 2213 ff.
– Grundvergütung Rz. 2214
– Vergütungszuschlag Rz. 2215
Übertragung von Urlaub
– dringende betriebliche Gründe Rz. 2816
– persönliche Gründe Rz. 2817
– Rechtsgründe Rz. 2817
– Teilurlaubsanspruch Rz. 2819
– Zeitraum Rz. 2818
Überweisungsbeschluß Rz. 2511 ff., 2518
Überzahl von Ehrenämtern Rz. 4518
Überzahlung des Arbeitsentgelts Rz. 5619
Ultima-ratio-Prinzip Rz. 4301
– Abmahnung Rz. 4306, 4415
– Beendigungs- und Änderungskündigung Rz. 4305
– Grundsatz der Verhältnismäßigkeit Rz. 4306
– Umschulung vor Kündigung Rz. 4304
– Vorrang der Änderungskündigung Rz. 4305
– Weiterbeschäftigungsmöglichkeit Rz. 4302
Umdeutung einer Kündigung Rz. 4023, 4675
Umgehung des § 613 a BGB Rz. 4043
Umwandlungsgesetz und Betriebsübergang Rz. 3601, 3612
Unechte Druckkündigung Rz. 4461
Unfallversicherung
– Beiträge des Arbeitgebers für eine private Unfallversicherung als sozialversicherungspflichtiges Entgelt Rz. 5606
– Beitragsentrichtung Rz. 5673 ff.
Unfallversicherungsbeitrag Rz. 5678
Unpünktlichkeit, Kündigung Rz. 4511
Unsicherheitseinrede Rz. 2492
Unständig Beschäftigte Rz. 5525
Untätigkeitsklage Rz. 7526

Unterbrechungsmeldung Rz. 6113
Unterhaltsgeld Rz. 7055
Unverzichtbare Ansprüche Rz. 4813
Urlaub Rz. 1710, 5609, 5623
– ABC Rz. 2803
– Arbeitsplatzwechsel Rz. 2845
– Arbeitszeitverkürzung Rz. 2827
– Auskunftsanspruch Rz. 2844
– Baugewerbe Rz. 2911
– betriebliche Belange Rz. 2858
– Betriebsratsbeteiligung Rz. 2858
– Betriebsurlaub Rz. 2861
– branchenspezifische Besonderheiten Rz. 2801
– Doppelurlaubsanspruch Rz. 2840
– Erwerbstätigkeit Rz. 2883
– Erziehungsurlaub, Elternzeit s. d.
– Feiertage Rz. 2823
– Geltendmachung des Urlaubsanspruchs Rz. 2815
– Geltungsbereich des Bundesurlaubsgesetzes Rz. 2806
– Günstigkeitsprinzip Rz. 2800
– Heimarbeit Rz. 2910
– Jugendliche Rz. 2907
  – Stichtagsprinzip Rz. 2907
  – zeitliche Lage Rz. 2907
– Krankheit im Urlaub Rz. 2877
  – Nachweis der Arbeitsunfähigkeit Rz. 2879
  – Nichtanrechnung Rz. 2878
  – Urlaubsentgelt Rz. 2881
– Lohnnachweiskarte Rz. 2911
– Mehrurlaub Rz. 2829
– Merkblatt Rz. 2880
– Nachkündigung Rz. 2860
– Rechtsgrundlagen Rz. 2800
  – Rückabwicklung von zuviel gewährtem Urlaub Rz. 1710, 2846
  – Rückruf Rz. 2866
  – Sonderregelungen Rz. 2801
– Rückzahlungsklauseln Rz. 2846
– Schwerbehinderte Rz. 2904
  – Anerkennungsbescheid Rz. 2904
  – Beweisfunktion Rz. 2904
  – Verlängerung des Grundurlaubs Rz. 2905
  – Zusatzurlaub, Kürzung Rz. 2906
– Sonderurlaube Rz. 2802
– Tatsachenvergleich Rz. 2820
– Teilungsverbot Rz. 2862
– Teilurlaub Rz. 2830

– Ausscheiden nach erfüllter Wartezeit Rz. 2833
– Ausscheiden vor erfüllter Wartezeit Rz. 2832
– Begriff Rz. 2830
– Berechnung Rz. 2836
– im Eintrittsjahr Rz. 2831
– Krankheit Rz. 2835
– Zwölftelungsprinzip Rz. 2834
– Teilzeitbeschäftigte Rz. 2912
  – Aushilfen Rz. 2918
  – mehrere Teilzeitbeschäftigungen Rz. 2917
  – spezielle Probleme Rz. 2913
  – Urlaubsentgelt Rz. 2916
  – Urlaubsgeld Rz. 2918
  – zeitliche Festlegung des Urlaubs Rz. 2917
– Übertragung Rz. 2816
  – dringende betriebliche Gründe Rz. 2816
  – persönliche Gründe Rz. 2817
  – Rechtsgründe Rz. 2817
  – Teilurlaubsanspruch Rz. 2819
  – Zeitraum Rz. 2818
– Urlaubsanspruch, Berechnung Rz. 2821
  – Arbeitsbefreiung Rz. 2826
  – Arbeitszeitverkürzung Rz. 2827
  – Berechnung Rz. 2821
  – Erlöschen durch Zeitablauf Rz. 2848
  – tarifliche Ausschlußfristen Rz. 2851
  – Tod des Arbeitnehmers Rz. 2850
  – Verwirkung Rz. 2849
  – Verzicht Rz. 2821, 2849
– Urlaubsbescheinigung Rz. 2843
– Urlaubsentgelt s. d.
– Urlaubserteilung Rz. 2853
– Urlaubsgeld s. d.
– Urlaubsjahr Rz. 2813
  – Kalenderjahr Rz. 2813
  – Stichtagsprinzip Rz. 2813
– Urlaubsliste Rz. 2857
– Urlaubsplan Rz. 2864
– Urlaubsverhinderung Rz. 2868
– Urlaubszweck, Gefährdung Rz. 2882
  – Erwerbstätigkeit Rz. 2883
  – urlaubsgemäßes Verhalten Rz. 2884
– Vollurlaubsanspruch Rz. 2839
– Wartezeit Rz. 2810
  – abweichende Vereinbarung Rz. 2811
  – Berechnung Rz. 2810
  – bestehendes Arbeitsverhältnis Rz. 2808
  – rechtliche Unterbrechung Rz. 2809

- Ruhen des Arbeitsverhältnisses Rz. 2808
- Teilurlaub Rz. 2832
- Weiterführende Literaturhinweise Rz. 2946
- Wehrdienst Rz. 2908
- zeitliche Lage Rz. 2852
  - Betriebsurlaub Rz. 2861
  - individuelle Festlegung Rz. 2855
  - Teilungsverbot Rz. 2862
  - Urlaub nach Kündigung Rz. 2860
  - Urlaubswünsche anderer Arbeitnehmer Rz. 2859
  - Urlaubswunsch des Arbeitnehmers Rz. 2856
- Zivildienst Rz. 2908

Urlaubsabgeltung Rz. 2900, 5626, 7008, 7030
- Abrundung Rz. 2903
- Aufrundung Rz. 2903
- Beendigung des Arbeitsverhältnisses Rz. 2902
- Berechnung Rz. 2903
- Ruhen des Anspruchs auf Arbeitslosengeldzahlung Rz. 2903
- sozialversicherungspflichtiges Arbeitsentgelt Rz. 5626
- Steuerpflichtigkeit Rz. 2903
- Voraussetzungen Rz. 2902

Urlaubsanspruch Rz. 2821
Urlaubsbescheinigung Rz. 2843
Urlaubsentgelt Rz. 2886
- Arbeitsentgelt maßgebliches Rz. 2888
- Arbeitsentgelt von A-Z Rz. 2888
- Berechnung Rz. 2887, 2890
- Bezugszeitraum Rz. 2888
- Fälligkeit Rz. 2891
- Pfändung Rz. 2892
- Verdienstschwankung Rz. 2889
  - Arbeitsausfall Rz. 2889
  - Erhöhungen Rz. 2889
  - Kürzungen Rz. 2889

Urlaubserteilung Rz. 2853
Urlaubsgeld Rz. 5611, 5620, 5626
- Abgrenzung zum Urlaubsentgelt Rz. 2893
- Freiwilligkeitsvorbehalt Rz. 2897
- Gleichbehandlungsgrundsatz Rz. 2893
- Muster einer Urlaubsgeldklausel Rz. 2899
- Pfändung Rz. 2895
- Rechtsgrundlagen Rz. 2893
- Rückzahlungsklausel Rz. 2897
- Sozialrecht Rz. 2895
- sozialversicherungspflichtiges Arbeitsentgelt Rz. 5626

- steuerrechtliche Behandlung Rz. 2895
- Verrechnungsmöglichkeit Rz. 2896

Urlaubsjahr Rz. 2813
Urlaubsliste Rz. 2857
Urlaubsplan Rz. 2864
Urlaubsrecht
- Erlöschen des Urlaubsanspruchs
- Vergleich Rz. 2851a
- Verjährung Rz. 2851b

Urlaubsüberschreitung Rz. 4514
Urlaubsverhinderung Rz. 2868
Urlaubszweck, Gefährdung Rz. 2882
Urteilsverfahren, Arbeitsgericht Rz. 4957 ff.

V

Variable Entgeltbestandteile Rz. 5619
Verbandsvertreter Rz. 7528, 7555
Verbindliche Zusage, Lohnsteuerabzugsverfahren Rz. 8160
Verbundkündigung Rz. 4676
Vererblichkeit der Abfindung Rz. 4071
Verfallener Urlaub, Abgeltung Rz. 2903
Vergabearbeiten Rz. 6315
Vergleich Rz. 1622, 4958, 4961, 7000, 7547
Vergleich und Betriebsübergang Rz. 3613
Vergütung
- Auszahlung Rz. 2459 ff.
  - Abrechnung Rz. 2463
  - Beteiligung des Betriebsrates Rz. 2465
  - Empfangsberechtigter Rz. 2459
  - Fälligkeit Rz. 2460, 2461
  - Ort Rz. 2462
  - Quittung Rz. 2464
  - Überweisung Rz. 2462
- pfändbarer Anteil Rz. 2477, 2632
- Pfändung Rz. 2600
- Rückzahlung Rz. 2466 ff.
  - Entreicherungseinwand des Arbeitnehmers Rz. 2467 ff.
  - irrtümliche Überzahlung Rz. 2466
- Rückzahlungsklauseln Rz. 2470, 2471
- Sonderzuwendungen Rz. 2417, 2434, 2458

Vergütungsbestandteile Rz. 2457 ff.
Vergütungsformen Rz. 2436 ff.
- Änderung Rz. 2431
- Akkordvergütung Rz. 2437
- Mitbestimmungsrecht des Betriebsrates Rz. 2457

- Prämienlohnvergütung Rz. 2438
  - Sonderformen Rz. 2457a
  - allgemeine Zulagen Rz. 2457a
  - Gewinnbeteiligung Rz. 2457a
  - Gratifikationen Rz. 2457a
  - Leistungs-/Sonderzulagen Rz. 2457a
  - Naturalvergütung Rz. 2457a
  - Prämien Rz. 2457a
  - Umsatzbeteiligungen Rz. 2457a
  - zusätzliches Monatsgehalt Rz. 2457a
- Zeitvergütung Rz. 2436

Vergütungshöhe Rz. 2401 ff.
- Änderung Rz. 2419 ff.
  - Änderungskündigung Rz. 2433
  - einzelvertraglich Rz. 2419
  - tarifvertraglich Rz. 2420
  - Widerrufsvorbehalt Rz. 2423, 2432
- Allgemeinverbindlichkeit eines Tarifvertrages Rz. 2404, 2405
- Anrechnung übertariflicher Vergütung Rz. 2421 ff.
  - allgemeine Zulagen Rz. 2425
  - Anrechnungsvorbehalt Rz. 2422
  - Aufstockungsvereinbarung Rz. 2424
  - Beteiligung des Betriebsrates Rz. 2428
  - Effektivklausel Rz. 2427
  - Leistungs-/Sonderzulagen Rz. 2426
  - Widerrufsvorbehalt Rz. 2423
- Bruttolohnvergütung Rz. 2435
- fehlende Tarifbindung Rz. 2405
- fehlende Vergütungsabrede Rz. 2406
- Gleichbehandlungsgrundsatz s. d.
- Jahressonderzahlungen Rz. 2417, 2434
- nichtige Vergütungsabrede Rz. 2407, 2408
- Tarifbindung Rz. 2401
- Eingruppierung Rz. 2402
- Tarifbindung nur des Arbeitgebers Rz. 2404

Vergütungspflicht
- bei Arbeitnehmerweiterbildung Rz. 2575
- fehlende Vergütungsabrede Rz. 2406
- nichtige Vergütungsabrede Rz. 2407, 2408
- ohne Arbeitsleistung Rz. 2520 ff.
  - Annahmeverzug s. d.
  - Unmöglichkeit und Betriebsrisiko Rz. 2543 ff.
  - vorübergehende Verhinderung des Arbeitnehmers Rz. 2548 ff.
- Verletzung Rz. 2487 ff.
  - außerordentliche Kündigung Rz. 2491

- Zahlungsklage Rz. 2490
- Zurückbehaltungsrecht des Arbeitnehmers Rz. 2488, 2489
- Wegfall Rz. 2478 ff.
  - Ausgleichsquittung Rz. 2483
  - Ausschlußfrist Rz. 2479 ff.
  - Quittung Rz. 2464, 2484
  - Verjährung Rz. 2485
  - Verwirkung Rz. 2486
  - Verzicht Rz. 2482

Verhaltensbedingte Kündigung Rz. 4400
- Abmahnung s.d.
- Androhen einer Krankmeldung Rz. 4403
- Arbeitsverweigerung Rz. 4408
- außerdienstliches Verhalten Rz. 4414
- Betriebsablaufstörung Rz. 4401
- Freiheitsstrafe Rz. 4407
- geringfügige Beschäftigung Rz. 4410
- Minderleistung Rz. 4405
- Mißachtung von Sicherheitsvorschriften Rz. 4412
- politische Betätigung Rz. 4402
- Straftaten Rz. 4413
- unentschuldigte Fehlzeiten Rz. 4401
- verspätete Vorlage von Arbeitsunfähigkeitsbescheinigungen Rz. 4406
- Verzögerung des Heilungsprozesses Rz. 4404
- Wettbewerbstätigkeit Rz. 4411

Verhandlungsstärke, strukturell ungleich Rz. 4049

Verhandlungstermin Rz. 7539

Verheiratetenortszuschlag
- gleichgeschlechtliche Lebensgemeinschaft Rz. 2412, 2975

Verhinderung des Arbeitnehmers Rz. 2548 ff.
- Mehrfachverhinderung Rz. 2564

Verjährung des Anspruchs auf Herausgabe der Arbeitspapiere Rz. 4853

Verjährung des Beitragsanspruchs Rz. 5640

Verjährung des Zeugnisanspruchs Rz. 4908

Verjährung von Sozialversicherungsbeiträgen Rz. 5640

Verkehrsauffassung
- Abgrenzung Arbeiter/Angestellter Rz. 5204

Verleitung zur Änderungskündigung Rz. 4510

Verlosung Rz. 5626

Vermittlung in Arbeit Rz. 7048

Vermittlungsgesuch Rz. 5006

Vermittlungsmonopol Rz. 5001

Vermittlungsprovision Rz. 5626
Vermittlungszwang Rz. 5002
Vermögensbeteiligung Rz. 5626
Vermögensverhältnisse, geordnete
– bei privater Arbeitsvermittlung Rz. 5010
Vermögenswirksame Leistung Rz. 5626, 8037 ff.
– Arbeitnehmersparzulage Rz. 8040
– Aufzeichnungspflichten des Arbeitgebers Rz. 8039
Verpflichtungsklage Rz. 7532
Versäumnisurteil Rz. 7542
Verschleiertes Arbeitseinkommen Rz. 2640 ff.
Verschmelzung und Betriebsübergang Rz. 3612
Verschuldete Arbeitsunfähigkeit Rz. 2734
Verschwiegenheitspflicht Rz. 1975, 2361 ff.
– Betriebs-/Geschäftsgeheimnisse Rz. 2362
– Freistellung Rz. 2365
– nach Vertragsbeendigung Rz. 2364
– persönliche Umstände des Arbeitgebers Rz. 2363
Versetzung Rz. 2024 ff.
– Änderung der Arbeitsumstände Rz. 2042
– anderer Arbeitsbereich Rz. 2038 ff.
  – andersartige Arbeit Rz. 2029
  – Betriebsverlegung Rz. 2048a
  – Betriebswechsel Rz. 2048
  – Filialwechsel Rz. 2032
– arbeitsvertragliche Versetzung Rz. 2028 ff.
– betriebsverfassungsrechtliche Versetzung Rz. 2037 ff.
  – anderer Arbeitsbereich Rz. 2038 ff.
  – Betriebsverlegung Rz. 2048a
  – Betriebswechsel Rz. 2048
– Dauer Rz. 2041
– Unterrichtung des Betriebsrates Rz. 2045, 2047
– Versetzungsvorbehalt Rz. 2035
– billiges Ermessen Rz. 2036
– vorläufige Versetzung Rz. 2047
– Zustimmung des Betriebsrates Rz. 2044, 2048
– Zustimmungsverweigerung Rz. 2046
Versetzungsvorbehalte Rz. 1683
Versicherungsfreiheit
– in der Sozialversicherung Rz. 5218 ff.
– von Altersrentnern Rz. 5227
– von Beamten Rz. 5226
– von Selbständigen Rz. 5229
– von Höherverdienern Rz. 5228
– von Werkstudenten Rz. 5230
– wegen geringfügiger Beschäftigung Rz. 5220

– wegen kurzfristiger Beschäftigung Rz. 5225
– wegen kurzzeitiger Beschäftigung Rz. 5224
Versicherungspflicht Rz. 6110
Versicherungspflichtgrenze Rz. 5613
Versicherungsverein auf Gegenseitigkeit
– Sozialversicherungspflicht von Vorstandsmitgliedern Rz. 5217
Versicherungsvertreter Rz. 1540
Versorgungs-Freibetrag Rz. 8054
Versorgungsordnung
– Getrenntlebendklausel Rz. 2984
Versorgungszusage Rz. 1915
Verspätete Vorlage von Arbeitsunfähigkeitsbescheinigung, Kündigung Rz. 4406
Vertragsabschluß Rz. 1052 ff.
– Beschränkungen der Geschäftsfähigkeit Rz. 1058 ff.
– Formerfordernisse Rz. 1068
– Stellvertretung Rz. 1056 f.
Vertragsstrafe Rz. 1170, 1980
– Nichtaufnahme der Arbeit Rz. 1178 ff.
Vertrauensbereich Rz. 4419
Verwahrungspflicht, Arbeitspapiere Rz. 4842
Verweisung, Sozialgerichtsverfahren Rz. 7512
Verweisungsklauseln Rz. 1982
Verweisungsklauseln in Altverträgen Rz. 4257
Verwirkung des Anspruchs auf Herausgabe der Arbeitspapiere Rz. 4853
Verwirkung des Zeugnisanspruchs Rz. 4908
Verzicht auf Kündigungsschutz Rz. 4334
Verzicht auf Kündigungsschutzklage Rz. 4806
Verzögerung des Heilungsprozesses, Kündigung Rz. 4406
Vollstreckung Rz. 2495 ff.
Vollstreckungsgegenklage Rz. 2497
Vollurlaubsanspruch Rz. 2839
Vorbescheid, Sozialgerichtsverfahren Rz. 7544
Vorläufige Personalmaßnahmen Rz. 1134 ff.
Vorläufiger Rechtsschutz Rz. 5657, 7504, 7548
Vorläufiges Zahlungsverbot Rz. 2603, 2604 ff.
Vorläufiges Zeugnis Rz. 4893
Vorpfändung Rz. 2603, 2604 ff.
– Wiederholung Rz. 2610
Vorstandsmitglieder, Sozialversicherung Rz. 5217
Vorstellungskosten Rz. 1051
Vorstrafen, Zeugniserteilung Rz. 4904
– Fragerecht des Arbeitgebers Rz. 1023

W

Wahrheitspflicht, Zeugniserteilung Rz. 4905
Wartezeit, Urlaub Rz. 2810
Wechsel der Beitragsgruppe Rz. 6102
Wechsel der Betriebsstätte Rz. 6107
Wechsel des Versicherungszweiges Rz. 6101
Wechsel zwischen den Zeugnisarten Rz. 4907
Wegegeld Rz. 5626
Wegehindernisse Rz. 2560
Wegerisiko Rz. 2706
Wegezeit Rz. 2145 ff.
Wehrpflichtige Rz. 4590
– Arbeitsplatzschutz Rz. 4592
– ausländischer Wehrdienst Rz. 4591
– Benachteiligungsverbot Rz. 4597
– Kleinstbetriebe Rz. 4594
– Kündigung aus Anlaß des Wehrdienstes Rz. 4596
– Kündigungsfristen Rz. 4259
– Ruhen des Arbeitsverhältnisses Rz. 4593
– Soldat auf Zeit Rz. 4593
Weihnachtsgeld Rz. 2458, 5620, 5622
Weihnachtszuwendung Rz. 5626
– Meldung bei Rückzahlung der ~ Rz. 7009
– sozialversicherungspflichtiges Arbeitsentgelt Rz. 5626
Weiterbeschäftigungsanspruch Rz. 2962
Weiterbeschäftigungsmöglichkeit, betriebsbedingte Kündigung Rz. 4455
Weiterbildung der Arbeitnehmer
– Bedingte Freistellungserklärung Rz. 2945
– Betriebsratsbeteiligung Rz. 2932
– Gesellschaftspolitische Fragestellungen Rz. 2940
– Jedermann-Zugänglichkeit Rz. 2943
– Leistungsverweigerungsrecht des Arbeitgebers 2944
– Ministerielle Anerkennung Rz. 2941
– Nachträgliche Freistellung Rz. 2944
– Ökologische Fragestellungen Rz. 2937
– Rechtsgrundlagen Rz. 2931
– Rechtszersplitterung Rz. 2930
– Sprachkurse Rz. 2934
Werkarbeitsgemeinschaft Rz. 3508
Werkstudenten Rz. 5230
Werkunternehmer Rz. 1518
Werkvertrag
– Abgrenzung zur Arbeitnehmerüberlassung Rz. 3506

Werkzeuggeld Rz. 5626
– ABC Lohnsteuer Rz. 8035
Wert der Sachbezüge Rz. 5604
»Westvergütung« in den neuen Bundesländern Rz. 2999
Wettbewerbsverbot Rz. 1984, 3000 ff., 4904, 5626
– s. auch Wettbewerbsverbote im bestehenden Arbeitsverhältnis
– s. auch Wettbewerbsverbote nach Beendigung des Arbeitsverhältnis
Wettbewerbsverbote im bestehenden Arbeitsverhältnis Rz. 3000
– Abmahnung bei Verstoß Rz. 3021
– Auskunft Rz. 3019
 – Rechnungslegung Rz. 3020
 – Wettbewerbsklausel Rz. 3018
– berechtigtes, geschäftliches Interesse Rz. 3007
– Einwilligung Rz. 3008
 – stillschweigende Rz. 3008
 – Widerrufsvorbehalt Rz. 3009
– Erweiterung Rz. 3006
– Muster Rz. 3018
 – Abmahnung Rz. 3021
– Rechtsgrundlagen Rz. 3000
– sachliche Reichweite Rz. 3003
– Umfang Rz. 3001
 – Art der Wettbewerbstätigkeit Rz. 3004
 – sachlicher ~ Rz. 3003
 – Vorbereitungshandlung Rz. 3005
 – zeitlicher ~ Rz. 3002
– Verletzung, Rechtsfolgen Rz. 3010
 – Auskunft Rz. 3010
 – Eintrittsrecht Rz. 3013
 – Kündigung Rz. 3012
 – Rechnungslegung Rz. 3010
 – Schadensersatz Rz. 3014
 – Unterlassung Rz. 3011
 – Verjährung Rz. 3017
 – Vertragsstrafe Rz. 3015
 – Widerruf Versorgungszusage Rz. 3016
– Voraussetzungen Rz. 3007
– Vorbereitungshandlung Rz. 3005
– zeitliche Reichweite Rz. 3002
Wettbewerbsverbote nach Beendigung des Arbeitsverhältnisses Rz. 3030
– Abgrenzung zur Geheimhaltungspflicht Rz. 3032
– Abschlußzeitpunkt Rz. 3044

- Änderung Rz. 3077
- anderweitiger Erwerb Rz. 3070
- Aufhebung Rz. 3077
- Aufhebungsvertrag Rz. 3090a
- Aufnahme eines Studiums Rz. 3073
- Aushändigung der Urkunde Rz. 3050
- Auszubildende Rz. 3039
- bedingte - Rz. 3054
- berechtigtes, geschäftliches Interesse Rz. 3063
- Berufsausbildungsverhältnis Rz. 3039
- Betriebsgeheimnis Rz. 3033
- Betriebsübergang Rz. 3090
- Betriebsvereinbarung Rz. 3043
- Checkliste Rz. 3030
- Eintritt in den Ruhestand Rz. 3087
- Entschädigung s. u. Karenzentschädigung
- Entschädigungszusage Rz. 3049
- Erstattungspflichten des Arbeitgebers Rz. 3091
- Erzwungener Wohnsitzwechsel Rz. 3070
- Erzwungener Wohnsitzwechsel, Beweislast Rz. 3070
- freie Mitarbeiter Rz. 3041
- Geheimhaltungspflicht Rz. 3032
- Geheimhaltungsklausel Rz. 3034
- gesetzliche Regelung Rz. 3035
- Karenzentschädigung Rz. 3052
  - anderweitiger Erwerb Rz. 3070
  - Ausschlußfrist Rz. 3062
  - Höhe Rz. 3057
  - Mindestentschädigung Rz. 3052
  - Pfändung Rz. 3076
  - Schema zur Berechnung Rz. 3059
  - sozialversicherungsrechtliche Behandlung Rz. 3075
  - steuerliche Behandlung Rz. 3074
  - und Studium Rz. 3073
  - Verjährung Rz. 3061
- Kündigung Rz. 3079
  - Fallgruppen Rz. 3079
  - Kündigung aus wichtigem Grund Rz. 3081
  - Lossagung Rz. 3081
  - ordentliche Kündigung Arbeitgeber Rz. 3080
  - ordentliche Kündigung Arbeitnehmer Rz. 3079
  - vor Dienstantritt Rz. 3047
- Mandantenschutzklausel Rz. 3042
- Minderbesoldete Rz. 3037
- Minderjährige Rz. 3038
- Muster Rz. 3092
- nachvertragliche Treuepflicht Rz. 3031
- Nichtantritt der Dienste Rz. 3047
- Organpersonen Rz. 3041
- Probearbeitsvertrag Rz. 3045
- räumliche Begrenzung Rz. 3066
- Rechtsgrundlagen Rz. 3035
- Rechtsmängel Rz. 3067
  - Nichtigkeit Rz. 3067
  - Unverbindlichkeit Rz. 3067
- Ruhestand Rz. 3087
- Schriftform Rz. 3049
- sozial Schwache Rz. 3037
- Tarifvertrag Rz. 3043
- unbillige Erschwerung des Fortkommens Rz. 3064
- Verletzung, Rechtsfolgen Rz. 3082
  - Auskunft Rz. 3083
  - Beseitigungsanspruch Rz. 3083
  - Vertragsstrafe Rz. 3086
  - Wegfall der Karenzentschädigung Rz. 3084
- Verpflichtung zur Entschädigungszahlung Rz. 3052
- Versprechen auf Ehrenwort Rz. 3040
- Vertragsstrafe Rz. 3086
- Verzicht auf - Rz. 3078
- Voraussetzungen Rz. 3048
  - formelle Rz. 3049
  - inhaltliche Rz. 3051
- Vorüberlegung Rz. 3031
- Vorvertrag Rz. 3046
- Wahlrecht Rz. 3054
- Wohnsitzwechsel Rz. 3070
- zeitliche Begrenzung Rz. 3065

Widerruf des Zeugnisses Rz. 4911

Widerrufsrecht, Aufhebungsvertrag Rz. 4027

Widerspruch Rz. 7034, 7502, 7516
- gegen Entscheidungen der Einzugsstellen in der Sozialversicherung Rz. 5637

Widerspruchsfrist Rz. 7517

Widerspruchsrecht Rz. 4677

Widerspruchsrecht und Betriebsübergang Rz. 3607

Widerspruchsverfahren Rz. 7057, 7516

Wiedereinsetzung in den vorigen Stand, Sozialgerichtsverfahren Rz. 7520
- bei Fristversäumnis Rz. 7519, 7531

Wiedereinstellungsanspruch Rz. 1041, 2970, 4464a

Wiederholte Arbeitsunfähigkeit Rz. 2717

Wiederholungskündigung Rz. 4703
Winterzeit Rz. 2235
Wirtschaftsrisiko Rz. 2546
Wochenstündliche und entgeltliche Geringfügigkeit Rz. 5221

Z

Zahlungsverbot Rz. 2609, 2616
Zeitarbeit Rz. 3500 ff.
Zeitbefristungen Rz. 1600
Zeitliche Lage des Urlaubs Rz. 2852
Zeitpunkt der Zeugniserteilung Rz. 4891 ff.
Zeugnis Rz. 4880 ff., 7015
– anspruchsberechtigte Arbeitnehmer Rz. 4886
– Aufhebungsvertrag Rz. 4895
– Auskunft an Folgearbeitgeber Rz. 4920
– Checkliste Rz. 4881
– einfaches - Rz. 4899
– Formvorschriften Rz. 4897
– Führung Rz. 4903
– Geltendmachung des Zeugnisanspruchs Rz. 4889
– gerichtliche Geltendmachung Rz. 4913
– gesetzliche Grundlagen Rz. 4885 Rz. 4901
– Mitbestimmung des Betriebsrats Rz. 4910
– Muster Rz. 4882 ff.
– qualifiziertes - Rz. 4883, 4900
– Schadensersatzpflicht des Arbeitgebers Rz. 4918
– Verjährung, Verwirkung Rz. 4908
– vorläufiges Zeugnis Rz. 4893
– Wechsel zwischen den Zeugnisarten Rz. 4907
– Zeitpunkt der Zeugniserteilung Rz. 4891
– Zeugnisberichtigung Rz. 4912
– Zeugnisformulierung Rz. 4905
– Zeugnisinhalt Rz. 4904
– Zwischenzeugnis Rz. 4896
Zeugnisformulierung Rz. 4905 ff.
Zeugnissprache Rz. 4906
Zinsersparnis Rz. 5626
Zivildienstleistende Rz. 4590, 4598
– Urlaub Rz. 2908
Zugang der Kündigung, Schwerbehinderte Rz. 4583
Zugang der Kündigungserklärung Rz. 4212
Zugangsvereitelung Rz. 4217
Zukunftssicherungsleistung
– als pauschalversteuerte Einnahmen und sozialversicherungspflichtiges Entgelt Rz. 5606
Zurückbehaltung von Arbeitspapieren Rz. 4852
Zurückbehaltungsrecht
– Arbeitgeber Rz. 2292, 2464
– Arbeitnehmer Rz. 2050, 2488, 2530, 2956
  – Vermögensverschlechterung Rz. 2492
Zurückweisung von Ansprüchen Rz. 2480
Zusatztabellen, Wegfall Rz. 8065
Zusatzurlaub, Kürzung Rz. 2906
Zusatzurlaub Schwerbehinderter Rz. 2904
Zuschläge
– ABC Lohnsteuer Rz. 8035
– Erschwerniszuschläge Rz. 5626
– Familienzuschläge Rz. 5626
– Feiertagsarbeitszuschläge Rz. 5626, 8021
– Heimarbeitszuschläge Rz. 5626
– Mehrarbeitszuschläge Rz 5626
– Nachtarbeitzuschläge Rz. 5626, 8021
– Sonntagsarbeitszuschläge Rz. 5626
Zuschuß zu einer Lebensversicherung Rz. 5626
Zuschuß zum Krankenversicherungsbeitrag Rz. 5669
Zuschuß zum Mutterschaftsgeld Rz. 5667, 6303
Zuschüsse
– Baukostenzuschuß Rz. 5626
– bei Akkordarbeit Rz. 5626
– Essenszuschuß Rz. 5626
– Krankengeldzuschuß Rz. 5626
– Krankenversicherungszuschuß Rz. 5626
– Mutterschaftsgeldzuschuß Rz. 5626
Zustimmungsersetzung
– Bindungswirkung gerichtlicher Entscheidungen Rz. 1150
Zustimmungsfiktion, Kündigung Schwerbehinderte Rz. 4582
Zustimmungsverweigerung
– Beachtlichkeit Rz. 1118
– Ersetzung der verweigerten Zustimmung Rz. 1130 ff.
– Form Rz. 1117
– Frist Rz. 1116
– Grund Rz. 1120 ff.
Zutrittsrecht zum Betrieb Rz. 2243
Zwangsvollstreckung, Sozialgerichtsverfahren Rz. 7523
Zweckbefristung Rz. 1630 Zwischenbescheinigung, Arbeitspapiere Rz. 4848, 4863
Zwischenmeister Rz. 1530

Zwischenstaatliche Vereinbarungen
– bei der Arbeitserlaubnis Rz. 5050
– bei der sozialversicherungsrechtlichen Ein- und Ausstrahlung mit Auslandsberührung Rz. 5241 ff.

Zwischenverdienst Rz. 2538 ff.
Zwischenzeugnis Rz. 4896